Stahlhacke/Preis/Vossen
Kündigung und Kündigungsschutz
im Arbeitsverhältnis

Kündigung und Kündigungsschutz im Arbeitsverhältnis

Begründet von

Prof. Dr. Dr. h.c. Eugen Stahlhacke

Präsident des Landesarbeitsgerichts a.D., Köln

weitergeführt von

Prof. Dr. Dr. h.c. Ulrich Preis

o. Professor an der Universität zu Köln

Prof. Dr. Reinhard Vossen

Vorsitzender Richter am Landesarbeitsgericht Düsseldorf
Honorarprofessor an der Heinrich-Heine-Universität Düsseldorf

11., völlig neu bearbeitete Auflage 2015

Zitiervorschlag:
Stahlhacke/*Bearbeiter*
11. Auflage 2015, Rn. 13
oder
SPV/*Bearbeiter* Rn. 13

www.beck.de

ISBN 978 3 406 66600 1

© 2015 Verlag C. H. Beck oHG
Wilhelmstraße 9, 80801 München
Druck: Beltz Bad Langensalza GmbH
Neustädter Straße 1–4, 99947 Bad Langensalza

Satz: Druckerei C. H. Beck, Nördlingen

Gedruckt auf säurefreiem, alterungsbeständigem Papier
(hergestellt aus chlorfrei gebleichtem Zellstoff)

Vorwort

Die 11. Auflage hält an dem bewährten Konzept des von Eugen Stahlhacke begründeten Handbuches fest. Ihm widmen wir die Auflage mit unseren herzlichen Glückwünschen zum 90. Geburtstag am 7. April 2015.

Das Werk hat weiterhin das Anliegen, das unübersichtlich erscheinende Bestandsschutzrecht im Arbeitsverhältnis klar zu strukturieren, um insbesondere der arbeitsrechtlichen Praxis eine Hilfestellung zu geben.

Aktuell sind bereits das Bundeselterngeld- und Elternzeitgesetz (BEEG) in der Fassung der Bekanntmachung vom 27.1.2015 (BGBl. I S. 33) sowie die jeweils mit Gesetz vom 23.12.2014 zum 1.1.2015 geänderten Gesetze über die Pflegezeit (PflegeZG, BGBl. I S. 2462) und die Familienpflegezeit (FamPflZG, BGBl. I S. 2462) eingearbeitet. Alle drei Gesetze enthalten beachtenswerte Änderungen im Bereich des Sonderkündigungsschutzes.

Wir haben uns wiederum bemüht, die höchstrichterliche Rechtsprechung weitgehend vollständig und die Instanzrechtsprechung bei wesentlichen Fragen zu erfassen. Schwerpunkte der Neuauflage liegen im Bereich des Kündigungsschutzverfahrens (→ Rn. 1810 ff.) und des Sonderkündigungsschutzes (→ Rn. 1332 ff.). In den letzten fünf Jahren waren bemerkenswerte Modifikationen der Rechtsprechung festzustellen, die aufgearbeitet werden mussten. Hingewiesen sei etwa auf Rechtsfragen der Abmahnung (→ Rn. 7 ff., 1201 ff.), des Vertretungsrechts (→ Rn. 98 ff.) und des Diskriminierungsrechts, insbesondere bei Behinderungen (→ Rn. 186 ff.). Im Bereich der Kündigungsgründe war insbesondere neue Rechtsprechung zu folgenden Bereichen einzuarbeiten: Loyalitätspflichten (→ Rn. 639), Bagatelldelikte (→ Rn. 688), Belästigung (→ Rn. 646), Beleidigung in sozialen Netzwerken (→ Rn. 648 ff.), (außerdienstliche) Straftaten (→ Rn. 689), Straf- und Untersuchungshaft (→ Rn. 700 ff.) sowie Verdachtskündigung (→ Rn. 703). Erwähnenswert sind ferner die konfliktträchtigen Fragen des Betriebsbegriffes (→ Rn. 852 ff.), des konzerndimensionalen Kündigungsschutzes (→ Rn. 997 ff.), der Auslandssachverhalte (→ Rn. 849, 1002a), der Leiharbeit (→ Rn. 991, 1037, 1045), der Beschäftigung auf leidensgerechten Arbeitsplätzen und des Betrieblichen Eingliederungsmanagements (→ Rn. 1205 ff.), der altersgruppenbezogenen Sozialauswahl (→ Rn. 1124), der sog. überflüssigen Änderungskündigung (→ Rn. 1320 ff.) sowie der Sozialauswahl bei Änderungskündigungen (→ Rn. 1325).

Das Manuskript wurde am 1.4.2015 abgeschlossen. Bis zu diesem Zeitpunkt konnte auch die bis dahin veröffentlichte Rechtsprechung eingearbeitet werden.

Für Anregungen und Kritik sind wir stets dankbar.

Köln/Düsseldorf, im April 2015

Ulrich Preis
Reinhard Vossen

Vorwort zur 1. Auflage

Das erste Arbeitsrechtsbereinigungsgesetz hat mit Wirkung vom 1.9.1969 das Kündigungs- und Kündigungsschutzrecht wesentlich verändert. Während bisher die Vorschriften über die Kündigung des Arbeitsverhältnisses für die einzelnen Arbeitnehmergruppen in zahlreichen Gesetzen verstreut waren, hat der Gesetzgeber nun dieses für die Praxis wichtige Rechtsgebiet einheitlich für alle Arbeitnehmer im Bürgerlichen Gesetzbuch geregelt. Die Neuregelung wird aber nicht nur durch die Vereinheitlichung charakterisiert, sondern wesentlich durch eine Neugestaltung geprägt. Jetzt haben alle Arbeitnehmer, einschließlich der Arbeiter, gesetzliche Mindestkündigungsfristen. Auch für länger beschäftigte Arbeiter bestimmt das Gesetz nun längere Kündigungsfristen. Das Recht zur fristlosen Entlassung ist für sämtliche Arbeitsverhältnisse gleich und setzt einheitlich einen wichtigen Grund voraus. Alle Sondertatbestände für gewerbliche Arbeitnehmer sind weggefallen. Charakteristisch für die Neuregelung des Kündigungsrechts ist ferner die Anerkennung des Primats der Tarifautonomie. Die Tarifvertragsparteien können nämlich abweichend vom Gesetz für die tarifunterworfenen Arbeitsverhältnisse kürzere Kündigungsfristen vereinbaren. Sie sind an die gesetzlichen Mindestkündigungsfristen nicht gebunden. Im Geltungsbereich solcher Tarifverträge gelten die abweichenden tarifvertraglichen Bestimmungen zwischen nichttarifgebundenden Arbeitgebern und Arbeitnehmern, wenn ihre Anwendung zwischen ihnen vereinbart ist.

Der allgemeine Kündigungsschutz hat wesentliche Veränderungen erfahren. Es wurden die Voraussetzungen modifiziert, der Geltungsbereich durch die Einbeziehung der leitenden Angestellten erweitert und der Schutz des Arbeitnehmers gegen Änderungskündigungen gesetzlich anerkannt.

Diese grundlegenden Veränderungen auf dem wohl bedeutendsten Teilrechtsgebiet des Arbeitsrechts darzustellen, sie in das bestehende System des Kündigungs- und Kündigungsschutzrechts einzuordnen, hat sich die vorliegende Schrift zur Aufgabe gestellt. Sie will damit der Praxis ein Hilfsmittel in die Hand geben, die zahlreichen Probleme, die sich schon bald nach dem Inkrafttreten des Gesetzes gezeigt haben, lösen zu helfen. Einbezogen in die Darstellung wurde der besondere Kündigungsschutz (Mutterschutz, Schwerbeschädigtenschutz, Kündigungsschutz der Betriebsratsmitglieder, Schutz vor Massenentlassungen). Die Probleme der für das BGB neuen Zulassungsnorm des § 622 Abs. 3 sind erörtert. Natürlich verbot es der der Schrift vorgegebene Umfang, jedes Randproblem darzustellen. Aber auch hier wurde versucht, durch Rechtsprechungs- und Literaturhinweise Lösungsmöglichkeiten aufzuzeigen. Die Grundfragen des Kündigungs- und Kündigungsschutzrechts aber sowie die durch die Neuregelung aufgetauchten Probleme sind an Hand der höchstrichterlichen Rechtsprechung eingehend in einer der Praxis dienenden Weise dargestellt. Auf diese Weise ist versucht worden, das wichtige Rechtsgebiet, das vor allem den Rechtsanwalt, den Verbandsvertreter und den Syndikus täglich beschäftigt, so darzustellen, dass der Benutzer auf alle wesentlichen Fragen eine Antwort finden kann.

Köln, im Februar 1970 *Eugen Stahlhacke*

Inhaltsübersicht

	Seite
Vorwort	V
Inhaltsverzeichnis	IX
Abkürzungsverzeichnis	XXVII
Literaturverzeichnis	XXXIII

	Rn.
Erster Abschnitt: Die Kündigung	1
§ 1 Begriff und Wesen der Kündigung	1
§ 2 Abgrenzung der Kündigung zu verwandten Maßnahmen	6
§ 3 Sonstige Beendigungstatbestände	34
§ 4 Form und Inhalt der Kündigungserklärung	61
§ 5 Kündigung und Vertretung	97
§ 6 Ort und Zeit der Kündigung; Verwirkung	120
§ 7 Zugang der Kündigungserklärung	122
§ 8 Kündigung vor Dienstantritt	141
§ 9 Rücknahme der Kündigung	148
§ 10 Die bedingte und vorsorgliche Kündigung	161
§ 11 Die Teilkündigung	166
§ 12 Kündigung im Gruppenarbeitsverhältnis	175
§ 13 Die unwirksame Kündigung	182
§ 14 Die Anhörung des Betriebsrats	277
§ 15 Die Beteiligung des Sprecherausschusses bei Kündigungen	393
§ 16 Die Beteiligung des Personalrats bei Kündigungen	397
§ 17 Umdeutung der Kündigung (Konversion)	404
§ 18 Die ordentliche Kündigung	420
§ 19 Die Kündigung im Probe- und Aushilfsarbeitsverhältnis	486
§ 20 Kündigung im befristeten Arbeitsverhältnis	506
§ 21 Die Kündigung des Berufsausbildungsverhältnisses	511
§ 22 Die außerordentliche Kündigung	522
Zweiter Abschnitt: Der allgemeine Kündigungsschutz	828
§ 1 Voraussetzungen des allgemeinen Kündigungsschutzes	835
§ 2 Die Sozialwidrigkeit der Kündigung	880
§ 3 Die Änderungskündigung	1287
Dritter Abschnitt: Der besondere Kündigungsschutz	1332/1333
§ 1 Kündigungsschutz nach dem Mutterschutzgesetz	1334
§ 2 Kündigungsschutz und Elternzeit	1438

Inhaltsübersicht

		Rn.
§ 3	Kündigungsschutz schwerbehinderter Arbeitnehmer	1478
§ 4	Kündigungsschutz nach dem PflegeZG	1611
§ 5	Kündigungsschutz nach dem FPflG	1634a
§ 6	Kündigungsschutz bei Massenentlassungen	1635
§ 7	Kündigungsschutz im Rahmen der Betriebsverfassung	1665
§ 8	Sonstige Fälle eines besonderen Kündigungsschutzes	1793

Vierter Abschnitt: Der Kündigungsschutzprozess 1810

§ 1	Die fristgebundene Kündigungsschutzklage	1810
§ 2	Verhältnis des Kündigungsschutzgesetzes zu sonstigen Kündigungen	2058
§ 3	Auflösung des Arbeitsverhältnisses und Abfindung	2087
§ 4	Die Klage gegen eine Änderungskündigung (§§ 2, 8 KSchG)	2175
§ 5	Streitwert der Kündigungsschutzklage	2202
§ 6	Der Weiterbeschäftigungsanspruch des Arbeitnehmers während des Kündigungsschutzprozesses	2216

Fünfter Abschnitt: Kündigungsschutz in der Insolvenz 2288

§ 1	Kündigung nach Eröffnung des Insolvenzverfahrens	2288
§ 2	Interessenausgleich und Beschlussverfahren zum Kündigungsschutz	2307
§ 3	Betriebsveräußerung in der Insolvenz	2343

	Seite
Sachverzeichnis	977

Inhaltsverzeichnis

	Seite
Vorwort	V
Inhaltsübersicht	VII
Abkürzungsverzeichnis	XXVII
Literaturverzeichnis	XXXIII

	Rn.
Erster Abschnitt: Die Kündigung	1
§ 1 Begriff und Wesen der Kündigung	1
§ 2 Abgrenzung der Kündigung zu verwandten Maßnahmen	6
I. Abmahnung	7
II. Betriebsbuße	17
III. Direktionsrecht	19
IV. Die „Nichtfortsetzungserklärung" nach § 12 Satz 1 KSchG	23
V. Suspendierung	25
1. Ruhendes Arbeitsverhältnis kraft Vereinbarung	26
2. Ruhen des Arbeitsverhältnisses aufgrund einseitiger Erklärung des Arbeitgebers	27
VI. Beendigung einer personellen Maßnahme nach den §§ 100 Abs. 3, 101 BetrVG	32
VII. Beendigung eines fehlerhaft begründeten Arbeitsverhältnisses	33
§ 3 Sonstige Beendigungstatbestände	34
I. Aufhebungsvertrag	34
1. Schriftformerfordernis für den Abschluss des Aufhebungsvertrages	40
2. Anfechtung des Aufhebungsvertrages	51
II. Befristeter Arbeitsvertrag und auflösende Bedingung	53
III. Nichtigkeit und Anfechtung	57
IV. Wegfall der Geschäftsgrundlage, Rücktritt	59
§ 4 Form und Inhalt der Kündigungserklärung	61
I. Die Form der Kündigungserklärung	61
1. Geltungsbereich des § 623 BGB	61
2. Anforderungen an die Schriftform bei Kündigungen	64
3. Rechtsfolge bei Formverstoß	70
4. Durchbrechung der Formnichtigkeit	72
a) Kenntnis von der Formbedürftigkeit	73
b) Verbot widersprüchlichen Verhaltens	76
c) Erreichung des Formzwecks	79
d) Fürsorgepflicht des Arbeitgebers	80
5. Verhältnis des § 623 BGB zu sonstigen Formvorschriften	81
II. Der Inhalt der Kündigungserklärung	83
1. Angabe des Kündigungsgrundes	88
a) Anspruch auf Begründung der Kündigung	91
b) Formvorschriften	93
2. Nachschieben von Kündigungsgründen	95
§ 5 Kündigung und Vertretung	97
I. Kündigung kraft Vollmacht	98
II. Vertretung beim Kündigungsempfang	107

Inhaltsverzeichnis

	Rn.
III. Kündigung während des Prozesses	109
IV. Kündigung und gesetzliche Vertretung	115

§ 6 Ort und Zeit der Kündigung; Verwirkung ... 120

§ 7 Zugang der Kündigungserklärung ... 122
    I. Zugang der Kündigungserklärung gegenüber Anwesenden ... 123
    II. Zugang der Kündigungserklärung unter Abwesenden ... 125
        1. Verteilung des Übermittlungsrisikos ... 125a
            a) Grundsätzliches ... 125b
            b) Abwesenheit des Arbeitnehmers ... 127
            c) Entgegennahme durch Dritte ... 130
            d) Abweichende Vereinbarungen ... 131
        2. Zugang von eingeschriebenen Sendungen ... 133
        3. Zugang von Massenkündigungen ... 136
        4. Vereitelung des Zugangs ... 137
        5. Nachweis des Zugangs ... 139

§ 8 Kündigung vor Dienstantritt ... 141

§ 9 Rücknahme der Kündigung ... 148
    I. Rücknahme vor Klageerhebung ... 149
    II. Rücknahme der Kündigung durch Vertrag ... 151
        1. Verzicht auf Kündigungsgründe ... 153
        2. Bedeutung der Ablehnung der Rücknahme ... 154
    III. Rücknahme nach Klageerhebung ... 156

§ 10 Die bedingte und vorsorgliche Kündigung ... 161
    I. Die bedingte Kündigung ... 162
    II. Die vorsorgliche Kündigung ... 165

§ 11 Die Teilkündigung ... 166
    I. Teilkündigung und zusammengesetztes Rechtsverhältnis ... 168
    II. Teilkündigung im Arbeitsverhältnis ... 169

§ 12 Kündigung im Gruppenarbeitsverhältnis ... 175

§ 13 Die unwirksame Kündigung ... 182
    I. Anfechtung ... 183
    II. Gesetzliche Verbote ... 184
    III. Verstoß gegen Diskriminierungsverbote (AGG) ... 186
        1. Allgemeines ... 186
        2. Richtlinienkonforme Auslegung des deutschen Kündigungsrechts ... 187
        3. Schutzweck des Nichtdiskriminierungsrechts ... 190
        4. Einzelne Diskriminierungsverbote ... 193
    IV. Grundrechtsverletzungen ... 198
    V. Systematik sonstiger besonderer Kündigungsschranken ... 210
        1. Statusbezogener Kündigungsschutz ... 213
        2. Statusbezogene Diskriminierungs- und Benachteiligungsverbote ... 216
        3. Allgemeine Diskriminierungs- und Benachteiligungsverbote ... 219
        4. Umstands- oder anlassbezogene gesetzliche Kündigungsschranken ... 221
        5. Allgemeine privatrechtliche Kündigungsschranken ... 222
    VI. Sittenwidrigkeit ... 223
    VII. Maßnahmen bei zulässiger Rechtsausübung ... 229
    VIII. Treu und Glauben ... 233
        1. Anwendungsbereich ... 235
        2. Die ungehörige Kündigung ... 241
        3. Die willkürliche Kündigung ... 246
    IX. Kündigung und Gleichbehandlung ... 249

Inhaltsverzeichnis

	Rn.
X. Vertragliche Kündigungsbeschränkungen	255
1. Voraussetzungen und Wirkungen	255
2. Kündigungsbeschränkungen in Tarifverträgen	261
XI. Darlegungs- und Beweislast	269
1. Vorrang gesetzlicher Beweislastregelungen	270
2. Analogiefähigkeit einzelner Beweislastregelungen	271
3. Abgestufte Darlegungs- und Beweislast bei allgemeinen zivilrechtlichen Schranken sowie Diskriminierungs- und Benachteiligungsverboten	272
a) Anscheinsbeweis	274
b) Beweismaßsenkung und Erleichterung der konkreten Beweisführungslast	275
§ 14 Die Anhörung des Betriebsrats	277
I. Entstehungsgeschichte – Grundsätze	278
II. Geltungsbereich	281
III. Voraussetzungen des präventiven Kündigungsschutzes nach § 102 Abs. 1 BetrVG	290
1. Existenz und Funktionsfähigkeit des Betriebsrats	290
2. Kündigung des Arbeitsverhältnisses durch den Arbeitgeber	299
3. Beendigung des Arbeitsverhältnisses aus anderen Gründen	306
4. Darlegungs- und Beweislast	310
IV. Das Anhörungsverfahren	311
1. Zeitpunkt der Anhörung des Betriebsrats	316
2. Adressat der Mitteilung	323
3. Form und Inhalt der Mitteilung	326
a) Kündigungsgründe	335
aa) Betriebsbedingte Kündigung	345
bb) Krankheitsbedingte Kündigung	347
cc) Verhaltensbedingte Kündigung	349
dd) Verdachtskündigung	350
ee) Änderungskündigung	351
b) Nachschieben von Kündigungsgründen	352
4. Beschluss des Betriebsrats	357
5. Mängel des Anhörungsverfahrens	361
6. Rechtsfolgen der Verletzung der Anhörungspflicht	365
V. Stellungnahme des Betriebsrats bei der ordentlichen Kündigung	367
1. Bedenken	370
2. Widerspruch bei ordentlicher Kündigung	374
VI. Stellungnahme des Betriebsrats bei der außerordentlichen Kündigung	379
VII. Kündigung durch den Arbeitgeber nach Abschluss des Anhörungsverfahrens	382
1. Umdeutung einer außerordentlichen Kündigung in eine ordentliche Kündigung	386
2. Prozessuale Fragen	388
VIII. Erweiterung des Mitbestimmungsrechts des Betriebsrats	389
§ 15 Die Beteiligung des Sprecherausschusses bei Kündigungen	393
§ 16 Die Beteiligung des Personalrats bei Kündigungen	397
I. Ordentliche Kündigung	398
II. Außerordentliche Kündigung, fristlose Entlassung	402
§ 17 Umdeutung der Kündigung (Konversion)	404
I. Umdeutung der unwirksamen außerordentlichen Kündigung in eine ordentliche Kündigung	410
II. Umdeutung der ordentlichen Kündigung	413
III. Umdeutung der außerordentlichen Kündigung in einen Antrag zum Abschluss eines Aufhebungsvertrages	415

Inhaltsverzeichnis

	Rn.
IV. Umdeutung der Kündigungserklärung in eine Anfechtungserklärung	416
V. Umdeutung von Änderungskündigung und Leistungsbestimmungsrechten	417
VI. Prozessuale Fragen	419

§ 18 Die ordentliche Kündigung 420
    I. Grundsätze 420
    II. Allgemeine Grundlagen der Kündigungsfristen 422
        1. Geltungsbereich des § 622 BGB 428
        2. Sonderregelungen 431
        3. Übergangsregelung 435
        4. Berechnung der Kündigungsfrist 436
    III. Unabdingbare Mindestkündigungsfristen 441
        1. Grundsatz 441
        2. Auswirkungen des KündFG auf bestehende Arbeitsverhältnisse ... 445
    IV. Einzelvertragliche Verkürzung von Kündigungsfristen 448
        1. Probe- und Aushilfsarbeitsverhältnisse 449
        2. Einzelvertragliche Bezugnahme auf Tarifverträge 450
        3. Kleinunternehmen (§ 622 Abs. 5 Nr. 2 BGB) 451
    V. Einzelvertragliche Verlängerung von Kündigungsfristen 452
    VI. Tarifvertragliche Regelungen 460
        1. Tarifdispositivität 461
        2. Abkürzung 464
        3. Kündigungstermin 465
        4. Bezugnahme auf tarifliche Kündigungsfristen 466
        5. Günstigkeitsvergleich 471
        6. Zulässigkeit der Differenzierung zwischen Arbeitern und Angestellten ... 472
            a) Grundsätze 472
            b) Konstitutive oder deklaratorische Tarifregelung 474
            c) Sachliche Rechtfertigung konstitutiver tariflicher Kündigungsfristen ... 477
        7. Rechtsfolgen verfassungswidriger tariflicher Regelungen 485

§ 19 Die Kündigung im Probe- und Aushilfsarbeitsverhältnis 486
    I. Probearbeitsverhältnis 487
    II. Aushilfsarbeitsverhältnis 498

§ 20 Kündigung im befristeten Arbeitsverhältnis 506
    I. Ordentliche Kündigung 507
    II. Außerordentliche Kündigung 510

§ 21 Die Kündigung des Berufsausbildungsverhältnisses 511
    I. Kündigung während der Probezeit 515
    II. Die Berufsaufgabekündigung (§ 22 Abs. 2 Nr. 2 BBiG) 516
    III. Kündigung aus wichtigem Grund 518
    IV. Formvorschriften 520

§ 22 Die außerordentliche Kündigung 522
    I. Begriff, Grundlagen 524
    II. Die außerordentliche Änderungskündigung 528
    III. Beteiligungsrechte des Betriebsrates 535
    IV. Anhörung des Arbeitnehmers 536
    V. Zur Begründung der außerordentlichen Kündigung 538
        1. Begründungspflicht als Wirksamkeitsvoraussetzung? 539
        2. Nachschieben von Kündigungsgründen 541
            a) Grundsätze 542
            b) Nachschieben verwirkter Kündigungsgründe 545
    VI. Der wichtige Grund 546
        1. Grundsätze der Bestimmung des wichtigen Grundes 547
            a) Objektiver oder subjektiver Tatbestand des wichtigen Grundes;
                Beurteilungszeitpunkt 550

Inhaltsverzeichnis

	Rn.
b) Systematisierung der Kündigungsgründe	552
c) Grundsatz der Verhältnismäßigkeit	553
d) Interessenabwägung	555
e) Bedeutung langer Kündigungsfristen und der sogenannten Unkündbarkeit	556
2. Die Abmahnung	558
3. Die Beweislast	559
VII. Systematische Darstellung der Kündigungsgründe des Arbeitgebers	565
1. Verhaltensbedingte Gründe	565
a) Verletzung vorvertraglicher Pflichten	567
b) Verletzung von Hauptpflichten	569
aa) Nichtleistung und Verzug	570
(1) Arbeitsverweigerung	570
(2) Arbeitszeitbetrug	581
(3) Notarbeiten	582
(4) Sonntagsarbeit	583
(5) Streik und Streikarbeit	584
(6) Überstunden	587
(7) Unentschuldigtes Fehlen	589
(8) Unpünktlichkeit	591
(9) Urlaubsantritt, unberechtigter	592
(10) Urlaubsüberschreitung	594
(11) Vortäuschung der Arbeitsunfähigkeit	595
bb) Schlechtleistung	596
(1) Fehlerhafte Arbeit	596
(2) Langsamarbeit und Bummelei	601
c) Verletzung von Nebenpflichten	603
aa) Leistungstreuepflichten	606
(1) Berichtspflicht	606
(2) Rücksprache mit Arbeitgeber	607
(3) Direktionsrecht/Gehorsamspflicht	608
(4) Herausgabe von Unterlagen (Arbeitspapiere)	609
bb) Handlungs- und Schutzpflichten	610
(1) Anzeige- und Nachweispflichten	610
(2) Arbeitsschutz	615
(3) Aufklärungs-, Unterrichtungs- und Auskunftspflichten	616
(4) Gesundheitsuntersuchung	617
(5) Schadensabwendungspflicht	619
cc) Unterlassungspflichten	621
(1) Abkehrwille	621
(2) Abwerbeverbot	623
(3) Alkohol- und Drogenverbot	625
(4) Androhung von Nachteilen (insbes. Krankschreibung)	629
(5) Anzeige gegen den Arbeitgeber	632
(6) Anzeigen gegen Arbeitnehmer	637
(7) Außerdienstliches Verhalten; Loyalitätspflichten in Tendenzbetrieben und kirchlichen Arbeitsverhältnissen	639
(8) (Sexuelle) Belästigung von Betriebsangehörigen	646
(9) Beleidigungen, Tätlichkeiten	648
(10) Betriebliche Ordnung	651
(11) Ehrenämter	653
(12) Genesungswidriges Verhalten	655
(13) Kontrolleinrichtungen	656
(14) Lohnpfändungen	658
(15) Meinungsäußerung	660
(16) Missbrauch und Überschreitung von Befugnissen	662

Inhaltsverzeichnis

	Rn.
(17) Nebentätigkeit; Konkurrenztätigkeit; Wettbewerbsverbot	663
(18) Politische, gewerkschaftliche und religiöse Betätigung	669
(19) Privatkommunikation (Telefon, E-Mail, Internet)	674
(20) Rauchverbot	681
(21) Schmiergelder (Bestechung, Korruption)	682
(22) Spesenbetrug	685
(23) Straftaten	687
(24) Vermögensschädigung	692
(25) Verschwiegenheitspflicht; Vertraulichkeit des Wortes	693
2. Personenbedingte Gründe	694
a) Druckkündigung	695
b) Eignungsmangel	696
c) Entzug von Erlaubnissen	698
d) Freiheitsstrafe, Untersuchungshaft	700
e) Krankheit	701
f) Verdachtskündigung	703
aa) Einordnung des Kündigungsgrundes	703
bb) Verhältnis zur Tatkündigung	705
cc) Voraussetzungen der Verdachtskündigung	708
dd) Besonderheiten bei der Wahrung der Ausschlussfrist	713
ee) Beurteilungszeitpunkt und Wiedereinstellungsanspruch	714
3. Betriebsbedingte Gründe	715
a) Behördliche Verfügungen	716
b) Betriebsstilllegung; Betriebsveräußerung	717
c) Autonome Unternehmerentscheidungen	718a
d) Insolvenz	719
VIII. Systematische Darstellung der außerordentlichen Kündigungsgründe des Arbeitnehmers	720
1. Vertragsverletzungen des Arbeitgebers	722
a) Hauptpflichten, insbesondere Nichtzahlung des Entgelts	723
b) Nebenpflichten	725
aa) Arbeitsschutz	726
bb) Beleidigung; Verdächtigung	727
cc) Urlaub; Freistellung	728
dd) Werkswohnung	729
ee) Sonstige Nebenpflichten	731
2. Personenbedingte Gründe des Arbeitnehmers	732
a) Arbeitsplatzwechsel	733
b) Gewissenskonflikt	734
c) Familiäre Gründe	736
d) Krankheit	737
IX. Außerordentliche Kündigung ordentlich Unkündbarer	738
1. Grundsätze zur Bestimmung des „wichtigen Grundes"	741
a) Außerordentliche Kündigung aus minder wichtigem Grund?	742
b) Berücksichtigung der Unkündbarkeit in der Interessenabwägung	743
2. Betriebsbedingte Kündigung	745
a) Absolute Grenze wirtschaftlicher Unzumutbarkeit?	746
b) Verfassungsrechtliche Wertungen	748
c) Gesetzliche Wertungen	750
d) Risikoverteilung/Wirtschaftliche Belastung	751
e) Sinn und Zweck der Unkündbarkeitsvereinbarung	755
3. Personen- und verhaltensbedingte Kündigung	760
a) Personenbedingte Kündigung	761
b) Verhaltensbedingte Kündigung	764
4. Angleichung mit der ordentlichen Kündigung	767
a) Auslauffrist	768

	Rn.
b) Anhörung des Betriebsrats/Personalrats	781
c) Vorrangige Weiterbeschäftigung im Unternehmen	782
d) Sozialauswahl bei betriebsbedingten Kündigungen	783
5. Besonderheiten zur Ausschlussfrist nach § 626 Abs. 2 BGB	784
X. Ausschluss, Beschränkungen und Erweiterungen des außerordentlichen Kündigungsrechts	789
XI. Die Ausschlussfrist des § 626 Abs. 2 BGB	794
1. Beginn der Ausschlussfrist	797
2. Ablauf der Ausschlussfrist	806
3. Der Kündigungsberechtigte	808
4. Rechtsmissbrauch	812
5. Darlegungs- und Beweislast	814
XII. Schadensersatz nach außerordentlicher Kündigung	815
1. Schadensersatzanspruch des Arbeitnehmers	817
2. Schadensersatzanspruch des Arbeitgebers	822
3. Ansprüche wegen rechtswidriger außerordentlicher Kündigung	826
4. Ansprüche des Arbeitnehmers bei öffentlicher Bekanntgabe der außerordentlichen Kündigung	827

Zweiter Abschnitt: Der allgemeine Kündigungsschutz 828

§ 1 Voraussetzungen des allgemeinen Kündigungsschutzes	935
I. Persönlicher Geltungsbereich	836
1. Arbeitnehmer	836
2. Arbeitnehmerähnliche Personen	840
3. Geschäftsführer, Betriebsleiter und ähnliche leitende Angestellte	841
4. Organvertreter	848
II. Auslandssachverhalte/Internationales Privatrecht	849
III. Betriebs- und unternehmensbezogener Geltungsbereich (Schwellenwert)	852
1. Betriebsbegriff; Gemeinschaftsbetrieb	852
2. Kleinunternehmen, -betriebe und Verwaltungen	858
3. Berechnung der Mindestbeschäftigtenzahl	860
4. Darlegungs- und Beweislast	864
III. Sechsmonatige Wartezeit	866
1. Grundsatz	866
2. Berechnung der Wartezeit	870
3. Unterbrechung des Arbeitsverhältnisses	876
§ 2 Die Sozialwidrigkeit der Kündigung	880
I. Allgemeine Grundsätze	880
1. Unbestimmter Rechtsbegriff	883
2. Ultima-Ratio-Prinzip	886
3. Prognoseprinzip (Beurteilungszeitpunkt)	891
4. Interessenabwägung	893
5. Abgrenzung der Kündigungsgründe; Mischtatbestände	896
6. Darlegungs- und Beweislast	901
II. Dringende betriebliche Erfordernisse	902
1. Vorliegen eines betriebsbedingten Kündigungsgrundes	904
a) Unternehmerische Entscheidung	904
aa) Bedeutung der Unternehmerentscheidung; Betriebs- und Konzernbezug	904
bb) Inhalt der Unternehmerentscheidung	912
cc) Ursachen der Unternehmerentscheidung	913
dd) Umfang der gerichtlichen Kontrolle	917
ee) Dringlichkeit des betrieblichen Erfordernisses	924
b) Kausaler Wegfall der Beschäftigungsmöglichkeit	929

Inhaltsverzeichnis

	Rn.
c) Prognose	931
d) Prüfungsraster	933
e) Einzelfälle dringender betrieblicher Erfordernisse	934
aa) Abkehrwille	934
bb) Abordnung zu Tochterunternehmen	935
cc) Änderung des Anforderungsprofils und Leistungsverdichtung	936
dd) Auftragsmangel/Umsatzrückgang	940
ee) Austauschkündigungen	946
ff) Betriebsänderungen/Änderungen des Arbeitsablaufs	952
gg) Betriebsstilllegung	956
hh) Betriebsübergang	961
(1) Kündigungsverbot nach § 613a Abs. 4 Satz 1 BGB	961
(2) Kündigungsmöglichkeiten nach § 613a Abs. 4 Satz 2 BGB	963
(3) Abgrenzungsfragen	964
(4) Prozessuales	967
ii) Druckkündigung	970
jj) Öffentlicher Dienst	972
(1) Haushaltseinsparungen	973
(2) Drittmittelentzug	975
(3) Stellenplan	976
kk) Rationalisierung; Standortverlagerungen	978
ll) Rentabilitätsgründe	982
2. Vorrangige mildere Mittel	984
a) Grundsatz	984
b) Weiterbeschäftigungsmöglichkeit in demselben Betrieb oder in einem anderen Betrieb des Unternehmens	988
c) Weiterbeschäftigungsmöglichkeit nach Änderung der Arbeitsbedingungen (Vorrang der Änderungskündigung)	992
d) Weiterbeschäftigung in einem anderen Konzernunternehmen?	998
e) Weiterbeschäftigung nach Umschulungs- oder Fortbildungsmaßnahmen	1001
f) Weiterbeschäftigung im Ausland	1002a
g) Katalog sonstiger milderer Mittel	1003
aa) Arbeitsstreckung („go-slow") und „Auf-Lager-Arbeiten"	1003
bb) Kurzarbeit	1004
cc) Allgemeine Arbeitszeitverkürzung	1006
dd) Abbau von Überstunden und Leiharbeitsverhältnissen	1007
ee) Vorverlegung von Werksferien	1008
ff) Freimachen eines besetzten Arbeitsplatzes	1009
3. Nachträglicher Wegfall der Kündigungsgründe	1010
4. Darlegungs- und Beweislast	1016
5. Sozialauswahl	1021
a) Allgemeines	1021
b) Bestimmung des auswahlrelevanten Personenkreises	1031
aa) Grundlagen	1031
bb) Arbeitsvertragliche Austauschbarkeit (Reichweite des Direktionsrechts)	1035
cc) Anforderungsprofile der fortbestehenden Arbeitsplätze als Maßstab der Vergleichbarkeit (sog. qualifikationsbezogene Austauschbarkeit)	1038
dd) Betrieb als Bezugsrahmen der Sozialauswahl	1045
ee) Betriebsinterner Bezugsrahmen der Sozialauswahl	1061
ff) Einbeziehung besonderer Personengruppen in die Sozialauswahl	1062
gg) Beteiligung des Betriebsrats bei Versetzungen im Rahmen der Sozialauswahl	1074
c) Ausreichende Berücksichtigung sozialer Gesichtspunkte	1075

Inhaltsverzeichnis

	Rn.
aa) Allgemeines	1075
bb) Dauer der Betriebszugehörigkeit	1079
cc) Lebensalter	1083
dd) Unterhaltspflichten	1086
ee) Schwerbehinderung	1090
ff) Weitere Kriterien	1091
gg) Bewertung der Sozialkriterien	1099
d) Der Sozialauswahl entgegenstehende berechtigte betriebliche Bedürfnisse	1102
aa) Allgemeines	1102
bb) Einzelne berechtigte betriebliche Interessen (Kenntnisse, Fähigkeiten und Leistungen)	1110
cc) Die Sicherung einer ausgewogenen Personalstruktur als berechtigtes betriebliches Interesse	1124
e) Rechtsfolgen einer fehlerhaften Sozialauswahl	1132
f) Der Auskunftsanspruch des Arbeitnehmers und die Darlegungs- und Beweislast im Kündigungsschutzprozess	1133
aa) Der materiell-rechtliche Auskunftsanspruch aus § 1 Abs. 3 Satz 1 Hs. 2 KSchG	1133
bb) Die Verteilung der Darlegungs- und Beweislast im Kündigungsschutzprozess	1134
g) Die Sozialauswahl unter Anwendung von tariflichen oder betrieblichen Auswahlrichtlinien gem. § 1 Abs. 4 KSchG	1140
aa) Allgemeines	1140
bb) Auswahlregelung in einem Tarifvertrag oder einer Betriebs-/Dienstvereinbarung	1143
cc) Gegenstand der begrenzten Justitiabilität	1145
dd) Grobe Fehlerhaftigkeit	1147
ee) Rechtsfolgen der groben Fehlerhaftigkeit	1152
6. Betriebsbedingte Kündigungen bei Betriebsänderungen (§ 1 Abs. 5 KSchG)	1153
a) Allgemeines	1153
b) Voraussetzungen	1155
aa) Betriebsänderung nach § 111 BetrVG und wirksamer Interessenausgleich	1156
bb) Schriftform und namentliche Bezeichnung der zu Kündigenden	1160
cc) Beteiligung des Betriebsrats	1162
dd) Keine wesentliche Änderung der Sachlage nach Zustandekommen des Interessenausgleichs	1163
ee) Darlegungs- und Beweislast	1164
c) Rechtsfolgen	1166
aa) Vermutung dringender betrieblicher Erfordernisse	1167
bb) Reduzierte Überprüfung der sozialen Auswahl auf grobe Fehlerhaftigkeit	1170
7. Abfindungsanspruch bei betriebsbedingten Kündigungen (§ 1a KSchG)	1173
a) Normzweck, Rechtsnatur und praktische Auswirkungen	1173
b) Voraussetzungen	1175
aa) Anwendbarkeit	1175
bb) Arbeitgeberkündigung wegen dringender betrieblicher Erfordernisse	1176
cc) Abfindungsangebot mit Hinweis	1179
dd) Abgrenzung zur rechtsgeschäftlichen Abfindungsvereinbarung	1180
ee) Annahme durch Verstreichenlassen der Klagefrist	1183
ff) Ablauf der Kündigungsfrist	1186
c) Rechtsfolgen	1188
aa) Fälligkeit; Verjährung	1188

Inhaltsverzeichnis

	Rn.
bb) Abfindungshöhe	1189
cc) Anrechenbarkeit von Sozialplanabfindungen	1190
d) Sozialrechtliche Folgen des Abfindungsanspruchs	1191
aa) Anrechnung der Abfindung auf das Arbeitslosengeld	1191
bb) Sperrzeit	1192
III. Gründe im Verhalten des Arbeitnehmers	1196
1. Prüfungskriterien	1196
a) Vertragsverletzungen	1197
b) Objektiver Kündigungsgrund	1200
c) Abmahnung	1201
d) Negativprognose	1209
e) Mildere Mittel	1210
f) Interessenabwägung	1213
g) Darlegungs- und Beweislast	1215
2. Einzelfälle	1216
IV. Gründe in der Person des Arbeitnehmers	1217
1. Prüfungskriterien	1222
a) Erhebliche Beeinträchtigung betrieblicher oder vertraglicher Interessen	1222
b) Negativprognose; Wiedereinstellungsanspruch	1224
c) Vorrangige mildere Mittel	1228
d) Interessenabwägung	1229
2. Einzelfälle	1233
a) Alkoholsucht	1233
b) Alter	1235
c) Arbeitserlaubnis; Beschäftigungsverbot	1236
d) Ehrenamt; Wehrdienst	1238
e) Eignung	1240
f) Krankheit	1245
aa) Grundlagen	1245
bb) Häufige Kurzerkrankungen	1254
cc) Dauernde Arbeitsunfähigkeit	1268
dd) Kündigung wegen krankheitsbedingter Leistungsminderung	1271
ee) Kündigung wegen Langzeiterkrankung	1272
g) Straftat; Untersuchungshaft	1274
V. Sozialwidrigkeit im Falle eines Widerspruchs des Betriebsrats; absolute Sozialwidrigkeitsgründe	1275
1. Auswahlrichtlinien	1280
2. Weiterbeschäftigung auf einem anderen Arbeitsplatz	1281
VI. Verzicht auf den Kündigungsschutz (Ausgleichsquittung)	1285
§ 3 Die Änderungskündigung	1287
I. Zweck des § 2 KSchG	1287
II. Begriff der Änderungskündigung	1288
1. Änderungsangebot	1289
2. Bestimmtheit der Änderungskündigung und des Änderungsangebots	1290
3. Änderungsangebot zur befristeten Weiterbeschäftigung?	1292
III. Anwendbarkeit des Kündigungsschutzrechts	1293
IV. Vorrang vertraglicher Instrumentarien	1294
V. Reaktionsmöglichkeiten des Arbeitnehmers	1296
1. Vorbehaltlose Annahme	1297
2. Annahme unter Vorbehalt	1298
3. Kündigungsschutzverfahren nach Ablehnung des Vertragsangebotes	1302
VI. Soziale Rechtfertigung einer Änderungskündigung	1305
1. Prüfungsmaßstab	1305
2. Betriebsbedingte Änderungskündigung	1308

	Rn.
a) Entgeltreduzierung	1310
b) Organisationsänderungen	1315
c) Arbeitszeit	1319
d) Vorrang milderer Mittel	1320
e) Sozialauswahl	1325
3. Verhaltensbedingte Änderungskündigung	1330
4. Personenbedingte Änderungskündigung	1331

Dritter Abschnitt: Der besondere Kündigungsschutz 1332/1333

§ 1 Kündigungsschutz nach dem Mutterschutzgesetz	1334
I. Geltungsbereich des Kündigungsverbotes	1339
1. GmbH-Geschäftsführerin und Mutterschutz	1341
2. Mutterschutz in Ehegattenverträgen?	1342
II. Voraussetzungen des Kündigungsschutzes	1344
1. Schwangerschaft	1344
a) Feststellung der Schwangerschaft	1345
b) Kosten der Schwangerschaftsfeststellung	1349
2. Entbindung	1350
a) Zum Begriff der Entbindung	1352
b) Totgeburt	1354
c) Fehlgeburt	1355
d) Schwangerschaftsabbruch	1356
3. Kündigung durch den Arbeitgeber	1357
a) Kündigungsarten	1357
b) Annahmeverzug	1361
4. Beendigung des Arbeitsverhältnisses ohne Kündigung	1363
a) Nichtiger Arbeitsvertrag	1363
b) Anfechtung	1368
aa) Irrtum über verkehrswesentliche Eigenschaft	1369
bb) Arglistige Täuschung	1370
c) Aufhebungsvertrag	1375
d) Befristeter Arbeitsvertrag	1376
e) Auflösende Bedingung	1378
f) Eigenkündigung der Arbeitnehmerin	1379
g) Verzicht auf den Kündigungsschutz	1382
5. Kenntnis des Arbeitgebers von der Schwangerschaft oder der Entbindung	1383
a) Eigene Kenntnis des Arbeitgebers	1384
b) Kenntnis von Vertretern und Beauftragten	1389
c) Nachweis der Kenntnis des Arbeitgebers oder seines Beauftragten	1391
6. Mitteilung der Schwangerschaft bzw. Entbindung nach erfolgter Kündigung	1393
a) Mitteilung an Arbeitgeber oder Vertreter	1398
b) Mitteilungsfrist	1399
c) Nachweis der Schwangerschaft	1410
d) Darlegungs- und Beweislast	1411
III. Rechtsfolgen des Kündigungsverbotes	1413
1. Nichtigkeit der Kündigung	1413
2. Klagefrist	1415
IV. Die Zulässigkeitserklärung nach § 9 Abs. 3 MuSchG	1416
1. Voraussetzungen der Zulässigkeitserklärung	1419
a) Allgemein	1419
b) Besonderer Fall	1421
2. Rechtswirkungen der Zulässigkeitserklärung	1423
3. Zulässigkeitserklärung und Ausschlussfrist (§ 626 Abs. 2 S. 1 BGB)	1430

Inhaltsverzeichnis

	Rn.
4. Formvorschriften	1431
5. Die zulässige Kündigung und sonstiges Kündigungsrecht	1434
V. Benachrichtigung der Aufsichtsbehörde von der Eigenkündigung der Arbeitnehmerin	1436
VI. Erhaltung von Rechten; Sonderkündigungsrecht	1437
§ 2 Kündigungsschutz und Elternzeit	1438
I. Allgemein	1438
II. Geltungsbereich	1443
1. Der besondere Kündigungsschutz nach Verlangen der Elternzeit und während der Elternzeit	1446
2. Teilzeitarbeit während der Elternzeit bei demselben Arbeitgeber (§ 18 Abs. 2 Nr. 1 BEEG)	1454
3. Teilzeitarbeit ohne Elternzeit (§ 18 Abs. 2 Nr. 2 BEEG)	1457
4. Teilzeitarbeit bei einem anderen Arbeitgeber in der Elternzeit	1464
II. Das Kündigungsverbot	1466
III. Die Zulässigkeitserklärung der Kündigung	1468
IV. Die Geltendmachung der Nichtigkeit der Kündigung; Klagefrist	1472
V. Sonderkündigungsrecht des/der Arbeitnehmers/in	1474
§ 3 Kündigungsschutz schwerbehinderter Arbeitnehmer	1478
I. Einleitung	1478
II. Geltungsbereich der §§ 85 bis 92 SGB IX	1483
1. Geschützter Personenkreis	1483
2. Ausnahmetatbestände (§ 90 Abs. 1–Abs. 2a SGB IX)	1490
a) Nichterfüllung der Wartezeit	1491
b) Schwerbehinderte Arbeitnehmer auf bestimmten Arbeitsplätzen	1493
c) Kündigung nach dem 58. Lebensjahr	1494
d) Entlassung aus Witterungsgründen	1496
e) Fehlender Nachweis	1498
f) Kündigungsschutz trotz Ausnahmetatbestand	1505
g) Anzeigepflicht	1506
3. Kenntnis des Arbeitgebers von der Schwerbehinderteneigenschaft des Arbeitnehmers	1507
a) Kündigungsrechtliche Konsequenzen	1507
b) Anfechtung des Arbeitsvertrages	1519
III. Der besondere Kündigungsschutz im Verhältnis zu anderen Gesetzen	1523
IV. Gegenstand des besonderen Kündigungsschutzes	1530
1. Arbeitgeberseitige Kündigung	1530
2. Sonstige Beendigungstatbestände	1535
a) Aufhebungsvertrag	1535
b) Befristeter Arbeitsvertrag	1536
c) Auflösend bedingter Vertrag	1539
d) Faktisches Arbeitsverhältnis	1543
e) Anfechtung des Arbeitsvertrages	1544–1546
V. Kündigungsfrist	1547
VI. Die Zustimmung des Integrationsamtes	1552/1553
1. Das Antragsverfahren	1555
2. Die Entscheidung des Integrationsamtes	1559
3. Die Frist für die Kündigung durch den Arbeitgeber	1570
4. Entbehrlichkeit der Bestandskraft der Zustimmungsentscheidung	1574
VII. Außerordentliche Kündigung	1578
1. Der Antrag auf Erteilung der Zustimmung	1585
2. Die Entscheidung des Integrationsamtes	1590
3. Zustimmungsfiktion	1595
a) Allgemein	1595
b) Wann ist die Entscheidung des Integrationsamtes getroffen?	1596

Inhaltsverzeichnis

	Rn.
4. Kündigung nach Zustimmung des Integrationsamtes	1598
5. Rechtsmittel	1603–1605
6. Außerordentliche Kündigung aus Anlass von Arbeitskämpfen	1607
§ 4 Kündigungsschutz nach dem PflegeZG	1611
I. Einleitung	1611
II. Geltungsbereich	1615
III. Voraussetzungen des besonderen Kündigungsschutzes	1618
IV. Beginn und Dauer des besonderen Kündigungsschutzes	1629
V. Zulässigkeitserklärung der Kündigung	1633
VI. Klagefrist	1634
§ 5 Kündigungsschutz nach dem FPflG	1634a
I. Einleitung	1634a
II. Inhalt des Kündigungsschutzes	1634c
§ 6 Kündigungsschutz bei Massenentlassungen	1635
I. Voraussetzungen der Anzeigepflicht	1637
II. Beteiligung des Betriebsrats	1646
III. Form und Inhalt der Anzeige	1653
IV. Konzernregelung	1658
V. Rechtsfolgen bei unterlassener Anzeige	1659
1. Frühere Rechtsprechung des BAG	1659
2. Nach dem Urteil des EuGH vom 27.1.2005	1660
VI. Die Beendigung des Arbeitsverhältnisses nach erfolgter Anzeige	1661
1. Bedeutung der Sperrfrist (§ 18 Abs. 1 und 2 KSchG)	1661
2. Kündigung vor Ablauf der Sperrfrist	1662
VII. Bedeutung der Freifrist (§ 18 Abs. 4 KSchG)	1664
§ 7 Kündigungsschutz im Rahmen der Betriebsverfassung	1665
I. Personeller Geltungsbereich	1671
II. Beginn und Ende des besonderen Kündigungsschutzes	1681
III. Nachwirkender Kündigungsschutz	1692
IV. Die ordentliche Kündigung	1696
1. Die Änderungskündigung	1697
2. Die Kündigung bei Stilllegung des Betriebes und einer Betriebsabteilung	1700
a) Kündigung bei Stilllegung des Betriebes	1700
b) Kündigung bei Stilllegung einer Betriebsabteilung	1709
c) Prozessuale Fragen	1722
V. Die außerordentliche Kündigung	1725
1. Der wichtige Grund	1731
a) Fallgruppen zum wichtigen Grund	1734
b) Außerordentliche betriebsbedingte Änderungskündigung	1737
2. Die Zustimmung des Betriebsrats	1740
a) Die Entscheidung des Betriebsrats	1742
b) Zeitpunkt der Zustimmung	1750
c) Bedeutung des § 626 Abs. 2 BGB	1751
d) Rechtsfolgen bei fehlender Zustimmung	1755
3. Die Ersetzung der Zustimmung durch das Arbeitsgericht	1756
a) Zulässigkeit der Kündigungsschutzklage nach rechtskräftiger Entscheidung über die Zustimmung zur außerordentlichen Kündigung	1762
b) Ersetzung der Zustimmung unmittelbar durch das Arbeitsgericht	1766
4. Kündigungsschutzverfahren	1767
VI. Amtsausübung und Beschäftigungsanspruch	1771
VII. Bestandsschutz für Auszubildende	1774
1. Persönliche Gründe	1779
2. Betriebliche Gründe	1780

Inhaltsverzeichnis

	Rn.
3. Verfahrensrecht	1788
4. Kosten anwaltschaftlicher Tätigkeit im Beschlussverfahren	1792
§ 8 Sonstige Fälle eines besonderen Kündigungsschutzes	1793
I. Inhaber von Bergmannsversorgungsscheinen	1794
II. Wehrdienst und Zivildienst	1797
III. Sonstige Einzelfälle	1809

Vierter Abschnitt: Der Kündigungsschutzprozess 1810

§ 1 Die fristgebundene Kündigungsschutzklage	1810
I. Allgemeines	1810
II. Geltungsbereich des § 4 KSchG	1815
1. Bestehen eines Arbeitsverhältnisses	1815
2. Schriftliche Kündigung	1819
3. Ordentliche und außerordentliche Kündigung	1820
4. Befristeter Arbeitsvertrag	1824
5. Anfechtung des Arbeitsverhältnisses	1826
6. Berufsausbildungsverhältnis	1827
7. Sonstige Fälle	1830
III. Unwirksamkeitsgründe	1831
IV. Feststellungsklage	1835
1. Grundsätze	1835
2. Feststellungsinteresse	1839
V. Wirkungen der Kündigungsschutzklage	1844
1. Einfluss auf Verjährung	1844
2. Geltendmachung im Rahmen von Ausschlussfristen	1845
a) Anwendbarkeit	1845
b) Einstufige Ausschlussfristen	1849
c) Zweistufige Ausschlussfristen	1851
3. Kündigungsschutzklage und Erholungsurlaub	1858
VI. Auswirkungen der Rücknahme der Kündigung auf die Kündigungsschutzklage	1860
VII. Kündigungsschutzklage und Annahmeverzug	1868
VIII. Klageerhebung vor dem Arbeitsgericht	1880
1. Die Klageschrift	1880
2. Die Parteien des Kündigungsschutzprozesses	1886
a) Arbeitgeber	1886
b) Arbeitnehmer	1900
3. Zuständiges Gericht	1902
IX. Die Klagefrist nach § 4 KSchG	1908
1. Allgemeines zur Fristwahrung	1908
2. Einzelfragen zur Fristwahrung	1912
3. Die Rechtsnatur der Klagefrist	1919
4. Fristbeginn nach § 4 S. 4 KSchG	1923
a) Rechtslage bis zum 31.12.2003	1923
b) Rechtslage seit dem 1.1.2004	1925
5. Verlängerte Anrufungsfrist nach § 6 S. 1 KSchG	1929
a) Unmittelbarer Anwendungsbereich	1929
b) Entsprechende Anwendung	1936
c) Hinweispflicht	1941
6. Die Wirkung der Fristversäumung	1944
X. Zulassung verspäteter Klagen	1948
1. Allgemeine Grundsätze	1948
2. Voraussetzungen der nachträglichen Zulassung	1952
a) Allgemein	1952

Inhaltsverzeichnis

	Rn.
b) Einzelfälle	1953
c) Sonderfall: Schwangerschaft	1985
3. Verfahren	1988
a) Zuständiges Gericht	1988
b) Antragsinhalt	1989
c) Antragsfrist	1993
d) Erstinstanzliche Entscheidung	1997
e) Rechtsmittel	2006
4. Bindungswirkung des Zwischenurteils über die nachträgliche Zulassung	2010
XI. Streitgegenstand; Präklusion	2014
1. Punktuelle Streitgegenstandstheorie	2014
2. Feststellungsklage nach § 4 KSchG und § 256 ZPO (Kombination)	2022
a) Auslegung des Klageantrages nach § 256 Abs. 1 ZPO	2027
b) Das Feststellungsinteresse für die Klage nach § 256 Abs. 1 ZPO	2032
c) Allgemeine Feststellungsklage und Klagefrist	2040
3. Das Präklusionsprinzip	2041
XII. Neues Arbeitsverhältnis des Arbeitnehmers. Auflösung des alten Arbeitsverhältnisses	2048
1. Allgemeines	2048
2. Voraussetzungen des Wahlrechts	2049
a) Gerichtliches Urteil	2049
b) Neues Arbeitsverhältnis	2050
3. Die Nichtfortsetzungserklärung	2052
4. Fortsetzung des bisherigen Arbeitsverhältnisses	2053
5. Vergütungsfragen	2056
§ 2 Verhältnis des Kündigungsschutzgesetzes zu sonstigen Kündigungen	2056
I. Die außerordentliche Kündigung	2060
1. Geltungsbereich des § 13 Abs. 1 KSchG	2063/2064
2. Streitgegenstand; Präklusion	2067
3. Probleme der Umdeutung der außerordentlichen Kündigung im Kündigungsschutzprozess	2069
II. Die sittenwidrige Kündigung	2077
III. Die aus anderen Gründen unwirksame Kündigung (§ 13 Abs. 3 KSchG)	2081
1. Rechtslage bis zum 31.12.2003	2081
2. Rechtslage seit dem 1.1.2004	2082
a) Regelungsgehalt des § 13 Abs. 3 KSchG	2082
b) Feststellungsklage nach § 256 Abs. 1 ZPO	2084
§ 3 Auflösung des Arbeitsverhältnisses und Abfindung	2087
I. Voraussetzungen für die Auflösung des Arbeitsverhältnisses	2095
1. Sozialwidrigkeit der Kündigung	2095
2. Der Auflösungsantrag des Arbeitnehmers	2106
3. Der Auflösungsantrag des Arbeitgebers	2113
4. Beiderseitiger Auflösungsantrag	2128
II. Das Auflösungsurteil	2130
1. Die Kostenentscheidung	2134
2. Vorläufige Vollstreckbarkeit	2137
3. Rechtsmittel	2139
III. Die Abfindung	2144
1. Rechtsnatur und zivilrechtliche Behandlung	2144
2. Die Höhe der Abfindung	2153
3. Steuerrechtliche Fragen	2158
4. Sozialversicherungsrechtliche Fragen	2161
5. Anrechnung der Abfindung auf das Arbeitslosengeld	2163
a) Überblick	2163
b) Rechtslage seit dem 1.4.1999 bzw. seit dem 1.4.2012	2165

Inhaltsverzeichnis

	Rn.
§ 4 Die Klage gegen eine Änderungskündigung (§§ 2, 8 KSchG)	2175
I. Die Beteiligung des Betriebsrats	2179
1. Die Anhörung des Betriebsrats nach § 102 Abs. 1 BetrVG	2180
2. Die Mitbestimmung des Betriebsrats nach § 99 Abs. 1 BetrVG	2183
II. Die Änderungskündigung als Beendigungskündigung	2184
III. Die vorbehaltlose Annahme des Angebots	2185
IV. Die Annahme des Änderungsangebots unter Vorbehalt	2187
V. Das Verfahren nach der Annahme des Angebots unter Vorbehalt	2194
VI. Die außerordentliche Änderungskündigung	2201
§ 5 Streitwert der Kündigungsschutzklage	2202
I. Überblick	2202
II. Einzelne Kündigung	2204
III. Mehrere Kündigungen	2207
IV. Kündigung und Weiterbeschäftigung	2210
V. Kündigung und Arbeitsentgelt	2213
VI. Änderungskündigung	2214
VII. Kündigung und Auflösungsantrag	2215
§ 6 Der Weiterbeschäftigungsanspruch des Arbeitnehmers während des Kündigungsschutzprozesses	2216
I. Der Weiterbeschäftigungsanspruch nach § 102 Abs. 5 S. 1 BetrVG	2220
1. Voraussetzungen für den Weiterbeschäftigungsanspruch	2223
a) Widerspruch des Betriebsrats	2223
b) Erhebung der Kündigungsschutzklage	2231
c) Die ordentliche Kündigung	2233
d) Die Änderungskündigung	2234
e) Das Verlangen des Arbeitnehmers	2235
2. Inhalt des Anspruchs; Beendigung	2236
a) Allgemeines	2236
b) Die Durchsetzung des Weiterbeschäftigungsanspruchs	2237
c) Vollstreckung des Weiterbeschäftigungsanspruchs	2241
d) Beendigung der Weiterbeschäftigungspflicht	2242
3. Die Entbindung von der Weiterbeschäftigungspflicht	2246
a) Die Erfolgsaussicht der Kündigungsschutzklage	2248
b) Die unzumutbare wirtschaftliche Belastung des Arbeitgebers	2249
c) Offensichtliche Unbegründetheit des Widerspruchs	2250
d) Rechtsfolge der Entbindung	2252
e) Wiederholung des Antrages	2253
II. Der Weiterbeschäftigungsanspruch außerhalb des Geltungsbereichs des § 102 Abs. 5 BetrVG	2254
1. Der Weiterbeschäftigungsanspruch nach dem Beschluss des Großen Senats	2258
a) Der Zeitraum vor einem Urteil im Kündigungsschutzprozess	2259
aa) Offensichtliche Unwirksamkeit der Kündigung	2260
bb) Besonderes Beschäftigungsinteresse des Arbeitnehmers	2262
b) Der Zeitraum nach einem Urteil im Kündigungsschutzprozess	2263
c) Die Wiederholungskündigung	2264
d) Die Änderungskündigung	2267
2. Prozessuale Fragen	2269
3. Rechtsnatur und Rückabwicklung des Weiterbeschäftigungsverhältnisses	2273
a) Weiterbeschäftigung auf Grund einer Parteivereinbarung	2274
b) Weiterbeschäftigung zur Abwendung der Zwangsvollstreckung	2276
4. Inhalt des Weiterbeschäftigungsanspruchs	2284
5. Einstweiliger Rechtsschutz	2285

Inhaltsverzeichnis

	Rn.
Fünfter Abschnitt: Kündigungsschutz in der Insolvenz	2288
§ 1 Kündigung nach Eröffnung des Insolvenzverfahrens	2288
I. Bedeutung des Insolvenzrechts	2288
II. Der Regelungsbereich des § 113 InsO	2293
1. Gesetzliches Kündigungsrecht	2293
2. Kündigungsfrist	2297
3. Kündigungsform	2301
4. Allgemeiner und besonderer Kündigungsschutz	2302
5. Schadensersatz	2304
III. Die Klagefrist im Insolvenzverfahren	2306
§ 2 Interessenausgleich und Beschlussverfahren zum Kündigungsschutz	2307
I. Interessenausgleich und Kündigungsschutz (§ 125 InsO)	2307
1. Regelungsinhalt	2307
2. Voraussetzungen	2310
3. Rechtsfolgen	2316
a) Vermutung dringender betrieblicher Erfordernisse (§ 125 Abs. 1 S. 1 Nr. 1 InsO)	2316
b) Eingeschränkter Prüfungsmaßstab bei Sozialauswahl (§ 125 Abs. 1 S. 1 Nr. 2 InsO)	2319
c) Änderung der Sachlage (§ 125 Abs. 1 S. 2 InsO)	2322
II. Das Beschlussverfahren nach § 126 InsO	2324
1. Allgemeines	2324
2. Antragsinhalt	2329
3. Antragsfrist	2330
4. Verfahrensgegenstand	2331
5. Verfahrensgrundsätze	2333
6. Rechtsmittel	2337
7. Kosten	2338
III. Bindungswirkung der Entscheidung, § 127 InsO	2339
§ 3 Betriebsveräußerung in der Insolvenz	2343
I. Der Betriebsübergang im Insolvenzverfahren	2343
II. Die Regelung des § 128 Abs. 1 InsO	2345
III. Erstreckung der Vermutungs- und Feststellungswirkung nach § 128 Abs. 2 InsO	2348

	Seite
Sachverzeichnis	977

Abkürzungsverzeichnis

aA	anderer Ansicht
a. a. O.	am angegebenen Ort
abl.	ablehnend
ABl.	Amtsblatt
Abs.	Absatz
Abschn.	Abschnitt
abw.	abweichend
AcP	Archiv für civilistische Praxis, Zeitschrift
aE	am Ende
aF	alte Fassung
AFG	Arbeitsförderungsgesetz
AfP	Archiv für Presserecht, Zeitschrift
AG	Amtsgericht
AGG	Allgemeines Gleichbehandlungsgesetz
ähnl.	ähnlich
AiB	Arbeitsrecht im Betrieb, Zeitschrift
allg.	allgemein
AngKSchG	Gesetz über die Fristen für die Kündigung von Angestellten
Anh.	Anhang
Anm.	Anmerkung
AnwBl.	Anwaltsblatt, Zeitschrift
AP	Arbeitsrechtliche Praxis. Nachschlagewerk des Bundesarbeitsgerichts
ArbBeschFG	Arbeitsrechtliches Beschäftigungsförderungsgesetz
ArbG	Arbeitsgericht
ArbGG	Arbeitsgerichtsgesetz
AR-Blattei	Arbeitsrecht-Blattei
AR-Blattei SD	Arbeitsrecht-Blattei Systematische Darstellungen
ArbNähnl. Pers.	arbeitnehmerähnliche Person
ArbnErfG	Arbeitnehmererfindungsgesetz
ArbPlSchG	Arbeitsplatzschutzgesetz
ArbRB	Der Arbeits-Rechts-Berater, Zeitschrift
ArbR	Arbeitsrecht aktuell
ArbRGeg.	Das Arbeitsrecht der Gegenwart, Jahrbuch
ArbuR	Arbeit und Recht, Zeitschrift
ArbZG	Arbeitszeitgesetz
ARS	Arbeitsrechtssammlung, Entscheidungen des Reichsarbeitsgerichts und der Landesarbeitsgerichte, Zeitschrift
ARSt	Arbeitsrecht in Stichworten, Zeitschrift
Art.	Artikel
ArztR	Arztrecht, Zeitschrift
ASiG	Arbeitssicherheitsgesetz
AuA	Arbeit und Arbeitsrecht, Zeitschrift
AÜG	Arbeitnehmerüberlassungsgesetz
Aufl.	Auflage
ausf.	ausführlich
Ausschussdrucks	Ausschussdrucksache
AVG	Angestelltenversicherung
AVO	Ausführungsverordnung
AVR	Arbeitsvertragsrichtlinien des Diakonischen Werkes der EKD
BAG	Bundesarbeitsgericht
BAGE	Entscheidungen des Bundesarbeitsgerichts, Amtliche Sammlung

Abkürzungsverzeichnis

BAGReport	Schnelldienst zur arbeitsrechtlichen Rechtsprechung des Bundesarbeitsgerichts und des Europäischen Gerichtshofs, Zeitschrift
BAnz	Bundesanzeiger
BAT	Bundesangestelltentarifvertrag
BauRTV	Baugewerberahmentarifvertrag
BayGO	Bayerische Gemeindeordnung
BB	Betriebs-Berater, Zeitschrift
BBiG	Berufsbildungsgesetz
Bd.	Band
BDA	Bundesvereinigung der Deutschen Arbeitgeberverbände
BEEG	Gesetz zum Elterngeld und zur Elternzeit
BehinR	Behindertenrecht, Zeitschrift
Beil.	Beilage
BErzGG	Bundeserziehungsgeldgesetz
BeschFG	Beschäftigungsförderungsgesetz
Beschl.	Beschluss
best.	bestätigt
BetrVG	Betriebsverfassungsgesetz
BFH	Bundesfinanzhof
BFHE	Entscheidungen des Bundesfinanzhofs
BGB	Bürgerliches Gesetzbuch
BGBl.	Bundesgesetzblatt
BGH	Bundesgerichtshof
BGHZ	Entscheidungen des Bundesgerichtshofes in Zivilsachen (Amtl. Sammlung)
BKGG	Bundeskindergeldgesetz
BlStSozArbR	Blätter für Steuerrecht, Sozialversicherung und Arbeitsrecht
BMT-G	Bundesmanteltarifvertrag für Arbeiter der Gemeinden
BPersVG	Bundespersonalvertretungsgesetz
BR-Drs.	Drucksache des Deutschen Bundesrates
BRTV	Bundesrahmentarifvertrag
BSeuchG	Bundesseuchengesetz
BSG	Bundessozialgericht
BSGE	Entscheidungen des Bundessozialgerichts (Amtl. Sammlung)
BSHG	Bundessozialhilfegesetz
BT-Drs.	Drucksachen des Deutschen Bundestages
BUrlG	Bundesurlaubsgesetz
BuW	Betrieb und Wirtschaft, Zeitschrift
BVerfG	Bundesverfassungsgericht
BVerfGE	Entscheidungen des Bundesverfassungsgerichts (Amtl. Sammlung)
BVerwG	Bundesverwaltungsgericht
BVSG	Bergmannsversorgungsscheingesetz
bzgl.	bezüglich
bzw.	beziehungsweise
CR	Computer und Recht, Zeitschrift
DB	Der Betrieb, Zeitschrift
ders.	Derselbe
DGB	Deutscher Gewerkschaftsbund
d. Gr.	der Gründe
d. h.	das heißt
dies.	dieselbe, dieselben
Diss.	Dissertation
DJT	Deutscher Juristentag
DKP	Deutsche Kommunistische Partei
Drucks.	Drucksache

Abkürzungsverzeichnis

DStR	Deutsches Steuerrecht, Zeitschrift
DuD	Datenschutz und Datensicherung, Zeitschrift
DVBl.	Deutsches Verwaltungsblatt, Zeitschrift
DZWiR	Deutsche Zeitschrift für Wirtschaftsrecht
EBRG	Europäische Betriebsräte-Gesetz
EFZG	Entgeltfortzahlungsgesetz
EG	Europäische Gemeinschaft
EGBGB	Einführungsgesetz zum BGB
EGInsO	Einführungsgesetz zur Insolvenzordnung
EignÜG	Eignungsübungsgesetz
eing.	eingehend
Einl.	Einleitung
einschr.	einschränkend
Ergbd.	Ergänzungsband
EStG	Einkommensteuergesetz
EuGH	Europäischer Gerichtshof
EuroAS	Informationsdienst Europäisches Arbeits- und Sozialrecht, Zeitschrift
EuZW	Europäische Zeitschrift für Wirtschaftsrecht
eV	eingetragener Verein
evtl.	eventuell
EWG	Europäische Wirtschaftsgemeinschaft
EWiR	Entscheidungen zum Wirtschaftsrecht, Zeitschrift
EzA	Entscheidungssammlung zum Arbeitsrecht, herausgegeben und bearbeitet von Stahlhacke
EzA-SD	Entscheidungssammlung zum Arbeitsrecht Schnelldienst
EzBAT	Entscheidungssammlung zum Bundesangestellten-Tarifvertrag
f., ff.	folgende
FA	Fachanwalt für Arbeitsrecht, Zeitschrift
FamRZ	Zeitschrift für das Gesamte Familienrecht
FG	Finanzgericht
FGG	Gesetz über die Angelegenheiten der freiwilligen Gerichtsbarkeit
Fn.	Fußnote
FS	Festschrift
GBl.	Gesetzblatt der DDR
GbR	Gesellschaft bürgerlichen Rechts
GesO	Gesamtvollstreckungsordnung
GefahrstoffVO	Gefahrstoffverordnung
gem.	gemäß
ggü.	gegenüber
GewA	Gewerbe-Archiv, Zeitschrift
GewO	Gewerbeordnung
GG	Grundgesetz für die Bundesrepublik Deutschland
ggf.	gegebenenfalls
GKG	Gerichtskostengesetz
GmbH	Gesellschaft mit beschränkter Haftung
GmbHR	GmbH-Rundschau, Zeitschrift
GO NW	Gemeindeordnung Nordrhein-Westfalen
Grds.	Grundsatz
GS	Großer Senat
GVBl.	Gesetz- und Verordnungsblatt
GVG	Gerichtsverfassungsgesetz
HAG	Heimarbeitsgesetz
HFSt.	Hauptfürsorgestelle

Abkürzungsverzeichnis

HGB	Handelsgesetzbuch
hL	herrschende Lehre
hM	herrschende Meinung
Hs.	Halbsatz
idF	in der Fassung
idR	in der Regel
iE	im Einzelnen
iErg	im Ergebnis
insbes.	insbesondere
InsO	Insolvenzordnung
InVo	Insolvenz & Vollstreckung, Zeitschrift
IPRax	Praxis des Internationalen Privat- und Verfahrensrechts, Zeitschrift
iS	im Sinne
iSd	im Sinne des/der
iVm	in Verbindung mit
JArbSchG	Jugendarbeitsschutzgesetz
JhrbArbR	Jahrbuch des Arbeitsrechtsrechts
JR	Juristische Rundschau (Zeitschrift)
JurBüro	Juristisches Büro, Zeitschrift
JuS	Juristische Schulung, Zeitschrift
JW	Juristische Wochenschrift, Zeitschrift
JZ	Juristenzeitung, Zeitschrift
Kap.	Kapitel
KG	Kammergericht
KO	Konkursordnung
krit.	kritisch
KSchG	Kündigungsschutzgesetz
KTS	Zeitschrift für Insolvenzrecht
L	Leitsatz
LAG	Landesarbeitsgericht
LAGE	Entscheidungen der Landesarbeitsgerichte
LAGReport	Schnelldienst zur Rechtsprechung der Landesarbeitsgerichte, Zeitschrift
lit.	litera (Buchstabe)
LohnFG	Lohnfortzahlungsgesetz
LPVG	Landespersonalvertretungsgesetz
Ls.	Leitsatz
LSG	Landessozialgericht
MDR	Monatsschrift für Deutsches Recht, Zeitschrift
MiLoG	Mindestlohngesetz
MMR	MultiMedia und Recht, Zeitschrift
MTB	Manteltarifvertrag für Arbeiter des Bundes
MTL	Manteltarifvertrag für Arbeiter der Länder
MTV	Manteltarifvertrag
MuSchG	Mutterschutzgesetz
mwN	mit weiteren Nachweisen
n.	nicht
Nachw.	Nachweis
NachwG	Nachweisgesetz
nF	neue Fassung
NJ	Neue Justiz, Zeitschrift

Abkürzungsverzeichnis

NJW	Neue Juristische Wochenschrift, Zeitschrift
NJW-CoR	NJW-Computerreport, Zeitschrift
NJW-RR	NJW-Rechtsprechungsreport, Zivilrecht, Zeitschrift
Nr.	Nummer
nv	nicht veröffentlicht
NW/NRW	Nordrhein-Westfalen
NZA	Neue Zeitschrift für Arbeitsrecht
NZA-RR	NZA-Rechtsprechungsreport
NZI	Neue Zeitschrift für das Recht der Insolvenz und Sanierung
OHG	Offene Handelsgesellschaft
ÖJZ	Österreichische Juristen-Zeitung, Zeitschrift
OLG	Oberlandesgericht
Os.	Orientierungssatz
OVG	Oberverwaltungsgericht
OWiG	Ordnungswidrigkeitengesetz
ParlKsch	Kündigungsschutz für Parlamentarier
PartGG	Gesetz über Partnerschaftsgesellschaften Angehöriger Freier Berufe
PersR	Der Personalrat, Zeitschrift
PflegeZG	Pflegezeitgesetz
Prot.	Protokolle
PStG	Personenstandsgesetz
PStV	Verordnung zur Ausführung des Personenstandsgesetzes
RAG	Reichsarbeitsgericht
RdA	Recht der Arbeit, Zeitschrift
RDV	Recht der Datenverarbeitung, Zeitschrift
Reg.	Regierung
RegE	Regierungsentwurf
RG	Reichsgericht
RGBl.	Reichsgesetzblatt
RGZ	Entscheidungen des Reichsgerichts in Zivilsachen
rkr	rechtskräftig
RL	Richtlinie
Rn.	Randnummer
Rs.	Rechtssache
Rspr.	Rechtsprechung
RVO	Reichsversicherungsordnung
RzK	Rechtsprechung zum Kündigungsrecht, Loseblatt
S.	Seite
sa	siehe auch
SAE	Sammlung arbeitsrechtlicher Entscheidungen, Zeitschrift
SchwbG	Schwerbehindertengesetz
SeemG	Seemannsgesetz
SEV	Sammlung Europäischer Verträge
SGB	Sozialgesetzbuch
sog.	sogenannte
SozSich.	Soziale Sicherheit, Zeitschrift
Sonderbeil.	Sonderbeilage
SprAuG	Sprecherausschussgesetz
ständ. Rspr.	ständige Rechtsprechung
StGB	Strafgesetzbuch
StPO	Strafprozessordnung
st.	ständig

Abkürzungsverzeichnis

teilw.	teilweise
TVAL II	Tarifvertrag für die Arbeitnehmer bei den Stationierungsstreitkräften im Gebiet der Bundesrepublik Deutschland
TVG	Tarifvertragsgesetz
TVöD	Tarifvertrag öffentlicher Dienst
TzBfG	Teilzeit- und Befristungsgesetz
u.	und
ua	und andere; unter anderem
UmwG	Umwandlungsgesetz
uU	unter Umständen
v.	von
VersR	Versicherungsrecht, Zeitschrift
VerwG	Verwaltungsgericht
VGH	Verwaltungsgerichtshof
vgl.	vergleiche
VglO	Vergleichsordnung
vH	von Hundert
Voraufl.	Vorauflage
Vorbem.	Vorbemerkung
VwGO	Verwaltungsgerichtsordnung
VwVfG	Verwaltungsverfahrensgesetz
WahlO	Wahlordnung
weiterg.	weitergehend
WiB	Wirtschaftsberatung, Zeitschrift
WissR	Wissenschaftsrecht: Wissenschaftsverwaltung, Wissenschaftsförderung, Zeitschrift
WM	Wertpapiermitteilung, Zeitschrift
WRV	Weimarer Reichsverfassung
ZA-NTS	Zusatzabkommen zu dem Abkommen zwischen den Parteien des Nordatlantikvertrages über die Rechtsstellung ihrer Truppen hinsichtlich der in der BRD stationierten ausländischen Truppen
ZAS	Zeitschrift für Arbeits- und Sozialrecht
zB	zum Beispiel
ZDG	Zivildienstgesetz
ZeuP	Zeitschrift für Europäisches Privatrecht
ZfA	Zeitschrift für Arbeitsrecht
ZfS	Das Zentralblatt für Soziversicherung, Sozialhilfe und Versorgung
ZIAS	Zeitschrift für ausländisches und internationales Arbeits- und Sozialrecht
ZInsO	Zeitschrift für das gesamte Insolvenzrecht
ZIP	Zeitschrift für Wirtschaftsrecht und Insolvenzpraxis
ZPO	Zivilprozessordnung
ZPO-RG	Zivilprozessreformgesetz
ZRP	Zeitschrift für Rechtspolitik
ZSchG	Zivilschutzgesetz
zT	zum Teil
ZTR	Zeitschrift für Tarifrecht
ZUM-RD	Zeitschrift für Urheber- und Medienrecht
zust.	zustimmend
zutr.	zutreffend
ZZP	Zeitschrift für Zivilprozess

Literaturverzeichnis

Adomeit/Mohr	*Adomeit/Mohr*, Kommentar zum Allgemeinen Gleichbehandlungsgesetz, 2. Aufl., 2011
AG/*Bearbeiter*	*Arnold/Gräfl* (Hrsg.), Teilzeit- und Befristungsgesetz, Kommentar, 3. Aufl., 2012
AL/*Bearbeiter*	*Andres/Leithaus*, Insolvenzordnung, Kommentar, 3. Aufl. 2014
Annuß	Betriebsbedingte Kündigung und arbeitsvertragliche Bindung, 2004
Anzinger/Koberski	Arbeitszeitgesetz, Kommentar, 4. Aufl., 2014
APS/*Bearbeiter*	*Ascheid/Preis/Schmidt* (Hrsg.), Kommentar zum gesamten Arbeitsrecht, 4. Aufl., 2012
AR-*Bearbeiter*	*Dornbusch/Fischermeier/Löwisch* (Hrsg.), Arbeitsgerichtsverfahren, Kommentar, 7. Aufl., 2015
ArbRBGB/*Bearbeiter*	*Schliemann* (Hrsg.), Das Arbeitsrecht im BGB, 2. Aufl., 2002
Ascheid	Kündigungsschutzrecht – Die Kündigung des Arbeitsverhältnisses, 1993
Ascheid Beweislastfragen	Beweislastfragen im Kündigungsschutzprozeß, 1989
AT/*Bearbeiter*	*Annuß/Thüsing,* Kommentar zum Teilzeit- und Befristungsgesetz, 3. Aufl., 2012
Auffarth/Müller	Kündigungsschutzgesetz, 1960
Bauer AGG	*Bauer/Krieger*, Kommentar zum Allgemeinen Gleichbehandlungsgesetz, 4. Aufl., 2015
Bauer/Diller	Wettbewerbsverbote, 7. Aufl., 2015
Bauer/Krieger	Kündigungsrecht – Reformen 2004, 2004
Bauer/Krieger/Arnold	Arbeitsrechtliche Aufhebungsverträge, 9. Aufl., 2014
Bauer/Röder	Taschenbuch der Kündigung, 2. Aufl., 2000
Baumbach/Bearbeiter	*Baumbach/Lauterbach/Albers/Hartmann,* Kommentar zur ZPO, 73. Aufl., 2015
BB/*Bearbeiter*	*Bader/Bram/Dörner/Kriebel/Nungeßer/Suckow,* Kündigungs- und Bestandsschutz im Arbeitsverhältnis, Loseblatt
Beckerle	Die Abmahnung, 11. Aufl., 2012
BeckOK/*Bearbeiter*	*Rolfs/Giesen/Kreikebohm/Udsching* (Hrsg.), Beck'scher Online-Kommentar Arbeitsrecht
Benecke/Hergenröder	Berufsbildungsgesetz, 2009
Berkowsky I	Die betriebsbedingte Kündigung, 6. Aufl., 2008
Berkowsky II	Die personen- und verhaltensbedingte Kündigung, 4. Aufl., 2005
Bezani	Die krankheitsbedingte Kündigung, 1994
Blanke	Europäische Betriebsräte-Gesetz, Kommentar, 2. Aufl., 2006
Boecken/Joussen	Teilzeit- und Befristungsgesetz, Handkommentar, 3. Aufl., 2012
Boemke/Bearbeiter	*Boemke* (Hrsg.), Gewerbeordnung, Kommentar zu §§ 105–110 GewO, 2003
Boewer	Teilzeit- und Befristungsgesetz, 2002
*Braun/*Bearbeiter	*Braun* (Hrsg.), Insolvenzordnung, Kommentar, 5. Aufl., 2012
Bröhl	Die außerordentliche Kündigung mit notwendiger Auslauffrist, 2005
BTM/*Bearbeiter*	*Backmeister/Trittin/Mayer*, Kündigungsschutz mit Nebengesetzen, Kommentar, 4. Aufl., 2009
Buchner	Die Beschäftigungspflicht, 1989
Buchner/Becker	Mutterschutzgesetz, Bundeselterngeld- und Elternzeitgesetz, Kommentar, 8. Aufl., 2008
Buschmann/Dieball/Stevens-Bartol	Das Recht der Teilzeitarbeit, 2. Aufl., 2001
Bütefisch	Die Sozialauswahl, 2000
Buschmann/Ulber	Arbeitszeitgesetz, Kommentar, 8. Aufl., 2015

Literaturverzeichnis

Cramer/Bearbeiter	*Cramer/Fuchs/Hirsch/Ritz,* SGB IX- Kommentar zum Recht schwerbehinderter Menschen, 6. Aufl., 2011
DB/*Bearbeiter*	*Däubler/Bertzbach* (Hrsg.), Allgemeines Gleichbehandlungsgesetz, Handkommentar, 3. Aufl., 2013
DBD/*Bearbeiter*	*Däubler/Bonin/Deinert,* AGB-Kontrolle im Arbeitsrecht, 4. Aufl., 2014
DHSW/*Bearbeiter*	*Däubler/Hjort/Schubert/Wolmerath* (Hrsg.), Arbeitsrecht, Kommentar, 3. Aufl. 2013
Dikomey	Das ruhende Arbeitsverhältnis, 1991
DKKW/*Bearbeiter*	*Däubler/Kittner/Klebe/Wedde* (Hrsg.), Kommentar zum Betriebsverfassungsgesetz, 14. Aufl., 2014
DL/*Bearbeiter*	*Düwell/Lipke* (Hrsg.), Arbeitsgerichtsgesetz, Kommentar, 3. Aufl., 2012
DLW/*Bearbeiter*	*Dörner/Luczak/Wildschütz/Baeck/Hoß* (Hrsg.), Handbuch des Fachanwalts Arbeitsrecht, 11. Aufl., 2014
Dörner	Der befristete Arbeitsvertrag, 2. Aufl., 2011
EAS/*Bearbeiter*	*Oetker/Preis* (Hrsg.), Europäisches Arbeits- und Sozialrecht, Rechtsvorschriften, Systematische Darstellungen und Entscheidungssammlung, Loseblatt
ErfK/*Bearbeiter*	*Müller-Glöge/Preis/Schmidt* (Hrsg.), Erfurter Kommentar zum Arbeitsrecht, 15. Aufl., 2015
Erman/*Bearbeiter*	BGB, Handkommentar, 2 Bände., 14. Aufl., 2014
FM/*Bearbeiter*	*Feichtinger/Malkmus* (Hrsg.),Entgeltfortzahlungsgesetz, Kommentar, 2. Aufl., 2010
Fitting	*Fitting/Engels/Schmidt/Trebinger/Linsenmaier,* Betriebsverfassungsgesetz mit Wahlordnung, Handkommentar, 27. Aufl., 2014
FK/*Bearbeiter*	*Wimmer* (Hrsg.) Frankfurter Kommentar zur Insolvenzordnung, 8. Aufl., 2015
Friese	Urlaubsrecht, 2003
Fuchs/Stähler	Schwerbehindertengesetz, 2. Aufl., 1994
Gagel/*Bearbeiter*	*Gagel* (Hrsg.), SGB II/SGB III, Loseblattausgabe
Galperin/Löwisch	BetrVG, 6. Aufl., 1982
Gamillscheg	Arbeitsrecht, Prüfe dein Wissen I, Arbeitsvertrags- und Arbeitsschutzrecht, 8. Aufl., 2000 mit Nachtrag 2001, Prüfe dein Wissen II, Arbeitsrecht, 6. Aufl., 1984
Gentges	Prognoseprobleme im Kündigungsschutzrecht, 1995
GK-AFG/*Bearbeiter*	*Ambs/Feckler/Götze/Hess/Lampe/Marschner/Müller-Kohlenberg/Rademacher/Schweitzer/Wagner/Wurtmann,* Gemeinschaftskommentar zum Arbeitsförderungsgesetz, Loseblattausgabe
GK-ArbGG/*Bearbeiter*	*Bader/Dörner/Mikosch/Schleusener/Schütz/Vossen,* Gemeinschaftskommentar zum Arbeitsgerichtsgesetz, Loseblattausgabe
GK-BetrVG/*Bearbeiter*	*Wiese/Kreutz/Oetker/Raab/Weber/Franzen/Gutzeit/Jacobs,* Gemeinschaftskommentar zum Betriebsverfassungsgesetz, 2 Bände, 10. Aufl., 2014
GK-BUrlG/*Bearbeiter*	*Stahlhacke/Bachmann/Bleistein/Berscheid,* Gemeinschaftskommentar zum Bundesurlaubsgesetz, 5. Aufl., 1992
GK-SchwbG/*Bearbeiter*	*Grossmann/Schimanski/Dopatka/Spiolek/Steinbrück,* Gemeinschaftskommentar zum Schwerbehindertengesetz, 2. Aufl., 2002
GK-SGB IX/*Bearbeiter*	*Großmann/Schimanski/Spiolek* (Hrsg.), Gemeinschaftskommentar zum Sozialgesetzbuch IX – Rehabilitation und Teilhabe behinderter Menschen, Loseblattausgabe
GK-TzA/*Bearbeiter*	*Becker/Danne/Lang/Lipke/Mikosch/Steinwedel,* Gemeinschaftskommentar zum Teilzeitarbeitsrecht, 1987

Literaturverzeichnis

GMP/*Bearbeiter*	*Germelmann/Matthes/Prütting* (Hrsg.), Arbeitsgerichtsgesetz, Kommentar, 8. Aufl., 2013
Gotthardt	Arbeitsrecht nach der Schuldrechtsreform, 2. Aufl., 2003
Gröninger/Thomas	Kommentar zum Mutterschutzgesetz, Loseblattausgabe
Gruchot	Beiträge zur Erläuterung des Deutschen Rechts
Grunsky/Moll	Arbeitsrecht und Insolvenz, 1997
GWBG/Bearbeiter	*Grunsky/Waas/Benecke/Greiner,* Arbeitsgerichtsgesetz, Kommentar, 8. Aufl., 2014
Hanau/Adomeit	Arbeitsrecht, 14. Aufl., 2007
HaKo/*Bearbeiter*	*Gallner/Mestwerdt/Nägele* (Hrsg.), Kündigungsschutzrecht, Handkommentar, 5. Aufl., 2015
HaKo-BetrVG/*Bearbeiter*	*Düwell* (Hrsg.), Betriebsverfassungsgesetz, Handkommentar, 4. Aufl., 2014
HaKo-MuSchG/*Bearbeiter*	Rancke (Hrsg.), Mutterschutz, Betreuungsgeld, Elterngeld, Elternzeit, 3. Aufl., 2014
Hauck/Helml/Biebl	Arbeitsgerichtsgesetz, Kommentar, 4. Aufl., 2011
Hauck/Noftz/*Bearbeiter*	*Hauck/Noftz* (Hrsg.), SGB IX Rehabilitation und Teilhabe behinderter Menschen, Kommentar, Loseblattausgabe
Hauer	Die Abmahnung im Arbeitsverhältnis, 1990
HBD/*Bearbeiter*	*Hümmerich/Boecken/Düwell,* AnwaltKommentar Arbeitsrecht, 2 Bände, 2. Aufl., 2010
Henssler/Moll	Kündigung und Kündigungsschutz in der betrieblichen Praxis, 2000
Hess	Insolvenzarbeitsrecht, 2. Aufl., 2000
HHL/*Bearbeiter*	*v. Hoyningen-Huene/Linck,* Kündigungsschutzgesetz, Kommentar, 15. Aufl., 2013
HK-InsO/*Bearbeiter*	*Kreft* (Hrsg.), Heidelberger Kommentar zur Insolvenzordnung, 7. Aufl., 2014
HK-KSchG/*Bearbeiter*	*Dorndorf/Weller/Hauck/Höland/Kriebel/Neef,* Heidelberger Kommentar zum Kündigungsschutzgesetz, 4. Aufl., 2001
HK-SGB IX/*Bearbeiter*	*Lachwitz/Schellhorn/Welti* (Hrsg.), Handkommentar zum Sozialgesetzbuch IX – Rehabilitation und Teilhabe behinderter Menschen, 3. Aufl., 2010
HKTzBfG/ *Bearbeiter*	*Boecken/Joussen,* Teilzeit- und Befristungsgesetz, Handkommentar, 3. Aufl., 2012
Holwe/Kossens/Pielenz/Räder	Teilzeit und Befristungsgesetz, 4. Aufl., 2014
v. Hoyningen-Huene/Linck	Die Versetzung, 1991
Hromadka/Bearbeiter	Änderung von Arbeitsbedingungen, 1990
Hromadka/Sieg	*Hromadka/Sieg,* Sprecherausschußgesetz, Kommentar, 3. Aufl., 2014
Hueck/Nipperdey	Lehrbuch des Arbeitsrechts, 7. Aufl., Bd. I 1967; Bd. II, 1. und 2. Halbbd. 1967, 1970
HwB AR	Handwörterbuch zum Arbeitsrecht, Loseblatt
HWGNRH/*Bearbeiter*	*Hess/Worzalla/Glock/Nicolai/Rose/Huke,* Kommentar zum Betriebsverfassungsgesetz, 9. Aufl., 2014
HWK/*Bearbeiter*	*Henssler/Willemsen/Kalb* (Hrsg.), Arbeitsrecht Kommentar, 6. Aufl., 2014
HzA/*Bearbeiter*	Handbuch zum Arbeitsrecht, hrsg. von *Stahlhacke,* fortgeführt von *Leinemann,* Loseblatt
Joost	Betrieb und Unternehmen als Grundbegriffe im Arbeitsrecht, 1989
Jung	Schwerbehindertengesetz, Kommentar, 5. Aufl., 1998

Literaturverzeichnis

Kallmeyer/*Bearbeiter*	Unwandlungsgesetz, 5. Aufl., 2013
Kammerer	Personalakte und Abmahnung, 3. Aufl., 2001
KDHK/*Bearbeiter*	*Kaiser/Dunkl/Hold/Kleinsorge,* Entgeltfortzahlungsgesetz, Kommentar, 5. Aufl., 2000
KDZ/*Bearbeiter*	*Kittner/Däubler/Zwanziger* (Hrsg.), Kündigungsschutzrecht, Kommentar, 9. Aufl., 2014
KeZa/*Bearbeiter*	*Kempen/Zachert* (Hrsg.), Tarifvertragsgesetz (TVG), Kommentar, 5. Aufl., 2014
KHb/*Bearbeiter*	*Leinemann* (Hrsg.), Kasseler Handbuch zum Arbeitsrecht, 2. Aufl., 2000
Kiel/Koch	Die betriebsbedingte Kündigung, 2. Aufl., 2009
Kilger/Schmidt	Insolvenzgesetze, 17. Aufl., 1997
KK/*Bearbeiter*	Kasseler Kommentar Sozialversicherungsrecht, Loseblatt
Klebe/Schumann	Das Recht auf Beschäftigung im Kündigungsschutzprozeß, 1981
Kliemt	Formerfordernisse im Arbeitsverhältnis, 1995
Knittel	SGB IX – Rehabilitation und Teilhabe behinderter Menschen, Loseblattsammlung
KPK/*Bearbeiter*	*Sowka/Schiefer/Heise* (Hrsg.), Kölner Praxiskommentar zum Kündigungsschutzgesetz, 3. Aufl., 2004
Kramer	Kündigungsvereinbarungen im Arbeitsvertrag, 1994
KR/*Bearbeiter*	*Etzel*/Bader/Fischermeier ua., Gemeinschaftskommentar zum Kündigungsschutzgesetz und zu sonstigen kündigungsschutzrechtlichen Vorschriften, 10. Aufl., 2013
Kreitner	Kündigungsrechtliche Probleme beim Betriebsinhaberwechsel, 1989
Kübler/Prütting	Das neue Insolvenzrecht, 2. Aufl., 2000
KPB/*Bearbeiter*	*Kübler/Prütting/Bork* (Hrsg.), Kommentar zur Insolvenzordnung, Loseblattausgabe
Küttner/*Bearbeiter*	*Küttner* (Hrsg.), Personalbuch 2014, Arbeitsrecht, Lohnsteuerrecht, Sozialversicherungsrecht, 21. Aufl., 2014
KZD/*Bearbeiter*	*Kittner/Zwanziger/ Deinert* (Hrsg.), Arbeitsrecht, Handbuch für die Praxis, 7. Aufl., 2013
Laux/Schlachter	Teilzeit- und Befristungsgesetz, 2. Aufl., 2011
Leinemann/Taubert	Berufsbildungsgesetz, Kommentar, 2. Aufl., 2008
Lepke	Kündigung bei Krankheit, 15. Aufl., 2015
Linck	Die soziale Auswahl bei betriebsbedingter Kündigung, 1990
Löwisch/Kaiser BetrVG.	Taschenkommentar zum Betriebsverfassungsgesetz, 6. Aufl., 2010
Löwisch SprAuG	Kommentar zum Sprecherausschußgesetz, 2. Aufl., 1994
Löwisch/Rieble	Tarifvertragsgesetz, Kommentar, 3. Aufl., 2012
LPK-SGB IX/*Bearbeiter*	Dau/*Düwell/Joussen* (Hrsg.), Lehr- und Praxiskommentar, Sozialgesetzbuch IX, Rehabilitation und Teilhabe behinderter Menschen, 4. Aufl., 2014
LR/*Bearbeiter*	*Landmann/Rohmer* (Hrsg.), Kommentar zur Gewerbeordnung, Loseblatt
LSW/*Bearbeiter*	*Löwisch/Spinner/Wertheimer*, Kommentar zum Kündigungsschutzgesetz, 10. Aufl., 2013
Lutter/*Bearbeiter*	*Lutter* (Hrsg.), Umwandlungsgesetz, Kommentar, 5. Aufl., 2014
LW/*Bearbeiter*	*Lang/Weidmüller,* Genossenschaftsgesetz, Kommentar, 37. Aufl., 2011
Maunz/Dürig/ Bearbeiter	*Maunz/Dürig* (Hrsg.), Grundgesetz, Loseblatt
Meisel	Die Mitwirkung und Mitbestimmung des Betriebsrates in personellen Angelegenheiten, 5. Aufl., 1999
Meisel/Sowka	Kommentar zum Mutterschutz und Erziehungsurlaub, 5. Aufl., 1999
MHH/*Bearbeiter*	*Meinel/Heyn/Herms,* Teilzeit- und Befristungsgesetz, Kommentar, 4. Aufl., 2012
Mengel	Umwandlungen im Arbeitsrecht, 1997

Literaturverzeichnis

Moll/*Bearbeiter*, MAH Arbeitsrecht	Moll (Hrsg.), Münchener Anwaltshandbuch Arbeitsrecht, 3. Aufl., 2012
Molitor	Die Kündigung, 2. Aufl., 1951
Müller-Limbach	Arbeitsgerichtliche Überprüfung betriebsbedingter Kündigungen durch den Insolvenzverwalter, 2001
Müller-Wenner/Winkler	SGB IX Teil 2 Schwerbehindertenrecht, 2. Aufl., 2011
MünchArbR/*Bearbeiter*	Münchener Handbuch zum Arbeitsrecht, 2 Bände, 3. Aufl., 2009
MüKoBGB/*Bearbeiter*	Münchener Kommentar zum BGB, 6. Aufl., 2012 ff.
MüKoInsO/*Bearbeiter*	Münchener Kommentar zur Insolvenzordnung, Band 1, §§ 1–79, 3. Aufl., 2013; Band 2, §§ 80–216, 3. Aufl., 2013
MüKoZPO/*Bearbeiter*	Münchener Kommentar zur ZPO, 4. Aufl., 2012 f.
Musielak/*Bearbeiter*	ZPO, Kommentar, 11. Aufl., 2014
MVG/*Bearbeiter*	*Molitor/Volmer/Germelmann,* Jugendarbeitsschutzgesetz, Kommentar, 3. Aufl., 1986
Natter/Gross	Arbeitsgerichtsgestz, Handkommentar, 2. Aufl., 2013
Natzel	Berufsbildungsrecht, 3. Aufl., 1982
Nerlich/Römermann/ *Bearbeiter*	*Nerlich/Römermann,* Insolvenzordnung, Kommentar, Loseblattausgabe
Neumann/Biebl	Arbeitszeitgesetz, 16. Aufl., 2012
Neumann/Fenski	Kommentar zum Bundesurlaubsgesetz, 10. Aufl., 2011
Nikisch	Lehrbuch des Arbeitsrechts, Bd. 1, 3. Aufl., 1961
NPM/*Bearbeiter*	*Neumann/Pahlen/Majerski-Pahlen,* Kommentar zum SGB IX, 12. Aufl., 2010
Otto	Personale Freiheit und soziale Bindung, 1978
Palandt/*Bearbeiter*	Kommentar zum Bürgerlichen Gesetzbuch, 74. Aufl., 2015
Pflaum	Die Abmahnung im Arbeitsrecht als Vorstufe zur Kündigung, 1992
PK-SGB IX/*Bearbeiter*	*Kossens/von der Heide/Maaß,* Rehabilitation und Teilhabe behinderter Menschen (SGB IX), Praxiskommentar, 3. Aufl., 2009
Preis Prinzipien	Prinzipien des Kündigungsrechts bei Arbeitsverhältnissen, 1987
Preis Vertragsgestaltung	Grundfragen der Vertragsgestaltung im Arbeitsrecht, 1993
Preis/*Bearbeiter*	Preis (Hrsg.), Der Arbeitsvertrag, 5. Aufl., 2015
Preis/Kliemt/Ulrich	Aushilfs- und Probearbeitsverhältnis, 2. Aufl., 2003
Prütting	Gegenwartsprobleme der Beweislast, 1983
Reuter/Martinek	Ungerechtfertigte Bereicherung, 1983
RGRK/*Bearbeiter*	Das Bürgerliche Gesetzbuch, Kommentar, herausgegeben von den Mitgliedern des Bundesgerichtshofes, §§ 611–630, 12. Aufl., 1991/1994/1997
Richardi/*Bearbeiter*	Richardi (Hrsg.), Betriebsverfassungsgesetz mit Wahlordnung, Kommentar, 14. Aufl., 2014
Richardi/Dörner/ Weber	Personalvertretungsrecht, Bundespersonalvertretungsgesetz und Personalvertretungsgesetze der Länder, 4. Aufl., 2012
Rosenberg/Schwab/ Gottwald	Zivilprozessrecht, 17. Aufl., 2010
Schaub/*Bearbeiter*	Arbeitsrechts-Handbuch, 15. Aufl., 2013
Schmidt, B.	Sozialversicherungsrecht in der arbeitsrechtlichen Praxis, 2. Aufl., 2013
Schmidt/*Bearbeiter*	Einkommensteuergesetz, Kommentar, 33. Aufl., 2014
Schmitt	Entgeltfortzahlungsgesetz, Kommentar, 7. Aufl., 2012
Schüren/*Bearbeiter*	Arbeitnehmerüberlassungsgesetz, 4. Aufl., 2010
Schwab/Weth/ *Bearbeiter*	*Schwab/Weth* (Hrsg,), Arbeitsgerichtsgesetz, 4. Aufl., 2015

Literaturverzeichnis

Sievers	TzBfG, Kommentar zum Teilzeit- und Befristungsgesetz, 4. Aufl., 2012
Soergel/*Bearbeiter*	*Soergel/Siebert* (Hrsg.), Kommentar zum BGB, 12. Aufl., 1987 ff.
SSV/*Bearbeiter*	*Schleusener/Suckow/Voigt,* AGG, Kommentar zum Allgemeinen Gleichbehandlungsgesetz, 4. Aufl., 2013
Staudinger/*Bearbeiter*	Kommentar zum BGB, bandweise Aktualisierungen
Stege/Weinspach/ Schiefer	Betriebsverfassungsgesetz, Kommentar, 9. Aufl., 2002
Stein/Jonas/*Bearbeiter*	*Stein/Jonas* (Hrsg.), Kommentar zur Zivilprozessordnung, 22. Aufl., 2002 ff.
Thomas/Putzo/ *Bearbeiter*	Zivilprozessordnung, 35. Aufl., 2014
Thüsing AGB-Kontrolle	*Thüsing,* AGB-Kontrolle im Arbeitsrecht, 2. Aufl., 2008
Thüsing AGG	Arbeitsrechtlicher Diskriminierungsschutz, 2. Aufl. 2013
Thüsing/*Bearbeiter*	*Thüsing* (Hrsg.), AÜG, Kommentar, 3. Aufl., 2012
TLL/*Bearbeiter*	*Thüsing/Laux/Lembke,* Kündigungsschutzgesetz, Kommentar, 3. Aufl., 2014
Treber	EFZG, Kommentar, 2. Aufl., 2007
Uhlenbruck/*Bearbeiter*	*Uhlenbruck* (Hrsg.), Insolvenzordnung, Kommentar, 13. Aufl., 2010
Weber/Ehrich/ Burmeister/Fröhlich	Handbuch der arbeitsrechtlichen Aufhebungsverträge, 5. Aufl., 2009.
Wege	Religion im Arbeitsverhältnis – Freiheitsgarantien und Diskriminierungsschutz in Kooperation, 2007
Wendeling-Schröder	*Wendeling-Schröder/Stein,* Kommentar zum Allgemeinen Gleichbehandlungsgesetz, 2008
Wenzel	Kündigung und Kündigungsschutz 6. Aufl., 1994
Weyand/Schubert	Das neue Schwerbehindertenrecht, 2. Aufl., 2002
Wiedemann/*Bearbeiter*	Tarifvertragsgesetz, Kommentar, 7. Aufl., 2007
Willikonsky	Kommentar zum Mutterschutzgesetz (MuSchG), 2. Aufl., 2007
WLP/*Bearbeiter*	*Wolf/Lindacher/Pfeiffer,* AGB-Recht, 6. Aufl., 2013
Wohlgemuth/*Bearbeiter*	Berufsausbildungsgesetz-Handkommentar, 2011
Wolf/Neuner	Allgemeiner Teil des Bürgerlichen Rechts, 10. Aufl., 2012
WPK/*Bearbeiter*	*Wlotzke/Preis/Kreft,* Betriebsverfassungsgesetz, 4. Aufl., 2009
Zöller/*Bearbeiter*	Kommentar zur ZPO, 30. Aufl., 2014
Zöllner/Loritz/ Hergenröder	Arbeitsrecht, 6. Aufl., 2008
Zwanziger	Kommentar zum Arbeitsrecht der Insolvenzordnung, 5. Aufl., 2015
ZZVV/*Bearbeiter*	*Zmarzlik/Zipperer/Viethen/Vieß,* Mutterschutzgesetz, Mutterschaftsleistungen, Bundeserziehungsgeldgesetz, Kommentar, 9. Aufl., 2006

Erster Abschnitt: Die Kündigung

§ 1 Begriff und Wesen der Kündigung

Die Kündigung ist eine **einseitige empfangsbedürftige Willenserklärung**, durch die das Arbeitsverhältnis nach dem Willen des Kündigenden für die Zukunft sofort oder nach Ablauf der Kündigungsfrist unmittelbar beendet wird. Es ist also zu unterscheiden zwischen der ordentlichen Kündigung, die grundsätzlich als befristete Kündigung ausgestaltet ist und damit den Parteien des Arbeitsverhältnisses einen zeitlich befristeten Kündigungsschutz gewährt, und der außerordentlichen Kündigung, die nach § 626 Abs. 1 BGB dann mit sofortiger Wirkung zulässig ist, wenn eine Fortsetzung des Dauerschuldverhältnisses unzumutbar geworden ist (→ Rn. 522 ff.).

Die Kündigung bedarf nach § 623 BGB zwingend der Schriftform. Sie muss ferner zweifelsfrei von der zur Kündigung berechtigten Vertragspartei oder einer bevollmächtigten Person gegenüber dem am Vertrag Beteiligten oder dessen Vertreter erklärt werden. Die Beendigungswirkung tritt ein, wenn die Kündigung wirksam ist. Im Arbeitsverhältnis besteht das freie ordentliche Kündigungsrecht im Grundsatz nur noch für den Arbeitnehmer. Das ordentliche Kündigungsrecht des Arbeitgebers ist weitgehend durch das Kündigungsschutzgesetz (→ Rn. 828 ff.) oder den besonderen Kündigungsschutz bestimmter Arbeitnehmergruppen (zB werdende Mütter, → Rn. 1334 ff.; Elternzeit, → Rn. 1438 ff.; Pflegezeit, → Rn. 1611; Schwerbehinderte, → Rn. 1478 ff.; Mitglieder des Betriebs- oder Personalrats, → Rn. 1665 ff.) eingeschränkt. Die Kündigung darf schließlich nicht gegen ein gesetzliches Verbot verstoßen (§ 134 BGB). Vor Ablauf der Wartefrist des § 1 Abs. 1 KSchG von sechs Monaten kann auch der Arbeitgeber das Arbeitsverhältnis ohne Angabe von Kündigungsgründen kündigen.

Die Kündigung ist ein **Gestaltungsrecht.** Es steht grundsätzlich jeder Vertragspartei zu. Das Kündigungsrecht ist verfassungsrechtlich gewährleistet als Ausfluss der Privatautonomie (Art. 2 Abs. 1 GG), unterliegt aber auch verfassungsimmanenten Ausübungsschranken zum Schutz der Grundrechte des Gestaltungsgegners, insbesondere des Arbeitnehmers, über die Generalklauseln der §§ 138, 242, 612a BGB.[1] Die Kündigung verändert unmittelbar die Rechtslage, ohne dass eine Zustimmung oder sonstige Mitwirkung des Erklärungsempfängers erforderlich ist. Die Kündigung ist ein einseitiges **Rechtsgeschäft,** sodass die allgemeinen Vorschriften über die Willenserklärungen, Geschäftsfähigkeit, Nichtigkeit usw. Anwendung finden. Eine Verjährung des Rechts tritt nicht ein, wohl kann es verwirken. Das Gesetz bestimmt zur Rechtsausübung in einigen Fällen (vgl. zB § 626 Abs. 2 BGB) bestimmte Fristen. Die nach Fristablauf erklärte Kündigung ist unwirksam, sodass insoweit von einer Ausschlussfrist zu sprechen ist. Die Kündigung ist schließlich **Verfügung,** weil der Bestand des Rechtsverhältnisses unmittelbar betroffen wird. Dieser rechtsvernichtende Charakter der Kündigung ist der innere Grund für die zahlreichen Kündigungsschutznormen zugunsten der Arbeitnehmer.

---

[1] Hierzu BAG 16.9.2004 AP BGB § 611 Kirchendienst Nr. 44 = EzA BGB 2002 § 242 Kündigung Nr. 5; BAG 24.4.1997 NZA 1998, 145 = EzA BGB § 611 Kirchliche Arbeitnehmer Nr. 43; BVerfG 27.1.1998 NZA 1988, 470, 472; BAG 23.6.1994 NZA 1994, 1080 = EzA BGB § 242 Nr. 39.

4   Eine isolierte **Übertragung** des Kündigungsrechts scheidet angesichts der Rechtsnatur als unselbständiges Gestaltungsrecht praktisch aus. Ein selbständiger Verkehrswert kommt dem Kündigungsrecht nicht zu. Mit der Übertragung des Rechtsverhältnisses – vgl. zB § 613a BGB – geht auch das Kündigungsrecht über.

5   Geht das Kündigungsrecht nach Abgabe der Kündigungserklärung, aber noch vor deren Zugang beim Kündigungsempfänger über, fragt sich, ob überhaupt eine wirksame Kündigung erklärt ist. Das LAG Berlin[2] verneint dies unter Hinweis darauf, dass – von den Ausnahmen des § 130 Abs. 2 BGB abgesehen – die Kündigungsbefugnis zum Zeitpunkt des Zugangs bestehen müsse. In Unternehmensgruppen geschieht es bisweilen, dass formal der falsche Arbeitgeber kündigt. Hier ist es eine Frage der Auslegung des Kündigungsschreibens, ob der Arbeitnehmer dieses als Kündigung seines Arbeitgebers auffassen durfte.[3]

§ 2 Abgrenzung der Kündigung zu verwandten Maßnahmen

6   Die wirksame Kündigung beendet das Arbeitsverhältnis. Sie ist von folgenden verwandten Maßnahmen zu unterscheiden.

I. Abmahnung

7   Bei der Abmahnung handelt es sich um eine tatsächliche individualrechtliche Erklärung des Gläubigers, durch die er dem Vertragspartner verdeutlicht, dass ein vertragswidriges Verhalten nicht weiter hingenommen wird. Sie kann sich auf alle vertraglichen Pflichten erstrecken, einschließlich der Nebenpflichten.[1] Die Abmahnung ist selbstverständliches **Gläubigerrecht.** Sie bedarf keiner Wiederholungsgefahr. Sie erlangt im Vorfeld verhaltensbedingter Kündigungen immer größere praktische Bedeutung.[2] Isolierte Klagen gegen Abmahnungen sind – sicher wegen der dadurch bewirkten Belastung des Arbeitsverhältnisses – zurückgegangen.

8   Soweit die Abmahnung als notwendige **Vorstufe** zu einer verhaltensbedingten Kündigung dienen soll (→ Rn. 558, 1201 ff.), muss sie mit dem **eindeutigen und unmissverständlichen Hinweis** verbunden sein, dass bei künftigen gleichartigen Vertragsverletzungen Inhalt oder **Bestand des Arbeitsverhältnisses gefährdet** sind (Warnfunktion).[3] Hiervon zu unterscheiden ist die **bloße Vertragsrüge** (auch Ver-

---

[2] LAG Berlin 6.8.1991 LAGE BGB § 130 Nr. 15.

[3] Hierzu LAG Köln 10.6.1994 LAGE BGB § 626 Nr. 78; zur Zurechnung der Kündigung eines Bevollmächtigten bei fehlendem Hinweis auf das Vertretungsverhältnis: BAG 31.1.1996 NZA 1996, 649 = EzA BetrVG 1972 § 102 Nr. 90.

[1] Zum Erfordernis der Vertragswidrigkeit des Verhaltens LAG München 23.3.1988 LAGE BGB § 611 Abmahnung Nr. 13; LAG Rheinland-Pfalz 5.11.1982 DB 1983, 1554; LAG Düsseldorf 6.3.1986 NZA 1986, 431 zur Unzulässigkeit der Abmahnung wegen krankheitsbedingter Fehlzeiten.

[2] Ausführlich *Beckerle*, Die Abmahnung, 11. Aufl. 2012; *Kammerer*, Personalakte und Abmahnung, 1989; *ders.*, Die Abmahnung, AR-Blattei SD 20; *Pflaum*, Die Abmahnung im Arbeitsrecht als Vorstufe zur Kündigung, 1992; *Hauer*, Die Abmahnung im Arbeitsverhältnis, 1990; siehe ferner *Schmid*, NZA 1985, 409 ff.; *Becker-Schaffner*, DB 1985, 650 ff.; *Bock*, ArbuR 1987, 217 ff.; *Falkenberg*, NZA 1988, 489 ff.; *Fromm*, DB 1989, 1409 ff.; *Heinze*, in: FS Söllner, 1990, S. 63 ff.; *Hoß*, MDR 1999, 333; *Schaub*, NJW 1990, 872 ff.; *v. Hoyningen-Huene*, RdA 1990, 193 ff.; *Burger*, DB 1992, 836 ff.; *Walker*, NZA 1995, 601 ff.; *Schiefer*, DB 2013, 1785.

[3] Hierzu BAG 18.1.1980 EzA KSchG § 1 Verhaltensbedingte Kündigung Nr. 7 mit Anm. *Peterek* = DB 1980, 1351; BAG 11.3.1998 EzA GmbHG § 37 Nr. 2 = NZA 1998, 997.

warnung oder Ermahnung), die zwar ebenfalls vertragswidriges Verhalten rügt, mangels deutlicher Warnung aber keine Vorstufe zur Kündigung darstellt. In beiden Fällen **verzichtet** der Arbeitgeber konkludent auf ein Kündigungsrecht wegen der Gründe, die Gegenstand der Abmahnung bzw. der Vertragsrüge waren.[4] Denn mit der (bloßen) Abmahnung gibt der Gläubiger zu erkennen, dass das Vertragsverhältnis noch nicht so gestört ist, dass es nicht mehr fortgesetzt und erfüllt werden könnte. Das gilt auch im Falle einer personenbedingten Kündigung[5] sowie außerhalb des Geltungsbereichs des KSchG.[6] Ein Verzicht auf das Kündigungsrecht kann aber nicht angenommen werden, wenn zu den abgemahnten Pflichtverstößen weitere hinzu kommen, und zwar auch, wenn sie erst nach Abmahnung bekannt geworden sind.[7] Schließlich liegt kein Verzicht vor, wenn sich der Arbeitgeber weitere Schritte vorbehält.[8] Eine spätere Kündigung kann – auch unter Heranziehung der abgemahnten Gründe – im Grundsatz nach einer Abmahnung nur durchgreifen, wenn **weitere erhebliche Umstände** eintreten oder bekannt werden.[9] Andererseits darf ein Arbeitgeber **nach erfolgloser Kündigung** wegen desselben (für eine Kündigung aber allein nicht ausreichenden) Sachverhalts **abmahnen**.[10] Aber auch eine frühere Kündigung kann die Funktion einer Abmahnung erfüllen, wenn der Kündigungssachverhalt feststeht und die Kündigung aus anderen Gründen, auch zB wegen fehlender Abmahnung, für sozialwidrig erachtet worden ist.[11] Abmahnungen können mündlich oder schriftlich ausgesprochen werden;[12] sie sind **nicht formbedürftig**. Schriftform ist jedoch aus Beweisgründen zweckmäßig.

Die Abmahnung ist – wie die Vertragsrüge auch – als Gläubigerrecht nach dem BetrVG **nicht mitbestimmungspflichtig**, selbst wenn sie sich auf eine die betriebliche Ordnung berührende Vertragspflicht erstreckt. Der Betriebsrat hat auch keinen Anspruch darauf, dass ihm alle ab einem bestimmten Zeitpunkt erteilten Abmahnungen in anonymisierter Form vorgelegt werden. Ein Beteiligungsrecht des Betriebsrats ergibt sich aus dem BetrVG nicht.[13] Darüber hinausgehende Sanktionen für Verstöße gegen vertragliche Verpflichtungen, die über die individualrechtlichen Möglichkeiten hinausgehen, sind nur als Betriebsbußen möglich.[14] Solche Sanktionen tragen Strafcharakter und können – unbeschadet anderer rechtlicher Grenzen – auf der Basis einer mitbestimmungspflichtigen Betriebsbußenordnung verhängt werden. Ob noch eine

9

---

[4] Vgl. BAG 12.5.2011 NZA-RR 2012, 43; BAG 26.11.2009 NZA 2010, 823; BAG 6.3.2003 EzA BGB § 611 Abmahnung Nr. 30 = NZA 2003, 1388; BAG 10.11.1988 EzA BGB § 611 Abmahnung Nr. 18 = AP BGB § 611 Abmahnung Nr. 3, wo allerdings missverständlich beide Gläubigerrechte als Abmahnung bezeichnet werden; klarstellend auch APS/*Dörner/Vossen*, § 1 KSchG Rn. 390; vgl. ferner LAG Köln 6.11.1987 LAGE BGB § 611 Abmahnung Nr. 14; LAG Rheinland-Pfalz 12.2.2004 ArbuR 2004, 274.
[5] BAG 12.5.2011 NZA-RR 2012, 43.
[6] BAG 13.12.2007 EzA BGB § 623 Nr. 9 = NZA 2008, 403.
[7] BAG 12.5.2011 NZA-RR 2012, 43 Rn. 56; BAG 26.11.2009 NZA 2010, 823.
[8] BAG 6.3.2003 EzA BGB 2002 § 626 Nr. 3 = NZA 2003, 1388.
[9] BAG 2.2.2006 AP KSchG 1969 § 1 Verhaltensbedingte Kündigung Nr. 52; krit. *Raab*, FS Buchner, 2009, S. 704; dem widersprechend BAG 26.11.2009 NZA 2010, 823.
[10] BAG 7.9.1988 EzA BGB § 611 Abmahnung Nr. 17 = NZA 1989, 272; LAG Baden-Württemberg 25.6.1987 LAGE § 611 BGB Abmahnung Nr. 17.
[11] BAG 31.8.1989 EzA KSchG § 1 Verhaltensbedingte Kündigung Nr. 27 = NZA 1990, 433; für den Fall einer einvernehmlich zurückgenommenen Kündigung bei feststehendem Sachverhalt ebenso LAG Frankfurt 11.6.1993 NZA 1994, 886.
[12] BAG 13.11.1991 EzA BGB § 611 Abmahnung Nr. 24 = NZA 1992, 690.
[13] BAG 17.9.2013 EzA BetrVG 2001 § 80 Nr. 17 = NZA 2014, 269.
[14] BAG 17.10.1989 EzA BetrVG 1972 § 87 Betriebsbuße Nr. 8 = NZA 1990, 193; dazu *Heinze*, NZA 1990, 169 ff.

Abmahnung oder schon eine mitbestimmungspflichtige Betriebsbuße vorliegt, sind im Zweifel unter Berücksichtigung des Wortlauts, des Gesamtzusammenhangs der Erklärung sowie der Begleitumstände zu klären. Dabei kommt es darauf an, wie der Arbeitnehmer die Erklärung verstehen musste.[15] Die Abmahnung darf keinen über den Warnzweck hinausgehenden Sanktionscharakter tragen. Eine Abmahnung sollte zur Klarstellung als solche bezeichnet werden, auch wenn dies nicht zwingend erforderlich ist.

10   Die Berechtigung einer individualrechtlichen Abmahnung kann Gegenstand eines **gerichtlichen Verfahrens** sein, wenn sie geeignet ist, nach Form und Inhalt den Arbeitnehmer in seiner Rechtsstellung zu beeinträchtigen, was etwa der Fall ist, wenn sie als Vorstufe zur Kündigung dient, und/oder zu den Personalakten genommen wird oder Persönlichkeitsrechte verletzt werden.[16] Der Arbeitnehmer kann in solchen Fällen mit einer Leistungsklage auf **Widerruf der unberechtigten Abmahnung** und **Entfernung aus den Personalakten** klagen. Anspruchsgrundlage kann bei Eingriffen in das Persönlichkeitsrecht § 242 BGB bzw. §§ 1004, 862, 12 BGB analog sein.[17] Es ist gut abzuwägen, ob eine Klage auf Entfernung geführt werden soll. Zwar kann der Arbeitnehmer stets die Entfernung unrichtiger, missbilligender Äußerungen aus den Personalakten verlangen. Auch die Entfernung einer unberechtigten Androhung einer Abmahnung kann verlangt werden.[18] Es kommt für den Entfernungsanspruch nicht darauf an, ob der Verbleib der objektiv zu Unrecht erteilten Abmahnung konkrete Beeinträchtigungen für das berufliche Fortkommen erwarten lässt.[19] Allgemein erkennt das BAG eine Fürsorgepflicht des Arbeitgebers an, auch soweit er Rechte ausübt, auf das Wohl des Arbeitnehmers Rücksicht zu nehmen und Maßnahmen zu vermeiden, die den Arbeitnehmer fortdauernd in seiner beruflichen Entwicklung beeinträchtigen können.[20] Andererseits besteht die Gefahr, dass bei einem isolierten Prozess um die Abmahnung sich die Vorwürfe gegen den Arbeitnehmer verfestigen, vielleicht sogar erhärten. Der Arbeitnehmer verschlechtert dann ggf. sogar seine Beweislage bei einer

---

[15] BAG 30.1.1979 EzA BetrVG 1972 § 87 Betriebsbuße Nr. 3 = AP BetrVG 1972 § 87 Betriebsbuße Nr. 2 unter Aufgabe von BAG 5.12.1975 EzA BetrVG 1972 § 87 Betriebliche Ordnung Nr. 1 mit krit. Anm. *Wiese;* vgl. ferner BAG 7.11.1979 EzA BetrVG 1972 § 87 Betriebsbuße Nr. 4 = AP BetrVG 1972 § 87 Betriebsbuße Nr. 3.

[16] BAG 22.2.1978 AP BGB § 611 Fürsorgepflicht Nr. 84; BAG 15.1.1986 EzA BGB § 611 Fürsorgepflicht Nr. 39 = NZA 1986, 421; für die bloße Vertragsrüge ohne weitergehende Rechtsbeeinträchtigung dürfte die gerichtliche Überprüfung ausscheiden, vgl. ArbG Freiburg 27.1.1987 DB 1987, 748.

[17] BAG 23.6.2009 NZA 2009, 1011; BAG 27.11.1985 NZA 1986, 227 und 13.4.1988 EzA BGB § 611 Fürsorgepflicht Nr. 38 und 47 = AP BGB § 611 Fürsorgepflicht Nr. 93 und 100 mit Anm. *Conze;* BAG 12.6.1986 NZA 1987, 153; BAG 5.8.1992 AP BGB § 611 Abmahnung Nr. 8 unter Aufhebung der gegenteiligen Entscheidung des LAG Hamm 13.6.1991 LAGE BGB § 611 Abmahnung Nr. 30; für einstweilige Verfügungen gegen drohende Abmahnungen fehlt es regelmäßig an einem Verfügungsgrund (LAG Köln 19.6.1996 NZA-RR 1996, 470); zu vorbeugenden Unterlassungsklagen wegen möglicher weiterer ungerechtfertigter Abmahnungen ArbG Bochum 17.5.1996 NZA-RR 1997, 82.

[18] BAG 30.1.1996 EzA BGB § 242 Auskunftspflicht Nr. 5 = NZA 1997, 41.

[19] So BAG 5.8.1992 EzA BGB § 611 Abmahnung Nr. 25= NZA 1993, 838; ArbG Köln 17.12.1993 BB 1994, 580; a. A. LAG Niedersachsen 6.4.1993 LAGE BGB § 611 Abmahnung Nr. 34.

[20] BAG 13.4.1988 EzA BGB § 611 Fürsorgepflicht Nr. 47 = NZA 1988, 645 erkennt u. U. sogar einen Anspruch auf Entfernung einer wahren Sachverhaltsdarstellung an (sehr weitgehend); das Feststellungsinteresse auf Entfernung einer Abmahnung nach Beendigung des Arbeitsverhältnisses hat das BAG im Regelfall verneint BAG 14.9.1994 EzA BGB § 611 Abmahnung Nr. 32 = NZA 1995, 220; vgl. hierzu ferner LAG Hessen 28.8.1987 LAGE BGB § 611 Abmahnung Nr. 15; LAG Hessen 23.9.1988 NZA 1989, 513; ArbG Münster 14.12.1989 BB 1990, 492; ArbG Wetzlar 16.5.1989 BB 1989, 1979; LAG Hamm 26.11.1998 ZInsO 1999, 363.

späteren Klage gegen eine Kündigung. Und vielfach münden Abmahnungsprozesse letztlich doch in einem Aufhebungsvertrag. Der beratende Anwalt muss abwägen, ob er das seinem Mandanten raten kann.[21]

Es besteht aber nur dann ein Anspruch auf Entfernung ursprünglich berechtigter Abmahnungen, wenn die weitere Aufbewahrung zu unzumutbaren beruflichen Nachteilen für den Arbeitnehmer führt und die Abmahnung für das Arbeitsverhältnis in jeder Hinsicht rechtlich bedeutungslos geworden ist.[22] Das BAG hat in seiner Entscheidung vom 19.7.2012[23] die Anforderungen zu Recht deutlich verschärft. Personalakten sollen danach ein möglichst vollständiges, wahrheitsgemäßes und sorgfältiges Bild über das Dienstverhältnis geben. Die Entfernung einer richtigen Sachverhaltsdarstellung ist danach regelmäßig ausgeschlossen. Das BAG akzentuiert den Unterschied zwischen der Warnfunktion und der Rüge- und Dokumentationsfunktion einer Abmahnung. Auch wenn die Abmahnung mit der Zeit fortdauernder störungsfreier Arbeitsbedingungen ihre Wirkung einbüßt, gilt das für das berechtigte Interesse an der Dokumentation der gerügten Pflichtverletzung grundsätzlich nicht. Das durch die Abmahnung gerügte Verhalten muss für das Arbeitsverhältnis in jeder Hinsicht rechtlich bedeutungslos geworden sein. Das ist nicht der Fall, solange eine zu Recht erteilte Abmahnung etwa für eine zukünftige Entscheidung über eine Versetzung oder Beförderung und die entsprechende Eignung des Arbeitnehmers, für die spätere Beurteilung von Führung und Leistung in einem Zeugnis oder für die im Zusammenhang mit einer möglichen späteren Kündigung erforderlich werdende Interessenabwägung von Bedeutung sein kann. Damit reagiert das BAG, ohne es ausdrücklich zu formulieren, auf die Diskussion nach der Entscheidung des 2. Senats vom 10.6.2010 („Emmely"), ob es überhaupt einen **Entfernungsanspruch** geben könne.[24] Bei einer berechtigten Abmahnung ist das **in aller Regel nicht** der Fall. Nur wenn die Abmahnung lange zurück liegt, der Pflichtverstoß nicht schwerwiegend und durch beanstandungsfreies Verhalten faktisch überholt war, kann er seine Bedeutung für eine später erforderlich werdende Interessenabwägung gänzlich verlieren. Eine nicht unerhebliche Pflichtverletzung im Vertrauensbereich wird demgegenüber eine erhebliche Zeit von Bedeutung sein.[25] Der Anspruch auf Entfernung einer Abmahnung unterliegt in der Regel nicht **tariflichen Ausschlussfristen.**[26] In der Literatur werden aus datenschutzrechtlichen Gründen (vgl. § 29 Abs. 1 S. 1 DSG NW 2000) gegen die unter Umständen dauerhafte Verwahrung von Abmahnungen Bedenken erhoben.[27]

10a

Auch nach Entfernung einer Abmahnung aus der Personalakte kann noch ein Anspruch auf Widerruf der in der Abmahnung abgegebenen Erklärung gerichtlich geltend gemacht werden. Für eine entsprechende Leistungsklage wegen Nichterfüllung des materiell-rechtlichen Anspruchs besteht ein Rechtsschutzbedürfnis.[28] Muss der Ar-

11

---

[21] Hierzu *Diller*, ArbR 2010, 595.
[22] BAG 9.2.1977 AP BGB § 611 Fürsorgepflicht Nr. 83; BAG 15.7.1987 EzA BGB § 611 Persönlichkeitsrecht Nr. 5 = NZA 1988, 53; BAG 13.4.1988 EzA BGB § 611 Fürsorgepflicht Nr. 47 = NZA 1988, 654; BAG 8.2.1989 ZTR 1989, 236.
[23] NZA 2013, 91; hierzu *Kleinebrink*, Anm. AP § 611 BGB Abmahnung Nr. 34; *Ritter*, DB 2013, 344; *Salamon/Rogge*, NZA 2013, 363.
[24] BAG 10.6.2010 NZA 2010, 1227; zu den Folgerungen *Salamon/Rogge*, NZA 2013, 363; s.a. *Schrader*, NJW 2012, 342; *Ritter*, DB 2011, 175.
[25] BAG 19.7.2012 NZA 2013, 91.
[26] Zu § 70 BAT: BAG 14.12.1994 EzA § 4 TVG Ausschlussfristen Nr. 109 = NZA 1995, 676 unter Aufgabe von BAG 8.2.1989 ZTR 1989, 314.
[27] *Zilkens*, RDV 2013, 30.
[28] BAG 15.4.1999 EzA BGB § 611 Abmahnung Nr. 14 = NZA 1999, 1037.

Erster Abschnitt: Die Kündigung

beitgeber die Abmahnung aus formalen Gründen aus der Personalakte beseitigen, folgt hieraus nicht zwingend, dass die Abmahnung nicht mehr verwertet werden kann.[29] Auch eine formell unwirksame Abmahnung entfaltet die regelmäßig vor Ausspruch einer verhaltensbedingten Kündigung erforderliche Warnfunktion.[30] Das gilt sogar dann, wenn die Abmahnung auf der Basis eines rechtskräftigen Urteils aus der Personalakte aus formellen Gründen zu entfernen war.[31] Das ist schon deshalb richtig, weil unstreitig Abmahnungen auch mündlich ausgesprochen werden können. Deshalb kann auch die kündigungsrechtliche Warnfunktion der Abmahnung nicht von deren Aufnahme in die Personalakte abhängen. Kündigungsrechtlich entscheidend ist, ob die Abmahnung in der Sache berechtigt ist.[32] Ist die erteilte schriftliche Abmahnung *materiell* unwirksam, so kann sie selbstverständlich auch nicht als mündliche Abmahnung ihre Wirkung entfalten.[33]

12 Für die Frage, ob der Anspruch auf Entfernung einer Abmahnung aus den Personalakten begründet ist, kommt es allein darauf an, ob der erhobene Vorwurf **objektiv gerechtfertigt** ist, nicht aber, ob das beanstandete Verhalten dem Arbeitnehmer auch subjektiv vorgeworfen werden kann.[34] Ob und inwieweit es für die Berechtigung einer Abmahnung auch auf die Qualität und Quantität der Verletzung der vertraglichen Pflichten ankommt, ist umstritten (Einzelfälle → Rn. 15 f.).[35] Das BAG meint nunmehr, dass auch bei der Erteilung von Abmahnungen im Arbeitsverhältnis der Grundsatz der Verhältnismäßigkeit zu berücksichtigen sei.[36] Das BAG versteht dies aber im Sinne eines **Übermaßverbots** zur „Vermeidung von schwerwiegenden Rechtsfolgen bei nur geringfügigen Pflichtverstößen". Hieraus kann nicht abgeleitet werden, dass der Arbeitgeber auch bei der Erteilung von Abmahnungen eine Stufenfolge im Sinne des kündigungsrechtlichen Ultima-Ratio-Prinzips einzuhalten habe.[37] Es ist weder so, dass einer mündlichen vor einer schriftlichen Abmahnung der Vorrang gebührt,[38] noch muss vor einer Abmahnung das Instrument der Betriebsbuße bemüht werden,[39] noch müssen vorrangig zivilrechtliche Ansprüche gegen den Arbeitnehmer geltend gemacht werden.[40] Sachgerecht wird das Institut der Abmahnung nur angewandt, wenn bedacht

---

[29] *Schaub*, NJW 1990, 877.
[30] BAG 19.2.2009 EzA BGB 2002 § 314 Nr. 5 = NZA 2009, 894; BAG 21.5.1992 EzA KSchG § 1 Verhaltensbedingte Kündigung Nr. 42 = NZA 1992, 1028; klarstellend *Schunck*, NZA 1993, 828.
[31] BAG 19.2.2009 NZA 2009, 894 = EzA BGB 2002 § 314 Nr. 5.
[32] Anders LAG Köln 5.2.1999 ARSt 1999, 282 = MDR 1999, 877, das meint, auch eine sachlich nicht berechtigte Abmahnung könne die kündigungsrechtliche Warnfunktion erfüllen.
[33] BAG 5.8.1992 EzA BGB § 611 Abmahnung Nr. 25 = NZA 1993, 838.
[34] BAG 12.1.1988 EzA GG Art. 9 Arbeitskampf Nr. 73 = NZA 1988, 474.
[35] Vgl. hierzu LAG Schleswig-Holstein 31.7.1986 LAGE BGB § 611 Abmahnung Nr. 6 = DB 1987, 236; siehe auch APS/*Dörner/Vossen*, § 1 KSchG Rn. 392; ArbG Mainz 7.11.1988 EzA § 611 BGB Abmahnung Nr. 6; LAG Düsseldorf 15.10.1981 DB 1982, 1730; siehe aber LAG Berlin 22.10.1984 BB 1985, 271 für den Fall eines eklatanten Missverhältnisses zwischen Inhalt der Abmahnung und Gewicht der Pflichtverletzung. Anders dagegen LAG Frankfurt 19.9.1989 LAGE BGB § 611 Abmahnung Nr. 21, das die Beachtung des Grundsatzes der Verhältnismäßigkeit und ein „vertretbares Verhältnis" zwischen Abmahnung und Fehlverhalten verlangt; ähnlich *Fromm*, DB 1989, 1415; anders LAG Düsseldorf 24.1.1990 LAGE BGB § 611 Abmahnung Nr. 27 mit Anm. *Kohte* und LAG Hamm 16.4.1992 § 611 BGB Abmahnung Nr. 32: auch objektiv geringfügige Pflichtverletzungen dürfen abgemahnt werden.
[36] BAG 13.11.1991 EzA BGB § 611 Abmahnung Nr. 24 = NZA 1992, 690; BAG 30.5.1996 EzA § 611 BGB Abmahnung Nr. 34 = NZA 1997, 145.
[37] Verfehlt insoweit *Kammerer*, AR-Blattei SD 20 Rn. 38.
[38] So ausdrücklich BAG 13.11.1991 EzA BGB § 611 Abmahnung Nr. 24 = NZA 1992, 690.
[39] Zutreffend BAG 17.1.1991 EzA KSchG § 1 Verhaltensbedingte Kündigung Nr. 37 = NZA 1991, 557; LAG Köln 12.5.1995 NZA-RR 1996, 204.
[40] Verfehlt *Kammerer*, AR-Blattei, SD 20 Rn. 29, 40.

§ 2 Abgrenzung der Kündigung zu verwandten Maßnahmen

wird, dass dieses seinerseits Ausdruck des kündigungsrechtlichen Verhältnismäßigkeitsprinzips zur Begrenzung des schärferen Mittels der Änderungs- oder Beendigungskündigung (→ Rn. 1201 ff.) ist. Jedenfalls ist eine dezidierte Interessenabwägung zur Beurteilung der Rechtfertigung einer Abmahnung nicht erforderlich.[41] Doch darf auch bei einer im Kern gerechtfertigten Abmahnung kein falscher Eindruck über das Ausmaß der Pflichtverletzung durch **unrichtige Tatsachendarstellung oder -bewertung** erzeugt werden.[42] Nur in Ausnahmefällen kann deshalb bei einer objektiv gerechtfertigten Abmahnung deren Entfernung wegen Geringfügigkeit verlangt werden. Werden **in einer Abmahnung mehrere Pflichtverletzungen** gerügt, müssen alle Vorwürfe berechtigt sein. Ist nur ein Vorwurf unberechtigt, ist die Abmahnung insgesamt aus der Personalakte zu entfernen und kann auch nicht teilweise aufrechterhalten bleiben.[43] Der Arbeitgeber kann stattdessen eine auf die zutreffenden Pflichtverletzungen beschränkte Abmahnung aussprechen.[44] Wirksamkeitserfordernis der Abmahnung ist auch die **inhaltliche Bestimmtheit,** weil dem Arbeitnehmer aufgegeben werden muss, ein genau bezeichnetes Fehlverhalten zu ändern.[45] Der erhobene Vorwurf muss dem Beweis zugänglich sein und im Prozess schlüssig dargelegt und/oder bewiesen werden.[46] Der Arbeitnehmer braucht aber nicht gegen die Richtigkeit einer Abmahnung vorzugehen; er kann sich auch darauf beschränken, die Richtigkeit im möglichen späteren Kündigungsschutzprozess zu bestreiten, in dem zu prüfen ist, ob die in einer Abmahnung enthaltenen Vorwürfe berechtigt waren oder nicht.[47]

Es gibt **keine Regelausschlussfrist,** innerhalb derer die Abmahnung ausgesprochen werden muss.[48] Als abmahnungsberechtigte Personen kommen nicht nur kündigungsberechtigte Vorgesetzte in Betracht.[49] Eine ausgesprochene Abmahnung kann durch **Zeitablauf wirkungslos** werden; doch auch dies kann nicht anhand einer Re-

13

---

[41] LAG Köln 14.3.1990 LAGE BGB § 611 Abmahnung Nr. 22; LAG Schleswig-Holstein 11.5.2004 NZA-RR 2005, 244.

[42] BAG 11.6.1997 ZTR 1997, 524; BAG 30.5.1996 EzA BGB § 611 Abmahnung Nr. 34 = NZA 1997, 145; LAG Köln 24.1.1996 BB 1996, 1171.

[43] BAG 13.3.1991 EzA BGB § 611 Abmahnung Nr. 20 = NZA 1991, 768; LAG Hamm 10.1.2006, NZA-RR 2006, 290, 291; LAG Köln 12.3.1986 LAGE BGB § 611 Abmahnung Nr. 3; LAG Düsseldorf 18.11.1986 LAGE BGB § 611 Abmahnung Nr. 7 = NZA 1987, 354; zur Möglichkeit des Nachschiebens von Abmahnungsgründen LAG Berlin 21.8.1989 LAGE BGB § 611 Abmahnung Nr. 19 = NZA 1989, 964; zu Recht ablehnend *Schaub,* NJW 1990, 874: Mit der Warn- und Androhungsfunktion der Abmahnung ist ein Nachschieben von Abmahnungsgründen unvereinbar (ebenso *Kammerer,* AR-Blattei SD 20 Rn. 49; *Leisten,* ArbuR 1991, 206 ff.).

[44] Allerdings darf das Gericht nicht von sich aus den unterliegenden Arbeitgeber für berechtigt erklären erneut abzumahnen, vgl. BAG 14.12.1994 NZA 1995, 461 unter Aufhebung von LAG Hamm 17.6.1993 LAGE BGB § 611 Abmahnung Nr. 35.

[45] Vgl. BAG 23.6.2009 EzA KSchG § 1 Verhaltensbedingte Kündigung Nr. 75; LAG Hamm 1.2.1983 EzA BGB § 611 Fürsorgepflicht Nr. 33; LAG Baden-Württemberg 17.10.1990 LAGE BGB § 611 Abmahnung Nr. 25; LAG Düsseldorf 27.2.1991 LAGE BGB § 611 Abmahnung Nr. 29; LAG Köln 25.8.1993 LAGE BGB § 611 Abmahnung Nr. 36; LAG Hamm 30.5.1996 NZA 1997, 1056; ArbG Wetzlar 17.8.1993 EzA BGB § 611 Abmahnung Nr. 27.

[46] LAG Düsseldorf 23.2.1996 LAGE BGB § 611 Abmahnung Nr. 45 = NZA-RR 1997, 81; ArbG Hamburg 14.8.1995 NZA-RR 1996, 206.

[47] LAG Düsseldorf 13.3.1987 EzA BGB § 611 Abmahnung Nr. 5 = NZA 1987, 518; BAG 13.11.1991 EzA BGB § 611 Abmahnung Nr. 24 = NZA 1992, 690; dies gilt auch, wenn nach einem gerichtlichen Vergleich die Abmahnung für eine gewisse Zeit in der Personalakte verbleiben darf, vgl. LAG Hamm 5.2.1990 LAGE BGB § 611 Abmahnung Nr. 20.

[48] BAG 15.1.1986 EzA BGB § 611 Fürsorgepflicht Nr. 39 = NZA 1986, 421; das Recht zur Abmahnung unterfällt regelmäßig auch nicht tariflichen Ausschlussfristen (BAG 14.12.1994 EzA TVG § 4 Ausschlußfristen Nr. 109 = NZA 1995, 676).

[49] BAG 18.1.1980 EzA KSchG § 1 Verhaltensbedingte Kündigung Nr. 7 mit zust. Anm. *Peterek* = BB 1980, 1269; kritisch *Schaub,* NJW 1990, 873 f.; *Adam,* DB 1996, 476.

gelfrist, sondern nur auf der Basis des Einzelfalls beurteilt werden.[50] Wird im Wege des Vergleichs eine Abmahnung nach einer bestimmten Frist aus der Personalakte entfernt, liegt darin noch keine Anerkennung der Begründetheit der Abmahnung.[51] Zur Wirksamkeit der Abmahnung bedarf es der Kenntnis des Arbeitnehmers von ihrem Inhalt.[52] Der Arbeitgeber trägt die **Beweislast** für das tatsächliche Vorliegen der in der Abmahnung beanstandeten Vorfälle.[53] Eine Abmahnung ist in aller Regel vor Ausspruch einer verhaltensbedingten ordentlichen oder außerordentlichen Änderungs- oder Beendigungskündigung[54] notwendig (Einzelheiten → Rn. 1201 ff.). Die Abmahnung erleichtert allerdings dem Arbeitgeber nicht den Beweis für eine vorgeworfene Verfehlung im Kündigungsschutzprozess.[55]

14 Zu der Frage, ob und inwieweit eine Abmahnung im Einzelfall begründet ist, gibt es eine **reichhaltige Kasuistik**. Abmahnungen sind stets dann berechtigt, wenn eine Vertragsverletzung vorliegt, die auch eine verhaltensbedingte ordentliche oder außerordentliche Kündigung rechtfertigen würde (Einzelfälle → Rn. 1216 ff. und 570 ff.). Umgekehrt gilt dies freilich nicht, weil prinzipiell mindestens eine einschlägige Abmahnung Voraussetzung für eine verhaltensbedingte Kündigung ist (zu den Ausnahmen → Rn. 1207 ff.). Nach den obigen Ausführungen kann der Arbeitgeber auch wegen solcher Pflichtverletzungen Abmahnungen aussprechen, die im Ergebnis wohl noch keine Kündigung rechtfertigen würden; ferner steht es ihm frei, auf eine Kündigung durch Ausspruch einer Abmahnung zu verzichten. Mit dieser Maßgabe sind die nachfolgend aufgelisteten Einzelfälle berechtigter und unberechtigter Abmahnungsgründe zu sehen.

15 Einzelfälle **berechtigter Abmahnungsgründe**:
- quantitative und qualitative **Minderleistungen**;[56]
- Betätigung eines angestellten Lehrers für die **DKP**;[57]
- Verstoß einer Lehrerin gegen Neutralitätsgebot (Kopftuchverbot);[58]
- Verteilung **gewerkschaftlichen Werbematerials** während der Arbeitszeit;[59]
- Verletzung der Pflicht zur **Abmeldung** eines freigestellten Betriebsratsmitgliedes vor Beginn seiner unter § 37 Abs. 2 BetrVG fallenden Betriebsratstätigkeit;[60]

---

[50] BAG 18.11.1986 EzA BGB § 611 Abmahnung Nr. 4 mit zust. Anm. *Peterek* = NZA 1987, 418; a. A. LAG Hamm 14.5.1986 LAGE BGB § 611 Abmahnung Nr. 2 = DB 1986, 1628; BVerfG 16.10.1998 NZA 1999, 77, 78; siehe aber LAG Köln 28.3.1988 LAGE BGB § 611 Abmahnung Nr. 10 = DB 1988, 1170: Verwirkung nach einem Jahr; zum Ganzen *Eich*, NZA 1988, 759 ff.; *Walker*, NZA 1995, 601, 607; zu datenschutzrechtlichen Aspekten: *Gola*, DuD 1993, 447 ff.
[51] LAG Hamm 5.2.1990 LAGE BGB § 611 Abmahnung Nr. 20.
[52] BAG 9.8.1984 EzA KSchG § 1 Verhaltensbedingte Kündigung Nr. 11 = DB 1984, 2703.
[53] LAG Frankfurt 31.10.1986 LAGE BGB § 611 Abmahnung Nr. 5; LAG Rheinland-Pfalz 5.11.1982 DB 1983, 1554; auf die Grundsätze der abgestuften Darlegungs- und Beweislast hinweisend LAG Bremen 6.3.1992 LAGE BGB § 611 Abmahnung Nr. 31.
[54] BAG 17.2.1994 EzA BGB § 611 Abmahnung Nr. 30 = NZA 1994, 656; ferner BAG 30.10.1985 EzA BGB § 611 Fürsorgepflicht Nr. 40 = NZA 1986, 713.
[55] Hierzu *Reinecke*, NZA 1989, 585 f.
[56] BAG 27.11.2008 – 2 AZR 675/07 –; LAG Schleswig-Holstein 3.6.2008 BB 2008, 2233.
[57] BAG 13.10.1988 AP BGB § 611 Abmahnung Nr. 4.
[58] BAG 12.8.2010 NZA-RR 2011, 162; BAG 10.12.2009 NZA-RR 2010, 383; BAG 20.8.2009 NZA 2010, 227.
[59] BAG 13.11.1991 EzA BGB § 611 Abmahnung Nr. 24 = NZA 1992, 690; BAG 23.9.1986 EzA GG Art. 9 Nr. 40; einschränkend hierzu im Hinblick auf Art. 9 Abs. 3 GG: BVerfG 14.11.1995 NZA 1996, 381 = EzA GG Art. 9 Nr. 60 mit Anm. *Thüsing*.
[60] BAG 15.7.1992 EzA BGB § 611 Abmahnung Nr. 26 = NZA 1993, 220; a. A. LAG Berlin 6.9.1991 LAGE BGB § 611 Abmahnung Nr. 11; einschränkend auch LAG Bremen 6.1.1995 LAGE BGB § 611 Abmahnung Nr. 38; LAG Köln 11.4.1995 LAGE BGB § 611 Abmahnung Nr. 40.

§ 2 Abgrenzung der Kündigung zu verwandten Maßnahmen

- Teilnahme eines Betriebsratsmitgliedes an einer erkennbar nach § 37 Abs. 6 BetrVG **nicht erforderlichen Schulung**;[61]
- Teilnahme an politischer **Demonstration** während der Arbeitszeit;[62]
- Arbeitsverweigerung aus **Gewissensgründen**;[63]
- Erhebung einer **Dienstaufsichtsbeschwerde** gegen Mitarbeiter einer staatlichen Institution ohne Einschaltung oder Absprache mit der Geschäftsleitung;[64]
- Verletzung von **Anzeigepflichten**;[65]
- unwahre und **ehrenrührige Behauptungen** über Vorgesetzte;[66]
- Ausübung einer **Nebentätigkeit**, ohne tarifvertraglich erforderliche Genehmigung im öffentlichen Dienst;[67]
- Verweigerung von Auskünften über **Nebentätigkeit**;[68]
- Straftat eines Mitarbeiters im öffentlichen Dienst im Rahmen einer genehmigten Nebentätigkeit;[69]
- Anwendung kirchenrechtlich **unzulässiger Behandlungsmethoden** eines Chefarztes in kirchlicher Klinik;[70]
- Objektiv **falsche Tatsachenwiedergabe** durch Redakteur;[71]
- **Androhung einer Erkrankung**;[72]
- **schlechtes Benehmen** im öffentlichen Dienst;[73]
- **Beleidigung** von Kollegen und Vorgesetzten;[74]
- **sexuelle Belästigung**;[75]
- Weigerung, sich gem. § 7 Abs. 2 BAT **amtsärztlich untersuchen** zu lassen;[76]
- Verstoß gegen **Unfallverhütungsvorschriften**;[77]
- **Nichterscheinen bei Schulungsveranstaltungen**;[78]
- Kassendifferenzen einer Kassiererin;[79]
- **mangelnde Eignung und Fähigkeiten**.[80]

Einzelfälle unberechtigter Abmahnungsgründe: 16
- Ausschließliche Verletzung **betriebsverfassungsrechtlicher Pflichten**;[81]

---

[61] BAG 10.11.1993 EzA BGB § 611 Abmahnung Nr. 29 = NZA 1994, 500.
[62] LAG Hamm 17.4.1985 RzK I 1 Nr. 6; LAG Schleswig-Holstein 18.1.1995 LAGE BGB § 611 Abmahnung Nr. 39 = NZA 1995, 842.
[63] LAG Frankfurt 20.12.1994 LAGE BGB § 611 Abmahnung Nr. 41.
[64] LAG Bremen 6.3.1992 LAGE BGB § 611 Abmahnung Nr. 31.
[65] LAG Köln 1.6.1995 LAGE BGB § 611 Abmahnung Nr. 42 = NZA 1996, 596.
[66] BAG 11.8.1982 EzA BGB § 611 Fürsorgepflicht Nr. 31; zur bewusst falschen Beschwerde LAG Berlin 2.4.2004 ZTR 2004, 325.
[67] BAG 30.5.1996 EzA BGB § 611 Abmahnung Nr. 34 = NZA 1997, 145.
[68] BAG 18.1.1996 EzA BGB § 242 Auskunftspflicht Nr. 5 = NZA 1997, 41.
[69] LAG Nürnberg 10.7.2000 NZA-RR 2001, 27.
[70] BAG 7.10.1993 EzA BGB § 611 Kirchliche Arbeitnehmer Nr. 40.
[71] LAG Baden-Württemberg 12.4.2002 ZUM-RD 2002, 511.
[72] ArbG Wetzlar 9.5.1988 RzK I 1 Nr. 38.
[73] LAG Düsseldorf 22.3.1988 RzK I 1 Nr. 36.
[74] LAG Schleswig-Holstein 16.7.2002 LAGReport 2002, 387.
[75] LAG Hamm 13.2.1997 NZA-RR 1997, 250.
[76] LAG Rheinland-Pfalz 7.6.1993 EzBAT § 7 BAT Nr. 3.
[77] LAG Schleswig-Holstein 26.10.1995 LAGE BGB § 611 BGB Abmahnung Nr. 44.
[78] LAG Baden-Württemberg 24.11.1993 – 12 Sa 51/93 – n.v.
[79] LAG Berlin 26.3.2004 LAGReport 2004, 222.
[80] LAG Köln 16.5.1997 ARSt 1997, 262.
[81] BAG 16.9.1987 RzK I 1 Nr. 21; LAG Düsseldorf 31.8.1988 RzK I 1 Nr. 42 und 23.2.1993 LAGE BetrVG 1972 § 23 Nr. 31; LAG Berlin 23.2.1988 RzK I 1 Nr. 28; LAG Hamm 17.4.1985 und 3.11.1987 LAGE BGB § 611 Abmahnung Nr. 1 und 9.

Erster Abschnitt: Die Kündigung

- Wahrnehmung **betriebsverfassungsrechtlicher Rechte;**[82]
- Verkennung einer schwierigen und **ungeklärten Rechtsfrage** durch Betriebsratsmitglied;[83]
- Kundgabe eigener **Gewerkschaftszugehörigkeit;**[84]
- Berechtigte Teilnahme an einem Streik;[85]
- **Meinungsäußerung in der Öffentlichkeit;**[86]
- Beschwerde über Vorgesetzte;[87]
- Verweigerung eines Personalgesprächs über die Änderung des Arbeitsvertrages;[88]
- Nichterbringung der erwarteten, aber vertraglich nicht geschuldeten **Verkaufserfolge** eines Außendienstmitarbeiters;[89]
- politische Meinungsäußerung;[90]
- Vorwurf des Betrugs, wenn Vermögensschädigung nicht dargetan werden kann.[91]

II. Betriebsbuße

17 Die Betriebsbuße ahndet Verstöße gegen die betriebliche Ordnung mit der Mahnung, der Verwarnung oder dem Verweis, einer Geldstrafe oder der Entlassung als Betriebsstrafe.[92] Die Beendigung des Arbeitsverhältnisses im Rahmen einer sonst zulässigen kollektiven Bußordnung ist nicht möglich, da dies dem zwingenden Kündigungs- und Kündigungsschutzrecht widerspricht. Will der Arbeitgeber wegen eines Verstoßes gegen die betriebliche Ordnung das Arbeitsverhältnis lösen, so kann dies je nach Lage des Falles sozial gerechtfertigt sein bzw. einen wichtigen Grund im Sinne des § 626 BGB darstellen. Der Arbeitnehmer hat nach allgemeinen Grundsätzen die Möglichkeit, die Wirksamkeit der aus diesem Grunde ausgesprochenen Kündigung gerichtlich überprüfen zu lassen.[93]

18 Betriebsbußen können nur aufgrund einer zwischen den Betriebspartnern vereinbarten Betriebsbußenordnung und nur für Verstöße gegen die Regeln über das Ordnungsverhalten im Betrieb verhängt werden. Die **einseitig** vom Arbeitgeber verhängte Betriebsbuße ist **unwirksam.**[94] Gegen das Instrument der Betriebsbuße sind wiederholt Bedenken erhoben worden, die allerdings von der Rechtsprechung durchweg nicht geteilt wurden.[95] Die Betriebsbuße ist von den individualarbeitsrechtlichen Maß-

---

[82] BAG 6.8.1981 EzA BetrVG 1972 § 37 Nr. 74.
[83] BAG 31.8.1994 EzA BGB § 611 Abmahnung Nr. 33 = NZA 1995, 225.
[84] ArbG Frankfurt 31.7.1991 AiB 1992, 158.
[85] BAG 30.3.1982 EzA GG Art. 9 Arbeitskampf Nr. 46; BAG 18.2.2003 EzA GG Art. 9 Arbeitskampf Nr. 135 = NZA 2003, 866; LAG Rheinland-Pfalz 20.3.1981 EzA BGB § 611 Fürsorgepflicht Nr. 28.
[86] ArbG Berlin 20.12.1996 NZA-RR 1997, 281; BVerfG 16.10.1998 NZA 1999, 77.
[87] LAG Hamm 11.2.2004 – 18 Sa 1847/03 –.
[88] BAG 23.6.2009 NZA 2009, 1011.
[89] BAG 27.11.2008 – 2 AZR 675/07 –; LAG Düsseldorf 19.12.1990 LAGE BGB § 611 Abmahnung Nr. 24.
[90] BAG 12.6.1986 RzK I 1 Nr. 11.
[91] LAG Rheinland-Pfalz 13.4.1989 LAGE BGB § 611 Abmahnung Nr. 18; a.A. ArbG Mainz 7.11.1988 EzA BGB § 611 Abmahnung Nr. 6.
[92] Hierzu *Herschel,* Betriebsbußen, 1967; *Kaiser/Metzger-Pregizer,* Betriebsjustiz, 1976; ablehnend *Schumann,* FS Dietz, 1973, S. 323 ff.; vgl. auch BAG 5.2.1986 EzA § 339 BGB Nr. 2.
[93] BAG 28.4.1982 EzA BetrVG 1972 § 87 Betriebsbuße Nr. 5 = AP BetrVG 1972 § 87 Betriebsbuße Nr. 4; MünchArbR/*Matthes,* § 243 Rn. 27; *Kraft,* NZA 1989, 783; jeweils mwN.
[94] BAG 17.10.1989 EzA BetrVG 1972 § 87 Betriebsbuße Nr. 8 = NZA 1990, 193.
[95] Vgl. BAG 28.4.1982 EzA BetrVG 1972 § 87 Betriebsbuße Nr. 5 = AP BetrVG 1972 § 87 Betriebsbuße Nr. 4; BAG 22.10.1985 EzA BetrVG 1972 § 87 Lohngestaltung Nr. 10 = NZA 1986, 299.

nahmen (Abmahnung, Versetzung, Vertragsstrafe, Kündigung) strikt zu unterscheiden. Eine schriftliche Rüge mit Kündigungsandrohung ist im Zweifel als Abmahnung und nicht als Betriebsbuße auszulegen.[96] Verstöße gegen die kollektive Ordnung können auf der Basis einer gültigen Rechtsgrundlage mit einer Betriebsbuße geahndet werden, aber auch individualarbeitsrechtliche Konsequenzen zur Folge haben. Letztere unterliegen ggf. einer Beteiligung des Betriebsrats nach §§ 99, 102 BetrVG, die Betriebsbußen hingegen unterliegen der Mitbestimmung des Betriebsrats nach § 87 Abs. 1 Nr. 1 BetrVG. Beide Rechtsebenen sollten strikt voneinander getrennt werden. Die zwischenzeitlich seitens des BAG erwogene Auffassung, die Betriebsbuße könne ein vorrangiges milderes Mittel vor Ausspruch einer verhaltensbedingten Kündigung sein, hat der 2. Senat zu Recht aufgegeben.[97] Die Vorschaltung einer derartigen kollektivrechtlichen Maßnahme würde zu einer systemwidrigen Kündigungserschwerung führen, insbesondere würden Sinn und Zweck der Abmahnung (Warnfunktion) relativiert, weil vor der Kündigung weitere Vorstufen in Form kollektivrechtlicher Maßnahmen ergriffen werden müssten.

III. Direktionsrecht

Während durch das Kündigungsrecht auf den Leistungsumfang insgesamt Einfluss **19** genommen und insoweit ggf. die vertraglich vereinbarten gegenseitigen Leistungspflichten aufgehoben werden, geht es beim Direktionsrecht lediglich um die offengebliebene Konkretisierung der vertraglichen Leistungspflicht. Aufgrund des Direktionsrechts kann der Arbeitgeber die nur rahmenmäßig umschriebene Leistungspflicht nach Zeit, Ort und Art der Leistung näher bestimmen. Seine **Grenzen** findet das Direktionsrecht im **Gesetz**, in **Kollektivverträgen** und den **vertraglichen Vereinbarungen** (§ 106 GewO). Es darf gem. § 106 GewO nur nach billigem Ermessen ausgeübt werden. Auf schutzwürdige Belange muss der Arbeitgeber Rücksicht nehmen.[98] In diesem Rahmen darf der Arbeitgeber dem Arbeitnehmer keine Arbeit zuweisen, die diesen in vermeidbare Interessenkonflikte bringt.[99] Bei der Ausübung eines Direktionsrechts aus betriebsbedingten Gründen müssen die Grundsätze der Sozialauswahl (§ 1 Abs. 3 KSchG) nicht beachtet werden.[100]

Der Vertragsinhalt kann durch das Direktionsrecht nicht geändert werden.[101] Dazu **20** ist eine Kündigung oder eine Änderungskündigung notwendig (zur Änderungskündigung → Rn. 1287). Generell unterliegt der Umfang der beiderseitigen Hauptleistungspflichten nicht dem Direktionsrecht. Auf dessen Basis können keine quantitativen

---

[96] LAG Köln 12.5.1995 NZA-RR 1996, 204; LAG Frankfurt 18.10.1988 NZA 1989, 273; LAG Berlin 26.3.2004 LAGReport 2004, 222.
[97] Vgl. BAG 17.1.1991 EzA KSchG § 1 Verhaltensbedingte Kündigung Nr. 37 = NZA 1991, 557 mit insoweit zust. Anm. *Rüthers/Franke* unter Aufgabe von BAG 17.3.1988 EzA BGB n. F. § 626 Nr. 116 mit ablehnender Anm. *Willemsen* und abl. Anm. *Börgmann*, SAE 1989, 192 f.; ablehnend *Preis*, DB 1990, 686 f.
[98] BAG 23.9.2004 EzA GewO § 106 Nr. 1 = NZA 2005, 208.
[99] BAG 20.12.1984 AP BGB § 611 Direktionsrecht Nr. 27 = EzA KSchG § 1 Verhaltensbedingte Kündigung Nr. 16; 24.5.1989 EzA BGB § 611 Direktionsrecht Nr. 3 = NZA 1990, 144; kritisch *Reuter*, BB 1986, 385.
[100] Zu Recht ablehnend beim allgemeinen Direktionsrecht BAG 28.8.2013 DB 2014, 123 Rn. 43; BAG 23.9.2004 EzA GewO § 106 Nr. 1 = NZA 2005, 208; anders LAG Hamm 12.2.1996 EzA BGB § 611 Direktionsrecht Nr. 25.
[101] BAG 27.3.1980 EzA BGB § 611 Direktionsrecht Nr. 2 = AP BGB § 611 Direktionsrecht Nr. 26; BAG 25.10.1989 EzA KSchG § 1 Verhaltensbedingte Kündigung Nr. 30 = NZA 1990, 561.

Veränderungen der Arbeitszeit vorgenommen werden, die sich unmittelbar auf die Vergütung auswirken.[102] Auch bei der Versetzung auf einen Arbeitsplatz mit geringerer Entlohnung wird in die Hauptleistungspflichten einseitig eingegriffen.[103] Eine genaue **Unterscheidung zwischen allgemeinem und erweitertem Direktionsrecht** ist erforderlich, da die konkrete Weisung des Arbeitgebers zwar in beiden Fällen einer rechtlichen Überprüfung nach § 106 GewO standhalten muss (Ausübungskontrolle), die direktionsrechtserweiternde Klausel jedoch – soweit sie vorformuliert ist – zusätzlich einer Inhaltskontrolle nach §§ 307 ff. BGB unterzogen wird.[104] Hinzuweisen ist darauf, dass die Reichweite des Direktionsrechts Auswirkungen auf die Sozialauswahl bei einer betriebsbedingten Kündigung hat (→ Rn. 1035).[105]

20a In der jüngeren Rspr. findet eine gewisse Überlagerung von Änderungskündigung und Direktionsrecht dergestalt statt, dass die Ausübung eines (vertraglich erweiterten) Direktionsrechts auch (vorsichtshalber) im Wege der Änderungskündigung zugelassen wird (sog. überflüssige Änderungskündigung).[106] Diese Rechtsprechung ist abzulehnen, verlagert sie doch zu Unrecht das Prozessrisiko auf den Arbeitnehmer, obwohl nach dem Veranlasserprinzip derjenige es tragen müsste, der mit einem überflüssigen Gestaltungsrecht unnötigerweise den Bestand des Arbeitsverhältnisses gefährdet (→ Rn. 1321). Durch das Direktionsrecht kann im Rahmen des Vertrages auch auf die Arbeitsleistung und den Ort der Arbeit Einfluss genommen werden (Versetzung). Wird die Direktionsanordnung durch den Vertragsinhalt nicht gedeckt, ist eine Änderungskündigung notwendig.[107] Auch wenn der Arbeitgeber kraft Direktionsrecht befugt ist, den Arbeitsbereich des Arbeitnehmers zu verkleinern, muss seine Maßnahme billigem Ermessen entsprechen.[108] Das BAG verlagert in einer neueren Entscheidung überdies das Risiko bei unbilligen Weisungen auf den Arbeitnehmer. Er soll auch unbillige Weisungen befolgen müssen, bis er eine rechtskräftige Entscheidung über die Unbilligkeit erreicht hat.[109] Der Senat begründet dies – nicht vertretbar – mit „der das Arbeitsverhältnis prägenden Weisungsgebundenheit".[110] Diese Rechtsprechung ist abzulehnen. **Unbillige Weisungen braucht der Arbeitnehmer nicht zu befolgen.** Er geht, wenn er sich der Weisung (zu Unrecht) widersetzt, ohnehin das Risiko einer Abmahnung oder gar fristlosen Kündigung wegen Arbeitsverweigerung ein. Das LAG Schleswig-Holstein[111] interpretiert das BAG jedoch so, dass der Arbeitnehmer nicht im Wege der Ausübung des Direktionsrechts zur Ableistung vertragswidriger Arbeit, auch nicht vorübergehend,

---

[102] BAG 12.12.1984 EzA BGB § 315 Nr. 29 = AP KSchG 1969 § 2 Nr. 6.
[103] Siehe aber zur tarifvertraglich zulässigen Verkürzung und Verlängerung der regelmäßigen wöchentlichen Arbeitszeit BAG 26.6.1985 AP TVAL II § 9 Nr. 4 = EzA TVG § 1 Nr. 19 = DB 1986, 132; BAG 23.9.2004 EzA BGB 2002 § 611 Direktionsrecht Nr. 1 = NZA 2005, 475; eine Umgehung des Kündigungsschutzes bejahend LAG Düsseldorf 17.3.1995 LAGE § 2 KSchG Nr. 16 = DB 1995, 2224; LAG München 20.9.1985 BB 1986, 1577.
[104] Ausführlich hierzu Preis/*Preis*, II D 30; *Preis/Genenger*, NZA 2008, 969.
[105] Hierzu BAG 2.3.2006 EzA KSchG § 1 Soziale Auswahl Nr. 67 = NZA 2006, 1350.
[106] BAG 15.11.1995 EzA BGB § 315 Nr. 45 = NZA 1996, 603; s.a. BAG 6.9.2007 EzA KSchG § 2 Nr. 68 = NZA-RR 2008, 291; krit. schon *Preis*, NZA 1997, 1076, 1088.
[107] Einzelheiten bei Preis/*Preis*, II D 30 Rn. 11 ff.; *Friedhofen*, NZA 1986, 145 ff.; *Weber/Ehrich*, BB 1996, 2246; BAG 17.7.2007 EzA TzBfG § 8 Nr. 17 = NZA 2008, 118.
[108] BAG 23.6.1993 EzA BGB § 611 Direktionsrecht Nr. 13 = NZA 1993, 1127; Einzelheiten zum Direktionsrecht vgl. ErfK/*Preis*, § 106 GewO Rn. 1 ff.; *Hromadka*, DB 1995, 2601.
[109] BAG 22.2.2012 NZA 2012, 858; siehe zust. *Schmidt-Rolfes*, AuA 2013, 200: „Der Arbeitnehmer hat schlechte Karten"; zu Recht ablehnend *Boemke*, NZA 2013, 6; *Thüsing*, JM 2014, S. 20 f.; ausführlich *Preis*, NZA 2015, 1; s.a. *Kühn*, NZA 2015, 10.
[110] BAG 22.2.2012 NZA 2012, 858 Rn. 24.
[111] LAG Schleswig-Holstein 21.3.2013 – 1 Sa 350/12 –.

gezwungen werden kann. Das BAG könnte aber so zu verstehen sein, dass ein Arbeitnehmer, der etwa inzident im Rahmen eines Kündigungsschutzprozesses die Unbilligkeit einer Weisung, die er nicht befolgt hat, rechtskräftig bescheinigt erhält, keinen Anspruch auf Annahmeverzugslohn zu haben, weil das Gericht es für zumutbar hält, unbillige Weisungen zunächst zu befolgen. Diese Sanktionierung einer im Ergebnis rechtmäßigen Verweigerung einer unbilligen Weisung ist abzulehnen. Es besteht kein Anspruch des Arbeitgebers auf Befolgung unbilliger Weisungen. Die gegenteilige Rechtsprechung des 5. Senats widerspricht auch der ständigen Handhabung des 2. Senats. Eine verhaltensbedingte Kündigung, die wegen Nichtbefolgung einer unbilligen Weisung erfolgte, ist unwirksam und begründet einen Annahmeverzugsanspruch.[112]

Der Arbeitnehmer kann sich gegen eine Direktionsanordnung, namentlich auch gegen eine Versetzung, mit einer Feststellungsklage wehren. Die Einhaltung der Frist des § 4 KSchG ist nicht erforderlich, denn es liegt keine Kündigung vor.[113] Abzulehnen ist die Annahme einer Klageobliegenheit des Arbeitnehmers. Diese lässt sich auch nicht aus § 315 Abs. 3 S. 2 BGB herleiten. Die unbillige Weisung ist auch nach § 315 Abs. 3 S. 1 BGB unverbindlich. Der Weisungsgegner muss sie nicht befolgen. Die **Ausübung des Direktionsrechts** unterliegt der **gerichtlichen Kontrolle.** Befolgt der Arbeitnehmer die unbillige Weisung, kann ggf. eine konkludente Vertragsänderung eintreten. Widersetzt sich der Arbeitnehmer längere Zeit nicht der unbilligen Weisung kann das Klagerecht verwirken.[114] 21

Die unwirksame Versetzung kann nicht in eine Änderungskündigung umgedeutet werden. Das scheitert schon am erklärten Willen, denn die Änderungskündigung setzt für den Fall der Nichtannahme des Angebots den Lösungswillen voraus, der dem fehlt, der im Rahmen des bestehenden Vertrages einseitig Bedingungen ändern will.[115] 22

IV. Die „Nichtfortsetzungserklärung" nach § 12 Satz 1 KSchG

Besteht nach der Entscheidung des Arbeitsgerichts das Arbeitsverhältnis fort, ist jedoch der Arbeitnehmer ein neues Arbeitsverhältnis eingegangen, so kann er binnen einer Woche nach Rechtskraft des Urteils durch eine Erklärung gegenüber dem alten Arbeitgeber die Fortsetzung des Arbeitsverhältnisses bei diesem verweigern (zu den Voraussetzungen des Wahlrechts näher → Rn. 2049 ff.).[116] Mit dem Zugang der Erklärung erlischt das Arbeitsverhältnis (§ 12 S. 3 KSchG). Die „Nichtfortsetzungserklärung" des **§ 12 S. 1 KSchG soll den Arbeitnehmer vor den Folgen bewahren, die ihn aus der Existenz zweier Arbeitsverhältnisse treffen könnten.** Deshalb kann auch § 12 KSchG nicht analog bei Aufnahme einer selbständigen Tätigkeit angewandt werden.[117] Eine Regelungslücke besteht insoweit nicht. Bei der einwöchigen Frist handelt es sich um eine materiell-rechtliche Ausschlussfrist, deren Versäumung zum Erlöschen dieses Rechts führt.[118] Äußert sich der Arbeitnehmer binnen der Frist nicht, ist er zur Fortsetzung des alten Arbeitsverhältnisses verpflichtet.[119] Praktisch han- 23

---

[112] Siehe nur BAG 20.12.1984 NZA 1986, 21; BAG 10.10.2002 NZA 2003, 483; in Abgrenzung zum 5. Senat LAG Köln 28.8.2014 – 6 Sa 423/14.
[113] BAG 20.1.1960 AP BGB § 611 Direktionsrecht Nr. 8 = BB 1960, 445.
[114] BAG 3.12.2008 AP BGB 3 307 Nr. 42 Rn. 36.
[115] Ebenso KR/*Rost*/*Kreft*, § 2 KSchG Rn. 44.
[116] Hierzu *Brill*, DB 1983, 2519; *Bauer*, BB 1993, 2445; KR/*Rost*, § 12 KSchG Rn. 1 ff.
[117] BAG 25.10.2007 EzA KSchG § 12 Nr. 3 = NJW 2008, 1466; ebenso ErfK/*Kiel* § 12 KSchG Rn. 4; APS/*Biebl* § 12 KSchG Rn. 5; HaKo/*Fiebig* § 12 KSchG Rn. 14; HHL/*Linck* § 12 Rn. 2; abl. *Diller*, RdA 2008, 299.
[118] BAG 6.11.1986 – 2 AZR 744/85 – RzK I 13b Nr. 4.
[119] BAG 23.5.2013 NZA 2013, 1197 Rn. 40; BAG 16.5.2012 NZA 2012, 971 Rn. 18.

delt es sich bei § 12 KSchG um den Fall eines gesetzlichen außerordentlichen Kündigungsrechts; § 626 BGB bleibt allerdings von der Regelung unberührt. Die Nichtfortsetzungserklärung unterfällt jedoch dem **Schriftformerfordernis** nach § 623 BGB.[120] Eine nicht rechtzeitig abgegebene Fortsetzungsverweigerungserklärung kann gemäß § 140 BGB regelmäßig in eine ordentliche Kündigung umgedeutet werden.[121] Die Entscheidung des Arbeitnehmers, weder von der Möglichkeit des § 12 S. 1 KSchG Gebrauch zu machen noch das Arbeitsverhältnis mit dem Arbeitgeber fortzusetzen, rechtfertigt noch nicht ohne Weiteres die fristlose Kündigung durch den Arbeitgeber.[122] Prinzipiell ist der Arbeitgeber auch in diesen Fällen auf die ordentliche Beendigungsmöglichkeit zu verweisen. Hat der Arbeitnehmer einen Kündigungsschutzprozess gewonnen und inzwischen ein neues Arbeitsverhältnis begründet, so ist er auch nach Ablauf der einwöchigen Erklärungsfrist des § 12 KSchG nicht verpflichtet, einer Arbeitsaufforderung des alten Arbeitgebers sofort nachzukommen. Es liegt keine die fristlose Kündigung rechtfertigende Arbeitsverweigerung vor, wenn er zunächst das neu eingegangene Arbeitsverhältnis unter Einhaltung der ordentlichen Kündigungsfrist löst.[123]

24 Der Arbeitnehmer kann die Erklärung nach § 12 KSchG, dass er im Falle seines Obsiegens im Kündigungsschutzprozess das bisherige Arbeitsverhältnis nicht fortsetzen wolle, auch schon vor der Rechtskraft des Urteils abgeben und zugleich den Antrag auf Auflösung des Arbeitsverhältnisses nach § 9 KSchG verfolgen.[124] Daneben kann der Arbeitnehmer, der im Kündigungsschutzprozess obsiegt hat, auch sein Arbeitsverhältnis unter Einhaltung der ordentlichen Kündigungsfrist aufkündigen. Dann bleiben die gegenseitigen Rechte und Pflichten bis zum Ablauf der Kündigungsfrist bestehen, und der Arbeitnehmer macht sich schadensersatzpflichtig, wenn er nach Aufforderung durch den Arbeitgeber die Dienste nicht wieder aufnimmt.[125] Die ordentliche Kündigung kann nicht in eine „Nichtfortsetzungserklärung" umgedeutet werden.[126] Die Folgen des § 12 S. 4 KSchG sollen nur den Arbeitnehmer treffen, der das gesetzliche Wahlrecht ausübt und sich ohne Einhaltung der ordentlichen Kündigungsfrist aus dem Arbeitsverhältnis lösen will. Die Vorschrift kann nicht analog auf den Fall angewendet werden, dass der Arbeitnehmer von § 12 S. 1 KSchG keinen Gebrauch macht, sondern sich nach Ablauf der Einwochenfrist von dem bisherigen Arbeitsverhältnis durch ordentliche Kündigung oder Aufhebungsvertrag löst. Eine Gesetzeslücke besteht insoweit nicht.[127] Eine ordentliche Kündigung kann der Arbeitnehmer immer ohne irgendwelche negativen Folgen aussprechen. Daran hat § 12 KSchG nichts geändert. Macht der Arbeitnehmer von seinem Recht zur ordentlichen Kündigung Gebrauch, was wegen der Rechtsfolge des § 12 S. 4 KSchG vorteilhaft sein kann, handelt er grundsätzlich nicht rechtsmissbräuchlich.[128] Die Nichtfortsetzungserklärung nach § 12

---

[120] So die h.M. ErfK/*Kiel,* § 12 KSchG Rn. 6; ErfK/*Müller-Glöge,* § 623 BGB Rn. 3b; KR/*Rost,* § 12 KSchG Rn. 24; *Preis/Gotthardt,* NZA 2000, 248, 250; a. A. BB/*Bader,* § 623 BGB Rn. 14.
[121] LAG Berlin 15.10.1999 MDR 2000, 281.
[122] Vgl. LAG Köln 13.2.1991 LAGE BGB § 626 Nr. 57; Sächsisches LAG 19.5.2004 – 5 Sa 873/03.
[123] LAG Köln 23.11.1994 LAGE KSchG § 12 Nr. 2 = NZA 1995, 992.
[124] BAG 19.10.1972 AP KSchG 1969 § 12 Nr. 1 = EzA KSchG § 12 Nr. 1; LAG Frankfurt 15.4.1983, ArbuR 1984, 52.
[125] Vgl. dazu LAG Düsseldorf 13.6.1979 EzA KSchG § 12 Nr. 2 = AP KSchG 1969 § 12 Nr. 2 mit Anm. *Herschel,* das eine Nichtfortsetzungserklärung auch dann annimmt, wenn der Arbeitnehmer das Arbeitsverhältnis ordentlich kündigt.
[126] LAG Köln 9.8.2012 NZA-RR 2013, 193.
[127] Überzeugend BAG 6.11.1986 – 2 AZR 744/85 – RzK I 13b Nr. 4.
[128] BAG 6.11.1986 – 2 AZR 744/85 – RzK I 13b Nr. 4; *Herschel,* Anm. zu BAG AP KSchG § 12 Nr. 2; teilweise a. A. *Bauer,* BB 1993, 2445.

KSchG ist nicht einer vom Arbeitgeber „veranlassten" Eigenkündigung gleichzusetzen. Das hat zur Konsequenz, dass der Arbeitnehmer in diesem Fall keine Abfindung aus einem Sozialplan verlangen kann.[129]

V. Suspendierung

Unter Suspendierung wird das vollständige oder teilweise Ruhen der Rechte und Pflichten aus dem Arbeitsverhältnis verstanden, ohne dass das rechtliche Band des Vertrages aufgelöst wird. Die Suspendierung hat regelmäßig die Freistellung von der Arbeitspflicht zur Folge. Sie kann eintreten aufgrund einer Vereinbarung, kraft einseitiger Anordnung durch den Arbeitgeber, den Arbeitnehmer (zB nach § 15 BEEG) oder kraft Gesetzes (zB Ruhen des Arbeitsverhältnisses während des Wehrdienstes nach dem Arbeitsplatzschutzgesetz).[130] Wird das Arbeitsverhältnis wegen Pflichtverletzung während der Ruhensphase gekündigt, ist im Einzelfall zu entscheiden, ob der Umstand des Ruhens Auswirkungen auf das Gewicht des Kündigungsgrundes hat. Es kommt auf die jeweilige Pflichtverletzung an, um entscheiden zu können, ob eine fristlose Kündigung in Betracht kommt oder – wegen des Ruhens – eine ordentliche Kündigung die Interessen des Arbeitgebers ausreichend wahrt.[131]

1. Ruhendes Arbeitsverhältnis kraft Vereinbarung

Grundsätzlich steht es den Arbeitsvertragsparteien frei, das Ruhen der Hauptpflichten im Arbeitsverhältnis zu vereinbaren. In der Praxis geschieht dies häufig in der Form der Vereinbarung eines unbezahlten Urlaubs oder der vereinbarten Freistellung von der Arbeit nach dem Ausspruch einer ordentlichen Kündigung. Bei der einvernehmlichen Suspendierung kann ein Wegfall der Vergütung vereinbart werden. Wurde aber keine Regelung getroffen, ist davon auszugehen, dass der Arbeitnehmer nicht auf den Vergütungsanspruch aus dem weiter bestehenden Arbeitsvertrag verzichten wollte.[132] Die aus einem konkreten Anlass heraus getroffene individuelle Vereinbarung einer Suspendierung des Arbeitnehmers ist in den Grenzen des § 138 BGB zu respektieren.[133] Zu berücksichtigen ist, dass der Arbeitnehmer im bestehenden Arbeitsverhältnis grundsätzlich einen Beschäftigungsanspruch hat.[134] Jedenfalls dürfte die formularmäßige Abdingung des Beschäftigungsanspruches nur aus besonderen Gründen zulässig sein.[135] Ansonsten liegt eine unangemessene Benachteiligung (§ 307 BGB) vor. Auch können durch Formularvertragsgestaltung nicht die zwingenden Voraussetzungen des Großen Senats für einen vorläufigen Weiterbeschäftigungsanspruch unterlaufen werden (→ Rn. 2258 ff.). Die Argumentation, wonach die prinzipielle Dispositivität des Be-

---

[129] LAG Rheinland-Pfalz 6.11.2008 – 10 Sa 288/08 –.
[130] Ausführlich *Dikomey*, Das ruhende Arbeitsverhältnis, 1991.
[131] BAG 5.4.2001 EzA BGB § 626 Verdacht strafbarer Handlung Nr. 10 = NZA 2001, 837; vgl. auch BAG 17.2.1982 – 7 AZR 663/79 – n. v.
[132] *Becker-Schaffner*, BlStSozArbR 1985, 357; a. A. *Dikomey*, S. 9 f.
[133] Küttner/*Kania*, Beschäftigungsanspruch, Rn. 5; Preis/*Preis*, II F 10 Rn. 7.
[134] BAG GS 27.2.1985 EzA BGB § 611 Beschäftigungspflicht Nr. 9 = NZA 1985, 702; BAG 21.9.1993 EzA AWbG § 7 Nr. 14 = NZA 1994, 267.
[135] Vgl. *Preis*, Vertragsgestaltung, S. 452; ausf. Preis/*Preis*, II F 10 Rn. 8 ff.; Küttner/*Kreitner*, Freistellung von der Arbeit, Rn. 17 f.; *Leßmann* RdA 1988, 149; generell bejahend LAG Hamburg 10.6.1994 LAGE BGB § 611 Beschäftigungspflicht Nr. 37; *Kappenhagen*, FA 2007, 167; a. A. ArbG Berlin 25.2.2005 – 9 Ga 1155/05 –.

schäftigungsanspruchs auch die Zulässigkeit des Vorausverzichts umfasst, kann nicht überzeugen, weil das Recht des Arbeitnehmers, seinen Beschäftigungsanspruch in einer konkreten Situation geltend zu machen, durch einen formularmäßigen Vorausverzicht unangemessen eingeschränkt wird (§ 307 Abs. 1 BGB). Dies gilt insbesondere für Vertragsklauseln, die kein gewichtiges Arbeitgeberinteresse zur Rechtfertigung voraussetzen.[136] Bei offensichtlich unwirksamer Kündigung oder Obsiegen des Arbeitnehmers in der ersten Instanz ist davon auszugehen, dass sich die Rechtsprechungsgrundsätze gegenüber einer allgemeinen Freistellungsklausel in einem vorformulierten Arbeitsvertrag durchsetzen.[137] Es dürfte auch mit der Verteilung des Wirtschaftsrisikos im Arbeitsverhältnis unvereinbar sein, wenn unbezahlter Urlaub vereinbart worden ist und es allein beim Arbeitgeber liegt, wann dieser endet.[138]

2. Ruhen des Arbeitsverhältnisses aufgrund einseitiger Erklärung des Arbeitgebers

27 Fraglich ist, ob der Arbeitgeber die Suspendierung einseitig vornehmen, d.h. den Beschäftigungsanspruch des Arbeitnehmers (dazu Einzelheiten → Rn. 2158 ff.) ohne Vereinbarung mit ihm zeitweise aussetzen kann. Das BAG hat dies vor dem Hintergrund des zwingenden Beschäftigungsanspruchs prinzipiell verneint.[139] Früher hat die Rechtsprechung die einseitige Suspendierung des Arbeitgebers, an dessen Voraussetzungen **strenge Anforderungen** zu stellen sind, anerkannt.[140] Als billigenswerte Gründe können nicht ohne weiteres die Gründe herangezogen werden, die eine ordentliche Kündigung rechtfertigen. Vielmehr muss eine solche Interessenbeeinträchtigung vorliegen, die eine sofortige Reaktion erforderlich machen.[141] In aller Regel werden die Voraussetzungen nur dann vorliegen, wenn der Arbeitnehmer in den Verdacht einer schweren strafbaren Handlung oder einer anderen schweren Vertragsverletzung geraten ist, zB des Verrats von Geschäftsgeheimnissen oder von Verstößen gegen ein Wettbewerbsverbot.[142] Hier berührt die Weiterarbeit gerade die Interessen des Arbeitgebers, wenn ein wirklich begründeter schwerer Verdacht besteht. Die Suspendierung kann bei der Verdachtskündigung ein vorübergehendes milderes Mittel gegenüber der Beendigungskündigung sein,[143] wenn und soweit es um die möglich erscheinende Aufklärung des Verdachts geht. Die Suspendierung ist aber gegenüber der fristlosen Kündigung kein generell zu ergreifendes milderes Mittel.[144]

---

[136] ErfK/*Preis*, § 611 Rn. 568; zust. Küttner/*Kreitner*, Freistellung von der Arbeit, Rn. 16 f.; LAG München 7.5.2003 LAGE BGB 2002 § 307 Nr. 2.
[137] ErfK/*Preis*, § 611 BGB Rn. 569; *Ruhl/Kassebohm*, NZA 1995, 497; Preis/*Preis*, II F 10 Rn. 20.
[138] BAG 13.8.1980 EzA BUrlG § 9 Nr. 11 = DB 1981, 479.
[139] BAG 21.9.1993 EzA AWbG § 7 Nr. 14 = NZA 1994, 267; ErfK/*Preis*, § 611 Rn. 567; ausf. *Dikomey*, S. 11 ff.
[140] BAG 15.6.1972 NJW 1972, 2279 = AP BGB § 628 BGB Nr. 7 = EzA BGB n. F. § 626 Nr. 14; *Becker-Schaffner*, BlStSozArbR 1985, 357 f.; allerdings lässt BAG 19.8.1976 EzA BGB § 611 Beschäftigungspflicht Nr. 4 = NJW 1977, 215 bereits überwiegende und schutzwürdige Interessen des Arbeitgebers genügen; restriktiv *Salje*, FS Kissel, 1994, S. 983 ff.
[141] Preis/*Preis*, II F 10 Rn. 4 unter Bezugnahme auf BAG 27.2.1985 EzA BGB § 611 Beschäftigungspflicht Nr. 9 = NZA 1985, 702.
[142] Vgl. zur Suspendierung nach Eigenkündigung und künftiger Tätigkeit bei Konkurrenz-Unternehmen LAG Hamm 3.11.1993 LAGE BGB § 611 Beschäftigungspflicht Nr. 36.
[143] *Preis*, S. 462 f.; Staudinger/*Preis*, § 626 BGB Rn. 15.
[144] BAG 11.3.1999 EzA BGB n. F. § 626 Nr. 176 = NZA 1999, 587; BAG 5.4.2001 EzA § 626 BGB Verdacht strafbarer Handlung Nr. 10 = NZA 2001, 837; LAG Köln 20.3.2001 ArbuR 2001, 237.

Es wird vertreten, dass **bei gekündigtem Arbeitsverhältnis** grds. ein berechtigtes 28
Interesse des Arbeitgebers zur sofortigen Freistellung des Arbeitnehmers bis zum Ablauf der Kündigungsfrist besteht.[145] Dabei wird verkannt, dass während des Laufs der Kündigungsfrist das reguläre Arbeitsverhältnis und damit auch noch der allgemeine Beschäftigungsanspruch bestehen.[146] Es kann daher nicht davon ausgegangen werden, dass sofort nach Ausspruch der Kündigung ein Beschäftigungsanspruch und ein Beschäftigungsinteresse des Arbeitnehmers entfallen.[147] Die Beschäftigungspflicht ist eine aus Grundrechten abgeleitete Kardinalpflicht des Arbeitgebers, die gemäß § 307 Abs. 2 Nr. 2 BGB nicht durch Formularvertrag abbedungen werden kann. Offen kann mithin nur noch sein, welche transparenten Gründe für die Freistellung vereinbart werden müssen.[148]

Umstritten ist, ob der Arbeitnehmer im Falle einer begründeten einseitigen Suspen- 29
dierung den **Vergütungsanspruch** behält. Das BAG erkennt den Wegfall des Vergütungsanspruchs nicht an und lässt dem Arbeitgeber in Fällen dieser Art nur die Wahl zwischen der vollen Lohnzahlung und der Kündigung.[149] Richtig ist zunächst, dass die unberechtigte Suspendierung die Folge des § 615 BGB auslöst. Freilich müssen die Voraussetzungen des § 615 BGB stets gegeben sein. Daran kann es fehlen, wenn die Arbeitsfähigkeit (§ 297 BGB) nicht besteht.[150] Bei der berechtigten Suspendierung, d. h. bei Vorlage eines besonders schutzwürdigen Interesses, das in aller Regel nur für einen kurzen Zeitraum anerkannt werden kann,[151] besteht ebenfalls im Grundsatz der Vergütungsanspruch des Arbeitnehmers fort.[152] Andererseits kann es sicher auch Einzelfälle geben, in denen das vertragswidrige Verhalten des Arbeitnehmers so schwerwiegend ist, dass dem Arbeitgeber die Annahme der Arbeitsleistung schlechthin unzumutbar ist (seltene Ausnahmefälle). Dann handelt es sich nicht mehr um ein ordnungsgemäßes Angebot. Der Arbeitgeber gerät nicht in Annahmeverzug.[153] Das BAG hat dies in einer wohl bisher einmalig gebliebenen Entscheidung angenommen, wenn bei der Annahme der angebotenen Leistung Leib und Leben, Freiheit, Gesundheit, Ehre, andere Persönlichkeitsrechte oder Eigentum des Arbeitgebers unmittelbar und nachhaltig gefährdet werden.

---

[145] LAG München 7.5.2003 LAGE BGB 2002 § 307 Nr. 2; ArbG Düsseldorf 3.6.1993 NZA 1994, 559; wohl auch *Buchner*, Die Beschäftigungspflicht, 1989, S. 23; *Leßmann*, RdA 1988, 149, 151.
[146] LAG München 19.8.1992 LAGE BGB § 611 Beschäftigungspflicht Nr. 32; ArbG Leipzig 8.8.1996 BB 1997, 366; ArbG Frankfurt 19.11.2003 NZA-RR 2004, 409; ErfK/*Preis*, § 611 BGB Rn. 570; Preis/*Preis*, II F 10 Rn. 4.
[147] Vgl. auch *U. Fischer*, NZA 2004, 233, 235; differenzierend Küttner/*Kreitner*, Freistellung von der Arbeit, Rn. 18 f.
[148] Differenzierend zwischen gekündigtem und ungekündigtem Arbeitsverhältnis *Kramer* DB 2008, 2538, 2541.
[149] BAG 4.6.1964 EzA BGB § 626 BGB Nr. 5 = NJW 1964, 1918; 10.11.1955 EzA BGB § 611 Nr. 1 = AP BGB § 611 Beschäftigungspflicht Nr. 2; LAG Hamm 18.7.1991 LAGE BGB § 615 Nr. 29; LAG Hamm 5.5.1975 DB 1975, 1131; KDZ/*Däubler*, Einleitung Rn. 145; MüKoBGB/*Hesse*, Vor § 620 BGB Rn. 43; *Becker-Schaffner*, BlStSozArbR 1985, 358; *Dikomey*, S. 17 f.; a. A. Hueck/Nipperdey, Bd. 1, S. 386.
[150] BAG 29.9.2004 EzA BGB 2002 § 133 Nr. 4 = NZA 2005, 104; BAG 23.1.2008 EzA BGB 2002 § 615 Nr. 22 = NZA 2008, 595.
[151] Vgl. BAG 10.11.1955 EzA BGB § 611 Nr. 1 = NJW 1956, 359; zum Fall der Leistungsverweigerung wegen Ableistung eines ausländischen Wehrdienstes: BAG 22.12.1982 EzA BGB § 123 Nr. 20 = AP § 123 BGB Nr. 23.
[152] Vgl. auch LAG Hamm 5.5.1975 DB 1975, 1131.
[153] BAG 29.10.1987 EzA BGB § 615 Nr. 54 = NZA 1988, 465 unter Hinweis auf BAG GS 26.4.1956 EzA BGB § 615 Nr. 1 = NJW 1956, 359.

30 Eine Suspendierung kann nicht in eine Kündigung umgedeutet werden, weil die Suspendierung gerade zum Ausdruck bringt, dass das Arbeitsverhältnis zunächst noch fortbestehen soll.

31 Eine Beteiligung des Betriebsrats (§§ 99, 102 BetrVG) bei der bloßen Suspendierung ist nicht erforderlich, da es sich weder um eine Versetzung noch um eine Kündigung handelt, der Bestand des Arbeitsverhältnisses also nicht beeinträchtigt wird.[154]

VI. Beendigung einer personellen Maßnahme nach den §§ 100 Abs. 3, 101 BetrVG

32 Durch die Notwendigkeit der Zustimmung des Betriebsrats zur Einstellung eines Arbeitnehmers nach § 99 BetrVG bestand Unsicherheit über die Frage, ob der Vertrag auch ohne Zustimmung des Betriebsrats zivilrechtlich gültig ist oder nicht. Die sehr umstrittene Frage ist durch zwei Entscheidungen des BAG 2.7.1980[155] dahin entschieden, dass ein ohne Zustimmung des Betriebsrats abgeschlossener Arbeitsvertrag voll wirksam ist.[156] Allerdings darf der Arbeitgeber den Arbeitnehmer nicht beschäftigen, solange die Zustimmung des Betriebsrats nicht vorliegt (§ 101 BetrVG). Auf diese Weise wird mittelbar Druck auf den Arbeitgeber ausgeübt, das Mitbestimmungsrecht des Betriebsrats zu beachten. Andererseits kann der Arbeitnehmer seinen Beschäftigungsanspruch wegen der betriebsverfassungswidrigen Einstellung nicht verwirklichen. Damit stellt sich die weitere Frage nach dem Schicksal des Arbeitsvertrages, wenn der Arbeitgeber die Zustimmung des Betriebsrats überhaupt nicht beantragt oder eine solche zwar beantragt, die vom Betriebsrat verweigerte Zustimmung aber hinnimmt und kein Verfahren nach § 99 Abs. 4 BetrVG einleitet oder wenn er das Verfahren der vorläufigen Einstellung nicht ordnungsgemäß durchgeführt hat. Auf das Rechtsverhältnis des eingestellten Arbeitnehmers sollte dies nur dann Einfluss haben, wenn der Betriebsrat ein Recht auf Verweigerung der Zustimmung zur Einstellung hatte. Anderenfalls könnte sich der Arbeitgeber von einem rechtswirksam geschlossenen Arbeitsvertrag wieder lösen, indem er einfach nicht um die Zustimmung des Betriebsrats ersucht oder dessen Weigerung hinnimmt bzw. den Betriebsrat bei einer vorläufigen Einstellung nicht ordnungsgemäß beteiligt. Das führt dazu, dass in diesen Fällen der eingestellte Arbeitnehmer vom Arbeitgeber gekündigt werden muss und sich auch ggf. auf den Kündigungsschutz nach dem KSchG berufen kann.[157] Wird also der mitbestimmungswidrig eingestellte Arbeitnehmer mehr als 6 Monate beschäftigt, kann eine Kündigung nur nach § 1 KSchG gerechtfertigt sein. Sofern ein Personalüberhang besteht, kann u. U. ein betriebsbedingter Kündigungsgrund vorliegen.[158]

---

[154] Zu § 99 BetrVG: BAG 28.3.2000 EzA BetrVG 1972 § 95 Nr. 33 = NZA 2000, 1355 mwN.

[155] AP BetrVG 1972 § 101 Nr. 5 mit Anm. *Misera* und AP GG Art. 33 Abs. 2 Nr. 9 = EzA BetrVG 1972 § 99 Nr. 28 mit Anm. *Löwisch/Röder*; bestätigt durch BAG 28.4.1992 EzA BetrVG 1972 § 99 Nr. 106 = NZA 1991, 1141.

[156] So schon früher *Schlüter*, DB 1972, 96; *Stahlhacke*, BlStSozArbR 1972, 55 und die ganz h. M.; vgl nur GK-BetrVG/*Raab*, § 99 BetrVG Rn. 158 ff.; Richardi/*Thüsing*, § 99 BetrVG Rn. 293; a. A. noch *Fitting*, § 99 BetrVG Rn. 278.

[157] Richardi/*Thüsing*, § 99 BetrVG Rn. 295 f.; *v. Hoyningen-Huene*, RdA 1982, 205; *Misera*, Anm. zu AP § 101 BetrVG 1972 Nr. 5.

[158] Hierzu *Rixecker*, ArbuR 1983, 238, 241.

VII. Beendigung eines fehlerhaft begründeten Arbeitsverhältnisses

Ein sog. fehlerhaftes (auch faktisches) Arbeitsverhältnis kann sofort beendet werden 33 und zwar durch einseitige Erklärung. Diese einseitige Erklärung ist keine Kündigung im Rechtsinne. Der allgemeine Kündigungsschutz und der Sonderkündigungsschutz greifen nicht ein, ebenso wenig bedarf es einer Betriebsratsanhörung nach § 102 BetrVG. Grundlage der Lehre zum fehlerhaften Arbeitsverhältnis ist ein **geschlossener und in Vollzug gesetzter Arbeitsvertrag,** der von **Anfang an wegen Rechtsverstoßes** (§§ 134, 138) **nichtig** oder **rückwirkend wegen Anfechtung** (§ 142 I) vernichtet worden ist.[159] Anwendbar sind die Grundsätze über das fehlerhafte Arbeitsverhältnis prinzipiell bei allen Nichtigkeitsgründen (zB **Geschäftsunfähigkeit** des Arbeitnehmers; **Formmangel; gesetzlichen Verboten** iSd § 134, **Nichtvorliegen öffentlich rechtlicher Erlaubnisse,** zB Arbeitserlaubnisse).[160] Bei bewusstem Verstoß beider Vertragsparteien gegen Strafgesetze[161] und krasser Sittenwidrigkeit (§ 138) des Arbeitsvertragsinhalts[162] ebenso bei einseitigem bewusstem Verstoß des Arbeitnehmers gegen ein dem Schutz von Leben und Gesundheit dienendes ges. Verbot[163] hat die Rspr. die Anwendung der Grundsätze über das fehlerhafte Arbeitsverhältnis **verneint.** In den zuletzt genannten Fällen bedarf es auch keiner Erklärung zur Beendigung des unwirksamen Arbeitsverhältnisses. Es verbleibt bei der schlichten Nichtigkeit (auch → Rn. 57).

§ 3 Sonstige Beendigungstatbestände

I. Aufhebungsvertrag

Arbeitgeber und Arbeitnehmer können ihr Vertragsverhältnis nach dem **Grundsatz** 34 **der Privatautonomie** (§§ 241 Abs. 1, 311 Abs. 1 BGB) grundsätzlich jederzeit durch einen Aufhebungsvertrag beenden.[1] Weder muss der Arbeitgeber einen Grund für sein Angebot auf vorzeitige Beendigung der arbeitsvertraglichen Beziehungen benennen noch ist die Wirksamkeit der daraufhin getroffenen Vereinbarungen vom Vorliegen eines sachlichen Grundes zur Beendigung abhängig. Insoweit gilt Vertragsfreiheit, es sei denn, auf die freie Willensbildung oder -betätigung des Arbeitnehmers ist in rechtlich zu missbilligender Weise Einfluss genommen worden (vgl. §§ 119, 123 BGB; → Rn. 51) oder grundrechtliche Schutzpflichten geben Anlass, im Rahmen der zivilrechtlichen Generalklauseln einer solchen Vereinbarung die gerichtliche Durchsetzung zu versagen.[2] Das Arbeitsverhältnis kann durch Aufhebungsvertrag auch rückwirkend

---

[159] BAG 14.1.1987 EzA BGB § 611 Faktisches Arbeitsverhältnis Nr. 1; näher ErfK/*Preis,* § 611 BGB Rn. 156 ff.
[160] BAG 26.11.1971 AP AFG § 19 Nr. 1; LAG Berlin 24.1.1974 DB 1974, 1440; LAG Hamm 29.3.1972 DB 1972, 1171; 23.11.1971 DB 1972, 293; hierzu *Eckert,* AR-Blattei SD 1620 Rn. 54 f.; *McHardy,* RdA 1994, 93, 98.
[161] BAG 25.4.1963 AP BGB § 611 Faktisches Arbeitsverhältnis Nr. 2.
[162] BAG 1.4.1976 EzA § 138 BGB Nr. 16.
[163] Vgl. BAG 3.11.2004 EzA BGB 2002 § 134 Nr. 3 = NZA 2005, 1409: Arzt ohne Approbation.
[1] BAG 14.2.1996 EzA BGB § 611 Aufhebungsvertrag Nr. 21 = NZA 1996, 811; LAG Mecklenburg-Vorpommern 6.7.1995 NZA 1996, 535; ausführlich zu Aufhebungsverträgen *Bauer/Krieger/Arnold,* Arbeitsrechtliche Aufhebungsverträge, 9. Aufl. 2014; *Weber/Ehrich/Burmester/Fröhlich,* 5. Aufl. 2009; *Germelmann,* NZA 1997, 236.
[2] BAG 12.1.2000 EzA BGB § 611 Aufhebungsvertrag Nr. 33 = NZA 2000, 718; BAG 7.3.2002 EzA BGB § 611 Aufhebungsvertrag Nr. 40.

aufgelöst werden, wenn es bereits außer Vollzug gesetzt worden war.³ Der Aufhebungsvertrag entbindet von der Einhaltung der Kündigungsfristen, es greift **weder der allgemeine noch ein besonderer Kündigungsschutz** ein. Ein Mitwirkungsrecht des Betriebsrats oder Sprecherausschusses nach §§ 102 BetrVG, 31 SprAuG besteht nicht. Auch die Schwerbehindertenvertretung ist vor dem Abschluss eines Aufhebungsvertrags mit einem schwerbehinderten Menschen nicht anzuhören. Der Abschluss eines Aufhebungsvertrags ist nach Auffassung des BAG keine „Entscheidung" iSv § 95 Abs. 2 S. 1 Halbs. 1 SGB IX. Freilich kann aus § 82 Abs. 2 S. 2 BetrVG ein Anspruch des Arbeitnehmers folgen, zu einem Personalgespräch über den Abschluss eines Aufhebungsvertrags ein Betriebsratsmitglied hinzuziehen zu dürfen.⁴ Eine Umgehung gesetzlicher Vorschriften, etwa der §§ 9, 10 KSchG, ist auch nicht darin zu erblicken, dass ein Aufhebungsvertrag ohne jede Abfindungsregelung vereinbart wurde.⁵ Einen Aufhebungsvertrag, der nicht auf alsbaldige Beendigung, sondern auf befristete Fortsetzung des Arbeitsvertrages ausgelegt ist, unterzieht das BAG einer Kontrolle nach Maßstäben des Befristungsrechts.⁶ Diese Rspr. ist problematisch. Denn ein Aufhebungsvertrag wird nicht schon dadurch kontrollbedürftig, dass die Beendigung nicht sofort erfolgt.⁷ Im Zusammenhang mit einem **Betriebsübergang** ist ein Aufhebungsvertrag dann nicht zu beanstanden, wenn die Vereinbarung auf das endgültige Ausscheiden des Arbeitnehmers gerichtet ist.⁸ Bezweckt der Aufhebungsvertrag dagegen lediglich die Beseitigung der Kontinuität des Arbeitsverhältnisses bei gleichzeitigem Erhalt des Arbeitsplatzes, ist er wegen objektiver Gesetzesumgehung nichtig.⁹ Ein solcher Fall liegt vor, wenn im Zuge des Aufhebungsvertrages zugleich ein neues Arbeitsverhältnis zum Betriebsübernehmer vereinbart oder zumindest verbindlich in Aussicht gestellt wird.¹⁰ Wirksam ist ein Aufhebungsvertrag, wenn die damit verbundenen Verschlechterungen der Arbeitsbedingungen sachlich berechtigt sind. Dies kann insbesondere beim Abschluss eines dreiseitigen Vertrags unter Einschaltung einer Beschäftigungs- und Qualifizierungsgesellschaft zur Vermeidung einer Insolvenz der Fall sein. Nach Auffassung des BAG liegt keine Umgehung des § 1 Abs. 3 KSchG vor, wenn der Veräußerer mit dem Arbeitnehmer einen Aufhebungsvertrag schließt und dieser anschließend in einer Beschäftigungsgesellschaft tätig ist, aus der der Erwerber ggf. wieder Arbeitnehmer einstellt.¹¹

35 Der Arbeitgeber ist **nicht verpflichtet**, dem Arbeitnehmer ein **Rücktritts- oder Widerrufsrecht** einzuräumen; das gilt selbst dann, wenn er ihm das Thema des beab-

---

³ BAG 10.12.1998 EzA BGB § 613a Nr. 175 = NZA 1999, 422.
⁴ BAG 16.11.2004 AP BetrVG 1972 § 82 Nr. 3 = NZA 2005, 416.
⁵ BAG 7.5.1987 EzA KSchG n. F. § 9 Nr. 21 = NZA 1988, 15; *Ernst,* Aufhebungsverträge zur Beendigung von Arbeitsverhältnissen, 1993, § 13 II 2a.
⁶ BAG 12.1.2000 AP BGB § 620 Aufhebungsvertrag Nr. 16; näher hierzu ErfK/*Müller-Glöge,* § 14 TzBfG Rn. 15. Nach BAG 15.2.2007 EzA BGB 2002 § 611 Aufhebungsvertrag Nr. 6 = NZA 2007, 614 soll die nach Zugang einer ordentlichen Arbeitgeberkündigung, aber vor Ablauf der Klagefrist vereinbarte Beendigung des Arbeitsverhältnisses nach Ablauf von 12 Monaten, keine nachträgliche Befristung, sondern ein Aufhebungsvertrag sein, wenn nach der Vereinbarung keine Verpflichtung zur Arbeitsleistung bestehen soll und zugleich Abwicklungsmodalitäten wie Abfindung, Zeugniserteilung und Rückgabe von Firmeneigentum geregelt werden.
⁷ Großzügiger BAG 7.3.2002 EzA BGB § 611 Aufhebungsvertrag Nr. 40; Klärungsbedarf sieht auch *Dörner,* Rn. 129 f.
⁸ BAG 18.8.2005 EzA BGB 2002 § 613a Nr. 40 = NZA 2006, 145; 23.11.2006 EzA BGB 2002 § 613a Nr. 61 = NZA 2007, 866; BAG 25.10.2012 ZInsO 2013, 946.
⁹ BAG 27.9.2012 NZA 2013, 961.
¹⁰ BAG 10.12.1998 EzA BGB § 613a Nr. 175 = NZA 1999, 422; BAG 21.5.2008 EzA BGB 2002 § 613a Nr. 96 = NZA 2009, 144.
¹¹ BAG 18.8.2005 EzA BGB 2002 § 613a Nr. 40 = NZA 2006, 145; BAG 23.11.2006 EzA BGB 2002 § 613a Nr. 61 = NZA 2007, 866; a. A. APS/*Steffan,* § 613a BGB Rn. 198.

sichtigten Gesprächs, in dessen Verlauf der Aufhebungsvertrag geschlossen wurde, zuvor nicht mitgeteilt hat.[12] In dem Umstand, dass der Arbeitgeber dem Arbeitnehmer keine angemessene Bedenkzeit einräumt, ist keine unzulässige Rechtsausübung zu sehen.[13] Eine Analogie zu den Widerrufstatbeständen des Haustürwiderrufsrechts und des Verbraucherkreditrechts hat das BAG schon früher abgelehnt. Hieran hat das BAG zu Recht auch vor dem Hintergrund des Schuldrechtsmodernisierungsgesetzes, mit dem das Verbraucherschutzrecht in das BGB integriert worden ist, festgehalten. Nach richtiger Auffassung[14] ist der Arbeitnehmer zwar „Verbraucher" i. S. des § 13 BGB, denn Verbraucher ist nach der Legaldefinition eine natürliche Person, die ein Rechtsgeschäft zu einem Zweck abschließt, der weder ihrer gewerblichen noch ihrer selbständigen beruflichen Tätigkeit zugerechnet werden kann. Damit findet das Verbraucherrecht des BGB im Grundsatz auch auf Arbeitsverträge Anwendung. Doch obwohl nach dem Wortlaut des § 312 BGB a. F. die Voraussetzungen eines Haustürgeschäfts auch bei einem Aufhebungsvertrag gegeben sein konnten, wenn der Arbeitnehmer zu dessen Abschluss „durch mündliche Verhandlungen an seinem Arbeitsplatz" bestimmt worden war, sprachen gegen die **Anerkennung eines Widerrufsrechts** indes sowohl die **Entstehungsgeschichte** als auch die **gesetzliche Systematik** sowie der **Sinn und Zweck des § 312 BGB a. F.**[15] § 312 BGB a. F. befand sich im Untertitel 2, der nur für „besondere Vertriebsformen" galt. Das sog. Haustürwiderrufsrecht ist also nicht nur ein situationsbezogenes, sondern insbesondere ein vertragstypenbezogenes Verbraucherrecht.[16] Unter den Vertragstyp „Vertriebsgeschäfte" fallen Arbeitsverträge bzw. arbeitsrechtliche Aufhebungsverträge ebenso wenig wie andere „Nicht-Vertriebsgeschäfte". An dieser Rechtslage hat sich durch die Neufassung der Verbraucherschutzregelungen, insbesondere des § 312b BGB durch Gesetz vom 20.9.2013 (BGBl. I S. 3642) nichts geändert.

Fraglich ist, inwieweit ein formularmäßiger Aufhebungsvertrag der **Inhaltskontrolle** nach §§ 305 ff. BGB unterzogen werden kann.[17] Klar ist, dass der zwischen zwei Parteien, ggf. unter Einschaltung von Anwälten, **ausgehandelte Aufhebungsvertrag** nach § 305 Abs. 1 S. 3 BGB **nicht kontrollierbar** ist. Im Übrigen kann jedoch die Möglichkeit der Inhaltskontrolle von Aufhebungsverträgen nicht generell verneint werden. Denn grundsätzlich können auch Aufhebungsverträge Allgemeine Geschäftsbedingungen iSd § 305 Abs. 1 BGB sein. So gibt es beispielsweise für eine Vielzahl von Fällen vorformulierte Aufhebungsverträge (zB der sog. „dreiseitige" Vertrag zur Überführung in eine Beschäftigungsgesellschaft). Selbst wenn eine nur einmalige Verwendung beabsichtigt ist, ist der Vertrag jedenfalls von § 310 Abs. 3 Nr. 2 BGB erfasst. Auch werden Aufhebungsverträge häufig vom Arbeitgeber einseitig vorformuliert und gestellt. Allerdings unterliegt die **Aufhebung des Arbeitsvertrags als solche** – mit oder ohne Abfindung – nach § 307 Abs. 3 BGB **keiner Inhaltskontrolle,** weil es sich 36

---

[12] BAG 30.9.1993 EzA BGB § 611 Aufhebungsvertrag Nr. 13 = AP BGB § 123 Nr. 37; hierzu *A. Wisskirchen/Worzalla*, DB 1994, 577 ff.; *Zwanziger*, DB 1994, 982; im Einzelfall bei strukturell ungleicher Verhandlungsstärke Sittenwidrigkeit bejahend: ArbG Hamburg 14.10.1994, ArbuR 1995, 29; LAG Hamm 24.2.1995 LAGE BGB § 611 Inhaltskontrolle Nr. 2; ausdrücklich ablehnend BAG 14.2.1996 NZA 1996, 811 = EzA BGB § 611 Aufhebungsvertrag mit Anm. *Wank*.
[13] *Bengelsdorf*, Anm. LAGE BGB § 611 Aufhebungsvertrag Nr. 6; *ders.*, NZA 1994, 193; a. A. LAG Hamburg 3.7.1991 LAGE BGB § 611 Aufhebungsvertrag Nr. 6.
[14] BAG 25.5.2005 EzA BGB 2002 § 307 Nr. 3 = NZA 2005, 1111; BVerfG 23.11.2006 AP BGB § 307 Nr. 22 = NZA 2007, 85. Hierzu ErfK/*Preis*, § 611 Rn. 182 mwN zum Meinungsstand.
[15] BAG 27.11.2003 EzA BGB 2002 § 312 Nr. 1 = NZA 2004, 597; *Bauer*, NZA 2003, 269, 271; *Preis*, Sonderbeil. NZA Heft 16/2003, 19, 30; differenzierend *Gotthardt*, Rn. 211 ff.
[16] *Preis*, Sonderbeil. NZA Heft 16/2003, 19, 30.
[17] Hierzu ausf. *Gotthardt*, Rn. 308; *Preis*, NZA 2003, Sonderbeil. zu Heft 16, S. 30 f.

insoweit um die essentialia negotii dieses Vertrags handelt.[18] Sind diese Bestimmungen zudem klar und verständlich (§ 307 Abs. 3 S. 2 iVm § 307 Abs. 1 S. 2 BGB), so kann die Unwirksamkeit des Aufhebungsvertrags nicht allein über § 310 Abs. 3 Nr. 3 BGB mit der Vertragsabschlusssituation, zB Überrumpelung, begründet werden.[19] Denn § 310 Abs. 3 Nr. 3 BGB kommt nur im Rahmen der Inhaltskontrolle nach § 307 Abs. 1, 2 BGB zur Anwendung. Schließlich dürfte die **Aufhebungsklausel als solche in der Regel ausgehandelt** i. S. des § 305 Abs. 1 S. 3 BGB sein. Denn wenn auch über nichts anderes verhandelt wird, dann aber doch sicher über die Aufhebung als solche, die dem Arbeitnehmer als Alternative zur Kündigung präsentiert wird. Auf die Aufhebung muss er sich nicht einlassen. Er hat die Wahl, die Hauptabrede abzulehnen. Dies steht im Einklang mit der ständigen Rechtsprechung der Zivilgerichte zu § 307 Abs. 3 BGB, wonach keine Inhaltskontrolle vorgenommen wird, wenn es sich bei der infrage stehenden Abrede um den unmittelbaren Gegenstand der Hauptleistung handelt,[20] und entspricht einer europarechtskonformen Auslegung, da gemäß der Richtlinie 93/13/EWG über missbräuchliche Klauseln keine Inhaltskontrolle bezüglich des Hauptgegenstandes des Vertrages vorgenommen werden soll.[21] In aller Regel enthalten Aufhebungsverträge jedoch **weitere Vereinbarungen,** zB über Freistellung, Abgeltung von Urlaubs- und Gratifikationsansprüchen, Ausgleichsklauseln etc. Diese Klauseln sind Nebenbestimmungen, die – sofern sie Allgemeine Geschäftsbedingungen darstellen – der **vollen Inhaltskontrolle** unterliegen.[22] Insoweit besteht auch ein Schutzbedürfnis des Arbeitnehmers. Unangemessen benachteiligende Klauseln, wie insbesondere Verzichtserklärungen, können so einer Angemessenheitskontrolle unterzogen werden.

37 Kommt es auf Veranlassung des Arbeitgebers zur Vermeidung einer betriebsbedingten Kündigung zum Abschluss eines Aufhebungsvertrags, ist dieser Vertrag nach den Regeln über den **Wegfall der Geschäftsgrundlage** (§ 313 BGB) anzupassen, wenn sich in der Zeit zwischen dem Abschluss des Aufhebungsvertrags und dem vereinbarten Vertragsende unvorhergesehen eine Weiterbeschäftigungsmöglichkeit für den Arbeitnehmer ergibt. Die Vertragsanpassung kann dabei auch in einer Wiedereinstellung liegen.[23] Aufhebungsverträge stehen in der Regel unter der aufschiebenden Bedingung, dass das Arbeitsverhältnis bis zum vereinbarten Auflösungszeitpunkt fortgesetzt wird. Löst eine außerordentliche Kündigung das Arbeitsverhältnis vor dem vorgesehenen Auflösungszeitpunkt auf, wird der Aufhebungsvertrag – einschließlich einer darin vereinbarten Abfindung – gegenstandslos.[24] Schließlich kann der Arbeitnehmer von einem Aufhebungsvertrag nach § 323 Abs. 1 BGB wegen Nichtleistung zurücktreten, wenn der Arbeitgeber die vereinbarte Abfindung nicht zahlt. Die Aufhebung des Arbeitsverhältnisses und die Abfindung stehen in einem Gegenseitigkeitsverhältnis.[25]

38 **Bedingte Aufhebungsverträge** sind nach bisheriger Rechtsprechung unter dem Gesichtspunkt der Umgehung zwingender Vorschriften des Kündigungsrechts in der

---

[18] BAG 27.11.2003 EzA BGB 2002 § 312 Nr. 1 = NZA 2004, 597, 603 ff.; BAG 8.5.2008 EzA ZPO 2002 § 520 Nr. 6 = NZA 2008, 1148; *Preis*, NZA 2003, Sonderbeil. zu Heft 16, S. 30 f.; ähnlich *Bauer*, NZA 2002, 169, 173; *Gotthardt*, Rn. 308.
[19] Dahingehend aber *Reinecke*, DB 2002, 583, 587.
[20] BGH 12.3.1987 BGHZ 100, 158, 174; BGH 10.4.1990 AP BGB § 611 Zeitungsträger Nr. 2; BGH 24.9.1998 NJW 1999, 864; BGH 12.12.2000 BGHZ 146, 138, 140.
[21] Art. 4 Abs. 2, Erwägungsgründe 19, 20; *Stoffels*, JZ 2001, 843, 845.
[22] BAG 21.6.2011 NZA 2011, 1338.
[23] BAG 8.5.2008 EzA ZPO 2002 § 520 Nr. 6 = NZA 2008, 1148.
[24] BAG 29.1.1997 EzA BGB § 611 Aufhebungsvertrag Nr. 27 = NZA 1997, 813.
[25] BAG 10.11.2011 AP BGB § 620 Aufhebungsvertrag Nr. 43.

Regel unwirksam. Da sie mit Eintritt der Bedingung das Arbeitsverhältnis ohne Weiteres beenden, kommen sie in ihrer Wirkung dem unabdingbaren § 626 BGB gleich. Unzulässig ist zB die Vereinbarung, das Arbeitsverhältnis ende, wenn der Arbeitnehmer nicht nach dem Ende seines Urlaubs an dem vereinbarten Tage seine Arbeit wieder aufnimmt.[26] Dasselbe gilt für den Fall, dass das Arbeitsverhältnis mit einem alkoholgefährdeten Arbeitnehmer bzw. häufig erkrankten Arbeitnehmer enden soll, wenn er Alkohol zu sich nimmt bzw. zukünftig mehr als 20 krankheitsbedingte Fehltage jährlich erreicht.[27] Ebenso ist ein Aufhebungsvertrag unwirksam, nach dem ein Berufsausbildungsverhältnis endet, wenn in bestimmten Fächern mit „mangelhaft" abgeschlossen wird.[28] Die Bedingung kann anders zu beurteilen sein, wenn für sie ein sachlich berechtigter Grund besteht, zB die Auflösung für den Fall vereinbart worden ist, dass der Arbeitnehmer für die vereinbarte Arbeitsleistung nach dem amtsärztlichen Zeugnis untauglich ist[29] oder der Eintritt der Bedingung ausschließlich vom Willen des Arbeitnehmers abhängt. Bedingten Aufhebungsverträgen gleich stehen Vereinbarungen, die eine unbedingte Aufhebung des Arbeitsverhältnisses mit einer bedingten Wiedereinstellungsgarantie verknüpfen. Das gilt zB für den Fall, dass der Arbeitnehmer vor Urlaubsantritt vereinbarungsgemäß aus dem Beschäftigungsverhältnis ausscheidet und ihm die Wiedereinstellung unter Wahrung des Besitzstandes für den Fall versprochen wird, dass er diese spätestens am ersten Tag nach Ende des Urlaubs verlangt.[30] Ein Aufhebungsvertrag, der lediglich eine nach § 1 KSchG nicht auf ihre Sozialwidrigkeit zu überprüfende Kündigung ersetzt, ist dagegen nicht wegen der Umgehung zwingender Kündigungsschutzvorschriften unwirksam. Hält der Arbeitgeber die Probezeit für nicht bestanden und möchte vor Eintreten des Kündigungsschutzes kündigen, bietet aber gleichzeitig einen Aufhebungsvertrag zu einem die kurze Probezeitkündigungsfrist angemessen überschreitenden Beendigungszeitpunkt an, um dem Arbeitnehmer eine zweite Bewährungschance verbunden mit einer bedingten Wiedereinstellungszusage zu geben, so ersetzt der dann abgeschlossene Aufhebungsvertrag nur eine zulässige Arbeitgeberkündigung während der Wartezeit des § 1 KSchG.[31] Das ist nicht zu beanstanden.

Aufhebungsverträge haben zahlreiche **sozialrechtliche Konsequenzen.** Es können nachteilige Folgen für den Anspruch auf betriebliche Altersversorgung entstehen, ggf. Wartezeiten in der Renten- und Arbeitslosenversicherung nicht erreicht sowie der Krankenversicherungsschutz beeinträchtigt werden. Insbesondere kann gegen den Arbeitnehmer, der nach Beendigung des Arbeitsverhältnisses arbeitslos wird, eine Sperrzeit wegen Arbeitsaufgabe verhängt werden (§ 159 SGB III). Unter besonderen Umständen kann der Arbeitgeber daher verpflichtet sein, den Arbeitnehmer über diese Rechtsfolgen des Aufhebungsvertrages **aufzuklären.**[32] Gesteigerte Hinweispflichten

39

---

[26] BAG 19.12.1974 EzA BGB § 305 Nr. 6 = AP § 620 BGB Bedingung Nr. 3; BAG 13.12.1984 EzA BGB § 620 Bedingung Nr. 3; LAG Düsseldorf 24.6.1974 EzA BGB § 305 Nr. 4 und LAG Schleswig-Holstein 11.4.1974 EzA BGB § 305 Nr. 5 mit gemeinsamer Anm. *Reuter.*
[27] LAG München 29.10.1987 BB 1988, 348; LAG Baden-Württemberg 15.10.1990 BB 1991, 209.
[28] BAG 5.12.1985 EzA BGB § 620 Bedingung Nr. 5 = NZA 1987, 20.
[29] LAG Berlin 16.7.1990 LAGE BGB § 620 Bedingung Nr. 2.
[30] BAG 25.6.1987 EzA BGB § 620 Bedingung Nr. 8 = NZA 1988, 391; *Bengelsdorf,* AuA 1993, 49.
[31] BAG 7.3.2002 EzA BGB § 611 Aufhebungsvertrag Nr. 40 = AP BGB § 620 Aufhebungsvertrag Nr. 22 mit zust. Anm. *Bauer.*
[32] Zur Frage der Sperre beim Arbeitslosengeld: BAG 10.3.1988 EzA BGB § 611 Aufhebungsvertrag Nr. 6 = NZA 1988, 837; zu Versorgungsschäden: BAG 13.11.1984, 18.9.1984, 13.12.1988 EzA BGB § 611 Fürsorgepflicht Nr. 36, 37 und 53 = AP § 1 BetrAVG Zusatzversorgungskassen Nr. 5, 6 und 22; 3.7.1990 EzA BGB § 611 Aufhebungsvertrag Nr. 7; BAG 17.10.2000 EzA BGB § 611 Für-

können den Arbeitgeber vor allem dann treffen, wenn der Aufhebungsvertrag auf seine Initiative hin und in seinem Interesse zustande kommt. Er muss dann auch die Interessen des Arbeitnehmers wahren und darf ihn nicht ohne ausreichende Aufklärung erheblichen, atypischen Versorgungsrisiken aussetzen.[33] Das BAG hält in diesen Fällen sogar eine Anfechtung des Aufhebungsvertrages wegen Täuschung durch Unterlassen für möglich, wenn der Arbeitgeber bei Vertragsverhandlungen einen Umstand verschweigt, hinsichtlich dessen ihn gegenüber seinem Vertragspartner eine Aufklärungspflicht trifft.[34] Ein zur Umgehung sozialrechtlicher Vorschriften rückdatierter Aufhebungsvertrag kann sittenwidrig sein, wenn mit ihm die Täuschung der Bundesagentur für Arbeit beabsichtigt ist.[35] Eine Abfindung, die dem Arbeitnehmer im Aufhebungsvertrag gewährt wird, unterliegt nach Maßgabe arbeitsförderungsrechtlicher Bestimmungen einer Anrechnung auf das Arbeitslosengeld.

1. Schriftformerfordernis für den Abschluss des Aufhebungsvertrages

40 Der Aufhebungsvertrag unterliegt nach § 623 BGB der gesetzlichen Schriftform. Der Anwendungsbereich ist auf Arbeitsverhältnisse beschränkt.[36] Dem Formerfordernis kommt wie bei der Kündigung (→ Rn. 61) Warn-, Klarstellungs- und Beweisfunktion zu. Es soll verhindert werden, dass die Arbeitsvertragsparteien das Arbeitsverhältnis unüberlegt einvernehmlich beenden. Nicht nur für den Arbeitnehmer, sondern auch für den Arbeitgeber ist das Schriftformerfordernis sinnvoll, weil er sich Klarheit über alle regelungsbedürftigen wesentlichen Punkte verschaffen muss.

41 § 623 BGB verwendet den Begriff des „Auflösungsvertrages". Das sind insbesondere Aufhebungsverträge. Aber auch durch die „Umwandlung" eines Arbeitsverhältnisses in ein freies Dienstverhältnis wird der Arbeitsvertrag aufgelöst.[37] Von dem Begriff der Auflösungsverträge könnten auch bedingte Aufhebungsverträge erfasst werden. Fasst man diese als auflösende Bedingung auf, unterliegen sie dem wesensgleichen Formerfordernis nach § 21 iVm § 14 Abs. 4 TzBfG. Von § 623 BGB nicht erfasst sind *Änderungsverträge*. Nicht formbedürftig sind auch sog. *Abwicklungsverträge* nach einer formwirksamen, vom Arbeitnehmer hingenommenen Kündigung. Es liegt dann kein Arbeitsverhältnis mehr vor, das iSv § 623 BGB durch den Auflösungsvertrag beendet werden kann.[38] Allerdings hat das BAG *Klageverzichtsvereinbarungen*, die im un-

---

sorgepflicht Nr. 59; im Einzelfall ablehnend LAG Köln 7.11.2002 LAGE BGB § 611 Fürsorgepflicht Nr. 28 gänzlich ablehnend LAG Frankfurt 21.3.1985 LAGE BGB § 119 Nr. 4; zu weitergehenden Aufklärungs- und Hinweispflichten *Nägele*, BB 1992, 1274 ff.; eine Aufklärungspflicht des Arbeitgebers über den Umstand, dass er weitere Entlassungen plant, die zu einer sozialplanpflichtigen Betriebseinschränkung führen könnten, hat das BAG abgelehnt, vgl. BAG 13.11.1996 NZA 1997, 390 = EzA BetrVG 1972 § 112 Nr. 90.

[33] BAG 3.7.1990 EzA BGB § 611 Aufhebungsvertrag Nr. 7 = NZA 1990, 971; BAG 17.10.2000 EzA BGB § 611 Fürsorgepflicht Nr. 59 = NZA 2001, 206; BAG 12.12.2002 AP BGB § 611 Haftung des Arbeitgebers Nr. 25. Das gilt auch für Insolvenzrisiken bei einer Vertragsumstellung BAG 21.2.2002 EzA KSchG § 1 Wiedereinstellungsanspruch Nr. 7.

[34] BAG 22.4.2004 EzA BGB 2002 § 312 Nr. 2 = AP BGB § 620 Aufhebungsvertrag Nr. 27; zu Recht verneint, wenn Auflösungswunsch vom Arbeitnehmer kommt: LAG Rheinland-Pfalz 14.1.2004 MDR 2004, 580.

[35] LAG Baden-Württemberg 22.5.1991 LAGE BGB § 611 Aufhebungsvertrag Nr. 4; ArbG Mannheim 20.7.1990 EzA BGB § 611 BGB Aufhebungsvertrag Nr. 8.

[36] BAG 19.1.2006 EzA BGB 2002 § 623 Nr. 5 = NZA 2007, 97: keine Anwendung auf Umschulungsverträge.

[37] LAG Berlin 5.3.2003 NZA-RR 2003, 516 = LAGE BGB § 623 Nr. 4.

[38] Wie hier APS/*Greiner*, § 623 BGB Rn. 8; KR/*Spilger*, § 623 BGB Rn. 49; ErfK/*Müller-Glöge*, § 623 BGB Rn. 8; LAG Hamm 9.10.2003 LAGReport 2004, 11; a. A. *Schaub*, NZA 2000, 344, 347.

mittelbaren zeitlichen und sachlichen Zusammenhang mit dem Ausspruch einer Kündigung getroffen werden, als Auflösungsverträge iSd § 623 BGB eingeordnet und damit der Schriftform unterworfen.³⁹ Wegen § 623 BGB bedarf nunmehr auch die einvernehmliche Aufhebung eines *Berufsausbildungsverhältnisses* entgegen der bisherigen Rechtslage⁴⁰ der Form, was wegen §§ 26, 10 Abs. 2 BBiG auch für das Rechtsverhältnis der Volontäre und Praktikanten iSv § 26 BBiG gilt. Auch ein *dreiseitiger Vertrag*, mit dem zugleich das Ausscheiden bei einem alten Arbeitgeber und die Begründung des Arbeitsverhältnisses bei einem neuen Arbeitgeber – zB einer Beschäftigungsgesellschaft – geregelt wird,⁴¹ bedarf der Form.⁴² Das Gleiche gilt für einen Vertrag, mit dem ein Arbeitsverhältnis insgesamt übertragen werden soll (Vertragsübernahme), da Folge eine Beendigung des Arbeitsverhältnisses zum alten Arbeitgeber ist.⁴³ Auch der auf den Abschluss eines Aufhebungsvertrages zielende, bindende *Vorvertrag* unterliegt § 623 BGB.⁴⁴

Hinsichtlich der allgemeinen **Anforderungen an die Schriftform** (§ 126 Abs. 1 BGB) gilt das Gleiche wie bei Kündigungen (vgl. dort Rn. 64 ff.). Zu beachten ist jedoch, dass für zweiseitige Rechtsgeschäfte die zusätzliche Regelung des § 126 Abs. 2 BGB gilt. Die **Unterzeichnung** der Parteien muss grundsätzlich **auf derselben Urkunde** erfolgen (§ 126 Abs. 1 S. 1 BGB). Anders als bei § 127 BGB reicht der Austausch einseitiger Erklärungen nicht.⁴⁵ Der *gesamte Vertragsinhalt* muss durch die Unterschrift beider Parteien gedeckt sein. Es genügt daher nicht, wenn die eine Partei das Angebot unterzeichnet und die andere Partei die Annahme.⁴⁶ Dies soll selbst dann gelten, wenn beide Erklärungen sich auf einem Blatt befinden.⁴⁷ Ferner ist der **Grundsatz der Urkundeneinheit** zu beachten. Die Schriftform des § 126 BGB verlangt dabei keine körperliche Verbindung der einzelnen Blätter der Urkunde, wenn sich deren Einheit aus fortlaufender Paginierung, fortlaufender Nummerierung der einzelnen Bestimmungen, einheitlicher graphischer Gestaltung, inhaltlichem Zusammenhang des Textes oder vergleichbaren Merkmalen zweifelsfrei ergibt.⁴⁸ Nehmen die Parteien Bestimmungen, die wesentliche Bestandteile des Vertrages sein sollen, nicht in den Vertrag selbst auf, sondern lagern sie diese in andere Schriftstücke, zB als Anlage, aus, sodass sich der Gesamtinhalt erst aus dem Zusammenspiel der Bestimmungen ergibt, müssen sie zur Wahrung der Urkundeneinheit die Zusammengehörigkeit dieser Schriftstücke in geeigneter Weise zweifelsfrei kenntlich machen. Dies kann durch eine körperliche Verbindung, aber auch durch Verweisung im Vertrag sowie Unterzeichnung der Parteien auf jedem Blatt der Anlage geschehen.⁴⁹ Eine Abweichung von dieser Rspr. bei arbeitsrechtlichen Aufhebungsverträgen ist nicht ange-

---

³⁹ BAG 19.4.2007 EzA BGB 2002 § 611 Aufhebungsvertrag Nr. 7 = NZA 2007, 1227; abl. Anm. von *Bauer/Günther*, AP BGB § 623 Nr. 9.
⁴⁰ LAG München 2.11.1977 EzB BGB § 305 Nr. 3.
⁴¹ Vgl. dazu BAG 10.12.1998 NZA 1999, 422.
⁴² LAG Schleswig-Holstein 19.12.2013 – 5 Sa 149/13; LAG Hamm 25.8.2011 – 17 Sa 498/11 –; ArbG Berlin 4.9.2002 LAGE BGB § 611 Aufhebungsvertrag Nr. 27.
⁴³ LAG Rheinland-Pfalz 26.10.2007 – 9 Sa 362/07 –.
⁴⁴ BAG 17.12.2009 NZA 2010, 273.
⁴⁵ BAG 24.10.1972 EzA HGB § 75d Nr. 5 = AP HGB § 74 Nr. 31; BAG 15.11.1957 AP BGB § 125 Nr. 2.
⁴⁶ BGH 28.11.1993 NJW-RR 1994, 280.
⁴⁷ RGZ 8.12.1925 RGZ 112, 199, 200; MüKoBGB/*Einsele*, § 126 Rn. 19.
⁴⁸ BGH 24.9.1997 BGHZ 136, 357, 369 f.; BGH 21.1.1999 NJW 1999, 1104, 1105; BAG 7.5.1998 EzA KSchG § 1 Interessenausgleich Nr. 6.
⁴⁹ BGH 30.6.1999 NJW 1999, 2591, 2592; BGH 21.1.1999 NJW 1999, 1104, 1105; sogar eine bloße Paraphierung der Anlagen erwägend BGH 29.9.1999 NJW 2000, 354, 357.

zeigt. Durch einen gerichtlichen Vergleich nach § 278 Abs. 6 ZPO wird die Schriftform gewahrt.[50]

43 Werden über den Vertrag mehrere gleichlautende Urkunden aufgenommen, lässt es § 126 Abs. 2 BGB ausreichen, wenn jede Partei die für die andere Partei bestimmte Urkunde unterschreibt. Nicht erforderlich ist, dass die Urkunden gleichzeitig oder in Anwesenheit des Vertragspartners unterzeichnet werden. Im Fall des § 150 Abs. 2 BGB (Verspätete oder Annahme unter Änderungen) bedarf es der erneuten Unterschrift des Erstantragenden. Eine formlose Erklärung reicht nicht aus.[51]

44 Das Formerfordernis des § 623 BGB erstreckt sich auf den Aufhebungsvertrag als Ganzen. Die Vertragsurkunde muss deshalb **alle wesentlichen Bestandteile des formbedürftigen Vertrages** enthalten.[52] Die Parteien müssen genannt und etwaige Vertretungsverhältnisse in der Urkunde ausgedrückt sein.[53] Es müssen außerdem alle Nebenabreden in die Urkunde aufgenommen werden, ohne welche die Parteien den Vertrag nicht geschlossen hätten, d.h. diejenigen, die Vertragsinhalt werden sollen.[54] So dürfte auch eine Regelung im Aufhebungsvertrag, nach der der Arbeitnehmer für eine Versorgungszusage so behandelt wird, als wäre er nicht ausgeschieden,[55] formbedürftig sein. Hat eine formlose Nebenabrede wesentliche Bedeutung für den Aufhebungsvertrag, so ist nicht nur diese Nebenabrede, sondern der ganze Aufhebungsvertrag unwirksam.[56] Auch spätere Änderungen oder Ergänzungen des Aufhebungsvertrages unterliegen grundsätzlich dem Formzwang.[57] Der formwirksam geschlossene Aufhebungsvertrag kann jedoch formlos wieder aufgehoben werden.[58]

45 Mit dem Schriftformerfordernis ist auch die Problematik von Aufhebungsverträgen durch schlüssiges Verhalten weitgehend erledigt.[59] Freilich ist das BAG im Fall des Abschlusses eines schriftlichen **Geschäftsführerdienstvertrages** mit dem Arbeitnehmer sehr großzügig. Hier wird vermutet, dass das bis dahin bestehende Arbeitsverhältnis mit Beginn des Geschäftsführerdienstverhältnisses einvernehmlich beendet wird, soweit nicht klar und eindeutig etwas anderes vertraglich vereinbart worden ist. Schon durch den schriftlichen Geschäftsführerdienstvertrag wird in diesen Fällen das Schriftformerfordernis gewahrt.[60] In einer nur vom Arbeitnehmer unterschrieben **Ausgleichsquittung** (näher → Rn. 1285 ff.) kann schon deshalb kein wirksamer Aufhebungsvertrag mehr gesehen werden, weil die einseitige Unterzeichnung durch den Arbeitnehmer den Anforderungen des § 126 II BGB nicht genügt.

46 Halten die Parteien bei einem Auflösungsvertrag die Form des § 623 BGB nicht ein, so ist er gemäß **§ 125 S. 1 BGB nichtig.** Das Arbeitsverhältnis ist durch den Auflösungsvertrag nicht beendet worden und besteht mit allen Rechten und Pflichten fort. Die bereits zur Erfüllung des Aufhebungsvertrages erbrachten Leistungen, wie zB

---

[50] BAG 23.11.2006 EzA ZPO 2002 § 278 Nr. 1 = NZA 2007, 466.
[51] BAG 26.8.2008 EzA BetrVG 2001 § 112 Nr. 28 = NZA 2009, 161.
[52] Vgl. BGH 27.10.1982 NJW 1983, 565; BGH 13.11.1963 BGHZ 40, 255, 262.
[53] RG 30.9.1919 RGZ 96, 286, 289.
[54] BGH 10.10.1986 NJW 1987, 1069; 17.3.1988 NJW 988, 2880.
[55] Vgl. LAG Köln 25.8.1998 DB 1999, 697, wo allerdings für die Frage des Wegfalls der Geschäftsgrundlage bzgl. der Versorgungszusage angenommen wird, dass die Beendigung des Arbeitsverhältnisses und die Behandlung der Versorgungszusage, als würde das Arbeitsverhältnis fortgesetzt, im Aufhebungsvertrag sich nicht im Sinne eines Austauschverhältnisses aufeinander beziehen.
[56] Vgl. BGH 26.9.1970 WM 1970, 1319, 1320.
[57] Vgl. BGH 26.10.1973 NJW 1974, 271.
[58] BAG 8.9.1976 BB 1977, 94 für die Aufhebung eines Tarifvertrages.
[59] Vgl. dazu bisher LAG Sachsen-Anhalt 9.3.1995 LAGE BGB 611 Aufhebungsvertrag Nr. 17.
[60] BAG 15.3.2011 NZA 2011, 874; BAG 19.7.2007 EzA BGB 2002 § 623 Nr. 7 = NZA 2007, 1095; krit. Anm. von *Lembke,* BB 2008, 393.

§ 3 Sonstige Beendigungstatbestände

eine Abfindungssumme, sind nach bereicherungsrechtlichen Grundsätzen (§§ 812ff. BGB) rückabzuwickeln.

Nur ausnahmsweise kann das Schriftformerfordernis in Anwendung des Grundsatzes **47** von Treu und Glauben (§ 242 BGB) durchbrochen werden.[61] So ist es nicht treuwidrig, wenn sich ein Arbeitnehmer nach einer mündlichen Auseinandersetzung, bei der er sich mit der Auflösung des Arbeitsverhältnisses einverstanden erklärt hat, auf die Nichteinhaltung der Formvorschrift beruft. Bei beidseitiger Kenntnis des Formmangels ist § 242 BGB nicht anwendbar, es sei denn, ein Vertragspartner nutzt seine Machtstellung dazu aus, die Formwahrung zu verhindern. Das BAG macht darüber hinaus eine Ausnahme für den Fall, dass beim Vertragspartner der Eindruck erweckt wird, die Zusage solle auch ohne Rücksicht auf die vorgeschriebene Form erfüllt werden.[62] Dies kann bei § 623 BGB dann relevant werden, wenn der Arbeitgeber den Arbeitnehmer zu einem Aufhebungsvertrag veranlasst, die volle Abfindungssumme nicht in den Vertrag aufgenommen wird, der Arbeitgeber dem Arbeitnehmer aber versichert, er werde die volle Summe gleichwohl erhalten. Eine solche Ausnahme ist jedoch bedenklich, denn der Arbeitnehmer weiß in einem solchen Fall, da er den Formverstoß kennt, auf welches Risiko er sich einlässt.[63] Es würden auch Abgrenzungsprobleme auftreten. Denn ein Erfüllungszwang ist dann ausgeschlossen, wenn beide Parteien die Formunwirksamkeit kannten und im Einvernehmen handelten,[64] zB schriftlich eine niedrigere Abfindungssumme als tatsächlich vereinbart festgelegt haben, um so der Steuerpflicht zu entgehen. Kennen beide Parteien den Formmangel nicht, bleibt es auch dann bei der Unwirksamkeit des Aufhebungsvertrages, wenn eine Partei die Vorstellung von der Formfreiheit hervorgerufen hat. Bei einseitiger Kenntnis muss derjenigen Partei die Berufung auf die Formunwirksamkeit versagt werden, welche die andere arglistig über die Formbedürftigkeit getäuscht hat.

Ein nach § 242 BGB beachtlicher Fall des widersprüchlichen Verhaltens kann vorliegen, wenn eine Partei über längere Zeit aus einem nichtigen Vertrag die Vorteile gezogen hat und sich nunmehr grundlos ihren eigenen Verpflichtungen unter Berufung auf den Formmangel entziehen will.[65] Scheidet der Arbeitnehmer aufgrund eines mündlichen Aufhebungsvertrages aus, so hat er regelmäßig seine wesentliche Vertragsleistung erbracht. Akzeptiert der Arbeitgeber dies über längere Zeit, so kann er sich nicht unter Berufung auf den Formmangel weigern, die Abfindung zu zahlen. Dies wird dann relevant, wenn ein später Fälligkeitstermin oder eine länger gestreckte Ratenzahlung vereinbart ist. Ein Erfüllungszwang ist allerdings dann ausgeschlossen, wenn beide Parteien die Formunwirksamkeit kannten und im Einvernehmen handelten. **48**

Der Arbeitgeber ist nicht verpflichtet, den Arbeitnehmer bei Abschluss eines Aufhebungsvertrages auf dessen Formbedürftigkeit hinzuweisen. Nur ausnahmsweise ist eine Hinweispflicht des Arbeitgebers zu bejahen.[66] Eine generelle Hinweispflicht auf die allgemeine Formvorschrift des § 623 BGB ist jedoch abzulehnen. **49**

Grundsätzlich führt das Erbringen von Leistungen in Erfüllung des formnichtigen Rechtsgeschäfts ohne das Hinzutreten weiterer Umstände nicht dazu, von der Nich- **50**

---

[61] Siehe jetzt auch BAG 16.9.2004 EzA BGB 2002 § 623 Nr. 1 = NZA 2005, 162f.
[62] BAG 10.9.1975 EzA BAT § 23a Nr. 2 = AP BAT § 23a Nr. 12 mit zust. Anm. *Crisolli;* 19.8.1987 EzBAT BAT § 4 Nebenabrede Nr. 12.
[63] *Kliemt* S. 555.
[64] BGH 21.3.1969 NJW 1969, 1167, 1169.
[65] BGH 14.6.1996 NJW 1996, 2503, 2504.
[66] ZB BAG 3.7.1990 AP BetrAVG § 1 Nr. 24, besonderer Vertrauenstatbestand bei drohenden Versorgungsschäden.

tigkeitsfolge des Formmangels nach Treu und Glauben absehen zu können. Eine Heilung tritt nur in den vom Gesetz vorgesehenen Fällen ein. Selbst die langjährige praktische Durchführung einer formnichtigen Vereinbarung hindert die Parteien nicht, sich später auf die Formnichtigkeit zu berufen.[67] Rückforderungsansprüche aus ungerechtfertigter Bereicherung entfallen bei Kenntnis des Leistenden von der Formnichtigkeit, § 814 BGB. Die Rechtsprechung behandelt einen formfehlerhaften Vertrag jedoch dann nach § 242 BGB als wirksam, wenn durch die Erfüllung Verhältnisse eingetreten sind, die nicht mehr sachgerecht rückabgewickelt werden können oder wenn jedenfalls ein Teil unwiederbringlich Vorteile aus dem nichtigen Rechtsgeschäft gezogen hat.[68] Ist ein formunwirksamer Aufhebungsvertrag von beiden Parteien über längere Zeit, sogar über Jahre erfüllt worden, wird demzufolge die Formnichtigkeit dadurch nicht geheilt. In der Regel werden jedoch weitere Umstände hinzutreten, die eine Berufung auf den Formmangel als treuwidrig erscheinen lassen. Der Arbeitgeber hat die Stelle längst besetzt, sie kann in Folge einer Umorganisation weggefallen sein, der Arbeitnehmer hat eine neue Stelle oder er ist in eine weit entfernte Stadt umgezogen. Die Parteien haben sich dann auf die vereinbarte Aufhebung eingestellt und entsprechend disponiert.[69]

2. Anfechtung des Aufhebungsvertrages

51   Die auf Abschluss des Aufhebungsvertrags gerichteten Willenserklärungen können nach allgemeinen Rechtsgrundsätzen angefochten werden (§§ 119 ff. BGB).[70] Die Anfechtungserklärung ist unwiderruflich und kann nach ihrem Zugang nicht mehr zurückgenommen werden.[71] Ist die Anfechtung aus einem bestimmten Grund erklärt worden, können andere Anfechtungsgründe nicht wirksam nachgeschoben werden. Es bedarf einer erneuten Anfechtungserklärung.[72] Als schlichter Rechtsfolgenirrtum unbeachtlich ist die Anfechtung eines Aufhebungsvertrages durch eine Arbeitnehmerin, die sich über die mutterschutzrechtlichen Folgen der Vereinbarung geirrt hat.[73] Die Drohung kann von den Vertragsparteien, aber auch von Dritten (sogar dem Richter!) ausgehen.[74] **Droht ein Arbeitgeber mit der fristlosen Entlassung** und wird zu ihrer Abwendung ein **Aufhebungsvertrag** geschlossen, so kommt eine **Anfechtung** nach § 123 BGB nur in Betracht, wenn diese Drohung **widerrechtlich** ist. Das ist zu verneinen, wenn ein verständiger Arbeitgeber eine **ordentliche oder außerordentliche Kündigung ernsthaft in Erwägung gezogen hätte**; nicht erforderlich ist dagegen, dass tatsächlich ein wichtiger Grund im Sinne von § 626 BGB vorgele-

---

[67] BAG 9.12.1981 EzA § 242 Betriebliche Übung Nr. 6 = AP BAT § 4 Nr. 8; 9.7.1985 AP BPersVG § 75 Nr. 16; 19.8.1987 EzBAT § 4 BAT Nebenabrede; BGH 22.6.1973 NJW 1973, 1455.
[68] BGH 30.10.1961 WM 1962, 9; MüKoBGB/*Einsele*, § 125 Rn. 60.
[69] Vgl. BAG 11.12.1996 EzA BGB § 242 BGB Rechtsmissbrauch Nr. 1, wo die Parteien sich zehn Jahre lang auf der Basis eines Aufhebungsvertrages verhalten hatten = NZA 1997, 817.
[70] BAG 29.1.1997 EzA § 611 BGB Aufhebungsvertrag Nr. 28 (zugleich zur Nichtigkeit eines Aufhebungsvertrages wegen kollusiven Zusammenwirkens) = NZA 1997, 485; *Bauer*, NZA 1992, 1015 ff.; *Ehrich*, DB 1992, 2239 ff.
[71] BAG 26.4.2006 EzA TzBfG § 14 Nr. 29 = AP TzBfG § 14 Vergleich Nr. 1.
[72] BAG 7.11.2007 EzA BGB 2002 § 613a Nr. 79 = NZA 2008, 530.
[73] BAG 16.2.1983 EzA BGB § 123 Nr. 21 = AP BGB § 123 Nr. 22; a.A. *Gamillscheg*, Festschrift Molitor, 1962, S. 80 und RdA 1968, 118.
[74] Siehe den spektakulären Fall der Drohung durch einen Vorsitzenden Richter bei Vergleichsverhandlungen BAG 12.5.2010 NZA 2010, 1250.

gen hat⁷⁵ bzw. die angekündigte Kündigung, wenn sie ausgesprochen worden wäre, sich in einem Kündigungsschutzprozess als rechtsbeständig erwiesen hätte (auch → Rn. 183).⁷⁶ Der bloße Zeitdruck auf Abschluss des Aufhebungsvertrages begründet noch keinen Anfechtungsgrund nach § 123 BGB.⁷⁷ Die Widerrechtlichkeit der Drohung wird durch eine dem Arbeitnehmer eingeräumte Bedenkzeit nicht ausgeräumt, doch kann eine Bedenkzeit die Kausalität der Drohung für die angefochtene Willenserklärung beseitigen.⁷⁸ Die Darlegungs- und Beweislast hinsichtlich der die Widerrechtlichkeit der Drohung ausmachenden Tatsachen trifft den die Anfechtung erklärenden Arbeitnehmer. Nach den Grundsätzen der sekundären Darlegungslast hat aber der Arbeitgeber im Einzelnen darzulegen, dass er in vertretbarer Weise einen Kündigungsgrund annehmen durfte.⁷⁹ Bei Bestehen einer Aufklärungspflicht kann in Ausnahmefällen eine Anfechtung des Aufhebungsvertrages wegen Täuschung durch Unterlassen in Betracht kommen.⁸⁰

Besteht das Arbeitsverhältnis infolge der Anfechtung des Aufhebungsvertrages fort, so hat der Arbeitnehmer während der Dauer des Rechtsstreits bis zum Erlass des Revisionsurteils einen Anspruch auf Weiterbeschäftigung zu unveränderten Arbeitsbedingungen.⁸¹ Der Arbeitnehmer kann in einem derartigen Fall unmittelbar eine Leistungsklage auf Weiterbeschäftigung nach den Grundsätzen des allgemeinen Weiterbeschäftigungsanspruchs erheben (→ Rn. 2258 ff.). Die Unwirksamkeit des Aufhebungsvertrages ist dann als Vorfrage zu prüfen.⁸² 52

II. Befristeter Arbeitsvertrag und auflösende Bedingung

Die Rechtsgrundlagen für die Befristung von Arbeitsverhältnissen sind seit dem 1.1.2001 im **Teilzeit- und Befristungsgesetz (TzBfG)** geregelt (vgl. § 620 Abs. 3 BGB).⁸³ Das Gesetz dient der Umsetzung der Richtlinie 99/70/EG⁸⁴ über befristete Arbeitsverträge, die auf einer EGB-UNICE-CEEP-Rahmenvereinbarung über befristete Arbeitsverträge beruht. Das TzBfG nimmt zahlreiche Ansätze aus der vormals nicht kodifizierten Rechtsprechung auf, schreibt die Prinzipien der begrenzten Befristung ohne Sachgrund und des Regelfalls der Befristung mit Sachgrund fort, ferner übernimmt das TzBfG mit gewissen Nuancen bewährte Regeln des BGB (zB §§ 624, 625). Das TzBfG geht davon aus, dass das unbefristete Arbeitsverhältnis der Normalfall ist; gleichzeitig werden aber bewährte Befristungsformen fortgeschrieben. 53

---

⁷⁵ BAG 16.11.1979 EzA BGB § 123 Nr. 19, ständ. Rspr.; zuletzt BAG 30.1.1986 NZA 1987, 91 mwN; BAG 12.8.1999 AP BGB § 123 Nr. 51; BAG 5.12.2002 EzA BGB 2002 § 123 Nr. 1 = AP BGB § 123 Nr. 63; BAG 27.11.2003 NZA 2004, 597, 599; im Einzelfall widerrechtliche Drohung bejahend: BAG 21.3.1996 EzA BGB § 123 Nr. 42 = NZA 1996, 1030; LAG Köln 13.11.1998 LAGE § 105 BGB Nr. 1; BAG 15.12.2005 EzA BGB 2002 § 123 Nr. 6 = NZA 2006, 841.
⁷⁶ Vgl. BAG 12.8.1999 AP BGB § 123 Nr. 51; BAG 30.9.1993 AP BGB § 123 Nr. 37; BAG 27.11.2003 NZA 2004, 597, 599.
⁷⁷ BAG 16.2.1983 EzA BGB § 123 Nr. 21 = AP BGB § 123 Nr. 22; BAG 30.9.1993 EzA BGB § 611 Aufhebungsvertrag Nr. 13 = NZA 1994, 209.
⁷⁸ BAG 28.11.2007 EzA BGB 2002 § 123 Nr. 7 = NZA 2008, 348.
⁷⁹ S. a. ErfK/*Müller-Glöge,* § 620 BGB Rn. 11b.
⁸⁰ BAG 22.4.2004 EzA BGB 2002 § 312 Nr. 2.
⁸¹ BAG 15.12.2005 EzA BGB 2002 § 123 Nr. 6 = NZA 2006, 841.
⁸² Vgl. BAG 21.3.1996 EzA BGB § 123 Nr. 42 = NZA 1996, 1030; s. a. BAG 13.6.1985 EzA BGB § 611 Beschäftigungspflicht Nr. 16 = NZA 1986, 562.
⁸³ Gesetz v. 21.12.2000 BGBl I S. 1966; Regierungsentwurf BT-Drucks. 14/4374.
⁸⁴ ABl. EG v. 10.7.1999 Nr. L 175/43 = EAS A 3610.

54 Im Fall der Befristung (Zeit- oder Zweckbefristung) sowie der auflösenden Bedingung endet das Vertragsverhältnis, ohne dass es einer Kündigung bedarf. Da die Beendigung des Vertragsverhältnisses durch den Vertragsabschluss bereits determiniert ist, es damit keiner gesonderten Kündigung bedarf, **entfallen** auch alle an eine Kündigung anknüpfenden gesetzlichen Besonderheiten, vor allem **Kündigungsschutzvorschriften** (KSchG, BetrVG, BPersVG, MuSchG, BEEG, SGB IX usw.), einschließlich der Einhaltung einer bestimmten **Kündigungsfrist**.

55 Das Befristungsrecht des TzBfG findet **auf alle Arbeitsverhältnisse** Anwendung. Das Gesetz findet auf alle Arbeitgeber Anwendung; es enthält keine Ausnahme für Kleinunternehmer und auch keine Wartezeit in den ersten sechs Beschäftigungsmonaten.[85] In der Praxis hat die fehlende Ausnahmeregelung keine größere Bedeutung, solange Kleinunternehmen nicht dem Kündigungsschutzgesetz unterworfen sind und Arbeitnehmer jederzeit ohne Grund gekündigt werden können (§ 23 KSchG). Wesentliche Konsequenz ist aber, dass auch in Kleinbetrieben und bei weniger als sechs Monaten befristet beschäftigten Arbeitnehmern Befristungen eines sachlichen Grundes bedürfen, wenn nicht eine Ausnahme nach § 14 Abs. 2 oder 3 TzBfG gegeben ist. Das Gesetz erfasst mithin auch solche befristeten Arbeitsverträge, die bisher kontrollfrei waren („Paradigmenwechsel"). Deshalb ist es wesentlich, stets die Kündigungsmöglichkeit in befristeten Arbeitsverträgen (§ 15 III TzBfG) zu vereinbaren.

56 Das Recht der befristeten Arbeitsverhältnisse hat sich zu einer von dem Recht der Kündigung und des Kündigungsschutzes abgesonderten Spezialmaterie entwickelt, die in diesem Werk nicht mehr umfassend behandelt werden kann. Auf die einschlägigen Monographien und Kommentare muss daher verwiesen werden.[86]

III. Nichtigkeit und Anfechtung

57 Der Arbeitsvertrag kann wie jeder andere privatrechtliche Vertrag angefochten werden. Er kann ferner nichtig sein. Darauf kann sich jede Partei jederzeit berufen (zum fehlerhaften Arbeitsverhältnis → Rn. 1363 ff.). Das Arbeitsverhältnis wird in beiden Fällen mit Wirkung ex nunc aufgelöst.[87] Das BAG lässt aber eine beschränkte Rückwirkung der Anfechtung von dem Zeitpunkt an zu, in dem das vollzogene Arbeitsverhältnis wieder außer Funktion gesetzt worden ist und der Arbeitnehmer keine Arbeitsleistung mehr erbringt.[88] Damit sind die Rechtsinstitute der Anfechtung und Kündigung und die Berufung auf die Nichtigkeit des Vertrages in den Wirkungen einander angenähert, sie decken sich jedoch weder in den Voraussetzungen noch können die Beschränkungen der Kündigung auf sie einfach übertragen werden. Auch sind die Wirkungen nicht deckungsgleich, denn zB eine dem § 122 BGB entsprechende Re-

---

[85] Ausf. BAG 6.11.2003 EzA TzBfG § 14 Nr. 7 = AP TzBfG § 14 Nr. 7
[86] *Dörner,* Der befristete Arbeitsvertrag, 2. Aufl. 2011; *Annuß/Thüsing,* Teilzeit- und Befristungsgesetz, 3. Aufl. 2012; *Arnold/Gräfl/Imping/Lehnen/Rambach/Spinner/Vossen,* Teilzeit- und Befristungsgesetz, 3. Aufl. 2012; *Boecken/Joussen,* Teilzeit- und Befristungsgesetz, 2. Aufl. 2010; *Buschmann/Dieball/Stevens-Bartol,* Das Recht der Teilzeitarbeit, 2. Aufl. 2001; *Holwe/Kossens/Pielenz/Räder,* Teilzeit- und Befristungsgesetz, 4. Aufl. 2014; *Lakies,* Befristete Arbeitsverträge, 3. Aufl. 2012; Kommentare: *Boewer,* Teilzeit- und Befristungsgesetz. 2. Aufl. 2008; *Laux/Schlachter,* Teilzeit- und Befristungsgesetz, 2. Aufl. 2011; *Meinel/Heyn/Herms,* Teilzeit- und Befristungsgesetz, 4. Aufl. 2012; *Rolfs,* Teilzeit- und Befristungsgesetz, 2002; *Sievers,* Teilzeit- und Befristungsgesetz, 4. Aufl. 2012 sowie in den arbeitsrechtlichen Kommentaren die Kommentierungen von *Backhaus* (APS); *Hesse* (MüKoBGB); *Müller-Glöge* (ErfK); *Preis* (Staudinger); *Schmalenberg* (HWK).
[87] BAG 5.12.1957 EzA BGB § 123 Nr. 1 = NJW 1958, 516.
[88] BAG 16.9.1982 und 29.8.1984 EzA BGB § 123 Nr. 22 und 25 = AP § 123 BGB Nr. 24 und 27.

gelung (Ersatz des Vertrauensschadens) gibt es für den Kündigenden nicht. Die Anfechtung setzt einen Grund voraus, der **vor oder bei Vertragsschluss** vorliegt, die Kündigung stützt sich dagegen auf Gründe, die in aller Regel während des Arbeitsverhältnisses entstehen. Haben die Anfechtungsgründe infolge **Zeitablaufs** keine Bedeutung mehr, versagt die Rechtsprechung nach § 242 BGB die Ausübung des Anfechtungsrechtes.[89] Im Falle eines Irrtums über verkehrswesentliche Eigenschaften ist die Anfechtung nach der Entscheidung des BAG vom 14.12.1979[90] nur dann unverzüglich im Sinne des § 121 Abs. 1 BGB erklärt, wenn sie **spätestens innerhalb von zwei Wochen nach Kenntnis** der für die Anfechtung maßgebenden Tatsachen erfolgt.[91] Die Ausschlussfrist des § 626 Abs. 2 BGB wird somit zur Konkretisierung des Begriffs „unverzüglich" entsprechend angewandt.[92] Begründet wird dies mit dem Hinweis, dass unter gegebenen Umständen je nach der Fortdauer der Wirkung des Anfechtungsgrundes der Anfechtende auch die Möglichkeit habe, das Arbeitsverhältnis durch eine außerordentliche Kündigung aufzulösen, wenn dessen Fortsetzung unzumutbar geworden sei.[93] Deshalb sind die beiden Gestaltungsrechte in ihren „Ausübungsmodalitäten" weitgehend angeglichen worden. Allerdings gilt für die Anfechtung nach § 123 BGB die Jahresfrist des § 124 Abs. 1 BGB.[94]

Die Einhaltung der Klagefrist des § 4 KSchG durch den Arbeitnehmer ist weder erforderlich, wenn er sich gegen die Wirksamkeit einer Anfechtung wendet, noch bei einer Berufung auf die Nichtigkeit des Vertrages.[95] Das entspricht der Rechtsprechung des BAG. Das BAG hat jedoch in seiner Entscheidung vom 14.12.1979[96] die Frage für den Geltungsbereich des Kündigungsschutzgesetzes ausdrücklich offengelassen. Eine Analogie verbietet sich, weil es keinen allgemeinen Rechtsgrundsatz gibt, jede Beendigung des Arbeitsverhältnisses innerhalb von drei Wochen anzugreifen. Die Klage kann jedoch nach Ablauf gewisser Fristen wegen Verwirkung unzulässig sein. Die Bestandsschutzinteressen des Arbeitnehmers und das Interesse des Arbeitgebers an einer baldigen Klarstellung, ob das Arbeitsverhältnis beendet ist oder nicht, sind im Einzelfall gegeneinander abzuwägen. 58

Im Falle einer Anfechtung bedarf es nicht der Anhörung des Betriebsrats nach § 102 Abs. 1 BetrVG.[97]

IV. Wegfall der Geschäftsgrundlage, Rücktritt

Mit dem Institut des Wegfalls der Geschäftsgrundlage kann das Arbeitsverhältnis nicht beendet werden. Da § 626 BGB eine positive Konkretisierung dieses Grundsatzes darstellt, regelt § 313 Abs. 3 S. 2 BGB jetzt ausdrücklich, dass bei Dauerschuld- 59

---

[89] BAG 12.2.1970 EzA BGB § 119 BGB Nr. 2 = NJW 1970, 1565; BAG 18.9.1987 EzA BGB § 123 Nr. 28 = NZA 1988, 731; *Wolf/Gangel*, ArbuR 1982, 273; a. A. *Picker*, ZfA 1981, 1, 65 ff.
[90] BAG 14.12.1979 EzA BGB § 119 Nr. 11 = AP § 119 Nr. 4 = NJW 1980, 1302.
[91] Andere Anfechtungsgründe können nicht nachgeschoben werden, wenn eine selbständige Anfechtung mit diesen Gründen nach § 121 Abs. 1 BGB verspätet wäre, BAG 21.1.1981 EzA BGB § 119 Nr. 12 = AP § 119 BGB Nr. 5 = DB 1981, 1196.
[92] Vgl. dazu *Herschel*, ArbuR 1980, 155 und kritisch mit beachtenswerten Gründen *Picker*, ZfA 1981, 1 ff.
[93] BAG 17.8.1972 EzA BGB n. F. § 626 Nr. 22 = AP BGB § 626 Nr. 65 = NJW 1972, 553.
[94] BAG 19.5.1983 EzA BGB § 123 Nr. 23 = AP BGB § 123 Nr. 25 = SAE 1984, 173 mit Anm. *Misera*.
[95] BAG 14.12.1979 EzA BGB § 119 Nr. 11 = AP § 119 Nr. 4 = NJW 1980, 1302; APS/*Preis*, Grundlagen K. Rn. 71.
[96] BAG 14.12.1979 EzA BGB § 119 Nr. 11 = AP § 119 Nr. 4 = NJW 1980, 1302.
[97] Ebenso *Fitting*, § 102 BetrVG Rn. 15; krit. DKKW/*Bachner*, § 102 BetrVG Rn. 21; KR/*Etzel*, § 102 BetrVG Rn. 42.

verhältnissen die Kündigung dem Rücktrittsrecht vorgeht. Das gilt selbstredend auch gegenüber ordentlichen Änderungs- und Beendigungskündigungen.[98] Das Kündigungsrecht ist gegenüber einer Anpassung nach § 313 BGB lex specialis. Die Rechtsprechung hat früher unter außergewöhnlichen Umständen (Kriegsfolgen) anerkannt, dass auch ein Arbeitsverhältnis durch Wegfall der Geschäftsgrundlage ohne Kündigung enden kann, wenn der Zweck des Arbeitsverhältnisses erkennbar endgültig unerreichbar geworden ist.[99]

60   Das vereinbarte sowie das gesetzliche **Rücktrittsrecht** nach den §§ 323 ff. BGB ist durch den allgemeinen Kündigungsschutz bzw. die außerordentliche Kündigung im Arbeitsverhältnis ausgeschlossen. Auch wenn einem Arbeitnehmer die Erfüllung der vertraglichen Arbeitsleistung auf Dauer unmöglich geworden ist, endet das Arbeitsverhältnis nach §§ 275, 326 BGB nicht ohne Weiteres; vielmehr bedarf es stets einer Kündigung.[100] Das gilt auch für die Zeit vor Dienstantritt, da auch hier bereits eine Kündigung möglich ist. Einzelheiten dazu → Rn. 141 ff. Die Erklärung des Rücktritts ist in eine außerordentliche Kündigung umzudeuten.

§ 4 Form und Inhalt der Kündigungserklärung

I. Die Form der Kündigungserklärung

1. Geltungsbereich des § 623 BGB

61   Die Kündigung bedarf gemäß § 623 BGB der Schriftform. Dem Formerfordernis kommt in erster Linie Warnfunktion[1] sowohl für Arbeitgeber als auch Arbeitnehmer zu. Das Arbeitsverhältnis soll nicht unüberlegt durch Kündigung beendet werden. Ferner hat das Formerfordernis Klarstellungs- und Beweisfunktion.[2] Primär schützt es den Arbeitnehmer vor der unüberlegten Beendigung des Arbeitsverhältnisses. Es schützt auch vor der mündlichen unüberlegten Eigenkündigung des Arbeitnehmers.

62   § 623 erfasst **alle Arbeitsverhältnisse** (auch Aushilfskräfte und geringfügig Beschäftigte). Arbeitnehmerähnliche Personen stehen nicht in einem Arbeitsverhältnis und unterfallen § 623 BGB daher nicht.[3] Auch auf freie Dienstnehmer und Dienstverträge von GmbH-Geschäftsführern findet § 623 BGB keine Anwendung, es sei denn, Letztere stehen ausnahmsweise (zusätzlich) in einem Arbeitsverhältnis.[4] § 623 BGB gilt folglich für die **arbeitgeber- und arbeitnehmerseitige Kündigung.** Erfasst sind die ordentliche und die befristete und fristlose außerordentliche Kündigung.[5] Die *Teilkündigung* wird nicht von § 623 BGB erfasst, denn schon ihrem Wortlaut nach findet die Vorschrift nur auf die Beendigung des Arbeitsverhältnisses Anwendung. Die *Änderungskündigung* dagegen unterliegt insgesamt (Kündigungserklärung und Änderungsan-

---
[98] BAG 8.10.2009 NZA 2010, 465.
[99] BAG 21.5.1963 AP BGB § 242 Geschäftsgrundlage Nr. 6 = JuS 1964, 291; 24.8.1995 EzA BGB § 242 Geschäftsgrundlage Nr. 5 = NZA 1996, 29.
[100] Zusammenfassend LAG Hamm 31.1.1990 LAGE § 1 KSchG Krankheit Nr. 14 mwN.
[1] Siehe BAG 19.1.2006 EzA BGB 2002 § 623 Nr. 5 = NZA 2007, 97; 23.11.2006 EzA ZPO 2002 § 278 Nr. 1 = NZA 2007, 466.
[2] BAG 16.9.2004 EzA BGB 2002 § 623 Nr. 1 = NZA 2005, 162.
[3] BB/*Bader*, § 623 BGB Rn. 4.
[4] ErfK/*Müller-Glöge*, § 623 BGB Rn. 2.
[5] Bislang schon im Zweifel bei nicht eindeutiger tariflicher Regelung LAG Frankfurt 26.10.1937 ARS 31, 101; *Kliemt*, S. 314 f.; BAG 10.12.1970 AP KSchG § 3 Nr. 39.

gebot) dem Formerfordernis des § 623 BGB.⁶ Bei der Änderungskündigung ist die Schriftform nicht nur für die Kündigung als solche, sondern auch für das Änderungsangebot zu beachten, denn es handelt sich um einen im tatsächlichen wie im rechtlichen Sinne einheitlichen Tatbestand, der lediglich aus zwei Willenserklärungen zusammengesetzt ist.⁷ Nicht formbedürftig ist dagegen die Annahme durch den Arbeitnehmer, denn der Änderungsvertrag als solcher ist nicht formbedürftig und die Annahme durch den Arbeitnehmer auch nicht mehr Bestandteil der Änderungskündigung. In der vorbehaltlosen Weiterarbeit durch den Arbeitnehmer kann deshalb eine konkludente Annahme des Änderungsangebots liegen. § 623 BGB gilt auch für die Kündigung durch den Insolvenzverwalter gemäß § 113 InsO.⁸ Gemäß § 623 BGB formbedürftig ist nunmehr auch das *Lossagungsrecht* gemäß § 12 S. 1 KSchG. Es handelt sich nämlich, wie § 12 S. 3 KSchG zeigt, um ein fristgebundenes Sonderkündigungsrecht,⁹ und damit in der Sache um eine Kündigung. Auch wenn die Warnfunktion für den Arbeitnehmer hier praktisch entfällt, weil er bereits ein anderes Arbeitsverhältnis eingegangen sein muss, gebieten die Klarstellungs- und Beweisfunktion des § 623 BGB, die auch den Arbeitgeber schützen, eine Einbeziehung des Lossagungsrechts. § 12 S. 2 KSchG steht dem nicht entgegen, denn dieser regelt nur die Erklärungsfrist und nicht auch die Erklärungsform.¹⁰

Nicht formbedürftig bleibt weiterhin die *Anfechtung* des Arbeitsvertrages, unabhängig davon, ob sie der Arbeitgeber oder der Arbeitnehmer erklärt. Ausdrücklich nennt § 623 BGB die Anfechtung nicht. § 623 BGB ist insoweit auch nicht entsprechend anzuwenden.¹¹ Die Anfechtung ist nicht generell mit einer Kündigung vergleichbar. Anders als die Kündigung setzt sie einen Grund voraus, der schon vor oder bei Abschluss des Arbeitsvertrages vorlag.¹² Gegenüber der Kündigung dient die Anfechtung dem Interesse eines Vertragspartners, nicht an einem von Willensmängeln beeinflussten Rechtsgeschäft festgehalten zu werden und damit der Vertragsabschlussfreiheit. Auch ist die Anfechtung grundsätzlich darauf gerichtet, den Vertrag rückwirkend zu beseitigen (§ 142 Abs. 1 BGB).¹³ Folgerichtig unterliegt damit auch die *Beendigung eines fehlerhaften Arbeitsverhältnisses* keinem Formerfordernis. Hierbei handelt es sich nicht um eine Kündigung, sondern um einen Beendigungstatbestand eigener Art, mit dem die Nichtigkeit des Arbeitsverhältnisses geltend gemacht wird. 63

2. Anforderungen an die Schriftform bei Kündigungen

Die Kündigung muss in der Form des § 126 Abs. 1 BGB erfolgen, d.h., das Kündigungsschreiben muss vom Aussteller eigenhändig durch Namensunterschrift oder mittels notariell beglaubigten Handzeichens (was in der Praxis nicht relevant ist) unter- 64

---

⁶ So die h.M. BAG 28.10.2012 NZA-RR 2011, 155; BAG 16.9.2004 EzA BGB 2002 § 623 Nr. 2 = NZA 2005, 635; APS/*Preis*, § 623 BGB Rn. 5; BB/*Bader*, § 623 BGB Rn. 9; ErfK/*Müller-Glöge*, § 623 BGB Rn. 16; KR/*Rost/Kreft*, § 2 KSchG Rn. 28a; a.A. *Caspers*, RdA 2001, 28, 30ff.; KR/*Spilger*, § 623 BGB Rn. 136.
⁷ BAG 7.6.1973 EzA BGB § 626 n.F. Nr. 29 = AP BGB § 626 Änderungskündigung Nr. 1; KR/*Rost/Kreft*, § 2 KSchG Rn. 12.
⁸ BAG 4.11.2004 EzA BGB 2002 § 130 Nr. 4 = NZA 2005, 513.
⁹ So die h.M. ErfK/*Kiel*, § 12 KSchG Rn. 1; ErfK/*Müller-Glöge*, § 623 BGB Rn. 3b; KR/*Rost*, § 12 KSchG Rn. 22; *Preis/Gotthardt*, NZA 2000, 248, 250; a.A. BB/*Bader*, § 623 BGB Rn. 12.
¹⁰ *Brill*, DB 1983, 2519, 2520.
¹¹ A.A. nur KDZ/*Däubler*, § 623 BGB Rn. 17.
¹² BAG 28.3.1974 EzA BGB § 119 Nr. 5 = AP BGB § 119 Nr. 3.
¹³ Dies betonend BAG 3.12.1998 EzA BGB § 123 Nr. 51 = DB 1999, 852.

zeichnet sein. Durch notarielle Beurkundung kann die Schriftform ersetzt werden (§ 126 Abs. 4 BGB), diese wiederum nach § 127a BGB bei einem gerichtlichen Vergleich durch die Aufnahme der Erklärungen in ein nach den Vorschriften der ZPO errichtetes Protokoll. Es reicht jedoch nicht, die Kündigung in der mündlichen Verhandlung lediglich zu Protokoll zu erklären. § 127a BGB gilt nur für den gerichtlichen Vergleich.

65 Das Kündigungsschreiben selbst muss im Gegensatz zur Unterschrift nicht eigenhändig geschrieben sein, sondern kann vorgedruckt, fotokopiert, oder von einem Dritten gefertigt sein. Die Angabe von Ort und Zeit der Erstellung der Erklärung ist nicht erforderlich.[14] Die Formvorschrift verlangt nicht, dass die Kündigung in der jeweiligen Landessprache des Kündigungsempfängers abgefasst oder eine Übersetzung beigefügt wird.[15]

66 Die **Unterschrift** muss die voranstehende Kündigungserklärung decken und deshalb unterhalb des Textes stehen, diesen also räumlich abschließen.[16] Dies ist nicht gewährleistet, wenn die Unterschrift an einer anderen Stelle der Urkunde oder nur auf dem die Urkunde enthaltenen Briefumschlag platziert wird. Die zeitliche Reihenfolge von Text und Unterschrift ist für die Formgültigkeit ohne Belang. Der Kündigende kann zunächst blanko unterschreiben; der später eingefügte Text muss aber auch hier vollständig über der Unterschrift stehen.[17] Die vom Gesetz geforderte Namensunterschrift soll die Person des Ausstellers erkennbar machen. Es genügt die Unterschrift mit dem Familiennamen ohne Hinzufügung eines Vornamens, bei einem Kaufmann auch die Unterzeichnung mit der Firma (§ 17 HGB). Die Unterschrift ist durch Nennung des ausgeschriebenen Namens zu leisten.[18] Steht die als Aussteller der Kündigung in Betracht kommende Person ohne Zweifel fest, reicht auch die Unterzeichnung mit einem Teil eines Doppelnamens oder eines tatsächlich geführten Namens (Pseudonym).[19] Keine Namensunterschrift ist aber die Unterzeichnung mit einer bloßen Funktionsbezeichnung („Der Arbeitgeber") oder eines Titels („Vorstand", „Direktor"). Die Unterschrift braucht nicht lesbar zu sein;[20] der Schriftzug muss aber Andeutungen von Buchstaben und die Absicht einer vollen Unterschriftsleistung erkennen lassen.[21] Es genügt ein die Identität des Unterschreibenden ausreichend kennzeichnender Schriftzug, der individuelle und entsprechend charakteristische Merkmale aufweist, die eine Nachahmung erschweren.[22] Die Unterschrift ist von einer bewussten und gewollten Namensabkürzung *(Handzeichen, Paraphe)* zu unterscheiden; diese bedarf zur Wirksamkeit der notariellen Beglaubigung.[23] Für die Abgrenzung zwischen Unterschrift und Handzeichen *(Paraphe)* ist das äußere Erscheinungsbild maßgebend.[24] Die Unterschrift muss **eigenhändig** er-

---

[14] BAG 7.5.1998 EzA KSchG § 1 Interessenausgleich Nr. 6 = DB 1998, 1770.
[15] BAG 9.8.1990 – 2 AZR 34/90 – n. v. für die Kündigung eines deutschen Zivilangestellten der amerikanischen Streitkräfte durch ein in englischer Sprache abgefasstes Schreiben; a. A. KR/*Weigand*, §§ 21–23 BBiG Rn. 92 wegen der Fürsorgepflicht des ausbildenden Arbeitgebers.
[16] Vgl. BGH 20.11.1990 NJW 1991, 487 für Überweisungsformulare.
[17] St. Rspr. BGH 31.10.1956 BGHZ 22, 128, 132; 20.11.1990 NJW 1991, 487, 488; für Formbedürftigkeit der Ermächtigung zur Ausfüllung des Blanketts bei Bürgschaft aber BGH 29.2.1996 BGHZ 132, 119, 125.
[18] BAG 24.1.2008 EzA BGB 2002 § 622 Nr. 4 = NZA 2008, 521.
[19] BGH 18.1.1996 NJW 1996, 997; MüKoBGB/*Einsele*, § 126 Rn. 16.
[20] BAG 6.9.2012 NZA 2013, 524 Rn. 17; BAG 20.9.2006 EzA BGB 2002 § 174 Nr. 5 = NZA 2007, 377.
[21] BGH 29.10.1987 NJW 1987, 1333; BGH 22.10.1993 NJW 1994, 55.
[22] BAG 6.9.2012 NZA 2013, 524 Rn. 17.
[23] Palandt/*Ellenberger*, § 126 BGB Rn. 11.
[24] BAG 24.1.2008 NZA 2008, 521 Rn. 11.

§ 4 Form und Inhalt der Kündigungserklärung

folgen. Unzulässig ist deshalb die Verwendung von Stempeln, Schreibmaschine, Faksimile oder anderen mechanischen Hilfsmitteln. Auch eine digital erstellte Signatur genügt nach der ausdrücklichen Klarstellung in § 623 BGB nicht. Die Kündigung als empfangsbedürftige Willenserklärung muss **in der Form zugehen,** die für ihre Abgabe erforderlich ist.[25] Ein Telegramm genügt daher trotz eigenhändiger Unterzeichnung des Aufgabetelegramms nicht.[26] Gleiches gilt für die Übermittlung durch Telefax, da die dem Empfänger zugehende Erklärung lediglich eine Kopie des beim Absender verbleibenden Originals ist.[27] Aus den gleichen Gründen genügt auch eine E-Mail nicht, selbst wenn sie durch Einfügen einer Unterschriftsdatei „unterschrieben" worden ist.[28] Eine eingescannte Unterschrift eines Nichtberechtigten wahrt nicht nur § 623 BGB nicht. Vielmehr liegt schon keine zurechenbare Kündigungserklärung vor.[28a]

Ein **Vertreter** kann mit dem Namen des Vollmachtgebers unterzeichnen.[29] Unterschreibt er mit seinem eigenen Namen, so muss die Stellvertretung in der Urkunde zum Ausdruck kommen.[30] Sind in dem Kündigungsschreiben einer Gesellschaft bürgerlichen Rechts (GbR) alle Gesellschafter sowohl im Briefkopf als auch maschinenschriftlich in der Unterschriftszeile aufgeführt, so reicht es zur Wahrung der Schriftform nicht aus, wenn lediglich ein Teil der GbR-Gesellschafter ohne weiteren Vertretungszusatz das Kündigungsschreiben handschriftlich unterzeichnet.[31] Anders ist dies, wenn bei einer GbR nur ein Gesellschafter erkennbar zugleich in Vertretung der anderen Gesellschafter handelt. Dann ist jedenfalls – ungeachtet der vertretungsrechtlichen Fragen – die Schriftform gewahrt.[32] Erforderlich ist jedoch die eigenhändige Unterzeichnung durch den Vertreter. Ein Formmangel der Kündigungserklärung wird nicht dadurch ersetzt, dass eine schriftliche Vollmachtsurkunde beigefügt wird.[33] Die Vollmacht selbst kann gemäß § 167 Abs. 2 BGB formlos erteilt werden. Besteht der kündigende Teil aus mehreren Personen, so müssen alle unterschreiben.[34] Eine Stellvertretung bei der Unterschrift ist zulässig. Aus der Sicht des Kündigungsempfängers darf kein Zweifel bestehen, dass der Unterzeichnende nicht nur für sich selbst tätig werden wollte. Die Unterschrift eines Boten wahrt nicht die Schriftform. Doch deutet der Zusatz „Im Auftrag" nicht auf das Handeln eines Erklärungsboten hin.[35] Maßgeblich sind die Gesamtumstände. Wenn sich hieraus ergibt, dass der Unterzeichner in fremdem Namen die Kündigung erklärt hat, ist von einem Handeln als Vertreter auszuge-

67

---

[25] BGH 30.5.1962 NJW 1962, 1389; BGH 25.3.1970 DB 1970, 875; LAG Düsseldorf 23.2.1978 EzA § 125 BGB Nr. 4; LAG Hamm 4.12.2003 NZA-RR 2004, 189: das setzt grundsätzlich Verfügungsgewalt über das Schreiben voraus.
[26] BGH 27.5.1957 BGHZ 24, 297; ArbG Frankfurt a. M. 9.2.2001 ZinSO 2001, 776.
[27] BGH 28.1.1993 EzA BGB § 126 Nr. 1 zur Bürgschaft; BGH 30.7.1997 ZIP 1997, 1694; LAG Düsseldorf 23.2.1978 EzA BGB § 125 Nr. 4; ArbG Hannover 17.1.2001 NZA-RR 2002, 245; LAG Düsseldorf 27.5.2003 EzBAT § 57 BAT Nr. 17. Erst recht genügt eine SMS nicht (LAG Hamm 17.8.2007 AuA 2007, 687.
[28] LAG Düsseldorf 25.6.2012 – 14 Sa 185/12 – zur Kündigung mit eingescannter Unterschrift LAG Köln 19.6.2001 NZA-RR 2002, 163 zu § 57 BAT.
[28a] LAG Köln 15.5.2014 – 7 Sa 998/13 –.
[29] BGH 3.3.1966 BGHZ 45, 195.
[30] RG 30.9.1919 RGZ 96, 289; BAG 21.4.2005 EzA BGB 2002 § 623 Nr. 4 = NZA 2005, 865.
[31] BAG 21.4.2005 EzA BGB 2002 § 623 Nr. 4 = NZA 2005, 865.
[32] LAG Sachsen-Anhalt 12.4.2010 – 6 Sa 276/09.
[33] AG Bonn WuM 1989, 380.
[34] Zur Unterschrift eines nur gemeinsam vertretungsbefugten Geschäftsführers einer GmbH s. LAG Baden-Württemberg 1.9.2005 ZIP 2006, 100.
[35] BAG 13.12.2007 EzA BGB 2002 § 623 Nr. 9 = NZA 2008, 403; ErfK/*Müller-Glöge*, § 623 BGB Rn. 14; a.A. BeckOK/*Gotthardt*, § 623 BGB Rn. 26; *O. Klein*, NZA 2004, 1198; s. a. LAG Rheinland-Pfalz 19.12.2007 NZA-RR 2008, 403.

hen. Ob der Unterzeichner tatsächlich bevollmächtigt war, ist für die Wahrung der Schriftform unerheblich.

68 Das Kündigungsschreiben muss nicht das Wort Kündigung enthalten. Entscheidend ist, dass der Wille, das Arbeitsverhältnis durch einseitige Gestaltungserklärung für die Zukunft lösen zu wollen, eindeutig zum Ausdruck kommt. Auch zur **Angabe des Kündigungsgrundes verpflichtet § 623 BGB nicht.** Insoweit verbleibt es bei den allgemeinen Grundsätzen (→ Rn. 88 ff.). Dafür spricht auch, dass der Gesetzgeber bei anderen Formvorschriften für Kündigungen die Frage der Angabe der Gründe ausdrücklich geregelt hat (vgl. § 22 Abs. 3 BBiG; § 9 Abs. 3 S. 2 MuSchG). § 626 Abs. 2 S. 3 BGB wäre zudem überflüssig.

69 Aus der schriftlichen Kündigungserklärung muss nicht hervorgehen, ob es sich um **eine ordentliche oder um eine außerordentliche Kündigung** handelt. Der Klarstellungs-, Beweis- und auch der Warnfunktion ist Genüge getan, wenn aufgrund des Formerfordernisses deutlich wird, dass eine Kündigung erklärt ist. Bleibt unklar, in welcher Art und zu welchem Zeitpunkt gekündigt ist, geht dies zulasten des Kündigenden[36] und die Kündigung wirkt als ordentliche, weil dies für den Gekündigten günstiger ist. Eine Kündigung des Inhalts, „Hiermit kündige ich den Arbeitsvertrag" ist damit formwirksam, wenn auch nicht zweckmäßig. Der Möglichkeit einer Kündigung durch schlüssiges Verhalten ist durch § 623 BGB weitgehend die Grundlage entzogen. Insbesondere die Frage, ob in mündlichen Äußerungen im Rahmen von emotionsgeladenen Auseinandersetzungen am Arbeitsplatz oder anschließendem Verhalten eine Kündigung liegt,[37] stellt sich nicht mehr. Eine konkludente Kündigung ist jedoch dann möglich, wenn das schlüssige Verhalten das Formerfordernis erfüllt. So kann prozessuales Vorbringen in einem Rechtsstreit eine Kündigung darstellen, wenn die andere Partei hieraus unmissverständlich auf einen Kündigungswillen schließen kann.[38] Um den Formzwang zu wahren, ist es jedoch erforderlich, dass der Kündigende oder dessen Bevollmächtigter die für den Kündigungsempfänger bestimmte Abschrift eigenhändig unterschreibt. Es genügt aber, wenn die für das Gericht bestimmte Urschrift eigenhändig unterzeichnet ist und der Kündigungsempfänger eine mit einem Beglaubigungsvermerk versehene Abschrift erhält. Erforderlich ist aber, dass der Beglaubigungsvermerk vom Verfasser des Schriftsatzes, der die Kündigung enthält, eigenhändig unterzeichnet ist.[39] Sind der Verfasser des Schriftsatzes und der Beglaubigende nicht personengleich, so ist die Schriftform nicht gewahrt.

3. Rechtsfolge bei Formverstoß

70 Die Nichteinhaltung der gesetzlichen Form des § 623 BGB hat gemäß § 125 S. 1 BGB die **Nichtigkeit** der Kündigung zur Folge.[40] Eine Heilung ist nicht möglich. Die Kündigung muss unter Beachtung der anzuwendenden Kündigungsfristen wiederholt werden. Solange besteht das Arbeitsverhältnis unverändert fort. Will der Arbeitnehmer die Formunwirksamkeit geltend machen, ist er nicht an die Klagefrist des § 4 S. 1 KSchG gebunden, denn der Lauf der Klagefrist setzt den Zugang einer „schriftlichen" Kündigung voraus.[41]

---

[36] BAG 11.6.1959 AP BGB § 130 Nr. 1; *Kliemt*, S. 315.
[37] Vgl. dazu APS/*Preis*, Grundlagen D Rn. 34.
[38] BGH 19.3.1957 ZMR 264; BayObLG 14.7.1981 NJW 1981, 2197, 2198; OLG Hamm 26.11.1991 NJW-RR 1993, 273.
[39] BayObLG 14.7.1981 NJW 1981, 2197, 2198 f.; OLG Hamm 23.11.1981 NJW 1982, 452.
[40] Vgl. BAG 25.11.1976 EzA BBiG § 15 Nr. 3 = AP BBiG § 15 Nr. 4; LAG Düsseldorf 23.2.1978 EzA BGB § 125 Nr. 2 für tarifvertragliche Schriftform.
[41] Vgl. auch BAG 9.2.2006 EzA KSchG § 4 n. F. Nr. 73 = NZA 2006, 1207.

§ 4 Form und Inhalt der Kündigungserklärung

Die **Umdeutung** einer unwirksamen außerordentlichen Kündigung in eine ordentliche Kündigung bleibt gemäß § 140 BGB möglich.[42] Dies gilt aber nur dann, wenn die außerordentliche Kündigung schriftlich gemäß § 623 BGB erklärt worden ist und nur aus einem anderen Grund unwirksam ist. Die Umdeutung scheitert dann nicht an der Form für die ordentliche Kündigung, denn die Kündigung an sich ist formwirksam erklärt. Die Angabe, ob es sich um eine außerordentliche oder eine ordentliche Kündigung handelt, ist zur Formwahrung nicht erforderlich. Die Umdeutung einer gegen § 623 BGB verstoßenden außerordentlichen Kündigung in eine ordentliche Kündigung scheitert jedoch daran, dass die ordentliche Kündigung als Ersatzgeschäft gegen § 623 BGB verstößt und damit gleichfalls formunwirksam ist. Denn § 140 BGB setzt voraus, dass mit der Umdeutung der Wille der Parteien in rechtlich zulässiger Weise verwirklicht worden wäre.[43] Der Umdeutung einer formunwirksamen Kündigung in ein Angebot zum Abschluss eines Aufhebungsvertrages steht entgegen, dass auch der Aufhebungsvertrag der Schriftform bedarf. Der Umdeutung einer formunwirksamen außerordentlichen Kündigung in eine formfrei mögliche Anfechtung steht § 623 BGB jedoch nicht entgegen.

71

4. Durchbrechung der Formnichtigkeit

Die Nichtigkeitsfolge des § 125 BGB kann mithilfe des Grundsatzes von Treu und Glauben (§ 242 BGB) nur in Ausnahmefällen durchbrochen werden, weil Sinn und Zweck der Formvorschriften sonst ausgehöhlt würden. Die Berufung einer Partei auf die Formnichtigkeit eines Rechtsgeschäfts ist für sich genommen nicht treuwidrig.[44] Abweichungen von diesem Grundsatz sind nur zulässig, wenn es nach den Beziehungen der Parteien und den gesamten Umständen mit Treu und Glauben unvereinbar wäre, das Rechtsgeschäft am Formmangel scheitern zu lassen; das Ergebnis muss für die Parteien nicht nur hart, sondern schlechthin untragbar sein.[45] Die von der Rechtsprechung verwendete Formel vom „schlechthin untragbaren Ergebnis" bedarf im Interesse der Rechtssicherheit der Bildung von Fallgruppen.

72

a) Kenntnis von der Formbedürftigkeit

§ 242 BGB ist nicht anwendbar, wenn beide Parteien den Formmangel kannten.[46] Dies gilt auch dann, wenn ein Beteiligter die Einhaltung der Form nicht durchsetzt, weil er dies wegen der Rechtschaffenheit oder des Ansehens des Vertragspartners für überflüssig hält.[47] Zu Recht muss von diesem Grundsatz eine Ausnahme gemacht werden, wenn ein Vertragspartner seine Machtstellung dazu ausgenutzt hat, die Formwahrung zu verhindern.[48] Verhindert bei § 623 BGB der Arbeitgeber die Formwah-

73

---

[42] Vgl. BAG 24.6.2004 EzA BGB 2002 § 626 Unkündbarkeit Nr. 7; ArbG Berlin 1.3.2001 NZA-RR 2002, 522 zum Sonderfall einer rechtsmissbräuchlichen Berufung auf den Formmangel.
[43] BGH 30.10.1970 NJW 1971, 428, 429.
[44] BAG 7.7.1955 AP AOG § 32 Tarifordnung Nr. 1; BAG 19.8.1987 EzBAT § 4 Nebenabrede Nr. 12.
[45] BAG 26.9.1957 AP HGB § 74 Nr. 2; BAG 17.11.1957 AP BGB § BGB Nr. 2; BAG 22.2.1972 EzA BBiG § 15 Nr. 1 = AP BBiG § 15 Nr. 1; BAG 27.3.1987 EzA BGB § 242 Betriebliche Übung Nr. 22 = AP BGB § 242 Betriebliche Übung Nr. 29; weniger streng für § 623 BGB LAG Niedersachsen 21.8.2008 DB 2008, 2090.
[46] BGH 22.6.1973 NJW 1973, 1455.
[47] RG 21.5.1927 RGZ 117, 121; Palandt/*Ellenberger*, § 125 BGB Rn. 25.
[48] BGH 27.10.1967 BGHZ 48, 396 mit abl. Anm. *Reinicke*, NJW 1968, 39.

rung, so kann jedoch nicht generell davon ausgegangen werden, dass er eine Machtstellung ausgenutzt hat, vielmehr bedarf es dazu deutlicher weiterer Anhaltspunkte im Einzelfall.

74 Bei beidseitiger Unkenntnis verbleibt es bei der Rechtsfolge von § 125 S. 1 BGB.[49] Dies gilt auch dann, wenn eine Partei bei der anderen die irrige Vorstellung von der Formfreiheit veranlasst hat.[50] Bei § 623 BGB gilt insoweit nichts anderes, so zB wenn der Arbeitgeber bei dem Arbeitnehmer die Vorstellung hervorruft, er könne ohne Beachtung einer Form kündigen.

75 Eine einseitige Kenntnis einer Partei von der Formbedürftigkeit des Rechtsgeschäfts begründet noch keine Anwendung des § 242 BGB, erst recht nicht, wenn die den Formmangel kennende Partei davon ausging, die andere kenne ihn auch. Hat jedoch eine Partei die andere über die Formbedürftigkeit des Rechtsgeschäfts getäuscht, um sich später gegebenenfalls zu ihrem Vorteil auf die Unwirksamkeit des Rechtsgeschäfts berufen zu können, so ist die Geltendmachung des Formmangels arglistig und gemäß § 242 BGB verwehrt.[51] So kann der Kündigungsempfänger sich nicht später auf den Formmangel berufen, wenn er in Kenntnis der wahren Rechtslage den Kündigenden arglistig davon abgehalten hat, die schriftliche Form zu wahren.[52] Auch ein Arbeitnehmer, der dem Arbeitgeber arglistig vorspiegelt, dieser könne formlos kündigen, kann sich nicht später auf die Unwirksamkeit seiner Eigenkündigung berufen, wenn ein ihm in Aussicht gestelltes Arbeitsverhältnis bei einem anderen Arbeitgeber nicht zustande kommt.

b) Verbot widersprüchlichen Verhaltens

76 Eine weitere Ausprägung des Gebotes von Treu und Glauben ist das Verbot widersprüchlichen Verhaltens.[53] Allein die Tatsache, dass der Kündigungsempfänger eine formwidrig erklärte Kündigung widerspruchslos entgegen nimmt, und sich erst später auf die Schriftform beruft, stellt noch keinen Verstoß gegen Treu und Glauben dar.[54] Sonst würde das Schriftformerfordernis des § 623 BGB bei Kündigungen weitgehend ins Leere laufen.[55] Vielmehr müssen besondere Umstände vorliegen, damit ein Rechtsmissbrauch angenommen werden kann. Wird zB dem Kündigenden im Gerichtstermin in Anwesenheit des Erklärenden eine einfache Fotokopie der Kündigung übergeben und ist eine sofortige Einsicht in das Original möglich, ist es treuwidrig, sich auf einen Formmangel zu berufen, wenn nicht der Erklärungsempfänger von Aufklärungsmöglichkeiten Gebrauch macht oder die Erklärung wegen Nichteinhaltung der Form unverzüglich zurückweist, sondern sich erst geraume Zeit später auf den Formmangel beruft.[56]

77 Ein widersprüchliches Verhalten eines Arbeitnehmers hat das BAG – sehr weitgehend – schon darin gesehen, dass dieser eine Eigenkündigung mehrmals, auch auf

---

[49] BAG 22.8.1979 AP BAT § 4 Nr. 6.
[50] BGH 10.6.1977 NJW 1977, 2072.
[51] BAG 26.9.1957 AP HGB § 74 Nr. 2 mit zust. Anm. *Larenz;* BAG 15.11.1957 AP BGB § 125 Nr. 2; BAG 7.5.1986 AP BAT § 4 Nr. 12.
[52] Staudinger/*Oetker,* § 623 BGB Rn. 113.
[53] BAG 21.3.1980 EzA SchwbG § 17 Nr. 1 = AP SchwbG § 17 Nr. 1; BAG 11.12.1996 EzA BGB § 242 Rechtsmissbrauch Nr. 1 = BB 1997, 1850; BAG 4.12.1997 EzA BGB § 626 Rechtsmissbrauch Nr. 3 = NZA 1998, 542.
[54] BAG 19.5.1988 EzA BGB § 613a Nr. 82 = NZA 1989, 461; LAG Schleswig-Holstein 14.2.1991 LAGE § 125 BGB Nr. 4; LAG Düsseldorf 16.1.1962 BB 1962, 718.
[55] Vgl. LAG Hamm 14.11.1996 LAGE BGB § 125 Nr. 6 zu arbeitsvertraglicher Schriftformklausel.
[56] BAG 20.8.1998 EzA BGB § 127 Nr. 1 = NZA 1998, 1330.

Vorhaltungen der anderen Seite, ernsthaft und nicht nur einmalig spontan ausgesprochen hat, sich aber nachträglich auf die Formunwirksamkeit beruft.[57] Anders soll dies jedoch bei einer nur einmaligen spontan erklärten formwidrigen Kündigung sein. Die Berufung auf die Formnichtigkeit einer vom Arbeitgeber per Fax erklärten Kündigung ist jedoch dann rechtsmissbräuchlich, wenn der Arbeitnehmer selbst zum Ausdruck gebracht hat, mit einem Fax sei die Schriftform gewahrt.[58] Ein widersprüchliches Verhalten liegt auch vor, wenn der Arbeitgeber formwidrig kündigt, der Arbeitnehmer die Kündigung hinnimmt, eine neue Stelle antritt und sich der Arbeitgeber dann auf den Formmangel beruft und den Arbeitnehmer zur Wiederaufnahme der Arbeit unter Unterlassung der neuen Beschäftigung auffordert.[59] Da § 623 BGB die Schriftform gleichermaßen für die arbeitgeberseitige als auch für die arbeitnehmerseitige Kündigung vorsieht, kann ein widersprüchliches Verhalten demzufolge auch gegeben sein, wenn der Arbeitnehmer formwidrig kündigt, der Arbeitgeber dies akzeptiert, die Stelle neu besetzt und der Arbeitnehmer sich dann auf den Formmangel berufen will. Um nicht den Zweck des § 623 BGB, vor Übereilung zu schützen, durch § 242 BGB ins Leere laufen zu lassen, müssen jedoch strenge Maßstäbe angelegt werden. So wird ein Arbeitgeber die Folge des § 623 BGB nicht dadurch umgehen können, dass er unmittelbar nach einer einmaligen spontanen Eigenkündigung des Arbeitnehmers dessen Stelle intern neu besetzt. Anders liegt es, wenn der Arbeitnehmer mehrfach ernsthaft mündlich zum Ausdruck bringt, er kündige und der Arbeitgeber nach einem längeren Auswahlverfahren einen neuen Arbeitnehmer eingestellt hat.

Wenn der Kündigungsempfänger die mündlich ausgesprochene Kündigung schriftlich bestätigt, er sich später aber auf den Formmangel beruft, so ist dies treuwidrig.[60] Anders liegt es jedoch, wenn sich nach der schriftlichen Bestätigung des Erklärungsempfängers der Kündigende auf den Formmangel beruft. Bei allen diesen Fallgestaltungen ist zudem zu bedenken, dass das Recht, sich auf die Unwirksamkeit der Kündigung zu berufen, verwirken kann, wobei allerdings keine starren Zeitgrenzen gelten, vielmehr im Einzelfall Umstands- und Zeitmoment gegeben sein müssen.

78

c) Erreichung des Formzwecks

Auch wenn im Einzelfall der Formzweck, zB Schutz vor Übereilung, nicht zum Tragen kommt, weil etwa nach der Persönlichkeit der Beteiligten eine derartige Warnung nicht erforderlich erscheint, ist die Geltendmachung der Formnichtigkeit nicht ausgeschlossen.[61] Vielmehr darf der Formmangel auch zum Anlass genommen werden, ein aus vom Formzweck unabhängigen Gründen lästiges Geschäft nicht mehr durchzuführen.[62] Liegen keine anderen Umstände vor, die einen Verstoß gegen § 242 BGB begründen, kann sich deshalb zB ein Arbeitgeber auf die Formunwirksamkeit einer Kündigung berufen, weil er plötzlich einen größeren Auftrag erhalten hat.

79

---

[57] BAG 4.12.1997 EzA BGB § 242 Rechtsmissbrauch Nr. 3 = NZA 1998, 420 zu konstitutiver arbeitsvertraglicher Formvorschrift mit abl. Anm. *Singer*, NZA 1998, 1309, 1313; zu § 623 BGB LAG Rheinland-Pfalz 8.2.2012 – 8 Sa 318/11 –.
[58] ArbG Berlin 1.3.2001 NZA-RR 2002, 522.
[59] BAG 4.12.1997 EzA BGB § 242 Rechtsmissbrauch Nr. 3 = NZA 1998, 420.
[60] AG Gifthorn 6.8.1991 WuM 1992, 250.
[61] BGH 18.12.1955 BGHZ 16, 334; 6.2.1970 BGHZ 53, 189; MüKoBGB/*Einsele*, § 125 Rn. 67.
[62] BGH 9.3.1965 WM 1965, 480.

d) Fürsorgepflicht des Arbeitgebers

80 Umstritten ist, ob dem Arbeitgeber gegenüber dem Arbeitnehmer eine Fürsorgepflicht obliegt, ihn über Formerfordernisse zu belehren und auf eine formgerechte Durchführung des Rechtsgeschäfts hinzuwirken. Eine Ansicht bejaht dies mit dem pauschalen Hinweis auf die allgemeine Fürsorgepflicht des Arbeitgebers.[63] Sie übersieht jedoch, dass auf diese Weise bei fehlender Belehrung durch den Arbeitgeber über die Formbedürftigkeit einer formwidrigen Erklärung über den Umweg von Treu und Glauben stets zur Wirksamkeit verholfen werden könnte. Dieses Ergebnis stünde aber im Gegensatz zu dem Grundsatz, dass eine Formdurchbrechung gemäß § 242 BGB im Interesse der Rechtssicherheit nur in krassen Ausnahmefällen durchgreifen kann. Eine Fürsorgepflicht, den Arbeitnehmer über das Bestehen von Formvorschriften zu belehren, besteht deshalb nicht.[64] Der Arbeitgeber ist deshalb nicht verpflichtet, den Arbeitnehmer auf die Formbedürftigkeit einer Kündigung, insbes. einer Eigenkündigung, hinzuweisen.[65]

5. Verhältnis des § 623 BGB zu sonstigen Formvorschriften

81 Ein **gesetzlicher Formzwang** besteht neben § 623 BGB nur aufgrund weniger Ausnahmevorschriften. Hinzuweisen ist auf § 22 Abs. 3 BBiG[66] für Kündigungen im Berufsausbildungsverhältnis, der für beide Vertragspartner gilt.[67] Daneben besteht ein Schriftformerfordernis für die ordentliche Kündigung eines auf unbestimmte Zeit abgeschlossenen Heuerverhältnisses nach § 65 Abs. 2 SeearbeitsG vom 20.4.2013 (BGBl. I S. 868).[68] Vielfach finden sich Schriftformerfordernisse in **Tarifverträgen,** seltener in (zulässigen) **Betriebsvereinbarungen.**

82 Unproblematisch sind die Fälle, in denen sich aus gesetzlichen oder kollektivvertraglichen Sonderregelungen ein gleichwertiges Formerfordernis ergibt. Sofern das nicht der Fall ist, geht § 623 BGB als zwingende, nicht dispositive Norm vor.[69] Vertragsparteien und Tarifparteien steht es jedoch frei, strengere Formvorschriften zu vereinbaren.[70] Freilich schließt § 309 Nr. 13 BGB in vorformulierten Arbeitsbedingungen aus, dass der Arbeitgeber Erklärungen an eine strengere Form als die Schriftform oder an besondere Zugangserfordernisse bindet. An dieser, gemäß § 310 Abs. 4 BGB anwendbaren Norm dürften zumeist Vereinbarungen in Arbeitsverträgen scheitern, wonach die Kündigung des Arbeitsverhältnisses seitens des Arbeitnehmers durch eingeschriebenen Brief erfolgen muss.[71] Das BAG[72] hat entsprechende Klauseln jedoch so interpretiert, dass die Vereinbarung des Einschreibeerfordernisses nur dem Zweck dient, den Zugang der Kündigungserklärung zu sichern und deshalb bloß schriftliche Kündi-

---

[63] *Beer,* ArbuR 1964, 174; *Töphoven,* Anm. zu LAG Kiel 23.11.1954 AP Nr. 1 zu § 4 TVG Ausschlussfristen.
[64] RAG 18.12.1942 ARS 46, 81 mit Anm. *Hueck; Hueck/Nipperdey,* Bd. 1, S. 41; so für tarifvertragliche Schriftformklausel BAG 14.6.1994 EzA BGB § 123 Nr. 11.
[65] Vgl. BAG 26.8.1993 EzA KSchG n. F. § 4 Nr. 47.
[66] Vom 14.8.1969, BGBl. I S. 1112.
[67] BAG 22.2.1972 EzA BBiG § 15 Nr. 1 = AP BBiG § 15 Nr. 1.
[68] Hierzu und zu §§ 64 Abs. 2, 78 Abs. 3 SeemannsG *Kliemt,* S. 94 f.
[69] Hierzu auch KR/*Spilger,* § 623 BGB Rn. 247.
[70] APS/*Greiner,* § 623 BGB Rn. 11; ErfK/*Müller-Glöge,* § 623 Rn. 10; KR/*Spilger,* § 623 BGB Rn. 249.
[71] Ebenso MüKoBGB/*Hesse,* Vor § 620 Rn. 102.
[72] BAG 20.9.1979 EzA BGB § 125 Nr. 5 = AP BGB § 125 Nr. 8; 25.2.1998 EzA BGB § 620 Kündigung Nr. 1 = NZA 1998, 747; ebenso: LAG Hamburg 19.8.1971 DB 1972, 980.

gungen, die dem Gekündigten auf andere Weise zugehen, für wirksam erklärt. Ob an dieser korrigierenden Auslegung festgehalten werden kann, ist zweifelhaft. Außerdem darf die Kündigung wegen des Rechtsgedankens des § 622 Abs. 6 BGB nicht einseitig zulasten des Arbeitnehmers erschwert werden. Mit diesen Maßgaben können auch noch privat- oder kollektivautonom vereinbarte Formvorschriften Relevanz haben.

II. Der Inhalt der Kündigungserklärung

Die Kündigung muss **so hinreichend bestimmt und deutlich sein,** dass der Gekündigte Klarheit über die Auflösung des Arbeitsverhältnisses erhält. Die Kündigung muss also **zweifelsfrei** erklärt werden. Daraus folgt jedoch nicht, dass für die Kündigung die allgemeine Auslegungsvorschrift des § 133 BGB keine Anwendung findet. Der Kündigende ist in der Wahl des Ausdrucks frei; er braucht namentlich nicht das Wort „kündigen" zu benutzen.[73] Wenn das Schreiben darauf verweist, dass das Arbeitsverhältnis zu einem bestimmten Zeitpunkt endet oder der Arbeitgeber den Arbeitnehmer „in den Ruhestand versetzen" kann, dann kann dies noch nicht als „Kündigungserklärung" gewertet werden. Mag auch der Wille des Erklärenden erkennbar sein, das Arbeitsverhältnis zu beenden, schließt aber die Erklärung die Deutungsmöglichkeit ein, dass diese Wirkung nicht durch eine Kündigung, sondern durch einen anderen Beendigungstatbestand eintreten kann (zB durch Ausübung eines Widerrufsrechts, Anfechtung, Dienstentlassung eines Dienstordnungsangestellten oder eine von dem Erklärenden für möglich erachtete Beendigungserklärung eigener Art), dann liegt darin keine hinreichend bestimmte Kündigungserklärung. Bestätigt ein Arbeitgeber einem Arbeitnehmer dessen angeblich ausgesprochene Kündigung, liegt darin in der Regel keine eigene Kündigung des Arbeitgebers.[74] Schließlich genügt nach § 623 BGB nicht mehr jedes Verhalten des Arbeitgebers, sondern nur noch eine dem Schriftformgebot genügende Erklärung, durch die er dem Arbeitnehmer eindeutig den Willen kundgibt, das Arbeitsverhältnis zu lösen. Dabei ist allerdings der Standpunkt des Kündigungsempfängers maßgebend, nicht der des Kündigenden. Es kommt darauf an, **wie der Kündigungsempfänger die Erklärung unter Würdigung der ihm bekannten Umstände nach Treu und Glauben und unter Berücksichtigung der Verkehrssitte verstehen musste.**[75] Droht der eine Teil lediglich mit der Kündigung, so liegt keine Kündigungserklärung vor. Liegt keine Kündigungserklärung vor, dann kann auch nicht die Klagefrist des § 4 S. 1 KSchG in Gang gesetzt werden.

Die Problematik der **schriftlichen Bestätigung einer zuvor mündlich ausgesprochenen Kündigung** stellt sich im Lichte des § 623 BGB nicht mehr. Bei einer an die Schriftform gebundenen Kündigung ist die Kündigung ohnehin erst mit Zugang der schriftlichen Kündigung wirksam erklärt.[76] Spricht allerdings eine Partei eine

83

84

---

[73] BAG 5.2.2009 EzA KSchG n. F. § 4 Nr. 87 = AP KSchG 1969 § 4 Nr. 69; BAG 20.9.2006 EzA BGB 2002 § 174 Nr. 5 = NZA 2007, 377.
[74] LAG Köln 20.3.2006 NZA-RR 2006, 642.
[75] BAG 19.1.1956 AP BGB § 620 Kündigungserklärung Nr. 1 = DB 1956, 212; BAG 19.6.1980 EzA BGB § 620 Nr. 47 unter 3b der Gründe = DB 1980, 2246; BAG 15.3.1991 EzA BGB § 174 Nr. 9 = NZA 1992, 452, 453; siehe auch LAG Frankfurt 19.7.1989 LAGE MuSchG § 9 Nr. 10; LAG Rheinland-Pfalz 4.6.1992 LAGE BGB § 620 Kündigungserklärung Nr. 1, LAG Nürnberg 8.2.1994 LAGE BGB § 620 Kündigungserklärung Nr. 3 und LAG Hamm 7.7.1994 LAGE BGB § 620 Kündigungserklärung Nr. 4; *Frölich*, NZA 1997, 1273. Wegen der einschneidenden Wirkungen des § 7 KSchG ist anzuraten, auch bereits in Zweifelsfällen Kündigungsschutzklage zu erheben. Zur Kündigung im Prozess → Rn. 109 ff.
[76] BAG 25.4.1996 EzA BGB § 130 Nr. 27 = NZA 1996, 1227.

nach § 623 BGB unwirksame mündliche Kündigung aus und erfolgt eine schriftliche Bestätigung der – unwirksamen – Kündigung, kann zweifelhaft sein, ob die Bestätigung eine eigenständige Kündigungserklärung darstellt. Bei verständiger Auslegung ist regelmäßig davon auszugehen, dass nur **eine** – nach § 623 BGB wirksame – **Kündigungserklärung** vorliegt. Dies hat das BAG bereits für den Fall entschieden, dass der Arbeitgeber seine Kündigungsabsicht durch eine mündliche und eine weitere – zeitnah ausgesprochene – schriftliche Kündigung verwirklicht.[77] Sollte die schriftliche Bestätigung ausnahmsweise nicht als eigenständige Kündigungserklärung gewertet werden können, ist zu erwägen, dass eine Berufung auf die Formunwirksamkeit nach § 242 BGB unbeachtlich sein könnte. Ähnlich sind die Fallkonstellationen zu entscheiden, wenn der Arbeitgeber aus Sicherheitsgründen zwei Kündigungsschreiben fertigt, die denselben Kündigungsvorgang betreffen und in Form und Wortlaut völlig identisch sind, auch wenn sie ein (computergeneriertes) unterschiedliches Datum tragen.[78] Es liegt dann nur eine Kündigungserklärung vor. Die zuerst zugehende (formwirksame) Kündigung setzt den Fristablauf in Gang. Der Arbeitnehmer muss sich nur gegen die eine Kündigung wehren. Unbeschadet dessen kann der Arbeitnehmer vorsichtshalber „beide" Kündigungen mit der Kündigungsschutzklage angreifen.

85 Fraglich ist, ob in der Mitteilung des Arbeitgebers, ein befristet abgeschlossener Vertrag solle nicht verlängert werden, eine Kündigung liegt, die der Arbeitnehmer dann innerhalb der Klagefrist des § 4 KSchG anfechten müsste. Das BAG hat dies in ständiger Rspr. verneint.[79] Das dürfte aber dann anders zu beurteilen sein, wenn der Wille des Arbeitgebers für den Arbeitnehmer erkennbar zum Ausdruck kommt, das Arbeitsverhältnis unabhängig von der Gültigkeit der Befristungsabrede zu kündigen.

86 Der Kündigende muss **deutlich machen,** ob eine fristgemäße oder eine fristlose Kündigung gewollt ist.[80] Der Erklärungsempfänger muss aus dem Wortlaut und den Begleitumständen der Kündigung erkennen können, wann das Arbeitsverhältnis enden soll.[81] Ist der Kündigungserklärung zu entnehmen, dass die Kündigung erst zu einem bestimmten Zeitpunkt die gewollte Rechtswirkung auslösen soll, so tritt die Kündigungswirkung nicht deshalb früher ein, weil das Kündigungsschreiben bereits vorher in den Besitz des Kündigungsempfängers gelangt.[82] Wählt der Kündigende in seiner Erklärung einen der einzuhaltenden ordentlichen Kündigungsfrist nicht entsprechenden Kündigungstermin, der aber einem üblichen Termin für den Ablauf einer Kündigungsfrist entspricht, so ist seine Kündigungserklärung als Ausspruch einer fristwahrenden ordentlichen Kündigung zum nächst zulässigen Termin auszulegen.[83] Ein Hinweis im Kündigungsschreiben auf die maßgebliche gesetzliche Regelung (zB § 622 BGB oder § 113 InsO) reicht für die Bestimmtheit der Kündigungserklärung aus, wenn der Erklärungsempfänger dadurch unschwer ermitteln kann, zu welchem Termin das Ar-

---

[77] BAG 14.9.1994 EzA KSchG n. F. § 4 Nr. 50 = NZA 1995, 417.
[78] Vgl. BAG 6.9.2007 EzA BGB 2002 § 626 Nr. 18 = NZA 2008, 636: Gehen dem Arbeitnehmer einmal per Einschreiben mit Rückschein und einmal als Einwurf-Einschreiben gleichlautende Kündigungserklärungen zu, sind diese als eine – doppelt verlautbarte – Kündigungserklärung anzusehen; s. a. LAG Köln 2.11.2010 – 7 Ta 153/10 (Normalbrief und Einwurf-Einschreiben).
[79] BAG 7.3.1980 EzA KSchG n. F. § 4 Nr. 17 = DB 1980, 1498; BAG 26.4.1979 und 24.10.1979 EzA BGB § 620 Nr. 39 und Nr. 41 = DB 1979, 1991 und DB 1980, 455; so auch schon BAG 15.3.1978 EzA BGB § 620 Nr. 34 = NJW 1978, 2319.
[80] BAG 10.4.2014 NZA 2014, 1197 Rn. 14.
[81] BAG 20.6.2013 NZA 2013, 1137 Rn. 15.
[82] LAG Düsseldorf 5.11.1987 LAGE BGB § 130 Nr. 10.
[83] LAG Hamm 15.7.2008 – 14 Sa 265/08 (insoweit i. E. bestätigt durch BAG 22.10.2009 NZA-RR 2010, 565); LAG Köln 14.9.2006 – 6 Sa 353/06 –.

§ 4 Form und Inhalt der Kündigungserklärung

beitsverhältnis enden soll.[84] Die Erklärung einer **außerordentlichen Kündigung** aus wichtigem Grund muss für den Kündigungsempfänger zweifelsfrei den Willen des Erklärenden erkennen lassen, von der besonderen Kündigungsbefugnis des § 626 Abs. 1 BGB Gebrauch zu machen. Dieser Wille kann sich neben der ausdrücklichen Bezeichnung als fristlose Kündigung auch aus den Umständen der Erklärung selbst, insbesondere der beigefügten Begründung ergeben.[85] Die Erklärung muss auch eindeutig als Kündigung und nicht etwa als Anfechtung oder Berufung auf die Nichtigkeit des Arbeitsvertrages erkennbar sein. Dabei ist die Angabe eines Datums erforderlich. Auch die Kündigung zum „nächstzulässigen Termin" ist möglich (→ Rn. 428).[86] Ist nicht klar zu erkennen, ob die Kündigung als fristlose oder fristgemäße gewollt ist, so hat das nicht die Unwirksamkeit der Kündigung zur Folge. Im Allgemeinen wird man die Kündigung mit der für den Gekündigten günstigeren Form aufrechterhalten. Es ist Sache des Kündigenden, deutlich zu machen, zu welchem Zeitpunkt gekündigt ist. Ist der Kündigungswille klar und eindeutig geäußert worden, bleibt aber der Zeitpunkt unklar, so gilt die Kündigung als ordentliche, weil sie für den Gekündigten günstiger ist.[87]

Hat der Kündigende eine **ordentliche Kündigung** erklärt und ist diese wegen eines vertraglichen Kündigungsausschlusses unwirksam, so kann nicht deswegen angenommen werden, er habe gleichzeitig eine außerordentliche Kündigung mit Auslauffrist erklärt. Dies gilt auch dann, wenn er einen Grund zur außerordentlichen Kündigung hatte. Ob eine außerordentliche Kündigung erklärt worden ist, ist Tatfrage. Der Kündigende muss dem Kündigungsempfänger gegenüber erkennbar zum Ausdruck bringen, dass trotz der Einhaltung einer Kündigungsfrist eine außerordentliche Kündigung erklärt sein soll.[88]

87

1. Angabe des Kündigungsgrundes

Die Wirksamkeit der Kündigung ist nicht davon abhängig, ob der Arbeitgeber dem Arbeitnehmer die Kündigungsgründe mitteilt oder nicht. Das gilt sowohl für die Kündigung von Arbeitsverhältnissen, die im Zeitpunkt der Kündigung noch keine sechs Monate bestehen und auf die deshalb das Kündigungsschutzgesetz keine Anwendung findet, wie auch für die Kündigungen, deren Sozialwidrigkeit nach § 1 KSchG von den Gerichten für Arbeitssachen auf Antrag der Arbeitnehmer zu prüfen ist. Für außerordentliche Kündigungen gelten dieselben Grundsätze, d.h. auch ihre Rechtswirksamkeit wird nicht dadurch beeinflusst, dass der Arbeitgeber keine Kündigungsgründe nennt.[89]

88

Das BAG hat in einer Leitentscheidung vom 21.3.1959[90] ausgeführt, aus § 1 KSchG folge nicht, dass die Kündigungsgründe dem Arbeitnehmer bereits bei Ausspruch der Kündigung mitgeteilt werden müssten. Die soziale Rechtfertigung der Kündigung sei

89

---

[84] BAG 20.6.2013 NZA 2013, 1137 Rn. 15.
[85] BAG 13.1.1982 EzA BGB n.F. § 626 Nr. 81 = AP BGB § 620 Kündigungserklärung Nr. 2.
[86] BAG 20.6.2013 NZA 2013, 1137 Rn. 15.
[87] LAG Köln 6.10.2005 NZA-RR 2006, 353.
[88] LAG Düsseldorf/Köln 30.10.1973 EzA BGB n.F. § 626 Nr. 32; BAG 19.6.1980 EzA BGB § 620 Nr. 47 = DB 1980, 2246.
[89] Vgl. BAG 15.12.1955 AP HGB § 67 Nr. 1 = NJW 1956, 807; BAG 21.3.1959 AP KSchG § 1 Nr. 55 = DB 1959, 892; BAG 30.6.1959 AP KSchG § 1 Nr. 56; BAG 30.1.1963 EzA BGB § 626 Nr. 4 = AP BGB § 626 Nr. 50; BAG 17.8.1972 EzA BGB n.F. § 626 Nr. 22 = NJW 1973, 553; BGH 5.5.1958 NJW 1958, 1136; HHL/*Krause*, § 1 KSchG Rn. 272.
[90] BAG 21.3.1959 AP KSchG § 1 Nr. 55 = DB 1959, 892.

im Rechtsstreit nachzuprüfen. Darin habe der Arbeitgeber die Gründe zu beweisen. Daraus folge, dass es auf das tatsächliche Bestehen der Kündigungsgründe und nicht auf ihre alsbaldige Bekanntgabe ankomme. Die Gegenmeinung, so führt das BAG aus, laufe darauf hinaus, außerhalb der abschließenden Regelung des § 1 Abs. 2 KSchG weitere Tatbestände einer sozial ungerechtfertigten Kündigung aufzustellen. Das Erfordernis, die Kündigungsgründe vollständig oder zumindest – soweit bekannt – schon bei Ausspruch der Kündigung anzugeben, würde auch die Einführung einer formellen Kündigungsvoraussetzung bedeuten, die im geltenden Recht keine allgemeine Rechtsgrundlage habe, sondern nur in bestimmten Sonderfällen[91] vorgesehen sei. Das BAG weist schließlich darauf hin, die von ihm abgelehnte Ansicht würde zahlreiche Zweifelsfragen aufwerfen, zB dahingehend, wie ausführlich die Begründung sein müsse. Auch im Interesse der Rechtssicherheit sei daher der Auffassung, nach der eine Kündigung mangels Abreden ohne Angabe von Kündigungsgründen nicht unwirksam und insbesondere auch nicht sozialwidrig sei, zuzustimmen. An dieser Rechtslage ist festzuhalten (Zur Begründungspflicht gegenüber dem Betriebsrat → Rn. 336ff.). § 102 Abs. 4 BetrVG hat dem Arbeitgeber lediglich die Pflicht auferlegt, der Kündigung im Falle des Widerspruchs des Betriebsrats (gegen eine ordentliche Kündigung) eine Abschrift der Stellungnahme beizufügen. Dabei handelt es sich jedoch nicht um eine Wirksamkeitsvoraussetzung für die Kündigung.[92] Nach der amtl. Begründung des Regierungsentwurfs (BR-Drucks. 715/70, S. 52) soll diese Bestimmung den Arbeitnehmer nur in die Lage versetzen, die Aussichten des Kündigungsschutzprozesses besser beurteilen zu können. Wäre die Bestimmung i.S. eines gesetzlichen Verbots zu verstehen, so wäre diese Zielrichtung nicht möglich, weil die Kündigung ohnehin nichtig wäre, wenn ihr die Stellungnahme des Betriebsrats nicht beigelegen hätte. (Zur Beteiligung des Betriebsrats → Rn. 277ff.)

90 Die dargestellte Rechtslage wird für die außerordentliche Kündigung durch § 626 Abs. 2 S. 3 BGB bestätigt. Im Falle der fristlosen Kündigung besteht die Verpflichtung für den Kündigenden, dem anderen Teil auf Verlangen den Kündigungsgrund unverzüglich schriftlich mitzuteilen. Im Gesetzgebungsverfahren hatte der Bundesrat angeregt, genau festzulegen, welche Folgen die Verletzung dieser Pflicht habe. Im schriftlichen Bericht des Ausschusses für Arbeit vom 12.6.1969 (BT-Drucks. V/4376) wird dazu ausgeführt, es solle bei der bisherigen Rechtsprechung verbleiben, die in solchen Fällen nur Schadensersatzansprüche für begründet erachte. Damit wird die bisherige h.L. vom Gesetzgeber praktisch bestätigt.

a) Anspruch auf Begründung der Kündigung

91 Auch wenn die ohne Angabe von Gründen erklärte Kündigung nicht deshalb rechtsunwirksam ist, so sagt dies doch nichts darüber aus, ob der Arbeitnehmer nicht einen Anspruch hat, vom Arbeitgeber (schriftlich) die Gründe für die Kündigung zu erfahren. Für die außerordentliche Kündigung folgt dies aus § 626 Abs. 2 S. 3 BGB. Im Geltungsbereich des § 1 KSchG hat der Arbeitnehmer keinen gesetzlichen Anspruch auf Bekanntgabe der Kündigungsgründe; er folgt nach Treu und Glauben aus einer vertraglichen Nebenpflicht. Es wird auch von einer entsprechenden Anwendung des § 626 Abs. 2 S. 3 BGB ausgegangen werden können, da auch der Arbeitnehmer im Geltungsbereich des Kündigungsschutzgesetzes ein erhebliches Interesse daran hat,

---

[91] Vgl. zB § 22 Abs. 3 (bis 31.3.2005: § 15 Abs. 3) BBiG und dazu BAG 22.2.1972 und 25.11.1976 EzA BBiG § 15 Nr. 1 und 3 = AP BBiG § 15 Nr. 1 und 4.
[92] Wie hier *Kliemt*, NZA 1993, 921ff.; a.A. *Düwell*, NZA 1988, 866.

die Kündigungsgründe zu erfahren, um die Chancen eines Prozesses abschätzen zu können. Der Anspruch ist ebenso wie bei der außerordentlichen Kündigung auf eine **schriftliche** Mitteilung der Kündigungsgründe gerichtet.

Die schuldhafte Verletzung der Mitteilungspflicht führt zu Schadensersatzfolgen. Das bedeutet nicht, dass die Kündigung etwa rückgängig zu machen ist. Der Gekündigte ist ggf. so zu stellen, als ob er die Kündigungsgründe rechtzeitig erfahren hätte. Der Schaden kann in den Kosten liegen, die ein unnötiger Kündigungsschutzprozess verursacht hat.[93] Dazu gehören auch – trotz der Regelung des § 12a Abs. 1 S. 1 ArbGG – die Kosten eines Prozessbevollmächtigten erster Instanz.[94]

b) Formvorschriften

Die Angabe der Kündigungsgründe ist Wirksamkeitsvoraussetzung, wenn im Arbeitsvertrag, im Tarifvertrag oder einer (zulässigen) Betriebsvereinbarung eine **qualifizierte Schriftformklausel** enthalten ist, die den **Begründungszwang** mitumfasst. Eine solche qualifizierte Schriftformklausel verstößt nicht gegen § 623 BGB, weil die Vorschrift die Vereinbarung strengerer Formvorschriften nicht ausschließt (→ Rn. 82). Ob dies der Fall ist, muss durch Auslegung der jeweiligen Vereinbarung festgestellt werden. Sieht zB der Tarifvertrag auch für die Angabe der Kündigungsgründe Schriftform vor, so handelt es sich um ein zusätzliches Wirksamkeitserfordernis mit der Folge, dass die Kündigung nach § 125 S. 1 BGB nichtig ist, wenn es an der schriftlichen Mitteilung der Gründe fehlt.[95] Für die arbeitsvertragliche Formvorschrift gilt § 125 S. 2 BGB. Für die Klausel: *„Die Kündigung bedarf der Schriftform. Spricht die Firma die Kündigung aus, so ist der Kündigungsgrund anzugeben"* hat das BAG entschieden, dass eine Kündigung ohne Angabe des Kündigungsgrundes im Kündigungsschreiben unwirksam ist. Im Zweifel greife nach Maßgabe des § 125 S. 2 BGB die Nichtigkeit.[96] Vereinzelt ist der Begründungszwang auch im Gesetz vorgeschrieben, so zB in § 9 Abs. 3 S. 2 MuSchG oder in § 22 Abs. 3 BBiG für die fristlose Kündigung aus wichtigem Grund sowie für die Aufgabe oder den Wechsel der Berufsausbildung.[97] In all diesen Fällen ist fraglich, in welchem Umfang die Kündigungsgründe im Kündigungsschreiben mitgeteilt werden müssen. Dieser Frage kommt deshalb in der Praxis besondere Bedeutung zu, weil die Kündigung, die ohne schriftliche Begründung ausgesprochen wird, gemäß § 125 BGB nichtig ist. In einem Rechtsstreit über die Wirksamkeit der Kündigung kann sich der Arbeitgeber grundsätzlich nur auf diejenigen Kündigungsgründe berufen, die er im Kündigungsschreiben aufgeführt hat. Ein Nachschieben anderer Kündigungsgründe oder gar ein Nachholen der Begründung ist unzulässig.[98] Die Angabe der Kündigungsgründe soll dem Arbeitnehmer die Prüfung ermöglichen und erleichtern, ob die Kündigung gerechtfertigt ist oder nicht und ob eine gerichtliche Überprüfungschance besteht.

In welchem Umfang die Kündigungsgründe anzuführen sind, kann nur im Einzelfall entschieden werden. Eine genaue Substantiierung wie im Prozess ist nicht zu for-

---

[93] Vgl. BAG 21.3.1959 AP KSchG § 1 Nr. 55 = DB 1959, 892; HHL/*Krause*, § 1 KSchG Rn. 275 f.
[94] A. A.: KR/*Griebeling*, § 1 KSchG Rn. 239.
[95] Zu § 54 BMT-G a. F.: BAG 10.2.1999 AP BMT-G II § 54 Nr. 2 = EzA BGB § 125 Nr. 14; BAG 25.8.1977 AP BMT – G II § 54 Nr. 1 = DB 1978, 258.
[96] BAG 25.10.2012 NZA 2013, 900.
[97] Einzelheiten: *Kliemt*, S. 103 ff.
[98] BAG 22.2.1972, 25.11.1976 EzA BBiG § 15 Nrn. 1, 3 = AP BBiG § 15 Nrn. 1, 4; LAG Köln 21.8.1987 LAGE BBiG § 15 Nr. 5; LAG Baden-Württemberg 5.1.1990 LAGE BBiG § 15 Nr. 7; LAG Hamburg 30.9.1994 LAGE BBiG § 15 Nr. 9.

dern. Andererseits hat der Kündigende jedoch die der Kündigung zugrunde liegenden Tatsachen so darzustellen, dass der Kündigungsempfänger erkennen kann, um welche Vorgänge, die zur Kündigung geführt haben, es sich handelt. Schlagwortartige Umschreibungen oder Werturteile reichen nicht aus.[99] Enthält das Kündigungsschreiben allgemein gehaltene Hinweise auf frühere Verwarnungen, so reicht dies dann aus, wenn sie für den Kündigungsempfänger verständlich waren.[100] Bei betriebsbedingten Kündigungen reichen die allgemeine Umschreibung des Sachverhalts und der Hinweis, dass eine Sozialauswahl stattgefunden hat. Einer detaillierten Angabe der Auswahlkriterien bedarf es nicht.[101] Allein die Bezugnahme im Kündigungsschreiben auf zuvor mündlich mitgeteilte Kündigungsgründe genügt nicht.[102] Wenn die für die Kündigung maßgebenden Tatsachen im Kündigungsschreiben angegeben sind, kann allerdings auf die zusätzliche Aufnahme von für die Bewertung des Kündigungsgrundes und die Interessenabwägung bedeutsamen Umständen im Kündigungsschreiben verzichtet werden, zumal wenn diese schon anderweitig gegenüber dem Arbeitnehmer dokumentiert sind.[103]

2. Nachschieben von Kündigungsgründen

95 Da die Angabe von Gründen nicht Voraussetzung für die Wirksamkeit der Kündigungserklärung ist, kann der Kündigende alle Gründe zur Stützung der Kündigung heranziehen, **die im Zeitpunkt der Abgabe der Kündigungserklärung bereits bestanden** haben, ohne Rücksicht darauf, ob sie dem Kündigenden bekannt waren oder nicht. Ohne Bedeutung ist, ob die Kündigungsgründe, die den Kündigenden zur Kündigung veranlasst haben, ausreichen. Maßgebend ist allein die objektive Rechtslage, d.h., ob zB die Fortsetzung des Arbeitsverhältnisses aufgrund des tatsächlichen vorliegenden Sachverhalts zumutbar ist oder nicht[104] bzw. ob die Kündigung sozialwidrig ist. Das gilt in betriebsratslosen Betrieben uneingeschränkt (zur Frage des Nachschiebens von Kündigungsgründen im Rahmen des Anhörungsverfahrens nach § 102 BetrVG 1972 → Rn. 352 ff.). Ohne Bedeutung ist auch, ob ein sachlicher oder zeitlicher Zusammenhang mit den weiteren, bereits früher mitgeteilten Kündigungsgründen besteht.[105] Zur Wahrung der Ausschlussfrist des § 626 Abs. 2 BGB in diesen Fällen → Rn. 797 ff.

---

[99] BAG 22.2.1972 und 25.11.1976 EzA BBiG § 15 Nr. 1 und 3 = BB 1972, 1191 und DB 1977, 868; BAG 10.2.1999 AP BMT-G II § 54 Nr. 3 = EzA BGB § 125 Nr. 13.
[100] BAG 25.8.1977 EzA BGB § 125 Nr. 3 = AP BMT-G II § 54 Nr. 1.
[101] In diese Richtung wohl auch BAG 27.3.2003 AP BMT – G II § 54 Nr. 4 = EzA BGB 2002 § 125 Nr. 1.
[102] BAG 10.2.1999 AP BMT-G II § 54 Nr. 2 = EzA BGB § 125 Nr. 14; BAG 25.11.1976 EzA BBiG § 15 Nr. 3.
[103] BAG 10.2.1999 AP BMT-G II § 54 Nr. 3 = EzA BGB § 125 Nr. 13.
[104] BAG 18.1.1980 EzA BGB n.F. § 626 Nr. 71 mit Hinweisen = NJW 1980, 2486; 11.4.1985 EzA BetrVG 1972 § 102 Nr. 62 mit Anm. *Kraft* = NZA 1986, 674; 4.6.1997 EzA BGB n.F. § 626 Nr. 167 = NZA 1997, 1158; *Schwerdtner,* NZA 1988, 361 ff.; *Winterstein,* NZA 1988, 729 ff.; Gründe, die im Zeitpunkt der Abgabe der Kündigungserklärung noch nicht bestanden, können nur zur Rechtfertigung einer neuen Kündigung herangezogen werden. Der BGH will in der Regel im Nachschieben eines neuen Kündigungsgrundes eine neue Kündigung sehen, die dann vom Arbeitnehmer anzufechten wäre, vgl. BGH 28.4.1960 NJW 1961, 307. Dem wird man in dieser Allgemeinheit nicht zustimmen können. Dem Gekündigten muss eindeutig erkennbar sein, dass wegen des neuen Kündigungsgrundes eine neue Kündigung abgegeben wird.
[105] BAG 18.1.1980 EzA BGB n.F. § 626 Nr. 71 = NJW 1980, 2486; 4.6.1997 EzA BGB n.F. § 626 Nr. 167 = NZA 1997, 1158; bejaht durch LAG Düsseldorf 15.7.1997 – 6 Sa 430/97 –.

§ 5 Kündigung und Vertretung

Das BAG hat die Möglichkeit des Nachschiebens von Kündigungsgründen für den 96 Fall infrage gestellt, dass der Kündigende im Prozess die Kündigungsgründe völlig auswechselt.[106] Dem kann nicht gefolgt werden. Entscheidend ist stets allein die Existenz der Kündigungsgründe im Zeitpunkt der Abgabe der Kündigungserklärung. Auf dieser Grundlage ist zu prüfen ist, ob der Sachverhalt die Kündigung nach der jeweils in Betracht kommenden Norm zu tragen in der Lage ist. Dass die Kündigung von einem ganz anderen Grund ausgelöst wurde, muss ohne Bedeutung bleiben. Dies bestätigt auch die jüngere Rechtsprechung des BAG, die (auch bei der Verdachtskündigung) allein darauf abstellt, ob ein ggf. neuer Kündigungsgrund bei Ausspruch der Kündigung bereits vorlag.[107]

§ 5 Kündigung und Vertretung

Die Kündigung muss im Grundsatz von dem einen Vertragspartner abgegeben und 97 dem anderen gegenüber erklärt werden. Bei juristischen Personen ist sie vom Organ abzugeben bzw. muss sie diesem zugehen. Trotz des höchstpersönlichen Charakters des Kündigungsrechts ist eine Vertretung nicht ausgeschlossen. Vertraglich kann die Kündigungsbefugnis aber allein dem Arbeitgeber selbst vorbehalten sein.[1]

I. Kündigung kraft Vollmacht

Die Kündigung kann durch einen Bevollmächtigten erklärt werden, was auf Arbeit- 98 geberseite die Regel sein dürfte. Deshalb ist die Kündigung durch einen Bevollmächtigten dem Arbeitgeber auch dann zuzurechnen, wenn bei Ausspruch der Kündigung auf das Vertretungsverhältnis nicht ausdrücklich hingewiesen wird. Willenserklärungen, die in einem Betrieb oder Unternehmen Dritten gegenüber abgegeben werden, sind, soweit nicht ausdrücklich etwas anderes gesagt wird oder sich aus den Umständen ergibt, im Namen dessen abgegeben, der den Betrieb oder das Unternehmen betreibt.[2] Die Vollmacht bedarf keiner Form. Sie kann gemäß § 167 BGB durch Erklärung gegenüber dem Kündigungsempfänger wie auch gegenüber dem Vertreter abgegeben werden. Vielfach liegt die Vollmacht zur Kündigung in einer umfassenden Vollmacht, zB der Prokura oder der Generalvollmacht. Auch die Handlungsvollmacht enthält für ihren Bereich die Vollmacht zur Kündigung, denn sie erstreckt sich auf alle Geschäfte, die der Betrieb eines derartigen Handelsgewerbes oder die Vornahme derartiger Geschäfte mit sich bringt (§ 54 Abs. 1 HGB). Regelmäßig besitzen eine Vollmacht zur Kündigung der Betriebs- oder der **Personalleiter.**[3] Die Vollmacht erlischt auch nicht durch Erlass eines Veräußerungs- und Verfügungsverbotes und die Anordnung der Sequestration.[4] Die Vollmacht zur Kündigung kann auch in einer Prozessvollmacht enthalten sein.[5]

---

[106] BAG 18.1.1980 EzA BGB n. F. § 626 Nr. 71 NJW 1980, 2486.
[107] BAG 23.5.2013 NZA 2013, 1416.
[1] BAG 9.10.1975 AP BGB § 626 Ausschlussfrist Nr. 8 = EzA BGB n. F. § 626 Nr. 43.
[2] BAG 31.1.1996 EzA BetrVG 1972 § 102 Nr. 90 = NZA 1996, 649.
[3] Vgl. auch BAG 26.2.1997 EzA BGB § 174 Nr. 11 = NZA 1997, 655; LAG Berlin 27.6.1997 LAGE BGB § 174 Nr. 12.
[4] BAG 24.10.1996 EzA BetrVG 1972 § 102 Nr. 92 = NZA 1997, 373.
[5] RG 20.12.1902 RGZ 53, 212; *Molitor*, S. 80. Das muss für den Kündigungsempfänger aber erkennbar sein. Vgl. zum Umfang der Prozessvollmacht BAG 10.8.1977 EzA ZPO § 81 ZPO Nr. 1 = DB 1978, 167.

99 Wenn auch die Erteilung einer Vollmacht ohne Form gültig ist, so ist die Vollmachtsurkunde doch wegen § 174 BGB in der Praxis von Bedeutung. Legt nämlich der Bevollmächtigte die Vollmachtsurkunde bei der Kündigung nicht vor und weist der Kündigungsempfänger **aus diesem Grunde** die Kündigung **unverzüglich** zurück, so ist die Kündigung nach § 174 BGB unwirksam.[6] Die Vertretungsmacht muss auf der Erteilung einer rechtsgeschäftlichen Vollmacht durch den Vertretenen beruhen; ergibt sie sich aus einer gesetzlichen Grundlage, scheidet eine Zurückweisung nach § 174 BGB aus.[7] § 174 BGB gilt deshalb auch nicht für **Organvertreter**.[8] Etwas anderes gilt aber dann, wenn von einer gesetzlichen Gesamtvertretungsregelung im Gesellschaftsrecht abgewichen wird.[9] Auch die Vertreterstellung aufgrund der Satzung einer Körperschaft des öffentlichen Rechts beruht auf einem Gesetz im materiellen Sinne und nicht auf einem privaten rechtsgeschäftlichen Rechtsakt. Deshalb findet § 174 BGB auch nicht auf die Kündigung durch einen **Insolvenzverwalter** Anwendung.[10] Die in öffentlich-rechtlicher Satzung erfolgte Vertretungsdelegation ist daher keine rechtsgeschäftliche Erteilung von Vertretungsmacht.[11] Auf rechtsgeschäftliche Willenserklärungen eines anwaltlichen Prozessbevollmächtigten, die durch die Prozessvollmacht gemäß § 81 ZPO gedeckt sind, findet das Zurückweisungsrecht des § 174 BGB ebenfalls keine Anwendung.[12] Eine analoge Anwendung des § 174 BGB auf die Anhörung des Betriebsrats ist nach dem Zweck des Anhörungserfordernisses in § 102 Abs. 1 BetrVG und dem Zweck der Zurückweisungsmöglichkeit des § 174 S. 1 BGB ausgeschlossen.[13]

100 **Zweck des § 174 BGB** ist,[14] bei einseitigen Rechtsgeschäften wie der Kündigung Gewissheit darüber zu ermöglichen, ob das Rechtsgeschäft wirklich von einem Bevollmächtigten ausgeht. Der Empfänger einer einseitigen Willenserklärung soll somit nicht nachforschen müssen, welche Stellung der Erklärende hat und ob mit der Stellung das Recht zur Kündigung verbunden ist. Demgegenüber kann im Fall der gesetzlichen und der auf Gesetz in Verbindung mit einer Satzung beruhenden organschaftlichen Vertretung der Erklärungsempfänger leichter die Vertretungsmacht klären.

101 § 174 BGB, der auch für Kündigungen im öffentlichen Dienst gilt,[15] erfordert die Vorlage der Vollmachtsurkunde im Original; eine Fotokopie oder eine Faxkopie reichen nicht aus.[16] Die fehlende Vorlage der Vollmacht braucht nicht **ausdrücklich** gerügt zu werden, es reicht auch aus, dass sich der Grund der Zurückweisung **aus den Umständen eindeutig** ergibt und für den Vertragspartner **erkennbar** ist. Hieran

---

[6] Ausführlich zur Zurückweisung nach § 174 BGB: *Hohmeister,* ArbuR 1992, 143 ff.; *Kliemt,* S. 214 ff.
[7] BAG 20.9.2006 EzA BGB 2002 § 174 Nr. 5 = NZA 2007, 377.
[8] BAG 10.2.2005 EzA BGB 2002 § 174 Nr. 3 = NZA 2005, 1207.
[9] *Müller,* FA 2013, 37 f.; zur Fallkonstellation, dass ein Organmitglied durch die übrigen Organmitglieder zur Alleinvertretung ermächtigt wird (LAG Köln 13.8.2013 – 11 Sa 1099/12 –).
[10] LAG Schleswig-Holstein 5.2.2013 – 1 Sa 299/12 –.
[11] BAG 20.9.2006 EzA BGB 2002 § 174 Nr. 5 = NZA 2007, 377 (verneint für einen stellvertretenden Leiter eines Staatsbetriebs); vgl. auch BAG 11.4.1997 EzA ArbGG 1979 § 5 Nr. 23.
[12] BGH 18.12.2002 NJW 2003, 963.
[13] BAG 25.4.2013 NZI 2013, 758.
[14] Vgl. Motive zu dem Entwurf eines bürgerlichen Gesetzbuches für das Deutsche Reich I S. 240 zu § 122 BGB.
[15] BAG 29.6.1989 EzA BGB § 174 Nr. 6 = NZA 1990, 63; BAG 12.1.2006 EzA KSchG § 1 Verhaltensbedingte Kündigung Nr. 68 = NZA 2006, 980; BAG 20.9.2006 EzA BGB 2002 § 174 Nr. 5 = NZA 2007, 377.
[16] LAG Düsseldorf 12.12.1994 NZA 1995, 968; LAG Düsseldorf 22.2.1995 LAGE BGB § 174 Nr. 7 = NZA 1995, 994; BGH 10.2.1994 NJW 1994, 1472.

§ 5 Kündigung und Vertretung

fehlt es, wenn die Zurückweisung allein wegen fehlender Kündigungsbefugnis des Erklärenden erfolgt.[17] Die Zurückweisung, die im Belieben des Empfängers steht, macht also die Kündigung nichtig. Es ist eine Neuvornahme erforderlich. Der Nichtvorlage einer Vollmachtsurkunde i. S. des § 174 S. 1 BGB steht es gleich, wenn der Bevollmächtigte zwar eine Vollmachtsurkunde vorlegt, diese aber nur zur Vornahme anderer Rechtsgeschäfte berechtigt. Im Interesse der Rechtssicherheit und Rechtsklarheit muss die Vollmachtsurkunde für den Erklärungsgegner eindeutig erkennen lassen, welche rechtsgeschäftlichen Erklärungen abgegeben werden dürfen. Ist dies nicht der Fall, so kann der Erklärungsempfänger das einseitige Rechtsgeschäft nach § 174 S. 1 BGB zurückweisen.

Die Zurückweisung hat **unverzüglich** zu erfolgen. Hier gelten die zu § 121 BGB entwickelten Rechtsgrundsätze entsprechend. Die Zurückweisung muss also grundsätzlich nicht sofort erfolgen.[18] Dem Erklärungsempfänger steht vielmehr eine gewisse Zeit zur Überlegung und zur Einholung eines Rates durch einen Rechtsanwalt zur Verfügung, ob er das einseitige Rechtsgeschäft wegen der fehlenden Vollmacht zurückweisen soll oder nicht. In welcher Zeitspanne dies zu erfolgen hat, richtet sich nach den Umständen des Einzelfalles. Der Zeitraum von einer Woche dürfte in aller Regel nicht zu lange sein.[19] Umgekehrt gilt, dass eine Zurückweisung **später als eine Woche** nach der Kenntnis des Empfängers von der Kündigung – ohne Vorliegen besonderer Umstände – nach Auffassung des BAG nicht mehr unverzüglich ist.[20] Nicht mehr unverzüglich ist in jedem Fall die Zurückweisung in einer nach drei Wochen erhobenen Kündigungsschutzklage.[21] Die Zurückweisung der Kündigung kann auch durch einen Rechtsanwalt erfolgen, dem Prozessvollmacht erteilt ist.[22] Zu beachten ist, dass auch die **Zurückweisungserklärung** nach § 174 BGB ein **einseitiges Rechtsgeschäft** iSd § 174 BGB ist. Diese kann seinerseits der Kündigende zurückweisen, wenn dem Schreiben keine Originalvollmacht beiliegt. In diesem Fall ist die Zurückweisungserklärung ihrerseits unwirksam.[23]

102

Vertreten zwei Personen den Arbeitgeber nach außen gemeinsam (Gesamtvertretung), dann ist auf jede dieser Personen § 174 BGB anwendbar.[24] § 174 BGB findet auch Anwendung auf die interne Ermächtigung eines Gesamtvertreters durch den anderen.[25] So kann auch die Kündigungserklärung einer GbR, die nicht von allen Gesellschaftern unterzeichnet ist und der keine Vollmachtsurkunde des unterzeichnenden

103

---

[17] BAG 18.2.1993 RzK I 2b Nr. 18.
[18] Anders für den Ausnahmefall, in dem der Vertreter in Anwesenheit des Vertretenen dem Erklärungsempfänger die Kündigung erklärt hat. In einer solchen Situation, in der der Vertretene für eine Klärung unmittelbar zur Verfügung steht, muss die Zurückweisung im Sinne vom § 174 S. 1 BGB sofort erfolgen, so LAG Köln 3.8.1999 ARSt 2000, 93.
[19] BAG 30.5.1978 und vom 31.8.1979 EzA BGB § 174 Nr. 2 und 3 = AP BGB § 174 Nr. 2 und 3; LAG Nürnberg 10.8.1992 LAGE BGB § 174 Nr. 5; LAG Hamm 6.9.1996 LAGE BGB § 613a Nr. 56 (längstens zwei Wochen); LAG Düsseldorf 22.2.1995 LAGE BGB § 174 Nr. 7 = NZA 1995, 994 (10 Tage sind zu lang). Enger OLG Hamm 26.10.1990 EzA BGB § 174 Nr. 8 = NJW 1991, 1185–1186: Verspätet, wenn drei Tage keine Bearbeitung des Vorgangs.
[20] BAG 8.12.2011 NZA 2012, 495.
[21] LAG Köln 20.2.1997 LAGE BGB § 174 Nr. 10; s. a. BAG 11.3.1999 EzA BGB § 626 n. F. Nr. 177 = NZA 1999, 818. Nach LAG Mecklenburg-Vorpommern 24.2.2009 – 5 Sa 256/08 – sollen 10 Kalendertage noch „unverzüglich" bei einer Beendigungskündigung sein. LAG Schleswig-Holstein 5.2.2013 – 1 Sa 299/12 –: 17 Tage sind zu lang.
[22] LAG Niedersachsen 15.12.2008 – 9 Sa 478/08 –.
[23] BAG 8.12.2011 NZA 2012, 495 Rn. 27; KR/*Friedrich*, § 13 KSchG Rn. 349; *Nies*, NZM 1998, 221, 222.
[24] LAG Berlin 28.6.2006 NZA-RR 2007, 15.
[25] BAG 18.12.1980 EzA BGB § 174 Nr. 4 = NJW 1981, 2374.

(vertretungsberechtigten) Gesellschafters beigefügt ist, vom Empfänger nach § 174 BGB zurückgewiesen werden.[26] Bei der Vorschrift einer Gemeindeordnung, nach der ein Kündigungsschreiben von bestimmten Personen zu unterzeichnen und mit einem Dienstsiegel zu versehen ist, handelt es sich nach BAG 29.6.1988[27] nicht um eine gesetzliche Formvorschrift, sondern um eine Vertretungsregelung. Das Dienstsiegel einer Behörde ist der Vorlage einer Vollmachtsurkunde nicht gleichzusetzen. Das Siegel besagt nichts darüber, ob derjenige, der es bei der Herstellung der Urkunde verwendet, auch berechtigt ist, die Urkunde zu fertigen.[28] Nach einer zutreffenden Entscheidung des BAG 18.1.1990[29] ist § 174 BGB auf einen sog. besonderen Vertreter (§ 30 BGB) eines rechtsfähigen Vereins nicht entsprechend anwendbar. Der Vorlage einer Vollmachtsurkunde bedarf es in diesem Fall ebenso wenig wie bei gesetzlichen oder ihnen gleichzustellenden organschaftlichen Vertretern.[30] Gleiches gilt wegen § 15 Abs. 2 S. 1 HGB für **Prokuristen,** deren Prokura im Handelsregister eingetragen und vom Registergericht bekannt gemacht worden ist.[31]

104 Die Zurückweisung durch den Gekündigten ist nicht möglich, wenn der Vollmachtgeber den Vertragsgegner **von der Bevollmächtigung in Kenntnis gesetzt hatte** (§ 174 S. 2 BGB). Dies kann ausdrücklich oder konkludent erfolgen; Kenntniserlangung auf anderem Wege genügt dagegen nicht.[32]

105 Nach überkommener Auffassung war stets einzelfallbezogen festzustellen, wie sich die Position des Erklärenden für einen objektiven Betrachter darstellt, ob also mit einer bestimmten Stellung im Unternehmen die Kündigungsbefugnis verbunden zu sein pflegt.[33] Das konnte man bei einem **Niederlassungsleiter** regelmäßig annehmen.[34] Verneint wurde dies etwa für den kaufmännischen Leiter der Niederlassung eines Automobilherstellers[35] oder den „Oberbaurat" einer Behörde.[36] Eine als bekannt vorauszusetzende Bevollmächtigung im Sinne des § 174 S. 2 BGB lag auch nicht vor, wenn der Insolvenzverwalter als Partei kraft Amtes einem soziierten **Rechtsanwalt** im Einzelfall die Befugnis zum Ausspruch der Kündigung erteilte.[37]

105a Nach der Entscheidung des BAG vom 14.4.2011[38] genügt aber nicht einmal mehr die Mitteilung im Arbeitsvertrag, dass der jeweilige Inhaber einer bestimmten Funktion (hier: Niederlassungsleiter) kündigen dürfe. Erforderlich sei vielmehr die Nennung des Namens oder wenigstens ein zusätzliches Handeln des Vollmachtgebers, auf-

---

[26] LAG Hessen 23.5.2011 NZA-RR 2011, 519.
[27] BAG 29.6.1988 EzA BGB § 174 Nr. 5 = AP BGB § 174 Nr. 6 mit krit. Anm. *Krückhans*; s. a. BAG 31.1.1996 EzA BGB § 178 Nr. 1 = NJW 1996, 2594. Differenzierend: *Kliemt*, S. 29 ff.
[28] So überzeugend BAG 20.8.1997 EzA BGB § 174 Nr. 12 = NZA 1997, 1343.
[29] BAG 18.1.1990 EzA BGB § 174 Nr. 7 = NZA 1990, 520 unter Aufhebung von LAG Frankfurt 23.1.1989 LAGE BGB § 174 Nr. 3.
[30] BAG 18.1.1990 NZA 1990, 520; LAG Hamm 10.7.1991 LAGE BGB § 174 Nr. 4; LAG Hessen 18.7.2006 NZA-RR 2007, 195; MüKoBGB/*Schramm*, § 174 BGB Rn. 10; zum geschäftsführenden Gesellschafter einer GbR LAG Frankfurt 25.3.1997 ARSt 1997, 238; zur „Scheinsozietät" BAG 6.2.1997 EzA BGB § 174 Nr. 11 = NZA 1997, 655.
[31] Im Ergebnis ebenso: BAG 11.7.1991 EzA BGB § 174 Nr. 9 mit abl. Anm. *Boecken* = NZA 1992, 89.
[32] BAG 12.1.2006 EzA KSchG § 1 Verhaltensbedingte Kündigung Nr. 68 = NZA 2006, 980.
[33] S. a. BAG 6.2.1997 EzA BGB § 174 Nr. 11 = NZA 1997, 655.
[34] LAG Frankfurt 20.6.2000 NZA-RR 2000, 585 = LAGE § 174 BGB Nr. 11; anders für den Fall, dass die Personalabteilung bei einem Konzernunternehmen konzentriert ist, LAG Berlin 28.6.2006 NZA-RR 2007, 15.
[35] LAG Frankfurt 4.9.1997 NZA-RR 1998, 396.
[36] BAG 12.1.2006 EzA KSchG § 1 Verhaltensbedingte Kündigung Nr. 68 = NZA 2006, 980.
[37] LAG Köln 31.8.2000 LAGE BGB § 174 Nr. 12.
[38] NZA 2011, 683; siehe auch *Ramrath*, Anm. AP BGB § 174 Nr. 21: „Scheinbare Erleichterung".

grund dessen es dem Empfänger der Kündigungserklärung möglich werde, der ihm genannten Funktion, mit der das Kündigungsrecht verbunden ist, die Person des jeweiligen Stelleninhabers zuzuordnen.[39] Das BAG hat es nicht für ausreichend gehalten, dass nach der Bestimmung im Arbeitsvertrag des Arbeitnehmers der **jeweilige Niederlassungsleiter** kündigungsbefugt sei. Die bloße Kundgabe der dem jeweiligen Niederlassungsleiter zur Erklärung von Kündigungen erteilten Innenvollmacht reiche nicht aus. Es sei stets ein zusätzliches Handeln des Arbeitgebers erforderlich, wie der Arbeitnehmer die Person des Kündigungsberechtigten unschwer erfahren könne. Das BAG begründet dies mit dem Zweck des § 174 BGB. Der Empfänger einer einseitigen Willenserklärung solle nicht nachforschen müssen, welche Stellung der Erklärende habe und ob damit das Recht zur Kündigung verbunden ist oder üblicherweise verbunden zu sein pflegt. Er soll vor der Ungewissheit geschützt werden, ob eine bestimmte Person bevollmächtigt ist, das Rechtsgeschäft vorzunehmen. Das **Inkenntnissetzen nach § 174 S. 2 BGB müsse darum ein gleichwertiger Ersatz für die fehlende Vorlage der Vollmachtsurkunde sein.**[40] Das BAG verweist auf die Möglichkeit des Aushangs, der Veröffentlichung im Intranet oder die Möglichkeit der Auskunftseinholung bei einem anwesenden oder zumindest jederzeit leicht erreichbaren Vorgesetzten. Offenbar will das BAG damit auf den Befund reagieren, dass Funktionen im Unternehmen immer unübersichtlicher, flexibler und nichtssagender werden und die abstrakte Funktionsbezeichnung wenig aussagt. Die Notwendigkeit des Inkenntnissetzens ergebe sich daraus, dass die Berufung eines Mitarbeiters auf die Stelle eines Personalleiters oder eine ähnliche Stelle zunächst ein rein interner Vorgang sei. **Das Inkenntnissetzen verlange aber begriffsnotwendig auch einen äußeren Vorgang, der diesen inneren Vorgang öffentlich macht und auch die Arbeitnehmer erfasse, die erst nach einer eventuell im Betrieb bekannt gemachten Berufung des kündigenden Mitarbeiters in eine mit dem Kündigungsrecht verbundene Funktion eingestellt worden sind.**[41] Nach diesen Maßstäben genügt nicht mehr der bloße Hinweis bei der Amtseinführung eines Mitarbeiters oder der temporäre Anschlag am Schwarzen Brett.[42] Die Annahme, eine (abstrakte) Bekanntgabe der Kündigungsbefugnis im (Formular-)Arbeitsvertrag genüge (etwa die Formulierung „die Abteilungsleiter sind zur Einstellung und Kündigung des Mitarbeiters befugt"), ist ebenfalls nicht mehr zu halten.[43]

Zwar bestätigt das BAG seine st. Rspr., dass ein Inkenntnissetzen iSd § 174 S. 2 BGB auch vorliegt, wenn der Arbeitgeber bestimmte Mitarbeiter – zB durch die Bestellung zum Prokuristen, Generalbevollmächtigten oder Leiter der Personalabteilung – in eine **Stelle berufen hat, die üblicherweise mit dem Kündigungsrecht** verbunden ist.[44] Doch müsse die Funktionsübertragung aufgrund der Stellung des Bevollmächtigten im Betrieb **„ersichtlich"** sein. Es dürfte damit dabei bleiben, dass ein Inkenntnissetzen vorliegt, wenn das Unternehmen einen **Personalleiter** beschäftigt, **105b**

---

[39] BAG 14.4.2011 NZA 2011, 683.
[40] BAG 14.4.2011 NZA 2011, 683.
[41] BAG 14.4.2011 NZA 2011, 683 Rn. 25; s. a. *Lux,* NZA-RR 2008, 393, 395.
[42] BAG 3.7.2003 EzA KSchG § 1 Verhaltensbedingte Kündigung Nr. 61 = NZA 2004, 427: Mitteilung am Schwarzen Brett reicht nicht ohne weiteres aus; LAG Niedersachsen 25.6.2010 NZA-RR 2011, 22; LAG Köln 3.5.2002 NZA-RR 2003, 194; großzügiger LAG Köln 7.7.1993 NZA 1994, 419.
[43] LAG Berlin 25.7.2002 NZA-RR 2003, 538.
[44] BAG 30.5.1972 EzA BGB § 174 Nr. 1 = NJW 1972, 1877. Bestätigend: BAG 30.5.1978, 29.6.1989, 11.7.1991, 29.10.1992 AP BGB § 174 Nr. 2, 7, 9, 10; BAG 18.5.1994 EzA BetrVG 1972 § 102 Nr. 85; LAG Niedersachsen 19.9.2003 NZA-RR 2004, 195; LAG Sachsen-Anhalt 9.6.2010 – 5 Sa 269/09; bejahend für einen Niederlassungsleiter Hessisches LAG 7.7.1997 LAGE BGB § 626 Nr. 115.

der üblicherweise zu Entlassungen und Kündigungen befugt ist. Eine Zurückweisung der Kündigung, bei der eine Vollmachtsurkunde nicht vorgelegt wird, ist hier nicht möglich. Das gilt auch dann, wenn der Gekündigte vom Arbeitgeber persönlich eingestellt worden ist oder wenn der Personalabteilungsleiter im Innenverhältnis Einschränkungen etwa dergestalt unterliegt, dass für die Kündigung die Einschaltung übergeordneter Gremien erforderlich ist.[45] Ungeklärt war die Frage, was zu gelten hat, wenn der Personalleiter zugleich als Prokurist mit **Gesamtprokura** in das Handelsregister eingetragen ist. Entscheidend ist die Wertung, ob man dem Anschein der Stellung des Personalleiters oder dem Umstand der im Handelsregister eingetragenen Gesamtprokura den Vorrang einräumt.[46] Das BAG hat jetzt entschieden, dass der Gekündigte in diesen Fällen die Kündigung nicht zurückweisen kann.[47] Es reiche die Stellung als Personalleiter für das Inkenntnissetzen der Belegschaft von der Vertretungsbefugnis zum Ausspruch von Kündigungen. Die entsprechende Befugnis kraft dieser Stellung werde durch die gleichzeitige bestehende Gesamtprokura nicht begrenzt.

105c Danach sind **Sachbearbeiter** der Personalabteilung oder Referatsleiter in der Personalabteilung keine erkennbar kündigungsbefugten Personen, da es diesen in aller Regel an der Bevollmächtigung zum Ausspruch von Kündigungen fehlt.[48] Ein „In-Kenntnis-Setzen" ergibt sich nicht aus dem „Vertretungszusatz" (i. V.), den der Erklärende verwendet. § 174 S. 2 BGB setzt eine Information durch den Vollmachtgeber und nicht einen Hinweis des Vertreters auf seine Vertreterstellung voraus.[49]

105d § 174 BGB findet auch im **öffentlichen Dienst** Anwendung. Beruht die Vertretungsmacht auf gesetzlicher Grundlage bzw. organschaftlicher Vertretung, scheidet § 174 BGB aus.[50] In anderen Fällen hat das BAG differenziert entschieden. Zwar genügten nicht intern praktizierte Verwaltungsregelungen,[51] die nicht bekannt gegeben wurden. Eine öffentliche Bekanntmachung der Kündigungsbefugnis in Amtsblättern genüge aber in jedem Falle.[52] In letzterem Fall genügten dem BAG die im Amtsblatt veröffentlichte „Befugnis der Standortverwaltung" zur Kündigung und dass die unterzeichnende Person in diese Funktion berufen worden war. In seiner jüngsten Entscheidung differenziert das BAG aber zwischen der „Kenntnis der Satzung oder des Erlasses" und der „Kenntnis der Person". Auch in diesen Konstellationen sei § 174 S. 2 BGB erst dann genügt, wenn der Erklärungsempfänger von der Person des Stelleninhabers in Kenntnis gesetzt worden sei. Dabei genüge es nicht, dass sich die Zuordnung der Person zur Funktion aus öffentlich zugänglichen Quellen ergibt. Erforderlich sei vielmehr ein zusätzliches Handeln des Vertretenen zur Information des Arbeitnehmers.[53] Ersichtlich stellt das BAG hier strengere Anforderungen. In der Ent-

---

[45] BAG 29.10.1992 EzA BGB § 174 Nr. 10 = NZA 1993, 307; 18.3.1994 EzA BetrVG 1972 § 102 Nr. 8.
[46] So LAG Hamm 16.5.2013 – 17 Sa 1708/12 –; *Laws*, FA 2014, 165 ff.; a. A. LAG Baden-Württemberg 15.11.2012 – 18 Sa 68/12.
[47] BAG 25.9.2014 NZA 2015, 159.
[48] BAG 30.5.1978, 29.6.1989 AP § 174 BGB Nr. 2, 7; 20.8.1997 EzA BGB § 174 Nr. 12 = NZA 1997, 1343.
[49] BAG 12.1.2006 EzA KSchG § 1 Verhaltensbedingte Kündigung Nr. 68 = NZA 2006, 980.
[50] BAG 20.9.2006 NZA 2007, 377.
[51] BAG 29.6.1989 EzA BGB § 174 Nr. 6 = NZA 1990, 63.
[52] Für die Leiterin einer Standortverwaltung BAG 18.10.2000 EzA BGB § 626 Krankheit Nr. 3 = NZA 2001, 219.
[53] BAG 14.4.2011 NZA 2011, 683 Rn. 26; LAG Rheinland-Pfalz 9.4.2013 LAGE BGB 2002 § 174 Nr. 1; LAG Schleswig-Holstein 25.4.2013 – 5 Sa 309/12 –; LAG Hamm 15.12.2011 – 15 Sa 1236/11 –.

scheidung vom 8.12.2011[54] hält der 6. Senat es für problematisch, ob ein komplizierter, „zutiefst ausdifferenzierter" Erlass eines Ministeriums den Anforderungen für ein Inkenntnissetzen genügt.[55]

Bei einem **Prokuristen** reicht es dagegen aus, dass dessen Prokura im Handelsregister eingetragen und vom Registergericht bekannt gemacht wurde.[56] Dies gilt auch dann, wenn der Erklärungsempfänger keine Kenntnis von der Erteilung der Prokura bzw. der Prokuristenstellung hat und der Vertreter ohne Hinweis auf seine Prokura handelt. Die Kundgabe, so das BAG, sei hier „nur" aufgrund der Publizität des Handelsregisters entbehrlich.[57] **105e**

Von den vorstehend diskutierten Fällen ist derjenige zu unterscheiden, in dem der Kündigende **keine Vertretungsmacht** hat. Die Kündigung durch einen Vertreter ohne Vertretungsmacht ist nach § 180 S. 1 BGB grundsätzlich nichtig.[58] Die Unwirksamkeit muss auch nicht innerhalb der Klagefrist des § 4 KSchG geltend gemacht werden; allenfalls kann die Frist zu laufen beginnen, wenn der Vertretene die Erklärung nachträglich genehmigt und die Genehmigung dem Gekündigten zugeht.[59] Hat jedoch der Kündigende die Vertretungsmacht behauptet und der Kündigungsempfänger sie nicht beanstandet, ist die nachträgliche Genehmigung wie bei Verträgen zulässig (§ 180 S. 2 BGB).[60] Die Kündigung wird in diesem Falle endgültig unwirksam, wenn die Genehmigung verweigert wird. Der Kündigungsempfänger kann nach § 177 Abs. 2 BGB eine Entscheidung des Vertragspartners innerhalb von zwei Wochen herbeiführen. **106**

II. Vertretung beim Kündigungsempfang

Nach § 164 Abs. 3 BGB ist Vertretung auch beim Empfang einer Kündigungserklärung möglich. Die Bevollmächtigung hierzu ist formlos gültig, sie kann und wird sich häufig in der Praxis aus den Umständen ergeben. So ist es zulässig, dass der Arbeitnehmer gegenüber dem Personalbüro eine Kündigung ausspricht. Trotz Bevollmächtigung kann auch immer gegenüber dem Vertragsgegner selbst gekündigt werden. Dieser kann den Kündigenden nicht an seinen Bevollmächtigten verweisen. Besteht eine **Gesamtvertretung,** so ist jeder Gesamtvertreter allein berechtigt, die Willenserklärung entgegenzunehmen.[61] **107**

Die Kündigung gegenüber einem Nichtberechtigten ist schlechthin unwirksam. Sie kann auch nicht genehmigt werden, da der Empfang einer Willenserklärung keine Verfügung darstellt. Es ist daher stets eine Neuvornahme erforderlich. Wirksamkeit kann die Kündigung nur dadurch erlangen, dass sie vom Nichtberechtigten an den Berechtigten weitergeleitet wird und auf diese Weise diesem zugeht. Ob die normale **Prozessvollmacht** den Vertreter berechtigt, eine zweite Kündigung während des Prozesses mit Wirkung für den Vertretenen entgegenzunehmen – Beginn der Klagefrist nach § 4 KSchG –, ist zweifelhaft (vgl. dazu → Rn. 112f.). Wird aber der Schrift- **108**

---

[54] NZA 2012, 495 Rn. 29 f.
[55] Zu Geschäftsverteilungsplänen in Behörden: *Schmiegel/Yalçin* ZTR 2011, 395, 403.
[56] BAG 11.7.1991 EzA BGB § 174 Nr. 9 = NZA 1992, 449.
[57] BAG 14.4.2011 NZA 2011, 683 Rn. 27 f.
[58] BAG 16.12.2010 NZA 2011, 571 Rn. 13.
[59] BAG 26.3.2009 NZA 2009, 1146 Rn. 21; BAG 6.9.2012 NZA 2013, 524.
[60] Hierzu BAG 6.9.2012 NZA 2013, 524 Rn. 14; a. A. LAG Köln 16.11.2005 LAGE BGB 2002 § 180 Nr. 1; zur Rückwirkung nach § 184 BGB: *Lange*, Festgabe für Sandrock, 1995, S. 243 ff.
[61] BAG 12.2.1975 EzA BetrVG 1972 § 78 Nr. 4 = AP BetrVG 1972 § 78 Nr. 1.

satz, in dem die Kündigung enthalten ist, von dem Bevollmächtigten der Partei zugeleitet, so geht damit auch die Kündigung zu.

III. Kündigung während des Prozesses

109 Besondere Probleme entstehen, wenn ein Kündigungsschutzprozess oder ein sonstiges Verfahren zwischen Arbeitgeber und Arbeitnehmer anhängig ist und in einem Schriftsatz von der Partei selbst oder ihrem Prozessbevollmächtigten eine Kündigung bzw. eine zweite Kündigung ausgesprochen wird. Der Fall einer zweiten Kündigung während eines laufenden Kündigungsschutzverfahrens wird vor allem dann praktisch, wenn nach Ausspruch der Kündigung neue Kündigungsgründe entstanden sind. Diese können nach der Rechtsprechung grundsätzlich zur Rechtfertigung der ersten Kündigung nicht mehr herangezogen werden. Gegen die Zulässigkeit einer zweiten Kündigung bestehen keine durchgreifenden Bedenken. Es handelt sich nicht etwa um eine unzulässige bedingte Kündigung.

110 Eine derartige Kündigung kann jedoch bereits an dem Formerfordernis des § 623 BGB scheitern. Ist das Formerfordernis erfüllt, ist vielfach fraglich, ob und wann die Kündigungserklärung wirksam abgegeben worden ist. Das alles ist wegen der Klagefrist des § 4 KSchG in der Praxis von ganz entscheidender Bedeutung.[62]

111 Um den Formzwang nach § 623 BGB zu wahren, ist es jedoch erforderlich, dass der Kündigende oder dessen Bevollmächtigter die für den **Kündigungsempfänger bestimmte Abschrift eigenhändig unterschreibt.** Es genügt aber, wenn die für das Gericht bestimmte Urschrift eigenhändig unterzeichnet ist und der Kündigungsempfänger eine mit einem Beglaubigungsvermerk versehene Abschrift erhält. Erforderlich ist aber, dass der Beglaubigungsvermerk vom Verfasser des Schriftsatzes, der die Kündigung enthält, eigenhändig unterzeichnet ist.[63] Sind der Verfasser des Schriftsatzes und der Beglaubiger nicht personengleich, so ist die Schriftform nicht gewahrt.

112 Fraglich ist ferner, ob die normale **Prozessvollmacht** ausreicht, um die Kündigungserklärung wirksam abzugeben. Angesichts der herrschenden Streitgegenstandstheorie im Kündigungsschutzrechtsstreit – Streitgegenstand ist danach, ob die konkrete Kündigung das Arbeitsverhältnis beendet hat[64] und nicht der Bestand des Arbeitsverhältnisses generell im Zeitpunkt der letzten Tatsacheninstanz – erstreckt sich die Prozessvollmacht nur auf alle mit dem Streitgegenstand in Verbindung stehenden materiellen und prozessualen Erklärungen. Eine zweite Kündigung kann also ein Rechtsanwalt kraft seiner Prozessvollmacht aus dem ersten Kündigungsschutzverfahren nicht abgeben.[65] Er bedarf also zur Abgabe der zweiten Kündigung einer besonderen Vollmacht, die jedoch formlos erteilt werden kann. Gegen die Wirksamkeit der in einem Schrift-

---

[62] LAG Baden-Württemberg 31.5.1967 DB 1967, 2079; *Diller*, NZA 1994, 830 ff.

[63] LAG Niedersachsen 30.11.2001 NZA-RR 2002, 242; BGH 4.7.1986 NJW-RR 1987, 395; BayObLG 14.7.1981 NJW 1981, 2197, 2198 f.; OLG Hamm 23.11.1981 NJW 1982, 452; KR/*Spilger*, § 623 BGB Rn. 142; ErfK/*Müller-Glöge*, § 623 BGB Rn. 17; APS/*Greiner*, § 623 BGB Rn. 17b.

[64] BAG 13.11.1958 AP KSchG § 3 Nr. 17 = NJW 1959, 1459; st. Rspr.; vgl. noch BAG 10.8.1977 EzA ZPO § 81 Nr. 1 = AP ZPO § 81 Nr. 2.

[65] *Güntner*, DB 1975, 1271. Das gilt nicht, wenn der Umfang der Prozessvollmacht für den Erklärungsempfänger erkennbar erweitert worden ist. Das wird in der Regel anzunehmen sein, wenn wegen desselben Sachverhalts die Kündigung wiederholt wird, weil zB die frühere Kündigung an einem Formfehler zu scheitern droht, vgl. BAG 10.8.1977 EzA ZPO § 81 Nr. 1 = AP ZPO § 81 Nr. 2.

§ 5 Kündigung und Vertretung

satz erklärten Kündigung könnte schon eingewandt werden, sie sei gar nicht in Richtung auf den Empfänger „in Bewegung gesetzt". Jede Willenserklärung muss vom Erklärenden „in Richtung auf den Erklärungsgegner" abgegeben worden sein. Geht die Willenserklärung ohne diesen „Übermittlungswillen" dem Erklärungsgegner zu, so liegt eine rechtswirksame Erklärung nicht vor. Eine in einem Schriftsatz enthaltene Erklärung wird zunächst gegenüber dem Gericht abgegeben. Ist der Erklärungsempfänger nicht durch einen Bevollmächtigten vertreten, so wird der Erklärende stets auch den Willen haben, die im Schriftsatz enthaltenen Erklärungen dem Prozessgegner gegenüber abzugeben. Geht der Schriftsatz also zu, so tritt der Zugang der zweiten Kündigung mit all seinen Wirkungen ein. Dasselbe wird man auch dann anzunehmen haben, wenn im Anwaltsprozess dem Prozessgegner zwei Schriftsatzkopien zugeleitet werden und eine davon der Partei zugesandt wird. Mit dem Zugang des Schriftsatzes beim Prozessbevollmächtigten geht die Kündigung noch nicht zu, denn die Prozessvollmacht berechtigt nicht zur Entgegennahme von Willenserklärungen, die über den Streitgegenstand des Prozesses hinausgehen.[66] Das ist aber bei einer zweiten Kündigung der Fall. Es handelt sich also um die Abgabe einer Kündigung gegenüber einem Nichtberechtigten, die keinerlei Rechtswirkungen hat, wenn die Erklärung von diesem nicht der Partei selbst weitergeleitet wird.

113 Nach einer Entscheidung des BAG vom 21.1.1988[67] bevollmächtigt allerdings eine Prozessvollmacht, aufgrund derer eine Kündigung mit der **allgemeinen Feststellungsklage** nach § 256 ZPO angegriffen wird, den Prozessbevollmächtigten zur **Entgegennahme aller Kündigungen,** die den mit dem Feststellungsanspruch verbundenen weiteren Streitgegenstand betreffen. Es soll dann nicht darauf ankommen, ob und wann die Kündigung auch dem Arbeitnehmer selbst zugegangen ist. Dies ist deshalb bedenklich, weil Kündigungserklärungen in Schriftsätzen „versteckt" sein können. Doch kann weder dem Kläger noch dem Beklagten noch den beteiligten Anwälten das genaue Lesen der Schriftsätze erspart werden.[68] Die Rechtsprechung des BAG zur Kündigungsschutzklage und zur Theorie des punktuellen Streitgegenstandes[69] müsste jedoch eine andere Betrachtung insoweit zur Folge haben, als nach § 81 ZPO die Prozessvollmacht nicht weiter reicht als der Streitgegenstand. Deshalb dürfte – ohne besondere Vollmacht – im Rahmen der Prozessvollmacht weder der Beklagtenanwalt eine Erklärungsvollmacht zum Ausspruch von Schriftsatzkündigungen noch der Klägeranwalt eine Empfangsvollmacht innehaben.[70] Die Schriftsatzkündigung kann daher regelmäßig nur dann wirksam werden, wenn dem Mandanten der Schriftsatz zugeleitet wird. Das gilt aber nur, wenn die Prozessvollmacht auf den punktuellen Streitgegenstand nach § 4 KSchG beschränkt bleibt (vgl. hierzu noch Rn. 2014ff.).

114 Erfolgt die Weiterleitung des Schriftsatzes an die Partei selbst, so ist fraglich, wann die Kündigung zugegangen ist. Man wird nicht annehmen können, dass der Zugang immer schon dann eintritt, wenn der Schriftsatz in den Machtbereich der Partei gelangt ist. Das wäre nur dann möglich, wenn die Übermittlung von Kündigungen in Schriftsätzen üblich wäre. Es wird hier die Auffassung zu vertreten sein, dass man in vorbereitenden Schriftsätzen keine Erklärungen zu vermuten hat, die über den Streit-

---

[66] Vgl. ErfK/*Müller-Glöge,* § 620 BGB Rn. 28; KR/*Fischermeier,* § 626 BGB Rn. 194.
[67] BAG 21.1.1988 EzA KSchG § 4 Nr. 33 mit Anm. *Vollkommer/Weinland* = NZA 1988, 651 = SAE 1990, 83 mit Anm. *Mummenhoff;* hierzu *Weidemann,* NZA 1989, 246ff.
[68] Vgl. *Franzen,* Anm. EzA KSchG § 4 Nr. 48; *Ascheid,* Rn. 767.
[69] BAG 27.1.1994 und 16.3.1994 EzA KSchG § 4 Nr. 48 und 49 = NZA 1994, 812 und 860.
[70] *Diller,* NZA 1994, 830, 833; *Weidemann,* NZA 1989, 246, 247; *Franzen,* Anm. EzA § 4 KSchG Nr. 48; vgl. auch LAG Düsseldorf 13.1.1999 – 12 Sa 1810/98.

gegenstand des Prozesses hinausgehen.[71] Deshalb geht die Kündigung in Fällen dieser Art erst dann zu, wenn die Partei selbst vom Inhalt des vorbereiteten Schriftsatzes Kenntnis erlangt hat. Wegen der Klagefrist des § 4 KSchG muss das im Einzelfall festgestellt werden. Die Parteivernehmung wird wohl dafür meist das einzige Mittel sein. Leitet der Prozessbevollmächtigte den Schriftsatz, in dem die Kündigung enthalten ist, seiner Partei nicht weiter, so ist die Kündigung nicht zugegangen. Sie muss wiederholt werden. Spätestens im Gütetermin bei Anwesenheit des Arbeitnehmers sollte daher sicherheitshalber der Zugang der Kündigung bewirkt werden.

IV. Kündigung und gesetzliche Vertretung

115 Minderjährige bedürfen im Grundsatz zur Kündigung der Einwilligung des gesetzlichen Vertreters (§ 107 BGB). Ohne diese notwendige Einwilligung erklärte Kündigungen sind nach § 111 BGB unwirksam. Davon ist nur dann eine Ausnahme zu machen, wenn der Kündigungsempfänger mit der Vornahme des Rechtsgeschäfts durch den Minderjährigen einverstanden ist. Dann kann eine Genehmigung erfolgen (§§ 108, 109 BGB). Kündigt der Minderjährige mit Einwilligung des gesetzlichen Vertreters und legt er die Einwilligung nicht in schriftlicher Form vor, so ist sie unwirksam, wenn der Erklärungsempfänger sie aus diesem Grunde unverzüglich zurückweist (§ 174 BGB).

116 Bei der Kündigung durch einen Minderjährigen finden die §§ 112, 113 BGB Anwendung. Der Minderjährige muss die Kündigung selbst aussprechen. Kündigt der gesetzliche Vertreter, so kann darin je nach Lage des Falles eine Einschränkung der Ermächtigung liegen, sodass die Kündigung wirksam ist.

117 Soll die Kündigung **gegenüber einem Geschäftsunfähigen** oder einer beschränkt geschäftsfähigen Person abgegeben werden, so wird sie nicht wirksam, bevor sie dem gesetzlichen Vertreter zugeht. Besteht ein **sog. qualifizierter Formzwang**, so müssen dem gesetzlichen Vertreter auch die Kündigungsgründe zugehen.[72] Das BAG leitet aus § 131 BGB ab, dass die Kündigung dem gesetzlichen Vertreter nur zugeht, wenn sie nicht lediglich faktisch in dessen Herrschaftsbereich gelangt ist, sondern auch an ihn gerichtet oder zumindest für ihn bestimmt ist. Entscheidend und zutreffend an dieser Auffassung ist, dass § 131 BGB kein anderer Zugangsbegriff als § 130 Abs. 1 S. 1 BGB zugrundeliegt.[73] Die Kündigung wird auch nicht automatisch wirksam, nachdem die Geschäftsunfähigkeit geendet hat; dies ist nach Auffassung des BAG durch § 131 Abs. 1 BGB ausgeschlossen.[74] Geht die Kündigung nur einem Elternteil zu, so ist sie wirksam. Bei der Passivvertretung ist in allen Fällen der Gesamtvertretung ausreichend, wenn die Willenserklärung einem Vertreter zugeht.[75]

118 Bei juristischen Personen ist die Kündigung durch das vertretungsberechtigte Organ abzugeben, wenn dieses nicht von der Möglichkeit der Bevollmächtigung Gebrauch macht. Ist der Gesellschafter einer GmbH zugleich deren Arbeitnehmer, so kann in seinem Arbeitsvertrag wirksam vereinbart werden, dass zu seiner fristgerechten Kündigung die vorherige Zustimmung der Gesellschafterversammlung erforderlich ist, ohne dass hierin eine unzulässige Beschränkung der Vertretungsbefugnis des GmbH-Ge-

---

[71] Großzügiger KR/*Fischermeier*, § 626 BGB Rn. 194.
[72] BAG 25.11.1976 EzA BBiG § 15 Nr. 3 = AP BBiG § 15 Nr. 4; *Kliemt*, S. 105 f.
[73] BAG 28.10.2010 NZA 2011, 340; zum Ausbildungsverhältnis BAG 8.12.2011 NZA 2012, 495.
[74] BAG 28.10.2010 NZA 2011, 340.
[75] BAG 12.2.1975 EzA BetrVG 1972 § 788 Nr. 4 = DB 1975, 1226; 25.11.1976 EzA BBiG § 15 Nr. 3 = AP BBiG § 15 Nr. 4.

schäftsführers läge.[76] Besteht **Gesamtvertretung,** so müssen die Vertreter grundsätzlich zusammenwirken.[77] Stillschweigende, auch formlose Zustimmung der Gesamtvertreter kann jedoch ausreichen.[78] Zur **Passivvertretung** ist jedes Organmitglied allein berufen. Das ergibt sich aus den einschlägigen gesetzlichen Bestimmungen. Dieselbe Regelung enthält das HGB auch für die OHG und die KG. Der allgemeine Rechtsgedanke ist auf alle Fälle der **Gesamtvertretung** auszudehnen.

Im öffentlichen Dienst sind ggf. besondere gesetzliche Vorschriften über die Vertretungsmacht zu beachten, insbesondere kommunalverfassungsrechtliche Vorschriften.[79] Vorbehaltlich besonderer Bestimmungen[80] wird im Regelfall auch hier die Außenvertretungsmacht nicht durch die interne Willensbildung in gemeindlichen Gremien eingeschränkt. 119

§ 6 Ort und Zeit der Kündigung; Verwirkung

Die Kündigung kann, wenn nichts anderes im Arbeitsvertrag, im Tarifvertrag oder einer (zulässigen) Betriebsvereinbarung vereinbart worden ist, zu jeder Zeit und an jedem Ort erfolgen. Es ist also vor allem nicht notwendig, dass sie während der Arbeitszeit oder am Arbeitsplatz erfolgt. Die Kündigung kann auch am Sonntag oder einem gesetzlichen Feiertag erklärt werden.[1] (Zur sog. ungehörigen Kündigung → Rn. 241 ff.) Eine besondere Bereitschaft des Empfängers zur Entgegennahme der Kündigung ist nicht erforderlich. Das würde mit der Rechtsnatur der Kündigung (dazu → Rn. 3) nicht vereinbar sein. Andererseits kann es Situationen geben, in denen der Gekündigte die Kündigung nach Treu und Glauben oder nach der Verkehrssitte zurückweisen kann. Wenn zB ein Arbeitgeber seinen Arbeitnehmer auf dem Kirmesfest trifft und ihm gegenüber dann eine Kündigung ausspricht, so kann dieser die Erklärung zurückweisen. Die Kündigung muss dann wiederholt werden. Weist der Arbeitnehmer die Kündigung nicht zurück, so ist sie aus diesem Grunde nicht unwirksam. 120

Auch das Gestaltungsrecht der Kündigung kann **verwirken,** wenn eine erhebliche Zeitspanne zwischen der Entstehung des Kündigungsrechts und dessen Ausübung liegt. Diese Fälle haben aber nur bei der ordentlichen Kündigung Bedeutung, da bei der außerordentlichen Kündigung der Verwirkungstatbestand durch § 626 Abs. 2 BGB positiviert ist (→ Rn. 794 ff.). Eine Verwirkung allein durch Zeitablauf tritt aber nicht ein, es muss ein vertrauenserzeugendes Verhalten des Kündigungsberechtigten hinzukommen.[2] Das Recht des Arbeitgebers zur ordentlichen Kündigung verwirkt nur, wenn er in Kenntnis eines Kündigungsgrundes längere Zeit untätig bleibt, d.h. die Kündigung nicht ausspricht, obwohl ihm dies möglich und zumutbar wäre (sog. Zeit- 121

---

[76] BAG 28.4.1993 RzK I 2b Nr. 20.
[77] LAG Baden-Württemberg 1.9.2005 ZIP 2006, 100.
[78] LAG Hamm 9.9.1974 DB 1974, 1964; BAG 18.12.1980 EzA § 174 BGB Nr. 4 = NJW 1981, 2374, das in diesem Falle die Anwendbarkeit des § 174 BGB bejaht.
[79] Zur Einzelvertretungsmacht eines Landrates in Baden-Württemberg: BAG 14.11.1984 AP BGB § 626 Nr. 89 = NZA 1986, 95; zur bayerischen Gemeindeordnung: BAG 20.4.1977 EzA BGB § 626 n. F. Nr. 55 = AP BAT § 54 Nr. 1; BAG 18.5.1994 RzK I 2b Nr. 21; zur Niedersächsischen Landkreisordnung: BAG 31.1.1996 EzA BGB § 178 Nr. 1 = NZA 1996, 756.
[80] Vgl. BAG 4.2.1987 EzA KO § 60 Nr. 4 = NZA 1987, 635; BAG 26.3.1986 EzA BGB § 626 n. F. Nr. 99 = NJW 1987, 1038 und LAG Düsseldorf 21.12.1987 LAGE § 164 BGB Nr. 1.
[1] BAG 14.11.1984 EzA BGB § 242 Nr. 38 = NZA 1986, 97 zum Zugang der Kündigung am 24. Dezember; a. A. ArbG Passau 131.5.1987 ARSt 1988, 52 f.
[2] *Preis,* Prinzipien, S. 371.

moment), er dadurch beim Arbeitnehmer das berechtigte Vertrauen erweckt, die Kündigung werde unterbleiben und der Arbeitnehmer sich deshalb auf den Fortbestand des Arbeitsverhältnisses einrichtet (sog. Umstandsmoment). Eine dann gleichwohl erklärte Kündigung kann eine nach Treu und Glauben (§ 242 BGB) unzulässige Rechtsausübung darstellen.[3]

§ 7 Zugang der Kündigungserklärung

122 Die Kündigung als eine einseitige empfangsbedürftige Willenserklärung wird, wenn sie **in Abwesenheit des Erklärungsempfängers** abgegeben wird, in dem Zeitpunkt wirksam, in dem sie ihm **zugeht** (§ 130 Abs. 1 S. 1 BGB). Das Wirksamwerden der Kündigungserklärung **unter Anwesenden** ist im Gesetz nicht geregelt. Auch sie wird wirksam, wenn sie in den Machtbereich des Erklärungsempfängers gekommen ist. Gegenüber einem Geschäftsunfähigen wird sie erst wirksam, wenn sie dem gesetzlichen Vertreter zugeht (§ 131 Abs. 1 BGB; → Rn. 117). Eine rückwirkende Wirksamkeit tritt nicht ein.[1]

I. Zugang der Kündigungserklärung gegenüber Anwesenden

123 Die Kündigung, die einem Anwesenden gegenüber abgegeben wird, geht dem Empfänger in aller Regel sofort zu und wird damit wirksam. Die hierzu früher diskutierten Problemstellungen zu fernmündlichen Kündigungserklärungen und zur sog. Vernehmungstheorie sind im Hinblick auf das zwingende Schriftformerfordernis nach § 623 BGB seit 1.5.2000 im Arbeitsrecht bedeutungslos. Die einem Anwesenden übergebene schriftliche Kündigungserklärung wird allerdings mit der erkennbaren Übergabe wirksam. Wirksam wird die abgegebene Erklärung in dem Zeitpunkt, in dem der Empfänger die tatsächliche Verfügungsgewalt über das die Erklärung enthaltende Schriftstück erlangt.[2] Ob und wann der Empfänger das Schreiben liest, ist ohne Bedeutung.[3*] Er kann den Zugang auch nicht mehr dadurch verhindern oder vereiteln, in dem er dem Überbringer des Kündigungsschreibens den Brief ungeöffnet zurückgibt.[4]

124 Problematisch kann der Zugang der schriftformgebundenen Kündigungserklärung sein, wenn der Arbeitgeber dem Arbeitnehmer nur eine Kopie der Kündigungserklärung aushändigt, nicht aber das Original. Reicht es für den Zugang aus, wenn der Arbeitgeber das Schreiben nur zur Einsichtnahme bereithält („nur gucken, nicht anfassen")? Nach Auffassung des LAG Düsseldorf genügt dies nicht.[5] Zwar setzt der Zugang unter Anwesenden nicht voraus, dass die Verfügungsgewalt über das Schriftstück *dauerhaft* erlangt sein müsse. Allerdings muss das Schriftstück wenigstens kurz durch Aushändigung und Übergabe in den Herrschaftsbereich des Empfängers gelangt sein („zum Durchlesen").[6]

---

[3] BAG 15.8.2002 EzA KSchG § 1 Nr. 56 = NZA 2003, 795.
[1] ArbG Mannheim 5.9.1991 NZA 1992, 511.
[2] RG 27.10.2005 RGZ 61, 414.
[3*] BAG 16.2.1983 EzA BGB § 123 Nr. 21 = AP BGB § 123 Nr. 22.
[4] Richtig: BAG 7.1.2004 ZInsO 2005, 671 vgl. auch KR/*Friedrich*, § 4 KSchG Rn. 101.
[5] LAG Düsseldorf 18.4.2007 LAGE BGB 2002 § 130 Nr. 5.
[6] BAG 4.11.2004 EzA BGB 2002 § 130 Nr. 4 = NZA 2005, 513; einschränkend LAG Köln 25.3.2013 – 2 Sa 997/12.

II. Zugang der Kündigungserklärung unter Abwesenden

Die schriftliche Kündigungserklärung wird unter Abwesenden nach § 130 Abs. 1 BGB wirksam, wenn sie dem Gekündigten zugeht. Das ist der Fall, wenn die Erklärung so in den Machtbereich des Empfängers gelangt ist, dass bei Annahme gewöhnlicher Verhältnisse damit zu rechnen war, dass er von ihr Kenntnis nehmen konnte.[7] Wenn für den Empfänger diese Möglichkeit unter gewöhnlichen Verhältnissen besteht, ist es unerheblich, wann er die Erklärung tatsächlich zur Kenntnis genommen hat oder ob er daran durch Krankheit, zeitweilige Abwesenheit oder andere Umstände zunächst gehindert war.

1. Verteilung des Übermittlungsrisikos

Durch Abstellen auf die Möglichkeit der Kenntnisnahme unter verkehrsüblichen Umständen soll eine angemessene Verteilung des Übermittlungsrisikos erreicht werden. Der Erklärende trägt das Übermittlungsrisiko so lange, bis er das nach den Umständen Erforderliche getan hat, um dem Empfänger die hinreichend sichere Möglichkeit der Kenntnisnahme zu verschaffen.[8] Dies gilt aber nur insoweit, wie nicht ein Fall der sogenannten Zugangsvereitelung (dazu → Rn. 137 f.) vorliegt.

a) Grundsätzliches

Wird ein Brief in den **Hausbriefkasten** eingeworfen, so geht er in dem Zeitpunkt zu, in dem mit der Leerung gerechnet werden konnte.[9] Das Gleiche gilt, wenn der Arbeitnehmer ein Postfach vorhält.[10] Erreicht ein Kündigungsschreiben die Empfangseinrichtungen des Adressaten (Briefkasten, Postschließfach, Telefaxgerät) zu einer Tageszeit, zu der nach den Gepflogenheiten des Verkehrs eine Entnahme oder Abholung durch den Adressaten nicht mehr erwartet werden kann, so geht die Willenserklärung erst am Folgetag zu.[11] Hier kommt es auch auf die Art des Empfanges an. Die Erklärung geht auch zu, wenn ein Brief unter der Wohnungstür des Empfängers durchge-

---

[7] BAG 11.6.1959 AP BGB § 130 Nr. 1 = DB 1959, 892; BAG 13.11.1972 EzA BetrVG 1972 § 102 Nr. 20; BAG 16.1.1976 EzA BGB § 130 Nr. 5 = AP BGB § 130 Nr. 7; BAG 13.10.1976 EzA BGB § 130 Nr. 7 = AP BGB § 130 Nr. 8; BAG 18.2.1977 EzA BGB § 130 Nr. 8 mit Anm. *Klinkhammer* = AP BGB § 130 Nr. 10. Die abweichende Auffassung des 7. Senats, vgl. BAG 16.12.1980 EzA BGB § 130 Nr. 10 = NJW 1981, 1470 (kritisch dazu *Olshausen*, JZ 1981, 632), ist inzwischen wieder aufgegeben worden, vgl. BAG 16.3.1988 und 2.3.1989 AP BGB § 130 Nr. 16 u. 17 = EzA BGB § 130 Nr. 16 u. 22; vgl. ferner BAG 25.4.1996 EzA BGB § 130 Nr. 27 mit Anm. *v. Hoyningen-Huene* = AP KSchG 1969 § 4 Nr. 35 mit Anm. *Ramrath*; Rechtsprechungsüberblick bei *Becker-Schaffner*, BB 1998, 422.
[8] Vgl. BAG 13.10.1976 EzA BGB § 130 Nr. 7 = AP BGB § 130 Nr. 8.
[9] Ausführlich BAG 22.3.2012 AP KSchG 1969 § 5 Nr. 19.
[10] LAG Köln 4.12.2006 NZA-RR 2007, 323.
[11] BAG 8.12.1983 EzA BGB § 130 Nr. 13 = NZA 1984, 103; BAG 14.11.1984 EzA BGB § 242 Nr. 38 = NZA 1986, 97 für Einwurf des Kündigungsschreibens um 19.30 Uhr; BAG 18.2.1983 EzA BGB § 130 Nr. 13 = AP BGB § 130 Nr. 12: schon bei Einwurf nach 16.30 Uhr, wenn Arbeitnehmer krankheitsbedingt zu Hause ist; ebenso LAG Berlin 11.12.2003 NZA-RR 2004, 528; LAG Köln 17.9.2010 NZA-RR 2011, 180: nach 16 Uhr; differenzierend nach der üblichen Zustellzeit KR/*Friedrich*, KSchG § 4 Rn. 103; LAG Berlin 22.1.1999 AuA 1999, 326: bei Einwurf im Hausbriefkasten um 14 Uhr geht Brief noch am gleichen Tag zu, bei späterem Einwurf aber erst am Folgetag: LAG München 5.3.2008 – 7 Ta 2/08 – AE 2008, 112. Sicher aber bei Einwurf um 12.40 Uhr, auch wenn die reguläre Post schon zwei Stunden früher zugestellt wurde LAG Hamm 26.5.2004 LAG-Report 2004, 319.

schoben wird,¹² unter Umständen sogar bei Deponierung im Hausflur oder im Briefschlitz der Haustür eines Mehrparteienhauses, wenn der Empfänger keinen beschrifteten Briefkasten angebracht hat.¹³ Wer unter seiner früheren Anschrift einen Hausbriefkasten belässt und von dem Briefkasten seinen Namen nicht entfernt, hat den dadurch bewirkten Zustellversuch des Postbediensteten veranlasst und muss sich so behandeln lassen, als sei der Zugang tatsächlich erfolgt.¹⁴ Wird ein Brief wegen ungenügender Frankierung oder wegen fehlerhafter Anschrift gar nicht oder verspätet zugestellt, so geht das zulasten des Erklärenden. Er hat alles zu tun, damit der Empfänger in die Lage versetzt wird, Kenntnis zu nehmen. Wird die Annahme eines Briefes abgelehnt, weil er mit **Nachporto** belastet ist, so geht die in ihm enthaltene Erklärung nicht zu. Die Kosten der Übermittlung hat der Erklärende zu tragen. Andererseits ist auch dem Empfänger ein Risiko anzulasten. Liegen auf seiner Seite vom Normalverlauf abweichende Umstände vor, die den Zugang verhindern, mit denen der Erklärende aber nicht rechnen konnte, so sind sie der Risikosphäre des Empfängers zuzurechnen.¹⁵ Der Erklärende muss die Zustellung unverzüglich wiederholen, wenn er von dem nicht erfolgten Zugang Kenntnis erlangt.

126 Die gegenüber einem Abwesenden abzugebende Kündigungserklärung wird schon dann wirksam, wenn der Empfänger nur die **abstrakte Möglichkeit der Kenntnisnahme** hat. Konkrete Umstände in der Sphäre des Empfängers fallen in dessen Risikosphäre und bleiben grundsätzlich unbeachtet. Dies gilt insbesondere für in der Person des Empfängers liegende Umstände wie Sprach-, Schreib- und Lesekenntnis.¹⁶ Die gegenteilige Auffassung, die darauf abstellt, ob dem Erklärenden besondere, in der Person des Erklärungsempfängers liegende und die Kenntnisnahme von dem Erklärungsinhalt hindernde Umstände bekannt sind, dürfte durch die Rechtsprechung des BAG überholt sein.¹⁷

b) Abwesenheit des Arbeitnehmers

127 Schwierigkeiten ergeben sich bei der Bewältigung des Zugangsproblems, wenn sich der Gekündigte infolge von Urlaub, Krankheit, Kur, Umzug oder Haft nicht bzw. nicht mehr an dem gewöhnlichen Aufenthaltsort aufhält. Auszugehen ist davon, dass § 130 BGB der Gedanke einer Risikoverteilung zwischen dem die Kündigung Erklärenden und dem Erklärungsempfänger zugrunde liegt. Danach ist entsprechend den Grundsätzen der sogenannten Empfangstheorie die Erklärung wirksam, wenn die Möglichkeit der Kenntnisnahme vom Inhalt der Erklärung für den Empfänger **unter gewöhnlichen Verhältnissen** besteht. Es ist unerheblich, ob dies tatsächlich auch der Fall ist.¹⁸ Ohne Bedeutung ist ferner, aus welchen Gründen die tatsächliche Kenntnis-

---

¹² LAG Düsseldorf 7.12.1995 LAGE BGB § 130 Nr. 20; jetzt auch MüKoBGB/*Hesse,* Vor § 620 BGB Rn. 94.
¹³ LAG Düsseldorf 12.10.1990 LAGE BGB § 130 Nr. 14; LAG Düsseldorf 19.9.2000 LAGE BGB § 130 Nr. 21; LAG Hamm 25.2.1993 LAGE BGB § 130 Nr. 18.
¹⁴ ArbG Gelsenkirchen 10.8.1994 EzA BGB § 130 Nr. 25.
¹⁵ Vgl. hierzu BAG 18.2.1977 AP BGB § 130 Nr. 10 = EzA BGB § 130 Nr. 8 mit Anm. *Klinkhammer.*
¹⁶ So LAG Köln 24.3.1988 NJW 1988, 1870; *Schlüter,* Anm. zu LAG Hamm EzA BGB § 130 Nr. 9; LAG Hamburg 6.7.1990 LAGE BGB § 130 Nr. 16; a. A. LAG Hamm 5.1.1979 und 24.3.1988 EzA BGB § 130 Nr. 9 = NJW 1979, 2488 und EzA KSchG § 5 Nr. 32; offengelassen in BAG 9.8.1984 AP KSchG 1969 § 1 Verhaltensbedingte Kündigung Nr. 12, wo allerdings für den Fall einer Abmahnung wie bei LAG Hamm eine Zeitspanne verlangt wird, die dem Arbeitnehmer es ermöglicht, eine Übersetzung zu erlangen.
¹⁷ Vgl. BAG 16.3.1988 u. 2.3.1989 unter Aufgabe von BAG 16.12.1980 alle wie Fußnote 7.
¹⁸ Vgl. BAG 16.1.1976 EzA BGB § 130 Nr. 5 mit Anm. *Herschel* = DB 1976, 1018; 18.2.1977 AP BGB § 130 Nr. 10 = EzA BGB § 130 Nr. 8 mit Anm. *Klinkhammer.*

§ 7 Zugang der Kündigungserklärung

nahme unterbleibt, zB wegen Krankheit oder einer vorübergehenden Abwesenheit. Entscheidend ist allein, dass die alleinige Ursache dafür in der Sphäre des Erklärungsempfängers liegt, d.h. das Zugangshindernis dem Empfänger zuzurechnen ist.[19] Die besonderen Umstände in der Sphäre des Empfängers, mit denen der Erklärende **nicht zu rechnen brauchte,** hindern den Zugang nicht. Der Erklärende braucht nur die abstrakte Möglichkeit der Kenntnisnahme unter normalen Umständen herzustellen, mit denen er rechnen muss. Auf ein schuldhaftes Verhalten des Empfängers kommt es nicht an, maßgebend ist die Zurechnung zu seinem Einflussbereich. Solange der Empfänger seine Wohnung nicht aufgibt, muss er sie als Ort gelten lassen, wo man ihn nach der Verkehrsanschauung auch erreichen kann. Selbst bei Kenntnis des Arbeitgebers von der Ortsabwesenheit des Arbeitnehmers kann diesem ein an die Wohnungsanschrift gerichtetes Kündigungsschreiben wirksam zugehen. Dies gilt etwa auch dann, wenn sich der Arbeitnehmer in Untersuchungshaft oder in Auslieferungshaft im Ausland befindet.[20]

Unter Abweichung von einer früheren Rechtsprechung[21] steht das BAG auf dem Standpunkt, dass ein an die Heimatanschrift des Arbeitnehmers gerichtetes Kündigungsschreiben diesem grundsätzlich auch dann zugeht, wenn dem Arbeitgeber bekannt ist, dass der Arbeitnehmer während seines **Urlaubs** verreist ist.[22] Durch die Entscheidungen des BAG zur Zugangsproblematik dürfte die Frage damit für die Praxis entschieden sein.[23] Nach dieser Auffassung ist die in der aufgegebenen Entscheidung vom 16.12.1980 für den Zugang zusätzlich geforderte konkrete Erwartung des Erklärenden von der Kenntnisnahme durch den Empfänger mit den Bedürfnissen des rechtsgeschäftlichen Verkehrs nur schwer zu vereinbaren. Dies gilt insbesondere im Hinblick auf die Möglichkeit einer späteren Veränderung der Umstände, im Falle des Urlaubs etwa bei kurzfristiger Änderung der Urlaubspläne, im Falle der Inhaftierung bei kurzfristiger Verlegung in eine andere Haftanstalt. Aus diesem Grunde hält das BAG die nicht aufgegebene Wohnungsanschrift grundsätzlich für die richtige Zustellungsanschrift. Im Übrigen verweist es auf die Möglichkeit der Zulassung einer verspäteten Klage nach § 5 KSchG.[24] Nur ausnahmsweise könne sich aus § 242 BGB eine andere Würdigung ergeben. Zur **nachträglichen Klagezulassung** bei Versäumung der Klagefrist des § 4 KSchG → Rn. 1948 ff.

128

Wechselt der Arbeitnehmer die Wohnung, ohne dies dem Arbeitgeber anzuzeigen, so geht die Verlängerung der Postlaufzeit zulasten des Arbeitnehmers, da ihm die Zugangsverzögerung zuzurechnen ist. Das gilt nicht, wenn die Anschriftenänderung vorher auf einer Arbeitsunfähigkeitsbescheinigung vermerkt war, die vom Arbeitgeber

129

---

[19] BAG 18.2.1977 EzA BGB § 130 Nr. 8 mit Anm. *Klinkhammer* = AP BGB § 130 Nr. 10; zur Frage des Zugangs am Zweitwohnsitz des Arbeitnehmers während dessen Krankheit ArbG Stade 6.8.1990 RzK I 2c Nr. 18.
[20] BAG 2.3.1989 EzA BGB § 130 Nr. 22 = NZA 1989, 635; ebenso LAG Düsseldorf 15.6.1982 EzA BGB § 130 Nr. 12; LAG München 2.3.1988 LAGE BGB § 130 Nr. 12 = DB 1988, 1608.
[21] BAG 16.12.1980 AP BGB § 130 Nr. 11 = EzA BGB § 130 Nr. 10.
[22] BAG 22.3.2012 AP KSchG 1969 § 5 Nr. 19; BAG 16.3.1988 EzA BGB § 130 Nr. 16 mit zust. Anm. *Adam* = NZA 1988, 875; BAG 24.6.2004 EzA BetrVG 2001 § 102 Nr. 9 = NZA 2004, 1330; ebenso LAG Hamm 30.7.1981 EzA BGB § 130 Nr. 11 = DB 1981, 2132; LAG Berlin 16.11.1987 LAGE BGB § 130 Nr. 8 = BB 1988, 484; LAG Hamm 25.2.1988 LAGE BGB § 130 Nr. 11 = DB 1988, 1123; LAG Baden-Württemberg 14.2.1990 LAGE BGB § 130 Nr. 13; zur Problematik ferner *Nippe,* JuS 1991, 285.
[23] Kritisch allerdings *Klinkhammer,* Anm. zu BAG EzA BGB § 130 Nr. 22; *Klevemann,* Anm. zu LAG Hamm LAGE BGB § 130 Nr. 11.
[24] Hierzu LAG Frankfurt 15.11.1988 EzA KSchG § 5 Nr. 41 zur verspäteten Aushändigung eines Kündigungsschreibens durch ein Familienmitglied.

aber nicht beachtet wurde.[25] Hat der Arbeitnehmer einen **Zweitwohnsitz** am Arbeitsort, kann der Arbeitgeber nicht ohne Weiteres davon ausgehen, dass dem Arbeitnehmer auch an diesem Ort die Kündigungserklärung zeitnah zugeht.[26]

c) Entgegennahme durch Dritte

130   Für den Zugang ist es ausreichend, wenn zB ein Schriftstück, in dem die Erklärung enthalten ist, an eine Person ausgehändigt wird, die nach der Verkehrsauffassung als ermächtigt anzusehen ist, den Empfänger in der **Empfangnahme** zu vertreten. Eine besondere Vollmacht ist dazu nicht erforderlich. Entscheidend ist in solchen Fällen auf die **Verkehrssitte** abzustellen.[27] Danach gehören zu den Personen, die zur Empfangnahme berechtigt sind, nicht nur die Familienangehörigen,[28] sondern auch der Vermieter,[29] die Hausangestellten[30] und die Lebensgefährten.[31] Ehegatten, die in einer gemeinsamen Wohnung leben, sind nach der Verkehrsanschauung füreinander als Empfangsboten anzusehen. Das gilt auch dann, wenn die Kündigung dem anderen Ehegatten außerhalb der Wohnung übermittelt wird. Auch dann gelangt eine an einen der Ehegatten gerichtete Willenserklärung in dessen Macht- und Zugriffsbereich. Diese Auslegung ist mit Art. 6 Abs. 1 GG vereinbar.[32] Für den **Zugang** einer an einen Empfangsboten abgegebenen schriftlichen Willenserklärung ist, sofern nicht ein früherer Zugang feststeht, der Zeitpunkt maßgebend, in dem nach dem regelmäßigen Verlauf der Dinge die Übermittlung der Erklärung an den Adressaten zu erwarten war.[33] Dasselbe gilt auch für Einschreibesendungen, wenn sie vom Postboten tatsächlich an diesen Personenkreis übergeben werden. Dann gehen sie ohne Rücksicht auf die tatsächliche Kenntnisnahme nach den oben ausgeführten Grundsätzen zu. Wird also eine Kündigung am letzten Tag der Frist dem Vermieter per Einschreiben zugestellt und der Brief tatsächlich übergeben, so geht der Brief zu, auch wenn der Gekündigte wegen Krankheit im Bett liegt und tatsächlich erst am folgenden Tag die Kündigung erhält. Ob der Postbote dabei gegen Dienstvorschriften der Postordnung verstoßen hat, ist ohne Bedeutung.[34] Dem angestellten Leiter eines Hotels geht eine schriftliche Erklärung zu, sobald sie einem im Hotel angestellten Buchhalter ausgehändigt wird. Ob der Leiter des Hotels anwesend ist, ist nicht von Bedeutung.[35]

d) Abweichende Vereinbarungen

131   Fraglich ist, ob und inwieweit die Arbeitsvertragsparteien über das Wirksamwerden einer Kündigungserklärung von § 130 Abs. 1 BGB **abweichende Vereinbarungen**

---

[25] BAG 18.2.1977 AP BGB § 130 Nr. 10 = EzA BGB § 130 Nr. 8; zur Frage, ob trotz Wohnungswechsels der Brief zugeht, wenn der Empfänger unter seiner früheren Anschrift einen Hausbriefkasten behält: ArbG Gelsenkirchen 10.8.1994 EzA BGB § 130 Nr. 25.
[26] LAG Düsseldorf 7.12.1995 LAGE BGB § 130 Nr. 20.
[27] BAG 9 6. 2011 NZA 2011, 847 Rn. 12 mit umfangreichen Nachweisen.
[28] BAG 11.11.1992 EzA BGB § 130 Nr. 24 mit Anm. *Brehm* = NZA 1993, 259; LAG Bremen 17.2.1988 DB 1988, 814.
[29] BAG 16.1.1976 AP BGB § 130 Nr. 7 = EzA BGB § 130 Nr. 5.
[30] BAG 13.10.1976 AP BGB § 130 Nr. 8 = DB 1977, 546 = EzA BGB § 130 Nr. 7.
[31] LAG Bremen 17.2.1988 DB 1988, 814; OVG Hamburg 5.6.1987 NJW 1988, 1807.
[32] BAG 9.6.2011 NZA 2011, 847.
[33] BGH 15.3.1989 EzA BGB § 130 Nr. 23.
[34] BAG 16.1.1976 EzA BGB § 130 Nr. 5 = NJW 1976, 1284.
[35] BAG 13.10.1976 AP BGB § 130 Nr. 8 = EzA BGB § 130 Nr. 7. Zur Frage des Zugangs einer Kündigungserklärung gegenüber einem Rechtsanwalt, der keine Empfangsvollmacht hat, dem aber der Auftrag erteilt worden war, gegen die Kündigung Klage zu erheben, vgl. BGH 13.2.1980 MDR 1980, 573.

§ 7 Zugang der Kündigungserklärung

treffen, und zB auf das Datum der Aufgabe zur Post abstellen können. § 130 BGB ist prinzipiell vertragsdispositiv,[36] sodass sowohl über den Zugangszeitpunkt (zB Abgabe der Erklärung oder tatsächliche Kenntnisnahme) und die Zugangsform disponiert werden kann. In vorformulierten Verträgen, die im Arbeitsrecht nach § 310 Abs. 4 BGB jedoch der Inhaltskontrolle unterfallen, gelten Restriktionen. Nach § 308 Nr. 6 BGB sind Vertragsklauseln, die vorsehen, dass eine Erklärung des Verwenders von besonderer Bedeutung dem anderen Vertragsteil als zugegangen gilt (Zugangsfiktionen), regelmäßig unwirksam. Dieses Klauselverbot greift insbesondere für Kündigungen.[37] Besondere Zugangsformen, wie das Erfordernis des Einschreibens, sind nach § 309 Nr. 13 BGB unwirksam. Darüber hinaus hat das BAG Dispositionen über den Zugang von Kündigungserklärungen (Vorverlegung auf den Erklärungszeitpunkt) aus arbeitsrechtlichen Gesichtspunkten für unzulässig erklärt, zB weil durch eine entsprechende Vereinbarung zwingende gesetzliche oder tarifliche Mindestkündigungsfristen umgangen werden könnten.[38] Dieser Ansatz ist dogmatisch zweifelhaft, weil § 130 BGB grundsätzlich dispositiv ist. Der Schutz vor einer Veränderung des Zugangserfordernisses wird jetzt über § 308 Nr. 6 BGB gewährleistet. Im praktischen Ergebnis wird dieser Ansatz jedoch zu gleichen Ergebnissen wie die bisherige Auffassung des BAG führen.

Fraglich ist aber, ob der Erklärende über das Wirksamwerden der Kündigungserklärung insoweit disponieren kann, dass er eine bereits zuvor zugegangene Erklärung (zB am 30.12.2001) erst mit dem 1.1.2002 als abgegeben gelten lassen möchte. Das LAG Düsseldorf meint, dass – falls aus dem Kündigungsschreiben hervorgehe, dass die Kündigung erst zu einem (späteren) Zeitpunkt die gewollte Rechtswirkung entfalten solle – die Kündigungswirkung nicht schon deshalb eintrete, weil das Kündigungsschreiben schon vorher in den Besitz des Empfängers gekommen ist.[39] Die Frage hat etwa Bedeutung für den Lauf der Klagefrist nach § 4 KSchG. Dem LAG Düsseldorf kann im Ergebnis gefolgt werden. Zum einen kann der Erklärende die Kündigung unter einer Bedingung abgeben, die hier unproblematisch ist, weil der Eintritt der Bedingung – durch Datum präzisiert – gewiss ist (→ Rn. 162). Kündigungsfrist und Klagefrist laufen dann erst ab dem späteren Zeitpunkt. Ferner können Erklärender und Empfänger einvernehmlich kraft Parteiautonomie über den Zugangszeitpunkt disponieren. Eine ihm günstige Verschiebung des Zugangszeitpunkts im Kündigungsschreiben wird der Empfänger regelmäßig konkludent annehmen (§ 151 BGB).[40]

132

2. Zugang von eingeschriebenen Sendungen

Unterschiedlich wird die Frage beurteilt, wann ein Einschreibebrief, dessen Empfänger vom Zustellungsbeamten nicht angetroffen wird, zugeht. Die in einer Einschreibesendung enthaltene Willenserklärung geht dem Empfänger nicht zu, wenn sie bei der Post niedergelegt wird und lediglich ein Benachrichtigungszettel in den Hausbriefkasten geworfen wird. Der Benachrichtigungszettel lässt weder den Absender noch den Inhalt

133

---

[36] MüKoBGB/*Eisele,* § 130 BGB Rn. 12; BGH 7.6.1995 NJW 1995, 2217.
[37] Ausf. Preis/*Preis,* II Z 10 Rn. 12 ff.
[38] BAG 13.10.1976 AP BGB § 130 Nr. 9 = EzA BGB § 130 Nr. 6.
[39] LAG Düsseldorf 5.11.1987 LAGE BGB § 130 Nr. 10; a.A. offenbar KR/*Friedrich,* § 4 KSchG Rn. 103.
[40] Für die Annahme eines lediglich vorteilhaften Angebots reicht es nach § 151 S. 1 BGB gewöhnlich aus, dass dieses zugeht und nicht durch eine nach außen erkennbare Willensäußerung des Begünstigten abgelehnt wird, BGH 12.10.1999 NJW 2000, 276.

Erster Abschnitt: Die Kündigung

des Schreibens erkennen.[41] Der Zugang tritt erst dann ein, wenn der Empfänger den Brief abholt.[42] Der Einschreibebrief gelangt mit der Hinterlassung des Benachrichtigungszettels nicht in den Machtbereich des Empfängers, vielmehr wird der Empfänger lediglich in die Lage versetzt, das Einschreiben in seinen Machtbereich zu bringen.

134 Die verbreitete Ansicht, eine Einschreibesendung in Form des sog. **Übergabe-Einschreibens** sei eine besonders zuverlässige Art der Übermittlung, trifft somit nicht zu.[43] Der Zugang erfolgt erst mit der Aushändigung des Übergabe-Einschreibens.[44] Von dieser Zustellungsart ist abzuraten, wenn es dem Arbeitgeber auf die Wahrung einer Frist (zB § 622 oder § 626 Abs. 2 BGB) ankommt. Es ist grds. nicht treuwidrig, wenn der Arbeitnehmer nicht alsbald, aber noch innerhalb der ihm von der Post mitgeteilten Aufbewahrungsfrist das hinterlegte Einschreiben abholt oder abholen lässt.[45] Es besteht auch keine Obliegenheit des Arbeitnehmers gegenüber dem Arbeitgeber, Einschreibebriefe abzuholen.[46] Wird die Sendung entgegen den Vorschriften der Post dem Vermieter ausgehändigt, so geht die Erklärung zu.[47] Die für die Einschreibesendung maßgebenden Grundsätze gelten auch für die Kündigung im Wege der Postzustellung. Zugang ist auch hier erst erfolgt, wenn die Sendung vom Empfänger abgeholt wird.[48]

135 Seit dem 1.9.1997 bietet die Deutsche Post AG das sog. **Einwurf-Einschreiben** an. Auch hier wird die Aufgabe des Einwurf-Einschreibens durch die Post durch Beleg bestätigt. Der Vorteil zum Übergabe-Einschreiben liegt jedoch darin, dass der Brief durch Einwurf in den Briefkasten oder das Postfach zugestellt wird. Dieser Zustellvorgang wird durch genaue Datums- und Uhrzeitangabe und Unterschrift des Zustellers dokumentiert. Diese Zustellart bietet damit den Vorteil, dass der genaue Zeitpunkt, zu dem das Schriftstück in den Machtbereich des Empfängers gelangt ist, dokumentiert wird. Ob die für die Praxis als sicherste Zustellungsform empfohlene Zustellung durch Boten durch das kostengünstigere Einwurf-Einschreiben verdrängt werden kann, hängt davon ab, ob die Rechtsprechung bei Vorlage von Ausgabebeleg und Datenauszug der Deutschen Post AG einen Anscheinsbeweis anerkennen wird.[49] Mehrere Landesar-

---

[41] BGH 26.11.1997 AP BGB § 130 Nr. 19 = EzA BGB § 130 Nr. 28; BAG 25.4.1996 AP KSchG 1969 § 4 Nr. 35 mit Anm. *Ramrath* = EzA BGB § 130 Nr. 27 = NZA 1996, 1227.

[42] BAG 15.11.1962 EzA BGB § 130 Nr. 2 = NJW 1963, 544; BAG 25.4.1996 AP KSchG 1969 § 4 Nr. 35; ebenso LAG Düsseldorf 28.6.1974 DB 1974, 1584; BAG 30.5.1978 EzA BGB § 174 Nr. 2 = DB 1978, 2082 unter Hinweis auf BGH 3.11.1976 NJW 1977, 194.

[43] Vgl. hierzu auch *Ramrath,* Anm. AP KSchG 1969 § 4 Nr. 35; *v. Hoyningen-Huene,* Anm. zu BAG EzA BGB § 130 Nr. 27.

[44] BGH 26.11.1997 NJW 1998, 976; Hanseatisches OLG 25.4.2012 NJW-RR 2012, 1153.

[45] BAG 25.4.1996 AP KSchG 1969 § 4 Nr. 35 mit Anm. *Ramrath* = EzA BGB § 130 Nr. 27 = NZA 1996, 1227.

[46] Unklar BAG 25.4.1996 NZA 1996, 1227; wie hier *Ramrath,* Anm. AP KSchG 1969 § 4 Nr. 35; abl. *Herbert,* NJW 1997, 1829f.

[47] BAG 16.1.1976 EzA BGB § 130 Nr. 5 = NJW 1976, 1284; LAG Berlin 16.11.1987 LAGE BGB § 130 Nr. 8 = DB 1988, 1070.

[48] BAG 30.6.1983 EzA SchwbG § 12 Nr. 13 = NJW 1984, 687; LAG Düsseldorf 8.12.1977 DB 1978, 752; LAG Düsseldorf 21.10.1994 ZTR 1995, 371; KR/*Friedrich,* § 4 KSchG Rn. 115.

[49] Einen Anscheinsbeweis bejahen OLG Saarbrücken 20.3.2007 OLGR Saarbrücken 2007, 601; LAG Köln 14.8.2009 – 10 Sa 84/09; AG Erfurt 20.6.2007 MDR 2007, 1338; AG Paderborn 27.2.2000 NJW 2000, 3722, 3723; *Reichert,* NJW 2001, 2523; *Kim/Dübbers,* NJ 2001, 65, 67; *Neuvians/Mensler,* BB 1998, 206f.; LG Berlin 19.4.2001 – 61 T 117/00; LAG Berlin-Brandenburg 12.3.2007 – 10 Sa 1945/06 – ZTR 2007, 468 lässt die Frage offen, verlangt aber mindestens, dass bei Vorliegen eines Auslieferungsbelegs von dem Arbeitnehmer ein Sachverhalt vorgetragen werden muss, der eine gewisse Plausibilität für einen späteren als den in dem Auslieferungsbeleg benannten Zeitpunkt hätte begründen können; verneinend LG Potsdam 27.2.2000 NJW 2000, 3722; *Hohmeister,* BB 1998, 1477; KR/*Friedrich,* § 4 KSchG Rn. 112.

beitsgerichte haben jetzt dem Einwurf-Einschreiben keinen erhöhten Beweiswert für den Zugang beigemessen. Der Auslieferungsbeleg beweise nur, dass die Deutsche Post AG eine entsprechende Erklärung abgegeben habe, sage aber noch nichts über den Zugang aus.[50] Nach LAG Köln kommt Einlieferungs- und Auslieferungsbelegen bei Einwurf-Einschreiben eine starke zusätzliche Indizwirkung für den tatsächlich erfolgten Zugang der Sendung zu. Bei nachgewiesener Absendung eines Einwurf-Einschreibens nimmt das LAG Köln[51] einen Anscheinsbeweis an. Die Gegenposition meint, ein Verlust von Postsendungen während des Zustellzugangs sei nach der Lebenserfahrung ebenso wenig auszuschließen wie das Einstecken von Postsendungen in den falschen Briefkasten durch den Postzusteller. Diese Unsicherheit lässt es nicht ratsam erscheinen, diese Übermittlungsform für fristgebundene Erklärungen wie die Kündigung zu wählen.[52]

3. Zugang von Massenkündigungen

Massenkündigungen können, auch wenn sie aufgrund eines Tarifvertrages oder einer Betriebsvereinbarung durch Anschlag am Schwarzen Brett im Betrieb erfolgen können, wegen der zwingenden Formvorschrift des § 623 BGB nicht mehr wirksam erfolgen.[53]

136

4. Vereitelung des Zugangs

Kommt es nicht zur Kenntnisnahme der Kündigung aufgrund eines vom Erklärungsempfänger zu vertretenden Umstandes, so muss dieser sich dennoch nach Treu und Glauben so behandeln lassen, als ob ihm die Kündigung zum normalen Zeitpunkt zugegangen wäre.[54] Es reicht aus, wenn die Verzögerung auf Umstände zurückzuführen ist, die zu seinem Einflussbereich gehören.[55] Scheitert der Zustellversuch aus vom Empfänger zu vertretenden Gründen und kommt das Schreiben zurück, wird vom Kündigenden verlangt, die Erklärung **unverzüglich zu wiederholen.** Schlichte Obliegenheitsverletzungen des Erklärungsempfängers werden nur mit einer **Rechtzeitigkeitsfiktion** sanktioniert, und auch nur dann, wenn der Erklärende seinerseits den nachträglichen Zugang seiner Erklärung unverzüglich bewirkt.[56] Hauptfall ist der Zugang eines Benachrichtigungsscheins oder die zu vertretende Unkenntnis von dessen Zugang. Einzelheiten um den ausschlaggebenden Tag des Zugangs sind umstritten.[57] Maßgebend dürfte der Zeitpunkt sein, in dem etwa üblicherweise ein eingeschriebener

137

---

[50] LAG Hamm 5.8.2009 – 3 Sa 1677/08 – PflR 2010, 72; LAG Rheinland-Pfalz 23.9.2013 – 5 Sa 18/13; zu einer Beweiswürdigung im Einzelfall LAG Köln 22.11.2010 NZA-RR 2012, 244; BB/ *Bram*, § 1 KSchG Rn. 62c.
[51] LAG Köln 14.8.2009 – 10 Sa 84/09.
[52] Ebenso BB/*Bram*, § 1 KSchG Rn. 62c.
[53] Vgl. auch KR/*Friedrich*, § 4 KSchG Rn. 132.
[54] BAG 3.4.1986 EzA SchwbG § 18 Nr. 7 = DB 1986, 2336; 18.2.1977 EzA BGB § 130 Nr. 8 = DB 1977, 1194; KR/*Friedrich*, § 4 KSchG Rn. 119.
[55] Bejaht für den Fall der Angabe einer nicht zutreffenden Anschrift: BAG 22.9.2005 EzA BGB 2002 § 130 Nr. 5 = NZA 2006, 204.
[56] BGH 11.7.2007 NJW-RR 2007, 1565.
[57] Vgl. KR/*Friedrich*, § 4 KSchG Rn. 125 ff.; BAG 3.4.1986 EzA SchwbG § 18 Nr. 7 = DB 1986, 2336; LAG Frankfurt 31.7.1986 u. 7.5.1987 LAGE § 130 BGB Nr. 5 und 7 = DB 1987, 492 und 2314.

Brief nach Hinterlassung des Benachrichtigungsscheins vom Empfänger abgeholt wird. Dies ist im Regelfall der Tag nach Zugang des Benachrichtigungszettels.

138 Eine echte **Zugangsfiktion** kann nur bei arglistiger Zugangsvereitelung und -verzögerung angenommen werden.[58] Zu Lasten des Empfängers ist der Zugang als solcher nur bei schwerwiegenden Treuverstößen wie grundloser Annahmeverweigerung oder arglistiger Zugangsvereitelung zu fingieren.[59] Daran fehlt es bei bloßer Niederlegung eines Benachrichtigungsscheins über ein Einschreiben, weil der Absender der Erklärung aus dem Schein nicht hervorgeht.[60] Verweigert der Erklärungsempfänger die Annahme der Kündigung jedoch grundlos, obwohl er mit dem Eingang rechtserheblicher Mitteilungen seines Vertragspartners rechnen musste, so gilt die Erklärung wegen Zugangsvereitelung auch ohne Wiederholung als zugegangen.[61] Lehnt ein als Empfangsbote anzusehender Familienangehöriger die Annahme eines Kündigungsschreibens ab, so muss der Arbeitnehmer die Kündigung nur dann als zugegangen gegen sich gelten lassen, wenn er auf die Annahmeverweigerung, etwa durch vorherige Absprache mit dem Angehörigen, Einfluss genommen hat.[62] Eine treuwidrige Zugangsvereitelung kann auch aus besonderen Rechtsbeziehungen folgen. Das BAG hat dies in dem Falle angenommen, dass ein schwerbehinderter Arbeitnehmer aus dem Verfahren vor dem Integrationsamt von der unmittelbar bevorstehenden außerordentlichen Kündigung weiß und er die Abholung bzw. Zustellung des Kündigungsschreibens bewusst verhindert.[63] Die Rechtsprechung zur bewussten Verhinderung des Zugangs eines Telefax[64] ist obsolet, weil diese Zugangsform seit 1.5.2000 den Anforderungen des § 623 BGB nicht genügt, die den Zugang der eigenhändig unterzeichneten Kündigungserklärung voraussetzt. In der bloßen Ausschöpfung der Abholungsfrist bei Zustellung durch Übergabe-Einschreiben liegt noch keine treuwidrige Zugangsvereitelung.[65] Ebenso wenig kann dies angenommen werden, wenn der Empfänger nicht mit einer Kündigungserklärung rechnen musste oder er schlicht die Abholung vergisst oder den Benachrichtigungszettel verliert.[66]

5. Nachweis des Zugangs

139 Beweispflichtig für den Zugang ist derjenige, der sich darauf beruft, in der Regel also der Erklärende.[67] Es besteht kein **Anscheinsbeweis** in dem Sinne, dass ein ge-

---

[58] Das ist nicht der Fall, wenn der Arbeitgeber dem Arbeitnehmer am Arbeitsplatz zum Ende des Arbeitstages die Kündigung übergeben will, der Arbeitnehmer aber den Arbeitsplatz schon kurz vor Arbeitsschluss verlassen hat, LAG Köln 10.4.2006 LAGE BGB 2002 § 130 Nr. 2 = NZA-RR 2006, 466.

[59] BGH 11.7.2007 NJW-RR 2007, 1565.

[60] So übereinstimmend BAG 25.4.1996 EzA BGB § 130 Nr. 27 = NZA 1996, 1227; BGH 26.11.1997 NJW 1998, 194; hierzu *Franzen,* JuS 1999, 428, 432.

[61] BAG 4.3.1965 AP BGB § 130 Nr. 5 = NJW 1965, 747; LAG Düsseldorf 28.6.1974 DB 1974, 1584; BGH 27.10.1982 DB 1983, 40 = BB 1983, 769; BGH 26.11.1997 AP BGB § 130 Nr. 19 = EzA BGB § 130 Nr. 28; LAG Hessen 6.11.2000 NZA-RR 2001, 637; LAG Rheinland-Pfalz 23.3.2012 – 9 Sa 698/10 –; KR/*Friedrich,* § 4 KSchG Rn. 120.

[62] BAG 11.11.1992 AP BGB § 130 Nr. 18 mit kritischer Anm. *Bickel,* = EzA BGB § 130 Nr. 24 mit Anm. *Brehm* = NZA 1993, 259; Kritisch auch *Herbert,* NZA 1994, 391; *Schwarz,* NJW 1994, 891 ff.

[63] BAG 7.11.2002 EzA BGB 2002 § 130 Nr. 1 = NZA 2003, 719.

[64] Hierzu LAG Hamm 2.10.1992 LAGE BGB § 130 Nr. 17.

[65] BAG 25.4.1996 EzA BGB § 130 Nr. 27 = NZA 1996, 1227; a. A. ArbG Frankfurt 26.5.1999 RzK I 2c Nr. 26.

[66] BGH 26.11.1997 AP § 130 BGB Nr. 19 = EzA § 130 BGB Nr. 28.

[67] Hierzu *Reinecke,* NZA 1989, 582 f.

§ 8 Kündigung vor Dienstantritt

wöhnlicher Brief, der der Post zur Beförderung übergeben wird, tatsächlich zugeht.[68] Ebenso rechtfertigt bei der Kündigung durch Telefax – die seit 1.5.2000 ohnehin nach § 623 BGB nicht mehr wirksam ist – die Absendung keinen Anscheinsbeweis für den Zugang, auch nicht bei einem „OK-Vermerk" im Sendeprotokoll. Der Sendebericht vermag allenfalls ein Indiz für den Zugang zu liefern.[69] Es gibt auch keinen Beweis des ersten Anscheins, dass eine vom Arbeitgeber als gewöhnlicher Brief abgesandte Kündigung im Stadtgebiet einer Großstadt den Empfänger binnen drei Tagen erreicht.[70] Durch das Einwurf-Einschreiben wird ein substantiell verbesserter Zugangsnachweis ebenfalls kaum erreicht (→ Rn. 138).

Als verhältnismäßig sichere Nachweise können daher die Beförderung per Einschreiben mit Rückschein, durch Boten oder in Ausnahmefällen durch Gerichtsvollzieher (§ 132 BGB) angesehen werden. In diesen Fällen stehen dem Erklärenden Beweismittel zur Verfügung. Für die Praxis ist bei Kündigungserklärungen vielfach neben dem Zugangsnachweis auch der rechtzeitige Zeitpunkt des Zugangs wesentlich. Für diese Fälle ist die Zustellung per Boten, der den Inhalt des Kündigungsschreibens kennt, an die Heimat- oder Geschäftsadresse des Erklärungsempfängers die sicherste Zustellungsform. Eine sichere Zustellungsform ist auch die Zustellung unter Vermittlung eines Gerichtsvollziehers nach § 132 Abs. 1 BGB.[71] In diesem Fall greift die Fiktion des Zugangs der Willenserklärung. Freilich kostet diese Zustellungsform Zeit und Geld. Im Falle der Verweigerung der Annahme ist sie aber eine sichere Zustellungsmöglichkeit. Ist der Aufenthalt des Erklärungsempfängers unbekannt, so kann ein Zugang der Kündigungserklärung über die Vorschriften zur öffentlichen Zustellung (§ 132 Abs. 2 BGB) bewirkt werden.

140

§ 8 Kündigung vor Dienstantritt

Fallen Vertragsschluss und Dienstantritt auseinander, so entsteht die Frage, ob das Arbeitsverhältnis schon vor Dienstantritt gekündigt werden kann. Ferner ist die weitere Frage, ob die Kündigungsfrist sofort oder erst vom Dienstantritt ab zu laufen beginnt.

141

Die Rechtsprechung des früheren Reichsarbeitsgerichts[1] vertrat die Ansicht, eine Kündigung vor Dienstantritt sei mit dem Wesen der Kündigung unvereinbar. Dagegen hat sich mit Recht *Hueck*[2] gewandt, der darauf hingewiesen hat, dass rein begriffliche Erwägungen nicht zu überzeugen vermögen. Die Frage könne nur aus der Interessenlage entschieden werden, die eine Kündigung auch vor Antritt der Arbeit rechtfertige. Das BAG gab schon in seiner Entscheidung vom 22.8.1964[3] die Rechtsprechung des früheren Reichsarbeitsgerichts auf und erklärte sowohl die außerordentliche wie die ordentliche **Kündigung vor Dienstantritt** für **zulässig.** Das ergebe sich aus der Exis-

142

---

[68] BGH 27.5.1957 BGHZ 24, 308; LAG Düsseldorf 4.11.1971 EzA BGB § 130 Nr. 4; BAG 14.7.1960 EzA BGB § 130 Nr. 1 = NJW 1961, 2132.
[69] BGH 7.12.1994 NJW 1995, 665 mwN; LAG Hamm 13.1.1993 LAGE BGB § 130 Nr. 19.
[70] LAG Bremen 5.9.1986 LAGE BGB § 130 Nr. 6 = DB 1987, 996; ebenso *Reinecke*, NZA 1989, 583 mwN.
[71] Erman/*Arnold*, § 132 BGB Rn. 1.
[1] RAG 18, 157.
[2] *Hueck/Nipperdey*, Bd. 1, S. 555.
[3] BAG 22.8.1964 EzA BGB § 620 Nr. 6 = NJW 1965, 171; bestätigt durch BAG 25.3.2004 EzA BGB 2002 § 620 Kündigung Nr. 1 = NZA 2004, 1089; BAG 19.8.2010 AP BGB § 307 Nr. 49; für die Kündigung eines GmbH-Geschäftsführers: KG Berlin 13.7.2009 GmbHR 2010, 37.

tenz des Vertragsverhältnisses, das mit Abschluss des Vertrages in Kraft trete, auch wenn seine Aktualisierung vereinbarungsgemäß hinausgeschoben sei. Dies entspricht heute der einhelligen Auffassung im Schrifttum.[4] Das gilt auch für das Berufsausbildungsverhältnis und für die ausdrücklich vereinbarte Kündigung im Rahmen eines befristeten Arbeitsvertrages.[5]

143 Zulässig ist eine Kündigung vor Dienstantritt aber nur, wenn **keine abweichende Vereinbarung** getroffen worden ist. Der vertragliche Ausschluss setzt nach der Entscheidung des BAG vom 2.11.1978[6] voraus, dass die Parteien dieses Kündigungsrecht entweder ausdrücklich ausgeschlossen haben oder ein dahingehender beiderseitiger Wille eindeutig erkennbar ist. Das ist anzunehmen, wenn die Parteien eine Vertragsstrafe für den Fall der Nichtaufnahme der Arbeit vereinbart haben.[7] Im Übrigen müssen nach Auffassung des BAG besondere Umstände vorliegen, die einen gesteigerten Vertrauensschutz für den Kündigungsempfänger erforderlich machen.[8] Solche besonderen Umstände sollen die Einstellung für einen Dauerarbeitsplatz oder die Abwerbung eines Arbeitnehmers durch ein günstiges Angebot aus einem bestehenden Arbeitsverhältnis sein. Andererseits soll aber nicht schon ausreichen, dass der Arbeitnehmer wegen der Verdienstmöglichkeiten seine bisherige Arbeitsstelle aufgegeben und sich auf die Zusage eingestellt hat.[9] Der Nachweis eines konkludenten Ausschlusses der Kündigung vor Dienstantritt dürfte damit besonders schwierig sein. Nach Auffassung des LAG Hamm[10] verstößt allerdings eine vertragliche Vereinbarung, die **einseitig** die arbeitnehmerseitige Kündigung vor Dienstantritt ausschließt, gegen § 622 Abs. 6 BGB und ist deshalb unwirksam.

144 Umstritten war und ist die Frage, von welchem Zeitpunkt ab die Kündigungsfrist bei einer an sich zulässigen Kündigung vor Dienstantritt zu laufen beginnt. Zunächst stand das BAG auf dem Standpunkt, die Kündigungsfrist könne erst in dem Zeitpunkt laufen, in dem die Arbeit vertragsgemäß aufgenommen wurde, es sei denn, die Parteien des Arbeitsvertrages vereinbaren eindeutig, die Kündigungsfrist solle schon vor Aktualisierung des Arbeitsvertrages laufen. Das wurde mit dem Grundsatz der Vertragsfreiheit begründet, der den Parteien hinsichtlich der Kündbarkeit des Arbeitsverhältnisses weitgehende Freiheit einräume. Machten die Parteien des Arbeitsvertrages hiervon keinen Gebrauch, so erfordere die Interessenlage, dass die Kündigungsfrist erst zurzeit des Dienstantritts zu laufen beginne. Das BAG hat diese Rechtsprechung jedoch aufgegeben und entscheidet nunmehr ohne Vermutung bzw. allgemeine Erfahrungsregeln nach der **konkreten Interessenlage im Einzelfall**.[11] Wenn die Parteien für den Fall einer vor Vertragsbeginn ausgesprochenen ordentlichen Kündigung keine Vereinbarung über den Beginn der Kündigungsfrist getroffen haben, so liegt nach BAG vom 9.5.1985[12] eine Vertragslücke vor, die im Wege der **ergänzenden Vertragsaus-**

---

[4] KR/*Spilger*, § 622 BGB Rn. 127; APS/*Preis*, Grundlagen E Rn. 21; APS/*Linck*, § 622 BGB Rn. 70; *Berger-Delhey*, DB 1989, 380 f.; *Kramer*, S. 46; *M. Wolf*, Anm. zu BAG AP § 620 BGB Nr. 3.
[5] BAG 17.9.1987 EzA BBiG § 15 Nr. 6 sowie 19.6.1980 AP BGB § 620 Befristeter Arbeitsvertrag Nr. 55 = EzA BGB § 620 Nr. 47 = NJW 1981, 246; 9.5.1985 EzA § 620 BGB Nr. 75 = NZA 1986, 671.
[6] AP BGB § 620 Nr. 3 = EzA § 620 BGB Nr. 38 = NJW 1979, 1086.
[7] LAG Frankfurt 18.6.1980 DB 1981, 532; *Berger-Delhey*, DB 1989, 380.
[8] BAG 9.5.1985 EzA BGB § 620 Nr. 75 = NZA 1986, 671; 17.9.1987 EzA BBiG § 15 Nr. 6.
[9] BAG 9.5.1985 EzA BGB § 620 Nr. 75 = NZA 1986, 671.
[10] Urteil 15.3.1989 DB 1989, 1191 = LAGE BGB § 622 Nr. 14.
[11] BAG 6.3.1974 AP BGB § 620 Nr. 2 EzA BGB § 620 Nr. 19 mit kritischer Anm. *Herschel* = NJW 1974, 1399.
[12] EzA BGB § 620 Nr. 75 = NZA 1986, 671.

§ 8 Kündigung vor Dienstantritt

legung zu schließen ist.[13] Für die Ermittlung des mutmaßlichen Parteiwillens und die hierfür maßgebende Würdigung der beiderseitigen Interessen ist grundsätzlich auf die konkreten Umstände des Falles abzustellen. Allgemeine Erfahrungsregeln werden seit der Entscheidung des BAG vom 6.3.1974[14] nicht mehr anerkannt. BAG vom 9.5.1985 steht auf dem Standpunkt, dass typische Vertragsgestaltungen jedoch für oder gegen die Annahme sprechen könnten, die Parteien hätten eine auf Dauer der vereinbarten Kündigungsfrist beschränkte Realisierung des Vertrages gewollt. Dies gilt insbesondere im Blick auf die Länge der Kündigungsfrist und den Zweck der vorgesehenen Beschäftigung (zB Probezeit). Hiermit trägt das BAG dem Bedenken Rechnung, dass man in der Zeit vor Realisierung des Arbeitsverhältnisses nicht zu einer stärkeren Bindung kommen sollte als nachher. Das spricht im Regelfall für den Beginn der Kündigungsfrist mit dem Zugang.[15] Gelten für das Arbeitsverhältnis aufgrund eines Tarifvertrages nach § 622 Abs. 4 BGB ganz kurze Kündigungsfristen von vielleicht nur einem oder zwei Tagen, was gelegentlich für gewerbliche Arbeitnehmer vorkommt, so ist nach der Interessenlage der Parteien keine Pflicht anzunehmen, das Arbeitsverhältnis zu aktualisieren. Das wird auch dann anzunehmen sein, wenn die Parteien eine Probezeit vereinbart haben.[16] In diesem Fall gilt auch bei Kündigung vor Dienstantritt die ggf. tariflich oder einzelvertraglich vereinbarte kürzere Kündigungsfrist während der Probezeit, weil nicht anzunehmen ist, dass sich die Vertragsparteien vor Dienstantritt stärker binden wollen als nach Dienstantritt.[17]

145 Davon sollte nur abgewichen werden, wenn ein beiderseitiger Wille der Parteien, eine gewisse Mindestbeschäftigung in jedem Falle sicherzustellen, eindeutig erkennbar ist. BAG vom 9.5.1985[18] steht demgegenüber auf dem Standpunkt, dass bei vorzeitig erklärter Kündigung der Vertragszweck von vornherein nicht erreicht werden könne und damit viel dafür spreche, in einem solchen Fall an einer kurzfristigen Vertragserfüllung für beide Parteien kein Interesse zu sehen. Das Gericht lehnt es jedoch ab, bei Fehlen einer eindeutigen Parteivereinbarung stets die Kündigungsfrist mit dem Zugang der Kündigung laufen zu lassen. Vielmehr könne ein beiderseitiges Interesse der Parteien an der Durchführung des Vertrages für die Dauer der festgelegten Kündigungsfrist bestehen. Dies gelte insbesondere bei Vereinbarung langer Kündigungsfristen. Das Gericht lehnt für die ergänzende Vertragsauslegung jede schematisierende Betrachtungsweise ab. Wenn die Parteien allerdings die kürzeste zulässige Kündigungsfrist vereinbart hätten, spräche dies gegen die mutmaßliche Vereinbarung einer Realisierung des Arbeitsverhältnisses für diesen Zeitraum.[19]

146 Beginnt die Kündigungsfrist nach diesen Grundsätzen ausnahmsweise mit der Aktualisierung des Arbeitsverhältnisses, so ist Fristbeginn der Tag, an dem vertragsgemäß die Arbeit aufgenommen werden sollte, d.h., der erste vorgesehene Arbeitstag ist mitzurechnen (§ 187 Abs. 2 BGB).[20] Tritt der Arbeitnehmer den Dienst gleichwohl nicht

---

[13] Hierzu *Caesar*, NZA 1989, 251 ff.
[14] AP BGB § 620 Nr. 2 = EzA BGB § 620 Nr. 19 mit kritischer Anm. *Herschel*.
[15] BAG 9.2.2006 AP § 4 KSchG 1969 Nr. 56; Ebenso *Caesar*, NZA 1989, 253; *Kramer*, S. 52 ff.; KR/*Spilger*, § 622 BGB Rn. 128. Vgl. dazu auch BGH 21.2.1979 NJW 1979, 1288 für den Fall der Kündigung eines Mietverhältnisses, das noch nicht vollzogen ist.
[16] BAG 9.2.2006 EzA KSchG n.F. § 4 Nr. 73 = NZA 2006, 1207; BAG 25.3.2004 EzA BGB 2002 § 620 Kündigung Nr. 1 = NZA 2004, 1089.
[17] *Preis/Kliemt/Ulrich*, AR-Blattei SD 1270 Rn. 214; KR/*Spilger*, § 622 BGB Rn. 128.
[18] AP BGB § 620 Nr. 4 = EzA BGB § 620 Nr. 75.
[19] BAG 9.5.1985 EzA BGB § 620 Nr. 75 = NZA 1986, 671; ebenso KR/*Spilger*, § 622 BGB Rn. 128; *Neumann*, DB 1966, 1607.
[20] BAG 2.11.1978 AP BGB § 620 Nr. 3 = EzA BGB § 620 Nr. 38.

an, kommt unter den Voraussetzungen des § 628 Abs. 2 BGB (→ Rn. 815 ff.) ein Schadensersatzanspruch des Arbeitgebers in Betracht.[21]

147 Die **außerordentliche Kündigung** vor Dienstantritt ist nach herrschender Lehre stets zulässig.[22]

§ 9 Rücknahme der Kündigung

148 Die Kündigungserklärung führt als einseitige Willenserklärung im Zeitpunkt des Wirksamwerdens die Rechtsgestaltung unmittelbar herbei. Ist sie dem Erklärungsempfänger zugegangen, so kann der Erklärende sie **einseitig nicht mehr zurücknehmen**.[1] Nach § 130 Abs. 1 S. 2 BGB wird die Kündigung dann nicht wirksam, wenn dem Erklärungsgegner vorher oder gleichzeitig ein Widerruf zugeht. Ist die Kündigung jedoch zugegangen, hat aber der Gekündigte von ihr noch keine Kenntnis erhalten, weil er zB einige Tage verreist ist, so ist die einseitige Rücknahme der Kündigung ebenfalls nicht mehr möglich.[2] Das folgt unmittelbar aus § 130 Abs. 1 BGB, der den Zugang als entscheidendes Moment herausstellt.

I. Rücknahme vor Klageerhebung

149 Kündigt der Arbeitgeber das Arbeitsverhältnis, nimmt er dann aber die Kündigungserklärung wieder zurück, weil zB ein wichtiger Grund in Wahrheit nicht vorlag oder die Kündigung nach seiner späteren Einschätzung doch nicht sozial gerechtfertigt war, so ist fraglich, ob sich der Arbeitgeber selbst auf die Unwirksamkeit der Kündigung berufen kann. Die Kündigung hat in diesen Fällen die mit ihr ursprünglich beabsichtigte Gestaltungswirkung wegen ihrer Unwirksamkeit nicht entfaltet und die „Rücknahme" ist damit praktisch die Berufung auf diese Unwirksamkeit durch den Erklärenden selbst. Dennoch ist die einseitige „Rücknahme" der Kündigung auch in diesen Fällen vor Ablauf der Klagefrist nach § 4 KSchG nicht möglich. Stets ist das Einverständnis des Arbeitnehmers erforderlich.[3] Der Arbeitnehmer kann auch die objektiv unwirksame Kündigung gegen sich gelten und wirksam werden lassen. Im Übrigen steht die objektive Unwirksamkeit der Kündigung im Zweifel erst mit der Rechtskraft des arbeitsgerichtlichen Urteils fest. Erhebt der Gekündigte keine Klage, so wird die Kündigung nach § 7 KSchG bzw. § 13 KSchG iVm § 7 KSchG wirksam. Diese Möglichkeit, durch Verstreichenlassen der Klagefrist die wirksame Beendigung des Arbeitsverhältnisses herbeizuführen, kann dem Gekündigten nicht genommen werden.[4] Nimmt der Arbeitgeber die Kündigung im Kündigungsschutzprozess mit Zustimmung

---

[21] *Bonanni/Niklas,* ArbRB 2008, 249.
[22] Vgl. MüKoBGB/*Hesse,* Vor § 620 BGB Rn. 124.
[1] BAG 21.2.1957 AP KSchG § 1 Nr. 22 = DB 1957, 311; BAG 29.1.1981 u. 19.8.1982 EzA KSchG n. F. § 9 Nr. 10 u. 14 = AP KSchG 1969 § 9 Nr. 6 u. 9; BAG 6.2.1992 EzA BGB § 119 Nr. 16 = NZA 1992, 790; BAG 20.4.1994 EzA BGB § 613a Nr. 118; *Schwerdtner,* ZIP 1982, 640; HHL/*Linck,* § 4 KSchG Rn. 55; KR/*Friedrich,* § 4 KSchG Rn. 54.
[2] *Schwerdtner,* ZIP 1982, 639 ff.; RG 25.10.1917 RGZ 91, 60.
[3] BAG 21.2.1957 AP KSchG § 1 Nr. 22 = DB 1957, 311; BAG 17.4.1986 EzA BGB § 615 Nr. 47 = NZA 1987, 17; MüKoBGB/*Hesse,* Vor § 620 BGB Rn. 126; a. A. für den Fall der unwirksamen Kündigung LAG Düsseldorf 16.1.1975 DB 1975, 1081.
[4] Ebenso *Schwerdtner,* ZIP 1982, 642.

des Arbeitgebers zurück, ist das Verfahren für erledigt zu erklären; der Arbeitgeber hat nach § 91a ZPO die Kosten zu tragen.⁵

Das gilt im Grundsatz auch für die Kündigungen, deren Unwirksamkeit sich aus anderen Gründen (§§ 134, 138 BGB) ergibt (vgl. § 13 Abs. 2 u. 3 KSchG). Nimmt der Arbeitgeber eine zB wegen eines Verstoßes gegen § 9 MuSchG unwirksame Kündigung zurück und bringt er so zum Ausdruck, dass das Arbeitsverhältnis durch sie nicht beendet worden ist, so erklärt er sich damit konkludent zur Fortsetzung des Arbeitsverhältnisses zu den vereinbarten Bedingungen bereit. Der Arbeitnehmer kann das Angebot annehmen oder ablehnen. Bis zum Erklärungszeitpunkt sind die Bezüge in jedem Falle nach § 615 BGB fortzuzahlen.⁶ Fordert der Arbeitgeber den Arbeitnehmer nach der „Rücknahme" der Kündigung zur Wiederaufnahme der Arbeit auf, endet allerdings der Annahmeverzug des Arbeitgebers.⁷ Dem Arbeitnehmer steht es allerdings auch frei, innerhalb der Klagefrist des § 4 KSchG die Unwirksamkeit der Kündigung geltend zu machen und die Auflösung des Arbeitsverhältnisses zu beantragen. Diese Möglichkeit kann ihm durch die „Rücknahme" der Kündigung nicht genommen werden.⁸

II. Rücknahme der Kündigung durch Vertrag

Nach Wirksamwerden der Kündigung – dies ist der Zeitpunkt des Zugangs – ist die Rücknahme der Kündigung nur noch durch Vereinbarung möglich. Diese kann formlos erfolgen, d.h. also auch durch beiderseitiges konkludentes Verhalten. Hierzu zählt auch der Fall, dass der Arbeitnehmer nach Ablauf der Kündigungsfrist mit Wissen und Wollen des Arbeitgebers weiterarbeitet (§ 625 BGB).⁹ Ein Angebot zur Fortsetzung des Arbeitsverhältnisses liegt regelmäßig in der Erklärung des Arbeitgebers, die Kündigung zurückzunehmen.¹⁰ Ob es dann zu einer Vereinbarung über die Rücknahme kommt, hängt vom Verhalten des Arbeitnehmers ab. Äußert der Arbeitnehmer, dass eine Grundlage für eine weitere vertrauensvolle Zusammenarbeit nicht mehr gegeben sei, liegt erkennbar eine Ablehnung vor.¹¹ Allein die Erhebung der Kündigungsschutzklage kann nicht ohne Weiteres als antezipiertes Einverständnis in die Rücknahme der Kündigung angesehen werden. Diese Bewertung kann im Einzelfall zutreffen, ist aber nicht regelmäßig anzunehmen. Der Arbeitnehmer, der eine Kündigungsschutzklage erhebt, hat grundsätzlich ein Interesse daran, die Rechtsunwirksamkeit der Kündigung festzustellen. Die Stellung des Auflösungsantrages nach § 9 KSchG bedeutet in jedem Falle eine Ablehnung des Angebots.

Leugnet der Gekündigte die Rechtswirksamkeit der Kündigung und wird aus diesem Grunde die Fortsetzung des Arbeitsverhältnisses verlangt, so liegt darin regelmäßig zugleich die Zustimmung zur Rücknahme der Kündigung. Auch in der Ankündigung

---

⁵ LAG Köln 14.3.2005 NZA 1995, 1016.
⁶ BAG 17.4.1986 EzA BGB § 615 Nr. 47 = NZA 1987, 17.
⁷ LAG Düsseldorf 6.8.1968 DB 1968, 2136.
⁸ BAG 19.8.1982 AP KSchG 1969 § 9 Nr. 9 = EzA KSchG n. F. § 9 Nr. 14; LAG Düsseldorf 26.5.1975 EzA KSchG n. F. § 9 Nr. 2.
⁹ Nach BAG 1.12.1960 AP BGB § 625 Nr. 1 = DB 1961, 575 ist die Norm ein Tatbestand schlüssiger Willenserklärung kraft gesetzlicher Fiktion; ebenso BAG 11.8.1988 EzA BGB § 625 Nr. 3 = NZA 1989, 595, wonach im Regelfall von einer Fortsetzung des Arbeitsverhältnisses mit dem bisherigen Inhalt auch hinsichtlich der Kündigungsfristen ausgegangen werden kann.
¹⁰ BAG 29.1.1981 u. 19.8.1982 AP KSchG 1969 § 9 Nr. 6 u. 9 = EzA KSchG n. F. § 9 Nr. 10 u. 14; BAG 6.2.1992 EzA BGB § 119 Nr. 16 = NZA 1992, 790.
¹¹ LAG Nürnberg 23.9.1992 LAGE HGB § 75 Nr. 1.

des Antrages, den Rechtsstreit nach Rücknahme der Kündigungserklärung in der Hauptsache für erledigt zu erklären, liegt eine konkludente Annahme des Angebotes auf Fortsetzung des alten Arbeitsverhältnisses.[12] Nach vereinbarter Rücknahme der Kündigung besteht das Arbeitsverhältnis mit dem alten Inhalt fort. Der Arbeitgeber hat die vereinbarten Bezüge nach § 615 BGB (rückwirkend) zu zahlen, ohne dass zu prüfen ist, ob die Kündigung rechtsunwirksam gewesen ist oder nicht. Auf diese Prüfung hat der Arbeitgeber gerade verzichtet, sodass er sich in Bezug auf den Annahmeverzug so behandeln lassen muss, als ob die Kündigung unwirksam gewesen wäre.[13] Bei der einvernehmlichen Rücknahme der Kündigung ist von der Unwirksamkeit der Kündigung und damit auch für die Frage des Annahmeverzuges vom Fortbestand des Arbeitsverhältnisses auszugehen. Auch der sozialversicherungsrechtliche Leistungsträger tritt nach § 115 SGB X in die von den Arbeitsvertragsparteien bindend klargestellte Rechtslage ein.[14] Ist die Kündigungsfrist bereits abgelaufen und das Arbeitsverhältnis beendet, so liegt in der **vereinbarten Rücknahme** der Kündigung in aller Regel eine mit **rückwirkender Kraft** erfolgte Verlängerung des alten Arbeitsverhältnisses zu gleichen Bedingungen.[15] Die Parteien können die Rückwirkung durch **eindeutige** Vereinbarung ausschließen. In diesem Falle liegt die Neubegründung eines Arbeitsverhältnisses vor. Die Lohnzahlungspflicht für die Zwischenzeit hängt davon ab, ob die Kündigung berechtigt war oder nicht.

1. Verzicht auf Kündigungsgründe

153   Der Kündigende kann sich **nach** vertraglich erfolgter Rücknahme der Kündigung auf die zu ihrer Stützung herangezogenen Gründe für eine neue Kündigung im weiterbestehenden Arbeitsverhältnis nicht berufen. Als selbständige Kündigungsgründe scheiden sie aus.[16] Allerdings wird man im Allgemeinen nicht annehmen können, dass der Kündigende damit auch darauf verzichtet, auf diese Gründe zu einer möglichen späteren zweiten Kündigung unterstützend zurückzugreifen, wenn sie mit der ersten Kündigung in einem Zusammenhang stehen. Ein „Verbrauch des Kündigungsgrundes" tritt aber nicht ein, wenn der Arbeitgeber eine Beendigungskündigung auf richterlichen Hinweis zurücknimmt und stattdessen eine Änderungskündigung ausspricht.[17]

2. Bedeutung der Ablehnung der Rücknahme

154   Obwohl die Rücknahme der Kündigung ohne Einwilligung des Arbeitnehmers nicht möglich ist, kann die Verweigerung dennoch in Sonderfällen auf den Bestand des Arbeitsverhältnisses einwirken. Hat der Arbeitgeber das Arbeitsverhältnis wegen dringender betrieblicher Gründe gekündigt und nimmt er dann vor Ablauf der Kündigungsfrist die Kündigung wegen eines plötzlich eingegangenen Auftrages zurück und bietet die Weiterbeschäftigung zu den alten Bedingungen an, weigert sich der Arbeitnehmer jedoch, darauf einzugehen, weil ihm wegen der Lage des Unternehmens auf

---

[12] BAG 17.4.1986 EzA BGB § 615 Nr. 47 = NZA 1987, 17.
[13] Vgl. dazu APS/*Preis*, Grundlagen D Rn. 127.
[14] BAG 17.4.1986 EzA BGB § 615 Nr. 47 = NZA 1987, 17.
[15] BAG 21.2.1957 AP KSchG § 1 Nr. 22.
[16] BAG 21.2.1957 AP KSchG § 1 Nr. 22.
[17] LAG Nürnberg 4.11.2008 LAGE KSchG § 1 Betriebsbedingte Kündigung Nr. 82.

Dauer sein Arbeitsvertrag zu unsicher ist, so erklärt er damit seinerseits die Beendigung des Arbeitsvertrages, die allerdings im Hinblick auf § 623 BGB schriftlich erfolgen muss.[18] Das gilt jedenfalls dann, wenn der Arbeitnehmer in diesem Zeitpunkt bereits eine neue Stelle hatte und diese antreten möchte. Erhebt er dennoch Klage nach dem Kündigungsschutzgesetz, so fehlt es bereits am Rechtsschutzinteresse. Eine andere Beurteilung wäre nur dann möglich, wenn der Arbeitnehmer die Auflösung des Arbeitsverhältnisses durchsetzen will. Diesen Anspruch kann der Arbeitgeber durch einseitige Rücknahme der Kündigung nicht beeinträchtigen.

Im Regelfall allerdings bedeutet die Ablehnung der Rücknahme keine Kündigungserklärung durch den Arbeitnehmer.

III. Rücknahme nach Klageerhebung

Nach früher herrschender Auffassung konnte der Arbeitgeber im Laufe des Kündigungsschutzprozesses die Kündigung zurücknehmen, weil in der Klageerhebung bereits die antezipierte Zustimmung zur Rücknahme der Kündigung liege.[19] Das BAG teilt diese Auffassung nicht,[20] weil dem Arbeitnehmer nicht ohne Weiteres unterstellt werden könne, dass er mit der Erhebung der Kündigungsschutzklage gleichzeitig auch sein Einverständnis zur Rücknahme der Kündigung und zur Fortsetzung des Arbeitsverhältnisses erteile. Dies möge zwar im Einzelfall, nicht aber in der Regel zutreffen. Dem Arbeitnehmer einen solchen Geschäftswillen zu unterstellen, sei lebensfremd. Der Arbeitnehmer denke nicht daran, sich von vornherein in der Ausübung seiner Rechte, etwa aus § 9 oder § 12 KSchG, einzuengen. Durch diese Sichtweise ist in einem weiteren Punkt Rechtsunsicherheit in den Kündigungsschutzprozess hineingetragen worden. Anders als das BAG meint, muss im Regelfall von einem Willen zur Fortsetzung des Arbeitsverhältnisses ausgegangen werden. Dies gilt jedenfalls dann, wenn der Klageantrag dahingehend lautet, dass das Arbeitsverhältnis „über den Kündigungszeitpunkt hinaus unbefristet fortbesteht". Im Zweifel ist in der Praxis anzuraten, von dem richterlichen Fragerecht nach § 139 ZPO Gebrauch zu machen.

Der Arbeitgeber hat für die Zwischenzeit den Lohn bzw. das Gehalt aus dem Gesichtspunkt des Annahmeverzuges zu zahlen.[21] Mit der einverständlichen Rücknahme der Kündigung und der Aufforderung zum Wiederantritt der Arbeit endet der Annahmeverzug.[22] Nicht erforderlich ist, dass der Arbeitgeber in diesem Falle ausdrücklich anbietet, er sei bereit, den Lohn für die Zwischenzeit zu zahlen.[23] Die Beendigung des Annahmeverzugs tritt auch ohne eine derartige ausdrückliche Erklärung mit dem Zugang der Rücknahme der Kündigung ein. Allerdings muss der Arbeitgeber deutlich machen, dass er die Kündigung wegen der Unwirksamkeit der Kündigung zurücknimmt.[24]

---

[18] LAG Düsseldorf 29.7.1975 EzA BGB n. F. § 622 Nr. 13.
[19] KR/*Friedrich*, § 4 KSchG Rn. 64; LAG Hamm 3.2.1982 ZIP 1982, 486.
[20] BAG 19.8.1982 AP KSchG 1969 § 9 Nr. 9 = EzA KSchG n. F. § 9 Nr. 14; zustimmend APS/ *Hesse*, § 4 KSchG Rn. 131; HHL/*Linck*, § 4 KSchG Rn. 57.
[21] KR/*Friedrich*, § 4 KSchG Rn. 65.
[22] LAG Hamm 22.10.1982 ZIP 1982, 94 ff.; KR/*Friedrich*, § 4 KSchG Rn. 66.
[23] So aber LAG Frankfurt 24.4.1957 DB 1957, 900.
[24] Vgl. hierzu BAG 21.5.1981 EzA BGB § 615 Nr. 40 = NJW 1982, 121; siehe auch *Ohlendorf*, ArbuR 1981, 109 sowie *Berkowsky*, DB 1981, 1569. Der Arbeitgeber kann den Arbeitnehmer nicht zwingen, für die Dauer des Prozesses weiter zu arbeiten. Lehnt der Arbeitnehmer ein derartiges Angebot ab, so hat das auf seinen Anspruch aus § 615 BGB keinen Einfluss. Die bloße Aufforderung, die Arbeit wieder aufzunehmen, stellt nicht unbedingt ein vorbehaltloses Angebot auf Fortsetzung des

158 Die Rücknahme der Kündigung führt in jedem Falle dann nicht zur Erledigung des Kündigungsschutzprozesses, wenn der Arbeitnehmer einen Auflösungsantrag nach § 9 KSchG gestellt hat oder nach der Erklärung der Kündigungsrücknahme durch den Arbeitgeber stellt.[25] Die Stellung des Antrages nach § 9 KSchG bedeutet die Ablehnung des in der Rücknahmeerklärung liegenden Angebotes auf Fortsetzung des Arbeitsverhältnisses. Der Auflösungsantrag hat zur Voraussetzung, dass dem Arbeitnehmer die Fortsetzung des Arbeitsverhältnisses nicht mehr zuzumuten ist. Dann kann er die Beendigung gegen Zahlung einer Abfindung beantragen. Dieses Recht kann der Arbeitgeber nicht durch die Erklärung der Rücknahme der Kündigung beeinträchtigen.[26] Anderenfalls könnte der Arbeitgeber den Arbeitnehmer zur Fortsetzung des Arbeitsverhältnisses zwingen, obwohl es dem Arbeitnehmer nicht mehr zugemutet werden kann und der Gesetzgeber gerade für diesen Fall dem Arbeitnehmer das Recht eingeräumt hat, im Kündigungsschutzprozess den Auflösungsantrag zu stellen. Das BAG hat es abgelehnt, im Falle der Rücknahme der Kündigung das Rechtsschutzinteresse für die erhobene Kündigungsschutzklage zu verneinen.[27] Nur „im Einzelfall aufgrund besonders gelagerter Umstände" sei dies nicht auszuschließen. Der Arbeitnehmer sei nicht gehalten, die Kündigungsschutzklage zurückzunehmen oder die Hauptsache für erledigt zu erklären, zumal bei Vorliegen der Voraussetzungen des § 307 ZPO auch ein Anspruch auf Erlass eines Anerkenntnisurteils besteht.[28]

159 Hat der Arbeitnehmer den Auflösungsantrag noch nicht gestellt, wenn der Arbeitgeber die Kündigung zurücknimmt, wird vom Arbeitnehmer eine **unverzügliche** Stellung des Antrages verlangt.[29] Zu weit geht allerdings die Auffassung, andernfalls das in der „Rücknahme" der Kündigung durch den Arbeitgeber zu sehende Vertragsangebot als angenommen anzusehen.[30] Der Entscheidung des BAG vom 19.5.1982 lässt sich nicht entnehmen, dass das Gericht eine Rechtspflicht zur unverzüglichen Erklärung bejaht; vielmehr wird allein auf die allgemeinen Regeln über den Vertragsschluss nach §§ 145ff. BGB verwiesen.[31] Allein die fehlende unverzügliche Erklärung des Arbeitnehmers lässt nicht bereits den Schluss zu, er habe das Angebot auf Vertragsfortsetzung angenommen. Ebenso wenig wie in der Kündigungsschutzklage die vorweggenommene Annahmeerklärung zu sehen ist, liegt in der bloßen Fortführung des Kündigungsschutzprozesses nach Kündigungsrücknahme eine stillschweigende Annahmeerklärung.[32] Auch das BAG will dem Arbeitnehmer gerade die Fortsetzung des Kündigungsschutzprozesses ermöglichen. Im Zweifel ist zu raten, vom richterlichen Fragerecht nach § 139 ZPO Gebrauch zu machen. Auf eine Handlung des Arbeitnehmers, die den Schluss auf die Annahme des Vertragsangebotes zulässt, kann nicht verzichtet werden.[33] Eine solche Handlung liegt in dem Antrag des Arbeitnehmers, die

---

Arbeitsverhältnisses dar; durch eine derartige Aufforderung kann nicht einmal der Annahmeverzug beendet werden. Vgl. BAG 14.11.1985 EzA BGB § 615 Nr. 46 = NZA 1986, 637; KR/*Friedrich*, § 4 KSchG Rn. 66; *Berkowsky*, BB 1984, 218; *Bauer*, DB 1985, 1183.

[25] BAG 19.8.1982 AP KSchG 1969 § 9 Nr. 9 = EzA KSchG n. F. § 9 Nr. 14.
[26] Siehe hierzu LAG Köln 6.11.2008 – 7 Sa 786/08 –.
[27] Ebenso jetzt APS/*Hesse*, § 4 KSchG Rn. 131; HHL/*Linck*, § 4 KSchG Rn. 58.
[28] BAG 19.8.1982 AP KSchG 1969 § 9 Nr. 9 = EzA KSchG n. F. § 9 Nr. 14.
[29] Vgl. LAG Düsseldorf 26.5.1975 EzA KSchG n. F. § 9 Nr. 2; KR/*Friedrich*, § 4 KSchG Rn. 72.
[30] So KR/*Friedrich*, § 4 KSchG Rn. 72.
[31] BAG 19.8.1982 AP KSchG 1969 § 9 Nr. 9 = EzA KSchG n. F. § 9 Nr. 14.
[32] Wie hier APS/*Hesse*, § 4 KSchG Rn. 132; HHL/*Linck*, § 4 KSchG Rn. 59; a. A. KR/*Friedrich*, § 4 KSchG Rn. 64.
[33] So aber KR/*Friedrich*, § 4 KSchG Rn. 64.

Hauptsache für erledigt zu erklären und dem Arbeitgeber die Kosten des Verfahrens aufzuerlegen.³⁴

Auch wenn der Arbeitgeber den Klageanspruch förmlich nach § 307 ZPO aner- **160** kennt und ein Angebot auf Vertragserneuerung abgibt, kann der Arbeitnehmer nach § 12 KSchG die Fortsetzung der Arbeit durch Erklärung gegenüber dem Arbeitgeber verweigern.³⁵

§ 10 Die bedingte und vorsorgliche Kündigung

Die bedingte und die sogenannte vorsorgliche Kündigung werden in der Praxis **161** häufig verwechselt. Tatsächlich handelt es sich um zwei völlig verschiedene Kündigungsformen.

I. Die bedingte Kündigung

Früher hat man verbreitet angenommen, die bedingte Kündigung vertrage sich **162** nicht mit dem Grundsatz, dass die Kündigung klar und bestimmt sein muss. Das ist in dieser allgemeinen Form nicht zutreffend. Bedingungen sind zulässig, sofern der Grundsatz der Klarheit und Bestimmtheit nicht beeinträchtigt wird. So erklärt BAG 27.6.1968 eine bedingte Kündigung dann für wirksam, wenn der Eintritt der Bedingung **allein vom Willen des Kündigungsempfängers** abhängt, wenn also der Gekündigte sich im Zeitpunkt der Kündigung sofort entschließen kann, ob er die Bedingung erfüllen will oder nicht.¹ In diesem Falle entsteht für den Gekündigten keine Ungewissheit. Die Kündigung unter einer sogenannten **Potestativbedingung** wird allgemein für zulässig gehalten.² Der Kündigungsempfänger hat es dann je nach seinem Verhalten selbst in der Hand, ob die Kündigung wirksam wird oder nicht. Wichtigster Anwendungsfall in der Praxis ist die sogenannte **Änderungskündigung.** Dabei handelt es sich um eine echte Kündigung unter der aufschiebenden Bedingung, dass der Gekündigte die mit der Kündigung zugleich angebotene Änderung des Vertrages ablehnt.³ Zur Änderungskündigung siehe noch Rn. 1287 ff.

Unzulässig sind jedoch bedingte Kündigungen dann, wenn der Eintritt der Bedin- **163** gung ungewiss ist und der Kündigende durch die Bedingung in eine ungewisse Lage versetzt wird. Wenn der Eintritt der Bedingung von der Beurteilung des Kündigenden oder eines Dritten abhängt, ist die Kündigung nicht bestimmt und daher unwirksam.⁴ Beispiel für eine unzulässige Ungewissheit ist die Kündigung unter der Bedingung, dass der Arbeitnehmer nicht innerhalb einer bestimmten Frist seine Leistungen verbessert oder dass keine weiteren Aufträge eingehen.⁵ In diesen Fällen kann der Arbeit-

---

³⁴ BAG 17.4.1986 EzA BGB § 615 Nr. 47 = NZA 1987, 17.
³⁵ LAG Hamm vom 3.3.1982 ZIP 1982, 488; *Schwerdtner,* ZIP 1982, 644; KR/*Friedrich,* § 4 KSchG Rn. 73.
¹ BAG 27.6.1968 AP BGB § 626 Bedingung Nr. 1 = EzA BGB § 626 Nr. 9; siehe auch BAG 19.12.1974 EzA BGB § 305 Nr. 6 = NJW 1975, 1531; zum Erfordernis der Zustimmung eines Dritten zur Wirksamkeit der Kündigung vgl. BAG 10.11.1994 EzA BGB § 620 Bedingte Kündigung Nr. 1.
² Vgl. KR/*Rost/Kreft,* § 2 KSchG Rn. 15; MünchArbR/*Wank,* § 96 Rn. 35.
³ BAG 8.7.1960 EzA BGB § 305 Nr. 1 = DB 1960, 1070.
⁴ BAG 27.6.1968 AP BGB § 626 Bedingung Nr. 1 = EzA BGB § 626 Nr. 9; BAG 15.3.2001 NZA 2001, 1070.
⁵ BAG 15.3.2001 NZA 2001, 1070.

nehmer nicht feststellen, ob und wann gekündigt ist. Unzulässig dürften alle bedingten Kündigungen sein, bei denen der Kündigungsempfänger Erkundigungen über den Bedingungseintritt einziehen muss. Es ist Sache des Kündigenden, die Voraussetzungen für die Wirksamkeit eindeutig klarzustellen. Dies gilt sowohl für die aufschiebende als auch für die auflösende Bedingung.

164 Wenn eine bedingte Kündigungserklärung zulässig ist, läuft die Kündigungsfrist grundsätzlich erst mit dem Eintritt der Bedingung, weil die Kündigung erst zu diesem Zeitpunkt wirksam wird und dem Kündigungsempfänger die gesamte Dauer der Kündigungsfrist zur Verfügung stehen soll. Problematisch ist der Lauf der Kündigungsfrist bei einer vom Willen des Kündigungsempfängers abhängigen Potestativbedingung, wenn dieser sich nicht erklärt. Ob es hier richtig ist, die Kündigungsfrist mit dem Zeitpunkt laufen zu lassen, in dem vom Kündigungsempfänger zumutbarerweise eine Entscheidung verlangt werden kann,[6] erscheint schon aus Gründen der Rechtssicherheit zweifelhaft. Dem Kündigenden steht es frei, wenn der Kündigungsempfänger sich nicht erklärt, eine neue unbedingte Kündigung auszusprechen.

II. Die vorsorgliche Kündigung

165 Die vorsorgliche Kündigung ist eine unbedingte Kündigung und daher unbedenklich zulässig.[7] Erklärt der Arbeitgeber die Kündigung „hilfsweise" oder „vorsorglich", verdeutlicht er, dass er sich primär auf einen anderen Beendigungstatbestand beruft, auf dessen Rechtswirkungen er nicht verzichten will.[8] Die so erklärte Kündigung steht unter einer unstreitig zulässigen Rechtsbedingung.[9] Ihre Wirkung endigt, wenn feststeht, dass das Arbeitsverhältnis bereits zu einem früheren Zeitpunkt aufgelöst worden ist.[10] Der Vorbehalt, die Kündigung ggf. zurückzunehmen, ist unverbindlich. Für die Rücknahme der vorsorglichen Kündigung gelten die allgemeinen Grundsätze, da es sich um eine unbedingte Kündigung handelt (vgl. dazu → Rn. 148 ff.). Der Arbeitnehmer muss auch die vorsorgliche Kündigung nach § 4 KSchG rechtzeitig durch Klage angreifen, da sonst die Wirkungen des § 7 KSchG eintreten. Daneben ist die vorsorgliche Kündigung für den Fall verbreitet, dass eine bereits erklärte Kündigung rechtsunwirksam sein sollte. Für den Fall, dass das Arbeitsverhältnis nicht bereits aus anderen Gründen aufgelöst sein sollte, ist sie jedoch nur dann nach § 1 KSchG zu überprüfen, wenn die zeitlich vorhergehenden Beendigungsgründe nicht bereits zu einer Auflösung des Arbeitsverhältnisses geführt haben.[11] Vorsorgliche Kündigungen können zum einen dann zweckmäßig sein, wenn nach Ausspruch der vorangehenden Kündigung neue kündigungsrelevante Tatsachen aufgetreten sind.[12] Da Beurteilungszeitpunkt für die Rechtfertigung der Kündigung der Zeitpunkt des Zugangs der Kündigungserklärung ist (→ Rn. 891 f.), kann der Ausspruch einer vorsorglichen Kündi-

---

[6] So MünchArbR/*Wank,* § 96 Rn. 35.
[7] Das ist der Standpunkt der ganz herrschenden Lehre, vgl. KR/*Griebeling,* § 1 KSchG Rn. 169; KR/*Rost/Kreft,* § 2 KSchG Rn. 54; BAG 12.10.1954 AP KSchG § 3 Nr. 5 = NJW 1955, 1052; LAG Köln 6.10.2005 NZA-RR 2006, 353.
[8] BAG 23.5.2013 NZA 2013, 1197 Rn. 44; BAG 12.10.1954 BAGE 1, 110.
[9] So richtig BAG 27.3.1987 AP Nr. 29 zu § 242 BGB Betriebliche Übung; unzutreffend BAG 23.5.2013 NZA 2013, 1197 Rn. 44, das von einer auflösenden Bedingung iSv § 158 Abs. 2 BGB ausgeht.
[10] BAG 23.5.2013 NZA 2013, 1197 Rn. 44; BAG 10.4.2014 NZA 2015, 162.
[11] KR/*Griebeling,* § 1 KSchG Rn. 169.
[12] So in BAG 24.11.2005 EzA BetrVG 2001 § 103 Nr. 5 = AP BetrVG 1972 § 103 Nr. 55.

gung bei neuen Tatsachen sinnvoll sein. Praktisch häufig erfolgt eine vorsorgliche Kündigung auch dann, wenn Zweifel darüber entstanden sind, ob der Betriebsrat in der gehörigen Form angehört worden ist. Hier kann die vorsorgliche Kündigung für den Fall ausgesprochen werden, dass die erste Kündigung wegen Verletzung des § 102 BetrVG unwirksam sein sollte.

§ 11 Die Teilkündigung

Die Teilkündigung ist eine Willenserklärung, mit der der Kündigende einzelne Vertragsbedingungen gegen den Willen der anderen Vertragspartner einseitig ändern will.[1] Sie will im Gegensatz zur Kündigung des Gesamtrechtsverhältnisses nur erreichen, dass ein bestimmter Teil des Rechtsverhältnisses beseitigt wird, das im Übrigen fortbestehen soll. Sie steht auch im Gegensatz zur Änderungskündigung, die unter dem Druck der Gesamtkündigung die Änderung von Teilen des Rechtsverhältnisses zu erreichen sucht. Kommt es darüber zu keiner Einigung, so endet das gesamte Rechtsverhältnis. Gerade das will aber die Teilkündigung nicht herbeiführen, weil die Teilkündigung unter Aufrechterhaltung des Arbeitsverhältnisses im Übrigen nur einzelne Rechte und Pflichten aus dem Arbeitsvertrag beseitigen soll. Die jeweilige Erklärung bedarf der Auslegung. In der Äußerung einer – möglicherweise falschen – Rechtsansicht liegt keine Teilkündigung.[2] 166

Im Individualarbeitsrecht ist der Satz, **Teilkündigungen sind grundsätzlich ausgeschlossen,** fast allgemein anerkannt.[3] Ob die grundsätzliche Ablehnung der Teilkündigung allerdings gerechtfertigt ist, erscheint zunehmend zweifelhaft. Gerade die Teilkündigung könnte ein flexibles Instrument zur Anpassung der Arbeitsbedingungen sein, wenn nur hinreichend sichergestellt ist, dass der Kündigungsschutz nicht umgangen wird.[4] Bedenken gegen die Teilkündigung bestehen nur, wenn durch sie Kündigungsfristen, Formvorschriften, Kündigungsgrund und Beteiligung des Betriebsrats umgangen würden. Auch die Teilkündigung ist jedoch eine „Kündigung". Auf sie sind die Kündigungsschutznormen zumindest analog anwendbar. Die Ignorierung des Instituts der Teilkündigung ist aus drei Gründen nicht gerechtfertigt: Zum einen greift nicht jede Teilkündigung in das Ordnungs- und Äquivalenzgefüge des Vertrages ein. Dies hat jetzt auch der 9. Senat des BAG erkannt.[5] Zum Zweiten kann gerade die Teilkündigung ein milderes Mittel sein als die auf Beendigung zielende Änderungskündigung, die durch die gesetzliche Regelung in § 2 KSchG im Ergebnis nichts anderes als eine Teilkündigung ist. Zum Dritten erscheint der generelle Ausschluss der Teilkündigung auch deshalb nicht angemessen, weil auch eine Teilbefristung für zulässig gehalten wird.[6] Zudem kann die Wertungsproblematik nicht dadurch verdrängt 167

---

[1] BAG 22.1.1997 EzA BGB § 622 Teilkündigung Nr. 7 = NZA 1997, 711.
[2] BAG 22.1.1997 NZA 1997, 711.
[3] BAG 8.11.1957 AP BGB § 242 Betriebliche Übung Nr. 2 = DB 1957, 1131; BAG 4.2.1958 u. 7.10.1982 AP BGB § 620 Teilkündigung Nr. 1 u. 5; BAG 25.2.1988 EzA BGB § 611 Krankenhausarzt Nr. 1 = NZA 1988, 769; BAG 23.8.1989 EzA BGB §§ 565b–e Nr. 3 = NZA 1990, 191; ebenso BGH 5.11.1992 EzA BGB § 622 Teilkündigung Nr. 6; *Hueck/Nipperdey*, Bd. 1, S. 551; *Schaub/Linck*, § 137 I 1; KR/*Rost/Kreft*, § 2 KSchG Rn. 51.
[4] Hierfür *Wolf*, Anm. zu BAG AP § 620 BGB Teilkündigung Nr. 5; Hromadka/Wank, S. 35, 48 ff.; *Preis*, Vertragsgestaltung, S. 432 ff.; *Kießling/Becker*, WM 2002, 578 ff. zum Ganzen auch *Hromadka*, RdA 1992, 234, 238 ff.
[5] BAG 13.3.2007 EzA BDSG § 4f Nr. 1 = NZA 2007, 563.
[6] BAG 13.6.1986 EzA § BGB 620 Nr. 85 = NZA 1987, 241.

werden, dass man die vereinbarte Teilkündigung schlicht im Institut des Widerrufsvorbehalts aufgehen lässt.[7] Die weitere Entwicklung bleibt abzuwarten. Nach herrschender Auffassung ist jedoch weiterhin von einem grundsätzlichen Verbot der Teilkündigung auszugehen,[8] das aber durchbrochen wird, wenn es sachgerecht erscheint,[9] insbesondere, wenn der Schutz der Arbeitnehmer nicht gefährdet ist.

I. Teilkündigung und zusammengesetztes Rechtsverhältnis

168 Die Aufkündigung eines Rechtsverhältnisses, das mit einem anderen verbunden ist, ist streng genommen keine Teilkündigung, weil ja das ganze Rechtsverhältnis aufgelöst werden soll. Auf diese Weise kann jedoch ein Teil eines nach dem Willen der Vertragspartner verbundenen Gesamtgeschäfts betroffen sein. Praktisches Beispiel ist die Verbindung von Arbeits- und Mietvertrag in einer Vertragsurkunde. Sind die verschiedenen Verträge nur zufällig und ohne einen inneren Zusammenhang miteinander in einer Urkunde verbunden, so kann jeder Vertrag für sich jederzeit gekündigt werden.[10] In der Praxis des Arbeitslebens ist dies aber selten, weil hier zwischen Arbeits- und Miet- oder Darlehensverträgen ein enger Zusammenhang besteht. Denn der eine Vertrag ist ohne den anderen nicht denkbar; es wäre ohne das die Parteien verbindende Band des Arbeitsverhältnisses nicht zu einem Miet- oder Darlehensvertrag gekommen. Hier ist nun sehr zweifelhaft, ob eine Kündigung des einen Vertrages allein zulässig ist oder ob sich nicht doch aus der von den Parteien gewollten Verbindung der Verträge Einschränkungen ergeben. Haben die Parteien die selbständige Kündbarkeit im Vertrag geregelt, so ergeben sich keine Schwierigkeiten, weil sie dann deutlich gemacht haben, dass ihrer Meinung nach die Verbindung beider Verträge nicht so eng sein soll, dass eine Kündigung ausgeschlossen ist. In den anderen Fällen wird man eine Kündigung des einen Vertrages allein ablehnen müssen. Diese Grundregel kann jedoch im Einzelfall dann keine Geltung beanspruchen, wenn Treu und Glauben bzw. die Fürsorge- oder Treuepflicht dem einen Teil gebietet, in eine Kündigung nur eines Vertrages einzuwilligen. Zu Unrecht hat das BAG[11] die Kündigung eines Mietverhältnisses über eine Werkdienstwohnung abgelehnt, die der Kläger damit begründet hat, er wol-

---

[7] So aber BAG 7.10.1982 EzA BGB § 315 Nr. 28 = DB 1983, 1368.
[8] Zuletzt BAG 23.8.1989 EzA BGB §§ 565b–e BGB Nr. 3 = NZA 1990, 191, wo die selbständige Kündigung einer Werkdienstwohnung für unzulässig erklärt wurde.
[9] BAG 13.3.2007 EzA BDSG § 4f Nr. 1 = NZA 2007, 563; zur Teilkündigung einer Betriebsvereinbarung BAG 6.11.2007 EzA BetrVG 2001 § 77 Nr. 19 = NZA 2008, 422 und zur eingeschränkten Teilkündigung eines Tarifvertrages BAG 3.5.2006 EzA TVG § 1 Nr. 47 = NZA 2006, 138; BAG 28.6.2007 AP BAT § 15 Nr. 55; ArbG Frankfurt 25.3.2013 NZA-RR 2013, 426.
[10] Vgl. *Herschel*, BB 1958, 161; *G. Hueck*, RdA 1968, 202; LAG Berlin-Brandenburg 10.3.2009 – 16 Sa 2120/08 –.
[11] Urteil 23.8.1989 EzA BGB §§ 565b–e Nr. 3 = NZA 1990, 191; dem folgend LAG Hamm 11.6.2012 – 17 Sa 1100/11 – Rn. 116. Wie hier MünchArbR/*Wank*, § 96 Rn. 39. *Kießling/Becker*, WM 2002, 578, 586. Der 5. Senat half dem Kläger, Beschäftigter des Landes Hessen, durch eine eigene Ermessensentscheidung nach § 315 Abs. 3 S. 2 BGB auf der Basis einer allgemeinen Verwaltungsvorschrift über Dienstwohnungen und billigte dem Kläger einen Anspruch auf Befreiung von der Verpflichtung zum Bewohnen der Dienstwohnung zu. Mag der Einzelfall im Ergebnis auch richtig entschieden sein, so stellt sich doch die Frage, was in entsprechenden Fällen privater Arbeitgeber zu gelten hat. Nach der hier vertretenen Auffassung muss, wenn das Äquivalenz- und Ordnungsgefüge des Vertrages nicht gefährdet wird, die selbständige Kündigung bzw. Teilkündigung des Mietverhältnisses möglich sein. Anders für die arbeitsvertragliche Pflicht zum Bewohnen einer Hausmeisterwohnung, die zum Kernbestand des Arbeitsverhältnisses gehört: LAG Rheinland-Pfalz 14.7.1992 EzBAT § 65 BAT Nr. 6.

le aus der zu kleinen und mangelhaften Werkdienstwohnung ausziehen, weil er für seine fünfköpfige Familie ein Haus in der Nähe des Beschäftigungsortes mieten könne. In einer solchen Situation erscheint es treuwidrig, dem Arbeitnehmer die Teilkündigung zu versagen.

II. Teilkündigung im Arbeitsverhältnis

In der Vergangenheit ist das Verbot der Teilkündigung mit unterschiedlichen Begründungen gerechtfertigt worden. Grundlegend war bereits die Entscheidung des Reichsarbeitsgerichts vom 19.5.1928.[12] Über die seinerzeitigen Gründe des Verbots der Teilkündigung ist allerdings die Zeit hinweggerollt, weil sowohl die Arbeitsrechtspraxis wie der Gesetzgeber (in § 2 KSchG) deutlich gemacht haben, dass ein Bedürfnis für die Kündigung einzelner Vertragsbestimmungen besteht, ohne dass das ganze Arbeitsverhältnis gefährdet wird. In der Vergangenheit ist das Verbot der Teilkündigung aus dem Grundsatz der Vertragsautonomie hergeleitet worden.[13] Die Parteien des Arbeitsvertrages hätten, so wird argumentiert, diesen in all seinen Schattierungen abgeschlossen und damit die einzelnen Abreden miteinander verknüpft. Jede einzelne Abrede stünde daher mit all den anderen in einer Beziehung und in Wechselwirkung. Aus diesem Grunde sei auch eine Unterscheidung zwischen wichtigen und weniger wichtigen Vertragsklauseln nicht möglich. Diese Begründung mag unter der Voraussetzung gerechtfertigt sein, dass ein gleichgewichtiges Aushandeln der Einzelbestimmungen stattfindet. Die Realität des Arbeitslebens stellt sich allerdings anders dar. Für Arbeiter, Angestellte und leitende Angestellte sind Standardarbeitsverträge weitgehend vorformuliert. Die gegenwärtige Arbeitsvertragspraxis entwickelt sich dahin, dass vermehrt Widerrufsvorbehalte, befristete Einzelarbeitsbedingungen, Bindungsklauseln, Öffnungsklauseln für Betriebsvereinbarungen sowie direktionsrechtserweiternde Klauseln eingearbeitet werden. Hierdurch sucht man Flexibilität zu erreichen, die man durch eine **begrenzte Zulassung der Teilkündigung** ebenso erreichen würde. Durch das strikte Verbot der Teilkündigung leistet die herrschende Meinung dieser Vertragspraxis Vorschub. Durch eine entsprechende Rechtsentwicklung werden nicht nur Arbeitnehmer benachteiligt, sondern auch solche klein- und mittelständige Unternehmer, die sich keine kautelarjuristische Betreuung in großem Umfang leisten können.

169

Aus den Begründungen in der Vergangenheit ist als Hauptgrund für das Verbot der Teilkündigung übrig geblieben, dass die **Teilkündigung ein unzulässiger Eingriff in das Äquivalenz- und Ordnungsgefüge des Vertrages** sei. Es könne nicht hingenommen werden, dass eine Vertragspartei einseitig einzelne unwillkommene Teile des Vertrages aufkündige. Diese Begründung trifft aber nur dann zu, wenn durch eine Teilkündigung in die Hauptpflichten der Parteien eingegriffen würde. Ein derartiger Eingriff ist grundsätzlich unzulässig.[14] Sofern die Hauptleistungspflichten von der Teilkündigung nicht betroffen sind, sollte eine Teilkündigung für beide Teile zugelassen werden, wenn und soweit ein sachlicher Grund hierfür besteht.

170

---

[12] RAG 19.5.1928 ARS 3, 24 ff.; s. ferner RAG 25.3.1933 ARS 19, 77.
[13] So *G. Hueck*, RdA 1968, 204.
[14] Vgl. zur Unzulässigkeit der Kündigung eines Redaktionsstatuts, das Kernbestandteil der Arbeitsverhältnisse der Redaktionsmitglieder ist BAG 19.6.2001; zur entsprechenden Vertragsgestaltung BAG 12.12.1984 AP KSchG 1969 § 2 Nr. 6 = NZA 1985, 321; im Ergebnis ebenso BAG 14.11.1990 – 5 AZR 464/89 – n. v.; a. A. *Kießling/Becker*, WM 2002, 578, 584.

171 Schließlich kommt hinzu, dass im Laufe des Arbeitsverhältnisses dem Arbeitnehmer Zusatzfunktionen übertragen werden. Auch hier kann ein Bedürfnis für eine Teilkündigung, die sowohl im Arbeitgeber- als auch im Arbeitnehmerinteresse liegt, bestehen. Exemplarisch ist der Fall des **betrieblichen Datenschutzbeauftragten**,[15] in dem das BAG am 13.3.2007 sogar eine Benachteiligung des Arbeitnehmers erkennt, wenn nur das gesamte Arbeitsverhältnis gekündigt werden könnte. Durch die Bestellung mit Zustimmung des Arbeitnehmers gemäß § 4f Abs. 1 S. 1 BDSG ändert sich regelmäßig der Inhalt des Arbeitsvertrages, weil die Übernahme des Amtes des Datenschutzbeauftragten zur zusätzlichen Arbeitsaufgabe werde. Die Beauftragung sei ohne eine solche Vertragsänderung regelmäßig nicht vom Direktionsrecht des Arbeitgebers umfasst. Nun kann es sowohl im Interesse des Arbeitgebers als auch des Arbeitnehmers liegen, diese Zusatzaufgabe zu beenden. Dafür müsse aber nicht das gesamte Arbeitsverhältnis gekündigt werden. Andererseits reiche der bloße „Widerruf der Bestellung" des Arbeitnehmers durch den Arbeitgeber nach Auffassung des 9. Senats des BAG nicht aus, da die Funktion Vertragsbestandteil geworden sei. Gehöre die Tätigkeit des Datenschutzbeauftragten zum arbeitsvertraglichen Pflichtenkreis des Arbeitnehmers, könne die Bestellung nach § 4f Abs. 3 S. 4 BDSG nur bei gleichzeitiger Teilkündigung der arbeitsvertraglich geschuldeten Sonderaufgabe wirksam widerrufen werden. Schuldrechtliches Grundverhältnis und Bestellung nach dem BDSG seien miteinander verknüpft. Prüfungsmaßstab für die Wirksamkeit der Teilkündigung sei § 4f Abs. 3 S. 4 BDSG iVm § 626 BGB. Widerruf und Bestellung bedürften für ihre Wirksamkeit jeweils eines wichtigen Grundes. Nur ein solcher Gleichlauf des Prüfungsmaßstabs bei Widerruf der Bestellung nach § 4f Abs. 3 S. 4 BDSG und Teilkündigung des Arbeitsvertrages als Grundverhältnis vermeide eine systemwidrige Auflösung des Zusammenhangs zwischen Grundverhältnis und Bestellung. Diese Auffassung hat der 10. Senat des BAG in seiner Entscheidung vom 23.3.2011[16] insoweit aufgegeben, als er dem Widerruf der Bestellung einen Vorrang einräumt. Sei der Widerruf unwirksam, bedürfe es auch keiner Teilkündigung mehr. Diese sei vielmehr – nach der erfolgten Abberufung des Datenschutzbeauftragten – „überflüssig, damit unverhältnismäßig und unwirksam".[17] Werde hingegen die Bestellung nach § 4f Abs. 3 S. 4 BDSG wirksam widerrufen, sei die Tätigkeit des Beauftragten für den Datenschutz nicht mehr Bestandteil der vertraglich geschuldeten Leistung. Es bedürfe dann keiner Teilkündigung mehr.[18] Diese Position des 10. Senats ist gut vertretbar.

Damit ist aber noch nicht die Frage beantwortet, ob nicht eine Teilkündigung der Arbeitsaufgabe durch den Datenschutzbeauftragten zulässig wäre. Dies ist aus meiner Sicht unbedingt zu bejahen. Der Datenschutzbeauftragte kann aufgrund seiner besonderen Stellung jederzeit in Konfliktsituationen geraten. Es kann nicht richtig sein, betriebliche Datenschutzbeauftragte gegen ihren Willen zur weiteren Amtsausübung zu zwingen. Der Arbeitsvertrag wird typischerweise für die Dauer der Übertragung des Amtes und der damit verbundenen Tätigkeit – auflösend bedingt – erweitert.[19] Da dem Arbeitnehmer das Recht zum Rücktritt von dem Amt des Datenschutzbeauftragten zusteht, tritt durch den Rücktritt (und die Teilkündigung) die auflösende Bedingung ein. Die Teilkündigung des Arbeitnehmers präjudiziert dann den formellen Wi-

---

[15] BAG 13.3.2007 EzA BDSG § 4f Nr. 1 = NZA 2007, 563.
[16] NZA 2011, 1036.
[17] BAG 23.3.2011 NZA 2011, 1036 Rn. 31.
[18] BAG 23.3.2011 NZA 2011, 1036 Rn. 30; im Ergebnis auch *Gehlhaar* NZA 2010, 373, 375.
[19] Siehe BAG 23.3.2011 NZA 2011, 1036 Rn. 31.

derruf der Bestellung (aus wichtigem Grund) durch den Arbeitgeber, der gezwungen ist, einen neuen Datenschutzbeauftragten zu bestellen.

Teilkündigungen sind bisher überwiegend dann zugelassen worden, wenn sie **ver- 172 traglich vereinbart** worden sind oder wenn auf einen entsprechenden Willen aufgrund einer Auslegung des Vertrages nach § 157 BGB zu schließen ist.[20] Damit kann der Arbeitgeber einseitig auf die Bestimmung der vertraglichen Leistungen einwirken, sodass sich die Frage nach einer Umgehung des Kündigungsschutzgesetzes stellt, das auch den inhaltlichen Schutz des Arbeitsverhältnisses mitumfasst. Das BAG scheint das Problem dahin lösen zu wollen, dass es jedes vertragliche Recht, einseitig Vertragsbedingungen zu ändern, unabhängig von der gewählten Bezeichnung als einen Widerrufsvorbehalt deutet.[21] Dies ist allerdings unnötig, wenn sichergestellt ist, dass eine Teilkündigung nur bei Bestehen eines **sachlichen Grundes** wirksam sein kann. Hiermit werden auch die Bedenken gegen eine Umgehung des Kündigungsschutzes ausgeräumt.[22] Die Umdeutung in einen Widerrufsvorbehalt ist auch deshalb nicht sachgerecht, weil die an sachliche Gründe gebundene Teilkündigung schonender ist als der regelmäßig fristlos wirkende Widerruf.

Die Rechtsprechung hat den **Widerrufsvorbehalt bei zusätzlichen Leistungen** 173 des Arbeitgebers, zB Gratifikationen, Leistungs- und sonstigen Zulagen anerkannt, nicht aber, wenn wesentliche Elemente des Arbeitsvertrages einer einseitigen Änderung unterliegen sollen, durch die das Gleichgewicht zwischen Leistung und Gegenleistung grundsätzlich gestört würde.[23] Das Gleiche gilt für die Teilkündigung.[24] Ist der **Kernbereich des Arbeitsverhältnisses** betroffen, bedarf es einer Änderungskündigung, falls der Arbeitgeber eine Änderung der Arbeitsbedingungen herbeiführen will. Der Arbeitgeber kann von dem vorbehaltenen **Widerruf** wie auch von der **Teilkündigung nicht nach freiem Belieben** Gebrauch machen. So kann eine Leistungszulage nicht nach freiem Ermessen widerrufen oder gekündigt werden, selbst wenn der Arbeitgeber sich das ausdrücklich vorbehalten hat. Jeder Widerruf, insbesondere der von Vergütungsbestandteilen, ist nur in den Grenzen billigen Ermessens zulässig.[25] Der Widerruf kann nur aus sachlichen Gründen erfolgen;[26] nichts anderes gilt für die zulässige Teilkündigung. Die Ausübung des Widerrufsvorbehalts durch den Arbeitgeber kann vom Arbeitnehmer im Wege der Feststellungsklage nach § 256 ZPO einer gerichtlichen Überprüfung zugeführt werden.[27]

---

[20] BAG 4.2.1958 AP BGB § 620 Teilkündigung Nr. 1; LAG Schleswig-Holstein 27.1.1983 BB 1984, 725; vgl. neuerdings zu Arztverträgen BAG 15.2.1990 EzA BGB § 622 Teilkündigung Nr. 1 = NZA 1990, 848; 14.11.1990 EzA BGB § 622 Teilkündigung Nr. 5 = NZA 1991, 377; 10.12.1992 EzA BGB § 315 Nr. 48 mit Anm. *Mayer-Maly;* HHL/*Linck,* § 2 KSchG Rn. 60.
[21] BAG 7.10.1982 AP BGB § 620 Teilkündigung Nr. 5 = EzA BGB § 315 Nr. 28.
[22] Für eine analoge Anwendung des Kündigungsschutzgesetzes *Kießling/Becker,* WM 2002, 578, 587.
[23] BAG 7.10.1982 AP BGB § 620 Teilkündigung Nr. 5 = EzA BGB § 315 Nr. 28; BAG 16.10.1965 AP BGB § 611 Direktionsrecht Nr. 20; ausf. zur Inhaltskontrolle entsprechender Klauseln Preis/*Preis,* II V 70 Rn. 10 ff.; BAG 12.1.2005 EzA BGB 2002 § 308 Nr. 1 = NZA 2005, 465; eine Abberufungsklausel ist nach BAG 9.2.2006 EzA BGB 2002 § 308 Nr. 3 = NZA 2006, 1046 bereits nach § 134 BGB nichtig.
[24] Ausdrücklich BAG 14.11.1990 – 5 AzR 464/89 – n. v.
[25] BAG 13.5.1987 EzA BGB § 315 Nr. 34 = NZA 1988, 95.
[26] So ausdrücklich BAG 13.5.1987 EzA BGB § 315 Nr. 34 = NZA 1988, 95.
[27] BAG 7.10.1982 AP BGB § 620 Teilkündigung Nr. 5 = EzA BGB § 315 Nr. 34; BAG 9.6.1965 AP BGB § 315 Nr. 10 mit Anm. *G. Hueck* = NJW 1965, 2074; BAG 9.6.1967 AP BGB § 611 Lohnzuschläge Nr. 5 mit Anm. *Bötticher* = EzA BGB § 315 Nr. 2; BAG 7.1.1971 EzA BGB § 315 Nr. 5 = DB 1971, 392; BAG 30.8.1972 EzA BGB § 315 Nr. 9 = DB 1973, 480; BAG 11.1.1978 EzA BGB § 315 Nr. 21 = BB 1978, 862.

174 Die Klagefrist des § 4 KSchG findet keine Anwendung. Soweit Teilkündigungen zugelassen werden, sollte jedoch eine analoge Anwendung des § 4 S. 2 KSchG erwogen werden. Der gebotene Schutz vor unbilligen Verschlechterungen der Arbeitsbedingungen ist damit für den Arbeitnehmer in jeder Hinsicht sichergestellt.

§ 12 Kündigung im Gruppenarbeitsverhältnis

175 Gelegentlich wird eine Arbeitsleistung nicht von einem Arbeitnehmer erbracht, sondern von einer Arbeitsgruppe. Zu unterscheiden sind die Arbeitsgruppen, die aufgrund des Direktionsrechts des Arbeitgebers entstehen **(Betriebsgruppen)** und solche Arbeitsgruppen, die schon bestehen, bevor die Arbeitsleistung beginnt **(Eigengruppe)**.[1] Während bei der Betriebsgruppe keine Besonderheiten im Hinblick auf die Lösung der Arbeitsverhältnisse durch Kündigung bestehen, bedingt die enge Verknüpfung der Einzelarbeitsverhältnisse bei der vor Vertragsbeginn gegründeten Eigengruppe, dass Kündigungen im Allgemeinen nur von und gegenüber der gesamten Gruppe ausgesprochen werden können. Die praktische Bedeutung der Eigengruppe ist gering.

176 Diese unterschiedlichen Folgen gebieten eine Einschränkung der Vertragsfreiheit bei der Gruppenbildung. Der Arbeitgeber kann nicht ohne **sachlich berechtigten Grund** eine Betriebsgruppe kraft Vereinbarung als Eigengruppe behandeln. Die Eigengruppe verlangt eine nur gemeinschaftlich zu erbringende Arbeitsleistung. Bei ihr liegt die Gruppenbildung allein in der Sphäre der Arbeitnehmer; sie liegt in ihrem Risikobereich.[2] Typische Beispiele sind: Musikkapelle; Hausmeisterehepaar; Buffeteehepaar; Heimleiterehepaar.

177 Eine vergleichbare Problematik besteht beim **Jobsharing-Vertrag**. Bei ihm ist die Kündigung eines Arbeitsverhältnisses wegen des Ausscheidens eines anderen Arbeitnehmers aus der Arbeitsplatzteilung unwirksam (§ 13 Abs. 2 S. 1 TzBfG). Dabei handelt es sich um einen selbständigen Unwirksamkeitsgrund, der auch dann Platz greift, wenn das KSchG nicht anwendbar ist.[3] Das Recht zur Änderungskündigung wegen des Ausscheidens eines anderen Arbeitnehmers aus der Arbeitsplatzteilung und zur Kündigung aus anderen Gründen bleibt für den Arbeitgeber unberührt.

178 Kündigt ein Arbeitgeber einem einzelnen Mitglied einer **Eigengruppe,** so ist diese Kündigung unwirksam, weil er das Lösungsrecht wegen der engen Verzahnung der Arbeitsverhältnisse nur einheitlich ausüben kann.[4] Allerdings kann in derartigen Fällen der Arbeitgeber der ganzen Gruppe das Arbeitsverhältnis ordentlich oder außerordentlich kündigen, wenn die gesetzlichen Voraussetzungen auch nur in der Person eines Gruppenmitglieds vorliegen. So ist es zB möglich, dass der Arbeitgeber wegen des schlechten Spiels eines Kapellenmitglieds und der dadurch hervorgerufenen minderwertigen Gesamtleistung der Kapelle gegenüber außerordentlich kündigen kann.[5] Dieses weitgehende Kündigungsrecht liegt darin begründet, dass der Arbeitgeber bei der Eigengruppe kein Direktionsrecht bzgl. der Arbeitsausführung gegenüber den Gruppenmitgliedern hat. Die Gruppe ist hier und vor allem in der personellen Zusammen-

---

[1] Ausf. zur Gruppenarbeit *Elert,* Gruppenarbeit – Individual- und kollektivarbeitsrechtliche Fragen moderner Arbeitsformen, 2001.
[2] Vgl. KR/*Griebeling,* § 1 KSchG Rn. 51.
[3] Buschmann/Dieball/Stevens-Bartol/*Buschmann,* § 13 TzBfG Rn. 34.
[4] LAG Düsseldorf 18.10.1967 DB 1967, 2231.
[5] BAG 9.2.1960 AP BGB § 626 Nr. 39; 21.10.1971 EzA KSchG § 1 Nr. 23; LAG Bremen 8.9. 1964 AuR 1965, 151. Vgl. auch *Rüthers,* ZfA 1977, 1 f.; KR/*Griebeling,* § 1 KSchG Rn. 53.

setzung autonom. Die Auswechslung eines Gruppenmitglieds durch den Arbeitgeber ist ohne Zustimmung der übrigen Mitglieder der Eigengruppe nicht möglich. Ebenso wie das Kündigungsrecht des Arbeitgebers eingeschränkt ist, kann auch das einzelne Gruppenmitglied nur seine Mitgliedschaft in der Gruppe, nicht jedoch den Arbeitsvertrag der Gruppe mit dem Dritten kündigen. Auch diese Kündigung wäre wegen der besonderen Vertragsgestaltung der Eigengruppe und ihres Rechtsverhältnisses mit dem Arbeitgeber unwirksam. Bleibt ein einzelnes Gruppenmitglied nach einer Einzelkündigung der Arbeit fern, so kann dies u. U. für den Arbeitgeber Anlass sein, nun seinerseits das Arbeitsverhältnis der ganzen Gruppe zu kündigen, wenn er an der Leistung durch die Restgruppe nicht mehr interessiert ist, was je nach Lage des Falles zB bei einer Akkordkolonne wegen bestehender Termine durchaus der Fall sein kann. Richtigerweise ist in diesen Fällen nicht nur das störende Gruppenmitglied, sondern die ganze Gruppe abzumahnen, damit die Gruppenmitglieder Einfluss zur Wiederherstellung des vertragstreuen Verhaltens des Mitarbeiters ausüben können.[6]

179 In der Eigengruppe muss sich das Gruppenmitglied diejenigen Kündigungsgründe, die ein anderes Mitglied gesetzt hat, zurechnen lassen. Das gilt sowohl für die außerordentliche wie für die soziale Rechtfertigung der ordentlichen Kündigung. Eine Einzelkündigung gegenüber einem Gruppenmitglied ist nur zulässig, wenn dies vertraglich vereinbart worden ist oder wenn durch das Ausscheiden eines Gruppenmitglieds die nach dem Vertrag gemeinschaftlich zu erbringende Arbeitsleistung weder unmöglich noch wesentlich erschwert wird.[7]

180 Bei sog. **Ehegattenverträgen** wird in der Regel eine wechselseitige Abhängigkeit zu bejahen sein in dem Sinne, dass der Bestand des Arbeitsverhältnisses davon abhängt, dass der Vertrag mit dem anderen fortbesteht. So ist zB die Verzahnung der Arbeitsverträge bei einem Buffet-Ehepaar wegen des Vertrauensverhältnisses zwischen den Beteiligten so eng, dass eine Auswechselung der Partner unmöglich erscheint. Die Arbeitsverträge beider Ehegatten bilden eine Zweckgemeinschaft. Dies ist auch für ein Hausmeisterehepaar zu bejahen. Das hat zur Folge, dass bei Vorlage eines wichtigen Kündigungsgrundes das Arbeitsverhältnis mit der Ehefrau selbst dann aufgelöst wird, wenn sie im Zeitpunkt der Kündigung schwanger ist und daher an sich nach § 9 MuSchG unkündbar ist. Ihr Arbeitsverhältnis steht unter der zulässigen auflösenden Bedingung, dass der Vertrag mit ihrem Ehemann fortbesteht.[8] In dieser Entscheidung erkennt das BAG die wechselseitige Bindung der Arbeitsverträge an. In einer späteren Entscheidung wird dagegen abschwächend ausgeführt, eine so weitgehende Abhängigkeit der Arbeitsverhältnisse sei nur angezeigt, wenn die Ehefrau unter Anleitung des Ehemannes unterstützende Hilfstätigkeiten ausführe.[9] Praktisch führt das zu einem „Mutterschutz für Väter".[10] Die Abhängigkeit der Verträge hängt nicht von der Tatsache ab, ob die Ehefrau eine Hilfstätigkeit ausführt, sondern im Gegensatz zum BAG von der Frage, ob nach der Vertragsgestaltung davon auszugehen ist, dass die beiden Tätigkeiten voneinander nicht trennbar sind, ohne dass dadurch der Vertrag verändert

---

[6] LAG Sachsen-Anhalt 8.3.2000 NZA-RR 2000, 528 = DB 2001, 931.
[7] BAG 21.10.1971 AP BGB § 611 Gruppenarbeitsverhältnis Nr. 1 mit krit. Anm. *Hanau* = EzA KSchG § 1 Nr. 23.
[8] BAG 17.5.1962 AP BGB § 620 Bedingung Nr. 2 = EzA MuSchG § 9 Nr. 2; krit. dazu KR/*Griebeling*, § 1 KSchG Rn. 54.
[9] BAG 21.10.1971 EzA KSchG § 1 Nr. 23. Vgl. auch KR/*Griebeling*, § 1 KSchG Rn. 54, der in diesen Fällen eine betriebsbedingte Kündigung für sozial gerechtfertigt ansieht oder von einem wichtigen Grund für eine außerordentliche Kündigung ausgeht.
[10] LAG Düsseldorf 15.12.1964 BB 1965, 495; hierzu KR/*Griebeling*, § 1 KSchG Rn. 55.

wird. Kann man die Parteien auf Arbeitnehmerseite nicht austauschen, so dürfte die Abhängigkeit zu bejahen sein.[11] Wird also zB im Arbeitsverhältnis eines Buffet-Ehepaares dem Ehegatten eine Untreue nachgewiesen, so führt die fristlose Kündigung des Mannes auch zur Auflösung des Arbeitsvertrages der Ehefrau, wenn diese im Zeitpunkt der Kündigung den Schutz des § 9 MuSchG genießt. Dies gilt auch dann, wenn beide Ehegatten die gleiche Tätigkeit ausüben und die Frau also nicht nur unterstützende Hilfstätigkeiten im Sinne der BAG-Entscheidung 21.10.1971 ausführt. Anderenfalls wäre der Arbeitgeber verpflichtet, den Ehemann weiter zu beschäftigen, obwohl er eine Unterschlagung begangen hat, nur weil seine mit ihm zusammenarbeitende Frau schwanger ist. Das ist mit dem zwingenden Charakter des § 626 BGB unvereinbar.[12]

181 Zur Kündigung eines einheitlichen Arbeitsverhältnisses mit **mehreren Arbeitgebern** vgl. BAG 27.3.1981 EzA § 611 BGB Nr. 25 = NJW 1984, 1703 und 21.1.1999 EzA § 1 KSchG Nr. 51. Zur Frage, wer Arbeitgeber eines Hausmeisters ist (Hauseigentümer oder Hausverwaltungsgesellschaft) vgl. BAG 9.9.1982 EzA § 611 BGB Arbeitgeberbegriff Nr. 1.

§ 13 Die unwirksame Kündigung

182 Die Kündigung unterliegt als Rechtsgeschäft den allgemeinen Regeln des BGB über die Wirksamkeit von Willenserklärungen.[1] Sie kann keine Wirkungen entfalten, wenn sie nach gesetzlichen, tariflichen oder vertraglichen Normen unwirksam ist. Nicht gedacht ist in diesem Zusammenhang an die nach einem Gesetz unter Umständen notwendigen Gründe für die Kündigung, zB für die außerordentliche Kündigung oder für die soziale Rechtfertigung der ordentlichen Kündigung nach dem KSchG (→ Rn. 546 ff. und 880 ff.). Folgende Mängel der Kündigungserklärung kommen ua in Betracht:

I. Anfechtung

183 Die Kündigung unterliegt als Willenserklärung der Anfechtung nach den §§ 119, 123 BGB. Fälle der **Irrtumsanfechtung** sind selten. In der Person des Arbeitgebers dürften sie praktisch kaum vorkommen. Aber auch auf Arbeitnehmerseite spielen sie keine Rolle, wenn man einmal von dem **sog. Rechtsfolgenirrtum** bei der Eigenkündigung einer schwangeren Arbeitnehmerin absieht (→ Rn. 1379 ff.). Hauptanwendungsfälle der Anfechtung einer Arbeitnehmerkündigung sind solche Kündigungen, die durch eine **widerrechtliche Drohung des Arbeitgebers veranlasst worden sind.**[2] Nach § 123 BGB kann derjenige eine Willenserklärung anfechten, der zur Abgabe dieser Erklärung widerrechtlich durch Drohung bestimmt worden ist. Kündigt der Arbeitgeber für den Fall der Unterlassung einer Eigenkündigung die fristlose Entlassung an, so liegt eine Drohung vor, denn die Ankündigung einer Entlassung

---

[11] Ebenso im Ergebnis KR/*Griebeling*, § 1 KSchG Rn. 54.
[12] Gegen eine „Drittwirkung" des Mutterschutzes auch KR/*Griebeling*, § 1 KSchG Rn. 55.
[1] Zur Frage der Geschäftsunfähigkeit nach § 104 Nr. 2 BGB bei Ausspruch einer Eigenkündigung des Arbeitnehmers LAG Schleswig-Holstein 30.4.2008 – 2 Ta 79/08 –.
[2] Einen Ausnahmefall (Täuschung eines geistig behinderten Arbeitnehmers durch Unterlassen) behandelt LAG Hamm 1.3.1985 BB 1985, 1920.

§ 13 Die unwirksame Kündigung

dürfte bereits ein Übel darstellen.³ Es genügt zur Anfechtung aber nicht bereits jede Drohung. Die Drohung muss auch widerrechtlich sein.⁴ Allgemein gesehen kann bei einer Drohung die Widerrechtlichkeit darin liegen, dass eine widerrechtliche Handlung angedroht wird oder darin, dass ein widerrechtlicher Erfolg angestrebt wird, schließlich aber auch darin, dass die Anwendung eines bestimmten Mittels zur Herbeiführung des gewollten Erfolgs nach Treu und Glauben als ein unangemessenes, insbesondere vertragsfremdes oder nicht verkehrsfähiges Mittel erscheint. Das BAG spricht von der „Inadäquanz von Mittel und Zweck",⁵ wenn der Drohende an der Erreichung des verfolgten Zwecks kein berechtigtes Interesse hat oder die Drohung nach Treu und Glauben nicht mehr als angemessenes Mittel zur Erreichung des Zwecks anzusehen ist. Im Falle der Androhung einer fristlosen Entlassung können Mittel und Zweck wohl nicht dazu führen, die Widerrechtlichkeit immer schon dann anzunehmen, wenn ein Gericht die angedrohte fristlose Entlassung, wäre sie ausgesprochen worden, für unwirksam erklärt haben würde. Maßgebend ist, wie der Arbeitgeber zur Zeit der Verhandlung mit dem Arbeitnehmer die Sachlage angesehen hat und ansehen durfte. Die Drohung mit einer außerordentlichen Kündigung ist danach dann **nicht widerrechtlich,** wenn ein **verständiger Arbeitgeber in gleicher Lage eine Kündigung ausgesprochen hätte.**⁶ Zu berücksichtigen ist aber, dass ein verständiger Arbeitgeber eine ordentliche oder außerordentliche Kündigung nur dann ausspricht, wenn ein gesetzlicher Grund hierfür vorliegt. Praktisch kommt es also darauf an, ob ein Grund für die angedrohte Kündigung vorgelegen hat oder nicht, auch wenn nach der Rspr. nicht erforderlich ist, dass die angekündigte Kündigung, wenn sie ausgesprochen worden wäre, sich in einem Kündigungsschutzprozess als rechtsbeständig erwiesen hätte.⁷ Allein der Umstand, dass der Arbeitgeber den Arbeitnehmer zu einer überstürzten Entscheidung zwingt, etwa durch Hinweis auf die wirtschaftlich aussichtslose Lage des Unternehmens, stellt nach Ansicht des BAG noch keine widerrechtliche Drohung dar.⁸ Die Androhung einer ordentlichen Kündigung ist gleichfalls ein Übel i.S. des § 123 BGB.⁹ Die Beurteilung der Widerrechtlichkeit hat nach den oben dargelegten Grundsätzen zu erfolgen. Schließlich ist für die Anfechtung nach § 123 BGB erforderlich, dass die Drohung für die Eigenkündigung kausal gewesen ist.¹⁰

II. Gesetzliche Verbote

Die Kündigung, die gegen ein gesetzliches Verbot verstößt, ist nichtig, wenn sich nicht aus dem Gesetz etwas anderes ergibt (§ 134 BGB). Aufschluss gibt hier häufig

184

---
³ BAG 14.7.1960 AP BGB § 123 Nr. 13 = EzA BGB § 123 Nr. 3.
⁴ BAG 30.3.1960 AP BGB § 123 Nr. 8 = EzA BGB § 123 Nr. 2.
⁵ BAG 21.3.1996 EzA BGB § 123 Nr. 42 = NZA 1996, 1030; BAG 5.12.2002 AP BGB § 123 Nr. 63 = EzA BGB 2002 § 123 Nr. 1.
⁶ BAG 16.11.1979 AP BGB § 123 Nr. 21 = EzA BGB § 123 Nr. 19; 9.3.1995 NZA 1996, 875; 30.9.1993 EzA BGB § 611 Aufhebungsvertrag Nr. 13 = NZA 1994, 209 und 12.8.1999 EzA BGB § 123 Nr. 53 = NZA 2000, 27 zur gleichen Problemlage der Anfechtung eines Aufhebungsvertrages; a. A. LAG München 28.1.1988 LAGE BGB § 123 Nr. 10.
⁷ BAG 21.3.1996 EzA BGB § 123 Nr. 42 = NZA 1996, 1030; BAG 12.8.1999 EzA BGB § 123 Nr. 53 = NZA 2000, 27; BAG 5.12.2002 AP BGB § 123 Nr. 63 = EzA BGB 2002 § 123 Nr. 1; vgl. auch BAG 5.4.1978 EzA BGB § 123 Nr. 18.
⁸ BAG 30.9.1993 EzA BGB § 611 Aufhebungsvertrag Nr. 13 = NZA 1994, 209; 16.2.1983 AP BGB § 123 Nr. 22 = EzA BGB § 123 Nr. 21; BAG 9.6.2011 NZA-RR 2012, 129.
⁹ BAG 16.1.1992 EzA BGB § 123 Nr. 36 = NZA 1992, 1023; 30.9.1993 EzA BGB § 611 Aufhebungsvertrag Nr. 13 = NZA 1994, 209.
¹⁰ LAG München 13.10.2005 LAGE KSchG § 1 Eigenkündigung Nr. 1.

schon der Wortlaut der Gesetzesbestimmung, zB § 9 Abs. 1 MuSchG: „Die Kündigung ... ist unzulässig." In manchen Fällen wird die Nichtigkeit der gegen das Gesetz verstoßenden Kündigung sogar ausdrücklich im Verbotsgesetz festgestellt (so zB in § 102 Abs. 1 S. 3 BetrVG: „Eine ohne Anhörung des Betriebsrats ausgesprochene Kündigung ist unwirksam"). Darüber hinaus können auch Sinn und Zweck der Gesetzesbestimmung die Nichtigkeitsfolge rechtfertigen. Seit 1.1.2004 ist in nahezu allen Fällen der unwirksamen Kündigung (mit Ausnahme des Schriftformerfordernisses, § 623 BGB) die Einhaltung der **Klagefrist** des § 4 KSchG erforderlich (Einzelheiten unten 4. Abschnitt).

185 In der Praxis stellt sich die Frage der **Darlegungs- und Beweislast.** In mehreren Entscheidungen ist vom BAG erkannt worden, dass es in den Fällen, in denen der Arbeitnehmer sich nicht auf den Schutz des allgemeinen Kündigungsschutzes nach den §§ 1 ff. KSchG berufen könne, nicht Sache des Arbeitgebers sei, die Kündigung zu rechtfertigen. Der Arbeitnehmer sei vielmehr darlegungs- und beweispflichtig dafür, dass die Kündigung aufgrund von Vorschriften rechtsunwirksam sei, die außerhalb des Kündigungsschutzgesetzes zur Unwirksamkeit der Kündigung führten.[11] Das gilt auch im Rahmen eines Kündigungsschutzprozesses, wenn sich der Arbeitnehmer auf sonstige Nichtigkeitsgründe im Sinne des § 13 Abs. 3 KSchG beruft. Der Arbeitgeber ist nicht etwa als verpflichtet anzusehen, sämtliche infrage kommenden Verbotsbestimmungen durch geeigneten Sachvortrag auszuschließen. Allerdings kommen – je nach Unwirksamkeitsgrund – besondere Beweislastregelungen oder Beweiserleichterungen dem Arbeitnehmer zugute (→ Rn. 269).

III. Verstoß gegen Diskriminierungsverbote (AGG)

1. Allgemeines

186 Das Allgemeine Gleichbehandlungsgesetz (AGG) vom 14.8.2006 setzt vier Richtlinien der Europäischen Union[12] um, die es den Mitgliedstaaten auferlegen, den Schutz vor Diskriminierung im Bereich von Beschäftigung und Beruf zu gewährleisten, und zwar hinsichtlich der Merkmale **Rasse, ethnischer Herkunft, Religion und Weltanschauung, Behinderung, Alter, sexueller Identität und Geschlecht.** Das Gesetz hat in Deutschland erhebliche Diskussionen ausgelöst, weniger wegen des materiellen Anliegens, sondern wegen der zum Teil rechtstechnisch mangelhaften Umsetzung.[13] Im Kündigungsrecht werden die methodischen Mängel besonders deutlich.

---

[11] BAG 21.3.1980 AP SchwbG § 17 Nr. 1 = EzA SchwbG § 17 Nr. 2; 28.9.1972 AP BGB § 134 Nr. 2 = EzA KSchG § 1 Nr. 25; 5.12.1985 EzA BGB § 613a Nr. 50 = NZA 1986, 522; 21.7.1988 EzA TVG § 4 Bauindustrie Nr. 44 = NZA 1989, 559; 2.4.1987 EzA BGB § 612a Nr. 1 = NZA 1988, 18 für den Fall des § 612a BGB; LAG Hamm 18.12.1987 LAGE BGB § 612a Nr. 1.

[12] RL 2000/43/EG vom 29.6.2000 zur Anwendung des Gleichbehandlungsgrundsatzes ohne Unterschiede der Rasse oder der ethnischen Herkunft (ABlEG Nr. L 180, S. 22); RL 2000/78/EG vom 27.11.2000 zur Festlegung eines Rahmens für die Verwirklichung der Gleichbehandlung in Beschäftigung und Beruf (ABlEG Nr. L 303, S. 16); RL 2002/73/EG vom 23.9.2002 zur Änderung der RL 76/207/EWG zur Verwirklichung des Grundsatzes der Gleichbehandlung von Männern und Frauen beim Zugang zur Beschäftigung, zur Berufsbildung und zum beruflichen Aufstieg sowie in Bezug auf die Arbeitsbedingungen (ABlEG Nr. L 269, S. 15), jetzt konsolidierte Neufassung durch RL 2006/54/EG vom 5.7.2006 (ABlEG Nr. L 204, S. 23); RL 2004/113/EG vom 13.12.2004 zur Verwirklichung des Grundsatzes der Gleichbehandlung von Männern und Frauen beim Zugang zu und bei der Versorgung mit Gütern und Dienstleistungen (ABlEG Nr. L 373, S. 37).

[13] Hierzu *Preis,* ZESAR 2007, 249 ff., 308 ff.

§ 2 Abs. 4 AGG erklärt für Kündigungen ausschließlich die Bestimmungen des allgemeinen und besonderen Kündigungsschutzes für anwendbar und will damit den Kündigungsschutz aus dem Anwendungsbereich des AGG herausnehmen.[14] **Im Kern ging es darum, die doppelte Sanktionsmöglichkeit auszuschließen, nämlich einerseits Unwirksamkeit der Kündigung und andererseits Entschädigung.** Dieses hinter der Regelung stehende Ziel wird der Gesetzgeber **verfehlen**.[15] Statt dieses zu regeln, hat der Gesetzgeber alle Kündigungen richtlinienwidrig vom Geltungsbereich des Diskriminierungsrechts ausgeschlossen. Durch die Fehlentscheidung in § 2 Abs. 4 AGG hat der Gesetzgeber sogar den erreichten Gesetzesstand verschlechtert. Denn er hat nicht nur den auch auf Kündigungen anwendbaren § 611a BGB aufgehoben, sondern auch die gesetzliche Konkretisierung des schon verfassungsrechtlich verankerten Diskriminierungsverbots von Behinderten (Art. 3 Abs. 3 S. 2 GG) beseitigt. § 81 Abs. 2 S. 2 SGB IX wurde dahingehend geändert, dass auf das AGG verwiesen wird, das aber nunmehr auf Kündigungen nicht mehr anwendbar sein sollte. Dadurch ist eine europarechtswidrige (vgl. nur Art. 6 Abs. 2 RL 2000/43/EG) Verschlechterung eingetreten. Zudem treten erhebliche rechtskonstruktive Verwerfungen auf, die ein Höchstmaß an Rechtsunsicherheit erzeugen.

2. Richtlinienkonforme Auslegung des deutschen Kündigungsrechts

Diese erkennbar sachwidrige und unionsrechtswidrige Rechtslage konnte keinen Bestand haben. Die Rechtsprechung stand nun vor dem Dilemma, entweder § 2 Abs. 4 AGG für unanwendbar zu erklären, erneut die nächste Gelegenheit für eine Vorlage an den EuGH zu nutzen oder das deutsche Recht mithilfe richtlinienkonformer Auslegung der vorhandenen Normen europarechtskonform zu gestalten. Die Rechtsprechung des BAG ist den letzteren Weg gegangen. Mit Urteil vom 6.11.2008[16] hat das BAG eine richtlinienkonforme Auslegung des § 2 Abs. 4 AGG für möglich erklärt. **Für den Bereich des allgemeinen Kündigungsschutzes** hat das BAG entschieden, dass die Diskriminierungsverbote des AGG im Rahmen des KSchG zu beachten seien. Zwar ordne § 2 Abs. 4 AGG an, dass für Kündigungen ausschließlich die Bestimmungen zum allgemeinen und besonderen Kündigungsschutz gelten sollen, jedoch sei darin kein vollständiger Ausschluss der Anwendung des AGG auf Kündigungen zu sehen. Das BAG begründet dies damit, dass die Vorschriften des Gesetzes ausdrücklich auch für „Entlassungsbedingungen" und bei „Beendigung eines Beschäftigungsverhältnisses" gelten (§ 2 Abs. 1 Nr. 2 AGG), und nicht davon auszugehen sei, dass der Gesetzgeber innerhalb ein und derselben Vorschrift zwei gegensätzliche Anordnungen bezüglich des Geltungsbereichs der Norm getroffen hat bzw. treffen wollte. Demnach sei § 2 Abs. 4 AGG so zu verstehen, dass damit lediglich ein „zweites Kündigungsrecht", nicht aber die generelle Berücksichtigung der Wertungen des AGG bei der Prüfung der Rechtmäßigkeit von Kündigungen ausgeschlossen werden soll. Nach dem Gesetzeszweck wolle die Vorschrift eine Kohärenz herstellen zwischen dem Antidiskriminierungsrecht einerseits und dem auf gleicher Gesetzesebene stehenden Kündigungsrecht andererseits. Mit der Anordnung in § 2 Abs. 4 AGG sei es dem Gesetzgeber insbeson-

187

---

[14] Der Vorschlag basiert auf einer Anregung des Bundesrates, vgl. BR-Drucksache 323/06; ausf. *von Medem*, Kündigungsschutz und Allgemeines Gleichbehandlungsgesetz, 2008.
[15] Dies wird aus der Entscheidung des BAG 19.12.2013 NZA 2014, 372 deutlich.
[16] BAG 6.11.2008 EzA KSchG § 1 Soziale Auswahl Nr. 82 = NZA 2009, 361 = AP KSchG 1969 § 1 Betriebsbedingte Kündigung Nr. 182 mit Anm. *Temming*.

dere darum gegangen, das Kündigungsrecht (weiterhin) als alleinigen Anknüpfungspunkt für die gerichtliche Überprüfung von Kündigungen festzuschreiben. Der 6. Senat[17] hält die Frage der Anwendbarkeit des § 2 Abs. 4 AGG mit der Folge einer richtlinienkonformen Auslegung durch die Entscheidungen des BAG, insbesondere des 2. Senats, für geklärt.[18] Bei der Prüfung der Wirksamkeit von **Kündigungen, die (auch) unter das KSchG fallen,** sind danach die **Diskriminierungsverbote** des AGG und die darin vorgesehenen Rechtfertigungen für unterschiedliche Behandlungen **als Konkretisierungen der Sozialwidrigkeit** zu beachten.

187a   Diese Rechtsprechung des 2. Senats hat der 6. Senat jetzt **für Kündigungen außerhalb des Bereichs des KSchG** fortentwickelt. Der 6. Senat hält danach eine Kündigung, die einen Arbeitnehmer aus einem der in § 1 AGG genannten Gründe diskriminiert, nach § 134 BGB iVm § 7 Abs. 1, §§ 1, 3 AGG für unwirksam. § 2 Abs. 4 AGG steht dem nach Auffassung des Senats nicht entgegen, weil die entsprechende Sanktionierung eines Verstoßes gegen allgemeine Verbotsgesetze keine „Bestimmungen zum allgemeinen und besonderen Kündigungsschutz" darstellen. Die **zivilrechtlichen Generalklauseln** (§§ 134, 138, 242 BGB) würden von § 2 Abs. 4 AGG nicht erfasst.[19] Der 6. Senat vollzieht eine teleologische Reduktion der Norm, weil der Gesetzgeber erkennbar lediglich den Konflikt zwischen zwei Schutzsystemen ausschließen wollte. Bei Kündigungen außerhalb des KSchG bestehe dieser Konflikt nicht.

187b   Nach diesseitiger und wohl überwiegender Auffassung[20] war die richtlinienkonforme Auslegung dagegen so zu handhaben, dass die Benachteiligungsverbote des AGG, einschließlich der Beweislastregel nach § 22 AGG, bei der Prüfung der Wirksamkeit der Kündigungen nach den zivilrechtlichen Generalklauseln (§§ 138, 242 BGB) zu berücksichtigen seien. Wenige Autoren haben – nachvollziehbar – § 2 Abs. 4 AGG wegen Unionsrechtswidrigkeit für unanwendbar gehalten.[21]

187c   Überraschenderweise hat sich der 6. Senat der Position angeschlossen, dass Kündigungen während der Wartezeit und im Kleinbetrieb durch § 2 Abs. 4 AGG gar nicht erfasst seien.[22] Mit dieser Position erreicht der 6. Senat die Quadratur des Kreises.[23] Es gibt keinen Widerspruch zur Entscheidung des 2. Senats innerhalb des KSchG. Gleichzeitig wird die Bedeutung des § 2 Abs. 4 AGG für den Bereich außerhalb des KSchG so verringert, als sei die Norm unanwendbar. Diese Position führt dann aber – vom Gesetzgeber so nicht gewollt – zu den **vollen Rechtsfolgen des AGG:** Ungerechtfertigte diskriminierende Kündigungen sind unwirksam und lösen ggf. Entschädigungsansprüche nach Maßgabe des § 15 Abs. 2 AGG aus. Den naheliegenden Einwand, dass es durch diese Position zu einer stärkeren Sanktionierung außerhalb des KSchG als innerhalb des KSchG komme, kontert der 6. Senat: Auch innerhalb des KSchG sei etwa eine Entschädigung nicht ausgeschlossen. Hierzu verweist der 6. Senat auf den 8. Senat, der auch innerhalb des Kündigungsschutzsystems Entschädigungen

---

[17] BAG 19.12.2013 NZA 2014, 372.
[18] BAG 20.6.2013 NZA 2014, 208 Rn. 36; BAG 17.10.2013 NZA 2014, 303 Rn. 16; BAG 5.11.2009 NZA 2010, 457 Rn. 24; 22.10.2009 NZA 2010, 280.
[19] BAG 19.12.2013 NZA 2014, 372 Rn. 22 ff.
[20] KR/*Griebeling*, § 1 KSchG Rn. 26a; ErfK/*Schlachter*, § 2 AGG Rn. 18; HHL/*Krause*, § 1 Rn. 238, 242; *Adomeit/Mohr*, § 2 Rn. 230; *Bauer* § 2 AGG Rn. 62; APS/*Preis*, Grundlagen J Rn. 71f, 71g; ähnlich *Thüsing* AGG Rn. 112 ff.
[21] DB/*Däubler*, § 2 Rn. 256 ff., 263.
[22] HaKo/*Mayer*, § 1 KSchG Rn. 147 ff.; KDZ/*Zwanziger*, § 2 AGG Rn. 63; *Stein* in: Wendeling-Schröder AGG § 2 Rn. 48.
[23] BAG 19.12.2013 NZA 2014, 372 Rn. 22.

für immaterielle Schäden nicht ausgeschlossen hat. Insbesondere durch Urteil vom 12.12.2013[24] habe der 8. Senat einer schwangeren Arbeitnehmerin, der unter Verstoß gegen das Mutterschutzgesetz gekündigt worden war, wegen Geschlechtsdiskriminierung einen Entschädigungsanspruch nach § 15 Abs. 2 AGG zuerkannt. Damit dürfte feststehen, dass im Falle diskriminierender Kündigungen nicht nur die **Unwirksamkeit** (gewissermaßen als Naturalrestitution iSd § 15 Abs. 1 AGG), sondern auch die **Entschädigung** nach § 15 Abs. 2 AGG als Sanktion für die erlittene Persönlichkeitsrechtsverletzung in Betracht kommt.[25] Das Ziel, das der Gesetzgeber mit der Schaffung der unionsrechtswidrigen Norm verfolgt hat, hat er damit vollumfänglich verfehlt.

Für die Auslegungsakrobatiken des 2. und 6. Senats spricht, dass das BAG das Mögliche tut, eine unionsrechtskonforme Handhabung des § 2 Abs. 4 AGG zu erreichen. Freilich wäre ein Vorlageverfahren vor dem EuGH der sauberere Weg gewesen. Unter mehreren möglichen Auslegungen hat das BAG jetzt diejenige gewählt, die dem in den Richtlinien des Rates zum Ausdruck gekommenen Ziel eines wirksamen und abschreckenden Schutzes gegen diskriminierende Entlassungen gerecht wird. Sie führt zu einer systemeinheitlichen Betrachtung des Diskriminierungs- und Kündigungsrechts, in dem die Wertungen des AGG – trotz der im Ansatz richtlinienwidrigen Bestimmung des § 2 Abs. 4 AGG – in das nationale Rechtssystem „integriert" werden. Die methodischen Zweifel an dieser Sichtweise werden gemildert, wenn man sich das Versagen des Gesetzgebers vor Augen hält. Der EuGH[26] geht in ständiger Rechtsprechung davon aus, dass nationale Gerichte bei der Anwendung der Bestimmungen des innerstaatlichen Rechts, welche zur Umsetzung der in einer Richtlinie vorgesehenen Verpflichtungen erlassen worden sind, das gesamte nationale Recht berücksichtigen und es so weit wie möglich anhand des Wortlauts und des Zweckes der Richtlinie auslegen müssen, um zu einem Ergebnis zu gelangen, das mit dem von der Richtlinie verfolgten Ziel vereinbar ist. Dabei bezieht sich dieses Gebot auf die gesamte Rechtsordnung des Mitgliedstaates. Dies bedeutet, dass sämtliche Vorschriften des nationalen Rechts soweit wie möglich in dem Sinne auszulegen sind, dass ein richtlinienkonformes Ergebnis erreicht wird. Die methodischen Grenzen richten sich dabei nach der jeweiligen nationalen Methodenlehre.[27] Das Gebot richtlinienkonformer Auslegung ist damit keine eigene Auslegungsmethode, sondern eine Vorrangregelung innerhalb der anerkannten Auslegungsmethoden der jeweiligen nationalen Rechtsordnung. Für das deutsche Recht bedeutet dies, dass eine richtlinienkonforme Auslegung *contra legem* unzulässig ist; diese Grenze akzeptiert auch der EuGH.[28] Eine unzulässige „Auslegung *contra legem*" ist nach der Ansicht des BAG jedoch funktionell zu verstehen. Sie sei erst dann anzunehmen, wenn die Gerichte eine eindeutige Entscheidung des Gesetzgebers aufgrund eigener rechtspolitischer Vorstellungen ändern wollten und damit – nach deutschem Verfassungsrecht – die Bindung der Gerichte an Recht und Gesetz (Art. 20 Abs. 3 GG) sowie das Gewaltenteilungsprinzip (Art. 20 Abs. 2 S. 2 GG) verletzen würden. Solange diese Grenze nicht überschritten sei, sei das nationale Recht richtli-

188

---

[24] NZA 2014, 722.
[25] Nach Auffassung des 8. Senats (BAG 12.12.2013 NZA 2014, 722) ist jedenfalls bei schwerwiegenden Persönlichkeitsrechtsverletzungen ein Entschädigungsanspruch nach § 15 Abs. 2 AGG gegeben. Ablehnend *Günther/Frey,* NZA 2014, 584, 588ff.; zustimmend *Glatzel,* NZA-RR 2014, 530.
[26] EuGH 5.10.2004 – C-397/01 – (Pfeiffer) EzA EG-Vertrag 1999 Richtlinie 93/104 Nr. 1 = NZA 2004, 1445.
[27] EuGH 5.10.2004 – C-397/01 – (Pfeiffer) EzA EG-Vertrag 1999 Richtlinie 93/104 Nr. 1 = NZA 2004, 1445 *(„durch die Anwendung seiner Auslegungsmethoden").*
[28] EuGH 4.7.2006 – C-212/04 – (Konstantinos Adeneler) EzA EG-Vertrag 1999 Richtlinie 99/70 Nr. 1 = NZA 2006, 909 Rn. 110.

nienkonform fortzubilden, wo es nötig und möglich ist.[29] Zweifellos ist die unionsrechtskonforme Handhabung des AGG durch das BAG ein erneuter Grenzfall.

189 Das bedeutet, dass nunmehr **Diskriminierungsverbote** und die aus den Freiheitsrechten des Grundgesetzes zu ziehenden Folgerungen **einheitlich innerhalb der speziellen Normen des allgemeinen Kündigungsschutzes** (§§ 1 KSchG, § 626 BGB) **und des besonderen Kündigungsschutzes zu berücksichtigen sind. Außerhalb der Kündigungsschutznormen findet bemerkenswerter Weise das AGG unmittelbare Anwendung,** mit der Folge, das diskriminierende Kündigungen nach § 134 BGB iVm §§ 2 Abs. 1 Nr. 2, 7 AGG unwirksam sind. In allen Fällen können diskriminierende Kündigungen auch zu einem Entschädigungsanspruch nach Maßgabe des § 15 Abs. 2 AGG führen.

Innerhalb dieser Normenkomplexe sind dann auch die Rechtfertigungsgründe (§§ 8–10 AGG) und die Grundrechtskollisionen auszugleichen. Das AGG dient zugleich der Konkretisierung des Gleichberechtigungsgebotes aus Art. 3 Abs. 2 GG sowie der Diskriminierungsverbote aus Art. 3 Abs. 3 GG.[30] Im Rahmen der richtlinienkonformen Auslegung ist schließlich auch die Beweislastregelung des § 22 AGG unmittelbar oder inzident anzuwenden.

3. Schutzzweck des Nichtdiskriminierungsrechts

190 Mit dieser methodischen Einordnung ist für die Frage der Reichweite des Diskriminierungsschutzes im konkreten Falle noch wenig gewonnen. Erhebliche Bedeutung werden die richtige Definition und Abgrenzung der in § 1 AGG niedergelegten Diskriminierungsmerkmale haben. Entscheidend ist, dass man den **Schutzzweck des Nichtdiskriminierungsrechts** genauer in den Blick nimmt.[31] Die präzise Bestimmung des Schutzzwecks ist schwierig, weil ganz unterschiedliche Diskriminierungsmerkmale in § 1 AGG erfasst sind, ohne dass der Richtliniengeber oder der Gesetzgeber nähere Hinweise zur Auslegung geben. Die Funktion des Nichtdiskriminierungsprinzips ergibt sich erst aus dem jeweiligen Kontext. Allein der Ansatz, zu einem funktionsfähigen Markt beizutragen, reicht als Erklärung sicher nicht.[32] „Ziel der Diskriminierungsverbote ist vielmehr der **Schutz bestimmter Personen vor Benachteiligung** als solcher."[33] Wesentlich ist zunächst folgende Unterscheidung: Die **Diskriminierungsverbote schützen nicht das Recht auf Betätigung und schützen auch nicht vor berechtigten Leistungsanforderungen.**[34] Es geht beim Diskriminierungsschutz des AGG primär um den Schutz in Ansehung von Merkmalen, die der Mensch unveränderlich hat. Zu beachten ist insbesondere, dass das AGG nicht in gleicher Weise wie das GG die Betätigung – wie ein Freiheitsrecht – schützt, sondern lediglich vor Benachteiligungen bewahren will, wenn der Mensch wegen einer unveränderbaren Eigenschaft diskriminiert wird.[35] Im Kern soll **Schutz vor Persönlichkeitsverletzungen** geleistet werden.[36] So erklärt sich auch die Sanktion des Schadens-

---

[29] BAG vom 24.3.2009 NZA 2009, 538.
[30] ErfK/*Schlachter,* Vorbem. zum AGG Rn. 6.
[31] *Hanau,* ZIP 2006, 2190, 2191; *Preis,* ZESAR 2007, 308, 311; ausf. hierzu *Grünberger,* Personale Gleichheit, 2013.
[32] *Grünberger,* in Preis/Sagan (Hrsg.) § 3 Rn. 2 ff.
[33] *Britz,* VVDStRL 64 (2005), 355 (390).
[34] *Hanau,* ZIP 2006, 2190, 2191.
[35] Ebenso *Hanau,* ZIP 2006, 2190, 2191; *Preis,* ZESAR 2007, 308, 311.
[36] Dem zustimmend BAG 19.12.2013 NZA 2014, 372 Rn. 38.

ersatzes für Nichtvermögensschäden in § 15 Abs. 2 AGG. Schließlich ist zu bedenken, dass das Diskriminierungsrecht zum Teil auch die schlechte Gesinnung sanktioniert, es also auf einen Diskriminierungserfolg gar nicht ankommen muss. Es geht um die Abwehr stereotyper Vorurteile.[37] Das Diskriminierungsrecht erweitert den Schutz mittels des Verbots der **mittelbaren Diskriminierung** auch auf Maßnahmen, die dem Anschein nach neutral sind, aber dennoch Personen wegen eines verpönten Merkmals benachteiligen können (§ 3 Abs. 2 AGG). Auch hier wird in der Sache ein Schutz vor Stereotypen gewährt. Das Verbot der mittelbaren Diskriminierung fungiert als eine Art Umgehungsverbot. Es soll verhindern, dass anhand neutraler Kriterien, die dennoch Stereotypen umschreiben (zB ununterbrochene Beschäftigungsdauer bei Frauen; Kleidungsvorschriften bei Religionen, Muttersprachkenntnisse oder Körpergröße bei ethnischer Herkunft), das Verbot der unterschiedlichen Behandlung wegen eines Merkmals ausgehebelt wird. Es bedarf daher einer sehr differenzierten und keineswegs konsistenten Dogmatik des Diskriminierungsrechts, um nicht zu abstrusen und ungerechten, ihrerseits diskriminierenden Ergebnissen zu kommen. Das Antidiskriminierungsrecht darf nicht so weit getrieben werden, dass die „normale", d.h. ohne ein Diskriminierungsmerkmal versehene Person benachteiligt wird. Man kann den Diskriminierungsschutz, etwa im Bereich des Behindertenschutzes, so ausweiten, dass er kein Minderheitenschutz mehr ist.[38] Die notwendige Dogmatik lässt sich nur anhand der einzelnen Diskriminierungsmerkmale festmachen.

Als Grundproblem kann etwa die Problematik dienen, ob der Diskriminierungsschutz auch die **sexuelle Betätigung** erfasst. Die Frage wurde an dem Beispiel akut, ob auch strafbare sexuelle Betätigungen dem Diskriminierungsverbot unterfallen (zB Pädophilie als sexuelle Identität). Die Fragestellung führt in die Irre. Eine sinnvolle Antwort kann nur gegeben werden, wenn man sich den begrenzten Schutzzweck des Diskriminierungsrechts verdeutlicht, nämlich dass der Geschützte nur wegen des unveränderlichen Habens einer Eigenschaft geschützt wird. Der Schutzbereich des Diskriminierungsrechts ist nur erfasst, wenn eine Person wegen ihrer Eigenschaft als Homosexueller oder Pädophiler benachteiligt wird. Auch wenn eine Person – in den Augen der Mehrheit – eine abgelehnte sexuelle Identität hat, soll er nicht allein deswegen diskriminiert werden dürfen. Er/Sie muss sich aber bei der Erfüllung von Verträgen oder anderen Betätigungen den „für alle geltenden Gesetzen" gleichermaßen unterwerfen. Der Diskriminierungsschutz gibt dem Homosexuellen oder Pädophilen mithin kein Recht, sich sanktionsfrei – ggf. unter Ausklammerung von Strafgesetzen – homosexuell oder pädophil zu betätigen. Die Betätigung ist grundrechtlich durch den Schutzbereich der allgemeinen Handlungsfreiheit des Art. 2 GG erfasst, die durch verfassungskonforme Gesetze beschränkt werden darf. Das tut das AGG im Übrigen in Teilen schon selbst, in dem es zwar die sexuelle Identität (§ 1 AGG) schützt, andererseits aber die sexuelle Belästigung (§ 3 Abs. 4 AGG), also eine abzulehnende Form der sexuellen Betätigung, zu Recht als sanktionsbedürftige Benachteiligung einordnet. Die Auffassung, der Begriff der sexuellen Identität erfasse auch das **sexuelle Verhalten,** da es Teil der sexuellen Ausrichtung sei, ist daher abzulehnen.[39] Schon hieraus ergibt sich, dass eine Grenze dort gezogen werden kann, wo die Betätigung die sexuelle Selbstbestimmung Dritter iSd § 3 Abs. 4 AGG verletzt bzw. strafrechtlich relevant ist. So kann sich etwa ein Arbeitnehmer, der wegen missbräuchlicher Internetnutzung (pornogra-

---

[37] *Hanau,* ZIP 2006, 2190, 2191.
[38] Siehe BAG 19.12.2013 NZA 2014, 372 Rn. 67.
[39] So wohl *Thüsing* AGG, Rn. 214; aA ErfK/*Schlachter* § 1 AGG Rn. 16: mittelbare Benachteiligung.

phische Inhalte) gekündigt wird, wegen dieses Verhaltens nicht auf den Schutz des AGG (sexuelle Identität) berufen.[40]

192 Ganz ähnlich ist der Funktionsmechanismus bei der **Behinderung**. Klar abgrenzbar wäre der Begriff der Behinderung, wenn man sie als ein der Person anhaftendes, dauerhaftes Defizit einordnete. So wäre der Unterschied zum (heilbar) Erkrankten klar. Was ist nun eine Behinderung iSd § 1 AGG? Das wird letztlich der EuGH zu entscheiden haben, der sich aber bei der Frage der Abgrenzung einer Krankheit von der Behinderung sehr zurückgehalten hat. Jedenfalls ist er nicht auf die – m. E. fernliegende – Idee gekommen, die Kündigung wegen Krankheit als eine mittelbare Diskriminierung wegen einer Behinderung zu prüfen.[41] En passant erklärt der Gerichtshof lediglich, der Klägerin sei ja ausdrücklich nur krankheitsbedingt gekündigt worden. Dies falle aber nicht in den Anwendungsbereich der Richtlinie, da das Diskriminierungsverbot nur die Behinderung betreffe.[42] Man kann den EuGH so interpretieren, dass er die Krankheit als ein Aliud zur Behinderung sieht, sodass sich der Schutzbereich der Richtlinie nicht allein deshalb eröffnet, sobald sich eine Krankheit manifestiert.[43] Weiterführend könnte sein, nicht auf die kausale Betrachtung des Leidens, sondern auf die finale Betrachtung bezüglich des Behandlungsspektrums abzustellen. Keine Krankheit, sondern eine Behinderung liegt danach vor, wenn bei einem Dauerzustand körperlicher und/oder geistiger Defizite die Behandlung nicht zu einer Besserung oder Linderung führen kann.[44] Gleichgeartet und zu keinem anderen Ergebnis führend wäre der Ansatz, von einer Krankheit auszugehen, solange das Leiden therapierbar ist.[45] In diese Richtung geht jetzt das BAG, das die Kündigung wegen einer symptomlosen HIV-Infektion eines Arbeitnehmers, der als Chemisch-Technischer Assistent tätig war, wegen Diskriminierung eines Behinderten für unwirksam erklärt hat. Eine Behinderung liegt nach Auffassung des BAG[46] vor, wenn die körperliche Funktion, geistige Fähigkeit oder seelische Gesundheit eines Menschen **langfristig eingeschränkt** ist und dadurch – in Wechselwirkung mit verschiedenen sozialen Kontextfaktoren (Barrieren) – seine **Teilhabe an der Gesellschaft,** wozu auch die Teilhabe am Berufsleben gehört, **beeinträchtigt** sein kann. Aufhorchen lässt, dass nach Auffassung des BAG auch **chronische Erkrankungen** zu einer Behinderung führen können. Begrenzendes Merkmal ist dann die Frage, ob die gesellschaftliche Teilhabe durch die Erkrankung beeinträchtigt ist. Bei HIV-Infizierten sei dies typischerweise in Ansehung von Stigmatisierung und sozialem Vermeidungsverhalten, das auf die Furcht vor einer Infektion zurückzuführen sei, der Fall.

192a Im Großen und Ganzen sind diese Erwägungen des BAG mit der Rechtsprechung des EuGH kompatibel. In dem Urteil vom 11.4.2013 (Rs C-335/11 und C 337/11) bestätigt der EuGH seine Definition des Begriffes „Behinderung", dass er eine Einschränkung erfasst, die insbesondere auf **physische, geistige oder psychische Beeinträchtigungen zurückzuführen ist, die in Wechselwirkung mit verschiedenen Barrieren den Betreffenden an der vollen und wirksamen Teilhabe am Berufs-**

---

[40] Siehe i. E. zutreffend ArbG Düsseldorf 29.10.2007 – 3 Ca 1455/07 –.
[41] Vgl. etwa *Thüsing*, in Bauer/Thüsing/Schunder NZA 2006, 774, 777; *Domröse*, NZA 2006, 1320, 1321.
[42] EuGH 11.7.2006 – C-13/05 „Navas", EzA Richtlinie 2000/78 Nr. 1 mit Anm. *Preis/Wolf* = NZA 2006, 839.
[43] EuGH 11.7.2006 NZA 2006, 839 Rn. 44, 46.
[44] KK/*Höfler* § 11 SGB V, Rn. 9b f mwN.
[45] Zum Ganzen *Preis/Wolf*, Anm. zu EuGH v. 11.7.2006 EzA EG-Vertrag 1999 RL 2000/78 Nr. 1.
[46] BAG 19.12.2013 NZA 2014, 372.

leben hindern. Ferner müssten diese Einschränkungen „langfristig" sein. Die Richtlinie 2000/78 erfasste nicht nur Behinderungen, die angeboren sind oder von Unfällen herrühren. Vielmehr könnten diese auch durch Krankheit verursacht sein. Unerheblich ist, ob der Betroffene ggf. zum Auftreten seiner Behinderung beigetragen hat (Adipositas).[46a] Eine heilbare oder unheilbare Krankheit kann danach unter den Begriff „Behinderung" fallen. Das BAG konstatiert, dass sich die unionsrechtliche Konzeption des Behindertenbegriffes und die des nationalen Rechts angenähert hätten. Es bestünden aber nach wie vor Unterschiede. Der unionsrechtliche Begriff beschränke sich auf „Beeinträchtigungen der wirksamen Teilhabe am Berufsleben" während die Behindertenbegriffe des AGG und der UN-BRK auf die „gesellschaftliche Teilhabe" abstellten. Darüber seien nach nationalem Verständnis bereits Abweichungen, die mit hoher Wahrscheinlichkeit **länger als sechs Monate** andauern, als langfristig anzusehen, während der EuGH eine Einzelfallentscheidung verlange. Das BAG löst die Kollision so, dass der Behindertenbegriff des AGG maßgeblich sei, soweit das nationale Recht von einem weiteren Behindertenbegriff als das supranationale Recht ausgehe. Im Übrigen sei der Behindertenbegriff des Unionsrechts zugrunde zu legen.[47]

192b Ein Behinderter kann aber auch weiterhin wegen Leistungsmängeln gekündigt werden, wenn er insoweit nicht gegenüber Nichtbehinderten benachteiligt wird. Der Diskriminierungsschutz schützt auch nicht vor berechtigten Leistungsanforderungen. Dies hat auch der EuGH bestätigt.[48] Deshalb bleiben – auch bei Annahme einer Behinderung – krankheitsbedingte Kündigungen nach den allgemeinen Maßstäben möglich.[49] Im Falle der HIV-Infektion hat das BAG entschieden, dass eine Kündigung aus diesem Grund etwa dann unwirksam sein könne, wenn der Arbeitgeber durch angemessene Vorkehrungen, dh. durch wirksame, praktikable und nicht unverhältnismäßig belastende Maßnahmen den gefahrfreien Einsatz des Klägers hätte ermöglichen können.[50]

4. Einzelne Diskriminierungsverbote

193 Hinsichtlich einzelner Fallgestaltungen steht die Konturierung der Rechtsprechung noch aus. Im Rahmen der Generalklauseln sind die Rechtfertigungsmöglichkeiten des AGG bzw. der Richtlinien zu beachten. Im Rahmen des allgemeinen und des besonderen Kündigungsschutzes ist im deutschen Recht der Schutz vor diskriminierenden Kündigungen gewährleistet. Schließlich ist zu bedenken, dass das Nichtdiskriminierungsrecht eine sich stetig erweiternde Tendenz aufweist, nicht nur durch erweiternde Interpretation der sieben Merkmale des AGG, sondern auch in Ansehung einer sich erweiternden Tendenz im europäischen und internationalen Recht. Zu bedenken ist, dass allein die Charta der Grundrechte der Europäischen Union in Art. 21 EU-GR-Charta, die bei der Durchführung des Rechts der Union unmittelbar anwendbar ist (Art. 51 EU-GR-Charta) in einer nicht abschließenden Aufzählung 17 Diskriminierungsmerkmale enthält, darunter Hautfarbe, soziale Herkunft, genetische Merkmale, politische oder sonstige Anschauung, Vermögen und Geburt. Im deutschen Kündigungsrecht

---

[46a] EuGH 18.12.2014 NZA 2015, 33; hierzu *Gennert,* DB 2015, 252; *Lingscheid,* NZA 2015, 147; *Sittard,* NJW 2015, 393.
[47] BAG 19.12.2013 NZA 2014, 372 Rn. 60 ff.
[48] EuGH 11.7.2006, Rs. C- 13/05 *(Navas),* EzA Richtlinie 2000/78 Nr. 1 = NZA 2006, 839.
[49] LAG Thüringen 15.11.2012 – 3 Sa 71/12 – Revision eingelegt unter 2 AZR 664/13. Eine „Kontaktallergie" bei einer Reinigungskraft stellt noch keine Behinderung dar, vgl. LAG Sachsen-Anhalt 4.2.2011 – 6 Sa 237/10; zur Diabetes-Erkrankung eines Kraftfahrers LAG Berlin-Brandenburg 7.10.2010 – 25 Sa 1435/10.
[50] BAG 19.12.2013 NZA 2014, 372 Rn. 60 ff.

194 Im Kontext der Diskriminierungsmerkmale des AGG war schon bislang im Rahmen des § 1 KSchG anerkannt, dass die Erreichung eines bestimmten **Lebensalters** (etwa des 65. Lebensjahres) kein Kündigungsgrund ist.[51] Problematisch können Fallkonstellationen in nicht dem Kündigungsschutz unterliegenden Kleinbetrieben oder während der Wartezeit werden (§§ 1, 23 KSchG). So kann eine Kündigung in einem Kleinbetrieb, in dem der Arbeitgeber dem ältesten Arbeitnehmer kündigt, auch altersdiskriminierend sein.[52]

195 Bei einer Kündigung wegen eines im Sinne des § 2 Abs. 2 SGB IX **Schwerbehinderten** oder gemäß § 2 Abs. 3 SGB IX gleichgestellten Arbeitnehmer (§ 68 SGB IX) stellt sich die Problematik wegen § 90 I Nr. 1 SGB IX nur innerhalb der Wartezeit von sechs Monaten. Die Wertungen des AGG werden von der Rechtsprechung in die Beurteilung **krankheitsbedingter Kündigungen** schwerbehinderter Arbeitnehmer integriert.[53] Aber auch wenn ein im Sinne des § 1 AGG behinderter Mensch krankheitsbedingt gekündigt wird, liegt keine unzulässige Diskriminierung vor, wenn die Kündigung allein wegen der betrieblichen Beeinträchtigungen und/oder wirtschaftlichen Belastungen erfolgt. Nach Auffassung des BAG[54] bildet eine Kündigung wegen häufiger und wiederkehrender arbeitsunfähigkeitsbedingter Fehlzeiten (krankheitsbedingte Kündigung) keine hinreichende Indiztatsache für die Vermutung einer Benachteiligung wegen einer Behinderung. Im Ergebnis dürfte deshalb das AGG nichts an der ohnehin strengen Rechtsprechung des BAG zur krankheitsbedingten Kündigung ändern (→ Rn. 1245 ff.).[55]

196 Eine **betriebsbedingte Kündigung,** die auf einer diskriminierenden Unternehmerentscheidung beruht, kann nach § 1 KSchG iVm AGG unwirksam sein, wenn die Unterscheidungsmerkmale nicht gerechtfertigt sind. Ändert der Unternehmer das Anforderungsprofil einer Tätigkeit in der Weise, dass die Beherrschung der deutschen Sprache in Wort und Schrift verlangt wird, und ist ein seit Langem beschäftigter Arbeitnehmer ausländischer Herkunft nicht in der Lage, die deutsche Sprache so zu erlernen, dass er den Anforderungen gerecht werden kann, so liegt eine mittelbare Diskriminierung wegen der **ethnischen Herkunft** vor, wenn die Arbeit so organisiert werden kann, dass die schriftliche Sprachbeherrschung nicht erforderlich ist.[56] Verlangt allerdings der Arbeitgeber **Kenntnisse der deutschen Schriftsprache,** damit schriftliche Arbeitsanweisungen verstanden werden können, so verfolgt er damit ein sachlich gerechtfertigtes Ziel. Hat der Arbeitnehmer diese Eignung nicht, kann er **personenbedingt gekündigt** werden. Sofern für die Ausübung der Tätigkeit die ausreichende Kenntnis der deutschen Schriftsprache eine wesentliche Anforderung an die persönliche Eignung des Klägers für die von ihm zu verrichtende Arbeit ist, stellt diese Anforderung **keine mittelbare Diskriminierung** (§ 3 Abs. 2 AGG) aus ethnischen Gründen dar.[57]

---

[51] BAG 28.9.1961 AP KSchG § 1 Personenbedingte Kündigung Nr. 1; 20.11.1987 EzA BGB § 620 Altersgrenze Nr. 1 = NZA 1988, 617; *Stahlhacke,* DB 1989, 2329.
[52] So etwa in dem Fall BAG 21.2.2001 EzA BGB § 242 Kündigung Nr. 1 = NZA 2001, 833.
[53] Vgl. etwa LAG Berlin-Brandenburg 4.12.2008 LAGE AGG § 3 Nr. 1.
[54] BAG 22.10.2009 NZA 2010, 280 Rn. 29.
[55] Siehe auch LAG Köln 4.7.2013 NZA-RR 2013, 574; LAG Thüringen 15.11.2012 – 3 Sa 71/12 – (Revision eingelegt unter 2 AZR 664/13).
[56] LAG Hamm 17.7.2008 LAGE KSchG § 1 Nr. 14 = NZA 2009, 13.
[57] BAG 28.1.2010 NZA 2010, 625; zust. *Mohr,* Anm. AP Nr. 4 zu § 3 AGG.

Zur Kündigung wegen einer nach § 3 Abs. 4 AGG verpönten **sexuellen Belästigung** vgl. unter Rn. 646.

IV. Grundrechtsverletzungen

Über das – letztlich verfassungsrechtlich fundierte – Diskriminierungsrecht hinaus haben Grundrechte allgemein im Kündigungsrecht wie im Arbeitsrecht eine hervorragende Bedeutung. Im Grundsatz ist zunächst davon auszugehen, dass das geltende Kündigungsschutzrecht insgesamt die kollidierenden Grundrechte von Arbeitgebern und Arbeitnehmern aus Art. 12 Abs. 1 und 2 Abs. 1 GG zu einem sachgerechten verfassungsgemäßen Ausgleich gebracht hat.[58] Dennoch können und müssen die Grundrechte bei der Interpretation kündigungsrechtlicher Generalklauseln oder allgemeiner Generalklauseln des Zivilrechts (§§ 138, 242, 315 BGB) zur Geltung gebracht werden, wenn keine spezielle grundrechtsschützende Norm vorliegt.[59] Auch der in Art. 30 GRC geregelte Schutz von Arbeitnehmern vor ungerechtfertigter Entlassung ist nach der deutschen Rechtslage durch die vielfältigen Kündigungsschutznormen, insbesondere das KSchG, und außerhalb dessen Anwendungsbereich durch die zivilrechtlichen Generalklauseln gewährleistet.[60]

Die früher vom BAG vertretene unmittelbare Drittwirkung der Grundrechte, bei deren Verletzung Nichtigkeit eines Rechtsgeschäfts, zB der Kündigung, nach § 134 BGB eintreten sollte,[61] ist in dieser Form abzulehnen. Grundlage der neueren Erkenntnis zur Einwirkung der Grundrechte auf das Privatrecht ist die Lehre von der **Schutzfunktion der Grundrechte**, die der mittelbaren, über Generalklauseln in das Privatrecht einwirkenden Drittwirkungslehre nahekommt, aber besser zu erklären vermag, dass auch der Privatrechtsgesetzgeber im Hinblick auf den Grundrechtsschutz weder ein verfassungswidriges Untermaß unterschreiten noch ein verfassungswidriges Übermaß überschreiten darf.[62] Auch das BAG wendet sich dieser Lehre zu und berücksichtigt grundrechtliche Wertungen, soweit keine spezialgesetzliche Regelung vorliegt, nur noch im Wege der Abwägung im Rahmen arbeitsrechtlicher (insbes. § 1 KSchG, § 626 BGB)[63] und allgemeiner zivilrechtlicher Generalklauseln (§§ 138, 242, 315 BGB).[64] Für Art. 9 Abs. 3 GG ist diese Lehre ohne Bedeutung, da in Art. 9 Abs. 3 S. 2 GG die unmittelbare Wirkung der Koalitionsfreiheit auf das Privatrecht ausdrücklich angeordnet worden ist. Verletzt also die Kündigung des Arbeitgebers die positive oder negative Koalitionsfreiheit des Arbeitnehmers, so ist sie nichtig.[65]

---

[58] Vgl. BVerfG 24.4.1991 AP GG Art. 12 Nr. 70 = EzA Einigungsvertrag Art. 13 Nr. 1; *Preis*, NZA 1995, 251, 252 f.; *Söllner*, ArbuR 1991, 52.
[59] Vgl. BVerfG 7.2.1990 AP GG Art. 12 Nr. 12 mit Anm. *Canaris* = JZ 1990, 691 mit Anm. *Wiedemann*.
[60] BAG 6.12.2011 NZA 2012, 286.
[61] BAG 28.9.1972 AP BGB § 134 Nr. 2 = EzA KSchG § 1 Nr. 25; BAG 26.5.1977 AP BGB § 611 Beschäftigungspflicht Nr. 5 = EzA BGB § 611 Beschäftigungspflicht Nr. 2.
[62] Einzelheiten vgl. *Kühling*, ArbuR 1994, 128 ff.; grundlegend *Canaris*, AcP 184 (1984), 201 ff.; *ders.*, JuS 1989, 161 ff.; vgl. ferner MünchArbR/*Richardi*, § 12 Rn. 13 ff.; *Preis*, Vertragsgestaltung, S. 37 ff.
[63] BAG 24.11.2005 EzA BGB 2002 § 626 Nr. 13 = NZA 2006, 650; BAG 12.1.2006 EzA KSchG § 1 Verhaltensbedingte Kündigung Nr. 67 = NZA 2006, 917.
[64] Vgl. BAG 23.6.1994 EzA BGB § 242 Nr. 39 = NZA 1994, 1080; BAG 21.2.2001 EzA BGB § 242 Kündigung Nr. 1 = NZA 2001, 833; grundlegend BAG 16.3.1994 EZA BGB § 611 Ausbildungsbeihilfe Nr. 10 = NZA 1994, 937 BAG 14.9.1994 EzA BGB § 626 Verdacht strafbarer Handlung Nr. 5 = NZA 1995, 269.
[65] BAG 5.3.1987 RzK I 8l Nr. 6 und LAG Nürnberg 13.3.1990 ArbuR 1992, 26 zur Kündigung wegen Gewerkschaftszugehörigkeit; BAG 2.6.1987 EzA GG Art. 9 Nr. 43 unter III 2 der Gründe;

200 Grundsätzlich können Verstöße gegen grundrechtliche Wertungen im Kündigungsrecht im Rahmen der Prüfung der Kündigungsgründe nach § 1 KSchG, § 626 BGB sanktioniert werden. Für die Diskriminierungsverbote des AGG hat das BAG dies in besonders klarer Weise entschieden.[66] Sollte bei einer ordentlichen Kündigung ein Schutz nach §§ 1, 23 KSchG nicht eingreifen, können **Grundrechtsverstöße über die zivilrechtlichen Generalklauseln der §§ 138, 242 BGB zur Unwirksamkeit der Kündigung** führen.[67] Hierbei muss zweierlei berücksichtigt werden: Eine Unwirksamkeit der Kündigung kann mangels spezialgesetzlicher Regelung nur bei krassen Grundrechtsverstößen eingreifen; ferner darf nicht über eine allgemeine Grundrechtsabwägung de facto ein Kündigungsschutz konstruiert werden, den der Gesetzgeber während der ersten sechs Monate und in Kleinbetrieben ausdrücklich nicht wollte. Es ist also stets zu prüfen, ob der Gesetzgeber nicht bereits eine einfach-rechtlich konkretisierte Grundrechtsabwägung vorgenommen hat. In Kleinbetrieben wird – auch in den ersten sechs Monaten[68] – über § 242 BGB jetzt infolge der verfassungsgerichtlichen Entscheidungen die Wahrung eines „Mindestmaßes an sozialer Rücksichtnahme" verlangt (→ Rn. 238 f.).[69]

201 Eindeutig ist die unmittelbare Anwendbarkeit eines Verfassungsgebots, wenn dies ausdrücklich – wie in Art. 9 Abs. 3 S. 2 GG – oder einfachrechtlich bestimmt ist. Aus diesem Grunde ist ein Rückgriff auf Diskriminierungsverbote in Art. 3 Abs. 2 und 3 GG unnötig, soweit diese im AGG speziell geregelt sind und trotz § 2 Abs. 4 AGG im Rahmen des allgemeinen und besonderen Kündigungsschutzes zu berücksichtigen sind. Zur Geltung des allgemeinen Gleichbehandlungsgrundsatzes bei Kündigungen → Rn. 249 ff.

202 Aus Art. 3 Abs. 3 S. 1 GG wurde schon vor Verabschiedung des AGG abgeleitet, dass **diskriminierende Kündigungen,** die nur wegen der Abstammung, der Rasse, der Heimat und Herkunft, des Glaubens oder der religiösen und politischen Überzeugung erfolgen, unwirksam sind. Das Verbot diskriminierender Behandlungen ist auch Bestandteil der Betriebsverfassung (§ 75 Abs. 1 BetrVG). Im AGG ist dem Gesetzgeber eine verunglückte Spezialnorm gelungen. Das AGG ist zum Teil enger als Art. 3 Abs. 3 S. 1 GG, sodass der Rückgriff auf das GG auch in Diskriminierungssachverhalten in Einzelfällen nötig ist (insbes. in Bezug auf politische Anschauungen). Im praktischen Ergebnis wird man festhalten können, dass Kündigungen, die wegen einer der in Art. 3 Abs. 3 S. 1 GG oder in § 1 AGG genannten Diskriminierungsmerkmale erfolgen, ohne dass diese – etwa im Lichte der §§ 8 bis 10 AGG – gerechtfertigt werden können, als sittenwidrig nach § 138 BGB und deshalb unwirksam bezeichnet werden müssen.[70] Dort, wo das AGG nach Maßgabe der Ausführungen in den Rn. 187 ff.

LAG Frankfurt 11.4.1997 LAGE GG Art. 9 Nr. 12 = ArbuR 1997, 418; KR/*Friedrich,* § 13 KSchG Rn. 202.

[66] BAG 6.11.2008 EzA KSchG § 1 Soziale Auswahl Nr. 82 = NZA 2009, 361.

[67] Vgl. grundlegend BVerfG 27.1.1998 EzA KSchG § 23 Nr. 17 = NZA 1998, 470; BAG 21.2.2001 EzA BGB § 242 Kündigung Nr. 1 = NZA 2001, 833; BAG 22.5.2003 AP KSchG 1969 § 1 Wartezeit Nr. 18 = EzA BGB 2002 § 242 Kündigung Nr. 2; zum Ganzen *Oetker,* ArbuR 1997, 41 ff.; *Preis,* NZA 1997, 1256, 1264; *Wank,* FS Hanau, 1999, S. 295; *Otto,* FS Wiese 1998, S. 353; *Hanau,* FS Dieterich, 1999, S. 201; *Löwisch,* BB 1997, 782; *Gragert,* NZA 2000, 961; *Urban,* Der Kündigungsschutz außerhalb des Kündigungsschutzgesetzes, 2001; *Bengsch,* Der verfassungsrechtlich geforderte Mindestkündigungsschutz im Arbeitsverhältnis, 2005; zur Kündigung innerhalb der Probezeit wegen Homosexualität BAG 23.6.1994 EzA BGB § 242 Nr. 39 = NZA 1994, 1080.

[68] BVerfG 21.6.2006 NZA 2006, 913 f.

[69] BAG 21.2.2001 EzA BGB § 242 Kündigung Nr. 1 = NZA 2001, 833.

[70] BAG 28.9.1972 AP BGB § 134 Nr. 2 = EzA KSchG § 1 Nr. 25; KR/*Friedrich,* § 13 KSchG Rn. 186; LG Frankfurt 7.3.2001 EzA BGB § 138 Nr. 26 = NZA-RR 2001, 298; ebenso *v. Hoyningen-Huene,* Anm. zu BAG EzA BGB § 242 Nr. 39.

§ 13 Die unwirksame Kündigung

unmittelbar anwendbar ist, ist die diskriminierende Kündigung nach § 7 AGG unwirksam. Das verfassungsrechtliche Diskriminierungsverbot von Behinderten (Art. 3 Abs. 3 S. 2 GG) ist durch den Sonderkündigungsschutz des Schwerbehindertenrechts (→ Rn. 1478 ff.) sowie das AGG kündigungsrechtlich bereits so konkretisiert, dass der Diskriminierungsschutz insoweit weitreichend gewährleistet ist.[71] Besonderheiten sind bei der Handhabung der Darlegungs- und Beweislast zu beachten (näher → Rn. 269 ff.).

Allein die **politische Anschauung** eines Arbeitnehmers berechtigt – außerhalb von Tendenzbetrieben – nicht zur Kündigung des Arbeitsverhältnisses. Wegen einer politischen Betätigung kann eine Kündigung nur in Betracht kommen, wenn eine konkrete Beeinträchtigung des Arbeitsverhältnisses vorliegt.[72] Erfolgt eine Kündigung nur wegen des Innehabens einer politischen Überzeugung, ist die Kündigung wegen Verstoßes gegen § 138 BGB iVm Art. 3 Abs. 3, Art. 5 Abs. 1 GG für unwirksam zu erklären. Dies gilt auch für extreme Ansichten, solange die Schranken des Art. 5 Abs. 2 GG gewahrt bleiben.[73] Dies gilt für das private Arbeitsverhältnis. 203

Anders kann nur in solchen Arbeitsverhältnissen entschieden werden, in denen eine bestimmte politische Anschauung Vertragsgrundlage ist, also bei Tätigkeiten im **öffentlichen Dienst** (näher → Rn. 671 ff.) und in sog. **Tendenzbetrieben** (näher → Rn. 644 f.). Eine durch Art. 3 Abs. 3 GG verbotene Benachteiligung wegen politischer Anschauung liegt bei einem Arbeitnehmer des öffentlichen Dienstes nicht vor, wenn er wegen seiner Mitgliedschaft und seines aktiven Einsatzes in einer verfassungsfeindlichen Organisation gekündigt wird.[74] Dies gilt aber nicht im **privatrechtlichen Arbeitsverhältnis.** Ob und inwieweit an der Rechtsprechung des BAG festgehalten werden kann, dass das Grundrecht der Meinungsfreiheit (Art. 5 Abs. 1 GG) nicht nur in Art. 5 Abs. 2 GG, sondern auch in den „Grundregeln über das Arbeitsverhältnis" seine Grenze findet,[75] ist zweifelhaft. In neuerer Rechtsprechung vertritt das BAG einen **meinungsfreundlichen Ansatz**. Eine allgemeine **Kritik** an den allgemeinen wirtschaftlichen und sozialen Verhältnissen einerseits und am Arbeitgeber und den betrieblichen Verhältnissen andererseits ist, auch wenn sie – etwa in Betriebsversammlungen – überspitzt und polemisch ausfällt, vom Grundrecht der freien Meinungsäußerung gedeckt und kann deshalb nicht die arbeitsvertragliche Rücksichtnahmepflicht verletzen. Dies gilt umso mehr, wenn die Meinungsäußerung im Rahmen einer öffentlichen Auseinandersetzung erfolgt.[76] Richtig ist allerdings, dass der Arbeitnehmer als Vertragspartner auch insoweit Rücksichtnahmepflichten zu wahren hat. Er darf nicht den Unternehmensinteressen seines Vertragspartners durch geschäftsschädigende Meinungsäußerungen zuwiderhandeln oder diese beeinträchtigen.[77] Er darf sich überspitzt oder polemisch äußern, die Grenze wird aber bei Formalbeleidigung oder Schmähkritik überschritten.[78] 204

---

[71] Siehe auch KDZ/*Zwanziger,* Art. 3 GG Rn. 12 f.
[72] BAG 11.12.1975 AP KSchG 1969 § 15 Nr. 1 = EzA KSchG § 15 Nr. 6 mit Hinweisen.
[73] BVerfG 19.5.1992 AP GG Art. 5 Abs. 1 Meinungsfreiheit Nr. 12 = EzA GG Art. 5 Nr. 22; *Kühling,* ArbuR 1994, 126, 130.
[74] BAG 12.3.1986 AP GG Art. 33 Abs. 2 Nr. 23 = EzA GG Art. 33 Nr. 13; BAG 12.5.2011 NZA-RR 2012, 43; BAG 6.9.2012 NZA-RR 2013, 441.
[75] Hierzu BAG 9.12.1982 AP BGB § 626 Nr. 73 = EzA BGB n. F. § 626 Nr. 86; kritisch *Preis,* Prinzipien, S. 469 ff. mwN; *Preis/Stoffels,* RdA 1996, 210 ff.
[76] BAG 12.1.2006 EzA KSchG § 1 Verhaltensbedingte Kündigung Nr. 67 = NZA 2006, 917.
[77] BAG 28.9.1972 AP BGB § 134 Nr. 2 = EzA KSchG § 1 Nr. 25; BAG 13.10.1977 AP KSchG 1969 § 1 Nr. 1 = EzA BetrVG 1972 § 74 Nr. 3 mit Anm. *Löwisch;* 26.5.1977 AP BGB § 611 Beschäftigungspflicht Nr. 2 = EzA BGB § 611 Beschäftigungspflicht Nr. 2 mit Anm. *Dütz.* Zum Ganzen vgl. *Otto,* S. 83.
[78] BAG 29.8.2013 NZA 2014, 660.

Ein Arbeitgeber, der aus diesem Grunde ein Arbeitsverhältnis löst, kündigt nicht wegen der politischen Anschauung oder Meinungsäußerung, sondern zur Wahrung seiner Vertragsinteressen. Sittenwidrigkeit oder Willkür kann hier nicht angenommen werden. Ob eine aus diesem Grunde ausgesprochene Kündigung aber den Maßstäben des § 1 KSchG, § 626 BGB standhält, oder einen Auflösungsgrund nach § 9 Abs. 1 S. 2 KSchG darstellt, richtet sich nach den Umständen des Einzelfalls (→ Rn. 669 ff.).

205 Der Arbeitgeber hat die **Freiheit des Glaubens, des Gewissens und die Freiheit des religiösen und weltanschaulichen Bekenntnisses** (Art. 4 Abs. 1 GG) zu respektieren. Darüber hinaus darf er gemäß Art. 3 Abs. 3 S. 1 GG den Arbeitnehmer nicht wegen seines Glaubens oder seiner religiösen Anschauung bzw. seiner Weltanschauung (§ 1 AGG) benachteiligen. Hier stellt sich besonders eindrücklich die Frage der Funktionskreise von Diskriminierungsverboten und Freiheitsrechten. Die Abgrenzungsproblematik wird entschärft, wenn man den Diskriminierungsschutz eben auf das bloße Innehaben einer Weltsicht beschränkt. Ein Verstoß gegen das Diskriminierungsverbot liegt vor, wenn der Arbeitgeber einen Arbeitnehmer benachteiligt, bloß weil er eine bestimmte Weltanschauung oder Religion hat. Auch die Benachteiligung wegen entsprechender Äußerungen, die nichts mit dem Arbeitsverhältnis zu tun haben (Arbeitnehmer betätigt sich sonntags als Laienprediger), sind unzulässige Diskriminierungen. Die wertsetzende Bedeutung des Freiheitsrechts kommt aber ins Spiel, wenn sich der Arbeitnehmer arbeitsvertraglich zu einer bestimmten Tätigkeit, letztlich in Ausübung seiner Grundrechte aus Art. 2 Abs. 1, 12 GG verpflichtet hat, der Arbeitnehmer aber innerhalb des Arbeitsverhältnisses eine religiöse und weltanschauliche Betätigung reklamiert. Hier kollidieren mehrere Freiheitsrechte, auch des Arbeitgebers, die in einen schonenden Ausgleich gebracht werden müssen. Arbeitsvertragsrechtliche Sanktionen sind jedenfalls nicht ausgeschlossen, wenn sich ein Arbeitnehmer im Arbeitsverhältnis religiös oder weltanschaulich betätigt, diese Betätigung aber mit den Verpflichtungen aus dem Arbeitsvertrag unvereinbar ist.[79] Das kann im Einzelfall jedoch schwierige Abgrenzungen zur Folge haben. Schlüsselfall ist der „Kopftuchfall". Besteht keine Verpflichtung im Arbeitsverhältnis, eine bestimmte Kleidung zu tragen oder ein bestimmtes religiöses Bekenntnis zu unterlassen, kann die Kündigung wegen Tragens eines mit einer religiösen Aussage verbunden Kleidungsstückes – je nach den Umständen – eine unmittelbare oder mittelbare Diskriminierung wegen der Religion sein. Bestehen umgekehrt allerdings entsprechende Pflichten, dann muss der Arbeitgeber Sanktionen sorgfältig abwägen und dabei die wertsetzende Bedeutung des aus Art. 4 Abs. 1 GG folgenden Freiheitsrechts berücksichtigen.[80] Insoweit konnte den Entscheidungen der Arbeits- und Verwaltungsgerichte, die Lehrern das Tragen religiös motivierter Kopfbedeckungen verbieten, zugestimmt werden.[81] In Fortentwicklung seiner Rechtsprechung hat das BVerfG am 27.1.2015 (1 BvR 471/10 und 1 BvR 1181/10) zwei Entscheidungen des Bundesarbeitsgerichts zu § 57 Abs. 4 SchulGNW aufgehoben und entschieden, dass ein pauschales Kopftuchverbot für Lehrkräfte mit Art. 4 GG nicht vereinbar ist. Es bedürfe vielmehr einer „konkreten" Gefahr für die

---

[79] *Hanau*, ZIP 2006, 2190, 2191; ausf. jetzt *Wege*, insbesondere S. 293 ff.

[80] Zur Unverhältnismäßigkeit einer Kündigung einer in einem Krankenhaus der Caritas beschäftigten Krankenschwester wegen Tragens eines Kopftuchs ArbG Köln 6.3.2008 ZMV 2008, 221.

[81] Zu § 57 Abs. 4 S. 1 SchulG NW: BAG 10.12.2009 NZA-RR 2010, 383; vgl. ferner BVerwG 16.12.2008 NJW 2009, 1289; zum Tragen einer französischen Baskenmütze als Ersatz für ein Kopftuch: BAG 20.8.2009 – 2 AZR 499/08 –; VG Köln 22.10.2008 – 3 K 2630/07 –; zum Kopftuchverbot in einem evangelischen Krankenhaus: BAG 24.9.2014 NZA 2014, 1407; zum Kopftuchverbot in städtischer Kinderbetreuungseinrichtung BAG 12.8.2010 NZA-RR 2011, 162.

entgegenstehenden Schutzgüter. Auf einfachrechtlicher Ebene ist zu fragen, ob die jeweilige vertragliche oder gesetzliche Restriktion eine „entscheidende berufliche Anforderung" ist (§ 8 AGG), die eine unterschiedliche Behandlung rechtfertigt.

Virulent geworden sind die Fälle der Arbeitsverweigerung aus **Gewissensgründen.**[82] Der Arbeitgeber ist überdies stets im Rahmen des Direktionsrechts (§ 106 GewO) gehalten, dem Arbeitnehmer möglichst keine Arbeit zuzuweisen, die den Arbeitnehmer in einen vermeidbaren Gewissenskonflikt bringt.[83] So kann bei einem ernsthaften inneren Glaubenskonflikt das Beharren des Arbeitgebers auf Vertragserfüllung ermessensfehlerhaft sein.[84] Die Relevanz und Gewichtigkeit der Gewissensbildung unterliegt dabei keiner gerichtlichen Kontrolle. Doch ist die Intensität des umstrittenen Eingriffs ebenso zu berücksichtigen wie der Umstand, dass die Vertragspartner mit dem Abschluss des Vertrags in eine Begrenzung grundrechtlicher Freiheiten eingewilligt haben.[85] Wenn der Arbeitnehmer bei Vertragsschluss positiv wusste, dass er die vertraglich eingegangenen Verpflichtungen wegen Glaubenskonflikten nicht wird erfüllen können, geht dies in der Interessenabwägung zu seinen Lasten.[86] Ferner ist entscheidend, ob der Arbeitgeber überhaupt eine andere Arbeit zuweisen kann und ob mit weiteren Gewissenskonflikten zu rechnen ist (vgl. auch → Rn. 734, 1244). Der Arbeitnehmer kann nicht verlangen, dass seine persönliche Gewissensentscheidung zu Lasten des Arbeitgebers geht.[87] Es bedarf aber stets einer Abwägung der kollidierenden Grundrechtspositionen. Im sog. Kopftuchfall einer muslimischen Verkäuferin ist – trotz der reklamierten Grundrechtspositionen des Arbeitgebers (Art. 12 Abs. 1 GG) – die Abwägung zu Recht zugunsten der Arbeitnehmerin ausgefallen.[88] Im Lichte des AGG stellt eine solche Kündigung eine unmittelbare Diskriminierung dar. Anders ist das Resultat, wenn der Arbeitnehmer hinsichtlich der weltanschaulichen Verpflichtung vertraglich gebunden ist. So stellt die Kündigung einer kopftuchtragenden Arbeitnehmerin in einer evangelischen Kirche keine unzulässige Diskriminierung dar, wenn die übertragene Tätigkeit an das evangelische Bekenntnis gebunden ist.[88a] Freilich gibt es

---

[82] Hierzu *Konzen/Rupp,* Gewissenskonflikte im Arbeitsverhältnis, 1990; *Rüfner,* RdA 1992, 1 ff.; *Derleder,* ArbuR 1991, 201 ff.; *Reuter,* BB 1986, 385 ff.

[83] BAG 20.12.1984 EzA KSchG § 1 Verhaltensbedingte Kündigung Nr. 16 = NZA 1986, 21; BAG 24.5.1989 EzA BGB § 611 Direktionsrecht Nr. 3 = NZA 1990, 144; BAG 24.2.2011 NZA 2011, 1087; zum Ganzen *Preis,* KuR 2011, 2.

[84] Siehe BAG 24.2.2011 NZA 2011, 1087; im Ergebnis zustimmend *Greiner,* Anm. AP GG Art. 4 Nr. 9; *Krause,* JA 2012, 706; ablehnend, *Scholl* BB 2012, 53; *Richardi,* SAE 2012, 7.

[85] Siehe BAG 24.2.2011 NZA 2011, 1087 Rn. 23.

[86] Überzeugend BAG 22.5.2003 AP KSchG 1969 § 1 Wartezeit Nr. 18 = EzA § 242 BGB 2002 Kündigung Nr. 2 zur Kündigung eines Bestattungshelfers in der Probezeit, der sich nachträglich weigert, Bestattungsarbeiten auszuführen, weil ihm Glaubensvorschriften dies verbieten. Der Arbeitgeber, der einem Arbeitnehmer kündigt, weil dieser eine wesentliche und entscheidende berufliche Anforderung entgegen seiner Zusicherung bei Vertragsschluss nicht erfüllt, handelt nicht treuwidrig. Ähnlich zum Einsatz eines Muslimen im Verkauf alkoholischer Getränke, was dieser aus Gewissens- bzw. Glaubensgründen verweigert, einschränkend jedoch BAG 24.2.2011 NZA 2011, 1087 Rn. 28, das dem aktuellen Glaubenskonflikt keine geringere Bedeutung beimessen will als einem zuvor bereits bekannten.

[87] Vgl. ArbG Reutlingen 5.1.1993 RzK I 5i Nr. 82 zur Kündigung einer Krankenschwester, die während der Arbeitszeit für ihre religiöse Auffassung wirbt; vgl. ähnlich zur fristlosen Kündigung bei Werbung im Betrieb für die Scientology-Bewegung ArbG Ludwigshafen 12.5.1993 AiB 1994, 754; zu Gebetspausen während der Arbeitszeit LAG Hamm 26.2.2002 AP BGB § 611 Gewissensfreiheit Nr. 3 = NZA 2002, 1090.

[88] BAG 10.10.2002 EzA KSchG § 1 Verhaltensbedingte Kündigung Nr. 58 = NZA 2003, 483; BVerfG 30.7.2003 EzA KSchG § 1 Verhaltensbedingte Kündigung Nr. 58a = NZA 2003, 959, 960; hierzu *Preis/Greiner,* RdA 2003, 244; *Thüsing,* ZEuP 2004, 404.

[88a] BAG 24.9.2014 NZA 2014, 1407.

Erster Abschnitt: Die Kündigung

auch mannigfache Fragestellungen, die nicht im Wege des „Alles-oder-Nichts-Prinzip" entschieden werden können. Verweigert etwa eine Biologielehrerin die Erteilung von Aufklärungsunterricht aus religiös motivierten Gewissensgründen, stellt deren Kündigung keine Diskriminierung wegen der Religion dar, weil nicht aus diesem Grund, sondern wegen der Nichterbringung der Arbeitsleistung gekündigt wird. Freilich muss bei der Ausübung des Direktionsrechts und des Kündigungsrechts der wertsetzende Gehalt des Art. 4 Abs. 1 GG beachtet werden, was im Ergebnis den Arbeitgeber zu einer verhältnismäßigen Rechtsausübung verpflichtet. Hierbei darf auch berücksichtigt werden, wie intensiv die Beeinträchtigung der Freiheitsrechte in Ansehung der vertraglichen Verpflichtung ist.[89] Das Abwägungsergebnis ist nicht durch die Verfassung vorgegeben, sondern bedarf der Einzelfallbetrachtung. Angesichts des hohen Guts der Glaubensfreiheit reichen bloße Befürchtungen, betriebliche Störungen oder wirtschaftliche Nachteile könnten eintreten, nicht aus.[90]

207 Der Arbeitgeber hat das **Persönlichkeitsrecht**[91] und die **Privatsphäre des Arbeitnehmers** zu respektieren. Das auf dem Prinzip der Privatautonomie eingeräumte freie Kündigungsrecht außerhalb des Anwendungsbereichs des KSchG wird nach Ansicht des BAG rechtsmissbräuchlich unter Eindringen in die nach Art. 2 Abs. 1 GG geschützte freie Entfaltung der Persönlichkeit genutzt, wenn allein wegen des persönlichen **Sexualverhaltens** (Homosexualität) das Arbeitsverhältnis gelöst wird. Eine derartige Kündigung verstößt nach Ansicht des BAG gegen den Grundsatz von Treu und Glauben (§ 242 BGB).[92] Nach Inkrafttreten des AGG ergibt sich ein zusätzlicher Begründungsansatz für dieses Resultat aus dem Verbot der Diskriminierung wegen der sexuellen Identität (§ 1 AGG). Das AGG ist auf Fälle außerhalb des allgemeinen und besonderen Kündigungsschutzes unmittelbar anwendbar (→ Rn. 187 ff.).

208 **Ehe und Familie** stehen unter dem besonderen Schutz der staatlichen Gemeinschaft (Art. 6 Abs. 1 GG). Mit dieser Wertordnung unvereinbar sind sog. Zölibatsklauseln, die die Beendigung des Arbeitsverhältnisses an den Umstand der Eheschließung oder einer Schwangerschaft anknüpfen.[93] Nach richtiger Auffassung ist ein derartiger Beendigungstatbestand sittenwidrig (§ 138 Abs. 1 BGB bzw. § 612a BGB). Mit dieser Wertsetzung schwer vereinbar ist die von der Rechtsprechung anerkannte Kündigungsmöglichkeit kirchlicher Arbeitnehmer wegen einer Eheschließung, die unter Verstoß gegen das kirchliche Recht erfolgte.[94] Hier stellt sich die Frage, ob die Abwä-

---

[89] LAG München 13.11.2008 – 2 Sa 699/08 – AE 2009, 61 zur Verweigerung einer Zeugin Jehovas bei Buchungsanfragen für Kinderführungen nach deren Namen und Geburtstagen zu fragen.
[90] BAG 10.10.2002 EzA KSchG § 1 Verhaltensbedingte Kündigung Nr. 58 = NZA 2003, 483. Zur Verweigerung der Sonntagsarbeit LAG Hamm 8.11.2007 LAGE GG Art. 4 Nr. 5.
[91] Die heimliche Videoüberwachung eines Arbeitnehmers stellt einen Eingriff in das durch Art. 2 Abs. 1 GG geschützte allgemeine Persönlichkeitsrecht dar, die aber dann nicht zu einem Beweisverwertungsverbot führt, wenn der konkrete Verdacht einer strafbaren Handlung oder einer anderen schweren Verfehlung zu Lasten des Arbeitgebers besteht, weniger einschneidende Mittel zur Aufklärung des Verdachts ausgeschöpft sind und die verdeckte Video-Überwachung praktisch das einzig verbleibende Mittel darstellt und insgesamt nicht unverhältnismäßig ist BAG 27.3.2003 EzA BGB 2002 § 611 Persönlichkeitsrecht Nr. 1 = NZA 2003, 1193.
[92] BAG 23.6.1994 EzA BGB § 242 Nr. 39 mit abl. Anm. *von Hoyningen-Huene* = NZA 1994, 1080.
[93] BAG 10.5.1957 und 28.11.1958 AP GG Art. 6 Ehe und Familie Nr. 1 und 3.
[94] Vgl. grundlegend BVerfG 4.6.1985 AP GG Art. 140 Nr. 24 = EzA BGB § 611 Kirchliche Arbeitnehmer Nr. 24; ferner BAG 25.4.2013 NZA 2013, 1131; BAG 8.9.2011 NZA 2012, 443; 25.4.1978, 4.3.1980 und 14.10.1980 EzA KSchG § 1 Tendenzbetrieb Nr. 4, 8 und 10; BAG 18.11.1986 und 25.5.1988 EzA BGB § 611 Kirchliche Arbeitnehmer Nr. 26 und 27; im Einzelfall verneinend LAG Niedersachsen 9.3.1989 LAGE BGB § 611 Kirchliche Arbeitnehmer Nr. 3; LAG Rheinland-Pfalz 12.9.1991 LAGE BGB § 611 Kirchliche Arbeitnehmer Nr. 6; in der Probezeit bejahend LAG Düsseldorf 12.6.2003 – 5 Sa 1324/02 –.

gung zwischen kirchlichem Selbstbestimmungsrecht und grundrechtlichem Schutz der Ehe richtig getroffen wurde. Die Frage ist sehr umstritten (→ Rn. 645d).[95]

Die Unwirksamkeit einer Kündigung kann nicht allein auf die Verletzung des Art. 12 GG gestützt werden. Das Grundrecht der **freien Wahl des Arbeitsplatzes** schließt nicht aus, dass der Arbeitgeber das Arbeitsverhältnis nach Maßgabe der einschlägigen gesetzlichen oder vertraglichen Bestimmungen kündigt. Das BVerfG hat herausgestellt, dass Art. 12 Abs. 1 GG keinen unmittelbaren Schutz gegen den Verlust des Arbeitsplatzes aufgrund privater Dispositionen verleiht. Der dem Staat insoweit obliegenden Schutzpflicht tragen die geltenden Kündigungsvorschriften hinreichend Rechnung.[96] Davon unberührt bleibt Art. 12 GG als Wertmaßstab zur Kontrolle zahlreicher kündigungsrelevanter Vertragsgestaltungen, durch die zumeist die Berufswahlfreiheit des Arbeitnehmers berührt wird (Nebentätigkeit, Rückzahlungsklauseln, Wettbewerbsverbote). Das BAG hat zudem die Notwendigkeit von Wiedereinstellungsansprüchen bei nachträglichem Wegfall des betriebsbedingten Kündigungsgrundes unter Hinweis auf Art. 12 GG begründet.[97] **209**

V. Systematik sonstiger besonderer Kündigungsschranken

Die Kündigung unterliegt als **Gestaltungsrecht, einseitiges Rechtsgeschäft** und **empfangsbedürftige Willenserklärung** zahlreichen formalen rechtstechnischen Schranken, insbesondere Zugangserfordernissen (§ 130 Abs. 1 S. 1 BGB), Einschränkungen im Vertretungsrecht (§§ 174, 180 BGB), allgemeinen Bestimmtheitserfordernissen und Formerfordernissen wie insbes. § 623 BGB (→ Rn. 61ff.; 97ff.; 122ff.). Daneben lassen sich materielle Kündigungsschranken, die zur Unwirksamkeit der Kündigung führen können, wie folgt systematisieren:[98] **210**

Besondere **vertragliche Kündigungsbeschränkungen** können in Arbeitsverträgen, Betriebsvereinbarungen und Tarifverträgen enthalten sein (→ Rn. 255ff.). Sie haben wachsende Bedeutung. **211**

Hauptfall des **präventiven Kündigungsschutzes durch besondere Vertretungen,** insbesondere im Betriebs- und Personalvertretungsrecht, ist die Pflicht zur **Anhörung des Betriebsrats nach § 102 BetrVG** (hierzu ausführlich §§ 14 bis 16). Eine weitgehende materielle Bindung des Arbeitgebers kann durch die Beteiligungspflicht eintreten, wenn die Kündigung der Zustimmungspflicht des Betriebsrats unterliegt (§ 103 BetrVG, → Rn. 1665ff.). Ein spezieller Anwendungsfall hierzu ist die Zustimmungspflicht zur **Abberufung des Sicherheitsbeauftragten** nach § 9 Abs. 3 S. 1 ASiG.[99] Die fehlende Zustimmung führt nach der Auslegung des BAG jedenfalls dann zur Unwirksamkeit der Kündigung, wenn die Kündigung im Zusammenhang mit der Tätigkeit des Betriebsarztes oder Sicherheitsbeauftragten steht. **212**

Festzustellen ist eine erstaunliche Vielzahl von Kündigungsverboten mit Erlaubnisvorbehalten, Ausschlüssen von ordentlichen Kündigungen, auch in landesrechtlichen Regelungen (für Mandatsträger aller Art, Gleichstellungsbeauftragten und Personalver- **212a**

---

[95] Vgl. *Vogler*, RdA 1993, 257; *Rust*, BB 1992, 775; *Struck*, NZA 1991, 249.
[96] BVerfG 24.4.1991 AP GG Art. 12 Nr. 70 = EzA EinigungsV Art. 13 Nr. 1; 27.1.1998 EzA KSchG § 23 Nr. 17 = NZA 1998, 470; vgl. bereits BAG 23.9.1976 AP KSchG 1969 § 1 Wartezeit Nr. 1 = EzA KSchG 1969 § 1 Nr. 35.
[97] BAG 27.2.1997 AP KSchG 1969 § 1 Wiedereinstellung Nr. 1 = NZA 1997, 757.
[98] Hierzu *Preis*, NZA 1997, 1256.
[99] Hierzu BAG 24.3.1988 EzA ASiG § 9 Nr. 1 = NZA 1989, 60.

1. Statusbezogener Kündigungsschutz

213 Unter einem statusbezogenen Kündigungsschutz sind solche Regelungen zu verstehen, die personenbezogen, d.h. i.d.R. unabhängig von der Betriebsgröße eingreifen. **Betriebsverfassungs- und personalvertretungsrechtliche Funktionsträger sowie Parlamentarier** hält der Gesetzgeber für so schutzwürdig, dass er die Kündigungsmöglichkeit auf den unabdingbaren Kern einer Kündigung[101] aus wichtigem Grund beschränkt und überdies eine Benachteiligung wegen der Amtsausübung für unzulässig erklärt. Das in der Praxis wichtigste Beispiel ist der **Sonderkündigungsschutz betriebsverfassungs- und personalvertretungsrechtlicher Funktionsträger nach § 15 KSchG,** der nur die Kündigung aus wichtigem Grund ohne Einhaltung einer Kündigungsfrist für zulässig erklärt (→ Rn. 1665 ff.). Den gleichen Schutz verleiht § 29a HAG und § 96 Abs. 3 SGB IX für **Vertrauensleute der Schwerbehinderten** sowie neuerdings für den **betrieblichen Datenschutzbeauftragten** (§ 4f Abs. 3 S. 5 bis 7 BDSG). Überdies enthält § 78 BetrVG ein spezifisches Benachteiligungsverbot, dessen Bedeutung angesichts der Sondernorm des § 15 KSchG bezogen auf die Kündigung gering ist. Der Sonderkündigungsschutz der **betriebsverfassungsrechtlichen und personalvertretungsrechtlichen Funktionsträger** wird überdies verfahrensrechtlich dadurch flankiert, dass auch eine außerordentliche Kündigung nur **nach vorheriger Zustimmung des Betriebsrats bzw. Personalrates** zulässig ist (§ 103 BetrVG, § 108 BPersVG). Dieser betriebsverfassungsrechtliche präventive Kündigungsschutz ist dem öffentlich-rechtlichen Kündigungsschutz vergleichbar, da die rechtsgeschäftliche Kündigungserklärung nur nach rechtskräftiger Durchführung eines Zustimmungsersetzungsverfahrens zulässig ist. Diese Ausgestaltung des Kündigungsschutzes stellt die wohl auch aus verfassungsrechtlichen Gründen denkbar weitestgehende Beschränkung des Kündigungsrechts dar.[102] Auch **Abgeordnete** dürfen nur aus wichtigem Grund gekündigt werden, wobei diese Kündigungsmöglichkeit – im Unterschied zu § 15 KSchG – nicht ausdrücklich auf die fristlose Kündigung beschränkt ist (§ 2 AbgG). Der Kündigungsschutz Abgeordneter kann sich in aller Regel auf eine verfassungsrechtliche Legitimation im Grundgesetz (Art. 48 GG) und in Landesverfassungen stützen.[103]

214 Statusbezogen, aber im Unterschied zum kollektiv- und individualarbeitsrechtlichen Schutz betriebsverfassungsrechtlicher Funktionsträger öffentlich-rechtlicher Natur ist der Kündigungsschutz besonderer Personengruppen, die die ordentliche Kündigung **temporär vollständig ausschließen. Beispiel:** Kündigungsschutz bei Einberufung zu **Wehr- und Zivildienst** nach § 2 Abs. 1 ArbPlSchG (§ 78 ZDG, § 2 Abs. 1 S. 1 EignÜG). Das Recht zur außerordentlichen Kündigung aus wichtigem Grund bleibt jedoch nach diesen Normen unberührt (§ 2 Abs. 3 S. 1 ArbPlSchG, § 2 Abs. 1 S. 2 EignÜG; → Rn. 1797 ff.).

---

[100] Beeindruckender Überblick bei KDZ/*Brecht-Heitzmann*, Einleitung Rn. 241 ff.
[101] Gesetz zur Änderung datenschutzrechtlicher Vorschriften vom 14.8.2009 BGBl. I S. 2814.
[102] Zu verfassungsrechtlichen Grenzen gesetzlicher Kündigungsverbote ausf. *Preis*, Prinzipien, S. 59 ff. mwN.
[103] Umfassender Überblick bei KR/*Weigand*, Kündigungsschutz für Parlamentarier (ParlKSch); APS/*Greiner*, § 2 AbgG.

§ 13 Die unwirksame Kündigung

Andere statusbezogene Schutznormen sind systematisch durch ein **öffentlich-rechtliches Verbot mit Erlaubnisvorbehalt** gekennzeichnet. Die zuständigen Behörden erlassen einen privatrechtsgestaltenden Verwaltungsakt, von dem abhängt, ob die rechtsgeschäftliche Gestaltungserklärung der ordentlichen oder außerordentlichen Kündigung überhaupt zulässig ist oder nicht. **Beispiele: Mutterschutz- und Erziehungsgeldrecht** (§ 9 MuSchG, § 18 BEEG), **Pflegezeit** (§ 5 PflegeZG) sowie das **Schwerbehindertenrecht** (§§ 85 ff. SGB IX); → Rn. 1334 ff.; 1438 ff.; 1478 ff.; zum **Bergmannversorgungsscheingesetz NRW** → Rn. 1794 ff. 215

2. Statusbezogene Diskriminierungs- und Benachteiligungsverbote

Die Vorschriften des Mutterschutz-, Erziehungsurlaubs- und Schwerbehindertenrechts sind keineswegs die einzigen statusbezogenen Sonderkündigungsschutznormen im deutschen Arbeitsrecht. Für andere Personengruppen stellt der Gesetzgeber in unterschiedlichem Zusammenhang, zum größten Teil sprunghaft und unsystematisch, statusbezogene Diskriminierungs- und Benachteiligungsverbote auf. All diesen Vorschriften ist gemeinsam, dass – im Unterschied zum statusbezogenen öffentlich-rechtlichen Kündigungsschutz – nur die **Diskriminierung und Benachteiligung wegen des persönlichen Status ausgeschlossen** werden soll. Zunächst ist dabei die Gruppe der Diskriminierungs- und Benachteiligungsverbote hervorzuheben, die **Bestandteil umfassender kündigungsbeschränkender Regelungen sind.** Hierzu zählen: 216
– **§ 78 BetrVG** (Betriebsratsmitglieder)
– **§ 2 Abs. 3 S. 1** Abgeordnetengesetz (Abgeordnete)
– **§§ 58, 58d BImSchG; § 66 WHG; § 60 Abs. 3 KrWG; § 4f Abs. 3 BDSG** (Immissionsschutzbeauftragter, Gewässerschutzbeauftragter, Abfallbeauftragter, Datenschutzbeauftragter)
– **Gleichstellungsbeauftragte** in Bundesbehörden (§ 18 Abs. 5 Satz 3 BGleiG)

Diese Regelungen verbindet, dass sie weitergehende Kündigungsbeschränkungen in Form des Ausschlusses der ordentlichen Kündigung (§ 15 KSchG, § 103 BetrVG; § 2 Abs. 3 S. 2 Abgeordnetengesetz; § 58 Abs. 2 BImSchG)[104] lediglich flankieren. Die Benachteiligungs- und Diskriminierungsverbote haben im Rahmen der Prüfung eines wichtigen Kündigungsgrundes in der Regel eine unterstützende Funktion: Sie können als Argument dafür dienen, dass nicht die spezifische Konfliktsituation im Amt zu einer Erleichterung der außerordentlichen Kündigung führt.[105] Wenn aber der Verstoß gegen das Benachteiligungsverbot eine Maßregelung des Arbeitnehmers darstellt, kann auch ein unmittelbarer Verstoß zu bejahen sein.[106] Besondere Beweislastregelungen sind angesichts der Beschränkung der Kündigung aus wichtigem Grunde, die der Arbeitgeber ohnehin nachweisen muss, obsolet. 217

Unter **einfachen statusbezogenen Diskriminierungs- und Benachteiligungsverboten** sind solche zu verstehen, die sich in der Regelung des Verbotes erschöpfen, d.h. nicht durch einen zusätzlichen Kündigungsschutz ergänzt werden. Hierzu zählen: 218

---

[104] Zur Reichweite des Kündigungsschutzes vgl. BAG 22.7.1992 EzA BImSchG § 58 Nr. 1 = NZA 1993, 557; die Bestellung kann auch im Arbeitsvertrag enthalten sein; BAG 26.3.2009 EzA BImSchG § 58 Nr. 2 = DB 2009, 1634.
[105] Hierzu BAG 4.4.1974 AP BGB § 626 Arbeitnehmervertreter im Aufsichtsrat Nr. 1 = EzA KSchG § 15 n. F. Nr. 1; KR/*Friedrich*, § 13 KSchG Rn. 211 ff.
[106] Vgl. zu § 78 BetrVG: BAG 22.2.1979 EzA BetrVG 1972 § 103 Nr. 23.

- **§ 9 Abs. 2 KatSchErwG** (Helfer im Zivilschutz)
- **§ 26 ArbGG, § 20 SGG** (ehrenamtliche Richter)[107]
- **§ 26 MitbestG, § 9 DrittelbeteiligungsG** (Arbeitnehmervertreter im Aufsichtsrat)
- **§ 22 Abs. 3 SGB VII** (Sicherheitsbeauftragter)
- **§ 2 Abs. 3 SprAuG** (Mitglieder des Sprecherausschusses).

Ansätze, für diese Fälle eine Umkehr der Beweislast zugunsten des Arbeitnehmers aufzustellen, haben sich nicht durchgesetzt.[108]

3. Allgemeine Diskriminierungs- und Benachteiligungsverbote

219 Einen besonderen Benachteiligungs- und Diskriminierungsschutz hält der Gesetzgeber punktuell für regelungsbedürftig, wo es um die Vermeidung allgemeiner Diskriminierungen und Benachteiligungen wegen eines bestimmten, zumeist verfassungsrechtlich geschützten Rechtsgutes geht. Diese Fragestellung ist nunmehr im AGG geregelt, das im Kündigungsrecht – trotz der verunglückten Bereichsausnahme in § 2 Abs. 4 AGG – nicht unerhebliche Bedeutung hat (Einzelheiten → Rn. 186 ff.).

220 In die gleiche Richtung weisen Benachteiligungsverbote bei der Kündigung, die Diskriminierungen wegen eines verfassungsrechtlich geschützten zulässigen Verhaltens aufstellen. Hierzu gehört **§ 612a BGB** als Grundnorm, wonach der Arbeitgeber einen Arbeitnehmer bei einer Vereinbarung oder Maßnahme nicht benachteiligen darf, weil der Arbeitnehmer in zulässiger Weise seine Rechte ausgeübt hat (→ Rn. 227). Spezielle Konkretisierungen dieses allgemeinen Maßregelungsverbotes enthalten ua **§ 17 Abs. 2 S. 2 ArbSchG, § 5 TzBfG, §§ 20, 84 Abs. 3 BetrVG, § 16 AGG.** Auf der Basis der Verfassung kann zu dieser Gruppe auch Art. 9 Abs. 3 S. 2 GG gezählt werden (→ Rn. 201). So tritt etwa die Unwirksamkeit der Kündigung nach § 20 BetrVG ein, wenn sie gerade dazu erfolgt, die Wahl eines Arbeitnehmers zum Betriebsrat zu verhindern oder ihn für seinen Einsatz bei der Betriebsratswahl zu maßregeln.[109]

4. Umstands- oder anlassbezogene gesetzliche Kündigungsschranken

221 Als umstands- oder anlassbezogene gesetzliche Kündigungsschranken können solche Kündigungsschutznormen angesehen werden, die die Kündigung eines Arbeitsverhältnisses aus einem bestimmten objektiven Tatbestand oder Anlass heraus für unwirksam erklären. Hauptfall einer derartigen Kündigungsschranke ist **§ 613a Abs. 4 BGB,** der die Kündigung des Arbeitsverhältnisses durch den Arbeitgeber „wegen des Übergangs eines Betriebs oder eines Betriebsteils" für unwirksam erklärt (→ Rn. 961 f.). Das Recht zur Kündigung des Arbeitsverhältnisses aus anderen Gründen bleibt jedoch unberührt (§ 613a Abs. 4 S. 2 BGB). Rechtssystematisch in die gleiche Kategorie gehört § 2 Abs. 2 S. 1 ArbPlSchG (vgl. auch § 2 Abs. 2 EignÜG), wo es heißt, dass der Arbeitgeber das Arbeitsverhältnis nicht aus Anlass des **Wehrdienstes** kündigen darf

---

[107] Zur Verfassungsmäßigkeit weitergehender Regelungen im Landesrecht BVerfG 11.4.2000 AP ArbGG 1979 § 26 Nr. 2; zum Sonderkündigungsschutz nach Landesrecht s. zB LAG Brandenburg 17.6.2004, ZTR 2005, 333.

[108] APS/*Greiner,* § 4f BDSG Rn. 13; näher zur Darlegungs- und Beweislast Rn. 269 ff.

[109] Vgl. BAG 13.10.1977 AP KSchG 1969 § 1 Verhaltensbedingte Kündigung Nr. 1 = EzA BetrVG 1972 § 74 Nr. 3; LAG Hamm 15.1.1985 LAGE § 20 BetrVG 1972 Nr. 5; LAG Hamm 27.8.1987 LAGE § 20 BetrVG 1972 Nr. 6.

§ 13 Die unwirksame Kündigung

(→ Rn. 1797). Als weitere umstands- oder anlassbezogene Kündigungsschranken seien erwähnt:
- **§§ 4, 11 und 13 Abs. 2 TzBfG** (Verbot der Benachteiligung bei Teilzeitarbeit bzw. Kündigungsverbot wegen Ausscheiden des anderen Arbeitnehmers bei Job-Sharing)
- **§ 41 S. 1 SGB VI** (Verbot der Kündigung wegen Anspruch auf Altersrente)
- **§ 8 Abs. 1 ATG** (Verbot der Kündigung wegen Inanspruchnahme von Altersteilzeit)
- **§ 17 KSchG** (Anzeigepflicht bei Massenentlassungen; → Rn. 1635 ff.).

5. Allgemeine privatrechtliche Kündigungsschranken

Sowohl hinsichtlich der materiellen Voraussetzungen als auch hinsichtlich der Verteilung der Darlegungs- und Beweislast werfen die allgemeinen privatrechtlichen Schranken (§§ 138, 242, 612a BGB), die auch zur Unwirksamkeit der Kündigung führen können, besondere Probleme auf (→ Rn. 223 ff., 226 f., 237 ff.). 222

VI. Sittenwidrigkeit

Die Kündigung, die gegen die guten Sitten verstößt, ist nichtig (§ 138 BGB). Unter Umständen wird dem Arbeitnehmer durch eine sittenwidrige Kündigung die Fortsetzung des Arbeitsverhältnisses unzumutbar, sodass er seinerseits fristlos kündigen kann. 223

Eine Kündigung ist nach § 138 BGB dann nichtig, wenn in ihr ein dem Anstandsgefühl aller billig und gerecht Denkenden gröblich widersprechendes Gesamtverhalten zum Ausdruck gelangt, insbesondere, wenn sie auf einem ausgesprochen **verwerflichen Motiv** beruht.[110] Das ist etwa der Fall, wenn aus Rachsucht oder Vergeltung gekündigt wird. Diese – seltenen – Fälle sind in ihrer rechtsdogmatischen Einordnung unproblematisch. Schwierige Abgrenzungsfragen entstehen, wenn für einen Arbeitnehmer kein Kündigungsschutz besteht. Der Rechtsanwender darf hier nicht durch die Ausdehnung des Begriffs der Sittenwidrigkeit einen Kündigungsschutz schaffen. Der Begriff der sittenwidrigen Kündigung ist ein einheitlicher und ohne Rücksicht darauf festzustellen, ob der Arbeitnehmer unter das Kündigungsschutzgesetz fällt oder nicht. 224

Schwierigkeiten kann im Einzelfall die Abgrenzung der sittenwidrigen von der sozialwidrigen Kündigung bereiten (näher → Rn. 240).[111] Zu beachten ist, dass eine Kündigung, wie die obige Definition ausweist, nur unter ganz besonderen Umständen sittenwidrig und daher nichtig ist. Sie ist es zB dann noch nicht, wenn sie unsozial ist,[112] ja nicht einmal dann, wenn sie willkürlich ist, d.h. keinen erkennbaren sinnvollen Grund hat. Die willkürliche oder aus nichtigen Gründen erfolgte Kündigung ist noch nicht sittenwidrig. Das Gesetz hat sie deshalb früher – § 7 Abs. 1 S. 3 KSchG 1951 – noch zu den sozialwidrigen Kündigungen gerechnet. Der schwere Vorwurf der Sittenwidrigkeit einer Kündigung kommt nur in Ausnahmefällen in Betracht. Die ihn stützenden Tatsachen hat im Streitfall derjenige zu beweisen, der sich auf ihn beruft (näher zur Darlegungs- und Beweislast → Rn. 269 ff.).[113] 225

---
[110] BAG 16.2.1989 EzA BGB § 138 Nr. 23 = NZA 1989, 962; BAG 19.7.1973 AP BGB § 138 Nr. 32 = EzA BGB § 138 Nr. 13.
[111] Näher hierzu HHL/*v. Hoyningen-Huene,* § 13 KSchG Rn. 53 ff.; *Preis* Prinzipien, S. 396 f.
[112] BAG 16.2.1989 EzA BGB § 138 Nr. 23 = NZA 1989, 962; LAG Köln 18.10.1995 NZA 1996, 596.
[113] BAG 16.2.1989 NZA 1989, 962.

226 Allerdings ist zu berücksichtigen, dass nicht nur im Arbeitsrecht, sondern im Privatrecht allgemein eine **objektivierte Betrachtung** des Sittenwidrigkeitsbegriffs durchgreift, d. h. der Arbeitnehmer nicht die vorwerfbare Gesinnung des Arbeitgebers nachweisen muss.[114] Dafür hatte sich frühzeitig *Schwerdtner* ausgesprochen mit dem Hinweis, derjenige Arbeitgeber, der sich nicht in die Karten schauen lasse, dürfe nicht bevorzugt werden.[115]

227 § 138 BGB markiert das unumgängliche **rechtsethische Minimum**, das eine Privatrechtsordnung, die auf dem Prinzip der Vertragsfreiheit aufbaut, zu gewährleisten hat.[116] Dies impliziert, dass nur **krasse Verstöße gegen die Grundrechte**, die einen objektiven Wertgehalt der Gesamtrechtsordnung verkörpern, über § 138 BGB bzw. § 242 BGB sanktioniert werden können (hierzu bereits die Einzelfälle → Rn. 202 ff.).[117] Keine Sittenwidrigkeit hat das BAG im Falle der Kündigung eines **HIV-infizierten Arbeitnehmers** angenommen, der noch nicht die Voraussetzungen des KSchG erfüllte und nach einem Selbstmordversuch mit langer Arbeitsunfähigkeit entlassen wurde.[118] Dieser Fall wird heute durch das AGG erfasst.[119] Anders – freilich unter Heranziehung von § 242 BGB – wurde entschieden, wenn eine Kündigung – diskriminierend – allein wegen des privaten **Sexualverhaltens** erfolgte.[120] Richtigerweise liegt – anders als das BAG annimmt – kein Fall des § 242 BGB vor, sondern der §§ 138 BGB bzw. 612a BGB iVm Art. 2 Abs. 1 GG.[121] Nach heutiger Rechtslage liegt eine Diskriminierung nach Maßgabe des § 1 AGG wegen Benachteiligung aus Gründen der **sexuellen Identität** vor, die nach § 7 AGG unwirksam ist. Zu Recht hat auch das LAG Berlin eine Kündigung wegen Stellens eines Ausreiseantrages aus der ehemaligen DDR für sittenwidrig erklärt.[122]

228 Auch dort, wo der allgemeine Kündigungsschutz nicht greift, dürfen keine verfassungswidrigen Ziele verfolgt werden. Genauso wenig wie ein Arbeitgeber allein wegen des persönlichen Sexualverhaltens jeder Art kündigen darf, wenn dieses keinen Bezug zum Arbeitsverhältnis hat, dürfen Kündigungen erklärt werden, weil der Arbeitnehmer Ausländer ist, einer Religionsgemeinschaft angehört oder eine Frau ist (Art. 3 Abs. 3 GG). Schon die Rechtsprechung zu den Zölibatsklauseln aus den fünfziger Jahren ist ein Anwendungsfall dieser Grundsätze (→ Rn. 207). Bedeutung erlangt § 138 BGB mithin in Fällen diskriminierender Kündigungen (→ Rn. 186 ff.). Außerhalb des Geltungsbereichs des allgemeinen und besonderen Kündigungsschutzes wendet das BAG nunmehr das AGG an, weil die verunglückte Norm des § 2 Abs. 4 AGG diese Fälle nicht erfasst. Damit behält § 138 BGB primär noch für solche diskriminierenden Kündigungen Bedeutung, die nicht von dem Katalog des § 1 KSchG erfasst sind.

---

[114] BGH 8.5.1985 AP BGB § 138 Nr. 40 = BGHZ 94, 268, 272; Palandt/*Ellenberger*, § 138 BGB Rn. 7; BAG 10.10.1990 AP BGB § 138 Nr. 47 = EzA BGB § 138 Nr. 24; *Preis*, Vertragsgestaltung, S. 176 ff.

[115] Vgl. *Schwerdtner*, Arbeitsrecht I, Individualarbeitsrecht, 1976, S. 128; KR/*Friedrich*, § 13 KSchG Rn. 137.

[116] Vgl. auch BAG 24.1.1963 AP GG Art. 12 Nr. 29 = EzA GG Art. 12 Nr. 3; BAG 21.2.2001 EzA BGB § 242 Kündigung Nr. 1 = NZA 2001, 833.

[117] BAG 22.5.2003 AP KSchG 1969 § 1 Wartezeit Nr. 18 = EzA § 242 BGB 2002 Kündigung Nr. 2.

[118] BAG 16.2.1989 NZA 1989, 962.

[119] BAG 19.12.2013 NZA 2014, 372; → Rn. 192 ff.

[120] BAG 23.6.1994 EzA BGB § 242 Nr. 39 mit abl. Anm. *Hoyningen-Huene* = NZA 1994, 1080.

[121] In diesem Sinne *Preis*, NZA 1997, 1256, 1266; ebenso *Löwisch*, BB 1997, 782, 785; unklar *Oetker*, ArbuR 1997, 41, 48, der die Lösung über § 242 BGB offenbar billigt, obwohl er die Problematik im Kern mit § 138 Abs. 1 BGB für vergleichbar hält.

[122] LAG Berlin 5.2.1992 LAGE AGB (DDR) § 54 Nr. 4.

§ 13 Die unwirksame Kündigung

VII. Maßnahmen bei zulässiger Rechtsausübung

Die Maßregelung eines Arbeitnehmers, weil er in zulässiger Weise seine Rechte **229** ausübt, wurde seit Langem als ein **Sondertatbestand der Sittenwidrigkeit** angesehen. So hat das BAG schon am 23.11.1961[123] eine Kündigung als sittenwidrig erachtet, mit der ein Arbeitnehmer gemaßregelt werden sollte, weil er sich für seine und die Interessen seiner Kollegen eingesetzt hatte. Jetzt regelt § 612a BGB diesen Sonderfall.[124] Danach darf ein Arbeitgeber einen Arbeitnehmer bei einer Vereinbarung oder einer Maßnahme nicht benachteiligen, weil der Arbeitnehmer in zulässiger Weise seine Rechte ausübt. Der Tatbestand des § 612a BGB ist nicht dahin gehend eingeschränkt, dass es sich um eine zulässige Rechtsausübung aus dem Arbeitsverhältnis oder um die Ausübung sonst zulässiger Rechte handeln muss. Vor diesem Hintergrund kann auch die Kündigung wegen Ausübung eines grundrechtlich geschützten Verhaltens dem Tatbestand des § 612a BGB unterfallen.[125]

Eine „Maßnahme" iSd § 612a BGB ist auch die Kündigung des Arbeitsverhältnisses.[126] **230** Eine Kündigung wegen Rechtsausübung liegt dann vor, wenn die zulässige Rechtsausübung nicht nur Motiv, sondern der **tragende Beweggrund, d.h. das wesentliche Motiv für die Kündigung war.**[127] Die Kündigung ist dann auch unwirksam, wenn objektiv ein anderer Grund zur Kündigung vorliegt, der sie aber nicht ausgelöst hat.[128] Fraglich ist, ob der Tatbestand des § 612a BGB („weil der Arbeitnehmer in zulässiger Weise seine Rechte ausübt") schon dann erfüllt ist, wenn die Rechtsausübung (nur) – objektiv – äußerer Anlass für die Kündigung[129] war oder nur dann, wenn sie auch tragender Beweggrund (Motiv) des Arbeitgebers[130] gewesen ist. Von besonderem Interesse ist in diesem Zusammenhang die Frage der Darlegungs- und Beweislast.

Der Arbeitnehmer trägt für die tatbestandlichen Voraussetzungen des § 612a BGB **231** die **Darlegungs- und Beweislast.** Dazu gehört vor allem der Kausalzusammenhang zwischen zulässiger Rechtsausübung und Kündigung.[131] Anders als bei dem zeitgleich eingeführten § 611a Abs. 1 BGB a. F. hat der Gesetzgeber bei § 612a BGB, keine Beweiserleichterung vorgesehen. Diese Regelung bzw. die Nachfolgenorm des § 22 AGG ist daher auf § 612a BGB nicht übertragbar.[132] Ob im Rahmen des § 612a BGB

---

[123] BAG 23.11.1961 AP BGB § 138 Nr. 22 = EzA BGB § 138 Nr. 2.
[124] Hierzu *Laux*, AiB 1993, 389 ff.; *Thüsing*, NZA 1994, 728 ff.; *Preis*, Vertragsgestaltung, S. 170 ff.
[125] KDZ/*Däubler*, § 612a BGB Rn. 11; KR/*Treber*, § 612a BGB Rn. 5; grundlegend verkannt durch das ArbG Elmshorn 29.1.1997 EzA BGB § 242 Nr. 40 und LAG Schleswig-Holstein 17.11.1997 LAGE § 242 BGB Nr. 3; hierzu *Preis*, NZA 1997, 1256, 1265.
[126] BAG 2.4.1987 EzA BGB § 612a Nr. 1 = NZA 1988, 18; 21.7.1988 EzA TVG § 4 Bauindustrie Nr. 44 = NZA 1989, 559; BAG 23.4.2009 NZA 2009, 974; ErfK/*Preis*, § 612a BGB Rn. 13.
[127] BAG 22.5.2003 AP KSchG 1969 § 1 Wartezeit Nr. 18 = EzA BGB 2002 § 242 Kündigung Nr. 2; BAG 12.6.2002 EzA BGB § 612a Nr. 2 = NZA 2002, 1389; BAG 23.4.2009 NZA 2009, 974; LAG Sachsen-Anhalt 14.2.2006 LAGE BGB 2002 § 612a BGB Nr. 2 (Kündigung als Reaktion auf belastende Zeugenaussage durch Arbeitnehmer).
[128] Vgl. BAG 2.4.1987 NZA 1988, 18; ferner BAG 20.4.1989 RzK I 8l Nr. 15.
[129] LAG Köln 13.10.1993 LAGE § 612a BGB Nr. 5.
[130] BAG 22.5.2003 AP KSchG 1969 § 1 Wartezeit Nr. 18 = EzA BGB 2002 § 242 Kündigung Nr. 2; LAG Nürnberg 7.10.1988 LAGE § 612a BGB Nr. 2; ErfK/*Preis*, § 612a BGB Rn. 11.
[131] BAG 2.4.1987 EzA BGB § 612a Nr. 1 = NZA 1988, 18 und 21.7.1988 EzA TVG § 4 Bauindustrie Nr. 44 = NZA 1989, 559; BAG 20.4.1989 RzK I 8l Nr. 15; LAG Nürnberg 7.10.1988 LAGE § 612a BGB Nr. 2; LAG Hamm 18.12.1987 LAGE BGB § 612a Nr. 1.
[132] BAG 2.4.1987 EzA BGB § 612a Nr. 1 = NZA 1988, 18; BAG 25.11.1993 EzA KSchG § 14 Nr. 3 = NZA 1994, 837; BAG 20.4.1989 RzK I 8l Nr. 15; BAG 23.4.2009 NZA 2009, 974; KR/*Treber*, § 612a BGB Rn. 13; *Preis*, NZA 1997, 1256, 1265; KDZ/*Däubler*, § 612a BGB Rn. 22.

hinsichtlich der Kausalität und des Motivs des Kündigenden der Beweis des ersten Anscheins eingreifen kann, hat das BAG offen gelassen.[133] Hinsichtlich der subjektiven Willensmomente in der Person des Kündigenden dürfte das wohl zu verneinen sein, da es insoweit an Erfahrungssätzen mangelt. Dennoch werden Beweiserleichterungen nach den Grundsätzen des Anscheinsbeweises zugelassen, wenn der Arbeitnehmer Tatsachen darlegt, die einen Schluss auf die Benachteiligung wegen der Rechtsausübung als wahrscheinlich erscheinen lassen. Das ist zB der Fall, wenn der zeitliche Zusammenhang mit der Rechtsausübung evident ist.[134] Wegen der Beweisschwierigkeiten des Arbeitnehmers wird eine Herabsetzung des Beweismaßes für gerechtfertigt erachtet: Danach muss der Arbeitnehmer Tatsachen beweisen, die es überwiegend wahrscheinlich machen, dass die Rechtsausübung für die Maßregelung kausal war.[135] Gleiche Grundsätze gelten für spezielle Maßregelungs- und Benachteiligungsverbote (§ 17 Abs. 2 S. 2 ArbSchG, §§ 20, 84 Abs. 3 BetrVG). Systematisch wie § 612a BGB ist der Fall des Art. 9 Abs. 3 S. 2 GG zu behandeln.[136]

232 Unklar ist, ob der Anwendungsbereich des § 612a BGB über den Rechtsgehalt der §§ 138 BGB, 242 BGB hinausgeht.[137] Richtig ist wohl die Auffassung, § 612a BGB als einen speziellen Anwendungsfall sittenwidrigen und rechtsmissbräuchlichen Verhaltens im Arbeitsrecht zu begreifen.[138] **Zu Einzelfällen:** Ist tragender Beweggrund für eine fristlose Kündigung des Arbeitgebers eine vorausgegangene Eigenkündigung des Arbeitnehmers, so ist die fristlose Kündigung wegen Verstoßes gegen § 612a BGB nichtig.[139] Dasselbe gilt, wenn tragender Beweggrund der Kündigung die Vollstreckung eines Weiterbeschäftigungsurteils ist.[140] Kündigt der Arbeitgeber, weil der Arbeitnehmer das Recht aus § 45 Abs. 3 S. 1 SGB V (Freistellung von der Arbeit bei Erkrankung eines Kindes) in Anspruch nimmt, ist die Kündigung nach § 612a BGB nichtig.[141] Auch eine Kündigung, weil der Arbeitnehmer die schriftliche Niederlegung des abgeschlossenen Arbeitsvertrages verlangt, wozu die EG-Richtlinie 91/533 und § 2 NachwG den Arbeitgeber ohnehin anhalten,[142] verstößt gegen § 612a BGB.[143] Eine unzulässige Maßregelung stellt es ferner dar, wenn der Arbeitgeber kündigt, weil der Arbeitneh-

---

[133] BAG 21.7.1988 EzA TVG § 4 Bauindustrie Nr. 44 = NZA 1989, 599; für eine Beweiserleichterung nach den Grundsätzen des Anscheinsbeweises LAG Schleswig-Holstein 25.7.1989 LAGE BGB § 612a Nr. 4; LAG Schleswig-Holstein 28.6.2005 BB 2006, 112; ArbG Hamburg 23.7.1990 DB 1991, 103.

[134] LAG Schleswig-Holstein 25.7.1989 LAGE BGB § 612a Nr. 4; LAG Thüringen 22.12.2009 – 7 Sa 31/09; ArbG Bonn 28.11.2012 LAGE § 612a BGB 2002 Nr. 5; KDZ/*Däubler*, § 612a Rn. 23; näher *Preis*, NZA 1997, 1256, 1265.

[135] Vgl. BAG 25.11.1993 EzA KSchG § 14 Nr. 3 = NZA 1994, 837; BAG 21.7.1988 EzA TVG § 4 Bauindustrie Nr. 44 = NZA 1989, 559–561.

[136] Vgl. auch LAG Hamm 18.12.1987 LAGE BGB § 612a Nr. 1.

[137] Verneinend *Thüsing*, NZA 1994, 728, 732; *Preis*, Anm. AP § 1 KSchG 1969 Krankheit Nr. 20; bejahend Erman/*Edenfeld*, § 612a BGB Rn. 4.

[138] *Preis*, Vertragsgestaltung, S. 172; *Thüsing*, NZA 1994, 728, 732; KDZ/*Däubler*, § 612a BGB Rn. 6.

[139] LAG Nürnberg 7.10.1988 LAGE BGB § 612a Nr. 2.

[140] LAG Düsseldorf 13.12.1988 LAGE BGB § 612a Nr. 3. Zur Kündigung, weil der Arbeitnehmer einen Antrag auf Vorruhestand gestellt hat, vgl. BAG 2.4.1987 EzA § 612a BGB Nr. 1 = NZA 1988, 18 und BAG 21.7.1988 EzA TVG § 4 Bauindustrie Nr. 44 = NZA 1989, 559. Kein Verstoß gegen § 612a BGB liegt vor, wenn der mit dem HI-Virus infizierte Arbeitnehmer vor Beginn des allg. Kündigungsschutzes entlassen wird. Der Arbeitnehmer hat vor diesem Zeitpunkt kein Recht auf Fortführung des Arbeitsverhältnisses; BAG 16.2.1989 EzA BGB § 138 Nr. 23 = NJW 1990, 141.

[141] LAG Köln 13.10.1993 LAGE BGB § 612a Nr. 5.

[142] Hierzu EAS/*Friese* unter B 3050.

[143] ArbG Düsseldorf 9.9.1992 BB 1992, 2364.

mer nicht in die angebotene Vertragsänderung einwilligt[144] oder eine Kündigung nach zulässiger gewerkschaftlicher Betätigung erfolgt.[145] Wird dem Arbeitnehmer nach Erhebung einer Kündigungsschutzklage sein Aufgabenbereich entzogen, kann hierin eine Maßregelung im Sinne des § 612a BGB liegen.[146] Droht der Arbeitgeber, das Arbeitsverhältnis zu kündigen, wenn der Arbeitnehmer trotz Arbeitsunfähigkeit nicht zur Arbeit erscheint, und kündigt der Arbeitgeber unmittelbar nach der Weigerung des Arbeitnehmers, die Arbeit aufzunehmen, liegt daher ein Sachverhalt vor, der eine Maßregelung iSd § 612a BGB indiziert.[147] Keinen Verstoß gegen § 612a BGB stellt nach Ansicht des BAG dagegen die krankheitsbedingte Kündigung dar, die allein auf die Höhe der Lohnfortzahlungskosten gestützt wird.[148] Ebenso wenig verstößt die auf Krankheit gestützte Kündigung innerhalb der ersten sechs Monate des Arbeitsverhältnisses gegen § 612a BGB.[149]

VIII. Treu und Glauben

Verstößt die Kündigung gegen Treu und Glauben, so ist sie unwirksam. Mit diesem 233 Satz hat die Rechtsprechung vor Erlass des KSchG dem Arbeitnehmer einen gewissen Kündigungsschutz eingeräumt. Nachdem das KSchG den Schutz des Arbeitnehmers vor sozialwidrigen Kündigungen gewährleistet, ist fraglich, ob neben dieser abschließenden Regelung im Gesetz weiter die Berufung auf Treu und Glauben möglich oder ob dieser Grundsatz für den Bereich der Kündigungen im Gesetz abschließend konkretisiert worden ist.

Die **Darlegungs- und Beweislast** für die außerhalb der Sozialwidrigkeit der Kün- 234 digung liegenden Umstände liegt grundsätzlich beim Arbeitnehmer (zur Erleichterung der konkreten Beweisführung → Rn. 272 ff.).[150]

1. Anwendungsbereich

Problematisch ist das Verhältnis der Generalklauseln des Privatrechts (§§ 138, 242 235 BGB) zum Kündigungsschutzgesetz. Die Abgrenzungsfrage wird im Kern jedoch nur bezüglich des Grundsatzes von Treu und Glauben (§ 242 BGB) akut, weil die bloß willkürlich, d.h. ohne erkennbaren sachlichen Grund erklärte Kündigung nach ganz herrschender Meinung zu Recht noch nicht als sittenwidrig erachtet wird.[151] Erschwerend für die trennscharfe Abgrenzung kommt hinzu, dass auch die Generalklauseln des allgemeinen Privatrechts überschneidende Funktionskreise haben. Dies zeigt sich daran, dass es keinesfalls abwegig ist, eine Kündigung, die wegen eines verfassungsrechtlich geschützten Verhaltens (zB aus religiösen Gründen) erfolgt, aber keiner

---

[144] LAG Hamm 18.12.1987 LAGE BGB § 612a Nr. 1 = DB 1988, 917.
[145] LAG Hamm 18.12.1987 EzBAT BAT § 8 Gleichbehandlung Nr. 8 = NZA 1988, 586.
[146] LAG Rheinland-Pfalz 24.1.2013 – 10 Sa 463/12.
[147] BAG 23.4.2009 NZA 2009, 974.
[148] BAG 16.2.1989 EzA KSchG § 1 Krankheit Nr. 20 = NZA 1989, 3299–3303; a.A. *Preis*, DB 1988, 1144, 1145 und Anm. zu BAG AP § 1 KSchG 1969 Krankheit Nr. 20.
[149] LAG Sachsen-Anhalt 27.7.1999 LAGE BGB § 612a Nr. 6.
[150] BAG 22.5.2003 AP KSchG 1969 § 1 Wartezeit Nr. 18 = EzA BGB 2002 § 242 Kündigung Nr. 2; BAG 16.9.2004 AP BetrVG 1972 § 102 Nr. 142 = EzA BetrVG 2001 § 102 Nr. 10; LAG Düsseldorf 8.10.2002 LAGReport 2003, 54; LAG Schleswig-Holstein 3.3.1983, DB 1983, 2260.
[151] BAG 14.5.1964 AP BGB § 242 Kündigung Nr. 5 = NJW 1964, 2387; BAG 23.11.1961 AP BGB § 138 Nr. 22 = EzA BGB § 138 Nr. 2; KR/*Friedrich*, § 13 KSchG Rn. 129; *Preis* Prinzipien, S. 397 mwN; *ders.*, NZA 1997, 1256, 1266.

speziellen einfachrechtlichen Regelung unterliegt, sowohl als einen Fall des Maßregelungsverbots (§ 612a BGB) als auch der Sittenwidrigkeit (§ 138 BGB) und der Treuwidrigkeit (§ 242 BGB) zu begreifen. Zweckrichtung der bisherigen Abgrenzungsversuche ist die Respektierung der gesetzgeberischen Grundentscheidung, nicht über das Instrument der Generalklauseln einen Kündigungsschutz zu konstruieren, den der Gesetzgeber außerhalb des Geltungsbereichs des Kündigungsschutzgesetzes nicht wollte. Die Problematik ist aus der Entstehungsgeschichte des KSchG erklärbar: Vor Inkrafttreten des Kündigungsschutzgesetzes wurde ein weitgehender Kündigungsschutz gerade aus den §§ 138, 242 BGB hergeleitet.[152]

236 Eine Kündigung kann niemals sittenwidrig oder treuwidrig sein, wenn sie auf Tatsachen gestützt wird, die prinzipiell geeignet sind, eine Kündigung nach § 1 KSchG zu rechtfertigen.[153] Andere Formeln versuchen, die Abgrenzung aus dem allgemeinen Begriff der Sozialwidrigkeit zu ziehen, was im konkreten Fall wenig weiterhilft. Die negative Aussage, dass die Begründung einer Sittenwidrigkeit oder Treuwidrigkeit einer Kündigung allein mit solchen Umständen ausscheidet, die eine Kündigung allenfalls als sozialwidrig erscheinen lassen können, ist nicht sonderlich präzise. Das Gleiche gilt für die Aussage, dass § 138 BGB bzw. § 242 BGB nur anwendbar sind, wenn die Sitten- oder Treuwidrigkeit aus anderen Gründen als der Sozialwidrigkeit des § 1 KSchG hergeleitet werden können.[154] Diese Formeln sind schon deshalb für eine präzise Abgrenzung ungeeignet, weil eine Kündigung, die sittenwidrig oder treuwidrig ist, sicher auch sozialwidrig im Sinne des § 1 KSchG ist. Fälle diskriminierender Kündigungen können sowohl unter § 138 BGB als auch § 242 BGB subsumiert werden.[155] Dogmatisch eindeutiger ist dagegen die Aussage, dass die §§ 242, 138 BGB durch das KSchG insoweit abschließend konkretisiert sind, wie der Schutzbereich dieses Gesetzes reicht.[156]

237 Als wichtigste Konsequenz aus der Abgrenzung der §§ 242, 138 BGB zum allgemeinen Kündigungsschutz ist folglich abzuleiten, dass aus den Generalklauseln nicht die positive Rechtfertigung der Kündigung durch betriebs-, personen- oder verhaltensbedingte Gründe hergeleitet werden kann, die das Gesetz nur für einen bestimmten Geltungsbereich (nicht im Kleinbetrieb, länger als sechs Monate andauerndes Arbeitsverhältnis) vorgesehen hat.[157] Der Gesetzgeber hat nämlich bewusst die kollidierenden grundrechtlichen Interessen abgewogen und sich für die Nichtanwendung des KSchG und damit zugleich gegen die generelle Bindung der Kündigung an Sachgründe entschieden. Dem ist das BAG gefolgt. Es hebt insbesondere hervor, dass sonst während der **sechsmonatigen Wartezeit** über § 242 BGB der kraft Gesetzes ausgeschlossene Kündigungsschutz doch gewährt werden und über Gebühr die Möglichkeit des Arbeitgebers eingeschränkt würde, die Eignung des Arbeitnehmers für die geschuldete Tätigkeit in seinem Betrieb während der gesetzlichen Probezeit zu überprüfen.[158] Während der Probezeit gibt es auch keine – wenn auch nur gemindnerte – Sozialaus-

---

[152] Siehe zur Rechtslage in der Zeit von 1945 bis 1951 im Überblick: *Preis* Prinzipien S. 21.
[153] BAG 23.9.1976 EzA § 1 KSchG Nr. 35 = AP KSchG 1969 § 1 Wartezeit Nr. 1; *Preis* Prinzipien, S. 397.
[154] Hierzu KR/*Friedrich,* § 13 KSchG Rn. 127 mwN.
[155] Vgl. BAG 23.6.1994 EzA BGB § 242 Nr. 39 = NZA 1994, 1080; hierzu *Preis,* NZA 1997, 1256, 1264 f.; ebenso *Löwisch,* BB 1997, 782, 785.
[156] *Preis* Prinzipien, S. 398.
[157] Deshalb kann sowohl der Auffassung von *Oetker,* ArbuR 1997, 41, 47 ff. als auch von *Lakies,* DB 1997, 1078, 1081 ff. nicht gefolgt werden; vgl. auch BAG 12.11.1998 EzA KSchG § 23 Nr. 20 = NZA 1999, 590.
[158] BAG 21.2.2001 EzA BGB § 242 Kündigung Nr. 1 = NZA 2001, 833.

§ 13 Die unwirksame Kündigung

wahl.[159] In der Praxis zeigt sich, dass in der Wartezeit im Ergebnis nur diskriminierende Kündigungen sanktioniert werden.[160] Der Arbeitgeber kann in der Probezeit auch „aus seinem Bauchgefühl" heraus kündigen.[161]

Freilich gilt dies nach der jüngsten Rechtsprechung des BAG nicht uneingeschränkt für **Kleinbetriebe.**[162] Soweit unter mehreren Arbeitnehmern eine Auswahl zu treffen ist, gebietet der verfassungsrechtliche Schutz des Arbeitsplatzes in Verbindung mit dem Sozialstaatsprinzip ein gewisses Maß an sozialer Rücksichtnahme und es darf auch ein durch langjährige Mitarbeit erdientes Vertrauen in den Fortbestand des Arbeitsverhältnisses nicht unberücksichtigt bleiben. Das BAG setzt damit die Anforderungen des BVerfG um.[163] Die Verpflichtung, ein gewisses Maß an sozialer Rücksichtnahme einzuhalten, ist nicht auf bestimmte Sonderkonstellationen beschränkt. Praktische Bedeutung hat dies insbesondere bei betrieblich veranlassten Kündigungen. Schon im Zusammenhang mit Kündigungen wegen mangelnden Bedarfs nach dem Einigungsvertrag hat das BAG ausgeführt, der Maßstab von Treu und Glauben bleibe bestehen, soweit es beim Kündigungsschutz an einer gesetzlichen Konkretisierung fehle.[164] Der Arbeitgeber müsse eine einseitige, einzelne Arbeitnehmer belastende Auswahlentscheidung nach vernünftigen, sachlichen, billiges Ermessen wahrenden Gesichtspunkten treffen, bei der Anwendung der Generalklauseln, etwa § 242 BGB, seien das Sozialstaatsprinzip des Art. 20 Abs. 1 GG und der Gleichheitssatz des Art. 3 Abs. 1 GG zur Geltung zu bringen. Diese Grundsätze sind jetzt auf Kündigungen im Kleinbetrieb übertragen worden. Freilich beschränken sie sich im Wesentlichen auf eine **nicht streng zu handhabende soziale Auswahl.** Die Übertragung weiterer kündigungsschutzrechtlicher Grundsätze, wie etwa das **Erfordernis der Abmahnung,** auf Kündigungen in Kleinbetrieben hat das BAG **abgelehnt.**[165] Auch nach mehrjähriger Beschäftigung in einem Kleinbetrieb kann nicht davon ausgegangen werden, dass „stillschweigend" die Anwendung des KSchG vereinbart wird.[166]

238

Der Kleinunternehmer hat danach – trotz fehlender Bindung an das KSchG – die Auswahl des zu kündigenden Arbeitnehmers unter Beachtung eines **„gewissen Maßes an sozialer Rücksichtnahme"** zu treffen. Das bedeutet nicht, dass damit die Grundsätze des § 1 KSchG über die Sozialauswahl entsprechend anwendbar sind. Die Auswahlentscheidung kann nur darauf überprüft werden, ob sie unter Berücksichtigung der Belange des Arbeitnehmers am Erhalt seines Arbeitsplatzes und der dargelegten Interessen des Kleinunternehmers gegen Treu und Glauben verstößt. Ein solcher Treuverstoß bei der Kündigung des sozial schutzbedürftigeren Arbeitnehmers ist umso eher anzunehmen je weniger bei der Auswahlentscheidung eigene Interessen des Arbeitgebers eine Rolle gespielt haben. Hat der Arbeitgeber keine spezifischen eigenen

239

---

[159] LAG Nürnberg 24.4.2001 LAGE BGB § 242 Nr. 5.
[160] Siehe den extremen Fall des BAG 12.12.2013 NZA 2014, 722; ferner den Sonderfall (Kündigung wegen Eheschließung mit chinesischer Staatsangehörigen): LAG Schleswig-Holstein 22.6.2011 – 3 Sa 95/11; allein die Kündigung mit zu kurzer Frist führt nicht zur Sittenwidrigkeit, vgl. LAG Hamm 30.1.2015 – 1 Sa 1666/14 –.
[161] BAG 12.9.2013 NZA 2013, 1412 Rn. 39; siehe iE entsprechende Entscheidungen der Untergerichte LAG Rheinland-Pfalz 23.1.2014 – 5 Sa 382/13 –; LAG Mecklenburg-Vorpommern 8.10.2013 – 5 Sa 11/13; LAG Rheinland-Pfalz 18.4.2013 – 10 Sa 10/13; ArbG Köln 25.3.2010 – 4 Sa 10458/09 („Körpergeruch").
[162] BAG 21.2.2001 EzA BGB § 242 Kündigung Nr. 1 = NZA 2001, 833.
[163] BVerfG 27.1.1998 BVerfGE 97, 169 unter Hinweis auf BVerfG 24.4.1991 BVerfG 84, 133.
[164] BAG 19.1.1995 EzA BAT § 53 Einigungsvertrag Nr. 43 = NZA 1996, 585.
[165] BAG 21.2.2001 EzA BGB § 242 Kündigung Nr. 2 = NZA 2001, 951.
[166] BAG 28.8.2003 AP BGB § 242 Kündigung Nr. 17 = EzA BGB 2002 § 242 Kündigung Nr. 4.

Interessen, einem bestimmten Arbeitnehmer zu kündigen bzw. anderen vergleichbaren Arbeitnehmern nicht zu kündigen, und entlässt er gleichwohl den Arbeitnehmer mit der bei Weitem längsten Betriebszugehörigkeit, dem höchsten Alter und den meisten Unterhaltspflichten, so spricht alles dafür, dass der Arbeitgeber bei seiner Entscheidung das verfassungsrechtlich gebotene Mindestmaß an sozialer Rücksichtnahme außer Acht gelassen hat.[167] Bestehen andererseits derartige betriebliche, persönliche oder sonstige Interessen des Arbeitgebers, so ist der durch § 242 BGB vermittelte Grundrechtschutz des Arbeitnehmers umso schwächer, je stärker die mit der Kleinbetriebsklausel geschützten Grundrechtspositionen des Arbeitgebers im Einzelfall betroffen sind.[168] In sachlicher Hinsicht geht es vor allem darum, Arbeitnehmer vor willkürlichen oder auf sachfremden Motiven beruhenden Kündigungen zu schützen. Das BAG hat diese Fallgruppe jedoch weiter mithilfe der Darlegungslast des Arbeitnehmers eingeschränkt. Macht der Arbeitnehmer im Kleinbetrieb geltend, der Arbeitgeber habe bei einer Auswahlentscheidung das gebotene Mindestmaß an sozialer Rücksichtnahme außer Acht gelassen, so muss sich aus seinem Vorbringen auch ergeben, dass er mit den nicht gekündigten Arbeitnehmern auf den ersten Blick vergleichbar ist.[169] Zur Darlegungs- und Beweislast gelten die unter Rn. 269 ff. dargelegten Kriterien.

240 Andererseits folgt aus der Schutzzweckbetrachtung, dass **alle nicht durch das KSchG konkretisierten Fallgruppen der zivilrechtlichen Generalklauseln** prinzipiell in gleicher Weise für alle Arbeitnehmer gelten, ob sie nun unter den Geltungsbereich des KSchG fallen oder nicht.[170] Insoweit ist ganz unbestritten, dass alle zu §§ 242, 138 BGB diskutierten Fallgruppen, die den Gegenstand des Kündigungsschutzrechts überhaupt nicht berühren, durch das KSchG nicht ausgeschlossen sind. Soweit § 242 BGB im Bereich der Kündigung Wirkungen äußert, die mit dem Bestandsschutzgedanken nichts zu tun haben, trifft das KSchG keine Spezialregelung, sodass § 242 BGB anwendbar bleibt. Nachdem der 2. Senat im Jahre 1964 die Ansicht geäußert hatte, das Kündigungsschutzgesetz habe für seinen Geltungsbereich den Grundsatz von Treu und Glauben abschließend konkretisiert,[171] vertritt das BAG in neueren Entscheidungen wieder die Auffassung, dass sich der Anwendungsbereich des KSchG und der der unzulässigen Rechtsausübung nicht decken, sodass neben dem KSchG auch der Grundsatz von Treu und Glauben Wirksamkeit entfalten kann. Das ist der Fall, wenn die Kündigung aus Gründen, die durch § 1 KSchG nicht erfasst sind, die Gebote von Treu und Glauben verletzt. Erfahrungsgemäß werden Fälle der Unwirksamkeit von Kündigungen aus § 242 BGB im Geltungsbereich des KSchG nicht häufig vorkommen. Das BAG hat § 242 BGB für anwendbar erklärt, wenn sich der Arbeitgeber durch die Kündigung mit seinem früheren Verhalten in einen unver-

---

[167] LAG Rheinland-Pfalz 25.4.2012 – 8 Sa 735/11 –.
[168] BAG 21.2.2001 EzA BGB § 242 Kündigung Nr. 1 = NZA 2001, 833; zur Kündigung wegen krankheitsbedingter Fehlzeiten LAG Mecklenburg-Vorpommern 24.1.2012 – 5 Sa 153/11; LAG Berlin-Brandenburg 7.10.2010 – 25 Sa 1435/11; LAG Thüringen 20.9.2007 LAGE BGB 2002 § 242 Nr. 3; LAG Köln 13.2.2006 LAGE BGB 2002 § 242 Nr. 1; zur Kündigung im Zusammenhang mit einem Arbeitsunfall LAG Baden-Württemberg 5.7.2011 – 22 Sa 11/11; LAG Schleswig-Holstein 27.5.2009 LAGE § 242 BGB 2002 Kündigung Nr. 6; zur Kündigung nach einem Betriebsübergang LAG Bremen 12.7.2007 LAGE BGB § 613a Nr. 14.
[169] BAG 6.2.2003 EzA BGB 2002 § 242 Kündigung Nr. 1 = NZA 2003, 717.
[170] Vgl. *Preis*, Prinzipien, S. 398 mwN; vgl. auch BAG 21.2.2001 EzA BGB § 242 Kündigung Nr. 1 = NZA 2001, 833; BAG 5.4.2001 EzA BGB § 242 Kündigung Nr. 3 = NZA 2001, 890; LAG Rheinland-Pfalz 24.1.1991 EzBAT BAT § 53 Nr. 13; BAG 30.11.1960 EzA BGB § 242 Nr. 3 = NJW 1961, 1085.
[171] BAG 14.5.1964 AP BGB § 242 Kündigung Nr. 5 = NJW 1964, 1542.

§ 13 Die unwirksame Kündigung

einbaren Gegensatz setzt. Die Unzulässigkeit des „Venire contra factum proprium" stelle eine von Amts wegen zu prüfende Schranke jeder Rechtsanwendung dar.[172]

2. Die ungehörige Kündigung

Ein besonderer Fall des Verstoßes gegen Treu und Glauben ist die sogenannte ungehörige Kündigung. Damit sollen die Fälle erfasst werden, in denen das Kündigungsrecht wegen der Art und Weise seiner Ausübung gegen Treu und Glauben verstößt, zB der Ausspruch einer an sich gerechtfertigten ordentlichen Kündigung vor versammelter Belegschaft.[173]

In einer Grundsatzentscheidung hat das BAG entschieden, dass eine **Unwirksamkeit der Kündigung bei einer Kündigung zur Unzeit ausscheidet.** Im Regelfall könne allein der den Arbeitnehmer besonders belastende Zeitpunkt der Arbeitgeberkündigung (die „Unzeit" der Kündigung) nicht zur Unwirksamkeit der Kündigung führen, die Annahme einer Treuwidrigkeit nach § 242 BGB setze vielmehr weitere Umstände voraus.[174] Das BAG verweist zu Recht darauf, dass das BGB in mehreren Normen die Kündigung zur Unzeit erfasst (zB §§ 627 Abs. 2, § 671 Abs. 2 und 723 Abs. 2 BGB), allerdings an den Tatbestand nur eine Schadenersatzpflicht des Kündigenden, nicht jedoch die Unwirksamkeit der Kündigung geknüpft ist. Um die Rechtsfolge der Unwirksamkeit nach § 242 BGB rechtfertigen zu können, muss eine massive Beeinträchtigung berechtigter Interessen des Kündigungsgegners vorliegen. Dies kann der Fall sein, wenn der Erklärende absichtlich oder aufgrund einer auf Missachtung der persönlichen Belange des Empfängers beruhenden Gedankenlosigkeit einen Zugangszeitpunkt wählt, der den Empfänger besonders beeinträchtigt. Der bloße zeitliche Zusammenhang mit einer Fehlgeburt der Arbeitnehmerin ist dabei ebenso wenig als ausreichend angesehen worden[175] wie der Zugang der Kündigung am 24. Dezember („Heiliger Abend").[176] Die Kündigung, die einen Arbeitnehmer zusätzlich wegen eines noch nicht verarbeiteten Schicksalsschlages im privaten Bereich (zB Todes eines nahen Angehörigen, des Ehegatten oder Lebensgefährten) trifft, kann weder als „unzeitig" noch als ungehörig im Rechtssinne bezeichnet werden.[177] Im Hinblick auf die besonderen Umstände des Falles hat das LAG Bremen eine Kündigung für unwirksam erklärt, die dem Arbeitnehmer nach einem schweren Arbeitsunfall am gleichen Tage im Krankenhaus unmittelbar vor einer auf dem Unfall beruhenden Operation ausgehändigt worden ist.[178]

241

242

---

[172] BAG 8.6.1972 EzA BGB n.F. § 626 Nr. 12 = NJW 1972, 1878; BAG 23.9.1976 EzA KSchG 1969 § 1 Nr. 35 = NJW 1977, 1311; BAG 13.7.1978 EzA BetrVG 1972 § 102 Nr. 36 = NJW 1979, 1675; LAG Hamburg 24.2.1986 NZA 1986, 478; LAG Frankfurt 15.12.1995 NZA-RR 1996, 328; LAG Sachsen 24.5.2012 – 1 Sa 661/11; LAG Mecklenburg-Vorpommern 8.5.2012 – 5 Sa 168/11; LAG Hamm 24.4.2012 LAGE § 242 BGB 2002 Nr. 3; ArbG Saarlouis 28.5.2013 LAGE BGB § 242 Kündigung Nr. 10.
[173] BAG 23.9.1976 EzA KSchG 1969 § 1 Nr. 35 = NJW 1977, 1311–1312 und BAG 30.11.1960 EzA BGB § 242 Nr. 3 = NJW 1961, 1085.
[174] BAG 5.4.2001 EzA BGB § 242 Kündigung Nr. 3 = NZA 2001, 890.
[175] BAG 12.7.1990 EzA BGB § 613a Nr. 90 = NZA 1991, 63; anders aber in dem extremen Fall BAG 12.12.2013 NZA 2014, 722.
[176] BAG 14.11.1984 EzA BGB § 242 Nr. 38 = NZA 1986, 97.
[177] BAG 5.4.2001 EzA BGB § 242 Kündigung Nr. 3 = NZA 2001, 890; ebenso zur Übergabe einer Kündigung in einer Klinik bei stationärer Behandlung wegen psychischer Erkrankung LAG Hamm 3.2.2004 LAGReport 2004, 202.
[178] Vgl. LAG Bremen 29.10.1985 LAGE BGB § 242 Nr. 1 mit zust. Anm. *Buchner*. Abgelehnt bei Kündigungszugang während eines Krankenhausaufenthalts: LAG Köln 13.2.2006 LAGE BGB 2002 § 242 Nr. 1.

243 Kein Fall der ungehörigen Kündigung liegt vor, wenn der Arbeitgeber die Kündigung erklärt, **ohne dafür einen Grund anzugeben;** greift der Arbeitnehmer die Kündigung nach § 1 KSchG oder § 626 BGB an, so obliegt dem Arbeitgeber im Prozess die Darlegungs- und Beweislast für die Kündigungsgründe. Besteht kein Bestandsschutz, ist auch die ohne Begründung erklärte Kündigung nicht aus diesem Grunde unwirksam.

244 Kündigt der Arbeitgeber das Arbeitsverhältnis, ohne den Arbeitnehmer, namentlich im Falle einer verhaltensbedingten Kündigung, **vorher anzuhören,** so ist die Kündigung im Grundsatz nicht deshalb unwirksam. Ein so weit gehender allgemeiner Rechtssatz besteht nicht.[179] Nur im Einzelfall kann es geboten sein, eine Rechtspflicht des Arbeitgebers zur Anhörung des Arbeitnehmers vor Ausspruch der Kündigung anzuerkennen. Das ist der Fall bei der **sog. Verdachtskündigung.** Die Erfüllung der Aufklärungspflicht ist Wirksamkeitsvoraussetzung für die Verdachtskündigung.[180] Nur wenn den Arbeitgeber kein Verschulden trifft, tritt die Folge der Rechtsunwirksamkeit nicht ein.[181]

245 Die Ausübung des Kündigungsrechts kann in (seltenen) Fällen rechtsmissbräuchlich sein, wenn die Kündigung kurz vor Eintritt der Wartefrist des § 1 KSchG erfolgt. Dabei muss beachtet werden, dass innerhalb der Wartefrist Kündigungsfreiheit besteht. Nur wenn die Kündigung allein erklärt wird, um dem Arbeitnehmer den Kündigungsschutz zu nehmen, kommt ein Rechtsmissbrauch in Betracht.[182]

3. Die willkürliche Kündigung

246 In ganz besonders gelagerten Ausnahmefällen kann eine Kündigung, die nach dem KSchG noch nicht auf ihre Sozialwidrigkeit überprüft werden darf, **offenbar willkürlich** und damit nach § 242 BGB unwirksam sein.[183] Das kann zB der Fall sein, wenn der Arbeitgeber wegen eines Verdachts kündigt, aber keinerlei nähere Angaben über konkrete Umstände macht und damit dem Arbeitnehmer jede Möglichkeit nimmt, den Verdacht zu entkräften. Es ist aber hervorzuheben, dass dies stets Ausnahmefälle bleiben sollten, in denen trotz der bestehenden Kündigungsfreiheit sich das Verhalten des Arbeitgebers als grob rücksichtslos darstellt.[184] Der Arbeitgeber ist aber nicht verpflichtet, bei Ausspruch der Kündigung einen Grund zu nennen.[185] Entscheidend ist allein die objektive Sachlage. Eine missbräuchliche Kündigung hat das BAG in einem Fall bejaht, in dem ein Arbeitgeber einen Arbeitnehmer in der Probezeit allein

---

[179] BAG 18.9.1997 EzA BGB § 626 n. F. Nr. 169 = NZA 1998, 95.
[180] BAG 11.4.1985 EzA BetrVG 1972 § 102 Nr. 62 = NZA 1986, 674; BAG 30.4.1987 EzA BGB § 626 Verdacht strafbarer Handlung Nr. 3 = NZA 1987, 2020.
[181] Das BAG hat eine vorherige Anhörungspflicht auch dann angenommen, wenn der Arbeitgeber auf Grund der nicht bestätigten Aussage vom Hörensagen unsubstantiierte Verdächtigungen von weitreichender Tragweite für das spätere berufliche Fortkommen des Arbeitnehmers (Verdacht des Haschischkonsums) zum Anlass einer Kündigung nimmt; BAG 2.11.1983 EzA BetrVG 1972 § 102 Nr. 53 = AP BetrVG 1972 § 102 Nr. 29.
[182] Vgl. KR/*Friedrich* (8. Auflage), § 13 KSchG Rn. 250; BAG 28.9.1978 EzA BetrVG 1972 § 102 Nr. 39 = NJW 1979, 2421. Vgl. hierzu auch BAG 12.3.1986 EzA GG Art. 33 Nr. 13 = NJW 1987, 1100.
[183] BAG 30.11.1960 AP BGB § 242 Kündigung Nr. 2 = EzA BGB § 242 Nr. 3; BAG 23.9.1976 EzA § 1 KSchG Nr. 35 unter II 3 der Gründe = AP KSchG 1969 § 1 Nr. 1; BAG 24.10.1996 – 2 AZR 874/95 – n. v.
[184] LAG Düsseldorf/Kammer Köln 31.5.1978 BB 1978, 1266.
[185] BAG 13.1.2003 AP KSchG 1969 § 1 Gemeinschaftsbetrieb Nr. 1 = EzA KSchG § 23 Nr. 25.

wegen dessen persönlichen Sexualverhaltens gekündigt hat.[186] Entscheidend war für das BAG die missbräuchliche Nutzung der Privatautonomie unter Missachtung der grundrechtlich geschützten Privatsphäre des Arbeitnehmers (→ Rn. 207). Die Entscheidung ist jedoch nur unter dem Gesichtspunkt haltbar, dass auch das freie Kündigungsrecht einem Missbrauchsvorbehalt unterliegt[187] und der extreme Sachverhalt unter die Normen der §§ 138, 612a BGB hätte subsumiert werden können.[188]

Fraglich ist, ob der **Grundsatz der Verhältnismäßigkeit** außerhalb des Geltungsbereichs des KSchG zur Unwirksamkeit der Kündigung führen kann. Sicher ist, dass im Rahmen der Interessenabwägung bei der Entscheidung über die Sozialwidrigkeit oder den wichtigen Grund das Übermaßverbot eine wichtige Rolle spielt.[189] Es gilt hier das Ultima-Ratio-Prinzip. Ob aber darüber hinaus die Missachtung des Grundsatzes der Verhältnismäßigkeit zur Unwirksamkeit der Kündigung führen kann,[190] muss bezweifelt werden. Wenn auch der Grundsatz der Verhältnismäßigkeit ein die Rechtsordnung durchdringender Grundsatz ist, so muss doch beachtet werden, dass in der Verfassung die privatrechtliche Gestaltungsfreiheit und die Vertragsfreiheit geschützt sind und nicht ungebührlich eingeschränkt werden dürfen. Im Falle der Kündigung außerhalb des Geltungsbereichs des Kündigungsschutzgesetzes besteht für den Arbeitgeber ein Recht zur ordentlichen Kündigung des Arbeitsverhältnisses. Dies hat der 6. Senat des BAG jetzt deutlich für den Fall der Wartezeit bestätigt. Wenn ein Arbeitgeber das Arbeitsverhältnis nicht über die Wartezeit hinaus fortsetzen wolle, ohne seinen Entschluss auf objektive Umstände stützen zu können oder zu wollen, dann mache dies die Kündigung allein noch nicht willkürlich. In der Wartezeit bestehe Kündigungsfreiheit. Der Arbeitgeber könne sich in seiner Entscheidung auch von seinem „Bauchgefühl" leiten lassen.[191] Selbst wenn man der Einschätzung folgt, dass auch die nicht nach dem KSchG überprüfbare Kündigung einem allgemeinen Missbrauchsvorbehalt unterfällt,[192] geht die generelle Bindung des Kündigungsrechts an einen Sachgrund zu weit. 247

Der Willkürvorwurf scheidet – über das Bauchgefühl hinaus – in jedem Falle aus, wenn ein „irgendwie einleuchtender Grund" für die Rechtsausübung vorliegt.[193] Das muss kein arbeitsvertragsbezogener Grund sein. Wenn jedoch ausschließlich ein diskriminierender, nicht mit dem Arbeitsverhältnis zusammenhängender Grund erkennbar ist, liegt ein Fall des § 138 BGB vor. Auch ein Missbrauchstatbestand (Kündigung langjähriger Vertragsbeziehung wegen minimaler Vertragsstörung ohne vorherige Abmahnung oder Vertragsrüge) kann in Ausnahmefällen zur Unwirksamkeit der Kündigung führen.[194] 248

---

[186] BAG 23.6.1994 EzA BGB § 242 Nr. 39 = NZA 1994, 1080.
[187] *Preis*, Prinzipien S. 399.
[188] In diesem Sinne, jedoch § 138 BGB im konkreten Fall verneinend, *v. Hoyningen-Huene*, Anm. zu BAG EzA § 242 BGB Nr. 39.
[189] BAG 30.5.1978 AP BGB § 626 Nr. 70 = EzA BGB § 626 n. F. Nr. 66.
[190] So *Oetker*, ArbuR 1997, 41, 52; a. A. *Preis*, Prinzipien, S. 398 f.; *ders.*, NZA 1997, 1256, 1267.
[191] BAG 12.9.2013 NZA 2013, 1412 Rn. 39.
[192] *Preis*, Prinzipien, S. 399.
[193] So schon *Preis*, Prinzipien, S. 400; APS/*Preis*, Grundlagen J Rn. 52; dem jetzt folgend BAG 25.4.2001 NZA 2002, 87, 89; bestätigt durch BAG 24.1.2008 EzA BGB 2002 § 242 Kündigung Nr. 7 = NZA-RR 2008, 405; zu weitgehend ArbG Reutlingen 21.10.1998 EzA § 242 BGB Vertrauensschutz Nr. 1; problematisch auch Kündigung durch Ehemann im Kleinbetrieb wegen laufenden Scheidungsverfahrens: LAG Berlin 9.5.2008 LAGE BGB 2002 § 242 Nr. 4 = NZA-RR 2008, 633.
[194] In BAG 23.5.2013 NZA 2013, 172 Rn. 51 wird die Erforderlichkeit einer Abmahnung im Kleinbetrieb generell verneint.

IX. Kündigung und Gleichbehandlung

249 Das Prinzip der Gleichbehandlung wird auch im Kündigungsrecht diskutiert.[195] Im Bereich der **personenbedingten Kündigung** hat es kaum Bedeutung erlangt. Das ist verständlich, denn es werden wohl nur äußerst selten deckungsgleiche Kündigungsgründe einschließlich der erforderlichen erheblichen Auswirkungen auf den Betrieb vorliegen; es fehlt am notwendigen kollektiven Tatbestand.

250 Eine gleiche Betroffenheit vergleichbarer Arbeitnehmer im Sinne des Gleichbehandlungsgrundsatzes kann allerdings bei **betriebsbedingten Kündigungen** vorliegen. Hier ist der Gleichbehandlungsgrundsatz durch § 1 Abs. 3 KSchG konkretisiert. Bei betriebsbedingten Änderungskündigungen zur Kostensenkung ist der Gleichbehandlungsgrundsatz zu beachten, der gleichsam ein berechtigtes Interesse bildet, eine individuelle Sozialauswahl auszuschließen.[196] Außerhalb des KSchG kann der Grundsatz Bedeutung gewinnen, wie die Rspr. des 8. Senats des BAG[197] zur Kündigung wegen mangelnden Bedarfs nach dem Einigungsvertrag zeigt. Dem kann insoweit gefolgt werden, als § 1 Abs. 3 KSchG nichts anderes als eine gesetzliche Konkretisierung des Gleichbehandlungsgrundsatzes ist.[198] Ist diese Norm nicht anwendbar, bleibt das überpositive Prinzip des Gleichbehandlungsgrundsatzes anwendbar. Schon in Anwendung dieses Grundsatzes darf der Arbeitgeber bei gleicher Ausgangslage vergleichbare Arbeitnehmer nicht willkürlich ungleich behandeln. Dies gilt innerhalb wie außerhalb des KSchG.[199]

251 Im Bereich der **verhaltensbedingten Kündigung** können einschlägige Fälle häufiger vorkommen. Voraussetzung ist ein gleichgelagerter Kündigungssachverhalt in **sachlicher und in zeitlicher Hinsicht.** Handelt es sich um gleichgelagerte, aber zeitlich nacheinander liegende Fälle, zwei Arbeitnehmer kommen 15 Minuten zu spät – im Wiederholungsfall mit Abmahnung –, so liegt schon tatbestandsmäßig kein Fall vor, auf den der Gleichbehandlungsgrundsatz angewandt werden könnte.[200]

252 Die Rechtsprechung des BAG **verneint** allerdings die Anwendbarkeit des Gleichbehandlungsgrundsatzes. Das BAG schließt allerdings nicht aus, dass im Rahmen der **Interessenabwägung** zu berücksichtigen sei, ob die Nachsicht des Arbeitgebers in einem Falle **Auswirkungen auf die Zumutbarkeit einer Weiterbeschäftigung in einem anderen Falle haben kann** (sog. mittelbare Wirkung). Das Problem stellt sich meist bei der **sog. herausgreifenden Kündigung.** Liegen die Tatbestände völlig gleich, haben also mehrere Arbeitnehmer gleichartige Pflichtverletzungen – auch in zeitlicher Hinsicht – begangen und kündigt der Arbeitgeber dennoch nur das Arbeitsverhältnis eines Arbeitnehmers, so muss der Arbeitgeber darlegen, warum gerade in diesem Falle die vorgenommene Interessenabwägung dazu geführt hat, allein dieses

---

[195] Die Anwendung des Gleichbehandlungsgrundsatzes ist mit dem Wesen des Gestaltungsrechts vereinbar; vgl. dazu *Preis*, Prinzipien, S. 113; weitergehend auch LAG Thüringen 28.9.1993 LAGE § 620 BGB Gleichbehandlung Nr. 1 zur Anwendung des Art. 3 Abs. 1 GG auf Kündigungen von Funktionsträgern in der ehemaligen DDR; ablehnend bei verhaltensbedingten Gründen LAG Köln 12.5.1995 NZA-RR 1996, 204; s.a. LAG Hessen 25.7.2011 NZA-RR 2012, 76.

[196] BAG 26.6.2008 EzA KSchG § 2 Nr. 71 = NZA 2008, 1182.

[197] Zuletzt BAG 29.8.1996 EzA Einigungsvertrag Art. 20 Soziale Auswahl Nr. 1 = NZA 1997, 604 f.

[198] Ausführlich *Preis*, Prinzipien, S. 379 f.; ebenso bereits *Buchner*, RdA 1970, 228; *Mayer-Maly*, AR-Blattei Gleichbehandlung unter G VI; *Auffarth/Müller*, § 1 Rn. 169.

[199] So jetzt auch BAG 21.2.2001 EzA BGB § 242 Kündigung Nr. 1 = NZA 2001, 833. Diese Konsequenz zeigt auch *v. Hoyningen-Huene*, Anm. AP Einigungsvertrag Anl. I Kap. XIX Nr. 4, auf, lehnt aber die Auffassung des BAG aus methodischen Gründen ab; krit. auch *Löwisch*, BB 1997, 782, 787 ff.

[200] Vgl. *Preis*, Prinzipien, S. 388 mit dem Hinweis, davon könne nur abgewichen werden, sofern der Arbeitgeber eine betrieblich-kollektive Regel aufgestellt habe, nach der solche Fälle gelöst werden.

Arbeitsverhältnis aufzulösen. Kann der Arbeitgeber das nicht, so ist die Kündigung unwirksam, da dann auch die Beschäftigung dieses Arbeitnehmers, wie die der anderen, zumutbar ist.[201]

Die Ergebnisse der Rechtsprechung gewinnt man auch mit der unmittelbaren Anwendung des Gleichbehandlungsgrundsatzes. Der Arbeitgeber darf nicht **sachwidrig differenzieren**, andernfalls handelt er willkürlich. Liegen die tatbestandlichen Voraussetzungen der Anwendung des Gleichbehandlungsgrundsatzes vor, so ist zur Differenzierung ein **sachlicher Grund** notwendig. Dieser kann im Umfang der Tatbeteiligung liegen oder in der Tatsache, dass bei einem Arbeitnehmer ein Wiederholungstatbestand vorliegt, der eine negative Zukunftsprognose besonders nahe legt. Kein sachlicher Grund kann in einer Auswahl nach sozialen Gesichtspunkten gesehen werden. Hier fehlt es am Bezug zum Kündigungssachverhalt.[202] 253

Greift der Arbeitgeber einen Arbeitnehmer heraus, der Betriebsratsmitglied ist, dann spricht das dafür, dass der gekündigte Arbeitnehmer wegen seiner Betriebsratstätigkeit gekündigt worden ist.[203] 254

X. Vertragliche Kündigungsbeschränkungen

1. Voraussetzungen und Wirkungen

Die Parteien des Einzelarbeitsvertrages können sich durch Vereinbarung zur Unterlassung einer ordentlichen Kündigung verpflichten (schuldrechtliche Kündigungsbeschränkung).[204] Dies kann ausdrücklich erfolgen oder aus den Umständen zu schließen sein. Der Vertrag ist dann nur durch eine außerordentliche Kündigung aufzulösen. Einseitig zulasten des Arbeitnehmers ist dies wegen § 622 Abs. 6 BGB freilich ausgeschlossen; im Übrigen kann über § 624 S. 1 BGB, § 15 Abs. 4 S. 1 TzBfG hinausgehend kein Ausschluss der ordentlichen Kündigung erfolgen.[205] Der Arbeitgeber kann sich hingegen wirksam auf Lebenszeit binden.[206] Die Vereinbarung eines besonderen Kündigungsschutzes erfolgt in der Praxis bisweilen in den Fällen, in denen nach §§ 1, 23 KSchG ein Kündigungsschutz noch nicht greift, also in Kleinbetrieben oder während der ersten sechs Monate des Arbeitsverhältnisses.[207] Freilich ist eine derartige Ver- 255

---

[201] Vgl. BAG 14.10.1965 AP BetrVG 1952 § 66 Nr. 27 = EzA BetrVG 1952 § 66 Nr. 5; BAG 13.10.1955 AP KSchG § 13 Nr. 13; BAG 21.10.1969 AP GG Art. 9 Arbeitskampf Nr. 41 mit krit. Anm. *Rüthers* = EzA BGB n. F. § 626 Nr. 1; BAG 25.3.1976 AP BetrVG 1972 § 103 Nr. 6 = EzA BetrVG 1972 § 103 Nr. 12; BAG 22.2.1979 EzA BetrVG 1972 § 103 Nr. 23 = DB 1979, 1659; ArbG Regensburg 23.4.1990 BB 1990, 1418; LAG Nürnberg 9.1.2007 NZA-RR 2007, 357; zur herausgreifenden Kündigung eines Betriebsratsmitglieds: LAG Hamm 10.4.1996 RzK II 1b Nr. 17.

[202] Vgl. *Preis*, Prinzipien, S. 389 f.

[203] BAG 22.2.1979 EzA BetrVG 1972 § 103 Nr. 23 = DB 1979, 1659; LAG Hamm 10.4.1996 RzK II 1b Nr. 17.

[204] Einzelheiten Preis/*Preis*, Kündigungsvereinbarungen, II K 10 Rn. 26 ff.; *Kania/Kramer*, RdA 1995, 287; *Pauly*, ArbuR 1997, 94 ff.; *Schwerdtner*, FS Kissel, 1994, 1077 ff.; siehe hierzu auch BAG 22.7.1992 EzA BGB § 626 n. F. Nr. 141; BAG 7.3.2002 EzA BGB § 626 n. F. Nr. 196 = NZA 2002, 963. Beschränkungen können auch in Gesellschaftsverträgen enthalten sein, vgl. BAG 28.4.1994 EzA GmbHG § 37 Nr. 1 = NZA 1994, 934.

[205] Preis/*Preis*, Kündigungsvereinbarungen, II K 10 Rn. 28; zu Sinn und Zweck des § 624 BGB: BAG 24.10.1996 EzA GG Art. 12 Nr. 29 = NZA 1997, 597.

[206] BAG 25.3.2004 AP BGB § 138 Nr. 60 = EzA BGB 2002 § 626 Unkündbarkeit Nr. 3; *Preis/Hamacher*, FS 50-jähriges Bestehen der Arbeitsgerichtsbarkeit in Rheinland-Pfalz, 1999, S. 245, 253 f.; *Kania/Kramer*, RdA 1995, 285, 292.

[207] Preis/*Preis*, Kündigungsvereinbarungen, II K 10 Rn. 32; *ders.;* NZA 1997, 1256, 1259; bestätigt durch BAG 25.3.2004 AP BGB § 138 Nr. 60.

einbarung außergewöhnlich, sodass ein eindeutiger Vertragswille erkennbar sein muss (zu Anrechnungsvereinbarungen Rn. 869).

256 Der Ausschluss der ordentlichen Kündigung liegt aber nicht schon allein in der Bezeichnung einer Stelle als **Dauer- oder Lebensstellung**. Liegt ausdrücklich eine Vereinbarung eines Dienstverhältnisses auf die Lebenszeit einer Person vor, ist zunächst an die Folge des § 624 BGB bzw. § 15 Abs. 4 S. 1 TzBfG zu denken. Im Zweifel entspricht es aber nicht dem Willen der Vertragsparteien, eine lebenslange Bindung einzugehen.[208] Die Zusage einer Lebens- oder Dauerstellung bedeutet in der Regel keine Anstellung auf Lebenszeit im Sinne des § 624 BGB, § 15 Abs. 4 S. 1 TzBfG, doch kann eine entsprechende Zusage unter Umständen Auswirkungen auf die Kündigungsmöglichkeiten des Arbeitgebers haben. Entscheidend dürfte der Umfang des erzeugten Vertrauensschutzes sein.[209] In aller Regel wird lediglich ein arbeitgeberseitiger Hinweis anzunehmen sein, dass der Arbeitnehmer von betrieblicher Seite her betrachtet mit einer Beschäftigung auf Lebenszeit rechnen kann, wenn die von ihm geforderten verhaltens- und leistungsbezogenen Voraussetzungen erfüllt werden. Entscheidend für die konkret zu ziehenden Folgerungen ist aber der Parteiwille.[210] Die Vereinbarung einer Dauerstellung kann Bedeutung für den Kündigungsschutz haben. Wird bei der Vertragsverhandlung hervorgehoben, dass es sich um eine Dauerstellung handeln soll, so kann hieraus zu folgern sein, dass der gesetzliche Kündigungsschutz, der erst nach 6 Monaten eingreift, schon zu Beginn der Beschäftigung einsetzen soll.[211] Dies kann jedoch nur bei hinreichend eindeutiger Vereinbarung angenommen werden. Einem Arbeitnehmer, der einen Arbeitsvertrag ohne entsprechende Sondervereinbarung unterschreibt, wird in der Regel nicht damit durchdringen können, der Arbeitgeber habe mit der mündlichen Zusage einer Dauerstellung einen vorzeitigen Kündigungsschutz einräumen wollen. Der Umstand allein, dass ein Arbeitnehmer aus einer ungekündigten Stelle heraus abgeworben wurde, lässt für sich allein nicht den Schluss zu, die Parteien hätten konkludent die Wartefrist des § 1 Abs. 1 KSchG ausgeschlossen.[212] Ausreichend kann aber für die Vereinbarung des sofortigen Kündigungsschutzes sein, dass die Parteien ausdrücklich auf die Vereinbarung einer **Probezeit verzichten.**[213] Von § 1 Abs. 1 KSchG abweichende Regelungen zugunsten des Arbeitnehmers wie den Ausschluss oder die Verkürzung der Wartezeit oder über die Anrechnung von Vorbeschäftigungszeiten bei demselben oder einem anderen Arbeitgeber, sind ohne weiteres zulässig und können auch konkludent getroffen werden.[214] Nur wenn im Arbeitsvertrag schriftlich die Zusage einer Dauer- oder Lebensstellung erfolgt, können hieraus kündigungsrechtliche Konsequenzen gezogen werden (Ausschluss der Kündigung vor Dienstantritt, sofortiges Eingreifen des KSchG).[215] Die – zum Teil ältere – Rechtsprechung ist hierzu nur noch bedingt aussagekräftig.[216]

---

[208] Erman/*Belling,* § 624 BGB Rn. 3; Staudinger/*Preis,* § 624 BGB Rn. 11 mwN.
[209] Staudinger/*Preis,* § 624 BGB Rn. 14.
[210] BAG 21.10.1971 AP BGB § 611 Gruppenarbeitsverhältnis Nr. 1 = EzA KSchG § 1 Nr. 23; BAG 8.6.1972 AP KSchG 1969 § 1 Nr. 1 = EzA KSchG § 1 Nr. 24.
[211] BAG 18.2.1967 AP KSchG § 1 Nr. 81 = EzA KSchG § 1 Nr. 5; BAG 8.6.1972 AP KSchG 1969 § 1 Nr. 1 = EzA KSchG § 1 Nr. 24.
[212] LAG Mecklenburg-Vorpommern 24.6.2008 – 5 Sa 52/08.
[213] LAG Köln 15.12.2006 NZA-RR 2007, 293.
[214] BAG 20.2.2014 NZA 2014, 1083 Rn. 44.
[215] Hierzu Preis/*Preis,* Kündigungsvereinbarungen, II K 10 Rn. 34 ff.
[216] RAG 16.12.1936 ARS 28, 332; RAG 15.9.1937 ARS 31, 78; BAG 12.10.1954 AP RegelungsG § 52 Nr. 1; BAG 7.11.1968 AP HGB § 66 Nr. 3 = EzA HGB § 66 Nr. 2; BAG 26.1.1967 AP BGB § 611 Vertragsschluss Nr. 2.

§ 13 Die unwirksame Kündigung

Im Allgemeinen wird man nur bei Vorliegen besonderer Umstände annehmen können, dass bei einem auf Dauer angelegten Arbeitsverhältnis ein Ausschluss oder eine Beschränkung des Kündigungsrechts stillschweigend vereinbart ist. Zu verlangen ist von den Parteien, dass entsprechende Zusagen eindeutig getroffen werden. Prinzipiell ist der Arbeitnehmer nicht von dem Risiko befreit, das mit dem Neuantritt einer Stelle verbunden ist.[217] Viel spricht jedoch dafür, dass eine vertrauenserzeugende Zusage nicht sanktionslos bleibt, insbesondere wenn der Arbeitgeber das Arbeitsverhältnis während der ersten sechs Monate trotz Bewährung grundlos kündigt. Im Anwendungsbereich materieller Kündigungsgründe (§ 1 KSchG, § 626 BGB) kann die Zusage unter Umständen bei der Gewichtung des Kündigungsgrundes Berücksichtigung finden.[218] Verletzt der Arbeitgeber durch eine Kündigung nach vorangegangener Zusage einer Dauerstellung schuldhaft das schutzwürdige Vertrauen des Arbeitnehmers, dass eine grundlose Kündigung unterbleibt, kann ein Schadensersatzanspruch aus dem Gesichtspunkt der Culpa in contrahendo (§ 311 iVm § 280 BGB) gerechtfertigt sein.[219]

257

Haben die Parteien des Arbeitsvertrages ein **befristetes Arbeitsverhältnis** vereinbart, so ist damit die **ordentliche Kündigung ausgeschlossen.** Arbeitnehmer und Arbeitgeber können sich nur durch eine außerordentliche Kündigung wieder voneinander trennen. Etwas anderes gilt, wenn dies vereinbart worden ist **(§ 15 Abs. 3 TzBfG).**[220] Die Befristung des Vertrages spricht grundsätzlich für den Ausschluss der ordentlichen Kündigung. Soll die Befristung im Sinne einer Höchstdauer verstanden werden, d. h. der Vertrag nach Zeitablauf ohne Kündigung enden und zwischenzeitlich wie jeder andere Arbeitsvertrag auch noch ordentlich gekündigt werden können, so muss der dahin gehende Wille der Parteien eindeutig erkennbar sein.[221]

258

Hat der Arbeitgeber in einem befristeten Vertrag eine ordentliche Kündigung ausgesprochen, so ist diese wegen der vertraglichen Beschränkung des Kündigungsrechts unwirksam. Vielfach wird nun versucht, die erklärte Kündigung in eine außerordentliche Kündigung umzudeuten, die ja auch im befristeten Vertrag zulässig bleibt und die auch mit einer Auslauffrist erklärt werden kann (sog. außerordentliche befristete Kündigung, dazu → Rn. 526). Dies kann nicht zum Erfolg führen, denn ob eine ordentliche Kündigung erklärt worden ist oder eine außerordentliche, ist Tatfrage. Wer eine Kündigung mit der dem Vertrag entsprechenden ordentlichen Frist erklärt, muss dem Erklärungsempfänger gegenüber zum Ausdruck bringen, es handele sich um eine außerordentliche befristete Kündigung. Im späteren Auslegungsstreit dürfen nur solche Umstände berücksichtigt werden, die dem Kündigungsempfänger erkennbar waren. Die Tatsache, dass im Vertrag die ordentliche Kündigung ausgeschlossen worden ist, kann nicht zu der Annahme führen, der Arbeitgeber habe trotz der Einhaltung der üblichen Frist in Wirklichkeit eine außerordentliche Kündigung erklärt.[222] Die Umdeu-

259

---

[217] Näher Staudinger/*Preis,* § 624 BGB Rn. 16 mwN.
[218] Vgl. auch BAG 21.10.1971 AP BGB § 611 Gruppenarbeitsverhältnis Nr. 1 = EzA KSchG § 1 Nr. 23.
[219] Vgl. KR/*Fischermeier,* § 624 BGB Rn. 19 ff.; Staudinger/*Preis,* § 624 BGB Rn. 17; vgl. auch BAG 12.12.1957 AP BGB § 276 Verschulden bei Vertragsabschluss Nr. 2 = EzA BGB § 276 Nr. 1; LAG Nürnberg 25.7.1994 LAGE § 276 Verschulden bei Vertragsschluss Nr. 3.
[220] Hierbei reicht auch das Ankreuzen einer entsprechenden Option in einem Formulararbeitsvertrag aus, vgl. BAG 4.8.2011 AP TzBfG § 15 Nr. 6.
[221] BAG 19.6.1980 AP BGB § 620 Befristeter Arbeitsvertrag Nr. 55 = EzA BGB § 620 Nr. 47; 29.6.1989 EzA BGB § 174 Nr. 6 = NZA 1990, 6.
[222] Vgl. hierzu LAG Düsseldorf/Köln 30.10.1973 EzA BGB n. F. § 626 Nr. 32 und auch BAG 12.9.1974 AP TV AL II § 44 Nr. 1 = EzA TVG § 1 Auslegung Nr. 3; vgl. ferner BAG 19.6.1980 AP BGB § 620 Befristeter Arbeitsvertrag Nr. 55 = EzA BGB § 620 Nr. 47; KR/*Friedrich,* § 13 KSchG Rn. 328.

tung einer unwirksamen ordentlichen Kündigung in eine außerordentliche Kündigung ist nicht möglich, denn das Ersatzgeschäft darf keine weitergehenden Wirkungen haben als das ursprüngliche Rechtsgeschäft.[223]

260 Die Verpflichtung zur Unterlassung einer Kündigung hat nicht nur schuldrechtliche Wirkungen dergestalt, dass die Kündigung zwar wirksam ist, aber Schadensersatzfolgen auslösen kann.[224] Vielmehr ist eine dennoch ausgesprochene Kündigung auch unwirksam. Die Verpflichtung zur Unterlassung der Kündigung bedeutet eine Verfügung über das Gestaltungsrecht, sie hat also dingliche Wirkung. Der dennoch ausgesprochenen Kündigung bleibt der bezweckte Rechtserfolg versagt.[225] Verstößt eine Kündigung in einem befristeten Arbeitsvertrag gegen das Kündigungsverbot des § 15 Abs. 3 TzBfG, muss der Arbeitnehmer zur Geltendmachung des Unwirksamkeitsgrundes die **Klagefrist** des § 4 KSchG einhalten.[226] In diesem Zusammenhang ist die Frage zu beantworten, ob der vertragliche Ausschluss der Kündigung im Einzelarbeitsvertrag im Verhältnis zu den tariflichen Fristen über die Kündigung des Arbeitsvertrages gegen das Unabdingbarkeitsprinzip verstößt. Das ist zu verneinen.

2. Kündigungsbeschränkungen in Tarifverträgen

261 In Tarifverträgen werden häufig Bestimmungen vereinbart, die das Kündigungsrecht des Arbeitgebers für ordentliche Kündigungen beschränken.[227] Vielfach tritt nach einer bestimmten Zeit (zB § 34 Abs. 2 TVöD, Tarifverträge im Metallbereich) Unkündbarkeit ein.[228]

262 In den sog. Rationalisierungsschutzabkommen finden sich **Einschränkungen der Kündigungsbefugnis,** sei es, dass die Zustimmung des Betriebsrats vereinbart worden ist oder Beschränkungen bei der Auswahl der zu Kündigenden statuiert worden sind. Tarifverträge können auch temporäre Verbote von Kündigungen aus dringenden betrieblichen Gründen enthalten.[229] Denkbar ist auch, dass die Tarifparteien besondere Diskriminierungsverbote oder anlassbezogene Kündigungsverbote regeln.[230] Verstößt eine Kündigung gegen solche tariflichen Bestimmungen, so ist sie nach § 4 TVG in Verbindung mit § 134 BGB unwirksam.[231] Deshalb gehören sowohl der tarifvertragliche als auch der arbeitsvertragliche Ausschluss der ordentlichen Kündigung zu den

---

[223] BAG 12.9.1974 AP TV AL II § 44 Nr. 1 = EzA § TVG 1 Auslegung Nr. 3; KR/*Friedrich*, § 13 KSchG Rn. 328.
[224] So offenbar BAG 8.10.1959 AP BGB § 620 Schuldrechtliche Kündigungsbeschränkung Nr. 1 = NJW 1960, 67.
[225] Zutreffend *Herschel*, DB 1960, 1215; KR/*Friedrich*, § 13 Rn. 325; BAG 6.9.1979 – 2 AZR 532/77 – n.v.
[226] BAG 22.7.2012 NZA 2010, 1142.
[227] S. zB BAG 6.7.2006 EzA TVG § 4 Metallindustrie Nr. 133 = NZA 2007, 167.
[228] Beispiele: BAG 21.3.1996 EzA BGB § 626 Ausschlussfrist Nr. 10 = NZA 1996, 871 (Metall); 13.3.1997 EzA BeschFG 1985 § 2 Nr. 52 = NZA 1997, 842 (BAT); 5.2.1998 EzA BGB § 626 Unkündbarkeit Nr. 2 = NZA 1998, 771 (Wohnungswirtschaft); 17.9.1998 EzA BGB § 626 Unkündbarkeit Nr. 3 = NZA 1999, 258 (Lufthansa). Bei einzelvertraglicher Vereinbarung des BAT soll nach LAG Berlin 21.4.1997 NZA-RR 1998, 144 § 53 Abs. 3 BAT nicht gelten, zweifelhaft; ausf. *Löwisch*, DB 1998, 877.
[229] Vgl. BAG 6.7.2006 EzA TVG § 4 Metallindustrie Nr. 133 = NZA 2007, 167 zu § 8 Tarifvertrag Beschäftigungsbrücke für die Metall- und Elektroindustrie Nordrhein-Westfalen vom 28.3.2000; vgl. ferner § 5 des Tarifvertrages für die Volkswagen AG vom 1.1.1994, NZA 1994, 111.
[230] BAG 5.2.1998 EzA EntgeltfortzG § 8 Nr. 1 = NZA 1998, 644 (Kündigungsverbot aus Anlass der Arbeitsunfähigkeit).
[231] BAG 26.3.2009 NZA 2009, 679.

Unwirksamkeitsgründen einer vom Arbeitgeber ausgesprochenen ordentlichen Kündigung, die gemäß **§§ 4, 6 KSchG rechtzeitig prozessual geltend gemacht werden müssen.**[232] Entscheidend ist der Zeitpunkt des Zugangs der Kündigung. In diesem Zeitpunkt müssen die Voraussetzungen für die Unkündbarkeitsregelung vorliegen (Lebensalter und notwendige Dauer der Betriebszugehörigkeit).[233] Eine objektive funktionswidrige Umgehung der tariflichen Normen über die Unkündbarkeit liegt dann vor, wenn kurz vor ihrem Eintritt ordentlich gekündigt wird, aber nicht zum nächstmöglichen, sondern zu einem späteren Termin. Diese Kündigung ist tarifwidrig und damit unwirksam.[234]

Besteht ein tarifliches Kündigungsverbot für ordentliche Kündigungen, so erfasst es auch die ordentliche **Änderungskündigung.**[235] Tarifliche Kündigungsbeschränkungen sind jedoch auf Kündigungen, die vor Beginn des zeitlichen Geltungsbereichs des einschlägigen Tarifvertrages ausgesprochen worden sind, jedenfalls dann nicht anwendbar, wenn sich aus dem Tarifvertrag nicht eindeutig der Wille der Tarifpartner ergibt, die Neuregelung auch rückwirkend eingreifen zu lassen.[236] 263

Tarifverträge sehen häufig vor, dass **ältere Arbeitnehmer nach einer bestimmten Beschäftigungszeit** nicht mehr gekündigt werden können. Grundsätzliche Bedenken hiergegen bestehen nicht.[237] Das BAG hat dies sogar für solche Mitarbeiter gebilligt, die im Kündigungszeitpunkt noch keine sechs Monate beschäftigt waren.[238] Soweit *Löwisch* erwägt, Tarifverträge könnten im Hinblick darauf rechtlichen Bedenken begegnen, dass Wartezeit und Kleinbetriebsklausel (§ 1 Abs. 1 KSchG, § 23 Abs. 1 S. 2 KSchG) dem Arbeitgeber zwingend eine von der Geltendmachung von Kündigungsgründen unabhängige Kündigungsfreiheit gewährleisten wollen,[239] ist dem nicht zu folgen. Das KSchG stellt einseitig zwingendes Recht zugunsten des Arbeitnehmers dar, d.h. es gewährt einen gesetzlichen Mindestschutz.[240] Wenn aber Einzelvertragsparteien eine entsprechende Vereinbarung auf der Basis der Vertragsfreiheit regeln dürfen,[241] wäre es eine verfassungswidrige Beschränkung der in Art. 9 Abs. 3 GG garantierten Tarifautonomie, den Tarifvertragsparteien eine derartige Regelungsmöglichkeit zu verweigern. Die Tarifnorm darf aber ihrerseits nicht gegen Grundrechte verstoßen, insbesondere nicht gegen den Gleichheitssatz des Art. 3 Abs. 1 GG.[242] Wird die Zulässigkeit tarifvertraglicher Kündigungsschutzregelungen als günstigere Regelung bejaht, hat dies zwingend zur Folge, dass die geschützten Arbeitnehmer im Falle betriebsbedingter Kündigung nicht dem Regelungsbereich des § 1 KSchG unterfallen; sie können dann auch nicht in die Sozialauswahl einbezogen werden (vgl. noch Rn. 1065 ff.).[243] 264

---

[232] BAG 8.11.2007 EzA KSchG § 4 n. F. Nr. 81 = NZA 2008, 936.
[233] Hierzu BAG 26.4.1990 RzK I 3e Nr. 11.
[234] BAG 16.10.1987 EzA BGB § 626 n. F. Unkündbarkeit Nr. 1 = NZA 1988, 887; BAG 20.7.1989 RzK I 8f Nr. 8; BAG 20.11.1997 EzA KSchG § 1 Verhaltensbedingte Kündigung Nr. 52 = NZA 1998, 323; siehe hierzu auch BAG 12.12.1996 EzA KSchG § 1 Krankheit Nr. 41.
[235] BAG 28.10.2010 NZA-RR 2011, 155; BAG 10.3.1982 AP KSchG § 2 Nr. 2 = EzA KSchG § 2 Nr. 3; BAG 27.9.2001 EzA § 1 TVG Nr. 44; BAG 22.4.2010 NZA-RR 2011, 75.
[236] BAG 1.12.1977 DB 1978, 701; 21.7.1988 RzK I 8f Nr. 5.
[237] Vgl. BAG 9.9.1992 EzA BGB § 626 Nr. 142 = NZA 1993, 598 und 14.2.1993 EzA BGB § 626 n. F. Nr. 144; zu § 1 Abs. 3 KSchG noch hier unter Rn. 1065 f.
[238] Vgl. BAG 13.6.1996 EzA TVG § 4 Luftfahrt Nr. 2 = NZA 1996, 1168.
[239] *Löwisch*, BB 1997, 782, 790; LSW/*Löwisch*, § 1 KSchG Rn. 52.
[240] Ausf. KR/*Griebeling*, § 1 KSchG Rn. 34 ff.; vgl. ferner *Preis*, NZA 1997, 1256, 1259.
[241] LSW/*Löwisch*, Vorbemerkungen zu § 1 KSchG Rn. 119.
[242] Zur Diskriminierung Teilzeitbeschäftigter: BAG 13.3.1997 EzA BeschFG 1985 § 2 Nr. 52 = NZA 1997, 842.
[243] KDZ/*Däubler*, Einleitung Rn. 198.

265 Unkündbarkeitsklauseln, die an das Lebensalter und die Dauer der Betriebszugehörigkeit gekoppelt sind, wurden bisher als zulässig angesehen.²⁴⁴ Diese Auffassung ist im Lichte des AGG problematisch geworden. Tarifliche Unkündbarkeitsklauseln unterliegen dem Benachteiligungsverbot des § 7 AGG und sind entsprechend an §§ 1, 3 AGG zu messen.²⁴⁵ Betroffen ist hier das **Diskriminierungsmerkmal Alter.** Es handelt sich um ein ambivalentes Merkmal. Eine Diskriminierung kann in beide Richtungen stattfinden; sowohl jüngere als auch ältere Arbeitnehmer können diskriminiert werden. Durch Unkündbarkeitsklauseln, die an das Lebensalter und die Betriebszugehörigkeit anknüpfen, werden jüngere Arbeitnehmer gegenüber Älteren benachteiligt. Jüngere Arbeitnehmer werden aufgrund der Unkündbarkeitsklauseln stärker von Kündigungen betroffen. Die Rechtsprechung des BAG hält ältere Arbeitnehmer schützende Unkündbarkeitsklauseln prinzipiell für gerechtfertigt.²⁴⁶ Das BAG hat aber zu § 4.4 MTV Metallindustrie, der nach dreijähriger Betriebszugehörigkeit ab dem 53. Lebensjahr die Unkündbarkeit vermittelt, erkannt, dass durch eine solche Schutzklausel in Extremfällen nicht nur die Wertungen des § 1 Abs. 3 S. 1 KSchG „auf den Kopf gestellt" werden können, sondern auch der etwas jüngere, aber wegen langer Betriebszugehörigkeit und hohen Unterhaltspflichten viel schutzwürdigere Arbeitnehmer wegen des Alters diskriminiert werden könnte. Für solche Fälle erwägt das BAG, entsprechende Regelungen verfassungs- und gemeinschaftsrechtskonform einzuschränken.²⁴⁷ Die gebotene Grenze liege dort, wo die Fehlgewichtung durch den durch die ordentliche Unkündbarkeit eingeschränkten Auswahlpool zu einer grob fehlerhaften Auswahl führen würde.²⁴⁸ Im Grundsatz ist nach Auffassung des BAG zu berücksichtigen, dass die Unkündbarkeitsregelungen ein legitimes Ziel iSd Art. 6 Abs. 1 der RL 2000/78 verfolgen. Das BAG hat § 4.4 S. 1 MTV unter Berücksichtigung seines Zwecks europarechtskonform dahin ausgelegt, dass der Ausschluss der ordentlichen Kündigung dann nicht gilt, wenn die damit verbundene Begünstigung des geschützten Personenkreises im Einzelfall zu einem iSv. § 1 Abs. 4 KSchG grob fehlerhaften Auswahlergebnis führen würde.²⁴⁹

266 Einschränkungen des Kündigungsrechts des Arbeitgebers über den gesetzlichen Kündigungsschutz hinaus sind im Bereich der ordentlichen Kündigung grundsätzlich anzuerkennen und heute in Rationalisierungsschutzabkommen verbreitete Praxis.²⁵⁰ Zum Nachteil des Arbeitnehmers darf der Kündigungsschutz nach dem Kündigungsschutzgesetz jedoch nicht verändert werden. Es kommt nur die Konkretisierung von Gesichtspunkten in Betracht, die im Rahmen der Interessenabwägung zu berücksichtigen sind.²⁵¹

---

²⁴⁴ So wird zB noch in den Entscheidungen BAG 21.3.1996 EzA BGB § 626 Ausschlussfrist Nr. 10 = NZA 1996, 871; BAG 10.5.2007 EzA BGB 2002 § 626 Unkündbarkeit Nr. 15 = NZA 2007, 1278 und BAG 2.2.2006 EzA TVG § 1 Rückwirkung Nr. 7 = NZA 2006, 868 die Zulässigkeit solcher tariflichen Unkündbarkeitsklauseln nicht problematisiert.
²⁴⁵ BAG 20.6.2013 NZA NZA 2014, 208.
²⁴⁶ BAG 20.6.2013 NZA 2014, 208.
²⁴⁷ BAG 5.6.2008 EzA KSchG § 1 Soziale Auswahl Nr. 81 = NZA 2008, 1120; APS/*Kiel,* § 1 KSchG Rn. 705 f.; *Bröhl,* BB 2006, 1050.
²⁴⁸ Vgl. BAG 20.6.2013 NZA 2014, 208; MüKoBGB/*Thüsing,* § 10 AGG Rn. 43 ff.; *Bauer* AGG, § 10 Rn. 46 ff.
²⁴⁹ BAG 20.6.2013 NZA 2014, 208 Rn. 51.
²⁵⁰ Hierzu KDZ/*Däubler,* Einleitung Rn. 194 ff.; zu den Grenzen vgl. *Koller,* ZfA 1978, 45 ff. und *Reuter,* ZfA 1978, 1 ff. Ferner *Beck,* ArbuR 1981, 333 ff.
²⁵¹ BAG 3.5.1978 AP KSchG 1969 § 1 Betriebsbedingte Kündigung Nr. 5 = EzA § 1 KSchG Betriebsbedingte Kündigung Nr. 8 = NJW 1978, 2525; BAG 11.3.1976 EzA § 95 BetrVG Nr. 1 mit Anm. *Gamillscheg.* Gegen eine Erweiterung des Kündigungsschutzes durch freiwillige Betriebsvereinbarung bestehen keine Bedenken, vgl. auch KDZ/*Däubler,* Einleitung Rn. 223 ff.; BAG 17.3.2005

§ 13 Die unwirksame Kündigung

Das Recht zur außerordentlichen Kündigung ist **zwingendes Recht** (→ Rn. 789). **267**
Es kann niemand veranlasst werden, ein Arbeitsverhältnis aufrechtzuerhalten, dessen Fortsetzung für ihn unzumutbar geworden ist. Das gilt auch für Tarifverträge.[252] Im Falle der Betriebsstilllegung (→ Rn. 717) oder dauernder Arbeitsunfähigkeit des Arbeitnehmers[253] soll trotz des besonderen tariflichen Kündigungsschutzes eine außerordentliche Kündigung möglich sein, bei der aber dann die längste Kündigungsfrist einzuhalten ist, die gelten würde, wenn die ordentliche Kündigungsmöglichkeit nicht ausgeschlossen wäre. Einzelheiten → Rn. 717f.

Umstritten ist, ob es zulässig ist, im Tarifvertrag einen besonderen Kündigungsschutz **268**
für **gewerkschaftliche Vertrauensleute** zu vereinbaren. Instanzgerichtlich ist diese Frage bejaht worden. Die Frage ist literarisch umstritten.[254]

XI. Darlegungs- und Beweislast

Für die rechtsvernichtende Einwendung der Nichtigkeit einer Kündigung trägt **269**
prinzipiell der Arbeitnehmer die Beweislast. Abweichende Regelungen bedürfen einer besonderen Norm. Problematisch ist die Beweislastverteilung insbesondere im Rahmen der zivilrechtlichen Generalklauseln (§§ 612a, 138 und 242 BGB). Selten wird ein Arbeitgeber seine (diskriminierende) Motivation offenbaren. Da der Grundrechtsschutz auch im Verfahrensrecht Bedeutung erlangen kann, hat die Verteilung der Darlegungs- und Beweislast besondere Bedeutung.[255] Auch wenn es keine allgemeinen Grundsätze gibt, lässt sich jedoch typisierend Folgendes festhalten.

1. Vorrang gesetzlicher Beweislastregelungen

Hinsichtlich der Anforderungen an die (Darlegungs- und) Beweislast sind die vor- **270**
rangigen Grundentscheidungen des Gesetzgebers zu beachten. Das gilt einmal angesichts der bewussten Verteilung der Beweislast innerhalb des KSchG (vgl. § 1 Abs. 2 S. 4, § 1 Abs. 3 S. 3 KSchG). Auch außerhalb des KSchG hat der Gesetzgeber bisweilen Sonderregelungen geschaffen. Hinzuweisen ist insbesondere auf § 22 AGG und § 2 Abs. 2 S. 3 ArbPlSchG und § 2 Abs. 2 S. 3 EignungsÜG. § 22 AGG sieht ein System abgestufter Verteilung der Darlegungs- und Beweislast in Form einer Beweismaßsenkung und einer Beweislastumkehr zugunsten des Arbeitnehmers vor. Der Arbeitnehmer ist zunächst verpflichtet, Indizien zu beweisen, die eine Benachteiligung wegen eines in § 1 AGG genannten Grundes vermuten lassen. Der Arbeitnehmer muss dabei solche Tatsachen darlegen und glaubhaft machen, die vermuten lassen, dass eine Diskriminierung vorliegt. Hierdurch wird die Darlegungslast abgesenkt („Indizien" oder „Vermutungstatsachen"). Es ist nicht erforderlich, dass die Tatsachen einen zwingen-

---

AP KSchG 1969 § 1 Soziale Auswahl Nr. 71 = EzA KSchG § 1 Soziale Auswahl Nr. 58 verlangt eine klare Regelung.
[252] *Zöllner*, Maßregelungsverbote und sonstige tarifliche Nebenfolgenklauseln nach Arbeitskämpfen, 1977, S. 32.
[253] BAG 4.2.1993 EzA BGB n. F. § 626 Nr. 144; BAG 12.7.1995 EzA BGB § 626 n. F. Nr. 156 = NZA 1995, 1100.
[254] ArbG Kassel 5.8.1976 DB 1976, 1675 = EzA GG Art. 9 Nr. 16; LAG Düsseldorf 25.8.1995 LAGE GG Art. 9 Nr. 11; zustimmend *Zachert*, BB 1976, 517; ArbG Bamberg 12.1.1989 AiB 1989, 158 mit Anm. *Zachert*; *Wlotzke*, RdA 1976, 80; *Herschel*, ArbuR 1977, 137; *Fitting*, § 2 BetrVG Rn. 90; *Schaub*, RdA 1981, 373; a. A. *Blomeyer*, DB 1977, 101; *Bulla*, BB 1975, 889; *Kraft*, ZfA 1976, 243; *Bötticher*, RdA 1978, 133.
[255] BVerfG 27.1.1998 NZA 1998, 470, 472 unter Bezugnahme auf *Preis*, NZA 1997, 1256, 1269.

den Schluss auf eine Diskriminierung zulassen.[256] Ist die Glaubhaftmachung gelungen, trifft den Arbeitgeber die volle Darlegungs- und Beweislast für das Nichtvorliegen einer Diskriminierung. Er muss das Gericht davon überzeugen, dass die Benachteiligung nicht auf dem Diskriminierungsmerkmal beruht hat. Damit muss er Tatsachen und Umstände vortragen und gegebenenfalls beweisen, aus denen sich ergibt, dass es ausschließlich andere Gründe waren als das Diskriminierungsmerkmal, die zu der weniger günstigen Behandlung geführt haben, und in seinem Motivbündel weder das Diskriminierungsmerkmal als negatives noch das Nichtvorhandensein des Diskriminierungsmerkmals als positives Kriterium enthalten war.[257] Die Beweislastumkehr nach § 22 AGG erfasst sowohl die objektive Feststellungslast als auch die subjektive Beweisführungslast.[258] Das Bundesverfassungsgericht sieht der Befugnis des Arbeitgebers zum Nachschieben von Rechtfertigungsgründen im Prozess Grenzen gesetzt.[259]

2. Analogiefähigkeit einzelner Beweislastregelungen

271 Beweislastregeln sind als materielle Rechtssätze prinzipiell der Analogie und der Rechtsfortbildung zugänglich. Dies setzt allerdings voraus, dass die allgemeinen methodischen Voraussetzungen für eine Analogie bzw. Rechtsfortbildung gegeben sind.[260] Ob hierfür ein Bedürfnis besteht, muss jedoch im Einzelfall nachgewiesen werden. Gegen die analoge Heranziehung des § 2 Abs. 2 S. 3 ArbPlSchG, des § 2 Abs. 2 S. 3 EignungsÜG und des § 22 AGG spricht, dass der Gesetzgeber mit diesen, ihm besonders wichtigen Diskriminierungsverboten Spezialnormen aufgestellt hat, deren Analogiefähigkeit schon aus diesem Grund fraglich ist. Den Normen liegt kein einheitliches Grundkonzept zugrunde. Sie werfen in ihrer konkreten Handhabung zahlreiche Fragen auf.[261] Überdies ist von einer bewussten Ausnahmeentscheidung des Gesetzgebers auszugehen. Dies gilt insbesondere im Hinblick auf § 612a BGB, der zeitgleich mit § 611a BGB a.F. eingefügt wurde.[262] Erwägenswert ist jedoch, § 22 AGG für alle Fälle des Art. 3 Abs. 3 GG analog anzuwenden, weil aus der Sicht des Grundgesetzes schwerlich Gründe zu finden sind, dem einen absoluten Diskriminierungsverbot (Abstammung, Rasse, Sprache, Heimat, Herkunft, Glauben, religiöse oder politische Anschauung) verfahrensrechtlich einen geringeren Schutz zu gewähren als dem anderen (Geschlecht).[263]

3. Abgestufte Darlegungs- und Beweislast bei allgemeinen zivilrechtlichen Schranken sowie Diskriminierungs- und Benachteiligungsverboten

272 Nach der allgemeinen Rosenbergschen Normentheorie muss die Partei, die sich auf die für sie günstige Norm beruft, die tatsächlichen Voraussetzungen darlegen und beweisen.[264] Speziell für das Kündigungsschutzrecht kann daraus die allgemeine Grundaussage entnommen werden, dass es außerhalb des Geltungsbereichs des allgemeinen Kündi-

---

[256] KR/*Treber*, § 22 AGG Rn. 11.
[257] BAG 22.8.2013 NZA 2014, 82.
[258] *Prütting*, Gegenwartsprobleme der Beweislast, 1983, S. 337; ausf. *Hanau*, FS Gnade, 1992, S. 351 ff.
[259] BVerfG 16.11.1993 EzA GG Art. 3 Nr. 42.
[260] Hierzu MüKoZPO/*Prütting*, § 286 Rn. 111, 114, 118 ff.; Zöller/*Greger*, Vor § 284 BGB Rn. 17.
[261] Hierzu *Prütting*, S. 334 ff.
[262] LAG Schleswig-Holstein 28.6.2005 BB 2006, 112.
[263] Hierzu *Preis*, NZA 1997, 1256, 1269.
[264] *Rosenberg*, Die Beweislast auf der Grundlage des BGB und der ZPO, 5. Aufl. 1965; zu ihrer (modifizierten) Anwendung im Arbeitsrecht: *Prütting*, S. 265 ff., 278 ff.

gungsschutzes nicht Sache des Arbeitgebers ist, die Kündigung sachlich zu rechtfertigen. Vielmehr ist grundsätzlich der Arbeitnehmer darlegungs- und beweispflichtig dafür, dass die Kündigung aufgrund von Rechtsvorschriften rechtsunwirksam ist, die außerhalb des Kündigungsschutzgesetzes zur Unwirksamkeit der Kündigung führen.[265] Aus diesem Grunde ist der Arbeitgeber auch nicht etwa verpflichtet, sämtliche in Betracht kommende Verbotsbestimmungen durch geeigneten Sachvortrag im Prozess auszuräumen. Eine allgemeine Aufklärungspflicht der nicht darlegungs- und beweispflichtigen Partei ist allgemein, aber auch im arbeitsrechtlichen Kündigungsrecht, nicht anzuerkennen.[266] Nur dort, wo die Kündigung materiell an einen Grund gebunden ist, kennt das Gesetz ausnahmsweise einen Anspruch auf Bekanntgabe der Kündigungs- bzw. Auswahlgründe (vgl. § 626 Abs. 2 S. 3 BGB; § 1 Abs. 3 S. 1 2. HS KSchG). Dies kann allgemein als vertragliche Nebenpflicht auch im Bereich des KSchG angenommen werden.

Das schließt Erleichterungen in der Beweisführung nicht aus, die aus der Pflicht des Gegners zum substantiierten Bestreiten folgen. Auch wenn die subjektive Darlegungs- und Beweislast beim Arbeitnehmer verbleibt, ist anerkannt, dass sowohl der Schutzcharakter der Norm als auch verfassungsrechtliche Positionen sachliche Erwägungen für oder gegen eine konkrete Beweisführungslast darstellen können.[267] Angesichts der Vielzahl denkbarer Diskriminierungs- und Benachteiligungsverbote reicht es für einen schlüssigen Vortrag des Arbeitnehmers jedoch nicht aus, wenn er schlicht den Umstand einer Diskriminierung oder Benachteiligung behauptet. Nicht ausreichend sind bloße Behauptungen ins Blaue hinein. Vielmehr muss der Arbeitnehmer zumindest Tatsachen vortragen, die den objektiven Verstoß gegen ein Benachteiligungs- oder Diskriminierungsverbot als nicht ausgeschlossen erscheinen lassen. Andererseits muss ausgeschlossen werden, dass der Nachweis einer diskriminierenden Kündigung dem Arbeitnehmer unzumutbar erschwert wird.[268] **273**

a) Anscheinsbeweis

Je nach Sachverhalt sind die Voraussetzungen eines Prima-facie-Beweises (Anscheinsbeweises) zu bejahen, wenn ein typischer Geschehensablauf feststeht. Das kann insbesondere im Zusammenhang mit Maßregelungskündigungen der Fall sein (näher → Rn. 231).[269] Auch einfache Erfahrungssätze können – wenn sie nicht bloße Vorurteile sind – den Anscheinsbeweis begründen.[270] Der Arbeitgeber kann den Anschein jedoch durch einen vereinfachten Gegenbeweis erschüttern. Dabei darf die Rechtsprechung es dem Arbeitgeber allerdings nicht zu leicht machen, Gründe (nachträglich) vorzuschieben, wenn eine Diskriminierung wegen grundrechtlich geschützten Verhaltens in Rede steht.[271] Gelingt der Gegenbeweis nicht, führt der Anscheinsbeweis zur richterlichen Überzeugung i. S. des § 286 ZPO.[272] **274**

---

[265] *Preis,* NZA 1997, 1256, 1269.
[266] Hierzu BGH 11.6.1990 NJW 1990, 3151; zur Frage des Auskunftsanspruchs von Bewerbern beim Verdacht diskriminierender Einstellungspraxis: *Hanau,* FS Gnade, 1992, S. 351, 361 ff.
[267] *Prütting,* S. 241 f., 248 ff.; vgl. BVerfG 16.11.1993 AP BGB § 611a Nr. 9 mit zust. Anm. *Schlachter* = EzA BGB § 611a Nr. 9 = NZA 1994, 745.
[268] Vgl. insb. BVerfG 16.11.1993 EzA BGB § 611a Nr. 9 = NZA 1994, 745; insoweit weisen die Überlegungen *Oetkers,* ArbuR 1997, 41, 53 in die richtige Richtung.
[269] LAG Schleswig-Holstein 28.6.2005 BB 2006, 112.
[270] Hierzu MüKoZPO/*Prütting,* § 286 Rn. 60 ff.; vgl. jetzt zu einem Fall der Maßregelungskündigung BAG 5.2.1998 EzA EntgeltfortzG § 8 Nr. 1 = NZA 1998, 644.
[271] BVerfG 16.11.1993 AP BGB § 611a Nr. 9 mit zust. Anm. *Schlachter* = EzA BGB § 611a Nr. 9 = NZA 1994, 745.
[272] Zum Ganzen Zöller/*Greger,* Vor § 284 ZPO Rn. 29 f.

b) Beweismaßsenkung und Erleichterung der konkreten Beweisführungslast

275 Sofern die Voraussetzungen für einen Anscheinsbeweis nicht vorliegen, ist die Darlegungs- und Beweislast nach § 138 Abs. 2 ZPO abzustufen: Soweit der Arbeitnehmer einen Verstoß gegen Diskriminierungs- und Benachteiligungsverbote (einschließlich § 138 BGB) geltend macht, trägt er die **subjektive Beweislast**,[273] d. h., er muss – mit Beweisantritt – einen Lebenssachverhalt vortragen, der den Vorwurf einer diskriminierenden Kündigung trägt bzw. bei Anerkennung einer gewissen Beweismaßsenkung in Anlehnung an § 22 AGG zumindest wahrscheinlich erscheinen lässt. Auch wenn § 22 AGG in der Rechtsfolge (Beweislastumkehr) schwerlich generell analog herangezogen werden kann, ist im Falle der Berührung grundrechtlicher Schutzpositionen nach der Rechtsprechung des Bundesverfassungsgerichts zu bedenken, dass die praktische Handhabung verfahrensrechtlicher Vorschriften, insbesondere auch hinsichtlich Beweisführungslast und Beweismaß, Grundrechtsrelevanz hat.[274] Jedenfalls darf das Verfahrensrecht nicht so gehandhabt werden, dass der Schutz der Grundrechte leerläuft.[275] Dies lässt es erwägenswert erscheinen, über eine Beweismaßsenkung nachzudenken, die im ersten Schritt dem Arbeitnehmer lediglich die Glaubhaftmachung von Tatsachen auferlegt, die den Schluss auf eine diskriminierende Kündigung zulassen. Dieser Vortrag muss substantiiert, also durch objektive Tatsachen belegt sein.

276 Auf dieser Basis kann dem Arbeitnehmer in einem zweiten Schritt die **konkrete Beweisführungslast**[276] erleichtert werden. Aus § 138 Abs. 2 ZPO folgt, dass sich jede Partei über die von dem Gegner behaupteten Tatsachen zu erklären hat. Insbesondere bei subjektiv motivierten Sachgründen ist es gerechtfertigt, dem Arbeitnehmer mangels Kenntnis nicht die volle Beweisführungslast für das („Nicht")-Vorliegen einer inneren Tatsache aufzuerlegen. So ist anerkannt, dem Prozessgegner im Rahmen seiner Erklärungslast nach § 138 Abs. 2 ZPO ausnahmsweise zuzumuten, dem Beweispflichtigen eine ordnungsgemäße Darlegung durch nähere Angaben über die zu seinem Wahrnehmungsbereich gehörenden Verhältnisse zu ermöglichen (sog. **sekundäre Behauptungslast**).[277] Dies ist etwa der Fall, wenn eine darlegungspflichtige Partei außerhalb des von ihr darzulegenden Geschehensablaufes steht und keine nähere Kenntnis der maßgebenden Tatsachen besitzt, während der Gegner sie hat und ihm nähere Angaben zumutbar sind.[278] Folge der Nichterfüllung der sekundären Behauptungslast ist, dass die Behauptung des primär Darlegungspflichtigen trotz mangelnder Substantiierung als zugestanden i. S. des § 138 Abs. 3 ZPO gilt.[279] So hat der BGH bei dem Verdacht einer diskriminierenden Einstellung die Darlegung durch den Arbeitgeber verlangt, wie eine Bewerbung bei Unterbleiben einer amtspflichtwidrigen Bevorzugung eines Mitbewerbers behandelt worden wäre.[280] Es wurde dem Arbeitgeber die Darlegung abverlangt, substantiiert darzulegen, „wie sich die Dinge bei pflichtgemäßem Verhalten entwickelt hätten, um dem Kläger die Chance zu geben, hierauf durch

---

[273] Hierzu MüKoZPO/*Prütting*, § 286 Rn. 98 f.
[274] BVerfG 16.11.1993 EzA BGB § 611a Nr. 9 = NZA 1994, 745.
[275] Siehe hierzu auch *Prütting*, S. 248 ff.
[276] Hierzu MüKoZPO/*Prütting*, § 286 Rn. 98 mwN.
[277] Zöller/*Greger*, Vor § 284 ZPO Rn. 34; vgl. auch BAG 16.9.2004 AP BetrVG 1972 § 102 Nr. 142 = EzA BetrVG 2001 § 102 Nr. 10; BAG 22.5.2003 AP KSchG Wartezeit Nr. 18 = EzA BGB 2002 § 242 Kündigung Nr. 2.
[278] BGH 11.6.1990 NJW 1990, 3151 f.; auch die Rechtsprechung des BAG zur Sozialauswahl außerhalb des KSchG wendet im Kern diese Grundsätze an, vgl. BAG 29.8.1996 EzA Art. 20 Einigungsvertrag Soziale Auswahl Nr. 1 = NZA 1997, 604, 605.
[279] Zöller/*Greger*, Vor § 284 ZPO Rn. 34c.
[280] BGH NJW 1995, 2344 f.

den Vortrag von Einzelheiten zu erwidern". Diese sekundäre Behauptungslast führt im Kündigungsrecht dazu, dass der Arbeitgeber bei einem glaubhaft gemachten Diskriminierungs- oder Benachteiligungstatbestand nach § 138 Abs. 2 ZPO gehalten ist, die von ihm angestellten Kündigungsüberlegungen vorzutragen, die in etwa auf vergleichbare Darlegungsanforderungen hinauslaufen werden, die die Rechtsprechung im Rahmen des § 102 Abs. 1 BetrVG anerkannt hat (sogenannte subjektive Determination).[281] Erst daraufhin ist der Arbeitnehmer verpflichtet, in Ansehung des – hinreichend substantiierten – Arbeitgebervortrags den Diskriminierungsvorwurf zu beweisen. Dies ist nicht nur sachgerecht bei allen Fällen sittenwidriger oder diskriminierender Kündigungen, bei denen der Arbeitnehmer an sich auch die subjektive Komponente des Tatbestandes vortragen müsste, sondern bezogen auf alle Kündigungsentscheidungen, bezüglich derer der Arbeitnehmer die Auswahlentscheidung des Arbeitgebers als „innere Tatsache" nicht kennen kann.[282] Diese Handhabung der Darlegungs- und Beweislast bedeutet zwar keine Umkehr der Beweislast hinsichtlich der subjektiven Voraussetzungen,[283] gewährleistet aber bei sachgerechter Handhabung keine unzumutbaren Anforderungen an die Darlegungslast des Arbeitnehmers.

§ 14 Die Anhörung des Betriebsrats

§ 102 Abs. 1 BetrVG 1972 lautet: „Der Betriebsrat ist vor jeder Kündigung zu hören. Der Arbeitgeber hat ihm die Gründe für die Kündigung mitzuteilen. Eine ohne Anhörung des Betriebsrats ausgesprochene Kündigung ist unwirksam." Die Anhörung bedarf keiner Form,[1] wenn auch aus Beweisgründen eine Schriftform anzuraten ist. Diese Regelung bildet den Kern eines präventiven kollektiv-rechtlichen Kündigungsschutzes, der in Praxis, Rechtsprechung und Schrifttum zu Recht erhebliche Bedeutung beigemessen wird.[2]

277

I. Entstehungsgeschichte – Grundsätze

Das Betriebsverfassungsgesetz 1952 sah in § 66 Abs. 1 vor, dass der Betriebsrat vor jeder Kündigung zu hören sei, enthielt jedoch keine Regelung über die Folgen der Nichtbeachtung des Gebotes. Die h.L. und die Rechtsprechung nahmen an, dass die unterlassene Anhörung des Betriebsrats nicht die Unwirksamkeit der Kündigung zur Folge hatte, sondern dem Arbeitgeber, der rechtswidrig vorsätzlich und schuldhaft den Betriebsrat nicht angehört hatte, lediglich versagt blieb, sich im Kündigungsschutzprozess auf die soziale Rechtfertigung einer ordentlichen Kündigung zu berufen. Außer-

278

---

[281] In diese Richtung auch *Hoyningen-Huene,* Anm. EzA § 242 BGB Nr. 39; vgl. auch in der praktischen Anwendung BAG 20.4.1989 RzK I 8 1 Nr. 15.
[282] Vgl. BAG 29.8.1996 EzA Art 20 Einigungsvertrag Soziale Auswahl Nr. 1 = NZA 1997, 604; hierzu auch *Lakies,* DB 1997, 1978, 1082.
[283] In diese Richtung tendiert *Oetker,* ArbuR 1997, 41, 45, 53.
[1] BAG 6.2.1997 EzA BetrVG 1972 § 102 Nr. 96.
[2] Aus dem jüngeren Schrifttum: *Berkowsky,* Die Beteiligung des Betriebsrats bei Kündigungen, 1996; *ders.,* NZA 1996, 1065; *Feichtinger,* Die Betriebsratsanhörung bei Kündigung, 1994; *Bayer,* DB 1992, 782; *Bitter,* NZA Beilage 3/1991, S. 16; *Brill,* AuA 1993, 330; *Griese,* BB 1990, 1899; *Hohmeister,* NZA 1991, 209; *Bitter,* FS Stahlhacke 1995, 57 ff.; *Kraft,* FS Kissel, 1994, 611 ff.; *Hümmerich / Mauer,* DB 1997, 165; *Becker-Schaffner,* DB 1996, 426; *Stück,* MDR 2000, 1053; *Bader,* NZA-RR 2001, 57 ff.; *Isenhardt,* Festschrift 50 Jahre Bundesarbeitsgericht, 2004, S. 943 ff.; *Vossen,* FA 2007, 66.

Erster Abschnitt: Die Kündigung

halb des Anwendungsbereiches des Kündigungsschutzgesetzes blieb die Anhörungspflicht bei ordentlichen Kündigungen und ferner bei allen außerordentlichen Kündigungen ohne Sanktion.³

279 Das Betriebsverfassungsgesetz 1972 hat das Mitbestimmungsrecht des Betriebsrats erheblich gestärkt. **Die Nichtbeachtung des Anhörungsrechts hat die Unwirksamkeit der Kündigung zur Folge.** Der Sinn der Regelung liegt im Folgenden: Der Arbeitgeber soll veranlasst werden, bei der erst nach Abschluss des Anhörungsverfahrens auszusprechenden ordentlichen oder außerordentlichen Kündigung die Bedenken des Betriebsrats, die von ihm gegebenenfalls vorgetragen worden sind, zu beachten. In geeigneten Fällen soll die vorherige Anhörung dazu führen, dass auf die Einwendungen des Betriebsrats die Kündigung ganz unterbleibt.⁴ Eine Bindungswirkung ist nicht vorgesehen, auch nicht für den Fall, dass der Betriebsrat gegenüber einer ordentlichen Kündigung **Widerspruch** erhebt. Der Arbeitgeber bleibt auch dann in seiner Entscheidung, ob er kündigen will oder nicht, frei. Die Erhebung eines Widerspruchs durch den Betriebsrat gegenüber einer ordentlichen Kündigung hat allerdings folgende Wirkungen:

– **Auslösung eines einstweiligen Beschäftigungsanspruchs** nach Maßgabe des § 102 Abs. 5 BetrVG 1972 (Einzelheiten → Rn. 2220).
– **Absoluter Grund der Sozialwidrigkeit** nach § 1 Abs. 2 S. 2 KSchG (Einzelheiten → Rn. 1275).

280 § 102 BetrVG zählt durch seine Verzahnung mit den individuellen Kündigungsschutzvorschriften auch zu den kündigungsschutzrechtlichen Normen. Die Vorschrift verstärkt den individuellen Kündigungsschutz des Arbeitnehmers.⁵ Der durch sie bewirkte Schutz soll **präventiv,** also kündigungsverhindernd wirken. Zu den Auswirkungen auf Arbeitnehmer in betriebsratslosen Betrieben → Rn. 293.

II. Geltungsbereich

281 Das Anhörungsrecht des Betriebsrats besteht für **alle Betriebe,** in denen ein Betriebsrat gewählt worden ist, ohne Rücksicht auf die Zahl der beschäftigten Arbeitnehmer. Im Gegensatz zu der Regelung des § 99 BetrVG (Mitbestimmung des Betriebsrats bei der Einstellung, Umgruppierung und Versetzung) ist eine Mindestbeschäftigtenzahl nicht erforderlich.

282 Das Betriebsverfassungsgesetz erfasst nach dem **Territorialitätsprinzip** alle selbstständigen Betriebe, die im Geltungsbereich des Grundgesetzes der Bundesrepublik Deutschland liegen. Das gilt auch für Betriebe ausländischer Unternehmen ohne Rücksicht auf die Nationalität der Arbeitnehmer und die Frage, welches Arbeitsstatut von den Arbeitsvertragsparteien gewählt worden ist. Auf diese Weise kann das kollektive Recht nicht beeinflusst werden.⁶

---

³ Vgl. BAG 15.9.1954 AP BetrVG 1952 § 66 Nr. 1 = EzA BetrVG 1952 § 66 Nr. 1; ständige Rechtsprechung; vgl. auch BAG 18.11.1968 AP BetrVG 1952 § 66 Nr. 28.
⁴ APS/*Koch,* § 102 BetrVG Rn. 2.
⁵ APS/*Koch,* § 102 BetrVG Rn. 3.
⁶ Vgl. BAG 9.11.1977 EzA BetrVG 1972 § 102 Nr. 31. Dort wird allerdings die Entscheidung für den Fall offengelassen, dass mit allen Betriebsangehörigen die Geltung ausländischen Rechts vereinbart worden ist. Zutreffend wird in BAG 21.10.1980 EzA BetrVG 1972 § 102 Nr. 43 aber ausgeführt, die Anwendung des BetrVG sei vom sog. Arbeitsstatut unabhängig – unter II 3f der Gründe –. Vgl. ferner BAG 30.4.1987 EzA SchwbG § 12 Nr. 15 = NZA 1988, 135; KR/*Etzel,* § 102 BetrVG Rn. 17; a.A. HWGNRH/*Huke,* § 102 BetrVG 1972 Rn. 5.

Das Betriebsverfassungsgesetz findet auf Arbeitnehmer in Betrieben deutscher Unternehmen im Ausland keine Anwendung.[7] Das gilt auch dann, wenn ein Arbeitnehmer ausschließlich für einen bestimmten Auslandseinsatz eingestellt worden ist.[8] Wird dagegen der Arbeitnehmer eines Betriebes im Inland zur Arbeitsleistung vorübergehend ins Ausland entsandt (zB Montagearbeiter; Reiseleiter; fliegendes Personal; Vertretung in ausländischer Niederlassung), so ist der Betriebsrat vor dessen Kündigung zu hören.[9] Das Beteiligungsrecht des Betriebsrats kann auch bei einer dauernden Auslandstätigkeit in Betracht kommen, nämlich dann, wenn der Inlandsbezug des Arbeitsverhältnisses erhalten geblieben ist. Ob das anzunehmen ist, hängt von den Umständen des Einzelfalles ab.[10] Eine zeitliche Befristung oder eine Rückrufmöglichkeit spricht für einen fortbestehenden Inlandsbezug. **283**

Auch in **Tendenzunternehmen** ist das Anhörungsrecht des Betriebsrats nach § 102 BetrVG zu beachten, auch wenn die Kündigung gegenüber sogenannten Tendenzträgern erfolgen soll.[11] Erfolgt die Kündigung aus tendenzbezogenen Gründen, ist nach der gefestigten Rspr. der Betriebsrat ebenfalls vor der Kündigung anzuhören und ihm sind **alle Gründe,** auch tendenzbezogene, mitzuteilen.[12] Allerdings ist dem Betriebsrat verwehrt, gegen die tendenzbedingten Motive der beabsichtigten Kündigung Einwendungen zu erheben. Er muss sich auf soziale Gesichtspunkte beschränken. Deshalb soll es zu einer Auseinandersetzung zwischen Betriebsrat und Arbeitgeber über die tendenzbedingten Kündigungsgründe gar nicht kommen können. Das könne nur geschehen, wenn sich der Betriebsrat rechtswidrig verhalte.[13] Angesichts des Sinns und Zwecks des verstärkten Mitbestimmungsrechts des Betriebsrats, die beabsichtigte Kündigung aufgrund der vom Betriebsrat geltend gemachten Bedenken zu überprüfen, ist dies nicht eben leicht einsehbar, da der Betriebsrat gegenüber den tendenzbezogenen Gründen – handelt er rechtens – irgendwelche Bedenken gar nicht erheben kann. Deshalb ist die Frage berechtigt, warum diese Gründe dem Betriebsrat erst mitgeteilt werden sollen. Da es einen Widerspruch des Betriebsrats gegenüber der Kündigung eines Tendenzträgers aus tendenzbezogenen Gründen nicht gibt, kommt auch ein Weiterbeschäftigungsanspruch nach § 102 Abs. 5 BetrVG nicht in Betracht.[14] **284**

---

[7] LAG Frankfurt 16.12.1985 LAGE BetrVG 1972 § 102 Nr. 20.
[8] Vgl. BAG 21.10.1980 EzA BetrVG 1972 § 102 Nr. 43 = NJW 1981, 1175.
[9] Vgl. dazu BAG 21.10.1980 EzA BetrVG 1972 § 102 Nr. 43 = DB 1981, 696 = NJW 1981, 1175. Das BAG setzt für das Fortbestehen betriebsverfassungsrechtlicher Wirkungen voraus, dass eine persönliche, tätigkeitsbezogene und rechtliche Bindung an den entsendenden Betrieb vorliegt. Ferner LAG Düsseldorf 14.2.1979 DB 1979, 2233 und *Steinmeyer*, DB 1980, 1541. Das ArbG Köln 29.1.1980 DB 1980, 885 verneint ein Mitbestimmungsrecht, falls eine Versetzung in einen ausländischen Betrieb des Unternehmens erfolgt. Zum Problem auch *Lorenz*, SAE 1979, 224 und *Birk*, SAE 1978, 242, sowie noch BAG 30.1.1990 EzA BetrVG 1972 § 87 Betriebliche Lohngestaltung Nr. 27 unter II 1a der Gründe = NZA 1990, 571.
[10] Vgl. BAG 7.12.1989 EzA § 102 BetrVG 1972 Nr. 74 = NZA 1990, 658; zusammenfassend *Eisenbeis*, FA 2011, 358.
[11] Vgl. APS/*Koch*, § 102 BetrVG Rn. 17; a. A. HWGNRH/*Hess*, § 118 BetrVG Rn. 112 ff.
[12] BAG 7.11.1975 EzA BetrVG 1972 § 118 Nr. 9 mit krit. Anm. *Dütz* = AP BetrVG 1972 § 118 Nr. 4 mit krit. Anm. *Mayer-Maly;* bestätigt durch BVerfG 6.11.1979 EzA BetrVG 1972 § 118 Nr. 23. Zum Problemkreis vgl. *Dütz*, DB 1975, 1261; *ders.*, AfP 1988, 196; *Rüthers*, DB 1972, 2471; *ders.*, AfP 1974, 542 und AfP 1980, 4; *Mayer-Maly*, AfP 1976, 3 ff.; *Hanau*, DB 1973, 901; *Plander*, ArbuR 1976, 289 und NJW 1980, 1084.
[13] BVerfG 6.11.1979 EzA BetrVG 1972 § 118 Nr. 23.
[14] LAG Hamburg 17.7.1974 EzA BetrVG 1972 § 102 Beschäftigungspflicht Nr. 2; *Fitting*, § 118 Rn. 35, 38; KR/*Etzel*, § 102 Rn. 13; Richardi/*Thüsing*, § 118 Rn. 166; a. A. DKKW/*Wedde*, § 118 Rn. 109 f.; APS/*Koch*, § 102 BetrVG Rn. 18.

285 Nach § 118 Abs. 2 BetrVG findet das BetrVG keine Anwendung auf **Religionsgemeinschaften und ihre karitativen und erzieherischen Einrichtungen** unbeschadet der Rechtsform. Soweit allerdings die Mitarbeitervertretungsgesetze der Kirchen Anhörungsrechte vorsehen, gelten im Wesentlichen die gleichen Rechtsprechungsgrundsätze wie zu § 102 BetrVG.[15]

286 Das Anhörungsrecht des Betriebsrats besteht nicht gegenüber beabsichtigten Kündigungen **leitender Angestellter** i. S. des § 5 Abs. 3 BetrVG, da diese nicht Arbeitnehmer i. S. des Betriebsverfassungsgesetzes sind. Eine beabsichtigte Kündigung ist dem Betriebsrat nach § 105 BetrVG rechtzeitig mitzuteilen. Die Verletzung des Mitteilungsrechtes hat auf die Rechtswirksamkeit der Kündigung keinen Einfluss. Zur Beteiligung des **Sprecherausschusses** nach § 31 Abs. 2 SprAuG → Rn. 393ff.

287 Im Rahmen eines Kündigungsschutzprozesses ist als Vorfrage zu prüfen, ob der gekündigte Angestellte ein leitender Angestellter gewesen ist oder nicht.[16] Stellt das Arbeitsgericht fest, der Angestellte war kein leitender Angestellter, wurde der Betriebsrat aber nicht gehört, so ist die Kündigung wegen Verletzung des § 102 Abs. 1 BetrVG iVm § 134 BGB nichtig. Hierbei ist im Grundsatz unerheblich, ob die Parteien des Kündigungsschutzprozesses und auch der Betriebsrat davon ausgingen, der Angestellte sei ein leitender Angestellter. Der Angestellte ist deshalb nicht gehindert, im Kündigungsschutzprozess die Notwendigkeit der Anhörung des Betriebsrats geltend zu machen mit dem Hinweis, er sei kein leitender Angestellter i. S. des § 5 BetrVG.[17] Es empfiehlt sich daher, in Zweifelsfällen wegen der sonst eintretenden Nichtigkeitsfolge die Anhörung des Betriebsrats vorsorglich durchzuführen. Zu beachten ist aber, dass die Mitteilung der Kündigungsabsicht nach § 105 BetrVG selbst unter Angabe von Gründen nicht etwa ohne Weiteres in eine Anhörung nach § 102 BetrVG umzudeuten ist. Es ist nach der Rechtsprechung des BAG notwendig, dass sich aus der Mitteilung an den Betriebsrat **eindeutig** ergibt, ob eine Unterrichtung nach § 105 BetrVG erfolgt oder die Anhörung nach § 102 Abs. 1 BetrVG. Eine wörtliche Aufforderung an den Betriebsrat ist allerdings nicht erforderlich. Die Erklärung des Arbeitgebers bedarf im einzelnen Fall der Auslegung.[18]

288 Die Berufung des gekündigten Angestellten im Kündigungsschutzprozess, er sei kein leitender Angestellter und der Betriebsrat habe deshalb angehört werden müssen, kann im Einzelfall rechtsmissbräuchlich sein. Zu beachten ist aber, dass das BAG die Grenzen offenbar sehr eng ziehen will.[19] Dies erscheint nicht gerechtfertigt. Bezeichnet sich ein Angestellter selbst im Kündigungsschutzverfahren noch als leitenden Angestellten, war er auch nicht in der Wählerliste aufgeführt, so sollte ihm im Berufungsverfahren jedenfalls verwehrt sein, den präventiven Kündigungsschutz des § 102 Abs. 1 BetrVG in Anspruch zu nehmen.[20]

289 Nach § 5 Abs. 1 S. 2 BetrVG gilt das Gesetz auch für **Heimarbeiter,** die überwiegend für den Betrieb arbeiten. Verletzt der Arbeitgeber die Anhörungspflicht, ist die

---

[15] LAG Köln 18.1.1995 NZA 1995, 1200.
[16] Vgl. dazu die Entscheidungen des BAG vom 5.7.1974, 9.12.1975 und 29.1.1980 EzA BetrVG 1972 § 5 Nr. 7, 22 und 35 jeweils mit Anm. *Kraft.*
[17] BAG 19.8.1975 EzA BetrVG 1972 § 102 Nr. 15 und 16 mit Anm. *Meisel;* 26.5.1977 EzA BetrVG 1972 § 102 Nr. 29 mit Anm. *Klinkhammer* = NJW 1977, 2230; BAG 25.10.2001 – 2 AZR 358/00 –.
[18] BAG 7.12.1979 EzA BetrVG 1972 § 102 Nr. 42; APS/*Koch,* § 102 BetrVG Rn. 86.
[19] BAG 19.8.1975 EzA BetrVG 1972 § 102 Nr. 15 mit Anm. *Meisel* = NJW 1976, 310: Nur für den Fall, dass der Angestellte die Anhörung vereitelt; weitergehend aber KR/*Etzel,* § 105 BetrVG Rn. 36a.
[20] Vgl. dazu die abw. Entscheidung des BAG 30.5.1978 EzA BetrVG 1972 § 105 Nr. 3.

§ 14 Die Anhörung des Betriebsrats

Kündigung des Heimarbeiters nach § 102 Abs. 1 S. 3 BetrVG unwirksam.[21] **Leiharbeitnehmer** sind keine Arbeitnehmer im Entleiherbetrieb, sodass der Betriebsrat nicht anzuhören ist, falls sie ihren Einsatz in diesem Betrieb – gleich aus welchem Grund – beenden (§ 14 Abs. 1 AÜG). Daran hat sich, wie die Beibehaltung des § 14 AÜG zeigt, auch nichts dadurch geändert, dass Leiharbeitnehmer seit der BetrVG-Reform 2001 im Entleiherbetrieb wahlberechtigt sind, wenn sie länger als drei Monate im Entleiherbetrieb eingesetzt werden (§ 7 S. 2 BetrVG). Leiharbeitnehmer sind Arbeitnehmer des Verleihers, sodass § 102 BetrVG nur bei Kündigungen durch den Verleiher zum Tragen kommt. Sind die Verträge wegen unerlaubter Arbeitnehmerüberlassung nach § 9 Nr. 1 AÜG unwirksam, so gilt nach § 10 AÜG ein Arbeitsverhältnis zwischen Entleiher und Arbeitnehmer als zustande gekommen. Will sich der Entleiher davon einseitig durch Kündigung lösen, so bedarf es der Anhörung des Betriebsrats.[22]

III. Voraussetzungen des präventiven Kündigungsschutzes nach § 102 Abs. 1 BetrVG

1. Existenz und Funktionsfähigkeit des Betriebsrats

Das Mitwirkungsrecht des Betriebsrats setzt voraus, dass der Betrieb betriebsratsfähig und in ihm ein Betriebsrat gewählt worden ist. Der gewählte Betriebsrat wird funktionsfähig, wenn in der konstituierenden Sitzung (§ 29 BetrVG) der Vorsitzende und sein Stellvertreter gewählt worden sind. Handelt es sich um die erste Wahl eines Betriebsrats im Betrieb, so ist erst von diesem Zeitpunkt ab der Betriebsrat anzuhören, nicht schon vom Wahltag an.[23] 290

Bei Folgewahlen beginnt das Amt mit dem Ablauf der Amtsperiode des vorherigen Betriebsrats. Die Amtsausführungsbefugnis des neugewählten Betriebsrats kann hier durch rechtzeitige Wahl des Vorsitzenden und seines Stellvertreters sichergestellt werden.[24] 291

Zweifelhaft ist, ob der Arbeitgeber gehalten ist, die Konstituierung des Betriebsrats abzuwarten und danach das Anhörungsverfahren einzuleiten. Das ist zu verneinen. Die Konstituierung liegt in der Sphäre des Betriebsrats, der es in der Hand hat, rechtzeitig für einen handlungsfähigen Betriebsrat Sorge zu tragen. Die Einhaltung von Fristen (§ 626 Abs. 2 BGB) zwingt den Arbeitgeber in manchen Fällen zum Handeln.[25] 292

Wählt die Belegschaft eines Betriebes keinen Betriebsrat, so können die Mitwirkungs- und Mitbestimmungsrechte nicht ausgeübt werden. Dasselbe gilt auch für den Fall einer nichtigen Betriebsratswahl. War die Wahl zum Betriebsrat nichtig (Ausnahmefall, wenn gegen die allgemeinen Grundsätze jeder ordnungsgemäßen Wahl in einem so hohen Maße verstoßen wird, dass auch der Anschein einer Wahl nicht mehr vorliegt), so kann sich jeder darauf berufen.[26] Das Arbeitsgericht hat auch im Kündi- 293

---

[21] BAG 7.11.1995 EzA BetrVG 1972 § 102 Nr. 88 = NZA 1996, 380.
[22] KDZ/*Deinert*, § 102 BetrVG Rn. 8.
[23] BAG 23.8.1984 EzA BetrVG 1972 § 102 Nr. 59 mit krit. Anm. *Wiese* = NZA 1985, 566; Richardi/*Thüsing*, § 102 BetrVG Rn. 30; LAG Frankfurt 30.7.1982 ArbuR 1983, 284; a.A. GK-BetrVG/*Raab*, § 102 Rn. 14; APS/*Koch*, § 102 BetrVG Rn. 45.
[24] BAG 23.8.1984 EzA § 102 BetrVG 1972 Nr. 59 unter I 5b der Gründe = NZA 1985, 566.
[25] BAG 23.8.1984 EzA § 102 BetrVG 1972 Nr. 59 = NZA 1985, 566 mit krit. Anm. *Wiese*; 15.11.1984 EzA BetrVG 1972 § 102 Nr. 58 = NZA 1985, 367; teilw. abweichend KR/*Etzel*, § 102 BetrVG Rn. 24d.
[26] BAG 28.11.1977 EzA BetrVG 1972 § 19 Nr. 14 = NJW 1978, 1992; BAG 13.9.1984 EzA BetrVG 1972 § 19 Nr. 20 = NZA 1985, 293; LAG Köln 16.9.1987 LAGE BetrVG 1972 § 19 Nr. 26.

gungsschutzprozess inzidenter festzustellen, ob die Wahl zum Betriebsrat nichtig war. Ist dies zu bejahen, so entfällt das Anhörungsrecht des Betriebsrats. Ohne Bedeutung ist, ob der Arbeitgeber dies wusste und den Betriebsrat dennoch in der Vergangenheit beteiligt hat. Über die zwingenden Organisationsrechte und die Nichtigkeitsvorschriften können sich die Beteiligten nicht hinwegsetzen. Ein Vertrauensschutz für den Betriebsrat, der aus einer nichtigen Betriebsratswahl hervorgegangen ist, besteht nicht.

294 Sinkt die Zahl der Mitglieder des Betriebsrats durch Rücktritt oder Beendigung des Arbeitsverhältnisses von Betriebsratsmitgliedern unter die gesetzliche Zahl und sind Ersatzmitglieder nicht oder nicht mehr vorhanden bzw. nicht bereit, das Amt zu übernehmen, so führt der Rumpfbetriebsrat die Geschäfte weiter, selbst wenn nur noch ein Betriebsratsmitglied vorhanden ist. Dieses Betriebsratsmitglied ist dann bei Kündigungen zu hören.[27] Findet eine Neuwahl in diesem Falle entgegen den gesetzlichen Bestimmungen nicht statt, so endet das Amt des gegebenenfalls letzten Betriebsratsmitglieds erst mit dem Ablauf der ordentlichen Amtsperiode. Streitet der Arbeitgeber mit dem letzten Betriebsratsmitglied um die Berechtigung einer Kündigung und schließen sie in diesem Rechtsstreit einen Vergleich, nachdem das Arbeitsverhältnis rückwirkend aufgelöst wird, so hat dieser Vergleich im Hinblick auf das bis zum Vergleichsabschluss noch bestehende Betriebsratsamt trotz § 24 Abs. 1 Ziff. 3 BetrVG nur ex-nunc-Wirkung.

295 Anzuhören ist stets der Betriebsrat des Betriebs, dem der Arbeitnehmer im Zeitpunkt der Kündigung angehört. Dies kann insbesondere bei **Betriebsübergängen** zu Problemen führen. Zweck des § 613a BGB ist, die Kontinuität des Betriebsrats zu gewährleisten. Das setzt voraus, dass der Betrieb in seiner organisatorischen Einheit fortbesteht. Geht der Betrieb als Ganzes auf einen anderen Betrieb über, bleibt regelmäßig auch der Betriebsrat im Amt. Wird dagegen nur ein Betriebsteil übertragen und vom Erwerber als selbständiger Betrieb fortgeführt, endet die Zuständigkeit des Betriebsrats des Veräußererbetriebs.[28] Widerspricht der Arbeitnehmer dem Übergang seines Arbeitsverhältnisses auf einen neuen Betriebsinhaber und kündigt daraufhin der bisherige Betriebsinhaber, ohne den Arbeitnehmer zuvor einem anderen Betrieb seines Unternehmens zuzuordnen, so ist zu dieser Kündigung nicht der Gesamtbetriebsrat des Unternehmens anzuhören, auch wenn keiner der im bisherigen Unternehmen verbliebenen Einzelbetriebsräte zuständig ist. Der im übergegangenen Betrieb fortbestehende Betriebsrat ist jedenfalls nicht zur Kündigung anzuhören. Der Betriebsrat besitzt insoweit kein Restmandat iSv § 21b BetrVG und auch kein Übergangsmandat iSv § 21a BetrVG.[29] Durch den Widerspruch verliert der Arbeitnehmer damit den Schutz des § 102 BetrVG.[30]

296 Um in den Fällen der **Spaltung und Zusammenlegung von Betrieben** einen Wegfall der Beteiligungsrechte zu verhindern, hat der Gesetzgeber im Jahre 2001 ein umfassendes **Übergangsmandat des Betriebsrats** geregelt (§ 21a BetrVG), das zuvor nur im Umwandlungsrecht nach § 321 UmwG bestand. Im Falle der Spaltung eines Betriebes bleibt dessen Betriebsrat im Amt und führt für die ihm bislang zugeordneten Betriebsteile die Geschäfte weiter. Das gilt aber dann nicht, wenn die Eingliederung in einen Betrieb erfolgt, in dem bereits ein Betriebsrat besteht (§ 21a Abs. 1

---

[27] BAG 18.8.1982 EzA BetrVG 1972 § 102 Nr. 48 mit zust. Anm. *Heinze* = NJW 1983, 2836; 14.10.1986 EzA BGB § 626 n. F. Nr. 105. Das gilt auch für einen Betriebsrat eines Gemeinschaftsbetriebs BAG 19.11.2003 AP BetrVG 1972 § 1 Gemeinsamer Betrieb Nr. 19.
[28] BAG 8.5.2014 – 2 AZR 1005/12 – Rn. 31 ff.
[29] BAG 8.5.2014 – 2 AZR 1005/12 – Rn. 34 ff.
[30] BAG 21.3.1996 EzA BetrVG 1972 § 102 Nr. 91 = NZA 1996, 974.

BetrVG). Bei der Zusammenlegung von Betrieben nimmt der Betriebsrat des nach der Zahl der Wahlberechtigten größeren Betriebs oder Betriebsteils das Übergangsmandat wahr (§ 21a Abs. 2 BetrVG). Bei Untergang des Betriebes durch Stilllegung, Spaltung oder Zusammenlegung bleibt der Betriebsrat so lange im Amt, wie dies zur Wahrung der damit zusammenhängenden Mitbestimmungsrechte, also insbesondere auch des § 102 BetrVG, erforderlich ist (**Restmandat des Betriebsrats § 21b BetrVG**).[31] Ein Restmandat besteht aber nicht in den Fällen, in denen der Betrieb unter Wahrung seiner Identität auf den Betriebserwerber übergeht, da der Betriebsrat sein Vollmandat – freilich im übergegangenen Betrieb – behält. Der Widerspruch der Arbeitnehmer gegen den Betriebsübergang führt weder zu einem Restmandat noch zu einer Spaltung des Betriebs, der ein Übergangsmandat nach § 21a BetrVG auslösen könnte.[32]

Ob der Betriebsrat während eines **Betriebsurlaubs** funktionsunfähig ist und deshalb vor einer in dieser Zeit ausgesprochenen Kündigung nicht angehört zu werden braucht, ist zweifelhaft.[33] Andererseits muss der Arbeitgeber wegen der Ausschlussfrist des § 626 Abs. 2 BGB gegebenenfalls handeln. Soweit diese Notwendigkeit besteht, kann der Arbeitgeber auch ohne Anhörung des Betriebsrats kündigen.[34] **297**

Kündigt der Arbeitgeber im Rahmen eines **Arbeitskampfes** aus arbeitskampfbedingten Gründen, so entfällt die Anhörungspflicht des Betriebsrats.[35] Bei Kündigungen aus anderen Gründen bleibt § 102 Abs. 1 BetrVG voll wirksam.[36] Die Beweislast für das Vorliegen einer arbeitskampfbedingten Kündigung trägt der Arbeitgeber. **298**

2. Kündigung des Arbeitsverhältnisses durch den Arbeitgeber

Das Anhörungsrecht des Betriebsrats besteht nur im Falle der Kündigung des Arbeitsverhältnisses durch den Arbeitgeber. Im Falle anderer Beendigungstatbestände greift es nicht ein. **299**

Der Betriebsrat ist vor **jeder Kündigung** anzuhören. Das Anhörungsrecht erstreckt sich auf die beabsichtigte **ordentliche** wie auch auf die **außerordentliche Kündigung**. Für eine Kündigung innerhalb der Probezeit gelten keine Besonderheiten. § 102 Abs. 1 BetrVG erfasst auch die Kündigung **vor Dienstantritt** (dazu → Rn. 141) und die sogenannte **vorsorgliche Kündigung**, die erklärt wird, weil Zweifel über die Wirksamkeit einer früher erklärten Kündigung bestehen (dazu → Rn. 165).[37] Dies gilt ebenfalls für die sog. **verabredete Kündigung**. Wenn Arbeitgeber und Arbeitnehmer mündlich vereinbaren, dass der Arbeitgeber die Kündigung ausspricht und anschließend ein Abwicklungsvertrag geschlossen werden soll, so handelt es sich nicht um ein Scheingeschäft. Der Betriebsrat muss nach § 102 BetrVG angehört werden.[38] Auch die Kündigung durch den Insolvenzverwalter ist nur wirksam, wenn der Betriebsrat vorher angehört worden ist. **300**

---

[31] Hierzu BAG 25.10.2007 EzA BGB § 613a Nr. 333 = NZA-RR 2008, 367.
[32] BAG 8.5.2014 – 2 AZR 1005/12 – Rn. 37 ff.
[33] Vgl. GK-BetrVG/*Raab*, § 102 BetrVG Rn. 13.
[34] Ebenso KR/*Etzel*, § 102 BetrVG Rn. 24d; a. A. *Fitting,* § 102 BetrVG Rn. 7.
[35] Vgl. BAG 14.2.1978 EzA GG Art. 9 Arbeitskampf Nr. 22.
[36] BAG 6.3.1979 EzA BetrVG 1972 § 102 Nr. 40 = NJW 1979, 2635. Zum Problemfeld vgl. *Herschel,* Anm. EzA Art. 9 GG Arbeitskampf Nr. 22; *Hanau,* AR-Blattei, Betriebsverfassung IX: Entsch. 37; *Konzen,* Anm. AP Art. 9 GG Arbeitskampf Nr. 58.
[37] BAG 31.1.1996 EzA BetrVG 1972 § 102 Nr. 90 = NZA 1996, 649.
[38] BAG 28.6.2005 EzA BetrVG 2001 § 102 Nr. 14 = NZA 2006, 45.

301 Das Betriebsverfassungsgesetz sieht für **Eilfälle** keine Sonderregelung vor. Eine Abkürzung der gesetzlichen Fristen scheidet aus.[39] Der Arbeitgeber hat allenfalls die Möglichkeit, den Arbeitnehmer bis zum Abschluss des Anhörungsverfahrens von der Arbeitsleistung bei Weiterzahlung seiner Bezüge freizustellen, wenn hierfür die Voraussetzungen gegeben sind (Einzelheiten zur Suspendierung → Rn. 25ff.).

302 Der Betriebsrat ist auch dann anzuhören, wenn die beabsichtigte Kündigung innerhalb der **ersten sechs Monate des Arbeitsverhältnisses** ausgesprochen werden soll. An die Mitteilungspflicht des Arbeitgebers gegenüber dem Betriebsrat sind in diesem Falle keine geringeren Anforderungen zu stellen als bei einer Kündigung, gegen die der Arbeitnehmer gem. § 1 KSchG geschützt ist.[40] Hat der Arbeitgeber also konkrete Gründe für die Kündigung, so muss er sie dem Betriebsrat mitteilen. Andererseits kann der Arbeitgeber dem Betriebsrat **Gründe für die Kündigung, die er nicht hat** und angesichts des grundsätzlich freien Kündigungsrechts innerhalb der ersten sechs Monate des Bestands des Arbeitsverhältnisses auch gar nicht zu haben braucht, nicht mitteilen. Hier reicht die Mitteilung eines Werturteils oder pauschaler Gründe aus (subjektive Determinierung). Anderenfalls würde man den Arbeitgeber geradezu verleiten, Gründe für die Kündigung zu erfinden.[41]

303 Der Betriebsrat ist auch vor jeder **Änderungskündigung** anzuhören, da nicht auszuschließen ist, dass sie zu einer Beendigung des Arbeitsverhältnisses führt (auch → Rn. 351).[42] Ist eine **Umgruppierung oder Versetzung** notwendig, um die beabsichtigte Änderung der Arbeitsbedingungen herbeizuführen, so hat der Arbeitgeber auch das Mitbestimmungsrecht des Betriebsrats nach § 99 BetrVG zu beachten. Bei einer Änderungskündigung, die auf eine Versetzung i.S. des § 95 Abs. 3 BetrVG zielt, finden die §§ 102 und 99 BetrVG nebeneinander Anwendung.[43] Die Änderungskündigung ist nach der Entscheidung des BAG vom 30.9.1993 aber nicht schon deshalb unwirksam, weil (noch) die Zustimmung des Betriebsrats zu einer Versetzung nach § 99 BetrVG fehlt. Der Arbeitgeber kann allerdings die – durch wirksame Kündigung – geänderten Vertragsbedingungen nicht durchsetzen, solange das Verfahren nach § 99 BetrVG nicht ordnungsgemäß durchgeführt ist. Der Arbeitnehmer ist dann nach Auffassung des BAG in dem alten Arbeitsbereich weiterzubeschäftigen, der ihm nicht wirksam entzogen worden ist.[44] Mit dieser Grundsatzentscheidung hat das BAG die in der Literatur bislang umstrittene Frage einer höchstrichterlichen Klärung zugeführt.

---

[39] BAG 13.11.1975 EzA BetrVG 1972 § 102 Nr. 20 = NJW 1976, 1766; APS/*Koch*, § 102 BetrVG Rn. 131; KR/*Etzel*, § 102 BetrVG Rn. 35; krit. *Stege/Weinspach/Schiefer*, § 102 BetrVG Rn. 34.

[40] BAG 13.7.1978 EzA BetrVG 1972 § 102 Nr. 35 mit Anm. *Meisel* = NJW 1979, 1677; 13.7.1978 EzA BetrVG 1972 § 102 Nr. 36 mit Anm. *Otto* = NJW 1976, 1675; 28.9.1978 EzA BetrVG 1972 § 102 Nr. 39 = NJW 1979, 2421; LAG Sachsen-Anhalt 18.1.1995 NZA-RR 1996, 14.

[41] BAG 22.9.2005 EzA BGB 2002 § 130 Nr. 5 = NZA 2006, 204; BAG 8.9.1988 EzA BetrVG 1972 § 102 Nr. 73 mit krit. Anm. *Schwerdtner* = NZA 1989, 852; 18.5.1994 EzA BetrVG 1972 § 102 Nr. 85 = NZA 1995, 24; BAG 11.7.1991 EzA BetrVG 1972 § 102 Nr. 81 mit Anm. *Kraft* zur Kündigung wegen Minderleistung = NZA 1992, 38; BAG 3.12.1998 EzA BetrVG 1972 § 102 Nr. 100 = NZA 1999, 477; BAG 16.9.2004 AP BetrVG 1972 § 102 Nr. 142 = EzA BetrVG 2001 § 102 Nr. 10. Vgl. auch LAG Berlin 19.8.1988 LAGE BetrVG 1972 § 102 Nr. 23, das die Mitteilung von Werturteilen an den Betriebsrat nicht für ausreichend hält; wie hier jedoch jetzt LAG Baden-Württemberg 23.7.1997 LAGE BetrVG 1972 § 102 Nr. 67; LAG Berlin 22.1.1998 LAGE BetrVG 1972 § 102 Nr. 68; bestätigt durch BAG 3.12.1998 EzA BetrVG 1972 § 102 Nr. 100 = NZA 1999, 477.

[42] BAG 10.3.1982 EzA KSchG § 2 Nr. 3 = NJW 1982, 2839; BAG 29.3.1990 EzA BetrVG 1972 § 102 Nr. 79 = NZA 1990, 894; KR/*Etzel*, § 102 BetrVG Rn. 30; *Hohmeister*, BB 1994, 1777ff.; Rn. 10; *Fitting*, § 102 BetrVG Rn. 9.

[43] BAG 30.9.1993 EzA BetrVG 1972 § 99 Nr. 118 = NZA 1994, 615.

[44] BAG 30.9.1993 NZA 1994, 615.

Die Verfahren können miteinander verbunden und zusammen abgewickelt werden.[45] Der Arbeitgeber muss aber deutlich machen, dass er sowohl das Verfahren nach § 102 als auch das nach § 99 BetrVG betreibt.

Bei der sogenannten **Teilkündigung** besteht, soweit sie überhaupt zulässig ist (→ Rn. 166ff.), das Anhörungsrecht des Betriebsrats nicht, da der Bestand des Arbeitsverhältnisses nicht infrage gestellt ist. Schließt man sich der → Rn. 167 vertretenen Auffassung an, so müsste man eine analoge Anwendung des § 102 Abs. 1 BetrVG erwägen.[46] Auch der **Widerruf** einzelner Leistungen im Arbeitsverhältnis (Einzelheiten → Rn. 173) unterliegt nicht der Anhörungspflicht des Betriebsrats. 304

War die Kündigung des Arbeitgebers wegen Verstoßes gegen § 102 Abs. 1 BetrVG unwirksam, weil sie ausgesprochen wurde, bevor die Fristen des § 102 Abs. 2 BetrVG abgelaufen waren oder eine abschließende Stellungnahme des Betriebsrats vorlag, so ist die erneute Übergabe des Kündigungsschreibens nach Fristablauf nur dann eine wirksame neue Kündigung, wenn die Voraussetzungen des § 141 BGB vorliegen.[47] Die **Bestätigung** eines nichtigen Rechtsgeschäfts setzt einen Bestätigungswillen voraus, d.h. Kenntnis von der Fehlerhaftigkeit oder zumindest das Bewusstsein der möglichen Fehlerhaftigkeit. Fehlt dieses Bewusstsein, so kann eine Handlung nicht als Bestätigung im Rechtssinne angesehen werden. 305

3. Beendigung des Arbeitsverhältnisses aus anderen Gründen

Kein Anhörungsrecht des Betriebsrats besteht, wenn das Arbeitsverhältnis aus anderen Gründen als durch Kündigung seitens des Arbeitgebers endet. Auch eine entsprechende Anwendung des § 102 Abs. 1 BetrVG kommt nicht in Betracht.[48] 306

Schließen die Parteien des Arbeitsvertrages einen **Aufhebungsvertrag,** so bedarf es der Anhörung des Betriebsrats nicht.[49] Das Gleiche gilt im Falle einer Kündigung des Arbeitsverhältnisses **durch den Arbeitnehmer.** Das Mitwirkungsrecht des Betriebsrats besteht ferner auch dann nicht, wenn der Arbeitgeber sich auf die **Nichtigkeit des Arbeitsvertrages** beruft oder das Arbeitsverhältnis aufgrund einer wirksamen Anfechtung des Arbeitsvertrages durch den Arbeitgeber endet.[50] Keiner vorherigen Anhörung bedarf es, wenn das Arbeitsverhältnis auf Antrag des Arbeitgebers durch das Arbeitsgericht aufgelöst wird. 307

Der Betriebsrat braucht schließlich auch dann nicht angehört zu werden, wenn das Arbeitsverhältnis durch **Zeitablauf** bzw. **Befristung** oder durch eine wirksam vereinbarte **auflösende Bedingung** endet. Ist die Befristung unwirksam, so liegt ein Arbeitsverhältnis auf unbestimmte Dauer vor, zu dessen Beendigung es einer Kündigung bedarf. Fraglich ist in diesen Fällen, ob und unter welchen Voraussetzungen die Mit- 308

---

[45] BAG 3.11.1977 AP BPersVG § 75 Nr. 1; *Fitting*, § 102 BetrVG Rn. 9; KR/*Etzel*, § 102 BetrVG Rn. 31; KR/*Rost/Kreft*, § 2 KSchG Rn. 131; BAG 3.7.1986 – 2 AZR 343/85 – n.v.; *Schwerdtner*, in: Festschrift BAG, 1979, S. 555ff.; *Stege*, DB 1975, 1510.
[46] Hierzu a. A. KR/*Etzel*, § 102 BetrVG Rn. 37; *Fitting*, § 102 BetrVG Rn. 5.
[47] Vgl. BAG vom 13.11.1975 EzA BetrVG 1972 § 102 Nr. 20.
[48] Vgl. zutreffend KDZ/*Deinert*, § 102 BetrVG Rn. 20ff.; KR/*Etzel*, § 102 BetrVG Rn. 38.
[49] Nach LAG Niedersachsen 17.2.2004 NZA-RR 2004, 479 – n. rkr. – soll dies sogar bei Kündigung und nachfolgendem Abwicklungsvertrag gelten, wenn die Vorgehensweise auf gemeinsamer Vereinbarung beruht.
[50] Vgl. dazu BAG 14.12.1979 EzA BGB § 119 Nr. 11, das die Anwendung des § 4 KSchG auf Arbeitsverhältnisse, die dem KSchG unterliegen, in Erwägung zieht; dazu KR/*Etzel*, § 102 BetrVG Rn. 42; *Herschel*, ArbuR 1980, 255 hat jedoch eindringlich vor der Anwendung der Grundsätze des Kündigungsrechts auf Fälle der Anfechtung gewarnt, die dann auch zur entsprechenden Anwendung des § 102 BetrVG führen müsse; für die Anwendung auf Anfechtungen: KDZ/*Deinert*, § 102 BetrVG Rn. 22.

teilung des Arbeitgebers, das Arbeitsverhältnis werde nicht verlängert, eine **vorsorgliche Kündigung** des Arbeitsverhältnisses darstellt. Im Einzelfall kann dies nur durch Auslegung geklärt werden. Bestand zwischen den Parteien des Arbeitsverhältnisses noch kein Streit über die Wirksamkeit der vereinbarten Befristung, so bringt der Arbeitgeber mit der genannten Mitteilung nur seine Rechtsauffassung zum Ausdruck. Für eine Kündigung besteht dann noch kein Anlass, und der Arbeitnehmer braucht diese Mitteilung auch nicht als vorsorgliche Kündigung zu verstehen. Besteht jedoch bereits Streit über die Zulässigkeit der vereinbarten Befristung, so kann sich aus einer Erklärung des Arbeitgebers, das Arbeitsverhältnis werde nicht verlängert, je nach den Umständen eine vorsorgliche Kündigung des Arbeitsverhältnisses ergeben, die für den Arbeitnehmer jedoch erkennbar gewesen sein muss.[51] Liegt nach diesen Grundsätzen eine vorsorgliche Kündigung des Arbeitsverhältnisses vor, so ist sie rechtsunwirksam, falls der Arbeitgeber den Betriebsrat nicht vorher angehört hat.

309 Die Beendigung des Arbeitsverhältnisses aufgrund der unter besonderen Umständen zulässigen lösenden Aussperrung fällt als Lösungstatbestand eigener Art nicht unter § 102 Abs. 1 BetrVG.

4. Darlegungs- und Beweislast

310 Die Anhörung des Betriebsrats ist Wirksamkeitsvoraussetzung für die Kündigung. Daraus schließen ein Teil der Lehre und früher auch das BAG, dass der Arbeitgeber stets die konkreten Behauptungen aufzustellen habe, aus denen sich die abstrakten Voraussetzungen des für ihn günstigen Rechtssatzes ergeben.[52] Richtig ist, dass den Arbeitgeber diese Darlegungs- und Beweislast nur dann trifft, wenn der Arbeitnehmer die ordnungsgemäße Anhörung des Betriebsrats bestritten hat. Regelmäßig dürfte ein Bestreiten mit Nichtwissen nach § 138 Abs. 4 ZPO genügen, weil die Betriebsratsanhörung nicht Gegenstand der Wahrnehmung des Arbeitnehmers ist. Nur dann hat das Gericht Veranlassung, sich mit dieser Frage zu befassen.[53] Eine Amtsermittlung ist unzulässig. Im Prozess hat der Arbeitnehmer zunächst lediglich vorzutragen, dass ein Betriebsrat besteht und deshalb nach § 102 BetrVG vor Ausspruch einer Kündigung dessen Anhörung erforderlich war. Auf einen entsprechenden Sachvortrag des Arbeitnehmers hin obliegt es dem Arbeitgeber darzulegen, dass der Betriebsrat ordnungsgemäß angehört worden ist.[54] Hat sich der Arbeitgeber substantiiert und vollständig zur Betriebsratsanhörung geäußert, kann der Arbeitnehmer sich nicht mehr mit einem bloßen „Bestreiten mit Nichtwissen" begnügen, sondern muss seinen Vortrag substantiieren.[55] Nach den Grundsätzen der abgestuften Darlegungslast muss der Arbeitnehmer deutlich machen, welche der Angaben er aus welchem Grund weiterhin bestreiten will. Er hat nach § 138 Abs. 1 und 2 ZPO vollständig und im Einzelnen darzulegen, ob der Betriebsrat entgegen der Behauptung des Arbeitgebers überhaupt nicht ange-

---

[51] BAG 26.4.1979 EzA BGB § 620 Nr. 39; BAG 24.10.1979 EzA BGB § 620 Nr. 41; BAG 5.3.1970 EzA BGB § 620 Nr. 13; BAG 28.10.1986 EzA BetrVG 1972 § 118 Nr. 38 = NJW 1987, 531.

[52] BAG 19.8.1975 EzA BetrVG 1972 § 102 Nr. 15 = NJW 1976, 310; KR/*Etzel*, § 102 BetrVG Rn. 192.

[53] BAG 23.6.1983 EzA KSchG § 1 Krankheit Nr. 12 = NJW 1984, 1836; BAG 16.1.1987 EzA KSchG § 1 Betriebsbedingte Kündigung Nr. 48; BAG 11.3.1980 – 6 AZR 4/78 – n. v.; BAG 20.5.1988 EzA KSchG § 1 Personenbedingte Kündigung Nr. 3 = NJW 1989, 1694; BAG 11.10.1989 EzA KSchG § 1 Betriebsbedingte Kündigung Nr. 64 = NZA 1990, 607; *Oetker*, BB 1989, 419.

[54] BAG 23.6.2005 EzA BetrVG 2001 § 102 Nr. 12 = NZA 2005, 1233.

[55] BAG 24.4.2008 EzA BGB 2002 § 613a Nr. 92 = NZA 2008, 1314; BAG 23.6.2005 EzA BetrVG 2001 § 102 Nr. 12 = NZA 2005, 1233.

hört worden ist oder in welchen Punkten er die tatsächlichen Erklärungen des Arbeitgebers über die Betriebsratsanhörung für falsch oder für unvollständig hält. Soweit es um Tatsachen außerhalb seiner eigenen Wahrnehmung geht, kann der Arbeitnehmer sich dabei gemäß § 138 Abs. 4 ZPO auf Nichtwissen berufen; ein pauschales Bestreiten des Arbeitnehmers ohne jede Begründung genügt dagegen nicht.[56]

IV. Das Anhörungsverfahren

Der Betriebsrat ist vor der Kündigung zu hören. Die Sanktion der Unwirksamkeit einer ohne Anhörung des Betriebsrats ausgesprochenen Kündigung nach § 102 Abs. 1 S. 3 BetrVG gilt aufgrund einer teleologischen Auslegung dieser Norm auch bei nicht ordnungsgemäßer Anhörung.[57] Die Anhörung nach § 102 BetrVG unterscheidet sich von der bloßen Mitteilung nach § 105 BetrVG. Zweck der Anhörung ist, dem Betriebsrat Gelegenheit zu geben, seine Überlegungen zu der beabsichtigten Kündigung und den mitgeteilten Gründen vorzutragen, damit der Arbeitgeber die Möglichkeit hat, die vom Betriebsrat geäußerten Bedenken bzw. den gegenüber einer ordentlichen Kündigung erhobenen Widerspruch zu berücksichtigen. Diese umfassende Würdigung wird allein der kollektiven und individualrechtlichen Schutzfunktion des § 102 Abs. 1 BetrVG gerecht. Sie dürfte auch dem Gebot der vertrauensvollen Zusammenarbeit im Betrieb entsprechen. Aus diesem Grundsatz folgt auch, dass eine Beteiligung des Betriebsrats nach §§ 102, 103 BetrVG nicht mehr erforderlich ist, wenn der Betriebsrat die Kündigung eines Mitarbeiters ausdrücklich verlangt.[58] Eine Beteiligung des Betriebsrats ist aber erforderlich, wenn der Arbeitgeber zwar auf Verlangen des Betriebsrats kündigt, aber die Kündigung (auch) auf andere Gründe stützen will.[59] **311**

Zu beachten ist aber, dass die Anhörung des Betriebsrats **nicht** die Verpflichtung umfasst, die Kündigungsabsicht und die dafür mitgeteilten Gründe mit dem Betriebsrat **zu beraten.** Auch wenn dies nicht geschieht, genügt das Anhörungsverfahren dem Gesetz. Ohne Bedeutung ist ferner, ob der Kündigungswille des Arbeitgebers bei Einleitung des Anhörungsverfahrens bereits abschließend gebildet ist. Zum BetrVG 1952 hatte das BAG den gegenteiligen Standpunkt vertreten.[60] Bald nach dem Inkrafttreten des BetrVG 1972 kündigte das BAG die Aufgabe dieser Rechtsprechung an.[61] Mit der Entscheidung vom 13.11.1975 wurde dies realisiert mit dem Hinweis, es sei nicht auszuschließen, dass es dem Betriebsrat gelingen könne, auf den Kündigungswillen des Arbeitgebers Einfluss zu nehmen, auch wenn von ihm erklärt worden sei, er wolle auf jeden Fall kündigen.[62] Fraglich dürfte die Ordnungsmäßigkeit des Anhörungsverfahrens allenfalls dann sein, wenn der Arbeitgeber erklärt, er werde von den Bedenken **312**

---

[56] Vgl. BAG 16.3.2000 EzA BGB n. F. § 626 Nr. 179 = NZA 2000, 1332; LAG Köln 31.1.1994 LAGE BetrVG 1972 § 102 Nr. 38.
[57] BAG 16.9.1993 und 22.9.1994 EzA BetrVG 1972 § 102 Nr. 84 und 86 = NZA 1994, 311; *Bitter*, NZA Beilage 3/91, S. 16, 20, 21; *ders.*, FS Stahlhacke, 1995, 57 ff.; krit. *Oetker*, FS Kraft, 1998, S. 429 ff.; *Raab*, ZfA 1995, S. 479, 528, die nicht alle Fälle der nicht ordnungsgemäßen Anhörung der Unwirksamkeitsfolge unterwerfen wollen.
[58] BAG 15.5.1997 EzA BetrVG 1972 § 102 Nr. 99 = NZA 1997, 1106.
[59] APS/*Koch*, § 102 BetrVG Rn. 31.
[60] BAG 18.1.1962 AP BetrVG 1952 § 66 Nr. 20 = EzA BetrVG § 66 Nr. 2.
[61] BAG 28.2.1974 AP § 102 BetrVG 1972 Nr. 2 = EzA BetrVG 1972 § 102 Nr. 8 mit Anm. *Kraft* = NJW 1974, 1526.
[62] BAG 13.11.1975 AP BetrVG 1972 § 102 Nr. 7 = EzA BetrVG 1972 § 102 Nr. 20; bestätigt durch BAG 28.9.1978 EzA BetrVG 1972 § 102 Nr. 39 = NJW 1979, 2421; KDZ/*Deinert*, § 102 BetrVG Rn. 65; APS/*Koch*, § 102 BetrVG Rn. 62.

des Betriebsrats oder seinem Widerspruch überhaupt keine Kenntnis nehmen. Das würde in so eindeutiger Weise gegen den Sinn und Zweck des Anhörungsverfahrens verstoßen, dass dann § 102 Abs. 1 BetrVG verletzt wäre.

313 Das Anhörungsverfahren wird durch **Fristablauf** (vgl. § 102 Abs. 2 S. 1 und 3 BetrVG 1972)[63] oder durch eine **vorzeitige abschließende Stellungnahme des Betriebsrats** beendet.[64] Dann kann der Arbeitgeber kündigen. Kündigt der Arbeitgeber vorher, so ist die Kündigung wegen Verstoßes gegen § 102 Abs. 1 BetrVG nichtig.

314 Die Beantwortung der Frage, wann eine abschließende Stellungnahme des Betriebsrats vorliegt, bereitet in der Praxis Schwierigkeiten. Erklärt der Betriebsrat, er wolle sich zur Kündigung nicht äußern, so liegt eine abschließende Erklärung vor.[65] Das gilt auch dann, wenn der Betriebsrat den Anhörungsbogen unterschreibt und ohne Kommentar zurückgibt.[66] Das BAG hat eine abschließende Stellungnahme auch angenommen in dem Fall, in dem der Betriebsrat erklärt hat, er nehme die Kündigung „zur Kenntnis", und damit nach der Übung des Betriebsrats das Anhörungsverfahren abgeschlossen ist.[67]

315 Zuständig für die Entgegennahme der Mitteilung nach § 102 Abs. 1 BetrVG, kündigen zu wollen, ist grundsätzlich der Betriebsratsvorsitzende, in dessen Verhinderungsfalle der Vertreter (näher → Rn. 323).[68] Erfolgt die Erklärung gegenüber einem unzuständigen Betriebsratsmitglied, ist die Anhörung unwirksam bzw. wird erst dann wirksam, wenn sie vom unzuständigen Mitglied als Erklärungsbote des Arbeitgebers an den Vorsitzenden oder ein zum Empfang ermächtigtes Mitglied des Betriebsrats oder eines zuständigen Ausschusses weitergeleitet wird.[69] Die abschließende Erklärung muss von dem dafür zuständigen Mitglied des Betriebsrats stammen, d.h. vom Vorsitzenden oder seinem Stellvertreter bzw. dem Vorsitzenden des zuständigen Ausschusses.

1. Zeitpunkt der Anhörung des Betriebsrats

316 Die Anhörung des Betriebsrats hat **vor der Kündigung zu erfolgen.** Entscheidend ist bei der schriftlichen Kündigung der Zeitpunkt, in dem das Kündigungsschreiben **den Machtbereich des Arbeitgebers verlässt,** d.h. zB das Kündigungsschreiben zur Post gegeben wird. Auf den Zugang der Willenserklärung kommt es nach dem Zweck des Anhörungsverfahrens – Möglichkeit der Beeinflussung des Kündigungsentschlusses des Arbeitgebers – nicht an.[70] Könnte der Arbeitgeber schon während des Laufs der Anhörungsfrist das Kündigungsschreiben auf den Weg bringen, solange er nur sicherstellt, dass dieses dem Arbeitnehmer erst nach Ablauf der Frist des § 102 Abs. 2 S. 1 BetrVG zugeht, so hätte er die Möglichkeit, die gesetzliche Frist, die dem Betriebsrat zur Überlegung und möglichen Einflussnahme auf den Entschluss des Arbeitgebers zur Verfügung steht, abzukürzen. Trotz Bestätigung dieses Grundsatzes

---

[63] LAG Hamm 11.2.1992 LAGE BetrVG 1972 § 102 Nr. 33 zur Frage, ob die Wartefrist mit Dienstschluss der Personalabteilung endet.
[64] BAG 1.4.1976 EzA BetrVG 1972 § 102 Nr. 23 = NJW 1976, 1958; Hessisches LAG 18.6.1997 LAGE BGB § 626 Nr. 114.
[65] BAG 12.3.1987 EzA BetrVG 1972 § 102 Nr. 71 = NZA 1988, 137.
[66] LAG Baden-Württemberg 29.4.1986 LAGE KSchG § 1 Krankheit Nr. 6.
[67] BAG 12.3.1987 NZA 1988, 137.
[68] BAG 7.7.2011 NZA 2011, 1108.
[69] BAG 27.6.1985 AP BetrVG 1972 § 102 Nr. 37 = EzA BetrVG 1972 § 102 Nr. 60; 5.4.1990 RzK III 1a Nr. 44; 16.10.1991 EzA BetrVG 1972 § 102 Nr. 83; APS/*Koch,* § 102 BetrVG Rn. 80.
[70] BAG 13.11.1975 EzA BetrVG 1972 § 102 Nr. 20 = NJW 1976, 1766; KR/*Etzel,* § 102 BetrVG Rn. 118.

§ 14 Die Anhörung des Betriebsrats

hat das BAG eine kleine Einschränkung akzeptiert: Wenn der Betriebsrat zu der Kündigungsabsicht innerhalb der Frist des § 102 Abs. 2 S. 1 BetrVG keine Stellung genommen hat, führt es nicht zur Unwirksamkeit der Kündigung, wenn der Arbeitgeber am letzten Tag der Äußerungsfrist bei Dienstschluss das Kündigungsschreiben einem Kurierdienst übergeben und gleichzeitig dafür gesorgt hat, dass eine Zustellung erst so spät erfolgt, dass er sie noch verhindern kann, wenn der Betriebsrat wider Erwarten doch zu der Kündigungsabsicht Stellung nimmt.[71] Lag im entscheidenden Zeitpunkt weder die abschließende Stellungnahme des Betriebsrats vor noch waren die Fristen des § 102 Abs. 2 BetrVG abgelaufen, so ist die ausgesprochene Kündigung nichtig. Die später eingehende oder eingeholte Stellungnahme des Betriebsrats kann die Unwirksamkeit der vorher ausgesprochenen Kündigung nicht verhindern. Das gilt selbst dann, wenn der Betriebsrat (nachträglich) zustimmt.[72]

Händigt der Arbeitgeber dem Arbeitnehmer das alte Kündigungsschreiben erneut aus, so hat dies nur dann Bedeutung, wenn dieser Vorgang als **Bestätigung** der nichtigen ersten Kündigung angesehen werden kann. Das setzt Kenntnis von der Fehlerhaftigkeit oder zumindest das Bewusstsein der möglichen Fehlerhaftigkeit der ersten Kündigung voraus. Nur dann ist der für die Bestätigung notwendige **Bestätigungswille** anzunehmen.[73]

317

Fraglich ist, ob eine nach Ausspruch der Kündigung erfolgte Anhörung des Betriebsrats die notwendige Anhörung für eine zweite Kündigung darstellen kann, die sich auf denselben Sachverhalt stützt. Das BAG verneint dies mit dem Hinweis, die Schutzfunktion des Gesetzes verlange stets eine Anhörung zu einer **beabsichtigten** Kündigung. Selbst wenn der Arbeitgeber dem Betriebsrat den gleichen Sachverhalt und die gleichen Kündigungsgründe vortrage, sei auch bei gleicher Besetzung des Betriebsrats nicht auszuschließen, dass sich der Betriebsrat aufgrund neuer Überlegungen im Ergebnis anders entscheide oder mindestens dafür eine andere Begründung gebe. Deshalb müsse der Betriebsrat wissen, dass er zu einer noch bevorstehenden Kündigung angehört werde.[74]

318

Die Anhörung des Betriebsrats erfolgt im Zusammenhang mit einer vom Arbeitgeber konkret geäußerten Kündigungsabsicht. Nach Abschluss des Anhörungsverfahrens wird die Kündigung ausgesprochen oder der Arbeitgeber nimmt von ihr mit Rücksicht auf die Einwendungen des Betriebsrats Abstand. Eine Anhörung „auf Vorrat", d. h. ohne eine wirkliche Kündigungsabsicht, ist grundsätzlich abzulehnen. Die vorsorgliche Mitteilung alternativ erwogener Kündigungsgründe ist keine ordnungsgemäße Anhörung.[75] Der Kündigungssachverhalt, von dem der Arbeitgeber seinen Kündigungsentschluss abhängig machen will, muss im Zeitpunkt der Anhörung außer Frage stehen.[76] Fraglich ist, welchen Zeitraum der Arbeitgeber bis zum Ausspruch der Kün-

319

---

[71] BAG 8.4.2003 EzA BetrVG 2001 § 102 Nr. 3 = NZA 2003, 961.
[72] BAG 28.2.1974 EzA BetrVG 1972 § 102 Nr. 8 = NJW 1974, 1526; BAG 18.9.1975 EzA BetrVG 1972 § 102 Nr. 17 = NJW 1976, 536.
[73] BAG 13.11.1975 AP BetrVG 1972 § 102 Nr. 7 = EzA BetrVG 1972 § 102 Nr. 20.
[74] BAG 18.9.1975 EzA BetrVG 1972 § 102 Nr. 17 mit krit. Anm. *Schlüter* = NJW 1976, 536. Scheitert allerdings eine Kündigung, zu der der Betriebsrat ordnungsgemäß angehört worden ist und der er ausdrücklich und vorbehaltlos zugestimmt hat, an dem fehlenden Zugang an den Kündigungsgegner, so ist vor einer erneuten Kündigung eine nochmalige Anhörung des Betriebsrates dann entbehrlich, wenn sie in engem zeitlichen Zusammenhang ausgesprochen und auf denselben Sachverhalt gestützt wird; BAG 11.10.1989 EzA BetrVG 1972 § 102 Nr. 78 = NZA 1990, 748.
[75] LAG Köln 28.2.1996 ARSt 1996, 234.
[76] LAG Schleswig-Holstein 28.6.1994 LAGE BetrVG 1972 § 102 Nr. 42; LAG Frankfurt 12.12.2002 NZA-RR 2003, 545.

digung verstreichen lassen kann, ohne dass die Ordnungsmäßigkeit des Anhörungsverfahrens infrage zu stellen ist. Das Problem besteht bei der Anhörung des Betriebsrats, weil das Gesetz anders als zB in § 88 Abs. 3 SGB IX oder § 18 KSchG keine Fristen für den Ausspruch der Kündigung bestimmt. Hat sich in der Zwischenzeit der dem Betriebsrat unterbreitete Kündigungssachverhalt nicht oder nicht wesentlich geändert, so ist eine erneute Anhörung entbehrlich.[77] Die erneute Anhörung ist notwendig, wenn sich der Kündigungssachverhalt ändert oder neue Kündigungsgründe hinzutreten.[78] Ob das auch der Fall ist, wenn der Arbeitgeber seine ursprüngliche Kündigungsabsicht **endgültig** aufgegeben hat, ist fraglich, dürfte aber zu bejahen sein.[79] Im Einzelfall problematisch zu entscheiden ist die Frage, ob und ggf. unter welchen Voraussetzungen bei Wiederholung einer Kündigung, zu der der Betriebsrat bereits ordnungsgemäß angehört worden ist, von einer erneuten Anhörung abgesehen werden darf.

320 Ausgangspunkt ist § 102 Abs. 1 S. 1 BetrVG, wonach im Grundsatz eine Anhörungspflicht vor jeder Kündigung besteht. Nur ausnahmsweise kann die erneute Anhörung des Betriebsrats entbehrlich sein. Der Zweite Senat hat dies für den Fall bejaht, in dem der Betriebsrat zu einer Kündigung ordnungsgemäß angehört worden war und er dieser ausdrücklich und vorbehaltlos zugestimmt hatte, die Kündigung aber nur wegen fehlenden Zugangs an den Kündigungsgegner unwirksam war. Eine nochmalige Anhörung des Betriebsrats wurde für entbehrlich erachtet, wenn sie in einem engen zeitlichen Zusammenhang ausgesprochen und auf denselben Sachverhalt gestützt wurde. In diesem Fall sei anzunehmen, dass der Betriebsrat auch der erneuten Kündigung zugestimmt hätte und die Berufung auf das Fehlen einer erneuten Anhörung deshalb rechtsmissbräuchlich sei (§ 242 BGB).[80] Eine weitere Anhörung ist aber erforderlich, wenn der Arbeitgeber wegen nachträglich eintretender Zweifel an der Zurechenbarkeit der ersten Kündigung (durch Bevollmächtigten) erneut kündigt.[81] In jedem Fall muss der Betriebsrat erneut angehört werden, wenn die vorausgehende Kündigung eines Arbeitnehmers, der einen Sonderkündigungsschutz genießt, mangels vorheriger behördlicher Zustimmung (§§ 85, 88, 91 SGB IX, § 9 MuSchG, § 18 BEEG, § 5 PflegeZG) unwirksam war, auch wenn sich der (betriebsbedingte) Kündigungsgrund in der Sache nicht verändert hat.[82]

---

[77] BAG 26.5.1977 EzA BetrVG 1972 § 102 Nr. 30 = NJW 1978, 603. Eine zeitliche Nähe zum Kündigungszeitpunkt verlangt ArbG Hamburg 11.5.1992 AiB 1993, 187. Abzulehnen LAG Köln 30.3.2004 ZTR 2004, 606, wo eine erneute Anhörung verlangt wurde, obwohl die erste Kündigung nur an der Zurückweisung nach § 174 BGB scheiterte und sofort – unter Verwendung des gleichen Kündigungsschreibens – die Kündigung unter Vorlage der Vollmacht wiederholt wurde.
[78] Vgl. *KDZ/Deinert*, § 102 BetrVG Rn. 76.
[79] Die Frage wurde im Urteil des BAG 26.5.1977 EzA BetrVG 1972 § 102 Nr. 30 mit Anm. *Käppler* = NJW 1978, 603 ausdrücklich offengelassen. Kündigt der Arbeitnehmer eine Fehlzeit an und hört der Arbeitgeber dazu den Betriebsrat, so ist § 102 BetrVG verletzt, wenn der Arbeitgeber nach der tatsächlichen Fehlzeit kündigt; BAG 19.1.1983 EzA § 102 BetrVG 1972 Nr. 50.
[80] BAG 10.11.2005 EzA BGB 2002 § 626 Nr. 11 = NZA 2006, 491; BAG 11.10.1989 EzA BetrVG 1972 § 102 Nr. 78 = NZA 1990, 748 mit Anm. *Kraft*; 6.2.1997 EzA BetrVG 1972 § 102 Nr. 95; LAG Baden-Württemberg 3.2.1997 und 28.4.1997 LAGE BetrVG 1972 § 102 Nr. 57 und 59; vgl. ferner BAG 18.9.1975 AP BetrVG 1972 § 102 Nr. 6 = EzA BetrVG 1972 § 102 Nr. 17; 16.3.1978 AP BetrVG 1972 § 102 Nr. 15 = EzA BetrVG 1972 § 102 Nr. 32.
[81] BAG 5.9.2002 AP LPVG Sachsen § 78 Nr. 1.
[82] BAG 16.9.1993 EzA BetrVG 1972 § 102 Nr. 84 = NZA 1994, 311; LAG Hamm 13.4.1992 LAGE BetrVG 1972 § 102 Nr. 31; dies soll aber nicht gelten, wenn dem Arbeitgeber bei Kündigungsausspruch nicht bekannt war, dass der Arbeitnehmer einen Antrag auf Anerkennung als Schwerbehinderter gestellt hat, LAG Berlin 24.6.1991 NZA 1992, 79 = LAGE KSchG § 1 Personenbedingte Kündigung Nr. 8.

Die Ausschlussfrist des § 626 Abs. 2 BGB bei außerordentlichen Kündigungen – **321** zwei Wochen – verlängert sich nicht um die Frist, die dem Betriebsrat in einem solchen Falle für die Mitteilung seiner Bedenken zur Verfügung steht.[83]

Beabsichtigt der Arbeitgeber, einem schwerbehinderten Arbeitnehmer zu kündigen, **322** so steht es ihm frei, den Betriebsrat vor dem Antrag an das Integrationsamt zu hören, während des Zustimmungsverfahrens oder nach dessen Abschluss. Eine erneute Anhörung des Betriebsrats ist selbst dann nicht erforderlich, wenn bis zum Abschluss des Zustimmungsverfahrens ein längerer Zeitraum vergangen ist, sofern sich der Kündigungssachverhalt nicht wesentlich verändert hat. Das gilt auch im Falle einer beabsichtigten fristlosen Kündigung. Leitet der Arbeitgeber in diesem Falle das Anhörungsverfahren erst nach Erteilung der Zustimmung durch das Integrationsamt ein, so muss er nach dessen Beendigung bzw. nach Ablauf der Frist des § 102 Abs. 2 S. 3 BetrVG die Kündigung **sofort** erklären. Anderenfalls ist die Ausschlussfrist des § 91 Abs. 5 SGB IX nicht mehr gewahrt.[84]

2. Adressat der Mitteilung

Der Arbeitgeber hat die Mitteilung über die Kündigungsabsicht und die dafür not- **323** wendigen Informationen **an den Betriebsrat** zu geben. Zuständig für die Entgegennahme ist der Vorsitzende des Betriebsrats oder im Verhinderungsfalle sein Stellvertreter.[85] Hat der Betriebsrat für Personalangelegenheiten einen Ausschuss gebildet und ihm die Entscheidung über Kündigungen im Rahmen des § 102 BetrVG zur selbständigen Beratung und Entscheidung übertragen, so ist dessen Vorsitzender oder im Verhinderungsfalle sein Stellvertreter für die Entgegennahme der Mitteilung des Arbeitgebers berechtigt und verpflichtet. Mit dem Zugang der Mitteilung beim empfangsberechtigten Betriebsratsmitglied beginnen die Fristen des § 102 Abs. 2 BetrVG zu laufen. Sind weder der Vorsitzende des Betriebsrats/Ausschusses noch dessen Stellvertreter bereit oder in der Lage, die Mitteilung des Arbeitgebers in Empfang zu nehmen, so kann die Nachricht jedem anderen Mitglied des Betriebsrats übergeben werden.[86] Besteht auch dafür keine Möglichkeit, so kann der Arbeitgeber die Mitteilung an den Betriebsrat senden. Zugang tritt dann nach den allgemeinen Grundsätzen (§ 130 BGB – → Rn. 122 ff.) ein. Diese Möglichkeit muss für den Arbeitgeber wegen der eventuell laufenden Ausschlussfrist bei der außerordentlichen Kündigung bestehen.

Für das Anhörungsverfahren ist die Zuständigkeit des Betriebsrats gegeben. Der **Ge- 324 samtbetriebsrat** hat nur in Ausnahmefällen eine Zuständigkeit, nämlich dann, wenn ihn der Betriebsrat durch Beschluss beauftragt hat, in einer bestimmten Kündigungsangelegenheit tätig zu werden (§ 50 Abs. 2 BetrVG) oder wenn es sich um eine Kündigung handelt, die das Gesamtunternehmen oder mehrere Betriebe betrifft und die

---

[83] H.L.; vgl. KR/*Fischermeier*, § 626 BGB Rn. 332 mit Hinweisen; BAG 18.8.1977 EzA BetrVG 1972 § 103 Nr. 20 = NJW 1978, 661.
[84] BAG 5.9.1979 EzA SchwbG § 12 Nr. 8; BAG 3.7.1980 EzA SchwbG § 18 Nr. 3; KR/*Etzel/Gallner*, § 91 SGB IX Rn. 30c. Nach BAG 6.11.1986 – 2 AZR 753/85 – n. v. muss die Kündigung am ersten Arbeitstag nach Beendigung des Anhörungsverfahrens zugehen, sofern nicht unüberwindliche Hindernisse entgegenstehen.
[85] BAG 7.7.2011 NZA 2011, 1108.
[86] LAG Frankfurt 23.3.1976 BB 1977, 1048; 28.11.1989 LAGE BetrVG 1972 § 26 Nr. 2. Ist der Ausschuss (§§ 27, 28 BetrVG 1972) offensichtlich gesetzwidrig eingerichtet worden – der Betriebsrat hat weniger als neun Mitglieder –, so muss der Arbeitgeber den Betriebsratsvorsitzenden unterrichten; LAG Bremen 26.10.1982 ArbuR 1983, 123.

nicht durch den einzelnen Betriebsrat behandelt werden kann (§ 50 Abs. 1 BetrVG). Ein solcher Fall dürfte kaum denkbar sein. Liegt dennoch ausnahmsweise die Zuständigkeit des Gesamtbetriebsrats vor, ist eine Anhörung des Betriebsrats nicht mehr möglich. Hat der Betriebsrat alle Personalangelegenheiten dem Gesamtbetriebsrat übertragen – offensichtlich gesetzwidrig –, so muss der Arbeitgeber dennoch den Betriebsrat anhören.[87] In Zweifelsfällen empfiehlt es sich für den Arbeitgeber, vorsorglich beide Gremien zu beteiligen; in aller Regel ist der Betriebsrat zuständig.[88]

325 Weder der Betriebsrat noch der einzelne Arbeitnehmer kann gegenüber dem Arbeitgeber auf die Anhörung nach § 102 Abs. 1 BetrVG **verzichten.** Fraglich ist, ob nicht im Falle eines Verzichts des Arbeitnehmers auf die Anhörung des Betriebsrats ein Fall widersprüchlichen Verhaltens vorliegt, wenn sich eben dieser Arbeitnehmer dann später im Prozess auf die Unwirksamkeit der Kündigung wegen eines Verstoßes gegen § 102 BetrVG beruft. Das ist für den Fall zu bejahen, dass die unterbliebene Anhörung auf die ausdrückliche Bitte des Arbeitnehmers erfolgt.[89]

3. Form und Inhalt der Mitteilung

326 Eine Formvorschrift über die Mitteilung der beabsichtigten Kündigung an den Betriebsrat enthält das BetrVG nicht. Die Mitteilung kann also auch mündlich erfolgen. Damit die Ordnungsmäßigkeit der Anhörung im Streitfall dargelegt werden kann und die Fristen des § 102 Abs. 2 BetrVG geprüft und beachtet werden können, empfiehlt sich die Einhaltung der Schriftform.[90] § 174 BGB findet auf die Betriebsratsanhörung keine analoge Anwendung.[91]

327 Der Arbeitgeber hat dem Betriebsrat die Absicht mitzuteilen, einen bestimmten Arbeitnehmer oder gegebenenfalls mehrere zu kündigen. Der Betriebsrat muss erkennen können, dass er im Verfahren nach § 102 Abs. 1 BetrVG beteiligt wird (zu den Folgen einer Mitteilung nur nach § 105 BetrVG → Rn. 287). Die Darstellung eines Fehlverhaltens des Arbeitnehmers ohne Bekanntgabe der Kündigungsabsicht reicht nicht aus, es sei denn, dem Betriebsrat ist die Kündigungsabsicht des Arbeitgebers ohnehin bekannt und er weiß, dass so nur noch die Begründung nachgeschoben werden soll.

328 Der Arbeitgeber hat dem Betriebsrat **den Namen des Arbeitnehmers** anzugeben, in Großbetrieben gegebenenfalls weitere Angaben zum Beschäftigungsort, damit der betroffene Arbeitnehmer vom Betriebsrat identifiziert werden kann. Fraglich ist, ob der Arbeitgeber auch genaue Angaben zur arbeitsvertraglich vereinbarten Tätigkeit machen muss.[92] Die Anschrift des Arbeitnehmers gehört jedoch nicht zu den notwendigen Angaben; jedenfalls kann deren unrichtige Angabe nicht zur Unwirksamkeit der Anhörung führen.[93] Außerdem sind die **grundlegenden Sozialdaten** des Arbeitnehmers, d. h. ua Alter, Familienstand, Betriebszugehörigkeit, Schwerbehinderung grds. mitzuteilen.[94] Zu den „harten", stets mitzuteilenden Daten zählen das **Alter** und die

---

[87] LAG Köln 20.12.1983 DB 1984, 937; APS/*Koch*, § 102 BetrVG Rn. 73.
[88] APS/*Koch*, § 102 BetrVG Rn. 74.
[89] Vgl. APS/*Koch*, § 102 BetrVG Rn. 21; KR/*Etzel*, § 102 BetrVG Rn. 75 mit weiteren Hinweisen.
[90] APS/*Koch*, § 102 BetrVG Rn. 68.
[91] BAG 13.12.2012 NZA 2013, 669.
[92] So LAG Bremen 5.6.2002 – 2 Sa 259/01 – n. v.; APS/*Koch*, § 102 BetrVG Rn. 95.
[93] LAG Hamm 27.2.1994 LAGE KSchG § 1 Personenbedingte Kündigung Nr. 10.
[94] Ausführlich *Oppertshäuser*, NZA 1997, 920. Dies gilt jedenfalls bei betriebsbedingten Kündigungen, ob auch sonst, ist zweifelhaft, vgl. LAG Köln 28.1.1994 LAGE KSchG § 1 Betriebsbedingte

§ 14 Die Anhörung des Betriebsrats

Betriebszugehörigkeit.[95] Sehr differenziert ist die Rspr. zur Berücksichtigung der Unterhaltspflichten, deren Bedeutung je nach Kündigungsgrund höchst unterschiedlich sein kann.[96] Sie gewinnen bei der Interessenabwägung im Kündigungsfall Bedeutung. Der Arbeitgeber sollte im Zweifel bekannte Daten mitteilen. Auch hinsichtlich der Unterhaltspflichten braucht der Arbeitgeber im Rahmen des § 102 BetrVG nur ihm bekannte Tatsachen mitzuteilen. Er darf sich deshalb auch auf die Angaben auf der Steuerkarte verlassen, wenn er keine gegenteilige Kenntnis hat.[97] Dasselbe gilt auch für Umstände, die einen Sonderkündigungsschutz auslösen, es sei denn, dies ist dem Betriebsrat ohnehin bekannt. Die fehlende Mitteilung der Sozialdaten ist allerdings dann unschädlich, wenn es dem Arbeitgeber wegen der Schwere der Pflichtverletzung auf die Daten nicht ankommt und der Betriebsrat die ungefähren Daten kennt.[98] Dass die Daten nicht schematisch mitzuteilen sind, sondern vom konkreten Kündigungsgrund abhängen, zeigt sich an der jüngsten Rechtsprechung. Sogar bei einer betriebsbedingten Kündigung wegen Betriebsstilllegung hat das BAG die Notwendigkeit der Mitteilung von Familienstand und Unterhaltspflichten der zu kündigenden Arbeitnehmer verneint, wenn eine Sozialauswahl nach der für den Betriebsrat erkennbaren Auffassung des Arbeitgebers wegen der Stilllegung des gesamten Betriebes nicht vorzunehmen ist.[99] Ferner ist der Arbeitgeber im Rahmen der Anhörung nicht verpflichtet, ihm nicht bekannte Daten (zB, ob der Arbeitnehmer weitere Kinder hat) zu ermitteln.[100]

Der Arbeitgeber muss die Person des zu kündigenden Arbeitnehmers stets bezeichnen. Nicht zulässig ist die Mitteilung an den Betriebsrat, aus einer Gruppe müsse einer aus dringenden betrieblichen Gründen gekündigt werden, der Betriebsrat möge ihn auswählen.[101] **329**

Außerdem ist die **Art der Kündigung** anzugeben, d.h. ob eine **ordentliche** oder eine **außerordentliche Kündigung** beabsichtigt ist.[102] Nicht ordnungsgemäß ist die Anhörung auch im Fall der beabsichtigten Kündigung eines ordentlich unkündbaren Mitarbeiters, wenn der Arbeitgeber ohne jede Erläuterung eine nur außerordentlich mögliche Kündigung unter Einhaltung einer sozialen Auslauffrist aussprechen will, dem Betriebsrat aber nur mitteilt, allen Arbeitnehmern werde unter Wahrung der gesetzlichen oder tariflichen Kündigungsfrist gekündigt.[103] Schließlich soll der Zeitpunkt angegeben werden, zu dem die Kündigung voraussichtlich ausgesprochen werden soll.[104] In aller Regel reicht es jedoch aus, wenn dem Betriebsrat mitgeteilt wird, es sei **330**

Kündigung Nr. 24; LAG Hamm 6.4.1995 LAGE BetrVG 1972 § 102 Nr. 52; ArbG Reutlingen 31.1.1995 BB 1995, 677; einschränkend bei verhaltensbedingten Gründen: LAG Köln 5.10.1994 LAGE BetrVG 1972 § 102 Nr. 44; zum BPersVG: BVerwG 9.10.1996 NZA-RR 1997, 197.

[95] Ebenso APS/*Koch,* § 102 BetrVG Rn. 93; BAG 18.10.2006 EzA KSchG § 1 Soziale Auswahl Nr. 73 = NZA 2007, 798.

[96] Ausführlich APS/*Koch,* § 102 BetrVG Rn. 94f.

[97] BAG 17.1.2008 AP KSchG 1969 § 1 Soziale Auswahl Nr. 96 = NZA-RR 2008, 571; BAG 24.11.2005 AP KSchG 1969 § 1 Nr. 43; LAG Schleswig-Holstein 10.8.2004 NZA-RR 2004, 582.

[98] BAG 15.11.1995 EzA BetrVG 1972 § 102 Nr. 88 = NZA 1996, 419.

[99] BAG 13.5.2004 EzA BetrVG 2001 § 102 Nr. 7= NZA 2004, 1037 unter teilweiser Aufgabe von BAG 16.9.1993 BAGE 74, 185.

[100] LAG Schleswig-Holstein 1.4.1999 LAGE KSchG § 1 Soziale Auswahl Nr. 30; LAG Schleswig-Holstein 10.8.2004 NZA-RR 2004, 582.

[101] Vgl. auch LAG Berlin 14.9.1981 EzA BetrVG § 102 Nr. 46; APS/*Koch,* § 102 BetrVG Rn. 98.

[102] BAG 29.8.1991 EzA BetrVG 1972 § 102 Nr. 82 = NZA 1992, 416 mit Anm. *Winterfeld.*

[103] BAG 29.8.1991 NZA 1992, 416.

[104] BAG 28.2.1974 EzA BetrVG 1972 § 102 Nr. 8 mit Anm. *Kraft;* KR/*Etzel,* § 102 BetrVG Rn. 59. Im Falle einer betriebsbedingten Änderungskündigung ist nach Auffassung des BAG zur ord-

Preis

eine ordentliche Kündigung beabsichtigt, die der Arbeitgeber alsbald nach Abschluss des Anhörungsverfahrens aussprechen will.[105]

331 Das BAG verlangt in der Regel die Angabe der **Kündigungsfristen;**[106] dies gilt jedenfalls dann, wenn sich erst daraus die Tragweite der geplanten personellen Maßnahmen ergibt.[107] Auf die Mitteilung der maßgeblichen Kündigungsfrist kann nur verzichtet werden, wenn die zu beachtenden Fristen dem Betriebsrat bekannt sind.[108] Das ist aber schon dann zweifelhaft, wenn es in einem Unternehmen vom Gesetz oder einschlägigem Tarifvertrag abweichende vertragliche Kündigungsfristen gibt. Irgendwelche Unklarheiten, die die Stellungnahme des Betriebsrats beeinflussen könnten, ergeben sich nicht, selbst wenn der Termin, zu dem letztlich die Kündigung ausgesprochen werden soll, nicht bekannt ist.[109] Der Termin kann gar nicht angegeben werden, falls zB die Zustimmung des Integrationsamtes noch einzuholen ist (→ Rn. 322). Regelmäßig **nicht** bedarf es der weiteren Angabe des **Kündigungstermins,** also des Zeitpunktes, zu dem die Kündigung wirksam werden soll.[110] Mit Recht führt das BAG aus, dass zu einer ordnungsgemäßen Anhörung regelmäßig nur gehöre, dass der Betriebsrat das ungefähre Vertragsende und die zwischen Ausspruch der Kündigung und Entlassungstermin liegende Zeitdauer in etwa abschätzen kann. Dazu genügt die Kündigungsfrist. Eine ganz exakte Kenntnis sei schon deshalb nicht erforderlich, weil in der Regel nicht sicher ist, zu welchem Zeitpunkt die Kündigung zugeht. Die Frist ist ein Baustein für die Interessenabwägung und notwendig für die Prüfung, ob die Gründe zu dem Entlassungszeitpunkt tatsächlich vorliegen.[111]

332 Der Arbeitgeber kann in der Mitteilung an den Betriebsrat nicht zwei mögliche Kündigungstermine nennen, ohne sich zu entscheiden.[112] Nennt der Arbeitgeber einen bestimmten Kündigungstermin und kündigt er dann tatsächlich zu einem frühe-

---

nungsgemäßen Anhörung des Betriebsrates die Angabe der Kündigungsfristen der betroffenen Arbeitnehmer jedenfalls dann notwendig, wenn sich erst daraus die Tragweite der geplanten personellen Maßnahme ermitteln lässt; BAG 29.3.1990 EzA § 102 BetrVG 1972 Nr. 79.

[105] BAG 29.1.1986 EzA BetrVG 1972 § 102 Nr. 64 = NZA 1987, 32; LAG Schleswig-Holstein 23.2.1995 LAGE BetrVG 1972 § 102 Nr. 45; LAG Köln 15.12.1994 LAGE BetrVG 1972 § 102 Nr. 47; kritisch dazu KR/*Etzel,* § 102 BetrVG Rn. 108a. Das BAG weist ferner darauf hin, der Arbeitgeber brauche dem Betriebsrat nur seine subjektiven Vorstellungen hinsichtlich der beabsichtigten Kündigungsmaßnahme mitzuteilen. Seien diese unrichtig, d. h. entsprechen sie nicht der objektiven Rechtslage, so führe das nicht zur Fehlerhaftigkeit des Anhörungsverfahrens.

[106] BAG 16.9.1993 EzA BetrVG 1972 § 102 Nr. 84 = NZA 1994, 311 unter II. 4 der Gründe; einschränkend freilich BAG 15.12.1994 EzA KSchG § 1 Betriebsbedingte Kündigung Nr. 75 = NZA 1995, 521.

[107] So BAG 29.3.1990 NZA 1990, 894 = EzA BetrVG 1972 § 102 Nr. 79 mit Anm. *Marhold* im Falle einer Änderungskündigung zur Reduzierung des Weihnachtsgeldes.

[108] BAG 24.10.1996 EzA BetrVG § 17 Nr. 6 = NZA 1997, 373; LAG Hamm 19.5.1995 LAGE BetrVG 1972 § 102 Nr. 49; 15.7.1993 ZTR 1994, 85; nach LAG Hamm 14.3.1995 LAGE BetrVG 1972 § 102 Nr. 51 müssen die einzelvertraglich verlängerten Kündigungsfristen nicht mitgeteilt werden; ebenso nicht bei Kündigung durch Insolvenzverwalter nach § 113 InsO zum nächst zulässigen Termin LAG Hamm 16.8.2000 BB 2000, 2472.

[109] BAG 28.3.1974 EzA BetrVG 1972 § 102 Nr. 9 = NJW 1974, 1726; a. A. KR/*Etzel,* § 102 BetrVG Rn. 108, der bei einer Verschiebung um mehr als einen Monat die Ordnungsmäßigkeit des Verfahrens verneint, wozu aber bei gleichem Kündigungssachverhalt kein Anlass besteht.

[110] So BAG 15.12.1994 AP KSchG 1969 § 1 Betriebsbedingte Kündigung Nr. 67 = NZA 1995, 521; BAG 27.4.2006 EzA KSchG § 1 Personenbedingte Kündigung Nr. 19; APS/*Koch,* § 102 BetrVG Rn. 103; a. A. KR/*Etzel,* § 102 BetrVG Rn. 59; DKKW/*Bachner,* § 102 BetrVG Rn. 72 unter Bezugnahme auf die frühere Rspr. BAG 28.2.1974 EzA BetrVG 1972 § 102 Nr. 8.

[111] Die bisherige Rspr. bestätigend BAG 25.4.2013 AP Nr. 1 zu § 343 InsO Rn. 143.

[112] LAG Bremen 10.6.1986 LAGE BetrVG 1972 § 102 Nr. 19; Das gilt erst recht bei gänzlich offen gelassener Kündigungsfrist und unbestimmtem Zeitpunkt der Kündigungserklärung BAG 7.10.1993 RzK III 1d Nr. 8; BAG 3.4.1987 NZA 1988, 37.

ren Zeitpunkt, so ist die ausgesprochene Kündigung schon wegen Verstoßes gegen § 102 BetrVG unwirksam.[113]

Beabsichtigt der Arbeitgeber, **neben einer außerordentlichen Kündigung vorsorglich eine ordentliche Kündigung** auszusprechen, so muss er das in der Mitteilung an den Betriebsrat deutlich machen, damit dieser die Absichten des Arbeitgebers erkennen kann. Die Anhörung zur außerordentlichen Kündigung ersetzt nämlich nicht die notwendige Anhörung des Betriebsrats zur ordentlichen Kündigung. Das ergibt sich bereits aus der unterschiedlichen Ausgestaltung des Anhörungsverfahrens in beiden Fällen.[114] 333

Dagegen hat das BAG in einem Fall, in dem der Arbeitgeber im Rahmen des Anhörungsverfahrens des Betriebsrates offengelassen hat, ob er im Ergebnis eine **Änderungs- oder eine Beendigungskündigung** aussprechen wird, eine ordnungsgemäße Anhörung bejaht, wenn der Kündigungssachverhalt für beide Alternativen bereits feststeht, und jedenfalls eine der beiden Kündigungen ausgesprochen werden soll.[115] 333a

Zum Fall der Umdeutung der außerordentlichen Kündigung in eine ordentliche Kündigung → Rn. 404 und 2069 ff. 334

a) Kündigungsgründe

Der Arbeitgeber hat dem Betriebsrat nach § 102 Abs. 1 S. 2 BetrVG die Gründe für die Kündigung mitzuteilen. Eine ohne Anhörung des Betriebsrats ausgesprochene Kündigung ist **unwirksam.** Das gilt auch für die Kündigung, die der Arbeitgeber ausgesprochen hat, ohne dem Betriebsrat alle diejenigen Gründe mitzuteilen, auf die er die Kündigung stützen will. Die unzureichende Unterrichtung des Betriebsrats reicht nicht aus.[116] 335

Die Bestimmung des **Umfangs der Unterrichtungspflicht** bereitet in der Praxis nicht unerhebliche Schwierigkeiten. Wegen der evtl. eintretenden Folge der Unwirksamkeit der Kündigung allein aus diesem Grunde ohne Rücksicht auf den Kündigungssachverhalt als solchen hat das Problem erhebliche praktische Bedeutung. Auszugehen ist vom **Sinn und Zweck** des Anhörungsverfahrens. Dem Betriebsrat soll Gelegenheit gegeben werden, zu der beabsichtigten Kündigung aus der Sicht des Arbeitnehmers Stellung zu nehmen. Der Arbeitgeber wird so in die Lage versetzt, die Überlegungen des Betriebsrats in seine Entscheidung einfließen zu lassen. Sachgerecht vermag der Betriebsrat seine Aufgabe im Anhörungsverfahren nur zu erfüllen, wenn der Arbeitgeber seine Gründe für die Kündigung in der Substanz vollständig darlegt. Die Kennzeichnung des Sachverhalts muss so sein, dass der Betriebsrat ohne zusätzliche eigene Nachforschungen in der Lage ist, die Stichhaltigkeit der Kündigungsgründe zu prüfen und sich über seine Stellungnahme schlüssig zu werden.[117] Eine **pauschale, schlag- oder stichwortartige Bezeichnung des Kündigungsgrun-** 336

---

[113] ArbG Kassel 18.10.1990 RzK III 1b Nr. 14.
[114] BAG 16.3.1978 EzA BetrVG 1972 § 102 Nr. 32 = NJW 1979, 76; BAG 17.12.1976 EzA GG Art. 9 Arbeitskampf Nr. 19 unter Ziff. 9 der Gründe = NJW 1977, 1079; BAG 12.8.1976 EzA BetrVG 1972 § 102 Nr. 25 mit Anm. *Löwisch*; GK-BetrVG/*Raab*, § 102 BetrVG Rn. 27; Richardi/*Thüsing*, § 102 BetrVG Rn. 53.
[115] BAG 22.4.2010 NZA-RR 2010, 583.
[116] BAG 4.8.1975 EzA BetrVG 1972 § 102 Nr. 14. Zum Umfang der Begründungspflicht bei Massenentlassungen vgl. BAG 14.2.1978 EzA BetrVG 1972 § 102 Nr. 33 = NJW 1979, 233; 27.6.1985 EzA BetrVG 1972 § 102 Nr. 60 = NZA 1986, 426.
[117] BAG 13.7.1978 EzA BetrVG 1972 § 102 Nr. 35 mit krit. Anm. *Meisel* = NJW 1979, 1677; 24.11.1983 EzA BetrVG 1972 § 102 Nr. 54 mit Anm. *Grunsky*; 2.3.1989 EzA BGB n.F. § 626 Nr. 118 = NZA 1989, 755; 22.9.1994 EzA BetrVG 1972 § 102 Nr. 86 = NZA 1995, 363.

des reicht nicht aus.[118] Da die Betriebsratsanhörung aber nicht darauf abzielt, die Wirksamkeit der beabsichtigten Kündigung zu überprüfen, sondern „nur" auf die Willensbildung des Arbeitgebers Einfluss nehmen soll, sind an die Mitteilungspflicht des Arbeitgebers nicht dieselben Anforderungen zu stellen wie an die Darlegungslast im Kündigungsschutzprozess.[119] Der Arbeitgeber muss die Einzeltatsachen, auf die er seine Bewertung stützt, mitteilen. Dasselbe gilt auch für die Angabe eines Werturteils. Der Arbeitgeber muss somit **alle Gründe, auf die er die Kündigung stützen will**, nicht nur die wesentlichen, dem Betriebsrat mitteilen. Vom Arbeitgeber her gesehen hat das Anhörungsverfahren also auch **eine subjektive Seite („subjektive Determination")**. Teilt der Arbeitgeber objektiv kündigungsrechtlich erhebliche Tatsachen dem Betriebsrat deswegen nicht mit, weil er die Kündigung darauf zunächst nicht stützen will oder weil er der Ansicht ist, die mitgeteilten Gründe reichen zur Rechtfertigung der Kündigung bereits aus, so ist das Anhörungsverfahren korrekt.

Ausreichend ist in den ersten sechs Monaten des Arbeitsverhältnisses **(Wartezeit)**, wenn der Arbeitgeber dem Betriebsrat seine subjektiven Wertungen mitteilt, die ihn zur Kündigung veranlassen. Eine Mitteilung von Tatsachen ist entbehrlich.[120] Will der Arbeitgeber innerhalb der Wartezeit des § 1 KSchG seine Kündigung nur auf die negative Arbeitsleistung in der Probezeit stützen, braucht der Arbeitgeber weder Lebensalter noch Unterhaltspflichten dem Betriebsrat mitzuteilen, zumal es auf diese Umstände auch für die Rechtfertigung der Kündigung nicht ankommt.[121] Die **objektiv unvollständige** Mitteilung ist unschädlich, denn nach dem Sinn und Zweck des Anhörungsverfahrens benötigt der Betriebsrat nicht die Kenntnis von Tatsachen, die für den Kündigungsentschluss des Arbeitgebers ohne Bedeutung gewesen sind.[122] Hat der Arbeitgeber jedoch **weitere** Tatsachen, die er dem Betriebsrat nicht mitgeteilt hat, gekannt und sind sie auch von ihm bedacht worden, so verstößt das Verfahren gegen § 102 Abs. 1 BetrVG und die Kündigung ist unwirksam.[123] Stützt der Arbeitgeber die Kündigung auf substantiierbare Tatsachen, dann muss er sie auch dem Betriebsrat mitteilen.[124] Davon hat die Rechtsprechung dann eine Ausnahme gemacht, wenn diese weiteren Tatsachen nur **eine Ergänzung oder Konkretisierung des mitgeteilten Sachverhalts darstellen**. Diese Ausnahme wird jedoch eng gehandhabt, sodass aus Vorsorge eher anzuraten ist, auch solche Tatsachen dem Betriebsrat mitzuteilen.[125]

337 Diese Grundsätze hat das BAG auch auf solche Umstände angewandt, die zwar nicht das beanstandete Verhalten des Arbeitnehmers bzw. den Kündigungssachverhalt betreffen, aber im Rahmen der Interessenabwägung zugunsten des Arbeitnehmers zu berücksichtigen sind, zB Alter und Dauer der Betriebszugehörigkeit des Arbeitneh-

---

[118] LAG Schleswig-Holstein 30.10.2002 NZA-RR 2003, 310.
[119] Einhellige Auffassung, vgl. BAG 12.9.2013 NZA 2013, 1412; BAG 22.9.1994 EzA BetrVG 1972 § 102 Nr. 86 = NZA 1995, 363; BAG 8.9.1988 AP BetrVG 1972 § 102 Nr. 49; *Bitter*, NZA Beilage 3/1991, S. 16, 19 f.; KR/*Etzel*, § 102 BetrVG Rn. 66.
[120] BAG 12.9.2013 NZA 2013, 1412; BAG 22.9.2005 EzA BGB 2002 § 130 Nr. 5 = NZA 2006, 204; BAG 21.7.2005 EzA BetrVG 2001 § 102 Nr. 15 = NZA-RR 2006, 331.
[121] BAG 23.4.2009 EzA BetrVG 2001 § 102 Nr. 25 = NZA 2009, 959.
[122] Vgl. BAG 24.11.1983 EzA BetrVG 1972 § 102 Nr. 54 = RdA 1984, 193; 8.9.1988 EzA BetrVG 1972 § 102 Nr. 73 mit krit. Anm. *Schwerdtner*; 11.10.1989 EzA KSchG § 1 Betriebsbedingte Kündigung Nr. 64 = NZA 1990, 607; 11.7.1991 EzA BetrVG 1972 § 102 Nr. 81 = NZA 1992, 38; *Bitter*, NZA Beilage 3/1991, S. 16, 19 f.; kritisch *Kraft*, FS Kissel, 1994, S. 611 ff.
[123] BAG 8.9.1988 EzA BetrVG 1972 § 102 Nr. 73 = NZA 1989, 852; BAG 11.10.1989 EzA KSchG § 1 Betriebsbedingte Kündigung Nr. 64 = NZA 1990, 607.
[124] BAG 12.9.2013 NZA 2013, 1412.
[125] Vgl. dazu *Moll*, Anm. EzA BetrVG 1972 § 102 Nr. 55.

mers. Kennt der Arbeitgeber die Umstände und hat er sie bedacht, so muss er auch sie dem Betriebsrat mitteilen.[126]

Folge dieser **subjektiven Determination** des Anhörungsverfahrens ist, dass dieses § 102 Abs. 1 BetrVG entspricht, wenn der Arbeitgeber keine auf bestimmte Tatsachen gestützte Kündigungsgründe dem Betriebsrat mitteilt, entweder, weil er keine hat, oder weil sein Entschluss, das Arbeitsverhältnis zu kündigen, allein von subjektiven, durch Tatsachen nicht belegbare oder belegte Vorstellungen bestimmt wird. Der Fall wird selten vorkommen; das Anhörungsverfahren entspräche aber dem Gesetz.[127] Wer keine Gründe hat und nur wegen vorhandener subjektiver Werturteile ohne konkrete Anhaltspunkte kündigt, kann nicht der Wahrheit zuwider zur Angabe von Gründen gezwungen werden.[128] Darum genügen Mitteilungen wie, „der Arbeitnehmer hat sich während der Probezeit nicht bewährt",[129] oder „der Arbeitnehmer hat die in ihn gesetzten Erwartungen nicht erfüllt"[130] den Anforderungen an eine ordnungsgemäße Anhörung des Betriebsrats. Es genügt für eine ordnungsgemäße Anhörung, wenn der Arbeitgeber allein das Werturteil als das Ergebnis seines Entscheidungsprozesses mitteilt. Er muss den Betriebsrat über die tatsächlichen Ansatzpunkte seines subjektiven Werturteils nicht informieren.[131] Die nur bei **objektiver** Würdigung unvollständige Mitteilung der Kündigungsgründe hat dagegen nicht die Unwirksamkeit der Kündigung nach § 102 Abs. 1 BetrVG zur Folge.

338

Das Vortragen und Mitteilen von **Scheingründen** sowie das Verschweigen der wahren Kündigungsgründe führen zur Verneinung der Ordnungsmäßigkeit des Anhörungsverfahrens. Teilt der Arbeitgeber dem Betriebsrat **bewusst wahrheitswidrig** unrichtige Kündigungsgründe mit, ist die Anhörung nach § 102 Abs. 1 S. 3 BetrVG unwirksam.[132] Das gilt auch, wenn der Arbeitgeber dem Betriebsrat den Sachverhalt bewusst irreführend – zB auch durch **Verschweigen wesentlicher Umstände** (zB entlastender Umstände) – schildert. So ist das Anhörungsverfahren fehlerhaft, wenn der Arbeitgeber objektiv falsch informiert, der Betriebsrat dieses rügt und der Arbeitgeber gleichwohl keine weiteren Angaben innerhalb der Anhörungsfrist macht.[133] Der Arbeitgeber trägt die Beweislast für eine nicht bewusste Irreführung, wenn die objektiven Daten mit der dem Betriebsrat erteilten Information nicht übereinstimmen.[134] Dasselbe gilt, wenn bewusst unvollständige Sachdarstellungen mitgeteilt werden oder anstelle des bekannten und darstellbaren sowie bedachten Kündigungssachverhalts nur pauschale Werturteile abgegeben werden.[135]

339

---

[126] Vgl. BAG 2.3.1989 EzA BGB n. F. § 626 Nr. 118 = NZA 1989, 755. Vorschriften des Datenschutzes stehen nicht entgegen; KR/*Etzel*, § 102 BetrVG Rn. 71; APS/*Koch*, § 102 BetrVG Rn. 87.
[127] BAG 12.9.2013 NZA 2013, 1412; Zur Kündigung innerhalb der Probezeit „auf Wunsch des Chefarztes" LAG Frankfurt 12.6.1995 LAGE BetrVG 1972 § 102 Nr. 50.
[128] BAG 8.9.1988 EzA BetrVG 1972 § 102 Nr. 73 = NZA 1989, 852.
[129] BAG 22.4.2010 ZTR 2010, 430 Rn. 26 f.
[130] BAG 18.5.1994 NZA 1995, 24.
[131] BAG 12.9.2013 NZA 2013, 1412 Rn. 23.
[132] BAG 23.9.1992 EzA KSchG § 1 Krankheit Nr. 37; BAG 22.9.1994 EzA BetrVG 1972 § 102 Nr. 86 = NZA 1995, 363 unter Aufhebung von LAG Köln 30.9.1993 LAGE BetrVG 1972 § 102 Nr. 36; vgl. auch BAG 9.3.1995 NZA 1995, 678; weitergehend *Kraft*, FS Kissel, 1994, S. 611, 617 f., der auch die unbewusste Falschinformation genügen lassen will; dagegen *Bitter*, NZA-Beilage 3/1991, S. 16, 20; *Berkowsky*, NZA 1996, 1065 ff.; zum Ganzen *Oetker*, FS Kraft, 1998, S. 429 ff.; *Isenhardt*, Festschrift 50 Jahre Bundesarbeitsgericht, 2004, S. 943 ff.
[133] BAG 17.2.2000 EzA BetrVG 1972 § 102 Nr. 103 = NZA 2000, 761.
[134] BAG 22.9.1994 EzA BetrVG 1972 § 102 Nr. 86 = NZA 1995, 363; vgl. auch APS/*Koch*, § 102 BetrVG Rn. 89 mwN.
[135] LAG Köln 20.12.1993 LAGE BetrVG 1972 § 102 Nr. 37.

340 Die **objektiv unvollständige** Mitteilung der für die Kündigung wesentlichen Umstände an den Betriebsrat hat aber eine erhebliche Konsequenz auf ein evtl. nachfolgendes Kündigungsschutzverfahren. Tragen die dem Betriebsrat mitgeteilten Gründe die soziale Rechtfertigung der Kündigung nach § 1 KSchG oder den wichtigen Grund nach § 626 BGB nicht, so ist es dem Arbeitgeber verwehrt, **im Kündigungsschutzverfahren Gründe nachzuschieben,** die über eine Erläuterung der (mitgeteilten) Gründe hinausgehen. Diese **mittelbare Folge** führt dann zu einem Prozessverlust des Arbeitgebers. **Das gilt nicht,** wenn der Arbeitgeber für die Rechtfertigung der Kündigung keine Gründe braucht (innerhalb der Wartezeit des § 1 Abs. 1 KSchG). Hier wirkt sich die nur objektiv unvollständige Unterrichtung des Betriebsrats auf die materiell-rechtliche Wirksamkeit der Kündigung nicht aus.[136] Bei einer Kündigung innerhalb der Wartezeit des § 1 KSchG sind also an den Umfang der Mitteilung der Kündigungsgründe keine geringeren Anforderungen zu stellen als in anderen Fällen.[137] **Zum Nachschieben von Kündigungsgründen** im Kündigungsschutzprozess → Rn. 352 ff.

341 Die Mitteilung der Kündigungsgründe hat sich grundsätzlich auch auf solche Tatsachen zu erstrecken, die gegen die beabsichtigte Kündigung sprechen.[138]

342 Problematisch ist, ob der Arbeitgeber auch **fehlende Weiterbeschäftigungsmöglichkeiten** mitzuteilen hat. Besteht aus der Sicht des Arbeitgebers keine Möglichkeit, den zu kündigenden Arbeitnehmer auf einem anderen Arbeitsplatz weiterzubeschäftigen, so genügt der Arbeitgeber seiner Anhörungspflicht nach § 102 BetrVG in der Regel schon durch den ausdrücklichen oder konkludenten Hinweis auf fehlende Weiterbeschäftigungsmöglichkeiten.[139] Selbst im Kündigungsschutzprozess ist der Arbeitgeber zu weiteren Darlegungen nur verpflichtet, wenn der Arbeitnehmer angibt, wie er sich eine Weiterbeschäftigung vorstellt.[140] Die Darlegungspflicht im Rahmen der Betriebsratsanhörung geht regelmäßig nicht weiter als die Darlegungslast im späteren Prozess. Sehr viel weiter geht das BAG aber für den Fall, wenn der Betriebsrat den Arbeitgeber auf einen konkreten unbesetzten Arbeitsplatz aufmerksam macht. Dann muss der Arbeitgeber weitere konkrete Auskünfte bezogen auf diesen Arbeitsplatz erteilen. Tut er dies nicht innerhalb der Anhörungsfrist, ist die Kündigung nach § 102 BetrVG unwirksam.[141]

---

[136] BAG 8.9.1988 EzA BetrVG 1972 § 102 Nr. 73 = NZA 1989, 852 mit krit. Anm. *Oetker* in SAE 1989, 302 ff. Nicht richtig ist der Hinweis des BAG, der Arbeitgeber setze sich bei einer nicht an sachlichen Kriterien ausgerichteten Kündigungsentscheidung innerhalb der Wartezeit des § 1 KSchG der Gefahr aus, diese Kündigung könne sittenwidrig sein; dagegen zutreffend *Schwerdtner*, Anm. zu BAG EzA BetrVG 1972 § 102 Nr. 73. Zur sittenwidrigen Kündigung → Rn. 223.

[137] Entschließt sich der Arbeitgeber, allein aus pauschalen Werturteilen ein Arbeitsverhältnis zu kündigen, so scheitert er, sofern nur sie seinen Kündigungsentschluss bestimmt haben, nicht an § 102 Abs. 1 BetrVG. Hat der Arbeitnehmer noch keinen Kündigungsschutz, so ist die Kündigung wirksam. Findet § 1 KSchG Anwendung oder handelt es sich um eine außerordentliche Kündigung, so kann der Arbeitgeber im Kündigungsschutzverfahren keine Gründe nachschieben. Vgl. zum Problem *Schwerdtner*, ZIP 1981, 809 und Anm. EzA BetrVG 1972 § 102 Nr. 73, der auf die Schwierigkeiten der Anhörungspflicht in der Praxis aufmerksam macht.

[138] Vgl. BAG 2.11.1983 EzA BetrVG 1972 § 102 Nr. 53 = AP BetrVG 1972 § 102 Nr. 29 mit der weiteren Einschränkung, das gelte dann, wenn der Arbeitgeber den Kündigungsvorwurf auf Hörensagen stützt. Das BAG hat diese Rechtsprechung erweitert und den Arbeitgeber für verpflichtet erklärt, dem Betriebsrat nicht nur eine erteilte Abmahnung mitzuteilen, sondern auch die dazu vom Arbeitnehmer vorgelegte Gegendarstellung; BAG 31.8.1989 EzA BetrVG 1972 § 102 Nr. 75.

[139] BAG 17.2.2000 EzA BetrVG 1972 § 102 Nr. 103 = NZA 2000, 761.

[140] BAG 29.3.1990 EzA KSchG § 1 Soziale Auswahl Nr. 29 = NZA 1991, 181.

[141] BAG 17.2.2000 EzA BetrVG 1972 § 102 Nr. 103= NZA 2000, 761 unter Bezugnahme auf BAG 6.7.1979 BAGE 30, 370 im Ergebnis ebenso für den Fall, dass der Arbeitgeber einem derartigen

Die Kündigungsgründe brauchen dem Betriebsrat gegenüber **nicht unter Beweis** 343 gestellt zu werden. Die Vorlage von Beweismitteln, schriftlichen Unterlagen oder die Benennung von Zeugen ist nicht erforderlich und kann vom Betriebsrat auch nicht verlangt werden.[142] Auch ist die Ordnungsmäßigkeit des Anhörungsverfahrens nicht davon abhängig, ob die mitgeteilten Kündigungsgründe in der Lage sind, die beabsichtigte Kündigung zu rechtfertigen. Das ist allein im Kündigungsschutzprozess im Rahmen der Prüfung des ggf. erforderlichen Kündigungsgrundes zu entscheiden.[143]

Die Verpflichtung des Arbeitgebers zur vollständigen Mitteilung der Gründe, auf die 344 er seine Kündigung stützen will, entfällt dann, wenn der **Betriebsrat bereits den aktuellen, erforderlichen Kenntnisstand hat,** um sich über die Kündigungsgründe ein Bild zu machen. Den Arbeitgeber dennoch für verpflichtet zu halten, die Kündigungsgründe dem Betriebsrat detailliert vorzutragen, würde unverständliche „Förmelei" bedeuten.[144] Für die Wissenszurechnung ist grundsätzlich der Kenntnisstand der Personen maßgebend, die zur Entgegennahme von Erklärungen gemäß § 26 Abs. 2 S. 2 BetrVG berechtigt sind. Der Kenntnisstand des Betriebsrats muss in einem engen zeitlichen Zusammenhang mit der Einleitung des Anhörungsverfahrens stehen.[145] Relevant ist dieser Fall insbesondere bei Abschluss eines Interessenausgleichs mit Namensliste (§ 1 Abs. 5 KSchG, → Rn. 1153).[146] Aber auch in diesem Fall ist das Anhörungsverfahren nicht entbehrlich. Der Arbeitgeber kann allerdings das Anhörungsverfahren mit einem pauschalen Hinweis auf die bereits bekannten Gründe einleiten.[147] Zu bemerken ist allerdings, dass das Risiko beim Arbeitgeber liegt. Bestätigt sich seine Annahme, der Betriebsrat habe den aktuellen und ausreichenden Kenntnisstand, nicht, so ist die Kündigung unwirksam.[148]

aa) Betriebsbedingte Kündigung

Der Arbeitgeber hat dem Betriebsrat bei einer beabsichtigten betriebsbedingten Kün- 345 digung neben den Tatsachen,[149] aus denen er die Betriebsbedingtheit der Kündigung ab-

---

berechtigten Verlangen des Betriebsrats nach Zusatzinformationen nicht nachkommt *Oetker*, FS Kraft, 1998, S. 429 ff.; *Raab*, ZfA 1995, S. 479, 528.

[142] BAG 26.1.1995 EzA BetrVG § 102 Nr. 87 = NZA 1995, 672 unter Aufhebung von LAG Hamm 6.1.1994 LAGE BetrVG 1972 § 102 Nr. 40; vgl. ferner BAG 6.2.1997 EzA BetrVG 1972 § 102 Nr. 96 = NZA 1997, 656; APS/*Koch*, § 102 BetrVG Rn. 68.

[143] BAG 24.3.1977 EzA BetrVG 1972 § 102 Nr. 28 = NJW 1978, 122; KR/*Etzel*, § 102 BetrVG Rn. 68.

[144] BAG 28.8.2003 EzA BetrVG 2001 § 102 Nr. 4 = AP BetrVG 1972 § 102 Nr. 134; BAG 20.5.1999 EzA BetrVG 1972 § 102 Nr. 102 = NZA 1999, 1101; BAG 27.6.1985 EzA BetrVG 1972 § 102 Nr. 60 = NZA 1986, 426; kritisch *Hohmeister*, NZA 1991, 209, 212 ff.; auch APS/*Koch*, § 102 BetrVG Rn. 81 für die Aussage des BAG, dass die Mitteilung auch gänzlich entfallen könne. Daran ist richtig, dass selbst bei genauer Kenntnis das BAG doch ein Mindestmaß an Mitteilung des Kündigungssachverhalts verlangt. Vgl. BAG 11.12.2003 AP KSchG 1969 § 1 Soziale Auswahl Nr. 65 = EzA § 1 BetrVG 2001 Nr. 5.

[145] Abzustellen für den Kenntnisstand ist auf die Person des Vorsitzenden oder seines Stellvertreters bzw. des Vorsitzenden des Personalausschusses. Einzelheiten BAG 27.6.1985 EzA BetrVG 1972 § 102 Nr. 60 = NJW 1986, 426.

[146] Vgl. etwa BAG 20.5.1999 EzA BetrVG 1972 § 102 Nr. 102 = NZA 1999, 1101; BAG 21.2.2002 EzA § 1 KSchG Interessenausgleich Nr. 10; BAG 22.1.2004 AP BetrVG 1972 § 112 Namensliste Nr. 1 = EzA § 1 KSchG Interessenausgleich Nr. 11.

[147] Vgl. dazu noch BAG 28.9.1978 EzA BetrVG 1972 § 102 Nr. 39 = NJW 1979, 2421; LAG Köln 16.10.1997 LAGE BetrVG 1972 § 102 Nr. 64.

[148] Von einem ausreichenden Kenntnisstand kann nicht ausgegangen werden, wenn der Betriebsrat nur die Möglichkeit hat, aktenmäßig erfasstes Informationsmaterial heranzuziehen, vgl. LAG Hamm 24.10.1991 LAGE BetrVG 1972 § 102 Nr. 32.

[149] Die Mitteilung bloßer wirtschaftlicher Motive reicht nicht aus LAG Hamm 30.9.1999 LAGE BetrVG 1972 § 102 Nr. 73. Andererseits bedarf es nicht der Mitteilung der Motive, wenn nur die kündigungsbegründenden Tatsachen mitgeteilt sind LAG Thüringen 16.10.2000 NZA-RR 2001, 643.

leitet (→ Rn. 336 und unten 902 ff.), auch von vornherein die Gründe mitzuteilen, die ihn gerade zur Auswahl dieses Arbeitnehmers veranlasst haben.[150] Dazu zählen in der Regel die Sozialdaten des ausgewählten Arbeitnehmers und mit ihm vergleichbarer Arbeitnehmer.[151] Darüber hinaus hat er die Auswahlkriterien und seinen Bewertungsmaßstab anzugeben. Nicht ausreichend sind pauschale, schlag- oder stichwortartige Angaben.[152] Auch hier kommt die subjektive Seite des Anhörungsverfahrens in der Person des Arbeitgebers zum Tragen. Der Arbeitgeber braucht nur **seine Auswahlgründe** mitzuteilen.[153] Hat er zB überhaupt nicht nach sozialen Gesichtspunkten ausgewählt, sondern sich allein von Leistungsgesichtspunkten leiten lassen, so ist das Anhörungsverfahren ordnungsgemäß. Die Anhörung ist auch nicht fehlerhaft, wenn der Arbeitgeber Gründe zur Sozialauswahl nicht mitteilt, weil er der Auffassung ist, dass wegen der unmittelbaren Betroffenheit nur eines Arbeitnehmers, wegen Schließung eines ganzen Betriebs oder aus anderen Gründen eine Sozialauswahl gar nicht erforderlich ist.[154] Die Folgen für den Arbeitgeber zeigen sich ggf. erst im Kündigungsschutzprozess, in dem es ihm verwehrt ist, sich auf Gründe für die soziale Auswahl zu berufen, die er dem Betriebsrat nicht mitgeteilt hat.[155] Auswahlgründe, die der Arbeitgeber nicht gesehen oder die er für unbedeutend gehalten und deshalb bei seiner Abwägung nicht bedacht hat, braucht der Arbeitgeber nicht darzulegen. Führt der Arbeitgeber die Sozialauswahl, wie der Betriebsrat weiß, ausdrücklich nach den aus den Lohnsteuerkarten ersichtlichen Daten durch, ist es ausreichend, allein diese Daten mitzuteilen, jedenfalls solange der Betriebsrat nicht nachfragt.[156] Der Betriebsrat hat allerdings nach § 80 Abs. 2 BetrVG das Recht, solche Daten zu erfragen. Das Anhörungsverfahren nach § 102 Abs. 1 BetrVG bleibt davon unberührt. Ob die Sozialauswahl von den Umständen, die dem Betriebsrat mitgeteilt worden sind, getragen wird, entscheidet sich im evtl. Kündigungsschutzverfahren.

---

[150] Die frühere Rechtsprechung, Mitteilung nur auf Verlangen des Betriebsrates – Urteil vom 6.7.1978 EzA BetrVG 1972 § 102 Nr. 37 mit Anm. *Hanau* = NJW 1979, 1672 – hat der 2. Senat mit Urteil vom 29.3.1984 EzA BetrVG 1972 § 102 Nr. 55 = NJW 1984, 2374 aufgegeben; bestätigt durch BAG 16.1.1987 EzA KSchG § 1 Betriebsbedingte Kündigung Nr. 48 und 2.3.1989 EzA BGB n. F. § 626 Nr. 118 = NZA 1989, 75.

[151] LAG Nürnberg 15.3.1994 LAGE BetrVG 1972 § 102 Nr. 39; fraglich ist, ob es zu Lasten des Arbeitgebers geht, wenn ihm prinzipiell auswahlrelevante Sozialdaten nicht bekannt sind und diese auch vom Arbeitnehmer nicht mitgeteilt werden, zu Recht dagegen ArbG Stuttgart 31.10.1991 AiB 1992, 360. Nach LAG Baden-Württemberg 9.11.1990 LAGE BetrVG 1972 § 102 Nr. 25 und LAG Schleswig-Holstein 10.8.2004 NZA-RR 2004, 582 besteht im Rahmen des § 102 BetrVG keine Verpflichtung des Arbeitgebers, hinsichtlich der Kinderzahl über die Angabe in der Steuerkarte hinaus weitere Nachforschungen anzustellen.

[152] BAG 12.8.2010 NZA 2011, 460.

[153] BAG 16.1.1987 EzA KSchG § 1 Betriebsbedingte Kündigung Nr. 48.

[154] Zur Kündigung wegen Betriebsstilllegung jetzt auch BAG 13.5.2004 EzA BetrVG 2001 § 102 Nr. 7 = NZA 2004, 1037 unter teilweiser Aufgabe von BAG 16.9.1993 EzA BetrVG 1972 § 102 Nr. 84 = NZA 1994, 311; BAG 24.2.2000 EzA BetrVG 1972 § 102 Nr. 104 = NZA 2000, 764; BAG 12.8.2010 NZA 2011, 460; LAG Frankfurt 24.1.2000 NZA-RR 2001, 34; LAG Schleswig-Holstein 1.4.1999 LAGE KSchG § 1 Soziale Auswahl Nr. 30; in gleichem Sinne zur betriebsbedingten Änderungskündigung BAG 27.9.2001 EzA KSchG § 2 Nr. 44 = NZA 2002, 750; vgl. auch BAG 21.9.2000 EzA KSchG § 1 Betriebsbedingte Kündigung Nr. 107; zu dem umgekehrten Fall, dass der Arbeitgeber freiwillig eine Sozialauswahl vornimmt, obwohl sie objektiv nicht erforderlich ist s. LAG Berlin 6.12.2005 LAGE BetrVG 2001 § 102 Nr. 5.

[155] Vgl. LAG Sachsen-Anhalt 20.1.1995 LAGE BetrVG 1972 § 102 Nr. 46; LAG Berlin 20.8.1996 LAGE KSchG § 1 Soziale Auswahl Nr. 19; *Moll*, Anm. EzA BetrVG 1972 § 102 Nr. 55; KR/*Etzel*, § 102 BetrVG Rn. 62a; a. A. *Hanau*, Anm. EzA BetrVG 1972 § 102 Nr. 37, der das Anhörungsverfahren dann als nicht ordnungsgemäß ansieht, wenn der Betriebsrat nicht sämtliche dem Arbeitgeber zur Verfügung stehenden objektiven Informationen erhalte.

[156] BAG 17.1.2008 NZA-RR 2008, 571.

Im Falle beabsichtigter Betriebsstilllegung gehört der Stilllegungstermin grds. zu den **346** mitteilungsbedürftigen Umständen.[157] Keine anderen Grundsätze gelten für Massenentlassungen.[158] Bei **etappenweiser Betriebsstilllegung** muss – neben dem Termin der endgültigen Stilllegung – mitgeteilt werden, in welcher zeitlichen Abfolge Bereiche eingeschränkt, welche Arbeitnehmer zunächst weiterbeschäftigt und zu welchem Zeitpunkt welche Arbeitnehmer entlassen werden.[159] Im Rahmen des § 102 BetrVG ist es jedoch nicht erforderlich, dass der Betriebsrat über die gesellschaftsrechtlichen und wirtschaftlichen Hintergründe eines Betriebsübergangs informiert wird.[160]

bb) Krankheitsbedingte Kündigung

Bei der krankheitsbedingten Kündigung hat der Arbeitgeber alle diejenigen Umstän- **347** de darzulegen, die die soziale Rechtfertigung dieser Kündigung begründen können (→ Rn. 1245). Das sind die einzelnen Fehlzeiten und darüber hinaus die Tatsachen, aus denen sich eine erhebliche Beeinträchtigung betrieblicher Interessen (Angabe zu Entgeltfortzahlungskosten) ergibt.[161] Dabei sind die Anforderungen im Rahmen des § 102 BetrVG nicht zu überspannen. Weist ein Arbeitnehmer seit Beginn des Arbeitsverhältnisses fortlaufend jedes Jahr überdurchschnittliche Krankheitszeiten auf und verursacht er somit hohe Entgeltfortzahlungskosten, so reicht es aus, wenn die Krankheitshäufigkeit dargelegt und die Entgeltfortzahlungskosten der letzten Jahre in einem Gesamtbetrag mitgeteilt werden. Aus den mitgeteilten Krankheitszeiten und Entgeltfortzahlungskosten kann regelmäßig eine Negativprognose abgeleitet werden, zumal sich auch der Arbeitgeber auf die Indizwirkung der Fehlzeiten stützen kann.[162] Auch muss ggf. unterschieden werden, ob die Kündigung auf der Basis einer negativen Gesundheitsprognose oder einer feststehenden dauernden Arbeitsunfähigkeit erfolgen soll.[163] Die Beeinträchtigung betrieblicher Interessen ist Teil des Kündigungsgrundes. Ist die Anhörung **objektiv unvollständig,** d.h., teilt der Arbeitgeber bestimmte Umstände dem Betriebsrat nicht mit, weil er seine Entscheidung darauf nicht stützt, so ist das Anhörungsverfahren ordnungsgemäß; der Arbeitgeber kann die weiteren Tatsachen im Kündigungsschutzprozess jedoch nicht nachschieben, sodass die Kündigung unter Umständen sozialwidrig ist.[164] Stützt sich der Arbeitgeber zur Begründung der Kündigung auf das Gesamtbild häufiger krankheitsbedingter Fehlzeiten seit einem bestimmten Zeitpunkt, und zwar ohne Rücksicht darauf, welche Krankheitsursachen im Einzelnen zugrunde lagen, so ändert der Umstand, dass in einem weiter zurückliegenden Jahr zwei Krankheitsperioden auf Betriebsunfälle zurückgehen, das Gesamtbild der Fehlzeiten nicht.[165]

Für die Praxis wichtig ist die Trennung von personen- und verhaltensbedingten **348** Gründen. Werden bei der Anhörung entschuldigte krankheitsbedingte sowie – unzutreffend – unentschuldigte Fehlzeiten miteinander **vermengt,** so kann die Anhörung allein deshalb fehlerhaft sein.[166] Entscheiden muss sich der Arbeitgeber, ob er den Be-

---

[157] Vgl. aber BAG 21.6.2001 EzA BetrVG 1972 § 102 Nr. 112.
[158] LAG Köln 13.1.1993 LAGE BetrVG 1972 § 102 Nr. 34.
[159] LAG Hamm 17.2.1995 LAGE BetrVG 1972 § 102 Nr. 54.
[160] BAG 12.7.2007 – 2 AZR 493/05 –.
[161] Vgl. BAG 8.9.1988 EzA BetrVG 1972 § 102 Nr. 73 = NZA 1989, 852; LAG Schleswig-Holstein 1.9.2004 LAGE BetrVG 2001 § 102 Nr. 4 = NZA-RR 2004, 635.
[162] BAG 7.11.2002 EzA BGB 2002 § 174 Nr. 1.
[163] Hierzu LAG Hamm 17.11.1997 LAGE BetrVG 1972 § 102 Nr. 63.
[164] BAG 9.4.1987 EzA KSchG § 1 Krankheit Nr. 18 = NZA 1987, 811; BAG 24.11.1983 EzA BetrVG 1972 § 102 Nr. 54 = NZA 1984, 93.
[165] BAG 7.11.2002 AP KSchG 1969 § 1 Krankheit Nr. 40 = EzA KSchG § 1 Krankheit Nr. 50.
[166] BAG 23.9.1992 EzA KSchG § 1 Krankheit Nr. 37.

triebsrat nur zu einer krankheits- oder nur zu einer verhaltensbedingten Kündigung anhört. In Grenzfällen (alkoholbedingte Kündigung, Kündigung wegen Schlechtleistung oder krankheitsbedingter Leistungsminderung) empfiehlt es sich, den Betriebsrat zu beiden Kündigungsvarianten anzuhören, weil im Kündigungsschutzverfahren ansonsten ein Nachschieben des Kündigungsgrundes (→ Rn. 352ff.) ausgeschlossen ist.[167] Weniger brisant ist die Frage nur bei einer Kündigung, für die das KSchG nicht gilt, weil der Arbeitgeber hier nicht gezwungen ist, seinen subjektiv determinierten Kündigungsentschluss in einem Kündigungsschutzprozess zu objektivieren.[168]

cc) Verhaltensbedingte Kündigung

349 Bei der verhaltensbedingten Kündigung sind neben den aus der Sicht des Arbeitgebers rechtfertigenden Gründen auch diejenigen Umstände darzulegen, die – dem Arbeitgeber bekannt und von ihm bedacht – im Rahmen der Interessenabwägung von Bedeutung sind.[169] Die Darlegungspflichten sind aber nicht zu überspannen. Bei wiederholtem Zuspätkommen muss der Arbeitgeber nicht die Betriebsstörungen mitteilen, da derartige Verspätungsfolgen bekannt sind.[170] Ebenso sind unter gewissen Voraussetzungen Umstände mitzuteilen, die gegen die Kündigung sprechen.[171] Auch eine vorangegangene **Abmahnung** und ihr Anlass sind dem Betriebsrat zur Kenntnis zu bringen, da sie für die Beurteilung des Kündigungssachverhalts von ausschlaggebender Bedeutung sind. Liegt eine Gegendarstellung des Arbeitnehmers vor, so hat der Arbeitgeber den Betriebsrat auch davon zu informieren.[172] Will der Arbeitgeber eine Kündigung allein auf Minderleistungen des Arbeitnehmers stützen, ohne Rücksicht auf deren Ursachen, ist die Anhörung nach § 102 Abs. 1 BetrVG auch dann nicht zu beanstanden, wenn der Arbeitnehmer schon vor der Kündigung die Minderleistung durch Attestvorlage krankheitsbedingt erklärt hat.[173] An dieser Entscheidung wird der Grundsatz der subjektiven Determination (→ Rn. 325) besonders deutlich. Ob eine derart motivierte Kündigung der Prüfung nach § 1 KSchG standhielte, steht auf einem anderen Blatt. In jedem Fall muss sich der Arbeitgeber klar entscheiden, ob er den Betriebsrat zu einer verhaltensbedingten oder einer personenbedingten Kündigung anhören will.[174]

dd) Verdachtskündigung

350 Bei der Verdachtskündigung ist zu raten, dem Betriebsrat umfassend den ermittelten Sachverhalt nebst Aufklärungsbemühungen (insbes. Anhörung des Arbeitnehmers) mitzuteilen[175] (zu den Voraussetzungen der Verdachtskündigung → Rn. 703ff.). Nach der Rechtsprechung des BAG kann der Arbeitgeber im Falle einer Kündigung des Ar-

---

[167] Vgl. LAG Hamburg 22.2.1991 LAGE BetrVG 1972 § 102 Nr. 28 mit abl. Anm. *Rüthers/Franke.*
[168] Hierzu BAG 11.7.1991 EzA BetrVG 1972 § 102 Nr. 81 = NZA 1992, 38.
[169] BAG 2.3.1989 EzA BGB § 626 n.F. Nr. 118 = NZA 1989, 755; BAG 26.1.1995 EzA KSchG § 1 Verhaltensbedingte Kündigung Nr. 46 = NZA 1995, 517.
[170] BAG 27.2.1997 EzA KSchG § 1 Verhaltensbedingte Kündigung Nr. 51 = NZA 1997, 761.
[171] BAG 2.11.1983 AP BetrVG 1972 § 102 Nr. 29 = EzA BetrVG 1972 § 102 Nr. 53; LAG Schleswig-Holstein 15.4.1997 LAGE BetrVG 1972 § 102 Nr. 58.
[172] BAG 31.8.1989 AP LPVG Schleswig-Holstein § 77 Nr. 1; EzA BetrVG 1972 § 102 Nr. 75.
[173] BAG 11.7.1991 EzA BetrVG 1972 § 102 Nr. 81 = NZA 1992, 38 unter Aufhebung von LAG Hamm 5.12.1990 LAGE BetrVG 1972 § 102 Nr. 27; vgl. auch LAG Düsseldorf 2.7.1993 LAGE BetrVG 1972 § 102 Nr. 35 mit abl. Anm. *Schwerdtner;* ähnlich LAG Baden-Württemberg 9.11.1990 LAGE BetrVG 1972 § 102 Nr. 25.
[174] LAG Hamburg 22.2.1991 LAGE BetrVG 1972 § 102 Nr. 28 mit krit. Anm. *Rüthers/Franke.*
[175] Hierzu auch APS/*Koch,* § 102 BetrVG Rn. 128.

beitnehmers wegen erwiesener Straftat nach entsprechender Anhörung des Betriebsrats im Kündigungsschutzprozess die Kündigung **bei unverändert gebliebenem Sachverhalt** nicht mehr auf den Verdacht dieser Straftat stützen, wenn nicht der Betriebsrat vorsorglich auch zu diesem Kündigungsgrund gehört worden ist.[176] Insoweit liegt ein unzulässiges Nachschieben von Kündigungsgründen vor.[177] Da die Beweiswürdigung im Kündigungsschutzprozess nicht sicher prognostiziert werden kann, ist es in diesen Fällen dringend geboten, hilfsweise den Betriebsrat auch zur Verdachtskündigung zu hören.[178] Der umgekehrte Fall ist dagegen möglich: Wurde der Betriebsrat unter Mitteilung aller Tatsachen[179] zu einer Verdachtskündigung angehört, muss er, wenn sich der Verdacht zur Gewissheit verdichtet, nicht erneut angehört werden.[180]

ee) Änderungskündigung

Der Arbeitgeber hat im Falle einer beabsichtigten Änderungskündigung dem Betriebsrat neben den Gründen zur Kündigung auch das Änderungsangebot (einschließlich der Vergütung) mitzuteilen. Nur bei Kenntnis dieses Angebots kann der Betriebsrat die Tragweite der Kündigung beurteilen und prüfen, ob er Widerspruch nach § 102 BetrVG Abs. 3 Nr. 3–5 erheben kann.[181] Darüber hinaus muss der Arbeitgeber, wenn er sich eine Beendigungskündigung vorbehalten und dazu eine erneute Anhörung ersparen will, dem Betriebsrat gegenüber verdeutlichen, dass er im Falle der **Ablehnung des Änderungsangebotes durch den Arbeitnehmer** die Beendigungskündigung beabsichtigt. Bleibt diese Frage für den Betriebsrat offen, so liegt keine ordnungsgemäße Anhörung des Betriebsrats vor.[182] Bei der betriebsbedingten Änderungskündigung sind dem Betriebsrat wie bei den sonstigen betriebsbedingten Kündigungen die Gründe für die Sozialauswahl mitzuteilen (→ Rn. 354).[183]

351

b) Nachschieben von Kündigungsgründen

Das Nachschieben von **vor der Kündigung** entstandenen Kündigungsgründen, die der Arbeitgeber zunächst zur Begründung der Kündigung nicht angegeben hat, ist **materiellrechtlich** zulässig ohne Rücksicht darauf, wann sie dem Kündigenden bekannt geworden sind.[184]

352

Die Frage, ob Kündigungsgründe, die dem Betriebsrat im Anhörungsverfahren nicht mitgeteilt worden sind, im Kündigungsschutzverfahren nachgeschoben werden können, wird unterschiedlich beantwortet. Davon zu unterscheiden ist die bloße **Erläuterung und Konkretisierung** der dem Betriebsrat genannten Gründe. Sie blei-

353

---

[176] BAG 3.4.1986 EzA BetrVG 1972 § 102 Nr. 63 mit teilw. krit. Anm. *Rüthers;* BAG 2.3.1989 EzA BGB § 626 n. F. Nr. 118 = NZA 1989, 755.
[177] BAG 23.4.2008 EzA BetrVG 2001 § 103 Nr. 6 = NZA 2008, 1081.
[178] *Rüthers,* Anm. EzA § 102 BetrVG 1972 Nr. 63, weist richtig darauf hin, dass die Zulässigkeit des „Nachschiebens des Verdachts" durchaus gegeben sein kann. Der Verdacht sei dem Arbeitgeber, der die Tat als erwiesen betrachtet habe, erst nach Ausspruch der Kündigung bekannt geworden, so dass er – nach vorheriger Anhörung des Betriebsrats – den Grund im Kündigungsschutzprozess nachschieben könne.
[179] Siehe den Anwendungsfall BAG 21.11.2013 NZA 2014, 243 Rn. 23 ff.
[180] BAG 23.6.2009 NZA 2009, 1136.
[181] BAG 10.3.1982 AP KSchG 1969 § 2 Nr. 2 = EzA KSchG § 2 Nr. 3; 11.10.1989 EzA KSchG § 1 Betriebsbedingte Kündigung Nr. 64 = NZA 1990, 607; 27.9.2001 NZA 2002, 750; 12.8.2010 NZA 2011, 460.
[182] BAG 30.11.1989 EzA BetrVG 1972 § 102 Nr. 77 = NZA 1990, 529; LAG Hamm 15.7.1997 LAGE BetrVG 1972 § 102 Nr. 60.
[183] Vgl. 12.8.2010 NZA 2011, 460; LAG Baden-Württemberg 15.10.1984 NZA 1985, 126.
[184] BAG 11.4.1985 EzA BetrVG 1972 § 102 Nr. 62 = NZA 1986, 674.

ben zulässig, sofern sie nicht dem bisherigen Vortrag bzw. Sachverhalt erst das Gewicht eines kündigungsrechtlich erheblichen Grundes geben. Innerhalb des Anhörungsverfahrens und **vor Ausspruch der Kündigung** kann der Arbeitgeber weitere Tatsachen – ggf. auf Nachfrage des Betriebsrats – mitteilen, die im Kündigungsschutzprozess verwertbar sind. Dies gilt jedenfalls dann, wenn der Arbeitgeber vor der Kündigung die Frist des § 102 Abs. 2 BetrVG bzw. die abschließende Stellungnahme des Betriebsrats abwartet.[185]

354 Nach der Leitentscheidung des BAG vom 11.4.1985[186] gelten die folgenden Grundsätze, auf die sich die Praxis einzustellen hat:

355 Das **Nachschieben von solchen Kündigungsgründen,** die dem Arbeitgeber bei Ausspruch der Kündigung **bereits bekannt waren,** von denen er dem Betriebsrat aber keine Mitteilung gemacht hat, ist unzulässig mit der Folge, dass diese Gründe im Prozess nicht berücksichtigt werden können.[187] Hört der Arbeitgeber etwa den Betriebsrat objektiv unvollständig an, zB teilt er die Gründe für die durchgeführte Sozialauswahl nicht mit, ist es ihm verwehrt, im Kündigungsschutzprozess die dem Betriebsrat nicht mitgeteilten Gründe nachzuschieben.[188]

356 Das **Nachschieben von Kündigungsgründen,** die dem Arbeitgeber bei Ausspruch der Kündigung **noch unbekannt waren,** mit denen sich also weder der Arbeitgeber noch der Betriebsrat im Anhörungsverfahren befasst haben, ist zulässig, sofern hinsichtlich dieser Gründe eine **weitere Anhörung des Betriebsrats erfolgt,** bevor sie im Prozess nachgeschoben werden. Damit wird das Nachschieben von Kündigungsgründen der Erklärung der Kündigung gleichgesetzt[189] und sichergestellt, dass der Streit über die Kündigung in einem Verfahren erledigt werden kann. Voraussetzung ist, dass der Arbeitgeber darlegt und ggf. beweist, er habe von diesen Gründen erst nach Ausspruch der Kündigung Kenntnis – notwendig ist die positive Kenntnis – erlangt.

4. Beschluss des Betriebsrats

357 Die Stellungnahme des Betriebsrats zur beabsichtigten Kündigung erfolgt durch Beschluss (§ 33 BetrVG). Das gilt auch für die Entscheidung eines Ausschusses nach § 28 Abs. 1 S. 2 BetrVG. Es handelt sich angesichts der Bedeutung der Mitwirkung bei der Kündigung des Arbeitsverhältnisses nicht um ein laufendes Geschäft i.S. des § 27 Abs. 3 S. 1 BetrVG. Der Betriebsrat kann sein Recht auch nicht allgemein kraft Ermächtigung auf den Vorsitzenden bzw. ein anderes Mitglied des Betriebsrats übertragen. Der darin liegende Verzicht auf die Beteiligungsrechte ist rechtsunwirksam.

358 Eine Aufforderung zur Stellungnahme ist nicht erforderlich.[190] Sie liegt in aller Regel in der Mitteilung der Kündigungsgründe; dennoch dürfte sie zweckmäßig sein. Ein

---

[185] BAG 6.2.1997 EzA BetrVG 1972 § 102 Nr. 96 = NZA 1997, 656.
[186] EzA BetrVG 1972 § 102 Nr. 62 = NZA 1986, 674.
[187] Bestätigt durch BAG 2.4.1987 EzA BGB n. F. § 626 Nr. 108 = NZA 1987, 808; 26.9.1991 EzA KSchG § 1 Personenbedingte Kündigung Nr. 10 = NZA 1992, 1073.
[188] LAG Baden-Württemberg 5.1.2007 LAGE KSchG § 1 Soziale Auswahl Nr. 52b = NZA-RR 2007, 406.
[189] Das BAG hat seine Rechtsprechung wiederholt bestätigt; vgl. BAG 11.10.1989 EzA KSchG § 1 Betriebsbedingte Kündigung Nr. 64 = NZA 1990, 607; BAG 28.2.1990 EzA KSchG § 1 Personenbedingte Kündigung Nr. 5 = NZA 1990, 727. Vgl. dazu *Gamillscheg*, Festschrift BAG, 1979, S. 117; *Otto*, Anm. EzA § 102 BetrVG 1972 Nr. 36; *Dütz*, Anm. zu BAG SAE 1973, 114.
[190] BAG 28.2.1974 AP BetrVG 1972 § 102 Nr. 2 = EzA BetrVG 1972 § 102 Nr. 8.

Hinweis auf die Fristen für eine evtl. Stellungnahme bzw. die Erhebung des Widerspruchs braucht der Arbeitgeber nicht anzubringen.

Das sogenannte **Umlaufverfahren** genügt für den Beschluss nach § 33 BetrVG nicht. Notwendig ist die Beratung in einer Sitzung des Betriebsrats bzw. des zuständigen Ausschusses. Im Falle des § 35 BetrVG – Aussetzen der Entscheidung – verlängert sich die Frist zur Stellungnahme des Betriebsrats nicht, sofern nicht zwischen Arbeitgeber und Betriebsrat eine entsprechende Verlängerung vereinbart worden ist.[191] **359**

Vor seiner Beschlussfassung soll der Betriebsrat, sofern dies erforderlich erscheint, den betroffenen Arbeitnehmer hören. Die Ordnungsmäßigkeit des Anhörungsverfahrens wird selbst durch die pflichtwidrige Nichtanhörung des Arbeitnehmers durch den Betriebsrat nicht berührt.[192] Die Teilnahme des Arbeitgebers an der Betriebsratssitzung, in der dieser über die Stellungnahme zur beabsichtigten Kündigung eines Arbeitsverhältnisses beschließt, wirkt sich auf die Ordnungsmäßigkeit des Anhörungsverfahrens nicht aus.[193] **360**

5. Mängel des Anhörungsverfahrens

Das Verfahren der Anhörung des Betriebsrats muss **ordnungsgemäß durchgeführt und abgeschlossen** werden (dazu → Rn. 382). Wird die Kündigung vorher ausgesprochen, so ist sie unwirksam.[194] Mängel in der Einleitung des Verfahrens, zB nicht ausreichende Begründung, sind dem Arbeitgeber zuzurechnen und haben die Unwirksamkeit der Kündigung zur Folge. **361**

Leidet das Verfahren an Mängeln, die in der **Sphäre des Betriebsrats** liegen, so berühren sie das Anhörungsverfahren nicht.[195] Auf das Anhörungsverfahren nach § 102 Abs. 1 BetrVG wirken sich Mängel, die in den Zuständigkeits- und Verantwortungsbereich des Betriebsrats fallen, auch dann nicht aus, wenn der Arbeitgeber im Zeitpunkt der Kündigung weiß oder nach den Umständen vermuten kann, dass die Behandlung der Angelegenheit durch den Betriebsrat nicht fehlerfrei erfolgt ist.[196] Im konkreten Falle war davon auszugehen, dass der Betriebsratsvorsitzende innerhalb von 12 Minuten per Fax der Kündigung zugestimmt hat. Etwas anderes soll ausnahmsweise dann gelten, wenn in Wahrheit keine Stellungnahme des Gremiums „Betriebsrat", sondern erkennbar nur eine persönliche Äußerung des Betriebsratsvorsitzenden vorliegt oder der Arbeitgeber den Fehler des Betriebsrats durch unsachgemäßes Verhalten selbst veranlasst hat.[197] **362**

Leidet das vom Betriebsrat angewandte Verfahren an Mängeln, zB fehlerhafte Besetzung bei der Beschlussfassung, Beschluss im sogenannten Umlaufverfahren, die im **363**

---

[191] Vgl. KR/*Etzel,* § 102 Rn. 98f.
[192] BAG 2.4.1976 AP BetrVG 1972 § 102 Nr. 9 = EzA BetrVG 1972 § 102 Nr. 21 mit Anm. *Buchner.*
[193] BAG 24.3.1977 AP BetrVG 1972 § 102 Nr. 12 = EzA BetrVG 1972 § 102 Nr. 28 mit Anm. *Kittner.*
[194] BAG 28.2.1974 AP BetrVG 1972 § 102 Nr. 2 = EzA BetrVG 1972 § 102 Nr. 8; LAG Hamm 11.2.1992 LAGE BetrVG 1972 § 102 Nr. 33.
[195] LAG Hamm 30.6.1994 LAGE BetrVG 1972 § 102 Nr. 43; LAG Hamm 12.12.1996 LAGE BetrVG 1972 § 102 Nr. 56.
[196] BAG 16.1.2003 EzA BetrVG 2001 § 102 Nr. 2 = NZA 2003, 927; BAG 24.6.2004 EzA BetrVG 2001 § 102 Nr. 9 = NZA 2004, 1330.
[197] BAG 6.10.2005 EzA BetrVG 2001 § 102 Nr. 150 = NZA 2006, 990; BAG 18.8.1982 AP BetrVG 1972 § 102 Nr. 24 = EzA BetrVG 1972 § 102 Nr. 48; BAG 24.3.1977 AP BetrVG 1972 § 102 Nr. 12 = EzA BetrVG 1972 § 102 Nr. 28; BAG 13.6.1996 AP LPVG Sachsen-Anhalt § 67 Nr. 1 = NZA 1997, 545.

Verantwortungsbereich des Betriebsrats liegen, so hat dies alles grundsätzlich auf die Ordnungsmäßigkeit des Anhörungsverfahrens keinen Einfluss. Jeder andere Standpunkt würde eine Einmischung des Arbeitgebers in die Amtsführung des Betriebsrats bedeuten. Der Arbeitgeber hat also keine Erkundigungspflichten. Ebenso ist unerheblich, ob er von dem Mangel des Verfahrens in der Sphäre des Betriebsrats Kenntnis hat oder nicht.[198] Die Betriebsratsanhörung ist nicht fehlerhaft, wenn der Arbeitgeber zwar von Fehlern im Verantwortungsbereich des Betriebsrats weiß, aber mit einer fristlosen Kündigung wartet, bis die Frist von 3 Tagen gemäß § 102 Abs. 2 S. 3 BetrVG verstrichen ist.[199]

364 Ob die angesprochene Ausnahme zu machen ist, falls der Arbeitgeber die Mängel im Verfahren des Betriebsrats veranlasst hat, oder erkennbar weiß, dass kein ordnungsgemäßer Betriebsratsbeschluss vorliegt, ist zweifelhaft, und von der Rechtsprechung wiederholt offengelassen worden.[200] Die Verantwortung des Betriebsrats für seinen Bereich wird durch eine Anregung des Arbeitgebers, zB wegen der Eilbedürftigkeit im Umlaufverfahren zu beschließen, nicht aufgehoben. Die Verantwortung dafür trägt allein der Betriebsrat.[201]

6. Rechtsfolgen der Verletzung der Anhörungspflicht

365 Die Anhörung des Betriebsrats **vor jeder Kündigung** ist Wirksamkeitsvoraussetzung. Ist die Ordnungsmäßigkeit des Verfahrens nach den oben dargelegten Grundsätzen zu verneinen, so ist die Kündigung **nichtig.** Das gilt auch für die vor Abschluss des Anhörungsverfahrens ausgesprochene Kündigung.[202] Das Anhörungsverfahren endet mit der abschließenden Stellungnahme des Betriebsrats zu der beabsichtigten Kündigung bzw. mit dem Ablauf der im Gesetz genannten Fristen für die Stellungnahme des Betriebsrats (weitere Einzelheiten → Rn. 382).

366 Ohne Bedeutung ist, ob den Arbeitgeber ein Verschulden trifft, zB an der nicht ausreichenden Unterrichtung des Betriebsrats.

V. Stellungnahme des Betriebsrats bei der ordentlichen Kündigung

367 Die Entscheidung des Betriebsrats, welche Stellungnahme er zu der beabsichtigten Kündigung durch den Arbeitgeber abgibt, liegt in seinem pflichtgemäßen Ermessen. In Betracht kommen die **Zustimmung, der Verzicht auf eine Stellungnahme, das Erheben von Bedenken und der Widerspruch.**

368 Stimmt der Betriebsrat der beabsichtigten Kündigung zu – eine Form sieht das Gesetz für diesen Fall nicht vor –, so ist mit der Mitteilung des Beschlusses an den Arbeitgeber durch den Betriebsratsvorsitzenden oder im Verhinderungsfalle durch seinen Vertreter oder ein damit beauftragtes Mitglied des Betriebsrats das Anhörungsverfahren

---

[198] BAG 4.8.1975 AP BetrVG 1972 § 102 Nr. 4 = EzA BetrVG 1972 § 102 Nr. 14 mit krit. Anm. Nickel. Vgl. dazu auch *Buchner*, DB 1976, 532 ff. Bestätigt durch die Entscheidung des BAG 2.4.1976 AP BetrVG 1972 § 102 Nr. 9 = EzA BetrVG 1972 § 102 Nr. 21 mit Anm. *Buchner*.
[199] LAG Köln 14.12.1995 LAGE BetrVG 1972 § 102 Nr. 53 = NZA-RR 1996, 376.
[200] Offengelassen in BAG 4.8.1975 AP BetrVG 1972 § 102 Nr. 4 = EzA BetrVG 1972 § 102 Nr. 14; nicht entscheidungserheblich in BAG 22.11.2012 NZA 2013, 665 Rn. 44; BAG 6.10.2005 NZA 2006, 990; BAG 24.6.2004 NZA 2004, 1330.
[201] A. A. KR/*Etzel*, § 102 BetrVG Rn. 117; HWGNRH/*Huke*, § 102 BetrVG Rn. 91.
[202] BAG vom 1.4.1976 AP BetrVG 1972 § 102 Nr. 8 = EzA BetrVG 1972 § 102 Nr. 23; LAG Köln 25.8.1995 NZA-RR 1996, 373.

abgeschlossen. Der Arbeitgeber kann dann die beabsichtigte Kündigung aussprechen. Ein Widerruf des Beschlusses ist unzulässig und hat keine Rechtswirkung.[203] Der Arbeitgeber muss sich jedoch vergewissern. Nicht ausreichend für eine abschließende Stellungnahme ist, wenn lediglich vorgetragen wird, ein Betriebsratsmitglied habe „sinngemäß" geäußert, dass es „seitens des Betriebsrats gegen die außerordentliche sowie ordentliche Kündigung keine Bedenken hätte".[204] Auch eine Anfechtung des Beschlusses scheidet grundsätzlich aus. Beruht die Anfechtungserklärung auf einer arglistigen Täuschung durch den Arbeitgeber bzw. auf einer widerrechtlichen Drohung durch ihn, so ist die Ordnungsmäßigkeit des Anhörungsverfahrens zu verneinen mit der Folge, dass die dennoch ausgesprochene Kündigung wegen Verstoßes gegen § 102 Abs. 1 BetrVG in Verbindung mit § 134 BGB nichtig ist.[205]

Gibt der Betriebsrat keine Stellungnahme zu der beabsichtigten Kündigung ab, so ist das Anhörungsverfahren mit Ablauf der Wochenfrist des § 102 Abs. 2 BetrVG abgeschlossen. Damit gilt die Zustimmung des Betriebsrats nach § 102 Abs. 2 S. 2 BetrVG als erteilt. **369**

1. Bedenken

Hat der Betriebsrat gegen eine ordentliche Kündigung Bedenken, so hat er diese unter Angabe der Gründe dem Arbeitgeber spätestens innerhalb **einer Woche schriftlich** mitzuteilen. Nach Fristablauf gilt die Zustimmung als erteilt. Der Arbeitgeber kann nun kündigen. Der Betriebsrat kann Bedenken jeder Art erheben. Unmittelbare Auswirkungen auf einen eventuellen Kündigungsschutzprozess bestehen nicht. Auch der Weiterbeschäftigungsanspruch entsteht nicht, da er einen Widerspruch des Betriebsrats voraussetzt. **370**

Die Bedenken sind spätestens innerhalb einer Frist von einer Woche schriftlich zu erheben. Die Frist kann durch Vereinbarung zwischen Arbeitgeber und Betriebsrat **nicht verkürzt** werden.[206] Das würde auf einen Verzicht der Mitwirkungsrechte des Betriebsrats hinauslaufen. Das gilt auch für Regelungen in Tarifverträgen, die zwingendes Gesetzesrecht nicht ändern können.[207] Gegen eine Verlängerung der Frist durch eine Vereinbarung zwischen Arbeitgeber und Betriebsrat bestehen keine Bedenken, da der betroffene Arbeitnehmer keine Nachteile hat. Das dürfte auch der möglichen Erweiterung des Mitwirkungsrechtes durch Betriebsvereinbarung zwischen Betriebsrat und Arbeitgeber nach § 102 Abs. 6 BetrVG entsprechen.[208] **371**

Fraglich ist, ob auch bei **Massenentlassungen** die Wochenfrist gilt. Das ist im Grundsatz zu bejahen, denn das Gesetz macht, obwohl das Problem der Massenentlassung bedacht und bekannt war, keine Ausnahme. Der Betriebsrat kann also durch eine einseitige Erklärung die Frist nicht beeinflussen. Auch besteht kein Anspruch auf eine **372**

---

[203] Vgl. KR/*Etzel*, § 102 BetrVG Rn. 126 mit Hinweisen; BAG 15.11.1995 EzA BetrVG 1972 § 102 Nr. 89 = NZA 1996, 419.
[204] BAG 3.4.2008 EzA BetrVG 2001 § 102 Nr. 21 = NZA 2008, 807.
[205] Vgl. KR/*Etzel*, § 102 BetrVG Rn. 127 u. 114.
[206] Anders APS/*Koch*, § 102 BetrVG Rn. 131; Richardi/*Thüsing*, § 102 BetrVG Rn. 102; wie hier ErfK/*Kania*, § 102 BetrVG Rn. 11; KR/*Etzel*, § 102 BetrVG Rn. 89.
[207] BAG 13.11.1975 EzA BetrVG § 102 Nr. 20; BAG 29.3.1977 AP BetrVG 1972 § 102 Nr. 11 = EzA BetrVG 1972 § 102 Nr. 27; a. A. HWGNRH/*Huke*, § 102 BetrVG Rn. 23.
[208] BAG 14.8.1986 EzA BetrVG 1972 § 102 Nr. 69 = NZA 1987, 601; BAG 18.8.1977 AP BetrVG 1972 § 103 Nr. 10 unter II 3c der Gründe = EzA BetrVG 1972 § 102 Nr. 20; LAG Düsseldorf 30.8.1977 DB 1977, 2383; KR/*Etzel*, § 102 BetrVG Rn. 87; Richardi/*Thüsing*, § 102 BetrVG Rn. 102; GK-BetrVG/*Raab*, § 102 BetrVG Rn. 117.

vertragliche Verlängerung der Frist. Die Berufung des Arbeitgebers auf die Einhaltung der Anhörungsfrist kann allerdings im Einzelfall rechtsmissbräuchlich sein.[209]

373 Für die Fristberechnung gelten die §§ 187, 193 BGB. Die Frist beginnt an dem Tage, der auf den Tag folgt, an dem die Mitteilung des Arbeitgebers dem Betriebsrat zugeht. Dieser Tag ist nicht mitzurechnen. Bei der Bestimmung des Fristendes ist § 193 BGB zu beachten. Ist der letzte Tag (§ 188 BGB) ein Samstag, Sonntag oder gesetzlicher Feiertag, so endet die Frist mit Ablauf des nächsten Werktages. Der Betriebsrat kann die Wochenfrist stets ausschöpfen. Für Eilfälle sieht das Gesetz eine Sonderregelung nicht vor.[210]

2. Widerspruch bei ordentlicher Kündigung

374 Der Betriebsrat kann innerhalb der Wochenfrist des § 102 Abs. 2 S. 1 BetrVG einer ordentlichen Kündigung **schriftlich widersprechen.**[211] Der Widerspruch muss mit Gründen versehen sein. In Betracht kommen für die Begründung nur diejenigen Fälle, die in § 102 Abs. 3 BetrVG **abschließend aufgezählt worden sind.** Der Betriebsrat kann einen Widerspruch nicht auf andere Gründe stützen. Trotz des Widerspruchs kann der Arbeitgeber das Arbeitsverhältnis kündigen. Die Berechtigung der Kündigung entscheidet sich erst im Kündigungsschutzprozess.

375 Die Wochenfrist des § 102 Abs. 2 S. 1 BetrVG hat zur Konsequenz, dass der Betriebsrat nach Fristablauf keine neuen Widerspruchsgründe nachschieben kann.

376 Der Betriebsrat muss zur Begründung des Widerspruchs konkrete Tatsachen angeben. Die Wiederholung des Gesetzestextes reicht nicht aus.[212] Die Widerspruchsgründe brauchen aber nicht stichhaltig bzw. schlüssig zu sein. Es ist jedoch dem Betriebsrat ein Mindestmaß an konkreter Argumentation abzuverlangen;[213] ein rein spekulativer Widerspruch etwa in dem Sinne, es sei im Betrieb irgendeine anderweitige Beschäftigungsmöglichkeit vorhanden, reicht nicht aus. So muss der Betriebsrat zB bei § 102

---

[209] BAG 14.8.1986 EzA BetrVG 1972 § 102 Nr. 69 = NZA 1987, 601. Das BAG stellt nicht auf objektive Umstände ab, d. h. auf die Zahl der Entlassungen, sondern darauf, ob der Betriebsrat innerhalb der Frist ihre Verlängerung verlangt hat und wie sich beide Betriebspartner bis zur formellen Einleitung des Anhörungsverfahrens verhalten haben. Angesichts der schwerwiegenden Folgen der evtl. fehlerhaften Anhörung wird es oft anzuraten sein, einer angemessenen Verlängerung zuzustimmen. Die Voraussehbarkeit des Rechts ist schwer einzuschätzen. Vom Missbrauchstatbestand sollte nur sehr zurückhaltend Gebrauch gemacht werden. Dazu vgl. auch LAG Hamburg 15.3.1985 LAGE BetrVG 1972 § 102 Nr. 15.
[210] BAG 14.8.1986 EzA BetrVG 1972 § 102 Nr. 69 = NZA 1987, 601; BAG 13.11.1975 AP BetrVG 1972 § 102 Nr. 7 = EzA BetrVG 1972 § 102 Nr. 20; BAG 29.3.1977 AP BetrVG 1972 § 102 Nr. 11 = EzA BetrVG 1972 § 102 Nr. 27; KR/*Etzel,* § 102 BetrVG Rn. 88; a. A. HWGNRH/ *Huke,* § 102 BetrVG Rn. 23 f.; Richardi/*Thüsing,* § 102 BetrVG Rn. 103, die aus dem Gebot der vertrauensvollen Zusammenarbeit eine schnellere Äußerungspflicht ableiten und gegebenenfalls unter entsprechender Anwendung des § 162 BGB die Erteilung der Zustimmung annehmen.
[211] Die Schriftform wird in § 102 Abs. 3 BetrVG zwar nicht ausdrücklich angeordnet, sie folgt aber aus der Regelung für die Erhebung der Bedenken in § 102 Abs. 2 BetrVG und aus § 102 Abs. 4 BetrVG sowie aus § 1 Abs. 2 Ziffer 1 KSchG, die die Schriftform des Widerspruchs voraussetzen bzw. vorsehen; vgl. dazu KR/*Etzel,* § 102 BetrVG Rn. 142. Streitig ist, ob die Textform (§ 126b BGB) genügt und damit auch ein Widerspruch per Fax und E-Mail möglich ist. Dafür ErfK/*Preis,* §§ 125– 127 BGB Rn. 13a; dagegen *Gotthardt/Beck,* NZA 2002, 876, 882; ArbG Frankfurt 16.3.2004 CR 2004, 708. Zur vergleichbaren Norm des § 99 Abs. 3 BetrVG hält das BAG die Textform für ausreichend, vgl. BAG 9.12.2008 NZA 2009, 627.
[212] LAG Düsseldorf 21.6.1974 und 23.5.1975 EzA BetrVG 1972 § 102 Beschäftigungspflicht Nr. 3 und 4; LAG Hamburg 29.10.1975 BB 1976, 184; KR/*Etzel,* § 102 BetrVG Rn. 143.
[213] BAG 17.6.1999 EzA BetrVG 1972 § 102 Beschäftigungspflicht Nr. 10 = NZA 1999, 1154; BAG 24.3.1988 RzK I 5i Nr. 35.

Abs. 3 Nr. 3 BetrVG konkret darlegen, auf welchem konkret zu bezeichnenden (freien) Arbeitsplatz eine Weiterbeschäftigung des Arbeitnehmers in Betracht kommt.[214] Ob der Widerspruch dann tatsächlich begründet ist, entscheidet erst das Gericht im Kündigungsschutzverfahren oder in einem Verfahren nach § 102 Abs. 5 S. 2 BetrVG.[215] Leidet der Beschluss des Betriebsrats an so erheblichen Mängeln, dass seine Nichtigkeit festzustellen ist – der Beschluss hat zB einen gesetzwidrigen Inhalt oder ist nicht ordnungsgemäß zustande gekommen –, so kann der Arbeitnehmer aus ihm weder Rechte aus § 102 Abs. 5 BetrVG noch aus § 1 Abs. 2 KSchG ableiten. Anspruch auf Vertrauensschutz besteht nicht.

377 Der Widerspruch des Betriebsrats setzt nicht voraus, dass eine **betriebsbedingte Kündigung** vorliegt. Ein Widerspruch des Betriebsrats ist auch zulässig bei **personen- und verhaltensbedingten Kündigungen,** wenngleich die Fälle, in denen der Betriebsrat die Voraussetzungen seines Widerspruchsrechts wird darlegen können (Einzelheiten dazu → Rn. 1275 ff.), sicher selten sind.

378 Der ordnungsgemäß erhobene Widerspruch des Betriebsrats gegenüber einer ordentlichen Kündigung hat, sofern der Arbeitnehmer gegen die dennoch ausgesprochene Kündigung Klage auf Feststellung erhebt, dass das Arbeitsverhältnis durch die Kündigung nicht aufgelöst worden ist, individualrechtlich die beiden folgenden Konsequenzen:
– Auf Verlangen Anspruch auf Weiterbeschäftigung nach § 102 Abs. 5 S. 1 BetrVG (→ Rn. 1220 ff.).
– Gegebenenfalls Sozialwidrigkeit der Kündigung nach § 1 Abs. 2 S. 2 KSchG (absolute Gründe der Sozialwidrigkeit; → Rn. 1275 ff.).

VI. Stellungnahme des Betriebsrats bei der außerordentlichen Kündigung

379 Hat der Betriebsrat einer außerordentlichen Kündigung gegenüber Bedenken, so hat er sie unter Angabe von Gründen dem Arbeitgeber **unverzüglich, spätestens jedoch innerhalb von drei Tagen** schriftlich mitzuteilen. Für den Fristbeginn und den Fristablauf gelten auch hier die §§ 187, 188 sowie 193 BGB (→ Rn. 373). Zu beachten ist, dass die Frist des § 626 Abs. 2 BGB nicht berührt wird.

380 Hat der Betriebsrat innerhalb der Frist keine Bedenken erhoben oder die gesetzliche Form hierfür nicht eingehalten, so gilt die Zustimmung als erteilt. Die vom Gesetz für den Fall der ordentlichen Kündigung angeordnete Vermutung ist hier entsprechend anwendbar. Der Arbeitgeber kann nach Fristablauf die Kündigung also aussprechen.

381 Fraglich ist, ob der Arbeitgeber stets die Drei-Tages-Frist einzuhalten hat, wenn sich der Betriebsrat nicht äußert, oder ob er je nach Lage des Einzelfalles erwarten darf, eine Erklärung auch früher zu erhalten. Das Gesetz verpflichtet den Betriebsrat, seine Bedenken **unverzüglich** anzugeben. Das kann nur unter Berücksichtigung der Umstände des Einzelfalles beurteilt werden. Im Regelfall wird der Arbeitgeber die Drei-Tages-Frist abwarten müssen, bevor er die außerordentliche Kündigung aussprechen kann.[216] Vorher kann der Arbeitgeber den Arbeitnehmer jedoch je nach Lage des Fal-

---

[214] BAG 11.5.2000 EzA BetrVG 1972 § 102 Beschäftigungspflicht Nr. 11 = NZA 2000, 1055.
[215] LAG München 16.8.1995 LAGE BetrVG 1972 § 102 Beschäftigungspflicht Nr. 22; LAG Schleswig-Holstein 5.3.1996 LAGE BetrVG 1972 § 102 Beschäftigungspflicht Nr. 23; *Borrmann,* DB 1975, 882.
[216] BAG 18.9.1975 AP BetrVG 1972 § 102 Nr. 6 = EzA BetrVG 1972 § 102 Nr. 17; *Richardi/Thüsing,* § 102 BetrVG Rn. 103.

les wegen Unzumutbarkeit der Weiterbeschäftigung bis zum Ausspruch der Kündigung beurlauben. Die Lohnzahlungspflicht besteht dann weiter (§ 615 BGB), sofern nicht die (seltenen) Voraussetzungen der Entscheidung des Großen Senates vom 26.4.1956[217] vorliegen.

VII. Kündigung durch den Arbeitgeber nach Abschluss des Anhörungsverfahrens

382 Der Arbeitgeber kann die Kündigung erst dann wirksam aussprechen (vgl. § 102 Abs. 1 S. 3 BetrVG), wenn das Anhörungsverfahren abgeschlossen ist. Ausgesprochen ist die Kündigung, wenn das Kündigungsschreiben den Machtbereich des Arbeitgebers verlassen hat, d.h., wenn es zB zur Post gegeben worden ist.[218] Auf den Zugang der Kündigungserklärung kommt es nicht an (→ Rn. 316).

383 Das Anhörungsverfahren ist abgeschlossen, wenn **die Fristen** des § 102 Abs. 2 BetrVG abgelaufen sind. Schweigt der Betriebsrat, so stehen der Kündigung nach Ablauf der Fristen betriebsverfassungsrechtliche Gründe nicht entgegen. **Vor Ablauf der Fristen** ist das Anhörungsverfahren nur dann abgeschlossen, wenn eine **erkennbar abschließende Stellungnahme** des Betriebsrats vorliegt. Diese kann auch darin liegen, dass der Betriebsrat ausdrücklich oder konkludent erklärt, er wolle sich zur Kündigung nicht äußern.[219]

384 Kündigt der Arbeitgeber, obwohl der Betriebsrat nach § 102 Abs. 3 BetrVG der Kündigung widersprochen hat, so hat er dem Arbeitnehmer mit der Kündigung eine Abschrift der Stellungnahme des Betriebsrats zuzuleiten (§ 102 Abs. 4 BetrVG). Die Nichterfüllung dieser Pflicht kann zu Schadensersatzansprüchen führen. Die Rechtswirksamkeit der Kündigung wird aus betriebsverfassungsrechtlicher Sicht dadurch nicht tangiert.[220]

385 Nach Abschluss des Anhörungsverfahrens kann der Arbeitgeber die Kündigung auch dann aussprechen, wenn ein evtl. notwendiges **Interessenausgleichsverfahren** nach § 112 BetrVG noch nicht abgeschlossen ist.[221] Die Rechtsfolgen der Verletzung der Rechte des Betriebsrats sind insoweit abschließend in § 113 BetrVG geregelt.

1. Umdeutung einer außerordentlichen Kündigung in eine ordentliche Kündigung

386 Die unwirksame außerordentliche Kündigung kann nach § 140 BGB in eine ordentliche Kündigung umgedeutet werden (allgemein zur Umdeutung → Rn. 404ff.).

---

[217] AP MuSchG § 9 Nr. 5 = EzA BGB § 615 Nr. 1; bestätigt durch BAG 29.10.1987 EzA BGB § 615 Nr. 54 = NZA 1988, 465; a.A. LAG Hamm 15.1.1987 LAGE BGB § 615 Nr. 9.
[218] BAG 13.11.1975 AP BetrVG 1972 § 102 Nr. 7 = EzA BetrVG 1972 § 102 Nr. 20; 1.4.1976 AP BetrVG 1972 § 102 Nr. 8 = EzA BetrVG 1972 § 102 Nr. 23; KR/*Etzel,* § 102 BetrVG Rn. 102.
[219] BAG 12.3.1987 EzA BetrVG 1972 § 102 Nr. 71 = NZA 1988, 137; 1.4.1976 AP BetrVG 1972 § 102 Nr. 8 = EzA BetrVG 1972 § 102 Nr. 23; LAG Berlin 12.7.1999 NZA-RR 1999, 485; LAG Schleswig-Holstein 1.4.1999 LAGE KSchG § 1 Soziale Auswahl Nr. 30; bejaht auch für den Fall der mündlichen Zustimmung LAG Niedersachsen 27.9.2002 NZA-RR 2003, 76.
[220] Im Gegensatz zur Auffassung von *Düwell,* NZA 1988, 866 handelt es sich nicht um eine Formvorschrift; so richtig KR/*Etzel,* § 102 BetrVG Rn. 180 mit Hinweisen über die h.L. § 102 Abs. 4 BetrVG betrifft nicht die Kündigungserklärung selbst, sondern begründet eine Pflicht des Arbeitgebers, gleichzeitig dem Arbeitnehmer die Stellungnahme des Betriebsrates zuzuleiten.
[221] LAG Baden-Württemberg 28.8.1985 LAGE BetrVG 1972 § 23 Nr. 16 = DB 1986, 1015; LAG Düsseldorf 14.11.1983 DB 1984, 511; KR/*Etzel,* § 102 BetrVG Rn. 176; a.A. LAG Hamburg 13.11. 1981 DB 1982, 1522.

Grundsätzlich ersetzt die Anhörung des Betriebsrats zur außerordentlichen Kündigung nicht die notwendige Anhörung zur ordentlichen Kündigung. Deshalb hat der Arbeitgeber den Betriebsrat deutlich darauf hinzuweisen, dass die außerordentliche Kündigung vorsorglich als ordentliche Kündigung gelten soll. Für die außerordentliche und die ordentliche Kündigung gelten unterschiedliche Voraussetzungen und Folgen hinsichtlich des Beteiligungsverfahrens des Betriebsrats. Das rechtfertigt das gefundene Ergebnis.[222] Eine Ausnahme von dem Grundsatz hat die Rechtsprechung für den Fall zugelassen, dass der Betriebsrat **vorbehaltlos und ausdrücklich der außerordentlichen Kündigung zugestimmt hat** und einer ordentlichen Kündigung erkennbar nicht entgegengetreten wäre.[223] Es entspricht vielmehr der allgemeinen Erfahrung, dass der Betriebsrat auch einer ordentlichen Kündigung zugestimmt hätte, wenn der Arbeitgeber das entsprechende Anhörungsverfahren mit eben den Gründen, die er zur außerordentlichen Kündigung geltend gemacht hat – ausdrücklich (und richtigerweise) – eingeleitet hätte. Für die ordentliche Kündigung muss der Arbeitgeber die Wochenfrist des § 102 Abs. 2 S. 1 BetrVG beachten. Die Frist braucht der Arbeitgeber dann nicht abzuwarten, wenn der Betriebsrat innerhalb der für die außerordentliche Kündigung geltenden Frist von drei Tagen abschließend Stellung genommen hat, d.h. unter Einschluss auch der ordentlichen Kündigung.[224]

Hat der Arbeitgeber den Betriebsrat zu einer ordentlichen Kündigung gehört, dann aber eine außerordentliche ausgesprochen, so ist diese Kündigung wegen eines Verstoßes gegen § 102 Abs. 1 BetrVG in Verbindung mit § 134 BGB nichtig. Kann diese außerordentliche Kündigung jedoch in eine ordentliche Kündigung nach § 140 BGB umgedeutet werden, so bestehen gegen diese durch Umdeutung gewonnene ordentliche Kündigung aus betriebsverfassungsrechtlicher Hinsicht keinerlei Bedenken.[225]

387

2. Prozessuale Fragen

Die wegen Verletzung des § 102 Abs. 1 BetrVG unwirksame Kündigung ist „unwirksam aus anderen Gründen" i.S. des § 13 Abs. 3 KSchG. Anders als nach der Rechtslage bis 31.12.2003 muss der Arbeitnehmer aber nunmehr auch bei der Geltendmachung der Unwirksamkeit der Kündigung aus diesem Grunde die **Klagefrist des § 4 KSchG einhalten.** Einzelheiten → Rn. 2081 ff.

388

---

[222] Vgl. BAG 12.8.1976 AP BetrVG 1972 § 102 Nr. 10 = EzA BetrVG 1972 § 102 Nr. 25 mit Anm. *Löwisch;* BAG 17.12.1976 AP GG Art 9 Arbeitskampf Nr. 51 = EzA GG Art. 9 Arbeitskampf Nr. 19; Richardi/*Thüsing,* § 102 BetrVG Rn. 53; *Hueck,* Festschrift BAG, 1979, S. 259; abw. *Meisel,* Anm. AP § 102 BetrVG 1972 Nr. 15. In einer Betriebsvereinbarung können Arbeitgeber und Betriebsrat festlegen, dass die Unterrichtung über eine beabsichtigte außerordentliche Kündigung stets auch die Unterrichtung zu einer ordentlichen Kündigung darstellen soll; vgl. *Löwisch,* EzA § 102 BetrVG 1972 Nr. 25. Die Wochenfrist des § 102 BetrVG ist in diesen Fällen zu beachten.
[223] BAG 23.10.2008 EzA BGB 2002 § 623 Nr. 23.
[224] BAG 20.9.1984 EzA BGB § 626 n. F. Nr. 91 = AP BetrVG 1972 § 102 Nr. 15 mit krit. Anm. *Meisel,* der zutreffend darauf hinweist, das BAG mache bei der Anwendung des § 140 BGB zu Unrecht Unterschiede zwischen einem Arbeitnehmer und dem Betriebsrat. Die Mitteilung an den Betriebsrat im Anhörungsverfahren ist eine Willenserklärung – BAG 2.3.1989 EzA BGB § 626 n.F. Nr. 118 –, auf die § 140 BGB anwendbar ist. Die Lösungen hat *Meisel,* Anm. AP § 102 BetrVG 1972 Nr. 15 aufgezeigt. Zum Problemfeld auch *Krampe,* Die Konversion des Rechtsgeschäfts, 1980, S. 261.
[225] Vgl. KR/*Etzel,* § 102 BetrVG Rn. 183.

VIII. Erweiterung des Mitbestimmungsrechts des Betriebsrats

389 Der Betriebsrat ist zu hören. Seine Zustimmung ist nicht erforderlich. Arbeitgeber und Betriebsrat können aber in einer Betriebsvereinbarung vereinbaren, dass Kündigungen der **Zustimmung des Betriebsrats** bedürfen und dass bei Meinungsverschiedenheiten über die Berechtigung der Nichterteilung der Zustimmung die Einigungsstelle entscheidet (§ 102 Abs. 6 BetrVG).[226] Die so erfolgte **Erweiterung des Mitbestimmungsrechts** des Betriebsrats ist für die ordentliche und auch für die außerordentliche Kündigung möglich.[227] Soweit das BAG früher zur außerordentlichen Kündigung Bedenken geäußert hat, können diese heute angesichts der Vorschrift des § 102 Abs. 6 BetrVG nicht mehr aufrechterhalten werden.[228] Einzelvertraglich soll das Mitbestimmungsrecht des Betriebsrats jedoch nicht erweitert werden können. Das BAG meint, hierfür fehle es an der erforderlichen gesetzlichen Ermächtigungsgrundlage.[229] Dies ist aber zweifelhaft, weil die Rechtsgrundlage einer solchen Vereinbarung die Privatautonomie ist. Dem kann nicht das Argument des zwingenden Organisationsrechts der Betriebsverfassung entgegengehalten werden.

390 Dem zwingenden Charakter des § 626 BGB wird Rechnung getragen durch die unabhängige Einigungsstelle, die im Streitfall entscheidet, gegebenenfalls mit der Möglichkeit der Anfechtung ihres Spruchs nach § 76 Abs. 5 BetrVG. Die Einigungsstelle entscheidet hier zwar als Schiedsgericht und entzieht damit den Streit zunächst den Gerichten, jedoch wird § 101 ArbGG nicht verletzt, da § 102 Abs. 6 BetrVG als Lex specialis Vorrang hat. Bis zur Entscheidung der Einigungsstelle ist das besondere Beteiligungsverfahren nach § 102 Abs. 6 BetrVG, das durch die Betriebsvereinbarung geregelt wird, noch nicht abgeschlossen; das Mitbeurteilungsrecht des Betriebsrats ist durch die Beteiligung in der Einigungsstelle gewahrt. Das bedeutet, dass seitens des Arbeitgebers auch bis zu diesem Zeitpunkt noch Tatsachen nachgeschoben werden können.[230]

391 Ist durch eine Betriebsvereinbarung die Zustimmung des Betriebsrats zur Kündigung erforderlich, so gilt im Falle des § 626 BGB auch dessen Absatz 2 (Ausschlussfrist). Die Einhaltung der Ausschlussfrist setzt voraus, dass der Arbeitgeber innerhalb der Frist um die Zustimmung nachsuchen muss. Das Verfahren muss also in Gang gesetzt worden sein. Verweigert der Betriebsrat die Zustimmung, so ist die Kündigung unverzüglich nach Ersetzung der Zustimmung durch die Einigungsstelle bzw. einer danach in diesem Sinne ergehenden rechtskräftigen Entscheidung des Arbeitsgerichts auszusprechen. Es gelten die Grundsätze, die von der Rechtsprechung zu § 103 BetrVG entwickelt worden sind.[231]

392 Das Arbeitsgericht hat im vollen Umfang ein Prüfungsrecht darüber, ob der Begriff des „wichtigen Grundes" verkannt wurde.

---

[226] BAG 6.2.1997 EzA BetrVG 1972 § 102 Nr. 97 = NZA 1997, 877.
[227] Das Mitbestimmungsrecht des Betriebsrats kann auch durch Tarifvertrag erweitert werden; vgl. BAG 10.2.1988 EzA KSchG § 1 Nr. 34 = NZA 1988, 699; 6.2.1997 EzA BetrVG 1972 § 102 Nr. 97 = NZA 1997, 877; 21.6.2000 EzA TVG § 1 Betriebsverfassungsnorm Nr. 1 = NZA 2001, 271.
[228] BAG 11.7.1958 AP BGB § 626 Nr. 27.
[229] BAG 23.4.2009 EzA BetrVG 2001 § 102 Nr. 24 = NZA 2009, 915.
[230] BAG 7.12.2000 EzA KSchG § 1 Betriebsbedingte Kündigung Nr. 108 = NZA 2001, 495.
[231] BAG 24.4.1975 EzA BetrVG 1972 § 103 Nr. 8. Zum Problemkreis *Gamillscheg*, ZfA 1977, 255.

§ 15 Die Beteiligung des Sprecherausschusses bei Kündigungen

Der Sprecherausschuss der leitenden Angestellten, der nach § 25 Abs. 1 Sprecherausschussgesetz – (SprAuG) – vom 20.12.1988 (BGBl. I S. 2312) die Belange der leitenden Angestellten des Betriebes vertritt, ist vor **jeder Kündigung eines leitenden Angestellten** zu hören (§ 31 Abs. 2 SprAuG). Der Arbeitgeber hat ihm die Gründe für die Kündigung mitzuteilen. Eine ohne **Anhörung** des Sprecherausschusses ausgesprochene Kündigung ist **unwirksam.** 393

Die Fassung des Gesetzes entspricht dem des § 102 Abs. 1 BetrVG, sodass wegen des Anhörungsverfahrens auf die Ausführungen zu § 102 BetrVG (→ Rn. 290 ff.) verwiesen werden kann. Insbesondere gelten die Grundsätze über die **Mitteilung der Kündigungsgründe**[1] und das **Nachschieben** von Kündigungsgründen im evtl. Kündigungsschutzverfahren. 394

Angesichts der Folgen einer unterbliebenen oder fehlerhaften Anhörung des Sprecherausschusses vor der Kündigung eines leitenden Angestellten haben in der Praxis die Zweifelsfälle in Abgrenzungsfragen große Bedeutung. Das in § 18a BetrVG vorgesehene **Zuordnungsverfahren** ist dabei wenig hilfreich, da es über die Wahlen hinaus keine Wirkungen hat. Beruft sich also ein Angestellter nach der Kündigung darauf, es hätte nicht der Sprecherausschuss, sondern der Betriebsrat gehört werden müssen, so hat das Arbeitsgericht im Kündigungsschutzverfahren inzident festzustellen, ob der Angestellte leitender Angestellter i.S. des § 5 BetrVG war oder nicht.[2] Ist dies zu verneinen, so führt das zur Unwirksamkeit der Kündigung wegen Verstoßes gegen § 102 Abs. 1 BetrVG. Im Zweifelsfalle ist der Arbeitgeber gut beraten, wenn er sowohl den Sprecherausschuss als auch den Betriebsrat ordnungsgemäß anhört.[3] 395

Der Sprecherausschuss kann wie der Betriebsrat gegen eine ordentliche Kündigung spätestens innerhalb einer Woche, gegen eine außerordentliche Kündigung unverzüglich, spätestens jedoch innerhalb von drei Tagen unter Angabe der Gründe schriftlich Bedenken erheben. Äußert er sich innerhalb dieser Fristen nicht, so gilt dies als Einverständnis des Sprecherausschusses mit der Kündigung.[4] Nach Abschluss des Anhörungsverfahrens kann der Arbeitgeber die Kündigung aussprechen. Über ihre Wirksamkeit im Übrigen ist dann ggf. von den Arbeitsgerichten zu entscheiden. 396

§ 16 Die Beteiligung des Personalrats bei Kündigungen

Die Beteiligung der Personalvertretungen im Bereich des öffentlichen Dienstes nach dem BPersVG 1974 (BGBl. I S. 639) ist für Kündigungen teilweise anders geregelt als im BetrVG. Unterschiedlich ist die Behandlung der ordentlichen und außerordentlichen Kündigung. Soweit allerdings die jeweiligen Gesetze das Erfordernis der Anhö- 397

---

[1] BAG 27.9.2001 EzA KSchG § 14 Nr. 6 = NZA 2002, 1277; BAG 19.5.1993 RzK I 5g Nr. 53; *Löwisch*, SprAuG, § 31 Rn. 22.
[2] *Löwisch*, SprAuG, § 31 Rn. 17; *Hromadka/Sieg*, § 31 SprAuG Rn. 26; BAG 25.10.2001 EzA BetrVG 1972 § 5 Nr. 64.
[3] Dazu rät auch *Wlotzke*, DB 1989, 178; *Hromadka/Sieg*, § 31 SprAug Rn. 26; vgl. ferner *Oetker*, ZfA 1990, 76.
[4] Die Fiktion ist hier wie auch beim Betriebsrat rechtspolitisch „ärgerlich" (so *Gamillscheg*, Arbeitsrecht II, S. 431).

I. Ordentliche Kündigung

398 Der Personalrat wirkt bei der ordentlichen Kündigung nach den §§ 72, 79 BPersVG mit, d.h., er kann auf diese Weise auf die Entscheidung der Dienststelle Einfluss nehmen. Der Leiter der Dienststelle[2] hat die ordentliche Kündigung vor ihrer Durchführung rechtzeitig und eingehend mit dem Personalrat mit dem Ziel einer Verständigung zu erörtern (§ 72 Abs. 1 BPersVG). Der Personalrat hat also ein **Beratungsrecht**.[3] Äußert sich der Personalrat nicht innerhalb von 10 Arbeitstagen oder hält er bei der Erörterung seine Einwendungen und Vorschläge nicht aufrecht, so gilt die beabsichtigte Maßnahme als gebilligt (§ 72 Abs. 2 BPersVG). Das Verfahren der Mitwirkung ist im Einzelnen in § 72 BPersVG geregelt. Gegebenenfalls entscheidet die übergeordnete Dienststelle nach Verhandlungen mit der bei ihr gebildeten Stufenvertretung.[4] Dem Personalrat mögliche Einwendungen sind in § 79 Abs. 1 S. 3 BPersVG aufgezählt und an die Regelung in § 102 Abs. 2 BetrVG angelehnt. Hat der Personalrat Einwendungen im Rahmen des § 79 Abs. 1 S. 3 BPersVG erhoben und der Arbeitnehmer rechtzeitig nach § 4 KSchG Klage erhoben, so besteht für den Arbeitnehmer ein Weiterbeschäftigungsanspruch für die Dauer des Verfahrens ähnlich der Regelung in § 102 Abs. 5 BetrVG (→ Rn. 2214).

399 Neben den Einwendungen des § 79 Abs. 1 S. 3 BPersVG kann der Personalrat nach der Rechtsprechung des BAG auch Einwendungen aus anderen Gründen erheben und bei Ablehnung durch die Dienststelle die Entscheidung der übergeordneten Dienststelle beantragen.[5]

400 Die Kündigung ist **unwirksam**, wenn der Personalrat nicht beteiligt worden ist (§ 134 BGB). Dazu gehört auch die Einhaltung der Verfahrensbestimmungen des § 72 BPersVG.[6] Rügt der Personalrat die verfahrensrechtlich fehlerhafte Einleitung des Beteiligungsverfahrens nicht, sondern nimmt abschließend Stellung, führt der Verfahrens-

---

[1] BAG 1.7.1999 AP BGB § 242 Kündigung Nr. 10; BAG 16.3.2000 EzA BPersVG § 108 Nr. 2 = NZA 2000, 1337.
[2] Der Leiter der Dienststelle hat die Erörterung persönlich vorzunehmen, sonst ist die Anhörung fehlerhaft und folglich die Kündigung unwirksam, LAG Hamm 12.3.1992 PersR 1992, 520 ff. § 7 BPersVG findet Anwendung. Für die Einleitung des Verfahrens durch den Dienststellenleiter vgl. BAG 10.3.1983 AP LPVG NW § 66 Nr. 1; zur Vertretung des Dienststellenleiters bei Verhinderung LAG Thüringen 15.6.1993 LAGE Einigungsvertrag Art. 20 Nr. 24 und zur Beweislast über Verhinderungsgründe BAG 31.3.1983 AP LPVG Hessen § 8 Nr. 1.
[3] Wünscht der Personalrat keine Erörterung, so hat der Mangel im Verfahren keine Wirkung auf die Wirksamkeit der Kündigung; BAG 3.2.1982 AP BPersVG § 72 Nr. 1. Zur Erörterung gehört die Mitteilung über die Person des zu Kündigenden, die Art der Kündigung und die Kündigungsgründe; vgl. BAG 4.3.1981 AP LPVG Baden-Württemberg § 77 Nr. 1. Es gelten hier dieselben Grundsätze wie bei der Anhörung des Betriebsrates (BAG 12.3.1986 AP GG Art. 33 Abs. 2 Nr. 23 = EzA GG Art. 33 Nr. 13; vgl. auch LAG Brandenburg 16.2.1993 NJ 1993, 336). Stimmt der Personalrat der Kündigung zu, so liegt darin ein Verzicht auf die Erörterung; BAG 27.2.1987 EzA KSchG § 1 Betriebsbedingte Kündigung Nr. 46 = NZA 1987, 700.
[4] Vgl. BAG 14.1.1993 und 9.2.1993 AP ZA-NTS Art. 56 Nr. 15 und 18.
[5] BAG 23.9.1983 AP BPersVG § 79 Nr. 1; BAG 27.10.2005 AP BetrVG 1972 § 102 Nr. 151.
[6] Die Mitbestimmungsrechte des Personalrats sind in Bund und Ländern nicht einheitlich geregelt. Teilweise haben die Personalräte in den Ländern bei der ordentlichen Kündigung ein echtes Mitbestimmungsrecht, d.h., es ist die Zustimmung des Personalrats für die ordentliche Kündigung notwendig; zB nach § 72 Abs. 1 S. 1 Nr. 8 LPVG NW.

fehler nicht zur Unwirksamkeit der Kündigung.[7] Leidet das Mitwirkungsverfahren an Mängeln, die in den Verantwortungsbereich des Personalrats fallen, so berührt dies die Wirksamkeit der Kündigung nicht.

Beabsichtigt der Arbeitgeber zum Zwecke der Herabgruppierung eines Angestellten eine Änderungskündigung auszusprechen, so muss der Personalrat nach § 75 BPersVG in Verbindung mit § 69 BPersVG zustimmen und bei der Änderungskündigung nach § 79 in Verbindung mit § 72 BPersVG mitwirken.[8] Das Mitwirkungsverfahren im Falle der beabsichtigten Kündigung eines Schwerbehinderten kann vor dem Verfahren bei dem Integrationsamt, während dieses Verfahrens oder im Anschluss daran durchgeführt werden.[9] **401**

II. Außerordentliche Kündigung, fristlose Entlassung

Vor fristlosen Entlassungen und außerordentlichen Kündigungen ist der Personalrat anzuhören (§ 79 Abs. 3 BPersVG). Der Dienststellenleiter hat die beabsichtigte Maßnahme zu begründen. Bedenken gegen die Maßnahme hat der Personalrat unverzüglich, spätestens innerhalb von 3 Arbeitstagen schriftlich mitzuteilen. Das Anhörungsverfahren im BPersVG ist kein Fall der Mitbestimmung (§ 69 BPersVG) oder der Mitwirkung (§ 72 BPersVG) des Personalrats. Dennoch handelt es sich um eine Beteiligung des Personalrats an der personellen Einzelmaßnahme der Dienststelle im Sinne des § 79 Abs. 4 BPersVG, sodass bei der Nichtanhörung die Kündigung wie im BetrVG nach § 134 BGB unwirksam ist.[10] **402**

Der Personalrat ist nur anzuhören. Die Beteiligung der Stufenvertretung und eine Entscheidung durch die übergeordnete Dienststelle können also nicht herbeigeführt werden.[11] **403**

§ 17 Umdeutung der Kündigung (Konversion)

Die nichtige Kündigung kann nach § 140 BGB in ein anderes Rechtsgeschäft umzudeuten sein. § 140 BGB bestimmt: „Entspricht ein nichtiges Rechtsgeschäft den Erfordernissen eines anderen Rechtsgeschäfts, so gilt das Letztere, wenn anzunehmen ist, dass dessen Geltung bei Kenntnis der Nichtigkeit gewollt sein würde." **404**

Die Umdeutung ist auch vorzunehmen, wenn die tatbestandlichen Voraussetzungen für ein Rechtsgeschäft nicht vorliegen, zB im Falle einer außerordentlichen Kündi- **405**

---

[7] BAG 25.2.1998 AP LPVG NW § 72a Nr. 8 = NZA 1999, 88 unter Aufgabe von BAG 10.3.1983 AP LPVG NW § 66 Nr. 1.
[8] BAG 3.11.1977 AP BPersVG § 75 Nr. 1 = SAE 1979, 201 mit Anm. *Dütz*.
[9] BAG 5.9.1979 AP SchwbG § 12 Nr. 6 = EzA SchwbG § 12 Nr. 8; zu den Zeitabläufen vgl. LAG Hamm DB 1978, 259.
[10] Vgl. *Benecke*, in: Richardi/Dörner/Weber, Personalvertretungsrecht, § 79 Rn. 119 ff.
[11] Die Personalvertretungsgesetze der Länder sehen für die Beteiligung des Personalrates bei außerordentlichen Kündigungen eigene Regelungen vor, die zum Teil voneinander abweichen. Nach § 74 LPVG NW ist der Personalrat anzuhören. Eine Sanktion für den Fall der Nichtanhörung sieht das Gesetz nicht vor. Dennoch hat das BAG in der Entscheidung vom 14.3.1979 AP LPVG NW § 74 Nr. 1 zutreffend erkannt, dass die ohne Anhörung des Personalrats ausgesprochene Kündigung nach § 134 BGB nichtig sei.
In NRW hat der Personalrat in der Probezeit bei allen Arbeitnehmern, d. h. bei Arbeitern und Angestellten, nur ein Anhörungsrecht, d. h. auch im Falle des Ausspruchs einer ordentlichen Kündigung.

gung ein wichtiger Grund im Sinne des § 626 BGB zu verneinen ist. Stets zu beachten ist jedoch, dass die Auslegung der Kündigungserklärung (→ Rn. 83 ff.) nach Maßgabe des § 133 BGB der Umdeutung vorgeht.[1]

406 Bei der Anwendung des § 140 BGB ist seinem Zweck Beachtung zu schenken. In der Praxis der Instanzgerichte vermisst man dies nicht selten. Der Normzweck des § 140 BGB geht dahin, dass der von den Parteien erstrebte wirtschaftliche Erfolg auch dann verwirklicht wird, wenn das Mittel, das sie zu dessen Verwirklichung gewählt haben, unzulässig ist, aber ein anderer gangbarer Weg zur Verfügung steht, der zu einem annähernd gleichen Ergebnis führt.[2] *Herschel* hat § 140 BGB als ein wichtiges Requisit der Parteiautonomie bezeichnet.[3] Im Falle einer missglückten Parteierklärung solle von dem, was die Partei will, soviel wie nur möglich in Wirksamkeit gehalten werden. Maßgebend ist auf den **hypothetischen Willen** der Parteien abzustellen. Das Gericht hat sich zu fragen, welchen Zweck die Parteien verwirklichen wollten, welche erkennbaren Interessenbewertungen gegeben sind. Alsdann ist zu prüfen, ob das andere Geschäft ein geeignetes Mittel darstellt, diesen Zweck zu verwirklichen, und ob seine Geltung der **erkennbaren Interessenbewertung** entspricht.[4] Das Rechtsinstitut der Umdeutung, das der Parteiautonomie dient, darf nicht dazu führen, sich über die Vorstellungen der Parteien hinwegzusetzen. Haben die Parteien der gewählten Rechtsform ein ganz besonderes Gewicht zugewiesen, so kann die Umdeutung unzulässig sein.[5] Die erkennbaren subjektiven Wertungsgrundlagen der Parteien bleiben maßgebend.[6] Da die Kündigung eine einseitige rechtsgeschäftliche Willenserklärung ist, kommt es für die Frage der Umdeutung bei ihr auf den vom Kündigenden gewollten wirtschaftlichen Erfolg an. Er muss jedoch dem Erklärungsempfänger erkennbar sein.[7] Bei der sogenannten vorsorglichen Kündigung – dazu → Rn. 165 – liegt ein geäußerter Wille des Kündigenden vor. Eine Umdeutung kommt deshalb nicht infrage.

407 Die Umdeutung nach § 140 BGB ist vorzunehmen, wenn der Kündigende Tatsachen vorgetragen hat, aus denen zu schließen ist, dass er das Arbeitsverhältnis in jedem Fall auflösen will, d.h. auch dann, falls die erklärte außerordentliche Kündigung unwirksam sein sollte. Ist dies, bezogen auf den Zeitpunkt der Kündigungserklärung, er-

---

[1] BAG 15.12.2005 EzA KSchG n. F. § 4 Nr. 72 = NZA 2006, 791; HHL/*v. Hoyningen-Huene*, § 13 KSchG Rn. 36 mwN; *Schmidt,* NZA 1989, 661, 663.
[2] Vgl. MüKoBGB/*Busche,* § 140 Rn. 1; BGH 21.3.1977 DB 1977, 995 im Anschluss an Prot. I S. 262 ff.; vgl. ferner zum Normzweck des § 140 BGB RG 22.5.1930 RGZ 129, 122 ff.; *Herschel*, FS Hubmann, 1985, S. 145 ff.
[3] *Herschel*, Anm. zu BAG 14.12.1979 ArbuR 1980, 255 ff. Nach ihm soll die Umdeutung großzügig gehandhabt werden.
[4] So treffend *Wolf/Neuner,* § 57 III; LAG Köln 17.9.1993 LAGE BGB § 140 Nr. 10.
[5] BGH 15.12.1955 BGHZ 19, 269, 273; *Wolf/Neuner,* § 57 II Rn. 6.
[6] Vgl. auch MüKoBGB/*Busche,* § 140 BGB Rn. 2, der mit Nachdruck darauf hinweist, dass eine Bevormundung der Parteien nicht eintreten dürfe.
[7] KR/*Friedrich*, § 13 KSchG Rn. 77 ff.; BAG 13.8.1987 EzA BGB § 140 Nr. 12 = NZA 1988, 129; 31.5.1979 AP ZPO § 256 Nr. 50 = EzA KSchG § 4 n. F. Nr. 16; vgl. auch *Vollkommer*, Anm. zu BAG AP § 13 KSchG 1969 Nr. 3. Das BAG rückt damit die Konversion in die Nähe der Auslegung. Erkennbarkeit bedeutet, dass der Gekündigte nach den Umständen des konkreten Falles davon ausgehen konnte, der Kündigende wähle auch das mildere Mittel der ordentlichen Kündigung, weil er sich in jedem Falle von ihm trennen wolle. Das wird in den häufigsten Fällen in der Praxis, denen der Kündigung aus verhaltensbedingten Gründen, zu bejahen sein, denn der Gekündigte muss annehmen, dass der Kündigende sich von ihm jedenfalls fristgemäß trennen will, würde er bedacht haben, dass ein wichtiger Grund nicht vorliegt. Das Kündigungsschreiben gibt häufig darüber Aufschluss. Nicht notwendig ist, dass dem Gekündigten die Absicht des Kündigenden eindeutig erkennbar sein muss; so KR/*Hillebrecht*, 1. Aufl., § 626 BGB Rn. 262. Vgl. dazu BAG 20.9.1984 EzA BGB § 626 n. F. Nr. 91 mit Anm. *Dütz* = NZA 1985, 286.

folgt, so **hat das Gericht** die Umdeutung vorzunehmen, selbst wenn sich der Kündigende auf sie nicht ausdrücklich beruft.[8] Denn die Subsumtion des vorgetragenen Sachverhalts unter die anzuwendenden Rechtsnormen hat stets von Amts wegen zu erfolgen bzw. von Rechts wegen.[9] Deshalb kann sie auch noch in der Revisionsinstanz erfolgen.[10] Nur wenn keinerlei Tatsachenvortrag erfolgt ist, aus dem auf die Umdeutung nach § 140 BGB geschlossen werden könnte, hat sie zu unterbleiben. Das Arbeitsgericht darf lediglich nicht die die Umdeutungslage begründenden Tatsachen von Amts wegen ermitteln.[11] Die für die Rechtsanwendung notwendigen Tatsachen haben die Parteien dem Gericht vorzutragen. Dem richterlichen Fragerecht nach § 139 ZPO kommt hier ein hoher Stellenwert zu.

Eine ganz andere Frage ist, ob die durch die Umdeutung gewonnene ordentliche Kündigung **wirksam** ist. Das ist jeweils im Einzelfall zu prüfen. Die Kündigung kann zB daran scheitern, dass der Betriebsrat nicht ordnungsgemäß angehört worden ist (→ Rn. 277 ff.). Hat der Arbeitgeber den Betriebsrat nicht vorsorglich zu der nach Maßgabe des § 140 BGB zulässig umgedeuteten Kündigung angehört, scheitert die ordentliche Kündigung schon an den Wirksamkeitsvoraussetzungen des § 102 BetrVG,[12] es sei denn, der Betriebsrat hat der außerordentlichen Kündigung ausdrücklich und vorbehaltlos zugestimmt (→ Rn. 386). Ferner kann die Kündigung sozialwidrig oder wegen Nichteinhaltung der vereinbarten Schriftform unwirksam sein. Beabsichtigt der Arbeitgeber, einem Schwerbehinderten außerordentlich zu kündigen, so ist die Zustimmung des Integrationsamtes auch zu einer gegebenenfalls durch Umdeutung gewonnenen ordentlichen Kündigung nach § 85 SGB IX notwendig. Liegt die Zustimmung nicht vor, scheitert die Umdeutung, weil die ordentliche Kündigung ohne Zustimmung des Integrationsamtes unwirksam ist.[13] 408

Die Unsicherheit in der Bewertung der Umdeutungslage durch die Gerichte können die Parteien dadurch beseitigen, dass sie im Arbeitsvertrag eine Klausel vereinbaren, nach der eine unwirksame außerordentliche Kündigung als fristgemäße gelten soll.[14] Mit einer entsprechenden Vertragsklausel wird der entsprechende Parteiwille ausdrücklich manifestiert; auf die Prüfung des mutmaßlichen Willens nach § 140 BGB kommt es nicht mehr an.[15] Eine derartige Klausel kann auch der Tarifvertrag enthalten.[16] 409

---

[8] Vgl. BAG 13.8.1987 EzA BGB § 140 Nr. 12 = NZA 1988, 129; BAG 31.5.1979 AP ZPO § 256 Nr. 50 = EzA KSchG § 4 n. F. Nr. 16; LAG Köln 14.7.1987 LAGE BGB § 140 Nr. 5. Das gilt auch für eine vom Arbeitnehmer erklärte unwirksame außerordentliche Kündigung; LAG München 3.8.1988 LAGE BGB § 140 Nr. 8.
[9] Vgl. *Herschel*, Festschrift Hubmann, 1985, S. 150; KR/*Friedrich*, § 13 KSchG Rn. 85; *Schmidt*, NZA 1989, 664.
[10] BAG 25.10.2012 NZA 2013, 371 Rn. 21.
[11] *Schmidt*, NZA 1989, 661, 663 f.; vgl. auch LAG Sachsen-Anhalt 25.1.2000 NZA-RR 2000, 472: die Umdeutung ist im Prozess „von Amts wegen" zu beachten, wenn die dazu erheblichen Tatsachen vorgetragen sind. Es bedarf keiner ausdrücklichen Erhebung einer „Umdeutungseinwendung" (so auch ErfK/*Müller-Glöge*, § 626 BGB Rn. 243; *Vollkommer*, Anm. BAG 14.8.1974 AP KSchG 1969 § 13 Nr. 3).
[12] HHL/*v. Hoyningen-Huene*, § 13 KSchG Rn. 47; *Schmidt*, NZA 1989, 665.
[13] LAG Berlin 9.7.1984 NZA 1985, 95.
[14] Vgl. BAG 12.8.1976 AP BetrVG 1972 § 102 Nr. 10 = EzA BetrVG 1972 § 102 Nr. 25 mit Anm. *Löwisch*; 22.11.1973 EzA BGB § 626 n. F. Nr. 33 = NJW 1974, 1155.
[15] Preis/*Preis*, Kündigungsvereinbarungen, II K 10 Rn. 3 ff.
[16] Vgl. BAG 15.11.1984 AP BGB § 626 Nr. 87 = EzA BGB n. F. § 626 Nr. 95.

I. Umdeutung der unwirksamen außerordentlichen Kündigung in eine ordentliche Kündigung

410 Hauptanwendungsfall der Umdeutung in der Praxis ist der der Umdeutung einer außerordentlichen Kündigung in eine ordentliche Kündigung.[17] Früher enthielt § 11 Abs. 2 KSchG 1951 eine Auslegungsregel, die bestimmte, dass die unwirksame außerordentliche Kündigung im Zweifel nicht als Kündigung zum nächsten zulässigen Termin galt. Diese gesetzliche Vermutung brach mit einer ständigen Rechtsprechung des RG und des RAG, die die Umdeutung im Zweifel stets bejaht hatten.[18] Das Erste Arbeitsrechtsbereinigungsgesetz übernahm die Vermutung nicht mehr. Seitdem gilt allein § 140 BGB und damit die → Rn. 404 mitgeteilten Grundsätze. Es ist entscheidend, ob der **hypothetische, dem Arbeitnehmer erkennbare Wille** des Arbeitgebers darauf zielt, das Arbeitsverhältnis auf jeden Fall zum nächstzulässigen Termin aufzulösen, falls er die Unwirksamkeit der außerordentlichen Kündigung erkannt hätte. Das ist mit der Rechtsprechung vor Inkrafttreten der Auslegungsregel des § 11 Abs. 2 KSchG 1951 auch heute noch im Zweifel anzunehmen, wobei dieses Ergebnis ausschließlich aus der verständigen Anwendung des § 140 BGB folgt.[19] Es ist nicht notwendig, dass sich der Kündigende **ausdrücklich auf die Umdeutung beruft** (das war zur Zeit der Geltung des § 11 Abs. 2 KSchG 1951 notwendig). Maßgebend ist allein, ob der **Sachvortrag des Kündigenden** genügend Tatsachen enthält, aus denen auf den hypothetischen Willen des Kündigenden geschlossen werden kann. Ist dies für den Kündigungsempfänger erkennbar, so hat das Gericht nach § 140 BGB umzudeuten und weiter zu prüfen, ob die ordentliche Kündigung rechtswirksam ist.[20] Dem richterlichen Fragerecht nach § 139 ZPO sollte in diesem Zusammenhang breiter Raum eingeräumt werden. Das zeigt sich besonders an den Folgen, die gegebenenfalls durch den engeren Streitgegenstand der Klage und die dadurch bedingten Rechtskraftwirkungen eintreten (dazu → Rn. 2069 ff.). Beruft sich der Arbeitgeber im Zusammenhang mit einer außerordentlichen Kündigung darauf, die Fortsetzung des Arbeitsverhältnisses **sei ihm unzumutbar,** so macht er geltend, es sei ihm nicht einmal mehr möglich, mit dem Arbeitnehmer noch für die Dauer der Kündigungszeit zusammenzuarbeiten. Daraus folgt für den hypothetischen Willen des Kündigenden, dass er an der **Beendigung** des Arbeitsverhältnisses auf jeden Fall festhalten will, wenn er erkannt hätte, dass der von ihm zur Stützung angegebene Grund nicht das Gewicht hat, um als „wichtiger Grund" die sofortige Beendigung des Arbeitsverhältnisses zu rechtfertigen.

411 Das gilt in den (seltenen) Fällen einer außerordentlichen Kündigung aus betrieblichen[21] oder aus personenbedingten Gründen, vor allem aber im Hauptanwendungs-

---

[17] BAG 25.10.2012 NZA 2013, 371 Rn. 21; BAG 12.5.2010 NZA 2010, 1348.
[18] RG 24.6.1922 RGZ 105, 132; RG 18.9.1928, 122, 38; RAG 14.3.1934 ARS 21, 42; RAG 21.7.1937 ARS 30, 283; RAG 19.4.1939 ARS 36, 49 und RAG 14.1.1944 ARS 47, 143.
[19] Vgl. HHL/*v. Hoyningen-Huene*, § 13 KSchG Rn. 35 ff.; *Dütz*, Anm. EzA § 626 BGB n. F. Nr. 91; *Vollkommer*, Anm. zu BAG AP § 13 KSchG 1969 Nr. 3; KR/*Friedrich*, § 13 KSchG Rn. 81; *Meisel*, Anm. AP § 102 BetrVG 1972 Nr. 15; a. A., d. h. enger in den Voraussetzungen, LSW/*Löwisch*, § 13 KSchG Rn. 27 ff. Vgl. auch BAG 31.5.1979 KSchG EzA § 4 n. F. Nr. 16. Das BAG hat die Frage im Urteil 13.8.1987 EzA BGB § 140 Nr. 12 = NZA 1988, 129 ausdrücklich offengelassen, jedoch bereits aus der hilfsweise erfolgten Anhörung des Betriebsrates auf den hypothetischen Willen des Kündigenden geschlossen, das Arbeitsverhältnis in jedem Falle zu beenden; ebenso BAG 23.10.2008 EzA BGB 2002 § 626 Nr. 23.
[20] BAG 25.10.2012 NZA 2013, 371 Rn. 21.
[21] Richtig KR/*Friedrich*, § 13 KSchG Rn. 83, gegen die dort zitierte (unveröffentlichte) Entscheidung des BAG 16.11.1978 – 2 AZR 141/77 –.

bereich der verhaltensbedingten Kündigung. Der kündigende Arbeitgeber vermag hier oft nur schwer abzuschätzen, ob der von ihm als gegeben angesehene wichtige Grund die ausgesprochene außerordentliche Kündigung auch nach Auffassung der Arbeitsgerichte rechtfertigt.[22] Beurteilt das Gericht den wichtigen Grund enger, so führt die Bewertung der erkennbaren Interessen des Arbeitgebers, der sich wegen des Verhaltens des Arbeitnehmers sogar fristlos vom Arbeitnehmer lösen will, dazu, dass er in jedem Fall unter Einhaltung der ordentlichen Kündigungsfrist das Arbeitsverhältnis beenden will. Jede andere Interessenbewertung wäre wohl lebensfremd.[23]

Von diesen Grundsätzen ist ausnahmsweise abzuweichen, wenn der Kündigungsgrund, auf den die außerordentliche Kündigung gestützt wird, gar nicht vorliegt. Dann kann der hypothetische Wille des Kündigenden, sich in jedem Falle vom Arbeitnehmer zu trennen, nicht ohne Weiteres angenommen werden.[24] Kann der Kündigungsgrund nicht bewiesen werden, so ist dagegen die Annahme einer Ausnahme von der Regel nicht immer gerechtfertigt, weil nach den Grundsätzen der Verdachtskündigung der Erklärende durchaus an der Beendigung festhalten wird. Ob die ordentliche Kündigung auch wirksam ist, ist eine andere und hier, bei der Frage der Umdeutung, noch nicht interessierende Frage. **412**

II. Umdeutung der ordentlichen Kündigung

Die Umdeutung einer ordentlichen Kündigung in eine außerordentliche Kündigung mit Auslauffrist ist nicht möglich. Das scheitert schon daran, dass die Wirkungen des Ersatzgeschäfts nicht über das ursprünglich beabsichtigte hinausgehen dürfen. Eine Umdeutung ist auch dann ausgeschlossen, wenn der Kündigende einen wichtigen Grund hatte.[25] **413**

Das wäre auch der Fall, wenn die außerordentliche Kündigung mit einer der ordentlichen Kündigung entsprechenden Auslauffrist erklärt wird. Denn diese Kündigung ist nicht als „Kündigung aus anderen Gründen" unwirksam, sondern sie könnte nach § 7 KSchG rechtswirksam werden, falls die Klage nicht rechtzeitig erhoben würde.[26] Offen gelassen hat das BAG, ob bei einer ordentlichen Kündigung eines ordentlich unkündbaren Arbeitnehmers die Umdeutung in eine außerordentliche Kündigung mit Auslauffrist möglich ist.[27] **414**

---

[22] Das zeigen exemplarisch die Fälle BAG 17.5.1984 EzA BGB n. F. § 626 Nr. 90 = NZA 1985, 91 (Bienenstichfall) und 17.3.1988 EzA BGB § 626 n. F. Nr. 116 = NZA 1989, 261 (Bummelantenfall).
[23] Das BAG hat die Umdeutung vorgenommen, wenn im Kündigungsschreiben zum Ausdruck gekommen ist, es bestehe keine Möglichkeit weiterer Zusammenarbeit mehr; BAG 31.5.1979 AP ZPO § 256 Nr. 50 = EzA KSchG § 4 n. F. Nr. 16; 31.3.1993 EzA BGB § 626 Ausschlussfrist Nr. 5 = NZA 1994, 409. Auf das Kündigungsschreiben, das einen Hinweis auf die Unzumutbarkeit der Weiterbeschäftigung enthielt, stellt auch BAG 18.9.1975 AP BGB § 626 Druckkündigung Nr. 10 = EzA BGB § 626 Druckkündigung Nr. 1 ab. Vgl. auch LAG Köln 14.7.1987 LAGE BGB § 140 Nr. 5 und LAG München 14.12.1988 LAGE BGB § 140 Nr. 9 sowie 3.8.1988 LAGE BGB § 140 Nr. 8; LAG Köln 17.9.1993 und 16.3.1995 LAGE BGB § 140 Nr. 10 und Nr. 11. Die Begründung im Kündigungsschreiben: „Ihre Wiederverheiratung stellt einen schweren Verstoß gegen die Grundauffassung der Kath. Kirche über Ehe und Familie dar" hat das BAG zur Umdeutung veranlasst, BAG 14.10.1980 AP GG Art. 140 Nr. 7 = EzA KSchG § 1 Tendenzbetrieb Nr. 10. Das BAG hatte in diesem Fall – zu Recht – auch keine Bedenken gegen die „Erkennbarkeit" in der Person des Gekündigten.
[24] Vgl. KR/*Friedrich*, § 13 KSchG Rn. 82; LSW/*Löwisch*, § 13 KSchG Rn. 30.
[25] LAG Köln 4.7.1996 LAGE BGB § 620 Kündigungserklärung Nr. 6 = NZA-RR 1997, 277; LAG Köln 29.4.1994 LAGE BGB § 620 Kündigungserklärung Nr. 2.
[26] BAG 12.9.1974 AP TV AL II § 44 Nr. 1 = EzA TVG § 1 Auslegung Nr. 3; 16.11.1979 AP BGB § 154 Nr. 1 = EzA BGB § 154 Nr. 1.
[27] BAG 25.4.2007 EzA Tz BfG § 4 Nr. 12 = NZA 2007, 881.

III. Umdeutung der außerordentlichen Kündigung in einen Antrag zum Abschluss eines Aufhebungsvertrages

415 Die unwirksame außerordentliche Kündigung kann auch in ein Vertragsangebot zur sofortigen einverständlichen Beendigung des Arbeitsverhältnisses umgedeutet werden. Voraussetzung ist, dass es dem mutmaßlichen Willen des Kündigenden entspricht, das Arbeitsverhältnis auch beim Fehlen eines wichtigen Grundes mit sofortiger Wirkung zu beenden. Kann das bejaht werden, so muss jedoch zur Auflösung des Arbeitsverhältnisses kraft Vereinbarung die Annahmeerklärung des Gekündigten hinzutreten. Nur dann liegt der Auflösungsvertrag vor. Hier ist Vorsicht geboten. Das Schweigen des Arbeitnehmers bedeutet keinesfalls allein bereits die Annahme des Vertragsangebotes. Andererseits ist auch keine ausdrückliche Erklärung notwendig. Stets aber ist das Bewusstsein erforderlich, eine rechtsgeschäftliche Erklärung abgeben zu wollen, was in Fällen dieser Art voraussetzt, dass der Gekündigte die Unwirksamkeit der Kündigung erkannt hat und dennoch dem erkennbaren mutmaßlichen Willen des Kündigenden, das Arbeitsverhältnis durch Vertrag zu beenden, zu entsprechen bereit ist.[28] Die Umdeutung funktioniert aber nicht bei einem Verstoß gegen § 623 BGB, weil sowohl die außerordentliche als auch die ordentliche Kündigung formbedürftig sind.[29]

IV. Umdeutung der Kündigungserklärung in eine Anfechtungserklärung

416 Die ordentliche Kündigung, die wegen Verletzung eines gesetzlichen Verbotes nichtig ist, kann grundsätzlich nicht in eine Anfechtungserklärung umgedeutet werden. In der Praxis wird dies häufig versucht. Die Umdeutung scheitert schon daran, dass hier das Ersatzgeschäft wesentlich weitergehende Rechtsfolgen hat – die wirksame Anfechtung beendet das Arbeitsverhältnis mit sofortiger Wirkung –, als das nichtige Rechtsgeschäft.[30] Anders kann dagegen der Fall zu beurteilen sein, wenn eine fristlose Kündigung erklärt worden ist. Macht der Kündigende zur Rechtfertigung seiner Maßnahme Gründe geltend, die eine Anfechtung nach den §§ 119, 123 BGB rechtfertigen könnten, so ist schon kraft Auslegung der Erklärung von einer Anfechtung auszugehen. Das wird in der Regel so sein, sodass sich die Frage einer Konversion gar nicht stellt.[31]

V. Umdeutung von Änderungskündigung und Leistungsbestimmungsrechten

417 Die Abgrenzung des Direktionsrechts bzw. vertraglich erweiterter Leistungsbestimmungsrechte von der Änderungskündigung bereitet Schwierigkeiten (→ Rn. 19 ff.; 173). Vielfach werden Leistungen des Arbeitgebers mit einem Widerrufsvorbehalt ver-

---

[28] Vgl. dazu im Einzelnen BAG 13.4.1972 AP BGB § 626 Nr. 64 = EzA BGB § 626 n. F. Nr. 13. Ferner LAG München 3.8.1988 LAGE BGB § 140 Nr. 8; LAG Düsseldorf 24.11.1995 LAGE BGB § 140 Nr. 12.
[29] *Preis/Gotthardt*, NZA 2000, 348, 351.
[30] BAG 14.10.1974 AP MuSchG 1968 § 9 Nr. 4 = EzA BGB § 140 Nr. 3.
[31] Das BAG hat die Umdeutung einer Anfechtungserklärung in eine außerordentliche Kündigung abgelehnt; vgl. BAG 14.12.1979 ArbuR 1980, 252 mit insoweit abl. Anm. *Herschel* = EzA BGB § 119 Nr. 11; LAG Sachsen-Anhalt 14.3.1995 – 8 Sa 712/94 – n. v. bejaht die Umdeutung einer wegen arglistiger Täuschung ausgesprochenen Kündigung in eine Anfechtung.

sehen. Dennoch muss die Ausübung vertraglicher Leistungsbestimmungsrechte von der Änderungskündigung klar getrennt werden. Die Änderungskündigung stellt das schärfere Mittel dar, das u.U. sogar zur Beendigung des Arbeitsverhältnisses führen kann. Eine unwirksame Versetzung kann daher nicht in eine Änderungskündigung umgedeutet werden.[32] Hat der Arbeitgeber einen Widerruf ausgeübt, so scheidet eine Umdeutung in eine Änderungskündigung, gegen die vom Arbeitnehmer innerhalb der Frist des § 4 KSchG Klage erhoben werden müsste, ebenfalls aus, weil der Arbeitgeber beim vorbehaltenen Widerruf das Arbeitsverhältnis als Ganzes gerade nicht auflösen will. Die Änderungskündigung kann dagegen die Auflösung des Arbeitsverhältnisses immer zur Folge haben, wenn der Arbeitnehmer die geänderten Bedingungen ablehnt und Kündigungsschutzklage nach § 1 KSchG erhebt.

418 Nach Auffassung des LAG Berlin[33] kann eine unwirksame Änderungskündigung in die Ausübung des Direktionsrechtes umgedeutet werden. Dieser Auffassung kann gefolgt werden. Auch die einseitige Leistungsbestimmung kann als Gestaltungsrecht verstanden werden, sodass eine unwirksame Änderungskündigung „den Erfordernissen eines anderen Rechtsgeschäfts", hier der Direktionsrechtsausübung, entspricht. Nach dem Grundsatz der Verhältnismäßigkeit kommt eine Änderungskündigung regelmäßig erst dann in Betracht, wenn für den Arbeitgeber keine Möglichkeit besteht, mit weniger einschneidenden Maßnahmen das mit der Änderungskündigung bezweckte Ziel zu erreichen.[34] Folglich ist eine Änderungskündigung immer dann unwirksam, wenn die vom Arbeitgeber beabsichtigte Änderung der Arbeitsbedingungen kraft Ausübung des Direktionsrechts herbeigeführt werden kann. Für den Arbeitgeber ist aber vielfach schwer zu beurteilen, ob schon eine Änderungskündigung erforderlich ist oder noch die bloße Ausübung des Direktionsrechts genügt. Es ist daher anzunehmen, dass die Ausübung des Direktionsrechts bei Kenntnis der Unwirksamkeit der Änderungskündigung, die lediglich darauf beruht, dass das falsche (schärfere) Gestaltungsrecht gewählt wurde, gewollt sein würde. Die Situation ist hier ähnlich wie bei der Umdeutung der außerordentlichen in eine ordentliche Kündigung. Die Entscheidung des LAG Berlin erweist sich als zutreffend. Unzutreffend ist dagegen – auch aus dem Gesichtspunkt der Umdeutung – die „verkehrte" Rspr. des BAG, wonach eine Änderungskündigung auch dann gerechtfertigt ist, wenn ein entsprechendes Leistungsbestimmungsrecht rechtswirksam wäre.[35] Diese Rspr. verstößt gerade gegen den Verhältnismäßigkeitsgrundsatz.

VI. Prozessuale Fragen

419 Zu den Problemen der Umdeutung im Kündigungsschutzprozess vgl. → 4. Abschnitt Rn. 2069 ff.

---

[32] LAG Düsseldorf 27.11.1978 LAGE BGB § 140 Nr. 1.
[33] LAG Berlin 29.11.1999 LAGE KSchG § 2 Nr. 36 = NZA-RR 2000, 131.
[34] BAG 28.4.1982 AP KSchG 1969 § 2 Nr. 3 = EzA KSchG § 2 Nr. 4; KR/*Rost*/*Kreft*, § 2 KSchG Rn. 106a ff.
[35] BAG 15.11.1995 EzA BGB § 315 Nr. 45 = NZA 1996, 603; zur Kritik unter Rn. 1321.

§ 18 Die ordentliche Kündigung

I. Grundsätze

420 Die ordentliche Kündigung ist das Gestaltungsrecht, durch das der Vertragspartner das auf unbestimmte Zeit eingegangene Arbeitsverhältnis beendet. Im Grundsatz bedarf es hierfür keines Kündigungsgrundes. Das gilt heute jedoch nur noch außerhalb des Geltungsbereiches des Kündigungsschutzgesetzes. Soweit dieses Gesetz anzuwenden ist (Einzelheiten → Rn. 835 ff.), müssen Gründe vorhanden sein, die die Sozialwidrigkeit der Kündigung ausschließen.[1]

421 Die ordentliche Kündigung des Arbeitsverhältnisses durch den Arbeitnehmer ist heute von gesetzlichen oder kollektivvertraglichen Beschränkungen grundsätzlich frei. Dagegen bestehen zu Lasten des Kündigungsrechts des Arbeitgebers vielfältige Beschränkungen, die meistens nur bestimmte Arbeitnehmergruppen betreffen, sofern vom allgemeinen Kündigungsschutz nach dem KSchG abgesehen wird. Zu erwähnen sind zB der Kündigungsschutz für werdende Mütter (→ Rn. 1334 ff.) und Schwerbehinderte (→ Rn. 1478 ff.) sowie der kollektivrechtliche Kündigungsschutz für ältere und länger beschäftigte Arbeitnehmer.

II. Allgemeine Grundlagen der Kündigungsfristen

422 Durch das Kündigungsfristengesetz – **KündFG** – vom 7.10.1993 (BGBl. I S. 1668) sind die bisher zwischen Arbeitern und Angestellten geltenden differenzierenden gesetzlichen Regelungen abgelöst worden.[2] Die Neuregelung war notwendig geworden, nachdem das BVerfG die differenzierenden Kündigungsfristen mit Art. 3 Abs. 1 GG für unvereinbar erklärt hatte.[3] § 622 Abs. 1 BGB sieht nunmehr eine **Grundkündigungsfrist von vier Wochen einheitlich für alle Arbeitnehmer** in den ersten beiden Beschäftigungsjahren vor, gekoppelt mit **zwei Kündigungsterminen zum 15. oder zum Ende des Kalendermonats.** Eine vom Arbeitgeber zum 15. eines Kalendermonats ausgesprochene Kündigung wirkt im Falle ihres verspäteten Zugangs zum nächst zulässigen Kündigungstermin, also zum Monatsende, wenn und soweit die Parteien keinen abweichenden Kündigungstermin vereinbart haben. § 622 Abs. 2 BGB regelt die vom Arbeitgeber einzuhaltenden Kündigungsfristen gegenüber länger beschäftigten Arbeitnehmern. Bei den **verlängerten Kündigungsfristen** nach § 622 Abs. 2 BGB wurde an **Monatskündigungsterminen** festgehalten. Die Neuregelung geht von dem Gedanken eines allmählichen stufenweisen Übergangs von kürzeren Fristen zu Beginn des Arbeitsverhältnisses zu längeren Fristen in Abhängigkeit von der Dauer der Betriebszugehörigkeit aus. Die für eine Kündigung durch den Arbeitgeber verlängerten Fristen gelten – abweichend vom alten Recht – bereits nach zweijähriger Betriebszugehörigkeit mit einer Frist von einem Monat zum Monatsende.

---

[1] Das Dienstverhältnis, das auf bestimmte Zeit eingegangen ist, endet ohne Kündigung. Ob während der Befristung eine Kündigung möglich ist, hängt von der Vereinbarung ab (§ 15 Abs. 3 TzBfG).
[2] Zu dieser Neuregelung vgl. *Adomeit/Thau*, NJW 1994, 11; *Bauer*, NZA 1993, 495; *Drüll/Schmitte*, NZA 1994, 398; *Hohmeister*, Der Personalrat 1994, 9; *Hromadka*, BB 1993, 2372; *Preis/Kramer*, DB 1993, 2125; *Sieg*, AuA 1993, 165; *Voss*, NZA 1994, 57; *Wank*, NZA 1993, 961; *Widlak*, AuA 1993, 353; *Worzalla*, NZA 1994, 145.
[3] BVerfG 30.5.1990 EzA BGB n. F. § 622 Nr. 27 = NZA 1990, 721.

§ 18 Die ordentliche Kündigung

Bei der Berechnung der Beschäftigungsdauer nach § 622 Abs. 2 BGB ist zu beachten, dass – entsprechend der Rechtsprechung zur Wartezeit des § 1 Abs. 1 KSchG (→ Rn. 870ff.) – Zeiten eines früheren Arbeitsverhältnisses zu berücksichtigen sind, wenn ein enger zeitlicher und sachlicher Zusammenhang zwischen den Arbeitsverhältnissen besteht. Mit zunehmender Betriebszugehörigkeit wird der Bestandsschutz des Arbeitsverhältnisses erhöht und einer entsprechenden sozialen Schutzfunktion Genüge getan. Im Interesse der Einheit der Rechtsordnung ist es deshalb geboten, den Einfluss von rechtlichen Unterbrechungen des Arbeitsverhältnisses sowohl bei der gesetzlichen Wartezeit des § 1 Abs. 1 KSchG als auch bei der Berechnung der Kündigungsfrist nach § 622 Abs. 2 BGB gleichzubehandeln.[4] Das gilt auch im Falle des nahtlosen Betriebsübergangs.[5] 423

Bei der Berechnung der Beschäftigungsdauer nach § 622 Abs. 2 BGB ist ein Berufsausbildungsverhältnis, aus dem der Auszubildende in ein Arbeitsverhältnis übernommen wurde, zu berücksichtigen.[6] 424

Über insgesamt sieben Stufen wird nach zwanzigjähriger Betriebszugehörigkeit die Höchstdauer von sieben Monaten zum Monatsende erreicht. 425

§ 622 Abs. 2 S. 2 BGB, wonach bei der Berechnung der Betriebszugehörigkeit nur die **Zeiten nach der Vollendung des 25. Lebensjahres** des Arbeitnehmers berücksichtigt werden, ist wegen Unionsrechtswidrigkeit aus dem Gesichtspunkt der Altersdiskriminierung unanwendbar.[7] Die Unanwendbarkeit von § 622 Abs. 2 S. 2 BGB und entsprechender (deklaratorischer) Regelungen in Tarifverträgen, Betriebsvereinbarungen und Arbeitsverträgen führen zu einer „Anpassung nach oben". Das bedeutet, dass bei der Berechnung der verlängerten Kündigungsfristen sämtliche im Betrieb oder Unternehmen zurückgelegten Beschäftigungszeiten Berücksichtigung finden.[8] 426

Die von der Beschäftigungsdauer abhängige Staffelung der Kündigungsfristen nach Maßgabe des § 622 Abs. 2 Satz 1 BGB verletzt das Verbot der Altersdiskriminierung dagegen nicht.[8a] 426a

Übersicht zu § 622 Abs. 2 BGB 427

Betriebszugehörigkeit	Kündigungsfrist (Monate zum Monatsende)
2 Jahre	1
5 Jahre	2
8 Jahre	3
10 Jahre	4
12 Jahre	5
15 Jahre	6
20 Jahre	7

---

[4] Vgl. schon BAG 6.12.1976 AP KSchG 1969 § 1 Wartezeit Nr. 2 = EzA KSchG § 1 Nr. 36; APS/*Linck*, § 622 BGB Rn. 58; KR/*Spilger*, § 622 BGB Rn. 58.
[5] BAG 18.9.2003 EzA BGB 2002 § 622 Nr. 2 = NZA 2004, 319; LAG Köln 26.11.2014 – 5 Sa 728/14 –.
[6] BAG 2.12.1999 EzA BGB § 622 n. F. Nr. 60 = NZA 2000, 720.
[7] EuGH 19.1.2010 – C-555/07 – NZA 2010, 85; BAG 1.9.2010 NZA 2010, 1409; BAG 9.9.2010 NZA 2011, 343; BAG 20.6.2013 NZA 2013, 1137.
[8] BAG 29.9.2011 NZA 2012, 754.
[8a] BAG 18.9.2014 NZA 2014, 1400.

1. Geltungsbereich des § 622 BGB

428 § 622 BGB gilt für alle **ordentlichen Kündigungen**. Hierzu zählt nicht nur der Fall der Beendigungskündigung, sondern auch der Änderungskündigung.[9] Für außerordentliche Kündigungen nach § 626 BGB greift § 622 BGB nicht ein. Diese erfolgen in der Regel fristlos. Zur außerordentlichen Kündigung ordentlich Unkündbarer mit Auslauffrist → Rn. 556f. Für den Arbeitnehmer muss erkennbar sein, ob er außerordentlich oder ordentlich gekündigt worden ist. Kündigt der Arbeitgeber „zum nächst möglichen Termin", ist bei verständiger Auslegung von einer ordentlichen Kündigung auszugehen, wenn dem Erklärungsempfänger die Dauer der Kündigungsfrist bekannt oder diese für ihn bestimmbar ist. Ein Hinweis auf die maßgeblichen gesetzlichen oder tariflichen Regelungen reicht aus, wenn so unschwer ermittelt werden kann, zu welchem Termin das Arbeitsverhältnis enden soll.[10] Eine Kündigung ist nicht hinreichend bestimmt, wenn in der Erklärung **mehrere Termine** für die Beendigung des Arbeitsverhältnisses genannt werden und für den Erklärungsempfänger nicht erkennbar ist, welcher Termin gelten soll.[11]

429 § 622 BGB gilt für **alle Arbeitnehmer**, sowohl hinsichtlich der Grundkündigungsfrist als auch für die verlängerten Kündigungsfristen. Die Regelung greift also auch für **Teilzeitbeschäftigte**, selbst für geringfügig Beschäftigte, aber nicht für Verträge mit arbeitnehmerähnlichen Personen.[12] Dies gilt ohne Rücksicht darauf, wie viele Arbeitnehmer im Unternehmen beschäftigt sind. Prinzipiell gilt § 622 BGB auch für Arbeitsverhältnisse in **Kleinunternehmen**. In den Beratungen des Vermittlungsausschusses wurde allerdings die Regelung des § 622 Abs. 5 Nr. 2 BGB eingefügt, wonach einzelvertraglich eine kürzere Grundkündigungsfrist vereinbart werden kann, wenn der Arbeitgeber in der Regel nicht mehr als 20 Arbeitnehmer ausschließlich der zu ihrer Berufsbildung Beschäftigten beschäftigt und die Kündigungsfrist vier Wochen nicht unterschreitet. Bei der Feststellung dieser Zahl der Beschäftigten sind teilzeitbeschäftigte Arbeitnehmer mit einer regelmäßigen wöchentlichen Arbeitszeit von nicht mehr als 20 Stunden mit 0,5 und von nicht mehr als 30 Stunden mit 0,75 zu berücksichtigen (nach der Neufassung durch ÄndG 19.12.1998 BGBl. I 3843). Im Kern enthält diese Regelung lediglich den Vorteil für kleinere Arbeitgeber, eine vierwöchige Kündigungsfrist ohne festen Endtermin zu vereinbaren. Für das Eingreifen der Regelung des § 622 Abs. 5 Nr. 2 BGB ist entscheidend, wie viele Arbeitnehmer der Arbeitgeber zum Zeitpunkt des Zugangs der Kündigung in der Regel beschäftigt. Die maßgebliche Zahl ist durch einen Rückblick auf die Belegschaftszahl in der Vergangenheit und einer Einschätzung in die Zukunft zu ermitteln. Kurzfristige Schwankungen sind ohne Bedeutung. Auf die zu § 23 Abs. 1 KSchG geltenden Grundsätze kann verwiesen werden (→ Rn. 858 ff.). Im Unterschied zu § 23 Abs. 1 KSchG stellt jedoch § 622 Abs. 5 Nr. 2 BGB nicht auf den Betrieb, sondern auf den Arbeitgeber ab, sodass sich die Problematik einer verfassungskonformen Auslegung hier nicht stellt.[13] Für **Hausangestellte und**

---

[9] BAG 12.1.1994 EzA BGB § 622 n. F. Nr. 47 = NZA 1994, 751. Dies gilt auch für Änderungskündigungen, bei denen nur am Zeitpunkt des Wirksamwerdens der Vertragsänderung gestritten wird, wenn dieser Streit bei Inkrafttreten des Kündigungsfristengesetzes noch rechtshängig war und die Kündigungsfristbestimmungen alten Rechts für den Arbeitnehmer ungünstiger wären.

[10] BAG 20.6.2013 NZA 2013, 1137 Rn. 15; BAG 23.5.2013 NZA 2013, 1197 Rn. 47; s. a. Staudinger/*Oetker* Vorbem. zu §§ 620 ff. Rn. 125; ähnlich *Eisemann* NZA 2011, 601, 602.

[11] BAG 10.4.2014 NZA 2015, 162 Rn. 18.

[12] BAG 8.5.2007 AP BGB § 611 Arbeitnehmerähnlichkeit Nr. 15 = BB 2007, 2298; ErfK/*Müller-Glöge*, § 622 BGB Rn. 6.

[13] Zu § 23 Abs. 1 S. 2 KSchG vgl. BVerfG 27.1.1998 NZA 1998, 470, 474.

§ 18 Die ordentliche Kündigung

Hausgehilfen findet die Grundkündigungsfrist des § 622 Abs. 1 BGB Anwendung. Die verlängerten Kündigungsfristen des Absatzes 2 gelten jedoch nicht, weil diese Regelung eine Beschäftigung in einem Betrieb oder einem Unternehmen von bestimmter Dauer voraussetzt. Der Haushalt ist jedoch kein Betrieb oder Unternehmen in diesem Sinne.[14]

Für **vertretungsberechtigte Organmitglieder,** die aufgrund ihrer Beteiligung eine Gesellschaft beherrschen, galt und gilt unstreitig die Frist des § 621 Nr. 3 BGB.[15] Im Übrigen ist jedoch wie bisher davon auszugehen, dass § 622 Abs. 1 BGB auf die Kündigung solcher vertretungsberechtigten Organmitglieder analog anzuwenden ist, die nicht in erheblichem Umfang am Kapital der Gesellschaft beteiligt sind.[16] Mangels anderer gesetzlicher Grundentscheidungen ist nunmehr auch davon auszugehen, dass die verlängerten Kündigungsfristen des § 622 Abs. 2 BGB anwendbar sind. Für die früher gebotene Differenzierung auf der Basis des AngKSchG zwischen Geschäftsführern und Vorstandsmitgliedern ist nach Wegfall dieses Gesetzes kein Raum mehr.[17]

430

2. Sonderregelungen

Für den Fall der **Insolvenz** des Arbeitgebers greift nach § 113 InsO ein Sonderkündigungsrecht des Insolvenzverwalters (näher → Rn. 2288 ff.). Hiernach kann ein Dienstverhältnis mit einer Frist von drei Monaten zum Monatsende gekündigt werden, soweit nicht eine kürzere Frist maßgeblich ist. Arbeitsvertraglich oder tarifvertraglich vereinbarte längere Kündigungsfristen bleiben außer Betracht.[18] Das gilt aber dann nicht, wenn die einzel- oder tarifvertraglich verlängerte Kündigungsfrist noch kürzer ist als die Höchstfrist des § 113 S. 2 InsO (drei Monate zum Monatsende). Dann gilt die längere vereinbarte Frist.[19] Ob § 113 InsO in entsprechender Anwendung auch auf die Kündigung eines Ausbildungsverhältnisses Anwendung findet, ist streitig.[20]

431

§ 622 BGB gilt prinzipiell auch für **Leiharbeitsverhältnisse.** Nach § 11 Abs. 1 AÜG iVm § 2 Abs. 1 Nr. 9 NachwG ist der Verleiher jedoch verpflichtet, die Fristen für die Kündigung des Arbeitsverhältnisses in einer besonderen Urkunde (regelmäßig, aber nicht zwingend ist dies der schriftliche Arbeitsvertrag) aufzunehmen. Hierfür genügt die Verweisung auf die einschlägige gesetzliche (§ 622 BGB) oder tarifliche Regelung.[21] § 11 Abs. 4 S. 1 AÜG erklärt § 622 Abs. 5 Nr. 1 BGB auf Arbeitsverhältnisse zwischen Verleihern und Leiharbeitnehmern für unanwendbar.[22] Das bedeutet, dass kürzere als die in § 622 Abs. 1 BGB geregelten Kündigungsfristen für Aushilfskräfte in Leiharbeitsverhältnissen nur tarifvertraglich bzw. durch Bezugnahme auf einen einschlägigen Tarifvertrag festgelegt sein können. Erfolgt die Bezugnahme auf einen nicht einschlägigen Tarifvertrag, ist die Fristverkürzung unwirksam mit der Folge, dass die gesetzlichen Kündigungsfristen gelten.[23]

432

---

[14] *Bauer/Rennpferdt,* AR-Blattei SD 1010.5 Rn. 24; *Teschke-Bährle,* HwB AR Kündigungsfristen Rn. 48; KR/*Spilger,* § 622 BGB Rn. 55.
[15] Staudinger/*Preis,* § 622 BGB Rn. 14.
[16] Staudinger/*Preis,* § 621 BGB Rn. 14.
[17] Überzeugend *Bauer,* BB 1994, 855, 856; LAG Köln 18.11.1998 EWiR 1999, 493 mit Anm. *Müller* = NZA-RR 1999, 300; *Lunk,* ZIP 1999, 1777, 1780; a.A. *Hümmerich,* NJW 1995, 1777, 1780, der allerdings die Regelungslücke für verfassungswidrig hält.
[18] BAG 17.3.1976 AP KO § 22 Nr. 2 = EzA KO § 22 Nr. 1.
[19] BAG 3.12.1998 EzA InsO § 113 Nr. 6 = NZA 1999, 425.
[20] Ablehnend ErfK/*Müller-Glöge,* § 113 InsO Rn. 3; vgl. zum Streitstand → Rn. 2294.
[21] APS/*Linck,* § 622 BGB Rn. 23; ErfK/*Wank,* § 11 AÜG Rn. 9; a.A. LAG Hamm 1.2.1996 LAGE AÜG § 11 Nr. 1.
[22] Vgl. ErfK/*Müller-Glöge,* § 622 BGB Rn. 6b.
[23] Staudinger/*Preis,* § 622 BGB Rn. 19.

433 Durch das Kündigungsfristengesetz wurden auch die Kündigungsfristen für **Heimarbeiter** (vgl. § 29 Abs. 3 HAG) der Neuregelung des § 622 BGB angeglichen. Bei Heimarbeitsverhältnissen verlängert sich mit steigender Beschäftigungsdauer die Frist für die Kündigung des Auftraggebers oder des Zwischenmeisters in gleicher Weise wie für Arbeitsverhältnisse nach § 622 Abs. 2 BGB (vgl. § 29 Abs. 4 HAG). Auch die Kündigungsfrist während der vereinbarten Probezeit gilt entsprechend (§ 29 Abs. 3 S. 2 HAG). Im Übrigen findet § 622 Abs. 4 bis 6 BGB Anwendung.[24] Für **Heuerverhältnisse** hat mit Wirkung vom 1.8.2013 § 66 SeeArbG die Kündigungsfristen neu geordnet.

434 Auch für **Berufsausbildungsverhältnisse** (§ 22 Abs. 1 BBiG) sowie für **Schwerbehinderte** (§ 86 SGB IX) sind Sonderregelungen zu beachten (→ Rn. 511 ff. und Rn. 1478 ff. sowie Rn. 1528). § 19 BEEG regelt eine besondere Kündigungsfrist für den elternzeitberechtigten Arbeitnehmer, der das Arbeitsverhältnis zum Ende der **Elternzeit** nur unter Einhaltung einer Kündigungsfrist von drei Monaten kündigen kann.

3. Übergangsregelung

435 Die Übergangsregelung des Art. 222 EGBGB bezieht die Fälle ein, in denen vor Inkrafttreten der gesetzlichen Neuregelung die Kündigung dem Arbeitnehmer zugegangen ist, der kündigungsrechtliche Sachverhalt zum Zeitpunkt des Inkrafttretens der Neuregelung noch nicht abgeschlossen ist und zudem die Neuregelung für den Arbeitnehmer, dem gekündigt worden ist, günstiger ist als die alte gesetzliche Regelung. Dies betrifft insbesondere die arbeitsgerichtlichen Verfahren, die nach dem Beschluss des Bundesverfassungsgerichts vom 30.5.1990[25] auszusetzen waren. Die Übergangsvorschrift ist verfassungsgemäß.[26]

4. Berechnung der Kündigungsfrist

436 Für die Berechnung der Kündigungsfristen gelten die §§ 186 ff. BGB. Nach § 187 Abs. 1 BGB wird der Tag, an dem die Kündigung zugeht, nicht mitgerechnet; der Fristablauf beginnt erst am folgenden Tage. Unerheblich ist dabei, ob der letzte Tag, an dem noch gekündigt werden kann, auf einen Samstag, Sonntag oder Feiertag fällt. § 193 BGB ist auf Kündigungsfristen nicht entsprechend anwendbar.[27] Ohne Bedeutung für die Fristberechnung ist auch, dass der Tag, an dem das Arbeitsverhältnis durch Kündigung enden soll, ein Samstag, Sonntag oder Feiertag ist.[28] Die Frist endet nach § 188 Abs. 2 BGB mit dem Ablauf desjenigen Tages der letzten Woche oder des letzten Monats, welcher durch seine Benennung oder seine Zahl dem Tage entspricht, in den das Ereignis oder der Zeitpunkt fällt.

437 § 622 Abs. 1 BGB regelt die **Grundkündigungsfrist** – zugleich als Mindestkündigungsfrist – von vier Wochen. Vier Wochen bedeuten 28 Tage. Wesentlich ist dies auch für die Kündigungsfrist nach § 622 Abs. 5 Nr. 2 BGB, wonach in Kleinunternehmen eine vierwöchige Kündigungsfrist ohne festen Endtermin einzuhalten ist. Für

---

[24] Einzelheiten zu diesen gesetzlichen Sonderregelungen vgl. Staudinger/*Preis*, § 622 BGB Rn. 20.
[25] AP BGB § 622 Nr. 28 = NZA 1990, 721.
[26] Vgl. Beschluss des BVerfG 25.1.1994 EzA BGB § 622 n.F. Nr. 46 = NZA 1994, 499; ferner LAG Hamm 25.1.1994 LAGE BGB § 622 Nr. 27; *Preis/Kramer*, DB 1993, 2125, 2130 f.; a. A. *Wollgast*, ArbuR 1993, 325 ff.
[27] Vgl. BGH 17.2.2005 NJW 2005, 1354.
[28] BAG 5.3.1970 AP BGB § 193 Nr. 1 = EzA BGB n.F. § 622 Nr. 1; BAG 28.9.1972 AP BGB § 193 Nr. 2; BGH 17.2.2005 NJW 2005, 1354; *Hromadka*, BB 1993, 2373.

den Regelfall des § 622 Abs. 1 BGB, bei dem eine Grundkündigungsfrist von vier Wochen zum 15. oder Monatsende besteht, sind – in Anwendung der §§ 187 Abs. 1, 188 Abs. 2 BGB – folgende spätestmöglichen Kündigungstage (Zugang der Kündigung) zu beachten:

Kündigung zum	15. des Monats Kündigungszugang bis	Monatsende Kündigungszugang bis
in Monaten mit 30 Tagen	17. des Vormonats	2. des Monats
in Monaten mit 31 Tagen	18. des Vormonats	3. des Monats

Im Februar ergeben sich folgende Abweichungen: 31.1. (Schaltjahr 1.2.) für eine Kündigung zum 28.2. (29.2.) oder 15.2. (Schaltjahr 16.2.) für eine Kündigung zum 15.3. **438**

Die Kündigung muss an den vorstehenden Kündigungstagen zugehen, damit die Kündigungsfrist gewahrt wird. Eine Vereinbarung, dass der Tag der Absendung des Kündigungsschreibens als Tag der Erklärung gelten soll, ist unzulässig.[29] Geht die Kündigung **zu spät** zu oder wird sie mit einer zu kurzen Frist ausgesprochen, gilt sie **im Zweifel als zum nächst zulässigen Termin** erklärt.[30] **439**

Der Kündigende kann **freiwillig eine längere als die gesetzliche Kündigungsfrist** einhalten. Er ist nicht verpflichtet, mit dem Ausspruch der Kündigung bis zum letzten Tage vor Beginn der Frist zum nächstmöglichen Termin zu warten.[31] Freilich muss sich der Arbeitgeber so behandeln lassen, als habe er mit der richtigen Frist gekündigt. Dies kann bei Überschreitung des Sechsmonatszeitraums nach § 1 KSchG dazu führen, dass der vor Ablauf dieses Zeitraums mit längerer Frist Gekündigte Kündigungsschutz genießt.[32] So kann eine Kündigung, die nicht zum nächstmöglichen Kündigungstermin, sondern erst zu einem späteren Termin wirken soll, eine **Umgehung des Kündigungsschutzes** darstellen, wenn die Kündigungserklärung nur zu dem Zweck erfolgte, sie noch vor Ablauf der Wartefrist des § 1 KSchG auszusprechen. Vergleichbares gilt, wenn eine vorzeitige Kündigung mit verlängerter Frist erfolgt, um den Eintritt einer tariflichen Unkündbarkeit zu verhindern.[33] Bei einer vertraglichen Verlängerung der gesetzlichen Kündigungsfrist gelten die üblichen gesetzlichen Kündigungstermine, soweit keine ausdrückliche Regelung über den Kündigungstermin getroffen wird oder sich ein anderer Parteiwille im Wege der Auslegung ergibt. **440**

III. Unabdingbare Mindestkündigungsfristen

1. Grundsatz

Die **gesetzliche Grundkündigungsfrist von vier Wochen** stellt eine grundsätzlich nicht abdingbare Mindestkündigungsfrist dar. Dies folgt aus § 622 Abs. 5 S. 2 BGB, der Abweichungen von den Absätzen 1 bis 3 zulasten des Arbeitnehmers verbietet. Mit dieser gesetzlichen Neuregelung soll „klargestellt werden, dass einzelvertragliche Abkürzungen der Kündigungsfrist unzulässig sind" (BT-Drucks. 12/4902, S. 9). **441**

---

[29] BAG 13.10.1976 AP BGB § 130 Nr. 9 = EzA BGB § 130 Nr. 6; *Kliemt*, S. 407.
[30] BAG 18.4.1985 AP BGB § 622 Nr. 20 = EzA BGB § 622 n. F. Nr. 21; *Hromadka*, BB 1993, 2373.
[31] KR/*Spilger*, § 622 BGB Rn. 135; LAG Berlin 11.1.1999 LAGE BGB § 622 Nr. 41 = NZA-RR 1999, 473.
[32] *Hromadka*, BB 1993, 2373.
[33] BAG 16.10.1987 EzA BGB § 626 Unkündbarkeit Nr. 1 = NZA 1988, 877; KR/*Spilger*, § 622 BGB Rn. 136.

Etwas anderes gilt nur für die gesetzlichen Sonderfälle einer vereinbarten Probezeit, § 622 Abs. 3 BGB (→ Rn. 486 ff.), der einzelvertraglichen Bezugnahme auf einen Tarifvertrag, § 622 Abs. 4 S. 2 BGB (→ Rn. 450 ff.), der vorübergehenden Aushilfstätigkeit, § 622 Abs. 5 Nr. 1 BGB (→ Rn. 498 ff.) sowie bei Kleinunternehmen, § 622 Abs. 5 Nr. 2 BGB (→ Rn. 451, 858 ff.).

442 Die nach § 622 Abs. 2 S. 1 BGB vom Arbeitgeber einzuhaltenden **verlängerten Kündigungsfristen** sind ebenfalls **zwingend**.[34] Auch über das Gesetz hinausgehende Kündigungstermine dürfen einzelvertraglich nicht vereinbart werden. Dabei ist richtigerweise ein „Ensemble-Vergleich" von Kündigungsfrist und Kündigungstermin vorzunehmen. Es dürfen nicht nur die Kündigungsfristen miteinander verglichen werden.[35] Dabei ist bei dem **Günstigkeitsvergleich** auf die Vertragsabrede (abstrakt) abzustellen und nicht auf den (konkreten) Zeitpunkt des Ausspruchs der Kündigung. Ist einzelvertraglich eine Mindestkündigungsfrist von sechs Wochen zum Quartal vereinbart worden, setzen sich jedenfalls ab achtjähriger Betriebszugehörigkeit die verlängerten gesetzlichen Kündigungsfristen durch, da die Frist von drei Monaten zum Monatsende bei abstrakter Betrachtung regelmäßig länger und damit günstiger ist, als die Frist von sechs Wochen zum Quartal.[36] Hauptstreitfall ist der Vergleich der (vereinbarten) Quartalskündigungsfrist mit der Kündigungsfrist des § 622 Abs. 2 Nr. 2 BGB nach fünfjähriger Beschäftigungsdauer (zwei Monate zum Monatsende). Während *Diller* meint, in den „meisten Fällen" gebe die Quartalskündigungsfrist einen besseren Schutz,[37] vertritt *Linck*, dass sich die gesetzliche Kündigungsfrist von zwei Monaten bei fristgerechter Kündigung gegenüber der Quartalskündigungsfrist durchsetze, weil bei der typischen Quartalskündigung die Kündigungsfrist deutlich kürzer sei als die zweimonatige Kündigungsfrist.[38] Der Auffassung von *Linck* sollte gefolgt werden, da sie dem Prinzip der abstrakten Vergleichsbetrachtung besser gerecht wird als die Betrachtung von *Diller*, die auf die konkrete Betrachtung je nach dem Zeitpunkt der Kündigungserklärung abstellt.

443 Werden unzulässig kurze Kündigungsfristen oder unzulässig viele Kündigungstermine vereinbart, so tritt an die Stelle dieser unwirksamen Vereinbarung grundsätzlich die gesetzliche Regelung (§ 622 Abs. 1 BGB bzw. § 622 Abs. 2 BGB). Die Nichteinhaltung der Kündigungsfrist ist aber in der Regel kein Unwirksamkeitsgrund für die Kündigung. Deshalb kann dieser Gesichtspunkt (etwa mit im Rahmen einer Leistungsklage aus § 615 BGB) auch außerhalb der Klagefrist des § 4 KSchG geltend gemacht werden.[39] Weil die früher vorhandene Unterscheidung zwischen gesetzlicher Mindest- und Regelkündigungsfrist nach der gesetzlichen Neuregelung nicht mehr existiert, ist auch die alte Streitfrage entfallen, ob bei Vereinbarung einer unzulässig kurzen Kündigungsfrist die gesetzliche Mindest- oder die Regelfrist eingreift.[40]

443a Der 5. Senat des BAG meint, in bestimmten Fällen müsse die Nichteinhaltung der objektiv richtigen Kündigungsfrist mit der fristgebundenen Kündigungsschutzklage nach § 7 KSchG geltend gemacht werden. Das setzt voraus, dass die Nichteinhaltung der Kündigungsfrist zur Unwirksamkeit der Kündigungserklärung führt.[41] Das ist re-

---

[34] Vgl. Staudinger/*Preis*, § 622 BGB Rn. 29 mwN.
[35] So aber LAG Hamm 1.2.1996 LAGE BGB § 622 Nr. 38; dagegen zu Recht *Diller*, NZA 2000, 293, 296 f.; *Müller-Glöge*, FS Schaub, 1998, S. 497, 501; jetzt BAG 4.7.2001 EzA BGB § 622 n. F. Nr. 63 = NZA 2002, 380.
[36] Zutr. *Diller*, NZA 2000, 293, 296 f.; LAG Nürnberg 13.4.1999 NZA-RR 2000, 80.
[37] *Diller*, NZA 2000, 293, 297.
[38] APS/*Linck*, § 622 BGB Rn. 180 ff.
[39] BAG 6.7.2006 AP KSchG 1969 § 4 Nr. 57 = NZA 2006, 1405.
[40] Vgl. Staudinger/*Preis*, § 622 BGB Rn. 30.
[41] Siehe BAG 1.9.2010 NZA 2010, 1409.

gelmäßig nicht anzunehmen und kann nur relevant werden, wenn sich die mit zu kurzer Frist ausgesprochene Kündigung nicht als eine solche mit der rechtlich gebotenen Frist auslegen lässt. Die Diskrepanz zwischen dem 2. und dem 5. Senat liegt darin, dass der 2. Senat des Bundesarbeitsgerichts regelmäßig annimmt, die Auslegbarkeit einer ordentlichen Kündigung mit fehlerhafter Kündigungsfrist als solche zum richtigen Kündigungstermin sei der Regelfall.[42] Bei einer ordentlichen Kündigung sei für den Kündigungsadressaten erkennbar, dass der Kündigende die einzuhaltende Kündigungsfrist grundsätzlich wahren wolle, weil er aufgrund gesetzlicher, tariflicher oder einzelvertraglicher Regelungen an sie gebunden sei. An der Auffassung des 2. Senats ist festzuhalten. Die Auffassungen nähern sich im Ergebnis an, weil auch der 5. Senat zugesteht, dass schon die Formulierung „fristgemäß zum" oder ähnliche Zusätze in der Kündigungserklärung (zB ordentliche Kündigung oder „unter Wahrung der gesetzlichen oder tariflichen Kündigungsfrist") erkennen lasse, dass der Arbeitgeber Wert darauf legte, die maßgebliche Kündigungsfrist einzuhalten und sich lediglich „verrechnet" hat.[43]

Denkbar ist, dass die **Arbeitsvertragsgestaltung** des Arbeitgebers zwischen Arbeitern und Angestellten typisierend differenziert (für Altfälle → Rn. 472 ff.). Auch derartige Kündigungsregelungen sind nach Maßgabe des allgemeinen **Gleichbehandlungsgrundsatzes** zu überprüfen. Insoweit ergibt sich im Kern keine Abweichung zur Zulässigkeit und zu den Grenzen der Differenzierung bei tarifvertraglichen Kündigungsregelungen, soweit eine konstitutive Fristvereinbarung vorliegt.[44] Erschwerend kommt hinzu, dass bei arbeitsvertraglichen Regelungen, insbes. soweit sie typisierend erfolgen, keine privilegierte Beurteilung hinsichtlich der Beurteilungskompetenz der Tarifpartner vorliegt. Eine typisierende Ungleichbehandlung auf der Basis arbeitsvertraglicher Regelung verstößt daher in aller Regel gegen den arbeitsrechtlichen Gleichbehandlungsgrundsatz.[45] Es treten dann die gleichen Rechtsfolgen ein wie bei der Unwirksamkeit tariflicher Kündigungsfristen (→ Rn. 460 ff.). **444**

2. Auswirkungen des KündFG auf bestehende Arbeitsverhältnisse

Sowohl das KündFG als auch die Übergangsregelung des Art. 222 EGBGB lässt Altverträge mit Angestellten unberührt. Verbreitete Vertragspraxis ist die Bezugnahme auf gesetzliche oder tarifliche Bestimmungen.[46] Es ist in jedem Einzelfall zu prüfen, ob die Arbeitsvertragsparteien vor dem 15.10.1993 eine konstitutive Regelung oder eine bloß deklaratorische Verweisung auf die gesetzlichen Vorschriften vorgenommen haben. Hierbei ist zu berücksichtigen, dass die Auslegungsgrundsätze für Tarifverträge und Arbeitsverträge unterschiedlich sind.[47] Freilich werden sich die unterschiedlichen Auslegungsgrundsätze bei der hier in Rede stehenden Problematik kaum auswirken.[48] **445**

In zahlreichen Altverträgen findet sich hinsichtlich der Kündigungsfristen lediglich eine Verweisung auf die „gesetzlichen Vorschriften". Bei der notwendigen Auslegung ist zunächst der Wortlaut der Erklärung zu beachten;[49] bei vorformulierten Verträgen **446**

---

[42] BAG 15.12.2005 NZA 2006, 791; BAG 9.9.2010 NZA 2011, 343.
[43] BAG 15.5.2013 NZA 2013, 1076.
[44] Vgl. hier noch Rn. 477 ff.; *Worzalla*, NZA 1994, 145, 150.
[45] Vgl. Staudinger/*Preis*, § 622 BGB Rn. 59.
[46] Vgl. *Preis*, Vertragsgestaltung, S. 68; *Preis/Kramer*, DB 1993, 2125, 2130.
[47] Zum Ganzen *Hromadka*, BB 1993, 2372, 2375 ff.; *Preis/Kramer*, DB 1993, 2125, 2130 ff.
[48] *Bauer/Rennpferdt*, AR-Blattei SD 1010.5 Rn. 87.
[49] BGH 27.2.1992 NJW 1992, 1881, 1882.

ist auf die Verständnismöglichkeit des Durchschnittsvertragspartners, in der Regel also des Arbeitnehmers, abzustellen.[50] Danach ist davon auszugehen, dass in aller Regel das Gesetz in seiner jeweils gültigen Fassung in Bezug genommen wird. Der Durchschnittsarbeitnehmer wird die Vertragsabrede deshalb so verstehen, dass er die einschlägige Kündigungsfrist durch „einen Blick ins Gesetz" erfahren kann. Dies impliziert die vertraglich vereinbarte Geltung des jeweils gültigen Gesetzes.[51] Ein anderes Auslegungsergebnis, das auf die Geltung der zum Zeitpunkt des Vertragsschlusses in Kraft befindlichen gesetzlichen Kündigungsfristen hinausläuft, bedarf deutlicher Anhaltspunkte in der Vereinbarung.[52] Solche sind etwa darin zu erblicken, dass auf die „gesetzlichen Kündigungsfristen idF vom ..." verwiesen oder die einschlägige Kündigungsfrist konkret benannt wird. Wenn die Vertragsklausel eine konkrete Frist nennt, wird diese zugrunde zu legen sein, selbst wenn die genannte Frist mit einer früheren gesetzlichen übereinstimmt (zB „sechs Wochen zum Schluss des Kalendervierteljahres" oder „gesetzliche Kündigungsfrist von sechs Wochen zum Quartalsende").[53] Entscheidend für dieses Ergebnis ist, dass die Parteien nach § 622 BGB a. F. auch die Möglichkeit hatten, eine kürzere Frist (einen Monat zum Monatsende) zu vereinbaren. Insoweit ist der Angabe einer konkreten Fristdauer konstitutive Bedeutung beizumessen.[54]

447 Sofern nach vorstehenden Grundsätzen ein Bestandsschutz für Altverträge greift, stellt sich die Frage, ob und inwieweit der Arbeitgeber von dieser konstitutiven vertraglichen Regelung abweichen kann. Dabei ist zu berücksichtigen, dass der Gesetzgeber die Ungleichbehandlung aus Gründen des Bestandsschutzes konkludent in Kauf genommen hat. Erst mit Inkrafttreten der gesetzlichen Neuregelung wird für die Zukunft eine vollständige Gleichbehandlung zwischen Arbeitern und Angestellten möglich. Die vorübergehende Ungleichbehandlung der Arbeitnehmer aus Gründen des Bestandsschutzes mag unbefriedigend sein, ist aber nicht sachwidrig.[55] Allenfalls bestünde die Möglichkeit, im Wege von Änderungskündigungen (→ Rn. 1287 ff.) eine Gleichbehandlung zwischen den Arbeitnehmergruppen herbeizuführen. Eine Änderungskündigung ist jedoch nach Maßgabe des § 2 iVm § 1 KSchG nur aus dringenden betrieblichen Gründen möglich. Die Berufung des Arbeitgebers auf den Gleichbehandlungsgrundsatz stellt für sich allein jedoch kein dringendes betriebliches Erfordernis nach § 1 Abs. 2 KSchG für eine Änderungskündigung dar.[56] Im praktischen Ergebnis wird es daher kaum möglich sein, im Wege der Änderungskündigung von konstitutiv vereinbarten längeren Kündigungsfristen bei Angestellten abzukommen.

IV. Einzelvertragliche Verkürzung von Kündigungsfristen

448 Nur in bestimmten, gesetzlich genau umrissenen Fällen ist eine einzelvertragliche Verkürzung der gesetzlichen Mindestkündigungsfristen möglich.

---

[50] BGH 19.1.1990 NJW 1990, 1177, 1178.
[51] *Preis/Kramer*, DB 1993, 2125, 2130 f.
[52] Zur entsprechenden Rechtsprechung zu einzelvertraglichen Verweisungsklauseln auf gesetzliche Altersruhegeldregelungen, wonach der Wille zu statischer Verweisung deutlich zum Ausdruck kommen muss, vgl. BAG 16.8.1988 AP BetrAVG § 1 Beamtenversorgung Nr. 8 = NZA 1989, 102.
[53] *Preis/Kramer*, DB 1993, 2125, 2130 f.; vgl. auch LAG Hamm 1.2.1996 LAGE BGB § 622 Nr. 38.
[54] A. A. *Diller*, NZA 2000, 293, 295; LAG Rheinland-Pfalz 14.2.1996 LAGE MuSchG § 9 Nr. 21 = NZA 1996, 984.
[55] *Preis/Kramer*, DB 1993, 2125, 2131; krit. *Hromadka*, BB 1993, 2372, 2380.
[56] BAG 28.4.1982 AP KSchG 1969 § 2 Nr. 3 = EzA KSchG § 2 Nr. 4.

1. Probe- und Aushilfsarbeitsverhältnisse

Einzelheiten hierzu → Rn. 486 ff.   **449**

2. Einzelvertragliche Bezugnahme auf Tarifverträge

Einzelheiten hierzu → Rn. 466 ff.   **450**

3. Kleinunternehmen (§ 622 Abs. 5 Nr. 2 BGB)

In Kleinunternehmen besteht nach § 622 Abs. 5 S. 1 Nr. 2 BGB eine weitere Mög- **451** lichkeit zur Verkürzung der Kündigungsfrist, wenn der Arbeitgeber i. d. R. **nicht mehr als 20 Arbeitnehmer** ausschließlich der zu ihrer Berufsausbildung Beschäftigten beschäftigt. Jedoch sind nach dieser Regelung nur die **Kündigungstermine** der Grundkündigungsfrist nach Absatz 1 dispositiv.[57] Die Grundkündigungsfrist beträgt auch bei Kleinunternehmen zwingend vier Wochen. Der Vorteil für die Kleinunternehmen ist daher marginal. Die Möglichkeit, von den Kündigungsterminen abzuweichen, erwähnt § 622 Abs. 5 S. 1 Nr. 2 BGB zwar nicht ausdrücklich; sie ergibt sich jedoch aus verständiger Auslegung der Vorschrift, weil diese Regelung sonst gar keinen von § 622 Abs. 1 BGB abweichenden Regelungsinhalt mehr hätte.[58] Aus der Regelung des § 622 Abs. 5 S. 1 Nr. 2 BGB ergibt sich jedoch konkludent nur die Möglichkeit, von der Grundkündigungsfrist des § 622 Abs. 1 BGB abzuweichen, obwohl sich auch dies nicht eindeutig aus dem Wortlaut ergibt. Die mangelhafte Präzision dieser Vorschrift ist offenbar darauf zurückzuführen, dass sie erst im Vermittlungsverfahren eingefügt wurde. § 622 Abs. 5 S. 1 Nr. 2 BGB ermächtigt daher nicht dazu, auch von den verlängerten Kündigungsfristen nach § 622 Abs. 2 BGB abzuweichen.[59]

V. Einzelvertragliche Verlängerung von Kündigungsfristen

Eine einzelvertragliche Verlängerung der gesetzlichen Kündigungsfristen ist grund- **452** sätzlich möglich.[60] Dies stellt § 622 Abs. 5 S. 2 BGB nunmehr ausdrücklich klar.[61] Es können jedoch nicht nur längere Kündigungsfristen vereinbart werden, sondern auch weniger Kündigungstermine.[62]

Eine gesetzlich verankerte Grenze der Verlängerung ergibt sich aus § 624 Sätze 1 **453** und 2 BGB. Daraus folgt für den Arbeitnehmer eine **höchstzulässige Bindungsdauer** an den Arbeitsvertrag von fünfeinhalb Jahren.[63] Unter Berufung auf § 138 Abs. 1 BGB iVm Art. 12 Abs. 1 GG wird für die Kündigung des Arbeitsverhältnisses durch den Arbeitnehmer teilweise als zulässige Höchstkündigungsfrist generell eine Jahresfrist zum Jahresende vorgeschlagen.[64] Dieser Vorschlag findet keine gesetzliche

---

[57] LAG Hessen 14.6.2010 NZA-RR 2010, 465.
[58] *Adomeit/Thau*, NJW 1994, 11, 13.
[59] Zutreffend *Adomeit/Thau*, NJW 1994, 11, 14; dem folgend Staudinger/*Preis*, § 622 BGB Rn. 48.
[60] Vgl. zum alten Recht BAG 17.10.1969 AP BGB § 611 Treuepflicht Nr. 7 = EzA HGB § 60 Nr. 2; LAG Schleswig-Holstein 4.9.1986 DB 1987, 442.
[61] *Wank*, NZA 1993, 961, 965.
[62] Staudinger/*Preis*, § 622 BGB Rn. 49 mwN.
[63] Staudinger/*Preis*, § 624 BGB Rn. 22.
[64] *Gaul*, BB 1980, 1542, 1543.

Stütze.⁶⁵ Bei einer einzelvertraglichen Kündigungsfrist, die zwar die nach § 624 BGB gesetzten Grenzen einhält, aber wesentlich länger als die gesetzliche Frist ist, hängt es von der Abwägung aller Umstände im Einzelfall ab, ob sie das Grundrecht des Arbeitnehmers auf freie Wahl des Arbeitsplatzes nach Art. 12 Abs. 1 GG verletzt oder sonst eine sittenwidrige Beschränkung (§ 138 Abs. 1 BGB) seiner beruflichen und wirtschaftlichen Bewegungsfreiheit darstellt.⁶⁶ Wegen der erforderlichen Einzelfallbetrachtung ist die Festlegung einer bestimmten Kündigungsfrist, die als zulässig oder unzulässig anzusehen ist, nicht möglich. Immerhin geht diese Ansicht implizit von folgender Faustformel aus: Je komplexer und komplizierter ein Arbeitsplatz ist bzw. die mit ihm verbundenen Aufgaben sind, desto größer ist hiernach der vertragliche Gestaltungsspielraum, das heißt, desto längere Kündigungsfristen dürfen vereinbart werden.⁶⁷

454 Erwähnenswert ist, dass das BAG⁶⁸ ausdrücklich eine Vertragsgestaltung zulässt, wonach der Arbeitsvertrag für die Dauer von fünf Jahren abgeschlossen wird und sich danach jeweils um weitere fünf Jahre verlängert, falls er nicht von einem Vertragspartner unter Einhaltung einer Kündigungsfrist von einem Jahr gekündigt wird. Dies deutet – weil ein Jahr vor Auslauf des ersten Vertrages eine Gesamtbindungsdauer von sechs Jahren besteht – darauf hin, dass das BAG auch Kündigungsfristen von weit über einem Jahr anerkennen wird. Das BAG stellt ausdrücklich fest, dass die von den Parteien gewählte einjährige Kündigungsfrist zum Ablauf des Fünfjahresvertrages nicht unangemessen erscheint.

455 Gemäß § 622 Abs. 6 BGB n. F. darf – wie nach dem nahezu gleichlautenden § 622 Abs. 5 BGB a. F. – für die Kündigung des Arbeitsverhältnisses durch den Arbeitnehmer keine längere Frist vereinbart werden als für die Kündigung durch den Arbeitgeber. Über den zu engen Wortlaut der Vorschrift hinaus werden auch die Kündigungstermine erfasst.⁶⁹ Wenn nach § 622 Abs. 6 BGB für die Kündigung durch den Arbeitgeber die Vereinbarung kürzerer Kündigungsfristen als für die Kündigung durch den Arbeitgeber unzulässig ist, müssen weniger Kündigungstermine für die Kündigung durch den Arbeitnehmer konsequenterweise ebenso ausgeschlossen sein.

456 § 622 Abs. 6 BGB enthält über die Regelung der Kündigungsfristen und -termine hinaus den allgemeinen Grundsatz, dass die ordentliche Kündigung durch den Arbeitnehmer gegenüber der des Arbeitgebers nicht erschwert werden darf.⁷⁰ Aus diesem Grunde sind auch **faktische Kündigungsbeschränkungen,** die zwar nicht unmittelbar auf die Wirksamkeit der Kündigung, wohl aber auf den Kündigungsentschluss des Kündigungsberechtigten Einfluss zu nehmen suchen, zulasten des Arbeitnehmers unzulässig.⁷¹ Die Rechtsprechung hat in diesem Zusammenhang Kautionsklauseln⁷² oder Abfindungsregelungen⁷³ sowie den einseitigen Ausschluss der Kündigung durch

---

⁶⁵ So auch KR/*Spilger*, § 622 BGB Rn. 175.
⁶⁶ BAG 17.10.1969 AP BGB § 611 Treuepflicht Nr. 7 = EzA HGB § 60 Nr. 2; KR/*Spilger*, § 622 BGB Rn. 175; Staudinger/*Preis*, § 622 BGB Rn. 50; Schaub/*Linck*, § 126 IV 6; die Ausschöpfung des Rahmens des § 624 BGB hält *Kramer*, S. 110 ff. stets für möglich; ausführlich zu § 624 BGB: BAG 24.10.1996 EzA GG Art. 12 Nr. 29 = NZA 1997, 597.
⁶⁷ So im Ansatz BAG 17.10.1969 AP BGB § 611 Treuepflicht Nr. 7 = EzA HGB § 60 Nr. 2; vgl. auch Staudinger/*Preis*, § 622 BGB Rn. 50.
⁶⁸ 19.12.1991 EzA BGB § 624 Nr. 1 = NZA 1992, 543; BAG 25.4.2013 NZA 2013, 1206 Rn. 32.
⁶⁹ KR/*Spilger*, § 622 BGB Rn. 148; Staudinger/*Preis*, § 622 BGB Rn. 52.
⁷⁰ KR/*Spilger*, § 622 BGB Rn. 146.
⁷¹ KR/*Spilger*, § 622 BGB Rn. 119.
⁷² BAG 11.3.1971 AP BGB § 622 Nr. 9 = EzA BGB n. F. § 622 Nr. 2.
⁷³ BAG 6.9.1989 EzA BGB § 622 n. F. Nr. 26 = NZA 1990, 147.

§ 18 Die ordentliche Kündigung

den Arbeitnehmer vor Dienstantritt[74] für unzulässig erklärt. Dieser Rechtsprechung ist im Ergebnis zuzustimmen, doch handelt es sich nicht um einen Verstoß gegen § 622 Abs. 6 BGB, sondern um eine Frage der Kontrolle vorformulierter Vereinbarungen.[75]

§ 622 Abs. 6 BGB gebietet ausdrücklich keine zweiseitige Geltung des Grundsatzes **457** der Gleichheit der Kündigungsfristen. Mittelbar – nämlich im Umkehrschluss – folgt aus dieser Vorschrift vielmehr, dass es zulässig ist, für die Kündigung durch den Arbeitgeber eine längere Kündigungsfrist zu vereinbaren als bei einer Kündigung durch den Arbeitnehmer.[76] Ebenso muss es zulässig sein, bei gleicher Fristlänge für die Kündigung durch den Arbeitgeber weniger Kündigungstermine vorzusehen.

Die gemäß § 622 Abs. 2 BGB **verlängerten Kündigungsfristen gelten nur für** **458** **die Kündigung des Arbeitsverhältnisses durch den Arbeitgeber.** Aber auch der Arbeitgeber kann ein berechtigtes Interesse daran haben, im Falle der arbeitnehmerseitigen Kündigung eines langjährig beschäftigten Mitarbeiters genügend Zeit zu erhalten, um die Nachfolge zu regeln. Der gesetzlichen Konsequenz einer lediglich einseitigen Verlängerung der Kündigungsfristen kann der Arbeitgeber entgehen, wenn er mit dem betreffenden Arbeitnehmer eine sogenannte Gleichbehandlungsabrede trifft, durch die die verlängerte Frist auch auf die Kündigung des Arbeitsverhältnisses durch den Arbeitnehmer erstreckt wird. Solche Vertragsbestimmungen wurden nach altem Recht als wirksam erachtet.[77] Fraglich ist, ob dies auch noch nach neuem Recht anzunehmen ist. Der im Laufe des Gesetzgebungsverfahrens eingefügte § 622 Abs. 5 S. 2 BGB bestimmt, dass von den Absätzen 1 bis 3 einzelvertraglich nicht zuungunsten des Arbeitnehmers abgewichen werden darf. Eine ausschließlich am Wortlaut orientierte Auslegung muss in der Tat zu dem Ergebnis führen, dass die Verlängerung der Kündigungsfristen für ältere Arbeitnehmer einzelvertraglich nicht auf die arbeitnehmerseitige Kündigung erstreckt werden darf. Denn eine solche Abrede ist eine Abweichung von dem Gesetz (§ 622 Abs. 2 BGB) zuungunsten des Arbeitnehmers (vgl. § 622 Abs. 5 S. 2 BGB). Die Systematik des Gesetzes bestätigt dies indes nicht. Satz 2 von Abs. 5 knüpft an Satz 1 an, der ausnahmsweise eine Verkürzung zulässt. Wenn nun Satz 2 „im Übrigen" abweichende Regelungen zuungunsten des Arbeitnehmers verbietet, wird hiermit auf die kürzeren als die gesetzlichen Kündigungsfristen Bezug genommen; es sollen also nur untergesetzliche Fristen ausgeschlossen werden.[78] Auch die Gesetzesbegründung (BT-Drucks. 12/4902) deutet an keiner Stelle auf einen Willen des Gesetzgebers hin, die Privatautonomie insoweit einzuschränken. Eine einzelvertragliche Anpassung der arbeitnehmerseitigen Kündigungsfrist an die an sich nur für den Arbeitgeber geltenden verlängerten Kündigungsfristen des § 622 Abs. 2 BGB verstößt also nicht gegen § 622 Abs. 5 S. 2 BGB. Dahingehende Klauseln verstoßen auch nicht gegen § 622 Abs. 6 BGB, weil diese Vorschrift den Arbeitnehmer nur vor einer Schlechterstellung, nicht aber vor einer Gleichstellung mit dem Arbeitgeber schützt.[79]

Bei Vereinbarung längerer Kündigungsfristen zulasten des Arbeitnehmers wird über- **459** wiegend vertreten, dass an die Stelle dieser unwirksamen Kündigungsfristvereinbarung regelmäßig nicht die gesetzliche Frist tritt. Vielmehr sei im Zweifel davon auszugehen, dass die längere – an sich nur für die Kündigung durch den Arbeitnehmer gedachte –

---

[74] LAG Hamm 15.3.1989 LAGE BGB § 622 Nr. 14.
[75] Hierzu *Preis*, Vertragsgestaltung, S. 159 ff.
[76] Staudinger/*Preis*, § 622 BGB Rn. 54; so i. E. auch Schaub/*Linck*, § 126 IV 7; vgl. auch BAG 25.11.1971 AP BGB § 622 Nr. 11 = EzA BGB n. F. § 622 Nr. 5.
[77] LAG Hamm 7.12.1972 DB 1973, 928; KR/*Hillebrecht*, 3. Aufl. 1989, § 620 BGB Rn. 117.
[78] Staudinger/*Preis*, § 622 BGB Rn. 55.
[79] Ebenso jetzt BAG 29.8.2001 EzA BGB § 622 Tarifvertrag Nr. 2 = NZA 2002, 1346.

Kündigungsfrist dann für die Kündigung beider Parteien maßgebend ist.[80] Dem ist im Ergebnis zu folgen. Nach § 89 Abs. 2 S. 2 HGB gilt bei Vereinbarung einer kürzeren Frist für den Unternehmer die für den Handelsvertreter vereinbarte Frist. Die dieser Vorschrift zugrunde liegende Wertung kann auf den Arbeitsvertrag übertragen werden.[81] Weil § 89 Abs. 2 S. 2 HGB willensunabhängig greift, hat dessen Anwendung zur Konsequenz, dass beiderseits die längeren Kündigungsfristen nicht nur im Zweifel, sondern stets zur Anwendung gelangen.[82] Dem schließt sich nun auch das BAG an.[83] Sind lediglich weniger Kündigungstermine zulasten des Arbeitnehmers vereinbart, so ist entsprechend zu verfahren. Es greift diejenige Kündigungsregelung, die weniger Kündigungstermine vorsieht.

VI. Tarifvertragliche Regelungen

460   Das Kündigungsfristengesetz hat nicht in bestehende Tarifverträge eingegriffen. Diese bleiben wirksam. Sofern Tarifverträge zwischen Arbeitern und Angestellten differenzieren, unterliegen sie jedoch – soweit eine konstitutive Regelung vorliegt – einer Überprüfung auf der Basis des Art. 3 Abs. 1 GG.

1. Tarifdispositivität

461   Nur durch Tarifvertrag, nicht aber durch Einzelarbeitsvertrag oder Betriebsvereinbarung können die gesetzlichen Mindestkündigungsfristen der Abs. 1 und 2 abgekürzt werden. § 622 Abs. 4 S. 1 BGB n.F. gestaltet alle Kündigungsfristen (Grundkündigungsfrist, verlängerte Kündigungsfrist, Kündigungsfrist während der Probezeit) tarifdispositiv, damit die Besonderheiten einzelner Wirtschaftsbereiche oder Beschäftigungsgruppen berücksichtigt werden können (BT-Drucks. 12/4902, S. 7 und 9). Die Formulierung „abweichende Regelung" lässt sowohl eine Verkürzung als auch eine Verlängerung zu. Als Konsequenz aus der Vereinheitlichung der Kündigungsfristen für Arbeiter und Angestellte gilt die Tariföffnung auch für die verlängerten Kündigungsfristen der Angestellten, die früher nach dem AngKSchG nicht tarifdispositiv waren.

462   Im Vergleich zu § 622 Abs. 3 BGB a.F. bezieht sich die Formulierung der Tariföffnungsklausel nicht nur ausdrücklich auf die Kündigungsfristen, sondern umfasst auch Regelungen hinsichtlich der Kündigungstermine und der Voraussetzungen, unter denen der Anspruch auf verlängerte Kündigungsfristen entsteht (Dauer der Betriebszugehörigkeit, Berechnung der Betriebszugehörigkeit ab einem bestimmten Alter). Damit sind zahlreiche Streitfragen zur früheren Regelung entfallen.[84] Die Tarifpartner sind nach § 622 Abs. 6 BGB n.F. nunmehr ausdrücklich an das Benachteiligungsverbot zulasten der Arbeitnehmer gebunden, weil diese Vorschrift – im Unterschied zu § 622 Abs. 5 BGB a.F. – die Beschränkung auf einzelvertragliche Regelungen nicht mehr enthält.

463   Tarifverträge sind im Rahmen des § 622 Abs. 4 BGB nicht daran gebunden, ältere Arbeitnehmer besonders zu schützen. Dies hat das BAG zu Recht unter Bezugnahme

---

[80] KR/*Spilger*, § 622 BGB Rn. 202; *Nikisch*, I, S. 715; Schaub/*Linck*, § 126 IV 7.
[81] *Preis/Kramer*, DB 1993, 2125, 2128; Staudinger/*Preis*, § 622 BGB Rn. 57; *Knorr*, ZTR 1994, 267; ebenso LAG Hamm 22.4.2004 LAGReport 2004, 306.
[82] Anders KR/*Spilger*, § 622 BGB Rn. 202; Schaub/*Linck*, § 126 IV 7.
[83] BAG 2.6.2005 EzA BGB 2002 § 622 Nr. 3 = NZA 2005, 1176.
[84] *Wank*, NZA 1993, 961, 965.

auf den Gesetzeswortlaut entschieden.⁸⁵ Auch aus der Verfassung folgt kein Gebot zur Differenzierung. Eher folgt das Gegenteil aus dem Verbot der Altersdiskriminierung (vgl. Art. 1 RL 2000/78/EG). Keinesfalls folgt jedoch aus Verfassung und Europarecht eine Pflicht zur Besserstellung.

2. Abkürzung

Die Abkürzung muss durch den Tarifvertrag ausdrücklich vorgenommen werden und die Kündigungsfrist genau regeln. Die Abkürzung kann u.U. bis zum Kündigungsfristausschluss führen und die sofortige ordentliche Kündigung zulassen.⁸⁶ Die verkürzte Kündigungsmöglichkeit kann auf eine bestimmte Dauer (zB für die Ersten drei Monate des Arbeitsverhältnisses) oder für bestimmte Arten von Arbeitsverhältnissen begrenzt sein. **464**

3. Kündigungstermin

Die frühere Streitfrage, ob und inwieweit auch eine Abänderung des Kündigungstermins erfolgen kann,⁸⁷ ist durch die ausdrückliche Klarstellung in der Neuregelung des § 622 Abs. 4 S. 1 BGB entfallen. **465**

4. Bezugnahme auf tarifliche Kündigungsfristen

§ 622 Abs. 4 S. 2 BGB n.F. regelt – ebenso wie § 622 Abs. 3 S. 2 BGB a.F. –, dass die in S. 1 genannten abweichenden tarifvertraglichen Regelungen auch zwischen nicht tarifgebundenen Arbeitgebern und Arbeitnehmern im Geltungsbereich eines entsprechenden Tarifvertrages gelten, wenn ihre Anwendung zwischen ihnen einzelvertraglich vereinbart ist. Grund dieser typischen arbeitsrechtlichen Regelung ist – wegen der vermuteten Richtigkeitsgewähr des Tarifvertrages –, den Arbeitsvertragsparteien im Geltungsbereich eines Tarifvertrages die Übernahme der tariflichen Regelung durch individualvertragliche Vereinbarung zu ermöglichen. Durch Bezugnahme auf den Tarifvertrag kann die tarifliche Regelung auch zwischen sonst nicht tarifgebundenen Vertragsparteien vereinbart werden. Zweck dieser Vorschrift ist es, **Arbeitnehmer gleichstellen** zu können und vor allem eine Bevorzugung nicht tarifgebundener Arbeitnehmer zu vermeiden, die eintreten könnte, wenn nur Tarifunterworfene die ggf. ungünstigere Tarifregelung gegen sich gelten lassen müssten. Die vereinbarte tarifliche Regelung hat gegenüber den gesetzlichen Mindestbedingungen dieselbe Wirkung wie der Tarifvertrag selbst. Sie nimmt also an dessen Vorrang teil und lässt die gegenüber den gesetzlichen Vorschriften verkürzten tariflichen Kündigungsfristen auch für den Arbeitsvertrag gelten. Im Übrigen bleiben die in Bezug genommenen Ansprüche vertragliche Ansprüche und werden nicht zu tariflichen. Dies hat vor allem Bedeutung für Fragen der Unabdingbarkeit, des Verzichts und der Verwirkung, da § 4 Abs. 4 TVG in diesen Fällen nicht eingreift. **466**

---

⁸⁵ BAG 23.4.2008 EzA BGB 2002 § 622 Nr. 5 = NZA 2008, 134.
⁸⁶ Vgl. KR/*Spilger*, § 622 BGB Rn. 211; ferner BAG 2.8.1978 AP MTL II § 55 Nr. 1; BAG 4.6.1987 EzA KSchG § 1 Soziale Auswahl Nr. 25 = NZA 1988, 52.
⁸⁷ Hierzu KR/*Hillebrecht*, 3. Aufl. 1989, § 622 BGB Rn. 125 mwN.

467 Soweit der Tarifvertrag gegen höherrangiges Recht verstößt (insbes. Art. 3 Abs. 1 GG), teilt der einzelvertraglich in Bezug genommene Tarifvertrag auch insoweit das Schicksal der gesamten Tarifregelung.[88] Insoweit tritt kein Unterschied in den Rechtsfolgen der Unwirksamkeit ein.

468 Eine Bezugnahme auf den Tarifvertrag ist **nur im Rahmen seines Geltungsbereiches** zulässig. Zu beachten ist sowohl der räumliche als auch der sachliche und persönliche Geltungsbereich. Im Grundsatz ist damit die Einbeziehung „fremder" Tarifverträge ausgeschlossen, mögen sie auch günstiger als der einschlägige Tarifvertrag sein.[89]

469 Die Bezugnahme kann sich sowohl auf den **gesamten Tarifvertrag als auch lediglich auf die Vorschriften über die Kündigung** erstrecken; ferner kann lediglich eine bestimmte Kündigungsfrist aus dem Tarifvertrag übernommen werden. Unzulässig ist es jedoch, nur einen Teil der Kündigungsfristenregelung ggf. unter Abänderung von Fristen und Terminen zu übernehmen.[90] Die Vereinbarung kann einen geltenden oder nachwirkenden Tarifvertrag betreffen.[91] Wird die tarifliche Regelung durch eine andere ersetzt, entfallen die Normenwirkung und damit auch ihr Vorrang. Es ist zulässig, die jeweils geltende Tarifbestimmung zu vereinbaren. Auch eine nur nachwirkende Tarifbestimmung hat noch Normenwirkung (§ 4 Abs. 5 TVG) und nimmt deshalb am Vorrang teil, solange sie nicht abbedungen oder durch eine andere tarifliche Regelung ersetzt ist. Die nur nachwirkende Regelung kann auch im Nachwirkungszeitraum und mit Vorrangwirkung vereinbart werden. Das hat besonders dann Bedeutung, wenn an sich Tarifgebundene im Nachwirkungszeitraum einen Arbeitsvertrag schließen, da der Tarifvertrag andernfalls keine Tarifwirkungen hat. Nur so wird erreicht, dass einheitliche Vorschriften für vor und nach Tarifkündigung eintretende Arbeitnehmer gelten und im vorübergehenden tariflosen Zustand nicht andere Mindestkündigungsfristen gelten als zuvor.

470 Die Vereinbarung kann ausdrücklich, aber auch stillschweigend oder durch betriebliche Übung erfolgen.[92] Vor allem bei allgemeiner Anwendung eines Tarifwerkes für alle Arbeitnehmer eines Betriebes wird eine stillschweigende Vereinbarung bzw. eine einzelvertragliche Vereinbarung aufgrund betrieblicher Übung im Allgemeinen anzunehmen sein. Dagegen ist die Übernahme der tariflichen Vorschriften mit für den Arbeitnehmer zwingender Wirkung durch Betriebsvereinbarung unzulässig.[93] Nur wenn ein Tarifvertrag ausdrücklich für die Übernahme der Kündigungsbestimmungen durch Betriebsvereinbarung eine Öffnungsklausel enthält, ist eine entsprechende Betriebsvereinbarung zulässig (§ 77 Abs. 3 BetrVG).

5. Günstigkeitsvergleich

471 Kollidieren tarifliche und einzelvertragliche Regelungen über die Kündigungsfrist, kann – im Falle beiderseitiger Tarifgebundenheit – fraglich sein, welche Kündigungsfrist die maßgebliche ist. § 4 Abs. 1 S. 1 TVG ordnet die unmittelbare und zwingende

---

[88] Staudinger/*Preis*, § 622 BGB Rn. 43; *Worzalla*, NZA 1994, 145, 150.
[89] Staudinger/*Preis*, § 622 BGB Rn. 44; KR/*Spilger*, § 622 BGB Rn. 181.
[90] *Bauer/Rennpferdt*, AR-Blattei SD 1010.5 Rn. 70; KR/*Spilger*, § 622 BGB Rn. 185.
[91] BAG 27.6.1978 AP BUrlG § 13 Nr. 12 = EzA BUrlG § 13 Nr. 13; KR/*Spilger*, § 622 BGB Rn. 188 mwN.
[92] Staudinger/*Preis*, § 622 BGB Rn. 47; KR/*Spilger*, § 622 BGB Rn. 189; ErfK/*Müller-Glöge*, § 622 BGB Rn. 37; betriebliche Übung ablehnend: BAG 3.7.1996 RzK I 3e Nr. 62.
[93] Staudinger/*Preis*, § 622 BGB Rn. 47; KR/*Spilger*, § 622 BGB Rn. 191.

Wirkung des Tarifvertrages an. Gemäß § 4 Abs. 3 TVG sind jedoch abweichende einzelvertragliche Vereinbarungen zulässig, wenn sie für den Arbeitnehmer günstiger sind als die entsprechenden tariflichen Bestimmungen. Bei dem Günstigkeitsvergleich dürfen Kündigungsfristen und Kündigungstermine nicht isoliert einander gegenübergestellt werden. Vielmehr müssen im Wege eines sogenannten **Sachgruppenvergleichs** die Kündigungsfristvorschriften des Tarifvertrages und die vertragliche Regelung insgesamt miteinander verglichen werden,[94] sodass letztlich die sich aus den jeweiligen Vorschriften ergebende **Gesamtbindungsdauer** (Kündigungsfrist unter Berücksichtigung des Kündigungstermins) ausschlaggebend ist. Der für den Günstigkeitsvergleich maßgebende Zeitpunkt ist der Vertragsschluss.[95] Die Beantwortung der konkreten Frage, ob für den Arbeitnehmer eine kürzere oder längere Bindungsdauer günstiger ist,[96] ist davon abhängig, ob bei dem betreffenden Arbeitnehmer das Mobilitäts- oder das Bestandsschutzinteresse überwiegt. Bei dem Vergleich von Kündigungsfrist und Kündigungstermin ist ein sog. „Ensemble-Vergleich" vorzunehmen (→ Rn. 442). Typischerweise überwiegt das Bestandsschutzinteresse des Arbeitnehmers, sodass eine einzelvertraglich vereinbarte längere Kündigungsfrist sich im Lichte des § 4 Abs. 3 TVG durchsetzt. Überwiegt ausnahmsweise das Mobilitätsinteresse des Arbeitnehmers, können die Parteien die tarifliche Kündigungsfrist einzelvertraglich bis zur gesetzlich zulässigen Grenze (§ 622 Abs. 1 BGB) abkürzen. Lässt sich ein überwiegendes Interesse nicht feststellen, liegt also eine sogenannte günstigkeitsneutrale vertragliche Regelung vor, setzt sich die tarifliche Regelung durch, da § 4 Abs. 3 TVG unzweideutig für die Wirksamkeit der arbeitsvertraglichen Regelung verlangt, dass diese günstiger sein muss als die entsprechende tarifvertragliche Bestimmung.[97]

6. Zulässigkeit der Differenzierung zwischen Arbeitern und Angestellten

a) Grundsätze

Nach der Rechtsprechung des BAG ist in Tarifverträgen unter bestimmten Voraussetzungen weiterhin eine Differenzierung bei der Regelung der Kündigungsfristen zwischen Arbeitern und Angestellten zulässig. Im Anschluss an die Entscheidung des BVerfG vom 30.5.1990[98] hat sich der 2. Senat des BAG in zahlreichen Entscheidungen mit der Zulässigkeit kürzerer Kündigungsfristen für Arbeiter in Tarifverträgen befasst.[99] Nach dieser Rechtsprechung haben die Gerichte für Arbeitssachen bei **konstitutiven tariflichen Regelungen der Kündigungsfristen** in eigener Kompetenz zu prüfen,

472

---

[94] Staudinger/*Preis*, § 622 BGB Rn. 87; KR/*Spilger*, § 622 BGB Rn. 242 will hingegen die gesamten Kündigungsvorschriften miteinander vergleichen.
[95] Einhellige Auffassung; BAG 12.4.1972 AP TVG § 4 Günstigkeitsprinzip Nr. 13 = EzA TVG § 4 Nr. 36; LAG München 4.5.1990 LAGE TVG § 4 Günstigkeitsprinzip Nr. 3.
[96] Vgl. LAG München 4.5.1990 LAGE TVG § 4 Günstigkeitsprinzip Nr. 3.
[97] In diesem Sinne BAG 12.4.1972 AP TVG § 4 Günstigkeitsprinzip Nr. 13 = EzA TVG § 4 Nr. 36; abweichend *Joost*, ZfA 1984, 173, 183, der den Arbeitsvertragsparteien in diesem Falle eine Einschätzungsprärogative zugesteht.
[98] AP BGB § 622 Nr. 28 = NZA 1990, 721.
[99] BAG 21.3.1991 EzA BGB § 622 n. F. Nr. 31 = NZA 1991, 803; BAG 21.3.1991 EzA BGB n.F. § 622 Nr. 33 = NZA 1991, 797; BAG 29.8.1991 EzA BGB n.F. § 622 Nr. 35 = NZA 1992, 166; BAG 23.1.1992 EzA BGB § 622 n. F. Nr. 40 = NZA 1992, 742; BAG 23.1.1992 EzA BGB n.F. § 622 Nr. 41 = NZA 1992, 739; BAG 23.1.1992 EzA BGB § 622 n.F Nr. 42 = NZA 1992, 787; BAG 4.3.1993 EzA BGB § 622 n.F. Nr. 44 = NZA 1993, 995; BAG 16.9.1993 EzA BGB § 622 n.F. Nr. 45 = NZA 1994, 221.

ob die Kündigungsregelungen im Vergleich zu den für Angestellte geltenden Bestimmungen mit dem **Gleichheitssatz** des Art. 3 GG vereinbar sind. Wird die Verfassungswidrigkeit tariflicher Kündigungsfristen von einer Partei im Prozess angesprochen oder vom Gericht bezweifelt, so haben die Arbeitsgerichte nach den Grundsätzen des § 293 ZPO von Amts wegen die näheren für die unterschiedlichen Kündigungsfristen maßgeblichen Umstände, die für und gegen eine Verfassungswidrigkeit sprechen, zu ermitteln.[100]

473   Nach dieser Rechtsprechung ist eine schlechtere Rechtsstellung der Arbeiter auf der Basis einer **pauschalen Differenzierung** zwischen den Gruppen der Angestellten und der Arbeiter **sachlich nicht gerechtfertigt.** Sachlich gerechtfertigt seien **hinreichend gruppenspezifisch ausgestaltete unterschiedliche Regelungen,** die zB entweder nur eine verhältnismäßig kleine Gruppe nicht intensiv benachteiligen, oder funktions-, branchen- oder betriebsspezifischen Interessen im Geltungsbereich eines Tarifvertrages mithilfe verkürzter Kündigungsfristen für Arbeiter entsprächen (zB überwiegende Beschäftigung von Arbeitern in der Produktion), wobei andere sachliche Differenzierungsgründe nicht ausgeschlossen seien. Dieser Prüfungsmaßstab gelte sowohl für unterschiedliche Grundfristen als auch für ungleich verlängerte Fristen für Arbeiter und Angestellte mit längerer Betriebszugehörigkeit und höherem Lebensalter. Zunächst vielleicht erhebliche Unterschiede zwischen Arbeitern und Angestellten hinsichtlich ihrer Schutzbedürftigkeit oder einem betrieblichen Interesse an einer flexiblen Personalplanung und -anpassung verlieren allerdings bei längerer Betriebszugehörigkeit erheblich an Gewicht.[101]

b) Konstitutive oder deklaratorische Tarifregelung

474   Grundvoraussetzung der vorstehend wiedergegebenen Rechtskontrolle ist, dass die Tarifvertragsparteien die Kündigungsfrist überhaupt selbständig vereinbart haben (sog. konstitutive Regelung). Bei tariflichen Normen, die inhaltlich mit gesetzlichen Normen übereinstimmen oder auf sie verweisen, ist jeweils **durch Auslegung zu ermitteln,** ob die Tarifvertragsparteien hierdurch eine selbständige, das heißt in ihrer normativen Wirkung von der außertariflichen Norm unabhängige eigenständige Regelung treffen wollten. Dieser Wille muss im Tarifvertrag einen hinreichend erkennbaren Ausdruck gefunden haben. Das ist regelmäßig anzunehmen, wenn die Tarifvertragsparteien eine im Gesetz nicht oder anders enthaltene Regelung vereinbaren oder eine gesetzliche Regelung übernehmen, die sonst nicht für die betroffenen Arbeitsverhältnisse gelten würde. Für einen rein deklaratorischen Charakter der Übernahme spricht nach der Rechtsprechung des BAG, wenn einschlägige gesetzliche Vorschriften wörtlich oder inhaltlich übernommen werden oder nur auf sie verwiesen wird.[102] Die Auslegungsfragen sind erheblich umstritten. Nach einer beachtlichen Auffassung im Schrifttum haben auch wiederholende Tarifnormen konstitutiven Charakter.[103]

---

[100] BAG 4.3.1993 EzA BGB § 622 n. F. Nr. 44 = NZA 1993, 995; BAG 16.9.1993 EzA BGB § 622 n. F. Nr. 45 = NZA 1994, 221.
[101] BAG 29.8.1991 EzA BGB § 622 n. F. Nr. 35 = NZA 1992, 166.
[102] BAG 29.8.1991 EzA BGB n. F. § 622 Nr. 35 = NZA 1992, 166; BAG 21.3.1991 EzA BGB n. F. § 622 Nr. 31 = NZA 1991, 803; BAG 4.3.1993 EzA BGB n. F. § 622 Nr. 44 = NZA 1993, 995; BAG 16.9.1993 EzA BGB n. F. § 622 Nr. 45 = NZA 1994, 221; BAG 5.10.1995 EzA BGB n. F. § 622 Nr. 52 = NZA 1996, 539; BAG 14.2.1996 EzA BGB n. F. § 622 Nr. 53 und 54 = NZA 1996, 1166 und NZA 1997, 97.
[103] *Bengelsdorf,* NZA 1991, 121, 126; *Creutzfeld,* AuA 1995, 87; *Löwisch/Rieble,* § 1 TVG Rn. 1504; *K. Gamillscheg,* SAE 1996, 277, 279 f.; LAG Thüringen 20.2.1995 DB 1995, 1030.

§ 18 Die ordentliche Kündigung

Die Rechtsprechungspraxis zeigt, dass in Tarifverträgen i. d. R. konstitutive Vereinbarungen getroffen werden.[104] Fraglich ist jedoch, ob tarifvertragliche Regelungen hinsichtlich der Kündigungsfristen in einen konstitutiven und in einen deklaratorischen Teil aufgespalten werden können.[105] Denkbar ist zB, dass die Grundkündigungsfrist mit dem Gesetz übereinstimmt und nur die verlängerten Kündigungsfristen einer konstitutiven Regelung zugeführt werden.[106] Hiernach ergibt sich, dass die Grundkündigungsfristen sowie die verlängerten Kündigungsfristen sowie die noch fortbestehenden Kündigungsfristen von Arbeitern und Angestellten jeweils gesondert daraufhin zu überprüfen sind, ob und inwieweit eine konstitutive oder deklaratorische Regelung vorliegt. Die Abweichung bei einer Gruppe macht die Regelung der anderen nicht notwendigerweise konstitutiv.[107] 475

Ist eine selbständige Regelung gegeben, so ist – weil die Tarifpartner an den Gleichheitssatz uneingeschränkt gebunden sind[108] – entscheidend, ob die Differenzierung auf einem die Ungleichbehandlung sachlich rechtfertigenden Grund beruht. 476

c) Sachliche Rechtfertigung konstitutiver tariflicher Kündigungsfristen

Eine sachliche Rechtfertigung hat das BAG angenommen, wenn es sich bei den betroffenen Unternehmen um solche handelt, bei denen **im Produktionsbereich vorwiegend Arbeiter beschäftigt werden und die Auftragslage unmittelbaren Einfluss auf den Produktionssektor** hat, sodass kurzfristiger Handlungsbedarf besteht. Kritisch ist hiergegen einzuwenden, dass das BAG im Ergebnis die verfassungswidrige Differenzierung zwischen Arbeitern und Angestellten teilweise perpetuieren könnte. Zwar hat das BVerfG die Frage, inwieweit die Tarifpartner weiterhin zwischen Arbeitern und Angestellten differenzieren dürfen, ausdrücklich offengelassen.[109] Dennoch zeichnet die Entscheidung auch für diese Frage Leitlinien vor. Soweit *Worzalla*[110] meint, das BVerfG billige geringfügige Benachteiligungen einer kleinen Gruppe im Zuge einer typisierten Handhabung, so ist zu erwidern, dass es sich nach den bisherigen Rechtsprechungsgrundsätzen des BAG weder um eine kleine Gruppe (bezogen auf den jeweiligen Tarifvertrag) noch um geringfügige Benachteiligungen handelte. 477

Die entscheidende Frage ist, ob und inwieweit den Tarifpartnern im Rahmen der ihnen gewährten Tarifautonomie (Art. 9 Abs. 3 GG) eine **sachverständige Beurteilungskompetenz** eingeräumt wird. Das BAG ist hier sehr großzügig.[111] Dabei bezieht es sich auf Sinn und Zweck der Tariföffnungsklausel des § 622 Abs. 4 BGB, der den Tarifpartnern die Möglichkeit geben solle, branchenspezifisch von der ggf. zu starren gesetzlichen Regelung abzuweichen. Der Gesetzgeber habe das Schutzbedürfnis der Arbeitnehmer bei tariflichen Regelungen als hinreichend gewahrt angesehen, weil 478

---

[104] Vgl. zu § 12a BauRTV BAG 26.6.1997 – 2 AZR 759/96 – n.v.; zur Textilindustrie BAG 29.1.1997 EzA TVG § 4 Textilindustrie Nr. 9 = NZA 1997, 726; LAG Düsseldorf 29.3.1996 LAGE BGB § 622 Nr. 37.
[105] Hierzu BAG 23.1.1992 EzA BGB n.F. § 622 Nr. 41 = NZA 1992, 739; BAG 29.1.1997 EzA TVG § 4 Textilindustrie Nr. 9 = NZA 1997, 726.
[106] Vgl. bereits BAG 27.8.1982 DB 1983, 721, 722; hierzu *Kramer*, ZIP 1994, 929; bejaht durch BAG 14.2.1996 EzA BGB § 622 n.F. Nr. 54 = NZA 1997, 97; BAG 4.7.2001 EzA BGB § 622 Nr. 63 = NZA 2002, 380; BAG 7.3.2002 EzA BGB § 622 Tarifvertrag Nr. 3.
[107] *Bauer/Rennpferdt*, AR-Blattei SD 1010.5 Rn. 53.
[108] St. Rspr., BAG 23.1.1992 EzA BGB § 622 Nr. 40 = NZA 1992, 742.
[109] BVerfG 30.5.1990 AP BGB § 622 Nr. 28 = NZA 1990, 721.
[110] NZA 1994, 145, 148.
[111] Vgl. BAG 2.4.1992 EzA BGB § 622 n.F. Nr. 43 = NZA 1992, 886; die Rspr. verteidigend *Müller-Glöge*, FS Schaub, 1998, S. 497, 511.

die Tarifpraxis lehre, dass kürzere Fristen nur vereinbart würden, wenn die Besonderheiten des Wirtschaftszweiges oder der Beschäftigungsart das notwendig machten. Die Tarifpartner hätten hiernach Gestaltungsfreiheit, wobei es nicht Sache der Gerichte sei zu prüfen, ob dabei jeweils die „gerechteste" und zweckmäßigste Regelung gefunden wurde. Sie hätten lediglich die Überschreitung der Grenzen des Gestaltungsspielraums der Tarifparteien zu rügen, wenn Differenzierungen vorgenommen werden, für die sachlich einleuchtende Gründe nicht vorhanden sind.[112] Es bestehe insoweit eine materielle Richtigkeitsgewähr für die tariflichen Regelungen, die die Vermutung in sich tragen, dass sie den Interessen beider Seiten gerecht werden und keiner Seite ein unzumutbares Übergewicht vermitteln.[113]

479 Allerdings sind die Tarifparteien durch § 622 Abs. 4 BGB nicht zu Regelungen ermächtigt, die dem Gesetzgeber selbst durch die Verfassung verboten sind.[114] Insbesondere können zu ihren Gunsten keine weitergehenden Eingriffsbefugnisse aus Art. 9 Abs. 3 GG hergeleitet werden.[115] Insofern mache es aber einen Unterschied, ob der Gesetzgeber für die Großgruppen aller Arbeiter und Angestellten oder die Tarifpartner nur für die Arbeitnehmer einer bestimmten Branche Regelungen treffen.[116] Wegen der Gleichgewichtigkeit der Tarifparteien ist jedenfalls dann, wenn sich dafür konkrete Anhaltspunkte ergeben, davon auszugehen, dass bei einer Gesamtbetrachtung der tariflichen Regelungen die Arbeitnehmerinteressen angemessen berücksichtigt wurden. Allerdings geht das BAG nicht so weit, bei tariflichen Regelungen nur noch eine Willkürkontrolle vorzunehmen. Angesichts der Gleichgewichtigkeit der Grundrechte sei es verfehlt, Art. 9 Abs. 3 GG eine Präferenz vor Art. 3 Abs. 1 GG einzuräumen.[117]

480 **Zwischen Arbeitern und Angestellten differenzierende Kündigungsfristen verstoßen grundsätzlich gegen Art. 3 Abs. 1 GG.** Seit Inkrafttreten der neuen Kündigungsfristen gilt dies umso mehr: Dadurch, dass der Gesetzgeber in § 622 Abs. 1 BGB nunmehr Arbeiter und Angestellte ausdrücklich gleichbehandelt, wird der Rechtfertigungsdruck für eine tarifvertragliche Differenzierung noch stärker.[118] Im Jahre 2001 ist im Rahmen der Reform der Betriebsverfassung das Gruppenprinzip, das zwischen Arbeitern und Angestellten differenziert, ebenfalls aufgegeben worden. Die Tarifpraxis sollte von der überholten Differenzierung zwischen Arbeitern und Angestellten endlich Abstand nehmen.[119] Dies geschieht auch zunehmend. Sachgerecht gleichbehandelnde Regelungen sind durchaus möglich. So könnten einheitlich *für alle Arbeitnehmer, die in der Produktion arbeiten,* tariflich kürzere Kündigungsfristen festgelegt werden als für diejenigen, die im administrativen Bereich beschäftigt werden.[120] In diesem Falle beruht die Ungleichbehandlung auf einem sachlich rechtfertigenden Grund.[121]

481 Das BAG erkennt selbst, dass sich seine bisherige Auffassung auf der Grenze des verfassungsrechtlich Zulässigen bewegt. Es meint, Art. 3 Abs. 1 GG verlange keine „Gleich-

---

[112] BAG 1.6.1983 AP BGB § 611 Deputat Nr. 5; für das staatliche Gesetzesrecht BVerfG 26.3.1980 BVerfGE 54, 11, 25 f.
[113] BAG 21.3.1991 EzA BGB § 622 n. F. Nr. 32 = NZA 1991, 8011.
[114] BAG 28.1.1988 EzA ZPO § 148 Nr. 15 = NZA 1989, 228; dazu *Sachs*, RdA 1989, 25 ff.
[115] St. Rspr. seit BAG 15.1.1955 AP GG Art. 3 Nr. 4; *Buchner*, NZA 1991, 41, 47; *Marschollek*, DB 1991, 1069, 1071.
[116] BAG 16.9.1993 EzA BGB § 622 n. F. Nr. 45 = NZA 1994, 221.
[117] BAG 16.9.1993 EzA BGB § 622 n. F. Nr. 45 = NZA 1994, 221.
[118] *Preis/Kramer*, DB 1993, 2129, 2139; *Kehrmann*, AiB 1993, 746, 748.
[119] Vgl. auch *Hromadka*, BB 1993, 2372, 2378.
[120] Ähnlich *Hromadka*, BB 1993, 2372, 2378.
[121] Vgl. BVerfG 30.5.1990 AP BGB § 622 Nr. 28 = NZA 1990, 721.

§ 18 Die ordentliche Kündigung

macherei". Ungleichbehandlung und rechtfertigender Grund müssten (nur) in einem angemessenen Verhältnis zueinander stehen. Auch das Bundesverfassungsgericht habe in der Entscheidung vom 30.5.1990 geprüft, ob eine „beträchtliche" Ungleichbehandlung vorliege und habe diese für die gesetzliche Regelung im Einzelnen herausgestellt. Fortbestehende Differenzierungen wurden branchenbezogen als noch hinnehmbar bezeichnet.[122] Der jüngsten Rechtsprechung des BAG kann jedoch eine strengere Beurteilung entnommen werden. So wird der Differenzierungsgrund der personalwirtschaftlichen Flexibilität nicht nur von dem prozentualen Anteil der Arbeiter und Angestellten, sondern auch von der jeweiligen Branche abhängig gemacht. Dabei wird bei Tarifverträgen, die unterschiedliche Tarifzweige erfassen, auch danach gefragt, ob das Differenzierungsbedürfnis tatsächlich einheitlich ist.[123] Dabei wird ein Bedürfnis nach erhöhter personalwirtschaftlicher Flexibilität als Sachgrund für die Ungleichbehandlung von Arbeitern und Angestellten hinsichtlich der Grundkündigungsfristen nicht generell schon wegen des größeren Umfangs des Einsatzes von Arbeitern in der Produktion ohne Rücksicht auf Verhältnisse in der jeweiligen Branche anerkannt. Es wird darauf hingewiesen, dass Entscheidungen zum Bereich der Textilindustrie und zum Gartenbau sowie zum Bauhauptgewerbe nicht verallgemeinerungsfähig seien. Diese Betriebe seien aus branchenspezifischen Gründen besonders produkt-, mode-, und witterungs- oder saisonbedingten Auftragsschwankungen unterworfen. Ferner werde in einschlägigen Tarifverträgen dieses Bereichs ein gewisser Ausgleich für den geringeren Bestandsschutz der von kurzen Grundkündigungsfristen betroffenen Arbeiter dadurch erreicht, dass nach betriebsbedingter Entlassung im Fall der Einstellung innerhalb eines bestimmten Zeitraums die Anrechnung der früheren Betriebszugehörigkeit (Textilindustrie Nordrhein) oder sogar die Wiedereinstellung (Gartenbau, Bauhauptgewerbe) vorsähen. Diese besondere Situation müsse bedacht werden und könne nicht pauschal auf alle Produktionsbereiche erweitert werden. So hat es das BAG abgelehnt, pauschal diese branchenspezifischen Besonderheiten in der Metallindustrie anzuerkennen.[124] Ob auch in Zukunft angesichts des KündFG auch bei Vorliegen eines Flexibilitätsbedürfnisses große Unterschiede zwischen den Kündigungsfristen von Arbeitern und Angestellten noch hingenommen werden können, hat das BAG offengelassen.[125] Selbst wenn das Bedürfnis nach flexibler Personalplanung im produktiven Bereich eine kürzere tarifliche Grundkündigungsfrist für überwiegend in der Produktion tätige Arbeiter im Vergleich zu der für Angestellte günstigeren Regelung rechtfertigt, so gilt dies nicht ohne Weiteres auch für die verlängerten Kündigungsfristen desselben Tarifvertrages. Die im gleichen Maße erbrachte Betriebstreue der Arbeiter erfordert dann zumindest gleiche Stufen der Wartezeiten aufgrund abgeleisteter Betriebszugehörigkeit wie bei den Angestellten.[126] So ist es mit Art. 3 Abs. 1 GG nicht zu vereinbaren, dass für Arbeiter erst nach Vollendung des 45. Lebensjahres und zwanzigjähriger Betriebszugehörigkeit eine Verlängerung der Kündigungsfrist von drei Monaten zum Vierteljahresende gelten würde, während ein Angestellter diese Verlängerung bereits nach Vollendung des 30. Lebensjahres und nur fünfjähriger Betriebszugehörigkeit erreichen kann.[127]

---

[122] BAG 2.4.1992 EzA BGB n. F. § 622 Nr. 43 = NZA 1992, 886.
[123] BAG 16.9.1993 EzA BGB n. F. § 622 Nr. 45 = NZA 1994, 221; BAG 11.8.1994 EzA BGB n. F. § 622 Nr. 51 = NZA 1995, 1051.
[124] BAG 16.9.1993 EzA BGB n. F. § 622 Nr. 45 = NZA 1994, 221.
[125] BAG 10.3.1994 EzA BGB n. F. § 622 Nr. 50 = NZA 1994, 1045.
[126] BAG 11.8.1994 EzA BGB n. F. § 622 Nr. 51 = NZA 1995, 1051.
[127] LAG Rheinland-Pfalz 27.3.2008 LAGE KSchG § 1 Krankheit Nr. 41.

482 Einzelfälle: Für die vorwiegende Beschäftigung von Arbeitern im Produktionssektor hat das BAG in der **Textilindustrie** und in der **chemischen Industrie** einen Arbeiteranteil von 65% bzw. 75% bis 90% genügen lassen.[128] Den unmittelbaren Einfluss der Auftragslage auf den Produktionssektor hat das BAG für Betriebe mit saisonalen Schwankungen (Gärtnereien, Bau) sowie Betriebe mit produkt- und branchenspezifischen Schwankungen (Chemie, Textil) bejaht.[129] Im **Baugewerbe** erkennt das BAG angesichts der ganz überwiegenden Beschäftigung von Arbeitern in der Produktion ein besonderes Interesse der Arbeitgeberseite an, auf Konjunktureinbrüche und Auftragsrückgänge unmittelbar und ohne erhebliche Zeitverzögerung reagieren zu können.[130] Wegen der bei Bauarbeiten im Vergleich zu Angestellten höheren Fluktuation, die den eigenen Wünschen und Bedürfnissen dieses Personenkreises entspricht, sei es sachlich gerechtfertigt, unterschiedliche Grundkündigungsfristen zu regeln. Besonders umstritten ist der Bereich in der **Metallindustrie**.[131]

483 Beispiele für **verfassungswidrige Differenzierungen**: Verfassungswidrig ist eine eintägige Kündigungsfrist bei Arbeitern gegenüber einer einmonatigen Frist bei Angestellten.[132] Im **Gaststätten- und Hotelgewerbe** und in der **Textilindustrie** ist die erhebliche Differenzierung bei verlängerten Kündigungsfristen verfassungswidrig.[133] § 13 Nr. 9a MTV für die Eisen-, Metall-, Elektro- und Zentralheizungsindustrie Nordrhein-Westfalen, der bei gewerblichen Arbeitnehmern bei der Berechnung der Betriebszugehörigkeit Zeiten nicht berücksichtigt, die vor Vollendung des 35. Lebensjahres liegen, während bei Angestellten auf die Vollendung des 25. Lebensjahres abgestellt wird, ist eindeutig verfassungswidrig.[134] Ferner wurden für verfassungswidrig erklärt: die zweiwöchige Kündigungsfrist des § 8 MTV Gewerbliche Arbeitnehmer der **bayerischen Metallindustrie**;[135] verfassungswidrig ist auch die Regelung des MTV **Kunststoffverarbeitende Industrie** im Kreis Lippe.[136]

484 In der instanzgerichtlichen Rechtsprechung wurden demgegenüber Differenzierungen in folgenden Tarifwerken als **verfassungsgemäß** bezeichnet: **Dachdeckerhandwerk**;[137] **Gebäudereinigerhandwerk**;[138] **Klempner** – Handwerk Hamburg;[139] **Me-**

---

[128] BAG 23.1.1992 EzA BGB n. F. § 622 Nr. 42 = NZA 1992, 787; BAG 4.3.1993 EzA BGB n. F. § 622 Nr. 44 = NZA 1993, 995; BAG 29.1.1997 EzA TVG § 4 Textilindustrie Nr. 9 = NZA 1997, 726.

[129] Gartenbau: BAG 23.1.1992 EzA BGB n. F. § 622 Nr. 40 = NZA 1992, 742; Chemische Industrie: BAG 4.3.1993 EzA BGB n. F. § 622 Nr. 44 = NZA 1993, 995; Textilindustrie: BAG 23.1.1992 EzA BGB n. F. § 622 Nr. 42 = NZA 1992, 787.

[130] Vgl. BAG 23.1.1992 EzA BGB n. F. § 622 Nr. 42 = NZA 1992, 787; BAG 2.4.1992 EzA BGB n. F. § 622 Nr. 43 = NZA 1992, 886; vgl. auch BAG 14.2.1996 EzA BGB n. F. § 622 Nr. 53 = NZA 1996, 1166.

[131] Vgl. BAG 29.8.1991 EzA BGB n. F. § 622 Nr. 35 = NZA 1992, 166; BAG 16.9.1993 EzA BGB n. F. § 622 Nr. 45 = NZA 1994, 221; BAG 10.3.1994 EzA BGB n. F. § 622 Nr. 48 = NZA 1994, 799.

[132] LAG Düsseldorf 4.9.1996 LAGE BGB § 622 Nr. 40.

[133] BAG 14.2.1996 EzA BGB n. F. § 622 Nr. 53 = NZA 1996, 1166; nicht jedoch die Grundkündigungsfrist, LAG Köln 10.3.1995 LAGE BGB § 622 Nr. 30; BAG 29.10.1998 RzK I 3e Nr. 70; Textilindustrie: BAG 14.2.1996 – 2 AZR 548/95 – n. v.; ArbG Mönchengladbach 9.6.1999 RzK I 3e Nr. 73; nicht jedoch unerhebliche Differenzierungen BAG 6.11.1997 RzK I 3e Nr. 69; nicht jedoch die Grundkündigungsfrist, LAG Hamm 3.5.1996 NZA-RR 1997, 143.

[134] BAG 21.3.1991 EzA BGB n. F. § 622 Nr. 33 = NZA 1991, 797; 10.3.1994 EzA BGB n. F. § 622 Nr. 48 = NZA 1994, 799.

[135] LAG Köln 29.5.1991 DB 1991, 2447.

[136] LAG Hamm 10.3.1992 – 6 (20) Sa 1493/91 – n. v.

[137] BAG 10.3.1994 EzA BGB n. F. § 622 Nr. 48 = NZA 1994, 799; vgl. zu 20 Nr. 1 MTV-Metall NRW vom 29.2.1988 BAG 10.3.1994 EzA BGB n. F. § 622 Nr. 50 = NZA 1994, 1045.

[138] BAG 12.11.1998 RzK I 3e Nr. 72.

[139] ArbG Karlsruhe 11.9.1992 DB 1993, 332.

tallindustrie Hamburg/Schleswig-Holstein;[140] **Gaststätten- und Hotelgewerbe NRW**;[141] **Maler- und Lackiererhandwerk**;[142] **Friseurhandwerk**;[143] **Wach- und Sicherheitsgewerbe.**[144]

7. Rechtsfolgen verfassungswidriger tariflicher Regelungen

Tariflücken, die durch verfassungswidrige tarifliche Kündigungsfristen entstanden sind, sind durch die verfassungsgemäße Neuregelung des § 622 BGB zu schließen.[145] Nach der Übergangsvorschrift des Art. 222 EGBGB gilt dies auch für solche Fälle, in denen noch ein Rechtsstreit über diese Fragen anhängig ist.[146] Eine richterliche Schließung von Tariflücken durch ergänzende Vertragsauslegung ist in aller Regel nicht möglich, weil keine hinreichend sicheren Anhaltspunkte dafür bestehen, wie die Tarifvertragsparteien im Falle der Kenntnis der Unwirksamkeit diese Lücke geschlossen hätten. Die Gerichte sind insoweit nicht befugt, in die Gestaltungsfreiheit der Tarifvertragsparteien korrigierend einzugreifen.[147] Die Tariflücke, die durch unwirksame tarifliche Kündigungsfristen entsteht, kann daher nur, soweit noch keine Neuregelung durch die Tarifvertragsparteien erfolgt ist, durch die gesetzlichen Kündigungsfristen geschlossen werden.[148]

485

§ 19 Die Kündigung im Probe- und Aushilfsarbeitsverhältnis

Nach § 622 Abs. 5 S. 1 Nr. 1 BGB kann – wie gemäß § 622 Abs. 4 a. F. – die gesetzliche Kündigungsfrist im Rahmen eines Aushilfsarbeitsverhältnisses während der ersten drei Monate verkürzt werden. § 622 Abs. 3 BGB trifft überdies erstmals eine ausdrückliche Regelung der Kündigungsfrist während einer vereinbarten Probezeit, soweit diese sechs Monate nicht übersteigt.[1]

486

I. Probearbeitsverhältnis

Das Probearbeitsverhältnis kann sowohl als **echtes befristetes Arbeitsverhältnis**, das nach Ablauf der Probezeit automatisch endet, als auch als **unbefristetes Arbeitsverhältnis** vereinbart werden, das nach Ablauf der vorgeschalteten Probezeit in ein normales Arbeitsverhältnis übergeht, wenn es nicht zuvor gekündigt wird.[2]

487

---

[140] LAG Schleswig-Holstein 2.12.1992 LAGE BGB § 622 Nr. 26.
[141] LAG Köln 29.7.1991 LAGE BGB § 622 Nr. 20.
[142] LAG Köln 10.8.1992 LAGE BGB § 622 Nr. 23; a. A. LAG Hamburg 3.8.1995 LAGE BGB § 622 Nr. 36.
[143] LAG Nürnberg 27.7.1994 LAGE BGB § 622 Nr. 29; LAG Frankfurt 23.8.1999 – 11 Sa 2559/98 –; a. A. LAG Düsseldorf 10.7.1995 NZA-RR 1996, 175.
[144] LAG Köln 26.10.1995 LAGE BGB § 622 Nr. 34.
[145] Vgl. BAG 10.3.1994 EzA BGB n. F. § 622 Nr. 48 = NZA 1994, 799; Staudinger/*Preis*, § 622 BGB Rn. 84; a. A. *Hromadka*, BB 1993, 2372, 2378; *Kehrmann*, AiB 1993, 746, 748.
[146] BAG 10.3.1994 EzA BGB n. F. § 622 Nr. 48 = NZA 1994, 799.
[147] Vgl. BAG 23.9.1981 AP BGB § 611 Lehrer, Dozenten Nr. 19; *Müller-Glöge*, FS Schaub, 1998, S. 497, 514.
[148] Vgl. BAG 10.3.1994 EzA BGB n. F. § 622 Nr. 48 = NZA 1994, 799; Staudinger/*Preis*, § 622 BGB Rn. 85; *Worzalla*, NZA 1994, 145, 149; a. A. *Hromadka*, BB 1993, 2372, 2379.
[1] Ausführlich zu Aushilfs- und Probearbeitsverhältnissen: *Preis/Kliemt/Ulrich*, AR-Blattei, SD 310 und SD 1270; *dies.*, Aushilfs- und Probearbeitsverhältnis, 2. Aufl. 2003.
[2] *Preis/Kliemt/Ulrich*, AR-Blattei, Probearbeitsverhältnis, SD 1270 Rn. 14ff.; *Schaub/Koch*, § 41 I 2.

488   An die Vereinbarung eines **befristeten Probearbeitsverhältnisses** werden strenge Anforderungen gestellt: Die Parteien müssen bei der Festlegung der Probezeit *klar, eindeutig* und *zweifelsfrei* vereinbaren, dass ein befristetes Arbeitsverhältnis gewollt ist. Die Festlegung einer Probezeit allein genügt hierfür noch nicht. Aus dem Zweck der Erprobung ergibt sich, dass grundsätzlich das Arbeitsverhältnis fortgesetzt werden soll, wenn der Arbeitnehmer sich bewährt hat.[3] Die Beweislast für die Befristung trägt derjenige, der sich darauf beruft, in der Regel also der Arbeitgeber.[4] Die Vereinbarung eines befristeten Probearbeitsverhältnisses unterliegt prinzipiell den Grenzen, die an die Vereinbarung befristeter Arbeitsverhältnisse zu stellen sind. Der Gesetzgeber hat die Erprobung als sachlichen Befristungsgrund ausdrücklich in § 14 Abs. 1 S. 2 Nr. 5 TzBfG anerkannt. Die praktische Bedeutung der Sachgrundbefristung ist aber angesichts der Möglichkeit einer Befristung ohne sachlichen Grund bis zur Gesamtdauer von zwei Jahren bei Neueinstellungen gemindert.

489   Das befristete Probearbeitsverhältnis endet – auch im Falle der Bewährung – mit dem Ablauf der Probezeit ohne Kündigung,[5] es sei denn, die Parteien treffen eine Verlängerungsvereinbarung. Nur in Ausnahmefällen kann der Arbeitgeber unter dem Gesichtspunkt des Verschuldens bei Vertragsschluss als Schadensersatz zum Abschluss eines unbefristeten Arbeitsverhältnisses verpflichtet sein. Dies ist anzunehmen, wenn er bei einem Arbeitnehmer die Erwartung geweckt und bestätigt hat, er werde bei Eignung und Bewährung unbefristet weiterbeschäftigt, und wenn der Arbeitgeber sich mit einer Ablehnung in Widerspruch zu seinem früheren Verhalten und dem von ihm geschaffenen Vertrauenstatbestand setzen würde, etwa bei Berufung auf den Fristablauf nur wegen des zwischenzeitlichen Eintritts einer Schwangerschaft.[6]

490   Während der Dauer des befristeten Probearbeitsverhältnisses ist die Möglichkeit der ordentlichen Kündigung ausgeschlossen, es sei denn, die Parteien haben etwas Anderes vereinbart.[7] Dies folgt jetzt auch aus § 15 Abs. 3 TzBfG. Dagegen spricht auch nicht § 622 Abs. 3 BGB.[8] Zwar spricht das Gesetz nicht sonderlich präzise von der „vereinbarten Probezeit", worunter bei weiter Auslegung auch die befristeten Probearbeitsverhältnisse fallen könnten. Indes ließe eine solche Auslegung unberücksichtigt, dass von jeher zwischen zwei Varianten des Probearbeitsverhältnisses unterschieden wird (keine Kündigungsmöglichkeit beim echten befristeten Probearbeitsverhältnis; Kündigungsmöglichkeit beim unbefristeten Arbeitsverhältnis mit vorgeschalteter Probezeit). Dem Gesetzgeber dürfte diese Unterscheidung bekannt gewesen sein. Wenn er mit der Regelung des § 622 Abs. 3 BGB den Grundsatz, dass befristete Probearbeitsverhältnisse ohne besondere Kündigungsvereinbarungen nicht ordentlich kündbar sind, hätte aufgeben wollen, hätte dies einer ausdrücklichen Klarstellung bedurft. Dahin gehende Anhaltspunkte finden sich in den Materialien jedoch nicht. Im Gegenteil legen

---

[3] BAG 29.7.1958 AP BGB § 620 Probearbeitsverhältnis Nr. 3 = EzA BGB § 620 Nr. 1; 30.9.1981 AP § BGB 620 Befristeter Arbeitsvertrag Nr. 61 = EzA BGB § 620 Nr. 54.
[4] BAG 29.7.1958 AP BGB § 620 Probearbeitsverhältnis Nr. 3 mit Anm. *G. Hueck* = EzA BGB § 620 Nr. 1.
[5] *Preis/Kliemt/Ulrich,* AR-Blattei, Probearbeitsverhältnis, SD 1270 Rn. 150 ff. mwN.
[6] BAG 16.3.1989 EzA BeschFG 1985 § 1 Nr. 7 = NZA 1989, 719; zur Darlegungslast des Arbeitnehmers: LAG Hamm 6.6.1991 LAGE BGB § 620 Nr. 25 = BB 1991, 1865 mit Anm. *Mauer.* Ähnlich, allerdings unter Betonung des Aspektes Rechtsmissbrauch schon BAG 13.12.1962 AP BGB § 620 Befristeter Arbeitsvertrag Nr. 24; BAG 28.11.1963 AP BGB § 620 Befristeter Arbeitsvertrag Nr. 26 mit Anm. *Gangloff* = EzA BGB § 620 Nr. 5.
[7] BAG 19.6.1980 AP BGB § 620 Befristeter Arbeitsvertrag Nr. 55 mit Anm. *Kraft* = EzA BGB § 620 Nr. 47.
[8] *Hromadka,* BB 1993, 2372, 2374; *Preis/Kramer,* DB 1993, 2125, 2127.

sie nahe, dass der Gesetzgeber mit der ausdrücklichen Regelung einer kurzen Kündigungsfrist in der Probezeit „unbefristete Einstellungen" fördern wollte (vgl. BT-Drucks. 12/4902, S. 7, 9): Die verkürzte Mindestkündigungsfrist während der Probezeit soll nach der Gesetzesbegründung verhindern, „dass zur Vereinbarung der Probezeit in größerem Umfang als bisher auf befristete Arbeitsverträge zurückgegriffen wird, die den Arbeitnehmer in eine ungünstigere Rechtsposition gegenüber dem unbefristeten Arbeitsvertrag mit Probezeit bringen können". Diesem gesetzgeberischen Zweck liefe die Annahme einer Kündigungsmöglichkeit auch für befristete Probearbeitsverhältnisse zuwider.

Ist das **Probearbeitsverhältnis unbefristet abgeschlossen** worden, bedarf es zu seiner Beendigung einer Kündigung. Für diese gilt nach § 622 Abs. 3 BGB ipso iure eine Kündigungsfrist von zwei Wochen, die jederzeit auslaufen kann. Ein besonderer Kündigungstermin gilt nicht. Missverständlich ist insoweit die Gesetzesbegründung, in der von der Zulässigkeit der „einzelvertraglichen Abkürzung der Kündigungsfrist" die Rede ist (vgl. BT-Drucks. 12/4902, S. 9). Denn bei der Vereinbarung einer Probezeit tritt die Abkürzung der Kündigungsfrist auf das gesetzliche Mindestmaß in Ermangelung einer gegenteiligen Vereinbarung automatisch ein.[9] Erforderlich ist demnach nur die Vereinbarung einer Probezeit.[10] 491

Die gesetzliche Absenkung der Mindestkündigungsfristen während der Probezeit trägt den praktischen Bedürfnissen beider Arbeitsvertragsparteien Rechnung, in einer überschaubaren ersten Zeit der Beschäftigung, in der der Arbeitnehmer ohnehin noch keinen allgemeinen Kündigungsschutz genießt (§ 1 Abs. 1 KSchG), die Leistungsfähigkeit des Arbeitnehmers bzw. die Arbeitsbedingungen zu erproben und bei negativem Ausgang das Arbeitsverhältnis relativ kurzfristig beenden zu können. Nach Einschätzung des Gesetzgebers wird hierdurch der Abschluss unbefristeter Arbeitsverhältnisse erleichtert (BT-Drucks. 12/4902, S. 7). Die Wirksamkeit einer Probezeitvereinbarung nach § 622 Abs. 3 BGB hängt – soweit nicht ein Fall des § 622 Abs. 4 BGB vorliegt – allein davon ab, dass die Probezeitdauer sechs Monate nicht übersteigt. Eine einzelfallbezogene Angemessenheitsprüfung der vereinbarten Dauer findet schon wegen § 307 Abs. 3 BGB nicht statt.[11] 492

Wird eine über sechs Monate hinausgehende Probezeit vereinbart, gilt nach Ablauf des sechsten Beschäftigungsmonats die allgemeine vierwöchige Grundkündigungsfrist. Was die Einhaltung der Sechs-Monats-Frist betrifft, ist – wie bei der Drei-Monats-Frist im Rahmen eines Aushilfsarbeitsverhältnisses – auf den Zugang der Kündigungserklärung abzustellen. Die zweiwöchige Kündigungsfrist kann bis zum Ablauf von sechs Monaten ausgenutzt werden, auch wenn das Ende der Kündigungsfrist erst nach diesem Zeitpunkt liegt.[12] Zu unterscheiden sind die vereinbarte Probezeit und die nach § 1 KSchG vorausgesetzte sechsmonatige Wartezeit. Aus verschiedenen Gründen können beide Zeiten auseinanderfallen. Ist die Wartezeit überschritten, kann sich die Frage stellen, ob die mangelnde Bewährung auch unter der Geltung des § 1 KSchG als personen- und verhaltensbedingter Kündigungsgrund in Betracht kommt.[13] 493

---

[9] Heute wohl einhellige Auffassung, BAG 22.7.1971 AP BGB § 620 Probearbeitsverhältnis Nr. 11 = EzA BGB n. F. § 622 Nr. 3; 15.8.1984 AP § 1 KSchG 1969 Nr. 8 = EzA KSchG § 1 Nr. 40.
[10] *Preis/Kramer,* DB 1993, 2125, 2127; LAG Düsseldorf 20.10.1995 NZA 1996, 1156.
[11] BAG 24.1.2008 EzA BGB 2002 § 622 Nr. 4 = NZA 2008, 521.
[12] BAG 17.2.1966 AP BGB § 133 Nr. 30; 21.4.1966 AP § 53 BAT Nr. 1; *Gumpert,* BB 1969, 1278, 1280.
[13] Im Grundsatz bejahend *Löwisch,* DB 2014, 1079, 108 ff.; *Preis/Kliemt/Ulrich,* AR-Blattei, Probearbeitsverhältnis, SD 1270 Rn. 258 ff.

494 Eine Verkürzung der Kündigungsfristen kann nur durch die Tarifvertragsparteien erfolgen (§ 622 Abs. 4 BGB).[14] Tarifverträge – zumeist enthalten sie Bestimmungen über Probearbeitsverhältnisse – können demnach auch die Möglichkeit einer völlig entfristeten Kündigung vorsehen.[15] Auch nichttarifgebundene Arbeitgeber und Arbeitnehmer können die tariflichen Regelungen durch Verweisung auf den Tarifvertrag einzelvertraglich vereinbaren, sofern sie zum Geltungsbereich des entsprechenden Tarifvertrags gehören, § 622 Abs. 4 S. 2 BGB.

495 Ist tarifvertraglich eine Verkürzung der Kündigungsfrist nicht eröffnet, ist die einzelvertragliche Vereinbarung einer zwei Wochen unterschreitenden Kündigungsfrist gemäß § 622 Abs. 3 iVm Abs. 5 S. 2 BGB unwirksam. An deren Stelle tritt dann die gesetzliche bzw. tarifliche Mindestkündigungsfrist, also i. d. R. die zweiwöchige Kündigungsfrist des § 622 Abs. 3 BGB.[16]

496 Längere Kündigungsfristen oder besondere Kündigungstermine können – wie stets – einzelvertraglich vereinbart werden. Allerdings ist das Gleichbehandlungsgebot des § 622 Abs. 6 BGB zu beachten.

497 Muss das Probearbeitsverhältnis zu seiner Beendigung gekündigt werden, sind, selbst wenn der allgemeine Kündigungsschutz des § 1 KSchG noch nicht eingreifen sollte, die Beteiligungsrechte des Betriebsrats (§ 102 BetrVG)[17] und ein möglicherweise eingreifender Sonderkündigungsschutz zu beachten (zB § 9 MuSchG). Schwerbehinderte, deren Arbeitsverhältnis im Zeitpunkt des Zugangs der Kündigungserklärung noch nicht länger als sechs Monate ohne Unterbrechung besteht, sind nach § 90 Abs. 1 Nr. 1 SGB IX vom besonderen Kündigungsschutz des vierten Kapitels des SGB IX ausgenommen, sodass es weder der Einhaltung der sonst geltenden vierwöchigen Mindestkündigungsfrist (§ 86 SGB IX) noch der Zustimmung des Integrationsamtes (§ 85 SGB IX) bedarf.[18] Erfolgt die Kündigung vor Ablauf der Sechs-Monats-Frist, ist eine soziale Rechtfertigung der Kündigung nach § 1 KSchG nicht notwendig. Die Kündigung unterliegt jedoch den allgemeinen Schranken der §§ 134, 138 BGB, für deren Tatumstände allerdings der Arbeitnehmer darlegungs- und beweispflichtig ist (Einzelheiten → Rn. 269 ff.). Während der gesetzlichen Wartezeit ist eine Kündigung nur in krassen Ausnahmefällen sittenwidrig.[19] Die fristlose Kündigung während der Probezeit kann angesichts der kurzen Kündigungsfrist nur in Ausnahmefällen durchgreifen. Insbesondere kann außerordentlich nicht wegen Schlechtleistung gekündigt werden, weil Einarbeitung und Erprobung ja gerade Sinn der Probezeit ist.[20]

---

[14] Einzelheiten: *Preis/Kliemt/Ulrich*, AR-Blattei, Probearbeitsverhältnis, SD 1270 Rn. 200 ff.
[15] Haben die Tarifvertragsparteien eine Probezeit von vier Wochen vorgesehen und dafür eine eintägige Kündigungsfrist statuiert, soll diese verkürzte Kündigungsfrist selbst während einer einzelvertraglich vereinbarten verlängerten Probezeit gelten, vgl. BAG 28.4.1988 EzA BGB n. F. § 622 Nr. 25 = NZA 1989, 58; s. a. LAG Düsseldorf 20.10.1995 NZA 1996, 1156; entfristete Kündigung ablehnend LAG Düsseldorf 4.9.1996 LAGE BGB § 622 Nr. 40.
[16] Vgl. BAG 10.7.1973 AP BGB § 622 Nr. 13 = EzA n. F. BGB § 622 Nr. 9.
[17] Hierzu *Preis/Kliemt/Ulrich*, AR-Blattei, Probearbeitsverhältnis, SD 1270 Rn. 326 ff.
[18] Zu den Besonderheiten der Probezeit bei Schwerbehinderten: *Preis/Kliemt/Ulrich*, AR-Blattei, Probearbeitsverhältnis, SD 1270 Rn. 280 ff. mwN.
[19] Vgl. BAG 24.10.1996 – 2 AZR 874/95 – n. v. Zur Unwirksamkeit einer Kündigung während der Probezeit wegen Homosexualität: BAG 23.6.1994 EzA BGB § 242 Nr. 39 = NZA 1994, 1080.
[20] LAG München 15.7.1975 DB 1975, 1756; LAG Frankfurt a. M. 5.2.1987 LAGE § 626 BGB Nr. 29.

II. Aushilfsarbeitsverhältnis

Das Aushilfsarbeitsverhältnis kann als **befristetes Arbeitsverhältnis** ausgestaltet werden, (Sachgrund: vorübergehender betrieblicher Bedarf, § 14 Abs. 1 S. 2 Nr. 1 TzBfG), das nach Ablauf einer bestimmten Zeit automatisch endet, ohne dass es einer Kündigung bedarf. Es kann aber auch ein **unbefristetes Aushilfsarbeitsverhältnis** mit abgekürzter Kündigungsfrist vereinbart werden, das nicht von selbst, sondern nur aufgrund einer Kündigung endet. **498**

§ 622 Abs. 5 Nr. 1 BGB eröffnet für die Ersten drei Monate die Möglichkeit der unbeschränkten Verkürzung der Grundkündigungsfrist des § 622 Abs. 1 BGB. Es kann sogar eine fristlose ordentliche Kündigung vereinbart werden, ohne dass die Voraussetzungen des § 626 BGB vorzuliegen brauchen.[21] Obgleich § 622 Abs. 5 Nr. 1 BGB seinem Wortlaut nach nur eine Verkürzung der Kündigungsfristen zulässt, ist auch eine von der gesetzlichen Festlegung abweichende Vereinbarung der Kündigungstermine möglich. Es widerspräche Sinn und Zweck der Regelung, eine Kündigung mit verkürzter Frist bei Aushilfskräften nur zum 15. oder zum Monatsende zuzulassen. Die Möglichkeit der entfristeten Kündigung entwertet den sonst durch die Kündigungstermine in Verbindung mit den Mindestfristen gewährten zeitlichen Bestandsschutz derart, dass die Kündigungstermine im Rahmen des § 622 Abs. 5 Nr. 1 BGB keine eigenständige Schutzfunktion haben.[22] **499**

Stets bedarf es sowohl für befristete als auch für unbefristete Aushilfsarbeitsverhältnisse einer entsprechenden arbeitsvertraglichen Vereinbarung, einer sog. Aushilfsklausel. Erforderlich ist ein ausdrücklicher arbeitsvertraglicher Hinweis darauf, dass nur ein vorübergehendes Beschäftigungsverhältnis zur Aushilfe begründet werden soll. Darüber hinaus muss der Tatbestand des vorübergehenden Personalbedarfs (§ 14 Abs. 1 S. 2 Nr. 1 TzBfG) auch objektiv vorliegen.[23] **500**

Haben die Parteien ausdrücklich ein Aushilfsarbeitsverhältnis vereinbart, jedoch eine **Regelung über die Kündigungsfrist nicht getroffen,** ist umstritten, ob allein aus dem Zweck des Vertrages geschlossen werden kann, dass die Kündigungsfrist abgekürzt sein soll. Insoweit wurde die Auffassung vertreten, die Kündigungsfrist solle im Zweifel auf das zulässige Mindestmaß, d.h. die entfristete Kündigung, abgekürzt sein.[24] Gegen diese Auffassung bestehen jedoch Bedenken.[25] Zunächst ist die Vereinbarung eines Aushilfsarbeitsverhältnisses keineswegs sinnlos, wenn nicht gleichzeitig die Kündigungsfrist abgekürzt wird, zumal ein Aushilfsarbeitsverhältnis regelmäßig als befristetes vereinbart wird und damit für die Frage des Befristungsgrundes Bedeutung hat. Die Rechtsprechung des BAG zur vergleichbaren Streitfrage für Probearbeitsverhältnisse, wonach Probezeitklauseln im Zweifel als Abkürzung der Kündigungsfrist auf das zulässige Mindestmaß zu verstehen sind,[26] kann auf Aushilfsarbeitsverhältnisse nicht übertragen werden, weil sich Probe- und Aushilfszweck wesentlich unterscheiden und nur **501**

---

[21] Statt aller BAG 22.5.1986 EzA BGB n.F. § 622 Nr. 24 = NZA 1987, 60; Erman/*Belling,* § 622 BGB Rn. 9.
[22] Vgl. BAG 22.5.1986 EzA BGB n.F. § 622 Nr. 24 = NZA 1987, 60.
[23] BAG 22.5.1986 EzA BGB n.F. § 622 Nr. 24 = NZA 1987, 60; LAG Düsseldorf 13.5.1985 LAGE BGB § 622 Nr. 6; KR/*Spilger,* § 622 BGB Rn. 160; Staudinger/*Preis,* § 622 BGB Rn. 32.
[24] Hueck/*Nipperdey,* I, S. 575; *Nikisch,* I, S. 717 f.
[25] Ebenso Erman/*Belling,* § 622 BGB Rn. 9c; Staudinger/*Preis,* § 622 BGB Rn. 33; KR/*Spilger,* § 622 BGB Rn. 164 f.
[26] BAG 22.7.1971 AP BGB § 620 Probearbeitsverhältnis Nr. 11 = EzA BGB n.F. § 622 Nr. 3; 15.8.1984 AP KSchG 1969 § 1 Nr. 8 = EzA KSchG § 1 Nr. 40.

beim Aushilfsarbeitsverhältnis die Möglichkeit der völligen Entfristung der Kündigung besteht. Eine eindeutige Regelung ist auch aus Gründen der Rechtssicherheit notwendig. Die dispositiven Gesetzesvorschriften im Arbeitsrecht sollen nicht nur Vertragslücken schließen helfen, sondern haben regelmäßig auch eine Schutzfunktion zugunsten des Arbeitnehmers. Dies gilt in besonderem Maße für die Mindestkündigungsfristen des § 622 BGB. Will der Arbeitgeber nicht einmal diese Fristen einhalten, muss er dies beim Vertragsschluss wenigstens klar zum Ausdruck bringen. Wollen die Parteien im Rahmen des Aushilfsarbeitsverhältnisses die Mindestkündigungsfristen abkürzen, möglicherweise sogar eine entfristete Kündigung ermöglichen, ist daher eine entsprechende eindeutige Regelung erforderlich. Fehlt sie, bleibt es bei den gesetzlichen Regelfristen.

502   Beim schriftlichen, i.d.R. vom Arbeitgeber vorformulierten Aushilfsarbeitsvertrag tritt ein weiterer Aspekt hinzu: Fehlt hier eine eindeutige Kündigungsfristenregelung, gehen verbleibende Unklarheiten zulasten des Arbeitgebers (§ 305c Abs. 2 BGB). Hier führt bereits die notwendigerweise typisierende objektive Vertragsauslegung dazu, dass keine Frist unterstellt wird, die gar nicht vereinbart wurde.[27]

503   Auch bei Aushilfsarbeitsverhältnissen ist die Gleichbehandlungsregelung des § 622 Abs. 6 BGB zu beachten (→ Rn. 455f.). Für Leiharbeitsverhältnisse gilt § 622 Abs. 5 Nr. 1 BGB nach § 11 Abs. 4 AÜG nicht (→ Rn. 388).

504   Was die Einhaltung der in § 622 Abs. 5 S. 1 Nr. 1 2. Halbs. BGB genannten Drei-Monats-Frist betrifft, ist auf den Zugang der Kündigung abzustellen.[28] Die zulässigerweise in einem Aushilfsarbeitsvertrag vereinbarte verkürzte Kündigungsfrist kann daher bis zum Ablauf von drei Monaten ausgenutzt werden, selbst wenn das Ende der Kündigungsfrist erst nach diesem Zeitpunkt liegen sollte.[29] Für die Zeit nach Ablauf des dritten Beschäftigungsmonats zwischen den Arbeitsvertragsparteien getroffene Vereinbarungen über Kündigungsfristen und -termine sind gem. § 134 BGB nichtig, soweit sie den gesetzlichen Mindestkündigungsfristen widersprechen. In diesem Falle treten bei einer nach Ablauf der Drei-Monats-Frist zugegangenen Kündigung an die Stelle der vereinbarten die ungekürzten gesetzlichen bzw. tarifvertraglichen Mindestkündigungsfristen.[30]

505   Bei der befristeten Einstellung einer Aushilfskraft wegen der Elternzeit eines anderen Arbeitnehmers eröffnet § 21 Abs. 4 BEEG dem Arbeitgeber gegenüber der Aushilfskraft – auch ohne entsprechende Vereinbarung – ein Sonderkündigungsrecht, wenn die Elternzeit ohne seine Zustimmung vorzeitig beendet werden kann und der Arbeitnehmer die vorzeitige Beendigung der Elternzeit mitgeteilt hat. Der Arbeitgeber kann dann das befristete Arbeitsverhältnis mit der Aushilfskraft unter Einhaltung einer Frist von drei Wochen, frühestens jedoch zu dem Zeitpunkt der Beendigung der Elternzeit kündigen. Auf diese Weise wird der Arbeitgeber des Risikos enthoben, über einen längeren Zeitraum Lohn für zwei Arbeitnehmer zahlen zu müssen.[31]

---

[27] Näher zur Unklarheitenregel bei vorformulierten Arbeitsvertragsbedingungen: *Preis,* Vertragsgestaltung, S. 152f., 263f., 324.
[28] *Gumpert,* BB 1956, 114, 115; KR/*Spilger,* § 622 BGB Rn. 167.
[29] MüKoBGB/*Hesse,* § 622 BGB Rn. 76.
[30] APS/*Linck,* § 622 BGB Rn. 184.
[31] *Preis/Kliemt/Ulrich,* AR-Blattei, Aushilfsarbeitsverhältnis, SD 310, Rn. 194ff.; vgl. auch die Begründung des Regierungsentwurfs, BR-Drucks. 350/85, S. 22.

§ 20 Kündigung im befristeten Arbeitsverhältnis

Nach dem Grundsatz der Vertragsfreiheit steht es den Arbeitsvertragsparteien – in den Schranken des TzBfG – an sich frei, das Arbeitsverhältnis zu befristen mit der Folge, dass es nach Ablauf der vereinbarten Zeit oder nach Eintritt eines bestimmten Ereignisses oder der Zweckerreichung endet, ohne dass eine Kündigung notwendig ist. Die Kündigungsschutzbestimmungen – allgemeiner und besonderer Kündigungsschutz – finden deshalb keine Anwendung. Sie knüpfen sämtlich an den Tatbestand der Kündigung an, sodass sie ins Leere gehen, weil die Vertragsbeendigung kraft Parteivereinbarung eintritt.

I. Ordentliche Kündigung

Im befristeten Arbeitsverhältnis ist die ordentliche Kündigung beiderseits grundsätzlich ausgeschlossen, es sei denn, die Parteien haben die Kündigungsmöglichkeit vereinbart (§ 15 Abs. 3 TzBfG). Wird dennoch eine ordentliche Kündigung ausgesprochen, so ist sie unwirksam.[1] Der Arbeitnehmer muss auch diesen Unwirksamkeitsgrund innerhalb der Klagefrist des § 4 KSchG geltend machen.[2] Ist die Kündigungsmöglichkeit vereinbart, sind auch innerhalb des befristeten Arbeitsverhältnisses bei einer Kündigung die allgemeinen und besonderen Kündigungsschutznormen zu beachten, auch wenn dies an der Beendigung des Arbeitsverhältnisses auf der Basis einer wirksamen Befristung nichts ändert. Dauert das befristete, gegebenenfalls mehrfach verlängerte Arbeitsverhältnis ununterbrochen über sechs Monate, greift insbesondere auch der Schutz nach Maßgabe der §§ 1 ff. KSchG.

Je nach dem Willen der Parteien kann eine vertragliche Mindestdauer des Arbeitsverhältnisses vereinbart sein. Dann kann die Kündigung erstmals mit der gesetzlichen Frist auf diesen Zeitpunkt erfolgen. Wird die Kündigung nicht ausgesprochen, so verlängert sich das Arbeitsverhältnis und geht in ein normales kündbares Arbeitsverhältnis über.

Die Einzelarbeitsvertragsparteien können die Befristung des Arbeitsverhältnisses auch in der Weise vereinbaren, dass es maximal bis zu einem bestimmten Termin andauert, vorher jedoch auch gekündigt werden kann (Höchstdauer). Das hat nach der Rechtsprechung durch eine ausdrückliche Vereinbarung zu erfolgen bzw. der beiderseitige Wille muss sich eindeutig aus den Umständen ergeben.[3]

II. Außerordentliche Kündigung

Das befristete Arbeitsverhältnis kann unter den Voraussetzungen des § 626 BGB (dazu → Rn. 522 ff.) außerordentlich gekündigt werden. Wird das Arbeitsverhältnis vom Arbeitgeber in dieser Form gekündigt, so muss der Arbeitnehmer, auf dessen Ar-

---

[1] BAG 8.6.1972 EzA BGB n.F. § 626 Nr. 12 = NJW 1972, 1878; 19.6.1980 EzA BGB § 620 Nr. 47 = NJW 1981, 246.
[2] BAG 22.7.2012 NZA 2010, 1142.
[3] Vgl. BAG 19.6.1980 EzA BGB § 620 Nr. 47 = NJW 1981, 246. Zur Bedeutung einer arbeitsvertraglichen Verlängerungsklausel vgl. BAG 12.10.1979 AP BGB § 620 Befristeter Arbeitsvertrag Nr. 48 = EzA ZPO § 256 Nr. 20 unter I 3 der Gründe. Sie setzt immer eine Kündigung zum vereinbarten Zeitpunkt voraus.

beitsverhältnis das KSchG anzuwenden ist, diese Kündigung innerhalb von drei Wochen durch Feststellungsklage beim Arbeitsgericht angreifen (Einzelheiten → Rn. 1824 ff.).

§ 21 Die Kündigung des Berufsausbildungsverhältnisses

511 Das Berufsausbildungsverhältnis ist im Berufsbildungsgesetz (BBiG) vom 23.3.2005[1] geregelt. Auf das Berufsausbildungsverhältnis sind nach § 10 Abs. 2 BBiG die für den Arbeitsvertrag geltenden Rechtsvorschriften und Rechtsgrundsätze anzuwenden, soweit sich nichts Gegenteiliges aus dem BBiG sowie aus Wesen und Zweck des Berufsausbildungsverhältnisses ergibt. In § 22 BBiG sind zwingende Sonderregelungen für die Kündigung des Berufsausbildungsverhältnisses enthalten. Hiernach kann während der Probezeit jederzeit ohne Einhaltung der Kündigungsfrist und nach Ablauf der Probezeit von beiden Parteien aus einem wichtigen Grund und durch den Auszubildenden nach § 22 Abs. 2 Nr. 2 BBiG gekündigt werden.

512 Nach § 21 Abs. 1 S. 1 BBiG ist das Berufsausbildungsverhältnis ex lege ein befristeter Vertrag, der mit Ablauf der Ausbildungszeit endet.[2] Deren Dauer richtet sich nach der jeweiligen Ausbildungsordnung.[3] Im Falle der erfolgreichen Prüfung vor Ablauf der Ausbildungszeit endet es mit der Bekanntgabe des Ergebnisses (§ 21 Abs. 2 BBiG). Wenn die Abschlussprüfung kurze Zeit nach Ablauf der Vertragsfrist endet, kann – obwohl dieser Fall nicht gesetzlich geregelt ist – von einer stillschweigenden Verlängerung der Vertragszeit bis zu diesem Zeitpunkt ausgegangen werden.[4] Darüber hinaus können die Parteien das Ausbildungsverhältnis jederzeit durch Aufhebungsvertrag beenden.

513 Eine während der Ausbildung eingetretene Schwangerschaft steht dem nicht entgegen. Im Übrigen gilt der Kündigungsschutz des § 9 MuSchG auch für die Dauer des Ausbildungsverhältnisses. Dasselbe gilt auch für den Schwerbehindertenschutz, denn das Berufsausbildungsverhältnis ist ein Arbeitsverhältnis i.S. des Schwerbehindertengesetzes.[5] Vor der Kündigung des Berufsausbildungsverhältnisses ist der Betriebsrat nach § 102 Abs. 1 BetrVG zu hören.

514 Das Berufsausbildungsverhältnis kann vor Beginn der Berufsausbildung von beiden Vertragsparteien ordentlich entfristet, d.h. ohne Einhaltung einer Kündigungsfrist gekündigt werden,[6] sofern keine abweichende Regelung vereinbart worden ist.

I. Kündigung während der Probezeit

515 Für Berufsausbildungsverhältnisse schreibt § 20 BBiG zwingend eine Probezeit von mindestens einem Monat bis zu höchstens vier Monaten vor. Ein Ausschluss oder Verzicht ist nicht möglich. Diese gesetzliche Probezeit dient dazu, beiden Vertragsparteien die Prüfung zu ermöglichen, ob der Auszubildende für den erwählten Beruf tatsäch-

---

[1] BGBl. I S. 931.
[2] Nach LAG Nürnberg 4.5.1993 LAGE § 14 BBiG Nr. 2 ist dies der Zeitpunkt der Mitteilung des Prüfungsergebnisses.
[3] *Benecke/Hergenröder*, § 21 BBiG Rn. 3 mit Erläuterung der Sonderfälle bei Unterbrechung, Verkürzung und Verlängerung des Ausbildungsverhältnisses.
[4] A.A. BAG 13.3.2007 EzA BBiG § 14 Nr. 14 = AP BBiG § 14 Nr. 13 für den Fall, dass Auszubildender nicht beschäftigt wird.
[5] BAG 10.12.1987 EzA SchwbG § 18 Nr. 8 = NZA 1988, 428.
[6] BAG 17.9.1987 EzA BBiG § 15 Nr. 6 = NZA 1988, 735.

lich geeignet ist.⁷ Das BAG geht davon aus, dass sich die in § 20 S. 2 BBiG vorgeschriebene Probezeit nicht automatisch um die Dauer einer Unterbrechung der Ausbildung verlängert, gleich aus welchem Grunde diese eintritt. Für ein Abstellen allein auf den rechtlichen Bestand des Ausbildungsverhältnisses während eines kalendarisch bestimmten Zeitraums spricht, dass damit die Dauer der Probezeit mit den sich insbesondere für die Kündigung gem. § 22 Abs. 1 BBiG ergebenden Rechtsfolgen eindeutig bestimmt ist.⁸ Eine ausdrückliche vertragliche Verlängerung der Probezeit ist jedoch möglich; es verlängert sich dadurch aber nicht die Ausbildungszeit insgesamt. Während der Probezeit ist nach § 22 Abs. 1 BBiG eine Kündigung jederzeit ohne Einhaltung einer Kündigungsfrist und ohne nähere Begründung möglich. Es handelt sich hierbei um eine entfristete ordentliche, nicht um eine außerordentliche Kündigung.⁹ Sie trägt dem Zweck der Probezeit innerhalb des Berufsausbildungsverhältnisses Rechnung: Beide Parteien sollen das Ausbildungsverhältnis lösen können, sobald sie zu dem Schluss gelangt sind, dass eine Fortsetzung nicht sinnvoll ist. Die Kündigung bedarf zwar der Schriftform (→ Rn. 520), jedoch keines mit der Berufsausbildung zusammenhängenden Grundes.¹⁰ Das Berufsausbildungsverhältnis kann auch unter Zubilligung einer Auslauffrist wirksam ordentlich gekündigt werden. Dem Wortlaut des § 22 Abs. 1 BBiG („kann ... jederzeit ohne Einhaltung einer Kündigungsfrist gekündigt werden") ist nicht zu entnehmen, dass eine Kündigung stets völlig entfristet erfolgen muss. Die Auslauffrist muss allerdings so bemessen sein, dass sie nicht zu einer unangemessen langen Fortsetzung des Berufsausbildungsvertrages führt, der nach dem endgültigen Entschluss des Kündigenden nicht bis zur Beendigung der Ausbildung durchgeführt werden soll.¹¹ Ansonsten gelten für eine Kündigung innerhalb der Probezeit im Berufsausbildungsverhältnis keine Besonderheiten: Die Kündigung kann gegen Treu und Glauben oder gegen die guten Sitten (§§ 138, 242 BGB) verstoßen und damit unwirksam sein, etwa wenn sie offensichtlich willkürlich erfolgt ist.¹² Auch gilt der besondere Kündigungsschutz für werdende Mütter (§ 9 MuSchG) sowie die Pflicht zur Anhörung des Betriebsrats (§ 102 BetrVG). Kündigungsgründe sind ihm mitzuteilen, sofern sie den Kündigungsentschluss des Ausbildenden bestimmt haben (→ Rn. 335 ff.). Ein Berufsausbildungsvertrag kann grundsätzlich entsprechend § 22 Abs. 1 BBiG bereits vor Beginn der Berufsausbildung von beiden Vertragsparteien ordentlich entfristet gekündigt werden. Unzulässig ist die ordentliche Kündigung vor Antritt der Berufsausbildung ausnahmsweise dann, wenn sie von den Parteien ausdrücklich ausgeschlossen worden ist oder sich ein solcher Ausschluss aus den Abreden oder den für die Auslegung verwertbaren übrigen konkreten Umständen (zB der Abrede oder dem ersichtlichen gemeinsamen Interesse, die Ausbildung jedenfalls für einen bestimmten Teil der Probezeit tatsächlich durchzuführen) ergibt.¹³

---

⁷ BAG 27.11.1991 EzA BBiG § 13 Nr. 2 = NZA 1992, 506; *Wohlgemuth/Pepping*, § 20 BBiG Rn. 1.
⁸ BAG 15.1.1981 AP BBiG § 13 Nr. 1 mit Anm. *Natzel* = EzA BBiG § 13 Nr. 1; s.a. ArbG Wiesbaden 17.1.1996 BB 1996, 700; KR/*Weigand*, §§ 21–23 BBiG Rn. 43; *Preis/Kliemt/Ulrich*, AR-Blattei, Probearbeitsverhältnis, SD 1270 Rn. 351.
⁹ BAG 17.9.1987 EzA BBiG § 15 Nr. 6 = NZA 1988, 735; BAG 10.11.1988 AP BBiG § 15 Nr. 8 mit Anm. *Natzel* = EzA BBiG § 15 Nr. 7 = NZA 1989, 268; BAG 27.11.1991 EzA BBiG § 13 Nr. 2 = NZA 1992, 506.
¹⁰ BAG 8.3.1977 DB 1977, 1322 = BB 1977, 1705; BAG 17.9.1987 EzA BBiG § 15 Nr. 6 = NZA 1988, 735.
¹¹ BAG 10.11.1988 EzA BBiG § 15 Nr. 7 = NZA 1989, 268.
¹² LAG Hamm 22.8.1985 DB 1986, 812; KR/*Weigand*, §§ 21–23 BBiG Rn. 42.
¹³ BAG 17.9.1987 EzA BBiG § 15 Nr. 6. = NZA 1988, 735. Anders – d.h. Ausschluss der Kündigung vor Ausbildungsbeginn – die Vorinstanz: LAG Berlin 4.11.1986 LAGE BBiG § 15 Nr. 3.

II. Die Berufsaufgabekündigung (§ 22 Abs. 2 Nr. 2 BBiG)

516 Der Auszubildende kann das Berufsausbildungsverhältnis mit einer Kündigungsfrist von vier Wochen kündigen, wenn er die Berufsausbildung aufgeben oder sich für eine andere Berufstätigkeit ausbilden lassen will. Es ist nicht erforderlich, dass der Auszubildende zu einem anderen Beruf überwechseln will. Es ist ausreichend, wenn der Auszubildende die Berufsausbildung aufgeben will. Ein Auszubildender kann also mit vierwöchiger Frist kündigen, wenn er die Berufsausbildung aufgeben und künftig als Hilfsarbeiter tätig sein will. Nicht möglich ist aber die Kündigung nach § 22 Abs. 2 Nr. 2 BBiG, um die Ausbildung bei einer anderen Firma fortzusetzen. Hier wäre nur die Kündigung möglich, wenn ein wichtiger Grund gem. § 22 Abs. 2 Nr. 1 BBiG vorliegt. Zulässig ist dagegen die Kündigung, wenn der Auszubildende eine andere Ausbildung absolvieren will. Auch wer aus einem betrieblichen Ausbildungsverhältnis in eine schulische Ausbildung wechselt, will sich „für eine andere Berufstätigkeit" im Sinne des § 22 Abs. 2 Nr. 2 BBiG ausbilden lassen.[14]

517 Fraglich ist, ob die Erklärung, die Berufsausbildung aufzugeben oder sich für eine andere Berufstätigkeit ausbilden lassen zu wollen, der Wahrheit entsprechen muss oder nicht. *Hueck/Nipperdey*[15] vertraten zur bisherigen Rechtslage mit Rücksicht darauf, dass die wirkliche Absicht im Augenblick der Kündigung schwer festzustellen ist, die Auffassung, dass die abgegebene Erklärung nicht der Wahrheit zu entsprechen brauche.[16] Dieser Auffassung ist wohl nicht zuzustimmen.[17] Was zunächst den Wortlaut des Gesetzes anbetrifft, so ist zwar richtig, dass nur von einer schriftlichen Erklärung gesprochen wird, jedoch dürfte es kaum zutreffen, dass der Gesetzgeber auch davon ausging, die unzutreffende und sogar bewusst falsche Erklärung des gesetzlichen Vertreters löse das Ausbildungsverhältnis. Angesichts der grundsätzlich bestehenden Unkündbarkeit des Ausbildungsverhältnisses erscheint es kaum zweifelhaft, dass die Wirkungen des § 22 Abs. 2 BBiG dann nicht eintreten, wenn ein Berufswechsel oder eine Aufgabe der Berufsausbildung gar nicht beabsichtigt ist. Denn dann stände die Bindung der Vertragsparteien für die Dauer der Ausbildungszeit auf dem Papier, und die mit Recht erfolgte Erschwerung der Kündigung des Ausbildungsverhältnisses hätte keinen praktischen Wert, da man dem Auszubildenden dann nur raten könnte, den Weg über § 22 Abs. 2 BBiG zu wählen, wenn er sich von seinem Ausbilder trennen will. Allerdings verzichtet die heute h.M. auf die Prüfung der Frage, ob die Erklärung, die Berufsausbildung aufgeben oder wechseln zu wollen, „ernsthaft" ist.[18] Liegen die angegebenen objektiven und subjektiven Voraussetzungen vor, so endet das Lehrverhältnis nach Ablauf von vier Wochen. Der Fristlauf beginnt mit dem Zugang der Erklärung.

III. Kündigung aus wichtigem Grund

518 Nach der Probezeit kann das Berufsausbildungsverhältnis von beiden Seiten aus wichtigem Grund fristlos gekündigt werden (§ 22 Abs. 2 Nr. 1 BBiG). Es gelten hier im Prinzip die allgemeinen Grundsätze zur außerordentlichen Kündigung aus wichti-

---

[14] LAG Düsseldorf 2.2.1972 EzB BBiG § 15 Abs. 2 Nr. 2 Nr. 1.
[15] Vgl. *Hueck/Nipperdey*, Bd. I, § 73 II 2b cc.
[16] Dem folgend KR/*Weigand*, §§ 21–23 BBiG Rn. 88.
[17] Ebenso KDZ/*Däubler/Wroblewski*, § 22 BBiG Rn. 40; LAG Bremen 7.2.1961 AR-Blattei, Lehrvertrag – Lehrverhältnis: Entscheidung 15.
[18] *Benecke/Hergenröder*, § 22 Rn. 68; *Leinemann/Taubert*, § 22 Rn. 117; ErfK/*Schlachter*, § 22 BBiG Rn. 6; KR/*Weigand*, §§ 21, 22 Rn. 88.

§ 21 Die Kündigung des Berufsausbildungsverhältnisses

gem Grund, insbesondere auch die Ausschlussfrist von zwei Wochen für die Kenntnis der Kündigungsgründe (→ Rn. 794 ff.). Betriebsbedingte Kündigungen werden im Ergebnis nur bei Betriebsstilllegungen in Betracht kommen können.[19] Bei besonders schwerwiegenden Pflichtverletzungen, deren Rechtswidrigkeit auch einem Auszubildenden ohne Weiteres erkennbar ist, bedarf es vor Ausspruch der Kündigung keiner Abmahnung.[20] Bei der notwendigen Gesamtwürdigung ist jedoch zu berücksichtigen, dass es sich um ein Berufsausbildungsverhältnis handelt, an dessen Fortsetzung der Auszubildende stets ein besonders großes Interesse hat. Dies gilt namentlich zum Ende der Ausbildungszeit.[21]

Das Ausbildungsverhältnis kann auch in der Insolvenz des Arbeitgebers im Regelfall **519** nicht fristlos, sondern nur unter Einhaltung der in § 113 InsO geregelten Dreimonatsfrist vom Insolvenzverwalter gekündigt werden (→ Rn. 2293).[22]

IV. Formvorschriften

Die Kündigung muss in allen Fällen schriftlich erfolgen. Erfolgt die Kündigung aus **520** einem wichtigen Grund ohne Einhaltung einer Kündigungsfrist oder kündigt der Auszubildende, weil er den Beruf aufgeben oder sich für eine andere Berufstätigkeit ausbilden lassen will, so sind die Kündigungsgründe anzugeben (§ 22 Abs. 3 BBiG).[23] Die Formvorschrift des § 22 Abs. 3 BBiG gilt zwingend für beide Vertragspartner. Der Verstoß führt zur Nichtigkeit der Kündigung.[24] Der Begründungszwang soll den kündigenden Vertragsteil vor Übereilung bewahren; ferner soll der Kündigungsempfänger abwägen können, ob er die Kündigung akzeptieren kann oder ob es aussichtsreich ist, dagegen vorzugehen. Diesem Zweck des § 22 Abs. 3 BBiG entspricht es, die schriftliche Begründung der Kündigung als Wirksamkeitserfordernis zu behandeln.[25] Die Angabe der Kündigungsgründe im Sinne des Gesetzes setzt voraus, dass das Kündigungsschreiben selbst oder ihm beigefügte Anlagen konkret und nachvollziehbar Tatsachen darstellen, auf die der Kündigende seinen Beendigungswillen stützt.[26] Volle Substantiierung ist nicht notwendig. Erläuterungen und Ergänzungen zu den bereits mitgeteilten Gründen im Kündigungsschreiben sind zulässig.[27] Die bei der außerordentlichen Kündigung eines Minderjährigen nach § 22 Abs. 3 BBiG erforderliche Grundangabe muss – ebenso wie die Kündigung selbst – gegenüber den gesetzlichen Vertretern des

---

[19] Ausf. hierzu *Hoins*, Die Kündigung von Berufsausbildungsverhältnissen, insbesondere aus betrieblichen Gründen, 2008.
[20] BAG 1.7.1999 EzA BBiG § 15 Nr. 13 = NZA 1999, 1270.
[21] BAG 10.5.1973 AP BBiG § 15 Nr. 3 = EzA BBiG § 15 Nr. 2; LAG Köln 25.6.1987 LAGE BBiG § 15 Nr. 4; LAG Berlin 9.6.1986 LAGE BBiG § 15 Nr. 2. Zur Rechtsprechung im Einzelnen vgl. die Übersicht bei KR/*Weigand*, §§ 21–23 BBiG Rn. 50 ff.; *Benecke/Hergenröder*, § 22 Rn. 15; ferner LAG Düsseldorf 15.4.1993 EzB BBiG § 15 Abs. 2 Nr. 1 Nr. 76; ArbG Wesel 14.11.1996 NZA-RR 1997, 291; LAG Baden-Württemberg 31.10.1996 NZA-RR 1997, 288; LAG Köln 11.8.1995 LAGE BBiG § 15 Nr. 10; LAG Schleswig-Holstein 20.3.2002 RzK IV 3a Nr. 40; LAG Köln 8.1.2003 AR-Blattei ES 400 Nr. 112.
[22] Vgl. ErfK/*Müller-Glöge*, § 113 InsO Rn. 3 mwN.
[23] Einzelheiten bei *Kliemt*, S. 103 ff.
[24] BAG 22.2.1972 EzA BBiG § 15 Nr. 1; LAG Hamburg 30.9.1994 LAGE BBiG § 15 Nr. 9.
[25] BAG 25.11.1976 AP BBiG § 15 Nr. 4 = EzA BBiG § 15 Nr. 3; LAG Baden-Württemberg 11.7.1989 LAGE BBiG § 15 Nr. 6.
[26] LAG Baden Württemberg 11.7.1989 LAGE BBiG § 15 Nr. 6; LAG Köln 8.1.2003 AR-Blattei ES 400 Nr. 112.
[27] LAG Hamburg 28.9.1997 LAGE BBiG § 15 Nr. 11; vgl. auch BAG 10.2.1999 EzA BGB § 125 Nr. 14 = NZA 1999, 602.

Minderjährigen erfolgen.²⁸ Im Übrigen können im Prozess Kündigungsgründe nicht nachgeschoben werden.²⁹ Nicht ausreichend ist auch der Hinweis im Kündigungsschreiben auf die bereits mündlich dargelegten Kündigungsgründe.³⁰ Das widerspricht dem Gebot der Rechtsklarheit.

521 Bevor die Wirksamkeit einer Kündigung des Berufsausbildungsverhältnisses gerichtlich überprüft werden kann, muss – sofern ein solcher gebildet ist – gem. § 111 Abs. 2 ArbGG ein Schlichtungsausschuss angerufen werden. Existiert ein solcher Schlichtungsausschuss zwar, weigert sich dieser aber das beantragte Schlichtungsverfahren durchzuführen, ist die Ablehnung des beantragten Verfahrens ebenso zu behandeln wie das Fehlen eines entsprechenden Ausschusses, d. h., es kann unmittelbar Klage erhoben werden.³¹ Die Vorschriften des Kündigungsschutzgesetzes über die fristgebundene Klageerhebung nach §§ 4, 13 Abs. 1 S. 2 KSchG sind auch auf außerordentliche Kündigungen von Berufsausbildungsverhältnissen anzuwenden, sofern nicht gemäß § 111 Abs. 2 S. 5 ArbGG eine Verhandlung vor einem zur Beilegung von Streitigkeiten aus einem Berufsausbildungsverhältnis gebildeten Ausschuss stattfinden muss.³²

§ 22 Die außerordentliche Kündigung

522 Die außerordentliche Kündigung ist in § 626 BGB im Grundsatz für alle Arbeitsverhältnisse einheitlich geregelt. Sondervorschriften gibt es nur noch für den Bereich der **Berufsausbildungsverhältnisse** (→ Rn. 511 ff.) und im Bereich der Seeschifffahrt (§§ 65–72 SeeArbG). Das Arbeitsverhältnis kann von jedem Vertragsteil **aus wichtigem Grund** ohne Einhaltung einer Kündigungsfrist gekündigt werden. Unterschiedliche Regeln für Arbeiter und Angestellte bestehen im Recht der außerordentlichen Kündigung seit der Neufassung des § 626 BGB durch das Erste Arbeitsrechtsbereinigungsgesetz vom 14.8.1969 (BGBl. I S. 1106) nicht mehr.

523 Hinzuweisen ist auf das Sonderkündigungsrecht in § 113 InsO. § 626 BGB bleibt von dieser Sondervorschrift unberührt. Die Kündigung aus wichtigem Grund ist auch im Insolvenzverfahren möglich. Dessen Eröffnung stellt jedoch für sich genommen noch keinen wichtigen Grund zur außerordentlichen Kündigung dar.

I. Begriff, Grundlagen

524 Das außerordentliche Kündigungsrecht nach § 626 BGB gibt **beiden** am Arbeitsverhältnis Beteiligten die Möglichkeit, sich beim Vorliegen eines **wichtigen Grundes** ohne Beachtung der gesetzlichen oder vereinbarten Kündigungsfristen bzw. der vereinbarten Befristung zu trennen. Die Lösung tritt nicht automatisch ein, mag der Grund hierfür auch noch so schwerwiegend sein. Die Wirkung der außerordentlichen Kündigung, die eine einseitige empfangsbedürftige Willenserklärung ist, tritt erst mit ihrem Zugang ein. Es gelten die → Rn. 122 ff. dargestellten Grundsätze. Auch für die

---
[28] LAG Nürnberg 21.6.1994 LAGE BBiG § 15 Nr. 8; BAG 25.11.1976 EzA BBiG § 15 Nr. 3 mit Anm. *Söllner*.
[29] LAG Köln 21.8.1987 LAGE BBiG § 15 Nr. 5; KR/*Weigand*, §§ 21–23 BBiG Rn. 94; LAG Baden-Württemberg 5.1.1990 LAGE BBiG § 15 Nr. 7.
[30] Vgl. auch BAG 10.2.1999 EzA BGB § 125 Nr. 13 und 14 = NZA 1999, 602.
[31] BAG 17.9.1987 EzA BBiG § 15 Nr. 6 = NZA 1988, 735; LAG Nürnberg 25.11.1975 EzB § 15 Abs. 2 Nr. 1 BBiG Nr. 38. Vgl. auch BAG 25.11.1976 AP BBiG § 15 Nr. 4 = EzA BBiG § 15 Nr. 3.
[32] Hierzu BAG 5.7.1990 EzA KSchG n. F. § 4 Nr. 39 = NZA 1991, 671; im Anschluss an BAG 13.4.1989 EzA KSchG n. F. § 13 Nr. 4 = NZA 1990, 395; bestätigt durch BAG 26.1.1999 EzA KSchG n. F. § 4 Nr. 58 = NZA 1999, 934.

Schriftform (§ 623 BGB) und den **Inhalt** der außerordentlichen Kündigung kann auf die → Rn. 61 ff. mitgeteilten allgemeinen Regeln verwiesen werden.

Kündigungsberechtigter ist der Arbeitgeber selbst oder die allgemein bzw. für den Einzelfall bevollmächtigte dritte Person. Durch Vereinbarung der Parteien kann aber das Recht, die außerordentliche Kündigung auszusprechen, allein auf die Person des Arbeitgebers beschränkt werden.[1] Zur **Vertretung bei der Kündigung** → Rn. 97 ff. 525

Die außerordentliche Kündigung wird in aller Regel in Form der **fristlosen Kündigung** ausgesprochen. Sie beendet das Arbeitsverhältnis mit sofortiger Wirkung. Daneben kennt die Praxis die sog. **außerordentliche befristete Kündigung (außerordentliche Kündigung mit Auslauffrist)**.[2] Der Kündigende, der bei Vorliegen eines wichtigen Grundes das Recht hat, das Arbeitsverhältnis fristlos zu lösen, kann die Beendigung auch zu einem späteren Zeitpunkt erklären. Die Gründe für die Gewährung der Auslauffrist sind ohne Bedeutung. Die Auslauffrist braucht der gesetzlichen, tariflichen oder vereinbarten Kündigungsfrist nicht zu entsprechen. Etwas anderes gilt bei der außerordentlichen Kündigung ordentlich unkündbarer Arbeitnehmer (→ Rn. 738 ff.). Der Kündigende muss bei dieser Form der Kündigung jedoch stets deutlich machen, dass eine außerordentliche Kündigung erklärt worden ist.[3] Ob eine außerordentliche Kündigung oder eine ordentliche Kündigung vorliegt, ist zunächst Tatfrage. Hat der Kündigende das Arbeitsverhältnis mit ordentlicher Frist gekündigt und ist diese Kündigung etwa wegen des Ausschlusses des ordentlichen Kündigungsrechts unwirksam, so kann in dieser Kündigung nicht ohne Weiteres eine außerordentliche Kündigung gesehen werden, selbst wenn der Kündigende einen wichtigen Grund hatte. Der Kündigende muss die außerordentliche Kündigung erklären, d.h., der Gekündigte muss **erkennen können,** dass ihm trotz Einhaltung einer Frist, ggf. der ordentlichen Kündigungsfrist, außerordentlich gekündigt wird.[4] Grundsätzlich ist der Arbeitgeber nicht verpflichtet – mit Ausnahme der Fälle ordentlich unkündbarer Arbeitnehmer (→ Rn. 768 ff.) –, eine Auslauffrist einzuhalten. Ebenso wenig ist aber der Arbeitnehmer verpflichtet, die Auslauffrist zu akzeptieren. Er kann sie auch ablehnen. Dann endet das Arbeitsverhältnis bei Vorlage eines wichtigen Grundes mit sofortiger Wirkung.[5] Fraglich ist, ob der Arbeitgeber **außerordentlich** unter Beachtung der ordentlichen Kündigungsfrist kündigen kann, wenn der Arbeitnehmer in dieser Zeit tatsächlich beschäftigt wird. Dies wird man in den Fällen der verhaltensbedingten Kündigung, die zur fristlosen Kündigung berechtigen, bezweifeln können, weil aus der Weiterbeschäftigung der Schluss gezogen werden kann, dass die Fortsetzung des Arbeitsverhältnisses nicht unzumutbar geworden ist.[6] Handelt es sich um einen befristet abgeschlossenen Vertrag ohne die Möglichkeit der ordentlichen Kündigung, so ist dies ggf. anders zu beurteilen, weil es auf die Zumutbarkeit der Weiterbeschäftigung bis zum Ende der vereinbarten Befristung ankommt. Ist aus Gründen der Alterssicherung 526

---

[1] BAG 9.10.1975 AP BGB § 626 Ausschlussfrist Nr. 8 = EzA BGB n. F. § 626 Nr. 43.
[2] Ausführlich *Bröhl*, Die außerordentliche Kündigung mit notwendiger Auslauffrist, 2005.
[3] BAG 16.7.1959 AP BGB § 626 Nr. 31; LAG Köln 29.4.1994 LAGE BGB § 620 Kündigungserklärung Nr. 2.
[4] Vgl. LAG Düsseldorf 30.10.1973 EzA BGB n. F. § 626 Nr. 32 = DB 1973, 2456; BAG 9.12.1954 AP GewO § 123 Nr. 1; BAG 16.11.1979 AP BGB § 154 Nr. 1 = EzA BGB § 154 Nr. 1; LAG Frankfurt 16.6.1983 BB 1984, 786; KR/*Fischermeier*, § 626 BGB Rn. 30.
[5] Vgl. KR/*Fischermeier*, § 626 BGB Rn. 29; ArbG Freiburg 22.10.1985 NZA 1986, 295; ArbG Siegen 8.4.1986 NZA 1986, 683; zum Ganzen *Pieper*, NZA 1986, 277 ff.
[6] Zutreffend KR/*Fischermeier*, § 626 BGB Rn. 29. Zur Frage der Beendigung des Annahmeverzuges, wenn der Arbeitgeber sich bereit erklärt, den Arbeitnehmer bis zur erstinstanzlichen Entscheidung weiterzubeschäftigen, vgl. BAG 21.5.1981 EzA BGB § 615 Nr. 40 = NJW 1982, 121.

die **ordentliche Kündigung** einzel- oder tarifvertraglich **ausgeschlossen** und besteht keine Weiterbeschäftigungsmöglichkeit im Betrieb oder Unternehmen, hat das BAG in Ausnahmefällen eine außerordentliche Kündigungsmöglichkeit anerkannt, bei der die **gesetzliche oder tarifvertragliche Kündigungsfrist** einzuhalten ist, die gelten würde, wenn die ordentliche Kündigungsfrist nicht ausgeschlossen wäre (näher → Rn. 767 ff.).[7] Der besonders geschützte Arbeitnehmer darf nicht schlechtergestellt werden, als er ohne besonderen Kündigungsschutz stünde.

527 Die in der Praxis häufig ausgesprochene rückwirkende fristlose Kündigung auf den Zeitpunkt des Kündigungsgrundes, zB der unerlaubten Handlung, erreicht die gewünschte Wirkung nicht. Sie ist jedoch nicht unwirksam, sondern wird nach allgemeinen Grundsätzen mit ihrem Zugang wirksam, wenn ein wichtiger Grund vorliegt.[8]

II. Die außerordentliche Änderungskündigung

528 Die ordentliche Kündigung ist bei langjährig beschäftigten älteren Arbeitnehmern verbreitet aufgrund tarifrechtlicher Bestimmungen ausgeschlossen. Aber auch gesetzlich kann die ordentliche Kündigung ausgeschlossen sein (zum Kündigungsschutz im Rahmen der Betriebsverfassung Rn. 1665 ff.). Damit scheidet grundsätzlich auch die Änderungskündigung aus, die üblicherweise unter Einhaltung der ordentlichen Kündigungsfrist ausgesprochen wird. Will der Arbeitgeber dennoch eine Änderung des Arbeitsvertrages herbeiführen und ist darüber eine Vereinbarung nicht zu erzielen, so kann dies nur über die außerordentliche Änderungskündigung erreicht werden. Sie setzt voraus, dass die Änderung der Arbeitsbedingungen **unabweisbar notwendig** ist und die neuen Arbeitsbedingungen für den Arbeitnehmer **zumutbar** sind.[9] Mit der zunehmenden Zahl der sog. unkündbaren Arbeitnehmer dürfte die Bedeutung des Rechtsinstituts der außerordentlichen Änderungskündigung steigen.[10] Freilich müssen die Anforderungen an eine außerordentliche Änderungskündigung **höher sein als an eine ordentliche Änderungskündigung**,[11] obwohl sich die Maßstäbe auch hier bei tariflich ordentlich unkündbaren Arbeitnehmern der ordentlichen Kündigung angleichen.[12] Maßstab für die Prüfung der Frage, ob die außerordentliche Änderungskündigung berechtigt ist oder nicht, ist das Angebot des Arbeitgebers, das Arbeitsverhältnis unter den neuen angebotenen Bedingungen fortzusetzen. Eine Interessenabwägung ist erforderlich. Eine außerordentliche betriebsbedingte Änderungskündigung ist unwirksam, wenn sie unverhältnismäßig und damit unzumutbar ist.[13] Vor der Änderungskün-

---

[7] BAG 7.6.1984 EzA KO § 22 Nr. 4 = NZA 1985, 121; 28.3.1985 EzA BGB n.F. § 626 Nr. 96 mit Anm. *Buchner* = NZA 1985, 559; 6.3.1986 EzA KSchG n.F. § 15 Nr. 34 = NZA 1987, 102; *Schwerdtner*, FS Kissel, 1994, 1077, 1091.
[8] Vgl. KR/*Fischermeier*, § 626 BGB Rn. 24.
[9] BAG 28.10.2010 NZA-RR 2011, 155; BAG 28.5.2009 NZA 2009, 954 Rn. 21; BAG 7.6.1973 AP BGB § 626 Änderungskündigung Nr. 1 = EzA BGB n.F. § 626 Nr. 29 = NJW 1973, 1212; 25.3.1976 AP BGB § 626 Ausschlussfrist Nr. 10 = EzA BGB § 626 Änderungskündigung Nr. 1; 6.3.1986 EzA KSchG § 15 Nr. 34 = NZA 1987, 102; KR/*Fischermeier*, § 626 BGB Rn. 201 f.
[10] Ausführlich *Löwisch*, NZA 1988, 633, 640 ff.
[11] BAG 28.10.2010 NZA-RR 2011, 155; BAG 28.5.2009 NZA 2009, 954 Rn. 23; BAG 2.3. 2006 EzA KSchG § 2 Nr. 58 = NZA 2006, 985.
[12] BAG 27.11.2008 NZA 2009, 481.
[13] BAG 26.6.2008 AP BAT § 55 Nr. 8 = BB 2009, 108 (hier: Änderung der Tätigkeit eines Küsters/Hausmeisters verbunden mit der Auflage des Bezugs einer 8 km entfernten Dienstwohnung); BAG 2.3.2006 EzA KSchG § 2 Nr. 58 = NZA 2006, 985 und BAG 26.3.2009 AP KSchG 1969 § 9 Nr. 57 = NZA 2009, 679 Rn. 61 (zur Möglichkeit, bei Betriebsverlegung den Arbeitnehmer in einem „Home-Office" weiterzubeschäftigen).

§ 22 Die außerordentliche Kündigung

digung eines ordentlich unkündbaren Arbeitnehmers muss der Arbeitgeber prüfen, ob der unkündbare Arbeitnehmer durch Versetzung auf einen freien und gleichwertigen Arbeitsplatz weiterbeschäftigt werden kann. Dabei muss er auch absehbare Überbrückungszeiträume in Kauf nehmen und Reorganisationsmöglichkeiten einbeziehen (Umsetzungen, Änderung der Arbeitsverteilung). Der Arbeitnehmer kann aber nicht die Freikündigung eines anderen Arbeitsplatzes verlangen.[14]

Die außerordentliche Änderungskündigung ist nicht nur dann wirksam, wenn auch eine Beendigungskündigung gerechtfertigt wäre.[15] Der Prüfungsmaßstab ist im Einzelnen umstritten.[16] Zu berücksichtigen ist, dass die Änderungskündigung ein milderer Eingriff gegenüber der Beendigungskündigung ist. Die Besonderheit der Änderungskündigung liegt darin, dass die Unzumutbarkeit der Weiterbeschäftigung zu bisherigen Bedingungen nicht ohne Prüfung der Zumutbarkeit der angebotenen Änderungen beurteilt werden kann. Wenn die Änderungen gerade das Ziel haben, sonst zulässige Beendigungskündigungen zu vermeiden, ist die Änderungskündigung berechtigt. Dies setzt freilich die logisch vorrangige Frage voraus, ob bei Hinwegdenken der Änderung die Beendigungskündigung gerechtfertigt wäre. Dieser Prüfungsansatz verhindert, dass über das Mittel der außerordentlichen Änderungskündigung die strengen Voraussetzungen der außerordentlichen Beendigungskündigung umgangen werden. **529**

Bei **Umstrukturierungen,** die zu Änderungskündigungen führen, etwa auch für den Fall, dass ein Arbeitnehmer dem Übergang seines Arbeitsverhältnisses gemäß § 613a Abs. 6 BGB widersprochen hat, gelten bei tariflicher Unkündbarkeit im Rahmen des „Ultima-Ratio-Prinzips" verschärfte Anforderungen, weil anderenfalls der vereinbarte Ausschluss der ordentlichen Kündbarkeit wirkungslos bliebe. Der besonderen Bindung muss der Arbeitgeber insbesondere bei Prüfung der Frage, welche Vertragsänderungen er dem Arbeitnehmer mit dem Änderungsangebot zumutet, gerecht werden. Deshalb kann – nach neuerer und strengerer Rechtsprechung des BAG – nicht jede mit dem Festhalten am Vertragsinhalt verbundene Last einen wichtigen Grund zur außerordentlichen Änderungskündigung bilden. Das BAG meint, das geänderte unternehmerische Konzept müsse die vorgeschlagenen Änderungen gleichsam „erzwingen". Die Änderungen müssten „unabweisbar notwendig und dem Arbeitnehmer zumutbar" sein.[17] Stehen mehrere Möglichkeiten der Änderung der Arbeitsbedingungen zur Verfügung, so fordert der Verhältnismäßigkeitsgrundsatz, dass der Arbeitgeber dem Arbeitnehmer diejenige auch ihm zumutbare Änderung anbietet, die den Gekündigten am wenigsten belastet.[18] Insoweit wird dem Arbeitgeber auch eine erhöhte Darlegungslast auferlegt. Schon aus dem Vortrag des Arbeitgebers muss erkennbar sein, dass er alles Zumutbare unternommen hat, die durch die unternehmerische Entscheidung notwendig gewordenen Anpassungen auf das unbedingt erforderliche Maß zu beschränken.[19] So kann dem Arbeitgeber ggf. die Einrichtung eines Heimarbeitsplatzes zumutbar sein (etwa bei einer Betriebsverlagerung).[20] **530**

---

[14] BAG 18.5.2006 EzA KSchG § 2 Nr. 60 = NZA-RR 2007, 272.
[15] BAG 6.3.1986 EzA KSchG § 15 Nr. 34 = NZA 1987, 102; *Moll,* DB 1984, 1346.
[16] Ausführlich KR/*Fischermeier,* § 626 BGB Rn. 199 ff.; *Löwisch,* NZA 1988, 640.
[17] BAG 27.11.2008 NZA 2009, 481; BAG 1.3.2007 EzA BGB 2002 § 626 Unkündbarkeit Nr. 13 = NZA 2007, 1445; BAG 2.3.2006 EzA KSchG § 2 Nr. 58 = NZA 2006, 985; BAG 18.5.2006 EzA KSchG § 2 Nr. 60 = NZA-RR 2007, 272.
[18] BAG 17.3.2005 EzA § 15 n. F. Nr. 59 = NZA 2005, 949.
[19] BAG 2.3.2006 EzA KSchG § 2 Nr. 58 = NZA 2006, 985; BAG 18.5.2006 EzA KSchG § 2 Nr. 60 = NZA-RR 2007, 272.
[20] BAG 2.3.2006 EzA KSchG § 2 Nr. 58 = NZA 2006, 985.

531 Da schon für ordentliche Änderungskündigungen zur Entgeltsenkung hohe Anforderungen bestehen (→ Rn. 1310), müssen für die außerordentliche betriebsbedingte Änderungskündigung mit Auslauffrist zum Zwecke der Entgeltreduzierung noch **erheblich schärfere Anforderungen** erfüllt sein. In der Praxis ist sie nur berechtigt bei **ordentlich unkündbaren Arbeitnehmern** und in Fällen, in denen die Verweigerung der Anpassung **absehbar zur Insolvenz** des Arbeitgebers führt. Die Änderung der Arbeitsbedingungen muss mit anderen Worten für den Arbeitgeber unabweisbar notwendig sein. In existenzbedrohenden Situationen kann der Arbeitgeber je nach den Umständen auch von seinen ordentlich unkündbaren Arbeitnehmern einen Sanierungsbeitrag verlangen und im Wege der außerordentlichen Änderungskündigung durchsetzen. Der Arbeitgeber muss allerdings insoweit darlegen, dass die Sanierung mit den Eingriffen in die Arbeitsverträge steht und fällt und alle gegenüber der beabsichtigten Änderungskündigung milderen Mittel ausgeschöpft sind.[21] Die krankheitsbedingte Leistungsminderung eines ordentlich unkündbaren Arbeitnehmers ist zwar generell dazu geeignet, einen wichtigen Grund iSv § 626 Abs. 1 BGB darzustellen. Es muss jedoch – mehr als bei einer ordentlichen Kündigung – ein gravierendes Missverhältnis zwischen Leistung und Gegenleistung bestehen. Der Umstand, dass der Arbeitnehmer krankheitsbedingt nicht vollschichtig seine Aufgaben erfüllen kann, stellt keinen wichtigen Grund für seine Herabgruppierung dar.[22]

532 Der **Prüfungsmaßstab** ist **nicht davon abhängig, wie sich der Arbeitnehmer auf das Änderungsangebot einlässt.** Lehnt er es – vorbehaltlos – ab, ist aus den vorstehenden Gründen nicht der für eine Beendigungskündigung geltende Maßstab zugrunde zu legen.[23] Die – möglicherweise – unberechtigte Ausschlagung des Änderungsangebots geht zu seinen Lasten. Dem Gekündigten geschieht hierdurch nichts Unbilliges, weil er das Änderungsangebot nur unter dem Vorbehalt der sozialen Rechtfertigung anzunehmen braucht.

533 § 2 KSchG ist auf die außerordentliche Änderungskündigung entsprechend anwendbar.[24] Dies hat zur Folge, dass der Arbeitnehmer die Annahme des Änderungsangebots unter Vorbehalt unverzüglich, d.h. ohne schuldhaftes Zögern, erklären muss. Bis zum Abschluss des Kündigungsschutzverfahrens besteht auch bei der außerordentlichen Änderungskündigung kein Anspruch auf Beschäftigung zu den bisherigen Bedingungen, wenn der Arbeitnehmer die Kündigung unter Vorbehalt angenommen hat.[25] In der widerspruchslosen und vorbehaltlosen Weiterarbeit kann dann eine Annahme des Änderungsangebots gesehen werden, wenn sich die neuen Arbeitsbedingungen alsbald auf das Arbeitsverhältnis auswirken.[26] Diesen Rechtssatz hat das BAG in einer Folgeentscheidung freilich erheblich relativiert, weil es dem Arbeitnehmer eine Überlegungsfrist zubilligen will, innerhalb derer er sich Rechtsrat einholen könne.[27] Entscheidend ist auf die allgemeinen Grundsätze zum Begriff der Unverzüglichkeit nach § 121 Abs. 1 S. 2 BGB abzustellen. Auch bei der außerordent-

---

[21] BAG 1.3.2007 EzA BGB 2002 § 626 Unkündbarkeit Nr. 13 = NZA 2007, 1445; zu § 15 KSchG: BAG 20.1.2000 EzA KSchG n. F. § 15 Nr. 49 = NZA 2000, 592.
[22] BAG 20.3.2014 DB 2014, 2233, 2234 f.
[23] So aber gegen BAG: *Löwisch/Knigge* und *Lieb*, Anm. BAG AP BGB § 626 Änderungskündigung Nr. 1; *Schwerdtner*, Festschrift BAG, 1979, S. 555, 566 ff.
[24] BAG 19.6.1986 EzA KSchG § 2 Nr. 7 = NZA 1987, 94; siehe bereits BAG 17.5.1984 EzA BGB n. F. § 626 Nr. 90 = NZA 1985, 62; ablehnend LSW/*Löwisch/Wertheimer*, § 2 KSchG Rn. 132.
[25] LAG Nürnberg 13.3.2001 NZA-RR 2001, 366.
[26] BAG 19.6.1986 EzA KSchG § 2 Nr. 7 = NZA 1987, 94.
[27] BAG 27.3.1987 EzA KSchG § 2 Nr. 10 mit abl. Anm. *Peterek* = NZA 1988, 737.

§ 22 Die außerordentliche Kündigung

lichen Änderungskündigung ist die Ausschlussfrist des § 626 Abs. 2 BGB zu beachten.[28]

§ 1 Abs. 5 KSchG findet auf außerordentliche betriebsbedingte Änderungskündigungen **keine** Anwendung.[29] Zwar hat das BAG entschieden, dass diese Vorschrift grundsätzlich auch auf ordentliche Änderungskündigungen Anwendung findet (→ Rn. 1329). Der Grund für die Nichtanwendung ist, dass § 1 Abs. 5 KSchG auf außerordentliche Kündigungen – seien es Beendigungs-, seien es Änderungskündigungen – generell keine Anwendung findet.[30]

534

III. Beteiligungsrechte des Betriebsrates

Der Betriebsrat ist nach § 102 Abs. 1 BetrVG vor jeder Kündigung zu hören. Die ohne Anhörung des Betriebsrats ausgesprochene Kündigung ist unwirksam. § 102 Abs. 1 BetrVG erstreckt sich auch auf die außerordentliche Kündigung (Einzelheiten zur Anhörung des Betriebsrates → Rn. 277 ff. und zur Beteiligung des Personalrates → Rn. 397 ff.).

535

IV. Anhörung des Arbeitnehmers

Die Anhörung des Arbeitnehmers vor Ausspruch der außerordentlichen Kündigung ist keine Wirksamkeitsvoraussetzung der Kündigung. Unterlässt der Arbeitgeber die an sich gebotene Anhörung, so könnte nur der Fall eintreten, dass der Arbeitnehmer im Rechtsstreit ihn entlastende Umstände vorträgt, die dann bei der umfassenden Interessenabwägung zu einer Verneinung der Voraussetzung des wichtigen Grundes führen. Dafür entscheidend ist allein der objektive Sachverhalt, den das Gericht feststellt. Muss danach der wichtige Grund bejaht werden, so beendet die außerordentliche Kündigung das Arbeitsverhältnis auch dann, wenn der Arbeitnehmer vorher nicht angehört worden ist.[31]

536

In **Sonderfällen** kann allerdings die Nichtanhörung des Arbeitnehmers zur Unwirksamkeit der Kündigung nach § 242 BGB führen. So darf der Arbeitgeber nicht auf der Basis von Gerüchten, die unsubstantiierte Verdächtigungen mit weitreichender Bedeutung für das berufliche Fortkommen des Arbeitnehmers zum Inhalt haben, Kündigungen aussprechen, ohne dem Arbeitnehmer vor Ausspruch der Kündigung Gelegenheit zur Stellungnahme gegeben zu haben.[32] Der Arbeitgeber ist aber nicht verpflichtet, den Arbeitnehmer mit den ihn belastenden Zeugen gegenüberzustellen.[33] Für den Fall der **Verdachtskündigung** hat das BAG mit Urteil vom 11.4.1985 die **Anhörung zur Zulässigkeitsvoraussetzung** für die Kündigung erhoben.[34] Zur Verdachtskündigung im Einzelnen → Rn. 703 ff.

537

---

[28] BAG 25.3.1976 AP BGB § 626 Ausschlussfrist Nr. 10 = EzA BGB § 626 Änderungskündigung Nr. 1.
[29] BAG 28.5.2009 NZA 2009, 954.
[30] HaKo/*Gallner/Mestwerdt*, § 1 Rn. 728; APS/*Kiel*, § 1 KSchG Rn. 806; ErfK/*Oetker*, § 1 KSchG Rn. 363.
[31] BAG 23.3.1972 AP BGB § 626 Nr. 63 = EzA BGB n.F. § 626 Nr. 11; BAG 10.12.1977 AP BetrVG 1972 § 103 Nr. 9 = EzA BetrVG 1972 § 103 Nr. 18.
[32] BAG 2.11.1983 AP BetrVG 1972 § 102 Nr. 29 = EzA BetrVG 1972 § 102 Nr. 53.
[33] BAG 18.9.1997 EzA BGB n.F. § 626 Nr. 169 = NZA 1998, 95.
[34] BAG 11.4.1985 EzA BetrVG 1972 § 102 Nr. 62 = NZA 1986, 674; BAG 30.4.1987 EzA § 626 BGB Verdacht strafbarer Handlung Nr. 3 = NZA 1987, 699; kritisch *Preis*, DB 1988, 1449.

V. Zur Begründung der außerordentlichen Kündigung

538 Nach § 626 Abs. 2 S. 3 BGB hat der Kündigende auf Verlangen dem anderen Teil den Kündigungsgrund unverzüglich schriftlich mitzuteilen.

1. Begründungspflicht als Wirksamkeitsvoraussetzung?

539 Der Wortlaut des § 626 Abs. 2 S. 3 BGB lässt mit hinreichender Deutlichkeit den Schluss zu, dass die Pflicht zur Begründung der Kündigung „auf Verlangen" des Gekündigten keine Wirksamkeitsvoraussetzung der Kündigung ist. Damit steht auch die Entstehungsgeschichte des Gesetzes in Einklang.[35] Wirksamkeitsvoraussetzung ist die Begründung der Kündigung nur nach § 22 Abs. 3 BBiG.

540 Die Nichterfüllung der Pflicht, dem Gekündigten auf sein Verlangen die Kündigungsgründe mitzuteilen, kann für den Kündigenden Schadensersatzpflichten auslösen (auch → Rn. 91 f.). Der Schaden kann in den Kosten eines Prozesses liegen, wenn der Gekündigte die Gründe erst im Prozess erfährt und danach die Klage zurücknimmt.[36]

2. Nachschieben von Kündigungsgründen

541 Vielfach wird die Zulässigkeit des Nachschiebens von Kündigungsgründen im Prozess (bereits → Rn. 95 f.) über die Wirksamkeit der Kündigung eingeschränkt, vor allem im Hinblick auf § 626 Abs. 2 BGB.[37]

a) Grundsätze

542 Maßgebend für die Frage, ob die außerordentliche Kündigung wegen eines wichtigen Grundes gerechtfertigt ist, ist allein der objektiv vorliegende Sachverhalt. Die Kenntnis des Kündigenden ist dafür ebenso ohne Bedeutung wie die Frage, welcher von mehreren vorliegenden Gründen die Kündigung veranlasst hat. Der Begriff des wichtigen Grundes enthält insoweit keine subjektiven Elemente.[38] Auch ist nicht notwendig, dass die nachgeschobenen Gründe mit den ursprünglichen Kündigungsgründen in einem zeitlichen und sachlichen Zusammenhang stehen.[39] Man muss zudem beachten, dass das Versagen des Nachschiebens von Kündigungsgründen, die dem

---

[35] Vgl. BT-Drucks. 5/4376, S. 3. Das entspricht einhelliger Auffassung in Literatur und Rechtsprechung; vgl. BAG 17.8.1972 AP BGB § 626 Nr. 65 = EzA BGB n. F. § 626 Nr. 22; KR/*Fischermeier*, § 626 BGB Rn. 35.

[36] Vgl. *Schwerdtner*, BlStSozArbR 1981, 147; BAG 21.3.1959 AP KSchG § 1 Nr. 55 = DB 1959, 892.

[37] Vgl. KR/*Fischermeier*, § 626 BGB Rn. 187 ff.; *Schwerdtner*, BlStSozArb 1981, 145 ff.; BAG 17.8.1972 AP BGB § 626 Nr. 65 = EzA BGB n. F. § 626 Nr. 22 = NJW 1973, 553; BAG 18.1.1980 AP BGB § 626 Nachschieben von Kündigungsgründen Nr. 1 = EzA BGB n. F. § 626 Nr. 71; BAG 4.6.1997 EzA BGB n. F. § 626 Nr. 167 = NZA 1997, 1158; BAG 10.4.1975 AP BGB § 626 Ausschlussfrist Nr. 7 = EzA BGB n. F. § 626 Nr. 37 mit abl. Anm. *Herschel*.

[38] Abweichend *Knütel*, NJW 1970, 122; wie hier BAG 18.1.1980 EzA BGB n. F. § 626 Nr. 71 = NJW 1980, 1350; KR/*Fischermeier*, § 626 BGB Rn. 181.

[39] So *Neumann*, Arbeitsrecht der Gegenwart, Bd. 7 (1969), S. 40; *Birk*, Anm. AP BGB § 626 Nr. 65; dagegen zutreffend BAG 17.8.1972 AP BGB § 626 Nr. 65 = EzA BGB n. F. § 626 Nr. 22 = NJW 1973, 553; BAG 18.1.1980 AP BGB § 626 Nachschieben von Kündigungsgründen Nr. 1 = EzA BGB n. F. § 626 Nr. 71; BAG 11.4.1985 EzA BetrVG 1972 § 102 Nr. 62 = NZA 1986, 674.

Kündigenden bei Ausübung des Gestaltungsrechts unbekannt waren, denjenigen Vertragsteil bevorzugt, der es verstanden hat, einen wichtigen Kündigungsgrund vor seinem Vertragspartner geheim zu halten.[40] Kündigungsgründe, die dem Kündigenden bei Ausspruch der Kündigung noch nicht bekannt waren, können jedenfalls dann uneingeschränkt nachgeschoben werden, wenn sie bereits vor Ausspruch der Kündigung entstanden sind.[41] Das Nachschieben von Kündigungsgründen kann aber auch nicht in den Fällen ausgeschlossen werden, in denen dem Kündigenden der Kündigungsgrund bereits bei Ausübung des Gestaltungsrechts bekannt war, er aber die Kündigung überhaupt nicht begründet oder aber mit einem anderen Grund. Hält der Kündigende ihn bereits allein für tragfähig und sieht deshalb zunächst von der Mitteilung weiterer Kündigungsgründe ab, so können ihm dadurch keine Nachteile erwachsen, weil allein die objektive Sachlage entscheidet und die Kündigung ohne Konsequenzen für ihre Wirksamkeit nicht begründet zu werden braucht, selbst wenn der Gekündigte dies verlangt. Das Verhalten kann unter Umständen nur eine Verpflichtung zum Schadensersatz begründen.

Voraussetzung des Nachschiebens von Kündigungsgründen ist jedoch stets, dass diese Gründe **vor der Ausübung** des Gestaltungsrechtes entstanden sind. Gründe, die erst nachher entstanden sind, können grundsätzlich nur zur Begründung einer neuen Kündigung herangezogen werden. Davon hat die Rechtsprechung Ausnahmen dann zugelassen, wenn die späteren Gründe nicht völlig neu, sondern Umstände sind, die die früheren Vorgänge weiter aufhellen und mit ihnen in engem Zusammenhang stehen.[42] **543**

Ein Nachschieben von Kündigungsgründen setzt allerdings voraus, dass der Betriebsrat zumindest nachträglich nach § 102 Abs. 1 BetrVG zu diesen Gründen angehört worden ist, → Rn. 352 ff. In der Praxis scheitert hieran oftmals das materiellrechtlich zulässige Nachschieben von Kündigungsgründen.[43] **544**

b) Nachschieben verwirkter Kündigungsgründe

Die Zulässigkeit des Nachschiebens von Kündigungsgründen, die dem Kündigenden im Zeitpunkt der Ausübung des Gestaltungsrechts länger als zwei Wochen bekannt waren und die mit den **innerhalb** der Ausschlussfrist bekannt gewordenen Kündigungsgründen **nicht** in einem so engen sachlichen Zusammenhang stehen, dass die neuen Vorgänge ein weiteres und letztes Glied in der Kette der Ereignisse bilden, die zum Anlass der Kündigung genommen worden sind, wird in Rechtsprechung und Schrifttum überwiegend verneint.[44] Begründet wird dies mit dem Hinweis, anderenfalls würde im Ergebnis die Bestimmung des § 626 Abs. 2 BGB unterlaufen. Sachlich ist dies nicht zwingend. Die Ausschlussfrist des § 626 Abs. 2 BGB bezieht sich nicht auf den einzelnen Kündigungsgrund, sondern auf die Ausübung des Gestaltungs- **545**

---

[40] Darauf weist zutreffend der BGH in seinem Urteil vom 18.12.1975 DB 1976, 386 hin und hebt ausdrücklich hervor, der Kündigende könne sich auf alle Gründe berufen, die im Zeitpunkt der Kündigung gegeben sind ohne Rücksicht darauf, ob sie dem Kündigenden bekannt waren oder nicht. Vgl. ferner BGH 5.12.1979 DB 1980, 968.
[41] BAG 6.9.2007 EzA BGB 2002 § 626 Nr. 18 = NZA 2008, 636; BAG 4.6.1997 EzA BGB n.F. § 626 Nr. 167 = NZA 1997, 1158.
[42] BAG 28.10.1971 AP BGB § 626 Nr. 62 = EzA BGB n.F. § 626 Nr. 9.
[43] Zur Unwirksamkeit einer nachgeschobenen Verdachtskündigung BAG 3.4.1986 EzA BetrVG 1972 § 102 mit Anm. *Rüthers/Bakker* = NZA 1986, 677; siehe ferner *Schwerdtner*, NZA 1987, 361 ff.
[44] BAG 10.4.1975 AP BGB § 626 Ausschlussfrist Nr. 7 = EzA BGB n.F. § 626 Nr. 37 mit abl. Anm. *Herschel*; BAG 16.6.1976 AP ArbGG 1953 § 72 Streitwertrevision Nr. 27 = EzA BGB n.F. § 626 Nr. 47; KR/*Fischermeier*, § 626 BGB Rn. 187.

rechts.⁴⁵ Neu bekannt gewordene Kündigungsgründe brauchen deshalb auch nicht innerhalb der Ausschlussfrist nachgeschoben zu werden.⁴⁶ Diese Position hat das BAG bestätigt. Ist die Kündigung als solche rechtzeitig erklärt, schließt § 626 Abs. 2 S. 1 BGB ein Nachschieben nachträglich bekannt gewordener Gründe nicht aus.⁴⁷ Offen ist lediglich noch die Frage, ob ein Auswechseln der Kündigungsgründe im Prozess in dem Sinne, dass die Kündigung einen völlig anderen Charakter erhält (zB von einer verhaltensbedingten zu einer krankheits- oder betriebsbedingten Kündigung), möglich ist. Hier ist wegen dieser Unsicherheit der Praxis zu raten, eine weitere (neue) Kündigung auszusprechen.

VI. Der wichtige Grund

546 Ein wichtiger Grund, der Arbeitgeber und Arbeitnehmer zur außerordentlichen Kündigung berechtigt, ist gegeben, wenn Tatsachen vorliegen, aufgrund derer dem Kündigenden **unter Berücksichtigung aller Umstände des Einzelfalles** und unter Abwägung der Interessen beider Vertragsteile die Fortsetzung des Arbeitsverhältnisses zum Ablauf der Kündigungsfrist oder bis zur vereinbarten Beendigung des Arbeitsverhältnisses nicht zugemutet werden kann (§ 626 Abs. 1 BGB). Der Gesetzgeber hat mit dieser Definition des wichtigen Grundes im Ersten Arbeitsrechtsbereinigungsgesetz vom 14.8.1969 (BGBl. I S. 1106) die in der Rechtsprechung entwickelten Grundsätze übernommen. Im Rahmen der Schuldrechtsmodernisierung hat der Gesetzgeber im Jahre 2002 in § 314 Abs. 1 BGB eine äquivalente Vorschrift für alle Dauerschuldverhältnisse übernommen. Die Zumutbarkeitsprüfung verlangt eine Abwägung aller Umstände des Einzelfalles. Dabei ist hervorzuheben – das wird in der Praxis nicht selten verkannt –, dass es nicht entscheidend auf eine Weiterbeschäftigung auf Dauer ankommt, sondern diese zu prüfen ist im Hinblick auf die Länge der im Arbeitsverhältnis geltenden Kündigungsfrist. Bei kurzen Kündigungsfristen wird die Weiterbeschäftigung eher zuzumuten sein als bei langen Kündigungsfristen. Die Einhaltung der ordentlichen Beendigungsmöglichkeit kann umso eher unzumutbar werden, je länger die reguläre Vertragsbindung dauert.⁴⁸ Dies kann bei sogenannten unkündbaren Arbeitsverhältnissen zu der paradoxen Situation führen, dass die fristlose Kündigung gerade dann eher zugelassen werden müsste, wenn die Parteien durch die Vereinbarung langer Kündigungsfristen oder der ordentlichen Unkündbarkeit sich besonders eng binden wollen (Einzelheiten → Rn. 556 f.).

1. Grundsätze der Bestimmung des wichtigen Grundes

547 § 626 Abs. 1 BGB regelt in Form einer regulativen **Generalklausel** den wichtigen Grund für eine außerordentliche Kündigung. Im Gegensatz zu § 1 KSchG ist hier das Erfordernis einer umfassenden richterlichen **Interessenabwägung** ausdrücklich ange-

---

⁴⁵ Vgl. hierzu vor allem *Herschel*, Anm. zu BAG EzA BGB n. F. § 626 Nr. 37, der die als Zusammenhangstheorie bezeichnete Auffassung des BAG ablehnt. Ebenso Staudinger/*Preis*, § 626 BGB Rn. 69.
⁴⁶ Ebenso BAG 4.6.1997 NZA 1997, 1158 = EzA BGB n. F. § 626 Nr. 167 mit zust. Anm. *Bährle*.
⁴⁷ BAG 23.5.2013 NZA 2013, 1416.
⁴⁸ BAG 15.12.1955 AP BGB § 626 Nr. 6; BAG 13.4.2000 EzA BGB n. F. § 626 Nr. 180 = NZA 2001, 277; Staudinger/*Preis*, § 626 BGB Rn. 60.

ordnet. Der Begriff der Unzumutbarkeit in § 626 Abs. 1 BGB kennzeichnet nicht mehr als das Ergebnis der Abwägung. Der Norm selbst fehlt jeder begriffliche Kern. Die erforderliche umfassende Interessenabwägung verhindert eine vorhersehbare Rechtsprechung. Die rechtstechnische Ausgestaltung des § 626 Abs. 1 BGB verbietet die Anerkennung sogenannter absoluter Kündigungsgründe. Seit dem Ersten Arbeitsrechtsbereinigungsgesetz existieren solche absoluten Kündigungsgründe nur noch in § 64 SeemG, bei denen es weder auf eine Interessenabwägung noch auf die Zumutbarkeit der Weiterbeschäftigung ankommt.[49]

Der Hinweis auf typische Fallgruppen des wichtigen Grundes ist nur bedingt geeignet, der Praxis Anhaltspunkte für das Vorliegen eines wichtigen Grundes zu geben. Zu bedenken ist stets der **Ausnahmecharakter des § 626 Abs. 1 BGB,** der ein **Sonderfall des Wegfalls der Geschäftsgrundlage** ist.[50] Die Norm ist eng auszulegen, weil mit ihr eine Durchbrechung des Grundsatzes der Vertragstreue einhergeht. Das Ordnungsprinzip der Vertragstreue darf nur ausnahmsweise dann durchbrochen werden, wenn eine derart starke Beeinträchtigung der Vertragsinteressen des Kündigenden vorliegt, dass dessen Interessen die Interessen des Kündigungsgegners, die für eine Fortsetzung bzw. reguläre Beendigung des Vertrages sprechen, deutlich überwiegen. Als Orientierungspunkt für die Praxis erscheint insbesondere die Beachtung des Stufenverhältnisses zur ordentlichen Kündigung hilfreich.[51] Zunächst ist zu beachten, dass bei § 626 Abs. 1 BGB dem Arbeitgeber die Fortsetzung des Arbeitsverhältnisses ab sofort unzumutbar sein muss, wohingegen sich bei § 1 KSchG diese Prüfung an dem Zeitpunkt nach Ablauf der Kündigungsfrist orientiert. Irreführend wäre es, eine soziale Rechtfertigung lediglich für die Kündigung nach § 1 KSchG, nicht aber für die außerordentliche Kündigung nach § 626 BGB zu fordern. Vielmehr folgt aus dem **Stufenverhältnis zur ordentlichen Kündigung** folgender einfacher Rechtssatz: Eine außerordentliche Kündigung ist jedenfalls dann unwirksam, wenn sie schon an den Rechtsschranken scheitern müsste, die für eine ordentliche Kündigung gelten. Die zu § 1 KSchG entwickelten Rechtsschranken (→ Rn. 880 ff.) müssen mithin bei der Konkretisierung des § 626 Abs. 1 BGB mitgedacht werden. 548

Spricht der Arbeitgeber aus Gründen, die eine außerordentliche Kündigung rechtfertigen könnten, vor Ablauf der Ausschlussfrist des § 626 Abs. 2 BGB eine ordentliche Kündigung aus, verzichtet er dadurch in schlüssiger Weise auf das außerordentliche Kündigungsrecht.[52] 549

a) Objektiver oder subjektiver Tatbestand des wichtigen Grundes; Beurteilungszeitpunkt

Ob ein wichtiger Grund vorliegt, haben die Gerichte nach einem objektiven Maßstab zu beurteilen. Wenn das Gesetz die Abwägung der Interessen beider Vertragsteile verlangt, so schließt das zwar nicht aus, dass auch subjektive Umstände aus den Verhältnissen der Beteiligten berücksichtigt werden können. Die Schutzwürdigkeit dieser Umstände unterliegt jedoch einer objektiven rechtlichen Beurteilung. Das Motiv des Kündigenden für das Vorliegen eines wichtigen Grundes ist grundsätzlich unerheb- 550

---

[49] Hierzu BAG 30.11.1978 AP SeemG § 64 Nr. 1 = NJW 1980, 255.
[50] *Herschel,* Festschrift G. Müller, 1981, S. 199; *Preis* Prinzipien, S. 476; Erman/Belling, § 626 BGB Rn. 1.
[51] Hierzu *Preis* Prinzipien, S. 480; *ders.,* DB 1990, 689.
[52] LAG Baden-Württemberg 2.3.1988 LAGE BGB § 626 Nr. 37; hier gilt insoweit das Gleiche wie im Verhältnis der Abmahnung zur ordentlichen Kündigung, → Rn. 7.

lich.[53] Weil der Kündigungsgrund ein **objektiver** ist, ist das Nachschieben von Kündigungsgründen zulässig und können solche Umstände mit berücksichtigt werden, die dem Kündigenden im Zeitpunkt der Ausübung des Gestaltungsrechts noch gar nicht bekannt waren, sofern sie nur vorgelegen haben. Entscheidend ist die Frage, ob die Unzumutbarkeit bei objektiver Beurteilung in Wahrheit gegeben ist und schon im Zeitpunkt der Kündigung gegeben war.[54] Dass sie auch den Ausspruch der Kündigung veranlasst haben, ist nicht erforderlich.[55]

551 Die Zumutbarkeitsprüfung ist bezogen auf den **Zeitpunkt des Zugangs der Kündigungserklärung** vorzunehmen. Umstände, die erst später entstanden sind, können die bereits erklärte Kündigung nicht im Nachhinein rechtfertigen, sondern lediglich als Grundlage für eine weitere Kündigung dienen.[56] Mit diesem Grundsatz wird es für vereinbar gehalten, dass nachträgliche Gründe ausnahmsweise frühere Vorgänge aufhellen und dem Kündigungsgrund ein größeres Gewicht verleihen.[57] Freilich besteht hier die Gefahr, dass das Prinzip der Ex-Ante-Beurteilung ungerechtfertigt durchbrochen wird. Offen ist die Frage, ob der für die Wirksamkeit der Kündigung maßgebliche Beurteilungszeitpunkt (= Zugang der Kündigung) es zulässt, späteres **Prozessverhalten** in die Interessenabwägung einzubeziehen und als mitentscheidend anzusehen.[58] Die im Einzelfall schwierig zu ziehende Grenze liegt hier zwischen (zulässiger) Erhellung des Sachverhalts und (unzulässiger) Berücksichtigung des Prozessverhaltens, das ggf. im Rahmen des § 9 Abs. 1 KSchG Berücksichtigung finden kann. Zum **Prognoseprinzip** allgemein Rn. 891 f.

b) Systematisierung der Kündigungsgründe

552 Das BAG prüft in Anlehnung an den revisionsrechtlichen Prüfungsmaßstab § 626 Abs. 1 BGB zweistufig. Zunächst wird gefragt, ob ein bestimmter Sachverhalt ohne die besonderen Umstände des Einzelfalles **an sich geeignet** ist, einen Kündigungsgrund zu bilden. Erst nach Bejahung dieser Frage soll eine **umfassende Interessenabwägung** das Einzelfallurteil fällen.[59] Materiell-rechtlich führt diese Ansicht jedoch nicht weiter.[60] Zum Teil orientiert sich das BAG an aufgehobenen Kündigungsnormen.[61] Dieser Ansatz ist jedoch verfehlt.[62] Zur Vereinheitlichung der Beurteilung des wichtigen Grundes hat das BAG zudem eine Systematisierung der Kündigungsgründe versucht, bei der nach Störungen im Leistungsbereich, im Bereich der betrieblichen Verbundenheit aller Mitarbeiter, im persönlichen Vertrauensbereich und im Unter-

---

[53] BAG 2.6.1960 AP BGB § 626 Nr. 42 = NJW 1960, 2023; *Herschel*, Festschrift G. Müller, 1981, S. 191; APS/*Dörner/Vossen*, § 626 BGB Rn. 22.
[54] BAG 30.1.1963 EzA BGB n. F. § 626 Nr. 4 = DB 1963, 555.
[55] KR/*Fischermeier*, § 626 BGB Rn. 105 mwN.
[56] BAG 3.5.1956 AP BGB § 626 Nr. 9 = NJW 1956, 1047; KR/*Fischermeier*, § 626 BGB Rn. 176.
[57] BAG 15.12.1955 AP HGB § 67 Nr. 1 = NJW 1956, 807; BAG 28.10.1971 EzA BGB n. F. § 626 Nr. 9 = DB 1972, 489; KR/*Fischermeier*, § 626 BGB Rn. 177.
[58] Hierzu die Zulassung der Revision in BAG 28.7.2009 NZA 2009, 859; dazu *Walker*, NZA 2009, 921.
[59] BAG 17.5.1984 EzA BGB n. F. § 626 Nr. 90 = NZA 1985, 91; BAG 2.3.1989 EzA BGB n. F. § 626 Nr. 118 = NZA 1989, 755; BAG 27.4.2006 EzA BGB 2002 § 626 Nr. 17 = NZA 2006, 1033; KR/*Fischermeier*, § 626 BGB Rn. 83 ff. im Anschluss an *König*, RdA 1969, 8 ff.; kritisch *Preis*, Prinzipien, S. 478 ff.
[60] Hierzu *Preis* Prinzipien, S. 478 f.; MüKoBGB/*Henssler*, § 626 Rn. 76.
[61] BAG 15.11.1984 EzA BGB n. F. § 626 Nr. 95 = NZA 1985, 661; BAG 17.3.1988 EzA BGB n. F. § 626 Nr. 116 = NZA 1989, 261.
[62] *Preis* Prinzipien, S. 479; Erman/*Belling*, § 626 BGB Rn. 37; Staudinger/*Preis*, § 626 Rn. 75 ff.; a. A. APS/*Dörner/Vossen*, § 626 BGB Rn. 57.

nehmensbereich unterschieden wird.⁶³ Diese Typisierung erfasst sicher alle Kündigungssachverhalte, leistet aber nur bedingt eine normative Konkretisierung. Erfolgversprechender erscheint es, eine **Dreiteilung der Kündigungsgründe** nach dem Vorbild des § 1 KSchG vorzunehmen (hierzu im Einzelnen → Rn. 565 ff.).⁶⁴ Auch bei der außerordentlichen Kündigung ist zwischen **verhaltens-, personen- und betriebsbedingten** Gründen zu unterscheiden. Verhaltensbedingte Kündigungsgründe stehen dabei ganz im Vordergrund des Interesses.⁶⁵

c) Grundsatz der Verhältnismäßigkeit

Die außerordentliche Kündigung ist nur zulässig, wenn sie die **unausweichlich letzte Maßnahme (ultima ratio)** für den Kündigungsberechtigten ist.⁶⁶ Dieser Grundsatz gilt bereits für die ordentliche Kündigung nach § 1 KSchG (→ Rn. 420 ff.). Nach dem Grundsatz der Erforderlichkeit ist also zu fragen, ob der mit der außerordentlichen Kündigung verfolgte Zweck nicht auch mit dem milderen Mittel der ordentlichen Kündigung erreicht werden könnte. Dieser Grundsatz ist in § 626 Abs. 1 BGB bereits enthalten. Zweckmäßigerweise orientiert man sich für die Prüfung der jeweils in Betracht kommenden milderen Mittel an den dort entwickelten Grundsätzen. Das einzige, für die außerordentliche Kündigung **spezifisch mildere Mittel** ist die **ordentliche Kündigung**.⁶⁷ Alle sonstigen nach den jeweiligen Umständen möglichen und zumutbaren Mittel (zB Abmahnung, Versetzung, Änderungskündigung) müssen bereits für die Rechtfertigung der ordentlichen Kündigung geprüft werden. Zur Vermeidung von Wiederholungen wird auf die dort wiedergegebenen Grundsätze verwiesen. 553

Zu beachten ist, dass es um eine Fortsetzung bis zum Ablauf der Kündigungsfrist geht bzw. bis zum Ablauf der vereinbarten Vertragszeit. Jedes mildere Mittel muss **objektiv möglich und geeignet** sein. Im Falle der Versetzung muss ein anderer **Arbeitsplatz frei** sein. Allgemein ist zu beachten, dass ein Mittel ungeeignet ist, wenn mit ihm das Kündigungsinteresse nicht befriedigt wird. Sofern allerdings das Kündigungsinteresse durch Umgestaltung des Arbeitsverhältnisses entfällt, wäre diese Möglichkeit vor Ausspruch einer Kündigung zu ergreifen.⁶⁸ Eingeschlossen ist also eine eventuelle **Fortsetzung zu schlechteren Arbeitsbedingungen,** die der Arbeitgeber, soweit eine entsprechende Beschäftigungsmöglichkeit besteht, anzubieten hat.⁶⁹ 554

d) Interessenabwägung

Aufgrund der stets erforderlichen Interessenabwägung muss sich die sofortige Unzumutbarkeit der Fortsetzung des Arbeitsverhältnisses ergeben. Die vorrangig zu beachtenden Schranken können durch die Interessenabwägung nicht verdrängt werden. Die Interessenabwägung ist normativ auf **arbeitsvertraglich relevante Umstände** zu 555

---

⁶³ Ausführlich KR/*Fischermeier*, § 626 BGB Rn. 166 ff.; BAG 6.2.1969 EzA BGB § 626 Nr. 11; BAG 3.12.1970 EzA BGB n. F. § 626 Nr. 7; 26.5.1977 EzA § 611 Beschäftigungspflicht Nr. 2.
⁶⁴ Zustimmend APS/*Dörner/Vossen*, § 626 BGB Rn. 61 f.; MüKoBGB/*Henssler*, § 626 Rn. 128.
⁶⁵ *Preis,* DB 1988, 1447.
⁶⁶ BAG 30.5.1978 AP BGB § 626 Nr. 70 mit Anm. *G. Hueck* = EzA BGB n. F. § 626 Nr. 66 mit Anm. *Käppler* = NJW 1979, 332.
⁶⁷ Ausführlich *Preis,* S. 482 ff.; *ders.,* DB 1990, 689; Staudinger/*Preis,* § 626 Rn. 86 ff.
⁶⁸ Vgl. BAG 30.5.1978 NJW 1979, 332; zum Entzug einer Fahrerlaubnis eines Kraftfahrers, der als Betonmixer weiterbeschäftigt werden konnte; vgl. ferner LAG Rheinland-Pfalz 11.8.1989 LAGE BGB § 626 Nr. 43.
⁶⁹ BAG 27.9.1984 EzA KSchG § 2 Nr. 5 = NZA 1985, 455.

konkretisieren. Dieser Begrenzung der Kriterien der Güter- und Interessenabwägung[70] ist das **BAG** nie gefolgt. Es blieb bei der Formel der **„umfassenden Interessenabwägung"**, im Rahmen derer festzustellen sei, ob „das Beendigungsinteresse des Arbeitgebers im Verhältnis zu dem Bestandsschutzinteresse des Arbeitnehmers überwiegt".[71] Die bei der Interessenabwägung zu berücksichtigenden Umstände ließen sich nicht abschließend für alle Fälle festlegen.[72] Zuzustimmen ist der Rechtsprechung darin, dass der **Dauer des Arbeitsverhältnisses** und dessen beanstandungsfreiem Bestand ein besonderes Gewicht zukommt. Dies ist auch dann der Fall, wenn eine Kündigung auf ein Vermögensdelikt zulasten des Arbeitgebers gestützt wird.[73] Darüber hinaus sind insbesondere das **Gewicht und die Auswirkungen einer Vertragspflichtverletzung,** eine mögliche Wiederholungsgefahr sowie der Grad des Verschuldens des Arbeitnehmers zu berücksichtigen.[74] Auch die **Motivation** oder die besondere Verwerflichkeit des Arbeitnehmerhandelns ist zu berücksichtigen. Schlüsselfrage ist, ob auch das **Lebensalter, Unterhaltspflichten oder der Familienstand** berücksichtigt werden können. Nach hier vertretener Auffassung lassen diese Kriterien in aller Regel den Bezug zum eigentlichen Kündigungsgrund vermissen. Doch meint das BAG, auch Unterhaltspflichten und der Familienstand könnten – je nach Lage des Falles – Bedeutung gewinnen. Sie seien jedenfalls nicht von vornherein von der Berücksichtigung ausgeschlossen, wenn sie auch im Einzelfall in den Hintergrund treten und im Extremfall sogar völlig vernachlässigt werden können.[75] Die hier vertretene gegenteilige Auffassung, der zufolge bestimmte Umstände stets von der Berücksichtigung ausgeschlossen sein sollen,[76] korrespondiere nicht ausreichend mit der gesetzlichen Vorgabe, nach der „alle" Umstände des Einzelfalles Bedeutung haben können. Das BAG hat bei der verhaltensbedingten außerordentlichen Kündigung die Berücksichtigung der Kriterien Lebensalter und Betriebszugehörigkeit gegen Angriffe, diese Kriterien stellten eine unzulässige Altersdiskriminierung dar, verteidigt.[77] Zu beachten sind stets die Art, die Schwere und die Folgen der dem Gekündigten vorgeworfenen Handlungen, auch die Entschuldbarkeit eines Rechtsirrtums.[78] **Vertragsbezogene, betriebsbezogene und personenbezogene Interessen sowie verfassungsrechtliche Wertentscheidungen sind stets im Rahmen der Abwägung zu berücksichtigen.**[79] Nach Auffassung der Rechtsprechung müssen Pflichtverstöße des Arbeitnehmers zur Rechtfertigung der fristlosen Kündigung in der Regel konkrete betriebliche oder wirtschaftliche Auswirkungen zeitigen.[80]

---

[70] Hierzu grundlegend *Preis*, Prinzipien, S. 244 ff., 452 ff., 478 ff.
[71] Zuletzt BAG 27.4.2006 EzA BGB 2002 § 626 Nr. 17 = NZA 2006, 1033; BAG 26.3.2009 AP BGB § 626 Nr. 220.
[72] So auch KR/*Fischermeier*, § 626 BGB Rn. 236 ff.
[73] BAG 13.12.1984 EzA BGB n. F. § 626 Nr. 94 = NZA 1985, 288; LAG Frankfurt 5.7.1988 DB 1988, 2468 = LAGE KSchG § 1 Nr. 20 Verhaltensbedingte Kündigung; LAG Düsseldorf 15.12.1997 LAGE BGB § 626 Nr. 116; ablehnend *Tschöpe*, NZA 1985, 588 ff.
[74] BAG 10.11.2005 EzA BGB 2002 § 626 Nr. 11 = NZA 2006, 491.
[75] BAG 27.9.2012 NZA 2013, 425 Rn. 38; BAG 9.6.2011 NZA 2011, 1342; BAG 16.12.2004 AP BGB § 626 Nr. 191 = EzA BGB 2002 § 626 Nr. 7; BAG 27.2.1997 AP KSchG § 1 Verhaltensbedingte Kündigung Nr. 51 = NZA 1997, 761; BAG 2.3.1989 EzA BGB n.F. § 626 Nr. 118 = NZA 1989, 755; zust. MüKoBGB/*Henssler*, § 626 Rn. 83.
[76] Vgl. wie hier APS/*Dörner/Vossen*, § 626 BGB Rn. 111 f.
[77] BAG 7.7.2011 NZA 2011, 1412 mit zust. Anm. *Kamanabrou*, AP BGB § 626 Nr. 237.
[78] BAG 14.2.1978 EzA Art. 9 GG Arbeitskampf Nr. 22 = NJW 1979, 233.
[79] Ausführlich *Preis*, Prinzipien, S. 224 ff.; Erman/*Belling*, § 626 BGB Rn. 37 ff.
[80] Vgl. BAG 17.3.1988 EzA BGB n. F. § 626 Nr. 116 = AP § 626 BGB Nr. 99; LAG Hamm 15.7.1988 LAGE BGB § 626 Nr. 41.

e) Bedeutung langer Kündigungsfristen und der sogenannten Unkündbarkeit

Es ist oben (→ Rn. 547 ff.) bereits angedeutet worden, dass die Bindung der Zumutbarkeit der Fortsetzung des Arbeitsverhältnisses an die Kündigungsfrist bzw. die Dauer des Arbeitsverhältnisses zu dem Ergebnis führt, dass die außerordentliche Kündigung schwer durchzusetzen ist, wenn die Kündigungsfrist sehr kurz, aber die Unzumutbarkeit der Fortsetzung eher zu bejahen ist, wenn die Kündigungsfrist sehr lange oder eine ordentliche Kündigung ganz ausgeschlossen worden ist. Freilich lässt sich der Grundsatz, wonach die verlangte Dringlichkeit des wichtigen Grundes im umgekehrten Verhältnis zur Bindung des Kündigenden steht,[81] nicht immer durchhalten. Dies gilt insbesondere im Falle der Kündigung altersgesicherter und unkündbarer Arbeitnehmer, die aufgrund tariflicher Vorschriften nach längerer Betriebszugehörigkeit und höherem Lebensalter nur noch aus wichtigen Gründen gekündigt werden dürfen. Hier ist die Rechtslage unsicher. Das BAG hatte es abgelehnt, wie im Falle des Sonderkündigungsschutzes nach § 15 KSchG (→ Rn. 1731 ff.) bei der Beurteilung des wichtigen Grundes fiktiv auf die Frist für die ordentliche Kündigung abzustellen, sondern berücksichtigt die tatsächliche längere Vertragsbindung.[82] Die durch Ausschluss der ordentlichen Kündigung bedingte langfristige Vertragsbindung will das BAG „im Rahmen der einzelfallbezogenen Interessenabwägung entweder zugunsten oder zuungunsten des Arbeitnehmers berücksichtigen" (näher → Rn. 743 f.).[83]

556

Zu den Ausnahmen, in denen ein Arbeitnehmer bei einer außerordentlichen Kündigung einen Anspruch auf Einhaltung der gesetzlichen oder tariflichen Kündigungsfrist hat, → Rn. 526. Eine befristete außerordentliche Kündigung aus einem **minder wichtigen** Grund ist abzulehnen.[84] Das BAG hat jüngst ausgeführt, dass das Überschreiten der Schwelle zum wichtigen Grund und damit die Rechtfertigung einer außerordentlichen – fristlosen – Kündigung unabhängig davon zu beurteilen ist, ob die ordentliche Kündigung ausgeschlossen ist oder nicht. Es sei zweifelhaft, ob es mit dem Zweck der ordentlichen Unkündbarkeit zu vereinbaren sei, bei weniger schweren Pflichtverletzungen eine außerordentliche Kündigung mit Auslauffrist zu ermöglichen, die der ausgeschlossenen ordentlichen Kündigung letztlich gleichkommt.[85] Das BAG ist in seinen Zweifeln zu unterstützen, denn es hat in der Tat Fälle in der Rechtsprechung des BAG gegeben, in denen im Ergebnis die Anforderungen an den wichtigen Grund herabgesetzt wurden, um eine außerordentliche Kündigung eines ordentlich unkündbaren Arbeitnehmers mit sozialer Auslauffrist zu ermöglichen.

557

2. Die Abmahnung

Verhaltensbedingte Kündigungen bedürfen im Allgemeinen einer vorherigen vergeblichen Abmahnung. Dies gilt bereits für die ordentliche Kündigung und damit erst

558

---

[81] *Herschel*, Anm. zu BAG AP TVAL II § 44 Nr. 1; siehe auch BAG 15.12.1955 AP BGB § 626 Nr. 6; 8.10.1957 AP BGB § 626 Nr. 16.
[82] BAG 14.11.1984 EzA BGB n. F. § 626 Nr. 93 = NZA 1985, 426; BAG 13.4.2000 EzA BGB n. F. § 626 Nr. 180 = NZA 2001, 277; a. A. LAG Berlin 3.10.1983 EzA BGB n. F. § 626 Nr. 84 = DB 1984, 671; jetzt offenbar auch BAG 13.6.2002 EzA KSchG n. F. § 15 Nr. 55 = NZA 2003, 44.
[83] BAG 14.11.1984 EzA BGB n. F. § 626 Nr. 93 = NZA 1985, 426; ähnlich KR/*Fischermeier*, § 626 BGB Rn. 299.
[84] BAG 7.3.2002 EzA BGB n. F. § 626 Nr. 196 = NZA 2002, 963; BAG 4.6.1964 AP GewO § 133b Nr. 3 = NJW 1964, 1739; *Schwerdtner*, FS Kissel, 1994, S. 1077, 1080 ff.; *Conze*, ZTR 1987, 99, 100; MüKoBGB/*Henssler*, § 626 Rn. 120; KR/*Fischermeier*, § 626 BGB Rn. 306; *Preis* Prinzipien, S. 484; a. A. *Hueck/Nipperdey*, I, S. 594.
[85] BAG 21.6.2012 NZA 2013, 224.

recht für das schärfere Mittel der außerordentlichen Kündigung (vgl. zum Erfordernis der Abmahnung Rn. 1201 ff.). Allerdings bildet eine Vielzahl berechtigter Abmahnungen noch keine Gewähr, dass letztlich auch eine außerordentliche Kündigung gerechtfertigt ist.[86] Freilich kann bei außerordentlichen Kündigungen, die nur bei schwerwiegenden Pflichtverletzungen ausgesprochen zu werden pflegen, die Abmahnung wegen Zwecklosigkeit entbehrlich sein, → Rn. 1216.

3. Die Beweislast

559 Der Kündigende, gleichgültig ob Arbeitgeber oder Arbeitnehmer, hat **alle** tatsächlichen Voraussetzungen des wichtigen Grundes darzulegen und ggf. zu beweisen. Das gilt auch für alle Umstände, aus denen im Rahmen der Interessenabwägung die Unzumutbarkeit der Weiterbeschäftigung abgeleitet wird.[87]

560 Für die Praxis besonders wichtig ist, dass auch bei einem regelmäßig vertragswidrigen Verhalten – etwa beharrliche Arbeitsverweigerung oder Konkurrenztätigkeit – es nicht so ist, dass der Arbeitnehmer die Beweislast für die Rechtfertigungsgründe und Entschuldigungsgründe trägt. Dies hat das BAG in mehreren Entscheidungen verdeutlicht.[88] Danach gilt, dass ebenso wie bei der ordentlichen Kündigung (hier ausdrücklich geregelt in § 1 Abs. 2 S. 4 KSchG) auch bei der außerordentlichen Kündigung nach § 626 BGB **den Kündigenden die Darlegungs- und Beweislast für diejenigen Tatsachen trifft, die einen vom Gekündigten behaupteten Rechtfertigungsgrund ausschließen.** Die Entscheidung zur Beweislast ist damit eine andere als im Deliktsrecht. Während dort die Tatbestandsmäßigkeit der Handlung die Rechtswidrigkeit indiziert, ist das bei der Vertragsverletzung völlig anders. Lässt sich das Verhalten nach dem Vertrag rechtfertigen, so liegt kein Vertragsverstoß vor. Der Arbeitgeber hat also nicht nur zu beweisen, dass der Arbeitnehmer der Arbeit ferngeblieben ist, sondern er hat auch zu beweisen, dass dies unbefugt geschehen ist. Dafür spricht weder eine Vermutung noch ist der Beweis durch den sogenannten Prima-facie-Beweis erleichtert. Hat der Arbeitgeber jedoch substantiiert ein unentschuldigtes Fehlen dargelegt, muss der Arbeitnehmer seinerseits nach § 138 Abs. 2 ZPO substantiiert im Einzelnen vortragen, warum sein Fehlen als entschuldigt anzusehen ist. Nur diese vom Arbeitnehmer behaupteten Tatsachen hat der Arbeitgeber zu widerlegen.[89]

561 Der Arbeitgeber hat im Streitfall zunächst zu beweisen, dass der Arbeitnehmer der Arbeit ferngeblieben oder zu spät gekommen ist oder den Urlaub überschritten bzw. den Urlaub vorzeitig angetreten hat. Außerdem hat er zu beweisen, dass die Arbeitsverweigerung eine beharrliche gewesen ist. Der Arbeitgeber muss also zB die Abmahnung beweisen oder die Umstände, die ohne eine Abmahnung auf Beharrlichkeit schließen lassen.

562 Streng genommen müsste nun der Arbeitgeber weiter darlegen und ggf. beweisen, dass die Arbeitsverweigerung unbefugt erfolgt ist, denn nur dann liegt ein Vertragsverstoß überhaupt vor. Es wäre aber verfehlt, nun dem Arbeitgeber aufzuerlegen, alle denkbaren Rechtfertigungsgründe im Einzelfall auszuschließen. Eine Überforderung

---

[86] Vgl. nur BAG 17.3.1988 EzA BGB n. F. § 626 Nr. 116 = NZA 1989, 261.
[87] BAG 17.8.1972 EzA BGB n. F. § 626 Nr. 16 = AP BGB § 626 Ausschlussfrist Nr. 4; 30.5.1978 AP BGB § 626 Nr. 70 = NJW 1979, 322.
[88] BAG 12.8.1976 EzA KSchG § 1 Nr. 33 = NJW 1977, 167; BAG 24.11.1983 AP BGB § 626 Nr. 76 = EzA BGB n. F. § 626 Nr. 88; BAG 6.8.1987 AP BGB § 626 Nr. 97 = EzA BGB n. F. § 626 Nr. 109; 21.5.1992 EzA KSchG § 1 Verhaltensbedingte Kündigung Nr. 43 = NZA 1993, 115.
[89] BAG 26.8.1993 AP BGB § 626 Nr. 112 = NZA 1994, 63.

der mit der Darlegungs- und Beweislast belasteten Partei vermeidet das BAG dadurch, dass es die konkrete Beweisführungslast danach ausrichtet, wie substantiiert der gekündigte Arbeitnehmer auf die vorgetragenen Kündigungsgründe reagiert.[90] Der Arbeitnehmer muss also substantiiert den Vortrag des Arbeitgebers bestreiten. Die notwendigen tatsächlichen Umstände liegen in seiner Sphäre, und er muss sie in den Prozess einführen. Der Arbeitnehmer muss also vortragen, er sei krank gewesen oder die Anordnung der Überstunden sei gesetz- bzw. vertragswidrig gewesen. Dann obliegt es dem Arbeitgeber darzulegen und ggf. zu beweisen, dass der vom Arbeitnehmer vorgetragene Rechtfertigungsgrund nicht bestanden hat, also zB die Anordnung der Überstunden noch im Rahmen des Direktionsrechts gelegen hat.

Will der Arbeitnehmer für sich in Anspruch nehmen, dass in seiner Person ein Rechtsirrtum vorgelegen hat, so muss er die Einzelumstände hierzu beweisen. Es handelt sich um Tatbestände, die in seinem Bereich liegen. Der Arbeitnehmer muss also zB beweisen, dass er sich bei kompetenter Stelle vor der Arbeitsniederlegung erkundigt hat, auf deren Sachkundigkeit er vertrauen konnte.[91] **563**

Zur Beweislast in dem Fall, in dem vom Arbeitnehmer behauptet wird, der Arbeitgeber habe die verbotene Konkurrenztätigkeit gestattet, vgl. BAG 6.8.1987.[92] **564**

VII. Systematische Darstellung der Kündigungsgründe des Arbeitgebers

1. Verhaltensbedingte Gründe

Als verhaltensbedingte Kündigungsgründe[93] kommen nur Vertragsverletzungen des Arbeitnehmers in Betracht, die im Allgemeinen **schuldhaft** (Vorsatz oder Fahrlässigkeit) sein müssen. Nicht schuldhaftes Verhalten rechtfertigt in der Regel die verhaltensbedingte Kündigung nicht.[94] Die ordentliche und die außerordentliche verhaltensbedingte Kündigung unterscheiden sich nur nach dem Gewicht des Kündigungsgrundes. Bei einem außerordentlichen Grund muss die Interessenbeeinträchtigung so intensiv sein, dass die sofortige Beendigung gerechtfertigt erscheint. Bei entsprechend gewichtigen Kündigungsgründen bedarf es dann in der Regel auch keiner vorherigen Abmahnung. Die gemeinsame Behandlung von ordentlichen und außerordentlichen Kündigungsgründen bietet sich auch deshalb an, weil nach dem Ultima-Ratio-Prinzip eine außerordentliche Kündigung schon dann scheitern muss, wenn der Arbeitgeber nicht die materiellen (Mindest-)Voraussetzungen für eine ordentliche Kündigung gewahrt hat. Es ist also auch bei der außerordentlichen Kündigung stets zu prüfen, ob **565**

– eine **Vertragsverletzung** vorliegt (→ Rn. 567 ff., 1197 ff.),
– (mindestens) eine vorherige **Abmahnung** erfolgt oder diese ausnahmsweise entbehrlich ist (→ Rn. 1201 ff.),

---

[90] BAG 24.11.1983 AP BGB § 626 Nr. 76; BAG 12.8.1976 KSchG 1969 AP § 1 Nr. 3 = EzA KSchG § 1 Nr. 33.
[91] Hierzu BAG 14.2.1978 EzA GG Art. 9 Arbeitskampf Nr. 22.
[92] AP BGB § 626 Nr. 97 = EzA BGB n.F. § 626 Nr. 109 unter Aufgabe von BAG 16.6.1976 AP BGB § 611 Treuepflicht Nr. 8.
[93] Hierzu auch im Überblick *Berkowsky*, NZA-RR 2001, 1 ff., 57 ff.
[94] BAG 21.11.1996 EzA KSchG § 1 Verhaltensbedingte Kündigung Nr. 50 = NZA 1997, 487; BAG 21.5.1992 EzA KSchG § 1 Verhaltensbedingte Kündigung Nr. 42 = NZA 1992, 1028; BAG 16.3.1961 AP KSchG § 1 Verhaltensbedingte Kündigung Nr. 2 = NJW 1961, 1421; HHL/*Krause*, § 1 KSchG Rn. 495; KR/*Griebeling*, § 1 KSchG Rn. 400; ErfK/*Oetker*, § 1 KSchG Rn. 188 ff.; HK-KSchG/*Dorndorf*, § 1 Rn. 526 ff.; abweichend *Berkowsky* II, § 18 Rn. 27.

- sonstige **mildere Mittel** gegenüber der Kündigung zur Verfügung stehen (→ Rn. 1210 ff.),
- eine **Negativprognose** begründet ist (→ Rn. 1209 ff.) und
- nach **Abwägung** des Gewichts des Kündigungsgrundes eine ordentliche (→ Rn. 1171 ff.) oder gar eine außerordentliche Kündigung (→ Rn. 555) gerechtfertigt ist.

566 Bei der verhaltensbedingten Kündigung spielt die **Qualität der Vertragspflichtverletzung** eine große Rolle.[95] Ein Kündigungsgrund kann im Grundsatz die Verletzung jeder vertraglichen Pflicht sein, die vom Arbeitnehmer zu erfüllen ist. Zu unterscheiden sind hier vorvertragliche Pflichten (→ Rn. 567), Hauptpflichten und Nebenpflichten. Besonders differenziert sind dabei die Nebenpflichten zu betrachten. So kann es Nebenpflichten geben, deren Verletzung viel stärker wiegt, als die (nicht schwere) Hauptpflichtverletzung des Arbeitnehmers. Andererseits ist bei der Frage der Nebenpflichten einer Überforderung des Arbeitnehmers entgegenzuwirken. Es sind die dem Austauschverhältnis immanenten Grenzen zu beachten.[96] Schließlich muss eine vertraglich vereinbarte **Nebenpflicht einer Inhaltskontrolle** (§§ 138, 305 ff. BGB) standhalten.[97] Wenn eine vertragliche Nebenpflicht insoweit nicht anerkannt werden kann, ist auch eine Kündigung ungerechtfertigt. Im Einzelfall ist zu prüfen, welche Auswirkungen ein bestehendes **Beteiligungsrecht des Betriebsrats** auf die verhaltensbedingte Kündigung hat. Die Verletzung der Mitbestimmungsrechte des § 87 BetrVG (zB nach Nr. 3 vorübergehende Verkürzung oder Verlängerung der Arbeitszeit) berechtigt den Arbeitnehmer zur Verweigerung der mitbestimmungswidrig angeordneten Arbeitsleistung. Bei der Verletzung der Beteiligungsrechte bei personellen Einzelmaßnahmen ist zwischen der individualrechtlichen und kollektivrechtlichen Ebene zu unterscheiden. Nur bei § 102 BetrVG schlägt die Verletzung des Beteiligungsrechts kraft gesetzlicher Anordnung durch. Ist die Zuweisung einer Arbeit vertragsrechtlich durch das Direktionsrecht gedeckt, muss der Arbeitnehmer die Arbeit leisten, selbst wenn eine objektive Verletzung des § 99 BetrVG vorliegt. Der Arbeitnehmer kann sich auf das betriebsverfassungsrechtliche Beschäftigungsverbot nur berufen, wenn der Betriebsrat selbst die Aufhebung der Maßnahme nach § 101 BetrVG betreibt.[98]

a) Verletzung vorvertraglicher Pflichten

567 Die Verletzung vorvertraglicher Pflichten ist geeignet, eine ordentliche oder außerordentliche Kündigung zu rechtfertigen. Hauptfälle sind die **Falschbeantwortung zulässiger Fragen** bei der Einstellung oder die **Verletzung von Offenbarungspflichten**.[99] Zwar wird der Arbeitgeber in diesen Fällen zumeist das Mittel der form-

---

[95] Zustimmend BAG 24.6.2004 EzA KSchG § 1 Verhaltensbedingte Kündigung Nr. 65 = NZA 2005, 158.

[96] In jüngerer Zeit ist allerdings eine Tendenz zur Ausweitung von Nebenpflichten zu beobachten: im öffentlichen Dienst unter Hinweis auf § 8 BAT: BAG 20.11.1997 EzA KSchG § 1 Verhaltensbedingte Kündigung Nr. 52 = NZA 1998, 323. Nach BAG 6.11.1997 EzA BGB n. F. § 626 Nr. 171 = NZA 1998, 326 ist eine Nebenpflicht zur Entbindung der behandelnden Ärzte von der Schweigepflicht und zur Stellung eines Rentenantrages bei Berufs- und Erwerbsunfähigkeit zu bejahen. Das ist zu weitgehend.

[97] Vgl. LAG Frankfurt 29.1.1987 LAGE KSchG § 1 Verhaltensbedingte Kündigung Nr. 11; vielfach legt die Rechtsprechung überschießende Vertragsklauseln restriktiv aus, vgl. zu Nebentätigkeitsverboten BAG 3.12.1970 und 26.8.1976 AP BGB § 626 Nr. 60 und 68 = EzA BGB n.F. § 626 Nr. 7 und 49; ausf. zur Inhaltskontrolle *Preis*, Vertragsgestaltung, S. 517 ff.

[98] BAG 5.4.2001 NZA 2001, 893.

[99] Überblick bei ErfK/*Preis*, § 611 BGB Rn. 266 f.

freien und nicht an die strengen Grundsätze des Kündigungsschutzrechts gebundenen Anfechtung wählen. Nicht ausgeschlossen ist aber, dass der Arbeitgeber ausdrücklich das Mittel der Kündigung wählt. Ein Anfechtungsgrund ist i.d.R. auch ein wichtiger Kündigungsgrund iSd § 626 BGB.[100] Die Falschbeantwortung einer zulässigen wesentlichen Frage bei der Einstellung kann das für den Bestand des Arbeitsverhältnisses unerlässliche Vertrauensverhältnis zwischen Arbeitgeber und Arbeitnehmer nachhaltig zerstören.[101] Freilich ist wie bei der Anfechtung zu prüfen, ob eine länger zurückliegende Pflichtverletzung im Kündigungszeitpunkt noch von Gewicht ist. Verschweigt der Arbeitnehmer bei der Einstellung eine **Vorstrafe,** zu deren Offenbarung er verpflichtet gewesen wäre, so kommt eine ordentliche Kündigung in Betracht.[102] Dies gilt aber dann nicht, wenn sich der Arbeitnehmer nach § 53 Abs. 1 Nr. 1 BZRG als unbestraft bezeichnen darf.[103] Hat der Bewerber eine Zusammenarbeit mit dem Ministerium für Staatssicherheit verschwiegen, kommt es für die Kündigungsmöglichkeit darauf an, wie lange die Tätigkeit zurückliegt und wie schwerwiegend diese war.[104]

Vor Beginn des Arbeitsverhältnisses liegende Ereignisse oder Umstände können eine **568** außerordentliche Kündigung rechtfertigen, sofern sie das Arbeitsverhältnis erheblich beeinträchtigen, und dem Kündigenden nicht schon bei Vertragsschluss bekannt waren.[105] Hier kann es insbesondere bei leitenden Mitarbeitern eine Offenbarungspflicht über wesentliche, das Vertragsverhältnis entscheidend berührende Umstände geben, die aus der Tätigkeit bei dem früheren Arbeitgeber herrühren (zB Mitwirkung an Bilanzfälschungen).[106]

b) Verletzung von Hauptpflichten

Die Nichtleistung, der Verzug oder die Schlechtleistungen stellen als Leistungsstö- **569** rungen eine Verletzung der Hauptpflicht des Arbeitnehmers dar. Nach Abmahnung kann auf sie auch durch Kündigung reagiert werden. Das Gewicht der Vertragspflichtverletzung ist je nach Fallkonstellation sehr unterschiedlich. So stellt sich etwa die (bloße) Unpünktlichkeit als wesentlich weniger gewichtig dar als der Arbeitszeitbetrug, obwohl in beiden Fällen die geschuldete Arbeitsleistung vorenthalten wird. Hauptstreitpunkt in der Praxis ist dabei oft die Frage, ob der Arbeitnehmer überhaupt zu der (angeordneten) Arbeitsleistung verpflichtet war (Bestimmung der vertraglichen Arbeitsleistung durch Vertrag und ggf. Direktionsrecht) und ob nicht (ausnahmsweise) ein Zurückbehaltungsrecht zu bejahen ist. Im Falle der Schlechtleistung konzentriert sich die Frage zumeist auf die Nachweisbarkeit eines Pflichtverstoßes.

---

[100] Zum Verhältnis Anfechtung/Kündigung ErfK/*Preis,* § 611 BGB Rn. 345 f.
[101] Vgl. nur BAG 13.9.1995 EzA Einigungsvertrag Art 20 Nr. 46 = NZA 1996, 202; BAG 13.6.1996 EzA KSchG § 1 Verhaltensbedingte Kündigung Nr. 48 = NZA 1997, 204; BAG 6.7.2000 EzA BGB § 123 Nr. 55 = NZA 2001, 317; BAG 13.6.2002 EzA KSchG § 1 Verhaltensbedingte Kündigung Nr. 57 = NZA 2003, 265.
[102] BAG 15.1.1970 EzA KSchG § 1 Nr. 16 = AP KSchG § 1 Verhaltensbedingte Kündigung Nr. 7.
[103] LAG Berlin 22.3.1996 NZA-RR 1997, 7.
[104] Vgl. BVerfG 8.7.1997 EzA EinigungsV Art. 20 Nr. 57 = NZA 1997, 992; BAG 4.12.1997 EzA KSchG § 1 Verhaltensbedingte Kündigung Nr. 53 = NZA 1998, 474; BAG 27.3.2003 AP Einigungsvertrag Anlage I Kap XIX Nr. 81.
[105] BAG 17.8.1972 EzA BGB n.F. § 626 Nr. 16.
[106] BAG 5.4.2001 EzA BGB n.F. § 626 Nr. 187 = NZA 2001, 954; hier Kenntnis über fehlerhaft testierten Jahresabschluss; zu Vertragsverstößen beim Vorarbeitgeber im Konzernverbund LAG Köln 28.3.2001 NZA-RR 2002, 85.

aa) Nichtleistung und Verzug

(1) Arbeitsverweigerung

570 Die Weigerung eines Arbeitnehmers, die vertraglich geschuldete Leistung zu erbringen, ist nach entsprechender Abmahnung geeignet, eine verhaltensbedingte Kündigung zu rechtfertigen.[107] Das gilt auch für den Fall der ernsthaften Androhung der Verweigerung der Arbeitsaufnahme an einem zugewiesenen Arbeitsplatz.[108] In schwerwiegenden Fällen beharrlicher Arbeitsverweigerung kann auch die fristlose Kündigung gerechtfertigt sein.

571 Hauptstreitpunkt in der Praxis ist dabei nicht der Tatbestand der Arbeitsversäumnis oder der Weigerung, eine bestimmte Arbeit zu übernehmen, sondern die Frage, ob die Nichtleistung nicht ausnahmsweise berechtigt war. Eine Kündigung wegen Arbeitsverweigerung setzt zunächst voraus, dass der Arbeitnehmer vertraglich zu der ihm zugewiesenen Tätigkeit verpflichtet war.[109] Ferner ist zu prüfen, ob der Arbeitsleistung nicht ausnahmsweise gesetzliche oder tarifvertragliche Bestimmungen entgegenstehen und ob der Arbeitnehmer nicht aus anderen Gründen die Arbeitsleistung verweigern durfte.

572 Insoweit spielt in der Praxis eine erhebliche Rolle, ob der Arbeitgeber sein **Direktionsrecht** zu Recht ausgeübt hat. Umfang und Grenzen des Direktionsrechts sind von der vertraglichen Vereinbarung und von dem jeweiligen Berufsbild abhängig.[110] Die Weigerung einer Kinderpflegerin, Tätigkeiten durchzuführen, weil diese ihrem persönlichen pädagogischen Konzept nicht entsprechen, rechtfertigt nach Abmahnung die Kündigung.[111] Allerdings ist die Weigerung eines Facharbeiters, eine Hilfsarbeitertätigkeit auszuüben, keine beharrliche Arbeitsverweigerung, weil der Arbeitnehmer zu dieser Arbeitsleistung nicht verpflichtet ist.[112] Der Arbeitgeber kann Mitarbeitern anordnen, einen **Dienstwagen selbst zu führen** und Kollegen mitzunehmen, wenn es sich um eine Tätigkeit handelt, die mit der (höherwertigen) Hauptleistung zusammenhängt.[113] Ist zB ein Autoschlosser verpflichtet, im Rahmen seiner Tätigkeit die von ihm reparierten Wagen auch zu fahren – Probefahrten, Auf- und Abstellen auf den Parkplätzen vor und nach der Reparatur –, so stellt die beharrliche Weigerung, Auto zu fahren, eine beharrliche Arbeitsverweigerung dar.[114] Die hartnäckige **Verweigerung einer angeordneten Dienstfahrt** kann, wenn keine nachvollziehbaren Gründe für die Weigerung erkennbar sind, die fristlose Kündigung rechtfertigen.[115] Der Arbeitgeber kann bei im Kundendienst tätigen Mitarbeitern (vorbehaltlich § 87 I Nr. 1

---

[107] BAG 24.5.1989 EzA BGB § 611 Direktionsrecht Nr. 3 = NZA 1990, 144 = AP BGB § 611 Gewissensfreiheit Nr. 1 mit Anm. *Wiedemann/Arnold;* 31.1.1985 EzA MuSchG § 8a Nr. 5 = NZA 1986, 138; BAG 21.11.1996 EzA KSchG § 1 Verhaltensbedingte Kündigung Nr. 50 = NZA 1997, 487; zum Erfordernis der Abmahnung LAG Hamm 25.9.1997 LAGE KSchG § 1 Verhaltensbedingte Kündigung Nr. 59.

[108] LAG Nürnberg 16.10.2007 LAGE BGB 2002 § 626 Nr. 14 = NZA-RR 2008, 68.

[109] Zum Direktionsrecht Rn. 19ff.; vgl. LAG Düsseldorf 2.4.2008 LAGE KSchG § 9 Nr. 40; zur Arbeitsverweigerung wegen Lohnrückstands BAG 25.10.1984 EzA BGB § 273 Nr. 3 = NZA 1985; LAG Berlin 15.11.1962 DB 1963, 1123.

[110] Einzelheiten bei ErfK/*Preis,* § 611 BGB Rn. 229, 648f.

[111] LAG Köln 3.2.2006 LAGE KSchG § 1 Verhaltensbedingte Kündigung Nr. 90b; zur eigenmächtigen Abweichung vom Speiseplan durch einen Koch („gedünstet" statt „gebraten"): LAG Hamm 16.11.2005 NZA-RR 2006, 128.

[112] LAG Düsseldorf 20.12.1957 BB 1958, 449.

[113] BAG 29.8.1991 EzA BGB § 611 Direktionsrecht Nr. 6 = NZA 1992, 67.

[114] Verfehlt daher ArbG Hamburg 30.10.1961 DB 1962, 511; zum insoweit bestehenden Direktionsrecht BAG 29.8.1991 EzA BGB § 611 Direktionsrecht Nr. 6 = NZA 1992, 67.

[115] LAG München 19.1.1989 LAGE BGB § 626 Nr. 38 = DB 1989, 1295.

§ 22 Die außerordentliche Kündigung

BetrVG) Anweisungen hins. der **Kleiderordnung** geben.[116] Eine Bäckereifachverkäuferin muss auch eine automatische Brötchenbackanlage bedienen.[117] Der in einem Call-Center beschäftigte Arbeitnehmer muss Weisungen seines Arbeitgebers hinsichtlich der Art und Weise der Kundenansprache beachten. Er kann sich insoweit nicht auf seine Religionsfreiheit berufen.[118]

Der Arbeitnehmer ist berechtigt, Arbeiten abzulehnen, die der Arbeitgeber ihm unter **Überschreitung des Direktionsrechts** zuweist.[119] Aufgrund des Weisungsrechts kann der Arbeitgeber grundsätzlich die Leistungspflicht des Arbeitnehmers nach Zeit, Ort und Art der Leistung bestimmen. Das Weisungsrecht findet seine Grenzen jedoch in Vorschriften der Gesetze, des Kollektiv- und des Einzelarbeitsvertrages und darf gem. § 106 GewO nur nach billigem Ermessen ausgeübt werden.[120] Problematisch sind hier stets die Fälle, in denen den Arbeitnehmern andere Tätigkeiten an einem anderen Ort zugewiesen werden.[121] Auch die zeitliche Verlagerung der Tätigkeit einer rückkehrenden Erziehungsurlauberin, die ihr die Vereinbarung familiärer mit beruflichen Pflichten unmöglich macht, kann unbillig sein.[122] 573

Bei der Ausübung des Direktionsrechts hat der Arbeitgeber nach der Rechtsprechung des BAG ihm offenbarte **Gewissenskonflikte des Arbeitnehmers** zu berücksichtigen. Hiernach darf der Arbeitgeber dem Arbeitnehmer keine Arbeit zuweisen, die den Arbeitnehmer in einen vermeidbaren Gewissenskonflikt bringt.[123] Der Arbeitgeber muss dem Arbeitnehmer nach Möglichkeit eine andere Tätigkeit zuweisen. Ist dies nicht möglich, so kann ein in der Person des Arbeitnehmers liegender Grund gegeben sein, das Arbeitsverhältnis zu kündigen.[124] Die fristlose Kündigung wird allerdings bei echten Gewissenskonflikten nur selten möglich sein (zur Eigenkündigung des Arbeitnehmers → Rn. 734f.). Sehr umstritten ist die Frage, ob ein **Ausländer** entlassen werden kann, der der Arbeit an einem hohen religiösen Feiertag seiner Religionsgemeinschaft fernbleibt.[125] Auch insoweit müssen konsequenterweise Gewissenskonflikte des Arbeitnehmers berücksichtigt werden. 574

In Ausnahmefällen kann sich ein Wegfall der Arbeitspflicht aus der Unzumutbarkeit der Arbeitsleistung ergeben (§ 242 BGB), zB weil der Arbeitnehmer durch die Erbringung der Arbeitsleistung in eine **unverschuldete Pflichtenkollision** gerät. Fälle der von keiner Seite zu vertretenden objektiven Unzumutbarkeit der Leistungserbringung sind jedoch selten. Das BAG hat einen derartigen Fall im Ergebnis angenommen bei der Kollision der Pflicht zur Arbeitsleistung mit einer kurzzeitig bestehenden Wehrpflicht im Ausland.[126] Verneint wurde jedoch ein Verstoß gegen § 242 BGB, wenn die 575

---

[116] LAG Hamm 22.10.1991 LAGE BGB § 611 Direktionsrecht Nr. 11.
[117] LAG Hamm 22.10.1991 LAGE BGB § 611 Direktionsrecht Nr. 11; LAG Hamm 7.7.1993 LAGE BGB § 611 Direktionsrecht Nr. 14.
[118] LAG Hamm 20.4.2011 NZA-RR 2011, 640: „Jesus hat Sie lieb".
[119] BAG 12.4.1973 EzA BGB § 611 Nr. 12 = DB 1973, 1904.
[120] BAG 24.5.1989 EzA BGB § 611 Direktionsrecht Nr. 3 = NZA 1990, 144; BAG 27.3.1980 AP BGB § 611 Direktionsrecht Nr. 26 = DB 1980, 1603.
[121] Vgl. LAG Nürnberg 10.8.1992 LAGE BGB § 174 Nr. 5; LAG Düsseldorf 25.1.1993 LAGE BGB § 626 Nr. 70.
[122] LAG Nürnberg 8.3.1999 NZA 2000, 263 = LAGE BErzGG § 15 Nr. 3.
[123] BAG 20.12.1984 EzA § 1 KSchG Verhaltensbedingte Kündigung Nr. 16 = NZA 1986, 21; bestätigt durch BAG 24.5.1989, NZA 1990, 144; ausführlich hierzu *Kohte*, NZA 1989, 161 ff. mwN.
[124] BAG 24.5.1989 EzA § 611 BGB Direktionsrecht Nr. 3 = NZA 1990, 144 ff.
[125] Dazu LAG Düsseldorf 14.2.1963 DB 1963, 522 und 14.2.1963 BB 1964, 597.
[126] BAG 22.12.1982 AP BGB § 123 Nr. 23; ausführlich hierzu *Greiner*, Ideelle Unzumutbarkeit, 2004.

Wehrpflicht für mehr als zwei Monate bestand.[127] Eine Arbeitnehmerin kann sich gegenüber der bestehenden Arbeitspflicht auf eine Pflichtenkollision wegen der Personensorge für ihr Kind (§ 1627 BGB) und damit ein Leistungsverweigerungsrecht (§§ 273, 320 BGB) oder eine Unmöglichkeit bzw. Unzumutbarkeit der Arbeitsleistung nur berufen, wenn unabhängig von der in jedem Fall notwendigen Abwägung der zu berücksichtigenden schutzwürdigen Interessen beider Parteien überhaupt eine unverschuldete Zwangslage vorliegt.[128] Die unverschuldete Pflichtenkollision schließt richtigerweise nur die **Rechtswidrigkeit** der Arbeitspflichtverletzung aus, führt aber noch nicht zu einem der Unmöglichkeit gleichstehenden Unvermögen.[129] Dies hat zur Konsequenz, dass zwar Sanktionen wegen einer Vertragspflichtverletzung ausscheiden, nicht aber die Möglichkeit einer verschuldensunabhängig, objektiv begründeten personenbedingten Kündigung. War die Pflichtenkollision nicht unverschuldet bzw. vorhersehbar, kommt wegen Verletzung der Arbeitspflicht die verhaltensbedingte Kündigung in Betracht.[130]

576 Der Arbeitnehmer kann überdies Vertragsänderungen oder Freistellungen (Urlaub, Sonderurlaub) nicht einseitig durchsetzen. Extrem ist der Fall der Führungsmitarbeiterin, die wegen angeblich vereinbarter Vertrauensarbeitszeit das Erscheinen im Betrieb zur Ableistung der betriebsüblichen Arbeitszeit ablehnte.[131] Eine beharrliche Arbeitsverweigerung entfällt nicht etwa deshalb, weil der Arbeitnehmer eine aus der Luft gegriffene Feststellungsklage erhebt. Verweigert er teilweise die Arbeitsleistung, weil er vom Arbeitgeber eine bestimmte Arbeitszeit **(Teilzeitarbeit) erzwingen** will, ist die Kündigung (trotz § 8 TzBfG) wegen Arbeitsverweigerung gerechtfertigt.[132]

577 Voraussetzung für eine Kündigung ist ferner, dass der Arbeitnehmer zur Leistung verpflichtet war und keine rechtmäßige Ausübung eines Zurückbehaltungs- oder Leistungsverweigerungsrechts (§ 273 BGB) vorlag.[133] Eine Kündigung wegen Arbeitsverweigerung scheidet aus, wenn der Arbeitnehmer berechtigt ein **Zurückbehaltungsrecht** hinsichtlich seiner Arbeitskraft geltend macht, sei es wegen Verletzung der Pflicht zu vertragsgemäßer Beschäftigung,[134] nicht nur geringfügigen offen stehenden Vergütungsansprüchen,[135] wegen Verletzung wesentlicher Arbeitsschutzvorschriften,[136] schwerwiegende Gesundheitsbeeinträchtigungen oder Persönlichkeitsrechtsverletzungen[137] oder Mitbestimmungsrechten des Betriebsrats.[138] Hat der Arbeitgeber dem Arbeitnehmer eine Arbeitsaufgabe zugewiesen, deren Erfüllung dieser teilweise schuldet, kann dem Arbeitnehmer nach § 273 BGB ein Zurückbehaltungsrecht an der gesamten

---

[127] BAG 20.5.1988 AP KSchG 1969 § 1 Personenbedingte Kündigung Nr. 9 mit Anm. *Rüthers/Henssler* und *Kohte* = EzA § 1 KSchG Personenbedingte Kündigung. Nr. 3 = NZA 1989, 46.
[128] BAG 21.5.1992 EzA KSchG § 1 Verhaltensbedingte Kündigung Nr. 43 = NZA 1993, 115.
[129] BAG 21.5.1992 AP KSchG 1969 § 1 Verhaltensbedingte Kündigung Nr. 29 mit Anm. *Kraft* = EzA KSchG § 1 Verhaltensbedingte Kündigung Nr. 43 = NZA 1993, 115.
[130] *Henssler,* AcP 190 (1990) 538, 553 ff.
[131] BAG 29.8.2013 NZA 2014, 533.
[132] LAG Frankfurt 8.7.1999 LAGE § 626 BGB Nr. 125a.
[133] Vgl. BAG 13.3.2008 EzA KSchG § 1 Verhaltensbedingte Kündigung Nr. 73 = AP KSchG 1969 § 1 Nr. 87; BAG 25.10.1984 EzA § 273 BGB Nr. 3 = NZA 1985; BAG 9.5.1996 EzA BGB n.F. § 626 Nr. 161 = NZA 1996, 1085; ArbG Wiesbaden 1.6.1989 RzK I 6b Nr. 10.
[134] LAG Berlin 12.3.1999 ZTR 1999, 326; LAG Frankfurt 13.9.1984 NZA 1985, 431.
[135] BAG 9.5.1996 EzA BGB n.F. § 626 Nr. 161 = NZA 1996, 1085; s.a. ArbG Passau 17.3.1989 BB 1989, 1197; ArbG Hannover 11.12.1996 EzA BGB § 273 Nr. 6.
[136] Hierzu BAG 8.5.1996 EzA § 273 BGB Nr. 5 = NZA 1997, 86.
[137] BAG 13.3.2008 AP KSchG 1969 § 1 Nr. 87 = EzA § 1 KSchG Verhaltensbedingte Kündigung Nr. 73.
[138] Ausf. *Otto,* AR-Blattei SD 1880 Rn. 1 ff.

§ 22 Die außerordentliche Kündigung

Arbeitsleistung zustehen, wenn die Arbeitsaufgabe nicht teilbar ist oder ihm die Erbringung einer Teilleistung nicht zuzumuten ist. Das Zurückbehaltungsrecht an der Arbeitsleistung muss allerdings stets nach den Grundsätzen von Treu und Glauben (§ 242 BGB) ausgeübt werden, also mit Rücksicht auf die vertraglichen Interessen des Arbeitgebers nach dem Grundsatz der Verhältnismäßigkeit. Liegen die Voraussetzungen eines Zurückbehaltungsrechts bei einer teilbaren Arbeitsleistung nicht vor und beabsichtigt der Arbeitgeber die Kündigung wegen Verweigerung der geschuldeten Teilleistung, so hat er dem Arbeitnehmer zuvor eine dementsprechend präzise Abmahnung zu erteilen.[139] Irrt sich der Arbeitnehmer über die Berechtigung seiner Arbeitsverweigerung, so scheidet die Kündigung nur dann grundsätzlich aus, wenn der Arbeitnehmer trotz sorgfältiger Erkundigung und Prüfung der Rechtslage die Überzeugung gewinnen durfte, dass er zur Arbeit nicht verpflichtet ist.[140] Der Arbeitnehmer muss vor der Ausübung seines Zurückbehaltungsrechts unter Angabe des Grundes dem Arbeitgeber klar und eindeutig mitteilen, er werde dieses Recht aufgrund einer ganz bestimmten, konkreten Gegenforderung ausüben. Nur so wird dem Arbeitgeber die Möglichkeit eröffnet, den etwaigen Anspruch des Arbeitnehmers zu prüfen und zu erfüllen.[141]

578 Eine Arbeitsverweigerung wird in aller Regel nur dann einen wichtigen Grund i. S. des § 626 BGB darstellen, wenn sie beharrlich war. Die **beharrliche Arbeitsverweigerung** setzt in der Person des Arbeitnehmers im Willen eine Nachhaltigkeit voraus. Der Arbeitnehmer muss die ihm übertragene Arbeit bewusst und nachhaltig nicht leisten wollen. Insoweit ist eine Negativprognose erforderlich, der Arbeitnehmer werde auch in Zukunft seiner Arbeitspflicht nicht nachkommen.[142] Die erstmalige bloße Ankündigung einer Arbeitsverweigerung kann i.d.R. noch nicht als beharrlich angesehen werden.[143] Es genügt also nicht, dass der Arbeitnehmer eine Weisung seines Vorgesetzten unbeachtet lässt, sondern die beharrliche Arbeitsverweigerung setzt voraus, dass eine intensive Weigerung des Arbeitnehmers vorliegt. Es genügt weder Saumseligkeit noch Vergesslichkeit. Wer aber jahrelang den Arbeitgeber über die ordnungsgemäße Erbringung der geschuldeten Arbeit täuscht, handelt beharrlich.[144] Es genügt auch keinesfalls immer ein einziger vorsätzlicher Verstoß. Beharrlichkeit ist nur dann gegeben, wenn die Willensrichtung des Arbeitnehmers erkennbar wird, Anweisungen des Arbeitgebers nicht befolgen zu wollen. Es muss also eine Widersetzlichkeit des Arbeitnehmers gegeben sein. Das äußert sich in der Praxis vielfach dadurch, dass der Arbeitnehmer wiederholt Anweisungen seiner Vorgesetzten nicht befolgt. Hier ergibt sich das Moment der Beharrlichkeit aus der wiederholten Weigerung und dem daraus berechtigten Schluss, der Arbeitnehmer wolle die Anweisungen seines Vorgesetzten nicht mehr erfüllen. Das Moment der Beharrlichkeit kann auch darin zu sehen sein,

---

[139] LAG Niedersachsen 8.12.2003 – 5 Sa 1071/03 –.
[140] BAG 14.10.1960 AP GewO § 123 Nr. 24 = EzA GewO § 123 Nr. 2; BAG 14.2.1978 EzA GG Art. 9 Arbeitskampf Nr. 22 = DB 1978, 1403; LAG Düsseldorf 25.1.1993 LAGE BGB § 626 Nr. 70; LAG Berlin 6.12.1993 LAGE KSchG § 1 Verhaltensbedingte Kündigung Nr. 42; LAG Berlin 17.5.1993 LAGE BGB § 626 Nr. 72; LAG Schleswig-Holstein 17.10.2013 LAGE BGB 2002 § 626 Nr. 46.
[141] BAG 13.3.2008 AP KSchG 1969 § 1 Nr. 87 = EzA KSchG § 1 Verhaltensbedingte Kündigung Nr. 73; ErfK/*Preis*, § 611 BGB Rn. 690 mwN.
[142] BAG 21.11.1996 AP BGB § 626 Nr. 130 mit Anm. *Bernstein* = EzA § 1 KSchG Verhaltensbedingte Kündigung Nr. 50 = NZA 1997, 487; BAG 5.4.2001 NZA 2001, 893.
[143] LAG Düsseldorf 19.11.1996 LAGE BGB § 626 Nr. 104.
[144] BAG 9.6.2011 NZA-RR 2012, 12; s.a. LAG Mecklenburg-Vorpommern 15.9.2011 NZA-RR 2012, 246.

dass in einem einmaligen Falle der Arbeitnehmer nach wiederholter Ermahnung sich weigert, eine Anweisung zu erfüllen. Hier liegt das Moment der Beharrlichkeit darin, dass der Arbeitnehmer vor die Alternative gestellt wird, seine Pflichten zu erfüllen oder die arbeitsrechtlichen Konsequenzen zu tragen. Wenn in einem solchen Falle ein Arbeitnehmer sich nach ein- oder vielleicht mehrmaliger Abmahnung noch weigert, die berechtigte Anordnung auszuführen, so kann und muss auf eine beharrliche, d.h. intensive und nachhaltige Weigerung geschlossen werden.[145] Eine beharrliche Arbeitsverweigerung wurde in folgenden Fällen bejaht: **Kartenspielen während der Arbeitszeit** kann eine fristlose Kündigung rechtfertigen, wenn gleichartige Pflichtverletzungen bereits vergeblich abgemahnt worden sind.[146]

579 Arbeitsverweigerung liegt auch vor, wenn der Arbeitnehmer zwar arbeitet, aber nicht die geschuldete Arbeit leistet. Weigert sich der Akkordarbeiter, Arbeiten im Akkord auszuführen, so liegt bei Vorliegen der sonstigen Voraussetzungen eine beharrliche Arbeitsverweigerung vor, auch wenn der Arbeitnehmer bereit ist, im Zeitlohn zu arbeiten.[147] Keine beharrliche Arbeitsverweigerung hat das BAG angenommen, als ein Akkordarbeiter die Weiterarbeit verweigert hatte, weil der Akkord durch den Betriebsrat nicht kontrolliert war.[148]

580 Verneint wurde der Tatbestand der Arbeitsverweigerung in folgenden Fällen: Der Arbeitnehmer erhält von zwei Weisungsbefugten einander widersprechende Anweisungen.[149] Ein Arbeitnehmer nimmt an einer nicht genehmigten Betriebsversammlung während der Arbeitszeit teil; er durfte aber auf die Gesetzmäßigkeit der Versammlung vertrauen.[150]

580a Verweigert der Arbeitnehmer die geschuldete Arbeitsleistung in der fälschlichen Annahme, rechtmäßig zu handeln, hat er grundsätzlich selbst das Risiko zu tragen, dass sich seine Rechtsauffassung als fehlerhaft erweist. Der Arbeitnehmer muss bei einer Arbeitsverweigerung die gebotene Sorgfalt an den Tag legen und kann sich nicht ohne weiteres auf einen **unverschuldeten Rechtsirrtum** berufen. Unverschuldet soll nach der durchaus strengen Rechtsprechung ein Rechtsirrtum nur sein, wenn mit einem Unterliegen im Rechtsstreit nicht zu rechnen ist.[151]

(2) Arbeitszeitbetrug

581 Der Arbeitnehmer, der dem Arbeitgeber geleistete **Arbeitszeit vorspiegelt** oder sich **Arbeitsbefreiung erschleicht**, zB um Freizeit zu erlangen oder einer nebenberuflichen Tätigkeit nachzugehen, verletzt die Pflichten aus dem Arbeitsvertrag und kann fristlos entlassen werden.[152] Der Missbrauch von Stempeluhren zur Vortäuschung falscher Arbeitszeiten kann eine ordentliche, zumeist aber auch eine außerordentliche Kündigung rechtfertigen. Dabei kommt es nicht entscheidend darauf an, wie der Vor-

---

[145] Zu den Voraussetzungen einer beharrlichen Arbeitsverweigerung BAG 31.1.1985 EzA MuSchG § 8 Nr. 5 = NZA 1986, 138; BAG 6.2.1997 ArbuR 1997, 210; LAG München 19.1.1989 LAGE BGB § 626 Nr. 38 = BB 1989, 847; LAG Berlin 17.5.1993 LAGE BGB § 626 Nr. 72.
[146] LAG Berlin 18.1.1988 LAGE BGB § 626 Nr. 31 = DB 1988, 866.
[147] Vgl. LAG Düsseldorf 31.10.1963 BB 1964, 309.
[148] BAG 14.2.1963 AP BetrVG 1952 § 66 Nr. 22.
[149] LAG Düsseldorf 19.10.1989 LAGE BGB § 626 Nr. 50.
[150] BAG 14.10.1960 AP GewO § 123 Nr. 24.
[151] BAG 29.8.2013 NZA 2014, 533.
[152] BAG 26.8.1993 EzA BGB n.F. § 626 Nr. 148 = NZA 1994, 63; LAG Düsseldorf 27.10.1960 BB 1961, 678; zur Auflistung nicht geleisteter Arbeitsstunden: ArbG Frankfurt 6.9.1999 NZA-RR 2000, 307; ArbG Frankfurt 6.9.1999 NZA-RR 2002, 133; LAG Schleswig-Holstein 5.11.2003 – 3 Sa 315/02 –; zur Manipulation an einem Fahrtenschreiber LAG Rheinland-Pfalz 27.1.2004 – 2 Sa 1221/03; zum Arbeitszeitbetrug bei Teleheimarbeit LAG Köln 20.9.2014 – 2 Sa 181/14 –.

gang strafrechtlich zu würdigen ist.[153] Arbeitszeitbetrug stellen auch Gleitzeitmanipulationen dar, die, insbesondere wenn der Arbeitnehmer Manipulation zu vertuschen sucht, einen wichtigen Kündigungsgrund darstellen.[154] Überträgt der Arbeitgeber den Nachweis der täglich geleisteten Arbeitszeit den Arbeitnehmern selbst, stellt die Täuschung durch falsches Betätigen oder Nichtbetätigen der Gleitzeiteinrichtung oder die Angabe einer höheren Arbeitszeit für sich (oder einen anderen Arbeitnehmer), als tatsächlich geleistet worden ist, einen schweren Vertrauensmissbrauch dar. Ein Arbeitszeitbetrug liegt ferner in den Fällen der Vortäuschung einer Arbeitsunfähigkeit (→ Rn. 595) und beim Missbrauch von Kontrolleinrichtungen (→ Rn. 656) vor.

(3) Notarbeiten

Aus der Schadensabwendungspflicht des Arbeitnehmers kann auch ausnahmsweise die Pflicht folgen, in Notfällen[155] über den Rahmen der arbeitsvertraglichen Hauptpflicht hinaus tätig zu werden. Insoweit kann der Arbeitnehmer vorübergehend sowohl Überstunden als auch **andere als die vereinbarte Arbeit** zu leisten haben, wenn sonst ein nicht unerheblicher Schaden eintreten würde.[156] **582**

(4) Sonntagsarbeit

Gesetzlich verbotene oder vertraglich nicht geschuldete **Sonntagsarbeit** kann verweigert werden.[157] Die Verweigerung zulässiger Sonntagsarbeit stellt aber einen, ggf. durch fristlose Kündigung zu sanktionierenden Fall der Arbeitsverweigerung dar.[158] **583**

(5) Streik und Streikarbeit

Kein unbefugtes Verlassen des Arbeitsplatzes liegt vor, wenn der Arbeitnehmer an einem **legitimen Streik** um Arbeitsbedingungen teilnimmt. Die Legitimität der Gesamtaktion hat zur Folge, dass der einzelne Arbeitnehmer nicht vertragswidrig und nicht rechtswidrig handelt.[159] Keine Arbeitsverweigerung liegt überdies vor, wenn die Erfüllung der Arbeitspflicht dem Arbeitnehmer **unzumutbar** ist. Das ist zB im Falle der **sogenannten direkten Streikarbeit** gegeben. Gehören die sonst von Streikenden erbrachten Arbeiten nicht zum vertraglichen Tätigkeitsbereich, so kann der Arbeitgeber das Tätigwerden des Arbeitnehmers in diesem Sektor nicht verlangen.[160] Andererseits kann ein Arbeitnehmer, der sich nicht am Streik beteiligt, die Ausführung der ihm nach dem Arbeitsvertrag obliegenden Arbeiten nicht verweigern (sog. uneigentliche oder indirekte Streikarbeit). **584**

Der **wilde Streik** hingegen ist rechtswidrig. Hier kann der Arbeitgeber berechtigt sein, Arbeitnehmer, die sich an einem wilden Streik beteiligen, fristlos zu kündigen, **585**

---

[153] BAG 9.6.2011 NZA 2011, 1027; BAG 24.11.2005 AP BGB § 626 Nr. 197 = EzA BGB 2002 § 626 Nr. 12 = NZA 2006, 484; BAG 21.4.2005 EzA SGB IX § 91 Nr. 1 = NZA 2005, 991.
[154] BAG 12.8.1999 EzA BGB § 123 Nr. 53 = NZA 2000, 27; LAG Köln 22.5.2003 ZTR 2003, 623.
[155] LAG Düsseldorf 28.1.1964 DB 1964, 628.
[156] ErfK/*Preis*, § 611 BGB Rn. 663, 744f.
[157] LAG Düsseldorf 21.1.1964 BB 1964, 515 = DB 1964, 628; LAG Hamburg 11.6.1990 LAGE GewO § 105f Nr. 1; zur weitreichenden Zulässigkeit der Anordnung der Sonntagsarbeit bei behördlicher Zulassung: BAG 15.9.2009 DB 2009, 2551.
[158] Vgl. LAG Düsseldorf 19.3.1963 DB 1963, 968 und 14.11.1968 DB 1969, 178; LAG Baden-Württemberg 26.11.1968 DB 1969, 710.
[159] Vgl. BAG GS 28.1.1955 AP GG Art. 9 Arbeitskampf Nr. 1 = NJW 1955, 882; BAG 21.4.1971 EzA GG Art. 9 Arbeitskampf Nr. 6 = AP GG Art. 9 Arbeitskampf Nr. 43; zur Kündigung bei zulässigem Warnstreik vgl. BAG 17.12.1976 AP GG Art. 9 Arbeitskampf Nr. 51 = EzA GG Art. 9 Arbeitskampf Nr. 19.
[160] Vgl. BAG 25.7.1957 AP BGB § 615 Betriebsrisiko Nr. 3 mit Anm. *Hueck* = SAE 1957, 181 mit Anm. *Kaufmann*; 28.10.1971 AP Nr. 62 zu § 626 BGB = EzA BGB n. F. § 626 Nr. 9.

wenn sie trotz wiederholter Aufforderung die Arbeit nicht aufnehmen.¹⁶¹ Jedoch nimmt die Rechtsprechung in diesen Fällen eine sorgfältige Interessenabwägung vor. Dabei wird auch berücksichtigt, ob sich der Arbeitgeber rechtswidrig verhalten und ob sich der Arbeitnehmer in einem entschuldbaren Rechtsirrtum befunden hat.¹⁶² Darüber hinaus will das BAG bei der Teilnahme an einem rechtswidrigen Streik berücksichtigen, ob Arbeitnehmer sich aus Gründen der Solidarität einer rechtswidrigen Arbeitskampfmaßnahme anschließen und ob sie sich in einer psychologischen Drucksituation befunden haben. Selbst wenn sie vom Arbeitgeber richtig informiert worden seien, aber in einer Kampfsituation ihrer Gewerkschaft gefolgt seien, könne aus dem darin liegenden vertragswidrigen Verhalten nicht der Schluss gezogen werden, dass die Grundlage für die Fortsetzung des Arbeitsverhältnisses entfallen sei. Auch die nur ordentliche Kündigung sah das BAG deshalb als nicht gerechtfertigt an.¹⁶³

586   Verleitet aber ein Arbeitnehmer seine Kollegen zu gleichartigen und gleichzeitigen Änderungskündigungen, um höhere Akkordlöhne zu erzwingen, so liegt darin eine schwere Treuepflichtverletzung, wenn der Handelnde Mitglied der Tarifkommission der zuständigen Gewerkschaft ist und daher wusste, dass Tarifverhandlungen im Gange und noch nicht abgeschlossen waren. In diesem Handeln liegt die Aufforderung zum Arbeitskampf, der in den gleichzeitigen und gleichartigen Kündigungen liegt.¹⁶⁴

(6) Überstunden

587   Besonders sorgfältig ist die Frage der Arbeitspflicht im Fall der Entlassung wegen **Nichtleistung von Überstunden** zu untersuchen.¹⁶⁵ Dabei sind stets die eventuell vorhandenen tariflichen Normen in Betracht zu ziehen. Ferner kann ein Verstoß gegen das Mitbestimmungsrecht des Betriebsrats nach § 87 Abs. 1 Nr. 3 BetrVG vorliegen. Bestand aus diesen kollektivrechtlichen Gründen keine wirksame Verpflichtung zur Leistung der Überstunden, so scheidet die Kündigungsmöglichkeit ohnehin aus. Bestehen Tarifnormen und ist das Mitbestimmungsrecht des Betriebsrats gewahrt, bedeutet dies allein noch nicht, dass der Arbeitnehmer ohne Weiteres Überstunden leisten muss. Lehnt der Arbeitnehmer jedoch zulässig angeordnete Überstunden ab, so kann – jedenfalls nach einschlägiger Abmahnung – eine Kündigung gerechtfertigt sein.¹⁶⁶ Bei der Interessenabwägung ist jedoch zu berücksichtigen, dass die Anordnung von Überstunden eine Sonderverpflichtung darstellt, die über den arbeitsvertraglich vorgesehenen Regelumfang der Arbeitsverpflichtung hinausgeht. Die Pflichtverletzung kann dann weniger schwer wiegen, wenn der Arbeitnehmer in der Vergangenheit häufiger Überstunden geleistet hat.¹⁶⁷

588   Eine Kündigung scheidet aus, wenn die Verpflichtung zur Leistung rechtswidrig ist. Derartige Arbeiten kann der Arbeitnehmer immer ablehnen. Hierzu gehört die Leistung von Überstunden, die nach den Arbeitszeitgesetzen verboten sind.¹⁶⁸

---

¹⁶¹ BAG 21.10.1969 AP GG Art. 9 Arbeitskampf Nr. 41 mit kritischer Anm. *Rüthers* = EzA BGB n. F. § 626 Nr. 1; ferner ArbG Berlin 10.10.1974 AP GG Art. 9 Arbeitskampf Nr. 49.
¹⁶² BAG 17.12.1976 AP Nr. 52 zu Art 9 GG Arbeitskampf = EzA GG Art. 9 Arbeitskampf Nr. 20 und BAG 14.2.1978 AP Nr. 59 zu Art 9 GG Arbeitskampf = EzA GG Art. 9 Arbeitskampf Nr. 24.
¹⁶³ BAG 29.11.1983 EzA BGB n. F. § 626 Nr. 89 = NZA 1984, 34; zu Solidaritäts- und Proteststreiks ArbG Gelsenkirchen 13.3.1998 NZA-RR 1998, 352 = EzA GG Art 9 Arbeitskampf Nr. 130.
¹⁶⁴ BAG 28.4.1966 AP GG Art. 9 Arbeitskampf Nr. 37 = EzA GewO § 124a Nr. 5.
¹⁶⁵ Hierzu LAG Frankfurt 21.3.1986 LAGE BGB § 626 Nr. 25.
¹⁶⁶ LAG Schleswig-Holstein 26.6.2001 – 3 Sa 224/01 –.
¹⁶⁷ LAG Köln 27.4.1999 LAGE BGB § 626 Nr. 126; anders LAG Köln 7.7.1999 ARSt 2000, 115 = RzK I 8c Nr. 44.
¹⁶⁸ Vgl. LAG Düsseldorf 19.4.1967 BB 1967, 921.

§ 22 Die außerordentliche Kündigung

(7) Unentschuldigtes Fehlen

Die Verletzung der Hauptpflicht des Arbeitsvertrages, der Arbeitspflicht, ist dann **589** kein Grund zur fristlosen Kündigung, wenn sie nur vorübergehend ist und zeitlich nicht ins Gewicht fällt.[169] Die einmalige unentschuldigte Arbeitspflichtverletzung rechtfertigt jedenfalls dann nicht die fristlose Kündigung, wenn die Fehlzeit ohne Schwierigkeit durch Umdisposition zu überbrücken ist.[170] **Vier Tage unentschuldigtes Fehlen** wurde im Kleinbetrieb als wichtiger Grund anerkannt, falls das Arbeitsverhältnis nur kurze Zeit bestand.[171] Das vorzeitige Entfernen von der Arbeit wegen einer Fernsehübertragung kann die fristlose Kündigung nach Abmahnung rechtfertigen.[172]

Ist das unentschuldigte Fehlen krankheitsbedingt, zB weil der Arbeitnehmer wegen **590** einer bestehenden Alkoholsucht nicht in der Lage war, sich krankzumelden, ist zu beachten, dass u. U. weder schuldhaftes noch steuerbares Fehlverhalten vorliegt. Der Arbeitnehmer kann in diesen Fällen nur unter den Voraussetzungen einer krankheitsbedingten Kündigung entlassen werden.[173]

(8) Unpünktlichkeit

Die **wiederholte Unpünktlichkeit trotz mehrfacher Abmahnung** kann die **591** ordentliche und in krassen Fällen auch die fristlose Kündigung rechtfertigen.[174] Der Arbeitnehmer ist auch dann zum pünktlichen Dienstantritt verpflichtet, wenn er weit ab vom Arbeitsplatz wohnt und die Benutzung der öffentlichen Verkehrsmittel beschwerlich ist und besondere Kosten entstehen.[175] Das BAG hat in einer Entscheidung vom 17.3.1988,[176] in der es um die außerordentliche Kündigung eines Arbeitnehmers ging, der in 1½ Jahren 104-mal zu spät zur Arbeit erschien und sich hiervon auch durch 6 vorangehende Abmahnungen nicht abhalten ließ, eine außerordentliche Kündigung nicht ohne Weiteres durchgreifen zu lassen, sondern zusätzlich die Darlegung einer konkreten Betriebsstörung verlangt. Diese Entscheidung ist insoweit verfehlt, weil kündigungsentscheidend allein das Ausmaß der vertraglichen Hauptpflichtverletzung ist.[177] Das BAG hat aber seine Rechtsprechung entsprechend klarge-

---

[169] Vgl. LAG Düsseldorf 9.6.1953 DB 1953, 996.
[170] LAG Hamm 15.7.1988 LAGE BGB § 626 Nr. 41; bei wiederholtem Fehlen ist aber nach Abmahnung die ordentliche Kündigung gerechtfertigt: LAG Berlin 12.8.1996 LAGE KSchG § 1 Verhaltensbedingte Kündigung Nr. 55.
[171] BAG 20.8.1980 AP LohnFG § 6 Nr. 12 = EzA LohnFG § 6 Nr. 18; zu dauerhaftem unentschuldigtem Fehlen vgl. LAG Hamm 1.9.1995 LAGE BGB § 611 Persönlichkeitsrecht Nr. 7.
[172] LAG Düsseldorf 19.9.1961 BB 1961, 1325 = DB 1961, 1555.
[173] Zutreffend LAG Hamm 15.1.1999 LAGE KSchG § 1 Verhaltensbedingte Kündigung Nr. 74 = NZA 1999, 1221.
[174] BAG 17.3.1988 EzA BGB n.F. § 626 Nr. 116 = NZA 1989, 261; BAG 17.1.1991 EzA KSchG § 1 Verhaltensbedingte Kündigung Nr. 37 = NZA 1991, 557; BAG 27.2.1997 EzA KSchG § 1 Verhaltensbedingte Kündigung Nr. 51 = NZA 1997, 761; LAG München 5.12.1988 LAGE KSchG § 1 Verhaltensbedingte Kündigung Nr. 16 = DB 1989, 283; BAG 13.3.1987 AP KSchG 1969 § 1 Verhaltensbedingte Kündigung Nr. 18 = NZA 1987, 518; BAG 23.9.1992 EzA KSchG § 1 Verhaltensbedingte Kündigung Nr. 44; LAG Hamm 8.10.1997 LAGE KSchG § 1 Verhaltensbedingte Kündigung Nr. 60; LAG Düsseldorf 30.6.1959 BB 1959, 1307; LAG Baden-Württemberg 22.10.1959 BB 1959, 1307; LAG Düsseldorf 8.1.1980 BB 1980, 526; LAG München 5.12.1988 LAGE KSchG § 1 Verhaltensbedingte Kündigung Nr. 16 = DB 1989, 283; BAG 13.3.1987 EzA BGB § 611 Abmahnung Nr. 5 = NZA 1987, 518; LAG Schleswig-Holstein 28.11.2006 LAGE KSchG § 1 Verhaltensbedingte Kündigung Nr. 94 = NZA-RR 2007, 129.
[175] LAG Düsseldorf 15.3.1967 DB 1967, 1228; 13.3.1958 BB 1958, 628 und 27.11.1974 DB 1975, 156.
[176] EzA BGB n.F. § 626 Nr. 116 mit Anm. *Kraft* = NZA 1989, 261.
[177] Ablehnend *Willemsen*, Anm. EzA BGB § 626 Nr. 116; *Börgmann*, SAE 1989, 186ff.; *Preis*, DB 1990, 634; *Rüthers*, Anm. zu BAG § 1 EzA KSchG Verhaltensbedingte Kündigung Nr. 26.

stellt.[178] Entsprechendes hat zu gelten, wenn der Arbeitnehmer den Arbeitsplatz vorzeitig verlässt oder eigenmächtig die Arbeit unterbricht.[179]

(9) Urlaubsantritt, unberechtigter

592 Tritt der Arbeitnehmer seinen **Urlaub eigenmächtig und unberechtigt** an, so bleibt er unbefugt der Arbeit fern und kann in aller Regel fristgerecht und fristlos gekündigt werden.[180] Eine Abmahnung ist regelmäßig nicht erforderlich, weil der Arbeitnehmer davon ausgehen kann, dass der Arbeitgeber den eigenmächtigen Urlaubsantritt nicht billigt. Voraussetzung für eine Kündigung ist aber, dass der beantragte, aber nicht bewilligte Urlaub zu Recht abgelehnt worden ist. Ebenso muss der Erziehungsurlaub innerhalb bestimmter Fristen beantragt werden (§ 16 BEEG).[181] Bleibt der Arbeitnehmer trotz rechtmäßiger Ablehnung der Urlaubsgewährung der Arbeit fern, muss er mit einer Kündigung rechnen. Der Umstand, dass die Urlaubsverweigerung zu Unrecht erfolgte, ist in der Interessenabwägung zu berücksichtigen.[182] Im Rahmen der Interessenabwägung kann berücksichtigt werden, ob die Selbstbeurlaubung der Erfüllung dringender familiärer Pflichten diente.[183] Der Arbeitnehmer muss im Streitfall zur Durchsetzung seines Urlaubsanspruchs gerichtliche Hilfe in Anspruch nehmen. In aller Regel besteht kein Recht, den Urlaub, und sei es auch in der Kündigungszeit, eigenmächtig anzutreten.[184] Etwas anderes kann nur gelten, wenn Freizeit für die Urlaubsgewährung nicht mehr zur Verfügung steht, zB 12 Tage Kündigungszeit und genau 12 Tage Urlaub, der Arbeitnehmer den Urlaub gefordert hat und der Arbeitgeber die Bewilligung des Urlaubs ohne ausreichenden Grund verweigert. Das BAG hat in einer Entscheidung vom 20.1.1994[185] im Einzelfall die Wirksamkeit einer fristlosen Kündigung verneint, wenn der Arbeitgeber ua aus eigenem finanziellen Interesse erhebliche Urlaubsansprüche des Arbeitnehmers hat auflaufen lassen und ein Verfall des Urlaubsanspruchs droht. Die Besonderheit des Falles bestand aber darin, dass gerichtliche Hilfe zur Durchsetzung nicht rechtzeitig zu erlangen war (Auslandseinsatz). Hat der Arbeitnehmer seinen Anspruch auf Urlaub im Wege der einstweiligen Verfügung durchgesetzt und nimmt er daraufhin den Urlaub, kann ihm nicht allein

---

[178] BAG 17.1.1991 EzA KSchG § 1 Verhaltensbedingte Kündigung Nr. 37 = NZA 1991, 557; 27.2.1997 EzA KSchG § 1 Verhaltensbedingte Kündigung Nr. 51 = NZA 1997, 761.

[179] LAG Köln 25.3.2011 NZA-RR 2011, 638; LAG Baden-Württemberg 19.5.2010 NZA-RR 2010, 637.

[180] BAG 25.2.1983 AP BGB § 626 Ausschlussfrist Nr. 14 = EzA BGB n. F. § 626 Nr. 83; BAG 20.1.1994 EzA BGB n. F. § 626 Nr. 153 = NZA 1994, 548; BAG 31.1.1996 EzA KSchG § 1 Verhaltensbedingte Kündigung Nr. 47; BAG 16.3.2000 EzA BGB n. F. § 626 Nr. 179 = NZA 2000, 1332; LAG Hamm 12.9.1996 LAGE BGB § 626 Nr. 105; LAG Hamm 21.10. 1997 NZA-RR 1999, 76; LAG Düsseldorf 2.11.1971 EzA KSchG § 4 Nr. 1; LAG Düsseldorf/ Köln 29.4.1981 EzA BGB § 626 Nr. 77 = LAGE BGB § 626 Nr. 12; LAG Hamm 25.6.1985 LAGE KSchG § 1 Verhaltensbedingte Kündigung Nr. 5 = DB 1985, 2516; LAG Schleswig-Holstein 9.8.1988 LAGE BGB § 626 Nr. 36; LAG Berlin 5.12.1994 LAGE KSchG § 1 Verhaltensbedingte Kündigung Nr. 45; LAG Schleswig-Holstein 20.2.1997 ARSt 1997, 161; LAG Hamm 8.10.1997 LAGE KSchG § 1 Verhaltensbedingte Kündigung Nr. 60; ArbG Nürnberg 28.7.1998 NZA-RR 1999, 79; LAG Köln 29.3.1994 BB 1994, 1504; LAG Köln 16.3. 2001 NZA-RR 2001, 533; LAG Hamm 17.10.2007 NZA-RR 2008, 294; zum eigenmächtigen Antritt des Erziehungsurlaubs: LAG Baden-Württemberg 29.8.1989 LAGE BGB § 626 Nr. 47.

[181] LAG Baden-Württemberg 29.8.1989 LAGE BGB § 626 Nr. 47.

[182] LAG Köln 28.6.2013 NZA-RR 2014, 13; LAG Schleswig-Holstein 6.1.2011 LAGE BGB 2002 § 626 Nr. 31.

[183] LAG Nürnberg 17.1.2007 NZA-RR 2007, 404.

[184] Hierzu GK-BUrlG/*Bachmann*, § 7 Rn. 70 mwN.

[185] EzA BGB n. F. § 626 Nr. 153 = NZA 1994, 548; hierzu *Hunold*, DB 1994, 2497.

deshalb gekündigt werden, weil er dem Arbeitgeber die vollstreckbare Ausfertigung der Verfügung nicht zugestellt hat.[186]

Ähnliche Grundsätze gelten beim **Urlaub zum Zwecke der Stellensuche.** Der Arbeitnehmer hat nach § 629 BGB das Recht, vom Arbeitgeber auf Verlangen eine angemessene Zeit zur Stellensuche zu erhalten. Ist der Arbeitgeber mit der Erfüllung dieser Pflicht in Verzug, so wird man dem Arbeitnehmer gestatten müssen, sich die erforderliche Zeit eigenmächtig – nicht zur Unzeit – zu nehmen. Ein unbefugtes Entfernen vom Arbeitsplatz liegt dann jedenfalls nicht vor. 593

(10) Urlaubsüberschreitung

Überschreitet ein Arbeitnehmer den Urlaub, so wird man die außerordentliche Kündigung davon abhängig machen müssen, ob die Fehlzeit erheblich ist und ob die Voraussetzungen einer beharrlichen Arbeitsverweigerung gegeben sind.[187] Bei äußerst kurzer **Urlaubsüberschreitung** wurde die Zulässigkeit einer fristlosen Entlassung verneint.[188] Nicht schuldhafte Urlaubsüberschreitungen können keinesfalls die fristlose Entlassung rechtfertigen, zB bei einer Überschwemmungskatastrophe oder bei plötzlicher Erkrankung im Urlaub.[189] Wird der Urlaub arbeitgeberseitig widerrufen, tritt der Arbeitnehmer aber gleichwohl den Urlaub an, muss der Urlaubswiderruf durch zwingende, vom Arbeitgeber zu beweisende Gründe gerechtfertigt sein, um die Kündigung zu rechtfertigen.[190] 594

(11) Vortäuschung der Arbeitsunfähigkeit

Die nachweisbare Vortäuschung der Arbeitsunfähigkeit stellt einen Arbeitszeitbetrug dar (→ Rn. 581) und rechtfertigt die fristlose Kündigung. Doch kann auch der dringende Verdacht, der Arbeitnehmer habe die **Arbeitsunfähigkeitsbescheinigung erschlichen,** die außerordentliche Kündigung unter den Voraussetzungen der Verdachtskündigung (→ Rn. 703 ff.) rechtfertigen.[191] Eine fristlose Kündigung kann gerechtfertigt sein, wenn ein Arbeitnehmer im Bewusstsein, in Wirklichkeit nicht arbeitsunfähig zu sein, unter Vortäuschung einer Erkrankung der Arbeit fernbleibt.[192] Das ist anders zu sehen, wenn der Arbeitnehmer im Zeitpunkt der Ankündigung bereits krank war.[193] Ob eine Vortäuschung der Arbeitsunfähigkeit bejaht werden kann, hängt i.d.R. von der Erschütterung des Beweiswerts der Arbeitsunfähigkeitsbescheinigung ab.[194] 595

---

[186] LAG Hamm 13.6.2000 NZA-RR 2001, 134.
[187] LAG Düsseldorf/Köln 29.4.1981 EzA BGB n. F. § 626 Nr. 77 = LAGE BGB § 626 Nr. 12; siehe aber LAG Hamm 30.5.1990 LAGE KSchG § 1 Verhaltensbedingte Kündigung Nr. 29.
[188] LAG Düsseldorf 17.3.1959 BB 1959, 813; 29.11.1993 BB 1994, 793; LAG Heidelberg 16.1.1950 BB 1950, 72: Überschreitung um einen bzw. um 5 Tage; siehe aber ArbG Wuppertal 3.6.1980 BB 1980, 1105.
[189] Vgl. *Neumann,* DB 1965, 1668; ArbG Marburg 24.2.1966 BB 1966, 945.
[190] BAG 19.12.1991 RzK I 6a Nr. 82.
[191] Vgl. LAG Berlin 1.11.2000 NZA-RR 2001, 470; LAG Hamm 22.9.2004 LAGE KSchG § 1 Verdachtskündigung Nr. 1; LAG Düsseldorf 3.6.1981 EzA BGB n. F. § 626 Nr. 78 = LAGE BGB § 626 Nr. 13; BAG 12.8.1976 AP KSchG 1969 § 1 Nr. 3 = EzA KSchG § 1 Nr. 33; LAG Schleswig-Holstein 28.11.1983 DB 1984, 1355; LAG Köln 9.6.1982 EzA BGB n. F. § 626 Nr. 82 = LAGE BGB § 626 Nr. 15; LAG Hamm 20.12.1974 DB 1975, 841; ArbG Wuppertal 11.6.1976 DB 1977, 121; LAG Berlin 30.4.1979 EzA BGB n. F. § 626 Nr. 67 = LAGE BGB § 626 Nr. 6. Zu Beweisfragen: BAG 26.8.1993 EzA BGB n. F. § 626 Nr. 14 = NZA 1994, 63; LAG Düsseldorf 15.1.1986 LAGE KSchG § 1 Verhaltensbedingte Kündigung Nr. 7 = DB 1986, 1180.
[192] LAG Berlin 30.4.1979 EzA BGB n. F. § 626 Nr. 67 = LAGE BGB § 626 Nr. 6.
[193] LAG Hessen 15 4. 2011 LAGE BGB 2002 § 626 Nr. 33b.
[194] Plastischer Fälle LAG Hamm 10.9.2003 LAGE EntgeltfortzG § 5 Nr. 8 = NZA-RR 2004, 292; LAG Hessen 8.2.2010 LAGE BGB 2002 § 626 Nr. 26b (bejaht); LAG Rheinland-Pfalz

bb) Schlechtleistung

(1) Fehlerhafte Arbeit

596 Erbringt der Arbeitnehmer nicht die geschuldete Arbeitsleistung mittlerer Art und Güte, die von jedem Arbeitnehmer aufgrund des Arbeitsvertrages erwartet werden darf, so kann das Arbeitsverhältnis nach erfolgter Abmahnung[195] gekündigt werden. Auch wenn im Arbeitsrecht prinzipiell ein individueller Leistungsmaßstab anzulegen ist, hat der Arbeitnehmer die ihm übertragenen Arbeiten unter Anspannung der ihm möglichen Fähigkeiten ordnungsgemäß zu verrichten.[196] Schlechtleistungen sind ein Kündigungstatbestand, der regelmäßig nur nach Abmahnung und als ordentliche Kündigung greift. In der Praxis besteht das Hauptproblem darin, sowohl bezüglich der Abmahnung als auch der Kündigung die Schlechtleistung in einem dem Beweis zugänglichen Umfang nachzuweisen.[197] Beruhen die Leistungsmängel auf fehlender Eignung, kommt unter Umständen eine personenbedingte Kündigung in Betracht.[198] Auch durch Alkoholgenuss bedingte Schlechtleistungen können zur Kündigung führen;[199] bei alkoholkranken Mitarbeitern kommt aber regelmäßig nur eine krankheitsbedingte Kündigung in Betracht (→ Rn. 628). Besitzt der Arbeitnehmer dagegen die notwendige persönliche und fachliche Qualifikation, so können wiederholte Leistungsmängel die verhaltensbedingte Kündigung rechtfertigen.[200] Eine Schlechtleistung kann in Qualitätsmängeln bestehen, etwa wenn der Arbeitnehmer um 50% hinter der Leistung vergleichbarer Arbeitnehmer zurückbleibt.[201] Nach Auffassung des BAG genügt jedoch nicht der Hinweis des Arbeitgebers, der Arbeitnehmer habe „unterdurchschnittlich" gearbeitet, weil in einer „sehr guten Gruppe schon der gute Arbeitnehmer unter dem Durchschnitt arbeitet".[202] Allein die Nichterfüllung einer arbeitgeberseitig gesetzten Zielvorgabe stellt noch keine kündigungsrelevante Schlechtleistung dar.[203] Das BAG hat jetzt seine Rspr. fortgeführt und präzisiert. Nach der Grundsatzentschei-

---

8.10.2013 NZA-RR 2014, 127; LAG Berlin 16.4.2003 LAGE BGB 2002 § 626 Nr. 1 (verneint).

[195] LAG Hamm 16.8.1985 LAGE KSchG § 1 Verhaltensbedingte Kündigung Nr. 6; ArbG Celle 14.5.2001 NZA-RR 2001, 478; LAG Schleswig-Holstein 27.6.2013 LAGE KSchG § 1 Verhaltensbedingte Kündigung Nr. 10; *Berkowsky*, NZA-RR 2001, 1, 3f., 7f.

[196] BAG 21.5.1992 EzA KSchG § 1 Verhaltensbedingte Kündigung Nr. 42 = NZA 1992, 1028; BAG 11.12.2003 EzA KSchG § 1 Verhaltensbedingte Kündigung Nr. 62 = NZA 2004, 784; LAG Hamm 23.8.2000 LAGE KSchG § 1 Verhaltensbedingte Kündigung Nr. 76a = NZA-RR 2001, 138.

[197] Siehe ArbG Celle 14.5.2001 NZA-RR 2001, 478; LAG Baden-Württemberg 6.9.2006 LAGE KSchG § 1 Verhaltensbedingte Kündigung Nr. 93a.

[198] Ebenso KR/*Griebeling*, § 1 KSchG Rn. 448; LAG Nürnberg 12.6.2007 NZA-RR 2008, 178.

[199] LAG Frankfurt 20.3.1986 LAGE KSchG § 1 Verhaltensbedingte Kündigung Nr. 9 = DB 1986, 2608; ausf. *Bengelsdorf*, Festschrift Hromadka, 2008, S. 9.

[200] BAG 15.8.1984 AP KSchG 1969 § 1 Nr. 8 = EzA KSchG § 1 Nr. 40; BAG 22.7.1982 AP KSchG 1969 § 1 Verhaltensbedingte Kündigung Nr. 5 = EzA KSchG § 1 Verhaltensbedingte Kündigung Nr. 10; BAG 16.3.1961 AP KSchG 1969 § 1 Verhaltensbedingte Kündigung Nr. 2 = DB 1961, 779; LAG Hamm 29.2.1996 ARSt 1996, 163; im Einzelnen *Becker-Schaffner*, DB 1981, 1775; zur Kündigung eines Tendenzträgers wegen Leistungsmängeln BAG 3.11.1982 AP KSchG 1969 § 15 Nr. 12 = EzA KSchG n. F. § 15 Nr. 28.

[201] LAG Hamm 13.4.1983 DB 1983, 1930; vgl. auch BAG 21.5.1992 EzA KSchG § 1 Verhaltensbedingte Kündigung Nr. 42 = NZA 1992, 1028; zur krankheitsbedingten Leistungsminderung siehe BAG 26.9.1991 EzA KSchG § 1 Personenbedingte Kündigung Nr. 10 mit Anm. *Raab* = NZA 1992, 1073.

[202] BAG 22.7.1982 AP KSchG 1969 § 1 Verhaltensbedingte Kündigung Nr. 5 mit Anm. *Otto* = EzA KSchG § 1 Verhaltensbedingte Kündigung Nr. 10 mit Anm. *Weiss*; bestätigt durch BAG 11.12. 2003 EzA KSchG § 1 Verhaltensbedingte Kündigung Nr. 62 = NZA 2004, 784, 786.

[203] LAG Köln 23.5.2002 LAGReport 2003, 75 = NZA-RR 2003, 305.

dung vom 11.12.2003[204] richtet sich der Inhalt des Leistungsversprechens zum einen nach dem vom Arbeitgeber durch Ausübung des Direktionsrechts festzulegenden Arbeitsinhalt und zum anderen nach dem persönlichen, subjektiven Leistungsvermögen des Arbeitnehmers. Daraus ist allerdings nicht zu folgern, dass der Arbeitnehmer seine Leistungspflicht selbst willkürlich bestimmen kann. Er muss vielmehr unter angemessener Ausschöpfung seiner persönlichen Leistungsfähigkeit arbeiten.

597 Wenn der Arbeitgeber die Kündigung auf Schlechtleistung stützen will, muss bedacht werden, dass auch sorgfältigen Arbeitnehmern schon einmal Fehler unterlaufen. Die Schlechtleistungen müssen daher eine gewisse Erheblichkeitsschwelle überschreiten. Bei der Herstellung von Werkstücken im Minutentakt muss berücksichtigt werden, dass während eines achtstündigen Arbeitstages die Leistungsfähigkeit – je nach Anforderung, Belastung und Eintönigkeit der Arbeit – ganz normalen Schwankungen unterliegt.[205] Gemessen an der durchschnittlichen Leistung der vergleichbaren Arbeitnehmer muss das Verhältnis von Leistung und Gegenleistung stark beeinträchtigt sein. Diese Schwelle sieht das BAG bei einer langfristigen Unterschreitung der Durchschnittsleistung um deutlich mehr als $1/3$ erreicht.[206] Um dies darlegen zu können, ist u. U. die durchschnittliche objektivierte Fehlerquote vergleichbarer Arbeitnehmer der Fehlerquote des gekündigten Arbeitnehmers gegenüberzustellen bzw. ein konkreter Leistungsvergleich notwendig. Die längerfristige deutliche Überschreitung der durchschnittlichen Fehlerquote je nach tatsächlicher Fehlerzahl, Art, Schwere und Folgen der fehlerhaften Arbeitsleistung kann ein Anhaltspunkt dafür sein, dass der Arbeitnehmer vorwerfbar seine vertraglichen Pflichten verletzt.[207] Die widerstreitenden Interessen und die Problematik der Abgrenzung zur personenbedingten Kündigung will das BAG nach den Regeln der abgestuften Darlegungslast auflösen: Es sei zunächst Sache des Arbeitgebers, zu den Leistungsmängeln das vorzutragen, was er wissen kann. Kennt er lediglich die objektiv messbaren Arbeitsergebnisse, so genügt er seiner Darlegungslast, wenn er Tatsachen vorträgt, aus denen ersichtlich ist, dass die Leistungen des betreffenden Arbeitnehmers deutlich hinter denen vergleichbarer Arbeitnehmer zurückbleiben, also die Durchschnittsleistung erheblich unterschreiten. Hat der Arbeitgeber vorgetragen, dass die Leistungen des Arbeitnehmers über einen längeren Zeitraum den Durchschnitt deutlich (im Streitfall um 40%–50%) unterschritten haben, ist es Sache des Arbeitnehmers, hierauf zu entgegnen, gegebenenfalls das Zahlenwerk und seine Aussagefähigkeit im Einzelnen zu bestreiten und/oder darzulegen, warum er mit seiner deutlich unterdurchschnittlichen Leistung dennoch seine persönliche Leistungsfähigkeit ausschöpft.[208]

598 Nach der notwendigen Abmahnung muss vor einer Beendigungskündigung dem Arbeitnehmer genügend Zeit zur Leistungssteigerung gelassen werden.[209] Im Rahmen der Interessenabwägung ist zu berücksichtigen, dass der Arbeitnehmer bereits lange im Betrieb beschäftigt ist, möglicherweise jahrelang fehlerfrei gearbeitet hat und die Minderleistung nur aufgrund seines fortgeschrittenen Alters bedingt ist.[210] Bei

---

[204] NZA 2004, 784; bestätigt durch BAG 17.1.2008 EzA KSchG § 1 Verhaltensbedingte Kündigung Nr. 72 = NZA 2008, 693.
[205] LAG Schleswig-Holstein 27.5.2008 NZA-RR 2008, 573.
[206] BAG 11.12.2003 EzA KSchG § 1 Verhaltensbedingte Kündigung Nr. 62 = NZA 2004, 784, 786.
[207] BAG 17.1.2008 EzA KSchG § 1 Verhaltensbedingte Kündigung Nr. 72 = NZA 2008, 693.
[208] BAG 11.12.2003 EzA KSchG § 1 Verhaltensbedingte Kündigung Nr. 62 = NZA 2004, 784.
[209] LSW/*Löwisch*, § 1 KSchG Rn. 140, 167; LAG Frankfurt 26.4.1999 LAGE KSchG § 1 Verhaltensbedingte Kündigung Nr. 71 = NZA-RR 1999, 637.
[210] S. a. LAG Köln 11.5.2007 LAGE KSchG § 1 Verhaltensbedingte Kündigung Nr. 98; LAG Berlin 4.9.1998 – 6 Sa 47/98 –.

der Abwägung kann auch die Höhe des zugeführten Schadens berücksichtigt werden.²¹¹

599 Einzelfälle: Ein Kraftfahrer überprüft trotz einschlägiger Anweisungen nicht die Verkehrssicherheit des von ihm geführten Fahrzeugs.²¹² Ein Sozialarbeiter unterschreitet erheblich die üblichen Fallzahlen im Bereich der Sozialberatung.²¹³ Ein Chefarzt leistet nicht schon deshalb schlecht, weil die Belegzahlen in seiner Abteilung zurückgehen.²¹⁴ Generell ist zu berücksichtigen, dass wirtschaftliche Misserfolge arbeitsleistungsunabhängige Gründe haben können. Die durch das schlechte Spiel eines Kapellenmitgliedes hervorgerufene minderwertige Gesamtleistung einer Kapelle ist vom BAG als wichtiger Grund zur Auflösung der Arbeitsverhältnisse mit allen Kapellenmitgliedern anerkannt worden.²¹⁵ Einer Verkäuferin oder einer Kassiererin kann bei Existenz eines **Waren- oder Geldmankos** nur dann fristlos gekündigt werden, wenn zumindest feststeht, dass die Fehlbestände von ihr (mit-)verursacht worden sind.²¹⁶ In Betracht kommt ein Fall der Verdachtskündigung, wenn zwar der Kassenbestand stimmt, aber die Registrierung vereinnahmter Beträge unterblieben ist.²¹⁷ Mangelnde Führungseigenschaften können nach Abmahnung die ordentliche Kündigung rechtfertigen.²¹⁸

600 Die **Schlechtleistung** rechtfertigt i.d.R. nicht die fristlose Kündigung, auch nicht nach einer Abmahnung, es sei denn, die Schlechtarbeit erfolgt vorsätzlich, was der Arbeitgeber im Streitfall zu beweisen hat.²¹⁹ Selbst auf fahrlässige grobe Schlechtleistungen kann i.d.R. nicht sofort mit einer fristlosen Kündigung reagiert werden. Jedenfalls die ordentliche Kündigung und ggf. eine Abmahnung müssen auch hier als mildere Mittel vorgehen.²²⁰ Auch mangelhafte Leistungen während der vereinbarten **Probezeit** rechtfertigen im Grundsatz keine außerordentliche Kündigung, es sei denn, es stellt sich bereits in der Probezeit heraus, dass die Leistungen des Arbeitnehmers als Vertragserfüllung völlig unbrauchbar sind.²²¹ Auch an die Kündigung von Referendaren, deren Leistungen im Vorbereitungsdienst unzureichend sind, sind strenge Anforderungen zu stellen, zumal die Entlassung massiv in die Berufswahlfreiheit (Art. 12 GG) eingreift.²²²

(2) Langsamarbeit und Bummelei

601 Hält der Arbeitnehmer seine normale Arbeitsleistung bewusst zurück, sog. **Langsamarbeit,** so liegt ein Verstoß gegen die Hauptpflicht im Arbeitsvertrag vor, die nach Abmahnung zur Kündigung berechtigen kann.²²³ Ein im Prämienlohn arbeitender Ar-

---

[211] LAG Köln 2.7.1987 LAGE BGB § 626 Nr. 32.
[212] LAG Köln 2.3.1999 RzK I 5i Nr. 153 = AuA 2000, 94.
[213] LAG Köln 25.11.1997 EzBAT BAT § 53 Verhaltensbedingte Kündigung Nr. 46.
[214] LAG Frankfurt 21.12.1989 ArztR 1994, 293.
[215] Vgl. BAG 9.2.1960 AP BGB § 626 Nr. 39 mit zust. Anm. *Hueck.*
[216] BAG 22.11.1973 EzA BGB n. F. § 626 Nr. 33 = NJW 1974, 1155.
[217] LAG Köln 30.7.1999 LAGE BGB § 626 Verdacht strafbarer Handlung Nr. 11 = NZA-RR 2000, 189.
[218] BAG 29.7.1976 AP KSchG § 1 Nr. 9 = EzA KSchG § 1 Nr. 34; BAG 23.3.1976 AP BetrVG 1972 § 5 Nr. 14 = EzA BetrVG 1972 § 5 Nr. 25.
[219] Siehe aber LAG Düsseldorf 17.1.1962 DB 1962, 476 und 14.3.1962 BB 1963, 516.
[220] LAG Schleswig-Holstein 16.5.2007 NZA-RR 2007, 402 für den Fall unterlassener und falsch dokumentierter Pflegemaßnahmen einer Pflegekraft; LAG Düsseldorf 25.7.2003 ArbuR 2004, 37 = LAGE BGB 2002 § 626 Nr. 2; anders LAG Nürnberg 3.12.2003 – 4 Sa 554/02 – n. rkr.
[221] LAG Frankfurt 5.2.1987 LAGE BGB § 626 Nr. 29.
[222] BAG 6.3.2003 EzA BGB 2002 § 626 Nr. 2 = ZTR 2004, 48.
[223] Schon wegen nicht hinreichenden Substantiierung im Rahmen des § 102 BetrVG verneint durch LAG Frankfurt 16.7.1998 RzK I 5i Nr. 149; ohne vorangehende Abmahnung verneint durch LAG Düsseldorf 24.6.2009 LAGE BGB 2002 § 626 Nr. 21.

§ 22 Die außerordentliche Kündigung

beitnehmer verletzt durch eine mindere Leistung seine individuelle Leistungspflicht, wenn er seine Arbeitskraft bewusst zurückhält und nicht unter angemessener Anspannung seiner Kräfte arbeitet.[224]

Die **Bummelei** im Betrieb ist beharrliche Arbeitsverweigerung, wenn sie nach Abmahnung fortgesetzt wird. Wer während der Arbeit übermäßig telefoniert oder aus privaten Gründen im Internet surft sowie Computerspiele oder Kartenspiele durchführt, verletzt die Arbeitspflicht und kann gekündigt werden, insbesondere wenn gleichartige Pflichtverletzungen bereits vergeblich abgemahnt worden sind.[225] Wenn man auch grundsätzlich eine individuelle Abmahnung verlangt, so kann es doch in derartigen Fällen, in denen die Verstöße von Gruppen von Arbeitnehmern erfolgen, ausreichend sein, wenn eine allgemeine Abmahnung im Betrieb oder der betreffenden Abteilung erfolgt. Hier kann u. U. auch eine Abmahnung durch Anschlag am Schwarzen Brett erfolgen mit der Androhung der fristlosen Kündigung. Das gilt vor allem dann, wenn die Arbeitsordnung für Mitteilungen an die Belegschaft Anschläge am Schwarzen Brett vorsieht. Ansonsten wird man auf den Einzelfall abzustellen haben und prüfen müssen, ob das Tatbestandsmerkmal der Beharrlichkeit gegeben ist.

602

c) Verletzung von Nebenpflichten

Jedem Schuldverhältnis sind Pflichten der Vertragspartner der **Rücksichtnahme, des Schutzes und der Förderung des Vertragszwecks** immanent. Über die allgemeine schuldrechtliche Dogmatik (vgl. jetzt § 241 Abs. 2 BGB) hinausgehende Treue- und Fürsorgepflichten sind nicht anzuerkennen. Allerdings bestehen Nebenpflichten auch in einem ruhenden Arbeitsverhältnis fort, mögen diese auch – mangels Arbeitspflicht – ggf. gemindert sein. Zu beachten ist, dass Nebenpflichten schon nach dem Wortlaut des § 241 Abs. 2 BGB in engem Zusammenhang mit dem Schuldverhältnis stehen. Deshalb können – etwa bei Entsendung eines Arbeitnehmers in ein anderes Unternehmen – Pflichtverletzungen gegenüber diesem Unternehmen nicht ohne Weiteres auf das Arbeitsverhältnis durchschlagen. Es bedarf vielmehr einer genauen Prüfung, ob die Pflichten gegenüber beiden Vertragspartnern bestanden.[226] Dass sich Nebenpflichten je nach Qualität und Intensität der Vertragsbeziehung verstärken können, die bei Dauerschuldverhältnissen strukturell ausgeprägter sind als bei punktuellen Rechtsgeschäften, ist keine Besonderheit des Arbeitsrechts.[227] Nebenleistungspflichten, wie Unterlassungs- und Handlungspflichten, sind eng mit der Hauptleistungspflicht des Arbeitnehmers verknüpft.[228] Auch unselbstständige Nebenpflichten, zu denen allgemeine Sorgfalts-, Obhuts-, Fürsorge-, Aufklärungs- und Anzeigepflichten gehören, stehen nicht im freien Raum mit beliebigem Inhalt, sondern dienen dazu, die Erbringung der Hauptleistung vorzubereiten und zu fördern, die Leistungsmöglichkeit zu erhalten und den Leistungserfolg zu sichern.

603

Die Formulierung des BAG, die Treuepflicht des Arbeitnehmers gebiete, alles zu unterlassen, was dem Arbeitgeber und dem Betrieb abträglich sei,[229] ist irreführend. Insbesondere bei außerdienstlichen Vertragsbindungen vermag diese Formel wenig Hilfestellung zu geben, weil sie konsequent gehandhabt zu einem problematischen und vertragsrechtlich übermäßigen Eingriff in die grundrechtlich geschützte Privatsphäre

604

---

[224] Vgl. BAG 20.3.1969 AP GewO § 123 Nr. 27 = EzA GewO § 123 Nr. 11.
[225] LAG Berlin 18.1.1988 LAGE BGB § 626 Nr. 31.
[226] BAG 27.11.2008 NZA 2009, 671.
[227] MünchArbR/*Reichold*, § 47 Rn. 15; *Preis*, Vertragsgestaltung S. 517 ff.
[228] Ausf. MünchArbR/*Reichold*, § 47 Rn. 12 ff.
[229] BAG 16.8.1990 AP BGB § 611 Treupflicht Nr. 10.

führen könnten. Überzeugender ist die Formulierung, dass der Arbeitnehmer alles **zu unternehmen** hat, damit der vertraglich vereinbarte Leistungszweck auch erreicht wird, der in den versprochenen Diensten zum Ausdruck kommt, und alles **zu unterlassen,** was ihn vereiteln würde.[230]

605 Die Verletzung solchermaßen eingegrenzter vertraglicher Nebenpflichten kann – ggf. nach Abmahnung – die Kündigung rechtfertigen. Die Fallgestaltungen dieser Nebenpflichtverletzungen sind jedoch sehr unterschiedlich, sodass der jeweilige Einzelfall besonders sorgfältig betrachtet werden muss. Da die ordentliche Kündigung die übliche und grundsätzlich ausreichende Reaktion auf die Verletzung einer Nebenpflicht ist, kommt eine außerordentliche Kündigung nur in Betracht, wenn das Gewicht dieser Pflichtverletzung durch erschwerende Umstände verstärkt wird. Der konkrete Inhalt dieser Pflicht ergibt sich aus dem jeweiligen Arbeitsverhältnis und seinen spezifischen Anforderungen.[231] Insbesondere Arbeitnehmern in leitender Position wird regelmäßig in intensiver Weise Vertrauen eingeräumt, das deshalb besonders störungsempfindlich ist.[232] Im Arbeitsverhältnis wird der Inhalt der Nebenpflichten durch die **besonderen persönlichen Bindungen** der **Vertragspartner** geprägt.[233] Je weiter sich denkbare Pflichten von der Hauptpflicht entfernen, umso zurückhaltender sind entsprechende Nebenpflichten ohne ausdrückliche vertragliche Vereinbarung anzuerkennen.[234] Mit Nebenpflichtverletzungen können auch besonders schwerwiegende Vertrauensbrüche verbunden sein. Je nach Bedeutung des Vertrauensmissbrauchs kann daher auch eine fristlose Kündigung durchgreifen.[235]

aa) Leistungstreuepflichten

(1) Berichtspflicht

606 Der Arbeitnehmer hat stets Auskunft über die von ihm geleistete Arbeit zu geben. Es ist durch das Direktionsrecht gedeckt, den Arbeitnehmer anzuweisen, die von ihm erbrachten Arbeitsleistungen zu dokumentieren.[236] In welchem Umfang dies zu geschehen hat, richtet sich nach dem mit der Weisung verfolgten Zweck. Neben der Kontrolle des Arbeitsergebnisses durch den Arbeitgeber können Tätigkeitsaufzeichnungen auch sonstigen Zwecken dienen. Die beharrliche Verweigerung der Erstellung von **Tagesleistungsberichten,** die für den Arbeitgeber zur Kontrolle der geleisteten Arbeit erforderlich sind, kommt einer beharrlichen Arbeitsverweigerung gleich.[237]

(2) Rücksprache mit Arbeitgeber

607 Weigert sich ein Arbeitnehmer **hartnäckig,** zu einer vom Arbeitgeber angeordneten Rücksprache über eine den Arbeitsvertrag betreffende Frage zu erscheinen, so kann das die fristlose Entlassung rechtfertigen.[238] Der Arbeitnehmer kann jedoch regelmäßig verlangen, dass eine Person seines Vertrauens (Betriebsrat, Anwalt) an der Unterredung teilnimmt; er darf aber nicht heimlich ein aufnahmebereites Tonband mitführen.[239]

---

[230] Vgl. auch MünchArbR/*Reichold* § 47 Rn. 16.
[231] BAG 12.5.2010 NZA 2010, 1348.
[232] LAG Nürnberg 13.1.1993 LAGE BGB § 626 Nr. 67.
[233] BAG 7.9.1995 EzA BGB § 242 Auskunftspflicht Nr. 4 = NZA 1996, 637.
[234] *Preis,* Vertragsgestaltung S. 518.
[235] So zB Verstoß gegen die Rücksichtnahmepflicht aus § 241 Abs. 2 BGB bei Skiurlaub während Arbeitsunfähigkeit BAG 2.3.2006 EzA BGB 2002 § 626 Nr. 16 = NZA-RR 2006, 636.
[236] BAG 19.4.2007 AP BGB § 611 Direktionsrecht Nr. 77 = ZTR 2007, 564.
[237] LAG Berlin 27.6.1968 BB 1969, 835.
[238] LAG Düsseldorf 22.3.1966 DB 1966, 947 und 6.12.1977 DB 1978, 751.
[239] LAG Rheinland-Pfalz 18.9.1996 NZA 1997, 826.

(3) Direktionsrecht / Gehorsamspflicht

Der Arbeitnehmer hat die kraft Direktionsrecht vertragsgemäß zugewiesene Arbeit **608** zu leisten. Das Weisungsrecht des Arbeitgebers korreliert mit der Gehorsamspflicht des Arbeitnehmers, das Bestandteil seiner Hauptpflicht ist und im engeren Sinne gar nicht zu den „Nebenpflichten" gehört.[240] Die Missachtung von Arbeitsanweisungen rechtfertigt – nach Abmahnung – die verhaltensbedingte Kündigung.[241] Die vollständige Verweigerung der zugewiesenen Arbeitsleistung kann als beharrliche Arbeitsverweigerung (→ Rn. 570 ff.) auch die außerordentliche Kündigung rechtfertigen.

(4) Herausgabe von Unterlagen (Arbeitspapiere)

Der Arbeitnehmer hat dem Arbeitgeber stets Unterlagen, die ihm zu Erbringung **609** der Arbeitsleistung überlassen sind oder die im Laufe der Arbeitsleistung erstellt worden sind, herauszugeben. Das gilt auch für Dateien, die auf einem PC gespeichert sind.[242] Ebenfalls hat der Arbeitnehmer dem Arbeitgeber Unterlagen, die für die Einstellung oder Lohnberechnung notwendig sind, vorzulegen. Nachhaltige Verstöße hiergegen können die Kündigung rechtfertigen.

bb) Handlungs- und Schutzpflichten

(1) Anzeige- und Nachweispflichten

Zur Sicherung der Leistungserbringung sowie zur Schadensabwendung bestehen **610** verschiedene Anzeige- und Nachweispflichten des Arbeitnehmers. Zum Teil sind diese gesetzlich konkretisiert. Die Verletzung vertraglicher, tariflicher oder gesetzlicher Anzeige- und Nachweispflichten kann je nach Lage des Falles die ordentliche oder außerordentliche Kündigung rechtfertigen.[243]

Die wichtigste **Anzeige- und Nachweispflicht** ist in § 5 EFZG im Falle der **Ar-** **611** **beitsunfähigkeit** geregelt. Ein Arbeitnehmer ist danach auch ohne ausdrückliche Vereinbarung verpflichtet, seine Arbeitsunfähigkeit dem Arbeitgeber unverzüglich anzuzeigen. Die Unterrichtungspflicht entfällt auch nicht bei Auslandserkrankungen (§ 5 Abs. 2 EFZG).[244] Ein Angestellter in verantwortlicher Stellung, der für einen bestimmten Aufgabenbereich zuständig ist, darf sich nicht lediglich auf die Übersendung der Arbeitsunfähigkeitsbescheinigung beschränken, sondern muss, soweit es ihm möglich ist, sich auch darum kümmern, was ohne seine Anwesenheit geschehen soll. Die Verletzung dieser vertraglichen Hauptpflicht kann die Kündigung rechtfertigen.[245] Auch die Verletzung der dem Arbeitnehmer nach § 5 Abs. 1 EFZG obliegenden Pflicht, seine **Arbeitsunfähigkeit** durch ärztliche Bescheinigung nachzuweisen, kann die Kündigung rechtfertigen. Vor Ausspruch einer Kündigung wird jedoch eine Abmahnung unentbehrlich sein. Angesichts des geringen Gewichts dieser Pflichtverletzung bedarf es zur Rechtfertigung einer fristlosen Kündigung der Feststellung er-

---

[240] MünchArbR/*Blomeyer*, 2 Aufl. 2000 § 51 Rn. 18.
[241] LAG Hamburg 3.11.1999 NZA-RR 2000, 304.
[242] LAG Schleswig-Holstein 20.1.2000 DuD 2001, 235.
[243] BAG 7.12.1988 AP KSchG 1969 § 1 Verhaltensbedingte Kündigung Nr. 26 = EzA KSchG § 1 Verhaltensbedingte Kündigung Nr. 26; BAG 30.1.1976 und 15.1.1986 EzA BGB n.F. § 626 Nr. 45 und 100 = DB 1976, 1067 und NZA 1987, 93; BAG 16.8.1991 EzA KSchG § 1 Verhaltensbedingte Kündigung Nr. 41 mit Anm. *Rüthers/Müller* = NZA 1992, 130; LAG Köln 12.12.1993 LAGE KSchG § 1 Verhaltensbedingte Kündigung Nr. 40; LAG Köln 1.6.1995 LAGE BGB § 611 Abmahnung Nr. 42.
[244] LAG Frankfurt 22.1.1990 LAGE KSchG § 1 Verhaltensbedingte Kündigung Nr. 30.
[245] BAG 31.8.1989 EzA KSchG § 1 Verhaltensbedingte Kündigung Nr. 27 = NZA 1990, 433; BAG 30.1.1976 AP BGB § 626 Krankheit Nr. 2 = EzA BGB n.F. § 626 Nr. 46.

schwerender Umstände.²⁴⁶ Zeigt ein Arbeitnehmer seine Erkrankung nicht oder zu spät an, so rechtfertigt dies in der Regel nicht die fristlose Entlassung.²⁴⁷ Die **Anzeigepflichtverletzung** hat regelmäßig geringeres Gewicht und es bedarf der Feststellung erschwerender Umstände des Einzelfalles, die ausnahmsweise die Würdigung rechtfertigen, dem Arbeitgeber sei die Fortsetzung des Arbeitsverhältnisses bis zum Ablauf der Kündigungsfrist unzumutbar.²⁴⁸ Eine Verletzung der Anzeigepflicht kann nur dann die fristlose Kündigung rechtfertigen, wenn sie wiederholt und vorsätzlich erfolgt oder noch andere gewichtige Gründe hinzukommen. Dies hat das BAG bei einem Angestellten in verantwortlicher Stellung bejaht, zu dessen Aufgabenbereich es auch gehörte, Regelungen dafür zu treffen, was in seiner Abwesenheit geschehen soll.²⁴⁹ Die gleichen Grundsätze gelten auch für die Verpflichtungen des Arbeitnehmers, über seine Erkrankung ein Attest vorzulegen.²⁵⁰ Das LAG Berlin²⁵¹ hat sogar im Falle eines wiederholten Verstoßes gegen die Verpflichtung, sich rechtzeitig krankzumelden, eine fristlose Entlassung abgelehnt, wenn sich der Arbeitnehmer nicht erkennbar aus Prinzip weigert, sich bei Krankheit zu entschuldigen (sehr weitgehend). Das LAG Köln hat dagegen bei einer hartnäckigen, trotz dreier Abmahnungen fortgesetzten Verletzung der Anzeigepflicht eine außerordentliche Kündigung bejaht.²⁵² Zu Recht wurde die Kündigung dagegen bei nachhaltiger Weigerung, sich einer vorgeschriebenen Vorsorgeuntersuchung zu stellen, bejaht.²⁵³

612 Der Arbeitnehmer muss den **Arztbesuch** nachweisen. Die beharrliche Verweigerung dieser Pflicht rechtfertigt die fristlose Kündigung.²⁵⁴

613 Anzeigepflichten können sich ferner aus der allgemeinen Schadensabwendungspflicht ergeben (→ Rn. 619). Ob und inwieweit der Arbeitnehmer Kollegen anzuzeigen verpflichtet ist, bedarf differenzierter Betrachtung (→ Rn. 637).

614 Ausländische Arbeitnehmer, die in ihrem Heimatland **Wehrdienst** ableisten müssen, sind verpflichtet, den Arbeitgeber unverzüglich über den Zeitpunkt der Einberufung zu unterrichten und auf Verlangen des Arbeitgebers die Richtigkeit der Angaben durch eine behördliche Bescheinigung des Heimatstaates nachzuweisen. Die Verletzung dieser Pflicht kann je nach den Umständen die ordentliche oder außerordentliche Kündigung rechtfertigen.²⁵⁵

(2) Arbeitsschutz

615 Die Weigerung des Arbeitnehmers, trotz Abmahnung die notwendigen Arbeitsschutzbestimmungen zu beachten, rechtfertigt die sofortige Kündigung.²⁵⁶ Bei vorsätz-

---

²⁴⁶ BAG 15.1.1986 EzA BGB n. F. § 626 Nr. 100 = NZA 1987, 93; LAG Köln 17.11.2000 NZA-RR 2001, 367; bei unbefristeter Arbeitsunfähigkeit müssen keine bestätigenden Bescheinigungen vorgelegt werden, LAG Köln 9.6.1995 LAGE KSchG § 1 Verhaltensbedingte Kündigung Nr. 48.
²⁴⁷ LAG Düsseldorf 1.2.1955 DB 1955, 436; 9.11.1960 BB 1961, 132; 27.2.1964 EzA HGB § 72 Nr. 1; LAG Hamm 7.10.1954 BB 1955, 227 = DB 1954, 1108; LAG Frankfurt 24.4.1957 AP GewO § 123 Nr. 9 = DB 1957, 900; LAG Baden-Württemberg 30.11.1964 BB 1965, 373.
²⁴⁸ Vgl. BAG 15.1.1986 EzA BGB n. F. § 626 Nr. 100 = NZA 1987, 93.
²⁴⁹ BAG 30.1.1976 AP BGB § 626 Krankheit Nr. 2 = EzA BGB n. F. § 626 Nr. 45.
²⁵⁰ Vgl. hierzu LAG Düsseldorf 21.3.1955 DB 1955, 851; 11.1.1957 DB 1957, 432; 14.11.1961 DB 1962, 72; 15.10.1963 DB 1964, 628; 14.4.1965 BB 1965, 1273; LAG Stuttgart 30.11.1964 DB 1965, 148; ArbG Rheine 17.9.1965 BB 1966, 124.
²⁵¹ 12.1.1965 ArbuR 1965, 283.
²⁵² LAG Köln 9.2.2009 LAGE BGB 2002 § 626 Nr. 19.
²⁵³ LAG Düsseldorf 31.5.1996 NZA-RR 1997, 88.
²⁵⁴ LAG Düsseldorf 15.10.1963 DB 1964, 628.
²⁵⁵ BAG 7.9.1983 AP KSchG 1969 § 1 Verhaltensbedingte Kündigung Nr. 7 mit Anm. *Ortlepp* = EzA BGB n. F. § 626 Nr. 87.
²⁵⁶ LAG Düsseldorf 2.12.1952 DB 1953, 108.

licher Missachtung bekannter Sicherheitsvorschriften kann die Abmahnung entbehrlich sein.[257] Gleiches gilt bei der Festsetzung einer gefährlichen Handlung trotz Unterlassungsaufforderung durch den Arbeitgeber.[258] Ebenso kann bei nachhaltiger Weigerung, sich einer vorgeschriebenen medizinischen Vorsorgeuntersuchung zu unterziehen, eine außerordentliche Kündigung gerechtfertigt sein.[259]

(3) Aufklärungs-, Unterrichtungs- und Auskunftspflichten

Der Arbeitnehmer hat den Arbeitgeber über wesentliche Vorkommnisse im dienstlichen Bereich zu unterrichten. Drohen Schäden an oder von Betriebsgütern, muss der Arbeitgeber hierüber informiert werden. Der Arbeitnehmer darf diese nicht ohne Rücksprache vernichten, sofern nicht Leib und Leben Dritter unmittelbar gefährdet sind.[260]

616

(4) Gesundheitsuntersuchung

Kraft (tariflicher) Vereinbarung kann der Arbeitnehmer darüber hinaus verpflichtet sein, sich einer ärztlichen Untersuchung zu unterziehen.[261] Die Auswahl des untersuchenden Arztes kann in der Vereinbarung dem Arbeitgeber überlassen bleiben, der die Auswahl nach billigem Ermessen vornehmen muss.[262] Das BAG[263] bejaht viel zu weitgehend eine Nebenpflicht zur Entbindung der behandelnden Ärzte von der Schweigepflicht auch ohne tarifliche Regelung aus der allgemeinen Treuepflicht. Das ist in dieser Allgemeinheit abzulehnen,[264] und kann allenfalls für die Feststellung der Berufs- oder Erwerbsunfähigkeit erwogen werden. Bei begründeten Zweifeln an der Tauglichkeit des Arbeitnehmers, den Anforderungen seines Arbeitsplatzes aus gesundheitlichen Gründen auf Dauer gerecht zu werden, sieht das BAG eine Nebenpflicht des Arbeitnehmers, sich einem amtsärztlichen Gutachten über die Dienstfähigkeit zu stellen. Ein Arbeitnehmer, der die notwendige ärztliche Begutachtung über Gebühr erschwert oder unmöglich macht, verstoße gegen seine Treuepflicht. Eine generelle Nebenpflicht, sich einer ärztlichen Untersuchung zu stellen, besteht nicht. In seiner Entscheidung vom 12.8.1999[265] hat das BAG zwar seine Rechtsprechung bestätigt, in der Sache aber deutlich relativiert. So hat es die Pflicht des Arbeitnehmers, sich routinemäßig Blutuntersuchungen zu unterziehen (zur Feststellung einer Alkohol- oder Drogenabhängigkeit) verneint. Zu Recht erkennt das BAG jetzt die verfassungsrechtliche Dimension des Schutzes der Intimsphäre und der körperlichen Unversehrtheit (Art. 2 Abs. 1 GG iVm Art. 1 Abs. 1 GG). Der Schutz ist umso intensiver, je näher die Daten der Intimsphäre des Betroffenen stehen.[266] Wenn der Arbeitnehmer aber nicht ge-

617

---

[257] Vgl. LAG Schleswig-Holstein 14.8.2007 LAGE BGB 2002 § 626 Nr. 12 = NZA-RR 2007, 634; LAG Rheinland-Pfalz 14.4.2005 NZA-RR 2006, 194; LAG Hamm 17.11.1989 LAGE BGB § 626 Nr. 48.
[258] LAG Köln 17.3.1993 LAGE BGB § 626 Nr. 71.
[259] LAG Düsseldorf 31.5.1996 NZA-RR 1997, 88 f.
[260] BAG 11.3.1999 EzA BGB n. F. § 626 Nr. 177 = NZA 1999, 818.
[261] BAG 27.9.2012 AP KSchG 1969 § 1 Verhaltensbedingte Kündigung Nr. 68; BAG 7.11.2002 AP BGB § 620 Kündigungserklärung Nr. 19 = EzA BGB 2002 § 130 Nr. 1.
[262] BAG 27.9.2012 AP KSchG 1969 § 1 Verhaltensbedingte Kündigung Nr. 68.
[263] BAG 6.11.1997 EzA BGB n. F. § 626 Nr. 171 = NZA 1998, 326.
[264] Die Ausführungen von *Bezani*, Die krankheitsbedingte Kündigung, 1994, S. 63 ff., auf die sich das BAG bezieht, zeigen, dass ein derartig weitgehender Rechtssatz weder in Rspr. noch Literatur anerkannt ist.
[265] BAG 12.8.1999 EzA KSchG § 1 Verhaltensbedingte Kündigung Nr. 55 = NZA 1999, 1209; siehe bereits *v. Hoyningen-Huene*, DB 1995, 142, 145; *Hey/Linse*, BB 2012, 2881.
[266] BVerfGE 89, 69, 82 f., mwN.

zwungen werden kann, sich einer Untersuchung zu unterziehen, wie das BAG ausführt,[267] stellt sich die Frage, ob die vom BAG im Grundsatz angenommene Nebenpflicht überhaupt besteht.[268] Die Frage, unter welchen allgemeinen Voraussetzungen eine Pflicht des Arbeitnehmers zu bejahen ist, sich durch einen Arzt gesundheitlich untersuchen zu lassen und ggf. die Ärzte von der Schweigepflicht zu entbinden, bedarf dringender Klärung. Das bloße Interesse an der Abschätzung des kündigungsrechtlichen Prozessrisikos begründet allein kein hinreichendes Auskunftsinteresse des Arbeitgebers. Eine *generelle* Nebenpflicht zur Auskunftserteilung über bestehende Erkrankungen ist daher abzulehnen.[269] Liegen aber zureichende Anhaltspunkte für eine dauerhafte Arbeitsunfähigkeit oder dauerhaft erheblich über 6 Wochen pro Jahr hinausgehende Fehlzeiten (ca. 60 bis 70 Arbeitstage) vor, kann ein „berechtigtes Interesse" des Arbeitgebers und damit eine vertragliche Nebenpflicht des Arbeitnehmers bestehen, eine ärztliche Untersuchung über die Arbeitsfähigkeit bzw. die Gesundheitsprognose zu dulden.[270]

618 Soweit der Arbeitnehmer allerdings bei Zweifeln an seiner Arbeitsunfähigkeit einer durch den medizinischen Dienst nach § 275 Abs. 1 SGB V angeordneten Untersuchung nicht nachkommt, kann hierin zugleich ein kündigungsrelevanter Pflichtverstoß gesehen werden. Das Gleiche gilt, wenn sich ein Arbeitnehmer nachhaltig einergesetzlich vorgeschriebenen Vorsorgeuntersuchung entzieht.[271] Das BAG hat die nachhaltige Weigerung eines Arbeitnehmers, sich einer tarifvertraglich geregelten Untersuchungspflicht auf Verlangen des Arbeitgebers zu unterziehen, und schuldhaft die Stellung eines Rentenantrags zu unterlassen mit der Folge, trotz Arbeitsunfähigkeit weiter Entgeltfortzahlung zu beziehen, als wichtigen Kündigungsgrund erachtet.[272]

(5) Schadensabwendungspflicht

619 Aufgrund der allgemeinen vertraglichen Schutzpflicht ist der Arbeitnehmer verpflichtet, Schaden vom Betrieb des Arbeitgebers abzuwenden. So müssen **Fehler an Maschinen oder Material** angezeigt werden. Die fristlose Kündigung ist gerechtfertigt, wenn ein Arbeitnehmer bzw. Betriebsrat die Arbeitnehmerschaft zur **Schädigung des Arbeitgebers** aufruft.[273] Auch die bewusste und gewollte Geschäftsschädigung rechtfertigt die fristlose Entlassung,[274] ebenso wie die ernsthafte Ankündigung, der Arbeitnehmer werde den Interessen des Arbeitgebers in dessen existenzgefährdenderweise zuwiderhandeln.[275] Durch Tatsachen nicht gerechtfertigte Drohungen eines Bankmitarbeiters, die Bank öffentlich der Mitwirkung an Steuerhinterziehungen zu bezichtigen, ist als schwerwiegender Loyalitätsverstoß gewertet worden.[276] **Falschaussagen** zulasten des Arbeitgebers sind ebenfalls mit der Loyalitätspflicht unvereinbar.[277] Ob und inwieweit ein Arbeitnehmer arbeitsvertraglich verpflichtet ist, dem Arbeitge-

---

[267] BAG 12.8.1999 EzA KSchG § 1 Verhaltensbedingte Kündigung Nr. 55 = NZA 1999, 1209.
[268] Krit. insoweit ErfK/*Preis,* § 611 BGB Rn. 746.
[269] Vgl. *Preis/Greiner,* SAE 2004, S. 12, 19.
[270] *Preis/Greiner,* SAE 2004, S. 12, 17.
[271] LAG Düsseldorf 31.5.1996 NZA-RR 1997, 88 ff.
[272] BAG 6.11.1997 EzA BGB n. F. § 626 Nr. 171 = NZA 1998, 326.
[273] LAG Hamm 23.2.1965 AP ArbGG 1953 § 72 Divergenzrevision Nr. 27.
[274] BAG 17.6.1992 – 2 AZR 568/91 –, n. v.; Sächsisches LAG 25.6.1996 LAGE BGB § 626 Nr. 102.
[275] LAG Nürnberg 13.1.1993 LAGE BGB § 626 Nr. 67.
[276] BAG 11.3.1999 EzA BGB n. F. § 626 Nr. 176 = NZA 1999, 587.
[277] BAG 16.10.1986 AP BGB § 626 Nr. 95 = EzA BGB n. F. § 626 Nr. 105; LAG Berlin 29.8.1988 LAGE KSchG § 25 Nr. 6.

ber von **unerlaubten Handlungen anderer Arbeitnehmer** Mitteilung zu machen, wird unterschiedlich beurteilt.[278]

Wendet ein Arbeitnehmer einen nur ihm und seinen Verwandten zustehenden Personalrabatt einem Nachbarn zu, indem er dem Arbeitgeber vorspiegelt, es handele sich um einen Personaleinkauf, so schädigt er vorsätzlich das Vermögen des Arbeitgebers. Eine verhaltensbedingte Kündigung ohne vorherige Abmahnung ist zulässig.[279] Eine pflichtwidrige Vermögensschädigung kann auch vorliegen, wenn der Arbeitnehmer offenkundige Lohnüberzahlungen entgegennimmt.[280] Ob diese Pflichtwidrigkeit zur Kündigung berechtigt, ist aber zweifelhaft.[281] Jedenfalls dann, wenn der Arbeitnehmer über einen längeren Zeitraum (hier drei Jahre) Lohnzahlungen ohne Gegenleistung erhält, liegt darin keine kündigungsrechtlich relevante Pflichtverletzung, wenn er gegenüber dem Personalleiter des Arbeitgebers mehrfach seine Arbeit angeboten hat und dies dem Personalleiter bekannt war.[282]

620

cc) Unterlassungspflichten

(1) Abkehrwille

Nicht selten trifft ein Arbeitnehmer Vorkehrungen, um ein anderes Arbeitsverhältnis einzugehen oder sich selbständig zu machen. Dieses Verhalten wird häufig bekannt, und vereinzelt äußert der Arbeitnehmer seinen Willen, demnächst das Arbeitsverhältnis zu lösen. Dieses Verhalten stellt für sich genommen keine Vertragspflichtverletzung dar.[283] Eine verhaltensbedingte Kündigung kann hierauf mithin nicht gestützt werden.[284]

621

Freilich ist der fließende Übergang zwischen (grundrechtlich geschützter) **erlaubter Vorbereitung einer späteren Selbständigkeit** und unerlaubter Konkurrenz zu beachten. Prinzipiell darf ein Arbeitnehmer, wenn ein nachvertragliches Wettbewerbsverbot nach § 74 HGB nicht vereinbart worden ist, schon vor Beendigung seines Arbeitsverhältnisses für die Zeit nach seinem Ausscheiden die Gründung eines eigenen Unternehmens vorbereiten. § 60 Abs. 1 HGB verbietet lediglich die Aufnahme der werbenden Tätigkeit, insbesondere also das Vorbereiten der Vermittlung und des Abschlusses von Konkurrenzgeschäften. Daraus ergibt sich, dass solche Vorbereitungsmaßnahmen unzulässig sind, die schon selbst als Teil der werbenden Tätigkeit aufzufassen sind. Vorbereitungshandlungen, die in die Interessen des Arbeitgebers nicht unmittelbar eingreifen, erfüllen die Voraussetzungen des § 60 Abs. 1 HGB hingegen nicht.[285] Nur wenn der Arbeitnehmer im Zusammenhang mit den Vorbereitungshandlungen Vertragspflichtverletzungen begeht (Abwerbung, Konkurrenztätigkeit, Verrat von Betriebs- oder Geschäftsgeheimnissen), kann eine Kündigung aus diesen Gründen gerechtfertigt sein. Allein die Vermutung, es könne zu Vertragsverletzungen kommen,

622

---

[278] LAG Berlin 9.1.1989 EzA KSchG § 1 Verhaltensbedingte Kündigung Nr. 21; ArbG Stuttgart 9.12.1981 DB 1982, 1626; LAG Hamm 29.7.1994 BB 1994, 2352.
[279] LAG Schleswig-Holstein 28.1.1999 ARSt 1999, 105.
[280] BAG 10.3.2005 EzA TVG § 4 Ausschlussfristen Nr. 176 = NZA 2005, 812.
[281] Hierzu LAG Köln 9.12.2004 ZTR 2005, 375; LAG Köln 22.6.2007 PersV 2008, 273.
[282] BAG 28.8.2008 EzA BGB 2002 § 626 Nr. 22 = NZA 2009, 192.
[283] Zum Übertritt oder Gründung eines Konkurrenzunternehmens: BAG 30.1.1963 AP HGB § 60 Nr. 3 = EzA HGB § 60 Nr. 1; BAG 7.9.1972 AP HGB § 60 Nr. 7 = EzA HGB § 60 Nr. 7 und BAG 16.1.1975 AP HGB § 60 Nr. 8 = EzA HGB § 60 Nr. 8; zur Planung, die Arbeitgeberin im Wege eines „Management Buy-Outs" zu übernehmen LAG Niedersachsen 8.1.2004 NZA-RR 2004, 524.
[284] KR/*Griebeling*, § 1 KSchG Rn. 415; LAG Mecklenburg-Vorpommern 5.3.2013 LAGE BGB 2002 § 626 Nr. 42.
[285] BAG 26.6.2008 EzA BGB 2002 § 626 Nr. 21 = NZA 2008, 1415.

kann die Kündigung nicht rechtfertigen. Die Rechtsprechung hat jedoch bei Spezial- und Mangelberufen bei bestehendem Abkehrwillen eine betriebsbedingte Kündigung zugelassen, soweit es um die Notwendigkeit geht, eine nur schwer zu findende Ersatzkraft für den Abkehrwilligen einzustellen.[286] Dies ist nach dem System der betriebsbedingten Kündigung zweifelhaft, weil ein verringerter Personalbedarf nicht besteht. Außerdem ist der Abkehrwille ein eindeutig aus der Arbeitnehmersphäre herrührender Umstand, der nur im Falle der Vertragswidrigkeit eine verhaltensbedingte Kündigung rechtfertigen kann.[287]

(2) Abwerbeverbot

623 Jeder Arbeitnehmer ist gehalten, seinen Arbeitgeber vor Schäden zu bewahren. Insofern hat er es auch zu unterlassen, Kollegen abzuwerben. Ein Arbeitnehmer, der im bestehenden Arbeitsverhältnis ernsthaft auf seine Kollegen einwirkt, damit sie unter Beendigung des Arbeitsverhältnisses die Arbeit bei einem anderen Arbeitgeber aufnehmen, verletzt unabhängig davon seine vertragliche Schutz- und Treuepflicht, ob die Abwerbung mit unlauteren Mitteln oder in verwerflicher Weise erfolgt.[288] Die bloße Mitteilung an andere Arbeitnehmer, er mache sich selbständig, genügt jedoch nicht.

624 In schwerwiegenden Fällen kann auch die fristlose Kündigung gerechtfertigt sein. Bei der Prüfung der Frage, ob von einer vertragswidrigen Abwerbung auszugehen ist, ist die wertsetzende Bedeutung des Art. 12 Abs. 1 GG zu berücksichtigen.[289] Insbesondere wenn ein Arbeitnehmer eine besondere Vertrauensstellung innehat, besteht eine gesteigerte Pflicht, jeden Schaden vom Betrieb fernzuhalten. Unternimmt er während des Bestehens des Arbeitsvertrages den Versuch, einen qualifizierten Facharbeiter des Betriebes abzuwerben, um ihn zu veranlassen, in den von ihm selbst zu gründenden Betrieb einzutreten, ist die fristlose Entlassung gerechtfertigt.[290] Besonders schwerwiegend ist die Pflichtverletzung, wenn die Abwerbung im entgeltlichen Auftrag eines Konkurrenten oder zum Zwecke des Wettbewerbs erfolgt.

(3) Alkohol- und Drogenverbot

625 Ist der Genuss von Alkohol im Betrieb nicht erlaubt, so kann die Verletzung des Verbots nach vorheriger Abmahnung die Kündigung rechtfertigen.[291] Im Einzelfall müssen jedoch die besonderen Gegebenheiten der Branche beachtet werden.[292] So dürfte zB in einem Baubetrieb die Entlassung wegen Genusses einer Flasche Bier kaum in Be-

---

[286] BAG 22.10.1964 AP KSchG § 1 Betriebsbedingte Kündigung Nr. 16 = EzA KSchG § 1 Nr. 2; LAG Frankfurt 11.4.1985 NZA 1986, 31; KR/*Griebeling*, § 1 KSchG Rn. 416.
[287] Zu Recht abl. aber auch KDZ/*Deinert*, § 1 KSchG Rn. 437; HK-KSchG/*Dorndorf*, § 1 Rn. 774.
[288] LAG Schleswig-Holstein 6.7.1989 LAGE BGB § 626 Nr. 42; LAG Düsseldorf 28.2.1957 DB 1957, 432 und 9.12.1964 BB 1965, 335; LAG Saarbrücken 20.1.1965 DB 1965, 518 = BB 1965, 457.
[289] LAG Rheinland-Pfalz 7.2.1992 LAGE BGB § 626 Nr. 64.
[290] LAG Düsseldorf 28.2.1957 DB 1957, 432 und 9.12.1964 BB 1965, 335; zuletzt LAG Schleswig-Holstein 6.7.1989 LAGE BGB § 626 Nr. 42.
[291] BAG 26.1.1995 EzA KSchG § 1 Verhaltensbedingte Kündigung Nr. 46 = NZA 1995, 517; BAG 22.7.1982 EzA KSchG § 1 Verhaltensbedingte Kündigung Nr. 10 mit Anm. *Weiss* = NJW 1983, 700; LAG Frankfurt 27.9.1984 und 20.3.1986, LAG Berlin 1.7.1985, LAG Köln 11.9.1987, LAG Nürnberg 13.7.1987 LAGE KSchG § 1 Verhaltensbedingte Kündigung Nr. 3, 4, 9, 14 und 19; LAG Hamm 15.12.1989 LAGE KSchG § 1 Verhaltensbedingte Kündigung Nr. 26; 11.11.1996 LAGE KSchG § 1 Verhaltensbedingte Kündigung Nr. 56; *Künzl*, DB 1993, 1581 ff.; *v. Hoyningen-Huene*, DB 1995, 142 ff.
[292] BAG 26.1.1995 EzA KSchG § 1 Verhaltensbedingte Kündigung Nr. 46 = NZA 1995, 517.

§ 22 Die außerordentliche Kündigung

tracht kommen. Jedoch kann auch hier bei sicherheitsrelevanten Tätigkeiten eine andere Beurteilung gerechtfertigt sein. Verschärfte Anforderungen sind zu stellen, wenn der Alkohol- und Drogenkonsum mit der geschuldeten Aufgabe schlicht unvereinbar ist.[293] So stellt es einen schwerwiegenden Verstoß gegen die arbeitsvertraglichen Pflichten dar, wenn ein Heimerzieher trotz bestehenden Drogenverbots an dem Cannabisverbrauch eines ihm anvertrauten Heimbewohners mitwirkt.[294]

Insbesondere bei **Berufskraftfahrern,** aber auch solchen Arbeitnehmern, von denen im Falle der Trunkenheit Gefahren für andere ausgehen können (zB Ärzte, Kraftfahrer, Kranführer, Piloten), kann unter Umständen auch schon ein einmaliger Verstoß gegen das Alkoholverbot ohne Abmahnung eine verhaltensbedingte Kündigung rechtfertigen. Jedem **Berufskraftfahrer** ist das als arbeitsvertragliche Nebenpflicht bestehende Gebot bewusst, jeden die Fahrtüchtigkeit beeinträchtigenden Alkoholgenuss kurz vor oder während des Dienstes zu unterlassen.[295] Bei Berufskraftfahrern kann Trunkenheit am Steuer auch einen wichtigen Grund darstellen.[296] Freilich muss der Arbeitgeber prüfen, ob er den Arbeitnehmer nicht bis zum Ablauf der Kündigungsfrist, bis zur Neuerteilung des Führerscheins oder auf Dauer auf einem anderen Arbeitsplatz weiterbeschäftigen kann.[297] Besonders schwerwiegend sind Verstöße gegen das Alkoholverbot während der Arbeitszeit, wenn mit ihnen eine erhöhte Unfallgefahr und Gefahren für andere einhergehen.[298]

626

Bei Alkoholvergehen außerhalb des Dienstes liegt keine Vertragspflichtverletzung vor. So hat das LAG Köln in dem Fall eines Sachverständigen im Kraftfahrzeugwesen, der mit einem Blutalkoholgehalt von 1,9‰ einen Unfall verursachte, im Anschluss daran Fahrerflucht beging und dem die Fahrerlaubnis gem. § 111a StPO entzogen wurde, einen Wegfall der persönlichen Eignung angenommen (personenbedingter Kündigungsgrund).[299] Die **Trunkenheit am Steuer** innerhalb und außerhalb des Dienstes begründet erhebliche Zweifel an der Eignung des Kraftfahrers für die geschuldete Tätigkeit. Innerhalb des Dienstes ist dies – selbst bei vergleichbar geringem Alkoholisierungsgrad – eine schwerwiegende Vertragsverletzung, die ohne Abmahnung die fristlose Kündigung rechtfertigen kann.[300] Dem Arbeitgeber wird die Fortsetzung des Arbeitsverhältnisses sofort unzumutbar, weil – auch wegen der Gefährdung Dritter – er das Risiko eines weiteren Vorfalles nicht einzugehen braucht. Bei Trunkenheit außerhalb des Dienstes kann die Kündigung aus personenbedingten Gründen auch fristlos gerechtfertigt sein.[301] Es bedarf aber einer Beurteilung im Einzelfall, ob

627

---

[293] LAG Berlin 18.2.2000 RzK I 6a Nr. 182: Trunkenheit bei einem Schiffsführer.
[294] BAG 18.10.2000 EzA BGB n. F. § 626 Nr. 183 = NZA 2001, 383.
[295] BAG 23.9.1986 EzA BetrVG 1972 § 87 Betriebliche Ordnung Nr. 12 = NZA 1987, 250; 26.1.1995 KSchG § 1 Verhaltensbedingte Kündigung Nr. 1 = NZA 1995, 517; LAG Rheinland-Pfalz 20.12.1999 EzBAT BAT § 53 Verhaltensbedingte Kündigung Nr. 51; LAG Sachsen 26.5.2000 LAGE BGB § 626 Nr. 130a = NZA-RR 2001, 472.
[296] LAG Nürnberg 17.2.2002 LAGE BGB § 626 Nr. 147 = NZA-RR 2003, 301.
[297] BAG 30.5.1978 AP BGB § 626 Nr. 70 = EzA BGB n. F. § 626 Nr. 66; LAG Hamm 27.6.1986 LAGE BGB § 626 Nr. 26; vgl. aus der früheren Rechtsprechung BAG 12.1.1956 AP GewO § 123 Nr. 5 = EzA GewO § 123 Nr. 1; BAG 22.8.1963 AP BGB § 626 Nr. 51 = NJW 1964, 74.
[298] Vgl. LAG Düsseldorf 18.7.1967 BB 1967, 1425; LAG Hamm 23.8.1990 LAGE BGB § 626 Nr. 52; LAG Niedersachsen 14.6.1994 EWiR 1994, 1081; zum Haschischkonsum im Betriebsratsbüro LAG Baden-Württemberg 13.4.1993 LAGE BGB § 626 Nr. 76.
[299] LAG Köln 25.8.1988 LAGE BGB § 626 Nr. 34; einschränkend BAG 4.6.1997 AP BGB § 626 Nr. 137 = EzA BGB n. F. § 626 Nr. 168.
[300] LAG Nürnberg 17.2.2002 LAGE BGB§ 626 Nr. 147 = NZA-RR 2003, 301.
[301] BAG 12.1.1956 AP GewO § 123 Nr. 5 = EzA GewO § 123 Nr. 1; BAG 22.8.1963 AP BGB § 626 Nr. 51; LAG Köln 25.8.1988 LAGE BGB § 626 Nr. 34.

nach langjähriger Beschäftigung durch eine einmalige Trunkenheitsfahrt im Privatbereich bereits eine außerordentliche Kündigung gerechtfertigt ist.[302]

628 Alkoholbedingte **Schlecht- oder Minderleistungen** können nach Abmahnung die verhaltensbedingte Kündigung rechtfertigen, es sei denn, sie beruhen auf einer Alkoholsucht; in diesem Falle finden die Grundsätze über die krankheitsbedingte Kündigung Anwendung.[303] In der praktischen Handhabung alkoholbedingter Kündigungen bestehen insofern Unsicherheiten, als für den Arbeitgeber oftmals nicht zu erkennen ist, ob dem Fehlverhalten eine Alkoholabhängigkeit zugrunde liegt. Entscheidend ist, ob aufseiten des Arbeitnehmers noch eine Einsichtsfähigkeit in die Vertragswidrigkeit besteht und ob noch von einem steuerbaren Verhalten ausgegangen werden kann.[304] Eine verhaltensbedingte Kündigung kommt jedoch auch bei Alkoholsüchtigen in Betracht; das Vorliegen einer Alkoholkrankheit schließt nicht stets ein Verschulden des Arbeitnehmers aus.[305] Auch kann mit dem Krankheitsbefund einer **Spielsucht** nicht gerechtfertigt werden, dass der Arbeitnehmer Straftaten zulasten seines Arbeitgebers begeht. Das insoweit steuerbare Verhalten des Arbeitnehmers schließt eine verhaltensbedingte Kündigung nicht aus.[306] Die Entscheidung des Arbeitnehmers, weder an einer Entziehungskur noch an einer Selbsthilfegruppe teilzunehmen, ist als persönliche Entscheidung keine Vertragspflichtverletzung, die eine verhaltensbedingte Kündigung rechtfertigen könnte.[307]

(4) Androhung von Nachteilen (insbes. Krankschreibung)

629 Der Arbeitnehmer darf dem Arbeitgeber keine ungerechtfertigten Nachteile androhen. Versucht der Arbeitnehmer, einen ihm nicht zustehenden Vorteil durch eine unzulässige Drohung zu erreichen, so verletzt er bereits hierdurch seine arbeitsvertragliche Rücksichtnahmepflicht, die es verbietet, die andere Seite unzulässig unter Druck zu setzen.[308] Hauptbeispiel dieser Fallgruppe ist die „Androhung des Krankfeierns". Die Androhung des Krankfeierns auf eine berechtigte Arbeitszuweisung oder Ablehnung eines Urlaubsgesuchs stellt eine Verletzung der Leistungstreuepflicht dar. Das BAG erkennt in der Androhung einer Erkrankung einen wichtigen Kündigungsgrund. Das kann sogar dann gelten, wenn der tatsächlich krank ist. Auch dann ist ihm verwehrt, die Androhung gegenüber dem Arbeitgeber als „Druckmittel" einzusetzen, um den Arbeitgeber zu einem vom Arbeitnehmer gewünschten Verhalten zu veranlassen.[309] Das gilt erst recht, wenn der Arbeitnehmer im Zeitpunkt dieser Ankündigung

---

[302] Im Ergebnis zu Recht verneinend BAG 4.6.1997 AP BGB § 626 Nr. 137 = EzA BGB n.F. § 626 Nr. 168, wo allerdings – verfehlt – im Bereich der personenbedingten Kündigung die Notwendigkeit einer Abmahnung bejaht wird.

[303] BAG 9.4.1987 EzA KSchG § 1 Krankheit Nr. 18 mit Anm. v. *Hoyningen-Huene* = NZA 1987, 811; BAG 26.1.1995 NZA 1995, 517; LAG Düsseldorf 19.10.1990 LAGE KSchG § 1 Krankheit Nr. 15; LAG Frankfurt 20.3.1986 LAGE KSchG § 1 Verhaltensbedingte Kündigung Nr. 9; diff. *Bengelsdorf*, Festschrift Hromadka, 2008, S. 9 ff.

[304] LAG Saarland 12.12.1992 LAGE BGB § 626 Nr. 65.

[305] BAG 30.9.1993 EzA BGB n. F. § 626 Nr. 152; *Bengelsdorf*, Festschrift Hromadka, 2008, S. 9 ff.

[306] Wie hier LAG Köln 12.3.2002 LAGE BGB § 626 Nr. 140 = NZA-RR 2002, 519; *Hey/Linse*, BB 2012, 2881, 2886; a. A. ArbG Bremen 21.7.1998 RzK I 5h Nr. 44.

[307] LAG Düsseldorf 25.2.1997 LAGE KSchG § 1 Verhaltensbedingte Kündigung Nr. 57.

[308] Vgl. für den Fall der Androhung einer Erkrankung, wenn eine bezahlte oder unbezahlte Freistellung von der Arbeit nicht gewährt wird, BAG 5.11.1992 EzA BGB n. F. § 626 Nr. 143 = NZA 1993, 308; BAG 12.3.2009 NZA 2009, 779. Zur Androhung, das Geschäft „vor die Wand fahren zu lassen", wenn ein bestimmter Geldbetrag, auf den kein Anspruch besteht, nicht gezahlt wird: LAG Hamburg 7.9.2007 NZA-RR 2008, 577; zur berechtigten Drohung zur Wahrung der eigenen Interessen im Kündigungsschutzprozess BAG 8.5.2014 NZA 2014, 1258.

[309] BAG 12.3.2009 NZA 2009, 779.

nicht krank war und sich aufgrund bestimmter Beschwerden auch noch nicht krank fühlen konnte.[310] Bereits in der Androhung liegt ein Verstoß gegen die arbeitsvertragliche Rücksichtnahmepflicht;[311] eine Abmahnung ist entbehrlich.[312] Der bloße Hinweis bei bestehender Arbeitsunfähigkeit auf die Möglichkeit, sich krankschreiben zu lassen, stellt indes noch keinen Kündigungsgrund dar, da der Arbeitnehmer in diesem Fall nur auf sein rechtmäßiges Verhalten hinweist.[313] Allerdings kann – je nach den Einzelfallumständen – die Androhung auch konkludent erfolgt sein (Erwähnung der Krankschreibung im Zusammenhang mit Urlaubsgesuch).[314]

Nach Auffassung des LAG Hamm sind bei der Androhung des Krankfeierns und anschließender Arbeitsunfähigkeit die Grundsätze der Verdachtskündigung anzuwenden.[315] Im Kern handelt es sich hier um die Frage des Beweiswertes einer Arbeitsunfähigkeitsbescheinigung, der durch die Ankündigung herabgesetzt wird.[316] Diese denkbaren Kündigungsvarianten haben im Lichte der BAG-Rechtsprechung an Bedeutung verloren. **630**

Besondere Schwierigkeiten bereiten in der Praxis auch diejenigen Fälle, in denen der Arbeitnehmer schon vorher Dritten gegenüber äußert, er werde zum vorgesehenen Zeitpunkt nicht wieder zur Arbeit erscheinen, sondern den Urlaub verlängern – was ihm der Arbeitgeber aus betrieblichen Gründen abgelehnt hat – und er dann tatsächlich den Urlaub überschreitet, jedoch hierfür ein Attest vorlegt. Hier gelten die gleichen Grundsätze wie bei der „Androhung des Krankfeierns". Anders sind jedoch solche Fälle zu beurteilen, in denen die Erkrankung im ersten Teil des Urlaubs liegt und der Arbeitnehmer den längeren Urlaub dadurch „erzwingt", dass er den Urlaub einfach um die Krankheitstage verlängert. Hat in einem solchen Fall der Arbeitnehmer seine demnächstige Erkrankung Kollegen gegenüber bereits erwähnt und wusste er, dass der Arbeitgeber aus betrieblichen Gründen auf eine pünktliche Wiederaufnahme der Arbeit Wert legte, kann eine fristlose Entlassung gerechtfertigt sein. Auf einen Rechtsirrtum, er habe nicht gewusst, dass sich der Urlaub nicht automatisch verlängert, wird sich der Arbeitnehmer kaum berufen können. In solchen Fällen gelten die gleichen Grundsätze wie beim eigenmächtigen Urlaubsantritt. **631**

(5) Anzeige gegen den Arbeitgeber

Nach früherer Rechtsprechung konnte ein Kündigungsgrund in der Erstattung einer Anzeige gegen den Arbeitgeber liegen, selbst wenn dieser gesetzwidrig gehandelt hat.[317] Diese Rechtsprechung hat keinen Bestand mehr. Sie überdehnte das Ausmaß vertraglicher Nebenpflichten.[318] Eine Zäsur in dieser Frage stellt die Entscheidung des **632**

---

[310] BAG 5.11.1992 EzA BGB n. F. § 626 Nr. 143 = NZA 1993, 308; LAG Mecklenburg-Vorpommern 13.12.2011 NZA-RR 2012, 185.
[311] BAG 17.6.2003 EzA BGB 2002 § 626 Nr. 4 = NZA 2004, 564.
[312] LAG Köln 14.9.2000 LAGE BGB § 626 Nr. 130b = NZA-RR 2001, 246; LAG Köln 17.4.2002 NZA-RR 2003, 15; ArbG Paderborn 11.5.1994 EzA KSchG § 1 Verhaltensbedingte Kündigung Nr. 46.
[313] LAG Köln 26.2.1999 NZA-RR 2000, 25.
[314] BAG 17.6.2003 EzA BGB 2002 § 626 Nr. 4 = NZA 2004, 564.
[315] LAG Hamm 18.1.1985 LAGE BGB n. F. § 626 Nr. 20 = DB 1985, 927.
[316] Vgl. BAG 4.10.1978 AP LohnFG § 3 Nr. 3 = EzA BGB § 616 Nr. 13.
[317] BAG 5.2.1959 AP HGB § 70 Nr. 2 = NJW 1961, 44; LAG Düsseldorf 23.10.1959 BB 1960, 523 und 18.1.1961 BB 1961, 532; zur bewussten Falschinformation der Presse: BAG 23.10.1969 AP KSchG § 13 Nr. 19 = EzA KSchG § 13 Nr. 3; KR/*Griebeling*, § 1 KSchG Rn. 427 ff.
[318] Vgl. *Preis*, Prinzipien, S. 366; ebenso LAG Düsseldorf 17.1.2002 LAGE BGB § 626 Nr. 138; zum sog. „whistleblowing" ausf. *Düsel*, Gespaltene Loyalität, 2009.

BVerfG vom 2.7.2001[319] dar.[320] Danach kann es dem Arbeitnehmer nicht zum Nachteil gereichen, wenn der Arbeitnehmer seine staatsbürgerlichen Pflichten erfüllt (hier: Zeugenaussage bei Staatsanwaltschaft).[321] Mit dem Rechtsstaatsprinzip sei es unvereinbar, wenn eine Aussage in einem Ermittlungsverfahren zu zivilrechtlichen Nachteilen für den Zeugen führe, wenn er nicht wissentlich unwahre oder leichtfertig falsche Angaben mache.[322] Das verfassungsrechtlich geschützte Verhalten des Arbeitnehmers sei auch bei „freiwilligen" Anzeigen bei der Entscheidung der Arbeitsgerichte zu berücksichtigen.[323] Diese Entscheidung fügt sich auch in die jüngere Rechtsprechung der Arbeitsgerichte ein.[324] Sie ist auch für die Frage zugrunde zu legen, ob dem Arbeitnehmer gekündigt werden kann, der Anzeigen gegen seinen Arbeitgeber erstattet. Der spektakuläre Fall „Heinisch" hat zu einer umfassenden Diskussion um den Schutz der **„Whistleblower"** geführt, die aber bisher zu keiner greifbaren rechtspolitischen Maßnahme geführt hat.[325]

633 Schon in einer Entscheidung 18.6.1970[326] hat das BAG entschieden, dass die nicht zu beanstandende Wahrnehmung des grundrechtlich garantierten Petitionsrechts (Art. 17 GG) die Kündigung nicht rechtfertige. Das LAG Frankfurt[327] hält eine Kündigung wegen einer Anzeige gegen einen objektiv rechtmäßig handelnden Arbeitgeber bei einer zuständigen Stelle nur dann für gerechtfertigt, wenn völlig haltlose und unfundierte Vorwürfe in verwerflicher Motivation erhoben werden.[328] Wo objektiv schutzunwürdige Verhaltensweisen in Rede stehen, existiert zugunsten des Arbeitgebers kein Vertrauenstatbestand, sodass in der berechtigten Anzeige jedenfalls kein Vertrauensbruch erblickt werden kann.[329] Die zulässige Rechtsausübung kann Nachteile nicht rechtfertigen (§ 612a BGB). Eine entsprechende Wertung lässt sich § 9 ArbSchG entnehmen. Verfolgt der Arbeitnehmer schutzwürdige Interessen, die anders nicht gewahrt werden können, ist eine Kündigung nicht gerechtfertigt.[330]

634 Das Anzeigerecht darf nur zur **Wahrnehmung berechtigter Interessen und nicht seinerseits missbräuchlich ausgeübt werden.**[331] Aus der vertraglichen Rücksichtnahmepflicht lässt sich ableiten, dass eine Anzeige des Arbeitnehmers keine unverhältnismäßige Reaktion auf ein Verhalten des Arbeitgebers oder seines Repräsentanten

---

[319] BVerfG 2.7.2001 NZA 2001, 888 ff.; hierzu *Deiseroth*, ArbuR 2002, 161.
[320] Siehe auch EGMR 21.7.2011 – 28274/08 – [Heinisch], AP BGB § 626 Nr. 235.
[321] So schon *Preis* Prinzipien, S. 366.
[322] Zum Fall einer Strafanzeige mit wissentlich oder leichtfertig falschen Angaben LAG Berlin 28.3.2006 LAGE BGB 2002 § 626 Nr. 7b; zust. *Binkert*, ArbuR 2007, 195; abl. *Deiseroth*, ArbuR 2007, 198.
[323] BVerfG 2.7.2001 NZA 2001, 888, 890.
[324] BAG 7.12.2006 EzA KSchG § 1 Verhaltensbedingte Kündigung Nr. 70 = NZA 2007, 502.
[325] EGMR 21.7.2011 – 28274/08 – [Heinisch], AP BGB § 626 Nr. 235; aus der Diskussion um den Fall der Altenpflegerin, die Anzeige wegen Missständen im Pflegeheim erstattete: *Schlachter*, RdA 2012, 109; *Ulber*, NZA 2011, 962; *Forst*, NJW 2011, 3477; *Seifert*, EuzA 2012, 411; *Schubert/Lörcher*, ArbuR 2011, 326.
[326] BAG 18.6.1970 AP KSchG § 1 Nr. 82 = DB 1970, 1739.
[327] Urteil 12.2.1987 LAGE BGB § 626 Nr. 28 = DB 1987, 1696; vgl. auch 14.2.1991 LAGE KSchG § 1 Verhaltensbedingte Kündigung Nr. 31; LAG Köln 2.2.2012 NZA-RR 2012, 298; ebenso bereits LAG Düsseldorf 21.2.1974 DB 1974, 2164.
[328] Implizit gebilligt durch BVerfG 2.7.2001 NZA 2001, 888, 889.
[329] Ausführlich *Preis*, Prinzipien, S. 366; *Preis/Reinfeld*, ArbuR 1989, 361, 369 ff. mwN.
[330] LAG Hamm 12.11.1990 LAGE BGB § 626 Nr. 54; LAG Köln 23.2.1996 LAGE BGB § 626 Nr. 94 = NZA-RR 1996, 330, zur Anzeige von Verstößen gegen das ArbZG beim Amt für Arbeitsschutz LAG Köln 10.7.2003 LAGE BGB 2002 § 626 Nr. 1b.
[331] BAG 4.7.1991 RzK I 6a Nr. 74; LAG Köln 10.6.1994 LAGE BGB § 626 Nr. 78; siehe auch LAG Baden-Württemberg 3.2.1987 NZA 1987, 756 = AiB 1987, 260 mit Anm. *Colneric*.

§ 22 Die außerordentliche Kündigung

sein darf.[332] Insoweit steht die an sich berechtigte Anzeige unter einem Missbrauchsvorbehalt. Eine Anzeige kann unabhängig vom Nachweis der mitgeteilten Verfehlung und ihrer Strafbarkeit ein Grund zur Kündigung sein, wenn sie sich als eine unverhältnismäßige Reaktion auf das Verhalten des Arbeitgebers oder eines seiner Repräsentanten darstellt.[333] Die Anzeigeerstattung, um den Arbeitgeber zielgerichtet zu schädigen, kann die Kündigung rechtfertigen.[334] Schutzwürdige Interessen werden nicht verfolgt, wenn die Anzeige aus niedrigen Beweggründen erfolgt (Zerstörung wirtschaftlicher Existenz wegen zerrütteter privater Beziehung).[335] Welche Stellung der Arbeitnehmer in dem Unternehmen einnimmt, ist hingegen unerheblich. Das Argument eines Arbeitgebers, bei dem die Anzeige erstattenden Arbeitnehmer habe es sich lediglich um einen „schlichten Kraftfahrer" gehandelt, den die Unregelmäßigkeiten nicht beträfen, hat das BAG zu Recht zurückgewiesen.[336]

Grundsätzlich muss der Arbeitnehmer den Arbeitgeber auf gesetzwidriges Verhalten **635** vor einer Anzeigeerstattung hinweisen. Insoweit ist eine Interessenwahrungspflicht des Arbeitnehmers anzuerkennen, schon um möglichen Schaden abzuwenden.[337] Für die Frage, ob und inwieweit der Arbeitnehmer ausnahmsweise auf den **Vorrang innerbetrieblicher Abhilfe** verzichten darf, können in umgekehrter Anwendung die Grundsätze über die Erforderlichkeit einer Abmahnung herangezogen werden. Gerechtfertigt ist die Anzeige jedenfalls dann, wenn der Versuch, innerbetriebliche Abhilfe zu schaffen, erfolglos geblieben ist.[338] Hat der Arbeitnehmer versucht, den Arbeitgeber zu veranlassen, den rechtswidrigen Zustand abzustellen, so dürfen ihm keine Nachteile entstehen, wenn er sich an die zuständige Behörde wendet (zB wegen Verletzung von Arbeitsschutz- und Verkehrssicherheitsvorschriften).[339] Wenn der Arbeitgeber Kenntnis von den Missständen hat und nicht unverzüglich für Abhilfe sorgt, besitzt er kein schützenswertes Interesse an der Geheimhaltung dieser Umstände durch die Arbeitnehmer. Der Vorrang innerbetrieblicher Abhilfe ist zu verneinen, wenn dem Arbeitgeber die Gesetzwidrigkeit bekannt ist, von ihm gebilligt wurde, die Beseitigung objektiv unmöglich ist oder vom Arbeitgeber nicht erwartet werden kann.[340] Bei Straftaten, die sich gegen den Arbeitnehmer selbst richten, kann die Anzeige niemals arbeitsvertraglich unzulässig sein.[341] Eine vorherige innerbetriebliche Meldung und Klärung ist dem Arbeitnehmer auch unzumutbar, wenn er Kenntnis von Straftaten erhält, durch deren Nichtanzeige er sich selbst einer Strafverfolgung aussetzen würde.[342] Entsprechendes gilt auch bei schwerwiegenden Straftaten oder vom Arbeitgeber selbst begangenen Straftaten.[343]

---

[332] BAG 3.7.2003 EzA KSchG § 1 Verhaltensbedingte Kündigung Nr. 61 = NZA 2004, 427.
[333] BAG 27.9.2012 AP BGB § 626 Nr. 240.
[334] LAG Köln 7.1.2000 RDV 2000, 226; LAG Bremen 17.7.2003 NZA-RR 2004, 128; LAG Hamm 28.11.2003 LAGReport 2004, 184.
[335] BAG 4.7.1991 RzK I 6a Nr. 74.
[336] BAG 7.12.2006 EzA KSchG § 1 Verhaltensbedingte Kündigung Nr. 70 = NZA 2007, 502.
[337] *Preis/Reinfeld*, ArbuR 1989, 370; ErfK/*Preis*, § 611 BGB Rn. 716; ebenso MünchArbR/*Reichold*, § 48 Rn. 41.
[338] *Preis/Reinfeld*, ArbuR 1989, 372; MünchArbR/*Reichold*, § 48 Rn. 41.
[339] Verfehlt LAG Baden-Württemberg 20.10.1976 EzA KSchG § 1 Verhaltensbedingte Kündigung Nr. 8 mit abl. Anm. *Weiss* = LAGE KSchG § 1 Verhaltensbedingte Kündigung Nr. 2; richtig LAG Köln 23.2.1996 LAGE BGB § 626 Nr. 94 = NZA-RR 1996, 330; ferner hierzu *Denck*, DB 1980, 2132; *Hinrichs*, Das Arbeitsrecht der Gegenwart, Bd. 18 (1981), S. 35 ff.
[340] LAG Baden-Württemberg 3.2.1987 NZA 1987, 756.
[341] ArbG Elmshorn 4.4.1963 AP GewO § 124a Nr. 9; ArbG Krefeld 22.5.1959 AP GewO § 123 Nr. 23.
[342] KR/*Griebeling*, § 1 KSchG Rn. 427.
[343] BAG 3.7.2003 EzA KSchG § 1 Verhaltensbedingte Kündigung Nr. 61 = NZA 2004, 427; BAG 7.12.2006 AP KSchG 1969 § 1 Verhaltensbedingte Kündigung Nr. 55.

636 Bei berechtigten Anzeigen muss sich der Arbeitnehmer grundsätzlich an die **zuständigen Behörden** wenden und darf **nicht unmittelbar die Presse** einschalten.[344] Die Flucht in die Öffentlichkeit, insbesondere die Einschaltung der Presse, kann nur das **letzte Mittel** zur Aufdeckung anders nicht beizukommender Missstände sein. Der Arbeitnehmer ist verpflichtet, unnötigen Schaden vom Betrieb fernzuhalten, weshalb sich eine Einschaltung der Presse regelmäßig verbietet.[345]

(6) Anzeigen gegen Arbeitnehmer

637 Im Einzelfall ist problematisch, ob und inwieweit der Arbeitnehmer die Pflicht hat, Verfehlungen anderer Mitarbeiter anzuzeigen. Eine Anzeigepflicht aus der vertraglichen Schutzpflicht besteht nur dann, wenn Personenschaden oder schwerer Sachschaden entstanden oder zu befürchten sind,[346] sicher aber auch bei (drohenden) strafbaren Handlungen zum Nachteil des Arbeitgebers. Deren Verletzung kann zur Kündigung berechtigen.[347] Das BAG hat die Anzeigepflicht bei Arbeitnehmern ausgedehnt, zu deren arbeitsvertraglichen Pflichten auch die Beaufsichtigung anderer Arbeitnehmer gehört.[348]

638 Andererseits ist zu bedenken, dass auch die (unberechtigte) Denunziation eines Kollegen die Pflicht zur Zusammenarbeit stören und je nach Umständen des Einzelfalles eine Kündigung des Arbeitsverhältnisses rechtfertigen kann.[349] Im konkreten Fall hat das BAG eine Anzeigepflicht über eine beleidigende Äußerung verneint, selbst wenn sie kreditschädigend ist.[350]

(7) Außerdienstliches Verhalten; Loyalitätspflichten in Tendenzbetrieben und kirchlichen Arbeitsverhältnissen

639 Aus dem Arbeitsvertrag lässt sich keine Pflicht des Arbeitnehmers entnehmen, seine **private Lebensführung** an den Interessen des Unternehmers auszurichten.[351] Das gilt nach Wegfall entsprechender Regelungen in Tarifverträgen auch im öffentlichen Dienst.[352] Der Arbeitnehmer wird durch den Arbeitsvertrag nicht etwa dazu verpflichtet, „ein ordentliches Leben zu führen und sich dabei seine Arbeitsfähigkeit und Leistungskraft zu erhalten".[353] Der Arbeitgeber hat auch grds. kein Recht, wahrheitsgemäße Antworten über die Privatsphäre (zB Spielbankbesuche) zu erlangen.[354] Die Gestaltung des privaten Lebensbereichs steht außerhalb der Einflusssphäre des Arbeitgebers und wird durch arbeitsvertragliche Pflichten nur insoweit eingeschränkt, als sich das private Verhalten auf den betrieblichen Bereich auswirkt und dort zu Störungen führt.

---

[344] Vgl. auch ArbG Berlin 29.5.1990 EzA KSchG § 1 Verhaltensbedingte Kündigung Nr. 31; LAG Köln 20.2.2014 – 7 Sa 1155/09 –.

[345] Zur Kündigung wegen bewusster Falschinformation der Presse BAG 23.10.1969 AP KSchG § 13 Nr. 19 = EzA KSchG § 13 Nr. 3; vgl. auch LAG Köln 10.6.1994 LAGE BGB § 626 Nr. 78; LAG Köln 3.5.2000 ZTR 2001, 43.

[346] Schaub/*Linck*, § 53 II 17; MünchArbR/*Reichold*, § 49 Rn. 10.

[347] BAG 18.6.1970 AP BGB § 611 Haftung des Arbeitnehmers Nr. 57 = EzA BGB § 611 Arbeitnehmerhaftung Nr. 1; ArbG Stuttgart 9.12.1981 DB 1982, 1626; LAG Berlin 9.1.1989 LAGE KSchG § 1 Verhaltensbedingte Kündigung Nr. 21; LAG Hamm 29.7.1994 BB 1994, 2352.

[348] BAG 18.6.1970 AP BGB § 611 Haftung des Arbeitnehmers Nr. 57 = EzA BGB § 611 Arbeitnehmerhaftung Nr. 1; generelle Anzeigepflicht bejahend LAG Berlin 9.1.1989 LAGE KSchG § 1 Verhaltensbedingte Kündigung Nr. 21.

[349] BAG 21.10.1965 AP KSchG § 1 Verhaltensbedingte Kündigung Nr. 5 = DB 1966, 195.

[350] BAG 30.11.1972 EzA BGB n. F. § 626 Nr. 23 = AP BGB § 626 Nr. 66.

[351] ErfK/*Preis*, § 611 BGB Rn. 730.

[352] BAG 10.9.2009 NZA 2010, 220.

[353] BAG 23.6.1994 EzA BGB § 242 Nr. 39 = NZA 1994, 1080.

[354] LAG Hamm 14.1.1998 LAGE BGB § 626 Nr. 119.

Außerdienstliches Verhalten ist nur dann ein Kündigungsgrund, wenn es direkt oder **640** indirekt auf das Arbeitsverhältnis einwirkt.[355] Nach der früheren Rechtsprechung des BAG konnte außerdienstliches Verhalten nur dann eine ordentliche Kündigung rechtfertigen, wenn das Arbeitsverhältnis konkret berührt wird, sei es im Leistungsbereich, im Bereich der betrieblichen Verbundenheit aller Mitarbeiter, im personalen Vertrauensbereich oder auch im Unternehmensbereich.[356] Die verhaltensbedingte Kündigung kann aber nur durch solche außerdienstliche Verhaltensweisen ausgelöst werden, die **vertragswidrig** sind.[357] Andere außerdienstliche Verhaltensweisen, die nicht vertragswidrig sind, aber die Eignung des Arbeitnehmers für die geschuldete Tätigkeit entfallen lassen (ein Kassierer begeht außerhalb des Dienstes ein Eigentums- oder Vermögensdelikt; ein Erzieher begeht außerdienstlich Sittlichkeitsdelikte), können grundsätzlich nur eine personenbedingte Kündigung rechtfertigen (→ Rn. 696 ff.).

Zu differenzieren ist folglich zwischen **vertragswidrigen und nicht vertragswidrigen** **641** außerdienstlichen Verhaltensweisen. Das BAG hat zuletzt den Kreis auch außerdienstlich zu wahrender Nebenpflichten ausgeweitet. Der Arbeitnehmer sei auch außerhalb der Arbeitszeit verpflichtet, auf die berechtigten Interessen des Arbeitgebers Rücksicht zu nehmen. Allerdings sei ein Bezug zum Arbeitsverhältnis oder eine Auswirkung auf den Betrieb erforderlich.[358] Eine Ausweitung der vertraglichen Verhaltenspflichten in die Privatsphäre hinein ist ua dann gerechtfertigt, wenn bestimmte außerdienstliche Verhaltensbindungen durch die Art des Arbeitsverhältnisses gerechtfertigt sind.[359] Zum Beispiel darf ein als Fahrer oder Pilot beschäftigter Arbeitnehmer in bestimmten Zeiträumen vor dem Dienstantritt keinen Alkohol zu sich nehmen, um seine Arbeitsleistung ohne Restalkohol wahrnehmen zu können.[360] In diesen Fällen liegt zwar eine außerdienstliche Verhaltensbindung vor, die aber eindeutig zur Vertragserfüllungspflicht gehört. Echte außerdienstliche Vertragsbindungen sind darüber hinaus insbesondere bei Arbeitsverhältnissen im kirchlichen Bereich, in Tendenzbetrieben und – mit Einschränkungen – im öffentlichen Dienst anzutreffen.

Nicht vertragswidriges außerdienstliches Verhalten rechtfertigt die Kündigung regelmäßig **nicht.** Eheschließung, Partnerbeziehungen, außereheliche Schwangerschaften **642**

---

[355] Vgl. LAG Baden-Württemberg 19.10.1993 LAGE BGB § 626 Nr. 76 = NZA 1994, 175.
[356] BAG 26.5.1977 AP BGB § 611 Beschäftigungspflicht Nr. 5 = EzA BGB § 611 Beschäftigungspflicht Nr. 2; BAG 4.11.1981 AP KSchG 1969 § 1 Verhaltensbedingte Kündigung Nr. 4 = EzA KSchG § 1 Verhaltensbedingte Kündigung Nr. 9; BAG 6.6.1984 AP KSchG 1969 § 1 Verhaltensbedingte Kündigung Nr. 11 = EzA KSchG § 1 Verhaltensbedingte Kündigung Nr. 12; BAG 20.9.1984 EzA KSchG § 1 Verhaltensbedingte Kündigung Nr. 14 = NZA 1985, 285; BAG 24.9.1987 AP KSchG 1969 § 1 Verhaltensbedingte Kündigung Nr. 19 = EzA KSchG § 1 Verhaltensbedingte Kündigung Nr. 18.
[357] Vgl. *Preis,* DB 1990, 633; ebenso jetzt KR/*Griebeling*, § 1 KSchG Rn. 450; HK-KSchG/*Dorndorf*, § 1 Rn. 808.
[358] BAG 26.9.2013 NZA 2014, 1691; BAG 27.1.2011 NZA 2011, 798; BAG 28.10.2010 NZA 2011, 112; BAG 10.9.2009 NZA 2010, 220.
[359] Zutreffend bejaht bei intimem Kontakt einer Bewährungshelferin mit flüchtigem Strafgefangenen LAG Sachsen 17.12.1997 LAGE KSchG § 1 Verhaltensbedingte Kündigung Nr. 61. Zu weitgehend allerdings ArbG Siegburg 8.7.1986 EzA KSchG § 1 Verhaltensbedingte Kündigung Nr. 17, wo allein das ehewidrige Verhalten als Grund für die Kündigung eines Ehegattenarbeitsverhältnisses angesehen wurde; verfehlt ebenfalls LAG Köln 26.1.1994 LAGE KSchG § 1 Personenbedingte Kündigung Nr. 11; ablehnend *Preis,* DB 1990, 633; richtig BAG 9.2.1995 EzA KSchG § 1 Personenbedingte Kündigung Nr. 12 = NZA 1996, 249; LAG Köln 28.11.2002 LAGE KSchG § 1 Personenbedingte Kündigung Nr. 18 = NZA-RR 2003, 416; ArbG Berlin 20.3.1990 EzA KSchG § 1 Personenbedingte Kündigung Nr. 4.
[360] LAG Rheinland-Pfalz 20.12.1999 EzBAT BAT § 53 Verhaltensbedingte Kündigung Nr. 51; vgl. auch BAG 23.9.1986 EzA BetrVG 1972 § 87 Betriebliche Ordnung Nr. 12 = NZA 1987, 250.

Erster Abschnitt: Die Kündigung

oder ein ungewöhnlicher Lebenswandel[361] sind für sich genommen kündigungsrechtlich irrelevant.[362] Der Arbeitgeber ist durch den Arbeitsvertrag nicht zum Sittenwächter über die in seinem Betrieb tätigen Arbeitnehmer berufen.[363] Das BAG hat sogar eine Kündigung wegen Homosexualität nach § 242 BGB für rechtsmissbräuchlich erklärt in einem Fall, in dem der Kündigungsschutz nach § 1 KSchG noch nicht eingriff.[364]

643 Allerdings kann in Ausnahmefällen außerdienstliches, nicht vertragswidriges Verhalten die **Eignung** des Arbeitnehmers für die geschuldete Tätigkeit entfallen lassen[365] und nach jüngster Rechtsprechung auch gegen vertragliche Nebenpflichten verstoßen. Insoweit kann Trunkenheit am Steuer im außerdienstlichen Bereich Kündigungsgrund für einen Berufskraftfahrer oder für einen Kfz-Sachverständigen sein.[366] **Straftaten,** die mit dem Arbeitsverhältnis in keinem Zusammenhang stehen, reichen in aller Regel zur fristlosen Entlassung nicht aus.[367] Handelt es sich jedoch um einschlägige Delikte (Vermögensdelikt bei einem Kassierer oder Lagerverwalter, Geldboten oder Geldbegleiter; Sittlichkeitsdelikte bei Erziehern), so kann die fristlose Entlassung wegen Fortfall der Eignung für die geschuldete Tätigkeit möglich sein. Ein Steuervergehen eines Kassierers einer Sparkasse soll allerdings noch nicht ohne Weiteres die fristlose Kündigung rechtfertigen.[368]

643a An die **Mitarbeiter im öffentlichen Dienst** sind besondere Anforderungen zu stellen, weil von ihnen, insbesondere wenn sie im Bereich der Justiz beschäftigt sind, besondere Gesetzestreue verlangt wird.[369] Ihnen gegenüber kann auch bei verhältnismäßig geringfügigen Straftaten die Kündigung gerechtfertigt sein.[370] Denn die (außerdienstliche) Begehung von Straftaten könne Zweifel an der Zuverlässigkeit und Vertrauenswürdigkeit eines Arbeitnehmers begründen. Daraus könne, abhängig von der Funktion des Beschäftigten, ein personenbedingter Kündigungsgrund folgen. Straftaten eines im öffentlichen Dienst mit hoheitlichen Aufgaben betrauten Arbeitnehmers führten grundsätzlich auch dann zu einem Eignungsmangel, wenn sie außerdienstlich begangen wurden und es an einem unmittelbaren Bezug zum Arbeitsverhältnis fehlt.[371]

Außerhalb des öffentlichen Dienstes und hoheitlicher Tätigkeiten muss also ein **Bezug zum Arbeitsverhältnis** hergestellt werden. Gekündigt werden kann auch dem

---

[361] Deshalb ist die Veröffentlichung eigener „Softpornos" einer Büroangestellten kein Grund zur Kündigung, vgl. ArbG Passau 11.12.1997 NZA 1998, 427.
[362] *Preis,* DB 1990, 632; KR/*Fischermeier,* § 626 BGB Rn. 414; BAG 9.2.1995 EzA KSchG § 1 Personenbedingte Kündigung Nr. 12 = NZA 1996, 249; LAG Hamm 1.3.1990 LAGE KSchG § 1 Verhaltensbedingte Kündigung Nr. 28 = BB 1990, 1422; abzulehnen die abweichende Entscheidung des LAG Köln 26.1.1994 LAGE KSchG § 1 Personenbedingte Kündigung Nr. 11 beim Ehegattenarbeitsverhältnis; aufgehoben durch BAG 9.2.1995 EzA KSchG § 1 Personenbedingte Kündigung Nr. 12 = NZA 1996, 249.
[363] BAG 23.6.1994 EzA BGB § 242 Nr. 39 = NZA 1994, 1080.
[364] BAG 23.6.1994 EzA BGB § 242 Nr. 39 mit abl. Anm. *v. Hoyningen-Huene* = NZA 1994, 1080.
[365] Zu sexuellen Beziehungen eines Bewährungshelfers zur Ehefrau seines Probanden LAG Rheinland-Pfalz 22.2.1989 LAGE BGB § 626 Nr. 40.
[366] BAG 22.8.1963 AP BGB § 626 Nr. 51 = NJW 1964, 74; LAG Köln 25.8.1988 LAGE BGB § 626 Nr. 34.
[367] BAG 10.9.2009 NZA 2010, 220.
[368] LAG Hamm 15.11.1990 LAGE BGB § 626 Nr. 53.
[369] BAG 8.6.2000 EzA BGB n. F. § 626 Nr. 182 = NZA 2000, 1282: begeht ein Beschäftigter des öffentlichen Dienstes ein vorsätzliches Tötungsdelikt, wird das Ansehen des öffentlichen Arbeitgebers beeinträchtigt.
[370] BAG 20.11.1997 EzA KSchG § 1 Verhaltensbedingte Kündigung Nr. 52 = NZA 1998, 323; LAG Düsseldorf/Köln 20.5.1980 u. LAG Berlin 27.9.1982 EzA BGB n. F. § 626 Nr. 72 u. 80; LAG Frankfurt 4.7.1985 LAGE BGB § 626 Nr. 22.
[371] BAG 10.9.2009 NZA 2010, 220 Rn. 24; BAG 20.6.2013 NZA 2013, 1345; ebenso im Falle eines Sachbearbeiters der Bundesagentur für Arbeit BAG 10.4.2014 – 2 AZR 684/13.

§ 22 Die außerordentliche Kündigung

Arbeitnehmer, der in seiner Freizeit einen Diebstahl bei einem mit seinem Arbeitgeber in enger Zusammenarbeit stehenden Vertragspartner begeht.[372] Das BAG hatte überdies den ungewöhnlichen Fall zu entscheiden, dass ein Orchestermusiker die Kinder eines Kollegen sexuell belästigt hat. Das BAG hat einen Bezug zum Arbeitsverhältnis und eine Nebenpflichtverletzung durch außerdienstliches Verhaltens wegen des engen Bezugs zum Arbeitsverhältnis bejaht.[373] Ebenso entschied das BAG im Falle eines nebenberuflichen Kirchenmusikers und beamteten Lehrers, der sexuelle Beziehungen zu minderjährigen Schülern, auch im Bereich der kirchlichen Räume, unterhielt.[374] Bejaht hat das BAG den hinreichenden Bezug bei einem Straßenbauarbeiter, der wegen Zuhälterei, vorsätzlicher Körperverletzung, erpresserischen Menschenraubs, Erpressung, schweren Menschenhandels und sexueller Nötigung angeklagt war. Der dienstliche Bezug wurde in dem Fall – etwas mühsam – erst dadurch hergestellt, dass der Arbeitnehmer öffentlich eine Verbindung zwischen seiner angeblich zu geringen Vergütung durch die Beklagte und seinem Tatmotiv herstellte. Das BAG meint, auf diese Weise habe der Bauarbeiter die Beklagte für sein strafbares Tun „mitverantwortlich" gemacht. Er hat damit das Integritätsinteresse des Arbeitgebers des öffentlichen Dienstes verletzt, in keinerlei Zusammenhang mit Straftaten seiner Bediensteten in Verbindung gebracht zu werden.[375] In einem weiteren Fall war der ebenfalls bei der öffentlichen Hand beschäftigte Arbeiter wegen unerlaubten Handeltreibens mit Betäubungsmitteln in zwanzig Fällen zu einer Freiheitsstrafe von drei Jahren und drei Monaten verurteilt worden. Das BAG sah hier keinen Bezug zur dienstlichen Tätigkeit.[376] Eine andere Frage ist, ob der Arbeitnehmer personenbedingt wegen mehr als zweijähriger Haft gekündigt werden kann (→ Rn. 1274).

644 Schwierige Abgrenzungsprobleme sind zu bewältigen, wenn der Arbeitnehmer bei einem Arbeitgeber beschäftigt wird, der einen anerkannten politischen, konfessionellen, gewerkschaftlichen, karitativen oder ähnlichen Zweck verfolgt und der Arbeitnehmer sich in seinem außerdienstlichen Verhalten mit der Zweckbestimmung in Widerspruch setzt. Zunächst ist festzustellen, dass das Kündigungsschutzgesetz eine Einschränkung des Kündigungsschutzes in sogenannten **Tendenzbetrieben** nicht kennt. Andererseits wirkt die Zweckrichtung des jeweiligen Betriebes auf außerdienstliche Verhaltensweisen zurück. Verstöße gegen außerdienstliche Verhaltensweisen, die mit der Tendenz des Arbeitgebers nicht übereinstimmen, können deshalb die Kündigung rechtfertigen. Grundsätzlich wird man im Rahmen der Interessenabwägung berücksichtigen müssen, ob es sich bei dem Arbeitnehmer um einen sogenannten Tendenzträger handelt oder nicht.[377] Der Redakteur einer Tageszeitung gehört zu den Tendenzträgern und kann außerbetrieblichen Beschränkungen der Meinungsäußerungsfreiheit unterliegen.[378]

645 Im **kirchlichen Bereich** hat die Frage, ob und inwieweit tendenzwidriges Verhalten die Kündigung rechtfertigen kann, durch den grundlegenden Beschluss des Bundes-

---

[372] LAG Nürnberg 29.8.1985 LAGE BGB § 626 Nr. 24.
[373] BAG 27.1.2011 NZA 2011, 798.
[374] BAG 26.9.2013 NZA 2014, 1691.
[375] BAG 28.10.2010 NZA 2011, 112.
[376] BAG 10.9.2009 NZA 2010, 220.
[377] Der Rechtsschutzsekretär einer Gewerkschaft ist Tendenzträger und kann entlassen werden, wenn er Mitglied des KBW ist und für dessen Ziele eintritt, BAG 6.12.1979 AP KSchG 1969 § 1 Verhaltensbedingte Kündigung Nr. 2 mit Anm. *Kunze* = EzA KSchG § 1 Tendenzbetrieb Nr. 5 mit Anm. *Rüthers*.
[378] LAG Berlin 6.12.1982 EzA KSchG § 1 Tendenzbetrieb Nr. 11 = LAGE KSchG § 1 Tendenzbetrieb Nr. 4.

Erster Abschnitt: Die Kündigung

verfassungsgerichts vom 4.6.1985[379] eine grundsätzliche Klärung erfahren. Mit diesem Beschluss wurden Entscheidungen aufgehoben, in denen das BAG im Einzelfall Kündigungen wegen öffentlicher Stellungnahme für den legalen Schwangerschaftsabbruch eines in einem katholischen Krankenhaus beschäftigen Arztes[380] oder wegen **Kirchenaustritts** eines bei einer kirchlichen Einrichtung beschäftigten Arbeitnehmers[381] für unwirksam erklärt hatte. Das Bundesverfassungsgericht lehnt die Auffassung des BAG ab, wonach das Arbeitsgericht im Falle einer Kündigung zu prüfen habe, welche Tendenznähe der jeweilige Arbeitnehmer zu den spezifisch kirchlichen Aufgaben habe.[382] Nach der Verfassungsgarantie des kirchlichen Selbstbestimmungsrechts (Art. 140 GG iVm Art. 137 Abs. 3 WRV) habe die Kirche selbst das Recht, über die Maßstäbe vertraglicher Loyalitätspflichten zu befinden. Es bleibe danach grundsätzlich den verfassten Kirchen überlassen, verbindlich zu bestimmen, was „die Glaubwürdigkeit der Kirche und ihrer Verkündigung erfordert", was „spezifisch kirchliche Aufgaben" sind, was „Nähe" zu ihnen bedeutet, welche die „wesentlichen Grundsätze der Glaubens- und Sittenlehre" sind und was als – ggf. schwerer – Verstoß gegen diese anzusehen ist. Auch die Entscheidung darüber, ob und wie innerhalb der im kirchlichen Dienst tätigen Mitarbeiter eine **Abstufung der Loyalitätspflichten** eingreifen soll, sei grundsätzlich eine dem **kirchlichen Selbstbestimmungsrecht** unterliegende Angelegenheit.

645a Im Lichte dreier Entscheidungen des EGMR[383] rückt das BAG in zwei weiteren Entscheidungen[384] wieder näher an die frühere Rechtsprechung heran. Überdies wurde schon bislang vertreten, dass durch das Selbstbestimmungsrecht der Kirchen kündigungsschutzrechtliche Prinzipien nicht verdrängt werden könnten. Auch bei Verletzung der so definierten Loyalitätspflichten unterliegt die Kündigung der Überprüfung nach den §§ 1 KSchG, 626 BGB als für alle geltendes Gesetz im Sinne des Art. 137 Abs. 3 S. 1 WRV. Den Arbeitsgerichten ist es lediglich versagt, das **Gewicht des Loyalitätsverstoßes** eigener Bewertung zu unterziehen. Unter Umständen kann die Möglichkeit einer Abmahnung[385] oder die Möglichkeit einer Weiterbeschäftigung auf einem anderen Arbeitsplatz die Unwirksamkeit der Kündigung bedingen. Absolute Kündigungsgründe gibt es mithin auch im kirchlichen Bereich nicht.[386] In diese Rich-

---

[379] AP GG Art. 140 Nr. 24 = EzA BGB § 611 Kirchliche Arbeitnehmer Nr. 24; hierzu *Mummenhoff,* NZA 1990, 585; *Struck,* NZA 1991, 249 ff.; *Klar,* NZA 1995, 1184.

[380] BAG 21.10.1982 AP GG Art. 140 Nr. 14 = EzA KSchG § 1 Tendenzbetrieb Nr. 12 und 13 mit abl. Anm. *Rüthers.*

[381] BAG 23.3.1984 AP GG Art. 140 Nr. 16 mit Anm. *Mayer-Maly* = EzA KSchG § 1 Tendenzbetrieb Nr. 15 mit Anm. *Herschel;* LAG Rheinland-Pfalz 9.1.1997 LAGE BGB § 611 Kirchliche Arbeitnehmer Nr. 8; im Ergebnis anders BAG 12.12.1984 AP GG Art. 140 Nr. 21 mit Anm. *Dütz* = EzA KSchG § 1 Tendenzbetrieb Nr. 17; s. jetzt wieder weitergehend LAG Rheinland-Pfalz 30.9.2004 LAGReport 2005, 275.

[382] Siehe neben den Nachweisen in den vorigen Fußnoten: BAG 14.10.1980 AP GG Art. 140 Nr. 7 = EzA KSchG § 1 Tendenzbetrieb Nr. 10; BAG 24.4.1997 AP BGB § 611 Kirchendienst (Ehebruch) Nr. 27.

[383] EGMR 3.2.2011 – 18136/02 – [Siebenhaar] NZA 2012, 199; 23.9.2010 – 425/03 – [Obst] NZA 211, 277; 23.9.2010 – 1620/03 – [Schüth] – NZA 2011, 279.

[384] BAG 25.4.2013 NZA 2013, 1131; 8.9.2011 NZA 2012, 443.

[385] BAG 30.6.1983 AP GG Art. 140 Nr. 15 = EzA KSchG § 1 Tendenzbetrieb Nr. 14.

[386] Hierzu *Dütz,* NJW 1990, 2025 ff.; *Mummenhoff,* NZA 1990, 585 ff.; *Struck,* NZA 1991, 249 ff.; *Vogler,* RdA 1993, 257 ff.; Einzelfälle aus der Rechtsprechung: Kirchenaustritt eines katholischen Arztes: BAG 12.12.1984 EzA KSchG § 1 Tendenzbetrieb Nr. 17 = NZA Beilage 1986 Nr. 1, 32; Heirat eines geschiedenen Mannes durch katholische Lehrerin: BAG 31.10.1984 EzA KSchG § 1 Tendenzbetrieb Nr. 16 = NZA 1985, 215; 18.11.1986 AP GG Art. 140 Nr. 35 = EzA BGB § 611 Kirchliche Arbeitnehmer Nr. 26; 25.4.1978 AP GG Art. 140 Nr. 2 = EzA KSchG § 1 Tendenzbetrieb Nr. 4 mit Anm. *Dütz;* homosexuelle Betätigung eines kirchlichen Mitarbeiters: BAG 30.6.1983 AP GG

tung weist auch die mit Wirkung vom 1.1.1994 verabschiedete „Grundordnung des kirchlichen Dienstes im Rahmen kirchlicher Arbeitsverhältnisse" (NJW 1994, 1394), die in ihren §§ 4 und 5 differenziert Loyalitätspflichten und kündigungsrechtliche Grundsätze für den Bereich der katholischen Kirche regeln.[387] Das BAG hält die Kirchen im Rahmen des Kündigungsrechts an ihren eigenen Grundsätzen fest. Nach Art. 5 Abs. 1 der Grundordnung ist bei Verstößen gegen Loyalitätsobliegenheiten vor Ausspruch einer Kündigung mit dem Mitarbeiter ein Beratungsgespräch bzw. ein „klärendes Gespräch" zu führen. Spricht der Arbeitgeber die Kündigung unter Missachtung dieser Vorschrift aus, verstößt die Kündigung gegen das Ultima-Ratio-Prinzip.[388] Die Arbeitsgerichte prüfen auch, ob auf der Basis der Grundordnung der jeweilige Mitarbeiter zu dem Kreis der Arbeitnehmer mit gesteigerten (außerdienstlichen) Loyalitätspflichten gehört.[389]

Die Rechtsprechung hatte Gelegenheit, zu folgenden kündigungsrechtlichen **Fallgestaltungen** Stellung zu nehmen: Kirchenaustritt eines Sozialpädagogen bei der Caritas,[390] Wiederheirat eines Chefarztes eines katholischen Krankenhauses,[391] Trennung von der Ehefrau, Scheidung und außereheliche Beziehung eines katholischen Kirchenmusikers.[392] Danach gilt: Der Kirchenaustritt eines Arbeitnehmers im verkündungsnahen Bereich wird als schwerwiegender Loyalitätsverstoß gewertet, der die außerordentliche Kündigung rechtfertigt. Es bleibt demnach dabei, dass die Arbeitsgerichte bei der Bewertung einzelner Loyalitätsanforderungen die vorgegebenen kirchlichen Maßstäbe zugrunde zu legen haben. Den Kirchen bleibe es überlassen, verbindlich zu bestimmen, was die Glaubwürdigkeit der Kirche und der Einrichtung, in der die Mitarbeiter beschäftigt sind und welche Loyalitätsverstöße als „schwerwiegend" anzusehen sind. Auch die Abstufung der Loyalitätsanforderungen sei grundsätzlich dem kirchlichen Selbstbestimmungsrecht überlassen. Freilich seien die staatlichen Gerichte an die kirchliche Einschätzung nur gebunden, soweit diese sich nicht in Widerspruch zu Grundprinzipien der Rechtsordnung, wie sie im allgemeinen Willkürverbot (Art. 3 Abs. 1 GG), im Begriff der „guten Sitten" (§ 138 Abs. 1 BGB) und im ordre public (Art. 30 EGBGB) ihren Niederschlag gefunden hätten. Die Gerichte haben sicherzustellen, dass die kirchlichen Einrichtungen nicht in Einzelfällen unannehmbare Anforderungen an die Loyalität ihrer Arbeitnehmer stellen.[393] **645b**

Das BAG betont. dass die Gestaltungsfreiheit des kirchlichen Arbeitgebers nach Art. 140 GG, Art. 137 Abs. 3 S. 1 WRV unter dem Vorbehalt des für alle geltenden **645c**

Art. 140 Nr. 15 = EzA KSchG § 1 Tendenzbetrieb Nr. 14; Eheschließung einer katholischen Kindergärtnerin mit nicht laisiertem katholischen Priester: BAG 4.3.1980 AP GG Art. 140 Nr. 3 = EzA KSchG § 1 Tendenzbetrieb Nr. 9; vgl. ferner LAG Niedersachsen 9.3.1989 LAGE BGB § 611 Kirchliche Arbeitnehmer Nr. 3; Entziehung der kirchlichen Lehrbefugnis: BAG 25.5.1988 AP GG Art. 140 Nr. 36 = EzA BGB § 611 Kirchliche Arbeitnehmer Nr. 27 mit Anm. *Dütz;* Behandlungsmethoden eines Chefarztes, die gegen tragende Grundsätze des geltenden Kirchenrechts verstoßen: BAG 7.10.1993 EzA BGB § 611 Kirchliche Arbeitnehmer Nr. 40 = NZA 1994, 443; zur Wiederheirat einer geschiedenen Altenpflegerin LAG Rheinland-Pfalz 12.9.1991 LAGE BGB § 611 Kirchliche Arbeitnehmer Nr. 6; s.a. OLG Düsseldorf 17.10.1991 EzA BErzGG § 18 Nr. 1; aktive Werbung für andere Glaubensgemeinschaft: BAG 21.2.2001 EzA BGB § 611 Kirchliche Arbeitnehmer Nr. 47 = NZA 2001, 1136.
[387] Einzelheiten bei *Dütz,* NJW 1994, 1369 und *Richardi,* NZA 1994, 19.
[388] BAG 16.9.1999 EzA BGB § 611 Kirchliche Arbeitnehmer Nr. 45 = NZA 2000, 208.
[389] LAG Düsseldorf 13.8.1998 LAGE BGB § 611 Kirchliche Arbeitnehmer Nr. 9.
[390] BAG 25.4.2013 NZA 2013, 1131; hierzu *Pallasch,* RdA 2014, 103.
[391] BAG 8.9.2011 NZA 2012, 443.
[392] EGMR 23.9.2010 NZA 2011, 279; LAG Hamm 14.6.2013 – 10 Sa 18/13 – [Revision eingelegt unter 2 AZR 661/13].
[393] BAG 25.4.2013 NZA 2013, 1131 Rn. 21.

Gesetzes stehe. Zu diesem gehöre das staatliche Kündigungsschutzrecht, mittels dessen der Staat seine Schutzpflichten etwa aufgrund der Berufsfreiheit der Arbeitnehmer aus Art. 12 Abs. 1 GG wahrnehme. Das BAG sucht dann in praktischer Konkordanz dem kirchlichem Selbstbestimmungsrecht und den Grundrechten der Arbeitnehmer durch Güterabwägung im Rahmen der kündigungsschutzrechtlichen Bestimmungen Rechnung zu tragen. Das BAG hat dabei in seinen jüngsten Entscheidungen offen gelassen, ob zwischen verkündungsnahen und verkündigungsfernen Tätigkeitsbereichen kirchlicher Mitarbeiter zu unterscheiden ist.[394]

645d   Danach gilt, dass selbst der Fall des **Kirchenaustritts** kein absoluter Kündigungsgrund ist, allerdings dem Selbstverständnis der Kirchen in diesem Fall besonderes Gewicht beizumessen sei. Der Kirchenaustritt eines im verkündigungsnahen Bereich eingesetzten Mitarbeiters sei danach ein außerordentlicher Kündigungsgrund, zumal der Arbeitnehmer auch bei der Begründung des Arbeitsverhältnisses von seinen Grundrechten Gebrauch gemacht und in die gesteigerten Loyalitätsanforderungen eingewilligt habe.[395] Die **Wiederheirat** eines nach kirchlichem Verständnis verheirateten katholischen Chefarztes in einem katholischen Krankenhaus sei zwar ein schwerer und ernster Verstoß gegen die Loyalitätsanforderungen der katholischen Kirche. Aufgrund der Einzelfallumstände (inkonsequente Handhabung in anderen Fällen) und dem grundrechtlich geschützten Wunsch, nach bürgerlichem Recht in einer geordneten Ehe mit seiner jetzigen Frau zu leben, erachtete das BAG die ordentliche Kündigung als im Ergebnis sozial ungerechtfertigt.[396] Diese Entscheidung hat das **BVerfG aufgehoben** und an das BAG zurückverwiesen (§ 95 Abs. 2 BVerfGG).[397] Das BAG habe bei der Auslegung von § 1 Abs. 2 KSchG die praktische Konkordanz zwischen dem kirchlichen Selbstbestimmungsrecht (Art. 140 GG iVm Art. 137 Abs. 3 WRV) und der korporativen Religionsfreiheit (Art. 4 Abs. 1 und 2 GG) einerseits und dem Schutz von Ehe und Familie (Art. 6 Abs. 1 GG) sowie dem Gedanken des Vertrauensschutzes (Art. 2 Abs. 1 iVm Art. 20 Abs. 3 GG) auf Seiten des Klägers herzustellen. Die staatlichen Gerichte hätten im Rahmen einer Plausibilitätskontrolle auf der Grundlage des glaubensdefinierten Selbstverständnisses der verfassten Kirche zu überprüfen, ob eine bestimmte Loyalitätsobliegenheit Ausdruck eines kirchlichen Glaubenssatzes ist und welches Gewicht dieser Loyalitätsobliegenheit und einem Verstoß hiergegen nach dem kirchlichen Selbstverständnis zukommt. Sie haben sodann unter dem Gesichtspunkt der Schranken des „für alle geltenden Gesetzes" eine Gesamtabwägung vorzunehmen, in der die – im Lichte des Selbstbestimmungsrechts der Kirchen verstandenen – kirchlichen Belange und die korporative Religionsfreiheit mit den Grundrechten der betroffenen Arbeitnehmer und deren in den allgemeinen arbeitsrechtlichen Schutzbestimmungen enthaltenen Interessen auszugleichen sind. Die widerstreitenden Rechtspositionen sind dabei jeweils in möglichst hohem Maße zu verwirklichen. Das BAG werde deshalb – ggf. nach Ermöglichung ergänzender Tatsachenfeststellungen – eine eingehende und *alle* wesentliche Umstände des Einzelfalls berücksichtigende Abwägung vorzunehmen haben (Vertrauensschutz, arbeitsvertragliche Regelungen; Freiwil-

---

[394] Hierzu *Joussen,* jM 2014, 109; *Pallasch,* RdA 2014, 103, 107, der für eine Differenzierung nach Verkündungsnähe eintritt.
[395] BAG 25.4.2013 NZA 2013, 1131; hierzu *Joussen,* jM 2014, 109; *Pallasch,* RdA 2014, 103.
[396] BAG 8.9.2011 NZA 2012, 443; im Ergebnis ablehnend *Reichold/Hartmeyer,* Anm. AP Nr. 92 zu § 1 KSchG 1969; *Stöhr,* RdA 2012, 376; *Pötters* Anm. EzA § 611 BGB 2002 Kirchliche Arbeitnehmer Nr. 21; im Ergebnis zustimmend: *Sperber,* ArbuR 2012, 451; *Plum,* RdA 2012, 374; *Richardi,* SAE 2013, 14; im Grundansatz dem BAG folgend: *Greiner,* MedR 2012, 688; *Joussen,* jM 2014, 109.
[397] BVerfG 22.10.2014 NZA 2014, 1387.

§ 22 Die außerordentliche Kündigung

ligkeit der Eingehung von Loyalitätsobliegenheiten durch den kirchlichen Arbeitnehmer, Dauerhaftigkeit des illoyalen Verhaltens)

(8) (Sexuelle) Belästigung von Betriebsangehörigen

Sexuelle Belästigungen oder gar sexueller Missbrauch von Schutzbefohlenen[398] können ebenfalls die Kündigung rechtfertigen.[399] Zu beachten ist die Norm des § 3 Abs. 3 und 4 AGG, die den Tatbestand der (sexuellen) Belästigung als unzulässige Diskriminierung regelt (zuvor bereits geregelt im außer Kraft getretenen BeschSchG: Gesetz zum Schutz der Beschäftigten vor sexueller Belästigung am Arbeitsplatz). Nach § 7 Abs. 3 AGG ist die (sexuelle) Belästigung eine Vertragspflichtverletzung. Kündigungsrechtlich hat sich durch diese gesetzlichen Regelungen keine Veränderung der Rechtslage ergeben.[400] Bei leichteren Verstößen ist zunächst eine Abmahnung geboten.[401] Die Kündigung setzt allerdings voraus, dass dem Arbeitnehmer die sexuelle Belästigung auch nachgewiesen werden kann. Ferner ist Voraussetzung nach § 3 Abs. 3 und 4 AGG, dass die sexuellen Handlungen „unerwünscht" sind. Das Merkmal erfordert – anders als noch § 2 Abs. 2 S. 2 Nr. 2 BeschSchG – nicht mehr, dass die Betroffenen ihre ablehnende Einstellung zu den fraglichen Verhaltensweisen aktiv verdeutlichen. Maßgeblich ist allein, ob die Unerwünschtheit der Verhaltensweise objektiv erkennbar war.[402] Eine solche Ablehnung ist erkennbar, wenn aus dem Verhalten des oder der Betroffenen für einen neutralen Beobachter die Ablehnung hinreichend deutlich geworden ist.[403] Bei erkennbarer Ablehnung der sexuellen Handlung im Arbeitsverhältnis ist keine Abmahnung erforderlich.[404] Hinsichtlich der Reaktionsmittel des Arbeitgebers listet § 12 Abs. 3 AGG lediglich auf, welche Sanktionen in Betracht kommen (Abmahnung, Umsetzung, Versetzung oder Kündigung), und weist auf den Grundsatz der Verhältnismäßigkeit hin. Danach sind die im Einzelfall geeigneten, erforderlichen und angemessenen arbeitsrechtlichen Maßnahmen zu ergreifen. Nach einschlägiger Abmahnung ist im Wiederholungsfalle die ordentliche oder ggf. außerordentliche Kündigung jedenfalls gerechtfertigt.[405] In Ausnahmefällen kann auch die Verdachtskündigung möglich sein (→ Rn. 703 ff.). Eine strafgerichtliche Verurteilung ist für das Arbeitsgericht nicht bindend.[406] Die wahrheitswidrige Behauptung einer sexuellen Belästigung kann als Beleidigung ihrerseits die Kündigung rechtfertigen.[407] Kün-

646

---

[398] BAG 23.10.2014 NJW 2015, 651; BAG 12.3.2009 NZA-RR 2010, 180; LAG Köln 29.11.2005 NZA-RR 2006, 443.

[399] BAG 25.3.2004 EzA BGB 2002 § 626 Nr. 6 = NZA 2004, 1214; BAG 9.1.1986 EzA BGB n. F. § 626 Nr. 98 = NZA 1986, 467; zum Geschlechtsverkehr eines Arztes mit Patientin im Arztzimmer BAG 18.10.1990 – 2 AZR 157/90 – RzK III 2a Nr. 18; LAG Hamburg 21.10.1998 LAGE BSchG § 4 Nr. 3; LAG Sachsen 10.3.2000 LAGE BGB § 626 Nr. 130 = NZA-RR 2000, 468; ArbG Lübeck 2.11.2000 NZA-RR 2001, 140; LAG Niedersachsen 21.1.2003 NZA-RR 2004, 19; LAG Hamm 23.5.2007 LAGE BGB 2002 § 626 Nr. 11a; LAG Rheinland-Pfalz 11.3.2009 – 7 Sa 235/08 –; LAG Hessen 27.2.2012 NZA-RR 2012, 471; ausf. *v. Hoyningen-Huene,* BB 1991, 2215.

[400] Hierzu *Worzalla,* NZA 1994, 1016.

[401] BAG 20.11.2014 – 2 AZR 651/13 – BB 2015, 571; LAG Niedersachsen 29.11.2008 LAGE AGG § 12 Nr. 1 = NZA-RR 2009, 249 (im Ergebnis zu großzügig); nachfolgend LAG Niedersachsen 13.10.2009 – 1 Sa 832/09 LAG Hamm 13.2.1997 LAGE BGB § 626 Nr. 110 = NZA-RR 1997, 250; LAG Hamm 22.10.1996 LAGE BSchG § 4 Nr. 1 = NZA 1997, 769.

[402] BAG 9.6.2011 NZA 2011, 1342.

[403] BAG 25.3.2004 EzA BGB 2002 § 626 Nr. 189 = NZA 2004, 1214.

[404] BAG 25.3.2004 EzA BGB 2002 § 626 Nr. 189 = NZA 2004, 1214.

[405] BAG 9.6.2011 NZA 2011, 1342.

[406] BAG 8.6.2000 EzA KSchG n. F. § 15 Nr. 50 = NZA 2001, 91; LAG Düsseldorf 8.12.1999 ArbuR 2000, 194 mit Anm. *Bell* = AiB 2000, 703 mit Anm. *Malottke.*

[407] LAG Rheinland-Pfalz 16.2.1996 LAGE KSchG § 1 Verhaltensbedingte Kündigung Nr. 54 = NZA-RR 1997, 169.

Erster Abschnitt: Die Kündigung

digungsgrund kann auch schon die nachhaltige Aufforderung zur Vornahme sexueller Handlungen sein, auch wenn es noch zu keiner tätlichen Belästigung gekommen ist.[408]

647 Auch sonstige Formen der Belästigung, insbesondere das sog. **Mobbing** (systematisches Schikanieren von Mitarbeitern), stellen eine Vertragspflichtverletzung dar, die zur (außerordentlichen) Kündigung berechtigen.[409] Ebenso stellt das **„Nachstellen"** (**„Stalking"**) – unabhängig von seiner strafrechtlichen Relevanz (§ 238 StGB) – unter bewusster Missachtung des entgegenstehenden Willens des Belästigten im Betrieb oder im Zusammenhang mit der geschuldeten Tätigkeit einen wichtigen Grund für eine außerordentliche Kündigung dar. Die darin liegende Persönlichkeitsrechtsverletzung stört erheblich den Betriebsfrieden und stellt zugleich eine erhebliche Verletzung der Pflicht zur Rücksichtnahme auf die berechtigten Interessen des Arbeitgebers gemäß § 241 Abs. 2 BGB dar.[410] Die Rechtfertigung der Kündigung in diesen Fällen hängt von den Umständen des Einzelfalls (Ausmaß, Intensität und Folgen der Pflichtverletzung; Wiederholungsgefahr und Grad des Verschuldens) ab.

(9) Beleidigungen, Tätlichkeiten

648 Die grobe Beleidigung des Arbeitgebers oder anderer Betriebsangehöriger wird als Grund für die fristlose Entlassung anerkannt, soweit nach Form oder Inhalt eine erhebliche **Ehrverletzung** damit verbunden ist.[411] Es kommt hier nicht auf die strafrechtliche Wertung, sondern auf die Zumutbarkeit der Fortsetzung des Arbeitsverhältnisses an.[412] Entsprechendes gilt für bewusst wahrheitswidrig aufgestellte Tatsachenbehauptungen, etwa wenn sie den Tatbestand der üblen Nachrede erfüllen.[413] Das Grundrecht der Meinungsfreiheit schützt zum einen weder Formalbeleidigungen und bloße Schmähungen noch bewusst unwahre Tatsachenbehauptungen.[414] Zwar können die Arbeitnehmer unternehmensöffentlich Kritik am Arbeitgeber und den betrieblichen Verhältnissen, ggf. auch überspitzt oder polemisch, äußern. In grobem Maße unsachliche Angriffe muss der Arbeitgeber dagegen nicht hinnehmen.[415] Auch eine ein-

---

[408] LAG Hamm 10.3.1999 LAGE KSchG § 1 Verhaltensbedingte Kündigung Nr. 75 = NZA-RR 1999, 623.
[409] LAG Sachsen-Anhalt 27.1.2000 – 9 Sa 473/99 –; LAG Thüringen 15.2.2001 LAGE BGB § 626 Nr. 133 = NZA-RR 2001, 577; vgl. auch *Berkowsky*, NZA-RR 2001, 61 f.
[410] BAG 19.4.2012 NZA-RR 2012, 567.
[411] Vgl. BAG 18.7.1957 AP GewO § 124a Nr. 1 = EzA GewO § 124a Nr. 1; BAG 11.7.1991 AP LPVG Bayern Art. 6 Nr. 1; BAG 12.1.2006 EzA KSchG § 1 Verhaltensbedingte Kündigung Nr. 67 = NZA 2006, 917; LAG Berlin 17.11.1980 LAGE BGB § 626 Nr. 10; BAG 21.1.1999 EzA BGB n.F. § 626 Nr. 178 = NZA 1999, 863; ferner LAG Düsseldorf 24.6.1959 DB 1959, 795; 8.5.1963 DB 1963, 935; 29.6.1982 DB 1982, 2252; LAG Berlin 14.7.1997 LAGE BGB § 626 Nr. 108; LAG Köln 4.7.1996 NZA-RR 1997, 171 und 7.12.1995 LAGE KSchG § 1 Verhaltensbedingte Kündigung Nr. 50; LAG Hessen 7.11.1996 NZA-RR 1997, 383; LAG Frankfurt 13.2.1984 NZA 1984, 200; ArbG Frankfurt 10.8.1998 NZA-RR 1999, 85; LAG Schleswig-Holstein 4.11.1998 NZA-RR 1999, 132: Beleidigung des Vorgesetzten über Internet; LAG Hessen 1.9.2006 NZA-RR 2007, 245; ausf. zu Belästigungen und Beleidigungen durch Vorgesetzte *v. Hoyningen-Huene*, BB 1991, 2215 ff.; zu Ehrverletzungen als Kündigungsgrund *Schmitz-Scholemann*, BB 2000, 926.
[412] BAG 22.12.1956 AP BGB § 626 Nr. 13; BAG 1.7.1999 AP BBiG § 15 Nr. 11 = EzA BBiG § 15 Nr. 13.
[413] BAG 10.12.2009 NZA 2010, 698; zur wahrheitswidrigen Behauptung, ein Verhältnis mit dem Geschäftsführer zu haben LAG Schleswig-Holstein 20.9.2007 BGB 2002 § 626 Nr. 13 = NZA-RR 2008, 71 (LS).
[414] BVerfG 10.10.1995 BVerfGE 93, 266; BVerfG 10.11.1998 BVerfGE 99, 185; BAG 27.9.2012 AP BGB § 626 Nr. 240; BAG 29.8.2013 – 2 AZR 419/12 – Rn. 36.
[415] BAG 2.4.1987 AP BGB § 626 Nr. 96 = EzA BGB n.F. § 626 Nr. 108; zum öffentlichen Vorwurf der Rechtsbeugung gegen Vorgesetzte: BAG 6.11.2003 AP KSchG 1969 § 1 Verhaltensbedingte Kündigung Nr. 46 = EzA KSchG § 1 Verhaltensbedingte Kündigung Nr. 60.

§ 22 Die außerordentliche Kündigung

malige Ehrverletzung kann kündigungsrelevant und umso schwerwiegender sein, je unverhältnismäßiger und je überlegter sie erfolgte.[416] Voraussetzung ist, dass durch die Beleidigung betriebliche Interessen beeinträchtigt werden, die in der Rufschädigung des Unternehmens oder in einer Verschlechterung des Betriebsklimas liegen können.[417] Erforderlich ist eine sorgfältige Abwägung, ob das schärfste Mittel der außerordentlichen Kündigung zulässig ist. Zu berücksichtigen sind die Umstände, die zur Beleidigung geführt haben.[418] So ist zB ein Milderungsgrund darin zu sehen, dass der Arbeitgeber den Arbeitnehmer gereizt hat. Bei der Abwägung ist insbesondere darauf abzustellen, inwieweit künftig noch eine Zusammenarbeit zumutbar ist. In schwerwiegenden Fällen hat die Rechtsprechung auf die Erforderlichkeit einer Abmahnung verzichtet.[419]

Beleidigt der Arbeitnehmer im Rahmen seiner Tätigkeit Kunden, stellt dies eine kündigungsrelevante Vertragspflichtverletzung dar.[420] Behauptet ein Arbeitnehmer in einem Gespräch mit Arbeitskollegen über einen Vorgesetzten unwahre und ehrenrührige Tatsachen, so ist das kein wichtiger Grund, wenn der Gesprächspartner ohne ersichtlichen Grund die Vertraulichkeit der Unterredung missachtet.[421] Grundsätzlich können aber unberechtigte schwerwiegende Vorwürfe gegen Mitarbeiter kündigungsbegründend sein.[422] Ein wichtiger Grund wurde bejaht, wenn ein Arbeitnehmer bei der Werbung für die Wahl zum Betriebsrat die Ehre anderer schwerwiegend verletzt.[423] Die Gleichstellung eines Vorgesetzten mit einem Hauptverantwortlichen für die Judenvernichtung oder die Gleichsetzung betrieblicher Vorgänge mit dem nationalsozialistischen Terrorregime ist eine schwere Beleidigung, die zur fristlosen Kündigung berechtigt.[424] **649**

Ebenso wie mündliche Schmähungen des Arbeitgebers im Einzelfall kündigungsrelevante Beleidigungen darstellen, können via **Facebook** oder anderer **sozialer Netzwerke** getätigte Äußerungen eine Kündigung des Arbeitnehmers rechtfertigen.[425] In Bezug auf den Inhalt solcher Postings gelten die allgemeinen Grundsätze des BAG zur Abgrenzung von berechtigter Kritik von der Beleidigung (→ Rn. 648),[426] sodass der Arbeitnehmer auch hier grundsätzlich davon ausgehen kann, sich gegenüber Kollegen und Freunden auch kritisch über Vorgesetzte äußern zu können.[427] Dies gilt jedoch nur **649a**

---

[416] BAG 10.10.2002 EzA BGB 2002 § 626 Unkündbarkeit Nr. 1 = NZA 2003, 1295.
[417] Plastischer Fall LAG Berlin 14.3.2003 AuA 2003, Nr. 7, 50; LAG Schleswig-Holstein 29.8.2006 LAGE BGB 2002 § 626 Nr. 8b: Vergleich betrieblicher Verhältnisse mit nationalsozialistischem Terrorregime.
[418] Eine großzügigere Beurteilung während eines Streiks verlangt LAG Hessen 24.10.2000 NZA-RR 2001, 300; bei Lohnrückständen ArbG Berlin 11.5.2001 NZA-RR 2002, 129; bei einmaligem Wutausbruch „Stasimentalität" LAG Düsseldorf 5.3.2007 LAGE BGB 2002 § 626 Nr. 11.
[419] BAG 3.2.1982 DB 1982, 1417; ArbG Bielefeld 9.12.1997 EzA BGB n.F. § 626 Nr. 172 (beleidigende Äußerung eines Profisportlers gegen Manager und Trainer); großzügig ArbG Kaiserslautern 10.5.1995 ARSt 1996, 7. LAG 3.9.2008 LAGE BetrVG 2001 § 103 Nr. 7; zur Beleidigung der gesamten Belegschaft durch E-Mail: ArbG Wiesbaden 2.5.2001 NZA-RR 2001, 639.
[420] LAG Schleswig-Holstein 5.10.1998 LAGE BGB § 626 Nr. 123.
[421] BAG 10.12.2009 NZA 2010, 698; BAG 30.11.1972 AP BGB § 626 Nr. 66 = EzA BGB n.F. § 626 Nr. 23; LAG Köln 18.4.1997 LAGE BGB § 626 Nr. 111 = NZA-RR 1998, 15; zu einer innerbetrieblich geäußerten abfälligen Meinung über die Kundschaft des Arbeitgebers LAG Düsseldorf 19.12.1995 LAGE BGB § 626 Nr. 91 = NZA 1996, 166.
[422] LAG Köln 24.3.1993 LAGE KSchG § 1 Verhaltensbedingte Kündigung Nr. 39.
[423] BAG 15.12.1977 AP BGB § 626 Nr. 69 = EzA BGB. n.F. § 626 Nr. 61.
[424] BAG 7.7.2011 NZA 2011, 1412; LAG Berlin 17.11.1980 AP BGB § 626 Nr. 72 = EzA BGB n.F. § 626 Nr. 75.
[425] Eine eindrückliche Fallübersicht bietet KDZ/*Däubler*, § 626 BGB Rn. 136ff.
[426] LAG Hamm 10.10.2012 – 21 Sa 715/12; ArbG Duisburg 1.6.2012 – 3 Ca 93/12; *Bauer/Günther*, NZA 2013, 67, 68; *Kort*, NZA 2012, 1321, 1323.
[427] ArbG Hagen 16.5.2012 – 3 Ca 2597/11.

für vertrauliche Gespräche. Hier sind **Differenzierungen je nach Art des gewählten Kommunikationskanals sowie je nach Grad der Verbreitung** innerhalb oder außerhalb des Netzwerkes angezeigt.[428] Facebook stellt seinen Nutzern verschiedene Kommunikationskanäle zur Verfügung, welche systembasiert einen unterschiedlichen Verbreitungsradius haben, den der Nutzer zudem teilweise über Privatsphäre-Einstellungen verändern kann. **Pinnwand- bzw. Chronik-Beiträge** sind grundsätzlich öffentlich, es besteht jedoch die Möglichkeit, die Sichtbarkeit nur für sogenannte Facebook-Freunde oder Freunden von Freunden einzuschränken. Da die Vertraulichkeit innerhalb des Facebook-Freundeskreises schon aufgrund der Anzahl sogenannter Freunde erheblich niedriger zu bewerten sein wird als die Vertraulichkeit bei einem privaten Treffen unter Freunden,[429] wird man Pinnwand-Beiträge nicht als private Äußerungen bezeichnen können. Sind Beiträge zusätzlich für Freunde von Freunden sichtbar, ist der Kreis potenzieller Adressaten nicht mehr überschaubar.[430] Somit gibt der Arbeitnehmer die Vertraulichkeit auf, wenn er für entsprechende Äußerungen die Facebook-Pinnwand wählt.[431] Dies kann auch für sogenannte **Gruppen-Konversationen** gelten. Hier sind Postings für alle Gruppenmitglieder sichtbar, wobei zwischen offenen und privaten Gruppen zu differenzieren ist. Während ersteren jeder Nutzer beitreten kann und der potenzielle Adressatenkreis damit nicht steuerbar ist,[432] beschränkt sich der Kreis der Mitglieder in privaten Gruppen auf die von dem Gruppenadministrator hinzugefügten Personen. Da Mitglieder jedoch auch nachträglich beliebig hinzugefügt werden können, ist Vertraulichkeit auch hier schwer herstellbar. In diesen Fällen hängt es daher von den Umständen des Einzelfalls ab, ob sich der Arbeitnehmer darauf verlassen konnte, dass seine Äußerungen vertraulich behandelt werden.[433] Das LAG Hessen weist in diesem Zusammenhang darauf hin, dass der Gefahr der schnellen und hohen Verbreitung die Schnelllebigkeit des Internets gegenüber stehe. Zwar seien Internet-Postings auch nach langer Zeit noch abrufbar, jedoch zeichneten sich gerade Diskussionsbeiträge in Foren dadurch aus, dass ein Beitrag schnell überholt sei. Die technischen Gegebenheiten ermöglichten eine viel höhere Diskussionsgeschwindigkeit als in einem persönlichen Gespräch oder in Print-Medien. Hierdurch ergebe sich ein erheblicher Bedeutungsverlust einzelner Äußerungen. Dies könne dazu führen, dass eine im Internet geäußerte Beleidigung in ihrer herabwürdigenden Wirkung weniger schwer wiegt als in einem persönlichen Gespräch oder Brief.[434] Dies zeige sich auch daran, dass es den meisten Menschen deutlich leichter falle, Kritik gegenüber einer anderen Person in deren Abwesenheit zu äußern. Bei der Kommunikation im Internet sinke die Hemmschwelle und damit das Niveau der Beiträge weiter.[435] Diese Umstände seien im Rahmen der Interessenabwägung zu berücksichtigen und könnten dazu führen, dass das Fortsetzungsinteresse des Arbeitnehmers das Beendigungsinteresse des Arbeitgebers überwiege.[436]

649b Anders können Äußerungen zu bewerten sein, die der Arbeitnehmer in einem für die Facebook-Öffentlichkeit nicht zugänglichen Bereich tätigt. Dies ist via **Privat-**

---

[428] *Bauer/Günther*, NZA 2013, 67, 68.
[429] Vgl. die durchschnittlichen Zahlen bei *Bauer/Günther*, NZA 2013, 67, 69.
[430] *Bauer/Günther*, NZA 2013, 67, 69.
[431] ArbG Hagen 16.5.2012 – 3 Ca 2597/11.
[432] In Deutschland zählt das Netzwerk gegenwärtig über 27 Mio. aktive Nutzer, weltweit sind es 1,2 Mrd.; vgl. die Zahlen bei www.de.statista.com.
[433] *Bauer/Günther*, NZA 2013, 67, 70.
[434] LAG Hessen 28.1.2013 – 21 Sa 715/12.
[435] LAG Hessen 28.1.2013 – 21 Sa 715/12.
[436] LAG Hessen 28.1.2013 – 21 Sa 715/12.

§ 22 Die außerordentliche Kündigung

nachricht oder Live-Chat möglich. Äußerungen, die in diesem Rahmen getätigt werden, bleiben übrigen Nutzern verborgen, sodass sie als vertraulich bezeichnet werden können.[437] Weiterhin kann unter Umständen die Betätigung des sogenannten **„Gefällt-mir-Buttons"** kündigungsrechtlich relevant werden. Hierdurch wird die Zustimmung zu Postings anderer Nutzer signalisiert und zudem für deren Verbreitung gesorgt, da der entsprechende Beitrag auf der eigenen Pinnwand sichtbar wird. Hierdurch wird der Kreis potenzieller Leser wiederum unüberschaubar. Das Arbeitsgericht Dessau-Roßlau hielt es in diesem Kontext indes für berücksichtigungswürdig, dass es sich bei der Betätigung des „Gefällt-mir-Buttons" in der Regel um eine spontane Reaktion handele, deren Bedeutungsgehalt nicht zu hoch eingeschätzt werden dürfe. Daher könne diese allenfalls eine Abmahnung nach sich ziehen.[438] Auch könnten gewisse Äußerungen im Kontext mit der Gesamtdarstellung eines Nutzers auf seiner Facebook-Seite als ironisch angesehen werden. Dies könne im Rahmen der Interessenabwägung mildernd Berücksichtigung finden.[439] Auf Unsicherheiten im Zusammenhang mit der Nutzung des Internets im Generellen und einem sozialen Netzwerk im Speziellen kann sich ein Nutzer nicht berufen, wenn er ein entsprechendes Netzwerk bereits über Jahre nutzt. Er nimmt dann auch die unbeabsichtigte Verbreitung einer als vertraulich bestimmten Äußerung zumindest billigend in Kauf.[440] Die pauschale Behauptung, der eigene Account werde auch von weiteren Personen genutzt, kann nicht zur Widerlegung der Vermutung genügen, dass derjenige, unter dessen Namen die Äußerung erscheint, auch deren Urheber ist.[441] Vielmehr sind auf diese Weise von Dritten verbreitete Äußerungen dem Inhaber des Accounts zuzurechnen, wenn dieser dem Dritten seine Zugangsdaten offengelegt hat.[442]

Aus den gleichen Erwägungen können fristlose Kündigungen wegen **Tätlichkeiten** gegenüber dem Arbeitgeber oder Kollegen – unter Umständen ohne Abmahnung – durchgreifen.[443] Das gilt in besonderem Maße, wenn ein Arbeitnehmer in Ausübung seiner dienstlichen Tätigkeit Körperverletzungen begeht.[444] Der tätliche Angriff auf Arbeitskollegen ist eine schwerwiegende Verletzung vertraglicher Nebenpflichten; es besteht ein berechtigtes Interesse, dass die betriebliche Zusammenarbeit nicht durch

650

---

[437] VGH Bayern 29.2.2012 NZA-RR 2012, 302, 304; ArbG Bochum 9.2.2012 – 3 Ca 1203/11.
[438] ArbG Dessau-Roßlau 21.3.2012 – 1 Ca 148/11.
[439] ArbG Paderborn 1.6.2012 – 3 Ca 93/12.
[440] ArbG Hagen 16.5.2012 – 3 Ca 2597/11.
[441] Ebenso *Bauer/Günther*, NZA 2013, 67, 73; anders ArbG Dessau-Roßlau 21.3.2012 – 1 Ca 148/11.
[442] Vgl. zur Fremdnutzung eines ebay-Kontos BGH 11.5.2011 NJW 2011, 2421, 2422.
[443] BAG 12.3.1987 EzA BetrVG 1972 § 102 Nr. 71 = NZA 1988, 137; BAG 31.3.1993 EzA BGB § 626 Ausschlussfrist Nr. 5 = NZA 1994, 409; BAG 30.9.1993 EzA BGB § 626 n. F. Nr. 152; BAG 6.2.1997 ArbuR 1997, 210; BAG 9.3.1995 NZA 1995, 678; BAG 12.1.1995 ArbuR 1995, 194; BAG 24.10.1996 ZTR 1997, 139; BAG 6.10.2005 EzA KSchG § 1 Verhaltensbedingte Kündigung Nr. 25 = NZA 2006, 431; BAG 18.9.2008 DB 2009, 964; LAG Schleswig-Holstein 20.2.1997 ARSt 1997, 133; LAG Hamm 20.9.1995 LAGE BGB § 626 Nr. 89 = NZA-RR 1996, 291; LAG Hamm 29.7.1994 LAGE KSchG § 1 Verhaltensbedingte Kündigung Nr. 43; LAG Niedersachsen 27.9.2002 NZA-RR 2003, 76; LAG Hamm 29.7.2011 – 10 TaBV 11/11; differenzierend ArbG Hagen 26.8.1982 DB 1982, 2302; LAG Köln 11.12.2002 NZA-RR 2003, 470 bei bislang geduldeten rohen Sitten im Betrieb; anders zu ähnlichem Sachverhalt: LAG Niedersachsen 5.8.2002 LAGE BGB § 626 Nr. 142 = NZA-RR 2003, 75; ausf. *Aigner*, DB 1991, 596.
[444] BAG 28.5.2009 – 2 AZR 223/08 – (zu „ungebührlicher Behandlung durch Vorgesetzten"); LAG Berlin 20.8.1998 NZA-RR 1998, 495 (Wachmann); LAG Frankfurt 30.3.2000 NZA-RR 2000, 526 (Altenpflegerin); LAG Köln 17.4.2002 LAGE BGB § 626 Nr. 141 (Messerangriff eines geistesgestörten Arbeitnehmers).

Erster Abschnitt: Die Kündigung

tätliche Auseinandersetzungen beeinträchtigt wird.[445] Auch die Bedrohung mit einem tätlichen Angriff stellt eine schwerwiegende Pflichtverletzung dar.[446] Zu einer tätlichen Auseinandersetzung zwischen Arbeitnehmerin und Vorgesetztem, der eine Liebesbeziehung vorausgegangen war, vgl. LAG Frankfurt 23.7.1987.[447]

(10) Betriebliche Ordnung

651   Als allgemeine Nebenpflicht obliegt dem Arbeitnehmer, die betriebliche Ordnung zu wahren. Zwei Fallgruppen sind zu unterscheiden: Zum einen folgt die Verpflichtung unmittelbar aus der Arbeitspflicht, soweit das Ordnungsverhalten zur Erbringung der geschuldeten Arbeitsleistung notwendig ist. Problematischer ist hingegen die unter dem Stichwort Betriebsordnung diskutierte allgemeine Rücksichts- bzw. Schutzpflicht als allgemeine Nebenpflicht.[448] Dabei können Grundrechtskollisionen auftreten. Zu nennen ist hier die Frage der Alkohol- und Rauchverbote im Betrieb (→ Rn. 625 ff.).[449] Relevant ist ferner die Frage, ob und inwieweit der Arbeitnehmer die persönliche Kontrolle zu dulden hat.[450] Besonders umstritten ist die Frage, ob und inwieweit der Arbeitnehmer unternehmensschädliche Meinungsäußerungen zu unterlassen hat bzw. welche Konsequenzen, ggf. kündigungsrechtlicher Art, hieran zu knüpfen sind (→ Rn. 660).

652   Wer nachhaltig gegen die von allen zu beachtenden Verhaltensnormen verstößt, kann je nach Lage des Falles nach vorheriger Abmahnung gekündigt werden. Schwere Verstöße gegen die betriebliche Ordnung können eine fristlose Kündigung rechtfertigen. Nach neuerer Rechtsprechung des BAG reicht eine abstrakte oder konkrete Gefährdung des Betriebsablaufes nicht aus, vielmehr ist eine **konkrete Störung** des Betriebsfriedens erforderlich.[451] Verstöße gegen die betriebliche Ordnung müssen die Qualität einer vertraglichen Nebenpflichtverletzung haben. Aus diesem Grunde können Kündigungen regelmäßig nur nach vorheriger Abmahnung gerechtfertigt sein. Einzelfälle: Verletzung des betrieblichen **Alkoholverbots**,[452] **Tätlichkeiten** zwischen Arbeitnehmern → Rn. 650, **Bedrohung** eines Vorgesetzten,[453] Werbung für Scientology-Bewegung.[454]

(11) Ehrenämter

653   Private Ehrenämter, wie Vorsitz in einem gemeinnützigen Verein, muss der Arbeitnehmer grundsätzlich in seiner Freizeit ausüben. Ein Anspruch auf Freistellung von

---

[445] BAG 31.3.1993 EzA BGB § 626 Ausschlussfrist Nr. 5 = NZA 1994, 410, 412; vgl. aber auch LAG Köln 25.6.1993 ARSt 1993, 190.
[446] LAG Düsseldorf 16.7.2003 LAGE BGB 2002 § 280 Nr. 1; ArbG Berlin 4.3.2004 NZA-RR 2004, 581.
[447] LAG Frankfurt 23.7.1987 LAGE BGB § 626 Nr. 33 = DB 1988, 763.
[448] Hierzu MünchArbR/*Reichold,* § 49 Rn. 14 ff.
[449] Hierzu ErfK/*Schmidt,* Art. 2 GG Rn. 121 f.
[450] Hierzu ErfK/*Schmidt,* Art. 2 GG Rn. 97 ff.
[451] Vgl. BAG 17.3.1988 EzA BGB n.F. § 626 Nr. 116 = NZA 1989, 261; siehe auch BAG 26.5.1977 AP BGB § 611 Beschäftigungspflicht Nr. 5 = EzA BGB § 611 Beschäftigungspflicht Nr. 2; BAG 13.10.1977 AP KSchG 1969 § 1 Verhaltensbedingte Kündigung Nr. 1 = EzA BetrVG 1972 § 74 Nr. 3.
[452] LAG Niedersachsen 13.3.1981 DB 1981, 1985; ArbG Kassel 12.12.1978 DB 1979, 1612; LAG Nürnberg 11.7.1994 LAGE KSchG § 1 Verhaltensbedingte Kündigung Nr. 41; LAG Hamm 23.8.1990 LAGE BGB § 626 Nr. 52; LAG Sachsen 26.5.2000 NZA-RR 2001, 472; hierzu *Bengelsdorf,* NZA 2001, 993.
[453] LAG Frankfurt 31.10.1986 LAGE BGB n.F. § 626 Nr. 27.
[454] ArbG Ludwigshafen 26.5.1993 EzA BGB n.F. § 626 Nr. 154; LAG Berlin 11.6.1997 LAGE BGB § 626 Nr. 112 = NZA-RR 1997, 422.

der Arbeitsleistung besteht nicht. Der Arbeitnehmer verletzt seine arbeitsvertraglichen Pflichten, wenn er während der Arbeitszeit Tätigkeiten für private Ehrenämter verrichtet.[455] Im Bereich des öffentlichen Dienstes gilt § 29 Abs. 3 TVöD, der zur Ausübung öffentlicher Ehrenämter einen bezahlten Freistellungsanspruch gewährt für die Dauer der unumgänglich notwendigen Abwesenheit.

Abgeordnete in Parlamenten sind gegen Kündigungen ihres Arbeitsverhältnisses wegen ihrer Abgeordnetentätigkeit besonders geschützt. Durch Art. 48 GG und § 2 AbgG sind zunächst **Abgeordnete des Deutschen Bundestages** geschützt.[456] Kündigungsschutzvorschriften bestehen aber auch für Abgeordnete anderer Parlamente und demokratisch legitimierter Gremien. **Europaabgeordnete und Bewerber** zum Europäischen Parlament sind durch § 3 EuAbgG einem ähnlichen Kündigungsschutz wie Bundestagsabgeordnete unterstellt. Ein besonderer Kündigungsschutz von **Landtagsabgeordneten, kommunalen Abgeordneten oder Mitgliedern kommunaler Organe** ist in einer Vielzahl von Landesverfassungen und einfachgesetzlichen Normierungen enthalten.[457] Wo dies nicht der Fall ist, gelten die Schutzvorschriften für Bundes- und Landtage entsprechend.[458]

654

(12) Genesungswidriges Verhalten

Eine allgemeine arbeitsvertragliche Pflicht zu gesundheits- bzw. genesungsförderndem Verhalten des Arbeitnehmers besteht nicht.[459] Anders entscheidet die Rspr. während der Arbeitsunfähigkeit. Umstritten ist, welche Betätigungen der Arbeitnehmer während der Krankheit zu unterlassen hat. Vielfach wurde in der früheren Rechtsprechung betont, der Arbeitnehmer habe alles zu unterlassen, was die Genesung hinauszögern könnte.[460] Das BAG steht demgegenüber auf dem Standpunkt, dass eine **Beschäftigung** des Arbeitnehmers **während der Arbeitsunfähigkeit** nur dann kündigungsrelevant werden kann, wenn hierdurch Wettbewerbsinteressen des Arbeitgebers verletzt oder der Heilungsprozess verzögert wird.[461] Ein pflichtwidriges Verhalten liege darin, dass ein Arbeitnehmer bei bescheinigter Arbeitsunfähigkeit den Heilungserfolg durch gesundheitswidriges Verhalten gefährde. Damit verstoße er gegen seine Leistungspflicht und zerstöre das Vertrauen des Arbeitgebers in seine Redlichkeit.[462] Freilich wird man nur in Extremfällen auf eine vorherige Abmahnung verzichten können (zB angestellter Arzt verhält sich genesungswidrig).[463] Nach LAG Hamm 28.8.1991[464] reicht es aus, wenn der Arbeitnehmer Tätigkeiten verrichtet, die grundsätzlich geeignet sind, die Genesung zu verzögern. Dies muss im Streitfall bewiesen

655

---

[455] ArbG Passau 16.1.1992 BB 1992, 567.
[456] Näher hierzu APS/*Greiner*, § 2 AbgG Rn. 1 ff.
[457] Vgl. BAG 30.6.1994 EzA GG Art. 48 Nr. 1 = NZA 1995, 426; vgl. im Einzelnen KR/*Weigand*, ParlKSch Rn. 54 ff.
[458] KR/*Weigand*, ParlKSch Rn. 57; ArbG Berlin 15.10.1991 NZA 1992, 843.
[459] ErfK/*Preis*, § 611 BGB Rn. 731; näher *Schäfer*, NZA 1992, 529, 530; Alkoholiker kann zum Besuch einer Selbsthilfegruppe nicht verpflichtet werden LAG Düsseldorf 25.2.1997 LAGE KSchG § 1 Verhaltensbedingte Kündigung Nr. 57 = NZA-RR 1997, 381; hierzu *Künzl*, NZA 1998, 122 ff.
[460] Zum Besuch eines Spielkasinos LAG Hamm 11.5.1982 EzA KSchG § 1 Krankheit Nr. 9 = DB 1983, 235; zum Besuch von Caféhäusern LAG Düsseldorf 26.8.1955 DB 1955, 1044.
[461] BAG 2.3.2006 NZA-RR 2006, 636; BAG 13.11.1979 AP KSchG 1969 § 1 Krankheit Nr. 5 = EzA KSchG § 1 Verhaltensbedingte Kündigung Nr. 6; kritisch dazu *Pauly*, DB 1981, 1282; dagegen *Willemsen*, DB 1981, 2619; zum ganzen *Schäfer*, NZA 1992, 529.
[462] BAG 2.3.2006 NZA-RR 2006, 636.
[463] Zum Erfordernis vorheriger Abmahnung: LAG Köln 19.4.2013 LAGE BGB 2002 § 626 Nr. 44.
[464] DB 1992, 431; bestätigt durch LAG Hamm 28.5.1998 LAGE KSchG § 1 Verhaltensbedingte Kündigung Nr. 69; vgl. auch LAG Köln 7.1.1993 LAGE BGB § 626 Nr. 69.

werden. Allerdings kann sich aus der Intensität der Nebenbeschäftigung u. U. der begründete Verdacht ergeben, die Arbeitsunfähigkeit sei nur **vorgetäuscht.** Das BAG legt dem Arbeitgeber auch hierfür die Beweislast auf. Dies dürfte zu weit gehen.[465] Zwar kann es nicht beanstandet werden, wenn ein Bauarbeiter, der einen Beinbruch erlitten hat, während der Arbeitsunfähigkeit Versicherungsverträge vermittelt. Der Beweiswert einer Arbeitsunfähigkeitsbescheinigung ist jedoch erschüttert, wenn ein Reisebürokaufmann während der Krankschreibung Bausparverträge und Versicherungen vermittelt.[466] Das LAG Frankfurt hielt eine fristlose Kündigung einer Arbeitnehmerin für ungerechtfertigt, die während ihrer ärztlich attestierten Arbeitsunfähigkeit wegen eines LWS-Syndroms eine viertägige Flugreise angetreten hatte, weil nicht nachgewiesen werden konnte, dass sich hierdurch der Gesundheitsprozess verzögert habe.[467] Aus der Intensität der Nebenbeschäftigung kann sich jedoch der begründete Verdacht ergeben, dass die Arbeitsunfähigkeit vorgetäuscht war.[468] Geht ein Arbeitnehmer während der attestierten Arbeitsunfähigkeit einer Nebentätigkeit im Schichtdienst nach, wird der Beweiswert der Arbeitsunfähigkeit erschüttert. Der Arbeitnehmer muss dann darlegen, weshalb er krankheitsbedingt im Hauptarbeitsverhältnis gefehlt hat, aber dennoch einer Nebentätigkeit nachgehen konnte.[469] Der Heilungsprozess wird beeinträchtigt, wenn ein Schlosser während seiner Arbeitsunfähigkeit ganztägig körperlich arbeitet.[470] Macht ein arbeitsunfähig krankgeschriebener Arbeitnehmer im Krankenstand seinem Arbeitgeber **Konkurrenz,** so rechtfertigt dies die fristlose Kündigung, insbesondere dann, wenn die verrichteten Arbeiten nach Art und Schwere den vom Arbeitnehmer vertraglich geschuldeten ohne Weiteres vergleichbar sind.[471]

(13) Kontrolleinrichtungen

656 Ein schwerer, ggf. auch strafrechtlich relevanter Verstoß gegen die vertraglichen Pflichten ist anzunehmen, wenn Kontrolleinrichtungen des Betriebes (Stempeluhren) missbraucht werden.[472] Die Stempeluhr ist von jedem Arbeitnehmer persönlich zu bedienen, auch wenn dies im Arbeitsvertrag oder in einer Arbeitsordnung nicht besonders gesagt ist. Denn das ist gerade der jedem erkennbare Sinn einer solchen Kontrolleinrichtung. Ihr Zweck würde völlig verfälscht, würde man die Bedienung durch Dritte gestatten.[473] Dennoch ist im Einzelfall zu prüfen, ob die Voraussetzungen eines

---

[465] Kritisch *Preis,* DB 1988, 1447.
[466] So im Falle BAG 13.11.1979 AP KSchG 1969 § 1 Krankheit Nr. 5 = EzA KSchG § 1 Verhaltensbedingte Kündigung Nr. 6.
[467] LAG Frankfurt 1.4.1987 LAGE BGB § 626 Nr. 30; LAG Bremen 27.7.1960 DB 1960, 1132; s. aber ArbG Nürnberg 28.7.1998 NZA-RR 1999, 80.
[468] BAG 26.8.1993 EzA BGB n. F. § 626 Nr. 148 = NZA 1994, 63. Vgl. LAG Düsseldorf 25.6.1981 BB 1981, 1522; s. a. LAG Rheinland-Pfalz 15.6.1999 LAGE BGB § 249 Nr. 15 = NZA 2000, 260 zum Ersatz von Detektivkosten.
[469] BAG 26.8.1993 wie vorige Fußnote; bestätigt durch BAG 7.12.1995 RzK I 10h Nr. 37; vgl. auch LAG Frankfurt 27.6.1991 LAGE BGB § 626 Nr. 63; LAG Rheinland-Pfalz 11.7.2013 – 10 Sa 100/13.
[470] LAG Düsseldorf 6.5.1964 BB 1964, 894; LAG Baden-Württemberg 9.10.1968 BB 1969, 1224.
[471] LAG Frankfurt 15.8.1985 LAGE BGB § 626 Nr. 23; siehe ferner LAG München 9.9.1982 DB 1983, 1931.
[472] BAG 24.11.2005 EzA BGB 2002 § 626 Nr. 12 = NZA 2006, 484; BAG 21.4.2005 EzA SGB IX § 91 Nr. 1 = NZA 2005, 991; BAG 27.1.1977 AP BetrVG 1972 § 103 Nr. 7 = EzA BetrVG 1972 § 103 Nr. 16; zur Fälschung von Tachometeraufzeichnungen: LAG Rheinland-Pfalz 14.9.1995 ARSt 1996, 69.
[473] Vgl. LAG Düsseldorf 18.4.1967 EzA GewO § 124a Nr. 6 = DB 1967, 1096 und 21.9.1976 DB 1977, 501.

§ 22 Die außerordentliche Kündigung

wichtigen Grundes vorliegen.[474] Dabei ist vor allem von Bedeutung, ob ein Betrug oder ein Betrugsversuch vorliegt, d. h. ob der Arbeitnehmer sich für eine nicht ganz unerhebliche Zeitspanne vorzeitig aus dem Betrieb entfernt hat. So hat das LAG Düsseldorf die Voraussetzungen des wichtigen Grundes verneint, wenn der Arbeitnehmer zwar die Kontrollkarte durch einen Dritten stempeln ließ, er sich jedoch bis zum Schluss der Arbeitszeit am Arbeitsplatz aufgehalten hatte. Ein schwerwiegender Fall ist jedoch die Veränderung von Zeitangaben auf der Stempelkarte, um hierdurch zusätzliche Zeiten bezahlt zu bekommen. Hier ist die fristlose Entlassung regelmäßig gerechtfertigt.[475] LAG Berlin vom 6.6.1988[476] hält sowohl die fristlose als auch die fristgerechte Kündigung beim Stempeln einer Stechkarte durch einen Dritten für berechtigt, wenn der Arbeitsplatz bereits 3 Stunden vor dem Abstempeln verlassen worden ist.

Taschen- und Torkontrollen sind nach § 87 Abs. 1 Nr. 1 BetrVG mitbestimmungspflichtig. Besteht eine entsprechende Betriebsvereinbarung, hat der Arbeitnehmer Kontrollen zu dulden.[477] Die Verweigerung stellt eine Nebenpflichtverletzung dar, die – nach Abmahnung – die Kündigung rechtfertigen kann. **657**

(14) Lohnpfändungen

Wird der Lohn des Arbeitnehmers von mehreren Gläubigern gepfändet, so reicht dies im Allgemeinen als Grund für eine ordentliche Kündigung nicht aus.[478] Nur in Ausnahmefällen, in denen über einen längeren Zeitraum hinweg ständige Lohnpfändungen vorkommen und dadurch erhebliche Verwaltungsarbeiten beim Arbeitgeber anfallen, die zu wesentlichen Störungen im Arbeitsablauf oder in der betrieblichen Organisation führen, lässt das BAG eine ordentliche Kündigung zu. Eine vorherige Abmahnung soll nicht erforderlich sein.[479] Auch dies ist zweifelhaft, weil das private Finanzgebaren eines Arbeitnehmers als „außerdienstliches" Verhalten arbeitsvertraglich irrelevant ist und Lohnpfändungen durch ein gesetzlich legitimiertes Verhalten der pfändenden Gläubiger hervorgerufen werden (§§ 828 ff. ZPO).[480] Nur in Ausnahmefällen kann eine hohe Verschuldung Kündigungsgrund sein, wenn hierdurch die Eignung für eine bestimmte Vertrauensposition entfallen ist.[481] Häufige Lohnpfändungen rechtfertigen jedenfalls die außerordentliche Kündigung im Regelfalle nicht. **658**

Im Übrigen dürfte ein berechtigtes Kündigungsinteresse vielfach schon daran scheitern, dass in Arbeitsverträgen vermehrt Regelungen über die Kostenerstattung bei Lohnpfändungen getroffen werden. Durch diese Kostenerstattungsregelungen kann der betriebliche Aufwand aufgefangen werden. **659**

---

[474] LAG Köln 4.11.2005 NZA-RR 2006, 302.
[475] LAG Hamm 20.2.1986 DB 1986, 1338.
[476] LAG Berlin 6.6.1988 DB 1988, 1908 = LAGE KSchG § 1 Verhaltensbedingte Kündigung Nr. 18.
[477] BAG 12.8.1999 EzA BGB § 626 Verdacht strafbarer Handlung Nr. 8 = NZA 2000, 421.
[478] Vgl. BAG 4.11.1981 AP KSchG 1969 § 1 Verhaltensbedingte Kündigung Nr. 4 mit Anm. v. *Hoyningen-Huene* = EzA KSchG § 1 Verhaltensbedingte Kündigung Nr. 9; 15.10.1992 EzA KSchG § 1 Verhaltensbedingte Kündigung Nr. 45; zum Ganzen KR/*Griebeling*, § 1 KSchG Rn. 460; *Becker*, BlStSozArbR 1981, 305.
[479] BAG 4.11.1981 AP KSchG 1969 § 1 Verhaltensbedingte Kündigung Nr. 4 mit Anm. v. *Hoyningen-Huene* = EzA KSchG § 1 Verhaltensbedingte Kündigung Nr. 9; krit. *Pfarr/Struck*, BlStSozArbR 1982, 289; *Preis* Prinzipien, S. 466 f.; ein Abmahnungserfordernis bejahend: HK-KSchG/*Dorndorf*, § 1 Rn. 831.
[480] *Preis* Prinzipien, S. 467; *ders.*, DB 1990, 632; jetzt offen lassend BAG 15.10.1992 EzA § 1 KSchG Verhaltensbedingte Kündigung Nr. 45.
[481] BAG 15.10.1992 EzA KSchG § 1 Verhaltensbedingte Kündigung Nr. 45; KR/*Fischermeier*, § 626 BGB Rn. 456.

(15) Meinungsäußerung

660   Das Recht auf freie Meinungsäußerung besteht auch im Arbeitsverhältnis und im Betrieb. Der Arbeitnehmer kann sich aber nicht auf sein Recht auf freie Meinungsäußerung (Art. 5 Abs. 1 GG) berufen für bewusst wahrheitswidrig aufgestellte ehrverletzende Tatsachenbehauptungen, etwa wenn sie den Tatbestand einer üblen Nachrede ausfüllen (auch → Rn. 648).[482] Das Grundrecht der Meinungsfreiheit schützt weder Formalbeleidigungen noch bloße Schmähungen noch bewusst unwahre Tatsachenbehauptungen.[483] Sachliche, auch unternehmensöffentliche Kritik am Arbeitgeber und den betrieblichen Verhältnissen ist allerdings nicht zu beanstanden, selbst wenn sie überspitzt und polemisch ausfällt. Nur in grobem Maße unsachliche Angriffe muss der Arbeitgeber nicht hinnehmen.[484] Geht ein leitender Mitarbeiter im unmittelbaren Anschluss an erste Vorgespräche mit der Geschäftsleitung mit falschen Verdächtigungen an die Presse und versucht eine Konfrontation herbeizuführen, wird das für die Zusammenarbeit notwendige Vertrauen zerstört. In krassen Fällen ist auch die außerordentliche Kündigung gerechtfertigt.[485]

661   Das Gleiche gilt bei Beschwerden des Arbeitnehmers, die dieser bei den zuständigen Stellen des Betriebes gegen seinen Vorgesetzten erhebt. Gemäß § 84 Abs. 3 BetrVG dürfen ihm auch dann keine Nachteile entstehen, wenn sich die Beschwerde als ungerechtfertigt herausstellt. Eine Kündigung kann nur gerechtfertigt sein, wenn völlig haltlose schwere Anschuldigungen gegen den Arbeitgeber oder den Vorgesetzten erhoben werden.[486]

(16) Missbrauch und Überschreitung von Befugnissen

662   Der Missbrauch eingeräumten Vertrauens durch **Vollmachtsüberschreitung** oder Missbrauch von Daten kann insbesondere bei eigennützigem Verhalten die Kündigung rechtfertigen.[487] So darf ein EDV-Administrator seine Zugriffsrechte nicht missbrauchen.[488] Aber auch eine Vollmachtsüberschreitung durch einen Vertriebsleiter/Produktmanager, die zu einer gravierenden Vermögensgefährdung führt, ist geeignet, eine verhaltensbedingte Kündigung zu rechtfertigen.[489] Die bloße Überschreitung von Vertragsabschlusskompetenzen ohne Vermögensschädigung rechtfertigt noch nicht die fristlose Kündigung; vielmehr ist in der Regel vor einer Kündigung eine Abmahnung erforderlich.[490] Die unerlaubte **Einsichtnahme in Personalakten** und/oder Gehaltsunterlagen von Kollegen kann im Einzelfall ohne Abmahnung zur Kündigung berechtigen.[491]

---

[482] BAG 26.5.1977 AP BGB § 611 Beschäftigungspflicht Nr. 5 = EzA BGB § 611 Beschäftigungspflicht Nr. 2; BAG 6.2.1997 RzK I 6a Nr. 146; BAG 21.1.1999 EzA BGB n. F. § 626 Nr. 178 = NZA 1999, 863.
[483] BVerfG 10.10.1995 BVerfGE 93, 266; BVerfG 10.11.1998 BVerfGE 99, 185.
[484] BAG 2.4.1987 EzA BGB n. F. § 626 Nr. 108 = NZA 1987, 808; BAG 17.2.2000 RzK I 6e Nr. 20; BAG 24.6.2004 EzA KSchG § 1 Verhaltensbedingte Kündigung Nr. 65 = NZA 2005, 158.
[485] BAG 13.4.2000 EzA BGB n. F. § 626 Nr. 180 = NZA 2001, 277.
[486] LAG Köln 20.1.1999 MDR 1999, 811 = LAGE BGB § 626 Nr. 128.
[487] BAG 26.11.1964 AP BGB § 626 Nr. 53 = DB 1965, 519; LAG Düsseldorf 14.2.1963 BB 1963, 732; ArbG Neumünster 2.4.1981 BB 1981, 974; BAG 21.1.1988 AP ZPO § 394 Nr. 1 = EzA ZPO § 394 Nr. 1 (Gewährung eines Scheinkredits durch einen Bankangestellten); zur Löschung eines Computerprogramms auf dem Notebook des Arbeitgebers LAG Sachsen 17.1.2007 LAGE KSchG § 1 Verhaltensbedingte Kündigung Nr. 96; LAG Rheinland-Pfalz 20.11.2014 – 5 Sa 386/14 –.
[488] LAG Köln 14.5.2010 NZA-RR 2010, 579.
[489] BAG 11.3.1999 RzK I 10g Nr. 10.
[490] LAG Rostock 15.12.1999 NZA-RR 2000, 240; LAG 8.5.2006 LAGE KSchG § 1 Verhaltensbedingte Kündigung Nr. 92 = NZA-RR 2006, 519.
[491] ArbG Marburg 27.5.1994 ARSt 1995, 8 f.

§ 22 Die außerordentliche Kündigung

(17) Nebentätigkeit; Konkurrenztätigkeit; Wettbewerbsverbot

Dem Arbeitnehmer ist während des Bestandes des Arbeitsverhältnisses jede Form **663** von Konkurrenztätigkeit verboten.[492] Auch Arbeitnehmer, die nicht Handlungsgehilfen sind (vgl. § 60 HGB), dürfen dem Arbeitgeber in dessen Marktbereich keine Konkurrenz machen. Eine Konkurrenztätigkeit ist jedoch nicht schlechthin verboten, sondern nur, wenn sie **ohne Einwilligung** erfolgt ist.[493] Ist streitig, ob und in welchem Umfang der Arbeitgeber dem Arbeitnehmer eine Konkurrenztätigkeit gestattet hat, trägt die Darlegungs- und Beweislast für das Vorliegen und den Umfang der Gestattung der Arbeitgeber.[494] Der Arbeitnehmer hat allerdings substantiiert die Tatsachen vorzutragen, aus denen sich die behauptete und bestrittene Einwilligung des Arbeitgebers ergeben soll. Bloße Vorbereitungshandlungen (zB Anmietung von Betriebsräumen, Einkauf von Einrichtungsgegenständen, Beschaffung von Materialien; Registrierung einer Internet-Domäne;[495] Erwerb einer Handelsgesellschaft) stellen dagegen noch keine zur Kündigung berechtigenden Konkurrenztätigkeiten dar.[496] (Siehe hier auch unter Abkehrwillen Rn. 621).

Verbotene Konkurrenztätigkeit kann je nach Gewicht der Vertragspflichtverletzung **664** nicht nur die ordentliche,[497] sondern auch die fristlose verhaltensbedingte Kündigung rechtfertigen.[498] Die fortgesetzte und vorsätzliche Ausübung offensichtlich nicht genehmigungsfähiger Nebentätigkeiten in Unkenntnis des Arbeitgebers stellt regelmäßig bereits ohne das Hinzutreten besonderer Umstände einen wichtigen Grund zur Kündigung iSd § 626 Abs. 1 BGB dar. Die fristlose Kündigung wird aber nur berechtigt sein, wenn im Raume steht, dass sich die Nebentätigkeit in der Nähe von Schmiergeldzahlungen oder Konkurrenztätigkeiten befindet. Im konkreten Fall handelte es sich um einen Ingenieur, der Planunterlagen in Nebentätigkeit erstellt hat, die er selbst genehmigen musste. Dazu kam, dass die Geldleistungen außerordentlich hoch waren, die entweder mit fingierten Rechnungen Dritter oder Barzahlungen auf Baustellen ohne Rechnung abgewickelt wurden. Hinzu kam, dass der Arbeitnehmer ausschließ-

---

[492] BAG 16.1.1975 und 3.5.1983 AP HGB § 60 Nr. 8 und 10 = EzA HGB § 60 Nr. 8 und 12; 16.8.1990 und 25.4.1991 EzA BGB n. F. § 626 Nr. 119 und 140; LAG Frankfurt 6.11.1986 LAGE KSchG § 1 Verhaltensbedingte Kündigung Nr. 10; LAG Düsseldorf 12.8.1980 LAGE BGB § 626 Nr. 8; LAG Frankfurt 28.4.1998 LAGE KSchG § 1 Verhaltensbedingte Kündigung Nr. 65; KR/*Griebeling*/ § 1 KSchG Rn. 493; zur Schwarzarbeit: LAG Hamm 5.11.2003 – 3 Sa 772/03 –; zur Konkurrenztätigkeit während der Arbeitsunfähigkeit LAG Frankfurt 15.8.1985 LAGE BGB § 626 Nr. 23; einschränkend bei einmaligen geringfügigen und nebensächlichen Freundschaftsdiensten im Tätigkeitsbereich des Arbeitgebers LAG Schleswig-Holstein 19.12.2006 NZA-RR 2007, 240; LAG Schleswig-Holstein 3.12.2002 LAGE HGB § 60 Nr. 9: keine Beeinträchtigung von Wettbewerbsinteressen.
[493] BAG 6.8.1987 AP BGB § 626 Nr. 97 = EzA BGB n. F. § 626 Nr. 109.
[494] BAG 6.8.1987 wie vorige Fußnote unter Aufgabe von BAG 16.6.1976 AP BGB § 611 Treuepflicht Nr. 1 = EzA BGB § 611 Treuepflicht Nr. 1.
[495] BAG 20.9.2006 EzA BBiG § 10 Nr. 12 = NZA 2007, 977.
[496] BAG 12.5.1972 und 7.9.1972 AP HGB § 60 Nr. 6 und 7 = EzA HGB § 60 Nr. 6 und 7; BAG 30.5.1978 AP HGB § 60 Nr. 9 = EzA HGB § 60 Nr. 11; enger LAG Schleswig-Holstein 30.5.1991 ARST 1991, 185; weiter ArbG Düsseldorf 1.4.1992 AiB 1992, 739; LAG Köln 24.1.1997 MDR 1997, 858; 19.1.1996 LAGE BGB § 626 Nr. 93; LAG Berlin 28.8.2002 NZA-RR 2003, 362; LAG Köln 12.4.2005 NZA-RR 2005, 595.
[497] Zu einem minder schweren Fall BAG 28.1.2010 NZA-RR 2010, 461.
[498] Vgl. BAG 6.8.1987 AP BGB § 626 Nr. 97 = EzA BGB n. F. § 626 Nr. 109; BAG 16.8.1990 EzA KSchG n. F. § 4 Nr. 38 = NZA 1991, 141; 26.1.1995 EzA BGB n. F. § 626 Nr. 155; LAG Köln 24.11.1993 LAGE BGB § 626 Nr. 74; LAG Düsseldorf/Köln 12.8.1980 LAGE BGB § 626 Nr. 8; LAG Köln 29.4.1994 LAGE HGB § 60 Nr. 3; zur Möglichkeit der personenbedingten Kündigung bei nahen persönlichen Beziehungen eines Arbeitnehmers in Vertrauensstellung zu einem Konkurrenten: LAG Hamm 21.10.2014 – 7 Sa 806/14 –.

lich von solchen Firmen beauftragt wurde, mit denen er auch in dienstlichem Kontakt stand, sodass der Eindruck von Schmiergeldzahlungen entstand.[499] Vermittelt ein Versicherungsvertreter Versicherungsverträge für ein Konkurrenzunternehmen, so ist eine fristlose Kündigung regelmäßig gerechtfertigt.[500] Konkurrenztätigkeit ist auch während des Kündigungsschutzprozesses nicht statthaft.[501] Auf das gesetzliche Wettbewerbsverbot des § 60 HGB kann eine fristlose Kündigung nur dann gestützt werden, wenn der Arbeitnehmer seinem Arbeitgeber in dessen Handelszweig Konkurrenz macht.[502] Dem Arbeitnehmer ist nicht nur eine Konkurrenztätigkeit im eigenen Namen und Interesse untersagt, sondern auch Arbeitskollegen bei Konkurrenztätigkeit zu helfen oder Wettbewerber des Arbeitgebers zu unterstützen.[503] Ein Arbeitnehmer ist an das für die Dauer des rechtlichen Bestandes des Arbeitsverhältnisses bestehende Wettbewerbsverbot auch dann noch gebunden, wenn der Arbeitgeber eine außerordentliche Kündigung ausspricht, deren Wirksamkeit der Arbeitnehmer bestreitet. Wettbewerbshandlungen, die der Arbeitnehmer im Anschluss an eine unwirksame außerordentliche Kündigung des Arbeitgebers begeht, können einen wichtigen Grund für eine weitere außerordentliche Kündigung bilden, wenn dem Arbeitnehmer unter Berücksichtigung der besonderen Umstände des konkreten Falles ein Verschulden anzulasten ist.[504]

665 Auch Arbeitnehmer, die nicht Handlungsgehilfen sind, dürfen dem Arbeitgeber in dessen Marktbereich keine Konkurrenz machen.[505] Der Arbeitgeber trägt für das Vorliegen einer unberechtigten Konkurrenztätigkeit die volle Beweislast[506] (→ Rn. 559 ff.).

666 Der Arbeitnehmer ist grundsätzlich berechtigt, **Nebentätigkeiten** aufzunehmen, sofern sie keinen verbotenen Wettbewerb darstellen und den Arbeitnehmer nicht übermäßig in Anspruch nehmen. Ohne besondere gesetzliche, tarifliche oder einzelvertragliche Beschränkung ist die Ausübung einer Nebentätigkeit, sei sie entgeltlich oder unentgeltlich, selbständig oder unselbständig, **grundsätzlich zulässig.** Der Arbeitgeber kann nur dann die Unterlassung einer Nebentätigkeit verlangen, wenn er ein **berechtigtes Interesse** darlegen kann. Dies setzt in aller Regel voraus, dass die Arbeitsleistung des Arbeitnehmers durch die Nebentätigkeit beeinträchtigt werden kann.[507]

667 Verbreitet finden sich jedoch Klauseln in Arbeitsverträgen oder Tarifverträgen in Gestalt von Anzeigepflichten, Zustimmungserfordernissen oder totalen Nebentätigkeitsverboten. Solche Klauseln bedürfen der Inhaltskontrolle.[508] Der Verstoß gegen eine zulässigerweise vereinbarte Vertragspflicht kann – nach vorheriger Abmahnung[509]

---

[499] BAG 18.9.2008 EzA BGB 2002 § 626 Nr. 24.
[500] BGH 24.1.1974 DB 1974, 1022.
[501] BAG 7.9.1972 AP HGB § 60 Nr. 7 = EzA HGB § 60 Nr. 7; LAG Köln 26.6.2006 LAGE BGB 2002 § 626 Nr. 8a = NZA-RR 2007, 73.
[502] BAG 26.8.1976 AP BGB § 626 Nr. 68 = EzA BGB n. F. § 626 Nr. 49; zur fristlosen Entlassung eines Filialleiters, der im bestehenden Arbeitsverhältnis im Handelszweig seines Arbeitgebers eigene Geschäfte betreibt, BAG 24.4.1970 AP HGB § 60 Nr. 5 = EzA HGB § 60 Nr. 3.
[503] BAG 21.11.1996 EzA BGB n. F. § 626 Nr. 162 = NZA 1997, 713.
[504] BAG 25.4.1991 EzA BGB n. F. § 626 Nr. 140 = NZA 1992, 212.
[505] BAG 17.10.1969 und 21.10.1970 EzA HGB § 60 Nr. 2 u. 5; BAG 16.6.1976 AP BGB § 611 Treuepflicht Nr. 8 = EzA BGB § 611 Treuepflicht Nr. 1.
[506] BAG 6.8.1987 AP BGB § 626 Nr. 97 = EzA BGB n. F. § 626 Nr. 109.
[507] BAG 6.9.1990 EzA BGB § 615 Nr. 67 = NZA 1991, 221; BAG 18.1.1996 EzA BGB § 242 Auskunftspflicht Nr. 5 = NZA 1997, 41; MünchArbR/*Reichold*, § 49 Rn. 51; BAG 7.9.1995 EzA BGB § 242 Auskunftspflicht Nr. 24 = NZA 1996, 637.
[508] Näher ErfK/*Preis*, § 611 BGB Rn. 728.
[509] Diese ist bei geringfügigen Nebentätigkeiten stets erforderlich LAG Düsseldorf 4.9.2013 – 4 TaBV 15/13.

– einen verhaltensbedingten Kündigungsgrund bilden.[510] Eine jegliche Nebentätigkeit verbietende Vertragsklausel (zB „Der Arbeitnehmer hat seine gesamte Arbeitskraft in den Dienst des Arbeitgebers zu stellen") wird jedoch von der Rechtsprechung verfassungskonform dahin gehend unter Beachtung des Art. 12 GG ausgelegt, dass nur solche Nebentätigkeiten von einer vorherigen Zustimmung des Arbeitgebers abhängig gemacht werden dürfen oder verboten werden können, an deren Unterlassung der Arbeitgeber ein berechtigtes Interesse hat.[511]

Die vorstehenden Grundsätze hat das BAG auch auf **Nebentätigkeiten während der Arbeitsunfähigkeit** übertragen.[512] Eine Kündigung kommt nur in Betracht, wenn es sich um unerlaubte Konkurrenztätigkeit gehandelt hat oder der Heilungsprozess verzögert worden ist.[513] Diese Ansicht bereitet deshalb Unbehagen, weil der Verdacht nahe liegt, der Entgeltfortzahlungsanspruch gegen den Arbeitgeber werde ausgenutzt, um parallel lukrativen Nebenbeschäftigungen nachzugehen. Kündigungsrechtlich zu lösen ist die Frage nur über eine Erschütterung des Beweiswerts der ärztlichen Arbeitsunfähigkeitsbescheinigung. Die Möglichkeit einer fristlosen Kündigung hat das BAG jetzt bejaht, wenn der Arbeitnehmer während einer ärztlich attestierten Arbeitsunfähigkeit schichtweise einer Nebenbeschäftigung nachgegangen ist. Gelingt es dem Arbeitgeber bei einer der Haupttätigkeit vergleichbaren Nebentätigkeit den Beweiswert des ärztlichen Attests zu erschüttern, hat der Arbeitnehmer konkret darzulegen, weshalb er krankheitsbedingt gefehlt hat und trotzdem der Nebenbeschäftigung nachgehen konnte.[514] **668**

(18) Politische, gewerkschaftliche und religiöse Betätigung

Ausgesprochen umstritten sind alle Kündigungen, die im Zusammenhang mit grundrechtlich geschützten **Betätigungen des Arbeitnehmers** stehen, seien sie nun politischer, gewerkschaftlicher oder religiöser Art. Das BAG hält Kündigungen für möglich, wenn es zu einer konkreten Störung des Arbeitsverhältnisses im Leistungsbereich, im Bereich der betrieblichen Verbundenheit aller Mitarbeiter (Betriebsfrieden), im personalen Vertrauensbereich oder im Unternehmensbereich gekommen ist.[515] Freilich ist zu beachten, dass das politische Verhalten des Arbeitnehmers vertraglich und damit auch kündigungsrechtlich grundsätzlich irrelevant ist. Solange mit der Äußerung einer politischen Meinung keine Beleidigungen (→ Rn. 648), die bewusste Verbreitung unwahrer Tatsachen,[516] der Verrat von Betriebs- und Geschäftsgeheimnissen (→ Rn. 693) oder sonstige Vertragsverletzungen zusammenhängen, ist eine gleich- **669**

---

[510] LAG Düsseldorf 12.7.1961 BB 1961, 1325; LAG Frankfurt 31.7.1980 ArbuR 1981, 219; für Betriebsvereinbarung: BAG 15.3.1990 RzK I 5i Nr. 60; für öffentlichen Dienst BAG 30.5.1996 EzA BGB § 611 Abmahnung Nr. 34 = NZA 1997, 145.
[511] BAG 3.12.1970 und 26.8.1976 AP BGB § 626 Nr. 60 und 68 = EzA BGB n. F. § 626 Nr. 7 und 49.
[512] BAG 13.11.1979 AP KSchG 1969 § 1 Krankheit Nr. 5 = EzA KSchG § 1 Verhaltensbedingte Kündigung Nr. 6; LAG Köln 7.1.1993 LAGE BGB § 626 Nr. 69; LAG Köln 23.5.1996 NZA-RR 1997, 338; kritisch *Pauly*, DB 1981, 1282; gegen *Pauly Willemsen*, DB 1981, 2619.
[513] Weitergehend LAG Hamm 28.8.1991 LAGE KSchG § 1 Verhaltensbedingte Kündigung Nr. 34.
[514] Vgl. BAG 26.8.1993 EzA BGB n. F. § 626 Nr. 148 = NZA 1994, 63; vgl. auch LAG Hamm 8.3.2000 MDR 2000, 1140; siehe schon *Preis*, DB 1988, 1447; zu eng ArbG Frankfurt 10.3.1999 AuA 1999, 230.
[515] BAG 6.2.1969 AP BGB § 626 Nr. 58 = EzA BGB § 626 Nr. 11; 9.12.1982 AP BGB § 626 Nr. 73 = EzA BGB n. F. § 626 Nr. 86; 15.7.1971 AP KSchG § 1 Nr. 83 = EzA KSchG § 1 Nr. 19; 6.6.1984 AP KSchG 1969 § 1 Verhaltensbedingte Kündigung Nr. 11 = EzA KSchG § 1 Verhaltensbedingte Kündigung Nr. 12; ausf. *Preis/Stoffels*, RdA 1996, 210 ff.
[516] Hierzu BAG 26.5.1977 AP BGB § 611 Beschäftigungspflicht Nr. 5 = EzA BGB § 611 Beschäftigungspflicht Nr. 2.

Erster Abschnitt: Die Kündigung

wohl ausgesprochene Kündigung unwirksam. Etwas anderes gilt allerdings dann, wenn die Zurückhaltung in politischen Fragen zum Pflichtenkreis des Arbeitnehmers gehört, sei es aufgrund gesetzlicher Regelungen für Beschäftigte im öffentlichen Dienst[517] (etwa für Lehrer) oder auf Grund tarifvertraglicher oder einzelvertraglicher (etwa in Tendenzarbeitsverhältnissen) Vereinbarungen.[518] Nach Auffassung des BAG obliegt einem Angestellten im öffentlichen Dienst jedoch nicht die gesteigerte politische Treuepflicht eines Beamten.[519]

670 Die Rechtsprechung hat vielfach über diese Eingrenzung hinaus Kündigungen wegen politischer Betätigung anerkannt. Zum Streit um das **Plakettentragen** im Betrieb vgl. insbesondere BAG 9.12.1982.[520] Nicht bereits der provozierende Charakter einer Meinungsäußerung kann Kündigungsgrund sein; die Rechtsprechung erkennt jedoch vielfach eine kündigungsrelevante Störung des Betriebsfriedens an.[521] Nach Auffassung des LAG Berlin ist es von der Meinungsäußerungsfreiheit des Arbeitnehmers gedeckt, wenn nach einer Betriebsratswahl Flugblätter verteilt werden, in denen die durchgeführte Betriebsratswahl als undemokratisch dargestellt wird.[522] Im Rahmen der Güterabwägung muss stets die besondere Bedeutung des Art. 5 Abs. 1 GG hinreichend berücksichtigt werden.

671 Das BAG ist der Auffassung, dass im Zusammenhang mit politischer Betätigung des Arbeitnehmers nicht schon die abstrakte Möglichkeit, sondern nur die **konkrete Beeinträchtigung des Betriebsfriedens** kündigungsrelevant sein kann.[523] Dem ist insoweit zuzustimmen, als für eine verhaltensbedingte Kündigung eine konkrete vertragswidrige Verhaltensweise gefordert ist (→ Rn. 1196 f.).[524] Störungen des Betriebsfriedens oder des Betriebsablaufs zu vermeiden, ist aber eine vertragliche Nebenpflicht des Arbeitnehmers. Einer Kündigung muss auch in diesen Fällen eine Abmahnung vorausgehen. Eine Abmahnung ist gerechtfertigt, wenn die Arbeit niedergelegt wird,

---

[517] Zuzustimmen daher BAG 2.3.1982 AP GG Art. 5 Abs. 1 Meinungsfreiheit Nr. 8 = EzA GG Art. 5 Nr. 10; zur Kündigungsmöglichkeit wegen DKP-Mitgliedschaft BAG 20.7.1989 AP KSchG 1969 § 1 Sicherheitsbedenken Nr. 2 = EzA KSchG § 2 Nr. 11; BAG 28.9.1989 AP KSchG § 1 Verhaltensbedingte Kündigung Nr. 24 = EzA KSchG § 1 Verhaltensbedingte Kündigung Nr. 28; BAG 6.6.1984 AP KSchG 1969 § 1 Verhaltensbedingte Kündigung Nr. 11 = EzA KSchG § 1 Verhaltensbedingte Kündigung Nr. 12 mit Anm. *Buchner*; 12.3.1986 AP GG Art. 33 Abs. 2 Nr. 23 = EzA GG Art. 33 Nr. 13.

[518] BAG 2.3.1982 AP Art. GG 5 Abs. 1 Meinungsfreiheit Nr. 8 = EzA GG Art. 5 Nr. 10.

[519] BAG 6.6.1984 AP KSchG 1969 § 1 Verhaltensbedingte Kündigung Nr. 11 = EzA KSchG § 1 Verhaltensbedingte Kündigung Nr. 12 mit Anm. *Buchner*; BAG 20.7.1989 AP KSchG 1969 § 1 Sicherheitsbedenken Nr. 2 = EzA KSchG § 2 Nr. 11.

[520] AP BGB § 626 Nr. 73 = EzA BGB n.F. § 626 Nr. 86 mit Anm. *Löwisch/Schönfeld*; siehe ferner ArbG Hamburg 18.4.1978 EzA GG Art. 5 Nr. 3 mit Anm. *Otto*; ArbG Iserlohn 30.1.1980 EzA GG Art. 5 Nr. 4 mit Anm. *Otto*; LAG Hamm 14.8.1980 DB 1980, 1803; LAG Düsseldorf 29.1.1981 DB 1981, 1987; LAG Hamm 14.8.1980 DB 1981, 106; LAG Rheinland-Pfalz 28.8.1986 LAGE GG Art. 5 Nr. 2.

[521] Vgl. BAG 13.1.1956 AP KSchG § 13 Nr. 4; 6.2.1969 AP BGB § 626 Nr. 58 = EzA BGB § 626 Nr. 11; BAG 15.12.1977 AP BGB § 626 Nr. 69 = EzA BGB n.F. § 626 Nr. 61; einschränkend jetzt BAG 24.6.2004 EzA KSchG § 1 Verhaltensbedingte Kündigung Nr. 49 = NZA 2005, 158.

[522] LAG Berlin 14.1.1985 LAGE BGB § 626 Nr. 21; vgl. auch ArbG München 28.3.1994 AiB 1994, 560.

[523] BAG 6.6.1984 AP KSchG 1969 § 1 Verhaltensbedingte Kündigung Nr. 11 = EzA KSchG § 1 Verhaltensbedingte Kündigung Nr. 12; BAG 12.6.1986 NZA 1987, 153; BAG 20.7.1989 AP KSchG 1969 § 1 Sicherheitsbedenken Nr. 2 = EzA KSchG § 2 Nr. 11; zu Äußerungen von Arbeitnehmern über Terroranschläge: LAG Nürnberg 13.1.2004 LAGE BGB 2002 § 626 Nr. 4 = NZA-RR 2004, 347.

[524] *Preis*, Prinzipien, S. 471 ff.; ebenso jetzt BAG 24.6.2004 EzA KSchG § 1 Verhaltensbedingte Kündigung Nr. 65 = NZA 2005, 158.

um hierdurch eine politische Meinung zu bekunden.⁵²⁵ Besonders sorgfältig zu prüfen ist, ob eine Beeinträchtigung des Betriebsfriedens tatsächlich vorliegt.

Außerbetriebliche (partei-)politische Betätigung ist nicht vertragswidrig und damit grundsätzlich auch nicht kündigungsrelevant. Nur im öffentlichen Dienst und in Tendenzbetrieben kann eine bestimmte politische Grundeinstellung unter Umständen die Eignung für die geschuldete Tätigkeit entfallen lassen. Im öffentlichen Dienst kann sich die fehlende Eignung auch aus begründeten Zweifeln an der Verfassungstreue des Arbeitnehmers ergeben. Das BAG nimmt hier wahlweise einen Fall der personenbedingten und/oder verhaltensbedingten Kündigung an,⁵²⁶ zumal die politische Treuepflicht zwanglos als vertragliche Nebenpflicht (gestuft je nach geschuldetem Aufgabenkreis) angesehen werden kann, aber auch einen Eignungsmangel begründet. Ob eine Kündigung durchgreift, hängt in diesem Falle entscheidend von der geschuldeten Aufgabe ab. Hierfür ist unter engen Voraussetzungen die personenbedingte Kündigung einschlägig, die regelmäßig aber nur als ordentliche Kündigung ausgesprochen werden kann.⁵²⁷ 672

In jüngerer Zeit haben die Arbeitsgerichte Kündigungen wegen **rechtsextremistischer Betätigung** beschäftigt. Die Weitergabe von Texten mit Hetze gegen Ausländer, Aussiedler oder Asylbewerber im Rahmen der Arbeitstätigkeit ist eine grobe, in der Regel nicht entschuldbare Verletzung der arbeitsvertraglichen Verhaltenspflichten; dies gilt insbesondere für einen Außendienstmitarbeiter im Verhältnis zu Kunden. Dennoch ist auch hier eine zukunftsorientierte Betrachtung angezeigt, die eine außerordentliche Kündigung ausschließen dürfte, wenn der Arbeitnehmer die Pflichtwidrigkeit seines Verhaltens einsieht, von sich aus zur Entschuldigung seines Verhaltens bei dem Betroffenen bereit ist und es sich um einen einmaligen Vorfall im Rahmen eines langjährigen Arbeitsverhältnisses handelt. Rein generalpräventive Gesichtspunkte sind zur Rechtfertigung einer Kündigung in jedem Falle ungeeignet.⁵²⁸ Rassistische und volksverhetzende Äußerungen im Betrieb sind nicht vom Schutzbereich des Art. 5 Abs. 1 GG gedeckt, stören den Betriebsfrieden und verletzen gegenseitige Rücksichtnahmepflichten im Arbeitsverhältnis. Bei nachhaltigen uneinsichtigen ausländerfeindlichen Äußerungen kann die sofortige Unzumutbarkeit der Weiterbeschäftigung eintreten.⁵²⁹ Mitarbeiter des öffentlichen Dienstes, insbesondere Lehrpersonal, unterliegen insoweit besonderen Verhaltenspflichten.⁵³⁰ Auch hier ist stets zu prüfen, inwieweit der Arbeitnehmer Vertragspflichten verletzt hat.⁵³¹ 673

---

⁵²⁵ LAG Hamm 17.4.1985 LAGE BGB § 611 Abmahnung Nr. 1.
⁵²⁶ BAG 6.9.2012 NZA-RR 2013, 441; BAG 12.5.2011 NZA-RR 2012, 43.
⁵²⁷ Hierzu BAG 6.6.1984 AP KSchG 1969 § 1 Verhaltensbedingte Kündigung Nr. 11 = EzA KSchG § 1 Verhaltensbedingte Kündigung Nr. 12 mit Anm. *Buchner*.
⁵²⁸ ArbG Hannover 22.4.1993 BB 1993, 1218 mit Anm. *Däubler*; dagegen zu Unrecht ArbG Bremen 29.6.1994 BB 1994, 1568.
⁵²⁹ LAG Hamm 11.11.1994 LAGE BGB § 626 Nr. 82; 30.1.1995 LAGE BGB § 626 Nr. 84; LAG Köln 11.8.1995 LAGE BBiG § 15 Nr. 10 = NZA-RR 1996, 128; LAG Rheinland-Pfalz 10.6.1997 LAGE KSchG § 1 Verhaltensbedingte Kündigung Nr. 62; LAG Frankfurt 15.10.1999 AuR 2000, 116; ferner ArbG Frankfurt 28.1.1993 ArbuR 1993, 415 zum Aufhängen eines Hitler-Bildes; 17.12.1993 ArbuR 1994, 315; vgl. auch BVerfG 2.2.1995 ArbuR 1995, 152, 153, wo es für unzumutbar erklärt wurde, dass ein Ausbildungsbetrieb einen Arbeitnehmer beschäftigt, der ausländerfeindliche Tendenzen offen zur Schau trägt.
⁵³⁰ BAG 5.11.1992 ArbuR 1993, 124 (antisemitische Witze); BAG 14.2.1996 EzA BGB n. F. § 626 Nr. 160 = NZA 1996, 873 (ausländerfeindliche Pamphlete); LAG Berlin 22.10.1997 LAGE BGB § 626 Nr. 118 = NZA-RR 1998, 442.
⁵³¹ Zum Ganzen *Korinth*, ArbuR 1993, 105; vgl. zu einem Auflösungsantrag nach §§ 9, 10 KSchG wegen rassistischer Äußerungen LAG Hamm 27.5.1993 AiB 1994, 54.

Erster Abschnitt: Die Kündigung

(19) Privatkommunikation (Telefon, E-Mail, Internet)

674 Zunehmende Bedeutung erlangt die Frage der Kündigung wegen missbräuchlicher oder übermäßiger Nutzung dienstlicher Kommunikationsgeräte für private Zwecke. Die vertrags- und kündigungsrechtliche Beurteilung hängt **entscheidend** davon ab, **welche Regeln der Arbeitgeber aufgestellt hat.** Lässt er die private Telekommunikation zu, kann allein der übermäßige Gebrauch noch nicht zur Kündigung berechtigen. In diesem Falle muss der Arbeitgeber zunächst einmal klare Grenzen definieren und ggf. eine Abmahnung aussprechen.[532] Anders ist dies zu beurteilen, wenn der Arbeitnehmer klar definierte Regeln (Aufzeichnung von Privattelefonaten, PIN-Nummern,[533] getrennte Abrechnung) verletzt und zulasten des Arbeitgebers Telekommunikationswege für private Zwecke nutzt.[534] Eine **missbräuchliche** Nutzung stellt es auch dar, auf einem dienstlichen PC **sexistische oder rassistische Witze oder Dateien mit pornographischem Inhalt zu speichern.**[535] Ebenso wenig darf der Arbeitnehmer „Sexhotlines" von dienstlichen Telefonen anrufen.[536] Davon zu unterscheiden ist die Frage, ob der Arbeitnehmer wegen Zurückhaltung der Arbeitsleistung gekündigt werden kann, wenn er statt zu arbeiten in übermäßigem Umfang telefoniert oder E-Mails versendet.[537]

675 Besondere Relevanz hat in den letzten Jahren die Frage erlangt, ob bzw. wann die **private Nutzung des Internets** den Ausspruch einer Kündigung rechtfertigen kann. Hierzu hat das BAG in vier aufeinander aufbauenden Entscheidungen klare Leitlinien herausgearbeitet.[538] Es scheint eine Art Gesamtschau vorzunehmen, in der die Dauer und Art und Weise sowie das Bestehen eines Verbots als Kriterien zur Überprüfung der Rechtmäßigkeit der Kündigung dienen. Diese Kriterien fügen sich in die Systematik der verhaltensbedingten Kündigung ein.

676 Hat der Arbeitnehmer an seinem Arbeitsplatz privat das Internet genutzt, muss dies eine Haupt- oder Nebenpflichtverletzung darstellen, damit überhaupt eine verhaltensbedingte Kündigung in Betracht gezogen werden kann. Dabei kommen **mehrere Pflichtverletzungen** in Betracht. Es ist nicht zwingend Voraussetzung, dass der Arbeitgeber die Privatnutzung ausdrücklich verboten hat. Liegt jedoch ein derartiges

---

[532] LAG Köln 2.7.1998 LAGE KSchG § 1 Verhaltensbedingte Kündigung Nr. 66 = NZA-RR 1999, 192; LAG Nürnberg 6.8.2002 LAGE BGB § 626 Nr. 143 = NZA-RR 2003, 191, bestätigt durch BAG 27.11.2003 EzA KSchG n. F. § 4 Nr. 65 = NZA 2004, 452; LAG Köln 15.12.2003 LAGE KSchG § 1 Verhaltensbedingte Kündigung Nr. 84 = NZA-RR 2004, 527; LAG Köln 17.2.2004 NZA-RR 2005, 136; LAG Hamm 30.5.2005 LAGE KSchG § 1 Verhaltensbedingte Kündigung Nr. 89 = NZA-RR 2006, 353; ArbG Frankfurt 14.7.1999 NZA-RR 2000, 135.

[533] ArbG Celle 2.11.1998 RDV 1999, 129; ArbG Würzburg 16.12.1997 MDR 1998, 1109 = RzK I 6c Nr. 4.

[534] LAG Hessen 25.7.2011 NZA-RR 2012, 76; LAG Köln 4.11.1999 – 6 Sa 493/99 –.

[535] LAG Köln 14.12.1998 LAGE BGB § 626 Nr. 124; LAG Niedersachsen 26.4.2002 MMR 2002, 766; LAG Rheinland-Pfalz 18.12.2003 BB 2004, 1682.

[536] LAG Köln 13.3.2002 LAGE BGB § 626 Verdacht strafbarer Handlung Nr. 15 = NZA-RR 2002, 577.

[537] Die Kündigung wegen häufiger Privattelefonate nach Abmahnung grundsätzlich bejahend: BAG 7.7.2005 EzA BGB 2002 § 626 Nr. 10 = NZA 2006, 98; LAG Niedersachsen 13.1.1998 LAGE KSchG § 1 Verhaltensbedingte Kündigung Nr. 63 = NZA-RR 1998, 259; Kündigung wegen Versendung privater E-Mails ohne Abmahnung verneinend: ArbG Frankfurt 20.3.2001 AuA 2001, 568; bei Versendung von E-Mails mit beleidigendem Inhalt bejahend: ArbG Wiesbaden 2.5.2001 NZA-RR 2001, 638.

[538] BAG 7.7.2005 EzA BGB 2002 § 626 Nr. 10 = NZA 2006, 98; BAG 12.1.2006 EzA KSchG § 1 Verhaltensbedingte Kündigung Nr. 68 = NZA 2006, 980; BAG 27.4.2006 EzA BGB 2002 § 626 Unkündbarkeit Nr. 11 = NZA 2006, 977; BAG 31.5.2007 EzA KSchG § 1 Verhaltensbedingte Kündigung Nr. 71 = NZA 2007, 922.

§ 22 Die außerordentliche Kündigung

Verbot vor, so hat der Arbeitnehmer jedenfalls aufgrund des Verstoßes gegen dieses Verbot eine Pflichtverletzung begangen. Das BAG hat darüber hinaus in seinen Entscheidungen beispielhaft vier weitere mögliche Pflichtverletzungen genannt. Wenn der Arbeitnehmer während der Arbeitszeit das Internet privat nutzt, **erbringt er die geschuldete Arbeitsleistung nicht** und verstößt somit gegen seine Hauptleistungspflicht. Dabei ist unerheblich, ob es Anhaltspunkte dafür gibt, dass der Arbeitnehmer nicht ordnungsgemäß gearbeitet hat.[539] Sind dem Arbeitgeber durch die Internetnutzung **Kosten** entstanden, so kann dies ebenfalls eine Pflichtverletzung darstellen. Der unbefugte Download kann eine Pflichtverletzung sein, wenn damit die **Gefahr der Vireninfizierung** einhergeht. In diesem Zusammenhang ist zudem darauf hinzuweisen, dass auch die Installation von Anonymisierungssoftware auf einen dienstlichen Rechner, um dadurch eine Rückverfolgung der Internetnutzung unmöglich zu machen, eine Pflichtverletzung darstellt.[540] Das BAG hält ferner eine mögliche **Rufschädigung des Unternehmens** für geeignet, eine Pflichtverletzung darzustellen. Sie kann zB drohen, wenn bei einem unbefugten Download von pornografischen Dateien die Gefahr der Rückverfolgung besteht oder auch, wenn aufgrund des Inhalts der Dateien (in dem vorliegenden Fall ua Kinderpornographie) Ermittlungen durch die Staatsanwaltschaft im Unternehmen durchgeführt werden. Schwierigkeiten bereitet die noch nicht abschließend entschiedene Frage, wie es sich konkret auswirkt, wenn der Arbeitgeber die private Internetnutzung gestattet oder geduldet hat. Nach Ansicht des BAG könnte sich eine **Duldung oder Gestattung allenfalls auf eine private Nutzung im normalen bzw. angemessenen zeitlichen Umfang erstrecken**.[541] Ansonsten bleibt die Verletzung der Arbeitspflicht. Was als angemessen und normal anzusehen ist, bleibt unklar. Als Ausweg könnte hier der Hinweis des BAG dienen, wonach auch dieser Pflichtverstoß entfallen kann, wenn der Arbeitnehmer nachweisen kann, dass es in dem Moment, in dem er das Internet privat genutzt hat, keine Arbeit zu erledigen gab. Wie ein solcher Beweis in der Praxis erbracht werden kann, bleibt ungewiss. Weiterer denkbarer Argumentationsansatz, um bereits eine Pflichtverletzung zu verneinen, wäre die „sozialadäquate" Nutzung des Internets. Aber auch diesen Ansatz will das BAG nicht gelten lassen; nur eine kurzfristige private Nutzung möchte es allenfalls gerade noch als hinnehmbar ansehen. Das Gericht lässt aber indirekt eine Hintertür offen für die Fälle, in denen die Tätigkeit des Arbeitnehmers mit der Nutzung des Internets verbunden ist; dann scheint es eine mildere Beurteilung zumindest in Betracht zu ziehen. Es bleibt aber auch hier die Frage, bis zu welcher Dauer die Nutzung noch als kurzfristig angesehen werden kann. Gegen den Arbeitnehmer kann in diesem Zusammenhang auch der Umstand wirken, dass er Aufsichtsfunktionen wahrnehmen muss.[542]

Für die Frage, ob die Pflichtverletzung eine Kündigung rechtfertigt, stellt das BAG darauf ab, **wie häufig und intensiv die private Internetnutzung** jeweils erfolgte und was der Arbeitnehmer im Internet gemacht hat. Auch der Verstoß gegen ein ausdrückliches Verbot jeglicher privater Nutzung des dienstlichen Internetanschlusses sowie das Herunterladen von pornografischem Bildmaterial schaffen keinen absoluten

677

---

[539] BAG 27.4.2006 EzA BGB 2002 § 626 Unkündbarkeit Nr. 11 = NZA 2006, 977; entscheidend ist nach Auffassung des Gerichts, dass der Arbeitnehmer sich Zeiten, in denen er sich mit privaten Dingen beschäftigt hat, als Arbeitszeit bezahlen lassen hat.
[540] BAG 12.1.2006 EzA KSchG § 1 Verhaltensbedingte Kündigung Nr. 68 = NZA 2006, 980.
[541] BAG 7.7.2005 EzA BGB 2002 § 626 Nr. 10 = NZA 2006, 98.
[542] BAG 7.7.2005 EzA BGB 2002 § 626 Nr. 10 = NZA 2006, 98.

Kündigungsgrund. Vielmehr bedarf es der Einzelfallbeurteilung.[543] Diese Frage ist im Prognoseprinzip zu verorten, denn es geht darum, ob durch die Pflichtverletzung das Arbeitsklima nachhaltig zerstört wird, sodass eine Fortsetzung ausgeschlossen ist. Genaue zeitliche Grenzen hat das BAG bisher nicht vorgegeben. Jedenfalls reichen 5 bis 5$^1/_2$ Stunden aus, um sogar einen „an sich" wichtigen Grund iSv § 626 BGB zu bejahen. Für das BAG handelt es sich dabei um einen „erheblichen zeitlichen Umfang", der als „ausschweifend" bezeichnet werden kann.[544] Ebenso hat es in einem Fall entschieden, in dem der Arbeitnehmer das Internet fast täglich zwischen 15 Minuten und knapp drei Stunden privat genutzt hat.[545] Hier ist auch zu berücksichtigen, ob der Arbeitgeber ein ausdrückliches Verbot ausgesprochen hat, gegen das der Arbeitnehmer verstoßen hat. Bei einem ausdrücklichen Verbot dürfen die Anforderungen an die Dauer weniger hoch gestellt werden, als wenn die private Nutzung grundsätzlich erlaubt ist oder eine Grauzone besteht.

678 Wichtiger dürfte in der Praxis jedoch die Frage des milderen Mittels sein. In zwei Entscheidungen kam die Frage auf, ob vor Ausspruch der Kündigung eine **Abmahnung** entbehrlich war. Auch hier ist der Prüfungsmaßstab unterschiedlich, je nachdem, ob ein ausdrückliches Verbot besteht oder nicht. Doch selbst wenn die private Nutzung geduldet wird, so kann eine Abmahnung nach Ansicht des BAG entbehrlich werden. Voraussetzung ist, dass der Arbeitnehmer nicht damit rechnen konnte, der Arbeitgeber sei mit seinem Verhalten einverstanden. Gegen eine solche Billigung spricht jedenfalls das Herunterladen umfangreicher pornografischer Dateien ebenso wie die „exzessive" Nutzung des Internets während der Arbeitszeit.[546] Zuletzt werden in der Interessenabwägung noch einmal alle Umstände gegeneinander abgewogen. Das BAG berücksichtigt in diesem Zusammenhang auch, ob der Arbeitgeber aufgrund seiner Stellung besonders der Gefahr einer Rufschädigung ausgesetzt ist.[547]

679 Größere Probleme zeichnen sich auf der Ebene der **Beweislast** ab. Der Arbeitgeber trägt wie sonst auch die Darlegungs- und Beweislast für die Pflichtverletzung, also zunächst dafür, dass der Arbeitnehmer das Internet überhaupt privat genutzt hat. Erschwert wird dies, wenn mehrere Arbeitnehmer Zugang zu dem jeweiligen Computer haben und der Arbeitnehmer, dem gekündigt wurde, die private Nutzung bestreitet und sogar darlegen kann, dass er nicht an allen Tagen anwesend war, an denen die Internetnutzung stattfand.[548] Des Weiteren muss der Arbeitgeber die datenschutzrechtlichen Vorgaben beachten. Dabei ist zu unterscheiden, ob die private Internetnutzung gestattet bzw. geduldet oder aber verboten ist. Wenn sie erlaubt oder geduldet wird, darf der Arbeitgeber gem. § 15 TMG personenbezogene Daten erheben und verwenden, wenn es erforderlich ist, um die Inanspruchnahme des Internets zu ermöglichen und abzurechnen. Dabei dürfen aber gem. § 15 Abs. 6 TMG nicht Zeitpunkt, Dauer, Art, Inhalt und Häufigkeit bestimmter, von einem Nutzer in Anspruch genommener Telemedien erkennbar werden, es sei denn, es liegt eine Einwilligung des Arbeitnehmers vor. Hat der Arbeitgeber hingegen die Privatnutzung verboten, ist er nicht an die

---

[543] BAG 19.4.2012 NZA 2013, 27 Rn. 28.
[544] BAG 7.7.2005 EzA BGB 2002 § 626 Nr. 10 = NZA 2006, 98.
[545] BAG 27.4.2006 EzA BGB 2002 § 626 Unkündbarkeit Nr. 11 = NZA 2006, 977.
[546] BAG 31.5.2007 EzA KSchG § 1 Verhaltensbedingte Kündigung Nr. 71 = NZA 2007, 922; BAG 7.7.2005 EzA BGB 2002 § 626 Nr. 10 = NZA 2006, 98.
[547] So zB wenn der Arbeitnehmer in einer zivilen Dienststelle der Bundeswehr beschäftigt ist und dort fast täglich pornografische Seiten aufruft, BAG 27.4.2006 EzA BGB 2002 § 626 Unkündbarkeit Nr. 11 = NZA 2006, 977.
[548] BAG 31.5.2007 EzA KSchG § 1 Verhaltensbedingte Kündigung Nr. 71 = NZA 2007, 922.

Vorgaben des TMG gebunden, da er dann nicht Anbieter iSd Gesetzes ist. Es gilt aber das BDSG, sodass auch bei der unerlaubten Privatnutzung die Internetverbindungsdaten nur für einen konkreten Zweck erhoben werden dürfen. Eine Inhaltskontrolle privater E-Mails kann nur ausnahmsweise gerechtfertigt sein, wenn das Interesse des Arbeitgebers vorrangig ist; so zB bei dem Verdacht, dass der Arbeitnehmer einen konkreten Straftatbestand erfüllt.[549] Bei Verstoß gegen die datenschutzrechtlichen Vorgaben droht ein Beweisverwertungsverbot im späteren Prozess.[550] Erbringt der Arbeitgeber nun den Beweis für die Privatnutzung, muss der Arbeitnehmer darlegen, dass die private Nutzung des Internets geduldet oder gestattet ist.[551] In diesem Zusammenhang ist es für den Arbeitgeber von Vorteil, sich die Kenntnisnahme von bestehenden Internetnutzungsregelungen von seinen Arbeitnehmern schriftlich bestätigen zu lassen.

Das Kopieren von Dateien und Programmen des Arbeitgebers für private Zwecke kann, sofern nicht schon ein Bruch der Verschwiegenheitspflicht vorliegt, ebenfalls eine Kündigung rechtfertigen („Datenklau").[552] Die unerlaubte Speicherung unternehmensbezogener Daten auf einer privaten Festplatte ohne Sicherung gegen unbefugten Zugriff stellt eine Vertragspflichtverletzung dar, die – soweit über das bloße Speichern hinaus keine Pflichtverletzung vorliegt – erst nach einer Abmahnung zur Kündigung führen kann.[553] Etwas anderes gilt, wenn nicht nur ein formeller Verstoß vorliegt, sondern mit der Speicherung weitere Rechtsverletzungen (zB Betriebsspionage) verbunden sind. **680**

(20) Rauchverbot

Ein wiederholter Verstoß gegen ein im Betrieb bestehendes Rauchverbot kann jedenfalls nach zuvor erfolgter Abmahnung zum Ausspruch einer verhaltensbedingten Kündigung berechtigen. Dies gilt jedenfalls dann, wenn ein betriebliches Rauchverbot zur Verrichtung näher bezeichneter Arbeiten gesetzlich zwingend vorgeschrieben ist, Verstöße hiergegen als Ordnungswidrigkeiten geahndet werden und ein Betrieb bei wiederholten Verstößen gegen ein bestehendes Rauchverbot aufsichtsrechtlich mit erheblichen Nachteilen, gegebenenfalls auch mit einem Konzessionsentzug zu rechnen hat.[554] Das BAG erkennt die Befugnis der Betriebspartner an, durch Betriebsvereinbarung ein betriebliches Rauchverbot zu erlassen, um Nichtraucher vor den Gesundheitsgefahren und Belästigungen des Passivrauchens zu schützen, wobei sie jedoch nach Art. 2 Abs. 1 GG den Verhältnismäßigkeitsgrundsatz zu beachten haben, weil ihre Regelung die allgemeine Handlungsfreiheit der Raucher beeinträchtigt. Ein Rauchverbot mit dem Ziel, Arbeitnehmer von gesundheitsschädlichen Gewohnheiten abzubringen, überschreitet die Regelungskompetenz der Betriebspartner.[555] Auch durch Direktionsrecht kann der Arbeitgeber jedoch ein Rauchverbot erlassen, wenn dies aus Gründen **681**

---

[549] *Kömpf/Kunz,* NZA 2007, 1341, 1345; s. zu dieser Problematik auch *Grobys,* NJW-Spezial 2004, 273.
[550] *Ernst,* NZA 2002, 585, 587; im Zusammenhang mit einer heimlichen Videoüberwachung als unzulässiges Beweismittel, LAG Köln 30.8.1996 LAGE BGB § 611 Persönlichkeitsrecht Nr. 8; BAG 27.3.2003 EzA BGB 2002 § 611 Persönlichkeitsrecht Nr. 1 = NZA 2003, 1193, das jedoch eine Ausnahme zulässt, wenn der konkrete Verdacht einer strafbaren Handlung vorliegt.
[551] BAG 31.5.2007 EzA KSchG § 1 Verhaltensbedingte Kündigung Nr. 71 = NZA 2007, 922.
[552] LAG Sachsen 14.7.1999 LAGE BGB § 626 Nr. 129; zur fristlosen Kündigung bei Speichern von „Hacker-Dateien" LAG Hamm 4.2.2004 LAGReport 2004, 300.
[553] BAG 24.3.2011 NZA 2011, 1029.
[554] LAG Hannover 23.1.1952 BB 1952, 291; LAG Stuttgart 23.10.1951 DB 1952, 232; ArbG Husum 1.9.1964 BB 1965, 911; LAG Düsseldorf 17.6.1997 LAGE KSchG § 1 Verhaltensbedingte Kündigung Nr. 58; LAG Köln 1.8.2008 LAGE KSchG § 1 Verhaltensbedingte Kündigung Nr. 101a.
[555] BAG 19.1.1999 EzA BetrVG 1972 § 87 Betriebliche Ordnung Nr. 24 = NZA 1999, 546.

der Brand- und Explosionsgefahr, der Notwendigkeit eines kontinuierlichen Arbeitsablaufs oder der Gefahr der Verunreinigung von Arbeitsprodukten gerechtfertigt ist.[556] Der Verstoß gegen ein aus Sicherheitsgründen erlassenes absolutes Rauchverbot kann nach Auffassung des BAG auch eine fristlose Kündigung rechtfertigen.[557]

(21) Schmiergelder (Bestechung, Korruption)

682 Ein erheblicher Verstoß gegen die Interessenwahrungspflicht ist anzunehmen, wenn der Arbeitnehmer von Kunden sogenannte **Schmiergelder** annimmt.[558] Bei dringendem Tatverdacht kommt auch eine Verdachtskündigung (→ Rn. 703) in Betracht.[559] Das Gleiche gilt für die Stellung finanzieller Forderungen an Kunden des Arbeitgebers.[560] Dem Arbeitnehmer ist es untersagt, Geld oder geldwerte Leistungen zu fordern, sich versprechen zu lassen oder anzunehmen, wenn der Geber hierfür eine geschäftliche Bevorzugung erwartet oder auch nur eine Tätigkeit belohnt. Der Arbeitnehmer muss dann nicht tatsächlich aufgrund des Schmiergeldes rechtswidrig handeln; es reicht, dass er das Schmiergeld annimmt.[561] Durch die Annahme des Schmiergeldes wird das Vertrauen des Arbeitgebers in die Unbestechlichkeit des Arbeitnehmers erschüttert. Der Arbeitgeber kann dann nicht mehr davon ausgehen, dass der Arbeitnehmer seine Entschlüsse frei fasst.

683 Ferner ist für die Charakterisierung des Handelns als Verletzung der Treuepflicht auch nicht entscheidend, ob dem Arbeitgeber ein Schaden entstanden ist oder nicht. Ob die Gewährung wirtschaftlicher Vorteile von betriebsfremden Personen allerdings einen fristlosen Kündigungsgrund darstellt, kann nicht generell bejaht werden. Wenn auch im Regelfall eine fristlose Entlassung in Betracht kommt, bedarf es im Einzelfall noch immer einer Interessenabwägung. Dabei ist vor allem zu berücksichtigen, ob der Angestellte pflichtwidrig gehandelt und der Arbeitgeber einen Schaden erlitten hat. Ferner ist von Bedeutung, ob eine Wiederholungsgefahr besteht und inwieweit Vorsorge getroffen werden kann, diese Gefahr auszuschließen. Bei leitenden Angestellten kann die Zerstörung des Vertrauensverhältnisses genügen.[562] Als Schmiergelder gelten nicht kleine Geschenke, die zu besonderen Anlässen, zB Neujahr, gegeben werden. Geldgeschenke jedoch, auch in nicht erheblicher Höhe, sind unüblich und verstoßen jedenfalls im öffentlichen Dienst regelmäßig gegen dienstliche und tarifliche Vorschriften. Deren Annahme kann die ordentliche und außerordentliche Kündigung rechtfertigen.[563] § 3 Abs. 2 TVöD bestimmt, dass Angestellte des öffentlichen Dienstes – jedenfalls ohne Zustimmung des Arbeitgebers – in Bezug auf ihre dienstliche Tätigkeit keinerlei Belohnungen oder Geschenke annehmen dürfen. Es handelt sich hierbei um eine wesentliche Dienstpflicht, die die saubere und unbestechliche Diensterfüllung ge-

---

[556] MünchArbR/*Reichold*, § 49 Rn. 25.
[557] BAG 27.9.2012 NZA 2013, 425.
[558] BAG 17.8.1972 AP BGB § 626 Nr. 65 = EzA BGB n. F. § 626 Nr. 22; BAG 15.11.1995 EzA BetrVG 1972 § 102 Nr. 89 = NZA 1996, 419; BAG 21.6.2001 EzA BGB § 626 Unkündbarkeit Nr. 7; Hessisches LAG 18.6.1997 LAGE BGB § 626 Nr. 114; zur Verdachtskündigung BAG 13.9.1995 EzA BGB § 626 Verdacht strafbarer Handlungen Nr. 6 = NZA 1996, 81; LAG Schleswig-Holstein 6.5.1996 LAGE BGB § 626 Nr. 95; zum Ganzen *Dzida*, NZA 2012, 881.
[559] BAG 21.6.2012 NZA 2013, 199.
[560] LAG Berlin 16.5.1978 EzA BGB n. F. § 626 Nr. 62.
[561] ErfK/*Preis*, § 611 BGB Rn. 722.
[562] BAG 17.8.1972 AP BGB § 626 Nr. 65 = EzA BGB n. F. § 626 Nr. 22; vgl. auch LAG Düsseldorf 29.1.2003 LAGE KSchG § 1 Verhaltensbedingte Kündigung Nr. 81.
[563] BAG 15.11.2001 AP BGB § 626 Nr. 175 = EzA BGB n. F. § 626 Nr. 192; LAG Schleswig-Holstein 17.12.2008 NZA-RR 2009, 397.

währleisten soll. Belohnungen und Geschenke jeder Art müssen unterbleiben, soweit es sich nicht nur um geringwertige Aufmerksamkeiten handelt. Das gilt auch für die Annahme einer Erbschaft eines Pflegebedürftigen durch einen Pfleger ohne Genehmigung durch den Dienstherrn.[564]

Beispiele: Fordert eine bei einem Rechtsanwalt als Dolmetscherin tätige ausländische Arbeitnehmerin von den vorwiegend ausländischen Mandanten finanzielle Zuwendungen, dann verletzt sie in grober Weise die Treuepflicht. Der Versandleiter einer Firma, der Gesellschafter einer Speditionsgesellschaft ist, kann fristlos entlassen werden, wenn er für jeden erteilten Auftrag von der Speditionsgesellschaft eine feste Provision erhält.[565] Dieses Verhalten stellt in aller Regel einen wichtigen Grund zur außerordentlichen Kündigung dar.[566] Das Gleiche gilt, wenn sich ein Angestellter, dessen Aufgabe die Vergabe von Aufträgen ist, sich von einem Auftragnehmer im privaten Bereich günstigere Konditionen einräumen lässt.[567] Fordert und kassiert ein Arbeitnehmer eine „Vermittlungsprovision" für die Einstellung eines Arbeitnehmers bei seinem Arbeitgeber, so kann dies nach Auffassung des BAG eine Kündigung nicht rechtfertigen, wenn es weder zu einer konkreten Beeinträchtigung des Arbeitsverhältnisses noch zu einer konkreten Gefährdung des Vertrauensbereichs kommt.[568] Dies ist bedenklich, da der Arbeitnehmer auf diese Weise Zugangshindernisse errichten kann und hierdurch Schutzpflichten gegenüber dem Arbeitgeber verletzt werden.[569] Auch durch das Fordern einer solchen Vermittlungsprovision wird eine Vertragspflicht verletzt, weil der Arbeitnehmer seine Stellung als Vertragspartner zu vertragsfremden Zwecken missbraucht.[570] Grundsätzlich lässt sich der Rechtssatz aufstellen, dass die **Verquickung dienstlicher Angelegenheiten mit privaten Interessen** die Kündigung rechtfertigen kann.[571] Auch Interessenkollisionen zwischen eigenen und Arbeitgeberinteressen sind zumindest bei Führungskräften offen zu legen.[572]

(22) Spesenbetrug

Die unkorrekte Abrechnung von Spesen und Reisekosten kann als strafrechtlich relevante Betrugshandlung die ordentliche und außerordentliche Kündigung rechtfertigen.[573] Das gilt auch dann, wenn es sich um einen einmaligen Fall und um einen geringen Betrag handelt.[574] Bei einem klaren Spesenbetrug kann ohne vorherige Ab-

---

[564] BAG 17.6.2003 EzA KSchG § 1 Verhaltensbedingte Kündigung Nr. 59.
[565] LAG Düsseldorf 12.8.1980 LAGE BGB § 626 Nr. 8.
[566] LAG Berlin 16.5.1978 LAGE BGB § 626 Nr. 5.
[567] LAG Hamburg 26.9.1990 LAGE BGB § 626 Nr. 58; LAG Düsseldorf 29.1.2003 LAGE KSchG § 1 Verhaltensbedingte Kündigung Nr. 81.
[568] BAG 24.9.1987 AP KSchG 1969 § 1 Verhaltensbedingte Kündigung Nr. 19 mit abl. Anm. *Veenroy* = EzA KSchG 1969 § 1 Verhaltensbedingte Kündigung Nr. 18 mit abl. Anm. *Löwisch*.
[569] Hierzu *Preis*, DB 1990, 633.
[570] Hierzu *Preis*, DB 1990, 663; dem folgend KR/*Fischermeier*, § 626 BGB Rn. 447.
[571] BAG 20.4.1977 AP BAT § 54 Nr. 1 = EzA BGB n. F. § 626 Nr. 55; zur Führung privater Telefongespräche auf Kosten des Arbeitgebers LAG Düsseldorf 14.2.1963 BB 1963, 732; zur zweckentfremdeten Verwendung eines Arbeitgeberdarlehens LAG Düsseldorf 20.9.1967 BB 1967, 1426.
[572] LAG Nürnberg 5.9.1990 LAGE BGB § 626 Nr. 51; LAG Köln 11.9.1996 LAGE BGB § 626 Nr. 103 (Krankenschwester betreibt Heilpraktikerpraxis und „wirbt" Patienten ab): LAG Köln 25.9.2006 LAGE BGB 2002 § 626 Nr. 10 (Küchenleiter einer Mensa betreibt Unternehmen, dass die Mensa mit Lebensmitteln beliefert).
[573] BAG 6.9.2007 EzA BGB 2002 § 626 Nr. 18 = NZA 2008, 636; BAG 22.11.1962 AP BGB § 626 Nr. 49 = EzA BGB § 626 Nr. 3; LAG Köln 2.3.1999 RzK I 6a Nr. 174; LAG Nürnberg 28.3.2003 LAGE BGB § 626 Nr. 149.
[574] BAG 2.6.1960 AP BGB § 626 Nr. 42; BAG 22.11.1962 AP BGB § 626 Nr. 49 = EzA BGB § 626 Nr. 3; dazu auch BAG 27.2.1969 AP BUrlG § 7 Abgeltung Nr. 4 = EzA BUrlG § 7 Nr. 6.

mahnung gekündigt werden. Einer Abmahnung bedarf es hier in aller Regel nicht, weil in diesem Vertrauensbereich der Arbeitnehmer im Allgemeinen keinen Grund zur Annahme hat, sein Handeln werde gebilligt.[575] Bei einer unklaren oder inkorrekten Abrechnungspraxis im Unternehmen gilt dies jedoch nicht. Schließlich kann eine Kündigung ungerechtfertigt sein, wenn der Arbeitgeber ein derartiges Verhalten in ähnlichen Fällen hingenommen oder gefördert hat.[576] Verhält sich der Arbeitgeber in diesen Fällen selbst widersprüchlich, bedarf es vor Ausspruch einer Kündigung einer Abmahnung.

686 Auch wenn ein Spesenbetrug regelmäßig einen Grund zur Kündigung bildet, bedarf es dennoch für die Rechtfertigung der Kündigung einer Interessenabwägung, die die Dauer des Beschäftigungsverhältnisses und die Umstände des Falles würdigt. So hat das LAG Frankfurt im Einzelfall bei einem langjährig beanstandungsfrei beschäftigten Arbeitnehmer die Kündigung wegen Spesenbetrugs für unwirksam erklärt, nachdem dieser den einmaligen Verstoß zugegeben und wiedergutgemacht hatte und aus dessen gesamten Verhalten hervorgegangen war, dass eine weitere Verfehlung nicht wieder vorkommen wird.[577]

(23) Straftaten

687 Strafbare Handlungen **innerhalb** des Arbeitsverhältnisses sind zugleich Vertragspflichtverletzungen, die die Kündigung ohne Abmahnung rechtfertigen können.[578] Auch Straftaten, die der Arbeitnehmer gegenüber Vertragspartnern des Arbeitgebers begeht, verletzen regelmäßig Vertragspflichten.[579] Ein Kraftfahrer, der erhebliche Verkehrsverstöße im Dienst begeht, handelt zugleich vertragswidrig.[580]

688 Strafbare Handlungen im Arbeitsverhältnis, insbesondere **Vermögensdelikte** (Diebstahl, Unterschlagung, Betrug, Untreue), sind schwerwiegende Vertragsverletzungen und rechtfertigen regelmäßig die fristlose Kündigung ohne Abmahnung.[581] Auch strafbewehrte **Umweltvergehen** und Verstöße gegen Lebensmittelvorschriften stellen Kündigungsgründe dar.[582] Auch durch einen Prozessbetrug verletzt ein Arbeitnehmer vertragliche Nebenpflichten (§ 241 Abs. 2 BGB), wenn er im Rechtsstreit wahrheitswidrig vorträgt, weil er befürchtet, mit wahrheitsgemäßen Angaben den Prozess nicht gewinnen zu können.[583] Gerechtfertigt sind Kündigungen insbesondere, wenn der Arbeitnehmer seine Tätigkeit zu betrügerischen Handlungen zum Nachteil des Arbeitgebers missbraucht.[584] Ein Arbeitnehmer, der im Eigentum des Arbeitgebers stehende Sachen an einen Dritten verkauft, begeht eine schwerwiegende Verletzung seiner ar-

---

[575] BAG 11.7.2013 NZA 2014, 250.
[576] LAG Kiel 18.10.1963 BB 1964, 473.
[577] LAG Frankfurt 5.7.1988 LAGE KSchG § 1 Verhaltensbedingte Kündigung Nr. 20.
[578] BAG 17.5.1984 EzA BGB n.F. § 626 Nr. 90 = NZA 1985, 91; BAG 2.3.1989 EzA BGB n.F. § 626 Nr. 118 = NZA 1989, 755; LAG Köln 12.12.1989 LAGE KSchG § 1 Verhaltensbedingte Kündigung Nr. 25; LAG Köln 24.8.1995 LAGE BGB § 626 Nr. 86 = NZA-RR 1996, 86.
[579] LAG Nürnberg 29.8.1985 LAGE BGB § 626 Nr. 24.
[580] LAG Köln 4.9.2006 LAGE KSchG § 1 Verhaltensbedingte Kündigung Nr. 93.
[581] BAG 17.5.1984 EzA BGB n.F. § 626 Nr. 90 = NZA 1985, 91; BAG 10.2.1999 EzA KSchG n.F. § 15 Nr. 47 = NZA 1999, 708.
[582] LAG Köln 19.1.2009 NZA-RR 2009, 368; LAG Hessen 27.4.2006 LAGE BGB 2002 § 626 Nr. 7a.
[583] BAG 8.11.2007 EzA BGB 2002 § 626 Nr. 19.
[584] LAG Düsseldorf 27.7.1966 DB 1966, 1571; zur Beurteilung einer Urkundenfälschung BAG 29.1.1997 EzA BGB § 611 Aufhebungsvertrag Nr. 27 = NZA 1997, 813; Bedrohung mit einer Waffe: LAG Düsseldorf 15.12.1997 LAGE BGB § 626 Nr. 116.

§ 22 Die außerordentliche Kündigung

beitsvertraglichen Pflichten und missbraucht das in ihn gesetzte Vertrauen in gravierender Weise.[585]

Besondere praktische Bedeutung hat die Kündigung wegen **Entwendung geringwertiger Sachen** des Arbeitgebers.[586] Das BAG lehnt es ab, die fristlose Kündigung bei geringwertigen Sachen generell auszuschließen, bejaht vielmehr i. d. R. einen Kündigungsgrund wegen schwerwiegender Vertrauensstörung.[587] Auch wenn sog. Bagatelldelikte vielfach strafrechtlich zu geringen Sanktionen, zumeist zu einer Einstellung des Verfahrens gegen Geldbuße führen, wäre es verfehlt, hieraus Schlüsse für die Einordnung im Arbeitsvertragsrecht zu ziehen.[588] Erschwerend kommt hinzu, wenn der Arbeitnehmer eine sich aus dem Arbeitsvertrag ergebende Obhutspflicht verletzt und das Delikt nicht nur außerhalb seines konkreten Aufgabenbereichs bei Gelegenheit der Arbeitsleistung verübt.[589] Das BAG hat sogar die fristlose Kündigung einer Kuchenverkäuferin wegen erstmaligen unberechtigten Verzehrs eines Stückes Kuchen ohne Abmahnung für zulässig gehalten.[590] Auch wenn man in diesen Fällen einen Kündigungsgrund nicht generell ausschließen kann,[591] wird man sorgfältig in Bagatellfällen die Notwendigkeit einer Abmahnung und die Zumutbarkeit der Einhaltung der Kündigungsfrist zu prüfen haben.[592] Generell ist insbesondere bei Bagatellfällen oder komplexen Situationen im Zusammenhang mit Spesenregelungen oder Sachbezugsregelungen die Erforderlichkeit einer Abmahnung sorgfältig zu prüfen.[593] Der öffentlichkeitswirksam aufgezogene Fall Emmely (Kündigung wegen der Einlösung zur Aufbe-

688a

---

[585] BAG 10.2.1999 EzA KSchG n. F. § 15 Nr. 47 = NZA 1999, 708; BAG 11.12.2003 EzA BGB 2002 § 626 Nr. 5 = NZA 2004, 486.

[586] Hierzu BAG 17.5.1984 EzA BGB n. F. § 626 Nr. 90 = NZA 1985, 91; BAG 20.9.1984 und 13.12.1984 EzA BGB n. F. § 626 Nr. 91 und 94 = NZA 1985, 286 und 288; BAG 10.2.1999 EzA KSchG n. F. § 15 Nr. 47 = NZA 1999, 708; BAG 11.12.2003 EzA BGB 2002 § 626 Nr. 5 = NZA 2004, 486; LAG Köln 12.12.1989 LAGE KSchG § 1 Verhaltensbedingte Kündigung Nr. 25; LAG Düsseldorf 19.2.1992 LAGE BGB § 626 Nr. 66; LAG Rheinland-Pfalz 27.3.1996 LAGE BGB § 626 Nr. 113; LAG Köln 24.8.1995 LAGE BGB § 626 Nr. 86 = NZA-RR 1996, 86; LAG Rheinland-Pfalz 30.1.2009 NZA-RR 2009, 303; kritisch zur Rechtsprechungslinie des BAG *Klueß*, NZA 2009, 337; dagegen *W. Reuter*, NZA 2009, 594.

[587] BAG 12.8.1999 EzA BGB § 626 Verdacht strafbarer Handlung Nr. 8 = NZA 2000, 421; unter Ablehnung von ArbG Reutlingen 4.6.1996 RzK I 6d Nr. 12 (Diebstahl von zwei Bechern Joghurt); *Däubler*, Das Arbeitsrecht 2, 11. Aufl., Rn. 1137.

[588] Zutreffend HaKo/*Fiebig*/*Zimmermann*, § 1 KSchG Rn. 219.

[589] Vgl. LAG Düsseldorf 3.8.1999 EzBAT BAT § 54 Nr. 60: Unterschlagung des Fahrpreises von 2 DM durch Schaffner.

[590] BAG 17.5.1984 EzA BGB n. F. § 626 Nr. 90 = NZA 1985, 91; LAG Düsseldorf 16.8.2005 NZA-RR 2006, 576 (Diebstahl eines Brotes im Werte von 2,50 €); ausf. hierzu HaKo/*Fiebig*/*Zimmermann*, § 1 KSchG Rn. 428.

[591] Krit. *Preis* Prinzipien, S. 459; *ders.*, DB 1990, 630 ff.; *Oetker*, SAE 1985, 177.

[592] Vgl. ferner BAG 11.12.2003 EzA BGB 2002 § 626 Nr. 5 = NZA 2004, 486: Mitnahme von 62 Miniflaschen Alkoholika, die nicht mehr veräußert werden können; LAG Köln 24.8.1995 LAGE BGB § 626 Nr. 86 = NZA-RR 1996, 86 zur Entwendung von Essensresten; LAG Köln 30.9.1999 NZA-RR 2001, 83 zur Entwendung geringfügigen Büromaterials; ArbG Paderborn 17.12.1998 EzA BGB n. F. § 626 Nr. 175: Entwendung eines Fladenbrotes im Werte von DM 1,50; LAG Düsseldorf 11.5.2005 LAGE BGB 2002 § 626 Nr. 6 = NZA-RR 2005, 585 (Verzehr eines Wurstbrötchens); LAG Hamm 18.9.2009 – 13 Sa 640/09 (Verzehr von Brotaufstrich im Werte von 10 Cent); LAG Sachsen-Anhalt 6.12.2005 NZA-RR 2006, 411: Erschleichung einer unentgeltlichen Paketbeförderung im Wert von 2,50 €; ArbG Hamburg 21.9.1998 EzA KSchG § 1 Verhaltensbedingte Kündigung Nr. 54: Mitnahme von Schutzbrillen; ArbG Hamburg 2.10.2000 NZA-RR 2001, 416: Mitnahme eines Salats; ArbG Hamburg 27.8.1998 ArbuR 1998, 503 = RzK I 5i Nr. 144: bei Erstverstoß stets Abmahnung erforderlich; hierzu auch ArbG Düsseldorf 5.4.1995 ArbuR 1995, 334 = BB 1995, 1698.

[593] BAG 23.6.2009 NZA 2009, 1198.

wahrung anvertrauter Leergutbons durch Verkäuferin)[594] hat keine prinzipielle Änderung in der Rechtsprechung ausgelöst, obwohl das BAG die Gelegenheit genutzt hat, zu dem Komplex der Kündigung wegen geringfügiger Vermögensdelikte, zu dem zahlreiche Fälle in der Öffentlichkeit diskutiert werden, grundsätzlich Stellung zu nehmen.[595] Die Entscheidung hat überwiegend Zustimmung, aber auch unverständlich scharfe Ablehnung erfahren.[596] Danach gilt: Die allgemeinen kündigungsrechtlichen Prinzipien finden auch auf den **„Kündigungsgrund Bagatelldelikte"** Anwendung.[597] Die Anwendung des Verhältnismäßigkeitsprinzips im Kündigungsrecht führt nicht zu einem Verfall der Sitten. Vielmehr können wirklich gewichtige Pflichtverletzungen weiterhin scharfe Konsequenzen nach sich ziehen.[598]

688b Formal wendet das BAG weiterhin die sog. Zwei-Stufen-Theorie an (krit. → Rn. 552). Die Formel ist nicht falsch, aber unzureichend. Der 2. Senat führt sie zwar fort, erfüllt aber im weiteren Verlauf die Forderung,[599] die Voraussetzungen der fristlosen Kündigung normativ zu präzisieren. Danach gilt: Es gibt **keine absoluten Kündigungsgründe.** In der Praxis wurde das vor der Emmely-Entscheidung anders gehandhabt, was zu der Fehlentwicklung führte, möglichst nach kleinsten Verfehlungen mit Vermögensrelevanz zu suchen, um „Arbeitnehmer leicht und billig loszuwerden".[600] Das BAG stellt klar, dass es für die arbeits- und kündigungsrechtliche Beurteilung weder auf strafrechtliche, sachenrechtliche oder beamtenrechtliche Wertungen ankommt. Entscheidend ist die rechtswidrige und ggf. vorsätzliche Verletzung vertraglicher Haupt- und Nebenpflichten, unabhängig davon, wie hoch ein Vermögensschaden ist. Bei der Prüfung des § 626 BGB hat eine Gesamtwürdigung unter Beachtung des Verhältnismäßigkeitsgrundsatzes stattzufinden. Als mildere Reaktionen sind insbesondere Abmahnung und ordentliche Kündigung anzusehen. Die Entscheidung hat hinsichtlich der Betonung des Vorrangs der Abmahnung die augenfälligsten Konsequenzen (hierzu im Einzelnen → Rn. 12 ff., 1201 ff.). Zu berücksichtigen sind das Gewicht und die Auswirkungen einer Vertragspflichtverletzung, der Grad des Verschuldens des Arbeitnehmers, eine mögliche Wiederholungsgefahr sowie die Dauer des Arbeitsverhältnisses und dessen störungsfreier Verlauf. Je länger eine Vertragsbeziehung ungestört bestanden hat, desto eher kann die Prognose berechtigt sein, dass der dadurch erarbeitete Vorrat an Vertrauen durch einen erstmaligen Vorfall nicht vollständig aufgezehrt wird. Dabei kommt es nicht auf die subjektive Befindlichkeit und Einschätzung des Arbeitgebers oder bestimmter für ihn handelnder Personen an. Entscheidend ist ein objektiver Maßstab. Der 2. Senat hat in sechs Folgeentscheidungen gezeigt, wie verständig die systematischen Prinzipien des Kündigungsrechts und der Abmahnung mit hinreichendem Einzelfallbezug angewendet werden können.[601]

---

[594] BAG 10.6.2010 NZA 2010, 1227 unter Abänderung von LAG Berlin-Brandenburg 24.2.2009 NZA-RR 2009, 188; dazu *Buschmann,* ArbuR 2009, 220; *Fischer,* jurisPR-ArbR 16/2009; *Grimberg,* AiB 2009, 380; *Lipinski,* BB 2009, 549; *Rieble* NJW 2009, 2101; *Walker,* NZA 2009, 921; *Hunold,* DB 2009, 2658.
[595] Vgl. die erfolgreiche Nichtzulassungsbeschwerde in BAG 28.7.2009 NZA 2009, 859,
[596] Zustimmend *Preis,* Anm. AP BGB § 626 Nr. 229; *Mittag/Wroblewski,* ArbuR 2011, 69; *Thüsing/Pötters,* Anm. EzA BGB 2002 § 626 Nr. 32; *Ulrich Fischer,* FA 2010, 193; *Stoffels,* NJW 2011, 118; kritisch *Walker,* NZA 2011, 1; polemisierend ablehnend *Bengelsdorf,* FA 2011, 194; SAE 2011, 122.
[597] Ebenso *Stoffels,* NJW 2011, 118, 123; zu dieser Forderung siehe *Preis,* ArbuR 2010, S. 186 ff., 242 ff.
[598] Ebenso *Thüsing/Pötters,* Anm. EzA BGB 2002 § 626 Nr. 32.
[599] Hierzu *Preis,* ArbuR 2010, S. 186 ff., 242 ff.; bereits *ders.,* DB 1990, 630.
[600] Zu „gesuchten" Kündigungsgründen: *Diller,* NZA 2006, 569.
[601] BAG 16.12.2010 AP BGB § 626 Nr. 232; BAG 24.3.2011 NZA 2011, 1029; BAG 9.6.2011 NZA-RR 2012, 12; BAG 9.6.2011 NZA 2011, 1027; BAG 9.6.2011 NZA 2011, 1342; BAG

§ 22 Die außerordentliche Kündigung

Ein kündigungsrelevantes Verhalten kann auch angenommen werden, wenn ein Arbeitnehmer in einem rechtlich selbständigen Konzernunternehmen stiehlt, bei dem ihm für Einkäufe ein Personalrabatt eingeräumt worden ist.[602] Auch wenn bei eindeutig strafrechtlich relevanten Verhaltensweisen regelmäßig eine Abmahnung entbehrlich ist, bedarf es gleichwohl noch einer sorgfältigen **Interessenabwägung**. Erschwerend fällt ins Gewicht, wenn die Tatbegehung mit der vertraglich geschuldeten Tätigkeit zusammenhängt.[603] In die Interessenabwägung ist aber auch die Dauer der Betriebszugehörigkeit des Arbeitnehmers einzubeziehen.[604] Generell wiegen geplante Taten schwerer als einmalige Ausrutscher. Art und Weise sowie Schwere der Tatbegehung sind von besonderer Bedeutung. Der Arbeitgeber darf dem Arbeitnehmer grundsätzlich keine Falle stellen.[605] Billigkeitsabwägungen sind jedoch fehl am Platze. So sind Unterhaltspflichten des Arbeitnehmers im Rahmen der Interessenabwägung grundsätzlich nicht zu berücksichtigen.[606]

688c

Straftaten, die der Arbeitnehmer **außerhalb** des dienstlichen Bereiches begeht, stellen grundsätzlich keine Vertragspflichtverletzung dar, können aber als **personenbedingter Grund** die Eignung des betreffenden Arbeitnehmers für die geschuldete Vertragsleistung entfallen lassen. Bei Arbeitnehmern im öffentlichen Dienst stellt die Rechtsprechung hier strenge Anforderungen (näher → Rn. 643a).[607] Außerdienstlich begangene Straftaten berühren jedenfalls dann die Eignung des Mitarbeiters, wenn es um fortgesetzte Handlungen geht[608] oder bei Straftaten, die im unmittelbaren Widerspruch zu der Aufgabe des Mitarbeiters stehen[609] oder die die öffentliche Sicherheit und Ordnung gefährden können.[610] Besonders strenge Anforderungen werden insoweit an Mitarbeiter staatlicher Behörden gestellt, insbesondere an Mitarbeiter in Steuer- und Justizbehörden. Treten sie strafrechtlich in Erscheinung, müssen sie mit fristloser Kündigung rechnen.[611] Überhaupt können strafrechtliche Verurteilungen bei objektiver

689

21.6.2012 NZA 2012, 1025; Einzelanalyse dieser Entscheidungen bei *Preis,* Anm. AP BGB § 626 Nr. 229.

[602] BAG 20.9.1984 EzA KSchG § 1 Verhaltensbedingte Kündigung Nr. 14 = NZA 1985, 285; kritisch hierzu *Dütz,* Anm. zu BAG EzA BGB n. F. § 626 Nr. 91; bestätigt durch BAG 27.11.2008 NZA 2009, 671.

[603] BAG 20.9.1984 AP BGB § 626 Nr. 80; zur Einzelfallabwägung bei Züchtigung eines Kleinkindes durch Kinderpflegerin LAG Schleswig-Holstein 14.1.2004 LAGE BGB 2002 § 626 Nr. 3; LAG Rheinland-Pfalz 27.11.2014 – 5 Sa 420/14 Rn. 45 ff.

[604] BAG 13.12.1984 EzA BGB n. F. § 626 Nr. 91 = NZA 1985, 286; LAG Köln 11.8.1998 LAGE BGB § 626 Nr. 121; ArbG Frankfurt 10.4.1985 BB 1986, 459; abl. *Tschöpe,* NZA 1985, 589 f.

[605] LAG Hamm 29.6.1989 LAGE BGB § 626 Nr. 44.

[606] BAG 2.3.1989 EzA BGB n. F. § 626 Nr. 118 = NZA 1989, 755.

[607] BAG 8.6.2000 EzA BGB n. F. § 626 Nr. 182 = NZA 2000, 1282; LAG Düsseldorf/Köln 20.5.1980 EzA BGB n. F. § 626 Nr. 72; LAG Berlin 27.9.1982 EzA BGB n. F. § 626 Nr. 80; LAG Frankfurt 4.7.1985 LAGE BGB § 626 Nr. 22; LAG Hamm 15.11.1990 LAGE BGB § 626 Nr. 53; großzügig bei Straßenwärter, der rechtskräftig wegen Drogenhandels verurteilt wurde, LAG Hamm 19.4.2007 LAG KSchG § 1 Verhaltensbedingte Kündigung Nr. 97.

[608] BAG 20.11.1997 AP KSchG 1969 § 1 Nr. 43 über mehrere Jahre begangene Vermögensdelikte.

[609] LAG Düsseldorf 20. Mai 1980 EzA BGB n. F. § 626 Nr. 72; BAG 21.6.2001 – EzA BGB n. F. § 626; LAG Düsseldorf 14.3.2000 ZTR 2000, 423: vorsätzliche Steuerverkürzung durch einen Finanzbeamten.

[610] BAG 14.2.1996 EzA BGB n. F. § 626 Nr. 160 = NZA 1996, 873: Volksverhetzung durch ausländerfeindliche Propaganda.

[611] BAG 20.11.1997 EzA KSchG § 1 Verhaltensbedingte Kündigung Nr. 52 = NZA 1998, 323; LAG Düsseldorf/Köln 20.5.1980 EzA BGB n. F. § 626 Nr. 72; LAG Berlin 27.9.1982 EzA BGB n. F. § 626 Nr. 80; LAG Frankfurt 4.7.1985 LAGE BGB § 626 Nr. 22 = BB 1986, 193; nach LAG Berlin 22.3.1996 LAGE BGB § 626 Nr. 100 = NZA-RR 1997, 7 kann eine Kündigung nicht auf eine strafgerichtliche Verurteilung gestützt werden, wenn sich der Verurteilte nach § 53 Abs. 1 Nr. 1 BZRG als unbestraft bezeichnen darf.

Betrachtung ernsthafte Zweifel an Zuverlässigkeit oder Eignung des Arbeitnehmers für die von ihm zu verrichtende Tätigkeit begründen.[612] Unabhängig von der Vertragswidrigkeit kann hier eine ordentliche oder außerordentliche personenbedingte Kündigung gerechtfertigt sein. Lehrer oder Erzieher, die wegen Körperverletzungs- oder Sittlichkeitsdelikten verurteilt worden sind, können gekündigt werden.[613] Hier kommt ggf. auch eine Verdachtskündigung in Betracht.[614]

690 Ob es allerdings gerechtfertigt ist, die Vertragspflichten des Arbeitnehmers im öffentlichen Dienst auf den Privatbereich auszuweiten, erscheint zumindest zweifelhaft.[615] Das BAG meint, die dienstliche Verwendbarkeit könne durch außerdienstliche Vorgänge beeinflusst werden, da die Öffentlichkeit das Verhalten eines öffentlichen Bediensteten an einem strengeren Maßstab misst als das privat Beschäftigter. Die Aussage, der Angestellte müsse sein außerdienstliches Verhalten so einrichten, dass das Ansehen des öffentlichen Arbeitgebers nicht beeinträchtigt werde, geht in dieser Allgemeinheit zu weit. Richtig ist nur, dass massive Verstöße gegen die Rechtsordnung auch außerhalb des Dienstes die Eignung des Mitarbeiters ausschließen können (auch → Rn. 640 ff.). Einerseits ist zweifelhaft, dass dadurch das Abmahnungserfordernis auch auf private Verfehlungen ausgedehnt wird; andererseits ist die personenbedingte Kündigung (Eignungswegfall) das hinreichende und adäquate Instrument. Die dogmatisch fehlerhafte Einordnung durch das BAG zeigt sich auch an den merkwürdig anmutenden Ausführungen, ob der Arbeitgeber bei einem außerdienstlich begangenen Tötungsdelikt eines Behördenmitarbeiters vor Ausspruch einer Kündigung noch eine Abmahnung aussprechen muss.[616]

691 Wesentlich ist bei der arbeitsrechtlichen Prüfung, dass es auf die strafrechtliche Wertung nicht entscheidend ankommt. Weitere Einzelfälle vermögensrechtlich relevanter Delikte: Betätigen einer Stempelkarte durch Dritten,[617] Lohnbetrug durch falsche Abrechnungsbelege.[618] Weitere Kündigungstatbestände mit strafrechtlichem Bezug sind Beleidigungen (→ Rn. 648 ff.) und Tätlichkeiten (→ Rn. 650).

(24) Vermögensschädigung

692 Dass der Arbeitnehmer seinen Arbeitgeber nicht schädigen darf, ist eine Selbstverständlichkeit. Diese Pflicht besteht auch während eines ruhenden Arbeitsverhältnisses.[619] Geschäftsschädigende Äußerungen können, wenn sie einen groben Vertrauensbruch darstellen, zur Kündigung berechtigen.[620] Ebenso wird die Vertrauensgrundlage des Arbeitsverhältnisses zerstört, wenn ein (leitender) Mitarbeiter ernsthaft zum Ausdruck bringt, er werde den Interessen des Arbeitgebers in dessen existenzgefährdenderweise zuwiderhandeln.[621] Eine fristlose Kündigung ist gerechtfertigt, wenn ein or-

---

[612] Verneint bei einem Kassierer einer Sparkasse bei Steuervergehen, LAG Hamm 15.11.1990 LAGE BGB § 626 Nr. 53.

[613] LAG Berlin 15.12.1989 BB 1990, 286 = LAGE BGB § 626 Nr. 45; anders jedoch im Falle des Schulhausmeisters LAG Niedersachsen 27.6.1989 ArbuR 1990, 130.

[614] ArbG Braunschweig 22.1.1999 NZA-RR 1999, 192: Staatsanwaltliche Ermittlungen gegen Kindergartenleiter, der auf seinem PC kinderpornographische Dateien gespeichert hat.

[615] So BAG 20.11.1997 EzA KSchG § 1 Verhaltensbedingte Kündigung Nr. 52 = NZA 1998, 323; BAG 8.6.2000 EzA BGB n. F. § 626 Nr. 182 = NZA 2000, 1282.

[616] BAG 8.6.2000 EzA BGB n. F. § 626 Nr. 182 = NZA 2000, 1282.

[617] LAG Berlin 6.6.1988 LAGE KSchG § 1 Verhaltensbedingte Kündigung Nr. 18; LAG Hamm 20.2.1986 DB 1986, 1338.

[618] LAG Hamm 5.7.1988 LAGE KSchG § 1 Verhaltensbedingte Kündigung Nr. 23.

[619] BAG 27.11.2008 NZA 2009, 671.

[620] BAG 18.9.1997 EzA BGB n. F. § 626 Nr. 169 = NZA 1998, 95.

[621] LAG Nürnberg 13.1.1993 LAGE BGB § 626 Nr. 67.

dentlich gekündigter Arbeitnehmer als Reaktion auf die Kündigung Kundendaten des Arbeitgebers löscht.[622]

(25) Verschwiegenheitspflicht; Vertraulichkeit des Wortes

Auch ohne gesonderte Vereinbarung folgt aus der vertraglichen Schutzpflicht, dass der Arbeitnehmer **Betriebs- und Geschäftsgeheimnisse** wahren muss. Deren schuldhafte Verletzung kann die Kündigung rechtfertigen.[623] Ob der Arbeitgeber den Arbeitnehmer verpflichten kann, über alle ihm im Rahmen des Betriebes bekannt gewordenen Tatsachen Stillschweigen zu bewahren, ist zweifelhaft. Schweigepflichten müssen durch berechtigte betriebliche Interessen gerechtfertigt sein.[624] Unter Umständen ist der Arbeitnehmer sogar berechtigt, rechtswidrige Zustände im Unternehmen zu offenbaren (→ Rn. 632 ff.). Verstöße gegen den **Datenschutz** – wie das unbefugte Abfragen einer Geheimliste vom Computer – können einen wichtigen Kündigungsgrund darstellen.[625] Auch die Publikation von Betriebsinterna in sozialen Netzwerken wie **Facebook** (zB Patientenbilder) kann die fristlose Kündigung rechtfertigen.[626] Das gilt auch für unbefugte Zugriffe auf gesicherte Datenbanken oder sonstige geschützte Daten eines PC.[627] **693**

Ein Arbeitnehmer, der die Vertraulichkeit des Wortes (§ 201 StGB) durch geheime Mitschnitte von Gesprächen mit Vorgesetzten, Geschäftspartnern oder Arbeitskollegen verletzt, verstößt mit dieser Verhaltensweise zugleich – unabhängig von der strafrechtlichen Beurteilung – grob gegen die zu wahrende Rücksichtnahmepflicht (§ 241 Abs. 2 BGB).[628] Auch ein vorsätzlicher Verstoß gegen die strafbewehrte (§ 202 StGB) Verletzung des Briefgeheimnisses im Betrieb kann die fristlose Kündigung rechtfertigen.[629] **693a**

2. Personenbedingte Gründe

Personenbedingte Kündigungsgründe sind bis auf die Ausnahmefälle des sofortigen Eignungswegfalls und der Verdachtskündigung in aller Regel nur Gründe für eine ordentliche Kündigung. Auf die allgemeinen Ausführungen zur Rechtfertigung personenbedingter Kündigungsgründe (Alkohol- und Drogensucht, Alter, Eignungswegfall Fortfall von Erlaubnissen, Krankheit, Straf- und Untersuchungshaft) wird verwiesen (→ Rn. 1217 ff.). Nachfolgend wird nur insoweit auf weitere Einzelheiten dieser Kündigungsgründe eingegangen, sofern eine außerordentliche Kündigungsmöglichkeit diskutiert wird. Vielfach wird es an der notwendigen sofortigen Unzumutbarkeit bei **694**

---

[622] LAG Köln 24.7.2002 LAGE KSchG § 1 Verhaltensbedingte Kündigung Nr. 80 = NZA-RR 2003, 303.
[623] BAG 4.4.1974 AP BGB § 626 Arbeitnehmervertreter im Aufsichtsrat Nr. 1 = EzA KSchG n. F. § 15 Nr. 1; LAG Baden-Württemberg 31.10.1967 DB 1968, 359.
[624] LAG Hamm 5.10.1988 DB 1989, 783 f.; *Preis/Reinfeld*, ArbuR 1989, 364 f.
[625] LAG Köln 29.9.1982 DB 1983, 124, wo allerdings eine vorherige Abmahnung verlangt wird; ferner LAG Schleswig-Holstein 15.11.1989 DB 1990, 635; LAG Baden-Württemberg 11.1.1994 NJW-CoR 1994 Nr. 5, 305; LAG Saarland 1.12.1993 NJW-CoR 1994 Nr. 5, 305.
[626] LAG Berlin-Brandenburg 11.4.2014 – 17 Sa 2200/13.
[627] LAG Köln 29.9.1982 DB 1983, 124; LAG Schleswig-Holstein 15.11.1989 DB 1990, 635; LAG Baden-Württemberg 11.1.1994 NJW-CoR 1994 Nr. 5, 305; LAG Saarland 1.12.1993 NJW-CoR 1994 Nr. 5, 305; VG Frankfurt 28.8.2000 RDV 2000, 279.
[628] BAG 19.7.2012 NZA 2013, 143; LAG Rheinland-Pfalz 30.4.2012 – 5 Sa 687/11 –; LAG Rheinland-Pfalz 18.9.1996 NZA 1997, 826.
[629] Im konkreten Fall verneint: BAG 12.5.2010 NZA-RR 2011, 15.

objektiven personenbedingten Kündigungsgründen fehlen, wenn diesen kein schuldhaftes Verhalten zugrunde liegt und der Arbeitgeber wegen der fehlenden Fähigkeit des Arbeitnehmers, die geschuldete Arbeitsleistung anzubieten, bei einer Freistellung nicht in Annahmeverzug gerät.

a) Druckkündigung

695 Eine sog. echte Druckkündigung, bei der Druck auf den Arbeitgeber zur Entlassung eines Mitarbeiters ausgeübt wird, obwohl dieser weder personen- noch verhaltensbedingte Kündigungsgründe gesetzt hat, ist nach hier vertretener Auffassung grundsätzlich nicht anzuerkennen (→ Rn. 970 f.).[630] Bei einer sog. unechten Druckkündigung kann unter Umständen auch die außerordentliche Kündigung gerechtfertigt sein. Hierbei geht es um Fälle, in denen der betreffende Arbeitnehmer Vertragsverletzungen begangen hat oder zur Kündigung berechtigende Gründe in seiner Person vorliegen. Hat der Druck Dritter aus diesen Gründen eine gewisse Berechtigung, können drohende Schäden durch den Druck Dritter als betriebliche oder wirtschaftliche Interessen im Rahmen der Interessenabwägung Berücksichtigung finden. So hat das BAG eine sog. unechte Druckkündigung anerkannt bei im Ansatz vorliegenden personenbedingten Kündigungsgründen zB bei mangelnder Fähigkeit zur Personalführung.[631] Autoritärer Führungsstil und mangelnde Fähigkeit zur Menschenführung können danach bei einem sog. unkündbaren Arbeitnehmer eine außerordentliche personenbedingte (Änderungs-)Druckkündigung rechtfertigen. In jedem Fall kann sich ein Arbeitgeber aber nicht auf eine Drucksituation berufen, die er selbst in vorwerfbarer Weise herbeigeführt hat.[632]

b) Eignungsmangel

696 Der personenbedingte Kündigungsgrund des Eignungswegfalls ist sorgfältig von verhaltensbedingten Kündigungsgründen wegen Schlechtleistung zu unterscheiden (→ Rn. 596 ff.). Bei personenbedingten Gründen entfällt das Erfordernis vorheriger Abmahnung, da keine vertragswidrige Verhaltensweise vorliegt, sondern eine objektive Leistungsstörung, die die Vertragsgrundlage berührt. Eine außerordentliche (fristlose) Kündigung kann nur gerechtfertigt sein, wenn ein sofortiger Eignungswegfall eintritt, der auch eine Weiterbeschäftigung bis zum Ablauf der Kündigungsfrist als unzumutbar erscheinen lässt.

697 Hauptfälle in der Praxis sind **außerdienstliche Straftaten** von Mitarbeitern. Außerdienstliche Straftaten sind zwar nicht vertragswidrig, lassen aber unter Umständen die Eignung für die behördliche Tätigkeit entfallen.[633] Ebenso ist die Kündigung eines Erziehers wegen **Sittlichkeitsdelikten** oder eines Kassierers wegen **Vermögensde-**

---

[630] Ähnlich ErfK/*Müller-Glöge*, § 626 Rn. 185.
[631] Vgl. BAG 31.1.1996 EzA BGB § 626 Druckkündigung Nr. 3 = NZA 1996, 581; s.a. BAG 26.6.1997, RzK I 8d Nr. 8.
[632] BAG 26.1.1962 AP BGB § 626 Nr. 8 Druckkündigung; KR/*Fischermeier*, § 626 BGB Rn. 208; APS/*Kiel*, § 1 KSchG Rn. 521; zu diskriminierenden Druckkündigungen *Deinert*, RdA 2007, 275.
[633] LAG Frankfurt 4.7.1985 LAGE BGB § 626 Nr. 22; LAG Düsseldorf/Köln 20.5.1980 und LAG Berlin 27.9.1982 EzA BGB n. F. § 626 Nr. 72 und 80; ArbG Bad Hersfeld 2.12.1988 ArbuR 1989, 184; LAG Berlin 22.3.1996 NZA-RR 1997, 7 verneint Kündigung, wenn sich Arbeitnehmer nach § 53 Abs. 1 Nr. 1 BZRG als unbestraft bezeichnen darf; grds. anders jetzt BAG 20.11.1997 BB 1998, 429, wo über §§ 6, 8 BAT (zu weitgehend) eine außerdienstliche Vertragspflicht bejaht wird.

§ 22 Die außerordentliche Kündigung

likten personenbedingt, soweit diese Straftaten im außerdienstlichen Bereich begangen worden sind (→ Rn. 689). Die Kündigung wegen **Sicherheitsbedenken**[634] ist allenfalls personenbedingt. Die Rechtsprechung legt hier insbesondere bei Mitarbeitern im öffentlichen Dienst strenge Maßstäbe an (näher zur Kündigung wegen Straftaten → Rn. 689 f.).

c) Entzug von Erlaubnissen

Der Wegfall von Erlaubnissen, die zur Berufsausübung notwendig sind, stellt einen personenbedingten Kündigungsgrund dar. Freilich wird eine außerordentliche Kündigung nur in seltenen Fällen gerechtfertigt sein, zB wenn mit dem Entzug eines Führerscheins und einer dahinterstehenden Straftat ein sofortiger und dauerhafter Wegfall der Eignung zur Verrichtung der vertraglichen Tätigkeit verbunden ist.[635] Bei dem Entzug von Fahrerlaubnissen ist deshalb zu prüfen, aus welchem Grund und für welchen Zeitraum die Erlaubnis entzogen worden ist. Kurzzeitige Einziehungen der Fahrerlaubnis dürften Kündigungen kaum rechtfertigen. Bei **Außendienstmitarbeitern,** die nicht zwingend auf den Führerschein angewiesen sind, kann ein Kündigungsgrund nicht bejaht werden, wenn nur die geschuldete Arbeitsleistung, sei es auch durch eigene Maßnahmen des Arbeitnehmers, erbracht werden kann.[636]

Die Notwendigkeit zur fristlosen Kündigung besteht in Fällen des Erlaubniswegfalls schon deshalb regelmäßig nicht, weil der Vergütungsanspruch regelmäßig mangels Annahmeverzugs des Arbeitgebers entfällt.[637] Das Fehlen einer zur Berufsausübung notwendigen Erlaubnis suspendiert sowohl die Beschäftigungspflicht als auch die Entgeltpflicht des Arbeitgebers, sodass das Interesse des Arbeitgebers an der sofortigen Beendigung des Arbeitsverhältnisses kein besonderes Gewicht hat.[638]

698

699

d) Freiheitsstrafe, Untersuchungshaft

Die Kündigung eines Arbeitnehmers wegen Verbüßung einer Haftstrafe ist nach den Maßstäben eines **personenbedingten Kündigungsgrundes** zu beurteilen.[639] Es hängt danach entscheidend von Art und Ausmaß der betrieblichen Auswirkungen ab, ob eine ordentliche und u. U. sogar eine außerordentliche Kündigung gerechtfertigt sind. Verfehlt ist es, in der haftbedingten Arbeitsverhinderung in jedem Fall einen (absoluten) Kündigungsgrund zu erblicken. Schon § 72 Abs. 1 Nr. 3 HGB a. F. sah ledig-

700

---

[634] BAG 26.10.1978 AP KSchG 1969 § 1 Sicherheitsbedenken Nr. 1 = EzA KSchG 1969 § 1 Nr. 38; 21.3.1996 RzK I 5h Nr. 30; LAG Köln 9.5.1996 ZTR 1997, 188; LAG Frankfurt 7.2.1985 DB 1985, 1900; BAG 27.9.1960 NJW 1961, 623 und 28.2.1963 NJW 1963, 1566 = AP KSchG § 1 Sicherheitsbedenken Nr. 1 und 3; 20.7.1989 DB 1990, 635 = EzA KSchG § 2 Nr. 11.

[635] Vgl. BAG 30.5.1978 EzA BGB n. F. § 626 Nr. 66 = NJW 1977, 332; 14.2.1991 RzK I 6a Nr. 70; sehr großzügig BAG 4.6.1997 EzA BGB n. F. § 626 Nr. 168 = NZA 1997, 1281 zum Entzug der Fahrerlaubnis eines U-Bahn-Fahrers wegen privater Trunkenheitsfahrt; vgl. im Übrigen LAG Schleswig-Holstein 16.6.1986 NZA 1987, 669; ArbG Düsseldorf 15.1.1974 DB 1974, 975; LAG Hamm 13.9.1974 DB 1974, 2164; LAG Köln 22.6.1995 NZA-RR 1996, 170.

[636] LAG Rheinland-Pfalz 11.8.1989 LAGE BGB § 626 Nr. 43.

[637] Vgl. BAG 18.12.1986 EzA BGB § 615 Nr. 53 mit Anm. *Kraft* = NZA 1987, 377. Annahmeverzug tritt aber ein, wenn es möglich war, dem Kraftfahrer eine andere Beschäftigung zuzuweisen.

[638] *Hanau*, Festschrift 25 Jahre Bundesarbeitsgericht, 1979, S. 190.

[639] BAG 23.5.2013 NZA 2013, 1211; BAG 15.11.1984 EzA BGB § 626 Nr. 95 = NZA 1985, 661; 22.9.1994 EzA KSchG § 1 Personenbedingte Kündigung Nr. 11 = NZA 1995, 119; 9.3.1995 EzA BGB n. F. § 626 Nr. 154 = NZA 1995, 777; siehe auch ArbG Elmshorn 9.8.1984 BB 1984, 1749; ArbG Hamburg 30.5.2001 NZA-RR 2002, 246.

lich eine längere Freiheitsstrafe als Kündigungsgrund an. Auf dieser Basis haben Rechtsprechung und Lehre bislang auf die Dauer der Straf- bzw. Untersuchungshaft abgestellt.[640] Das BAG hält es in Anlehnung an die Rechtsprechung zur krankheitsbedingten Kündigung nicht mehr allein für entscheidend, ob die Haftdauer „verhältnismäßig erheblich" ist. Vielmehr wird mitentscheidend auch auf die wirtschaftliche Belastung des Arbeitgebers abgestellt.

700a Sowohl im Falle der Strafhaft als auch der Untersuchungshaft kommt es nach Auffassung des BAG darauf an, ob die der vorläufigen Inhaftierung zugrunde liegenden Umstände bei objektiver Betrachtung mit hinreichender Sicherheit eine Prognose rechtfertigen, dass der Arbeitnehmer für längere Zeit an der Erbringung der Arbeitsleistung gehindert sein wird.[641] Diese prognostizierte Nichterfüllung der Arbeitspflicht muss sich nachteilig auf das Arbeitsverhältnis auswirken. Dabei ist zu berücksichtigen, dass der Arbeitgeber im Fall der Inhaftierung keiner Pflicht zur Entgeltfortzahlung unterliegt. Deshalb soll nach der Rechtsprechung des BAG die Dauer der Haft sowie Art und Ausmaß der betrieblichen Auswirkungen entscheidend sein, ob die Inhaftierung ein zureichender Kündigungsgrund ist. Das ist sie nicht, wenn es dem Arbeitgeber zuzumuten ist, für die Zeit des haftbedingten Arbeitsausfalls Überbrückungsmaßnahmen zu ergreifen und dem Arbeitnehmer den Arbeitsplatz bis zur Rückkehr aus der Haft frei zu halten.[642] Wenn im Kündigungszeitpunkt aber mit einer mehrjährigen haftbedingten Abwesenheit des Arbeitnehmers zu rechnen ist, kann dem Arbeitgeber regelmäßig nicht zugemutet werden, lediglich vorläufige Maßnahmen zu ergreifen und auf eine dauerhafte Neubesetzung des Arbeitsplatzes zu verzichten.[643] Das BAG will allerdings bei der Interessenabwägung **weniger strenge Maßstäbe** als bei der krankheitsbedingten Kündigung anlegen, weil die Haft regelmäßig vom Arbeitnehmer verschuldet worden ist. Insbesondere bei der Interessenabwägung sei zu berücksichtigen, dass der Arbeitnehmer die haftbedingte Arbeitsverhinderung in aller Regel selbst zu vertreten habe.[644] Zumindest dann, wenn im Kündigungszeitpunkt noch eine Haftstrafe von **mehr als zwei Jahren** zu verbüßen ist und eine Entlassung vor Ablauf von zwei Jahren nicht sicher zu erwarten steht, kann dem Arbeitgeber regelmäßig nicht zugemutet werden, lediglich Überbrückungsmaßnahmen zu ergreifen und auf eine dauerhafte Neubesetzung des Arbeitsplatzes zu verzichten.[645] Bei diesen Grundsätzen sind erleichterte Kündigungsmöglichkeiten gegenüber der krankheitsbedingten Kündigung nicht zu erkennen. Zu bedenken ist weiter, dass der Arbeitgeber auf der Basis seiner Fürsorgepflicht für verpflichtet angesehen wird, bei der Erlangung des Freigängerstatus mitzuwirken, jedenfalls „wenn dies für den Arbeitgeber nicht risikobehaftet ist".[646] Immerhin muss der Arbeitgeber nach Auffassung des BAG in seinem Resozialisierungsbemühen nicht so weit gehen, dem Arbeitnehmer auf die vage Aussicht hin, in ferner Zukunft eine Vollzugslockerung zu erreichen, den Arbeitsplatz „über Monate hinweg" freizuhalten. Schließlich setzt die Verpflichtung des Arbeitgebers voraus, dass der Arbeitnehmer den Arbeitgeber umfassend informiert und nicht trotz Bewilligung

---

[640] Vgl. BAG 14.3.1968 AP HGB § 72 Nr. 2 = EzA § 72 HGB Nr. 3; 10.6.1965 AP ZPO § 519 Nr. 17 = DB 1965, 1290; KR/*Fischermeier,* § 626 BGB Rn. 451; LAG Düsseldorf 30.10.1996 – 12 Sa 827/96; best. durch BAG 20.11.1997 RzK I 6a Nr. 154.

[641] BAG 23.5.2013 NZA 2013, 1211 Rn. 25.

[642] BAG 23.5.2013 NZA 2013, 1211 Rn. 26.

[643] BAG 23.5.2013 NZA 2013, 1211 Rn. 26.

[644] BAG 24.3.2011 NZA 2011, 1084.

[645] BAG 23.5.2013 NZA 2013, 1211; BAG 24.3.2011 NZA 2011, 1084; BAG 25.11.2010 NZA 2011, 686.

[646] BAG 24.3.2011 NZA 2011, 1084 Rn. 26.

§ 22 Die außerordentliche Kündigung

des Freigangs Störungen des Arbeitsverhältnisses (zB durch geschäftsschädliche Reaktionen von Kunden oder Mitarbeitern) zu befürchten sind.[647]

e) Krankheit

Die Erkrankung eines Arbeitnehmers, mag er auch hierdurch auf nicht absehbare Zeit arbeitsunfähig sein, vermag die außerordentliche Kündigung regelmäßig **nicht** zu rechtfertigen,[648] zumal die Rechtsprechung bereits an die Rechtfertigung einer ordentlichen Kündigung strenge Anforderungen stellt (→ Rn. 1245 ff.). Es bedarf eines gravierenden Missverhältnisses zwischen Leistung und Gegenleistung. Schon bei einer ordentlichen Kündigung wegen einer Leistungsminderung setzt das BAG voraus, dass die verbliebene Arbeitsleistung die berechtigte Gleichwertigkeitserwartung des Arbeitgebers in einem Maße unterschreitet, dass ihm ein Festhalten an dem (unveränderten) Arbeitsvertrag unzumutbar ist. Für die außerordentliche Kündigung gilt dies in noch höherem Maße.[649] Eine sofortige Unzumutbarkeit ist auch deshalb schwer vorstellbar, weil bei langanhaltenden Erkrankungen nach Ablauf von 6 Wochen die Lohnfortzahlungspflicht entfällt. Ist die ordentliche Kündigung nicht ausgeschlossen, ist praktisch kein Fall denkbar, der wegen Krankheit eine außerordentliche oder gar fristlose Kündigung rechtfertigen würde. Das BAG betont jetzt zu Recht, dass bei bestehender ordentlicher Kündigungsmöglichkeit die Fortsetzung des Arbeitsverhältnisses bis zum Ablauf der Kündigungsfrist regelmäßig zumutbar ist, zumal der Arbeitgeber gewöhnlich bereits von seiner Entgeltfortzahlungspflicht befreit ist.[650] Die frühere Rechtsprechung, die in Ausnahmefällen auch die fristlose Kündigung wegen Krankheit anerkannte,[651] ist überholt. Auch bei ansteckenden Erkrankungen ist ein Bedürfnis für eine fristlose Entlassung nicht erkennbar. Das BAG lässt jedoch einen Ausnahmefall einer nicht fristgerechten, ggf. fristlosen Kündigung zu, wenn für die Dauer einer längeren Kündigungsfrist weitere erhebliche Entgeltfortzahlungskosten zu prognostizieren sind und erhebliche, nur durch eine alsbaldige Neubesetzung des Arbeitsplatzes vermeidbare Betriebsablaufstörungen hinzutreten. Dann dürfte sich im Einzelfall ausnahmsweise eine Unzumutbarkeit der Fortsetzung des Arbeitsverhältnisses bis zum Ablauf der Kündigungsfrist ergeben können.[652] Dieser Fall dürfte kaum praktische Bedeutung erlangen.

701

Die außerordentliche Kündigung wegen Krankheit ist nur dann ausnahmsweise zulässig, wenn die ordentliche Kündigung wegen einzelvertraglicher oder tarifvertraglicher Vereinbarungen ausgeschlossen ist. Die Erkrankung muss aber dann von einem solchen Gewicht sein, dass sie einer dauernden Arbeitsunfähigkeit (→ Rn. 1268 ff.) gleichsteht oder ein anderer extremer Fall vorliegt, der eine sinnvolle Arbeitsleistung nicht mehr erwarten lässt.[653] Die krankheitsbedingte Leistungsminderung ist regelmä-

702

---

[647] BAG 9.3.1995 EzA BGB n. F. § 626 Nr. 154 = NZA 1995, 777 = SAE 1996, 33 mit Anm. *Franzen*.
[648] Vgl. BAG 23.1.2014 NZA 2014, 962; BAG 20.3.2014 NZA 2014, 1089; BAG 25.3.2004 EzA BGB 2002 § 626 Unkündbarkeit Nr. 4 = NZA 2004, 1216; BAG 27.11.2003 AP BGB § 626 Krankheit Nr. 11 = EzA BGB 2002 § 626 Krankheit Nr. 1; KR/*Fischermeier*, § 626 BGB Rn. 132, 425 ff.
[649] BAG 20.3.2014 NZA 2014, 1089 Rn. 20.
[650] BAG 18.10.2000 EzA BGB § 626 Krankheit Nr. 3 = NZA 2001, 219; zurückhaltend auch BAG 13.5.2004 EzA BGB 2002 § 626 Krankheit Nr. 2 = NZA 2004, 1271.
[651] Vgl. BAG 9.12.1954 AP GewO § 123 Nr. 1; LAG Schleswig-Holstein 21.8.1969 DB 1969, 2091; LAG Berlin 3.12.1968 ArbuR 1969, 314.
[652] BAG 18.10.2000 EzA BGB § 626 Krankheit Nr. 3 = NZA 2001, 219.
[653] Vgl. jüngst BAG 20.3.2014 NZA 2014, 1089 Rn. 20; aus der früheren Rspr. BAG 9.9.1992 EzA BGB § 626 n. F. Nr. 142 = NZA 1993, 598; BAG 4.2.1993 EzA BGB n. F. § 626 Nr. 144; BAG 18.10.2000 EzA BGB § 626 Krankheit Nr. 3 = NZA 2001, 219; BAG 13.5.2004 EzA BGB 2002 Krankheit Nr. 2 = NZA 2004, 1271; LAG Köln 4.9.2002 NZA-RR 2003, 360; verneint bei

ßig nicht geeignet, einen wichtigen Kündigungsgrund zu begründen.[654] Die Rechtsprechung hat die Voraussetzungen der außerordentlichen Kündigung ordentlich Unkündbarer weitgehend den Voraussetzungen der ordentlichen Kündigung angeglichen (näher zu den Fragen der sozialen Auslauffrist, der Ausschlussfrist des § 626 Abs. 2 BGB und der Betriebsratsanhörung unter Rn. 738 ff.). Bei der Interessenabwägung ist für die Prüfung, ob dem Arbeitgeber die Fortsetzung des Arbeitsverhältnisses unzumutbar ist, nicht auf die Dauer einer fiktiven Kündigungsfrist, sondern auf die tatsächliche künftige Vertragsbindung abzustellen.[655] Dies kann das besondere Gewicht des Kündigungsgrundes bei einem ordentlich unkündbaren Arbeitnehmer begründen, da dem Arbeitgeber nicht zugemutet wird, auf Dauer an einem praktisch inhaltlos gewordenen Arbeitsverhältnis festzuhalten. Die Bemühungen des Arbeitgebers haben auch bei ordentlich unkündbaren Arbeitnehmern Grenzen.[656] Etwas anderes gilt bei der außerordentlichen Kündigung von Betriebsratsmitgliedern wegen Krankheit. Hier hält das BAG an seiner ständigen Rechtsprechung fest, dass bei der Zumutbarkeitsprüfung nach § 15 Abs. 1 KSchG auf die fiktive Kündigungsfrist abzustellen ist, die ohne den besonderen Kündigungsschutz bei einer ordentlichen Kündigung gelten würde.[657] Die Interessenbeeinträchtigung des Arbeitgebers ist hier auch deshalb geringer zu bewerten, weil der Kündigungsschutz nach § 15 KSchG nur befristet gilt. Ferner folgt aus § 78 S. 2 BetrVG, dass dem Betriebsrat wegen seiner Betriebsratstätigkeit kein Sondernachteil entstehen soll (vgl. hier noch Rn. 1725 ff.). Allerdings kann es im Zusammenhang mit der Krankheit **Vertragspflichtverletzungen** des Arbeitnehmers geben, die die Kündigung rechtfertigen können.

f) Verdachtskündigung

aa) Einordnung des Kündigungsgrundes

703 Der Verdacht eines Vertrauensbruches, einer strafbaren Handlung oder einer anderen schwerwiegenden Vertragsverletzung kann die außerordentliche Kündigung nach § 626 BGB rechtfertigen,[658] wenn **objektive tatsächliche Anhaltspunkte einen dringenden Verdacht** begründen und es gerade die Verdachtsmomente sind, die das schutzwürdige Vertrauen des Arbeitgebers in die Rechtschaffenheit des Arbeitnehmers zerstören und die weitere Fortsetzung des Arbeitsverhältnisses unzumutbar machen.[659] Die dogmatische Einordnung der Verdachtskündigung macht Schwierigkeiten.[660] Zum

---

Alkoholkrankheit von LAG Köln 4.5.1995 LAGE BGB § 626 Nr. 85; ebenso BAG 9.7.1998 EzA BGB § 626 Krankheit Nr. 1; bejaht bei Alkoholerkrankung BAG 16.9.1999 EzA § 626 BGB Krankheit Nr. 2 = NZA 2000, 141.
[654] BAG 20.3.2014 NZA 2014, 1089 Rn. 20; BAG 12.7.1995 AP BGB § 626 Krankheit Nr. 7 mit Anm. *Bezani* = EzA BGB n. F. § 626 Nr. 156 mit Anm. *Kania* = NZA 1995, 1100.
[655] BAG 4.2.1993 EzA BGB § 626 Nr. 144.
[656] Anschaulich BAG 13.5.2004 EzA BGB 2002 § 626 Krankheit Nr. 2 = NZA 2004, 1271.
[657] BAG 18.2.1993 EzA KSchG § 15 Nr. 40 = NZA 1994, 74; offenlassend BAG 20.3.2014 NZA 2014, 1089 Rn. 21.
[658] Zur Verdachtskündigung als ordentliche Kündigung s. BAG 10.2.2005 EzA KSchG § 1 Verdachtskündigung Nr. 3 = NZA 2005, 1056.
[659] BAG 12.5.1955 und 4.6.1964 AP BGB § 626 Verdacht strafbarer Handlung Nr. 1 und 13; BAG 10.2.1977 AP BetrVG 1972 § 103 Nr. 9 = EzA BetrVG 1972 § 103 Nr. 8; BAG 14.9.1994 EzA BGB § 626 Verdacht strafbarer Handlung Nr. 5 = NZA 1995, 269; LAG Berlin 2.12.1996 LAGE BGB § 626 Verdacht strafbarer Handlung Nr. 5; KR/*Fischermeier*, § 626 BGB Rn. 210 ff.; *Lembke*, RdA 2013, 82; *Stoffels*, in: Maschmann (Hrsg.), Kündigungsrecht: alte und neue Fragen, 2013; *Dzida*, NZA 2014, 809; *Eylert*, NZA-RR 2014, 393.
[660] Hierzu auch die Monographien von *Ebeling*, Die Kündigung wegen Verdachts, 2005; *Hoefs*, Die Verdachtskündigung, 2001; *Schlegeit*, Das BAG und die Verdachtskündigung, 2007.

Teil wird sie als „eigenständiger Tatbestand" eingeordnet.[661] Richtigerweise ist die Verdachtskündigung ein **Unterfall der personenbedingten Kündigung,** weil eine Vertragswidrigkeit nicht nachgewiesen zu werden braucht und es gerade der Verdacht ist, der auf der Person des Arbeitnehmers haftet.[662] Aus diesen systematischen Gründen ist vor einer Verdachtskündigung auch grundsätzlich eine Abmahnung entbehrlich (weil ja eine Vertragswidrigkeit gerade nicht nachgewiesen werden kann bzw. braucht).[663] Nach jüngerer Auffassung des BAG kann sich dies indes ändern, wenn eine bis dato langjährig ungestört verlaufende Vertragsbeziehung betroffen ist. Dann müsse das Vertrauen nicht notwendigerweise bereits durch eine erstmalige Vertrauensenttäuschung unwiederbringlich verloren sein.[664] Mittelbar kann das Erfordernis einer Abmahnung zudem Bedeutung erlangen, wenn die Kündigung auf den Verdacht einer Vertragspflichtverletzung gestützt wird, die bei erwiesener Pflichtverletzung ohne Abmahnung die Kündigung nicht rechtfertigen würde.

Die Besonderheiten der personenbedingten Verdachtskündigung, bei der die Gefahr nicht zu vermeiden ist, dass sich der Verdacht nicht bewahrheitet, bedingen besonders strenge Anforderungen an ihre Zulässigkeit. Die Rechtsprechung hält an der prinzipiellen Zulässigkeit der Verdachtskündigung trotz der hiergegen erhobenen Einwände fest. Einen teilweise angenommenen Verstoß gegen die in Art. 6 Abs. 2 EMRK verbürgte Unschuldsvermutung lehnt das BAG mit dem Hinweis ab, dass hieran lediglich der Richter unmittelbar gebunden sei, der über die Begründetheit der Anklage entscheidet.[665] Ebenso wenig verletze die Möglichkeit der Verdachtskündigung Grundrechte des Arbeitnehmers (Art. 12 GG), wenn durch objektive Tatsachen das für die Fortführung des Arbeitsverhältnisses notwendige Vertrauen entfallen ist.[666] Die Grundrechtspositionen des Arbeitnehmers seien jedoch i. R. d. Auslegung des § 626 Abs. 1 BGB zu berücksichtigen.[667]

bb) Verhältnis zur Tatkündigung

Abzugrenzen ist die Verdachtskündigung von der Kündigung wegen einer für nachgewiesen erachteten Straftat. Es handelt sich um **verschiedene Kündigungssachverhalte.**[668] Der Arbeitgeber kann nicht ohne Weiteres von dem einen auf den anderen Kündigungsgrund im Prozess wechseln, wenn der Betriebsrat nicht zuvor entsprechend angehört worden ist.[669] Dies dürfte aber nach der jüngeren Rechtsprechung nur für den Fall gelten, dass der Arbeitgeber von der Kündigung wegen Tatbegehung auf

704

705

---

[661] So ErfK/*Müller-Glöge,* § 626 BGB Rn. 175.
[662] *Belling,* FS Kissel, 1994, S. 11, 49; *Preis,* Prinzipien, S. 326 Fn. 56; *ders.,* DB 1988, 1448; HHL/*Krause,* § 1 KSchG Rn. 465; jetzt auch APS/*Dörner/ Vossen,* § 626 BGB Rn. 369; *Fischermeier,* FS zum 25jährigen Bestehen der Arbeitsgemeinschaft Arbeitsrecht im DAV, 2006, 275.
[663] Unklar und die grundsätzliche Rechtsfrage offen lassend BAG 13.9.1995 EzA BGB § 626 Verdacht strafbarer Handlung Nr. 6 = NZA 1996, 81; BAG 12.8.1999 EzA BGB § 626 Verdacht strafbarer Handlung Nr. 8 = NZA 2000, 421.
[664] BAG 10.6.2010 NZA 2010, 1227, 1232.
[665] BAG 6.9.2012 NZA 2013, 1087, 1089; ebenso *Lunk,* NJW 2010, 2753, 2753.
[666] Vgl. zuletzt BAG 14.9.1994 EzA BGB § 626 Verdacht strafbarer Handlung Nr. 5 = NZA 1995, 269; 5.5.1994 RzK I 8c Nr. 32; *Belling,* FS Kissel, 1994, S. 11 ff.; *ders.,* RdA 1996, 223; *Busch,* MDR 1995, 217 ff.; *Appel/Gerken,* ArbuR 1995, 201 ff.; *Lücke,* BB 1997, 1842; ablehnend zum Institut der Verdachtskündigung *Dörner,* NZA 1992, 865; *ders.,* NZA 1993, 873; *Schütte,* NZA Beilage 2/1991, 17 ff.; krit. *Deinert,* ArbuR 2005, 285; abweichendes Konzept der „Vertrauenskündigung" vertritt *Gilberg,* DB 2006, 1555.
[667] BAG 14.9.1994 NZA 1995, 269; so auch *Lembke,* RdA 2013, 82, 85.
[668] Hierzu BAG 26.3.1992 NZA 1992, 1121; BAG 25.10.2012 NZA 2013, 371, 371 f.; BAG 21.11.2013 NZA 2014, 243, 244; *Stoffels,* Kündigungsrecht: alte und neue Fragen, S. 37, 38.
[669] BAG 3.4.1986 EzA BetrVG § 102 Nr. 36 mit kritischer Anm. *Rüthers/Bakker* = NZA 1986, 677.

die Verdachtskündigung umschwenken will, da die Erhärtung eines Verdachts bei ausgesprochener Verdachtskündigung nicht ausgeschlossen ist.[670] Ergibt sich nach tatrichterlicher Würdigung die Bestätigung des Verdachts, ist das Gericht nicht gehindert, die nunmehr erwiesene Tat seiner Entscheidung zugrunde zu legen. Es ist nicht einmal erforderlich, dass der Arbeitgeber sich während des Prozesses auf den Umstand der nunmehr erwiesenen Tat beruft.[671] Dennoch: Vorsichtshalber sollte der Betriebsrat stets zu beiden Kündigungsalternativen angehört werden, jedenfalls aber sollten ihm alle Umstände, die nicht nur den Tatverdacht, sondern auch den Tatvorwurf begründen, mitgeteilt werden.[672]

706 Die Alternativität von Verdachtskündigung und Tatkündigung ist auch im Falle der (rechtskräftigen) Verurteilung des Arbeitnehmers durch Strafgerichte zu beachten. Die Tatsachenfeststellungen der Strafgerichte binden die Arbeitsgerichte nicht! Die in einem strafrichterlichen Urteil enthaltenen Feststellungen können aber im Rahmen der freien Beweiswürdigung durch das Arbeitsgericht nach § 286 Abs. 1 StGB berücksichtigt werden. Bestreitet der Arbeitnehmer trotz rechtskräftiger strafgerichtlicher Verurteilung die Tat, so hat das Arbeitsgericht die erforderlichen Feststellungen ohne Bindung an das strafgerichtliche Urteil zu treffen, kann aber dabei die Ergebnisse des Strafverfahrens nach allgemeinen Beweisregeln, etwa im Wege des Urkundsbeweises gemäß §§ 415, 417 ZPO, verwerten.[673] Insoweit erweist es sich u. U. als Kunstfehler, nach einer strafgerichtlichen Verurteilung „nur" eine Tatkündigung auszusprechen; vielmehr sollten stets die strengeren Voraussetzungen der Verdachtskündigung gewahrt werden.[674]

707 Dem Arbeitgeber bleibt es unbenommen, auch bei einem „erdrückenden" Verdacht lediglich eine Verdachtskündigung auszusprechen, entweder um den Arbeitnehmer nicht vorzeitig einer Tat zu bezichtigen oder um das Risiko einer Tatkündigung zu vermeiden, wenn die Tat mit hoher Wahrscheinlichkeit vom Arbeitnehmer begangen wurde, aber ein letztes Beweisrisiko besteht.[675] Die Verdachtskündigung wird nicht deshalb unwirksam, weil es dem Arbeitgeber gelingt, im Prozess den vollen Beweis zu führen. Dieser Hinweis des BAG wird die Bedeutung der Verdachtskündigung in der Praxis noch steigern, wird es doch bei massivem Tatverdacht sicherer sein, wegen des Verdachts und nicht wegen behaupteter erwiesener Tat zu kündigen.[676]

cc) Voraussetzungen der Verdachtskündigung

708 Die hohen Anforderungen an eine Verdachtskündigung bedingen, dass die **Verdachtshandlung erheblich** sein muss. Dies führt in der Praxis dazu, dass Verdachts-

---

[670] Vgl. BAG 14.9.1994 EzA BGB § 626 Verdacht strafbarer Handlung Nr. 5 = NZA 1995, 269; BAG 13.9.1995 EzA BGB § 626 Verdacht strafbarer Handlung Nr. 6 = NZA 1996, 81; BAG 21.11.2013 NZA 2014, 243.

[671] BAG 24.5.2012 NZA 2013, 137; BAG 10.6.2010 NZA 2010, 1227 Rn. 23, 24; *Eylert*, NZA-RR 2014, 393, 397; *Lembke*, RdA 2013, 82, 86.

[672] BAG 21.11.2013 NZA 2014, 243 Rn. 41; LAG Köln 31.10.1997 LAGE BGB § 626 Verdacht strafbarer Handlung Nr. 7; LAG Köln 22.5.2003 ZTR 2003, 623; ErfK/*Müller-Glöge*, § 626 BGB Rn. 181a.

[673] BAG 23.10.2014 NJW 2015, 651 Rn. 26 ff.; BAG 26.3.1992 EzA BGB § 626 Verdacht strafbarer Handlung Nr. 4 = NZA 1992, 1121.

[674] Dies zeigt der Verfahrensgang in einem aufsehenerregenden Fall der Kündigung eines Betriebsratsvorsitzenden wegen des Vorwurfs sexueller Belästigung; BAG 16.9.1999 EzA BetrVG 1972 § 103 Nr. 40 = NZA 2000, 158; nachfolgend LAG Düsseldorf 8.12.1999 ArbuR 2000, 194 mit Anm. *Bell* und erneut BAG 8.6.2000 EzA KSchG n. F. § 15 Nr. 50 = NZA 2001, 94.

[675] BAG 14.9.1994 EzA BGB § 626 Verdacht strafbarer Handlung Nr. 5 = NZA 1995, 269.

[676] Vgl. *Busch*, MDR 1995, 217; hierzu auch BAG 23.6.2009 NZA 2009, 1136.

§ 22 Die außerordentliche Kündigung

kündigungen in der Regel als fristlose Kündigungen ausgesprochen werden und der Arbeitgeber wegen der Schwere des Verdachts den Arbeitnehmer möglichst sofort freistellt. Möglich ist jedoch ebenfalls, dass die Verdachtskündigung als ordentliche Kündigung ausgesprochen wird.[677] Dann muss der Verdacht auf ein Verhalten des Arbeitnehmers gerichtet sein, das als **Grund zur fristlosen Kündigung** ausreicht.[678] Ist der Verdacht nur von solcher Qualität, dass er, selbst wenn er erwiesen ist, nur eine ordentliche Kündigung zu rechtfertigen in der Lage wäre, ist dem Arbeitgeber die Fortsetzung des Arbeitsverhältnisses trotz des entsprechenden Verdachts zuzumuten.[679] Das ist trotz der Kritik an der Entscheidung des BAG richtig, weil die Verdachtskündigung als Ausnahme (die Tat ist ja nicht erwiesen!) nur bei einem schwerwiegenden Verdacht, der die weitere Zusammenarbeit sofort ausschließt, ausnahmsweise anerkannt ist. Bei einem „normalen" ordentlichen Kündigungsgrund ist es nicht angezeigt, auf den Vollbeweis zu verzichten. Auch krasse Fälle des Eignungswegfalls (pädophile Neigungen eines Kindergartenleiters) können ausnahmsweise als Verdachtskündigung durchgreifen.[680] In der Praxis des BAG dominieren die Fälle des Verdachts der strafbaren Handlungen gegen den Arbeitgeber,[681] Schmiergeldzahlungen,[682] des Geheimnisverrats[683] und sexueller Belästigung von Arbeitnehmern.[684] Der Verdacht reicht also dann nicht für eine fristlose Entlassung aus, wenn der Arbeitnehmer selbst bei tatsächlich nachgewiesener Tat nicht entlassen werden könnte.[685] Geeignet, einen „an sich" wichtigen Grund darzustellen, ist auch der Verdacht der Begehung eines Eigentums- oder Vermögensdeliktes, wenn lediglich Sachen von geringem Wert betroffen sind. Gerade in Positionen, in denen dem Arbeitnehmer der Umgang mit Eigentum und Vermögen des Arbeitgebers anvertraut ist, muss dieser sich darauf verlassen können, dass sein Vertrauen nicht enttäuscht wird.[686] Zwischen der Verdachtshandlung und der vertraglich geschuldeten Tätigkeit muss ein kündigungsrechtlich erheblicher Zusammenhang bestehen.[687]

---

[677] Richtig der Hinweis von APS/*Dörner/Vossen,* § 626 BGB Rn. 369.
[678] Bestätigt durch BAG 21.11.2013 NZA 2014, 243.
[679] BAG 21.11.2013 NZA 2014, 243.
[680] ArbG Braunschweig 22.1.1999 NZA-RR 1999, 192.
[681] BAG 17.4.1956 AP BGB § 626 Nr. 8 (Veruntreuung); BAG 20.8.1997 EzA BGB § 626 Verdacht strafbarer Handlungen Nr. 7 = NZA 1997, 1340; BAG 12.8.1999 EzA BGB § 626 Verdacht strafbarer Handlung Nr. 8 = NZA 2000, 421; BAG 18.11.1999 EzA BGB § 626 Verdacht strafbarer Handlungen Nr. 9 = NZA 2000, 418; LAG Köln 30.7.1999 NZA-RR 2000, 189 (Diebstahl und Unterschlagung, auch geringwertiger Sachen); BAG 3.11.1955 AP BGB § 626 Nr. 5 (Spesenbetrug); BAG 9.8.1990 – 2 AZR 127/90 – n. v. (Arbeitszeitbetrug); BAG 6.9.1990 AP BGB § 611 Seeschifffahrt Nr. 1 (Erschleichung von Lohnfortzahlung) = NZA 1991, 266; BAG 29.11.2007 AP BGB § 626 Verdacht strafbarer Handlung Nr. 40 (Sachbeschädigung und Betrugshandlungen) = EzA BGB 2002 § 626 Verdacht strafbarer Handlung Nr. 5; BAG 28.11.2007 EzA BGB 2002 § 626 Verdacht strafbarer Handlung Nr. 4 = NZA-RR 2008, 344 (Falschinformation durch Nachrichtensprecher).
[682] BAG 13.9.1995 EzA BGB § 626 Verdacht strafbarer Handlung Nr. 6 = NZA 1996, 81; LAG Hamm 18.9.2000 ZTR 2001, 137.
[683] BAG 26.9.1990 RzK I 8c Nr. 20.
[684] BAG 8.6.2000 EzA KSchG n. F. § 15 Nr. 50 = NZA 2001, 91; BAG 26.3.1992 EzA BGB § 626 Verdacht strafbarer Handlung Nr. 4 = NZA 1992, 1121.
[685] BAG 23.2.1961 AP BGB § 626 Verdacht strafbarer Handlung Nr. 9 = EzA BGB § 626 Nr. 2; ausf. *Busch,* MDR 1995, 217 f.
[686] BAG 10.6.2010 EzA BGB 2002 § 626 Nr. 32 = NZA 2010, 1227, 1230; *Lembke,* RdA 2013, 82, 86; für die Tatkündigung; *Lunk,* NJW 2010, 2753, 2757.
[687] LAG Köln 16.1.1990 LAGE KSchG § 1 Verhaltensbedingte Kündigung Nr. 27 mit krit. Anm. *Henssler,* allerdings mit der verfehlten Wertung, der Verdacht einer vorgetäuschten Arbeitsunfähigkeit wirke sich auf die vertragliche Tätigkeit eines Sozialpädagogen nicht aus.

709 Der Arbeitgeber muss jedoch **vor Ausspruch der Kündigung** zunächst selbst eine **Aufklärung der Verdachtsumstände** versuchen. Er muss sämtlichen möglichen Fehlerquellen nachgehen, um entweder die Unschuld des verdächtigen Arbeitnehmers festzustellen oder aber zu versuchen, konkretes Beweismaterial für das Vorliegen einer strafbaren Handlung zu bekommen. Welchen Umfang die Nachforschungspflichten erfordern, richtet sich nach den Umständen des einzelnen Falles. Der Arbeitgeber muss „**alles ihm Zumutbare zur Aufklärung des Sachverhalts tun**".[688] Dies ist bei Bestehen tatsächlicher Anhaltspunkte grundsätzlich datenschutzrechtlich zulässig.[689] § 32 Abs. 1 S. 2 BDSG gestattet die Erhebung, Verarbeitung und Nutzung personenbezogener Daten zur Aufdeckung von Straftaten, sofern sie erforderlich und verhältnismäßig sind. Zudem besteht eine Dokumentationspflicht.

710 Mit Urteil vom 11.4.1985[690] hat das BAG die Erfüllung der Aufklärungspflicht jedenfalls hinsichtlich **der Anhörung des verdächtigen Arbeitnehmers** zur **Wirksamkeitsvoraussetzung** für die Zulässigkeit einer Verdachtskündigung erhoben.[691] Erforderlich und ausreichend ist, dass sich der Arbeitnehmer zu dem erhobenen Vorwurf äußern kann. Es müssen nicht etwa die strengen Anforderungen für die Anhörung des Betriebsrats (§ 102 BetrVG) eingehalten werden.[692] Insbesondere unterliegt die Anhörung keiner bestimmten Form.[693] Allerdings soll nur die schuldhafte Verletzung dieser Anhörungspflicht zur Unwirksamkeit der Kündigung führen.[694] Es genügt, wenn der Arbeitgeber den Arbeitnehmer mit dem Kernvorwurf konfrontiert. Hierzu genügt die Konfrontation mit einer völlig unsubstantiierten Wertung nicht. Es muss sich vielmehr um einen so konkretisierten Sachverhalt handeln, dass der Arbeitnehmer dazu substantiiert Stellung nehmen kann.[695] Überdies darf der Zweck der Anhörung nicht verschleiert werden.[696] Ferner hat der Arbeitnehmer einen Anspruch darauf, ggf. einen Rechtsanwalt, jedenfalls aber ein Betriebsratsmitglied, beizuziehen.[697] Der Arbeitgeber muss den betroffenen Arbeitnehmer jedoch nicht mit Belastungszeugen kon-

---

[688] BAG 4.6.1964 AP BGB § 626 Verdacht strafbarer Handlung Nr. 13 = EzA BGB § 626 Nr. 5.
[689] *Lembke,* RdA 2013, 82, 88; *Stoffels,* Kündigungsrecht: alte und neue Fragen, S. 37, 41 f.
[690] BAG 11.4.1985 EzA BetrVG 1972 § 102 Nr. 62 = NZA 1986, 674.
[691] Bestätigt durch BAG 30.4.1987 EzA BGB § 626 Verdacht strafbarer Handlung Nr. 3 = NZA 1987, 699; BAG 13.9.1995 AP BGB § 626 Verdacht strafbarer Handlung Nr. 25 mit Anm. *Höland* = EzA BGB § 626 Nr. 141 mit Anm. *Kraft* = NZA 1996, 81; LAG Hamm 11.12.1991 LAGE § 626 BGB Ausschlussfrist Nr. 3; LAG Köln 30.11.1992 LAGE BGB § 626 Verdacht strafbarer Handlung Nr. 3; zust. APS/*Dörner/Vossen,* § 626 BGB Rn. 348; Einzelheiten bei *Eylert/Friedrichs,* DB 2007, 2203; kritisch *Preis,* DB 1988, 1448 f.; *Lücke,* DB 1997, 1847; *Ascheid,* Rn. 163.
[692] BAG 13.9.1995 EzA BGB § 626 Verdacht strafbarer Handlung Nr. 6 = NZA 1996, 81; vgl. aber LAG Köln 15.4.1997 LAGE BGB § 626 Verdacht strafbarer Handlung Nr. 6.
[693] *Eylert,* NZA-RR 2014, 393, 402; *Lembke,* RdA 2013, 82, 88; *Lunk,* NJW 2010, 2753, 2757; *Stoffels,* Kündigungsrecht: alte und neue Fragen, S. 37, 44.
[694] *Stoffels,* Kündigungsrecht: alte und neue Fragen, S. 37, 43.
[695] BAG 20.3.2014 NZA 2014, 1015, 1017; *Eylert,* NZA-RR 2014, 393, 401; *Lembke,* RdA 2013, 82, 86.
[696] BAG 13.3.2008 EzA BGB 2002 § 626 Verdacht strafbarer Handlungen Nr. 6 = NZA 2008, 819; LAG Frankfurt 4.9.2003 LAGE BGB § 626 Verdacht strafbarer Handlung Nr. 16; LAG Köln 8.11.2012 NZA-RR 2013, 239; zur Frage, ob eine Anhörung, die unter falschen Vorzeichen erfolgt (Dienstbesprechung), ordnungsgemäß ist LAG Berlin-Brandenburg 16.12.2010 LAGE BGB 2002 § 626 Verdacht strafbarer Handlungen Nr. 10; LAG Düsseldorf 25.6.2009 NZA-RR 2010, 184; LAG Berlin-Brandenburg 16.12.2010 LAGE BGB 2002 § 626 Verdacht strafbarer Handlungen Nr. 10.
[697] LAG Berlin-Brandenburg 6.11.2009 LAGE BGB 2002 § 626 Verdacht strafbarer Handlungen Nr. 8; *Eylert,* NZA-RR 2014, 393, 403; *Hunold,* NZA-RR 2012, 399, 401 f.; nur für den Fall, dass auch der Arbeitgeber anwaltlich vertreten ist *Lembke,* RdA 2013, 82, 88; *Stoffels,* Kündigungsrecht: alte und neue Fragen, S. 37, 45 f.

frontieren.⁶⁹⁸ Ein Anspruch des Arbeitnehmers auf Einsichtnahme in die Ermittlungsakten besteht nicht.⁶⁹⁹ Ihn trifft kein Verschulden, wenn der Arbeitnehmer von vornherein nicht bereit ist, sich zu den Verdachtsgründen substantiiert zu äußern.⁷⁰⁰ Erklärt der Arbeitnehmer sogleich, er werde sich zum Vorwurf nicht äußern und nennt auch für seine Verweigerung keine relevanten Gründe, muss der Arbeitgeber den Arbeitnehmer im Rahmen seiner Anhörung nicht näher über die Verdachtsmomente informieren. Eine solche Anhörung des Arbeitnehmers wäre überflüssig, weil sie zur Aufklärung des Sachverhalts und zur Willensbildung des Arbeitgebers nicht beitragen kann.⁷⁰¹ Gibt der Arbeitgeber dem Arbeitnehmer Gelegenheit, sich zu den Vorwürfen zu äußern und lässt der Arbeitnehmer die Frist ungenutzt verstreichen, führt dies nicht zur Unwirksamkeit der Anhörung.⁷⁰² Dies gilt grundsätzlich sowohl für vorsätzliches als auch unfreiwilliges Schweigen des Arbeitnehmers. Ist der Arbeitnehmer beispielsweise länger erkrankt und setzt der Arbeitgeber die Anhörungsfrist währenddessen in Gang, muss er nicht stets warten, bis sich der Arbeitnehmer wieder äußern kann.⁷⁰³ Längere Verzögerungen können dem Arbeitgeber unter Umständen unzumutbar sein. Dies gilt zB, wenn sich Ankündigungen des Arbeitnehmers, zu einem bestimmten Zeitpunkt wieder genesen zu sein, mehrfach als unzutreffend erweisen.⁷⁰⁴ Führt der Arbeitgeber in den Prozess neue, den Verdacht lediglich erhärtende Tatsachen ein, muss der Arbeitnehmer hierzu nicht erneut gehört werden, da er bereits Gelegenheit hatte, sich zu dem Kündigungsvorwurf an sich zu erklären.⁷⁰⁵ Eine erneute Anhörungspflicht entsteht ebenso wenig, wenn der Arbeitgeber neue, eine weitere Pflichtverletzung begründende Tatsachen vorträgt. Sinn und Zweck des Anhörungserfordernisses, den Arbeitnehmer vor ggf. unbegründeten Verdachtsmomenten und voreiligen Entscheidungen zu schützen, können nicht mehr erreicht werden, wenn die Kündigung bereits zugegangen ist.⁷⁰⁶ Dagegen besteht ein erneutes Anhörungserfordernis, wenn der Arbeitgeber aufgrund weiterer Vorwürfe eine erneute Kündigung aussprechen möchte.⁷⁰⁷

Der **Verdacht** muss ferner **dringend** sein, d. h., bei kritischer Prüfung muss sich ergeben, dass eine auf Beweisanzeichen gestützte große Wahrscheinlichkeit für die Tat gerade dieses Arbeitnehmers besteht.⁷⁰⁸ Der ursprüngliche Verdacht kann durch später

711

---

⁶⁹⁸ BAG 27.11.2008 NZA 2009, 604; *Eylert*, NZA-RR 2014, 393, 401.
⁶⁹⁹ LAG Hessen 4.9.2003 LAGE BGB § 626 Verdacht strafbarer Handlung Nr. 16; *Dzida*, NZA 2014, 809, 813; *Lunk*, NJW 2010, 2753, 2756.
⁷⁰⁰ BAG 26.9.2002 AP BGB § 626 Verdacht auf strafbare Handlung Nr. 37 = EzA BGB 2002 § 626 Verdacht strafbarer Handlung Nr. 1; *Eylert*, NZA-RR 2014, 393, 400.
⁷⁰¹ BAG 20.3.2014 NZA 2014, 1015, 1017; BAG 13.3.2008 EzA BGB 2002 § 626 Verdacht strafbarer Handlungen Nr. 6 = NZA 2008, 819; BAG 28.11.2007 EzA BGB 2002 § 626 Verdacht strafbarer Handlung Nr. 4 = NZA-RR 2008, 344; LAG Köln 8.11.2012 NZA-RR 2013, 239.
⁷⁰² BAG 20.3.2014 NZA 2014, 1015, 1017.
⁷⁰³ BAG 20.3.2014 NZA 2014, 1015, 1017; *Eylert*, NZA-RR 2014, 393, 403; *Lembke*, RdA 2013, 82, 87, sieht eine schriftliche Anhörung unter Setzung einer kurzen, den Umständen entsprechenden Frist als angemessen an; einschränkend *Lunk*, NJW 2010, 2753, 2756, der auf die Vernehmungsfähigkeit des Arbeitnehmers abstellt.
⁷⁰⁴ BAG 20.3.2014 NZA 2014, 1015, 1017 f.
⁷⁰⁵ BAG 23.5.2013 EzA BGB 2002 § 626 Verdacht strafbarer Handlungen Nr. 14 = NZA 2013, 1416, 1418.
⁷⁰⁶ BAG 23.5.2013 EzA BGB 2002 § 626 Verdacht strafbarer Handlungen Nr. 14 = NZA 2013, 1416, 1418.
⁷⁰⁷ *Eylert*, NZA-RR 2014, 393, 407.
⁷⁰⁸ BAG 10.2.2005 EzA KSchG § 1 Verdachtskündigung Nr. 3 = NZA 2005, 1056; allein die Beteiligung der Ehefrau des Arbeitnehmers an einem Konkurrenzunternehmen als Gesellschafterin und Geschäftsführerin rechtfertigt zB noch nicht den Verdacht, der Arbeitnehmer betreibe selbst ein Konkurrenzgeschäft, LAG Köln 11.10.2005 BB 2006, 1455.

bekannt gewordene Umstände, jedenfalls soweit sie bei Kündigungszugang objektiv bereits vorlagen, abgeschwächt oder verstärkt werden.[709] Der Verdacht muss zum einen auf konkrete – vom Kündigenden darzulegende und ggf. zu beweisende – Tatsachen gestützt sein. Zum zweiten muss eine große Wahrscheinlichkeit dafür bestehen, dass der Verdacht zutrifft. Bloße auf Vermutungen gestützte Verdächtigungen reichen zur Begründung eines dringenden Tatverdachts nicht aus.[710] Hierbei kann von Bedeutung sein, ob der verdächtigte Arbeitnehmer durch schuldhaftes Verhalten erhebliche Gründe für den Verdacht gegeben und sich nicht um die Aufklärung der ihm zur Last gelegten Taten bemüht hat.[711] Verdachtsverstärkende Umstände können einschlägige Vorstrafen, ferner vor allem bei Eigentums- und Vermögensdelikten hohe Schulden und verschwenderischer Lebenswandel sein.[712] Verdachtsverstärkend sind in der Regel auch die Erhebung der Anklage und die Eröffnung des Hauptverfahrens.[713] Doch soll nach Auffassung des BAG allein der Umstand, dass Strafverfolgungsbehörden einen dringenden Tatverdacht bejaht haben, nicht ausreichen. Arbeits- und strafrechtliche Bewertung seien zu unterscheiden. Der Arbeitgeber muss eigene Erkenntnisse geltend machen und kann sich nicht lediglich auf Äußerungen der Staatsanwaltschaft verlassen.[714] Des ungeachtet können im Strafverfahren gewonnene Erkenntnisse oder Handlungen der Strafverfolgungsbehörden die Annahme, der Arbeitnehmer habe die Pflichtverletzung begangen, allenfalls verstärken.[715] Ein Strafurteil, das den Verdacht eines vertragswidrigen Verhaltens erhärtet, kann einen selbständigen Kündigungsgrund darstellen.[716] Wird der Verdächtige im Strafverfahren wegen Mangels an Beweisen freigesprochen, ist dem Arbeitgeber aber nicht die Möglichkeit abgeschnitten, gleichwohl wegen Verdachts wirksam zu kündigen.[717] Da der Freispruch mangels Beweises den Verdacht gegen den Arbeitnehmer aber entkräften kann, ist in diesem Fall besonders sorgfältig zu prüfen, ob die Dringlichkeit des Verdachts und die Erschütterung des Vertrauens des Arbeitgebers noch ausreichen, um eine fristlose Kündigung zu rechtfertigen.

712 Weiterhin ist zu prüfen, ob dem Arbeitgeber die Fortsetzung des Arbeitsverhältnisses tatsächlich nicht mehr zugemutet werden kann. Hier ist an ein vorheriges **Abmahnungserfordernis** zu denken, wenn eine langjährig ungestört verlaufende Vertragsbeziehung lediglich einmalig erschüttert wird.[718] Demgegenüber ist eine Abmahnung bei schwerwiegenden Pflichtverletzungen im Vertrauensbereich regelmäßig entbehrlich. Dies gilt auch für Eigentums- und Vermögensdelikte, die Gegenstände von geringem Wert betreffen.[719] Hier überwiegt der Vertrauensbruch gegenüber der Schadenshöhe. Möglicherweise kann der Verdächtige auf einen Arbeitsplatz versetzt werden, der keine konkrete Vertrauensbeziehung zwischen Arbeitgeber und Arbeitnehmer voraussetzt.[720]

---

[709] BAG 24.5.2012 NZA 2013, 137.
[710] BAG 25.10.2012 NZA 2013, 371.
[711] Vgl. BAG 4.6.1964 AP BGB § 626 Verdacht strafbarer Handlung Nr. 13 = EzA BGB § 626 Nr. 5 = SAE 1965, 65 mit Anm. *Nikisch*.
[712] LAG Heidelberg 22.5.1960 BB 1950, 704; *Monjau*, DB 1960, 1069.
[713] LAG Köln 31.10.1997 LAGE BGB § 626 Verdacht strafbarer Handlung Nr. 7; a. A. LAG Frankfurt 14.11.1989 BB 1990, 1280; abl. auch APS/*Dörner/Vossen*, § 626 BGB Rn. 358.
[714] BAG 25.10.2012 NZA 2013, 371.
[715] BAG 24.5.2012 NZA 2013, 137; BAG 27.1.2011 NZA 2011, 2231.
[716] LAG Hamm 24.4.1991 LAGE KSchG § 1 Verhaltensbedingte Kündigung Nr. 33; anders für die Erhebung der Anklage LAG Frankfurt 14.11.1989 LAGE BGB § 626 Verdacht strafbarer Handlung Nr. 1.
[717] Vgl. *Nikisch*, S. 729; *Hueck/Nipperdey*, Bd. 1, S. 585.
[718] BAG 10.6.2010 EzA BGB 2002 § 626 Nr. 32 = NZA 2010, 1227, 1232.
[719] *Eylert*, NZA-RR 2014, 393, 398; *Lembke*, RdA 2013, 82, 90.
[720] *Erman/Belling*, § 626 BGB Rn. 78b.

Kommt die Versetzung angesichts der konkreten Pflichtverletzung oder mangels freier Arbeitsplätze nicht in Betracht, ist die Möglichkeit der **vorübergehenden Suspendierung** des Arbeitsverhältnisses bis zur abschließenden Klärung des Vorganges zu erwägen.[721] Die Suspendierung lässt die Möglichkeit der fristlosen Kündigung unberührt.[722]

dd) Besonderheiten bei der Wahrung der Ausschlussfrist

Die **Ausschlussfrist** nach § 626 Abs. 2 BGB beginnt in dem Zeitpunkt, in dem der Kündigungsberechtigte den Sachverhalt insoweit kennt, dass er sich ein Urteil über den Verdacht und dessen Tragweite bilden kann (näher → Rn. 797 ff.). Die nach pflichtgemäßem Ermessen erforderlichen Maßnahmen zur Aufklärung darf er treffen, ohne dass die Frist abläuft.[723] Ab wann aufgrund der durchgeführten Ermittlungen von dem Vorliegen eines dringenden Tatverdachts auszugehen ist, bestimmt der Arbeitgeber ebenfalls nach pflichtgemäßem Ermessen.[724] Es ist grundsätzlich eine kurze Aufklärungsfrist zu setzen. Sie kann sich jedoch abhängig von der Komplexität des aufzuklärenden Sachverhalts verlängern.[725]

713

ee) Beurteilungszeitpunkt und Wiedereinstellungsanspruch

Beurteilungspunkt für die Rechtmäßigkeit einer Verdachtskündigung ist die Sachlage im Zeitpunkt des Zugangs der Kündigungserklärung.[726] Die Auffassung des BAG,[727] wonach die Wirksamkeit der Verdachtskündigung von später bekannt gewordenen oder eingetretenen, be- oder entlastenden Umständen abhängen soll, könnte von allgemeinen kündigungsrechtlichen Grundsätzen abweichen.[728] Es geht darum, festzustellen, ob im Zeitpunkt der Kündigungserklärung der Verdacht gerechtfertigt war. Insoweit sind alle be- und entlastenden Umstände aufzuklären.[729] Die den Verdacht stärkenden oder entkräftenden Tatsachen können jedenfalls bis zur letzten mündlichen Verhandlung in der Berufungsinstanz vorgetragen werden. Sie sind grundsätzlich zu berücksichtigen, sofern sie – wenn auch unerkannt – bereits vor Zugang der Kündigung vorlagen.[730] Erst nach der Kündigung entstehende Tatsachen bleiben hingegen grundsätzlich unberücksichtigt. Ergeben sich solche weitere belastende Tatsachen, die einen neuen Verdacht begründen, und nicht nur den alten Verdacht erhärten, muss der Arbeitgeber ggf. eine weitere Kündigung erklären.[731] Nach neuerer Auffassung des BAG können sich nachträglich eingetretene Umstände jedoch insoweit als für die Beurteilung relevant erweisen, als sie die Vorgänge, die zur Kündigung geführt haben, „in einem neuen Licht erscheinen lassen."[732] Voraussetzung ist, dass die neuen Erkenntnisse

714

---

[721] KR/*Wolf,* 3. Aufl. 1989, Grundsätze Rn. 225 ff., 238 ff.; Erman/*Belling,* § 626 BGB Rn. 78b.
[722] BAG 5.4.2001 EzA BGB § 626 Verdacht strafbarer Handlung Nr. 10 = NZA 2001, 837.
[723] BAG 20.3.2014 NZA 2014, 1015, 1016; BAG 27.1.1972 AP BGB § 626 Ausschlussfrist Nr. 2 = EzA BGB n. F. § 626 Nr. 10; 29.7.1993 EzA BGB § 626 Ausschlussfrist Nr. 4 = NZA 1994, 171.
[724] *Lembke,* RdA 2013, 82, 91; ähnlich *Eylert,* NZA-RR 2014, 393, 406.
[725] *Dzida,* NZA 2014, 809, 810; *Lembke,* RdA 2013, 82, 91.
[726] LAG Frankfurt 1.9.1993 LAGE BGB § 626 Verdacht strafbarer Handlung Nr. 4; KR/*Fischermeier,* § 626 BGB Rn. 212; Erman/*Belling,* § 626 BGB Rn. 78b.
[727] BAG 14.9.1994 EzA BGB § 626 Verdacht strafbarer Handlung Nr. 5 = NZA 1995, 269; 4.6.1964 AP BGB § 626 Verdacht strafbarer Handlung Nr. 13 = EzA BGB § 626 Nr. 5; 10.2.1977 EzA BetrVG 1972 § 103 Nr. 18; ebenso LAG Schleswig-Holstein 3.11.1988 NZA 1988, 798.
[728] So auch *Lunk,* NJW 2010, 2753, 2757.
[729] BAG 18.11.1999 EzA BGB § 626 Verdacht strafbarer Handlung Nr. 9 = NZA 2000, 418.
[730] BAG 14.9.1994 EzA BGB § 626 Verdacht strafbarer Handlung Nr. 5 = NZA 1995, 269; BAG 6.11.2003 EzA BGB 2002 § 626 Verdacht strafbarer Handlung Nr. 2 = NZA 2004, 919.
[731] Vgl. BAG 12.12.1984 EzA BGB n. F. § 626 Nr. 97 = NZA 1985, 623.
[732] BAG 10.6.2010 EzA BGB 2002 § 626 Nr. 32 = NZA 2010, 1227, 1233.

in einem derart engen inneren Zusammenhang mit dem Kündigungssachverhalt stehen, dass ohne deren Berücksichtigung ein einheitlicher Lebenssachverhalt zerrissen würde.[733] Durch die neuen Umstände darf eine unbegründete indes nicht zu einer begründeten Kündigung werden. Erweist sich die Unschuld des Arbeitnehmers während oder nach Ablauf des Kündigungsschutzprozesses, kann dem Arbeitnehmer nach herrschender Meinung ein **Wiedereinstellungsanspruch** zustehen.[734] Die Unschuld ist aber noch nicht erwiesen, wenn die Staatsanwaltschaft nach § 170 Abs. 2 S. 1 StPO die Ermittlungen einstellt. Dadurch wird weder die Kündigung unwirksam noch ein Wiedereinstellungsanspruch begründet.[735] Gelingt dem Arbeitnehmer bereits der Entlastungsbeweis im laufenden Kündigungsschutzprozess, stellt sich die Frage, wie hierauf prozessual zu reagieren ist. Grundsätzlich sind zwar bis zum Schluss der mündlichen Verhandlung in der Tatsacheninstanz Be- und Entlastungsvorbringen zu berücksichtigen, sodass der Arbeitgeber, der seinen Verdacht nicht hinreichend substantiieren kann, den Kündigungsprozess verliert.[736] Doch ist zu berücksichtigen, dass nach der Rechtsprechung Kündigungsgrund allein der objektiv begründete Verdacht im Zeitpunkt der Kündigungserklärung ist. Es kommt daher bei der Verdachtskündigung nicht auf den objektiven Kündigungssachverhalt, sondern den Wissensstand des Arbeitgebers an.[737] Verändert sich die tatsächliche Beurteilung, ist es nach den Grundsätzen der gerechten Risikoverteilung nicht gerechtfertigt, dass der Arbeitgeber den Kündigungsschutzprozess verliert. Vielmehr muss der Arbeitnehmer einen ausdrücklichen Antrag auf Fortsetzung des Arbeitsverhältnisses stellen.[738]

3. Betriebsbedingte Gründe

715 § 1 Abs. 2 KSchG lässt aus betrieblichen Gründen lediglich eine ordentliche Kündigung zu. Eine **außerordentliche** fristlose **betriebsbedingte Kündigung** ist regelmäßig unzulässig, weil *mit ihr eine unzulässige Verlagerung des Wirtschafts- und Betriebsrisikos* auf den Arbeitnehmer einherginge.[739] Auch im Falle des Betriebsübergangs kann der Arbeitgeber nicht etwa wegen „Besitzverlusts" fristlos kündigen, sondern er muss die Kündigungsfrist einhalten.[740] Nur wenn die ordentliche Kündigung (tarif-)vertraglich ausgeschlossen ist und keine Weiterbeschäftigungsmöglichkeit in Betrieb oder Unternehmen besteht, hat das BAG eine außerordentliche Kündigungsmöglichkeit in Ausnahmefällen anerkannt.[741] Allerdings ist in der Rechtsprechung des BAG

---

[733] BAG 10.6.2010 EzA BGB 2002 § 626 Nr. 32 = NZA 2010, 1227, 1233.
[734] BGH 13.7.1956 AP BGB § 611 Fürsorgepflicht Nr. 2 = NJW 1956, 1513; BAG 14.12.1956 AP BGB § 611 Fürsorgepflicht Nr. 3 = NJW 1957, 764; *Eylert*, NZA-RR 2014, 393, 407; *Heilmann*, Verdachtskündigung und Wiedereinstellung, 1964, S. 78 ff., 95 ff.; KR/*Fischermeier*, § 626 BGB Rn. 234; *Preis*, Prinzipien, S. 349 ff.; *Stein*, RdA 1991, 85; *Bram/Rühl*, NZA 1990, 753 ff.; *Langer*, NZA Beilage 3/1991, 23 ff.; zu den Voraussetzungen einer Restitutionsklage BAG 22.1.1998 EzA ZPO § 580 Nr. 3.
[735] BAG 20.8.1997 EzA BGB § 626 Verdacht strafbarer Handlung Nr. 7 = NZA 1997, 1340.
[736] BAG 14.9.1994 EzA BGB § 626 Verdacht strafbarer Handlung Nr. 5 = NZA 1995, 269.
[737] *Busch*, MDR 1995, 217, 222.
[738] *Preis*, Prinzipien, S. 349; a. A. KR/*Hillebrecht*, 4. Aufl. 1996, § 626 BGB Rn. 182, der den Antrag auf Weiterbeschäftigung als geringeres Begehren in der Kündigungsschutzklage enthalten sieht.
[739] Allgemeine Auffassung: BAG 28.9.1972 EzA BGB n. F. § 626 Nr. 17; BAG 9.7.1981 DB 1982, 121 = EzA BGB § 620 Nr. 1 Bedingung; BAG 28.3.1985 EzA BGB n. F. § 626 Nr. 96 mit Anm. *Buchner* = NZA 1985, 559; KR/*Fischermeier*, § 626 BGB Rn. 157, 170.
[740] BAG 29.3.2007 EzA BGB 2002 § 626 Unkündbarkeit Nr. 14 = NZA 2008, 48; BAG 31.1.2008 AP BGB § 613a Nr. 339.
[741] BAG 23.1.2014 NZA 2014, 895, 896; BAG 22.7.1992 EzA BGB n. F. § 626 Nr. 141; BAG 5.2.1998 und 17.9.1998 EzA BGB § 626 Unkündbarkeit Nr. 2 = NZA 1998, 771; KR/*Fischermeier*

§ 22 Die außerordentliche Kündigung

die Tendenz erkennbar gewesen, die Möglichkeit einer außerordentlichen betriebsbedingten Kündigung ordentlich unkündbarer Arbeitnehmer auszuweiten (zur Kritik → Rn. 738ff.).[742] Jedenfalls ist bei einer derartigen Kündigung die **gesetzliche oder tarifvertragliche Kündigungsfrist** einzuhalten, die gelten würde, wenn die ordentliche Kündigungsfrist nicht ausgeschlossen wäre.[743] Der besonders kündigungsgeschützte Arbeitnehmer darf nicht schlechtergestellt werden, als er ohne besonderen Kündigungsschutz stünde. Auch die Grundsätze der Sozialauswahl sind in diesen Fällen zu beachten.[744]

a) Behördliche Verfügungen

Die behördliche verfügte Betriebsschließung fällt in das Betriebsrisiko des Arbeitgebers, weshalb eine außerordentliche Kündigung aus diesem Grunde ausgeschlossen ist.[745] Eine Kündigung kann nur dann gerechtfertigt sein, wenn der Arbeitgeber sich infolge der Verfügung endgültig zur Betriebsstilllegung entschließt.   716

b) Betriebsstilllegung; Betriebsveräußerung

Grundsätzlich stellt auch die **Betriebsstilllegung** keinen Grund für die außerordentliche Kündigung dar, weil der Arbeitgeber sein Wirtschafts- und Betriebsrisiko nicht auf die Arbeitnehmer abschieben darf.[746] Nur wenn die ordentliche Kündigung ausgeschlossen ist, liegt ein **Ausnahmefall** vor, in dem die Rechtsprechung u. U. eine außerordentliche Kündigung zulässt, wenn eine Versetzung in einen anderen Betrieb des Unternehmens nicht möglich ist (→ Rn. 738ff.).[747] Der Arbeitgeber soll nicht über Jahre hinaus verpflichtet sein, das vereinbarte Entgelt zu zahlen, ohne die Dienste des Verpflichteten in Anspruch nehmen zu können. Da der Ausschluss der ordentlichen Kündigung jedoch einen besonderen Schutz für den Arbeitnehmer bedeutet, soll er in diesem Falle nicht schlechter stehen, als wenn die ordentliche Kündigung nicht ausgeschlossen wäre. Das BAG verpflichtet daher den Arbeitgeber im Falle der außerordentlichen Kündigung, die gesetzliche oder tarifvertragliche Kündigungsfrist einzuhalten, die gelten würde, wenn die ordentliche Kündigungsfrist nicht ausgeschlossen wäre.[748] In Abweichung und Ausweitung seiner Rechtsprechung hat das BAG jüngst auch die außerordentliche Kündigung eines ordentlich unkündbaren Arbeitnehmers anerkannt, obwohl lediglich ein einzelner Arbeitsplatz aufgrund einer innerorganisatorischen Entscheidung weggefallen war.[749] Dies ist schon deshalb abzulehnen, weil hierdurch der tarifvertraglich intendierte Rationalisierungsschutz über eine extensive   717

---

§ 626 BGB Rn. 158; *Kiel/Koch,* Rn. 535; ausf. zur Kündbarkeit Unkündbarer *Preis/Hamacher,* FS Arbeitsgerichtsbarkeit Rheinland-Pfalz, 1999, 245 ff.
[742] Krit. hierzu *Preis/Hamacher,* FS Arbeitsgerichtsbarkeit Rheinland-Pfalz, 1999, 245, 249.
[743] BAG 7.6.1984 EzA KO § 22 Nr. 4 = NZA 1985, 121; BAG 28.3.1985 EzA BGB n. F. § 626 Nr. 96 = NZA 1985, 559; BAG 5.2.1998 AP BGB § 626 Nr. 143 mit zust. Anm. *Höland* = EzA BGB § 626 Unkündbarkeit Nr. 2 = NZA 1998, 771; *Kiel/Koch,* Rn. 540; LSW/*Löwisch,* Vorbem. zu § 1 Rn. 148; ausführlich *Schwerdtner,* FS Kissel, 1994, 1077, 1087ff.
[744] Ausf. → Rn. 738ff.
[745] LAG Berlin 16.2.1961 BB 1961, 605; ArbG Wilhelmshaven 23.2.1959, 413; KR/*Fischermeier,* § 626 BGB Rn. 157.
[746] Vgl. BAG 8.10.1957 AP BGB § 626 Nr. 16 = NJW 1958, 316.
[747] BAG 28.3.1985 EzA BGB n. F. § 626 Nr. 96 = NZA 1985, 559; KR/*Fischermeier,* § 626 BGB Rn. 417; Erman/*Belling,* § 626 BGB Rn. 80.
[748] BAG 28.3.1985 EzA BGB n. F. § 626 Nr. 96 = NZA 1985, 559; ausf. *Schwerdtner,* FS Kissel, 1994, S. 1077, 1087ff.
[749] Vgl. BAG 5.2.1998 EzA BGB § 626 Unkündbarkeit Nr. 2 = NZA 1998, 771.

Interpretation des § 626 Abs. 1 BGB praktisch entwertet wird.[750] In einer neueren Entscheidung hält das BAG hieran fest, verlangt aber vom Arbeitgeber – ggf. unter Vorlegung der Stellenpläne –, substantiiert darzulegen, weshalb das Freimachen eines geeigneten Arbeitsplatzes oder dessen Schaffung durch eine entsprechende Umorganisation nicht möglich oder nicht zumutbar gewesen sein soll. Auch künftig freiwerdende Arbeitsplätze seien dabei zu berücksichtigen.[751]

718 Auch die vorübergehende Betriebsstilllegung durch unvorhergesehene Ereignisse (Brand, Rohstoffausfall etc.) rechtfertigt eine außerordentliche Kündigung nicht.[752]

c) Autonome Unternehmerentscheidungen

718a Auch gegenüber autonomen Unternehmerentscheidungen (Umstrukturierungen, Rationalisierungsmaßnahmen) betont das BAG, dass eine außerordentliche Kündigung aus betrieblichen Gründen **gegenüber einem ordentlich kündbaren Arbeitnehmer grundsätzlich unzulässig** ist. Die Weiterbeschäftigung bis zum Ablauf der Kündigungsfrist sei stets zumutbar. Das BAG verweist darauf, dass es dem Arbeitgeber selbst im Insolvenzfall zuzumuten sei, die Kündigungsfrist einzuhalten.[753]

d) Insolvenz

719 Die schlechte wirtschaftliche Lage, die drohende Insolvenz und auch die Eröffnung des Insolvenzverfahrens berechtigen nicht zur außerordentlichen Kündigung.[754] Das zeigen schon die Sonderregelungen des Insolvenzrechts (→ Rn. 2288 ff.).

VIII. Systematische Darstellung der außerordentlichen Kündigungsgründe des Arbeitnehmers

720 Für die außerordentliche Kündigung des Arbeitnehmers gelten dieselben Maßstäbe wie für die des Arbeitgebers.[755] Auch dem Arbeitnehmer ist Vertragstreue abzuverlangen, grundsätzlich muss er von der vorrangigen Möglichkeit der ordentlichen Kündigung Gebrauch machen. Auch die Ausschlussfrist des § 626 Abs. 2 BGB ist zu wahren.[756] Kündigungsgründe für den Arbeitnehmer können einerseits aus der Sphäre des Arbeitgebers herrühren, insbesondere weil dieser Vertragspflichten verletzt. Andererseits können unter Umständen wichtige Gründe aus der Sphäre des Arbeitnehmers folgen (personenbedingte Gründe).

721 Der Arbeitnehmer ist beweispflichtig für die Tatsachen, aus denen er das Vorliegen eines wichtigen Grundes herleitet.[757] Der Arbeitgeber kann die Unwirksamkeit der

---

[750] Zu Recht zurückhaltend LAG Hamm 11.10.1995 LAGE BGB § 626 Nr. 92 mit abl. Anm. *Schiefer/Rogge;* → Rn. 745 ff.
[751] BAG 17.9.1998 EzA BGB § 626 Unkündbarkeit Nr. 3 = NZA 1999, 258.
[752] Vgl. BAG 28.9.1972 EzA BGB n. F. § 626 Nr. 17 = NJW 1973, 342.
[753] BAG 23.1.2014 NZA 2014, 895 Rn. 16.
[754] Vgl. BAG 24.1.2013 NZA 2013, 959; BAG 25.10.1968 AP KO § 22 Nr. 1 = EzA BGB § 626 Nr. 10.
[755] Siehe LAG Berlin 22.3.1989 NZA 1989, 968 = DB 1989, 1826; BAG 19.6.1967 EzA GewO § 124 Nr. 1; BAG 12.3.2009 NZA 2009, 840; für geringere Anforderungen Erman/*Belling,* § 626 BGB Rn. 85 unter Hinweis auf das Fehlen von Kündigungsschutznormen zugunsten des Arbeitgebers.
[756] APS/*Dörner/Vossen,* § 626 BGB Rn. 394.
[757] BAG 25.7.1963 AP ZPO § 448 Nr. 1 = NJW 1963, 2340; BAG 24.10.1996 AP ZPO § 256 1977 Nr. 37 = NZA 1997, 370.

§ 22 Die außerordentliche Kündigung

Kündigung durch Feststellungsklage nach § 256 ZPO geltend machen. Ein Rechtsschutzinteresse ist in der Regel zu bejahen.[758] Bei widersprüchlichem Verhalten kann es dem Arbeitnehmer u.U. verwehrt sein, sich auf die Unwirksamkeit der fristlosen Eigenkündigung zu berufen.[759] Die schriftlich ohne jedes Drängen des Arbeitgebers abgegebene Kündigungserklärung spricht regelmäßig für eine ernsthafte und endgültige Lösungsabsicht. Macht der Arbeitnehmer nunmehr – weil ihn die Eigenkündigung reut – die Unwirksamkeit einer schriftlich erklärten Eigenkündigung geltend, weil er das Vorliegen eines Kündigungsgrundes bestreitet, ist dies regelmäßig treuwidrig.[760] Es existiert **kein Widerrufsrecht** des Arbeitnehmers, weil ihm der Arbeitgeber keine hinreichende Bedenkzeit gegeben hat. Hier gilt nichts anderes als bei Aufhebungsverträgen (→ Rn. 35f.). Allein der nachdrückliche Hinweis des Arbeitgebers auf seine aussichtslose wirtschaftliche Lage verbunden mit dem Angebot, eine fristlose Eigenkündigung zu unterschreiben, ist regelmäßig nicht geeignet, die Anfechtung einer Eigenkündigung des Arbeitnehmers wegen widerrechtlicher Drohung nach § 123 BGB zu begründen.[761]

1. Vertragsverletzungen des Arbeitgebers

Wichtigster außerordentlicher Kündigungsgrund für den Arbeitnehmer sind Haupt- und Nebenpflichtverletzungen des Arbeitgebers. Da dem Arbeitnehmer regelmäßig das freie ordentliche Kündigungsrecht zur Seite steht, muss die Vertragsverletzung so gewichtig sein, dass sie die sofortige Vertragsbeendigung gebietet. In der Regel muss aber auch der Arbeitnehmer den Arbeitgeber vor der Kündigung abgemahnt haben oder – in Anwendung des § 314 Abs. 2 BGB – eine seitens des Arbeitnehmers zur Abhilfe bestimmte Frist erfolglos abgelaufen sein.[762] Ist die Kündigung durch vertragswidriges Verhalten des Arbeitgebers veranlasst worden, kann der Arbeitnehmer nach § 628 Abs. 2 BGB Schadensersatz verlangen (→ Rn. 815ff.).

722

a) Hauptpflichten, insbesondere Nichtzahlung des Entgelts

Wichtigster Fall der fristlosen Kündigung ist die **Nichtzahlung des Entgelts (Hauptpflichtverletzung)**. Denkbar ist ferner, dass der Arbeitgeber den Arbeitnehmer nicht vertragsgemäß beschäftigt und damit seiner **Beschäftigungspflicht** nicht genügt.[763] In beiden Fällen kann der Arbeitnehmer nur nach erfolgloser Abmahnung oder nach fruchtlosem Fristablauf fristlos kündigen.[764] Bei der Nichtzahlung des Entgelts soll nach der Rechtsprechung nur dann außerordentlich gekündigt werden können, wenn der Rückstand für eine erhebliche Zeit besteht oder einen erheblichen Be-

723

---

[758] BAG 20.3.1986 EzA ZPO § 256 Nr. 25 = NZA 1986, 714.
[759] BAG 4.12.1997 EzA BGB § 242 Rechtsmissbrauch Nr. 3 = NZA 1998, 420; im konkreten Fall verneinend LAG Hessen 25.5.2011 LAGE BGB 2002 § 626 Eigenkündigung Nr. 2.
[760] BAG 12.3.2009 NZA 2009, 840; BAG 9.6.2011 NZA-RR 2012, 129.
[761] BAG 9.6.2011 NZA-RR 2012, 129.
[762] BAG 17.1.2002 EzA BGB § 628 Nr. 20; BAG 9.9.1992 EzA BGB n.F. § 626 Nr. 142 = NZA 1993, 598; LAG Hamm 18.6.1991 LAGE BGB § 626 Nr. 59.
[763] Zum Fall einer unberechtigten Teilsuspendierung BAG 15.6.1972 AP BGB § 628 Nr. 7 = EzA BGB n.F. § 626 Nr. 14 = NJW 1972, 2279; 19.8.1976 EzA BGB § 611 Beschäftigungspflicht Nr. 1; s.a. ErfK/*Müller-Glöge*, § 626 BGB Rn. 163.
[764] BAG 17.1.2002 EzA BGB § 628 Nr. 20; LAG Hamm 18.6.1991 LAGE BGB § 626 Nr. 59 = NZA 1992, 314; LAG Baden-Württemberg 10.10.1990 RzK I 9k Nr. 17 = BB 1991, 415.

trag ausmacht.⁷⁶⁵ Vor Ausspruch einer Kündigung ist jedoch eine Abmahnung erforderlich. Zahlt der Arbeitgeber nach Abmahnung gleichwohl nicht, ist eine fristlose Kündigung gerechtfertigt.

724 Gleiche Grundsätze gelten, wenn der Arbeitgeber wesentliche Vertragsrechte vertragswidrig vorenthält, zB eine erteilte oder zugesicherte Prokura widerruft.⁷⁶⁶

b) Nebenpflichten

725 Auch die Verletzung **vertraglicher Nebenpflichten des Arbeitgebers** kann je nach Lage des Falles und erfolgter Abmahnung die außerordentliche Kündigung rechtfertigen.

aa) Arbeitsschutz

726 Missachtet der Arbeitgeber zugunsten des Arbeitnehmers bestehendes zwingendes Arbeitsschutzrecht, so kann je nach Lage des Falles eine fristlose Kündigung auch dann gerechtfertigt sein, wenn der Arbeitnehmer zunächst dennoch weitergearbeitet hat.⁷⁶⁷ Grundsätzlich muss der Arbeitnehmer den Arbeitgeber jedoch vor einer Kündigung abmahnen, es sei denn, eine Abmahnung ist zwecklos.

bb) Beleidigung; Verdächtigung

727 Im Falle einer groben Beleidigung kann der Arbeitnehmer nach den → Rn. 648 ff. dargelegten Grundsätzen außerordentlich kündigen.⁷⁶⁸ Verdächtigt ein Arbeitgeber den Arbeitnehmer zu Unrecht einer Unredlichkeit, so kann – je nach Lage des Einzelfalles – die fristlose Kündigung berechtigt sein.⁷⁶⁹

cc) Urlaub; Freistellung

728 Verweigert der Arbeitgeber dem Arbeitnehmer nachhaltig Urlaub, ohne hierzu nach § 7 BUrlG berechtigt zu sein,⁷⁷⁰ oder Freistellung nach § 629 BGB,⁷⁷¹ kann der Arbeitnehmer nach Abmahnung fristlos kündigen. Die Abmahnung kann entbehrlich sein, wenn der Arbeitgeber verdeutlicht, die Ansprüche des Arbeitnehmers keinesfalls erfüllen zu wollen.

dd) Werkswohnung

729 Der nicht vertragsgemäße Zustand einer Werkswohnung kann nur bei unzumutbaren Wohnverhältnissen die Kündigung des Arbeitsverhältnisses rechtfertigen.⁷⁷² Ein außerordentliches Kündigungsrecht kann auch bestehen, wenn der Arbeitgeber dem

---

⁷⁶⁵ Vgl. BAG 17.1.2002 EzA BGB § 628 Nr. 20; LAG Nürnberg 4.7.2001 NZA-RR 2002, 128; LAG Hamm 29.9.1999 NZA-RR 2000, 242; LAG Köln 23.9.1993 LAGE BGB § 626 Nr. 73; LAG Düsseldorf 12.9.1957 DB 1957, 1132; LAG Frankfurt 27.10.1964 DB 1965, 186; ArbG Bayreuth 30.1.2002 DZWiR 2002, 282; KR/*Fischermeier*, § 626 BGB Rn. 467.
⁷⁶⁶ Vgl. BAG 17.9.1970 AP BGB § 628 Nr. 5 = EzA BGB n.F. § 626 Nr. 5; BAG 26.8.1986 EzA HGB § 52 Nr. 1 = NZA 1987, 202.
⁷⁶⁷ Vgl. BAG 28.10.1971 AP BGB § 626 Nr. 62 = EzA BGB n.F. § 626 Nr. 9.
⁷⁶⁸ Vgl. LAG Hamm 27.5.1993 AiB 1994, 54; ArbG Bocholt 5.4.1990 DB 1990, 1671; ArbG Lübeck 30.7.1987 RzK I 9k Nr. 9.
⁷⁶⁹ BAG 24.2.1964 AP BGB § 607 Nr. 1 = EzA BGB § 607 Nr. 1; vgl. auch LAG Baden-Württemberg 20.5.1960 BB 1960, 985; zur Beachtung der Ausschlussfrist des § 626 Abs. 2 BGB: ArbG Siegburg 6.12.1995 NZA-RR 1996, 330.
⁷⁷⁰ Vgl. ErfK/*Müller-Glöge*, § 626 BGB Rn. 169.
⁷⁷¹ Staudinger/*Preis*, § 629 BGB Rn. 20.
⁷⁷² LAG Düsseldorf 24.3.1964 BB 1964, 927.

Arbeitnehmer die vertragliche zugesagte Wohnung nicht zuweist.⁷⁷³ In beiden Fällen setzt die Kündigung aber fruchtloses Abhilfeverlangen bzw. die Abmahnung voraus.

Eine Teilkündigung allein der Werkmietwohnung durch den Arbeitnehmer hat das BAG abgelehnt.⁷⁷⁴ Das Ergebnis erscheint unbefriedigend, weil die Teilkündigung ein milderes Mittel gegenüber der Vollkündigung des Arbeitsverhältnisses ist. Im konkreten Fall half das BAG mit einem Anspruch auf Entlassung aus dem Mietverhältnis. **730**

ee) Sonstige Nebenpflichten

Im Übrigen können – je nach Gewicht der Pflichtverletzung – weitere Verletzungen von Nebenpflichten die Kündigung des Arbeitsverhältnisses bedingen. So kann beispielsweise die Verletzung von Vermögensinteressen des Arbeitnehmers – nach Abmahnung – die Kündigung rechtfertigen (Beispiel: Nichtabführung von Sozialversicherungsbeiträgen).⁷⁷⁵ **731**

2. Personenbedingte Gründe des Arbeitnehmers

Personenbedingte Gründe sind nur sehr zurückhaltend als wichtige Gründe zur Kündigung des Arbeitsverhältnisses durch den Arbeitnehmer anzuerkennen. Ihnen ist gemein, dass die Gründe aus der Risikosphäre des Arbeitnehmers herrühren, und schon aus diesem Grunde eine Vertragsdurchbrechung durch außerordentliche Kündigung regelmäßig ausschließen. **732**

a) Arbeitsplatzwechsel

So berechtigt die Aussicht auf eine Stellung mit einem erheblich höheren Gehalt einen Angestellten nicht, ein langfristiges Arbeitsverhältnis außerordentlich zu kündigen.⁷⁷⁶ Auch die Möglichkeit, in ein Beamtenverhältnis zu wechseln, berechtigt nicht zur fristlosen Kündigung.⁷⁷⁷ Das Gleiche gilt, wenn der Arbeitnehmer den Arbeitsplatz aufgeben will, um ein Studium zu beginnen.⁷⁷⁸ Auch wenn der Arbeitgeber einen wechselwilligen Arbeitnehmer im Rahmen seines Direktionsrechts versetzt, etwa um den Abfluss von Know-how oder Kundenkontakten zu dem neuen Arbeitgeber zu unterbinden, rechtfertigt dies nicht die fristlose Kündigung durch den Arbeitnehmer.⁷⁷⁹ **733**

b) Gewissenskonflikt

Zunehmend an Bedeutung gewonnen hat die Frage, welche Reaktionsmöglichkeiten die Arbeitsvertragsparteien bei einem Gewissenskonflikt des Arbeitnehmers haben, der ihm die Ausübung seiner Tätigkeit ganz oder teilweise verbietet.⁷⁸⁰ Werden dem Arbeitnehmer einzelne Aufgaben zugewiesen, die er mit seinem Gewissen nicht vereinbaren kann, steht ihm u. U. ein Leistungsverweigerungsrecht zu. Dieses hat zwar **734**

---

⁷⁷³ BAG 19.6.1967 AP GewO § 124 Nr. 1 = EzA GewO § 124 Nr. 1.
⁷⁷⁴ Vgl. BAG 23.8.1989 EzA BGB §§ 565b–e Nr. 3 = NZA 1990, 191.
⁷⁷⁵ LAG Baden-Württemberg 30.5.1968 BB 1968, 874.
⁷⁷⁶ BAG 1.10.1970 AP BGB § 626 Nr. 59 = EzA BGB n. F. § 626 Nr. 6; LAG Schleswig-Holstein 30.1.1991 LAGE BGB § 626 Nr. 55.
⁷⁷⁷ BAG 24.10.1996 EzA GG Art. 12 Nr. 29 = NZA 1997, 597.
⁷⁷⁸ ErfK/*Müller-Glöge,* § 626 BGB Rn. 168.
⁷⁷⁹ LAG Niedersachsen 12.10.1998 LAGE BGB § 315 Nr. 5.
⁷⁸⁰ Ausf. *Konzen/Rupp,* Gewissenskonflikte im Arbeitsverhältnis, 1990.

zur Folge, dass eine fristlose arbeitgeberseitige Kündigung wegen beharrlicher Arbeitsverweigerung ausgeschlossen ist,[781] andererseits erhält der Arbeitnehmer auch kein Entgelt, da sich der Arbeitgeber nicht in Annahmeverzug (§ 615 BGB) befindet. Man wird dem Arbeitnehmer daher, wenn es ihm nicht zuzumuten ist, auch nur für eine begrenzte Zeit bis zum Ablauf der ordentlichen Kündigungsfrist die anfallenden Arbeiten zu erledigen, selbst das Recht zur Kündigung aus wichtigem Grund einräumen müssen.[782] Andererseits kann, wenn eine Gewissensentscheidung des Arbeitnehmers es dem Arbeitgeber verbietet, jenem eine an sich geschuldete Arbeit zuzuweisen, eine personenbedingte ordentliche arbeitgeberseitige Kündigung gerechtfertigt sein, wenn eine andere Beschäftigungsmöglichkeit nicht besteht.[783]

735 Vergleichbar sind die Fälle zu lösen, in denen religiöse Vorschriften dem Arbeitnehmer gebieten, die Arbeitsleistung nur in einer bestimmten Weise auszuführen. Besteht eine präzise, nach verfassungsrechtlicher Abwägung wirksame Vertragspflicht, eine bestimmte Kleidung zu tragen, gebieten aber religiöse Vorschriften oder sein Gewissen dem Arbeitnehmer, damit unvereinbare Bekleidungsvorschriften einzuhalten, kann nicht nur ein Kündigungsrecht des Arbeitgebers bestehen; sondern auch der Arbeitnehmer selbst kann – unbeschadet seines aus § 275 Abs. 3 BGB folgenden Leistungsverweigerungsrechts – personenbedingt außerordentlich kündigen, da der Arbeitgeber die Arbeitsleistung unter Verstoß gegen die Bekleidungsvorschriften nicht als vertragsgemäß annehmen muss und deshalb auch nicht in Annahmeverzug gerät.[784]

c) Familiäre Gründe

736 Familiäre Gründe (Eheschließung, Kinderbetreuung; Pflege von Angehörigen) können nur dann eine fristlose Kündigung durch den Arbeitnehmer rechtfertigen, wenn die Gründe nicht vorhersehbar waren und der Arbeitnehmer in eine unzumutbare Pflichtenkollision gerät.[785]

d) Krankheit

737 Ist ein Arbeitnehmer infolge Krankheit nur noch in der Lage, halbe Tage zu arbeiten, so kann er nicht fristlos kündigen, ohne vorher seinem Arbeitgeber die Gelegenheit gegeben zu haben, ihn nach Maßgabe seiner verbliebenen Arbeitskraft weiter zu beschäftigen.[786] Ist der Arbeitnehmer dauernd arbeitsunfähig, verliert auch der Arbeitgeber das Interesse an der Arbeitsleistung. Dennoch ist auch hier die ordentliche Kündigung vorrangig.[787] Fraglich ist, ob der Arbeitnehmer wegen Ansteckungsgefahren im Betrieb fristlos kündigen kann.[788] Dies ist zweifelhaft, weil die Infektionsgefahr ausgeräumt werden kann. Zwischenzeitlich kann der Arbeitnehmer die Arbeitsleistung verweigern und Entgelt nach § 615 BGB verlangen. Die außerordentliche Kündigung wegen Krankheit ist jedoch zulässig, wenn auch für den Arbeitnehmer die ordentliche Kündigung ausgeschlossen ist (zB bei befristeten Arbeitsverträgen).

---

[781] BAG 20.12.1984 EzA KSchG § 1 Verhaltensbedingte Kündigung Nr. 16 = NZA 1986, 21; RGRK/*Corts*, § 626 BGB Rn. 112.
[782] ArbG Heidelberg 28.3.1967 ARSt 1967, 165.
[783] BAG 24.5.1989 EzA BGB § 611 Direktionsrecht Nr. 3 = NZA 1990, 144; LAG Hessen 21.6.2001 NZA-RR 2001, 632.
[784] Zum Ganzen *Greiner*, Ideelle Unzumutbarkeit, 2004, S. 418 ff., 440 ff.
[785] Ebenso ErfK/*Müller-Glöge*, § 626 BGB Rn. 164.
[786] Vgl. BAG 2.2.1973 AP BGB § 626 Krankheit Nr. 1 = EzA BGB n. F. § 626 Nr. 23.
[787] Richtig APS/*Dörner/Vossen*, § 626 BGB Rn. 398.
[788] So LAG Düsseldorf 20.10.1960 BB 1961, 49; KR/*Fischermeier*, § 626 BGB Rn. 473.

IX. Außerordentliche Kündigung ordentlich Unkündbarer

Vielfach werden Arbeitnehmer aufgrund eines Sonderkündigungsschutzes als „unkündbar" bezeichnet. Dies ist irreführend. Denn der **Rückgriff auf das unverzichtbare Recht zur außerordentlichen Kündigung ist immer möglich.** Freilich entfällt bei Ausschluss der ordentlichen Kündigung eben das gegenüber der außerordentlichen Kündigung spezifische mildere Mittel der ordentlichen Kündigung. Wenn es zudem richtig ist, dass die Unzumutbarkeit i.S. des § 626 BGB umso eher gegeben ist, je länger die Vertragsbindung besteht,[789] führt dies zu dem paradoxen Ergebnis, dass sog. „unkündbare" Arbeitnehmer eher fristlos entlassen werden könnten als ordentlich kündbare Arbeitnehmer. Ein solches Ergebnis stünde im Widerspruch zum Sinn und Zweck aller Unkündbarkeitsgründe.[790] Fristlos kann einem tariflich unkündbaren Arbeitnehmer nach § 626 BGB allenfalls dann gekündigt werden, wenn dem Arbeitgeber bei einem vergleichbaren kündbaren Arbeitnehmer dessen Weiterbeschäftigung bis zum Ablauf der einschlägigen ordentlichen Kündigungsfrist unzumutbar wäre (zur notwendigen Neubeurteilung der Zulässigkeit tarifliche Unkündbarkeitsklauseln s. jetzt aber → Rn. 265). Nur so kann der **Wertungswiderspruch** verhindert werden, dass sonst der tariflich unkündbare Arbeitnehmer allein wegen seines besonderen Schutzes benachteiligt würde.[791] Deshalb unterscheidet das BAG nun auch zwischen der Beurteilung einer außerordentlichen Kündigung mit Auslauffrist und der fristlosen Kündigung. Ist zu prüfen, ob ein wichtiger Grund für eine fristlose Kündigung vorliegt, erfolgt die Interessenabwägung in Hinblick auf die Frage, ob die Fortsetzung des Arbeitsverhältnisses bis zum Ablauf der bei einem ordentlich unkündbaren Arbeitnehmer „fiktiven" Kündigungsfrist dem Arbeitgeber noch zugemutet werden kann.[792] Das BAG will die durch den Ausschluss der ordentlichen Kündigung bedingte langfristige Vertragsbindung „im Rahmen der einzelfallbezogenen Interessenabwägung entweder zugunsten oder zuungunsten des Arbeitnehmers berücksichtigen".[793]

738

Neben dem sondergesetzlichen Kündigungsschutz für Betriebsratsmitglieder (§ 15 KSchG, → Rn. 1665ff.) spielt der tarifvertragliche und der einzelvertragliche Ausschluss der ordentlichen Kündigung in der Praxis eine große Rolle (→ Rn. 261ff.).

739

In seiner **früheren** Rechtsprechung hat das BAG die außerordentliche Kündigung ordentlich Unkündbarer nur sehr zurückhaltend anerkannt. Ein betriebsbedingter Grund zur außerordentlichen Kündigung wurde nur bei Betriebsstilllegung oder Wegfall eines wesentlichen Teils der Aufgaben befürwortet.[794] In jüngerer Zeit ist eine Mehrung der Fälle außerordentlicher Kündigungen ordentlich Unkündbarer festzustellen. Die Problematik ist daher von **hoher praktischer Relevanz,** weil viele Tarifverträge, insbesondere die des öffentlichen Dienstes, Unkündbarkeitsklauseln vorse-

740

---

[789] *Herschel,* Anm. zu AP Nr. 1 TV AL II; kritisch im Hinblick auf „unkündbare Arbeitnehmer" KR/*Fischermeier,* § 626 BGB Rn. 299; zum Ganzen *Preis/Hamacher,* FS Arbeitsgerichtsbarkeit Rheinland-Pfalz 1999, 245ff.; *Bitter/Kiel,* FS Schwerdtner, 2003, S. 13ff.; *Linck/Scholz,* AR-Blattei, SD 1010.7; *Kiel,* NZA-Beilage 2005, Nr. 1, S. 18ff.
[790] BAG 13.4.2000 EzA BGB n.F. § 626 Nr. 180 = NZA 2001, 277.
[791] Zutreffend BAG 12.8.1999 EzA BGB § 626 Verdacht strafbarer Handlung Nr. 8 = NZA 2000, 421; BAG 6.7.2000 RzK I 8c Nr. 54.
[792] BAG 27.4.2006 EzA BGB 2002 § 626 Unkündbarkeit Nr. 11 = NZA 2006, 977.
[793] BAG 14.11.1984 EzA BGB n.F. § 626 Nr. 93 = NZA 1985, 426; ähnlich KR/*Fischermeier,* § 626 BGB Rn. 301.
[794] Vgl. BAG 3.11.1955 AP BGB § 626 Nr. 4 = EzA BGB § 626 Nr. 1; BAG 28.3.1985 EzA BGB n.F. § 626 Nr. 96 = NZA 1985, 559; BAG 7.6.1984 AP KO § 22 Nr. 5; BAG 6.3.1986 AP KSchG 1969 § 15 Nr. 19; BAG 22.7.1992 EzA BGB n.F. § 626 Nr. 141.

hen. Hier sind auch ggf. außerordentliche personenbedingte Änderungskündigungen ordentlich Unkündbarer anzutreffen.[795]

1. Grundsätze zur Bestimmung des „wichtigen Grundes"

741 Der Wertungsproblematik muss durch eine teleologische Interpretation der Ausschlusstatbestände begegnet werden, um Widersprüche zu vermeiden. Folgende Kontrollüberlegung sollte vorangestellt werden: Ist die außerordentliche Kündigung eines ordentlich Unkündbaren nur dann zulässig, wenn auch die außerordentliche Kündigung eines ordentlich Kündbaren zulässig wäre? Dies hätte zur Konsequenz, dass eine betriebsbedingte fristlose Kündigung grundsätzlich ausgeschlossen ist, weil andernfalls das Betriebs- und Wirtschaftsrisiko auf den Arbeitnehmer verlagert würde (→ Rn. 715 ff.).[796]

a) Außerordentliche Kündigung aus minder wichtigem Grund?

742 Die im Schrifttum vertretene Auffassung[797] ist abzulehnen,[798] die eine außerordentliche Kündigung aus minder wichtigem Grund im Sinne eines dritten, eigenartigen, gesetzlich nicht ausgestalteten Grundtyps der Kündigung befürwortet. Das Gesetz kennt eine derartige Kündigung nicht. Zudem liefe die Anerkennung eines solchen Kündigungstyps dem Zweck von Unkündbarkeitsklauseln zuwider: Gerade wenn es darauf ankäme, würde bei unkündbaren Arbeitnehmern die ordentliche Kündigung durch die außerordentliche Kündigung ersetzt, sodass der stärkere Bestandschutz ohne Wirkung bliebe bzw. sich sogar hinsichtlich der Kündigungsfristen in sein Gegenteil verkehrte.[799]

b) Berücksichtigung der Unkündbarkeit in der Interessenabwägung

743 Nach § 626 Abs. 1 BGB kommt es für die Zumutbarkeit der weiteren Beschäftigung entscheidend auf die Frist für die reguläre Beendigung des Arbeitsverhältnisses an. Grundsätzlich ist die ordentliche Kündigung vorrangig, je kürzer die dann einzuhaltende Kündigungsfrist ist. Die zu verlangende Dringlichkeit des wichtigsten Grundes steht also grundsätzlich in einem umgekehrten, also diametralen Verhältnis zur Bindung des Kündigenden.[800] Dies führt im praktischen Ergebnis aller BAG-Entscheidungen dazu, dass bei ordentlich Unkündbaren doch ein „minder wichtiger Grund" für die außerordentliche Kündigung ausreicht.[801] Dies erkennt das BAG und versucht

---

[795] BAG 28.10.2010 NZA-RR 2011, 155.
[796] Siehe BAG 28.9.1972 EzA BGB n. F. § 626 Nr. 17; BAG 9.7.1981 DB 1982, 121 = EzA BGB § 620 Nr. 1 Bedingung; BAG 28.3.1985 EzA BGB n. F. § 626 Nr. 96 = NZA 1985, 559.
[797] Vgl. *Herschel*, Anm. zu AP BGB § 626; *Herschel*, Anm. zu AP Nr. 1 zu § 44 TV AL II (insoweit ablehnend KR/*Fischermeier*, § 626 BGB Rn. 306).
[798] BAG 7.3.2002 EzA BGB n. F. § 626 Nr. 196 = NZA 2002, 963; BAG 3.10.1957 AP HGB § 70 Nr. 1; LAG Hamm 24.11.1988 LAGE BGB § 626 Unkündbarkeit Nr. 2; *Kania/Kramer*, RdA 1995, 287, 294; *Walker*, Anm. EzA BGB § 626 Unkündbarkeit Nr. 2; ausführlich *Schwerdtner*, FS Kissel, 1994, S. 1077, 1080 ff.; teilweise werden die Ergebnisse der Praxis aber als eine Kündigung aus minder wichtigem Grund gesehen, vgl. *Bröhl*, FS Schaub, 1998, S. 55, 56; *Wiedemann*, EWiR 1998, 537 f., spricht von einer außerordentliche Kündigung, die nicht auf minder wichtigen, auf andersartigen wichtigen Gründen beruht.
[799] Vgl. *Schwerdtner*, FS Kissel, S. 1077, 1083 f.
[800] Vgl. BAG 15.12.1955 AP § 626 BGB Nr. 6; Staudinger/*Preis*, § 626 BGB Rn. 61; *Herschel*, Anm. zu AP Nr. 1 zu § 44 TV AL II.
[801] *Stein*, DB 2013, 1299, 1300; abwehrend BAG 20.6.2013 NZA 2014, 139 Rn. 14.

nunmehr generell, diese Benachteiligung durch eine zwingende soziale Auslauffrist aufzufangen.[802] Die Dauer des Arbeitsverhältnisses kann indes nur als *ein* Kriterium in die Interessenabwägung einfließen.[803] Die Unkündbarkeit hat keinen Einfluss auf die Interessenabwägung, wenn der Kündigungssachverhalt bereits so schwerwiegend ist, dass auch einem ordentlich kündbaren Arbeitnehmer fristlos hätte gekündigt werden können.[804] An dieser Stelle kommt auch die Unterscheidung zwischen der fristlosen Kündigung und der außerordentlichen Kündigung mit Auslauffrist zum Tragen. Nach der neueren Rechtsprechung soll die Unkündbarkeit in der Interessenabwägung nicht berücksichtigt werden, wenn es sich um eine fristlose Kündigung handelt.[805]

744 Nach Auffassung der Rechtsprechung kann sich die Unkündbarkeit im Einzelfall zugunsten oder zuungunsten des Arbeitnehmers auswirken.[806] Welche Betrachtungsweise den Vorrang verdiene, sei insbesondere unter Beachtung des Sinns und Zwecks des Ausschlusses der ordentlichen Kündigung zu entscheiden. Das Gericht unterscheidet dann wie folgt: Bei einmaligen Vorfällen ohne Wiederholungsgefahr wirke sich die längere Vertragsbindung zugunsten des Arbeitnehmers aus; bei Dauertatbeständen oder Vorfällen mit Wiederholungsgefahr könne die Fortsetzung des Arbeitsverhältnisses für den Arbeitgeber aufgrund der „Unkündbarkeit" unter Umständen eher unzumutbar sein als bei einem ordentlich kündbaren Arbeitnehmer. Diese Unterscheidung der Rechtsprechung hilft dem Rechtsanwender nicht weiter und ist lediglich irritierend:[807] Ohne eine Wiederholungsgefahr besteht ohnehin kein Kündigungsgrund: Jede Kündigung ist zukunftsbezogen; auch im Rahmen der außerordentlichen Kündigung ist das Prognoseprinzip zu beachten.[808] Im Ergebnis bewertet die Rechtsprechung daher die lange Bindungsdauer im Regelfall zuungunsten des Arbeitnehmers.[809] Diese Konsequenz steht offensichtlich im Widerspruch zu dem Grundsatz der Rechtsprechung, dass die Unzumutbarkeit nur unter Anlegung eines besonders engen Maßstabs[810] oder nur in eng begrenzten Ausnahmefällen[811] zu befürworten sei. Hilfreich bei der Lösung des Problems könnte die Erkenntnis sein, dass **Sinn und Zweck der Unkündbarkeitsklausel von entscheidender Bedeutung bei der Interessenabwägung** nach § 626 BGB sein dürfte.[812] Immerhin hat das BAG entschieden, dass die „Unkündbarkeit" nicht nur zulasten des Arbeitnehmers berücksichtigt werden dürfe.[813] Im **öffentlichen Dienst** spricht der 2. Senat von **Extremfällen,** in denen eine außerordentliche Kündigung trotz § 34 Abs. 2 TVöD in Betracht kommen könne.[814] Ferner wurde

---

[802] BAG 13.4.2000 EzA BGB n. F. § 626 Nr. 180 = NZA 2001, 277.
[803] Vgl. KR/*Fischermeier,* § 626 BGB Rn. 300.
[804] BAG 2.3.2006 EzA BGB 2002 § 626 Nr. 16 = NZA-RR 2006, 636.
[805] BAG 27.4.2006 EzA BGB 2002 § 626 Unkündbarkeit Nr. 11 = NZA 2006, 977.
[806] BAG 27.4.2006 EzA BGB 2002 § 626 Unkündbarkeit Nr. 11 = NZA 2006, 977; BAG 14.11.1984 EzA BGB n. F. § 626 Nr. 93 = NZA 1985, 426; so auch KR/*Fischermeier,* § 626 BGB Rn. 301; *Kania/Kramer,* RdA 1995, 287, 294; kritisch *Bröhl,* FS Schaub, S. 55, 60 f.
[807] *Preis,* Prinzipien, S. 486; *Schwerdtner,* FS Kissel, S. 1077, 1080; *Walker,* Anm. zu EzA BGB § 626 Unkündbarkeit Nr. 2; vgl. ErfK/*Müller-Glöge,* § 626 BGB Rn. 50.
[808] ErfK/*Müller-Glöge,* § 626 BGB Rn. 19; KR/*Fischermeier,* § 626 BGB Rn. 110.
[809] *Preis,* Prinzipien, S. 486.
[810] BAG 3.11.1955 AP BGB § 626 Nr. 3; BAG 15.12.1955 AP BGB § 626 Nr. 6; KR/*Fischermeier,* § 626 BGB Rn. 301.
[811] BAG 9.9.1992 EzA BGB n. F. § 626 Nr. 142 = NZA 1993, 598; BAG 12.7.1995 EzA BGB n. F. § 626 Nr. 156 = NZA 1995, 1100; BAG 5.2.1998 EzA BGB § 626 Unkündbarkeit Nr. 2 = NZA 1998, 771.
[812] Staudinger/*Preis,* § 626 BGB Rn. 73.
[813] BAG 13.4.2000 EzA BGB n. F. § 626 Nr. 180 = NZA 2001, 277.
[814] BAG 6.10.2005 EzA BGB 2002 § 626 Nr. 14 = NZA-RR 2006, 416; zur Schließung einer Musikschule und nicht ausgeschöpftem ultima-ratio-Prinzip: BAG 27.6.2002 § 55 BAT Nr. 4 = EzA

der Unterschied zwischen einem einzelvertraglichen befristeten Ausschluss der ordentlichen Kündigung und einem generellen Ausschluss durch Tarifvertrag betont: Bei einer einzelvertraglichen Beschränkung muss der Arbeitgeber das mit dieser Beschränkung einhergehende Wirtschaftsrisiko generell tragen.[815]

744a Die jüngere Rechtsprechung versucht, durch eine strenge Betrachtung im Einzelfall dem besonderen Kündigungsschutz Rechnung zu tragen, auch wenn es im Grundsatz die freie Unternehmerentscheidung auch in diesen Fällen betont (siehe nachfolgend → Rn. 745). Der Arbeitgeber sei aber „*wegen des Ausschlusses der ordentlichen Kündigung in einem besonderen Maß verpflichtet zu versuchen, die Kündigung durch geeignete andere Maßnahmen zu vermeiden.*"[816] Er habe das Fehlen jeglicher sinnvoller Beschäftigungsmöglichkeit darzulegen. Das BAG erlegt dem Arbeitgeber damit – anders als bei einer ordentlichen Kündigung – die Darlegungs- und Beweislast für das Nichtbestehen sinnvoller Beschäftigungsmöglichkeiten auf. Das Vorbringen des Arbeitgebers müsse deutlich machen, „dass er alles Zumutbare unternommen hat, um die durch sein (neues) unternehmerisches Konzept notwendig werdenden Anpassungen der Vertragsbedingungen auf das unbedingt erforderliche Maß zu beschränken."[817] Konkret bedeutet dies, dass das BAG – entgegen der sonst betonten fehlenden Konzerndimensionalität des Kündigungsschutzes – den Arbeitnehmer den Prozess gewinnen lässt, weil der Arbeitgeber nicht versucht habe, den Kläger bei einem anderen Konzernunternehmen unterzubringen.[818]

2. Betriebsbedingte Kündigung

745 Das BAG hat im Jahre 1957 festgestellt, es gebe keinen Rechtssatz, nach dem „ein wichtiger Grund niemals in unpersönlichen, lediglich im Betriebe liegenden Umständen gefunden werden kann. Ebenso wenig gibt es allerdings den umgekehrten Rechtssatz, dass die völlige Betriebsstilllegung eines Betriebes oder eines Betriebsteils stets und immer ein wichtiger Grund ist, der zur Entlassung auch der sonst unkündbaren Arbeitnehmer ausreicht."[819] Gemeinsamer Ausgangspunkt aller Überlegungen ist zunächst, dass dringende betriebliche Gründe **regelmäßig nur eine ordentliche Arbeitgeberkündigung** gemäß § 1 KSchG rechtfertigen. Dies ergibt sich aus dem Ultima-Ratio-Prinzip und dem Grundsatz, dass der Arbeitgeber das Wirtschaftsrisiko nicht auf den Arbeitnehmer abschieben kann.[820] Eine Ausnahme wird allerdings bei der „Unkündbarkeit" des Arbeitsverhältnisses gemacht. Nach der Rechtsprechung kann eine unzumutbare Belastung dann bestehen, wenn der Arbeitgeber den Arbeitnehmer nicht weiterbeschäftigen kann, aber über einen längeren Zeitraum das Entgelt fortzuzahlen hätte.[821] Nach ständiger Rechtsprechung soll eine außerordentliche be-

---

BGB § 626 Unkündbarkeit Nr. 8; vgl. ferner BAG 8.4.2003 EzA BGB 2002 § 626 Unkündbarkeit Nr. 2 = NZA 2003, 856.
[815] BAG 7.3.2002 EzA BGB § 626 Nr. 196 = NZA 2002, 963.
[816] BAG 23.1.2014 NZA 2014, 895 Rn. 17.
[817] BAG 23.1.2014 NZA 2014, 895 Rn. 22; BAG 20.6.2013 NZA 2014, 139 Rn. 14; BAG 22.11.2012 NZA 2013, 730.
[818] Siehe BAG 23.1.2014 NZA 2014, 895 Rn. 23; In den Fällen BAG 20.6.2013 NZA 2014, 139 Rn. 34 und BAG 22.11.2012 NZA 2013, 730 Rn. 38 erfolgte die Zurückverweisung an das LAG.
[819] BAG 8.10.1957 AP BGB § 626 Nr. 16.
[820] BAG 28.3.1985 EzA BGB n.F. § 626 Nr. 96 = NZA 1985, 559; BAG 22.7.1992 EzA BGB § 626 Nr. 141; BAG 7.6.1984 EzA KO § 22 Nr. 4 = NZA 1985, 121; BAG 7.3.2002 EzA BGB § 626 Nr. 196 = NZA 2002, 963.
[821] BAG 23.1.2014 NZA 2014, 895; BAG 20.6.2013 NZA 2014, 139 Rn. 14; BAG 22.11.2012 NZA 2013, 730; BAG 28.3.1985 EzA BGB n.F. § 626 Nr. 96 = NZA 1985, 559; BAG 22.7.1992 EzA BGB n.F. § 626 Nr. 141; BAG 7.6.1984 EzA KO § 22 Nr. 4 = NZA 1985, 121.

triebsbedingte Kündigung nur ausnahmsweise zulässig sein, wenn zB der Arbeitgeber beim völligen Ausschluss einer ordentlichen Kündigung gezwungen wäre, über viele Jahre hinweg ein „sinnentleertes Arbeitsverhältnis" nur durch Gehaltszahlungen aufrecht zu erhalten.[822] Wenn das Arbeitsverhältnis noch ordentlich kündbar ist, scheidet eine außerordentlich Kündigung aus, was aber nicht der Fall ist, wenn das Arbeitsverhältnis nur ausnahmsweise mit „Zustimmung der Tarifvertragsparteien" ordentlich kündbar ist.[823] Im Falle des Ausschlusses der ordentlichen Kündigung ist der Arbeitgeber in einem besonderen Maß verpflichtet zu versuchen, die Kündigung durch geeignete andere Maßnahmen zu vermeiden. Besteht irgendeine Möglichkeit, das Arbeitsverhältnis sinnvoll fortzusetzen, muss er an dem Arbeitnehmer festhalten. Erst wenn alle denkbaren Alternativen ausscheiden, kann ein wichtiger Grund zur außerordentlichen Kündigung vorliegen.[824] Dennoch: Das BAG parallelisiert die Voraussetzungen des ordentlichen und außerordentlichen Kündigungsgrundes. Ein wichtiger Grund für eine außerordentliche Kündigung iSv. § 626 Abs. 1 BGB könne sich „– *ebenso wie ein dringendes betriebliches Erfordernis iSv. § 1 Abs. 2 KSchG – aus dem Wegfall der Beschäftigungsmöglichkeit aufgrund innerbetrieblicher, von äußeren Faktoren nicht „erzwungener" Maßnahmen ergeben.*"[825] Die unternehmerische Entscheidung sei „*gerichtlich nicht auf ihre sachliche Rechtfertigung oder ihre Zweckmäßigkeit, sondern nur daraufhin zu überprüfen, ob sie offensichtlich unsachlich, unvernünftig oder willkürlich ist.*" Die in Teilen des Schrifttums[826] geforderte Abwägung der wirtschaftlichen Vorteile des Arbeitgebers mit den Nachteilen, die der Arbeitnehmer durch den Arbeitsplatzverlust erleidet, lehnt das BAG ab.

Entscheidend nach der hier vertretenen Position ist die Austarierung der **Grenzen der wirtschaftlichen Zumutbarkeit.** Die Interpretation des Merkmals der „dringenden Erfordernisse" weist in die richtige Richtung.[827]

745a

a) Absolute Grenze wirtschaftlicher Unzumutbarkeit?

Fraglich ist, ob die Grenze wirtschaftlicher Zumutbarkeit abstrakt und absolut bestimmt werden kann. In der Entscheidung vom 5. Februar 1998[828] nahm das BAG im Falle der Kündigung einer Sekretärin, die kraft vertraglicher Bezugnahme auf einen Tarifvertrag ordentlich unkündbar war, einen wichtigen Kündigungsgrund wegen Ausscheidens des Geschäftsführers an. Die unternehmerische Entscheidung, den Arbeitsplatz der Sekretärin des Geschäftsführers entfallen zu lassen, sei nicht überprüfbar. Die Weiterbeschäftigung eines Arbeitnehmers könne insbesondere dann unzumutbar sein, wenn die ordentliche Kündigung ausgeschlossen sei und der Arbeitgeber aus diesem Grund das Entgelt über einen längeren (hier fünfjährigen) Zeitraum weiterzahlen müsste. *Walker* folgert aus dieser Ausführung, dass es für einen Arbeitgeber unzumutbar ist, über einen Zeitraum von mehr als fünf Jahren zur Zahlung des Arbeitsentgelts ohne Gegenleistung verpflichtet zu sein.[829] Im Ergebnis wäre somit eine fünfjährige

746

---

[822] BAG 21.4.2005 AP KSchG 1969 § 1 Betriebsbedingte Kündigung Nr. 134 = EzA BGB 2002 § 626 Nr. 8; BAG 5.2.1998 EzA BGB § 626 Unkündbarkeit Nr. 2 = NZA 1998, 771; BAG 28.3.1985 EzA BGB n. F. § 626 Nr. 96 = NZA 1985, 559.
[823] BAG 20.3.2014 – 2 AZR 288/13 –.
[824] BAG 20.6.2013 NZA 2014, 139 Rn. 15; BAG 24.1.2013 NZA 2013, 959; BAG 22.11.2012 NZA 2013, 730.
[825] BAG 20.6.2013 NZA 2014, 139 Rn. 19; BAG 22.11.2012 NZA 2013, 730 Rn. 15.
[826] *Däubler*, Die Unternehmerfreiheit im Arbeitsrecht, S. 32, 44; *Stein*, AuR 2013, 243, 248.
[827] Siehe auch HHL/*Krause*, § 1 KSchG Rn. 758; ablehnend BAG 20.6.2013 NZA 2014, 139 Rn. 20.
[828] AP BGB § 626 Nr. 143.
[829] Anm. zu EzA BGB § 626 Nr. 2 Unkündbarkeit.

Pflicht zur Entgeltfortzahlung ohne Verwendungsmöglichkeit und damit ohne Gegenleistung ein absoluter Kündigungsgrund.

747 Dies kann nicht überzeugen. Zu berücksichtigen ist insoweit die Wertung aus § 624 BGB. Aufgrund des § 624 BGB steht dem *Arbeitnehmer* nach Ablauf von fünf Jahren ein Kündigungsrecht zu. Sinn und Zweck dieser Vorschrift bestehen darin, eine überlange Bindung an das Dienstverhältnis zu verhindern und mit dem eingeräumten Kündigungsrecht dem Schutz der persönlichen Freiheit des Arbeitnehmers zu dienen.[830] Eine „lebenslängliche" Bindung des Arbeitnehmers ist aufgrund der zwingenden Kündigungsmöglichkeit nicht sittenwidrig iSd § 138 BGB.[831] Im Umkehrschluss kann der Regelung des § 624 BGB entnommen werden, dass der Gesetzgeber den Arbeitgeber nicht im gleichen Maße als schutzbedürftig angesehen hat. Wird im Vertrag allein das Recht des Arbeitgebers zur ordentlichen Kündigung ausgeschlossen, so ist diese Vereinbarung zulässig. **Der Arbeitgeber kann sich also wirksam auf Lebenszeit binden.**[832] Ihm bleibt lediglich die Möglichkeit, sich bei Vorliegen eines wichtigen Grundes von der lebenslangen Bindung zu trennen. Eine über fünf Jahre hinausgehende Bindung und das damit verbundene Risiko der Entgeltfortzahlung kann dann aber keinen absoluten Kündigungsgrund im Rahmen des § 626 BGB darstellen. Entscheidend ist vielmehr auch insoweit der **Sinn und Zweck der Vereinbarung:** Bei einem Rationalisierungstarifvertrag mit einer Laufzeit von fünf Jahren, der als Gegenleistung für den Ausschluss betriebsbedingter Kündigungen Lohnminderungen oder Arbeitszeitverlängerungen vorsieht, kann beispielsweise eine fünfjährige Lohnzahlungspflicht ohne Verwendungsmöglichkeit der Arbeitskraft sicher kein wichtiger Grund iSd § 626 BGB sein. Es sind also stets alle normativ schutzwürdigen Kriterien zu berücksichtigen.

b) Verfassungsrechtliche Wertungen

748 Der Arbeitgeber wird durch Art. 2, 12 und 14 GG auch in seiner Freiheit geschützt, einen Beruf und eine Unternehmenstätigkeit aufzugeben. Nach Auffassung des BAG sei es nach Art. 12 Abs. 1 S. 1 GG dem Arbeitgeber überlassen, wie er sein Unternehmen führt, ob er es überhaupt weiterführt und ob er seine Betätigungsfelder einschränkt. Er könne grundsätzlich Umstrukturierungen allein zum Zwecke der Ertragssteigerung vornehmen (→ Rn. 982). Es könne nicht darum gehen, ihm die fragliche organisatorische Maßnahme als solche gerichtlich zu untersagen, sondern nur darum, ob ihre tatsächliche Umsetzung eine Kündigung rechtfertigt.[833] Dies gelte im Rahmen des § 1 KSchG und des § 626 BGB gleichermaßen. Der Unternehmer muss zwar die (auch ordentlich unkündbaren) Arbeitsverhältnisse wirksam kündigen können, um seinen Beruf und seine Unternehmenstätigkeit aufgeben zu können.[834] Fragwürdig ist aber, dass das BAG die Betriebsstilllegung regelmäßig mit der Unternehmensaufgabe gleichsetzt.[835] Dies ist keineswegs geboten, soweit in einem Unternehmen mit mehre-

---

[830] BAG 19.12.1991 EzA BGB § 624 Nr. 1 = NZA 1992, 543; BAG 24.10.1996 EzA GG Art. 12 Nr. 29 = NZA 1997, 597.
[831] Vgl. Staudinger/*Preis*, § 624 BGB Rn. 1; *Kania/Kramer*, RdA 1995, 287, 288; *Oetker*, Das Dauerschuldverhältnis und seine Beendigung, 1994, S. 466.
[832] BGH 22.4.1986 NJW-RR 1986, 982, 983; BAG 25.3.2004 AP BGB § 138 Nr. 60; ErfK/*Müller-Glöge*, § 15 TzBfG Rn. 18; Staudinger/*Preis*, § 624 BGB Rn. 7.
[833] BAG 20.6.2013 NZA 2014, 139 Rn. 20.
[834] BAG 5.2.1998 EzA BGB § 626 Unkündbarkeit Nr. 2 = NZA 1998, 771.
[835] Auffallend ist dies insbesondere im Urteil BAG 5.2.1998 EzA BGB § 626 Unkündbarkeit Nr. 2 = NZA 1998, 771, obwohl die Entscheidung nur den Fortfall eines einzigen Arbeitsplatzes betrifft. Die Argumentation greift daher oft zu kurz.

§ 22 Die außerordentliche Kündigung

ren Betrieben lediglich ein Betrieb stillgelegt wird.[836] Der 2. Senat des BAG[837] erweitert den Grundrechtsschutz des Arbeitgebers dahingehend, dass Art. 12 GG auch die Freiheit umfasse, zu entscheiden, welche Größenordnung sein Unternehmen haben soll. Kündigungsbeschränkungen, die diese Entscheidungsfreiheit beseitigen, seien verfassungsrechtlich angreifbar. Unverzichtbar seien zudem Beendigungsmöglichkeiten, die der Anpassung des Arbeitnehmerbestandes an die Entwicklung des Unternehmens dienen. Die Argumentation des Gerichts ist wenig überzeugend. Diese Ausführungen erfolgen im Rahmen der Diskussion, ob eine Tarifnorm eine außerordentliche Kündigung ausschließen könnte. Darum ging es aber nicht. Die betroffene Tarifklausel enthielt nur einen Ausschluss des ordentlichen Kündigungsrechts. Richtig ist, dass das Recht zur außerordentlichen Kündigung weder von den Arbeitsvertragsparteien, den Betriebsparteien noch den Tarifvertragsparteien abbedungen werden kann.[838] Die Grundrechte der Arbeitnehmer und der Arbeitgeber sichern also zunächst den Erhalt eines außerordentlichen Kündigungsrechts. Sie besagen aber noch nicht zwingend, wann der Ausschluss des ordentlichen Kündigungsrechts unwirksam oder das Festhalten an einem Arbeitsvertrag unzumutbar iSd § 626 BGB ist. Das BAG verwertet – im Anschluss an *Bröhl*[839] – den Schutz des Unternehmers doppelt, indem es die Wertungen, die zum zwingenden Charakter des Rechts zur außerordentlichen Kündigung führen, nochmals entscheidend bei der Interessenabwägung einfließen lässt.

749 Die einseitige Betonung des grundrechtlich geschützten Kündigungsrechts vernachlässigt den Schutz anderer Freiheitsrechte des Arbeitgebers. So ist der Arbeitgeber bei seinem personellen Konzept frei.[840] Eine freie Unternehmerentscheidung, die jeder betriebsbedingten Kündigung zugrunde liegen muss, kann nach Auffassung der Rechtsprechung auch darin bestehen, künftig auf Dauer mit weniger Personal zu arbeiten.[841] Im Umkehrschluss ist auch die Entscheidung des Unternehmers, künftig mit den unkündbaren Arbeitnehmern zu arbeiten, zu schützen. Die Vereinbarungen solcher Unkündbarkeitsklauseln sind – unabhängig von ihrer jeweiligen Rechtsgrundlage – grundrechtlich geschützte Entscheidungen: Mit der einzelvertraglichen Unkündbarkeitsvereinbarung nimmt der Arbeitgeber sein Freiheitsrecht wahr: Die Privatautonomie beinhaltet das Recht, sich vertraglich zu verpflichten. Wie bereits aufgezeigt, ergibt sich aus § 624 BGB, dass der Arbeitgeber sich auch über einen fünfjährigen Zeitraum hinaus binden kann. Bei derartigen einzelvertraglichen Unkündbarkeitsvereinbarungen *mutet* sich der Arbeitgeber in Wahrnehmung seiner Freiheitsrechte das Risiko wirt-

---

[836] Vgl. ArbG Wilhelmshaven 23.2.1959 BB 1959, 413: Selbst die Betriebsstilllegung rechtfertige nicht ohne weiteres eine außerordentliche Kündigung, da ansonsten das Arbeitgeberrisiko unzulässigerweise verlagert werde.
[837] BAG 5.2.1998 EzA BGB § 626 Unkündbarkeit Nr. 2 = NZA 1998, 771; so bereits *Bröhl*, FS Schaub, S. 55, 66.
[838] BAG 5.2.1998 EzA BGB § 626 Unkündbarkeit Nr. 2 = NZA 1998, 771; KR/*Fischermeier*, § 626 BGB Rn. 57; ErfK/*Müller-Glöge*, § 626 BGB Rn. 1, 194; a.A. aber *Gamillscheg*, ArbuR 1981, 105, 108f.; zutreffend wurde daher der frühere § 55 Abs. 2 BAT, der betriebsbedingte außerordentliche Kündigungen ausschloss, wegen Verstoßes gegen § 626 BGB gemäß § 134 BGB unwirksam. Hierzu *Bröhl*, ZTR 2006, 174; *Kania/Kramer*, RdA 1995, 287, 288f.; durch die Ablösung dieser Tarifnorm durch § 34 Abs. 2 TVöD sind diese Bedenken entfallen, hierzu BAG 27.11.2008, NZA 2009, 700. Nach h. M. gilt der Grundsatz, dass jedes Dauerschuldverhältnis auch ohne gesetzliche oder vertragliche Grundlage vorzeitig aus wichtigem Grund gekündigt werden kann; so etwa BAG v. 18.6.1997 EzA TVG § 1 Fristlose Kündigung Nr. 3 mit Anm. *Hamacher*; *Preis*, Prinzipien, S. 175; ErfK/*Müller-Glöge*, § 626 BGB Rn. 1.
[839] FS Schaub, S. 55, 66.
[840] BAG 24.4.1997 EzA KSchG § 2 Nr. 26 = NZA 1997, 1047; *Löwisch*, DB 1998, 877, 879.
[841] BAG 24.4.1997 EzA KSchG § 2 Nr. 26 = NZA 1997, 1047.

schaftlicher Belastungen ohne entsprechende Gegenleistung selbst zu. Die Unsicherheit über den künftigen Arbeitskräftebedarf gehört zum Unternehmerrisiko, das der Arbeitgeber nicht auf seine Arbeitnehmer überwälzen darf.[842] Durch eine Unkündbarkeitsklausel erhöht der Arbeitgeber dieses Risiko in Wahrnehmung seiner Privatautonomie.[843] Auch kündigungsbeschränkende Tarifnormen beruhen nach Art. 9 Abs. 3 GG „*auf kollektiv ausgeübter Privatautonomie*".[844] Der Arbeitgeber nimmt im Wege der mitgliedschaftlichen Tarifbindung seine Koalitionsfreiheit wahr. Es besteht also kein Grund, dass die tarifgebundenen Arbeitgeber aufgrund tariflicher Unkündbarkeitsklauseln weniger gebunden sein sollen als bei einzelvertraglichen Regelungen. Das BAG meint aber, dass der in Tarifverträgen an eine bestimmte Dauer der Betriebszugehörigkeit und ein bestimmtes Lebensalter geknüpfte Ausschluss der ordentlichen Kündigung regelmäßig nicht dahin zu verstehen sei, dass damit die Möglichkeit einer betriebsbedingten Kündigung generell – auch als außerordentliche – zumindest für die Fälle ausgeschlossen sein soll, in denen der Wegfall des Beschäftigungsbedürfnisses auf wirtschaftlich nicht zwingend notwendigen unternehmerischen Organisationsentscheidungen beruht.[845]

c) Gesetzliche Wertungen

750 Zwar kann auch der Gesetzgeber das Recht zur außerordentlichen Kündigung nicht vollständig aufheben. Nicht verwehrt ist ihm aber, das Recht zur außerordentlichen Kündigung zugunsten anderer Verfassungswerte einzuschränken.[846] Der Gesetzgeber darf ferner den Begriff der Unzumutbarkeit präzisieren.[847] Es können also gesetzliche Wertungen bei der Bestimmung der Unzumutbarkeit zu berücksichtigen sein. Zunächst ist noch einmal auf § 624 BGB hinzuweisen, aus dem zu folgern ist, dass auch eine über fünf Jahre hinausgehende Bindung des Arbeitgebers nicht an sich unzumutbar ist.[848] Dies muss dann auch für die damit verbundenen Risiken und finanziellen Belastungen gelten. Selbst erhebliche Störungen des Unternehmens wie die Eröffnung des Insolvenzverfahrens berechtigen allein nicht zur außerordentlichen Kündigung.[849] Nach Wertung des Gesetzgebers ist auch bei unkündbaren Arbeitsverhältnissen lediglich eine ordentliche Kündigung mit einer Kündigungsfrist von drei Monaten erforderlich, vgl. § 113 InsO.[850] Schließlich kann § 1 KSchG entnommen werden, dass *dringende* betriebliche Interessen lediglich eine ordentliche Kündigung rechtfertigen. Auch das BAG meint, dass eine außerordentliche Kündigung aus betrieblichen Gründen gegenüber einem ordentlich kündbaren Arbeitnehmer grundsätzlich unzulässig sei. Dem Arbeitgeber sei es, wenn eine Weiterbeschäftigungsmöglichkeit für den Arbeitnehmer aus betrieblichen Gründen entfällt, selbst im Insolvenzfall zuzumuten, die

---

[842] *Walker*, Anm. zu EzA BGB § 626 Nr. 2 Unkündbarkeit.
[843] Insoweit übereinstimmend BAG 20.6.2013 NZA 2014, 139 3. Leitsatz.
[844] BAG v. 25.2.1998 EzA BGB § 620 Altersgrenze Nr. 9 = NZA 1998, 715.
[845] BAG 20.6.2013 NZA 2014, 139 Rn. 21.
[846] *Zöllner/Loritz/Hergenröder*, § 23 III. 4; vgl. zur Verfassungsmäßigkeit des § 9a MuSchG a. F. *Preis*, Prinzipien, S. 66 f.
[847] *Preis*, Prinzipien, S. 66 f.
[848] § 624 BGB ist auch im Hinblick auf Art. 12 GG verfassungsgemäß; der Gesetzgeber kann auf Grund seiner Gestaltungsfreiheit durch Typisierung Rechnung tragen, vgl. BAG 19.12.1991 EzA BGB § 624 Nr. 1 = NZA 1992, 543.
[849] BAG 24.1.2013 NZA 2013, 959; BAG 25.10.1968 EzA BGB § 626 Nr. 10; KR/*Fischermeier*, § 626 BGB Rn. 170.
[850] BAG 24.1.2013 NZA 2013, 959.

Kündigungsfrist einzuhalten.[851] Für eine außerordentliche Kündigung nach § 626 BGB müssen weitere Umstände hinzukommen, um im Rahmen der Interessenabwägung die Unzumutbarkeit der Fortsetzung des Arbeitsverhältnisses feststellen zu können.

d) Risikoverteilung/Wirtschaftliche Belastung

Insbesondere die Wertungen aus § 113 InsO und § 1 KSchG legen die Schlussfolgerung nahe, dass eine betriebsbedingte außerordentliche Kündigung nur im Interesse der Sicherung des Unternehmens oder bei existenznotwendigen Umstrukturierungen gerechtfertigt sein kann.[852] Stimmen im Schrifttum fordern zumindest eine außergewöhnliche wirtschaftliche Belastung.[853] Andere beschränken das Recht zur außerordentlichen Kündigung auf Betriebsstilllegungen.[854] **751**

Bei der Interessenabwägung muss die Risikoverteilung im Arbeitsverhältnis berücksichtigt werden. Grundsätzlich gilt, dass der Arbeitgeber das Betriebs- und das Wirtschaftsrisiko zu tragen hat. Nach der sog. Betriebsrisikolehre ist der Arbeitgeber bei Betriebsstörungen verpflichtet, den Lohn fortzuzahlen; d.h., eine Betriebsstörung kann konsequent keinen Kündigungsgrund darstellen.[855] Auch das BAG ist der Ansicht, dass „*Umstände, die in die Sphäre des Betriebsrisikos des Arbeitgebers fallen, […] nicht als wichtige Gründe für eine außerordentliche Kündigung geeignet*" sind.[856] Die Fragen, ob der Arbeitgeber bei einer Betriebsstörung zur Entgeltfortzahlung verpflichtet ist oder außerordentlich kündigen kann, sind also eng miteinander verknüpft.[857] Das Betriebsrisiko soll nach der Rechtsprechung lediglich bei Existenzgefährdung des Betriebes nicht mehr vom Arbeitgeber zu tragen sein.[858] Es gilt also der Grundsatz, dass das Betriebs- und Wirtschaftsrisiko nicht übertragen und das Unternehmerrisiko nicht abgewälzt werden darf.[859] **Eine unternehmerische Entscheidung allein genügt nicht, um sich von vertraglichen Bindungen zu lösen.**[860] Arbeitgeber können sich als Unternehmer auch nicht von Verpflichtungen gegenüber anderen Vertragspartnern allein etwa aufgrund betrieblicher Umstrukturierungen lossagen. Trifft ein Arbeitgeber eine unternehmerische Entscheidung, dann muss er auch deren negative und finanzielle Folgen in Kauf nehmen. Nichts anderes kann grundsätzlich bei der Entscheidung gelten, auf ein ordentliches Kündigungsrecht zu verzichten, sei es aufgrund einzelvertraglicher Vereinbarung oder durch Tarifbindung. Wenn der Arbeitgeber die unkünd- **752**

---

[851] BAG 20.6.2013 NZA 2014, 139 Rn. 13.
[852] BAG 24.1.2013 NZA 2013, 959; so im Ergebnis *Buchner*, Anm. zu EzA BGB n. F. § 626 Nr. 96.
[853] *Bezani*, Anm. zu AP BGB § 626 Nr. 7.
[854] *Kania/Kramer*, RdA 1995, 287, 295.
[855] BAG 28.9.1972 EzA BGB n. F. § 626 Nr. 17; KR/*Fischermeier*, § 626 BGB Rn. 96, 157; vgl. LAG Berlin 16.2.1961 BB 1961, 605; eine Betriebsunterbrechung, wie zB ein Fabrikbrand berechtigt nicht zur Kündigung.
[856] BAG 25.10.1984 – 2 AZR 455/83 –; BAG 6.3.1986 EzA KSchG n. F. § 15 Nr. 34 = NZA 1987, 102.
[857] BAG 28.9.1972 EzA BGB n. F. § 626 Nr. 17.
[858] Diese Rechtsprechung ist allerdings abzulehnen, vgl. ErfK/*Preis*, § 615 BGB Rn. 127; *Preis/Hamacher*, Jura 1998, 11, 18.
[859] KR/*Fischermeier*, § 626 BGB Rn. 96.
[860] Der Arbeitnehmer kann sich ebenfalls nicht allein auf Grund eigener Entscheidung von Verpflichtungen lösen, selbst wenn er jahrelang (nach § 624 BGB bis zu 5 Jahren) auf einen höheren Lohn verzichten muss. So besteht ein Recht zur außerordentlichen Kündigung für einen Arbeitnehmer nicht bereits dann, wenn er ein anderes Dienstverhältnis mit erheblich besseren Bedingungen eingehen kann, vgl. BAG 17.10.1969 EzA HGB § 60 Nr. 2; ArbG Wilhelmshaven 20.8.1964 BB 1964, 1259; KR/*Fischermeier*, § 626 BGB Rn. 155, 157.

baren Arbeitnehmer nicht sinnvoll beschäftigen kann, muss er grundsätzlich diese Folgen seiner Entscheidung tragen.[861] Etwas anderes kann nur dann gelten, wenn weitere Umstände die Folgen der Unkündbarkeit für den Arbeitgeber unzumutbar machen.

753 Allgemein gilt, dass die Beschränkung des Kündigungsrechts zu einer Verstärkung der Vertragsbindung führt; jegliche engere Bindung hat die Rechtsfolge, dass die Lösung von einem Vertrag schwieriger wird.[862] Der Kündigungsgrund muss daher so gewichtig sein, dass er selbst gegenüber der vertraglichen Zusage einer nur unter ganz besonderen Umständen kündbaren Dauerstellung durchdringt.[863] Die Verbesserung des arbeitsvertraglichen Status muss sich Arbeitgeber bei der Interessenabwägung also entgegenhalten lassen.[864]

754 In wirtschaftlicher Hinsicht ist hervorzuheben, dass zu dem ohnehin vom Arbeitgeber zu tragenden Unternehmerrisiko auch die Einhaltung der ordentlichen Kündigungsfrist zählt.[865] Durch die Vereinbarung von Unkündbarkeitsklauseln oder durch die Bindung an entsprechende Tarifverträge erhöht der Arbeitgeber dieses von ihm zu tragende (finanzielle) Risiko. Voraussetzung für ein außerordentliches Kündigungsrecht ordentlich unkündbarer Arbeitsverhältnisse muss dann aber grundsätzlich eine wirtschaftliche Notlage sein, die einen Wegfall der Geschäftsgrundlage der Unkündbarkeitsvereinbarung bewirkt. Es müssen Umstände vorliegen, die von dem autonom erhöhten Risiko nicht mehr gedeckt werden. Bei der Interessenabwägung kann nur berücksichtigt werden, dass der Arbeitgeber nicht in der wirtschaftlichen Lage ist, die Entgeltfortzahlung über Jahre hinaus zu tragen. Es kommt nicht darauf an, dass er nicht gewillt ist.

e) Sinn und Zweck der Unkündbarkeitsvereinbarung

755 Entscheidend ist schließlich auf den Sinn und Zweck der Unkündbarkeitsklauseln abzustellen. Nur aus der verständigen Wertung der jeweiligen Vereinbarung kann erschlossen werden, welches Risiko jede Vertragspartei tragen soll, insbesondere inwieweit der Arbeitgeber sein Unternehmerrisiko gegenüber anderen Arbeitsverhältnissen erhöht. Dementsprechend kommt der Auslegung der betroffenen Arbeitsvertrags- oder Tarifvertragsklauseln eine besondere Bedeutung zu. Von besonderem Interesse ist die Frage, ob der Arbeitgeber das Risiko übernommen hat, das Arbeitsverhältnis auch ohne Beschäftigungsmöglichkeit fortzusetzen.[866] Beispiele:

756 – Bei **Rationalisierungsschutzabkommen** kann der Arbeitgeber nicht allein durch Veränderungen der Betriebsorganisation Arbeitsplätze entfallen lassen und anschließend die Entgeltfortzahlung ohne Verwendungsmöglichkeit als unzumutbar erklären. Sinn und Zweck eines solchen Abkommens ist es, dem Arbeitgeber die Möglichkeit betriebsbedingter Kündigung möglichst vollständig zu nehmen. Schließlich sind die tariflichen Instrumente vorrangig.[867] Wenn Rationalisierungsschutzabkommen bestimmte Kündigungsmöglichkeiten zulassen, im Übrigen aber die ordentliche

---

[861] Ähnlich LAG Hamm 11.10.1995 LAGE BGB § 626 Nr. 92 mit abl. Anm. *Schiefer/Pogge*.
[862] BAG 15.12.1955 AP BGB § 626 Nr. 6; das Gericht weist darauf hin, dass die gesteigerten Voraussetzungen an den Lösungsgrund nicht nur dann bestehen, wenn der Arbeitnehmer sich mit seiner ganzen Existenz auf den Dienstvertrag eingelassen hat.
[863] BAG 3.11.1955 AP BGB § 626 Nr. 4 = EzA BGB § 626 Nr. 1.
[864] *Buchner*, Anm. zu EzA BGB n. F. § 626 Nr. 96.
[865] BAG 5.2.1998 EzA BGB § 626 Unkündbarkeit Nr. 2 = NZA 1998, 771.
[866] KR/*Fischermeier*, § 626 BGB Rn. 158.
[867] Ebenso BAG 22.11.2012 NZA 2013, 730 Rn. 35.

§ 22 Die außerordentliche Kündigung

Kündigung ausschließen, dann sind außerordentliche betriebsbedingte Kündigungen ordentlich Unkündbarer allenfalls in Extremfällen möglich.[868]

– Hat der Arbeitgeber schon bei Vertragsschluss mit der Möglichkeit rechnen können, seinen Betrieb in absehbarer Zeit wegen Unwirtschaftlichkeit schließen zu müssen, dann hat er dieses besondere Risiko bei Vertragsschluss übernommen und darf es nicht auf Arbeitnehmer durch außerordentliche Kündigung abwälzen.[869] **757**

– Regelmäßig stellt die Unkündbarkeit eine verstärkte Sicherheit und eine längere Erhaltung des Arbeitsplatzes für den Arbeitnehmer dar; dem Arbeitnehmer soll der Arbeitsplatz bis zum Eintritt in den Ruhestand gesichert sein.[870] **758**

– Bei Arbeitsverträgen ist zu fragen, inwieweit aus der Bezeichnung des Arbeitsverhältnisses als „Lebensstellung" oder „Dauerstellung" überhaupt eine Unkündbarkeit geschlossen werden kann.[871] **759**

3. Personen- und verhaltensbedingte Kündigung

Auch bei personen- und verhaltensbedingten Kündigungen ist im Rahmen der erforderlichen Interessenabwägung entscheidend auf Sinn und Zweck der Unkündbarkeitsregelung abzustellen. Kennzeichnend für einen Kündigungsgrund ist insoweit eine nicht korrigierbare Störung des Austausch- oder Vertrauensverhältnisses. **760**

a) Personenbedingte Kündigung

Bei der **personenbedingten Kündigung** ist zu beachten, dass Kündigungsausschlüsse zugunsten von Arbeitnehmern, die ein gewisses Lebensalter erreicht haben oder eine bestimmte Betriebszugehörigkeit aufweisen können, regelmäßig vor altersbedingten Nachteilen schützen sollen. Altersbedingte Einschränkungen der Leistungsfähigkeit bei längerer Betriebszugehörigkeit sollen in erster Linie nicht durch Kündigungen, sondern durch andere betriebliche Maßnahmen – zB Umsetzung – bewältigt werden.[872] Insofern hat der Arbeitgeber vor allem ein wirtschaftliches Risiko zu tragen: Er hat das Entgelt fortzuzahlen, obwohl der Arbeitnehmer die Arbeitsleistung nicht mehr erbringen kann.[873] Arbeitsunfähigkeit bewirkt nicht zwingend eine wirtschaftliche Unzumutbarkeit. Hinzukommen müssen Umstände, die die Geschäftsgrundlage der Risikoübernahme entfallen lassen. **761**

Eine außerordentliche Kündigung aus personenbedingten Gründen, insbesondere aus Krankheitsgründen ist grundsätzlich nicht von vornherein ausgeschlossen;[874] sie ist vielmehr in eng zu begrenzenden Ausnahmefällen möglich.[875] Sie wird allerdings nur **762**

---

[868] Siehe jetzt auch BAG 8.4.2003 EzA BGB 2002 § 626 Unkündbarkeit Nr. 2 = NZA 2003, 856; verfehlt BAG 5.2.1998 EzA BGB § 626 Unkündbarkeit Nr. 2 = NZA 1998, 771.
[869] LAG Berlin 16.2.1961 BB 1961, 605.
[870] LAG Hamm 22.1.1987 und 24.11.1988 LAGE BGB § 626 Unkündbarkeit Nr. 1 und 2.
[871] Dazu LAG Baden-Württemberg 10.11.1959 DB 1960, 179; *Pauly*, ArbuR 1997, 94, 95; *Kania/Kramer*, RdA 1995, 287, 292f.; → Rn. 256 ff.
[872] BAG 12.7.1995 EzA BGB n.F. § 626 Nr. 156 = NZA 1995, 1100; dieser Gedanke ergibt sich bereits aus dem ultima-ratio-Prinzip.
[873] Vgl. BAG 12.7.1995 EzA BGB n.F. § 626 Nr. 156 = NZA 1995, 1100.
[874] BAG 4.2.1993 EzA BGB n.F. § 626 Nr. 144; BAG 9.9.1992 EzA BGB n.F. § 626 Nr. 142 = NZA 1993, 598; BAG 9.7.1964 AP BGB § 626 Nr. 52; LAG Hamm 11.10.1995 LAGE BGB § 626 Nr. 92; LAG Hamm 24.11.1988 LAGE BGB § 626 Unkündbarkeit Nr. 2; KR/*Fischermeier*, § 626 BGB Rn. 132.
[875] BAG 9.9.1992 EzA BGB n.F. § 626 Nr. 142 = NZA 1993, 598; BAG 12.7.1995 AP BGB § 626 Krankheit Nr. 7 zu mit zust. Anm. *Bezani* EzA BGB n.F. § 626 Nr. 156 = NZA 1995, 1100;

für den Ausnahmefall zugelassen, dass die ordentliche Kündigung einzel- oder tarifvertraglich ausgeschlossen ist.[876] Allerdings müssen bereits bei der ordentlichen krankheitsbedingten Kündigung die betrieblichen Interessen des Arbeitgebers aufgrund der Entgeltfortzahlung *unzumutbar* beeinträchtigt sein.[877] Da über den sechswöchigen Zeitraum des § 3 EFZG hinaus der Arbeitgeber im Regelfall keine Entgeltfortzahlung leisten muss, besteht keine wirtschaftliche Belastung, sodass sich die unzumutbare Interessenbeeinträchtigung aus anderen Umständen ergeben muss. Ein wichtiger Grund iSd § 626 BGB wird regelmäßig **nur bei dauernder Arbeitsunfähigkeit** befürwortet werden können.[878] Nur dann liegt eine nicht korrigierbare Störung des Austauschverhältnisses vor, da der Arbeitnehmer nicht mehr in der Lage ist, wenigstens einen Teil seiner geschuldeten Arbeitsleistung zu erbringen.

762a Das BAG hat jetzt vertretbar auch dann einen wichtigen Kündigungsgrund bejaht, wenn die prognostizierten Fehlzeiten und die sich aus ihnen ergebende Beeinträchtigung der betrieblichen Interessen deutlich über das Maß hinausgehen, welches eine ordentliche Kündigung sozial zu rechtfertigen vermöchte.[879] Es bedürfe eines gravierenden Missverhältnisses zwischen Leistung und Gegenleistung. Die Aufrechterhaltung eines „sinnentleerten" Arbeitsverhältnisses könne dem Arbeitgeber auch im Falle eines ordentlich nicht kündbaren Arbeitnehmers unzumutbar sein. Das sei aber noch nicht der Fall, wenn der Arbeitnehmer noch zu fast zwei Dritteln seiner Jahresarbeitszeit arbeitsfähig ist. Diesen Grundsätzen kann ebenso gefolgt werden, wie der etwas ausweitenden Annahme eines „Dauertatbestandes" i. S. des § 626 Abs. 2 BGB. Der Lauf der Ausschlussfrist des § 626 Abs. 2 BGB werde ständig neu in Gang gesetzt, sobald und solange wie die häufigen Fehlzeiten den Schluss auf eine dauerhafte Krankheitsanfälligkeit zulassen und damit eine negative Gesundheitsprognose begründen.[880]

763 Bei personenbedingten Kündigungen aus anderen als krankheitsbedingten Gründen ist häufig zu prüfen, ob überhaupt eine wirtschaftliche Belastung besteht. Dies ist etwa dann nicht der Fall, wenn bereits kein ordnungsgemäßes Angebot der Arbeitsleistung vorliegt, sodass auch kein Annahmeverzug bei Nichtbeschäftigung in Betracht kommt.[881] So ist etwa die Beschäftigungs- und Vergütungspflicht bei Fehlen der Arbeitserlaubnis suspendiert.[882] Der Arbeitgeber wird regelmäßig nicht wirtschaftlich belastet. Etwas anderes gilt dann, wenn der Arbeitsplatz sofort neu besetzt werden muss und keine Überbrückungsmöglichkeit gegeben ist. Schließlich kann auch der (wirksame) Entzug von Erlaubnissen, die Voraussetzung für die geschuldete Tätigkeit sind, ggf. eine außerordentliche Kündigung bedingen.[883]

b) Verhaltensbedingte Kündigung

764 Bei **verhaltensbedingten Kündigungen** stellt sich die Problematik ganz anders. Denn es ist zu fragen, ob der besondere Kündigungsschutz eine vom Arbeitnehmer

---

BAG 18.10.2000 EzA BGB § 626 Krankheit Nr. 3 = NZA 2001, 219; BAG 18.1.2001 EzA BGB § 626 Krankheit Nr. 4 = NZA 2002, 455.
[876] BAG 18.10.2000 EzA BGB § 626 Krankheit Nr. 3 = NZA 2001, 219.
[877] Vgl. BAG 23.6.1983 AP KSchG 1969 § 1 Krankheit Nr. 10 = EzA KSchG § 1 Krankheit Nr. 12; BAG 12.1.2006 AP BGB § 626 Krankheit Nr. 13 = EzA BGB 2002 § 626 Unkündbarkeit Nr. 9.
[878] BAG 4.2.1993 EzA BGB n. F. § 626 Nr. 144; BAG 12.7.1995 EzA BGB n. F. § 626 Nr. 156 = NZA 1995, 1100; zust. *Kania/Kramer*, RdA 1995, 287, 296.
[879] BAG 23.1.2014 NZA 2014, 962.
[880] In diesem Sinne bereits *von Tilling*, ZTR 2013, 595.
[881] Dazu ErfK/*Preis*, § 615 BGB Rn. 16 ff.; 43 ff.
[882] Erman/*Belling*, § 626 BGB Rn. 74.
[883] BAG 26.11.2009 NZA 2010, 628.

§ 22 Die außerordentliche Kündigung

verursachte Störung des Vertrauensverhältnisses erfassen soll. Ein schützenswertes Vertrauen kann derjenige nicht bilden, der selbst durch sein Verhalten die Vertrauensbasis zerstört.[884] Sowohl Tarifvertrags- als auch Arbeitsvertragsparteien werden aufgrund von Unkündbarkeitsklauseln nicht ohne Weiteres den Schutz solcher Arbeitnehmer bezwecken, die ihre Vertragspflichten schuldhaft verletzen. Deshalb kann auch ordentlich unkündbaren Arbeitnehmern verhaltensbedingt außerordentlich gekündigt werden.[885] Im Gegensatz zu betriebs- und personenbedingten außerordentlichen Kündigungen ist allerdings die Störung des Vertrauensverhältnisses kennzeichnend. Umstände, die zur verhaltensbedingten Kündigung berechtigen, sind vom Arbeitnehmer steuerbar. **Eine besondere Schutzbedürftigkeit gegenüber seinem eigenen Verhalten besteht grundsätzlich nicht** und wird regelmäßig auch nicht von Unkündbarkeitsklauseln bezweckt sein. Bei einer langen Betriebszugehörigkeit darf ohnehin nicht jedes Fehlverhalten als Kündigungsanlass genommen werden.[886] Der mit der „Unkündbarkeit" beabsichtigte Schutz der Arbeitnehmer erfordert kein anderes Ergebnis, da die „Störquelle" für den Fortbestand des Arbeitsverhältnisses bei verhaltensbedingten Kündigungen im Bereich des unkündbaren Arbeitnehmers liegt.[887]

Problematisch ist, ob bei verhaltensbedingten Gründen eine außerordentliche Kündigung mit Auslauffrist das angemessenere Mittel ist.[888] Regelmäßig dürfte bei verhaltensbedingten Kündigungen die Vertrauensgrundlage dermaßen schwer gestört sein, dass eine weitere Zusammenarbeit künftig unzumutbar ist; die Beschäftigung für die Dauer einer Auslauffrist ist in solchen Fällen ebenfalls unzumutbar. Das sieht das BAG[889] anders für den Fall einer verhaltensbedingten Kündigung, bei dem einem vergleichbaren Arbeitnehmer ohne Ausschluss der ordentlichen Kündbarkeit bei (theoretisch) gleichem Kündigungssachverhalt zwar nicht nach § 626 BGB außerordentlich, jedoch fristgerecht gekündigt werden könnte. Die lange Bindungsdauer aufgrund einer Unkündbarkeitsklausel könne dann zulasten des Arbeitnehmers so wirken, dass ein wichtiger Grund zur außerordentlichen Kündigung des betreffenden Arbeitnehmers nach § 626 Abs. 1 BGB anzunehmen ist.

765

Zur Vermeidung eines Wertungswiderspruchs räumt das BAG auch in diesen Fällen dem tariflich besonders geschützten Arbeitnehmer eine der fiktiven ordentlichen Kündigungsfrist entsprechende Auslauffrist ein, wenn bei unterstellter Kündbarkeit nur eine fristgerechte Kündigung zulässig wäre.[890] Eine außerordentliche Kündigung ohne Gewährung einer derartigen Auslauffrist sei nur dann gerechtfertigt, wenn es dem Arbeitgeber nicht einmal zumutbar sei, den tariflich unkündbaren Arbeitnehmer auch nur bis zum Ablauf der „fiktiven" Frist zur ordentlichen Beendigung des Arbeitsverhältnisses weiterzubeschäftigen. Da Prüfungsmaßstab derjenige bei vergleichbaren or-

766

---

[884] Staudinger/*Preis,* § 626 BGB Rn. 94.
[885] Vgl. etwa BAG 3.11.1955 AP BGB § 626 Nr. 4 = EzA BGB § 626 Nr. 1; BAG 16.7.1959 AP BGB § 626 Nr. 31.
[886] Vgl. *Buchner,* Anm. zu EzA BGB n. F. § 626 Nr. 96.
[887] LAG Hamm 24.11.1988 LAGE BGB § 626 Unkündbarkeit Nr. 2; *Kania/Kramer,* RdA 1995, 287, 296.
[888] So *Schwerdtner,* FS Kissel, S. 1077, 1090; KR/*Fischermeier,* § 626 BGB Rn. 305, für den Fall, dass einem nach den Sozialdaten vergleichbaren Arbeitnehmer nur fristgerecht gekündigt werden könnte. Damit befürwortet er aber im Ergebnis doch einen minder wichtigen Grund. Zudem findet eine Sozialauswahl nur bei betriebsbedingten Kündigungen statt.
[889] BAG 13.4.2000 EzA BGB n. F. § 626 Nr. 180 = NZA 2001, 277; BAG 15.11.2001 EzABGB n. F. § 626 Nr. 192.
[890] BAG 13.4.2000 EzA BGB n. F. § 626 Nr. 180 = NZA 2001, 277; BAG 11.3.1999 EzA BGB n. F. § 626 Nr. 177 = NZA 1999, 818.

dentlich kündbaren Arbeitnehmern sei, sei es nicht gerechtfertigt, für die Bejahung der Zulässigkeit einer fristlosen oder vor Ablauf der fiktiven ordentlichen Kündigungsfrist wirksam werdenden Kündigung nochmals zulasten des Arbeitnehmers seine tarifliche Unkündbarkeit zu berücksichtigen.

4. Angleichung mit der ordentlichen Kündigung

767 Die in der Rechtsprechung festzustellende Absenkung der Kündigungsschwelle für ordentlich unkündbare Arbeitnehmer geht einher mit einer weitgehenden Angleichung der Kündigungsvoraussetzungen von ordentlicher und außerordentlicher Kündigung. Im Regelfall werden die ordentlich unkündbaren Arbeitnehmer wegen der beabsichtigten Schutzerhöhung zumindest mit ordentlich kündbaren Arbeitnehmern gleichgestellt werden müssen, wenn die Unzumutbarkeit gerade auf der langfristigen wirtschaftlichen Belastung beruht. Dem BAG ist insofern zu folgen. Der Gedanke, dass dem besonders geschützten Arbeitnehmer aus einer Unkündbarkeitsvereinbarung kein Nachteil erwachsen darf, ist auszubauen.[891] Zumindest die Gleichstellung mit ordentlich kündbaren Arbeitnehmern ist geboten.[892]

a) Auslauffrist

768 Bei einer außerordentlichen Kündigung wegen einer langen Bindungsdauer ist nach allgemeiner Ansicht grundsätzlich eine Auslauffrist einzuhalten.[893] Dies dient der Vermeidung eines Wertungswiderspruchs; dem Schutzzweck widerspräche es, wenn unkündbare Arbeitnehmer schlechter stünden als kündbare.[894] Ferner ist wegen des Ultima-Ratio-Grundsatzes, der auch im Bereich des § 626 BGB Anwendung findet, auf die mildeste Maßnahme zurückzugreifen.[895]

769–779 Für die Frage, ob überhaupt eine Auslauffrist zu beachten ist, muss wiederum entscheidend auf den Zweck des Kündigungsausschlusses abgestellt werden.[896] Zum Teil wird vertreten, dass dann keine Auslauffrist zu beachten ist, wenn deren Einhalten unzumutbar wäre.[897] Auch wenn dem im Grundsatz zugestimmt werden kann, so ist doch zu beachten, dass bei einer Unzumutbarkeit aus wirtschaftlichen Gründen die Wertung des § 113 S. 2 InsO berücksichtigt werden muss. Selbst in der Insolvenz eines Unternehmens ist nach Auffassung des Gesetzgebers eine dreimonatige Kündigungsfrist einzuhalten.

---

[891] *Schwerdtner*, FS Kissel, S. 1077, 1085.
[892] *Schleusener*, SAE 1998, 218, 221.
[893] Vgl. BAG 5.2.1998 EzA BGB § 626 Unkündbarkeit Nr. 2 = NZA 1998, 771; *Hueck*, Anm. AP BGB § 626 Nr. 6; umstritten ist, ob der gekündigte Arbeitnehmer auf die Auslauffrist verzichten, also auf eine fristlose Kündigung bestehen kann, vgl. KR/*Fischermeier*, § 626 BGB Rn. 29; MünchArbR/*Wank*, § 98 Rn. 7; a. A. ErfK/*Müller-Glöge*, § 626 BGB Rn. 189, nach dessen Ansicht das Arbeitsverhältnis bis zum Ablauf der Kündigungsfrist fortbesteht. Der Arbeitnehmer müsse selbst außerordentlich kündigen.
[894] BAG 13.4.2000 EzA BGB n. F. § 626 Nr. 180 = NZA 2001, 277; BAG 6.11.1997 NZA 1998, 833.
[895] Ein Arbeitgeber muss im Rahmen des § 626 BGB nicht zwingend fristlos kündigen, vgl. ErfK/*Müller-Glöge*, § 626 BGB Rn. 189a.
[896] Keine Auslauffrist bei außerordentlichen Kündigung von Betriebsratsmitgliedern; vgl. BAG 6.3.1986 AP KSchG 1969 § 15 Nr. 19 mit zust. Anm. *Schlaeper* = EzA KSchG n. F. § 15 Nr. 34 = NZA 1987, 102.
[897] BAG 8.4.1986 NZA 1986, 632.

§ 22 Die außerordentliche Kündigung

Problematisch ist des Weiteren die **Länge der Auslauffrist.** Ist lediglich die gesetzliche oder tarifliche Kündigungsfrist einzuhalten, die ohne den Ausschluss der ordentlichen Kündigung gelten würde?[898] Das Ziel der Auslauffrist ist, einen Wertungswiderspruch zwischen dem Ziel der Unkündbarkeitsregelung und den Folgen zu vermeiden.[899] Sinn und Zweck des Kündigungsausschlusses ist eine Besserstellung der betroffenen Arbeitnehmer, genau genommen sogar eine „Beststellung". Ihnen wird nicht nur eine Verlängerung der Kündigungsfrist, sondern der bestmögliche Kündigungsschutz zugestanden. Abzustellen sein könnte daher regelmäßig auf die längste tarifliche bzw. gesetzliche Kündigungsfrist.[900] Die neuere Rechtsprechung scheint sich jedoch damit zu begnügen, dass die „einschlägige", d.h. die bei Zugrundelegung der Betriebszugehörigkeit anzuwendende ordentliche Kündigungsfrist, als soziale Auslauffrist zu wahren ist.[901] Danach ist also nicht die längste, sondern die fiktiv anwendbare Kündigungsfrist als Auslauffrist zu wahren.[902] Bis zum Ablauf dieser Frist ist dem Arbeitgeber die Fortsetzung eines Arbeitsverhältnisses nicht wirtschaftlich unzumutbar,[903] denn auch bei ordentlich kündbaren Arbeitnehmern ist der Arbeitgeber an diese Frist gebunden. 780

b) Anhörung des Betriebsrats/Personalrats

Besonders signifikant ist die Gleichstellung des ordentlich Unkündbaren mit dem kündbaren Arbeitnehmer bei der Anhörung des Betriebsrats. Da der ordentlich Unkündbare nur mit Auslauffrist, die mindestens der einzuhaltenden Kündigungsfrist entspricht, gekündigt werden kann, wendet das BAG bei der Anhörung die Grundsätze der ordentlichen Kündigung an. Bei seiner Stellungnahme ist der Betriebsrat daher nicht an die dreitägige Frist gemäß § 102 Abs. 2 S. 3 BetrVG (außerordentliche Kündigung) gebunden, vielmehr gilt die Wochenfrist nach Satz 1 der Vorschrift (ordentliche Kündigung).[904] Bei einer konsequenten Gleichstellung mit ordentlichen kündbaren Arbeitnehmern sind zutreffend auch die § 102 Abs. 3 bis 5 BetrVG anzuwenden.[905] Die Rechtsprechung überspitzt diese Gleichstellung im öffentlichen Dienst.[906] Die Gleichstellung wirkt sich kündigungserschwerend nicht im Geltungsbereich des 781

---

[898] Vgl. dazu BAG 28.3.1985 EzA BGB n. F. § 626 Nr. 96 = NZA 1985, 559; BAG 5.2.1998 EzA BGB § 626 Unkündbarkeit Nr. 2 = NZA 1998, 771; ErfK/*Müller-Glöge,* § 626 BGB Rn. 189; *Walker,* Anm. zu EzA BGB § 626 Unkündbarkeit Nr. 2.

[899] BAG 20.6.2013 NZA 2014, 139 Rn. 17.

[900] *Kania/Kramer,* RdA 1995, 287, 295; BAG 9.9.1992 EzA BGB n. F. § 626 Nr. 142 = NZA 1993, 598: „... *die von der Bekl. gewählte Auslauffrist. ... die jedenfalls der längsten ordentlichen Kündigungsfrist entspricht, wird vom Kläger nicht beanstandet.*" BAG 4.2.1993 EzA BGB n. F. § 626 Nr. 144: „... *zur Verpflichtung, die längste Kündigungsfrist einzuhalten, die er ohne Ausschluss der ordentlichen Kündigung einzuhalten hätte*".

[901] BAG 18.10.2000 EzA BGB § 626 Krankheit Nr. 3 = NZA 2001, 219.

[902] BAG 20.6.2013 NZA 2014, 139 Rn. 17: *„zwingend eine der – fiktiven – ordentlichen Kündigungsfrist entsprechende Auslauffrist einzuhalten"*; BAG 13.4.2000 EzA BGB n. F. § 626 Nr. 180 = NZA 2001, 277: *„so ist jedoch auf der Rechtsfolgenseite zur Vermeidung eines Wertungswiderspruchs dem tariflich besonders geschützten Arbeitnehmer, wenn bei unterstellter Kündbarkeit nur eine fristgerechte Kündigung zulässig wäre, eine der fiktiven ordentlichen Kündigungsfrist entsprechende Auslauffrist einzuräumen"* (s. a. BAG 11.3.1999 EzA BGB n. F. § 626 Nr. 177 = NZA 1999, 818).

[903] So auch BAG 4.2.1993 EzA BGB n. F. § 626 Nr. 144 zur krankheitsbedingten Kündigung.

[904] BAG 12.1.2006 AP BGB § 626 Krankheit Nr. 13 = EzA BGB 2002 § 626 Unkündbarkeit Nr. 9.

[905] BAG 5.2.1998 EzA BGB § 626 Unkündbarkeit Nr. 2 = NZA 1998, 771.

[906] BAG 18.10.2000 EzA BGB § 626 Krankheit Nr. 3 = NZA 2001, 219 für den Fall der Personalratsbeteiligung nach §§ 72, 79 BPersVG; zu Recht krit. *Bitter/Kiel,* FS Schwerdtner, 2003, S. 13, 28 ff.

BetrVG, aber wohl des BPersVG und einiger LPVG aus, weil dort nur die ordentliche Kündigung einem weitergehenden Mitbestimmungsverfahren, z. T. sogar der *Zustimmung* durch die Personalräte unterliegt (vgl. §§ 72, 79 BPersVG, zB § 72a LPVG NW); bei der außerordentlichen Kündigung muss dagegen der Personalrat regelmäßig nur angehört werden (§ 79 Abs. 3 BPersVG, § 72a Abs. 2 LPVG NW). Stellt das Gesetz für die Mitwirkung des Betriebs- oder Personalrats bei der ordentlichen Kündigung schärfere Anforderungen als bei der außerordentlichen Kündigung, so würde sich im Ergebnis der tarifliche Ausschluss der ordentlichen Kündigung gegen den betreffenden Arbeitnehmer auswirken, würde man die Mitwirkung des Betriebs- oder Personalrats nur an den erleichterten Voraussetzungen bei einer außerordentlichen Kündigung messen. Diese weitreichende Neuorientierung der Rechtsprechung hat das BAG dazu veranlasst, Vertrauensschutz für alle vor dem 5.2.1998 (Stichtag der Neuorientierung in der Rechtsprechung)[907] durchgeführten Beteiligungsverfahren zu gewähren, und bis dahin die Beteiligung nach den Grundsätzen der außerordentlichen Kündigung nicht als fehlerhaft anzusehen.

c) Vorrangige Weiterbeschäftigung im Unternehmen

782 Das BAG stellt verschärfte Anforderungen an die Zumutbarkeit der Weiterbeschäftigung des ordentlich Unkündbaren: eine entsprechende Umorganisation oder das Freimachen geeigneter gleichwertiger Arbeitsplätze. Der Rechtsprechung ist im Ergebnis insoweit zuzustimmen, als die Unkündbarkeit auch Auswirkungen auf die Zumutbarkeit der Weiterbeschäftigung auf einem anderen Arbeitsplatz im Unternehmen hat.[908] Nach Auffassung des BAG kann eine **längere Einarbeitung in ein völlig neues Sachgebiet für den Arbeitgeber unzumutbar** sein.[909] Bei der Abwägung muss berücksichtigt werden, dass zumindest für den Zeitraum der ansonsten einzuhaltenden Kündigungsfrist eine Weiterbeschäftigung regelmäßig zumutbar sein wird.[910]

d) Sozialauswahl bei betriebsbedingten Kündigungen

783 Der Arbeitgeber hat bei betriebsbedingten Kündigungen eine Sozialauswahl entsprechend § 1 Abs. 3 KSchG durchzuführen, wobei zunächst nicht eindeutig war, wer in die Sozialauswahl aufzunehmen ist. Grundsätzlich sind nach überwiegender und zutreffender Auffassung unkündbare Arbeitnehmer nicht bei der Sozialauswahl nach § 1 Abs. 3 KSchG zu berücksichtigen. Auch insoweit hat das BAG seine Rechtsprechung verschärft:[911] Um eine „echte" Sozialauswahl handele es sich nur, wenn für die Auswahl jeweils nur kündbare oder unkündbare Arbeitnehmer in Betracht zu ziehen seien. Andernfalls müsse der Arbeitgeber vorrangig kündbaren Arbeitnehmern kündigen, wenn er diese nicht anderweitig beschäftigen könne. Bei besonders gelagerten Fallgestaltungen mag es allerdings von diesem Grundsatz Ausnahmen geben. Im Übrigen ist der Rechtsprechung zuzustimmen, soweit sie die Durchführung einer Sozialauswahl entsprechend § 1 Abs. 3 KSchG fordert.[912]

---

[907] BAG 5.2.1998 AP BGB § 626 Nr. 143.
[908] Vgl. LAG Hamm 11.10.1995 LAGE BGB § 626 Nr. 92.
[909] BAG 5.2.1998 EzA BGB § 626 Unkündbarkeit Nr. 2 = NZA 1998, 771.
[910] Etwas anderes kann etwa dann gelten, wenn der Arbeitnehmer in einem zur Einarbeitungszeit relativ kurzen Zeitraum altersbedingt aus dem Arbeitsverhältnis ausscheiden will. In solchen Fällen kann aber bereits die wirtschaftliche Unzumutbarkeit schon fraglich sein.
[911] BAG 17.9.1998 EzA BGB § 626 Unkündbarkeit Nr. 3 = NZA 1999, 258.
[912] BAG 5.2.1998 EzA BGB § 626 Unkündbarkeit Nr. 2 = NZA 1998, 771; zust. Anm. *Schleusener*, SAE 1998, 218, 221; *Bröhl*, FS Schaub, S. 55, 63; *Walker*, Anm. zu EzA BGB § 626 Unkündbarkeit Nr. 2.

5. Besonderheiten zur Ausschlussfrist nach § 626 Abs. 2 BGB

Bei der Ausschlussfrist nach § 626 Abs. 2 BGB ist von entscheidender Bedeutung, 784
ob es sich bei dem Kündigungsgrund um einen Dauertatbestand handelt oder nicht
(näher → Rn. 801). Dies gilt jedenfalls sowohl für verhaltens- als auch für personenbedingte außerordentliche Kündigungen. Ein solcher **Dauertatbestand** liegt vor,
wenn fortlaufend neue kündigungsrelevante Tatsachen eintreten, die zur Störung des
Arbeitsverhältnisses führen.[913] Die Einordnung betriebsbedingter außerordentlicher
Kündigungen war hingegen zunächst unklar.

Das BAG vertrat zunächst die Auffassung, dass die Frist nach § 626 Abs. 2 BGB erst 785
mit dem Tage beginnt, an dem der Arbeitnehmer nicht mehr weiterbeschäftigt werden
kann; erst mit Durchführung der geplanten betrieblichen Maßnahme, etwa einer Betriebsstilllegung, wisse der Arbeitgeber mit Sicherheit, dass das Arbeitsverhältnis nicht
fortgesetzt werden kann.[914] Der 2. Senat des BAG hat diese Rechtsprechung nun geändert und sieht den dauerhaften Wegfall der Beschäftigungsmöglichkeit als einen
Dauerstörtatbestand an: Mit jeder weiteren Gehaltszahlung trete eine weitere Störung
des Arbeitsverhältnisses ein.[915]

Im Ergebnis kann dieser Rechtsprechung zugestimmt werden; die Begründung des 786
2. Senats des BAG ist aber zunächst etwas irritierend: Die Anwendung der Frist bei der
betriebsbedingten Kündigung unkündbarer Arbeitnehmer würde zu einem Wertungswiderspruch führen, wollte man mit der Vorschrift „*ernst machen*",[916] denn unter Umständen müsste dem tariflich besonders geschützten Arbeitnehmer vor allen anderen
Arbeitnehmern gekündigt werden. Die Rechtsprechung besagt eigentlich nichts anderes, als dass betriebsbedingte außerordentliche Kündigungen vom Sinn und Zweck der
Vorschrift nicht erfasst werden. Die Ausschlussfrist als Verwirkungstatbestand ist auf die
verhaltensbedingte Kündigung zugeschnitten.[917] Ihr Zweck lässt sich nicht bei einem
endgültigen Wegfall des Arbeitsplatzes erreichen.[918]

Der Gesetzgeber verfolgt mit § 626 Abs. 2 BGB das Ziel, im Interesse der Rechtssi- 787
cherheit alsbald zu klären, ob der andere Vertragsteil aus dem Vorliegen eines wichtigen Grundes Folgen zieht.[919] Das Gebot der Rechtssicherheit verlangt eine Befristung
der Kündigungsbefugnis für die Arbeitsvertragsparteien.[920] Eine zügige Reaktion ist

---

[913] BAG 22.1.1998 EzA BGB § 626 Ausschlussfrist Nr. 11 = NZA 1998, 708; ErfK/*Müller-Glöge*,
§ 626 BGB Rn. 212; KR/*Fischermeier*, § 626 BGB Rn. 324; die dauernde Arbeitsunfähigkeit wegen
Krankheit ist ein solcher Dauertatbestand.
[914] BAG 28.3.1985 AP BGB § 626 Nr. 86 mit zust. Anm. Herschel = EzA BGB n. F. § 626 Nr. 96
= NZA 1985, 559; BAG 22.7.1992 EzA BGB n. F. § 626 Nr. 141; BAG 21.6.1995 EzA KSchG n. F.
§ 15 Nr. 43 = NZA 1995, 1157; so auch ErfK/*Müller-Glöge*, § 626 BGB Rn. 218.
[915] BAG 5.2.1998 EzA BGB § 626 Unkündbarkeit Nr. 2 = NZA 1998, 771; bestätigt BAG 17.9.1998
EzA BGB § 626 Unkündbarkeit Nr. 3 = NZA 1999, 258; zust. KR/*Fischermeier*, § 626 BGB
Rn. 329; *Walker*, Anm. zu EzA BGB § 626 Nr. 2 Unkündbarkeit; *Schwerdtner*, FS Kissel, S. 1077,
1088; keinen Dauertatbestand hat das BAG in seiner Entscheidung 25.3.1976 EzA § 626 BGB Änderungskündigung Nr. 1.
[916] BAG 5.2.1998 EzA BGB § 626 Unkündbarkeit Nr. 2 = NZA 1998, 771.
[917] *Buchner*, Anm. zu EzA BGB n. F. § 626 Nr. 96.
[918] *Bröhl*, FS Schaub, S. 55, 61; *Schleusener*, SAE 1998, 218, 221.
[919] BAG 28.10.1971 AP BGB § 626 Ausschlussfrist Nr. 1 = EzA BGB n. F. § 626 Nr. 8; LAG
Hamm 24.11.1988 LAGE BGB § 626 Unkündbarkeit Nr. 2.
[920] BAG 28.10.1971 AP BGB § 626 Ausschlussfrist Nr. 1 = EzA BGB n. F. § 626 Nr. 8; so auch
Herschel, ArbuR 1971, 257, 258; KR/*Fischermeier*, § 626 BGB Rn. 312; MünchArbR/*Wank*, § 98
Rn. 141; ErfK/*Müller-Glöge*, § 626 BGB Rn. 200. Umstritten ist aber, ob die Norm neben den individualrechtlichen auch kollektivrechtlichen Zwecken (Erhaltung des Betriebsfriedens) dient.

zudem ein Anzeichen dafür, dass der Kündigungsberechtigte die Situation als unzumutbar empfindet. Die gesetzliche Regelung vermeidet das sozial unerwünschte Ergebnis, dass der Kündigungsberechtigte sich den Kündigungsgrund „aufsparen" kann, um den Vertragsgegner unter einem gewissen Druck zu halten.[921]

788 Dieses Ziel kann bei betriebsbedingten Kündigungen nicht erreicht werden. Der Kündigungsgrund stammt aus der Sphäre des Kündigungsberechtigten, des Arbeitgebers. In der Sache regelt § 626 Abs. 2 BGB den Tatbestand einer Verwirkung.[922] Zum Verwirkungstatbestand gehört, dass ein schutzwürdiges Vertrauen des Kündigungsgegners enttäuscht wird, indem er trotz Kenntnis des Kündigungsberechtigten und im Vertrauen auf dessen Nichtreaktion vom Fortbestand des Arbeitsverhältnisses ausgeht und einen möglichen Arbeitsplatzwechsel unterlässt.[923] Bis zum Wegfall des Arbeitsplatzes kann der Arbeitnehmer aber keine Reaktion des Arbeitgebers erwarten, vielmehr ist es in seinem eigenen Interesse, wenn der Arbeitgeber die Kündigung möglichst weit hinauszögert.[924] Bei einem endgültigen Wegfall des Arbeitsplatzes kann der Arbeitnehmer kein Vertrauen entwickeln, weiterbeschäftigt zu werden; ein derartiges Vertrauen kann auch nicht darauf begründet sein, dass der Arbeitgeber nicht innerhalb von zwei Wochen nach Wegfall des Arbeitsplatzes die Kündigung ausspricht.[925] Zu bedenken ist darüber hinaus, dass der Arbeitgeber seine unternehmerische Entscheidung wiederholen und so immer wieder einen neuen Kündigungsgrund anführen kann. Im Übrigen ist der Verwirkungstatbestand allgemein für ein punktuelles Ereignis, nicht aber auf einen andauernden Zustand konzipiert.[926]

X. Ausschluss, Beschränkungen und Erweiterungen des außerordentlichen Kündigungsrechts

789 Das Recht zur außerordentlichen Kündigung nach § 626 BGB ist für beide Vertragsteile zwingendes Recht. Es kann auch nicht durch kollektive Normen (Tarifvertrag oder Betriebsvereinbarung) abgeändert werden. Das gilt auch für die Modalitäten der Ausschlussfrist des § 626 Abs. 2 BGB.[927] § 626 BGB ist eine zwingende Grundnorm des bürgerlichen Rechts für Dauerschuldverhältnisse. § 626 BGB garantiert ein unverzichtbares Freiheitsrecht beider Arbeitsvertragsparteien, sich bei extremen Belastungen zu trennen. Über das Maß des Zumutbaren hinaus darf die Rechtsordnung eine Bindung nicht zulassen,[928] weshalb nicht einmal der Gesetzgeber das Recht zur außerordentlichen Kündigung schlechthin ausschließen könnte.[929]

790 Der Grundgedanke des § 626 Abs. 1 BGB kann auch durch Vereinbarungen der Parteien durchkreuzt werden, die auf eine Beschränkung des Rechts der außerordent-

---

[921] MüKoBGB/*Henssler*, § 626 Rn. 282.
[922] Vgl. BAG 9.1.1986 EzA BGB n. F. § 626 Nr. 98 = NZA 1986, 467; KR/*Fischermeier*, § 626 BGB Rn. 313.
[923] BAG 21.3.1996 EzA BGB § 626 Ausschlussfrist Nr. 10 = NZA 1996, 871; *Schleusener*, SAE 1998, 218, 221.
[924] A. A. wohl *Bröhl*, FS Schaub, S. 55, 68.
[925] *Walker*, Anm. zu EzA BGB § 626 Unkündbarkeit Nr. 2; *Buchner*, Anm. zu EzA Nr. 96 zu § 626 BGB n. F.
[926] *Schleusener*, SAE 1998, 218, 221.
[927] BAG 12.4.1978 AP BGB § 626 Ausschlussfrist Nr. 13 = EzA BGB n. F. § 626 Nr. 64.
[928] Vgl. *Zöllner/Loritz/Hergenröder*, § 22 III 4; KR/*Fischermeier*, § 626 BGB Rn. 58; BAG 8.8.1963 AP BGB § 626 Kündigungserschwerung Nr. 2 = NJW 1963, 2341; 19.12.1974 AP BGB § 620 Bedingung Nr. 3 = EzA BGB § 305 Nr. 6; abweichend mit beachtenswerten Gründen *Gamillscheg*, ArbuR 1981, 105 ff.; gegen ihn KR/*Fischermeier*, § 626 BGB Rn. 58.
[929] Vgl. *Zöllner*, Gutachten zum 52. DJT, D 119 f.; *Preis*, Prinzipien, S. 59 ff.

lichen Kündigung hinauslaufen. Nicht nur der völlige Ausschluss, sondern auch die Erschwerung des außerordentlichen Kündigungsrechts kann unzulässig sein.[930] Unzulässige Kündigungserschwerungen können in Vereinbarungen über Vertragsstrafen, Abfindungen,[931] Rückzahlungsklauseln und anderem mehr liegen.[932]

Die Erweiterung des Kündigungsrechts im Einzelarbeitsvertrag oder auch im Tarifvertrag ist gleichfalls grundsätzlich ohne Wirkung.[933] Es kann also nicht ohne Weiteres außerordentlich gekündigt werden, wenn der vereinbarte Grund vorliegt; denn anderenfalls würden die zwingenden Mindestkündigungsfristen unterlaufen. Da die Fristen in § 622 BGB für beide Arbeitsvertragsparteien zwingend sind, gilt das grundsätzliche Erweiterungsverbot für beide Seiten.[934] Derartige Vereinbarungen oder Tarifnormen sind jedoch nicht ohne Bedeutung, zeigen sie doch an, worauf die Parteien des Einzelarbeitsvertrages oder auch die Tarifvertragsparteien besonderen Wert gelegt haben. Deshalb ist im Rahmen der Gesamtwürdigung bei der Abwägung der Interessen der Beteiligten im Rahmen des wichtigen Grundes der Parteiwille mit zu berücksichtigen.[935] Die Frage, ob noch eine zulässige Konkretisierung des wichtigen Grundes vorliegt oder schon von einer unzulässigen Beschränkung bzw. Erweiterung des außerordentlichen Kündigungsrechts auszugehen ist, ist nicht immer leicht abzugrenzen. Die vertragliche Pflichten- und Risikoverteilung gibt entscheidende Anhaltspunkte für das Ausmaß der Interessenbeeinträchtigung und damit auch für die Frage der Unzumutbarkeit.[936] 791

Dieselben Grundsätze gelten auch für die Erweiterung des außerordentlichen Kündigungsrechts in Tarifverträgen. § 626 BGB enthält im Gegensatz zu § 622 BGB keine Öffnungsklausel für die Tarifvertragsparteien. Vereinbaren die Tarifvertragsparteien dennoch einen Tatbestand, zB die Schwarzarbeit als einen wichtigen Grund, so ist die Wirkung der Norm nicht stärker, als wenn eine entsprechende Klausel im Einzelarbeitsvertrag enthalten wäre. Das Gericht hat also auch hier eine Interessenabwägung im Rahmen des wichtigen Grundes vorzunehmen.[937] 792

Das Problem der Beschränkung des Rechts der außerordentlichen Kündigung ist von Bedeutung bei der Beurteilung von sogenannten **Maßregelungsverboten** nach Arbeitskämpfen.[938] 793

XI. Die Ausschlussfrist des § 626 Abs. 2 BGB

Die außerordentliche Kündigung kann nur innerhalb einer Frist von zwei Wochen erfolgen. Die Frist beginnt mit dem Zeitpunkt, in dem der **Kündigungsberechtigte** 794

---

[930] BAG 8.8.1963 AP BGB § 626 Kündigungserschwerung Nr. 2; Staudinger/*Preis,* § 626 BGB Rn. 41; KR/*Fischermeier,* § 626 BGB Rn. 64.
[931] BAG 6.9.1989 EzA BGB n. F. § 622 Nr. 26 = NZA 1990, 147.
[932] KR/*Fischermeier,* § 626 BGB Rn. 65.
[933] BAG 17.4.1956 AP BGB § 626 Nr. 8; 15.10.1992 EzA KSchG § 1 Verhaltensbedingte Kündigung Nr. 45; LAG Berlin 18.8.1980 DB 1980, 2195; Staudinger/*Preis,* § 626 BGB Rn. 43.
[934] KR/*Fischermeier,* § 626 BGB Rn. 68; Erman/*Belling,* § 626 BGB Rn. 19.
[935] BAG 22.11.1973 AP BGB § 626 Nr. 67 = EzA BGB n. F. § 626 Nr. 33.
[936] Erman/*Belling,* § 626 BGB Rn. 22.
[937] Vgl. LAG Düsseldorf/Köln 22.12.1970 DB 1971, 150.
[938] Vgl. *Konzen,* ZfA 1980, 114; *Heß,* DB 1976, 2472; *Zöllner,* Maßregelungsverbote und sonstige tarifliche Nebenfolgeklauseln nach Arbeitskämpfen, 1977; ArbG Stuttgart 9.6.1976 EzA Art. 9 GG Arbeitskampf Nr. 18 mit abl. Anm. *Stahlhacke*; zuletzt zur Bedeutung der Maßregelungsverbote: BAG 13.7.1993 EzA GG Art. 9 Arbeitskampf Nr. 112 = NZA 1993, 1135; dazu *Schwarze,* NZA 1993, 697; *Rolfs,* DB 1994, 1237, 1238.

von den für die Kündigung maßgebenden Tatsachen Kenntnis erlangt (§ 626 Abs. 2 S. 2 BGB). Es handelt sich um eine materiell-rechtliche Ausschlussfrist. Sie ist eine verfassungsgemäße Konkretisierung des Verwirkungstatbestandes.[939] Den außerordentlichen Kündigungsgrund soll der Kündigungsberechtigte nicht beliebig lange zurückhalten können, um davon nach Gutdünken jederzeit Gebrauch machen zu können.[940] Nach ihrem Ablauf gilt die unwiderlegbare Vermutung, dass die Fortsetzung des Arbeitsverhältnisses für den Kündigenden nicht mehr unzumutbar ist. Eine Wiedereinsetzung in den vorherigen Stand ist nicht möglich.

795 Die Bestimmung des § 626 Abs. 2 S. 1 BGB ist zwingendes Recht. Sie kann nicht durch Parteivereinbarung,[941] aber auch nicht durch kollektive Normen ausgeschlossen oder geändert werden.[942] Die Versäumung der Ausschlussfrist muss fristgerecht nach § 13 Abs. 1 S. 2 iVm § 4 KSchG durch Kündigungsschutzklage geltend gemacht werden.[943]

796 Nach Ablauf der Ausschlussfrist bleibt die Begründung einer ordentlichen Kündigung mit demselben Kündigungsgrund möglich.[944] Die entgegengesetzte Auffassung würde im praktischen Ergebnis eine Ausdehnung des § 626 Abs. 2 BGB auf die ordentliche Kündigung bedeuten. Dies ist nicht gerechtfertigt.

1. Beginn der Ausschlussfrist

797 Die Ausschlussfrist beginnt, wenn der Kündigungsberechtigte eine **zuverlässige und möglichst vollständige positive Kenntnis der für die Kündigung maßgebenden Tatsachen hat.** Auch grob fahrlässige Unkenntnis ist ohne Bedeutung.[945] Zu den für die Kündigung maßgebenden Tatsachen gehören sowohl die für als auch gegen die Kündigung sprechenden Umstände. Ohne Kenntnis des Kündigungsberechtigten vom Kündigungssachverhalt kann das Kündigungsrecht nicht verwirken.[946]

798 Der Kündigende, der Anhaltspunkte für einen Sachverhalt hat, der zur fristlosen Kündigung berechtigen könnte, kann Ermittlungen anstellen und den Betroffenen anhören, ohne dass die Frist zu laufen beginnt.[947] Es können Urkunden eingesehen bzw.

---

[939] BAG 28.10.1971 AP BGB § 626 Ausschlussfrist Nr. 1 = EzA BGB n. F. § 626 Nr. 8; BAG 9.1.1986 EzA BGB n. F. § 626 Nr. 98 = NZA 1987, 467; BAG 29.7.1993 EzA BGB § 626 Ausschlußfrist Nr. 4 = NZA 1994, 171; KR/*Fischermeier*, § 626 BGB Rn. 312 ff.

[940] Das gilt nach BVerfG 21.4.1994 EzA Einigungsvertrag Art. 20 Nr. 32 auch außerhalb des Geltungsbereichs des KSchG; vgl. auch ErfK/*Müller-Glöge*, § 626 BGB Rn. 203.

[941] BAG 12.2.1973 AP BGB § 626 Ausschlussfrist Nr. 6 = EzA BGB n. F. § 626 Nr. 26; KR/*Fischermeier*, § 626 BGB Rn. 317; *Schwerdtner*, SAE 1973, 48.

[942] BAG 12.4.1978 AP BGB § 626 Ausschlussfrist Nr. 13 = EzA BGB n. F. § 626 Nr. 64 mit kritischer Anm. *Birk*; wie hier KR/*Fischermeier*, § 626 BGB Rn. 318; in diese Richtung jetzt auch Erman/*Belling*, § 626 BGB Rn. 93a.

[943] BAG 6.7.1972 AP BGB § 626 Ausschlussfrist Nr. 3 = EzA BGB n. F. § 626 Nr. 15; 8.6.1972 AP KSchG 1969 § 13 Nr. 1 = EzA BGB n. F. § 626 Nr. 12.

[944] Zutreffend BAG 4.3.1980 AP GG Art. 140 Nr. 4 = EzA KSchG § 1 Tendenzbetrieb Nr. 9; ebenso KR/*Fischermeier*, § 626 BGB Rn. 315; abweichend LAG Hamm 16.10.1978 DB 1979, 607.

[945] BAG 28.10.1971 EzA BGB n. F. § 626 Nr. 8 = NJW 1972, 463; BAG 6.7.1972 EzA BGB n. F. § 626 Nr. 15 = NJW 1973, 214; BAG 10.6.1988 AP BGB § 626 Ausschlussfrist Nr. 27 = EzA BGB § 626 Ausschlussfrist Nr. 2; BAG 31.3.1993 EzA BGB § 626 Ausschlussfrist Nr. 5 = NZA 1994, 409; BAG 15.11.1995 EzA BetrVG 1972 § 102 Nr. 89 = NZA 1996, 419; BAG 2.3.2006 EzA SGB IX § 91 Nr. 3 = NZA 2006, 1211; ständige Rspr.; KR/*Fischermeier*, § 626 BGB Rn. 319; Staudinger/*Preis*, § 626 BGB Rn. 289.

[946] BAG 9.1.1986 EzA BGB n. F. § 626 Nr. 98 = NZA 1986, 467.

[947] BAG 20.3.2014, NZA 2014, 1015, 1016; BAG 17.3.2005 EzA BGB 2002 § 626 Nr. 9 = NZA 2006, 101.

§ 22 Die außerordentliche Kündigung

geprüft oder erst beigezogen werden. Auch kann versucht werden, durch Befragen von Zeugen den Sachverhalt festzustellen. Gerade bei komplexen Sachverhalten kann die Erstellung eines Untersuchungsberichtes abgewartet werden.[948] Sind die Ermittlungen abgeschlossen und hat der Kündigende nunmehr die Kenntnis des Kündigungssachverhalts, so beginnt die Ausschlussfrist zu laufen. Die Ermittlungen dürfen **nicht hinausgezögert** werden.[949] Andererseits darf nicht darauf abgestellt werden, ob die Maßnahmen des Kündigenden etwas zur Aufklärung des Sachverhaltes beigetragen haben oder überflüssig waren.[950] Bis zur Grenze, die ein verständig handelnder Arbeitgeber oder Arbeitnehmer beachten würde, kann der Sachverhalt durch erforderlich erscheinende Aufklärungsmaßnahmen vollständig geklärt werden. Der Ausgang eines Strafermittlungs- oder Strafverfahrens, der für das Gewicht des Kündigungsgrundes von Bedeutung ist, darf abgewartet werden.[951] Nach BAG 10.6.1988[952] ist der Beginn der Ausschlussfrist gehemmt, solange der Kündigungsberechtigte die zur Aufklärung des Sachverhalts **nach pflichtgemäßem Ermessen notwendig erscheinenden Maßnahmen mit der gebotenen Eile** durchführt. Ob diese Voraussetzungen erfüllt sind, hängt von den Umständen des Einzelfalles ab. Eine Regelfrist gilt, anders als für die Anhörung des Kündigungsgegners, für die Durchführung der übrigen Ermittlungen nicht. Zwei bis drei Monate sind dabei regelmäßig zu lang.[953] Gesteht der Betroffene die ihm zur Last gelegten Handlungen zu, so bedarf es weiterer Aufklärungen nicht mehr. Holt der Arbeitgeber zur Bewertung der von ihm ermittelten Tatsachen Rechtsrat ein, wird die Frist des § 626 Abs. 2 BGB hierdurch nicht gehemmt.[954]

799 Vor einer abschließenden Würdigung aller Umstände kann der Kündigende den Betroffenen auch schriftlich oder mündlich anhören. Die dafür notwendige Zeit hemmt die Frist des § 626 Abs. 2 BGB. Um den Lauf der Frist jedoch nicht länger als unbedingt notwendig hinauszuschieben, muss die Anhörung innerhalb einer kurz zu bemessenden Frist, die im Allgemeinen nicht länger als **eine Woche (Regelfrist)** sein darf, erfolgen.[955] Bei Vorliegen besonderer Umstände (zB Nichterreichbarkeit des Arbeitnehmers wegen Untersuchungshaft) darf diese Regelfrist auch überschritten werden.[956] Ein solcher Fall kann vorliegen, wenn der Kündigende den Betroffenen nach einer schriftlichen Anhörung noch einmal wegen offener Fragen mündlich anhört. Dies muss allerdings innerhalb einer kurzen Frist geschehen.[957]

---

[948] *Dzida,* NZA 2014, 809, 810; *Göpfert/Drägert,* CCZ 2011, 25, 26.
[949] BGH 19.5.1980 NJW 1981, 166; LAG Berlin 30.6.1997 NZA-RR 1997, 424.
[950] BAG 20.3.2014 NZA 2014, 1015, 1016.
[951] BAG 14.2.1996 EzA BGB n. F. § 626 Nr. 160 = NZA 1996, 873.
[952] AP BGB § 626 Ausschlussfrist Nr. 27 = EzA BGB § 626 Ausschlussfrist Nr. 2 mit Anm. *Gaul;* BAG 31.3.1993 EzA BGB § 626 Ausschlussfrist Nr. 5 = NZA 1994, 409; BAG 14.9.1994 EzA BGB § 626 Verdacht strafbarer Handlung Nr. 5 = NZA 1995, 269; BAG 2.3.2006 EzA SGB IX § 91 Nr. 3 = NZA 2006, 1211; siehe bereits BAG 27.1.1972 AP BGB § 626 Ausschlussfrist Nr. 2 = EzA BGB n. F. § 626 Nr. 10.
[953] LAG Frankfurt 12.3.1987 LAGE BGB § 626 Ausschlussfrist Nr. 1 = DB 1987, 2419 (drei Monate); LAG 16.9.2005 LAGE BGB 2002 § 626 Ausschlussfrist Nr. 2 = NZA-RR 2006, 131.
[954] LAG Hamm 1.10.1998 MDR 1999, 683; dies für komplexe Sachverhalte ablehnend *Dzida,* NZA 2014, 809, 811; *Heinemeyer/Thomas,* BB 2012, 1218, 1220.
[955] BAG 6.7.1972 EzA BGB n. F. § 626 Nr. 15 = NJW 1973, 214; BAG 12.2.1973 AP BGB § 626 Ausschlussfrist Nr. 6 = EzA BGB n. F. § 626 Nr. 26; BAG 10.6.1988 EzA BGB § 626 Ausschlussfrist Nr. 2 = NZA 1989, 105; BAG 2.3.2006 EzA SGB IX § 91 Nr. 3 = NZA 2006, 1211; LAG Köln 20.7.1995 LAGE BGB § 626 Ausschlussfrist Nr. 8 = NZA-RR 1996, 317; im Einzelfall Fristwahrung verneint: LAG Sachsen-Anhalt 19.12.2014 – 4 Sa 10/14 – (Revision eingelegt).
[956] Vgl. LAG Köln 8.8.2000 NZA-RR 2001, 185.
[957] BAG 12.2.1973 AP BGB § 626 Ausschlussfrist Nr. 6 = EzA BGB n. F. § 626 Nr. 26.

800 Der Arbeitgeber kann eine beabsichtigte Anhörung nicht ohne Weiteres aufschieben, weil der Arbeitnehmer arbeitsunfähig erkrankt ist. Die Arbeitsunfähigkeit des Arbeitnehmers hemmt die Ausschlussfrist nicht. Dem Arbeitnehmer kann auch während der Arbeitsunfähigkeit Gelegenheit gegeben werden, sich zu äußern.[958] Der Arbeitgeber bleibt wegen der eilbedürftigen Ermittlungen verpflichtet, aufzuklären, ob der Arbeitnehmer in der Lage ist, sich einer Anhörung zu unterziehen. Nur wenn dies nicht möglich ist oder vom Arbeitnehmer wegen der Erkrankung verweigert wird, beginnt die Frist erst mit der späteren Anhörung zu laufen.[959]

801 Bei sogenannten **Dauergründen** bzw. **Dauertatbeständen** beginnt die Frist mit dem letzten Vorfall zu laufen, der ein weiteres und letztes Glied in der Kette der Ereignisse bildet, die zum Anlass für eine Kündigung genommen werden. Unter diesen Voraussetzungen sind auch frühere Ereignisse zu berücksichtigen.[960] Abgeschlossene Tatbestände mit Fortwirkung im Vertrauensbereich (Beispiel Spesenbetrug) sind keine Dauertatbestände in diesem Sinne. Hierzu zählt auch der Fall der Verdachtskündigung.[961]

802 Handelt es sich um bis in die Ausschlussfrist hineinragende Dauertatbestände, zB um eine **Verletzung von Arbeitsschutzvorschriften bis unmittelbar vor Ausspruch der Kündigung,** so können aus § 626 Abs. 2 S. 1 BGB keine Bedenken hergeleitet werden.[962] Das gilt auch im Falle eines andauernden unbefugten **Fernbleibens vom Arbeitsplatz.**[963] Bei unentschuldigtem Fehlen beginnt die Ausschlussfrist frühestens mit dem Ende der Fehlzeit.[964] Bei **eigenmächtigem Urlaubsantritt** beginnt die Ausschlussfrist erst mit der Rückkehr aus dem Urlaub zu laufen.[965] Bei der Vorenthaltung der Bezüge sowie der Verweigerung vertraglicher Rechte (zB Bestellung zum Geschäftsführer) handelt es sich um ein sog. Dauerverhalten des Arbeitgebers. Auch hier beginnt der Fristlauf nicht vor Beendigung des Zustandes.[966]

803 Bei **personenbedingten Gründen** beginnt die Frist in dem Zeitpunkt zu laufen, in dem der Arbeitgeber von dem Ausfall weiß und hierauf seine Personalplanung einstellen muss.[967] Das ist – wie das BAG mit Recht entschieden hat – allerdings nicht bei Dauertatbeständen wie der dauernden Arbeitsunfähigkeit der Fall. Hier entsteht mit jedem Fehltag eine weitere Störung des Austauschverhältnisses. Bei Dauertatbeständen lässt sich der Fristbeginn nach § 626 Abs. 2 BGB nicht eindeutig fixieren. Nach Auf-

---

[958] LAG Köln 25.1.2001 BB 2001, 1748.
[959] Vgl. LAG Frankfurt 10.12.1979 DB 1980, 1079.
[960] BAG 17.8.1972 AP BGB § 626 Nr. 4 = EzA BGB n. F. § 626 Nr. 16; BAG 10.4.1975 AP BGB § 626 Ausschlussfrist Nr. 7 = EzA BGB n. F. § 626 Nr. 37 mit Anm. *Herschel*; KR/*Fischermeier*, § 626 BGB Rn. 325.
[961] BAG 29.7.1993 EzA BGB § 626 Ausschlussfrist Nr. 4 = NZA 1994, 171.
[962] BAG 28.10.1971 AP BGB § 626 Nr. 62 = EzA BGB § 626 Nr. 9.
[963] KR/*Fischermeier*, § 626 BGB Rn. 325; LAG Düsseldorf/Köln 29.4.1981 EzA BGB n. F. § 626 Nr. 77; vgl. auch BAG 25.3.1976 AP BGB § 626 Ausschlussfrist Nr. 10, das einen Dauertatbestand im Falle eines Beschlusses über die Auflösung eines Orchesters abgelehnt hat = EzA BGB § 626 Änderungskündigung Nr. 1.
[964] BAG 22.1.1998 EzA BGB § 626 Ausschlussfrist Nr. 11 = NZA 1998, 708.
[965] BAG 25.2.1983 AP BGB § 626 Ausschlussfrist Nr. 14 = EzA BGB n. F. § 626 Nr. 83; LAG Düsseldorf/Köln 29.4.1981 EzA BGB n. F. § 626 Nr. 77; LAG Hamm 5.1.1983 BB 1983, 1473; *Kapischke*, BB 1981, 189; a. A. *Gerauer*, BB 1980, 1332; ArbG Münster 2.9.1982 BB 1982, 1987.
[966] BAG 8.8.2002 EzA § 628 BGB Nr. 21 = NZA 2002, 1323; BGH 26.6.1995 WM 1995, 1665, 1666.
[967] Zum Fristbeginn bei dauernder Beschäftigungsuntauglichkeit wegen Alkoholmissbrauchs BAG 12.4.1978 AP BGB § 626 Ausschlussfrist Nr. 13 = EzA BGB n. F. § 626 Nr. 64; LAG Köln 22.6.1995 LAGE BGB § 626 Ausschlussfrist Nr. 7 = NZA-RR 1996, 170; KR/*Fischermeier*, § 626 BGB Rn. 326.

fassung des BAG reicht es zur Fristwahrung aus, dass die Umstände, auf die der Arbeitgeber die Kündigung stützt, auch noch bis mindestens zwei Wochen vor Zugang der Kündigung gegeben waren.[968] Den Arbeitnehmer über § 626 Abs. 2 BGB zum frühestmöglichen Zeitpunkt zu kündigen, entspräche auch nicht dem Sinn und Zweck der Ausschlussfrist. Wenn der Arbeitgeber mit der Kündigung bei fortdauernder Arbeitsunfähigkeit zuwartet, wird kein schutzwürdiges Vertrauen des Arbeitnehmers enttäuscht, nicht doch irgendwann gekündigt zu werden, da keine Arbeitsleistung mehr erbracht wird.[969] Das gilt auch bei sich immer wiederholenden Kurzerkrankungen, die aus einer allgemeinen Krankheitsanfälligkeit herrühren. Mit jeder Fehlzeit wird die Negativprognose verdichtet und beginnt die Ausschlussfrist erneut zu laufen.[970] Es ist dabei nicht zwingend, dass der Arbeitnehmer an einem einheitlichen Grundleiden erkrankt ist. Es kommt auch nicht darauf an, ob der Arbeitnehmer mindestens zwei Wochen vor Zugang der Kündigung arbeitsunfähig war. Entscheidend ist die fortbestehende Negativprognose. Bei **betriebsbedingten Gründen** beginnt die Frist in dem Zeitpunkt, in dem sich die Unternehmerentscheidung konkret auf den Arbeitsplatz auswirkt und der Arbeitnehmer nicht weiterbeschäftigt werden kann.[971] Bei einem dauerhaften Wegfall der Beschäftigungsmöglichkeit soll es sich nach Auffassung des BAG ebenfalls um einen Dauertatbestand handeln.[972] Das ist in dieser Allgemeinheit zweifelhaft, weil der Arbeitgeber – anders als bei der personenbedingten Kündigung – durch seine unternehmerische Entscheidung den Kündigungsgrund setzt und exakt wissen kann und muss, wann die Weiterbeschäftigungsmöglichkeit wegfällt (näher → Rn. 786 ff.) Zweck des § 626 Abs. 2 BGB ist es insbesondere, zu vermeiden, außerordentliche Kündigungsgründe „auf Vorrat" zu halten.

Bei **strafbaren Handlungen** und auch im Falle von sogenannten **Verdachtskündigungen** kann der Kündigende grundsätzlich den Ausgang des Strafverfahrens abwarten.[973] Der Fristablauf ist gehemmt.[974] Kündigt der Arbeitgeber nicht schon aufgrund des Verdachts einer strafbaren Handlung, sondern wartet er das Ergebnis des Strafverfahrens ab, so wird die Ausschlussfrist des § 626 Abs. 2 BGB jedenfalls dann gewahrt, wenn der Arbeitgeber die außerordentliche Kündigung binnen zwei Wochen seit Kenntniserlangung von der Tatsache der Verurteilung ausspricht.[975] Das gilt nicht, wenn der Sachverhalt einwandfrei feststeht, sei es durch ein Geständnis des betroffenen Arbeitnehmers oder in anderer Weise. Es sind aber auch Fälle denkbar, in denen es

804

---

[968] BAG 23.1.2014 NZA 2014, 962 Rn. 14.
[969] BAG 21.3.1996 AP BGB § 626 Krankheit Nr. 8 mit Anm. *Bezani* = EzA BGB § 626 Ausschlussfrist Nr. 10 = NZA 1996, 871.
[970] BAG 23.1.2014 NZA 2014, 962; *von Tilling*, ZTR 2014, 595.
[971] BAG 28.3.1985 AP BGB § 626 Nr. 86 = EzA BGB n.F. § 626 Nr. 96; zum Fristbeginn einer außerordentlichen Änderungskündigung aus betrieblichen Gründen BAG 25.3.1976 EzA BGB § 626 Änderungskündigung Nr. 1 = NJW 1976, 1334; LAG Köln 24.2.1994 LAGE BetrVG 1972 § 103 Nr. 9.
[972] BAG 5.2.1998 EzA BGB § 626 Unkündbarkeit Nr. 2 = NZA 1998, 771; BAG 20.6.2013 NZA 2014, 139, 142; für den Fall der Betriebsstilllegung ebenso *Schwerdtner*, FS Kissel, 1994, S. 1088; KR/*Fischermeier*, § 626 BGB Rn. 329; a.A. noch BAG 5.10.1995 RzK I 6g Nr. 26; zurückhaltend auch LAG Rheinland-Pfalz 19.9.1997 LAGE KSchG § 2 Nr. 31.
[973] BAG 27.1.2011 EzA BGB 2002 § 626 Verdacht strafbarer Handlung Nr. 10 = NZA 2011, 798, 799; BAG 26.9.2013 NZA 2014, 529 Rn. 24.
[974] BAG 11.3.1976 AP BGB § 626 Nr. 9 mit Anm. *Herschel* = EzA BGB n.F. § 626 Nr. 76 = NJW 1976, 1766; BAG 12.12.1984 AP BGB § 626 Ausschlussfrist Nr. 19 = EzA BGB § 626 Nr. 97; BAG 29.7.1993 EzA BGB § 626 Ausschlussfrist Nr. 4 = NZA 1994, 171; LAG Berlin 27.9.1982 EzA BGB n.F. § 626 Nr. 80; abweichend für den Fall, dass der Arbeitnehmer die strafbare Handlung gesteht: LAG Düsseldorf/Köln 17.2.1981 EzA BGB n.F. § 626 Nr. 76.
[975] BAG 18.11.1999 EzA BGB § 626 Ausschlussfrist Nr. 14 = NZA 2000, 381.

nicht auf die Klärung des Sachverhalts ankommt, sondern auf das dem Strafurteil zugrunde liegende Werturteil.[976] Der Arbeitgeber kann aber nicht – trotz eines hinlänglich begründeten Anfangsverdachts – zunächst von eigenen weiteren Ermittlungen absehen und den Verlauf des Ermittlungs- bzw. Strafverfahrens abwarten wollen, dann aber trotzdem spontan, ohne dass sich neue Tatsachen ergeben hätten, zu einem willkürlich gewählten Zeitpunkt wieder Ermittlungen aufnehmen und kündigen.[977] Der Arbeitgeber muss also Willkür vermeiden. Für den gewählten Zeitpunkt der Kündigung bedarf es eines sachlichen Grundes. Jedem Ereignis kann eine die Vertragsstörung intensivierende Wirkung zukommen, das die Gewissheit, der Vertragspartner könne die Pflichtverletzung begangen haben, erhöht (etwa Klageerhebung; neue Beweismittel).[978] Ist die Tatsache der rechtskräftigen Verurteilung Teil des Kündigungsgrundes, so läuft die Ausschlussfrist erst ab Kenntnis des Kündigungsberechtigten von dem die rechtskräftige Verurteilung umfassenden Kündigungsgrund.[979] Grundsätzlich kann dem Arbeitgeber durch das Abwarten jedoch kein Nachteil entstehen.[980] Ist rechtskräftig festgestellt, dass eine Verdachtskündigung wegen Versäumung der Ausschlussfrist unwirksam ist, so hindert die Rechtskraft dieses Urteils den Arbeitgeber nicht, nach Abschluss des Strafverfahrens eine erneute – nunmehr auf die Tatbegehung selbst gestützte – außerordentliche Kündigung auszusprechen, wenn er bis dahin noch keine sichere Kenntnis von der Tatbeteiligung des Arbeitnehmers hatte.[981]

805 Die Anhörung des Betriebsrates hat innerhalb der Ausschlussfrist des § 626 Abs. 2 S. 1 BGB zu erfolgen, sodass sie nicht um die Anhörungsfrist nach § 102 Abs. 2 BetrVG verlängert wird.[982] Zur Problematik der Ausschlussfrist bei Entlassung von Mitgliedern des Betriebsrates → Rn. 1751 ff. Zum Einfluss der §§ 9 MuSchG, 18 BEEG und §§ 85, 91 SGB IX auf die Wahrung der Ausschlussfrist → Rn. 1430, 1578 ff.

2. Ablauf der Ausschlussfrist

806 Für die Berechnung der Ausschlussfrist gelten die §§ 187 ff. BGB sowie § 193 BGB.
807 Die Frist ist gewahrt, wenn die Kündigungserklärung dem Kündigungsempfänger innerhalb der Frist nach den allgemeinen Regeln zugegangen ist. Es ist **nicht ausreichend,** dass die Kündigungserklärung den Machtbereich des Erklärenden innerhalb der Frist verlassen hat.[983] Fraglich ist, was gilt, wenn der Kündigende gar nicht in der Lage ist, die Frist einzuhalten, zum Beispiel wegen langer Postlaufzeiten, etwa wenn das Kündigungsschreiben zum fernen Urlaubsort des Arbeitnehmers befördert werden

---

[976] BAG 11.3.1976 AP BGB § 626 Nr. 9 = EzA BGB n. F. § 626 Nr. 76; BAG 14.2.1996 EzA BGB n. F. § 626 Nr. 160 = NZA 1996, 873; BAG 26.9.2013 – 2 AZR 741/12 – Rn. 25, zit. n. juris; KR/*Fischermeier*, § 626 BGB Rn. 321; *Grunsky*, ZfA 1977, 172.
[977] BAG 22.11.2012 NZA 2013, 665; BAG 5.6.2008 EzA BGB 2002 § 626 Verdacht strafbarer Handlung Nr. 7 = NZA-RR 2008, 630; BAG 29.7.1993 EzA BGB § 626 Ausschlussfrist Nr. 4 = NZA 1994, 171.
[978] BAG 5.6.2008 EzA BGB 2002 § 626 Verdacht strafbarer Handlung Nr. 7 = NZA-RR 2008, 630.
[979] BAG 5.6.2008 AP BGB § 626 Verdacht strafbarer Handlungen Nr. 45 = NZA-RR 2009, 69.
[980] *Herschel*, Anm. zu BAG AP BGB § 626 Nr. 9.
[981] BAG 12.12.1984 AP BGB § 626 Ausschlussfrist Nr. 19 = EzA BGB n. F. § 626 Nr. 97.
[982] BAG 18.8.1977 EzA BetrVG 1972 § 103 Nr. 20 = NJW 1978, 661; BAG 8.6.2000 EzA BGB § 626 Ausschlussfrist Nr. 15 = NZA 2001, 212.
[983] BAG 9.3.1978 AP BGB § 626 Ausschlussfrist Nr. 12 = EzA BGB n. F. § 626 Nr. 63 mit Anm. *Kraft* = NJW 1978, 2168; *Herschel*, Anm. zu BAG EzA BetrVG 1972 § 103 Nr. 20.

muss. Dem Kündigenden kann zwar nicht das normale Beförderungsrisiko abgenommen werden. Zuzustimmen ist jedoch der Auffassung, die für eine Hemmung des Fristablaufs eintritt, falls die Verzögerungen der Postbeförderung ungewöhnlich sind, denen der Kündigende machtlos gegenübersteht.[984] Dies wird auch bei Streiks im Post- und Luftpostdienst zu gelten haben.

3. Der Kündigungsberechtigte

Die Frist beginnt zu laufen, wenn der zur Kündigung Berechtigte die positive Kenntnis der erforderlichen Tatsachen hat. Kündigungsberechtigter ist derjenige, der befugt ist, im konkreten Fall die Kündigung auszusprechen.[985] Ist der kündigende Arbeitnehmer zB noch minderjährig und liegt der Tatbestand des § 113 BGB nicht vor, so ist der gesetzliche Vertreter der Kündigungsberechtigte und seine Kenntnis von den der Kündigung zugrunde liegenden Tatsachen ist entscheidend (§ 166 Abs. 1 BGB). **808**

Bei der **Gesamtvertretung** genügt bereits die Kenntnis eines Vertreters, um den Fristlauf auszulösen.[986] Das Recht der außerordentlichen Kündigung eines Dienstvertrages mit einem Vorstandsmitglied steht bei einer eingetragenen Genossenschaft allein der Generalversammlung zu. Die Kenntnis eines einzelnen Aufsichtsratsmitglieds ist ohne Bedeutung.[987] Ist die Gesellschafterversammlung für die Kündigungserklärung zuständig, so beginnt die Frist erst zu laufen, wenn alle Gesellschafter Kenntnis haben.[988] Die Grundsätze der passiven Stellvertretung können nicht auf Aufsichtsratsgremien oder Gesellschafterversammlungen übertragen werden.[989] Hiervon macht der IX. Zivilsenat des BGH eine gewichtige Ausnahme. Prinzipiell ist das Wissen eines Mitglieds des zuständigen Vertretungsorgans einer juristischen Person dieser zuzurechnen. Kennt ein Mitglied die eine fristlose Kündigung eines Vorstandsmitglieds tragenden Tatsachen, so ist sein Wissen jedenfalls ab dem Zeitpunkt zuzurechnen, in dem es die anderen Mitglieder hätte unterrichten können.[990] Ferner darf die Einberufung der Gesellschafterversammlung durch die Einberufungsberechtigten nach deren Kenntniserlangung nicht unangemessen verzögert werden.[991] Die ohne hinreichende Vertretungsmacht erklärte außerordentliche Kündigung kann vom Vertretenen mit rückwirkender Kraft nach § 184 BGB genehmigt werden, allerdings nur innerhalb der zweiwöchigen Ausschlussfrist.[992] **809**

Die Kenntnis anderer Personen ist allerdings dann von Bedeutung, wenn diese eine ähnliche selbständige Stellung haben wie gesetzliche oder rechtsgeschäftliche Vertreter **810**

---

[984] Vgl. KR/*Fischermeier*, § 626 BGB Rn. 359 f.; *Herschel*, Anm. zu BAG EzA BetrVG 1972 § 103 Nr. 20; a. A. *Kraft*, Anm. zu BAG EzA BGB n. F. § 626 Nr. 63.
[985] BAG 6.7.1972 AP BGB § 626 Ausschlussfrist Nr. 3 = EzA BGB n. F. § 626 Nr. 15 = NJW 1973, 214.
[986] BAG 20.9.1984 AP BGB § 28 Nr. 1 mit Anm. *Reuter* = EzA BGB n. F. § 626 Nr. 92 = SAE 1985, 313 mit Anm. *Windbichler*; BGH 5.4.1990 EzA BGB § 626 Ausschlussfrist Nr. 3; a. A. *Densch/Kahlo*, DB 1987, 581; vgl. zum Ganzen auch KR/*Fischermeier*, § 626 BGB Rn. 349.
[987] BAG 5.5.1977 EzA BGB n. F. § 626 Nr. 57 = NJW 1978, 723; dazu ferner BGH 19.5.1980 NJW 1981, 166; a. A. BGH 5.4.1990 EzA BGB § 626 Ausschlussfrist Nr. 3; zum Kuratorium einer Stiftung LAG Hamm 26.2.1985 LAGE BGH § 626 Nr. 19 = DB 1985, 1952; zum Ganzen auch *Wiesner*, BB 1981, 1356.
[988] BGH 9.4.2013 NJW 2013, 2425, 2426.
[989] BGH 17.3.1980 NJW 1980, 2411.
[990] BGH 5.4.1990 EzA BGB § 626 Ausschlussfrist Nr. 3.
[991] BGH 15.6.1998 NZA 1998, 1005.
[992] BAG 26.3.1986 AP BGB § 180 Nr. 2 = EzA BGB n. F. § 626 Nr. 99; ebenso BAG 4.2.1987 AP BGB § 626 Ausschlussfrist Nr. 24 = EzA BGB n. F. § 626 Nr. 106.

des Arbeitgebers und nicht nur zur Meldung, sondern vorab auch zur Feststellung der für eine außerordentliche Kündigung maßgebenden Tatsachen verpflichtet sind.[993] Der Kündigungsberechtigte muss sich die Kenntnis eines Dritten dann zurechnen lassen, wenn seine Stellung im Betrieb erwarten lässt, er werde den Kündigungsberechtigten informieren.[994] Nach Ansicht des BAG[995] setzt dies weiter voraus, dass diese Personen auch rechtlich und tatsächlich in der Lage sind, den Sachverhalt so umfangreich aufzuklären, dass der Kündigungsberechtigte mit seiner Meldung ohne weitere Erhebungen eine Entscheidung treffen kann. Das BAG hat diese Rechtsprechung jedoch auf den eigentlichen arbeitsrechtlichen Bereich beschränkt und klargestellt, dass es Fälle im Auge hat, in denen etwa der Leiter eines nachgeordneten Betriebes oder Betriebsteiles praktisch die Funktion eines Arbeitgebers ausübt, ohne jedoch selbst kündigungsberechtigt zu sein.[996] Im Verhältnis zu dem Geschäftsführer einer GmbH können diese Regeln dagegen keine Anwendung finden; hier ist die Kenntnis mindestens eines Mitgliedes der zur Kündigung berechtigten Gesellschafterversammlung erforderlich.[997] Organisationsmängel, die den Informationsfluss beeinträchtigen, muss sich der Arbeitgeber allerdings zurechnen lassen.[998]

811 Im öffentlichen Dienstbereich, insbesondere im Kommunalverfassungsrecht, sind zahlreiche Sonderregelungen zu beachten, die die Kündigungsberechtigung betreffen.[999] Durch Vereinbarung können die Parteien des Arbeitsvertrages das Recht zur außerordentlichen Kündigung ausschließlich dem Arbeitgeber vorbehalten. Das hat entsprechende Folgen für den Fristbeginn.[1000] Schulleiter (hier in NRW) sind in aller Regel nicht Kündigungsberechtigte, weshalb es auf die Kenntnis der jeweiligen kündigungsbefugten Schulbehörde (hier Bezirksregierung) ankommt.[1001]

4. Rechtsmissbrauch

812 Die Anwendung der Ausschlussfrist kann je nach Fallkonstellation zu unerträglichen Ergebnissen führen. Im Einzelfall ist der Einwand des Rechtsmissbrauchs gerechtfertigt.[1002] Dies kann insbesondere dann der Fall sein, wenn der Kündigungsgegner selbst

---

[993] Vgl. BAG 21.2.2013 NZA-RR 2013, 515; BAG 5.5.1977 AP BGB § 626 Ausschlussfrist Nr. 11 = EzA BGB n. F. § 626 Nr. 57 = NJW 1978, 723.

[994] BAG 5.5.1977 AP BGB § 626 Ausschlussfrist Nr. 11 = EzA BGB n. F. § 626 Nr. 57.

[995] BAG 26.11.1987 RzK I 6g Nr. 13.

[996] BAG 5.5.1977 AP BGB § 626 Ausschlussfrist Nr. 11 = EzA BGB n. F. § 626 Nr. 57.

[997] BGH 9.11.1992 NJW 1993, 463, 464.

[998] BAG 5.5.1977 AP BGB § 626 Ausschlussfrist Nr. 11 = EzA BGB n. F. § 626 Nr. 57; BAG 26.11.1987 – 2 AZR 312/87 – n. v.; BAG 20.4.1977 AP BAT § 54 Nr. 1 = EzA BGB n. F. § 626 Nr. 55; BAG 21.2.2013 EzA BGB 2002 § 626 Ausschlussfrist Nr. 3 = NZA-RR 2013, 515, 517; Fehlverhalten solcher Personen, die dem Kündigungsberechtigten gleichstehen, muss sich der Arbeitgeber nach § 278 BGB zurechnen lassen, KR/*Fischermeier*, § 626 BGB Rn. 355 mwN.

[999] Zur GO NW BAG 4.2.1987 AP BGB § 626 Ausschlussfrist Nr. 24 mit abl. Anm. *Krückhans* = EzA BGB n. F. § 626 Nr. 106; zu § 37 Abs. 1 S. 2 BW-LKRO BAG 14.11.1984 AP BGB § 626 Nr. 89 = NZA 1986, 95; VGH Baden-Württemberg 28.11.1995 NZA-RR 1996, 374; zu § 37 Abs. 2 BayGO BAG 20.4.1977 AP BAT § 54 Nr. 1 = EzA BGB n. F. § 626 Nr. 55; LAG Nürnberg 29.9.1992 LAGE BGB § 626 Ausschlussfrist Nr. 4; zum Bereich der Bundesbahn BAG 12.4.1978 AP § 626 BGB Ausschlussfrist Nr. 13 = EzA BGB n. F. § 626 Nr. 64.

[1000] BAG 9.10.1975 AP BGB § 626 Ausschlussfrist Nr. 8 = EzA BGB n. F. § 626 Nr. 43; dazu KR/*Fischermeier*, § 626 BGB Rn. 353; *Herschel*, Anm. zu BAG AR-Blattei Kündigung VIII Entscheidung Nr. 53; ferner LAG Nürnberg 9.2.1994 LAGE BGB § 626 Ausschlussfrist Nr. 5.

[1001] BAG 23.10.2008 EzA BGB 2002 § 626 Nr. 23.

[1002] BAG 28.10.1971 AP BGB § 626 Ausschlussfrist Nr. 1 = EzA BGB n. F. § 626 Nr. 8; KR/*Fischermeier*, § 626 BGB Rn. 361 f.

veranlasst oder bewirkt hat, dass der Kündigende die Frist nicht einhält. Räumt der Kündigende dem anderen Teil auf seinen Wunsch oder doch mit seinem Einverständnis eine Bedenkzeit ein, sich über ein Angebot zur Vertragsaufhebung schlüssig zu werden, so kann sich der Gekündigte auf den Ablauf der Ausschlussfrist dann nicht berufen, wenn die Kündigung unverzüglich nach Ablauf der Bedenkzeit ausgesprochen wird.[1003] Haben die Parteien des Arbeitsverhältnisses vereinbart, ein laufendes Strafverfahren abzuwarten, so ist die Berufung des später Gekündigten auf die Ausschlussfrist arglistig.[1004]

Bei der Anwendung des Einwands des Rechtsmissbrauchs ist ein strenger Maßstab anzulegen.[1005] **813**

5. Darlegungs- und Beweislast

Derjenige, der die außerordentliche Kündigung erklärt, ist darlegungs- und beweispflichtig für alle tatsächlichen Umstände, die nach den oben unter 1 bis 4 dargelegten Grundsätzen von Bedeutung sind.[1006] Sie fallen in den Einfluss- und Kontrollbereich des Kündigenden. An den Nachweis der Fristwahrung werden strenge Anforderungen gestellt.[1007] Da die Parteien die Voraussetzungen des § 626 Abs. 2 BGB unstreitig stellen können, darf einer Kündigungsschutzklage nicht ohne Weiteres mit der Begründung stattgegeben werden, der Kündigende habe nichts zur Fristeinhaltung vorgetragen.[1008] Die Wahrung der Ausschlussfrist muss der Kündigende nur dann ausdrücklich und eingehend darlegen, wenn nach dem Sachverhalt Zweifel an der Fristwahrung bestehen oder der Gekündigte den Fristablauf geltend macht.[1009] **814**

XII. Schadensersatz nach außerordentlicher Kündigung

Endet das Arbeitsverhältnis aufgrund einer außerordentlichen Kündigung, die durch ein vertragswidriges Verhalten des anderen Teiles veranlasst worden ist, so ist dieser nach § 628 Abs. 2 BGB zum Ersatz des durch die Aufhebung des Arbeitsverhältnisses entstehenden Schadens verpflichtet. Voraussetzung des Schadensersatzanspruches ist stets, dass die Kündigung wirksam ist, d.h. die Beendigung des Arbeitsverhältnisses herbeigeführt hat. Kündigt also zB der Arbeitnehmer fristlos und macht alsdann einen Schadensersatzanspruch nach § 628 Abs. 2 BGB geltend, so entfällt dieser dann, wenn das Gericht im Schadensersatzprozess inzident die Feststellung trifft, dass die Kündigung wegen Fehlens eines wichtigen Grundes unwirksam war. Der Schadensersatzanspruch nach § 628 Abs. 2 BGB setzt auch voraus, dass die Zweiwochenfrist des § 626 **815**

[1003] BGH 5.6.1975 EzA BGB n.F. § 626 Nr. 36.
[1004] LAG Düsseldorf/Köln 12.8.1980 EzA BGB n.F. § 626 Nr. 73.
[1005] KR/*Fischermeier*, § 626 BGB Rn. 362 f.; vgl. im Übrigen BAG 12.2.1973 AP BGB § 626 Ausschlussfrist Nr. 6 = EzA BGB n.F. § 626 Nr. 26; BAG 19.1.1973 AP BGB § 626 Ausschlussfrist Nr. 5 = EzA BGB n.F. § 626 Nr. 24.
[1006] Vgl. BAG 1.2.2007 EzA BGB 2002 § 626 Verdacht strafbarer Handlungen Nr. 3 = NZA 2007, 744; BAG 17.8.1972 AP BGB § 626 Nr. 4 = EzA BGB n.F. § 626 Nr. 16; BAG 10.4.1975 AP BGB § 626 Ausschlussfrist Nr. 7 = EzA BGB n.F. § 626 Nr. 37 mit Anm. *Herschel*; ständige Rspr.
[1007] Einzelheiten KR/*Fischermeier*, § 626 BGB Rn. 385.
[1008] KR/*Fischermeier*, § 626 BGB Rn. 388.
[1009] BAG 28.3.1985 AP BGB § 626 Nr. 86 = EzA BGB n.F. § 626 Nr. 96; KR/*Fischermeier*, § 626 BGB Rn. 388.

Abs. 2 S. 1 BGB eingehalten worden ist.[1010] Das Gleiche gilt im Falle der unwirksamen Kündigung durch den Arbeitgeber.[1011] Ferner ist für einen Anspruch nach § 628 Abs. 2 BGB erforderlich, dass die Kündigung durch das vertragswidrige Verhalten des anderen Teils veranlasst wird, es also ursächlich für die Kündigungserklärung war.[1012] Haben **beide Vertragsteile** ein Recht zur außerordentlichen Kündigung aus wichtigem Grunde, so entfallen Schadensersatzansprüche aus § 628 Abs. 2 BGB.[1013]

816 Obwohl dem Wortlaut des § 628 Abs. 2 BGB nach das Vorliegen einer außerordentlichen Kündigung erforderlich ist, löst nicht lediglich diese einen Schadensersatzanspruch aus. Da im Rahmen von § 628 Abs. 2 BGB das Auflösungsverschulden sanktioniert wird, kann die Beendigung des Arbeitsverhältnisses auch in anderer Weise (zB durch Vereinbarung oder fristgerechte Eigenkündigung) herbeigeführt werden, sofern nur der andere Teil durch ein **vertragswidriges schuldhaftes Verhalten den Anlass für die Beendigung** gesetzt hat.[1014] Dieses muss das Gewicht eines wichtigen Grundes haben. Insofern ist nicht die Form der Auflösung entscheidend, sondern allein, ob der andere Teil schuldhaft einen wichtigen Grund zur Auflösung gesetzt hat.[1015] Schließen die Vertragspartner einen Auflösungsvertrag, so muss sich der Vertragsteil, der Rechte aus dem Auflösungsverschulden geltend machen will, diese Rechte vorbehalten. Anderenfalls ist die Einigung dahin zu verstehen, dass die Rechte nach dem Auflösungsvertrag nicht mehr geltend gemacht werden.[1016]

1. Schadensersatzanspruch des Arbeitnehmers

817 Kündigt der Arbeitnehmer wegen eines schuldhaften Verhaltens des Arbeitgebers das Arbeitsverhältnis wirksam nach § 626 BGB auf, so besteht der Schaden im entgangenen Lohn bzw. Gehalt sowie evtl. anderen vereinbarten Zuwendungen, zB Gratifikationen, Tantiemen. Der zu ersetzende Schaden richtet sich nach §§ 249, 252 BGB, d. h., der Arbeitnehmer ist so zu stellen, wie er bei Fortbestand des Arbeitsverhältnisses stehen würde (**Erfüllungsinteresse**).[1017] Der Arbeitgeber hat den Lohn bzw. das Gehalt und die weiteren Leistungen als Schadensersatz zu zahlen. Der Schadensersatzanspruch endet jedoch zu dem Zeitpunkt, zu dem das Vertragsverhältnis wegen Befristung in jedem Fall abgelaufen wäre.

[1010] BAG 22.6.1989 EzA BGB § 628 Nr. 17 = NZA 1990, 106; BAG 8.8.2002 EzA BGB § 628 Nr. 21 = NZA 2002, 1323.

[1011] Vgl. BAG 11.2.1981 AP KSchG 1969 § 4 Nr. 8 = EzA KSchG n. F. § 4 Nr. 20; siehe bereits 25.5.1962 AP BGB § 628 Nr. 1; 10.6.1972 EzA BGB n. F. § 626 Nr. 14. Erforderlich ist des Weiteren ein unmittelbarer Zusammenhang zwischen Vertragsverletzung und Beendigung, vgl. BAG 5.10.1962 AP BGB § 628 Nr. 2 = NJW 1963, 75; BAG 27.1.1972 EzA BGB § 628 Nr. 5 = DB 1972, 1299.

[1012] ErfK/*Müller-Glöge*, § 628 BGB Rn. 33; Staudinger/*Preis*, § 628 Rn. 43; BAG 17.1.2002 EzA BGB § 628 Nr. 20.

[1013] Vgl. BGH 29.11.1965 AP BGB § 628 Nr. 3 = NJW 1966, 347; BAG 12.5.1966 AP HGB § 70 Nr. 9 = EzA HGB § 70 Nr. 3; Staudinger/*Preis*, § 628 BGB Rn. 40.

[1014] BAG 8.8.2002 EzA BGB § 628 Nr. 21 = NZA 2002, 1323; BAG 22.1.2009 EzA BGB 2002 § 613a Nr. 105 = NZA 2009, 547, 550; BAG 14.12.2011 EzA MuSchG § 14 Nr. 19 = NJW 2012, 1900, 1903; hierzu *Bauer*, DB 2003, 2687.

[1015] BAG 10.5.1971 AP BGB § 628 Nr. 6 = EzA BGB § 628 Nr. 1; BAG 11.2.1981 AP KSchG 1969 § 4 Nr. 8 = EzA KSchG n.F. § 4 Nr. 20; BAG 22.6.1989 EzA BGB § 628 Nr. 17 = NZA 1990, 106; siehe auch LG Frankfurt 9.12.1981 NJW 1982, 2610.

[1016] Vgl. BAG 10.5.1971 AP BGB § 628 Nr. 6 = EzA BGB § 628 Nr. 1; zum Auflösungsverschulden im Falle fristgerechter Kündigung LAG Düsseldorf/Köln 29.8.1972 EzA BGB § 628 Nr. 4.

[1017] BAG 11.8.1987 EzA BBiG § 16 Nr. 1 = NZA 1988, 93; BAG 26.7.2001 EzA BGB § 628 Nr. 19 = NZA 2002, 325.

Nach Ansicht des BAG ist der Schadensersatzanspruch nach § 628 Abs. 2 BGB auf **818** den Zeitraum der **fiktiven Kündigungsfrist zu beschränken.**[1018] Zu dem Ersatz des zeitlich begrenzten Vergütungsausfalls könne aber eine den Verlust des Bestandsschutzes ausgleichende angemessene Entschädigung entsprechend §§ 9, 10 KSchG treten.[1019] Die Zuerkennung eines „Endlosschadens" entspreche weder dem Wortlaut der Norm noch ihrer Entstehungsgeschichte. Die Beschränkung auf den sogenannten „Verfrühungsschaden" berücksichtige, dass jede Partei eines Arbeitsvertrages mit einer ordentlichen Kündigung des anderen immer rechnen müsse. Das ist in dieser Allgemeinheit nicht zutreffend, denn es muss im Einzelfall danach entschieden werden, ob das Arbeitsverhältnis auch ohne das vertragswidrige Verhalten des Arbeitgebers zur Auflösung gekommen wäre. Ist das zu verneinen, ist die zeitliche Dauer grundsätzlich nicht auf das Ende der Kündigungsfrist fixiert.[1020] Ohne Weiteres kann der Arbeitgeber nämlich im Geltungsbereich des § 1 KSchG das Arbeitsverhältnis nicht beenden. Es könnte, wenn auch eine ordentliche Kündigung unwirksam wäre, Schadensersatz über den Zeitpunkt der ordentlichen Kündigung hinaus geltend gemacht werden. Allerdings liefe auch eine Schadensersatzpflicht ad infinitum der Wertung des § 628 Abs. 2 BGB zuwider.[1021] Hätte der Arbeitnehmer im Falle einer ordentlichen Kündigung eine Abfindung nach §§ 9, 10 KSchG bekommen, kann er deshalb neben der entgangenen Vergütung bis zum Zeitpunkt der nächstmöglichen Beendigung des Arbeitsverhältnisses auch hierfür Schadensersatz in dem mutmaßlichen Umfange verlangen.[1022]

Das BAG will für diesen weiteren wirtschaftlichen Verlust einen angemessenen Aus- **819** gleich in Anlehnung an §§ 9, 10 KSchG geben. Zur Begründung führt es an, dass die Lage des wegen schuldhafter Vertragspflichtverletzung des Arbeitgebers selbst kündigenden Arbeitnehmers vergleichbar sei mit derjenigen des Arbeitnehmers, demgegenüber der Arbeitgeber eine unberechtigte Kündigung ausgesprochen habe und der nun seinerseits einen Auflösungsantrag stelle, weil ihm die Fortsetzung des Arbeitsverhältnisses unzumutbar ist.[1023] Diese gesetzliche Wertung rechtfertige es, den Verlust des Bestandsschutzes als normative Schadensposition anzuerkennen.[1024] Für die Feststellung des Schadens kommt es daher nicht darauf an, ob unter Berücksichtigung der tatsächlichen Umstände eine Abfindung gezahlt worden wäre, sondern darauf, ob der Arbeitnehmer in einem durch das Kündigungsschutzgesetz bestandsgeschützten Arbeitsverhältnis stand. Voraussetzung für den Schadensersatzanspruch des Arbeitnehmers ist mithin, dass im Falle einer unberechtigten Arbeitgeberkündigung die §§ 9, 10 und/oder 13 KSchG Anwendung fänden.[1025] Eine Entschädigung nach § 628 Abs. 2 BGB iVm §§ 9, 10, 13 KSchG analog ist also immer dann zu zahlen, wenn der durch das Kündigungsschutzgesetz vermittelte Bestandsschutz verloren geht.

[1018] BAG 26.7.2001 EzA BGB § 628 Nr. 19 = NZA 2002, 325; hieran festhaltend BAG 22.4.2004 AP BGB § 628 Nr. 18 = EzA BGB 2002 § 628 Nr. 4.
[1019] Diese Rechtsprechung ist nicht auf den Schadensersatzanspruch des Arbeitnehmers gegen seinen Rechtsvertreter, durch dessen Verschulden der Kündigungsschutzprozess verloren geht, übertragbar, BGH 24.5.2007 NZA 2007, 753.
[1020] Vgl. Staudinger/*Preis*, § 628 BGB Rn. 46 ff.; a.A. i. Grds. BAG 26.7.2001 EzA BGB § 628 Nr. 19 = NZA 2002, 325.
[1021] KR/*Weigand*, § 628 Rn. 36.
[1022] So auch BAG 26.7.2001 EzA BGB § 628 Nr. 19 = NZA 2002, 325; dazu Staudinger/*Preis*, § 628 Rn. 48; a. A. LAG Hamm 12.6.1984 NZA 1985, 159.
[1023] BAG 26.7.2001 EzA BGB § 628 Nr. 19 = NZA 2002, 325.
[1024] Vgl. *Krause*, Anm. EzA BGB § 628 Nr. 19; *Gamillscheg*, Anm. SAE 2002, 123 f.
[1025] BAG 21.5.2008 – 8 AZR 623/07 –.

820 Ein Entschädigungsanspruch setzt neben der Anwendbarkeit des Kündigungsschutzgesetzes weiter voraus, dass der Arbeitgeber im Zeitpunkt der Arbeitnehmerkündigung das Arbeitsverhältnis seinerseits nicht selbst hätte kündigen dürfen. Denn nach dem Schutzzweck des § 628 Abs. 2 BGB ist der Einwand des Arbeitgebers, auch er hätte das Arbeitsverhältnis berechtigterweise kündigen können, erheblich. Der (hypothetische) Ausspruch einer Kündigung durch die Vertragspartei, welche die Auflösung des Dienstverhältnisses verschuldet hat, begrenzt den durch die Schadensersatzpflicht gewährleisteten Schutz. Es kommt nicht darauf an, ob der Kündigungsgegner sich auf seine Kündigungsmöglichkeit ausdrücklich beruft und beweist, dass er sie ausgeübt hätte.[1026]

821 Auf den Schadensersatzanspruch findet § 254 BGB Anwendung. Dies führt zur Anrechnung von Verdienst, den der Arbeitnehmer schuldhaft zu erwerben versäumt hat. Böswilligkeit wie im Falle des § 615 S. 2 BGB ist nicht erforderlich.[1027]

2. Schadensersatzanspruch des Arbeitgebers

822 Im Rahmen des § 628 Abs. 2 BGB kann der Arbeitgeber ebenso wie der Arbeitnehmer Ersatz des vollen Schadens verlangen. Hier ist jedoch der Schadensersatzanspruch zeitlich auf den Ablauf der ordentlichen Kündigungsfrist begrenzt, weil der Arbeitnehmer jederzeit ohne Grundangabe ordentlich kündigen kann.[1028] Der Anspruch kann überdies durch die Berufung auf rechtmäßiges Alternativverhalten des Arbeitnehmers begrenzt sein, d. h., der Arbeitnehmer hat nur den Schaden zu ersetzen, der bei vertragstreuem Verhalten des Arbeitnehmers vermeidbar gewesen wäre. Anderenfalls entfällt der Rechtswidrigkeitszusammenhang zwischen dem Verhalten des Handelnden und dem entstandenen Schaden.[1029] So kann sich der Arbeitnehmer im Hinblick auf Inseratskosten im Allgemeinen darauf berufen, dass die gleichen Kosten auch bei einer vertragsgemäßen Auflösung entstanden wären. Es bedarf keines Nachweises, dass der Arbeitnehmer von der vertraglich eingeräumten Kündigungsmöglichkeit fristgemäß Gebrauch gemacht hätte.[1030] Zu ersetzen ist mithin lediglich der sogenannte „Verfrühungsschaden".[1031] Die frühere Rechtsprechung, die im Interesse der Vertragstreue die Berufung auf rechtmäßige Alternativverhalten ablehnte,[1032] ist überholt.

823 Der Schaden ist im Übrigen nach den allgemeinen Regeln zu beweisen, was in der Praxis nicht immer einfach ist. Denn das Fehlen eines Arbeitnehmers wirkt sich, namentlich in Großbetrieben, zwar aus, ist jedoch wirtschaftlich im Sinne eines Schadens schwer darstellbar. Zum Schaden gehört der entgangene Gewinn, zB wegen Fehlens einer Arbeitskraft in einer Werkstatt.[1033] Werden Überstunden erforderlich, so sind die Kosten, sofern Kausalität besteht, zu erstatten.[1034] Stellt der Arbeitgeber eine Ersatzkraft ein, so kann die Differenz des Lohnes, sofern die Ersatzkraft nur zu einem

---

[1026] BAG 26.7.2007 EzA BGB 2002 § 628 Nr. 6 = NZA 2007, 1419.
[1027] KR/*Weigand*, § 628 BGB Rn. 42.
[1028] BGH 3.3.1993 NJW 1993, 1386 f.; Staudinger/*Preis*, § 628 BGB Rn. 47.
[1029] BAG 26.3.1981 AP BGB § 276 Vertragsbruch Nr. 7 = EzA BGB § 249 Nr. 14.
[1030] BAG 23.3.1984 AP BGB § 276 Vertragsbruch Nr. 8 = EzA BGB § 249 Nr. 16.
[1031] Hierzu *Medicus*, Anm. AP § 276 Vertragsbruch Nr. 5.
[1032] Etwa noch BAG 18.12.1969 BB 1970, 578 = EzA BGB § 249 Nr. 5.
[1033] Zu dieser Problematik, auch zur Beweislast, vgl. BAG 27.1.1972 AP BGB § 252 Nr. 2 = EzA BGB § 628 Nr. 5 = NJW 1972, 1437.
[1034] LAG Düsseldorf/Köln 19.10.1967 DB 1968, 90.

§ 22 Die außerordentliche Kündigung

höheren Lohn eingestellt werden konnte, als ersatzfähiger Schaden in Betracht kommen.[1035]

Zu dem Schaden, der nach § 628 Abs. 2 BGB zu erstatten ist, gehört nicht nur derjenige Verlust, der durch das Fehlen der Arbeitskraft entsteht, sondern es kann auch ein Ausgleich für Nebenpflichten beim Vermögensausgleich in Betracht kommen. Kündigt zB der Arbeitgeber wegen schuldhaften Verhaltens des kaufmännischen Angestellten wirksam fristlos, so endet damit auch das Wettbewerbsverbot des § 60 HGB vorzeitig. Der dem Arbeitgeber so entstehende Schaden ist ausgleichspflichtig.[1036] § 254 BGB ist von Amts wegen zu beachten. Der Schadensminderungspflicht kommt Bedeutung vor allem beim Ersatz von Inseratskosten zu, soweit sie nach neuerer Rechtsprechung überhaupt ersatzfähig sind. Sie müssen in einem angemessenen Verhältnis zur Bedeutung des Arbeitsplatzes stehen.[1037] **824**

Wendet der Arbeitnehmer gegenüber dem Schadensersatzanspruch ein, er habe vor der Kündigung des Arbeitgebers selbst die Beendigung des Arbeitsverhältnisses durch eine eigene fristlose Kündigung herbeigeführt, so ist er dafür beweispflichtig.[1038] **825**

3. Ansprüche wegen rechtswidriger außerordentlicher Kündigung

Die unwirksame außerordentliche Kündigung kann unter Umständen eine Vertragsverletzung sein und den ungerechtfertigt Kündigenden zum Schadensersatz wegen Vertragsbruches verpflichten. Voraussetzung des Schadensersatzanspruchs ist die Kenntnis der Unwirksamkeit der Kündigung.[1039] **826**

4. Ansprüche des Arbeitnehmers bei öffentlicher Bekanntgabe der außerordentlichen Kündigung

Gibt ein Arbeitgeber in einem Aushang im Betrieb bekannt, dass ein Arbeitnehmer wegen eines Diebstahls fristlos entlassen worden ist, so muss er den Vorwurf widerrufen und den Widerruf in gleicher Weise aushängen, wenn der Diebstahl nicht nachgewiesen werden kann oder der Diebstahlsvorwurf unberechtigt ist.[1040] Ein Anspruch auf Schmerzensgeld entsteht in einem solchen Falle nur dann, wenn es sich um einen schweren rechtswidrigen und schuldhaften Eingriff in das Persönlichkeitsrecht des Arbeitnehmers handelt. Das BAG legt bei dieser Entscheidung einen strengen Maßstab an. **827**

[1035] Vgl. LAG Berlin 27.9.1973 DB 1974, 538; zur Problematik des Schadensnachweises *Lieb/Jacobs*, Rn. 182 ff.; zur Abordnung einer Ersatzkraft aus einer Filiale vgl. BAG 24.4.1970 AP HGB § 60 Nr. 5 = EzA HGB § 60 Nr. 3.

[1036] BAG 9.5.1975 EzA BGB § 628 Nr. 10 = NJW 1975, 1987; hierzu auch KR/*Weigand*, § 628 BGB Rn. 45.

[1037] Vgl. neben den zitierten Entscheidungen BAG 14.11.1975 EzA BGB § 249 Nr. 6 mit Anm. *Herschel* = NJW 1976, 644; 22.5.1980 EzA BGB § 249 Nr. 13 = NJW 1980, 2375; Einzelheiten KR/*Weigand*, § 628 BGB Rn. 46.

[1038] BAG 13.7.1972 AP BGB § 276 Vertragsbruch Nr. 4 = EzA BGB § 611 Arbeitnehmerhaftung Nr. 14.

[1039] Vgl. BAG 24.10.1974 AP BGB § 276 Vertragsverletzung Nr. 2 = EzA BGB § 276 Nr. 32.

[1040] BAG 21.2.1979 EzA BGB § 847 Nr. 3 = NJW 1979, 2532.

Zweiter Abschnitt: Der allgemeine Kündigungsschutz

Der allgemeine Kündigungsschutz ist in § 1 KSchG enthalten. Danach ist eine **828** Kündigung **sozial ungerechtfertigt,** wenn sie nicht durch Gründe, die **in der Person** oder **in dem Verhalten** des Arbeitnehmers liegen oder durch **dringende betriebliche Erfordernisse,** die einer Weiterbeschäftigung des Arbeitnehmers in diesem Betrieb entgegenstehen, bedingt ist. Ferner ist eine Kündigung auch sozial ungerechtfertigt, wenn der Betriebs- oder Personalrat aus einem der in § 1 Abs. 2 S. 2 KSchG genannten Gründe der Kündigung widerspricht. Durch diese Koppelung der Sozialwidrigkeit einer Kündigung an den Widerspruch des Betriebs- oder Personalrats enthält der sonst ausschließlich individualrechtlich ausgestaltete Kündigungsschutz ein kollektives Element (Einzelheiten → Rn. 1275 ff.). Durch die Absätze 4 und 5 des § 1 KSchG ist im Bereich der betriebsbedingten Kündigung der Einfluss der Betriebsräte auf den individuellen Kündigungsschutz weiter verstärkt worden (→ Rn. 1140 ff.).

Die sozial ungerechtfertigte Kündigung ist **rechtsunwirksam.** Die Rechtsunwirksamkeit **829** muss der Arbeitnehmer nach § 4 KSchG **innerhalb von drei Wochen** durch Klage geltend machen. Nach Ablauf der Frist gilt die Kündigung als von Anfang an rechtswirksam. Die Rechtsunwirksamkeit wird also rückwirkend geheilt (§ 7 KSchG).

Der allgemeine Kündigungsschutz beruht auf dem Prinzip einer **nachträglichen** **830** **Rechtswirksamkeitskontrolle** durch die Gerichte für Arbeitssachen. Aus diesem formalen rechtstechnischen Prinzip können aber keine weitergehenden Rückschlüsse auf die materielle Rechtslage gezogen werden.[1] § 1 KSchG bewertet die sozialwidrige Kündigung als von vornherein rechtsunwirksam, deren Fehlerhaftigkeit lediglich im Falle der nicht rechtzeitigen Geltendmachung (§§ 4 S. 1, 7 KSchG) rückwirkend geheilt wird. Der Arbeitnehmer begehrt nicht die Veränderung eines bis zum Urteil bestehenden Rechtszustandes (Fall der Gestaltungsklage), sondern die Aufrechterhaltung des durch die unwirksame Kündigung nicht aufgelösten Arbeitsverhältnisses durch bloße Feststellungsklage.[2]

Stellt das Gericht die Sozialwidrigkeit der Kündigung fest, so ist der Arbeitnehmer **831** wieder zu beschäftigen. Für die Zwischenzeit bietet die Arbeitslosenversicherung dem Arbeitnehmer Schutz. Obsiegt der Arbeitnehmer, so sind seine Ansprüche durch §§ 615 BGB und 11 KSchG sichergestellt. Dieser Zustand hat Kritik herausgefordert und eine heftige Diskussion darüber ausgelöst, ob dem Arbeitnehmer für die Dauer des Kündigungsschutzprozesses ein Beschäftigungsanspruch zusteht.[3] Rechtstatsächlich wurde allerdings erwiesen, dass der einmal gekündigte Arbeitnehmer nur selten trotz erhobener Kündigungsschutzklage die Rückkehr an seinen alten Arbeitsplatz erreicht.[4]

---

[1] So aber noch BAG 26.5.1977 EzA BGB § 611 Beschäftigungspflicht Nr. 2 unter III 5a der Gründe, wo die Ablehnung eines vorläufigen Weiterbeschäftigungsanspruchs für die Dauer des Kündigungsrechtsstreits mit diesem Prinzip begründet wurde. Praktisch aufgegeben durch BAG GS 27.2.1985 EzA BGB § 611 Beschäftigungspflicht Nr. 9 = NZA 1985, 702; zum Ganzen *Preis,* Prinzipien, S. 73.
[2] Insoweit stellt sich der vorläufige Weiterbeschäftigungsanspruch als eine Frage des effektiven Rechtsschutzes (Art. 19 Abs. 4 GG) dar, → Rn. 2216 ff.
[3] Der Große Senat des BAG hat dies mit Beschluss 27.2.1985 EzA BGB § 611 Beschäftigungspflicht Nr. 9 = NZA 1985, 702 unter bestimmten Voraussetzungen bejaht.
[4] Hierzu die Untersuchung des Max-Planck-Instituts, *Falke/Höland/Rhode/Zimmermann,* Kündigungspraxis und Kündigungsschutz in der Bundesrepublik Deutschland, Bonn 1981; Zusammenfas-

Aus der verbreiteten Abfindungspraxis wollen manche die Konsequenz ziehen, den allgemeinen Kündigungsschutz abzuschaffen und für jede Kündigung eine Abfindungspflicht vorzusehen.[5] In der Tat ist überlegenswert, jedenfalls bei betriebsbedingter Kündigung das Bestandsschutzprinzip durch das Abfindungsprinzip zu ersetzen.[6] Dies ist durch den neu eingefügten § 1a KSchG nicht geschehen. Eine Abfindungspflicht bei betriebsbedingten Kündigungen würde eine ökonomische Schranke gegen willkürlichen Arbeitsplatzabbau setzen und der heute schon gelebten Realität entgegenkommen. Das setzt freilich voraus, dass diese Abfindungen dem Arbeitnehmer auch zugutekommen und nicht durch sozialrechtliche Anrechnungsvorschriften entwertet werden.[7] Im Rahmen der in den 1970er Jahren geführten Diskussion über eine Neugestaltung des Kündigungsschutzes[8] ist auch die sogenannte **Gestaltungsklage** vorgeschlagen worden. Danach werden die Parteirollen vertauscht. Der Arbeitgeber müsste die Aufhebung des Arbeitsverhältnisses durch Klage herbeiführen. Die Zuverlässigkeit der Gestaltungsklage soll davon abhängig sein, dass der Betriebsrat der ordentlichen oder außerordentlichen Kündigung widerspricht. Zusätzlich wird von anderen auch ein Widerspruch des Arbeitnehmers gefordert. Der Vorschlag läuft auf einen Rollentausch im Kündigungsschutzprozess hinaus und führt letztlich zu einem Kündigungsschutzprozess erster oder zweiter Klasse je nachdem, ob der Betriebsrat widerspricht bzw. im Betrieb ein Betriebsrat besteht. Ob das mit dem Gleichheitssatz vereinbar wäre, dürfte zweifelhaft sein.[9] Realistischer dürften die in den Entwürfen zu einem Arbeitsvertragsgesetz unterbreiteten Vorschläge zu einer behutsamen Fortentwicklung des geltenden Kündigungsschutzrechts sein.[10]

832 Die Gestaltungsklage verändert die Schwelle, an der der allgemeine Kündigungsschutz einsetzt, nicht. Der mit ihr verbundene und auch gewollte Zweck, dem Arbeitnehmer für die Dauer des Prozesses seinen Arbeitsplatz zu erhalten, kann auch durch den vorläufigen Weiterbeschäftigungsanspruch erreicht werden.

833 Der allgemeine Kündigungsschutz ist grundsätzlich **einseitig zwingend**, d.h., es können für den Arbeitnehmer günstigere Regelungen vereinbart werden.[11] Dies kann

---

sung RdA 1981, 300 f.; Folgeuntersuchung von *Höland/Kahl/Zeibig,* Kündigungspraxis und Kündigungsschutz im Arbeitsverhältnis, 2007.

[5] *Rühle,* DB 1991, 1378 f.; *Willemsen,* NJW 2000, 2779; *Neef,* NZA 2000, 7, 9; *ders.,* NZA 2006, 1241; dagegen *Falkenberg,* DB 1991, 2486 f.

[6] Umfassende Aufarbeitung der Modelle bei *Weißflog,* Abfindungsansprüche zur Ergänzung oder Ablösung des arbeitsrechtlichen Bestandsschutzes, 2007; *Kraus,* Abfindungen zur Ablösung des Kündigungsschutzes – § 1a KSchG n. F., 2005; *Jürgen Bauer,* Abfindungsregelungen zur Vermeidung der Kündigungsschutzklage, 2009.

[7] Zu der insbes. im Jahre 2003 geführten Diskussion ausf. *Preis,* RdA 2003, 65 mit Gesetzesvorschlag; ferner die Vorschläge von *Buchner,* NZA 2002, 533; *Bauer,* NZA 2002, 529; *Hromadka,* AuA 2002, 261.

[8] Vgl. *Zöllner,* Gutachten D für den 52. Deutschen Juristentag 1978; *Simitis,* Referat, Sitzungsbericht M des 52. Deutschen Juristentages; *Reuter,* Festschrift BAG, 1979, S. 405 und *ders.,* ZfA 1975, 85; *Herschel,* RdA 1975, 28; *Schwerdtner,* ZfA 1977, 47; *ders.,* BlStSozArbR 1978, 1982; *Becker/Rommelspacher,* ZRP 1976, 40; *Kehrmann,* ArbuR 1979, 267; *Otto,* RdA 1975, 68.

[9] Kritisch dazu *Müller,* in: Kündigungsschutztagungen 1977 und 1978, Schriftenreihe der IG Metall 1978, S. 257. Für den materiellen Umfang des Kündigungsschutzes hat das BAG entschieden, dieser dürfe nicht davon abhängig sein, ob im Betrieb ein Betriebsrat besteht oder nicht. Das verstoße gegen Art. 3 GG, vgl. BAG 13.9.1973 EzA BetrVG 1972 § 102 Nr. 7.

[10] Vgl. §§ 117–140 des Entwurfes eines Arbeitsvertragsgesetzes des Arbeitskreises deutsche Rechtseinheit im Arbeitsrecht, Gutachten D des 59. DJT 1992; dazu *Wank,* RdA 1992, 225 ff.; ferner *Henssler/Preis,* Diskussionsentwurf für ein Arbeitsvertragsgesetz, 2009. Zu neueren Reformvorstellungen APS/*Preis,* Grundlagen B Rn. 29 ff.; *v. Hoyningen-Huene,* Festschrift 50 Jahre LAG Rheinland-Pfalz, 1999, 215 ff.; KDZ/*Däubler,* Einleitung Rn. 545 ff.

[11] Zu einzelvertraglichen Erweiterungen des Kündigungsschutzes *Preis/Preis,* II K 10, Rn. 26 ff.

§ 1 Voraussetzungen des allgemeinen Kündigungsschutzes

etwa durch **Abkürzung der gesetzlichen Wartezeit** (→ Rn. 866 ff.) oder durch **Ausschluss bestimmter Kündigungsgründe** geschehen.[12] **Rationalisierungsschutzabkommen,** die kündigungsschutzrechtlich über das Kündigungsschutzgesetz hinaus weitere Schranken setzen,[13] sind somit zulässig.

Der zwingende Charakter des allgemeinen Kündigungsschutzes steht der Zulässigkeit eines **nachträglichen Verzichts** nicht entgegen (zur sog. Ausgleichsquittung → Rn. 1285 ff.). 834

§ 1 Voraussetzungen des allgemeinen Kündigungsschutzes

Der allgemeine Kündigungsschutz ist im KSchG an bestimmte Voraussetzungen geknüpft. Er erfasst nicht alle Arbeitnehmer und stellt deshalb auch keinen schlechthin umfassenden Bestandsschutz her. Der Geltungs- und Anwendungsbereich des KSchG folgt aus den §§ 1, 14 sowie 23 bis 25. Geschützt wird der Arbeitnehmer vor sozialwidrigen Kündigungen, dessen Arbeitsverhältnis in demselben Betrieb oder Unternehmen ohne Unterbrechung länger als sechs Monate bestanden hat, sofern im Betrieb seit 1.1.2004 nicht mehr als **zehn Arbeitnehmer** ausschließlich der Auszubildenden beschäftigt werden (näher zum sog. Schwellenwert → Rn. 852 ff.[1]). 835

I. Persönlicher Geltungsbereich

1. Arbeitnehmer

Das KSchG gilt nur für Arbeitnehmer. Das Gesetz definiert den **Begriff** Arbeitnehmer nicht, sodass er allgemein in dem Sinne verstanden wird, wie er von der Rechtslehre und Rechtsprechung entwickelt worden ist. Danach ist Arbeitnehmer derjenige, der aufgrund eines privatrechtlichen Vertrages oder eines ihm gleichgestellten Rechtsverhältnisses im Dienst eines anderen zur unselbständigen Arbeit verpflichtet ist.[2] Nach ständiger Rechtsprechung ist entscheidend, in welchem Maße der Betreffende nach dem Inhalt der Verträge und der tatsächlichen Gestaltung der Vertragsbeziehungen persönlich abhängig ist. Eine wirtschaftliche Abhängigkeit ist weder erforderlich noch ausreichend. Die persönliche Abhängigkeit ergibt sich aus der Eingliederung in eine fremdbestimmte Arbeitsorganisation und dem Umfang der Weisungsgebundenheit. § 84 Abs. 1 S. 2 HGB, der zwar nicht unmittelbar anwendbar ist, aber eine allgemeine gesetzgeberische Wertung zum Ausdruck bringt, enthält ein typisches Abgrenzungsmerkmal. Nach dieser Bestimmung ist selbständig, wer im Wesentlichen frei seine Tätigkeit gestalten und seine Arbeitszeit bestimmen kann. Unselbstän- 836

---

[12] BAG 14.5.1987 und 28.2.1990 EzA KSchG § 1 Nr. 44 und 47 = NZA 1990, 858; ErfK/*Oetker,* § 1 KSchG Rn. 15.
[13] Hierzu näher → Rn. 261 ff. Zum Inhalt von Auswahlrichtlinien vgl. BAG 11.3.1976 EzA BetrVG 1972 § 95 Nr. 1. Durch Tarifvertrag können auch die im Rahmen der Interessenabwägung zu beachtenden Momente konkretisiert werden, vgl. BAG 7.3.1980 EzA KSchG § 1 Betriebsbedingte Kündigung Nr. 14 = AP KSchG 1969 § 1 Betriebsbedingte Kündigung Nr. 9.
[1] Das Mindestalter von 18 Jahren ist durch das Gesetz zur Änderung des Kündigungsschutzgesetzes 8.7.1976 BGBl. I S. 1769 gestrichen worden.
[2] Vgl. HHL/*Krause,* § 1 KSchG Rn. 42 mwN. Umfassend zum Arbeitnehmerbegriff: *Wank,* Arbeitnehmer und Selbständige, 1988; siehe ferner *Hilger,* RdA 1989, 51 ff.; ErfK/*Preis,* § 611 BGB Rn. 34 ff.

dig und damit Arbeitnehmer ist der Mitarbeiter, dem dies nicht möglich ist. Arbeitnehmer leisten fremdbestimmte Arbeit. Von freien Mitarbeitern unterscheiden sie sich durch ihre Weisungsgebundenheit. Das Weisungsrecht des Arbeitgebers kann Inhalt, Durchführung, Zeit, Dauer und Ort der Tätigkeit betreffen. Die Frage, in welchem Maße der Mitarbeiter aufgrund derartiger Weisungsrechte persönlich abhängig ist, lässt sich nicht abstrakt für alle Beschäftigungen beantworten, sondern hängt vor allem auch von der Eigenart der jeweiligen Tätigkeit ab.[3] Die Frage des Arbeitnehmerbegriffs hat auch insoweit Relevanz, als das BAG anerkennt, im Wege betriebsbedingter Kündigung ein Arbeitsverhältnis in ein freies Dienstverhältnis „umzuwandeln", soweit dessen Voraussetzungen vorliegen (zu den Grenzen sog. „Austauschkündigungen" → Rn. 946 ff.).[4]

837　Die **Darlegungs- und Beweislast** für das Bestehen eines Arbeitsverhältnisses i. S. des § 1 KSchG trägt der Arbeitnehmer. Der Beweis wird regelmäßig durch Vorlage des Arbeitsvertrages geführt, der als Vertragsurkunde die Vermutung der Vollständigkeit und Richtigkeit in sich trägt. Behauptet der Arbeitgeber, es habe sich um ein Scheingeschäft i. S. des § 117 BGB gehandelt oder der Arbeitsvertrag sei stillschweigend in ein anderes Vertragsverhältnis (freie Mitarbeit, Gesellschaftsvertrag) umgewandelt worden, muss er den Beweis hierfür erbringen.[5]

838　**Teilzeitbeschäftigte** (auch geringfügig Beschäftigte) sind Arbeitnehmer und genießen Kündigungsschutz unabhängig vom Umfang der Arbeitszeit.[6] Die in § 23 Abs. 1 S. 4 KSchG enthaltene Staffelung nach Beschäftigungsumfang ist nur für den betrieblichen Geltungsbereich des KSchG relevant. Auch wenn die Teilzeitarbeit in Form einer bloßen **Nebenbeschäftigung** ausgeübt wird, bleibt das KSchG anwendbar.[7] Auch befristet Beschäftigte genießen innerhalb der Grenzen der Befristung, die über 6 Monate hinaus geht, Kündigungsschutz (näher → Rn. 507).

839　Nicht ausdrücklich regelt das KSchG die Frage, ob **Auszubildende** Arbeitnehmer im Sinne des Gesetzes sind. Allerdings wird diese Frage im Hinblick auf § 1 KSchG nicht praktisch, da die ordentliche Kündigung im Ausbildungsverhältnis gemäß § 22 Abs. 2 BBiG grundsätzlich ausgeschlossen ist. Bedeutung gewinnt die Frage jedoch im Hinblick auf die fristlose Entlassung des Auszubildenden durch den Ausbildenden im Blick auf die Wahrung der Klagefrist nach §§ 4, 13 Abs. 1 S. 2 KSchG. Die äußerst umstrittene Frage hatte das BAG bisher offen gelassen,[8] jedenfalls sind die Vorschriften dann nicht anzuwenden, wenn gemäß § 111 Abs. 2 S. 5 ArbGG eine Verhandlung vor dem Schlichtungsausschuss stattfinden muss.[9]

---

[3] BAG 13.11.1991 EzA BGB § 611 Arbeitnehmerbegriff Nr. 45 = NZA 1992, 1125; zu Einzelheiten statt anderer ErfK/*Preis*, § 611 BGB Rn. 34 ff.
[4] BAG 13.3.2008 EzA KSchG § 1 Betriebsbedingte Kündigung Nr. 159 = NZA 2008, 878.
[5] BAG 9.2.1995 EzA KSchG § 1 Personenbedingte Kündigung Nr. 12 = NZA 1996, 249, 250.
[6] BAG 13.3.1987 EzA KSchG § 1 Betriebsbedingte Kündigung Nr. 44 = NZA 1987, 629; BAG 9.6.1983 EzA KSchG n. F. § 23 Nr. 4 = DB 1983, 2473; *Wank*, ZIP 1986, 206, 212; KDZ/*Deinert*, KSchG § 1 Rn. 9.
[7] BAG 13.3.1987 EzA KSchG § 1 Betriebsbedingte Kündigung Nr. 44 = NZA 1987, 629; zust. *Preis*, Anm. EzA KSchG § 1 Betriebsbedingte Kündigung Nr. 44; ablehnend *Hahn*, DB 1988, 1015 und *Adomeit*, SAE 1988, 71 ff.
[8] BAG 29.11.1984 EzA KSchG n. F. § 9 Nr. 19 = AP KSchG 1969 § 13 Nr. 6; BAG 5.12.1985 EzA BGB § 620 Bedingung Nr. 5 = AP BGB § 620 Bedingung Nr. 10.
[9] BAG 13.4.1989 EzA KSchG n. F. § 13 Nr. 4 mit Anm. *Brehm* = DB 1990, 586.

2. Arbeitnehmerähnliche Personen

Die sog. arbeitnehmerähnlichen Personen genießen persönlich keinen Kündigungs- 840
schutz und zählen auch nicht bei der Ermittlung der maßgeblichen Beschäftigtenzahl
nach § 23 KSchG mit.[10] Das sind solche Beschäftigte, die in persönlich selbständiger,
aber wirtschaftlich abhängiger Stellung für andere Arbeit verrichten.[11] Die Abgrenzung kann im Einzelfall schwierig sein. Die Rechtsprechung hat sich damit häufig befassen müssen, vor allem im Hinblick auf die sog. freien Mitarbeiter bei Rundfunkanstalten.[12] Vereinzelt wird vertreten, über § 242 BGB einen Willkürschutz auch bei der Kündigung arbeitnehmerähnlicher Personen zu gewähren.[13] Systemfremd regelt jetzt das PflegeZG (§§ 5, 7 Abs. 1 Nr. 3) einen Sonderkündigungsschutz für seinen Geltungsbereich (→ Rn. 1611).

3. Geschäftsführer, Betriebsleiter und ähnliche leitende Angestellte

Der erste Abschnitt des KSchG findet gemäß § 14 Abs. 2 KSchG auf „Geschäftsfüh- 841
rer, Betriebsleiter und ähnliche leitende Angestellte, soweit diese zur selbständigen
Einstellung und Entlassung von Arbeitnehmern berechtigt sind", nur eingeschränkt
Anwendung. Der Gesetzgeber hat im Ersten Arbeitsrechtsbereinigungsgesetz 1969 im
Hinblick auf den sozialen Schutz auch auf diese Arbeitnehmergruppe den Kündigungsschutz ausgedehnt.[14] Die wesentliche Besonderheit besteht für die bezeichnete
Arbeitnehmergruppe nur noch bei der **Auflösung des Arbeitsverhältnisses.** Auf
Antrag des Arbeitgebers ist das Arbeitsverhältnis aufzulösen, **ohne dass es einer Begründung bedarf** (§ 14 Abs. 2 S. 2 KSchG). Diese Sonderregelung für leitende Angestellte erklärt sich aus der besonderen Vertrauensstellung dieses Personenkreises.

Im Gegensatz zu den Organvertretern nach § 14 Abs. 1 KSchG (→ Rn. 852) sind 842
die in Abs. 2 bezeichneten leitenden Angestellten echte Arbeitnehmer. § 14 Abs. 2
KSchG legt die Merkmale des leitenden Angestellten begrifflich nicht genau fest. Es
wird beispielhaft auf Geschäftsführer und Betriebsleiter verwiesen und festgelegt, dass
Angestellte, die ähnliche Merkmale aufweisen und **darüber hinaus noch die Berechtigung zur selbständigen Einstellung oder Entlassung** haben, als leitende
Angestellte iSd Vorschrift anzusehen sind. Damit wird für nur ganz bestimmte leitende
Angestellte der Kündigungsschutz gegenständlich beschränkt. Der Begriff des leitenden Angestellten iSd § 14 Abs. 2 KSchG deckt sich nicht mit dem des BetrVG. Er ist
insoweit weiter als der Begriff nach § 5 BetrVG, weil er schon die Einstellungs- oder
Entlassungsbefugnis genügen lässt. Er ist enger, weil es sich um Geschäftsleiter, Betriebsleiter oder ähnliche Angestellte handeln muss. Es gibt Arbeitnehmer, die nach

---

[10] LAG Hamm 15.6.1989 LAGE KSchG § 23 Nr. 6.
[11] BAG 15.11.2005 EzA BUrlG § 2 Nr. 5 = AP § 611 BGB Arbeitnehmerähnlichkeit Nr. 12; KR/
Rost, ArbNähnl. Pers., Rn. 5 ff.; zu Heimarbeitern LAG Düsseldorf 17.4.1978 DB 1979, 120.
[12] Vgl. dazu BAG 8.6.1967 AP BGB § 611 Abhängigkeit Nr. 6; BAG 14.2.1974 EzA BGB § 611
Nr. 16 mit Anm. *Gamillscheg* = AP BGB § 611 Abhängigkeit Nr. 12 mit Anm. *Lieb;* BAG 3.10.1975
EzA BGB § 611 Arbeitnehmerbegriff Nr. 1–3. Vgl. dazu ferner BAG 15.3.1978, 17.5.1978, 23.4.1980,
7.5.1980 und 13.1.1983 EzA BGB § 611 Arbeitnehmerbegriff Nr. 16, 17, 18, 21, 22 und 27; BVerfG
13.1.1982 EzA GG Art. 5 Nr. 9; hierzu *Rüthers*, DB 1982, 1869; *Wank*, RdA 1982, 363.
[13] *Appel/Frantzioch*, ArbuR 1998, 93, 97; *Pfarr*, FS Kehrmann, 1997, S. 75, 92.
[14] Einzelheiten *Rumler*, Der Kündigungsschutz leitender Angestellter, 1990; zum Reformbedarf
Hromadka, Festschrift 50 Jahre Bundesarbeitsgericht, 2004, S. 395; *Rost*, FS Wißmann, 2005, S. 61,
71 ff.

§ 5 Abs. 3 BetrVG als leitende Angestellte anzusehen sind, nicht jedoch nach § 14 Abs. 2 KSchG. Der umgekehrte Fall dürfte indessen kaum vorkommen. In allen Fällen ist unabdingbare Voraussetzung, dass die betreffende Person ihre Funktion auch tatsächlich ausübt.

843 Unter **Geschäftsführer iSd § 14 Abs. 2 KSchG** sind nicht etwa GmbH-Geschäftsführer zu verstehen; diese werden durch § 14 Abs. 1 Nr. 1 KSchG erfasst. Gemeint sind Personen, die leitende unternehmerische Aufgaben wahrnehmen, denen die Führung des Unternehmens oder eines Betriebs obliegt. **Betriebsleiter** sind Personen, die einen Betrieb oder einen Betriebsteil eines Unternehmens führen.[15] Sie müssen gegenüber anderen Beschäftigten eine Vorgesetztenstellung einnehmen und das Weisungsrecht ausüben. Eine bloße Aufsichtsfunktion gegenüber Arbeitnehmern über den Betriebsablauf genügt nicht. Betriebsleiter ist noch nicht ein Filialleiter, wenn der Filialbetrieb im Wesentlichen von der Zentrale geleitet wird.[16] Jedoch kann der Leiter eines einzelnen Restaurants einer Restaurantkette Betriebsleiter sein.[17] Der **leitende Angestellte** nach dem KSchG muss eine Funktion „ähnlich" wie ein Geschäftsführer oder Betriebsleiter ausüben und zur selbständigen Einstellung oder Entlassung von Arbeitnehmern berechtigt sein.

844 Zum Schlüsselbegriff für die in § 14 Abs. 2 KSchG erfasste Gruppe leitender Angestellter wird die **„Berechtigung zur selbständigen Einstellung und Entlassung"**. Dies hat das BAG in einer Grundsatzentscheidung vom 18.10.2000 noch einmal herausgestellt.[18] Das ist bisher nur für Geschäftsführer und Betriebsleiter angezweifelt worden, weil der Zusatz „soweit diese" sich nur auf die ähnlichen Angestellten beziehen könnte.[19] Das BAG hat diese Streitfrage abschließend in dem Sinne entschieden, dass auch Geschäftsführer und Betriebsleiter, um unter § 14 Abs. 2 KSchG zu fallen, zur selbständigen Einstellung und Entlassung berechtigt sein müssen.

845 Für die Abgrenzung, ob ein Arbeitnehmer zu dieser leitenden Gruppe von Mitarbeitern gehört, gilt im Einzelnen: Die **Einstellungs- oder Entlassungsbefugnis** – ein alternatives Vorliegen genügt – muss mit einem rechtlichen Dürfen verbunden sein. Es genügt nicht, dass entsprechende Maßnahmen von Fall zu Fall von der Unternehmensleitung toleriert werden. Die **Befugnis muss im Innen- und im Außenverhältnis** bestehen. Das alleinige Vorliegen der Außenvertretung (Titularprokura) reicht nicht.[20] Ein Chefarzt ist nicht zur selbständigen Einstellung befugt, wenn er zwar im Innenverhältnis verbindliche Vorschläge machen kann, aber die Zustimmung der Krankenhausleitung einholen muss.[21] Die Berechtigung zur selbständigen Einstellung oder Entlassung muss nicht zwingend unternehmens- oder betriebsbezogen sein. Es genügt, wenn der im Übrigen unternehmerische (Teil-)Aufgaben wahrnehmende Angestellte in zumindest einer Betriebsabteilung zur selbständigen Einstellung oder Entlassung von Arbeitnehmern berechtigt ist.[22] Die rechtliche Befugnis muss sich damit nicht auf alle Arbeitnehmer des Betriebs beziehen. Nach allgemeiner Ansicht muss

---

[15] BAG 28.9.1961 AP KSchG § 1 Personenbedingte Kündigung Nr. 1.
[16] BAG 25.11.1993 EzA KSchG § 14 Nr. 3 = NZA 1994, 837.
[17] BAG 25.11.1993 EzA KSchG § 14 Nr. 3 = NZA 1994, 837.
[18] BAG 18.10.2000 EzA KSchG § 14 Nr. 5 = NZA 2001, 437; krit. hierzu *Bengelsdorf*, FS 50 Jahre Bundesarbeitsgericht 2004, S. 331 ff.; BAG 25.11.1993 EzA KSchG § 14 Nr. 3 = NZA 1994, 837; BFH 20.12.1961 AP KSchG 1951 § 12 Nr. 1.
[19] So LSW/*Wertheimer*, § 14 KSchG Rn. 29.
[20] BAG 19.4.2012 NZA 2013, 27 Rn. 31 ff.; BAG 14.4.2011 AP KSchG 1969 § 14 Nr. 9; BAG 11.3.1982 EzA BetrVG 1972 § 5 Nr. 41 = AP BetrVG 1972 § 5 Nr. 28.
[21] BAG 18.11.1999 EzA KSchG § 14 Nr. 4 = NZA 2000, 427.
[22] BAG 28.9.1961 AP KSchG § 1 Personenbedingte Kündigung Nr. 1.

die Befugnis zur eigenverantwortlichen Einstellung oder Entlassung aber ebenso wie bei den leitenden Angestellten im Sinne von § 5 Abs. 3 S. 2 Nr. 1 BetrVG[23] eine bedeutende Anzahl von Arbeitnehmern erfassen. Ein nur eng umgrenzter Personenkreis genügt nicht. Ausreichend ist aber die Einstellungs- und Entlassungsbefugnis gegenüber einer abgeschlossenen Gruppe von Arbeitnehmern, die für den unternehmerischen Erfolg des Mitunternehmens wesentlich ist.[24] Die Personalkompetenz muss einen wesentlichen Teil der Tätigkeit des Angestellten ausmachen.[25] Nicht ausreichend ist das Tätigwerden lediglich im Hinblick auf ein oder zwei engere Mitarbeiter (Sekretärin) oder im Vertretungsfall des nur vorübergehend verhinderten, eigentlich Berechtigten. Für nicht ausreichend erachtet hat das BAG auch die Entlassungsbefugnis nur gegenüber fünf einem Betriebsleiter unterstellten Arbeitnehmern.[26] Die Rechtslage kann anders zu beurteilen sein bei einem sog. ständigen Vertreter, der die Vertretungsaufgabe auch wesentlich und nicht nur wegen nur zeitweiser Verhinderung des Vertretenen wahrnimmt.

Wird die Befugnis notwendig von **zwei Personen** ausgeübt, zB von dem Leiter der Personalabteilung und dem jeweiligen Leiter der Fachabteilung, sind beide nicht selbständig iSv § 14 KSchG. Die zu fordernde Selbständigkeit setzt Eigenverantwortlichkeit voraus. Jemand, der sich in der Regel bei seinem Arbeitgeber rückversichern muss, handelt nicht selbständig.[27] Die Eigenverantwortlichkeit ist hingegen gegeben, wenn bei Ausübung des Rechts nur interne Richtlinien zu beachten sind oder wenn vor einer entsprechenden Entscheidung eine Beratung mit einer Fachabteilung zu erfolgen hat, sofern die letzte Entscheidungsfreiheit erhalten bleiben. Nach BAG 27.9.2001 soll auch das Einholen von **Zweitunterschriften** unerheblich sein, wenn dies lediglich Kontrollzwecken dient. 846

Diese enge Interpretation, die das BAG rechtshistorisch aus dem Betriebsrätegesetz 1920 und dem Kündigungsschutzgesetz 1951 herleitet, hält das Gericht auch heute noch – trotz eingetretener rechtstatsächlicher Änderungen, insbesondere einer zurückgehenden Ausstattung gehobener Angestellter mit Personalbefugnissen – für gerechtfertigt.[28] Sie entspreche der Intention der mit der Materie nacheinander befassten Gesetzgeber. Ferner sei das Anknüpfen an die Kompetenz zur selbständigen Einstellung und Entlassung von Arbeitnehmern hinsichtlich der Gewährung eines begründungsfreien Auflösungsrechtes nach wie vor ein sachgerechtes Differenzierungskriterium. Im Betriebsverfassungsrecht sei die Erweiterung des Begriffs der leitenden Angestellten über diejenigen mit Personalkompetenz hinaus aufgrund der betriebsverfassungsrechtlichen Interessengegensätze wesentlich eher geboten als im Kündigungsschutzrecht im Rahmen der §§ 9, 10, 14 KSchG. 847

---

[23] Vgl. BAG 11.3.1982 EzA BetrVG 1972 § 5 Nr. 41 = AP BetrVG 1972 § 5 Nr. 28.
[24] BAG 27.9.2001 EzA KSchG § 14 Nr. 6 = NZA 2002, 1277: ausreichend ist Kündigungsbefugnis gegenüber vier leitenden Angestellten; vgl. auch BAG 28.9.1961 AP KSchG § 1 Personenbedingte Kündigung Nr. 1.
[25] Ganz herrschende Meinung, vgl. BAG 14.4.2011 AP KSchG 1969 § 14 Nr. 9; BAG 24.3.2011 NZA-RR 2012, 243; BAG 18.10.2000 EzA KSchG § 14 Nr. 5 = NZA 2001, 437; KR/*Rost*, § 14 KSchG Rn. 29, 32; HHL/*v. Hoyningen-Huene*, § 14 KSchG Rn. 25, 29; LSW/*Wertheimer*, § 14 KSchG Rn. 21; KDZ/*Deinert*, § 14 KSchG Rn. 25; ErfK/*Kiel*, § 14 KSchG Rn. 16, 17; HK-KSchG/*Dorndorf*, § 14 Rn. 27.
[26] BAG 18.10.2000 EzA KSchG § 14 Nr. 5 = NZA 2001, 437.
[27] BAG 11.3.1982 AP BetrVG 1972 § 5 Nr. 28; BAG 27.9.2001 EzA KSchG § 14 Nr. 6.
[28] BAG 18.10.2000 EzA KSchG § 14 Nr. 5 = NZA 2001, 437.

4. Organvertreter

848 Kraft ausdrücklicher gesetzlicher Vorschrift (§ 14 Abs. 1 Nr. 1 KSchG) gilt das KSchG nicht für Mitglieder der Organe, die zur gesetzlichen Vertretung von juristischen Personen berufen sind. Die Ausnahmeregelung bezieht sich nur auf unmittelbare **Organvertreter**.[29] Sie gilt auch für nicht beamtete organschaftliche Vertreter juristischer Personen des öffentlichen Rechts.[30] Eine Allzuständigkeit setzt § 14 Abs. 1 Nr. 1 KSchG nicht voraus. Entsprechend wird auch der besondere Vertreter eines rechtsfähigen Vereins nach § 30 BGB als Organ iSd § 14 Abs. 1 Nr. 1 KSchG angesehen.[31] Auch der „abhängige" Geschäftsführer einer GmbH fällt nicht unter das KSchG.[32] Entsprechendes gilt nach § 14 Abs. 1 Nr. 2 KSchG in Betrieben einer Personengesamtheit für die durch Gesetz, Satzung oder Gesellschaftsvertrag zur Vertretung der Personengesamtheit berufenen Personen.[33] § 14 Abs. 1 KSchG greift aber dann nicht ein, wenn zwei Vertragsverhältnisse zwischen dem Organvertreter und der juristischen Person bzw. der Personengesamtheit bestehen, von denen eines als Arbeitsverhältnis zu qualifizieren ist. Für das Arbeitsverhältnis besteht bei einer derartigen Konstellation Kündigungsschutz.[34] Nach neuerer Rechtsprechung des BAG ist im Zweifel anzunehmen, dass mit Abschluss des Geschäftsführervertrages das ursprüngliche Arbeitsverhältnis endet.[35] Das BAG unterstellt den Willen der vertragschließenden Parteien, wonach in aller Regel neben dem Dienstverhältnis nicht noch ein Arbeitsverhältnis – ruhend – fortbestehen soll. Etwas anderes sei nur in Ausnahmefällen anzunehmen, für die deutliche Anhaltspunkte vorliegen müssen. Allerdings bedarf es seit dem 1.5.2000 zur Beendigung des Arbeitsverhältnisses der Schriftform nach § 623 BGB. Ursprünglich wurde angenommen, dass es entweder einer ausdrücklichen schriftlichen Auflösung des Arbeitsverhältnisses oder einer entsprechenden klarstellenden Regelung in dem neuen schriftlichen Anstellungsvertrag zum GmbH-Geschäftsführer bedürfe.[36]

---

[29] BAG 25.10.2007 EzA KSchG § 14 Nr. 8 = NZA 2008, 168 (GmbH-Geschäftsführer); BAG 15.4.1982 EzA KSchG § 14 Nr. 2 = AP KSchG 1969 § 14 Nr. 1; hierzu *Rost*, FS Wißmann, 2005, S. 61, 62 ff.

[30] BAG 17.1.2002 EzA KSchG § 14 Nr. 7 = NZA 2002, 854.

[31] APS/*Biebl*, § 14 KSchG Rn. 5; KR/*Rost*, § 14 KSchG Rn. 12; zu § 5 Abs. 1 S. 3 ArbGG: BAG 5.5.1997 EzA ArbGG 1979 § 5 Nr. 21 = NZA 1997, 959.

[32] Vgl. LAG Hamm 18.12.1979 DB 1980, 596. Hat der Geschäftsführer einer Komplementär-GmbH mit der GmbH & Co. KG einen Arbeitsvertrag geschlossen, so gilt für ihn das KSchG, BAG 10.7.1980 EzA ArbGG 1979 § 5 Nr. 1 = AP ArbGG 1979 § 5 Nr. 1; BAG 15.4.1982 EzA KSchG § 14 Nr. 2 = AP KSchG 1969 § 14 Nr. 1; ablehnend HHL/*v. Hoyningen-Huene*, § 14 KSchG Rn. 10; jeweils mwN. Besteht zwischen dem Geschäftsführer der Komplementär-GmbH und einer anderen Konzerngesellschaft ein Arbeitsverhältnis, so gilt insoweit das KSchG; vgl. HHL/*v. Hoyningen-Huene*, § 14 KSchG Rn. 14. Wird der Geschäftsführer von der Gesellschafterversammlung abberufen, so gilt auch für sein Rechtsverhältnis nur dann das KSchG, wenn ein Arbeitsverhältnis begründet worden war, vgl. LAG Düsseldorf 27.11.1979 EzA BGB § 611 Arbeitnehmerbegriff Nr. 20. Vgl. dazu ferner BAG 22.4.1974 AP ArbGG 1953 § 5 Nr. 19 = NJW 1974, 1243; BAG 5.5.1977 EzA BGB n. F. § 626 Nr. 57 = AP BGB § 626 Ausschlussfrist Nr. 22 = NJW 1978, 723; BAG 17.1.1985 und 9.5.1985 AP ArbGG 1979 § 5 Nr. 2 u. EzA ArbGG 1979 § 5 Nr. 3 = NZA 1986, 68 und 792.

[33] Nach LAG Hessen 31.8.2004 LAGReport 2005, 239, fällt auch der Geschäftsführer einer Komplementär-GmH unter diese Vorschrift.

[34] BAG 9.5.1985 EzA ArbGG 1979 § 5 Nr. 3 = NZA 1986, 792; BAG 27.6.1985 AP AngestelltenkündigungsG Nr. 2 zu § 1 = NZA 1986, 794; weitere Einzelheiten bei KR/*Rost*, § 14 KSchG Rn. 6 ff.

[35] BAG 3.2.2009 NZA 2009, 669; BAG 7.10.1993 EzA ArbGG 1979 § 5 Nr. 9 unter teilweiser Korrektur von BAG 9.5.1985 EzA ArbGG 1979 § 5 Nr. 3.

[36] Vgl. *Baeck/Hopfner*, DB 2000, 1914; *Bauer*, GmbHR 2000, 767, 769 f.; großzügiger *Niebler/Schmiedl*, NZA-RR 2001, 281, 285 f., die allein den Abschluss des Geschäftsführervertrages als konkludente schriftliche Aufhebungsvereinbarung werten wollen.

Doch wahrt nach Auffassung der Rechtsprechung der schriftliche Geschäftsführer-Dienstvertrag regelmäßig das Formerfordernis des § 623 BGB für den Vertrag über die Auflösung des Arbeitsverhältnisses.[37] Dies gilt aber nur, wenn die Parteien des Geschäftsführer-Dienstvertrags zugleich die Parteien des Arbeitsvertrags sind.[38]

II. Auslandssachverhalte/Internationales Privatrecht

Der allgemeine Kündigungsschutz findet nur Anwendung, soweit das **Arbeitsverhältnis dem deutschen Recht** untersteht.[39] Dabei sind die Grundsätze des Internationalen Privatrechts zu beachten. Hierbei ist es unerheblich, ob es sich um Deutsche oder Ausländer handelt. Nach Art. 8 II Rom I-VO[40] (bzw. Art. 30 Abs. 2 EGBGB) findet das Recht des Staates Anwendung, in dem der Arbeitnehmer seine Arbeit verrichtet.[41] Die **vorübergehende Entsendung** eines Arbeitnehmers, der deutschem Arbeitsrecht untersteht, schadet der Anwendbarkeit des KSchG nicht. Beispiel: Erbringt ein Arbeitnehmer seine Arbeitsleistung im Rahmen eines ergänzenden Vertrags mit einem ausländischen konzernzugehörigen Unternehmen, bleibt jedoch die Weisungsbefugnis des ursprünglichen Arbeitgebers erhalten, so findet bei einer Kündigung deutsches Kündigungsrecht Anwendung.[42] Ob deutsches Kündigungsschutzrecht anwendbar ist, hängt davon ab, ob bei einem im Inland geschlossenen Arbeitsvertrag bei einem, ggf. dauerhaften, Auslandseinsatz eine noch **hinreichend enge Beziehung zum Inland** vorhanden ist. In dieser Frage entsprechen sich die Kriterien, die das BAG für die „Ausstrahlung" des Inlandsbetriebs im BetrVG aufgestellt hat.[43] Generell lässt sich festhalten, dass sogar bei „entgrenzten" Arbeitsverhältnissen deutsches Arbeitsrecht Anwendung findet, wenn nur der Arbeitsvertrag des Arbeitnehmers mit einer deutschen Niederlassung abgeschossen worden ist.[44] Ob deutsches Recht auf **Arbeitnehmer deutscher Unternehmen im Ausland** Anwendung findet, hängt nach den Grundsätzen des internationalen Privatrechts in erster Linie vom Willen der Vertragschließenden ab. Fehlt es an einer ausdrücklichen oder stillschweigenden Rechtswahl, ist anhand objektiver Kriterien festzustellen, welches Recht angewendet werden soll (Art. 8 II und III Rom I-VO/Art. 30 Abs. 2 Nr. 1 und 2 EGBGB).[45]

849

Gemäß Art. 3 I, 8 I Rom I-VO (bzw. Art. 27 Abs. 1, 30 Abs. 1 EGBGB) kann privatautonom auch die Anwendbarkeit **ausländischen Rechts vereinbart** werden.[46] Dabei muss nicht einmal Auslandsberührung bestehen.[47] Für das Arbeitsrecht ist die Parteiautonomie aber im Interesse des Arbeitnehmerschutzes erheblich **eingeschränkt:**

850

---

[37] BAG 3.2.2009 NZA 2009, 669; BAG 19.7.2007 BAGE 123, 294.
[38] BAG 24.10.2013 NZA 2014, 540.
[39] BAG 24.8.1989 EzA EGBGB Art. 30 Nr. 1= NZA 1990, 841.
[40] Seit 17. Dezember 2009 gilt die sog. Rom I-VO (Verordnung EG Nr. 593/2008 vom 17.6.2008 (AB1EG L 177/06 vom 4.7.2008). Ausf. KR/*Weigand*, Internationales Arbeitsrecht (Art. 3 ff. VO [EG] 594/2008) Rn. 2 ff. Für Arbeitsverträge, die vor dem 17.12.2009 geschlossen wurden, gelten die entsprechenden Vorschriften des EGBGB.
[41] BAG 20.11.1997 EzA EGBGB Art. 30 Nr. 4 = NZA 1998, 813.
[42] BAG 21.1.1999 EzA KSchG § 1 Nr. 51 = NZA 1999, 539 m. Anm. *Franzen* IPRax 2000, 506; ablehnend *Winzer/Kramer*, FS Hoyningen-Huene, 2014, S. 595, 604 ff.
[43] *Eisenbeis*, FA 2011, 357; *Gimmy/Hügel*, NZA 2013, 764 ff.; restriktiv *Winzer/Kramer*, FS Hoyningen-Huene, 2014, S. 595, 599 ff., die eine tatsächliche Eingliederung in den Inlandsbetrieb fordern.
[44] *Gimmy/Hügel*, NZA 2013, 764.
[45] Näher ErfK/*Schlachter*, Art. 9 Rom I-VO Rn. 8 ff.; zur kündigungsrechtlichen Stellung im Ausland eingesetzter Arbeitnehmer *Sascha/Grosjean*, BB 2004, 2422; *Gimmy/Hügel*, NZA 2013, 764.
[46] BAG 11.12.2003 EzA EGBGB Art. 30 Nr. 7 = AP EGBGB Art. 27 n. F. Nr. 6.
[47] ErfK/*Schlachter*, Art. 9 Rom I-VO Rn. 5; HHL/*v. Hoyningen-Huene*, Einl. Rn. 104.

Die Rechtswahl darf Arbeitnehmer nicht dem Schutz der zwingenden Bestimmungen der Rechtsordnung entziehen, die ohne die Rechtswahl anwendbar wäre. Gemäß Art. 3 Abs. 3 Rom I-VO (bzw. 27 Abs. 3 EGBGB) darf bei **reinen Inlandssachverhalten** trotz einer Rechtswahl von den zwingenden Bestimmungen des Staates, in dem der Arbeitsvertrag erfüllt wird und dessen Recht nicht vereinbart wurde, nicht abgewichen werden.[48] Das bedeutet, dass das deutsche Kündigungsschutzrecht sich in jedem Falle bei weniger weitgehendem Kündigungsschutzrecht des im Wege der Rechtswahl gewählten Rechts durchsetzt. Das gilt weitgehend auch bei **Arbeitsverhältnissen mit Auslandsberührung.** Hier dürfen zwingende Normen nicht ausgeschaltet werden, die ohne Rechtswahl anwendbar wären (Art. 8 Abs. 1 Rom I-VO/ Art. 30 Abs. 1 EGBGB). Das sind alle Bestimmungen der Rechtsordnung des Arbeitsortes oder der einstellenden Niederlassung, die die Rechtsstellung des Arbeitnehmers verbessern.[49] Es muss sich dabei um vertraglich nicht abdingbare Vorschriften handeln, die dem Arbeitnehmerschutz dienen. Solche Vorschriften sind einem Günstigkeitsvergleich mit den Bestimmungen der gewählten Rechtsordnung zu unterziehen, die denselben Sachverhalt regeln sollen. Die gewählte Rechtsordnung ist nur soweit maßgeblich, wie sie für den Arbeitnehmer mindestens gleich günstige Schutznormen enthält, wobei ein Gruppenvergleich sachlich zusammenhängender Vorschriften zu erfolgen hat.[50] **Unabhängig von Rechtswahl und Auslandsberührung gelten sog. Eingriffsnormen** (Art. 9 I Rom I-VO/Art. 34 EGBGB) **zwingend.** Diese Normen sind solche, die die tragenden inländischen sozial- und wirtschaftspolitischen Wertvorstellungen beinhalten. Dazu sollen zwar der Sonderkündigungsschutz für betriebsverfassungsrechtliche Vertreter, § 9 MuSchG, § 18 BEEG, Schwerbehinderte und Massenentlassungen gehören,[51] nicht aber der Erste Abschnitt des KSchG, da hier in erster Linie Individualinteressen geschützt würden (zur Weiterbeschäftigung im Ausland zur Vermeidung einer betriebsbedingten Kündigung → Rn. 1002a, b). Diese Position wird mit Fug und Recht angesichts der Bedeutung des KSchG angezweifelt.[52]

851 Eine Einbruchstelle für den Kündigungsschutz ist die Internationalisierung der Wirtschaft aber dennoch.[53] Nach ständiger Rechtsprechung des BAG erfasst das KSchG nur **Betriebe, die in der Bundesrepublik Deutschland liegen.**[54] Das gilt selbst für den Fall, dass die Vertragsparteien ausdrücklich die Anwendung deutschen Rechts vereinbart haben. Die Beschränkung des Kündigungsschutzgesetzes auf Betriebe innerhalb der Bundesrepublik Deutschland trotz Anwendbarkeit deutschen Arbeitsrechts verletzt nicht den Gleichheitssatz. Das BVerfG hat eine hiergegen gerichtete Verfassungsbeschwerde (1 BvR 1250/08) nicht zur Entscheidung angenommen. Auch

---

[48] KR/*Weigand*, Internationales Arbeitsrecht (Art. 3 ff. VO [EG] 594/2008) Rn. 2 ff.; ErfK/*Schlachter*, Art. 9 Rom I-VO Rn. 20.

[49] ErfK/*Schlachter*, Art. 9 Rom I-VO Rn. 19; *Junker*, IPRax 1989, 69, 73.

[50] *Schlachter*, NZA 2000, 57, 60; *Markovska*, RdA 2007, 352, 355; *Birk*, RdA 1989, 201; *Thüsing*, BB 2003, 898; *Krebber*, Internationales Privatrecht des Kündigungsschutzes bei Arbeitsverhältnissen, 1997, S. 330 ff.

[51] BAG 20.7.1967 AP Internationales Privatrecht Arbeitsrecht Nr. 10; BAG 24.8.1989 EzA EGBGB Art. 30 Nr. 1 = NZA 1990, 841; BAG 11.12.2003 EzA EGBGB Art. 30 Nr. 7 = AP EGBGB Art. 27 n. F. Nr. 6; HHL/*v. Hoyningen-Huene*, Einl. Rn. 105.

[52] *Birk*, RdA 1989, 201; *Krebber*, Internationales Privatrecht des Kündigungsschutzes bei Arbeitsverhältnissen, 1997, S. 305 ff.

[53] Zum Kündigungsschutz für „entgrenzte" Arbeitnehmer in Matrixstrukturen internationaler Konzerne, *Gimmy/Hügel*, NZA 2013, 764.

[54] BAG 17.1.2008 EzA KSchG § 23 Nr. 31 = NZA 2008, 872; BAG 26.3.2009 DB 2009, 1409 = AP KSchG 1969 § 23 Nr. 45; BAG 8.10.2009 DB 2010, 230; BAG 29.8.2013 NZA 2014, 730; ablehnend *Deinert*, ArbuR 2008, 300; *ders.*, Internationales Privatecht, 2013, S. 361 ff.

die Mindestbeschäftigtenzahl nach § 23 Abs. 1 S. 2 KSchG muss prinzipiell im Inland erfüllt sein.[55] Das BAG begründet dies – abweichend von früheren Entscheidungen – nicht mehr mit der Geltung des Territorialitätsprinzips, sondern damit, dass der in § 23 Abs. 1 KSchG verwendete Begriff des „Betriebs" nur in Deutschland gelegene Betriebe bezeichne. Maßgebend für das BAG ist, dass deutsches Arbeitsrecht und insbesondere das Recht des Kündigungsschutzgesetzes angewendet und auch durchgesetzt werden kann. Dies sicherzustellen, sei elementares Anliegen bei der Auslegung des Begriffs „Betrieb", weil anderenfalls die Kohärenzen und Korrespondenzen des Kündigungsschutzrechts zerrissen würden.[56] Arbeitnehmer, die in Beschäftigungsstätten (dauerhaft) arbeiten, die außerhalb Deutschlands liegen, zählen deshalb bei der Bestimmung der Betriebsgröße nicht mit. Sofern ein ausländisches Unternehmen in Deutschland eine Niederlassung unterhält und die Niederlassungen mit dem im Ausland befindlichen Betrieb einen gemeinsamen Betrieb bilden, werden die im Ausland tätigen Arbeitnehmer ebenfalls nicht in die maßgebliche Beschäftigtenzahl mit eingerechnet.[57] Jedenfalls gilt dies für solche im Ausland beschäftigte Arbeitnehmer, deren Arbeitsverhältnis nicht dem deutschen Recht unterliegt.[58] Hat das Unternehmen nur im Ausland einen Betrieb und in Deutschland lediglich eine „Briefkastenfirma", genießen die in Deutschland tätigen, aber allein von der ausländischen Gesellschaft angestellten Arbeitnehmer keinen Kündigungsschutz, wenn in Deutschland keine eigene Betriebsstruktur aufgebaut worden ist.[59]

851a Umstritten ist die Frage, ob bei einem fortbestehenden Inlandsarbeitsvertrag, ein Arbeitnehmer, der fortlaufend über mehrere Jahre in ausländischen konzernangehörigen Unternehmen tätig wird, seinen Kündigungsschutz im Inland allein dadurch verliert, dass eine Zusammenarbeit mit dem Inlandsbetrieb nicht mehr stattfindet, er mithin nicht mehr in den Inlandsbetrieb „eingegliedert" ist.[60] Diese neue Form der „Eingliederungstheorie" verkennt, dass es auf die Vertragsbindung ankommt. Das gilt erst recht, wenn noch Weisungsrechte und Berichtspflichten zum Inlandsarbeitgeber bestehen.

III. Betriebs- und unternehmensbezogener Geltungsbereich (Schwellenwert)

1. Betriebsbegriff; Gemeinschaftsbetrieb

852 Der Kündigungsschutz setzt in seinem Ausgangspunkt in der Privatwirtschaft die **Beschäftigung in einem Betrieb** voraus.[61] Diese Konzeption ist historisch bedingt, da der Kündigungsschutz in der Weimarer Republik im Betriebsrätegesetz verankert

---

[55] BAG 9.10.1997 EzA KSchG § 23 Nr. 16 = NZA 1998, 141; ablehnend *Junker*, FS Konzen, 2006, 367; BAG 21.1.1999 EzA KSchG § 1 Nr. 51 = NZA 1999, 539 m. Anm. *Franzen*, IPRax 2000, 506.
[56] BAG 17.1.2008 EzA KSchG § 23 Nr. 31 = NZA 2008, 872; BAG 26.3.2009 AP KSchG 1969 § 23 Nr. 45 = BB 2009, 1924 mit. Anm. *Otto*.
[57] BAG 26.3.2009 AP KSchG 1969 § 23 Nr. 45 = BB 2009, 1924 mit. Anm. *Otto*.
[58] Siehe MüKoBGB/*Hergenröder*, § 23 KSchG Rn. 9; ErfK/*Kiel*, § 23 KSchG Rn. 2; APS/*Moll*, § 23 KSchG Rn. 37; HHL/*v. Hoyningen*-Huene, § 23 KSchG Rn. 29, 31; HaKo/*Pfeiffer* § 23 Rn. 4; a. A. KDZ/*Deinert*, § 23 KSchG Rn. 26.
[59] BAG 3.6.2004 EzA KSchG § 23 Nr. 27 = NZA 2004, 1380.
[60] *Winzer/Kramer*, FS Hoyningen-Huene, 2014, S. 595, 608 ff.
[61] Eine weite Auslegung des Begriffs lässt auch die Arbeitsstätten Freiberuflicher (Ärzte, Steuerberater, Rechtsanwälte usw) unter das KSchG fallen. Ausgeschlossen wird nur der Familienhaushalt, vgl. LSW/*Löwisch*, § 23 KSchG Rn. 10.

war und deshalb eine bestehende Betriebsvertretung voraussetzte.[62] An dieser Konzeption ist bei der Schaffung des Kündigungsschutzgesetzes im Jahre 1951 festgehalten worden. Daraus ergibt sich der lange Zeit tradierte Rechtssatz, der in § 1 KSchG verwandte Betriebsbegriff sei derselbe wie der des BetrVG.[63] Dafür spricht die mannigfache Verzahnung von Kündigungsschutzrecht und Betriebsverfassungsrecht (zB § 102 BetrVG, § 1 Abs. 2 S. 2, Abs. 4 u. 5 KSchG). Dennoch kann dieser Rechtssatz aus vielerlei Gründen nicht mehr durchgehalten werden:[64] Der für die Abgrenzung der betriebsverfassungsrechtlichen Vertretung zentrale Betriebsbegriff verfolgt andere Zwecke als der individualrechtliche Kündigungsschutz. Der Kündigungsschutz ist – auch durch zahlreiche Änderungen im Kündigungsschutzgesetz selbst – **„unternehmens- bzw. arbeitgeberbezogen"** (→ Rn. 908). Zudem zeigt die Entwicklung zum Recht des Betriebsübergangs, dass der Betriebsbegriff keineswegs in allen Gesetzen gleich ausgelegt werden kann. Schließlich ist aus verfassungsrechtlichen Gründen das Unternehmen bzw. der Arbeitgeber der richtige Bezugspunkt für die Abgrenzung des Geltungsbereichs. Die kündigungsschutzrechtliche Bindung und Privilegierung entscheidet sich nach der Leistungsfähigkeit des Arbeitgebers. Deshalb bedarf die Klein-„betriebs"klausel in § 23 Abs. 1 S. 2 KSchG verfassungskonformer Auslegung, wonach in der Regel nur der Kleinunternehmer (= Arbeitgeber) vom Geltungsbereich ausgenommen bleiben soll.[65] Der Betriebsbegriff ist nach alledem weit, insbesondere bezogen auf den Kündigungsschutz zweckgerichtet auszulegen. Durch Zergliederung in kleinere Betriebseinheiten soll der Kündigungsschutz sowohl hinsichtlich des Geltungsbereichs als auch hinsichtlich der Sozialauswahl nicht gemindert werden.

853 Die Problematik der Anknüpfung an den betriebsverfassungsrechtlichen Betriebsbegriff zeigt sich insbesondere im Bereich der **Sozialauswahl** nach § 1 Abs. 3 KSchG, die nach traditioneller Sicht „betriebsbezogen" zu erfolgen hat (→ Rn. 1045 ff.). Denn hier wirkt sich unmittelbar aus, ob nur auf den Betrieb und wenn ja, in welcher begrifflichen Definition abgestellt werden soll. Betriebsverfassungsrechtlich zutreffende Abgrenzungen können zu unhaltbaren Auswirkungen im Bereich des Kündigungsschutzes führen. Das wird deutlich, wenn die betriebsverfassungsrechtlichen Vertretungen abweichend von der gesetzlichen Grundkonzeption gebildet werden (im Wege des § 3 BetrVG) oder gar fehlerhaft, aber nicht mehr anfechtbar (§ 19 BetrVG). Hier kann der Arbeitgeber schwerlich für die kündigungsrechtliche Abgrenzung auf den besonderen Zuschnitt der betriebsverfassungsrechtlichen Vertretung vertrauen, wenn etwa Arbeitnehmer aus unselbstständigen Betriebsteilen nur deshalb nicht in die Sozialauswahl einbezogen worden sind, weil der Arbeitgeber auf die von der Konzeption des BetrVG abweichende, rechtlich aber nicht zu beanstandende Betriebsbildung vertraut hat.[66] Der Auffassung, grundsätzlich sei auch die Abgrenzung des § 4 BetrVG für **selbständige Betriebsteile** für die betriebliche Abgrenzung des Kündigungsschutzes maßgebend,[67] kann nicht gefolgt werden, weil insbesondere dem in § 4 BetrVG ent-

---

[62] Ausf. *Joost*, Betrieb und Unternehmen als Grundbegriffe im Arbeitsrecht, 1988, S. 355.
[63] BAG 13.6.1985 EzA KSchG § 1 Nr. 41; LSW/*Löwisch*, § 1 KSchG Rn. 300; HK-KSchG/*Dorndorf*, § 1 KSchG Rn. 65.
[64] Ausf. hierzu *Preis*, RdA 2000, 257 ff.; differenzierend auch HHL/*v. Hoyningen-Huene*, § 23 KSchG Rn. 7 ff.; KR/*Griebeling*, § 1 KSchG Rn. 132 ff., 141 ff.
[65] BVerfG 27.1.1998 EzA KSchG § 23 Nr. 17; dafür schon de lege lata *Joost*, Betrieb und Unternehmen als Grundbegriffe im Arbeitsrecht, 1988, S. 344 f.; LSW/*Löwisch*, § 23 KSchG Rn. 11; *Bepler*, ArbuR 1997, 54 ff.; ArbG Hamburg 10.3.1997 DB 1997, 2439.
[66] Hierzu ausf. *Preis*, Der Betriebsbegriff im Kündigungsschutzgesetz, in Henssler/Moll (Hrsg.), Kündigung und Kündigungsschutz in der betrieblichen Praxis, 2000, S. 1, 11 ff.
[67] Vgl. BAG 25.11.1993 EzA KSchG § 14 Nr. 13; *Kania/Gilberg*, NZA 2000, 678 ff.

haltenen Kriterium der **räumlichen Einheit keine entscheidende Bedeutung** beigemessen werden kann. Auch zentral gelenkte Verkaufsstellen und organisatorisch unselbständige Betriebsstätten (mit wenigen Arbeitnehmern) können trotz räumlich weiter Entfernung vom Hauptbetrieb mit dem jeweiligen Hauptbetrieb zusammen einen Betrieb im Sinne des KSchG bilden. Dies hat das BAG schon früh entschieden.[68] Auch Arbeitnehmer räumlich weit entfernter Betriebsteile, die nach § 4 Abs. 1 Nr. 1 BetrVG als selbständige Betriebe gelten, müssen daher u. U. in die Sozialauswahl einbezogen werden.[69] Das gilt auch für organisatorisch selbstständige Betriebsteile (§ 4 Abs. 1 Nr. 2 BetrVG).[70]

Trotz dieser unbestreitbaren Schwierigkeiten will das BAG jedenfalls an Folgendem **854** festhalten: **Innerhalb des KSchG** soll der Betriebsbegriff **einheitlich** gebraucht werden.[71] Das BAG kann darauf verweisen, dass das KSchG immerhin die Begriffe Betrieb und Unternehmen verwende und der Gesetzgeber sich bislang nicht eindeutig zur Unternehmensbezogenheit bekannt habe, vielmehr ausdrücklich am Betriebsbegriff festgehalten habe.[72] Außerhalb des KSchG besteht keine wechselseitige Bindungswirkung im Sinne eines rechtsgebietsübergreifenden einheitlichen Betriebsbegriffs. Dies hat das BAG zuletzt in dem Verfahren nach § 18 Abs. 2 BetrVG, in dem das Arbeitsgericht – im Vorfeld von Betriebsratswahlen – über das Vorliegen einer betriebsratsfähigen Organisationseinheit entscheidet, verdeutlicht.[73] Selbst eine solche, betriebsverfassungsrechtlich verbindliche Entscheidung ist für das Kündigungsschutzgesetz nicht maßgeblich.[74] Die Bindungswirkung bleibt auf das BetrVG beschränkt. Es hat aber keine präjudizielle Bindungswirkung für ein Kündigungsschutzverfahren. Es beschränkt diese Aussage jedoch auf die Fälle, in denen der Betriebsbegriff des § 1 Abs. 1, Abs. 2 Nr. 1b und § 23 Abs. 1 KSchG betroffen ist. Zur Begründung führt es aus, dass in diesen Fällen die Rechtslage des Arbeitnehmers nicht durch eine kollektivrechtliche, sondern hauptsächlich durch eine individualrechtliche Vorfrage geprägt sei und daher ein übergreifendes Bezugssystem fehle.

Auch mehrere – bisweilen in einem Gebäude untergebrachte – Unternehmen können im Rahmen einer gemeinsamen Arbeitsorganisation unter einer einheitlichen Leitungsmacht einen **Gemeinschaftsbetrieb mehrerer Unternehmen** bilden.[75] Diese **855** Konstruktion bestätigt der Gesetzgeber in § 322 UmwG, wo für die gemeinsame Betriebsführung im Fall einer Spaltung oder Teilübertragung bestimmt ist, dass dieser als Betrieb iSd KSchG gilt. Ferner hat der Gesetzgeber im Jahre 2001 in § 1 BetrVG den Gemeinschaftsbetrieb ausdrücklich anerkannt. Der Gemeinschaftsbetrieb ist Bezugspunkt für den Umfang des allgemeinen Kündigungsschutzes, insbesondere bei der betriebsbedingten Kündigung einschließlich der sozialen Auswahl. Ausnahmsweise kommt

---

[68] BAG 26.8.1971 EzA KSchG § 23 Nr. 1 = AP KSchG 1969 § 23 Nr. 1.
[69] BAG 21.6.1995 EzA KSchG § 23 Nr. 14; bestätigt durch BAG 15.3.2001 EzA KSchG § 23 Nr. 23 = NZA 2001, 831; LAG Sachsen-Anhalt 11.1.2000 NZA-RR 2001, 81; hierzu *Preis*, RdA 2000, 257 ff.; *ders.*, NZA 1997, 1073, 1076; zum betriebsbedingten Kündigungsgrund LAG Düsseldorf 22.10.1997 LAGE KSchG § 23 Nr. 171.
[70] BAG 20.8.1998 EzA KSchG § 2 Nr. 31 = NZA 1999, 255; KR/*Griebeling*, § 1 KSchG Rn. 139.
[71] BAG 17.1.2008 EzA KSchG § 23 Nr. 31 = NZA 2008, 872; hierzu auch *Bepler*, ArbuR 1997, 54, 57; *Falder*, NZA 1998, 1254, 1257; *Schmidt*, NZA 1998, 169, 172.
[72] Siehe BAG 15.3.2001 EzA KSchG § 23 Nr. 23 = NZA 2001, 831.
[73] BAG 18.10.2006 EzA KSchG § 1 Betriebsbedingte Kündigung Nr. 151 = NZA 2007, 552.
[74] Ebenso *Rieble*, FS Wiese, 1998, S. 453, 458; *Gaul/Lunk*, NZA 2004, 184, 186; *Krause*, Rechtskrafterstreckung im kollektiven Arbeitsrecht, S. 379 f.; GK-BetrVG/*Kreutz* § 18 BetrVG Rn. 72; a. A. HHL/*v. Hoyningen-Huene* § 23 KSchG Rn. 25.
[75] BAG 16.2.2006 EzA BGB 2002 § 613a Nr. 46 = NZA 2006, 794; BAG 16.2.2006 EzA BGB 2002 § 613a Nr. 47 = NZA 2006, 592.

daher bei einem Gemeinschaftsbetrieb ein arbeitgeberübergreifender Kündigungsschutz in Betracht. Sowohl für den Wegfall des Beschäftigungsbedarfs, als auch die anderweitigen Weiterbeschäftigungsmöglichkeiten und für die soziale Auswahl kommt es auf die Verhältnisse im Gemeinschaftsbetrieb an.[76] Die **Darlegungs- und Beweislast** dafür, dass im Kündigungszeitpunkt ein gemeinsamer Betrieb bestanden hat, trägt grundsätzlich der Arbeitnehmer. Sie ist allerdings abzustufen mit Rücksicht auf die typischerweise mangelnde Kenntnis vom Inhalt der zwischen den beteiligten Unternehmen getroffenen vertraglichen Vereinbarungen. Der Arbeitnehmer genügt seiner Darlegungslast in einem ersten Schritt, wenn er äußere Umstände aufzeigt, die für die Annahme sprechen, dass sich mehrere Unternehmen über die gemeinsame Führung eines Betriebs unter einem einheitlichen Leitungsapparat geeinigt haben.[77]

855a Es ist zweifelhaft, ob die betriebsverfassungsrechtliche Begriffsschöpfung des Gemeinschaftsbetriebs die unternehmensübergreifende Ausweitung des Kündigungsschutzes rechtfertigt.[78] Denn ein konzerndimensionaler Kündigungsschutz wird grundsätzlich abgelehnt (→ Rn. 907 f.). Die Grundsätze können aber nicht auf einen grenzüberschreitenden Gemeinschaftsbetrieb angewandt werden.[79] Die **Auflösung des Gemeinschaftsbetriebes** bzw. einer gemeinsamen Leitungsstruktur lässt die Notwendigkeit einer auf den Gemeinschaftsbetrieb bezogenen Sozialauswahl entfallen.[80] Voraussetzung ist aber, dass der gemeinsame Betrieb vor Ausspruch der Kündigung aufgelöst worden ist[81] oder zumindest aufgrund einer Unternehmerentscheidung, die greifbare Formen angenommen hat, feststeht, dass der Gemeinschaftsbetrieb durch Stilllegung eines Betriebs bis zum Ablauf der Kündigungsfrist aufgelöst wird.[82] Entsteht jedoch infolge einer **Spaltung** oder Teilübertragung nach dem UmwG ein Kleinbetrieb, behalten die Beschäftigten nach § 323 Abs. 1 UmwG für die Dauer von zwei Jahren den Kündigungsschutz.

856 Da das BAG beim Gemeinschaftsbetrieb zu einer unternehmensübergreifenden Betrachtung neigt, liegt die Frage nahe, ob einem abhängigen Kleinunternehmen nicht die Arbeitnehmer des herrschenden Unternehmens (und umgekehrt) zugerechnet werden müssen („Berechnungsdurchgriff").[83] Dies hat das BAG[84] mit der Begründung

---

[76] BAG 15.2.2007 EzA BGB 2002 § 613a Nr. 66 = AP BGB § 613a Widerspruch Nr. 2; BAG 23.3.1984 EzA KSchG § 23 Nr. 7 = NZA 1984, 88; BAG 13.6.1985 EzA KSchG § 1 Nr. 41 = AP KSchG 1969 § 1 Nr. 10 mit Anm. *Wiedemann*; BAG 5.5.1994 EzA KSchG § 1 Soziale Auswahl Nr. 31 = NZA 1994, 1023; LAG Düsseldorf 26.5.1997 LAGE KSchG § 23 Nr. 14.

[77] BAG 24.10.2013 NZA 2014, 725 Rn. 52.

[78] *Preis*, RdA 2000, 257, 262 f.

[79] Vgl. hierzu BAG 9.10.1997 EzA KSchG § 23 Nr. 16 = NZA 1998, 141; BAG 7.11.1996 – 2 AZR 648/95 – = RzK I 4c Nr. 24; LAG Köln 27.5.1994 und 9.1.1997 LAGE KSchG § 23 Nr. 10 und 12.

[80] BAG 13.9.1995 EzA KSchG § 1 Nr. 48 = NZA 1996, 307; BAG 24.2.2004 AP KSchG 1969 § 1 Gemeinschaftsbetrieb Nr. 4; BAG 29.11.2007 EzA KSchG § 1 Soziale Auswahl Nr. 79 = AP KSchG 1969 § 1 Soziale Auswahl Nr. 95; zur Auflösung des gemeinsamen Betriebes im Konkursfalle BAG 5.3.1987 EzA KSchG § 15 Nr. 38 = NZA 1988, 32; siehe ferner LAG Hamm 5.4.1989 LAGE KSchG § 23 Nr. 4 = DB 1989, 1525.

[81] Für den Fall der Insolvenz BAG 17.1.2002 EzA KSchG § 4 n. F. Nr. 62; vgl. zur Notwendigkeit der Sozialauswahl bei Liquidation eines am Gemeinschaftsbetrieb beteiligten Unternehmens LAG Bremen 17.10.2002 LAGE KSchG § 1 Betriebsbedingte Kündigung Nr. 63; krit. APS/*Kiel*, § 1 KSchG Rn. 670.

[82] BAG 27.11.2003 EzA KSchG § 1 Betriebsbedingte Kündigung Nr. 128 = NZA 2004, 477.

[83] Befürwortend *Bepler*, ArbuR 1997, 54, 58 f.; *Kittner*, NZA 1998, 732; *Hanau*, ZFA 1990, 115, 117; abl. BAG 12.11.1998 EzA KSchG § 23 Nr. 20; KR/*Bader*, § 23 KSchG Rn. 49a.

[84] BAG 12.11.1998 EzA KSchG § 23 Nr. 20 und BAG 29.4.1999 EzA KSchG § 23 Nr. 21 = NZA 1999, 932.

abgelehnt, ein **unternehmensübergreifender „Berechnungsdurchgriff" sei de lege lata nicht möglich,** weil der Gesetzgeber am Betriebsbegriff festgehalten habe, obgleich im Gesetzgebungsverfahren ein Abstellen auf das Unternehmen diskutiert worden sei[85] und auch dem Bundesrat vorliegende Entwürfe für ein Arbeitsvertragsgesetz[86] dies vorgesehen hätten. Es verweist darauf, dass es die Annahme eines ausnahmsweise arbeitgeberübergreifenden Kündigungsschutzes für den Bereich der Privatwirtschaft stets davon abhängig gemacht habe, dass sich zwei oder mehrere Unternehmen zur gemeinsamen Führung eines Betriebes – zumindest konkludent – rechtlich verbunden hätten.[87] Die Annahme einer Vereinbarung zur Führung eines gemeinsamen Betriebes sei jedoch nicht schon dann gerechtfertigt, wenn mehrere Unternehmen zB auf der Grundlage von Organ- oder Beherrschungsverträgen lediglich unternehmerisch zusammenarbeiten. Es sei zwischen konzernrechtlicher Weisungsbefugnis und betrieblichem Leitungsapparat zu unterscheiden.[88] Aus diesem Grund hat das BAG auch die Anwendung des KSchG auf eine Konzernholding mit weniger als fünf Arbeitnehmern verneint.[89] Mit entsprechender Argumentation wurde auch ein Berechnungsdurchgriff zwischen einer evangelischen Kirchengemeinde und dem Kirchenkreis[90] wie auch von Ortsverbänden auf den Gesamtverein der Caritas verneint.[91]

Allein aus dem primär betriebsverfassungsrechtlich geleiteten Begriff des betrieblichen Leitungsapparats eine unternehmensübergreifende Ausweitung kündigungsrechtlicher Risiken zu legitimieren, ist zweifelhaft.[92] Schließen sich zwei Kleinunternehmer zu einer gemeinsamen Betriebsführung zu Erzielung synergetischer Effekte zusammen, bleiben sie noch immer Kleinunternehmer mit ihrer spezifischen Schutzbedürftigkeit. Jeder Unternehmer trägt sein Insolvenzrisiko. Es ist daher unabhängig von dem Begriff des Gemeinschaftsbetriebs zu entscheiden, ob und inwieweit eine unternehmensübergreifende kündigungsrechtliche Zusammenrechnung hinsichtlich Geltungsbereich, Weiterbeschäftigungspflicht und Sozialauswahl in Betracht kommt. Das ist allerdings eine allgemein zu beantwortende Frage konzernarbeitsrechtlicher Zurechnung (→ Rn. 907f.).[93] 857

2. Kleinunternehmen, -betriebe und Verwaltungen

Das Kündigungsgesetz setzt eine bestimmte **Mindestbeschäftigtenzahl** voraus. § 23 Abs. 1 S. 2 und 3 KSchG knüpft an die Beschäftigung in Betrieben und Verwaltungen an. Mit der Anknüpfung an eine bestimmte Mindestbeschäftigtenzahl soll das Klein„unternehmen" privilegiert werden, weil dieses weniger leistungsfähig ist und wegen der engen persönlichen Zusammenarbeit eine größere Flexibilität auch bei der 858

---

[85] Vgl. *Schwedes,* BB 1996, Beilage 17, S. 2f.; *Bepler,* ArbuR 1997, 54, 57.
[86] BR-Drucks. 293/95 und 671/96.
[87] BAG 18.1.1990 EzA KSchG § 23 Nr. 9 = NZA 1990, 977; BAG 23.3.1984 EzA KSchG § 23 Nr. 7 = NZA 1984, 88.
[88] BAG 29.4.1999 EzA KSchG § 23 Nr. 21 = NZA 1999, 932.
[89] BAG 29.4.1999 EzA KSchG § 23 Nr. 21 = NZA 1999, 932; BAG 13.6.2002 EzA KSchG § 23 Nr. 24 = NZA 2002, 1147; BAG 16.1.2003 EzA KSchG § 23 Nr. 25 = AP KSchG 1969 § 1 Gemeinschaftsbetrieb Nr. 1; a. A. LAG Düsseldorf 3.4.2001 NZA-RR 2001, 476.
[90] BAG 21.2.2001 EzA BGB § 242 Kündigung Nr. 2 = NZA 2001, 951.
[91] BAG 16.1.2003 AP KSchG 1969 § 1 Gemeinschaftsbetrieb Nr. 1 = EzA KSchG § 23 Nr. 25.
[92] Hierzu *Preis,* RdA 2000, 257, 262f. mwN.
[93] Vgl. auch BAG 12.11.1998 EzA KSchG § 23 Nr. 20 = NZA 1999, 590, wo die Frage der unternehmensübergreifenden Zusammenrechnung unabhängig von dem Begriff des Gemeinschaftsbetriebs unter dem Gesichtspunkt konzerneinheitlicher Personalführung erörtert wird.

Auflösung eines Arbeitsverhältnisses benötigt.[94] Dies ist verfassungsrechtlich im Grundsatz nicht zu beanstanden.[95] Die Abgrenzung ist jedoch insofern verfassungswidrig, als das Abstellen auf den traditionellen **Betriebsbegriff** dazu führen kann, dass auch große Unternehmen mit vielen kleineren Betrieben nicht dem Kündigungsschutz unterfallen. Das Bundesverfassungsgericht verlangt deshalb eine **verfassungskonforme Auslegung** der „Kleinbetriebsklausel", die auf das Unternehmen abstellt.[96] Das generelle Abstellen auf den Unternehmensbegriff hat der 2. Senat des BAG in einer Entscheidung vom 28.10.2010 jetzt aber deutlich relativiert. Eine verfassungskonforme Auslegung von § 23 Abs. 1 S. 2 und 3 KSchG verlange nicht, den Betriebsbezug des Schwellenwerts immer schon dann zu durchbrechen, wenn sich das Unternehmen zwar in mehrere kleine, organisatorisch verselbständigte Einheiten gliedert, insgesamt aber mehr als zehn Arbeitnehmer beschäftigt.[97] Das liefe auf die vom Gesetzgeber nicht beabsichtigte generelle Gleichsetzung von Betrieb und Unternehmen hinaus und berücksichtigte nicht, dass auch das Bundesverfassungsgericht lediglich von Einzelfällen ausgegangen sei, die dem gesetzgeberischen Leitbild nicht entsprächen. Die Anwendung des KSchG auf einen Kleinbetrieb sei – in verfassungskonformer Auslegung des § 23 Abs. 1 S. 2 und 3 KSchG – nicht stets schon dann geboten, wenn der betreffende Betrieb nicht sämtliche der einen Kleinbetrieb typischerweise prägenden Merkmale tatsächlich aufweise. Konkret ging es um zwei Betriebsstätten mit 8 und 6 Arbeitnehmern, bei denen noch nicht klar war, ob sie unter einheitlicher Leitung standen und damit einen Betrieb bildeten. In diesem Falle wäre das KSchG anwendbar. Sollte es aber so sein, dass die jeweiligen Betriebsstätten eigenständige Betriebe sind, also eine eigenständige personelle Leitungsmacht haben, meint das BAG, dass bei dieser Betriebsstruktur der Arbeitgeber noch so klein ist, dass es keiner verfassungskonformen Auslegung bedürfe.

858a Diese Entscheidung **überzeugt nicht.**[98] Sie macht eine als sicher geglaubte Rechtslage wieder unsicher und lädt zu missbräuchlichen Gestaltungen ein. Wann, so fragt man sich, ist ein Unternehmer, der viele Betriebe mit 10 oder weniger Arbeitnehmern unterhält, groß genug, um die Schwelle zur verfassungskonformen Auslegung im Sinne von Betrieb = Unternehmen zu überschreiten? Das BAG spricht – mit dem Verfassungsgericht – von „größeren" Unternehmen. Im Streitfall liege keine „Ausnahmekonstellation" vor, die es gebiete, abweichend vom Betriebsbegriff auf das Unternehmen abzustellen. Wann ist das der Fall? Bei wieviel Arbeitnehmern handelt es sich um ein größeres Unternehmen? Das deutsche Arbeitsrecht kennt eine Vielzahl von Schwellenwerten. Immerhin beginnt schon bei Unternehmen mit in der Regel mehr als 20 Arbeitnehmern die Sozialplanpflicht (§§ 111 ff. BetrVG). Das ist eine deutliche gesetzgeberische Wertung, ab wann der Gesetzgeber von einer hinreichenden Leistungsfähigkeit im kündigungsschutzrechtlichen Sinne ausgeht. Man sollte deshalb für die Praxis davon ausgehen, dass ein Unternehmen mit in der Regel 20 Arbeitnehmern auch unter den allgemeinen Kündigungsschutz fällt.

859 Nach dem Wortlaut des § 23 KSchG gilt das Gesetz auch für **Verwaltungen des öffentlichen Rechts.** Sondervorschriften gelten nach § 24 für die Seeschifffahrts-,

---

[94] Zur Geschichte der Kleinbetriebsklausel: *Weigand,* FS Etzel, 2011, 437 ff.
[95] BVerfG 27.1.1998 BVerfGE 97, 169 = EzA KSchG § 23 Nr. 17; ebenso zum früheren Recht BAG 19.4.1990 EzA KSchG § 23 Nr. 8 = NZA 1990, 724. Ein Verstoß gegen EU-Recht liegt ebenfalls nicht vor: EuGH 30.11.1993 EAS RL 76/297/EWG Art. 2 Nr. 8 mit Anm. *Busche.*
[96] BVerfG 27.1.1998 BVerfGE 97, 169 = EzA KSchG § 23 Nr. 17; krit. *Gragert,* NZA 2000, 961.
[97] Anders *Gragert/Kreutzfeldt,* NZA 1998, 567, 569; *Kittner,* NZA 1998, 731.
[98] Ebenso *Joost,* Anm. AP KSchG § 23 Nr. 48; zust. *Reichold,* EWiR 2011, 127; *Ulrici,* SAE 2011, 192.

Binnenschifffahrts- und Luftverkehrsbetriebe. Nicht sachgerecht ist es, für den Bereich des Kündigungsschutzes auf den Begriff der Dienststelle abzustellen, der dem privatrechtlichen Betriebsbegriff entsprechen soll.[99] Auch der Begriff der Dienststelle ist ebenso wenig wie der Begriff des Betriebes geeignet, den Geltungsbereich des Kündigungsschutzrechts teleologisch präzise zu bestimmen. In Anwendung der Grundsätze des BVerfG hat das BAG daraus die zutreffende Konsequenz gezogen, dass für den Geltungsbereich des § 23 Abs. 1 KSchG die Verwaltung insgesamt und nicht die einzelne Dienststelle ausschlaggebend ist. Deshalb unterfallen die die Mindestbeschäftigtenzahl überschreitenden Verwaltungen des öffentlichen Rechts auch dem Kündigungsschutz, wenn in einzelnen Dienststellen weniger Arbeitnehmer, als nach dem Schwellenwert vorausgesetzt wird, beschäftigt sind.[100] Diese Grundsätze finden auch auf die als Körperschaften organisierten Kirchen Anwendung.[101]

3. Berechnung der Mindestbeschäftigtenzahl

Der sog. **Schwellenwert** für das Eingreifen des Kündigungsschutzgesetzes in § 23 Abs. 1 S. 2 KSchG ist in der Vergangenheit mehrfach geändert worden. Zuletzt hat das Gesetz zu Reformen am Arbeitsmarkt vom 24.12.2003 (BGBl. I S. 3002) wieder den Schwellenwert von 10 Arbeitnehmern eingeführt. Ab 1.1.2004 unterfallen nur solche Kleinunternehmen nicht dem KSchG, in denen **zehn oder weniger Arbeitnehmer ausschließlich der zu ihrer Berufsbildung Beschäftigten** beschäftigt werden. Zu ihrer Berufsbildung Beschäftigte sind insbesondere Auszubildende, Anlernlinge, Praktikanten und Volontäre, aber auch Umschüler.[102] Durch die quotale Berücksichtigung der Teilzeitbeschäftigten nach § 23 Abs. 1 S. 4 KSchG wird die **rechnerische Schwelle** zum Eingreifen des Kündigungsschutzes überschritten, wenn im Betrieb regelmäßig mindestens **10,25 Arbeitnehmer** beschäftigt werden. Denn das KSchG greift nur dann nicht, wenn nicht mehr als zehn Arbeitnehmer beschäftigt werden. Bei der Feststellung der Zahl der beschäftigten Arbeitnehmer sind im Betrieb beschäftigte **Leiharbeitnehmer** mitzuzählen, wenn ihr Einsatz auf einem „in der Regel" vorhandenen Personalbedarf beruht.[103] **Teilzeitbeschäftigte** sind je nach dem Umfang ihrer Beschäftigung zu berücksichtigen, und zwar Arbeitnehmer mit einer regelmäßigen wöchentlichen Arbeitszeit von nicht mehr als 20 Stunden mit dem Faktor 0,5 und von nicht mehr als 30 Stunden mit dem Faktor 0,75. Bei der Ermittlung des Schwellenwertes ist auf die vereinbarte regelmäßige wöchentliche Arbeitszeit, nicht aber auf die tatsächlich geleistete Arbeitszeit abzustellen. Allerdings ist bei einer regelmäßigen Überschreitung der vertraglich vereinbarten Arbeitszeit auf die tatsächlich geleistete regelmäßige Arbeitszeit abzustellen. Nur kurzfristige Arbeitsschwankungen bleiben außer Betracht; entscheidend ist das „regelmäßige" Arbeitszeitvolumen. Bei Bedarfsarbeitsverhältnissen ist auf die im Jahresdurchschnitt geleistete Arbeitszeit abzustellen (§ 2 Abs. 1 S. 2 TzBfG).

860

---

[99] So noch BAG 25.9.1956 AP KSchG § 1 Nr. 18; wie hier: KR/*Griebeling*, § 1 KSchG Rn. 137; LSW/*Löwisch*, § 23 KSchG Rn. 19.
[100] BAG 23.4.1998 NZA 1998, 995.
[101] BAG 16.9.1999 EzA BGB § 611 Kirchliche Arbeitnehmer Nr. 45 = NZA 2000, 208; BAG 12.11.1998 EzA KSchG § 23 Nr. 20.
[102] KDZ/*Deinert*, § 23 KSchG Rn. 23; HHL/*v. Hoyningen-Huene*, § 23 KSchG Rn. 38 f.; BAG 7.9.1983 AP KSchG 1969 § 23 Nr. 3 = EzA KSchG § 23 Nr. 6.
[103] BAG 24.1.2013 NZA 2013, 726.

Zweiter Abschnitt: Der allgemeine Kündigungsschutz

861 Äußerst intransparent ist die in § 23 Abs. 1 S. 2 und 3 KSchG versteckte **Übergangsregelung** für die zum 1.1.2004 erfolgte Anhebung des Schwellenwerts von „fünf" auf „zehn" Arbeitnehmern ausgefallen. Die Vorschrift regelt nicht nur den neuen Schwellenwert, sondern versucht zugleich den Kündigungsschutz von Arbeitnehmern zu sichern, die diesen vor dem Stichtag 31.12.2003 erworben haben: Der alte Schwellenwert „fünf" (§ 23 Abs. 1 S. 2 KSchG) gilt zum einen ausschließlich *für* die zu diesem Zeitpunkt beschäftigten Arbeitnehmer; zum anderen kann er auch nur *von* ihnen überschritten werden.[104] Ersatzeinstellungen für die ausgeschiedenen „Alt"-Arbeitnehmer sind bei der Berechnung des Schwellenwertes von fünf Arbeitnehmern nicht zu berücksichtigen.[105] Bemerkenswert ist, dass der durch § 23 Abs. 1 S. 2 KSchG bewirkte **Besitzstandsschutz unbefristet** für Arbeitnehmer gilt, deren Arbeitsverhältnis im Betrieb am 31.12.2003 bereits bestanden hat.[106] Arbeitnehmer, deren Arbeitsverhältnis zwischen dem 1.7.2003 und 31.12.2003 begonnen hat, erwerben Kündigungsschutz demzufolge noch nach Maßgabe des alten Schwellenwerts.[107] § 23 Abs. 1 S. 2 und 3 KSchG führt zu kündigungsrechtlich gespaltenen Betrieben: Arbeitnehmer in Betrieben mit mehr als fünf und weniger als zehn Beschäftigten, die am 31.12.2003 Kündigungsschutz hatten, behalten diesen. Beispiel: Hat ein Kleinunternehmen ständig sieben Beschäftigte, unterfiel daher dem Geltungsbereich des KSchG, behalten die am 31.12.2003 Beschäftigten auch künftig den Kündigungsschutz. Die Erhöhung des Schwellenwertes gilt nur für Neueinstellungen. Beispiel: Überschritt ein Unternehmen zum Stichtag 31.12.2003 den rechnerischen Schwellenwert und beschäftigte mindestens 5,25 Arbeitnehmer, genossen diese Arbeitnehmer Kündigungsschutz. Die nach dem 1.1.2004 darüber hinausgehend neu eingestellten Arbeitnehmer bis zu einer rechnerischen Gesamtzahl von 10 genießen keinen Kündigungsschutz. Der „alte" Belegschaftsteil verliert bei dieser Situation seinen Kündigungsschutz erst dann, wenn dieser alte Teil die alte Schwelle „fünf" unterschreitet. Dies ist die Konsequenz des 2. Halbsatzes des § 23 Abs. 1 S. 3 KSchG. Sinkt also die Zahl der Alt-Arbeitnehmer auf 5 oder weniger, verlieren diese den Schutz der §§ 1 ff. KSchG, wenn in dem Gesamtbetrieb nicht der neue Schwellenwert von zehn überschritten wird.[108] Das gilt sogar, wenn die Schwelle der Alt-Arbeitnehmer nur deshalb sinkt, weil einer oder mehrere Arbeitnehmer ihre Arbeitszeit herabsetzen. Das ist die Konsequenz des § 23 Abs. 1 S. 4 KSchG.[109] Der „virtuelle Altbetrieb" wird nicht durch kurzzeitige Unterbrechungen oder Arbeitgeberwechsel aufgehoben, wenn der Arbeitnehmer ständig in dem Altbetrieb (weiter-)beschäftigt worden ist.[110]

862 Nach dem Wortlaut des Gesetzes kommt es zur Bestimmung des Geltungsbereichs auf die **„in der Regel"** beschäftigten Arbeitnehmer an. Deshalb ist nicht entscheidend die Zahl der Arbeitnehmer, die gerade im Kündigungszeitpunkt beschäftigt werden. Maßgebend ist vielmehr die Zahl der normalerweise Beschäftigten. Deshalb ist bei der Feststellung der regelmäßigen Beschäftigtenzahl sowohl die personelle Situation in der Vergangenheit als auch der zukünftig zu erwartende Personalbedarf zu berücksichti-

---

[104] Vgl. *Bender/Schmidt*, NZA 2004, 358.
[105] So jetzt auch BAG 21.9.2006 EzA KSchG § 23 Nr. 29 = NZA 2007, 438; BAG 27.11.2008 NZA 2009, 484.
[106] Siehe den Fall BAG 23.5.2013 NZA 2013, 1197.
[107] BAG 23.10.2008 EzA KSchG § 23 Nr. 33 = AP KSchG 1969 § 23 Nr. 43; *Bader*, NZA 2004, 65, 67; *Bender/Schmidt*, NZA 2004, 358, 360.
[108] *Bender/Schmidt*, NZA 2004, 358, 360; a. A. wohl *Däubler*, AiB 2004, 7 (8).
[109] *Bender/Schmidt*, NZA 2004, 358, 360.
[110] BAG 23.5.2013 NZA 2013 NZA 2013, 1197.

gen.[111] Das bedeutet, dass auch die vom Arbeitgeber gleichzeitig oder zeitnah gekündigten Arbeitnehmer der Beschäftigungszahl hinzuzurechnen sind, weil der Kündigungsschutz anderenfalls umgangen werden könnte. Deshalb ist auch stets der **gekündigte Arbeitnehmer** selbst **mitzuzählen.** Das gilt auch für den Fall, dass sich der Arbeitgeber mit der Kündigung zu einer Betriebsstilllegung oder -einschränkung entschließt.[112]

Der Ersatz für einen erkrankten Arbeitnehmer ist unberücksichtigt zu lassen. Das gilt auch, wenn wegen eines **vorübergehenden Bedarfs** weitere Arbeitnehmer eingestellt werden. Nur vorübergehend ruhende Arbeitsverhältnisse (etwa infolge von Wehrdienst oder Mutterschaft) sind zu berücksichtigen, nicht aber zusätzlich die für diese Arbeitnehmer eingestellte Ersatzkraft.[113] Für den Bereich der Elternzeit ist dies ausdrücklich bestimmt (§ 21 Abs. 7 BEEG). Ebenso wenig ist darauf abzustellen, wenn für kurze Zeit mit einer geringeren Zahl von Arbeitnehmern gearbeitet wird. Entscheidend ist vielmehr die Zahl, die bei regelmäßiger Auslastung des Betriebes beschäftigt werden.[114] **Leiharbeitnehmer** zählen nur dann nicht mit, wenn ihr Einsatz vorübergehend, zum Beispiel zum Ersatz eines Stammarbeitnehmers, erfolgt. Bei dauerhaftem Personalbedarf zählen sie sowohl im Entleiherbetrieb, als auch im Betrieb des Verleihers mit.[115] Unberücksichtigt bleiben ferner Heimarbeiter und arbeitnehmerähnliche Personen.[116] 863

4. Darlegungs- und Beweislast

Die Darlegung der Voraussetzungen des Kündigungsschutzgesetzes ist eine anspruchsbegründende Tatsache, sodass dem Arbeitnehmer grundsätzlich die **Darlegungs- und Beweislast** obliegt. Freilich muss er nach der Regel des § 23 Abs. 1 S. 1 KSchG lediglich darlegen, dass er in einem Betrieb oder einer Verwaltung des privaten oder des öffentlichen Rechts beschäftigt ist. Nach allgemeinen Grundregeln des Beweisrechts ist § 23 Abs. 1 S. 2 KSchG als Ausnahmevorschrift zu S. 1 gefasst. Deshalb ist es sachgerecht, dass der Arbeitgeber zu beweisen hat, dass er nicht mindestens 10,25 zu berücksichtigende Arbeitnehmer beschäftigt.[117] Der abweichenden Auffassung des BAG und Teilen der Literatur, die vom Arbeitnehmer insgesamt die Darlegung und ggf. den Beweis für das Vorliegen des betrieblichen Geltungsbereichs verlangen,[118] kann nicht gefolgt werden.[119] 864

---

[111] BAG 31.1.1991 EzA KSchG § 23 Nr. 11 = NZA 1991, 562; LAG Hamm 3.4.1997 LAGE KSchG § 23 Nr. 13; LAG Niedersachsen 28.2.2000 NZA-RR 2000, 474; LAG Schleswig-Holstein 3.8.2000 RzK I 4c Nr. 39.
[112] BAG 22.1.2004 EzA KSchG § 23 Nr. 26 = NZA 2004, 479.
[113] BAG 31.1.1991 EzA KSchG § 23 Nr. 11 = NZA 1991, 562; KDZ/*Deinert*, § 23 KSchG Rn. 24; HHL/*v. Hoyningen-Huene*, § 23 KSchG Rn. 44; LSW/*Löwisch*, § 23 KSchG Rn. 28; ArbG Stuttgart 13.10.1983 BB 1984, 1097; ArbG Wetzlar 14.1.1985 ArbuR 1986, 122.
[114] LAG Hamm 3.4.1997 LAGE § 23 KSchG Nr. 13.
[115] BAG 24.1.2013 NZA 2013, 726.
[116] BB/*Suckow*, § 23 KSchG Rn. 17.
[117] Zutreffend ErfK/*Kiel*, § 23 KSchG Rn. 21; KR/*Bader*, § 23 KSchG Rn. 54a; *Bader*, NZA 1997, 905, 910; *Bepler*, ArbuR 1997, 54, 57; GMP/*Prütting*, § 58 ArbGG Rn. 91; LSW/*Löwisch*, § 23 KSchG Rn. 32; *Reinecke*, NZA 1989, 583; *Berkowsky*, MDR 1998, 82, 84; ders., DB 2009, 1126; *Bader*, NZA 1999, 64, 66; ebenso LAG Berlin 28.10.1994 LAGE KSchG § 23 Nr. 11; LAG Hamm 6.2.2003 LAGE KSchG § 23 Nr. 22 mit zust. Anm. *Gravenhorst*; noch offenlassend BAG 15.3.2001 EzA KSchG § 23 Nr. 23 = NZA 2001, 831 allerdings mit deutlichen – auch verfassungsrechtlichen – Bedenken gegenüber der bisherigen Rspr.
[118] Vgl. BAG 26.6.2008 EzA KSchG § 23 Nr. 32; BAG 18.1.1990 EzA KSchG § 23 Nr. 9 = NZA 1990, 977; BB/*Suckow*, § 23 KSchG Rn. 25; HHL/*v. Hoyningen-Huene*, § 23 KSchG Rn. 47 f.
[119] Ablehnend auch *Berkowsky*, DB 2009, 1126.

865 Die Streitfrage stellt sich in der Praxis deshalb vielfach nicht, weil der Arbeitgeber aus dem Prinzip der Sachnähe nach § 138 Abs. 2 ZPO ohnehin substantiierte Angaben zu machen hat.[120] Dies ist schon deshalb sachgerecht, weil der Arbeitnehmer überhaupt keine Möglichkeit hat, den bei Teilzeitarbeitnehmern vertraglich vereinbarten Umfang der Arbeitszeit darzulegen. Der Arbeitnehmer kennt nicht den Inhalt der Arbeitsverträge und ist auch nicht in der Lage, für jeden einzelnen Arbeitnehmer darzulegen, welche Arbeitszeit tatsächlich geleistet worden ist. Die Voraussetzungen der **abgestuften Darlegungs- und Beweislast** gelten auch für die Fragen des Betriebsbegriffes. Auch hier ist nur der Arbeitgeber nach dem Prinzip der Sachnähe in der Lage, nähere Auskunft über die einheitliche Führungsstruktur beim **Gemeinschaftsbetrieb** oder auch über das Vorhandensein zahlreicher kleinerer Verkaufsstellen zu geben.[121] So genügt der Arbeitnehmer seiner Darlegungslast, wenn er die äußeren Umstände schlüssig darlegt, die für die Annahme sprechen, dass sich mehrere Unternehmen rechtlich über die Führung eines gemeinsamen Betriebes geeinigt haben und entsprechend dieser Einigung arbeitstechnische Zwecke innerhalb einer organisatorischen Einheit unter einem einheitlichen Leitungsapparat fortgesetzt verfolgen. Hat der Arbeitnehmer schlüssig derartige äußere Umstände für das Vorliegen eines einheitlichen Betriebes vorgetragen, hat der Arbeitgeber hierauf gemäß § 138 Abs. 2 ZPO im Einzelnen zu erklären, welche rechtserheblichen Umstände (zB vertragliche Vereinbarungen) gegen die Annahme eines einheitlichen Betriebes sprechen.

III. Sechsmonatige Wartezeit

1. Grundsatz

866 Der allgemeine Kündigungsschutz ist an eine Wartezeit geknüpft. Die frühere Fassung des Gesetzes verlangte eine sechsmonatige ununterbrochene Beschäftigung in demselben Betrieb oder Unternehmen. Seit der Neufassung des KSchG durch das Erste Arbeitsrechtsbereinigungsgesetz (in Kraft ab 1.9.1969) muss das Arbeitsverhältnis in demselben Betrieb oder Unternehmen länger als sechs Monate bestanden haben. Sinn und Zweck der Norm ist, dass der Arbeitnehmer erst nach einer Mindestbetriebszugehörigkeit Kündigungsschutz erlangt und der Arbeitgeber Gelegenheit hat, innerhalb von sechs Monaten den Arbeitnehmer zu **erproben.** Innerhalb der ersten sechs Monate ist die Kündigung nicht an einen Grund gebunden. Sie kann allerdings nach allgemeinen Normen außerhalb des KSchG unwirksam sein (→ Rn. 182 ff.).

867 Nur in Ausnahmefällen kann die Kündigung eines Arbeitnehmers wegen treuwidriger Vereitelung des Kündigungsschutzes nach § 242 BGB unwirksam sein, wenn die Kündigung wenige Tage vor Ablauf der sechsmonatigen Wartezeit erfolgt, um den Eintritt des Kündigungsschutzes zu vereiteln.[122] Jedoch ist zu bedenken, dass der Arbeitgeber prinzipiell das Recht hat, den Zeitraum von sechs Monaten der Kündigungsfreiheit auszuschöpfen.[123] Es ist unschädlich, wenn der Arbeitgeber, um dem Ar-

---

[120] Vgl. ErfK/*Kiel*, § 23 KSchG Rn. 21; BB/*Suckow*, § 23 KSchG Rn. 26; LAG Hamm 3.4.1997 LAGE KSchG § 23 Nr. 13; so auch APS/*Moll*, § 23 KSchG Rn. 48, der aber Zweifel zu Lasten des Arbeitnehmers gehen lassen will.

[121] Zum Gemeinschaftsbetrieb: BAG 24.10.2013 NZA 2014, 725 Rn. 52; BAG 18.10.2006 EzA KSchG § 1 Betriebsbedingte Kündigung Nr. 151 = NZA 2007, 552: Einzelheiten bei *Berkowsky*, MDR 1998, 82, 84.

[122] BAG 5.3.1987 RzK I 4d Nr. 7; BAG 18.8.1982 AP BetrVG § 102 Nr. 24 = EzA BetrVG 1972 § 102 Nr. 48; s. a. BAG 12.12.1996 EzA KSchG § 1 Krankheit Nr. 41.

[123] Bejaht in einem Fall in dem der Arbeitgeber die Kündigung am letzten Tag der Wartefrist wenige Stunden vor Feierabend erklärt, LAG Mecklenburg-Vorpommern 24.6.2008 – 5 Sa 52/08 –.

§ 1 Voraussetzungen des allgemeinen Kündigungsschutzes

beitnehmer eine Bewährungschance zu geben, eine längere, überschaubare Kündigungsfrist (ein bis 6 Monate) gewährt.[123a] Der Kündigungsschutz ist erlangt, wenn die Kündigungserklärung nicht **vor Ablauf der Sechs-Monats-Frist zugeht**.[124]

Der Kündigungsschutz kann vertraglich nicht ausgeschlossen werden. Auch **Verlängerungen der Probezeit** führen nicht zu einem Hinausschieben des Kündigungsschutzes.[125] Das gilt sowohl hinsichtlich § 1 KSchG als auch hinsichtlich der Kündigungsfristen nach § 622 Abs. 3 BGB, die verkürzt längstens für die Dauer von sechs Monaten gelten. Das wird in der Praxis immer noch häufig verkannt. Umgekehrt kann jedoch die Wartezeit **zugunsten des Arbeitnehmers ausgeschlossen oder verkürzt** werden. Dies kann durch Arbeitsvertrag oder Tarifvertrag geschehen (näher → Rn. 255 ff.). **868**

Mögliche **Anrechnungsvereinbarungen** müssen nicht unbedingt ausdrücklich erfolgen, sie können sich auch aus den Umständen ergeben. Dies wird zB der Fall sein, wenn nach dem geäußerten Parteiwillen anzunehmen ist, dass die Wiedereinstellung des Arbeitnehmers als eine Fortsetzung des alten Arbeitsverhältnisses angesehen werden soll.[126] Im Zweifel wird jedoch der Arbeitnehmer gut daran tun, sich diesen Willen im Vertrag bestätigten zu lassen, damit die Frage des Beginns des Kündigungsschutzes klar ist.[127] Auch in Tarifverträgen sind Anrechnungsregelungen anzutreffen, die auf die Wartezeitregelung nach § 1 Abs. 1 KSchG anzuwenden sind.[128] **869**

In Fällen der Gesamtrechtsnachfolge (zB Erbfolge, Verschmelzung, Umwandlung, § 339 AktG; §§ 322 ff. UmwG) als auch der Einzelrechtsnachfolge, insbesondere durch einen Betriebsübergang nach § 613a BGB tritt ein bloßer Austausch der Vertragspartner ein. Das Arbeitsverhältnis als solches wird unverändert, und damit auch unter Anrechnung auf die Wartezeit, fortgeführt.[129] Die Beschäftigungszeiten sind – ungeachtet der missverständlichen Formulierung des BAG[130] – nicht nur dann zusammenzurechnen, wenn die „Identität des Betriebes" gewahrt ist, sondern auch bei Betriebsteilübergängen.[131] **869a**

2. Berechnung der Wartezeit

Maßgebend für den Ablauf der Sechsmonatsfrist ist der kalendermäßig feststellbare **rechtliche Bestand des Arbeitsverhältnisses.** Wer am 1. Juni eingestellt wird, genießt ab 1. Dezember den allgemeinen Kündigungsschutz, gleichgültig, ob er während der Wartezeit drei Monate krank oder aber das Arbeitsverhältnis durch Streik zwei Monate suspendiert war. Auch die vertragliche Verlängerung der Probezeit bei einem **870**

[123a] LAG Mecklenburg-Vorpommern 24.6.2014 NZA-RR 2015, 72.
[124] HaKo/*Mayer*, § 1 KSchG Rn. 70; KR/Griebeling, § 1 KSchG Rn. 102; MüKoBGB/*Hergenröder* § 1 KSchG Rn. 29.
[125] S. a. *Löwisch*, BB 2014, 1079.
[126] Wird ein Geschäftsführervertrag gekündigt und anschließend eine Weiterbeschäftigung im Rahmen eines Arbeitsverhältnisses vereinbart, das im Wesentlichen die gleichen Aufgaben umfasst, wird mangels abweichender Vereinbarung auf den Parteiwillen geschlossen, dass die Beschäftigungszeit als Geschäftsführer auf das neu begründete Arbeitsverhältnis anzurechnen ist, BAG 24.11.2005 AP KSchG 1969 § 1 Wartezeit Nr. 19 = EzA KSchG § 1 Nr. 59.
[127] Hierzu LAG Schleswig-Holstein 1.10.1985 RzK I 4d Nr. 5.
[128] ZB im BRTV hierzu BAG 20 6. 2013 EzA KSchG § 1 Nr. 64; BAG 14.5.1987 AP KSchG 1969 § 1 Wartezeit Nr. 5 = EzA KSchG § 1 Nr. 44; BAG 28.2.1990 AP KSchG 1969 § 1 Nr. 8 zu Wartezeit = EzA KSchG § 1 Nr. 47.
[129] HWK/*Quecke*, § 1 KSchG Rn. 12.
[130] BAG 18.9.2003 NZA 2004, 319.
[131] Zutr. HWK/*Quecke*, § 1 KSchG Rn. 19.

unbefristeten Arbeitsverhältnis verhindert nicht den Eintritt des Kündigungsschutzes.[132] § 193 BGB findet auf die Berechnung der Wartezeit nach § 1 Abs. 1 KSchG keine Anwendung.[133] Die Norm hat den Zweck, die Interessen desjenigen zu wahren, der eine Willenserklärung abzugeben hat. § 1 Abs. 1 KSchG regelt dagegen den Ablauf einer Frist zugunsten des Arbeitnehmers. Der Zeitraum von sechs Monaten verlängert sich deshalb nicht, wenn sein letzter Tag auf einen Sonntag, einen allgemeinen Feiertag oder einen Sonnabend fällt. Allein der ununterbrochene rechtliche Bestand des Arbeitsverhältnisses ist entscheidend. Von einem „ununterbrochenen" Bestand des Arbeitsverhältnisses ist auch dann auszugehen, wenn sich ein neues Arbeitsverhältnis an ein vorangegangenes zwischen denselben Arbeitsvertragsparteien **nahtlos anschließt.**[134]

870a Wird das Arbeitsverhältnis jedoch beendet und danach ein neues begründet, so beginnt die Frist in der Regel neu zu laufen. Etwas anderes gilt in solchen Fällen bei entsprechender **Parteivereinbarung.** Dabei ist auch der Fall denkbar, dass sich die Parteien **konkludent** auf eine Anrechnung früherer Beschäftigungszeiten beim selben oder einem anderen Arbeitgeber geeinigt haben.[135] Geht ein Arbeitgeberwechsel ausschließlich auf die Initiative des Arbeitgebers zurück und wird der Arbeitnehmer beim verbundenen Unternehmen zu annähernd gleichen Arbeitsbedingungen ohne Vereinbarung einer Probezeit weiterbeschäftigt, kann dies ein gewichtiges Indiz für eine konkludente Vereinbarung sein. Drängen „alter" und „neuer" Arbeitgeber den Arbeitnehmer gemeinsam zum Unternehmenswechsel und verfolgen sie dabei vorrangig das Ziel, den Verlust des Kündigungsschutzes herbeizuführen, kann der Arbeitnehmer überdies nach dem Rechtsgedanken des § 162 BGB so zu stellen sein, als hätte er die Wartefrist beim neuen Arbeitgeber bereits erfüllt („Fall Schlecker").[136]

870b Die Wartezeit i.S. des § 1 Abs. 1 KSchG ist **nicht konzernbezogen,** weshalb die bei einem rechtlich selbständigen Konzernunternehmen zurückgelegte Beschäftigungszeit ohne ausdrückliche oder konkludente Anrechnungsvereinbarung nicht angerechnet wird.[137] Etwas anderes gilt nur dann, wenn ein konzernbezogener Arbeitsvertrag besteht.[138] Bei einem **Betriebsinhaberwechsel** sind die beim Betriebsveräußerer erbrachten Beschäftigungszeiten bei der Berechnung der Wartezeit nach § 1 Abs. 1 KSchG für eine vom Betriebsübernehmer ausgesprochene Kündigung zu berücksichtigen. Das gilt auch dann, wenn zum Zeitpunkt des Betriebsübergangs das Arbeitsverhältnis kurzfristig unterbrochen war (→ Rn. 877), die Arbeitsverhältnisse aber in einem engen sachlichen Zusammenhang stehen.[139] Ist streitig, ob ein unstreitig begründetes, dann tatsächlich unterbrochenes Arbeitsverhältnis auch rechtlich unterbrochen war, hat der Arbeitgeber darzulegen und zu beweisen, dass auch eine rechtliche Unterbrechung vorlag.[140]

871 Entscheidend für den Fristlauf ist der Beginn des „Arbeitsverhältnisses". Das ist i.d.R. nicht der Zeitpunkt des Vertragsschlusses. Entscheidend ist, wann nach der ge-

---

[132] LAG Frankfurt 13.3.1986 RzK I 4d Nr. 6; KDZ/*Deinert*, § 1 KSchG Rn. 36.
[133] BAG 24.10.2013 DB 2014, 958.
[134] BAG 20.2.2014 NZA 2014, 1083 Rn. 19.
[135] BAG 20.2.2014 NZA 2014, 1083 Rn. 41 ff.
[136] BAG 20.2.2014 NZA 2014, 1083 Rn. 46 ff.
[137] Zu dem Sonderfall, dass eine Person zwei selbständige Unternehmen führt: HHL/*Krause*, § 1 KSchG Rn. 114 ff.
[138] KR/*Griebeling*, § 1 KSchG Rn. 118 mwN.
[139] BAG 20.2.2014 NZA 2014, 1083 Rn. 20; BAG 27.6.2002 EzA KSchG § 1 Nr. 55 = NZA 2003, 145; BAG 18.9.2003 EzA BGB § 622 Nr. 2 = NZA 2004, 319.
[140] BAG 16.3.1989 EzA KSchG § 1 Nr. 45 mit Anm. *Marhold* = NZA 1989, 884.

troffenen Vereinbarung das Arbeitsverhältnis beginnen „soll".[141] Der Beginn der Wartezeit wird dabei weder durch Annahmeverzug des Arbeitgebers noch durch Erkrankung des Arbeitnehmers hinausgezögert.[142] Etwas anderes gilt nur dann, wenn der Arbeitnehmer schuldhaft die Arbeit nicht aufnimmt.[143]

Angerechnet werden nur solche Zeiten der Beschäftigung in Betrieb oder Unternehmen, die im **Rahmen eines Arbeitsverhältnisses** erbracht wurden. Die Wartezeit nach § 1 Abs. 1 KSchG kann auch durch Zeiten einer Beschäftigung in demselben Betrieb oder Unternehmen erfüllt werden, während derer auf das Arbeitsverhältnis nicht deutsches, sondern ausländisches Recht zur Anwendung gelangte.[144] § 1 Abs. 1 KSchG verwendet zur Kennzeichnung des Rechtsverhältnisses, dessen Bestehen nach Ablauf von sechs Monaten geschützt werden soll, den Begriff des Arbeitsverhältnisses und bezeichnet die geschützte Person als Arbeitnehmer. Das KSchG enthält keine eigene Definition des Arbeitnehmerbegriffs, sondern setzt ihn als bekannt voraus. Er ist damit in dem allgemeinen arbeitsrechtlichen Sinne zu verstehen. Nicht anzurechnen sind daher einem Arbeitsverhältnis vorausgehende Beschäftigungen auf einer anderen vertraglichen Basis, etwa als freier Dienstnehmer oder Werkvertragsunternehmer. Auch Beschäftigungen, während derer ein **Leiharbeitnehmer** in den Betrieb des Entleihers eingegliedert war, sind in einem späteren Arbeitsverhältnis zwischen ihm und dem Entleiher regelmäßig nicht auf die Wartezeit des § 1 Abs. 1 KSchG anzurechnen.[145] Das gilt selbst dann, wenn sich dieses Arbeitsverhältnis nahtlos an die Überlassung anschließt und der Arbeitnehmer schon während seiner Tätigkeit als Leiharbeitnehmer im selben Betrieb eingesetzt war. Nach Auffassung des BAG und der h.M. spricht dafür schon der Gesetzeswortlaut des § 1 Abs. 1 KSchG, der für die Geltung des allgemeinen Kündigungsschutzes an den – ununterbrochenen – **rechtlichen Bestand** eines Arbeitsverhältnisses und nicht an eine tatsächliche Beschäftigung im Betrieb oder Unternehmen anknüpft. Auch die Wertungen des AÜG stützen dieses Ergebnis.

872

Gleichgültig ist, welcher Art die Tätigkeit in einem Arbeitsverhältnis ist. Umstritten sind hier insbesondere die Aus- und Fortbildungsverträge im weitesten Sinne sowie Verträge im Rahmen des Arbeitsförderungsrechts. Es ist vielmehr auch für die Frage der Berechnung der Wartezeit im Einzelfall zu prüfen, ob die Maßnahme im Rahmen eines Arbeitsverhältnisses abgeleistet worden ist. Nicht berücksichtigt werden **Vorbeschäftigungen außerhalb eines Arbeitsverhältnisses,** (zB als freier Mitarbeiter, Beamter, Leiharbeitnehmer[146] oder Geschäftsführer), sofern dies nicht ausdrücklich vereinbart ist.[147] Ein Praktikum ist nur anzurechnen, wenn es im Rahmen eines Arbeitsverhältnisses abgeleistet worden ist.[148] Basierte die Beschäftigung auf einer unwirksamen Befristung, kommt es für die Anwendung des KSchG allein darauf an, ob das Arbeitsverhältnis bei Zugang der Kündigung länger als sechs Monate bestanden hat.[149]

873

---

[141] HHL/*Krause*, § 1 KSchG Rn. 119.
[142] HHL/*Krause*, § 1 KSchG Rn. 120; APS/*Dörner/Vossen*, § 1 KSchG Rn. 30; HK-KSchG/*Dorndorf*, § 1 Rn. 94; KR/*Griebeling*, § 1 KSchG Rn. 100; LSW/*Löwisch*, § 1 KSchG Rn. 65.
[143] HHL/*Krause*, § 1 KSchG Rn. 120; APS/*Dörner/Vossen*, § 1 KSchG Rn. 30; KR/*Griebeling*, § 1 KSchG Rn. 100; ErfK/*Oetker*, § 1 KSchG Rn. 35.
[144] BAG 7.7.2011 NZA 2012, 148.
[145] BAG 20.2.2014 NZA 2014, 1083 Rn. 23; HHL/*Krause*, § 1 KSchG Rn. 123 mwN; HaKo-KSchR/*Mayer*, § 1 KSchG Rn. 83; HWK/*Quecke*, § 1 KSchG Rn. 10; LSW/*Löwisch*, § 1 Rn. 63; KR/*Griebeling*, § 1 KSchG Rn. 107.
[146] Jetzt ablehnend KDZ/*Deinert*, § 1 KSchG Rn. 25.
[147] BAG 24.11.2005 AP KSchG 1969 § 1 Wartezeit Nr. 19 = EzA KSchG § 1 Nr. 59.
[148] BAG 18.11.1999 EzA KSchG § 1 Nr. 52 = NZA 2000, 529.
[149] BAG 6.11.2003 EzA TzBfG § 14 Nr. 7 = NZA 2005, 218.

874 Ein **Berufsausbildungsverhältnis** nach § 1, §§ 10 ff. BBiG, auf das nach § 10 Abs. 2 BBiG die für den Arbeitsvertrag geltenden Rechtsvorschriften anzuwenden sind, ist bei der Berechnung der Wartezeit nach § 1 Abs. 1 KSchG einem Arbeitsverhältnis zumindest gleichzustellen.[150] Ein betriebliches Praktikum, das der beruflichen Fortbildung (§§ 53 ff. BBiG) gedient hat, ist dagegen nur dann anzurechnen, wenn es im Rahmen eines Arbeitsverhältnisses abgeleistet worden ist.[151] Zeiten von Fortbildungsmaßnahmen nach dem Arbeitsförderungsrecht, bei denen kein Arbeitsvertrag begründet wird, sind nicht anzurechnen.[152] Auch bei Umschulungsverhältnissen ist im Einzelfall zu prüfen, ob die Umschulung innerhalb oder außerhalb eines Arbeitsverhältnisses erfolgt.[153]

875 Tätigkeiten im Rahmen einer Arbeitsbeschaffungsmaßnahme nach dem SGB III werden jedoch in aller Regel in einem Arbeitsverhältnis erbracht. Auch wenn die Tätigkeit befristet ist und der Arbeitnehmer danach mit anderen Aufgaben unbefristet weiterbeschäftigt wird, ist die Beschäftigungszeit im Rahmen der ABM auf die Wartezeit anzurechnen.[154]

3. Unterbrechung des Arbeitsverhältnisses

876 Wird das Arbeitsverhältnis beendet und danach ein neues begründet, so beginnt die Frist neu zu laufen. Von diesem Grundsatz hat die Rechtsprechung schon immer dann eine Ausnahme zugelassen, wenn innerhalb der Wartezeit mehrere Arbeitsverhältnisse **ohne zeitliche Unterbrechung** aufeinanderfolgen. Eine Unterbrechung der Wartezeit liegt dann nicht vor.[155] Dies gilt auch bei in unmittelbarer Folge geschlossenen befristeten Arbeitsverhältnissen. Durch bloßes Hintereinanderschalten von Arbeitsverhältnissen soll nicht der Kündigungsschutz umgangen werden können. Unerheblich ist auch, ob das Aufgabengebiet des Arbeitnehmers während der ersten sechs Monate völlig verändert wird.[156]

877 Dieser Grundsatz ist nach nunmehr ständiger Rechtsprechung des BAG ausgeweitet worden. Trotz rechtlicher Unterbrechung ist danach die Zeit eines früheren Arbeitsverhältnisses mit demselben Arbeitgeber bei erneuter Begründung eines Arbeitsverhältnisses auf die **Wartezeit** des § 1 Abs. 1 KSchG **anzurechnen,** wenn die **Unterbrechung verhältnismäßig kurz** ist und zwischen beiden Arbeitsverhältnissen ein **enger sachlicher Zusammenhang** besteht.[157] Wegen der Gleichheit der Interessen-

---
[150] Allg. Auffassung BAG 26.8.1976 AP BGB § 626 Nr. 68 = EzA BGB § 626 Nr. 49; LSW/ *Löwisch*, § 1 KSchG Rn. 63; KDZ/*Deinert*, § 1 KSchG Rn. 27; HHL/*Krause*, § 1 KSchG Rn. 124; KR/*Griebeling*, § 1 KSchG Rn. 107.
[151] BAG 18.11.1999 EzA KSchG § 1 Nr. 52 = NZA 2000, 529.
[152] BAG 22.10.1987 RzK I 5c Nr. 23; BAG 8.4.1988 RzK I 4d Nr. 10; nicht anzurechnen sind auch Zeiten eines Eingliederungsverhältnis eines Arbeitslosen nach §§ 229 SGB III a. F. vgl. BAG 17.5.2001 AP KSchG 1969 § 1 Wartezeit Nr. 14 = EzA KSchG § 1 Nr. 54. Das Gleiche gilt bei Absolvierung eines Praktikums zur Eingliederung in den ersten Arbeitsmarkt auf Veranlassung des Trägers der Sozialhilfe LAG Hamm 8.7.2003 – 19 Sa 501/03 –.
[153] Vgl. hierzu BAG 15.3.1991 EzA BBiG § 47 Nr. 1 = NZA 1992, 452.
[154] BAG 12.2.1981 EzA BGB § 611 Probearbeitsverhältnis Nr. 5 = AP BAT § 5 Nr. 1.
[155] BAG 20.2.2014 NZA 2014, 1083 Rn. 19; BAG 7.7.2011 NZA 2012, 148; BAG 23.9.1976 AP KSchG 1969 § 1 Wartezeit Nr. 1 = EzA KSchG § 1 Nr. 35 = DB 1977 S. 213.
[156] KR/*Griebeling*, § 1 KSchG Rn. 114 mwN; a. A. LSW/*Löwisch*, § 1 KSchG Rn. 57.
[157] BAG 20.2.2014 NZA 2014, 1083 Rn. 19; BAG 7.7.2011 NZA 2012, 148; BAG 6.12.1976 AP KSchG 1969 § 1 Wartezeit Nr. 2 = EzA KSchG § 1 Nr. 36; BAG 18.1.1979 AP KSchG 1969 § 1 Nr. 3 = EzA KSchG § 1 Nr. 39; BAG 10.5.1989 EzA KSchG § 1 Nr. 46 = NZA 1990, 221; BAG 22.9.2005 AP KSchG 1969 § 1 Wartezeit Nr. 20 = EzA KSchG § 1 Nr. 58; BAG 19.6.2007 EzA

§ 1 Voraussetzungen des allgemeinen Kündigungsschutzes

lage will die Rechtsprechung § 1 Abs. 1 KSchG und den inzwischen außer Kraft getretenen § 2 AngKSchG einheitlich auslegen. Das BAG löst sich jedoch von dem Wortlaut des Gesetzes und meint, Sinn und Zweck der Norm forderten diese Ausnahme, wobei es insbesondere auf Anlass und Dauer der Unterbrechung sowie auch auf die Art der Weiterbeschäftigung ankommen soll. Die Dauer der Unterbrechung soll für sich allein nicht entscheidend sein. Freilich verneint das BAG einen engen Zusammenhang stets, wenn die Unterbrechungszeit verhältnismäßig lange gedauert hat.[158] Die erforderliche Einzelfallbeurteilung erzeugt unnötig weitere Rechtsunsicherheit.

Bejaht hat die Rechtsprechung einen engen sachlichen Zusammenhang bei lediglich viertägiger Unterbrechung, als zu lang hat die Rechtsprechung eine Unterbrechung von mehr als einem Monat betrachtet.[159] Für den Regelfall wird bereits ein **Unterbrechungszeitraum** von drei Wochen als ein verhältnismäßig erheblicher Zeitraum angesehen, dessen Überschreitung es im Allgemeinen ausschließt, von einer sachlich nicht ins Gewicht fallenden Unterbrechung auszugehen.[160] Nach den Gesamtumständen kann jedoch ein Zusammenhang auch bei einer längeren Unterbrechung (sechs Wochen) zu bejahen sein, wenn die Unterbrechung nur dazu dient, die (Schul-)Ferien zu überbrücken.[161] Das gilt jedoch nicht, wenn die Lehrkraft vor und nach den Ferien in einem anderen Schultyp eingesetzt worden ist.[162] Je länger die zeitliche Unterbrechung währt, desto gewichtiger müssen die für einen sachlichen Zusammenhang sprechenden Gründe sein.[163] Die Anlehnung an § 14 Abs. 3 S. 3 TzBfG a. F. und § 1 Abs. 3 S. 2 BeschFG a. F., nach dem ein enger sachlicher Zusammenhang zu einem vorhergehenden befristeten oder unbefristeten Arbeitsvertrag mit demselben Arbeitgeber insbesondere anzunehmen war, wenn zwischen den Arbeitsverträgen ein Zeitraum von weniger als sechs bzw. vier Monaten liegt, hat das BAG zu Recht wegen der völlig unterschiedlichen Zwecksetzung der Normen abgelehnt.[164] Diese Erwägungen dürften auch für die Frist in § 14 Abs. 3 TzBfG gelten. Wenn die Initiative zur Unterbrechung des Arbeitsverhältnisses vom Arbeitnehmer ausgegangen ist, verneint das BAG einen engen sachlichen Zusammenhang. In der Sache dürfte die Rechtsprechung damit auf die Sanktionierung **rechtsmissbräuchlicher** Unterbrechungen des Arbeitsverhältnisses durch den Arbeitgeber hinauslaufen.

878

SGB IX § 90 Nr. 2 = NZA 2007, 1103; ebenso KR/*Griebeling*, § 1 KSchG Rn. 110; LSW/*Löwisch*, § 1 KSchG Rn. 58. Nicht auf die Wartezeit anzurechnen ist allerdings die – verhältnismäßig kurze – Zeit der Unterbrechung, vgl. LAG Baden-Württemberg 17.2.1988 LAGE KSchG § 1 Nr. 7; LAG Hamm 20.12.1996 LAGE KSchG § 1 Nr. 10.

[158] BAG 18.1.1979 AP KSchG 1969 § 1 Wartezeit Nr. 3 = EzA KSchG § 1 Nr. 39.

[159] Verneint wurde ein enger sachlicher Zusammenhang bei einer Unterbrechungsdauer von 1 Monat und 10 Tagen (BAG 15.12.1983 – 2 AZR 166/82 – n. v.), 1 Monat und 23 Tagen (BAG 20.8.1998 AP KSchG 1969 § 1 Wartezeit Nr. 10 = EzA KSchG § 1 Nr. 50), 2 Monaten (BAG 10.5.1989 AP KSchG 1969 § 1 Wartezeit Nr. 7 = EzA KSchG § 1 Nr. 46), von 2²/₃ Monaten (BAG 11.11.1982 AP BGB § 620 Befristeter Arbeitsvertrag Nr. 71 = EzA BGB § 620 Nr. 61), knapp 4 Monaten (BAG 9.8.2000 RzK I 4d Nr. 24) und mehr als 5 Monaten (BAG 22.9.2005 EzA KSchG § 1 Nr. 58 = NZA 2006, 429).

[160] BAG 18.1.1979 AP KSchG 1969 § 1 Wartezeit Nr. 3 = EzA KSchG § 1 Nr. 39; BAG 9.8.2000 RzK I 4d Nr. 24.

[161] BAG 20.8.1998 EzA KSchG § 1 Nr. 49; BAG 19.6.2007 EzA SGB IX § 90 Nr. 2 = NZA 2007, 1103.

[162] BAG 28.8.2008 AP KSchG 1969 § 1 Nr. 88.

[163] BAG 20.8.1998 EzA KSchG § 1 Nr. 50 = NZA 1999, 314.

[164] BAG 19.6.2007 EzA SGB IX § 90 Nr. 2 = NZA 2007, 1103; BAG 10.5.1989 EzA KSchG § 1 Nr. 46 = NZA 1990, 221; KR/*Griebeling*, § 1 KSchG Rn. 110; a. A. *Berger-Delhey*, NZA 1988, 790, 791.

879 Die Unterbrechungszeit selbst ist nicht auf die Wartezeit anzurechnen. Das bedeutet, dass der Arbeitnehmer nur dann Kündigungsschutz erlangt, wenn er insgesamt (ohne Unterbrechungszeit) sechs Monate in einem Arbeitsverhältnis zum Arbeitgeber gestanden hat.[165]

§ 2 Die Sozialwidrigkeit der Kündigung

I. Allgemeine Grundsätze

880 Die ordentliche Kündigung des Arbeitsverhältnisses ist rechtsunwirksam, wenn sie nicht sozial gerechtfertigt ist. Der Arbeitgeber muss die Kündigung durch einen der positiven Gründe rechtfertigen, die § 1 Abs. 2 S. 1 KSchG aufzählt. In Betracht kommen Gründe **in der Person,** Gründe **im Verhalten des Arbeitnehmers** und **dringende betriebliche Gründe.** Daneben kommen nach § 1 Abs. 2 S. 2 und 3 KSchG die sog. **absoluten Gründe der Sozialwidrigkeit** in Betracht. Danach ist eine Kündigung in jedem Falle sozial ungerechtfertigt, wenn sie gegen eine Richtlinie nach § 95 BetrVG verstößt oder eine Weiterbeschäftigungsmöglichkeit für den Arbeitnehmer in demselben Betrieb oder in einem anderen Betrieb des Unternehmens gegeben ist und der Betriebsrat aus einem dieser Gründe der Kündigung innerhalb der Frist des § 102 Abs. 2 S. 1 BetrVG schriftlich widersprochen hat (→ Rn. 374 ff.).[1]

881 Das Verhältnis der Bestimmungen des § 1 Abs. 2 S. 1 und des Abs. 2 S. 2 und 3 KSchG war zunächst umstritten, ist jedoch durch die Entscheidung des BAG vom 13.9.1973 weitgehend klargestellt. Auch wenn der Betriebsrat einer Kündigung nicht nach Maßgabe des § 102 Abs. 3 BetrVG widersprochen hat, sind die in § 1 Abs. 2 S. 2 KSchG genannten Widerspruchsgründe zu berücksichtigen.[2] Andernfalls wäre der individuelle Kündigungsschutz des Arbeitnehmers stark eingeschränkt und dem Betriebsrat eine Sperrfunktion eingeräumt worden. Ist der Widerspruch des Betriebsrats sachlich nicht gerechtfertigt, ist dennoch eine Prüfung des gleichen Sachverhalts nach Maßgabe des § 1 Abs. 2 S. 1 KSchG erforderlich.

882 Die **Zielsetzung,** die das KSchG dabei verfolgt, ist nicht arbeitsmarkt- oder wirtschaftspolitisch, sondern sozialpolitisch. Als geschützte Rechtsgüter sieht das KSchG den **Arbeitsplatz** und die **Betriebszugehörigkeit** des Arbeitnehmers an, weil diese „die Grundlagen seiner wirtschaftlichen und sozialen Existenz bilden".[3] Deshalb soll

---

[165] BAG 6.11.2003 EzA TzBfG § 14 Nr. 7 = NZA 2005, 218; LAG Baden-Württemberg 17.2. 1988 LAGE KSchG § 1 Nr. 7; LAG Hamm 20.12.1996 LAGE KSchG § 1 Nr. 10; ErfK/*Oetker*, § 1 KSchG Rn. 39; KR/*Griebeling*, § 1 KSchG Rn. 110a; HHL/*Krause*, § 1 KSchG Rn. 137; jetzt auch APS/*Dörner/Vossen*, § 1 KSchG Rn. 41.

[1] Vgl. BAG 13.9.1973 AP KSchG 1969 § 1 Nr. 2 = EzA BetrVG 1972 § 102 Nr. 7.

[2] Bestätigt durch BAG 29.8.2013 NZA 2014, 730 Rn. 22; s. a. KR/*Griebeling*, § 1 KSchG Rn. 708; kritisch hierzu *Söllner*, Anm. zu BAG EzA KSchG § 1 Betriebsbedingte Kündigung Nr. 88. Ist im Betrieb kein Betriebsrat vorhanden, so sind die in § 1 Abs. 2 S. 2 KSchG genannten Gründe im Rahmen der Interessenabwägung zu berücksichtigen. Das gilt auch für die leitenden Angestellten. Die in BAG 13.9.1973 offengelassene Frage, ob dies auch für die neu ins Gesetz eingefügten Gründe gilt, wird man zu bejahen haben; siehe auch BAG 5.8.1976 AP KSchG 1969 § 1 Krankheit Nr. 1 = EzA KSchG § 1 Krankheit Nr. 2; BAG 22.7.1978 EzA KSchG § 1 Verhaltensbedingte Kündigung Nr. 10 = DB 1983, 180; BAG 17.5.1984 EzA KSchG § 1 Betriebsbedingte Kündigung Nr. 32 = NZA 1985, 489 = AP KSchG 1969 § 1 Betriebsbedingte Kündigung Nr. 21 mit Anm. *v. Hoyningen-Huene*.

[3] Vgl. die Begründung des RegE zum KSchG, RdA 1951, 63.

§ 2 Die Sozialwidrigkeit der Kündigung

der status quo „in den Grenzen des sozial und wirtschaftlich Vertretbaren"[4] geschützt werden. Aus diesem individualschützenden Charakter des § 1 KSchG ergibt sich zunächst, dass **§ 1 KSchG unabhängig von der volkswirtschaftlichen Lage und von Drittinteressen** zu interpretieren ist. Zudem ist der Zweck des § 1 Abs. 2 KSchG bei der Interpretation der einzelnen Tatbestandsmerkmale stets zu berücksichtigen.

1. Unbestimmter Rechtsbegriff

Der Begriff der „sozial ungerechtfertigten" Kündigung ist kein unmittelbar anwendbarer unbestimmter Rechtsbegriff, sondern ein bloßer **rechtstechnischer Begriff**,[5] der den Rechtsanwender nicht auf einen allgemeinen Billigkeitsmaßstab verweist, sondern in § 1 Abs. 2 und 3 KSchG konkreter erläutert wird.[6] Diese Erkenntnis setzt sich in der Rechtsprechung für alle Kündigungsgründe zunehmend durch. Zwar finden sich überkommene Billigkeitsklauseln weiterhin in der Rechtsprechung. Hiernach soll die Kündigung dann sozial gerechtfertigt sein, wenn bei verständiger Würdigung in Abwägung der Interessen des Arbeitnehmers und des Arbeitgebers die Kündigung als billigenswert und angemessen bzw. gerecht erscheint.[7] Mit dieser Formel allein lässt sich jedoch heute kein Kündigungsrechtsstreit mehr entscheiden. **883**

Welche Kündigungen sozial ungerechtfertigt sind, definiert das Gesetz selbst in § 1 Abs. 2 und 3 KSchG durch unbestimmte Rechtsbegriffe, die der normativen Konkretisierung bedürfen. Auf der Basis der Dreiteilung der Kündigungsgründe in personen-, verhaltens- und betriebsbedingte Gründe sind im Laufe der Zeit rechtssatzförmige, auf den jeweiligen Kündigungsgrund zugeschnittene Voraussetzungen entwickelt worden. Zentrale Prinzipien, die für alle Kündigungsgründe gelten, sind das **Ultima-Ratio-Prinzip**, das **Prognoseprinzip** (ex-ante-Beurteilung) und mit gewissen Einschränkungen das Prinzip der **Interessenabwägung**. Ebenso wie bei § 626 Abs. 1 BGB sind auch bei § 1 KSchG **keine absoluten Kündigungsgründe** anzuerkennen.[8] **884**

Die unbestimmten Rechtsbegriffe in § 1 KSchG werden **revisionsgerichtlich** nach ständiger Rechtsprechung nur daraufhin überprüft, ob das Berufungsgericht die Rechtsbegriffe nicht verkannt hat, ob die Unterordnung des Sachverhalts unter die Vorschrift des § 1 KSchG Denkgesetzen oder Erfahrungsregeln widerspricht und ob die ggf. erforderliche Interessenabwägung alle wesentlichen Umstände berücksichtigt, insbesondere ob sie widerspruchsfrei oder offensichtlich fehlerhaft ist.[9] **885**

2. Ultima-Ratio-Prinzip

Bei allen Beendigungskündigungen gilt der schlagwortartig als „Ultima-Ratio-Prinzip" bezeichnete Grundsatz, wonach die Kündigung erst als **letztes Mittel** in Be- **886**

---

[4] Vgl. die Begründung des RegE zum KSchG, RdA 1951, 64 (unter § 7).
[5] BAG 20.1.1961 BAGE 10, 323, 327.
[6] Ausführlich *Preis*, Prinzipien, S. 101 f.
[7] BAG 10.12.1956 AP KSchG § 1 Nr. 21; BAG 23.1.1958 AP KSchG § 1 Nr. 50; zuletzt noch BAG 11.12.2003 EzA KSchG § 1 Verhaltensbedingte Kündigung Nr. 62 = NZA 2004, 784.
[8] BAG 20.5.1988 EzA KSchG § 1 Personenbedingte Kündigung Nr. 3 = NZA 1989, 464; *Preis*, Prinzipien, S. 94 ff.
[9] Ständige Rechtsprechung: BAG 12.8.1976 AP KSchG 1969 § 1 Nr. 3 = EzA KSchG § 1 Nr. 33; BAG 3.5.1978, 12.10.1979, 17.10.1980 AP KSchG 1969 § 1 Betriebsbedingte Kündigung Nr. 5, 7 u. 10.

tracht kommt. In seiner grundlegenden Entscheidung vom 30.5.1978 stellt das BAG den Rechtssatz auf, dass eine Beendigungskündigung, gleich aus welchen Gründen und gleichgültig, ob sie als ordentliche oder als außerordentliche Kündigung ausgesprochen wird, als äußerstes Mittel erst in Betracht kommt, wenn **keine Möglichkeit zu einer anderweitigen Beschäftigung unter Umständen auch mit schlechteren Arbeitsbedingungen** besteht.[10] Der das Kündigungsrecht seit dieser Entscheidung beherrschende Grundsatz der Verhältnismäßigkeit ist jedoch in § 1 KSchG weitgehend gesetzlich konkretisiert. Als letztes Mittel greift die Beendigungskündigung nur durch, wenn der Arbeitgeber nicht in der Lage ist, andere geeignete mildere Mittel zur Befriedigung seiner Interessen einzusetzen. Dieser Ultima-Ratio-Gedanke charakterisiert indes nichts anderes als den Grundsatz der Erforderlichkeit. Dieser **Grundsatz der Erforderlichkeit** ist in § 1 Abs. 2 S. 1 KSchG bereits weitgehend gesetzlich konkretisiert. Eine spezifische Konkretisierung findet sich in § 1 Abs. 2 S. 2 und 3 KSchG.[11] Dort sind mildere Mittel gegenüber der Beendigungskündigung geregelt, die – unabhängig vom Widerspruch des Betriebs- bzw. Personalrates[12] – rechtssatzförmige Voraussetzungen einer Kündigung sind. Danach hat der Arbeitgeber vor einer Beendigungskündigung die Möglichkeiten der Weiterbeschäftigung auf einem freien oder frei werdenden (→ Rn. 984ff.) Arbeitsplatz in demselben Betrieb oder in einem anderen Betrieb des Unternehmens, ggf. zu geänderten Arbeitsbedingungen (hierzu im Einzelnen → Rn. 988ff.) sowie nach zumutbaren Umschulungs- und Fortbildungsmaßnahmen (→ Rn. 1001), auszuschöpfen. Die Weiterbeschäftigungsmöglichkeit auf einem anderen Arbeitsplatz muss für den Arbeitnehmer **geeignet** sein. Dies setzt voraus, dass ein freier vergleichbarer (gleichwertiger) Arbeitsplatz oder ein freier Arbeitsplatz zu geänderten (schlechteren) Arbeitsbedingungen vorhanden ist und der Arbeitnehmer über die hierfür erforderlichen Fähigkeiten und Kenntnisse verfügt. Der Arbeitnehmer muss unter Berücksichtigung **angemessener Einarbeitungszeiten** den Anforderungen des neuen Arbeitsplatzes entsprechen. Dabei unterliegt die Gestaltung des **Anforderungsprofils** (auch → Rn. 936) für den freien Arbeitsplatz der lediglich auf offenbare Unsachlichkeit zu überprüfenden Unternehmerdisposition des Arbeitgebers.[13]

887 Eine allgemeine Konkretisierung der Erforderlichkeitsmaxime liegt in § 1 Abs. 2 S. 1 KSchG selbst: Bereits das Merkmal „bedingt" ist seiner Wortbedeutung nach im Sinne von „erfordern" bzw. „notwendig machen" zu interpretieren. Konkreter wird das Gesetz noch im Bereich der betriebsbedingten Kündigung, wenn es von „dringenden betrieblichen Erfordernissen" spricht. Zu beachten ist das der Erforderlichkeitsprüfung immanente Merkmal der **Geeignetheit.** Denn nur ein zur Befriedigung des konkreten Zwecks geeignetes milderes Mittel kommt zur Vermeidung einer Beendigungskündigung in Betracht. Die konkrete Eignung eines Mittels muss dabei bezogen auf den konkreten betrieblichen oder vertragsbezogenen Zweck ermittelt werden. Darüber hinaus sind die **Grenzen des Verhältnismäßigkeitsprinzips** hin-

---

[10] BAG 30.5.1978 AP BGB § 626 Nr. 70 = EzA BGB § 626 n.F. Nr. 66; hierzu *Boewer*, FS Gaul, 1992, S. 19ff.; *Wank*, RdA 1993, 79ff.; *Preis*, Prinzipien, S. 254ff.; zur rechtsmissbräuchlichen Verweigerung des Angebots eines freien Arbeitsplatzes s. BAG 2.2.2006 AP KSchG 1969 § 1 Betriebsbedingte Kündigung Nr. 142 = EzA KSchG § 1 Betriebsbedingte Kündigung Nr. 144.
[11] Ebenso BAG 24.6.2004 EzA KSchG § 1 Betriebsbedingte Kündigung Nr. 132 = NZA 2004, 1268.
[12] Vgl. Nachweise in Fußnote 1 und 2.
[13] BAG 24.6.2004 EzA KSchG § 1 Betriebsbedingte Kündigung Nr. 132 = NZA 2004, 1268; 5.6.2008 EzA KSchG § 1 Betriebsbedingte Kündigung Nr. 161 = NZA 2008, 1180; HHL/*Krause*, § 1 Rn. 792.

sichtlich der Wahl milderer Mittel zu beachten. Dem Arbeitgeber können nur solche milderen Mittel zur Vermeidung der Kündigung auferlegt werden, die zu ergreifen ihm rechtlich und tatsächlich möglich sind. Grenzen können insoweit durch kollektive Mitbestimmungsrechte, durch Gesetz oder durch Rechte Dritter gezogen werden.[14]

Das Ultima-Ratio-Prinzip hat der Gesetzgeber durch eine Zentralnorm im Arbeitsförderungsrecht bestätigt (§ 2 Abs. 2 SGB III idF v. 20.12.2001). Danach haben Arbeitgeber „bei ihren Entscheidungen verantwortungsvoll deren Auswirkungen auf die Beschäftigung der Arbeitnehmer und von Arbeitslosen und damit die Inanspruchnahme von Leistungen der Arbeitsförderung einzubeziehen. Sie sollen insbesondere ... 2. vorrangig durch betriebliche Maßnahmen die Inanspruchnahme von Leistungen der Arbeitsförderung sowie Entlassungen von Arbeitnehmern vermeiden." Ob § 2 SGB III eine über die bisherigen anerkannten Grundsätze hinausgehende Bedeutung zukommt, ist umstritten.[15] Jedenfalls kann die Norm Auswirkungen in den Fragestellungen haben, wo vorrangige Instrumente des Arbeitsförderungsrechts die Erforderlichkeit der Kündigung entfallen lassen (Bsp. Transfersozialpläne, Vorrang der Kurzarbeit, Überbrückung witterungsbedingten Ausfalls und Überstundenabbau).[16] **888**

Mit der Einführung des § 84 SGB IX durch das Gesetz zur Bekämpfung der Arbeitslosigkeit Schwerbehinderter aus dem Jahr 2000[17] sowie der Neufassung des § 84 Abs. 2 SGB IX im Jahr 2004[18] kam ein weiteres Mal die Frage auf, inwieweit sozialrechtliche Vorschriften ohne konkrete Rechtsfolgenanordnung eine Ausprägung des Ultima-Ratio-Prinzips darstellen und kündigungsrechtliche Auswirkungen haben können. § 84 Abs. 1 SGB IX sieht im Wesentlichen ein **Präventionsverfahren** vor, nach dem der Arbeitgeber bei personen-, verhaltens- oder betriebsbedingten Schwierigkeiten, die das Arbeitsverhältnis gefährden können, ua die Schwerbehindertenvertretung und das Integrationsamt einschalten soll, um mit ihnen die Möglichkeiten und Hilfen zur Beratung und finanzielle Leistungen zu erörtern, durch die die Schwierigkeiten beseitigt werden können. Absatz 2 betrifft den spezielleren Fall des sog. betrieblichen Eingliederungsmanagements (s. näher → Rn. 1251). Der Rechtscharakter und die kündigungsrechtlichen Folgen eines Verstoßes des Arbeitgebers gegen diese Verfahrensvorschriften sind umstritten. Im Wesentlichen stehen sich die Auffassung, nach der es sich um Ordnungsvorschriften mit reinem Appellativcharakter handelt[19] und diejenige gegenüber, nach der hierin eine weitere Konkretisierung des Ultima-Ratio-Prinzips liegt,[20] wobei dann jedoch unterschiedliche Folgen aus Verfahrensverstößen **889**

---

[14] Hierzu *Preis,* Prinzipien, S. 313 ff.
[15] Vgl. hierzu *Bauer/Haußmann,* NZA 1997, 1100 ff.; *Gagel/Bepler,* § 2 SGB III, Rn. 33 ff.; *Bitter,* DB 1999, 1214, 1218; *Gagel,* BB 2001, 358 ff.; APS/*Kiel,* § 1 KSchG Rn. 564 f.; *Löwisch/Spinner,* § 1 KSchG Rn. 274; *Niesel,* NZA 1997, 580; *Preis,* NZA 1998, 449 ff.; *Rolfs,* NZA 1998, 17 ff.; *Schaub,* NZA 1997, 810; der fehlende Hinweis des Arbeitgebers nach § 2 Abs. 1 S. 2 Nr. 3 SGB III begründet für den Arbeitnehmer keinen Anspruch auf Schadensersatz, BAG 29.9.2005 EzA BGB 2002 § 280 Nr. 1 = NZA 2005, 1406.
[16] Insbesondere *Löwisch,* NZA 1998, 729 f.; *Löwisch,* in: Betriebsbedingte Kündigung im Widerstreit, Schriftenreihe der Otto-Brenner-Stiftung, 1998, These 10; ErfK/*Oetker,* § 1 KSchG Rn. 74; HaKo/*Pfeiffer,* § 1 KSchG Rn. 178.
[17] BGBl. I S. 1394.
[18] Durch das Gesetz zur Förderung der Ausbildung und Beschäftigung schwerbehinderter Menschen vom 23.4.2004, BGBl. I S. 606.
[19] KR/*Etzel,* 7. Aufl., vor §§ 85–92 SGB IX Rn. 36; APS/*Dörner/Vossen,* § 1 Rn. 197; *Kossens/von der Heide/Maaß,* SGB IX, § 84 Rn. 6; *Schlewing,* ZfA 2005, 485, 496 ff.
[20] KR/*Griebeling* § 1 Rn. 215a sieht § 84 SGB IX zumindest als eine mittelbare Konkretisierung des Verhältnismäßigkeitsgrundsatzes an.

hergeleitet werden.²¹ Das BAG vertritt hierzu inzwischen eine vermittelnde Ansicht. Sowohl der 2. Senat²² als auch der 6. Senat²³ sehen in § 84 Abs. 1 SGB IX zunächst **keine formelle Wirksamkeitsvoraussetzung** für den Ausspruch einer Kündigung.²⁴ Kernargumente sind die systematische Einordnung der Vorschrift in das 3. Kapitel „Sonstige Pflichten der Arbeitgeber" anstelle einer Verortung im Kapitel 4 „Kündigungsschutz", der Wortlaut der Vorschrift, der keine Rechtsfolge an einen möglichen Verstoß anknüpft sowie mangelnde Hinweise in der Gesetzesbegründung. Jedoch folgert das BAG hieraus nicht, dass § 84 Abs. 1 und 2 SGB IX reine Ordnungsvorschriften darstellen, deren Missachtung völlig folgenlos bliebe. Das Gericht ordnet sie vielmehr als eine **Konkretisierung des Verhältnismäßigkeitsgrundsatzes** ein. Zur Begründung verweist es auf den präventiven Charakter der Verfahren. Dabei soll jedoch nicht das jeweilige Verfahren nach § 84 SGB IX selbst die mildere Maßnahme im Verhältnis zur Kündigung sein, sondern die Maßnahmen, die im Verlauf der Verfahren herausgearbeitet werden können, um den Ausspruch der Kündigung zu vermeiden.²⁵ Aus der Einordnung als Konkretisierung des Verhältnismäßigkeitsgrundsatzes folgert der 6. Senat zugleich, dass jedenfalls **innerhalb der Wartezeit des § 1 Abs. 1 KSchG** ein Verstoß gegen § 84 Abs. 1 und 2 SGB IX **keine kündigungsrechtlichen Folgen** nach sich ziehen könne, da der Verhältnismäßigkeitsgrundsatz nur innerhalb des KSchG bei der Wirksamkeitsprüfung der Kündigung zur Anwendung komme.²⁶ Ist das KSchG anwendbar, hält der 2. Senat die Unwirksamkeit der Kündigung grundsätzlich für möglich, wenn der Arbeitgeber gegen das Verfahren nach § 84 Abs. 1 SGB IX verstoßen hat. Er stellt hierfür jedoch klare Regeln auf. Zunächst darf die „Schwierigkeit" iSv § 84 Abs. 1 SGB IX noch nicht den Charakter eines Kündigungsgrundes haben. Mit anderen Worten: Hat sich die „Schwierigkeit" zu einem handfesten Kündigungsgrund verdichtet, bildet § 84 Abs. 1 SGB IX keine relevante Kündigungsschranke. Zudem sollen die Tatsachen, die ggf. zur Kündigung führen, einen Zusammenhang mit der Schwerbehinderung aufweisen. Zuletzt muss bei gehöriger Durchführung des Präventionsverfahrens zumindest die Möglichkeit bestanden haben, die Kündigung zu vermeiden. Damit gestaltet das BAG den Verhältnismäßigkeitsgrundsatz für § 84 Abs. 1 SGB IX richterrechtlich näher aus und gibt der Praxis klare Leitlinien vor. Bemerkenswert ist aus praktischer Sicht, dass es der **Zustimmung des Integrationsamtes** nach § 85 SGB IX i. E. eine (widerlegbare) **Vermutungswirkung** für die Wirksamkeit der Kündigung zukommen lässt. Nach Ansicht des BAG ist diese Zustimmung das Ergebnis einer eingehenden Prüfung, sodass nur bei besonderen Anhaltspunkten davon ausgegangen werden kann, dass das Präventionsverfahren die Kündigung hätte verhindern können. Damit wird eine erste Verhältnismäßigkeitsprüfung den Integrationsämtern übertragen und die Beweislast auf Arbeitnehmerseite erschwert.

890 Die Auffassung des BAG führt zu dem – beunruhigenden – Ergebnis, dass der Gesetzgeber an versteckter Stelle eine letztlich kündigungsrechtlich wirkende Norm eingeführt hat. Die Argumentation des BAG ist nicht frei von Widersprüchen. Einerseits

---

²¹ S. hierzu zB einschränkend *Deinert*, JR 2007, 177, 179; weitgehend *Brose*, DB 2005, 390, 393.
²² BAG 7.12.2006 EzA SGB IX § 84 Nr. 1 = NZA 2007, 617.
²³ BAG 28.6.2007 EzA BGB 2002 § 310 Nr. 5 = NZA 2007, 1049.
²⁴ Wobei der 6. Senat in seiner Entscheidung vom 28.6.2007 diese Auffassung auch auf § 84 Abs. 2 SGB IX ausdehnt.
²⁵ Ausdrücklich sowohl für § 84 Abs. 1 als auch für Abs. 2 SGB IX BAG 28.6.2007 AP § 307 BGB Nr. 27 = EzA BGB 2002 § 310 Nr. 5.
²⁶ S. hierzu auch → Rn. 247.

verneint es eine Zuordnung des § 84 SGB IX zum Kündigungsschutzrecht mit dem Argument des systematischen Standortes. Zugleich sollen aber die Präventionsverfahren eine Konkretisierung des Verhältnismäßigkeitsgrundsatzes darstellen. An dieser Stelle macht das BAG es dann wiederum zur Voraussetzung, dass das KSchG anwendbar ist, damit überhaupt der Kündigungsschutz greift. Das BAG begibt sich damit auf eine Gratwanderung, mithilfe derer es einerseits versucht, § 84 SGB IX über den Verhältnismäßigkeitsgrundsatz in das kündigungsschutzrechtliche Gefüge einzuordnen, andererseits soll es aber nicht zu „harten" kündigungsrechtlichen Auswirkungen kommen. Die gleiche Situation stellt sich beim sog. „betrieblichen Eingliederungsmanagement (BEM) nach § 84 Abs. 2 SGB IX (→ Rn. 1251).

3. Prognoseprinzip (Beurteilungszeitpunkt)

Für die Beurteilung der Rechtmäßigkeit einer Kündigung nach § 1 KSchG ist auf den **Zeitpunkt des Zugangs der Kündigung** abzustellen. Nach diesem Zeitpunkt eintretende Umstände vermögen die Wirksamkeit der Kündigung nicht mehr zu beeinflussen.[27] Soll eine Kündigung auf Tatsachen gestützt werden, die nach Zugang der bereits ausgesprochenen Kündigung eingetreten sind, muss ggf. eine erneute Kündigung ausgesprochen werden. Fällt nach Zugang der Kündigung der Kündigungsgrund fort, wird die Rechtswirksamkeit der Kündigung ebenfalls nicht berührt. In **Ausnahmefällen** kann dem Arbeitnehmer ein **Wiedereinstellungsanspruch** zustehen (→ Rn. 1010 ff.). **891**

Bei der Entscheidung über die Rechtswirksamkeit einer Kündigung bedarf es stets einer **Prognose**. Das Prognoseprinzip gilt bei allen Kündigungsgründen und ist die Konsequenz aus der Erkenntnis, dass die **Kündigungsgründe** ihrer Natur nach **zukunftsbezogen** sind.[28] Besondere Bedeutung hat das Prinzip der Negativprognose bei der personenbedingten Kündigung. Aber auch bei der betriebs- und verhaltensbedingten Kündigung müssen die Kündigungsgründe für die Zukunft Bestand haben. Geschehnisse in der Vergangenheit besagen für sich genommen noch nichts über die Rechtfertigung der Kündigung. § 1 Abs. 2 KSchG stellt darauf ab, ob die geltend gemachten Gründe einer „Weiterbeschäftigung" des Arbeitnehmers entgegenstehen. Stets sind also die Kündigungsgründe auf das zukunftsbezogene Moment der Weiterbeschäftigung zu interpretieren. Auch im Bereich der verhaltensbedingten Kündigung hat das BAG das Prognoseprinzip anerkannt.[29] Das BVerfG hat sogar bestätigt, dass Kündigungen nicht rein vergangenheitsbezogen, sondern stets auf der Grundlage einer Prognose beurteilt werden müssen.[30] Bei jedem Kündigungsgrund stellt sich die Prog- **892**

---

[27] BAG 29.4.1999 EzA KSchG § 1 Krankheit Nr. 46 = NZA 1999, 978; BAG 15.8.1984 EzA KSchG § 1 Krankheit Nr. 16 = NZA 1985, 357; BAG 20.2.1986 NZA 1988, 94; BAG 10.3.1982 AP KSchG 1969 § 2 Nr. 2 mwN = EzA KSchG § 2 Nr. 3; BAG 8.8.1968 AP BGB § 626 Nr. 57.
[28] Grundlegend *Herschel*, FS G. Müller, 1981, S. 202 f.; *Preis*, Prinzipien, S. 322 f.; dem folgend *Ascheid*, Rn. 28 ff.; *Hillebrecht*, ZfA 1991, 87, 120; HHL/*Krause*, § 1 KSchG Rn. 191 ff.; KPK/*Heise*, § 1 KSchG Rn. 147 ff.; MüKoBGB/*Hergenröder*, § 1 KSchG Rn. 113 ff.
[29] BAG 23.6.2009 NZA 2009, 1198; BAG 18.9.2008 EzA BGB 2002 § 626 Nr. 24; BAG 19.4.2007 AP BGB § 174 Nr. 20 = NZA 2007, 1319; BAG 12.1.2006 EzA KSchG § 1 Verhaltensbedingte Kündigung Nr. 68 = NZA 2006, 980; BAG 10.11.1988 EzA BGB § 611 Abmahnung Nr. 18 = NZA 1989, 633; BAG 16.8.1991 EzA KSchG § 1 Verhaltensbedingte Kündigung Nr. 41 = NZA 1992, 130; vgl. auch zum Sonderkündigungsrecht nach dem Einigungsvertrag: BVerfG 21.2.1995 EzA Einigungsvertrag Art. 20 Nr. 44 = NZA 1995, 619. ausf. *Gentges*, Prognoseprobleme im Kündigungsschutzrecht, 1995; ablehnend für verhaltensbedingte Kündigungen: *Kraft*, ZfA 1994, 463, 475.
[30] BVerfG 21.2.1995 EzA Einigungsvertrag Art. 20 Nr. 44 = NZA 1995, 619.

nosefrage anders. Der Zweck der Kündigung ist nicht Sanktion für die Vertragspflichtverletzung, sondern dient der Vermeidung des Risikos weiterer Pflichtverletzungen. Die vergangene Pflichtverletzung muss sich deshalb noch in der Zukunft belastend auswirken.

4. Interessenabwägung

893   Bis zum Jahre 1980 entsprach es ständiger Rechtsprechung des BAG, dass die soziale Rechtfertigung einer betriebsbedingten Kündigung nur nach einer sorgfältigen Interessenabwägung festgestellt werden könne.[31] Diese Rechtsprechung begegnete wegen ihrer konturenlosen Spruchpraxis zunehmender Kritik.[32] Im Bereich der **betriebsbedingten Kündigung** ist das BAG nunmehr von dem Erfordernis umfassender Interessenabwägung abgerückt; nur in seltenen Ausnahmefällen könne sich eine Abwägung der beiderseitigen Interessen bei einer „an sich" betriebsbedingten Kündigung zugunsten des Arbeitnehmers auswirken.[33] In der Praxis des BAG ist allerdings kein Urteil anzutreffen, das eine „an sich" betriebsbedingte Kündigung allein wegen „unzumutbarer" sozialer Härten oder überwiegender Bestandsschutzinteressen des Arbeitnehmers für unwirksam erklärt hätte.[34] Kernpunkt der Frage ist, ob im Geltungsbereich des § 1 Abs. 2 KSchG eine richterliche Interessenabwägung zulässig ist. Dies ist nur bei solchen Sachfragen der Fall, bei denen der Gesetzgeber keine ausreichende, durch schlichte Rechtsanwendung konkretisierbare Wertentscheidung getroffen hat. Im Bereich der betriebsbedingten Kündigung ist dies jedoch durch das Merkmal der „dringenden betrieblichen Erfordernisse" sowie durch das Erfordernis der Sozialauswahl (§ 1 Abs. 3 KSchG) geschehen.[35]

894   Bei der **verhaltens- und personenbedingten Kündigung** ist dies nicht in gleicher Weise der Fall. Mangels ausreichender gesetzgeberischer Konfliktlösung bleibt hier letztlich eine Abwägung der kollidierenden Interessen unvermeidlich. Freilich sind gegenüber der früheren umfassenden Abwägungspraxis erhebliche Einschränkungen erforderlich. Rechtsfragen, die früher aus dem Prinzip der Interessenabwägung entschieden wurden, sind größtenteils in andere kündigungsrechtliche Maximen eingeflossen (objektiver Maßstab, Prognoseprinzip, Ultima-Ratio-Prinzip). Die Interessenabwägung ist darauf zu beschränken, das **Gewicht der Vertragsbeeinträchtigung im Einzelfall** festzustellen. Billigkeitsabwägungen, die keinen Bezug zum konkreten Kündigungsgrund haben, sind abzulehnen. Diese zwischen den Kündigungsgründen differenzierende und die Interessenabwägung einschränkende Betrachtung scheint sich durchgesetzt zu haben.[36]

895   Nach einer Entscheidung des BAG vom 7.3.1980[37] können Tarifverträge die im Rahmen der Interessenabwägung zu beachtenden Gesichtspunkte näher konkretisieren.

---

[31] BAG 4.2.1960 BAGE 9, 36 ff.; BAG 3.5.1978, 7.3.1980 u. 17.10.1980 AP KSchG 1969 § 1 Betriebsbedingte Kündigung Nr. 5, 9 u. 10.

[32] Grundlegend *Bötticher*, in: FS Molitor, 1962, S. 127 ff.; *Herschel*, in: FS Schnorr von Carolsfeld, 1972, S. 163 f.; *Preis*, Prinzipien, S. 194 ff., 211 ff. mwN.

[33] BAG 16.1.1987 EzA KSchG § 1 Betriebsbedingte Kündigung Nr. 48 = BB 1987, 2302; BAG 30.4.1987 EzA KSchG § 1 Betriebsbedingte Kündigung Nr. 47 = NZA 1987, 776.

[34] Vgl. hierzu auch BAG 16.6.2005 EzA KSchG § 1 Betriebsbedingte Kündigung Nr. 137, wonach es „kaum Raum für eine praktische Anwendung" gibt.

[35] Ausführlich *Preis*, Prinzipien, S. 208 ff.; dem folgend Hako/*Gallner/Mestwerdt*, § 1 KSchG Rn. 721; APS/*Kiel*, § 1 KSchG Rn. 651.

[36] Vgl. hierzu zusammenfassend *Bitter/Kiel*, RdA 1994, 333 ff., 336 ff., 346 ff. und RdA 1995, 26 ff., 32 ff.

[37] BAG 7.3.1980 EzA KSchG § 1 Betriebsbedingte Kündigung Nr. 14.

Dies verstößt nicht gegen den zwingenden Charakter des allgemeinen Kündigungsschutzes. Wegen des zwingenden Charakters des allgemeinen Kündigungsschutzes können jedoch keine Regelungen getroffen werden, die zum Nachteil des Arbeitnehmers das Recht der ordentlichen arbeitgeberseitigen Kündigung über den gesetzlichen Rahmen des § 1 KSchG erweitern.[38]

5. Abgrenzung der Kündigungsgründe; Mischtatbestände

Alle Kündigungsgründe setzen einen objektiv nachprüfbaren Grund voraus. Nur solche Anlässe sind geeignet, einen Kündigungsgrund nach § 1 Abs. 2 KSchG zu bilden, die einen Bezug zum Arbeitsverhältnis oder zum Betrieb haben. Alle **Kündigungsgründe** sind in diesem Sinne **arbeitsvertrags- und betriebsbezogen**.[39] Bei der betriebsbedingten Kündigung stammt, anders als bei der personen- und verhaltensbedingten Kündigung, die Kündigungsursache aus der **Verantwortungssphäre** des Kündigenden selbst. Neben diesem Gesichtspunkt ergibt sich eine recht klare **Abgrenzung der Kündigungsgründe** durch Betrachtung der spezifischen **Zweckrichtung**. Mit der betriebsbedingten Kündigung verfolgt der Arbeitgeber den Zweck, den Personalbestand an den künftigen Personalbedarf anzugleichen.[40] Mit der verhaltensbedingten Kündigung soll das Risiko weiterer Vertragsverletzungen vermieden werden. Bei der personenbedingten Kündigung geht es um die Reaktion auf die Tatsache, dass der Arbeitnehmer die Fähigkeit zur Erbringung der geschuldeten Arbeitsleistung verloren hat. **896**

In Gefahr gerät diese klare Dreiteilung durch die Annahme der Rechtsprechung, es gäbe **Mischtatbestände**. Dem widersteht die jüngste Rechtsprechung des BAG, in dem sie auch bei angeblichen Mischsachverhalten die Kündigungsgründe klar einordnet.[41] Noch nicht eindeutig aufgegeben ist freilich die frühere Auffassung des BAG, bei Mischtatbeständen zwischen betriebsbedingten Gründen einerseits und personen- und verhaltensbedingten Gründen andererseits seien neben den dringenden betrieblichen Erfordernissen auch die Interessen des Arbeitnehmers an der Fortsetzung des Arbeitsverhältnisses stärker zu berücksichtigen als bei ausschließlich in der Sphäre des Betriebes liegenden Gründen.[42] Diese Rechtsprechung überzeugt nicht.[43] Es ist weder dem Gesetz zu entnehmen noch der Rechtssicherheit dienlich, bei sogenannten Mischtatbeständen eine Durchmischung der Tatbestandsvoraussetzungen der drei Kündigungsgründe des § 1 Abs. 2 S. 1 KSchG vorzunehmen. Entgegen der nunmehr herrschenden Rechtsprechung wird eine allgemeine Abwägung zwischen betrieblichen Umständen einerseits und Arbeitnehmerinteressen andererseits vorgenommen und der Boden einer rechtssicheren Beurteilung verlassen. Auch die sogenannte Sphä- **897**

---

[38] BAG 28.11.1968 EzA KSchG § 1 Nr. 12 = BB 1969, 362; KR/*Griebeling*, § 1 KSchG Rn. 31.
[39] *Herschel*, in: FS Schnorr von Carolsfeld, 1972, S. 170 f.; *Preis*, Prinzipien, S. 227 ff.; BAG 12.4.1984 DB 1985, 873.
[40] Grundlegend LSW/*Löwisch*, § 1 KSchG Rn. 295 ff.
[41] BAG 18.9.2008 EzA KSchG § 1 Personenbedingte Kündigung Nr. 23 = NZA 2009, 425: zur Kündigung einer studentischen Hilfskraft an einer Hochschule, die kein Studium mehr betreibt.
[42] BAG 17.5.1984 EzA KSchG § 1 Betriebsbedingte Kündigung Nr. 32 = NZA 1985, 489; BAG 21.11.1985 EzA KSchG § 1 Nr. 42 = NZA 1986, 713; ebenso LAG Köln 11.9.1987 LAGE KSchG § 1 Verhaltensbedingte Kündigung Nr. 16.
[43] Kritisch *Rüthers/Henssler*, ZfA 1988, 31, 36 ff.; *Preis*, DB 1988, 1449 f.; *v. Hoyningen-Huene*, Anm. AP KSchG 1969 § 1 Betriebsbedingte Kündigung Nr. 21; MüKoBGB/*Hergenröder*, § 1 KSchG Rn. 91; im Kern Mischtatbestände ablehnend auch BAG 23.9.1992 EzA KSchG § 1 Krankheit Nr. 37; KDZ/*Deinert*, § 1 KSchG Rn. 76 f.

rentheorie des BAG, wonach ein Kündigungssachverhalt nur unter einem rechtlichen Aspekt geprüft werden könne bzw. in jedem Fall einheitlich bewertet werden müsse, beruht auf einer falschen Prämisse. Es spricht nichts dagegen, einen Kündigungssachverhalt unter zwei verschiedenen juristischen Aspekten zu würdigen.[44]

898 Bedenklich ist außerdem die Auffassung, bei mehreren Kündigungssachverhalten für den Fall, dass die Prüfung einzelner Kündigungsgründe nicht zu einer sozialen Rechtfertigung der Kündigung führt, eine „gesamtheitliche Betrachtungsweise durchzuführen", die in die Frage münden soll, ob die Kündigungssachverhalte in ihrer Gesamtheit Umstände darstellen, die bei verständiger Würdigung in Abwägung der Interessen der Vertragsparteien die Kündigung als billigenswert und angemessen erscheinen lassen.[45] Auch diese Prüfung führt zu einer unzulässigen Mischung und wirft das KSchG zurück in eine konturenlose Billigkeitsabwägung unter Auflösung der Dreiteilung der Kündigungsgründe. Festzuhalten bleibt: Ein Kündigungssachverhalt kann gleichzeitig unter mehreren rechtlichen Aspekten relevant sein. Jeder Kündigungsgrund ist gesondert zu untersuchen und von den anderen abzugrenzen. Eine Vermischung der Anforderungen, die je nachdem eine Erleichterung oder eine Erschwerung der Kündigung gegenüber einer getrennten Prüfung zur Folge haben kann, findet im KSchG keine Grundlage und ist daher unzulässig.

899 Ende der 1990er Jahre gab die Rechtsprechung des BAG Anlass zu der Sorge, dass die **Dogmatik der Kündigungstatbestände verwischt** wird und durch ein Auseinanderklaffen der Beurteilungsmaßstäbe systematisch problematische Fehlsteuerungen erfolgen.[46] Die Problematik der Mischtatbestände ist noch nicht klar entschieden, weshalb es zu einer Unsicherheit in den Beurteilungsmaßstäben kommt.[47] Wenig nachvollziehbar ist, dass außerdienstliche Straftaten einer Schreibkraft im öffentlichen Dienst als Vertragspflichtverletzung, im Kern verhaltensbedingt und ohne Erfordernis einer Abmahnung bewertet werden,[48] krasse inner- und außerdienstliche einschlägige Verkehrsdelikte von Berufskraftfahrern, die den Entzug der Fahrerlaubnis bzw. Betriebsfahrberechtigung zur Folge haben, dagegen primär als personenbedingt mit der überraschenden Wendung, dass die Kündigung an fehlender Abmahnung scheitert.[49] Wenn personen- und verhaltensbedingte Kündigungsgründe in ihrer Struktur nicht deutlich differenziert werden, droht die Ausweitung des Abmahnungserfordernisses systemwidrig auch auf personenbedingte Kündigungen (→ Rn. 1120f.).[50]

900 Darüber hinaus klafften die Beurteilungsmaßstäbe der Kündigungsgründe zunehmend auseinander. Zeitgleich sind die Anforderungen an krankheitsbedingte Kündigungen verschärft und an betriebsbedingte Kündigungen erleichtert worden. So wird

---

[44] *Rüthers/Henssler*, ZfA 1988, 31, 42 f.; *Preis*, DB 1988, 1449 f.; SES/*Schwarze*, § 1 KSchG Rn. 60; eine Kompromisslinie zeigt HHL/*Krause*, § 1 KSchG Rn. 287 auf.
[45] Hierzu, allerdings stark einschränkend KR/*Griebeling*, § 1 KSchG Rn. 259.
[46] Hierzu krit. *Preis*, NZA 1997, 1073 ff.
[47] Die Fortführung der Rspr. zur gesamteinheitlichen Betrachtungsweise offen lassend BAG 20.11.1997 EzA KSchG § 1 Verhaltensbedingte Kündigung Nr. 52 = NZA 1998, 323, obwohl in den Entscheidungsgründen tragend auf eine gesamteinheitliche Betrachtungsweise abgestellt wird. Außerdem wird fälschlicherweise die Straffälligkeit im außerdienstlichen Bereich der verhaltensbedingten Kündigung zugeordnet (vgl. hier dagegen Rn. 687 ff.).
[48] BAG 20.11.1997 EzA KSchG § 1 Verhaltensbedingte Kündigung Nr. 52 = NZA 1998, 323.
[49] BAG 4.6.1997 EzA BGB § 626 n. F. Nr. 168 = NZA 1997, 1281; BAG 25.4.1996 EzA KSchG § 1 Personenbedingte Kündigung Nr. 14 = NZA 1996, 1201.
[50] Vgl. die Entscheidung des BAG 4.6.1997 EzA KSchG § 1 Verhaltensbedingte Kündigung Nr. 52 = NZA 1998, 323; zu Recht die Ausweitung ablehnend HHL/*Krause*, § 1 KSchG Rn. 312; Hako/*Gallner*, § 1 KSchG Rn. 466; offen gelassen bei einer Alkoholerkrankung BAG 20.12.2012 NZA-RR 2013, 627.

§ 2 Die Sozialwidrigkeit der Kündigung

etwa bei der krankheitsbedingten Kündigung eines dauerhaft leistungsgeminderten bzw. arbeitsunfähigen Arbeitnehmers die Weiterbeschäftigung (ggf. nach Freimachen des Arbeitsplatzes) auf einem „leidensgerechten Arbeitsplatz" verlangt und sogar die Anwendung der Vorschriften zur Sozialauswahl (§ 1 Abs. 3 KSchG) erwogen, wenn auch im Ergebnis zu Recht abgelehnt.[51] Andererseits wird der Wegfall eines „leidensgerechten Arbeitsplatzes" durch Unternehmerentscheidung ein betriebsbedingter Kündigungsgrund – und zwar im Ergebnis ohne Beachtung der Sozialauswahl, weil kranke mit gesunden Arbeitnehmern nicht vergleichbar seien.[52] Letzteres ist kaum zu halten, weil Kern des Kündigungsgrundes die krankheitsbedingte Unfähigkeit zur Erbringung der geschuldeten Arbeitsleistung ist. Außerdem fehlt eine Auseinandersetzung mit der Frage, ob nicht die Schaffung eines Kündigungsgrundes durch gesundheitsschädliche Arbeitsbedingungen treuwidrig gegen die Fürsorgepflicht des Arbeitgebers verstößt, was durch den 2. Senat bei der krankheitsbedingten Kündigung (zu Recht) erwogen wurde.[53] Die vergleichsweise hohen Anforderungen an die personen- und verhaltensbedingte Kündigung und die niedrigen Anforderungen an den betriebsbedingten Kündigungsgrund verleiten zu einem systemwidrigen Ausweichen auf das Mittel der betriebsbedingten Kündigung, obwohl der wirkliche Kündigungsgrund in der Sphäre des Arbeitnehmers zu suchen ist. Wie notwendig – auch im Hinblick auf § 102 BetrVG – die Dreiteilung der Kündigungsgründe und die systematisch richtige Zuordnung des Kündigungsgrundes sind, hat das BAG noch 1992 betont.[54] Daran sollte angeknüpft werden. Die beschriebene Entwicklung führt nicht nur zu – teilweise – problematischen Ergebnissen, sondern verursacht erhebliche Rechtsunsicherheit, weil systematisch begründete Beurteilungskriterien verloren gehen.[55] Die Rechtsprechung bewegt sich inzwischen wieder in den hier vertretenen klareren Bahnen, ohne sich ausdrücklich mit den hier kritisierten Entscheidungen auseinanderzusetzen.

6. Darlegungs- und Beweislast

Die Darlegungs- und Beweislast für die Tatsachen, die die Kündigung bedingen, trägt nach § 1 Abs. 2 S. 4 KSchG der Arbeitgeber.[56] Dem Arbeitnehmer obliegt die Beweislast für die Tatsachen, die die soziale Auswahl bei der betriebsbedingten Kündigung als ungerechtfertigt im Sinne des § 1 Abs. 3 S. 1 KSchG erscheinen lassen. Bei der sogenannten Abstufung der Darlegungs- und Beweislast, die das BAG bei der anderweitigen Beschäftigungsmöglichkeit und der Sozialauswahl vornimmt,[57] handelt es sich um nichts anderes als um eine Anwendung des § 138 ZPO.[58]

901

---

[51] BAG 29.1.1997 EzA KSchG § 1 Krankheit Nr. 42 = NZA 1997, 709.
[52] BAG 6.11.1997 EzA KSchG § 1 Betriebsbedingte Kündigung Nr. 96 = NZA 1998, 143.
[53] BAG 12.7.1995 AP BGB § 626 Krankheit Nr. 7 mit Anm. *Bezani* = EzA BGB § 626 n.F. Nr. 156 mit Anm. *Kania;* s.a. LAG Hessen 11.2.1997 LAGE KSchG § 1 Personenbedingte Kündigung Nr. 14.
[54] BAG 23.9.1992 EzA KSchG § 1 Krankheit Nr. 37.
[55] Symptomatisch ist auch die Entscheidung des BAG 27.2.1997 EzA KSchG § 1 Verhaltensbedingte Kündigung Nr. 51 = NZA 1997, 761, in der entgegen der restriktiven Tendenz der Entscheidung des BAG 2.3.1989 EzA BGB § 626 n.F. Nr. 118 = NZA 1989, 755 die grundsätzliche Berücksichtigung von Unterhaltspflichten in der Interessenabwägung bei verhaltensbedingten Kündigungen verlangt wird.
[56] Ausführlich *Becker-Schaffner*, BB 1992, 557 ff.
[57] BAG 3.2.1977 EzA § 1 KSchG Betriebsbedingte Kündigung Nr. 7 = NJW 1977, 1846; BAG 24.3.1983 DB 1983, 1822; BAG 21.12.1983 NZA 1985, 158 und 18.10.1984 DB 1985, 974 = EzA KSchG § 1 Betriebsbedingte Kündigung Nr. 21, 29 u. 33.
[58] Zutreffend *Ascheid*, Beweislastfragen im Kündigungsschutzprozess, 1989, S. 155 ff.

II. Dringende betriebliche Erfordernisse

902 Die Sozialwidrigkeit der ordentlichen Kündigung ist ausgeschlossen, wenn sie durch dringende betriebliche Erfordernisse, die einer Weiterbeschäftigung des Arbeitnehmers in diesem Betrieb entgegenstehen, bedingt ist. Damit erkennt § 1 Abs. 2 S. 1 KSchG ein Kündigungsinteresse des Arbeitgebers an, ohne dass ein Anlass für die Beendigung des Arbeitsverhältnisses von der Person des Arbeitnehmers oder seinem Verhalten her begründet ist. Das Bestandsschutzinteresse des Arbeitnehmers muss dann zurücktreten, wenn dringende betriebliche Interessen einen Personalabbau erforderlich machen. Das Kündigungsschutzgesetz hat die divergierenden Interessen und kollidierenden Grundrechtspositionen von Arbeitgebern und Arbeitnehmern (Art. 12 Abs. 1 GG) zu einem verfassungsgemäßen Ausgleich gebracht.[59] Kann der Unternehmer die Arbeitskräfte im Rahmen der von ihm verfolgten marktwirtschaftlichen Ziele nicht mehr sinnvoll einsetzen, bedingen vorhandene externe oder interne Faktoren den Abbau von Personal, so verliert der Arbeitnehmer seinen Arbeitsplatz, ohne dafür eine Entschädigung zu erhalten. Hier besteht eine erhebliche Diskrepanz zwischen den Folgen einer **Betriebsänderung** i. S. der §§ 111 ff. BetrVG und der Kündigung aus dringenden betrieblichen Gründen. Während dort die Folgen der Maßnahme in einem Sozialplan auszugleichen sind, trägt der Arbeitnehmer hier die Folgen allein.

903 Ursache und Anlass der Entscheidung des Unternehmers, Personal freizusetzen, sind vielfältig. In Betracht kommen zB Umsatzrückgang, Auftragsmangel, Gewinnrückgang infolge von Kostensteigerungen, Schließung einer Abteilung, Anschaffung von modernen Maschinen, die weniger Arbeitskräfte erfordern, Organisationsänderungen im Betrieb, Vergabe von Arbeiten an Fremdfirmen, die bisher von Arbeitnehmern des Betriebes ausgeführt worden sind. Sie allein rechtfertigen allerdings die Kündigung nicht, sondern letztlich entscheidend ist darauf abzustellen, ob und in welchem Umfang durch diese Ursachen im Betrieb Arbeitsplätze wegfallen.

1. Vorliegen eines betriebsbedingten Kündigungsgrundes

a) Unternehmerische Entscheidung

aa) Bedeutung der Unternehmerentscheidung; Betriebs- und Konzernbezug

904 Eine betriebsbedingte Kündigung beruht stets auf einer unternehmerischen Entscheidung. Hierunter ist nach der Rechtsprechung des BAG die **Bestimmung der Unternehmenspolitik** zu verstehen, **die der Geschäftsführung zugrunde liegt**.[60] Mangels Einbindung in eine unternehmerische Konzeption liegt im Ausspruch der Kündigung als solcher keine der arbeitsgerichtlichen Kontrolle entzogene kündigungsbegründende Unternehmerentscheidung.[61] An dieser Prämisse hält das BAG fest.[62]

---

[59] Vgl. näher *Preis*, NZA 1995, 242 unter Hinweis auf BVerfG 24.4.1991 EzA Einigungsvertrag Art. 13 Nr. 1; *Annuß*, S. 3 ff.

[60] BAG 20.2.1986 EzA KSchG § 1 Betriebsbedingte Kündigung Nr. 37 = NZA 1986, 823; BAG 24.4.1997 EzA KSchG § 2 Nr. 26 = NZA 1997, 1047.

[61] BAG 20.2.1986 EzA KSchG § 1 Betriebsbedingte Kündigung Nr. 37 = NZA 1986, 823; BAG 20.3.1986 EzA KSchG § 2 Nr. 6 = NZA 1986, 824; s. hierzu ausführlich *Kaiser*, NZA Beilage Nr. 1 2005, 31 ff.

[62] BAG 17.6.1999 AP KSchG 1969 § 1 Nr. 101 Betriebsbedingte Kündigung m. Anm. *Ehmann/Krebber* = EzA KSchG § 1 Betriebsbedingte Kündigung Nr. 102.

§ 2 Die Sozialwidrigkeit der Kündigung

Aber auch der bloße **Entschluss, die Arbeitnehmerzahl zu reduzieren,** ist **keine bindende Unternehmerentscheidung,** weil sonst das KSchG leer liefe. Erforderlich ist vielmehr eine betriebsorganisatorische Maßnahme, die zu einer Verringerung der Arbeitsmenge führt.[63] Davon ist das BAG jedoch in den Entscheidungen vom 24.4.1997[64] und vom 7.5.1998[65] abgerückt. Danach sollte allein die Entscheidung des Arbeitgebers, den Personalbestand auf Dauer zu reduzieren, eine freie unternehmerische Entscheidung sein, die zum Wegfall von Arbeitsplätzen und damit zum Entfall des Beschäftigungsbedarfes führen kann.[66] Damit hatte – entgegen *Bitter*[67] – das BAG nicht lediglich ein weiteres Beispiel einer an sich bindenden Unternehmerentscheidung festgelegt, sondern es bestand die Gefahr, den Bestandsschutz des § 1 Abs. 2 KSchG substantiell zu entwerten und die bisher konsentierte Prüfungssystematik infrage zu stellen. Die neuere Rechtsprechung erkennt die Problematik, insbesondere wenn sich die unternehmerische Entscheidung des Arbeitgebers im Wesentlichen darin erschöpft, Personal einzusparen.[68] Wenn die unternehmerische Entscheidung vom Kündigungsentschluss selbst kaum noch zu unterscheiden ist, läuft der Kündigungsschutz leer. Die **Tendenz, den Kreis der freien bzw. bindenden Unternehmerentscheidungen auszuweiten,**[69] ist **abzulehnen.**[70] Festzuhalten ist, dass die freie Unternehmerentscheidung weder ausdrückliches noch ungeschriebenes Tatbestandsmerkmal des § 1 KSchG ist. Zu weitgehend wäre, bei einer konkretisierten Unternehmerentscheidung schlechthin bereits von einer „an sich" betriebsbedingten Kündigung auszugehen. Die Unternehmerentscheidung ist nicht mit der Kündigung gleichzusetzen. Das wirtschaftliche Interesse des Unternehmers ist nicht identisch mit dem Gesetzesbegriff der „dringenden betrieblichen Erfordernisse". Eine derartige Sichtweise widerspricht dem Zweck des § 1 Abs. 2 S. 1 KSchG und trägt, indem sie zu einer Subjektivierung des Kündigungsgrundes führt, dem gesetzlichen Interessenausgleich zwischen freier Unternehmerentscheidung und Bestandsschutzinteresse des Arbeitnehmers nicht ausreichend Rechnung. Zudem liegt ein systematischer Bruch darin, dass das BAG parallel zu dieser Erleichterung der betriebsbedingten Kündigung die Anforde-

905

---

[63] LAG Frankfurt 1.3.1988 LAGE KSchG § 1 Betriebsbedingte Kündigung Nr. 15; LAG Düsseldorf 18.11.1997 LAGE KSchG § 1 Betriebsbedingte Kündigung Nr. 46; Thüringer LAG 20.4.1998, ArbuR 1998, 501, 502; *Ascheid,* DB 1987, 1144, 1146; ErfK/*Oetker,* § 1 KSchG Rn. 214; BB/*Bram,* § 1 KSchG Rn. 291; HK-KSchG/*Dorndorf,* § 1 Rn 883a, 863, 869a; *B. Preis,* DB 2000, 1122, 1124; *Preis,* NZA 1995, 241, 245, 247; *Quecke,* NZA 1999, 1247, 1248 f.; *ders.,* DB 2000, 2429, 2430; dahingehend APS/*Kiel,* § 1 KSchG Rn. 541.
[64] BAG 24.4.1997 AP KSchG 1969 § 2 Nr. 42 als obiter dictum unter Bezugnahme auf *Tenczer/Stahlhacke,* Anm. LAGE KSchG § 1 Soziale Auswahl Nr. 16.
[65] BAG 7.5.1998 EzA KSchG § 1 Interessenausgleich Nr. 5 = NZA 1998, 933.
[66] Ebenso *Bitter,* DB 2000, 1760, 1762; KR/*Griebeling* § 1 KSchG Rn. 561; *Fischermeier,* NZA 1997, 1089, 1090; *Henssler,* in *Henssler/Moll,* D Rn. 17; *Hillebrecht,* ZfA 1991, 87, 106; *Hümmerich/Spirolke,* NZA 1998, 797, 798 ff.; LSW/*Löwisch,* § 1 KSchG Rn. 308; *Rieble,* Anm. EzA KSchG § 1 Nr. 102 Betriebsbedingte Kündigung; *Tschöpe,* BB 2000, 2630, 2631; KPK/*Schiefer,* § 1 KSchG Rn. 902 ff.; *Schrader,* NZA 2000, 401, 402; *Singer/von Finckenstein,* Anm. SAE 2000, 282, 285; *Stahlhacke,* DB 1994, 1361, 1363.
[67] *Bitter,* DB 2000, 1760, 1762.
[68] BAG 23.2.2012 NZA 2012, 852 Rn. 18.
[69] Vgl. auch BAG 9.5.1996 EzA KSchG § 1 Betriebsbedingte Kündigung mit krit. Anm. Nr. 85. *Franzen;* krit. auch *Preis,* NZA 1997, 1073, 1079; *Korinth,* AuA 1997, 228; KDZ/*Deinert,* § 1 KSchG 360 ff.
[70] Vgl. auch die ausf. Dissertationen von *Dathe,* Der Tatbestand der betriebsbedingten Kündigung nach § 1 Abs. 2 S. 1 KSchG und sein Verhältnis zu dem Dogma der freien Unternehmerentscheidung, 2007; *von Finckenstein,* Freie Unternehmerentscheidung und dringende betriebliche Erfordernisse bei der betriebsbedingten Kündigung, 2005; vgl. auch *Annuß,* Betriebsbedingte Kündigung und arbeitsvertragliche Bindung, 2004; *Kaiser,* NZA Beilage 1/2005, S. 31.

rungen an die personenbedingte Kündigung, insbesondere wegen Krankheit, verschärft hat.[71]

906 Das BAG[72] erkennt die Problematik[73] und sucht diese durch eine **Korrektur der Darlegungs- und Beweislast** zu lösen: Je näher die eigentliche Organisationsentscheidung an den Kündigungsentschluss rückt, umso mehr muss der Arbeitgeber durch Tatsachenvortrag verdeutlichen, dass ein Beschäftigungsbedürfnis für den Arbeitnehmer entfallen ist. Der Arbeitgeber muss in diesen Fällen seine Entscheidung hinsichtlich ihrer organisatorischen Durchführbarkeit und zeitlichen Nachhaltigkeit verdeutlichen (Fallbeispiele: Abbau einer Hierarchieebene, → Rn. 953, Änderung des Anforderungsprofils, → Rn. 936). Nur so könne das Gericht prüfen, ob die Kündigung missbräuchlich ausgesprochen worden ist.[74] Das BAG korrigiert damit die verfehlte materiell-rechtliche Weichenstellung, welche die Grenze zwischen zugrunde liegender Unternehmerentscheidung und deren Umsetzung verwischt, prozessual über die Darlegungs- und Beweislast.[75] Die Problematik lässt sich richtigerweise über die Ausschöpfung der Tatbestandsmerkmale des dringenden betrieblichen Erfordernisses und Beibehaltung der bisher konzentrierten Prüfungssystematik lösen, die deshalb auch der folgenden Darstellung zugrunde liegt. Selbst innerhalb dieser Prüfungssystematik verbleibt ein großer Freiraum für unternehmerische Entscheidungen.

907 Der Beschäftigungsbedarf muss **auf Dauer entfallen** sein.[76] Führt die Unternehmerentscheidung nicht zu einer dauerhaften Reduzierung des Arbeitskräftebedarfs im Betrieb, so besteht kein dringendes betriebliches Erfordernis zur Beendigung eines Arbeitsverhältnisses. Das BAG versucht so, die Fallkonstellationen zu erfassen, in denen die Kündigung zu einer rechtswidrigen Überforderung oder Benachteiligung des im Betrieb verbleibenden Personals führt (Leistungsverdichtung, → Rn. 938) oder die Unternehmerentscheidung lediglich ein Vorwand dafür ist, bestimmte Arbeitnehmer aus dem Betrieb zu drängen, obwohl Beschäftigungsbedarf und Beschäftigungsmöglichkeiten objektiv fortbestehen. Der Arbeitgeber muss deshalb die Tatsachen darlegen, aus denen sich das künftig auf Dauer reduzierte Arbeitsvolumen und damit der verringerte Beschäftigungsbedarf ergibt. Kurzfristige Produktions- oder Auftragsschwankungen reichen nicht aus.[77] Einschlägige Daten aus repräsentativen Referenzperioden könnten etwa miteinander verglichen werden.

908 Die kündigungsbegründende Unternehmerentscheidung muss sich nach herrschender Meinung stets **auf den Beschäftigungsbetrieb** des gekündigten Arbeitnehmers **beziehen**. Das BAG[78] übernimmt damit die Aussage *Herschels*, wonach alle Kündi-

---

[71] Ausführlich → Rn. 917 ff.
[72] BAG 17.6.1999 AP KSchG 1969 § 1 Betriebsbedingte Kündigung Nr. 101, 102, 103 mit Anm. *Ehmann/Krebber*; BAG 21.9.2000 AP KSchG 1969 § 1 Betriebsbedingte Kündigung Nr. 111 = EzA KSchG § 1 Betriebsbedingte Kündigung Nr. 107.
[73] Vgl. den insoweit richtigen Befund bei *Bitter*, DB 2000, 1760, 1764; HK-KSchG/*Dorndorf*, § 1 Rn. 883; *Feudner*, DB 1999, 2566, 2567; *ders.*, DB 2000, 476, 479; *ders.*, NZA 2000, 1136, 1137 f.; *Junker*, EWiR 1999, 1180; *Singer/von Finckenstein*, Anm. SAE 2000, 282, 284; *Zepter*, DB 2000, 474, 476.
[74] BAG 23.2.2012 NZA 2012, 852 Rn. 18.
[75] *Bitter*, DB 2000, 1760, 1764; *Singer/von Finckenstein*, Anm. SAE 2000, 282, 285; krit. *Rommé/Pauker*, NZA-RR 2000, 281, 287, die davon ausgehen, dass dadurch das systematische Verständnis des innerbetrieblichen Kündigungsgrundes aus den Angeln gehoben werde. *B. Preis*, DB 2000, 1122, 1123 f. konstatiert einen Etikettenschwindel, um den verfehlten Obersatz zu retten.
[76] BAG 23.2.2012 NZA 2012, 852 Rn. 18.
[77] BAG 23.2.2012 NZA 2012, 852 Rn. 18; BAG 18.5.2006 AP AÜG § 9 Nr. 7 Rn. 18.
[78] BAG 25.11.1982 AP KSchG 1969 § 1 Krankheit Nr. 7 = EzA KSchG § 1 Krankheit Nr. 10.

§ 2 Die Sozialwidrigkeit der Kündigung

gungsgründe betriebsbezogen seien.[79] Damit sollte deutlich gemacht werden, dass sich eine Kündigung stets in der kleineren, regelmäßig räumlichen Einheit des Betriebs auswirken müsse, weshalb das BAG eine Verengung der Betrachtung auf einzelne Betriebsabteilungen im Rahmen der betriebsbedingten Kündigung ablehnt.[80] Besonders deutlich kommt die These *Herschels* in dem Merkmal der „dringenden betrieblichen Erfordernisse" zum Ausdruck. Das Merkmal der „betrieblichen" Erfordernisse spielt jedoch – jedenfalls bei der Beendigungskündigung – keine Rolle mehr, weil zum alles entscheidenden Gesichtspunkt die unternehmerische Entscheidung geworden ist.[81] Würde man den Wortlaut des Gesetzes ernst nehmen, gäbe es keine prüfungsrelevanten unternehmerischen Entscheidungen. Es dürften nur betriebliche, also mehr oder minder arbeitstechnische oder organisatorische Erfordernisse die Kündigung bedingen. So eng sind die dringenden betrieblichen Erfordernisse aber nie verstanden worden. Maßgebend sind die unternehmerischen Entscheidungen, die nicht notwendigerweise auf einen einzelnen Betrieb bezogen sind, sich vielmehr auch auf mehrere Betriebe im Sinne der herrschenden Begriffsdefinition auswirken können.[82]

Im Ausgangspunkt stellt § 1 Abs. 2 S. 1 KSchG grundsätzlich auf die Verhältnisse im Betrieb zur Rechtfertigung der Kündigung ab. Es reicht also nicht, dass die Beschäftigungsmöglichkeit in einer Betriebsabteilung entfällt; entscheidend soll sein, ob im gesamten Betrieb keine Weiterbeschäftigungsmöglichkeit mehr besteht.[83] Dennoch erweist sich dieser Ausgangspunkt als zu eng. Bereits bei der Prüfung der **Wartezeit** und dem Widerspruchstatbestand des § 1 Abs. 2 S. 2 Nr. 1b KSchG ist auch auf das **Unternehmen** abzustellen. Der Gesetzgeber ging offenbar davon aus, dass sich aus dem KSchG allgemein die vorrangige Pflicht zur **Versetzung innerhalb des Unternehmens** ergibt. Zu Recht erstreckt die ganz herrschende Meinung daher den Kündigungsschutz, soweit es um die Weiterbeschäftigungsmöglichkeit geht, auf die **Unternehmensebene**.[84] Hinsichtlich der Versetzungsmöglichkeit ist das KSchG „**arbeitgeberbezogen**". 909

Auf die **Konzernebene** kann der Kündigungsschutz nach der geltenden Rechtslage regelmäßig **nicht** erstreckt werden (näher → Rn. 998 ff.). 910

Unter dem Gesichtspunkt der „arbeitgeberbezogenen" Versetzungspflicht sind allerdings **Ausnahmefälle** einer **konzernbezogenen Weiterbeschäftigungsverpflichtung** denkbar (hierzu noch unter Rn. 998).[85] 911

---

[79] *Herschel*, FS Schnorr von Carolsfeld, 1972, 157 ff., 170; ebenso ErfK/*Oetker*, § 1 KSchG Rn. 216; APS/*Kiel*, § 1 KSchG Rn. 482.
[80] BAG 20.8.1998 EzA KSchG § 2 Nr. 31 = NZA 1999, 255; BAG 12.11.1998 EzA KSchG § 2 Nr. 33 = NZA 1999, 471.
[81] S. nur BAG 17.6.1999 AP KSchG 1969 § 1 Betriebsbedingte Kündigung Nr. 101 bis 103 = EzA KSchG § 1 Betriebsbedingte Kündigung Nr. 101, 102 und 103.
[82] Ausführl. hierzu *Preis*, RdA 2000, 257, 275; *ders.*, in *Henssler/Moll*, A Rn. 15.
[83] BAG 1.7.1976 AP KSchG 1969 § 1 Betriebsbedingte Kündigung Nr. 2 = EzA KSchG § 1 Betriebsbedingte Kündigung Nr. 4.
[84] BAG 14.10.1982 AP KSchG 1969 § 1 Konzern Nr. 1 = EzA KSchG n.F § 15 Nr. 29; BAG 17.5.1984 EzA KSchG § 1 Betriebsbedingte Kündigung Nr. 32 = NZA 1985, 489; BAG 22.5.1986 EzA KSchG § 1 Soziale Auswahl Nr. 22 = NZA 1987, 125; LSW/*Löwisch*, § 1 KSchG Rn. 346; vgl. KR/*Griebeling*, § 1 KSchG Rn. 217, 538; *Wank*, RdA 1987, 129, 137; *Preis*, Prinzipien, S. 89, 295 ff.; HaKo/*Gallner/Mestwerdt*, § 1 KSchG Rn. 693 ff.; a.A. nur *Annuß*, S. 121 f.
[85] Hierzu *Henssler*, Der Arbeitsvertrag im Konzern, 1983; *Martens*, in: Festschrift BAG, 1979, S. 375; *Konzen*, ZfA 1982, 305 ff.; *Fiebig*, DB 1993, 582; *Silberberger*, Weiterbeschäftigungsmöglichkeit und Kündigungsschutz im Konzern, 1994; KDZ/*Deinert*, § 1 KSchG Rn. 537 ff.

bb) Inhalt der Unternehmerentscheidung

912　Im Hinblick auf den Inhalt der kündigungsbegründenden Unternehmerentscheidung wird zwischen einer sog. gestaltenden Unternehmerentscheidung und einer selbstbindenden Unternehmerentscheidung unterschieden. Eine **gestaltende** Unternehmerentscheidung ist stets auf Veränderungen der innerbetrieblichen Organisation gerichtet. Hingegen liegt eine **selbstbindende** Unternehmerentscheidung vor, wenn der Arbeitgeber die Zahl der benötigten Arbeitskräfte in seinem Betrieb unmittelbar vom Umfang des Arbeitsaufkommens abhängig macht und durch den Ausspruch einer Kündigung lediglich den Personalbestand dem rückläufigen Arbeitsaufkommen anpassen will, ohne dass mit dem Personalabbau weitere Änderungen der innerbetrieblichen Strukturen verbunden wären. Von der Frage, ob sich die unternehmerische Entscheidung in einer Selbstbindung erschöpft oder gestaltender Natur ist, hängt entscheidend der Umfang der Darlegungs- und Beweislast ab, die dem Arbeitgeber gem. § 1 Abs. 2 S. 4 KSchG obliegt.[86]

cc) Ursachen der Unternehmerentscheidung

913　Die kündigungsbegründende Unternehmerentscheidung kann auf unterschiedlichen Ursachen beruhen. Das BAG unterscheidet hier in ständiger Rechtsprechung zwischen **inner- und außerbetrieblichen Ursachen.**[87] Hierdurch werden die „betrieblichen Erfordernisse" iSd § 1 Abs. 2 S. 1 KSchG konkretisiert. Allerdings handelt es sich um keine rechtlich zwingende Differenzierung, sondern um eine phänomenologische Umschreibung möglicher Kündigungsursachen, die zu einem verringerten Personalbedarf führen können.[88]

914　Zu den **innerbetrieblichen** Ursachen zählen insbesondere die Änderung oder Einführung neuer Fertigungsmethoden, Rationalisierungsmaßnahmen oder **organisatorische Veränderungen,** die zu Betriebseinschränkungen, Betriebsstilllegungen oder zur Schließung von Betriebsabteilungen führen.[89] Insbesondere gehört hierzu auch die Vergabe einer Tätigkeit, die bislang von betriebseigenen Arbeitnehmern ausgeführt wurde, an eine Fremdfirma.[90] Diese innerbetrieblichen Ursachen fallen regelmäßig mit der **gestaltenden unternehmerischen Entscheidung** zusammen, auf die der Arbeitgeber die Kündigung stützt.[91] Allein der Entschluss, Lohn- oder Gehaltskosten zu

---

[86] Ausf. hierzu *Ascheid*, NZA 1991, 873, 876; s.a. *Stahlhacke* DB 1994, 1362 ff.; HaKo/*Gallner*/*Mestwerdt*, § 1 KSchG Rn. 663 ff.

[87] Grundlegend BAG 7.12.1978 AP KSchG 1969 § 1 Nr. 6 = EzA KSchG § 1 Betriebsbedingte Kündigung Nr. 10; weitergeführt zB in BAG 17.10.1980, 30.5.1985, 30.4.1987, 29.3.1990 AP KSchG 1969 § 1 Betriebsbedingte Kündigung Nr. 10, 24, 42, 50; BAG 17.6.1999 AP KSchG 1969 § 1 Betriebsbedingte Kündigung Nr. 103 = EzA KSchG § 1 Betriebsbedingte Kündigung Nr. 101, 102 und.103; BAG 21.9.2006 EzA KSchG § 2 Nr. 62.

[88] Krit. bis ablehnend zB *Berkowsky*, NJW 1983, 1292; *Buchner*, DB 1984, 504; *Maydell/Borchert*, SAE 1981, 217; *Meisel*, ZfA 1985, 213, 218 ff.; *Reuter*, Anm. zu AP KSchG § 1 Betriebsbedingte Kündigung Nr. 6; *Wank*, RdA 1987, 135; *ders.*, SAE 1986, 151 f.; vgl. auch *Ascheid*, DB 1987, 1144 ff.; dem BAG folgend *Bitter*, DB 1999, 1214, 1216; *Hillebrecht*, ZIP 1985, 257; LSW/*Löwisch*, § 1 KSchG Rn. 308; *Schmidt*, Anm. AP KSchG 1969 § 1 Betriebsbedingte Kündigung Nr. 24; *Stahlhacke*, BlStSozArbR 1983, 34 f.; APS/*Kiel*, § 1 KSchG Rn. 473 ff.; KR/*Griebeling*, § 1 KSchG Rn. 516 ff.

[89] BAG 29.3.1990 EzA KSchG § 1 Soziale Auswahl Nr. 29 = NZA 1991, 181; BAG 21.9.2006 EzA KSchG § 2 Nr. 62.

[90] BAG 30.4.1987 und 17.6.1999 EzA KSchG § 1 Betriebsbedingte Kündigung Nr. 47, 101; a. A. LAG Düsseldorf 10.2.2004 LAGE KSchG § 1 Betriebsbedingte Kündigung Nr. 68.

[91] Siehe BAG 7.12.1978 einerseits und vom 30.4.1987 andererseits EzA KSchG § 1 Betriebsbedingte Kündigung Nr. 10 und 47; vgl. im übrigen BAG 11.9.1986 EzA KSchG § 1 Betriebsbedingte Kündigung Nr. 54.

senken, stellt keine kündigungsbegründende Unternehmerentscheidung dar,[92] da es insoweit an einer Konzeption fehlt, durch welche konkreten innerbetrieblichen Organisationsmaßnahmen dieser Entschluss umgesetzt werden soll. Auch arbeitsmarkt-, beschäftigungs- und sozialpolitisch motivierte Unternehmerentscheidungen, die keine konkreten Auswirkungen auf Anforderungsprofil oder Zahl der zukünftig bestehenden Arbeitsplätze haben, vermögen kein „betriebliches" Erfordernis zu begründen.

Zu den **außerbetrieblichen** Ursachen zählen namentlich **Auftragsmangel, Umsatzrückgang, Veränderungen der Marktstruktur** sowie im Bereich des öffentlichen Dienstes die Streichung von Haushaltsmitteln. Außerbetriebliche Umstände können in zweierlei Hinsicht für eine betriebsbedingte Kündigung ursächlich sein. Denkbar ist, dass der Arbeitgeber aufgrund außerbetrieblicher Umstände eine **selbstbindende Unternehmerentscheidung** trifft, die **unmittelbar** zum Wegfall von Arbeitsplätzen führt. Dies ist in der Praxis jedoch nur selten der Fall. In der Regel führen außerbetriebliche Gründe für sich allein nicht zum Wegfall eines Arbeitsplatzes. Dann bedarf es einer **gestaltenden unternehmerischen Entscheidung,** die auf diese außerbetrieblichen Umstände reagiert. Der Arbeitgeber nimmt dann die außerbetrieblichen Umstände zum Anlass, um innerbetriebliche Umstrukturierungen durchzuführen. Der Wegfall von Arbeitsplätzen ist dann die unmittelbare Folge dieser gestaltenden Unternehmerentscheidung und ist nur **mittelbar** auf die jeweiligen außerbetrieblichen Ursachen zurückzuführen.[93]

915

Relevant für die Konkretisierung des Kündigungsgrundes sind die außer- und innerbetrieblichen Ursachen der Kündigung zudem insofern, als sie die konkrete Zwecksetzung der Kündigung deutlich machen. Der konkrete Zweck der betriebsbedingten Kündigung ist entscheidend dafür, ob geeignete mildere Mittel gegenüber der Beendigungskündigung in Betracht kommen.

916

dd) Umfang der gerichtlichen Kontrolle

Da die Entscheidung des Arbeitgebers über die Beibehaltung bzw. Veränderung der innerbetrieblichen Strukturen zu dessen grundgesetzlich geschütztem Freiheitsbereich gehört (vgl. Art. 12, 14 GG), unterliegt die kündigungsbegründende Unternehmerentscheidung nur einer eingeschränkten gerichtlichen Kontrolle. Vergegenwärtigt man sich den Regelungszweck des KSchG, dann ist es aus kündigungsrechtlicher Sicht nicht zu bestreiten, dass der Arbeitgeber bei seinen **unternehmenspolitischen** Aktivitäten als weitgehend frei anzusehen ist. Ob, wie viel und wo er produzieren will, ob er seine Angebote ausweiten oder einschränken will, welche Werbungs-, Finanzierungs-, Einkaufs- und Absatzpolitik er betreibt und welche Fabrikations- und Arbeitsmethoden angewandt werden, ist **kündigungsrechtlich irrelevant.** Die unternehmerische Entscheidungsfreiheit umfasst die Freiheit zur Gestaltung der betrieblichen Organisation und damit auch die Festlegung, an welchem Standort welche arbeitstechnischen Ziele verfolgt werden. Es ist nicht Sache der Arbeitsgerichte, dem Arbeitgeber insoweit eine „bessere" oder „richtigere" Betriebs- oder Unternehmensstruktur vorzuschreiben.[94] Auch die Entscheidung, die vorhandene Arbeitsmenge durch **Voll-**

917

---

[92] BAG 26.9.1996 EzA KSchG § 1 Betriebsbedingte Kündigung Nr. 86 = NZA 1997, 202; KR/*Griebeling,* § 1 KSchG Rn. 561; *Kiel/Koch,* Rn. 149.
[93] BAG 30.4.1987 EzA KSchG § 1 Betriebsbedingte Kündigung Nr. 47; ErfK/*Oetker,* § 1 KSchG Rn. 219; HHL/*Krause,* § 1 KSchG Rn. 719.
[94] BAG 29.8.2013 NZA 2014, 730; BAG 24.5.2012 NZA-RR 2013, 74; ablehnend zu dieser Linie *Däubler,* Die Unternehmerfreiheit im Arbeitsrecht – eine unantastbare Größe?, 2012; *ders.,* ArbuR 2013, 9 ff.; *Stein,* ArbuR 2013, 243; die Linie der Rspr. ambitioniert verteidigend *Schmitz-Scholemann,* in: Maschmann (Hrsg.), Kündigungsrecht: alte und neue Fragen, 2013, 77, 84 f.

zeit- oder Teilzeitkräfte erledigen zu lassen, gehört zum Bereich der Unternehmenspolitik.[95] Daran wird im Grundsatz auch der in § 8 TzBfG enthaltene Anspruch auf Teilzeitarbeit[96] nichts ändern. Denn der Arbeitnehmer wird den Rechtsanspruch auf Teilzeitarbeit nur geltend machen können, wenn sein Änderungswunsch in das arbeitgeberseitig vorgegebene Organisationskonzept passt.[97] Nur wenn die volitive, nach gesetzlichen Maßstäben nicht überprüfbare, weil motivabhängige Unternehmerentscheidung durch betrieblich-organisatorische Maßnahmen objektivierbar wird, gerät die unternehmerische Entscheidung in das Prüfungsraster des KSchG.

918 Nach mittlerweile gefestigter Rechtsprechung des BAG ist die **kündigungsbegründende Unternehmerentscheidung** ihrem Inhalt nach als vorgegeben zugrunde zulegen und **nicht auf ihre sachliche Rechtfertigung hin kontrollierbar**. Es ist lediglich zu prüfen, ob die Entscheidung **offenbar unsachlich, unvernünftig oder willkürlich** erscheint.[98] Hingegen ist es für die soziale Rechtfertigung der Kündigung irrelevant, ob die vom Arbeitgeber von der Kündigung erwarteten Vorteile zu den Nachteilen, die sich für den betroffenen Arbeitnehmer ergeben, in einem vernünftigen Verhältnis stehen.[99]

919 Die unternehmerische Entscheidung unterliegt jedoch insofern einer **Rechtskontrolle**, als sie weder gegen Gesetze, Kollektivverträge oder einzelvertragliche Bindungen verstoßen darf.[100] Die Umgestaltung der Betriebsabläufe darf sich auch nicht als rechtswidrige Maßregelung (§ 612a BGB) erweisen.[101] Ein unternehmerisches Konzept kann zB wegen Verstoßes gegen das Diskriminierungsverbot von Teilzeitbeschäftigten aus § 4 Abs. 1 TzBfG gesetzeswidrig sein.[102] Diesen Grundsatz hat das BAG in den Urteilen vom 17.6.1999[103] bestätigt, und verlangt, dass die vom BAG angenommene Kündigung zur Leistungsverdichtung nicht dazu führen dürfe, dass die verbleibenden Arbeitnehmer arbeitsvertrags- oder tarifwidrig überobligatorische Arbeiten

---

[95] BAG 19.5.1993 EzA KSchG § 1 Betriebsbedingte Kündigung mit zust. Anm. Nr. 73 *Raab;* BAG 24.4.1997 EzA KSchG § 2 Nr. 26 = NZA 1997, 1047; BAG 3.12.1998, EzA KSchG § 1 Soziale Auswahl Nr. 37 = NZA 1999, 431.

[96] S. dazu *Beckschulze*, DB 2000, 2598 ff.; *Däubler*, ZIP 2000, 1961, 1962 ff.; *ders.*, ZIP 2001, 217, 218 ff.; *Kliemt*, NZA 2001, 63 ff.; *Lakies*, DZWiR 2001, 1, 3 ff.; *Lindemann/Simon*, BB 2001, 146, 147 ff.; *Preis/Gotthardt*, DB 2000, 2065, 2067 f.; *dies.*, DB 2001, 145 ff.; *Richardi/Annuß*, BB 2000, 2201, 2202 f.; *Schiefer*, DB 2000, 2118, 2119 f.

[97] *Preis/Gotthardt*, DB 2000, 2065, 2069; *dies.*, DB 2001, 145; *Bezani/Müller*, DStR 2001, 87, 90; *Kliemt*, NZA 2001, 63, 65; *Lindemann/Simon*, BB 2001, 146, 149; a.A. *Däubler*, ZIP 2001, 217, 219.

[98] BAG 30.4.1987, und 9.5.1996 EzA KSchG § 1 Betriebsbedingte Kündigung Nr. 47 und 85, BAG 29.3.1990 EzA KSchG § 1 Soziale Auswahl Nr. 29; BAG 21.9.2006 AP KSchG 1969 § 2 Nr. 130 = EzA KSchG § 2 Nr. 62; vgl. dazu auch APS/*Kiel*, § 1 KSchG Rn. 467a ff.

[99] BAG 30.4.1987 EzA KSchG § 1 Betriebsbedingte Kündigung Nr. 47 = NZA 1987, 776; eine umfassende Interessenabwägung fordert *Däubler*, Die Unternehmerfreiheit im Arbeitsrecht – eine unantastbare Größe?, 2012.

[100] *Däubler*, DB 2012, 2100; *Bitter*, DB 2000, 1760, 1766; BB/*Bram*, § 1 KSchG Rn. 262; *Ascheid*, DB 1987, 1144, 1146; ErfK/*Oetker*, § 1 KSchG Rn. 240; APS/*Kiel*, § 1 KSchG Rn. 467a; HK-KSchG/*Dornhof*, § 1 Rn. 878 f.; s.a. BAG 7.12.2000 EzA KSchG § 1 Betriebsbedingte Kündigung Nr. 108 = NZA 2001, 495; BAG 18.12.1997 EzA KSchG § 2 Nr. 28 zur tarifwidrigen Einführung von Samstagsarbeit; BAG 10.2.1999 EzA KSchG § 2 Nr. 34 erachtet eine Änderungskündigung, mit der ein tarifwidriges Ziel verfolgt wird, nicht nur für sozialwidrig, sondern für gemäß § 134 BGB rechtsunwirksam, insoweit abl. ErfK/*Oetker* § 1 KSchG Rn. 240.

[101] BAG 22.4.2004 EzA KSchG § 2 Nr. 50 = NZA 2004, 1158.

[102] So zu § 2 BeschFG BAG 24.4.1997 EzA KSchG § 2 Nr. 26 = NZA 1997, 1047.

[103] BAG 17.6.1999 AP KSchG 1969 § 1 Betriebsbedingte Kündigung Nr. 101 bis 103 = EzA KSchG § 1 Betriebsbedingte Kündigung Nr. 101, 102 und 103, zust. *Quecke*, NZA 1999, 1247, 1251; *Rommé/Pauker*, NZA-RR 2000, 281, 288; zust., aber krit. bzgl. der praktischen Umsetzung *B. Preis*, DB 2000, 1122, 1126.

§ 2 Die Sozialwidrigkeit der Kündigung

ausführen müssen. Der hiergegen erhobenen Kritik[104] ist entgegenzuhalten, dass eine gesetzes-, tarif- oder vertragswidrige Unternehmerentscheidung ihre Privilegierung im Hinblick auf Art. 2, 12, 14 GG verliert.[105]

Allerdings ist gerichtlich in vollem Umfang **nachzuprüfen, ob die Konzeption des Arbeitgebers die Kündigungen notwendig machen,** was nicht der Fall sei, wenn der betrieblichen Lage durch andere Maßnahmen auf technischem, organisatorischem oder wirtschaftlichem Gebiet als durch eine Kündigung Rechnung getragen werden kann.[106] Das BAG ist so zu verstehen, dass es zwar die Notwendigkeit einer betrieblich-organisatorischen Maßnahme – isoliert betrachtet – nicht überprüft, sehr wohl aber deren Notwendigkeit im Blick auf die konkrete Kündigung. Das BAG behält sich dabei das Recht vor, den Arbeitgeber auf andere betrieblich-organisatorische, ja sogar wirtschaftliche Maßnahmen zu verweisen[107] und trägt mit dieser Rechtsprechung dem **Grundsatz der Erforderlichkeit** Rechnung. Ob eine Maßnahme erforderlich ist, bestimmt sich nach dem vorgegebenen Zweck, den die jeweilige Maßnahme zu erreichen sucht. Notwendig (erforderlich) ist die Maßnahme dann nicht, wenn der gleiche Zweck mit milderen Mitteln erreicht werden kann. 920

Nach dieser Sichtweise bleibt der **Arbeitgeber frei,** die **unternehmerischen Zwecke einer Maßnahme** allein **zu bestimmen.** Nicht überprüft werden kann, ob die Produktionseinstellung oder -verminderung oder die Ortsverlagerung sinnvoll, rentabel oder wirtschaftlich vernünftig ist.[108] Ob aber der **Zweck** einer Rationalisierung oder Veränderung der Arbeitsmethoden auch ohne Kündigung **durch andere** betrieblich-organisatorische **Maßnahmen erreicht** werden kann, unterliegt arbeitsgerichtlicher Kontrolle. Es muss das nach der Sachlage absolut mildeste Mittel gewählt werden. Die unternehmerische Entscheidungsfreiheit kann dem nicht entgegengesetzt werden, weil das KSchG eben diese Freiheit um des Bestandsschutzes willen begrenzt. Bei der Prüfung der Erforderlichkeit scheidet kein prinzipiell geeignetes milderes Mittel allein wegen dessen Bezug zur unternehmerischen Entscheidung aus.[109] Kann der Arbeitgeber allerdings für eine betriebliche Maßnahme keinerlei Zwecke anführen, gerät die Maßnahme unter das Verdikt des Rechtsmissbrauchs.[110] So ist das BAG zu verstehen, das die unternehmerische Entscheidung nur daraufhin überprüfen will, ob sie „offenbar unsachlich, unvernünftig oder willkürlich" ist. Davon weicht das BAG jedoch in den Entscheidungen vom 17.6.1999 offenbar ab und nutzt das Merkmal der Willkür, um die zu weit geratene Fassung des Begriffs der freien unternehmerischen Entscheidung zu begrenzen (→ Rn. 905). 921

Diese Tendenz, die weitreichende unternehmerische Entscheidungsfreiheit unter dem Missbrauchsaspekt zu begrenzen, hat sich fortgesetzt. Die **Missbrauchskontrolle** hat sich nach Auffassung des 2. Senats an verfassungsrechtlichen Vorgaben zu orientie- 922

---

[104] *Rieble,* Anm. EzA § 1 KSchG Betriebsbedingte Kündigung Nr. 102.
[105] *Bitter,* DB 2000, 1760, 1766.
[106] BAG 18.1.1990 EzA KSchG § 1 Betriebsbedingte Kündigung Nr. 65 = NZA 1990, 734; BAG 26.6.1997, 17.6.1999, EzA KSchG § 1 Betriebsbedingte Kündigung Nr. 93, 102; APS/*Kiel,* § 1 KSchG Rn. 562; *Preis,* S. 402.
[107] Vgl. die vom BAG verwendete Formel, zB BAG 17.6.1999 AP KSchG 1969 § 1 Betriebsbedingte Kündigung Nr. 101 = EzA KSchG § 1 Betriebsbedingte Kündigung Nr. 102 = NZA 1999, 1098.
[108] ErfK/*Oetker,* § 1 KSchG Rn. 239.
[109] *Preis,* NZA 1998, 449, 456 f.; APS/*Preis,* Grundlagen H Rn. 71; differenzierend APS/*Kiel,* § 1 KSchG Rn. 563, 566 a. E. mwN.
[110] BAG 24.10.1979 und 30.4.1987 AP KSchG 1969 § 1 Betriebsbedingte Kündigung Nr. 8 und 42 = EzA KSchG § 1 Betriebsbedingte Kündigung Nr. 13 und 47; vgl. dazu ErfK/*Oetker,* § 1 KSchG Rn. 240a; KR/*Griebeling,* § 1 KSchG Rn. 524.

ren. So sollen vor allem Umgehungsfälle eingegrenzt werden. Der Senat verweist darauf, dass ein Arbeitgeber missbräuchlich handelt, der durch die Bildung separater betrieblicher Organisationsstrukturen seinen Betrieb in mehrere Teile aufspaltet, um Arbeitnehmern den allgemeinen Kündigungsschutz zu entziehen und ihnen „frei" kündigen zu können.[111] Als Umgehung hat es der Senat gewertet, wenn organisatorische Änderungen – etwa auf Unternehmensebene – dazu dienen sollten, Arbeitnehmer bei fortbestehendem Beschäftigungsbedarf aus dem Betrieb zu drängen.[112] Diese Entscheidung hat hohe Aufmerksamkeit erregt,[113] setzt sie doch erstmals einer rechtlich möglichen Umstrukturierung kündigungsrechtliche Grenzen. Dabei vollzieht das BAG eine Gratwanderung. Einerseits betont es die Freiheit der unternehmerischen Entscheidung und folgert aus einer durchgeführten unternehmerischen Organisationsentscheidung die Vermutung, dass sie aus sachlichen Gründen erfolgt ist und kein Rechtsmissbrauch vorliegt.[114] Dabei betont das BAG, dass die Missbrauchskontrolle der unternehmerischen Entscheidung weder darauf abzielt, dem Arbeitgeber organisatorische Vorgaben zu machen, noch dazu dient, die Stichhaltigkeit der Erwägungen zu prüfen, die den Arbeitgeber gerade zu dem von ihm gewählten Konzept geführt haben. Es geht in diesem Zusammenhang allein um die Verhinderung von Missbrauch.[115] Missbräuchlich soll es aber sein, einen Arbeitnehmer durch die Bildung separater betrieblicher Organisationsstrukturen bei unverändertem Beschäftigungsbedarf aus dem Betrieb zu drängen[116] oder abstrakte Änderungen von Organisationsstrukturen ohne Änderung der realen Abläufe zu benutzen, um den Inhalt von Arbeitsverhältnissen zum Nachteil von Arbeitnehmern zu ändern.[117] Freilich sind hier diverse grenzwertige Sachverhalte zu betrachten (siehe insbesondere zur Änderung von Anforderungsprofilen, → Rn. 936, Leistungsverdichtung, → Rn. 939, Austauschkündigungen, → Rn. 946 und Konzernsachverhalten, → Rn. 998). Rechtsmissbräuchliche Kündigungen können auch durch das Merkmal der Dringlichkeit (→ Rn. 924) vermieden werden. Dieses wendet die Rechtsprechung aber nur als Synonym für das Ultima-Ratio-Prinzip an, was im Ergebnis einer Beschränkung des Tatbestandes des § 1 Abs. 2 KSchG gleichkommt.

923 Daher gilt für das Vorliegen eines betrieblichen Bedürfnisses iSd § 1 Abs. 2 KSchG folgender Kontrollmaßstab: Vom Gericht voll nachzuprüfen ist, ob eine kündigungsbegründende **unternehmerische Entscheidung tatsächlich vorliegt** und ob es sich dabei um eine gestaltende oder um eine selbstbindende Entscheidung handelt. Hat der Arbeitgeber eine **gestaltende Unternehmerentscheidung** getroffen, prüft das Gericht weiterhin, ob durch ihre Umsetzung das **Beschäftigungsbedürfnis** für

---

[111] BAG 12.2.2004 AP KSchG 1969 § 1 Nr. 75 = EzA KSchG § 1 Betriebsbedingte Kündigung Nr. 129; unter Verweis auf BAG 12.11.1998 AP KSchG 1969 § 23 Nr. 20 = EzA KSchG § 23 Nr. 20.

[112] BAG 26.9.2002 AP KSchG 1969 § 1 Betriebsbedingte Kündigung Nr. 124 = EzA KSchG § 1 Betriebsbedingte Kündigung Nr. 124.

[113] *Annuß*, NZA 2003, 783; *Neef*, AR-Blattei ES 1020.4 Nr. 10; *Adomeit*, Anm. SAE 2003, 237; *Thüsing*, Anm. zu EzA KSchG § 1 Betriebsbedingte Kündigung Nr. 124; *Gaul*, ArbRB 2004, 16; 133; *Bengelsdorf*, Anm. AP KSchG 1969 zu Betriebsbedingte Kündigung § 1 Nr. 124; *Reuter*, RdA 2004, 161; *v. Hoyningen-Huene*, FS 50 Jahre Bundesarbeitsgericht, 2004, S. 369 ff.; *Rost*, FS Schwerdtner, 2003, s. 169, 176 ff.

[114] BAG 21.9.2006 EzA KSchG § 2 Nr. 62 = NZA 2007, 431.

[115] BAG 22.5.2003 AP KSchG 1969 § 1 Betriebsbedingte Kündigung Nr. 128 = EzA KSchG § 1 Betriebsbedingte Kündigung Nr. 126; BAG 23.4.2008 EzA KSchG § 1 Betriebsbedingte Kündigung Nr. 160 = NZA 2008, 939.

[116] Etwa BAG 22.4.2004 EzA KSchG § 2 Nr. 50 = NZA 2004, 1158.

[117] BAG 27.1.2011 AP KSchG 1969 § 1 Betriebsbedingte Kündigung Nr. 187 Rn. 18.

einzelne Arbeitnehmer **entfallen** ist.[118] Handelt es sich um eine **selbstbindende Unternehmerentscheidung,** ist gerichtlich zu überprüfen, ob die angegebenen **außerbetrieblichen Ursachen** vorliegen und ob durch Letztere das **Beschäftigungsbedürfnis** für den gekündigten Arbeitnehmer **entfallen** ist.[119] Zudem unterliegt es in vollem Umfang der gerichtlichen Kontrolle, ob die unternehmerische Zielsetzung, die der Arbeitgeber mit der Kündigung verfolgt, nicht auch durch gleich geeignete Alternativmaßnahmen verwirklicht werden kann.

ee) Dringlichkeit des betrieblichen Erfordernisses

924 Das Merkmal der Dringlichkeit verleiht dem Interesse des Arbeitnehmers am Fortbestand seines Arbeitsverhältnisses zusätzliches Gewicht. Hierdurch wird die unternehmerische Entscheidungsfreiheit des Arbeitgebers eingeschränkt. Dem Merkmal „dringend" kommt die Bedeutung zu, dass die betrieblichen Erfordernisse eine gewisse Belastungsgrenze erreicht haben müssen, um die Kündigung zu rechtfertigen und ist deshalb ein Merkmal zur Bewertung der Gewichtigkeit des betrieblichen Interesses.[120] Hieraus ergeben sich zweierlei Konsequenzen:

925 Zum einen ist das Merkmal der Dringlichkeit der einzige Ansatzpunkt, um den Arbeitnehmer vor Arbeitsplatzverlust bei **rentabilitätsneutralen bzw. kostenneutralen Umstrukturierungen** zu schützen. Zwar ist der Arbeitgeber frei, seinen Betrieb zu organisieren, wie er will. Er muss nach hier vertretener Ansicht aber darlegen, dass die unternehmerische Maßnahme dringend notwendig ist. Trägt der Arbeitgeber keine triftigen wirtschaftlichen oder aber nichtwirtschaftlichen Gründe für die Maßnahme vor, ist die Kündigung unwirksam, obwohl der Arbeitsplatz weggefallen ist. Nichtwirtschaftliche Gründe sind zB die Einführung neuer Fertigungsmethoden oder Maßnahmen zum Erhalt der Konkurrenzfähigkeit des Unternehmens. Den Beitrag zur Verbesserung der Wettbewerbsfähigkeit oder der Kostensituation muss der Arbeitgeber plausibel darlegen, um Rechtsmissbrauch zu vermeiden.[121]

926 Zum anderen schützt das Merkmal der Dringlichkeit den Arbeitnehmer vor einer betriebsbedingten Kündigung, die **ohne wirtschaftliche Notwendigkeit allein zur Gewinnmaximierung** ausgesprochen wird. Unter dem Stichwort der „Dringlichkeit" werden insbesondere diejenigen Fallkonstellationen diskutiert, in denen die Unternehmerentscheidung weder auf außerbetrieblichen Ursachen beruht noch auf qualitative Änderungen des Betriebsablaufs gerichtet ist, sondern allein der Steigerung der Unternehmensgewinne dient. Wenn auch eine Unternehmerentscheidung, die aus Kostengesichtspunkten getroffen wird, in aller Regel sachlich gerechtfertigt ist,[122] so fehlt es doch bei einem Personalabbau ohne erkennbares unternehmerisches Konzept trotz jahrelang kontinuierlich herausragender Gewinnsteigerungen an dem Merkmal

---

[118] BAG 20.3.1986 AP KSchG 1969 § 2 Nr. 14 = EzA KSchG § 2 Nr. 6; BAG 29.3.1990 EzA KSchG § 1 Soziale Auswahl Nr. 29 = NZA 1991, 181; BAG 17.6.1999 AP KSchG 1969 § 1 Betriebsbedingte Kündigung Nr. 101 und 102 = EzA KSchG § 1 Betriebsbedingte Kündigung Nr. 101 und 102; BAG 16.12.2004 EzA KSchG § 1 Betriebsbedingte Kündigung Nr. 136 = NZA 2005, 761; ErfK/*Oetker*, § 1 KSchG Rn. 242; *Schaub*, NZA 1987, 217, 218.
[119] BAG 15.6.1989 EzA KSchG § 1 Betriebsbedingte Kündigung Nr. 63 = NZA 1990, 65.
[120] Vgl. *Preis*, Prinzipien, S. 305 ff.; *Preis*, NZA 1995, 241, 248 f.; APS/*Preis*, Grundlagen H Rn. 47; ähnlich unter dem Aspekt der Rechtsmissbrauchskontrolle APS/*Kiel*, § 1 KSchG Rn. 561; anders BB/*Bram*, § 1 KSchG Rn. 257; *Henssler*, in *Henssler/Moll*, D Rn. 30; *Hillebrecht*, ZfA 1991, 87, 108 ff.; HHL/*Krause*, § 1 KSchG Rn. 758; LSW/*Löwisch*, § 1 KSchG Rn. 306; *Stahlhacke*, DB 1994, 1361, 1364 f.; *Annuß*, S. 70 f.
[121] Vgl. *Preis*, NZA 1995, 241, 249 f.
[122] BAG 19.5.1993 EzA KSchG § 1 Betriebsbedingte Kündigung Nr. 73 = NZA 1993, 1075.

der Dringlichkeit.¹²³ Die Gewinnmaximierung kann aber das Motiv für eine nachvollziehbare, betrieblich-organisatorisch umgesetzte Unternehmerentscheidung sein, weshalb eine Kündigung zwar nicht allein mit der Gewinnsteigerung begründet werden kann, sich im Ergebnis aber auch nicht verhindern lässt.¹²⁴

927 Mithin legitimiert das Merkmal der Dringlichkeit die Arbeitsgerichte, die mit der betriebsbedingten Kündigung zusammenhängende **Unternehmerentscheidung** einer **beschränkten justiziellen Kontrolle** zu unterziehen. Das nicht immer einheitliche genutzte Instrument hierfür ist die sog. Missbrauchskontrolle. Ein im Kündigungszeitpunkt rentabel arbeitendes Unternehmen muss folglich darlegen, dass die personalreduzierende Maßnahme im Interesse der Erhaltung der Ertragsfähigkeit notwendig ist. Nur dann kann das betriebliche Erfordernis als **dringend** anerkannt werden. Allein aus dem arbeitgeberseitig definierten Arbeitskräfteüberhang schon die Dringlichkeit der Maßnahme zu folgern,¹²⁵ erscheint verfehlt. Im öffentlichen Dienst realisiert sich das Merkmal der Dringlichkeit über den Grundsatz sparsamer Haushaltsführung. Eine isolierte Abwägung der Vor- und Nachteile für Arbeitgeber und Arbeitnehmer scheidet freilich aus.¹²⁶

928 Die Frage des **Verschuldens** des Arbeitgebers an der betrieblichen Situation spielt für die Prüfung der Dringlichkeit keine Rolle.¹²⁷ Der Arbeitgeber schuldet dem Arbeitnehmer keine unternehmerisch „richtige" Betriebsführung. Arbeitgeberverschulden kann bei betriebsbedingten Kündigungen nur relevant werden, wenn die Missbräuchlichkeit einer bestimmten unternehmerischen Maßnahme, auf die die Kündigung gestützt werden soll, zur Debatte steht.

b) Kausaler Wegfall der Beschäftigungsmöglichkeit

929 Gleichgültig, welche Ursachen der Arbeitgeber für die Begründung der betriebsbedingten Kündigung anführt, seien es innerbetriebliche oder außerbetriebliche, muss er darlegen, wie sich diese **unmittelbar oder mittelbar auf den Arbeitsplatz** des gekündigten Arbeitnehmers **auswirken**.¹²⁸ Das Erfordernis eines Kausalzusammenhangs ergibt sich unmittelbar aus dem Gesetz, weil die dringenden betrieblichen Erfordernisse die Kündigung „bedingen" und „einer Weiterbeschäftigung des Arbeitnehmers in diesem Betrieb entgegenstehen" müssen (§ 1 Abs. 2 S. 1 KSchG). Der pauschale Vortrag, es sei eine unternehmerische Entscheidung getroffen worden, die zur Verringerung des Personalbedarfs geführt habe, reicht nicht aus.¹²⁹

---

¹²³ ArbG Gelsenkirchen 28.10.1997 NZA 1998, 944; *Quecke,* NZA 1999, 1247, 1251; KDZ/ *Deinert,* § 1 KSchG Rn. 480 (Missbrauch); krit. auch *Bitter,* DB 1999, 1214, 1215; *ders.,* DB 2000, 1760, 1766, der „juristisches Unbehagen" äußert. *Feudner,* DB 1999, 742, 745 präferiert eine Lösung über die Anwendung des Sittengesetzes und dessen Ausprägung in privatrechtlichen Normen, zB § 138 BGB; abgeschwächt *ders.,* NZA 2000, 1136, 1143.; a. A. KR/*Griebeling,* § 1 KSchG Rn. 588; *Henssler,* in *Henssler/Moll* D Rn. 30, 32; *Hillebrecht,* ZfA 1991, 87, 110; HHL/*Krause,* § 1 KSchG Rn. 736 APS/*Kiel,* § 1 KSchG Rn. 471; BB/*Bram,* § 1 KSchG Rn. 292; *B. Preis,* NZA 1997, 628 f.; *Rieble,* Anm. EzA KSchG § 1 Betriebsbedingte Kündigung Nr. 102; *Stahlhacke,* DB 1994, 1361, 1365.
¹²⁴ *Preis,* NZA 1997, 1073, 1079.
¹²⁵ So HaKo/Gallner/*Mestwerdt,* § 1 KSchG Rn. 682.
¹²⁶ → Rn. 918 ff.
¹²⁷ LAG Köln 25.8.1994 LAGE KSchG § 1 Betriebsbedingte Kündigung Nr. 27; KR/*Griebeling,* § 1 KSchG Rn. 533.
¹²⁸ BAG 13.3.1987, 11.9.1986 EzA KSchG § 1 Betriebsbedingte Kündigung Nr. 44, 54; BAG 17.6.1999 AP KSchG 1969 § 1 Betriebsbedingte Kündigung Nr. 101 und 102 = EzA KSchG § 1 Betriebsbedingte Kündigung Nr. 101 und 102; HaKo/*Gallner/Mestwerdt,* § 1 KSchG Rn. 684.
¹²⁹ I. E. auch BAG 17.6.1999 AP KSchG 1969 § 1 Betriebsbedingte Kündigung Nr. 101 unter II. 2 f.

§ 2 Die Sozialwidrigkeit der Kündigung

Allerdings muss kein bestimmter Arbeitsplatz wegfallen, sondern es genügt, wenn das **Bedürfnis für die Weiterbeschäftigung** des gekündigten Arbeitnehmers **entfallen** ist.[130] Insoweit kann die plastische Umschreibung „Wegfall des Arbeitsplatzes" Missverständnisse hervorrufen. Der Wegfall eines konkreten Arbeitsplatzes ist nur **eine** von mehreren Sachverhaltsalternativen. Entscheidend ist die Verringerung des Personalbedarfs, der sich prozentual auf eine Gruppe bestimmter Arbeitsplätze niederschlagen kann. Wie der verringerte Personalbedarf innerhalb der Belegschaft zu verteilen ist, ist eine Frage der Sozialauswahl nach § 1 Abs. 3 KSchG. 930

c) Prognose

Grundlage der betriebsbedingten Kündigung ist, dass Beschäftigungsmöglichkeiten im Kündigungszeitpunkt bereits weggefallen sind oder spätestens mit Ablauf der jeweiligen Kündigungsfrist wegfallen werden. Die betriebsbedingte Kündigung ist schon dann gerechtfertigt, wenn die betrieblichen Umstände (Rationalisierung, Arbeitsmangel, Betriebsstilllegung) im Kündigungszeitpunkt bereits **greifbare Formen** angenommen haben und die Prognose ergeben, dass **spätestens mit Ablauf der einzuhaltenden Kündigungsfrist** die Umstände wirksam werden und der Arbeitnehmer somit entbehrt werden kann.[131] Die Prognose muss auf einer hinreichend gesicherten, objektiv nachvollziehbaren Tatsachengrundlage erfolgen. Nach Auffassung des BAG muss „mit einiger Sicherheit der Eintritt eines die Entlassung erforderlich machenden betrieblichen Grundes gegeben" sein.[132] Solche greifbaren Formen liegen vor, wenn im Zeitpunkt des Ausspruchs der Kündigung aufgrund einer vernünftigen, betriebswirtschaftlichen Betrachtung davon auszugehen ist, zum Zeitpunkt des Kündigungstermins sei mit einiger Sicherheit der Eintritt eines die Entlassung erforderlich machenden betrieblichen Grundes gegeben.[133] Wesentlich ist, dass die der Prognose zugrunde liegende Entscheidung bereits gefallen sein muss. So ist eine Kündigung wegen Betriebsschließung nicht gerechtfertigt, solange der Arbeitgeber den Stilllegungsbeschluss lediglich erwägt oder plant, aber noch nicht gefasst hat.[134] Diese feine Differenzierung kann entscheidend sein. Dies zeigt sich an zwei Entscheidungen des BAG im Reinigungsgewerbe. In dem einen Fall hat das BAG eine hinreichende Negativprognose und damit die Rechtfertigung der betriebsbedingten Kündigung verneint, weil sich der Arbeitgeber noch an der **Neuausschreibung** beteiligt hat und hoffte, den Auftrag wieder zu erlangen.[135] In dem anderen Fall hatte sich der Arbeitgeber bei Zugang der Kündigung bereits entschlossen, sich an der Neuausschreibung des Reini- 931

---

[130] BAG 5.10.1995, 17.6.1999 AP KSchG 1969 § 1 Betriebsbedingte Kündigung Nr. 71, 101 = EzA KSchG § 1 Betriebsbedingte Kündigung Nr. 82, 102; BAG 2.6.2005 EzA KSchG § 1 Soziale Auswahl Nr. 63 = NZA 2006, 207; ErfK/*Oetker*, § 1 KSchG Rn. 215; APS/*Kiel*, § 1 KSchG Rn. 477.

[131] BAG 8.11.1956 AP KSchG § 1 Nr. 19; BAG 27.2.1958 AP KSchG § 1 Betriebsbedingte Kündigung Nr. 1 = NJW 1958, 1156; BAG 22.5.1986 EzA KSchG § 1 Soziale Auswahl Nr. 22 = NZA 1987, 124.

[132] BAG 19.5.1988 EzA BGB § 613a Nr. 82 = NZA 1989, 461; BAG 19.6.1991 EzA KSchG § 1 Betriebsbedingte Kündigung Nr. 70 = NZA 1991, 891.

[133] BAG 23.2.2012 NZA 2012, 852 Rn. 19; BAG 27.11.2003 EzA KSchG § 1 Betriebsbedingte Kündigung Nr. 128 = NZA 2004, 477; BAG 12.4.2002 EzA KSchG § 1 Betriebsbedingte Kündigung Nr. 118 = NZA 2002, 1205; BAG 10.10.1996 EzA KSchG § 1 Betriebsbedingte Kündigung Nr. 87 = NZA 1997, 251.

[134] BAG 10.10.1996 EzA KSchG § 1 Betriebsbedingte Kündigung Nr. 87 = NZA 1997, 251.

[135] BAG 12.4.2002 EzA § 1 KSchG Betriebsbedingte Kündigung Nr. 118 = NZA 2002, 1205; ebenso in einem Fall eines Rettungsdienstes BAG 13.2.2008 AP KSchG 1969 § 1 Betriebsbedingte Kündigung Nr. 175 = NZA 2008, 821.

gungsauftrages nicht zu beteiligen.[136] Stehen die maßgeblichen Umstände – etwa für eine Betriebsschließung – noch nicht fest, kann der Arbeitgeber nicht etwa „auf Vorrat" kündigen (sog. unzulässige Vorratskündigung). Vielmehr muss der Arbeitgeber bei der endgültigen unternehmerischen Organisationsentscheidung (erneut) kündigen.[137]

932 War im Zeitpunkt des Zugangs die Kündigung durch dringende betriebliche Erfordernisse bedingt, so ist sie wirksam, selbst wenn sich die **Verhältnisse nachträglich objektiv ändern** (Beispiele: unvorhergesehener Auftragseingang; Aufgabe der Betriebsstilllegung). Unter Umständen kann dem Arbeitnehmer aber ein **Anspruch auf Neubegründung des Arbeitsverhältnisses** zustehen (→ Rn. 1010).

d) Prüfungsraster

933 Auf der Basis der herrschenden Systematik und Grundsätze zur Konkretisierung des betriebsbedingten Kündigungsgrundes lässt sich für die Praxis folgendes Prüfungsraster aufstellen:
(1) Liegt überhaupt ein (an sich) betriebsbedingter Kündigungsgrund vor? (Abgrenzung zur personen- und verhaltensbedingten Kündigung)
(2) Liegt der Kündigung eine unternehmerische Entscheidung zugrunde und welchen Inhalt hat diese?
(3) Liegen die angeführten (inner- und außerbetrieblichen) Ursachen, die zur unternehmerischen Entscheidung geführt haben, vor?
(4) Ist das betriebliche Erfordernis auch „dringend"?
(5) Bedingt die unternehmerische Entscheidung den verringerten Personalbedarf (Kausalität des Arbeitsplatzwegfalls)?
(6) Fällt der Arbeitsplatz spätestens mit Ablauf der Kündigungsfrist weg? Besteht der verringerte Personalbedarf auf Dauer und hat mindestens bis zum Ablauf der Kündigungsfrist Bestand (Prognose)?

e) Einzelfälle dringender betrieblicher Erfordernisse

aa) Abkehrwille

934 Der sogenannte Abkehrwille eines Arbeitnehmers kann ausschließlich als verhaltensbedingter Kündigungsgrund relevant werden.[138] Als betriebsbedingter Kündigungsgrund kann der Abkehrwille nicht durchgreifen, auch soweit es um die Notwendigkeit geht, eine sonst nur schwer zu findende Ersatzkraft für den Abkehrwilligen einzustellen.[139] Dieser Gesichtspunkt kann freilich als betriebliches Interesse im Rahmen der Abwägung bei der verhaltensbedingten Kündigung berücksichtigt werden. Der Abkehrwille lässt sich nicht in das System der betriebsbedingten Kündigung einfügen. Der dokumentierte Abkehrwille ist ein eindeutig aus der Sphäre des Arbeitnehmers stammender verhaltensbedingter Umstand, der den Personalbedarf des Arbeitgebers nicht verringert. **Vielmehr** wird die Kündigung ja gerade mit dem Umstand gerechtfertigt, dass weiterhin **Personalbedarf** besteht. Des Weiteren geht der Kündigung

---

[136] BAG 15.7.2004 EzA KSchG § 1 Soziale Auswahl Nr. 54 = NZA 2005, 523 = DB 2004, 2375.
[137] BAG 13.2.2008 AP KSchG 1969 § 1 Betriebsbedingte Kündigung Nr. 175 = NZA 2008, 821.
[138] Hierzu KR/*Griebeling*, § 1 KSchG Rn. 415 ff.; KR/*Fischermeier*, § 626 BGB Rn. 405; HHL/*Krause*, § 1 KSchG Rn. 568 ff.
[139] Ebenso KR/*Griebeling*, § 1 KSchG Rn. 417; HHL/*Krause*, § 1 KSchG Rn. 570; a. A. BAG 22.10.1964 AP KSchG § 1 Nr. 16 Betriebsbedingte Kündigung = EzA KSchG § 1 Nr. 2; wohl auch LAG Frankfurt 11.4.1985 Nr. 2, BB 1986, 65; LSW/*Löwisch*, § 1 KSchG Rn. 154.

keine **unternehmerische Entscheidung** voraus, sondern ist **Reaktion** auf Arbeitnehmerverhalten.

bb) Abordnung zu Tochterunternehmen

Ist ein Arbeitnehmer zu einer Tochtergesellschaft abgeordnet worden und hat sich die Muttergesellschaft verpflichtet, nach Beendigung der Abordnung ihn weiter zu beschäftigen, so kann ihm bei Rückkehr nicht mit der Begründung gekündigt werden, sein Arbeitsplatz sei besetzt und ein anderer gleichwertiger stehe nicht zur Verfügung. Durch die Rückkehrzusage hat die Muttergesellschaft ihr mögliches Recht zur betriebsbedingten Kündigung vertraglich eingeschränkt.[140] 935

cc) Änderung des Anforderungsprofils und Leistungsverdichtung

Dem Arbeitgeber steht es frei, das Anforderungsprofil an Arbeitsplätze kraft unternehmerischer Entscheidung zu ändern. Freilich muss hier sorgfältig geprüft werden, ob die unternehmerische Entscheidung vorgeschoben ist und ob sie nicht in Wahrheit dazu dient, eine unzulässige Austauschkündigung (→ Rn. 946 ff.) vorzunehmen. Gestaltet der Arbeitgeber Arbeitsplätze um und beruft er sich zur Rechtfertigung einer betriebsbedingten Kündigung auf eine Neubestimmung des Anforderungsprofils, muss er darlegen, dass hierfür ein betrieblicher Anlass besteht. Die Entscheidung zur Stellenprofilierung muss im Zusammenhang mit einer organisatorischen Maßnahme stehen, die nach ihrer Durchführung angesichts eines veränderten Beschäftigungsbedarfs – beispielsweise infolge Änderungen hinsichtlich des Arbeitsvolumens oder des Inhalts der Arbeitsaufgabe, ggf. im Zusammenhang mit einer Neuausrichtung der Geschäftstätigkeit – auch die Anforderungen an den Inhaber des Arbeitsplatzes erfasst.[141] Zwar unterliegt die Gestaltung des Anforderungsprofils eines Arbeitsplatzes der unternehmerischen Disposition des Arbeitgebers, die nur auf Missbrauch gerichtlich überprüft wird. Erforderlich ist aber ein nachvollziehbarer Bezug der neuen Qualifikationsmerkmale zur Organisation der auszuführenden Arbeiten. Auch in diesen Fällen muss der Arbeitgeber konkrete Angaben dazu machen, wie sich die Organisationsentscheidung auf die Einsatzmöglichkeiten auswirkt und in welchem Umfang dadurch ein konkreter Änderungsbedarf besteht. Erhöhte Anforderungen an die Darlegungslast sind insbesondere dann zu stellen, wenn der Arbeitgeber durch eine unternehmerische Entscheidung das Anforderungsprofil für Arbeitsplätze ändert, die bereits mit langjährig beschäftigten Arbeitnehmern besetzt sind.[142] Zu Recht verweist das BAG darauf, dass der Arbeitgeber sonst unter Berufung auf eine gerichtlich nur eingeschränkt überprüfbare Unternehmerentscheidung eine missbräuchliche Umgehung des Kündigungsschutzes dadurch erzielen könnte, dass er in sachlich nicht gebotener Weise die Anforderungen an die Vorbildung des betreffenden Arbeitsplatzinhabers verschärft. Wandelt der Arbeitgeber eine Stelle in eine Beförderungsstelle um, liegt ein betriebsbedingter Kündigungsgrund nicht vor, wenn der bisher dafür verantwortliche Arbeitnehmer die Tätigkeit ausfüllen kann oder die bisherige Tätigkeit im Wesentlichen bestehen bleibt.[143] Auch ist die Kündigung missbräuchlich, wenn Anforderungen geschaffen 936

---

[140] BAG 28.11.1968 AP KSchG § 1 Betriebsbedingte Kündigung Nr. 19 = EzA KSchG § 1 Nr. 12; KR/*Griebeling*, § 1 KSchG Rn. 590.
[141] BAG 10.7.2008 EzA KSchG § 1 Betriebsbedingte Kündigung Nr. 163 = NZA 2009, 312; BAG 7.7.2005 EzA KSchG § 1 Betriebsbedingte Kündigung Nr. 138 = NZA 2006, 266.
[142] HaKo/*Gallner/Mestwerdt*, § 1 KSchG Rn. 674.
[143] BAG 18.10.2000 EzA KSchG § 14 Nr. 5 = NZA 2001, 652; BAG 10.7.2008 EzA KSchG § 1 Betriebsbedingte Kündigung Nr. 163 = NZA 2009, 312; hierzu auch KR/*Griebeling*, § 1 KSchG Rn. 225a; KDZ/*Deinert*, § 1 KSchG Rn. 397; *Houben*, NZA 2008, 851.

werden, die für die Erbringung der Tätigkeit nicht erforderlich sind.[144] Schließlich dürfen Anforderungsprofile keinen diskriminierenden Charakter haben.[145]

937 Selbst wenn ein nachvollziehbares, arbeitsplatzbezogenes Kriterium für eine Stellenprofilierung vorliegt, ist konkret darzulegen, dass die Kündigung nicht durch mildere Mittel, insbesondere Umschulung und Fortbildung des Arbeitnehmers, zu vermeiden war.[146] So ist fraglich, ob ein seit Jahren als Leiter einer Musikschule beschäftigter Jurist mit angelernten musikalischen und ökonomischen Kompetenzen gekündigt werden kann, weil der Träger statt seiner eine Leitung installieren möchte, die als Kernqualifikation eine musikalische Fachkompetenz und als Zusatzqualifikation eine ausgewiesene betriebswirtschaftliche Kompetenz besitzt. Zeigt der Sachverhalt, dass der Anhebung des Stellenprofils nicht eine Änderung des Beschäftigungsbedarfs, sondern die aus Sicht des Arbeitgebers mangelnde Eignung des Arbeitnehmers für die Tätigkeit zugrunde lag, kann damit jedenfalls keine betriebsbedingte Kündigung gerechtfertigt werden.[147]

938 In quantitativer Hinsicht wird das Anforderungsprofil durch sog. **Leistungsverdichtung** verändert. Das BAG hat einerseits Organisationsentscheidungen, die zu einer betriebsbedingten Kündigung führen, anerkannt, andererseits Kündigungen für unwirksam erklärt, die eine unzulässige Leistungsverdichtung bewirken. Richtig ist, dass es im Rahmen einer unternehmerischen Organisationsentscheidung liegt, die Arbeitsabläufe umzugestalten. Damit kann die Festlegung verbunden sein, mit welcher Stärke der Belegschaft des Betriebs zukünftig das Unternehmensziel erreicht werden soll bzw. welche Kapazität an einzusetzenden Arbeitskräften und ihrer Arbeitszeit vorgehalten werden muss. Tritt durch eine solche Organisationsentscheidung eine Leistungsverdichtung ein, müssen die notwendig werdenden Arbeitsintensivierungen von den verbleibenden Arbeitnehmern in Kauf genommen werden. Das BAG verweist darauf, dass der rationelle Einsatz des Personals allein Sache des Arbeitgebers und seiner unternehmerischen Organisationsplanung sei.[148]

939 Freilich hat das BAG auch für diese Fälle zu Recht darauf hingewiesen, dass Kündigungsentschluss und Organisationsentscheidung praktisch deckungsgleich sein könnten, sodass die Vermutung, die Unternehmerentscheidung sei aus sachlichen Gründen erfolgt, nicht von vornherein greifen könne. Unzulässig sei es, andere Arbeitnehmer in überobligatorischer Art und Weise, etwa durch Überstunden, die Tätigkeit des zu gekündigten Arbeitnehmers miterledigen zu lassen.[149] Allgemein gilt, dass die Leistungsverdichtung nicht dazu führen darf, dass die verbleibenden Arbeitnehmer arbeitsvertrags- oder tarifwidrig überobligatorische Arbeiten ausführen müssen. Für die Kündigung zur Leistungsverdichtung hat das BAG in den Urteilen vom 17.6.1999[150] konkrete Angaben dazu verlangt, wie sich die Verringerung der Produktion auf die Arbeitsmenge auswirkt und in welchem Umfang dadurch ein konkreter Arbeitskräfteüberhang

---

[144] Zur Beherrschung der deutschen Sprache in Wort und Schrift als wesentliche Anforderung: BAG 28.1.2010 NZA 2010, 625.

[145] Zum Ganzen *Wisskirchen/Bissels/Schmidt*, NZA 2008, 1386.

[146] BAG 7.7.2005 EzA KSchG § 1 Betriebsbedingte Kündigung Nr. 138 = NZA 2006, 266.

[147] BAG 10.7.2008 EzA KSchG § 1 Betriebsbedingte Kündigung Nr. 163 = NZA 2009, 312.

[148] BAG 2.6.2005 EzA KSchG § 1 Soziale Auswahl Nr. 63 = NZA 2006, 271; zust. HaKo/*Gallner/Mestwerdt*, § 1 KSchG Rn. 675.

[149] Beispiel für eine nicht hinreichend plausibel vorgetragene Arbeitsverlagerung/Leistungsverdichtung: LAG Köln 2.2.2005 LAGE KSchG § 1 Betriebsbedingte Kündigung Nr. 73.

[150] BAG 17.6.1999 AP KSchG 1969 § 1 Betriebsbedingte Kündigung Nr. 101, 102; im Anschluss daran sehr deutlich LAG Köln 24.8.1999 MDR 2000, 463; zust. *Quecke*, NZA 1999, 1247, 1251; *Rommé/Pauker*, NZA-RR 2000, 281, 288; zust., aber krit. bzgl. der praktischen Umsetzung B. *Preis*, DB 2000, 1122, 1126.

§ 2 Die Sozialwidrigkeit der Kündigung

entsteht (siehe auch zur Streichung von Hierarchieebenen → Rn. 953).[151] Behauptet der Arbeitnehmer bei der Kündigung zur Leistungsverdichtung substantiiert die Unsachlichkeit, Unvernünftigkeit oder Willkür der Maßnahme, ist es vertretbar, die **Beweislast** dem Arbeitgeber aufzuerlegen, weil die oben dargestellte Vermutung hier nicht eingreift und der Satz, dass Rechtsmissbrauch in diesen Fällen ein Ausnahmetatbestand ist, keine Gültigkeit beanspruchen kann.[152]

dd) Auftragsmangel/Umsatzrückgang

Der Auftragsmangel bzw. der Umsatzrückgang können eine betriebsbedingte Kündigung rechtfertigen, wenn dadurch der Arbeitsanfall so zurückgeht, dass für einen oder mehrere Arbeitnehmer das Bedürfnis zur Weiterbeschäftigung entfällt.[153] Es genügt, wenn der Arbeitgeber darlegt und ggf. beweist, dass ein **Überhang an Arbeitskräften** entstanden ist, durch den **unmittelbar oder mittelbar** das **Bedürfnis zur Weiterbeschäftigung** eines oder mehrerer (vergleichbarer) Arbeitnehmer **entfällt.** Leitet der Arbeitgeber den verringerten Beschäftigungsbedarf unmittelbar aus dem Auftragsvolumen oder dem Umsatzrückgang ab, liegt eine selbstbindende Unternehmerentscheidung vor. Die vom Arbeitgeber darzulegenden Umsatzzahlen müssen einen verringerten Arbeitsanfall ergeben. Die Reduktion der Umsatzzahlen muss der Arbeitgeber nachweisen.[154] Außerdem prüft das BAG, ob sich die Verringerung des Personalbestandes proportional zum Umsatzrückgang verhält.[155] Nicht erforderlich ist die Darlegung, der konkrete Arbeitsplatz des betroffenen Arbeitnehmers sei weggefallen.[156] Ausreichend ist, dass der Arbeitgeber im Falle des Umsatzrückganges bei gleichartigen Arbeitsaufgaben die Anzahl der noch benötigten Arbeitsplätze nach einer betriebswirtschaftlichen Formel berechnet, die als variablen Wert den Umsatz berücksichtigt.[157] Der Arbeitgeber kann den Auftragsmangel oder den Umsatzrückgang aber auch zum Anlass für eine gestaltende Unternehmerentscheidung in Form von Rationalisierungsmaßnahmen unter den dafür maßgeblichen Voraussetzungen nehmen (vgl. dazu → Rn. 978 ff.). Der **Grund für den Auftragsmangel** ist **unerheblich.** Er kann auch auf einer falschen Kalkulation oder früherem Missmanagement des Arbeitgebers beruhen.[158] Darin zeigt sich, dass die betriebsbedingte Kündigung von einem Verschulden des Arbeitgebers unabhängig ist.

Bei der Frage, wie der Arbeitgeber auf einen Auftragsmangel **personalpolitisch** reagiert, hat er einen gewissen **Entscheidungsspielraum.** Die Auswahl der zu kündigenden Arbeitnehmer richtet sich allerdings allein nach § 1 Abs. 3 KSchG. Innerhalb der Gruppe vergleichbarer Arbeitnehmer muss er die Grundsätze des § 1 Abs. 3

940

941

---

[151] S. a. HHL/*Krause*, § 1 KSchG Rn. 750 ff.; 802; HK-KSchG/*Dorndorf*, § 1 Rn. 869, 883a.
[152] Vgl. *Bitter*, DB 1999, 1214, 1216 f.; *ders.*, DB 2000, 1760, 1764; BB/*Bram*, § 1 KSchG Rn. 337; *Singer/von Finckenstein*, Anm. SAE 2000, 282, 285 f.; *Stein*, BB 2000, 457, 465.
[153] BAG 11.9.1986 EzA KSchG § 1 Betriebsbedingte Kündigung Nr. 54; BAG 7.2.1985 EzA KSchG § 1 Soziale Auswahl Nr. 20; BAG 26.6.1997 AP KSchG 1969 § 1 Betriebsbedingte Kündigung Nr. 86 = NZA 1986, 260; LAG Hamm 5.2.1987 LAGE KSchG § 1 Soziale Auswahl Nr. 2; LAG Düsseldorf 4.3.1998 LAGE KSchG § 1 Interessenausgleich Nr. 3.
[154] LAG Hamm 5.2.1987 LAGE KSchG § 1 Soziale Auswahl Nr. 2; LAG Berlin 20.5.1997 LAGE KSchG § 1 Betriebsbedingte Kündigung Nr. 45; LAG Köln 22.5.2006 LAGE KSchG § 1 Betriebsbedingte Kündigung Nr. 77.
[155] BAG 11.9.1986 EzA KSchG § 1 Betriebsbedingte Kündigung Nr. 54.
[156] BAG 11.9.1986 EzA KSchG § 1 Betriebsbedingte Kündigung Nr. 54; BAG 30.5.1985 EzA KSchG § 1 Betriebsbedingte Kündigung Nr. 36 = NZA 1986, 155; LAG Düsseldorf 4.3.1998 LAGE KSchG § 1 Interessenausgleich Nr. 3; APS/*Kiel*, § 1 KSchG Rn. 486.
[157] Vgl. BAG 15.6.1989 EzA KSchG § 1 Betriebsbedingte Kündigung Nr. 63 = NZA 1990, 65.
[158] LAG Köln 25.8.1994 LAGE KSchG § 1 Betriebsbedingte Kündigung Nr. 27; LAG Düsseldorf 4.3.1998 LAGE KSchG § 1 Interessenausgleich Nr. 3; LSW/*Löwisch*, § 1 KSchG Rn. 378.

KSchG beachten. Überträgt er aber Hilfsarbeiten den Facharbeitern, um diese zu halten und kündigt die Hilfsarbeiter, so ist diese personalpolitische Maßnahme kündigungsrechtlich zu respektieren. Es bedarf dann aber der konkreten Darlegung durch den Arbeitgeber, in welchem Umfang die verbleibenden Arbeiten in Zukunft anfallen und wie sie von dem verbleibenden Personal ohne überobligationsmäßige Leistungen erledigt werden können.[159] Der Hilfsarbeiter kann nicht verlangen, dass einem möglicherweise sozial schwächeren Facharbeiter vor ihm gekündigt wird.[160] Dieses Ergebnis lässt sich außerdem unter Hinweis auf § 1 Abs. 3 S. 2 KSchG begründen.[161]

942 Bei einem Auftragsmangel muss der Arbeitgeber prüfen, ob es sich hierbei um eine **vorübergehende Erscheinung** handelt. Das BAG verlangt in den Entscheidungen vom 17.6.1999 die arbeitgeberseitige Darlegung, dass ein dauerhafter Rückgang vorliegt.[162] So rechtfertigen kurzfristige Auftragslücken zB nicht die betriebsbedingte Kündigung gegenüber einem Leiharbeitnehmer.[163] Bei nur vorübergehendem Auftragsmangel kann **Kurzarbeit** ein milderes Mittel zur Verhinderung der Kündigung sein. Der Umstand allein, dass der Betriebsrat kein Initiativrecht zur Einführung von Kurzarbeit ergriffen hat, befreit den Arbeitgeber noch nicht von der Prüfung dieser Maßnahme.[164] Hat der Arbeitgeber Kurzarbeit eingeführt, ist dies ein Indiz dafür, dass er von einem nur vorübergehenden Arbeitsmangel ausgegangen ist, der eine betriebsbedingte Kündigung nicht rechtfertigen kann.[165] Damit ist dem Arbeitgeber aber nicht der Sachvortrag verwehrt, dass gleichwohl der Beschäftigungsbedarf für einzelne von der Kurzarbeit betroffenen Arbeitnehmer auf Dauer entfallen ist.[166]

943 Sollen betriebsbedingte Kündigungen in **Verleihunternehmen** ausgesprochen werden, stellt sich die Frage, ob hierfür aufgrund der Besonderheiten der Branche andere Maßstäbe gelten. Hierzu hat das BAG mit seiner Entscheidung vom 18.5.2006 Stellung bezogen.[167] Eine Einschränkung des Rechts zur betriebsbedingten Kündigung für einen Zeitraum von drei Monaten nach Auftreten des betrieblichen Grundes unter Hinzuziehung der Wertung des Synchronisationsverbots des § 9 Nr. 3 AÜG a.F. hält es spätestens seit Abschaffung dieser Regelung im Jahr 2002[168] für unzulässig. Der bloße Hinweis auf einen auslaufenden Auftrag und einen fehlenden Anschlussauftrag reicht zur Begründung der Kündigung nicht aus. Das BAG verlangt von dem Verleiher, der eine selbstbindende Unternehmerentscheidung aufgrund Auftragsmangels trifft, dass er anhand der Auftrags- und Personalplanung darstellt, warum es sich um einen dauerhaften und nicht nur kurzfristigen Auftragsrückgang handelt und warum ein anderer Einsatz des Leiharbeiters bei anderen Kunden nicht möglich ist.[169] An den Tatsachenvortrag, auf den die Prognose über das dauerhafte Absinken des Beschäftigungsvolumens gestützt wird, stellt es „dezidierte Anforderungen". Zur Begründung verweist es auf das Wesen der Arbeitnehmerüberlassung, wonach schon kurzfristig

---

[159] BAG 17.6.1999 EzA KSchG § 1 Betriebsbedingte Kündigung Nr. 101 = NZA 1999, 1095.
[160] Siehe hierzu BAG 11.9.1986 EzA KSchG § 1 Betriebsbedingte Kündigung Nr. 54.
[161] Siehe bereits die Begründung des RegE zum KSchG, RdA 1951, 63.
[162] BAG 17.6.1999 AP KSchG 1969 § 1 Betriebsbedingte Kündigung Nr. 101, 102; s.a. APS/*Kiel*, § 1 KSchG Rn. 486.
[163] BAG 18.5.2006 AP AÜG § 9 Nr. 7 = EzA KSchG § 1 Betriebsbedingte Kündigung Nr. 146.
[164] Zur Kurzarbeit als milderes Mittel ausf. → Rn. 1004 ff.
[165] BAG 23.2.2012 NZA 2012, 852.
[166] BAG 26.6.1997 EzA KSchG § 1 Betriebsbedingte Kündigung Nr. 93 = NZA 1997, 1286; ErfK/*Oetker*, § 1 KSchG Rn. 289; HzA/*Isenhardt*, Gruppe 5 Rn. 569.
[167] BAG 18.5.2006 AP § 9 AÜG Nr. 7 = EzA KSchG § 1 Betriebsbedingte Kündigung Nr. 146.
[168] Erstes Gesetz für moderne Dienstleistungen am Arbeitsmarkt vom 23.12.2002, BGBl. I 4607.
[169] Anschaulich *Fuhlrott/Fabricius*, NZA 2014, 122 ff.

neuer Beschäftigungsbedarf entstehen könne. Kurzfristige Auftragslücken könnten in Leiharbeitsunternehmen keine betriebsbedingte Kündigung rechtfertigen, da sie zum typischen Wirtschaftsrisiko dieser Unternehmen gehörten.

Praktisch relevant sind die Ausführungen des BAG zu den Anforderungen, die es an die **Darlegungs- und Beweislast** stellt. Als mögliche Vorgehensweise in Bezug auf den Rückgang des Beschäftigungsvolumens schlägt es vor, dass der Arbeitgeber die Entwicklung und einen Vergleich des Auftrags- und Beschäftigungsvolumens in Referenzperioden darstellt. Es sollte sich dabei um einen repräsentativen Zeitraum handeln. Wie lang dieser Zeitraum sein soll, gibt das BAG jedoch nicht vor. Interessant ist, dass das BAG in diesem Zusammenhang aus § 241 Abs. 2 BGB eine Obliegenheit der Verleiher herleitet, den Leiharbeiter darauf hinzuweisen, dass seine Qualifikationen zukünftig für einen Einsatz in neuen Aufträgen nicht ausreichend und deshalb weiterzuentwickeln seien. Welche konkreten Auswirkungen ein Verstoß hat, führt das Gericht jedoch nicht näher aus. Es ist aber anzunehmen, dass das Gericht auf die **Möglichkeit zumutbarer Umschulungs- und Fortbildungsmaßnahmen** im Rahmen des Ultima-Ratio-Prinzips (§ 1 Abs. 2 S. 2 KSchG) rekurrieren wollte. **944**

Das BAG hat in seiner Entscheidung zwar ausdrücklich auf das Wesen der Arbeitnehmerüberlassung hingewiesen, leitet hieraus jedoch keinen branchenspezifischen Prüfungsmaßstab ab.[170] Im Ergebnis prüft es eine selbstbindende Unternehmerentscheidung nach den von ihm bisher für „Normal-" Arbeitgeber entwickelten Maßstäben. Auch sonst lässt es bloß vorübergehenden Auftragsmangel nicht ausreichen (→ Rn. 942). Im Fahrwasser der bisherigen Rechtsprechung bewegt sich auch, dass die selbstbindende Unternehmerentscheidung im Ergebnis strenger kontrolliert wird als die gestaltende. Dass der bloße Verweis auf die Nichtverlängerung eines Auftrags als Darlegung nicht genügt, ist nichts Neues. Eine Kündigungserleichterung für Verleiher bei kurzfristigem Auftragsverlust ist schon deshalb nicht angezeigt, weil sonst der gesetzgeberischen Wertung des AÜG widersprochen würde, nach der das Beschäftigungsrisiko des Verleihers nicht auf die Leiharbeitnehmer abgewälzt werden soll.[171] Offen ist die Frage, wie lang die vom BAG angeführte „Referenzperiode" dauern soll. Das BAG hat mit seinem Hinweis auf das „Wesen der Arbeitnehmerüberlassung" allen Auslegungsergebnissen die Tür geöffnet. Dem Verleiher bleibt, eine gestaltende Unternehmerentscheidung zu treffen, die im Ergebnis nur einer Plausibilitätskontrolle unterliegt.[172] **945**

ee) Austauschkündigungen

Arbeitsmarktpolitisch, sozialpolitisch oder finanziell motivierte Austauschkündigungen begründen **kein dringendes betriebliches Erfordernis.** Kündigungsrechtlich ist allein entscheidend, ob ein Überhang an Arbeitskräften vorhanden ist. Austauschkündigungen sind mit dem Zweck der betriebsbedingten Kündigung, den Personalbestand dem verringerten Personalbedarf anzupassen, nicht zu vereinbaren.[173] Unzuläs- **946**

---

[170] Ebenso *Hamann,* Anmerkung zu BAG 18.5.2006 EzA KSchG § 1 Betriebsbedingte Kündigung Nr. 146; *Dahl,* DB 2006, 2519; HaKo/*Gallner/Mestwerdt,* § 1 KSchG Rn. 664.
[171] Wie sie sich zB in § 11 Abs. 4 AÜG widerspiegelt; s. hierzu Schüren/Hamann-*Schüren,* § 11 Rn. 92; ähnlich wohl *Dahl,* DB 2006, 2519.
[172] So auch *Mohnke,* AuA 2006, 682.
[173] BAG 13.3.1987 EzA KSchG § 1 Betriebsbedingte Kündigung m. zust. Anm. *Preis* Nr. 44; krit. *Adomeit,* SAE 1988, 74 f.; *Hahn,* DB 1988, 1015; BAG 26.9.1996 EzA KSchG § 1 Betriebsbedingte Kündigung Nr. 86 = NZA 1997, 202; BAG 16.12.2004 EzA KSchG § 1 Betriebsbedingte Kündigung Nr. 136 = NZA 2005, 761; BAG 13.3.2008 EzA KSchG § 1 Betriebsbedingte Kündigung Nr. 159 = NZA 2008, 878; BAG 18.9.2008 EzA KSchG § 1 Betriebsbedingte Kündigung Nr. 162 = NZA

sig ist eine Kündigung, die allein dem Zweck dient, vorhandene geeignete durch besser geeignete Arbeitnehmer zu ersetzen (sog. Personalaustauschkündigung).[174] Konsens besteht darüber, dass der Arbeitgeber nicht vorhandene Arbeitnehmer durch andere Arbeitnehmer betriebsbedingt ersetzen darf. Das geht nur, soweit sich die Anforderungsprofile an die zu erbringende Tätigkeit ggf. kraft unternehmerischer Entscheidung geändert haben (→ Rn. 936). Freilich hat das BAG den „Austausch" zugelassen, wenn der Arbeitgeber die Tätigkeit nur noch in einer anderen Vertragsform erbringen lassen will (sog. Vertragsaustauschkündigung). So hat es die Kündigung eines angestellten Plakatierers („Moskito-Anschläger"), um die gleiche Tätigkeit als Subunternehmer zu erbringen, ebenso zugelassen wie die Kündigung einer hauptamtlichen Frauenbeauftragten,[175] weil künftig Frauenbeauftragte nur noch ehrenamtlich beschäftigt werden sollen.

947 Die Rechtsprechung zur Vertragsaustauschkündigung ist zweifelhaft. Die Grenze zur rechtsmissbräuchlichen Unternehmerentscheidung ist fließend. Das BAG hat zwar die mit der Absicht des Arbeitgebers, die Lohnkosten zu senken und sich durch eine **Beschäftigung von Arbeitnehmern nach ausländischem Recht** den Bindungen des deutschen Arbeits- und Sozialrechts zu entziehen, verbundene Kündigung als unzulässige Austauschkündigung gewertet.[176] Dem ist auch insofern zuzustimmen, als eine unternehmerische Entscheidung, die allein den Zweck hat, arbeits- und sozialrechtliche Verpflichtungen abzustreifen, missbräuchlich ist.[177] In der *„Weight-Watcher"*-Entscheidung[178] hat das BAG es jedoch als freie unternehmerische Entscheidung anerkannt, die Vertragsform von einem **Arbeitsverhältnis in ein freies Mitarbeiterverhältnis umzugestalten.** Auch in diesem Fall, ebenso wie bei einer Kündigung zum Wechsel des Arbeitgebers,[179] liegt jedoch eine unzulässige Austauschkündigung vor. Aus diesem Grunde ist auch eine Kündigung grundsätzlich unzulässig, die wegen der Weigerung eines Arbeitnehmers erfolgt, in eine Leiharbeitsfirma oder Beschäftigungsgesellschaft zu wechseln.[180] Unzulässig ist ferner der Austausch der Stammbelegschaft gegen **Leiharbeitnehmer,** weil der Entleiher – im Wege des übertragenen Direktionsrechts – die Leiharbeitnehmer wie Arbeitnehmer führt.[181] Gemeinsames Element

---

2009, 142; siehe hierzu *Preis,* FS Bauer, 2010, S. 827; KR/*Griebeling,* § 1 KSchG Rn. 517; *Ehmann/ Krebber,* Anm. AP KSchG § 1 Betriebsbedingte Kündigung Nr. 101, 102; *Kiel/Koch,* Rn. 112; *Joost,* ZfA 1988, 622; *Stahlhacke,* DB 1994, 1365; *Wank,* RdA 1987, 129, 143.

[174] BAG 24.4.1997 EzA Einigungsvertrag Art 20 Soziale Auswahl Nr. 3 = NZA 1998, 259; BAG 20.3.1997 AP Einigungsvertrag mit zust. Anm. *Opolony* Nr. 40 Art. 20; BAG 21.9.2000 EzA KSchG § 1 Betriebsbedingte Kündigung Nr. 106 = NZA 2001, 255, 258.

[175] BAG 18.9.2008 EzA KSchG § 1 Betriebsbedingte Kündigung Nr. 162 = NZA 2009, 142.

[176] BAG 26.9.1996 EzA KSchG § 1 Betriebsbedingte Kündigung Nr. 86 = NZA 1997, 202.

[177] *Kiel,* FS Reuter, 2010, S. 589, 601.

[178] BAG 9.5.1996 EzA KSchG § 1 Betriebsbedingte Kündigung Nr. 85 = NZA 1996, 1145; ebenso LAG Köln 28.6.1996 LAGE KSchG § 1 Betriebsbedingte Kündigung Nr. 40; Sächsisches LAG 7.5.2004 – 2 Sa 878/03 –; *Berkowsky* I, § 6 Rn. 64 f.; KR/*Griebeling,* § 1 KSchG Rn. 598; LSW/*Löwisch,* § 1 KSchG Rn. 389; abl. *Preis,* NZA 1997, 1073, 1079; einschränkend dahingehend, dass die Umstellung auf selbständige Tätigkeit „nicht nur einzelne Arbeitnehmer trifft": BB/*Bram,* § 1 KSchG Rn. 284a.

[179] BAG 26.9.1996 EzA KSchG § 1 Betriebsbedingte Kündigung Nr. 86 = NZA 1997, 202 = AP KSchG 1969 § 1 Betriebsbedingte Kündigung mit zust. Anm. *Hromadka* Nr. 80; wie hier Sächsisches LAG 7.5.2004 – 2 Sa 878/03 –.

[180] Hierzu LAG Bremen 2.12.1997 LAGE KSchG § 1 Betriebsbedingte Kündigung Nr. 47, m. abl. Anm. *Schaub,* EWiR 1998, 425; LAG Bremen 30.1.1998, DB 1998, 1338; *Bertzbach,* FS Hanau, 1999, 173, 180 ff.; *Berkowsky* I, § 7 Rn. 148.

[181] BAG 26.9.1996 EzA KSchG § 1 Betriebsbedingte Kündigung Nr. 86 = NZA 1997, 202; BAG 12.3.2009 NZA 2009, 1023; LAG Hamm 5.3.2007 LAGE KSchG § 1 Betriebsbedingte Kündigung Nr. 78 = BB 2007, 2462; LAG Hamm 24.7.2007 NZA-RR 2008, 239; *Berkowsky* I, § 7 Rn. 148; *Kiel,* FS Reuter, 2010, S. 589, 590; z. T. a. A. *Moll/Ittmann,* RdA 2008, 321.

§ 2 Die Sozialwidrigkeit der Kündigung

ist in allen Fällen, dass der Vertrag oder der Vertragspartner „ausgetauscht" werden sollen, obwohl weiterhin ein Beschäftigungsbedürfnis besteht und auch die Mitarbeiter weitgehend die gleichen bleiben.[182] Motiv des Arbeitgebers ist es, den gleichen Arbeitskräftebedarf zu anderen rechtlichen oder kostenmäßigen Bedingungen zu befriedigen, wofür indes die Änderungskündigung vorrangiges Mittel ist.

Das BAG ermöglicht Austauschkündigungen mit einem definitorischen „Trick". Es beschränkt unzulässige Austauschkündigungen auf Fälle, in denen der Arbeitgeber, um die Belastungen durch den gesetzlichen Bestands- und Inhaltsschutz abzustreifen, durch zweckvolle Veränderungen der rechtlichen Zuordnung „pro forma" die Arbeitgeberstellung aufgibt, der Sache nach aber die tatsächliche betriebliche Organisation nicht ändert und sich insbesondere den durch das Direktionsrecht vermittelten Zugriff auf die Erledigung der Arbeit erhält. Der Arbeitgeber dürfe also nicht einen Arbeitnehmer durch einen (billigeren) anderen ersetzen, und zwar auch dann nicht, wenn er durch Zwischenschaltung anderer Unternehmen den reinen Austauschcharakter des Vorgangs zu verschleiern sucht.[183] Dem ist sicher zuzustimmen. Das BAG meint aber, dass der Arbeitgeber an einer „ernsthaften unternehmerischen Entscheidung" nicht gehindert werden könne, die bisher durch Arbeitnehmer erledigten Tätigkeiten nunmehr auf andere Weise ausführen zu lassen. Daran trifft zu, dass das echte Outsourcing, bei dem der Arbeitgeber die Leistungserbringung aus der Hand gibt, zulässig ist und zu betriebsbedingten Kündigungen führen kann. Zwar meint das BAG, dass private wie öffentliche Arbeitgeber nicht gezwungen werden könnten, den Bedarf an Leistungen allein durch Arbeitsverträge zu decken. Vielmehr dürften sie auf jeden rechtlich zulässigen Vertragstyp zurückzugreifen.[184] Das ist zwar richtig. Das gilt aber dann nur eingeschränkt, wenn die Steuerung der Tätigkeit im Verantwortungsbereich des Arbeitgebers bleibt. Die Sichtweise des BAG entwertet den Bestandsschutz, der nur dann weichen muss, wenn der Arbeitgeber keinen Personalbedarf mehr hat. Kurz gesagt: Die schlichte unternehmerische Entscheidung, den Vertragstyp zu wechseln, obwohl die im Wesentlichen gleiche Tätigkeit weiter erbracht wird, ist kein „dringendes" betriebliches Erfordernis. Das BAG erkennt selbst, dass die unternehmerische Entscheidung nicht lediglich als Vorwand benutzt werden darf, „um Arbeitnehmer aus dem Betrieb zu drängen, obwohl Beschäftigungsbedarf und Beschäftigungsmöglichkeit fortbestehen und lediglich die Arbeitsvertragsinhalte und die gesetzlichen Kündigungsschutzbestimmungen als zu belastend angesehen werden".[185] Dies ist nach der hier vertretenen Auffassung aber auch dann der Fall, wenn sich die Erbringung der Tätigkeit nur ganz unwesentlich ändert. Im Fall des „Moskito-Anschlägers" lag die Änderung allein darin, dass dem Arbeitnehmer nicht mehr kraft Direktionsrecht die Route vorgeschrieben wurde, sondern diese in Tourenlisten, die an bestimmten Wochentagen in einem 24-Stunden-Zeitkorridor abzuarbeiten sind, festgelegt waren.[186] Die – gesetzlich definierte – Tätigkeit der Frauenbeauftragten blieb ebenfalls gleich, nur sollte sie

948

---

[182] *Preis*, NZA 1997, 1073, 1079; s. a. *B. Preis*, ArbuR 1997, 60.
[183] Zuletzt BAG 18.9.2008 EzA KSchG § 1 Betriebsbedingte Kündigung Nr. 162 = NZA 2009, 142; siehe ferner BAG 16.12.2004 EzA KSchG § 1 Betriebsbedingte Kündigung Nr. 136 = NZA 2005, 761; LAG Hamburg 17.8.2006 NZA-RR 2007, 630; LAG Berlin-Brandenburg 1.3.2007 LAGE KSchG § 1 Betriebsbedingte Kündigung Nr. 77a (Kündigung einer Sozialarbeiterin im Pflegebereich wegen Übertragung zur selbständigen Ausführung auf einen Rechtsanwalt, der Mehrheitsgesellschafter des kündigenden Arbeitgebers ist).
[184] BAG 18.9.2008 NZA 2009, 142.
[185] BAG 18.9.2008 NZA 2009, 142.
[186] BAG 13.3.2008 EzA KSchG § 1 Betriebsbedingte Kündigung Nr. 159 = NZA 2008, 878; krit. hierzu *Preis*, FS Bauer, 2010, S. 827 ff.

kein Entgelt mehr, sondern lediglich noch eine Aufwandsentschädigung erhalten. In beiden Fällen ist kennzeichnend, dass der Bestandsschutz abgestreift, die Tätigkeit im Kern gleichbleibend und die Lohnkosten verringert werden sollten. Solche Unternehmerentscheidungen sind rechtsmissbräuchlich, denn es reicht zur Rechtfertigung einer betriebsbedingten Kündigung nicht aus, eine im Wesentlichen gleiche Tätigkeit nur in einer anderen Vertragsform oder gar unentgeltlich erbringen zu wollen. Sollen künftig Arbeitnehmer, etwa im Sozialbereich, gekündigt werden können, weil sich der Arbeitgeber entschließt, diese Tätigkeiten nur noch „ehrenamtlich" ausüben zu lassen?[187] In diesen Fällen muss das, ggf. wirtschaftlich „dringende Erfordernis" verdeutlicht werden. Allein in dem Austausch des Vertragstyps liegt eben noch keine plausible Unternehmerentscheidung, die im Lichte des § 1 KSchG anzuerkennen ist. Im Ergebnis stellt es – wie das BAG zu Recht entschieden hat – auch eine unzulässige Austauschkündigung dar, einen Arbeitnehmer des öffentlichen Dienstes zu kündigen, um auf derselben Stelle – bei gleichbleibendem Beschäftigungsbedarf – einen im Haushaltsjahr „billigeren" Beamten zu beschäftigen.[188]

949 Als Schranke zum Schutz vor sog. Austauschkündigungen ist überdies das Ultima-Ratio-Prinzip zu aktivieren. Wenn der Arbeitgeber sich dazu entschließt, die Tätigkeit mit einem anderen Anforderungsprofil (→ Rn. 936) oder in einer anderen rechtlichen Gestaltung durchzuführen, dann muss er dem zu kündigenden Arbeitnehmer, sofern er geeignet ist, diese Tätigkeit anbieten und ggf. vorrangig eine Änderungskündigung aussprechen. Im Falle des Wechsels vom unselbständigen zum selbständigen Plakatierer hätte dies auch den Vorteil, anhand der tatsächlichen Durchführung des Vertragsverhältnisses genauer einschätzen zu können, ob die Tätigkeit jetzt tatsächlich „weisungsfrei" ausgeführt wird.

950 Eine unzulässige Austauschkündigung aus sozialen Gründen stellt auch die verbreitet für zulässig gehaltene Kündigung eines nicht schwerbehinderten Arbeitnehmers dar, um statt seiner einen **schwerbehinderten Arbeitnehmer** zur Erfüllung der Pflichtplatzquote nach § 71 SGB IX einzustellen. Der gegenteiligen Auffassung, die Austauschkündigung könne ein dringendes betriebliches Erfordernis darstellen,[189] kann aus mehreren Gründen nicht gefolgt werden. Aus § 71 SGB IX lässt sich nicht der gesetzgeberische Wille ableiten, den Bestandsschutz nicht Behinderter zu relativieren. Die Beschäftigungspflicht begründet als solche noch kein „dringendes betriebliches Erfordernis". Dieser Sichtweise könnte man allenfalls dann nähertreten, wenn Schwerbehinderte einen individuellen Einstellungsanspruch hätten. Gerade dies ist jedoch nicht der Fall, wie die arbeitgeberseitige Verpflichtung zur Ausgleichsabgabe nach § 77 SGB IX zeigt. § 89 Abs. 1 S. 3 SGB IX zeigt, dass der Arbeitgeber auch Schwerbehinderte bei betriebsbedingten Kündigungen nur auf „freie Arbeitsplätze" versetzen muss.[190] Hieraus folgt zwingend, dass ein Schwerbehinderter nicht die Kündigung nicht Schwerbehinderter beanspruchen kann. Arbeitnehmern, die nicht schwerbehindert sind und Kündigungsschutz nach § 1 KSchG genießen, kann es nicht zum Nach-

---

[187] So zur Entscheidung, eine hauptamtliche Stelle als Kirchenmusiker entfallen zu lassen und nur ehrenamtliche Kirchenmusiker spielen zu lassen, Kirchengerichtshof der EKD 20.4.2009 – I – 0124/P59-08 –; Kündigung eines Pädagogen und Ersetzung durch ehrenamtliche „Honorarkräfte", LAG Hessen 14.7.2006 NZA-RR 2007, 197.

[188] BAG 21.9.2000 EzA KSchG § 1 Betriebsbedingte Kündigung Nr. 106 = NZA 2001, 255; zust. *Kiel*, FS Reuter, 2010, S. 589, 600.

[189] So KR/*Becker*, 3. Aufl. 1989, § 1 KSchG Rn. 346; NPM/*Pahlen*, § 71 Rn. 7; BAG 8.2.1966 AP SchwBeschG § 12 Nr. 4; wie hier KR/*Griebeling*, § 1 KSchG Rn. 517; KDZ/*Deinert*, § 1 KSchG Rn. 449; HK-KSchG/*Dorndorf*, § 1 Rn. 965; *Wank*, RdA 1987, 129, 143 f.

[190] Hierauf weist *Wank*, RdA 1987, 129, 143 f., zu Recht hin.

teil gereichen, dass ihr Arbeitgeber keine, im Lichte des Schwerbehindertenrechts wünschenswerte Einstellungspolitik betrieben hat. Es wäre ein grundsätzlich falscher Ansatz, in dieser Weise das Problem der Arbeitsplatzverteilung zwischen schwerbehinderten und nicht schwerbehinderten Arbeitnehmern lösen zu wollen. Grundsätzlich kann kein Arbeitnehmer die Kündigung eines anderen Arbeitnehmers verlangen, um für ihn einen Arbeitsplatz freizumachen.[191] Bei der betriebsbedingten Kündigung wird das Problem des Arbeitsplatzmangels allein über § 1 Abs. 3 KSchG gelöst.[192]

Anders ist die Situation, wenn der Arbeitgeber – statt die Ausgleichsabgabe nach **951** § 77 SGB IX zu zahlen – Schwerbehinderte über den akuten Personalbedarf hinaus einstellt. Besteht nach einer solchen Einstellungspolitik ein Arbeitskräfteüberhang, hat der Arbeitgeber unter Beachtung der sozialen Auswahl grundsätzlich die Möglichkeit, betriebsbedingte Kündigungen auszusprechen. Nach § 90 Abs. 1 Nr. 1 SGB IX gilt der besondere Kündigungsschutz für Schwerbehinderte entsprechend § 1 Abs. 1 KSchG erst dann, wenn das Arbeitsverhältnis ohne Unterbrechung länger als sechs Monate bestanden hat. Erst nach Ablauf dieses Zeitpunktes wäre der neu eingestellte Schwerbehinderte nicht mehr in den Kreis der auswahlrelevanten Arbeitnehmer einzubeziehen. Vor Ablauf von sechs Monaten wäre der Schwerbehinderte – wie alle anderen Arbeitnehmer auch – vor den Arbeitnehmern zu entlassen, die bereits Kündigungsschutz genießen.[193] Diese Konsequenz ist gesetzlich gewollt, weil während der ersten sechs Monate Kündigungsfreiheit bestehen soll.[194]

ff) Betriebsänderungen/Änderungen des Arbeitsablaufs

Betriebsänderungen und Änderungen des Arbeitsablaufs sind innerbetriebliche Or- **952** ganisationsentscheidungen, die nur darauf überprüft werden, ob sie rechtsmissbräuchlich ergriffen werden (sollen). Für eine beschlossene und tatsächlich durchgeführte Betriebsänderung spricht die Vermutung, dass sie aus sachlichen Gründen erfolgt ist.[195] Erkennt man – entgegen der hier vertretenen Ansicht – eine Kündigung zur Leistungsverdichtung an, kann dieser Satz nicht mehr uneingeschränkt gelten, weil allein für die Entscheidung des Arbeitgebers, den Personalbestand auf Dauer zu reduzieren, kein Erfahrungssatz angenommen werden kann. Das BAG gesteht dies zu. Die bislang angenommene Vermutung soll in diesen Fällen nicht mehr von vornherein greifen.[196]

Eine hinzunehmende arbeitsorganisatorische Entscheidung ist die **Zusammenle-** **953** **gung von Arbeitsgebieten**.[197] So kann aus Kostengründen die Position eines Betriebsassistenten eingespart werden, wenn dessen Aufgaben zum Teil vom Arbeitgeber selbst und zum Teil von dessen Sekretariat wahrgenommen werden sollen.[198] Auch die Position eines Verkaufsleiters kann eingespart werden, wenn sich deren Einrichtung als

---

[191] *Preis,* Prinzipien, S. 318 mwN.
[192] Siehe auch BAG 7.2.1985 EzA KSchG § 1 Nr. 20 = NZA 1986, 260; LAG Köln 16.10.1986 LAGE KSchG § 1 Betriebsbedingte Kündigung Nr. 10.
[193] Siehe hier noch unter Rn. 1068.
[194] Vgl. BT-Drucks. 10/3138, S. 21; NPM/*Neumann,* § 90 Rn. 1 f.; APS/*Vossen,* § 90 SGB IX, Rn. 1, 3 ff.
[195] BAG 24.10.1979 EzA KSchG § 1 Betriebsbedingte Kündigung Nr. 13; BAG 30.4.1987 EzA KSchG § 1 Betriebsbedingte Kündigung Nr. 47 = NZA 1987, 776; BAG 14.10.1982 AP BGB § 613a Nr. 36 = EzA BGB § 613a Nr. 38; BAG 9.5.1996 EzA KSchG § 1 Betriebsbedingte Kündigung Nr. 85 = NZA 1996, 1145.
[196] BAG 17.6.1999 AP KSchG 1969 § 1 Betriebsbedingte Kündigung Nr. 101, 102 u. 103; *Singer/ von Finckenstein,* Anm. SAE 2000, 282, 285.
[197] Hierzu BAG 24.10.1979 AP KSchG 1969 § 1 Betriebsbedingte Kündigung Nr. 8 = EzA KSchG § 1 Betriebsbedingte Kündigung Nr. 13.
[198] LAG Köln 28.10.1986 LAGE KSchG § 1 Betriebsbedingte Kündigung Nr. 8.

nicht umsatzfördernd erwiesen hat und die dem Verkaufsleiter zugewiesenen Aufgaben anderweitig aufgeteilt werden.[199] Die Stelle einer Chefsekretärin kann entfallen, wenn der Posten des 2. Geschäftsführers nicht wieder besetzt wird.[200] Zum Zwecke der Personalkostensenkung kann der Arbeitgeber Arbeitsaufgaben selbst übernehmen oder anderen Arbeitnehmern zuweisen,[201] wobei im letzteren Fall keine überobligationsmäßigen Leistungen verlangt werden dürfen.[202]

953a Insoweit bedarf es auch bei der **Streichung einer Hierarchieebene** der plausiblen Darlegung des unternehmerischen Konzepts,[203] damit geprüft werden kann, ob der Arbeitsplatz des betroffenen Arbeitnehmers tatsächlich weggefallen ist und die Entscheidung nicht offensichtlich unsachlich oder willkürlich ist. An die Darlegungslast des Arbeitgebers sind sogar gesteigerte Anforderungen zu stellen, wenn die unternehmerische Entscheidung letztlich nur auf den Abbau einer Hierarchieebene verbunden mit einer Neuverteilung der dem betroffenen Arbeitnehmer bisher zugewiesenen Aufgaben hinausläuft.[204] Der Arbeitgeber muss insbesondere darlegen, in welchem Umfang die bisher vom Arbeitnehmer ausgeübten Tätigkeiten zukünftig im Vergleich zum bisherigen Zustand entfallen. Er muss aufgrund seiner unternehmerischen Vorgaben die zukünftige Entwicklung der Arbeitsmenge anhand einer näher konkretisierten Prognose darstellen und angeben, wie die anfallenden Arbeiten vom verbliebenen Personal ohne überobligationsmäßige Leistungen erledigt werden können.[205] Gestaltet der Arbeitgeber den Arbeitsablauf um, ohne dass sich die Arbeitsmenge verändert, ist die betriebsbedingte Kündigung nicht allein deswegen gerechtfertigt, weil die mit den im Wesentlichen gleichen Arbeiten eingerichteten Arbeitsplätze vom Arbeitgeber als Beförderungsstellen bezeichnet werden. Der Arbeitgeber könnte sonst einen missliebigen Arbeitnehmer mit der Begründung kündigen, dieser habe keinen Anspruch auf Beförderung. Dem Arbeitgeber ist es aber nicht verwehrt, die Anforderungsprofile der neu eingerichteten Arbeitsplätze kraft unternehmerischer Entscheidung festzulegen.[206]

954 Die aus arbeitsorganisatorischen Gründen getroffene Entscheidung, einen **Teilzeitarbeitsplatz** in einen **Vollzeitarbeitsplatz umzuwandeln,** ist eine hinzunehmende unternehmerische Organisationsentscheidung. Dies kann aber nicht gelten, wenn der Arbeitnehmer einen Anspruch auf Teilzeitarbeit hat, dem betriebliche Gründe nach § 8 Abs. 4 TzBfG nicht entgegenstehen.[207] Die begründungslose Organisationsentscheidung, Vollzeitstellen in Teilzeitstellen umzuwandeln, ist willkürlich; vielmehr muss der Arbeitgeber plausible wirtschaftliche oder unternehmenspolitische Gründe

---

[199] LAG Köln 16.10.1986 LAGE KSchG § 1 Betriebsbedingte Kündigung Nr. 10.
[200] BAG 5.2.1998 EzA BGB § 626 Unkündbarkeit Nr. 2 = NZA 1998, 771.
[201] BAG 22.3.1990 RzK I 5c Nr. 36; LAG Berlin 4.4.1997 LAGE KSchG § 1 Betriebsbedingte Kündigung Nr. 42.
[202] BAG 17.6.1999 EzA KSchG § 1 Betriebsbedingte Kündigung Nr. 101 = NZA 1999, 1095.
[203] BAG 10. 10. 2002 AP KSchG 1969 § 1 Betriebsbedingte Kündigung Nr. 123 = EzA KSchG § 1 Betriebsbedingte Kündigung Nr. 122; HaKo/*Gallner/Mestwerdt*, § 1 KSchG Rn. 674.
[204] BAG 24.5.2012 NZA 2012, 1223; BAG 16.12.2010 NZA 2011, 505; BAG 13.2.2008 EzA KSchG § 1 Betriebsbedingte Nr. 158 = NZA 2008, 819.
[205] Vgl. auch BAG 27.9.2001 DB 2002, 1163. Unklar ist die Aussage in BAG 24.5.2012 NZA 2012, 1223 Rn. 31, bei nicht taktgebundenen Arbeiten müsse nicht in jedem Fall und „minutiös dargelegt" werden, welche einzelnen Tätigkeiten die fraglichen Mitarbeiter künftig mit welchen Zeitanteilen täglich zu verrichten haben.
[206] BAG 10.11.1994 EzA § KSchG 1 Betriebsbedingte Kündigung Nr. 77 = NZA 1995, 566; BAG 5.10.1995 EzA KSchG § 1 Betriebsbedingte Kündigung Nr. 82 = NZA 1996, 524; BAG 23.6.2005 EzA KSchG § 2 Nr. 54 = NZA 2006, 92.
[207] LAG 23.2.2006 NZA-RR 2006, 294.

§ 2 Die Sozialwidrigkeit der Kündigung

vortragen.²⁰⁸ Die Unternehmerentscheidung ist zudem der Rechtskontrolle ausgesetzt, weshalb Teilzeitbeschäftigte durch die veränderte Arbeitszeitgestaltung nicht entgegen § 4 Abs. 1 S. 1 TzBfG benachteiligt werden dürfen.²⁰⁹

Eine **betriebsbedingte Kündigung des Teilzeitarbeitnehmers** kann aber nur **955** gerechtfertigt sein, wenn die Teilzeitkraft selbst nicht ganztägig zu arbeiten bereit ist und die Einstellung einer weiteren Teilzeitkraft zur Befriedigung des Personalbedarfs nicht möglich ist.²¹⁰ Dass die Gewinnung einer weiteren Teilzeitkraft nicht möglich ist, hat der Arbeitgeber zu beweisen. Wenn dem Arbeitgeber dieser **Nachweis** gelingt, kann die Teilzeitkraft trotz steigenden Personalbedarfs gekündigt werden, wenn der **Personalbedarf für Teilzeitkräfte im Betrieb gesunken ist.** Dieser Nachweis wird bei grundsätzlich steigendem Personalbedarf nur schwer zu führen sein, weil es oftmals an einem Arbeitskräfteüberhang und in der Regel an einem „dringenden Erfordernis" i. S. des § 1 Abs. 2 S. 1 KSchG fehlen dürfte. **Verringert sich** dagegen **der Personalbedarf,** so steht es dem Arbeitgeber frei, Vollzeitarbeitsplätze in Teilzeitarbeitsplätze umzugestalten, und statt weniger Beendigungskündigungen mehrere Änderungskündigungen auszusprechen.²¹¹ Das Recht des Arbeitgebers zur betriebsbedingten Kündigung bleibt von dem besonderen Kündigungsverbot des § 11 TzBfG unberührt. Bei der Weigerung, in **Altersteilzeit** oder einem **flexiblen Arbeitszeitmodell** zu arbeiten, sind die besonderen Kündigungsschranken des § 8 Abs. 1 ATG²¹² und des § 7 Abs. 1 lit. b SGB IV zu beachten.

gg) Betriebsstilllegung

Die Betriebsstilllegung ist eine unternehmerische Entscheidung, die die betriebsbe- **956** dingte Kündigung regelmäßig rechtfertigt. Eine Betriebsstilllegung setzt freilich den **ernstlichen und endgültigen Entschluss** des Unternehmers voraus, die **Betriebs- und Produktionsgemeinschaft** zwischen Arbeitgeber und Arbeitnehmer für einen **seiner Dauer nach unbestimmten, wirtschaftlich nicht unerheblichen Zeitraum aufzugeben.** Ist diese Voraussetzung erfüllt, stellt die Betriebsstilllegung ein dringendes betriebliches Erfordernis im Sinne des § 1 Abs. 2 S. 1 KSchG dar.²¹³ Diese Voraussetzungen gelten uneingeschränkt auch für gemeinnützige, am Markt operie-

---

²⁰⁸ APS/*Kiel*, § 1 KSchG Rn. 553; *Preis/Gotthardt*, DB 2000, 2065, 2069; *dies.*, DB 2001, 145, 148; weitergehend *Reinfelder/Zwanziger*, DB 1996, 677, 678, die sachliche Gründe verlangen; vgl. BAG 12.8.1999 EzA KSchG § 2 Soziale Auswahl Nr. 41 = NZA 2000, 30: konkrete Darlegung eines nachvollziehbaren unternehmerischen Konzepts der Arbeitszeitgestaltung Nr. 44; a. A. KR/*Griebeling*, § 1 KSchG Rn. 562.
²⁰⁹ Vgl. BAG 24.4.1997 EzA KSchG § 2 Nr. 26 = NZA 1997, 1047.
²¹⁰ LAG Rheinland-Pfalz 10.5.1988 LAGE KSchG § 1 Betriebsbedingte Kündigung Nr. 16; LAG Berlin 10.9.1996 LAGE KSchG § 2 Nr. 20; LAG Hamburg 20.11.1996, ArbuR 1997, 261, 262; a. A. *Henssler*, in Henssler/Moll, D Rn. 26; *Schaub*, § 131 Rn. 33; GK-TzA/*Becker*, Art. 1 § 2 Rn. 258 f.; die die Prüfung, ob eine andere Teilzeitkraft eingestellt werden kann, ablehnen.
²¹¹ BAG 19.5.1993 EzA KSchG § 1 Betriebsbedingte Kündigung Nr. 73 m. zust. Anm. *Raab* = AR-Blattei ES 1020.1.1 Nr. 13 mit zust. Anm. *Preis*.
²¹² Hierzu APS/*Greiner*, § 8 ATG, Rn. 1, 3.
²¹³ BAG 19.6.1991 EzA KSchG § 1 Betriebsbedingte Kündigung Nr. 70 m. Anm. *Kraft/Raab*; BAG 27.2.1987 EzA KSchG § 1 Betriebsbedingte Kündigung Nr. 46 = NZA 1987, 700; BAG 22.5.1997 EzA BGB § 613a Nr. 149 = NZA 1997, 1050; BAG 11.3.1998 EzA KSchG § 1 Betriebsbedingte Kündigung Nr. 99 = NZA 1998, 879; BAG 3.9.1998 NZA 1999, 147; BAG 18.1.2001 EzA KSchG § 1 Betriebsbedingte Kündigung Nr. 109 = NZA 2001, 719; BAG 16.6.2005 EzA KSchG § 1 Betriebsbedingte Kündigung Nr. 137 = NZA 2006, 270; BAG 6.4.2006 AP EzA BGB § 613a 2002 Nr. 49 = NZA 2006, 723; BAG 24.8.2006 EzA BGB 2002 § 613a Nr. 60 = NZA 2007, 1287; *Berkowsky* I, § 6 Rn. 130 ff.; APS/*Kiel*, § 1 KSchG Rn. 488; LSW/*Löwisch*, § 1 KSchG Rn. 397 ff.

rende Unternehmen.[214] Der Entschluss des Arbeitgebers, ab sofort keine neuen Aufträge mehr anzunehmen, allen Arbeitnehmern zum nächstmöglichen Kündigungstermin zu kündigen, zur Abarbeitung der vorhandenen Aufträge eigene Arbeitnehmer nur noch während der jeweiligen Kündigungsfristen einzusetzen und so den Betrieb schnellstmöglich stillzulegen, ist von den Arbeitsgerichten als unternehmerische Entscheidung hinzunehmen.[215] Der Ernsthaftigkeit der Stilllegungsabsicht steht diese Vorgehensweise nicht entgegen, wenn kein Vorbehalt besteht, beispielsweise die gekündigten Arbeitnehmer über den Ablauf ihrer Kündigungsfrist hinaus zu beschäftigen. Bei einem konsequenten unternehmerischen Stilllegungskonzept mit der sofortigen und gleichzeitigen Kündigung aller Arbeitnehmer entfällt auch das Erfordernis einer sozialen Auswahl.[216] Aus welchem Grunde die Betriebsstilllegung erfolgt (behördliches Produktionsverbot, wirtschaftliche Gründe, Insolvenz, altersbedingte Betriebsaufgabe), ist unerheblich.[217] Regelmäßig kann nur die **endgültige Betriebsstilllegung** ein dringendes betriebliches Erfordernis begründen.[218] Abzugrenzen ist diese von der bloßen **Betriebsunterbrechung** oder **Betriebspause,** die keine betriebsbedingte Kündigung rechtfertigen.[219] Eindeutig nicht ausreichend ist eine bloße **Betriebsunterbrechung,** bei der im Zeitpunkt der Kündigung bereits feststeht, wann der Betrieb wieder aufgenommen wird, und dies bis zum Ablauf der Kündigungsfrist geschieht.[220] Eine vorübergehende Betriebsschließung kann aber dann ein dringendes betriebliches Bedürfnis darstellen, wenn im Kündigungszeitpunkt der Wegfall der Beschäftigungsmöglichkeit bei Ablauf der Kündigungsfrist für nicht unerhebliche Zeit (zB $1/2$ bis $3/4$ Jahr) zu erwarten ist.[221] Dagegen scheidet eine betriebsbedingte Kündigung aus, wenn im Kündigungszeitpunkt bereits absehbar ist, dass der Arbeitsplatz nach Ablauf der Kündigungsfrist erneut zur Verfügung steht und dieser Zeitraum in zumutbarer Weise überbrückt werden kann, wobei es auf die jeweiligen Umstände des Einzelfalls ankommt.[222]

957 Nicht erforderlich ist, dass die Betriebsstilllegung dem Wunsch des Arbeitgebers entspricht. Sieht sich der Unternehmer zu dem Entschluss durch außerbetriebliche Umstände gezwungen, so ist es unschädlich, wenn sich die Verhältnisse wider Erwarten anders als bei vernünftiger Betrachtung vorhersehbar entwickeln.[223] Das BAG fordert jedoch, dass die **(prognostizierte) Betriebsstilllegung** nach den Umständen bereits **konkrete und greifbare Formen** angenommen hat und eine vernünftige, betriebswirtschaftliche Betrachtung die Prognose rechtfertigt, dass der Arbeitnehmer

---

[214] BAG 13.2.2008 AP KSchG 1969 § 1 Betriebsbedingte Kündigung Nr. 175 = NZA 2008, 821.
[215] BAG 18.1.2001 EzA KSchG § 1 Betriebsbedingte Kündigung Nr. 109 = NZA 2001, 719; BAG 7.3.2002 EzA KSchG § 1 Betriebsbedingte Kündigung Nr. 116.
[216] BAG 7.7.2005 EzA KSchG § 1 Betriebsbedingte Kündigung Nr. 139 = NZA 2005, 1351; BAG 8.11.2007 EzA KSchG § 1 Betriebsbedingte Kündigung Nr. 156 = AP KSchG 1969 § 17 Nr. 28.
[217] LSW/*Löwisch*, § 1 KSchG Rn. 397.
[218] A. A. LAG Berlin 17.11.1986 LAGE KSchG § 1 Betriebsbedingte Kündigung Nr. 9.
[219] Ebenso *Berkowsky* I, § 5 Rn. 135; KR/*Griebeling*, § 1 KSchG Rn. 581; APS/*Kiel*, § 1 KSchG Rn. 490 f.; *Preis*, DB 1988, 1393.
[220] *Preis*, NZA 1997, 1073, 1082.
[221] BAG 27.4.1995 EzA KSchG § 1 Betriebsbedingte Kündigung Nr. 83; LAG Köln 11.1.1995 ARSt 1995, 234.
[222] BAG 7.3.1996 EzA KSchG 1969 § 1 Betriebsbedingte Kündigung Nr. 84 = NZA 1996, 931 = AR-Blattei ES 1020 Nr. 338 m. zust. Anm. *Schwab*; BAG 21.6.2001 EzA KSchG § 15 Nr. 53 = NZA 2002, 212; BAG 15.12.1994 EzA KSchG § 1 Betriebsbedingte Kündigung Nr. 75 = NZA 1995, 521 = SAE 1996, 116 m. krit. Anm. *Oetker* Nr. 67.
[223] BAG 27.2.1987 EzA KSchG 1969 § 1 Betriebsbedingte Kündigung Nr. 46 = NZA 1987, 700–702.

§ 2 Die Sozialwidrigkeit der Kündigung

bis zum Ablauf der Kündigungsfrist entbehrt werden kann.[224] Der tatsächliche Eintritt der prognostizierten Entwicklung lässt im Prozess Rückschlüsse auf die Ernsthaftigkeit und Plausibilität der Prognose zu.[225] Für die Beurteilung der Wirksamkeit der Kündigung ist maßgeblich, welche unternehmerische Entscheidung im Zeitpunkt der Kündigung von der Beklagten getroffen worden war.[226] Wird im Zeitpunkt der Kündigung noch über die Veräußerung des Betriebes verhandelt und nur vorsorglich mit der Begründung gekündigt, der Betrieb solle zu einem bestimmten Zeitpunkt stillgelegt werden, falls eine Veräußerung scheitere, ist die Grundlage für eine Negativprognose noch nicht hinreichend und die Kündigung unwirksam.[227] Weitet der Arbeitgeber durch Auftragsannahme seine Kapazität aus, kann eine tatsächliche Vermutung gegen eine beschlossene Teilstilllegung sprechen.[228] Dagegen steht der Wirksamkeit der Kündigung nach Ansicht des BAG nicht entgegen, dass der Arbeitgeber sich eine Betriebsveräußerung für den Fall vorbehält, dass sich dazu wider Erwarten eine Möglichkeit ergibt.[229] Kommt es entgegen der Prognose dennoch nicht zu einer Betriebsstilllegung, kann der zunächst zu Recht gekündigte Arbeitnehmer ggf. einen Anspruch auf Fortsetzung des Arbeitsverhältnisses bzw. Wiedereinstellung haben.[230]

Bei **juristischen Personen**, aber auch bei **Personengesellschaften** bedarf es nach Ansicht des BAG zur Betriebsstilllegung **keines Beschlusses** der zuständigen Stelle **zur Auflösung** der Gesellschaft.[231] Daran bestehen Zweifel. Jedenfalls dürfte ein fehlender Auflösungsbeschluss ein Indiz dafür darstellen, dass begründete Zweifel bestehen, dass überhaupt eine unternehmerische Entscheidung zur Stilllegung getroffen worden ist. Auch ist zu erwägen, ob eine endgültige Stilllegung ohne Auflösungsbeschluss nicht willkürlich ist.[232]

958

Bei **etappenweisen Betriebsstilllegungen** kann schrittweise betriebsbedingt gekündigt werden. Die Kündigung ist aber nicht schon deshalb gerechtfertigt, weil demnächst der gesamte Betrieb stillgelegt wird. Vielmehr hat der Arbeitgeber auch bei etappenweisen Betriebsstilllegungen nach der Rechtsprechung des BAG zu prüfen, ob noch eine – wenn auch nur vorübergehende – Weiterbeschäftigungsmöglichkeit in

959

---

[224] BAG 11.3.1998 EzA KSchG § 1 Betriebsbedingte Kündigung Nr. 99 = NZA 1998, 3371; BAG 28.4.1988 und 22.5.1997 EzA BGB § 613a Nr. 74 = NZA 1989, 265 und EzA BGB § 613a Nr. 149 = NZA 1997, 3188; BAG 19.6.1991 EzA KSchG § 1 Betriebsbedingte Kündigung Nr. 70 = NZA 1991, 891; BAG 6.4.2006 EzA BGB 2002 § 613a Nr. 49 = NZA 2006, 723.

[225] BAG 27.11.2003 EzA KSchG § 1 Betriebsbedingte Kündigung Nr. 128 = NZA 2004, 477.

[226] BAG 14.3.2013 – 8 AZR 153/12.

[227] BAG 27.9.1984 EzA BGB § 613a Nr. 40 = NZA 1985, 493; BAG 10.10.1996 EzA KSchG § 1 Betriebsbedingte Kündigung Nr. 87 = NZA 1997, 251 = EWiR 1997, 273 m. zust. Anm. *Plander*; KR/*Griebeling*, § 1 KSchG Rn. 579; APS/*Kiel*, § 1 KSchG Rn. 490a; KDZ/*Deinert*, § 1 KSchG Rn. 451; LSW/*Löwisch*, § 1 KSchG Rn. 400. Nach LAG Köln 30.1.2006 LAGE KSchG 1969 § 1 Betriebsbedingte Kündigung Nr. 76 wird ein endgültiger und ernsthafter Entschluss zur Stilllegung verneint, wenn wenige Tage vor Ausspruch der Kündigung eine Auffanggesellschaft gegründet wird, die später in den ursprünglichen Räumen und mit einem Teil des Personals die betrieblichen Arbeiten fortsetzt.

[228] LAG Köln 22.2.2006 NZA-RR 2006, 523.

[229] BAG 7.3.1996 RzK I 5f Nr. 22; KR/*Griebeling*, § 1 KSchG Rn. 579b; HHL/*Krause*, § 1 KSchG Rn. 844; APS/*Kiel*, § 1 KSchG Rn. 490a.

[230] Siehe → Rn. 1010 ff.

[231] BAG 11.3.1998 EzA KSchG § 1 Betriebsbedingte Kündigung Nr. 99 = NZA 1998, 879–881; BAG 5.4.2001 EzA KSchG § 1 Betriebsbedingte Kündigung Nr. 110 = NZA 2001, 949; BAG 8.4.2003 EzA InsO § 55 Nr. 4 = AP BetrVG 1972 § 113 Nr. 40; BAG 14.3.2013 – 8 AZR 153/12 –; a. A. LAG Berlin 10.8.1987 LAGE KSchG § 1 Betriebsbedingte Kündigung Nr. 13; LAG Düsseldorf 18.10.1999, BB 2000, 363 = teilw. ARSt 2000, 174; HK-KSchG/*Weller/Dorndorf*, § 1 Rn. 972; krit. a. *Plander*, NZA 1999, 505 ff.; APS/*Kiel*, § 1 KSchG Rn. 492.

[232] Vgl. APS/*Kiel*, § 1 KSchG Rn. 492.

nicht stillgelegten Betriebsteilen besteht oder ob noch Abwicklungsarbeiten erforderlich sind.[233] Besonders wichtig ist, dass der Arbeitgeber bei etappenweisen Betriebsstilllegungen die Grundsätze der Sozialauswahl beachten muss, selbst wenn nur noch kurzfristige Weiterbeschäftigungsmöglichkeiten im Rahmen von Abwicklungsarbeiten bestehen.[234] Dagegen muss der Arbeitgeber keine Sozialauswahl vornehmen, wenn er allen Arbeitnehmern gleichzeitig kündigt und denjenigen mit den längsten Kündigungsfristen die Abwicklungsarbeiten überträgt, weil es sich dann nicht um eine etappenweise Betriebsstilllegung handelt.[235]

960 Auch die **Stilllegung von Betriebsabteilungen** kann die betriebsbedingte Kündigung rechtfertigen. Zu prüfen ist aber, ob tatsächlich auch die von der stillgelegten Betriebsabteilung erfüllte Aufgabe wegfällt.[236] Wird die Aufgabe und damit der Arbeitsplatz lediglich auf andere Betriebsabteilungen verlagert, ist der Arbeitnehmer grundsätzlich dort weiterzubeschäftigen, es sei denn, der Arbeitnehmer ist nicht geeignet, ggf. nach Fortbildung und Umschulung, den verlagerten Arbeitsplatz auszufüllen.[237]

hh) Betriebsübergang

(1) Kündigungsverbot nach § 613a Abs. 4 Satz 1 BGB

961 Gemäß § 613a Abs. 4 S. 1 BGB ist die Kündigung eines Arbeitsverhältnisses durch den bisherigen Arbeitgeber oder durch den neuen Inhaber **wegen des Übergangs eines Betriebs oder eines Betriebsteils unwirksam**. Die Voraussetzungen für einen Betriebs(teil)übergang haben sich nach der Rechtsprechung geändert. War früher allein die Übernahme der sächlichen oder immateriellen Betriebsmittel entscheidend, kann nach der neueren Rechtsprechung des BAG ein Betriebsübergang auch dann vorliegen, wenn der Erwerber die bisherige Tätigkeit weiterführt und einen Großteil der Belegschaft übernimmt. Dies gilt jedenfalls in Branchen, in denen es im Wesentlichen auf die menschliche Arbeitskraft ankommt (Gebäudereinigung, Bewachung, Catering, ggf. Gastronomie).[238] Dagegen reicht die bloße Funktionsnachfolge für die Annahme eines Betriebsübergangs nicht aus.[239] Mit dieser Sichtweise hat sich das BAG dem EuGH angeschlossen,[240] der einen Betrieb oder Betriebsteil nicht als organisatorische Einheit definiert, sondern darauf abstellt, ob eine beim Veräußerer vorhandene wirtschaftliche Einheit auch bei dem Erwerber besteht.[241]

962 § 613a Abs. 4 S. 1 BGB stellt ein **eigenständiges Kündigungsverbot iSd §§ 13 Abs. 3 KSchG, 134 BGB** dar und findet deshalb auch Anwendung, wenn das Ar-

---

[233] BAG 16.9.1982 EzA KSchG § 1 Betriebsbedingte Kündigung Nr. 18 m. zust. Anm. *Herschel* = AP KO § 22 Nr. 4; *Berkowsky* I, § 5 Rn. 139 ff.; LSW/*Löwisch*, § 1 KSchG Rn. 403.
[234] BAG 10.1.1994 AP KSchG 1969 § 1 Konzern Nr. 8; BAG 16.9.1982 EzA KSchG § 1 Betriebsbedingte Kündigung Nr. 18 = AP KO § 22 Nr. 4; LAG Hamm 3.4.1987 NZA 1987, 636; APS/*Kiel*, § 1 KSchG Rn. 493; LSW/*Löwisch*, § 1 KSchG Rn. 403; HK-KSchG/*Weller/Dorndorf*, § 1 Rn. 975; krit. *Preis*, DB 1988, 1394.
[235] Hierzu BAG 10.10.1996 NZA 1997, 92; LAG Berlin 13.7.1999 NZA-RR 2000, 78, 80; *Kiel/Koch*, Rn. 130.
[236] LAG Rheinland-Pfalz 22.9.2005 NZA-RR 2006, 189.
[237] Vgl. BAG 10.11.1994 EzA KSchG § 1 Betriebsbedingte Kündigung Nr. 77 = NZA 1995, 566.
[238] BAG 22.5.1997 EzA BGB § 613a Nr. 148 = NZA 1997, 937; 13.11.1997 EzA BGB § 613a Nr. 156 = NZA 1998, 249; zu den sich hieraus ergebenden Fragen *Preis/Steffan*, DB 1998, 309 ff.
[239] Zur Abgrenzung Funktionsnachfolge/Betriebsübergang BAG 22.1.1998 EzA BGB § 613a Nr. 161 = NZA 1998, 536.
[240] Insbesondere EuGH 11.3.1997 NZA 1997, 433.
[241] St. Rspr. seit EuGH 18.3.1986 EAS RL 77/187/EWG Art. 1 Nr. 2; EuGH 11.3.1997 NZA 1997, 433. Im Einzelnen ErfK/*Preis* § 613a BGB Rn. 5 mit zahlreichen Nachweisen.

beitsverhältnis noch nicht länger als sechs Monate bestanden hat (§ 1 Abs. 1 KSchG) oder die Betriebsgröße des § 23 KSchG nicht erreicht ist. Unter das Kündigungsverbot fallen sowohl ordentliche als auch außerordentliche Beendigungs- oder Änderungskündigungen sowie Aufhebungsverträge, die zur Vermeidung von Kündigungen wegen des Betriebsübergangs geschlossen werden.[242] Unwirksam sind auch Kündigungen, die der Insolvenzverwalter im Rahmen des Insolvenzverfahrens „wegen" eines Betriebsübergangs ausspricht.[243] Dasselbe gilt für Kündigungen durch den Erwerber eines vom Insolvenzverwalter veräußerten Betriebs.[244] Erleichterungen hinsichtlich der Kündigungsfristen, der gerichtlichen Überprüfbarkeit sowie der Darlegungs- und Beweislast folgen indes für Kündigungen durch den Insolvenzverwalter und ggf. den Betriebserwerber aus den §§ 113, 120 bis 122 sowie 125 bis 129 InsO.[245] Gem. § 324 UmwG gilt § 613a Abs. 4 S. 1 BGB in direkter Anwendung bei gesellschaftsrechtlichen Umwandlungen in Form der Verschmelzung, Spaltung oder Vermögensübertragung, wenn infolge einer Umwandlungsmaßnahme ein Betrieb oder Betriebsteil auf einen anderen Rechtsträger übergeht.[246] Analog anzuwenden ist das Kündigungsverbot nach der Rechtsprechung des BAG bei der Überführung einer Einrichtung oder Teileinrichtung gemäß den Regelungen des Einigungsvertrags.[247]

(2) Kündigungsmöglichkeiten nach § 613a Abs. 4 Satz 2 BGB

Während § 613a Abs. 4 S. 1 BGB ein Kündigungsverbot wegen des Betriebsübergangs anordnet, stellt § 613a Abs. 4 Satz 2 BGB gleichzeitig klar, dass eine Kündigung aus anderen – insbesondere wirtschaftlichen, technischen und organisatorischen – Gründen möglich bleibt. Bei der Anwendung des § 613a Abs. 4 BGB ist stets zu prüfen, ob es – neben dem Betriebsübergang – einen sachlichen Grund gibt, der „aus sich heraus" die Kündigung zu rechtfertigen vermag, sodass der Betriebsübergang nur äußerlicher Anlass, nicht aber der tragende Grund für die Kündigung gewesen ist.[248] Ein sachlicher Grund kann zB ein eigenes Sanierungskonzept des Veräußerers zur Verbesserung des Betriebes sein.[249] Genießt der Arbeitnehmer den Schutz des Kündigungsschutzgesetzes, sind die Vorschriften der §§ 1 Abs. 2 KSchG, 613a Abs. 4 S. 1 BGB jeweils für sich zu prüfen. Deshalb ist eine Kündigung nicht schon dann rechtsunwirksam, wenn der Betriebsübergang für die Kündigung ursächlich ist, sondern nur, aber auch immer dann, wenn ihr Beweggrund für die Kündigung, das **Motiv der Kündigung** also, wesentlich durch den Betriebsinhaberwechsel bedingt war.[250] Maßgeblich für das Vorliegen einer Kündigung wegen Betriebsübergangs ist nicht die Bezeichnung des Kündigungsgrundes durch den Arbeitgeber, sondern ob tatsächlich ein Betriebsübergang der tragende Grund für die Kündigung gewesen ist.[251] Für eine Kündigung aus anderen Gründen iSd § 613a Abs. 4 S. 2 BGB kommen in erster Linie betriebsbe-

963

---

[242] ErfK/*Preis*, § 613a BGB Rn. 153.
[243] BAG 20.9.2006 EzA BGB 2002 § 613a Nr. 62 = NZA 2007, 387; BAG 26.5.1983 AP BGB § 613a Nr. 34 = EzA BGB § 613a Nr. 34.
[244] BAG 26.5.1983 AP BGB § 613a Nr. 34; 20.9.2006 NZA 2007, 387.
[245] Dazu ErfK/*Preis*, § 613a BGB Rn. 146 ff.
[246] Zur Anwendbarkeit des § 613a BGB in Fällen der gesellschaftsrechtlichen Gesamtrechtsnachfolge Lutter/*Joost*, § 324 UmwG Rn. 3; *Hartmann*, ZfA 1997, 24; *Wlotzke*, DB 1995, 42.
[247] BAG 21.7.1994 EzA BGB § 613a Nr. 119 = NZA 1995, 423.
[248] BAG 26.5.1983 AP BGB § 613a Nr. 34 = EzA BGB § 613a Nr. 34; BAG 19.5.1988 EzA BGB § 613a Nr. 82 = NZA 1989, 461; BAG 18.7.1996 EzA BGB § 613a Nr. 142 = NZA 1997, 148.
[249] BAG 20.9.2006 EzA BGB 2002 § 613a Nr. 62 = NZA 2007, 387.
[250] BAG 26.5.1983 AP BGB § 613a Nr. 34 = EzA BGB § 613a Nr. 34; BAG 27.9.1984 EzA BGB § 613a Nr. 40 = NZA 1985, 493; *Seiter*, Betriebsinhaberwechsel, S. 112; *Willemsen*, ZIP 1983, 413.
[251] BAG 28.4.1988 EzA BGB § 613a Nr. 80 = NZA 1989, 265.

dingte Gründe nach § 1 Abs. 2 KSchG in Betracht. Ist die Kündigung danach sozial gerechtfertigt, spielt es keine Rolle, dass sie in zeitlichem Zusammenhang mit einem Betriebsübergang ausgesprochen wurde.

(3) Abgrenzungsfragen

964 Abgrenzungsfragen zwischen § 613a Abs. 4 S. 1 und 2 BGB treten insbesondere dann auf, wenn Kündigungen wegen der Stilllegung eines Betriebs ausgesprochen werden (→ Rn. 956f.), es dann später jedoch noch zu einer Veräußerung des Betriebs kommt.[252] Nach der gesetzlichen Konzeption schließen sich **Betriebsübertragung und Betriebsstilllegung** aus.[253] Bei zunächst beabsichtigten Stilllegungen und späterem Betriebsübergang ist auf den **Zeitpunkt des Ausspruchs der Kündigungen** abzustellen. Die mit Stilllegungsabsicht begründete Kündigung ist nur dann sozial gerechtfertigt, wenn sich die geplante Maßnahme objektiv als Betriebsstilllegung und nicht als Betriebsveräußerung darstellt, weil etwa die für die Fortführung des Betriebes wesentlichen Gegenstände einem Dritten überlassen werden sollten, der Veräußerer diesen Vorgang aber rechtlich unzutreffend als Betriebsstilllegung wertet. Die Fortsetzung der betrieblichen Tätigkeit durch einen Betriebserwerber begründet eine tatsächliche Vermutung gegen eine ernsthafte Absicht, den Betrieb stillzulegen. Es ist dann Sache des Arbeitgebers, durch näheren Sachvortrag diese Vermutung zu widerlegen.[254]

964a Danach liegt eine Kündigung „wegen" Betriebsübergangs vor, wenn ein Betriebsübergang zwar bis zum Ablauf der Kündigungsfrist noch nicht vollzogen worden ist, dieser aber bereits bei Ausspruch der Kündigungen vom Arbeitgeber geplant war, schon greifbare Formen der Verwirklichung angenommen hatte, und wenn die Kündigung nur ausgesprochen worden ist, um den geplanten Betriebsübergang vorzubereiten oder zu ermöglichen.[255] War dagegen bei Ausspruch der Kündigungen aufgrund einer vernünftigen betriebswirtschaftlichen Betrachtung davon auszugehen, die Stilllegung sei unumgänglich, sind die Kündigungen nicht nach § 613a Abs. 4 S. 1 BGB unwirksam, wenn es dann doch noch zu einer Betriebsveräußerung kommt.[256] Allerdings kann sich in diesen Fällen für den (wirksam) gekündigten Arbeitnehmer ein Anspruch auf Neubegründung des Arbeitsverhältnisses gegen den (Noch-)Betriebsinhaber ergeben.[257] Dafür ist Voraussetzung, dass sich die **Prognosegrundlage** über die notwendige Betriebsstilllegung bereits **vor Ablauf der Kündigungsfrist als falsch erwiesen** hat, weil es doch noch zu einem Betriebsübergang kommt. Nach diesem Zeitpunkt ist der Rechtssicherheit und der notwendigen Dispositionsfreiheit des Arbeitgebers Vorrang einzuräumen.[258] Dem **Wiedereinstellungsanspruch vor Ablauf der Kündigungsfrist** kann nach der Rspr. des BAG jedoch entgegenstehen, dass der

---

[252] Instruktiv BAG 10.10.1996 EzA KSchG § 1 Betriebsbedingte Kündigung Nr. 87 = NZA 1997, 251.

[253] BAG 27.2.1987 EzA KSchG 1969 § 1 Betriebsbedingte Kündigung Nr. 46 = NZA 1987, 700; BAG 29.9.2005 EzA KSchG § 1 Betriebsbedingte Kündigung Nr. 140 = NZA 2006, 720; BAG 16.2.2012 NZA-RR 2012, 465; BAG 14.3.2013 – 8 AZR 153/12; Soergel/*Raab*, § 613a BGB Rn. 21; zur Abgrenzung siehe Staudinger/*Annuß*, § 613a BGB Rn. 84ff.

[254] BAG 16.2.2012 NZA-RR 2012, 465.

[255] BAG 19.5.1988 EzA BGB § 613a Nr. 82 = NZA 1989, 461; Sächsisches LAG 14.12.2005 LAGE InsO § 125 Nr. 9.

[256] Ähnlich BAG 10.10.1996 EzA KSchG § 1 Betriebsbedingte Kündigung Nr. 87 = NZA 1997, 251; BAG 27.2.1997 EzA KSchG § 1 Wiedereinstellungsanspruch Nr. 1 = NZA 1997, 757.

[257] So LAG Köln 10.1.1989 LAGE BGB § 611 Einstellungsanspruch Nr. 1; BAG 27.2.1997 EzA KSchG § 1 Wiedereinstellungsanspruch Nr. 1 = NZA 1997, 757, 760; vgl. auch → Rn. 585.

[258] *Preis*, Anm. LAG Köln 10.1.1989 LAGE BGB § 611 Einstellungsanspruch Nr. 1; offengelassen nun von BAG 4.12.1997 EzA KSchG § 1 Wiedereinstellungsanspruch Nr. 3 = NZA 1998, 701.

§ 2 Die Sozialwidrigkeit der Kündigung

Arbeitgeber mit Rücksicht auf die Wirksamkeit der Kündigung bereits Dispositionen getroffen hat und ihm die unveränderte Fortsetzung des Arbeitsverhältnisses nicht zumutbar ist. Unzumutbar kann die Wiedereinstellung sein, wenn sich nach endgültiger Stilllegungsabsicht und Ausspruch der Kündigungen ein potentieller Erwerber findet, dessen Unternehmenskonzept eine geringere Personalstärke als beim derzeitigen (Noch-)Betriebsinhaber vorsieht, oder er das Anforderungsprofil geändert hat.[259] Erweist sich die Prognose des früheren Betriebs(-teil)inhabers als falsch, obwohl er selbst auf die weitere Entwicklung keinen Einfluss hat, scheidet ein Wiedereinstellungsanspruch gegen ihn aus. Dies gilt etwa in den Fällen der **Auftragsneuvergabe,** in denen der frühere Betriebs(-teil)inhaber infolge des Auftragsverlustes den bisher mit dem Auftrag beschäftigten Arbeitnehmern kündigt und der neue Auftragnehmer durch Übernahme eines wesentlichen Belegschaftsteils einen Betriebsübergang herbeiführt. Hier kommt ein **Einstellungsanspruch gegen den neuen Auftragnehmer** in Betracht.[260]

Personalreduzierungen zur Sanierung eines notleidenden Unternehmens 965 können betriebsbedingte Kündigungen auch dann rechtfertigen, wenn der jetzige Betriebsinhaber sie in enger zeitlicher Nähe zu einem Betriebsübergang vornimmt. Kündigungen verstoßen dann nicht gegen § 613a Abs. 4 S. 1 BGB, wenn sie jeder Betriebsinhaber – unabhängig von der Veräußerung – aus notwendigen betriebsbedingten Gründen so hätte durchführen müssen.[261] In diesem Fall liegt, unabhängig von einer späteren Betriebsübernahme, ein eigenes betriebliches Erfordernis des derzeitigen Betriebsinhabers vor, das die Kündigung unter der Voraussetzung des § 1 Abs. 2 KSchG rechtfertigen kann. Dem Betriebsinhaber steht es frei, auch wenn er seinen Betrieb veräußern will, zuvor sein eigenes Sanierungskonzept zu verwirklichen. Dies gilt jedenfalls dann, wenn es auf selbst gewonnenen wirtschaftlichen Erkenntnissen beruht und nicht auf den Vorgaben des potentiellen Erwerbers.[262] Darüber hinaus kann der Betriebsveräußerer bereits zu Kündigungen berechtigt sein, deren Rechtfertigung sich daraus ergibt, dass der potentielle Erwerber zugleich mit der Betriebsübernahme aus dringenden betrieblichen Erfordernissen iSd § 1 Abs. 2 S. 1 KSchG die Belegschaft verringern will.[263] Liegt ein eigenes Konzept des Veräußerers vor, besteht ein betriebliches Erfordernis i. S. des § 1 Abs. 2 KSchG, das die Kündigung rechtfertigen kann.[264] Die Kündigungsmöglichkeit des Veräußerers hängt auch nicht davon ab, dass er selbst das Erwerberkonzept bei Fortführung des Betriebs hätte durchführen können.[265] Voraussetzung ist jedoch stets, dass ein **schlüssiges betriebswirtschaftliches Konzept**

---

[259] BAG 27.2.1997 EzA KSchG § 1 Wiedereinstellungsanspruch Nr. 1 = NZA 1997, 757; BAG 4.5.2006 EzA BGB 2002 § 613a Nr. 51 = NZA 2006, 1096.
[260] BAG 13.11.1997 EzA BGB § 613a Nr. 154 = NZA 1998, 251; hierzu *Preis/Steffan,* DB 1998, 309 ff.
[261] *Hanau,* FS Gaul, 1992, S. 290; abl. *Lipinski,* NZA 2002, 75, 79.
[262] BAG 18.7.1996 EzA BGB § 613a Nr. 142 = NZA 1997, 148; BAG 20.3.2003 EzA BGB 2002 § 613a Nr. 9 = NZA 2003, 1027; Soergel/*Raab,* § 613a BGB Rn. 188.
[263] BAG 26.5.1983 AP BGB § 613a Nr. 34 mit zust. Anm. *Grunsky* = EzA BGB § 613a Nr. 34; Erman/*Edenfeld,* § 613a BGB Rn. 113; *Vossen,* BB 1984, 1557, 1560; *Willemsen,* ZIP 1983, 411, 416; Staudinger/*Annuß,* § 613a BGB Rn. 381 ff.; a.A. ArbG Wiesbaden, DB 1979, 1607; Staudinger/*Richardi,* 12. Aufl., § 613a BGB Rn. 215 f.
[264] BAG 20.9.2006 EzA BGB 2002 § 613a Nr. 62 = NZA 2007, 387.
[265] BAG 20.3.2003 NZA 2003, 1027 bei Betriebsübergang in der Insolvenz; *Hanau* ZIP 1984, 141, 142; *Vossen* BB 1984, 1557, 1560; *Loritz* RdA 1987, 65, 83; HWK/*Willemsen/Müller-Bonanni* Rn. 310; MüArbR/*Wank* § 103 Rn. 46; ErfK/*Preis,* § 613a BGB Rn. 170 a. A. noch BAG 26.5.1983 AP BGB § 613a Nr. 34 = EzA BGB § 613a Nr. 34; *Willemsen,* ZIP 1983, 411, 416; *Hillebrecht,* NZA 1989, Beilage 4, 14 f.

vorliegt, das zur Abwehr von Umgehungsmöglichkeiten einer rechtlichen Absicherung in Form eines rechtsverbindlichen Sanierungsplans oder eines Vorvertrages bedarf.[266] Allein die Forderung des Erwerbers, die Belegschaft noch vor dem Betriebsübergang zu verkleinern, ist kein für eine Kündigung aus dringenden betrieblichen Erfordernissen nach § 1 Abs. 2 S. 1 KSchG notwendiges unternehmerisches Konzept.[267]

966 **Eigenkündigungen oder Aufhebungsverträge,** zu denen die Arbeitnehmer unter Hinweis auf eine Einstellungsgarantie beim potentiellen Erwerber – regelmäßig zu schlechteren Arbeitsbedingungen – durch den Betriebsveräußerer oder -erwerber veranlasst wurden, sind wegen **Umgehung** der zwingenden Rechtsfolgen des § 613a BGB nach § 134 BGB nichtig.[268] Dasselbe gilt, wenn die Arbeitnehmer nach einvernehmlicher Beendigung der Arbeitsverhältnisse vorübergehend in eine **Beschäftigungsgesellschaft** überführt werden, und ihnen zugesichert wird, dass jedenfalls ein Teil dieser Mitarbeiter von dem auf diese Weise personell entlasteten Betriebsübernehmer später wieder eingestellt wird.[269] Nach dem Grundsatz der Vertragsfreiheit zu respektieren sind einvernehmliche Aufhebungsverträge vor oder nach Betriebsübergang, wenn keine Umgehungsabsicht zu befürchten ist.[270]

(4) Prozessuales

967 Im Rahmen des § 613a Abs. 4 BGB gelten die allgemeinen Grundsätze der **Darlegungs- und Beweislast,** wonach jede Partei die Voraussetzungen der ihr günstigen Norm darlegen und im Streitfall beweisen muss. Hierbei kann dem Arbeitnehmer eine Erleichterung durch die Berufung auf Indizien oder nach dem Beweis des ersten Anscheins zugutekommen, wenn die Beweistatsachen in der Sphäre des Arbeitgebers liegen.[271]

968 Macht der Arbeitnehmer nur den Unwirksamkeitsgrund des § 613a Abs. 4 S. 1 BGB geltend, muss er darlegen und beweisen, dass ihm wegen eines Betriebsübergangs gekündigt worden ist.[272] Wehrt er sich hingegen (auch) gegen die soziale Rechtfertigung einer Kündigung aus betriebsbedingten Gründen, hat der Arbeitgeber im **Kündigungsschutzverfahren** nach § 1 Abs. 2 S. 1 KSchG die Tatsachen zu beweisen, die die Kündigung bedingen, und es ist seine Aufgabe, vorzutragen und nachzuweisen, dass die Kündigung sozial gerechtfertigt ist. Fehlt es daran, dann ist der Kündigungsschutzklage stattzugeben, ohne dass es der Feststellung bedarf, der tragende Beweggrund für die Kündigung sei ein Betriebsübergang.[273] Wird der Betrieb alsbald wieder eröffnet oder kommt es noch innerhalb der Kündigungsfrist zu einem Betriebsübergang, spricht eine tatsächliche Vermutung gegen eine ernsthafte und endgültige Stilllegungsabsicht.[274] Es ist dann Sache desjenigen, der als neuer Arbeitgeber in Anspruch

---

[266] KR/*Griebeling*, § 1 KSchG Rn. 577; *Willemsen*, ZIP 1983, 416.

[267] BAG 20.9.2006 EzA BGB 2002 § 613a Nr. 62 = NZA 2007, 387; APS/*Steffan*, § 613a BGB Rn. 189.

[268] BAG 28.4.1987 EzA BGB § 613a Nr. 67 = NZA 1988, 198; BAG 18.8.2005 EzA BGB 2002 § 613a Nr. 40 = NZA 2006, 145 (sog. Lemgoer Modell); vgl. auch BAG 25.10.2007 NZA-RR 2008, 367.

[269] LAG Düsseldorf 28.4.1997 LAGE BGB § 613a Nr. 61.

[270] BAG 29.10.1975 AP BGB § 613a Nr. 2; Einzelheiten ErfK/*Preis*, § 613a BGB Rn. 159.

[271] KR/*Treber*, § 613a BGB Rn. 198; ErfK/*Preis*, § 613a BGB Rn. 177.

[272] BAG 22, 6, 2011 NZA-RR 2012, 119; BAG 5.12.1985 EzA BGB § 613a Nr. 50 = NZA 1986, 522.

[273] BAG 5.2.1985 EzA BGB § 613a Nr. 50 = NZA 1986, 522; BAG 9.2.1994 EzA BGB § 613a Nr. 115 = NZA 1994, 612.

[274] BAG 27.9.1984 EzA BGB § 613a Nr. 40 = NZA 1985, 493; BAG 3.7.1986 EzA BGB § 613a Nr. 53 = NZA 1987, 123.

§ 2 Die Sozialwidrigkeit der Kündigung

genommen wird, diese Vermutung durch Darlegung von Tatsachen, die für eine Stilllegung sprechen, zu widerlegen.[275]

Erfolgt eine Kündigung im Zusammenhang mit einem Betriebsübergang in einem Fall, in dem der Arbeitgeber **mangels Kündigungsschutz des Arbeitnehmers** keine Begründung für die Kündigung angeben muss, folgt aus § 613a Abs. 4 BGB jedoch, dass er eine „nachvollziehbare" Begründung haben muss, um den Verdacht einer Kündigung wegen Betriebsübergangs auszuschließen.[276] Kann der Arbeitnehmer aus dem zeitlichen und funktionellen Zusammenhang im Einzelfall Tatsachen nachweisen, die die Kausalität mit genügender Wahrscheinlichkeit darstellen, so ist eine tatsächliche Vermutung für eine Kündigung wegen des Betriebsübergangs zu bejahen, die der Arbeitgeber entkräften muss.[277] Die Vermutung kann jedoch durch eine „nachvollziehbare" Begründung widerlegt werden.[278] **969**

ii) Druckkündigung

Von einer Druckkündigung spricht man, wenn von Belegschaft, Betriebsrat, Gewerkschaft oder Kunden des Arbeitgebers unter Androhung von Nachteilen die Entlassung eines bestimmten Arbeitnehmers verlangt wird. Die Druckkündigung wird, soweit eine personen- oder verhaltensbedingte Kündigung nicht gerechtfertigt ist, in engen Grenzen als betriebsbedingte Kündigung zugelassen.[279] Wenn es an einer objektiven Rechtfertigung der Drohung fehle, so das BAG, komme eine Kündigung aus betriebsbedingten Gründen in Betracht. Diese Rechtsprechung vermag nicht zu überzeugen.[280] Zwar zieht das BAG **enge Grenzen,** indem es verlangt, der Arbeitgeber habe sich in diesem Fall aufgrund seiner arbeitsvertraglichen Fürsorgepflicht schützend vor den betroffenen Arbeitnehmer zu stellen und alles Zumutbare zu versuchen, den oder die Dritten von ihrer Drohung abzubringen. Die Kündigung müsse das praktisch einzig in Betracht kommende Mittel sein, um Schäden abzuwenden.[281] Eine vorherige Anhörung des Arbeitnehmers soll aber nicht erforderlich sein.[282] Gleichwohl passt die **objektiv nicht gerechtfertigte Druckkündigung** nicht in das System des Kündigungsschutzes.[283] Nur wenn der Personalbedarf absinkt, kann der Arbeitgeber be- **970**

---

[275] BAG 3.7.1986 EzA BGB § 613a Nr. 53 = NZA 1987, 123.
[276] LAG Köln 3.3.1997 LAGE BGB § 613a Nr. 59.
[277] Für einen Anscheinsbeweis in diesem Fall *Kreitner*, Kündigungsrechtliche Probleme beim Betriebsinhaberwechsel, 1989, S. 84 ff.
[278] *Kreitner*, Kündigungsrechtliche Probleme beim Betriebsinhaberwechsel, 1989, S. 60, 84 ff.; *Willemsen*, ZIP 1983, 411; *Schwab*, NZA 1985, 312. Vgl. ferner BAG 5.12.1985 EzA BGB § 613a Nr. 50 = NZA 1986, 522.
[279] BAG 18.7.2013 NZA 2014, 109; BAG 19.6.1986 EzA KSchG § 1 Betriebsbedingte Kündigung Nr. 39 m. Anm. *Gamillscheg* = NZA 1987, 211; BAG 4.10.1990 und 31.1.1996 EzA BGB § 626 Druckkündigung Nr. 2 = NZA 1991, 468 und EzA BGB § 626 Druckkündigung Nr. 3 = NZA 1996, 581; LAG Frankfurt 10.12.1986 LAGE KSchG § 1 Betriebsbedingte Kündigung Nr. 11; LAG Hamm 4.5.1999, 4 Sa 1298/98 – juris; BB/*Bram*, § 1 KSchG Rn. 280; KDZ/*Däubler*, § 626 BGB Rn. 168; APS/*Dörner/Vossen*, § 626 BGB Rn. 336, 339; KR/*Fischermeier*, § 626 BGB Rn. 205; LSW/*Löwisch*, § 1 KSchG Rn. 406; Hako/*Gallner/Mestwerdt*, § 1 KSchG Rn. 796.
[280] Ebenso HK-KSchG/*Weller/Dorndorf*, § 1 Rn. 997 f.; KDZ/*Deinert*, § 1 KSchG Rn. 469; *Berkowsky* I, § 6 Rn. 106; *Blaese*, DB 1988, 178, 179 f., der allerdings die Druckkündigung als außerordentliche Kündigung unter dem Gesichtspunkt des Wegfalls der Geschäftsgrundlage für zulässig hält; krit. auch ErfK/*Oetker*, § 1 KSchG Rn. 183.
[281] Siehe bereits BAG 26.1.1962 und 18.9.1975 AP BGB § 626 Druckkündigung Nr. 3 = EzA BGB § 611 Nr. 2 und AP BGB § 626 Druckkündigung Nr. 10 = EzA BGB § 626 Druckkündigung Nr. 1.
[282] BAG 4.10.1990 EzA BGB § 626 Druckkündigung Nr. 2 = NZA 1991, 468; ErfK/*Oetker*, § 1 KSchG Rn. 186.
[283] Ebenso in krit. Auseinandersetzung mit dem BAG *Hamacher*, NZA 2014, 134; unkritisch *Kleinebrink*, FA 2014, 98.

triebsbedingte Kündigungen aussprechen. Dies ist aber bei der sog. Druckkündigung gerade nicht der Fall.[284] Hat sich der Arbeitnehmer nichts zuschulden kommen lassen, darf das Mittel der betriebsbedingten Kündigung nicht dazu führen, dass der Arbeitnehmer wegen einer ungerechtfertigten Drohung seinen Arbeitsplatz verliert. Recht braucht dem Unrecht nicht zu weichen. Das gilt erst recht, wenn die Druckkündigung diskriminierenden Charakter hat.[285] Das Arbeitsrecht darf denjenigen, die Druck ausüben, keinen Weg zur Durchsetzung ihrer unberechtigten Forderungen öffnen. Die fehlende Rechtfertigung der Druckkündigung zeigt sich auch daran, dass dem zu Unrecht Gekündigten unter Umständen Schadensersatzansprüche gegen den Arbeitgeber im Falle des Verschuldens aus positiver Vertragsverletzung,[286] bei fehlendem Verschulden aus dem Gesichtspunkt privatrechtlicher Aufopferung[287] sowie gegen die Druck ausübenden Arbeitnehmer aus §§ 823 Abs. 1, 826 BGB[288] zuerkannt werden. Es ist antagonistisch, die Rechtswidrigkeit der Druckausübung zu erkennen und schadensersatzrechtlich zu sanktionieren, gleichwohl aber die Rechtmäßigkeit einer Kündigung anzunehmen.

971 Unabhängig von den obigen Erwägungen ist jedoch die Frage zu stellen, ob der betroffene Arbeitnehmer Vertragsverletzungen begangen hat oder zur Kündigung berechtigende Gründe in seiner Person vorliegen. Hat der Druck Dritter aus **personen- oder verhaltensbedingten Gründen** nämlich eine gewisse Berechtigung, können drohende Schäden als betriebliche oder wirtschaftliche Interessen im Rahmen der Abwägung dieser Kündigungsgründe Berücksichtigung finden. So kann ein personenbedingter Kündigungsgrund zB in der mangelnden Fähigkeit zur Personalführung liegen.[289] In jedem Fall kann sich ein Arbeitgeber aber nicht auf eine Drucksituation berufen, die er selbst in vorwerfbarer Weise herbeigeführt hat.[290]

jj) Öffentlicher Dienst

972 Auch im öffentlichen Dienst finden die Grundsätze der betriebsbedingten Kündigung Anwendung. Im Vordergrund stehen Rationalisierungsmaßnahmen bzw. allgemeine Einsparungsmaßnahmen, die durch Vorgaben des Haushaltsplans bedingt sind.[291] Freilich reichen Kürzungen im Haushaltsplan allein nicht aus, eine betriebsbedingte Kündigung zu rechtfertigen. Wie im privatwirtschaftlichen Bereich auch bedarf es entsprechender organisatorischer Entscheidungen der Verwaltungsspitze. Diese Entscheidungen sind wie unternehmerische Entscheidungen nicht auf ihre Notwendigkeit und Zweckmäßigkeit hin zu überprüfen.[292]

---

[284] *Berkowsky* I, § 6 Rn. 106; APS/*Kiel*, § 1 KSchG Rn. 521; HK-KSchG/*Weller/Dorndorf*, § 1 Rn. 998.
[285] Hierzu *Deinert*, RdA 2007, 275.
[286] HHL/*Krause*, § 1 KSchG Rn. 345.
[287] KR/*Fischermeier*, § 626 BGB Rn. 209; LSW/*Löwisch*, § 1 KSchG Rn. 408; zweifelnd KDZ/*Däubler*, § 626 BGB Rn. 174; a. A. KR/*Etzel* § 104 BetrVG Rn. 74.
[288] LSW/*Löwisch*, § 1 KSchG Rn. 408; *Fitting*, § 104 BetrVG Rn. 11; offen gelassen für § 823 Abs. 1 BGB von BAG 4.6.1998 AP BGB § 823 Nr. 7 = EzA BGB § 823 Nr. 9.
[289] Vgl. BAG 31.1.1996 EzA BGB § 626 Druckkündigung Nr. 3 = NZA 1996, 581; s.a. BAG 26.6.1997 RzK I 8d Nr. 8; LAG Hessen 29.10.2010 LAGE BGB 2002 § 626 Nr. 29.
[290] BAG 26.1.1962 AP BGB § 626 Bedingung Nr. 8; KR/*Fischermeier*, § 626 BGB Rn. 208; APS/*Kiel*, § 1 KSchG Rn. 521.
[291] Allgemein hierzu *Lakies*, NZA 1997, 745; *Lingemann/Grothe*, NZA 1999, 1072; *Neumann*, RdA 1979, 371; *Plander*, DB 1982, 1216; *Teske*, FS Stahlhacke, 1995, 569; *Roesgen*, Die betriebsbedingte Kündigung im öffentlichen Dienst, 2008.
[292] BAG 26.6.1975 und 3.5.1978 AP KSchG 1969 § 1 Betriebsbedingte Kündigung Nr. 1 = EzA KSchG § 1 Betriebsbedingte Kündigung Nr. 1 und AP KSchG 1969 § 1 Betriebsbedingte Kündigung

§ 2 Die Sozialwidrigkeit der Kündigung

(1) Haushaltseinsparungen

Werden durch den Haushaltsplan bestimmte, nach sachlichen Merkmalen bezeichnete Stellen für Betriebe oder Verwaltungen des öffentlichen Rechts gestrichen oder werden im Rahmen allgemeiner **Einsparungsmaßnahmen** organisatorische oder technische Veränderungen durchgeführt, so kann, wenn hierdurch ein Überhang an Arbeitskräften entsteht, eine betriebsbedingte Kündigung gerechtfertigt sein.[293] Die organisatorische Grundentscheidung sowie die Haushaltsentscheidung kann von den Arbeitsgerichten nur im Rahmen einer Missbrauchskontrolle überprüft werden. Sparsame Haushaltsführung ist auch stets als „dringend" iSd § 1 Abs. 2 S. 1 KSchG anzusehen.[294] 973

Der sogenannte **„kw-Vermerk"** begründet jedenfalls dann noch kein dringendes betriebliches Erfordernis iSd § 1 Abs. 2 KSchG, wenn eine bestimmte oder bestimmbare Frist für den Wegfall der Stelle nicht angegeben worden oder eine konkrete Zuordnung der Stelle nicht erfolgt ist.[295] Zur Realisierung eines Personalabbaus infolge von „kw-Vermerken" bedarf es deshalb eines auf den konkreten Stellenbedarf der jeweiligen Dienststelle zugeschnittenen Konzepts der zuständigen Verwaltung.[296] Die Streichung einer Stelle im Haushaltsplan reicht – das wird oft übersehen – alleine nicht. Auch im öffentlichen Dienst müssen die außer- bzw. innerbetrieblichen Ursachen vorgetragen und die Plausibilität der unternehmerischen Entscheidung dargelegt werden. Insoweit gelten keine Unterschiede zur Privatwirtschaft.[297] Ein ministerieller Erlass stellt als solcher noch kein dringendes betriebliches Erfordernis dar.[298] Auch der Landesgesetzgeber kann in Rechtsnormen, die die Schließung einer öffentlichen Institution zum Inhalt haben, nicht verbindlich festlegen, dass Arbeitsverhältnisse zu einem bestimmten Zeitpunkt wegen Betriebsstilllegung enden. Eine solche Rechtsnorm verstieße gegen Art. 31 GG.[299] In jedem Falle bedarf auch die kraft Gesetz vorgeschriebe- 974

Nr. 5 = EzA KSchG § 1 Betriebsbedingte Kündigung Nr. 8; *Dieterich/Preis*, S. 76; KR/*Griebeling*, § 1 KSchG Rn. 593; LSW/*Löwisch*, § 1 KSchG Rn. 409; *Teske*, FS Stahlhacke, 1995, 569, 575.

[293] BAG 28.11.1956 AP KSchG § 1 Nr. 20; BAG 4.6.1957 und 21.5.1957 AP KSchG § 1 Nr. 27 und 31; BAG 4.2.1960 AP KSchG § 1 Betriebsbedingte Kündigung Nr. 5; BAG 26.6.1975 AP KSchG 1969 § 1 Betriebsbedingte Kündigung Nr. 1 = EzA KSchG § 1 Betriebsbedingte Kündigung Nr. 1; BAG 3.5.1978 und 19.4.1979 AP KSchG 1969 § 1 Betriebsbedingte Kündigung Nr. 5 = EzA KSchG § 1 Betriebsbedingte Kündigung Nr. 8 und EzA KSchG § 1 Betriebsbedingte Kündigung Nr. 11; BAG 19.3.1998 EzA EinigungsV Art. 20 Nr. 62 = NZA 1999, 90; BAG 18.11.1999 EzA KSchG § 1 Betriebsbedingte Kündigung Nr. 104 = NZA 2000, 484; BAG 27.1.2011 AP KSchG 1969 § 1 Betriebsbedingte Kündigung Nr. 187; für den Hochschulbereich BAG 18.11.1999 – 2 AZR 357/98 n. v.; aus dem Schrifttum: *Kiel/Koch*, Rn. 158; KR/*Griebeling*, § 1 KSchG Rn. 593; LSW/*Löwisch*, § 1 KSchG Rn. 411.

[294] Zur Rechtfertigung der Herabgruppierung einer Schulleiterin wegen dauerhaft verringerter Schülerzahl: BAG 29.9.2011 NZA-RR 2012, 158.

[295] BAG 6.9.1978 AP KSchG 1969 § 1 Betriebsbedingte Kündigung Nr. 4 = EzA KSchG § 1 Betriebsbedingte Kündigung Nr. 9; BAG 19.3.1998 EzA EinigungsV Art. 20 Nr. 62 = NZA 1999, 90; LAG Sachsen 12.4.1996 u. 13.8.1996 LAGE KSchG § 1 Betriebsbedingte Kündigung Nr. 37, 39; ErfK/*Oetker*, § 1 KSchG Rn. 291; *Lakies*, NZA 1997, 745, 748 f.; *Lingemann/Grothe*, NZA 1999, 1072, 1073; s. a. *Teske*, FS Stahlhacke, 1995, 569, 580 ff.

[296] BAG 18.11.1999 EzA KSchG § 1 Betriebsbedingte Kündigung Nr. 104 = NZA 2000, 484; BAG 17.2.2000, 2 AZR 109/99 – juris – n. v.; APS/*Kiel*, § 1 KSchG Rn. 534a; BAG 22.5.2003 AP KSchG 1969 § 1 Betriebsbedingte Kündigung Nr. 128 = EzA KSchG § 1 Betriebsbedingte Kündigung Nr. 126.

[297] So basierten die jüngeren Fälle stets auf Rationalisierungs- oder Outsourcing-Entscheidungen, siehe BAG 5.12.2002 AP KSchG 1969 § 1 Betriebsbedingte Kündigung Nr. 126 = EzA KSchG § 1 Soziale Auswahl Nr. 50.

[298] BAG 29.5.1985, 7 AZR 248/84 – n. v.

[299] S. a. BAG 14.2.1996 EzA BGB § 620 Hochschulen Nr. 4 = NZA 1996, 1095.

ne Beendigung der Arbeitsverhältnisse der Kündigung gegenüber den Arbeitnehmern. Durch eine entsprechende landesrechtliche Gesetzesnorm kann den betroffenen Arbeitnehmern nicht der kraft Bundesrecht gewährte Kündigungsschutz genommen werden. Freilich kann die kraft Gesetz verfügte Stilllegung einer öffentlichen Institution die Kündigung der Arbeitsverhältnisse aus betriebsbedingten Gründen rechtfertigen.

(2) Drittmittelentzug

975 Entscheidungen eines Drittmittelgebers, Zuwendungen zu kürzen, stellen für sich allein noch keinen betriebsbedingten Kündigungsgrund dar.[300] Der Drittmittelempfänger muss vielmehr seinerseits entscheiden, ob er einen subventionierten Arbeitsbereich (eingeschränkt) fortführen will. Der **Drittmittelentzug führt** noch **nicht zum Wegfall von Arbeitsplätzen,** sondern **erst die** ggf. folgende **unternehmerische Entscheidung.**[301] Die Rspr. verlangt deshalb, dass sich der Drittmittelempfänger darüber klar wird, ob er die bisher geförderte Maßnahme – etwa aus eigenen oder anderen Mitteln – selbst fortführt, oder ob es zur Einstellung oder Beschränkung dieses Forschungsvorhabens mit der Folge der Kündigung kommt. Diese unternehmerische Entscheidung unterliegt nur einer Missbrauchs- und Willkürkontrolle.[302] Sachwidrige Entscheidungen des Drittmittelgebers, die zum Entzug der Mittel führen, haben allerdings nicht die Missbräuchlichkeit der Kündigung zur Folge.[303] **Die Möglichkeit,** die vom Drittmittelentzug betroffenen Arbeitnehmer in anderen Stellen **weiterzubeschäftigen, ist stets zu prüfen.**[304] Es ist dabei aber zu beachten, dass es der freien unternehmerischen Entscheidung obliegt, das Anforderungsprofil für einen Arbeitsvertrag festzulegen. Für den Drittmittelbereich heißt dies, dass durch die Bestimmungen der fachlichen Anforderungen in einem Drittmittelprojekt die Weiterbeschäftigung von Arbeitnehmern, welche diese Anforderungen nicht erfüllen, ausgeschlossen ist.[305] Aus dem freien Recht zur Personalauswahl hat das BAG sogar gefolgert, dass eine Weiterbeschäftigung in einem anderen Forschungsbereich nicht möglich ist, wenn der Projektleiter diese verweigert. Es soll keinen Unterschied machen, ob er als Empfänger der Drittmittel Privatdienstverträge abschließt oder die Hochschule die verwaltungstechnische Abwicklung des Projekts übernimmt. Bei der Prüfung, ob der Bewerber die erforderliche Qualifikation besitzt, steht dem Projektleiter ein gerichtlich nur beschränkt überprüfbarer Beurteilungsspielraum zu.[306]

(3) Stellenplan

976 Zweifelhaft ist, ob allein die Tatsache, dass im Stellenplan eines Haushalts bestimmte Stellen als **Beamtenplanstellen** ausgewiesen sind, ein dringendes betriebliches Erfor-

---

[300] BAG 20.2.1986 EzA KSchG § 1 Betriebsbedingte Kündigung Nr. 37 = NZA 1986, 823; KR/*Griebeling*, § 1 KSchG Rn. 584; *Lakies*, NZA 1995, 296, 299 f.; *Plander*, DB 1982, 1218.
[301] BAG 29.11.1985 RzK I 5c Nr. 11; BAG 30.10.1987 RzK I 5c Nr. 24; BAG 24.8.1989 RzK I 5c Nr. 32; BAG 7.11.1996 EzA KSchG § 1 Betriebsbedingte Kündigung Nr. 88 = NZA 1997, 253; ErfK/*Oetker*, § 1 KSchG Rn. 284; *Dieterich/Preis*, S. 78; APS/*Kiel*, § 1 KSchG Rn. 514; LSW/*Löwisch*, § 1 KSchG Rn. 385.
[302] BAG 7.11.1996 u. 20.2.1986 EzA KSchG § 1 Betriebsbedingte Kündigung Nr. 88 = NZA 1997, 253 und EzA KSchG § 1 Betriebsbedingte Kündigung Nr. 37 = NZA 1986, 823; APS/*Kiel*, § 1 KSchG Rn. 514.
[303] BAG 7.11.1996 EzA KSchG § 1 Betriebsbedingte Kündigung m. zust. Anm. *Söllner* Nr. 88 = NZA 1997, 253.
[304] BAG 21.6.1990 RzK I 5c Nr. 37; LSW/*Löwisch*, § 1 KSchG Rn. 385.
[305] Vgl. insoweit BAG 7.11.1996 EzA KSchG § 1 Betriebsbedingte Kündigung Nr. 88 = NZA 1997, 253; *Dieterich/Preis*, S. 79.
[306] BAG 21.6.1990 RzK I 5c Nr. 37.

dernis für die Kündigung der bisher auf diesen Stellen beschäftigten Angestellten begründet.[307] Dies ist jedenfalls dann zu verneinen, wenn der Angestellte keine geringere Qualifikation aufweist als ein vergleichbarer Beamter. Allein der Hinweis auf Art. 33 Abs. 4 GG vermag ein dringendes betriebliches Erfordernis nicht zu begründen.[308] In öffentlichen Dienststellen, in denen gleiche Aufgaben von Beamten und Angestellten wahrgenommen werden und damit die Unterscheidung völlig an Bedeutung verloren hat, kann die Kündigung eines Angestellten mit der Begründung, die Stelle solle nunmehr von einem Beamten wahrgenommen werden, nicht gerechtfertigt werden.[309] Anders liegt der Fall, wenn eine Lehrkraft, die keine Lehrbefähigung besitzt, durch einen voll ausgebildeten beamteten Lehrer ersetzt werden soll.[310] Ob in solchen Fällen tatsächlich ein „dringendes" betriebliches Erfordernis vorliegt, hängt auch von der Leistungsfähigkeit des bisher beschäftigten angestellten Arbeitnehmers ab. Bei gleicher Leistungsfähigkeit ist ein dringendes Erfordernis zu verneinen. Auch das BAG[311] geht jetzt davon aus, dass dann, wenn der bisherige Angestellte das Anforderungsprofil der neu geschaffenen Beamtenstelle erfülle, kein dringendes betriebliches Erfordernis zur Kündigung des Angestellten bestehe. Der Beschäftigungsbedarf bestehe nach wie vor. Der öffentliche Arbeitgeber könne den Angestellten bei Vorliegen der entsprechenden Voraussetzungen zum Beamten ernennen oder ihn im Angestelltenverhältnis weiterbeschäftigen. Art. 33 Abs. 6 GG stehe der Besetzung einer Beamtenstelle durch einen Angestellten im Einzelfall nicht entgegen. Auch die Besetzung der Beamtenstelle mit einem externen Bewerber oder mit der nach der unwirksamen Kündigung eingestellten Ersatzkraft rechtfertigt die Kündigung des Angestellten nicht. Einer Berufung darauf stehen nach Ansicht des BAG die in § 162 Abs. 1 und 2 BGB normierten Rechtsgedanken entgegen.

In jedem Falle hat der öffentliche Arbeitgeber die Möglichkeit der Weiterbeschäftigung auf einem anderen Arbeitsplatz zu prüfen. Dies folgt aus der normativen Konkretisierung des Verhältnismäßigkeitsprinzips nach Maßgabe des § 1 Abs. 2 Satz 2 Nr. 2b) KSchG.[312] Die Weiterbeschäftigungspflicht erstreckt sich auf einen anderen Arbeitsplatz „in derselben Dienststelle" oder „in einer anderen Dienststelle desselben Verwaltungszweigs an demselben Dienstort einschließlich seines Einzugsgebiets". Aus dem Wortlaut folgt, dass der öffentliche Arbeitgeber regelmäßig nicht verpflichtet ist, den Arbeitnehmer auf einem (freien) Arbeitsplatz in einer Dienststelle „eines anderen Verwaltungszweigs" weiterzubeschäftigen. Die Weiterbeschäftigungspflicht besteht auch dann, wenn die zuständige Personalvertretung keine Bedenken gegen die Kündigung vorgebracht hat.[313] Im Rahmen des § 1 Abs. 3 KSchG beschränkt sich die Sozialauswahl auf „dieselbe Dienststelle". Maßgebend ist der personalvertretungsrechtliche Dienststellenbegriff.[314]

977

---

[307] So wohl BAG 26.2.1957 AP KSchG § 1 Nr. 1 und jetzt LAG Sachsen-Anhalt Nr. 23, 15.7.1999, 9 Sa 894/98 – juris (LS); ebenso KR/*Griebeling*, § 1 KSchG Rn. 595; LSW/*Löwisch*, § 1 KSchG Rn. 412; a.A. *Berkowsky* I, § 6 Rn. 96 ff.; HK-KSchG/*Weller/Dorndorf*, § 1 Rn. 1001; APS/*Kiel*, § 1 KSchG Rn. 536.
[308] So aber LSW/*Löwisch*, § 1 KSchG Rn. 412.
[309] Ebenso *Kiel/Koch*, Rn. 161.
[310] Hierzu BAG 17.5.1984 EzA KSchG § 1 Betriebsbedingte Kündigung Nr. 32 = NZA 1985, 489; BAG 21.9.2000 EzA KSchG § 1 Betriebsbedingte Kündigung Nr. 106 = NZA 2001, 255, 257.
[311] BAG 21.9.2000 EzA KSchG § 1 Betriebsbedingte Kündigung Nr. 106 = NZA 2001, 255 ff.
[312] BAG 12.8.2010 NJW 2011, 251.
[313] BAG 17.5.1984 EzA KSchG § 1 Betriebsbedingte Kündigung Nr. 32 = NZA 1985, 489.
[314] BAG 25.10.2012 NZA-RR 2013, 632.

kk) Rationalisierung; Standortverlagerungen

978 Rationalisierungsmaßnahmen können, auch wenn sie nicht durch außerbetriebliche Ursachen veranlasst werden, eine betriebsbedingte Kündigung begründen. Die Rationalisierungsmaßnahme selbst unterliegt als unternehmerische Vorentscheidung nur der gerichtlichen Nachprüfung dahingehend, ob sie rechtsmissbräuchlich ergriffen worden ist.[315] Für eine bereits durchgeführte Rationalisierungsmaßnahme spricht die Vermutung, dass sie aus sachlichen Gründen erfolgt ist.[316] Die Ziele der Kostenersparnis und der Verbesserung des Betriebsergebnisses sind anzuerkennende sachliche Gründe.[317] Die Rationalisierungsmaßnahmen müssen im Zeitpunkt der Kündigung bereits **greifbare Formen** angenommen haben[318] und spätestens mit Ablauf der Kündigungsfrist wirksam werden. Ist dies entgegen der arbeitgeberseitigen Prognose nicht der Fall, hat der Arbeitnehmer einen Anspruch auf Fortsetzung des Arbeitsverhältnisses.[319]

979 Die Einzelheiten der organisatorischen Veränderungen oder technischen Rationalisierungen müssen dargelegt werden. Feststellbar sein muss, ob die entsprechenden Maßnahmen **tatsächlich** einen **verringerten Personalbedarf bewirken** und ob dieser verringerte Bedarf sich konkret auf die Arbeitsplätze der Gekündigten auswirkt.[320] Hierzu bedarf es freilich konkreter Feststellungen; ein abstraktes **Messziffernsystem** genügt nicht.[321] Für die Kündigung zur Leistungsverdichtung hat das BAG in den Urteilen vom 17.6.1999[322] konkrete Angaben dazu verlangt, wie sich die Verringerung der Produktion auf die Arbeitsmenge auswirkt und in welchem Umfang dadurch ein konkreter Arbeitskräfteüberhang entsteht.[323]

980 Der pauschale Vortrag des Arbeitgebers, die Arbeiten künftig mit weniger Personal erledigen zu wollen, ist nicht ausreichend. Die Absicht, Lohnkosten zu senken[324] und Stellen abzubauen, mag das unternehmerische Motiv sein, ist aber noch keine überprüfbare organisatorische Entscheidung. Es ist regelmäßig ein **plausibles Konzept einer Rationalisierungsmaßnahme** in Form einer Organisationsentscheidung darzulegen, das zu einer Verringerung der Arbeitsmenge führt.[325] Zwar hat das BAG schon die

---

[315] BAG 30.4.1987 EzA KSchG § 1 Betriebsbedingte Kündigung Nr. 47 = NZA 1987, 776; BAG 18.1.1990 EzA KSchG § 1 Soziale Auswahl Nr. 28 = NZA 1990, 729; BAG 19.5.1993 EzA KSchG § 1 Betriebsbedingte Kündigung Nr. 73 = NZA 1993, 1075; ErfK/*Oetker*, § 1 KSchG Rn. 295.

[316] BAG 24.10.1979 und 30.4.1987 AP KSchG 1969 § 1 Betriebsbedingte Kündigung Nr. 8 = EzA KSchG § 1 Betriebsbedingte Kündigung Nr. 13 und EzA KSchG § 1 Betriebsbedingte Kündigung Nr. 47 = NZA 1987, 776.

[317] BAG 24.10.1979 u. 30.4.1987 AP KSchG 1969 § 1 Betriebsbedingte Kündigung Nr. 8 = EzA KSchG § 1 Betriebsbedingte Kündigung Nr. 13 und EzA KSchG § 1 Betriebsbedingte Kündigung Nr. 47 = NZA 1987, 776; BAG 19.5.1993 EzA KSchG § 1 Betriebsbedingte Kündigung m. Anm. *Raab* Nr. 73 = NZA 1993, 1075 = AR-Blattei ES 1020.1.1 Nr. 13 m. Anm. *Preis;* BAG 18.7.1996 EzA BGB § 613a Nr. 142 = NZA 1997, 148; LAG Köln 10.11.1993, NZA 1995, 128; LAG Köln 31.8.1994 LAGE KSchG § 1 Betriebsbedingte Kündigung Nr. 26.

[318] BAG 18.7.1996 EzA BGB § 613a Nr. 142 = NZA 1997, 148–151; *Kiel/Koch,* Rn. 171.

[319] → Rn. 1224 ff.

[320] *Berkowsky* I, § 6 Rn. 152 ff.

[321] BAG 26.6.1975 AP KSchG 1969 § 1 Betriebsbedingte Kündigung Nr. 1 = EzA KSchG § 1 Betriebsbedingte Kündigung Nr. 1; bereits BAG 4.6.1957 AP KSchG § 1 Nr. 27; *Berkowsky* I, § 6 Rn. 115 f.; LSW/*Löwisch,* § 1 KSchG Rn. 391.

[322] BAG 17.6.1999 EzA KSchG § 1 Betriebsbedingte Kündigung Nr. 102 = NZA 1999, 1098–1101; im Anschluss daran deutlich LAG Köln 24.8.1999 MDR 2000, 463.

[323] S. a. HHL/*Krause,* § 1 KSchG Rn. 748 ff; 832; HK-KSchG/*Dorndorf,* § 1 Rn. 869, 883a.

[324] BAG 20.3.1986 EzA KSchG § 2 Nr. 6 m. Anm. *Löwisch/Spinner* = NZA 1986, 824; BAG 26.1.1995 EzA KSchG § 2 Nr. 22 = NZA 1995, 626; BAG 26.9.1996 EzA KSchG § 1 Betriebsbedingte Kündigung Nr. 86 = NZA 1997, 202.

[325] → Rn. 994. Vgl. BAG 17.6.1999 EzA KSchG § 1 Betriebsbedingte Kündigung Nr. 101 = NZA 1999, 1095, wo das BAG eine deutlich nach außen sichtbare Organisationsentscheidung

§ 2 Die Sozialwidrigkeit der Kündigung

Streichung von Stellen im Haushalts- oder Stellenplan, wenn dies nach allgemeinen sachlichen Merkmalen und aus nachvollziehbaren Gründen erfolgt, für ausreichend erachtet.[326] Diese für den öffentlichen Dienst entwickelte Rechtsprechung kann jedoch nicht ohne Weiteres auf die Privatwirtschaft übertragen werden. Keinesfalls reicht der pauschale Vortrag eines privaten Arbeitgebers, er habe seinen Stellenplan, von dem unklar ist, in welcher Art er existiert, um eine Stelle reduziert.[327] Wenn der Arbeitgeber Einschränkungen seines Leistungsangebots beschließt, weil er aus finanziellen Gründen das Angebotsspektrum nicht aufrechterhalten kann (zB Verkleinerung eines Orchesters, weil Subventionen gekürzt worden sind),[328] liegt eine sachgerechte, nicht missbräuchliche Unternehmerentscheidung vor.

Wenn der Arbeitgeber eine Tätigkeit an **eine Fremdfirma** auslagern will, ist, vorausgesetzt es besteht keine anderweitige Beschäftigungsmöglichkeit (ggf. nach Umschulung)[329] für die betroffenen Arbeitnehmer, arbeitsgerichtlich dennoch zu prüfen, ob die Kündigung **dringend** ist.[330] Rationalisierungsmaßnahmen, die mit einer wesentlichen Kostenersparnis verbunden sind, bezeichnet die Rechtsprechung als sachlich gerechtfertigt.[331] Fehlt es hieran, mangelt es insoweit an dem „dringenden" betrieblichen Erfordernis und die Kündigung kann unwirksam sein. Rationalisierungsmaßnahmen führen nicht schlechthin bereits zu einem betriebsbedingten Kündigungsgrund.[332] Freilich kann die dringende Erforderlichkeit einer Rationalisierungsmaßnahme auch aus anderen Umständen als der Kostenersparnis hergeleitet werden, etwa wenn neue automatische Fertigungstechniken eingeführt werden sollen, um **konkurrenzfähig** zu bleiben.[333] Insoweit ist die „Dringlichkeit" der Maßnahme zu prüfen; eine Abwägung mit möglichen Nachteilen, die der gekündigte Arbeitnehmer durch die Kündigung erleidet, findet jedoch nicht statt.[334]

981

Zum Kern der unternehmerischen Freiheit gehört die Entscheidung, an welchem **Standort** welche arbeitstechnischen Zwecke und Ziele verfolgt werden sollen. Der Arbeitgeber ist nicht verpflichtet, eine bestimmte betriebliche Organisationsstruktur oder einen konkreten Standort beizubehalten. Die Entscheidungen müssen die Ar-

981a

---

feststellt. Der Arbeitskräfteüberhang ergab sich auf Grund eines Gesellschafterbeschlusses, mit dem aus Kostengründen bestimmte Arbeiten ausgelagert wurden und der auf einen behaupteten Rückgang der Arbeitsmenge mit Verlagerung der verbleibenden Tätigkeiten auf die Facharbeiter reagierte.

[326] BAG 28.11.1956 AP KSchG § 1 Nr. 20; BAG 21.1.1993 EzA KSchG § 2 Nr. 18 = NZA 1993, 1099; BAG 19.3.1998 EzA EinigungsV Art. 20 Nr. 62 = NZA 1999, 90.
[327] BAG 17.6.1999 EzA KSchG § 1 Betriebsbedingte Kündigung Nr. 101 = NZA 1999, 1095; zu „Stellenplänen" vgl. a. ErfK/*Oetker*, § 1 KSchG Rn. 292.
[328] BAG 27.1.2011 AP KSchG 1969 § 1 Betriebsbedingte Kündigung Nr. 187 Rn. 18f.
[329] Hierzu HHL/*Krause*, § 1 KSchG Rn. 755.
[330] Vgl. *Preis*, S. 305ff.; *Preis*, NZA 1995, 241, 248f.; ähnlich unter dem Aspekt der Rechtsmissbrauchskontrolle APS/*Kiel*, § 1 KSchG Rn. 549f.; anders BB/*Bram*, § 1 KSchG Rn. 258; *Henssler*, in Henssler/Moll, D Rn. 30; Hillebrecht, ZfA 1991, 87, 108ff.; HHL/*Krause*, § 1 KSchG Rn. 838; LSW/*Löwisch*, § 1 KSchG Rn. 313, 393; *Stahlhacke*, DB 1994, 1361, 1364f.
[331] BAG 19.5.1993 EzA KSchG § 3 Betriebsbedingte Kündigung Nr. 73 = NZA 1993, 1075; BAG 17.6.1999 EzA KSchG § 1 Betriebsbedingte Kündigung Nr. 101 = NZA 1999, 1095; BAG 12.4.2002 EzA KSchG § 1 Betriebsbedingte Kündigung Nr. 117; s.a. *Bitter/Kiel*, RdA 1994, 333, 349; a. A. LAG Düsseldorf 10.2.2004 LAGE KSchG § 1 Betriebsbedingte Kündigung Nr. 68.
[332] Missverständlich insoweit BAG 30.4.1987 EzA KSchG § 1 Betriebsbedingte Kündigung Nr. 47 = NZA 1987, 776.
[333] Hierzu *Preis*, NZA 1995, 241, 249f.; ähnlich APS/*Kiel*, § 1 KSchG Rn. 547; s.a. *Herschel*, Anm. EzA KSchG § 1 Betriebsbedingte Kündigung Nr. 14.
[334] Verfehlt daher BAG 3.5.1978 AP KSchG 1969 § 1 Betriebsbedingte Kündigung Nr. 4 = EzA KSchG § 1 Betriebsbedingte Kündigung Nr. 9; aufgegeben durch BAG 30.4.1987 EzA KSchG § 1 Betriebsbedingte Kündigung Nr. 47 = NZA 1987, 776; → Rn. 893ff., 927.

beitsgerichte als gegeben hinnehmen und können inhaltlich nicht nachgeprüft werden, unbeschadet der – in der Regel für den Arbeitnehmer wenig günstig ausfallenden – Missbrauchskontrolle.[335]

ll) Rentabilitätsgründe

982 Fehlende Rentabilität kann betriebliche Kündigungen bedingen. Den Maßstab sollen dabei die wirtschaftlichen Verhältnisse des Betriebes bilden, nicht diejenigen der unselbständigen Betriebsabteilung.[336] Dies vermag jedoch nicht zu überzeugen. Das Kündigungsrecht stellt regelmäßig auf die Rentabilität einzelner Arbeitsverhältnisse ab. Auch könnte sonst ein insgesamt rentabel arbeitender Betrieb nicht zur Verbesserung der Rentabilität kündigen.[337] Die Berufung auf Rentabilitätserwägungen als solche legitimiert aber noch nicht die Beendigungskündigung. Vielmehr bedarf es stets einer umsetzenden Unternehmerentscheidung, die sich konkret auf den Beschäftigungsbedarf auswirkt.[338]

983 Die bloße Berufung auf Rentabilitätserwägungen genügt mithin noch nicht. Daraus folgt, dass weder der Wille, den Gewinn zu maximieren, noch die Verhinderung eines weiteren Gewinnverfalls für sich genommen die betriebsbedingte Kündigung rechtfertigen können.[339] Der bloße Entschluss, Lohnkosten zu senken, stellt noch keine Unternehmerentscheidung dar, die die Kündigung legitimiert.[340] Das Motiv, Lohnkosten einzusparen, muss der Unternehmer durch Maßnahmen im Betriebsbereich konkretisieren, die schließlich den Wegfall von Arbeitsplätzen begründen können.[341] Eine aus Kostengesichtspunkten getroffene unternehmerische Entscheidung ist aber in aller Regel gerechtfertigt.[342] Allerdings fehlt es bei einem Personalabbau ohne erkennbares unternehmerisches Konzept trotz jahrelang kontinuierlich herausragender Gewinnsteigerungen an dem Merkmal der Dringlichkeit.[343]

---

[335] BAG 12.8.2010 NJW 2011, 251 Rn. 19.
[336] BAG 10.10.1989 EzA KSchG § 1 Betriebsbedingte Kündigung Nr. 64 = NZA 1990, 607; bestätigt durch BAG 12.11.1998 EzA KSchG § 2 Nr. 33 = NZA 1999, 471, wonach § 1 Abs. 2 ein dringendes betriebliches und nicht abteilungsspezifisches Erfordernis voraussetzt; ebenso *Schaub*, § 131 Rn. 57.
[337] *Preis*, NZA 1995, 241, 249; APS/*Kiel*, § 1 KSchG Rn. 531 hält die Differenzierung für unerheblich, da es nur auf die die Rentabilitätserwägungen umsetzende Unternehmerentscheidung ankomme.
[338] BAG 20.3.1986 EzA KSchG § 2 Nr. 6 = NZA 1986, 824; BAG 26.1.1995 AP KSchG 1969 § 2 Nr. 36 m. Anm. *Enderlein* = EzA KSchG § 2 Nr. 22 = NZA 1995, 626; BAG 12.11.1998 EzA KSchG § 2 Nr. 33 = NZA 1999, 471; *Berkowsky* I, § 6 Rn. 117 f.; HHL/*Krause*, § 1 KSchG Rn. 723; KDZ/*Deinert*, § 1 KSchG, Rn. 475; *Preis*, NZA 1998, 449, 455.
[339] APS/*Kiel*, § 1 KSchG Rn. 531; *Stahlhacke*, DB 1994, 1365.
[340] BAG 20.3.1986 EzA KSchG § 2 Nr. 6 = NZA 1986, 824; BAG 26.1.1995 EzA KSchG § 2 Nr. 22 = NZA 1995, 626; BAG 26.9.1996 EzA KSchG § 1 Betriebsbedingte Kündigung Nr. 86 = NZA 1997, 202; *Berkowsky* I, § 6 Rn. 114; HK-KSchG/*Dorndorf*, § 1 Rn. 1007.
[341] *Berkowsky* I, § 6 Rn. 114.
[342] BAG 19.5.1993 EzA KSchG § 1 Betriebsbedingte Kündigung Nr. 73 = NZA 1993, 1075.
[343] ArbG Gelsenkirchen 28.10.1997, NZA 1998, 944; *Quecke*, NZA 1999, 1247, 1251; krit. auch *Bitter*, DB 1999, 1214, 1215; *ders.*, DB 2000, 1760, 1766, der „juristisches Unbehagen" äußert. KDZ/*Deinert*, § 1 KSchG Rn. 475, will das reine Streben nach mehr Gewinn bei der Interessenabwägung jedenfalls berücksichtigt wissen; *Däubler* (ArbuR 2013, 9 ff.) fordert eine umfassende Interessenabwägung; vgl. ferner *Annuß*, S. 112; *Feudner*, DB 1999, 742, 745 präferiert eine Lösung über die Anwendung des Sittengesetzes und dessen Ausprägung in privatrechtlichen Normen, zB § 138 BGB; ähnl. HHL/*Krause*, § 1 KSchG, Rn. 736; a.A. Schaub/*Linck*, § 134 Rn. 30; KR/*Griebeling*, § 1 KSchG Rn. 588; *Henssler*, in *Henssler/Moll*, D Rn. 30, 32; *Hillebrecht*, ZfA 1991, 87, 110; *B. Preis*, NZA 1997, 625, 628 f.; *Rieble*, Anm. EzA KSchG § 1 Betriebsbedingte Kündigung Nr. 102; *Stahlhacke*, DB 1994, 1361, 1365.

2. Vorrangige mildere Mittel

a) Grundsatz

Mit dem Begriff der „dringenden betrieblichen Erfordernisse" hat das Gesetz den inzwischen durch den Gesetzgeber mit § 2 Abs. 1 SGB III[344] bestätigten **Rechtsgedanken des Verhältnismäßigkeitsprinzips** im Kündigungsrecht **positiviert.** Die beabsichtigte Kündigung muss zunächst zur Verfolgung des zulässigen Zwecks, nämlich den Personalbestand an den Personalbedarf anzugleichen, überhaupt geeignet sein **(Grundsatz der Geeignetheit).** Aus dem Merkmal der **Erforderlichkeit** folgt, dass eine betriebsbedingte Kündigung nur dann zulässig ist, wenn keine milderen Mittel zur Erreichung des Zwecks zur Verfügung stehen. Die Eignung eines milderen Mittels bestimmt sich nicht nach der Einschätzung des kündigenden Arbeitgebers, sondern wird über das Merkmal der Dringlichkeit, das einen Hinweis auf die grundsätzliche Vorzugswürdigkeit des Arbeitsplatzerhalts gibt, einer **objektiven gerichtlichen Kontrolle** zugänglich.[345]

984

Für die Frage, welche milderen Mittel konkret geeignet sind, eine betriebsbedingte Beendigungskündigung zu verhindern, ist **entscheidend** auf den jeweiligen Kündigungsgrund und den mit ihm verfolgten unternehmerischen Zweck einzugehen. Das Gesetz selbst enthält in § 1 Abs. 2 und 3 KSchG spezielle Konkretisierungen, die nach gefestigter Auffassung auch unabhängig vom Widerspruch des Betriebs- bzw. Personalrats als rechtssatzförmige Voraussetzungen für die Rechtfertigung einer Kündigung anzusehen sind.[346]

985

Sofern der Betriebs- bzw. Personalrat in den Fällen des § 1 Abs. 2 S. 2 und 3 KSchG ordnungsgemäß und fristgerecht Widerspruch erhoben hat, geht das BAG vom Vorliegen sog. **absoluter Sozialwidrigkeitsgründe** aus, bei denen das BAG eine sonst gebotene Interessenabwägung nicht mehr für erforderlich hält.[347] Dieser „kleine Unterschied" hat im Bereich der betriebsbedingten Kündigung praktisch keine Bedeutung mehr, weil das BAG inzwischen allgemein bei der betriebsbedingten Kündigung auf die noch bei anderen Kündigungsgründen praktizierte umfassende Interessenabwägung verzichtet.[348] Bedeutung hat der Widerspruch allerdings für den Weiterbeschäftigungsanspruch aus § 102 Abs. 5 BetrVG und die Darlegungs- und Beweislast.[349]

986

Der Arbeitgeber muss vor Ausspruch einer betriebsbedingten Kündigung die **bis zum Ablauf der Kündigungsfrist frei werdenden Arbeitsplätze** in seine Überlegungen einbeziehen und prüfen, ob der Arbeitnehmer nicht auf einem dieser Arbeitsplätze eingesetzt werden kann.[350] Werden Arbeitsplätze vor Ablauf der Kündigungsfrist

987

---

[344] Vgl. dazu → Rn. 888.
[345] *Preis*, Prinzipien, S. 305 ff., 402; vgl. dazu → Rn. 886 f.
[346] Vgl. BAG 13.9.1973 AP KSchG 1969 § 1 Nr. 2 = EzA BetrVG 1972 § 102 Nr. 7; BAG 17.5.1984 u. 15.12.1994 EzA KSchG § 1 Betriebsbedingte Kündigung Nr. 32 = NZA 1985, 489 und EzA KSchG § 1 Betriebsbedingte Kündigung Nr. 76 = NZA 1995, 413; BAG 21.9.2000 AP KSchG 1969 § 1 Betriebsbedingte Kündigung Nr. 111 = EzA KSchG § 1 Betriebsbedingte Kündigung Nr. 107; BAG 2.2.2006 AP KSchG 1969 § 1 Betriebsbedingte Kündigung Nr. 142; BAG 29.8.2013 NZA 2014, 730; KR/*Griebeling*, § 1 KSchG Rn. 196; *Kiel/Koch*, Rn. 205 ff.; LSW/*Löwisch*, § 1 KSchG Rn. 89; *Müller*, ZfA 1982, 488 f.; APS/*Preis*, Grundlagen H Rn. 67; *Preis*, Prinzipien, S. 295 ff.
[347] BAG 13.9.1973 AP KSchG 1969 § 1 Nr. 2 unter II 7 der Gründe = EzA BetrVG 1972 § 102 Nr. 7.
[348] → Rn. 893 ff.
[349] Siehe LSW/*Löwisch*, § 1 KSchG Rn. 565 f.; *Otto*, SAE 1985, 219.
[350] Zusammenfassend *Fuhlrott*, DB 2014, 198.

frei, besteht ja gerade kein dauerhaft verringerter Personalbedarf, der eine betriebsbedingte Kündigung rechtfertigen könnte.[351] Der Arbeitsplatz eines erkrankten Arbeitnehmers ist aber selbst dann nicht frei, wenn wahrscheinlich ist oder gar feststeht, dass der erkrankte Arbeitnehmer nicht zurückkehren wird. Freilich darf der Arbeitgeber auch hier nicht rechtsmissbräuchlich handeln.[352] Ist im Zeitpunkt des Kündigungszugangs eine Beschäftigungsmöglichkeit nicht mehr vorhanden, wurde also ein freier Arbeitsplatz vor dem Zugang der Kündigung besetzt, so ist es dem Arbeitgeber gleichwohl nach dem Rechtsgedanken des § 162 BGB verwehrt, sich auf den Wegfall von Beschäftigungsmöglichkeiten im Kündigungszeitpunkt zu berufen, wenn dieser Wegfall treuwidrig herbeigeführt wurde. Der Arbeitgeber hat es nicht in der Hand, den Kündigungsschutz dadurch leerlaufen zu lassen, dass er zunächst einen freien Arbeitsplatz besetzt und erst später eine Beendigungskündigung wegen einer fehlenden Weiterbeschäftigungsmöglichkeit ausspricht. Eine **treuwidrige Vereitelung der Weiterbeschäftigungsmöglichkeit** kann dem Arbeitgeber aber nur dann vorgehalten werden, wenn sich ihm die Möglichkeit der Weiterbeschäftigung aufdrängen musste.[353] Auch wenn der Arbeitgeber nicht verpflichtet ist, eine Personalreserve vorzuhalten, hat er ebenso Arbeitsplätze mit in die Betrachtung einzubeziehen, die **in absehbarer Zeit nach Ablauf der Kündigung frei werden**. Zumutbar ist dabei jedenfalls die Überbrückung eines Zeitraums, den ein anderer Stellenbewerber für die Einarbeitung benötigen würde.[354] Innerhalb dieses Zeitraums liegt kein dauerhafter Entfall des Beschäftigungsbedarfes vor und das Merkmal der „Dringlichkeit" wäre nicht erfüllt.[355]

987a Hinsichtlich der **Darlegungs- und Beweislast** gilt, dass der Arbeitgeber diese für das Fehlen einer anderweitigen Weiterbeschäftigungsmöglichkeit trägt. Dabei gilt eine **abgestufte** Darlegungslast. Bestreitet der Arbeitnehmer nur den Wegfall seines bisherigen Arbeitsplatzes, genügt der Einwand des Arbeitgebers, eine Weiterbeschäftigung sei zu den gleichen Bedingungen nicht möglich. Macht der Arbeitnehmer dann eine konkrete alternative Beschäftigungsmöglichkeit geltend, obliegt es ihm darzulegen, wie er sich seine anderweitige Beschäftigung vorstellt. Erst daraufhin muss der Arbeitgeber eingehend erläutern, aus welchen Gründen eine solche Beschäftigung nicht möglich ist.[356]

---

[351] St. Rspr. BAG 1.3.2007 EzA KSchG § 1 Betriebsbedingte Kündigung Nr. 154 = AP KSchG 1969 § 1 Betriebsbedingte Kündigung Nr. 164; BAG 2.2.2006 EzA KSchG § 1 Betriebsbedingte Kündigung Nr. 144 = AP KSchG 1969 § 1 Betriebsbedingte Kündigung Nr. 142; BAG 29.3.1990 u. 15.12.1994 EzA KSchG § 1 Soziale Auswahl Nr. 29 = NZA 1991, 181 und EzA KSchG § 1 Betriebsbedingte Kündigung Nr. 75 = NZA 1995, 521; ErfK/*Oetker*, § 1 KSchG Rn. 250; zur Einbeziehung von Saisonarbeitsplätzen LAG Köln 17.8.2007 LAGE KSchG § 1 Betriebsbedingte Kündigung Nr. 80.
[352] BAG 2.2.2006 EzA KSchG § 1 Betriebsbedingte Kündigung Nr. 144 = AP KSchG 1969 § 1 Betriebsbedingte Kündigung Nr. 142.
[353] BAG 5.6.2008 EzA KSchG § 1 Betriebsbedingte Kündigung Nr. 161 = NZA 2008, 1180; BAG 1.2.2007 EzA KSchG § 1 Betriebsbedingte Kündigung Nr. 153 = AP BGB § 162 Nr. 6; BAG 24.11.2005 EzA KSchG § 1 Krankheit Nr. 51 = NZA 2006, 665.
[354] BAG 15.12.1994 u. 7.3.1996 EzA KSchG § 1 Betriebsbedingte Kündigung Nr. 67 = NZA 1995, 521 und EzA KSchG 1969 § 1 Betriebsbedingte Kündigung Nr. 84 = NZA 1996, 931; ErfK/*Oetker*, § 1 KSchG Rn. 250; KR/*Griebeling*, § 1 KSchG Rn. 219; APS/*Kiel*, § 1 KSchG Rn. 602; HK-KSchG/*Weller/Dorndorf*, § 1 Rn. 905; a.A. *Oetker*, Anm. BAG SAE 1996, 116; *Schiefer*, NZA 1995, 662, 666 f.; *Tschöpe*, EWiR 1995, 600.
[355] *Preis*, NZA 1997, 1073, 1082; APS/*Preis*, Grundlagen H Rn. 36 a.E.
[356] BAG 29.8.2013 NZA-RR 2014, 325.

b) Weiterbeschäftigungsmöglichkeit in demselben Betrieb oder in einem anderen Betrieb des Unternehmens

Die betriebsbedingte Kündigung ist unwirksam, wenn im Kündigungszeitpunkt die Möglichkeit zu einer Weiterbeschäftigung des Arbeitnehmers innerhalb des Beschäftigungsbetriebs oder innerhalb des Unternehmens, für das der Arbeitnehmer eingestellt ist, besteht.[357] Diese in § 1 Abs. 2 S. 2 KSchG positivierte Kündigungsschranke gilt **unabhängig** von einem möglichen **Widerspruch des Betriebsrats.** Die Kündigung ist aber nicht deshalb unwirksam, weil der Arbeitgeber die Prüfung der Möglichkeit einer Weiterbeschäftigung unterlassen hat. Entscheidend ist zweierlei: Die Weiterbeschäftigung muss sowohl dem Arbeitnehmer als auch dem Arbeitgeber objektiv möglich sein. Dazu muss tatsächlich ein **freier Arbeitsplatz vorhanden** sein, den der gekündigte Arbeitnehmer hätte ausfüllen können.[358] Dies setzt voraus, dass ein freier Arbeitsplatz zu vergleichbaren (gleichwertigen) oder zu geänderten (schlechteren) Arbeitsbedingungen (→ Rn. 992) vorhanden ist.[359] Keine Weiterbeschäftigungsmöglichkeit besteht, wenn dazu einem anderen Arbeitnehmer gekündigt werden müsste.[360]

988

Eine Frage der Sozialauswahl ist es, wenn für mehrere Arbeitnehmer das Beschäftigungsbedürfnis entfällt und diese um eine geringere Anzahl von freien Arbeitsplätzen zur Weiterbeschäftigung konkurrieren. Auch dann hat eine Auswahl in Ansehung des § 1 Abs. 3 KSchG zu erfolgen. Gleichzeitig folgt daraus, dass der Arbeitgeber die **Weiterbeschäftigung nicht** dadurch **vereiteln** darf, dass er, ohne die Grundsätze der Sozialauswahl zu beachten, die freien Arbeitsplätze besetzt.[361] Ebenso wenig darf er die freien Arbeitsplätze mit externen Bewerbern besetzen; die kündigungsbedrohten Arbeitnehmer haben Vorrang.[362]

989

Hat der Arbeitgeber im Zeitpunkt der Kündigung einen anderen freien Arbeitsplatz zur Verfügung, den der Arbeitnehmer aber aufgrund seiner Fähigkeiten nicht ausfüllen kann, so ist die mögliche Versetzung kein geeignetes milderes Mittel. Voraussetzung ist nämlich, dass der Arbeitnehmer die **erforderliche Qualifikation** für den freien Arbeitsplatz hat, wobei es im freien unternehmerischen Ermessen steht, das Anforderungsprofil der Stelle zu bestimmen.[363] Zu prüfen ist aber die Möglichkeit der Weiter-

990

---

[357] Siehe bereits BAG 25.9.1956 AP KSchG § 1 Nr. 18; BAG 12.3.1968 AP KSchG § 1 Krankheit Nr. 1 = EzA KSchG § 1 Nr. 9; *Weller,* ArbuR 1986, 225.
[358] BAG 29.8.2013 NZA-RR 2014, 325; BAG 2.2.2006 AP KSchG 1969 § 1 Betriebsbedingte Kündigung Nr. 142 = EzA KSchG § 1 Betriebsbedingte Kündigung Nr. 144; BAG 24.6.2004 EzA KSchG § 1 Betriebsbedingte Kündigung Nr. 132 = NZA 2004, 1268; BAG 3.2.1977 und 24.3.1983 AP KSchG 1969 § 1 Betriebsbedingte Kündigung Nr. 4 = EzA KSchG § 1 Betriebsbedingte Kündigung Nr. 7 und AP KSchG 1969 § 1 Betriebsbedingte Kündigung Nr. 12 = EzA KSchG § 1 Betriebsbedingte Kündigung Nr. 21; BAG 7.2.1991 EzA KSchG § 1 Personenbedingte Kündigung Nr. 9 = NZA 1991, 806; *v. Hoyningen-Huene/Linck,* DB 1993, 1185 ff.
[359] BAG 25.10.2012 NZA-RR 2013, 632.
[360] BAG 7.2.1985 EzA KSchG § 1 Soziale Auswahl Nr. 20 = NZA 1986, 260; BAG 29.1.1997 EzA KSchG § 1 Krankheit Nr. 42 = NZA 1997, 709; ErfK/*Oetker,* § 1 KSchG Rn. 251; LSW/*Löwisch,* § 1 KSchG Rn. 337.
[361] BAG 15.12.1994 und 5.10.1995 EzA KSchG § 1 Betriebsbedingte Kündigung Nr. 76 = NZA 1995, 413 und EzA KSchG § 1 Betriebsbedingte Kündigung Nr. 82 = NZA 1996, 524; BAG 22.1.1998 EzA BGB § 613a Nr. 161 = NZA 1998, 536; BAG 21.9.2000 AP KSchG 1969 § 1 Betriebsbedingte Kündigung Nr. 111 = EzA KSchG § 1 Betriebsbedingte Kündigung Nr. 107; ausf. Hako/*Gallner/Mestwerdt,* § 1 KSchG Rn. 717 ff.
[362] ErfK/*Oetker,* § 1 KSchG Rn. 250; HHL/*Krause,* § 1 KSchG Rn. 787; APS/*Kiel,* § 1 KSchG Rn. 608; LSW/*Löwisch,* § 1 KSchG Rn. 339; *Preis,* DB 1988, 1387, 1392; HK-KSchG/*Weller/ Dorndorf,* § 1 Rn. 911.
[363] BAG 10.11.1994 und 7.11.1996 EzA KSchG § 1 Betriebsbedingte Kündigung Nr. 77 = NZA 1995, 566 und EzA KSchG § 1 Betriebsbedingte Kündigung Nr. 88 = NZA 1997, 253; BAG 24.6.2004

beschäftigung nach Umschulung (§ 1 Abs. 2 S. 3 KSchG). Eine Weiterbeschäftigungsmöglichkeit besteht auch dann nicht, wenn der Betriebsrat nach § 99 BetrVG seine **Zustimmung** zu einer möglichen Versetzung rechtswirksam und nach der rechtskräftigen Ablehnung der Ersetzung der Zustimmung durch das Arbeitsgericht **verweigert**.[364] Bei einer Zustimmungsverweigerung ohne Ersetzungsverfahren ist die Wirksamkeit der Weigerung im Kündigungsschutzverfahren inzident zu prüfen.[365] Der Arbeitgeber muss sich allerdings um die Beseitigung des Versetzungshindernisses bemühen und ggf. auch die arbeitsgerichtliche Ersetzung der Zustimmung erwirken.[366]

991 Berücksichtigen muss der Arbeitgeber **Arbeitsplätze, die bis zum Ablauf der Kündigungsfrist frei werden**.[367] „Frei" sollen Arbeitsplätze nach Auffassung des BAG nicht sein, wenn sie im Ausland liegen.[368] Diese Rechtsprechung ist kritikwürdig (→ Rn. 1002a). Möglich ist eine Weiterbeschäftigung auch, wenn auf Arbeitsplätzen, die der Arbeitnehmer ausfüllen kann, **Leiharbeitnehmer** beschäftigt werden. Bei legaler Arbeitnehmerüberlassung steht der Leiharbeitnehmer in keiner arbeitsvertraglichen Bindung zum Entleiher.[369] Aus diesem Grunde steht der Verdrängung des Leiharbeitnehmers durch den Stammarbeitnehmer prinzipiell keine Rechtsschranke entgegen. Ob die Verdrängung des Leiharbeitnehmers ein geeignetes milderes Mittel ist, hängt von den Umständen ab. Werden Leiharbeitnehmer lediglich zur Abdeckung von „Auftragsspitzen" oder zur Vertretung als Personalreserve[370] eingesetzt, liegt keine alternative Beschäftigungsmöglichkeit iSv. § 1 Abs. 2 S. 2 KSchG vor, weil bei diesem Sachverhalt nicht davon ausgegangen werden kann, dass der Arbeitgeber für „Auftragsspitzen" dauerhaft Personal benötige. Die gleichen Erwägungen gelten, wenn Leiharbeitnehmer nur als „Personalreserve" zur Abdeckung von Vertretungsbedarf beschäftigt werden. Liegt die Sachlage allerdings so, dass der Arbeitgeber Leiharbeitnehmer einsetzt, um mit ihnen ein nicht schwankendes, ständig vorhandenes (Sockel-)Arbeitsvolumen abzudecken, ist regelmäßig von einer Weiterbeschäftigungsmöglichkeit auszugehen, die vorrangig genutzt werden muss. Die **Stammarbeitnehmer verdrängen** in diesen Fällen bei gleicher Eignung die Leiharbeitnehmer.[371]

EzA KSchG § 1 Betriebsbedingte Kündigung Nr. 132 = NZA 2004, 1268; LAG Düsseldorf 19.8.1999 LAGE BGB § 620 Nr. 66.

[364] ErfK/*Oetker*, § 1 KSchG Rn. 257; *Preis*, Prinzipien, S. 314f.; APS/*Kiel*, § 1 KSchG Rn. 647; LSW/*Löwisch*, § 1 KSchG Rn. 353; *Stahlhacke*, DB 1994, 1361, 1366. Vgl. a. BAG 30.8.1995 EzA BetrVG 1972 § 99 m. abl. Anm. *Löwisch* Nr. 130 = NZA 1996, 496.

[365] Ebenso *Stahlhacke*, DB 1994, 1361, 1366; a.A. BB/*Bram*, § 1 KSchG Rn. 302. Zu weitgehend BAG 13.9.1973 AP KSchG 1969 § 1 Nr. 2 = EzA BetrVG 1972 § 102 Nr. 7, das den hypothetischen Vortrag des Arbeitgebers beachten will, dass der Betriebsrat, wäre er angesprochen worden, die Zustimmung wirksam verweigert hätte. Dem folgend LSW/*Löwisch*, § 1 KSchG Rn. 354; krit. dagegen KR/*Griebeling*, § 1 KSchG Rn. 223.

[366] KR/*Becker*, 3. Aufl. 1989, § 1 KSchG Rn. 307; *Preis*, Prinzipien, S. 315; BB/*Bram*, § 1 KSchG Rn. 302, aber begrenzt für den Fall der offenkundigen Unbegründetheit des Widerspruchs; a.A. BAG 29.1.1997 EzA KSchG § 1 Krankheit Nr. 42 = NZA 1997, 709; APS/*Kiel*, § 1 KSchG Rn. 647; KR/*Griebeling*, § 1 KSchG Rn. 223; LSW/*Löwisch*, § 1 KSchG Rn. 353.

[367] Vgl. ErfK/*Oetker*, § 1 KSchG Rn. 250.

[368] BAG 29.8.2013 NZA 2014, 730 Rn. 21.

[369] LAG Berlin-Brandenburg 3.3.2009 DB 2009, 1354; LAG Hamm 21.12.2007 LAGE KSchG § 1 Betriebsbedingte Kündigung Nr. 81; LAG Hamm 6.8.2007 NZA-RR 2008, 180; ErfK/*Oetker*, § 1 KSchG Rn. 256; KR/*Griebeling*, § 1 KSchG Rn. 219a; HHL/*Krause*, § 1 KSchG Rn. 785; APS/*Kiel*, § 1 KSchG Rn. 606; KDZ/*Deinert*, § 1 KSchG Rn. 421; a.A. LSW/*Löwisch*, § 1 KSchG Rn. 338.

[370] BAG 18.10.2012 NZA-RR 2013, 68.

[371] BAG 15.11.2011 NZA 2012, 1044 Rn. 30; KDZ/*Deinert*, § 1 KSchG Rn. 517.

Nicht verlangt werden kann indes der vorrangige Abbau von **geringfügigen Be-** 991a
schäftigungsverhältnissen.[372] Das Ultima-Ratio-Prinzip rechtfertigt nicht die vorrangige Kündigung anderer (Teilzeit-)Arbeitnehmer, zumal eine Kollision mit § 4 Abs. 1 TzBfG vorliegt.

c) Weiterbeschäftigungsmöglichkeit nach Änderung der Arbeitsbedingungen (Vorrang der Änderungskündigung)

Eine ordentliche Beendigungskündigung ist nach dem Grundsatz der Verhältnismäßigkeit ausgeschlossen, wenn die Möglichkeit besteht, den Arbeitnehmer auf einem anderen freien Arbeitsplatz gegebenenfalls auch zu geänderten (schlechteren) Arbeitsbedingungen weiterzubeschäftigen. Das gilt nicht nur bei betriebsbedingten, sondern (eingeschränkt) auch bei personen- und verhaltensbedingten Kündigungen.[373] Eine Weiterbeschäftigung hat auch dann vorrangig zu erfolgen, wenn sie erst nach einer Einarbeitung des Arbeitnehmers auf einer freien Stelle, gegebenenfalls erst nach einer dem Arbeitnehmer anzubietenden zumutbaren Umschulungs- oder Fortbildungsmaßnahme möglich ist.[374] Die Kündigung ist unzulässig, wenn die Weiterbeschäftigung auf einem anderen Arbeitsplatz zu geänderten Arbeitsbedingungen möglich ist und der Arbeitnehmer sich hiermit einverstanden erklärt hat.[375] Erhebt der Betriebsrat wegen einer solchen Möglichkeit berechtigt Widerspruch, liegt ein sog. absoluter Sozialwidrigkeitsgrund vor (§ 1 Abs. 2 S. 3 KSchG). 992

Nach der Rechtsprechung des BAG muss der Arbeitgeber von sich aus dem Arbeitnehmer eine beiden Parteien zumutbare Weiterbeschäftigung auf einem freien Arbeitsplatz auch zu geänderten Bedingungen anbieten.[376] Erfüllt der Arbeitnehmer das Anforderungsprofil der fraglichen Stelle, bedarf es grundsätzlich keiner weitergehenden Prüfung, ob dem Arbeitnehmer die Tätigkeit zumutbar ist. Das gilt auch dann, wenn deren Zuweisung eine Vertragsänderung erforderlich macht.[377] Der Grundsatz der Erforderlichkeit gebietet auch hier eine **Abstufung der personellen Maßnahmen.** Kann der Arbeitgeber dem Arbeitnehmer einen freien Arbeitsplatz im Wege des Direktionsrechts zuweisen, ist eine Änderungskündigung unzulässig, weil nicht erforderlich.[378] Ist dies nicht möglich, ist eine Änderungskündigung in Erwägung zu ziehen. In Betracht kommen alle Vertragsänderungen, die das konkrete betriebliche Bedürfnis befriedigen. Dies sind insbesondere die Versetzung auf einen anderen (geringerwertigen) Arbeitsplatz, die Kürzung übertariflicher Leistungen,[379] aber auch das Angebot der Teilzeitbeschäftigung.[380] Der Arbeitnehmer hat prinzipiell jedoch **keinen Anspruch auf** 993

---

[372] So aber LAG Köln 3.6.2004 NZA-RR 2005, 70.
[373] Zur Frage des betrieblichen Eingliederungsmanagements BAG § 1 KSchG Rn. 228.
[374] BAG 5.6.2008 EzA KSchG § 1 Betriebsbedingte Kündigung Nr. 161 = NZA 2008, 1180.
[375] Siehe bereits BAG 4.12.1959 AP KSchG § 1 Betriebsbedingte Kündigung Nr. 2; BAG 13.9.1973 AP KSchG 1969 § 1 Nr. 2 = EzA BetrVG 1972 § 102 Nr. 7, sowie BAG 20.8.1998 EzA KSchG § 2 Nr. 31 = NZA 1999, 255; LAG Berlin 13.1.2000 NZA-RR 2000, 302; BAG 21.4.2005 EzA KSchG § 2 Nr. 52 = NZA 2005, 1294.
[376] BAG 27.9.1984 AP KSchG 1969 § 2 Nr. 8 m. Anm. *v. Hoyningen-Huene* = EzA KSchG § 2 Nr. 5 m. Anm. *Kraft;* BAG 29.11.1990 RzK I 5a Nr. 4; ebenso LAG Niedersachsen 7.2.1986 LAGE BGB § 611 Beschäftigungspflicht Nr. 14; LAG Hamm 22.6.1998 LAGE KSchG § 1 Betriebsbedingte Kündigung Nr. 51.
[377] BAG 29.8.2013 NZA 2014, 730 Rn. 23.
[378] Dazu *v. Hoyningen-Huene/Linck,* DB 1993, 1185 ff.
[379] Hierzu *Wagner,* NZA 1986, 632 ff.
[380] LAG Düsseldorf 6.5.1977 DB 1977, 1370; ArbG Münster 8.12.1982 EzA KSchG § 1 Betriebsbedingte Kündigung Nr. 19; LSW/*Löwisch,* § 1 KSchG Rn. 364.

Beförderung und Weiterbeschäftigung auf einem höherwertigen Arbeitsplatz,[381] es sei denn, die Schaffung der Beförderungsstellen dient der Umgehung des Kündigungsschutzes[382] oder der Arbeitnehmer erfüllt das Anforderungsprofil.[383] Dem Bestandsschutz ist dann Vorrang zu gewähren, wenn der Arbeitgeber Beschäftigungsmöglichkeiten in einen anderen Betrieb verlagert und dort höher vergütet, die zu verrichtende Arbeit aber überwiegend gleich bleibt.[384] Die Zumutbarkeit der anderweitigen Weiterbeschäftigung ist nicht vom Arbeitgeber, sondern vom Arbeitnehmer zu beurteilen. So kann das Angebot einer Teilzeitbeschäftigung aus Sicht des Arbeitnehmers zB aus familiären Gründen zumutbar oder ggf. sogar vorteilhafter sein.[385]

994   Im Wege der Rechtsfortbildung[386] hatte das BAG zunächst den Arbeitgeber verpflichtet, den Arbeitnehmer auf die Weiterbeschäftigungsmöglichkeit zu geänderten Bedingungen **hinzuweisen.** Der Arbeitgeber musste klarstellen, dass bei Ablehnung des Änderungsangebots eine Kündigung beabsichtigt war, ansonsten war die Kündigung unwirksam.[387] Dem Arbeitnehmer musste eine **Überlegungsfrist von einer Woche eingeräumt werden.** Dieses Angebot konnte er unter einem § 2 KSchG entsprechenden Vorbehalt annehmen. Der Arbeitgeber musste dann eine Änderungskündigung aussprechen. Lehnte der Arbeitnehmer das Änderungsangebot vorbehaltlos und endgültig ab, dann konnte der Arbeitgeber eine Beendigungskündigung aussprechen.[388]

995   Die rechtsfortbildende Begründung der vom BAG entwickelten **vorrangigen Verhandlungslösung** hat das BAG in zwei Entscheidungen vom 21.4.2005 **aufgegeben.**[389] Nunmehr gilt: Der Arbeitgeber kann eine einvernehmliche Verhandlungslösung anstreben, ist dazu aber nicht verpflichtet. Er kann auch sogleich eine Änderungskündigung verbunden mit dem verschlechternden Angebot aussprechen. Einer zusätzlichen Überlegungsfrist von einer Woche bedarf es nicht, hierzu reicht die Kündigungsfrist, längstens die Drei-Wochen-Frist des § 4 S. 1 KSchG. Eine zwingende Überlegungsfrist von nur einer Woche würde zudem die Rechte aus § 2 KSchG verkürzen.[390] Eine Analogie zu § 102 Abs. 2 BetrVG ist bedenklich, weil dann konse-

---

[381] LAG Köln 31.5.1989 LAGE KSchG § 1 Betriebsbedingte Kündigung Nr. 17; bestätigt durch BAG 29.3.1990 EzA KSchG 1969 § 1 Soziale Auswahl Nr. 29 m. zust. Anm. *Preis* = NZA 1991, 181; ebenso ErfK/*Oetker*, § 1 KSchG Rn. 252; KR/*Griebeling*, § 1 KSchG Rn. 727; weitergehend aber KDZ/*Deinert*, § 1 KSchG Rn. 565; HK-KSchG/*Weller/Dorndorf*, § 1 Rn. 908. Zur Abgrenzung zwischen Beförderung und Qualifikation im Wege der Umschulung und Fortbildung für funktionsähnliche Stellen ausf. APS/*Kiel*, § 1 KSchG Rn. 610 f.
[382] BAG 10.11.1994 EzA KSchG § 1 Betriebsbedingte Kündigung Nr. 77 m. Anm. *v. Hoyningen-Huene* = NZA 1995, 566; BAG 30.8.1995 EzA BetrVG 1972 § 99 Nr. 130 = NZA 1996, 496; BAG 18.10.2000 EzA KSchG § 14 Nr. 5 = NZA 2001, 437; s. a. LAG Köln 18.6.1999, 12 Sa 146/99.
[383] *Houben*, NZA 2008, 851.
[384] BAG 5.10.1995 EzA KSchG § 1 Betriebsbedingte Kündigung Nr. 82 = NZA 1996, 524.
[385] BAG 21.4.2005 EzA KSchG § 2 Nr. 52 = NZA 2005, 1294; BAG 21.9.2006 EzA KSchG § 2 Nr. 62 = NZA 2007, 431.
[386] Krit. hierzu *Wank*, RdA 1987, 129, 139 ff.
[387] BAG 29.11.1990, 2 AZR 282/90 – n. v.; s. a. LAG Berlin 13.1.2000, NZA-RR 2000, 302 f. für nicht eindeutiges Änderungsangebot.
[388] BAG 27.9.1984 EzA § 2 Nr. 5 = NZA 1985, 455; BAG 25.2.1988 RzK I 5c Nr. 26; BAG 20.11.1990 RzK I 5a Nr. 4; LAG Köln 28.2.1995 NZA-RR 1996, 89; ebenso LSW/*Löwisch*, § 1 KSchG Rn. 368.
[389] BAG 21.4.2005 EzA KSchG § 1 Soziale Auswahl Nr. 53 = NZA 2005, 1289; BAG 21.4.2005 EzA KSchG § 2 Nr. 52 = NZA 2005, 1294; zust. *Kalb*, FS Küttner, 2006, S. 309; ausf. Hako/*Gallner/Mestwerdt*, § 1 KSchG Rn. 707 ff.; ablehnend hierzu *Bauer/Winzer*, BB 2006, 266; *Lelley/Sabin*, DB 2006, 1110; *Wank*, RdA 2012, 139 ff.
[390] Hierzu schon LAG Köln 20.11.2003 LAGE KSchG § 2 Nr. 46 m. Anm. *Tenbrock* (best. durch BAG 21.4.2005 EzA KSchG § 1 Soziale Auswahl Nr. 53 = NZA 2005, 1289).

quenterweise auch die Fiktion des Schweigens als Zustimmung zur Vertragsänderung übertragen werden müsste, was angesichts der Bedeutung der Änderung der Vertragsbedingungen eines Arbeitsvertrages abzulehnen ist.[391] Auch der Grundsatz der Verhältnismäßigkeit gebietet nicht den zwingend vorgeschalteten Versuch der einvernehmlichen Abänderung, da der Arbeitnehmer bei Gleichzeitigkeit von Kündigung und Änderungsangebot dieses endgültig oder nur unter Vorbehalt annehmen oder auch ganz ablehnen kann.

Freilich braucht der Arbeitgeber nur dann an den Arbeitnehmer heranzutreten, wenn überhaupt eine **Beschäftigungsmöglichkeit zu geänderten Arbeitsbedingungen** besteht. Ist dies nicht der Fall, scheidet die Änderung der Arbeitsbedingungen von vornherein als ungeeignetes Mittel aus. Die tatsächlichen Umstände hat der Arbeitgeber zu beweisen. Ist im Zeitpunkt der beabsichtigen Kündigungserklärung an irgendeiner Stelle im Unternehmen ein Aufgabenfeld vorhanden, das zu geänderten Arbeitsbedingungen auch von dem betroffenen Arbeitnehmer wahrgenommen werden kann, ist dem Arbeitgeber zu empfehlen, diese Änderungsmöglichkeit dem Arbeitnehmer vorzuschlagen. Er muss nur dann keine Änderungskündigung aussprechen und kann sofort zur Beendigungskündigung übergehen, wenn der Arbeitnehmer das Änderungsangebot **unmissverständlich und einschränkungslos ablehnt.**[392] Lehnt der Arbeitnehmer aber nur das Ausmaß der Änderungen ab (zB die Höhe der Gehaltskürzung) oder ist nicht auszuschließen, dass er die Änderungskündigung unter dem Vorbehalt der sozialen Rechtfertigung akzeptieren würde, liegt noch keine definitive Ablehnung vor. Der Arbeitgeber muss dann die Änderungskündigung aussprechen und kann nicht unvermittelt zur Beendigungskündigung übergehen. Es ist gerade der Zweck des § 2 KSchG, die Zumutbarkeit des Änderungsangebots überprüfen zu lassen.[393]

Unterlässt der Arbeitgeber die Unterbreitung eines möglichen **Änderungsangebots,** ist die **betriebsbedingte Beendigungskündigung unwirksam.**[394] Das Gericht muss nicht mehr prüfen, ob ein Änderungsangebot **möglich und zumutbar** war. Der Arbeitgeber muss zwar weder Änderungskündigung noch Änderungsangebot in Betracht ziehen, wenn der Arbeitnehmer für den anderen Arbeitsplatz **ungeeignet** ist. Abzulehnen ist die frühere Rechtsprechung des BAG jedoch, soweit auf die Zumutbarkeit eines Änderungsangebots abgestellt wird.[395] Ob der grundsätzlich geeignete Arbeitnehmer sich die Änderung der Arbeitsbedingungen zumuten will, kann nur er selbst entscheiden.[396] Das gilt auch, wenn mit der alternativen Beschäftigung erhebliche Gehaltseinbußen verbunden sind.[397] Mit Recht hat das BAG entschieden, dass eine Änderungskündigung nur in „Extremfällen" unterbleiben darf, wenn der Arbeitgeber bei vernünftiger Betrachtung nicht mit einer Annahme des neuen Vertragsangebots durch den Arbeitnehmer rechnen konnte und ein derartiges Angebot vielmehr

996

997

---

[391] BAG 21.4.2005 EzA KSchG § 1 Soziale Auswahl Nr. 53 = NZA 2005, 1289; BAG 21.4.2005 EzA KSchG § 2 Nr. 52 = NZA 2005, 1294.
[392] BAG 21.4.2005 EzA KSchG § 1 Soziale Auswahl Nr. 53 = NZA 2005, 1289; ebenso wohl BAG 7.12.2000 EzA KSchG § 1 Betriebsbedingte Kündigung Nr. 108 = NZA 2001, 495.
[393] LAG Köln 20.11.2003 LAGE KSchG § 2 Nr. 46 m. Anm. *Tenbrock;* in diese Richtung auch LAG Nürnberg 16.11.2004 LAGE KSchG § 2 Nr. 49.
[394] Zuletzt BAG 29.8.2013 NZA 2014, 730; BAG 20.6.2013 NZA 2013, 1409; hierzu *Otto,* ArbRB 2014, 250.
[395] Ausführlich APS/*Preis* Grundlagen H Rn. 69.
[396] Vgl. auch BAG 21.4.2005 EzA KSchG § 2 Nr. 52 = NZA 2005, 1294; ebenso APS/*Kiel* § 1 KSchG Rn. 632.
[397] BAG 21.9.2006 EzA KSchG § 2 Nr. 62 = NZA 2007, 431; LAG Köln 26.8.2004 NZA-RR 2005, 300, 301.

beleidigenden Charakter gehabt hätte.³⁹⁸ Gerade auch in Ansehung der massiven Konsequenzen des Arbeitsplatzverlustes mit der irgendwann eintretenden Folge des SGB II soll der Arbeitnehmer selbst entscheiden können, ob er eine Weiterbeschäftigung unter erheblich verschlechterten Arbeitsbedingungen für zumutbar hält oder nicht.³⁹⁹ Insbesondere darf der Arbeitgeber ein erheblich verschlechterndes Angebot nicht allein mit der Begründung unterlassen, mit dem zu erzielenden Einkommen könne der Arbeitnehmer seine Familie nicht ernähren oder er verdiene weniger, als er Sozialleistungen erhalten würde, wenn dieses Angebot die einzige Alternative zu einer Beendigungskündigung ist (hier: Gehaltsrückgang von ca. 6000 auf 1600 €).⁴⁰⁰

997a Stehen mehrere Arbeitnehmer zur Auswahl, ist analog § 1 Abs. 3 KSchG eine Sozialauswahl vorzunehmen (→ Rn. 1029). Bestehen mehrere geeignete Weiterbeschäftigungsmöglichkeiten zu geänderten Bedingungen für einen Arbeitnehmer, hat der Arbeitgeber den Arbeitsplatz anzubieten, der sich am wenigsten weit von den bisherigen Arbeitsbedingungen entfernt.⁴⁰¹ Ist bezogen auf einen Arbeitnehmer nicht eindeutig objektiv zu entscheiden, welche Alternative günstiger ist (zB könnte bei einem Arbeitsplatz das Gehalt höher, dafür aber der Anfahrtsweg weiter sein), hat der Arbeitnehmer ein Wahlrecht. Der Arbeitgeber kann in solchen Fällen auch eine Änderungskündigung aussprechen, in der er hinreichend bestimmt die alternativen Beschäftigungsmöglichkeiten anbietet.⁴⁰²

d) Weiterbeschäftigung in einem anderen Konzernunternehmen?

998 Der Kündigungsschutz ist nach h.M. – in Ansehung der Selbständigkeit der Konzernunternehmen – grundsätzlich nicht auf die Konzernebene zu erstrecken, weshalb eine vorrangige konzernbezogene Versetzungspflicht regelmäßig zu verneinen ist.⁴⁰³ Eine Weiterbeschäftigung in einem anderen Unternehmen müsste zwangsläufig zu einem Wechsel des Arbeitgebers und der Vertragsparteien im Wege eines rechtsgeschäftlichen Kontrahierungszwangs führen. Durch die Zergliederung der Unternehmen treten indes zunehmend Sachverhalte auf, in denen konzernangehörige Unternehmen wie Betriebsabteilungen geführt werden. Ein **konzerndimensionaler Kündigungsschutz** wird insbesondere in Fällen erörtert, in denen konzerninterne Entscheidungen (etwa Verlagerung von Tätigkeiten auf andere Konzernunternehmen, Stilllegung eines Konzernunternehmens oder einer Abteilung bei gleichzeitiger Neugründung eines Konzernunternehmens mit identischen arbeitstechnischen und wirtschaftlichen Zielsetzungen) den Beschäftigungsbedarf für den betreffenden Arbeitnehmer bei konzernbezogener Betrachtungsweise nicht entfallen lassen. Das BAG hat diese Frage gesehen,

---

³⁹⁸ Hierzu näher KR/*Rost/Kreft,* § 2 KSchG Rn. 19a. Freilich ist bedenklich, dass *Rost/Kreft* für die Beurteilung dieser Frage auf das Verhalten des Arbeitnehmers nach der ausgesprochenen Beendigungskündigung abstellen wollen.
³⁹⁹ BAG 29.8.2013 NZA 2014, 730 Rn. 23.
⁴⁰⁰ BAG 21.9.2006 EzA KSchG § 2 Nr. 62 = NZA 2007, 431.
⁴⁰¹ BAG 22.9.2005 NZA 2006, 486 Rn. 29; Bauer/Winzer, BB 2006, 266, 269.
⁴⁰² HHL/*Krause,* § 1 KSchG Rn. 807.
⁴⁰³ BAG 14.10.1982 AP KSchG 1969 § 1 Konzern Nr. 1 = EzA KSchG § 15 Nr. 29; BAG 27.11.1991 u. 20.1.1994 EzA KSchG § 1 Betriebsbedingte Kündigung Nr. 72, 74; LAG Köln 11.3.1993 LAGE KSchG § 1 Betriebsbedingte Kündigung Nr. 22; BAG 21.9.2000 EzA KSchG § 1 Betriebsbedingte Kündigung Nr. 107 = ZIP 2001, 388, 394; BAG 23.11.2004 EzA KSchG § 1 Betriebsbedingte Kündigung Nr. 135 = NZA 2005, 929; BAG 23.3.2006 EzA KSchG § 1 Betriebsbedingte Kündigung Nr. 147 = NZA 2007, 30; BAG 23.4.2008 EzA KSchG § 1 Betriebsbedingte Kündigung Nr. 160 = NZA 2008, 939; BAG 28.10.2012 NZA 2013, 1007; *Rost,* FS Schwerdtner, 2003, S. 169 ff.; *Gallner,* FS Düwell, 2011, S. 208 ff.; *Preis,* in *Henssler/Moll,* A Rn. 34; *Kiel/Koch,* Rn. 215 mwN.

§ 2 Die Sozialwidrigkeit der Kündigung

in einem *obiter dictum* aber 2006 offen gelassen.[404] In jüngeren Entscheidungen beharrt es indes darauf, dass das KSchG betriebs-, allenfalls unternehmens-, aber keinesfalls konzernbezogen sei.[405] Den Schritt zu einer entsprechenden Erweiterung des Kündigungsschutzes im Wege der Rechtsfortbildung ist das BAG bislang nicht gegangen. Es fragt sich, ob an diesem Entwicklungsstand weiter festzuhalten ist (→ Rn. 1000 ff.). **Kein kündigungsrelevanter Konzernbezug** liegt jedenfalls dann vor, wenn Arbeitnehmer in einem Konzernunternehmen, ohne versetzt oder abgeordnet zu werden, bestimmten fachlichen Weisungen durch ein anderes Konzernunternehmen unterstellt werden und dadurch noch kein Vertrauenstatbestand begründet wird, der einem vereinbarten oder in der Vertragsabwicklung konkludent durchgeführten Versetzungsvorbehalt gleichgestellt werden kann.[406]

Nach der **gegenwärtigen Rechtsprechung** kann eine **konzernbezogene Versetzungspflicht** allein in **besonderen arbeitsvertraglichen Situationen** bejaht werden.[407] Der die Kündigung beabsichtigende Arbeitgeber muss nach Auffassung des BAG die tatsächliche und rechtliche Möglichkeit haben, den Arbeitnehmer im Konzernunternehmen unterzubringen. Von Bedeutung ist auch, ob sich das Drittunternehmen selbst gebunden hat, indem es etwa den Arbeitnehmer schon im Wege der Abordnung in seinem Betrieb beschäftigt hat.[408] Folgende **Ausnahmefälle,** die dogmatisch auf dem Vertrauensschutz- oder Vertragsprinzip beruhen,[409] sind denkbar:

(1) Der Arbeitsvertrag regelt von vornherein, dass der Arbeitnehmer für den Unternehmens- und Konzernbereich eingestellt worden ist.[410]
(2) Der Arbeitnehmer hat sich vertraglich mit einer konzernweiten Versetzung einverstanden erklärt.
(3) Ein anderes Konzernunternehmen erklärt sich ausdrücklich zur Übernahme des Arbeitnehmers bereit.
(4) Der Arbeitgeber sagt zu, zunächst eine Übernahme durch einen anderen Konzernbetrieb zu versuchen.[411]
(5) Der Arbeitnehmer wird tatsächlich konzernweit eingesetzt.

998a

Selbst wenn man die grundsätzliche Linie des BAG teilt, die Konzerndimensionalität des KSchG zu verneinen, kann ihr bereits aus immanenten Gründen nur einge-

999

---
[404] BAG 23.3.2006 EzA KSchG § 1 Betriebsbedingte Kündigung Nr. 147 = NZA 2007, 30.
[405] BAG 20.6.2006 EzA BGB 2002 § 622 Nr. 9 = NZA 2013, 1137; BAG 22.11.2012 EzA BGB 2002 § 626 Unkündbarkeit Nr. 18 = NZA 2013, 730.
[406] BAG 20.1.1994 EzA KSchG § 1 Betriebsbedingte Kündigung Nr. 74 m. zust. Anm. *Rüthers/Franke* = NZA 1994, 653.
[407] Hierzu BAG 14.10.1982 AP KSchG 1969 § 1 Konzern Nr. 1 m. zust. Anm. *Wiedemann* = EzA KSchG § 15 Nr. 29; BAG 22.5.1986 EzA KSchG § 1 Soziale Auswahl Nr. 22 = NZA 1987, 125; BAG 21.1.1999 EzA KSchG § 1 Nr. 51 = IPRax 2000, 540 m. Anm. *Franzen* = NZA 1999, 539; LAG Hamm 30.10.1989 LAGE KSchG § 1 Betriebsbedingte Kündigung Nr. 18; *Kiel/Koch*, Rn. 215 ff.; HaKo/*Gallner/Mestwerdt*, § 1 KSchG Rn. 697 ff.; *Martens*, FS BAG, 1979, 375; *Konzen*, ZfA 1982, 305 ff.; LSW/*Löwisch*, § 1 KSchG Rn. 351 f.; *Fiebig*, DB 1993, 582; *Silberberger*, Weiterbeschäftigungsmöglichkeit und Kündigungsschutz im Konzern, 1994; *Rost*, FS Schwerdtner, 2004, S. 467 ff.; KDZ/*Deinert*, § 1 KSchG Rn. 537 ff.
[408] BAG 23.11.2004 EzA KSchG § 1 Betriebsbedingte Kündigung Nr. 135 = NZA 2005, 929.
[409] *Wiedemann*, Anm. AP KSchG 1969 § 1 Konzern Nr. 1; *Preis*, Prinzipien, S. 322; dem folgend, BAG 27.11.1991 EzA KSchG § 1 Betriebsbedingte Kündigung Nr. 72 = NZA 1992, 644.
[410] BAG 27.11.1991 EzA KSchG § 1 Betriebsbedingte Kündigung Nr. 72 = NZA 1992, 644; s. a. BAG 21.1.1999 EzA KSchG § 1 Nr. 51 = NZA 1999, 539.
[411] BAG 14.10.1982 AP KSchG 1969 § 1 *Konzern* Nr. 1 = EzA KSchG § 15 Nr. 29; BAG 22.5.1986 EzA KSchG § 1 Soziale Auswahl Nr. 22 = NZA 1987, 125; BAG 27.11.1991 EzA KSchG § 1 Betriebsbedingte Kündigung Nr. 72 = NZA 1992, 644; *Konzen*, ZfA 1982, 259 f.; *Martens*, FS BAG, 1979, 367, 375; vgl. auch *Windbichler*, Arbeitsrecht im Konzern, 1989, S. 155 ff.

schränkt gefolgt werden.[412] **Kritikwürdig** ist insbesondere die Voraussetzung des BAG, dass für eine vorrangige konzernbezogene Versetzungspflicht der Beschäftigungsbetrieb einen **bestimmenden Einfluss auf die Versetzung** haben solle und die Entscheidung darüber nicht dem grundsätzlich zur Übernahme bereiten Unternehmen vorbehalten werden dürfe.[413] Mit anderen Worten reicht der bloße Umstand, dass die Gesellschafter oder ein herrschendes Unternehmen einen erheblichen Einfluss auf das Unternehmen ausüben können, nicht aus.[414] Dieses sog. Durchsetzungskriterium[415] leidet an **inneren Widersprüchen,** weil das BAG nicht zu erklären vermag, wieso unter Berücksichtigung der Relativität der Schuldverhältnisse die autonome Verpflichtung eines anderen Konzernunternehmens aufgrund von Vertrag oder Vertrauen von der Einflussmöglichkeit des konzernangehörigen Vertragsarbeitgebers abhängen soll. Die Durchsetzung von Ansprüchen des Arbeitnehmers gegen das dritte Konzernunternehmen ist im Grundsatz unabhängig vom eigenen Arbeitsverhältnis zum Vertragsarbeitgeber. Das bedeutet, der Arbeitnehmer muss die Verpflichtung, die ein anderes Konzernunternehmen ihm gegenüber eingegangen ist, im Grundsatz selbständig durchsetzen können. Auf einen vorhandenen oder nicht vorhandenen Einfluss des Vertragsarbeitgebers kann es folglich gar nicht ankommen. Wenn überhaupt kann das Durchsetzungskriterium nur in denjenigen Fällen eine Rolle spielen, in denen der Vertragsarbeitgeber dem Arbeitnehmer einen konzernweiten Arbeitsplatz verschaffen muss. Das sind diejenigen Konstellationen, in denen der Arbeitnehmer gegenüber anderen Konzernunternehmen keine Ansprüche aufgrund von Vertrag oder Vertrauensschutzprinzipien besitzt.[416] Darüber hinaus ist das Durchsetzungskriterium auch deshalb in Zweifel zu ziehen, weil mit der Ausweitung der Pflichten des Arbeitnehmers und dessen Einsatz im Konzernbereich den Gesamtkonzern auch eine erhöhte Verantwortlichkeit treffen muss, der er sich nicht durch eine Verweigerung der Weiterbeschäftigung entziehen kann.[417] Die entstandene rechtliche Verpflichtung des Gesamtkonzerns im Hinblick auf die konzernbezogene Beschäftigungspflicht des Arbeitnehmers kann nicht von dem „good will" einzelner Konzernunternehmen abhängig sein. Entscheidend ist allein, wie die Vertragsgestaltung und der tatsächliche Vertragsverlauf aussehen und ob eine Beschäftigungsmöglichkeit im Konzernverbund objektiv vorhanden ist.[418] Daher sollte eine Weigerung der Konzernunternehmen zur Übernahme des Arbeitnehmers kündigungsrechtlich dann beachtlich sein, wenn sich die vertragli-

---

[412] Ebenso *Bayreuther,* NZA 2006, 819.

[413] BAG 14.10.1982 AP KSchG 1969 § 1 Konzern Nr. 1 = EzA KSchG § 15 Nr. 29; BAG 24.5.2012 NZA 2013, 277; offen gelassen in BAG 27.11.1991 EzA KSchG § 1 Betriebsbedingte Kündigung Nr. 72 = NZA 1992, 644; erheblich aber offenbar wieder in BAG 21.1.1999 EzA § 1 KSchG Nr. 51 = NZA 1999, 539; BAG 23.11.2004 EzA KSchG § 1 Betriebsbedingte Kündigung Nr. 135 = NZA 2005, 929; für eine solche Einschränkung auch LAG Düsseldorf 2.9.1997, 3 (4) Sa 641/97 – juris; LAG Nürnberg 28.7.1999, 3 Sa 911/98 – juris; APS/*Kiel*, § 1 KSchG Rn. 594; *Rost,* FS Schwerdtner, 2003, S. 169, 171; *Lingemann/Steinau-Steinrück,* DB 1999, 2161, 2163; dagegen bereits *Preis,* Prinzipien, S. 321 f.

[414] BAG 23.4.2008 EzA KSchG § 1 Betriebsbedingte Kündigung Nr. 160 = NZA 2008, 939.

[415] So die Bezeichnung bei *Bayreuther,* NZA 2006, 819, 820.

[416] Weiterführend *Temming,* Der vertragsbeherrschende Dritte – Drittbeherrschte Schuldverhältnisse und Sonderverbindungen iSd § 311 Abs. 2 Nr. 3 BGB unter besonderer Berücksichtigung des Konzernhaftungsrechts, Habilitationsschrift, 2014, noch n.v., 5. Kapitel unter A.I.1c und A.I.1d.

[417] *Preis,* Prinzipien, S. 321 f.; dahingehend auch *Wiedemann,* Anm. AP KSchG 1969 § 1 Konzern Nr. 1; *Windbichler,* SAE 1984, 147 f.; *Fiebig,* DB 1993, 583; *Helle,* Konzernbedingte Kündigungsschranken bei Abhängigkeit und Beherrschung durch Kapitalgesellschaften, 1989, S. 161 ff.

[418] Im Ergebnis die Weiterbeschäftigung bejahend: BAG 23.11.2004 EzA KSchG § 1 Betriebsbedingte Kündigung Nr. 135 = NZA 2005, 929.

chen Rechte und Pflichten des Arbeitnehmers auf den Konzernbereich erstrecken oder der Arbeitnehmer bereits mehrfach außerhalb des Zuständigkeitsbereichs seines Arbeitgebers in anderen Konzerngesellschaften beschäftigt worden ist.[419] Zumindest ist dem Arbeitgeber hinsichtlich der Weiterbeschäftigungsmöglichkeiten und der Einflussmöglichkeiten in Konzernunternehmen in den skizzierten Sonderfällen eine erhöhte Darlegungslast aufzuerlegen.[420]

Der eindeutigste Fall **konzerndimensionaler Verantwortung** liegt deshalb vor, wenn der Arbeitsvertrag von vornherein regelt, dass der Arbeitnehmer für den Unternehmens- und Konzernbereich eingestellt worden ist (Fall 1) oder der Arbeitnehmer sich mit einer konzernweiten Versetzung einverstanden erklärt hat (Fall 2). Hier kann es – entgegen der Rspr. des BAG – also nicht darauf ankommen, dass der Beschäftigungsarbeitgeber dies gegenüber den jeweiligen Konzernunternehmen auch durchsetzen kann.[421] Freilich will das BAG auch in diesen Fällen nicht auf die Merkmale verzichten, dass das Beschäftigungsunternehmen einen bestimmenden Einfluss auf die Versetzung hat und die Entscheidung darüber nicht dem grundsätzlich zur Übernahme bereiten Unternehmen vorbehalten worden ist. Das meint das BAG selbst für den Fall, in dem im Arbeitsvertrag eine Konzernversetzungsklausel vereinbart ist, die auf Veranlassung der Muttergesellschaft in die Verträge aufgenommen worden war.[422] Das BAG lehnt ein schutzwürdiges Vertrauen auf Übernahme in ein rechtlich selbständiges Unternehmen ab, wenn der Arbeitnehmer weiß, dass sein Arbeitgeber nicht die rechtliche Möglichkeit hat, die Übernahme gegenüber dem anderen Konzernunternehmen durchzusetzen. Handelt es sich bei dem Vertragsarbeitgeber um eine abhängige Tochter, kann der Arbeitnehmer somit im Regelfall nach h. M. die Weiterbeschäftigung nur erreichen, wenn sich ein anderes Konzernunternehmen zur Übernahme bereit erklärt (Fall 3).

999a

Der bislang erreichte und bereits aus sich selbst heraus kritikwürdige Entwicklungsstand der h. M. ist insofern unbefriedigend, weil er die **Risikoverteilung in bestimmten Konzernlagen nur unzureichend berücksichtigt.** Zieht man als Paradigma den Vertragskonzern gem. §§ 291 ff. AktG heran, bei dem das herrschende Unternehmen das Insolvenz- und Wirtschaftsrisiko der abhängigen Tochter vollständig trägt (vgl. den Verlustausgleich gem. § 302 AktG),[423] so ist es widersprüchlich, dass Geldleistungs- bzw. Zahlungsansprüche umfassend, jedoch die für die Gewährleistung des kündigungsrechtlichen Bestandsschutzprinzips notwendigen Ansprüche gar nicht abgesichert werden. Bei den letzteren handelt es sich erstens um den Anspruch auf Abgabe einer Willenserklärung bzgl. des Abschlusses eines – neuen – Arbeitsvertrages mit einem dritten Konzernunternehmen und zweitens um einen Verschaffungsanspruch als unvertretbare Handlung entweder gegenüber dem Vertragsarbeitgeber oder der herrschenden Konzernmutter, wenn bei letzterer keine, dafür bei einem dritten Konzernunternehmen sehr wohl Beschäftigungsmöglichkeit besteht. Dieser **Widerspruch** kulminiert innerhalb des KSchG darin, dass **Abfindungsansprüche** gem. § 1a, §§ 9, 10 KSchG **abgesichert** sind, die **Weiterbeschäftigungsmöglichkeit als Ausdruck des Bestandsschutzprinzips** als fundamentaler Grundsatz des KSchG unter konzernhaftungsrechtlichen

1000

---

[419] *Preis,* Prinzipien, S. 321; vgl. auch BAG 27.11.1991 EzA KSchG § 1 Betriebsbedingte Kündigung Nr. 72 = NZA 1992, 644.
[420] HaKo/*Gallner/Mestwerdt,* § 1 KSchG Rn. 697 unter Hinweis auf BAG 21.1.1999 EzA KSchG § 1 Nr. 51 = NZA 1999, 539.
[421] A. A. BAG 23.3.2006 EzA KSchG § 1 Betriebsbedingte Kündigung Nr. 147 = NZA 2007, 30.
[422] BAG 23.3.2006 EzA KSchG § 1 Betriebsbedingte Kündigung Nr. 147 = NZA 2007, 30.
[423] So auch bspw. die Situation bei der Eingliederung gem. §§ 319 ff. AktG, vgl. insoweit nur § 322 AktG.

Gesichtspunkten **ganz außer Betracht bleibt.** Da das Insolvenz- und Wirtschaftsrisiko jedoch vollständig übergegangen ist, diese Risiken also nicht in Abhängigkeit der Natur eines Anspruchs aufgeteilt werden, ist ein sachlicher Grund für diese unterschiedliche Behandlung nicht ersichtlich. Die damit zusammenhängende **Lückenproblematik** ist in methodischer Hinsicht eigentümlich und intrikat, weil sie sich auf **zwei Teilrechtsgebiete** bezieht.[424] Das betrifft zum einen das geschriebene und ungeschriebene **Konzernhaftungsrecht,** weil es von seinem Charakter her als Haftungsrecht nur die Haftung für eine fremde Schuld absichert und nicht zur Begründung einer neuen Schuld beim Dritten führt. Das betrifft zum anderen das **KSchG**, welches die Situation nicht berücksichtigt, in der das Insolvenz- und Wirtschaftsrisiko auf einen Dritten übergegangen ist. Mit anderen Worten trifft das KSchG keine Anordnung dahingehend, wie das Bestandsschutzprinzip in intensiven Konzernierungssituationen abzusichern ist. Es ist insoweit nicht abschließend. Entgegen der h. M. ist daher in diesem Zusammenhang von einer planwidrigen Lücke im KSchG auszugehen.[425] Insbesondere ist ein ausdrücklich entgegenstehender gesetzgeberischer Wille, der auf ein beredtes Schweigen hindeuten würde, nicht feststellbar. Ansonsten müsste auch erklärt werden, warum das KSchG mit Blick auf den Bestandsschutz als sein Grundprinzip einen kompensationslosen arbeitnehmerschutzmindernden Kontrapunkt setzt.

1000a Akzeptiert man, dass das **KSchG** bezüglich der konzernhaftungsrechtlichen Fragestellungen **keine Sperrwirkung** entfaltet, ist nach einer Anspruchsgrundlage gegenüber der herrschenden Konzernmutter zu suchen, in der sie einen **konzerndimensionalen Kündigungsschutz** zu gewähren hat – entweder in Form eines Verschaffungsanspruchs oder eines Anspruchs auf Abschluss eines neuen Arbeitsvertrages bei sich selbst. Im Unterschied zu Zahlungsansprüchen, für die die §§ 302, 303, 322 AktG oder § 128 HGB in direkter oder analoger Anwendung ausreichen, bedarf es beim Weiterbeschäftigungsanspruch mehr als nur einer Überleitung der Haftung. Da es zu einem Gläubigerwechsel durch Abschluss eines neuen Arbeitsvertrages kommt, ist eine **Anspruchsgrundlage** notwendig, die eine neue Schuld begründet. Als geeignete Anspruchsgrundlage für den unternehmensübergreifenden Weiterbeschäftigungsanspruch hat *Temming* **§ 280 Abs. 1 iVm §§ 311 Abs. 2 Nr. 3, Abs. 3, 241 Abs. 2 BGB** identifiziert und zwar in all denjenigen Fällen, in denen die herrschende Konzernmutter das Unternehmens- und Insolvenzrisiko der abhängigen Tochter und damit das Erfüllungsrisiko ihrer arbeitsvertraglichen Verpflichtungen trägt.[426] Die dahinter stehende Figur hat *Temming* als *culpa in dominando adversus tertium* (c. i. d.) bzw. *obligatio in dominando adversus tertium* (o. i. d.) bezeichnet und tritt neben die herrschende Vertrauenshaftung, die i. R. d. § 311 Abs. 2, Abs. 3 BGB mit der *culpa in contrahendo* assoziiert wird. Mit Hilfe der c. i. d./o. i. d. lässt sich eine Sonderverbindung zwischen der Konzernmutter einerseits und dem Arbeitnehmer einer abhängigen Konzerntoch-

---

[424] Ausf. *Temming,* Der vertragsbeherrschende Dritte – Drittbeherrschte Schuldverhältnisse und Sonderverbindungen iSd § 311 Abs. 2 Nr. 3 BGB unter besonderer Berücksichtigung des Konzernhaftungsrechts, 2015, 3. Kapitel unter D. II. und D.V sowie 5. Kapitel unter A. II.

[425] Ebenso *Henssler,* Der Arbeitsvertrag im Konzern, 1983, S. 134, 136; *Silberberger,* Weiterbeschäftigungsmöglichkeit und Kündigungsschutz im Konzern, 1994, S. 164 f.; *Herschel,* AR-Blattei [D] Kündigungsschutz Entscheidung 233; *Temming,* Der vertragsbeherrschende Dritte – Drittbeherrschte Schuldverhältnisse und Sonderverbindungen iSd § 311 Abs. 2 Nr. 3 BGB unter besonderer Berücksichtigung des Konzernhaftungsrechts, 2015, 5. Kapitel unter A. II.2.

[426] *Temming,* Der vertragsbeherrschende Dritte – Drittbeherrschte Schuldverhältnisse und Sonderverbindungen iSd § 311 Abs. 2 Nr. 3 BGB unter besonderer Berücksichtigung des Konzernhaftungsrechts, 2015, 4. Kapitel unter C. sowie 5. Kapitel unter B.; insoweit wird die eigene Auffassung modifiziert, s. *Preis,* Prinzipien, S. 320.

§ 2 Die Sozialwidrigkeit der Kündigung

ter begründen, welche auf der Ausübung von Macht vermittels gesellschaftsrechtlicher oder gesellschaftsrechtlich fundierter Weisungsrechte gegenüber dem herrschenden und dem abhängigen Konzernunternehmen gründet. Letzteres bewirkt, dass das Arbeitsverhältnis zwischen der Konzerntochter als Vertragsarbeitgeberin und dem Arbeitnehmer drittbeherrscht ist. Für die c. i. d. ist grundsätzlich Verschulden i. R. d. § 276 Abs. 1 BGB zu fordern. Freilich kann auf den verschuldensabhängigen Maßstab zugunsten einer rein objektiven Erfolgshaftung in all denjenigen Konstellationen verzichtet werden, in denen die herrschende Konzernmutter das Unternehmens- und Insolvenzrisiko der abhängigen Tochter trägt. Dann wandelt sich die c. i. d. in die verschuldensunabhängige o. i. d. um. Sowohl der Anspruch auf Abgabe einer Willenserklärung als auch der Verschaffungsanspruch kann als positives Erfüllungsinteresse in Form der Naturalrestitution i. R. d. § 249 Abs. 1 BGB ersetzt werden.[427] Die Vollstreckung richtet sich nach § 894 ZPO bzw. § 888 ZPO.

Da die c. i. d. und o. i. d. keine verdrängende Wirkung besitzen, kann die h. M. ungeachtet der von ihr selbst gezogenen Grenzen organisch und weitgehend bruchlos weiter entwickelt werden. Das ist ein großer Vorteil der c. i. d. und o. i. d. Das bedeutet, dass der Verpflichtungstatbestand der Beherrschung neben die Geltungsgründe Vertrag und Vertrauen tritt, die schon bisher eine Ausweitung des Kündigungsschutzes über die Unternehmensgrenzen hinweg im Ausnahmefall rechtfertigen (→ Rn. 998a). Geht es speziell um den unternehmensübergreifenden Kündigungsschutz im Vertragskonzern, besteht zumindest ein mittelbarer Bezug zum Verpflichtungstatbestand des Vertrags, weil das herrschende Unternehmen das Unternehmens- und Insolvenzrisiko der abhängigen Tochter privatautonom übernommen hat. Im Hinblick auf den konzerndimensionalen Kündigungsschutz stehen c. i. d. und o. i. d. wertungsmäßig im Einklang mit dem mittelbaren Arbeitsverhältnis und der noch folgenreicheren Figur des Gemeinschaftsbetriebs iSd § 1 Abs. 1 S. 2 BetrVG. Letzterer lässt sich als Nukleus eines arbeitgeber- oder unternehmensübergreifenden Kündigungsschutzes bezeichnen.[428] Rechtsvergleichend findet die Konzerndimensionalität des KSchG Abstützung in den Figuren des *integrated employer, grupo laboral* und *co-employeur*, die die Konzerndimension von Kündigungssachverhalten in faktischen Konzernlagen noch viel rigider handhaben.[429] Daher sprechen die besseren Gründe dafür, die Leitentscheidung des BAG aus dem Jahre 1982 ernsthaft zu überdenken.[430]

1000b

---

[427] Vgl. nur BAG 21.9.2011 EzA BGB 2002 § 612a Nr. 7 = NZA 2012, 317.
[428] *Temming* vgl. Fn. 416, 5. Kapitel unter B. II.6.
[429] Für die USA vgl. bspw. den Family and Medical Leave Act v. 5.2.1993, 29 U.S.C. 2601, et seq. mit dem sog. *integrated employer test* in der dazugehörigen Verordnung 29 CFR Part 825. § 825.104 (c)(2); für Spanien vgl. für die konzerneinheitliche Betrachtung mit Hilfe des *grupo laboral* aus neuerer Zeit bspw. Tribunal Supremo 27.5.2013, Roj. STS 4017/2013, Nr. 78/2012 (abzurufen unter www.poderjudicial.es); für Frankreich vgl. für die Figur des *co-employeur*, hierzu Cour de cassation 8.7.2014 Nr. 13-15573 (Sofarec), Cour de cassation 25.9.2013 Nr. 12-14353 (Fayat); arbeitnehmerfreundlicher noch die Linie in Cour de cassation 18.1.2011, Nr. 09-69199 (Jungheinrich I); Cour de cassation 30.11.2011, Nr. 10-22964 (Jungheinrich II), abzurufen unter www.legifrance.gouv.fr; des Weiteren ist die Weiterbeschäftigungsmöglichkeit gem. Art. L1233-4 S. 1 frz. Code du travail, sog. *reclassement*, nicht nur unternehmens- und damit arbeitgeberbezogen, sondern bezieht sich auf den gesamten Konzern; selbst für englische Verhältnisse ist die Entscheidung des Court of Appeal in Chandler v. Cape Plc [2012] EWCA Civ 525 bemerkenswert; s. a. *Henssler*, Der Arbeitsvertrag im Konzern, 1983, S. 94–96; *Querenet-Hahn/Erkert*, BB 2014, 3003 ff.; *Kettenberger*, EuZA 2013, 405; *Adam-Caumeil*, RIW 2012, 832; *Temming* (Fn. 416), 3. Kapitel unter E. II.4d.cc.
[430] BAG 14.10.1982 AP KSchG 1969 § 1 Konzern Nr. 1 = EzA KSchG § 15 Nr. 29.

e) Weiterbeschäftigung nach Umschulungs- oder Fortbildungsmaßnahmen

1001 Eine betriebsbedingte Kündigung ist auch dann unwirksam, wenn eine Weiterbeschäftigung nach Umschulung, Einarbeitung oder Fortbildung des Arbeitnehmers in Betracht kommt.[431] § 1 Abs. 2 S. 3 KSchG erkennt die vorrangige Pflicht zur Umschulung und Fortbildung des Arbeitnehmers an, um dessen Weiterbeschäftigung zu ermöglichen. Diese Kündigungsschranke greift **unabhängig vom Widerspruch des Betriebsrats.**[432] Bestehen freilich mit dem Betriebsrat vereinbarte Maßnahmen zur Berufsbildung nach § 97 Abs. 2 BetrVG, können diese das Maß der zumutbaren Fortbildungs- und Umschulungsmaßnahmen konkretisieren. Diese mildere Maßnahme kommt insbesondere in Betracht, wenn der Unternehmer neue Fertigungsmethoden einführt, Produktionsbereiche ändert oder sonstige Umstellungen des Betriebsablaufes vornimmt. Kündigungsschutzrechtlich ist gefordert, dass bei entsprechenden betrieblichen Umstellungen bevorzugt jene Arbeitnehmer auf neu entstandenen Arbeitsplätzen zu beschäftigen sind, deren Arbeitsplätze weggefallen sind. Erforderlich ist auch hier, dass ein anderer Arbeitsplatz **frei** ist, d. h. mindestens mit hinreichender Sicherheit voraussehbar ist, dass nach Abschluss der Maßnahme eine Beschäftigungsmöglichkeit vorhanden sein wird, welche der erworbenen Qualifikation des Arbeitnehmers entspricht.[433] Der Arbeitgeber ist aber nicht verpflichtet, den Arbeitnehmer allein zum Zwecke der Qualifikation weiter zu beschäftigen, ohne dass ein geeigneter Arbeitsplatz im Betrieb oder Unternehmen (absehbar) alsbald frei würde. Das gilt selbst dann, wenn in einem Unternehmen eine sog. Qualifizierungs- und Vermittlungsgesellschaft eingerichtet wurde, die aber ausschließlich der Qualifikation und der Vermittlung an andere Unternehmen innerhalb und außerhalb des arbeitgeberseitigen Konzerns dient.[434]

1002 Aus dem Gesichtspunkt des Bestandsschutzes verlangt das KSchG **zumutbare Umschulungs- und Fortbildungsmaßnahmen.** Das Ausmaß der dem Arbeitgeber zumutbaren betrieblichen und wirtschaftlichen Anstrengungen hängt ua von der **bisherigen Beschäftigungsdauer** des Arbeitnehmers und der **konkreten** Vertragsgestaltung ab.[435] Normativer Anhaltspunkt für die Höchstdauer der Maßnahme kann die längste gesetzliche Kündigungsfrist gemäß § 622 BGB (sieben Monate) sein.[436] Kostenintensive Umschulungsmaßnahmen können vom Arbeitgeber nur gefordert werden, wenn diese Maßnahmen die **Weiterbeschäftigung** des Arbeitnehmers im Unternehmen nachhaltig sichern.[437] Zu Recht wird deshalb auf die Erfolgsaussicht der Maßnahme und die restliche Beschäftigungsdauer abgestellt.[438] Der Zumutbarkeitsbegriff in § 1 Abs. 2 S. 3 KSchG bedarf einer Interessenabwägung unter Heranziehung

---

[431] So bereits BAG 7.5.1968 AP KSchG § 1 Betriebsbedingte Kündigung Nr. 18 = EzA KSchG § 1 Nr. 10; s. auch *Bitter/Kiel*, RdA 1994, 342 ff.

[432] BAG 13.9.1973 AP KSchG 1969 § 1 Nr. 2 = EzA BetrVG 1972 § 102 Nr. 7; LAG Frankfurt 19.7.1999 LAGE KSchG § 1 Betriebsbedingte Kündigung Nr. 55; LSW/*Löwisch*, § 1 KSchG Rn. 357; *Birk*, FS Kissel, 1994, 51, 55.

[433] BAG 7.2.1991 EzA KSchG § 1 Personenbedingte Kündigung Nr. 9 = NZA 1991, 806; LAG Hamm 20.1.2000 NZA-RR 2000, 239; APS/*Kiel*, § 1 KSchG Rn. 615; *Birk*, FS Kissel, 1994, 51, 64 will eine „große Wahrscheinlichkeit" ausreichen lassen.

[434] BAG 8.5.2014 – 2 AZR 1001/12 – Rn. 21 f.

[435] LSW/*Löwisch*, § 1 KSchG Rn. 359; *Berkowsky* I, § 9 Rn. 45 ff.; *Birk*, FS Kissel, 1994, 51 ff.; *Gaul*, BB 1995, 2422; APS/*Kiel*, § 1 KSchG Rn. 619 ff.; *Preis*, S. 168; s. auch LAG Frankfurt 19.7.1999 LAGE KSchG § 1 Betriebsbedingte Kündigung Nr. 55.

[436] *Bitter/Kiel*, RdA 1994, 344.

[437] *Preis*, Prinzipien, S. 304.

[438] KR/*Griebeling*, § 1 KSchG Rn. 724; APS/*Kiel*, § 1 KSchG Rn. 620; *Berkowsky* I, § 9 Rn. 44 ff.; vgl. auch LAG Frankfurt 19.7.1999 LAGE KSchG § 1 Betriebsbedingte Kündigung Nr. 55, das eingehend prüft, ob die Umschulung Erfolg verspricht.

§ 2 Die Sozialwidrigkeit der Kündigung

arbeitsvertraglicher sowie betriebs- und unternehmensbezogener Umstände. Auf eine isolierte wirtschaftliche Betrachtung kann es nicht ankommen. Jedenfalls kann die Finanzierbarkeit der Maßnahme nicht im Vordergrund stehen.[439] Steht allerdings im Kündigungszeitpunkt fest, dass die Maßnahme durch arbeitsförderungsrechtliche Leistungen gefördert wird, ergibt sich positiv aufgrund der Verzahnung des Kündigungsrechtes mit dem Arbeitsförderungsrecht durch § 2 SGB III, dass dann eine längere Überbrückung oder Umschulung zumutbar ist.[440]

f) Weiterbeschäftigung im Ausland

Das BAG ist der Auffassung, dass die aus § 1 Abs. 2 KSchG folgende Verpflichtung des Arbeitgebers, dem Arbeitnehmer zur Vermeidung einer Beendigungskündigung – ggf. im Wege der Änderungskündigung – eine Weiterbeschäftigung zu geänderten, möglicherweise auch zu erheblich verschlechterten Arbeitsbedingungen anzubieten, sich grundsätzlich nicht auf freie Arbeitsplätze in einem im Ausland gelegenen Betrieb des Arbeitgebers beziehe.[441] Zur Begründung führt das BAG an, dass der Erste Abschnitt des Kündigungsschutzgesetzes gemäß § 23 Abs. 1 KSchG nur auf Betriebe anzuwenden sei, die in der Bundesrepublik Deutschland liegen (→ Rn. 849 ff.). In diesem Sinne müsse auch der Betriebsbegriff in § 1 Abs. 2 S. 1, S. 2 KSchG verstanden werden. Offen gelassen hat das BAG, ob dies auch dann gelten soll, wenn der Arbeitgeber seinen Betrieb als Ganzen oder einen Betriebsteil unter Wahrung der Identität verlagert. Hier neigt es ggf. zu einer „verfassungskonformen" Auslegung im „kleinen Grenzverkehr". 1002a

Schon die Prämissen dieser Auffassung sind angreifbar. Das BAG verengt die Gewährleistung des Bestandsschutzes auf den Betrieb;[442] dabei ist der Kündigungsschutz, jedenfalls aber die Weiterbeschäftigungspflicht, eindeutig arbeitgeberbezogen zu interpretieren. Der vertragsbezogene Kündigungsschutz hängt nicht davon ab, ob eine „internationale Versetzungsklausel" oder eine „länderübergreifende Weiterbeschäftigung" vereinbart ist.[443] Überraschend ist die Aussage, es sei das Anliegen des „Betriebsbegriffs", dass gegenüber allen betroffenen Beschäftigten und dem Arbeitgeber dasselbe – deutsche – Arbeitsrecht und Kündigungsschutzrecht angewendet und durchgesetzt werden könne.[444] Für das Arbeitsvertragsrecht und das Kündigungsschutzrecht gilt indes kein Territorialitätsprinzip.[445] Und § 23 Abs. 1 KSchG erwähnt mit keinem Wort, dass dieses Gesetz nur auf dem Gebiet der Bundesrepublik Deutschland Anwendung findet. An dieser Auslegungsfrage und an der richtigen und zukunftsgerichteten Anwendung der Grundprinzipien des Internationalen Privatrechts entscheidet sich die zwischen dem BAG und dem Schrifttum streitige Frage.[446] Trotz gegenteiliger Be- 1002b

---

[439] So aber KR/*Etzel*, § 102 BetrVG Rn. 169b; a. A. *Preis*, S. 168; für eine besondere Rolle, aber nicht allein ausschlaggebend KDZ/*Deinert*, § 1 KSchG Rn. 554, 556; offen gelassen von BAG 7.2.1991 EzA KSchG § 1 Personenbedingte Kündigung Nr. 9.
[440] Vgl. zur Auswirkung des § 2 SGB III auf die Zumutbarkeit von Umschulungs- und Fortbildungsmaßnahmen auch *Gagel/Bepler*, § 2 SGB III, Rn. 42 f.
[441] BAG 29.8.2013 NZA 2014, 730; dem BAG folgend *Leuchten*, ZESAR 2014, 319; HHL/*Krause*, § 1 KSchG Rn. 217.
[442] BAG 29.8.2013 NZA 2014, 730.
[443] So aber *Horcher*, FA 2010, 43, 46; *Leuchten*, ZESAR 2014, 319, 320.
[444] BAG 29.8.2013 NZA 2014, 730 Rn. 34.
[445] Richtig *Deinert*, Jahrbuch des Arbeitsrechts, Band 50 (2013), S. 77, 97; ders. Internationales Arbeitsrecht, 2013, S. 361 ff., 367.
[446] Hierzu *Deinert*, Jahrbuch des Arbeitsrechts, Band 50 (2013), S. 77, 97; *Junker*, FS Konzen, 2006, S. 367 ff.; *Winkler von Mohrenfels/Block*, EAS B 3000 Rn. 221 ff.; *Däubler*, FS Birk, 2008, S. 27, 38 f.

hauptung kollidiert die Entscheidung mit der richtigen Entscheidung des 8. Senats,[447] der davon ausgeht, dass ein nach deutschem Recht zu beurteilender Betriebsübergang auch bei einem grenzüberschreitenden Sachverhalt vorliegt. In einer globalisierten Welt und einem vereinten Europa mit Dienstleistungs- und Niederlassungsfreiheit ist es nichts Ungewöhnliches, dass ein Unternehmen nicht nur im grenznahen Bereich grenzüberschreitend tätig ist und Auslandsbetriebe gründet. Wer kündigungsrechtlich A sagt, muss auch B sagen. Wer die Betriebsverlegung ins Ausland als nicht überprüfbare unternehmerische Entscheidung kündigungsrechtlich akzeptiert und wer bei grenzüberschreitenden Betriebsübergängen auch den Übergang der Belegschaft bejaht, der muss auch die Weiterbeschäftigungsmöglichkeit in Auslandsbetrieben im Rahmen des Ultima-Ratio-Prinzips beachten.

g) Katalog sonstiger milderer Mittel

aa) Arbeitsstreckung („go-slow") und „Auf-Lager-Arbeiten"

1003   Die Arbeitsstreckung bzw. das „Auf-Lager-Arbeiten"[448] sind nur dann geeignete mildere Mittel, wenn der **verringerte Personalbedarf vorübergehend** ist und eine Personalauslastung in absehbarer Zeit wieder erwartet werden kann.[449] Auch insoweit bedarf es einer Prognosebetrachtung hinsichtlich der betrieblichen Lage im Zeitpunkt der Kündigungserklärung. Ist aufgrund tatsächlicher Anhaltspunkte die Prognose gerechtfertigt, dass der verringerte Personalbedarf nur vorübergehend ist, kommt eine Arbeitsstreckung in Betracht. Ein **dringendes** betriebliches Erfordernis liegt in diesem Falle nicht vor. Erstreckt sich der verringerte Personalbedarf dagegen auf eine längere Periode (etwa ein halbes Jahr oder mehr), kann die Kündigung dringend erforderlich sein.[450] Ist im Kündigungszeitpunkt klar absehbar, dass nach einer längeren Periode, zB einer Betriebsunterbrechung wegen Zerstörung der Betriebsstätte und Wiederaufbau, eine Weiterbeschäftigungsmöglichkeit besteht, kann die **Kündigung mit Wiedereinstellungszusage** ein taugliches milderes Mittel sein.[451] Das BAG hat dies allerdings für die witterungsbedingte Kündigung verneint,[452] obwohl dieses Instrument auch hier sinnvoll wäre, um zu verhindern, dass die Kündigung aus Witterungsgründen zweckwidrig zum Austausch der Belegschaft genutzt wird.[453] Jedenfalls müssen zunächst Guthabenstunden auf Arbeitszeitkonten aller Mitarbeiter abgebaut werden, ehe der Arbeitgeber aus Witterungsgründen kündigt.[454]

---

[447] BAG 26.5.2011 NZA 2011, 1143.

[448] Siehe BAG 7.12.1978 AP KSchG 1969 § 1 Betriebsbedingte Kündigung Nr. 6; BAG 17.10.1980 AP KSchG 1969 § 1 Betriebsbedingte Kündigung Nr. 10 = EzA KSchG § 1 Betriebsbedingte Kündigung Nr. 15; BAG 7.2.1985 EzA KSchG § 1 Soziale Auswahl Nr. 20 = NZA 1986, 260; LAG Berlin 5.12.1997 LAGE KSchG § 1 Betriebsbedingte Kündigung Nr. 49; *Berkowsky* I, § 6 Rn. 191 ff.; *Schaub*, NZA 1987, 217, 219; *Preis*, Prinzipien, S. 404.

[449] Für den Fall der vorübergehenden Beschäftigungsschwankung das Mittel der Arbeitsstreckung bejahend: LAG Stuttgart 2.6.1954 DB 1954, S. 784; im Übrigen zu Recht ablehnend LAG Düsseldorf 13.3.1953 DB 1953 S. 428; APS/*Kiel*, § 1 KSchG Rn. 577.

[450] BAG 27.4.1995 EzA KSchG § 1 Betriebsbedingte Kündigung Nr. 83.

[451] *Preis*, DB 1988, 1393; dem folgend LAG Niedersachsen 20.12.1994 LAGE KSchG § 1 Betriebsbedingte Kündigung Nr. 28.

[452] BAG 7.3.1996 EzA KSchG 1969 § 1 Betriebsbedingte Kündigung Nr. 84 = NZA 1996, 931; ebenso APS/*Kiel*, § 1 KSchG Rn. 554 f.; a. A. HHL/*Krause*, § 1 KSchG Rn. 849; KDZ/*Deinert*, § 1 KSchG Rn. 454; HK-KSchG/*Weller/Dorndorf*, § 1 Rn. 974.

[453] Zu dieser Gefahr auch LAG Berlin-Brandenburg 11.12.2008 LAGE KSchG § 1 Betriebsbedingte Kündigung Nr. 83.

[454] BAG 8.11.2007 EzA KSchG § 1 Betriebsbedingte Kündigung Nr. 156.

§ 2 Die Sozialwidrigkeit der Kündigung

bb) Kurzarbeit

In der Praxis ist Kurzarbeit als milderes Mittel, das einer betriebsbedingten Beendigungskündigung entgegensteht, nur selten bejaht worden.[455] Entweder scheiterte das Mittel der Kurzarbeit an dem Merkmal des bloß vorübergehenden Arbeitsmangels[456] oder an der Darlegungs- und Beweislast.[457] Die Grundsatzfrage, ob die Kurzarbeit ein geeignetes Mittel zur Vermeidung betriebsbedingter Kündigungen ist, ist freilich sehr umstritten, die Rechtsprechung des BAG ist uneinheitlich. In einem Obiter Dictum hat der 1. Senat in der Entscheidung vom 4.3.1986 zum **Initiativrecht des Betriebsrats** konstatiert, der Prüfung des Arbeitsgerichts unterliege **nicht** die Frage, **„ob eine ausgesprochene Kündigung durch die Anordnung von Kurzarbeit hätte vermieden werden können".**[458] Diese Aussage spiegelte die bisherige Rechtsprechungspraxis des 2. Senats weder vollständig noch korrekt wider. Noch im Urteil vom 7.2.1985[459] hatte der 2. Senat die Frage, unter welchen Voraussetzungen der Arbeitgeber einem Arbeitsmangel durch Einführung von Kurzarbeit begegnen muss, ausführlich geprüft, wenn er auch bereits Bedenken andeutete, zu weitgehend in die unternehmerische Entscheidungsfreiheit einzugreifen. Im Urteil vom 11.9.1986[460] hat der 2. Senat dann das Obiter Dictum des 1. Senats übernommen und vertreten, dass jedenfalls, wenn der Betriebsrat von seinem Initiativrecht zur Einführung der Kurzarbeit nach § 87 Abs. 1 Nr. 3 BetrVG keinen Gebrauch mache, die Kurzarbeit auch nicht als milderes Mittel zur Vermeidung der betriebsbedingten Kündigung in Betracht gezogen werden könne. In der Entscheidung vom 15.6.1989[461] ließ der 2. Senat dann die Frage, ob ein Arbeitnehmer sich auch dann auf die Einführung von Kurzarbeit berufen könne, wenn ein für seinen Betrieb bestehender Betriebsrat dies noch durchzusetzen versuche, wieder offen. Aus der Entscheidung des 2. Senats vom 26.6.1997 dagegen lässt sich mittelbar entnehmen, dass Kurzarbeit ein milderes geeignetes Mittel bei vorübergehendem Arbeitsmangel ist.[462]

1004

Angesichts der unklaren Rechtsprechungslage gilt festzuhalten: Wie sich an mehreren Kollisionsfällen zeigen lässt,[463] kann der Kündigungsschutz als individualrechtliche Position nicht mit kollektivrechtlichen Erwägungen beschränkt werden.[464] Darüber hinaus überzeugt der pauschale Hinweis auf das „Prinzip der unternehmerischen Entscheidungsfreiheit" nicht.[465] Stattdessen sollte eine **stringente Anwendung** der in § 1 Abs. 2 KSchG konkretisierten **Grundsätze der Geeignetheit und Erforderlichkeit** erfolgen. Deshalb ist **Kurzarbeit** als ein gegenüber der Beendigungskündigung **vorrangiges**, objektiver gerichtlicher Überprüfung unterliegendes **Mittel** anzuse-

1005

---

[455] Ausnahme: ArbG Mannheim 9.12.1982 BB 1983, 1031 und jetzt LAG Berlin 5.12.1997 LAGE KSchG § 1 Betriebsbedingte Kündigung Nr. 49.
[456] BAG 17.10.1980 DB 1981, 747 = EzA KSchG § 1 Betriebsbedingte Kündigung Nr. 15; LAG Schleswig-Holstein 29.9.1988 NZA 1989, 275 f.
[457] BAG 25.6.1964 AP KSchG § 1 Betriebsbedingte Kündigung Nr. 14; zur Kritik an diesem Urteil: *Preis*, Prinzipien, S. 407 ff.; *Schulin*, Anm. EzA KSchG § 1 Soziale Auswahl Nr. 20; *Meinhold*, BB 1988, 623, 627.
[458] BAG 4.3.1986 EzA BetrVG 1972 § 87 Arbeitszeit Nr. 17 = NZA 1986, 432.
[459] BAG 7.2.1985 EzA KSchG § 1 Soziale Auswahl Nr. 20 m. Anm. *Schulin* = NZA 1986, 260.
[460] BAG 11.9.1986 BB 1987, 1882, 1883 = EzA KSchG § 1 Betriebsbedingte Kündigung Nr. 54.
[461] BAG 15.6.1989 EzA KSchG § 1 Betriebsbedingte Kündigung Nr. 63 = NZA 1990, 65.
[462] BAG 26.6.1997 EzA KSchG § 1 Betriebsbedingte Kündigung Nr. 93 = NZA 1997, 1286; dahingehend auch *Preis*, NZA 1998, 449, 455 Fn. 84; APS/*Kiel*, § 1 KSchG Rn. 570.
[463] BAG 13.9.1973 AP KSchG 1969 § 1 Nr. 2 = DB 1973, 2534; BAG 11.3.1976 AP BGB § 626 Ausschlußfrist Nr. 9 = EzA BGB § 626 Nr. 46; siehe auch *Meinhold*, BB 1988, 623, 625.
[464] Siehe *Preis*, Prinzipien, S. 86 ff. mwN.
[465] Für den Fall der Kurzarbeit ebenso LSW/*Löwisch*, § 1 KSchG Rn. 370.

hen,[466] deren Einführung nicht im unternehmerischen Ermessen liegt, das nur auf Willkür zu überprüfen wäre.[467] Dieser Vorrang der Kurzarbeit wird durch die gesetzgeberische Wertentscheidung in § 2 SGB III bestätigt.[468] Der Arbeitgeber hat es aber in der Hand, das Mittel der Kurzarbeit dadurch zu vermeiden, dass er eine unternehmerische Entscheidung trifft, die nicht nur vorübergehend, sondern dauerhaft zum Wegfall von Beschäftigungsmöglichkeiten führt.[469] Überdies wird auch bei Anwendung dieser Grundsätze die Kurzarbeit als milderes Mittel häufig nicht anwendbar sein. Im Einzelnen sind folgende Prüfungsschritte zu vollziehen:

(1) Erste und wichtigste Voraussetzung für die Eignung der Kurzarbeit als milderes Mittel ist der **vorübergehende Arbeitsmangel**.[470] Ist der Arbeitsmangel nicht vorübergehend, braucht der Arbeitgeber das Mittel der Kurzarbeit nicht weiter zu erwägen, da es nicht geeignet ist, das betriebliche Bedürfnis zu befriedigen. Freilich muss der Arbeitgeber im Kündigungsprozess die Grundlagen seiner Negativprognose, nach der ein dauerhaft verringerter Personalbedarf zu erwarten ist, bezogen auf den Zeitpunkt der Kündigungserklärung nachweisen.

(2) Liegt ein nur vorübergehender Arbeitsausfall vor, hat der Arbeitgeber die Kurzarbeit als objektiv geeignetes Mittel zur Verhinderung der Kündigung zu prüfen. Da er diese Maßnahmen wegen des **Mitbestimmungsrechts des Betriebsrats** nicht allein ergreifen kann, muss er versuchen, dieses Rechtshindernis durch Vereinbarung mit dem Betriebsrat über die Einführung von Kurzarbeit zu beseitigen. Einigen sich die Betriebspartner auf die Nichteinführung der Kurzarbeit oder lehnt der Betriebsrat deren Einführung ab, dann scheidet die Kurzarbeit kündigungsrechtlich als milderes Mittel aus.[471] Setzt sich der Arbeitgeber bei einem voraussichtlich nicht dauerhaften Arbeitsausfall gar nicht erst mit dem Betriebsrat zwecks Einführung der Kurzarbeit in Verbindung, ist eine unvermittelt ausgesprochene betriebsbedingte Kündigung unwirksam, zumal dem Arbeitgeber in diesem Falle kaum der Nachweis gelingen kann, dass für die Beendigungskündigung ein „dringendes" betriebliches Bedürfnis bestand.

(3) Haben sich die Betriebspartner auf die Einführung von Kurzarbeit geeinigt, können betriebsbedingte Kündigungen während der Kurzarbeitsperiode nur möglich werden, wenn zusätzliche inner- oder außerbetriebliche Ereignisse zu einer Änderung der Sachlage führen. So können etwa wegen betrieblicher Umstrukturierungen oder Rationalisierungsmaßnahmen die betroffenen Arbeitsplätze endgültig wegfallen.[472]

---

[466] ErfK/*Oetker*, § 1 KSchG Rn. 288; *Berkowsky* I, § 6 Rn. 195; *Bitter/Kiel*, RdA 1994, 348; KR/*Griebeling*, § 1 KSchG Rn. 531; KDZ/*Deinert*, § 1 KSchG Rn. 414; APS/*Kiel*, § 1 KSchG Rn. 572; LSW/*Löwisch*, § 1 KSchG Rn. 370; *Löwisch*, FS Wiese, 1998, 256; *Meinhold*, BB 1988, 623 ff.; *Preis*, Prinzipien, S. 404 ff.; *ders.*, NZA 1995, 241, 247.

[467] So aber *Denck*, ZfA 1985, 249, 261; *Hofmann*, ZfA 1984, 295, 316; *Schwerdtner*, ZIP 1984, 10, 13; *Stahlhacke*, DB 1994, 1361, 1367; *Wank*, RdA 1987, 129, 136.

[468] *Gagel/Bepler*, § 2 SGB III Rn. 45; *Gagel*, BB 2001, 358, 359; *Preis*, NZA 1998, 449, 455 f.

[469] *Preis*, NZA 1995, 241, 247.

[470] Ebenso ErfK/*Oetker*, § 1 KSchG Rn. 287; *Gagel/Bepler*, § 2 SGB III Rn. 45; KR/*Griebeling*, § 1 KSchG Rn. 531; BAG 7.2.1985 EzA KSchG § 1 Soziale Auswahl Nr. 20 m. Anm. *Schulin* = NZA 1986, 260; *Meinhold*, BB 1988, 623, 627; insoweit auch *Wank*, RdA 1987, 129, 143.

[471] ErfK/*Oetker*, § 1 KSchG Rn. 288; KR/*Griebeling*, § 1 KSchG Rn. 531; LSW/*Löwisch*, § 1 KSchG Rn. 372; *Wank*, RdA 1987, 129, 143; vgl. auch *Preis*, Prinzipien, S. 314 ff.; LAG Hamm 15.12.1982 DB 1983, 506 f.; besteht kein Betriebsrat, gilt das Gesagte entsprechend bei ablehnender Haltung der Belegschaft gegenüber Kurzarbeit, vgl. BAG 7.2.1985 EzA KSchG § 1 Soziale Auswahl Nr. 20 m. Anm. *Schulin* = NZA 1986, 260.

[472] BAG 17.10.1980 AP KSchG 1969 § 1 Betriebsbedingte Kündigung Nr. 10 = EzA KSchG § 1 Betriebsbedingte Kündigung Nr. 15; KR/*Griebeling*, § 1 KSchG Rn. 567; ebenso LAG Schleswig-Holstein 29.9.1988 DB 1989, 1193.

Wird aber Kurzarbeit geleistet, dann ist die Einschätzung begründet, dass die Betriebsparteien nur von einem vorübergehenden Arbeitsmangel ausgegangen sind, der eine Beendigungskündigung nicht rechtfertigt.[473] Der Arbeitgeber muss zunächst die Möglichkeiten zur Arbeitszeitreduzierung voll ausgeschöpft haben. Erst wenn dann noch ein Beschäftigungsüberhang besteht, können Beendigungskündigungen nötig werden.[474] Die Gewährung von Kurzarbeitergeld ist dabei nur ein Indiz für lediglich vorübergehenden Arbeitsmangel, das der Arbeitgeber entkräften kann.[475]

(4) **Befürwortet** allein der **Betriebsrat** die Einführung von **Kurzarbeit,** lehnt aber der Arbeitgeber diese Maßnahme ab, steht dem Arbeitgeber kündigungsrechtlich **keine** Barriere mehr für die Anordnung dieses milderen Mittels im Wege. Die Verweigerung der Einführung dieses Mittels durch den Arbeitgeber unterliegt der rechtlichen Kontrolle. Der **Arbeitgeber** wird daher im Kündigungsschutzprozess substantiiert **darlegen und beweisen** müssen, weshalb die tatsächlichen Voraussetzungen für die Einführung der **Kurzarbeit** nicht gegeben sind und weshalb dieses Mittel **nicht geeignet ist, künftig den Personalbestand in Übereinstimmung mit dem Personalbedarf zu halten.** Auch ob die Einführung von Kurzarbeit auf technischem, organisatorischem und wirtschaftlichem Gebiet möglich ist, unterliegt der gerichtlichen Prüfung.[476] Die Prüfung erstreckt sich auf die Geeignetheit eines milderen Mittels im Rahmen der stets zu beantwortenden Frage, ob eine Kündigung erforderlich war.

(5) Wird die **Einigungsstelle** angerufen, weil sich die Betriebspartner nicht auf die Einführung der Kurzarbeit einigen können, so ist das Mittel der Kurzarbeit für den Zeitraum des Einigungsprozesses zunächst blockiert. Dauert dieser Einigungsprozess zu lange, können u.U. zwischenzeitlich betriebsbedingte Beendigungskündigungen erforderlich werden. Kommt es zu einem verbindlichen Spruch der Einigungsstelle, in dem die Einführung der Kurzarbeit abgelehnt wird, so scheidet dieses Mittel endgültig zur Vermeidung betriebsbedingter Kündigungen aus. Im Kündigungsschutzprozess kann dem Arbeitgeber kein Mittel abverlangt werden, das ihm einzusetzen verwehrt ist.

cc) Allgemeine Arbeitszeitverkürzung

Die allgemeine Arbeitszeitverkürzung im Betrieb scheidet als Mittel zur Verhinderung betriebsbedingter Kündigungen aus.[477] Dieser Möglichkeit stehen zwingende tarif-, mitbestimmungs- und individualrechtliche Schranken entgegen. Ein Rechtssatz mit dem Inhalt, dass eine Kündigung dann sozial ungerechtfertigt ist, wenn diese durch Eingriffe in die Rechte anderer Arbeitnehmer hätte vermieden werden können, existiert nicht.[478] Eine allgemeine Arbeitszeitverkürzung könnte aber nur durch Eingriffe in die Rechte anderer Arbeitnehmer durchgesetzt werden. Richtig hat deshalb das BAG entschieden, dass der Arbeitgeber nicht gezwungen werden kann, bei verrin-

1006

---

[473] BAG 23.2.2012 NZA 2012, 852 Rn. 21.
[474] BAG 23.2.2012 NZA 2012, 852 Rn. 21.
[475] BAG 26.6.1997 EzA KSchG § 1 Betriebsbedingte Kündigung Nr. 93 = NZA 1997, 1286.
[476] Siehe hierzu bereits → Rn. 917 ff.
[477] LAG Hamm 15.12.1983 DB 1983, 506 f.; *Bauer/Röder,* S. 152; *Denck,* ZfA 1985, 249 ff.; KR/*Griebeling,* § 1 KSchG Rn. 530; HHL/*Krause,* § 1 KSchG Rn. 770; *Hillebrecht,* ZIP 1985, 261; APS/*Kiel,* § 1 KSchG Rn. 578; *Schwerdtner,* ZIP 1984, 13; *Stahlhacke,* BlStSozArbR 1983, 36; *Vollmer,* DB 1982, 1933; a. A. ArbG Bocholt vom 22.6.1982 DB 1982, 1938.
[478] *Preis,* Prinzipien, S. 319.

gertem Beschäftigungsbedarf anstelle mehrerer Änderungskündigungen wenige Beendigungskündigungen auszusprechen.[479]

dd) Abbau von Überstunden und Leiharbeitsverhältnissen

1007 Wenn im Zeitpunkt einer Kündigung noch **Überstunden** geleistet werden, kann eine betriebsbedingte Kündigung unwirksam sein.[480] In diesem Umstand kommt ein offenkundiger Personalbedarf zum Ausdruck, vor dessen Hintergrund der Arbeitgeber ein dringendes betriebliches Erfordernis für die Kündigung eines betriebsangehörigen Arbeitnehmers nur schwer wird darlegen können. Der Arbeitgeber muss darlegen, dass die geleistete Mehrarbeit unverzichtbar ist und deren Abbau nicht als geeignetes milderes Mittel zur Vermeidung betriebsbedingter Kündigungen infrage kommt. Da eine Weiterbeschäftigung auch möglich ist, wenn auf Arbeitsplätzen, die der Arbeitnehmer ausfüllen kann, dauerhaft **Leiharbeitnehmer** beschäftigt werden, steht dem Arbeitgeber auch insoweit ein vorrangiges milderes Mittel zur Verfügung (Einzelheiten → Rn. 991).[481]

ee) Vorverlegung von Werksferien

1008 Bei einem Auftragsengpass kann ein milderes Mittel gegenüber Entlassungen in Großbetrieben die **Vorverlegung von Werksferien** sein.[482] Die einseitige Anordnung von unbezahltem Urlaub scheidet hingegen als „milderes" Mittel aus.[483]

ff) Freimachen eines besetzten Arbeitsplatzes

1009 Grundsätzlich kein milderes Mittel ist die Kündigung eines anderen Mitarbeiters. Hier würden die Grenzen des Erforderlichkeitsgrundsatzes überschritten. Sowohl die Änderungskündigung anderer Arbeitnehmer als auch das **„Freimachen eines besetzten Arbeitsplatzes"** sind keine geeigneten milderen Mittel.[484] Systematisch gehört diese Frage allenfalls in den Bereich der sozialen Auswahl.

3. Nachträglicher Wegfall der Kündigungsgründe

1010 Für die Rechtfertigung der betriebsbedingten Kündigung kommt es auf die **tatsächlichen Umstände im Zeitpunkt des Zugangs der Kündigung** an. Nach diesem Zeitpunkt eintretende Änderungen der tatsächlichen Verhältnisse können für die Frage der Rechtswirksamkeit der Kündigung nicht mehr berücksichtigt werden. Zu diesem Zeitpunkt muss auch die **Prognose** objektiv gerechtfertigt sein, der Arbeitsplatz des Arbeitnehmers falle auf Dauer weg. Erweist sich diese Prognose nach Ausspruch der Kündigung als falsch (Beispiel: unvorhergesehener Auftragseingang, die beschlossene Betriebsstilllegung wird nicht durchgeführt, Abbruch einer Rationalisierungsmaßnahme), kann dies die **Wirksamkeit der Kündigung nicht mehr berühren.** Dem – wirksam – gekündigten Arbeitnehmer kann aber ein Anspruch auf Neubegründung des Arbeitsverhältnisses zustehen.[485] Im Regelfall kann ein solcher Anspruch aber nur ent-

---

[479] BAG 19.5.1993 EzA KSchG § 1 Betriebsbedingte Kündigung Nr. 73 m. zust. Anm. *Raab* = AR-Blattei 1020.1.1. Nr. 13 m. zust. Anm. *Preis* = AP KSchG 1969 § 2 Nr. 31 m. zust. Anm. *Waas* = NZA 1993, 1075 = SAE 1994, 150 m. zust. Anm. *Steinmeyer*; BAG 24.4.1997 EzA KSchG § 2 Nr. 26 = NZA 1997, 1047; LAG Hamm 22.3.1996 LAGE KSchG § 2 Nr. 19.
[480] Vgl. *Berkowsky* I, § 6 Rn. 193; *Bitter/Kiel*, RdA 1994, 333, 348; *Hillebrecht*, ZIP 1985, 260; *Schaub*, NZA 1987, 217, 219; LSW/*Löwisch*, § 1 KSchG Rn. 374; BB/*Bram*, § 1 KSchG Rn. 289d; *Preis*, Prinzipien, S. 410.
[481] Vgl. BAG 15.11.2011 NZA 2012, 1044; APS/*Kiel*, § 1 KSchG Rn. 568.
[482] KR/*Griebeling*, § 1 KSchG Rn. 528.
[483] *Preis*, Prinzipien, S. 410.
[484] Dazu LSW/*Löwisch*, § 1 KSchG Rn. 337; *Preis*, Prinzipien, S. 318.
[485] Hierzu BAG 8.11.1956 AP KSchG § 1 Nr. 19; BAG 10.11.1977 AP BGB § 611 Einstellungsanspruch Nr. 1 = EzA BGB § 611 Einstellungsanspruch Nr. 1; 15.3.1984 EzA BGB § 611 Einstellungs-

§ 2 Die Sozialwidrigkeit der Kündigung

stehen, wenn sich die Prognosegrundlage bereits **vor Ablauf der Kündigungsfrist** als falsch erwiesen hat. Nach diesem Zeitpunkt ist der Rechtssicherheit und der vertraglichen Dispositionsfreiheit des Arbeitgebers der Vorrang einzuräumen.[486]

Diesen Ausgangspunkt hat das BAG in mittlerweile gefestigter Rechtsprechung bestätigt und einen **Vertragsfortsetzungs- bzw. Wiedereinstellungsanspruch** bejaht, wenn der Arbeitgeber mit Rücksicht auf die Wirksamkeit der Kündigung noch keine Dispositionen getroffen hat (was bei fehlerhafter Prognose aus betriebsbedingten Gründen regelmäßig ausgeschlossen ist) und ihm die unveränderte Fortsetzung des Arbeitsverhältnisses zumutbar ist (was regelmäßig zu bejahen ist).[487] Die überwiegende Lehre bejaht ebenso wie das BAG einen Wiedereinstellungsanspruch bei Wegfall des Kündigungsgrundes.[488]   **1011**

Für die Frage der **zeitlichen Begrenzung** hat der 7. Senat am 6.8.1997 entschieden, dass nach Ablauf der Kündigungsfrist aus Gründen der Rechtssicherheit ein Wiedereinstellungsanspruch ausgeschlossen ist.[489] Nach einer Entscheidung des 8. Senats zum Wiedereinstellungsanspruch gegen den Betriebserwerber vom 13.11.1997[490] hat der 2. Senat in seiner Entscheidung vom 4.12.1997[491] angedeutet, dass ein Wiedereinstellungsanspruch auch bestehen könne, wenn sich die Prognoseentscheidung erst nach Ablauf der Kündigungsfrist als falsch herausstellt, d.h. der Arbeitgeber die zur Entlassung führende Unternehmerentscheidung aufhebt oder ändert.[492] Dieser Aussage ist der 7. Senat in seinem Urteil vom 28.6.2000[493] erneut entgegengetreten. Auch der 8. Senat verneint weiterhin – zumindest für den Fall der insolvenzbedingten Kündi-   **1012**

---

anspruch Nr. 2 = NZA 1984, 226 = AP § KSchG 1969 1 Soziale Auswahl Nr. 2 m. Anm. *Wank*; LAG Kiel 17.1.1952 BB 1952, 291; LAG Düsseldorf 12.4.1976 BB 1976, 1226; LAG Baden-Württemberg 18.3.1986 DB 1987, 543; LAG Düsseldorf 28.11.1995 LAGE KSchG § 1 Betriebsbedingte Kündigung Nr. 35; *Hambitzer*, NJW 1985, 2240; *Preis*, Prinzipien, S. 347 ff.

[486] Im Einzelnen *Preis*, Anm. LAG Köln LAGE BGB § 611 Einstellungsanspruch Nr. 1; zu prozessualen Fragen *Bram/Rühl*, NZA 1990, 753; *Boewer*, NZA 1999, 1177, 1182 f.; APS/*Kiel*, § 1 KSchG Rn. 832 ff.

[487] BAG 27.2.1997 EzA KSchG § 1 Wiedereinstellungsanspruch Nr. 1 m. Anm. *Kania* = NZA 1997, 757 = SAE 1998, 98 m. Anm. *Walker*; BAG 6.8.1997 EzA KSchG § 1 Wiedereinstellungsanspruch Nr. 2 = NZA 1998, 254; BAG 4.12.1997 EzA KSchG § 1 Wiedereinstellungsanspruch Nr. 3 = NZA 1998, 701; BAG 12.11.1998 EzA KSchG § 613a Nr. 171 = NZA 1999, 311; BAG 2.12.1999 EzA KSchG § 1 Soziale Auswahl Nr. 42 = NZA 2000, 531; BAG 28.6.2000 EzA AÜG § 1 Nr. 10 = NZA 2000, 1160; s. bereits LAG Köln 10.1.1989 LAGE KSchG § 1 Einstellungsanspruch Nr. 1; LAG Hamburg 26.4.1990 LAGE BGB § 611 Einstellungsanspruch Nr. 2.

[488] BB/*Bram*, § 1 KSchG Rn. 73; *Beckschulze*, DB 1998, 417 ff.; *Berscheid*, MDR 1998, 1129; *Boewer*, NZA 1999, 1121, 1177 ff.; KR/*Griebeling*, § 1 KSchG Rn. 552, 729 ff.; HHL/*Krause*, § 1 KSchG Rn. 817, 253 ff.; APS/*Kiel*, § 1 KSchG Rn. 826; KDZ/*Deinert*, § 1 KSchG Rn. 428; KDZ/*Zwanziger*, Einleitung Rn. 272 ff.; LSW/*Löwisch*, § 1 KSchG Rn. 99; BB/*Bram*, § 1 KSchG Rn. 70 ff.; *Meinel/Bauer*, NZA 1999, 575; *Oetker*, ZIP 2000, 643; APS/*Preis*, Grundlagen H Rn. 80; *Raab*, RdA 2000, 147; APS/*Steffan*, § 613a BGB Rn. 181; *Zwanziger*, BB 1997, 42; krit. bzw. a. A. *Boemke*, AR-Blattei, SD 220.10 Rn. 165 ff.; *Kaiser*, ZfA 2000, 205, 235; *Ricken*, NZA 1998, 460 ff.

[489] BAG 6.8.1997 EzA KSchG § 1 Wiedereinstellungsanspruch Nr. 2 = NZA 1998, 254; ebenso LAG Köln 28.6.1996 LAGE BGB § 611 Einstellungsanspruch Nr. 5; LAG Köln 12.11.1999 – 11 Sa 1610/98 – juris (LS); KR/*Griebeling*, § 1 KSchG Rn. 733; *Annuß*, BB 1998, 1582, 1587; *Bauer/Röder*, S. 180; *Boewer*, NZA 1999, 1177, 1178; LSW/*Löwisch*, § 1 Rn. 104; *Tschöpe*, BB 2000, 2630, 2636.

[490] BAG 13.11.1997 EzA BGB § 613a Nr. 154 m. Anm. *Peters/Thüsing* = NZA 1998, 251 = SAE 1998, 143 m. Anm. *Langenbucher*; hierzu *Preis/Steffan*, DB 1998, 309 ff.

[491] BAG 4.12.1997 EzA KSchG § 1 Wiedereinstellungsanspruch Nr. 3 = NZA 1998, 701; ohne ausdrückliche Stellungnahme hierzu BAG 9.11.2006 EzA BGB 2002 § 311a Nr. 1 = AP BGB § 311a Nr. 1.

[492] Dahingehend auch BB/*Bram*, § 1 KSchG Rn. 259a; *Raab*, RdA 2000, 147, 154 f.

[493] BAG 28.6.2000 EzA KSchG § 1 Wiedereinstellungsanspruch Nr. 5 = ZIP 2000, 1781, 1784 f.; zust. KDZ/*Zwanziger*, Einleitung Rn. 274.

gung – einen Wiedereinstellungsanspruch nach Ablauf der Kündigungsfrist.[494] Dem ist zuzustimmen. Ein Wiedereinstellungsanspruch nach Ablauf der Kündigungsfrist kann aus Gründen der Rechtssicherheit allenfalls für Ausnahmetatbestände treuwidrigen Verhaltens angenommen werden, zB dann, wenn eine angebliche Rationalisierungsmaßnahme kurz nach Ausscheiden des Arbeitnehmers wieder korrigiert wird.[495] Gegen eine grundsätzliche Erweiterung des Wiedereinstellungsanspruchs auch auf die Zeit nach Ablauf der Kündigungsfrist spricht zudem, dass es nach Beendigung des Arbeitsverhältnisses nicht Aufgabe der Gerichte sein kann, im Wege der Rechtsfortbildung die Konkurrenzsituation bei Neueinstellungen zwischen gerade gekündigten Arbeitnehmern und anderen zB bereits länger arbeitslosen Arbeitnehmern für einen bestimmten Zeitraum (welchen?) zu lösen. Diese Konkurrenzsituation könnte allenfalls der Gesetzgeber in genereller Weise entscheiden.[496] Grundsätzlich sollte es deshalb bei dem Stichtag der Kündigungsfrist bleiben. Im Übrigen ist auch eine geringfügige zeitliche Diskrepanz zwischen der ursprünglichen Planung und der tatsächlichen Einstellung der Produktion nicht geeignet, einen Wiedereinstellungsanspruch eines Arbeitnehmers zu begründen, da sich während der Kündigungsfrist keine dauerhafte Weiterbeschäftigungsmöglichkeit des Arbeitnehmers ergeben hat.[497]

1013   Dogmatisch ist der Anspruch auf Vertragsfortsetzung nicht auf Billigkeitserwägungen zu stützen, sondern aus **§ 242 BGB in Verbindung mit** dem **Vertrauensschutzprinzip** herzuleiten.[498] Objektiv vertrauen darf der Arbeitnehmer darauf, dass die Umstände, wegen derer er gekündigt wird, mindestens bis zum Ablauf der Kündigungsfrist Bestand haben. Wenn die Rechtsordnung dem Arbeitgeber bereits das betriebsbedingte Kündigungsrecht zu einem Zeitpunkt einräumt, in dem der Arbeitsplatz tatsächlich noch gar nicht weggefallen ist, dann ist es gerechtfertigt, ihm jedenfalls bis zum Ablauf der Kündigungsfrist auch das **Risiko einer Fehlprognose** aufzuerlegen. Das Kündigungsrecht ist dem Arbeitgeber nur eingeräumt worden, um den betrieblichen Erfordernissen rechtzeitig Rechnung tragen zu können. Der Arbeitgeber würde **widersprüchlich** handeln und gegen **Treu und Glauben** verstoßen, verweigerte er dem Arbeitnehmer die Fortsetzung des Arbeitsverhältnisses, obwohl die betrieblichen Erfordernisse gar nicht mehr vorliegen. Diese dogmatische Grundlage begrenzt den Anspruch, abgesehen von Ausnahmesituationen, zeitlich in dem oben dargestellten Sinne. Kommt nur die Wiedereinstellung eines Teiles der ursprünglich wirksam gekündigten Arbeitnehmer in Betracht, hat der Arbeitgeber nach Ansicht des BAG **soziale Gesichtspunkte** zu berücksichtigen.[499]

---

[494] BAG 13.5.2004 AP BGB § 613a Nr. 264 = EzA BGB 2002 § 613a Nr. 25.
[495] Vgl. auch *Walker*, SAE 1998, 106.
[496] Vgl. *Gotthardt*, Kündigungsschutz im Königreich Schweden und in der BRD, 1999, S. 318, 416; ähnlich auch für Wiedereinstellungsanspruch bei Änderung der Sachlage bei befristeten Arbeitsverhältnis LAG Düsseldorf 19.8.1999 LAGE BGB § 620 Nr. 60.
[497] BAG 16.5.2007 AP KSchG 1969 § 1 Wiedereinstellung Nr. 14.
[498] *Preis*, Anm. LAGE BGB § 611 Einstellungsanspruch Nr. 1; ebenso *Boewer*, NZA 1999, 1121, 1128; HHL/*Krause*, § 1 KSchG Rn. 254f; s. weiter BAG 28.6.2000 EzA KSchG § 1 Wiedereinstellungsanspruch Nr. 5 = NZA 2000, 1097 (aus § 242 BGB abgeleitete vertragliche Nebenpflicht); HK-KSchG/*Weller/Dorndorf*, § 1 Rn. 946 (Fürsorgepflicht des Arbeitgebers); *Zwanziger*, BB 1997, 42, 43 (erweiternde Auslegung des § 1 Abs. 3 KSchG); *Raab*, RdA 2000, 147, 151 f. (Rechtsfortbildung); BB/*Bram*, § 1 KSchG Rn. 70b (aus § 242 BGB iVm § 1 KSchG, mit Bezugnahme auf *Raab*).
[499] BAG 4.12.1997 EzA KSchG § 1 Wiedereinstellungsanspruch Nr. 3 = NZA 1998, 701; BAG 28.6.2000 EzA KSchG § 1 Wiedereinstellungsanspruch Nr. 5 = NZA 2000, 1097 stellt gem. §§ 242, 315 BGB auf die gesamten Umstände des Einzelfalls ab, wobei aber auch soziale Gesichtspunkte zu berücksichtigen seien; für eine soziale Auswahl in diesen Fällen: *Preis*, Anm. LAGE BGB Nr. 1 § 611 Einstellungsanspruch; *Beckschulze*, DB 1998, 417, 420; *Boemke*, WiB 1997, 874; APS/*Kiel*, § 1 KSchG

§ 2 Die Sozialwidrigkeit der Kündigung

Aufgrund eines Abfindungsvergleichs kann der Wiedereinstellungsanspruch ausgeschlossen sein.[500]

Im Falle eines **Betriebsübergangs** gilt Folgendes: Ein **Anspruch auf Fortsetzung des Vertrages bzw. Wiedereinstellung** besteht **gegen den kündigenden Arbeitgeber** allenfalls dann, wenn sich bereits vor Ablauf der Kündigungsfrist herausstellt, dass es nicht zu einer Betriebsstilllegung, sondern doch noch zu einem Betriebsübergang kommt, weil nach Ablauf der Kündigungsfrist der Rechtssicherheit und der Dispositionsbefugnis des kündigenden Arbeitgebers der Vorrang einzuräumen ist.[501] Die Prognose des früheren Betriebsinhabers kann sich aber auch als falsch erweisen, obwohl er selbst auf die weitere Entwicklung keinen Einfluss hat. Dies ist zB dann der Fall, wenn bei einer Auftragsneuvergabe der bisherige Betriebsinhaber den Arbeitnehmern wegen des Verlustes des Auftrags gekündigt hat und der neue Betriebsinhaber, ohne Mitwirkung des ursprünglichen Inhabers, durch Übernahme eines wesentlichen Teils der Belegschaft einen Betriebsübergang herbeiführt. Schon aus Gründen der gerechten Risikoverteilung kann sich hier der Anspruch aber nur gegen den neuen Auftragnehmer, den Erwerber, richten.[502] Der Fortsetzungsanspruch gegen den kündigenden Arbeitgeber kann unzumutbar sein, wenn sich nach endgültiger Stilllegungsabsicht und Ausspruch der Kündigung ein potentieller Erwerber findet, dessen Unternehmenskonzept eine geringere Personalstärke als beim derzeitigen Betriebsinhaber vorsieht.[503] In einem solchen Fall kann sich der Wiedereinstellungsanspruch auf einen Teil der Belegschaft begrenzen, der in entsprechender Anwendung des § 1 Abs. 3 KSchG zu bestimmen ist.[504]

Ein Vertragsfortsetzungs- bzw. Einstellungsanspruch gegen den Erwerber kommt in Betracht, wenn sich die Prognose des ursprünglichen Betriebsinhabers als falsch erweist, obwohl dieser keinen Einfluss auf die weitere Entwicklung hat.[505] Dem Arbeitnehmer steht dann gegen den Betriebsübernehmer ein Anspruch zu, ihn zu unveränderten Bedingungen unter Wahrung des Besitzstandes einzustellen. Dieser Anspruch ist nicht durch den Ablauf der Kündigungsfrist begrenzt.[506] Der Betriebsübergang kann sich nach einer unerheblichen Unterbrechung der Betriebstätigkeit auch

1014

1015

Rn. 839; HK-KSchG/*Weller/Dorndorf*, § 1 Rn. 947; *Zwanziger*, BB 1997, 42, 43; dagegen *Raab*, RdA 2000, 147, 157; *Wank*, Anm. AP KSchG 1969 § 1 Soziale Auswahl Nr. 2.

[500] Hierzu BAG 28.6.2000 EzA KSchG § 1 Wiedereinstellungsanspruch Nr. 5 = NZA 2000, 1097 = ZIP 2000, 1781, 1785f. m. Anm. *Oetker;* LAG Köln 21.10.1998 ARSt 1999, 141 (LS); LAG Hamm 20.9.1999 BB 2000, 308.

[501] Zutr. BAG 27.2.1997 EzA KSchG § 1 Wiedereinstellungsanspruch Nr. 1 = NZA 1997, 757; → Rn. 133.

[502] BAG 13.11.1997 EzA BGB § 613a Nr. 154 = NZA 1998, 251, wobei das BAG eine richtlinienkonforme Auslegung vornimmt; überzeugender ist eine teleologische Extension (*Langenbucher*, ZfA 1999, 299, 306ff.); vgl. *Ascheid*, FS Dieterich, 1999, 9, 25f.; APS/*Kiel*, § 1 KSchG Rn. 833; APS/*Steffan*, § 613a BGB Rn. 182; *Preis/Steffan*, DB 1998, 309ff.; *Hergenröder*, AR-Blattei SD 500.1 Rn. 468ff. und LAG Hamm 11.11.1998 NZA-RR 1999, 576; LAG Hamm 4.4.2000 DZWiR 2000, 240 m. Anm. *Franzen*.

[503] BAG 27.2.1997 EzA KSchG § 1 Wiedereinstellungsanspruch Nr. 1 = NZA 1997, 757; APS/*Steffan*, § 613a BGB Rn. 181.

[504] APS/*Steffan*, § 613a BGB Rn. 184; s. aber auch BAG 4.12.1997 EzA KSchG § 1 Wiedereinstellungsanspruch Nr. 3 = NZA 1998, 701; BAG 28.6.2000 EzA KSchG § 1 Wiedereinstellungsanspruch Nr. 5 = NZA 2000, 1097.

[505] BAG 13.11.1997 EzA BGB § 613a Nr. 154 = NZA 1998, 251; *Ascheid*, FS Dieterich, 1999, 9, 26; *Preis/Steffan*, DB 1998, 309ff.; *Hergenröder*, AR-Blattei SD 500.1 Rn. 468ff.; *Langenbucher*, SAE 1998, 145, 147ff.; krit. *Annuß*, BB 1998, 1582, 1587.

[506] ErfK/*Preis*, § 613a BGB Rn. 165; *Müller-Glöge*, NZA 1999, 449, 455; im Falle der insolvenzbedingten Kündigung wird bei einem Betriebsübergang, der nach Ablauf der Kündigungsfrist eintritt, ein Einstellungsanspruch abgelehnt, BAG 13.5.2004 EzA BGB § 613a 2002 Nr. 25.

Preis

noch nach Ablauf der Kündigungsfristen ergeben. Zudem muss dem gekündigten Arbeitnehmer die Übernahme auch noch gar nicht bekannt sein. Aus diesem Grunde kommt auch eine analoge Anwendung des § 4 KSchG ab dem Zeitpunkt des Betriebsübergangs für die Geltendmachung des Anspruchs nicht in Betracht.[507] In Anlehnung an die Rspr. zum Widerspruchsrecht beim Betriebsübergang[508] wird man aber verlangen müssen, dass der Arbeitnehmer ab Kenntnis der den Betriebsübergang ausmachenden tatsächlichen Umstände den Einstellungsanspruch gegen den Erwerber analog § 4 KSchG innerhalb von drei Wochen, spätestens aber innerhalb eines Monats (arg. e. § 613a Abs. 6 S. 1 BGB), geltend machen muss.[509] In diesem Moment ist für den Arbeitnehmer erkennbar, dass ein Betriebsübergang stattgefunden hat; dann muss er seine Rechte unverzüglich geltend machen.

4. Darlegungs- und Beweislast

1016 Die Grundsätze der Darlegungs- und Beweislast haben in der Praxis im Kündigungsrecht vielfach eine größere Bedeutung als materielle Rechtsfragen. Verbreitet stellen Arbeitsgerichte im Bereich der betriebsbedingten Kündigung **strenge Anforderungen**. Der berechtigte Grund für diese Erscheinung liegt in der Tatsache, dass die Umstände, die zu einer betriebsbedingten Kündigung führen, **aus der Verantwortungssphäre des Kündigenden** selbst stammen.[510]

1017 Der Arbeitgeber trägt im Prozess in vollem Umfang die Darlegungs- und Beweislast dafür, dass die Kündigung durch dringende betriebliche Erfordernisse bedingt ist, ohne dass eine anderweitige Beschäftigungsmöglichkeit besteht (§ 1 Abs. 2 S. 4 KSchG).[511] Ein schlagwortartiger Vortrag, wie zB Rationalisierungsmaßnahmen oder Umsatzverluste und Auftragsrückgang hätten die Kündigung veranlasst, reicht nicht aus.[512] Der Arbeitgeber hat auch die außerbetrieblichen Faktoren, welche seiner Negativprognose zugrunde liegen, darzulegen und zu beweisen.[513] Die tatsächlichen Angaben zu den betrieblichen Erfordernissen muss der Arbeitgeber **substantiiert** darlegen, damit sie vom Gericht überprüft werden können. Daraus folgt, dass zB eine Rationalisierungsmaßnahme konkretisiert werden muss; d.h., der Sachvortrag muss diese, zB eine Umorganisation des Betriebes, im Einzelnen darlegen. Es muss zudem detailliert vorgetragen werden, wie die Organisationsmaßnahme oder andere äußere Umstände sich mittelbar oder unmittelbar auf den Arbeitsplatz des gekündigten Arbeitnehmers auswirken.[514] Es muss

---

[507] Hierzu *Preis/Steffan*, DB 1998, 309, 311.
[508] BAG 19.3.1998 EzA BGB § 613a Nr. 163 = NZA 1998, 750.
[509] *Preis/Steffan*, DB 1998, 309, 310 f.; so jetzt auch BAG 12.11.1998 EzA BGB § 613a Nr. 171 = NZA 1999, 311; zust. *Müller-Glöge*, NZA 1999, 449, 456; vgl. ferner ErfK/*Preis*, § 613a BGB Rn. 165.
[510] *Preis*, Prinzipien, S. 401.
[511] BAG 7.12.1978 AP KSchG 1969 § 1 Betriebsbedingte Kündigung Nr. 6 = EzA KSchG § 1 Betriebsbedingte Kündigung Nr. 10; BAG 22.2.1980 EzA KSchG § 1 Krankheit Nr. 5; ErfK/*Oetker*, § 1 KSchG Rn. 260; KR/*Griebeling*, § 1 KSchG Rn. 553.
[512] BAG 7.12.1978 AP KSchG 1969 § 1 Betriebsbedingte Kündigung Nr. 6 = EzA KSchG § 1 Betriebsbedingte Kündigung Nr. 10; BAG 24.10.1979 AP KSchG 1969 § 1 Betriebsbedingte Kündigung Nr. 8 = EzA KSchG § 1 Betriebsbedingte Kündigung Nr. 13; BAG 20.2.1986 EzA KSchG § 1 Betriebsbedingte Kündigung Nr. 37 = NZA 1986, 823; BAG 17.6.1999 EzA KSchG § 1 Betriebsbedingte Kündigung Nr. 102 = NZA 1999, 1098; BAG 17.6.1999 EzA KSchG § 1 Betriebsbedingte Kündigung Nr. 103 = NZA 1999, 1157; APS/*Kiel*, § 1 KSchG Rn. 483.
[513] BAG 11.9.1986 EzA KSchG § 1 Betriebsbedingte Kündigung Nr. 54; ErfK/*Oetker*, § 1 KSchG Rn. 259 ff.
[514] BAG 11.9.1986 EzA KSchG § 1 Betriebsbedingte Kündigung Nr. 54.

§ 2 Die Sozialwidrigkeit der Kündigung

erkennbar sein, dass die innerbetriebliche Maßnahme oder ein außerbetrieblicher Umstand den Wegfall des Arbeitsplatzes bedingt.[515]

Nach der bisherigen Rspr. trägt hingegen der Arbeitnehmer die Darlegungs- und Beweislast dafür, dass die unternehmerische Entscheidung **offensichtlich unsachlich, unvernünftig oder willkürlich** ist.[516] Der Arbeitgeber müsse aber im Bestreitensfall darlegen, dass überhaupt eine unternehmerische Entscheidung getroffen worden sei, die die Kündigung erforderlich mache.[517] Von seinem Ausgangspunkt hat das BAG für die **Kündigung zur Leistungsverdichtung** richtig angenommen, dass dann, wenn Kündigungsentschluss und Organisationsentscheidung des Arbeitgebers praktisch deckungsgleich sind, die bislang angenommene Vermutung, die Unternehmerentscheidung sei aus sachlichen Gründen erfolgt, nicht von vornherein greifen könne.[518] Das BAG stuft die Darlegungslast insoweit ab. Zunächst müsse der Arbeitgeber konkrete Angaben dazu machen, wie sich die Organisationsentscheidung auf die Arbeitsmenge auswirke und in welchem Umfang dadurch auf Dauer, was der Arbeitgeber zu verdeutlichen habe, ein Arbeitskräfteüberhang entstehe. Auf diesen Vortrag hin wird dem Arbeitnehmer eine substantiierte Erwiderung abverlangt, welche das unternehmerische Konzept als offensichtlich unsachlich, willkürlich oder unvernünftig erscheinen lässt. Soweit der Arbeitnehmer keinen Einblick in die unternehmerischen Vorgänge habe, sei auch ein Bestreiten mit Nichtwissen (§ 138 Abs. 4 ZPO) zulässig. In der dritten Stufe obliege es dann wieder dem Arbeitgeber, seinen Vortrag zu präzisieren. Insgesamt gelte, dass je näher[519] die eigentliche Organisationsentscheidung an den Kündigungsentschluss rücke, die Anforderungen an die Darlegungslast des Arbeitgebers stiegen.[520] Das BAG will diese abgestufte Darlegungslast offensichtlich nicht generell anwenden, sondern nur, wenn Organisationsentscheidung und Kündigungsentschluss nahe beieinanderliegen.

1018

Das BAG hat in den Entscheidungen vom 17.6.1999 bezogen auf die oben genannten Fälle offen gelassen, ob es an der bisher angenommen **Beweislast des Arbeitnehmers für** die offensichtliche **Unsachlichkeit, Unvernunft oder Willkür** der Arbeitgebermaßnahme festhält.[521] Im Grundsatz wird daran festzuhalten sein, weil Rechtsmissbrauch als Ausnahmetatbestand nach allgemeinen Regeln derjenige darlegen und beweisen muss, der sich darauf beruft[522] und jedenfalls eine tatsächlich umgesetzte unternehmerische Organisationsmaßnahme, die sich nicht allein in der Personalreduzierung erschöpft, die Vermutung in sich trägt, sachlich, vernünftig und willkürfrei zu sein.

1019

---

[515] So erneut und deutlich BAG 17.6.1999 EzA KSchG § 1 Betriebsbedingte Kündigung Nr. 102 = NZA 1999, 1098; BAG 17.6.1999 EzA KSchG § 1 Betriebsbedingte Kündigung Nr. 103 = NZA 1999, 1157; vgl. zu widersprüchlichem Arbeitgebervortrag BAG 13.6.2002 EzA KSchG § 1 Betriebsbedingte Kündigung Nr. 120 = NZA 2003, 608.

[516] BAG 22.11.1973 EzA KSchG § 1 Nr. 28; BAG 24.10.1979 u. 17.10.1979 EzA KSchG § 1 Betriebsbedingte Kündigung Nr. 13, 15; BAG 4.5.2006 EzA BGB 2002 § 613a Nr. 51 = NZA 2006, 1096.

[517] BAG 20.2.1986 EzA KSchG § 1 Betriebsbedingte Kündigung Nr. 37 = NZA 1986, 823.

[518] → Rn. 905; krit. *Ehmann/Krebber*, Anm. AP KSchG § 1 Betriebsbedingte Kündigung Nr. 101, 102.

[519] Vgl. hierzu LAG Köln 12.11.1999 – 11 Sa 1610/98 – juris (LS).

[520] BAG 17.6.1999 AP KSchG 1969 § 1 Betriebsbedingte Kündigung Nr. 101, 102, 103 = EzA KSchG § 1 Betriebsbedingte Kündigung Nr. 101, 102, 103; zust. APS/*Kiel,* § 1 KSchG Rn. 465; BB/*Bram*, § 1 KSchG Rn. 336a; detailliert *Bitter*, DB 2000, 1760, 1767; krit. *Quecke*, NZA 1999, 1247, 1250; *Rieble*, Anm. EzA KSchG § 1 Betriebsbedingte Kündigung Nr. 102; *Rommé/Pauker*, NZA-RR 2000, 281, 288; *Feudner*, DB 2000, 476, 479.

[521] Krit. hierzu KR/*Becker*, 3. Aufl. 1989, § 1 KSchG Rn. 313; für die betriebsbedingte Kündigung einzelner Arbeitnehmer vgl. *Gotthardt*, Kündigungsschutz im Königreich Schweden und in der BRD, 1999, S. 413.

[522] MüKoBGB/*Roth/Schubert*, § 242 BGB Rn. 84; APS/*Kiel*, § 1 KSchG Rn. 483; *Rommé/Pauker*, NZA-RR 2000, 281, 284.

Behauptet der Arbeitnehmer aber bei der Kündigung zur Leistungsverdichtung substantiiert die Unsachlichkeit, Unvernünftigkeit oder Willkür der Maßnahme, ist es vertretbar, die Beweislast dem Arbeitgeber aufzuerlegen, weil die oben dargestellte Vermutung hier nicht eingreift und der Satz, dass Rechtsmissbrauch in diesen Fällen ein Ausnahmetatbestand ist, keine Gültigkeit beanspruchen kann.[523] Letztlich resultiert diese Ausnahme vom Grundsatz aber in der verfehlten Annahme der Personalreduzierung als „freier" unternehmerischer Entscheidung. Die Ausnahme wäre entbehrlich, wenn man bei innerbetrieblichen Gründen richtigerweise eine betriebsorganisatorische Maßnahme verlangt, welche sich konkret auf den Arbeitskräftebedarf auswirkt.

1020 Da der Arbeitgeber alle Tatsachen darzulegen hat, die den Kündigungsgrund ausfüllen, gilt dies auch für das **Fehlen milderer Mittel.** Der Arbeitgeber kann sich insbesondere nicht auf dringende betriebliche Erfordernisse berufen, wenn ein **anderer freier Arbeitsplatz** vorhanden ist, auf dem der Arbeitnehmer hätte weiterbeschäftigt werden können. Der Umfang der Darlegungs- und Beweislast hängt jedoch davon ab, wie sich der Arbeitnehmer auf die Begründung der Kündigung einlässt.[524] Die objektive Beweislast verbleibt jedoch beim Arbeitgeber; es handelt sich lediglich um die Anwendung des § 138 ZPO.[525] Bei einfachem Bestreiten des Arbeitnehmers genügt der Vortrag des Arbeitgebers, wegen der betrieblichen Notwendigkeiten sei eine Weiterbeschäftigung zu gleichen Bedingungen nicht möglich. Der Arbeitnehmer muss dann darlegen, wie er sich konkret, wobei er nicht notwendig einen freien Arbeitsplatz benennen muss, eine anderweitige Beschäftigung vorstellt. Erst auf diesen Vortrag hin muss der Arbeitgeber erläutern, aus welchen Gründen eine Weiterbeschäftigung nicht möglich sein soll.[526] Bei einem ausnahmsweisen Konzernbezug des Kündigungsschutzes sind an die Darlegungslast des Arbeitnehmers geringere und an die des Arbeitgebers strengere Anforderungen zu stellen.[527] Diese dargestellten Grundsätze der Darlegungs- und Beweislast gelten auch für die Frage, ob die Kündigung durch andere mildere Maßnahmen hätte vermieden werden können.[528] War eine Weiterbeschäftigung zu geänderten Arbeitsbedingungen, sei es im Wege des Direktionsrechts oder durch Änderung des Arbeitsvertrages möglich, muss der Arbeitgeber darlegen und beweisen, dass dem Arbeitnehmer eine solche Möglichkeit zwar angeboten wurde, dieser aber abgelehnt hat.[529]

5. Sozialauswahl

a) Allgemeines

1021 Kommen für eine betriebsbedingte Kündigung mehrere Arbeitnehmer in Betracht, muss der Arbeitgeber einen dieser Arbeitnehmer als Kündigungsadressaten auswählen.

---

[523] Vgl. *Bitter*, DB 1999, 1214, 1216 f.; *ders.*, DB 2000, 1760, 1764; *Singer/von Finckenstein*, Anm. SAE 2000, 282, 285 f.; *Stein*, BB 2000, 457, 465; an der bisherigen Verteilung der Beweislast festhaltend LSW/*Löwisch*, § 1 KSchG Rn. 518.
[524] BAG 3.2.1977 AP KSchG 1969 § 1 Betriebsbedingte Kündigung Nr. 4 = EzA KSchG § 1 Betriebsbedingte Kündigung Nr. 7; BAG 20.1.1994 AP KSchG 1969 § 1 Konzern Nr. 8.
[525] *Altrock*, DB 1987, 433 ff.; *Ascheid*, Beweislastfragen, S. 214; HK-KSchG/*Weller/Dorndorf*, § 1 Rn. 951.
[526] BAG 25.10.2012 NZA-RR 2013, 632; BAG 3.2.1977 AP KSchG 1969 § 1 Betriebsbedingte Kündigung Nr. 4 = EzA KSchG § 1 Betriebsbedingte Kündigung Nr. 7; BAG 27.9.1984 EzA KSchG § 2 Nr. 5 = NZA 1985, 455; BAG 20.1.1994 AP KSchG 1969 § 1 Betriebsbedingte Kündigung Nr. 74 = NZA 1994, 653; APS/*Kiel*, § 1 KSchG Rn. 648; LSW/*Löwisch*, § 1 KSchG Rn. 518.
[527] So jetzt BAG 21.1.1999 EzA KSchG § 1 Nr. 51 = NZA 1999, 539; zust. *Franzen*, IPRax 2000, 506, 511 f.
[528] KR/*Griebeling*, § 1 KSchG Rn. 555; LSW/*Löwisch*, § 1 KSchG Rn. 515; *Preis*, Prinzipien, S. 408.
[529] *Ascheid*, Beweislastfragen, S. 156 ff.

§ 2 Die Sozialwidrigkeit der Kündigung

Die inhaltlichen Leitlinien für die entsprechende Auswahlentscheidung des Arbeitgebers sind in **§ 1 Abs. 3 KSchG** normiert. Diese Bestimmung wurde in kurzer Zeit mehrfach in wesentlichen Punkten geändert.[530] Zuletzt hat der Gesetzgeber durch das **Gesetz zu Reformen am Arbeitsmarkt** vom 24.12.2003 (BGBl. I S. 3002) mit Wirkung vom 1.1.2004 die Vorschrift geändert und fast deckungsgleich den Rechtszustand wiederhergestellt, der in der Zeit vom 1.10.1996 bis 31.12.1998 gegolten hat. Nachfolgend wird ausschließlich der Rechtsstand ab 1.1.2004 dargestellt. Die dargestellte Rechtslage gilt für alle betriebsbedingten Kündigungen, die nach dem 31.12.2003 zugegangen sind.[531]

Zweck des § 1 Abs. 3 KSchG ist es, das Übel der betriebsbedingten Kündigung möglichst gerecht, nach „sozialen Gesichtspunkten" innerhalb der Arbeitnehmerschaft zu verteilen.[532] Die Sozialauswahl kann letztlich betrieblich notwendige Kündigungen nicht verhindern; der Wegfall eines Arbeitsplatzes wird vielmehr vorausgesetzt. Die Sozialauswahl dient der **personellen Konkretisierung der dringenden betrieblichen Erfordernisse**.[533] 1022

§ 1 Abs. 3 KSchG konkretisiert das **Sozialstaatsprinzip**. Dieses verpflichtet den Gesetzgeber, dafür Sorge zu tragen, dass bei der Auswahl des Kündigungsadressaten soziale Kriterien Berücksichtigung finden. Als Staatszielvorgabe steht dem Gesetzgeber jedoch ein weiter Gestaltungsspielraum zu, in dessen Grenzen er – abhängig von den jeweiligen finanziellen Möglichkeiten und politischen Prioritäten – über Umfang und Durchführungsmodalitäten des sozialen Ausgleichs innerhalb der Gesellschaft frei entscheiden kann.[534] Daher können Detailfragen bei der Interpretation des § 1 Abs. 3 KSchG nicht am Sozialstaatsprinzip gemessen werden.[535] 1023

Auch bei ohnehin nur selten möglichen **außerordentlichen betriebsbedingten Kündigungen** muss eine Sozialauswahl stattfinden. Die Kündigungsschranken, die im Falle der ordentlichen Kündigung gelten, müssen erst recht bei dem schärferen Mittel der außerordentlichen Kündigung beachtet werden. Dies folgt aus dem Stufenverhältnis zwischen beiden Kündigungsarten. Alle Kündigungsschranken, die § 1 KSchG enthält, sind auch bei der Konkretisierung des § 626 BGB zu beachten. Dies gilt auch für das Erfordernis der Sozialauswahl.[536] 1024

---

[530] Zunächst zum 1.10.1996 durch das Arbeitsrechtliche Gesetz zur Förderung von Wachstum und Beschäftigung, BGBl. I S. 1476; diese Änderungen wurden größtenteils mit Wirkung zum 1.1.1999 durch das Gesetz zu Korrekturen in der Sozialversicherung und zur Sicherung der Arbeitnehmerrechte (Korrekturgesetz), BGBl. I S. 3843, wieder zurückgenommen.

[531] Für die Rechtslage früherer Jahre bitten die Verfasser, auf die 7. und 8. Auflage dieses Werkes zurückzugreifen. Vgl. zu den Änderungen im Überblick instruktiv Hako/*Gallner/Mestwerdt*, § 1 KSchG Rn. 812.

[532] BAG 4.5.2006 AP EzA BGB 2002 § 613a Nr. 51 = NZA 2006, 1096: Vorrangig soll dem Arbeitnehmer gekündigt werden, der sozial am stärksten und damit am wenigsten auf seinen Arbeitsplatz angewiesen ist.

[533] BAG 7.2.1985 EzA KSchG § 1 Soziale Auswahl Nr. 20 = NZA 1986, 260; BAG 29.3.1990 EzA KSchG § 1 Soziale Auswahl Nr. 29 = NZA 1991, 181; BAG 17.9.1998 EzA KSchG § 1 Soziale Auswahl Nr. 36 = NZA 1998, 1332; ErfK/*Oetker*, § 1 KSchG Rn. 300; HHL/*Krause*, § 1 KSchG Rn. 897; *Oetker*, FS Wiese, 1998, 333, 334 f.

[534] Vgl. BVerfG 27.1.1998, B III d. Gr. EzA KSchG § 23 Nr. 17 = NZA 1998, 470; BSG 4.11.1961, BSGE 15, 71, 76; BSG 9.4.1963 BSGE 19, 88, 92 f.; *Düwell*, AuR 1998, 149 f.; Maunz/Dürig/*Herzog*, GG, Art. 20 Abschn. VIII Rn. 24 ff.

[535] So auch BVerfG 27.1.1998 EzA KSchG § 23 Nr. 17 = NZA 1998, 470; *Lakies*, DB 1997, 1078, 1080; *Bader*, NZA 1997, 1125, 1130.

[536] KR/*Griebeling*, § 1 KSchG Rn. 606; *Preis*, Prinzipien, S. 482 f., 484; für den Fall der tarifrechtlich vorgesehenen entfristeten ordentlichen Kündigung: BAG 4.6.1987 EzA KSchG § 1 Soziale Auswahl Nr. 25 = NZA 1988, 52; BAG 5.2.1998 EzA BGB § 626 Unkündbarkeit Nr. 2 = NZA 1998, 771; vgl. auch BAG 17.9.1998 EzA BGB § 626 Unkündbarkeit Nr. 3 = NZA 1999, 258.

1025 Nach der Rechtsprechung des BAG ist der Arbeitgeber auch im Falle einer **etappenweisen Betriebsstilllegung** zu einer Sozialauswahl verpflichtet.[537] Allerdings berechtigt § 1 Abs. 3 S. 2 KSchG den Arbeitgeber, für die verbleibenden Abwicklungsarbeiten vorrangig sozial stärkere Arbeitnehmer weiterzubeschäftigen, wenn hierdurch Einarbeitungszeiten vermieden werden können.[538] Ebenso sind die Grundsätze des § 1 Abs. 3 KSchG bei **Kündigungen durch den Insolvenzverwalter** zu beachten. Hier eröffnet allerdings die Bestimmung des § 125 Abs. 1 S. 1 Nr. 2 InsO die Möglichkeit, durch eine mit dem Betriebsrat vereinbarte Liste der zu entlassenden Arbeitnehmer den gerichtlichen Kontrollmaßstab für die Sozialauswahl zu senken (näher → Rn. 2288 ff.).

1026 Die Grundsätze der Sozialauswahl gelten auch bei **betriebsbedingten Änderungskündigungen** (vgl. die Verweisung in § 2 S. 1 KSchG). Besondere, noch nicht abschließend geklärte Probleme wirft dabei allerdings die Konkretisierung der sozialen Gesichtspunkte auf. Die klassischen Auswahlkriterien passen bei betriebsbedingten Änderungskündigungen nicht recht, weil nicht der Beendigungsschutz, sondern allein der Inhaltsschutz in Rede steht (näher → Rn. 1325 ff.).

1027 **Nicht anwendbar** ist § 1 Abs. 3 KSchG im Falle der **Wiedereinstellung** von Arbeitnehmern, deren Arbeitsverhältnisse rechtmäßig geendet hatten.[539] Etwas anderes kann bei einem Anspruch auf Fortsetzung des Arbeitsverhältnisses gelten, wenn der ursprünglich vorhandene betriebsbedingte Kündigungsgrund noch während des Laufs der Kündigungsfrist fortfällt. Kann der Arbeitgeber in einem solchen Fall nicht allen wirksam gekündigten Arbeitnehmern die Fortsetzung des Arbeitsverhältnisses anbieten, hat er bei der Auswahl soziale Gesichtspunkte zu berücksichtigen.[540]

1028 Auch bei **Versetzungen** innerhalb des Betriebes oder in einen anderen Betrieb des Unternehmens kommen die Grundsätze der Sozialauswahl nicht zur Anwendung. Auch im Falle **betriebsbedingter Umsetzungen** ist eine Sozialauswahl in analoger Anwendung des § 1 Abs. 3 KSchG nicht erforderlich.[541] Bei der arbeitsvertraglich zulässigen oder einverständlichen Versetzung eines Arbeitnehmers muss § 1 Abs. 3 KSchG **nicht** beachtet werden.[542] Dies gilt prinzipiell auch dann, wenn die Versetzung im Vorfeld betrieblich notwendiger Kündigungen erfolgt.

1029 Allerdings greift § 1 Abs. 3 KSchG ein, wenn der Arbeitgeber Versetzungen vornimmt, um die **Weiterbeschäftigungspflicht aus § 1 Abs. 2 KSchG zu erfüllen**.[543] Dies ist der Fall, wenn in demselben oder einem anderen unternehmensangehörigen Betrieb freie Arbeitsplätze zur Verfügung stehen, deren Zahl jedoch nicht ausreicht, um alle Arbeitnehmer weiterzubeschäftigen, deren bisherige Arbeitsplätze weggefallen sind.[544] Dies gilt auch dann, wenn sich die kündigungsbegründende Unternehmer-

---

[537] BAG 16.9.1982 AP KO § 22 Nr. 4 = EzA KSchG § 1 Betriebsbedingte Kündigung Nr. 18; BAG 20.1.1994 EzA KSchG § 1 Betriebsbedingte Kündigung Nr. 74 = NZA 1994, 653; fallen alle Arbeitsplätze gleichzeitig weg, ist die Sozialauswahl entbehrlich BAG 4.5.2006 EzA BGB 2002 § 613a Nr. 51 = NZA 2006, 1096.
[538] BAG 20.1.1994 EzA KSchG § 1 Betriebsbedingte Kündigung Nr. 74 = NZA 1994, 653.
[539] BAG 15.3.1984 EzA BGB § 611 Einstellungsanspruch Nr. 2 = NZA 1984, 226; BAG 21.2.1985 RzK I 15 Nr. 2.
[540] → Rn. 1021 ff.
[541] BAG 28.8.2013 NZA-RR 2014, 181 Rn. 43.
[542] BAG 23.9.2004 EzA GewO § 106 Nr. 1 = NZA 2005, 359; a. A. *Hoyningen-Huene/Boemke,* S. 99 f.
[543] Ausf. hierzu *Bütefisch,* S. 337 ff.
[544] BAG 10.11.1994 EzA KSchG § 1 Betriebsbedingte Kündigung Nr. 77 = NZA 1995, 566; BAG 15.12.1994 EzA KSchG § 1 Betriebsbedingte Kündigung Nr. 76 = NZA 1995, 413; LAG Hamm 30.6.1989 LAGE KSchG § 1 Soziale Auswahl Nr. 5; *Ascheid,* Rn. 309; *Berkowsky,* NJW 1996, 291, 294; HK-KSchG/*Dorndorf,* § 1 Rn. 1024; *v. Hoyningen-Huene/Linck,* DB 1993, 1185, 1189; HHL/

§ 2 Die Sozialwidrigkeit der Kündigung

konzeption nicht in einem Arbeitsplatzabbau erschöpft, sondern zusätzlich die fortbestehenden Arbeitsplätze hinsichtlich ihres Anforderungsprofils[545] oder bezüglich ihrer organisatorischen Eingliederung in einem bestimmten Betrieb oder Betriebsteil verändert werden.[546] Zudem ist § 1 Abs. 3 KSchG analog anzuwenden, wenn Arbeitnehmer aus unterschiedlichen Betrieben um die Weiterbeschäftigung auf einem freien oder umgestalteten Arbeitsplatz konkurrieren.[547] Dabei genießen betriebsinterne Bewerber nicht generell Vorrang vor kündigungsbedrohten Arbeitnehmern aus anderen Betrieben.[548]

Die **Prüfung** der Sozialauswahl vollzieht sich in **drei Schritten**.[549] Zunächst ist der Kreis der für die Sozialauswahl in Betracht kommenden Arbeitnehmer zu ermitteln. Alsdann ist anhand der sozialen Kriterien des § 1 Abs. 3 S. 1 KSchG die soziale Schutzwürdigkeit der vergleichbaren Arbeitnehmer zu ermitteln. In der dritten Stufe ist schließlich zu prüfen, ob nach § 1 Abs. 3 S. 2 KSchG berechtigte betriebliche Interessen der Einbeziehung eines oder mehrerer Arbeitnehmer in die Sozialauswahl entgegenstehen. Schon zu der Fassung des BeschFG 1996 war streitig, ob sich durch die **Neuregelung** des § 1 Abs. 3 S. 2 KSchG etwas an der Prüfungssystematik geändert hat. Ein Teil des Schrifttums folgerte schon aus dem Wortlaut der Neufassung, dass Arbeitnehmer, an deren Weiterbeschäftigung ein berechtigtes betriebliches Interesse des Arbeitgebers bestehe, von vornherein nicht in die soziale Auswahl einzubeziehen seien. Es bedürfe auch keiner Abwägung zwischen sozialen Gesichtspunkten und betrieblichen Interessen. Vielmehr gingen betriebliche Interessen jetzt stets vor.[550] Dem steht die Auffassung gegenüber, dass sich durch die Änderung des § 1 Abs. 3 S. 2 KSchG in der Prüfungssystematik nichts geändert habe, es vielmehr einer Abwägung zwischen den sozialen Belangen und den betrieblichen Interessen bedürfe.[551]

1030

Krause, § 1 KSchG Rn. 803; LSW/*Löwisch*, § 1 KSchG Rn. 348. Auch hierbei sind – unabhängig von der sozialen Schutzbedürftigkeit – vorrangig diejenigen Arbeitnehmer weiterzubeschäftigen, die ohne Veränderung ihres Arbeitsvertrages auf den freien Arbeitsplatz versetzt werden können; so auch *Berkowsky*, NJW 1996, 291, 296; a.A. *v. Hoyningen-Huene/Linck*, DB 1993, 1185, 1190; *v. Hoyningen-Huene*, Anm. EzA KSchG § 1 Betriebsbedingte Kündigung Nr. 77.

[545] Vgl. hierzu BAG 10.11.1994 EzA KSchG § 1 Betriebsbedingte Kündigung Nr. 77 = NZA 1995, 566; BAG 30.8.1995 EzA BetrVG 1972 § 99 Nr. 130 = NZA 1996, 496; BAG 5.10.1995 EzA KSchG § 1 Betriebsbedingte Kündigung Nr. 82 = NZA 1996, 524.

[546] BAG 29.3.1990 AP KSchG 1969 § 1 Betriebsbedingte Kündigung Nr. 50; BAG 10.11.1994 EzA KSchG § 1 Betriebsbedingte Kündigung Nr. 77 = NZA 1995, 566; *v. Hoyningen-Huene*, Anm. EzA KSchG § 1 Betriebsbedingte Kündigung Nr. 77.

[547] LAG Hamm 30.6.1989 LAGE KSchG § 1 Soziale Auswahl Nr. 5; LAG Düsseldorf 9.7.1993 LAGE § 1 KSchG Soziale Auswahl Nr. 12; HK-KSchG/*Dorndorf*, § 1 Rn. 1032; KR/*Griebeling*, § 1 KSchG Rn. 546, 607, 613; *Hoyningen-Huene/Linck*, DB 1993, 1185, 1189f.; *v. Hoyningen-Huene*, Anm. EzA KSchG § 1 Betriebsbedingte Kündigung Nr. 77; *Kiel*, Die anderweitige Beschäftigungsmöglichkeit 1990, S. 90f.; *Otto*, EWiR 1995, 695, 696; *Preis*, NZA 1997, 1073, 1081; *Weller*, AuR 1986, 225, 230; a.A. *Heckelmann*, EWiR 1995, 909, 910; *Lück*, S. 14ff.; *Schiefer*, NZA 1995, 662, 664; offengelassen BAG 15.12.1994 EzA KSchG § 1 Betriebsbedingte Kündigung Nr. 76 = NZA 1995, 413; vgl. auch BAG 10.11.1994 EzA KSchG § 1 Betriebsbedingte Kündigung Nr. 77 = NZA 1995, 566; dahingehend jetzt auch BAG 21.9.2000 EzA KSchG § 1 Betriebsbedingte Kündigung Nr. 107 = ZiP 2001, 388, 392.

[548] BAG 15.12.1994 EzA KSchG § 1 Betriebsbedingte Kündigung Nr. 76 = NZA 1995, 413.

[549] Vgl. BAG 24.3.1983 AP KSchG 1969 § 1 Betriebsbedingte Kündigung Nr. 12 = EzA KSchG § 1 Betriebsbedingte Kündigung Nr. 21; BAG 18.10.1984 KSchG 1969 § 1 Betriebsbedingte Kündigung Nr. 18 = EzA KSchG § 1 Betriebsbedingte Kündigung Nr. 33; BAG 25.4.1985 EzA KSchG § 1 Betriebsbedingte Kündigung Nr. 35 = NZA 1986, 64; APS/*Kiel*, § 1 KSchG Rn. 655.

[550] Kritisch, aber im Ergebnis ebenso: *Bader*, NZA 1996, 1129; *Wlotzke*, BB 1997, 414, 418; *Stückmann*, AuA 1997, 5, 8; ablehnend *Kittner*, ArbuR 1997, 182ff.

[551] *Preis*, NJW 1996, 3369, 3370f.; *Löwisch*, NZA 1996, 1010; *Schwedes*, BB 1996, Beilage 17, S. 3; *Schiefer/Worzalla*, Rn. 44; *Kittner*, ArbuR 1997, 182ff.; LAG Düsseldorf 24.3.1998 LAGE KSchG § 1 Interessenausgleich Nr. 3.

1030a Die Auffassung, die Prüfungssystematik habe sich geändert, überzeugt nicht. Systematik, Sinn und Zweck sowie verfassungsrechtliche Erwägungen sprechen gegen diese Prüfungssystematik. Schon nach dem früheren Normtext („Satz 1 gilt nicht") hätte man vertreten können, dass die unter Satz 2 fallenden Arbeitnehmer von vornherein nicht in die Sozialauswahl einzubeziehen seien. Bei der reinen Wortlautbetrachtung bleibt außer Betracht, dass Satz 1 und Satz 2 des § 1 Abs. 3 KSchG in einem klaren Regel-Ausnahme-Verhältnis stehen. Die Herausnahme bestimmter Arbeitnehmergruppen nach Satz 2 aus dem Kreis der prinzipiell vergleichbaren Arbeitnehmer widerstrebt dem Grundprinzip der Sozialauswahl.[552] Der Gesetzesbegründung zu § 1 Abs. 3 S. 2 KSchG lässt sich überdies **kein unbedingter Vorrang der betrieblichen Interessen vor den sozialen Gesichtspunkten** entnehmen. Vielmehr hat die Bundesregierung im Ausschuss für Wirtschaft und Arbeit ausdrücklich auf die entsprechende Rechtsprechung des BAG hingewiesen.[553] Der Kern der Änderung des Satzes 2 liegt darin, statt des berechtigten betrieblichen *Bedürfnisses* nur noch ein berechtigtes betriebliches *Interesse* zu verlangen. Von einem klaren gesetzlichen Auftrag zur Änderung der Prüfungssystematik konnte daher nicht ausgegangen werden.[554] In der Regel kann erst nach dem Ergebnis der Sozialauswahl entschieden werden, ob und inwieweit ausnahmsweise berechtigte betriebliche Interessen an der Weiterbeschäftigung einzelner Arbeitnehmer bestehen. So kann etwa eine Gefährdung der Ausgewogenheit der Personalstruktur nur auftreten, wenn die Auswahl nach § 1 Abs. 3 S. 1 KSchG zu einer Unausgewogenheit führt. Deshalb ist es eine Frage der Prüfungslogik, *zuerst* die Sozialauswahl unter *allen* vergleichbaren Arbeitnehmern vorzunehmen, um danach festzustellen, ob und inwieweit Korrekturen zur Sicherung der ausgewogenen Personalstruktur notwendig sind. Dennoch kann dies nicht absolut gelten: So wie bei einigen Fragen erst nach (vorläufiger) Durchführung der Sozialauswahl festgestellt werden kann, ob betriebliche Interessen zur Nichteinbeziehung von Arbeitnehmern überhaupt geltend gemacht werden können, kann es – je nach unternehmerischem Konzept der Kündigung – Fälle geben, in denen die Nichteinbeziehung bestimmter Arbeitnehmer von vornherein klar ist (Beispiel: einziger Arbeitnehmer mit bestimmten betriebsnotwendigen Spezialkenntnissen).

b) Bestimmung des auswahlrelevanten Personenkreises

aa) Grundlagen

1031 Die Bestimmung des auswahlrelevanten Personenkreises, die in Rechtsprechung und Literatur unter dem Stichwort der **Vergleichbarkeit** diskutiert wird, orientiert sich mangels gesetzlicher Vorgaben im Wesentlichen an der **Rechtsprechung des BAG.** Probleme ergeben sich allerdings dadurch, dass in der einschlägigen Rechtsprechung oft nicht die Herausarbeitung allgemeiner Leitlinien im Vordergrund steht, sondern viele Aussagen des BAG durch eine starke Bezugnahme auf den zur Entscheidung anstehenden Einzelfall gekennzeichnet sind.

1032 **Ausgangspunkt** der Frage, gegenüber welchem Arbeitnehmer eine betriebsbedingte Kündigung ausgesprochen werden muss, ist die **unternehmerische Entscheidung,** auf der die Kündigung basiert. Diese ist stets darauf gerichtet, Arbeitsabläufe,

---

[552] Ebenso BAG 12.4.2002 EzA KSchG § 1 Soziale Auswahl Nr. 48 = NZA 2003, 42.
[553] BT-Drucks. 15/1587, S. 30.
[554] So aber *Bader,* NZA 1996, 1125, 1129; *ders.,* NZA 2004, 65; anders insbesondere *Schwedes,* BB 1996, Beilage Nr. 17, S. 3; *Preis,* NZA 1997, 1073, 1082 ff., 1086; *Willemsen/Annuß,* NJW 2004, 177, 178; APS/*Kiel,* § 1 KSchG Rn. 759.

die einem bestimmten innerbetrieblichen Zweck dienen, in ihrem Umfang auszuweiten oder einzuschränken oder sie qualitativ zu verändern. Mithin sind von einer Unternehmerentscheidung stets die Arbeitsplätze unmittelbar betroffen, die der quantitativ oder qualitativ zu verändernden innerbetrieblichen Zwecksetzung dienen. Aus der innerbetrieblichen Funktion, der die unmittelbar von der Unternehmerentscheidung betroffenen Arbeitsplätze dienen, ergibt sich gleichzeitig, dass diese Arbeitsplätze auf einer bestimmten Ebene der Betriebshierarchie innerhalb eines bestimmten Betriebes angesiedelt sind und ein bestimmtes Anforderungsprofil aufweisen. Für die auf diesen Arbeitsplätzen gegenwärtig beschäftigten Arbeitnehmer resultiert aus der Unternehmerentscheidung eine **unmittelbare Kündigungsbedrohung.**

Allerdings beschränkt sich der auswahlrelevante Personenkreis nicht auf diese unmittelbar kündigungsbedrohten Arbeitnehmer. Vielmehr **schafft** die Sozialauswahl auch ein **Kündigungsrisiko für bislang nicht unmittelbar kündigungsbedrohte Arbeitnehmer:** Ein Arbeitnehmer, dessen Arbeitsplatz unverändert fortbesteht, kann von dem unmittelbar kündigungsbedrohten, sozial schwächeren Arbeitnehmer von seinem Arbeitsplatz verdrängt werden. Wie weit der Kreis der potentiellen Kündigungsadressaten zu ziehen ist, betrifft letztlich die Frage, für unternehmerische Entscheidungen welchen Inhalts der Arbeitnehmer das Risiko tragen soll, den eigenen Arbeitsplatz zu verlieren.

1033

Das **BAG** begrenzt das Risiko des Arbeitnehmers, seinen Arbeitsplatz infolge einer unternehmerischen Entscheidung zu verlieren, auf solche Unternehmerentscheidungen, die dieselbe Ebene der Betriebshierarchie innerhalb des eigenen Beschäftigungsbetriebs betreffen. Innerhalb dieses Rahmens soll den Arbeitnehmer das Kündigungsrisiko jedoch unabhängig davon treffen, ob die unternehmerische Entscheidung gerade die innerbetriebliche Zwecksetzung betrifft, der seine momentane Tätigkeit dient, und auch unabhängig davon, ob der Arbeitsplatz, auf den sich die Unternehmerentscheidung unmittelbar bezieht, exakt dasselbe Anforderungsprofil aufweist wie sein eigener. Es ist zweckmäßig, mit dem BAG die „qualifikationsmäßige" (→ Rn. 1038) und die „arbeitsvertragliche" (→ Rn. 1035) Austauschbarkeit zu unterscheiden.[555]

1034

bb) Arbeitsvertragliche Austauschbarkeit (Reichweite des Direktionsrechts)

Von grundlegender Bedeutung bei der Bestimmung des auswahlrelevanten Personenkreises ist die **Reichweite des arbeitsvertraglichen Direktionsrechts,** das dem Arbeitgeber gegenüber dem unmittelbar kündigungsbedrohten Arbeitnehmer zusteht.[556] Der vertraglich festgelegten Arbeitspflicht des Arbeitnehmers steht eine Beschäftigungspflicht des Arbeitgebers gegenüber, die Ersterer inhaltlich entspricht.[557] Entfällt die Beschäftigungsmöglichkeit eines Arbeitnehmers in ihrer bisherigen Ausgestaltung infolge einer Unternehmerentscheidung, wird der Umfang des Beschäftigungsanspruchs des Arbeitnehmers bzw. der Beschäftigungspflicht des Arbeitgebers in doppelter Weise relevant: Zum einen kann der Arbeitnehmer auch in diesem Fall seine Weiterbeschäftigung verlangen, solange noch mindestens ein Arbeitsplatz vorhanden ist, der seiner vertraglichen Leistungspflicht entspricht. Dabei besteht der Beschäftigungsanspruch des kündigungsbedrohten Arbeitnehmers zunächst unabhängig davon, ob es sich um einen freien Arbeitsplatz handelt oder um einen solchen, der bereits von einem anderen Arbeitnehmer besetzt ist. Im zweiten Fall hat jedoch auch dieser Ar-

1035

---

[555] BAG 2.6.2005 EzA KSchG § 1 Soziale Auswahl Nr. 63 = NZA 2006, 207.
[556] Ausf. hierzu *Berkowsky* I, § 7 Rn. 42 ff.; *ders.,* NZA 1996, 290, 292 f.; *D. Gaul,* NZA 1992, 673, 676 f.; APS/*Kiel,* § 1 KSchG Rn. 684.
[557] Grundlegend BAG (GS) 27.2.1985 EzA BGB § 611 Beschäftigungspflicht Nr. 9 = NZA 1985, 702.

beitnehmer aufgrund seines Arbeitsvertrags einen Anspruch auf vertragsgemäße Weiterbeschäftigung. Daher handelt es sich bei der sozialen Auswahl gem. § 1 Abs. 3 KSchG um eine **Auswahlentscheidung zwischen konkurrierenden arbeitsvertraglichen Beschäftigungsansprüchen**.[558] Zum anderen beschränkt sich der Beschäftigungsanspruch des Arbeitnehmers auch bei Wegfall seines bisherigen Arbeitsplatzes auf die Arbeitsplätze, die er ohne Änderung seines Arbeitsvertrages übernehmen kann. Daher sind in die Sozialauswahl **nur solche Arbeitnehmer einzubeziehen, auf deren Arbeitsplätze der kündigungsbedrohte Arbeitnehmer allein durch Ausübung des arbeitgeberseitigen Direktionsrechts versetzt werden kann.**[559] An einer Vergleichbarkeit fehlt es jedoch, wenn der Arbeitgeber den Arbeitnehmer aufgrund des zugrunde liegenden Arbeitsvertrags nicht einseitig auf den anderen Arbeitsplatz um- oder versetzen kann.[560] Dies korrespondiert damit, dass § 1 Abs. 3 KSchG den arbeitsvertraglichen Bestand schützt, eine Erweiterung des arbeitsvertraglichen Beschäftigungsanspruchs in § 1 Abs. 3 KSchG aber keine Grundlage findet.

1036 Das BAG hat die Begrenzung der Vergleichbarkeit durch das Direktionsrecht konsequent angewandt, was dazu führt, dass sich der **Bezugsrahmen für die Sozialauswahl** infolge der arbeitsvertraglichen Gestaltung des Direktionsrechts **stark verengen kann.** So ist das BAG in der Entscheidung vom 17.9.1998[561] davon ausgegangen, dass die Eingrenzung der geschuldeten Arbeitsleistung auf die Leitungstätigkeit in einem bestimmten von mehreren Gastronomiebereichen der Arbeitgeberin dazu führt, dass die Vergleichbarkeit der betroffenen Arbeitnehmerin entsprechend eingeschränkt wird. In der Entscheidung vom 17.2.2000[562] hat das BAG die Vergleichbarkeit einer Arbeitnehmerin, die arbeitsvertraglich nur für die Redaktion einer bestimmten Zeitschrift eingestellt war, mit Arbeitnehmern aus Redaktionen anderer Zeitschriften derselben Arbeitgeberin verneint. Der damit einhergehende partielle Verlust des allgemeinen Kündigungsschutzes bilde lediglich die rechtliche Konsequenz der Vertragsgestaltung.[563] Die Vergleichbarkeit soll nach BAG 24.5.2005[564] auch entfallen können, wenn einzelvertraglich eine unterschiedliche Lage der Arbeitszeit vereinbart wurde.

1037 In der Entscheidung vom 17.2.2000 sieht das BAG aber durchaus die **Gefahr von Manipulationsmöglichkeiten.**[565] Es geht davon aus, dass die Eingrenzung des Di-

---

[558] Ausf. *Bütefisch*, S. 36 ff.
[559] So zB BAG 15.6.1989 EzA KSchG § 1 Soziale Auswahl Nr. 27 = NZA 1990, 226; BAG 6.11.1997 EzA KSchG § 1 Betriebsbedingte Kündigung Nr. 96 = NZA 1998, 143; BAG 29.3.1990 EzA KSchG § 1 Soziale Auswahl Nr. 29 = NZA 1991, 181; BAG 17.9.1998 EzA KSchG § 1 Soziale Auswahl Nr. 36 = NZA 1998, 1332; BAG 17.2.2000 EzA KSchG § 1 Soziale Auswahl Nr. 43 = NZA 2000, 822; ebenso ErfK/*Oetker*, § 1 KSchG Rn. 323; KR/*Griebeling*, § 1 KSchG Rn. 616 f.; *D. Gaul*, NZA 1992, 673, 674; v. HHL/*Krause*, § 1 KSchG Rn. 916; APS/*Kiel*, § 1 KSchG Rn. 684; KDZ/*Deinert*, § 1 KSchG Rn. 609; *Oetker*, Anm. AP KSchG § 1 Soziale Auswahl Nr. 36; *B. Preis*, DB 1998, 1761, 1762; *Tschöpe*, BB 2000, 2630, 2633; a. A. LSW/*Löwisch*, § 1 KSchG Rn. 429, 430; krit. a. *Hergenröder*, Anm. EzA KSchG Nr. 27 § 1 Soziale Auswahl; *Preis*, NZA 1997, 1073, 1083.
[560] BAG 2.6.2005 EzA KSchG § 1 Soziale Auswahl Nr. 63 = NZA 2006, 207; BAG 5.6.2008 EzA KSchG § 1 Soziale Auswahl Nr. 81 = NZA 2008, 1120.
[561] BAG 17.9.1998 AP KSchG 1969 § 1 Soziale Auswahl Nr. 36 m. zust. Anm. *Oetker* = EzA KSchG § 1 Soziale Auswahl Nr. 36 m. krit. Anm. *Gutzeit* = SAE 1999, 167 m. zust. Anm. *Langenbucher* = EWiR 1999, 271 m. zust. Anm. *Krasshöfer*.
[562] BAG 17.2.2000 AP KSchG § 1 Soziale Auswahl Nr. 46 m. krit. Anm. *Kassen* = EzA KSchG § 1 Soziale Auswahl Nr. 43 m. krit. Anm. *Kittner* = EWiR 2000, 743 m. zust. Anm. *Dahlbender*. Vgl. ähnlich LAG Nürnberg 17.2.2004 ArbuR 2004, 274.
[563] Vgl. a. *Bütefisch*, S. 37; APS/*Kiel*, § 1 KSchG Rn. 684; *Oetker*, Anm. AP KSchG 1969 § 1 Nr. 36 Soziale Auswahl; *Preis*, Vertragsgestaltung, S. 446.
[564] BAG 24.5.2005 EzA BGB 2002 § 613a Nr. 37 = NZA 2006, 31 ff.
[565] Vgl. insoweit auch *Gutzeit*, Anm. EzA KSchG § 1 Soziale Auswahl Nr. 36.

rektionsrechts auf einzelne von mehreren Arbeitsplätzen, die nach rein arbeitsplatzbezogenen Merkmalen miteinander vergleichbar sind, jedenfalls beim Vorliegen sachlicher Gründe zulässig sei, wobei es für den zu entscheidenden Fall noch zusätzlich auf die Branchenüblichkeit und eine Willkürkontrolle bei der Vertragsgestaltung abstellt. Zu weitgehend und mit der Vertragsfreiheit kaum vereinbar erscheint es jedoch, Einschränkungen des Direktionsrechts bei nach arbeitsplatzbezogenen Merkmalen vergleichbaren Arbeitsplätzen *generell* an das Erfordernis eines sachlichen Grundes zu knüpfen. Das Problem ist im Rahmen des § 1 Abs. 3 KSchG zu lösen. Hier kann im Einzelfall eine Umgehung des § 1 Abs. 3 KSchG, insbesondere bei Vertragsänderungen in engem zeitlichen Zusammenhang mit der Kündigung,[566] anzunehmen sein, mit der Folge, dass sich die Vergleichbarkeit dann doch nach rein arbeitsplatzbezogenen Merkmalen richtet. Die Problematik sollte aber nicht überbewertet werden, weil ein weit gefasstes Direktionsrecht aufgrund der damit verbundenen Flexibilität der praktische Regelfall sein wird.[567] Schließlich kommt es auch hier auf die praktische Handhabung an. Wird der Arbeitnehmer über das vertraglich begrenzte Direktionsrecht eingesetzt, kann sich auch die Vergleichbarkeit erweitern. Der Arbeitnehmer ist für die Ausweitung des Direktionsrechts über den fixierten Vertragsinhalt hinaus darlegungs- und beweispflichtig.[568]

Fraglich ist, ob es im **Leiharbeitsverhältnis** der Austauschbarkeit entgegensteht, wenn der Verleiher seine Arbeitnehmer im Entleiherbetrieb nicht ad libitum ersetzen kann. Der Fall wird zum Teil schon dann angenommen, wenn im Entleihvertrag die Überlassung eines bestimmten, namentlich bezeichneten Arbeitnehmers erfolgt.[569] Das BAG hat die Frage offen lassen können, weil im Streitfall die Austauschbarkeit weder vertraglich noch nach Treu und Glauben ausgeschlossen war.[570]

1037a

cc) Anforderungsprofile der fortbestehenden Arbeitsplätze als Maßstab der Vergleichbarkeit (sog. qualifikationsbezogene Austauschbarkeit)

Im Interesse des Arbeitgebers muss sichergestellt sein, dass der sozial schwächere Arbeitnehmer die Anforderungen des Arbeitsplatzes erfüllt, auf dem er zukünftig beschäftigt werden soll. Zudem ist es dem bisherigen Arbeitsplatzinhaber nicht zuzumuten, dass er seinen Arbeitsplatz zugunsten eines anderen Arbeitnehmers verliert, obwohl dieser den Anforderungen des Arbeitsplatzes nicht gewachsen ist. Dabei gilt für die **Abgrenzung zwischen der Prüfung der Vergleichbarkeit,** von der die Zusammensetzung des auswahlrelevanten Personenkreises abhängt, **und § 1 Abs. 3 S. 2 KSchG,** der die Ausnahme einzelner Arbeitnehmer von der Sozialauswahl rechtfertigt, Folgendes: Ob der Arbeitnehmer die handwerklich-technischen Fähigkeiten zur Ausübung bestimmter Tätigkeiten oder andere berufliche Kenntnisse, die ggf. durch eine entsprechende Berufsausbildung oder Zusatzausbildungen nachweisbar sind, besitzt (sog. tätigkeitsbezogene Anforderungen), ist im Rahmen der Vergleichbarkeit zu prüfen.[571] Das Vorliegen eines Berufsabschlusses ist für die Vergleichbarkeit

1038

---

[566] A.A. *Trittin,* Anm. EzA § 1 KSchG Soziale Auswahl Nr. 43; s.a. → Rn. 1049 zur Frage der Konkretisierung des Direktionsrechts bei langjähriger Beschäftigung.
[567] Vgl. *Bütefisch,* S. 40; *Gutzeit,* Anm. EzA § 1 KSchG Soziale Auswahl Nr. 37; *Hergenröder,* Anm. EzA § 1 KSchG Soziale Auswahl Nr. 27; *Preis/Genenger,* NZA 2008, 969; *Trittin,* Anm. EzA § 1 KSchG Soziale Auswahl Nr. 43.
[568] Vgl. LAG Nürnberg 17.2.2004 NZA-RR 2004, 628.
[569] Siehe *Dahl* DB 2013, 1626, 1629.
[570] BAG 20.6.2013 NZA 2013, 837.
[571] BAG 5.5.1994 EzA KSchG § 1 Soziale Auswahl Nr. 31 = NZA 1994, 1023; ebenso KR/*Griebeling,* § 1 KSchG Rn. 620; HHL/Krause, § 1 KSchG Rn. 933 ff.

nur maßgeblich, wenn der fehlende Berufsabschluss einer Austauschbarkeit des betreffenden Arbeitnehmers mit einem Arbeitnehmer mit Berufsabschluss auch tatsächlich oder vertraglich entgegensteht. Werden aber nach dem Organisationskonzept des Arbeitgebers Arbeitnehmer mit und ohne abgeschlossene Berufsausbildung für die gleiche Tätigkeit eingesetzt, so sind sie regelmäßig auch miteinander vergleichbar.[572] Diese Prüfung erstreckt sich nach Ansicht des BAG nicht nur auf die Grundfertigkeiten des jeweiligen Berufs,[573] sondern auch auf die Spezialkenntnisse, die für den fortbestehenden Arbeitsplatz vonnöten sind.[574] Ob der Arbeitnehmer über die notwendigen persönlichen Eigenschaften für eine erfolgreiche Arbeitsleistung verfügt, beispielsweise die Fähigkeit zur Erbringung einer qualitativ hochwertigen Leistung, Einsatzbereitschaft, Zuverlässigkeit, Lernfähigkeit und Lernbereitschaft, Führungsqualitäten oder Geschick im Umgang mit Kunden oder Lieferanten, stellt eine Frage des § 1 Abs. 3 S. 2 KSchG dar.[575] Dies bedeutet, dass insbesondere **(personen- oder verhaltensbedingte) Leistungsmängel und krankheitsbedingte Fehlzeiten** bei der Bestimmung des auswahlrelevanten Personenkreises keine Rolle spielen.[576]

1039 Ob der Arbeitnehmer den tätigkeitsbezogenen Anforderungen des fortbestehenden Arbeitsplatzes gewachsen ist, ist durch einen Vergleich zwischen dem Anforderungsprofil des fortbestehenden Arbeitsplatzes und dem Eignungsprofil des unmittelbar kündigungsbedrohten Arbeitnehmers zu ermitteln.[577] Dieser Ansatz liegt auch der ständigen Rechtsprechung des BAG zugrunde. Danach setzt die Vergleichbarkeit voraus, dass der Arbeitnehmer, dessen Arbeitsplatz weggefallen ist, die Funktion des anderen Arbeitnehmers wahrnehmen kann, was nicht nur bei identischen Tätigkeiten der Fall ist, sondern auch dann, wenn der Arbeitnehmer aufgrund seiner Fähigkeit und Ausbildung eine andersartige, aber gleichwertige Tätigkeit ausüben kann.[578]

1040 Hingegen würde eine Gegenüberstellung der Anforderungsprofile darauf hinauslaufen, dass die Vergleichbarkeit nur dann zu bejahen wäre, wenn der unmittelbar kündigungsbedrohte Arbeitnehmer, dessen Arbeitsplatz weggefallen ist, und der sozial stärkere Arbeitnehmer, dessen Arbeitsplatz unverändert fortbesteht, wechselseitig austauschbar wären.[579] Eine derartige Beschränkung der Sozialauswahl widerspricht jedoch der Intention des Gesetzgebers, der die Sozialauswahl gerade nicht auf Arbeitnehmer begrenzen wollte, die eine gleichartige Tätigkeit ausüben. Reicht daher eine einseitige Austauschbarkeit aus,[580] bedeutet dies allerdings gleichzeitig, dass

---

[572] BAG 6.7.2006 EzA KSchG Soziale Auswahl Nr. 69 = NZA 2007, 139.
[573] Dazu LAG Köln 10.2.1995 LAGE KSchG § 1 Betriebsbedingte Kündigung Nr. 30.
[574] BAG 5.5.1994 EzA KSchG § 1 Soziale Auswahl Nr. 31 = NZA 1994, 1023; ebenso HK-KSchG/*Dorndorf*, § 1 Rn. 1047; HHL/*Krause*, § 1 KSchG Rn. 933, 938; *Linck*, AR-Blattei, SD 1020.1.2 Rn. 49.
[575] Vgl. BAG 24.3.1983 AP KSchG 1969 § 1 Betriebsbedingte Kündigung Nr. 12 = EzA § 1 KSchG Betriebsbedingte Kündigung Nr. 21.
[576] So auch HK-KSchG/*Dorndorf*, § 1 Rn. 1050; KR/*Griebeling*, § 1 KSchG Rn. 619; HHL/*Krause*, § 1 KSchG Rn. 939; KDZ/*Deinert*, § 1 KSchG Rn. 620f.; *Linck*, S. 53; LSW/*Löwisch*, § 1 KSchG Rn. 428; missverständlich BAG 6.11.1997 AP KSchG 1969 § 1 Nr. 42.
[577] So ausdrücklich *Berkowsky*, NZA 1996, 290, 293; *Dudenbostel*, DB 1984, 826, 827; *Färber*, NZA 1985, 175, 176.
[578] St. Rspr. zB BAG 7.4.1993 EzA KSchG § 1 Soziale Auswahl Nr. 30 = NZA 1993, 795; ebenso HK-KSchG/*Dorndorf*, § 1 Rn. 1040; KR/*Griebeling*, § 1 KSchG Rn. 618; HHL/*Krause*, § 1 KSchG Rn. 933; *Linck*, S. 50 f.
[579] Zwar verlangt das BAG in seinen einleitenden Obersätzen regelmäßig eine wechselseitige Austauschbarkeit, prüft sodann jedoch lediglich, ob der unmittelbar kündigungsbedrohte Arbeitnehmer den fortbestehenden Arbeitsplatz übernehmen kann; zB BAG 29.3.1990 EzA KSchG § 1 Soziale Auswahl Nr. 29 = NZA 1991, 181.
[580] So auch *Schulin*, Anm. EzA KSchG § 1 Nr. 20.

der Arbeitnehmer, dessen Arbeitsplatz fortbesteht, ein Kündigungsrisiko unabhängig davon trägt, ob er gerade auf den weggefallenen Arbeitsplatz hätte versetzt werden können.

Sofern die **Anforderungsprofile** des weggefallenen und des fortbestehenden Arbeitsplatzes **identisch** sind, ist die Vergleichbarkeit auch dann zu bejahen, wenn der Arbeitnehmer bereits den Anforderungen des bisherigen Arbeitsplatzes nicht gewachsen war,[581] denn sonst würde dem Arbeitgeber über die Sozialauswahl die Möglichkeit gegeben, frühere personelle Fehlentscheidungen zu korrigieren. Weist der fortbestehende Arbeitsplatz ein **anderes Anforderungsprofil** auf als der bisherige, nun weggefallene Arbeitsplatz, kommt es darauf an, wie der Arbeitgeber diesen Arbeitsplatz in einer **Stellenausschreibung** charakterisieren würde, wenn der Arbeitsplatz aus anderen Gründen neu zu besetzen wäre.[582] In naher Zukunft bevorstehende Veränderungen des Anforderungsprofils, die im Zeitpunkt des Kündigungszugangs bereits feststehen, sind dabei aufgrund des Prognoseprinzips zu berücksichtigen.[583] Inwieweit Nebentätigkeiten, die von dem bisherigen Arbeitsplatzinhaber verrichtet worden sind, in das Anforderungsprofil dieses Arbeitsplatzes einfließen, ist davon abhängig, in wie engem Zusammenhang diese Zusatzaufgaben zur Erbringung der Haupttätigkeit stehen und damit die Gesamttätigkeit prägen.[584]

1041

Zur Bestimmung des **Eignungsprofils des unmittelbar kündigungsbedrohten Arbeitnehmers** ist zunächst dessen Arbeitsvertrag heranzuziehen. Die Bestimmung des Eignungsprofils anhand der vertraglichen Leistungspflicht des Arbeitnehmers führt vor allem dazu, dass zusätzliche Qualifikationen, die der unmittelbar kündigungsbedrohte Arbeitnehmer besitzt, die aber keinen Eingang in die arbeitsvertragliche Leistungsbeschreibung gefunden haben, nicht zu einer Erweiterung des auswahlrelevanten Personenkreises führen.[585] Zudem bestimmt sich das Eignungsprofil des unmittelbar kündigungsbedrohten Arbeitnehmers nach seinen tatsächlichen Fähigkeiten und Kenntnissen, wie sie sich aufgrund seiner Ausbildung und des bisherigen Verlaufs des Arbeitsverhältnisses darstellen.

1042

Der **identischen tariflichen Eingruppierung** kommt – insbesondere im öffentlichen Dienst – eine Indizwirkung für die qualifikationsbezogene Austauschbarkeit zu.[586] Haben die Parteien keine bestimmte Tätigkeit, sondern lediglich eine allgemeine Beschreibung (zB Angestellter, Arbeiter) in den Vertrag aufgenommen, wie es besonders in den Musterverträgen des öffentlichen Dienstes häufig geschieht, so kann der Arbeitgeber dem Arbeitnehmer grundsätzlich alle im Rahmen der vereinbarten Vergütungsgruppe liegenden Tätigkeiten zuweisen. Allerdings befreit auch bei Hilfstätigkeiten das Indiz der identischen tariflichen Eingruppierung den Arbeitgeber nicht gänzlich von einer Einzelfallprüfung, sondern begründet lediglich eine Vermutung für die Eignung des Arbeitnehmers. Diese reicht um so weiter, je konkreter der Tarifvertrag

1043

---

[581] KDZ/*Deinert*, § 1 KSchG Rn. 620.
[582] *Mummenhoff*, Anm. AP KSchG 1969 § 1 Soziale Auswahl Nr. 23.
[583] LAG Hamm 8.3.1994 LAGE KSchG § 1 Soziale Auswahl Nr. 9.
[584] Ausf. hierzu *Lück*, S. 80 f.; *B. Preis*, DB 1984, 2244, 2247.
[585] ErfK/*Oetker*, § 1 KSchG Rn. 324.
[586] BAG 25.4.1985 EzA KSchG § 1 Betriebsbedingte Kündigung Nr. 35 = NZA 1986, 64; BAG 15.6.1989 EzA KSchG § 1 Soziale Auswahl Nr. 27 = NZA 1990, 226; BAG 5.12.2002 EzA KSchG § 1 Soziale Auswahl Nr. 52 = NZA 2003, 849; BAG 2.3.2006 EzA KSchG § 1 Soziale Auswahl Nr. 67 = NZA 2006, 1350; KR/*Griebeling*, § 1 KSchG Rn. 618; HHL/*Krause*, § 1 KSchG Rn. 935; *Jobs*, DB 1986, 538; KDZ/*Deinert*, § 1 KSchG Rn. 615; *Linck*, S. 53; *B. Preis*, DB 1984, 2244, 2247; zur Bedeutung der Vergütungsgruppe im öffentlichen Dienst s. BAG 23.11.2004 EzA KSchG § 1 Betriebsbedingte Kündigung Nr. 134 = NZA 2005, 986.

die notwendigen Fähigkeiten und Qualifikationen festlegt.[587] Freilich kann davon durch konkrete Vereinbarung abgewichen werden. Haben die Parteien die geschuldete Tätigkeit jedoch präzise beschrieben („Reinigungskraft", „Wirtschaftshilfe"), so kann der Arbeitgeber dem Arbeitnehmer grundsätzlich nur solche Tätigkeiten im Rahmen der vereinbarten Vergütungsgruppe zuweisen, die mit der Tätigkeitsbeschreibung übereinstimmen (arbeitsvertragsbezogene Austauschbarkeit).[588]

1044 Anerkanntermaßen ist der unmittelbar kündigungsbedrohte Arbeitnehmer nicht nur dann als für den fortbestehenden Arbeitsplatz geeignet anzusehen, wenn er die dort auszuübenden Tätigkeiten sofort übernehmen kann. Vielmehr ist ihm eine gewisse **Einarbeitungszeit** zuzubilligen, um seine Fähigkeiten oder Kenntnisse fortzuentwickeln, sofern sein Qualifikationsstand noch nicht den Anforderungen des fortbestehenden Arbeitsplatzes entspricht. Allein die Einarbeitungszeit, die notwendig ist, um einen Routinevorsprung[589] des bisherigen Arbeitsplatzinhabers aufzuholen, steht der Vergleichbarkeit nicht im Wege.[590] Eine Austauschbarkeit ist erst ausgeschlossen, wenn die betriebliche Spezialisierung und die aktuellen besonderen Umstände einen solchen Grad erreicht haben, dass ein Einsatz der zu kündigenden Arbeitnehmer auf dem Arbeitsplatz des „Spezialisten" auch nach einer angemessenen Einarbeitungsfrist nicht möglich ist. Dafür ist es aber noch nicht ausreichend, dass der Arbeitnehmer nur einen bestimmten, insbesondere untergeordneten Arbeitsvorgang nicht ausüben kann. Sein Arbeitseinsatz muss insgesamt nicht mehr – wirtschaftlich – erfolgen können.[591] Die in der Literatur vorgeschlagenen, festen Zeitspannen, die im Übrigen zwischen einer Woche und sechs Monaten divergieren,[592] erscheinen angesichts der unterschiedlichen inhaltlichen Anforderungen des einzelnen Arbeitsplatzes als Maßstab nur wenig geeignet. Ebenso wenig überzeugend ist es, die betriebsübliche oder tarifliche Probezeit als Höchstdauer der Einarbeitungszeit heranzuziehen,[593] denn dieser Ansatz läuft praktisch ebenfalls auf eine für alle Berufe gleich lange Höchsteinarbeitungszeit von sechs Monaten hinaus. Zudem trägt im Falle einer Versetzung nach § 1 Abs. 3 KSchG nicht der Arbeitgeber allein das Risiko einer Fehlbesetzung der entsprechenden Arbeitsstelle, sondern auch der ehemalige, sozial stärkere Arbeitnehmer, dessen Kündigung überflüssig gewesen wäre, wenn sich der sozial schwächere Arbeitnehmer als für den Arbeitsplatz ungeeignet erweist.[594] Um dieses Risiko des bisherigen Arbeitsplatzinhabers in zumutbaren Grenzen zu halten, muss eine große Wahrscheinlichkeit dafür sprechen, dass der sozial schwächere Arbeitnehmer den Anforderungen des fortbestehenden Arbeitsplatzes gewachsen ist. Dementsprechend hält auch das BAG lediglich eine kurze

---

[587] Ähnlich auch *Lück*, S. 80 f.
[588] BAG 31.5.2007 EzA KSchG § 1 Soziale Auswahl Nr. 76 = NZA 2007, 1362; BAG 2.3.2006 EzA KSchG § 1 Soziale Auswahl Nr. 67 = NZA 2006, 1350.
[589] Zum Begriff vgl. *Linck*, S. 52.
[590] BAG 25.4.1985 EzA KSchG § 1 Betriebsbedingte Kündigung Nr. 35 = NZA 1986, 64; BAG 15.6.1989 EzA KSchG § 1 Soziale Auswahl Nr. 27 = NZA 1990, 226; BAG 5.5.1994 EzA KSchG § 1 Soziale Auswahl Nr. 31 = NZA 1994, 1023; BAG 2.3.2006 EzA KSchG § 1 Soziale Auswahl Nr. 67 = NZA 2006, 1350; ErfK/*Oetker*, § 1 KSchG Rn. 325; HK-KSchG/*Dorndorf*, § 1 Rn. 1047; KR/*Griebeling*, § 1 KSchG Rn. 620; HHL/*Krause*, § 1 KSchG Rn. 934; *Linck*, AR-Blattei, SD 1020.1.2 Rn. 50; LSW/*Löwisch*, § 1 KSchG Rn. 427.
[591] BAG 5.6.2008 EzA KSchG § 1 Soziale Auswahl Nr. 81 = NZA 2008, 1120.
[592] Vgl. *Corts*, BlStSozArbR 1982, 1, 3 (max. 1 Woche); ArbG Kiel 5.9.1997 NZA-RR 1998, 67, 69 (max. 8 Wochen); KPK/*Schiefer*, § 1 KSchG Rn. 1019; ArbG Wetzlar 26.7.1983 DB 1983, 2785 (max. 6 Monate).
[593] So *Berkowsky* I, § 7 Rn. 122; *Hamer*, PersR 1997, 355, 358; HHL/*Krause*, § 1 KSchG Rn. 934; *Künzl*, ZTR 1996, 385, 387; *Linck*, S. 53; *Schröder*, ZTR 1995, 394, 399.
[594] ArbG Kiel 5.9.1997 NZA-RR 1998, 67, 69.

Einarbeitungszeit für zulässig.[595] Unter Hinweis auf die notwendige „alsbaldige Substituierbarkeit" hat es eine notwendige Einarbeitungszeit von drei Monaten als zu lang bewertet.[596] Gegen den Vorschlag, die Kündigungsfrist des unmittelbar kündigungsbedrohten Arbeitnehmers als Maßstab für die Länge der Einarbeitungszeit heranzuziehen,[597] spricht, dass dadurch im Ergebnis die Sozialkriterien der Dauer der Betriebszugehörigkeit und des Lebensalters doppelte Berücksichtigung finden, nämlich sowohl bei der Bestimmung des auswahlrelevanten Personenkreises als auch bei der Auswahlentscheidung innerhalb dieses Arbeitnehmerkreises. Folglich stellen allein die inhaltlichen Anforderungen des fortbestehenden Arbeitsplatzes ein geeignetes Kriterium zur Bemessung der Länge der Einarbeitungszeit dar. Dabei dürfte für die Praxis von einer zulässigen Höchsteinarbeitungszeit von drei bis sechs Wochen auszugehen sein.

dd) Betrieb als Bezugsrahmen der Sozialauswahl

Nach der traditionellen Konzeption des § 1 KSchG ist die Sozialauswahl – zumindest soweit es um die Weiterbeschäftigung auf einem bereits besetzten Arbeitsplatz geht – nach h.M. **betriebsbezogen**. Im **öffentlichen Dienst** tritt an die Stelle des Betriebes die **Dienststelle**.[598] Maßgeblich im Rahmen von § 1 KSchG ist grundsätzlich der personalvertretungsrechtliche Dienststellenbegriff.[599] Die Verkennung des Betriebsbegriffes führt zur Fehlerhaftigkeit der Sozialauswahl. Beschränkt der Arbeitgeber unter Verkennung des Betriebsbegriffs die Sozialauswahl auf einzelne Filialen, die aber keine eigenständigen Betriebe iSd § 23 KSchG sind, führt die Unterlassung der sozialen Auswahl nur dann nicht zur Unwirksamkeit der Kündigung, wenn in den anderen Filialen keine vergleichbaren Arbeitnehmer beschäftigt waren.[600] Im Hinblick auf den organisatorischen Bezugsrahmen der Sozialauswahl sind daher im Regelfall alle Arbeitnehmer in die Auswahlentscheidung einzubeziehen, die in demselben Betrieb bzw. derselben Dienststelle beschäftigt sind wie der unmittelbar kündigungsbedrohte Arbeitnehmer, vorausgesetzt, der unmittelbar kündigungsbedrohte Arbeitnehmer kann aufgrund seines Arbeitsvertrages einseitig innerhalb des Gesamtbetriebes versetzt werden. Im **Leiharbeitsverhältnis** gehören zu dem Betrieb des Verleihers alle unter einer einheitlichen Leitung zusammengefassten, zu dem Zweck ihrer Überlassung an Dritte beschäftigten Arbeitnehmer. Der Betrieb umfasst nicht nur die einsatzfreien, sondern auch die im Einsatz befindlichen Arbeitnehmer.[601]

1045

Die ganz h.M. lehnt einen **Unternehmensbezug** der Sozialauswahl ab.[602] Angebracht ist jedoch eine differenzierte Betrachtungsweise. Bei der Sozialauswahl geht es darum, den an sich bestehenden Kündigungsgrund gerecht auf die potentiell betroffenen Arbeitnehmer zu verteilen. In seiner traditionellen Sicht stellt das Gesetz dabei auf die Betriebsgemeinschaft als Schicksalsgemeinschaft ab. Die Sozialauswahl ist jedoch

1046

---

[595] BAG 25.4.1985 EzA KSchG § 1 Betriebsbedingte Kündigung Nr. 35 = NZA 1986, 64; BAG 15.6.1989 EzA KSchG § 1 Soziale Auswahl Nr. 27 = NZA 1990, 226.
[596] BAG 5.5.1994 EzA KSchG § 1 Soziale Auswahl Nr. 31 = NZA 1994, 1023.
[597] *B. Preis*, DB 1984, 2244, 2247; dagegen auch *Oetker*, FS Wiese, 1998, 333, 345; für eine Einzelfallbetrachtung unter Einbeziehung der Betriebszugehörigkeit LAG Bremen 3.5.1996 LAGE KSchG § 1 Soziale Auswahl Nr. 16; HK-KSchG/*Dorndorf*, § 1 Rn. 1047; *Dudenbostel*, DB 1984, 826, 828; KR/*Griebeling*, § 1 KSchG Rn. 620; *Färber*, NZA 1985, 175, 176; APS/*Kiel*, § 1 KSchG Rn. 683; *Linck*, S. 53.
[598] Ausf. hierzu *Lingemann/Grothe*, NZA 1999, 1972, 1075.
[599] BAG 25.10.2012 NZA-RR 2013, 632.
[600] BAG 20.9.2012 NZA 2013, 94.
[601] BAG 20.6.2013 NZA 2013, 837.
[602] BAG 17.5.1984 AP EzA KSchG § 1 Betriebsbedingte Kündigung Nr. 32 = NZA 1985, 489; BAG 22.5.1986 EzA KSchG § 1 Soziale Auswahl Nr. 22 = NZA 1987, 125; BAG 21.9.2000 EzA

eine Konkretisierung des Gleichbehandlungsgrundsatzes.[603] Da dieser aber nach richtigem Verständnis arbeitgeberbezogen ist, steht damit auch die Betriebsbezogenheit der Sozialauswahl infrage. Jedenfalls bei einem unternehmensdimensionalen Kündigungsgrund lässt sich bei teleologischem Verständnis des Betriebsbegriffes[604] die Sozialauswahl kaum auf den Betrieb beschränken. Auch die Ausnahmeregelung des § 1 Abs. 3 S. 2 KSchG hat wenig mit einem organisatorischen Betriebsbezug zu tun. Es geht um das unternehmerische Interesse des Arbeitgebers an der bevorzugten Weiterbeschäftigung. Gleichwohl wird man die Sozialauswahl nicht vollends auf das Unternehmen erstrecken können, weil dies schwerlich eine sachgerechte Lösung ist, da größere Unternehmen regional und fachlich unterschiedliche Unternehmenszuschnitte haben können. Man wird den Betriebsbegriff aber auch für die Sozialauswahl auf der Grundlage eines allgemeinen **tätigkeitsbezogenen Betriebsbegriffes**[605] konkretisieren können. Die **Sozialauswahl ist danach in den Tätigkeitsbereichen des Unternehmens durchzuführen, die von der kündigungsbegründenden unternehmerischen Zielsetzung in personeller, technischer oder organisatorischer Hinsicht betroffen sind.**[606] Daraus folgt, dass dann, wenn die unternehmerische Zielsetzung, welche aufgegeben wird, in nur einem Betrieb verwirklicht wird, allein dort die Sozialauswahl vorzunehmen ist. Wird dagegen der Tätigkeitsbereich fortgesetzt, sei es in anderen Betrieben des Unternehmens oder in einem neugegründeten Betrieb, erstreckt sich die Sozialauswahl nach hier vertretener Auffassung auf alle mit diesem unternehmerischen Teilbereich befassten Betriebe.

1047 Eine Verzahnung mit dem BetrVG findet nach Ansicht des BAG insoweit nicht statt, als die Regelungen der **§§ 3, 4 BetrVG** im Rahmen der Sozialauswahl **nicht zur Anwendung** kommen, denn diese sind nach ihrem Sinn und Zweck zur Bestimmung des kündigungsrechtlichen Betriebsbegriffes nicht geeignet.[607] Dass der kündigungsrechtliche Betriebsbegriff unabhängig von den Wertungen des BetrVG zu bestimmen ist, ergibt sich daraus, dass ein objektiv fehlerhafter Betriebszuschnitt für die betriebliche Abgrenzung des Kündigungsschutzes nicht maßgeblich ist.[608] Es fehlt an einer Legitimationsgrundlage dafür, betriebsverfassungsrechtliche Organisationsfehler, auch wenn sie nicht angefochten wurden, auf die individualrechtliche Ebene durchschlagen zu lassen.[609] Auch Arbeitnehmer weit entfernter Betriebsteile, die nach § 4 BetrVG als selbständige Betriebe gelten, müssen daher u. U. in die Sozialauswahl

---

KSchG § 1 Betriebsbedingte Kündigung Nr. 107 = ZIP 2001, 388, 394; BAG 2.6.2005 EzA KSchG § 1 Soziale Auswahl Nr. 61 = NZA 2005, 1175; *Ascheid*, Rn. 325; *Bitter/Kiel*, RdA 1994, 333, 352f.; HK-KSchG/*Dorndorf*, § 1 Rn. 1021; KR/*Griebeling*, § 1 KSchG Rn. 537 f.; HHL/*Krause*, § 1 KSchG Rn. 905; *Jobs*, DB 1986, 538; APS/*Kiel*, § 1 KSchG Rn. 669; *Linck*, S. 19; *Neyses*, DB 1982, 2414, 2415; *Weller*, AuR 1986, 225, 230.

[603] *Preis*, Prinzipien, S. 380 mwN.
[604] Vgl. dazu → Rn. 852 ff.
[605] Vgl. dazu → Rn. 852 ff.
[606] *Preis*, RdA 2000, 257, 276; dagegen und an der h. M. festhaltend APS/*Kiel*, § 1 KSchG Rn. 667.
[607] Vgl. BAG 26.8.1971 AP KSchG 1969 § 23 Nr. 1 = EzA § 23 KSchG Nr. 1; BAG 21.6.1995 AP BetrVG 1972 § 1 Nr. 16 = EzA KSchG § 23 Nr. 14; BAG 3.6.2004 EzA KSchG § 1 Soziale Auswahl Nr. 55 = NZA 2005, 175; LAG Sachsen-Anhalt 11.1.2000 NZA-RR 2001, 81, 82; HK-KSchG/*Dorndorf*, § 1 Rn. 1026; KR/*Griebeling*, § 1 KSchG Rn. 133, 609; *Bütefisch*, S. 47 ff.; HHL/*Krause*, § 1 KSchG Rn. 901, § 23 Rn. 5ff; *Joost*, S. 342 ff.; *Schröder*, ZTR 1995, 394, 395; a. A. BAG 25.11.1993 EzA KSchG § 14 Nr. 3 = NZA 1994, 837.
[608] A. A. wohl BAG 25.11.1993 EzA KSchG § 14 Nr. 3 = NZA 1994, 837; LAG Schleswig-Holstein 18.3.1987 LAGE KSchG § 1 Nr. 6 m. krit. Anm. *Joost*.
[609] *Preis*, in *Henssler/Moll*, A Rn. 61; Vgl. auch *Kania/Gilberg*, NZA 2000, 678, 681.

§ 2 Die Sozialwidrigkeit der Kündigung

einbezogen werden.[610] Sind die Betriebsräte fehlerhaft gebildet worden, können sie keine am richtigen Betriebszuschnitt orientierte Sozialauswahl mehr begleiten. Dann muss der Gesamtbetriebsrat für eine Auswahlrichtlinie gem. § 1 Abs. 4 KSchG zuständig sein, weil im Auswahlbereich zwei Betriebsräte bestehen, es aber nur eine Auswahlrichtlinie geben kann. Auch dann, wenn gemäß § 3 BetrVG Betriebe tarifvertraglich abgedeckt zugeschnitten werden, kann dies bereits aus den o.g. Gründen die Grenzen der Sozialauswahl nicht modifizieren.[611] Das Kündigungsschutzgesetz ist zudem nicht tarifdispositiv.

Eine **Beschränkung** der Sozialauswahl **auf einzelne Betriebsabteilungen** wird insbesondere von *Wank* unter Hinweis auf die **Funktion der Sozialauswahl** gefordert.[612] Diese Ansicht ist **abzulehnen,** weil der innerbetrieblichen Zwecksetzung der Tätigkeit eines Arbeitnehmers eine zu hohe Bedeutung beigemessen wird.[613] Welcher betriebsinternen Zwecksetzung die Tätigkeit eines Arbeitnehmers dient, dürfte für diesen regelmäßig von untergeordneter Bedeutung sein, gerade wenn ein entsprechend weit gefasstes arbeitsvertragliches Direktionsrecht den Einsatz zu unterschiedlichen innerbetrieblichen Zwecken zulässt. Mithin würde es sich aus der Sicht des Arbeitnehmers als zufällig darstellen, ob er zum Kreis der unmittelbar kündigungsbedrohten Arbeitnehmer gehört. Insofern unterscheidet sich die innerbetriebliche Zwecksetzung maßgeblich von anderen Charakteristika des eigenen Arbeitsplatzes, wie beispielsweise dessen Einordnung auf einer bestimmten Betriebsebene oder dessen Anforderungsprofil, denn diese stehen in untrennbarem Zusammenhang mit der Qualifikation und Leistung des Arbeitnehmers. 1048

Konkretisiert sich die nur rahmenmäßig umschriebene Arbeitspflicht eines Arbeitnehmers im Laufe der Vertragsdurchführung auf einen bestimmten Betriebsteil oder eine bestimmte Tätigkeit, ist der **auswahlrelevante Personenkreis dennoch anhand des ursprünglichen, weit gefassten Direktionsrechts zu ermitteln.**[614] Eine Berücksichtigung der Konkretisierung würde zu einer Verkleinerung des auswahlrelevanten Personenkreises führen. Dies wäre weder mit dem Schutzzweck vereinbar, dem die Konkretisierung dient, noch mit den Wertungen des § 1 Abs. 3 KSchG:[615] Die Konkretisierung stellt einen in § 242 BGB verankerten Vertrauens- 1049

---

[610] BAG 21.6.1995 AP BetrVG 1972 § 1 Nr. 16 = EzA KSchG § 23 Nr. 14; hierzu *Preis*, NZA 1997, 1073, 1076; vgl. auch BAG 15.3.2001 EzA KSchG § 23 Nr. 23 = NZA 2001, 831; APS/*Kiel*, § 1 KSchG Rn. 668.
[611] *Preis*, RdA 2000, 257, 264; ebenso KPK/*Schiefer*, § 1 KSchG Rn. 1068.
[612] *Wank*, AR-Blattei (D), Kündigungsschutz Nr. 304; *ders.*, RdA 1987, 129, 138 f., 143; *ders.*, ZIP 1986, 206, 213 f.; so auch LAG Köln 29.9.1993 LAGE KSchG § 1 Soziale Auswahl Nr. 7; ähnlich auch *Ehmann*, BlStSozArbR 1984, 209, 214.
[613] BAG 5.6.2008 EzA KSchG § 1 Soziale Auswahl Nr. 81 = NZA 2008, 1120; BAG 31.5.2007 EzA KSchG § 1 Soziale Auswahl Nr. 77 = NZA 2008, 33; so auch *Bütefisch*, S. 55 ff.; APS/*Kiel*, § 1 KSchG Rn. 668; *B. Preis*, DB 1984, 2244, 2245; siehe auch BAG 5.5.1994 EzA KSchG § 1 Soziale Auswahl Nr. 31 = NZA 1994, 1023; abweichend nur für den Fall der Namensliste nach § 125 InsO und wohl auch § 1 Abs. 5 KSchG: BAG 28.8.2003 EzA InsO § 125 Nr. 1 = NZA 2004, 432; nach BAG 28.10.2004 EzA KSchG § 1 Soziale Auswahl Nr. 56 = NZA 2005, 285 soll jedoch auch bei Insolvenz eine Beschränkung auf einen Betriebsteil nicht zulässig sein.
[614] Vgl. BAG 15.6.1989 EzA KSchG § 1 Soziale Auswahl Nr. 27 = NZA 1990, 226; BAG 5.10.1995 EzA KSchG § 1 Betriebsbedingte Kündigung Nr. 82 = NZA 1996, 524; BAG 3.6.2004 EzA KSchG § 1 Soziale Auswahl Nr. 55 = NZA 2005, 175; *Bütefisch*, S. 66; ähnlich auch BAG 18.10.2006 EzA KSchG § 1 Soziale Auswahl Nr. 73 = NZA 2007, 798, wonach die Vergleichbarkeit grundsätzlich auch nicht dadurch herbeigeführt werden kann, dass der Arbeitsvertrag eines von einem betrieblichen Ereignis betroffenen Arbeitnehmers erst anlässlich dieses Ereignisses entsprechend abgeändert wird.
[615] So *Bütefisch*, S. 64 ff.; HK-KSchG/*Dorndorf*, § 1 Rn. 1044; *Hergenröder*, EzA § 1 KSchG Soziale Auswahl Nr. 27, S. 19; HHL/*Krause*, § 1 KSchG Rn. 928; *v. Hoyningen-Huene*, NZA 1994, 1009,

schutz dar,⁶¹⁶ der sich nur zugunsten, nicht aber zulasten des Arbeitnehmers auswirken kann. Zudem setzt die Konkretisierung der Arbeitspflicht ua eine lange Verweildauer an dem entsprechenden Arbeitsplatz voraus und tritt daher in erster Linie bei älteren Arbeitnehmern mit einer langjährigen Betriebszugehörigkeit ein, also bei der Personengruppe, die durch die in § 1 Abs. 3 KSchG genannten Sozialkriterien in besonderem Maße vor dem Verlust ihres Arbeitsplatzes geschützt werden. Die gegenwärtige Rechtsprechungslinie lässt es jedoch als nahezu ausgeschlossen erscheinen, dass – abweichend von dem Direktionsrecht des § 106 GewO – eine Konkretisierung hinsichtlich Inhalt, Ort und zeitlicher Lage der Arbeitszeit erfolgt.⁶¹⁷

1050 Enthält der Arbeitsvertrag des unmittelbar kündigungsbedrohten Arbeitnehmers eine **unternehmensweite Versetzungsklausel,** führt dies allein nicht zu einer Erweiterung des auswahlrelevanten Personenkreises, sodass auch Arbeitnehmer der übrigen unternehmensangehörigen Betriebe in die Sozialauswahl einzubeziehen wären.⁶¹⁸ Eine betriebsübergreifende Sozialauswahl kommt nur dann in Betracht, wenn mehrere Tätigkeitsbereiche des Unternehmens von der kündigungsbegründenden Entscheidung betroffen sind. Ansonsten würde durch eine betriebsübergreifende Sozialauswahl das aus der Unternehmerentscheidung resultierende Kündigungsrisiko auf Arbeitnehmer erstreckt, die vom Inhalt dieser Entscheidung in keiner Weise berührt sind.⁶¹⁹ Andererseits kann sich der Arbeitgeber nicht auf die Unwirksamkeit einer von ihm selbst verwendeten Versetzungsklausel berufen und verlangen, dass die Auswahl auf den jeweiligen Standort oder eine Betriebsabteilung beschränkt bleibt. Dies wäre nicht nur treuwidrig (§ 242 BGB),⁶²⁰ sondern auch dogmatisch falsch. An die Stelle einer unwirksamen Direktionsrechtsklausel tritt überdies das weite Direktionsrecht nach Maßgabe des § 106 GewO.⁶²¹

1051 Ist ein Arbeitnehmer **nur vorübergehend in einem anderen unternehmensangehörigen Betrieb beschäftigt,** ist er bei Kündigungen in seinem „Stammbetrieb" in die Sozialauswahl einzubeziehen,⁶²² obwohl er in dem entsprechenden Betrieb momentan nicht beschäftigt ist. Dass die Einbeziehung der Sozialauswahl nicht von der tatsächlichen Tätigkeit in dem Betrieb abhängig ist, zeigt sich nicht zuletzt daran, dass auch erkrankte Arbeitnehmer, die im Zeitpunkt der kündigungsbegründenden Unternehmerentscheidung nicht in dem entsprechenden Betrieb anwesend sind, deshalb nicht aus der Sozialauswahl ausscheiden. Entscheidend für die Tragung des Kündigungsrisikos ist vielmehr, dass der Arbeitnehmer nach wie vor der personellen Leitungsmacht seines Stammbetriebes untersteht. Dessen personelle Dispositionsmöglichkeit bleibt bestehen, denn der vorübergehende Einsatz kann jederzeit beendet werden, da die beteiligten unternehmensangehörigen Einzelbetriebe mangels Rechts-

---

1113; APS/*Kiel*, § 1 KSchG Rn. 687; *Langenbucher*, SAE 1999, 170, 175; *Linck*, AR-Blattei, SD 1020.1.2 Rn. 59 f.; dem folgend BAG 28.8.2003 EzA InsO § 125 Nr. 1 = NZA 2004, 432.

⁶¹⁶ So BAG 10.11.1992 AP LPVG NW § 72 Nr. 6 = NZA 1993, 331; *v. Hoyningen-Huene/Boemke*, S. 101 f.; *Rüthers/Bakker*, ZfA 1990, 245, 267 f.

⁶¹⁷ → Rn. 19 und zu den Einzelheiten ErfK/*Preis*, § 106 GewO Rn. 11 ff.

⁶¹⁸ BAG 2.6.2005 EzA KSchG § 1 Soziale Auswahl Nr. 61 = NZA 2005, 1175; BAG 15.12.2005 EzA KSchG § 1 Soziale Auswahl Nr. 66 = NZA 2006, 590; BAG 18.10.2006 EzA KSchG § 1 Soziale Auswahl Nr. 73 = NZA 2007, 798; *Bütefisch*, S. 69; *Färber*, NZA 1985, 175; *D. Gaul*, NZA 1992, 673, 678 f.; APS/*Kiel*, § 1 KSchG Rn. 669; *Linck*, S. 20; a. A. *Berkowsky*, NZA 1996, 290, 294; ähnlich LAG Köln 9.2.2004 NZA-RR 2005, 26; *Schwerdtner*, ZIP 1984, 10, 15.

⁶¹⁹ So auch *Färber*, NZA 1985, 175; *Linck*, S. 20.

⁶²⁰ BAG 3.4.2008 EzA KSchG § 1 Interessenausgleich Nr. 15 = NZA 2008, 1060.

⁶²¹ Hierzu *Preis/Genenger*, NZA 2008, 969; dem folgend KR/*Griebeling*, § 1 KSchG Rn. 220.

⁶²² So auch *Bütefisch*, S. 70 f.

§ 2 Die Sozialwidrigkeit der Kündigung

fähigkeit eine bestimmte Dauer der „Personalleihe" nicht rechtsverbindlich vereinbaren können.

Ist ein Arbeitnehmer **gleichzeitig in mehreren unternehmensangehörigen** 1052 **Betrieben** mit einem jeweils festgelegten Zeitkontingent **tätig,** ist er als Teilzeitbeschäftigter in allen Beschäftigungsbetrieben in die Sozialauswahl einzubeziehen. Sind hingegen die in den einzelnen Betrieben zu erbringenden Arbeitsstunden nicht festgelegt, ist der überbetrieblich tätige Arbeitnehmer mit den Arbeitnehmern aller Beschäftigungsbetriebe vergleichbar, in denen er bislang die überbetrieblich organisierte Dienstleistung erbracht hat, sofern er nicht ausschließlich für die überbetriebliche Tätigkeit eingestellt worden ist. Die Verteilung des Kündigungsrisikos kann nicht davon abhängen, ob die unternehmensweit zu erbringende Dienstleistung zentral oder dezentral organisiert ist. Eine Sozialauswahl zwischen den ausschließlich in einem Betrieb Beschäftigten und Arbeitnehmern, die dort nur im Rahmen einer überbetrieblichen Dienstleistung tätig sind, findet auch in dem (umgekehrten) Fall statt, dass die Zahl der ausschließlich in diesem Betrieb angesiedelten Arbeitsplätze sinkt.

Eine Erweiterung des auswahlrelevanten Personenkreises auf Arbeitnehmer anderer 1053 **Konzernunternehmen** ist grundsätzlich abzulehnen. Insbesondere kann den Arbeitnehmern, die bei einem anderen Konzernunternehmen beschäftigt sind, kein Kündigungsrisiko für eine Unternehmerentscheidung eines anderen konzernangehörigen Arbeitgebers aufgebürdet werden, mit dem sie nicht einmal in vertraglichen Beziehungen stehen. Hinzu kommt, dass sich ein gegen Art. 12 GG verstoßender, negativer wie positiver Kontrahierungszwang für den anderen Konzernarbeitgeber ergäbe, der einen eigenen Arbeitnehmer entlassen und den sozial schwächeren, bisher in einem anderen Konzernunternehmen beschäftigten Arbeitnehmer neu einstellen müsste.[623]

Bei Kündigungen in einem **Gemeinschaftsbetrieb mehrerer (Konzern-)Unter-** 1054 **nehmen** ist die Sozialauswahl nach der Rspr. des BAG unter den in dem Gemeinschaftsbetrieb beschäftigten Arbeitnehmern durchzuführen.[624] Grundlage dieser konzerndimensionalen Pflichterweiterung kann aber nicht, wie bisweilen vertreten wird, der Organisationsbegriff des Betriebs, sondern nur ein rechtsgeschäftlicher, gesetzlicher oder ggf. konzernrechtlicher Zurechnungstatbestand sein.[625] Der Kern der gemeinschaftsbetrieblichen Zurechnung ist die Voraussetzung einer ausdrücklichen oder konkludenten Führungsvereinbarung, welche es rechtfertigt, den verschiedenen Rechtsträgern das Beschäftigungsrisiko aufzubürden.[626] Dies reicht im Konzernverbund für eine individualrechtliche Zurechnung aus, ohne dass es weiter auf die Voraussetzungen des betriebsverfassungsrechtlichen Betriebsbegriffes (einheitlicher Leitungsapparat) ankäme.[627] Besteht jedoch der Gemeinschaftsbetrieb im Zeitpunkt der Kündigung nicht mehr, ist die Sozialauswahl entsprechend nicht mehr unterneh-

---

[623] HHL/Krause, § 1 KSchG Rn. 778, 218; Linck, S. 21 f.
[624] Vgl. hier → Rn. 855; BAG 13.6.1985 EzA KSchG § 1 Nr. 41 = NZA 1986, 600; BAG 5.5.1994 EzA KSchG § 1 Soziale Auswahl Nr. 31 = NZA 1994, 1023; BAG 13.9.1995 EzA KSchG § 1 Nr. 48 = NZA 1996, 307; BAG 22.3.2001 EzA GG Art 101 Nr. 5 = NZA 2002, 1349; BAG 24.2.2005 EzA KSchG § 1 Soziale Auswahl Nr. 59 = NZA 2005, 867; BAG 15.2.2007 EzA BGB 2002 § 613a Nr. 66; im Schrifttum vgl. statt vieler KR/Griebeling, § 1 KSchG Rn. 609a; APS/Kiel, § 1 KSchG Rn. 670.
[625] Hierzu Wiedemann, Anm. AP KSchG 1969 § 1 Nr. 10.
[626] Preis, RdA 2000, 257, 263; ders., in Henssler/Moll, A Rn. 40.
[627] Vgl. aber zB BAG 14.9.1988 EzA BetrVG 1972 § 1 Nr. 7 = NZA 1989, 190; BAG 24.2.2005 EzA KSchG § 1 Soziale Auswahl Nr. 59 = NZA 2005, 867 knüpft an die einheitliche personelle Leitung als „gemeinsame Klammer" an; krit. dazu etwa Zöllner, FS Semler, 1993, 995, 1005; Wiedemann, Anm. AP KSchG 1969 § 1 Nr. 10.

mensübergreifend vorzunehmen.[628] Einer im Gemeinschaftsbetrieb prinzipiell unternehmensübergreifenden Sozialauswahl bedarf es auch dann nicht mehr, wenn im Zeitpunkt der Kündigung die Stilllegung eines der Betriebe, die zusammen einen Gemeinschaftsbetrieb gebildet haben, bereits greifbare Formen angenommen hat, und feststeht, dass er bei Ablauf der Kündigungsfrist des Arbeitnehmers stillgelegt sein wird.[629]

1055 Spricht der **Veräußerer** eines Betriebs oder Betriebsteils vor dem **Betriebs(teil)- übergang aufgrund einer eigenen Unternehmerentscheidung Kündigungen** aus, die nicht gegen § 613a Abs. 4 BGB verstoßen, müssen alle Arbeitnehmer des entsprechenden Betriebes in die Sozialauswahl einbezogen werden. Dies gilt auch dann, wenn nur ein Betriebsteil veräußert werden soll.[630]

1056 Spricht der **Erwerber nach dem Betriebs(teil)übergang** betriebsbedingte Kündigungen aus, die nicht mit § 613a Abs. 4 BGB kollidieren, ist die Sozialauswahl zwischen allen Arbeitnehmern des übernommenen Betriebs(teils) durchzuführen, sofern der übernommene Betrieb(steil) als eigenständige Einheit fortgeführt wird.[631] Wird der übernommene Betrieb(steil) hingegen in einen bereits vorhandenen Betrieb des Erwerbers eingegliedert und resultiert der abzubauende Personalüberhang aus der Übernahme und Eingliederung des Betriebs(teils), ist zu differenzieren: Wird lediglich ein Betriebsteil eingegliedert, sind die Arbeitnehmer des aufnehmenden Erwerberbetriebs in die Sozialauswahl einzubeziehen.[632] Wird ein ehemals eigenständiger Betrieb in einen Betrieb des Erwerbers eingegliedert, beschränkt sich die Sozialauswahl auf die Arbeitnehmer des übernommenen Betriebes.[633] Diese Differenzierung ist vor dem Hintergrund des Verschlechterungsverbots aus § 613a BGB geboten. Dieser verbietet es, dass sich der auswahlrelevante Personenkreis für die übernommenen Arbeitnehmer verkleinert und dadurch der Kündigungsschutz mittelbar beeinträchtigt wird. Hingegen gebietet er keine Besserstellung durch eine Vergrößerung des auswahlrelevanten Personenkreises.[634] Werden im ersten Fall die Arbeitnehmer des aufnehmenden Erwerberbetriebs in die Sozialauswahl einbezogen, wird diesen dadurch kein Kündigungsrisiko aufgebürdet, dessen Ursachen allein beim Veräußerer des eingegliederten Betriebs(teils) liegen.[635] Vielmehr erwächst das Kündigungsrisiko aus dem durch

---

[628] BAG 13.9.1995 EzA KSchG § 1 Nr. 48 = NZA 1996, 307; BAG 24.2.2005 EzA KSchG § 1 Soziale Auswahl Nr. 59 = NZA 2005, 867; BAG 22.9.2005 EzA InsO § 113 Nr. 18 = NZA 2006, 658.
[629] BAG 21.5.2008 NZA 2008, 753; BAG 14.8.2007 EzA BGB 2002 § 613a Nr. 74 = NZA 2007, 1431.
[630] BAG 28.10.2004 EzA KSchG § 1 Soziale Auswahl Nr. 56 = NZA 2005, 285; *Linck*, S. 32; *ders.*, AR-Blattei, SD 1020.1.2 Rn. 24; *Lück*, S. 38; a. A. *Moll/Steinbach*, MDR 1997, 711 f.
[631] Vgl. ErfK/*Oetker*, § 1 KSchG Rn. 315; *Bütefisch*, S. 94 ff.; HK-KSchG/*Dorndorf*, § 1 Rn. 1037; *Henckel*, ZGR 1984, 225, 234 f.; HHL/*Krause* § 1 KSchG Rn. 910; APS/*Kiel*, § 1 KSchG Rn. 674; *Linck*, S. 33.
[632] *Kreitner*, S. 119; im Ergebnis ebenso HHL/*Krause*, § 1 KSchG Rn. 912; APS/*Kiel*, § 1 KSchG Rn. 674; *Linck*, AR-Blattei, SD 1020.1.2 Rn. 26; a. A. *Henckel*, ZRG 1984, 225, 235; *Lück*, S. 39 iVm S. 36.
[633] Erman/*Edenfeld*, § 613a BGB Rn. 114; *Bütefisch*, S. 96 f.; *Kreitner*, S. 119; *Steffan*, S. 100; im Ergebnis ebenso *Henckel*, ZGR 1984, 225, 234 f.; *Lück*, S. 36; a. A. ErfK/*Oetker*, § 1 KSchG Rn. 316; HK-KSchG/*Dorndorf*, § 1 Rn. 1038; HHL/*Krause*, § 1 KSchG Rn. 910; KDZ/*Deinert*, § 1 KSchG Rn. 596; *Linck*, S. 34; *ders.*, AR-Blattei, SD 1020.1.2. Rn. 26; LSW/*Löwisch*, KSchG, vor § 1 Rn. 90.
[634] Erman/*Edenfeld*, § 613a BGB Rn. 114; *Kreitner*, S. 117; *Steffan*, S. 100; *Vossen*, BB 1984, 1557, 1560.
[635] So aber *Henckel*, ZGR 1984, 225, 234 f.; ähnlich *Lück*, S. 36; dagegen *Hilger*, ZGR 1984, 258, 260.

§ 2 Die Sozialwidrigkeit der Kündigung

Art. 12, 14 GG geschützten Entschluss ihres Arbeitgebers, einen ggf. sanierungsbedürftigen Betrieb(steil) zu erwerben und in einen bestehenden eigenen Betrieb einzugliedern.

Werden betriebsbedingte Kündigungen zum Abbau eines Personalüberhangs, der sich aus der unternehmerischen Konzeption des Erwerbers ergibt, bereits durch den Veräußerer ausgesprochen (sog. **vorweggenommene Verwirklichung des Erwerberkonzepts**),[636] sind die Arbeitnehmer, die in anderen, nicht zu übertragenden Betriebsteilen des Veräußererbetriebs beschäftigt sind, nicht in die Sozialauswahl einzubeziehen. Anders als die Beschäftigten des zu übernehmenden Betriebsteils stehen die Beschäftigten der übrigen Betriebsteile des Veräußererbetriebs weder gegenwärtig noch zukünftig in arbeitsvertraglichen Beziehungen zu dem Erwerber, auf dessen unternehmerischer Konzeption die Kündigungen beruhen. Im Hinblick auf die Einbeziehung von Arbeitnehmern, die im aufnehmenden Erwerberbetrieb beschäftigt sind, kann für Kündigungen, die der Veräußerer zur vorweggenommenen Verwirklichung des Erwerberkonzepts ausspricht, nichts anderes gelten, als wenn der Erwerber selbst diese Kündigungen nach der Übernahme des Betriebs(teils) ausspräche.[637] Daher scheidet eine Einbeziehung von Arbeitnehmern des Erwerbers sowohl bei der fortführenden Übernahme eines Betriebes oder eines Betriebsteils als auch bei der eingliedernden Übernahme eines ganzen Betriebes aus.[638] Hingegen müsste der Erwerber die Arbeitnehmer des aufnehmenden Betriebes in die Sozialauswahl einbeziehen, wenn er einen übernommenen Betriebsteil, der einen Personalüberhang aufweist, in einen eigenen Betrieb eingliederte und Kündigungen zum Abbau dieses Personalüberschusses aussprechen wollte. Mangels tatsächlicher Kenntnisse des Veräußerers über den Personalbestand des Erwerberbetriebs und mangels rechtlicher Kündigungsmöglichkeit des Veräußerers gegenüber den beim Erwerber beschäftigten Arbeitnehmern[639] ist hier ein Zusammenwirken des Veräußerers und des Erwerbers notwendig.[640]

Widerspricht ein Arbeitnehmer gemäß § 613a Abs. 6 BGB dem Übergang seines Arbeitsverhältnisses auf den Betriebsteilerwerber, ist der Arbeitsplatz des widersprechenden Arbeitnehmers fortan beim Erwerber angesiedelt, sodass beim Veräußerer ein Arbeitskräfteüberhang entsteht. Nach früherer Ansicht des BAG verwehrte ein völlig grundloser Widerspruch es dem Arbeitnehmer, sich im Falle einer betriebsbedingten Kündigung auf das Fehlen bzw. die Fehlerhaftigkeit der Sozialauswahl zu berufen, während dem Arbeitnehmer bei einem wohlbegründeten Widerspruch der Schutz des § 1 Abs. 3 KSchG in vollem Umfang zuteil wurde.[641] In den dazwischen-

1057

1058

---

[636] Zur Zulässigkeit vgl. BAG 26.5.1983 AP BGB § 613a Nr. 34 = EzA BGB § 613a Nr. 34; MüKoBGB/*Hergenröder*, § 1 KSchG Rn. 338; *Seiter*, S. 113; *Steffan*, S. 96 ff.; *Vossen*, BB 1984, 1557, 1559 f.; MünchArbR/*Wank*, § 103 Rn. 46; *Willemsen*, ZIP 1983, 411, 416; a.A. *Kreitner*, S. 110 ff.; LSW/*Löwisch*, KSchG, vor § 1 Rn. 89.

[637] Vgl. APS/*Kiel*, § 1 KSchG Rn. 674; KDZ/*Deinert*, § 1 KSchG Rn. 596; *Loritz*, RdA 1987, 65, 84; MünchArbR/*Wank*, § 103 Rn. 46.

[638] Abweichend *Schmädicke*, NZA 2014, 515.

[639] So die gegenteilige Argumentation von HHL/*Krause*, § 1 KSchG Rn. 910; *Linck*, S. 32; ders., AR-Blattei, SD 1020.1.2 Rn. 325.

[640] Dabei sieht die Rechtsprechung einen Aufhebungsvertrag zwischen Arbeitnehmer und Veräußerer mit anschließender Beschäftigung in einer Beschäftigungsgesellschaft, aus der der Erwerber nach Bedarf wiederum Arbeitnehmer rekrutiert, nicht als eine Umgehung des § 1 Abs. 3 KSchG: BAG 18.8.2005 EzA BGB 2002 § 613a Nr. 40 = NZA 2006, 145; BAG 23.11.2006 EzA BGB 2002 § 613a Nr. 61 = NZA 2007, 866.

[641] BAG 7.4.1993 EzA KSchG § 1 Soziale Auswahl Nr. 30 = NZA 1993, 795; BAG 21.3.1996 EzA BetrVG 1972 § 102 Nr. 91 = NZA 1996, 974; BAG 18.3.1999 EzA KSchG § 1 Soziale Auswahl Nr. 40 = NZA 1999, 870.

liegenden Fällen, in denen der Widerspruch weder offensichtlich begründet noch offensichtlich unbegründet ist, war anhand einer umfassenden Abwägung der Umstände des Einzelfalles zu entscheiden, inwieweit der Arbeitnehmer die Unwirksamkeit der Kündigung wegen einer fehlenden oder fehlerhaften Sozialauswahl geltend machen kann.

1059 Diese Rechtsprechung, die im praktischen Resultat eine teleologische Reduktion des § 1 Abs. 3 KSchG darstellte, trug in die Sozialauswahl einen weiteren Unsicherheitsfaktor hinein. Ihr wurde nach der Neufassung des § 1 Abs. 3 KSchG mit einer Begrenzung der Kriterien der sozialen Auswahl auf die Betriebszugehörigkeit, das Alter, die Unterhaltspflichten und die Schwerbehinderung der gesetzliche Boden entzogen.[642] Nach neuer Rechtsprechung des BAG können sich Arbeitnehmer, die einem Übergang widersprochen haben, **auch auf eine mangelhafte Sozialauswahl berufen**. Das BAG hält nunmehr zu Recht die dem Widerspruch zugrundeliegenden **Beweggründe** des Arbeitnehmers für **unbeachtlich**.[643] Wortlaut und Regelungsziel der Neufassung stünden einer Berücksichtigung entgegen. Wie die Gründe und Motive für die Wirksamkeit des Widerspruchs irrelevant seien, seien sie auch im Rahmen der Sozialauswahl ohne Bedeutung; andernfalls werde das Widerspruchsrecht entwertet. Die Konsequenz eines „Verdrängungswettbewerbs" zwischen Arbeitnehmern nehme der Gesetzgeber in Kauf.[644] Grundsätzlich können die Beweggründe für den Widerspruch auch nicht über § 1 Abs. 3 S. 2 KSchG Berücksichtigung finden. Etwas anderes gilt nur, wenn zB der Widerspruch einer größeren Anzahl von Arbeitnehmern gegen einen Betriebsteilübergang tiefgreifende Umorganisationen notwendig macht, die zu schweren betrieblichen Ablaufstörungen führen können.[645]

1060 Spricht im Rahmen einer **Unternehmensumwandlung** der übernehmende Rechtsträger nach Eintragung der Spaltung oder Teilübertragung gem. § 131 (iVm §§ 177, 179) UmwG Kündigungen aus, ist das Verschlechterungsverbot des **§ 323 Abs. 1 UmwG** zu beachten. Wird ein vor dem Umwandlungsvorgang unselbständiger Betriebsteil durch den übernehmenden Rechtsträger als eigenständiger Betrieb weitergeführt, liegt in einer Sozialauswahl allein zwischen den Arbeitnehmern des übernommenen Betriebsteils mittelbar eine Verschlechterung der kündigungsrechtlichen Stellung. Diese stellt jedoch keinen Verstoß gegen § 323 Abs. 1 UmwG dar.[646] Gegen die Subsumtion mittelbarer kündigungsrechtlicher Nachteile, die sich aus einer Veränderung des Bezugsrahmens des § 1 Abs. 2, 3 KSchG ergeben, unter das Verschlechterungsverbot des § 323 Abs. 1 UmwG, spricht die Funktion des § 1 Abs. 3 KSchG. Da dieser dazu dient, eine kündigungsbegründende Unternehmerentscheidung einem bestimmten Arbeitnehmer als Kündigungsadressaten zuzuordnen, verbietet sich mangels einer Verbindung zu einer kündigungsbegründenden Unterneh-

---

[642] Krit. schon *Preis/Steffan*, Anm. BAG 7.4.1993 EzA KSchG § 1 Soziale Auswahl Nr. 30; *Lunk/Möller*, NZA 2004, 10, 13.
[643] BAG 31.5.2007 EzA KSchG § 1 Soziale Auswahl Nr. 77 = NZA 2008, 33; dazu *Eylert/Spinner*, BB 2008, 50.
[644] Dagegen *Quecke*, ZIP 2007, 1846.
[645] BAG 31.5.2007 EzA KSchG § 1 Soziale Auswahl Nr. 77 = NZA 2008, 33.
[646] So auch *Bütefisch*, S. 119f.; Lutter/*Joost*, § 324 Rn. 145; KR/*Griebeling*, § 1 KSchG Rn. 610; *Kreßel*, BB 1995, 925, 928; LSW/*Löwisch*, § 1 KSchG Rn. 425; Kallmeyer/*Willemsen*, § 324 Rn. 3; *Willemsen*, NZA 1996, 791, 799f.; a.A. *Bachner*, NJW 1995, 2881, 2884; *Boecken*, Rn. 275; BB/*Bram*, § 1 KSchG Rn. 320c; *Däubler*, RdA 1995, 136, 143; *Düwell*, NZA 1996, 393, 397; *Herbst*, AiB 1995, 5, 12; HHL/*v. Hoyningen-Huene*, KSchG, § 23 Rn. 16,17; *Kallmeyer*, ZIP 1994, 1746, 1757; *Linck*, AR-Blattei, SD 1020.1.2 Rn. 22; *Mengel*, S. 271f.; *Trittin*, AiB 1996, 349, 357; *Trümner*, AiB 1995, 309, 313f.

§ 2 Die Sozialwidrigkeit der Kündigung

merentscheidung die Einbeziehung der Arbeitnehmer in die Sozialauswahl, die im Restbetrieb des übertragenden Rechtsträgers verbleiben oder nach der Umwandlung einem dritten Rechtsträger zugeordnet sind.[647] Zudem würde eine auf den ehemaligen Betrieb bezogene Sozialauswahl zu erheblichen Beschränkungen des Kündigungsrechts des übernehmenden Rechtsträgers führen, wenn danach einem Arbeitnehmer gekündigt werden müsste, dessen Arbeitsverhältnis nach der Umwandlung nicht bei dem kündigenden übernehmenden Rechtsträger angesiedelt, sondern beim übertragenden Rechtsträger verblieben oder auf einen dritten Rechtsträger übergegangen ist. Dann könnte die Anwendung des § 323 Abs. 1 UmwG auf ein Kündigungsverbot für die Dauer von zwei Jahren hinauslaufen.[648] Diese Schwierigkeiten könnten lediglich dadurch überwunden werden, dass der übertragende und der übernehmende Rechtsträger den gespaltenen Betrieb für die Dauer von zwei Jahren gemeinsam führen.[649] Gegen einen derartigen Zwang spricht jedoch, dass hierdurch die unternehmerische Entscheidungsfreiheit der beteiligten Rechtsträger über Gebühr beschränkt wird,[650] was vom Zweck des § 323 Abs. 1 UmwG nicht mehr gedeckt ist.

ee) Betriebsinterner Bezugsrahmen der Sozialauswahl

Die Sozialauswahl findet **nicht betriebsebenenübergreifend** statt. Dies gilt nicht **1061** nur für ein (praktisch seltenes) **betriebsebenenübergreifendes Umsetzungsrecht**[651] des Arbeitgebers, sondern auch dann, wenn sich der unmittelbar kündigungsbedrohte Arbeitnehmer wegen einer drohenden Kündigung zur Übernahme eines Arbeitsplatzes auf einer anderen Betriebsebene bereit erklärt, obwohl sein Arbeitsvertrag eine derartige Umsetzungsmöglichkeit bislang nicht vorsah.[652] Hiergegen spricht das Ziel der Sozialauswahl.[653] Dies liegt in der personellen Konkretisierung einer kündigungsbegründenden Unternehmerentscheidung, welche ihrem Inhalt nach auf die Ebene der Betriebshierarchie begrenzt ist, auf welcher der Arbeitsplatz des unmittelbar kündigungsbedrohten Arbeitnehmers angesiedelt ist. Arbeitnehmern, deren Arbeitsplätze einer höheren oder niedrigeren Betriebsebene angehören, kann daraus kein Kündigungsrisiko erwachsen, weil die zugrunde liegende Unternehmerentscheidung nicht den geringsten inhaltlichen Zusammenhang mit ihrem eigenen innerbetrieblichen Einsatzbereich aufweist. Zudem entbehrt eine „**vertikale Vergleichbarkeit**" der notwendigen Berechenbarkeit[654] und trägt das Risiko eines „Verdrängungswettbewerbs nach unten"[655] in sich. Durch die Möglichkeit, seine Bereitschaft zur Übernahme ei-

---

[647] Vgl. LSW/*Löwisch*, § 1 KSchG Rn. 422.
[648] So auch HHL/*v. Hoyningen-Huene*, KSchG, § 23 Rn. 17 (der diese Konsequenzen allerdings für rechtlich unproblematisch hält); Lutter/*Joost*, § 323 Rn. 15.
[649] Zur Sozialauswahl im Gemeinschaftsbetrieb mehrerer Unternehmen vgl. Rn. 1054.
[650] *Willemsen*, NZA 1996, 791, 800; Kallmeyer/*Willemsen*, § 323 Rn. 6 f.
[651] Vgl. LSW/*Löwisch*, § 1 KSchG Rn. 422; *Oetker*, AP § 1 KSchG 1969 Soziale Auswahl Nr. 36, II 2b; *ders.*, FS Wiese, 1998, 333, 348; a.A. *D. Gaul*, NZA 1992, 673, 676, 678; APS/*Kiel*, § 1 KSchG Rn. 686.
[652] ZB BAG 7.2.1985 EzA KSchG § 1 Soziale Auswahl Nr. 20 = NZA 1986, 260; BAG 29.3.1990 EzA KSchG § 1 Soziale Auswahl Nr. 29 = NZA 1991, 181; a.A. *Dänzer-Vanotti*, AuR 1986, 126 ff.; *Dudenbostel*, DB 1984, 826, 828; *Meisel*, BB 1963, 1058, 1061; *Rost*, ZIP 1982, 1396, 1402 f.
[653] BAG 29.3.1990 EzA KSchG § 1 Soziale Auswahl Nr. 29 = NZA 1991, 181; *Boewer*, NZA 1988, 1, 3; HK-KSchG/*Dorndorf*, § 1 Rn. 1042; KR/*Griebeling*, § 1 KSchG Rn. 624; *Färber*, NZA 1985, 175, 178; HHL/*Krause*, § 1 KSchG Rn. 922, 901; *Linck*, S. 58; *ders.*, AR-Blattei, SD 1020.1.2 Rn. 57; KPK/*Schiefer*, § 1 KSchG Rn. 1130 ff.; *Oetker*, AP § 1 KSchG 1969 Soziale Auswahl Nr. 36, II 2b; *ders.*, FS Wiese, 1998, 333, 348.
[654] *Künzl*, ZTR 1996, 385, 388.
[655] BAG 7.2.1985 EzA KSchG § 1 Soziale Auswahl Nr. 20 = NZA 1986, 260; BAG 29.3.1990 EzA KSchG § 1 Soziale Auswahl Nr. 29 = NZA 1991, 181; BAG 10.11.1994 EzA KSchG § 1 Be-

ner Tätigkeit auf einer niedrigeren Betriebsebene zu erklären, könnte das Kündigungsrisiko allerdings – entsprechende Sozialdaten vorausgesetzt – in Form einer Kette bis zur untersten Ebene der Betriebshierarchie „durchgereicht" werden. Wenn infolgedessen Kündigungen vorwiegend auf den unteren Ebenen der Betriebshierarchie ausgesprochen würden, wäre dies weder aus sozialen Gründen[656] noch unter personalpolitischen Gesichtspunkten wünschenswert. Räumte man dem Arbeitnehmer, der einen Änderungsvertrag geschlossen hat, zudem die Möglichkeit ein, die Notwendigkeit seines Wechsels auf eine andere Betriebsebene analog § 2 KSchG gerichtlich überprüfen zu lassen,[657] wäre der Arbeitgeber zumindest zwei, möglicherweise aber auch einer Vielzahl von Kündigungsschutzprozessen ausgesetzt.[658]

ff) Einbeziehung besonderer Personengruppen in die Sozialauswahl

1062 Sofern gesetzliche Bestimmungen die Möglichkeit ordentlicher arbeitgeberseitiger Kündigungen ganz ausschließen, sind die betroffenen Arbeitnehmer – unabhängig vom Inhalt ihrer Tätigkeit – nicht in die Sozialauswahl einzubeziehen.[659] Dies gilt insbesondere für **Mitglieder eines Betriebs- oder Personalrats**,[660] einer **Jugend- und Auszubildendenvertretung** (§§ 15 Abs. 1 u. 2 KSchG, 29a Abs. 1 HAG), für **Vertrauenspersonen für Schwerbehinderte** (§ 96 Abs. 3 SGB IX) und für die Mitglieder eines Wahlvorstandes, die für die Durchführung der Wahlen zu den genannten Organen bestellt sind (§§ 15 Abs. 3 KSchG, 29a Abs. 2 HAG, 96 Abs. 3 SGB IX). Hinzu kommen Schutzvorschriften für verschiedenste **Beauftragte im Betrieb** (§§ 58, 58d BImSchG; § 66 WHG; § 60 Abs. 3 KrWG; § 4f Abs. 3 BDSG Immissionsschutzbeauftragter, Gewässerschutzbeauftragter, Abfallbeauftragter, Datenschutzbeauftragter). Diese Kündigungsverbote gehen als leges speciales der allgemeinen Kündigungsschutzbestimmung des § 1 Abs. 3 KSchG vor.[661] Dieselbe Wirkung haben die Kündigungsverbote für **Auszubildende** (§ 22 Abs. 2 BBiG), für **Wehr- und Zivildienstleistende** (§§ 2 Abs. 1 ArbPlSchG, 78 Abs. 1 Nr. 1 ZDG) und für die Teilnehmer an Eignungsübungen (§ 2 Abs. 1 EignÜG).[662] Dabei ist es nach Auffassung des BAG allein maßgeblich, ob der Sonderkündigungsschutz zum Zeitpunkt des Zugangs der Kündigung besteht. Es soll unerheblich sein, wenn im Zeitpunkt der beabsichtigten Kündigung der Sonderkündigungsschutz in Kürze auslaufen wird und wegen der

---

triebsbedingte Kündigung Nr. 77 = NZA 1995, 566; BAG 17.9.1998 EzA KSchG § 1 Soziale Auswahl Nr. 36 = NZA 1998, 1332; *Bauer*, NZA 1987, Beil. 1, 2, 5; HK-KSchG/*Dorndorf*, § 1 Rn. 1042; *Färber*, NZA 1985, 175, 179; HHL/*Krause*, § 1 KSchG Rn. 930; *v. Hoyningen-Huene*, NZA 1994, 1009, 1013; *Jobs*, DB 1986, 538, 539; *Linck*, AR-Blattei, SD 1020.1.2 Rn. 57; LSW/*Löwisch*, § 1 KSchG Rn. 419; *Schulin*, EzA § 1 KSchG Soziale Auswahl Nr. 20, S. 28k; *Zwanziger*, NJW 1995, 916, 919; abl. insoweit MünchArbR/*Berkowsky*, § 113 Rn. 49.

[656] *Färber*, NZA 1985, 175, 179.

[657] So *Rost*, ZIP 1982, 1396, 1402f.; dagegen *Dänzer-Vanotti*, AuR 1986, 126, 127f.

[658] BAG 7.2.1985 EzA KSchG § 1 Soziale Auswahl Nr. 20 = NZA 1986, 260; BAG 17.9.1998 EzA KSchG § 1 Soziale Auswahl Nr. 36 = NZA 1998, 1332; *Bauer*, NZA 1987, Beil. 1, 2, 5; *Boewer*, NZA 1988, 1, 3; *Jobs*, DB 1986, 538, 539.

[659] BAG 21.4.2005 AP KSchG 1969 § 1 Soziale Auswahl Nr. 74 = NZA 2005, 1307; vgl. statt vieler KR/*Griebeling*, § 1 KSchG Rn. 664; APS/*Kiel*, § 1 KSchG Rn. 700; KDZ/*Deinert*, § 1 KSchG Rn. 601; *Künzl*, ZTR 1996, 385, 389; LSW/*Löwisch*, § 1 KSchG Rn. 440.

[660] Für Betriebsratsmitglieder s. BAG 17.11.2005 EzA KSchG § 1 Soziale Auswahl Nr. 64 = NZA 2006, 370.

[661] *Berkowsky* I, § 7 Rn. 125; *Bitter/Kiel*, RdA 1994, 333, 354; HK-KSchG/*Dorndorf*, § 1 Rn. 1054; HHL/*Krause*, § 1 KSchG Rn. 946; APS/*Kiel*, § 1 KSchG Rn. 700; *Linck*, AR-Blattei, SD 1020.1.2 Rn. 31; vgl. auch BAG 8.8.1985 EzA KSch § 1 Soziale Auswahl Nr. 21 = NZA 1986, 679.

[662] Zur Einbeziehung von Arbeitnehmern mit ruhendem Arbeitsverhältnis in die Sozialauswahl → Rn. 1067.

§ 2 Die Sozialwidrigkeit der Kündigung

kurzen Kündigungsfrist das Arbeitsverhältnis des besonders geschützten Arbeitnehmers zu demselben Termin beendet werden kann, zu dem auch das des sozial schwächeren Arbeitnehmers gekündigt werden kann.[663]

Mangels ordentlicher Kündigungsmöglichkeit sind auch **befristet beschäftigte Arbeitnehmer** nicht in die Sozialauswahl einzubeziehen, sofern nicht ausdrücklich ein Recht zur ordentlichen Kündigung vertraglich vereinbart ist.[664] Nach zutreffender Ansicht handelt es sich bei der ordentlichen Unkündbarkeit dieser Arbeitnehmer allerdings nicht um ein gesetzliches Kündigungsverbot. Dies zeigt § 15 Abs. 3 TzBfG, wonach es zur Disposition der Parteien steht, im befristeten Arbeitsverhältnis die Möglichkeit der ordentlichen Kündigung zuzulassen.[665] Fehlt eine Vereinbarung über eine Kündigungsmöglichkeit, beruht die ordentliche Unkündbarkeit des befristet beschäftigten Arbeitnehmers daher auf einem entsprechenden Parteiwillen und nicht auf einer zwingenden Wertung des Gesetzgebers. 1063

Aufgrund der behördlichen Zustimmungserfordernisse der §§ 9 Abs. 3 S. 1 MuSchG, 18 BEEG sind **Frauen während ihrer Schwangerschaft** und während der ersten vier Monate nach der Entbindung sowie **Arbeitnehmer in der Elternzeit** nur in die Sozialauswahl einzubeziehen, wenn die erforderliche behördliche Zustimmung zu ihrer Kündigung tatsächlich vorliegt.[666] Hingegen ist der Arbeitgeber nicht verpflichtet, die notwendige behördliche Zustimmung herbeizuführen, um so die Einbeziehung dieser Personen in die Sozialauswahl zu ermöglichen. Gleiches soll nach herrschender Meinung für **Schwerbehinderte** gelten, deren Kündigung gem. § 85 SGB IX der Zustimmung des Integrationsamtes bedarf.[667] Diese Grundsätze müssen wohl auch auf § 5 PflegeZG übertragen werden. Der Arbeitgeber kann aber die Kündigungsentscheidung hier so steuern, dass nach Ablauf der Pflegezeit gekündigt werden kann. 1064

Nach zutreffender Ansicht sind Arbeitnehmer, deren **ordentliche Kündigung** durch eine entsprechende **tarif- oder einzelvertragliche Vereinbarung ausgeschlossen** ist, nicht in die Sozialauswahl nach § 1 Abs. 3 KSchG einzubeziehen.[668] Auch wenn 1065

---

[663] BAG 21.4.2005 AP KSchG 1969 § 1 Soziale Auswahl Nr. 74 mit zust. Anm. v. Koppenfels-Spies = NZA 2005, 1307; a.A. ArbG Hamburg 23.4.1998 AiB 1999, 50.

[664] So im Ergebnis auch die h.M.; vgl. zB ErfK/Oetker, § 1 KSchG Rn. 310; Bütefisch, S. 132 f.; HK-KSchG/Dorndorf, § 1 Rn. 1056; HHL/Krause, § 1 KSchG Rn. 949; Linck, AR-Blattei, SD 1020.1.2 Rn. 33; KPK/Schiefer, § 1 KSchG Rn. 1152; a.A. LSW/Löwisch, § 1 KSchG Rn. 444.

[665] So auch Bütefisch, S. 132 f.; LSW/Löwisch, § 1 KSchG Rn. 444.

[666] So ErfK/Oetker, § 1 KSchG Rn. 310; Bitter/Kiel, RdA 1994, 333, 355; HK-KSchG/Dorndorf, § 1 Rn. 1053; KR/Griebeling, § 1 KSchG Rn. 664; HHL/Krause, § 1 KSchG Rn. 948; APS/Kiel, § 1 KSchG Rn. 701; LSW/Löwisch, § 1 KSchG Rn. 440; B. Preis, DB 1998, 1761, 1763.

[667] Vgl. die Nachweise in der vorstehenden Fußnote.

[668] BAG 17.5.1984 AP BAT § 55 Nr. 3; LAG Brandenburg 29.10.1998 LAGE KSchG § 1 Soziale Auswahl Nr. 29; LAG Sachsen 28.3.1996 LAGE KSchG § 1 Soziale Auswahl Nr. 18; im Ergebnis ebenso BAG 17.9.1998 EzA BGB § 626 Unkündbarkeit Nr. 3 = NZA 1999, 258; vgl. auch BAG 29.8.1996 EzA Einigungsvertrag Art 20 Soziale Auswahl Nr. 1 = NZA 1997, 604 (im Hinblick auf eine Kündigung wegen mangelnden Bedarfs nach Anl. I Kap. XIX Sachgeb. A Abschn. III Nr. 1 Abs. 4 Ziff. 2 des Einigungsvertrages); zu 4.4 MTV offen gelassen: BAG 5.6.2008 EzA KSchG § 1 Soziale Auswahl Nr. 81 = NZA 2008, 1120; Ascheid, Rn. 348; BB/Bram, § 1 KSchG Rn. 319; Bütefisch, S. 137 ff.; Conze, ZTR 1987, 99, 106; HK-KSchG/Dorndorf, § 1 Rn. 1055 f.; KR/Griebeling, § 1 KSchG Rn. 666; Gift, RdA 1969, 72, 77; Herschel, AuR 1977, 137, 143; Jobs, DB 1986, 538, 539; APS/Kiel, § 1 KSchG Rn. 703 ff.; 708 ff.; KDZ/Deinert, § 1 KSchG Rn. 604; KPK/Schiefer, § 1 KSchG Rn. 1143 ff.; Pauly, AuR 1997, 94, 98; B. Preis, DB 1998, 1761, 1762 f.; Schaub, NZA 1987, 217, 223; Schwerdtner, FS Kissel, 1994, 1077, 1093; Weller, RdA 1986, 222, 229 f.; Wendeling-Schröder, WissR 1994, 167 ff.; dies., FS Kehrmann, 1997, 321, 323 f.; a.A. ArbG Cottbus, NZA-RR 2000, 580; Bauer, DB 1994, 274, 277; Bauer/Röder, S. 156 f.; Berkowsky I, § 7 Rn. 135 ff.; Ehler, BB 1994, 2068 f.; Eich, DB 1976, 1677, 1678; Frischmann, ZTR 1996, 344, 346 f.; Kramer, S. 31; Linck, S. 31 ff.;

derartige Klauseln mittelbar zu einer Erhöhung des Kündigungsrisikos für die übrigen Arbeitnehmer führen, sind sie nicht wegen Kollision mit der zwingenden höherrangigen Regelung des § 1 Abs. 3 KSchG nichtig.[669] So ist zunächst der Regelungsgehalt einzel- und tarifvertraglicher Kündigungsverbote nicht mit dem des § 1 Abs. 3 KSchG identisch. Tarif- oder einzelvertragliche Kündigungsschutzvereinbarungen regeln nicht die Sozialauswahl selbst, sondern das Kündigungsrecht des Arbeitgebers gegenüber dem einzelnen Arbeitnehmer. Insoweit besteht ein entscheidender Unterschied zu Auswahlrichtlinien iSd § 95 BetrVG, die an den Vorgaben des § 1 Abs. 3, 4 KSchG zu messen sind. Soweit sich tarif- oder einzelvertragliche Kündigungsschutzvereinbarungen darüber hinaus im Rahmen der Sozialauswahl auf das Verhältnis der Arbeitnehmer zueinander auswirken, handelt es sich hierbei nicht um eine unmittelbare, vom Regelungsgegenstand der Vereinbarung intendierte Wirkung, sondern lediglich um eine mittelbare, reflexartige Wirkung.[670] Darüber hinaus ist zu beachten, dass § 1 Abs. 3 KSchG auch in anderen Fällen mittelbaren Verschlechterungen der kündigungsrechtlichen Position nicht entgegensteht, die sich aus einer im Übrigen zulässigen Gestaltung der Arbeitsbedingungen eines anderen Arbeitnehmers ergeben, beispielsweise aus der sehr weiten Fassung der arbeitsvertraglichen Leistungspflicht des unmittelbar kündigungsbedrohten Arbeitnehmers oder der vertraglich vereinbarten Anrechnung früherer Beschäftigungszeiten für die Dauer der Betriebszugehörigkeit.[671] Auch ist der Arbeitgeber nicht verpflichtet, den auswahlrelevanten Personenkreis – beispielsweise durch Unterlassung von Versetzungen in andere Betriebsteile – seiner Größe nach aufrecht zu erhalten.[672] Wären einzel- und tarifvertragliche Kündigungsschutzklauseln wirkungslos, wäre es auch praktisch unmöglich, einen Personalabbau durch Lohn- bzw. Gehaltsabsenkungen zu vermeiden oder aber einen unvermeidbaren Abbau von Arbeitskapazitäten durch eine Verkürzung der betrieblichen Arbeitszeit durchzuführen und den Arbeitnehmern als Gegenleistung eine verstärkte Arbeitsplatzsicherheit einzuräumen.[673] Dies hätte letztlich zur Konsequenz, dass in größerem Umfang Kündigungen ausgesprochen würden. Dieses Ergebnis ist mit dem Grundgedanken des Bestandsschutzes, welcher die Regelungen des § 1 KSchG prägt, nur schwer zu vereinbaren.

1066 Die Einbeziehung tarif- oder einzelvertraglich ordentlich unkündbarer Arbeitnehmer in die Sozialauswahl ist jedoch ausnahmsweise zulässig, wenn entweder die betrieblichen Erfordernisse eine außerordentliche Kündigung rechtfertigen oder die fragliche Kündigungsschutzvereinbarung rechtsmissbräuchlich ist. Allerdings liegt ein derartiger Rechtsmissbrauch nicht schon dann vor, wenn die entsprechende Vereinbarung in unmittelbarer zeitlicher Nähe zu einem geplanten Personalabbau getroffen worden ist.[674] Hinzutreten müssen vielmehr konkrete Anhaltspunkte, die eine missbräuchliche

---

LSW/*Löwisch*, § 1 KSchG Rn. 441 f.; *ders.*, DB 1998, 877, 881; *Oetker*, FS Wiese, 1998, 333, 341 f.; ErfK/*Oetker*, § 1 KSchG Rn. 312 f.; *Wenning-Morgenthaler*, BlStSozArbR 1985, 193 f.

[669] So aber *Berkowsky* I, § 6 Rn. 141 ff.; *Ehler*, BB 1994, 2068, 2069; *Frischmann*, ZTR 1996, 344, 346 f.; *Linck*, S. 40 f.; LSW/*Löwisch*, § 1 KSchG Rn. 441 f.; *Künzl*, ZTR 1996, 385, 389.

[670] HK-KSchG/*Dorndorf*, § 1 Rn. 1055; KR/*Griebeling*, § 1 KSchG Rn. 666; APS/*Kiel*, § 1 KSchG Rn. 710; *Weller*, RdA 1986, 222, 230; *Wendeling-Schröder*, WissR 1994, 167, 169 f.; *dies.*, FS Kehrmann, 1997, 321, 323 f.

[671] BAG 2.6.2005 EzA KSchG § 1 Soziale Auswahl Nr. 63 = NZA 2006, 112.

[672] *Herschel*, AuR 1977, 137, 143; *Lück*, S. 57; *Schaub*, NZA 1987, 217, 223; *Schwerdtner*, FS Kissel, 1994, 1077, 1093; *Weller*, RdA 1986, 222, 230.

[673] Vgl. *Gamillscheg*, Anm. EzA § 95 BetrVG Nr. 1; *Wendeling-Schröder*, WissR 1994, 167, 168, 170 f.

[674] So aber *Ascheid*, RdA 1997, 333, 335; *Schwerdtner*, FS Kissel, 1994, 1077, 1093; generell Rechtsmissbräuchlichkeit verneinend *Künzel/Fink*, NZA 2011, 1385.

§ 2 Die Sozialwidrigkeit der Kündigung

Einräumung eines Sonderkündigungsschutzes belegen.[675] Daraus muss ersichtlich sein, dass die Kündigungsschutzvereinbarung den Zweck verfolgt, bestimmte Arbeitnehmer aus der Sozialauswahl auszuschließen, ohne dass es hierfür einen sachlichen Grund gibt.[676] Dabei kommt es auf eine Umgehungsabsicht oder eine bewusste Missachtung der zwingenden Rechtsnorm nicht an. Entscheidend ist vielmehr die objektive Funktionswidrigkeit des Rechtsgeschäfts.[677] Bei tarifvertraglichen Kündigungsverboten kommt ein Rechtsmissbrauch nur in Betracht, wenn die von den Tarifvertragsparteien festgelegten Voraussetzungen der ordentlichen Unkündbarkeit einer sachlichen Rechtfertigung entbehren und auch innerhalb der Gruppe der tarifgebundenen Arbeitnehmer zu groben Unbilligkeiten führen. In der Praxis besteht die Gefahr eines Rechtsmissbrauchs vorwiegend hinsichtlich einzelvertraglicher Kündigungsschutzvereinbarungen.

1066a Tarifliche Unkündbarkeitsregelungen können so ausgestaltet sein, dass sie mit dem Verbot der Altersdiskriminierung kollidieren. Das BAG misst entsprechende Regeln an den Vorschriften des AGG. Dabei ist zu berücksichtigen, dass das BAG Unkündbarkeitsregeln langjährig Beschäftigter und älterer Arbeitnehmer prinzipiell als sachgerecht anerkennt.[678] Eine Begünstigung älterer Arbeitnehmer sei ein iSv § 10 S. 1 AGG iVm Art. 6 Abs 1 EGRL 78/2000 legitimes Ziel. Probleme bergen die in der Metallindustrie üblichen Regelungen, wonach über 53jährige Arbeitnehmer nach nur drei Jahren tariflich unkündbar werden. Die Bestimmung benachteiligt jüngere Arbeitnehmer mit höherer Betriebszugehörigkeit und Schutzbedürftigkeit. Das BAG will aber die Regelung nicht generell als unwirksam ansehen, weil die Unkündbarkeitsregel im Prinzip sachgerechte Ziele verfolge. Das BAG nimmt eine gesetzes-, verfassungs- und unionsrechtskonforme Auslegung der Tarifnorm vor, und kommt zu dem Resultat, dass kollektivrechtliche Auswahlrichtlinien nur auf grobe Fehlerhaftigkeit zu überprüfen seien. Sie erwiesen sich dann als angemessen und gesetzeskonform iSv § 10 S. 1 AGG bzw. § 1 Abs. 3 KSchG, wenn sie zumindest grobe Auswahlfehler vermeiden. Führe die Auslegung der einschlägigen Tarifbestimmung bei der Sozialauswahl zu einem grob fehlerhaften Auswahlergebnis, gelte in diesen Ausnahmefällen der Ausschluss ordentlicher Kündigungen nicht.[679] Das BAG „rettet" auf diese Weise auch unsachgerechte Unkündbarkeitsregeln durch eine Reduktion der Tarifklauseln.

1067 **Arbeitnehmer mit ruhendem Arbeitsverhältnis,** für die kein gesetzliches Kündigungsverbot besteht, sind nach zutreffender Ansicht in die Sozialauswahl einzubeziehen.[680] Entscheidend hierfür ist, dass während des Ruhens des Arbeitsverhältnisses nicht nur das Arbeitsverhältnis, sondern auch die Betriebszugehörigkeit des Arbeitnehmers fortbesteht.[681] Trotz seiner vorübergehenden Abwesenheit bleibt dieser Arbeit-

---

[675] KR/*Griebeling*, § 1 KSchG Rn. 666; APS/*Kiel*, § 1 KSchG Rn. 709; vgl. auch BAG 29.8.1996 B II 4 d. Gr. EzA Einigungsvertrag Art. 20 Soziale Auswahl Nr. 1 = NZA 1997, 604.
[676] LAG Sachsen 28.3.1996 LAGE KSchG § 1 Soziale Auswahl Nr. 18; ErfK/*Oetker*, § 1 KSchG Rn. 313; HaKo/*Mayer*, § 1 KSchG Rn. 8 f.; HK-KSchG/*Dorndorf*, § 1 Rn. 1055a; *Gift*, RdA 1969, 72, 77; KDZ/*Deinert*, § 1 KSchG Rn. 605; *Lück*, S. 60 f.
[677] Grundlegend hierzu BAG (GS) 12.10.1960 AP BGB § 620 Befristeter Arbeitsvertrag Nr. 16 = EzA BGB § 620 Nr. 2; ebenso BAG 16.10.1987 EzA BGB § 626 Unkündbarkeit Nr. 1 = NZA 1988, 877.
[678] BAG 20.6.2013 NZA 2014, 186; hierzu *Gaul/Ludwig/Jung*, ArbRB 2014, 146; *Sprenger*, BB 2014, 1781.
[679] BAG 20.6.2013 NZA 2014, 186.
[680] So HK-KSchG/*Dorndorf*, § 1 Rn. 1052; *Linck*, S. 27 ff.; a.A. LAG Berlin 28.2.1983 LAGE KSchG § 1 Betriebsbedingte Kündigung Nr. 4; KDZ/*Deinert*, § 1 KSchG Rn. 607.
[681] BAG 26.2.1987 EzA KSchG § 1 Soziale Auswahl Nr. 24 = NZA 1987, 775; *Linck*, S. 28; a.A. *Meisel*, DB 1991, 92, 93.

nehmer – zumindest längerfristig betrachtet – in die unternehmerische und personelle Konzeption seines Arbeitgebers eingebunden und untersteht weiterhin seiner personellen Leitungsmacht. Entgegen der Ansicht des BAG[682] kann für die Kündigung eines Arbeitnehmers, dessen Arbeitsverhältnis ruht, durchaus ein dringendes betriebliches Bedürfnis bestehen, da nicht der Arbeitsplatz gerade des Arbeitnehmers wegfallen muss, dem gegenüber letztlich die Kündigung ausgesprochen wird.[683] Steht die Rückkehr des Arbeitnehmers nicht in näherer Zukunft bevor bzw. lässt sie sich nicht einseitig herbeiführen, würde die Kündigung dieses Arbeitnehmers jedoch nicht zu der angestrebten Reduzierung des Arbeitsvolumens und der Lohnkosten führen.[684] Daher besteht analog § 1 Abs. 3 S. 2 KSchG ein berechtigtes betriebliches Bedürfnis für die Aufrechterhaltung des Arbeitsverhältnisses mit dem abwesenden Arbeitnehmer.[685]

1068 **Arbeitnehmer mit Betriebs-/Unternehmenszugehörigkeit von weniger als 6 Monaten,** die gem. § 1 Abs. 1 KSchG noch keinen allgemeinen gesetzlichen Kündigungsschutz genießen, sind mit den übrigen Arbeitnehmern nicht vergleichbar. Spricht der Arbeitgeber aus betrieblichen Gründen eine Kündigung gegenüber einem Arbeitnehmer aus, der noch nicht in den Schutzbereich des KSchG fällt, kann sich dieser nicht darauf berufen, ein anderer, vergleichbarer Arbeitnehmer, der den Schutz des KSchG genießt, sei sozial weniger schutzbedürftig.[686] Spricht der Arbeitgeber gegenüber einem Arbeitnehmer, für den das KSchG gilt, eine Kündigung aus, obwohl dem Betrieb auch ein Arbeitnehmer angehört, der mit dem Gekündigten vergleichbar ist, die Wartezeit des § 1 Abs. 1 KSchG aber noch nicht erfüllt hat, ist dessen Kündigung ohne Rücksicht auf seine soziale Schutzbedürftigkeit vorrangig.

1069 In die Sozialauswahl sind auch **bereits gekündigte Arbeitnehmer** einzubeziehen, **die während des Kündigungsschutzprozesses** gem. § 102 Abs. 5 BetrVG oder kraft eines richterlichen Weiterbeschäftigungsurteils **weiterbeschäftigt werden.**[687] Der bloß vorübergehend weiterbeschäftigte Arbeitnehmer genießt bei einer erneuten Kündigung keinen weitergehenden Bestandsschutz.

1070 Das BAG macht die Notwendigkeit einer Sozialauswahl zwischen **Teilzeitbeschäftigten** und Vollzeitbeschäftigten vom Inhalt der kündigungsbegründenden Unternehmerentscheidung abhängig.[688] Unstreitig ist, dass bei arbeitgeberseitigen Organisationsentscheidungen, die lediglich das Arbeitsvolumen bzw. das Stundenkontingent im Betrieb oder in der Dienststelle reduzieren, teilzeit- und vollzeitbeschäftigte Arbeitnehmer im Rahmen der Sozialauswahl miteinander vergleichbar sind.[689] Nach zutreffender Ansicht sind Teilzeitbeschäftigte prinzipiell in die Sozialauswahl einzubezie-

---

[682] BAG 26.2.1987 EzA KSchG § 1 Soziale Auswahl Nr. 24 = NZA 1987, 775; dem folgend KR/*Griebeling*, § 1 KSchG Rn. 667; ähnlich KDZ/*Deinert*, § 1 KSchG Rn. 607; dagegen *Linck*, S. 29 ff.

[683] Grundlegend BAG 30.5.1985 EzA KSchG § 1 Betriebsbedingte Kündigung Nr. 36 = NZA 1986, 155.

[684] Vgl. BAG 26.2.1987 EzA KSchG § 1 Soziale Auswahl Nr. 24 = NZA 1987, 775.

[685] HK-KSchG/*Dorndorf*, § 1 Rn. 1052; *Linck*, S. 29 ff.

[686] BAG 25.4.1985 EzA KSchG § 1 Betriebsbedingte Kündigung Nr. 35 = NZA 1986, 64; anders noch BAG 19.4.1979 EzA KSchG § 1 Betriebsbedingte Kündigung Nr. 11.

[687] Vgl. HK-KSchG/*Dorndorf*, § 1 Rn. 1058; APS/*Kiel*, § 1 KSchG Rn. 699; *Linck*, S. 48 f.

[688] BAG 3.12.1998 EzA KSchG § 1 Soziale Auswahl Nr. 37 = NZA 1999, 431; BAG 12.8.1999 EzA KSchG § 1 Soziale Auswahl Nr. 41 = NZA 2000, 30; BAG 17.1.2002 EzA KSchG § 1 Soziale Auswahl Nr. 47; LAG Schleswig-Holstein 1.4.1999 LAGE KSchG § 1 Soziale Auswahl Nr. 30; ähnlich HHL/*Krause*, § 1 KSchG Rn. 941 f.; HaKo/*Gallner/Mestwerdt*, § 1 KSchG Rn. 836 ff.; APS/*Kiel*, § 1 KSchG Rn. 689 f.; *Linck*, AR-Blattei, SD 1020.1.2 Rn. 64 f.; *Oetker*, RdA 1999, 267, 268; *ders.*, FS Wiese, 1998, 333, 349; entsprechendes gilt, wenn es sich um Teilzeitbeschäftigte mit unterschiedlichen Arbeitszeiten handelt BAG 24.5.2005 EzA BGB § 613a 2002 Nr. 37 = NZA 2006, 31.

[689] BAG 22.4.2004 EzA KSchG § 1 Soziale Auswahl Nr. 53 = NZA 2004, 1389.

§ 2 Die Sozialwidrigkeit der Kündigung

hen.[690] Das BAG hat aber trotz der Kritik an seiner Auffassung festgehalten.[691] Gegen die Ansicht, dass Arbeitnehmer mit unterschiedlicher Arbeitszeit prinzipiell nicht vergleichbar seien,[692] sprechen nunmehr §§ 2 Abs. 1 S. 3, 4 Abs. 1 S. 1 TzBfG. Das BAG geht ebenso davon aus, dass ein Ausschluss der Vergleichbarkeit eine Ungleichbehandlung bedeutet,[693] die ihre sachliche Rechtfertigung aber in dem sich aus der Vertragsgestaltung folgenden Direktionsrecht finden soll.[694] Dies vermag jedoch nicht zu überzeugen, weil die Vertragsgestaltung gerade die Vereinbarung der Teilzeit ist.[695]

Nicht zu bezweifeln ist, dass sich in bestimmten Fällen die **unternehmerische Freiheit** gegenüber dem **Gleichbehandlungsgebot** aus § 4 Abs. 1 TzBfG durchsetzt; der Arbeitgeber wird kündigungsrechtlich nicht dazu gezwungen, seinen Betrieb mit Vollzeit- oder Teilzeitkräften zu gestalten.[696] Die Organisationsentscheidung des Arbeitgebers, Teilzeitstellen in Vollzeitstellen umzuwandeln, wird man jedenfalls dann hinnehmen müssen, wenn der Arbeitgeber aufgrund der jetzt in § 8 Abs. 4 TzBfG enthaltenen Wertung einen Teilzeitwunsch des Arbeitnehmers ablehnen dürfte, also dann, wenn betriebliche Gründe vorliegen, wie zB eine wesentliche Beeinträchtigung der Organisation, des Arbeitsablaufes oder der Sicherheit im Betrieb oder aufgrund unverhältnismäßiger Kosten.[697] Mindestens muss das unternehmerische Konzept aber von plausiblen wirtschaftlichen oder unternehmenspolitischen Gründen getragen sein.[698] Ausreichend und nicht durch die Gerichte korrigierbar ist zB die Entscheidung, aus Gründen der Pädagogik, die Kinder einer Kindergartengruppe vor- und nachmittags durch dieselbe Erzieherin betreuen zu lassen.[699] Keineswegs reicht aber der Vortrag, der Arbeitgeber wolle in Zukunft nur noch mit Vollzeitkräften oder mit Teilzeitkräften arbeiten, um insoweit die Sozialauswahl zu beschränken.[700]

1071

---

[690] Für eine Sozialauswahl zwischen Arbeitnehmern mit unterschiedlichem individuellen Arbeitsvolumen LAG Köln 20.8.1993 LAGE KSchG § 1 Soziale Auswahl Nr. 8; Hessisches LAG 14.7.1997 LAGE KSchG § 1 Soziale Auswahl Nr. 23; LAG Berlin 3.4.1998 LAGE KSchG § 1 Soziale Auswahl Nr. 27; ErfK/*Oetker*, § 1 KSchG Rn. 327; BB/*Bram*, § 1 KSchG Rn. 319h; HK-KSchG/*Dorndorf*, § 1 Rn. 1046; *Künzl*, ZTR 1996, 385, 388f.; *Langenbucher*, SAE 1999, 170, 175; *Linck*, S. 60f.; LSW/*Löwisch*, § 1 KSchG Rn. 434; *Preis/Bütefisch*, Anm. EzA KSchG § 1 Soziale Auswahl Nr. 37; *Rühle*, DB 1994, 834, 836f.; *Wilhelm*, Die Sozialauswahl unter Teilzeit- und Vollzeitarbeitnehmern, 2006; a. A. (Begrenzung der Vergleichbarkeit auf die Reichweite des Direktionsrechts) *Bauer/Klein*, BB 1999, 1162, 1164f.; MünchArbR/*Berkowsky*, § 113 Rn. 54f.; KR/*Griebeling*, § 1 KSchG Rn. 625; *Oetker*, AP Nr. 36 § 1 KSchG 1969 Soziale Auswahl, III.; *ders.*, FS Wiese, 1998, 333, 348f.; *Schröder*, ZTR 1995, 394, 397f.

[691] BAG 15.7.2004 EzA KSchG § 1 Soziale Auswahl Nr. 54 = NZA 2005, 523.

[692] So aber *Bauer/Klein*, BB 1999, 1162, 1164f.; diesen nicht folgend BAG 12.8.1999 EzA KSchG § 1 Soziale Auswahl Nr. 41 = NZA 2000, 30.

[693] So ausdrücklich BAG 12.8.1999 EzA KSchG § 1 Soziale Auswahl Nr. 41 = NZA 2000, 30.

[694] Vgl. BAG 3.12.1998 EzA KSchG § 1 Soziale Auswahl Nr. 37 = NZA 1999, 431.

[695] *Preis/Bütefisch*, Anm. EzA KSchG § 1 Soziale Auswahl Nr. 37.

[696] BAG 19.5.1993 EzA KSchG § 1 Betriebsbedingte Kündigung Nr. 73 = NZA 1993, 1075; BAG 3.12.1998 EzA KSchG § 1 Soziale Auswahl Nr. 37 = NZA 1999, 431; BAG 12.8.1999 EzA KSchG § 1 Soziale Auswahl Nr. 41 = NZA 2000, 30.

[697] Vgl. hierzu *Beckschulze*, DB 2000, 2698ff.; *Däubler*, ZIP 2000, 1961, 1963; *ders.* ZIP 2001, 217, 219ff.; *Kliemt*, NZA 2001, 63, 65f.; *Lakies*, DZWiR 2001, 1, 2f.; *Lindemann/Simon*, BB 2001, 146, 148ff.; *Preis/Gotthardt*, DB 2000, 2065, 2068; *dies.*, DB 2001, 145, 147f.; *Richardi/Annuß*, BB 2000, 2201, 2202; *Schiefer*, DB 2000, 2118, 2120.

[698] Vgl. APS/*Kiel*, § 1 KSchG Rn. 553; KR/*Griebeling*, § 1 KSchG Rn. 522; BAG 12.8.1999 EzA KSchG § 1 Soziale Auswahl Nr. 41 = NZA 2000, 30 (nachvollziehbares unternehmerisches Konzept der Arbeitszeitgestaltung).

[699] LAG Hamm 13.10.1998 RzK I 7a Nr. 13.

[700] Vgl. BAG 12.8.1999 EzA KSchG § 1 Soziale Auswahl Nr. 41 = NZA 2000, 30.

1072 Nach zutreffender Ansicht ist der Arbeitgeber nicht nur dann zu einer Sozialauswahl zwischen Arbeitnehmern mit unterschiedlicher individueller Arbeitszeit verpflichtet, wenn ein Personalüberhang entweder durch die Kündigung eines oder mehrerer Vollzeitbeschäftigter oder aber durch die Entlassung einer größeren Zahl von Teilzeitbeschäftigten abgebaut wird, ohne dass für die weiterbeschäftigten Arbeitnehmer eine Änderung des Arbeitsvertrages erforderlich würde. Gleiches gilt, wenn sich hierdurch die Notwendigkeit einer Vertragsänderung für einen der weiterbeschäftigten Arbeitnehmer ergibt,[701] weil das abzubauende Beschäftigungsvolumen nicht exakt dem Beschäftigungsumfang der Voll- und Teilzeitbeschäftigten entspricht, die nach ihrer sozialen Schutzbedürftigkeit vorrangig für eine Kündigung in Betracht kommen. Dies gilt zB dann, wenn die Arbeitszeit eines sozial schwächeren Vollzeitbeschäftigten auf das Beschäftigungsvolumen des entlassenen Teilzeitbeschäftigten reduziert wird, wobei allerdings zur Vermeidung eines doppelten Kündigungsrisikos der Vollzeitbeschäftigte der Reduzierung seines Arbeitsvolumens vorbehaltlos zustimmen muss.[702] Hierbei wird der Beschäftigungsanspruch des Vollzeitbeschäftigten nicht erweitert.

1073 Entfällt dagegen der Beschäftigungsbedarf nur für eine Teilzeitstelle und ist der Teilzeitbeschäftigte sozial schutzbedürftiger als ein vergleichbarer Vollzeitbeschäftigter, ist es keine gesetzeskonforme Lösung, das Arbeitszeitvolumen des Teilzeitbeschäftigten zu erhöhen und den Vollzeitbeschäftigten zu entlassen.[703] Dem steht der Zweck des § 1 Abs. 3 S. 1 KSchG entgegen, der den Arbeitnehmer vor dem Verlust des Arbeitsverhältnisses mit seinem bisherigen Inhalt schützen, nicht aber darüber hinaus zu einer Erweiterung des Beschäftigungsanspruchs führen soll. Der EuGH[704] sieht in der Umsetzung des Teilzeitbeschäftigten auf einen Vollzeitarbeitsplatz ebenfalls eine Bevorzugung von teilzeitbeschäftigten Arbeitnehmern, welche gemeinschaftsrechtlich nicht geboten ist und deren Ablehnung im Rahmen von § 1 Abs. 3 S. 1 KSchG auf den obigen Erwägungen und nicht auf dem Geschlecht des Arbeitnehmers beruht. Das BAG befürwortet deshalb eine Änderungskündigung des stärkeren Vollzeitbeschäftigten.[705] Das Kündigungsverbot des § 11 TzBfG ändert an den dargestellten Grundlagen der Sozialauswahl nichts.[706] Zum einen bezieht es sich nur auf den Kündigungsgrund als solchen. Kommt es aufgrund der vorzunehmenden Sozialauswahl zu einer Änderungskündigung eines Vollzeitbeschäftigten oder zur Kündigung eines Teilzeitbeschäftigten, so beruht die Kündigung auf dem fehlenden Beschäftigungsbedarf bzw. auf dem hinzunehmenden unternehmerischen Konzept, nicht aber auf der Weigerung, Voll- oder Teilzeit zu arbeiten.

---

[701] So *Bütefisch*, S. 167; *Linck*, S. 60 f.; *Preis/Bütefisch*, Anm. EzA § 1 KSchG Soziale Auswahl Nr. 39 § 1 KSchG; a. A. BAG 10.11.1983, 2 AZR 317/82 – juris (vor Inkrafttreten des BeschFG bzw. TzBfG); KR/*Griebeling*, § 1 KSchG Rn. 625; *Rheinfelder/Zwanziger*, DB 1996, 677, 680; *Schröder*, ZTR 1995, 394, 397 f.

[702] So ArbG Wiesbaden 29.8.1985, DB 1985, 2565; Hessisches LAG 14.7.1997 LAGE KSchG § 1 Soziale Auswahl Nr. 23; HK-KSchG/*Dorndorf*, § 1 Rn. 1046; *Preis/Bütefisch*, Anm. EzA § 1 KSchG Soziale Auswahl Nr. 37; *Rühle*, DB 1994, 834, 836 f.

[703] So aber LAG Hessen 14.7.1997 LAGE KSchG § 1 Soziale Auswahl Nr. 23; *Rühle*, DB 1994, 834, 836 f.; dagegen MünchArbR/*Berkowsky*, § 113 Rn. 55.

[704] *EuGH* 26.9.2000, EAS RL 76/207/EWG Art. 5 Nr. 15.

[705] BAG 3.12.1998 EzA KSchG § 1 Soziale Auswahl Nr. 37 = NZA 1999, 431; BAG 12.8.1999 EzA KSchG § 1 Soziale Auswahl Nr. 41 = NZA 2000, 30; BAG 15.7.2004 EzA KSchG § 1 Soziale Auswahl Nr. 54 = NZA 2005, 523; krit. *Preis/Bütefisch*, Anm. EzA KSchG § 1 Soziale Auswahl Nr. 37.

[706] *Preis/Gotthardt*, DB 2000, 2065, 2069.

gg) Beteiligung des Betriebsrats bei Versetzungen im Rahmen der Sozialauswahl

Auch wenn die Versetzung des sozial schwächeren Arbeitnehmers auf den Arbeitsplatz des sozial stärkeren Arbeitnehmers, die der Arbeitgeber im Rahmen der Sozialauswahl nach § 1 Abs. 3 KSchG vornimmt, allein durch Ausübung des arbeitgeberseitigen Direktionsrechts erfolgt, kann hierin gleichwohl eine Versetzung iSd §§ 95 Abs. 3, 99 Abs. 1 BetrVG liegen.[707] Dann bedarf die Zuweisung des neuen Arbeitsplatzes gem. § 99 Abs. 1 BetrVG der Zustimmung des Betriebsrats. Eine ohne die erforderliche Betriebsratszustimmung vorgenommene Versetzung ist nach – nicht unumstrittener – Rechtsprechung des BAG auch auf individualrechtlicher Ebene unwirksam.[708] Verweigert der Betriebsrat die erforderliche Zustimmung zur Versetzung des unmittelbar kündigungsbedrohten, sozial schwächeren Arbeitnehmers auf den fortbestehenden Arbeitsplatz, soll nach einer in der Literatur vertretenen Ansicht der bisherige Inhaber des fortbestehenden Arbeitsplatzes aus dem auswahlrelevanten Personenkreis ausscheiden.[709] Der Arbeitgeber sei in diesem Falle nicht verpflichtet, die gerichtliche Ersetzung der Zustimmung gem. § 99 Abs. 4 BetrVG zu beantragen. Vielmehr soll er sodann berechtigt sein, den nächst sozial schwächeren Arbeitnehmer zu entlassen, sofern der unmittelbar kündigungsbedrohte Arbeitnehmer auf dessen Arbeitsplatz ohne Betriebsratsbeteiligung versetzt werden kann oder der Betriebsrat hier die notwendige Zustimmung erteilt. Ist dies nicht der Fall, soll der Arbeitgeber das Arbeitsverhältnis des unmittelbar kündigungsbedrohten Arbeitnehmers trotz dessen höherer sozialer Schutzbedürftigkeit beenden können. Diese Rechtsfolgen sollen bereits dann eintreten, wenn die Zustimmungsverweigerung des Betriebsrats frist- und formgemäß und unter Berufung auf einen der in § 99 Abs. 2 BetrVG genannten Tatbestände erfolgt.[710] Hingegen soll es nicht darauf ankommen, ob die zur Zustimmungsverweigerung berechtigenden Umstände des § 99 Abs. 2 BetrVG tatsächlich vorliegen oder nicht. Dieser Auffassung ist entgegenzuhalten, dass sie sich auf eine systematisch unzutreffende Parallele zur Weiterbeschäftigungsmöglichkeit des § 1 Abs. 2 KSchG[711] stützt und der Zustimmungsverweigerung des Betriebsrats als tatsächlichem Handeln, das möglicherweise nicht einmal den materiellen Voraussetzungen des § 1 Abs. 2, Abs. 3 S. 1 KSchG entspricht, Vorrang vor den Wertungen des § 1 Abs. 3 KSchG einräumt.

c) Ausreichende Berücksichtigung sozialer Gesichtspunkte
aa) Allgemeines

Bei dem Gebot der sozialen Auswahl iSd § 1 Abs. 3 S. 1 KSchG handelt es sich um eine **Konkretisierung des verfassungsrechtlichen Gleichbehandlungsgrundsat-**

---

[707] Vgl. BAG 14.11.1989 EzA BetrVG 1972 § 99 Nr. 85 = NZA 1990, 357; BAG 30.9.1993 EzA BetrVG 1972 § 99 Nr. 118 = NZA 1994, 615; BAG 2.4.1996 EzA BetrVG 1972 § 95 Nr. 29 = NZA 1997, 112; DKKW/*Kittner*, BetrVG, § 99 Rn. 88; GK-BetrVG/*Raab*, § 99 Rn. 75; Richardi/*Thüsing*, BetrVG, § 99 Rn. 93 ff.

[708] BAG 26.1.1988 EzA BetrVG 1972 § 99 Nr. 58 = NZA 1988, 476; BAG 30.9.1993 EzA BetrVG 1972 § 99 Nr. 118 = NZA 1994, 615; *Fitting*, BetrVG, § 99 Rn. 121; DKKW/*Kittner*, BetrVG, § 99 Rn. 218; a.A. v. Hoyningen-Huene/Boemke, S. 195 ff.; GK-BetrVG/*Kraft*, § 99 Rn. 287 ff.; Richardi/*Thüsing*, BetrVG, § 99 Rn. 296.

[709] So ErfK/*Oetker*, § 1 KSchG Rn. 326; LSW/*Löwisch*, § 1 KSchG Rn. 433 iVm Rn. 353; *Schiefer*, Betriebsbedingte Kündigung, 2001, S. 56; *Künzl*, ZTR 1996, 385, 387; a.A. Richardi/*Thüsing*, BetrVG, § 99 Rn. 299.

[710] So ausdrücklich LSW/*Löwisch*, § 1 KSchG Rn. 354 iVm Rn. 289; ähnlich ErfK/*Oetker*, § 1 KSchG Rn. 326.

[711] So die Begründung von *Löwisch/Spinner*, § 1 KSchG Rn. 433 iVm Rn. 353.

zes.⁷¹² Den Sozialkriterien des § 1 Abs. 3 S. 1 KSchG kommt die Rolle eines sachlichen Grundes zu, der die notwendigerweise mit der Kündigung verbundene Ungleichbehandlung rechtfertigt. Zugleich stellt die Sozialauswahl gem. § 1 Abs. 3 S. 1 KSchG eine Ausprägung des **Prinzips der Interessenabwägung** dar, allerdings mit der Besonderheit, dass hier nicht Interessen des Arbeitgebers und solche des zu kündigenden Arbeitnehmers gegeneinander abgewogen, sondern die Interessen der für die Kündigung in Betracht kommenden Arbeitnehmer zueinander in Beziehung gesetzt werden.⁷¹³

1076 Nach § 1 Abs. 3 S. 1 KSchG ist die aus dringenden betrieblichen Erfordernissen ausgesprochene Kündigung „trotzdem sozial ungerechtfertigt, wenn der Arbeitgeber bei der **Auswahl** des Arbeitnehmers die **Dauer der Betriebszugehörigkeit, das Lebensalter, die Unterhaltspflichten und die Schwerbehinderung** des Arbeitnehmers nicht oder nicht ausreichend berücksichtigt hat". Um die Berechenbarkeit der Sozialauswahl zu erhöhen, hat der Gesetzgeber mit Wirkung vom 1.1.2004 den schwer konkretisierbaren Begriff der „sozialen Gesichtspunkte"⁷¹⁴ in § 1 Abs. 3 S. 1 KSchG durch die vier genannten Kriterien ersetzt, die auch bisher schon im Vordergrund der Beurteilung standen. In der Begründung des Gesetzentwurfes heißt es, dass auf diese sozialen Grunddaten die Auswahl „begrenzt" werde.⁷¹⁵ Damit wird sichergestellt, dass der Arbeitgeber bei einer Reduktion der Auswahl auf diese vier Gesichtspunkte und zutreffender Gewichtung eine Rechtsfehlerhaftigkeit nicht mehr befürchten muss.⁷¹⁶ Alle vier Kriterien sind prinzipiell gleichrangig.⁷¹⁷ Keinem Kriterium kommt ein absoluter Vorrang zu.⁷¹⁸ Im Rahmen des Satzes 1 sind die benannten Interessen des Arbeitnehmers berücksichtigungsfähig. Nach Wortlaut, Systematik und Entstehungsgeschichte des § 1 Abs. 3 KSchG finden berechtigte Interessen des Arbeitgebers allein im Rahmen des § 1 Abs. 3 S. 2 KSchG Berücksichtigung.⁷¹⁹

1077 Schon zur 1996 bis 1998 geltenden (bis auf das Merkmal der Schwerbehinderung) gleichen Fassung des § 1 Abs. 3 S. 1 KSchG war indes fraglich, ob der Arbeitgeber im Rahmen seiner Sozialauswahl nicht dennoch weitere Kriterien berücksichtigen darf. Der gesetzgeberische Wille ging dahin, im Interesse des Arbeitgebers die Auswahlkriterien zu begrenzen. Nach der Normfassung ist aber nicht ausgeschlossen, dass der Arbeitgeber unter engen Voraussetzungen bestimmte weitere, mit dem Arbeitsverhältnis in Verbindung stehende, eine besondere Schutzwürdigkeit begründende Kriterien berücksichtigen *kann*. Dies war schon bislang herrschende Meinung.⁷²⁰ Denn die Kündigung soll stets, aber auch nur dann sozial ungerechtfertigt sein, wenn der Arbeitgeber

---

⁷¹² LAG Düsseldorf 4.3.1998 LAGE KSchG § 1 Interessenausgleich Nr. 3; *Buchner*, RdA 1970, 225, 228; *Kempff*, DB 1977, 1413, 1414; *Preis*, Prinzipien, S. 380; *Wank*, ZIP 1986, 206, 215.
⁷¹³ *Preis*, Prinzipien, S. 193 f., 418.
⁷¹⁴ Diese Rechtslage galt bis 30.9.1996 und vom 1.1.1999 bis 31.12.2003.
⁷¹⁵ BT-Drucks. 15/1204, S 11; deckungsgleich schon in BT-Drucks. 13/4612, S. 9.
⁷¹⁶ ErfK/*Oetker*, § 1 KSchG Rn. 329.
⁷¹⁷ BAG 2.12.1999 EzA KSchG § 1 Soziale Auswahl Nr. 42 = NZA 2000, 531.
⁷¹⁸ BT-Drucks. 15/1204, S. 11; BAG 2.12.1999 KSchG § 1 Soziale Auswahl Nr. 42 = NZA 2000, 531; BAG 5.12.2002 EzA KSchG § 1 Soziale Auswahl Nr. 49 = NZA 2003, 791; APS/*Kiel*, § 1 KSchG Rn. 732; 737; ErfK/*Oetker*, § 1 KSchG Rn. 330.
⁷¹⁹ Grundlegend BAG 24.3.1983 AP KSchG 1969 § 1 Betriebsbedingte Kündigung Nr. 12 = EzA KSchG § 1 Betriebsbedingte Kündigung Nr. 21; ausf. hierzu *Bitter/Kiel*, RdA 1994, 333, 351 f.; APS/*Kiel*, § 1 KSchG Rn. 747.
⁷²⁰ *Preis*, NJW 1996, 3369, 3371; ders., NZA 1997, 1073, 1083; *Fischermeier*, NZA 1997, 1089, 1094; *Wlotzke*, BB 1997, 414, 417; *v. Hoyningen-Huene/Link*, DB 1997, 41, 42; a.A. *Giesen*, ZfA 1997, 145, 148.

§ 2 Die Sozialwidrigkeit der Kündigung

die vier präzisierten Auswahlkriterien „nicht oder nicht ausreichend" berücksichtigt. Ausgeschlossen ist daher, dass der Arbeitgeber eines der gesetzlich fixierten Kriterien vollständig aus der Betrachtung lässt. Wenn der Arbeitgeber die **vier zwingenden Rahmendaten ausreichend** berücksichtigt hat, liegt es durchaus in seinem **Wertungsspielraum**, in einem Falle der Betriebszugehörigkeit und einem anderen Fall dem Lebensalter bei einer nicht eindeutigen Auswahlentscheidung den Vorrang einzuräumen.[721] Eine ausreichende Berücksichtigung dieser Rahmendaten liegt aber auch vor, wenn der Arbeitgeber **im Einzelfall besonders schutzwürdige Kriterien** zusätzlich berücksichtigt.[722] Dabei sollten aber nur solche Kriterien hinzugefügt werden, die als „Annex" der Grunddaten erscheinen (Arbeitsunfälle; Berufskrankheiten, erhöhter Unterhalt durch Pflegeaufwand).[723] Dieser Auffassung hat sich auch der Gesetzgeber angeschlossen. Zusätzliche Gesichtspunkte müssten in einem unmittelbaren spezifischen Zusammenhang mit den Grunddaten stehen, oder sich aus betrieblichen Gegebenheiten herleiten, die evident einsichtig sind. Das sei etwa bei Arbeitsunfällen oder Berufskrankheiten der Fall.[724] Die Grenzlinie zur Einbeziehung von Annexkriterien ist das Merkmal „ausreichend".[725] Auf der sicheren Seite ist der Arbeitgeber, wenn er es bei der Berücksichtigung der vier gesetzlichen Grunddaten belässt. Keinesfalls einbeziehen darf der Arbeitgeber solche Kriterien, die kraft gesetzlicher Regelung im Rahmen der Sozialauswahl nicht zulasten des kündigungsbedrohten Arbeitnehmers berücksichtigt werden dürfen (Ableistung von Wehrdienst und Wehrübungen sowie von Zivildienst, vgl. §§ 2 Abs. 2 S. 2, 10, 11 Abs. 1 ArbPlSchG, 78 Abs. 1 Nr. 1 ZDG; Inanspruchnahme von Altersteilzeit, vgl. § 8 Abs. 1 2. Hs. ATG).[726]

1078 Außer Betracht bleiben müssen auch solche Gesichtspunkte, die dem privaten Lebensrisiko zuzuordnen sind (allgemeiner Gesundheitszustand; Aussichten auf dem Arbeitsmarkt) sowie **allgemeine arbeitsmarkt- und sozialpolitische Wertungen**.[727]

bb) Dauer der Betriebszugehörigkeit

1079 Die **Dauer der Betriebszugehörigkeit** ist weiterhin als das Kernkriterium der Sozialauswahl anzusehen. Gemeint ist in Abweichung von der tradierten Terminologie auch hier die „Unternehmenszugehörigkeit",[728] genauer: der **rechtlich ununterbrochene Bestand des Arbeitsverhältnisses**.[729] Unter Dauer der Betriebszugehörigkeit ist – abweichend vom allgemeinen Sprachgebrauch – der ununterbrochene Bestand des Arbeitsverhältnisses **mit demselben Arbeitgeber** zu verstehen.[730] Die Beschäftigungsdauer ist mithin nicht betriebs-, sondern arbeitgeberbezogen zu ermitteln. Maßgeblich bei der **Berechnung** der Dauer der Beschäftigungszeit ist lediglich der Bestand des Arbeitsverhältnisses. Auf dessen zeitlichen Umfang kommt es aufgrund

---

[721] Vgl. auch BAG 16.5.1991 – 2 AZR 93/91 – n. v.
[722] Ebenso *Löwisch*, BB 2004, 154.
[723] Eine sinnvolle Eingrenzung vertritt *Ascheid*, RdA 1997, 333, 336 f.
[724] BT-Drucks. 15/1204, S. 11.
[725] *Willemsen/Annuß*, NJW 2004, 177, 178.
[726] Hierzu APS/*Greiner*, § 8 ATG Rn. 3.
[727] So schon zur früheren Fassung des § 1 Abs. 3 S. 1 KSchG insbes. *Preis*, Prinzipien, S. 238 ff., 418; s. a. *Bütefisch*, S. 200.
[728] Richtig *Fischermeier*, NZA 1997, 1089, 1094.
[729] BAG 6.2.2003 EzA KSchG § 1 Soziale Auswahl Nr. 51.
[730] Vgl. statt vieler ErfK/*Oetker*, § 1 KSchG Rn. 331; *Linck*, AR-Blattei, SD 1020.1.2 Rn. 77; LSW/*Löwisch*, § 1 KSchG Rn. 450.

des Diskriminierungsverbots des § 4 Abs. 1 S. 1 TzBfG nicht an.[731] Auch Zeiten, in denen das Arbeitsverhältnis geruht hat, sind bei der Berechnung der Dauer der Beschäftigungszeit mitzuzählen.[732] Beschäftigungszeiten aus einem **früheren Arbeitsverhältnis mit demselben Arbeitgeber** sind im Rahmen des § 1 Abs. 3 S. 1 KSchG zu berücksichtigen, sofern sie auf die Wartezeit des § 1 Abs. 1 KSchG angerechnet würden,[733] oder wenn sich die Anrechnung aus §§ 10 Abs. 2 MuSchG, 6 Abs. 2 ArbPlSchG ergibt. **Frühere Beschäftigungszeiten bei einem anderen Arbeitgeber** sind – außer bei einer entsprechenden vertraglichen Vereinbarung[734] – nur zu berücksichtigen, wenn der jetzige Arbeitgeber seine Arbeitgeberstellung durch einen Betriebsübergang iSd § 613a BGB oder durch eine Unternehmensverschmelzung, -spaltung oder Vermögensübertragung (vgl. § 324 UmwG) erworben hat.[735]

1080 Der Dauer der Betriebszugehörigkeit des kündigungsbedrohten Arbeitnehmers kommt für die Ermittlung der sozialen Schutzbedürftigkeit eine **besonders hohe Bedeutung** zu. Methodisch ist es allerdings bei § 1 Abs. 3 S. 1 KSchG nicht mehr gerechtfertigt, von einem normativen Vorrang des Kriteriums auszugehen. Auf die aus § 10 KSchG zum früheren Recht gefolgerte vorrangige Wertung konnte nicht mehr abgestellt werden, weil der Gesetzgeber in § 1 Abs. 3 S. 1 KSchG die vier Kriterien gleichrangig nebeneinandergestellt hat.[736]

1081 Nach zutreffender Ansicht führt die Berücksichtigung der Dauer der Betriebszugehörigkeit im Rahmen der Sozialauswahl **nicht** zu einer **mittelbaren Diskriminierung von Frauen**.[737] Selbst wenn aufgrund entsprechender rechtstatsächlicher Untersuchungen nachgewiesen würde, dass die kürzere Betriebszugehörigkeit von Frauen zu einer Benachteiligung bei der Sozialauswahl führte,[738] wäre diese durch den Vertrauensschutzgedanken und das Austauschprinzip, auf denen die Berücksichtigung der Dauer der Betriebszugehörigkeit basiert, gerechtfertigt, denn diese haben nichts mit einer Diskriminierung zu tun. Das Gleiche würde für eine mittelbare Diskriminierung jüngerer Arbeitnehmer aufgrund des Alters gemäß Art. 2 Abs. 2 lit. b der RL 2000/78/EG zur Festlegung eines allgemeinen Rahmens für die Verwirklichung der Gleich-

---

[731] So zu § 2 BeschFG HK-KSchG/*Dorndorf*, § 1 Rn. 1089; vgl. bereits BAG 4.6.1982 AP BetrAVG § 1 Gleichbehandlung Nr. 1.

[732] *Linck*, AR-Blattei, SD 1020.1.2 Rn. 82.

[733] *Bader*, NZA 1996, 1125, 1128; HHL/*Krause*, § 1 KSchG Rn. 968; APS/*Kiel*, § 1 KSchG Rn. 713f.; *Linck*, S. 87f.; ders., AR-Blattei, SD 1020.1.2 Rn. 81; *Wlotzke*, BB 1997, 414, 417; weitergehend LAG Hamm 29.3.1985 LAGE KSchG § 1 Soziale Auswahl Nr. 1; *Kittner*, AuR 1997, 182, 185; LSW/*Löwisch*, § 1 KSchG Rn. 448f.

[734] BAG 2.6.2005 EzA KSchG § 1 Soziale Auswahl Nr. 63 = NZA 2006, 207.

[735] BAG 27.6.2002 EzA KSchG § 1 Nr. 55 = NZA 2003, 773; BAG 18.9.2003 EzA BGB 2002 § 622 Nr. 2 = NZA 2004, 319; HHL/*Krause*, § 1 KSchG Rn. 968; APS/*Kiel*, § 1 KSchG Rn. 715; *Linck*, AR-Blattei, SD 1020.1.2 Rn. 80.

[736] BAG 2.12.1999 EzA KSchG § 1 Soziale Auswahl Nr. 42 = NZA 2000, 531; BAG 5.12.2002 EzA KSchG § 1 Soziale Auswahl Nr. 49 = NZA 2003, 791; *Bader*, NZA 1996, 1125, 1128; *Wlotzke*, BB 1997, 414, 417; *v. Hoyningen-Huene/Linke*, DB 1997, 41, 42; *Kittner*, ArbuR 1997, 182, 186; a. A. *Löwisch*, NZA 1996, 1009, 1010; *Stückmann*, AuA 1997, 5, 7; LAG Düsseldorf 25.8.2004 LAGE KSchG § 1 Soziale Auswahl Nr. 46.

[737] So auch *Bütefisch*, S. 214; *Moll/Grunsky*, Rn. 181f.; *Pfarr/Bertelsmann*, S. 402ff.; *Schwedes*, BB 1996, Beil. 17, 2, 4; *Sievers*, Die mittelbare Diskriminierung im Erwerbsleben, 1997, S. 147; a. A. 1996 *Horstkötter/Schiek*, AuR 1998, 227, 230f.; krit. auch *Bedhun*, AuR 1996, 485, 488; *Mückenberger*, KJ 1996, 343, 345f.; *Pauly*, MDR 1997, 513, 514; *Stückmann*, AuA 1997, 5, 7.

[738] Zur mittelbaren Diskriminierung durch die kündigungsrechtliche Berücksichtigung der Dauer der Betriebszugehörigkeit vgl. EuGH 9.2.1999, „Seymour-Smith und Perez", EAS EG-Vertrag Art. 119 Rn. 48.

§ 2 Die Sozialwidrigkeit der Kündigung

behandlung in Beschäftigung und Beruf gelten, zumal auch die unmittelbare Anknüpfung an das Lebensalter gerechtfertigt erscheint (→ Rn. 1085).

Die Dauer der Betriebszugehörigkeiten, die auf **Beschäftigungszeiten in der DDR** zurückgeht, hat entgegen der Ansicht des BAG[739] keine geringere Bedeutung als Beschäftigungszeiten in der ehemaligen BRD.[740]

1082

cc) Lebensalter

Das Lebensalter des Arbeitnehmers gehört zu den gesetzlichen Sozialkriterien, die der Arbeitgeber bei der Auswahl des zu kündigenden Arbeitnehmers immer berücksichtigen muss. Die Berücksichtigung des Lebensalters trägt der Tatsache Rechnung, dass das Risiko, keinen neuen Arbeitsplatz zu finden, für ältere Arbeitnehmer größer ist als für jüngere,[741] und dass jüngere Arbeitnehmer hinsichtlich der inhaltlichen Anforderungen eines neuen Arbeitsplatzes regelmäßig flexibler sind als ältere.[742]

1083

Die Gewichtung des Kriteriums „**Lebensalter**" ist weiterhin unsicher, selbst die Rechtsprechung hatte die Ambivalenz des Kriteriums herausgestellt.[743] Da dieses Kriterium in § 1 Abs. 3 S. 1 KSchG durch den Gesetzgeber herausgehoben wurde, ohne mit ihm eine klare Bewertung zu verbinden, wird man es sinnvoll handhaben müssen. Mit dem Lebensalter „als solchem" ist keine sichere Bewertung verbunden. So kann die Entlassung eines jungen Arbeitnehmers in die Jugendarbeitslosigkeit durchaus „unsozialer" sein als die Entlassung eines Arbeitnehmers, der sein Arbeitsleben schon weitgehend hinter sich hat. Das Lebensalter als bloß verstärkenden Faktor für die Betriebszugehörigkeit anzusehen, macht keinen Sinn. Sachgerecht erschiene es, über das **Lebensalter die Chancen auf dem Arbeitsmarkt** ebenso wie die **versorgungsrechtliche Absicherung** mit in die Beurteilung einzubeziehen.[744] Zwar wird in aller Regel der ältere Arbeitnehmer schutzwürdiger sein, doch ist je nach betroffener Berufsgruppe auch eine andere Beurteilung nicht ausgeschlossen. Ein hohes Lebensalter kann überdies hinsichtlich der versorgungsrechtlichen Absicherung durchaus Bedeutung erlangen.[745]

1084

Die Einbeziehung des Alters als Kriterium der sozialen Auswahl stellt keine unzulässige unmittelbare **Diskriminierung aufgrund des Alters** gemäß Art. 2 Nr. 2 lit. a der RL 2000/78/EG zur Festlegung eines allgemeinen Rahmens für die Verwirklichung der Gleichbehandlung in Beschäftigung und Beruf dar. Gemäß Art. 6 RL 2000/78/EG sind Ungleichbehandlungen aufgrund des Alters nämlich dann keine unmittelbare Diskriminierung, wenn sie durch ein legitimes, insbesondere beschäftigungs- oder arbeitsmarktpolitisches Ziel, objektiv gerechtfertigt sind und das Mittel zur Erreichung des Zweckes angemessen und erforderlich ist. Mit der ausdrücklichen Erwähnung des Lebensalters füllt der deutsche Gesetzgeber diese Anforderung aus.[746]

1085

---

[739] So zu bedarfsbedingten Kündigungen nach dem Einigungsvertrag BAG 19.1.1995 EzA Einigungsvertrag Art. 20 Nr. 43 = NZA 1996, 585–589.
[740] So auch *Bütefisch,* S. 214 ff.; *Lakies,* DB 1997, 1078, 1082.
[741] Vgl. die Rechtsprechung des BAG, die das Lebensalter vor dem Hintergrund der Arbeitsmarktlage bewerten will, BAG 24.3.1983 AP KSchG 1969 § 1 Betriebsbedingte Kündigung Nr. 12 = EzA KSchG § 1 Betriebsbedingte Kündigung Nr. 21; *Berkowsky* I, § 7 Rn. 175 ff.; HHL/*Krause,* § 1 KSchG Rn. 770; *Jobs,* DB 1986, 538, 540; nach LAG Düsseldorf 13.7.2005 LAGE KSchG § 1 Soziale Auswahl Nr. 51 darf die Rentennähe nicht zu Lasten des Arbeitnehmers berücksichtigt werden.
[742] Vgl. APS/*Kiel,* § 1 KSchG Rn. 721; LSW/*Löwisch,* § 1 KSchG Rn. 451.
[743] BAG 24.3.1983 AP KSchG 1969 § 1 Betriebsbedingte Kündigung Nr. 12 = EzA KSchG § 1 Betriebsbedingte Kündigung Nr. 21; zur Kritik des Kriteriums *Preis,* Prinzipien, S. 422 f.
[744] Siehe auch *Bader,* NZA 1996, 1125, 1128; vgl. auch *Kittner,* ArbuR 1997, 182, 184.
[745] A. A. LSW/*Löwisch,* § 1 KSchG Rn. 451.
[746] Vgl. *Löwisch,* BB 2004, 154, 155; *ders.,* FS Schwerdtner, 2003, 769, 773 f.

Das BAG hat diese Sichtweise bestätigt. Es hat insgesamt die Regelungen zur Sozialauswahl, auch die Altersgruppenbildung, in einer umfänglichen Grundsatzentscheidung als mit dem Unionsrecht vereinbar angesehen.[747] Die Berücksichtigung des Lebensalters bei der sozialen Auswahl, sei es in Auswahlrichtlinien, Punkteschemata oder im Einzelfall, stelle zwar eine an das Alter anknüpfende unterschiedliche Behandlung dar, die jedoch – auch im Lichte des § 10 S. 1 und 2 AGG – gerechtfertigt sei.[748] Die pauschale Wertung, dass jedenfalls Arbeitnehmer höheren Alters schwerer einen Arbeitsplatz finden als jüngere, erscheint zudem vertretbar.[749] Andererseits soll auch weiterhin bei der Sozialauswahl berücksichtigt werden, dass die soziale Schutzbedürftigkeit älterer Arbeitnehmer mit zunehmender Rentennähe gegenüber jüngeren Arbeitnehmern abnimmt. Eine solche Bewertung sei legitim und verstoße nicht gegen die Richtlinie.[750] Bedenken hat das BAG auch nicht gegen eine lineare Punkteverteilung. Schließlich bestehen auch keine bindenden Vorgaben, ab welchem Lebensalter die Punktewertung einsetzt oder endet.[751] Es ist vorerst nicht anzunehmen, dass sich diese Rechtsprechung – auch im Lichte der Rechtsprechung des EuGH – ändern wird (zur Kritik → Rn. 1098).

dd) Unterhaltspflichten

1086 Das dritte gesetzliche Kriterium, das der Arbeitgeber nach § 1 Abs. 3 S. 1 KSchG berücksichtigen muss, sind die Unterhaltspflichten des Arbeitnehmers. Hierbei kommt es auf die Unterhaltspflichten im Zeitpunkt der Kündigungserklärung an.[752] Im Kündigungszeitpunkt absehbar wegfallende Unterhaltspflichten sind zu berücksichtigen.[753] Ebenso werden allerdings absehbar bevorstehende Unterhaltspflichten mit einbezogen.[754] Die Unterhaltspflichten weisen zwar weder einen unmittelbaren noch einen mittelbaren Bezug zu den Arbeitsverhältnissen auf, da sie auf der privaten Lebensgestaltung des Arbeitnehmers beruhen, weswegen sie auch im Übrigen im Kündigungsrecht keine Rolle spielen sollten.[755] Die Berücksichtigung der Unterhaltspflichten als Sozialkriterium beruht aber auf einer **entsprechenden Entscheidung des Gesetzgebers,** die inhaltlich an den Zweck des Arbeitsverhältnisses und den Schutz von Ehe und Familie anknüpft[756] und mit der der Gesetzgeber seine **Schutzpflicht aus Art. 6 Abs. 1 GG** erfüllt. Das KSchG erkennt damit, dass das Arbeitsverhältnis typischerweise die Existenzgrundlage des Arbeitnehmers und seiner Unterhaltspflichtigen darstellt.[757] Angesichts dieses verfassungsrechtlichen Hintergrundes kommt dem Kriterium der Unterhaltspflichten ein hoher Stellenwert bei der Sozialauswahl zu. Dabei stellen sie als tendenzielle Privilegierung jüngerer Arbeitnehmer einen Gegenpol zu den Senioritätskriterien der Betriebszugehörigkeit und des Lebensalters dar.

---

[747] BAG 15.11.2011 NZA 2012, 1044.
[748] BAG 6.11.2008 EzA KSchG § 1 Soziale Auswahl Nr. 82 = NZA 2009, 361; BAG 12.3.2009 EzA KSchG § 1 Interessenausgleich Nr. 17 = NZA 2009, 1023; zust. *Schiefer,* DB 2009, 733.
[749] Vgl. insoweit auch *Preis,* RdA 1999, 311, 316.
[750] LAG Niedersachsen 28.5.2004 LAGE KSchG § 1 Soziale Auswahl Nr. 44a.
[751] Siehe *Lingemann/Beck,* NZA 2009, 577.
[752] *Bader,* NZA 1996, 1125, 1128; *Löwisch,* NZA 1996, 1009, 1010; *Wlotzke,* BB 1997, 414, 417.
[753] LSW/*Löwisch,* § 1 KSchG Rn. 453f.
[754] ArbG Berlin 16.2.2005 BB 2006, 1455.
[755] B. *Preis,* DB 1986, 746, 748.
[756] Vgl. Begründung KSchG 1951, in RdA 1951, 58, 63; Entwurf Korrekturgesetz, BT-Drucks. 14/45, S. 35.
[757] *Preis,* Prinzipien, S. 420; SES/*Eylert,* § 1 KSchG Rn. 407.

§ 2 Die Sozialwidrigkeit der Kündigung

Die Unterhaltspflichten, die der Arbeitgeber gem. § 1 Abs. 3 bei der Auswahl des zu **1087** kündigenden Arbeitnehmers berücksichtigen muss, richten sich nach den **familienrechtlichen Bestimmungen des BGB** (§§ 1360f., 1361, 1569ff., 1601ff. BGB).[758] Hierzu gehören nicht nur Unterhaltspflichten gegenüber dem Ehegatten und den Kindern, sondern auch solche gegenüber pflegebedürftigen Eltern (§§ 1601ff. BGB) sowie die gesetzlichen Unterhaltspflichten gleichgeschlechtlicher Lebenspartnerschaften nach dem Lebenspartnerschaftsgesetz. Die subsidiäre Großelternhaftung führt nicht zum Wegfall der Berücksichtigung der Unterhaltspflichten der Eltern im Rahmen der Sozialauswahl.[758a] Zutreffend hat *Dagmar Kaiser* analysiert, dass die Berücksichtigung der Unterhaltspflichten in der Arbeitsrechtsprechung einerseits nicht den familienrechtlichen Grundsätzen entspricht, andererseits eine dementsprechende Berücksichtigung den Arbeitgeber heillos überfordern würde.[759] Hingegen können Unterhaltsleistungen, die der Arbeitnehmer ohne gesetzliche Verpflichtung erbringt (zB nichteheliche Lebensgemeinschaften), im Rahmen der Sozialauswahl gem. § 1 Abs. 3 S. 1 KSchG nicht berücksichtigt werden.[760] Freiwillige Unterhaltsleistungen können dagegen ebensowenig berücksichtigt werden wie der Umstand, dass zwischen den nicht unterhaltspflichtigen Partnern eine Bedarfsgemeinschaft iSd § 9 Abs. 2 SGB II besteht.[761] Im Rahmen des § 1 Abs. 3 S. 1 KSchG ist irrelevant, ob der Arbeitnehmer die Unterhaltspflicht tatsächlich erfüllt.[762] **Sonderbelastungen wegen Pflegebedürftigkeit** Unterhaltsberechtigter können im Wege der Einzelfallbeurteilung berücksichtigt werden.[763] Sie können die Unterhaltslasten steigen lassen. Vor diesem Hintergrund muss im Rahmen der Sozialauswahl eine differenzierte Betrachtung der Unterhaltspflichten Platz greifen. Mit einem bloßen Abzählen der Familiendaten (Familienstand, Kinderzahl) ist es hier ebenso wenig getan wie bei der Bewertung des Lebensalters.

Streitig ist, ob es im Rahmen des § 1 Abs. 3 S. 1 KSchG allein auf die Zahl der unter- **1088** haltsberechtigten Personen oder auch auf die Höhe der Unterhaltspflichten ankommt. Nach wohl überwiegender Auffassung ist die tatsächliche Belastung mit Unterhaltspflichten entscheidend.[764] Dabei geht es auch um die Frage, inwieweit die soziale Schutzbedürftigkeit des Arbeitnehmers dadurch vermindert wird, dass dessen Ehepartner oder Kinder über eigene Einkünfte verfügen (Berücksichtigung des sog. **Doppelverdienstes**).[765] Für ein Abstellen auf die Höhe der Unterhaltspflichten spricht zu-

---

[758] Vgl. zB KDZ/*Deinert*, § 1 KSchG Rn. 650; LSW/*Löwisch*, § 1 KSchG Rn. 453; *Moll*/*Grunsky*, Rn. 184; *Preis*, NZA 1997, 1073, 1083; ausf. hierzu *Kaiser*, FS Birk, 2008, S. 283.
[758a] LAG Rheinland-Pfalz 29.1.2015 – 5 Sa 390/14 –.
[759] *Kaiser*, FS Birk, 2008, S. 283ff. mit dem sehr diskutablen rechtspolitischen Vorschlag, die zu berücksichtigenden Unterhaltspflichten auf minderjährige und privilegierte volljährige Kinder zu beschränken.
[760] So auch *Gaul/Lunk*, NZA 2004, 184, 185; *Berscheid*, BuW 1997, 672, 674; *Linck*, S. 92; *Lück*, S. 192f.; KPK/*Schiefer*, § 1 KSchG Rn. 1201.
[761] HHL/*Krause*, § 1 KSchG Rn. 978.
[762] *Bader*, NZA 1996, 1125, 1128; *Fischermeier*, NZA 1997, 1089, 1094; APS/*Kiel*, § 1 KSchG Rn. 723; KDZ/*Deinert*, § 1 KSchG Rn. 650.
[763] APS/*Kiel*, § 1 KSchG Rn. 725; *Kittner*, ArbuR 1997, 182, 184; *v. Hoyningen-Huene/Link*, DB 1997, S. 41, 42.
[764] BAG 5.12.2002 EzA KSchG § 1 Soziale Auswahl Nr. 49 = NZA 2003, 791, 795; BAG 21.1.1999 EzA KSchG § 1 Soziale Auswahl Nr. 39 = NZA 1999, 866, 868; KR/*Griebeling*, § 1 KSchG Rn. 676; APS/*Kiel*, § 1 KSchG Rn. 723; a.A. HaKo/*Gallner/Mestwerdt*, § 1 KSchG Rn. 866ff.
[765] Für eine Berücksichtigung der Höhe der Unterhaltspflichten die wohl h.M., zB ErfK/*Oetker*, § 1 KSchG Rn. 333; BB/*Bram*, § 1 KSchG Rn. 325b; *v. Hoyningen-Huene/Linck*, DB 1997, 41, dagegen zB *Fischermeier*, NZA 1997, 1089, 1094; für eine Berücksichtigung des Doppelverdienstes als eigenständiges Kriterium zB *v. Hoyningen-Huene*, NZA 1986, 449ff.; *Linck*, S. 93ff.; dagegen zB *Künzl*, ZTR 1996, 385, 390f.; *Lück*, S. 199ff.; *Preis*, Prinzipien, S. 423ff.; differenzierend nach Umfang und

nächst der gesetzgeberische Zweck, der die Unterhaltspflichten als Kriterium der Sozialauswahl legitimiert. Als Gegenargument wird vor allem auf den fehlenden Zusammenhang zwischen Einkünften des Unterhaltsberechtigten und dem bestandsbedrohten Arbeitsverhältnis,[766] auf das Arbeitsplatzrisiko des Unterhaltsberechtigten[767] und auf eine eventuelle mittelbare Frauendiskriminierung[768] verwiesen. Entscheidend ist in diesem Zusammenhang jedoch, dass das Familienrecht prinzipiell nicht danach differenziert, ob Einkünfte aus Vermögen, aus selbständiger Arbeit oder aus unselbständiger Arbeit erzielt werden (vgl. §§ 1361 Abs. 1 und 2, 1577, 1602, § 1360 S. 1 BGB). Diese familienrechtliche Konzeption würde dazu zwingen, auch im Rahmen des § 1 Abs. 3 S. 1 KSchG alle Einkunftsarten des Ehepartners zu berücksichtigen. Eine entsprechend weitgehende Offenbarungspflicht gegenüber dem Arbeitgeber wäre jedoch mit dem informationellen Selbstbestimmungsrecht des Unterhaltsberechtigten unvereinbar.[769] Nicht zuletzt wäre eine Sozialauswahl anhand der exakten Höhe der Unterhaltspflichten der vergleichbaren kündigungsbedrohten Arbeitnehmer nicht praktikabel. Das BAG will deshalb keine abstrakten Vorgaben machen. Es verweist darauf, dass der Senat schon einmal auf die konkrete Höhe der Unterhaltsleistungen abgestellt habe[770] bzw. es jedenfalls als nicht grob fehlerhaft bezeichnet habe, wenn nur die tatsächliche Unterhaltslast berücksichtigt werde.[771] Auch für den Umstand des Doppelverdienstes will der Senat keine abstrakten Vorgaben mehr machen. Abzustellen sei auf Art. 6 Abs. 1 GG. Daraus könne zwar nicht gefolgert werden, dass jede Auslegung einer Vorschrift des einfachen Rechts, die für den betroffenen Familienangehörigen nachteilig ist, Art. 6 Abs. 1 GG widerspricht. Es wäre jedoch mit der Wertentscheidung des Grundgesetzes unvereinbar, § 1 Abs. 3 KSchG dahingehend auszulegen, dass der Arbeitgeber im Ergebnis verpflichtet würde, einem verheirateten Arbeitnehmer nur wegen seiner familiären Bindung zu kündigen.[772] Gut vertretbar ist es, den Wertungen des § 1609 BGB zu folgen und den Unterhaltspflichten gegenüber den Kindern und den Ehegatten eine Priorität einzuräumen.[773] Das entspricht auch der Praxis der Punktetabellen. Vertretbar ist ferner, für alleinerziehende einen Punktzuschlag zu gewähren.[774] Eine soziale Auswahl, die die kindergeldberechtigten Kinder und die Ehegatten „nach Köpfen" berücksichtigt, dürfte im Sinne des § 1 Abs. 3 Satz 1 KSchG „ausreichend" die geforderten sozialen Gesichtspunkte berücksichtigen.[775]

Notwendigkeit der Einkünfte des Ehepartners BAG 25.4.1985 EzA KSchG § 1 Betriebsbedingte Kündigung Nr. 35 = NZA 1986, 64; BAG 8.8.1985 EzA KSchG § 1 Soziale Auswahl Nr. 21 = NZA 1986, 679.

[766] So *Künzl,* ZTR 1996, 385, 390; *Preis,* Prinzipien, S. 424; vgl. auch *v. Hoyningen-Huene,* NZA 1986, 449, 450 f.

[767] So *Künzl,* ZTR 1996, 385, 390; *Preis,* Prinzipien, S. 425; vgl. auch *v. Hoyningen-Huene,* NZA 1986, 449, 451; HHL/*Krause,* § 1 KSchG Rn. 982.

[768] So *Horstkötter/Schieck,* AuR 1998, 227, 230 f.; APS/*Kiel,* § 1 KSchG Rn. 724; *Künzl,* ZTR 1996, 385, 391; dagegen zutreffend HK-KSchG/*Dorndorf,* § 1 Rn. 1076; HHL/*Krause,* § 1 KSchG Rn. 981 f.; KDZ/*Deinert,* § 1 KSchG Rn. 652; *Linck,* S. 94 f.

[769] Vgl. *Preis,* Prinzipien, S. 425; vgl. auch *v. Hoyningen-Huene,* NZA 1986, 449, 451.

[770] BAG 8.8.1985 EzA KSchG § 1 Soziale Auswahl Nr. 21 = NZA 1986, 679.

[771] BAG 21.1.1999 EzA KSchG § 1 Soziale Auswahl Nr. 39 = NZA 1999, 866; Berücksichtigung des Doppelverdienstes bejaht von LAG Düsseldorf 4.11.2004 LAGE KSchG § 1 Soziale Auswahl Nr. 47.

[772] BAG 5.12.2002 EzA KSchG § 1 Soziale Auswahl Nr. 49 = NZA 2003, 791.

[773] SES/*Eylert,* § 1 KSchG Rn. 410; *Kaiser,* NZA 2008, 665, 668.

[774] SES/*Eylert,* § 1 KSchG Rn. 410, 414; LAG Hamm 21.8.1997 LAGE § 1 KSchG Soziale Auswahl Nr. 21.

[775] SES/*Eylert,* § 1 KSchG Rn. 415; *Kaiser,* NZA 2008, 665, 670.

§ 2 Die Sozialwidrigkeit der Kündigung

Grundsätzlich ist der Arbeitgeber im eigenen Interesse gehalten, die Arbeitnehmer **1089**
im Vorfeld der beabsichtigten Kündigung nach der Zahl der unterhaltsberechtigten
Personen zu befragen.[776] In der Praxis gilt allerdings bislang, dass das BAG nicht beanstandet hat, wenn sich der Arbeitgeber auf die Eintragung der (elektronischen)
Lohnsteuermerkmale (§ 39e EStG) der kündigungsbedrohten Arbeitnehmer verlässt.[777]
Zu bedenken ist, dass nicht alle Unterhaltspflichten aus den Lohnsteuermerkmalen
hervorgehen. Es wird ferner dort nur der – ggf. quotale – Kinderfreibetrag eingetragen. Überdies ist der Arbeitnehmer in steuerrechtlicher Hinsicht nur in eingeschränktem Maße verpflichtet, zwischenzeitliche Änderungen eintragen zu lassen (vgl. § 39
Abs. 4 bis 6 EStG). Andererseits scheint es interessengerecht, dass der Arbeitgeber nur
solche Umstände berücksichtigen muss, die ihm bekannt sein konnten.[778] Die Unterhaltspflichten nach dem BGB können breit gestreut sein. Der Arbeitnehmer sollte deshalb im eigenen Interesse gehalten sein, dem Arbeitgeber Familienstand und Anzahl
der unterhaltsberechtigten Personen mitzuteilen. In einer Entscheidung vom 17.1.2008
geht das BAG einen pragmatischen Weg:[779] Zwar seien unter „Unterhaltspflichten" die
familienrechtlichen Unterhaltspflichten zu verstehen. Da die kinderbezogenen Eintragungen auf der Lohnsteuerkarte nur begrenzt etwas über das Bestehen dieser familienrechtlichen Verhältnisse aussagen, dürfte sich der Schluss aufdrängen, dass § 1 Abs. 3
S. 1 KSchG an sich nicht auf die in die Lohnsteuerkarte eingetragenen Kinderfreibeträge abhebe, sodass es auf die tatsächlichen, nicht aber auf die in die Lohnsteuerkarte
eingetragenen Daten ankomme. Den Bedürfnissen der Praxis werde ausreichend dadurch Rechnung getragen, dass der Arbeitgeber auf die ihm bekannten Daten vertrauen kann, wenn er keinen Anlass zu der Annahme hat, sie könnten nicht zutreffen.
Grundsätzlich ist der Arbeitnehmer für die Unterrichtung des Arbeitgebers über Veränderungen seiner Personalien verantwortlich. Überreicht er lediglich eine Lohnsteuerkarte, ohne den Arbeitgeber über davon abweichende persönliche Daten aufzuklären, muss er davon ausgehen, dass der Arbeitgeber sich bei seinen Angaben
gegenüber dem Betriebsrat auf die dort dokumentierten Daten verlässt.[780] Dogmatisch
schwer gangbar scheint der Mittelweg des LAG Köln, das den Arbeitgeber für verpflichtet hält, die Sozialauswahl nach Ausspruch der Kündigung zu korrigieren, wenn
der Arbeitnehmer innerhalb der Klagefrist gemäß § 4 KSchG über die Lohnsteuerkarte hinausgehende Unterhaltspflichten geltend macht.[781] Es wird deshalb zu raten sein,
dass sich der Arbeitgeber vor Ausspruch der Kündigung die notwendige Kenntnis über
die tatsächlichen Unterhaltspflichten verschafft.[782] Verschweigt der Arbeitnehmer bei

---

[776] So auch LAG Hamm 29.3.1985 LAGE KSchG § 1 Soziale Auswahl Nr. 1; *Bütefisch*, S. 238;
HK-KSchG/*Dorndorf*, § 1 Rn. 1074; APS/*Kiel*, § 1 KSchG Rn. 734; *B. Preis*, DB 1998, 1761, 1764.
[777] Verneinend jedoch LAG Hamm 29.3.1985 LAGE KSchG § 1 Soziale Auswahl Nr. 1; LAG Düsseldorf 4.11.2004 LAGE KSchG § 1 Soziale Auswahl Nr. 47; *Bütefisch*, S. 238 f.; HK-KSchG/*Dorndorf*, § 1 Rn. 1075; APS/*Kiel*, § 1 KSchG Rn. 734; bejahend BAG 24.11.2005 EzA KSchG § 1
Krankheit Nr. 51 = NZA 2006, 665; LAG Baden-Württemberg 9.11.1990 LAGE BetrVG 1972
§ 102 Nr. 25; LAG Hamm 21.8.1997 LAGE KSchG § 1 Soziale Auswahl Nr. 21; LAG Schleswig-Holstein 10.8.2004 NZA-RR 2004, 582; *Berscheid*, BuW 1997, 672, 675; *Fischermeier*, NZA 1997,
1089, 1094; *Bauer/Krieger*, Rn. 20.
[778] KPK/*Schiefer*, § 1 KSchG Rn. 1214 f.
[779] BAG 17.1.2008 AP KSchG 1969 § 1 Soziale Auswahl Nr. 96 = NZA-RR 2008, 571.
[780] BAG 6.7.2006 EzA KSchG § 1 Soziale Auswahl Nr. 68 = NZA 2007, 266; bejahend bei § 125
InsO BAG 28.6.2012 NZA 2012, 1090; strenger LAG Rheinland-Pfalz 12.7.2006 NZA-RR 2007, 247.
[781] LAG Köln 29.7.2004 LAGE KSchG § 1 Soziale Auswahl Nr. 45a.
[782] *Gaul/Lunk*, NZA 2004, 184, 187; LAG Niedersachsen 28.5.2004 LAGReport 2005, 52; von
einer Obliegenheit des Arbeitgebers ausgehend HHL/*Krause*, § 1 KSchG Rn. 986 mwN; abweichend
KR/*Griebeling*, § 1 KSchG Rn. 678d; einschränkend SES/*Eylert*, § 1 KSchG Rn. 426 f.

der Befragung Umstände, kann er sich hierauf gem. § 242 BGB in einem eventuellen späteren Kündigungsschutzprozess nicht berufen.[783] Benutzt der Arbeitgeber zur Erfassung der Unterhaltpflichten einen Fragebogen, ist das Mitbestimmungsrecht des Betriebsrats aus § 94 Abs. 1 BetrVG zu beachten.

ee) Schwerbehinderung

1090   Als viertes Sozialkriterium hat der Gesetzgeber das Merkmal der Schwerbehinderung eingefügt. Dieses war überflüssig. Denn dem Schutzauftrag der Verfassung nach Art. 3 Abs. 3 S. 2 GG genügt der Sonderkündigungsschutz nach §§ 85 ff. SGB IX.[784] Eine Schwerbehinderung i. S. des § 1 Abs. 3 S. 1 KSchG dürfte nur vorliegen bei nach § 69 SGB IX festgestellter oder nach § 68 Abs. 1 SGB IX gleichgestellter Schwerbehinderteneigenschaft.[785] Auch wenn die Gesetzesmaterialien keine weiterführenden Hinweise enthalten, ist davon auszugehen, dass nur die nach § 69 SGB IX festgestellte Schwerbehinderteneigenschaft berücksichtigungsfähig ist.[786] Der erweiterte Behindertenbegriff des Unionsrechts dürfte nicht eingreifen (→ Rn. 192), weil es in § 1 Abs. 3 KSchG nicht um die Umsetzung der Antidiskriminierungsrichtlinie 2000/78 geht und damit insoweit auch keine Pflicht zur unionsrechtskonformen Handhabung besteht. Das Unionsrecht enthält keine Vorgaben für die Ausgestaltung des Kündigungsschutzes in den Mitgliedstaaten.[787] Wenn dem so ist, dann kann überhaupt nur der Schwerbehinderte in die Sozialauswahl einbezogen werden, für den bereits eine behördliche Zustimmung zur Kündigung vorliegt (→ Rn. 1064). Ist der Schwerbehinderte danach kündbar, so führt dieser Umstand zu einer erhöhten sozialen Schutzbedürftigkeit.[788] Andererseits folgt daraus zugleich, dass die soziale Auswahl im Rahmen des behördlichen Zustimmungsverfahrens keine Rolle spielen darf.[789] Welche Bedeutung der Schwerbehinderung im Einzelfall zuzurechnen ist (Punktwert), ist von der Schwere der Behinderung sowie davon abhängig, ob die Funktionsbeeinträchtigung betrieblichen oder außerbetrieblichen Ursprungs ist. Der Arbeitgeber ist im eigenen Interesse gehalten, im Vorfeld einer Kündigung nach einer bestehenden Schwerbehinderteneigenschaft zu fragen. Hier gelten gleiche Erwägungen wie bei den Unterhaltspflichten (→ Rn. 1089). Teilt der Arbeitnehmer dem Arbeitgeber die Schwerbehinderteneigenschaft nicht mit bzw. hat diese bei der Einstellung verschwiegen, ist es dem Arbeitnehmer verwehrt, sich erst im Kündigungsschutzprozess darauf zu berufen.[790] Die besondere Rechtslage zu §§ 85 ff. SGB IX ist auf § 1 Abs. 3 KSchG nicht übertragbar. Bezüglich der Rechtsprechung des BAG, die dem Arbeitnehmer gestattet, die Mitteilung der (beantragten) Schwerbehinderteneigenschaft innerhalb eines Monats nach Zugang der Kündigung nachzuholen, besteht schon im Hinblick auf § 4 S. 4 KSchG Überprüfungsbedarf.[791] Jedenfalls im Rahmen des § 1 Abs. 3 KSchG gelten die allgemeinen kündigungsrechtlichen Grundsätze.

---

[783] HK-KSchG/*Dorndorf*, § 1 Rn. 1074; HHL/*Krause*, § 1 KSchG Rn. 988.

[784] Zur verfassungspolitischen Diskussion um das Merkmal der Schwerbehinderung APS/*Kiel*, § 1 KSchG Rn. 728 mwN.

[785] Vgl. *Löwisch*, BB 2004, 154.

[786] Ebenso APS/*Kiel*, § 1 KSchG Rn. 731.

[787] HHL/*Krause*, § 1 KSchG Rn. 16.

[788] Siehe schon zum früheren Recht zB BAG 24.3.1983 AP KSchG 1969 § 1 Betriebsbedingte Kündigung Nr. 12 = EzA KSchG § 1 Betriebsbedingte Kündigung Nr. 21; LAG Düsseldorf 17.3.2000 LAGE KSchG § 1 Soziale Auswahl Nr. 32; *Bütefisch*, S. 248 f.; *Linck*, S. 108 f.; *Preis*, Prinzipien, S. 420.

[789] Ebenso *Löwisch*, BB 2004, 154, 155.

[790] APS/*Kiel*, § 1 KSchG Rn. 735 f.; ähnlich *Löwisch*, BB 2004, 154; *Bauer/Krieger*, Rn. 15c; KPK/*Schiefer*, § 1 KSchG Rn. 1210.

[791] → Rn. 1511; näher *Jan Schmidt*, NZA 2004, 79 ff.

ff) Weitere Kriterien

1091 Weitere soziale Kriterien braucht der Arbeitgeber nicht zu berücksichtigen. Er kann aber weitere Kriterien berücksichtigen, wenn sie mit den vier gesetzlichen Hauptkriterien in Zusammenhang zu bringen sind. Er muss aber stets darauf achten, dass die vier gesetzlichen Kriterien „ausreichend" berücksichtigt sind. Es ist daher anzuraten, allenfalls sog. „Zusammenhangskriterien" nachrangig zu berücksichtigen. Vollkommen gesetzesfremde Kriterien können die Sozialauswahl (grob) fehlerhaft werden lassen. Praktiker raten aus Gründen der Rechtssicherheit, es bei den vier gesetzlichen Grunddaten zu belassen.[792]

1092 **Gesundheitsbeeinträchtigungen betrieblichen Ursprungs** können im Rahmen der Sozialauswahl auch dann zugunsten des Arbeitnehmers zu berücksichtigen sein, wenn sie **keine Schwerbehinderung** iSd SGB IX darstellen.[793] Zu berücksichtigen sind dabei nur die Folgen eines Arbeitsunfalls iSd § 8 Abs. 1 SGB VII, sofern diese im Kündigungszeitpunkt noch andauern, und Berufskrankheiten iSd § 9 SGB VII, die auf die Beschäftigung beim gegenwärtigen Arbeitgeber zurückgehen, nicht jedoch Schäden aus einem vorangegangenen Arbeitsverhältnis oder Wegeunfälle iSd § 8 Abs. 2 SGB VII. Welches Gewicht der Gesundheitsbeeinträchtigung im Einzelfall beizumessen ist, hängt ab von deren Schwere und vom Mitverschulden des Arbeitnehmers am Eintritt des schädigenden Ereignisses.

1093 **Gesundheitliche Schwierigkeiten,** die **außerbetrieblichen Ursprungs** sind, führen nicht zu einer erhöhten sozialen Schutzbedürftigkeit iSd § 1 Abs. 3 S. 1 KSchG, sofern **keine Schwerbehinderung** iSd SGB IX gegeben ist.[794] Zwar sind derartige Beeinträchtigungen – ähnlich wie das Lebensalter – untrennbar mit der Person des Arbeitnehmers verbunden. Der Gesetzgeber hat die kündigungsrechtliche Privilegierung gesundheitlich beeinträchtigter Arbeitnehmer aber in zulässiger Weise auf Schwerbehinderte beschränkt.

1094 Der **Gesundheitszustand Familienangehöriger** ist mangels eines auch nur mittelbaren Zusammenhangs zu dem bestandsbedrohten Arbeitsverhältnis bei der Sozialauswahl nicht zu berücksichtigen.[795] Gleiches gilt für den **Status des Alleinerziehenden**.[796] Anders als bei den Unterhaltspflichten fehlt es hier an einer ausdrücklichen Entscheidung des Gesetzgebers, seine verfassungsrechtliche Schutzpflicht gerade durch eine kündigungsrechtliche Privilegierung zu erfüllen.

1095 **Arbeitsmarktchancen des Arbeitnehmers,** die sich aus der aktuellen Arbeitsmarktlage ergeben, sind nach zutreffender Ansicht bei der Ermittlung der sozialen Schutzbedürftigkeit iSd § 1 Abs. 3 S. 1 KSchG ohne Bedeutung.[797] Die Entwicklung

---

[792] *Willemsen/Annuß,* NJW 2004, 177, 178; *Lunk,* NZA-Beilage 1/2005, 41, 45.

[793] Siehe schon zur früheren Rechtslage zB BAG 12.10.1979 AP KSchG 1969 § 1 Betriebsbedingte Kündigung Nr. 7 = EzA KSchG § 1 Betriebsbedingte Kündigung Nr. 12; *Bütefisch,* S. 242; *Linck,* S. 108; *Preis,* Prinzipien, S. 420; vgl. auch Entwurf Korrekturgesetz, BT-Drucks. 14/45, S. 36 und Begründung des Gesetzes zu Reformen am Arbeitsmarkt, BT-Drucks. 15/1204, S. 11.

[794] Vgl. auch BT-Drucks. 15/1204, S. 11; *Willemsen/Annuß,* NJW 2004, 177, 178; ebenso zur früheren Rechtslage *Bütefisch,* S. 246 f.; *Linck,* S. 108; a. A. *Jobs,* DB 1986, 538, 540; *Lück,* S. 208 f.

[795] So auch BAG 18.1.1990 EzA KSchG § 1 Soziale Auswahl Nr. 28 = NZA 1990, 729; a. A. BAG 24.3.1983 AP KSchG 1969 § 1 Betriebsbedingte Kündigung Nr. 12 = EzA KSchG § 1 Betriebsbedingte Kündigung Nr. 21; KR/*Etzel,* 4. Aufl., § 1 KSchG Rn. 581; APS/*Kiel,* § 1 KSchG Rn. 732; *Neyses,* DB 1983, 2414, 2416.

[796] So *v. Hoyningen-Huene/Linck,* DB 1997, 41, 42; *Kittner,* AuR 1997, 182, 184; *Lakies,* NJ 1997, 121, 123.

[797] So auch *Willemsen/Annuß,* NJW 2004, 177, 178; zum früheren Recht bereits *Linck,* S. 99 ff.; *Preis,* Prinzipien, S. 427 f.; a. A. st. Rspr. des BAG, zB BAG 12.10.1979 AP KSchG 1969 § 1 Betriebsbedingte Kündigung Nr. 7 = EzA KSchG § 1 Betriebsbedingte Kündigung Nr. 12; BAG 24.3.1983

des Arbeitsmarktes entzieht sich dem Einfluss- und Verantwortungsbereich des kündigenden Arbeitgebers und weist als solche gerade keinen Bezug zum Arbeitsverhältnis des kündigungsbedrohten Arbeitnehmers auf. Zudem würden hierdurch höhere oder breiter angelegte Qualifikationen eines Arbeitnehmers, die bessere Arbeitsmarktchancen eröffnen, durch ein höheres Kündigungsrisiko „geahndet".[798] Auch wird der Arbeitgeber regelmäßig zu einer zutreffenden Prognose der Arbeitsmarktchancen der einzelnen kündigungsbedrohten Arbeitnehmer vor dem Hintergrund der allgemeinen Arbeitsmarktlage kaum in der Lage sein.[799] Außerdem hat der Gesetzgeber die Berücksichtigung allgemeiner arbeitsmarktpolitischer Erwägungen im Bereich des Kündigungsrechts regelmäßig ausdrücklich geregelt (vgl. zB §§ 17 ff. KSchG).[800] Eine derartige Anordnung fehlt hingegen in § 1 Abs. 3 S. 1 KSchG. Die Arbeitsmarktchancen des kündigungsbedrohten Arbeitnehmers finden nur über die gesetzlichen Kriterien des Lebensalters und der Unterhaltspflichten Berücksichtigung.

1096 Die Auswirkungen der Kündigung auf spätere betriebliche Versorgungsleistungen, also der mögliche **Verlust betrieblicher Rentenanwartschaften,** ist bei der Auswahl des Kündigungsadressaten gem. § 1 Abs. 3 S. 1 KSchG nicht zu berücksichtigen.[801] Damit würde ein Arbeitnehmer, dessen Anwartschaft noch nicht nach § 1 BetrAVG unverfallbar geworden ist, einem länger beschäftigten vorgezogen, was mit dem Grundsatz kollidiert, dass eine längere Dauer der Betriebszugehörigkeit zu einer Verstärkung des Kündigungsschutzes führt.

1097 Die anderweitige finanzielle Absicherung des Arbeitnehmers führt nicht zu einer geringeren sozialen Schutzbedürftigkeit. Mangels einer Verbindung zu dem bestandsbedrohten Arbeitnehmer sind weder **Unterhaltsansprüche** gegen den Ehepartner oder Verwandte, die im Falle der Arbeitslosigkeit entstehen würden,[802] noch das **Vermögen**[803] des Arbeitnehmers, das maßgeblich auf seine private Lebensführung zurückgeht, oder **Einkünfte aus anderweitiger selbständiger oder unselbständiger Erwerbstätigkeit** zu berücksichtigen. Stellt das Arbeitsverhältnis lediglich eine Nebentätigkeit dar,[804] liegt hierin zudem eine Ungleichbehandlung zwischen Voll- und Teilzeitbeschäftigten, die nicht wegen der finanziellen Absicherung des Teilzeitbeschäftigten durch sein Hauptarbeitsverhältnis gerechtfertigt ist.[805]

1098 Der **mögliche Bezug einer Altersrente** führt im Rahmen des § 1 Abs. 3 S. 1 KSchG nicht zu einem erhöhten Kündigungsrisiko. Rechtsprechung und Schrifttum sind gespalten. Viele halten die Berücksichtigung der Rentennähe ebenso für zuläs-

---

AP KSchG 1969 § 1 Betriebsbedingte Kündigung Nr. 12 = EzA KSchG § 1 Betriebsbedingte Kündigung Nr. 21, die nach dem jetzigen Rechtsstand nicht mehr haltbar ist.

[798] Vgl. insoweit *Berkowsky,* DB 1990, 834, 835; *Reuter,* Anm. EzA KSchG § 1 Soziale Auswahl Nr. 23, S. 66; *Schwerdtner,* NJW 1987, 1607 f.

[799] *Preis,* Prinzipien, S. 239.

[800] *Linck,* S. 100; *Preis,* Prinzipien, S. 239.

[801] A. A. *Linck,* S. 110.

[802] So auch HK-KSchG/*Dorndorf,* § 1 Rn. 1086; LSW/*Löwisch,* § 1 KSchG Rn. 456; vgl. auch LAG Hamm 4.10.1983 DB 1984, 131; *Linck,* S. 94; *Meisel,* DB 1991, 92, 96.

[803] LAG Köln 3.5.2000 LAGE KSchG § 1 Soziale Auswahl Nr. 33; *Ascheid,* Rn. 338; *Künzl,* ZTR 1996, 385, 391; *Linck,* S. 102f.; *Lück,* S. 204ff.; *Meisel,* ZfA 1985, 213, 238f.; *Preis,* Prinzipien, S. 426f.; a. A. zB BAG 26.6.1964 AP KSchG § 1 Betriebsbedingte Kündigung Nr. 14; *Rass,* Die Sozialauswahl bei betriebsbedingter Kündigung, S. 76, 112f.; *Rost,* ZIP 1982, 1396, 1398.

[804] Für deren Berücksichtigung *Linck,* S. 103; *Lück,* S. 206 f.; *Wank,* ZIP 1986, 206, 216 f.

[805] Vgl. BAG 1.11.1995 EzA BeschFG § 2 1985 Nr. 43 = NZA 1996, 813–816; BAG 1.11.1995 EzA BeschFG § 2 1985 Nr. 44; BAG 9.10.1996 EzA BeschFG 1985 § 2 Nr. 50 = NZA 1997, 728–731.

sig⁸⁰⁶ wie die Einbeziehung der Rentenberechtigung.⁸⁰⁷ Andere lehnen sowohl die Berücksichtigung des Kriteriums der Rentennähe als auch der Rentenberechtigung ab.⁸⁰⁸ Nach richtiger Auffassung ist weder die Berücksichtigung der Rentenberechtigung ab dem Erreichen der Regelaltersgrenze zulässig noch darf die versorgungsrechtliche Absicherung über das Kriterium Lebensalter zulasten des Arbeitnehmers bei der Sozialauswahl einfließen. Soweit der *Verfasser* früher eine andere Position vertreten hat,⁸⁰⁹ wird daran nicht festgehalten.⁸¹⁰ Nur die Nichtberücksichtigung der Rentenberechtigung jeder Art ist schon mit dem Wortlaut des § 1 Abs. 3 S. 1 KSchG vereinbar. Auswahlfremde Kriterien sind de lege lata als soziale Gesichtspunkte nicht zu billigen. Das Kriterium der Rentennähe bzw. -berechtigung steht weder mittelbar noch unmittelbar mit dem konkreten Arbeitsverhältnis und dessen personalen Bezügen in Verbindung. Darauf kommt es aber bei der Sozialauswahl an. Auch die **Vermögens- und Einkommensverhältnisse des Arbeitnehmers** sind **unbeachtlich**. Das BAG selbst hat zudem in einer nie angezweifelten Rechtsprechung das Erreichen der Regelaltersgrenze nicht als Kündigungsgrund ausreichen lassen.⁸¹¹

gg) Bewertung der Sozialkriterien

Das Gesetz beschränkt die Sozialauswahl auf vier Kriterien. Damit wird sichergestellt, dass der Arbeitgeber bei einer Reduktion der Auswahl auf diese vier Gesichtspunkte und zutreffender Gewichtung eine Rechtsfehlerhaftigkeit nicht mehr befürchten muss.⁸¹² Alle vier Kriterien sind prinzipiell gleichrangig.⁸¹³ Keinem Kriterium kommt ein absoluter Vorrang zu.⁸¹⁴ Einigkeit besteht jedoch darüber, dass eine Kündigung auch dann sozial gerechtfertigt ist, wenn der Arbeitgeber keine oder unzutreffende Auswahlüberlegungen angestellt hat, aber dennoch dem Arbeitnehmer gekündigt worden ist, der auch bei korrekter Anwendung des § 1 Abs. 3 S. 1 KSchG als Kündigungsadressat hätte ausgewählt werden müssen.⁸¹⁵ **Entscheidend ist das richtige Auswahlergebnis.** Das gilt sogar, wenn der Arbeitgeber – zufällig – eine objektiv vertretbare Auswahl getroffen hat.⁸¹⁶

1099

---

⁸⁰⁶ LAG Niedersachsen 28.5.2004 LAGE KSchG § 1 Soziale Auswahl Nr. 44a; LAG Niedersachsen 23.5.2005 NZA-RR 2005, 584 f.; *Bader*, NZA 1996, 1125, 1128; *Bauer/Lingemann*, NZA 1993, 625, 628; *Künzl*, ZTR 1996, 385, 390; *Kittner*, ArbuR 1997, 182, 184; *Stindt*, DB 1993, 1361, 1366; APS/*Kiel*, § 1 KSchG Rn. 721 *("nahtlos versorgt");* *Gravenhorst*, in: FS f. Leinemann, 2006, S. 325, 328 f.; HHL/*Krause*, § 1 KSchG, Rn. 976; LSW/*Löwisch*, § 1 KSchG, Rn. 451 (nur *"wenige Monate vor seinem Ruhestand"!*).
⁸⁰⁷ ArbG Wetzlar 21.7.1987 BB 1987, 760 (bei angemessener Altersversorgung); *Worzalla*, NZA Beil. 4/1991, S. 15, 16; *Rost*, ZIP 1982, 1396, 1398; KDZ/*Deinert*, § 1 KSchG Rn. 660.
⁸⁰⁸ LAG Düsseldorf 21.1.2004 LAGE KSchG § 1 Soziale Auswahl Nr. 43 (keine Verpflichtung zur Berücksichtigung der Rentennähe, § 1 Abs. 3 KSchG a. F.); LAG Düsseldorf 13.7.2005 LAGE KSchG § 1 Soziale Auswahl Nr. 51 (vorgezogene Altersrente für Schwerbehinderte, offen hinsichtlich Rentenberechtigung, § 1 Abs. 3 KSchG n. F.); LAG Hessen v. 24.6.1999 NZA-RR 1999, 74, 76; *Bütefisch*, S. 262, 264; LSW/*Löwisch*, § 1 KSchG Rn. 451; *Giesen*, ZfA 1997, 145, 151.
⁸⁰⁹ *Preis*, Prinzipien, S. 421 sowie Vorauflage Rn. 1114.
⁸¹⁰ Vgl. *Preis*, Gutachten B zum 67. Deutschen Juristentag 2008, B 94.
⁸¹¹ BAG 28.9.1961 AP KSchG § 1 Personenbedingte Kündigung Nr. 1.
⁸¹² ErfK/*Oetker* § 1 KSchG Rn. 329.
⁸¹³ BAG 2.12.1999 EzA KSchG § 1 Soziale Auswahl Nr. 42 = NZA 2000, 531; sogar schon zum früheren Recht BAG 5.12.2002 EzA KSchG § 1 Soziale Auswahl Nr. 49 = NZA 2003, 791.
⁸¹⁴ BT-Drucks. 15/1204, S. 11; ErfK/*Oetker* § 1 KSchG Rn. 330.
⁸¹⁵ BAG 20.10.1983 u. 18.10.1984 AP KSchG 1969 § 1 Betriebsbedingte Kündigung Nr. 13, 18 EzA KSchG § 1 Betriebsbedingte Kündigung Nr. 28, 33; *Berkowsky* I, § 7 Rn. 200 f.; *Künzl*, ZTR 1996, 385, 392.
⁸¹⁶ BAG 7.7.2011 AP KSchG § 1 Wartezeit Nr. 26; BAG 14.3.2013 – 8 AZR 153/12 –.

1100 Die Bewertung im Einzelfall wird jedoch dadurch erschwert, dass die Sozialkriterien inkommensurable Größen darstellen,[817] deren Bedeutung nicht unbedingt in gleichem Maße zunimmt, wie diese jeweils zahlenmäßig ansteigen.[818] Daher steht dem Arbeitgeber bei der Auswahlentscheidung ein **Wertungsspielraum** zu,[819] was sich bereits aus dem Wortlaut des § 1 Abs. 3 S. 1 KSchG („ausreichend") ergibt. Dieser Spielraum allerdings ist etwas kleiner als der Maßstab der groben Fehlerhaftigkeit in § 1 Abs. 4 KSchG[820] und als die Maßstäbe, die für die revisionsgerichtliche Überprüfung der Sozialauswahl gelten.[821] Bei dem Gebot der sozialen Auswahl handelt es sich um eine zwingende Schutzvorschrift zugunsten sozial schwacher Arbeitnehmer, die nicht durch Zubilligung eines zu weiten Wertungsspielraums unterlaufen werden darf.[822] Andererseits verlangt das BAG nicht die „bestmögliche" Sozialauswahl, sondern verweist auf den Gesetzeswortlaut und das Merkmal „ausreichend". Zur Konkretisierung dieses Spielraums kann auch nicht auf die verwaltungsrechtlichen Maßstäbe des behördlichen Ermessens- bzw. Beurteilungsspielraums[823] zurückgegriffen werden, da diese ihrem Sinn und Zweck nach für die Sozialauswahl nicht passen.[824] Das BAG will dem Arbeitgeber einen recht breiten Spielraum im Rahmen der Kernkriterien gewähren. Es meint, die Auswahlentscheidung müsse nur vertretbar sein und nicht unbedingt der Entscheidung entsprechen, die das Gericht getroffen hätte, wenn es eigenverantwortlich soziale Erwägungen hätte anstellen müssen. Der dem Arbeitgeber vom Gesetz eingeräumte Wertungsspielraum führt dazu, dass die soziale Auswahl nur dann fehlerhaft ist, wenn der gekündigte Arbeitnehmer **deutlich sozial schutzbedürftiger** ist als ein anderer, vergleichbarer Arbeitnehmer, dessen Arbeitsverhältnis fortbesteht.[825] Hingegen liegt es innerhalb des Wertungsspielraums des Arbeitgebers, wenn der gekündigte Arbeitnehmer geringfügig sozial schlechter gestellt ist. Nur ein erheblicher Unterschied in der sozialen Schutzbedürftigkeit führe zur Sozialwidrigkeit.[826] Dies ist der Fall, wenn bei dem gekündigten Arbeitnehmer ein berücksichtigungspflichtiges Sozialkriterium etwas stärker ausgeprägt ist als bei dem vergleichbaren Arbeitnehmer, während sich die übrigen Gesichtspunkte entsprechen, oder wenn der gekündigte Arbeitnehmer hinsichtlich eines berücksichtigungspflichtigen Faktors deutlich schutzbedürftiger ist, dies aber durch einen anderen Umstand, der zugunsten des vergleichbaren Arbeitnehmers ins Gewicht fällt, kompensiert wird.[827] Das BAG will in der Gewich-

---

[817] *Berkowsky* I, § 7 Rn. 202; *Lück,* S. 151.

[818] *Lück,* S. 153 f.

[819] Vgl. die insoweit gemeinsame Ausgangsposition bei BAG 18.10.1984 AP KSchG 1969 § 1 Soziale Auswahl Nr. 6 = NZA 1985, 423; *Berkowsky* I, § 7 Rn. 201; HHL/*Krause,* § 1 KSchG Rn. 1024; *Jobs,* DB 1986, 538, 540; *Linck,* S. 63, 160 f.; LSW/*Löwisch,* § 1 KSchG Rn. 461; *B. Preis,* DB 1986, 746, 751; *Rieble,* NJW 1991, 65 f.

[820] So inzwischen auch KR/*Griebeling,* § 1 KSchG Rn. 678g.

[821] So der Vorschlag von *Buchner,* DB 1984, 504, 509; ähnl. *Otto,* SAE 1985, 218, 221.

[822] *Künzl,* ZTR 1996, 385, 392; *Preis,* Prinzipien, S. 430.

[823] Für einen (eingeschränkten) Beurteilungsspielraum *Lück,* S. 247; *Rost,* ZIP 1982, 1396, 1399 f.; *Rieble,* NJW 1991, 65, 67 f.; im Ergebnis ebenso *Weng,* DB 1978, 884, 887 f.

[824] *Künzl,* ZTR 1996, 385, 392; *Preis,* Prinzipien, S. 430; *B. Preis,* DB 1986, 746, 750 f.

[825] BAG 5.12.2002 EzA KSchG § 1 Soziale Auswahl Nr. 49 = NZA 2003, 791; BAG 18.10.1984 EzA KSchG § 1 Betriebsbedingte Kündigung Nr. 34 = NZA 1985, 423; BAG 25.4.1985 EzA KSchG § 1 Betriebsbedingte Kündigung Nr. 35 = NZA 1986, 64; zust. HK-KSchG/*Dorndorf,* § 1 Rn. 1093; *v. Hoyningen-Huene,* Anm. EzA KSchG § 1 Betriebsbedingte Kündigung Nr. 34; *Künzl,* ZTR 1996, 385, 392; *Löwisch,* Anm. AP KSchG 1969 § 1 Soziale Auswahl Nr. 6; *Weller,* AuR 1986, 225, 231; ausführlich zur Entwicklung der Rechtsprechung des BAG *Bitter/Kiel,* RdA 1994, 333, 356.

[826] Verneint bei 10 jährigem Altersunterschied: BAG 21.1.1999 EzA KSchG § 1 Soziale Auswahl Nr. 39 = NZA 1999, 866.

[827] So im Ergebnis auch *Lück,* S. 233.

tung der Kernkriterien keine abstrakten Vorgaben machen. Da der Gesetzgeber dieses selber nicht tue, sei es auch nicht möglich, im Wege der systematischen Auslegung fallübergreifende, schematische Wertungsgesichtspunkte vorzugeben. *„Es geht nicht darum, ob der Arbeitgeber nach den Vorstellungen des Gerichts die bestmögliche Sozialauswahl vorgenommen hat. Entscheidend ist, ob die Auswahl noch so ausgewogen ist, dass davon gesprochen werden kann, die sozialen Gesichtspunkte seien ausreichend berücksichtigt worden."* [828] Bei der Sozialauswahl gehe es um das Konkurrenzverhältnis zweier Arbeitnehmer. Warum die Betriebszugehörigkeit im Verhältnis der Arbeitnehmer zueinander gegenüber dem Lebensalter und den Unterhaltspflichten der „sozialere" Gesichtspunkt sein soll, sei nicht ohne Weiteres ersichtlich. Es sei auch nicht zu beanstanden, wenn in einer Auswahlrichtlinie der Betriebszugehörigkeit und den Unterhaltspflichten deutlich stärkeres Gewicht als dem Lebensalter zuerkannt werde.[829]

§ 1 Abs. 3 KSchG erlaubt dem Arbeitgeber die Verwendung eines **Punkteschemas,**[830] auch wenn keine förmliche Vereinbarung gemäß § 1 Abs. 4 KSchG vorliegt.[831] Nach neuerer Rechtsprechung des BAG stellt ein Punkteschema für die soziale Auswahl allerdings auch dann eine nach § 95 Abs. 1 BetrVG **mitbestimmungspflichtige Auswahlrichtlinie** dar, wenn es der Arbeitgeber nicht generell auf alle künftigen, sondern nur auf konkret bevorstehende betriebsbedingte Kündigungen anwenden will.[832] Das Versäumnis führt jedoch mangels einer § 102 Abs. 1 S. 3 BetrVG entsprechenden Norm nicht zur Unwirksamkeit der in Anwendung des – nicht mitbestimmten – Punktesystems ausgesprochenen Kündigung.[833] Damit ist der Rechtsprechung ein Stück Brisanz genommen. Nach neuester Rechtsprechung des BAG muss er bei Verwendung eines Punkteschemas, das den engen Vorgaben des § 1 Abs. 3 KSchG entspricht, **keine abschließende Einzelfallprüfung mehr vornehmen.**[834] Insoweit hat das BAG die zur früheren Rechtslage vertretene Position aufgegeben. Das BAG argumentiert, dass nach der jetzigen Fassung des § 1 Abs. 3 KSchG der Arbeitgeber neben den vier im Gesetz vorgeschriebenen Kriterien keine weiteren zu berücksichtigen habe. Ein Punktesystem müsse deshalb auch keine individuelle Abschlussprüfung mehr vorsehen.[835] Dem kann man folgen. Damit kann man generell die auf die vier Kernkriterien beschränkten Punkteschemata als rechtssichere Möglichkeit empfehlen.

1101

---

[828] BAG 5.12.2002 EzA KSchG § 1 Soziale Auswahl Nr. 49 = NZA 2003, 791.
[829] BAG 23. 11. 2000 AP KSchG 1969 § 1 Betriebsbedingte Kündigung Nr. 114 = NZA 2001, 601.
[830] Die zuletzt in der BAG-Rechtsprechung gebilligten Schemata sind wiedergegeben in BAG 6.11.2008 EzA KSchG § 1 Soziale Auswahl Nr. 82 = NZA 2009, 361; hierzu *Lingemann/Beck,* NZA 2009, 577.
[831] BAG 5.12.2002 EzA KSchG § 1 Soziale Auswahl Nr. 49 = NZA 2003, 791; vgl. bereits BAG 18.1.1990 EzA KSchG § 1 Soziale Auswahl Nr. 28 = NZA 1990, 729; BAG 7.12.1995 EzA KSchG § 1 Soziale Auswahl Nr. 35 = NZA 1996, 473; *v. Hoyningen-Huene* AP KSchG 1969 § 1 Betriebsbedingte Kündigung Nr. 13, 2b; *Jobs,* DB 1986, 538, 540; *Preis,* Prinzipien, S. 431 f.; a. A. wohl jetzt BAG 26.7.2005 AP BetrVG 1972 § 95 Nr. 43 = NZA 2005, 1372 wonach der Arbeitgeber, der in den „Genuss" des § 1 Abs. 4 KSchG kommen möchte, die mit der Mitbestimmung des Betriebsrats ggf. verbundene Verzögerung in Kauf zu nehmen haben soll.
[832] BAG 26.7.2005 AP BetrVG 1972 § 95 Nr. 43 = NZA 2005, 1372.
[833] BAG 6.7.2006 EzA KSchG § 1 Soziale Auswahl Nr. 69 = NZA 2007, 139; BAG 9.11.2006 EzA KSchG § 1 Soziale Auswahl Nr. 71 = NZA 2007, 549.
[834] BAG 9.11.2006 EzA KSchG § 1 Soziale Auswahl Nr. 71 = NZA 2007, 549.
[835] BAG 24.10.2013 NZA 2014, 46.

d) Der Sozialauswahl entgegenstehende berechtigte betriebliche Bedürfnisse

aa) Allgemeines

1102   Welche betrieblichen Belange der Sozialauswahl nach § 1 Abs. 3 S. 2 KSchG entgegengesetzt werden können, ist in Rechtswissenschaft und -praxis nach wie vor streitig. Die vor dem 1.10.1996 und in der Zeit vom 1.1.1999 bis 31.12.2003 geltende Fassung der Norm lautete: *„Satz 1 gilt nicht, wenn betriebstechnische, wirtschaftliche oder sonstige berechtigte betriebliche Bedürfnisse die Weiterbeschäftigung eines oder mehrerer bestimmter Arbeitnehmer bedingen und damit der Auswahl nach sozialen Gesichtspunkten entgegenstehen."* In der Zeit vom 1.10.1996 bis 31.12.1998 und seit dem 1.1.2004 hat der Gesetzgeber die Belange des Arbeitgebers durch folgende Gesetzesfassung stärken wollen: *„In die soziale Auswahl nach Satz 1 sind Arbeitnehmer nicht einzubeziehen, deren Weiterbeschäftigung, insbesondere wegen ihrer Kenntnisse, Fähigkeiten und Leistungen oder zur Sicherung einer ausgewogenen Personalstruktur des Betriebes, im berechtigten betrieblichen Interesse liegt."* Welche substantiellen Unterschiede zwischen beiden Normfassungen bestehen, ist in Rechtsprechung und Literatur streitig. § 1 Abs. 3 Satz 2 KSchG n. F. verfolgt das Ziel, Arbeitgeberinteressen an einer leistungsorientierten Auswahl zu stärken. Nicht mehr erforderlich ist das Vorliegen „berechtigter betrieblicher Bedürfnisse". Vielmehr reicht schon aus, dass die Weiterbeschäftigung eines Arbeitnehmers im „berechtigten betrieblichen Interesse" lag. Im Unterschied zur früher überwiegend vertretenen Auffassung, wonach es einer allgemeinen Abwägung zwischen betrieblichen Bedürfnissen und der sozialen Schutzbedürftigkeit nicht bedarf, verlangt die offene Formulierung des „berechtigten betrieblichen Interesses" eine Abwägung, jedenfalls eine Gewichtung des betrieblichen Interesses. Dieser Position ist das BAG im Grundsatz gefolgt. **Je schwerer dabei das soziale Interesse wiegt, umso gewichtiger müssen die Gründe für die Ausklammerung des „Leistungsträgers" sein.**[836] Diese Auffassung, die dem Gesetzgeber ausdrücklich bekannt war,[837] unterliegt der Kritik,[838] weil über diese Rechtsprechung Rechtssicherheit nicht zu erlangen ist. Diese Auffassung hat einen berechtigten Kern, wenn die Abwägung zu weit getrieben wird. Denn soziale Interessen des Arbeitnehmers können rational kaum mit betrieblichen Interessen des Arbeitgebers abgewogen werden.

1103   Im Kern geht es darum, dass der Charakter des § 1 Abs. 3 S. 2 KSchG als Ausnahmevorschrift bestehen bleibt. Mit anderen Worten: Es geht darum, zu verhindern, dass der Arbeitgeber unter Berufung auf § 1 Abs. 3 S. 2 KSchG einen zielgerichteten Eingriff zur Kündigung bestimmter Arbeitnehmer vornimmt, weshalb es einer näheren, plausiblen Begründung des Arbeitgebers zu den auszutauschenden Mitarbeitern bedarf.[839] Grundprinzip ist die soziale Auswahl unter allen vergleichbaren Arbeitnehmern. § 1 Abs. 3 S. 2 KSchG ist der Ausnahmetatbestand. Insofern verbleibt es bei der auch zur früheren Fassung des § 1 Abs. 3 S. 2 KSchG vertretenen Auffassung, dass in **systematischer Hinsicht** zwischen den Bestimmungen des § 1 Abs. 3 S. 1 und des S. 2 ein **Regel-Ausnahme-Verhältnis** besteht.[840] Dies ergibt sich zunächst aus der

---

[836] BAG 12.4.2002 EzA KSchG § 1 Soziale Auswahl Nr. 48 = NZA 2003, 42; BAG 5.12.2002 EzA KSchG § 1 Soziale Auswahl Nr. 52 = NZA 2003, 849.
[837] Vgl. Bericht und Empfehlung des 9. Ausschusses BT-Drucks. 15/1587, S. 30.
[838] *Willemsen/Annuß*, NJW 2004, 177, 180; *Bauer/Krieger*, Rn. 37 ff.
[839] BAG 5.12.2002 EzA KSchG § 1 Soziale Auswahl Nr. 52 = NZA 2003, 849.
[840] So ausdrücklich BAG 24.3.1983 AP KSchG 1969 § 1 Betriebsbedingte Kündigung Nr. 12 = EzA KSchG § 1 Betriebsbedingte Kündigung Nr. 21; BAG 25.4.1985 EzA KSchG § 1 Betriebsbedingte Kündigung Nr. 35 = NZA 1986, 64; *Löwisch*, BB 2004, 154, 155; APS/*Kiel*, § 1 KSchG Rn. 748.

§ 2 Die Sozialwidrigkeit der Kündigung

Reihenfolge der Regelungen in § 1 Abs. 3 KSchG.[841] Der Sache nach bewirkt § 1 Abs. 3 S. 2 KSchG eine Begrenzung des auswahlrelevanten Personenkreises. Dennoch handelt es sich bei § 1 Abs. 3 S. 2 KSchG nicht um einen Sonderfall der nicht gegebenen Vergleichbarkeit.[842] Die Bestimmung des auswahlrelevanten Personenkreises einerseits und § 1 Abs. 3 S. 2 KSchG andererseits unterscheiden sich insofern, als sich der gekündigte Arbeitnehmer zwar darauf berufen kann, dass er nicht zum Kreis der vergleichbaren Arbeitnehmer gehört, nicht jedoch geltend machen kann, seine Weiterbeschäftigung sei aufgrund eines betrieblichen Bedürfnisses erforderlich. Konsequenterweise darf der Arbeitnehmer auch bezüglich seiner Vergleichbarkeit nicht geltend machen, er sei wegen höherer Qualifikation aus dem Kreis der vergleichbaren Arbeitnehmer auszuklammern, sondern nur, vergleichbare Arbeitnehmer seien zu Unrecht nicht in die Sozialauswahl einbezogen worden. § 1 Abs. 3 S. 2 KSchG eröffnet dem Arbeitgeber lediglich eine **Option, die dieser nicht in Anspruch nehmen muss.**[843] Dem entspricht eine unterschiedliche Beweislastverteilung: Während der gekündigte Arbeitnehmer die **Darlegungs- und Beweislast** für die fehlerhafte Zusammensetzung des auswahlrelevanten Personenkreises trägt, obliegt dem Arbeitgeber der Nachweis für das Vorliegen berechtigter betrieblicher Bedürfnisse.[844]

Die Frage, wann ein berechtigtes **betriebliches Interesse** vorliegt, das die Weiterbeschäftigung eines Arbeitnehmers bedingt, wird in Rechtsprechung und Literatur seit langem und bisweilen kontrovers diskutiert. Nach der gefestigten Rechtsprechung des BAG zur früheren Fassung lagen betriebstechnische Bedürfnisse iSd § 1 Abs. 3 S. 2 KSchG a.F. vor, wenn die Weiterbeschäftigung des entsprechenden Arbeitnehmers im Interesse eines geordneten Betriebsablaufs erforderlich ist.[845] Eine Erforderlichkeit in diesem Sinne soll nicht erst dann gegeben sein, wenn für den Arbeitgeber bei Entlassung des sozial stärkeren Arbeitnehmers eine Zwangslage eintreten würde.[846] Allein Nützlichkeitserwägungen sollen allerdings nicht zu Ausnahmen von der Sozialauswahl berechtigen.[847] Diese Rechtsprechung dürfte auch zur Neufassung des § 1 Abs. 3 S. 2 KSchG Bestand haben, obwohl „nur" ein „berechtigtes betriebliches Interesse" gefordert ist.

1104

Das BAG steht vor der Problematik zu verhindern, dass über § 1 Abs. 3 S. 2 KSchG ein zielgerichteter Eingriff zur Kündigung bestimmter Arbeitnehmer erfolgt.[848] Soziale Gesichtspunkte werden nicht ausreichend berücksichtigt, wenn der Arbeitgeber betriebsweit den größeren Teil der Arbeitnehmer aus betriebstechnischen Gründen von

1105

---

[841] LAG Düsseldorf 4.3.1998 LAGE KSchG § 1 Interessenausgleich Nr. 3; *Lück*, S. 331 (der im Ergebnis jedoch eine vorrangige Prüfung berechtigter betrieblicher Bedürfnisse befürwortet).
[842] So aber *Künzl*, ZTR 1996, 385, 396; *Matthießen*, NZA 1998, 1153, 1154.
[843] *Berkowsky* I, § 7 Rn. 311 ff.; *Berscheid*, BuW 1997, 632, 635; HK-KSchG/*Dorndorf*, § 1 Rn. 1101; a.A. *Thüsing/Wege*, RdA 2005, 12, 13; *Buschmann*, AuR 1996, 285, 288; *Kittner*, AuR 1997, 182, 188.
[844] BAG 23.11.2000 AP KSchG 1969 § 1 Betriebsbedingte Kündigung Nr. 114 = NZA 2001, 601; BAG 10.2.1999 EzA KSchG § 1 Soziale Auswahl Nr. 38 = NZA 1999, 702–704.
[845] Grundlegend BAG 24.3.1983 AP KSchG 1969 § 1 Betriebsbedingte Kündigung Nr. 12 = EzA KSchG § 1 Betriebsbedingte Kündigung Nr. 21; BAG 25.4.1985 EzA KSchG § 1 Betriebsbedingte Kündigung Nr. 35 = NZA 1986, 64; zust. *Ascheid*, Rn. 341; *ders.*, DB 1986, 538, 540; *Klinkhammer/Klinkhammer*, AuR 1984, 62, 63f.; *Künzl*, ZTR 1996, 385, 393; *Linck*, S. 120f.; LSW/*Löwisch*, § 1 KSchG Rn. 484; *Schaub*, BB 1993, 1089, 1093.
[846] Eine derartige Zwangslage hatte das BAG zwischen 1961 und 1983 verlangt (grundlegend BAG 20.1.1961 AP KSchG § 1 Betriebsbedingte Kündigung Nr. 7; ausf. zur Entwicklung der Rechtsprechung *Bitter/Kiel*, RdA 1994, 333, 356f.; KR/*Etzel*, § 1 KSchG Rn. 577ff.
[847] HHL/*Krause*, § 1 KSchG Rn. 991; HK-KSchG/*Dorndorf*, § 1 Rn. 1104; *Kittner*, AuR 1997, 182, 188; *Lakies*, NJ 1997, 121, 124.
[848] BAG 23.11.2000 AP KSchG 1969 § 1 Betriebsbedingte Kündigung Nr. 114 = NZA 2001, 601.

der Austauschbarkeit generell ausnimmt und die Sozialauswahl auf den kleineren, verbleibenden Teil der Restbelegschaft beschränkt.[849] Der Begriff des „berechtigten Interesses" fordert, dass betriebliche Interessen in Relation zu den sozialen Gesichtspunkten nach Satz 1 gesetzt werden müssen. Es muss also geprüft werden, ob ein betriebliches Interesse, das arbeitgeberseitig nachzuweisen ist, als solches berechtigt ist, d. h. ein Gewicht hat, dass der entsprechende Arbeitnehmer aus der Sozialauswahl herauszunehmen ist. Das Gewicht des berechtigten Interesses hängt nicht von den im Einzelfall vorliegenden Sozialdaten ab.[850] Einer Abwägung zwischen betrieblichen Interessen und sozialen Gesichtspunkten des Arbeitnehmers i. e. S. bedarf es – anders als das BAG offenbar meint – nicht. Aus § 1 Abs. 3 S. 2 KSchG folgt aber auch **kein unbedingter Vorrang der betrieblichen Interessen** vor den sozialen Gesichtspunkten. Eine derartige Interpretation wäre schwerlich in Einklang mit dem verfassungsgerichtlichen Erfordernis der Berücksichtigung sozialer Gesichtspunkte bei betriebsbedingten Entlassungen zu bringen.[851] Die Norm bringt daher – angesichts der in ihr enthaltenen unbestimmten Rechtsbegriffe – entgegen ihrer Intention kaum weitergehende Rechtssicherheit.[852] Im Rahmen des § 1 Abs. 3 S. 2 KSchG ist **keine einzelfallbezogene Interessenabwägung** zwischen dem Arbeitgeberbedürfnis einerseits und den sozialen Belangen des sozial schutzbedürftigeren Arbeitnehmers, der statt des sozial stärkeren Arbeitnehmers entlassen werden soll, andererseits durchzuführen.[853] Die gegenteilige Rechtsprechung des BAG in der Entscheidung vom 12.4.2002[854] vermag nicht zu überzeugen.[855] Die Möglichkeit des Arbeitgebers, gem. § 1 Abs. 3 S. 2 KSchG vom Ergebnis der Sozialauswahl abzuweichen, hängt nicht von der Größe der Differenz ab, die zwischen der sozialen Schutzbedürftigkeit der zur Wahl stehenden Kündigungsadressaten besteht. Vielmehr enthält § 1 Abs. 3 S. 2 KSchG die Bewertung des Gesetzgebers, dass Arbeitgeberinteressen, die „berechtigt" sind, den Vorrang vor den sozialen Belangen der betroffenen Arbeitnehmer genießen. Zuzustimmen ist dem BAG ohne Weiteres, dass der Gesetzeswortlaut zwingend voraussetzt, dass es auch „unberechtigte" Interessen gibt. Jedoch wird durch eine einzelfallbezogene Abwägung die strikte Trennung innerhalb des § 1 Abs. 3 KSchG durchbrochen, nach der die sozialen Belange der Arbeitnehmer allein Satz 1 und Arbeitgeberbelange allein Satz 2 zuzuordnen sind. Ob ein Interesse berechtigt ist, kann auch ohne Abwägung mit dem Grad der sozialen Schutzbedürftigkeit festgestellt werden.[856] Das Interesse des Arbeitgebers muss berechtigt in Ansehung des (vorrangigen) Grundprinzips der sozialen Auswahl nach Satz 1 sein. Zutreffend ist die Formel von *Bader*:[857] Berechtigt ist das Interesse dann, wenn der angestrebte Vorteil ein solches Gewicht hat, dass es gerecht-

---

[849] BAG 5.12.2002 EzA KSchG § 1 Soziale Auswahl Nr. 52 = NZA 2003, 849.

[850] Ebenso *Willemsen/Annuß*, NJW 2004, 177, 179.

[851] Hierzu BVerfG 24.4.1991 EzA Einigungsvertrag Art. 20 Nr. 1; krit. zu dieser Argumentation *Fischermeier*, NZA 1997, 1089, 1092.

[852] Vgl. auch *Lorenz*, DB 1996, 1973.

[853] *Bitter/Kiel*, RdA 1994, 333, 352; *Bütefisch*, S. 295 ff.; *Löwisch/Schüren*, SAE 1984, 50, 51; *Rieble*, NJW 1991, 65, 68; *Schröder*, ZTR 1995, 394, 402; *Weber*, RdA 1986, 341, 347; vgl. auch *Matthießen*, NZA 1998, 1153, 1155; a. A. LAG Düsseldorf 3.6.1982 DB 1982, 1935; LAG Schleswig-Holstein 8.7.1994 BB 1995, 2660, 2661; *Bader*, NZA 1999, 64, 68; *Berkowsky*, BB 1983, 2057, 2061; *ders.*, NJW 1983, 1292, 1295 f.; HK-KSchG/*Dorndorf*, § 1 Rn. 1102, 1107 f.; *v. Hoyningen-Huene*, NZA 1994, 1009, 1016; APS/*Kiel*, § 1 KSchG Rn. 759; *Linck*, S. 122; *Rost*, ZIP 1982, 1396, 1401.

[854] BAG 12.4.2002 EzA KSchG § 1 Soziale Auswahl Nr. 48 = NZA 2003, 42; daran festhaltend BAG 31.5.2007 EzA KSchG § 1 Soziale Auswahl Nr. 76 = NZA 2007, 1362.

[855] Bestätigt durch BAG 19.7.2012 NZA 2013, 86; BAG 5.6.2008 NZA 2008, 1120.

[856] Ebenso *Bader*, NZA 2004, 65, 73 f.; *Thüsing/Wege*, RdA 2005, 12, 17.

[857] *Bader*, NZA 2004, 65, 73 f.

fertigt ist, deswegen die Grundsätze der Sozialauswahl (im Einzelfall) nicht zur Anwendung kommen zu lassen. Es hat eine objektive Interessengewichtung stattzufinden, die nicht abhängig ist von der sozialen Schutzbedürftigkeit konkurrierender Arbeitnehmer. Geringfügige oder nicht aktuelle Vorteile, ebenso wie vage Zukunftserwartungen sind in diesem Sinne nicht berechtigt. Deswegen reichen auch weiterhin nicht „reine Nützlichkeitserwägungen".[858]

Offen ist, von welcher Qualität Kenntnisse, Fähigkeiten und Leistungen sein müssen, damit sie der Sozialauswahl entgegenstehen.[859] Der Arbeitgeber muss dem Arbeitsgericht – unter der einen wie unter der anderen Normfassung – plausibel die weitergehenden **Kenntnisse, Fähigkeiten und Leistungen** vortragen können. Dies können besondere **höhere Qualifikationen und Spezialkenntnisse,** aber auch **hervorragende interne Beurteilungen** sein. Sofern der Unterschied in der Eignung, Befähigung und Leistung objektiv nachvollziehbar ist, steht dies der Einbeziehung der sozialen Auswahl entgegen. Die **Weiterbeschäftigung höher qualifizierter Arbeitnehmer** kann erforderlich sein, wenn diese für sporadisch anfallende Spezialarbeiten zur Verfügung stehen müssen.[860] Die vielseitigere Verwendbarkeit kann mithin der Sozialauswahl entgegenstehen. Soweit die höhere Qualifikation nachvollziehbar für einen geordneten und wirtschaftlich optimalen Arbeits- und Betriebsablauf erforderlich ist, stehen die Leistungsunterschiede der Sozialauswahl entgegen.[861]

1106

Auch das Vorliegen anderer berechtigter betrieblicher Interessen ist anhand **objektiver Maßstäbe** zu überprüfen.[862] Die betrieblichen Belange müssen von so großem Gewicht sein, dass sie auch in den Augen eines anderen vernünftigen Arbeitgebers, der sich in der Position des kündigenden Arbeitgebers befände, die Weiterbeschäftigung des sozial stärkeren Arbeitnehmers notwendig machen würden. Dabei sind der Bewertung der betrieblichen Interessen die **konkreten Gegebenheiten des Beschäftigungsbetriebes** zugrunde zu legen.[863] Unbestritten ist zudem, dass, wenn das betriebliche Bedürfnis durch die Weiterbeschäftigung mehrerer sozial stärkerer Arbeitnehmer in gleicher Weise erfüllt werden kann, jedoch nur ein Arbeitnehmer benötigt wird, wiederum die Grundsätze des § 1 Abs. 3 S. 1 KSchG eingreifen. Der Arbeitgeber hat daher den sozial Schutzbedürftigsten dieser Arbeitnehmer weiterzubeschäftigen.[864]

1107

Ein berechtigtes betriebliches Interesse kann sich insbesondere auch aus Umständen ergeben, die sich auf die Betriebsorganisation bzw. den Betriebsablauf beziehen.[865] Ob ein **wirtschaftlicher** Vorteil von hinreichendem Gewicht vorliegt, der die Weiterbeschäftigung eines sozial stärkeren Arbeitnehmers rechtfertigt, ist unabhängig von der wirtschaftlichen Lage des Beschäftigungsbetriebs zu beurteilen.[866]

1108

---

[858] A. A. *Willemsen/Annuß,* NJW 2004, 177, 179; *Thüsing/Stelljes,* BB 2003, 1673.
[859] Instruktiver Überblick bei *Krieger/Reinecke,* DB 2013, 1906.
[860] LSW/*Löwisch,* § 1 KSchG Rn. 469.
[861] Zu Führungsqualitäten: LAG Hamm 5.2.1987 LAGE KSchG § 1 Soziale Auswahl Nr. 2; *Zimmerling,* ZTR 1995, 62 ff.
[862] *Berscheid,* BuW 1997, 632, 635; *Fischermeier,* NZA 1997, 1089, 1092; *Lakies,* NJ 1997, 121, 124; *Moll/Grunsky,* Rn. 123 f.; *Schwedes,* BB 1996, Beil. 17, 2, 3; *Wlotzke,* BB 1997, 414, 418.
[863] ErfK/*Oetker,* § 1 KSchG Rn. 348; *Matthießen,* NZA 1998, 1153, 1155.
[864] ErfK/*Oetker,* § 1 KSchG Rn. 349; HK-KSchG/*Dorndorf,* § 1 Rn. 1110; LSW/*Löwisch,* § 1 KSchG Rn. 484.
[865] Vgl. BAG 24.3.1983 AP KSchG § 1 1969 Betriebsbedingte Kündigung Nr. 12; BAG 25.4.1985 AP KSchG 1969 § 1 Soziale Auswahl Nr. 7 = EzA KSchG § 1 Betriebsbedingte Kündigung Nr. 21; APS/*Kiel,* § 1 KSchG Rn. 760.
[866] So auch LSW/*Löwisch,* § 1 KSchG Rn. 485; *Löwisch/Schüren,* SAE 1984, 50, 51; *Matthießen,* NZA 1998, 1153, 1155; a. A. APS/*Kiel,* § 1 KSchG Rn. 760; *Langanke,* RdA 1993, 219, 220; *Weng,* DB 1978, 884, 887.

1109 Umstände, die einen Bezug zum Verhalten oder zu persönlichen Eigenschaften der potentiellen Kündigungsadressaten aufweisen, kommen auch dann als betriebliche Bedürfnisse iSd § 1 Abs. 3 S. 2 KSchG in Betracht, wenn gegenüber dem sozial schwächeren Arbeitnehmer die **Voraussetzungen einer verhaltens- und personenbedingten Kündigung** nicht vorliegen. Das BAG scheint einen Rückgriff auf die Voraussetzungen des § 1 Abs. 2 S. 1 KSchG immer dann zu befürworten, wenn das betriebliche Bedürfnis zur Weiterbeschäftigung des sozial stärkeren Arbeitnehmers aus einem Eignungs- oder Verhaltensdefizit des sozial schwächeren Arbeitnehmers resultiert. Hingegen zieht das BAG die Maßstäbe des § 1 Abs. 2 S. 1 KSchG nicht heran, wenn sich das Bedürfnis zur Weiterbeschäftigung des sozial stärkeren Arbeitnehmers aus dessen vertraglich nicht geforderten, zusätzlichen Qualitäten ergibt. Diese Abgrenzung überzeugt nicht.[867] Gegen die Übertragung der Voraussetzungen des § 1 Abs. 2 S. 1 KSchG auf § 1 Abs. 3 S. 2 KSchG spricht, dass § 1 Abs. 3 S. 2 KSchG seinem Wortlaut nach gerade kein dringendes betriebliches Erfordernis, sondern lediglich ein berechtigtes betriebliches Interesse verlangt.[868] Außerdem erfüllt § 1 Abs. 2 S. 1 KSchG, der die Begründung eines Kündigungsrechts betrifft, eine andere Funktion als § 1 Abs. 3 S. 2 KSchG, der lediglich der personellen Zuordnung eines bestehenden Kündigungsrechts dient.[869] Nach der Rechtsprechung des BAG wäre zudem ein Arbeitnehmer, der für die Erbringung seiner vertraglich geschuldeten Leistung durchschnittlich geeignet ist und keinerlei Verhaltensmängel aufweist, letztlich schlechter gegen einen Verlust seines Arbeitsplatzes auf Grund eines betrieblichen Interesse geschützt als ein Arbeitnehmer mit Eignungs- oder Verhaltensdefiziten. Der notwendige Schutz für gesundheitlich labile und leistungsschwache Arbeitnehmer ist dadurch sicherzustellen, dass an den Vortrag des Arbeitgebers, warum gerade auf dem fortbestehenden Arbeitsplatz ein Bedürfnis zur Beschäftigung eines Arbeitnehmers mit den geforderten persönlichen Eigenschaften oder Verhaltensweisen besteht, entsprechend hohe Anforderungen gestellt werden.

bb) Einzelne berechtigte betriebliche Interessen (Kenntnisse, Fähigkeiten und Leistungen)

1110 In der Literatur wird die Differenzierung zwischen individuellen und strukturellen Sachgründen vorgeschlagen, die als berechtigte betriebliche Interessen anzuerkennen sind.[870] Zu den strukturellen Sachgründen gehört insbesondere die „ausgewogene Personalstruktur" (→ Rn. 1124), die sich letztlich sogar auf die Bildung der Vergleichsgruppen auswirkt. Diese Differenzierung ist sinnvoll. Als **betriebliche Interessen** iSd § 1 Abs. 3 S. 2 KSchG mit primär individuellem Bezug sind eben die besonderen Kenntnisse, Fähigkeiten und Leistungen bestimmter Arbeitnehmer **anzuerkennen.** Denkbar sind aber auch noch darüber hinausgehende Interessen, was aus dem Wort „insbesondere" in § 1 Abs. 3 S. 2 KSchG folgt.[871] Allerdings ist zu beachten, dass sich der Arbeitgeber nicht auf die „Nachteile" des zu kündigenden und sozial schutzwürdigen Arbeitnehmers zur Begründung seines berechtigten betrieblichen Interesses berufen kann. § 1 Abs. 3 S. 2 KSchG fördert keine Negativauswahl.[872] Entscheidend ist vielmehr,

---

[867] Zust. allerdings *Matthießen*, NZA 1998, 1153, 1156 f.
[868] *v. Hoyningen-Huene*, AP KSchG 1969 § 1 Betriebsbedingte Kündigung Nr. 13, 4b; *Linck*, S. 124.
[869] *Linck*, S. 123 f.; vgl. auch *v. Hoyningen-Huene*, AP KSchG 1969 § 1 Betriebsbedingte Kündigung Nr. 13, 4b; *Lück*, S. 360.
[870] Insbesondere APS/*Kiel*, § 1 KSchG Rn. 747.
[871] BAG 31.5.2007 EzA KSchG § 1 Soziale Auswahl Nr. 76 = NZA 2007, 1362.
[872] Zutreffend HWK/*Quecke*, § 1 KSchG Rn. 397.

§ 2 Die Sozialwidrigkeit der Kündigung

ob der „Leistungsträger" dem Betrieb erhebliche Vorteile vermittelt. Eine Weiterbeschäftigung muss für den Betrieb von besonderer Bedeutung sein.[873] Im Einzelnen:

Besondere **Leistungen** eines sozial stärkeren Arbeitnehmers können dessen Weiterbeschäftigung rechtfertigen. Dabei betrifft der Begriff der Leistung die Frage, wie qualitativ oder quantitativ hochwertig das Arbeitsergebnis ist, das der Arbeitnehmer in der praktischen Umsetzung seiner Kenntnisse erzielt,[874] sodass insbesondere Schnelligkeit, Fehlerquote, Einsatzbereitschaft und Zuverlässigkeit des Arbeitnehmers unter dem Begriff der Leistung zusammengefasst werden. Allerdings kommt § 1 Abs. 3 S. 2 KSchG nur zur Anwendung, wenn auch der sozial schwächere Arbeitnehmer das für die Übernahme des fortbestehenden Arbeitsplatzes notwendige Leistungsminimum im Sinne qualitativ oder quantitativ ausreichender Arbeitsergebnisse erbringen kann, denn sonst wäre bereits die Vergleichbarkeit zu verneinen. Nach ständiger Rechtsprechung des BAG und der herrschenden Meinung in der Literatur greift § 1 Abs. 3 S. 2 KSchG bei erheblichen Leistungsunterschieden ein.[875] Nach der hier vertretenen Ansicht kommt es hingegen nicht auf die Größe des Leistungsunterschiedes zwischen den potentiellen Kündigungsadressaten an, sondern darauf, dass auf dem fortbestehenden Arbeitsplatz ein bestimmtes, hohes Leistungsniveau betriebstechnisch bzw. wirtschaftlich vorteilhaft ist, das zwar der sozial stärkere, nicht jedoch der sozial schwächere Arbeitnehmer aufweist. **1111**

Ein anerkennenswertes Interesse besteht insbesondere dann, wenn es sich bei dem fortbestehenden Arbeitsplatz um eine **Schlüsselposition** handelt, sodass von der auf diesem Arbeitsplatz erbrachten Leistung auch die auf anderen Arbeitsplätzen erbringbaren Leistungen abhängen,[876] oder wenn gerade der in Rede stehende Arbeitsplatz von herausragender Bedeutung für den Ertrag des Betriebes ist. Dies liegt zB bei einem im Einkauf beschäftigten Arbeitnehmer, der regelmäßig besonders günstige Konditionen aushandelt, ebenso auf der Hand wie bei einem Verkäufer mit besonders vielen Vertragsabschlüssen.[877] Der erforderliche Nachweis über die Leistungen des entsprechenden Arbeitnehmers kann sich insbesondere aus hervorragenden internen Beurteilungen,[878] betriebsinternen „Rankings"[879] oder einem besonders hohen erzielten Leistungslohn[880] ergeben. **1112**

Allein die besonders **hohe Krankheitsanfälligkeit eines Arbeitnehmers** begründet noch kein berechtigtes betriebliches Interesse, einen anderen vergleichbaren und nach § 1 Abs. 3 S. 1 KSchG weniger schutzbedürftigen Arbeitnehmer weiterzubeschäftigen. § 1 Abs. 3 S. 2 KSchG fördert keine Negativauswahl.[881] Entgegen der früheren Ansicht des BAG[882] ist es aber auch verfehlt, auf die Erfüllung der Voraussetzungen ei- **1113**

---

[873] BAG 31.5.2007 EzA KSchG § 1 Soziale Auswahl Nr. 76 = NZA 2007, 1362.
[874] ErfK/*Oetker*, § 1 KSchG Rn. 346.
[875] Vgl. zB BAG 24.3.1983 AP KSchG 1969 § 1 Betriebsbedingte Kündigung Nr. 12 = EzA KSchG § 1 Betriebsbedingte Kündigung Nr. 21; BAG 20.10.1983 AP KSchG 1969 § 1 Betriebsbedingte Kündigung Nr. 13 = EzA KSchG § 1 Betriebsbedingte Kündigung Nr. 28; *Lück*, S. 355; *Schiefer*, Betriebsbedingte Kündigung, 2001, S. 58; *Weber*, RdA 1986, 341, 346; ebenso Korrekturgesetz, BT-Drucks. 14/45, S. 53.
[876] Ähnl. zur Teamarbeit KR/*Griebeling*, § 1 KSchG Rn. 634 ff.
[877] Vgl. KPK/*Schiefer*, § 1 KSchG Rn. 1234.
[878] Vgl. hierzu *Berscheid*, BuW 1997, 632, 635; *Preis*, NZA 1997, 1079, 1084; vgl. auch *Matthießen*, NZA 1998, 1153, 1156.
[879] KPK/*Schiefer*, § 1 KSchG Rn. 1239 ff.
[880] *Matthießen*, NZA 1998, 1153, 1156; KPK/*Schiefer*, § 1 KSchG Rn. 1239 ff.
[881] BAG 31.5.2007 EzA KSchG § 1 Soziale Auswahl Nr. 76 = NZA 2007, 1362.
[882] Grundlegend BAG 24.3.1983 AP KSchG 1969 § 1 Betriebsbedingte Kündigung Nr. 12 = EzA KSchG § 1 Betriebsbedingte Kündigung Nr. 21; BAG 20.10.1983 AP KSchG 1969 § 1 Betriebs-

ner krankheitsbedingten Kündigung abzustellen. Dabei muss der Arbeitgeber darlegen, warum auf dem fortbestehenden Arbeitsplatz die Beschäftigung eines Arbeitnehmers mit geringen krankheitsbedingten Fehlzeiten von besonderer Bedeutung ist.[883] Richtig stellt das BAG in der Entscheidung vom 31.5.2007 heraus, dass entscheidend ist, ob die Weiterbeschäftigung eines Leistungsträgers für den Betrieb von besonderer Bedeutung ist. Eine derartige Notwendigkeit kann sich beispielsweise daraus ergeben, dass die Arbeit aufgrund ihrer Komplexität oder notwendiger Kenntnisse und Erfahrungen nicht kurzfristig von einem anderen Arbeitnehmer übernommen werden kann, jedoch die permanente Besetzung des Arbeitsplatzes erforderlich ist, sei es, weil es sich um eine innerbetriebliche Schlüsselposition handelt, sei es, weil hiervon die Einhaltung der mit Kunden vereinbarten Termine abhängt. Ebenso ist, insbesondere im Beratungs- und Dienstleistungssektor, denkbar, dass Kunden einen festen Ansprechpartner erwarten, sodass ernsthaft zu befürchten ist, dass sie bei dessen häufiger unvorhergesehener Abwesenheit zu einem Konkurrenten abwandern. § 1 Abs. 3 S. 2 KSchG ermöglicht danach die Entlassung eines Arbeitnehmers, der an häufigen Kurzerkrankungen, sofern – ebenso wie bei der krankheitsbedingten Kündigung – eine Negativprognose auch zukünftig entsprechend häufige Fehlzeiten erwarten lässt.[884] Das BAG meint sogar, dass die Weiterbeschäftigung bestimmter sozial stärkerer Arbeitnehmer erforderlich sein kann, wenn im Betrieb nach einer Sozialauswahl nach allein sozialen Kriterien im Wesentlichen nur noch Arbeitnehmer mit hohen Fehlzeiten verbleiben.[885] Dieser Fall ist indes unrealistisch, auch in Ansehung der relativ geringen Krankheitsquoten der vergangenen Jahre.

1114 Anerkanntermaßen gehören **besondere Kenntnisse** eines sozial stärkeren Arbeitnehmers, deren Fehlen nicht bereits die Vergleichbarkeit ausschließt, zu den berechtigten betrieblichen Interessen iSd § 1 Abs. 3 S. 2 KSchG, die dessen Weiterbeschäftigung rechtfertigen können.[886] Dabei erfasst § 1 Abs. 3 S. 2 KSchG zum einen tätigkeitsbezogene Qualifikationen, die nicht zwingender Bestandteil des Anforderungsprofils des fortbestehenden Arbeitsplatzes sind, beispielsweise besondere Kenntnisse für selten anfallende Vertretungs- oder Spezialarbeiten.[887] Darüber hinaus erfasst § 1 Abs. 3 S. 2 KSchG besondere Kenntnisse, die zwar nicht zur Erbringung der vertraglich geschuldeten Arbeitsleistung erforderlich sind, aber aufgrund der tatsächlichen Gegebenheiten für einen reibungslosen Betriebsablauf vonnöten sind. Sind in einem Betrieb beispielsweise zahlreiche ausländische Arbeitnehmer tätig, deren deutsche Sprachkenntnisse für die betriebsnotwendige Kommunikation nicht ausreichen, ermöglicht § 1 Abs. 3 S. 2 KSchG die Weiterbeschäftigung des Arbeitnehmers, der aufgrund seiner Sprachkennt-

---

bedingte Kündigung Nr. 13 = EzA KSchG § 1 Betriebsbedingte Kündigung Nr. 28; zust. *Ascheid*, Rn. 330; HK-KSchG/*Dorndorf*, § 1 Rn. 1113 f.; APS/*Kiel*, § 1 KSchG Rn. 755; *Künzl*, ZTR 1996, 385, 394; LSW/*Löwisch*, § 1 KSchG Rn. 482; *Neyses*, DB 1983, 2414, 2418; krit. zB *Schwerdtner*, ZIP 1984, 10.

[883] Ähnl. KR/*Griebeling*, § 1 KSchG Rn. 636.

[884] Ähnl. *Lück*, S. 361.

[885] BAG 31.5.2007 EzA KSchG § 1 Soziale Auswahl Nr. 76 = NZA 2007, 1362 unter Berufung auf LSW/*Löwisch*, § 1 KSchG Rn. 482.

[886] BAG 20.10.1983 AP KSchG 1969 § 1 Betriebsbedingte Kündigung Nr. 13 = EzA KSchG § 1 Betriebsbedingte Kündigung Nr. 28; HK-KSchG/*Dorndorf*, § 1 Rn. 1110; *Linck*, AR-Blattei, SD 1020.1.2 Rn. 107 f.; LSW/*Löwisch*, § 1 KSchG Rn. 469; vgl. auch Entwurf Korrekturgesetz, BT-Drucks. 14/45, S. 53.

[887] BAG 20.10.1983 AP KSchG 1969 § 1 Betriebsbedingte Kündigung Nr. 13 = EzA KSchG § 1 Betriebsbedingte Kündigung Nr. 28; HK-KSchG/*Dorndorf*, § 1 Rn. 1110; *Linck*, AR-Blattei, SD 1020.1.2 Rn. 108; LSW/*Löwisch*, § 1 KSchG Rn. 469; *B. Preis*, DB 1998, 1761, 1765.

§ 2 Die Sozialwidrigkeit der Kündigung

nisse die notwendige Übersetzungsarbeit leisten kann.[888] Allerdings hat sich das BAG sehr schwer getan, das berechtigte Interesse einer „störungsfreien" Kommunikation zwischen einer Englisch sprechenden Vorgesetzten mit ihrer Sekretärin anzuerkennen.[889] Hat ein Arbeitnehmer an einer Maßnahme der betrieblichen Bildung zur Weiterentwicklung seiner beruflichen Kenntnisse und Fertigkeiten teilgenommen (vgl. §§ 81 Abs. 4, 97 Abs. 2 BetrVG) kann die erfolgte betriebliche Qualifizierung die Weiterbeschäftigung bedingen.

Soll ein Arbeitnehmer **zukünftig eine Führungsposition wahrnehmen,** stellt dies ein betriebliches Interesse iSd § 1 Abs. 3 S. 2 KSchG dar.[890] Dies beruht auf der Erkenntnis, dass die Besetzung der Führungspositionen langfristig von entscheidender Bedeutung für den wirtschaftlichen Erfolg eines Betriebes ist. Charakteristisch für eine Führungsposition ist, dass sie anderen Arbeitsplätzen übergeordnet ist und sich von den durchschnittlichen Arbeitsplätzen durch ein gesteigertes Maß an Gestaltungsspielraum und Verantwortung unterscheidet. Allerdings muss die avisierte Führungsposition, wenn vielleicht auch nicht in räumlicher Hinsicht, so doch zumindest inhaltlich feststehen und die Übernahme durch den entsprechenden Arbeitnehmer absehbar sein (zB innerhalb des nächsten Jahres). Der Arbeitgeber muss zudem schlüssig darlegen, warum gerade dieser Arbeitnehmer seiner Ansicht nach in besonderer Weise für die Wahrnehmung der avisierten Führungsposition geeignet ist. Anhaltspunkte für eine solche Eignung können sich aus herausragenden Leistungen und entsprechenden innerbetrieblichen Beurteilungen ebenso ergeben wie aus zusätzlichen Qualifikationen, auch wenn diese bislang keinen Eingang in die arbeitsvertragliche Leistungsbeschreibung gefunden haben. Dies gilt insbesondere, wenn der Arbeitnehmer sie mit (finanzieller) Unterstützung des Arbeitgebers erworben hat.[891]

1115

Besondere Kontakte zu Kunden oder Lieferanten können die Weiterbeschäftigung eines sozial stärkeren Arbeitnehmers rechtfertigen,[892] sofern diese Aufträge bzw. Lieferungen für den Betrieb einen beachtlichen wirtschaftlichen Faktor darstellen und die Gefahr besteht, der Kunde werde bei Austausch des Verkäufers abwandern bzw. der Lieferant werde nicht mehr an den gegenwärtigen günstigen Konditionen festhalten.

1116

Nach zutreffender Ansicht kann ein wirksam vereinbartes **nachvertragliches Wettbewerbsverbot** ein betriebliches Interesse an der Weiterbeschäftigung eines sozial stärkeren Arbeitnehmers begründen.[893] Dies liegt in der Vermeidung einer Entschädigungspflicht gem. § 74 Abs. 2 HGB, sofern nicht bereits im Zeitpunkt des Kündigungszugangs eindeutig absehbar ist, dass sich der Arbeitnehmer aufgrund seines Wahlrechts aus § 75 Abs. 2 HGB von der Vereinbarung lossagen wird. Ist jedoch zu befürchten, dass der Arbeitnehmer sodann in erheblichem Umfang nachteilige Konkurrenztätigkeiten entfalten wird, ist auch in deren Abwendung ein wirtschaftliches Bedürfnis iSd § 1 Abs. 3 S. 2 KSchG zu sehen.[894]

1117

Im Übrigen sind weitergehende betriebliche Interessen, die vorwiegend personalpolitischer Natur sind, nur eingeschränkt berücksichtigungsfähig. Das Gesetz spricht von

1118

---

[888] *Kraushaar,* AiB 1994, 169, 179.
[889] BAG 19.7.2012 NZA 2013, 86 Rn. 39; im Ergebnis zu Recht bejaht von LAG Baden-Württemberg 7.3.2013 – 18 Sa 115/12.
[890] LAG Hamm 5.2.1987 LAGE KSchG § 1 Soziale Auswahl Nr. 2; HHL/*Krause,* § 1 KSchG Rn. 991; KDZ/*Deinert,* § 1 KSchG Rn. 689; *Linck,* S. 125; LSW/*Löwisch,* § 1 KSchG Rn. 472.
[891] Vgl. *Löwisch/Schüren,* SAE 1984, 50, 52; *Vogt,* BB 1985, 1141, 1146.
[892] ErfK/*Oetker,* § 1 KSchG Rn. 346; HK-KSchG/*Dorndorf,* § 1 Rn. 1111; HHL/*Krause,* § 1 KSchG Rn. 991; *Linck,* S. 125 f.; LSW/*Löwisch,* § 1 KSchG Rn. 473.
[893] LSW/*Löwisch,* § 1 KSchG Rn. 474.
[894] LSW/*Löwisch,* § 1 KSchG Rn. 462.

„Fähigkeiten", die sicherlich fachliche und soziale Kompetenzen zum Gegenstand haben können. Problematisch ist aber, von welcher Qualität der Sachvortrag des Arbeitgebers sein muss, um dieses Interesse als „berechtigt" anzuerkennen.

1118a So markiert die **vielseitigere Verwendbarkeit** eines Arbeitnehmers sicher ein betriebliches Interesse iSd § 1 Abs. 3 S. 2 KSchG.[895] Sehr großzügig hat das BAG den Umstand, dass eine Reinigungskraft einer Kommune sich ehrenamtlich in der freiwilligen Feuerwehr der Kommune (mit feuerwehrtechnischer Ausbildung als Hauptlöschmeisterin) betätigt, als betriebliches Bedürfnis anerkannt.[896] An dieser Entscheidung wird man andere Fälle messen müssen. So mag sich die vielseitige Verwendbarkeit aus zusätzlichen Qualifikationen ergeben. Sind diese aber für die konkret geschuldete Aufgabenerfüllung irrelevant, sind sie in concreto nicht berechtigt und können nicht zur Herausnahme des Arbeitnehmers aus der Sozialauswahl führen. Genau mit dieser Problematik hatte das BAG in der Entscheidung vom 12.4.2002[897] zu kämpfen, in der der Arbeitgeber pauschal auf eine weitergehende fachliche Qualifikation einer Arbeitnehmerin verwies, die aber für die konkret zu erbringende Arbeitsleistung nicht relevant war. Sind an dem fortbestehenden Arbeitsplatz Tätigkeiten unterschiedlichster Art zu verrichten, sodass eine besonders weit gefasste arbeitsvertragliche Leistungspflicht Voraussetzung für die Übernahme dieses Arbeitsplatzes ist, ist ein sozial schwächerer Arbeitnehmer mit enger gefasster Leistungspflicht mit dem bisherigen Arbeitsplatzinhaber bereits nicht vergleichbar.[898]

1119 Entgegen einer in der Literatur vertretenen Ansicht stellt eine **besondere soziale Kompetenz im Umgang mit Kollegen oder Vorgesetzten** (Fähigkeit zu Streitschlichtung und zur Motivation der Arbeitskollegen) grundsätzlich kein betriebliches Interesse iSd § 1 Abs. 3 S. 2 KSchG dar.[899] Die Wahrung des Betriebsfriedens gehört zu den vertraglichen Nebenpflichten jedes Arbeitnehmers, bei deren Verletzung dem Arbeitgeber andere arbeitsrechtliche Maßnahmen (Abmahnung, verhaltensbedingte Kündigung) zur Verfügung stehen. Das kann nur dann anders zu beurteilen sein, wenn die Personalführung zu den Kernaufgaben des Mitarbeiters gehört und auf der Ebene vergleichbarer Führungsmitarbeiter (was selten der Fall sein dürfte) diese besonderen Führungseigenschaften als nachvollziehbare Kenntnisse, Fähigkeiten und Leistungen nachgewiesen werden können.[900]

1120 Der **Abkehrwille des Arbeitnehmers** rechtfertigt wegen Art. 12 GG keine Abweichungen von der Sozialauswahl, solange sein Ausscheiden aus dem Betrieb noch nicht sicher ist.[901] Sobald allerdings feststeht, dass der Arbeitnehmer sein Arbeitsverhältnis beenden wird, entfällt insoweit der die Kündigung begründende Arbeitskräfteüberhang, sodass bereits hierdurch die Weiterbeschäftigung des in sozialer Hinsicht nächststärkeren Arbeitnehmers gesichert ist. Eine andere Bewertung erscheint lediglich dann gerechtfertigt, wenn der sozial schwächere Arbeitnehmer, der einen Abkehrwillen äußert, nach der Umsetzung der unternehmerischen Konzeption eine Schlüsselstellung einnehmen soll.[902] In diesem Falle überwiegt die für den Arbeitgeber erfor-

---

[895] KR/*Griebeling,* § 1 KSchG Rn. 677; APS/*Kiel,* § 1 KSchG Rn. 750.
[896] BAG 7.12.2006 EzA KSchG § 1 Soziale Auswahl Nr. 74 = NZA-RR 2007, 460.
[897] BAG 12.4.2002 EzA KSchG § 1 Soziale Auswahl Nr. 48 = NZA 2003, 42–44.
[898] → Rn. 1035 ff.
[899] So aber HK-KSchG/*Dorndorf,* § 1 Rn. 1111; *Linck,* S. 126; *Löwisch/Schüren,* SAE 1984, 50, 52; *Meisel,* DB 1991, 92, 95; *Neyses,* DB 1983, 2414, 2418; *Vogt,* BB 1985, 1141, 1146.
[900] Weitergehend zur Berücksichtigung sog. „softskills": *Thüsing/Wege,* RdA 2005, 12, 14.
[901] So aber HHL/*Krause,* § 1 KSchG Rn. 570; *Linck,* S. 125; *Schröder,* ZTR 1995, 394, 403.
[902] So auch *Bütefisch,* S. 314.

derliche Planungssicherheit gegenüber der Berufsfreiheit des betroffenen Arbeitnehmers.

Allein die Tatsache, dass die **Personalkosten,** die der Arbeitgeber bei Weiterbeschäftigung des sozial schwächeren Arbeitnehmers aufwenden muss, höher sind als die bei Weiterbeschäftigung des sozial stärkeren Arbeitnehmers anfallenden Kosten, stellt kein wirtschaftliches Bedürfnis iSd § 1 Abs. 3 S. 2 KSchG dar.[903] Insofern ist der Arbeitgeber auf die Möglichkeit der Änderungskündigung zur Entgeltreduzierung zu verweisen, die ihm nach der Rechtsprechung des BAG[904] lediglich im Falle der Existenzbedrohung des Betriebes offen steht.

1121

Hohe **Fortbildungs-/Umschulungskosten,** die der Arbeitgeber für einen bestimmten Arbeitnehmer aufgewandt hat, sind nicht als berechtigtes betriebliches Interesse iSd § 1 Abs. 3 S. 2 KSchG einzustufen.[905] Die entsprechenden Kosten sind – egal ob der Arbeitnehmer weiterbeschäftigt oder entlassen wird – in der Vergangenheit entstanden und bringen über den Zeitpunkt des Kündigungszugangs hinaus keine Konsequenzen hervor. Etwas anderes gilt nur dann, wenn die Fortbildung dem Arbeitnehmer Kenntnisse vermittelt hat, die bereits die Vergleichbarkeit ausschließen (→ Rn. 1114) oder zumindest als Spezialkenntnisse einem betrieblichen Bedürfnis dienen oder aber auf die besondere Eignung des Arbeitnehmers für eine Führungsposition schließen lassen (→ Rn. 1115).

1122

Entgegen einer in der Literatur bisweilen vertretenen Ansicht führt die Inanspruchnahme einer patent- oder gebrauchsmusterfähigen **Erfindung** des Arbeitnehmers durch den Arbeitgeber nicht dazu, dass dieser Arbeitnehmer trotz seiner geringeren sozialen Schutzbedürftigkeit weiterbeschäftigt werden könnte.[906] Die Vergütungspflicht des Arbeitgebers gem. § 26 ArbnErfG besteht bei einer Weiterbeschäftigung dieses Arbeitnehmers in gleicher Weise wie bei seiner Entlassung.

1123

cc) Die Sicherung einer ausgewogenen Personalstruktur als berechtigtes betriebliches Interesse

Die Schwierigkeiten, die mit umfangreichen Personalreduzierungen typischerweise verbunden sind, befreien den Arbeitgeber nicht von der Verpflichtung, eine Sozialauswahl nach § 1 Abs. 3 KSchG durchzuführen.[907] § 1 Abs. 3 S. 2 KSchG erkennt wegen der damit verbundenen Schwierigkeiten die **Sicherung einer ausgewogenen Personalstruktur** im Betrieb als berechtigtes betriebliches Interesse an. Die Anerkennung dieses Kriteriums war früher umstritten. Die ausdrückliche Regelung dieses Merkmals wird als wesentliche Neuerung in § 1 Abs. 3 S. 2 KSchG erkannt.[908]

1124

Der Begriff der ausgewogenen Personalstruktur ist allerdings zu unbestimmt, um als Rechtsbegriff handhabbar zu sein. Der betriebswirtschaftliche Begriff der Personalstruktur ist ein Füllhorn unterschiedlicher Kriterien ohne normativen Charakter.[909] Der wertneutrale Begriff der Personalstruktur, zu dem auch die Relation von Frauen zu Männern und Ausländern zu Inländern gehören könnte,[910] ist verfassungskonform

1125

---

[903] *Löwisch/Schüren,* SAE 1984, 50, 51; a. A. wohl *Langanke,* RdA 1993, 219, 220.
[904] Näher → Rn. 1310 ff.
[905] So auch *Bütefisch,* S. 317; *Kittner,* AuR 1997, 182, 188; a. A. HK-KSchG/*Dorndorf,* § 1 Rn. 1111; *Langanke,* RdA 1993, 219, 220; LSW/*Löwisch,* § 1 KSchG Rn. 474.
[906] A. A. wohl *Vogt,* BB 1985, 1141, 1146.
[907] BAG 25.4.1985 EzA KSchG § 1 Betriebsbedingte Kündigung Nr. 35 = NZA 1986, 64.
[908] LSW/*Löwisch,* § 1 KSchG Rn. 477.
[909] Vgl. *Olfert,* Personalwirtschaft, 6. Aufl. 1995, S. 263 ff.; *Jung,* Personalwirtschaft, 1995, S. 668 ff.
[910] *Hinrichs,* AiB 1996, 589; in der Tat erwähnen KPK/*Schiefer,* § 1 KSchG Rn. 1250; *Bauer/Krieger,* Rn. 51, dass zur Personalstruktur auch das Geschlecht gehöre.

und rechtssystematisch zu füllen.[911] Schwerlich kann *Löwisch*[912] gefolgt werden, der das Ausmaß krankheitsbedingter Fehlzeiten als Frage der Personalstruktur begreifen möchte. Gemeint hat der Gesetzgeber offenbar primär die „Altersstruktur",[913] sicher aber auch die Qualifikationsstruktur (→ Rn. 1131). Kenntnisse, Fähigkeiten und Leistungen können nur individuell gewichtet werden und stellen keine Frage der „ausgewogenen Personalstruktur dar.[914] Die **Erhaltung einer ausgewogenen Altersstruktur** stellte nach überwiegender Auffassung sogar ein betriebliches Bedürfnis iSd § 1 Abs. 3 S. 2 KSchG a. F. dar.[915] Die Frage war indes bislang umstritten,[916] weshalb die Klarstellung durch den Gesetzgeber zu begrüßen ist.

1126 Der Begriff der ausgewogenen Altersstruktur steht in einem Spannungsverhältnis zu den Auswahlkriterien des § 1 Abs. 3 S. 1 KSchG, welche über die Kriterien der Betriebszugehörigkeit und des Lebensalters zur vorrangigen Entlassung jüngerer Arbeitnehmer führen. Will der Arbeitgeber dies durch eine altersgruppenbezogene Sozialauswahl vermeiden, muss er zunächst – unter Bezugnahme auf den Betriebszweck – darlegen, welche konkreten Nachteile sich aus einer Sozialauswahl allein nach § 1 Abs. 3 S. 1 KSchG ergäben.[917] Dabei sind das Gewicht der vom Arbeitgeber befürchteten Nachteile und die Schlüssigkeit seines Vortrags einer strengen Überprüfung zu unterziehen. An den Nachweis, dass die befürchteten Nachteile tatsächlich eintreten werden, sind desto höhere Anforderungen zu stellen, je kurzfristiger objektiv mit deren Verwirklichung zu rechnen ist, je enger diese mit den Arbeitsverhältnissen in Verbindung stehen und je leichter diese quantifizierbar sind. Die Auswirkungen auf die Altersstruktur, die sich bei einer Sozialauswahl gem. § 1 Abs. 3 S. 1 KSchG ergäben und die durch die gruppenbezogene Auswahl korrigiert werden sollen, sind grundsätzlich nicht in Bezug auf einzelne Betriebsteile oder Funktionsbereiche, sondern im Hinblick auf den Gesamtbetrieb zu beurteilen.[918]

---

[911] *Fischermeier*, NZA 1997, 1089, 1093, bezeichnet es zu Recht als abwegig, unter den Begriff der Personalstruktur auch Kriterien wie Gewerkschaftsmitgliedschaft, Geschlecht, Schwerbehinderung oder Staatsangehörigkeit zu fassen.
[912] LSW/*Löwisch*, § 1 KSchG Rn. 476, 482; abl. auch APS/*Kiel*, § 1 KSchG Rn. 767.
[913] Vgl. *Stückemann*, AuA 1997, 5, 8; KPK/*Schiefer*, § 1 KSchG Rn. 1263; a. A. *Fischermeier*, NZA 1997, 1089, 1093; *Hinrichs*, AiB 1996, 589.
[914] Anders offenbar *Bauer/Krieger*, Rn. 51; wie hier *Quecke*, RdA 2004, 86, 88 f.
[915] So auch LAG Düsseldorf 17.3.2000 NZA-RR 2000, 421, 423; *Bauer/Röder*, S. 169; MünchArbR/*Berkowsky*, § 113 Rn. 210 ff.; *Bütefisch*, S. 331; *Lingemann/Grothe*, NZA 1999, 1972, 1076; HK-KSchG/*Dorndorf*, § 1 Rn. 1116; *B. Gaul*, DB 1998, 2467, 2468; APS/*Kiel*, § 1 KSchG Rn. 765; *Linck*, AR-Blattei, SD 1020.1.2 Rn. 103; LSW/*Löwisch*, § 1 KSchG Rn. 477; *ders.*, BB 1999, 102 f.; a. A. *Däubler*, NJW 1999, 601, 602; *Hinrichs*, AiB 1999, 1, 2; KDZ/*Deinert*, § 1 KSchG Rn. 694; *Lakies*, NJ 1999, 74, 76; ArbG Cottbus 25.4.2001 NZA-RR 2001, 589.
[916] Bejahend zB LAG Mecklenburg-Vorpommern 14.9.1993 RzK I 8m dd Nr. 53 (im Hinblick auf bedarfsbedingte Kündigungen nach dem Einigungsvertrag); *Bauer/Lingemann*, NZA 1993, 625, 628 ff.; *Berscheid*, AR-Blattei, SD 1020.2 Rn. 357; *Buchner*, DB 1984, 504, 509; KR/*Griebeling*, § 1 KSchG Rn. 640; *Hanau*, DB 1992, 2625, 2632; HHL/*Krause*, § 1 KSchG Rn. 1003; *Langanke*, RdA 1993, 219; *Linck*, S. 125; *Lück*, S. 346; *Rumpenhorst*, NZA 1991, 214, 216; *Stindt*, DB 1993, 1361, 1363 ff.; vgl. auch die Begründung im Entwurf Korrekturgesetz, BT-Drucks. 14/45, S. 53; dagegen *LAG Hamm* 29.6.1995 BB 1995, 2661; *Holthöwer/Rolfs*, DB 1995, 1074, 1078; *Trittin*, AuR 1995, 51 ff.; zum Streitstand vgl. auch *Bitter/Kiel*, RdA 1994, 333, 357.
[917] Vgl. BAG 24.10.2013 NZA 2014, 46; BAG 15.12.2011 NZA 2012, 1044; BAG 18.3.2010, NZA 2010, 1059; BAG 20.4.2005 EzA KSchG § 1 Soziale Auswahl Nr. 60 = NZA 2005, 877; HK-KSchG/*Dorndorf*, § 1 Rn. 1123; a. A. *Bauer/Lingemann*, NZA 1993, 625, 628 f.
[918] Vgl. LAG Mecklenburg-Vorpommern 14.9.1993 RzK I 8m dd Nr. 53 (im Hinblick auf bedarfsbedingte Kündigungen nach dem Einigungsvertrag); a. A. *Moll/Grunsky*, Rn. 145; *Fischermeier*, NZA 1996, 1089, 1093.

Diese Prinzipien der Altersgruppenbildung sind aus dem Gesichtspunkt der **Altersdiskriminierung regelmäßig nicht zu beanstanden,** sofern die bisherige Altersstruktur des Betriebes erhalten bleiben soll. Das BAG erkennt die gesamte normative Vorgabe des § 1 Abs. 3 KSchG, einschließlich der Altersgruppenbildung, als unionsrechtskonform an.[919] Im Rahmen des § 125 InsO wird sogar die Schaffung einer ausgewogenen Personalstruktur anerkannt.[920] Dies liegt im berechtigten betrieblichen Interesse, die zugleich eine mögliche Benachteiligung Einzelner legitimiert.[921] Das BAG erkennt zwar, dass die Bildung von Altersgruppen dazu führen kann, dass von zwei Arbeitnehmern mit ansonsten gleichen altersunabhängigen Punktzahlen (etwa bei gleicher Betriebszugehörigkeit und der gleichen Anzahl von unterhaltsberechtigten Angehörigen) derjenige mit dem höheren – oder geringeren – Lebensalter letztlich wegen seiner Zugehörigkeit zu einer anderen Altersgruppe gekündigt werden kann und der andere nicht. Diese unterschiedliche Behandlung hält es jedoch nach § 10 S. 1 und 2 AGG für gerechtfertigt. Die legitimen Ziele einer Altersgruppenbildung müssen grundsätzlich vom Arbeitgeber im Prozess dargelegt werden. Indes ist vom Vorhandensein solcher legitimer Ziele regelmäßig auszugehen, wenn die Altersgruppenbildung bei Massenkündigungen aufgrund einer Betriebsänderung erfolgt. Das BAG räumt dem Arbeitgeber Erleichterungen der Darlegungslast ein, wenn die Zahl der Kündigungen in einer Gruppe vergleichbarer Arbeitnehmer im Verhältnis zur Zahl aller Arbeitnehmer des Betriebs die Schwellenwerte des § 17 KSchG erreicht. In diesem Fall sei ein berechtigtes betriebliches Interesse an der Beibehaltung der Altersstruktur – widerlegbar – indiziert.[922] In diesen Fällen ist regelmäßig die Erhaltung einer auch altersmäßig ausgewogenen Personalstruktur gefährdet. Treffend meint das BAG, dass die unterschiedlichen Vorzüge der unterschiedlichen Lebensalter nur dann im Sinne langfristig erfolgreichen Zusammenwirkens zur Geltung kommen könnten, wenn möglichst alle Lebensalter im Betrieb vertreten sind. Weder seien ausschließlich positive Aussagen über die Leistungsfähigkeit junger Arbeitnehmer gerechtfertigt noch rein negativ verallgemeinernde Aussagen über das Nachlassen der Leistungsfähigkeit von älteren Arbeitnehmern zutreffend.[923] Die Erhaltung einer altersgemischten Belegschaft liegt sowohl im Interesse der Gesamtheit der Belegschaft als auch im Wettbewerbsinteresse des Arbeitgebers, das unter dem Schutz der Art. 2 Abs. 1, Art. 12 GG steht. Die Altersgruppenbildung vermeidet außerdem nicht nur eine Überalterung der Belegschaft, sondern ebnet auch die bei Massenkündigungen etwa überschießenden Tendenzen der Bewertung des Lebensalters als Sozialdatum ein und wirkt so einer übermäßigen Belastung jüngerer Beschäftigter entgegen.[924]

Da die altersgruppenbezogene Sozialauswahl auf einer kollektiven Betrachtung basiert, greift sie nur bei einer größeren Zahl von Entlassungen ein.[925] Problematisch

1127

1128

---

[919] BAG 15.12.2011 NZA 2012, 1044.
[920] BAG 19.12.2013 NZA-RR 2014, 185; BAG 28.6.2012 NZA 2012, 1090.
[921] BAG 6.11.2008 EzA KSchG § 1 Soziale Auswahl Nr. 82 = NZA 2009, 361; BAG 19.6.2007 EzA KSchG § 1 Interessenausgleich Nr. 13 = NZA 2008 103; BAG 6.9.2007 EzA KSchG § 1 Soziale Auswahl Nr. 78 = NZA 2008, 405.
[922] BAG 24.10.2013 NZA 2014, 46 Rn. 54; BAG 19.7.2012 NZA 2013, 86; BAG 15.12.2011 NZA 2012, 1044.
[923] Hierzu ausf. *Temming*, Altersdiskriminierung im Arbeitsleben, 2008, S. 41 ff.
[924] BAG 6.11.2008 EzA KSchG § 1 Soziale Auswahl Nr. 82 = NZA 2009, 361.
[925] HK-KSchG/*Dorndorf*, § 1 Rn. 1117; KR/*Griebeling*, § 1 KSchG Rn. 643; HHL/*Krause*, § 1 KSchG Rn. 1003; APS/*Kiel*, § 1 KSchG Rn. 772; *Matthießen*, NZA 1998, 1153, 1157 f.; *Preis*, NZA 1997, 1073, 1085; *ders.*, RdA 1999, 311, 319; *Rumpenhorst*, NZA 1991, 214, 216; a. A. *Berscheid*, BuW 1997, 632, 637 f.; *Langanke*, RdA 1993, 219.

war, dass das BAG Altersgruppenbildungen auch bei relativ kleinen Einheiten anerkannt hat.[926] Das BAG billigt zudem, die Altersgruppenbildung nur auf die Bereiche des Betriebs zu erstrecken, in denen eine Sicherung der bisherigen Personalstruktur im betrieblichen Interesse erforderlich ist. Das BAG privilegiert sogar die Darlegungslast bei Massenkündigungen im Sinne des § 17 KSchG, weil hier vom Vorhandensein solcher legitimer Ziele regelmäßig auszugehen sei.[927] Ob die Darlegung des berechtigten betrieblichen Interesses an einer Altersgruppenbildung iSv § 1 Abs. 3 S. 2 KSchG auch dann zu erleichtern ist, wenn einer der Schwellenwerte des § 17 Abs. 1 S. 1 KSchG nur im Gesamtbetrieb, aber nicht in der Vergleichsgruppe erreicht ist, hat das BAG zuletzt offen gelassen.[928] Anders als § 125 Abs. 1 S. 1 Nr. 2 InsO ermöglicht § 1 Abs. 3 S. 2 KSchG **lediglich die Erhaltung der bisherigen Altersstruktur,** nicht jedoch die erstmalige Schaffung einer ausgewogenen Altersstruktur.[929] § 1 Abs. 3 S. 2 KSchG soll lediglich Nachteile vermeiden, die sich aus der Sozialauswahl gem. § 1 Abs. 3 S. 1 KSchG ergeben, nicht hingegen Versäumnisse in der Personalpolitik der Vergangenheit korrigieren.[930] Dabei ist nicht erforderlich, dass im Kündigungszeitpunkt eine altersmäßig ausgewogene Personalstruktur besteht.[931] Vielmehr ist eine altersgruppenbezogene Sozialauswahl auch dann zulässig, wenn der Betrieb bereits einen unausgewogen hohen Anteil älterer Arbeitnehmer aufweist, dessen weitere Steigerung verhindert werden soll.[932] Allerdings dürfte dem Arbeitgeber der Nachweis, dass die befürchteten Nachteile gerade auf der Sozialauswahl gem. § 1 Abs. 3 S. 2 KSchG beruhen, desto leichter fallen, je ausgewogener die Altersstruktur im Kündigungszeitpunkt ist.

1129 Einen allgemeingültigen Maßstab für die Ausgewogenheit einer innerbetrieblichen Altersstruktur gibt es nicht. Auch die betriebswirtschaftliche „Alterszwiebel", die den typischen Altersaufbau einer Belegschaft wiedergibt,[933] oder die Altersstruktur aller abhängig Beschäftigten einschließlich der Arbeitslosen,[934] stellen keinen verbindlichen Vergleichsmaßstab, sondern nur eine Richtschnur dar, da hierbei der Gegenstand des einzelnen Betriebes außer Betracht bleibt. Sofern der Arbeitgeber die Kündigungen allerdings so auf die unterschiedlichen Altersgruppen verteilt, dass der in jeder Altersstufe verbleibende Arbeitnehmeranteil der Quote dieser Altersgruppe an der Gesamtheit der Arbeitnehmer entspricht, kann regelmäßig davon ausgegangen werden, dass die geschaffene Altersstruktur ausgewogen ist.[935] Soll die Quote der entlassenen älterer Arbeitnehmer weiter erhöht und ein überdurchschnittlich hoher Anteil jüngerer Arbeitnehmer weiter beschäftigt werden, muss der Arbeitgeber ein entsprechendes Bedürfnis unter Bezugnahme auf den Betriebszweck detailliert darlegen.

---

[926] BAG 6.9.2007 EzA KSchG § 1 Soziale Auswahl Nr. 78 = NZA 2008, 405: Kündigung von fünf von elf Mitarbeitern.
[927] BAG 6.11.2008 EzA KSchG § 1 Soziale Auswahl Nr. 82 = NZA 2009, 361.
[928] BAG 24.10.2013 NZA 2014, 46 Rn. 56.
[929] BAG 23.11.2000 AP KSchG 1969 § 1 Betriebsbedingte Kündigung Nr. 114 = NZA 2001, 601; LAG Brandenburg 27.4.2004 LAGE KSchG § 1 Soziale Auswahl Nr. 44; LAG Schleswig-Holstein 8.7.1994 BB 1995, 2660 f.; Hessisches LAG 24.6.1999 NZA-RR 2000, 74–78; HK-KSchG/*Dorndorf*, § 1 Rn. 1118; ErfK/*Oetker*, § 1 KSchG Rn. 347c; *Bader*, NZA 1996, 1125, 1129; *Bütefisch*, S. 331; *Fischermeier*, NZA 1997, 1089, 1093; a. A. *Stindt*, DB 1993, 1361, 1363 f.
[930] *Löwisch*, NZA 1996, 1009, 1011; *Preis*, NJW 1996, 3369, 3371.
[931] So aber *Bader*, NZA 1996, 1125, 1129; *Kittner*, AuR 1997, 182, 189; *Wlotzke*, BB 1997, 414, 418 f.
[932] So HK-KSchG/*Dorndorf*, 2. Aufl., § 1 Rn. 1115; KR/*Griebeling*, § 1 KSchG Rn. 641; *Fischermeier*, NZA 1997, 1089, 1093.
[933] So *Berscheid*, BuW 1997, 632, 637.
[934] So HK-KSchG/*Dorndorf*, 2. Aufl., § 1 Rn. 1115 (mit der Beschränkung auf Großbetriebe).
[935] Vgl. auch LAG Köln 2.2.2006 LAGE KSchG § 1 Soziale Auswahl Nr. 51a.

§ 2 Die Sozialwidrigkeit der Kündigung

Zur Durchführung einer altersgruppenbezogenen Sozialauswahl[936] muss der Arbeitgeber die vergleichbaren Arbeitnehmer in Altersgruppen einteilen. Im Einzelfall steht dem Arbeitgeber ein gewisser Beurteilungsspielraum bei der Einteilung der Altersgruppen zu.[937] Die Festlegung der Gruppen weist das nötige Mindestmaß an Ausgewogenheit auf, wenn mindestens drei, maximal sechs Gruppen gebildet werden und die mittleren Gruppen gleich große Altersstufen erfassen.[938] Auch die Bildung von Altersgruppen in 5-Jahres-Schritten hat das BAG gebilligt, obwohl diese kleinschrittige Gruppenbildung zu „gewissen Verzerrungen" führen könne. Letztlich anerkennt das BAG jede nicht rechtsmissbräuchlich wirkende gleichmäßige Gruppenbildung.[939] In einem nächsten Schritt muss der Arbeitgeber ermitteln, wie viel Prozent der potentiellen Kündigungsadressaten vor Ausspruch der Kündigungen den jeweiligen Gruppen angehören. Sodann ist zu errechnen, wie die geplanten Kündigungen auf die einzelnen Altersgruppen verteilt werden müssen, damit die bislang bestehende prozentuale Verteilung der Arbeitnehmer auf die Altersgruppen erhalten bleibt. Schließlich muss der Arbeitgeber die in den einzelnen Altersgruppen zu entlassenden Arbeitnehmer anhand der Kriterien des § 1 Abs. 3 S. 1 KSchG bestimmen.

1130

Wertet man die jüngste Rechtsprechung des BAG aus, so sind im Ergebnis viele **Altersgruppenbildungen gescheitert,** weil sich die betrieblichen Interessen nicht nachweisen ließen, weil die Zahl der zu kündigenden und der vergleichbaren Arbeitnehmer zu klein waren.[940] Das Instrument der Altersgruppenbildung, das bei der Bewältigung von Insolvenzen und Massenentlassungen großer Industriebereiche mit gleichförmigen Tätigkeiten seinen Sinn hat, ist durch die differenzierte Qualifizierung der Arbeitnehmer und die Diversifizierung der Unternehmen zunehmend ungeeignet geworden. Eine vergleichsgruppenübergreifende Altersgruppenregelung kann es nicht geben.[941] Die Bildung zu kleiner Altersgruppen und die Ermöglichung des Instruments auch in Betriebsabteilungen haben die Rechtfertigung zunehmend zweifelhaft werden lassen. Sie hatte ihren letzten durchgreifenden Anwendungsfall bei der Kündigung von 1400 (von 5000) Beschäftigten in der Automobilzulieferindustrie.[942] Schon in der Entscheidung vom 18.3.2010[943] verdeutlicht das BAG die strengen Anforderungen an die Darlegungslast. Die Kündigung von 11 von 100 vergleichbaren Arbeitnehmern in einem 300 Mitarbeiter umfassenden Unternehmen erreichte weder den Schwellenwert des § 17 KSchG noch ließ sich ein durchschlagendes berechtigtes Inte-

1130a

---

[936] Zur Durchführung *Berkowsky* I, § 12 Rn. 76 ff.; vgl. auch HK-KSchG/*Dorndorf,* § 1 Rn. 1121 ff.; aufschlussreich, aber sehr eng LAG Brandenburg 27.4.2004 LAGE KSchG § 1 Soziale Auswahl Nr. 44.

[937] BAG 24.10.2013 NZA 2014, 46 Rn. 53; BAG 20.4.2005 EzA KSchG § 1 Soziale Auswahl Nr. 60 = NZA 2005, 877; *Fischermeier,* NZA 1997, 1089, 1093.

[938] Das BAG hat bereits die Bildung von drei gleichmäßigen Altersgruppen anerkannt, BAG 6.9.2007 EzA KSchG § 1 Soziale Auswahl Nr. 78 = NZA 2008, 405; BAG 6.7.2006 EzA KSchG § 1 Soziale Auswahl Nr. 69 = NZA 2007, 139 zu den unterschiedlichen Vorschlägen für die Gruppenbildung vgl. *Bütefisch,* S. 334 f.; KR/*Griebeling,* § 1 KSchG Rn. 645; HHL/*Krause,* § 1 KSchG Rn. 1008; APS/*Kiel,* § 1 KSchG Rn. 770; *Lakies,* NJ 1997, 121, 124; *Preis,* RdA 1999, 311, 319.

[939] BAG 20.4.2005 EzA KSchG § 1 Soziale Auswahl Nr. 60 = NZA 2005, 877; BAG 23.11.2000 AP KSchG 1969 § 1 Betriebsbedingte Kündigung Nr. 114 = NZA 2001, 601; hierzu *Küttner,* FS 50 Jahre Bundesarbeitsgericht, 2004, S. 409 ff.

[940] Siehe auch die Analysen von *Lunk/Seidler,* NZA 2014, 455; *Krieger/Reinecke,* DB 2013, 1906, 1909 ff.

[941] BAG 22.3.2012 NZA 2012, 2040 Rn. 33.

[942] BAG 6.11.2008 NZA 2009, 361; BAG 12.3.2009 NZA 2009, 1023; die Altersgruppenbildung billigend *Temming,* Anm. AP KSchG 1969 § 1 Betriebsbedingte Kündigung Nr. 182.

[943] NZA 2010, 1059.

resse dartun. Im Rahmen des § 1 Abs. 5 KSchG hat das BAG am 15.12.2011[944] die Kündigung von 31 von 168 gewerblichen Arbeitnehmern noch als „altersgruppenfähig" gebilligt, weil der Arbeitgeber ohne die Altersgruppenbildung mehr als die Hälfte seines Personalbestands in der Gruppe der 25 bis 35 Jahre alten Arbeitnehmer eingebüßt und im Altersbereich bis zu 30 Jahren fast keine Arbeitnehmer mehr gehabt hätte. Im Falle BAG 22.3.2012[945] waren die Vergleichsgruppen so klein, dass eine proportionale Berücksichtigung der Altersgruppen an den Entlassungen gar nicht möglich war (rechnerisch wäre je Altersgruppe 0,45 Arbeitnehmer zu entlassen gewesen!). Im Fall BAG 19.7.2012[946] entfielen – trotz Entlassung von 128 Arbeitnehmern – auf die Vergleichsgruppe der Klägerin zwei Arbeitnehmer. Eine Altersgruppenbildung war auch in diesem Falle ein ungeeignetes Mittel.

1131 Bei aller notwendigen Zurückhaltung gegenüber dem weiten Begriff der Personalstruktur[947] iSd § 1 Abs. 3 S. 2 KSchG fällt unter den Begriff – wie das BAG zu § 125 Abs. 1 S. 1 Nr. 2 InsO entschieden hat – auch die Qualifikationsstruktur.[948] Als objektiv gerechtfertigter Aspekt der Personalstruktur kommt deshalb auch die Ausbildung und die Qualifikation der Arbeitnehmer in Betracht („Alter und Leistung").[949] Insoweit können entsprechende Qualifikationsgruppen und -bereiche gebildet werden. Innerhalb der einzelnen Qualifikationsgruppen kann überdies eine Altersgruppenstaffelung vorgenommen werden. Das BAG anerkennt überdies, dass die Vorschrift die Berücksichtigung von **besonderen Betriebsablaufstörungen,** die mit einer **Massenkündigung** einhergehen können, zulässt. Die mit einer Massenkündigung verbundenen Schwierigkeiten erlauben es dem Arbeitgeber aber nicht, völlig von einer Auswahl nach sozialen Gesichtspunkten abzusehen. Er muss vielmehr darlegen und ggf. unter Beweis stellen, wie viele Arbeitnehmer der unterschiedlichen Qualifikationsstufen in der fortgeführten Betriebsabteilung ausgetauscht werden können, ohne dass dadurch der Arbeitsprozess ernsthaft gefährdet würde.[950] Je nach **Struktur des Betriebs und der Qualifikationsstufe der vergleichbaren Arbeitnehmer** wird die Zahl der Arbeitnehmer, die ohne Beeinträchtigung des ordnungsgemäßen Betriebsablaufs im Rahmen der sozialen Auswahl ausgetauscht werden können, unterschiedlich groß sein. Eine **zahlenmäßig begrenzte Auswahl innerhalb einzelner Qualifikationsstufen**[951] trägt der Tatsache Rechnung, dass eine größere Zahl von Versetzungen, die infolge der Sozialauswahl erforderlich würde, angesichts der notwendigen Einarbeitung der versetzten Arbeitnehmer zu gravierenden Störungen des Betriebsablaufs führen kann. Insoweit soll verhindert werden, dass ganze Funktionsbereiche infolge der Sozialauswahl zunächst einmal lahmgelegt und sodann unter Inkaufnahme erheblicher finanzieller Verluste wieder neu aufgebaut werden müssen. Will der Arbeitgeber von dieser Form der gruppenbezogenen Sozialauswahl Gebrauch machen, muss er zunächst die Arbeitnehmer seines Betriebes einzelnen Qualifikationsstufen zu-

---

[944] NZA 2012, 1044.
[945] NZA 2012, 2040.
[946] NZA 2013, 86 Rn. 32. Vergleichbar im Falle BAG 24.10.2013 NZA 2014, 46.
[947] Hierzu *Preis,* NZA 1997, 1073, 1084.
[948] BAG 28.8.2003 EzA InsO § 125 Nr. 1 = NZA 2004, 432; hierzu *Thüsing/Wege,* RdA 2005, 12, 22.
[949] Siehe auch *Thüsing/Wege,* RdA 2005, 12, 24.
[950] BAG 5.12.2002 EzA KSchG § 1 Soziale Auswahl Nr. 52 = NZA 2003, 849–854.
[951] Grundlegend *B. Preis,* DB 1984, 2244, 2248 f.; im Anschluss daran BAG 25.4.1985 EzA KSchG § 1 Betriebsbedingte Kündigung Nr. 35 = NZA 1986, 64–66; zust. *Ascheid, Kündigungsschutzrecht,* Rn. 343; HK-KSchG/*Dorndorf,* § 1 Rn. 1167; HHL/*Krause,* § 1 KSchG Rn. 996 ff.; APS/*Kiel,* § 1 KSchG Rn. 770; *Linck,* S. 141 f.; *Weber,* RdA 1986, 341, 342; vgl. auch das Fallbeispiel von *Ascheid,* Rn. 343.

§ 2 Die Sozialwidrigkeit der Kündigung

ordnen. Sodann muss er ermitteln (und später vor Gericht darlegen), wie viele Arbeitnehmer der jeweiligen Qualifikationsstufen in den einzelnen fortbestehenden Funktionsbereichen ausgetauscht werden könnten, ohne dass deren Funktionsfähigkeit ernsthaft gefährdet würde. Dabei ist die Konzeption des Arbeitgebers maßgeblich danach zu beurteilen, ob sie in sich schlüssig ist, also insbesondere die Unterschiede zwischen den für die verschiedenen Qualifikationsstufen genannten Zahlen den tatsächlichen Gegebenheiten Rechnung tragen.[952] Sollen nicht in allen Funktionsbereichen Arbeitsplätze abgebaut werden,[953] muss der Arbeitgeber in einem weiteren Schritt in den unverändert fortbestehenden Funktionsbereichen auf jeder Qualifikationsstufe die entsprechende Zahl an Arbeitnehmern ermitteln, die sozial am wenigsten schutzbedürftig sind und deshalb für eine Kündigung am ehesten in Betracht kommen. In dem Funktionsbereich, in dem der Arbeitsplatzabbau erfolgen soll, ist die gleiche Anzahl an Arbeitnehmern zu bestimmen, die gemäß § 1 Abs. 3 S. 1 KSchG am sozial schutzbedürftigsten sind. Zwischen diesen Gruppen muss der Arbeitgeber sodann eine Sozialauswahl durchführen. Es geht aber nicht an, dass der Arbeitgeber betriebsweit den größeren Teil der Arbeitnehmer aus betriebstechnischen Gründen von der Austauschbarkeit generell ausnimmt und die Sozialauswahl auf den kleineren, verbleibenden Teil der Restbelegschaft beschränkt.[954]

e) Rechtsfolgen einer fehlerhaften Sozialauswahl

Unterläuft dem Arbeitgeber bei der Anwendung der Sozialauswahl ein Fehler, ist **1132** hinsichtlich der Rechtsfolgen keinesfalls sicher, dass die ausgesprochenen Kündigungen unwirksam sind. Zwar besteht keine Möglichkeit, einen Auswahlfehler nachträglich zu korrigieren.[955] Ohne Folgen bleibt der Fehler indes stets, wenn sich trotz des Fehlers der Kreis der zu entlassenden Arbeitnehmer bei ordnungsgemäßer Auswahl nicht verändert.[956] Umstritten war jedoch die Rechtslage, wenn bei ordnungsgemäßer Sozialauswahl einem Arbeitnehmer hätte gekündigt werden müssen, der aber infolge eines Auswahlfehlers unberücksichtigt blieb. Entgegen der früher herrschenden Ansicht[957] können sich dann nicht alle gekündigten Arbeitnehmer, die sozial schwächer sind als ein im Betrieb verbliebener Arbeitnehmer, gleichzeitig mit Erfolg auf die Fehlerhaftigkeit der Sozialauswahl berufen (sog. „Dominoeffekt").[958] Vielmehr kann **nur der Arbeitnehmer, der bei richtiger Sozialauswahl nicht entlassen worden wäre,** den Verstoß gegen § 1 Abs. 3 KSchG geltend machen.[959] Dieser Auffassung hat sich das

---

[952] Ähnl. *v. HHL/Krause,* § 1 KSchG Rn. 997.
[953] So der Sachverhalt der Entscheidung BAG 25.4.1985 EzA KSchG § 1 Betriebsbedingte Kündigung Nr. 35 = NZA 1986, 64.
[954] BAG 5.12.2002 AP KSchG 1969 § 1 Soziale Auswahl Nr. 60 = EzA KSchG § 1 Soziale Auswahl Nr. 52.
[955] Diese Möglichkeit angedeutet in: BAG 18.10.1984 EzA KSchG § 1 Betriebsbedingte Kündigung Nr. 34 = NZA 1985, 423; dagegen zB *Bitter/Kiel,* RdA 1994, 333, 358; *Bütefisch,* S. 352 f.; *Hoyningen-Huene,* Anm. EzA § 1 KSchG Betriebsbedingte Kündigung Nr. 34; *Linck,* S. 136 f.; *Löwisch,* Anm. AP KSchG 1969 § 1 Soziale Auswahl Nr. 6; *Weber,* RdA 1986, 341, 348.
[956] Vgl. ErfK/*Oetker,* § 1 KSchG Rn. 308.
[957] BAG 18.10.1984 EzA KSchG § 1 Betriebsbedingte Kündigung Nr. 34 = NAZ 1985, 423; ua *Bitter/Kiel,* RdA 1994, 333, 358; *v. Hoyningen-Huene,* Anm. EzA § 1 KSchG Betriebsbedingte Kündigung Nr. 34; *Jobs,* DB 1986, 538, 541; *Linck,* S. 136; *Löwisch,* Anm. AP KSchG 1969 § 1 Soziale Auswahl Nr. 6.
[958] Wie hier *Bütefisch,* S. 354 ff.; APS/*Kiel,* § 1 KSchG Rn. 782; *Rieble,* NJW 1991, 65, 71; vgl. auch LAG Hamm 31.8.1994 LAGE KSchG § 1 Soziale Auswahl Nr. 13; LAG Berlin 9.7.2004 LAGE KSchG § 1 Soziale Auswahl Nr. 45.
[959] Vgl. auch APS/*Kiel,* § 1 KSchG Rn. 782.

BAG nunmehr unter ausdrücklicher Aufgabe seiner bisherigen Rechtsprechung angeschlossen.⁹⁶⁰ Wird der Auswahlfehler mithin nicht ursächlich für die Kündigung des Arbeitnehmers, bleibt diese uneingeschränkt wirksam. Diese Linie hat das BAG noch ausgeweitet. Selbst wenn eine **Sozialauswahl gar nicht oder methodisch fehlerhaft durchgeführt** wurde, sei die Kündigung jedenfalls nicht aus diesem Grund unwirksam, „*wenn mit der Person des Gekündigten gleichwohl – zufällig – eine objektiv vertretbare Auswahl getroffen wurde.*"⁹⁶¹ Freilich muss der Arbeitgeber im Kündigungsschutzprozess darlegen können, dass die Kündigung des Arbeitnehmers auch bei fehlerfreier Sozialauswahl erfolgt wäre. Das kann er plausibel nur dann, wenn er die Auswahlkriterien, in der Regel eine Punktetabelle, vorlegen kann. Die neuere Rechtsprechung stimmt auch mit dem Grundsatz überein, dass es nicht auf einen fehlerfreien Auswahlvorgang, sondern auf ein ausreichendes Auswahlergebnis ankommt.⁹⁶²

f) Der Auskunftsanspruch des Arbeitnehmers und die Darlegungs- und Beweislast im Kündigungsschutzprozess

aa) Der materiell-rechtliche Auskunftsanspruch aus § 1 Abs. 3 Satz 1 Hs. 2 KSchG

1133   Gem. § 1 Abs. 3 S. 1 Hs. 2 KSchG hat der Arbeitgeber dem Arbeitnehmer auf dessen Verlangen hin die Gründe mitzuteilen, die zu der getroffenen sozialen Auswahl geführt haben. Dieser Informationsanspruch des Arbeitnehmers entsteht unmittelbar bei Zugang der Kündigung.⁹⁶³ Auf Nachfrage des Arbeitnehmers ist der Arbeitgeber analog § 626 Abs. 2 S. 3 BGB zu unverzüglicher Auskunft verpflichtet.⁹⁶⁴ Der Anspruch umfasst die namentliche Nennung der Arbeitnehmer, die in die Sozialauswahl einbezogen worden sind,⁹⁶⁵ deren Sozialdaten,⁹⁶⁶ die vom Arbeitgeber bei der Gewichtung der Sozialkriterien angewandten Maßstäbe⁹⁶⁷ sowie eventuelle entgegenstehende betriebliche Interessen iSd § 1 Abs. 3 S. 2 KSchG.⁹⁶⁸ Wie sich bereits aus dem Wortlaut des § 1 Abs. 3 S. 1 Hs. 2 KSchG ergibt, muss der Arbeitgeber lediglich die Überlegungen mitteilen, die tatsächlich zu seiner Auswahlentscheidung geführt haben, nicht jedoch die Erwägungen, die zu einer korrekten Auswahlentscheidung notwendig gewesen wären (**subjektive Determination**).⁹⁶⁹ Verletzt der Arbeitgeber seine Mittei-

---

⁹⁶⁰ BAG 9.11.2006 EzA KSchG § 1 Soziale Auswahl Nr. 71 = NZA 2007, 549; hierzu KR/*Griebeling*, § 1 KSchG Rn. 658; *Moderegger*, ArbRB 2007, 81; *Schiefer*, DB 2007, 54, 57; *Seel*, MDR 2007, 249 ff.
⁹⁶¹ BAG 7.7.2011 AP KSchG § 1 Wartezeit Nr. 26; BAG 14.3.2013 – 8 AZR 153/12 –.
⁹⁶² BAG 9.11.2006 EzA KSchG § 1 Soziale Auswahl Nr. 71 = NZA 2007, 549.
⁹⁶³ *Linck*, S. 174.
⁹⁶⁴ *Brill*, AuR 1984, 140, 142; HK-KSchG/*Dorndorf*, § 1 Rn. 1171; KR/*Griebeling*, § 1 KSchG Rn. 680; HHL/*Krause*, § 1 KSchG Rn. 1011; APS/*Kiel*, § 1 KSchG Rn. 746.
⁹⁶⁵ BAG 24.3.1983 AP KSchG 1969 § 1 Betriebsbedingte Kündigung Nr. 12 = EzA KSchG § 1 Betriebsbedingte Kündigung Nr. 21; BAG 21.7.1988 EzA KSchG § 1 Soziale Auswahl Nr. 26 = NZA 1989, 264–265; *Brill*, AuR 1984, 140, 142 f.; HK-KSchG/*Dorndorf*, § 1 Rn. 1169.
⁹⁶⁶ BAG 21.7.1988 EzA KSchG § 1 Soziale Auswahl Nr. 26 = NZA 1989, 264; *Künzl*, ZTR 1996, 385, 395.
⁹⁶⁷ BAG 24.3.1983 AP KSchG 1969 § 1 Betriebsbedingte Kündigung Nr. 12 = EzA KSchG § 1 Betriebsbedingte Kündigung Nr. 21; BAG 8.8.1985 EzA KSchG § 1 Soziale Auswahl Nr. 21 = NZA 1986, 679; BAG 21.7.1988 EzA KSchG § 1 Soziale Auswahl Nr. 26 = NZA 1989, 264; APS/*Kiel*, § 1 KSchG Rn. 745; *Schröder*, ZTR 1995, 394.
⁹⁶⁸ *Brill*, AuR 1984, 140, 143; HHL/*Krause*, § 1 KSchG Rn. 1011; APS/*Kiel*, § 1 KSchG Rn. 745; *Linck*, S. 174.
⁹⁶⁹ BAG 24.3.1983 AP KSchG 1969 § 1 Betriebsbedingte Kündigung Nr. 12 = EzA KSchG § 1 Betriebsbedingte Kündigung Nr. 21; BAG 21.12.1983 EzA KSchG § 1 Betriebsbedingte Kündigung

§ 2 Die Sozialwidrigkeit der Kündigung

lungspflicht aus § 1 Abs. 3 S. 1 Hs. 2 KSchG, beeinträchtigt dieser nach Kündigungszugang eintretende Umstand zwar nicht die Wirksamkeit der Kündigung,[970] kann jedoch einen Schadensersatzanspruch begründen,[971] insbesondere bezüglich der Kosten des erstinstanzlichen Kündigungsschutzprozesses.[972]

bb) Die Verteilung der Darlegungs- und Beweislast im Kündigungsschutzprozess

Nach § 1 Abs. 3 S. 3 KSchG hat der Arbeitnehmer die Tatsachen zu beweisen, die die Kündigung als sozial ungerechtfertigt iSd Satzes 1 erscheinen lassen. Zur Erfüllung seiner hieraus folgenden Darlegungslast muss der Arbeitnehmer, sofern er hierzu über hinreichende tatsächliche Kenntnisse verfügt, **die Sozialdaten eines ungekündigten vergleichbaren Arbeitnehmers nennen,** der **sozial stärker** ist als er.[973] Für den **Ausnahmetatbestand des § 1 Abs. 3 S. 2 KSchG** ist weiterhin der **Arbeitgeber darlegungs- und beweispflichtig.**[974]

1134

Fehlt dem gekündigten Arbeitnehmer hierfür das erforderliche Wissen, greift die vom BAG entwickelte „**abgestufte Darlegungs- und Beweislast**" ein.[975] Dabei wird dem Arbeitnehmer innerhalb des Kündigungsschutzprozesses ein zweistufiger Auskunftsanspruch gegenüber dem Arbeitgeber eingeräumt. Dies hat zur Konsequenz, dass der Arbeitgeber im Umfang seiner Mitteilungspflicht die eigentlich nicht hinreichend substantiierten Arbeitnehmerbehauptungen substantiiert bestreiten muss. Dabei muss der Arbeitnehmer zunächst die Fehlerhaftigkeit der Sozialauswahl be-

1135

Nr. 29 = NZA 1985, 158–159; BAG 8.8.1985 EzA KSchG § 1 Soziale Auswahl Nr. 21 = NZA 1986, 679; BAG 21.7.1988 EzA KSchG § 1 Soziale Auswahl Nr. 26 = NZA 1989, 264; BAG 15.6.1989 EzA KSchG § 1 Soziale Auswahl Nr. 27 = NZA 1990, 226; APS/*Kiel*, § 1 KSchG Rn. 745; *Tschöpe*, NJW 1983, 1890, 1894.

[970] HK-KSchG/*Dorndorf*, § 1 Rn. 1172; HHL/*Krause*, § 1 KSchG Rn. 1012.

[971] BAG 17.8.1972 AP BGB § 626 Nr. 65 in Bezug auf eine Verletzung der Mitteilungspflicht aus § 626 Abs. 2 S. 3 BGB = EzA BGB n. F. § 626 Nr. 22; HK-KSchG/*Dorndorf*, § 1 Rn. 1173; APS/*Kiel*, § 1 KSchG Rn. 746; *Linck*, S. 175; KR/*Griebeling*, § 1 KSchG Rn. 682; HHL/*Krause*, § 1 KSchG Rn. 1012.

[972] Vgl. BAG 16.5.1990 AP ZPO § 840 Nr. 6 = EzA ZPO § 840 Nr. 3; KR/*Griebeling*, § 1 KSchG Rn. 682; *Brill*, AuR 1984, 140, 144; *Grunsky*, ArbGG, § 12a Rn. 3a, jeweils mwN.

[973] Vgl. zu den Anforderungen an die Behauptung des Arbeitnehmers, der über hinreichende Kenntnisse verfügt, BAG 24.3.1983 AP KSchG 1969 § 1 Betriebsbedingte Kündigung Nr. 12; BAG 8.8.1985 EzA KSchG § 1 Soziale Auswahl Nr. 21 = NZA 1986, 679; BAG 6.7.2006 EzA KSchG § 1 Soziale Auswahl Nr. 69 = NZA 2007, 139; *Ascheid*, Beweislastfragen, S. 171 f.; *Berkowsky* I, § 22 Rn. 77 ff.; HK-KSchG/*Dorndorf*, § 1 Rn. 1174, 1176.

[974] Vgl. nur BAG 5.6.2008 EzA KSchG § 1 Soziale Auswahl Nr. 81 = NZA 2008, 1120; BAG 23.11.2000 AP KSchG 1969 § 1 Betriebsbedingte Kündigung Nr. 114 = NZA 2001, 601; BAG 10.2.1999 EzA KSchG § 1 Soziale Auswahl Nr. 38 = NZA 1999, 702; *Hueck/v. Hoyningen-Huene*, § 1 KSchG Rn. 1009 mwN; *Bader*, NZA 2004, 65, 74.

[975] Grundlegend BAG 24.3.1983 AP KSchG 1969 § 1 Betriebsbedingte Kündigung Nr. 12 = EzA KSchG § 1 Betriebsbedingte Kündigung Nr. 21; vgl. auch BAG 21.12.1983 EzA KSchG § 1 Betriebsbedingte Kündigung Nr. 29 = NZA 1985, 158; BAG 18.10.1984 AP KSchG 1969 § 1 Betriebsbedingte Kündigung Nr. 18 = EzA KSchG § 1 Betriebsbedingte Kündigung Nr. 33; BAG 25.4.1985 EzA KSchG § 1 Betriebsbedingte Kündigung Nr. 35 = NZA 1986, 64; BAG 8.8.1985 EzA KSchG § 1 Soziale Auswahl Nr. 21 = NAZ 1986, 679; BAG 21.7.1988 EzA KSchG § 1 Soziale Auswahl Nr. 26 = NZA 1989, 264; BAG 15.6.1989 EzA KSchG § 1 Soziale Auswahl Nr. 27 = NZA 1990, 226; BAG 5.5.1994 EzA KSchG § 1 Soziale Auswahl Nr. 31 = NZA 1994, 1023; BAG 5.12.2002 EzA KSchG § 1 Soziale Auswahl Nr. 52= NZA 2003, 849; zust. *Becker/Schaffner*, BB 1992, 557, 560 f.; *Bitter/Kiel*, RdA 1994, 333, 357 f.; HK-KSchG/*Dorndorf*, § 1 Rn. 1175 ff.; *Hoyningen-Huene*, Anm. EzA KSchG § 1 Soziale Auswahl Nr. 26; *Jobs*, DB 1986, 538, 541; *Linck*, DB 1990, 1866 ff.; *Rost*, ZIP 1982, 1396, 1403 f.; *Schwerdtner*, ZIP 1984, 10, 18 f.; im Ergebnis ebenso *Ascheid*, Beweislastfragen, S. 172 ff.; *Berkowsky* I, § 22 Rn. 78 ff.; *Dudenbostel*, AuR 1984, 298, 300 ff.

haupten.⁹⁷⁶ Soweit der Arbeitgeber den Auskunftsanspruch des Arbeitnehmers aus § 1 Abs. 3 S. 1 Hs. 2 KSchG noch nicht erfüllt hat, wirkt sich dieser auf die Darlegungslast der Prozessparteien aus:⁹⁷⁷ Der Arbeitnehmer wird durch ein entsprechendes **Auskunftsverlangen** von der Verpflichtung zur Substantiierung seines Vortrags befreit.⁹⁷⁸ Ein konkludentes Auskunftsverlangen liegt bereits in dem Vortrag des Arbeitnehmers, er sei mangels Information durch den Arbeitgeber nicht zu einer Substantiierung seiner Behauptungen in der Lage,⁹⁷⁹ nicht hingegen bereits in der Erhebung der Kündigungsschutzklage.⁹⁸⁰ Hat der Arbeitgeber den Auskunftsanspruch des Arbeitnehmers bereits erfüllt, trägt Ersterer hierfür die Darlegungs- und Beweislast.⁹⁸¹ Ein berechtigtes Auskunftsverlangen des Arbeitnehmers verpflichtet den Arbeitgeber, seine **Auswahlüberlegungen umfassend vorzutragen.**⁹⁸² Ebenso wie bei einem außerprozessualen Auskunftsverlangen ist die Mitteilungspflicht des Arbeitgebers jedoch subjektiv determiniert, also auf die tatsächlichen Auswahlüberlegungen beschränkt.⁹⁸³

1136 Hat der Arbeitgeber **alle vergleichbaren Arbeitnehmer und alle zwingenden Sozialkriterien berücksichtigt,** wird aus der Mitteilung des Arbeitgebers deutlich, ob die Sozialauswahl fehlerhaft ist, sodass der Arbeitnehmer seinerseits nicht mehr zur Substantiierung seines Vortrags verpflichtet ist. Entgegen der Ansicht des BAG⁹⁸⁴ ist es nicht erforderlich, dass der Kläger einen vergleichbaren, sozial stärkeren Arbeitnehmer namentlich benennt.⁹⁸⁵ Nach zutreffender Ansicht ist dem Verbot der Amtsprüfung ebenso wenig wie dem Beibringungsgrundsatz zu entnehmen, dass die für das Begehren des Klägers sprechenden Tatsachen gerade von diesem in den Prozess eingebracht

---

⁹⁷⁶ BAG 24.3.1983 AP KSchG 1969 § 1 Betriebsbedingte Kündigung Nr. 12 = EzA KSchG § 1 Betriebsbedingte Kündigung Nr. 21; *Ascheid,* Beweislastfragen, S. 169 f.; APS/*Kiel,* § 1 KSchG Rn. 787; *Linck,* S. 170; *ders.,* DB 1990, 1866, 1867.

⁹⁷⁷ Ausf. *Ascheid,* Beweislastfragen, S. 172 f.; APS/*Kiel,* § 1 KSchG Rn. 787 f.; *Linck,* S. 171 f.; *ders.,* DB 1990, 1866, 1868; *Schwerdtner,* ZIP 1984, 10, 19; dagegen Baumgärtel/*Altrock,* Handbuch der Beweislast im Privatrecht, Band 1, 2. Aufl. 1991 § 611 BGB Anh. Kündigungsschutzprozess Rn. 63; *Altrock,* DB 1987, 433, 436 ff.; *Berkowsky,* BB 1983, 2057, 2060; *ders.,* NJW 1983, 1292, 1296 f.; *Klinkhammer/Klinkhammer,* AuR 1984, 62 f.; *Tschöpe,* NJW 1983, 1890, 1892 f.; *Westhoff,* DB 1983, 2465, 2466.

⁹⁷⁸ BAG 8.8.1985 EzA KSchG § 1 Soziale Auswahl Nr. 21 = NAZ 1986, 679–683; *Ascheid,* Beweislastfragen, S. 172; *v. Hoyningen-Huene,* Anm. EzA KSchG § 1 Soziale Auswahl Nr. 26; *Linck,* S. 170 f.; *ders.,* DB 1990, 1866, 1867.

⁹⁷⁹ BAG 18.10.1984 AP KSchG 1969 § 1 Betriebsbedingte Kündigung Nr. 18 = EzA KSchG § 1 Betriebsbedingte Kündigung Nr. 33; BAG 8.8.1985 EzA KSchG § 1 Soziale Auswahl Nr. 21 = NZA 1986, 679; BAG 21.7.1988 EzA KSchG § 1 Soziale Auswahl Nr. 26 = NZA 1989, 264; APS/*Kiel,* § 1 KSchG Rn. 788; *Linck,* S. 171.

⁹⁸⁰ So aber *Herschel,* Anm. EzA KSchG § 1 Betriebsbedingte Kündigung Nr. 17.

⁹⁸¹ BAG 21.7.1988 EzA KSchG § 1 Soziale Auswahl Nr. 26 = NZA 1989, 264; *Linck,* DB 1990, 1866, 1867.

⁹⁸² BAG 21.12.1983 EzA KSchG § 1 Betriebsbedingte Kündigung Nr. 29 = NZA 1985, 158–159; BAG 5.5.1994 EzA KSchG § 1 Soziale Auswahl Nr. 31 = NZA 1994, 1023.

⁹⁸³ → Rn. 1133 f.

⁹⁸⁴ So BAG 24.3.1983 AP KSchG 1969 § 1 Betriebsbedingte Kündigung Nr. 12 = EzA KSchG § 1 Betriebsbedingte Kündigung Nr. 21; BAG 20.10.1983 AP KSchG 1969 § 1 Betriebsbedingte Kündigung Nr. 13 = EzA KSchG § 1 Betriebsbedingte Kündigung Nr. 28; BAG 21.12.1983 EzA KSchG § 1 Betriebsbedingte Kündigung Nr. 29 = NZA 1985, 158; BAG 18.10.1984 EzA KSchG § 1 Betriebsbedingte Kündigung Nr. 34 = NZA 1985, 423; BAG 8.8.1985 EzA KSchG § 1 Soziale Auswahl Nr. 21 = NZA 1986, 679; BAG 21.7.1988 EzA KSchG § 1 Soziale Auswahl Nr. 26 = NZA 1989, 264; ebenso *Ascheid,* Beweislastfragen, S. 171; *Kraft,* Anm. EzA KSchG § 1 Betriebsbedingte Kündigung Nr. 28.

⁹⁸⁵ So auch LAG Hamm 30.8.1988 LAGE KSchG § 1 Soziale Auswahl Nr. 4; *Dudenbostel,* AuA 1984, 298, 299; *ders.,* DB 1986, 1175 ff.; HHL/*Krause,* § 1 KSchG Rn. 1013; APS/*Kiel,* § 1 KSchG Rn. 790; *Linck,* S. 176 ff.; *ders.,* DB 1990, 1866, 1869.

werden müssten.⁹⁸⁶ Auch eine Beschränkung des Prozessstoffes ist weder zulässig⁹⁸⁷ noch praktisch möglich.⁹⁸⁸

Hat der Arbeitgeber **vergleichbare Arbeitnehmer oder zwingende Sozialkriterien außer Acht gelassen,** ermöglichen allein die – subjektiv vollständigen – Arbeitgebermitteilungen keine Beurteilung der Sozialauswahl. In diesem Falle muss der Arbeitnehmer seine **Behauptung,** die Sozialauswahl sei fehlerhaft, **weiter substantiieren.** Dieser Verpflichtung genügt er jedoch durch das Vorbringen, gerade aus den vom Arbeitgeber nicht berücksichtigten Tatsachen ergebe sich die Fehlerhaftigkeit der Sozialauswahl. Der Arbeitnehmer kommt seiner Darlegungslast dadurch nach, dass er sich auf eine Gruppe von Arbeitnehmern beruft, die eine ähnliche Tätigkeit ausüben, die er aber nach Zahl, Personen und Sozialdaten nicht genau bezeichnen kann.⁹⁸⁹ Sodann trifft den Arbeitgeber erneut eine **Auskunftspflicht** und damit die sekundäre Behauptungslast. Er muss die Arbeitnehmerbehauptung der Fehlerhaftigkeit der Sozialauswahl erneut substantiiert bestreiten, indem er seinen Vortrag hinsichtlich der außer Acht gelassenen vergleichbaren Arbeitnehmer bzw. Sozialdaten ergänzt.⁹⁹⁰ 1137

Verweigert der Arbeitgeber die Auskunft oder sind seine Mitteilungen **unvollständig,** gilt die Behauptung des Arbeitnehmers, die Sozialauswahl sei fehlerhaft, trotz ihrer Unsubstantiiertheit gem. § 138 Abs. 3 ZPO als zugestanden.⁹⁹¹ In diesem Fall ist der Kündigungsschutzklage des Arbeitnehmers stattzugeben. 1138

Nach Ansicht des BAG spricht eine **tatsächliche Vermutung** für die Fehlerhaftigkeit der Sozialauswahl, wenn der Arbeitgeber vorträgt, er habe sich keinerlei Gedanken über die Auswahl des Kündigungsadressaten gemacht⁹⁹² oder sich aus seiner Mitteilung ergibt, dass dieser seine Auswahlentscheidung allein nach betrieblichen Gesichtspunkten getroffen und soziale Gesichtspunkte vollkommen außer Acht gelassen hat.⁹⁹³ Es ist jedoch zu überlegen, ob eine tatsächliche Vermutung erforderlich ist, denn der Arbeitnehmer ist bereits durch die prozessuale Auskunftspflicht, die den Arbeitgeber zu objektiv vollständigen Auskünften verpflichtet, und die Darlegungs- und 1139

---

⁹⁸⁶ *Dudenbostel,* DB 1986, 1175, 1177; *Stein/Jonas/Leipold,* vor § 128 B V Rn. 79 f.; *Rosenberg/Schwab/Gottwald,* § 78 II 1 u. § 105 III.

⁹⁸⁷ So *Dudenbostel,* DB 1986, 1175, 1177; KR/*Griebeling,* § 1 KSchG Rn. 688 f.; *Linck,* S. 177 f.; *ders.,* DB 1990, 1866, 1869.

⁹⁸⁸ Vgl. *Dudenbostel,* DB 1986, 1175, 1177.

⁹⁸⁹ BAG 15.6.1989 EzA KSchG § 1 Soziale Auswahl Nr. 27 = NZA 1990, 226; BAG 5.5.1994 EzA KSchG § 1 Soziale Auswahl Nr. 31 = NZA 1994, 1023; *Linck,* DB 1990, 1866, 1868.

⁹⁹⁰ BAG 15.6.1989 EzA KSchG § 1 Soziale Auswahl Nr. 27 = NZA 1990, 226; BAG 5.5.1994 EzA KSchG § 1 Soziale Auswahl Nr. 31 = NZA 1994, 1023; *Hergenröder,* Anm. EzA KSchG § 1 Soziale Auswahl Nr. 27; *Linck,* DB 1990, 1866, 1868; *Weber,* RdA 1986, 341, 346; krit. *Altrock,* DB 1987, 433, 436 f.

⁹⁹¹ Vgl. BAG 8.8.1985 EzA KSchG § 1 Soziale Auswahl Nr. 21 = NZA 1986, 679; BAG 21.7.1988 EzA KSchG § 1 Soziale Auswahl Nr. 26 = NZA 1989, 264; BAG 15.6.1989 EzA KSchG § 1 Soziale Auswahl Nr. 27 = NZA 1990, 226; BAG 5.5.1994 EzA KSchG § 1 Soziale Auswahl Nr. 31 = NZA 1994, 1023; *Ascheid,* Beweislastfragen, S. 176 f.; HK-KSchG/*Dorndorf,* § 1 Rn. 1177; KR/*Griebeling,* § 1 KSchG Rn. 686; APS/*Kiel,* § 1 KSchG Rn. 789; *Linck,* S. 173 f.

⁹⁹² BAG 15.6.1989 EzA KSchG § 1 Soziale Auswahl Nr. 27 = NZA 1990, 226; weitergehend (alle Fälle der objektiv unvollständigen Arbeitgebermitteilung) noch BAG 18.10.1984 AP KSchG 1969 § 1 Betriebsbedingte Kündigung Nr. 18 = EzA KSchG § 1 Betriebsbedingte Kündigung Nr. 33; ebenso LAG Hamm 30.8.1988 LAGE KSchG § 1 Soziale Auswahl Nr. 4; KR/*Griebeling,* § 1 KSchG Rn. 687; APS/*Kiel,* § 1 KSchG Rn. 789; *B. Preis,* DB 1984, 2244, 2250.

⁹⁹³ BAG 18.10.1984 AP KSchG 1969 § 1 Betriebsbedingte Kündigung Nr. 18 = EzA KSchG § 1 Betriebsbedingte Kündigung Nr. 33; BAG 21.9.2000 AP KSchG 1969 § 1 Betriebsbedingte Kündigung Nr. 111 = EzA KSchG § 1 Betriebsbedingte Kündigung Nr. 107 = ZIP 2001, 388, 394; BAG 3.4.2008 EzA KSchG § 1 Interessenausgleich Nr. 15 = NZA 2008, 1060; KDZ/*Deinert,* § 1 KSchG Rn. 750; *Linck,* S. 173.

Beweislast des Arbeitgebers für betriebliche Bedürfnisse iSd § 1 Abs. 3 S. 2 KSchG in hinreichendem Maße geschützt. Ein Betriebsratswiderspruch nach § 102 Abs. 3 Nr. 1 BetrVG begründet keinesfalls einen Beweis des ersten Anscheins für die Fehlerhaftigkeit der Sozialauswahl.[994] Es besteht kein allgemeingültiger Erfahrungssatz des Inhalts, dass die Gründe, auf die der Betriebsrat seinen Widerspruch stützt, tatsächlich zutreffen.

g) Die Sozialauswahl unter Anwendung von tariflichen oder betrieblichen Auswahlrichtlinien gem. § 1 Abs. 4 KSchG

aa) Allgemeines

1140 Ist in einem Tarifvertrag, in einer Betriebsvereinbarung nach § 95 BetrVG oder in einer entsprechenden Richtlinie nach den Personalvertretungsgesetzen festgelegt, wie die sozialen Gesichtspunkte im Verhältnis zueinander zu bewerten sind, so kann die Bewertung nur auf grobe Fehlerhaftigkeit überprüft werden. **§ 95 BetrVG** räumt dem Betriebsrat bei der Aufstellung betrieblicher Auswahlrichtlinien ein zwingendes Mitbestimmungsrecht ein. Die Einhaltung einer wirksam vereinbarten Auswahlrichtlinie ist auf individualrechtlicher Ebene durch **§ 1 Abs. 2 S. 2 Nr. 1 lit. a und 2 lit. a KSchG** gewährleistet, wonach ein Verstoß gegen eine Auswahlrichtlinie zur absoluten Sozialwidrigkeit der Kündigung führt.[995] Diese Bestimmung verdrängt, sofern die Auswahlrichtlinie als Betriebsvereinbarung ausgestaltet ist, als lex specialis die allgemeinere Regelung des § 77 Abs. 4 S. 1 BetrVG.

1141 Bereits vor Einführung des § 1 Abs. 4 KSchG hatte das BAG den Betriebspartnern bei der Aufstellung von Auswahlrichtlinien unter Hinweis auf § 95 BetrVG einen größeren Wertungsspielraum eingeräumt als dem einzelnen Arbeitgeber.[996] Allerdings verlangte das BAG zudem, dass die Auswahlrichtlinie Raum für die Berücksichtigung der Besonderheiten des Einzelfalles lassen müsse.[997] Dieser Spielraum wird durch die Bestimmung des § 1 Abs. 4 KSchG erweitert.[998] Damit räumt der Gesetzgeber der besseren Berechenbarkeit der Zulässigkeit einer Kündigung Vorrang vor der Einzelfallbeurteilung ein.[999]

1142 § 1 Abs. 4 KSchG selbst definiert nicht den Begriff der sozialen Rechtfertigung einer Kündigung, sondern legt lediglich den gerichtlichen Kontrollmaßstab fest, anhand dessen die Einhaltung der Vorgaben des § 1 Abs. 3 KSchG zu beurteilen ist. Daher handelt es sich bei § 1 Abs. 4 KSchG nicht um eine eigenständige Norm, sondern lediglich um eine **Ergänzung** der Grundsätze der Sozialauswahl, die § 1 Abs. 3 KSchG normiert.[1000] Hinsichtlich der Gewichtung der Sozialkriterien führt § 1 Abs. 4 KSchG zu einer **Modifikation** des § 1 Abs. 3 KSchG in Bezug auf die Frage, wann die Berücksichtigung sozialer Kriterien noch ausreichend ist.[1001] Im Ergebnis wirkt § 1 Abs. 4

---

[994] Ebenso *Ascheid*, Beweislastfragen, S. 191 f.
[995] LAG Sachsen 21.9.2000 NZA-RR 2001, 586.
[996] Ausf. hierzu *Ascheid*, FS Schaub, 7, 8 ff.; HHL/*Krause*, § 1 KSchG, Rn. 1032.; *Linck*, S. 130 ff.
[997] BAG 20.10.1983 AP KSchG 1969 § 1 Betriebsbedingte Kündigung Nr. 13 = EzA KSchG § 1 Betriebsbedingte Kündigung Nr. 28; BAG 15.6.1989 EzA KSchG § 1 Soziale Auswahl Nr. 27 = NZA 1990, 226; BAG 7.12.1995 EzA KSchG § 1 Soziale Auswahl Nr. 35 = NZA 1996, 473.
[998] BAG 5.6.2008 EzA KSchG § 1 Soziale Auswahl Nr. 81 = NZA 2008, 1120.
[999] Vgl. schon Entwurf Arbeitsrechtliches Beschäftigungsförderungsgesetz, BT-Drucks. 13/4612, S. 9; Entwurf Korrekturgesetz, BT-Drucks. 14/45, S. 36, 53.
[1000] *Ascheid*, RdA 1997, 333, 334; KR/*Rost*/*Kreft*, § 2 KSchG Rn. 103d; *Fischermeier*, NZA 1997, 1089, 1100; *Preis*, RdA 1999, 311, 320.
[1001] *Berkowsky* I, § 7 Rn. 225 ff.

§ 2 Die Sozialwidrigkeit der Kündigung

KSchG dabei wie eine begrenzte tarif- und betriebsdispositive Ausgestaltung des § 1 Abs. 3 KSchG.[1002] Zudem tritt an die Stelle der rein ergebnisorientierten Prüfung der Arbeitgeberentscheidung nach § 1 Abs. 3 KSchG in § 1 Abs. 4 KSchG eine eher verfahrensbezogene Kontrolle. Die Bestimmung des § 1 Abs. 4 KSchG basiert auf einer **Richtigkeitsvermutung,** die in gleicher Weise zugunsten einer tariflichen[1003] wie auch einer betrieblichen[1004] Auswahlrichtlinie eingreifen soll, sodass auch fortan eine allgemeine Inhaltskontrolle betrieblicher Auswahlrichtlinien iSd § 1 Abs. 4 KSchG ausgeschlossen ist.[1005] Aufgrund dieser Richtigkeitsvermutung führen betriebliche Auswahlrichtlinien in gleicher Weise wie ein Tarifvertrag zu einer **Verkürzung des individualrechtlichen Kündigungsschutzes,** was mit der bisherigen Konzeption betriebsverfassungsrechtlicher Mitbestimmung kollidiert.[1006]

bb) Auswahlregelung in einem Tarifvertrag oder einer Betriebs-/Dienstvereinbarung

Die Privilegierung des § 1 Abs. 4 KSchG greift auch zugunsten eines Tarifvertrags ein, der sodann als **Betriebsnorm** iSd § 1 Abs. 1 TVG zu qualifizieren ist.[1007] Zwar ist das Mitbestimmungsrecht des Betriebsrats gem. § 95 Abs. 1 BetrVG auch dann gewahrt, wenn lediglich eine formlose Regelungsabrede zwischen Arbeitgeber und Betriebsrat zustande kommt, doch erfasst die Privilegierung des § 1 Abs. 4 KSchG angesichts des eindeutigen Wortlauts der Vorschrift nur Auswahlrichtlinien in Form einer **Betriebsvereinbarung iSd § 77 BetrVG.**[1008] § 1 Abs. 4 KSchG gilt analog für Auswahlrichtlinien, die Bestandteil eines **Interessenausgleichs** sind.[1009] Ebenso wie eine Betriebsvereinbarung beruht dieser auf einer Einigung zwischen Arbeitgeber und Betriebsrat und bedarf der Schriftform (§ 112 Abs. 1 S. 1 BetrVG). Da der Interessenausgleich ohne normative Wirkung und damit in seinen Rechtsfolgen schwächer ausgestaltet ist als eine Betriebsvereinbarung, führt eine Auswahlrichtlinie in einem Interessenausgleich keinesfalls zu gravierenderen Einschnitten in den individuellen Kündigungsschutz als eine Betriebsvereinbarung. Daher hat das BAG vor der Neufassung des § 1 KSchG im Jahre 1996 den Betriebspartnern bei der Aufstellung von Auswahlrichtlinien in einem Interessenausgleich denselben Gestaltungsspielraum eingeräumt wie bei Auswahlrichtlinien in Form einer Betriebsvereinbarung nach § 95 Abs. 1 BetrVG.[1010] Arbeitgeber und Betriebsrat können Auswahlrichtlinien später oder zeit-

1143

[1002] Vgl. HK-KSchG/*Dorndorf*, § 1 Rn. 1136; *Giesen*, ZfA 1997, 147, 167 ff.

[1003] Zur Richtigkeitsvermutung von Tarifverträgen vgl. *Löwisch/Rieble*, TVG, § 1 Rn. 7 ff.; *Wiedemann/Thüsing*, § 1 Rn. 246 ff., jeweils mwN.

[1004] Zur – bislang von der h. M. abgelehnten – Richtigkeitsvermutung von Betriebsvereinbarungen vgl. *Richardi/Richardi*, § 77 Rn. 117 ff. mwN.

[1005] ErfK/*Oetker*, § 1 KSchG Rn. 351 ff.; HHL/*Krause*, § 1 KSchG Rn. 1034; APS/*Kiel*, § 1 KSchG Rn. 776, 793; *Lakies*, NJ 1997, 121, 125; *Linck*, AR-Blattei, SD 1020.1.2 Rn. 132a; *Pauly*, MDR 1997, 513, 517; a. A. *Bader*, NZA 1996, 1125, 1130; *Nielebock*, AiB 1997, 88, 91.

[1006] Ausf. hierzu *Giesen*, ZfA 1997, 147, 167 ff.

[1007] ErfK/*Oetker*, § 1 KSchG Rn. 352; *Berscheid*, BuW 1997, 672, 676; *Fischermeier*, NZA 1997, 1089, 1095; APS/*Kiel*, § 1 KSchG Rn. 778; *Schaub*, NZA 1987, 217, 223; *Weller*, RdA 1986, 222, 229; *Wiedemann*, § 1 Rn. 570; a. A. wohl *Buschmann*, AuR 1996, 285, 288.

[1008] *Bader*, NZA 1996, 1125, 1130; *Berscheid*, BuW 1997, 672, 675; HK-KSchG/*Dorndorf*, § 1 Rn. 1126a; *Fischermeier*, NZA 1997, 1089, 1095; APS/*Kiel*, § 1 KSchG Rn. 776.

[1009] Eine Anwendung des § 1 Abs. 4 KSchG befürworten auch *Bader*, NZA 1999, 64, 70; *Bütefisch*, S. 407 ff.; APS/*Kiel*, § 1 KSchG Rn. 776; *Kittner*, AuR 1997, 182, 186; *Preis*, RdA 1999, 311, 320; *Zwanziger*, BB 1998, 477; a. A. *Däubler*, NJW 1999, 601, 603 f.; KR/*Griebeling*, § 1 KSchG Rn. 695; *Hinrichs*, AiB 1999, 1, 3.

[1010] BAG 20.10.1983 AP KSchG 1969 § 1 Betriebsbedingte Kündigung Nr. 13 = EzA KSchG § 1 Betriebsbedingte Kündigung Nr. 28; BAG 15.6.1989 EzA KSchG § 1 Soziale Auswahl Nr. 27 =

gleich – etwa bei Abschluss eines Interessenausgleichs mit Namensliste – **ändern.** Setzen sich die Betriebsparteien in einem bestimmten Punkt gemeinsam über die Auswahlrichtlinie hinweg, **gilt die im Interessenausgleich vereinbarte Namensliste.**[1011]

1144   Der eingeschränkte gerichtliche Prüfungsmaßstab des § 1 Abs. 4 KSchG gilt ebenfalls für Dienstvereinbarungen iSd § 73 Abs. 1 BPersVG, angesichts der weitreichenden Einschränkungen des individuellen Kündigungsschutzes jedoch nicht für Auswahlrichtlinien, die nach § 76 Abs. 2 Nr. 8 iVm §§ 70 Abs. 2, 69 Abs. 3 BPersVG durch eine alleinige Letztentscheidung des Leiters der übergeordneten Dienststelle zustande kommen.[1012]

cc) Gegenstand der begrenzten Justitiabilität

1145   In Ansehung unterschiedlicher Fassungen des § 1 Abs. 4 KSchG ist noch immer nicht abschließend geklärt, ob sich die Begrenzung der gerichtlichen Überprüfbarkeit allein auf die Festlegungen bezieht, die die **Auswahlrichtlinie selbst** hinsichtlich der zu berücksichtigenden Sozialkriterien und ihrer Gewichtung enthält,[1013] oder auch auf die **Auswahlentscheidung,** mit der der **Arbeitgeber** die Richtlinienvorgaben umsetzt.[1014] Für die erste Sichtweise spricht der Wortlaut der bis zum 31.12.1998 und jetzt wieder ab 1.1.2004 geltenden Fassung des § 1 Abs. 4 KSchG,[1015] wobei die Bestimmung nach der Gesetzesbegründung nur dem geänderten § 1 Abs. 3 KSchG angepasst, ihrem Sinn nach jedoch nicht verändert werden sollte.[1016] Zudem stellt die Arbeitgeberentscheidung eine schlichte Rechtsanwendung dar, wenn die Auswahlrichtlinie abschließende Vorgaben enthält, sodass ansonsten ein Wertungsspielraum zu dem – in den letzten Jahren unveränderten – § 1 Abs. 2 Nr. 1 lit. a und 2 lit. a KSchG entstünde.[1017] Lässt die Richtlinie dem Arbeitgeber Spielraum bei seiner abschließenden Entscheidung, basiert diese nur mittelbar auf dem Konsens der Tarif- oder Betriebsparteien, der die Einschränkungen des individuellen Kündigungsschutzes nach § 1 Abs. 4 KSchG rechtfertigt.

1146   Nach zutreffender Ansicht bezieht sich die Begrenzung der gerichtlichen Kontrolle in § 1 Abs. 4 KSchG lediglich auf die **berücksichtigungsbedürftigen Sozialkriterien** und deren **Gewichtung,**[1018] nicht hingegen auf die Zusammensetzung des aus-

---

NZA 1990, 226; BAG 18.1.1990 EzA KSchG § 1 Soziale Auswahl Nr. 28 = NZA 1990, 729; BAG 7.12.1995 EzA KSchG § 1 Soziale Auswahl Nr. 35 = NZA 1996, 473.

[1011] BAG 24.10.2013 NZA 2014, 46.

[1012] HK-KSchG/*Dorndorf,* § 1 Rn. 1126; KR/*Griebeling,* § 1 KSchG Rn. 695; *Fischermeier,* NZA 1997, 1089, 1095; APS/*Kiel,* § 1 KSchG Rn. 777; a. A. *Bader,* NZA 1996, 1125, 1131; ders., NZA 1999, 64, 70.

[1013] ErfK/*Oetker,* § 1 KSchG Rn. 351; BB/*Bram,* § 1 KSchG Rn. 327h; *Bütefisch,* S. 411 f.; So in Bezug auf § 1 Abs. 4 KSchG in der Fassung des Arbeitsrechtlichen Beschäftigungsförderungsgesetzes *Ascheid,* RdA 1997, 333, 341; HK-KSchG/*Dorndorf,* § 1 Rn. 1136; *v. Hoyningen-Huene/Linck,* DB 1997, 41, 44; *Lakies,* NJ 1997, 121, 125.

[1014] So *Bader,* NZA 1999, 64, 70; *Lakies,* NJ 1999, 74, 76; *Preis,* RdA 1999, 311, 320.

[1015] So auch *Ascheid,* RdA 1997, 333, 341; a. A. *Bader,* NZA 1996, 1125, 1130.

[1016] Entwurf Korrekturgesetz, BT-Drucks. 14/45, S. 36, 53; ebenso die Begründung dem Gesetz zu Reformen am Arbeitsmarkt, BT-Drucks. 15/1204, S. 11.

[1017] Vgl. *Bütefisch,* S. 410 ff.; *Hoyningen-Huene/Linck,* DB 1997, 41, 44; HHL/*Krause,* § 1 KSchG Rn. 1038.; *Preis,* RdA 1999, 311, 320; a. A. *Bader,* NZA 1999, 64, 70; *Berscheid,* BuW 1997, 672, 676; *Kittner,* AuR 1997, 182, 186.

[1018] BAG 5.6.2008 EzA KSchG § 1 Soziale Auswahl Nr. 81 = NZA 2008, 1120; LAG Rheinland-Pfalz 4.12.2012, juris Rn. 35; ErfK/*Oetker,* § 1 KSchG Rn. 357; *Bader,* NZA 1999, 64, 69; BB/*Bram,* § 1 KSchG Rn. 327 g f.; *Bütefisch,* S. 414 f.; *Däubler,* NJW 1999, 601, 603; HK-KSchG/*Dorndorf,* § 1 Rn. 1145 f.; *B. Gaul,* DB 1998, 2467, 2468; *Gotthardt,* ZIAS 1999, 354, 363; APS/*Kiel,* § 1 KSchG

wahlrelevanten Personenkreises oder entgegenstehende betriebliche Bedürfnisse iSd § 1 Abs. 3 S. 2 KSchG.[1019] Diese Interpretation ergab sich bereits aus dem insoweit gleichlautenden Wortlaut des § 1 Abs. 4 S. 1 KSchG in der Fassung des Arbeitsrechtlichen Beschäftigungsförderungsgesetzes.[1020] Der Wortlaut des § 1 Abs. 4 KSchG in seiner nun geltenden Fassung ist eindeutig. Auch in der Gesetzesbegründung wird klarstellend darauf hingewiesen, dass „sich die eingeschränkte gerichtliche Überprüfung der Sozialauswahl nur hierauf" (das heißt die Bewertung der Sozialkriterien zueinander) beziehen könne. Aus diesem Grunde sind auch jene Autoren, die zu der gleichlautenden Fassung des Arbeitsrechtlichen Beschäftigungsförderungsgesetzes eine andere Position vertreten haben, auf die h. M. eingeschwenkt bzw. widersprechen ihr nicht mehr ausdrücklich.[1021]

dd) Grobe Fehlerhaftigkeit

Für die Feststellung, ob eine Auswahlrichtlinie grob fehlerhaft iSd § 1 Abs. 4 KSchG ist, kommt es nach dem Wortsinn zunächst auf die **Schwere des Fehlers** an, welcher der entsprechenden tariflichen oder betrieblichen Vereinbarung anhaftet.[1022] Für die erforderliche Gewichtung des Fehlers kommt es darauf an, ob der Fehler angesichts der **Funktion der Sozialauswahl** noch hingenommen werden kann.[1023] Für die Beurteilung, ob grobe Fehlerhaftigkeit iSd § 1 Abs. 4 KSchG vorliegt, ist ein Verschulden der Tarif-/Betriebsparteien nicht maßgeblich.[1024] Ebenso ist irrelevant, ob es sich um einen für einen Laien offensichtlichen Fehler handelt.[1025] Die Wertung des § 44 Abs. 1 VwVfG ist nicht auf § 1 Abs. 4 KSchG übertragbar. Während das Merkmal der Offensichtlichkeit im Verwaltungsrecht darüber entscheidet, ob der Fehler des Verwaltungsaktes gerichtlich festgestellt werden muss oder unmittelbar zur Nichtigkeit führt, geht es hier um die Frage, ob der Prüfungsmaßstab des § 1 Abs. 4 KSchG oder der des § 1 Abs. 3 KSchG Anwendung findet. Angesichts der Komplexität der Sozialauswahl dürfte die grobe Fehlerhaftigkeit einer Auswahlrichtlinie für den betroffenen, rechtlich nicht informierten Arbeitnehmer zudem nur in den seltensten Fällen offensichtlich sein, sodass die Grenze der groben Fehlerhaftigkeit in der Praxis in kaum einer Fallkonstellation überschritten würde. Da eine Auswahlrichtlinie vertragstypologisch einem Schiedsgutachten i. e. S. ähnelt,[1026] beschränkt sich die gerichtliche Kont-

1147

Rn. 779; KDZ/*Deinert*, § 1 KSchG Rn. 668; *Preis*, RdA 1999, 311, 320 f.; ebenso in Bezug auf § 1 Abs. 4 KSchG in der Fassung des Arbeitsrechtlichen Beschäftigungsförderungsgesetzes *Berscheid*, BuW 1997, 672, 676; KR/*Griebeling*, § 1 KSchG Rn. 697; *Giesen*, ZfA 1997, 145, 160; *Lakies*, NJ 1997, 121, 125; *Moll/Grunsky*, Rn. 244 f.; *Preis*, NZA 1997, 1073, 1085.

[1019] So aber *Bauer/Röder*, S. 173; *Linck*, AR-Blattei, SD 1020.1.2 Rn. 124 f.; LSW/*Löwisch*, § 1 KSchG Rn. 494; *ders.*, BB 1999, 102, 103; anders jetzt auch *Löwisch*, BB 2004, 154, 156.

[1020] *Berscheid*, BuW 1997, 672, 676; *Lakies*, NJ 1997, 121, 125; *Moll*/Grunsky, Rn. 245.

[1021] Vgl. *Löwisch* BB 2004, 154, 155 f.; *Bader*, NZA 2004, 65, 74.

[1022] Vgl. *Bader*, NZA 1996, 1125, 1131; *Lakies*, NJ 1997, 121, 125; *Meyer*, BB 1998, 2417, 2418; Kübler/Prütting/*Moll*, § 125 Rn. 62; *Schiefer*, DB 1998, 925, 927. Bei Drosdowski, Duden · Das große Wörterbuch der deutschen Sprache, wird der Begriff „grob" im Hinblick auf Verhaltensweisen (zB Fehler, Lüge, Fahrlässigkeit, Unfug) als „schwerwiegend und offensichtlich" definiert.

[1023] *Bader*, NZA 1996, 1125, 1131; *Kittner*, AuR 1997, 182, 186; *Meyer*, BB 1998, 2417, 2418.

[1024] ErfK/*Oetker*, § 1 KSchG Rn. 358; *Bader*, NZA 1996, 1125, 1131; APS/*Kiel*, § 1 KSchG Rn. 779; vgl. auch im Hinblick auf § 1 Abs. 5 KSchG BAG 21.1.1999 NZA 1999, 866; a. A. *Lohkämper*, KTS 1996, 1, 20.

[1025] So auch *Bütefisch*, S. 424; a. A. *Bader*, NZA 1996, 1125, 1131; *Lakies*, NJ 1997, 121, 125; *Linck*, AR-Blattei, SD 1020.1.2 Rn. 132; *Meyer*, BB 1998, 2417, 2418; Kübler/Prütting/*Moll*, § 125 Rn. 62; *Schiefer*, DB 1998, 925, 927.

[1026] *Giesen*, ZfA 1997, 145, 171; *Kohte*, BB 1998, 946, 952 f.

rolle, ähnlich wie in § 319 BGB vorgesehen, auf offensichtliche Fehler, d. h. solche, die **für einen arbeitsrechtlich geschulten Außenstehenden evident** sind.[1027]

1148 Nach einer Gesetzesbegründung ist eine Auswahlrichtlinie insbesondere dann grob fehlerhaft, wenn die **vier Hauptkriterien** der Sozialauswahl gar **nicht** oder **völlig unausgewogen** berücksichtigt sind.[1028] Eine Auswahlrichtlinie, die eines der gesetzlichen Sozialkriterien, das bei allen Arbeitnehmern vorliegen kann (Alter, Betriebszugehörigkeit), nicht oder so gering bewertet, dass es in fast allen denkbaren Fällen nicht mehr den Ausschlag geben kann, erfüllt nach Auffassung des BAG nicht die gesetzlichen Vorgaben des § 1 Abs. 4 KSchG. Sie ist deshalb nicht geeignet, den Arbeitgeber durch die Anwendung des eingeschränkten Prüfungsmaßstabs der groben Fehlerhaftigkeit zu privilegieren.[1029] Der Begriff der groben Fehlerhaftigkeit bezieht sich eindeutig nur auf die Gewichtung der Kriterien, nicht auf die Fehlerhaftigkeit im Rechtssinne.[1030] Das heißt konkret, dass die Nichtberücksichtigung der Kernkriterien (Betriebszugehörigkeit, Lebensalter, Unterhaltspflichten, Schwerbehinderung) nach § 1 Abs. 3 S. 1 KSchG ebenso wie die Berücksichtigung rechtlich nicht schutzwürdiger zusätzlicher Kriterien sehr wohl zur Rechtswidrigkeit der Sozialauswahl führen kann. Wird ein Kernkriterium des § 1 Abs. 3 S. 1 KSchG überhaupt nicht berücksichtigt, ist die Sozialauswahl unzureichend.[1031]

1149 Diese Sichtweise entspricht der Rechtsprechung des BAG. **Grob fehlerhaft** ist die Richtlinie, wenn sie tragende Kriterien nicht in die Bewertung einbezieht bzw. jede Ausgewogenheit in der Gewichtung der maßgeblichen Kriterien vermissen lässt.[1032] Wann es an der Ausgewogenheit fehlt, wird unterschiedlich beurteilt. Ob das Lebensalter höchstens gleich stark gewichtet werden darf wie die Betriebszugehörigkeit oder[1033] ein grober Fehler schon vorliegt, wenn den Unterhaltspflichten ein höheres Gewicht beigemessen wird als der Dauer der Betriebszugehörigkeit[1034] oder die Unterhaltspflichten wesentlich geringer bewertet werden als das Lebensalter, ist zweifelhaft. Das BAG scheint sowohl dem Arbeitgeber als auch den Betriebsparteien einen großen Wertungsspielraum bei der Gewichtung der Kriterien geben zu wollen. Eine Sozialauswahl ist nicht grob fehlerhaft, wenn der aufgrund einer Punktetabelle ermittelte Punkteabstand marginal erscheint (hier: 56 Punkte für klagende gekündigte Arbeitnehmerin, 54,75 für die Konkurrentin).[1035] Vertretbar erscheint es in jedem Falle, wenn die Unterhaltspflichten gegenüber einem Angehörigen eine um 3 bis 6 Jahre

---

[1027] Vgl. MüKoBGB/*Würdinger*, § 319 Rn. 17; Soergel/*Wolf*, § 319 Rn. 11.

[1028] Entwurf Korrekturgesetz, BT-Drucks. 14/45, S. 53; vgl. a. LAG Düsseldorf 17.3.2000 NZA-RR 2000, 421, 423.

[1029] BAG 18.10.2006 EzA KSchG § 1 Soziale Auswahl Nr. 70 = NZA 2007, 504.

[1030] Ebenso *v. Hoyningen-Huene/Linck*, DB 1997, 41, 44.

[1031] *Preis*, NZA 1997, 1073, 1085; ebenso *Giesen*, ZfA 1997, 145, 160; *Fischermeier*, NZA 1997, 1089, 1095.

[1032] Hierzu im wesentlichen übereinstimmend bei kleineren terminologischen Unterschieden: BAG 21.1.1999 EzA KSchG § 1 Soziale Auswahl Nr. 39 = NZA 1999, 866; BAG 2.12.1999 EzA KSchG § 1 Soziale Auswahl Nr. 42 NZA 2000, 531; BAG 5.12.2002 EzA KSchG § 1 Soziale Auswahl Nr. 52 = NZA 2003, 849; *Bader*, NZA 1996, 1125, 1131; *Kittner*, ArbuR 1997, 182, 187; *Preis*, NZA 1997, 1073, 1085.

[1033] KR/*Griebeling*, § 1 KSchG Rn. 697; APS/*Kiel*, § 1 KSchG Rn. 780; krit. HHL/*Krause*, § 1 KSchG Rn. 1036; *v. Hoyningen-Huene/Linck*, DB 1997, 41, 44; *Linck*, AR-Blattei, SD 1020.1.2 Rn. 132.

[1034] A. A. für § 1 Abs. 5 KSchG BAG 2.12.1999 EzA KSchG § 1 Soziale Auswahl Nr. 42 = NZA 2000, 531, wonach die Betriebspartner entscheidend auf die Unterhaltspflichten abstellen durften.

[1035] BAG 17.1.2008 AP KSchG 1969 § 1 Soziale Auswahl Nr. 96 = NZA-RR 2008, 571; für eine Punktunterschied von 10 Punkten jedoch bejaht von LAG Rheinland-Pfalz 22.2.2006 NZA-RR 2006, 413.

längere Betriebszugehörigkeit aufwiegen. Eine Richtlinie ist nicht deshalb grob fehlerhaft, weil sie allein die Zahl der unterhaltsberechtigten Personen berücksichtigt[1036] oder auf die Zahl der unterhaltsberechtigten Personen laut Steuerkarte abstellt.[1037]

Nach zutreffender Ansicht ist eine Richtlinie **nicht** schon deshalb als **grob fehlerhaft** zu qualifizieren, weil sie **allein auf die vier Kernkriterien** abstellt, gleichzeitig aber **keine abschließende Einzelfallbeurteilung** durch den Arbeitgeber vorsieht.[1038] Dass die Tarif- oder Betriebspartner über die vier Kriterien hinaus keine weiteren Sozialkriterien aufnehmen müssen, ergibt sich bereits aus der Verweisung auf § 1 Abs. 3 S. 1 KSchG. 1150

Die grobe Fehlerhaftigkeit einer Auswahlrichtlinie kann sich weiterhin daraus ergeben, dass diese auf Sozialkriterien abstellt, die **nach § 1 Abs. 3 S. 1 KSchG nicht** berücksichtigt werden können,[1039] oder derartigen Kriterien ein zu großes Gewicht beimisst. Dies gilt insbesondere, wenn Leistungs- oder Eignungsgesichtspunkte zur Ermittlung der sozialen Schutzbedürftigkeit herangezogen werden. Im Übrigen dürfen Gesichtspunkte, die nach § 1 Abs. 3 S. 1 KSchG nicht zu berücksichtigen sind, lediglich geringfügige Korrekturen der Ergebnisse herbeiführen, die sich allein nach den zwingenden Kriterien des § 1 Abs. 3 S. 1 KSchG ergäben. Sie dürfen daher – sofern sie kumulativ auftreten können, in ihrer Summe – nicht deutlich höher bewertet werden als einige Jahre der Betriebszugehörigkeit oder des Lebensalters oder eine Unterhaltsverpflichtung. Unberührt von § 1 Abs. 4 KSchG bleibt zudem die Bindung der Tarif- oder Betriebspartner an gesetzliche Diskriminierungsverbote.[1040] Sofern die Richtlinie zuwiderlaufende Bewertungen enthält, ist sie wegen Verstoßes gegen höherrangiges Recht unwirksam. 1151

ee) Rechtsfolgen der groben Fehlerhaftigkeit

Ist eine Auswahlrichtlinie grob fehlerhaft, führt dies nicht zwangsläufig zur Sozialwidrigkeit der Kündigungen, die unter Anwendung dieser Richtlinie ausgesprochen worden sind. Vielmehr entfällt lediglich die Privilegierung des § 1 Abs. 4 KSchG. Stattdessen sind die Maßstäbe des § 1 Abs. 3 S. 1 KSchG heranzuziehen.[1041] Auch bei § 1 Abs. 3 KSchG kann eine Fehlbeurteilung der sozialen Gesichtspunkte durch den Arbeitgeber nur dann zur Unwirksamkeit der Kündigung führen, wenn sie die getroffene Sozialauswahl tatsächlich entscheidungserheblich beeinflusst hat.[1042] Auch eine Sozialauswahl, die von unzutreffenden Bewertungskriterien ausgeht, kann zu einem richtigen Ergebnis gelangen.[1043] **Beispiele:** Vergisst etwa der Arbeitgeber, ein unterhaltsberechtigtes Kind des Arbeitnehmers in die Bewertung einzubeziehen, so nützt dieser Fehler dem gekündigten Arbeitnehmer nichts, wenn sich im Prozess herausstellt, dass alle für eine Sozialauswahl in Betracht kommenden Arbeitnehmer jedenfalls sozial schutzbedürftiger als der gekündigte Arbeitnehmer waren, der Fehler sich also 1152

[1036] *Preis*, RdA 1999, 311, 321; ähnl. im Hinblick auf § 1 Abs. 5 KSchG BAG 21.1.1999, NZA 1999, 866; a.A. KR/*Griebeling*, § 1 KSchG Rn. 677; HK-KSchG/*Dorndorf*, § 1 Rn. 1138.
[1037] APS/*Kiel*, § 1 KSchG Rn. 780; *Preis*, RdA 1999, 311, 321; a.A. Hessisches LAG 24.6.1999 DB 1999, 2575.
[1038] *Linck*, AR-Blattei, SD 1020.1.2 Rn. 128; *Löwisch*, BB 1999, 102, 103; *Preis*, RdA 1999, 311, 321; *Däubler*, NJW 1999, 601, 603; HK-KSchG/*Dorndorf*, § 1 Rn. 1138; *B. Gaul*, DB 1998, 2467, 2468; *Hinrichs*, AiB 1999, 1, 3.
[1039] BAG 12.8.2010 NZA 2011, 460, in Bezug auf eine Änderungskündigung.
[1040] Vgl. dazu BAG 20.6.2013 NZA 2014, 208.
[1041] Vgl. statt vieler KR/*Griebeling*, § 1 KSchG Rn. 700; *Fischermeier*, NZA 1997, 1089, 1096; *Linck*, AR-Blattei, SD 1020.1.2 Rn. 133.
[1042] Vgl. auch LAG Rheinland-Pfalz 4.12.2012 – 3 Sa 320/12 – Rn. 40.
[1043] BAG 18.10.2006 EzA KSchG § 1 Soziale Auswahl Nr. 70 = NZA 2007, 504.

auf die Sozialauswahl tatsächlich nicht ausgewirkt hat. Entscheidend ist für das BAG immer die konkrete Betrachtung. Das gilt selbst in dem Fall, in dem etwa der Tarifvertrag, die Betriebsvereinbarung oder Richtlinie ganz allgemein vorsieht, dass eine etwaige Schwerbehinderung des Arbeitnehmers bei der Sozialauswahl nicht zu berücksichtigen sei. Dieser „Fehler" könne sich nur im Fall eines Arbeitnehmers auswirken, der selbst schwerbehindert sei.

6. Betriebsbedingte Kündigungen bei Betriebsänderungen (§ 1 Abs. 5 KSchG)

a) Allgemeines

1153   Große praktische Bedeutung hat die schon auf der Basis des BeschFG 1996 zeitweise geltende Sondernorm des § 1 Abs. 5 KSchG für betriebsbedingte Kündigungen bei Betriebsänderungen. Die Vorschrift galt bereits für Kündigungen, die zwischen dem 1.10.1996 und dem 31.12.1998 ausgesprochen worden waren. Nachdem sie mit Wirkung vom 1.1.1999 ersatzlos auf der Basis der Beschlussempfehlung des Ausschusses für Arbeit und Sozialordnung entfallen war,[1044] ist sie seit dem 1.1.2004 wieder inhaltsgleich in Kraft.[1045] Seinerzeit wurde die Streichung mit dem Hinweis begründet, dass die Vorschrift das angestrebte Ziel, die Rechte des Betriebsrats zu stärken, nicht erreicht habe, allerdings die gerichtliche Überprüfungsmöglichkeit zulasten der Einzelfallgerechtigkeit verkürzt habe. Das wird heute offenbar anders gesehen. Ziel der wiedereingeführten Norm sei es, bei betriebsbedingten Kündigungen einer größeren Zahl von Arbeitnehmern „die Sozialauswahl für alle Beteiligten rechtssicherer zu gestalten".[1046]

1154   § 1 Abs. 5 KSchG, der im Kern an die bereits in § 125 InsO geregelte Sondervorschrift für betriebsbedingte Kündigungen anknüpft, ermöglicht, in einem Interessenausgleich zwischen Arbeitgeber und Betriebsrat die zu kündigenden Arbeitnehmer namentlich zu bezeichnen. In diesem Fall wird vermutet, dass die Kündigung durch dringende betriebliche Erfordernisse im Sinne des Abs. 2 bedingt ist. Nach § 1 Abs. 5 S. 2 KSchG kann „die soziale Auswahl" nur auf grobe Fehlerhaftigkeit überprüft werden. § 1 Abs. 5 KSchG ist sowohl eine Sondervorschrift für den betriebsbedingten Kündigungsgrund (§ 1 Abs. 2 KSchG) als auch für die Sozialauswahl (§ 1 Abs. 3 KSchG). Sie hat – im Unterschied zu § 1 Abs. 4 KSchG – in der Praxis große Bedeutung erlangt.

1154a   § 1 Abs. 5 KSchG erstreckt sich zwar mangels Verweisung in § 2 KSchG nicht auf Änderungskündigungen.[1047] Das BAG[1048] ist jedoch der überwiegenden Ansicht im Schrifttum gefolgt (→ Rn. 1329), und hält eine ausdrückliche Bezugnahme oder Verweisung auf die Regelungen des § 1 Abs. 5 KSchG in § 2 KSchG für nicht erforderlich, da schon der Wortlaut des § 2 S. 1 KSchG die Anwendung des § 1 Abs. 5 KSchG rechtfertige.

1154b   Keine Anwendung findet § 1 Abs. 5 KSchG auf **außerordentliche Kündigungen**.[1049]

[1044] BT-Drucks. 14/151 S. 38; Gesetz zur Sicherung der Arbeitnehmerrechte v. 13.12.1998 BGBl. I S. 3843.
[1045] Zur Verfassungsmäßigkeit der Vorschrift s. BAG 6.9.2007 EzA KSchG § 1 Interessenausgleich Nr. 14 = NZA 2008, 633.
[1046] BT-Drucks. 15/1204, S. 11.
[1047] Krasses redaktionelles Versehen, vgl. *Preis*, NZA 1997, 1073.
[1048] BAG 19.6.2007 EzA KSchG § 1 Interessenausgleich Nr. 13 = NZA 2008, 103.
[1049] BAG 28.5.2009 NZA 2009, 954.

§ 2 Die Sozialwidrigkeit der Kündigung

b) Voraussetzungen

Die Vermutungswirkung des § 1 Abs. 5 S. 1 KSchG tritt nur ein, wenn die **formellen und materiellen Rechtsvoraussetzungen** der Norm gewahrt sind. Deren Vorliegen hat der Arbeitgeber zu beweisen.[1050] Das sind im Einzelnen: 1155

aa) Betriebsänderung nach § 111 BetrVG und wirksamer Interessenausgleich

§ 1 Abs. 5 KSchG setzt voraus, dass einer der in § 111 S. 3 BetrVG genannten Fälle der **Betriebsänderung** vorliegt. Der Anwendungsbereich des § 1 Abs. 5 KSchG ist gegenüber der früheren Regelung deshalb weiter, weil § 111 BetrVG hinsichtlich des Schwellenwerts von 20 Arbeitnehmern nicht mehr auf den Betrieb, sondern auf das Unternehmen abstellt. Es kommt nicht darauf an, ob die Schwelle der Sozialplanpflichtigkeit eines Personalabbaus nach § 112a BetrVG überschritten wird.[1051] Das BAG überträgt vielmehr die Schwellenwerte des § 17 Abs. 1 KSchG.[1052] Nach dem Normtext erstreckt sich die Regelung nur auf die Betriebsverfassung, sodass offenbar § 1 Abs. 5 KSchG im Geltungsbereich des Personalvertretungsrechts (öffentlicher Dienst) keine Anwendung findet.[1053] Aus der Verweisung auf den Interessenausgleich folgt, dass § 1 Abs. 5 KSchG sowohl in Tendenzunternehmen (§ 118 Abs. 2 BetrVG) als auch in Unternehmen mit nicht mehr als 20 wahlberechtigten Arbeitnehmern nicht anzuwenden ist.[1054] Ferner kann es eine Namensliste nur bezüglich solcher Arbeitnehmer geben, die vom Betriebsrat repräsentiert werden. Die Wirkung des § 1 Abs. 5 KSchG erstreckt sich also nicht auf leitende Angestellte i.S. des § 5 Abs. 3 BetrVG. 1156

Ein „freiwilliger" Interessenausgleich genügt nicht.[1055] Dem Gesetzgeber kam es offenbar durch die Benennung des Interessenausgleichs auf eine **freiwillige Vereinbarung** an. Die Namensliste nach § 1 Abs. 5 KSchG kann daher nicht durch einen Spruch der Einigungsstelle erzwungen werden, wohl aber auf einen frei vereinbarten Sozialplan Anwendung finden.[1056] Das setzt aber voraus, dass der Sozialplan in der Sache Regelungen über das Ob und Wie der Betriebsänderung enthält, also materiell ein Interessenausgleich im freiwilligen Sozialplan enthalten ist. Eine Namensliste ist aber nur im Rahmen eines gemäß § 111 BetrVG erforderlichen Interessenausgleichs zulässig; ein freiwilliger Interessenausgleich genügt nicht.[1057] 1157

Die Rechtswirkung des § 1 Abs. 5 KSchG tritt nur ein, wenn ein Interessenausgleich oder freiwilliger Sozialplan wirksam zustande gekommen ist. Das setzt die **Zuständigkeit des Betriebsrates bzw. Gesamtbetriebsrates** voraus.[1058] In Betrieben ohne Betriebsrat steht dem Arbeitgeber das Verfahren nach § 1 Abs. 5 KSchG nicht offen. Notwendig ist ferner, dass der Aufstellung der Namensliste ein **ordnungsge-** 1158

[1050] BAG 31.5.2007 EzA KSchG § 1 Interessenausgleich Nr. 12 = NZA 2007, 1307; BAG 22.1.2004 AP BetrVG 1972 § 112 Namensliste Nr. 1 = EzA KSchG § 1 Interessenausgleich Nr. 11; *Fischermeier*, NZA 1997, 1089, 1097; *Kohte*, BB 1998, 946, 949; *Zwanziger*, ArbuR 1997, 427.
[1051] *Löwisch*, RdA 1997, 80, 81.
[1052] BAG 19.7.2012 NZA 2013, 333 Rn. 19.
[1053] *Hamer*, PersR 1997, 357; *Quecke*, RdA 2004, 86, 90.
[1054] *Willemsen/Annuß*, NJW 2004, 177, 180; a.A. für Tendenzunternehmen LAG Köln 13.2.2012 – 5 Sa 303/11 – Rn. 45 ff.
[1055] *Willemsen/Annuß*, NJW 2004, 177, 180; *Hohenstatt*, NZA 1998, 846, 851; *Oetker/Friese*, DZWiR 2001, 177; *Fischer*, ArbuR 1998, 261 ff.; a.A. *Kappenhagen*, NZA 1998, 968.
[1056] Ebenso *Fischermeier*, NZA 1997, 1089, 1097; *Linck*, AR-Blattei SD 1020.1.2. Rn. 129.
[1057] Vgl. *Bader*, NZA 1996, 1133; *Fischermeier*, NZA 1997, 1097; *Hohenstatt*, NZA 1998, 846, 851; *Kohte*, BB 1998, 946, 949; a.A. *Bauer/Krieger*, Rn. 71a.
[1058] *Fischer*, ArbuR 1998, 261, 263 f.

mäßer **Betriebsratsbeschluss** zugrunde liegt.[1059] Zuständig ist dabei der Betriebsrat, der auch für den Interessenausgleich zuständig ist, da die Namensliste Teil desselben ist.[1060] Das Nichtvorliegen eines Beschlusses des zuständigen Betriebsrats muss aber der gekündigte Arbeitnehmer beweisen. Ist die Namensliste, die mit einem örtlichen Betriebsrat vereinbart worden ist, mit einer beschlossenen Auswahlrichtlinie, die das Unternehmen mit dem zuständigen Gesamtbetriebsrat geschlossen hat, nicht vereinbar, setzt sich die Auswahlrichtlinie durch. Verstößt die Kündigung gegen die Auswahlrichtlinie, ist die Kündigung unwirksam, unabhängig davon, ob der Arbeitnehmer auf der Namensliste steht.[1061] § 1 Abs. 5 KSchG verdrängt aber eine zuvor beschlossene Auswahlrichtlinie, wenn die Namensliste von den gleichen Parteien vereinbart worden ist, die auch die Auswahlrichtlinie beschlossen haben. Sollte der Interessenausgleich nicht ordnungsgemäß zustande gekommen sein, etwa weil der Arbeitgeber „Schmiergelder" an Betriebsratsmitglieder gezahlt hat, treten die Rechtsfolgen der Namensliste (Vermutungswirkung; reduzierte Prüfung auf grobe Fehlerhaftigkeit) nicht ein.[1062]

1159 Der Interessenausgleich muss eine abschließende Festlegung der zu kündigenden Arbeitnehmer enthalten.[1063] Der Interessenausgleich kann, um die Wirkungen des § 1 Abs. 5 KSchG zu erhalten, „zeitnah" um eine Namensliste ergänzt werden.[1064] Was „zeitnah" ist, kann nach Auffassung des BAG nicht abstrakt festgelegt werden.[1065] Eine Verzögerung von sechs Wochen sah das BAG jedenfalls noch als „zeitnah" an.[1066] Einerseits ist zu beachten, dass sich nach der Konzeption des Gesetzes Interessenausgleich und Namensliste als einheitliche Urkunde darstellen müssen. Es muss folglich ein hinreichender Zusammenhang zwischen der Namensliste und dem Interessenausgleich bestehen, der sich etwa zeitlich aus fortdauernden Verhandlungen über die Erstellung einer Namensliste ergeben kann. Die Grenze des zeitnahen Zusammenhangs bildet in jedem Falle der Ausspruch der Kündigung. Die Kündigungen müssen „aufgrund" einer Betriebsänderung ausgesprochen werden; erforderlich ist also ein Kausalzusammenhang. Deshalb können auch nur solche Kündigungen erfasst sein, die nach Abschluss des Interessenausgleichs ausgesprochen worden sind. Ein hinreichender Kausalzusammenhang liegt auch dann noch vor, wenn die Kündigung im Interessenausgleich von dem Widerspruch des Arbeitnehmers gegen den Übergang seines Arbeitsverhältnisses nach § 613a BGB abhängig gemacht wird.[1067]

bb) Schriftform und namentliche Bezeichnung der zu Kündigenden

1160 Der Interessenausgleich bedarf nach § 112 Abs. 1 S. 1 BetrVG der Schriftform und der Unterschrift durch Arbeitgeber und Betriebsrat. Die Namensliste muss nicht unbedingt im Interessenausgleich selbst enthalten sein, die beiden müssen zur Wahrung der Schriftform nach §§ 125, 126 BGB allerdings in jedem Fall eine einheitliche Urkunde bilden.[1068] Es reicht dafür aus, wenn eine nicht unterzeichnete Namensliste mit

---

[1059] *Bauer/Krieger*, Rn. 63; s.a. BAG 21.2.2002 NZA 2002, 1360.
[1060] BAG 19.7.2012 NZA 2013, 333 Rn. 24.
[1061] *Bauer/Krieger*, Rn. 66a.
[1062] *Bauer/Krieger*, Rn. 63.
[1063] BAG 6.12.2001 EzA KSchG § 1 Interessenausgleich Nr. 9.
[1064] BAG 19.7.2012 NZA 2013, 86 Rn. 20.
[1065] BAG 22.1.2004 AP BetrVG 1972 § 112 Namensliste Nr. 1 = EzA KSchG § 1 Interessenausgleich Nr. 11; BAG 26.3.2009 EzA KSchG § 1 Interessenausgleich Nr. 19 = NZA 2009, 1151.
[1066] BAG 19.7.2012 NZA 2013, 86 Rn. 21.
[1067] BAG 24.2.2000 EzA KSchG § 1 Interessenausgleich Nr. 7 = NZA 2000, 785.
[1068] St. Rspr. BAG 22.1.2004 AP BetrVG 1972 § 112 Namensliste Nr. 1 = EzA KSchG § 1 Interessenausgleich Nr. 11; BAG 12.5.2010, NZA 2011, 114; BAG 19.7.2012, NZA 2013, 333 Rn. 26.

dem Interessenausgleich mittels „Heftmaschine" oder anderweitig körperlich fest verbunden ist,[1069] sodass eine Lösung nur durch Gewaltanwendung (Lösen der Heftklammer) möglich ist.[1070] Die Beachtung dieser Formvorgaben ist wesentlich; in der Praxis wird über die feste Verbindung Beweis erhoben.[1071] Wird die Namensliste getrennt vom Interessenausgleich erstellt, muss auch sie von den Betriebsparteien unterzeichnet,[1072] in ihr auf den Interessenausgleich und dort auf die Namensliste Bezug genommen werden.[1073]

Wenn mehrere Betriebsänderungen in mehreren Stufen geplant sind, können die zu kündigenden Arbeitnehmer auch auf verschiedenen Listen bezeichnet werden, so lange sich die Betriebsparteien über jede einzelne Liste geeinigt haben[1074] und diese den Formvorschriften entsprechen. **1160a**

Die zu kündigenden Arbeitnehmer müssen **positiv namentlich bezeichnet** werden. In der Namensliste dürfen aber ausschließlich Arbeitnehmer bezeichnet sein, die aus der eigenen Sicht der Betriebsparteien aufgrund der dem Interessenausgleich zugrunde liegenden Betriebsänderung zu kündigen sind.[1075] Nach dem BAG wird eine Namensliste als Teil eines mit dem (zuständigen) Gesamtbetriebsrat vereinbarten Interessenausgleichs aber nicht alleine dadurch unwirksam, dass sich auf ihr Arbeitnehmer befinden, in deren Betrieb gar keine Betriebsänderung stattfindet. Vielmehr sollen die Rechtsfolgen des § 1 Abs. 5 KSchG dann nur bei den aufgelisteten Arbeitnehmern eintreten, die tatsächlich von einer Betriebsänderung betroffen sind.[1076] **1161**

Das Zustandekommen der Einigung der Betriebsparteien darf **nicht auf außerhalb des Gesetzeszwecks** liegenden Erwägungen der Betriebsparteien beruhen. Sichergestellt sein muss, dass sich die Betriebsparteien in jeder Hinsicht bei der Erstellung der Namensliste mit der Betriebsnotwendigkeit der Kündigung der in ihr bezeichneten Arbeitnehmer befasst haben und sich Gedanken darüber gemacht haben, welche Arbeitnehmer als vergleichbar für eine Sozialauswahl in Betracht kommen, welche soziale Rangfolge zwischen ihnen besteht und wer aus der Sozialauswahl ausscheidet.[1077] Mit diesem Gesetzeszweck ist jedenfalls unvereinbar, wenn Arbeitnehmer nur deshalb in die Liste aufgenommen wurden, um sozialrechtliche Nachteile (zB Sperrzeiten) auszuschließen. Eine sog. **Negativliste,** in der nur die nicht zu Kündigenden aufgelistet werden, reicht nicht aus.[1078] Sowohl aus dem Wortlaut als auch aus dem Zweck des **1161a**

[1069] BAG 7.5.1998 AP KSchG 1969 § 1 Namensliste Nr. 1 = EzA KSchG § 1 Interessenausgleich Nr. 6; bestätigt durch BAG 6.12.2001 EzA KSchG § 1 Interessenausgleich Nr. 9; BAG 19.7.2012, NZA 2013, 333 Rn. 26.
[1070] BAG 7.5.1998 EzA KSchG § 1 Interessenausgleich Nr. 5 = NZA 1998, 933; BAG 6.7.2006, NZA 2007, 266; BAG 12.5.2010, NZA 2011, 114; BAG 19.7.2012, NZA 2013, 86 Rn. 20; ausf. Kohte, BB 1998, 946, 949; nach LAG Schleswig-Holstein 22.4.1998 LAGE KSchG § 1 Interessenausgleich Nr. 5 genügt Nummerierung der Blätter oder eindeutiger Sinnzusammenhang des fortlaufenden Textes.
[1071] Vgl. BAG 6.12.2001 EzA KSchG § 1 Interessenausgleich Nr. 9 = NZA 1998, 933; BAG 21.2.2002 EzA KSchG § 1 Interessenausgleich Nr. 10; LAG Hessen.
[1072] Das BAG hat offen gelassen, ob eine bloße Paraphierung ausreicht, dies aber bezweifelt, BAG 12.5.2010 NZA 2011, 114.
[1073] BAG 21.2.2002 EzA KSchG § 1 Interessenausgleich Nr. 10; BAG 22.1.2004 AP BetrVG 1972 § 112 Namensliste Nr. 1 = EzA KSchG § 1 Interessenausgleich Nr. 11; BAG 12.5.2010, NZA 2011, 114; BAG 10.6.2010, NZA 2010, 1352.
[1074] BAG 19.7.2012 NZA 2013, 86 Rn. 22; kritisch aber zu sog. „Teil-Namenslisten" BAG 26.3.2009 NZA 2009, 1151 Rn. 28 ff.
[1075] BAG 19.7.2012, NZA 2013, 333 Rn. 31.
[1076] BAG 19.7.2012 NZA 2013, 333 Rn. 32.
[1077] BAG 26.3.2009 EzA KSchG § 1 Interessenausgleich Nr. 19 = NZA 2009, 1151.
[1078] A. A. ArbG Essen 6.5.1997 – 2 Ca 32/97 –.

Gesetzes folgt, dass die Betriebsparteien sich mit jedem Arbeitnehmer, der gekündigt werden soll, zumindest insoweit auseinandergesetzt haben, dass dessen Name auf der Liste erscheint. Die Namensnennung muss so erfolgen, dass eine zweifelsfreie Identifikation des zu Kündigenden möglich ist. Bei Gleichheit der Vor- und/oder Zunamen muss genau erkennbar werden, wer gemeint ist. Die Angabe der sozialen Auswahlkriterien ist aber nicht erforderlich. Eine nach Abschluss des Interessenausgleichs oder gar Ausspruch der Kündigungen erfolgte Einigung über die zu kündigenden Arbeitnehmer genügt nicht.[1079] Ob eine sog. **„Teil-Namensliste"** zulässig ist, ist zweifelhaft. Das BAG hat insoweit Bedenken, weil die Privilegierung des Gesetzes sich auf eine einheitliche unternehmerische Entscheidung einer Betriebsänderung bezieht.[1080]

cc) Beteiligung des Betriebsrats

1162   Entsprechend § 125 Abs. 2 InsO ersetzt nach § 1 Abs. 5 S. 4 KSchG der Interessenausgleich die Stellungnahme des Betriebsrates nach § 17 Abs. 3 S. 2 KSchG. Das **Anhörungsverfahren nach § 102 BetrVG** wird durch § 1 Abs. 5 KSchG nicht ersetzt, kann aber mit diesem verbunden werden.[1081] Die Vermutungswirkung des § 1 Abs. 5 KSchG erstreckt sich nicht auf die Betriebsratsanhörung.[1082] Dies folgt mittelbar auch aus § 1 Abs. 5 S. 4 KSchG, wo bestimmt ist, dass der Interessenausgleich nur die Stellungnahme nach § 17 Abs. 3 S. 2 KSchG ersetzt. Die Betriebsratsanhörung unterliegt auch beim Vorliegen eines Interessenausgleichs mit Namensliste keinen erleichterten Anforderungen. Soweit der Kündigungssachverhalt dem Betriebsrat allerdings schon aus den Verhandlungen über den Interessenausgleich bekannt ist, braucht er ihm bei der Anhörung nach § 102 BetrVG nicht erneut mitgeteilt zu werden. Solche Vorkenntnisse des Betriebsrats muss der Arbeitgeber im Prozess hinreichend konkret darlegen und ggf. beweisen.[1083]

dd) Keine wesentliche Änderung der Sachlage nach Zustandekommen des Interessenausgleichs

1163   Die Sonderregelung des § 1 Abs. 5 S. 1 und 2 KSchG **gilt nicht,** soweit sich die Sachlage nach Zustandekommen des Interessenausgleichs wesentlich geändert hat (§ 1 Abs. 5 S. 3 KSchG). Die Veränderung der Sachlage muss zum Zeitpunkt des Zugangs der Kündigung eingetreten sein.[1084] Bei späteren Änderungen kommt nur ein Wiedereinstellungsanspruch in Betracht.[1085] Die Vermutung der Betriebsbedingtheit der Kündigung und der geänderte Prüfungsmaßstab für die Sozialauswahl nach § 1 Abs. 5 S. 3

[1079] ArbG Offenbach 18.6.1997 AiB 1997, 728.
[1080] BAG 26.3.2009 EzA KSchG § 1 Interessenausgleich Nr. 19 = NZA 2009, 1151; die Möglichkeit von Teillisten bejahend: *Kappenhagen,* NZA 1998, 968; *Matthes,* RdA 1999, 178; *Piehler,* NZA 1998, 970, 972; bejahend bei deutlich abgrenzbaren Bereichen LAG Niedersachsen 23.10.2014 – 5 Sa 423/14 – ZIP 2015, 243 (Revision eingelegt); verneinend: nur bei einem einheitlichen unternehmerischen Konzept bejahend: DKKW/*Däubler,* § 112a Rn. 18b und § 125 InsO Rn. 8.
[1081] Ebenso BAG 20.5.1999 EzA BetrVG 1972 § 102 Nr. 101 = NZA 1999, 1039 und BAG 20.5.1999 EzA BetrVG 1972 § 102 Nr. 102 = NZA 1999, 1101; *Fischermeier,* NZA 1997, 1089, 1100; *Schiefer,* DB 1998, 925, 928; *Kohte,* BB 1998, 946, 950; ArbG Wesel 28.5.1997 NZA-RR 1997, 341; LAG Düsseldorf 25.2.1998 LAGE KSchG § 1 Interessenausgleich Nr. 9.
[1082] A. A. *Gelhaar,* DB 2008, 1496.
[1083] BAG 20.5.1999 EzA BetrVG 1972 § 102 Nr. 102 = NZA 1999, 1101; BAG 21.2.2002 EzA KSchG § 1 Interessenausgleich Nr. 10.
[1084] BAG 21.2.2001 EzA KSchG § 1 Interessenausgleich Nr. 8; BAG 15.12.2011 NZA 2012, 1044; *Schiefer,* NZA 1997, 915, 918.
[1085] BAG 15.12.2011 NZA 2012, 1044; *Löwisch,* RdA 1997, 80, 82; *Fischermeier,* NZA 1997, 1089, 1098.

KSchG soll nur dann nicht zur Anwendung kommen, wenn sich die Sachlage nach dem Zustandekommen des Interessenausgleichs so wesentlich geändert hat, dass von einem Wegfall der Geschäftsgrundlage auszugehen ist.[1086] Wesentlich ist die Änderung dann, wenn nicht ernsthaft bezweifelt werden kann, dass beide Betriebspartner oder einer von ihnen den Interessenausgleich in Kenntnis der späteren Änderung nicht oder mit anderem Inhalt geschlossen hätten. Dies ist etwa der Fall, wenn sich nachträglich ergibt, dass gar keine oder eine andere Betriebsänderung durchgeführt werden soll oder wenn sich die im Interessenausgleich vorgesehene Zahl der zur Kündigung vorgesehenen Arbeitnehmer erheblich verringert hat. Geringfügige Änderungen, zB individueller Beschäftigungsmöglichkeiten, genügen nicht.[1087] Auch liegt eine erhebliche Änderung vor, wenn der Interessenausgleich im Hinblick auf eine Betriebsstilllegung erfolgte, jedoch noch vor Ausspruch der Kündigung oder während des Laufs der Kündigungsfrist der Betrieb veräußert wird.[1088]

ee) Darlegungs- und Beweislast

Die Voraussetzungen des § 1 Abs. 5 KSchG hat der Arbeitgeber zu beweisen. Dazu gehören die Voraussetzungen der Betriebsänderungen, das Vorliegen eines Interessenausgleichs, die Schriftform und die namentliche Bezeichnung des zu kündigenden Arbeitnehmers. Darzulegen ist insbesondere auch die Kausalität, also dass eine Betriebsänderung nach § 111 BetrVG vorlag und diese für die Kündigung des Arbeitnehmers kausal geworden ist.[1089] **1164**

Liegt eine durch bloßen Personalabbau begründete Betriebsänderung vor, hat dies nach § 111 BetrVG zur Voraussetzung, dass wesentliche Nachteile für die Belegschaft oder erhebliche Teile der Belegschaft entstehen können. Der Arbeitgeber, der sich auf die Vermutungswirkung des § 1 Abs. 5 KSchG beruft, muss in einem solchen Fall darlegen, dass die Maßnahme, die zur Kündigung geführt hat, erhebliche Teile der Belegschaft betroffen hat.[1090] Dies erfordert vor allem den substantiierten Vortrag, wie der Betrieb im betriebsverfassungsrechtlichen Sinn (§§ 1, 3, 4 BetrVG) abzugrenzen ist. Nur dann kann anhand der Betriebsgröße und der Größe der Gesamtbelegschaft berechnet werden, ob nach § 111 BetrVG von der Maßnahme die Gesamtbelegschaft oder zumindest erhebliche Teile dieser Belegschaft betroffen sind. **1165**

c) Rechtsfolgen

§ 1 Abs. 5 KSchG erleichtert nur die Darlegungs- und Beweislast für den Arbeitgeber bzw. begrenzt die Überprüfung der Sozialauswahl auf grobe Fehlerhaftigkeit. Die Betriebsparteien müssen aber nach wie vor die allgemeinen Rechtsschranken ihrer Regelungskompetenz beachten; insbesondere dürfen sie keine diskriminierenden Namenslisten schaffen.[1091] **1166**

[1086] BAG, 28.6.2012 NZA 2012, 1029 Rn. 32; BAG 22.1.2004 AP BetrVG 1972 § 112 Namensliste Nr. 1 = EzA KSchG § 1 Interessenausgleich Nr. 11; BAG 21.2.2001 EzA KSchG § 1 Interessenausgleich Nr. 8; LAG Köln 1.8.1997 LAGE KSchG § 1 Interessenausgleich Nr. 1.
[1087] BAG 12.3.2009 EzA KSchG § 1 Interessenausgleich Nr. 17 = NZA 2009, 1023; BAG 23.10.2008 EzA KSchG § 1 Interessenausgleich Nr. 16 = AP KSchG 1969 § 1 Namensliste Nr. 18; LAG Schleswig-Holstein 22.4.1998 LAGE KSchG § 1 Interessenausgleich Nr. 5.
[1088] *Schwedes*, BB Beilage 17/1996, S. 2, 4.
[1089] BAG 19.7.2012 NZA 2013, 333 Rn. 16; BAG 3.4.2008 EzA KSchG § 1 Interessenausgleich Nr. 15 = NZA 2008, 1060; BAG 31.5.2007 EzA KSchG § 1 Interessenausgleich Nr. 12 = NZA 2007, 1307.
[1090] BAG 31.5.2007 EzA KSchG § 1 Interessenausgleich Nr. 12 = NZA 2007, 1307.
[1091] Hierzu *Fischer*, ArbuR 1998, 261, 265 ff.

aa) Vermutung dringender betrieblicher Erfordernisse

1167 Liegen die genannten Voraussetzungen vor, wird vermutet, dass die Kündigung der namentlich bezeichneten Arbeitnehmer durch dringende betriebliche Erfordernisse im Sinne des § 1 Abs. 2 KSchG bedingt ist. Die **Vermutungswirkung** erstreckt sich sowohl auf den betriebsbedingten Kündigungsgrund nach § 1 Abs. 2 S. 1 KSchG als auch auf die fehlende Weiterbeschäftigungsmöglichkeit nach § 1 Abs. 2 S. 2 und 3 KSchG.[1092] Es kann davon ausgegangen werden, dass auch ein Einzelbetriebsrat die Beschäftigungsmöglichkeiten in anderen Betrieben des Unternehmens zu überprüfen in der Lage ist. Das BAG hält die weitgehende Vermutungswirkung des § 1 Abs. 5 KSchG nur für gerechtfertigt, wenn und soweit das „kollektive Gegengewicht", nämlich die Mitprüfung durch den Betriebsrat, tatsächlich stattgefunden hat. Dies muss der Arbeitgeber beweisen, wenn etwa der Arbeitnehmer vorträgt, der Betriebsrat habe sich mit anderweitigen Beschäftigungsmöglichkeiten in einem anderen Betrieb des Unternehmens gar nicht befasst. Dass § 125 Abs. 1 Nr. 1 InsO ausdrücklich die Vermutung auf den Betrieb beschränkt,[1093] ist kein Argument gegen die sich aus dem Normtext ergebende Erstreckung der Vermutungswirkung auf den vollständigen Absatz 2.[1094] Es gibt mehrere Abweichungen im Normtext des § 125 InsO und des § 1 Abs. 5 KSchG, die schwer erklärlich sind. Sie alle durch Auslegung „einzuebnen", verbietet wohl der Respekt vor dem Gesetzgeber, den man bei diesen wichtigen Regelungen ernst nehmen sollte. Eher muss man im Hinblick auf die verfassungsrechtliche Problematik des Betriebsbegriffs (→ Rn. 858 f.) umgekehrt argumentieren: Die Beschränkung der Vermutungswirkung auf den Betrieb in der InsO macht keinen Sinn. Denn insolvent wird ein Unternehmen als Rechtsträger und nicht der Betrieb. Bei mehreren von der Insolvenz betroffenen Betrieben wird ohnehin der Gesamtbetriebsrat für den Interessenausgleich zuständig sein.

1168 § 1 Abs. 5 S. 1 KSchG enthält eine **Abweichung von der allgemeinen Beweislastregel** des § 1 Abs. 2 S. 4 KSchG. Angesichts der Vermutungsregelung muss der Arbeitnehmer nunmehr Tatsachen beweisen, die gegen das Vorliegen von die betriebsbedingte Kündigung rechtfertigenden Tatsachen sprechen (Gegenteilsbeweis).[1095] Der Vorteil der gesetzlichen Vermutungsregelung liegt für den Arbeitgeber darin, dass es nicht ausreicht, die gesetzliche Vermutung zu erschüttern; vielmehr muss der volle Beweis des Gegenteils der gesetzlichen Vermutung geführt werden.[1096] Wie weit die Vermutung reicht, hängt auch von den Angaben ab, die der Interessenausgleich zu den betrieblichen Erfordernissen enthält. Sind die betrieblichen Erfordernisse nicht erkennbar, so hat der Arbeitgeber bei Bestreiten des Arbeitnehmers weitere Angaben zu machen, da es einen „Geheimprozess" nicht geben kann.[1097] Im Ergebnis wird dem Arbeitnehmer die Widerlegung der Vermutung des § 1 Abs. 5 S. 1 KSchG nur gelingen, wenn er nachweist, dass betriebliche Erfordernisse nicht vorgelegen haben (zB die

---

[1092] BAG 6.9.2007 EzA KSchG § 1 Interessenausgleich Nr. 14 = NZA 2008, 633; BAG 15.12.2011 NZA 2012, 1044; BAG 27.9.2012 NZA 2013, 559 Rn. 25; *Preis*, NZA 1997, 1073, 1086; *Bader*, NZA 1996, 1125, 1133; *Löwisch*, NZA 1996, 1009, 1011; *ders.*, RdA 1997, 80, 81; s.a. *Bernd Preis*, DB 1998, 1614, 1616; a.A. *Fischermeier*, NZA 1997, 1089, 1096; *Giesen*, ZfA 1997, 145, 173; *Kohte*, BB 1998, 946, 950.
[1093] *Fischermeier*, NZA 1997, 1089, 1097.
[1094] Vgl. auch BT-Drucks. 15/1204, S. 11; APS/*Kiel*, § 1 KSchG Rn. 800; *Löwisch*, NZA 2003, 689, 692.
[1095] BAG 7.5.1998 EzA KSchG § 1 Interessenausgleich Nr. 5 = NZA 1998, 933; a.A. LAG Düsseldorf 4.3.1998 LAGE KSchG § 1 Interessenausgleich Nr. 3.
[1096] BAG 27.9.2012 NZA 2013, 559 Rn. 26; Zöller/*Greger*, Vor § 284 ZPO Rn. 34.
[1097] *Zwanziger*, ArbuR 1997, 427, 429; *Kothe*, BB 1998, 946, 949.

§ 2 Die Sozialwidrigkeit der Kündigung

Möglichkeit der Weiterbeschäftigung in einem anderen Betrieb oder Unternehmen, ggf. zu geänderten Arbeitsbedingungen).[1098] Trotz der Umkehr der Darlegungs- und Beweislast werden auch hier weiterhin die Grundsätze der abgestuften Darlegungs- und Beweislast zur Anwendung kommen müssen.[1099] So kann den zum Teil geäußerten **verfassungsrechtlichen Bedenken** einer praktisch nicht mehr widerlegbaren Präjudizierung des Kündigungsschutzverfahrens begegnet werden.[1100] Das BAG hat unter Hinweis auf mehrere Verfahrensgarantien (Darlegungspflicht des Arbeitgebers für Betriebsänderung, Kündigung aus Anlass der Betriebsänderung und namentliche Nennung des Arbeitnehmers; Zustimmungserfordernis des Betriebsrats) § 1 Abs. 5 KSchG für mit dem Grundgesetz vereinbar erklärt.[1101] Der Gesetzgeber dürfe von einer hohen Richtigkeitsgewähr für die Notwendigkeit der Kündigung ausgehen.[1102] Es ist darauf hinzuweisen, dass das BVerfG in anderem Zusammenhang ausgeführt hat, Art. 12 Abs. 1 und Art. 20 Abs. 3 GG (Grundsatz fairer Verfahrensgestaltung) verböten es, dem Arbeitnehmer die Darlegungs- und Beweislast für solche Tatsachen aufzubürden, die nicht in seiner Sphäre liegen, sondern in der des Arbeitgebers, der ohne Weiteres über die vollständige Kenntnis der maßgeblichen Umstände verfüge. Der Arbeitnehmer dürfe nicht in eine Situation kommen, dass der Erfolg einer Klage davon abhängt, ob der Arbeitgeber aus freien Stücken die für ihn nachteiligen Tatsachen vorträgt.[1103] Der 2. Senat hat sogar bei Kündigungen im Kleinbetrieb darauf hingewiesen, dass **der verfassungsrechtlich gebotene Schutz des Arbeitnehmers im Prozessrecht dadurch zu gewährleisten sei, dass die Grundsätze der abgestuften Darlegungs- und Beweislast zur Anwendung kommen**.[1104] Deshalb ist darauf zu achten, dass dem Arbeitnehmer bei der Führung des Gegenteilsbeweises die allgemeinen Beweiserleichterungen, insbesondere zur sog. sekundären Behauptungslast, zuteil werden.[1105] Dies hat das BAG jetzt auch ausdrücklich anerkannt.[1106] So ist anerkannt, dem Prozessgegner im Rahmen seiner Erklärungslast nach § 138 Abs. 2 ZPO ausnahmsweise zuzumuten, dem Beweispflichtigen eine ordnungsgemäße Darlegung durch nähere Angaben über die zu seinem Wahrnehmungsbereich gehörenden Verhältnisse zu ermöglichen *(sog. sekundäre Behauptungslast)*.[1107] Dies ist etwa der Fall, wenn eine darlegungspflichtige Partei außerhalb des von ihr darzulegenden Geschehensablaufes steht und keine nähere Kenntnis der maßgebenden Tatsachen besitzt, während der Gegner sie hat und ihm nähere Angaben zumutbar sind.[1108] Daraus folgt, dass der Arbeitgeber

---

[1098] BAG 27.9.2012 NZA 2013, 559 Rn. 26.
[1099] Auf diese Problematik geht das BAG in seiner Entscheidung 7.5.1998 EzA KSchG § 1 Interessenausgleich Nr. 5 nicht ein; hierzu auch *Bernd Preis*, DB 1998, 1614, 1618.
[1100] Vgl. LAG Düsseldorf 24.3.1998 LAGE KSchG § 1 Interessenausgleich Nr. 3; *Kothe*, BB 1998, 946, 954; siehe auch *Bader*, NZA 2004, 65, 75.
[1101] BAG 6.9.2007 EzA KSchG § 1 Interessenausgleich Nr. 14 = NZA 2008, 633.
[1102] BAG 27.9.2012 NZA 2013, 559 Rn. 27.
[1103] BVerfG 6.10.1999 NZA 2000, 110.
[1104] BAG 6.2.2003 EzA BGB 2002 § 242 Kündigung Nr. 1 = NZA 2003, 717.
[1105] BAG 27.9.2012 NZA 2013, 559 Rn. 28; vgl. *Zöller/Greger*, § 292 ZPO Rn. 2; hierzu *Preis*, NZA 1997, 1073, 1096; ähnlich *Zwanziger*, ArbuR 1997, 427, 429; *Linck*, AR-Blattei SD 1020.1.2. Rn. 140 f.; noch weitergehend LAG Düsseldorf 4.3.1998 LAGE KSchG § 1 Interessenausgleich Nr. 3; ablehnend *Hohenstatt*, NZA 1998, 846, 852.
[1106] BAG 6.9.2007 EzA KSchG § 1 Interessenausgleich Nr. 14 = NZA 2008, 633.
[1107] BAG 15.12.2011 NZA 2012, 1044; LAG Brandenburg 13.10.2005 NZA-RR 2006, 69; *Zöller/Greger*, Vor § 284 ZPO Rn. 34.
[1108] BGH 11.6.1990 NJW 1990, 3151 f.; BAG 15.12.2011 NZA 2012, 1044 Rn. 17; auch die Rechtsprechung des BAG zur Sozialauswahl außerhalb des KSchG wendet im Kern diese Grundsätze an, vgl. BAG 29.8.1996 EzA Einigungsvertrag Art. 20 Soziale Auswahl Nr. 1 = NZA 1997, 604, 605; im Ansatz daher richtig ArbG Bonn 5.2.1997 DB 1997, 1517; ausf. auch *Linck*, AR Blattei SD 1020.1.2. Rn. 140 f.

trotz der gesetzlichen Vermutung auf Bestreiten des Arbeitnehmers die zu seinem Wahrnehmungsbereich gehörenden Tatsachen mitzuteilen hat.[1109] Hierzu gehört der betriebsbedingte Kündigungsgrund, der Kreis der in die Sozialauswahl einzubeziehenden Arbeitnehmer ebenso wie die den berechtigten betrieblichen Interessen (§ 1 Abs. 3 S. 2 KSchG) zugrunde liegenden Tatsachen.

1169 Der Arbeitgeber hat auch innerhalb des § 1 Abs. 5 KSchG gem. § 1 Abs. 3 S. 1 Halbs. 2 KSchG der Verpflichtung nachzukommen, auf Verlangen des Klägers im Prozess die Gründe für die getroffene Auswahl mitzuteilen.[1110] Diese Verpflichtung des Arbeitgebers bezieht sich auch auf die Gründe für die Ausklammerung einzelner Arbeitnehmer aus der Sozialauswahl gem. § 1 Abs. 3 S. 2 KSchG.[1111] Kommt der Arbeitgeber dem Verlangen des Arbeitnehmers nicht nach, ist die streitige Kündigung ohne Weiteres als sozialwidrig anzusehen; auf den Prüfungsmaßstab der groben Fehlerhaftigkeit der sozialen Auswahl kommt es dann nicht an.

bb) Reduzierte Überprüfung der sozialen Auswahl auf grobe Fehlerhaftigkeit

1170 Ähnlich wie in § 1 Abs. 4 KSchG kann die Sozialauswahl nur auf grobe Fehlerhaftigkeit überprüft werden (§ 1 Abs. 5 S. 2 KSchG).[1112] Während in § 1 Abs. 4 KSchG Bezugspunkt die jeweilige Richtlinie ist, formuliert § 1 Abs. 5 S. 2 KSchG pauschaler: „**Die soziale Auswahl der Arbeitnehmer kann nur auf grobe Fehlerhaftigkeit überprüft werden.**" Offenbar diese pauschale Formulierung veranlasst das BAG zu im Ausgangspunkt großzügiger Betrachtung, die aber noch manche Stolperschwelle birgt. Grob fehlerhaft ist nach Auffassung des BAG eine soziale Auswahl nur, wenn ein „evidenter, ins Auge springender schwerer Fehler vorliegt und der Interessenausgleich jede Ausgewogenheit vermissen lässt".[1113] Den Betriebspartnern solle nach § 1 Abs. 5 S. 2 KSchG ein weiter Spielraum bei der Sozialauswahl eingeräumt werden.[1114] Dabei gilt auch hier, dass die vom Arbeitgeber – zusammen mit dem Betriebsrat – getroffene Auswahl nur dann grob fehlerhaft ist, wenn sich ihr **Ergebnis** als grob fehlerhaft erweist. Dagegen ist regelmäßig nicht maßgebend, ob das gewählte Auswahlverfahren beanstandungsfrei ist. Auch ein mangelhaftes Auswahlverfahren kann zu einem richtigen – nicht grob fehlerhaften – Auswahlergebnis führen.[1115] Das Gesetz gehe davon aus, dass dieser Spielraum „angemessen und vernünftig" genutzt wird. Nur wo dies nicht der Fall sei, sondern der vom Gesetzgeber gewährte Spielraum verlassen wird, sodass der Sache nach nicht mehr von einer „sozialen" Auswahl die Rede sein kann, darf grobe Fehlerhaftigkeit angenommen werden. Der Arbeitgeber genügt seiner Pflicht, die gesetzlichen Kriterien ausreichend bzw. nicht grob fehlerhaft zu berück-

---

[1109] Der Hinweis in BAG 7.5.1998 EzA KSchG § 1 Interessenausgleich Nr. 5 = NZA 1998, 933, ohne substantiierten Tatsachenvortrag des Arbeitnehmers liege der „Versuch eines unzulässigen Ausforschungsbeweises" vor, ist schwer nachvollziehbar.

[1110] BAG 15.12.2011 NZA 2012, 1044 Rn. 42.

[1111] BAG 10.2.1999 EzA KSchG § 1 Soziale Auswahl Nr. 38 = NZA 1999, 702; BAG 21.2.2002 EzA KSchG § 1 Interessenausgleich Nr. 10; LAG Niedersachsen 30.6.2005 LAGE KSchG § 1 Soziale Auswahl Nr. 52.

[1112] Zum Begriff der groben Fehlerhaftigkeit → Rn. 1149.

[1113] St. Rspr. BAG 17.1.2008 AP KSchG 1969 § 1 Soziale Auswahl Nr. 96 = NZA-RR 2008, 571; BAG 10.6.2010 NZA 2010, 1352; BAG 15.12.2011 NZA 2012, 1044; ähnl. BAG 19.7.2012 NZA 2013, 333 Rn. 42; BAG 19.7.2012 NZA 2013, 86 Rn. 34.

[1114] Für eine Übertragung des Maßstabs der groben Fehlerhaftigkeit auf eine zwischen den Betriebsparteien vereinbarte Namensliste zur Wiedereinstellung LAG Düsseldorf 26.9.2011 – 14 Sa 886/11 – Rn. 39.

[1115] BAG 10.6.2010 NZA 2010, 1352.

§ 2 Die Sozialwidrigkeit der Kündigung

sichtigen bereits dann, wenn das Auswahlergebnis objektiv ausreichend bzw. nicht grob fehlerhaft ist.[1116]

Hinsichtlich der Darlegungs- und Beweislast ändert die Norm jedoch nicht die allgemeinen Grundsätze nach § 1 Abs. 3 KSchG.[1117] Der Gesetzgeber hat hinsichtlich der Sozialauswahl nur das Merkmal der groben Fehlerhaftigkeit eingeführt. Worauf sich dieses bezieht, ist in Abgrenzung zu § 1 Abs. 4 S. 1 KSchG umstritten. Nach hier vertretener Auffassung ist die Abgrenzung des einzubeziehenden Personenkreises (Vergleichbarkeit) eine Rechtsfrage und systematisch keine Frage des Auswahlermessens.[1118] Das BAG sieht dies seit der Entscheidung vom 7. Mai 1998[1119] anders. Die Reduktion der Überprüfung auf „grobe Fehlerhaftigkeit" (zum Begriff → Rn. 1149) soll sich danach auch auf die Festlegung des auswahlrelevanten Kreises der Arbeitnehmer erstrecken.[1120] So erstreckt das BAG diesen privilegierten Maßstab ua auch auf die Frage, ob Arbeitnehmer einer anderen Arbeitsstätte in die Auswahl einzubeziehen sind bzw. ob ein selbständiger Betrieb oder eine unselbständige Betriebsabteilung vorliegt. Die Verkennung des Betriebsbegriffs ist nur dann grob fehlerhaft, wenn im Interessenausgleich der Betriebsbegriff selbst grob verkannt worden ist.[1121] Die Sozialauswahl ist nur dann grob fehlerhaft, wenn deren Fehlerhaftigkeit „ins Auge springt".[1122] Allerdings wird die Sozialauswahl dennoch grob fehlerhaft, wenn sich der Arbeitgeber über die Betriebsabgrenzung keine Gedanken gemacht hat und sich schlicht auf den Tatbestand einer Betriebsstilllegung stützt, ohne deren Voraussetzung darzulegen. Soll eine „Filiale" stillgelegt werden, muss der Arbeitgeber vortragen, dass diese Filiale ein selbstständiger Betrieb oder Betriebsteil ist. Wenn der Arbeitgeber dann wegen „Betriebsstilllegung" keine Sozialauswahl durchführt, ist die Kündigung unwirksam, weil bei nicht durchgeführter Sozialauswahl eine tatsächliche Vermutung für die Sozialwidrigkeit spricht.[1123]

1171

Nach hier vertretener Auffassung wäre aus den dargelegten Gründen auch die Einbeziehung des § 1 Abs. 3 S. 2 KSchG in das privilegierte Auswahlermessen („grobe Fehlerhaftigkeit") systematisch verfehlt.[1124] Erstaunlich ist, dass zu dieser offenen

1172

[1116] BAG 17.1.2008 AP KSchG 1969 § 1 Soziale Auswahl Nr. 96 = NZA-RR 2008, 571; BAG 18.10.2006 EzA KSchG § 1 Soziale Auswahl Nr. 70 = NZA 2007, 504; BAG 10.6.2010 NZA 2010, 1352; BAG 19.7.2012 NZA 2013, 333 Rn. 42; BAG 19.7.2012 NZA 2013, 86 Rn. 34.
[1117] BAG 27.9.2012 NZA 2013, 559 Rn. 46; BAG 12.4.2002 EzA KSchG § 1 Soziale Auswahl Nr. 48 = NZA 2003, 42; BAG 10.2.1999 EzA KSchG § 1 Soziale Auswahl Nr. 38 = NZA 1999, 704; LAG Düsseldorf 29.1.1998 LAGE KSchG § 1 Interessenausgleich Nr. 4; *Bernd Preis*, DB 1998, 1614, 1618.
[1118] *Preis*, NZA 1997, 1073, 1086; *Kothe*, BB 1998, 946, 953; LAG Düsseldorf 24.3.1998 LAGE KSchG § 1 Interessenausgleich Nr. 3; a.A. die überwiegende Auffassung: *Giesen*, ZfA 1997, 145, 174; *Löwisch*, RdA 1997, 80, 81 f.; *Schiefer*, DB 1997, 1519, 1520; *Hohenstatt*, NZA 1998, 846, 852; *Linck*, AR-Blattei SD 1020.1.2. Rn. 143 ff.
[1119] BAG 7.5.1998 EzA KSchG § 1 Interessenausgleich Nr. 5 = NZA 1998, 933; BAG 21.1.1999 EzA KSchG § 1 Soziale Auswahl Nr. 39 = NZA 1999, 866; BAG 2.12.1999 EzA KSchG § 1 Soziale Auswahl Nr. 42 = NZA 2000, 531; bestätigt durch BAG 21.9.2006 AP KSchG 1969 § 1 Namensliste Nr. 15 = EzA KSchG § 1 Soziale Auswahl Nr. 72 in Bezug auf § 1 Abs. 5 KSchG; BAG 10.6.2010 NZA 2010, 1352; BAG 15.12.2011 NZA 2012, 1044; BAG 19.7.2012 NZA 2013, 333 Rn. 42.
[1120] BAG 15.12.2011 NZA 2012, 1044 Rn. 38.
[1121] BAG 20.9.2012 NZA 2013, 94.
[1122] BAG 3.4.2008 EzA KSchG § 1 Interessenausgleich Nr. 15 = NZA 2008, 1060; BAG 21.9.2006 AP KSchG 1969 § 1 Namensliste Nr. 15 = EzA KSchG § 1 Soziale Auswahl Nr. 72.
[1123] BAG 3.4.2008 EzA KSchG § 1 Interessenausgleich Nr. 15 = NZA 2008, 1060.
[1124] A.A. *Löwisch*, RdA 1997, 80, 81 f.; *Schiefer*, DB 1997, 1519, 1520; *ders.*, NZA 1997, 915, 917; *Neef*, NZA 1997, 65, 69; wie hier ArbG Bonn 5.2.1997 EzA KSchG § 1 Interessenausgleich Nr. 1; LAG Düsseldorf 4.3.1998 LAGE KSchG § 1 Interessenausgleich Nr. 3; *Kampen*, ArBuR 1998, 267, 268; *Bader*, NZA 1996, 1125, 1127 ff.; *Kohte*, BB 1998, 946, 950 ff.; *Zwanziger*, ArBuR 1997, 427;

Rechtsfrage in der Gesetzesbegründung Stellung genommen wird. Darin heißt es: *„Die Überprüfung der Sozialauswahl ist auf grobe Fehlerhaftigkeit beschränkt. Das betrifft die Richtigkeit der Sozialauswahl in jeder Hinsicht, also auch die Frage der Vergleichbarkeit der Arbeitnehmer und auch der Herausnahme bestimmter Arbeitnehmer aus der Sozialauswahl nach § 1 Abs. 3 S. 2 KSchG."*[1125] Dieser eindeutigen Aussage hat sich das BAG nach anfänglicher Zurückhaltung[1126] auch angeschlossen.[1127] In der Praxis ist es für den gekündigten Arbeitnehmer außerordentlich schwer, überhaupt einen vergleichbaren, namentlich nicht benannten, aber erheblich weniger schutzbedürftigen Arbeitnehmer zu benennen.[1128]

7. Abfindungsanspruch bei betriebsbedingten Kündigungen (§ 1a KSchG)

a) Normzweck, Rechtsnatur und praktische Auswirkungen

1173 Durch das Gesetz zu Reformen am Arbeitsmarkt vom 24.12.2003[1129] wurde mit Wirkung zum 1.1.2004 ein „Abfindungsanspruch bei betriebsbedingter Kündigung" in das KSchG (§ 1a) eingefügt. Der Gesetzgeber qualifiziert § 1a KSchG als „gesetzlichen Abfindungsanspruch" und sieht in der Vorschrift eine „einfach zu handhabende, moderne und unbürokratische Alternative zum Kündigungsschutzprozess geregelt".[1130] Tatsächlich muss § 1a KSchG als **rechtspolitisch verfehlt** angesehen werden.[1131] Eine wirkliche „Alternative" zur Vermeidung von Kündigungsschutzprozessen stellt § 1a KSchG schon deshalb nicht dar, weil sich der Gesetzgeber nicht zu einer konsequenten gesetzlichen Abfindungsregelung durchringen konnte. Vielmehr hat er sich für eine rechtsgeschäftliche Konstruktion entschieden, welche die Anspruchsentstehung von einem Abfindungsangebot des kündigenden Arbeitgebers abhängig macht, das er dem Arbeitnehmer gegenüber abgeben kann, aber nicht muss. Auch kann der Arbeitnehmer frei darüber entscheiden, ob er Kündigungsschutzklage erhebt oder nicht,[1132] wobei er jedoch nicht mit „doppelten Karten" spielen darf (→ Rn. 1183). Somit bringt § 1a KSchG nur dasjenige zum Ausdruck, was den Parteien des Arbeitsvertrages schon immer möglich war: die Einigung zwischen kündigendem Arbeitgeber und Arbeitnehmer über die Zahlung einer Abfindung.[1133] § 1a KSchG ist **ein rechtsgeschäftlich begründbarer Abfindungsanspruch**,[1134] auf den die Vorschriften des

---

Preis, NJW 1996, 3369, 3370 ff.; wohl auch *Fischermeier*, NZA 1998 Sonderheft Kündigung und Kündigungsschutz, S. 18, 20 f.; unentschieden BAG 7.5.1998 EzA KSchG § 1 Interessenausgleich Nr. 5 = NZA 1998, 933.

[1125] BT-Drucks. 15/1204, S. 12.
[1126] Offen gelassen in BAG 12.4.2002 NZA 2003, 42.
[1127] BAG 10.6.2010 NZA 2010, 1352 Rn. 29.
[1128] Vgl. schon *Preis*, NJW 1996, 3369, 3372; *Fischermeier*, NZA 1997, 1089, 1097; symptomatisch auch BAG 7.5.1998 EzA KSchG § 1 Interessenausgleich Nr. 5 = NZA 1998, 933.
[1129] BGBl. I 3002.
[1130] BT-Drucks. 15/1204, S. 12.
[1131] Ebenso *Meinel*, DB 2003, 1438, 1439; *Thüsing*, NJW 2003, 1989, 1990; *Quecke*, RdA 2004, 86, 94; *Rolfs*, ZIP 2004, 333, 342 f.; *Willemsen/Annuß*, NJW 2004, 177, 181; *Kraus*, Abfindungen zur Ablösung des Kündigungsschutzes – § 1a KSchG n. F., 2005; weniger skeptisch dagegen *Löwisch*, NZA 2003, 689, 693.
[1132] So auch ausdr. BT-Drucks. 15/1204, S. 12.
[1133] Ebenso BAG 16.12.2010 NZA-RR 2011, 421 Rn. 19.
[1134] Näher *Preis*, DB 2004, 70, 71 f.; den rechtsgeschäftlichen Charakter des § 1a KSchG bejahen auch APS/*Hesse*, § 1a KSchG Rn. 5; LSW/*Löwisch*, § 1a KSchG Rn. 5; *Löwisch*, NZA 2003, 689,

BGB über Willenserklärungen Anwendung finden. Gesetzlich zwingend ausgestaltet ist lediglich die Rechtsfolge in § 1a Abs. 2 KSchG. Nach allgemeinen Grundsätzen kann aber auch ein rein vertraglicher Abfindungsanspruch entstanden sein, wenn das Abfindungsangebot nicht den in § 1a KSchG normierten Voraussetzungen entspricht. Die Arbeitsvertragsparteien sind auch bei einer betriebsbedingten Kündigung frei, eine geringere oder höhere als die vom Gesetz vorgesehene Abfindung zu vereinbaren. Aber auch wenn der Charakter des § 1a KSchG als „neuartiger gesetzlicher Anspruch"[1135] betont wird, ergeben sich bei der (komplizierten) Handhabung der Vorschrift im Wesentlichen die gleichen Probleme wie bei rechtsgeschäftlichen Abfindungsansprüchen, die in den meisten Fällen auch gleiche Ergebnisse hervorbringen, wie nachfolgend verdeutlicht werden wird.

Auch die **praktische Wirksamkeit** des § 1a KSchG ist **zweifelhaft.** Das mit der Norm verbundene gesetzgeberische Ziel der Erleichterung von Neueinstellungen und der Entlastung der Arbeitsgerichtsbarkeit durch ein Prozessrisiken und -kosten vermeidendes Verfahren zur vorgerichtlichen Klärung[1136] dürfte durch diese Regelung kaum erreichbar sein. Höchst fraglich ist, ob ein Arbeitgeber wegen § 1a KSchG Neueinstellungen vornehmen wird, da er nicht wissen kann, ob der einzustellende Arbeitnehmer im Falle einer späteren Entlassung die angebotene Abfindung annehmen oder Kündigungsschutzklage erheben wird.[1137] Deshalb besteht auch die Gefahr, dass der Arbeitgeber seine Position in einem evtl. Kündigungsschutzverfahren durch ein vorausgehendes einseitiges Abfindungsangebot schwächt.[1138] Aber auch für den Arbeitnehmer spricht einiges dafür, von einem Abfindungsangebot nach § 1a KSchG keinen Gebrauch zu machen und stattdessen Klage zu erheben mit dem Ziel, durch einen gerichtlichen Vergleich eine höhere Abfindung aushandeln zu können.[1139] Dies gilt umso mehr, seit das BSG entschieden hat, dass der Abschluss eines gerichtlichen Vergleichs auch dann keine Sperrzeit gem. § 159 SGB III auslöst, wenn eine Abfindung vereinbart wird, die höher ist als die in §§ 1a, 10 KSchG genannten Beträge.[1140] Für das Aushandeln der Abfindung sind in erster Linie die Erfolgsaussichten der Klage maßgebend, weil sich die Arbeitsgerichte bei der Ermittlung der Abfindungshöhe größtenteils von ihnen leiten lassen. Ferner besteht für den Arbeitnehmer bei einem Vorgehen nach § 1a KSchG die Gefahr, am Ende mit „leeren Händen" dazustehen, weil er sich einerseits durch ein Verstreichenlassen der Klagefrist die Überprüfung der Wirksamkeit der Kündigung versperrt, andererseits die Abfindung aber noch nicht sicher hat, etwa wenn der Arbeitgeber noch während laufender Kündigungsfrist eine außerordentliche Kündigung erklärt und damit das Entstehen des Anspruchs auf Abfindung nach § 1a Abs. 1 S. 1 KSchG verhindert. Denn der Anspruch auf die Abfindung entsteht erst

1174

694; *ders.,* BB 2004, 154, 157; *Thüsing/Stelljes,* BB 2003, 1673, 1677; *Bauer/Krieger,* NZA 2004, 77; *v. Steinau-Steinrück/Paul,* NJW-Spezial 2004, 225; *Rolfs,* ZIP 2004, 333, 336f.; *Wolff,* BB 2004, 378; vgl. auch BAG 31.5.2005 EzA BetrVG 2001 § 112 Nr. 14 = NZA 2005, 997; die Rechtsprechung lässt die Frage der dogmatischen Einordnung zumeist dahingestellt, vgl. BAG 19.6.2007 EzA KSchG § 1a Nr. 2 = NZA 2007, 1357, 1359; BAG 10.5.2007 EzA § 1a KSchG Nr. 1 = NZA 2007, 1043; BAG 16.12.2010 NZA-RR 2011, 421.
[1135] So *Quecke,* RdA 2004, 86, 94; die Rechtsnatur des § 1a KSchG als gesetzlicher Anspruch betonen auch KR/*Spilger,* § 1a KSchG Rn. 34ff.; *Grobys,* DB 2003, 2174; BB/*Bader,* § 1a KSchG Rn. 5; *Bader,* NZA 2004, 65, 70; *Willemsen/Annuß,* NJW 2004, 177, 182; noch anders *Raab,* RdA 2005, 1, 5: „Parallele zur Auslobung".
[1136] BT-Drucks. 15/1204, S. 9.
[1137] *Buchner,* DB 2003, 1510, 1516; ähnl. *Löwisch,* NZA 2003, 689, 694.
[1138] *Preis,* DB 2004, 70, 75.
[1139] *Preis,* in: Bauer/Preis/Schunder, NZA 2003, 704, 705.
[1140] BSG 17.10.2007 NZA-RR 2008, 1048.

nach Ablauf der Kündigungsfrist.[1141] Ein gerichtlicher Abfindungsvergleich bringt dem Arbeitnehmer zudem den Vorteil eines unmittelbar vollstreckbaren Titels nach § 794 Abs. 1 Nr. 1 ZPO, während eine nach § 1a KSchG vereinbarte Abfindung erst im Wege der Leistungsklage geltend gemacht werden muss, um einen entsprechenden Vollstreckungstitel zu erlangen. Die Zweckmäßigkeit eines klageweisen Vorgehens zeigt sich auch vor dem Hintergrund von Zweifeln an der Zahlungsfähigkeit und/oder -willigkeit des Arbeitgebers.[1142] Dies gilt auch und gerade bei drohender Arbeitgeberinsolvenz: Da Abfindungsansprüche vor Eröffnung des Insolvenzverfahrens nur einfache Insolvenzforderungen iSv §§ 38, 108 Abs. 2 InsO darstellen, ein nach Verfahrenseröffnung abgeschlossener Vergleich jedoch eine Masseverbindlichkeit iSd § 55 Abs. 1 Nr. 1 InsO ist, kann dem Arbeitnehmer bzw. dessen Prozessbevollmächtigtem nur angeraten werden, Kündigungsschutzklage zu erheben, um mit dem Insolvenzverwalter einen Vergleich abzuschließen, der wiederum zu einer Rangprivilegierung führt.[1143]

b) Voraussetzungen

aa) Anwendbarkeit

1175 § 1a KSchG findet nur auf Kündigungen Anwendung, die dem sachlichen (§ 23 Abs. 1 S. 2 KSchG) und – da an das Merkmal der „dringenden betrieblichen Erfordernisse" aus § 1 Abs. 2 S. 1 KSchG anknüpfend – persönlichen (§ 1 Abs. 1 KSchG) Anwendungsbereich des Kündigungsschutzgesetzes unterliegen. In Kleinbetrieben sowie innerhalb der sechsmonatigen Wartezeit ist § 1a KSchG somit nicht anwendbar.[1144] Die Anwendung des § 1a KSchG bei fehlendem allgemeinen Kündigungsschutz würde auch keinen Sinn ergeben, weil in einem solchen Fall weder ein rechtliches noch ein praktisches Bedürfnis für ein Abfindungsangebot des Arbeitgebers besteht.[1145] Theoretisch möglich bleiben aber vertragliche Abfindungsvereinbarungen außerhalb von § 1a KSchG.

bb) Arbeitgeberkündigung wegen dringender betrieblicher Erfordernisse

1176 Nach § 1a Abs. 1 S. 1 KSchG hat der Arbeitnehmer Anspruch auf eine Abfindung, wenn der Arbeitgeber wegen „dringender betrieblicher Erfordernisse" nach § 1 Abs. 2 S. 1 KSchG kündigt und der Arbeitnehmer bis zum Ablauf der Frist des § 4 S. 1 KSchG keine Kündigungsschutzklage erhebt. Damit setzt der Abfindungsanspruch eine **ordentliche Arbeitgeberkündigung** voraus.[1146] Dies ergibt sich aus dem Standort des § 1a KSchG im 1. Abschnitt des Kündigungsschutzgesetzes, seinem Verweis auf die ordentliche betriebsbedingte Kündigung nach § 1 Abs. 2 KSchG, aus dem in § 1a Abs. 1 S. 1 KSchG normierten Anspruchsentstehungszeitpunkt des „Ablaufs der Kündigungsfrist" sowie der fehlenden Inbezugnahme des § 1a KSchG in § 13 Abs. 1

[1141] BAG 10.5.2007 EzA KSchG § 1a Nr. 1 = NZA 2007, 1043: Verstirbt der Arbeitnehmer vor Ablauf der Kündigungsfrist, steht den Erben kein Anspruch gem. § 1922 Abs. 1 BGB gegen den Arbeitgeber auf Zahlung der Abfindung zu.
[1142] *Preis*, in: Bauer/Preis/Schunder, NZA 2003, 704, 705; *Preis*, DB 2004, 70, 75.
[1143] BAG 12.6.2002 EzA § 55 InsO Nr. 2 = NZA 2002, 974; *Tschöpe*, MDR 2004, 193, 199; *Berscheid*, ArbRB 2004, 234, 235; *Rolfs*, ZIP 2004, 333, 341; vgl. auch *Löwisch*, NZA 2003, 689, 694.
[1144] *Maschmann*, AuA 10/2003, 6, 7; *Grobys*, DB 2003, 2174; *Quecke*, RdA 2004, 86, 95; *Rolfs*, ZIP 2004, 333, 334; abw. *Giesen/Besgen*, NJW 2004, 185, 186, die die Erfüllung der Wartezeit für unerheblich halten.
[1145] Vgl. *Quecke*, RdA 2004, 86, 95.
[1146] KR/*Spilger*, § 1a KSchG Rn. 24; *Quecke*, RdA 2004, 86, 95; *Bader*, NZA 2004, 65, 70; *Willemsen/Annuß*, NJW 2004, 177, 182; *Giesen/Besgen*, NJW 2004, 185, 186; *Däubler*, NZA 2004, 177, 178; *Rolfs*, ZIP 2004, 333, 334; abw. *Grobys*, DB 2003, 2174.

KSchG. Der rechtsgeschäftliche Ursprung des in § 1a KSchG normierten Abfindungsmodells erlaubt es aber, dieses auch auf andere Kündigungsarten zu übertragen.[1147] Im engeren Anwendungsbereich des § 1a KSchG ist eine **analoge Anwendung** auf **außerordentliche betriebsbedingte Kündigungen ordentlich unkündbarer Arbeitnehmer** geboten.[1148] Hierfür spricht insbesondere, dass eine der ordentlichen Kündigungsfrist entsprechende soziale Auslauffrist einzuhalten ist und eine derartige Kündigung am Maßstab des § 1 Abs. 2 S. 1 KSchG zu messen ist (ausführlich → Rn. 745 ff.).

§ 1a KSchG gilt grundsätzlich nur für **Beendigungskündigungen** und eingeschränkt für **Änderungskündigungen.** Dagegen spricht zwar der systematische Standort der Norm vor § 2 KSchG sowie der teleologische Gesichtspunkt, dass das Arbeitsverhältnis bei einer Änderungskündigung erhalten bleibt, was eine Abfindung für den Verlust des Arbeitsplatzes entbehrlich macht. Doch muss bei Nichtannahme des Änderungsangebots bzw. für den Fall der **vorbehaltlosen Ablehnung des Änderungsangebots** eine Ausnahme gelten, weil es dann nur noch um eine Beendigungskündigung geht.[1149] Hier ist die Kündigung und der Hinweis auf Inanspruchnahme der Abfindung nach § 1a Abs. 1 S. 2 KSchG für den Fall zu erklären, dass das Änderungsangebot nicht angenommen wird.[1150]

1177

Schon nach dem Wortlaut des § 1a Abs. 1 S. 1 KSchG hängt das Entstehen des Abfindungsanspruchs nicht davon ab, dass die Kündigung durch die „dringenden betrieblichen Erfordernisse" *bedingt* ist. Vielmehr reicht es nach § 1a Abs. 1 S. 2 KSchG aus, dass der Arbeitgeber **die Kündigung als betriebsbedingt** *bezeichnet;* **eine nähere Begründung ist nicht erforderlich.**[1151] In einem Prozess um die Abfindung werden die objektiven Umstände, die zur Kündigung geführt haben, somit nicht gerichtlich überprüft. Dem Abfindungsanspruch nach § 1a KSchG ist schon denklogisch eine wirksame Kündigung vorgelagert, denn der Anspruch entsteht nur, wenn der Arbeitnehmer die Klagefrist des § 4 KSchG verstreichen lässt und damit die Präklusionswirkung des § 7 KSchG herbeiführt. Auch würde der Zweck der §§ 1a, 7 KSchG, die Kündigung selbst streitlos zu stellen, vereitelt, wenn der Arbeitgeber in einem Rechtsstreit um die Abfindung geltend machen könnte, die Kündigung sei in Wahrheit nicht betrieblich motiviert gewesen. Überdies wäre ein solches Vorbringen wegen Verstoßes gegen das Verbot widersprüchlichen Verhaltens (§ 242 BGB, „venire contra factum proprium") unbeachtlich, wenn der Arbeitgeber die Kündigung gem. § 1a Abs. 1 S. 2 KSchG auf dringende betriebliche Erfordernisse gestützt hat. Mithin kann der Arbeitnehmer die Abfindung auch dann verlangen, wenn tatsächlich andere Gründe für die Kündigung maßgeblich waren; die Voraussetzung einer Kündigung „wegen dringender

1178

[1147] *Preis*, DB 2004, 70, 73.
[1148] So auch APS/*Hesse*, § 1a KSchG Rn. 4a; KR/*Spilger*, § 1a Rn. 25; *Grobys*, DB 2003, 2174; *Maschmann*, AuA 10/2003, 6, 7 f.; *Quecke*, RdA 2004, 86, 96; BB/*Bader*, § 1a KSchG Rn. 7; *Bader*, NZA 2004, 65, 71; *Willemsen/Annuß*, NJW 2004, 177, 182; *Giesen/Besgen*, NJW 2004, 185, 186; *Däubler*, NZA 2004, 177, 178; weiterg. *Wolff*, BB 2004, 378, 379; a. A. KDZ/*Zwanziger*, § 1a KSchG Rn. 6; *Rolfs*, ZIP 2004, 333, 334.
[1149] BAG 13.12.2007 EzA KSchG § 1a Nr. 3 = NZA 2008, 849; APS/*Hesse*, § 1a KSchG Rn. 4a; KR/*Spilger*, § 1a KSchG Rn. 27; *Maschmann*, AuA 10/2003, 6, 8; *Quecke*, RdA 2004, 86, 96; *Däubler*, NZA 2004, 177, 178; *Wolff*, BB 2004, 378, 379.
[1150] S. den Formulierungsvorschlag von *Maschmann*, AuA 10/2003, 6, 8.
[1151] BT-Drucks. 15/1204, S. 12; LAG Hamm 7.6.2005 LAGE § 1a KSchG Nr. 1; KDZ/*Zwanziger*, § 1a KSchG Rn. 10; KR/*Spilger*, § 1a KSchG Rn. 31; *Gaul/Bonnani*, ArbRB 2003, 177, 179; *Maschmann*, AuA 10/2003, 6, 7; *Buschmann*, ArbuR 2004, 1, 3; *Preis*, DB 2004, 70, 73; BB/*Bader*, § 1a KSchG Rn. 9; *Bader*, NZA 2004, 65, 71; *Willemsen/Annuß*, NJW 2004, 177, 182; *Giesen/Besgen*, NJW 2004, 185, 186; a. A. *Rolfs*, ZIP 2004, 333, 334.

betrieblicher Erfordernisse" iSv § 1a Abs. 1 S. 1 KSchG läuft leer. Da das Verstreichenlassen der Klagefrist eine konkludente Annahmeerklärung des Arbeitnehmers darstellt,[1152] kommt jedoch eine Anfechtung wegen arglistiger Täuschung (§§ 123, 142 BGB) in Betracht, wenn der Arbeitgeber ihm betriebliche Gründe nur vorspiegelt.[1153] Auch ist in einem solchen Fall ein erfolgreicher Antrag auf nachträgliche Zulassung der Kündigungsschutzklage (§ 5 KSchG) ebenso denkbar (→ Rn. 1953) wie ein Schadensersatzanspruch nach § 826 BGB.[1154]

cc) Abfindungsangebot mit Hinweis

1179 In § 1a Abs. 1 S. 2 KSchG sind formelle Anforderungen an das Abfindungsangebot des Arbeitgebers normiert. Es muss **in der schriftlichen (§ 623 BGB)**[1155] **Kündigungserklärung** abgegeben werden;[1156] ein mündlicher Hinweis oder ein Hinweis auf einem separaten Schriftstück reicht nicht aus, bei Letzterem auch dann nicht, wenn es dem Arbeitnehmer gleichzeitig mit der Kündigung zugeht.[1157] Der Abfindungsanspruch setzt den **Hinweis** voraus, dass die Kündigung auf „dringende betriebliche Erfordernisse" gestützt ist und der Arbeitnehmer bei Verstreichenlassen der Klagefrist die Abfindung beanspruchen kann. Im Hinweis bedarf es keiner Darlegung, von welcher Art die betrieblichen Erfordernisse sind; die pauschale Bezeichnung als „betriebsbedingt" reicht aus.[1158] In dem Hinweis, dass der Arbeitnehmer die Abfindung bei Verstreichenlassen der Klagefrist beanspruchen kann, ist das eigentliche Angebot iSv § 145 BGB zu erblicken. Es muss nicht als „Hinweis", sondern kann ausdrücklich als Angebot formuliert sein („für den Fall, dass Sie die Klagefrist verstreichen lassen, biete ich Ihnen die gesetzliche Abfindung an"). Entscheidend ist, dass der Arbeitgeber in der Kündigungserklärung den Anspruch an das Verstreichenlassen der Klagefrist knüpft.[1159] Die Höhe der Abfindung muss nicht beziffert werden, weil sie sich bereits aus § 1a Abs. 2 KSchG ergibt.[1160] Nennt er gleichwohl versehentlich einen konkreten Betrag, der von der gesetzlichen Abfindungshöhe des § 1a Abs. 2 KSchG abweicht, ist dies als Falschbezeichnung unschädlich, soweit nur im Übrigen erkennbar ist, dass der Arbeitgeber auf die gesetzliche Abfindung in § 1a KSchG Bezug nimmt.[1161] Maßgeblich ist, ob der Betrag aus Sicht eines objektiven Empfängers nur rein informatorische Bedeutung haben sollte.[1162]

[1152] Eingehend *Preis*, DB 2004, 70, 71 f.

[1153] LSW/*Löwisch*, § 1a KSchG Rn. 16; *Löwisch*, NZA 2003, 689, 694; *Preis*, DB 2004, 70, 73 f.; *Rolfs*, ZIP 2004, 333, 337; *Bauer*/*Krieger*, NZA 2004, 77; *Giesen*/*Besgen*, NJW 2004, 185, 187; a. A. weil konsequent vom Verstreichenlassen der Klagefrist als Realakt ausgehend KR/*Spilger*, § 1a KSchG Rn. 73; *Bader*, NZA 2004, 65, 71.

[1154] KR/*Spilger*, § 1a KSchG Rn. 55; *Bader*, NZA 2004, 65, 71; *Willemsen*/*Annuß*, NJW 2004, 177, 182.

[1155] Es gelten hier die Grundsätze zur Einheitlichkeit der Urkunde, so zutr. BB/*Bader*, § 1a KSchG Rn. 8; *Bader*, NZA 2004, 65, 71; vgl. auch KDZ/*Zwanziger*, § 1a KSchG Rn. 9; *Quecke*, RdA 2004, 86, 96; *Willemsen*/*Annuß*, NJW 2004, 177, 182.

[1156] BAG 13.12.2007 EzA KSchG § 1a Nr. 3 = NZA 2008, 528; BAG 13.12.2007 AP KSchG 1969 § 1a Nr. 6 = EzA KSchG § 1a Nr. 4.

[1157] *Bader*, NZA 2004, 65, 71; vgl. auch *Däubler*, NZA 2004, 177, 178.

[1158] BT-Drucks. 15/1204, S. 12; *Quecke*, RdA 2004, 86, 96.

[1159] Ebenso LAG Hamm 7.6.2005 NZA 2005, 1123.

[1160] APS/*Hesse*, § 1a KSchG Rn. 6; KR/*Spilger*, § 1a KSchG Rn. 33, 58; *Preis*, DB 2004, 70, 72; *Bader*, NZA 2004, 65, 71.

[1161] A. A. KR/*Spilger*, § 1a KSchG Rn. 59, der dann eine Irrtumsanfechtung für zulässig und erforderlich hält.

[1162] BAG 19.6.2007 EzA KSchG § 1a Nr. 2 = NZA 2007, 1357, 1358.

dd) Abgrenzung zur rechtsgeschäftlichen Abfindungsvereinbarung

Der Arbeitgeber ist **nicht gehindert,** dem Arbeitnehmer eine **Abfindung in anderer als in § 1a Abs. 2 KSchG normierter Höhe anzubieten,** was ggf. durch Auslegung zu ermitteln ist.[1163] Dem Angebot eines höheren Abfindungsbetrages steht § 1a Abs. 2 KSchG schon deshalb nicht entgegen, weil § 1a KSchG – wenn überhaupt – nur einseitig zwingendes Recht ist.[1164] Auch das Angebot einer niedrigeren Abfindung ist bei konsequent rechtsgeschäftlicher Betrachtung nicht wegen § 1a Abs. 2 KSchG unzulässig. Zu Recht hat daher das BAG entschieden, dass § 1a KSchG der Auslegung eines Kündigungsschreibens als eigenständiges, von den Voraussetzungen des § 1a KSchG unabhängiges Abfindungsangebot nicht entgegensteht. Die Regelung des § 1a KSchG setzt keinen generell unabdingbaren Mindestanspruch bei Ausspruch betriebsbedingter Kündigungen fest.[1165] Der Norm ist – ausweislich der Gesetzesbegründung – keine Sperrwirkung für anderweitige außergerichtliche Lösungen zu entnehmen; diese sollen durch § 1a KSchG nur „erleichtert" werden.[1166] Dem Arbeitgeber kann es nicht verwehrt werden, einen außerhalb des § 1a KSchG liegenden Weg zu beschreiten, solange er dies dem Arbeitnehmer gegenüber nur hinreichend klarstellt.[1167] Er muss in der schriftlichen Kündigungserklärung eindeutig und unmissverständlich formulieren, insbesondere welche Abfindung er unter welchen Voraussetzungen anbietet. Die Norm ist letzten Endes eine bloße „Zweifelsregelung" für den Fall dar, dass der Arbeitgeber sich nicht klar ausdrückt, ob er eine Abfindung nach § 1a KSchG oder außerhalb von § 1a KSchG anbietet, etwa bei unklarer Bezifferung des Abfindungsbetrages oder sonstigen Umständen, die den Eindruck erwecken, der Arbeitgeber stütze sich auf die gesetzliche Regelung.[1168]

Weicht mithin die Höhe des Abfindungsangebots von § 1a Abs. 2 KSchG ab, ist im Wege der **Auslegung** nach §§ 133, 157 BGB zu ermitteln, ob es sich um ein **rechtsgeschäftliches Angebot außerhalb des § 1a KSchG** handelt oder um einen „Hinweis" iSv § 1a KSchG.[1169] Wird in dem Angebot ausdrücklich auf § 1a Abs. 2 S. 1 KSchG Bezug genommen und der Hinweis erteilt, dass der Arbeitnehmer „die nach § 1a KSchG vorgesehene Abfindung beanspruchen" kann und der Faktor 0,5 genannt, so wird nach zutreffender Ansicht des 1. Senats jedenfalls nicht hinreichend deutlich, dass es sich um ein rechtsgeschäftliches Angebot außerhalb der Rechtsfolgenanordnung von § 1a Abs. 2 KSchG handeln soll.[1170] Verweist der Arbeitgeber in dem Kündigungsschreiben bezüglich der Höhe der Abfindung auf einen abgeschlossenen Sozialplan, der die Fälligkeit erst vorsieht, wenn ein etwaiges Kündigungsschutzver-

---

[1163] BAG 19.6.2007 EzA KSchG § 1a Nr. 2 = NZA 2007, 1357, 1358 f.; LAG Baden-Württemberg 26.6.2006 LAGE § 1a KSchG Nr. 4; KR/*Spilger*, § 1a KSchG Rn. 60; APS/*Hesse*, § 1a KSchG Rn. 7.
[1164] *Preis*, DB 2004, 70, 73.
[1165] BAG 10.7.2008 EzA KSchG § 1a Nr. 6 = NZA 2008, 1292.
[1166] BT-Drucks. 15/1204, S. 12; dass § 1a KSchG kein Verbot (auch nach „unten") abweichender vertraglicher Gestaltung enthält, ist h.M., vgl. BB/*Bader*, § 1a KSchG Rn. 29; KDZ/*Zwanziger*, § 1a KSchG Rn. 2; *Löwisch*, NZA 2003, 689, 693; *Maschmann*, AuA 10/2003, 6, 10; *Thüsing/Stelljes*, BB 2003, 1673, 1677; *Grobys*, DB 2003, 2174, 2177; *Quecke*, RdA 2004, 86, 96; *Willemsen/Annuß*, NJW 2004, 177, 183; *Giesen/Besgen*, NJW 2004, 185, 187; a.A. *Meinel*, DB 2003, 1438, 1439; anders wohl auch *Buschmann*, ArbuR 2004, 1, 3.
[1167] BAG 10.7.2008 EzA KSchG § 1a Nr. 6 = NZA 2008, 1292.
[1168] *Preis*, DB 2004, 70, 73.
[1169] BAG 19.6.2007 EzA KSchG § 1a Nr. 2 = NZA 2007, 1357, 1359; BAG 13.12.2007 EzA KSchG § 1a Nr. 3 = NZA 2008, 528; BAG 10.7.2008 EzA KSchG § 1a Nr. 6 = NZA 2008, 1292.
[1170] BAG 19.6.2007 EzA KSchG § 1a Nr. 2 = NZA 2007, 1357, 1359.

fahren abgeschlossen ist, liegt eine von § 1a KSchG abweichende, rechtsgeschäftliche Vereinbarung vor.[1171]

1182 Nach Ansicht des 2. Senats soll der Arbeitgeber nicht nur hinreichend deutlich, sondern „unmissverständlich" erklären, dass sein Abfindungsangebot keines nach § 1a KSchG sein solle.[1172] Hierfür reiche nicht aus, dass der Betrag nur $^1/_3$ unter der Abfindungssumme nach § 1a KSchG liegt und er nicht in dem Kündigungsschreiben selbst, sondern auf dem beigefügten Anhörungsschreiben des Betriebsrats handschriftlich vom Betriebsratsvorsitzenden, ohne dessen Unterschrift vermerkt wurde.[1173] Das BAG stellt im Ergebnis allein auf die Formulierung im Kündigungsschreiben ab. Die Formulierung: „Unter der Voraussetzung, dass Sie gegen die voranstehende Kündigung keine Kündigungsschutzklage erheben, bieten wir Ihnen hiermit eine Abfindung in Höhe von 6000,00 Euro, zur Zahlung fällig am 31. März 2005, an" hat das BAG zu Recht als eine von § 1a KSchG gelöste vertragliche Regelung angesehen. Der Arbeitnehmer konnte danach nicht die nach § 1a KSchG rechnerisch höhere Abfindung verlangen. Die Fokussierung allein auf den Wortlaut des Kündigungsschreibens dient der Rechtssicherheit.[1174] Denkbar ist auch, dass der Arbeitgeber von § 1a Abs. 2 KSchG abweichende Berechnungsfaktoren in das Schreiben aufnimmt.[1175]

ee) Annahme durch Verstreichenlassen der Klagefrist

1183 Der Arbeitnehmer nimmt das Abfindungsangebot konkludent an, indem er die Klagefrist des § 4 KSchG verstreichen lässt. Erhebt der Arbeitnehmer hingegen fristgerecht Klage, ist hierin die Ablehnung des Abfindungsangebots (§ 146 BGB) zu sehen. Der Anspruch auf Abfindung lebt auch dann nicht wieder auf, wenn der Arbeitnehmer **die erhobene Kündigungsschutzklage gem. §§ 46 Abs. 2 S. 1 ArbGG, 269 ZPO zurücknimmt**.[1176] Zwar ist nach § 269 Abs. 3 S. 1 ZPO eine zurückgenommene Klage als nicht anhängig geworden anzusehen, womit die Kündigung gem. § 7 KSchG als von Anfang an rechtswirksam gilt. Die prozessuale Fiktion des § 269 Abs. 3 ZPO ist für den materiell-rechtlichen Tatbestand des § 1a KSchG aber ohne jede Bedeutung. Schon entgegen dem Wortlaut des § 1a Abs. 1 S. 2 KSchG hat der Arbeitnehmer die Klagefrist des § 4 KSchG nicht verstreichen lassen und ist damit nicht innerhalb der Drei-Wochen-Frist untätig geblieben. Auch besteht der Sinn und Zweck des § 1a KSchG gerade darin, einen Kündigungsschutzprozess zu vermeiden, was jedoch mit Klageerhebung vereitelt wird. Eine spätere Klagerücknahme kann diesen Vorgang nicht mehr ungeschehen machen, sodass der Arbeitnehmer insoweit nicht mit „doppelten Karten spielen" kann.

1184 Gleiches gilt auch für den Fall, dass der Arbeitnehmer die **nachträgliche Zulassung der Klage nach § 5 KSchG** beantragt.[1177] Das BAG nimmt dies sogar für den

---

[1171] LAG Hamm 7.6.2005 LAGE § 1a KSchG Nr. 1.
[1172] BAG 13.12.2007 EzA KSchG § 1a Nr. 3 = NZA 2008, 528; BAG 13.12.2007 AP KSchG 1969 § 1a Nr. 6 = EzA KSchG § 1a Nr. 4.
[1173] Der Vermerk hatte folgenden Wortlaut: „Es wurde eine Abfindung von 8000 Euro vereinbart!".
[1174] Zum Fall, dass die Formulierung des Kündigungsschreibens und eine nicht autorisierte Anlage im Wortlaut auseinanderfallen: BAG 13.12.2007 AP KSchG 1969 § 1a Nr. 6 = EzA KSchG § 1a Nr. 4.
[1175] BAG 13.12.2007 EzA KSchG § 1a Nr. 3 = NZA 2008, 528.
[1176] Ausf. *Preis*, DB 2004, 70, 74f.; ebenso APS/*Hesse*, § 1a KSchG Rn. 8; KDZ/*Zwanziger*, § 1a KSchG Rn. 13; KR/*Spilger*, § 1a KSchG Rn. 79f.; LSW/*Löwisch*, § 1a KSchG Rn. 12; *Grobys*, DB 2003, 2174, 2175; BB/*Bader*, § 1a KSchG Rn. 14a; *Bader*, NZA 2004, 65, 71; *Quecke*, RdA 2004, 86, 97; *Willemsen/Annuß*, NJW 2004, 177, 182; *Giesen/Besgen*, NJW 2004, 185, 188; LAG Sachsen-Anhalt 28.9.2005 LAGE KSchG § 1a Nr. 2; so auch bei „normaler" Abfindungsvereinbarung LAG Sachsen-Anhalt 17.6.2003 LAG-Report 2004, 156, 158.
[1177] S. *Preis*, DB 2004, 70, 74.

§ 2 Die Sozialwidrigkeit der Kündigung

Fall der verspäteten Klageerhebung ohne Antrag nach § 5 KSchG an.[1178] Zwar regelt § 1a Abs. 1 KSchG diesen Fall nicht ausdrücklich. Auch führt das Verstreichenlassen der Frist des § 4 KSchG und das hiermit (bei Ablauf der Kündigungsfrist) verbundene Entstehen des Abfindungsanspruchs nicht dazu, dass der Arbeitnehmer sein Recht auf Beantragung der nachträglichen Klagezulassung verliert.[1179] Doch auch hier gebieten es Sinn und Zweck des § 1a KSchG, den **Abfindungsanspruch mit der Antragsstellung nach § 5 KSchG entfallen zu lassen.** Die ratio legis wird auch dann verfehlt, wenn das Gericht nun doch mit dem Fall befasst und die mit § 1a KSchG angestrebte vorgerichtliche Klärung dadurch vereitelt wird. Weil sich der Arbeitgeber im Hinblick auf § 5 Abs. 2 S. 1 KSchG, wonach der Antrag mit der Klageerhebung zu verbinden ist, nun doch in eine gerichtliche Auseinandersetzung verwickelt sieht, entfällt der Anspruch auf Abfindung schon mit dem Antrag auf nachträgliche Klagezulassung und nicht erst mit dessen Stattgabe.[1180]

Der Anspruch aus § 1a KSchG entsteht endlich auch dann nicht, wenn der Arbeitnehmer von der Möglichkeit **der verlängerten Anrufungsfrist gem. § 6 KSchG Gebrauch machen kann,** indem er innerhalb von drei Wochen nach Zugang der schriftlichen Kündigung eine Leistungsklage (oder eine allgemeine Feststellungsklage) erhebt, die sich auf die Unwirksamkeit der Kündigung stützt.[1181] Auch mit einem solchen Vorgehen befasst der Arbeitnehmer das Gericht – inzident – mit der Kündigung und vereitelt damit die vorgerichtliche Klärung. Er ist dann genauso wenig untätig iSv § 1a Abs. 1 S. 2 KSchG geblieben, wie wenn er auf „direktem Wege" Kündigungsschutzklage nach § 4 KSchG erhoben hätte. Wenn daher auch eine Leistungsklage letztlich zur Fristwahrung ausreicht, kann auch kein Anspruch nach § 1a KSchG entstehen; auch die Leistungsklage (zB auf Weiterbeschäftigung oder Entgeltzahlung nach Ablauf der Kündigungsfrist) ist somit Klage iSv § 1a Abs. 1 KSchG. In diesem Fall kommt es nicht mehr darauf an, dass der Arbeitnehmer die Option des § 6 KSchG tatsächlich wahrnimmt und den Feststellungsantrag nachholt: Wer die Unwirksamkeit der Kündigung geltend macht (§ 1a KSchG iVm § 6 KSchG [analog]), lässt die Klagefrist nicht verstreichen.

ff) Ablauf der Kündigungsfrist

Nach § 1a Abs. 1 S. 1 KSchG hat der Arbeitnehmer „mit dem Ablauf der Kündigungsfrist" Anspruch auf die Abfindung. Maßgeblicher Entstehungszeitpunkt für den Anspruch ist daher der **Zeitpunkt der rechtlich zutreffenden Beendigung des Arbeitsverhältnisses.**[1182] Für den Entstehungszeitpunkt des Abfindungsanspruchs ist es deswegen unerheblich, dass der Arbeitgeber im Kündigungsschreiben eine unzutref-

---

[1178] BAG 20.8.2009 NZA 2009, 1197.
[1179] Zutr. *Quecke*, RdA 2004, 86, 97.
[1180] So auch APS/*Hesse*, § 1a KSchG Rn. 8; *Löwisch*, NZA 2003, 689, 694; *Willemsen/Annuß*, NJW 2004, 177, 182; offenlassend *Quecke*, RdA 2004, 86, 97 (rückwirkendes Entfallen des Anspruchs „spätestens mit der nachträglichen Zulassung"); einschr. auch BB/*Bader*, § 1a KSchG Rn. 15; *Bader*, NZA 2004, 65, 71, der mit der Antragsstellung nach § 5 KSchG einen Schwebezustand entstehen sieht, während dessen der Arbeitgeber auch nach Ablauf der Kündigungsfrist noch nicht zur Zahlung der Abfindung verpflichtet sei; a. A. KDZ/*Zwanziger*, § 1a KSchG Rn. 12; *Däubler*, NZA 2004, 177, 178; Zeitpunkt der Klagezulassung maßgebend.
[1181] Ebenso KR/*Spilger*, § 1a KSchG Rn. 78; LSW/*Löwisch*, § 1a KSchG Rn. 22; *Grobys*, DB 2003, 2174, 2175 f.; *Quecke*, RdA 2004, 86, 97; *Willemsen/Annuß*, NJW 2004, 177, 182; *Giesen/Besgen*, NJW 2004, 185, 188.
[1182] *Bader*, NZA 2004, 65, 72; vgl. auch KR/*Spilger*, § 1a KSchG Rn. 86 f; *Nägele*, ArbRB 2004, 80, 82; a. A. LSW/*Löwisch*, § 1a KSchG Rn. 28: Anspruch entsteht bereits mit dem Verstreichenlassen der Klagefrist.

fende Kündigungsfrist angegeben hat. Auch kann die zutreffende Kündigungsfrist vom Arbeitnehmer klageweise geltend gemacht werden, ohne dass er seines Anspruchs aus § 1a KSchG verlustig geht.[1183] Da eine unzutreffend angegebene Kündigungsfrist nicht zur Unwirksamkeit der Kündigung führt, die Geltendmachung der zutreffenden Kündigungsfrist mithin nicht die Wirksamkeit der Kündigung infrage stellt, liegt hier keine nach § 1a Abs. 1 S. 1 KSchG anspruchsfeindliche Feststellungsklage gem. § 4 S. 1 KSchG vor.[1184]

1187 Ausweislich der Gesetzesbegründung soll der Anspruch nicht entstehen, wenn das Arbeitsverhältnis zu einem früheren Zeitpunkt beendet wird, etwa durch fristlose Kündigung[1185] oder wenn der Arbeitnehmer während des Laufs der Kündigungsfrist verstirbt.[1186] Mithin muss die Kündigung, die das Abfindungsangebot enthält, für das tatsächliche Ende des Arbeitsverhältnisses ursächlich sein. Endet das Arbeitsverhältnis vor Ablauf der Kündigungsfrist, ist die Abfindungsvereinbarung nicht zustande gekommen, der Abfindungsanspruch damit nicht entstanden und dementsprechend auch nicht vererblich.[1187]

c) Rechtsfolgen

aa) Fälligkeit; Verjährung

1188 Der Abfindungsanspruch wird mit seiner Entstehung (Ablauf der Kündigungsfrist) **fällig** (§ 271 Abs. 1 BGB).[1188] Er **verjährt** nach §§ 195, 199 Abs. 1 BGB drei Jahre nach Ende des Kalenderjahres, in dem das Arbeitsverhältnis geendet hat.[1189] Wegen des Hinweises nach § 1a Abs. 1 S. 2 KSchG dürfte von Kenntniserlangung iSv § 199 Abs. 1 Nr. 2 BGB im Regelfall auszugehen sein.[1190]

bb) Abfindungshöhe

1189 In § 1a Abs. 2 KSchG ist die Höhe der Abfindung normiert. Sie beträgt – in Anlehnung an die weitverbreitete gerichtliche Vergleichspraxis – **0,5 Monatsverdienste für jedes Jahr des Bestehens des Arbeitsverhältnisses.** Als Monatsverdienst gelten die vereinbarten regelmäßigen Geld- und Sachbezüge des Arbeitnehmers im letzten Monat des Arbeitsverhältnisses (§ 1a Abs. 2 S. 2 iVm § 10 Abs. 3 KSchG). Hierbei sind auch Einmalbeträge, die für einen längeren Zeitraum geleistet werden, wie zB das Weihnachtsgeld, anteilig zu berücksichtigen.[1191] Im Unterschied zu § 10 Abs. 1 KSchG besteht hier keine Höchstgrenze. Die Beschäftigungsdauer bemisst sich nach vollen Jahren bis zum Ablauf der Kündigungsfrist, wobei ein Zeitraum von mehr als sechs Monaten auf ein volles Jahr aufzurunden ist (§ 1a Abs. 2 S. 3 KSchG). Da durch die Aufrundungsregel sichergestellt werden soll, dass auch diejenigen Arbeitnehmer eine Abfindung beanspruchen können, die nach Ablauf der für den Kündigungsschutz maßgebenden sechsmonatigen Wartezeit, aber vor Ablauf des ersten Beschäftigungs-

---

[1183] So auch zutr. KR/*Spilger*, § 1a KSchG Rn. 67; *Quecke*, RdA 2004, 86, 97 f.
[1184] Dazu allgem. *Bender/Schmidt*, NZA 2004, 358, 362 f.
[1185] BT-Drucks. 15/1204, S. 12.
[1186] Krit. dazu *Willemsen/Annuß*, NJW 2004, 177, 181.
[1187] *Rolfs*, ZIP 2004, 333, 339; vgl. auch APS/*Hesse*, § 1a KSchG Rn. 11; *Bauer/Krieger*, NZA 2004, 77; *Däubler*, NZA 2004, 177, 178; a. A. LSW/*Löwisch*, § 1a KSchG Rn. 28.
[1188] BB/*Bader*, § 1a KSchG Rn. 19; KR/*Spilger*, § 1a KSchG Rn. 99; *Quecke*, RdA 2004, 86, 98; *Rolfs*, ZIP 2004, 333, 339.
[1189] *Maschmann*, AuA 10/2003, 6, 11.
[1190] KR/*Spilger*, § 1a KSchG Rn. 111.
[1191] BAG 19.6.2007 EzA KSchG § 1a Nr. 2 = NZA 2007, 1357, 1359.

jahres ausscheiden,[1192] folgt daraus im Umkehrschluss, dass stets auf ein volles Jahr abzustellen ist und Beschäftigungszeiten von bis zu sechs Monaten generell unberücksichtigt zu lassen („abzurunden") sind.[1193]

cc) Anrechenbarkeit von Sozialplanabfindungen

Kollektivrechtliche Regelungen zum Ausgleich wirtschaftlicher Nachteile aus einer Betriebsänderung können die Anrechenbarkeit von Leistungen nach § 1a KSchG vorsehen.[1194] **1190**

d) Sozialrechtliche Folgen des Abfindungsanspruchs

aa) Anrechnung der Abfindung auf das Arbeitslosengeld

Zu einem Ruhen des Anspruchs auf Arbeitslosengeld bei einem Anspruch auf Abfindung nach § 1a KSchG wird es im Regelfall nicht kommen. Gem. § 158a Abs. 1 SGB III ruht der Anspruch auf Arbeitslosengeld bei einer Abfindung nur dann, wenn das Arbeitsverhältnis ohne Einhaltung einer der ordentlichen Kündigungsfrist des Arbeitgebers entsprechenden Frist beendet worden ist. Entspricht die vom Arbeitgeber berechnete Kündigungsfrist der objektiv nach Gesetz, Tarifvertrag, Betriebsvereinbarung oder Arbeitsvertrag geltenden Frist, liegt gerade keine vorzeitige Beendigung des Arbeitsverhältnisses iSv § 158 Abs. 1 SGB III vor, sodass die Abfindung, auf die der Arbeitnehmer ohnehin erst mit dem Ablauf der Kündigungsfrist einen Anspruch hat, anrechnungsfrei bleibt.[1195] **1191**

bb) Sperrzeit

Nach § 159 Abs. 1 SGB III ruht der Anspruch auf Arbeitslosengeld für die Dauer einer Sperrzeit unter anderem dann, wenn der Arbeitslose das Beschäftigungsverhältnis ohne wichtigen Grund gelöst hat. Die Einführung des § 1a KSchG kann in zweifacher Hinsicht im Rahmen der Sperrzeitregelung Bedeutung erlangen. Problematisch schien zunächst, ob bereits der Verzicht auf die Rechtmäßigkeitsprüfung der Kündigung nach § 1a KSchG eine Sperrzeit wegen Arbeitsaufgabe gem. § 159 Abs. 1 S. 2 Nr. 1 SGB III auslösen kann. Dahinter steht die Frage, ob die bloße Untätigkeit des Arbeitnehmers durch Verstreichenlassen der Klagefrist als „Lösung" des Beschäftigungsverhältnisses iSv § 159 Abs. 1 S. 2 Nr. 1 SGB III anzusehen ist. Nach inzwischen fast einhelliger Ansicht reicht dies allein nicht aus, um eine Sperrzeit auszulösen.[1196] Das entspricht auch der jüngeren Rechtsprechung des BSG, wonach ein rein passives Verhalten keine Lösung im Sinne von § 159 SGB III darstellt.[1197] Diese Linie geht auch aus den Durchführungsanweisungen der Bundesagentur für Arbeit zur Sperrzeitregelung hervor.[1198] **1192**

[1192] BT-Drucks. 15/1204, S. 12 f.
[1193] KDZ/*Zwanziger*, § 1a KSchG Rn. 19; *Quecke*, RdA 2004, 86, 98; a. A. KR/*Spilger*, § 1a KSchG Rn. 126, 130.
[1194] BAG 19.6.2007 EzA KSchG § 1a Nr. 2 = NZA 2007, 1357.
[1195] *Rolfs*, ZIP 2004, 333, 341; s. auch *Maschmann*, AuA 10/2003, 6, 12.
[1196] *Preis/Schneider*, NZA 2006, 1297, 1302; *Gagel*, ZIP 2005, 332, 334; *Hanau*, ZIP 2004, 1169, 1177; *Bauer/Krieger*, NZA 2004, 640, 642; ErfK/*Rolfs*, § 159 SGB III Rn. 10; KR/*Link*, § 159 SGB III Rn. 18a; a. A. *Wank*, Anm. AP § 144 SGB III Nr. 3.
[1197] BSG 25.4.2002 AP § 119 AFG Nr. 8 unter Aufgabe der weiten Auslegung des Lösungsbegriff nach BSG 9.11.1995 AP § 119 AFG Nr. 4; dass der Arbeitnehmer hierfür eine Abfindung erlangt, ändert nichts an der Einordnung als passives Verhalten, s. hierzu ausführlich *Rolfs*, in: FS 50 Jahre BAG, S. 445, 455.
[1198] Nach DA 159.16 (Stand 6/2014) setzt ein sog. Beteiligungssachverhalt, der eine Lösung gem. § 144 SGB III darstellt, ein aktives Mitwirken des Arbeitnehmers voraus, die bloße Hinnahme einer

1193 Unabhängig von der zuvor geschilderten Problematik stellt sich des weiteren die Frage, wie sich § 1a KSchG auswirkt, wenn ein **Aufhebungs- oder Abwicklungsvertrag** geschlossen wird. In diesem Zusammenhang ist zu prüfen, ob die Zahlung einer Abfindung nach § 1a KSchG bzw. in Anlehnung an diese Norm ein wichtiger Grund im Sinne von § 159 Abs. 1 S. 1 SGB III sein kann, der die Lösung des Beschäftigungsverhältnisses rechtfertigt und damit keine Sperrzeit zu verhängen ist. Bei einem Aufhebungsvertrag mit Abfindungsregelung erkennt das BSG in seiner neueren, weniger restriktiven[1199] Rechtsprechung grundsätzlich einen wichtigen Grund an, wenn ihm ansonsten eine rechtmäßige betriebsbedingte Arbeitgeberkündigung zum gleichen Zeitpunkt droht.[1200] Das BSG sieht das Interesse des Arbeitnehmers, sich durch den Aufhebungsvertrag die ihm angebotene Abfindung zu sichern, als ausreichend an; der konkrete Nachweis eines besonderen Interesses bzw. weiterer Umstände ist in diesem Fall also nicht mehr erforderlich.[1201] Schließt ein Arbeitnehmer in Ansehung einer drohenden betriebsbedingten Kündigung einen Aufhebungsvertrag mit Abfindung, die die in § 1a Abs. 2 KSchG vorgesehene Höhe (0,5 Bruttomonatsgehälter pro Beschäftigungsjahr) nicht überschreitet, erkennt das BSG einen wichtigen Grund an, der eine Sperrzeit ausschließt, es sei denn, es liegt eine Gesetzesumgehung (zB offenkundige Rechtswidrigkeit der beabsichtigten Kündigung) vor. Die Rechtmäßigkeit der Kündigung müsse in diesem Fall nicht geprüft werden. Diese Rechtsprechungsänderung wendet das BSG für Streitfälle ab dem 1.1.2004 an.[1202] Eine **offenkundige Rechtswidrigkeit** hat das BSG aber nicht einmal in dem Fall erkannt, in dem ein 57-jähriger Arbeitnehmer tarifvertraglich ordentlich unkündbar und zugleich schwerbehindert war. Es stellt auf die mögliche Berechtigung der Arbeitgeberin zur außerordentlichen betriebsbedingten Kündigung mit sozialer Auslauffrist ab (ausführlich → Rn. 738 ff.), die in der Rechtsprechung des BAG – so wörtlich – *„weitgehend der ordentlichen betriebsbedingten Kündigung angenähert worden"* sei. Auch in Ansehung der Schwerbehinderung sei die Kündigung nicht offensichtlich rechtswidrig gewesen, so dass *„kein Anhaltspunkt für eine Gesetzesumgehung zu Lasten der Versichertengemeinschaft gegeben ist."*[1203] Die Bundesagentur für Arbeit hat auf diese jüngste Rechtsprechung in ihren Durchführungsanweisungen noch nicht hinreichend reagiert. In der aktuellen Fassung ist unter DA 159.102 f. für die Verwaltungspraxis aber immerhin vorgesehen, dass ein wichtiger Grund für den Abschluss eines Aufhebungsvertrags vorliegt, wenn eine betriebsbedingte Kündigung durch den Arbeitgeber mit Bestimmtheit in Aussicht gestellt worden ist, welche zu demselben Zeitpunkt, zu dem das Beschäftigungsverhältnis geendet hat, oder früher wirksam geworden wäre. Zudem muss eine **Abfindung** von 0,5 Monatsgehältern, mindestens aber 0,25 (von der Bundesagentur als „noch wesentlicher wirtschaftlicher Vorteil" bezeichnet) pro Beschäftigungsjahr an den Arbeitnehmer gezahlt werden. Es wird ausdrücklich darauf hingewiesen, dass es dann nicht darauf ankommen soll, ob die drohende Arbeitgeberkündigung rechtmäßig ist. Liegt jedoch die

---

Kündigung wird nicht als ausreichend angesehen. Unter DA 159.18 wird darauf hingewiesen, dass bei einer Beendigung durch eine rechtmäßige ordentliche Arbeitgeberkündigung allein die Annahme einer Abfindung noch kein versicherungswidriges Verhalten darstellen soll.

[1199] So hat das BSG noch in seiner Entscheidung vom 18.12.2003, NZA 2004, 661 einen Abwicklungsvertrag als Auslöser für die Sperrzeit gem. § 144 Abs. 1 S. 2 Nr. 1 SGB III angesehen.

[1200] BSG 17.11.2005 AP § 144 SGB III Nr. 7; BSG 12.7.2006 AP § 144 SGB III Nr. 8.

[1201] BSG 2.5.2012 NZS 2012, 874; BSG 12.7.2006 AP § 144 SGB III Nr. 8, als Weiterentwicklung zu BSG 17.11.2005 AP § 144 SGB III Nr. 7.

[1202] BSG 12.7.2006 AP § 144 SGB III Nr. 8; BSG 2.5.2012 NZS 2012, 874; zust. *Weinreich*, SGb 2013, 427.

[1203] BSG 2.5.2012 NZS 2012, 874 Rn. 29.

§ 2 Die Sozialwidrigkeit der Kündigung

Abfindung oberhalb oder unterhalb der vorgegebenen Grenzen, muss die drohende Arbeitgeberkündigung sozial gerechtfertigt sein, damit ein wichtiger Grund gem. § 159 Abs. 1 S. 1 SGB III vorliegt. Diese Vorgaben gelten nach DA 159.109 auch für Abwicklungsverträge.[1204] Die einzige Abweichung zu den Vorgaben des BSG besteht in der Einführung einer Mindestabfindungshöhe von 0,25 Monatsentgelten pro Beschäftigungsjahr. Eine derartige Mindesthöhe sieht das BSG in seiner Rechtsprechung nicht vor.[1205] So wird sie auch in der Literatur kritisiert.[1206] Jedoch darf nicht vergessen werden, dass die Abfindung einen wichtigen Grund gem. § 159 Abs. 1 S. 1 SGB III darstellt und dazu führt, dass die Rechtmäßigkeit der Kündigung nicht zu überprüfen ist. Daher erscheint es als gerechtfertigt, eine Mindesthöhe für die Verwaltungspraxis vorzugeben. Dies schließt nicht aus, dass die Sperrzeit entfällt; ein anderer Umstand kann einen wichtigen Grund gem. § 159 Abs. 1 S. 1 SGB III darstellen oder aber auch die verhältnismäßig geringe Abfindung kann als wichtiger Grund anerkannt werden, nur eben mit der weiteren Voraussetzung, dass zusätzlich die Rechtmäßigkeit der hypothetischen Kündigung zu prüfen ist.[1207] Auch die Übernahme einer Höchstgrenze für die Verwaltungspraxis ist grundsätzlich nicht zu beanstanden. Eine Abfindung, die über der gesetzlichen Wertung des § 1a KSchG liegt, kann dafür sprechen, dass die drohende Kündigung nicht rechtmäßig wäre, sodass eine explizite Überprüfung der sozialen Rechtfertigung erforderlich wird. Problematisch ist jedoch, dass es sich bei beiden Größenvorgaben um starre Grenzen handelt, deren Über- bzw. Unterschreiten bereits zu einer für den Arbeitnehmer durchaus belastenderen Rechtslage führt.[1208]

1194 Durch die Rechtsprechungsänderung und die entsprechende Reaktion der Bundesagentur für Arbeit erlangen sowohl der Aufhebungs- als auch der Abwicklungsvertrag eine **erhebliche Aufwertung für die Praxis.** Unabhängig von der Bewertung der von der Bundesagentur für Arbeit gewählten Höhe der Abfindungsbeträge wird durch die Änderung der Durchführungsanweisungen den Beteiligten eine rechtssichere Möglichkeit zur Auflösung des Arbeitsverhältnisses geboten.[1209] Zudem dürfte es für die Praxis letztlich unerheblich sein, wie die von der Bundesagentur gewählten Ober- und Untergrenzen zu bewerten sind. Für die Beurteilung der Sperrzeit ist es jedenfalls empfehlenswert, diese Grenzen einzuhalten.

1195 Diese Richtungsänderung in Rechtsprechung und Verwaltungspraxis erlangt zudem im Rahmen der Darlegungs- und Beweislast eine Bedeutung. Gem. § 159 Abs. 1 S. 3 SGB III obliegt sie für das Vorliegen eines wichtigen Grundes dem Arbeitnehmer. Der Nachweis allein des Bestehens einer Abfindungsregelung und ihrer vereinbarten Höhe dürfte mit der Vorlage des Vertrags vergleichsweise einfach gelingen.

[1204] Aus dem Zusammenspiel dieser Vorgabe mit DA 159.102 f. wird auch die frühere Diskussion, ob das Vorgehen nach § 1a KSchG ein konkludenter Abwicklungsvertrag ist und eine Sperrzeit auslöst nun im Ergebnis insgesamt hinfällig.
[1205] BSG 2.5.2012 NZS 2012, 874 Rn. 27 erkennt nur bei deutlicher Überschreitung der Abfindungshöhe ein Indiz für den „Freikauf" an.
[1206] *Lembke,* DB 2008, 293 f.; *Lipinski/Kumm,* BB 2008, 162, 163 sehen hierin eine Regelung, durch die die Bundesagentur ersatzgesetzgeberisch tätig geworden ist und dem Arbeitnehmer so eine Mindestabfindung sichere.
[1207] Hierauf wird in DA 159.103 ausdrücklich hingewiesen; ein wichtiger Grund entfällt also nicht automatisch, wenn sich die Abfindung außerhalb der vorgegebenen Grenzen bewegt.
[1208] S. hierzu ausführlich *Preis/Schneider,* NZA 2006, 1297, 1298, 1302.
[1209] S. auch *Lipinski/Kumm,* BB 2008, 162, 163.

III. Gründe im Verhalten des Arbeitnehmers

1. Prüfungskriterien

1196 Nach § 1 Abs. 2 S. 1 KSchG können verhaltensbedingte Gründe die Kündigung sozial rechtfertigen.

a) Vertragsverletzungen

1197 In Betracht kommen hier in erster Linie Vertragsverletzungen des Arbeitnehmers, die im Allgemeinen **schuldhaft** (Vorsatz oder Fahrlässigkeit) sein müssen. Nicht schuldhaftes Verhalten rechtfertigt in der Regel die verhaltensbedingte Kündigung nicht.[1210] Der Grad des Verschuldens ist für die Prognoseentscheidung und die Interessenabwägung von Bedeutung. Je stärker das Verschulden, desto eher ist eine Negativprognose gerechtfertigt.[1211] In Extremfällen meint das BAG, dass bei Sachverhalten, in denen das Verschulden (zB wegen psychischer Beeinträchtigung) nicht ohne weiteres nachweisbar sei, eine schwere Vertragspflichtverletzung (Tätlichkeiten, grobe Beleidigungen, Sicherheitsgefährdungen) die verhaltensbedingte Kündigung auch ohne nachgewiesenen Schuldvorwurf rechtfertigen könne.[1212] Die Gefahr besteht, dass bei dieser Sichtweise personen- und verhaltensbedingte Gründe miteinander vermischt werden. Es ist vielmehr sorgfältig zu prüfen, ob die Vertragsstörung im konkreten Fall nicht krankheitsbedingt ist (zB in Fällen von Alkoholsucht). In diesen Fällen ist dann die personenbedingte Kündigung einschlägig. Beruht die Vertragsverletzung auf einer personenbedingten Ursache, ist zu prüfen, ob diese noch auf einem steuerbaren Verhalten des Arbeitnehmers beruht. Das reicht für eine verhaltensbedingte Kündigung aus.[1213] Insofern muss – zumindest im Rahmen der Interessenabwägung – berücksichtigt werden, ob der Arbeitnehmer ohne schweres Verschulden rechtsirrig seine Handlung für rechtmäßig erachten konnte.[1214] Das BAG beschränkte in seiner früheren Rechtsprechung jedoch die verhaltensbedingte Kündigung nicht eindeutig auf vertragswidrige Verhaltensweisen. Vielmehr erkennt es Kündigungsgründe im Grundsatz an, wenn **konkrete Störungen im Leistungsbereich, im betrieblichen Bereich, im Vertrauensbereich oder im Unternehmensbereich** vorliegen. Der betriebliche Bereich wird noch in die Unterbereiche der Störung der Betriebsordnung, des Betriebsfriedens (Bereich der betrieblichen Verbundenheit aller Mitarbeiter) und des Betriebsablaufs aufgegliedert.[1215] Die **Beschränkung** des verhaltensbedingten Kündigungsgrundes auf

---

[1210] BAG 21.1.1999 EzA § 626 n. F. BGB Nr. 178 = NZA 1999, 863; BAG 21.11.1996 EzA KSchG § 1 Verhaltensbedingte Kündigung Nr. 50; BAG 21.5.1992 EzA KSchG § 1 Verhaltensbedingte Kündigung Nr. 42 = NZA 1992, 1028; BAG 16.3.1961 AP KSchG § 1 Verhaltensbedingte Kündigung Nr. 2 = NJW 1961, 1421; HHL/*Krause*, § 1 KSchG Rn. 495; KR/*Griebeling*, § 1 KSchG Rn. 400; ErfK/*Oetker*, § 1 KSchG Rn. 188; HK-KSchG-*Dorndorf*, § 1 Rn. 526 ff.; abweichend *Berkowsky*, Die personen- und verhaltensbedingte Kündigung, 4. Aufl. 2005, § 6 Rn. 71 ff.

[1211] Erman/*Belling*, § 626 BGB Rn. 33.

[1212] BAG 21.1.1999 EzA § 626 n. F. BGB Nr. 178 = NZA 1999, 863; abl. APS/*Dörner/Vossen*, § 626 BGB Rn. 75.

[1213] So zutreffend *v. Hoyningen-Huene*, Anm. BAG AP BGB § 626 Nr. 151; vgl. bei Tätlichkeiten eines Alkoholkranken: BAG 30.9.1993 EzA BGB n. F. § 626 Nr. 152.

[1214] Hierzu ErfK/*Oetker*, § 1 KSchG Rn. 192 mwN; BAG 14.2.1976 EzA BGB n. F. § 626 Nr. 160; BAG 12.4.1973 EzA BGB § 611 Nr. 12; BAG 14.2.1978 AP GG Art. 9 Arbeitskampf Nr. 57.

[1215] Hierzu BAG 26.5.1977 EzA BGB § 611 Beschäftigungspflicht Nr. 2 = DB 1977, 2099; BAG 4.11.1981, 6.6.1984, 20.9.1984 und 24.9.1987 EzA KSchG § 1 Verhaltensbedingte Kündigung Nr. 9, 12, 14 und 18; BAG 20.7.1989 DB 1990, 635 = EzA KSchG § 2 Nr. 11; ausführlich KR/*Fischermeier*, § 626 BGB Rn. 166 ff.

§ 2 Die Sozialwidrigkeit der Kündigung

vertragswidrige Verhaltensweisen erscheint jedoch um einer sinnvollen Abgrenzung zur personen- und betriebsbedingten Kündigung willen unverzichtbar.[1216] Es bedarf mithin zumindest der Verletzung vertraglicher Nebenpflichten. Dies hat das BAG jetzt klargestellt. Ohne Feststellung einer arbeitsvertraglichen Pflichtverletzung gibt es keine verhaltensbedingte Kündigung.[1217] Bei der Bejahung kündigungsrelevanter Nebenpflichten sind allerdings dem Austauschverhältnis immanente Grenzen zu beachten.[1218]

Werden dem Arbeitnehmer im Arbeitsvertrag Nebenpflichten auferlegt, kann deren Verletzung nur dann die Kündigung rechtfertigen, wenn die Vertragsklausel einer Inhaltskontrolle standhält.[1219]   **1198**

Hat sich der Arbeitnehmer eine **Reihe von Pflichtverletzungen** zuschulden kommen lassen, die vom Arbeitgeber abgemahnt worden sind, kommt formal nur der letzte Vorfall als Kündigungsgrund in Betracht.[1220] Allerdings verdeutlicht die vorangehende Vielzahl von Pflichtverletzungen die Negativprognose und die Triftigkeit des Kündigungsgrundes. Insoweit sind die abgemahnten Pflichtverstöße selbstverständlich auch für den Kündigungsgrund i. e. S. von Belang, mögen sie auch nicht mehr selbständig die Kündigung rechtfertigen, weil der Arbeitgeber durch die Abmahnung konkludent auf die Kündigung verzichtet hat. Auf einschlägige abgemahnte und nicht abgemahnte zurückliegende Pflichtverstöße kann unterstützend zur Begründung der Kündigung zurückgegriffen werden.[1221] Kommen mehrere verhaltensbedingte Kündigungsgründe in Betracht, ist zunächst jeder Kündigungssachverhalt auf seine Eignung, die ausgesprochene Kündigung zu rechtfertigen, zu prüfen. Führt die isolierte Prüfung nicht zur sozialen Rechtfertigung der Kündigung, können bei gleichartigen verhaltensbedingten Gründen diese in ihrer Gesamtheit die Kündigung als gerechtfertigt erscheinen lassen.[1222] Als gleichartig können Pflichtverletzungen bezeichnet werden, die zu vergleichbaren Störungen des Arbeitsverhältnisses führen und Ausdruck einer spezifischen Unzuverlässigkeit des Arbeitnehmers sind.[1223]   **1199**

[1216] Ebenso LSW/*Löwisch*, § 1 KSchG Rn. 115 f.; HaKo/*Pfeiffer*, § 1 KSchG Rn. 177 ff.; HK-KSchG/*Dorndorf*, § 1 Rn. 514 ff.; *Buchner*, Die personen- und verhaltensbedingte Kündigung, Fachtagung der BDA 1989, S. 56; *Dütz*, Anm. EzA BGB n. F. § 626 Nr. 91; *Preis*, DB 1990, 630, 632; *Dorndorf*, ZfA 1989, 345 ff.
[1217] BAG 24.6.2004 NZA 2005, 619.
[1218] In jüngerer Zeit ist allerdings eine Tendenz zur Ausweitung von Nebenpflichten zu beobachten: im öffentlichen Dienst unter Hinweis auf § 8 BAT: BAG 20.11.1997 EzA § 1 KSchG Verhaltensbedingte Kündigung Nr. 52 = NZA 1998, 323. Nach BAG 6.11.1997 EzA BGB n. F. § 626 Nr. 171 = NZA 1998, 326 ist eine Nebenpflicht zur Entbindung der behandelnden Ärzte von der Schweigepflicht und zur Stellung eines Rentenantrages bei Berufs- und Erwerbsunfähigkeit zu bejahen. Das ist zu weitgehend.
[1219] Vgl. LAG Frankfurt 29.1.1987 LAGE KSchG § 1 Verhaltensbedingte Kündigung Nr. 11; vielfach legt die Rechtsprechung überschießende Vertragsklauseln restriktiv aus, vgl. zu Nebentätigkeitsverboten BAG 3.12.1970 und 26.8.1976 AP BGB § 626 Nr. 60 und 68 = EzA BGB n. F. § 626 Nr. 7 und 49; ausf. zur Inhaltskontrolle Preis/*Preis*, I C Rn. 32 ff.
[1220] BAG 7.12.1988 EzA KSchG § 1 Verhaltensbedingte Kündigung Nr. 26.
[1221] *Hillebrecht*, ZfA 1991, 87, 126 f. unter Hinweis auf BAG 17.3.1988 EzA BGB n. F. § 626 Nr. 116; LAG Hamm 27.5.1992 EzA § 1 KSchG Verhaltensbedingte Kündigung Nr. 38; LAG Berlin 5.12.1995 LAGE KSchG § 1 Verhaltensbedingte Kündigung Nr. 52; vgl. auch BAG 9.8.1990 RzK I 5i Nr. 63; dies gilt allgemein auch bei verwirkten oder verziehenen Kündigungsgründen, BAG 21.2.1957 AP KSchG § 1 Nr. 22; BAG 12.4.1956 AP BGB § 626 Nr. 11; KR/*Griebeling*, § 1 KSchG Rn. 248 ff.
[1222] BAG 9.8.1990 RzK I 5i Nr. 63.
[1223] LAG Berlin 5.12.1995 LAGE KSchG § 1 Verhaltensbedingte Kündigung Nr. 52.

b) Objektiver Kündigungsgrund

1200 Nicht subjektive Einschätzungen des Arbeitgebers, sondern nur objektive, durch einen Dritten nachvollziehbare Vorfälle begründen die Kündigung. Auch reicht die bloße Befürchtung, es werde zu Vertragsbeeinträchtigungen kommen, nicht aus, wenn es in der Vergangenheit zu keiner nachweisbaren objektiven Beeinträchtigung gekommen ist.[1224] Die Rechtsprechung steht auf dem Standpunkt, als verhaltensbedingter Kündigungsgrund komme nur ein solcher Umstand in Betracht, der einen ruhig und verständig urteilenden Arbeitgeber zur Kündigung bestimmen könne.[1225] Diese Formel ist zu unbestimmt. Freilich ist die abstrakte Konkretisierung des verhaltensbedingten Kündigungsgrundes äußerst schwierig. Problematisch ist jedoch, eine Objektivierung in der Orientierung an aufgehobenen Kündigungsvorschriften zu suchen.[1226] Die Schaffung absoluter Kündigungsgründe ist mit § 1 KSchG, der zwingend eine Einzelfallbeurteilung voraussetzt, unvereinbar.[1227] Methodisch prüft die Rechtsprechung verhaltensbedingte Kündigungsgründe **zweistufig**. Angelehnt an den revisionsrechtlichen Prüfungsmaßstab wird gefragt, ob ein bestimmter Sachverhalt ohne die besonderen Umstände des Einzelfalles an sich geeignet ist, einen Kündigungsgrund abzugeben.[1228] Nach Bejahung dieser Frage soll eine umfassende Interessenabwägung das Einzelfallurteil ergeben. Freilich hat diese methodische Prüfung für die Rechtssicherheit wenig erbracht, weil eine normative Konkretisierung des verhaltensbedingten Kündigungsgrundes noch aussteht und insbesondere das Erfordernis der Vertragspflichtverletzung nicht immer beachtet wird. Letztlich entscheidend ist eine wenig strukturierte Interessenabwägung, die eine Einzelfallprognose äußerst schwierig macht. Die Fallgruppen verhaltensbedingter Kündigungsgründe (→ Rn. 565 ff.) können zwar für die Praxis Anhaltspunkte geben, ersetzen aber eine Einzelfallbeurteilung anhand der allgemeinen Kriterien nicht.

c) Abmahnung

1201 Die verhaltensbedingte Kündigung verlangt im Allgemeinen eine vorherige Abmahnung (Einzelheiten → Rn. 6 ff.). Dies folgt aus dem Grundsatz der Erforderlichkeit (Ultima-Ratio-Prinzip) und entspricht der ganz herrschenden Lehre und Rechtsprechung.[1229] Das Prinzip der Abmahnung hat jetzt durch die allgemeine Regel der

---

[1224] BAG 6.6.1984 AP KSchG 1969 § 1 Verhaltensbedingte Kündigung Nr. 11 = EzA KSchG § 1 Verhaltensbedingte Kündigung Nr. 12.

[1225] BAG 28.8.1958 und 2.11.1961 AP KSchG § 1 Verhaltensbedingte Kündigung Nr. 1 und 3; BAG 13.3.1987 EzA § 611 BGB Abmahnung Nr. 5 = NZA 1987, 518; kritisch zu dieser Formel *Zitscher*, ArbuR 1977, 71 ff.; *Preis*, Prinzipien, S. 2 f.

[1226] So BAG 15.11.1984 und 17.3.1988 EzA BGB n. F. § 626 Nr. 95 und 116 = NZA 1985, 661 und NZA 1989, 261; ablehnend *Preis*, Prinzipien, S. 479; *Börgmann*, SAE 1989, 192.

[1227] BAG 28.11.1968 AP KSchG § 1 Betriebsbedingte Kündigung Nr. 19 = EzA KSchG § 1 Nr. 12; BAG 30.5.1978 und 15.11.1984 AP BGB § 626 Nr. 70 und 87 = EzA BGB n. F. § 626 Nr. 66 und 95; *Herschel*, Festschrift G. Müller, 1981, S. 202; *Preis*, Prinzipien, S. 94 ff.; KR / *Griebeling*, § 1 KSchG Rn. 212.

[1228] BAG 22.7.1982 und 24.9.1987 AP KSchG 1969 § 1 Verhaltensbedingte Kündigung Nr. 5 und Nr. 19 = EzA KSchG § 1 Verhaltensbedingte Kündigung Nr. 10 und 18 sowie BAG 17.5.1984, 20.9.1984, 15.11.1984, 13.12.1984, 2.3.1989 EzA BGB n. F. § 626 Nr. 90, 91, 94, 95 und 118 = NZA 1985, 91, 286, 661, 288 und NZA 1989, 755.

[1229] BAG 30.5.1978 AP BGB § 626 Nr. 70 = EzA BGB n. F. § 626 Nr. 66; BAG 28.10.1971 AP BGB § 626 Nr. 62 = EzA § 626 n. F. BGB Nr. 9; BAG 18.1.1980 AP KSchG 1969 § 1 Verhaltensbedingte Kündigung Nr. 3 = EzA KSchG § 1 Verhaltensbedingte Kündigung Nr. 7; BAG 17.2.1994 EzA BGB § 611 Abmahnung Nr. 30 = NZA 1994, 656; *v. Hoynigen-Huene*, RdA 1990, 193 ff.; *Bur-*

§ 2 Die Sozialwidrigkeit der Kündigung

Kündigung von Dauerschuldverhältnissen in § 314 BGB eine eindrucksvolle Bestätigung erfahren. Dort heißt es in Abs. 2, dass bei Vertragspflichtverletzungen die Kündigung erst nach erfolglosem Ablauf einer zur Abhilfe bestimmten Frist oder nach erfolgloser Abmahnung zulässig ist. In der Regierungsbegründung wird darauf Bezug genommen, dass sich allgemein das Erfordernis der Abmahnung durchgesetzt habe (BT-Drucks. 14/6040, S. 177). Vor diesem Hintergrund wäre es ein unzulässiger Umkehrschluss, wollte man jetzt im Rahmen des Kündigungsschutzes oder bei § 626 Abs. 1 keine Abmahnung verlangen.[1230] Vielmehr kann § 314 BGB auch als Bestätigung der bisherigen Rechtsentwicklung im Arbeitsrecht gesehen werden.[1231] Der BGH hält dagegen bei der Kündigung des Dienstverhältnisses eines GmbH-Geschäftsführers eine Abmahnung nicht für erforderlich.[1232] Soweit der BGH seine Argumentation darauf stützt, dass dieses Institut im Hinblick auf die „soziale Schutzbedürftigkeit abhängig Beschäftigter" entwickelt worden sei, gibt dies die Argumentation nur unzureichend wieder. Der BGH wird seine Rechtsprechung gerade auch im Hinblick auf § 314 Abs. 2 BGB noch einmal überprüfen müssen. Das BAG hat jetzt hinreichend klar herausgestellt, dass das Erfordernis der Abmahnung sowohl der Objektivierung der negativen Prognose dient als auch Ausdruck des Verhältnismäßigkeitsgrundsatzes ist.[1233]

1202 Das BAG hält sogar vor **Änderungskündigungen**[1234] und **Versetzungen**[1235] wegen Leistungsmängeln eine Abmahnung für erforderlich. Vor bloßen Umsetzungen wegen Leistungsmängeln oder Störungen des Betriebsklimas bedarf es dagegen keiner Abmahnung.[1236] Eine Abmahnung während der sechsmonatigen Wartezeit des § 1 Abs. 1 KSchG (→ Rn. 558) kann ausgesprochen werden, ist aber kündigungsrechtlich unnötig, wenn die ordentliche Kündigung noch während der Wartezeit erklärt werden soll.[1237] Gleiches gilt in Kleinbetrieben, die dem KSchG nicht unterfallen.[1238]

1203 Nach früherer Rechtsprechung sollte eine Abmahnung nur bei Störungen im Leistungsbereich, nicht aber bei solchen im Vertrauens- oder Betriebsbereich erforderlich sein.[1239] Eine verlässliche Abgrenzung zwischen beiden Bereichen ist aber kaum mög-

---

ger, DB 1992, 836 ff.; aus der Literatur: *Ascheid*, Personalführung 1990, S. 296 ff.; *Schaub*, NJW 1990, S. 872 ff.; *Fromm*, DB 1989, 1409 ff.; *Falkenberg*, NZA 1988, 489 ff.; *Bock*, ArbuR 1987, 217 ff.; *Schmid*, NZA 1985, 412 ff.; *Becker-Schaffner*, DB 1985, 652 ff.; *Hauer*, Die Abmahnung im Arbeitsverhältnis, 1990; *Pflaum*, Die Abmahnung im Arbeitsrecht als Vorstufe zur Kündigung, 1992; *Beckerle*, Die Abmahnung, 11. Aufl. 2012; Staudinger/*Preis*, § 626 BGB Rn. 104 ff.

[1230] Siehe auch KR/*Fischermeier* § 626 BGB Rn. 256; *Schlachter*, NZA 2005, 433, 437.
[1231] Vgl. Staudinger/*Preis*, § 626 BGB Rn. 105.
[1232] BGH 14.2.2000 BB 2000, 844; BGH 10.9.2001 EzA BGB § 611 Abmahnung Nr. 43.
[1233] BAG 18.9.2008 EzA BGB 2002 § 626 Nr. 24; BAG 23.6.2009 NZA 2009, 1198; BAG 10.6.2010 NZA 2010, 1227 Rn 36.
[1234] BAG 21.11.1985 EzA KSchG § 1 Nr. 42 = NZA 1986, 713; LAG Hamm 10.5.1983 ZIP 1983, 985; LAG Nürnberg 6.8.2012 NZA-RR 2012, 631.
[1235] BAG 30.10.1985 EzA BGB § 611 Fürsorgepflicht Nr. 40 = NZA 1986, 713; kritisch *Beckerle*, S. 123 f.
[1236] BAG 24.4.1996 EzA BGB § 611 Direktionsrecht Nr. 18 = NZA 1996, 1088; LAG Hamm 28.11.1996 NZA-RR 1997, 281.
[1237] Vgl. *Beckerle*, S. 126 ff.; *Ascheid*, Rn. 64; *v. Hoyningen-Huene*, RdA 1990, 193, 202.
[1238] So jetzt auch BAG 21.2.2001 EzA § 242 BGB Kündigung Nr. 2 = NZA 2001, 951.
[1239] BAG 19.6.1967 AP GewO § 124 Nr. 1 = EzA GewO § 124 Nr. 1; BAG 8.8.1968 AP BGB § 626 Nr. 57 = EzA KSchG § 13 Nr. 1; BAG 4.4.1974 AP BGB § 626 Arbeitnehmervertreter im Aufsichtsrat Nr. 1 = EzA KSchG § 15 Nr. 1; BAG 30.6.1983 AP GG Art 140 Nr. 15 = EzA § 1 Tendenzbetrieb Nr. 14; BAG 9.8.1984 AP KSchG 1969 § 1 Verhaltensbedingte Kündigung Nr. 12 mit abl. Anm. *Bickel* = EzA KSchG § 1 Verhaltensbedingte Kündigung Nr. 11 = NZA 1985, 124.

lich.¹²⁴⁰ Zum einen berühren auch nachhaltige Leistungspflichtverletzungen den Vertrauens- und Betriebsbereich. Zum anderen trifft die Abgrenzung nach Bereichen nicht den Kern der Sache, weil auch im sogenannten Vertrauens- oder Betriebsbereich eine Abmahnung für erforderlich gehalten wird, wenn das Arbeitsverhältnis noch nicht allzu stark belastet ist und der Arbeitgeber damit rechnen kann, dass die Abmahnung zu einem vertragsgerechten Verhalten in der Zukunft führt.¹²⁴¹ Das Gleiche soll gelten, wenn im sogenannten Vertrauensbereich „unklare Regelungen" bestanden und der Arbeitnehmer annehmen durfte, sein Verhalten sei nicht vertragswidrig.¹²⁴² An diesen Ausnahmen zeigt sich, dass der bloße Hinweis darauf, der Vertrauensbereich sei berührt, die Notwendigkeit der Abmahnung nicht entfallen lässt.¹²⁴³ Entscheidend ist, ob und inwieweit das beanstandungswürdige Fehlverhalten bereits eine **klare Negativprognose** für die weitere Vertragsbeziehung zulässt oder ob noch die **Möglichkeit der Rückkehr zu einer vertragskonformen Beziehung** besteht. **Im Zweifel** ist der Praxis anzuraten, vor verhaltensbedingten Kündigungen **abzumahnen**.

1203a In seiner Entscheidung vom 10.6.2010 („Emmely") hat der 2. Senat des BAG die Notwendigkeit einer vorherigen Abmahnung – abgeleitet aus dem Verhältnismäßigkeits- und Prognoseprinzip – zu Recht auch auf Störungen im Vertrauensbereich erstreckt. In der Tat ist nicht stets und von vornherein ausgeschlossen, verlorenes Vertrauen durch künftige Vertragstreue zurückzugewinnen. Der Arbeitnehmer soll ja gerade die Chance erhalten, zu einem vertragskonformen Verhalten zurückzukehren. Die Abmahnung dient überdies der Objektivierung der negativen Prognose. Verletzt der Arbeitnehmer vergleichbar seine arbeitsvertraglichen Pflichten erneut, kann regelmäßig davon ausgegangen werden, es werde auch zukünftig zu weiteren Vertragsstörungen kommen. Diese Einschätzung ist der Kern der Rechtfertigung einer Beendigungskündigung. Einer Abmahnung bedarf es nur dann nicht, wenn eine Verhaltensänderung auch nach Abmahnung nicht zu erwarten wäre oder die Pflichtverletzung so schwer ist, dass eine Hinnahme durch den Arbeitgeber offensichtlich und für den Arbeitnehmer erkennbar ausgeschlossen ist. Zu Recht hat das BAG diese Grundsätze auch bei Störungen des Vertrauensbereichs durch Straftaten gegen Vermögen oder Eigentum des Arbeitgebers angewandt. Auch in diesem Bereich gibt es keine „absoluten" Kündigungsgründe.¹²⁴⁴ Soweit dem BAG entgegengehalten wurde, entscheidend sei das subjektive Vertrauen des Arbeitgebers, wird verkannt, dass in der gesamten Rechtsordnung Vertrauenstatbestände einer objektiven Bewertung unterliegen.¹²⁴⁵

1204 Sowohl die Verletzung von Haupt- als auch von Nebenpflichten bedarf vorheriger Abmahnung. Eine bestimmte **Anzahl** von Abmahnungen ist nicht gefordert.

---

¹²⁴⁰ Kritisch *Preis*, Prinzipien, S. 454 f.; *Falkenberg*, NZA 1988, 489 ff.; *Bock*, ArbuR 1987, 218 f.; *Ascheid*, Rn. 68; KR/*Fischermeier*, § 626 BGB Rn. 263.
¹²⁴¹ BAG 26.8.1993 EzA BGB n. F. § 626 Nr. 148 = NZA 1994, 63; BAG 12.7.1984 und 12.3.1987 EzA § 102 BetrVG 1972 Nr. 57 und 71 NZA 1985, 96 und NZA 1988, 137; BAG 3.2.1982 AP BPersVG § 72 Nr. 1; BAG 10.11.1988 EzA § 611 BGB Abmahnung Nr. 18 = NZA 1989, 633; siehe auch BAG 4.6.1997 AP BGB § 626 Nr. 137 = EzA BGB n. F. § 626 Nr. 168.
¹²⁴² BAG 17.5.1984 EzA BGB n. F. § 626 Nr. 90 = NZA 1985, 91; *Schmidt*, NZA 1985, 413; KR/*Fischermeier*, § 626 BGB Rn. 261.
¹²⁴³ Jetzt auch BAG 10.6.2010 NZA 2010, 1227 Rn. 35; BAG 9.6.2011 NZA 2011, 1027 Rn. 18, 19.
¹²⁴⁴ Im Sinne dieser Rechtsprechung auch Erman/*Belling*, § 626 BGB Rn. 62; KR/*Fischermeier* § 626 BGB Rn. 264; *Preis* AuR 2010, 242, 244; Staudinger/*Preis*, § 626 BGB Rn. 109; *Schlachter* NZA 2005, 433, 437; *Kreft*, FS Etzel, 2011, S. 225, 230 ff.; *Berger*, JbArbR 48 (2011), 41.
¹²⁴⁵ *Preis*, Prinzipien, S. 358 ff., 364; *ders.*, Anm. BAG AP Nr. 229 zu § 626 BGB; ebenso der BGH zu Dienstverträgen BGH 12.5.2011 NJW-RR 2011, 1426; BGH 28.10.2002 NJW 2003, 431.

§ 2 Die Sozialwidrigkeit der Kündigung

Kündigungsrechtlich entscheidend ist letztlich das Gewicht der Vertragsverstöße (→ Rn. 1213). Spricht der Arbeitgeber eine Vielzahl von Abmahnungen aus, ohne die angedrohten Konsequenzen zu ziehen, muss unter Umständen die letzte Abmahnung vor der Kündigung verdeutlichen, dass im Wiederholungsfalle nunmehr tatsächlich gekündigt wird.[1246] Wenn es sich um eine „leere Drohung handelt", kann die Abmahnung ihre Warnfunktion verlieren.[1247] Bei leichteren gleichartigen Pflichtverletzungen (zB Verspätungen) ist es sicher unschädlich, drei oder vier Abmahnungen vor der Kündigung auszusprechen. Entscheidend ist dabei die konkrete Gestaltung der Abmahnungen.[1248] Zur Stützung einer verhaltensbedingten Kündigung kann sich der Arbeitgeber nur dann auf eine vorausgehende Abmahnung berufen, wenn diese eine **vergleichbare Pflichtverletzung** betraf.[1249] Dabei darf an das Erfordernis der Gleichartigkeit kein zu strenger Maßstab angelegt werden.[1250] Entscheidend ist, ob aus den jeweiligen Vertragspflichtverletzungen auf eine kündigungsrelevante Unzuverlässigkeit geschlossen werden kann.[1251] Kehrt der Arbeitnehmer von einem vertragsstörenden zu einem vertragskonformen Verhalten zurück, sind die legitimen Interessen des Arbeitgebers befriedigt und es bedarf keiner Kündigung.

Die Abmahnung setzt voraus, dass der Arbeitgeber **hinreichend deutlich** das Fehlverhalten beanstandet und mit ihr den Hinweis verbindet, dass im Wiederholungsfalle der **Inhalt oder der Bestand des Arbeitsverhältnisses gefährdet** ist. Die Androhung „arbeitsrechtlicher Konsequenzen" bringt hinreichend zum Ausdruck, dass der Arbeitnehmer im Wiederholungsfall mit einer Kündigung rechnen muss.[1252] So erfüllt die Abmahnung ihre Warn- und Ankündigungsfunktion. Daneben dient die Abmahnung eines (erstmaligen) Fehlverhaltens auch dazu, eine sichere Prognosegrundlage für eine möglicherweise folgende Kündigung zu schaffen.[1253] Die wiederholte Vertragsverletzung rechtfertigt gerade die Negativprognose der Wiederholungsgefahr. Darüber hinaus ist die Abmahnung erforderlich, um seitens des Arbeitgebers erzeugte Vertrauenstatbestände abzubauen, zB wenn unkorrektes Verhalten längere Zeit nicht beanstandet worden ist und der Arbeitnehmer womöglich davon ausgehen darf, der Arbeitgeber sei mit seinem Verhalten einverstanden.[1254] Mit Ausspruch der Abmahnung **verzichtet** der Arbeitgeber allerdings konkludent auf ein Kündigungsrecht wegen der

1205

[1246] BAG 15.11.2001 EzA KSchG § 1Verhaltensbedingte Kündigung Nr. 56 = NZA 2002, 968; kritisch HaKo/*Fiebig/Zimmermann*, § 1 KSchG Rn. 239; zur Problematik widersprüchlichen Verhaltens: *Beckerle*, S. 167 ff.; *v. Hoyningen-Huene*, RdA 1990, 193, 208.

[1247] BAG 27.9.2012 NZA 2013, 425.

[1248] BAG 16.9.2004 EzA KSchG § 1 Verhaltensbedingte Kündigung Nr. 64 = NZA 2005, 459 unter Aufhebung von LAG Saarland 23.4.2003 LAGReport 2003, 332.

[1249] BAG 13.12.2007 EzA KSchG § 4 n.F. Nr. 82 = NZA 2008, 589; BAG 10.11.1988 EzA BGB § 611 Abmahnung Nr. 18 = NZA 1989, 633; Hessisches LAG 7.7.1997 LAGE BGB § 626 Nr. 115.

[1250] Problematisch daher BAG 27.2.1985 RzK I 1 Nr. 5; LAG Schleswig-Holstein 26.6.1986 NZA 1987, 669; richtig BAG 16.9.2004 EzA KSchG § 1 Verhaltensbedingte Kündigung Nr. 64 = NZA 2005, 459.

[1251] Hierzu *Pflaum*, S. 234 ff.; *v. Hoyningen-Huene*, RdA 1990, 193, 207; *Beckerle*, S. 167 ff.; LAG Berlin 5.12.1995 LAGE KSchG § 1 Verhaltensbedingte Kündigung Nr. 52.

[1252] BAG 19.4.2012 NZA-RR 2012, 567.

[1253] *Preis*, Prinzipien, S. 375, 457 f.; dem folgend BAG 26.1.1995 EzA KSchG § 1 Verhaltensbedingte Kündigung Nr. 46 = NZA 1995, 517; vgl. auch LAG Hamm 16.8.1985 LAGE KSchG § 1 Verhaltensbedingte Kündigung Nr. 6; siehe auch *Ascheid*, Personalführung 1990, 296, 301, mit einem Hinweis darauf, dass eine Vielzahl von Abmahnungen die Warn- und Ankündigungsfunktion verbrauchen könne (zweifelhaft).

[1254] BAG 29.7.1976 AP KSchG § 1 Verhaltensbedingte Kündigung Nr. 9 = EzA KSchG § 1 Nr. 34; *Herschel*, Anm. AP BGB § 626 Nr. 63; *Schmid*, NZA 1985, 411.

Gründe, die Gegenstand der Abmahnung waren. Nach BAG vom 10.11.1988[1255] kann eine spätere Kündigung nicht allein auf die abgemahnten Gründe gestützt werden. Auf diese kann nur zurückgegriffen werden, wenn weitere kündigungsrechtlich erhebliche Umstände eintreten oder nachträglich bekannt werden. Diese Rspr. hat der 2. Senat in Fällen schwerwiegender Pflichtverletzung (Straftat) deutlich relativiert. Es müsse deutlich zu erkennen sein, dass der Arbeitgeber auf sein Kündigungsrecht verzichten wolle und mit der Abmahnung oder Vertragsrüge „die Sache erledigt" sei.[1256] Freilich darf der Arbeitnehmer nach erfolgloser Kündigung wegen desselben unstreitigen (für eine Kündigung nicht ausreichenden) Sachverhalts abgemahnt werden.[1257]

1206 Die Abmahnung kann auch von einem Mitarbeiter ausgesprochen werden, der Anweisungen bezüglich der Art und Weise der arbeitsvertraglich geschuldeten Arbeitsleistung erteilen kann. Eine Kündigungsberechtigung ist nicht erforderlich.[1258] Die Abmahnung selbst kann gerichtlich überprüft werden (→ Rn. 9).

1207 **Entbehrlich** ist die Abmahnung, wenn sie kein geeignetes Mittel ist oder zur Begründung einer Negativprognose für die weitere Vertragsbeziehung nicht erforderlich ist. Die Abmahnung ist nur dann geeignetes Mittel, wenn mit ihr der beabsichtigte Erfolg (Änderung des Verhaltens oder Warnung des Arbeitnehmers) gefördert werden kann. Eine Vertragspflichtverletzung beruht in der Regel auf steuerbarem Verhalten des Arbeitnehmers. Deshalb ist im Grundsatz davon auszugehen, dass sein künftiges Verhalten schon durch die Androhung von Folgen für den Bestand des Arbeitsverhältnisses positiv beeinflusst werden kann.[1259] Damit ist grundsätzlich vor Kündigungen wegen Vertragspflichtverletzung eine Abmahnung erforderlich. Entbehrlich ist – in Anwendung der Grundnorm des § 314 Abs. 2 iVm. § 323 Abs. 2 BGB – die Abmahnung nur, wenn im Kündigungszeitpunkt erkennbar ist, dass eine Verhaltensänderung in Zukunft auch nach Abmahnung nicht zu erwarten steht, oder es sich um eine so schwere Pflichtverletzung handelt, dass selbst deren erstmalige Hinnahme dem Arbeitgeber nach objektiven Maßstäben unzumutbar und damit offensichtlich – auch für den Arbeitnehmer erkennbar – ausgeschlossen ist.[1260]

1207a Entbehrlich, da ungeeignet, ist die Abmahnung auch, wenn eine Verhaltensänderung des Arbeitnehmers objektiv nicht möglich ist oder wenn die Verhaltenskorrektur nicht erwartet werden kann.[1261] Sofern nicht ohnehin ein personenbedingter Kündigungsgrund vorliegt, ist ein Arbeitnehmerverhalten nicht abmahnungsfähig, das aus physischen, persönlichkeitsbezogenen, rechtlichen oder aus anderen Gründen nicht abänderbar ist (Beispiele: wegen gesundheitlicher Beeinträchtigung nicht behebbare Leistungsmängel,[1262] künstlerische bzw. intellektuelle Fähigkeiten).[1263] Hier

---

[1255] EzA BGB § 611 Abmahnung Nr. 18 = NZA 1989, 633; ebenso LAG Köln 7.10.1987 LAGE KSchG § 1 Verhaltensbedingte Kündigung Nr. 15; LAG Rheinland-Pfalz 2.2.2004 ArbuR 2004, 274.
[1256] BAG 6.3.2003 EzA BGB § 626 2002 Nr. 3 = NZA 2003, 1388.
[1257] BAG 7.9.1988 EzA BGB § 611 Abmahnung Nr. 17 = NZA 1989, 272.
[1258] BAG 18.1.1980 AP KSchG 1969 § 1 Verhaltensbedingte Kündigung Nr. 3 = EzA KSchG § 1 Verhaltensbedingte Kündigung Nr. 7; LAG Düsseldorf 8.1.1980 BB 1980, 526.
[1259] Vgl. BAG 19.4.2012 NJW 2013, 104 Rn. 22; BAG 9.6.2011 NZA-RR 2012, 12 Rn. 35; BAG 25.10.2012 NZA 2013, 319 Rn. 16.
[1260] BAG 19.4.2012 NJW 2013, 104 Rn. 22.
[1261] BAG 12.1.2006 EzA KSchG § 1 Verhaltensbedingte Kündigung Nr. 67 = NZA 2006, 917.
[1262] BAG 18.1.1980 AP KSchG 1969 § 1 Verhaltensbedingte Kündigung Nr. 3 = EzA KSchG § 1 Verhaltensbedingte Kündigung Nr. 7; LAG Hamm 20.8.1992 – 4 Sa 94/92 – n. v.; *Becker-Schaffner*, DB 1985, 651; *Schmid*, NZA 1985, 412.
[1263] *Schmid*, NZA 1985, 412; siehe aber BAG 15.8.1984 AP KSchG 1969 § 1 Nr. 8 = EzA KSchG § 1 Nr. 40.

§ 2 Die Sozialwidrigkeit der Kündigung

kann es bereits an der **Steuerbarkeit des Verhaltens** fehlen.[1264] Entbehrlich ist die Abmahnung außerdem, wenn aufgrund objektiver Umstände die an sich mögliche Verhaltensänderung für die Zukunft nicht zu erwarten ist. In diesen Fällen läuft die Warnfunktion der Abmahnung leer. Als Grundlage einer Negativprognose ist die Abmahnung nicht mehr erforderlich. Dies ist der Fall, wenn der Arbeitnehmer erklärt, sein Fehlverhalten nicht ändern zu wollen[1265] oder wenn er die Vertragswidrigkeit seines Verhaltens sicher kannte und mit der Billigung durch den Arbeitgeber nicht rechnen konnte.[1266] In Ausnahmefällen kann die Abmahnung als nicht mehr ausreichendes Mittel der Interessenbefriedigung des Arbeitgebers erkannt werden. So können schwere Pflichtverletzungen eines Arbeitnehmers in einer Vertrauensposition (Spesenbetrug, Missbrauch von Vollmachten und Dispositionsmöglichkeiten) zur Kündigung ohne Abmahnung führen, weil die Chance einer positiven Prognose für das Vertragsverhältnis fehlt.[1267] Bei üblichen Rabattzusagen eines Automobilverkäufers, die er sich vom Vorgesetzten nicht hat genehmigen lassen, ist eine Negativprognose noch nicht anzunehmen und eine Abmahnung erforderlich.[1268] Entscheidend dürfte sein, ob die jeweilige Tat eine klare Negativprognose zulässt. Zwischen der Abmahnung und der Kündigung wegen Leistungsmängeln muss dem Arbeitnehmer ein **hinreichender Zeitraum zur Leistungssteigerung** eingeräumt werden.[1269]

Nach diesen Grundsätzen löst sich auch die Frage, ob eine Abmahnung vorweggenommen werden kann.[1270] Kann der Arbeitnehmer bereits aus unmissverständlichen **Rundschreiben** oder **Betriebsaushängen** entnehmen, dass der Arbeitgeber ein bestimmtes Verhalten nicht hinnimmt, kann die Abmahnung ebenfalls entbehrlich sein, wenn ein schwerwiegender Pflichtverstoß vorliegt.[1271] Die Aushänge und Rundschreiben sind dabei keine konstitutiven, „vorweggenommenen" Abmahnungen, können aber Bedeutung bei der Beurteilung der Schwere des Pflichtverstoßes haben. Dabei kommt es auf den Einzelfall an. Generell kann die auf individuelle Leistungsverstöße reagierende Abmahnung nicht vorweggenommen werden, weil dies ihrer spezifischen Ankündigungs- und Warnfunktion zuwiderliefe (Unzulässigkeit sog. antizipierender Abmahnungen).[1272] Immerhin ermöglichen „vorweggenommene" Abmahnungen eine leichtere Feststellung des konkreten Pflichtverstoßes.[1273]

1207b

[1264] Vgl. HaKo/*Fiebig,* § 1 KSchG Rn. 223.
[1265] BAG 28.10.1971 AP BGB § 626 Nr. 62 = EzA BGB n. F. § 626 Nr. 9.
[1266] BAG 10.2.1999 EzA KSchG n. F. § 15 Nr. 47 = NZA 1999, 708; BAG 28.10.1971 AP BGB § 626 Nr. 62 = EzA BGB n. F. § 626 Nr. 9; LAG Hamm 25.6.1985 LAGE KSchG § 1 Verhaltensbedingte Kündigung Nr. 5 und 23.5.1984 DB 1985, 49; LAG Köln 26.8.1986 LAGE BGB § 611 Abmahnung Nr. 4 und 2.7.1987 LAGE BGB § 626 Nr. 32; zur Entbehrlichkeit der Abmahnung bei Tätlichkeiten unter Arbeitskollegen BAG 12.3.1987 EzA BetrVG 1972 § 102 Nr. 71 = NZA 1988, 137; hartnäckige Pflichtverletzung: BAG 18.5.1994 EzA SchwbG 1986 § 21 Nr. 6.
[1267] BAG 10.2.1999 EzA KSchG n. F. § 15 Nr. 47 = NZA 1999, 708.
[1268] LAG Köln 8.5.2006 LAGE KSchG § 1 Verhaltensbedingte Kündigung Nr. 92 = NZA-RR 2006, 519.
[1269] LAG Hamm 15.3.1983 DB 1983, 1930; LAG Köln 6.11.1987 LAGE BGB § 611 Abmahnung Nr. 14; sehr streng: LAG Berlin 16.2.2006 LAGE BGB 2002 § 611 Abmahnung Nr. 4; *Beckerle,* S. 159 ff.
[1270] Hierzu *Wisskirchen/Schumacher/Bissels,* BB 2012, 1473.
[1271] LAG Berlin-Brandenburg 26.11.2010 – 10 Sa 1823/10 –; LAG Hamm 16.12.1982 BB 1983, 1601; LAG Köln 6.8.1999 NZA-RR 2000, 24; LAGE BGB § 626 Nr. 127.
[1272] Hierzu *Beckerle,* S. 151 ff.; *Hauer,* S. 107 f.; *Pflaum,* S. 176 ff.
[1273] *Wisskirchen/Schumacher/Bissels,* BB 2012, 1473, 1477.

1208 Die frühere Rechtsprechung hielt bei kleineren Straftaten im Arbeitsverhältnis zumeist eine Abmahnung für entbehrlich.[1274] Von dieser Sichtweise ist das BAG in seiner berühmten „Emmely-Entscheidung" zu Recht abgekehrt.[1275] Entscheidend ist, ob die Abmahnung geeignet ist, den mit der Kündigung verfolgten Zweck – also die Vermeidung des Risikos künftiger Störungen des Arbeitsverhältnisses – zu erreichen. Das ist bei kleineren Pflichtverletzungen, auch wenn sie zu kleineren Schädigungen des Arbeitgebers führen, stets der Fall. So ist eine Kündigung ohne Abmahnung danach nicht gerechtfertigt
- bei kurzen Privattelefonaten eines Chefarztes im Operationssaal, wenn auch Dienstgespräche am selben Ort geführt werden,[1276]
- bei leichteren Verstößen gegen das ausdrückliche Verbot der privaten Nutzung des dienstlichen Internetanschlusses,[1277]
- bei erstmaligem Verstoß gegen das ausdrückliche Verbot, private Dateien auf dem Firmenlaptop zu speichern,[1278]
- bei erstmaligem Verstoß gegen unklare Sachbezugsregelung,[1279]
- Verletzung der Ausweispflicht gegenüber Polizei durch einen Pressefotografen,[1280]
- unerlaubtes Verlassen des Arbeitsplatzes während des Dienstes,[1281]
- Bagatellpflichtverletzungen (unerlaubter Verzehr von Speiseresten, unerlaubtes Aufladen von Handys und Rasierapparaten),[1282]
- Einschlafen am Arbeitsplatz.[1283]

1208a **Einzelfälle:** Die Praxis zeigt, dass die Entbehrlichkeit der Abmahnung oftmals mit der Möglichkeit einer fristlosen verhaltensbedingten Kündigung zusammenfällt. Es kann zwar nicht die rechtliche Regel aufgestellt werden, dass immer dann, wenn eine fristlose Kündigung durchgreift, eine vorherige Abmahnung entbehrlich ist. Die besondere Intensität der Vertragsverletzung führt jedoch oftmals sowohl zur Begründung der fristlosen Kündigung nach § 626 BGB als auch zur Entbehrlichkeit der Abmahnung. Mit dieser Maßgabe folgt eine Übersicht von Entscheidungen, in denen die vorhergehende Abmahnung für entbehrlich erachtet wurde. Es handelt sich ausnahmslos um Fälle fristloser Kündigung:
- schwerwiegender Verstoß gegen **Alkoholverbot**,[1284]
- vorsätzliche Missachtung von **Arbeitsschutzvorschriften**,[1285]
- hartnäckige und uneinsichtige **Arbeitsverweigerung** bzw. Pflichtverletzung,[1286]

[1274] Vgl. BAG 20.9.1984 EzA BGB n. F. § 626 Nr. 91 = NZA 1985, 286; BAG 17.5.1984 EzA BGB n. F. § 626 Nr. 90 = NZA 1985, 91; BAG 20.9.1984 EzA KSchG § 1 Verhaltensbedingte Kündigung Nr. 14 = NZA 1985, 285.
[1275] BAG 10.6.2010 NZA 2010, 1227 mit. Anm. *Preis*, AP Nr. 229 zu § 626 BGB.
[1276] BAG 25.10.2012 NZA 2013, 319.
[1277] BAG 19.4.2012 NZA 2013, 27.
[1278] BAG 24.3.2011 NZA 2011, 1029.
[1279] BAG 23.6.2009 NZA 2009, 1198.
[1280] BAG 23.6.2009 AP Nr. 5 zu § 1 KSchG 1969 Abmahnung.
[1281] LAG Köln 20.1.2012 NZA-RR 2012, 356; LAG Baden-Württemberg 19.5.2010 NZA-RR 2010, 637.
[1282] LAG Schleswig-Holstein 29.9.2010 NZA-RR 2011, 126; LAG Köln 20.1.2012 NZA-RR 2012, 356; LAG Köln 20.1.2012 NZA-RR 2012, 356.
[1283] LAG Hessen 5.6.2012 – 12 Sa 652/11 – PflR 2013, 405; ArbG Köln 19.11.2014 NZA-RR 2015, 77.
[1284] LAG Nürnberg 17.12.2002 NZA-RR 2003, 301 = LAGE BGB § 626 Nr. 147; LAG Hamm 23.8.1990 LAGE BGB § 626 Nr. 52; LAG Rheinland-Pfalz 20.12.1999 EzBAT BAT § 53 Verhaltensbedingte Kündigung Nr. 51.
[1285] LAG Hamm 17.11.1989 LAGE BGB § 626 Nr. 48.
[1286] BAG 12.5.2010 NZA 2010, 1348; BAG 18.5.1994 EzA SchwbG 1986 § 21 Nr. 6. Verlassen einer Pflegestation durch Pflegerin: LAG Schleswig-Holstein 25.11.2003 – 2 Sa 335/03 –.

§ 2 Die Sozialwidrigkeit der Kündigung

- eigenmächtiger **Urlaubsantritt**,[1287]
- schwere **Beleidigung**,[1288]
- sexuelle **Belästigung**,[1289]
- **unangemessene disziplinarische Maßnahmen** (Knebelung von Schülern) durch Lehrer/in[1290]
- **Missbrauch** von **Zeiterfassungseinrichtungen**,[1291]
- Speichern **pornographischer Dateien** auf Dienst-PC,[1292]
- Missbrauch von **Daten und Passwörtern**,[1293]
- Löschung wichtiger **Kundendaten**,[1294]
- Vortäuschen einer **Arbeitsunfähigkeit**,[1295]
- Straftaten im Arbeitsverhältnis jeder Art,[1296] zB **Spesenbetrug, Betrug, Unterschlagung**,[1297] **Diebstahl**,[1298] **sexuelle Übergriffe**,[1299]
- Androhung **künftiger Erkrankung**,[1300]
- **existenzgefährdende Zuwiderhandlung** gegen Interessen des Arbeitgebers,[1301]
- **geschäftsschädigendes Verhalten**,[1302]
- **Leichtfertige Erstattung wahrheitswidriger Anzeige** gegen Arbeitgeber,[1303]
- mehrfache **grob fahrlässige Pflichtverletzung** mit erheblicher Schadensfolge,[1304]
- **systematische Täuschung** über die ordnungsgemäße Erbringung der Arbeitsleistung,[1305]
- Verstoß gegen **Wettbewerbsverbot**,[1306]
- **Schmiergeld- und Vorteilsannahme**.[1307]

[1287] BAG 16.3.2000 EzA § BGB n. F. 626 Nr. 179 = NZA 2000, 1332.
[1288] BAG 5.11.1992 ArbuR 1993, 124, „Judenwitz"; LAG Frankfurt 13.2.1984 NZA 1984, 200, „Götz-Zitat".
[1289] BAG 23.10.2014 NJW 2015, 651; BAG 9.1.1986 EzA BGB n. F. § 626 Nr. 98 = NZA 1986, 467; LAG Niedersachsen 21.1.2003 NZA-RR 2004, 19; LAG Hessen 27.2.2012 NZA-RR 2012, 471.
[1290] BAG 19.4.2012 NZA 2012, 1274.
[1291] BAG 9.6.2011 NZA 2011, 1027; LAG Berlin 6.6.1988 LAGE KSchG § 1 Verhaltensbedingte Kündigung Nr. 18; LAG Hamm 20.2.1986 DB 1986, 1338; LAG Niedersachsen 18.10.1994 LAGE KSchG § 1 Verhaltensbedingte Kündigung Nr. 44.
[1292] LAG Niedersachsen 26.4.2002 MMR 2002, 766; LAG Rheinland-Pfalz 18.12.2003 BB 2004, 1682; ArbG Frankfurt 2.1.2002 NZA 2002, 1093.
[1293] ArbG Hannover 10.1.2002 NZA-RR 2002, 582.
[1294] LAG Köln 24.7.2002 NZA-RR 2003, 303.
[1295] BAG 26.8.1993 EzA BGB n. F. § 626 Nr. 148 = NZA 1994, 63.
[1296] BAG 28.10.2010 NZA 2011, 112; BAG 8.6.2000 EzA BGB n. F. § 626 Nr. 182 = NZA 2000, 1282.
[1297] BAG 10.2.1999 EzA KSchG n. F. § 15 Nr. 47 = NZA 1999, 708.
[1298] BAG 16.12.2010 NZA 2011, 571; BAG 12.8.1999 EzA BGB § 626 Verdacht strafbarer Handlung Nr. 8 = NZA 2000, 421; LAG Rostock 25.11.1999 NZA-RR 2000, 187.
[1299] BAG 27.1.2011 NZA 2011, 798.
[1300] BAG 5.11.1992 EzA BGB n. F. § 626 Nr. 143 = NZA 1993, 308.
[1301] LAG Nürnberg 13.1.1993 LAGE BGB § 626 Nr. 67.
[1302] ArbG Frankfurt 28.1.1993 ArbuR 1993, 415, „Aufhängen eines Hitler-Bildes"; BAG 17.6.1992 – 2 AZR 568/91 – n. v.
[1303] LAG Hamm 28.11.2003 LAGReport 2004, 184.
[1304] BAG 4.7.1991 RzK I 6a Nr. 73.
[1305] BAG 9.6.2011 NZA-RR 2012, 12.
[1306] BAG 28.1.2010 NZA-RR 2010, 461; BAG 16.8.1990 EzA KSchG n. F. § 4 Nr. 38 = NZA 1991, 141; BAG 25.4.1991 EzA BGB n. F. § 626 Nr. 140 = NZA 1992, 212.
[1307] BAG 21.6.2001 EzA BGB § 626 Unkündbarkeit Nr. 7; LAG Köln 14.1.1984 DB 1984, 1101; LAG Düsseldorf 29.1.2003 LAGE KSchG § 1 Verhaltensbedingte Kündigung Nr. 81.

d) Negativprognose

1209 Der **Zweck** der verhaltensbedingten Kündigung ist zukunftsbezogen ausgerichtet. Mit ihr soll das **Risiko weiterer Vertragsverletzungen** ausgeschlossen werden.[1308] Auch die verhaltensbedingte Kündigung hat **keinen Strafcharakter**.[1309] Entscheidend ist vielmehr, ob eine Wiederholungsgefahr besteht oder ob das vergangene Ereignis künftige Folgewirkungen zeitigt, wegen derer eine gedeihliche Fortsetzung des Arbeitsverhältnisses ausgeschlossen ist.[1310] Das Bundesarbeitsgericht hat auch im Bereich der verhaltensbedingten Kündigung das Prinzip der Negativprognose anerkannt.[1311] Das in der Vergangenheit liegende Verhalten des Arbeitnehmers hat aber erhebliche Bedeutung für die Prognose. Gerade die **Schwere der Pflichtverletzung** kann die vertrauensvolle Fortführung des Arbeitsverhältnisses für die Zukunft als ausgeschlossen erscheinen lassen. Die Art und Weise, in der der Arbeitnehmer eine Vertragspflichtverletzung begangen hat, kann auf das Risiko weiterer Verletzungen schließen lassen **(Wiederholungsgefahr).** Je stärker das Verschulden, desto eher ist eine ungünstige Prognose gerechtfertigt. Setzt der Arbeitnehmer **nach Abmahnung** sein vertragswidriges Verhalten fort, so ist regelmäßig die Prognose **gerechtfertigt,** dass er sich auch künftig nicht vertragstreu verhalten wird. Die vorherige Abmahnung verschafft insoweit eine sicherere Prognosegrundlage. Das entspricht der Rechtsprechung des BAG, die bei abgemahnten gleichartigen (nicht identischen!) Pflichtverletzungen bei einem erneuten Verstoß regelmäßig davon ausgeht, dass es auch weiterhin zu Vertragsstörungen kommen wird.[1312] Die Abmahnung ist allerdings nicht erforderlich, wenn die Negativprognose aus dem Verhalten des Arbeitnehmers hinreichend folgt.[1313]

e) Mildere Mittel

1210 Erforderlich ist die verhaltensbedingte Kündigung nur, wenn dem Arbeitgeber zur Verfolgung seiner berechtigten betrieblichen oder vertraglichen Interessen keine anderen milderen Mittel mehr zur Verfügung stehen. Dieser allgemeine, aus § 1 Abs. 2 S. 1 KSchG folgende Rechtsgedanke wird ergänzt durch die spezifischen Konkretisierungen in § 1 Abs. 2 S. 2 und 3 KSchG. Auch die verhaltensbedingte ordentliche Kündigung kann unwirksam sein, wenn eine Möglichkeit zur Weiterbeschäftigung in Betrieb oder Unternehmen, ggf. nach Änderung der Arbeitsbedingungen oder nach zumutbaren Umschulungs- oder Fortbildungsmaßnahmen, möglich ist. Ist in einer innerbetrieblichen Regelung festgelegt, wie der Arbeitgeber auf bestimmte Pflichtverstöße reagiert, kann eine Selbstbindung des Arbeitgebers derart eintreten, dass er zunächst die selbstgesetzten Verfahrensregeln einhalten muss.[1314] Entscheidend für die Frage, ob mildere Mittel in Betracht kommen, ist das **vertragliche Interesse,** das mit der in

---

[1308] LSW/*Löwisch,* § 1 KSchG Rn. 123; *Preis,* Prinzipien, S. 312, 328; *Weiss,* Anm. EzA KSchG § 1 Verhaltensbedingte Kündigung Nr. 10; BAG 21.11.1996 EzA KSchG § 1 Verhaltensbedingte Kündigung Nr. 50.

[1309] MüKoBGB/*Henssler,* § 626 Rn. 72.

[1310] *Herschel,* Festschrift G. Müller, 1981, S. 202f.; *Preis,* Prinzipien, S. 322ff.

[1311] Vgl. BAG 10.11.1988 EzA BGB § 611 Abmahnung Nr. 18 = NZA 1989, 633; BAG 17.1.1991 und 16.8.1991 EzA KSchG § 1 Verhaltensbedingte Kündigung Nr. 37 und 41 mit krit. Anm. *Rüthers/Müller* = NZA 1991, 557 und NZA 1993, 17; BAG 26.1.1995 EzA KSchG § 1 Verhaltensbedingte Kündigung Nr. 46 = NZA 1995, 517; ebenso *Ascheid,* Rn. 28ff.; HHL/*Krause* § 1 KSchG Rn. 498, 189f; krit. *Kraft,* ZfA 1994, 463, 475; LSW/*Löwisch,* § 1 KSchG Rn. 123.

[1312] BAG 9.6.2011 NZA 2011, 1342.

[1313] BAG 21.11.1996 EzA KSchG § 1 Verhaltensbedingte Kündigung Nr. 50 = NZA 1997, 487; BAG 18.9.2008 EzA BGB 2002 § 626 Nr. 24.

[1314] BAG 25.4.1996 EzA KSchG § 1 Personenbedingte Kündigung Nr. 14 = NZA 1996, 1201.

Aussicht genommenen Maßnahme befriedigt werden soll. Mildere Mittel sind nicht schon deshalb zu ergreifen, weil sie eine mildere Bestrafung des Arbeitnehmers darstellen. Dies ist nicht der Zweck der verhaltensbedingten Kündigung. Die Geltendmachung von Schadensersatzansprüchen schließt die Kündigung nicht aus.[1315] Aus diesem Grunde hat das BAG seine zwischenzeitlich vertretene Auffassung, die Betriebsbuße sei als gegenüber der Abmahnung milderes Mittel zu erwägen, zu Recht wieder aufgegeben.[1316] Die **Suspendierung** ist als denkbares milderes Mittel praktisch nur bei Verdachtskündigungen in Betracht zu ziehen.[1317] Das sog. Präventionsverfahren nach § 84 Abs. 1 SGB IX (→ Rn. 889) ist im Ergebnis keine relevante Kündigungsschranke, wenn ein Kündigungsgrund dem Grunde nach entstanden ist.

Die **Versetzung** auf einen anderen Arbeitsplatz kommt zunächst nur in Betracht, wenn tatsächlich ein solcher frei ist.[1318] Außerdem kommt die Versetzung nur in Betracht, wenn ein **arbeitsplatzbezogener** verhaltensbedingter Kündigungsgrund vorliegt, weil nur dann die Versetzung ein geeignetes milderes Mittel sein kann (Beispiel: arbeitsplatzbezogene Schlechtleistungen). Freilich muss die Aussicht bestehen, dass der Arbeitnehmer die auf dem anderen Arbeitsplatz verlangte Tätigkeit anforderungsgerecht ausfüllen kann.[1319] Selbst bei Streitigkeiten im Betrieb können Versetzungen mildere Mittel sein, wenn der Konflikt nur auf eine einzelne Abteilung beschränkt war. Doch hängt die Geeignetheit des Mittels sowohl von den Ursachen des Fehlverhaltens als auch von der Schwere des Pflichtverstoßes und dem zu erwartenden künftigen Verhalten ab.[1320] Bei abgemahnten **arbeitsplatzunabhängigen Pflichtverstößen,** die arbeitgeberbezogen sind (Beispiele: Verletzung des Alkoholverbots, fortwährende Unpünktlichkeit, Vorlage gefälschter Arbeitsunfähigkeitsbescheinigungen und anderes mehr) wird das Risiko weiterer Vertragsverletzungen **nicht** bereits durch eine Versetzung des Arbeitnehmers beseitigt.[1321]

1211

Ob die **Änderungskündigung** oder die einverständliche Änderung der Arbeitsbedingungen ein geeigneteres milderes Mittel ist, entscheidet sich weitgehend nach den gleichen Grundsätzen. Die Verschlechterung der Arbeitsbedingungen ist nicht schon deshalb zu ergreifen, weil diese den Arbeitnehmer milder „bestraft". In Ausnahmefällen kann bei unzureichender Arbeitsleistung eine Änderungskündigung auf einen niedriger bewerteten Arbeitsplatz bzw. zur Gehaltskürzung möglich sein (bei übertariflicher Bezahlung), um eine Anpassung von Lohn und Leistung herzustellen.

1212

f) Interessenabwägung

In den Anfängen der Kündigungsrechtsprechung hat das BAG weitgehend alle Fragen aus dem Prinzip der Interessenabwägung entschieden.[1322] Zwar ist mangels ausreichender gesetzgeberischer Konfliktlösung letztlich eine Abwägung der kollidierenden Interessen unvermeidlich. Gegenüber der früheren umfassenden Billigkeitsabwägung

1213

[1315] BAG 31.3.1993 EzA BGB § 626 Ausschlussfrist Nr. 5 = NZA 1994, 409; BAG 24.10.1996 ZTR 1997, 139.
[1316] BAG 17.1.1991 EzA KSchG § 1 Verhaltensbedingte Kündigung Nr. 37 = NZA 1991, 557 gegen BAG 17.3.1988 EzA BGB n. F. § 626 Nr. 116 = NZA 1989, 261; ferner *Preis* S. 459 ff.; *ders.,* DB 1990, 686 f.; KR/*Fischermeier,* § 626 BGB Rn. 285.
[1317] → Rn. 17 ff.; *Preis,* Prinzipien, S. 462 f.
[1318] BAG 30.5.1978 AP BGB § 626 Nr. 70 = EzA BGB n. F. § 626 Nr. 66.
[1319] *Preis,* Prinzipien, S. 462.
[1320] BAG 31.3.1993 EzA BGB § 626 Ausschlussfrist Nr. 5 = NZA 1994, 409.
[1321] *Preis,* DB 1990, 685.
[1322] Etwa zum Erfordernis der Abmahnung: BAG 28.10.1971 AP BGB § 626 Nr. 62 = EzA BGB n. F. § 626 Nr. 9.

sind jedoch Einschränkungen zu machen. Kriterien, die früher aus der umfassenden Abwägung hergeleitet wurden, sind inzwischen fester Bestandteil des Kündigungsgrundes. Hinzuweisen ist insbesondere auf den Grundsatz der Erforderlichkeit (Ultima-Ratio-Prinzip) und das Erfordernis der Negativprognose. Die Abwägung ist auf **arbeitsvertragliche und sachverhaltsbezogene Umstände zu beschränken.**[1323] Bei der Abwägung geht es um das Gewicht bzw. die **Intensität der Vertragspflichtverletzung.** Das Gewicht eines verhaltensbedingten Kündigungsgrundes wird aber nicht deshalb geringer, weil der vertragsbrüchige Arbeitnehmer viele Kinder zu versorgen hat. Die Häufung auch geringfügiger Pflichtverletzungen mit erkennbarer Wiederholungsgefahr kann sowohl die ordentliche als auch die außerordentliche Kündigung rechtfertigen.[1324]

1214 Das BAG verlangt – in Klarstellung gegenüber früher abweichender Rechtsprechung – nicht mehr, dass es zu einer **konkreten Störung des Betriebsablaufs** oder des Betriebsfriedens gekommen ist.[1325] Die konkrete Störung des Betriebsablaufs ist ein **Abwägungsfaktor,** aber keineswegs **unverzichtbare Voraussetzung** für die Rechtfertigung einer Kündigung, wenn unzweifelhaft eine nachhaltige Missachtung der Vertragspflichten vorliegt.[1326] Dies gilt insbesondere, wenn die **vertragliche Hauptpflicht,** die Arbeitspflicht, verletzt wird. Sofern jedoch nur unwesentliche Nebenpflichten des Arbeitsvertrages verletzt werden, kann die fehlende Betriebsstörung allerdings ausschlaggebend für die fehlende Rechtfertigung der Kündigung sein. **Unterhaltspflichten** können grundsätzlich nicht im Rahmen einer Interessenabwägung berücksichtigt werden.[1327] Das BAG berücksichtigt bei verhaltensbedingten Gründen die Unterhaltspflichten grundsätzlich nur marginal, weil dieser Umstand der „Privatsphäre" zuzurechnen sei.[1328] Richtig erkennt das BAG jetzt ferner, dass das Lebensalter keine Relevanz bei der Abwägung verhaltensbedingter Kündigungsgründe hat.[1329] Entscheidend ist, dass sowohl das Lebensalter als auch die Unterhaltspflichten keinen Bezug zum verhaltensbedingten Kündigungsgrund haben. Es ist nicht erkennbar, dass Vertragsverletzungen ein geringeres oder höheres Gewicht je nach Alter oder Kinderreichtum des Arbeitnehmers erlangen können. Behinderungen und Krankheiten können nur berücksichtigt werden, wenn sie mit dem Vertragsverstoß in Zusammenhang stehen. Die Dauer der **Betriebszugehörigkeit,** insbesondere die Dauer der fehlerfreien Vertragsbeziehung, ist jedoch bei allen Kündigungen (auch wegen Vermögensdelik-

---

[1323] Hierzu ausf. *Preis,* Prinzipien, S. 224 ff.; dem folgend ErfK/*Oetker,* § 1 KSchG Rn. 202 ff.; HK-KSchG/*Dorndorf,* § 1 KSchG Rn. 709 ff.; verfehlt LAG Hamm 30.5.1996 NZA 1997, 1056.

[1324] Zu mehrfachen Verstößen gegen ein Rauchverbot trotz mehrerer Abmahnungen BAG 27.9.2012 NZA 2013, 425; zur Kündigung wegen wiederholten Kartenspielens während der Arbeitszeit: LAG Berlin 18.1.1988 LAGE BGB n. F. § 626 Nr. 31 = DB 1988, 866.

[1325] BAG 17.1.1991 EzA KSchG § 1 Verhaltensbedingte Kündigung Nr. 37 mit Anm. *Rüthers/Franke* = NZA 1991, 557; BAG 16.8.1991 EzA KSchG § 1 Verhaltensbedingte Kündigung mit Anm. *Rüthers/Müller* = NZA 1992, 130; BAG 17.3.1988 EzA BGB n. F. § 626 Nr. 116 mit abl. Anm. *Willemsen* = NZA 1989, 261; BAG 7.12.1988 AP KSchG 1969 § 1 Verhaltensbedingte Kündigung Nr. 26 = EzA KSchG § 1 Verhaltensbedingte Kündigung Nr. 26 mit abl. Anm. *Rüthers.*

[1326] Vgl. hierzu *Preis,* DB 1990, 688; ebenso jetzt BAG 17.1.1991 NZA 1991, 557; offenbar a. A. *Berkowsky,* NZA-RR 2001, 1, 4.

[1327] BAG 2.3.1989 EzA BGB n. F. § 626 Nr. 118 = NZA 1989, 755; grds. für die Berücksichtigung: BAG 27.2.1997 AP KSchG 1969 § 1 Verhaltensbedingte Kündigung Nr. 36 = EzA KSchG § 1 Verhaltensbedingte Kündigung Nr. 51 mit abl. Anm. *Friese;* ablehnend *Preis,* Prinzipien, S. 232 f.; HHL/*Krause,* § 1 KSchG Rn. 504; ErfK/*Oetker,* § 1 KSchG Rn. 203.

[1328] BAG 5.4.2001 EzA BGB n. F. § 626 Nr. 187 = NZA 2001, 954, 957; differenzierend im Einzelfall BAG 16.12.2004 AP BGB § 626 Nr. 191 = EzA BGB 2002 § 626 Nr. 7.

[1329] BAG 5.4.2001 EzA BGB n. F. § 626 Nr. 187 = NZA 2001, 954, 957.

§ 2 Die Sozialwidrigkeit der Kündigung

ten) zu berücksichtigen.[1330] Kannte der Arbeitgeber die Gründe bereits längere Zeit, so verlieren sie bei der Interessenabwägung an Gewicht.[1331] Ob disziplinarische Erwägungen allgemeiner Art das Kündigungsinteresse verstärken, ist zweifelhaft, weil die Kündigung weder ein Disziplinierungsmittel ist, noch generalpräventiven Zwecken dient.[1332]

g) Darlegungs- und Beweislast

Zur Darlegungs- und Beweislast gelten die (→ Rn. 1026 ff.) mitgeteilten Grundsätze. **1215**

2. Einzelfälle

Verhaltensbedingte außerordentliche und ordentliche Kündigungsgründe unterscheiden sich zumeist nur nach dem Gewicht der Vertragspflichtverletzung. Aus diesem Grunde sind die Einzelfälle gemeinsam für beide Kündigungsarten systematisch bei der außerordentlichen Kündigung behandelt worden. Auf die Darstellung unter Rn. 565 ff. wird daher verwiesen. **1216**

IV. Gründe in der Person des Arbeitnehmers

Nach § 1 Abs. 2 S. 1 KSchG kann die Kündigung sozial gerechtfertigt sein, wenn sie durch Gründe in der Person des Arbeitnehmers bedingt ist. Der Gesetzgeber hat hiermit freilich den Konflikt zwischen der Person des Arbeitnehmers einerseits und den betrieblichen Interessen des Arbeitgebers andererseits nicht gelöst. Die Einzelfallentscheidung, die herkömmlicherweise auf der Basis einer umfassenden Interessenabwägung vorgenommen wird, lässt nur ein geringes Maß an Rechtssicherheit zu. Rechtsprechung und Literatur[1333] ist es jedoch gelungen, einigermaßen handhabbare normative Grundsätze für die personenbedingte Kündigung zu entwickeln. **1217**

Als personenbedingte Kündigungsgründe kommen nur solche Umstände in Betracht, die aus der **Sphäre des Arbeitnehmers** stammen.[1334] Sofern vertragswidrige Verhaltensweisen in Rede stehen, ist die verhaltensbedingte Kündigung als der speziellere Kündigungsgrund einschlägig. Der personenbedingte Kündigungsgrund ist rein objektiv zu interpretieren; ein **Verschulden** setzt er **nicht** voraus. Die personenbedingte Kündigung, deren Hauptfall die Kündigung wegen Krankheit ist, ist dadurch gekennzeichnet, dass der Arbeitnehmer von seinen persönlichen Voraussetzungen her die **Fähigkeit und die Eignung nicht besitzt, die geschuldete Arbeitsleistung ganz oder teilweise zu erbringen.**[1335] Die Erreichung des Vertragszwecks muss **1218**

[1330] BAG 13.12.1984 EzA BGB n.F. § 626 Nr. 94 = NZA 1985, 288; LAG Frankfurt 5.7.1988 LAGE KSchG § 1 Verhaltensbedingte Kündigung Nr. 20 = DB 1988, 2468; ablehnend *Tschöpe*, NZA 1985, 588 ff.

[1331] BAG 20.10.1954 AP KSchG § 1 Nr. 6; BAG 4.3.1980 AP GG Art. 140 Nr. 3 = EzA KSchG § 1 Tendenzbetrieb Nr. 8.

[1332] BAG 4.6.1997 AP BGB § 626 Nr. 137 = EzA BGB n.F. § 626 Nr. 168; *Preis*, Prinzipien, S. 337; HK-KSchG/*Dorndorf*, § 1 Rn. 567 f.

[1333] Hierzu *Berkowsky* II, *ders.*, NZA-RR 2001, 393 ff. und 449 ff.; *Stahlhacke*, Die personenbedingte Kündigung; in: Dokumentation Fachtagung der BDA, 1989; *Popp*, HAS, § 19 D.

[1334] BAG 21.11.1985 EzA KSchG § 1 Nr. 42 = NZA 1986, 713; BAG 13.3.1987 EzA KSchG § 1 Betriebsbedingte Kündigung Nr. 44 = NZA 1987, 629; BAG 11.12.2003 EzA KSchG § 1 Verhaltensbedingte Kündigung Nr. 62 = NZA 2004, 784.

[1335] BAG 18.9.2008 EzA KSchG § 1 Personenbedingte Kündigung Nr. 23 = NZA 2009, 425; BAG 18.1.2007 EzA KSchG § 1 Personenbedingte Kündigung Nr. 20 = NZA 2007, 680; LSW/

durch diese Umstände – nicht nur vorübergehend – zumindest teilweise unmöglich sein. Kennzeichnend ist **eine schwere und dauerhafte Störung des Austauschverhältnisses,** ohne dass dem Arbeitnehmer eine Vertragsverletzung vorzuhalten wäre. Die Vorstellung der Parteien von der annähernden Gleichwertigkeit (Äquivalenz) der beiderseitigen Leistungen ist bei gegenseitigen Verträgen regelmäßig Geschäftsgrundlage. Der Arbeitnehmer, der trotz angemessener Bemühung die Normalleistung unterschreitet oder nicht erbringt, verstößt nicht gegen den Vertrag, sondern unterschreitet die nicht zur Vertragsbedingung erhobene berechtigte Erwartung des Arbeitgebers von einem ausgewogenen Verhältnis von Leistung und Gegenleistung.[1336] Das BAG hat sowohl bei verhaltensbedingten Schlechtleistungen als auch krankheitsbedingten Minderleistungen, eine kündigungsrelevante Störung bei dauerhafter Unterschreitung der Normalleistung um ein Drittel angenommen.[1337] Anwendungsfälle sind die unverschuldete Minderleistung (Eignungsmangel, → Rn. 1240), unverschuldete Krankheit (→ Rn. 1245 ff.), durch Gewissensnot verursachte Unfähigkeit zur Arbeit (→ Rn. 1244) oder die unverschuldet fehlende Arbeitserlaubnis (→ Rn. 1236).

1219 Kennzeichnend für die personenbedingte Kündigung ist, dass dieser Verlust der vorausgesetzten Eignung oder Fähigkeiten zur Erbringung der Arbeitsleistung arbeitnehmerseitig nicht oder nicht mehr steuerbar ist. Dies ist der innere Grund, weshalb bei personenbedingten Kündigungsgründen das Erfordernis vorheriger **Abmahnung** generell **entfällt.**[1338] Nicht steuerbare Umstände sind auch nicht abmahnungsfähig. Darüber hinaus erstreckt sich die Notwendigkeit der Abmahnung prinzipiell nur auf Vertrags- oder Gesetzesverstöße.[1339] Bei dieser Differenzierung ist eine verhältnismäßig klare Abgrenzung von personen- und verhaltensbedingter Kündigung möglich. Nicht vertragsbezogenes und nicht vertragswidriges Privatverhalten rechtfertigt nicht die verhaltensbedingte Kündigung, kann aber in Ausnahmefällen die personenbedingte Kündigung auslösen, wenn durch das Privatverhalten die Eignung oder die Fähigkeit zur Erbringung der geschuldeten Arbeitsleistung entfällt. Der Entzug von Arbeits-, Berufs- und Fahrerlaubnissen, Haftstrafen sowie Straftaten, die ausschließlich durch die private Lebensführung bedingt sind, beruhen nicht auf vertragsbezogenem Verhalten des Arbeitnehmers, lassen aber ggf. dessen Eignung und Fähigkeit zur Erbringung der Arbeitsleistung entfallen. Gegenüber der relativ präzisen Eingrenzung der Kündigungssachverhalte, die bei der betriebs- und verhaltensbedingten Kündigung möglich sind, stellt sich die personenbedingte Kündigung als **Auffangtatbestand** dar.[1340] Aus der **Vertrags- oder Betriebsbezogenheit aller Kündigungsgründe**[1341] folgt, dass die personenbedingte Kündigung nur dann gerechtfertigt sein kann, wenn vertragliche

---

Löwisch, § 1 KSchG Rn. 225; KR/*Griebeling,* § 1 KSchG Rn. 266; ErfK/*Oetker,* § 1 KSchG Rn. 99; BAG 28.2.1990 EzA KSchG § 1 Personenbedingte Kündigung Nr. 5 = NZA 1990, 727.
[1336] BAG 11.12.2003 EzA KSchG § 1 Verhaltensbedingte Kündigung Nr. 62 = NZA 2004, 784.
[1337] BAG 11.12.2003 EzA KSchG § 1 Verhaltensbedingte Kündigung Nr. 62 = NZA 2004, 784; BAG 26.9.1991 EzA KSchG § 1 Personenbedingte Kündigung Nr. 10 = NZA 1992, 1073; vgl. auch LAG Köln 26.2.1999 NZA-RR 2000, 25; ausf. Hierzu *Greiner,* RdA 2007, 22.
[1338] Ebenso KR/*Griebeling,* § 1 KSchG Rn. 269; zur Unzulässigkeit einer Abmahnung bei krankheitsbedingten Fehlzeiten: LAG Düsseldorf 6.3.1986 LAGE BGB § 611 Fürsorgepflicht Nr. 9 = NZA 1986, 431; abweichend, jedoch ohne nähere Begründung, BAG 30.9.1993 EzA BetrVG 1972 § 99 Nr. 118 = NZA 1994, 615.
[1339] In allen einschlägigen Rechtsvorschriften, in denen das Institut der Abmahnung verwendet wird, ist Voraussetzung ein Vertrags- oder Gesetzesverstoß (vgl. §§ 550, 553, 590a, 1053, 1054, 1217 BGB).
[1340] Ebenso KR/*Griebeling,* § 1 KSchG Rn. 267.
[1341] Hierzu *Herschel,* in: FS Schnorr von Carolsfeld, 1972, S. 170 f.; *Preis,* Prinzipien, S. 224, 227, 433 mwN; deutlich auch in BAG 12.4.1984 DB 1985, 873.

§ 2 Die Sozialwidrigkeit der Kündigung

oder betriebliche Interessen erheblich durch die persönlichen Umstände des Arbeitnehmers beeinträchtigt werden. Die Rechtsprechung stellt insoweit strenge Anforderungen.

Die personenbedingte Kündigung wird entweder durch den Umstand der **Störung des Austauschverhältnisses** oder der **Betriebsstörung** gekennzeichnet. Eine Vermischung mit den Tatbeständen der verhaltensbedingten Kündigung (wegen Vertragsverletzung) oder der betriebsbedingten Kündigung (unternehmerische Entscheidung) ist jedoch zu vermeiden. Dass eine Erkrankung auch auf betriebliche Ursachen (mit-) zurückgeführt werden kann, macht die deswegen ausgesprochene Kündigung noch nicht zur betriebsbedingten Kündigung.[1342] Ebenso wird die Kündigung eines gesundheitlich beeinträchtigten Arbeitnehmers (Lärmempfindlichkeit, Hörschäden uam) nicht schon deshalb zur betriebsbedingten Kündigung, weil der Arbeitgeber eine betriebliche Umorganisation durchführt, die zur Folge hat, dass der Arbeitnehmer krankheitsbedingt in der neuen Organisation die Leistung nicht mehr erbringen kann.[1343] Bei nicht vertragswidrigem, ggf. außerdienstlichem Verhalten, das die Eignung oder Befähigung zur Erbringung der geschuldeten Arbeitsleistung berührt, bedarf es keiner Abmahnung, weil kein „vertragswidriges" Verhalten vorliegt. Nach einer neueren Auffassung soll es dagegen nur auf die „Steuerbarkeit" des Verhaltens ankommen,[1344] weshalb auch die personenbedingte Kündigung abmahnungsbedürftig werden könnte.[1345] Damit wird jedoch das Institut der Abmahnung, das einen präzise zu umschreibenden Vertrags- oder Gesetzesverstoß voraussetzt, verwässert.[1346] Das BAG hat sich bislang nicht klar geäußert. In einer jüngeren Entscheidung hält es bei personenbedingten Kündigungen Abmahnungen jedenfalls dann für entbehrlich, wenn der Arbeitnehmer keine Bereitschaft zeigt, an der an sich möglichen Behebung des personenbedingten Leistungshindernisses (hier: deutsche Sprachkenntnisse) mitzuwirken.[1347] Doch bleibt die Frage, ob der Arbeitgeber gehalten und berechtigt ist, die Änderung personenbezogener Eigenschaften (Kenntnisse, Befähigungen, persönliche Eigenschaften) vor Ausspruch einer Kündigung durch Abmahnung herbeizuführen. Das ist prinzipiell zu verneinen.[1348] Die Abmahnung wegen in der Person des Arbeitnehmers liegender Eigenschaften ist ausgeschlossen. Desungeachtet kann sich der Arbeitnehmer verpflichten, Sprachkurse zu belegen. Wenn er diese vertragliche Pflicht verletzt, kann mit

1220

[1342] Verfehlt *Pflüger*, DB 1995, 1761 ff.
[1343] Wie hier ErfK/*Oetker*, § 1 KSchG Rn. 100; a. A. BAG 6.11.1997 EzA KSchG § 1 Betriebsbedingte Kündigung Nr. 96 = NZA 1998, 143.
[1344] So offenbar BAG 4.6.1997 AP BGB § 626 Nr. 137 = EzA BGB n. F. § 626 Nr. 168; zustimmend *Bergwitz*, BB 1998, 2310; kritisch *Wank*, SAE 1998, 314 f.
[1345] Zu Recht ablehnend daher KR/*Griebeling*, § 1 KSchG Rn. 269; KR/*Fischermeier*, § 626 BGB Rn. 259; HHL/*Krause*, § 1 KSchG Rn. 311 f.; APS/*Dörner/Vossen*, § 1 KSchG Rn. 120.
[1346] Obwohl BAG 4.6.1997 EzA BGB n. F. § 626 Nr. 168 die Erforderlichkeit einer Abmahnung neuerdings bei einer personenbedingten Kündigung (Trunkenheitsfahrt eines Fahrers im Privatbereich) bejaht hat, sollte aus dieser Entscheidung nicht gefolgert werden, dass bei allen personenbedingten Gründen eine Abmahnung notwendig wird. Der Senat hatte sich offenbar von dem Grenzfall zwischen personen- und verhaltensbedingter Kündigung beeindrucken lassen (für diese Fälle bejaht KR/*Fischermeier*, § 626 BGB Rn. 259, das Abmahnungserfordernis; krit. hierzu *Wank*, SAE 1998, 314 ff.). In seiner privaten Lebensführung ist der Arbeitnehmer vertraglich nicht gebunden und kann deshalb auch nicht abgemahnt werden. Kündigungsrechtliche Konsequenzen muss er ggf. dennoch tragen. Ob es notwendig ist, dass der Arbeitgeber bei einschlägigen Straftaten des Arbeitnehmers im Privatbereich vor einer Kündigung eine Abmahnung ausspricht, erscheint äußerst zweifelhaft.
[1347] BAG 28.1.2010 NZA 2010, 625.
[1348] Ebenso LAG Rheinland-Pfalz 25.3.2014 LAGE KSchG § 1 Personenbedingte Kündigung Nr. 27, das allerdings eine Obliegenheit des Arbeitgebers bejaht, den Arbeitnehmer auf sein Leistungsdefizit aufmerksam zu machen.

Abmahnung und verhaltensbedingter Kündigung reagiert werden. Weder dem Arbeitnehmer noch dem Arbeitgeber ist es indessen zumutbar, persönliche Eigenschaften des Arbeitnehmers abzumahnen.

1221 Die Vielfalt möglicher personenbedingter Kündigungsgründe erfordert eine verständige Handhabung der Prüfungskriterien. So ist zu unterscheiden, ob der Wegfall der Eignung oder Befähigung aus einem **außerhalb des Vertrages liegenden steuerbaren, ggf. schuldhaften Verhalten** herrührt (zB Strafhaft, Untersuchungshaft, Straftaten, schuldhafte Nichtverlängerung von tätigkeitsrelevanten Erlaubnissen) oder die kündigungsrelevanten Umstände gleichsam **schicksalhaft** den Arbeitnehmer erfassen (zB Krankheit, Einberufung zum Wehrdienst, persönliche, nicht änderbare Eigenschaften und Fähigkeiten). Wesentlich ist ferner, ob es sich nur um **vorübergehende oder dauerhafte Störungen des Austauschverhältnisses handelt.** Diese Umstände sind für die Anforderungen an die Negativprognose und die Gewichtung der Interessen erheblich.[1349]

1. Prüfungskriterien

a) Erhebliche Beeinträchtigung betrieblicher oder vertraglicher Interessen

1222 Durch die Person des Arbeitnehmers wird die Kündigung nur dann bedingt, wenn erhebliche vertragliche oder betriebliche Interessen diese notwendig machen. Es müssen konkrete Auswirkungen auf den Betrieb feststellbar sein. Nicht ausreichend sind nach neuerer Rechtsprechung bloße (abstrakte oder konkrete) Gefährdungen des Betriebs; vielmehr müssen konkrete Störungen bereits eingetreten sein.[1350]

1223 Aus diesen Gründen stellt der Umstand, dass ein nebenberuflich tätiger Arbeitnehmer als Beamter auf Lebenszeit weitgehend wirtschaftlich und sozial abgesichert ist, keinen personenbedingten Grund dar.[1351] Bei Sicherheitsbedenken, die die persönliche Eignung des Arbeitnehmers für die geschuldete Tätigkeit berühren, reichen als Kündigungsgrund keine allgemeinen Besorgnisse, sondern es bedarf der Darlegung bestimmter Tatsachen, die den Sicherheitsbereich konkret beeinträchtigen.[1352]

b) Negativprognose; Wiedereinstellungsanspruch

1224 Bei der personenbedingten Kündigung, insbesondere der Kündigung wegen Krankheit, ist das Erfordernis einer Negativprognose (→ Rn. 1258 ff.) besonders deutlich entwickelt worden. **Zweck** der personenbedingten Kündigung ist nicht die Sanktionierung des Arbeitnehmers, sondern die **Bewahrung des Arbeitgebers vor künftigen unzumutbaren Belastungen.**[1353] Deshalb kommt es für die Rechtfertigung der Kündigung darauf an, ob der Arbeitnehmer in Zukunft seine Arbeitsleistung ganz oder teilweise nicht erbringen kann.

[1349] Ähnlich ErfK/*Oetker*, § 1 KSchG Rn. 105.
[1350] BAG 6.6.1984 AP KSchG 1969 § 1 Verhaltensbedingte Kündigung Nr. 11 = EzA KSchG § 1 Verhaltensbedingte Kündigung Nr. 12; BAG 7.12.1988 AP KSchG 1969 § 1 Verhaltensbedingte Kündigung Nr. 26 = EzA KSchG § 1 Verhaltensbedingte Kündigung Nr. 26; BAG 20.7.1989 AP KSchG 1969 § 1 Sicherheitsbedenken Nr. 2 = EzA KSchG § 2 Nr. 11.
[1351] BAG 13.3.1987 EzA KSchG § 1 Betriebsbedingte Kündigung Nr. 44 mit zust. Anm. *Preis* = NZA 1987, 629.
[1352] BAG 28.2.1963 AP KSchG § 1 Sicherheitsbedenken Nr. 3 = NJW 1963, 1566; BAG 26.10.1978 AP KSchG 1969 § 1 Sicherheitsbedenken Nr. 1 = EzA KSchG § 1 Nr. 38; LAG Frankfurt 7.2.1985 DB 1985, 1900.
[1353] BAG 23.6.1983 EzA KSchG § 1Krankheit Nr. 12 = NJW 1984, 1836; *Weller*, Das Arbeitsrecht der Gegenwart, Bd. 20 (1983), S. 79 f.; *Preis*, Prinzipien, S. 326; *Popp*, HAS, § 19 D Rn. 8.

Zur Stützung der Negativprognose muss der Arbeitgeber Tatsachen vortragen, die **1225**
eine Beeinträchtigung betrieblicher oder vertraglicher Interessen betreffen. Diese Tatsachen sind i. d. R. **Vorgänge in der Vergangenheit,** aus denen der Schluss gezogen werden kann, dass auch **künftig mit Störungen zu rechnen** ist. Ausnahmsweise kommt es auf Störungen in der Vergangenheit nicht an, wenn feststeht, dass wegen eines rechtlichen oder tatsächlichen Leistungshindernisses eine fortdauernde Störung der Austauschbeziehung eintritt (zB Wegfall einer Arbeits- oder Berufsausübungserlaubnis, dauernde Arbeits- oder Erwerbsunfähigkeit). In dieser Hinsicht sind auch Erklärungen des Arbeitnehmers zu berücksichtigen, eine bestimmte Leistung nicht – wie geschuldet – erbringen zu können oder zu wollen.[1354]

Im Bereich der krankheitsbedingten Kündigung ist ein Wiedereinstellungsanspruch **1226** bei Wegfall der Kündigungsgründe generell abzulehnen. Der 2. Senat des BAG hat diese Frage offen gelassen.[1355] Der 7. Senat lehnt einen Wiedereinstellungsanspruch grundsätzlich ab, wenn die Änderung der maßgeblichen Umstände erst nach Beendigung des Arbeitsverhältnisses eintritt. Diese Auffassung hat er sowohl für die betriebsbedingte Kündigung[1356] als auch für die krankheitsbedingte Kündigung vertreten.[1357] Dieses Resultat erzielt der Senat aus der vertretbaren dogmatischen Herleitung des Wiedereinstellungsanspruchs aus einer vertraglichen, den Vorgaben des Kündigungsschutzgesetzes und der staatlichen Schutzpflicht aus Art. 12 Abs. 1 GG Rechnung tragenden Nebenpflicht des Arbeitgebers.

Freilich ist weitergehend zu berücksichtigen, dass der Wiedereinstellungsanspruch **1227** im Kern eine Frage des Vertrauensschutzes und der Risikozuweisung ist. Bei Kündigungsgründen, die in der Sphäre des Arbeitnehmers liegen, also verhaltens- und personenbedingten Gründen, kann es grundsätzlich keinen Wiedereinstellungsanspruch geben. Gerade auch bei personenbedingten Gründen ist das Vertrauen des Arbeitnehmers nicht schutzwürdig, wenn er sich erst nach Ausspruch der Kündigung zu einer Therapie entschließt, wie dies insbesondere bei der alkoholbedingten Kündigung der Fall ist. Es ist nicht gerechtfertigt, dem Arbeitgeber das Risiko einer unerwarteten Gesundheitsbesserung aufzubürden.[1358]

c) Vorrangige mildere Mittel

Auch die personenbedingte Kündigung ist nur erforderlich, wenn dem Arbeitgeber **1228** zur Verfolgung seiner zulässigen betrieblichen oder vertraglichen Interessen kein milderes Mittel zur Verfügung steht (→ Rn. 420f.). Darüber hinaus setzt die Kündigung aus personenbedingten Gründen stets voraus, dass kein milderes Mittel zur Wiederherstellung eines Vertragsgleichgewichts zur Verfügung steht. Insbesondere kann die Weiterbeschäftigung auf einem anderen freien Arbeitsplatz, ggf. nach Änderung der Arbeitsbedingungen oder Umschulung,[1359] in Betracht kommen. Angesichts der Bandbreite möglicher Kündigungssachverhalte lässt sich der Kreis möglicher milderer Mittel

---

[1354] Vgl. ErfK/*Oetker,* § 1 KSchG Rn. 105.
[1355] BAG 17.6.1999 EzA KSchG § 1 Wiedereinstellungsanspruch Nr. 4 = NZA 1999, 1328.
[1356] BAG 28.6.2000 EzA KSchG § 1 Wiedereinstellungsanspruch Nr. 5 mwN = NZA 2000, 1097.
[1357] BAG 27.6.2001 EzA KSchG § 1 Wiedereinstellungsanspruch Nr. 6 m. Anm. *Gotthardt* = NZA 2001, 1135; KR/*Griebeling,* § 1 KSchG Rn. 739.
[1358] Ausf. *Preis,* Anm. LAG Köln LAGE BGB § 611 Einstellungsanspruch Nr. 1; *Gotthardt* Anm. EzA § 1 KSchG Wiedereinstellungsanspruch Nr. 6.
[1359] Hierzu BAG 7.2.1991 EzA KSchG § 1 Personenbedingte Kündigung Nr. 9 = NZA 1991, 806; siehe auch die Vorinstanz; LAG Frankfurt 12.12.1989 LAGE KSchG § 1 Personenbedingte Kündigung Nr. 7.

allgemein nur schwer abstecken. Im Blick auf bestimmte Kündigungstypen, insbesondere der Kündigung wegen Krankheit, lassen sich aber typische mildere Mittel umreißen (→ Rn. 1261 f.).

d) Interessenabwägung

1229   Für die soziale Rechtfertigung einer personenbedingten Kündigung bedarf es schließlich einer Interessenabwägung, an die nach herrschender Meinung strenge Maßstäbe anzulegen sind.[1360] Hieran ist richtig, dass sich der „strenge Maßstab" als Konsequenz aus der Gewichtigkeit der konkret zu schützenden Arbeitnehmerinteressen ergeben kann.[1361] Durch die personenbedingte Kündigung können Wertentscheidungen des Grundgesetzes (Art. 1 Abs. 1, 2 Abs. 1 GG) berührt sein. Die globale Formel, der Richter habe das Interesse des Arbeitnehmers an der Aufrechterhaltung (Bestandsschutzinteresse) und des Arbeitgebers an der Beendigung des Arbeitsverhältnisses (betriebliche und unternehmerische Interessen) gegeneinander abzuwägen, ist in dieser Form zu weitgehend.[1362] Zu bedenken ist, dass der Interessenkonflikt in Teilbereichen bereits einer Bewertung unterzogen worden ist (objektiver Kündigungsgrund, Erforderlichkeit betrieblicher Auswirkungen, Negativprognose, Vorrang milderer Mittel). Insoweit ist die früher herrschende umfassende **Interessenabwägung einzugrenzen.**

1230   Verfehlt ist eine allgemeine Billigkeitsabwägung. Erforderlich ist eine konkrete, auf das Arbeitsverhältnis bezogene Abwägung, die mit folgender Formel umrissen werden kann: Eine personenbedingte Kündigung ist nur gerechtfertigt, wenn unter Berücksichtigung der in der Rechtsordnung verankerten Wertentscheidungen zum Schutz der Person des Arbeitnehmers eine so starke Beeinträchtigung schutzwerter betrieblicher, unternehmerischer oder vertraglicher Interessen des Arbeitgebers vorliegt, dass diese im konkreten Fall die zugunsten des Arbeitnehmers bestehenden Rechtspositionen überwiegen.[1363] **Arbeitsverhältnisbezogene Umstände** sind stets zu **berücksichtigen.** Die Einschränkung der Eignung oder Fähigkeit zur Erbringung der Arbeitsleistung kann auf betriebliche Umstände zurückzuführen sein (zB bei einem Betriebsunfall) oder die normale Folge des Alters und der jahrelangen Tätigkeit im Betrieb sein.[1364] Die Ursache des Wegfalls der Eignung ist stets zu gewichten. Das, was der Arbeitgeber an personenbedingten Beeinträchtigungen hinzunehmen hat, richtet sich ua nach der **Betriebszugehörigkeit des Arbeitnehmers** und dem bisherigen **Verlauf des Arbeitsverhältnisses.** Je länger das Arbeitsverhältnis fehlerfrei verlaufen ist, desto größer muss das Ausmaß der betrieblichen Belastungen sein, damit die Interessenabwägung letztlich zugunsten des Arbeitgebers ausschlagen kann. Umgekehrt genügen bei kürzeren und von Anfang an mit Fehlzeiten belasteten Arbeitsverhältnissen weitaus geringere betriebliche Belastungen zur Rechtfertigung der Kündigung.[1365] Das Verschulden ist zwar keine Voraussetzung der personenbedingten Kündigung. Je nach Kündigungsgrund kann jedoch in der Abwägung erheblich werden, ob der Kündigungsgrund (auch) entweder auf ein zurechenbares Verhalten des Arbeitgebers (zB

[1360] BAG 20.10.1954 AP KSchG § 1 Nr. 6; BAG 10.12.1956 AP KSchG § 1 Nr. 21; BAG 25.11. 1982 AP KSchG 1969 § 1 Krankheit Nr. 7 = EzA KSchG § 1 Krankheit Nr. 10; einschränkend KR/ *Griebeling,* § 1 KSchG Rn. 273.
[1361] *Preis,* Prinzipien, S. 433.
[1362] *Preis,* Prinzipien, S. 207.
[1363] *Preis,* Prinzipien, S. 433; ebenso jetzt HK-KSchG-*Weller/Dorndorf,* § 1 Rn. 372.
[1364] BAG 5.8.1976 AP KSchG 1969 § 1 Krankheit Nr. 1 = EzA KSchG § 1 Krankheit Nr. 2.
[1365] BAG 15.2.1984 EzA KSchG § 1 Krankheit Nr. 15 = NZA 1984, 86; BAG 12.4.1984 DB 1985, 873; *Preis,* DB 1988, 1446.

verschuldeter Betriebsunfall oder betriebliche Verursachung der Erkrankung) oder des Arbeitnehmers (zB Straftaten außerhalb des Arbeitsverhältnisses) zurückgeführt werden kann.[1366] Umstritten ist die Einbeziehung weiterer Kriterien in die Interessenabwägung. Nach der Rechtsprechung des BAG sind im Rahmen der Interessenabwägung bei einer krankheitsbedingten Kündigung auch die familiären Verhältnisse des Arbeitnehmers, insbesondere seine Unterhaltspflichten in die Abwägung einzubeziehen.[1367] Diese Auffassung ist abzulehnen, weil Unterhaltspflichten keine vertragsbezogenen Interessen darstellen.[1368] Das BAG bringt weitere Unsicherheit in den Kündigungsschutzprozess, indem es nach nicht nachvollziehbaren Kriterien je nach Gewicht des Kündigungsgrundes die Unterhaltspflichten kaum oder nicht berücksichtigen will. Einerseits hält das BAG den Arbeitnehmer für umso schutzwürdiger, je höher seine Unterhaltspflichten seien. Andererseits meint es, je geringer der Bezug einzelner Interessen zum Arbeitsvertrag und zum Kündigungsgrund ist und je mehr sie der Privatsphäre zuzuordnen sind, umso weniger Gewicht könne ihnen bei der gebotenen Interessenabwägung beigemessen werden.[1369]

1231 Ferner meint das BAG, dass auch die Schwerbehinderung bei der Interessenabwägung zu berücksichtigen ist.[1370] Das Gericht könne aus denselben Gründen, die das Integrationsamt nach §§ 85 ff. SGB IX zu prüfen hat, die Kündigung als sozialwidrig erachten und der Kündigungsschutzklage stattgeben. Auf diese Weise können die Gerichte für Arbeitssachen weitgehend oder sogar vollständig den Schutz gewähren, der dem Schwerbehinderten sonst im Zustimmungsverfahren der Hauptfürsorgestelle zu Teil wird. An dieser Rechtsprechung kann man zweifeln, weil die Interessen der Schwerbehinderten in dem Sonderkündigungsschutz nach §§ 85 ff. SGB IX hinreichende Berücksichtigung finden. Ein doppelter Schutz ist auch verfassungsrechtlich durch Art. 3 Abs. 3 S. 2 GG nicht geboten.

1232 Verfehlt ist der Ansatz, aus der Fürsorgepflicht des Arbeitgebers ein Recht zur (krankheitsbedingten) Kündigung ableiten zu wollen, wenn der Arbeitgeber den Arbeitnehmer mit gesundheitsschädigenden Aufgaben betraut.[1371] Vielmehr führt umgekehrt die betriebliche Verursachung von Erkrankungen zur Erschwerung der arbeitgeberseitigen Kündigungsmöglichkeit.

2. Einzelfälle

a) Alkoholsucht

1233 Leidet ein Arbeitnehmer an chronischer Alkoholsucht, so sind auf die darauf gestützte Kündigung grundsätzlich die Regeln der Kündigung wegen Krankheit anzu-

---

[1366] Siehe grds. *Preis*, Prinzipien, S. 227, 250, 334 ff. Verschulden ist zwar keine Voraussetzung für die Kündigung, ist aber für die Interessenabwägung, sofern Verschulden vorliegt, stets ein gewichtiger Umstand.
[1367] BAG 20.1.2000 EzA KSchG § 1 Krankheit Nr. 47 = NZA 2000, 768; BAG 6.9.1989 EzA KSchG § 1 Krankheit Nr. 27 = NZA 1990, 305; BAG 5.7.1990 EzA KSchG § 1 Krankheit Nr. 32 = NZA 1991, 185; ebenso zur verhaltensbedingten Kündigung BAG 27.2.1997 EzA KSchG § 1 Verhaltensbedingte Kündigung Nr. 51 = NZA 1997, 761.
[1368] A. A. *Schwerdtner*, DB 1990, 375, 378; *Oetker*, Anm. EzA KSchG § 1 Krankheit Nr. 28; *Bezani*, S. 120; *Lepke* Rn. 216; *Lingemann*, BB 2000, 1835.
[1369] BAG 20.1.2000 EzA KSchG § 1 Krankheit Nr. 47 = NZA 2000, 768.
[1370] BAG 20.1.2000 EzA KSchG § 1 Krankheit Nr. 47 = NZA 2000, 768; BAG 17.2.1977 AP SchwbG § 12 Nr. 1 = EzA SchwbG § 12 Nr. 2.
[1371] Hierzu BAG 12.7.1995 AP BGB § 626 Krankheit Nr. 7 mit Anm. *Bezani* = EzA BGB n. F. § 626 Nr. 156 mit Anm. *Kania*; s. a. LAG Hessen 11.2.1997 LAGE KSchG § 1 Personenbedingte Kündigung Nr. 14.

wenden¹³⁷² (dazu → Rn. 625 ff.). Es gibt keinen Erfahrungssatz, dass die chronische Trunksucht in aller Regel eine selbstverschuldete Krankheit ist.¹³⁷³ Erforderlich ist eine Einzelfallabwägung, in der auch die Umstände, die zur Sucht geführt haben, zu berücksichtigen sind. In diesem Rahmen kann auch auf das Verschulden an der Krankheit eingegangen werden.¹³⁷⁴ Im Zeitpunkt der Kündigung muss die Prognose gerechtfertigt sein, dass der Arbeitnehmer aufgrund einer Alkoholsucht dauerhaft nicht die Gewähr bietet, die vertraglich geschuldete Tätigkeit ordnungsgemäß zu erbringen. Das ist insbesondere der Fall, wenn der Arbeitnehmer nach Behandlungen und einer „trockenen Periode" erneut rückfällig wird.¹³⁷⁵ Unterzieht sich der Arbeitnehmer einer Entziehungskur, ist der Arbeitgeber gehalten, den Erfolg der Maßnahme abzuwarten, es sei denn, es liegen zwingende betriebliche Gründe vor, den Arbeitsplatz auf Dauer anders zu besetzen, weil etwa der Einsatz von Springern oder die Einstellung und Einarbeitung zusätzlicher Aushilfskräfte auf Zeit nicht möglich ist.¹³⁷⁶ Hat die Therapie keinen Erfolg, ist die für die krankheitsbedingte Kündigung erforderliche Negativprognose gegeben.¹³⁷⁷ Ist der Arbeitnehmer im Zeitpunkt der Kündigung nicht therapiebereit, kann davon ausgegangen werden, dass er von der Alkoholsucht in absehbarer Zeit nicht geheilt wird.¹³⁷⁸ Eine Negativprognose, die die Kündigung legitimiert, ist damit gegeben. Auf das vorrangige mildere Mittel der Gewährung einer Entziehungskur kann sich der Arbeitnehmer nach Treu und Glauben (§ 242 BGB) nicht berufen, wenn er trotz entsprechender Gespräche über entstandene Fehlzeiten oder Betriebsstörungen seine Alkoholerkrankung verheimlicht. Dann ist der Schluss gerechtfertigt, dass der Kläger bis zur Kündigung nicht therapiebereit war.¹³⁷⁹ Eine von ihm nach Ausspruch der Kündigung durchgeführte Therapie und ihr Ergebnis können nicht zur Korrektur der Prognose herangezogen werden.¹³⁸⁰ Ein Wiedereinstellungsanspruch nach durchgeführter Therapie kommt nicht in Betracht.

1234 Die Selbstgefährdung und Gefährdung anderer Personen infolge Alkoholkonsums stellt eine erhebliche Beeinträchtigung der betrieblichen Interessen des Arbeitgebers dar, die zulasten des Arbeitnehmers berücksichtigt werden kann.¹³⁸¹ Entscheidend für die Negativprognose ist, dass der Arbeitgeber aufgrund der im Kündigungszeitpunkt fortbestehenden Alkoholerkrankung jederzeit mit einer Beeinträchtigung der Arbeitssicherheit durch den Arbeitnehmer rechnen musste.¹³⁸² Erkrankt der Therapeut einer

---

¹³⁷² BAG 20.12.2012 NZA-RR 2013, 627, hierzu *Brose*, DB 2013, 1727; BAG 9.4.1987 EzA KSchG § 1 Krankheit Nr. 18 mit Anm. *v. Hoyningen-Huene* = NZA 1987, 811; BAG 13.12.1990 EzA KSchG § 1 Krankheit Nr. 33; BAG 26.1.1995 EzA KSchG § 1 Verhaltensbedingte Kündigung Nr. 46 = NZA 1995, 517; BAG 17.6.1999 EzA KSchG § 1 Wiedereinstellungsanspruch Nr. 4 = NZA 1999, 1328; LAG München 13.12.2005 NZA-RR 2006, 350; LAG Hamm 30.8.1985 und 2.5.1986 LAGE KSchG § 1 Personenbedingte Kündigung Nr. 2 und 4; LAG Düsseldorf 19.10.1990 LAGE KSchG § 1 Krankheit Nr. 15; *Lepke*, DB 1982, 173; *ders.*, DB 2001, 269; *Mathern*, NJW 1996, 818; *Gottwald*, NZA 1997, 635; *Bengelsdorf*, NZA-RR 2002, 57; HHL/*Krause*, § 1 KSchG Rn. 320 ff.
¹³⁷³ BAG 1.6.1983 AP LohnFG § 1 Nr. 52 = EzA LohnFG § 1 Nr. 69.
¹³⁷⁴ BAG 9.4.1987 NZA 1987, 811; zur Frage des Rückfalls alkoholabhängiger Arbeitnehmer als Kündigungsgrund: *Fleck/Körkel*, BB 1995, 722.
¹³⁷⁵ BAG 20.12.2012 NZA-RR 2013, 627.
¹³⁷⁶ LAG Hamm 2.5.1986 LAGE KSchG § 1 Personenbedingte Kündigung Nr. 4; ArbG Düsseldorf 13.3.1990 RzK I 5i Nr. 59; ArbG Hamburg 10.1.1994 ArbuR 1994, 200.
¹³⁷⁷ LAG Köln 17.5.2010 NZA-RR 2010, 518.
¹³⁷⁸ Ebenso BAG 20.3.2014 NZA 2014, 602.
¹³⁷⁹ BAG 17.6.1999 EzA KSchG § 1 Wiedereinstellungsanspruch Nr. 4 = NZA 1999, 1328.
¹³⁸⁰ BAG 9.4.1987 NZA 1987, 811; ErfK/*Oetker*, § 1 KSchG Rn. 153.
¹³⁸¹ BAG 20.3.2014 NZA 2014, 602; LAG Schleswig-Holstein 27.3.2008 LAGE KSchG § 1 Krankheit Nr. 41.
¹³⁸² BAG 20.3.2014 NZA 2014, 602.

Suchtklinik (erneut) selbst an einer Alkoholsucht, besteht das kündigungsrelevante Interesse des Arbeitgebers in der von dem Arbeitnehmer nicht beherrschten Gefahr neuerlicher Alkoholauffälligkeiten während der Arbeitszeit.[1383] Bei Alkoholsucht ist ein BEM (→ Rn. 1251) zwar nicht grundsätzlich ausgeschlossen. Doch kommt es für die Kündigungsrelevanz darauf oftmals nicht an, insbesondere wenn keine Therapiebereitschaft des Arbeitnehmers besteht.[1384] Zu verhaltensbedingten Kündigungen im Zusammenhang mit Alkoholgenuss → Rn. 625 ff., 1208.

b) Alter

Die Vollendung des 65. Lebensjahres allein rechtfertigt eine Kündigung nicht, da der Kündigungsschutz individuell ausgestaltet ist. Eine schematische Anerkennung der Erreichung des 65. Lebensjahres als Kündigungsgrund ist deshalb nicht möglich.[1385] Auch die wirtschaftliche Absicherung durch eine Altersrente ist nicht als ein Grund anzusehen, der die Kündigung eines Arbeitsverhältnisses bedingen kann.[1386] Nach § 8 Abs. 1 AltersteilzeitG rechtfertigt auch die Inanspruchnahme von Altersteilzeit keine Kündigung. Die Kündigung älterer Arbeitnehmer zur Herstellung oder Sicherung einer „gesunden Altersstruktur" des Betriebes oder Unternehmens ist abzulehnen.[1387] Der Gesetzgeber hat diese Problematik speziell im Rahmen der Sozialauswahl einer Regelung zugeführt (§ 1 Abs. 3 S. 2 KSchG, § 125 InsO). Darüber hinaus vermag dieser Gesichtspunkt die Kündigung allenfalls solcher Arbeitnehmer zu rechtfertigen, die das 65. Lebensjahr und damit die durch § 35 SGB VI festgesetzte Regelaltersgrenze erreicht haben. Insoweit besteht ein ausreichender sozialer Schutz, der durch langjährige Versicherungszeiten und entsprechende Beitragsleistungen zur gesetzlichen Rentenversicherung erworben ist.[1388] Auch sozialversicherungsrechtlich bestehen, wie § 41 Abs. 4 S. 3 SGB VI in der seit 1.8.1994 geltenden Fassung[1389] deutlich macht, keine Bedenken gegen die Beendigung eines Arbeitsverhältnisses nach diesem Zeitpunkt. Eine Kündigung vor Erreichen der Regelaltersgrenze kann dagegen nicht aus dem Gesichtspunkt der gesunden Altersstruktur des Betriebes oder Unternehmens sozial gerechtfertigt sein. Das folgt arbeitsrechtlich aus der durch § 10 KSchG anerkannten höheren sozialen Schutzbedürftigkeit langjährig beschäftigter und älterer Arbeitnehmer, sozialversicherungsrechtlich aus der eindeutigen Regelung des § 41 Abs. 4 S. 1 SGB VI.[1390] Auch bei der sozialen Auswahl stellt das höhere Lebensalter jedenfalls kein nachteiliges Auswahlkriterium dar (→ Rn. 1083 ff.).

1235

[1383] BAG 20.12.2012 NZA-RR 2013, 627.
[1384] Im Einzelnen *Brose,* DB 2013, 1727; s. a. BAG 20.3.2014 NZA 2014, 602.
[1385] BAG 28.9.1961 AP KSchG § 1 Personenbedingte Kündigung Nr. 1; BAG 20.11.1987 EzA BGB § 620 Altersgrenze Nr. 1 = NZA 1988, 617; *Stahlhacke,* DB 1989, 2329.
[1386] *Ammermüller,* DB 1990, 223; *Leinemann,* DB 1990, 737.
[1387] Dafür jedoch *Andresen-Gralka,* Frühpensionierungen (1994), Rn. 200; *Bauer/Lingemann,* NZA 1993, 625, 626 ff.; *Stindt,* DB 1993, 1361 ff.; ErfK/*Oetker,* § 1 KSchG Rn. 154.
[1388] In diesem Sinne auch BAG 28.9.1961 AP KSchG § 1 Personenbedingte Kündigung Nr. 1; BAG 25.3.1971 AP BetrVG § 57 Nr. 5 = EzA BGB § 620 Nr. 15; BAG 7.11.1989 AP BetrVG 1972 § 77 Nr. 46 = EzA BetrVG 1972 § 77 Nr. 34; HHL/*Krause,* § 1 KSchG Rn. 331; *Schiefer,* NJW 1994, 536.
[1389] BGBl. 1994 I, S. 1797; ab 1.1.2000: § 41 S. 3 SGB VI, vgl. Art. 33 RRG 1999 16.12.1997 (BGBl. I S. 2998).
[1390] *Holthöwer/Rolfs,* DB 1995, 1074, 1078; *Trittin,* ArbuR 1995, 51 ff.

c) Arbeitserlaubnis; Beschäftigungsverbot

1236 Fallen Erlaubnisse weg, die zur Berufsausübung notwendig sind (Arbeits- und Aufenthaltserlaubnis, Betriebsfahrberechtigung, Fahrerlaubnis,[1391] Fluglizenz,[1392] Lehrbefugnis,[1393] Zugangsermächtigung für Verschlusssachen[1394] uam), kann die personenbedingte Kündigung gerechtfertigt sein, sofern die Arbeitsleistung dadurch rechtlich unmöglich wird. Das Gleiche gilt, wenn die Beschäftigung gegen zwingende Arbeitsschutznormen, zB das ArbZG, verstößt.[1395] Dies gilt u. U. auch dann, wenn der Wegfall der Erlaubnis nicht zugleich – was allerdings oft der Fall sein wird – zum Wegfall der Eignung (→ Rn. 588 f.) für die geschuldete Tätigkeit führt. Die Kündigung ist dann gerechtfertigt, wenn im Zeitpunkt des Zugangs weder mit einer Erneuerung der Erlaubnis in absehbarer Zeit zu rechnen ist noch eine Weiterbeschäftigung zu geänderten Arbeitsbedingungen möglich ist.[1396] Das Erlöschen einer einem ausländischen Arbeitnehmer erteilten Arbeitserlaubnis und das sich hieraus ergebende Beschäftigungsverbot können die personenbedingte Kündigung rechtfertigen.[1397] Ist mit der erneuten Erteilung der Arbeitserlaubnis in absehbarer Zeit zu rechnen, können vom Arbeitgeber, sofern nicht zwingende betriebliche Gründe entgegenstehen, Überbrückungsmaßnahmen verlangt werden.[1398] Vertragliche Nebenpflicht des Arbeitnehmers ist, sich rechtzeitig um die Erteilung bzw. Verlängerung der Arbeitserlaubnis zu bemühen. Verstößt der Arbeitnehmer hiergegen, kann die verhaltensbedingte Kündigung gerechtfertigt sein.[1399] Das gilt erst recht, wenn der Arbeitnehmer den Arbeitgeber über den Fortfall der Arbeitserlaubnis und eine ergangene Ausweisungsverfügung täuscht.[1400]

1237 Die gleichen Grundsätze gelten, wenn dem Arbeitnehmer eine zur Ausübung seines Berufs erforderliche Erlaubnis (zB für Ärzte nach §§ 2, 10 Bundesärzteordnung) fehlt oder entzogen wird.[1401] Da in diesen Fällen ein gesetzliches Beschäftigungsverbot besteht, kommt der Arbeitgeber nicht in Annahmeverzug. Die fehlende Lehrbefähigung eines Lehrers stellt nach Auffassung des BAG einen Mischtatbestand zwischen personen- und verhaltensbedingter Kündigung dar.[1402] In allen Fällen fehlender Erlaubnisse kommt es für die Rechtfertigung der Kündigung entscheidend darauf an, ob die Erlaubnis auf Dauer wegfällt, der Zeitraum bis zur Wiedererteilung überbrückt werden kann oder ggf. eine anderweitige Beschäftigung, die ohne Erlaubnis ausgeübt werden

---

[1391] BAG 5.6.2008 AP BGB § 626 Nr. 212 = EzA KSchG § 1 Personenbedingte Kündigung Nr. 22; BAG 25.4.1996 EzA KSchG § 1 Personenbedingte Kündigung Nr. 14 = NZA 1996, 1201; BAG 4.6.1997 AP BGB § 626 Nr. 137 = EzA BGB n. F. § 626 Nr. 168; näher → Rn. 685.

[1392] BAG 31.1.1996 EzA KSchG § 1 Personenbedingte Kündigung Nr. 13 = NZA 1996, 819; BAG 7.12.2000 EzA KSchG § 1 Personenbedingte Kündigung Nr. 15 = NZA 2001, 1304.

[1393] BAG 10.4.2014 NZA 2014, 653: Entzug der kirchlichen Lehrbefugnis für Gemeindereferentin.

[1394] BAG 26.11.2009 NZA 2010, 628.

[1395] BAG 24.2.2005 EzA KSchG § 1 Personenbedingte Kündigung Nr. 18 = NZA 2005, 759.

[1396] BAG 7.12.2000 EzA KSchG § 1 Personenbedingte Kündigung Nr. 15 = NZA 2001, 1304.

[1397] BAG 7.2.1990 EzA KSchG § 1 Personenbedingte Kündigung Nr. 8 = NZA 1991, 341; BAG 13.1.1977 AP AFG § 19 Nr. 2 = EzA AFG § 19 Nr. 2; BAG 19.1.1977 AP AFG § 19 Nr. 3 = EzA AFG § 19 Nr. 3; *Hanau*, Festschrift Bahl, 1979, S. 189.

[1398] LSW/*Löwisch*, § 1 KSchG Rn. 264; BAG 7.2.1990 EzA KSchG § 1 Personenbedingte Kündigung Nr. 8 = NZA 1991, 341; LAG Baden-Württemberg 25.6.1998 NZA-RR 1998, 492.

[1399] KR/*Griebeling*, § 1 KSchG Rn. 291.

[1400] Vgl. LAG Nürnberg 21.9.1994 LAGE BGB § 626 Nr. 81.

[1401] LAG Hamm 22.2.1985 ArbuR 1986, 57; ArbG Wetzlar 6.7.1983 ArbuR 1984, 253; BAG 6.3.1974 AP BGB § 615 Nr. 29 = EzA BGB § 615 Nr. 21.

[1402] BAG 17.5.1984 AP KSchG 1969 § 1 Betriebsbedingte Kündigung Nr. 21 mit Anm. *v. Hoyningen-Huene* = EzA KSchG § 1 Betriebsbedingte Kündigung Nr. 32; ablehnend *Schulin*, SAE 1986, 279; *Rüthers/Henssler*, ZfA 1988, 31 ff.; *Preis*, DB 1988, 1449 f.

kann, möglich ist.¹⁴⁰³ Besteht die Aussicht, dass eine abgelaufene oder entzogene Erlaubnis in absehbarer Zeit erneuert werden kann, muss der Arbeitgeber die Gelegenheit zur Wiedererlangung der Erlaubnis geben, bevor er zur Kündigung schreitet.¹⁴⁰⁴

d) Ehrenamt; Wehrdienst

1238 Die Übernahme eines Ehrenamtes rechtfertigt eine Kündigung nicht. Überdies verstieße eine aus diesem Grund ausgesprochene Kündigung gegen § 612a BGB.¹⁴⁰⁵ Für politische Mandatsträger gelten weitgehende bes. Kündigungsschutzvorschriften.¹⁴⁰⁶

1239 Während der Zeit der Teilnahme an einer Wehr- oder Eignungsübung ist die ordentliche Kündigung nur wegen dringender betrieblicher Erfordernisse möglich (§ 2 ArbPlSchG). Die Ableistung des verkürzten Grundwehrdienstes von zwei Monaten durch ausländische Arbeitnehmer rechtfertigt grundsätzlich weder eine ordentliche noch eine außerordentliche Kündigung.¹⁴⁰⁷ Ein längerer **ausländischer Wehrdienst** (zB von 12 Monaten) kann jedoch die personenbedingte Kündigung rechtfertigen, wenn der wehrdienstbedingte Ausfall zu einer erheblichen Beeinträchtigung der betrieblichen Interessen führt und nicht durch zumutbare personelle oder organisatorische Maßnahmen (Einstellung einer Aushilfskraft) zu überbrücken ist.¹⁴⁰⁸

e) Eignung

1240 Grundsätzlich kann die fehlende Eignung für die vertraglich geschuldete Arbeitsleistung einen personenbedingten Kündigungsgrund darstellen.¹⁴⁰⁹ Beruhen die Eignungsmängel auf Umständen, die vom Arbeitnehmer steuerbar und abstellbar sind, kommt lediglich eine verhaltensbedingte Kündigung wegen Leistungsmängeln nach Abmahnung in Betracht (→ Rn. 696 f.). Eignungsmängel, die die personenbedingte Kündigung rechtfertigen, sind nur solche, die **nicht auf vertragswidrigen Verhaltensweisen** beruhen oder die vom Arbeitnehmer nicht oder **nicht mehr steuerbar** sind. Bei derartigen Eignungsmängeln scheidet dann auch eine vorherige Abmahnung aus, allerdings ist im Einzelfall die Weiterbeschäftigung auf einem anderen Arbeitsplatz zu prüfen, wenn dort der Eignungsmangel nicht besteht.¹⁴¹⁰ In der Praxis sind die Fälle vertragswidriger Schlechtleistung und personenbedingter Eignungsmängel schwer unterscheidbar. Das zeigt sich an dem Fall der Kündigung eines Programmierers wegen fehlender Programmierkenntnisse. Hier hat das BAG darauf abgestellt, dass die notwendigen Kenntnisse in einem vertretbaren Zeitraum (hier notwendige Ausbildung über 2 Jahre) nicht zu erlangen gewesen seien.¹⁴¹¹ In Grenzfällen empfiehlt sich vorsorglich der Ausspruch einer Abmahnung. Die Abmahnung ist aber keine Voraussetzung für eine personenbedingte Kündigung.¹⁴¹² Zu nennen ist hier die persönliche

---

¹⁴⁰³ Vgl. HK-KSchG/*Weller/Dorndorf,* § 1 KSchG Rn. 457.
¹⁴⁰⁴ BAG 7.12.2000 EzA KSchG § 1 Personenbedingte Kündigung Nr. 15 = NZA 2001, 1304.
¹⁴⁰⁵ Vgl. ErfK/*Oetker,* § 1 KSchG Rn. 161.
¹⁴⁰⁶ KR/*Weigand,* Kündigungsschutz für Parlamentarier.
¹⁴⁰⁷ BAG 7.9.1983 AP KSchG 1969 § 1 Verhaltensbedingte Kündigung Nr. 7 = EzA BGB n. F. § 626 Nr. 87; BAG 22.12.1982 AP BGB § 123 Nr. 23 = EzA BGB § 123 Nr. 20.
¹⁴⁰⁸ BAG 20.5.1988 AP KSchG 1969 § 1 Personenbedingte Kündigung Nr. 9 mit Anm. *Rüthers/Henssler* und *Kohte* = EzA KSchG § 1 Personenbedingte Kündigung Nr. 3 = NZA 1989, 464.
¹⁴⁰⁹ Hierzu *Hunold,* NZA 2000, 802 ff.
¹⁴¹⁰ BAG 20.6.2013 NZA 2013, 1345.
¹⁴¹¹ BAG 19.4.2012 NZA 2012, 1449.
¹⁴¹² LAG Rheinland-Pfalz 25.3.2014 LAGE KSchG § 1 Personenbedingte Kündigung Nr. 27; zum Teil anders ErfK/*Oetker,* § 1 KSchG Rn. 162; KR/*Griebeling,* § 1 KSchG Rn. 269, 304.

Ungeeignetheit aus gesundheitlichen, persönlichen oder sonstigen objektiven Gründen. Hierzu gehört zunächst die Entziehung erforderlicher Arbeits- oder Berufserlaubnisse (→ Rn. 698 f.).

1241 Ein Grenzfall ist die Kündigung einer **studentischen Hilfskraft**. Ist diese in einer Hochschule beschäftigt, kann die Hilfskraft gekündigt werden, weil sie ihr Studium aufgegeben hat.[1413] Das ist zutreffend, weil hier der Studentenstatus sachlich vorausgesetzt ist. Die Beschäftigung als studentische Hilfskraft dient der Qualifizierung und Heranbildung des wissenschaftlichen Nachwuchses; sie erhalten die Möglichkeit, studienbegleitend praktische Erfahrungen für die spätere berufliche Tätigkeit zu sammeln und durch die Zusammenarbeit mit ausgebildeten Wissenschaftlern förderliche Erkenntnisse für das eigene Studium zu gewinnen. Dieser Zweck fällt weg, wenn die Hilfskraft ihr Studium aufgibt. Anders ist die Lage bei der Beschäftigung einer **„studentischen Aushilfe"** durch einen privaten Arbeitgeber. Hier muss genau darauf geachtet werden, ob diese Tätigkeit der Ausbildung dient oder ein beliebiger Job ist. Fällt wegen überlangem Studiums die Sozialversicherungsfreiheit der Tätigkeit weg, ist dies kein Kündigungsgrund, da die geschuldete Arbeitsleistung davon unberührt bleibt.[1414]

1242 Der **Entzug der Fahrerlaubnis** stellt, sofern dieser nicht auf eine pflichtwidrige Tätigkeit im Dienst zurückzuführen ist, einen objektiven Kündigungsgrund dar, der in der Person des Arbeitnehmers begründet liegt, wenn der Arbeitnehmer die Fahrerlaubnis zur Erbringung der geschuldeten Arbeitsleistung benötigt.[1415] Freilich ist der Entzug öffentlicher und betrieblicher (Fahr-)Erlaubnisse zu unterscheiden. Würde der Entzug betrieblicher Erlaubnisse als Kündigungsgrund ausreichen, könnte sich der Arbeitgeber selbst Kündigungsgründe schaffen.[1416] Ein Kündigungsgrund ist aber nur bei Arbeitnehmern anzunehmen, die ohne Führerschein die geschuldete Leistung nicht erbringen können.[1417] Der Entzug einer Fahrerlaubnis wegen Trunkenheitsfahrt im privaten Bereich ist keine vertragswidrige Verhaltensweise. Dieser objektive Umstand lässt jedoch unter Umständen die Eignung des Arbeitnehmers für die geschuldete Tätigkeit entfallen. **Außerdienstliche Straftaten** von Mitarbeitern staatlicher Behörden können grundsätzlich nur als personenbedingte Kündigung gerechtfertigt sein. Außerdienstliche Straftaten sind zwar nicht vertragswidrig, lassen aber unter Umständen die Eignung für die behördliche Tätigkeit entfallen.[1418] Nur wenn die außerdienstlich begangene Straftat zugleich gegen die schuldrechtliche Pflicht zur Rücksichtnahme aus § 241 Abs. 2 BGB verstößt, weil sie einen Bezug zu den arbeitsvertraglichen Verpflichtungen oder der Tätigkeit des Arbeitnehmers hat, kommt eine verhaltensbedingte Kündigung in Betracht.[1419] Ebenso ist die Kündigung eines Erziehers wegen **Sitt-**

[1413] BAG 18.9.2008 EzA KSchG § 1 Personenbedingte Kündigung Nr. 23 = NZA 2009, 425.
[1414] BAG 18.1.2007 EzA KSchG § 1 Personenbedingte Kündigung Nr. 20 = NZA 2007, 680.
[1415] Hierzu BAG 30.5.1978 AP BGB § 626 Nr. 70 = EzA BGB n. F. § 626 Nr. 66; BAG 4.6.1997 AP BGB § 626 Nr. 137 = EzA BGB n. F. § 626 Nr. 168; BAG 25.4.1996 EzA KSchG § 1 Personenbedingte Kündigung Nr. 14 = NZA 1996, 1201.
[1416] BAG 5.6.2008 AP BGB § 626 Nr. 212 = EzA KSchG § 1 Personenbedingte Kündigung Nr. 22.
[1417] LAG Rheinland-Pfalz 11.8.1989 LAGE BGB § 626 Nr. 43.
[1418] BAG 20.6.2013 NZA 2013, 1345; LAG Frankfurt 4.7.1985 LAGE BGB § 626 Nr. 22; LAG Düsseldorf/Köln 20.5.1980 und LAG Berlin 27.9.1982 EzA BGB n.F. § 626 Nr. 72 und 80 = LAGE BGB § 626 Nr. 7 und 14; ArbG Bad Hersfeld 2.12.1988 ArbuR 1989, 184; LAG Berlin 22.3.1996 NZA-RR 1997, 7 verneint Kündigung, wenn sich Arbeitnehmer nach § 53 Abs. 1 Nr. 1 BZRG als unbestraft bezeichnen darf; grds. anders jetzt BAG 20.11.1997 EzA KSchG § 1 Verhaltensbedingte Kündigung Nr. 52 = NZA 1998, 323, wo über §§ 6, 8 BAT (zu weitgehend) eine außerdienstliche Vertragspflicht bejaht wird.
[1419] BAG 20.6.2013 NZA 2013, 1345; s. a. Mitterer NZA-RR 2011, 449.

§ 2 Die Sozialwidrigkeit der Kündigung

lichkeitsdelikten oder eines Kassierers wegen **Vermögensdelikten** personenbedingt, soweit diese Straftaten im außerdienstlichen Bereich begangen worden sind (→ Rn. 639 ff.). Die Kündigung wegen **Sicherheitsbedenken**[1420] ist allenfalls personenbedingt. Demgegenüber ist für **tendenzwidrige Verhaltensweisen** (Bsp. Kirchenaustritt)[1421] oder die **verfassungsfeindliche Betätigung** von Mitarbeitern im öffentlichen Dienst wegen möglicher Verletzung vertraglicher Nebenpflichten die verhaltensbedingte Kündigung einschlägig.

Die **mangelnde fachliche Qualifikation** kann nur in Ausnahmefällen die personenbedingte Kündigung rechtfertigen, nämlich dann, wenn die fehlende Eignung (etwa wegen fehlender beruflicher Qualifikationsnachweise) nicht mehr durch den Arbeitnehmer steuerbar ist (Beispiel: **Homosexualität** eines kirchlichen Mitarbeiters;[1422] betriebsbeeinträchtigende Persönlichkeitsveränderungen bei **Transsexualität**;[1423] nicht behebbare fachliche Mängel im künstlerischen Bereich;[1424] fehlende Programmierkenntnisse eines Programmierers;[1425] mangelnde Fähigkeit zur Menschenführung).[1426] Im Übrigen sind **Qualifikationsmängel grundsätzlich der verhaltensbedingten Kündigung** zuzuordnen, die regelmäßig nur nach vorheriger Abmahnung ausgesprochen werden kann.[1427] Lässt sich bei **Minderleistungen** ausnahmsweise ein Verschulden nicht feststellen, kommt statt einer verhaltensbedingten – auch eine personenbedingte Kündigung in Betracht (→ Rn. 597).[1428] Weigert sich der Arbeitnehmer, an gebotenen Fortbildungen teilzunehmen, verstößt er gegen die Nebenpflicht zur Förderung des Vertragszwecks und kann ggf. verhaltensbedingt gekündigt werden. Wenn ein Kfz-Sachverständiger mit einem Blutalkoholgehalt von 1,9‰ einen Unfall verursacht, im Anschluss daran Fahrerflucht begeht, ihm die Fahrerlaubnis gem. § 111a StPO gerichtlich entzogen wird, kann dieses nicht vertragswidrige Verhalten allerdings die personenbedingte Kündigung wegen fehlender Eignung für die geschuldete Tätigkeit begründen.[1429]

1243

[1420] BAG 26.10.1978 AP KSchG 1969 § 1 Sicherheitsbedenken Nr. 1 = EzA KSchG 1969 § 1 Nr. 38; BAG 21.3.1996 RzK I 5h Nr. 30; LAG Köln 9.5.1996 ZTR 1997, 188; LAG Frankfurt 7.2.1985 DB 1985, 1900; BAG 27.9.1960 AP KSchG § 1 Sicherheitsbedenken Nr. 1 = NJW 1961, 623; BAG 28.2.1963 AP KSchG § 1 Sicherheitsbedenken Nr. 3 = NJW 1963, 1566; BAG 20.7.1989 AP KSchG 1969 § 1 Sicherheitsbedenken Nr. 2 = EzA KSchG § 2 Nr. 11.

[1421] Anders, aber verfehlt, BAG 12.12.1984 EzA KSchG § 1 Tendenzbetrieb Nr. 17 = NZA Beilage 1986 Nr. 1, 32, wo trotz Annahme einer Loyalitätspflichtverletzung und grundsätzlich bejahtem Abmahnungserfordernis noch von einem personenbedingten Kündigungsgrund gesprochen wird. Unentschieden BAG 23.3.1984 EzA KSchG § 1 Tendenzbetrieb Nr. 15 = NZA 1984, 287, aufgehoben durch BVerfG 4.6.1985 AP GG Art. 140 Nr. 24 = EzA BGB § 611 Kirchliche Arbeitnehmer Nr. 24 unter Hinweis auf vertragliche Loyalitätspflichten. Überhaupt sind alle Loyalitätspflichtverletzungen im kirchlichen Bereich Verstöße gegen den Arbeitsvertrag und damit verhaltensbedingte Gründe; zur Heirat einer katholischen Lehrerin mit einem geschiedenen Mann BAG 31.10.1984 EzA KSchG § 1 Tendenzbetrieb Nr. 16 = NZA 1985, 215.

[1422] BAG 30.6.1983 AP GG Art. 140 Nr. 15 = EzA KSchG § 1 Tendenzbetrieb Nr. 14; das in dieser Entscheidung bejahte Abmahnungserfordernis erscheint verfehlt, weil die homosexuelle Veranlagung nicht steuerbar ist, vgl. auch Preis, Prinzipien, S. 457.

[1423] LAG Berlin 21.1.1980 EzA KSchG § 1 Personenbedingte Kündigung Nr. 1 = LAGE KSchG § 1 Personenbedingte Kündigung Nr. 1.

[1424] LAG Brandenburg 21.3.1994 LAGE KSchG § 1 Personenbedingte Kündigung Nr. 12.

[1425] BAG 19.4.2012 NZA 2012, 1449.

[1426] BAG 31.1.1996 EzA BGB § 626 Druckkündigung Nr. 3 = NZA 1996, 581.

[1427] BAG 29.7.1976 AP KSchG § 1 Verhaltensbedingte Kündigung Nr. 9 = EzA KSchG § 1 Nr. 34 (fehlende Führungsqualitäten).

[1428] Hierzu BAG 11.12.2003 EzA KSchG § 1 Verhaltensbedingte Kündigung Nr. 62 = NZA 2004, 784.

[1429] Hierzu LAG Köln 25.8.1988 LAGE BGB § 626 Nr. 34.

1244 Nach jüngerer Rechtsprechung können unter Umständen **Gewissenskonflikte** eines Arbeitnehmers, die dem Arbeitnehmer eine bestimmte Tätigkeit verbieten, eine personenbedingte Kündigung rechtfertigen, wenn keine andere Beschäftigungsmöglichkeit besteht.[1430] Der Arbeitnehmer ist in diesen Fällen nach § 297 BGB außerstande, die geschuldete Leistung zu erbringen. Der Arbeitgeber muss Gewissenskonflikte im Rahmen des § 106 GewO bei der Zuweisung von Arbeit berücksichtigen.[1431] Die Nichterbringung der Arbeit aufgrund einer Gewissensentscheidung ist eine dem Arbeitnehmer zuzurechnende Leistungsstörung.[1432] Zwar darf der Arbeitgeber den Arbeitnehmer wegen seiner Religion oder Weltanschauung nicht benachteiligen (§§ 1, 3, 7 AGG). Allerdings begründet eine vollständige Unfähigkeit zur Ausführung der geschuldeten Arbeitsleistung eine wesentliche und entscheidende berufliche Anforderung (vgl. § 8 AGG), die im Ergebnis eine unzulässige Diskriminierung ausschließt.[1433]

f) Krankheit

aa) Grundlagen

1245 Die krankheitsbedingte Kündigung ist der häufigste Anwendungsfall der personenbedingten Kündigung.[1434] Dabei gibt es zwei sichere Grenzpfähle: Die Kündigung ist nicht schon deshalb rechtsunwirksam, weil sie wegen der Krankheit erfolgt.[1435] Der Gesetzgeber geht, wie auch die Neuregelung des § 8 EFZG zeigt, davon aus, dass die aus Anlass der Arbeitsunfähigkeit erklärte Kündigung möglich ist. Grundsätzlich wirksam ist eine krankheitsbedingte Kündigung, wie das BAG mehrfach entschieden hat,[1436] wenn eine dauernde Unfähigkeit zur Erbringung der geschuldeten Arbeitsleistung eingetreten ist und eine anderweitige Beschäftigungsmöglichkeit nicht besteht.

1246 Das Recht der krankheitsbedingten Kündigung hat die – für die Praxis relevante – konkrete Ausgestaltung in zahlreichen Entscheidungen seit dem 16.2.1989[1437] erhalten.[1438] Die Hauptfälle sind Kündigungen wegen **häufiger Kurzerkrankungen** (→ Rn. 1254 ff.), **dauernder Arbeitsunfähigkeit** (→ Rn. 1268 ff.), **krankheitsbedingter Leistungsminderung** (→ Rn. 1271) und wegen **Langzeiterkrankung**

[1430] BAG 24.5.1989 EzA BGB § 611 Direktionsrecht Nr. 3 = NZA 1990, 144; BAG 22.5.2003 AP KSchG 1969 § 1 Wartezeit Nr. 18 = EzA BGB 2002 § 242 Kündigung Nr. 2; zweifelhaft ist, ob es in diesen Fällen einer Abmahnung bedarf, weil eine Gewissensentscheidung nicht „steuerbar" ist (vgl. in dieser Richtung LAG Hessen 20.12.1994 LAGE BGB § 611 Abmahnung Nr. 41; ErfK/*Oetker*, § 1 KSchG Rn. 165). Weder ist die Gewissensbetätigung ein Vertragsverstoß, noch kann die Abmahnung ein geeignetes Mittel zur Korrektur einer nachhaltigen Gewissensbetätigung sein.

[1431] BAG 24.2.2011 NZA 2011, 1087.

[1432] Hierzu ErfK/*Oetker*, § 1 KSchG Rn. 165 mwN.

[1433] KR/*Griebeling*, § 1 KSchG Rn. 314; KDZ/*Deinert*, § 1 KSchG Rn. 445; vgl. BB/*Bram*, § 1 KSchG Rn. 154c.

[1434] Aus der Literatur vgl. insbesondere *Lepke*, Rn. 134; *Berkowsky* II, § 4 Rn. 17 ff.; HHL/*Krause*, § 1 KSchG Rn. 361 ff.; *Preis*, in: Hromadka, Krankheit im Arbeitsverhältnis, 1993, S. 93 ff.; *Weber/Hoß*, DB 1993, 24 229; *Herbst/Wohlfarth*, DB 1990, 1816; *Bezani*, Die krankheitsbedingte Kündigung, 1994; zur Frage, ob Aids ein Kündigungsgrund darstellt *Lepke*, RdA 2000, 87 ff.; KR/*Griebeling*, § 1 KSchG Rn. 280 ff.

[1435] Siehe aber *Ide*, ArbuR 1980, 229; dagegen LAG Hamm 17.2.1981 DB 1981, 1193 und 15.12.1981 EzA KSchG § 1 Krankheit Nr. 8 = LAGE KSchG § 1 Krankheit Nr. 4.

[1436] BAG 28.2.1990 EzA KSchG § 1 Personenbedingte Kündigung Nr. 5 = NZA 1990, 727; BAG 7.2.1991 EzA KSchG § 1 Personenbedingte Kündigung Nr. 9 = NZA 1991, 806.

[1437] EzA KSchG § 1 Krankheit Nr. 25 = NZA 1989, 923.

[1438] Vgl. drei Urteile vom 6.9.1989 – 2 AZR 19/89, 2 AZR 118/89, 2 AZR 224/89 – EzA KSchG § 1 Krankheit Nr. 26–28; BAG 28.2.1990 EzA KSchG § 1 Personenbedingte Kündigung Nr. 5; BAG 7.12.1989, 10.5.1990, 5.7.1990, 13.12.1990, 13.8.1992, 21.5.1992, 14.1.1993, 29.7.1993, 12.12.1996 und 29.1.1997 EzA KSchG § 1 Krankheit Nr. 29–33, 36, 38–42.

(→ Rn. 1272 f.). Einen Sonderfall bildet die ausnahmsweise zulässige Möglichkeit der außerordentlichen Kündigung ordentlich Unkündbarer (→ Rn. 738 ff.). Damit eine zutreffende Würdigung des Sachverhaltes möglich ist, müssen diese Fallgruppen rechtlich und tatsächlich unterschieden werden. Bei **Langzeiterkrankungen** liegt der Kern des Kündigungsgrundes in den unzumutbaren betrieblichen und wirtschaftlichen Belastungen, die durch die **Ungewissheit** entstehen, ob und wann der Arbeitnehmer überhaupt noch einmal zur Arbeit imstande sein wird.[1439] Hiervon zu unterscheiden ist die **dauernde Arbeitsunfähigkeit,** bei der der Arbeitnehmer krankheitsbedingt zur Erbringung der geschuldeten Leistung **nachweislich** nicht mehr in der Lage ist. Diese notwendige Unterscheidung wird nicht immer hinreichend konsequent getroffen. Fraglich ist die Abgrenzung zur **krankheitsbedingten Leistungsminderung,** bei der der Arbeitnehmer nicht mehr voll zur Erbringung der geschuldeten Leistung imstande ist. Bei dauernden und häufigen **Kurzerkrankungen** sind die hierdurch hervorgerufenen betrieblichen oder wirtschaftlichen Belastungen und die begründete Prognose der **Wiederholungsgefahr** krankheitsbedingter Fehlzeiten im bisherigen Umfang Kündigungsgrund.

1247 Auch für die krankheitsbedingte Kündigung gelten prinzipiell die oben (→ Rn. 1222 ff.) aufgeführten Prüfungskriterien. Diese werden in vier Stufen von der Rechtsprechung[1440] konkretisiert:

1248 (1) Zunächst müssen Fehlzeiten festzustellen sein, die zu einer **erheblichen Beeinträchtigung der betrieblichen oder wirtschaftlichen Interessen (Betriebsablaufstörungen, Lohnfortzahlungskosten) führen.** Eine erhebliche betriebliche Beeinträchtigung wird auch darin gesehen, dass der Arbeitgeber auf unabsehbare Zeit gehindert wird, sein Direktionsrecht auszuüben.[1441] Bei einer dauernden Arbeitsunfähigkeit muss keine weitere Beeinträchtigung betrieblicher oder wirtschaftlicher Interessen dargetan werden (→ Rn. 1268 ff.).

1249 (2) Es ist eine **negative Gesundheitsprognose** erforderlich, nach der im Zeitpunkt des Zugangs der Kündigung objektive Tatsachen vorliegen müssen, die die Besorgnis weiterer Erkrankungen im bisherigen Umfang rechtfertigen.

1250 (3) Die erheblichen Störungen dürfen nicht durch **mildere Mittel** (zB **Überbrückungsmaßnahmen**) in geeigneter Weise behebbar sein. Für alle Fälle der krankheitsbedingten Kündigung sind die Anforderungen an das Ultima-Ratio-Prinzip verschärft worden. Nach BAG 29.1.1997[1442] ist der Arbeitnehmer zur Vermeidung einer Kündigung **auf einem leidensgerechten Arbeitsplatz weiterzubeschäftigen,** wenn ein solcher frei und der Arbeitnehmer zur Erbringung der zu leistenden Arbeit geeignet ist.[1443] Soweit das BAG darüber hinausgehend verlangt, ggf. einen solchen

---

[1439] BAG 25.11.1982 AP KSchG 1969 § 1 Krankheit Nr. 7 = EzA KSchG § 1 Krankheit Nr. 10; BAG 21.5.1992 EzA KSchG § 1 Krankheit Nr. 38 = NZA 1993, 497.
[1440] Zusammenfassend BAG 16.2.1989 AP KSchG 1969 § 1 Krankheit Nr. 20 mit Anm. *Preis* = EzA KSchG § 1 Krankheit Nr. 25 = NZA 1989, 923; BAG 6.9.1989 (2 AZR 19/89, 118/89 und 224/89) EzA KSchG § 1 Krankheit Nr. 26–28 = NZA 1990, 305; BAG 2.11.1989 – 2 AZR 335/89 – n. v.; BAG 2.11.1989 RzK III 1b Nr. 13; BAG 7.12.1989 EzA KSchG § 1 Krankheit Nr. 30; sowie BAG 7.11.1985 EzA KSchG § 1 Krankheit Nr. 17 = NZA 1986, 359; BAG 15.2.1984 EzA KSchG § 1 Krankheit Nr. 15 mit Anm. *Joost* = NZA 1984, 86; BAG 23.6.1983 AP KSchG § 1 Nr. 10 = EzA KSchG § 1 Krankheit Nr. 12 mit Anm. *Kraft;* BAG 2.11.1983 AP KSchG 1969 § 1 Krankheit Nr. 12 = EzA KSchG § 1 Krankheit Nr. 13 mit Anm. *Peterek.*
[1441] BAG 21.5.1992 EzA KSchG § 1 Krankheit Nr. 38 = NZA 1993, 497.
[1442] EzA KSchG § 1 Krankheit Nr. 42 mit krit. Anm. *Streckel* = NZA 1997, 709.
[1443] Zur Eignung eines Pförtnerarbeitsplatzes als Schonarbeitsplatz BAG 24.11.2005 EzA KSchG § 1 Krankheit Nr. 51 = NZA 2006, 665; LAG Berlin-Brandenburg 5.6.2014 NZA-RR 2015, 74.

Arbeitsplatz „durch Ausübung seines Direktionsrechts freizumachen und sich auch um die evtl. erforderliche Zustimmung des Betriebsrats zu bemühen", ist dies bedenklich.[1444] Zum einen kann dies in einem Großbetrieb zu einem kaum begrenzbaren Versetzungskarussell führen. Ferner ist die Entscheidung schwer vereinbar mit den sonst betonten Grundsätzen, dass der Personaleinsatz Sache der unternehmerischen Entscheidung des Arbeitgebers sei.[1445] Allerdings verstößt die Entscheidung nicht gegen den Grundsatz, dass der gekündigte Arbeitnehmer nicht geltend machen kann, statt seiner müsse ein anderer (weniger schutzbedürftiger) Arbeitnehmer gekündigt werden; auch die Grenzen des Kollektivarbeitsrechts (Zustimmungsverweigerung durch Betriebsrat) werden beachtet.[1446] Das BAG verlangt im Regelfall nicht die Durchführung eines Zustimmungsersetzungsverfahrens.[1447] Widerspricht jedoch der Betriebsrat der Versetzung, ist in der Regel davon auszugehen, dass eine dem Arbeitgeber zumutbare Weiterbeschäftigungsmöglichkeit nicht besteht. Dies gilt auch, wenn es um die Weiterbeschäftigung eines Schwerbehinderten geht. Der Arbeitgeber ist nur bei Vorliegen besonderer Umstände verpflichtet, ein Zustimmungsersetzungsverfahren nach § 99 Abs. 4 BetrVG durchzuführen.[1448] Es bleiben dennoch Bedenken. Denn im Kündigungsschutzprozess müsste die Frage mitentschieden werden, ob ein anderer Arbeitnehmer auf den (möglicherweise gesundheitsschädlichen) Arbeitsplatz umgesetzt werden kann. Hier müsste erwogen werden, den betroffenen Arbeitnehmer als Streithelfer des Arbeitgebers nach § 66 ZPO zuzulassen, zumal die Ausübung des Direktionsrechts ihrerseits nach § 106 GewO einer Billigkeitskontrolle unterliegt. Ob es billigem Ermessen entspricht, einen Arbeitnehmer ausschließlich im Interesse eines anderen Arbeitnehmers auf einen anderen Arbeitsplatz zu versetzen, kann zweifelhaft sein.[1449] Der 5. Senat hat dies verneint.[1450] Mit dem 5. Senat ist ein Austausch unzumutbar, wenn der auszutauschende Arbeitnehmer einem Arbeitsplatzwechsel seine Zustimmung verweigert und der Arbeitgeber Gefahr liefe, bei Ausübung seines Direktionsrechts einem Prozess über die Wirksamkeit der Maßnahme ausgesetzt zu sein. Die Rücksichtnahmepflicht aus § 241 Abs. 2 BGB verlangt dies nicht. Der Arbeitgeber braucht das Risiko, dass ein „zwangsweise" ausgetauschter Arbeitnehmer die Wirksamkeit der (Neu-)Ausübung des Direktionsrechts gerichtlich überprüfen lässt, nicht einzugehen.[1451]

1251 Mit Wirkung vom 1.5.2005[1452] an hat der Gesetzgeber in § 84 Abs. 2 SGB IX ein sog. **„betriebliches Eingliederungsmanagement (BEM)"** eingeführt (zum Präventionsverfahren nach § 84 Abs. 1 SGB IX → Rn. 889). Nach dieser Vorschrift „klärt" der

---

[1444] Zurückhaltend LAG Berlin 3.11.1997 LAGE KSchG § 1 Krankheit Nr. 27; ArbG Celle 8.4.1997 RzK I 5g Nr. 69; ablehnend *Lingemann*, BB 1998, 1106; dafür KR/*Griebeling*, § 1 KSchG Rn. 296; HHL/*Krause*, § 1 KSchG Rn. 365; *Kania*, Anm. BAG EzA BGB n.F. § 626 Nr. 156.
[1445] Zur krankheitsbedingten Kündigung ausdrücklich BAG 29.7.1993 EzA KSchG § 1 Krankheit Nr. 40 = NZA 1994, 67; zur betriebsbedingten Kündigung BAG 24.4.1997 EzA KSchG § 2 Nr. 26 = NZA 1997, 1047.
[1446] Hierzu *Preis*, Prinzipien, S. 314 f.
[1447] BAG 29.1.1997 EzA KSchG § 1 Krankheit Nr. 42 = NZA 1997, 709.
[1448] Vgl. BAG 22.9.2005 EzA SGB IX § 81 Nr. 10 = NZA 2006, 486; weitergehend jedoch BAG 3.12.2002 EzA SGB IX § 81 Nr. 1 = NZA 2003, 1215; LAG Baden-Württemberg 19.5.2004 LAG-Report 2005, 83.
[1449] Vgl. HHL/*Krause*, § 1 KSchG Rn. 370; *Lingemann*, BB 1998, 1106, 1107.
[1450] BAG 19.5.2010 NZA 2010, 1119.
[1451] BAG 19.5.2010 NZA 2010, 1119 Rn. 31.
[1452] Gesetz zur Förderung der Ausbildung und Beschäftigung schwerbehinderter Menschen vom 23.4.2004 BGBl. I 606; hierzu *Brose*, DB 2005, 390.

§ 2 Die Sozialwidrigkeit der Kündigung

Arbeitgeber, wenn ein Arbeitnehmer länger als sechs Wochen[1453] im Jahr arbeitsunfähig ist, mit der zuständigen Interessenvertretung iSd § 93 SGB IX bzw. der Schwerbehindertenvertretung, wie die Arbeitsfähigkeit wieder hergestellt und eine erneute Arbeitsunfähigkeit verhindert werden kann. Es war umstritten, ob diese Norm überhaupt Auswirkungen auf das kündigungsrechtliche Ultima-Ratio-Prinzip hat (verneinend 9. Auflage Rn. 1230a). Wenn auch das BAG die Kritik gegen die weitreichende Wirkung der Norm überwiegend aufgenommen hat, vertritt es in Übereinstimmung mit den zu § 84 Abs. 1 SGB IX vertretenen Grundsätzen, dass das in § 84 Abs. 2 SGB IX geregelte BEM eine Konkretisierung des dem gesamten Kündigungsschutzrecht innewohnenden Verhältnismäßigkeitsgrundsatzes darstellt.[1454] Es bestätigt indes – mit der an dieser Norm geübten Kritik – dass die Durchführung eines BEM **keine formelle Wirksamkeitsvoraussetzung** für den Ausspruch einer krankheitsbedingten Kündigung darstellt. Allerdings gilt das Erfordernis des BEM – trotz seines Standortes im SGB IX – nicht nur für behinderte Menschen, sondern für alle Arbeitnehmer („Beschäftigte"). Nach § 84 Abs. 2 SGB IX hat der Arbeitgeber bei einem Beschäftigten, der innerhalb eines Jahres länger als sechs Wochen ununterbrochen oder wiederholt arbeitsunfähig gewesen ist, mit der zuständigen Interessenvertretung und mit Zustimmung der betroffenen Person die Möglichkeiten zu klären, wie die Arbeitsunfähigkeit möglichst überwunden und mit welchen Leistungen oder Hilfen erneuter Arbeitsunfähigkeit vorgebeugt und der Arbeitsplatz des Arbeitnehmers erhalten werden kann. Diese Vorschrift korreliert insoweit mit dem Ultima-Ratio-Prinzip, weil der Arbeitgeber ohnehin nach der Rechtsprechung des BAG gehalten ist, alternative leidensgerechte Beschäftigungsmöglichkeiten anzubieten. Doch folgt allein aus dem Umstand, dass der Arbeitgeber das BEM nicht durchgeführt hat, noch nicht das Vorliegen von geeigneten milderen Mitteln, die zwingend zur Reduzierung der Fehlzeiten und damit zur Unverhältnismäßigkeit einer Kündigung führen könnten. Selbst bei ordnungsgemäßer Durchführung des BEM müssen überhaupt Möglichkeiten einer alternativen (Weiter-)Beschäftigung bestehen, die zur Vermeidung einer Kündigung führen können. Im Umkehrschluss folgt daraus, dass ein unterlassenes BEM einer Kündigung dann nicht entgegensteht, wenn sie auch durch das BEM nicht hätte verhindert werden können.[1455] Hat das BEM zu einem positiven Ergebnis geführt, ist der Arbeitgeber grundsätzlich verpflichtet, die empfohlene Maßnahme – soweit dies in seiner alleinigen Macht steht – vor Ausspruch einer krankheitsbedingten Kündigung als milderes Mittel umzusetzen.[1456]

1251a Um die Norm nicht wirkungslos werden zu lassen, verschärft das BAG die Anforderungen an die **Darlegungs- und Beweislast** des Arbeitgebers. Hat dieser kein BEM durchgeführt, darf er sich durch seine dem Gesetz widersprechende Untätigkeit keine darlegungs- und beweisrechtlichen Vorteile verschaffen.[1457] Es bedarf in diesen Fällen eines umfassenderen konkreten Sachvortrags des Arbeitgebers zu einem nicht mehr möglichen Einsatz des Arbeitnehmers auf dem bisher innegehabten Arbeitsplatz andererseits und warum andererseits eine leidensgerechte Anpassung und Veränderung ausge-

---

[1453] Das hat zur Folge, dass bei einem (alkohol)kranken Arbeitnehmer, der (noch) keine sechs Wochen im Jahr arbeitsunfähig war, die erweiterten Pflichten noch nicht greifen (vgl. BAG 20.12.2012 NZA-RR 2013, 627).
[1454] BAG 12.7.2007 EzA SGB IX § 84 Nr. 3 = NZA 2008, 173; hierzu *Joussen*, DB 2009, 286; *Hunold*, BB 2008, 2412; *Horcher*, RdA 2009, 31; LAG Hamm 13.11.2014 – 15 Sa 979/14 –, bejaht einen Individualanspruch des Arbeitnehmers bei gleichzeitiger Ablehnung eines Rechts, einen Rechtsanwalt beizuziehen.
[1455] BAG 12.7.2007 EzA SGB IX § 84 Nr. 3 = NZA 2008, 173.
[1456] BAG 10.12.2009 NZA 2010, 398.
[1457] BAG 10.12.2009 NZA 2010, 398.

schlossen ist oder der Arbeitnehmer nicht auf einem (alternativen) anderen Arbeitsplatz bei geänderter Tätigkeit eingesetzt werden könne. In einer Entscheidung vom 23.4. 2008 hat das BAG die Grundsätze wie folgt skizziert: *„Zunächst ist zu fragen, ob ein BEM stattgefunden hat. Ist dies der Fall, so ist für die Frage der Weiterbeschäftigungsmöglichkeit das – positive oder auch negative – Ergebnis des BEM maßgeblich zu berücksichtigen. Hat dagegen kein BEM stattgefunden, ist – zweitens – zu prüfen, ob es ein positives Ergebnis hätte erbringen können. Ist dies nicht der Fall, so kann dem Arbeitgeber aus dem Unterlassen des BEM kein Nachteil entstehen. Wäre ein positives Ergebnis dagegen möglich gewesen, treten – drittens – die oben näher beschriebenen Verschiebungen in der Darlegungslast ein".*[1458] Hat der Arbeitgeber die Mindestanforderungen an ein BEM nicht erfüllt, kann er sich nicht darauf beschränken vorzutragen, er kenne keine alternativen Einsatzmöglichkeiten für den erkrankten Arbeitnehmer und es gebe keine leidensgerechten Arbeitsplätze. Er hat vielmehr *„von sich aus denkbare oder vom Arbeitnehmer (außergerichtlich) bereits genannte Alternativen zu würdigen und im Einzelnen darzulegen, aus welchen Gründen sowohl eine Anpassung des bisherigen Arbeitsplatzes an dem Arbeitnehmer zuträgliche Arbeitsbedingungen als auch die Beschäftigung auf einem anderen – leidensgerechten – Arbeitsplatz ausscheiden".*[1459] Erst dann ist es Sache des Arbeitnehmers, sich hierauf substantiiert einzulassen. An dieser hohen Darlegungslast scheitern vielfach krankheitsbedingte Kündigungen. Führt aber das BEM für den Arbeitnehmer zu einem negativen Ergebnis, gibt es also keine Möglichkeiten, die Arbeitsunfähigkeit des Arbeitnehmers zu überwinden oder künftig zu vermeiden, genügt der Arbeitgeber seiner Darlegungslast nach § 1 Abs. 2 S. 4 KSchG, wenn er auf diesen Umstand hinweist und behauptet, es bestünden keine anderen Beschäftigungsmöglichkeiten.[1460]

1251b Die gleichen strengen Anforderungen stellt das BAG, wenn der Arbeitgeber den gesetzlichen Mindestanforderungen an ein BEM nicht genügt hat. Es ist auch dann durchzuführen, wenn keine betriebliche Interessenvertretung (§ 93 SGB IX) gebildet wurde.[1461] Ziel des BEM sei es festzustellen, aufgrund welcher gesundheitlichen Einschränkungen es zu den bisherigen Ausfallzeiten gekommen ist und ob Möglichkeiten bestehen, sie durch bestimmte Veränderungen künftig zu verringern, um so eine Kündigung zu vermeiden. Danach entspricht *„jedes Verfahren den gesetzlichen Anforderungen, das die zu beteiligenden Stellen, Ämter und Personen einbezieht, das keine vernünftigerweise in Betracht zu ziehende Anpassungs- und Änderungsmöglichkeit ausschließt und in dem die von den Teilnehmern eingebrachten Vorschläge sachlich erörtert werden".* Nahezu karikierend beschreibt das BAG die Zwecke und die amorphen rechtlichen Anforderungen des BEM: *„Es ist ein nicht formalisiertes Verfahren, das den Beteiligten jeden denkbaren Spielraum lässt. Offenbar soll so erreicht werden, dass keine der vernünftigerweise in Betracht kommenden zielführenden Möglichkeiten ausgeschlossen wird. Das Gesetz vertraut darauf, dass die Einbeziehung von Arbeitgeber, Arbeitnehmer, Betriebsrat und externen Stellen sowie die abstrakte Beschreibung des Ziels ausreichen, um die Vorstellungen der Betroffenen sowie internen und externen Sachverstand in ein faires und sachorientiertes Gespräch einzubringen, dessen Verlauf im Einzelnen und dessen Ergebnis sich nach den – einer allgemeinen Beschreibung nicht zugänglichen – Erfordernissen des jeweiligen Einzelfalls zu richten haben. Das Gesetz benennt auch kei-*

[1458] Vgl. etwa BAG 23.4.2008 EzA KSchG § 1 Krankheit Nr. 55 = NZA-RR 2008, 515; hierzu *Joussen,* DB 2009, 286; *Hunold,* BB 2008, 2412.
[1459] BAG 10.12.2009 NZA 2010, 398 Rn. 19.
[1460] BAG 10.12.2009 NZA 2010, 398 Rn. 24.
[1461] BAG 30.9.2010 NZA 2011, 39; zu den Mitbestimmungsrechten des Betriebsrats nach § 87 Abs. 1 Nr. 1, 6 und 7 BetrVG: BAG 13.3.2012 NZA 2012, 748; zu § 80 Abs. 1 Nr. 1 BetrVG BAG 7.2.2012 NZA 2012, 744.

§ 2 Die Sozialwidrigkeit der Kündigung

ne Personen oder Stellen, denen die Leitung des BEM anvertraut wäre. Demnach geht es um die Etablierung eines verstellten, verlaufs- und ergebnisoffenen Suchprozesses".[1462] Einem Arbeitnehmer kann schwerlich geraten werden, sich diesem Suchprozess ohne rechtskundige Begleitung auszusetzen.

Der Arbeitgeber hat die Initiativlast für das BEM. Der Arbeitnehmer kann das Einverständnis verweigern. Dadurch entsteht ihm kein Nachteil. Stimmt der Arbeitnehmer trotz ordnungsgemäßer Aufklärung nicht zu, ist das Unterlassen eines BEM „kündigungsneutral". Ordnungsgemäß ist die Nichtdurchführung eines BEM aber nur, wenn der Arbeitgeber den Betroffenen zuvor auf die Ziele des BEM sowie auf Art und Umfang der hierfür erhobenen und verwendeten Daten hingewiesen hatte (vgl. § 84 Abs. 2 S. 3 SGB IX). Andernfalls trägt der Arbeitgeber doch die erhöhten Beweislastanforderungen.[1463]   **1251c**

(4) Abschließend ist aufgrund einer **Interessenabwägung** zu entscheiden, ob die erheblichen Beeinträchtigungen vom Arbeitgeber noch hinzunehmen sind oder ein solches Ausmaß erreicht haben, dass sie ihm nicht mehr zuzumuten sind, insbesondere weitergehende Überbrückungsmaßnahmen nicht mehr verlangt werden können.   **1252**

Die Stufen (3) und (4) überschneiden sich und werden vom BAG in einer Gesamtabwägung geprüft. Zunächst ist auf den Hauptfall der Kündigung wegen häufiger Kurzerkrankungen einzugehen: **1253**

bb) Häufige Kurzerkrankungen

(1) Grundvoraussetzung für eine krankheitsbedingte Kündigung ist, dass sich die Erkrankung betrieblich negativ auswirkt, insbesondere durch **erhebliche Fehlzeiten.**[1464] Die betriebliche Beeinträchtigung ist Teil des Kündigungsgrundes.[1465] Die Rechtsprechung lehnt es ab, eine bestimmte **Fehlzeitenquote** als Kündigungsgrund ausreichen zu lassen.[1466] Schematisierende Festlegungen sind nicht möglich. Entscheidend sind die betrieblichen Auswirkungen und die Negativprognose. Eine unzulässige Schematisierung läge auch darin, vom Arbeitgeber eine **Mindestspanne** von zwei oder drei Jahren als Grundlage für die Negativprognose zu verlangen.[1467] Zwar mag diese Spanne als Regelzeitraum zweckmäßig sein. Es gibt aber keinen Rechtssatz, wonach etwa bei einem von Anfang an mit erheblichen Fehlzeiten belasteten Arbeitsverhältnis dem Arbeitgeber ein Abwarten von zwei Jahren abverlangt wird, bis er zur krankheitsbedingten Kündigung schreiten kann.[1468] Eine **Erkundigungspflicht** des Arbeitgebers über den Gesundheitszustand des Arbeitnehmers vor Ausspruch der Kündigung besteht nicht.[1469] Selbst wenn sich der erkrankte Arbeitnehmer vorprozessual weigert, die ihn   **1254**

[1462] BAG 10.12.2009 NZA 2010, 639 Rn. 18 und Orientierungssatz.
[1463] BAG 24.3.2011 NZA 2011, 993 Rn. 23 f.
[1464] Grundlegend *Herschel*, FS Schnorr von Carolsfeld, 1972, S. 157, 170 f.; *ders.,* Anm. zu BAG AP KSchG 1969 § 1 Krankheit Nr. 3; *Popp*, DB 1981, 2613; nicht entscheidend ist die bescheinigte Arbeitsunfähigkeit, wenn der Arbeitnehmer gleichwohl zur Arbeitsleistung bereit ist, LAG Rheinland-Pfalz 15.7.1988 LAGE KSchG § 1 Krankheit Nr. 11.
[1465] BAG 16.2.1989 EzA KSchG § 1 Krankheit Nr. 25 = NZA 1989, 923; BAG 7.11.1985 EzA KSchG § 1 Krankheit Nr. 15 = NZA 1986, 359.
[1466] BAG 19.8.1976 AP KSchG 1969 § 1 Krankheit Nr. 2 = EzA KSchG § 1 Krankheit Nr. 3; BAG 25.11.1982 AP KSchG 1969 § 1 Krankheit Nr. 7 = EzA KSchG § 1 Krankheit Nr. 10.
[1467] So jetzt auch BAG 10.11.2005 EzA KSchG § 1 Krankheit Nr. 52 = NZA 2006, 655; KR/*Griebeling*, § 1 KSchG Rn. 330; HK/*Dorndorf*, § 1 KSchG Rn. 391; LAG Hamm 14.12.1996 LAGE KSchG § 1 Krankheit Nr. 26; tendenziell für eine Mindestzeitspanne aber HaKo/*Gallner*, § 1 KSchG Rn. 555.
[1468] Insofern richtig BAG 19.5.1993 RzK I 5g Nr. 54.
[1469] BAG 10.3.1977 AP KSchG 1969 § 1 Krankheit Nr. 4 = EzA KSchG § 1 Krankheit Nr. 4; BAG 26.5.1977 AP BetrVG 1972 § 102 Nr. 14 = EzA BetrVG 1972 § 102 Nr. 30; BAG 22.2.1980

behandelnden Ärzte von der Schweigepflicht zu befreien, so ist es ihm dennoch nicht verwehrt, im Kündigungsschutzprozess die negative Gesundheitsprognose unter Bezugnahme auf ärztliches Zeugnis zu bestreiten.[1470] Maßgebend ist die objektive Rechtslage. Dessen ungeachtet kann der Arbeitnehmer nach § 275 Abs. 1 Nr. 3b SGB V verpflichtet sein, sich amtsärztlich untersuchen zu lassen. Im öffentlichen Dienst ist der Arbeitnehmer tarifvertraglich verpflichtet, sich ärztlich untersuchen zu lassen. (vgl. zB § 3 Abs. 4 TVöD). Eine derartige Nebenpflicht umfasst nach jüngster Auffassung des BAG auch die Pflicht, die behandelnden Ärzte von der Schweigepflicht zu entbinden, jedenfalls soweit es um die Feststellung der Berufs- und Erwerbsunfähigkeit geht.[1471] Verstöße gegen diese Pflicht können die verhaltensbedingte, ggf. außerordentliche Kündigung rechtfertigen (→ Rn. 617).[1472]

1255 Betrieblich und wirtschaftlich erheblich belastend wirken sich insbesondere häufige **Kurzerkrankungen** aus. Sie stehen im Mittelpunkt des praktischen Interesses.[1473] Kündigungsrelevante **wirtschaftliche Belastungen** ergeben sich durch die dauerhafte und sich wiederholende Störung des Austauschverhältnisses, insbesondere durch erhebliche **Lohnfortzahlungskosten**.[1474] Die Berücksichtigung von Lohnfortzahlungskosten wird auch von der Literatur überwiegend bejaht.[1475] Das BAG dürfte diesen Streit für die Praxis nunmehr endgültig entschieden haben.[1476] In Ausnahmefällen sollen nach Auffassung des BAG **allein die Lohnfortzahlungskosten** zu einer unzumutbaren wirtschaftlichen Belastung führen können, wenn der Arbeitgeber bereits durch betriebliche Maßnahmen in erheblichem Umfang (zB durch Vorhalten einer ausreichenden[1477] Personalreserve) die Fehlquoten aufgefangen hat. In den Entscheidungen des BAG seit den Urteilen 6.9.1989[1478] heißt es: „Diese Maßnahme (Vorhalten einer Personalreserve) kann die Belastung des Arbeitgebers mit Lohnfortzahlungskosten unzumutbar machen, ohne dass daneben auch noch Betriebsablaufstörungen oder weitere den Betrieb belastende Auswirkungen vorliegen müssten." Dass damit ein gesetzlicher unverzichtbarer Sozialleistungsanspruch das Arbeitsverhältnis selbst gefährdet, ist eine Paradoxie des Sozialstaates. Diese Rechtsprechung wirft auch verfassungsrecht-

---

AP KSchG 1969 § 1 Krankheit Nr. 6 = EzA KSchG § 1 Krankheit Nr. 5; HAS-*Popp*, § 19 D Rn. 22.

[1470] BAG 12.4.2002 AP KSchG 1969 § 1 Nr. 65 mit krit. Anm. *Schiefer* = EzA KSchG § 1 Krankheit Nr. 49 = NZA 2002, 1081; krit. auch *Preis/Greiner*, SAE 2004, 12 ff.

[1471] Vgl. BAG 6.11.1997 EzA BGB n. F. § 626 Nr. 171.

[1472] BAG 6.11.1997 EzA BGB n. F. § 626 Nr. 171; vgl. auch LAG Düsseldorf 31.5.1996 NZA-RR 1997, 88; hierauf verweist auch BAG 12.4.2002 EzA KSchG § 1 Krankheit Nr. 49 = NZA 2002, 1081.

[1473] Einzelfälle: BAG 10.11.2005 EzA KSchG § 1 Krankheit Nr. 52 = NZA 2006, 655; LAG Baden-Württemberg 29.4.1986 und 15.12.1987 LAGE KSchG § 1 Krankheit Nr. 6 = NZA 1987, 27 und Nr. 10 = NZA 1988, 436; LAG Rheinland-Pfalz 14.10.1986 LAGE KSchG § 1 Krankheit Nr. 7; LAG Köln 29.9.1987 und 21.2.1989 LAGE KSchG § 1 Krankheit Nr. 8 und 12; kritischer Blick aus der Praxis bei „Blaumachern", *Willemsen/Fritzsche*, DB 2012, 860.

[1474] BAG 23.6.1983 AP KSchG 1969 § 1 Krankheit Nr. 10 = EzA KSchG § 1 Krankheit Nr. 12; BAG 15.2.1984 EzA KSchG § 1 Krankheit Nr. 15 = NZA 1984, 86 und BAG 7.11.1985 EzA KSchG § 1 Krankheit Nr. 17 = NZA 1986, 359.

[1475] LSW/*Löwisch*, § 1 KSchG Rn. 247; *Eich*, BB 1988, 204 ff.; *Joost*, Anm. EzA KSchG § 1 Krankheit Nr. 15; *Tschöpe*, DB 1987, 1042; *Weller*, ArbRGeg 1983, S. 77, 85; *Denck*, JuS 1978, 156, 159; ablehnend *Ide*, ArbuR 1980, 229; *Coen*, ArbuR 1984, 319 f.; *Popp*, DB 1986, 1464 ff.; *Stein*, BB 1985, 608 und ArbuR 1987, 338; *Preis*, DB 1988, 1445 unter Hinweis auf § 612a BGB.

[1476] BAG 16.2.1989 AP KSchG 1969 § 1 Krankheit Nr. 20 mit abl. Anm. *Preis* = EzA KSchG § 1 Krankheit Nr. 25 = NZA 1989, 923; unter Aufhebung von LAG Frankfurt 8.12.1987 LAGE KSchG § 1 Krankheit Nr. 9.

[1477] Hierzu *Preis*, Prinzipien, S. 442 f.; LAG Hamm 10.5.1989 LAGE KSchG § 1 Krankheit Nr. 13.

[1478] Vgl. nur BAG 6.9.1989 EzA KSchG § 1 Krankheit Nr. 27 = NZA 1990, 305.

§ 2 Die Sozialwidrigkeit der Kündigung

liche Fragen auf (Art. 12 Abs. 1 GG), wenn die aus der Schutzgebotsfunktion der Grundrechte resultierende Lohnfortzahlung den Arbeitnehmer das Arbeitsverhältnis kostet. Auch einfachrechtlich darf niemand wegen der Inanspruchnahme gesetzlicher Rechte benachteiligt werden (§ 612a BGB).[1479] Richtigerweise ist nicht auf die Entgeltfortzahlungspflicht, sondern auf die Störung des Austauschverhältnisses abzustellen. Kündigungsbegründend ist der Umstand, dass der Arbeitgeber den Arbeitnehmer nicht vertragsgerecht (so) einsetzen kann, wie dies – im Rahmen üblicherweise hinzunehmender Ausfallzeiten – geschuldet ist. Die nachhaltige Störung des Synallagmas ist die gemeinsame Klammer für die Rechtfertigung der krankheitsbedingten Kündigung.[1480] Vor diesem Hintergrund ist es zu eng, wenn das BAG meint, die Darlegung des Arbeitgebers, der Arbeitnehmer stehe – aufgrund vertretbarer Prognose nur noch $2/3$ der geschuldeten Arbeitsleistung wegen seiner krankheitsbedingten Ausfälle zur Verfügung, reiche nicht aus.[1481] Die Störung des Austauschverhältnisses in diesem Umfang ist eine wirtschaftliche Störung. Sie ist zugleich eine betriebliche Störung, denn man kann nicht davon ausgehen, dass der Arbeitgeber betrieblich überflüssige Arbeitnehmer beschäftigt.[1482] Sie widerspricht überdies der Entscheidung vom 26.9.1991,[1483] in der die Kündigung wegen krankheitsbedingter Leistungsminderung bejaht wurde, weil der Arbeitnehmer nach objektiver Feststellung nur noch zwei Drittel der Normalleistung zu erbringen in der Lage war.

Generell erachtet das BAG aber Fehlzeiten und Lohnfortzahlungskosten **bis zu sechs Wochen** (= 30 Arbeitstage) für **unerheblich**.[1484] Tarifliche Sondervorschriften, die über sechs Wochen hinausgehende Zuschüsse zum Krankengeld vorsehen, sollen hieran nichts ändern.[1485] Nach neuerer Rechtsprechung können bei Störungen des Betriebsablaufs jedoch auch jährliche Ausfallzeiten von weniger als sechs Wochen kündigungserhebliche Auswirkungen haben.[1486] Entscheidend ist auf die Kosten des Arbeitsverhältnisses und nicht auf die Gesamtbelastung des Betriebes mit Lohnfortzahlungskosten abzustellen.[1487] Es können nur die Lohnfortzahlungskosten berücksichtigt werden, die auf die auch in Zukunft zu erwartenden, im Rahmen der negativen Gesundheitsprognose ermittelten Ausfallzeiten entfallen. Außer Betracht bleiben die in der Vergangenheit aufgewendeten Kosten für einmalige Erkrankungen, deren Wiederholung nicht zu besorgen ist.[1488] *Unberücksichtigt* bleiben die Ausfallzeiten, für die *keine Lohnfortzahlungspflicht* mehr besteht. Denn dieser Zeitraum ist für die *wirtschaftliche Belastung* des Arbeitgebers mit Lohnfortzahlungskosten irrelevant.[1489]

1256

Kündigungsbegründend können aber auch **Betriebsablaufstörungen** wegen wiederholter Ausfallzeiten des Arbeitnehmers sein (ua Stillstand von Maschinen, Rück-

1257

[1479] Hierzu *Preis*, Anm. AP KSchG 1969 § 1 Krankheit Nr. 20.
[1480] A. A. ErfK/*Oetker*, § 1 KSchG Rn. 140 ff.
[1481] So BAG 17.6.1999 – 2 AZR 574/98 – EEK II/244.
[1482] Vgl. auch BAG 21.2.1985 RzK I 5g Nr. 10.
[1483] EzA KSchG § 1 Personenbedingte Kündigung Nr. 10 = NZA 1992, 1073.
[1484] BAG 25.11.1982 AP KSchG 1969 § 1 Krankheit Nr. 7 = EzA KSchG § 1 Krankheit Nr. 10 und BAG 16.2.1989 AP KSchG 1969 § 1 Krankheit Nr. 20 mit Anm. *Preis* = EzA KSchG § 1 Krankheit Nr. 25 = NZA 1989, 923.
[1485] BAG 6.9.1989 EzA KSchG § 1 Krankheit Nr. 28 mit insoweit krit. Anm. *Oetker* = NZA 1990, 434.
[1486] Wie vorige Fußnote.
[1487] BAG 15.2.1984 EzA KSchG § 1 Krankheit Nr. 15 = NZA 1984, 86; BAG 7.11.1985 EzA KSchG § 1 Krankheit Nr. 17 = NZA 1986, 359 und BAG 16.2.1989 AP KSchG 1969 § 1 Krankheit Nr. 20 mit Anm. *Preis* = EzA KSchG § 1 Krankheit Nr. 25 = NZA 1989, 923; BAG 26.6.1986 NZA 1988, 161.
[1488] BAG 6.9.1989 EzA KSchG § 1 Krankheit Nr. 26 = NZA 1990, 307.
[1489] BAG 7.12.1989 EzA KSchG § 1 Krankheit Nr. 30.

gang der Produktion wegen erst einzuarbeitenden Ersatzpersonals, Überlastung des verbliebenen Personals oder Abzug von an sich benötigten Arbeitskräften aus anderen Arbeitsbereichen). Ob die Grenze von sechs Wochen Lohnfortzahlung im Jahr überschritten wurde, ist für die Frage der Betriebsablaufstörungen nicht entscheidend. Diese zeitliche Mindestgrenze gilt nur für die wirtschaftliche Belastung durch Lohnfortzahlungskosten.[1490] Bei Störungen des Betriebsablaufs können deshalb selbst jährliche Ausfallzeiten von weniger als sechs Wochen kündigungsbegründend sein. *Aber:* Auch bei auffällig über dem betrieblichen Durchschnitt liegenden Fehlzeitquoten muss es nicht notwendig zu Betriebsablaufstörungen kommen, zB wenn eine Personalreserve vorgehalten wird. An den strengen Anforderungen für die Darlegung der Betriebsablaufstörungen scheitern in Großbetrieben oftmals die Kündigungen. Betriebsablaufstörungen können insbesondere in kleinen Betrieben zu erheblichen Belastungen führen, wenn durch das wiederholte, nicht voraussehbare Fehlen eines Arbeitnehmers der Personaleinsatz kurzfristig verändert werden oder der Arbeitsplatz zeitweise unbesetzt bleiben muss.

1258 (2) Für die Beurteilung der **negativen Gesundheitsprognose** ist auf den Zeitpunkt des Zugangs der Kündigung abzustellen.[1491] Durchbrechungen dieses allgemeinen kündigungsrechtlichen Grundsatzes sind abzulehnen.[1492] Zulässig ist allerdings, mit später (im Prozess) bekannt gewordenen Tatsachen die Richtigkeit oder Fehlerhaftigkeit der früheren Prognose zu beweisen. Ausgeschlossen ist indes, allein aufgrund des weiteren tatsächlichen Verlaufs der Erkrankung oder der Fehlzeiten eine vormals korrekte Prognose zu korrigieren.[1493] Die Prognose über die künftige Arbeitsunfähigkeit ist entscheidend. Hieraus folgt, dass bei absehbarer Genesung eine Kündigung nicht gerechtfertigt ist. Die krankheitsbedingte Kündigung ist keine Sanktion für Fehlzeiten in der Vergangenheit.[1494]

1259 Die aufgetretenen Fehlzeiten müssen die Besorgnis künftiger Erkrankungen rechtfertigen. Dabei muss nach jüngster Rechtsprechung jede *einzelne* Krankheit, die in der Vergangenheit zu Fehlzeiten geführt hat, die Negativprognose rechtfertigen. Dies ist nicht der Fall, wenn eine Krankheit ausgeheilt ist.[1495] Es steht der Bildung einer negativen Prognose jedoch nicht entgegen, dass die Fehlzeiten auf unterschiedlichen prognosefähigen Erkrankungen beruhen, mögen auch einzelne Erkrankungen ausgeheilt

---

[1490] BAG 6.9.1989 EzA KSchG § 1 Krankheit Nr. 28 = NZA 1990, 434.

[1491] BAG 15.8.1984 EzA KSchG § 1 Krankheit Nr. 16 = NZA 1985, 357; ausf. ErfK/*Oetker*, § 1 KSchG Rn. 114.

[1492] Der 2. Senat des BAG hatte in einer Entscheidung vom 10.11.1983 AP KSchG 1969 § 1 Krankheit Nr. 11 = EzA KSchG § 1 Krankheit Nr. 14 ausgeführt, zur Bestätigung oder Korrektur von mehr oder weniger unsicheren Prognosen könne die spätere tatsächliche Entwicklung einer Krankheit bis zum Ende der mündlichen Verhandlung in der Tatsacheninstanz herangezogen werden. Auf die Kritik des 7. Senats (vgl. Nachweis vorige Fn.) hat der 2. Senat diese Auffassung de facto wieder aufgegeben, weil er die Prognosekorrektur bei neuen Kausalverläufen (erneute Heilbehandlung, veränderte Lebensführung) nicht anwenden will, vgl. BAG 9.4.1987 EzA KSchG § 1 Krankheit Nr. 18 mit abl. Anm. *v. Hoyningen-Huene* = NZA 1987, 811; BAG 6.9.1989 EzA KSchG § 1 Krankheit Nr. 27 = NZA 1990, 305; zum ganzen *Preis*, DB 1988, 1444 f.; *Joost*, Anm. EzA KSchG § 1 Krankheit Nr. 15. Endgültig klargestellt durch den 2. Senat durch BAG 29.4.1999 EzA KSchG § 1 Krankheit Nr. 46 = NZA 1999, 978.

[1493] Richtig ErfK/*Oetker*, § 1 KSchG Rn. 115; ebenso LAG Hamm 8.5.1996 LAGE KSchG § 1 Krankheit Nr. 25 = NZA-RR 1997, 48; a. A. HK-KSchG/*Weller/Dorndorf*, § 1 Rn. 389.

[1494] BAG 23.6.1983 AP KSchG 1969 § 1 Krankheit Nr. 10 = EzA KSchG § 1 Krankheit Nr. 12; *Preis*, Prinzipien, S. 334 mwN.

[1495] BAG 5.7.1990 EzA KSchG § 1 Krankheit Nr. 32 = NZA 1991, 185; BAG 14.1.1993 EzA KSchG § 1 Krankheit Nr. 39 = NZA 1994, 309. BAG 29.7.1993 EzA KSchG § 1 Krankheit Nr. 40 = NZA 1994, 67.

§ 2 Die Sozialwidrigkeit der Kündigung

sein. Solche verschiedenen Erkrankungen können den Schluss auf eine gewisse Krankheitsanfälligkeit des Arbeitnehmers zulassen und damit eine negative Prognose begründen.[1496] Zur Begründung einer negativen Gesundheitsprognose sind alle Erkrankungen ungeeignet, denen ihrer Natur nach oder aufgrund ihrer Entstehung keine Aussagekraft für eine Wiederholungsgefahr beizumessen ist. Dazu gehören in erster Linie Unfälle, soweit es sich nach ihrer Entstehung um einmalige Ereignisse handelt, sowie sonstige offenkundig einmalige Gesundheitsschäden.[1497] Bei häufigen Unfällen kann Verletzungsanfälligkeit oder Unvorsichtigkeit dennoch eine Negativprognose begründen.[1498] Bei **andauernd hohen Arbeitsausfällen wegen schwerwiegender Erkrankungen,** bezüglich derer Rehabilitations- und Kurmaßnahmen erfolglos geblieben sind, kann der Arbeitgeber regelmäßig von einer Negativprognose ausgehen. Dies gilt auch dann, wenn der Arbeitnehmer weitere Maßnahmen ergreifen will, ohne dass erkennbar wird, dass sich deswegen der Gesundheitszustand entscheidend verbessern wird.[1499] Hat eine einmalig aufgetretene Krankheitsursache (hier Depression) über ein Jahr lang nicht mehr zur Arbeitsunfähigkeit geführt, ist eine Negativprognose nicht gerechtfertigt.[1500]

Der Arbeitgeber hat für die Tatsachen, aus denen sich die **negative Gesundheits- 1260 prognose** ergibt, die **Darlegungs- und Beweislast.** Bei häufigen Kurzerkrankungen entfalten die vergangenen Fehlzeiten allerdings eine Indizwirkung. Dabei dürfen auch Fehlzeiten, die in einem Vorprozess noch nicht für eine Negativprognose ausgereicht haben, herangezogen werden.[1501] Der Arbeitnehmer hat in diesem Fall im Prozess darzutun, dass und weshalb mit einer baldigen Genesung zu rechnen ist. Hat er selbst keine ausreichende Kenntnis über seinen Gesundheitszustand, genügt er seiner Darlegungslast, wenn er die Behauptung des Arbeitgebers bestreitet und die ihn behandelnden Ärzte von der Schweigepflicht entbindet.[1502] Der Arbeitgeber kann sich allerdings nicht auf das Zeugnis des Betriebsarztes berufen, der – ohne Einwilligung des Arbeitnehmers – der ärztlichen Schweigepflicht unterliegt (§ 8 Abs. 1 S. 2 ASiG).[1503] Trägt der Arbeitnehmer selbst konkrete Umstände vor, müssen diese geeignet sein, die Indizwirkung der bisherigen Fehlzeiten zu erschüttern.[1504] Er muss jedoch nicht den Gegenbeweis führen, dass nicht mit weiteren künftigen Erkrankungen zu rechnen ist.[1505] Unsubstantiiert kann die Einlassung des Arbeitnehmers jedoch sein, wenn die „Berufung auf die behandelnden Ärzte" erkennen lässt, dass er sich selbst erst noch durch deren Zeugnis die noch fehlende Kenntnis über den weiteren Verlauf seiner Erkrankungen verschaffen will.[1506] Entbindet er die Ärzte ganz oder teilweise

---

[1496] BAG 10.11.2005 EzA KSchG § 1 Krankheit Nr. 52 = NZA 2006, 655; LAG Köln 19.8.2005 LAGE KSchG § 1 Nr. 36; LAG Schleswig-Holstein 3.11.2005 LAGE KSchG § 1 Krankheit Nr. 38 = NZA-RR 2006, 129.
[1497] BAG 6.9.1989 EzA KSchG § 1 Krankheit Nr. 26 = NZA 1990, 307.
[1498] BAG 2.11.1989 – 2 AZR 335/89 – n. v.
[1499] BAG 12.12.1996 EzA KSchG § 1 Krankheit Nr. 41.
[1500] LAG Nürnberg 14.10.2008 LAGE KSchG § 1 Krankheit Nr. 42.
[1501] BAG 10.11.2005 EzA KSchG § 1 Krankheit Nr. 52 = NZA 2006, 655.
[1502] BAG 23.6.1983 AP KSchG 1969 § 1 Krankheit Nr. 10 = EzA KSchG § 1 Krankheit Nr. 12; zuletzt BAG 6.9.1989 EzA KSchG § 1 Krankheit Nr. 26 = NZA 1990, 307; krit. HHL/*Krause,* § 1 KSchG Rn. 393.
[1503] ErfK/*Oetker,* § 1 KSchG Rn. 126.
[1504] S. hierzu näher LAG Schleswig-Holstein 3.11.2005 LAGE KSchG § 1 Krankheit Nr. 38 = NZA-RR 2006, 129; LAG Schleswig-Holstein 11.3.2008 NZA-RR 2008, 518 zur Frage, ob die Erkrankung auf „Mobbing" zurückzuführen ist.
[1505] BAG 6.9.1989 EzA KSchG § 1 Krankheit Nr. 26 = NZA 1990, 307.
[1506] BAG 2.11.1989 – 2 AZR 335/89 – n. v.

nicht von der Schweigepflicht, gereicht dies dem Arbeitnehmer prozessual zum Nachteil, weil er so die Indizwirkung der Fehlzeiten nicht erschüttern kann. Gibt der Arbeitnehmer keine Krankheitsursachen an bzw. legt er nicht dar, weshalb mit einer baldigen Genesung zu rechnen ist, gilt die Behauptung des Arbeitgebers, auch künftig seien Fehlzeiten in entsprechendem Umfang zu erwarten, gemäß § 138 Abs. 3 ZPO als zugestanden.[1507] Soweit (tarif-)vertraglich eine Pflicht des Arbeitnehmers geregelt ist, sich bei Bedarf ärztlich untersuchen zu lassen, hat das BAG davon auch die Pflicht umfasst gesehen, die behandelnden Ärzte von der Schweigepflicht zu entbinden, jedenfalls soweit es um die Feststellung der Berufs- und Erwerbsunfähigkeit geht.[1508]

1261 (3) Wie bei jeder Beendigungskündigung ist der **Vorrang milderer Mittel** zu beachten. Bei lang anhaltenden Erkrankungen kommt die Kündigung als Ultima Ratio erst in Betracht, wenn dem Arbeitgeber die Durchführung von Überbrückungsmaßnahmen (zB Einstellung von Aushilfskräften, Durchführung von Über- oder Mehrarbeit, personelle Umorganisation, organisatorische Umstellungen) nicht mehr möglich oder zumutbar ist.[1509] Bei langjährig beschäftigten Arbeitnehmern verlangt das BAG über einen längeren Zeitraum Überbrückungsmaßnahmen. Hierzu soll sogar die unbefristete Einstellung einer Aushilfskraft gehören.[1510] Versetzung, Änderung der Arbeitsbedingungen und Umschulung kommen als mildere Mittel nur in Betracht, wenn die krankheitsbedingten Fehlzeiten arbeitsplatzbedingt sind[1511] bzw. wenn eine Umsetzungsmöglichkeit besteht, und auf diesem Arbeitsplatz die Krankheit keine erhebliche Beeinträchtigung der betrieblichen Interessen zur Folge hat.[1512] Neuerdings verlangt das BAG bei arbeitsplatzbezogener Arbeitsunfähigkeit die Umsetzung auf einen leidensgerechten Arbeitsplatz auch dann, wenn dieser Arbeitsplatz erst durch Ausübung des Direktionsrechts freigemacht werden muss.[1513] Grundsätzlich muss der Arbeitgeber den Erfolg einer begonnenen Heilbehandlung abwarten.[1514] Bei einer berufsbezogenen Erkrankung hat das LAG Frankfurt mit Urteil vom 12.12.1989 eine weitgehende Pflicht zur Umschulung einer langjährig beschäftigten Arbeitnehmerin angenommen.[1515] Diese Entscheidung ist aufgehoben worden, weil nicht feststand, ob nach der Umschulung ein entsprechender freier Arbeitsplatz zur Verfügung stand. Die Umschulung war daher kein geeignetes milderes Mittel zum Erhalt des Arbeitsplatzes.[1516]

[1507] BAG 6.9.1989 EzA KSchG § 1 Krankheit Nr. 26 = NZA 1990, 307.
[1508] Vgl. BAG 6.11.1997 EzA BGB n. F. § 626 Nr. 171 = NZA 1998, 326; krit. → Rn. 647.
[1509] BAG 22.2.1980 AP KSchG 1969 § 1 Krankheit Nr. 6 = EzA KSchG § 1 Krankheit Nr. 5; BAG 25.11.1982 AP KSchG 1969 § 1 Krankheit Nr. 7 = EzA KSchG § 1 Krankheit Nr. 10.
[1510] BAG 25.11.1982 AP KSchG 1969 § 1 Krankheit Nr. 7 = EzA KSchG § 1 Krankheit Nr. 10; dies dürfte zu weit gehen, kritisch *Preis*, Prinzipien, S. 450f.; *Meisel*, Anm. AP KSchG 1969 § 1 Krankheit Nr. 7; *Otto*, Anm. EzA KSchG § 1 Krankheit Nr. 10.
[1511] Vgl. BAG 5.8.1976 AP KSchG 1969 § 1 Krankheit Nr. 1 = EzA KSchG § 1 Krankheit Nr. 2; BAG 22.2.1980 AP KSchG 1969 § 1 Krankheit Nr. 6 = EzA KSchG § 1 Krankheit Nr. 5; *Preis*, Prinzipien, S. 449f.; LAG Düsseldorf 4.5.1995 LAGE KSchG § 1 Krankheit Nr. 20.
[1512] BAG 10.6.2010 NZA 2010, 1234.
[1513] BAG 29.1.1997 EzA KSchG § 1 Krankheit Nr. 42 = NZA 1997, 709; bestätigt durch BAG 29.10.1998 EzA BGB § 615 Nr. 91 = NZA 1999, 377; ablehnend LAG Berlin 3.11.1997 LAGE KSchG § 1 Krankheit Nr. 27; einschränkend ArbG Celle 8.4.1997 RzK I 5g Nr. 69; LAG Hamm 20.1.2000 LAGE KSchG § 1 Personenbedingte Kündigung Nr. 17 = NZA-RR 2000, 239; zur treuwidrigen Herbeiführung des Wegfalls des freien Arbeitsplatzes s. BAG 24.11.2005 AP KSchG 1969 § 1 Krankheit Nr. 43.
[1514] BAG 22.2.1980 AP KSchG 1969 § 1 Krankheit Nr. 6 = EzA KSchG § 1 Krankheit Nr. 5 mit zust. Anm. *Maydell/Eylert*; bereits LAG Düsseldorf 19.3.1963 BB 1963, 938.
[1515] LAG Frankfurt 12.12.1989 LAGE KSchG § 1 Personenbedingte Kündigung Nr. 7; anders LAG Hamm 20.1.2000 LAGE KSchG § 1 Personenbedingte Kündigung Nr. 17 = NZA-RR 2000, 239.
[1516] BAG 7.2.1991 EzA KSchG § 1 Personenbedingte Kündigung Nr. 9 = NZA 1991, 806.

§ 2 Die Sozialwidrigkeit der Kündigung

Zur Vermeidung von Kündigungen wegen häufiger **Kurzerkrankungen** stehen **1262** dem Arbeitgeber nur wenig geeignete mildere Mittel zur Verfügung. Die Natur des Sachverhalts verlangt relativ kurzfristig wirkende personelle und organisatorische Maßnahmen; eine dauerhafte Erhöhung des Personalbestandes über die übliche Personalreserve hinaus kann nicht verlangt werden. Im Kern ist hier entscheidend, ob die erheblich über 6 Wochen hinausgehenden Fehlzeiten so belastend sind, weil Überbrückungsmaßnahmen nicht möglich oder nicht mehr zumutbar sind, dass aufgrund der Interessenabwägung die Kündigung gerechtfertigt ist. In **Schlüsselpositionen** sind Kurzerkrankungen erheblich belastender und kaum organisatorisch aufzufangen.

(4) Der **Interessenabwägung** kommt bei der krankheitsbedingten Kündigung erhebliche Bedeutung zu.[1517] Bedeutend ist insbesondere die Abwägung der zumutbaren Dauer von Überbrückungsmaßnahmen. Auf Dauer ist der kostenintensive Einsatz von Springern und/oder Mehrarbeit nicht zumutbar. Abzustellen ist dabei auf den **konkreten Verlauf des Arbeitsverhältnisses.** Die zumutbare Belastung hängt mitentscheidend davon ab, ob das Arbeitsverhältnis bisher weitgehend störungsfrei verlaufen ist oder von Anfang an oder über längere Zeit mit Fehlzeiten belastet war.[1518] Dies gilt auch für die Kündigung wegen **krankheits- oder altersbedingter Minderung der Leistungsfähigkeit.**[1519] Vor diesem Hintergrund kann nicht generell beantwortet werden, wie lange der Arbeitgeber häufige Kurzerkrankungen (über 6 Wochen im Kalenderjahr hinaus) hinnehmen muss, bevor er mit Aussicht auf Erfolg kündigen kann. Als **Regelfrist zur Stützung einer Negativprognose kann** von einem zweijährigen Zeitraum ausgegangen werden, in dem die Ausfallzeiten über 6 Wochen gelegen haben müssen. Es ist aber nicht gerechtfertigt, krankheitsbedingten Ausfällen, die mehr als drei- oder vier Jahre zurückliegen, die Prognosefähigkeit abzusprechen.[1520] Ein kürzerer Beobachtungszeitraum genügt, wenn das Arbeitsverhältnis von Anfang an mit krankheitsbedingten Ausfällen belastet war (→ Rn. 1254).[1521] **1263**

Zu prüfen ist die **konkrete betriebliche Situation,** die auch von der Größe des **1264** Betriebes beeinflusst sein kann,[1522] sowie die Art der ausgeübten Tätigkeit und die Vertretungsmöglichkeit. Der Familienstand des Arbeitnehmers ist entgegen der Auffassung des BAG[1523] kein relevanter Abwägungsfaktor, weil ein konkreter Bezug zur Vertrags-

---

[1517] Ablehnend allerdings *Boewer,* NZA 1988, 678; *Joost,* Anm. zu BAG EzA KSchG § 1 Krankheit Nr. 15; für eine normativ eingegrenzte Abwägung jedoch *Preis,* Prinzipien S. 206 ff.; 222 ff.; 438 ff. mwN; HAS-*Popp,* § 19 D Rn. 58; für eine sehr weitreichende Interessenabwägung, die auch Unterhaltspflichten und die Situation auf dem Arbeitsmarkt einbezieht: KR/*Griebeling,* § 1 KSchG Rn. 356, 358.

[1518] BAG 22.2.1980 AP KSchG 1969 § 1 Krankheit Nr. 6 = EzA KSchG § 1 Krankheit Nr. 5; BAG 15.2.1984 EzA KSchG § 1 Krankheit Nr. 15 = NZA 1984, 86.

[1519] Hierzu BAG 5.8.1976 AP KSchG 1969 § 1 Krankheit Nr. 1= EzA KSchG § 1 Krankheit Nr. 2; BAG 26.9.1991 EzA KSchG § 1 Personenbedingte Kündigung Nr. 10 = NZA 1992, 1073; *Preis,* DB 1988, 1446.

[1520] Problematisch ist deshalb die der Entscheidung des BAG vom 14.1.1993 EzA KSchG § 1 Krankheit Nr. 39 = NZA 1994, 309 zugrunde liegende Einzelfallbeurteilung.

[1521] BAG 19.5.1993 RzK I 5g Nr. 54; zu eng LAG Hamm 4.12.1996 LAGE KSchG § 1 Krankheit Nr. 26, wonach zwingend ein Beobachtungszeitraum von zwei bis drei Jahren erforderlich sein soll; dem aber zustimmend KR/*Griebeling,* § 1 KSchG Rn. 330, mindestens ein Jahr fordern HK-KSchG/*Weller/Dorndorf,* § 1 Rn. 391.

[1522] Hierzu BAG 10.3.1977 AP KSchG 1969 § 1 Krankheit Nr. 4 = EzA KSchG § 1 Krankheit Nr. 4; BAG 16.2.1989 AP KSchG 1969 § 1 Krankheit Nr. 20 mit Anm. *Preis* = EzA KSchG § 1 Krankheit Nr. 25 = NZA 1989, 923; *Popp,* ArbuR 1979, 49; *Preis,* Prinzipien S. 442.

[1523] BAG 16.2.1989 AP KSchG 1969 § 1 Krankheit Nr. 20 mit Anm. *Preis* = EzA KSchG § 1 Krankheit Nr. 25 = NZA 1989, 923.

beziehung fehlt.[1524] Kannte der Arbeitgeber bei der Einstellung die **chronische Erkrankung** des Arbeitnehmers, so soll er längere Fehlzeiten hinzunehmen haben als bei anderen Arbeitnehmern.[1525] Ein ganz wesentlicher Abwägungspunkt ist die Rückführung der Erkrankung auf **betriebliche Ursachen**.[1526] Der Arbeitgeber trägt die Darlegungs- und Beweislast dafür, dass ein solcher vom Arbeitnehmer behaupteter ursächlicher Zusammenhang *nicht* besteht. *Aber:* Weist der Arbeitnehmer eine „negative gesundheitliche Disposition" auf und kommt daneben ein betrieblicher Umstand nur als einer von mehreren zusätzlichen Faktoren für akute Erkrankungen in Betracht, dann liegt es im tatrichterlichen Beurteilungsspielraum, die betriebliche Verursachung bei der Berücksichtigung der Gesamtumstände nicht entscheidend zu berücksichtigen.[1527]

1265 Auch das **Verschulden** ist zu berücksichtigen,[1528] wobei dies freilich nur dann zulasten des Arbeitnehmers durchgreifen darf, wenn der enge Verschuldensmaßstab des § 3 EFZG erfüllt ist.[1529] Dies gilt nicht, wenn im Zusammenhang mit der Krankheit vertragliche Nebenpflichten verletzt werden.[1530] Im Rahmen der Abwägung ist des Weiteren zu berücksichtigen, ob und inwieweit der Arbeitgeber eine **Personalreserve** vorhält.[1531] Führt eine fehlende, aber bei geordneter Betriebsführung erforderliche Personalreserve zu erheblichen Betriebsbelastungen, kann dies zulasten des Arbeitgebers zu Buche schlagen. Zu seinen Gunsten ist hingegen zu berücksichtigen, wenn es trotz angemessener Personalreserve durch übermäßig häufige Kurzerkrankungen zu Betriebsbelastungen kommt.[1532] Personalreserven sind indes nur bei einer Mehrzahl von Arbeitsplätzen mit vergleichbarer Qualifikation zu halten. Die übliche Personalreserve bemisst sich nach dem durchschnittlichen Krankenstand in einem Betrieb.[1533] Hält der Arbeitgeber eine angemessene Personalreserve, können nach Auffassung des BAG allein die Lohnfortzahlungskosten eine unzumutbare Belastung des Arbeitgebers begründen, ohne dass daneben noch Betriebsablaufstörungen oder weitere den Betrieb belastende Auswirkungen vorliegen müssten.[1534] *Aber:* Das Fehlen einer Personalreserve hat nicht bereits zur Folge, dass die Kündigung nicht allein auf die wirtschaftliche Belastung wegen Lohnfortzahlung gestützt werden könnte.[1535]

1266 Im Rahmen der Interessenabwägung wird insbesondere die **Höhe der Lohnfortzahlungskosten** gewichtet. Eine Quantifizierung – und sei es nur in der Form der

---

[1524] Siehe *Preis,* Prinzipien, S. 232 f., 422 f.; *Tschöpe,* DB 1987, 1044 f.; *Peterek,* Anm. EzA KSchG § 1 Krankheit Nr. 13; HAS-*Popp,* § 19 D Rn. 64; HK-KSchG/*Weller/Dorndorf,* § 1 Rn. 431.

[1525] BAG 10.6.1969 AP KSchG § 1 Krankheit Nr. 2 = EzA KSchG § 1 Nr. 13; berechtigte Kritik bei HK-KSchG/*Weller/Dorndorf,* § 1 Rn. 421; HHL/*Krause,* § 1 KSchG Rn. 414.

[1526] BAG 6.9.1989 EzA KSchG § 1 Krankheit Nr. 27 = NZA 1990, 305; BAG 7.11.1985 EzA KSchG § 1 Krankheit Nr. 17 = NZA 1986, 359; LAG Köln 2.3.1995 LAGE KSchG § 1 Krankheit Nr. 19; zum Betriebsunfall *Lepke* Rn. 212; *Weller,* ArbRGeg, 1983, S. 89; ausführlich *Preis,* Prinzipien, S. 144 ff.; HAS-*Popp,* § 19 D Rn. 60 ff.

[1527] BAG 5.7.1990 EzA KSchG § 1 Krankheit Nr. 32 = NZA 1991, 185.

[1528] BAG 7.11.1985 EzA KSchG § 1 Krankheit Nr. 17 = NZA 1986, 359; BAG 9.4.1987 EzA KSchG § 1 Krankheit Nr. 18 = NZA 1987, 811.

[1529] *Preis,* Prinzipien, S. 334 f., 444.

[1530] Hierzu *Lepke* Rn. 208.

[1531] BAG 16.2.1989 AP KSchG 1969 § 1 Krankheit Nr. 20 mit Anm. *Preis* = EzA KSchG § 1 Krankheit Nr. 25 = NZA 1989, 923; BAG 25.11.1982 AP KSchG 1969 § 1 Krankheit Nr. 7 = EzA KSchG § 1 Krankheit Nr. 10; *Preis,* Prinzipien, S. 442 ff.

[1532] BAG 16.2.1989 AP KSchG 1969 § 1 Krankheit Nr. 20 mit Anm. *Preis* = EzA KSchG § 1 Krankheit Nr. 25 = NZA 1989, 923.

[1533] *Preis,* Prinzipien, S. 443.

[1534] BAG 6.9.1989 EzA KSchG § 1 Krankheit Nr. 26 = NZA 1990, 307.

[1535] BAG 29.7.1993 EzA KSchG § 1 Krankheit Nr. 40 = NZA 1994, 67.

Präzisierung des Begriffs der Erheblichkeit auf einen *festen Grenzwert* von 25% über die für sechs Wochen zu leistende Lohnfortzahlung hinaus – wurde *abgelehnt*.[1536] Als *erheblich* wurde jedoch eine die Sechs-Wochen-Grenze um 15 Tage (= 50%, insgesamt also 45 Tage) überschreitende Lohnfortzahlung anerkannt.[1537] Prognostizierte Lohnfortzahlungskosten von 60 Arbeitstagen im Jahr (das Doppelte des Sechs-Wochen-Zeitraums) wurden als *außergewöhnlich hoch* bezeichnet.[1538] In der Gesamtschau der Entscheidungen gewinnt man den Eindruck, dass mit zunehmender Höhe der Lohnfortzahlungskosten die Bedeutung der anderen Abwägungsfaktoren abnimmt. Manche Abwägungsfaktoren erhalten sogar durch die Lohnfortzahlungskosten ihr spezifisches Gewicht. Dies gilt etwa für den Aspekt des Lebensalters. Die zu erwartende erhebliche Belastung wird umso höher, je jünger der Arbeitnehmer ist.[1539] Andererseits wird die Höhe der Lohnfortzahlungskosten in der Rechtsprechung niemals als absoluter Fixpunkt angewendet. In der Entscheidung vom 10.5.1990[1540] scheiterte trotz außerordentlich hoher Fehltage (1985: 185 Tage, 1986: 110 Tage, 1987: 108 Tage) die Kündigung allein daran, dass der Arbeitgeber die Ausfallquote vergleichbarer Arbeitnehmer nicht dargelegt hatte. Sei auch bei den Kollegen die Quote der krankheitsbedingten Ausfälle besonders hoch, dann könne, so das BAG, nur eine ganz erheblich höhere Ausfallquote eine Kündigung rechtfertigen. Eine Massierung von gestörten Arbeitsverhältnissen in einem bestimmten betrieblichen Bereich erleichtere dem Arbeitgeber nicht eine krankheitsbedingte Kündigung.[1541]

(5) Hinsichtlich der zu erwartenden unzumutbaren betrieblichen oder wirtschaftlichen Belastungen ist der **Arbeitgeber darlegungs- und beweispflichtig.** Das BAG stellt strenge Anforderungen, weil der Arbeitgeber insoweit die erforderliche Sachnähe und Kenntnis hat.[1542] Der Arbeitgeber trägt nach § 1 Abs. 2 S. 4 KSchG auch die objektive Beweislast für die Tatsachen, die der Interessenabwägung zugrunde zu legen sind. Der Arbeitgeber hat auch die vom Arbeitnehmer behaupteten, diesem günstigen Umstände zu widerlegen.[1543] Behauptet der Arbeitnehmer einen ursächlichen Zusammenhang zwischen Krankheit und betrieblicher Tätigkeit und entbindet er den behandelnden Arzt von der Schweigepflicht, dann trägt der Arbeitgeber die Beweislast für die Nichtursächlichkeit.[1544]

1267

cc) Dauernde Arbeitsunfähigkeit

Der Fall der dauernden (krankheitsbedingten) Arbeitsunfähigkeit erlangt in der Rechtsprechung zunehmende Bedeutung. Schon in den Urteilen vom 21.2.1985[1545] und vom 30.1.1986[1546] hatte der 2. Senat ausgeführt, die krankheitsbedingte dauernde Unfähigkeit, die vertraglich geschuldete Arbeitsleistung zu erbringen, berechtige den

1268

[1536] BAG 13.12.1990 RzK I 5g Nr. 42.
[1537] BAG 6.9.1989 EzA KSchG § 1 Krankheit Nr. 26 = NZA 1990, 307.
[1538] BAG 5.7.1990 EzA KSchG § 1 Krankheit Nr. 32 = NZA 1991, 185.
[1539] BAG 10.5.1990 EzA KSchG § 1 Krankheit Nr. 31.
[1540] BAG 10.5.1990 EzA KSchG § 1 Krankheit Nr. 31.
[1541] A. A.: *Schwerdtner*, DB 1990, 378 f.; wie BAG *Kohte*, AiB 1990, 130 f.
[1542] BAG 2.11.1983 AP KSchG 1969 § 1 Krankheit Nr. 12 = EzA KSchG § 1 Krankheit Nr. 13; *Ascheid*, Beweislastfragen, S. 108 f.; HAS-*Popp*, § 19 D Rn. 53 ff.
[1543] BAG 6.9.1989 EzA KSchG § 1 Krankheit Nr. 27 = NZA 1990, 350; *Ascheid*, Beweislastfragen, S. 109 f.
[1544] BAG 6.9.1989 EzA KSchG § 1 Krankheit Nr. 27 = NZA 1990, 350; HAS-*Popp*, § 19 D Rn. 62; anders LAG Baden-Württemberg 29.4.1986 LAGE KSchG § 1 Krankheit Nr. 6 = NZA 1987, 27.
[1545] BAG 21.2.1985 RzK I 5g Nr. 10.
[1546] NZA 1987, 555.

Arbeitgeber zur ordentlichen Kündigung des Arbeitsverhältnisses, wobei der Arbeitgeber eine darüber hinausgehende Betriebsbeeinträchtigung nicht darlegen müsse.[1547] Sowohl die festgestellte **Berufsunfähigkeit** als auch die **Erwerbsunfähigkeit** begründen hinreichend die Negativprognose.[1548] Der rentenversicherungsrechtliche Begriff der Erwerbsunfähigkeit und der arbeitsrechtliche Begriff der Arbeitsunfähigkeit decken sich jedoch nicht. Deshalb kann auch während der Gewährung einer befristeten Rente wegen Erwerbsunfähigkeit eine Kündigung wegen dauernder Arbeitsunfähigkeit gerechtfertigt sein.[1549] Bei einem Arbeitsverhältnis, bei dem feststeht, dass der Arbeitnehmer in Zukunft die geschuldete Arbeitsleistung überhaupt nicht mehr erbringen kann, sei schon aus diesem Grunde das Arbeitsverhältnis auf Dauer ganz erheblich gestört. Hier tritt eine tiefgreifende Äquivalenzstörung ein, die zur Kündigung berechtigt.[1550] In diesem Falle bestehe kein schützenswertes Interesse des Arbeitnehmers, den Arbeitgeber daran zu hindern, mit der Tätigkeit des Arbeitnehmers, der außerstande sei, die geschuldete Arbeitsleistung zu erbringen, auf Dauer einen anderen Arbeitnehmer zu beauftragen. Auf etwaige Vertretungsmöglichkeiten kann es nicht mehr ankommen, selbst wenn die Vertretungsmöglichkeit durch befristet eingestellte Arbeitnehmer über 24 Monate hinaus möglich ist.[1551] Im Kern kann die Kündigung aus diesem Grund nur verhindert werden, wenn ein anderer Arbeitsplatz, und sei es unter geänderten (leidensgerechten, → Rn. 1250), Arbeitsbedingungen, ggf. nach zumutbaren Umschulungs- oder Fortbildungsmaßnahmen, zur Verfügung steht.[1552]

1269 In der Praxis eine Rolle spielen Fälle, in denen innerbetriebliche Konflikte und Umsetzungsmaßnahmen Arbeitnehmer dazu veranlassen, sich zur Leistung der übertragenen Arbeit außerstande zu sehen und dementsprechende Atteste vorzulegen.[1553] Eine schlechte anwaltliche Beratung kann dann dazu führen, dass der Arbeitnehmer den Arbeitsplatz wegen „dauernder Unfähigkeit zur Erbringung der geschuldeten Arbeitsleistung" verliert.[1554] Selbst wenn man dem BAG im grundsätzlichen Ausgangspunkt folgt, ist die noch unzureichende begriffliche Abgrenzung problematisch. Ist schon jede verbale oder attestierte Erklärung, die ausgeübte Tätigkeit könne der Arbeitnehmer gesundheitsbedingt auf Dauer nicht erbringen, geeignet, den Tatbestand eines dauernden Unvermögens anzunehmen, wenn der Arbeitnehmer faktisch, wenn auch durch Krankheit unterbrochen, die Arbeit noch ausführt? Es spricht viel dafür, die andauernde Leistungsunfähigkeit auf die Fälle zu beschränken, in denen der Arbeitnehmer gar nicht mehr arbeitet oder definitiv erklärt, die Arbeit wegen seines

---

[1547] So die ständige Rechtsprechung BAG 30.1.1986 NZA 1987, 555; zuletzt BAG 18.1.2007 PatR 2008, 34; zur Kündigungsmöglichkeit bei mehrfacher Bewilligung einer zeitlich befristeten Erwerbsunfähigkeitsrente LAG Baden-Württemberg 13.1.1988 LAGE KSchG § 1 Personenbedingte Kündigung Nr. 5.

[1548] Vgl. LAG Hamm 11.7.1996 ARSt 1997, 69, wo allerdings richtig darauf hingewiesen wird, dass im Unterschied zur Erwerbsunfähigkeit bei der Berufsunfähigkeit ggf. noch anderweitige Einsatzmöglichkeiten in Betracht kommen.

[1549] BAG 3.12.1998 EzA KSchG § 1 Krankheit Nr. 45 = NZA 1999, 440.

[1550] *Greiner,* RdA 2007, 22.

[1551] BAG 19.4.2007 EzA KSchG § 1 Krankheit Nr. 53 = NZA 2007, 1041.

[1552] Vgl. schon BAG 5.8.1976 AP KSchG 1969 § 1 Krankheit Nr. 1 = EzA KSchG § 1 Krankheit Nr. 2; zuletzt BAG 28.2.1990 EzA KSchG § 1 Personenbedingte Kündigung Nr. 5 = NZA 1990, 727 und BAG 7.2.1991 EzA KSchG § 1 Personenbedingte Kündigung Nr. 9 = NZA 1991, 806; weitere Einzelfälle bei *Preis,* in: Hromadka, Krankheit im Arbeitsverhältnis, 1993, S. 93, 102 ff.

[1553] Hierzu *Basedau,* ArbuR 1991, 299.

[1554] BAG 28.2.1990 EzA KSchG § 1 Personenbedingte Kündigung Nr. 5 = NZA 1990, 727; vgl. auch die Folgeentscheidung LAG München 14.8.1991 LAGE KSchG § 1 Personenbedingte Kündigung Nr. 9; BAG 13.12.1990 RzK I 5g Nr. 42.

§ 2 Die Sozialwidrigkeit der Kündigung

Gesundheitszustandes nicht mehr ausüben zu wollen.[1555] Das nur *vorübergehende Leistungsunvermögen* darf dem dauernden Unvermögen nicht gleichgestellt werden. Kündigungsrechtlich sind vorübergehende Leistungshindernisse entweder nach den Grundsätzen der langanhaltenden Erkrankung oder – je nach Häufigkeit – nach den Grundsätzen für Kurzzeiterkrankungen zu lösen. Schließlich muss es sich nicht nur um ein dauerndes, sondern auch um ein vollständiges Unvermögen handeln. Das nur *teilweise* Unvermögen ist der Fallgruppe der krankheits- oder altersbedingten Leistungs*einschränkung* zuzuordnen, die nicht in gleicher Weise die Kündigungsmöglichkeit für den Arbeitgeber eröffnet. Diese Unterscheidung der Fallgruppen ist unverzichtbar, wenn nicht die falsche Messlatte an die Kündigung angelegt werden soll.

Mit der Entscheidung vom 12.7.1995[1556] hat das BAG in der Sache eine differenzierte Handhabung vorgenommen und nicht allein das arbeitnehmerseitig vorgelegte Attest als Nachweis für eine dauernde Arbeitsunfähigkeit genügen lassen, wenn der Arbeitnehmer tatsächlich gearbeitet hat und die Krankheitszeiten nicht auf eine Arbeitsunfähigkeit schließen lassen. **1270**

dd) Kündigung wegen krankheitsbedingter Leistungsminderung

Während bei dauernder (vollständiger) Arbeitsunfähigkeit die Kündigung regelmäßig bei fehlender anderweitiger Verwendungsmöglichkeit zulässig ist, wird die Kündigungsmöglichkeit bei krankheits- oder altersbedingter Leistungsminderung zurückhaltend beurteilt. Grundsätzlich hat der Arbeitgeber einen altersbedingten Leistungsabfall hinzunehmen.[1557] An die Kündigung wegen krankheits- oder altersbedingter Leistungsminderung[1558] werden in der Gerichtspraxis strenge Anforderungen gestellt. Bei alters- und krankheitsbedingtem Leistungsabfall muss der Arbeitgeber zunächst mildere Mittel prüfen und – soweit möglich – ergreifen (Umsetzung und Umgestaltung des Arbeitsplatzes, andere Aufgabenverteilung). Die Kündigung wegen krankheits- oder altersbedingter Leistungsminderung bewegt sich auf der Grenze zur verhaltensbedingten Kündigung. Entscheiden kann man nach folgender Formel: Wer schlecht leistet, obwohl er zur guten Leistung imstande wäre, verletzt den Arbeitsvertrag, kann abgemahnt und in letzter Konsequenz gekündigt werden.[1559] Wer jedoch schlechter leistet, weil er alters- oder krankheitsbedingt nicht mehr anders leisten kann, der ist unverschuldet zur Leistung außerstande und für die geschuldete Tätigkeit nicht mehr (voll) geeignet. Da eine Leistungssteigerung subjektiv unmöglich ist (Unvermögen), ist auch eine Abmahnung zwecklos und daher entbehrlich. Die krankheitsbedingte Leistungsminderung gehört daher in die Kategorie der (verschuldensunabhängigen) personenbedingten Kündigung wegen Eignungsmangel.[1560] Es liegt allerdings nur eine eingeschränkte Eignung zur Erfüllung der geschuldeten Aufgabe vor. Zur Rechtfertigung der Kündigung bedarf es erheblicher Beeinträchtigungen der Leistungsfähigkeit. Nur geringfügige Minderungen der Leistungsfähigkeit scheiden von vornherein als Kündi- **1271**

[1555] Dafür *Basedau,* ArbuR 1991, 299, 303.
[1556] AP BGB § 626 Krankheit Nr. 7 mit Anm. *Bezani* = EzA BGB n. F. § 626 Nr. 156 mit Anm. *Kania* = NZA 1995, 1100.
[1557] BAG 16.3.1961 AP KSchG § 1 Verhaltensbedingte Kündigung Nr. 2; HHL/*Krause,* § 1 KSchG Rn. 449.
[1558] BAG 12.7.1995 AP BGB § 626 Krankheit Nr. 7 mit Anm. *Bezani* = EzA BGB n. F. § 626 Nr. 156 mit Anm. *Kania* = NZA 1995, 1100; LAG Köln 21.12.1995 LAGE KSchG § 1 Krankheit Nr. 24; BAG 5.8.1976 AP KSchG 1969 § 1 Krankheit Nr. 1 = EzA KSchG § 1 Krankheit Nr. 1; LAG Frankfurt 29.4.1983 BB 1984, 1163; KR/*Griebeling,* § 1 KSchG Rn. 385 f.
[1559] Zur Kündigung wegen Schlecht- oder Minderleistung Rn. 659 mwN.
[1560] Ebenso HHL/*Krause,* § 1 KSchG Rn. 435.

gungsgrund aus.¹⁵⁶¹ Es muss sich um erhebliche Einschränkungen der Leistungsfähigkeit in quantitativer oder qualitativer Hinsicht handeln.¹⁵⁶² Das BAG hat in einer Entscheidung vom 26.9.1991¹⁵⁶³ die Kündigung wegen krankheitsbedingter Leistungsminderung einer schwerbehinderten, langjährig beschäftigten Arbeitnehmerin bejaht, die nach objektiver Feststellung nur noch zwei Drittel der Normalleistung zu erbringen in der Lage war. In der Praxis wird in den meisten Fällen die Kündigung daran scheitern, dass der Arbeitgeber eine derartig bezifferte Normalleistung kaum wird nachweisen können.

ee) Kündigung wegen Langzeiterkrankung

1272 Kündigungen wegen Langzeiterkrankung spielen in der Gerichtspraxis eine geringere Rolle. Richtungweisend waren hier die Entscheidungen des BAG vom 22.2.1980 und 25.11.1982.¹⁵⁶⁴ Auf **langanhaltende Erkrankungen** kann betrieblich leichter reagiert werden. Wirtschaftlich sind sie wegen der nach 6 Wochen endenden Lohnfortzahlungspflicht weniger belastend als häufige, über insgesamt 6 Wochen hinausgehende Kurzerkrankungen. Bei einmaligen Schicksalsschlägen verlangt die Rechtsprechung darüber hinaus vom Arbeitgeber größere Rücksichtnahme. Aus der Systematik des § 3 EFZG und der krankheitsbedingten Kündigungsgründe ist zu folgern, dass langanhaltend nur eine Krankheit ist, die über sechs Wochen hinaus andauert.¹⁵⁶⁵ In diesen Fällen ist auf die Obliegenheit eines betrieblichen Eingliederungsmanagements (§ 84 Abs. 2 SGB IX) besonders hinzuweisen (→ Rn. 989, 1251). Dabei ist jedoch die bisherige Dauer der Langzeiterkrankung für die Negativprognose wenig aussagekräftig, weil die Wiederherstellung der Arbeitsfähigkeit kurz bevorstehen kann.¹⁵⁶⁶ Bei langanhaltenden Erkrankungen müssen die nicht absehbare Dauer der Arbeitsunfähigkeit und die daraus folgende Ungewissheit zu erheblichen Beeinträchtigungen der betrieblichen und wirtschaftlichen Interessen führen.¹⁵⁶⁷ Problematisch ist der Fall der Abgrenzung zwischen langanhaltender Erkrankung und dem Fall der dauernden Arbeitsunfähigkeit: In einer Entscheidung vom 21.5.1992¹⁵⁶⁸ hat das BAG im Falle eines bereits seit 1½ Jahren erkrankten Arbeitnehmers, dessen gesundheitliche Wiederherstellung noch völlig ungewiss war, die Kündigung bejaht: Nach langer Erkrankung könne die Ungewissheit wie eine feststehende dauernde Arbeitsunfähigkeit gewertet werden mit der Konsequenz, dass allein aus diesem Umstand eine kündigungsbegründende Beeinträchtigung betrieblicher Interessen folgt.

1273 Sowohl für die „einfache" als auch die „qualifizierte" (d.h. einer dauernden Arbeitsunfähigkeit gleichstehenden) langanhaltende Erkrankung gibt es keine festen Bemessungszeiten. Weder ist es vertretbar, jeden über sechs Wochen andauernden Fehltag als unzumutbar anzusehen, noch nach sechs Wochen oder einem anderen willkürlich ge-

---

¹⁵⁶¹ KR/*Griebeling*, § 1 KSchG Rn. 386.
¹⁵⁶² *Lepke* Rn. 168 ff. mwN.
¹⁵⁶³ EzA KSchG § 1 Personenbedingte Kündigung Nr. 10 = NZA 1992, 1073; bestätigt durch BAG 11.12.2003 EzA KSchG § 1 Verhaltensbedingte Kündigung Nr. 62 = NZA 2004, 784.
¹⁵⁶⁴ BAG 22.2.1980 AP KSchG 1969 § 1 Krankheit Nr. 6 mit Anm. *Hueck* = EzA KSchG § 1 Krankheit Nr. 5 mit Anm. *Maydell/Eylert;* BAG 25.11.1982 AP KSchG 1969 § 1 Krankheit Nr. 7 mit Anm. *Meisel* = EzA KSchG § 1 Krankheit Nr. 10 mit Anm. *Otto.*
¹⁵⁶⁵ ErfK/*Oetker*, § 1 KSchG Rn. 131.
¹⁵⁶⁶ Richtig HK-KSchG/*Weller/Dorndorf*, § 1 Rn. 429.
¹⁵⁶⁷ BAG 22.2.1980 AP KSchG 1969 § 1 Krankheit Nr. 6 = EzA KSchG § 1 Krankheit Nr. 5 und BAG 25.11.1982 AP KSchG 1969 § 1 Krankheit Nr. 7 = EzA KSchG § 1 Krankheit Nr. 10; krit. ErfK/*Oetker*, § 1 KSchG Rn. 130.
¹⁵⁶⁸ EzA KSchG § 1 Krankheit Nr. 38 = NZA 1993, 497; bestätigt durch BAG 18.1.2007 PatR 2008, 34.

§ 2 Die Sozialwidrigkeit der Kündigung

setzten Zeitpunkt generell eine Kündigung zuzulassen. Entscheidend sind die unter Rn. 1024f. wiedergegebenen Kriterien. Dabei kommt es insbesondere darauf an, ob Überbrückungsmaßnahmen über einen längeren Zeitraum möglich sind. Der Ausfall einer spezialisierten Fachkraft, der vielfach schwierig zu überbrücken ist, kann das Kündigungsinteresse steigen lassen.[1569] Überdies ist davor zu warnen, die Entscheidung des BAG vom 21.5.1992 (→ Rn. 1272) kasuistisch zu überspitzen, indem versucht wird, den Begriff der langanhaltenden Erkrankung, die einer dauernden Arbeitsunfähigkeit gleichsteht, ausschließlich in zeitlicher Hinsicht zu präzisieren.[1570] Das BAG kommt auf einer methodischen unsicheren Basis zu dem Schluss, als langanhaltende Erkrankung sei jedenfalls eine solche von mindestens acht Monaten anzusehen. Eine der dauernden Arbeitsunfähigkeit gleich zu stellende Ungewissheit der Wiederherstellung der Arbeitsfähigkeit sei aber nur dann anzunehmen, wenn in den nächsten 24 Monaten mit einer anderen Prognose nicht gerechnet werden kann.[1571] So begrüßenswert der Versuch ist, in die durch die eigenen Entscheidungen ausgelöste Rechtsunsicherheit mehr Gewissheit zu bringen, so zweifelhaft ist aber die Legitimation und sachliche Plausibilität der (unter Hinweis auf das BeschFG!) gefundenen Zeitgrenzen.[1572]

g) Strafhaft; Untersuchungshaft

Die Kündigung eines Arbeitnehmers wegen Arbeitsverhinderung durch Verbüßung einer Freiheitsstrafe stellt keinen verhaltens-, sondern einen personenbedingten Kündigungsgrund dar.[1573] Das Gleiche gilt im Falle der Untersuchungshaft.[1574] Das BAG wendet zu Recht auch in diesen Fällen die allgemeinen Grundsätze der personenbedingten Kündigung an. Entscheidend sind Art und Umfang der hervorgerufenen Betriebsstörungen und die Möglichkeit von Überbrückungsmaßnahmen. Wegen der eigenen Verantwortlichkeit für die Arbeitsverhinderung hält das BAG im Falle der Strafhaft aber zur Überbrückung des Ausfalls nur geringere Belastungen für zumutbar als bei einer krankheitsbedingten Arbeitsverhinderung (vgl. bereits → Rn. 687ff.). Freilich ist auch zu bedenken, dass mangels Annahmeverzug bzw. wegen arbeitnehmerseitig verschuldeter Unmöglichkeit die Lohnzahlungspflicht entfällt.

1274

V. Sozialwidrigkeit im Falle eines Widerspruchs des Betriebsrats; absolute Sozialwidrigkeitsgründe

§ 1 Abs. 2 S. 2 und 3 KSchG sind durch § 123 BetrVG 1972 in das KSchG eingefügt worden. Mit ihnen wurde das Ziel verfolgt, den Kündigungsschutz des Arbeit-

1275

[1569] Vgl. auch ErfK/*Oetker*, § 1 KSchG Rn. 133.
[1570] Hierzu LAG Köln 25.8.1995 LAGE KSchG § 4 Nr. 30 = NZA-RR 1996, 247; LAG Köln 19.12.1995 LAGE KSchG § 1 Krankheit Nr. 22 = NZA-RR 1996, 250; LAG Nürnberg 19.12.1995 LAGE KSchG § 1 Krankheit Nr. 23; LAG Hessen 13.3.2001 NZA-RR 2001, 21; vgl. auch die Kritik bei HK-KSchG/*Weller/Dorndorf*, § 1 Rn. 435.
[1571] BAG 29.4.1999 EzA KSchG § 1 Krankheit Nr. 46 = NZA 1999, 978; bestätigt durch BAG 12.4.2002 AP KSchG 1969 § 1 Nr. 65 mit krit. Anm. *Schiefer* = EzA KSchG § 1 Krankheit Nr. 49 vgl. auch LAG Hessen 13.3.2001 NZA-RR 2002, 21 ff.; LAG Niedersachsen 29.3.2005 LAGE KSchG § 1 Krankheit Nr. 36 = NZA-RR 2005, 523.
[1572] Zu Recht abl. daher HHL/*Krause*, § 1 KSchG Rn. 418ff., 424; *Kraft*, Anm. zu BAG 29.4.1999 EzA KSchG § 1 Krankheit Nr. 46.
[1573] BAG 15.11.1984 EzA BGB n. F. § 626 Nr. 95 = NZA 1985, 661; BAG 22.9.1994 EzA KSchG § 1 Personenbedingte Kündigung Nr. 11 = NZA 1995, 119; BAG 9.3.1995 EzA BGB n. F. § 626 Nr. 154 = NZA 1995, 777.
[1574] LAG Berlin 19.8.1985 ArbuR 1986, 247; ArbG Elmshorn 9.8.1984 NZA 1985, 26; LAG Düsseldorf 30.10.1996 – 12 Sa 827/96.

nehmers zu verstärken. § 114 BPersVG erstreckt die Geltung der Bestimmungen auf den Bereich des öffentlichen Dienstes.

1276 Voraussetzung für den erweiterten Kündigungsschutz des Arbeitnehmers nach § 1 Abs. 2 S. 2 und 3 KSchG ist ein **form- und fristgerechter Widerspruch des Betriebsrats**. Es handelt sich um den Widerspruch, der im Rahmen des Anhörungsverfahrens nach § 102 BetrVG erhoben werden kann. Das Widerspruchsrecht des Betriebsrats ist nicht frei, sondern ein an ganz bestimmte gesetzliche Tatbestände gebundenes Recht. Hat der Betriebsrat einer beabsichtigten Kündigung innerhalb einer Woche schriftlich unter Angabe von Gründen widersprochen, so ist der Arbeitgeber dennoch nicht gehindert, die Kündigung auszusprechen. Der Widerspruch führt nicht zur Unwirksamkeit der Kündigung. Der Arbeitnehmer ist frei, ob er die Kündigung hinnehmen oder sie im Kündigungsschutzverfahren anfechten will. Der Widerspruch hat zwei Rechtsfolgen: Er löst unter der Voraussetzung des § 102 Abs. 5 BetrVG den Weiterbeschäftigungsanspruch bis zur rechtskräftigen Entscheidung des Kündigungsschutzprozesses aus und er hat eine Erweiterung des Kündigungsschutzes nach § 1 Abs. 2 S. 2 KSchG zur Folge. In beiden Fällen müssen die allgemeinen Voraussetzungen des KSchG gegeben sein, anderenfalls ist der Widerspruch des Betriebsrats ohne individualrechtliche Bedeutung. Trotz Einfügung eines Widerspruchsrechts des Betriebsrats in das BetrVG gegenüber der ordentlichen Kündigung bleibt die Durchführung des Kündigungsschutzes in der Ebene des Individualrechts und seine Durchsetzung allein dem Arbeitnehmer selbst überlassen. Stellt das Gericht im Kündigungsschutzprozess fest, dass der form- und fristgerecht eingelegte Widerspruch des Betriebsrats begründet war, so ist die Kündigung sozialwidrig. Die gegebenenfalls notwendige Interessenabwägung entfällt (sog. **absoluter Sozialwidrigkeitsgrund**).[1575]

1277 Widerspricht der Betriebsrat der Kündigung nach § 102 Abs. 3 BetrVG, so hat der Arbeitgeber dem Arbeitnehmer mit der Kündigung zugleich eine Abschrift der Stellungnahme des Betriebsrats zuzuleiten. Die Verletzung dieser Pflicht macht die Kündigung jedoch nicht nichtig. Es können allenfalls Schadensersatzfolgen eintreten.

1278 Der Katalog des § 102 Abs. 3 BetrVG kodifiziert im Wesentlichen die Rechtsprechung der Arbeitsgerichte zu Fragen der Kündigung aus dringenden betrieblichen Erfordernissen und aus Gründen in der Person des Arbeitnehmers, wenn man von der Ausdehnung des Schutzes auf das Unternehmen nach Ziffer 3 und den Schutz durch die Auswahlrichtlinien nach § 95 BetrVG absieht. Ein Widerspruch des Betriebsrats ist nicht nur bei betriebsbedingten, sondern auch bei personen- und verhaltensbedingten Kündigungen zulässig.[1576] Bei Kündigungen wegen **schuldhaften vertragswidrigen Verhaltens** greift das Widerspruchsrecht des Betriebsrats wohl nur in selteneren Ausnahmefällen. In Grenzfällen kann ein Widerspruchsrecht bei einer verhaltensbedingten Kündigung gegeben sein, wenn zB der Arbeitnehmer ohne Verschulden seine Arbeit nicht mehr schafft, also schlechte Leistungen erbringt. Hier kann nach Ziffer 5 ein Widerspruchsrecht denkbar sein, weil die Beschäftigung auf einem anderen Arbeitsplatz möglich ist. Bei Kündigungen aus Gründen in der Person wird ein Widerspruchsrecht des Betriebsrats wegen der möglichen Weiterbeschäftigung auf einem an-

---

[1575] BAG 13.9.1973 AP KSchG 1969 § 1 Nr. 2 = EzA BetrVG 1972 § 102 Nr. 7; krit. *Preis*, Prinzipien, S. 93 f.
[1576] BAG 22.7.1982 AP KSchG 1969 § 1 Verhaltensbedingte Kündigung Nr. 5 = EzA KSchG § 1 Verhaltensbedingte Kündigung Nr. 10; HHL/*Krause*, § 1 KSchG Rn. 1033 mwN; KDZ/*Deinert*, § 1 KSchG Rn. 496.

§ 2 Die Sozialwidrigkeit der Kündigung

deren Arbeitsplatz häufiger in Betracht kommen. Sofern der Widerspruchsgrund eine Vertragsänderung voraussetzt, ist zur Begründetheit des Widerspruchs das Einverständnis des Arbeitnehmers zu fordern. Dies kann bei den Widerspruchstatbeständen nach § 102 Abs. 3 Nr. 4 und 5 BetrVG der Fall sein.[1577] Die anderen Arbeitsplätze müssen verfügbar, also **frei** sein.

Durch Betriebsvereinbarung können Betriebsrat und Arbeitgeber vereinbaren, dass Kündigungen der Zustimmung des Betriebsrats bedürfen und im Streitfall die Einigungsstelle entscheidet (dazu → Rn. 389 ff.). Von Bedeutung ist, dass durch die gesetzliche Konkretisierung des Kündigungsschutzes in § 1 Abs. 2 S. 2 KSchG keine Einschränkung dieses Schutzes statuiert worden ist in dem Sinne, dass nunmehr **ohne Widerspruch** des Betriebsrats die im Gesetz aufgezählten Tatbestände keine Berücksichtigung mehr finden könnten. Selbst wenn im Betrieb kein Betriebsrat besteht oder der Betriebsrat der Kündigung nicht oder nicht fristgerecht widersprochen hat, sind die in § 1 Abs. 2 S. 2 KSchG genannten Widerspruchsgründe als spezifische Konkretisierungen des Verhältnismäßigkeitsprinzips zu berücksichtigen.[1578] **1279**

1. Auswahlrichtlinien

Die Kündigung ist nach § 1 Abs. 2 S. 2 Nr. 1 lit. a KSchG sozial ungerechtfertigt, wenn sie gegen eine Richtlinie nach § 95 BetrVG verstößt und der Betriebsrat deshalb der beabsichtigten Kündigung form- und fristgerecht widersprochen hat. Dieser Widerspruchsgrund ist, weil es nur im Rahmen des § 1 Abs. 3 KSchG sinnvollerweise Auswahlrichtlinien geben kann, auf den Fall der betriebsbedingten Kündigung beschränkt.[1579] Die Auswahlrichtlinien können allerdings den zwingenden gesetzlichen Kündigungsschutz des einzelnen Arbeitnehmers nicht beschneiden, etwa dadurch, dass die Auswahl nur auf einen Gesichtspunkt, etwa die Dauer der Betriebszugehörigkeit, begrenzt wird. Das stellt eine Verletzung des zwingenden Rechts des allgemeinen Kündigungsschutzes dar, zu dem auch § 1 Abs. 3 KSchG zählt. Derartige Auswahlrichtlinien sind nichtig mit der Folge, dass die nach ihnen getroffene Entscheidung des Arbeitgebers vor Gericht keinen Bestand hat.[1580] Die Auswahlrichtlinien haben eine spezifisch kündigungsrechtliche Regelung in § 1 Abs. 4 KSchG erfahren (→ Rn. 1140 ff.). **1280**

2. Weiterbeschäftigung auf einem anderen Arbeitsplatz

Das KSchG ist betriebsbezogen, sodass der Kündigungsschutz in § 1 Abs. 2 S. 2 lit. b KSchG erweitert worden ist. Jetzt ist auch zu prüfen, ob eine Weiterbeschäftigung in einem **anderen Betrieb** des Unternehmens möglich ist. Dies gilt auch in betriebsratslosen Betrieben bzw. dann, wenn der Betriebsrat keinen Widerspruch erhoben hat (Einzelheiten → Rn. 988 ff.). Unter bestimmten Voraussetzungen hat die Rechtspre- **1281**

[1577] Ebenfalls strittig, vgl. KR/*Etzel,* § 102 BetrVG Rn. 167, 169c, 172b mwN.
[1578] BAG 13.9.1973 AP KSchG 1969 § 1 Nr. 2 = EzA BetrVG 1972 § 102 Nr. 7.
[1579] HHL/*Krause,* § 1 KSchG Rn. 1099; a. A. KDZ/*Deinert,* § 1 KSchG Rn. 504.
[1580] BAG 11.3.1976 AP BetrVG 1972 § 95 Nr. 1 = EzA BetrVG 1972 § 95 Nr. 1 mit Anm. *Gamillscheg*; BAG 20.10.1983 AP KSchG 1969 § 1 Betriebsbedingte Kündigung Nr. 13 = EzA KSchG § 1 Betriebsbedingte Kündigung Nr. 28; BAG 18.1.1990 EzA KSchG § 1 Soziale Auswahl Nr. 28 = SAE 1991, 118 mit Anm. *v. Hoyningen-Huene*; vgl. ferner HHL/*Krause,* § 1 KSchG Rn. 1098 mwN; auch *Klebe/Schumann,* S. 143; sowie *Schaub,* RdA 1981, 375.

chung das auch schon früher vertreten, dann nämlich, wenn der Arbeitnehmer für den Bereich des Unternehmens eingestellt gewesen ist.[1581] Der andere Arbeitsplatz muss bei Ablauf der Kündigungsfrist frei sein. Der Arbeitgeber ist nicht verpflichtet, für den Arbeitnehmer einen neuen Arbeitsplatz zu schaffen. Der Betriebsrat kann nicht mit der Begründung widersprechen, der Arbeitnehmer könne auf seinem bisherigen Arbeitsplatz weiterbeschäftigt werden.[1582] Die Weiterbeschäftigungsmöglichkeit auf einem vorhandenen unbesetzten Arbeitsplatz muss konkretisiert werden. Allgemeine Hinweise reichen nicht aus.[1583]

1282 Das Verlangen des Betriebsrats, den Arbeitnehmer auf einen anderen Arbeitsplatz zu versetzen, beinhaltet zugleich das Einverständnis mit der Versetzung. Der Arbeitgeber braucht also nicht mehr die Zustimmung nach § 99 BetrVG einzuholen, wenn er der Anregung nachkommt. Auch die Anhörung nach § 102 Abs. 1 BetrVG für eine evtl. notwendige Änderungskündigung entfällt. Soll die Versetzung in einen anderen Betrieb erfolgen, so ist die Zustimmung des dortigen Betriebsrats notwendig.

1283 Der Betriebsrat kann der Kündigung auch widersprechen, wenn die Weiterbeschäftigung nach einer Umschulungs- oder Fortbildungsmaßnahme möglich ist (§ 1 Abs. 2 S. 3 KSchG).[1584] Die Umschulung muss für den Arbeitgeber zumutbar (bereits → Rn. 1001 f.) und der Arbeitnehmer muss mit ihr einverstanden sein.

1284 Das Widerspruchsrecht des Betriebsrats wegen der Möglichkeit einer Weiterbeschäftigung auf einem **anderen Arbeitsplatz** kommt vornehmlich bei der betriebsbedingten Kündigung in Betracht. Darüber hinaus wird es auch bei der personenbedingten Kündigung praktisch werden, dagegen wohl nur ausnahmsweise bei einer verhaltensbedingten Kündigung, zB bei unverschuldeter Schlechtleistung des Arbeitnehmers. Doch selbst bei schuldhaftem Verhalten des Arbeitnehmers und einer deshalb ausgesprochenen ordentlichen Kündigung ist ein Widerspruchsrecht des Betriebsrats nicht ausgeschlossen, wenn das Fehlverhalten „rein arbeitsplatzbedingt" ist.[1585] Es muss aber sicher sein, dass nach einer evtl. Umsetzung Störungen ausgeschlossen sind und das Arbeitsverhältnis dann belastungsfrei fortgesetzt werden kann.

VI. Verzicht auf den Kündigungsschutz (Ausgleichsquittung)

1285 Der Bestandsschutz des Arbeitsverhältnisses in der Ausgestaltung, die er durch die Rechtsprechung der Gerichte für Arbeitssachen hat, ist ein wesentlicher Bestandteil der Sozialstaatsgarantie des Grundgesetzes[1586] und damit zugunsten des Arbeitnehmers **zwingendes Recht.** Das gilt auch für den besonderen Kündigungsschutz, zB für Betriebsratsmitglieder, Schwerbehinderte oder werdende Mütter. Es wird daher zutreffend allgemein anerkannt, dass der Arbeitnehmer **im Voraus** weder vor Abschluss des Arbeitsvertrages noch während des Bestehens des Arbeitsverhältnisses vor dem Ausspruch einer Kündigung auf den allgemeinen oder besonderen Kündigungsschutz ver-

---

[1581] *Otto,* SAE 1975, 6; BAG 22.11.1973 AP KSchG 1969 § 1 Betriebsbedingte Kündigung Nr. 22 = EzA KSchG § 1 Nr. 28.
[1582] BAG 11.5.2000 EzA BetrVG 1972 § 102 Beschäftigungspflicht Nr. 11 = NZA 2000, 2049; LAG Hamm 31.1.1979 LAGE BetrVG 1972 § 102 Beschäftigungspflicht Nr. 6; *Gamillscheg,* Festschrift BAG, 1979, S. 129; HHL/*Krause,* § 1 KSchG Rn. 1108, 1081 mwN; LAG Düsseldorf 2.9.1977 BB 1978, 963; a. A. *Klebe/Schumann,* S. 154.
[1583] Vgl. ausf. *Hoyningen-Huene/Linck,* DB 1993, 1185 ff.
[1584] Hierzu LAG Frankfurt 12.12.1989 LAGE KSchG § 1 Personenbedingte Kündigung Nr. 7.
[1585] Vgl. *Preis,* Prinzipien, S. 297.
[1586] Vgl. *Benda,* RdA 1974, 4.

§ 2 Die Sozialwidrigkeit der Kündigung

zichten kann.[1587] Das BAG hat es aber abgelehnt, das Verzichtsverbot auf die Klagefrist des § 4 KSchG auszudehnen.[1588] Dem Arbeitnehmer stehe auch bereits innerhalb dieser Frist die volle Entscheidungsfreiheit darüber zu, ob er die Kündigung hinnehmen oder dagegen Klage erheben wolle. Selbst eine gesetzeswidrige oder nichtige Kündigung kann der Arbeitnehmer hinnehmen. Das obliegt allein seiner freien Entscheidung.

Die Rechtslage vor Inkrafttreten des § 623 BGB und der AGB-Kontrolle war von dogmatisch konstruktiven Versuchen geprägt, durch „enge Auslegung" oder in Grenzen der Anfechtbarkeit der Willenserklärungen das Problem in den Griff zu bekommen (vgl. hierzu auch Voraufl. Rn. 1254 ff.). In mehreren Grundsatzentscheidungen hat das BAG jetzt vorläufig die lösungsbedürftigen Fragen der Ausgleichsquittung geklärt. Klageverzichtsvereinbarungen, die in unmittelbarem zeitlichen und sachlichen Zusammenhang mit dem Ausspruch einer Kündigung getroffen werden, sind nach Auffassung des BAG „Auflösungsverträge" iSd § 623 und bedürfen der Schriftform.[1589] Daran scheitern schon nur vom Arbeitnehmer unterzeichnete „Ausgleichsquittungen". Sind diese Voraussetzungen gewahrt bzw. besteht kein „unmittelbarer" Zusammenhang mit der Kündigung wird in der Rechtsprechung die Ausgleichsquittung zunächst unter Heranziehung des Verbots überraschender Klauseln (§ 305c Abs. 1 BGB) begrenzt.[1590] Zu beachten ist ferner die Unklarheitenregel nach § 305c Abs. 2 BGB. Ist auch nach diesen Prüfungsstufen die Ausgleichsquittung weder überraschend noch unklar, finden die Grundsätze der Inhaltskontrolle Anwendung (§ 307 BGB). Vielfach scheitern dann Ausgleichsquittungen schon am Transparenzgebot (§ 307 Abs. 1 S. 2 BGB). Schließlich stellt nach Auffassung des BAG eine **formularmäßige Verzichtsvereinbarung ohne kompensatorische Gegenleistung i. d. R. eine unangemessene Benachteiligung** dar.[1591] Wird der Anspruchsverzicht allerdings durch eine kompensatorische Gegenleistung „abgekauft", dann kann diese Vereinbarung – gleichgültig, welche Höhe die Gegenleistung hat – eine Hauptabrede sein, die gem. § 307 Abs. 3 S. 1 BGB nur auf Transparenz (§ 307 Abs. 1 S. 2 BGB) kontrollierbar ist.[1592] Es kann daher nur geraten werden, echte Ausgleichsquittungen in vorformulierten Verträgen nicht mehr zu verwenden. Die Parteiautonomie wahrende, transparente Verzichtserklärungen sind dagegen weiterhin möglich.

1286

[1587] Vgl. BAG 4.12.1991 EzA BGB § 620 Nr. 113 – für den Fall des Vergleichs; LAG Düsseldorf 27.2.1979 LAGE KSchG § 4 Nr. 3; LAG Frankfurt 24.4.1987 LAGE KSchG § 4 Verzicht Nr. 1. Zur Rechtswirksamkeit einer Ausgleichsquittung, die ein Minderjähriger unterzeichnet hat, vgl. BAG 10.6.1976 AP BBiG § 6 Nr. 2 = EzA BBiG § 6 Nr. 2; ausf. *Söhner*, Der Verzicht des Arbeitnehmers und Auszubildenden auf Bestandsschutz, 2008.

[1588] Das haben *Herschel*, Anm. AP KSchG 1969 § 4 Nr. 4 und ihm folgend LAG Düsseldorf 27.2. 1979 LAGE KSchG § 4 Nr. 3 befürwortet. Die Frage ist vom 4. Senat in seinem Urteil 6.4.1977 AP KSchG 1969 § 4 Nr. 4 = EzA KSchG n. F. § 4 Nr. 12 noch ausdrücklich offengelassen worden. Der 2. Senat hat aber am 3.5.1979 erkannt, ein Verzicht sei grundsätzlich auch innerhalb der Klagefrist möglich BAG KSchG 1969 § 4 Nr. 6 = EzA KSchG n. F. § 4 Nr. 15 unter II 2a der Gründe. Ebenso *Heckelmann*, SAE 1980, 123.

[1589] BAG 25.9.2014 – 2 AZR 788/13; BAG 19.4.2007 EzA BGB 2002 § 611 Aufhebungsvertrag Nr. 7 = NZA 2007, 1227; dazu *Bauer/Günther* NJW 2008, 1617.

[1590] BAG 25.9.2014 – 2 AZR 788/13; BAG 23.2.2005 AP TVG § 1 Tarifverträge: Druckindustrie Nr. 42 = NZA 2005, 1193; dazu *Preis/Bleser/Rauf*, DB 2006, 2812.

[1591] BAG 25.9.2014 – 2 AZR 788/13; BAG 12.3.2015 – 6 AZR 82/14; BAG 6.9.2007 EzA BGB 2002 § 307 Nr. 29 = NZA 2008, 219.

[1592] Näher *Preis/Bleser/Rauf*, DB 2006, 2812, 2816: *Bauer/Günther* NJW 2008, 1617.

§ 3 Die Änderungskündigung

I. Zweck des § 2 KSchG

1287 Den Schutz des Arbeitnehmers vor einer Änderungskündigung durch den Arbeitgeber regelt speziell § 2 KSchG. **Zweck der Vorschrift** ist, dem Arbeitnehmer den Erhalt des Arbeitsplatzes zu ermöglichen, wenn eine Möglichkeit der Weiterbeschäftigung zu geänderten Bedingungen besteht.[1] Die Auffassung, § 2 KSchG diene (nur) dem Inhaltsschutz,[2] ist missverständlich[3] und kann isoliert zu problematischen Schlussfolgerungen führen. Die Bedeutung der Vorschrift ist nur verständlich im Zusammenhang mit dem Ultima-Ratio-Prinzip.[4] Wenn der Arbeitgeber die Möglichkeit zur Weiterbeschäftigung zu geänderten Bedingungen hat, ist diese Möglichkeit vorrangig zu ergreifen (→ Rn. 992ff.). Andererseits benötigt der Arbeitgeber das schwierige Instrument der Änderungskündigung nur, wenn der Arbeitgeber nicht auf andere, mildere Weise die gewünschte Änderung herbeiführen kann (etwa durch flexible Vertragsgestaltung). Schließlich soll die Vorschrift dem Arbeitnehmer Sicherheit bieten. Er soll die Änderungskündigung unter Vorbehalt annehmen können, um jedenfalls seinen Arbeitsplatz zu erhalten. Diese Sicherheit hat allerdings ihren Preis: Der Arbeitnehmer muss zunächst – nach Ablauf der Kündigungsfrist – zu den geänderten Arbeitsbedingungen weiterarbeiten.[5] Sanktioniert wird nach herrschender Rechtsprechung auch, wenn der Arbeitnehmer das Änderungsangebot vorbehaltlos ablehnt: Dann prüft das BAG die Berechtigung der Kündigung nicht nach den Maßstäben der Beendigungskündigung, sondern der Änderungskündigung (→ Rn. 1303).

II. Begriff der Änderungskündigung

1288 Nach § 2 S. 1 KSchG liegt eine Änderungskündigung vor, wenn der Arbeitgeber dem Arbeitnehmer das Arbeitsverhältnis kündigt und im Zusammenhang mit der Kündigung die Fortsetzung des Arbeitsverhältnisses zu geänderten Arbeitsbedingungen anbietet. Diese gesetzliche Definition entspricht der einhelligen Auffassung, nach der die Änderungskündigung als zusammengesetztes Rechtsgeschäft zwei Teile enthält, eine Kündigung und ein Vertragsangebot. Kündigung und Änderungsangebot müssen **in engem Zusammenhang** zueinander stehen. Das bedeutet nicht, dass beides begriffsnotwendig gleichzeitig erfolgen muss; insbesondere kann das **Änderungsangebot vorausgehen**.[6] Dann muss jedoch bei der Kündigungserklärung selbst klargestellt werden, dass das (vorangehende) Änderungsangebot fortgilt.[7] Umgekehrt gilt dies nicht: Eine Änderungskündigung iSd § 2 KSchG liegt **nicht** vor, wenn der Arbeitgeber unbedingt kündigt und ein **Änderungsangebot nachschiebt**.[8]

---

[1] ErfK/*Oetker*, § 2 KSchG Rn. 1.
[2] Hierzu KR/*Rost/Kreft*, § 2 KSchG Rn. 7 mwN.
[3] Zutr. ErfK/*Oetker*, § 2 KSchG Rn. 3.
[4] Siehe *Stoffels*, FS Hromadka, 2008, 463, 467f.
[5] Moll/*Boewer*, MAH Arbeitsrecht § 46 Rn. 2.
[6] LSW/*Löwisch/Wertheimer*, § 2 KSchG Rn. 27; ErfK/*Oetker*, § 2 KSchG Rn. 11; ausführlich zur Änderungskündigung: *Berkowsky*, Die Änderungskündigung, 2004; *Spirolke/Regh*, Die Änderungskündigung, 2004; *Wallner*, Die Änderungskündigung, 2004; im Überblick *Bröhl*, BB 2007, 437.
[7] ErfK/*Oetker*, § 2 KSchG Rn. 11.
[8] Anders *Schaub*, Die Änderungskündigung, in: *Hromadka* (Hrsg.), Änderung von Arbeitsbedingungen, 1989, S. 75f.; *Löwisch*, NZA 1988, 634; offengelassen von LAG Rheinland-Pfalz 6.2.1987 LAGE

1. Änderungsangebot

Das Änderungsangebot muss annahmefähig (§ 145 BGB) im Zeitpunkt der Kündigungserklärung vorliegen.[9] Das Änderungsangebot ist eine einseitige empfangsbedürftige Willenserklärung des Arbeitgebers, die nach Zugang bindend und nicht widerruflich ist. Das **Schriftformgebot** des § 623 BGB erstreckt sich bei der Änderungskündigung auch auf das Änderungsangebot.[10] Das Angebot kann jedoch befristet werden.[11] Eine Fristbestimmung im Sinne von § 148 BGB kann sich auch aus den Umständen ergeben. Sieht der Arbeitgeber eine kürzere Frist als die des § 2 S. 2 KSchG vor, tritt die gesetzliche Mindestfrist an die Stelle der zu kurzen Frist.[12] Ob eine Beendigungs- oder eine Änderungskündigung vorliegt, ist durch Auslegung zu ermitteln. Eine Kündigung ohne gleichzeitiges Änderungsangebot ist als Beendigungskündigung zu werten, gegen die sich der Arbeitnehmer fristgerecht (§ 4 KSchG) nach Zugang wehren muss und die schon dann unwirksam ist, wenn der Arbeitnehmer zu geänderten Arbeitsbedingungen weiterarbeiten konnte.[13]

1289

2. Bestimmtheit der Änderungskündigung und des Änderungsangebots

Die Kündigungsabsicht muss in der **Kündigungserklärung klar** zum Ausdruck kommen. Insbesondere muss deutlich werden, dass das Arbeitsverhältnis endet, wenn das Änderungsangebot nicht (unter Vorbehalt) angenommen wird.[14] Aber auch das Änderungsangebot muss hinreichend bestimmt und von einem erkennbaren Rechtsbindungswillen getragen sein. Hieran fehlt es oftmals in der Praxis.[15] Für den Arbeitnehmer muss ohne Weiteres klar sein, welche Vertragsbedingungen zukünftig gelten sollen. Der Bestimmtheitsgrundsatz ist schon deshalb wesentlich, weil der Arbeitnehmer von Gesetzes wegen innerhalb einer recht kurzen Frist auf das Vertragsangebot des Arbeitgebers reagieren und sich entscheiden muss, ob er es ablehnt, ob er es mit oder ob er es ohne Vorbehalt annimmt. Der gekündigte Arbeitnehmer muss zum Zeitpunkt des Zugangs der Kündigungserklärung wissen bzw. hinreichend deutlich erkennen können, welchen konkreten Inhalt das Angebot hat. Er muss zweifelsfrei erkennen können, auf welcher Basis das Arbeitsverhältnis zukünftig fortgesetzt werden soll. Erklärt der Arbeitgeber zur selben Zeit mehrere Änderungskündigungen, die je für sich

1290

KSchG § 2 Nr. 6 = DB 1987, 1098; wie hier die h.M. BAG 17.5.2001 EzA BGB § 620 Kündigung Nr. 3; HHL/*Linck*, § 2 KSchG Rn. 24, 25; *Linck*, AR-Blattei, SD 1020.1.1. Rn. 15ff.; KDZ/*Zwanziger*, § 2 KSchG Rn. 123; KR/*Rost/Kreft*, § 2 KSchG Rn. 23; ErfK/*Oetker*, § 2 KSchG Rn. 12.

[9] LAG Rheinland-Pfalz 15.3.2002 NZA-RR 2002, 670; es ist nicht erforderlich, dass dem Änderungsangebot eine genaue Tätigkeitsbeschreibung beigelegt wird LAG Nürnberg 13.9.2005 NZA-RR 2006, 133.

[10] Ebenso BAG 16.9.2004 EzA BGB 2002 § 623 Nr. 2 = NZA 2005, 635.

[11] BAG 18.5.2006 EzA KSchG § 2 Nr. 59 = NZA 2006, 1092.

[12] BAG 1.2.2007 EzA KSchG § 2 Nr. 65 = NZA 2007, 925; die Formulierung „teilen Sie uns umgehend mit." ist eine Annahmefrist gem. § 148 BGB, sie wird jedoch durch die Frist des § 2 S. 2 KSchG ersetzt. Die Unwirksamkeit der Kündigung ist demnach nicht die Rechtsfolge einer zu kurzen Fristsetzung, sie setzt vielmehr die gesetzliche Annahmefrist in Gang (abl. *Berkowsky*, RdA 2007, 295, vgl. auch BAG 18.5.2006 AP KSchG 1969 § 2 Nr. 83).

[13] Zutr. ErfK/*Oetker*, § 2 KSchG Rn. 12; allgemein → Rn. 2048ff.

[14] ErfK/*Oetker*, § 2 KSchG Rn. 7; HHL/*Linck*, § 2 KSchG Rn. 10.

[15] Moll/*Boewer*, MAH Arbeitsrecht, § 46 Rn. 58.

das Angebot zur Fortsetzung des Arbeitsverhältnisses unter Änderung lediglich einer bestimmten – jeweils anderen – Vertragsbedingung und den Hinweis enthalten, der Arbeitnehmer erhalte zugleich weitere Änderungskündigungen, sind die Angebote nicht hinreichend bestimmt.[16] Unklarheiten gehen zu Lasten des Arbeitgebers. Sie führen zur Unwirksamkeit der Änderung der Arbeitsbedingungen.[17]

1290a Wenn unklar ist, welches von zwei denkbaren Änderungsangeboten dem Verhältnismäßigkeitsgebot genügt bzw. für den Arbeitnehmer subjektiv vorteilhafter ist, kann der Arbeitgeber alternative Beschäftigungsmöglichkeiten anbieten.[18] Wenn die Alternativangebote klar umrissen sind, kann der Arbeitnehmer dann eines der Angebote (ggf. unter Vorbehalt) annehmen. Es reicht aber nicht aus, dass der Arbeitgeber diese Wahlmöglichkeit später klarstellt. Ebenso genügt nicht, wenn unklar bleibt, wann und unter welchen konkreten im Voraus erkennbaren Voraussetzungen welche Regelung (hier alternative Tarifverträge) als Änderungsangebot zur Anwendung kommen soll.[19] Ist die Bestimmtheit des Änderungsangebots nicht gegeben, führt dies zur Unwirksamkeit der Änderungskündigung.[20] Die Auslegung ist nach §§ 133, 157 BGB durchzuführen.[21]

1291 Ein mit „Änderungskündigung" überschriebener Brief kann nicht als Änderungskündigung im Rechtssinne angesehen werden, wenn in ihm kein konkretes Änderungsangebot enthalten ist.[22] Eine Änderungskündigung und keine – unzulässige – bedingte Kündigung liegt auch dann vor, wenn der Arbeitgeber unter der Bedingung kündigt, dass der Arbeitnehmer die vorgeschlagene Änderung der Arbeitsbedingungen ablehnt. Erfolgt ein Änderungsangebot nach Zugang einer Beendigungskündigung, so kann dieses nicht etwa als „Kündigungsrücknahme" (→ Rn. 148 ff.) und Ausspruch einer Änderungskündigung (um-)interpretiert werden.[23]

3. Änderungsangebot zur befristeten Weiterbeschäftigung?

1292 Theoretisch denkbar ist, eine **Änderungskündigung mit dem Angebot einer befristeten Weiterbeschäftigung** zu verbinden.[24] Im Ergebnis ist ein Erfolg einer derartigen Änderungskündigung aber ausgeschlossen, sofern es um die bloße Befristung eines bisher unbefristeten Arbeitsverhältnisses geht. Hat der Arbeitgeber keinen Beschäftigungsbedarf in der Zukunft, muss er eine betriebsbedingte Beendigungskündigung aussprechen, kann aber nicht im Vorhinein die Befristung durchsetzen. Das BAG hat dies in der Entscheidung vom 25.4.1996[25] anders entschieden. Dem kann

---

[16] BAG 10.9.2009 NZA 2010, 333.
[17] BAG 20.6.2013 NZA 2013, 1409 Rn. 18; BAG 29.9.2011 NZA 2012, 628.
[18] KR/*Rost/Kreft*, § 2 KSchG Rn. 19a; APS/*Künzl*, § 2 KSchG Rn. 35; HHL/*Linck*, § 2 KSchG Rn. 88; *Wagner*, NZA 2008, 1333; LAG Hamm 7.9.2007 LAGE KSchG § 2 Nr. 60; a.A. ArbG Düsseldorf 18.10.2005 NZA-RR 2006, 21, 22 f.
[19] BAG 15.1.2009 NZA 2009, 957.
[20] BAG 16.9.2004 EzA BGB 2002 § 623 Nr. 2 = NZA 2005, 635; BAG 15.1.2009 DB 2009, 1299.
[21] BAG 21.4.2005 EzA KSchG § 2 Nr. 53 = NZA 2005, 1289.
[22] LAG Rheinland-Pfalz 6.2.1987 LAGE KSchG § 2 Nr. 6 = DB 1987, 1098.
[23] Zutr. Moll/*Boewer*, MAH Arbeitsrecht, § 46 Rn. 18; a.A. ErfK/*Oetker*, § 2 KSchG Rn. 12.
[24] HHL/*Linck*, § 2 KSchG Rn. 20 f.; *Plander*, NZA 1993, 1057; *Linck*, AR-Blattei, SD 1020.1.1. Rn. 12 ff.; KR/*Rost/Kreft*, § 2 KSchG Rn. 10a; BAG 25.4.1996 EzA KSchG § 2 Nr. 25 = NZA 1996, 1197; anders noch BAG 17.5.1984 EzA KSchG § 1 Betriebsbedingte Kündigung Nr. 32 = NZA 1985, 489; *Ascheid*, Rn. 467.
[25] EzA KSchG § 2 Nr. 25 = NZA 1996, 1197; vorsichtig fortführend im Falle der Altersteilzeit: BAG 16.12.2010 AP KSchG 1969 § 2 Nr. 150.

nicht gefolgt werden.²⁶ Es ist nicht gerechtfertigt, bei künftig wegfallendem Beschäftigungsbedarf vorzeitig einen Vertragswechsel vom unbefristeten zum befristeten Arbeitsverhältnis vorzunehmen. Die materielle Prüfung des Beendigungsgrundes wird systemwidrig vorverlagert. Es fehlt an der **Dringlichkeit der Kündigung zu diesem Zeitpunkt,** weil kein plausibler Grund ersichtlich ist, ein unbefristetes Arbeitsverhältnis zur Erleichterung der Beendigung vorzeitig in ein ursprünglich nicht vereinbartes befristetes Arbeitsverhältnis umzuwandeln. Auch wenn das BAG sowohl die soziale Rechtfertigung der Beendigung als auch das Vorhandensein eines sachlichen Grundes prüft, kann eine derart vorzeitige Kündigung den nicht billigenswerten Zweck haben, die Erlangung von Sonderkündigungsschutz auszuschließen, der bei normalem Verlauf entstehen könnte (Schwerbehinderung, Schwangerschaft oder tarifvertraglicher Kündigungsschutz). So läge nach bisheriger Rechtsprechung etwa eine funktionswidrige Umgehung tariflicher Kündigungsnormen vor, wenn kurz vor ihrem Eintritt ordentlich gekündigt wird, aber nicht zum nächstmöglichen, sondern zu einem späteren Termin.²⁷ Überdies benachteiligt die Umwandlung des unbefristeten in ein befristetes Arbeitsverhältnis den Arbeitnehmer insoweit, wenn ihm durch die Umgestaltung die Möglichkeit zur Eigenkündigung genommen wird.²⁸

III. Anwendbarkeit des Kündigungsschutzrechts

Die Änderungskündigung ist eine **echte Kündigung.**²⁹ Das Schriftformgebot des § 623 BGB ist zu beachten (→ Rn. 1287). Ferner hat der Arbeitgeber vor ihrem Ausspruch den **Betriebsrat anzuhören** (§ 102 Abs. 1 BetrVG). Dem Betriebsrat sind das Änderungsangebot, die Gründe hierfür und regelmäßig auch die Kündigungsfristen mitzuteilen.³⁰ Anderenfalls ist die Kündigung nichtig. Weiter folgt aus der Rechtsnatur der Änderungskündigung, dass die Kündigungsfristen einzuhalten sind, sofern die Änderungskündigung nicht als fristlose ausgesprochen wird. Auf diese außerordentliche Änderungskündigung findet § 2 KSchG analog Anwendung (→ Rn. 1737 ff.).³¹ Ferner ist auch bei Änderungskündigungen der gesamte **Sonderkündigungsschutz** zu beachten (zB § 9 MuSchG, § 18 BEEG, §§ 85 ff. SGB IX, § 5 PflegeZG). Das gilt auch dann, wenn der Arbeitnehmer das Änderungsangebot unter Vorbehalt angenommen hat.³² Ist die ordentliche Kündigung durch Tarifvertrag oder Einzelvertrag ausgeschlossen, erstreckt sich dieser Ausschluss regelmäßig auch auf Änderungskündigungen.³³ In Grenzfällen kommt dann nur die außerordentliche Änderungskündigung in Betracht. Da die Änderungskündigung im Einzelfall eine Versetzung beinhalten kann,

1293

---

²⁶ Ablehnend *Preis*, NZA 1997, 1973, 1080; ErfK/*Oetker*, § 2 KSchG Rn. 50; teilweise ablehnend auch *Plander*, Anm. zu BAG AP BGB § 620 Befristeter Arbeitsvertrag Nr. 179.
²⁷ BAG 16.10.1987 EzA BGB § 626 n. F. Unkündbarkeit Nr. 1 = NZA 1988, 887.
²⁸ Zutr. ErfK/*Oetker*, § 2 KSchG Rn. 50.
²⁹ BAG 10.12.1992 AP BGB § 611 Arzt-Krankenhaus-Vertrag Nr. 27 = EzA BGB § 315 Nr. 40; *Becker-Schaffner*, BB 1991, 129. Einzelheiten bei *Ratajczak*, Die Änderungskündigung des Arbeitgebers, 1984.
³⁰ BAG 29.3.1990 EzA BetrVG 1972 § 102 Nr. 79 = NZA 1990, 894; BAG 30.11.1989 EzA BetrVG 1972 § 102 Nr. 77 = NZA 1990, 529: Will der Arbeitgeber sich bei Ablehnung des Angebots eine erneute Anhörung ersparen, muss er zugleich verdeutlichen, dass er in diesem Fall die Beendigungskündigung beabsichtigt.
³¹ BAG 17.5.1984 AP BAT § 55 Nr. 3 = NZA 1985, 62; BAG 19.6.1986 EzA KSchG § 2 Nr. 7 = NZA 1987, 94.
³² Siehe zu dieser umstrittenen Frage Rn. 1321 ff.
³³ BAG 10.3.1982 AP § 75 BPersVG Nr. 7; BAG 2.3.2006 EzA KSchG § 2 Nr. 58 = NZA 2006, 985.

entsteht ggf. ein Konkurrenzproblem zwischen § 99 BetrVG und § 102 BetrVG, dessen Lösung in Rechtsprechung und Literatur umstritten ist.[34] Das BAG wendet § 99 und § 102 BetrVG (bzw. § 75 Abs. 1 und § 79 Abs. 1 BPersVG) nebeneinander an.[35] Das BAG hält die vom Arbeitgeber ohne die erforderliche Zustimmung des Betriebsrats ausgesprochene Versetzung auch individualrechtlich für unwirksam. Der Arbeitnehmer hat beim Fehlen der Zustimmung des Betriebsrats das Recht, die Arbeit zu den geänderten Bedingungen zu verweigern.[36] Merkwürdig an dem Resultat ist, dass mit der Unwirksamkeit der Versetzung nicht zugleich die Unwirksamkeit der Änderungskündigung feststeht. Denn die betriebsverfassungsrechtlich unwirksame Versetzung schlage nicht auf die Wirksamkeit der Änderungskündigung durch; das zeige schon der Umstand, dass es an einer dem § 102 BetrVG entsprechenden Norm fehle. Im Ergebnis führt dies dazu, dass bei individualrechtlicher Unwirksamkeit der Versetzung und wirksamer Änderungskündigung der Arbeitnehmer nicht zu den geänderten Arbeitsbedingungen arbeiten muss, bis es dem Arbeitgeber gelingt – etwa durch ein erneuertes Zustimmungsersetzungsverfahren – die kollektivrechtliche Sperre zu überwinden.[37] Die Lösung der Fragestellung ist komplex. Die Lösungsvorschläge reichen von der Fortsetzung des Arbeitsverhältnisses zu den bisherigen Bedingungen, bis hin zu einer Konstruktion eines „Wiederherstellungsanspruchs" oder einer „Rückänderungskündigung".[38]

IV. Vorrang vertraglicher Instrumentarien

1294   Vor Ausspruch einer Änderungskündigung ist der Arbeitgeber gehalten, **vorrangig die erstrebte Änderung durch vertragliche Instrumentarien durchzusetzen,** zB durch einvernehmliche Vertragsänderung, Direktionsrecht (→ Rn. 1320ff.), vertragliche Leistungsbestimmungsrechte, vereinbarte Widerrufsvorbehalte und Teilkündigungsklauseln (→ Rn. 1322ff.), Kündigung freiwilliger Betriebsvereinbarungen. Andererseits kommt die Änderungskündigung zum Zuge, wenn Kollektivverträge lediglich individualrechtlich nachwirken (§ 4 Abs. 5 TVG, § 77 Abs. 6 BetrVG) und durch eine andere Abmachung ersetzt werden sollen.

1295   Auch wenn die Änderungskündigung in der Systematik des Kündigungsschutzes ein **milderes Mittel** gegenüber der Beendigungskündigung ist (→ Rn. 992ff.), ist klarzustellen, dass die Beendigungskündigung nicht schon deshalb unwirksam ist, weil der Arbeitgeber nicht zuvor ein Änderungsangebot unterbreitet hat. Vielmehr kann der Arbeitgeber unmittelbar eine Änderungskündigung aussprechen. Er muss sie aussprechen, wenn der Arbeitnehmer ein Änderungsangebot abgelehnt hat. In diesem Fall ist die sofortige Beendigungskündigung nur zulässig, wenn der Arbeitnehmer unmissverständlich zum Ausdruck gebracht hat, er werde die geänderten Arbeitsbedingungen keinesfalls, auch nicht unter dem Vorbehalt ihrer sozialen Rechtfertigung, annehmen (→ Rn. 996).[39]

---

[34] Vgl. hierzu BAG 30.9.1993 AP KSchG § 2 Nr. 33 mit abl. Anm. *Wlotzke* = EzA BetrVG 1972 § 99 Nr. 118.
[35] Vgl. zu dieser Frage BAG 30.9.1993 NZA 1994, 513; HHL/*Linck*, § 2 KSchG Rn. 203; *Schwerdtner*, Festschrift BAG, 1979, S. 579; vgl. ferner LAG Berlin 16.5.1997 LAGE KSchG § 2 Nr. 30.
[36] BAG 22.4.2010 NZA 2010, 1235.
[37] BAG 22.4.2010 NZA 2010, 1235.
[38] KR/*Rost/Kreft*, § 2 KSchG Rn. 141c; zur Kritik s. a. HHL/*Linck*, § 2 KSchG Rn. 203.
[39] BAG 21.4.2005 EzA KSchG § 2 Nr. 52 u. 53 = NZA 2005, 1294 u. 1289; ErfK/*Oetker*, § 2 KSchG Rn. 4.

V. Reaktionsmöglichkeiten des Arbeitnehmers

Der Arbeitnehmer hat **drei Möglichkeiten,** auf eine ausgesprochene Änderungskündigung zu reagieren: (1) Er nimmt das Angebot vorbehaltlos an mit der Folge, dass der Arbeitsvertrag einvernehmlich geändert wird und mit Ablauf der Kündigungsfrist die neuen Arbeitsbedingungen gelten. (2) Er nimmt die angebotenen Änderungen unter dem Vorbehalt der sozialen Rechtfertigung an (→ Rn. 1298 ff.). (3) Er lehnt die Änderung vorbehaltlos ab; dann wirkt die Kündigung als Beendigungskündigung (→ Rn. 1302 f.). 1296

1. Vorbehaltlose Annahme

Der Arbeitnehmer kann das im Rahmen einer Änderungskündigung offerierte Angebot ausdrücklich oder konkludent annehmen. Grundsätzlich gilt, dass die widerspruchslose Weiterarbeit zu geänderten Arbeitsbedingungen innerhalb der Kündigungs- oder Erklärungsfrist noch nicht als konkludente Annahmeerklärung gewertet werden kann.[40] Das kann nur im Einzelfall anders zu bewerten sein, wenn der Arbeitnehmer widerspruchslos eine andere Tätigkeit (ggf. an einem anderen Arbeitsplatz oder Ort) ausführt und der Arbeitgeber nach Treu und Glauben annehmen durfte, der Arbeitnehmer lasse sich vorbehaltlos auf die Änderung ein.[41] Nimmt der Arbeitnehmer das Änderungsangebot **vorbehaltlos** an, kommt nach allgemeinen Grundsätzen des Vertragsrechts ein Arbeitsvertrag zu geänderten Bedingungen zustande. Hat der Arbeitnehmer sein vorbehaltloses Einverständnis erklärt, braucht der Arbeitgeber selbstredend keine Änderungskündigung (mehr) auszusprechen.[42] Nach Auffassung des BAG soll für diese Annahme die **Annahmefrist des § 2 S. 2 KSchG als Mindestfrist** gelten. Für längere Fristen sind die allgemeinen Grundsätze der Rechtsgeschäftslehre nach §§ 147, 148 BGB anwendbar.[43] Dem Arbeitgeber steht es frei, sein Änderungsangebot zu befristen, soweit die Mindestfrist des § 2 S. 2 BGB gewahrt wird. **Die vorbehaltlose Annahme ist also nicht an die Höchstfrist des § 2 S. 2 KSchG gebunden.** Vielmehr bestimmt sich diese gemäß § 147 Abs. 2 BGB nach den „regelmäßigen Umständen". Das hat im Arbeitsverhältnis insbesondere bei längeren Kündigungsfristen Bedeutung. Hier kann ein vorbehaltloses Änderungsangebot so zu interpretieren sein, dass der Arbeitnehmer dieses noch bis zum Ablauf der Kündigungsfrist annehmen kann. Freilich bleibt der Arbeitnehmer in jedem Falle gezwungen, die **dreiwöchige Klagefrist des § 4 KSchG** zu wahren, weil sonst das Arbeitsverhältnis mit Ablauf der Kündigungsfrist endet. Das ist eine tückische Konsequenz, wenn sich der Arbeitnehmer auf das nicht weiter befristete Änderungsangebot verlässt. Es ist daher dem Arbeitnehmer in jedem Falle anzuraten, innerhalb der Frist des § 2 S. 2 bzw. der Dreiwochenfrist des § 4 KSchG zu reagieren, Kündigungsschutzklage zu erheben und unter Vorbehalt (→ Rn. 1298 ff.) anzunehmen. Nimmt der Arbeitnehmer recht- 1297

---

[40] BAG 27.3.1987 AP KSchG 1969 § 2 Nr. 20; ErfK/*Oetker*, § 2 KSchG Rn. 29.
[41] Siehe auch BAG 19.6.1986 AP KSchG 1969 § 2 Nr. 16 = EzA KSchG § 2 Nr. 7; zur Möglichkeit einer Anfechtung der konkludenten Annahmeerklärung vgl. LSW/*Löwisch/Wertheimer*, § 2 KSchG Rn. 32.
[42] BAG 13.3.2007 AP KSchG 1969 § 2 Nr. 133.
[43] BAG 1.2.2007 EzA KSchG § 2 Nr. 65 = NZA 2007, 925; BAG 18.5.2006 EzA KSchG § 2 Nr. 59 = NZA 2006, 1092; krit. HHL/*Linck*, § 2 KSchG Rn. 96; a.A. zuvor BAG 6.2.2003 EzA KSchG § 2 Nr. 47 = NZA 2003, 659.

zeitig vorbehaltlos das Änderungsangebot an, kommt ein geändertes Arbeitsverhältnis zustande. Bestreitet der Arbeitgeber das Zustandekommen, muss er keine Kündigungsschutzklage, sondern nur eine allgemeine Feststellungsklage erheben, um das Bestehen des Arbeitsverhältnisses feststellen zu lassen.[44]

2. Annahme unter Vorbehalt

1298 Nach Ausspruch einer ordentlichen Änderungskündigung kann der Arbeitnehmer das Angebot annehmen unter dem Vorbehalt, dass die Änderung der Arbeitsbedingungen nicht sozial ungerechtfertigt ist. Durch diese Regelung soll ermöglicht werden, dass der Arbeitnehmer seine Arbeit im Betrieb weiter verrichtet und im Prozess nur darüber entschieden wird, ob die Änderung der Arbeitsbedingungen sozial gerechtfertigt ist oder nicht. Der Arbeitnehmer trägt also nicht das volle Risiko des Verlustes seines Arbeitsplatzes. Die Annahme unter **Vorbehalt** bewirkt rechtstechnisch (§ 2 iVm § 4 S. 2, § 8 KSchG), dass der kraft Vorbehalt zustande gekommene Änderungsvertrag unter der auflösenden Bedingung steht, dass die Sozialwidrigkeit der Änderungskündigung gerichtlich festgestellt wird (näher → Rn. 2039).[45] Er muss diesen Vorbehalt **innerhalb der Kündigungsfrist,** spätestens innerhalb von drei Wochen erklären. Das hat zur Folge, dass der Arbeitnehmer nunmehr zu den geänderten Bedingungen weiterzuarbeiten hat, bis über seine Klage über die Sozialwidrigkeit der Änderungskündigung entschieden worden ist.[46] Der Arbeitnehmer gibt nach Auffassung des BAG durch die Vorbehaltsannahme selbst zu erkennen, dass ihm zunächst die Weiterbeschäftigung zu geänderten Bedingungen zumutbar erscheint.[47] Der – an keine bestimmte Form gebundene – Vorbehalt allein genügt jedoch nicht. Denn in jedem Falle muss der Arbeitnehmer noch **zusätzlich** innerhalb von drei Wochen nach Zugang der Kündigung **Klage** vor dem Arbeitsgericht **erheben.** Die Wahrung der Klagefrist nach § 4 KSchG und die Erklärung des Vorbehalts nach § 2 S. 2 KSchG können auseinanderfallen, weil die Klagefrist durch Eingang beim Arbeitsgericht, die Vorbehaltsfrist durch Zugang beim Arbeitgeber gewahrt wird.[48] Die unmittelbare Erhebung der Kündigungsschutzklage ist zugleich als konkludent erklärter Vorbehalt zu werten.[49] Die Frist des § 4 KSchG muss in jedem Falle gewahrt werden. Das bedeutet, dass dem Arbeitgeber die Klage innerhalb der Dreiwochenfrist zugestellt werden muss. § 167 ZPO, der für die fristgerechte Klageerhebung als Prozesshandlung die Einreichung der Klageschrift bei Gericht ausreichen lässt, dürfte auf § 2 S. 2 KSchG nicht übertragbar sein.[50] Denkbar ist aber, dass die Parteien einverständlich die Frist für die Erklärung des Vorbehalts verlängern; so kann nachträglich der Kündigungsrechtsstreit auf die vom Arbeitgeber beabsichtigte Kernfrage der Änderung der Arbeitsbedingungen konzentriert werden.[51] Der einmal erklärte Vorbehalt kann jedoch nicht mehr einseitig zu-

---
[44] Moll/*Boewer*, MAH Arbeitsrecht, § 46 Rn. 69.
[45] BAG 28.4.1982 und 27.9.1984 AP KSchG 1969 § 2 Nr. 3 und 8 = EzA KSchG § 2 Nr. 4 und 5; ErfK/*Oetker*, § 2 KSchG Rn. 33.
[46] BAG 28.5.2009 NZA 2009, 954 Rn. 26.
[47] BAG 28.5.2009 NZA 2009, 954 Rn. 26.
[48] Hierzu LAG Hamm 13.10.1988 LAGE KSchG § 2 Nr. 7 = DB 1989, 436.
[49] LSW/*Löwisch*/*Wertheimer*, § 2 KSchG Rn. 38; KR/*Rost*/*Kreft*, § 2 KSchG Rn. 66; LAG Hamm 22.8.1997 LAGE § 12 KSchG Nr. 29.
[50] So BAG 17.6.1998 EzA KSchG § 2 Nr. 30 = NZA 1998, 1225; Moll/*Boewer*, MAH Arbeitsrecht, § 46 Rn. 89; a. A. KR/*Rost*/*Kreft*, § 2 KSchG Rn. 72, 73.
[51] Vgl. hierzu LSW/*Löwisch*/*Wertheimer*, § 2 KSchG Rn. 39.

rückgenommen werden, es sei denn, der Arbeitgeber stimmt zu.[52] Die Klage ist auf Feststellung zu richten, dass die Änderung der Arbeitsbedingungen sozial ungerechtfertigt ist und das Arbeitsverhältnis über den Kündigungstermin hinaus unverändert fortbesteht (§ 4 KSchG). Wird die Klage nicht fristgerecht erhoben, so erlischt nach § 8 KSchG der nach § 2 KSchG erklärte Vorbehalt (vgl. im Einzelnen → Rn. 2175 ff.). Das Gleiche gilt, wenn der Arbeitnehmer die Änderungsschutzklage zurücknimmt. Dann erlischt auch der Vorbehalt und der Arbeitnehmer hat zu den geänderten Bedingungen weiterzuarbeiten.[53]

Erklärt der Arbeitnehmer nicht innerhalb seiner Kündigungsfrist von zB 2 Wochen den Vorbehalt nach § 2 KSchG, so ist eine Möglichkeit des Widerspruchs nicht mehr gegeben. Wer die Kündigungsfrist verstreichen lässt und ohne Widerspruch weiter arbeitet – zu den neuen geänderten Bedingungen – erklärt sich regelmäßig damit einverstanden. Dies hat bei kurzen (tariflichen) Kündigungsfristen unter Umständen zur Folge, dass noch während des Laufs der Klagefrist des § 4 KSchG durch die Weiterarbeit ohne Vorbehalt die Vertragsänderung zustande kommt, weil der Vorbehalt nicht rechtzeitig erklärt wurde. Diese tückische Konsequenz bei kurzen Kündigungsfristen ist im Hinblick auf die gleichzeitig geltende dreiwöchige Klagefrist nicht sachgerecht, wenn sie auch nach dem Wortlaut des Gesetzes unvermeidlich ist.[54] **1299**

Nimmt der Arbeitnehmer unter Vorbehalt das Änderungsangebot an, ist er verpflichtet, zu den geänderten Bedingungen weiter zu arbeiten. Ein Weiterbeschäftigungsanspruch zu den bisherigen Arbeitsbedingungen während des Kündigungsschutzprozesses besteht nicht.[55] **1300**

Hat die Klage des Arbeitnehmers nach fristgerechter Erhebung des Vorbehalts Erfolg, so gilt die Änderungskündigung als von Anfang an unwirksam (§ 8 KSchG). Wird die Klage dagegen abgewiesen, so bleibt es bei den neuen geänderten Bedingungen (Einzelheiten zum Klageverfahren → Rn. 2175 ff.). **1301**

3. Kündigungsschutzverfahren nach Ablehnung des Vertragsangebotes

Der Arbeitnehmer kann das Angebot unter Vorbehalt annehmen, **er muss es aber nicht in jedem Falle.** Von einer Ablehnung des Angebots ist auch auszugehen, wenn der Arbeitnehmer nicht bis zum Ablauf der Mindestfrist des § 2 S. 2 KSchG reagiert. Es bleibt ihm angesichts der Fassung des Gesetzes („kann") auch die Möglichkeit, die Änderungskündigung wie bisher als bedingte Kündigung anzusehen und sie wie jede andere Kündigung anzufechten. Er muss dann vorbehaltlich einer Weiterbeschäftigung nach § 102 Abs. 5 BetrVG – zu den bisherigen Bedingungen – ausscheiden und den Prozess abwarten. Gewinnt er diesen, so wird er zu den alten Bedingungen wieder eingestellt und weiterbeschäftigt. Unterliegt der Arbeitnehmer, so scheidet er endgültig aus. Dem Arbeitnehmer obliegt also das volle Risiko des Verlustes des Arbeitsplatzes. Die Ablehnung des Änderungsangebotes stellt als solche jedoch keinen Kündi- **1302**

---

[52] LAG Rheinland-Pfalz 2.5.1994 LAGE KSchG § 2 Nr. 14; LAG Köln 25.1.2002 AiB 2003, 507; LSW/*Löwisch/Wertheimer,* § 2 KSchG Rn. 40; KR/*Rost/Kreft,* § 2 KSchG Rn. 76.
[53] LAG Schleswig-Holstein 20.1.2005 LAGE KSchG § 7 Nr. 2 = NZA-RR 2005, 248.
[54] Ausf. KR/*Rost/Kreft,* § 2 KSchG Rn. 67 ff. mwN zum Streitstand.
[55] BAG 28.5.2009 NZA 2009, 954; BAG 18.1.1990 EzA KSchG § 1 Betriebsbedingte Kündigung Nr. 65 = NZA 1990, 734; *v. Hoyningen-Huene,* NZA 1993, 146; a. A. *Enderlein,* ZfA 1992, 51 ff.; zur Arbeitsverweigerung LAG Hamm 12.12.2005 FA 2006, 189.

gungsgrund dar.⁵⁶ In dem vom Arbeitnehmer so geführten Kündigungsschutzprozess kann auch die Auflösung des Arbeitsverhältnisses beantragt werden.⁵⁷

1303 Freilich ist der Prüfungsmaßstab nicht davon abhängig, wie sich der Arbeitnehmer auf das Änderungsangebot einlässt. Das BAG legt stets den Maßstab der Änderungskündigung an und nicht etwa den der Beendigungskündigung, obwohl die Änderungskündigung nach vorbehaltloser Ablehnung als solche wirkt.⁵⁸ Gegen die hiergegen erhobene Kritik⁵⁹ spricht, dass dem Gekündigten hierdurch nichts Unbilliges widerfährt, weil er das Änderungsangebot nur unter dem Vorbehalt der sozialen Rechtfertigung anzunehmen braucht.

1304 Lehnt der Arbeitnehmer nach Ausspruch einer Änderungskündigung durch den Arbeitgeber die Fortsetzung des Arbeitsverhältnisses zu geänderten Arbeitsbedingungen ab, kann hierin ein böswilliges Unterlassen liegen, zumutbare Arbeit anzunehmen (§ 11 S. 1 Nr. 2 KSchG).⁶⁰ Zum allgemeinen Beschäftigungsanspruch während der Dauer des Kündigungsschutzprozesses → Rn. 831 ff.

VI. Soziale Rechtfertigung einer Änderungskündigung

1. Prüfungsmaßstab

1305 Für die Entscheidung über die Sozialwidrigkeit der Änderungskündigung verweist § 2 S. 1 KSchG lediglich auf die einschlägigen Bestimmungen des § 1 KSchG. Einen spezifischen Prüfungsmaßstab für die sachliche Rechtfertigung der Änderungskündigung enthält das Gesetz nach seinem Wortlaut nicht. Der **Prüfungsmaßstab** ist im Einzelnen äußerst umstritten. Kernfrage ist, ob der Grund bei der Änderungskündigung das gleiche Gewicht haben muss wie bei der Beendigungskündigung. Hierfür spricht die schlichte Verweisung des § 2 S. 1 KSchG auf § 1 Abs. 2 und 3 KSchG. Freilich ist zu berücksichtigen, dass nach § 2 S. 1 KSchG der Bezugspunkt der Prüfung ein anderer ist, nämlich die soziale Rechtfertigung der **„Änderung der Arbeitsbedingungen"**. Unerheblich für den Prüfungsmaßstab ist, ob der Arbeitnehmer die Kündigung unter Vorbehalt annimmt oder nicht.

1306 Nach der neueren Rechtsprechung ist die Rechtfertigung der ordentlichen Änderungskündigung **zweistufig** zu prüfen. Zunächst ist zu fragen, ob Person, Verhalten oder dringende betriebliche Erfordernisse im Sinne des § 1 Abs. 2 KSchG das Änderungsangebot bedingen. In einem zweiten Schritt verlangt die Rechtsprechung die Prüfung, ob die vorgeschlagene Änderung vom Arbeitnehmer billigerweise hingenommen werden muss.⁶¹ Umfasst das Änderungsangebot mehrere Arbeitsbedingun-

---

⁵⁶ BAG 27.9.1984 EzA KSchG § 2 Nr. 5 = NZA 1985, 455.
⁵⁷ BAG 29.1.1981 AP KSchG 1969 § 9 Nr. 6 = EzA KSchG n. F. § 9 Nr. 10.
⁵⁸ BAG 7.6.1973 AP BGB § 626 Änderungskündigung Nr. 1 = EzA BGB n. F. § 626 Nr. 29; 25.3.1976 AP BGB § 626 Ausschlussfrist Nr. 10 = EzA BGB § 626 Änderungskündigung Nr. 1; 6.3.1986 EzA KSchG n. F. § 15 Nr. 34 = NZA 1987, 102; KR/*Fischermeier,* § 626 BGB Rn. 201 f.
⁵⁹ Insbesondere *Löwisch/Knigge* und *Lieb,* Anm. BAG AP § 626 BGB Änderungskündigung Nr. 1; *Schwerdtner,* Festschrift BAG, 1979, S. 555, 566 ff.
⁶⁰ BAG 16.6.2004 EzA BGB 2002 § 615 Nr. 7 = NZA 2004, 1155; BAG 26.9.2007 EzA BGB 2002 § 615 Nr. 21 = NZA 2008, 1063.
⁶¹ BAG 18.10.1984 und 13.6.1986 EzA KSchG § 1 Soziale Auswahl Nr. 18 und 23 = AP KSchG 1969 § 1 Soziale Auswahl Nr. 6 und 13; BAG 18.1.1990 EzA KSchG § 1 Betriebsbedingte Kündigung Nr. 65 = NZA 1990, 734; BAG 15.3.1991 EzA KSchG § 2 Nr. 16 = NZA 1992, 120; BAG 21.1.1993 EzA KSchG § 2 Nr. 18 = NZA 1993, 1099; BAG 19.5.1993 EzA KSchG § 1 Betriebsbe-

gen, wird **jede einzelne Änderung** vom Gericht überprüft. Wenn nur eine von diesen Änderungen nicht sozial gerechtfertigt ist, führt dies zur **Unwirksamkeit der gesamten Änderungskündigung.** Das BAG ist hier sehr streng.[62] Eine Umdeutung oder teilweise Wirksamkeit der Änderungskündigung ist nicht möglich.[63] Spricht der Arbeitgeber mehrere Änderungskündigungen gleichzeitig aus, können die Kündigungen wegen Unverhältnismäßigkeit unwirksam sein.[64] Dieser allgemeine Maßstab wird nur dann richtig angewandt, wenn das **Stufenverhältnis** zwischen Beendigungskündigung und Änderungskündigung beachtet wird. Mit dem Ausspruch einer Änderungskündigung genügt der Arbeitgeber dem Grundsatz der Verhältnismäßigkeit,[65] wenn ohne dieses Mittel eine Beendigungskündigung ausgesprochen werden müsste. Hieraus folgt, dass eine Änderungskündigung jedenfalls dann gerechtfertigt ist, wenn durch sie die sonst notwendige Beendigungskündigung vermieden werden kann. Fehlt ein Kündigungsgrund, kann die Änderungskündigung nicht gerechtfertigt sein; keinesfalls darf die bloße Zumutbarkeit einer Änderung in den Vordergrund treten. Die Änderungskündigung kann folglich bereits auf der ersten Prüfungsstufe scheitern. Bei prinzipiell vorhandenem Kündigungsgrund ist aber der Kündigungsgrund zu der angebotenen Änderung in Relation zu setzen. Insofern kann der Auffassung gefolgt werden, dass eine einheitliche Betrachtung erfolgen muss.[66] Freilich ist auf der zweiten Stufe stets eine am Verhältnismäßigkeitsgrundsatz orientierte Prüfung vorzunehmen. Danach müssen die geänderten Arbeitsbedingungen im Hinblick auf den Kündigungsgrund geeignet sowie erforderlich sein und dürfen sich nicht weiter vom bisherigen Inhalt des Arbeitsverhältnisses entfernen, als dies zur Erreichung des mit der Änderungskündigung angestrebten Ziels erforderlich ist (näher → Rn. 1278).[67] Wenn durch das Änderungsangebot neben der Tätigkeit (Arbeitsleistungspflicht) auch die Gegenleistung (Vergütung) geändert werden soll, sind beide Elemente des Änderungsangebots am Verhältnismäßigkeitsgrundsatz zu messen.

Eine ordentliche Änderungskündigung, die eine Verschlechterung der Arbeitsbedingungen zum Gegenstand hat, welche vor Ablauf der Kündigungsfrist wirksam werden soll, ist nach Auffassung des BAG bereits sozial ungerechtfertigt, weil der Arbeitgeber dadurch in unzulässiger Weise Elemente von ordentlicher und außerordentlicher Kündigung vermischt.[68] Spricht er eine ordentliche Änderungskündigung aus, muss er sich hinsichtlich des Änderungsangebots auch an die Kündigungsfristen halten und kann nicht „vorfristig" die geänderten Bedingungen durchsetzen.

1307

---

dingte Kündigung Nr. 73 = NZA 1993, 1075; BAG 26.1.1995 EzA KSchG § 2 Nr. 22 = NZA 1995, 626.
[62] BAG 29.9.2011 NZA 2012, 628: schon die Implementierung einer doppelten Schriftformklausel neben den Hauptabreden, ohne dass diese durch Änderungsgründe legitimiert wäre, führt zur Unwirksamkeit der gesamten Änderungskündigung.
[63] BAG 21.9.2006 EzA KSchG § 2 Nr. 61 = NZA 2007, 435; BAG 23.6.2005 EzA KSchG § 2 Nr. 54 = NZA 2006, 92; a. A. *Löwisch*, NZA 1988, 633, 636.
[64] So LAG Köln 17.7.2007 LAGE KSchG § 2 Nr. 59a [Rev. 2 AZR 822/07].
[65] Grundlegend BAG 27.9.1984 EzA KSchG § 2 Nr. 5 = NZA 1985, 126.
[66] Vgl. ErfK/*Oetker*, § 2 KSchG Rn. 42 ff.
[67] BAG 29.11.2007 EzA KSchG § 2 Nr. 69 = NZA 2008, 523; 29.3.2007 EzA KSchG § 2 Nr. 66 = NZA 2007, 855, 858; BAG 21.9.2006 EzA KSchG § 2 Nr. 61 = NZA 2007, 435; 23.6.2005 EzA KSchG § 2 Nr. 54 = NZA 2006, 92.
[68] BAG 21.9.2006 EzA KSchG § 2 Nr. 61 = NZA 2007, 435; LAG Köln 2.11.2007 ArbuR 2008, 229.

2. Betriebsbedingte Änderungskündigung

1308 Im Vordergrund des praktischen Interesses steht die **betriebsbedingte** Änderungskündigung.[69] **Zweck** dieser Änderungskündigung muss es sein, **künftig durch Beendigungskündigung zu vollziehende Anpassungen des Personalbestandes an den Personalbedarf zu vermeiden.**[70] Eine betriebsbedingte Änderungskündigung, die eine ansonsten erforderlich werdende Beendigungskündigung vermeidet, ist stets zulässig.[71] Sie ist oft das einzige dem Arbeitgeber zur Verfügung stehende Mittel, die Insolvenz abzuwenden. Das BAG verlangt nicht, dass der „Ruin unmittelbar bevorsteht" und lässt sogar außerordentliche betriebsbedingte Änderungskündigungen ordentlich unkündbarer Arbeitnehmer in Notlagen zu.[72] Auch bei der betriebsbedingten Änderungskündigung respektiert das BAG die der Kündigung zugrunde liegende **unternehmerische Entscheidung.** Doch ist die Prüfung in mancherlei Hinsicht komplexer, weil nicht (wegen Arbeitsplatzabbaus) das Beendigungsinteresse, sondern das Änderungsinteresse im Vordergrund steht. Notwendig ist die Unterscheidung, ob organisatorische Änderungen oder wirtschaftliche Notwendigkeiten Auslöser für die Kündigung sind.[73] Ist das Ziel der Änderungskündigung die bloße Entgeltreduzierung, kann die Prüfung des § 2 KSchG nicht ohne Würdigung der wirtschaftlichen Situation des Unternehmens erfolgen, um zu prüfen, ob die Änderung „dringend" iSd § 2 iVm § 1 KSchG ist. Ferner bedarf es der Prüfung, ob die Änderungskündigung nach dem eigenen unternehmerischen Konzept (noch) notwendig ist.[74]

1309 Ferner muss der Arbeitgeber ein **rechtlich zulässiges Ziel** verfolgen. Die Umgestaltung der Arbeitsbedingungen darf nicht auf eine rechtswidrige Maßregelung hinauslaufen.[75] Eine Änderungskündigung, mit der der Arbeitgeber den Abbau tariflich gesicherter Leistungen (zB Erhöhung der tariflichen Arbeitszeit von 35 Stunden auf 38,5 Stunden oder die Absenkung der Vergütung unter den tariflich gesicherten Mindestlohn) durchzusetzen versucht, ist schon nach § 134 iVm § 4 TVG rechtsunwirksam.[76] Die Berufung auf den **Gleichbehandlungsgrundsatz** stellt für sich allein **kein dringendes betriebliches Erfordernis** für eine Änderungskündigung dar.[77] Richtigerweise kann der von einer Änderungskündigung betroffene Arbeitnehmer aber nicht verlangen, dass statt seiner einem anderen (ebenfalls von einer Änderungskündigung

---

[69] Hierzu *Berger-Delhey*, DB 1991, 1571; *Dänzer-Vanotti/Engels*, DB 1986, 1390; *Hromadka*, NZA 1996, 1 ff.; *Kittner*, NZA 1997, 968; *Krause*, DB 1995, 574; *Moll*, DB 1984, 1346; *Gaul*, DB 1998, 1913; *Herbert/Oberrath*, NJW 2008, 3177; *Betz*, Die betriebsbedingte Änderungskündigung, 2008.

[70] Zum Wegfall eines höherwertigen Arbeitsplatzes BAG 21.6.1995 EzA KSchG n. F. § 15 Nr. 43 = NZA 1995, 1157; LAG Düsseldorf 21.1.1983 DB 1983, 1931.

[71] BAG 29.11.2007 EzA KSchG § 2 Nr. 69 = NZA 2008, 523.

[72] BAG 1.3.2007 EzA BGB 2002 § 626 Unkündbarkeit Nr. 13 = NZA 2007, 1445.

[73] Hierzu ausf. *Hromadka*, NZA 1996, 8; KPK/*Bengelsdorf*, § 2 KSchG Rn. 93 f., zur organisatorischen Maßnahme s. BAG 29.3.2007 NZA 2007, 855.

[74] Zur Unwirksamkeit der Änderungskündigung einer Schulleiterin, deren Eingruppierung sich nach der Schülerzahl der von ihr geleiteten Schule richtet, wenn der Arbeitgeber selbst das Absinken der Schülerzahl durch Umsetzung eines Schulentwicklungsplans herbeigeführt hat und der anzuhörende Lehrerbezirkspersonalrat in dem Glauben gelassen wurde, die Schülerzahlen seien wegen des – bekannten – Geburtenrückgangs abgesunken, BAG 24.6.2004 ZTR 2004, 579.

[75] BAG 22.4.2004 EzA KSchG § 2 Nr. 50 = NZA 2004, 1158; plastischer Fall LAG Köln 21.6.2002 LAGE KSchG § 2 Nr. 42 = NZA-RR 2003, 247.

[76] BAG 10.2.1999 EzA KSchG § 2 Nr. 34 = NZA 1999, 657.

[77] BAG 28.4.1982 AP KSchG 1969 § 2 Nr. 3 = EzA KSchG § 2 Nr. 4; BAG 1.7.1999 = EzA KSchG § 2 Nr. 35 = NZA 1999, 1336; BAG 20.1.2000 EzA KSchG § 15 n. F. Nr. 49 = NZA 2000, 592.

betroffenen) Arbeitnehmer gekündigt wird. Dies verstieße gegen das allgemeine Prinzip, wonach kein Arbeitnehmer auf der Basis des Ultima-Ratio-Prinzips verlangen kann, dass statt seiner ein anderer Arbeitnehmer entlassen wird.[78] Zur **außerordentlichen Änderungskündigung** → Rn. 1737 ff., 528 ff.

a) Entgeltreduzierung

Weder der bloße Entschluss, die Lohnkosten zu senken, noch zu diesem Zwecke ausgesprochene Änderungskündigungen selbst sind im Kündigungsschutzprozess von den Gerichten als vorgegeben hinzunehmende bindende Unternehmerentscheidungen.[79] Der Grundsatz „pacta sunt servanda" lässt es nicht zu, dass ein mit Gewinn arbeitendes Unternehmen über Änderungskündigungen Entgeltminderungen durchsetzt, um seine Ertragslage weiter zu verbessern.[80] Grundsätzlich sind einmal geschlossene Verträge einzuhalten. Geldmangel entlastet den Schuldner nicht. Vereinbaren die Parteien ein außertarifliches Angestelltenverhältnis, begründet die Neuordnung der tariflichen Entgeltstruktur nicht etwa den Tatbestand des Wegfalls der Geschäftsgrundlage oder ein dringendes betriebliches Erfordernis zur Änderung der Arbeitsbedingungen. Es liegt im Risikobereich des Arbeitgebers, dass er die Tätigkeit des Arbeitnehmers im Rahmen eines frei ausgehandelten Vertrags höher dotiert, als dies einer späteren tariflichen Bewertung entspricht.[81] 1310

Die Dringlichkeit eines schwerwiegenden Eingriffs in das Leistungs-/Lohngefüge, wie es die Änderungskündigung zur Durchsetzung einer erheblichen Lohnsenkung darstellt, ist deshalb nur dann begründet, **wenn bei einer Aufrechterhaltung der bisherigen Personalkostenstruktur weitere, betrieblich nicht mehr auffangbare Verluste entstehen, die absehbar zu einer Reduzierung der Belegschaft oder sogar zu einer Schließung des Betriebes führen.**[82] Schon um das Vorhandensein geeigneter milderer Mittel (→ Rn. 1320 ff.) ausschließen zu können, bedarf es eines **Sanierungskonzeptes,** aus dem hervorgeht, dass die Einsparungen unumgänglich sind.[83] Eine Änderungskündigung ist dann nicht erforderlich, wenn die vorgesehene Entgeltminderung über das hinausgeht, was nach dem unternehmerischen Sparkonzept notwendig gewesen wäre.[84] Zu bedenken ist, dass – anders als bei der Reduzierung der Arbeitszeit – bei einer Entgeltreduzierung das Austauschverhältnis (Arbeitszeit gegen Vergütung) einseitig verschoben wird. Sachlich gerechtfertigt ist die Änderung des Arbeitsvertrages nicht schon dann, wenn die neuen Arbeitsbedingungen für den Arbeitnehmer noch tragbar sind. Denn das KSchG gewährt Bestandsschutz für den bestehenden Vertrag. Deshalb ist auch die Senkung des Lohnes auf den Tariflohn 1310a

---

[78] BAG 19.5.1993 EzA KSchG § 1 Betriebsbedingte Kündigung Nr. 73 mit zust. Anm. *Raab* = AR-Blattei ES 1020.1.1. Nr. 13 mit zust. Anm. *Preis.*
[79] BAG 20.3.1986 EzA KSchG § 2 Nr. 6 mit Anm. *Löwisch* = NZA 1986, 824; LAG Schleswig-Holstein 21.2.2007 LAGE KSchG § 2 Nr. 57.
[80] Vgl. *Ascheid,* Rn. 496; ähnlich *Hromadka,* RdA 1992, 253.
[81] BAG 8.10.2009 NZA 2010, 465.
[82] BAG 20.6.2013 NZA 2013, 1409 Rn. 31; BAG 1.3.2007 EzA BGB 2002 § 626 Unkündbarkeit Nr. 13 = NZA 2007, 1445.
[83] BAG 20.6.2013 NZA 2013, 1409 Rn. 31; BAG 20.8.1998 EzA KSchG § 2 Nr. 31 = NZA 1999, 255; BAG 12.11.1998 EzA KSchG § 2 Nr. 33 = NZA 1999, 471; s.a. *Hromadka,* NZA 1996, 1, 10; *Krause,* DB 1995, 574, 578 f.; KPK/*Bengelsdorf,* § 2 KSchG Rn. 100; *Gaul,* DB 1998, 1913, 1916.
[84] BAG 12.12.1996 EzA KSchG § 2 Nr. 32: Personalkosteneinsparung von 13,2 Mio DM bei Defizit von 8,9 Mio DM ist unverhältnismäßig. Weiterer Anwendungsfall LAG Berlin-Brandenburg 5.12.2007 LAGE KSchG § 2 Nr. 61.

keinesfalls immer zumutbar. Nur wenn wirklich berechtigte Interessen des Arbeitgebers die Lohnsenkung verlangen, muss der Arbeitnehmer die Kürzung hinnehmen.[85] Schließlich muss der Arbeitgeber bei notwendigen Entgeltkürzungen den **Gleichbehandlungsgrundsatz** wahren. Er kann nicht willkürlich bei einzelnen Gruppen kürzen.[86] Ferner müssen die Arbeitnehmer im Regelfall keine Einkommensminderungen auf Dauer hinnehmen, wenn nur ein vorübergehender Betriebsverlust bzw. Liquiditätsengpass Grund der Änderungskündigung ist.

1311 Nach Auffassung des BAG kann die **Unrentabilität** eines Betriebes (nicht aber einer Betriebsabteilung!)[87] ohne weitere Rationalisierungsmaßnahmen ein Grund für die betriebsbedingte Änderungskündigung sein, wenn durch die Senkung der Personalkosten die Stilllegung des Betriebes oder die Reduzierung der Belegschaft verhindert werden kann oder soll.[88] Richtigerweise kann es nur darauf ankommen, ob solche triftigen wirtschaftlichen Gründe erkennbar sind, die ohne Anpassung der Personalkosten absehbar (innerhalb eines Jahres) in Beendigungskündigungen umschlagen müssten.[89] Dabei ist eine Erfahrungstatsache, dass fortdauernde Verluste irgendwann den Zusammenbruch des Unternehmens bewirken. Deshalb ist eine Änderungskündigung mit dem Ziel, Zulagen zu kürzen, nicht erst dann gerechtfertigt, wenn die unveränderte Fortführung des Vertrages zu einer akuten Gefahr für die Existenz des Betriebes führen würde.[90] Das mildere Mittel der Änderungskündigung darf insoweit nicht strengeren Anforderungen unterliegen als die Beendigungskündigung.[91] Eine Änderungskündigung kann gerechtfertigt sein, wenn die Unrentabilität des Betriebes einer Weiterbeschäftigung entgegensteht und die Senkung der Personalkosten die Betriebsstilllegung oder die **Reduzierung der Belegschaft verhindern** kann.[92] Der Arbeitgeber muss aber substantiiert darlegen, dass eine Kosteneinsparung anders nicht mehr möglich ist.[93] Dazu bedarf es regelmäßig eines umfassenden Sanierungsplans, der alle gegenüber der beabsichtigten Änderungskündigung milderen Mittel ausschöpft. Vom Arbeitgeber

---

[85] Vgl. auch BAG 26.4.1990 AP Bergmann VersorgungsscheinG NRW § 9 Nr. 28 unter III 2 der Gründe; zum Ganzen *Krause*, DB 1995, 574 ff.

[86] BAG 20.8.1998 EzA KSchG § 2 Nr. 31 = NZA 1999, 255; BAG 3.7.2003 AP KSchG 1969 § 2 Nr. 73 = EzA KSchG § 2 Nr. 49; LAG Hamm 29.11.2000 LAGE KSchG § 2 Nr. 38.

[87] Hierzu krit. *Stoffels*, FS Hromadka, 2008, 463, 474.

[88] BAG 20.3.1986 EzA KSchG § 2 Nr. 6 = NZA 1986, 824; siehe BAG 11.10.1989 EzA KSchG § 1 Betriebsbedingte Kündigung Nr. 64 = NZA 1990, 607; BAG 20.8.1998 EzA KSchG § 2 Nr. 31 = NZA 1999, 255; BAG 12.11.1998 EzA KSchG § 2 Nr. 33 = NZA 1999, 471; BAG 23.6.2005 EzA KSchG § 2 Nr. 54 = NZA 2006, 285; BAG 1.3.2007 EzA BGB 2002 § 626 Unkündbarkeit Nr. 13 = NZA 2007, 1445.

[89] Hierzu *Stoffels*, FS Hromadka, 2008, 463, 473.

[90] Vgl. BAG 12.11.1998 EzA KSchG § 2 Nr. 33 = NZA 1999, 471; *Ascheid*, Rn. 503; LAG Köln 15.6.1988 und 30.11.1989 LAGE KSchG § 2 Nr. 8 und 10; LAG Baden-Württemberg 20.3.1997 LAGE KSchG § 2 Nr. 28; LAG Hamm 25.7.1986 LAGE KSchG § 2 Nr. 4; HHL/*Linck*, § 2 KSchG Rn. 148; enger *Dänzer-Vanotti/Engels*, DB 1986, 1392; *H. Müller*, NZA 1985, 309; vgl. auch *Hromadka*, RdA 1992, 255 f.

[91] Siehe jetzt auch BAG 20.8.1998 EzA KSchG § 2 Nr. 31 = NZA 1999, 255; LAG Hamm 5.9.1986 LAGE KSchG § 2 Nr. 5; *Stahlhacke*, DB 1994, 1368; *Preis*, Anm. EzA § 1 KSchG Soziale Auswahl Nr. 29; *Berger-Delhey*, DB 1991, 1571.

[92] BAG 26.1.1995 EzA KSchG § 2 Nr. 22 = NZA 1995, 626; BAG 12.11.1998 EzA KSchG § 2 Nr. 33 = NZA 1999, 471; in diesem Sinne auch strikt auf den kausalen Bezug zum Erhalt der Arbeitsplätze hinweisend KDZ/*Zwanziger*, § 2 KSchG Rn. 170; ausf. *Krause*, DB 1995, 576 ff.; vgl. auch *Stahlhacke*, DB 1994, 1368; enger wohl *Dänzer-Vanotti/Engels*, DB 1986, 1390, 1392; *Hromadka*, RdA 1992, 255 f.; *Pauly*, DB 1997, 2378, 2382.

[93] BAG 20.3.1986 EzA KSchG § 2 Nr. 6 = NZA 1986, 824; BAG 20.8.1998 EzA KSchG § 2 Nr. 31 = NZA 1999, 255; KDZ/*Zwanziger*, § 2 KSchG Rn. 172; LAG Köln 15.6.1988 LAGE KSchG § 2 Nr. 8.

§ 3 Die Änderungskündigung

ist in diesem Fall zu verlangen, dass er die Finanzlage des Betriebs, den Anteil der Personalkosten, die Auswirkung der erstrebten Kostensenkungen für den Betrieb und für die Arbeitnehmer darstellt und ferner darlegt, warum andere Maßnahmen nicht in Betracht kommen.[94] Dabei kann dem Arbeitgeber keine Frist vorgeschrieben werden, die er einhalten muss, bevor er – nach einem Sanierungsplan zu einschneidenden Maßnahmen wie dem Ausspruch von Änderungskündigungen zum Zwecke der Entgeltreduzierung greifen darf.[95]

Im **öffentlichen Dienst** kann die Verpflichtung zu einem wirtschaftlichen und sparsamen Umgang mit Haushaltmitteln die Änderungskündigung rechtfertigen.[96] Kündigungen zur (Wieder-)Herstellung der tariflichen Vergütung sind, jedenfalls im öffentlichen Dienst, regelmäßig nicht sozialwidrig.[97] Das gilt aber nur bei irrtümlicher, nicht bei bewusster vertraglich vereinbarter übertariflicher Vergütung.[98]

1312

Entgeltminderungen bei notwendigen Einsparungen bzw. zum Ausgleich von Verlusten wurde in folgenden Fällen **bejaht: Einstellung eines Kohledeputats;**[99] **Kürzung von Provisionssätzen;**[100] **Ablösung einer Überstundenpauschale** durch Spitzabrechnung,[101] Übergang von einer fixen zu einer **erfolgsabhängigen Sonderzahlung** bei wirtschaftlicher Notlage.[102] Abzulehnen ist eine Entgeltminderung, wenn sie lediglich mit dem Hinweis auf eine neue Methode der Entgeltfindung begründet wurde.[103] Ebenso wenig ist eine Änderungskündigung gerechtfertigt, weil eine neue gesetzliche Regelung (hier AüG) die Möglichkeit vorsieht, durch Parteivereinbarung einen geringeren (tariflichen) Lohn festzulegen, als er dem Arbeitnehmer bisher gesetzlich oder vertraglich zustand.[104] **Verneint** wurde die Kündigungsmöglichkeit in folgenden Fällen: **Entgeltkürzung** um 14% bei (vorübergehendem) negativen Ergebnis einer Betriebsabteilung;[105] **Fahrgeldzuschüsse;**[106] **Sonderzuwendung.**[107]

1313

Seine strenge Linie hat das BAG auch bei der Änderungskündigung zum Zwecke des Abbaus sog. „freiwilliger" (übertariflichen, Leistungs- oder Funktions-) **Zulagen** fortgeführt.[108] Die Rechtsprechung ist neuerdings großzügiger bei der Kündigung **entgeltwirksamer Nebenabreden.** Änderungskündigungen zur Anpassung vertraglicher Nebenabreden (zB kostenlose Beförderung zum Betriebssitz, Fahrtkostenzu-

1314

---

[94] BAG 26.6.2008 EzA KSchG § 2 Nr. 71 = NZA 2008, 1182.
[95] BAG 29.11.2007 – 2 AZR 789/06 –; BAG 1.3.2007 EzA BGB 2002 § 626 Unkündbarkeit Nr. 13 = NZA 2007, 1445.
[96] BAG 15.3.1991 EzA KSchG § 2 Nr. 16 = NZA 1992, 120; *Hirdina*, NZA 2012, 885.
[97] BAG 8.10.2009 NZA 2010, 465 Rn. 29; BAG 9.7.1997 EzA KSchG § 2 Nr. 27 = NZA 1998, 494.
[98] LAG Bremen 24.1.2002 NZA-RR 2002, 297.
[99] BAG 25.4.1963 AP BGB § 620 Änderungskündigung Nr. 17.
[100] BAG 20.3.1986 EzA KSchG § 2 Nr. 6 = NZA 1986, 824.
[101] BAG 23.11.2000 EzA KSchG § 2 Nr. 40 = NZA 2001, 492.
[102] BAG 29.11.2007 – 2 AZR 789/06 –; BAG 1.3.2007 EzA BGB 2002 § 626 Unkündbarkeit Nr. 13 = NZA 2007, 1445.
[103] LAG Rheinland-Pfalz 9.1.1997 LAGE KSchG § 2 Nr. 24; zur Umgruppierung in eine andere Tarifgruppe auf Grund einer neuen Schlüsselbewertung vgl. BAG 15.3.1991 EzA KSchG § 2 Nr. 16 = NZA 1992, 120.
[104] BAG 12.1.2006 EzA KSchG § 2 Nr. 56 = NZA 2006, 587.
[105] BAG 20.8.1998 EzA KSchG § 2 Nr. 31 = NZA 1999, 255.
[106] LAG Baden-Württemberg 24.4.1995 LAGE KSchG § 2 Nr. 18: mangels unternehmerischer Entscheidung.
[107] LAG Berlin 30.6.1997 LAGE KSchG § 2 Nr. 27 = NZA-RR 1998, 257; LAG Berlin 11.5.1998 LAGE KSchG § 2 Nr. 32 = NZA-RR 1998, 498; LAG Baden-Württemberg 20.3.1997 LAGE KSchG § 2 Nr. 28.
[108] BAG 16.5.2002 EzA KSchG § 2 Nr. 46 = NZA 2003, 147.

schuss, Mietzuschuss) an geänderte Umstände unterliegen nach einer Grundsatzentscheidung des BAG[109] nicht den gleichen strengen Maßstäben wie Änderungskündigungen zur Entgeltabsenkung. Das BAG setzt damit eine Linie fort, die sich schon bei der Kündigung einer Pauschalabgeltung für Überstunden mit dem Ziel des Übergangs zur „Spitzabrechnung"[110] angedeutet hat. Das BAG unterscheidet zwischen Vertragsbestandteilen, die im Austauschverhältnis stehen (zB Leistungszulagen) und Abreden, die im veränderungsfähigen Zusatzbereich liegen. Freilich ist die Abgrenzung noch nicht trennscharf gelungen. Denn auch Mietzuschüsse und Pauschalierungsabreden können Abreden im Austauschverhältnis sein. Offenbar scheint das BAG danach differenzieren zu wollen, wie „nachhaltig" in das arbeitsvertragliche Verhältnis von Leistung und Gegenleistung eingegriffen wird. Liegt nur ein „gewisser Entgeltbezug" in „Randbereiche der vertraglichen Vereinbarungen" vor, stellt der Senat[111] weniger strenge Anforderungen. Zuletzt ist offen geblieben, ob das BAG an diesen erleichterten Maßstäben festhalten will.[112]

b) Organisationsänderungen

1315   Grundlage einer betriebsbedingten Änderungskündigung können auch Änderungen in der Organisation (Rationalisierungsmaßnahmen, Betriebsverlagerungen, Umstellung oder Einstellung der Produktion, Wegfall von Arbeitsplätzen wegen Umsatzrückgangs) sein.[113] Hier geht es zumeist darum, durch Änderungskündigung den Arbeitnehmern andere Tätigkeiten oder Arbeitszeiten zuzuweisen. Für die eingeschränkte Überprüfung entsprechender unternehmerischer Entscheidungen gelten die allgemeinen Grundsätze (→ Rn. 917 ff.). Es steht dem Arbeitgeber frei, bei einem geänderten Arbeitsvolumen statt einiger Beendigungskündigungen mehrere Änderungskündigungen auszusprechen.[114] Die Alternativen dürfen lediglich nicht missbräuchlich gewählt werden und müssen auf einem nachvollziehbaren Konzept beruhen.[115] Zudem ist eine doppelte Prüfung erforderlich: Einerseits dürfen an das mildere Mittel der Änderungskündigung keine strengeren Maßstäbe als an die Beendigungskündigung gestellt werden. Andererseits dürfen die angebotenen Änderungen nicht weiter gehen, als zur Erreichung des unternehmerischen Ziels erforderlich.[116] Insoweit muss die Veränderung proportional zum Änderungsinteresse sein.

1316   Wenn durch das Änderungsangebot **neben der Tätigkeit auch die Vergütung** geändert werden soll, sind beide Elemente des Änderungsangebots am Verhältnismäßigkeitsgrundsatz zu messen. Eine gesonderte Rechtfertigung der Vergütungsänderung ist nur dann entbehrlich, wenn sich die geänderte Vergütung aus einem im Betrieb angewandten Vergütungssystem ergibt (**Tarifautomatik**).[117] Schwierig wird die Beur-

---

[109] BAG 27.3.2003 EzA KSchG § 2 Nr. 48a = NZA 2003, 1029; ablehnend *Berkowsky*, NZA 2003, 1130; ein neues Modell schlagen vor *Reiserer/Powietzka*, BB 2006, 1109; zust. *K. Gamillscheg*, Anm. EzA § 2 KSchG Nr. 48.
[110] BAG 23.11.2000 EzA KSchG § 2 Nr. 40 = NZA 2001, 492.
[111] BAG 27.3.2003 EzA KSchG § 2 Nr. 48a = NZA 2003, 1029.
[112] BAG 20.6.2013 NZA 2013, 1409 Rn. 26 f.
[113] BAG 27.9.2001 EzA KSchG § 2 Nr. 41; BAG 21.2.2001 EzA KSchG § 2 Nr. 45.
[114] BAG 19.5.1993 AP KSchG 1969 § 2 Nr. 31 mit zust. Anm. *Waas* = EzA KSchG § 1 Betriebsbedingte Kündigung Nr. 73 mit zust. Anm. *Raab* = AR-Blattei ES 1020.1.1. Nr. 13 mit zust. Anm. *Preis*, LAG Hamm 22.3.1996 LAGE KSchG § 2 Nr. 19.
[115] Vgl. LAG Hamm 26.9.1996 LAGE KSchG § 2 Nr. 23; LAG Hamburg 20.11.1996 LAGE § 2 KSchG Nr. 25, die bei der Umwandlung von Teilzeit- in Vollzeitstellen ein plausibles unternehmerisches Konzept fordern.
[116] KR/*Rost*/*Kreft*, § 2 KSchG Rn. 98.
[117] BAG 28.10.2010 NZA-RR 2011, 155; BAG 23.6.2005 EzA KSchG § 2 Nr. 54 = NZA 2006, 92.

§ 3 Die Änderungskündigung

teilung, wenn **kein festes Vergütungssystem** besteht. In diesen Fällen kann der Arbeitgeber dem Arbeitnehmer eine von ihm selbst und unabhängig von Vergütungssystemen festgesetzte Vergütung als Gegenleistung anbieten. Dabei muss er allerdings den Änderungsschutz berücksichtigen und im Prozess die Gründe darlegen, die ihn unter Berücksichtigung des Änderungsschutzes zu den angebotenen Vertragsbedingungen bewogen haben. Bietet er dabei dem Arbeitnehmer eine Vergütung an, die die durchschnittlich gezahlte Vergütung merklich unterschreitet, so muss er darlegen, welche weiteren Gesichtspunkte ihn zu dieser niedrigen Vergütungsfestsetzung bewogen haben und inwiefern dabei der bestehende Änderungsschutz hinreichend berücksichtigt ist. Bewegt sich demgegenüber die angebotene Vergütung verglichen mit der der anderen Arbeitnehmer im oberen Bereich, so spricht zunächst eine Vermutung dafür, dass die angebotene Vergütung vom Arbeitnehmer billigerweise hinzunehmen ist. In einem Fall, in dem der Arbeitgeber eine Tätigkeitsveränderung des Arbeitnehmers im Wege der Änderungskündigung vom „Software Developer" zum „Multimedia Producer" durchsetzen wollte, hat das BAG ein Vergütungsangebot in Höhe von 3200 € für nicht unverhältnismäßig erachtet, wenn die Gehaltsspanne für „Multimedia Producer" zwischen 2500 € und 3491 € liege. Bei freien Vergütungssystemen müsse der Arbeitgeber nicht das höchstmögliche Gehalt anbieten.[118]

Einzelfälle berechtigter Änderungskündigungen wegen Organisationsänderungen: Örtliche Verlagerung der Dienststelle,[119] Zuweisung einer anderen Tätigkeit,[120] Zuweisung einer Tätigkeit als Verkäuferin mit Kassiererfunktion wegen Wegfalls der bisher innegehabten höheren Position,[121] Organisationsentscheidung im Rahmen des Konzepts der sog. „Verlässlichen Grundschule" keine Vertretungslehrkräfte mehr einzusetzen, sondern die Schüler bei kurzfristig ausfallendem Unterricht von pädagogischen Mitarbeitern betreuen zu lassen.[122] 1317

Einzelfälle unberechtigter Änderungskündigungen wegen Organisationsänderungen: Änderung der Tätigkeit eines Küsters/Hausmeisters verbunden mit der Auflage des Bezugs einer 8 km entfernten Dienstwohnung.[123] 1318

c) Arbeitszeit

Unternehmerische Entscheidungen können bedingen, dass **Umfang und/oder Lage der Arbeitszeit** verändert werden müssen. Verringertes Arbeitsvolumen kann die Herabsetzung der Arbeitszeit bedingen;[124] ebenso kann die Heraufsetzung der Arbeitszeit bei Teilzeitbeschäftigten betrieblich bedingt sein.[125] Außerhalb der regulären Arbeitszeit erbrachte Leistungen mit Überstundenvergütung können durch Kündigung abgebaut und in die reguläre Arbeitszeit verlagert werden.[126] Das BAG hat sogar – auf der Basis eines plausiblen Konzepts – Veränderungen der Arbeitszeit gebilligt, wenn 1319

---

[118] BAG 3.4.2008 EzA KSchG § 2 Nr. 70 = NZA 2008, 812.
[119] BAG 12.8.2010 NJW 2011, 251.
[120] BAG 13.6.1986 EzA KSchG § 1 Soziale Auswahl Nr. 23 = NZA 1987, 155.
[121] BAG 23.6.2005 EzA KSchG § 2 Nr. = NZA 2006, 285; 26.1.1995 EzA KSchG § 2 Nr. 22 = NZA 1995, 626.
[122] BAG 29.11.2007 EzA KSchG § 2 Nr. 69 = NZA 2008, 523.
[123] BAG 26.6.2008 AP BAT § 55 Nr. 8 = BB 2009, 108.
[124] BAG 19.5.1993 AP KSchG 1969 § 2 Nr. 31; BAG 23.6.1993 RzK I 7b Nr. 15; zur Frage der Anpassung der Arbeitsverträge an geminderte tarifliche Wochenarbeitszeit LAG Niedersachsen 23.5.1990 LAGE KSchG § 2 Nr. 11; vgl. ferner LAG Berlin 15.6.1981 DB 1982, 334; LAG Rheinland-Pfalz 26.5.1981 ArbuR 1982, 291.
[125] LAG Rheinland-Pfalz 10.5.1988 LAGE KSchG § 1 Betriebsbedingte Kündigung Nr. 16.
[126] BAG 16.1.1997 RzK I 7a Nr. 37.

hierdurch eine Leistungsverdichtung eintritt.[127] Von einem Einschicht- kann durchaus in einen Mehrschichtbetrieb, von einer Fünftage- auf die Sechstage-Woche übergegangen werden.[128] Allerdings hat der Arbeitgeber wichtige Schranken zu beachten: Die Veränderung der Arbeitszeit darf weder gesetz- noch tarifwidrig sein; überdies muss die Umsetzung des Konzepts widerspruchsfrei erfolgen. Die veränderte Arbeitszeitgestaltung darf nicht Teilzeitbeschäftigte unsachlich benachteiligen (§ 4 Abs. 1 TzBfG).[129] Auch darf die Unternehmerentscheidung nicht missbräuchlich sein und gegen das Maßregelungsverbot des § 612a BGB verstoßen.[130] Die durch Änderungskündigung angestrebte Arbeitszeit darf überdies nicht tarifwidrig sein.[131] Ebenso darf das Vertragsangebot nicht den Kündigungsschutz umgehen[132] bzw. sich in dem bloßen Ziel der Flexibilisierung der Arbeitszeit erschöpfen.[133] Ferner darf die Änderung der Arbeitszeit nicht gegen das Ultima-Ratio-Prinzip verstoßen, was der Fall ist, wenn der Ausspruch einer Kündigung nicht notwendig war, weil das Vertragsvolumen noch nicht ausgeschöpft war oder die Änderung durch Direktionsrecht erfolgen konnte.[134] Entscheidet der Arbeitgeber, bei Ausweitung des Beschäftigungsvolumens von Teilzeit- auf Vollzeitarbeit umzusteigen, hat er – vor deren Kündigung – zunächst den Teilzeitkräften eine Vertragsänderung zur Ausdehnung der Arbeitszeit anzubieten.[135]

d) Vorrang milderer Mittel

1320 Zu beachten ist, dass der Arbeitgeber auch vor Änderungskündigungen die Möglichkeit **milderer Mittel** zu prüfen hat.[136] Das Änderungsangebot des Arbeitgebers ist daran zu messen, ob es sich darauf beschränkt, solche Änderungen vorzusehen, die der Arbeitnehmer billigerweise hinnehmen muss.[137] Dieser Maßstab gilt nach der Rspr. des BAG unabhängig davon, ob der Arbeitnehmer das Änderungsangebot abgelehnt oder unter Vorbehalt angenommen hat.[138] Gibt es alternative Beschäftigungen, ist das Änderungsangebot zu wählen, das sich weniger weit vom bisherigen Vertragsinhalt entfernt. Ist diese Frage nicht eindeutig zu entscheiden, ist es dem Arbeitgeber zuzumuten, dem Arbeitnehmer die in Betracht kommenden Änderungen alternativ anzubieten. Der Arbeitnehmer hätte dann die Wahl, eines der Angebote vorbehaltlos oder unter dem Vorbehalt des § 2 KSchG anzunehmen oder sämtliche Änderungsangebote abzulehnen.[139] Kann die bezweckte Änderung durch die zulässige Ausübung des **Di-**

---

[127] BAG 24.4.1997 EzA KSchG § 2 Nr. 26 mit krit. Anm. *Henssler* = NZA 1997, 1047.
[128] BAG 18.1.1990 EzA KSchG § 1 Betriebsbedingte Kündigung Nr. 65 = NZA 1990, 734; BAG 18.12.1997 EzA KSchG § 2 Nr. 28 = NZA 1998, 304.
[129] BAG 24.4.1997 EzA KSchG § 2 Nr. 26 mit krit. Anm. *Henssler* = NZA 1997, 1047.
[130] BAG 22.4.2004 EzA KSchG § 2 Nr. 50 = NZA 2004, 1158.
[131] BAG 18.12.1997 AP KSchG § 2 1969 Nr. 46 mit Anm. *Wiedemann* = EzA KSchG § 2 Nr. 28; BAG 10.2.1999 EzA KSchG § 2 Nr. 34 = NZA 1999, 657.
[132] So für den Fall eines gegen § 2 KSchG verstoßenden variablen Abrufarbeitsverhältnisses LAG Brandenburg 24.10.1996 LAGE KSchG § 2 Nr. 22 = NZA-RR 1997, 127.
[133] LAG Thüringen 25.4.2006 LAGE KSchG § 2 Nr. 54 = NZA-RR 2007, 295.
[134] BAG 26.1.1995 AP KSchG 1969 § 2 Nr. 36 und 37 mit Anm. *Enderlein* = EzA KSchG § 2 Nr. 21 und 22.
[135] LAG Berlin 10.9.1996 LAGE KSchG § 2 Nr. 20.
[136] BAG 26.1.1995 EzA KSchG § 2 Nr. 21; LAG Köln 30.10.1989 LAGE KSchG § 2 Nr. 10 zur stufenweisen Kürzung oder zeitweiligen Aussetzung von Zuschlagszahlungen; BAG 18.1.1990 EzA § 1 KSchG Betriebsbedingte Kündigung Nr. 65; zur Frage der Notwendigkeit der Einführung einer Wechselschicht; ausführlich *Ascheid*, Rn. 477 ff.
[137] BAG 20.6.2013 NZA 2013, 1409 Rn. 16; BAG 23.2.2012 AP KSchG 1969 § 2 Nr. 154 Rn. 34; BAG 29.9.2011 NZA-RR 2012, 158 Rn. 17.
[138] BAG 23.2.2012 AP KSchG 1969 § 2 Nr. 154 Rn. 34.
[139] BAG 10.4.2014 NZA 2014, 653 Rn. 53.

rektionsrechts erreicht werden, ist die Änderungskündigung nicht erforderlich.[140] Ist sogar zum Kündigungszeitpunkt die Änderung der Arbeitsbedingungen aufgrund anderer Umstände, wie etwa einer Vereinbarung der Arbeitsvertragsparteien, der wirksamen Ausübung des Direktionsrechts durch den Arbeitgeber oder wegen der normativen Wirkung einer Betriebsvereinbarung, bereits eingetreten, kann eine Änderungsschutzklage keinen Erfolg haben.[141] Zahlreiche Abgrenzungsfragen sind hier streitig.[142] Spricht der Arbeitgeber eine ordentliche Änderungskündigung aus, halten sich aber die angebotenen Vertragsänderungen nicht an die Kündigungsfristen, ist die ausgesprochene Änderungskündigung (auch) unverhältnismäßig.[143]

In einem gewissen Widerspruch hierzu steht die neuere Rechtsprechung des BAG,[144] wonach eine Änderungskündigung auch dann gerechtfertigt sein soll, wenn eine entsprechende Widerrufsmöglichkeit billigem Ermessen (§ 315 BGB) entspräche. Verschärft wird die Situation für den Arbeitnehmer, da er nach jüngster Rechtsprechung zunächst auch unbillige Weisungen soll befolgen müssen.[145] Für diese Position wird argumentiert, dass der Arbeitgeber nicht den Bestand des Arbeitsverhältnisses aufs Spiel setze, weil der Arbeitnehmer schließlich die Änderung unter Vorbehalt annehmen könne. Seien die Arbeitsbedingungen jedoch (etwa kraft Direktionsrecht oder geänderter Kollektivverträge) bereits vorhanden und nehme der Arbeitnehmer das an sich überflüssige Änderungsangebot dennoch nur unter Vorbehalt an, könne der Arbeitnehmer den Kündigungsrechtsstreit zu Recht nicht gewinnen.[146] Dabei kommt es nicht darauf an, ob der Arbeitgeber sein Direktionsrecht tatsächlich bereits (wirksam) ausgeübt hat. *„Es genügt, dass er es wahrnehmen könnte."*[147] Das ist nicht sachgerecht. Diese Rechtsprechung konterkariert das Verhältnismäßigkeitsprinzip, weil so der Arbeitgeber in Zweifelsfragen gerade zum Ausspruch der Änderungskündigung ermuntert wird.[148] Ferner ist die Rechtsprechung widersprüchlich. Lehnt nämlich der Arbeitnehmer das Änderungsangebot vorbehaltlos ab, verstößt die **„überflüssige Änderungskündigung"** gegen das Verhältnismäßigkeitsprinzip. Das Merkwürdige dieser Rechtsprechung liegt darin, dass die gleiche Änderungskündigung als wirksam oder unwirksam betrachtet wird, je nachdem, ob der Arbeitnehmer das Änderungsangebot ablehnt oder unter Vorbehalt annimmt.[149] Andererseits kann der Arbeitnehmer bei ei-

1321

---

[140] BAG 6.9.2007 AP KSchG 1969 § 2 Nr. 135 = EzA KSchG § 2 Nr. 68; BAG 26.1.1995 EzA KSchG § 2 Nr. 21 = NZA 1995, 628; *Gaul,* DB 1998, 1913; *Krause,* DB 1995, 574, 575.
[141] BAG 24.8.2004 EzA KSchG § 2 Nr. 51 = NZA 2005, 51.
[142] Ausführlich HHL/*Linck,* § 2 KSchG Rn. 29ff.; KDZ/*Zwanziger,* § 2 KSchG Rn.4ff.
[143] BAG 21.9.2006 EzA KSchG § 2 Nr. 61 = NZA 2007, 435.
[144] BAG 15.11.1995 EzA BGB § 315 Nr. 45 = NZA 1996, 603; s.a. BAG 16.1.1997 RzK I 7a Nr. 37; BAG 24.8.2004 EzA KSchG § 2 Nr. 51 = NZA 2005, 51; krit. hierzu *Preis,* NZA 1997, 1076, 1088; *Hromadka,* Anm. zu BAG AP TVG § 1 Tarifverträge: Lufthansa Nr. 202; *Benecke,* NZA 2005, 1092; Berkowsky, NZA 1999, 293.
[145] BAG 22.2.2012 NZA 2012, 858.
[146] So ErfK/*Oetker,* § 2 KSchG Rn. 15; BAG 24.8.2004 EzA KSchG § 2 Nr. 51 = NZA 2005, 51; BAG 26.8.2008 AP KSchG 1969 § 2 Nr. 139 = EzA KSchG § 2 Nr. 72; letztere Entscheidungen sind freilich durch unterschiedliche Streitgegenstände erklärbar (s. *Rost,* FS Hromadka, 2008, 319, 330).
[147] BAG 26.1.2012 NZA 2012, 856 Rn. 23; vgl. auch BAG 19.7.2012 NZA 2012, 1038 Rn. 21.
[148] Ablehnend auch KR/*Rost/Kreft,* § 2 KSchG Rn. 106bff.; APS/*Künzl,* § 2 KSchG Rn. 107ff.; *Berkowsky,* NZA 1999, 293, 295ff.; *Moll/Boewer,* MAH Arbeitsrecht, § 46 Rn. 137; s.a. *Hunold,* NZA 2008, 860, 863, der Arbeitgebern den Ausspruch „vorsorglicher Änderungskündigungen" empfiehlt; dagegen und dem Arbeitgeber den Ausspruch einer „bedingten Änderungskündigung" empfehlend *Hromadka,* NZA 2008, 1338, 1339. Als Scheinproblem – mit Kritik an der Rechtsprechung – einordnend *Benecke,* NZA 2005, 1092.
[149] Treffend Moll/*Boewer,* MAH Arbeitsrecht, § 46 Rn. 136; *Verstege,* RdA 2010, 302, 307: „paradoxe Rechtsprechung".

ner Änderung nicht untätig bleiben und muss Klage erheben. Tut er dies – wie zu empfehlen ist – unter Vorbehalt, verliert er jedoch den Prozess. Die überflüssige Änderungskündigung ist damit für den Arbeitgeber risikolos; der Arbeitnehmer dagegen trägt das gesamte Risiko der unsicheren Rechtslage. Daran kann nicht festgehalten werden.[150] Das BAG hat in den letzten Jahren diese Linie mehrfach ungeachtet der Bedenken[151] bestätigt.[152] Ein Kernargument der Rechtsprechung ist, dass der Streitgegenstand der Änderungskündigung, wenn der Arbeitnehmer unter Vorbehalt angenommen habe, nicht eine mögliche Beendigung des Arbeitsverhältnisses, sondern dessen inhaltliche Ausgestaltung sei. Unverhältnismäßig könne danach allenfalls das Element der Kündigung sein, nicht dagegen das mit der Kündigung verbundene Änderungsangebot. Damit verliert der Arbeitnehmer mit der Vorbehaltsannahme den gesamten Kündigungsschutz!

1321a Der bereits geäußerten Kritik sei hinzugefügt, dass der **Streitgegenstand** bei der Abwehr von Änderungskündigungen nicht durch das Gericht, sondern den Kläger bestimmt wird. Dieser kann ausdrücklich, was er in der Regel tun wird, die ausgesprochene Kündigung angreifen. Verfehlt ist, die Reichweite des materiellen Kündigungsschutzes von der Definition des Streitgegenstandes abhängig zu machen. Der Arbeitnehmer kann durch richtige Antragstellung das Arbeitsgericht dazu zwingen, über die Wirksamkeit der Kündigung zu entscheiden. Das gesamte KSchG macht deutlich, dass es primär um die Abwehr (ungerechtfertigter) Kündigungen geht. Das BAG beachtet nicht hinreichend, dass Kündigung und Änderungsangebot eine Einheit bilden und nach den Umständen im Zeitpunkt des Zugangs der Kündigung geprüft werden. Zu diesem Zeitpunkt ist die Kündigung ggf. unverhältnismäßig; der später erklärte Vorbehalt ändert daran nichts.[153] Das **„zweiaktige" („zusammengesetzte") Rechtsgeschäft** führt stets zur Prüfung, ob a) für die Kündigung überhaupt ein Kündigungsgrund vorliegt und ob nicht ein Verstoß gegen Sonderkündigungsschutznormen vorliegt. Erst in einem zweiten Schritt b) wird der im Ansatz vorhandene Kündigungsgrund in Relation zu der Frage gesetzt, ob in Ansehung des Kündigungsgrundes das Änderungsangebot „zumutbar" ist. Ohne Prüfung der Kündigung und der Kündigungsgründe schwebt die Prüfung der präsumtiv sozialen Rechtfertigung der Änderungsabrede im luftleeren Raum. Die präsumtiven Rechtsfolgen der Position des BAG sind mehr als überraschend. Auf die Spitze getrieben würde die Position des BAG dazu führen, dass der gesamte Kündigungsschutz des Arbeitnehmers mit der Vorbehaltsannahme nach § 2 KSchG verloren geht. Denn da nur noch das Änderungsangebot des Arbeitgebers, nicht aber mehr die Kündigung überprüft wird, entfiele jede Prüfung des allgemeinen und besonderen Kündigungsschutzes (§§ 622, 623 BGB, § 1 KSchG, § 9 MuSchG, § 85 SGB IX usw). Diese Konsequenz dürfte verfassungsrechtlicher Prüfung, insbesondere unter mutterschutzrechtlichen Gesichtspunkten, kaum standhalten.[154]

---

[150] Offen lassend BAG 6.9.2007 AP KSchG 1969 § 2 Nr. 135 = EzA KSchG § 2 Nr. 68; ablehnend auch *Rost*, FS Hromadka, 2008, 319, 330 ff.; zum Teil abweichende Ansätze bei *Hromadka*, NZA 2008, 1338; *Hunold*, NZA 2008, 860.

[151] *Benecke* NZA 2005, 1092; *Berkowsky* NZA 1999, 293; KR-*Rost*, 9. Aufl., § 2 Rn. 106a ff.; MüArbR/*Berkowsky*, § 121 Rn. 12 ff.; *Berkowsky*, NZA-Beilage 2/2010, 50, 54 ff.; *Verstege*, RdA 2010, 302; *Preis/Schneider*, FS Hoyningen-Huene, 2013, 395; *Reuter/Sagan/Witschen*, NZA 2013, 935; *Schröder*, Das Verhältnis von Direktionsrecht und Änderungskündigung, 2011.

[152] Zuletzt BAG 19.7.2012 NZA 2012, 1038; BAG 26.1.2012 NZA 2012, 856; s. a. BAG 23.2.2012 AP KSchG 1969 § 2 Nr. 154.

[153] HHL/*Linck*, § 2 KSchG Rn. 56; *Berkowsky* NZA 1999, 293, 297.

[154] Zum Ganzen *Preis/Schneider*, FS Hoyningen-Huene, 2013, 395.

§ 3 Die Änderungskündigung

1321b Diese mögliche Konsequenz will derzeit niemand ziehen,[155] obwohl sie in einigen Entscheidungen angelegt ist.[156] Mit Recht weist auch *Pfeiffer*[157] darauf hin, dass der Streitgegenstand der Änderungsschutzklage stets umfassend sei, insbesondere sich auch auf die Kündigung erstrecke. Auch *Rost/Kreft*[158] formulieren, dass das nicht bedeute, dass sich der Arbeitnehmer nicht auch gegen das Änderungsangebot mit denjenigen Gründen wehren könnte, „die genau genommen gegen die Kündigungserklärung und nicht gegen das Angebot als solches vorzubringen sind, wie etwa ein Verstoß gegen § 102 Abs. 1 BetrVG, § 15 Abs. 1 KSchG, § 9 Abs. 1 MuSchG oder § 85 SGB IX." Diese Gründe führten zwar nicht zur Unwirksamkeit der Kündigung, weil diese bereits aufgrund der Annahme unter Vorbehalt dem Streit entzogen sei, sie führten aber „zur Unbeachtlichkeit des dem Arbeitnehmer unterbreiteten Angebots".

1321c Nach hier vertretener Auffassung ist die Konstruktion der überflüssigen Änderungskündigung ihrerseits **überflüssig.** Vielmehr gilt: (1) Die Änderungskündigung ist eine **echte Kündigung,** deren (2) materielle Wirksamkeit sich nach den Umständen im **Zeitpunkt ihres Zugangs** beurteilt. (3) Mit der Änderungsschutzklage wird der **Streitgegenstand** nicht nur auf die soziale Rechtfertigung der Änderung beschränkt, sondern umfassend (einschl. des Kündigungselements) unabhängig von der Formulierung des Antrags erfasst. (4) Auch bei der Annahme unter Vorbehalt wird in der ersten Stufe die **Wirksamkeit der Kündigung (umfassend) und in der zweiten Stufe die Zumutbarkeit des Änderungsangebots** geprüft. (5) Das Ultima-Ratio-Prinzip und das Prinzip gerechter Risikoverteilung fordern, dass auch bei der Annahme unter Vorbehalt der **Arbeitgeber den Prozess verliert, wenn er eine überflüssige Änderungskündigung ausspricht.**[159]

1322 Will der Arbeitgeber eine Zulage streichen, ist zunächst zu prüfen, ob möglicherweise die Zulage tarifwidrig gezahlt worden ist. Dann kann der Arbeitgeber deren Zahlung u. U. ohne Änderungskündigung einstellen.[160] Bei vertraglicher Vereinbarung ist der Arbeitgeber jedoch auf die Änderungskündigung zu verweisen.[161] Die irrtümlich erfolgte **übertarifliche Eingruppierung** im Arbeitsvertrag kann regelmäßig durch Änderungskündigung korrigiert werden, nicht aber die bewusste Höhervergütung.[162] Die Wirksamkeit einer Änderungskündigung, mit der eine Änderung der tariflichen Eingruppierung bewirkt werden soll, ist nicht von der Zustimmung des Betriebsrats als solche abhängig; der Arbeitgeber muss sich aber an den Ergebnissen eines rechtskräftig abgeschlossenen Eingruppierungsverfahrens nach § 99 BetrVG festhalten lassen.[163]

1323 Nach Auffassung des BAG verstößt es gegen den Grundsatz der Verhältnismäßigkeit, wenn der Arbeitgeber nicht von einem **Widerrufsvorbehalt vorrangig** bei

---

[155] Siehe auch die Entscheidung des BAG vom 12.8.2010 NZA 2011, 460, in der ganz unbedarft und richtig die Änderungs*kündigung* trotz Vorbehalt nach § 2 KSchG an der Norm des § 102 BetrVG geprüft wurde.
[156] BAG 19.7.2012 NZA 2012, 1038 Rn. 29, wo die Prüfung des § 102 BetrVG davon abhängig gemacht wird, ob die Änderungskündigung nicht überflüssig ist.
[157] HaKo/Pfeiffer, § 2 KSchG Rn. 56; ebenso LSW/*Löwisch/Wertheimer,* § 2 KSchG Rn. 113.
[158] KR/*Rost/Kreft,* § 2 KSchG Rn. 179.
[159] Anders LSW/*Löwisch/Wertheimer,* § 2 KSchG Rn. 113, die dem Arbeitgeber aus Gründen der Rechtssicherheit stets das Mittel der Änderungskündigung zugestehen wollen.
[160] BAG 21.4.1982 AP TVG § 1 Tarifverträge: Bundesbahn Nr. 5 = EzA TVG § 4 Eingruppierung Nr. 1.
[161] BAG 15.3.1991 EzA KSchG § 2 Nr. 16 = NZA 1992, 120.
[162] BAG 15.3.1991 EzA KSchG § 2 Nr. 16 und 17 mit Anm. *Rieble;* BAG 1.7.1999 EzA KSchG § 2 Nr. 35 = NZA 1999, 1336; krit. KDZ/*Zwanziger* § 2 KSchG Rn. 176.
[163] BAG 28.8.2008 EzA KSchG § 2 Nr. 73 = NZA 2009, 505.

Sozialleistungen Gebrauch macht, sondern stattdessen eine Änderungskündigung ausspricht.[164] Das setzt aber voraus, dass einseitige Änderungen durch entsprechende Vertragsgestaltungen (Widerrufsvorbehalt, Freiwilligkeitsvorbehalt, Befristung einzelner Arbeitsbedingungen, vorbehaltene Teilkündigung, vertraglich erweitertes Direktionsrecht) überhaupt wirksam vorgenommen werden können.[165] Ist dies nicht der Fall, muss der Weg der Änderungskündigung beschritten werden, die ggf. vorsorglich neben der Ausübung eines vertraglichen Änderungsvorbehalts ausgesprochen werden kann.[166]

1324 Nach Auffassung des BAG scheidet das **Angebot einer „freien Mitarbeit" als milderes Mittel** gegenüber der Fortsetzung des Arbeitsverhältnisses zu geänderten Arbeitsbedingungen aus, da § 2 S. 1 KSchG die Änderungskündigung in den Zusammenhang mit der modifizierten Fortsetzung des Arbeitsverhältnisses stellt.[167] Das gilt selbst dann, wenn der Arbeitnehmer die freie Mitarbeit bevorzugt. Begründet wird dies mit dem Argument, dass das KSchG nur einen Schutz vor einseitigen Veränderungen des Arbeitsverhältnisses schaffe und § 1 KSchG den Bestand des Arbeitsverhältnisses an sich schütze.[168] Ein freies Mitarbeiterverhältnis beende dagegen die Geltung des Kündigungsschutzgesetzes insgesamt. Freilich bleibt ein merkwürdiges Spannungsverhältnis zu einer sog. **Vertragsaustauschkündigung** (→ Rn. 946 ff.), weil nach der Rechtsprechung des BAG der Arbeitgeber sogar eine Beendigungskündigung aussprechen können soll, weil er vorhandene Beschäftigung nur noch in der Form eines freien Mitarbeiterverhältnisses anbieten will.[169] Wenn das BAG es zuließe, dass auch die freie Mitarbeit ein milderes Mittel sein kann, hätte dies zwei entscheidende Vorteile: Erstens erhielte der Arbeitnehmer, der zum freien Mitarbeiter werden soll, „nur" eine Änderungskündigung, die auf soziale Rechtfertigung überprüft werden kann. Ferner würde deutlicher werden, dass der Arbeitgeber noch Beschäftigung hat, die er nur zu günstigeren Konditionen generieren will. Schließlich müsste das BAG nach seinen eigenen Maßstäben diese Änderungskündigung sorgfältig daraufhin prüfen, ob die Organisationsänderung wirklich stattgefunden hat und ob nicht im Kern lediglich eine Entgeltabsenkung mit dieser Form der Kündigung verbunden sein soll.

e) Sozialauswahl

1325 Gemäß der Verweisung in § 2 S. 1 KSchG gelten auch bei betriebsbedingten Änderungskündigungen die Grundsätze der Sozialauswahl. Der Gesetzgeber hat es versäumt, im Rahmen des Beschäftigungsförderungsgesetzes 1996 die Vorschrift zur Sozialauswahl anzupassen. Das Versäumnis des Gesetzgebers ist bedauerlich, weil Einigkeit darüber bestand, dass die herkömmlichen Kriterien der Sozialauswahl (**Betriebszugehörigkeit, Lebensalter und Unterhaltspflichten**) für eine soziale Auswahl bei Änderungskündigungen wenig hergeben, weil nicht der Bestandsschutz, sondern der Inhaltsschutz in Rede steht. Deshalb muss auch das Änderungsangebot in die Beurteilung der Sozial-

---

[164] BAG 28.4.1982 AP § 2 KSchG 1969 Nr. 3 mit Anm. *Hoyningen-Huene* = SAE 1982, 346 mit Anm. *Beitzke* = EzA § 2 KSchG Nr. 4.
[165] Ausführlich *Preis*, Vertragsgestaltung, S. 414 ff.; hierauf eingehend *Krause*, DB 1995, 575 f.
[166] *Krause*, DB 1995, 576; vgl. auch BAG 21.4.1993 EzA KSchG § 2 Nr. 20 = NZA 1994, 72.
[167] BAG 21.2.2002 EzA KSchG § 2 Nr. 45 = DB 2002, 2276; KR/*Rost*/*Kreft*, § 2 KSchG Rn. 53.
[168] Zustimmend *Berkowsky* I, § 7 Rn. 150.
[169] Siehe BAG 13.3.2008 EzA KSchG § 1 Betriebsbedingte Kündigung Nr. 159 = NZA 2008, 878.

auswahl einfließen.¹⁷⁰ Aus diesem Grunde hatte die Rechtsprechung die sozialen Gesichtspunkte – wenn auch in problematischer Weise – bei Änderungskündigungen abweichend interpretiert.¹⁷¹ Das BAG meint zur Altfassung des § 1 KSchG, dass auch hinsichtlich der Sozialauswahl die Rechtfertigung des Änderungsangebotes im Vordergrund stehe und deshalb zu prüfen sei, wie sich die vorgeschlagene Vertragsänderung auf den sozialen Status vergleichbarer Arbeitnehmer auswirke. Es sei vor allem zu prüfen, ob der Arbeitgeber, statt die Arbeitsbedingungen des gekündigten Arbeitnehmers zu ändern, diese Änderung einem anderen vergleichbaren Arbeitnehmer hätte anbieten können, dem sie in sozialer Hinsicht eher zumutbar gewesen wäre. Die Austauschbarkeit muss sich auf den mit der Änderungskündigung angebotenen Arbeitsplatz beziehen.¹⁷² In einer jüngeren Entscheidung¹⁷³ beschränkt sich das BAG auf die Aussage, es gehe nicht um das „Ob" einer Kündigung, sondern das „Wie" der Änderungen der Vertragsbedingungen. Dieser Umstand allein entbinde jedenfalls dann nicht von einer entsprechend § 1 Abs. 3 KSchG vorzunehmenden sozialen Auswahl, wenn für eine Weiterbeschäftigung – objektiv – unterschiedliche Tätigkeiten zur Verfügung stehen und mehrere Arbeitnehmer um eine geringere Anzahl günstigerer Beschäftigungsmöglichkeiten.

Richtig ist, dass die **Auswahlkriterien je nach betriebsbedingtem Änderungsgrund unterschiedliches Gewicht** haben können. Das gilt auch nach der Neufassung des § 1 Abs. 3 KSchG.¹⁷⁴ Das BAG hält auch unter der Neufassung des § 1 Abs. 3 KSchG an seiner Grundausrichtung fest, dass es bei der Sozialauswahl um die soziale Rechtfertigung des Änderungsangebotes gehe. Deshalb sei bei der sozialen Auswahl darauf Bedacht zu nehmen, wie sich die vorgeschlagene Vertragsänderung auf den sozialen Status vergleichbarer Arbeitnehmer auswirkt. Es bleibt bei der problematischen Formel, dass zu prüfen sei, ob der Arbeitgeber, statt die Arbeitsbedingungen des gekündigten Arbeitnehmers zu ändern, diese Änderung einem anderen vergleichbaren Arbeitnehmer hätte anbieten können, dem sie eher zumutbar gewesen wäre.¹⁷⁵ Doch berücksichtigt das BAG, dass seit der Neufassung des § 1 Abs. 3 KSchG vom 1.1.2004 allein die Kriterien Betriebszugehörigkeit, Unterhaltspflichten, Lebensalter und Schwerbehinderung bei der sozialen Auswahl maßgebend sind, die zwar für die besondere Situation einer Änderungskündigung oft nicht aussagekräftig seien. Andere Kriterien könnten aber wegen der klaren gesetzlichen Regelung nicht berücksichtigt werden. Allenfalls kommt die Berücksichtigung ergänzender Faktoren in Betracht, die einen unmittelbaren Bezug zu den gesetzlichen Kriterien haben.¹⁷⁶

1326

Ist mit der angestrebten Änderung ein Arbeitsplatzwechsel verbunden, werden die Kriterien der Betriebszugehörigkeit und des Lebensalters besonderes Gewicht erlangen. Generell hat aber das Lebensalter bei Änderungskündigungen nicht das gleich hohe Gewicht wie bei Beendigungskündigungen, da der Arbeitsplatz – wenn auch verändert – erhalten

1326a

---

¹⁷⁰ Richtig ErfK/*Oetker*, § 2 KSchG Rn. 52; KDZ/*Zwanziger*, § 2 KSchG Rn. 187; BAG 18.1.2007 AP KSchG 1969 § 1 Soziale Auswahl Nr. 89 = EzA KSchG § 2 Nr. 64.
¹⁷¹ So hatte das BAG (Urteil vom 13.6.1986 EzA KSchG § 1 Soziale Auswahl Nr. 23 = NZA 1987, 155) geprüft, „welchem Arbeitnehmer eine Umstellung auf die neue Tätigkeit nach seiner Vorbildung und seinen persönlichen Eigenschaften leichter oder schwerer fällt". Ablehnend hierzu: *Preis*, DB 1988, 1395 ff.; *Reuter*, Anm. EzA § 1 KSchG 1969 Soziale Auswahl Nr. 23; *Dänzer-Vanotti*, ArbuR 1987, 184; *Schwerdtner*, NJW 1987, 1607; *Berkowsky*, DB 1990, 834.
¹⁷² BAG 18.1.2007 AP KSchG 1969 § 1 Soziale Auswahl Nr. 89 = EzA KSchG § 2 Nr. 64.
¹⁷³ BAG 23.2.2012 – 2 AZR 45/11.
¹⁷⁴ Ebenso KR/*Rost/Kreft*, § 2 KSchG Rn. 103c.
¹⁷⁵ BAG 12.8.2010 NZA 2011, 460 Rn. 46, bestätigt durch BAG 29.1.2015 – 2 AZR 164/14.
¹⁷⁶ BAG 12.8.2010 NZA 2011, 460 Rn. 46: Verneint für die Berücksichtigung der Pflegebedürftigkeit von Angehörigen ohne bestehende Unterhaltspflicht.

bleibt. Es müssen folglich nicht die Auswirkungen möglicher Arbeitslosigkeit bedacht werden.[177] Mit zunehmendem Lebensalter fällt die Umstellung auf neue Arbeitsbedingungen erfahrungsgemäß schwerer. Geht es bei der Änderungskündigung um Reduzierung von Arbeitszeit und Entgelten, tritt der Gesichtspunkt der Unterhaltspflichten stark hervor, der bei entgeltneutralen Änderungen keine Bedeutung hat,[178] und das Lebensalter, soweit mit der Änderungskündigung Versorgungsnachteile verbunden sind, die ein älterer Arbeitnehmer schwerer kompensieren kann als ein jüngerer.[179] Zu Recht hat das BAG angedeutet, dass die im Verhältnis zu den Unterhaltspflichten geringere Gewichtung selbst einer langjährigen Betriebszugehörigkeit sich daraus rechtfertigen könne, dass die Dauer der Beschäftigung – anders als etwa das Lebensalter und die Unterhaltspflichten – bei einer örtlichen Versetzung nur eine untergeordnete Rolle spielten.[180]

1327 Wie bei der Beendigungskündigung erfolgt die Prüfung der Sozialauswahl in **drei Prüfungsschritten.** Bei der Bestimmung des auswahlrelevanten Personenkreises (1. Schritt: Vergleichbarkeit) ist nicht nur auf die bisherigen, sondern auch auf die mit der Änderungskündigung angebotenen Arbeitsplätze abzustellen.[181] Nach der Gewichtung der Auswahlkriterien (2. Schritt) ist zu prüfen, ob ein berechtigtes betriebliches Interesse des Arbeitgebers der Auswahl entgegensteht (3. Schritt). Dabei kann es sich nicht nur um ein Interesse handeln, bestimmte Arbeitnehmer an den bisherigen Arbeitsplätzen (zu bisherigen Bedingungen) weiterzubeschäftigen, sondern auch, bestimmte Arbeitnehmer an anderen Arbeitsplätzen (zu geänderten Bedingungen) zu beschäftigen.[182] § 1 Abs. 3 S. 2 KSchG passt für den Fall der Änderungskündigung im Ansatzpunkt nicht, weil die Weiterbeschäftigung des Arbeitnehmers außer Frage steht. Soweit es um Kenntnisse, Befähigungen und Leistungen geht, müsste der Arbeitnehmer (im Falle von Versetzungen) am bisherigen Arbeitsplatz unverzichtbar sein oder (im Falle von Arbeitszeit- und Entgeltreduzierungen) die Weiterbeschäftigung zu unveränderten Konditionen ein betriebliches Bedürfnis sein. Bei **Massenänderungskündigungen** kann es betriebliche Interessen geben, die nicht in ein „Alles-oder-Nichts-Schema" passen, weshalb jedenfalls bei der Änderungskündigung eine Abwägung zwischen sozialen und betrieblichen Interessen unausweichlich ist. Dies wäre aber insbesondere bei Massenänderungskündigungen ausgeschlossen, wenn die betrieblichen Interessen lediglich bezogen auf einzelne Arbeitnehmer nur vor der Sozialauswahl nach § 1 Abs. 3 S. 1 KSchG berücksichtigt werden können mit der Folge, dass einzelne Arbeitnehmer vollständig aus dem Kreis der Kündbaren herausfallen und deshalb – im Falle von Auftragsmangel – Arbeitnehmer entlassen werden müssen. Das ist dann nicht sachgerecht, wenn der Arbeitgeber nach seinem Konzept dem verringerten Beschäftigungsbedarf bei Beibehaltung der Belegschaft durch Reduktion der Arbeitszeit Rechnung tragen will.[183] Eine **gleichmäßige beschäftigungssichernde Anpassung von Arbeitsbedingungen** muss möglich sein, will man nicht so weit gehen, bei Massenänderungskündigungen die Sozialauswahl völlig auszuschließen, weil es im

---

[177] BAG 18.1.2007 AP KSchG 1969 § 1 Soziale Auswahl Nr. 89 = EzA KSchG § 2 Nr. 64.
[178] Vgl. BAG 29.1.2015 – 2 AZR 164/14, wo den Unterhaltspflichten Vorrang vor geringfügigen Unterschieden bei Alter und Betriebszugehörigkeit gegeben wird; s.a. BAG 19.5.1993 EzA KSchG § 1 Betriebsbedingte Kündigung Nr. 73 = AR-Blattei ES 1020.1.1. Nr. 13 mit zust. Anm. *Preis.*
[179] In diesem Sinne auch *Hoyningen-Huene,* Anm. EzA § 1 KSchG Betriebsbedingte Kündigung Nr. 34; HHL/*Linck,* § 2 KSchG Rn. 175; *Linck,* S. 143 ff.
[180] BAG 12.8.2010 NZA 2011, 460 Rn. 52.
[181] Zutr. LSW/*Löwisch/Wertheimer,* § 2 KSchG Rn. 94.
[182] LSW/*Löwisch/Wertheimer,* § 2 KSchG Rn. 99.
[183] Hierzu *Preis,* NZA 1997, 1073, 1088; in diese Richtung auch LAG Berlin 30.10.2003 LAG-Report 2004, 206.

„berechtigten betrieblichen Interesse" liegt, alle vergleichbaren Arbeitnehmer gleichzubehandeln.[184] Dies hat das BAG jetzt für den Fall einer Massenänderungskündigung zur Kostensenkung anerkannt. Hier ist – zur Erreichung des Sanierungsziels – der Gleichbehandlungsgrundsatz gerade insofern zu beachten, dass nur mittels einer gleichmäßigen Entgeltkürzung dem Sanierungskonzept einerseits und der gleichmäßigen Sicherung der bestehenden Beschäftigungsmöglichkeiten bei existentiell bedrohender wirtschaftlicher Lage andererseits Rechnung getragen werden kann.[185]

Als **berechtigtes betriebliches Bedürfnis** kann der Arbeitgeber bei Massenänderungskündigungen über § 2 iVm § 1 Abs. 3 S. 2 KSchG ins Spiel bringen, dass er ein Interesse am **Erhalt der Belegschaft** in ihrer bisherigen Altersstruktur hat und deshalb Änderungskündigungen den Vorrang vor Beendigungskündigungen gibt. Der Arbeitgeber kann nicht gezwungen werden, Beendigungskündigungen auszusprechen, die womöglich zu einer unausgewogenen Altersstruktur führen, die sodann über § 1 Abs. 3 S. 2 KSchG korrigiert werden müssen. Bei notwendigen Massenkündigungen kann der Arbeitgeber die bisherige Altersstruktur auch durch Änderungskündigungen sichern. Dieses Interesse ist nicht nur betrieblich berechtigt, sondern auch sozial gerechtfertigt. Die Erhaltung der Altersstruktur hat keinesfalls diskriminierenden Charakter.[186] Einer gleichmäßigen Umsetzung einer berechtigten betriebsbedingten Änderungskündigung dürften deshalb keine wesentlichen Hindernisse entgegenstehen.[187] Allerdings ist dem Arbeitgeber anzuraten, in zwei Fallkonstellationen Raum für **Einzelfallbeurteilungen** zu lassen und ggf. Arbeitnehmer ganz aus dem Kreis der zu kündigenden Arbeitnehmer herauszunehmen; extreme Unterhaltsbelastungen (zB Alleinerziehende mit mehreren Kindern oder pflegebedürftigen Kindern) oder extreme Versorgungsnachteile durch Entgeltreduktion kurz vor Eintritt in den Ruhestand (5–10 Jahre).

1328

Problematisch ist, dass der Gesetzgeber bei allen Gesetzesänderungen vergessen hat, den Verweis auf die **Neuregelungen des § 1 Abs. 4 KSchG und des § 1 Abs. 5 KSchG** in § 2 KSchG aufzunehmen. Dies ist deshalb nicht sachgerecht, weil bei wörtlicher Auslegung die Erleichterungen in der Sozialauswahl gerade bei Änderungskündigungen nicht greifen, obwohl dies im Interesse der Sicherung von Arbeitsplätzen läge. Einigkeit besteht, dass es sich um ein krasses redaktionelles Versehen des Gesetzgebers handelt, das jeweils mit der Eile des Gesetzgebungsverfahrens[188] erklärt werden kann. Der Gesetzgeber hat im Übrigen auch in §§ 6 und 13 Abs. 3 KSchG vergessen, die Regelungen anzupassen. Dieses Versäumnis des Gesetzgebers aus dem Jahre 1996 hat der Gesetzgeber des Jahres 1998 und des Jahres 2004 wiederholt. In der Literatur entwickelte sich jedoch zunehmend die Überzeugung, trotz der gesetzgeberischen Versäumnisse § 1 Abs. 5 KSchG gleichwohl auf Änderungskündigungen anzuwenden.[189] Das BAG[190] ist dieser Ansicht gefolgt, und hält eine ausdrückliche Bezugnahme

1329

---

[184] In diese Richtung tendierend BAG 25.4.1996 EzA KSchG § 2 Nr. 25 = NZA 1996, 1197, wo eine Fehlerhaftigkeit der Sozialauswahl verneint wurde, weil ein vergleichbarer Arbeitnehmer eine Änderungskündigung gleichen Inhalts erhalten hat.
[185] BAG 26.6.2008 EzA KSchG § 2 Nr. 71 = NZA 2008, 1182; siehe auch bereits LAG Schleswig-Holstein 21.2.2007 LAGE KSchG § 2 Nr. 57.
[186] S. a. BAG 19.6.2007 EzA KSchG § 1 Interessenausgleich Nr. 13 = NZA 2008, 103.
[187] In diesem Sinne auch LSW/Löwisch/Wertheimer, § 2 KSchG Rn. 99.
[188] Vgl. den Terminplan bei Schwedes, BB 1996, Beil. 17, S. 1.
[189] Löwisch, RdA 1997, 80, 81; Zwanziger, BB 1997, 626; Giesen, ZfA 1997, 145, 161 f. und 174 f.; ErfK/Oetker, § 2 KSchG Rn. 52; APS/Kiel, § 1 KSchG Rn. 800; HWK/Quecke, § 1 KSchG Rn. 422; KR/Rost/Kreft, § 2 KSchG Rn. 103d; methodische Bedenken bei Preis, NZA 1997, 1073, 1087.
[190] BAG 19.6.2007 EzA KSchG § 1 Interessenausgleich Nr. 13 = NZA 2008, 103; hierzu Berkowsky, NZA-RR 2008, 337.

oder Verweisung auf die Regelungen des § 1 Abs. 5 KSchG in § 2 KSchG für nicht erforderlich, da schon der Wortlaut des § 2 S. 1 KSchG die Anwendung des § 1 Abs. 5 KSchG rechtfertige. Diese Begründung ist kühn. Der Auffassung kann indes gleichwohl – trotz methodischer Bedenken – insoweit gefolgt werden, als zentrales Tatbestandsmerkmal des § 1 Abs. 5 KSchG eine „Betriebsänderung im Sinne des § 111 BetrVG" ist, dem unter Umständen auch Änderungskündigungen unterfallen können.

3. Verhaltensbedingte Änderungskündigung

1330 Eine verhaltensbedingte Änderungskündigung kommt in Betracht, wenn eine Änderung der Arbeitsbedingungen bewirkt, dass ein vertragswidriger Zustand beseitigt wird. Es bedarf freilich auch hier zunächst einer **Abmahnung.**[191] So kann auf eine schuldhafte Schlechtleistung unter Umständen mit einer Änderungskündigung reagiert werden. Das gilt aber nur in den **Ausnahmefällen,** in denen Vertragsstörungen in dem geänderten Tätigkeitsbereich nicht mehr zu gewärtigen sind (zB Bereinigung einer Konfliktsituation in einer Abteilung durch Versetzung des störenden Arbeitnehmers).[192] Verhaltensbedingte Änderungskündigungen zielen in erster Linie auf die Änderung der Tätigkeit; es ist allerdings nicht prinzipiell ausgeschlossen, auch Entgelte verhaltensbedingt zu kürzen, wenn eine Minderleistung dazu führt, dass der Arbeitnehmer nur die Merkmale einer niedrigeren Vergütungsgruppe erfüllt.[193]

4. Personenbedingte Änderungskündigung

1331 Als personenbedingte Kündigungsgründe kommen alle Umstände in Betracht, die auf den persönlichen Verhältnissen oder Eigenschaften des Arbeitnehmers beruhen. Eine personenbedingte Änderungskündigung kann sozial gerechtfertigt sein, wenn der Arbeitnehmer zu der nach dem Vertrag vorausgesetzten Arbeitsleistung ganz oder teilweise nicht mehr in der Lage ist.[194] Schon nach dem Verhältnismäßigkeitsprinzip ist der Arbeitgeber gehalten, auf kündigungsrelevante personenbedingte Leistungseinschränkungen zunächst durch Änderung der Arbeitsbedingungen zu reagieren. Dies kann nicht nur bei krankheitsbedingten Gründen[195] (Einzelheiten → Rn. 1224 ff.), sondern auch bei personenbedingten Gründen (zB Gewissenskonflikte,[196] Sicherheitsbedenken,[197] Führerscheinentzug etc.) der Fall sein.[198] Voraussetzung ist aber, dass freie Arbeitsplätze vorhanden sind, die der eingeschränkt leistungsfähige oder personenbe-

---

[191] BAG 21.11.1985 EzA KSchG § 1 Nr. 42 = NZA 1986, 713; BAG 30.9.1993 EzA BetrVG 1972 § 99 Nr. 118 = NZA 1994, 615; LAG Hamm 10.5.1983 ZIP 1983, 985; LAG Hamm 17.6.1993 LAGE BGB § 611 Abmahnung Nr. 35.

[192] BAG 31.1.1996 EzA BGB § 626 Druckkündigung Nr. 3 = NZA 1996, 581; alkoholbedingte Verfehlungen eines Dienststellenleiters BAG 7.12.1989 AiB 1991, 278; BAG 18.11.1986 EzA BGB § 611 Abmahnung Nr. 4 = NZA 1987, 418; LAG Berlin 9.1.1989 LAGE KSchG § 2 Nr. 9; LAG 2.5.2007 NZA-RR 2007, 402.

[193] Vgl. HHL/*Linck,* § 2 KSchG Rn. 138; *Hromadka,* NZA 1996, 1, 11 f.

[194] BAG 10.4.2014 NZA 2014, 653.

[195] S. zB LAG Düsseldorf 7.10.2004 LAGE KSchG § 2 Nr. 47 zur dauerhaften Fluguntauglichkeit eines Piloten; eingeschränkte gesundheitliche Einsetzbarkeit eines Croupiers BAG 28.8.2008 EzA KSchG § 2 Nr. 73 = NZA 2009, 505.

[196] BAG 28.9.1983 – 7 AZR 85/82 – n. v.

[197] BAG 20.7.1989 AP KSchG 1969 § 1 Sicherheitsbedenken Nr. 2 = EzA KSchG § 2 Nr. 11.

[198] Zum Entzug einer kanonischen Beauftragung einer Gemeindereferentin BAG 10.4.2014 NZA 2014, 653.

dingt nicht mehr so einsetzbare Arbeitnehmer ausfüllen kann.[199] Leitentscheidung ist hier der Fall des adipösen Schwimmmeisters, der in seiner Funktion nicht mehr einsetzbar war und demgegenüber eine Änderungskündigung aus personenbedingten Gründen erklärt wurde mit dem Angebot, in einer niedriger vergüteten, einfacheren Tätigkeit weiterbeschäftigt zu werden.[200] Konkret hat das BAG sogar einen wichtigen Grund für die Kündigung eines ordentlich unkündbaren Arbeitnehmers bejaht, wenn die nach dem Vertrag vorausgesetzte Arbeitsleistung auf unabsehbare Dauer nicht mehr erbracht werden kann. Darin liege regelmäßig eine schwere und dauerhafte Störung des vertraglichen Austauschverhältnisses, der der Arbeitgeber, wenn keine anderen Beschäftigungsmöglichkeiten bestehen, auch mit einer außerordentlichen (Beendigungs-)Kündigung begegnen könne. Strenger sieht dies das BAG, wenn ein Arbeitnehmer in seiner geschuldeten Arbeitsaufgabe noch teilweise leistungsfähig ist. Hier sei dem Arbeitgeber regelmäßig zuzumuten, eine krankheitsbedingte Leistungsminderung des Arbeitnehmers durch geänderte Aufgabenverteilung, auszugleichen.[201]

---

[199] BAG 19.5.1993 RzK I 5g Nr. 53.
[200] BAG 28.10.2010 NZA-RR 2011, 155; zum Entzug einer Erlaubnis für die geschuldete Tätigkeit: BAG 26.11.2009 NZA 2010, 628.
[201] BAG 20.3.2014 NZA 2014, 1089 Rn. 23.

Dritter Abschnitt: Der besondere Kündigungsschutz

Der allgemeine Kündigungsschutz nach dem Kündigungsschutzgesetz steht zwar im Zentrum des Bestandsschutzes, der den Arbeitnehmer vor sozial ungerechtfertigten Kündigungen schützt, jedoch gibt es daneben eine Reihe weiterer sog. besonderer Kündigungsbeschränkungen, die einzelne Gruppen von Arbeitnehmerinnen und Arbeitnehmern aus unterschiedlichen Gründen kündigungsrechtlich privilegieren, d.h. ihre Kündigung durch den Arbeitgeber erschweren. Gerade diese Fälle beschäftigen die Praxis in besonderem Maße. Der Gesetzgeber hat zB die Kündigung durch den Arbeitgeber von der Zustimmung einer staatlichen Behörde abhängig gemacht (zB Mutterschutz und Kündigungsschutz während der Elternzeit) oder die ordentliche Kündigung eingeschränkt und nur die außerordentliche Kündigung unter besonderen Voraussetzungen zugelassen (Betriebsräte). Ferner kennen wir den Kündigungsschutz bei Massenentlassungen und den Kündigungsschutz nach dem Arbeitsplatzschutzgesetz. Hinzuweisen ist schließlich auf die zahlreichen Kündigungsschranken und Kündigungsverbote in privatrechtlichen und sonstigen Gesetzen (dazu → Rn. 184 f. und Rn. 277 ff.).

1332/1333

§ 1 Kündigungsschutz nach dem Mutterschutzgesetz

Nach § 9 Abs. 1 S. 1 1. Hs. MuSchG ist die Kündigung ggü. einer Frau während der Schwangerschaft und bis zum Ablauf von vier Monaten nach der Entbindung unzulässig, wenn dem Arbeitgeber zurzeit der Kündigung die Schwangerschaft oder Entbindung bekannt war oder innerhalb zweier Wochen nach Zugang der Kündigung mitgeteilt wird. Nachdem das BVerfG erkannt hatte, dass § 9 Abs. 1 MuSchG insoweit mit Art. 6 Abs. 4 GG unvereinbar ist, als diese Norm den besonderen Kündigungsschutz Arbeitnehmerinnen entzieht, die im Zeitpunkt der Kündigung schwanger sind, ihren Arbeitgeber hierüber aber unverschuldet nicht innerhalb von zwei Wochen nach Zugang der Kündigung unterrichten, dies aber unverzüglich nachholen,[1] ist § 9 Abs. 1 S. 1 MuSchG a.F. durch Gesetz vom 3.7.1992 (BGBl. I S. 1191) geändert worden. Das Überschreiten der Mitteilungsfrist ist seitdem gem. § 9 Abs. 1 S. 1 2. Hs. MuSchG unschädlich, wenn es auf einem von der Frau nicht zu vertretenden Grund beruht und die Mitteilung unverzüglich nachgeholt wird (Einzelheiten dazu → Rn. 1400).

1334

Die für den Arbeitsschutz zuständige oberste Landesbehörde oder die von ihr bestimmte Stelle (Gewerbeaufsichtsamt) kann nach § 9 Abs. 3 S. 1 MuSchG in besonderen Fällen, die nicht mit dem Zustand einer Frau während der Schwangerschaft oder ihrer Lage bis zum Ablauf von vier Monaten nach der Entbindung im Zusammenhang stehen, ausnahmsweise die Kündigung für zulässig erklären.

1335

Der besondere Kündigungsschutz nach dem MuSchG entspricht Art. 10 der EG-Mutterschutzrichtlinie 92/85 vom 19.10.1992 (ABl. Nr. L 348), zuletzt geändert durch Art. 3 ÄndRL 2007/30/EG vom 27.6.2007 (ABl. L 165, S. 21).[2] Das wurde

1336

---
[1] BVerfG 13.11.1979 AP MuSchG 1968 § 9 Nr. 7.
[2] Nach EuGH 11.10.2007 NZA 2007, 1271 ist Art. 10 RL 92/85/EWG dahin auszulegen, dass er nicht nur die Kündigung während der in Nr. 1 dieser Vorschrift vorgesehenen Schutzzeit, sondern

zunächst unterschiedlich beurteilt,³ weil ursprünglich das MuSchG eine Sonderregelung für die im Familienhaushalt Beschäftigten vorsah, die auch nach dem Regierungsentwurf zur Änderung des MuSchG wegen des besonders engen familiären Vertrauensverhältnisses erhalten bleiben sollte (BT-Drucks. 13/2763 S. 17). Im Laufe des Gesetzgebungsverfahrens ist diese Ausnahmeregelung auf Vorschlag des Bundesrates mit Wirkung vom 1.1.1997 gestrichen worden (Gesetz vom 20.12.1996, BGBl. I S. 2110).

1337 Der Schutz der werdenden Mutter vor einer Kündigung des Arbeitsverhältnisses ist das **Kernstück des Mutterschutzes.** Sie soll – auch im Interesse der Allgemeinheit – so geschützt werden, dass sie ein gesundes Kind zur Welt bringen kann.⁴ Die werdende Mutter soll während der Schwangerschaft und während einer bestimmten Zeit nach der Entbindung trotz ihrer etwa mutterschaftsbedingten Leistungsminderung oder Arbeitsunfähigkeit nicht nur jeder Sorge um ihren Arbeitsplatz als wirtschaftliche Existenzgrundlage enthoben sein, sondern sie soll auch bereits vor dem Zugehen einer Kündigung und damit vor den psychischen Belastungen eines Kündigungsschutzprozesses bewahrt bleiben. Dadurch wird auch erreicht, dass sie ohne Sorge um ihre Existenz den Schutz des Gesetzes für sich beanspruchen kann.⁵ Das Mutterschutzgesetz statuiert zur Erreichung dieser Zwecke ein absolutes, aber temporäres Kündigungsverbot mit Erlaubnisvorbehalt.⁶ Der Anspruch der Mutter auf den Schutz und die Fürsorge der Gemeinschaft wird so erfüllt (Schutzauftrag aus Art. 12 Abs. 1 S. 1 iVm Art. 6 Abs. 4 GG).

1338 Der Mutterschutz wird verstärkt durch den Kündigungsschutz während der Elternzeit (Einzelheiten dazu → Rn. 1438). Die Kündigungsverbote nach § 9 Abs. 1 S. 1 MuSchG und § 18 Abs. 1 S. 1 BEEG (bis 31.12.2006: § 18 Abs. 1 S. 1 BErzGG) stehen nebeneinander, so dass der Arbeitgeber bei Vorliegen von Mutterschaft und Elternzeit für eine Kündigung der Zulässigkeitserklärung der Arbeitsschutzbehörde nach beiden Vorschriften bedarf.⁷ Das gilt auch im Falle der Insolvenz.⁸ Die Zuständigkeit ein und derselben Behörde ändert daran nichts. Die Kündigungsverbote verfolgen unterschiedliche Zwecke. Einerseits soll die Mutter vor psychischer und wirtschaftlicher Belastung geschützt werden, andererseits soll eine möglichst problemlose Anfangserziehung des Kindes gewährleistet sein. Das bedingt das Vorliegen zweier Erlaubnisse für die Kündigung, andernfalls sie unheilbar nichtig ist.⁹

I. Geltungsbereich des Kündigungsverbotes

1339 Der Kündigungsschutz des MuSchG besteht für alle Frauen, die in einem Arbeitsverhältnis stehen, einschließlich aller Formen der Teilzeitbeschäftigung (vgl. § 1 Nr. 1 MuSchG). Er findet gem. § 10 Abs. 2 BBiG auch auf minderjährige **Auszubildende**

---

auch Vorbereitungshandlungen für eine nach dieser Zeit beabsichtigte Kündigung umfasst; hierzu näher *Benecke* EuZA 2008, 385 ff. Zur Dauer des Kündigungsschutzes vgl. EuGH 29.10.2009 NZA 2009, 1327 ff.
³ Vgl. einerseits *Zmarzlik*, DB 1994, 97 und andererseits *Colneric*, EuroAS Nr. 9/1994 S. 13.
⁴ BayVGH 29.2.2012 NZA-RR 2012, 302 Rn. 21.
⁵ BayVGH 29.2.2012 NZA-RR 2012, 302 Rn. 21; vgl. auch BAG 26.9.2002 AP MuSchG 1968 § 9 Nr. 31; BVerwG 21.10.1970, BVerwGE 36, 160, 161.
⁶ Ebenso KR/*Bader/Gallner*, § 9 MuSchG Rn. 7; APS/*Rolfs*, § 9 MuSchG Rn. 7.
⁷ BAG 31.3.1993 NZA 1993, 646, 648 f.; LAG Berlin-Brandenburg 6.4.2011 BeckRS 2011, 72994; a. A. VG Darmstadt 26.3.2012 BeckRS 2012, 53528.
⁸ LAG Berlin-Brandenburg 6.4.2011 BeckRS 2011, 72994.
⁹ BAG 31.3.1993 NZA 1993, 646, 649; *Buchner/Becker*, Vor §§ 9 und 10 MuSchG Rn. 8.

Anwendung.[10] Daneben gilt er für Heimarbeiterinnen und ihnen Gleichgestellte, sofern die Gleichstellung sich auf den heimarbeitsrechtlichen Kündigungsschutz erstreckt (vgl. §§ 1 Nr. 2, 9 Abs. 1 S. 2 MuSchG). Seit dem 1.1.1997 gilt § 9 MuSchG uneingeschränkt auch für die Arbeitnehmerinnen, **die im Familienhaushalt** beschäftigt werden. Früher kam diesem Personenkreis der Sonderkündigungsschutz nur während der ersten fünf Monate der Schwangerschaft zugute.

Das Kündigungsverbot des § 9 Abs. 1 S. 1 MuSchG greift bereits mit dem Abschluss des Arbeitsvertrages ein, gleichgültig zu welchem Zeitpunkt die Arbeit aufgenommen werden soll. Damit ist auch die sog. **Kündigung vor Dienstantritt** in den Kündigungsschutz einbezogen.[11]   1340

1. GmbH-Geschäftsführerin und Mutterschutz

Die Anwendung des Kündigungsschutzes nach § 9 MuSchG auf eine GmbH-Geschäftsführerin ist an sich ausgeschlossen, da sie im Regelfall nicht in einem Arbeitsverhältnis, sondern in einem (freien) Dienstverhältnis steht.[12] Das entspricht der h. L. Erfolgt jedoch die Kündigung nach der Abberufung als Geschäftsführerin und hat vor der Bestellung zur Geschäftsführerin ein Arbeitsverhältnis bestanden, das kraft ausdrücklicher Vereinbarung ruht (→ Rn. 1817 mit Nachw. in Fn. 21) und deshalb nach der Abberufung wieder auflebt, gilt § 9 MuSchG. Im Regelfall wird jedoch das bisher bestehende Arbeitsverhältnis durch einen schriftlichen Geschäftsführerdienstvertrag mit Beginn des Geschäftsführerdienstverhältnisses einvernehmlich aufgelöst (→ Rn. 1817).   1341

Ist das Anstellungsverhältnis einer GmbH-Geschäftsführerin nach den allgemeinen Kriterien (→ Rn. 836) nicht als (freies) Dienstverhältnis, sondern als Arbeitsverhältnis zu bewerten, findet der mutterschutzrechtliche Sonderkündigungsschutz nach § 9 Abs. 1 S. 1 MuSchG von vornherein Anwendung.[13] In diesem Zusammenhang ist, da dieser Sonderkündigungsschutz Art. 10 der EG-Mutterschutzrichtlinie 92/85 (ABl. Nr. L 348) umsetzt (→ Rn. 1336), im Anschluss an die Entscheidung des EuGH vom 11.11.2011[14] die unionsrechtliche Auslegung des § 9 Abs. 1 S. 1 MuSchG auf Gesellschaftsorgane zu beachten.[15]   1341a

2. Mutterschutz in Ehegattenverträgen?

In der Praxis werden Arbeitsverträge mit Ehepaaren oder Lebenspartnern (in manchen Fällen auch mit befreundeten Paaren) abgeschlossen (zB Hausmeisterehepaar). Charakteristisch hierfür ist die enge Bindung der beiden Arbeitnehmer und die Verflechtung der Arbeitsleistung auf der Arbeitnehmerseite. Dem Arbeitgeber ist es in aller Regel gleichgültig, ob die Leistung von dem einen oder anderen Vertragsteil verrichtet wird. Maßgebend ist die Erbringung der Leistung. Ob und inwieweit sich die   1342

---

[10] Vgl. BVerwG 26.8.1970 AP § 9 MuSchG Nr. 32; BAG 10.12.1987 NZA 1988, 428 f.; LAG Berlin 1.7.1985 LAGE MuSchG § 9 Nr. 6; KR/*Bader/Gallner*, § 9 MuSchG Rn. 16; APS/*Rolfs*, § 9 MuSchG Rn. 18.
[11] LAG Düsseldorf 11.6.1992 NZA 1993, 1041.
[12] Vgl. nur BGH 10.5.2010 NZA 2010, 889 Rn. 7; BAG 15.11.2013 GmbHR 2014, 137 Rn. 18; *Oberthür*, NZA 2011, 253, 255; *G. Reinecke*, ZIP 2014, 1057, 1060.
[13] Vgl. BAG 26.5.1999, NZA 1999, 987, 988 f.
[14] NZA 2011, 143 – Danosa.
[15] Vgl. hierzu näher *Kruse/Stenslik*, NZA 2013, 596 ff.; *Lunk/Rodenbusch*, GmbHR 2012, 188, 189 ff.; *Oberthür*, NZA 2011, 253 ff.; *Reinhard/Bitsch*, ArbRB 2011, 241 ff.; *Reiserer*, DB 2011, 2262 ff.; *Schubert*, ZESAR 2013, 5 ff.

Vertragspartner gegenseitig dabei vertreten, bleibt, soweit nichts anderes vereinbart worden ist, gleichgültig. Gegenseitige Ergänzung und Vertretung bei der Arbeitsleistung und die in der Regel gewollte Austauscharbeit der zur Dienstleistung Verpflichteten bestimmen das Wesen derartig eng verbundener Arbeitsverhältnisse. Mit ihm wäre es unvereinbar, dass der Arbeitgeber im Falle der Beendigung eines Vertrages irgendeine dritte Person einstellt, die dann an Stelle der ausgeschiedenen treten sollte. Das braucht der verbleibende Teil nicht hinzunehmen. Deshalb wird man mit der wirksamen Beendigung des einen Arbeitsverhältnisses auch die gleichzeitige Beendigung des anderen Arbeitsverhältnisses anzunehmen haben. Es ist nicht zu billigen, wenn vereinzelt in der Rechtsprechung bei derartigen Verträgen ein einheitliches Arbeitsverhältnis mit der Folge angenommen wird, dass nur eine gemeinsame Kündigung möglich sei.[16] Für den Fall der Anwendung des MuSchG etwa auf die Hausmeisterin soll danach der gesamte Vertrag unkündbar werden, d. h., der Arbeitgeber könnte selbst dann nicht kündigen, wenn der Ehemann einen wichtigen Grund zur sofortigen Auflösung seines Arbeitsverhältnisses gegeben hätte.[17] Das ist für den Regelfall abzulehnen. Allerdings können die Parteien eine entsprechende Vereinbarung treffen. Das geschieht jedoch meist nicht. Deshalb wird man anzunehmen haben, die Verträge sind in der Weise miteinander verbunden, dass die Auflösung des einen Vertrages auch die des anderen nach sich zieht. Das Arbeitsverhältnis des einen Vertragspartners steht unter der Bedingung, dass das des anderen Vertragsteiles rechtlich fortbesteht. Wird dem Ehemann wirksam fristlos gekündigt, endet das Arbeitsverhältnis auch der schwangeren Ehefrau automatisch, weil die (zulässige) auflösende Bedingung eingetreten ist. Das entspricht auch der Rechtsprechung des BAG. Das BAG hat – allerdings vor Inkrafttreten des § 21 TzBfG am 1.1.2001 – die Zulässigkeit der Annahme einer auflösenden Bedingung in derartigen Fällen anerkannt, wenn für die enge Verbindung der Verträge sachliche Gründe sprechen. Das aber muss bei Hausmeisterverträgen, Buffetehepaarverträgen und Melkerehepaaren anerkannt werden. Denn hier gebietet die Interessenlage die Anerkennung hinreichend begründeter Umstände, die für eine Beendigung des zweiten Vertrages sprechen, wenn zB der erste aus wichtigem Grunde nach § 626 Abs. 1 BGB fristlos aufgelöst wird.[18] Es gelten hier dieselben Grundsätze, die für die Anerkennung des befristeten Vertrages auch bei Arbeitsverhältnissen mit schwangeren Arbeitnehmern geführt haben (Einzelheiten → Rn. 1376).

1343 Eine enge wechselseitige Bindung könnte man an sich auch bei sog. Job-Sharing-Arbeitsverhältnissen annehmen. Der Gesetzgeber hat jedoch in § 11 S. 1 TzBfG bestimmt, die Kündigung eines Arbeitsverhältnisses wegen der Weigerung des Arbeit-

---

[16] Vgl. zu dieser Rechtsfolge BAG 27.3.1981 AP BGB § 611 Arbeitgebergruppe mit Anm. *Wiedemann;* HessLAG 3.1.2007 BeckRS 2007, 44565.
[17] So LAG Düsseldorf 15.12.1964 DB 1965, 399 Ls.; ArbG Siegburg 26.3.1968 DB 1968, 855; *Buchner/Becker,* § 9 MuSchG Rn. 5; APS/*Rolfs,* § 9 MuSchG Rn. 19; ErfK/*Schlachter,* § 9 MuSchG Rn. 2; vgl. auch BAG 21.10.1971 AP BGB § 611 Gruppenarbeitsverhältnis Nr. 1; a. A. *Meisel/Sowka,* § 9 MuSchG Rn. 60.
[18] BAG 17.5.1962 AP BGB § 620 Bedingung Nr. 2; vgl. aber auch BAG 21.10.1971 AP BGB § 611 Nr. 1 Gruppenarbeitsverhältnis mit krit. Anm. *Hanau.* In dieser Entscheidung wird für ein Heimleiterehepaar die wechselseitige Bindung der Arbeitsverhältnisse abgelehnt. Das veranlasst *Hanau* zu der berechtigten Frage, ob der Arbeitgeber wirklich zu der Weiterbeschäftigung eines ganzen Orchesters, das unmöglich spielt, verpflichtet sein soll, nur weil die Harfenistin schwanger ist, vgl. *Hanau,* Anm. zu BAG AP BGB § 611 Gruppenarbeitsverhältnis Nr. 1. Bei einer so engen Verzahnung der Arbeitsverhältnisse, bei der ein Austausch der Arbeitnehmer unzumutbar und nach dem Vertrag nicht möglich ist, muss das Arbeitsverhältnis der Frau als bedingt durch den Bestand des Arbeitsverhältnisses des Ehemannes (zB beim Hausmeisterehepaar) angesehen werden; krit. gegenüber der BAG Entscheidung vom 17.5.1962 APS/*Rolfs,* § 9 MuSchG Rn. 19.

nehmers von einem Vollzeit- in ein Teilzeitarbeitsverhältnis oder umgekehrt zu wechseln, ist unwirksam (so bereits früher § 5 Abs. 2 S. 1 BeschFG 1985). Scheidet somit ein Arbeitnehmer aus dem „Job-Sharing" aus und kann der Arbeitgeber den Teilzeitarbeitsplatz nicht neu besetzen, scheitert eine an sich mögliche Änderungskündigung ggf. an § 9 Abs. 1 S. 1 MuSchG. Allerdings dürfte dann der Antrag des Arbeitgebers auf Zustimmung zur Änderungskündigung nach § 9 Abs. 3 S. 1 MuSchG je nach Lage des Einzelfalles durchaus Aussicht auf Erfolg haben.

II. Voraussetzungen des Kündigungsschutzes

1. Schwangerschaft

Das absolute Kündigungsverbot des § 9 Abs. 1 S. 1 MuSchG setzt **objektiv** eine Schwangerschaft voraus. Diese besteht nach überwiegender Meinung in den Fällen einer auf natürlichem Wege herbeigeführten Schwangerschaft vom Zeitpunkt der Nidation, d.h. dem Zeitpunkt der Einnistung der befruchteten Eizelle in die Gebärmutter,[19] bis zur **Entbindung,** einer **Fehlgeburt** bzw. einem **Schwangerschaftsabbruch.**[20] Für die Beurteilung der Wirksamkeit der Kündigung ist auf den Zeitpunkt ihres **Zugangs** abzustellen.[21] Tritt die Schwangerschaft erst während des Laufs der Kündigungsfrist ein, findet § 9 Abs. 1 S. 1 MuSchG keine Anwendung. Die irrtümliche Annahme einer Schwangerschaft kann den Sonderkündigungsschutz nicht rechtfertigen, selbst wenn diese auf einem falschen ärztlichen Attest beruht. Stellt sich der Irrtum heraus, verstößt die Kündigung nicht gegen § 9 Abs. 1 S. 1 MuSchG. Wird die Arbeitnehmerin nach der Entbindung (→ Rn. 1350 ff.) innerhalb der Vier-Monats-Frist des § 9 Abs. 1 S. 1 1. Hs. MuSchG erneut schwanger, gelten die allgemeinen Grundsätze. Ein Rechtsmissbrauch (§ 242 BGB) scheidet auch dann aus, wenn sich die Arbeitnehmerin so erneut den Sonderkündigungsschutz sichern wollte. Bei einer Befruchtung der Eizelle außerhalb des Mutterleibes, d.h. einer **künstlichen Befruchtung,** kommt es für den Beginn der Schwangerschaft bisher mehrheitlich nicht auf den Zeitpunkt des Einsetzens der befruchteten Eizelle in die Gebärmutter,[22] sondern auf den Zeitpunkt der erfolgreichen Implantation, also auf den Zeitpunkt der Nidation an.[23] Die dem vorausgehende Behandlung löst das Kündigungsverbot des § 9 Abs. 1 S. 1 MuSchG nicht aus.[24] Sofern der Arbeitgeber allerdings gerade wegen der damit einhergehenden Möglichkeit einer Schwangerschaft bzw. der mit dieser Be-

1344

---

[19] So zB KR/*Bader/Gallner*, § 9 MuSchG Rn. 29; *Buchner/Becker*, § 3 MuSchG Rn. 4; BCF/*Friedrich*, § 9 MuSchG Rn. 24; a. A. zB *Meisel/Sowka*, § 3 MuSchG Rn. 3; KDZ/*Söhngen/Zwanziger*, § 9 MuSchG Rn. 21: Zeitpunkt der Befruchtung der Eizelle.
[20] Fraglich ist, ob die Bauchhöhlenschwangerschaft eine Schwangerschaft iSd § 9 MuSchG darstellt oder eine Krankheit ist. Das BAG hat die Frage offen gelassen (BAG 3.3.1966 ArbuR 1966, 153). Mit *Buchner/Becker*, § 1 MuSchG Rn. 143, wird das aus dem Zweck der Vorschrift zu bejahen sein; ebenso KR/*Bader/Gallner*, § 9 MuSchG Rn. 29; APS/*Rolfs*, § 9 MuSchG Rn. 21; KDZ/*Zwanziger*, § 9 MuSchG Rn. 14.
[21] Vgl. BAG 12.12.2013 NZA 2014, 722 Rn. 26; APS/*Rolfs*, § 9 MuSchG Rn. 22; ErfK/*Schlachter*, § 9 MuSchG Rn. 3.
[22] So aber Küttner/*Poeche*, Personalbuch 2014, Mutterschutz Rn. 5; ebenso jetzt BAG 26.3.2015 – 2 AZR 237/14 – Pressemitteilung des BAG Nr. 17/15 bei einer künstlichen Befruchtung durch „In-Vitro-Fertilisation"; in diesem Zusammenhang vgl. auch zu Art. 10 Nr. 1 der RL 92/85/EWG vom 19.10.1992 (ABl. Nr. L 348) EuGH 26.2.2008 NZA 2008, 345; hierzu näher *Reiner*, ÖJZ 2008, 653 ff.; *ders.* EuZA 2009, 79 ff.
[23] Vgl. KR/*Bader/Gallner*, § 9 MuSchG Rn. 29; *Buchner/Becker*, § 1 MuSchG Rn. 141a.
[24] LAG Schleswig-Holstein 17.11.1997 LAGE § 242 BGB Nr. 3, das richtig eine Analogie ablehnt.

handlung verbundenen Fehlzeiten der Arbeitnehmerin kündigt, kann darin eine nach §§ 1, 3 Abs. 1, 7 Abs. 1 AGG unzulässige Benachteiligung wegen des Geschlechts liegen[25] und die Kündigung deshalb gem. § 134 BGB nichtig sein (allg. → Rn. 187a).

a) Feststellung der Schwangerschaft

1345 Der Beginn der Schwangerschaft und damit des absoluten Kündigungsschutzes ist medizinisch mit Sicherheit kaum feststellbar, selbst wenn man den Tag der Entbindung abwartet. Gleichgültig, ob man vom voraussichtlichen Entbindungstermin zurückrechnet oder vom Tag der Entbindung, es bleibt stets eine Wahrscheinlichkeitsrechnung. Die Rechtsprechung hat deshalb in Anwendung der Grundsätze des § 5 Abs. 2 MuSchG den Beginn der Schwangerschaft in der Weise bestimmt, dass von dem im Attest angegebenen voraussichtlichen Tag der Niederkunft 280 Tage zurückzurechnen sind.[26] Nur so kann man den Bedürfnissen der Praxis gerecht werden und Schwebezustände vermeiden. Bei der Rückrechnung ist der voraussichtliche Entbindungstag **nicht** mitzurechnen.[27]

1346 Diese Grundsätze gelten auch, wenn sich der Tag der Niederkunft über den vorausberechneten Termin im ärztlichen Attest hinaus um einige Zeit verschiebt. Für den Beginn des Kündigungsschutzes bleibt der mutmaßliche Tag der Entbindung im ärztlichen Attest maßgebend. Entbindet die Arbeitnehmerin zB zwei Wochen später als im Attest angegeben, kann der Arbeitgeber nicht einwenden, nun sei auch die Berechnung des Beginns der Schwangerschaft entsprechend zu berichtigen, so dass ggf. der Kündigungszeitpunkt vom Mutterschutz nicht mehr erfasst wird. Das würde zu einer nicht tragbaren Unsicherheit über die Wirksamkeit der Kündigung führen, da die Kündigung über einen zu langen Zeitraum nicht rechtlich bewertet werden könnte.

1347 Die Anerkennung der Frist von 280 Tagen, einer fiktiven Frist, ist vom LAG Niedersachsen in Zweifel gezogen worden. Ausgehend von der Annahme, eine normale Schwangerschaft dauere im Durchschnitt nur 266 Tage, könne für die Differenz zur fiktiven Frist kein Kündigungsschutz nach § 9 MuSchG gewährt werden, da die Arbeitnehmerin eben nicht schwanger sei. Die Schwangerschaft könne nicht fingiert werden.[28] Der Auffassung des LAG Niedersachsen wird man im Interesse der Rechtssicherheit und Rechtsklarheit nicht zustimmen können. Das Gericht verweist in den Entscheidungsgründen auf einen Beschluss des Bundesverfassungsgerichts vom 26.6.1995,[29] mit der eine Verfassungsbeschwerde gegen eine Gerichtsentscheidung, in der die Berechnungsmethode des BAG angewandt worden war, nicht zur Entscheidung angenommen wurde.

1348 Das BAG hat später seine Rechtsprechung bestätigt und klargestellt, die Schwangere genüge ihrer Darlegungs- und Beweislast für das Bestehen einer Schwangerschaft im Kündigungszeitpunkt zunächst durch Vorlage einer ärztlichen Bescheinigung über den mutmaßlichen Tag der Entbindung, wenn der Zugang der Kündigung innerhalb von

---

[25] Vgl. BAG 26.3.2015 – 2 AZR 237/14 – Pressemitteilung des BAG 17/15 bzw. zu einer sog. Nichtverlängerungsmitteilung (→ Rn. 1360) LAG Köln 3.6.2014 BeckRS 2014, 70523; vgl. auch EuGH 26.2.2008 NZA 2008, 345 Rn. 47 ff.

[26] St. Rspr., zB BAG 7.5.1998 NZA 1998, 1049 m.w.N; 12.12.1985 NZA 1986, 613; vgl. auch BAG 12.5.2011 NZA 2012, 208 Rn. 33.

[27] BAG 7.5.1998 NZA 1998, 1049; 12.12.1985 NZA 1986, 613, 614; KR/*Bader/Gallner*, § 9 MuSchG Rn. 64; *Buchner/Becker*, § 9 MuSchG Rn. 9; *Gröninger/Thomas*, § 9 MuSchG Rn. 10.

[28] LAG Niedersachsen 12.5.1997 NZA-RR 1997, 460, 462; vgl. auch ArbG Köln 13.8.2003 NZA-RR 2004, 633, 634; APS/*Rolfs*, § 9 MuSchG Rn. 41.

[29] BVerfG 26.6.1995 BeckRS 1995, 12049.

280 Tagen vor diesem Termin liege. Der Arbeitgeber könne jedoch den Beweiswert der Bescheinigung erschüttern und Umstände darlegen, auf Grund derer es der wissenschaftlich gesicherten Erkenntnis widersprechen würde, von einer Schwangerschaft der Arbeitnehmerin bei Kündigungszugang auszugehen. Dann müsse die Arbeitnehmerin weitere Beweise für eine bestehende Schwangerschaft führen.[30]

b) Kosten der Schwangerschaftsfeststellung

Der Arbeitgeber kann von der Arbeitnehmerin den Nachweis der Schwangerschaft verlangen, der in aller Regel durch die Vorlage eines ärztlichen Attestes geführt wird. Die Kosten hat in Analogie zu § 5 Abs. 3 MuSchG der Arbeitgeber zu tragen. **1349**

2. Entbindung

Das Kündigungsverbot des § 9 Abs. 1 S. 1 MuSchG gilt während der Schwangerschaft und einer Frist von **vier Monaten nach der Entbindung.** Für die Fristberechnung gelten die Vorschriften der §§ 187 Abs. 1, 188 Abs. 2 und 3 sowie § 191 BGB. Keine Anwendung findet § 193 BGB, da keine Willenserklärung abzugeben oder eine Leistung zu bewirken ist. **1350**

Unzulässig ist die Kündigung **innerhalb** der Vier-Monats-Frist, d.h. der Arbeitnehmerin darf die Kündigung nicht zugehen. Ohne Bedeutung ist, wann die Kündigung wirksam wird. Verlässt die Kündigung innerhalb der Schutzfrist den „Machtbereich" des Arbeitgebers, geht sie aber nach Fristablauf der Arbeitnehmerin zu, greift das Verbot des § 9 Abs. 1 S. 1 MuSchG nicht ein.[31] Wird die Arbeitnehmerin in diesem Zeitraum erneut schwanger, besteht wieder Kündigungsschutz, der erst vier Monate nach der zweiten Entbindung endet. Das Gesetz ist auch für die zweite Schwangerschaft anzuwenden. Die Arbeitnehmerin handelt also nicht etwa rechtsmissbräuchlich (§ 242 BGB), wenn sie sich auf den gesetzlichen Kündigungsschutz beruft. **1351**

a) Zum Begriff der Entbindung

Das MuSchG enthält keine Definition des Begriffs Entbindung. Er knüpft an den medizinischen Begriff an und meint den Vorgang der Geburt i.S. eines Übergangs des menschlichen Lebewesens von der „Leibesfrucht" zum Menschen.[32] Rechtsprechung und Literatur greifen aber seit langem im Interesse der Rechtssicherheit auch auf die Grundsätze des Personenstandsrechts zurück.[33] Danach liegt eine Entbindung zunächst immer dann vor, wenn das Kind **lebend** geboren wird. Das ist der Fall, wenn das Herz des Kindes nach Trennung vom Mutterleib geschlagen, die Nabelschnur pulsiert oder die Lungenatmung eingesetzt hat (§ 31 Abs. 1 PStV iVm § 21 Abs. 1 PStG). Bei Vorlage dieser Mindestanzeichen menschlichen Lebens ist es nicht notwendig, dass auch die Lebensfähigkeit zu bejahen ist.[34] Stirbt das Kind nach der Entbindung, hat das auf den besonderen Kündigungsschutz nach dem MuSchG keinen Einfluss. **1352**

---

[30] BAG 7.5.1998 NZA 1998, 1049, 1050; 12.12.1985 NZA 1986, 613. Zum Ganzen vgl. APS/*Rolfs*, § 9 MuSchG Rn. 41.
[31] A. A. LAG Düsseldorf 11.5.1979 EzA MuSchG n. F. § 9 Nr. 19 mit abl. Anm. *Buchner*.
[32] BAG 15.12.2005 NZA 2006, 994 Rn. 17; 16.2.1973 AP MuSchG 1968 § 9 Nr. 2; vgl. auch BAG 12.12.2013 NZA 2014, 722 Rn. 28.
[33] BAG 15.12.2005 NZA 2006, 994 Rn. 17; 30.5.1985 BeckRS 1985, 30713866; 16.2.1973 AP MuSchG 1968 § 9 Nr. 2.
[34] LSG Niedersachen 3.3.1987 NZA 1987, 544.

1353 Auch jede **Frühgeburt** iSv § 6 Abs. 1 S. 1 MuSchG, d. h. wenn das Kind bei der Geburt weniger als 2500 Gramm wiegt,[35] ist eine Entbindung iSd § 9 Abs. 1 MuSchG, selbst wenn das Kind nur im Brutkasten lebensfähig ist.

b) Totgeburt

1354 Eine Entbindung iSd § 9 Abs. 1 S. 1 MuSchG liegt auch bei einer personenstandsrechtlich anerkannten **Totgeburt** vor.[36] Zeigen sich die Mindestanzeichen menschlichen Lebens nach der Geburt nicht (→ Rn. 1352) und können sie auch durch besondere medizinische Maßnahmen nicht erreicht werden, handelt es sich um eine Totgeburt, wenn das **Gewicht der Leibesfrucht** mindestens 500 Gramm beträgt (§ 31 Abs. 2 S. 1 PStV iVm § 21 Abs. 2 PStV).

c) Fehlgeburt

1355 Die **Fehlgeburt** ist **keine Entbindung** iSd § 9 Abs. 1 S. 1 MuSchG. Sie liegt vor, wenn sich bei der Leibesfrucht die Mindestanforderungen des Lebens (→ Rn. 1352) nicht gezeigt haben **und** ihr Gewicht unter 500 Gramm liegt (§ 31 Abs. 3 S. 1 PStV). Bei einer Fehlgeburt besteht der Schutz vor Kündigungen nach § 9 Abs. 1 S. 1 MuSchG nur während der Schwangerschaft, d. h. bis zum Zeitpunkt der Trennung der Leibesfrucht vom Mutterleib.[37]

d) Schwangerschaftsabbruch

1356 Die Schwangerschaft endet **ohne Entbindung** bei einem Schwangerschaftsabbruch iSd § 218 StGB.[38] Sie endet dagegen **mit Entbindung,** wenn die Schwangerschaft früher als zum mutmaßlichen Entbindungstermin künstlich beendet worden ist, ohne die Leibesfrucht zielgerichtet beeinträchtigen zu wollen (zB bei Lebensgefahr der Mutter) bzw. um sie sogar zu retten, und die Voraussetzungen des § 21 Abs. 2 S. 1 iVm § 31 PStV vorliegen.[39]

3. Kündigung durch den Arbeitgeber

a) Kündigungsarten

1357 Der Kündigungsschutz der werdenden Mutter sowie der Arbeitnehmerin nach der Entbindung setzt eine Kündigung durch den Arbeitgeber voraus. Er erfasst auch eine Kündigung vor Dienstantritt (→ Rn. 141 ff.).[40] Das Gesetz verbietet also nicht etwa jede Beendigung des Arbeitsverhältnisses der unter das MuSchG fallenden Arbeitnehmerin. Anknüpfungspunkt des besonderen Kündigungsschutzes ist allein die Arbeitgeberkündigung. Die weiter bestehenden Beendigungstatbestände, wie zB Aufhebungsvertrag und Anfechtung, können angewandt werden. Ihre Bedeutung ist im Rahmen des privilegierten Arbeitsverhältnisses der werdenden Mutter eher größer als sonst, weil

---

[35] Zum Begriff der Frühgeburt vgl. BAG 12.3.1997 NZA 1997, 764 f.
[36] BAG 12.12.2013 NZA 2014, 722 Rn. 28; 15.12.2005 NZA 2006, 994 Rn. 22; 16.2.1973 AP MuSchG 1968 § 9 Nr. 2; KR/*Bader/Gallner,* § 9 MuSchG Rn. 31; *Buchner/Becker* § 1 MuSchG Rn. 156; APS/*Rolfs,* § 9 MuSchG Rn. 23.
[37] BAG 12.12.2013 NZA 2014, 722 Rn. 28.
[38] Vgl. BAG 15.12.2005 NZA 2006, 994 Rn. 25, 26.
[39] BAG 15.12.2005 NZA 2006, 994 Rn. 27.
[40] LAG Düsseldorf 11.6.1992 NZA 1993, 1041.

nicht selten versucht wird, mit ihrer Hilfe die durch Kündigung nicht zu erreichende Beendigung des Arbeitsverhältnisses herbeizuführen.

Das Kündigungsverbot des § 9 Abs. 1 S. 1 MuSchG umfasst alle Arten der Kündigung, namentlich die **ordentliche** und die **außerordentliche Kündigung**. Keine Ausnahme gilt für die **sog. Kampfkündigung**,[41] die unter engen Voraussetzungen im Rahmen eines rechtswidrigen Streiks zulässig ist.[42] Das Kündigungsverbot schließt Kündigungen im **Insolvenzverfahren** ein (→ Rn. 1338). Gleichgültig ist auch der Anlass der Kündigung. Das Kündigungsverbot wird zB wirksam, wenn die Kündigung erfolgt, um Kurzarbeit einzuführen (→ Rn. 1004 ff.) oder wenn sie im Rahmen einer **Massenentlassung** erklärt wird (→ Rn. 1635 ff.). Kann der Arbeitgeber die Kurzarbeit jedoch auf Grund kollektivrechtlicher Basis einführen (näher → Rn. 1005; unter [3]), greift das Kündigungsverbot nicht ein. Die werdende Mutter ist auch geschützt, wenn die Kündigung erfolgt, weil der ganze Betrieb stillgelegt wird und deshalb überhaupt keine Beschäftigungsmöglichkeit besteht (→ Rn. 956). 1358

Das Kündigungsverbot erstreckt sich auch auf die **Änderungskündigung** (auch → Rn. 1288). Die **Teilkündigung** (→ Rn. 166) löst das Arbeitsverhältnis dagegen nicht auf, soweit sie nach dem Vertrag überhaupt zulässig ist (näher → Rn. 167). Das Kündigungsverbot des § 9 Abs. 1 S. 1 MuSchG greift, weil der Arbeitsplatz nicht verlorengehen kann – anders ist das bei der Änderungskündigung –, nicht ein. 1359

Das Kündigungsverbot des § 9 Abs. 1 S. 1 MuSchG ist auf tarifliche **Nichtverlängerungsmitteilungen** (→ Rn. 85) im Falle des Abschlusses befristeter Arbeitsverträge weder unmittelbar noch entsprechend anzuwenden.[43] Inhalt und Funktion der Nichtverlängerungsmitteilung sind mit der Kündigung nicht vergleichbar. Bei dieser geht es um die Auflösung eines Arbeitsverhältnisses, bei jener nur um die Bestätigung einer vereinbarten Vertragsdauer, d.h. die Erklärung hat nur deklaratorische Bedeutung.[44] Da das MuSchG kein allgemeines Verbot für die Beendigung eines Arbeitsverhältnisses enthält und auch nicht darauf gerichtet ist, der Arbeitnehmerin einen Arbeitsplatz zu verschaffen, kann aus ihm keine Pflicht zum Abschluss eines neuen (Anschluss-)Vertrages entnommen werden.[45] 1360

b) Annahmeverzug

Ist die außerordentliche Kündigung einer Arbeitnehmerin gem. § 9 Abs. 1 S. 1 MuSchG unzulässig, kommt der Arbeitgeber, der diese Arbeitnehmerin nicht beschäftigt, regelmäßig nach § 296 S. 1 BGB (näher → Rn. 1868) in Annahmeverzug und hat daher die Vergütung gem. § 611 Abs. 1 BGB iVm § 615 S. 1 BGB zu zahlen. Von diesem Grundsatz hat die Rechtsprechung des BAG eine Ausnahme gemacht. Der Arbeitgeber kommt dann nicht in Annahmeverzug, wenn die Arbeitnehmerin sich so verhält, dass der Arbeitgeber nach Treu und Glauben (§ 242 BGB) und unter Berücksichtigung der Gepflogenheiten des Arbeitslebens sowie des Sinnes und Zwecks des Mutterschutzes die Annahme der Leistung zu Recht ablehnt.[46] Der Große Senat des 1361

---

[41] KR/*Bader/Gallner*, § 9 MuSchG Rn. 74; *Buchner/Becker*, § 9 MuSchG Rn. 26; ErfK/*Schlachter*, § 9 MuSchG Rn. 9.
[42] Hierzu BAG 14.2.1978 AP GG Art. 9 Arbeitskampf Nr. 57–60 mit Anm. *Konzen*; 21.4.1971 AP GG Art. 9 Arbeitskampf Nr. 43; HHL/*v. Hoyningen-Huene*, § 25 KSchG Rn. 18 ff.
[43] BAG 23.10.1991 NZA 1992, 925, 927 f.
[44] BAG 15.5.2013 AP BGB § 611 Bühnenengagementvertrag Nr. 63 Rn. 25; 23.10.1991 NZA 1992, 925, 927; vgl. auch BAG 15.2.2012 NZA-RR 2013, 154 Rn. 29.
[45] BAG 23.10.1991 NZA 1992, 925, 928.
[46] BAG GS 26.4.1956 AP MuSchG § 9 Nr. 5. Das BAG hat am 29.10.1987 die Entscheidung des Großen Senats im Grundsatz bestätigt und die Unzumutbarkeit der Annahme der Dienste abgelehnt,

BAG betont in seinem Beschluss vom 26.4.1956,[47] dass dem MuSchG kein Versorgungsgedanke zugrunde liege. Der Vergütungsanspruch der Arbeitnehmerin setze vielmehr entweder die Arbeitsleistung oder den Annahmeverzug des Arbeitgebers voraus. Der Große Senat betont weiter, es gäbe seltene Ausnahmefälle, in denen der Arbeitgeber berechtigt sei, das Angebot der Arbeitnehmerin abzulehnen, ohne in Annahmeverzug zu geraten. Das sei der Fall, wenn die Arbeitnehmerin sich so verhalte, dass bei Annahme der angebotenen Leistung Leib, Leben, Freiheit, Gesundheit, Ehre, andere Persönlichkeitsrechte oder Eigentum des Arbeitgebers, seiner Angehörigen oder anderer Betriebsangehöriger unmittelbar und nachhaltig so gefährdet würden, dass die Abwehr dieser Gefährdung absoluter Rechte den Vorrang vor dem Interesse der unter das MuSchG fallenden Arbeitnehmerin an der Erhaltung ihres Verdienstes haben müsse. Entscheidend sei dabei die objektive Rechtswidrigkeit des Verhaltens der Arbeitnehmerin; ein Verschulden sei nicht erforderlich.[48]

1362 Es wäre verfehlt, diese Entscheidung so zu interpretieren, dass im Falle einer unwirksamen außerordentlichen Kündigung kein Lohn zu zahlen wäre. Das ist in der Vergangenheit auch, soweit ersichtlich, nicht geschehen. Schon der Große Senat hat selbst den Ausnahmecharakter seiner Entscheidung betont, indem er ausgeführt hat, nur bei einem ungewöhnlichen schweren rechtswidrigen Verstoß der Arbeitnehmerin nicht nur gegen Vertragspflichten, sondern auch gegen allgemeine Verhaltenspflichten sei der Arbeitgeber berechtigt, die angebotenen Dienste abzulehnen.

4. Beendigung des Arbeitsverhältnisses ohne Kündigung

a) Nichtiger Arbeitsvertrag

1363 Die Kündigung des Arbeitsverhältnisses durch den Arbeitgeber setzt voraus, dass der ihm zugrunde liegende Vertrag rechtswirksam besteht. Ist das nicht der Fall, d.h., ist der Arbeitsvertrag wegen Verstoßes gegen die guten Sitten (§ 138 Abs. 1 BGB) oder gegen ein Verbotsgesetz (§ 134 BGB) nichtig, besteht nur ein faktisches Arbeitsverhältnis, zu dessen Beendigung es keiner Kündigung bedarf (→ Rn. 33). Der Arbeitgeber kann sich in einem solchen Falle jederzeit vom Vertrag lossagen. Das Kündigungsverbot des § 9 Abs. 1 S. 1 MuSchG bleibt ohne Wirkung.

1364 Fraglich sind die Wirkungen der mutterschutzrechtlichen **Beschäftigungsverbote** nach den §§ 4 und 8 MuSchG. Früher wurde vielfach angenommen, Nichtigkeit des Vertrages liege dann vor, wenn eine **beim Vertragsschluss** bereits schwangere Arbeitnehmerin ausschließlich für Arbeiten eingestellt werde, die zu verrichten für Schwangere nach dem Gesetz verboten seien.[49] Dieses Ergebnis ist bereits mit einer am Sinn und Zweck der Beschäftigungsverbote ausgerichteten Auslegung der §§ 4, 8 MuSchG iVm § 134 BGB unvereinbar, richtet sich doch das gesetzliche Verbot primär gegen die tatsächliche Beschäftigung der schwangeren Arbeitnehmerin.

1365 Die Nichtigkeit der **nach Eintritt** der **Schwangerschaft** abgeschlossenen Arbeitsverträge ist nicht gefordert. Ebenso wie bei den Arbeitnehmerinnen, deren Arbeitsvertrag bereits vor Eintritt der Schwangerschaft abgeschlossen worden war, gilt es auch bei

---

obwohl ein Betriebsleiter einen sehr hohen Geldbetrag unterschlagen hatte, die Kündigung jedoch an § 102 BetrVG scheiterte, BAG 29.10.1987 NZA 1988, 465, 466 = EzA BGB § 615 Nr. 54 mit krit. Anm. *Buchner*; abw. LAG Hamm 15.1.1987 LAGE § 615 BGB Nr. 9.

[47] NJW 1956, 1454, 1455.
[48] BAG 26.4.1956 NJW 1956, 1454, 1456.
[49] BAG 27.11.1956 AP MuSchG § 4 Nr. 2 Ls.

der anderen Gruppe nur sicherzustellen, dass die Verbote eingehalten werden, andererseits aber der Arbeitgeber vor unzumutbaren Belastungen bewahrt bleibt. Dem kann durch Umsetzungsmaßnahmen Rechnung getragen werden.[50]

Das BAG hat für das Beschäftigungsverbot nach § 8 Abs. 1 MuSchG die Nichtigkeit eines Vertrages, durch den sich eine schwangere Arbeitnehmerin ausschließlich zur Nachtarbeit iSd § 8 MuSchG verpflichtet hatte, gem. § 134 BGB verneint, wenn bei Vertragsschluss noch mit der Erteilung einer Ausnahmegenehmigung nach § 8 Abs. 6 MuSchG zu rechnen war.[51] Keine Nichtigkeit des Arbeitsverhältnisses tritt ein, wenn eine Arbeitnehmerin nicht die in § 43 Abs. 1 IfSG vorgesehene Bescheinigung des Gesundheitsamtes vorlegt. Dabei handelt es sich um eine Ordnungsvorschrift. Der Arbeitgeber kann den Vertrag durch Kündigung lösen, für die er im Falle der Schwangerschaft die Zustimmung der nach § 9 Abs. 3 S. 1 MuSchG zuständigen Stelle (→ Rn. 1416 ff.) benötigt.[52] **1366**

Die Entscheidung des EuGH vom 5.5.1994[53] bestätigt insoweit nur das geltende Recht, wenn sie auf Grund des europarechtlichen Diskriminierungsverbotes ausschließt, dass die Nichtigkeit eines unbefristeten Arbeitsvertrages einer Schwangeren eintritt, der auf eine nachts zu verrichtende Arbeit gerichtet ist und in beiderseitiger Unkenntnis der Schwangerschaft geschlossen wurde.[54] Das dürfte – wegen des europarechtlichen Hintergrundes – auch für den Fall gelten, dass die Arbeitnehmerin für eine bestimmte Zeit eingestellt war.[55] **1367**

b) Anfechtung

Die Anfechtung des Arbeitsvertrages, die im Falle ihrer Wirksamkeit zur Nichtigkeit des Arbeitsvertrages führt (§ 142 Abs. 1 BGB), ist trotz des Kündigungsverbots nach § 9 Abs. 1 S. 1 MuSchG grundsätzlich zulässig. Anfechtung und Kündigung sind wesensverschiedene Rechtsinstitute, die einander nicht gleichgestellt werden können (näher → Rn. 57).[56] Deshalb bleibt die Anfechtung auch weiterhin **formfrei**. § 623 BGB ist nicht entsprechend anzuwenden (→ Rn. 63). Haben die vom Arbeitgeber für die Anfechtung vorgetragenen Gründe mit **der Mutterschaft nichts zu tun**, führt die Kündigungssperre des § 9 Abs. 1 S. 1 MuSchG **weder zu einer Erleichterung noch zu einer Erschwerung der Anfechtung.** Kann der Arbeitgeber nach dem Sachverhalt kündigen oder anfechten, wählt er aus begreiflichen Gründen aber die Anfechtung, ist diese Rechtswahl nicht zu beanstanden.[57] Allerdings muss die Anfechtung erklärt werden (§ 143 Abs. 1 BGB). Das wird im Einzelfall eine Frage der Auslegung der Willenserklärung sein.[58] Nicht möglich ist es, eben wegen der Verschiedenheit der Lösungstatbestände, eine unzulässige ordentliche oder außerordentliche **1368**

---

[50] Vgl. *Buchner/Becker*, Vor §§ 3–8 MuSchG Rn. 20, 27 ff.
[51] BAG 8.9.1988 NZA 1989, 178, 179.
[52] So früher zu § 18 BSeuchG BAG 25.6.1970 AP BSeuchG § 18 Nr. 1; 2.3.1971 AP BSeuchG § 18 Nr. 2.
[53] NZA 1994, 609.
[54] Vgl. dazu *Buchner*, FS Stahlhacke, 1995, S. 83, 89; *Buchner/Becker*, § 9 MuSchG Rn. 42; APS/*Rolfs*, § 9 MuSchG Rn. 47.
[55] EuGH 4.10.2001 NZA 2002, 1241; *Buchner/Becker*, Vor §§ 3–8 MuSchG Rn. 24.
[56] Vgl. BAG 6.9.2012 NZA 2013, 1087 Rn. 46; 7.7.2011 NZA 2012, 34 Rn. 20; 12.5.2011 NZA-RR 2012, 43 Rn. 40; *Buchner/Becker*, § 9 MuSchG Rn. 44; KR/*Bader/Gallner*, § 9 MuSchG Rn. 136; APS/*Rolfs*, § 9 MuSchG Rn. 48.
[57] *Buchner/Becker*, § 9 MuSchG Rn. 46; *Willikonsky*, § 9 MuSchG Rn. 14.
[58] Vgl. dazu BAG 6.10.1962 AP MuSchG § 9 Nr. 24; BAG 14.10.1975 AP MuSchG § 9 Nr. 4; *Buchner/Becker*, § 9 MuSchG Rn. 47.

Kündigung nach § 140 BGB in eine Anfechtungserklärung umzudeuten.[59] Als Anfechtungstatbestände haben im Rahmen des Mutterschutzes § 119 Abs. 2 BGB und § 123 Abs. 1 BGB Bedeutung gewonnen.

aa) Irrtum über verkehrswesentliche Eigenschaft

1369   Zur Anfechtung wegen eines Irrtums über eine Eigenschaft der Person berechtigen nach § 119 Abs. 2 BGB nur solche, die im **Verkehr als wesentlich** angesehen werden. Deshalb ist die Schwangerschaft als ein **vorübergehender Zustand nicht als verkehrswesentliche Eigenschaft** anerkannt worden.[60] Soweit von diesem Grundsatz früher in der Praxis in einigen Fällen, die allerdings seltener vorkamen, Ausnahmen gemacht worden sind,[61] lassen sich diese im Hinblick auf die in Rn. 1373 dargestellte Rechtsprechung des EuGH nicht aufrechterhalten.[62]

bb) Arglistige Täuschung

1370   Der Anfechtungstatbestand der arglistigen Täuschung (§ 123 Abs. 1 BGB) hat im Zusammenhang mit dem Bestandsschutz der werdenden Mutter in der Vergangenheit besondere Bedeutung erlangt. Es ist die Frage zu beantworten, ob die **Täuschung über die Schwangerschaft widerrechtlich** erfolgt ist, ob die Arbeitnehmerin vom Arbeitgeber nach der Schwangerschaft gefragt werden darf. Hat die Schwangere ein **Recht zur Lüge?** Im Normalfall ist das zu bejahen, d.h. wenn der Fall so liegt, dass die Schwangerschaft die Arbeitsleistung nicht beeinträchtigt und der Arbeitgeber nur die üblichen Schutzfristen vor und nach der Niederkunft hinzunehmen hat. Zweifelhaft sind aber wohl doch die Fälle, die dem Sachverhalt der Entscheidung des BAG vom 1.7.1993[63] entsprechen, der Arbeitgeber die **Beschäftigungsverbote offen legt** und der Bewerberin **deutlich macht, dass ihre Verfügbarkeit für ihn von besonderer Bedeutung,** im Einzelfall vielleicht sogar „unerlässlich" ist.

1371   **Die Zulässigkeit des Fragerechts** des künftigen Arbeitgebers nach einer bestehenden Schwangerschaft bei der Einstellung hat eine wechselvolle Entwicklung durchgemacht. Ursprünglich hatte das BAG die Frage nach der Schwangerschaft in ständiger Rechtsprechung, sofern sie in angemessener Form gestellt war, zugelassen.[64] Dies war vor allem mit dem Hinweis begründet worden, wegen der erheblichen Belastungen des Arbeitgebers durch den Mutterschutz habe dieser ein erhebliches rechtliches und wirtschaftliches Interesse daran, bereits im Laufe der Einstellungsverhandlungen zu erfahren, ob die Bewerberin um den offenen Arbeitsplatz in anderen Umständen sei.

1372   Das Fragerecht wurde dann nach Erlass des § 611a BGB auf Grund des EG-Arbeitsrechts-Anpassungsgesetzes vom 13.8.1980 (BGBl. I S. 1308) neu definiert und eine unzulässige Benachteiligung wegen des Geschlechts **nicht** angenommen, wenn sich **nur Frauen** um den Arbeitsplatz bewerben.[65] Diese „sog. gespaltene Lösung" gab

---

[59] BAG 14.10.1975 AP MuSchG 1968 § 9 Nr. 4; APS/*Rolfs,* § 9 MuSchG Rn. 48.

[60] BAG 6.2.1992 NZA 1992, 790, 791; 8.9.1988 NZA 1989, 178, 179; 22.9.1961 AP BGB § 123 Nr. 15.

[61] Vgl. Übersicht bei *Gröninger/Thomas,* § 9 MuSchG Rn. 53; vgl. auch BAG 8.9.1988 NZA 1989, 178, 179, das eine Anfechtung nach § 119 Abs. 2 BGB im Falle des Beschäftigungsverbots nach § 8 Abs. 1 MuSchG verneint, wenn mit einer Ausnahmegenehmigung noch gerechnet werden konnte.

[62] Vgl. *Buchner/Becker,* § 5 MuSchG Rn. 68 ff.; KR/*Bader/Gallner,* § 9 MuSchG Rn. 137; APS/*Rolfs,* § 9 MuSchG Rn. 47; ebenso bei unbefristeten Arbeitsverträgen schon *Stahlhacke,* 9. Aufl. Rn. 1325; vgl. auch EuGH 27.2.2003 NZA 2003, 373.

[63] NZA 1993, 933.

[64] BAG 22.9.1961 AP BGB § 123 Nr. 15.

[65] BAG 20.2.1986 NZA 1986, 739, 740.

§ 1 Kündigungsschutz nach dem Mutterschutzgesetz

das BAG nach der Entscheidung des EuGH vom 8.11.1990[66] auf und erkannte, dass die Frage nach der Schwangerschaft **in der Regel eine unzulässige Benachteiligung wegen des Geschlechts** enthalte, gleichgültig, ob sich nur Frauen oder auch Männer um den Arbeitsplatz bewerben.[67] Der 2. Senat ließ jedoch erkennen, dass eine Anfechtung in Betracht komme, wenn die Arbeitnehmerin für die in Aussicht genommene Arbeitsleistung objektiv völlig ungeeignet sei. Wer objektiv ungeeignet für eine Stelle sei, könne gar nicht wegen seines Geschlechts benachteiligt werden.[68] Bestätigt wurde dieser Grundsatz in der Entscheidung vom 1.7.1993.[69] Die Frage nach der Schwangerschaft war danach **ausnahmsweise sachlich gerechtfertigt,** wenn sie objektiv dem gesundheitlichen Schutz der Bewerberin und des ungeborenen Kindes dient. Dann sei die Frage auch richtliniengemäß (Art. 2 Nr. 3 EWG-Richtlinie 76/207) und verstoße nicht gegen § 611a BGB (a. F.), da sie durch sachliche Gründe gerechtfertigt sei. Ob ein Beschäftigungsverbot nach § 4 Abs. 1 und Abs. 2 Nr. 6 MuSchG eingreife, sei nicht von entscheidender Bedeutung.[70]

Das **BAG** hat seine **Rechtsprechung am 6.3.2003**[71] **geändert.** Im Streit war eine Anfechtungserklärung wegen arglistiger Täuschung (§ 123 Abs. 1 BGB) über eine bestehende Schwangerschaft. Die Parteien hatten einen **unbefristeten Arbeitsvertrag** geschlossen, der die Beschäftigung der Arbeitnehmerin als Wäschereimitarbeiterin vorsah. Bei der Einstellung verschwieg die Arbeitnehmerin dem Arbeitgeber ihre ihr bekannte Schwangerschaft. Der Arbeitgeber hatte geltend gemacht, da er keine für Schwangere geeigneten Arbeiten habe, müsse ihm das Recht zugestanden werden, nach einer Schwangerschaft zu fragen. Das BAG verneint dies nunmehr ausdrücklich für einen unbefristeten Arbeitsvertrag unter Hinweis auf die Rechtsprechung des EuGH. Dieser hatte zunächst am 5.5.1994 entschieden, es würde Art. 2 Abs. 3 der Richtlinie 76/207 vom 9.2.1976 zuwiderlaufen, wenn man zuließe, dass der Vertrag wegen der **zeitweiligen** Verhinderung der schwangen Arbeitnehmerin, die Nachtarbeit zu verrichten, für die sie angestellt wurde, für nichtig erklärt oder angefochten werden könnte. Der Arbeitsvertrag war in beiderseitiger Unkenntnis der Schwangerschaft der Bewerberin abgeschlossen worden.[72] Am 3.2.2000 bestätigte der EuGH seine frühere Entscheidung und erkannte, es stelle eine unzulässige Diskriminierung im Sinne der Richtlinie 76/207 dar, wenn der Arbeitgeber eine an sich für die auf einem freien Arbeitsplatz vorgesehene Tätigkeit geeignete Bewerberin deshalb nicht einstelle, weil sie schwanger sei und während der Schwangerschaft wegen eines aus dem Mutterschutzgesetz folgenden Beschäftigungsverbotes auf dem zur **unbefristeten** Besetzung vorgesehenen Arbeitsplatz von Anfang an nicht beschäftigt werden dürfe.[73] Die Verfügbarkeit der Arbeitnehmerin sei zwar eine wesentliche Voraussetzung für die ordnungsmäßige Erfüllung des Arbeitsvertrages, jedoch müsse sie im Interesse des Schutzes der Frau während der Schwangerschaft zurücktreten, selbst wenn die Anwesenheit im Betrieb unverlässlich sei. Auch finanzielle Lasten des Arbeitgebers könnten die Verweigerung der Einstellung nicht rechtfertigen. Der EuGH hat ferner darauf hingewiesen, das

1373

---
[66] NZA 1991, 171.
[67] BAG 15.10.1992 NZA 1993, 257, 258; krit. dazu *Buchner,* FS Stahlhacke, 1995, S. 83, 92.
[68] BAG 12.11.1998 NZA 1999, 371, 373; vgl. zu § 7 Abs. 1 AGG allg. BAG 14.11.2013 NZA 2014, 489 Rn. 28 ff.
[69] NZA 1993, 933.
[70] Zu den Beschäftigungsverboten vgl. BVerwG 27.5.1993 NJW 1994, 401.
[71] NZA 2003, 848.
[72] EuGH 5.5.1994 NZA 1994, 609, 610.
[73] EuGH 3.2.2000 NZA 2000, 255, 256.

Beschäftigungsverbot wirke gemessen an der Gesamtdauer des Arbeitsvertrages nur temporär.[74]

1374 Die damit mögliche andere Bewertung der Frage bei der Einstellung im Rahmen eines **befristeten Arbeitsvertrages** hatte der EuGH in seinen Urteilen vom 5.5.1994 und 3.2.2000 nicht vorgenommen. Am 4.10.2001 hat er jedoch entschieden, dass die Entlassung einer Arbeitnehmerin wegen Schwangerschaft auch gegen Gemeinschaftsrecht (Art. 5 Abs. 1 RL 76/207 – gestrichen durch Art. 1 Nr. 4 RL 2002/73 vom 23.9.2002 – und Art. 10 RL 92/85) verstoße, wenn sie auf **bestimmte Zeit** eingestellt worden sei und sie den Arbeitgeber über ihre Schwangerschaft nicht unterrichtet habe, obwohl ihr diese bei Abschluss des Arbeitsvertrages bekannt gewesen sei, und wenn festgestanden habe, dass sie auf Grund ihrer Schwangerschaft während eines wesentlichen Teiles ihrer Vertragszeit wegen eines mutterschutzrechtlichen Beschäftigungsverbotes nicht würde arbeiten können.[75] Die Befristung des Arbeitsverhältnisses sei kein Unterscheidungskriterium, da die Richtlinien 76/207 und 92/85 nicht zwischen befristeten und unbefristeten Arbeitsverträgen differenziere. Im Hinblick auf diese Auslegung der vorgenannten Richtlinien, aber auch wegen des seit dem 18.8.2006 in §§ 2 Abs. 1 Nr. 1, 3 Abs. 1 S. 2 AGG geregelten Benachteiligungsverbots, lässt sich die frühere Rechtsprechung des BAG zur Zulässigkeit der Frage nach einer bestehenden Schwangerschaft (→ Rn. 1372) auch nicht mehr für den Fall des Abschlusses eines befristeten Arbeitsvertrags aufrechterhalten.[76]

c) Aufhebungsvertrag

1375 Der Aufhebungsvertrag wird vom Kündigungsverbot des § 9 Abs. 1 S. 1 MuSchG nicht erfasst.[77] Er beendet das Arbeitsverhältnis entsprechend den allgemeinen Grundsätzen. Zum Aufhebungsvertrag → Rn. 34 ff.

d) Befristeter Arbeitsvertrag

1376 Der Bestandsschutz des § 9 MuSchG greift nicht ein, wenn der Arbeitsvertrag wirksam befristet abgeschlossen worden ist. Befristet beschäftigt ist eine Arbeitnehmerin mit einem auf eine bestimmte Zeit abgeschlossenen Arbeitsvertrag. Ein solcher Vertrag liegt gem. § 3 Abs. 1 S. 2 TzBfG vor, wenn seine Dauer kalendermäßig bestimmt ist **(kalendermäßig befristeter Arbeitsvertrag)** oder sich aus Art, Zweck oder Beschaffenheit der Arbeitsleistung ergibt **(zweckbefristeter Arbeitsvertrag)**. Mit dem Ablauf der vereinbarten Zeit (§ 15 Abs. 1 TzBfG) oder Erreichung des Zwecks, hier jedoch frühestens zwei Wochen nach Zugang der schriftlichen Unterrichtung über den Zeitpunkt der Zweckerreichung (§ 15 Abs. 2 TzBfG), endet der befristete Arbeitsvertrag. Da in keinem Fall eine Kündigung des Arbeitsvertrages notwendig ist, greift das **Kündigungsverbot des § 9 Abs. 1 S. 1 MuSchG** nicht ein. Dieses gilt nur für eine nach § 15 Abs. 3 TzBfG vertraglich vorbehaltene vorzeitige ordentliche Kündigung oder eine außerordentliche Kündigung nach § 626 Abs. 1 BGB.

---

[74] Vgl. auch EuGH 27.2.2003 NZA 2003, 373, 375.
[75] EuGH 4.10.2001 NZA 2001, 1241, 1243.
[76] Ebenso KR/*Treber,* § 3 AGG Rn. 34; ErfK/*Preis,* § 611 BGB Rn. 274 und 352; vgl. auch G. Wisskirchen/Bissels, NZA 2007, 169, 173; differenzierend APS/*Rolfs,* § 9 MuSchG Rn. 48; *Stahlhacke,* 9. Aufl. Rn. 1334; a. A. Herrmanns, SAE 2003, 125, 133; *Pallasch,* NZA 2007, 306, 307 f.
[77] BAG 16.2.1983 AP BGB § 123 Nr. 2; 8.12.1955 AP MuSchG § 9 Nr. 4; BSG 16.2.2005 NZA-RR 2005, 542, 545; KR/*Bader/Gallner,* § 9 MuSchG Rn. 148; *Buchner/Becker,* § 9 MuSchG Rn. 94; APS/*Rolfs,* § 9 MuSchG Rn. 52.

Ist die Befristung des Arbeitsvertrages nach § 14 TzBfG rechtsunwirksam, **gilt** der **1377** befristete Arbeitsvertrag als auf **unbestimmte Zeit abgeschlossen** (§ 16 S. 1 1. Hs. TzBfG). Das Gesetz macht keinen Unterschied, ob die Befristung wegen eines Verstoßes gegen das Formerfordernis des § 14 Abs. 4 TzBfG oder wegen Nichtbeachtung der materiellen Voraussetzungen der Befristung in § 14 Abs. 1, Abs. 2 oder Abs. 3 TzBfG unwirksam ist. Das Arbeitsverhältnis kann ordentlich nur unter Beachtung von § 16 S. 1 2. Hs., S. 2 TzBfG gekündigt werden. Das Kündigungsverbot des § 9 Abs. 1 S. 1 MuSchG findet also Anwendung.

e) Auflösende Bedingung

Wird der Arbeitsvertrag unter einer auflösenden Bedingung geschlossen, gelten **1378** nach § 21 TzBfG die §§ 14 Abs. 1 und 4, § 15 Abs. 2, 3 und 5 TzBfG sowie die §§ 16 bis 20 TzBfG entsprechend. Auch hier ist § 9 Abs. 1 S. 1 MuSchG nur bei Ausspruch einer vertraglich vorbehaltenen vorzeitigen ordentlichen Kündigung (§ 15 Abs. 3 TzBfG iVm § 21 TzBfG) und bei einer außerordentlichen Kündigung nach § 626 Abs. 1 BGB anwendbar. Ist die Vereinbarung einer auflösenden Bedingung nach § 14 Abs. 1, Abs. 4 iVm § 21 TzBfG rechtsunwirksam, gilt der Arbeitsvertrag nach § 16 S. 1 1. Hs. TzBfG iVm § 21 TzBfG als auf unbestimmte Zeit geschlossen. Zu seiner Beendigung bedarf es gem. § 16 S. 1 2. Hs., S. 2 TzBfG iVm § 21 TzBfG einer ordentlichen Kündigung, auf die § 9 Abs. 1 S. 1 MuSchG anwendbar ist.

f) Eigenkündigung der Arbeitnehmerin

Für die Eigenkündigung der Arbeitnehmerin gilt das Kündigungsverbot des § 9 **1379** Abs. 1 S. 1 MuSchG nicht. Zu beachten ist, dass die Kündigung seit dem 1.5.2000 nach § 623 1. Hs. BGB zu ihrer Wirksamkeit der Schriftform bedarf.[78] Damit ist das Problemfeld der **Kündigung durch schlüssiges Verhalten,** das früher nicht unerhebliche Schwierigkeiten bereitete (vgl. dazu 7. Aufl. Rn. 825), beseitigt. Die Frage, ob ein Verhalten oder eine Erklärung der Arbeitnehmerin als Kündigungserklärung zu interpretieren ist, stellt sich nicht mehr. Nur in Ausnahmefällen kann die Frage heute noch Bedeutung haben, nämlich dann, wenn die Schriftform gewahrt worden ist und es darum geht, die wirksam abgegebene Erklärung auszulegen. Da die Schriftform aber weitgehend Rechtssicherheit gewährleistet, werden hier Zweifelsfälle eher selten sein (→ Rn. 61 ff.).

Die wirksame Eigenkündigung der Arbeitnehmerin kann nur unter den Voraus- **1380** setzungen der §§ 119, 123 BGB angefochten werden. Irrt sie sich über die mutterschutzrechtlichen Folgen der Eigenkündigung, liegt ein nach § 119 Abs. 1 BGB relevanter Irrtum nicht vor, da der Irrtum über die Rechtsfolgen, soweit diese nicht zum Inhalt der Erklärung gemacht worden sind, stets unerheblich ist.[79] Kündigt die Arbeitnehmerin ihr Arbeitsverhältnis auf, ohne zu wissen, dass sie schwanger ist, rechtfertigt dies ebenfalls nicht die Anfechtung wegen Irrtums, weil ein solcher iSd § 119 Abs. 1 BGB

---

[78] Art. 2 des Arbeitsgerichtsbeschleunigungsgesetzes vom 30.3.2000 (BGBl. I S. 333).
[79] LAG Düsseldorf 18.9.1956 BB 1956, 1106; *Buchner/Becker*, § 9 MuSchG Rn. 89; KR/*Bader/Gallner*, § 9 MuSchG Rn. 152; APS/*Rolfs*, § 9 MuSchG Rn. 55; ebenso zum Aufhebungsvertrag BAG 16.2.1983 AP BGB § 123 Nr. 22 mit Anm. *Herschel*; abw. *Gamillscheg*, FS Molitor, 1962, S. 8, der die Anfechtung zulässt, weil eine „elementare Selbstschädigung durch die Arbeitnehmerin" vorliegt. Die Eigenkündigung ist auch nicht deshalb unwirksam, weil der Arbeitgeber seine Verpflichtung verletzt hat, diese an die Aufsichtsbehörde zu melden (§§ 9 Abs. 2, 5 Abs. 1 S. 3 MuSchG), BAG 19.8.1982 AP MuSchG 1968 § 9 Nr. 10.

nicht vorliegt.[80] Der Arbeitnehmerin steht in diesem Falle auch kein Anspruch auf Fortsetzung des Arbeitsverhältnisses aus dem Gesichtspunkt der Rücksichtnahmepflicht (vgl. § 241 Abs. 2 BGB) zu,[81] zumal er zum Zeitpunkt ihrer Eigenkündigung ihre Schwangerschaft gar nicht kennen konnte.[82] Zudem ist eine umfassende Pflicht des Arbeitgebers, die Arbeitnehmerin auf alle nur möglichen und denkbaren Folgen der Beendigung ihres Arbeitsverhältnisses hinzuweisen, abzulehnen.[83] Eine allgemeine Pflicht des Arbeitgebers zur Rechtsberatung besteht nicht. Deshalb ist zutreffend auch eine Pflicht des Arbeitgebers, den Arbeitnehmer auf die Frist zur Erhebung der Kündigungsschutzklage hinzuweisen, abgelehnt worden.[84]

1381   Droht der Arbeitgeber mit einer außerordentlichen oder ordentlichen Kündigung und erklärt sich deshalb die werdende Mutter mit ihrem Ausscheiden einverstanden, kündigt sie also schriftlich nur formal selbst, kann dies zur Anfechtung wegen widerrechtlicher Drohung nach § 123 Abs. 1 BGB – je nach den Umständen des Falles – berechtigen.[85]

g) Verzicht auf den Kündigungsschutz

1382   Ebenso wenig wie der Aufhebungsvertrag vom Kündigungsverbot des § 9 MuSchG erfasst wird (→ Rn. 1375), gilt dies für den **nachträglichen Verzicht** auf diesen Sonderkündigungsschutz. Zu beachten ist allerdings, dass die Arbeitnehmerin wegen des zwingenden Charakters des § 9 Abs. 1 S. 1 MuSchG nicht im Voraus wirksam auf den besonderen Kündigungsschutz verzichten kann.[86] Hier gewinnt die sog. **Ausgleichsquittung** an Bedeutung. Sie kann einen **Aufhebungsvertrag** zum Inhalt haben, einen **Klageverzichtsvertrag** oder die Vereinbarung, die bereits anhängige Kündigungsschutzklage **zurückzunehmen** (Einzelheiten dazu → Rn. 1285).

5. Kenntnis des Arbeitgebers von der Schwangerschaft oder der Entbindung

1383   Das Kündigungsverbot des § 9 Abs. 1 S. 1 MuSchG hat weiter zur Voraussetzung, dass der Arbeitgeber von der Schwangerschaft oder der Entbindung Kenntnis hat. Nur dann kann von ihm erwartet werden, dass er den besonderen Kündigungsschutz der werdenden Mutter beachtet. Das Kündigungsverbot greift also nicht schon dann ein, wenn der Arbeitgeber die Schwangerschaft oder die Entbindung kennen muss. Fahrlässige oder selbst die grobfahrlässige Unkenntnis steht hier der Kenntnis nicht gleich.[87] Nicht ausreichend ist auch die Vermutung des Arbeitgebers, die Arbeitnehmerin sei

---

[80] BAG 6.2.1992 NZA 1992, 790, 791 f.
[81] Vgl. hierzu allg. Schaub/*Koch,* ArbR-Hdb., § 106 Rn. 1.
[82] Vgl. BAG 6.2.1992 NZA 1992, 790, 792.
[83] BAG 6.2.1992 NZA 1992, 790, 792.
[84] Vgl. BAG 26.8.1993 AP LPVG NRW § 72 Nr. 8; LAG Düsseldorf 12.6.1980 DB 1980, 1551.
[85] Vgl. BAG 8.12.1955 AP MuSchG § 9 Nr. 4; KR/*Bader/Gallner,* § 9 MuSchG Rn. 154; allg. BAG 9.6.2011 NZA-RR 2012, 129 Rn. 14; 6.12.2001 NZA 2002, 731, 732 f.; BAG 21.3.1996 NZA 1996, 1030, 1031; *Buchner/Becker,* § 9 MuSchG Rn. 93.
[86] Das LAG Berlin 31.10.1988 LAGE § 9 MuSchG Nr. 9 hat in einem besonders gelagerten Fall erkannt, der Berufung auf den Mutterschutz stehe der Einwand der unzulässigen Rechtsausübung (§ 242 BGB) entgegen; vgl. dazu auch (allg.) LAG Frankfurt 24.4.1987 LAGE KSchG § 4 Verzicht Nr. 1; LAG Köln 7.11.1997 LAGE KSchG § 4 Verzicht Nr. 2; *Buchner/Becker,* § 9 MuSchG Rn. 188.
[87] LAG Düsseldorf 21.7.1964 BB 1964, 1215 = DB 1964, 1416; LAG Baden-Württemberg 30.11.1967 DB 1968, 624; *Buchner/Becker,* § 9 MuSchG Rn. 99; APS/*Rolfs,* § 9 MuSchG Rn. 28; KR/*Bader/Gallner,* § 9 MuSchG Rn. 33, 34.

schwanger.⁸⁸ Ebenso wenig ist die Kenntnis der Möglichkeit einer Schwangerschaft ausreichend. Dem Arbeitgeber zu Ohren kommende Gerüchte im Betrieb stellen noch keine Kenntnis von der Schwangerschaft dar. Fraglich ist, ob den Arbeitgeber in diesen Fällen eine Erkundigungspflicht trifft, er also gehalten ist, derartigen Gerüchten nachzugehen. Das wird von einem Teil der Rechtslehre⁸⁹ und auch in der Rechtsprechung bejaht.⁹⁰ Dieser Auffassung ist nicht zu folgen. Sie ist mit dem Gesetz, das zum Eintritt der Kündigungssperre die Kenntnis des Arbeitgebers voraussetzt und diesem zur Erlangung einer positiven Kenntnis keinerlei Mitwirkungspflicht auferlegt, nicht vereinbar.⁹¹

a) Eigene Kenntnis des Arbeitgebers

1384 Ohne Bedeutung ist, wie der Arbeitgeber die Kenntnis von der Schwangerschaft erlangt hat. Das kann auch durch dritte Personen erfolgen. Normalerweise wird die Arbeitnehmerin ihre Schwangerschaft anzeigen, wie es ihr durch § 5 Abs. 1 MuSchG zur Pflicht gemacht worden ist. Hat sie dem Arbeitgeber ihre Schwangerschaft angezeigt, ist sie auch verpflichtet, den Arbeitgeber unverzüglich zu unterrichten, wenn ihre Schwangerschaft vorzeitig, etwa wegen einer Fehlgeburt, endet. Das gilt auch dann, wenn der Arbeitgeber sich mit der Annahme der Dienste in Verzug befindet, nachdem das Arbeitsgericht die Kündigung rechtskräftig für unwirksam erklärt hat.⁹²

1385 Es ist die Frage aufgetaucht, ob eine Kenntnis des Arbeitgebers von der Schwangerschaft zB dann anzunehmen ist, wenn die Arbeitnehmerin eine Arbeitsunfähigkeitsbescheinigung vorgelegt hat, auf der als Diagnose „Hyperemesis gravid" (d. h. Erbrechen während der Schwangerschaft) vermerkt worden ist. Kann sich der Arbeitgeber später darauf berufen, er verstehe keine lateinischen oder medizinischen Fachausdrücke? Das BAG hat die Frage verneint. Zur Begründung wird auf die Grundsätze über das Missverstehen von Willenserklärungen hingewiesen, deren Wirkungen mit dem Zugang eintreten, selbst wenn sie der Empfänger missversteht. Es wird betont, dieser Grundsatz sei notwendig, weil andernfalls der Empfänger der Willenserklärung leicht behaupten könnte, er hätte die Erklärung nicht oder nicht richtig verstanden, und weil der Gegenbeweis kaum zu führen wäre. Das BAG legt dem Arbeitgeber die Pflicht auf, sich fremde Ausdrücke, die er nicht versteht, übersetzen zu lassen. Das gelte jedenfalls immer dann, wenn es sich nicht um ungewöhnlich komplizierte Fachausdrücke handele.⁹³

---

⁸⁸ LAG Hamm 11.2.1958 DB 1958, 988.
⁸⁹ ZZVV/*Viethen*/*Wascher*, § 9 MuSchG Rn. 16.
⁹⁰ LAG Düsseldorf 21.7.1964 BB 1964, 1215 = DB 1964, 1416.
⁹¹ LAG Hamm 11.6.1954 SAE 1974, Nr. 56 mit Anm. *Burgholz*; *Buchner*/*Becker*, § 9 MuSchG Rn. 100; *Meisel*/*Sowka*, § 9 MuSchG Rn. 83; *Gröninger*/*Thomas*, § 9 MuSchG Rn. 15; i. Erg. wie hier auch LAG Baden-Württemberg 30.11.1967 DB 1968, 624; *KR*/*Bader*/*Gallner*, § 9 MuSchG Rn. 34; APS/*Rolfs*, § 9 MuSchG Rn. 28; ErfK/*Schlachter*, § 9 MuSchG Rn. 5.
⁹² BAG 18.1.2000 NZA 2000, 1157, 1158 f. Einen Schadensersatzanspruch des Arbeitgebers, weil er das Arbeitsverhältnis mangels Kenntnis der Beendigung der Schwangerschaft nicht erneut gekündigt hat, lehnt das BAG in dieser Entscheidung ab; a. A. die Vorinstanz LAG Niedersachsen 10.11.1998 LAGE BGB § 249 Nr. 14; krit. zum BAG auch *Bittner*, RdA 2001, 339. Das BAG hat seine Auffassung später bestätigt und ausgeführt, dass auf Grund des Annahmeverzuges geschuldete Entgelt sei kein Schaden im Rechtssinne, den der Arbeitgeber dem Anspruch auf Annahmeverzugslohn entgegenhalten könne, BAG 13.11.2001 AP BGB § 242 Auskunftspflicht Nr. 37.
⁹³ Vgl. BAG 13.4.1956 AP MuSchG § 9 Nr. 9. Die Entscheidung des BAG ist überwiegend (zust. KDZ/*Söhngen*, § 9 MuSchG Rn. 27) auf Ablehnung gestoßen, vgl. KR/*Bader*/*Gallner*, § 9 MuSchG Rn. 43; *Buchner*/*Becker*, § 9 MuSchG Rn. 103; *Larenz*, AP § 9 MuSchG Nr. 9; *Hoffmann*, BB 1957, 222; *Hueck-Nipperdey*, Bd. I, S. 730 in Fn. 64. Die Genannten betonen, dass im Streitfall eine (positi-

1386 Es wurde schon hervorgehoben, dass der Arbeitgeber auch von dritter Seite Kenntnis erlangen kann (→ Rn. 1384). So ist es zB möglich, dass die Arbeitnehmerin einer Vorgesetzten Mitteilung von ihrer Schwangerschaft macht, die sie dann dem Arbeitgeber oder der zuständigen Stelle mitteilt. Handelt es sich bei der Vorgesetzten, der die Arbeitnehmerin die Schwangerschaft mitteilt, nicht um eine mit Personalangelegenheiten beauftragte Vorgesetzte, also zB um eine Betriebsmeisterin ohne personelle Entscheidungsbefugnis, ersetzt deren Kenntnis nicht die des Arbeitgebers, wenn sie die Schwangerschaft weiterzumelden vergisst. Andererseits ist ohne Bedeutung, ob es sich um eine sog. private Mitteilung handelt.[93a] Erhält der Arbeitgeber auf diese Weise Kenntnis, ist das ausreichend. Offenbart sich die Arbeitnehmerin dem **Werksarzt,** genügt das nicht. Der Arbeitgeber bzw. die hierfür zuständige Stelle erlangt erst die erforderliche Kenntnis, wenn der Werksarzt die ihm anvertraute Tatsache entsprechend einem ihm erteilten Auftrag weitergibt. Unterlässt er es, liegen die gesetzlichen Voraussetzungen nicht vor. Die Mitteilung an den **Betriebsrat** ist nicht ausreichend, da dieser keinerlei Arbeitgeberfunktionen hat.[94] Erst wenn er es dem Arbeitgeber, zB im Rahmen eines Anhörungsverfahrens nach § 102 Abs. 1 S. 1 BetrVG,[95] mitteilt, erlangt dieser die notwendige Kenntnis.

1387 Besteht das Arbeitsverhältnis mit einer Gesellschaft bürgerlichen Rechts, genügt in analoger Anwendung von § 31 BGB die Kenntnis eines Gesellschafters.[96] Ebenso reicht bei einer Gesamtvertretung entsprechend § 28 Abs. 2 BGB die Kenntnis eines Vertreters aus.[97]

1388 Hatte die Arbeitnehmerin im Falle eines **Betriebsübergangs** nach § 613a Abs. 1 S. 1 BGB ihre Schwangerschaft dem Veräußerer bereits angezeigt, muss sich der Erwerber die positive Kenntnis des Veräußerers zurechnen lassen. Das entspricht dem Schutzzweck des § 613a Abs. 1 S. 1 BGB. Der hier im Falle des Betriebsübergangs zu Gunsten der Arbeitnehmerin geregelte Erhalt ihrer beim Veräußerer erworbenen Rechte umfasst auch den bereits bestehenden Sonderkündigungsschutz,[98] hier § 9 Abs. 1 S. 1 MuSchG.[99]

b) Kenntnis von Vertretern und Beauftragten

1389 Kenntnis eines Vertreters des Arbeitgebers ist ausreichend, wenn dieser für die selbständige Erledigung von Personalangelegenheiten die notwendigen Vollmachten besitzt.[100] Die Kenntnis eines Beauftragten iSd § 9 Abs. 2 OWiG steht der Kenntnis des

---

ve) Kenntnis des Arbeitgebers gerade nicht bestanden habe. *Larenz* und auch *Hueck/Nipperdey* weisen aber darauf hin, dass der Entscheidung iErg zuzustimmen sei, weil auf jeden Fall die Arbeitnehmerin die Schwangerschaft mitgeteilt habe. Unschädlich, dass das vor der Kündigung geschehen sei.

[93a] Vgl. LAG Sachsen-Anhalt 9.12.2014 BeckRS 2015, 67220.

[94] Vgl. KR/*Bader/Gallner,* § 9 MuSchG Rn. 39. Zur Bevollmächtigung des Betriebsrates durch Tarifvertrag vgl. allg. BAG 28.4.2004 AP TVG § 4 Ausschlussfristen Nr. 175.

[95] Vgl. zu § 85 SGB IX BAG 24.11.2005 NZA 2006, 665 Rn. 27; 20.1.2005 NZA 2005, 689, 690 f.

[96] Vgl. für die Kenntnis nach § 626 Abs. 2 S. 1 BGB BAG 28.11.2007 NZA 2008, 348 Rn. 53 und → Rn. 809.

[97] Vgl. BAG 20.9.1984 AP BGB § 28 Nr. 1; vgl. auch BGH 5.4.1990 NJW-RR 1990, 1330, 1332.

[98] So zu § 85 SGB IX BAG 11.12.2008 NZA 2009, 556 Rn. 20.

[99] Ebenso KR/*Bader/Gallner,* § 9 MuSchG Rn. 39b und APS/*Rolfs,* § 9 MuSchG Rn. 33 gegen *Buchner/Becker,* § 9 MuSchG Rn. 107; *Meisel/Sowka,* § 9 MuSchG Rn. 88; vgl. zum Annahmeverzug, einem gleichgelagerten Problemfeld, BAG 21.3.1991 NZA 1991, 726 f.; zu § 85 SGB IX → Rn. 1512.

[100] BAG 27.10.1983 AP MuSchG 1968 § 9 Nr. 13; 18.2.1965 AP MuSchG § 9 Nr. 26.

Arbeitgebers ebenfalls gleich. Die Kenntnis der Ehefrau des Arbeitgebers genügt nur dann, wenn sie in Personalsachen der Arbeitnehmerin ggü. weisungsbefugt ist.

Die Mitteilung der Arbeitnehmerin wird in vielen Fällen nicht an den Arbeitgeber, sondern an die **Personalabteilung** erfolgen, die für die Abwicklung der Personalangelegenheiten in den Betrieben zuständig ist. Das ist ausreichend.[101] Ob und ggf. unter welchen Umständen ein Vorgesetzter für die Empfangnahme solcher Mitteilungen zuständig ist, wird nur im Einzelfall zu entscheiden sein. Dabei ist auf den Umfang der Vollmacht des Vorgesetzten im personellen Bereich abzustellen. Besteht in einem Betrieb die Übung, dass Arbeitnehmerinnen ihre Schwangerschaft dem unmittelbaren Dienstvorgesetzten anzeigen, kann sich der Arbeitgeber nicht darauf berufen, dass die Mitteilung nicht zu ihm selbst oder einem Vertreter gelangt ist.[102] Wer generell eine Kündigung auszusprechen bevollmächtigt ist, kann auch Mitteilungserklärungen nach § 9 Abs. 1 S. 1 MuSchG entgegennehmen. Auch andere Vollmachten auf dem personellen Sektor sind ausreichend, damit der betreffende Vorgesetzte nach außen im personellen Sektor legitimiert wird. 1390

c) Nachweis der Kenntnis des Arbeitgebers oder seines Beauftragten

Beweispflichtig für die Kenntnis des Arbeitgebers, eines Beauftragten oder Vertreters von der Schwangerschaft oder der Entbindung ist im Streitfall die Arbeitnehmerin, die sich auf den Kündigungsschutz nach § 9 Abs. 1 S. 1 MuSchG beruft.[103] Nachzuweisen ist die tatsächliche Kenntnis im maßgeblichen Zeitpunkt, d.h. im Zeitpunkt der Abgabe der mündlichen Erklärung bzw. des Abgangs der schriftlichen Kündigung. Der Zeitpunkt des Zugangs der schriftlichen Kündigungserklärung ist hier nicht entscheidend. Zwar wird die Willenserklärung mit dem Zugang wirksam. Vorliegend geht es jedoch um eine Voraussetzung der Willenserklärung, die in der Person des Erklärenden gegeben sein muss, damit sie überhaupt gültig abgegeben werden kann. Dazu zählt die Kenntnis von der Schwangerschaft. Ist sie gegeben, kann eine rechtswirksame Kündigung gar nicht erklärt werden. Deshalb ist auf den Zeitpunkt der Abgabe der Erklärung abzustellen.[104] 1391

Das Kennenmüssen der Schwangerschaft oder der Entbindung reicht ebensowenig aus wie die Vermutung einer Schwangerschaft. Die Grundsätze über den **Beweis des ersten Anscheins** finden Anwendung. 1392

6. Mitteilung der Schwangerschaft bzw. Entbindung nach erfolgter Kündigung

Kennt der Arbeitgeber im Zeitpunkt der Abgabe der Kündigung (→ Rn. 1372) die Schwangerschaft nicht, hat die Arbeitnehmerin noch eine letzte Möglichkeit, durch Mitteilung der Schwangerschaft oder ggf. der Entbindung innerhalb der Zweiwochen- 1393

---

[101] BAG 18.2.1965 AP MuSchG § 9 Nr. 26; KR/*Bader/Gallner*, § 9 MuSchG Rn. 36; *Buchner/Becker*, § 9 MuSchG Rn. 106; *Gröninger/Thomas*, § 9 MuSchG Rn. 16.
[102] LAG Köln 10.10.1990 LAGE MuSchG § 9 Nr. 12; LAG München 23.8.1990 LAGE MuSchG § 9 Nr. 13.
[103] LAG Schleswig-Holstein 11.12.2001 – 3 Sa 357/01 – n.v.; KR/*Bader/Gallner*, § 9 MuSchG Rn. 45; APS/*Rolfs*, § 9 MuSchG Rn. 99; vgl. auch BAG 20.5.1988 NZA 1988, 799; 13.1.1982 AP MuSchG 1968 § 9 Nr. 9.
[104] LAG Düsseldorf 11.5.1979 EzA MuSchG n.F. § 9 MuSchG Nr. 19; *Buchner/Becker*, § 9 MuSchG Rn. 108; a.A. KR/*Bader/Gallner*, § 9 MuSchG Rn. 44; APS/*Rolfs*, § 9 MuSchG Rn. 30; KDZ/*Söhngen*, § 9 MuSchG Rn. 26.

frist des § 9 Abs. 1 S. 1 1. Hs. MuSchG den besonderen Kündigungsschutz des MuSchG für sich in Anspruch zu nehmen. Die Vorschrift konstituiert keine Mitteilungspflicht, sondern beinhaltet nur eine Obliegenheit. Ihre schuldhafte Verletzung zieht jedoch den Verlust des besonderen Kündigungsschutzes nach sich.[105] Wird die Mitteilung, weil darin zB medizinische Fachausdrücke verwandt werden, falsch oder überhaupt nicht verstanden, ist dies unschädlich, wenn nur der Arbeitgeber bei gehöriger Sorgfalt den Inhalt der Erklärung hätte verstehen können (näher → Rn. 1385).[106]

1394 Das Gesetz schreibt keinerlei Form für die Mitteilung vor. Bezeichnet die Arbeitnehmerin die Mitteilung als vertraulich, schadet dies nicht. Die Mitteilung kann durch die Arbeitnehmerin selbst oder durch beauftragte Dritte erfolgen.[107] Die Arbeitnehmerin braucht sich nicht auf den besonderen Kündigungsschutz zu berufen. Die nachträgliche Mitteilung ist eine geschäftsähnliche Handlung, auf die die für empfangsbedürftige Willenserklärungen geltenden Grundsätze entsprechend anzuwenden sind.[108]

1395 Die Mitteilung der Schwangerschaft soll dem Arbeitgeber Klarheit darüber vermitteln, dass die von ihm ausgesprochene Kündigung wegen eines Verstoßes gegen das Kündigungsverbot des § 9 Abs. 1 S. 1 MuSchG gem. § 134 BGB nichtig ist. Da dies nur der Fall ist, wenn im **Zeitpunkt des Zugangs der Kündigungserklärung** eine Schwangerschaft besteht, muss die nachträgliche Mitteilung der Schwangerschaft **diesen Inhalt** haben. Teilt die Arbeitnehmerin lediglich mit, sie sei schwanger, ist es eine Frage der Auslegung der Erklärung, ob sie den Inhalt hat, die Schwangerschaft bestehe bereits seit dem Zeitpunkt des Zugangs der Kündigungserklärung[109] oder – im Falle der Entbindung – die Arbeitnehmerin habe weniger als vier Monate vor dem Zugang der Kündigungserklärung entbunden. Die Arbeitnehmerin erfüllt die Mitteilungspflicht auch dann, wenn sie erklärt, sie sei vermutlich schwanger. Damit ist zwar für den Arbeitgeber die Rechtssicherheit nicht erreicht, jedoch ist dies hier wegen der Schwierigkeit der Feststellung der Schwangerschaft im Anfangsstadium in Kauf zu nehmen.[110] Der Arbeitgeber kann verlangen, dass die Arbeitnehmerin binnen einer angemessenen Frist die Schwangerschaft nachweist (vgl. näher → Rn. 1410).

1396 Bestand nach dem ärztlichen Befund im Zeitpunkt des Zugangs der Kündigungserklärung keine Schwangerschaft bzw. liegt überhaupt keine Schwangerschaft vor, greift das Kündigungsverbot des § 9 Abs. 1 S. 1 MuSchG nicht ein. Die Wirksamkeit der Kündigung ist nach allgemeinen Grundsätzen, d.h. ggf. insbesondere nach § 1 Abs. 2 KSchG zu beurteilen, sofern die Arbeitnehmerin rechtzeitig nach § 4 S. 1 KSchG

---

[105] Vgl. BAG 13.6.1996 NZA 1996, 1154, 1155.
[106] BAG 13.4.1956 AP MuSchG § 9 Nr. 9. Zur Wirkung der Mitteilung im Falle einer Schwerhörigkeit des Arbeitgebers vgl. LAG Baden-Württemberg DB 1980, 1127.
[107] KR/*Bader/Gallner*, § 9 MuSchG Rn. 52; *Buchner/Becker*, § 9 MuSchG Rn. 116.
[108] BAG 15.11.1990 NZA 1991, 669, 671; 20.5.1988 NZA 1988, 799, 801.
[109] Vgl. BAG 15.11.1990 NZA 1991, 669, 671. Der Senat stellt einerseits auf den zeitlichen Zusammenhang mit dem Zugang der Kündigungserklärung ab, d.h. ob die Mitteilung im unmittelbaren Anschluss an die Kündigungserklärung abgegeben worden ist. Andererseits könnte seiner Ansicht nach von Bedeutung sein, ob zwischen Arbeitgeber und Arbeitnehmerin auch gesellschaftlich-private Kontakte bestehen, so dass die Mitteilung nur diesen Bereich berühre, d.h. keinen offiziellen Charakter habe. Diese Fragen stellen sich in allen Fällen, in denen die Zweiwochenfrist abgelaufen ist und sich die Arbeitnehmerin darauf beruft, sie habe die Verspätung nicht zu vertreten. Im Allgemeinen dürfte eine Mitteilung, sofern keine engen persönlichen Kontakte bestehen, dahin auszulegen sein, dass die Arbeitnehmerin mitteilt, sie sei zum Zeitpunkt der Kündigungserklärung bereits schwanger gewesen und berufe sich auf den besonderen Kündigungsschutz des MuSchG.
[110] 15.11.1990 NZA 1991, 669, 671; 6.6.1974 AP MuSchG 1968 § 9 Nr. 3; BAG 5.5.1961 AP MuSchG § 9 Nr. 23.

Klage erhoben oder diese nachträglich auf Antrag gem. § 5 Abs. 1 S. 1 KSchG zugelassen worden ist.

Nach einem **Betriebsübergang** (§ 613a Abs. 1 S. 1 BGB) hat die Arbeitnehmerin die Mitteilung über ihre Schwangerschaft bzw. über die Entbindung ggü. dem Veräußerer zu machen, wenn sie dem Übergang ihres Arbeitsverhältnisses nach § 613a Abs. 6 S. 1 BGB widersprochen hat. Andernfalls hat sie, sofern der Veräußerer nicht bereits positive Kenntnis hatte (→ Rn. 1388), dem Erwerber die notwendige Mitteilung zu machen. Kennt die Arbeitnehmerin den Betriebsübergang bzw. den Zeitpunkt des Übergangs nicht, ist ihr ein Wahlrecht einzuräumen, d.h. sie kann die Erklärung entweder ggü. dem Veräußerer oder ggü. dem Erwerber abgeben.[111]

1397

a) Mitteilung an Arbeitgeber oder Vertreter

Die Mitteilung innerhalb der Zweiwochenfrist ist dem Arbeitgeber selbst zu machen oder an seine Vertreter. Es gelten hier die oben (→ Rn. 1384 ff.) erörterten Grundsätze, d.h. der Vertreter muss auch personelle Funktionen haben (→ Rn. 1389, 1390). Über die Mitteilung an die Ehefrau des Arbeitgebers gilt das oben (→ Rn. 1389) für die Kenntnis von der Schwangerschaft Gesagte.

1398

b) Mitteilungsfrist

Die Mitteilung – nicht der Nachweis (dazu → Rn. 1410) – über das Bestehen einer Schwangerschaft bzw. einer erfolgten Entbindung muss innerhalb einer Frist von **zwei Wochen** erfolgen. Die Frist läuft vom **Zugang** der Kündigung ab. Ihre Berechnung richtet sich nach den §§ 187, 188 BGB. Die Frist ist eine Ausschlussfrist. Ihre Versäumung hat also grundsätzlich den Verlust des besonderen Kündigungsschutzes zur Folge.

1399

Das Überschreiten der Zweiwochenfrist ist aber nach § 9 Abs. 1 S. 1 2. Hs. MuSchG **unschädlich,** wenn es auf einem von der Frau **nicht zu vertretenden Grund** beruht und die Mitteilung **unverzüglich nachgeholt wird.** Diese Erweiterung des Mutterschutzes ist durch das 1. Gesetz zur Änderung des MuSchG vom 3.7.1992 (BGBl. I S. 1191) in das Gesetz eingefügt worden. Damit hat der Gesetzgeber, wenn auch mit großer zeitlicher Verzögerung, § 9 Abs. 1 MuSchG der Rechtsprechung des BVerfG angepasst.[112]

1400

Die Erhaltung des besonderen Kündigungsschutzes hängt also von zwei Voraussetzungen ab:

1401

---

[111] KR/Bader/Gallner, § 9 MuSchG Rn. 39b.
[112] Das BAG hat früher nach einer Versäumung der Ausschlussfrist stets auf Verlust des besonderen Kündigungsschutzes erkannt (BAG 23.5.1969 AP MuSchG § 9 Nr. 30). Nachdem das BVerfG in seiner Entscheidung vom 25.1.1972 (AP MuSchG § 9 1968 Nr. 1) dagegen zunächst verfassungsrechtliche Bedenken nicht erhoben hatte, soweit die Arbeitnehmerin die Mitteilungsfrist trotz Kenntnis der Schwangerschaft schuldhaft versäumte, hat es in dem späteren Beschluss vom BVerfG 13.11.1979 (AP MuSchG 1968 § 9 Nr. 7) erkannt, mit Art. 6 Abs. 4 GG sei es unvereinbar, den besonderen Kündigungsschutz des § 9 Abs. 1 S. 1 MuSchG Arbeitnehmerinnen zu entziehen, die im Zeitpunkt der Kündigung schwanger seien, ihren Arbeitgeber hierüber unverschuldet nicht innerhalb der Zweiwochenfrist des § 9 Abs. 1 MuSchG unterrichten, dies aber unverzüglich nachholen würden (BVerfG 13.11.1979 AP MuSchG 1968 § 9 Nr. 7). Bestätigt wurde dies durch Beschluss vom 22.10.1980 DB 1980, 2525, in dem das BVerfG ausführt, Art. 6 Abs. 4 GG gebiete die Einbeziehung auch solcher werdender Mütter in den Kündigungsschutz des § 9 MuSchG, die die Zweiwochenfrist des § 9 Abs. 1 S. 1 MuSchG für die Anzeige der Schwangerschaft an den Arbeitgeber unverschuldet versäumen, die Mitteilung aber unverzüglich nachholen würden.

– Die Fristversäumung beruht auf einem von der Frau nicht zu vertretenden Grunde und

– die Mitteilung der Schwangerschaft an den Arbeitgeber wird unverzüglich nachgeholt.

1402 Keine Bedeutung für die Frage, ob die Versäumung der Zweiwochenfrist von der Arbeitnehmerin verschuldet ist oder nicht, hat die **Kenntnis von der Schwangerschaft** im Zeitpunkt des Zugangs der Kündigung. Auch wenn die Arbeitnehmerin von der Schwangerschaft Kenntnis hatte, aber aus anderen Gründen verhindert war, dem Arbeitgeber ihre Schwangerschaft binnen zwei Wochen anzuzeigen, kann sie sich den besonderen Kündigungsschutz erhalten. Denn das Gesetz stellt ganz allgemein auf die unverschuldete Versäumung der Zweiwochenfrist ab, ohne danach zu differenzieren, ob der Arbeitnehmerin beim Zugang der Kündigung ihre Schwangerschaft bekannt war oder nicht. Kannte also zB die Arbeitnehmerin ihre Schwangerschaft, hatte sie aber unverschuldet keine Kenntnis vom Zugang der Kündigung, kann dennoch je nach den Umständen des Einzelfalles eine unverschuldete Fristversäumung vorliegen.[113]

1403 Die Mitteilung der Schwangerschaft ist keine echte Rechtspflicht der Arbeitnehmerin, sondern eine im eigenen Interesse bestehende Obliegenheit (→ Rn. 1393). Diese wird nur bei **groben Verstößen** gegen das von einem verständigen Menschen im eigenen Interesse billigerweise zu erwartenden Verhalten verletzt.[114] Das ist der Fall, wenn die Arbeitnehmerin die Schwangerschaft **kannte oder zwingende Anhaltspunkte, die eine Schwangerschaft praktisch unabweisbar erscheinen lassen,** ignoriert.[115] In diesem Fall ist die Arbeitnehmerin gehalten, dem Arbeitgeber Mitteilung zu machen und sich durch eine geeignete Untersuchung Gewissheit über das Bestehen einer Schwangerschaft zu verschaffen. Die Arbeitnehmerin darf also nicht untätig bleiben, sondern muss sich **unverzüglich** untersuchen lassen. Dazu besteht für sie keine Veranlassung bei einer mehr oder weniger vagen Schwangerschaftsvermutung.[116] Die Überschreitung der Frist des § 9 Abs. 1 S. 1 2. Hs. MuSchG ist von der Schwangeren nicht zu vertreten, wenn sie die Bescheinigung über die Schwangerschaft mit normaler Post an den Arbeitgeber versendet und der Brief aus ungeklärter Ursache verloren geht. Mit einem Verlust des Briefes auf dem Beförderungswege muss die Schwangere nicht von vornherein rechnen.[117]

1404 Hat die Arbeitnehmerin **unverschuldet keine Kenntnis** von der Schwangerschaft innerhalb der Zweiwochenfrist oder hat sie zwar Kenntnis, aber versäumt sie die Mitteilungsfrist ohne Verschulden, behält sie nach § 9 Abs. 1 S. 2 2. Hs. den Kündigungsschutz, wenn sie dem Arbeitgeber **unverzüglich,** d.h. nach der Legaldefinition in § 121 Abs. 1 S. 1 BGB „ohne schuldhaftes Zögern", die Mitteilung von der Schwangerschaft macht. Erhebt eine schwangere Arbeitnehmerin noch am Tage des Zugangs der Kündigung Kündigungsschutzklage vor der Rechtsantragsstelle des Arbeitsgerichts mit dem Hinweis auf eine bestehende Schwangerschaft, trifft sie kein Verschulden iSd

---

[113] BAG 13.6.1996 NZA 1996, 1154, 1155f.; APS/*Rolfs*, § 9 MuSchG Rn. 38; vgl. dazu auch BAG 26.9.2002 AP MuSchG 1968 § 9 Nr. 31; 16.5.2002 NZA 2003, 217, 218f.

[114] BAG 16.5.2002 NZA 2003, 217, 218; 20.5.1988 NZA 1988, 799; 27.10.1983 AP MuSchG 1968 § 9 Nr. 13; LAG Nürnberg 17.3.1992 LAGE MuSchG § 9 Nr. 17; KR/*Bader/Gallner*, § 9 MuSchG Rn. 57; APS/*Rolfs*, § 9 MuSchG Rn. 37; abw. *Wenzel*, BB 1981, 677, der den Verschuldensmaßstab des § 233 ZPO anwenden will.

[115] BAG 26.9.2002 AP § 9 MuSchG 1968 Nr. 31; 13.6.1996 NZA 1996, 1154; 20.5.1988 NZA 1988, 799; LAG Düsseldorf 10.2.2005 NZA-RR 2005, 382, 383; LAG Hamm 17.10.2006 LAGE MuSchG § 9 Nr. 26; LAG Thüringen 20.9.2007 BeckRS 2011, 65594.

[116] BAG 6.10.1983 AP MuSchG 1968 § 9 Nr. 12.

[117] BAG 16.5.2002 NZA 2003, 217, 219.

§ 9 Abs. 1 S. 1 2. Hs. MuSchG, wenn die Klage dem Arbeitgeber erst nach dem Ablauf der Zweiwochenfrist zugestellt wird.[118] Hierfür kann auch auf die entsprechende Anwendung des § 167 ZPO, der gem. § 495 ZPO iVm § 46 Abs. 2 S. 1 ArbGG im arbeitsgerichtlichen Urteilsverfahren gilt, zurückgegriffen werden.[119] Ebenso wenig kann von einem Verschulden ausgegangen werden, wenn die Arbeitnehmerin trotz Kenntnis ihrer Schwangerschaft mit der Mitteilung an den Arbeitgeber wartet, bis sie vom Arzt eine Schwangerschaftsbestätigung erhält, aus der sie den Beginn der Schwangerschaft entnehmen kann.[120] Denn entscheidend ist, ob im Zeitpunkt des Zugangs der Kündigung eine Schwangerschaft vorliegt.[121]

Erfährt die **Arbeitnehmerin während** des *Laufs* der gesetzlichen **Mitteilungsfrist von** ihrer **Schwangerschaft,** kann sie – sofern die Unkenntnis der Schwangerschaft nicht von ihr zu vertreten ist – von der Möglichkeit des § 9 Abs. 1 S. 1 2. Hs. MuSchG Gebrauch machen. Die Einräumung einer (kurzen) Überlegungsfrist ist wegen Art. 6 Abs. 4 GG geboten. Damit wird zwar die Mitteilungsfrist faktisch verlängert, jedoch beeinträchtigt das die Interessen des Arbeitgebers nicht in entscheidendem Maße. Der schwangeren Arbeitnehmerin soll eine Überlegungsfrist eingeräumt werden. Diese darf nicht auf „Null" reduziert werden. Das wäre der Fall, wenn die Arbeitnehmerin erst am letzten Tag der Frist von ihrer Schwangerschaft erfährt. Teilt sie dies dem Arbeitgeber mit, erfolgt die Mitteilung noch „unverzüglich", wenn sie innerhalb einer Woche ab Kenntniserlangung von der Schwangerschaft erfolgt.[122]   **1405**

Eine Haftung der Arbeitnehmerin für ihren Bevollmächtigten verneint das BAG nach Prüfung des § 85 Abs. 2 ZPO und des § 278 BGB.[123] § 85 Abs. 2 ZPO könne nicht zur Anwendung kommen, da es sich um die Wahrung eines materiellen Rechts und nicht um eine Prozesshandlung handele und für eine analoge Anwendung die notwendige verfahrensrechtliche Regelung fehle. Das gelte selbst dann, wenn die Arbeitnehmerin die Mitteilung ihrer Schwangerschaft zugleich mit der Erhebung der Kündigungsschutzklage oder während einer bereits anhängigen Klage ihrem Prozessbevollmächtigten übertrage. § 278 BGB sei ebenfalls weder in direkter noch in analoger Anwendung einschlägig. Die Erfüllung einer Verbindlichkeit liege nicht vor. Auf die in § 9 Abs. 1 S. 1 2. Hs. MuSchG normierte Obliegenheitspflicht der Arbeitnehmerin könne § 278 BGB nicht entsprechend angewandt werden, da der Gesetzgeber dies nicht, wie etwa in § 254 Abs. 2 S. 2 BGB, vorgesehen habe.[124] Hätte die Arbeitnehmerin innerhalb der Frist nur eine vermutete Schwangerschaft anzeigen können, schadet eine Unterlassung dieser (vorsorglichen) Mitteilung nicht. Sie kann erfolgen, eine Verpflichtung dazu besteht jedoch nicht, da es entscheidend nur auf die Kenntnis der Schwangerschaft ankommt bzw. auf ihr Ignorieren bei zwingenden Anhaltspunkten (→ Rn. 1403).[125]   **1406**

---

[118] LAG Köln 16.6.1997 LAGE MuSchG § 9 Nr. 22.
[119] Vgl. *Nägele/Gertler*, NZA 2010 1377, 1378f. unter Hinweis auf BGH 17.7.2008 NJW 2009, 765ff.; vgl. auch APS/*Rolfs*, § 9 MuSchG Rn. 35; i. Erg. ebenso zu § 85 SGB IX BAG 23.2.2010 NZA 2011, 411 Rn. 19 (→ Rn. 1511a); a.A. *Gelhaar*, NZA-RR 2011, 169, 174.
[120] LAG Nürnberg 17.3.1992 MuSchG LAGE § 9 Nr. 17.
[121] Vgl. dazu auch BAG 20.5.1988 NZA 1988, 799, 800.
[122] BAG 26.9.2002 AP MuSchG 1968 § 9 Nr. 31.
[123] BAG 27.10.1983 AP MuSchG 1968 § 9 Nr. 13 mit Anm. *Herschel*; ebenso LAG Berlin 26.4.1988 LAGE MuSchG § 9 Nr. 8; einschr. KR/*Bader/Gallner*, § 9 MuSchG Rn. 57a; KDZ/*Söhngen/Zwanziger*, § 9 MuSchG Rn. 36.
[124] Vgl. zu dieser Frage eingehend und krit. *Rieble*, Anm. LAG Hamm LAGE KSchG § 5 Nr. 65 mit weiteren Hinweisen.
[125] BAG 20.5.1988 NZA 1988, 799 = SAE 1989, 122 mit zust. Anm. *Preis*.

1407 Für die **unverzügliche Nachholung** der Mitteilung über die Schwangerschaft an den Arbeitgeber ist die Anwendung starrer Fristen nicht angezeigt. Es ist jeweils unter Auswertung der besonderen Umstände des Einzelfalles zu prüfen, ob die Mitteilung ohne schuldhaftes Zögern (§ 121 Abs. 1 S. 1 BGB) erfolgt ist.[126] Man wird aber davon ausgehen dürfen, dass im Regelfall eine nachgeholte Mitteilung innerhalb einer Woche ausreichend ist.[127] Unter Berücksichtigung der Umstände des Einzelfalls kann es aber auch noch genügen, wenn zwischen Kenntniserlangung der Arbeitnehmerin von der Schwangerschaft und nachgeholter Mitteilung an den Arbeitgeber 13 Kalendertage liegen.[128]

1408 Die Mitteilung kann auch an den Prozessbevollmächtigten des Arbeitgebers in einem anhängigen Rechtsstreit über die Rechtswirksamkeit der Kündigung erfolgen. Sie bezieht sich auf den Streitgegenstand des Verfahrens, da sie die Wirksamkeit der Kündigung unmittelbar berührt.[129]

1409 Für den Inhalt der nach Überschreiten der Zweiwochenfrist abgegebenen Mitteilung an den Arbeitgeber gelten die → Rn. 1395 mitgeteilten Grundsätze, d. h. auch hier gilt, dass der Arbeitgeber aus dem Inhalt der Erklärung und ihm bekannten sonstigen Umständen entnehmen können muss, im **Zeitpunkt des Zugangs der Kündigungserklärung** habe eine Schwangerschaft bestanden. Dieser Grundsatz gewinnt in den Fällen der Nachholung der Mitteilung durch die Arbeitnehmerin besondere Bedeutung, da seit dem Zugang der Kündigungserklärung meist eine größere Zeitspanne vergangen sein wird.

c) Nachweis der Schwangerschaft

1410 § 9 Abs. 1 S. 1 MuSchG verlangt die **Mitteilung** der Schwangerschaft oder der Entbindung innerhalb der Zweiwochenfrist. Da die Arbeitnehmerin diese Frist voll ausnutzen kann, muss nicht bereits der Nachweis innerhalb der Zweiwochenfrist erfolgen. Dieser kann auch noch nach Ablauf der Frist beigebracht werden, wenn der Arbeitgeber es verlangt. Er kann hierfür eine angemessene Frist setzen.[130] Die Kosten für den Nachweis der Schwangerschaft, der idR durch ein Attest eines Arztes oder einer Hebamme geführt wird,[131] hat der Arbeitgeber in entsprechender Anwendung von § 5 Abs. 3 MuSchG zu tragen.[132] Darüber darf er die Arbeitnehmerin nicht im Unklaren lassen. Die Verletzung der Nachweispflicht hat auf den mutterschutzrechtlichen Kündigungsschutz keinen Einfluss.[133]

d) Darlegungs- und Beweislast

1411 Die Arbeitnehmerin hat im Streitfall zu beweisen, dass sie die Mitteilung an den Arbeitgeber innerhalb der Zweiwochenfrist gemacht hat. Dazu gehört auch die Darle-

---

[126] BAG 20.5.1988 NZA 1988, 799, 800; APS/*Rolfs*, § 9 MuSchG Rn. 39.
[127] BAG 26.9.2002 AP MuSchG 1968 § 9 Nr. 31; 27.10.1983 AP MuSchG 1968 § 9 Nr. 13; 6.10.1983 AP MuSchG 1968 § 9 Nr. 12.
[128] LAG Hamm 17.10.2006 LAGE MuSchG § 9 Nr. 26.
[129] BAG 20.5.1988 NZA 1988, 799, 801.
[130] Vgl. BAG 6.6.1974 AP MuSchG 1968 § 9 Nr. 3; 5.5.1961 AP MuSchG § 9 Nr. 23; *Buchner/Becker*, § 9 MuSchG Rn. 143.
[131] BAG 23.5.1969 AP MuSchG § 9 Nr. 30 mit Anm. *Meisel*.
[132] KR/*Bader/Gallner*, § 9 MuSchG Rn. 59; vgl. auch BAG 6.6.1974 AP MuSchG 1968 § 9 Nr. 3; ErfK/*Schlachter*, § 9 MuSchG Rn. 6.
[133] BAG 6.6.1974 AP MuSchG 1968 § 9 Nr. 3; *Buchner/Becker*, § 9 MuSchG Rn. 144 mwN; offen gelassen von BAG 5.5.1961 AP MuSchG § 9 Nr. 23.

gung und ggf. der Beweis des Beginns der Frist. Auch den Zugang der Mitteilung hat die Arbeitnehmerin zu beweisen.[134] Bestreitet der Arbeitgeber im Prozess die Tatsache der Schwangerschaft bzw. der Entbindung, sind auch diese von der Arbeitnehmerin zu beweisen.

Die schwangere Arbeitnehmerin hat darzulegen und ggf. zu beweisen, dass sie ohne Verschulden die zweiwöchige Mitteilungsfrist des § 9 Abs. 1 S. 1 MuSchG versäumt hat. Dasselbe gilt auch für die Tatsachen, aus denen sie die unverzügliche Nachholung der Mitteilung ableitet. Es handelt sich um die tatbestandlichen Voraussetzungen des besonderen Kündigungsschutzes, für die nach dem Prinzip der Sachnähe die Arbeitnehmerin darlegungs- und beweispflichtig ist.[135] **1412**

III. Rechtsfolgen des Kündigungsverbotes

1. Nichtigkeit der Kündigung

Jede Kündigung – gleichgültig ob ordentliche oder außerordentliche Beendigungs- oder Änderungskündigung – einer Arbeitnehmerin während der Schwangerschaft und bis zum Ablauf von vier Monaten nach der Entbindung ist ohne die hierfür gem. § 9 Abs. 3 S. 1 MuSchG erforderliche Zulässigkeitserklärung der zuständigen Stelle (→ Rn. 1416 ff.) nach § 9 Abs. 1 S. 1 MuSchG iVm § 134 BGB nichtig, nicht nur schwebend unwirksam.[136] **1413**

Die Kündigung ist auch nach § 134 BGB nichtig, wenn sie erst zu einem Zeitpunkt wirkt, der außerhalb der Schutzfristen liegt oder wenn mit der Maßgabe gekündigt wird, dass die Frist erst nach Ablauf der Schutzfrist zu laufen beginnen soll. Dagegen bleibt eine **außerhalb der Schutzfrist** erklärte Kündigung mutterschutzrechtlich zulässig, auch wenn der Zeitpunkt, zu dem gekündigt worden ist, bereits innerhalb der Schutzfrist liegt. Das Gesetz stellt nicht auf die Auflösung, sondern auf den Zeitpunkt der Kündigung ab, in dem sie wirksam wird, d.h. zugeht.[137] **1413a**

Die Kündigung ist, sofern nicht nach § 9 Abs. 3 MuSchG **vorher** eine Zulässigkeitserklärung erfolgt ist, offensichtlich nichtig (vgl. § 134 BGB), so dass der Arbeitgeber die Arbeitnehmerin weiter zu beschäftigen hat, auch bevor ein Urteil des Arbeitsgerichts über die Nichtigkeit der Kündigung zugunsten der Arbeitnehmerin ergangen ist. Dieser Anspruch kann von der Arbeitnehmerin im Wege des einstweiligen Verfügungsverfahrens durchgesetzt werden (→ Rn. 2144). Bei Vorliegen der allgemeinen Voraussetzungen gerät der Arbeitgeber in Annahmeverzug (dazu → Rn. 1361). **1414**

---

[134] Zum Zugang und zum Beweis des Zugangs → Rn. 122 und 139. Ist die Mitteilung der schwangeren Arbeitnehmerin nicht zugegangen, führt dies nicht dazu, dass die Mitteilung nun überhaupt nicht mehr erfolgen könnte. *Löwisch,* Anm. BAG EzA § 9 MuSchG n. F. Nr. 37 weist darauf hin, dass unverzüglich abzugebende Erklärungen, die verloren gehen, also nicht zugehen können, erneut abgegeben werden können. Voraussetzung sei nur, dass der Erklärende bei der zweiten Mitteilung noch ohne schuldhaftes Zögern handele.
[135] BAG 6.10.1983 AP MuSchG 1968 § 9 Nr. 12 mit Anm. *Waskow;* 13.1.1982 AP MuSchG 1968 § 9 Nr. 9 mit Anm. *Baumgärtel;* LAG Berlin 5.7.1993 LAGE MuSchG § 9 Nr. 19; vgl. auch KR/*Bader/Gallner,* § 9 MuSchG Rn. 58; *Buchner/Becker,* § 9 MuSchG Rn. 156; *Gröninger/Thomas,* § 9 MuSchG Rn. 28.
[136] Vgl. auch BAG 19.2.2009 NZA 2009, 980 Rn. 23. § 9 Abs. 1 S. 1 MuSchG ist Schutzgesetz iSd § 823 Abs. 2 BGB, so dass eine Haftung des Arbeitgebers für Schäden, die durch eine verbotswidrige Kündigung entstehen (Fehlgeburt), begründet sein kann.
[137] APS/*Rolfs,* § 9 MuSchG Rn. 22; vgl. auch *Buchner/Becker,* § 9 MuSchG Rn. 161, 162; vgl. aber auch KR/*Bader/Gallner,* § 9 MuSchG Rn. 69a.

2. Klagefrist

1415   Die Geltendmachung der Nichtigkeit einer Kündigung, die gegen § 9 Abs. 1 MuSchG verstößt, war bis zum 31.12.2003 an keine Frist gebunden, sofern sie nicht durch einen Insolvenzverwalter erklärt wurde. In diesem Fall hatte die Arbeitnehmerin nach § 113 Abs. 2 InsO a. F. eine Klagefrist von drei Wochen einzuhalten. § 113 Abs. 2 InsO a. F. ist durch Art. 4 des Gesetzes zu Reformen am Arbeitsmarkt vom 24.12.2003 (BGBl. I S. 3002) mit Wirkung zum 1.1.2004 aufgehoben worden. Gleichzeitig hat Art. 1 Nr. 3 dieses Gesetzes § 4 S. 1 KSchG geändert. § 4 S. 1 KSchG erfasst nun nicht mehr nur die Geltendmachung der Unwirksamkeit der Kündigung wegen **Sozialwidrigkeit,** sondern auch die Geltendmachung der Rechtsunwirksamkeit der Kündigung **aus anderen Gründen,** d. h. auch die Nichtigkeit der Kündigung nach § 134 BGB iVm § 9 Abs. 1 S. 1 MuSchG wegen Fehlens der behördlichen Zulässigkeitserklärung nach § 9 Abs. 3 S. 1 MuSchG (zu Einzelheiten unter Rn. 1419 ff.). Deshalb muss die Arbeitnehmerin – trotz Bekanntgabe der Schwangerschaft ggü. ihrem Arbeitgeber – die Klagefrist des § 4 S. 1 KSchG einhalten, wenn sie die Nichtigkeit der Kündigung nach § 9 Abs. 1 S. 1 MuSchG iVm § 134 BGB geltend machen will.[138]

IV. Die Zulässigkeitserklärung nach § 9 Abs. 3 MuSchG

1416   § 9 Abs. 3 S. 1 MuSchG macht von dem allgemeinen Kündigungsverbot dann eine Ausnahme, wenn die **zuständige** Behörde die Kündigung **vorher** für zulässig erklärt hat. Es handelt sich um ein **gesetzliches Verbot mit Erlaubnisvorbehalt.**[139] Besteht neben dem Erlaubnisvorbehalt des § 9 Abs. 3 S. 1 MuSchG noch ein weiterer besonderer Kündigungsschutz, zB nach § 18 Abs. 1 BEEG, müssen für die Kündigung zwei Erlaubnisse vorliegen, auch wenn sie von derselben Behörde erteilt werden (vgl. näher → Rn. 1338). Fehlt eine Erlaubnis, ist die Kündigung nach § 134 BGB nichtig.

1417   Die Nichtigkeit einer ohne Zulässigkeitserklärung nach § 9 Abs. 3 S. 1 MuSchG ausgesprochenen Kündigung kann auch nicht dadurch beseitigt oder geheilt werden, dass nachträglich eine Zulässigkeitserklärung durch die zuständige Behörde erfolgt. Damit wird das Kündigungsverbot nur für die Zukunft beseitigt, so dass nun eine neue Kündigung erfolgen muss. Die alte, vor der Zulässigkeitserklärung ausgesprochene Kündigung bleibt nach § 134 BGB nichtig.[140]

1418   Durch das Gesetz zur Änderung des Mutterschutzrechts vom 20.12.1996 (BGBl. I 1996 S. 2110) ist § 9 Abs. 3 in dreifacher Hinsicht geändert worden:
– Die besonderen Fälle dürfen nicht mit dem Zustand einer Frau während der Schwangerschaft oder ihrer Lage bis zum Ablauf von vier Monaten nach der Entbindung im Zusammenhang stehen.
– Die Kündigung des Arbeitgebers bedarf der Schriftform.
– Die Kündigung muss den zulässigen Kündigungsgrund angeben.
Die Gesetzesänderung diente der Umsetzung der EG-Mutterschutzrichtlinie 92/85 vom 19.10.1992 (ABl. Nr. L 348, S. 1) in innerstaatliches Recht.

---

[138] BAG 19.2.2009 NZA 2009, 980 Rn. 23; vgl. auch BAG 17.10.2013 NZA 2014, 303 Rn. 31.
[139] KR/*Bader/Gallner*, § 9 MuSchG Rn. 68; KDZ/*Söhngen*, § 9 MuSchG Rn. 39; vgl. auch *Buchner/Becker*, § 9 MuSchG Rn. 205; ErfK/*Schlachter*, § 9 MuSchG Rn. 1.
[140] LAG Köln 12.3.2012 BehinR 2013, 200 Ls.

1. Voraussetzungen der Zulässigkeitserklärung

a) Allgemein

Die Zulässigkeitserklärung kann nach § 9 Abs. 3 S. 1 MuSchG nur **in besonderen** **1419** **Fällen,** die nicht mit dem Zustand einer Frau während der Schwangerschaft oder ihrer Lage bis zum Ablauf von vier Monaten nach der Entbindung im Zusammenhang stehen, **ausnahmsweise** erteilt werden. Zunächst muss also geprüft werden, ob ein „besonderer Fall" vorliegt. Dabei steht der Behörde kein Ermessensspielraum zu. Es handelt sich hier um einen **unbestimmten Rechtsbegriff,** der in vollem Umfang der Nachprüfung durch das Verwaltungsgericht unterliegt.[141] Wird ein solcher besonderer Fall von der zuständigen Behörde festgestellt – vorher ist die Arbeitnehmerin zu hören und es sind ggf. weitere Ermittlungen anzustellen –, ist die Behörde nach ihrem Ermessen (§ 40 VwVfG) berechtigt, zu entscheiden, ob sie der Kündigung ausnahmsweise zustimmt oder nicht zustimmt.[142] Das kommt im Gesetz durch die Formulierung „kann" zum Ausdruck. Der Gesetzgeber hat also die Entscheidung über einen unbestimmten Rechtsbegriff (volle Überprüfbarkeit) mit einer echten Ermessensentscheidung gekoppelt, was jedoch keineswegs selten ist. Diese ist nicht völlig frei, sondern durch den Begriff „ausnahmsweise" eingeschränkt. Der Charakter einer Ermessensentscheidung bleibt jedoch erhalten.[143]

Die Ergänzung des § 9 Abs. 1 S. 1 MuSchG durch das Gesetz vom 20.12.1996 (vgl. **1420** näher → Rn. 1418) hat von der Sache her keine Änderung gebracht. Es wurde nur klargestellt, was bisher schon der h. M. und der Verwaltungspraxis entsprach.[144] Denn die Schwangerschaft der Frau und ihre Lage nach der Entbindung können den „besonderen Fall" nicht darstellen. Sie sind ja gerade der Grund für den besonderen Kündigungsschutz.

b) Besonderer Fall

Der Gesetzestatbestand des § 9 Abs. 3 S. 1 MuSchG macht sehr deutlich, dass der **1421** „besondere Fall" nicht dem „wichtigen Grund" des § 626 Abs. 1 BGB gleichgesetzt werden kann.[145] Auch die Entstehungsgeschichte weist das aus.[146] Der „besondere Fall" kann nur dann angenommen werden, wenn außergewöhnliche Umstände das Zurücktreten der vom Gesetz als vorrangig angesehenen Interessen der Schwangeren bzw. der gewordenen Mutter hinter die des Arbeitgebers rechtfertigen.[147] Solche Um-

---

[141] Vgl. BVerwG 18.8.1977 AP MuSchG 1968 § 9 Nr. 5; 29.10.1959 AP MuSchG § 9 Nr. 14; ebenso zu § 18 Abs. 1 S. 2 BEEG a. F. (→ Rn. 1468) BVerwG 30.9.2009 NJW 2010, 2074 Rn. 14.
[142] BVerwG 18.8.1977 AP MuSchG 1968 § 9 Nr. 5; OVG Lüneburg AP MuSchG § 9 Nr. 14; OVG Hamburg 10.9.1982 NJW 1983, 1748; KR/*Bader/Gallner*, § 9 MuSchG Rn. 119; APS/*Rolfs*, § 9 MuSchG Rn. 73.
[143] Vgl. BVerwG 18.8.1977 AP MuSchG 1968 § 9 Nr. 5; BayVGH 29.2.2012, NZA-RR 2012, 302 Rn. 24, 25; OVG Sachsen 23.10.2013 BeckRS 2014, 49099 Rn. 20; VG Augsburg 23.3.2010 BeckRS 2010, 35060.
[144] *Buchner/Becker*, § 9 MuSchG Rn. 226.
[145] BVerwG 29.10.1958 AP MuSchG § 9 Nr. 14; BayVGH 29.2.2012 NZA-RR 2012, 302 Rn. 24; VG Düsseldorf 16.12.2011 BeckRS 2012, 46229.
[146] Vgl. hierzu *Herschel*, ArbuR 1959, 258 mit Nachw.
[147] Vgl. BVerwG 30.9.2009 NJW 2010, 2074 Rn. 15; 18.8.1977 AP MuSchG 1968 § 9 Nr. 5; 29.10.1958 AP MuSchG § 9 Nr. 14; VGH Baden-Württemberg 7.12.1993 BB 1994, 940; BayVGH 29.2.2012 NZA-RR 2012, 302 Rn. 23, 24; OVG Sachsen 23.10.2013 BeckRS 2014, 49099 Rn. 20; VG Augsburg 23.3.2010 BeckRS 2010, 35060; VG Düsseldorf 16.12.2011 BeckRS 2012, 46229.

stände fehlen i. d. R., wenn die nach dem MuSchG Kündigungsschutz genießende Arbeitnehmerin „umgesetzt" werden kann.[148] Durch den Wortlaut des § 9 Abs. 3 S. 1 MuSchG wird stark betont, dass die Fälle der Zulässigkeitserklärung Ausnahmefälle sind. Dementsprechend trägt im Fall einer Anfechtungsklage (§ 42 Abs. 1 VwGO) der Arbeitnehmerin gegen einen die Kündigung zulassenden behördlichen Bescheid (vgl. § 9 Abs. 3 S. 1 MuSchG) der Arbeitgeber die Darlegungs- und Beweislast für das Vorliegen eines „besonderen Falls".[149]

1422 Was die Art der Kündigungsgründe betrifft, lassen sich **bestimmte Fallgruppen** unterscheiden:[150]
– Betriebsbedingte Gründe: Betriebsschließung[151] oder sonstiger ersatzloser Wegfall der Beschäftigungsmöglichkeit;[152]
– Verhaltensbedingte Gründe: grobe Pflichtverletzungen, insbes. Straftaten gegen den Arbeitgeber,[153] aber auch ein „zerrüttetes Verhältnis" zwischen den Arbeitsvertragsparteien;[154]
– Personenbedingte Gründe: grundsätzlich nicht dazu geeignet, das Vorliegen eines „besonderen Falles" zu begründen; Ausnahme: wirtschaftliche Belastungen des Arbeitgebers, die in die Nähe einer Existenzgefährdung rückt.[155]

1422a Kritisiert eine schwangere Arbeitnehmerin auf ihrem privaten facebook-Account einen wichtigen Kunden ihres Arbeitgebers, rechtfertigt dies regelmäßig keine Ausnahme vom Kündigungsverbot des § 9 Abs. 3 MuSchG. Das gilt jedenfalls dann, wenn es sich um rein private Äußerungen handelt, die die Grenze der Schmähkritik nicht überschreiten. Die Äußerungen sind dann vom Grundrecht der freien Meinungsäußerung (Art. 5 Abs. 1 S. 1 GG) gedeckt.[156]

2. Rechtswirkungen der Zulässigkeitserklärung

1423 Der besondere Kündigungsschutz nach § 9 Abs. 1 S. 1 MuSchG ist als **gesetzliches Verbot mit Erlaubnisvorbehalt** ausgestaltet (→ Rn. 1416). Die Kündigung kann nur zusammen mit der Zulässigkeitserklärung der zuständigen Behörde[157] wirksam werden. Diese ist öffentlich-rechtliche Wirksamkeitsvoraussetzung der beabsichtigten Kündigung. Sie hebt die öffentlich-rechtliche Verbotsschranke, die der Sicherung des Zweckes eines effektiven Mutterschutzes dient, auf. Es ist unerheblich, wie viele Kün-

---

[148] BVerwG 18.8.1977 BVerwGE 54, 276, 283; BayVGH 29.2.2012 NZA-RR 2012, 302 Rn. 38; OVG Sachsen 23.10.2013 BeckRS 2014, 49099 Rn. 20.
[149] BayVGH 29.2.2012 NZA-RR 2012, 302 Rn. 24.
[150] Vgl. auch KR/*Bader/Gallner*, § 9 MuSchG Rn. 122–122c; APS/*Rolfs*, § 9 MuSchG Rn. 75, 78.
[151] Die Frage, ob in Wahrheit ein Betriebsübergang nach § 613a Abs. 1 S. 1 BGB vorliegt, haben die Arbeitsgericht zu prüfen, so SächsOVG 23.10.2013 BeckRS 2014, 49099 Rn. 23; VG Augsburg 23.3.2010 BeckRS 2010, 35060 mwN; vgl. näher zu § 18 Abs. 1 S. 2 BEEG → Rn. 1470.
[152] BVerwG 18.8.1977 AP MuSchG 1968 § 9 Nr. 5; vgl. auch BAG 22.6.2011 NZA-RR 2012, 119 Rn. 20; 25.3.2004 AP MuSchG 1968 § 9 Nr. 36; *Kittner*, NZA 2010, 198 ff.; APS/*Rolfs*, § 9 MuSchG Rn. 75 ff.
[153] Vgl. BAG 17.6.2003 NZA 2003, 1329; VG Düsseldorf 16.12.2011 BeckRS 2012, 46229; vgl. auch VGH Baden-Württemberg 7.12.1993 BB 1994, 940; BayVGH 29.2.2012 NZA-RR 2012, 302 Rn. 28.
[154] BayVGH 29.3.2007 – 9 C 06.2456 – juris Rn. 31, 32.
[155] BVerwG 18.8.1977 AP MuSchG 1968 § 9 Nr. 5; OVG Hamburg 10.9.1982 NJW 1983, 1748, 1749.
[156] BayVGH 29.2.2012 NZA-RR 2012, 302 Rn. 27 ff.
[157] Vgl. Übersicht bei *Becker/Buchner*, § 9 MuSchG Rn. 236.

digungen nach der Zulässigkeitserklärung ausgesprochen werden, solange nur der Kündigungsgrund derselbe bleibt.[158]

Die Form der Bekanntgabe des nach § 9 Abs. 3 S. 1 MuSchG zu erlassenden behördlichen Bescheids richtet sich nach den Bestimmungen der landesrechtlichen Verwaltungsverfahrensgesetze (§ 41 VwVfG). Der behördliche Bescheid, der einen privatrechtsgestaltenden Verwaltungsakt mit Doppelwirkung darstellt,[159] ist der jeweils beschwerten Arbeitsvertragspartei mit Rechtsmittelbelehrung zuzustellen (§ 58 Abs. 1 VwGO). Der nicht beschwerten Arbeitsvertragspartei ist er formlos mitzuteilen.[160] **1423a**

Die Frage, ob der Arbeitgeber mit der Erklärung der Kündigung warten muss, bis die Zulässigkeitserklärung **unanfechtbar** geworden ist, oder ob er trotz eines Widerspruchs und einer Anfechtungsklage gegen die Entscheidung der zuständigen Behörde durch die Arbeitnehmerin die Kündigung aussprechen kann, war lange Zeit umstritten. Da eine dem § 88 Abs. 4 SGB IX entsprechende Vorschrift, die die aufschiebende Wirkung von Widerspruch und Anfechtungsklage verneint, im MuSchG fehlt und eine Analogie dazu ausscheidet, weil keine unbewusste Gesetzeslücke vorhanden ist,[161] gelten nach der Leitentscheidung des BAG vom 17.6.2003[162] folgende Grundsätze: **1424**

Die **Zulässigkeitserklärung** der zuständigen Behörde zur Kündigung einer schwangeren Arbeitnehmerin nach § 9 Abs. 3 MuSchG muss **zum Kündigungszeitpunkt vorliegen,** aber noch nicht bestandskräftig sein.[163] **1425**

Zunächst ist der Fall zu beleuchten, in dem die Arbeitnehmerin gegen die Zulässigkeitserklärung der Kündigung in der Folgezeit **keinen Widerspruch** (§ 69 VwGO) bzw. nach Zurückweisung des Widerspruchs **keine Anfechtungsklage** (§ 42 Abs. 1 VwGO) erhebt. Der Arbeitgeber braucht hier die einschlägigen Fristen (vgl. § 70 Abs. 1 S. 1 VwGO bzw. § 74 Abs. 1 S. 1 VwGO) nicht abzuwarten, sondern kann bereits vor Eintritt der Bestandskraft der Zulässigkeitserklärung die Kündigung aussprechen.[164] Die Kündigung ist dann zunächst **schwebend wirksam.**[165] Sie wird nach Eintritt der Bestandskraft endgültig wirksam. Das gilt nur für die mutterschutzrechtlichen Folgen des Kündigungsverbots. Ob die Kündigung darüber hinaus nach den allgemeinen Kündigungsschutzvorschriften (§ 1 Abs. 1 KSchG) oder nach anderen besonderen Kündigungsschutzvorschriften (vgl. zB § 85 SGB IX) wirksam ist, entscheidet sich nach den jeweils in Betracht kommenden allgemeinen Regeln. **1426**

Hat die schwangere Arbeitnehmerin gegen die Zulässigkeitserklärung der Kündigung durch die zuständige Behörde **Widerspruch** und ggf. **Anfechtungsklage erhoben,** tritt nach § 80 Abs. 1 S. 1 VwGO eine aufschiebende Wirkung ein, da im MuSchG eine dem §§ 88 Abs. 4 SGB IX entsprechende Vorschrift, nach der Widerspruch und Anfechtungsklage **keine** aufschiebende Wirkung haben, fehlt. Diese aufschiebende Wirkung **bezieht sich aber nur auf die Vollziehbarkeit** des Verwaltungsaktes und **nicht auf seine Wirksamkeit.**[166] Diese bleibt also unangefochten, **1427**

---

[158] Vgl. zu § 18 Abs. 1 S. 2 BEEG LAG Köln 21.4.2006 NZA-RR 2006, 469 Ls.; zu § 88 Abs. 3 SGB IX vgl. BAG 8.11.2007 NZA 2008, 471 Rn. 19 ff.
[159] BAG 25.3.2004 AP MuSchG 1968 § 9 Nr. 36.
[160] Buchner/Becker § 9 MuSchG Rn. 248.
[161] BAG 25.3.2004 AP MuSchG 1968 § 9 Nr. 36; 17.6.2003 NZA 2003, 1329, 1340; KR/Bader/Gallner, § 9 Rn. 127a; APS/Rolfs, § 9 MuSchG Rn. 84.
[162] Hierzu krit. Schäfer, NZA 2004, 833, 834 ff.
[163] BAG 25.3.2004 AP MuSchG 1968 § 9 Nr. 36; 17.6.2003 NZA 2003, 1329, 1330.
[164] BAG 17.6.2003 NZA 2003, 1329, 1330.
[165] BAG 17.6.2003 NZA 2003, 1329, 1331.
[166] BAG 17.6.2003 NZA 2003, 1329, 1330; ebenso BAG 25.3.2004 AP MuSchG 1968 § 9 Nr. 36; LAG RhPf 14.2.1996 NZA 1996, 984.

so dass der Arbeitgeber die Kündigung noch nach Erhebung von Widerspruch bzw. Klage durch die Arbeitnehmerin aussprechen kann.[167] § 80 Abs. 1 S. 2 VwGO trennt erkennbar – so ausdrücklich das BAG in seiner Leitentscheidung vom 17.6.2003[168] – zwischen der materiell-rechtlichen Gestaltungswirkung und der prozessual-aufschiebenden Wirkung des Bescheides und ordnet an, dass die aufschiebende Wirkung auch für rechtsgestaltende Verwaltungsakte eintritt. Der Widerspruch kann also nicht die **endgültige Unwirksamkeit** der von einem Privaten ausgesprochenen Kündigungserklärung zur Folge haben. Es genügt, dem Zulässigkeitsbescheid nach Einlegung des Widerspruchs seine Wirkung **vorläufig** zu nehmen.[169] Hat er Bestandskraft erlangt, wird er endgültig wirksam. Das bedeutet für die Kündigung, sie ist **zunächst „schwebend wirksam".**[170] Rechtswirksamkeit erlangt die Kündigung erst mit der Feststellung über die endgültige Bestandskraft der Zulässigkeitserklärung.

1428 An der vorstehenden Feststellung würde sich nichts ändern, wenn man entgegen der Auffassung des BAG die aufschiebende Wirkung des Widerspruchs bzw. der Anfechtungsklage der Arbeitnehmerin (vgl. § 80 Abs. 1 VwGO) auf die Wirksamkeit der Zulässigkeitserklärung beziehen würde.[171] In diesem Fall müsste der Arbeitgeber allerdings, will er trotz des so verstandenen Suspensiveffekts des Widerspruchs bzw. der Anfechtungsklage die Kündigung schon aussprechen, gem. §§ 80 Abs. 2 Nr. 4, 80a Abs. 2 VwGO den Antrag auf sofortige Vollziehung der Zulässigkeitserklärung stellen.[172] Gegen die Anordnung der sofortigen Vollziehbarkeit würde der Arbeitnehmerin Rechtsschutz nach den §§ 80 Abs. 4 S. 1, 80a Abs. 1 Nr. 2, Abs. 3 iVm § 80 Abs. 5 VwGO zustehen.[173]

1429 Schwebt zwischen der schwangeren Arbeitnehmerin und dem Arbeitgeber neben dem verwaltungsgerichtlichen Verfahren der Kündigungsschutzprozess nach § 4 S. 1 KSchG vor den Gerichten für Arbeitssachen, stellt sich die Frage nach der Aussetzung des arbeitsgerichtlichen Verfahrens nach § 148 ZPO. Danach **kann das Gericht,** wenn die Entscheidung des Rechtsstreits ganz oder teilweise von dem Bestehen oder Nichtbestehen eines Rechtsverhältnisses abhängt, das den Gegenstand eines anderen Rechtsstreits bildet oder von einer Verwaltungsbehörde festzustellen ist, anordnen, dass die Verhandlung bis zur Erledigung des anderen Rechtsstreits oder bis zur Entscheidung der Verwaltungsbehörde auszusetzen ist. Das Gesetz stellt die Aussetzung des Verfahrens in das **pflichtgemäße Ermessen** des Gerichts. Dabei sind zwei Prinzipien gegeneinander abzuwägen. Die Aussetzung des Verfahrens soll einander widersprechende Entscheidungen der Gerichte verhindern. Demgegenüber gilt es auch, die Nachteile einer längeren Verfahrensdauer und die daraus für die Parteien entstehenden Folgen zu bedenken. Im Hinblick auf das insbesondere bei Bestandsschutzstreitigkeiten wichtige Beschleunigungsgebot der §§ 9 Abs. 1, 64 Abs. 8 ArbGG und vor allem des § 61a ArbGG wird der Kündigungsschutzprozess **im Regelfall** – anders noch Voraufl.

---

[167] Vgl. BAG 25.3.2004 AP MuSchG 1968 § 9 Nr. 36; *Buchner/Becker,* § 9 MuSchG Rn. 215 f.; *Eylert/Sänger,* RdA 2010, 24, 31; *Gröninger/Thomas,* § 9 MuSchG Rn. 106; ErfK/*Schlachter,* § 9 MuSchG Rn. 14; abl. APS/*Rolfs,* § 9 MuSchG Rn. 84c.
[168] NZA 2003, 1329, 1330 f.
[169] BAG 17.6.2003 NZA 2003, 1329, 1330; a. A. APS/*Rolfs,* § 9 MuSchG Rn. 84c.
[170] BAG 17.6.2003 NZA 2003, 1329, 1331; *Buchner/Becker,* § 9 MuSchG Rn. 216; *Gröninger/Thomas* § 9 MuSchG Rn. 106; a. A. *Schäfer,* NZA 2004, 833, 835.
[171] Vgl. APS/*Rolfs,* § 9 MuSchG Rn. 84c; *Schäfer,* NZA 2004, 833, 834 f.; allg. *Kopp/Schenke,* VwGO § 80 Rn. 22.
[172] APS/*Rolfs,* § 9 MuSchG Rn. 84c; vgl. auch KR/*Bader/Gallner,* § 9 MuSchG Rn. 127a.
[173] Vgl. APS/*Rolfs,* § 9 MuSchG Rn. 86; vgl. auch KR/*Bader/Gallner,* § 9 MuSchG Rn. 127a.

in Rn. 1429 – **nicht nach § 148 ZPO auszusetzen** sein.[174] Die Arbeitnehmerin kann dann, wenn nach rechtskräftiger Abweisung der Kündigungsschutzklage die behördliche Zustimmung im Rechtsmittelverfahren rechtskräftig versagt wird, im Wege der Restitutionsklage gem. § 580 Nr. 6 ZPO analog iVm § 79 S. 1 ArbGG die Abänderung des arbeitsgerichtlichen Urteils erreichen.[175]

3. Zulässigkeitserklärung und Ausschlussfrist (§ 626 Abs. 2 S. 1 BGB)

§ 626 Abs. 2 S. 1 BGB statuiert für die außerordentliche Kündigung im Arbeitsverhältnis eine **Ausschlussfrist von zwei Wochen.** Diese Frist beginnt nach § 626 Abs. 2 S. 2 BGB mit dem Zeitpunkt, in dem der Kündigungsberechtigte von den für die Kündigung maßgebenden Tatsachen Kenntnis erlangt (näher → Rn. 797 ff.). Nun wird der Arbeitgeber innerhalb dieser Frist kaum die Möglichkeit haben, einen Bescheid über einen von ihm gestellten Zulässigkeitsantrag zu erhalten. Deshalb kann ihm nach Ablauf der Frist nicht verwehrt werden, sich auf einen wichtigen Kündigungsgrund nach § 626 Abs. 1 BGB zu berufen. Voraussetzung hierfür ist jedoch, dass der Arbeitgeber den Antrag auf Zulässigkeitserklärung analog § 91 Abs. 2 SGB IX **innerhalb der Frist** von zwei Wochen bei der zuständigen Behörde stellt.[176] Entspricht diese seinem Antrag, hat der Arbeitgeber nach Zugang der Zulässigkeitserklärung in entsprechender Anwendung der Rechtsprechung des BAG zu § 91 Abs. 5 SGB IX (→ Rn. 1601) unverzüglich den Betriebsrat gem. § 102 Abs. 1 S. 1 BetrVG zur außerordentlichen Kündigung anzuhören, sofern dies noch nicht vorher geschehen ist und unverzüglich nach Erhalt der Stellungnahme bzw. Ablauf der dreitägigen Frist des § 102 Abs. 1 S. 3 BetrVG die Kündigung auszusprechen. Unverzüglichkeit liegt dabei im Regelfall bei Tätigwerden am ersten folgenden Arbeitstag vor.[177] Besteht kein Betriebsrat, ist die Kündigung unverzüglich nach Erteilung der Zulässigkeitserklärung analog § 91 Abs. 5 SGB IX auszusprechen.[178] Andernfalls tritt die Wirkung der Ausschlussfrist des § 626 Abs. 2 S. 1 BGB ein (→ Rn. 794).

4. Formvorschriften

Nach § 9 Abs. 3 S. 2 MuSchG bedarf die Kündigung der Schriftform und muss den zulässigen Kündigungsgrund angeben. Dieser muss in dem Kündigungsschreiben genannt sein.[179] Dadurch soll die Arbeitnehmerin in die Lage versetzt werden, zeitnah zu überprüfen, ob eine gerichtliche Auseinandersetzung über die Wirksamkeit der Kündigung sinnvoll erscheint.[180]

---

[174] BAG 17.6.2003 NZA 2003, 1329, 1331 f.; ebenso zu § 85 SGB IX BAG 23.5.2013 NZA 2013, 1373 Rn. 28; 2.3.2006 NZA-RR 2006, 636 Rn. 56; a. A. *Buchner/Becker*, § 9 MuSchG Rn. 215; APS/*Rolfs*, § 9 MuSchG Rn. 87.

[175] Vgl. BAG 17.6.2003 NZA 2003, 1329, 1332; *Buchner/Becker*, § 9 MuSchG Rn. 215; APS/*Rolfs*, § 9 MuSchG Rn. 87; zu § 85 SGB IX vgl. nur BAG 23.5.2013 NZA 2013, 1373 Rn. 24.

[176] Vgl. BAG 11.7.1979 AP MuSchG 1968 § 9 Nr. 6; LAG Hamm 3.10.1986 DB 1987, 544 Ls.; LAG Köln 21.1.2000 NZA-RR 2001, 303.

[177] LAG Hamm 3.10.1986 DB 1987, 544 Ls.

[178] LAG Hamm 3.10.1986 DB 1987, 544 Ls.; LAG Köln 21.1.2000 NZA-RR 2001, 303; KR/*Bader/Gallner*, § 9 MuSchG Rn. 79; APS/*Rolfs*, § 9 MuSchG Rn. 71; ErfK/*Schlachter*, § 9 MuSchG Rn. 14.

[179] ArbG Nürnberg 22.2.2010 AE 2010, 165 Ls.; KR/*Bader/Gallner*, § 9 MuSchG Rn. 4e mit Rn. 132c; *Eylert/Sänger*, RdA 2010, 24, 31; APS/*Rolfs*, § 9 MuSchG Rn. 13; ErfK/*Schlachter*, § 9 MuSchG Rn. 13; vgl. auch BAG 25.10.2012 NZA 2013, 900 Rn. 24.

[180] Vgl. KR/*Bader/Gallner*, § 9 MuSchG Rn. 132c; APS/*Rolfs*, § 9 MuSchG Rn. 94; vgl. auch BAG 25.10.2012 NZA 2013, 900 Rn. 24.

1431a Mit § 9 Abs. 3 S. 2 MuSchG hat der Gesetzgeber ausweislich der Begründung des Entwurfs Art. 10 Nr. 2 der EG-Mutterschutz-Richtlinie 92/85 vom 19.10.1992 umsetzen wollen. Gesetz und Richtlinie decken sich insoweit jedoch nicht. Denn Art. 10 Nr. 2 der Richtlinie spricht nur davon, dass der Arbeitgeber „zur schriftlichen Mitteilung der berechtigten Kündigungsgründe" verpflichtet werden soll. § 9 Abs. 3 S. 2 MuSchG geht darüber hinaus und statuiert sowohl im Hinblick auf die Kündigungserklärung **und** die Mitteilung der Kündigungsgründe eine **konstitutive Formvorschrift,** deren Nichtbeachtung die Nichtigkeit der Kündigung zur Folge hat (§§ 125 S. 1, 126 BGB). Dazu war der Gesetzgeber sicher befugt. Denn er kann die Richtlinie auch in der Weise umsetzen, dass er über sie in der Sache hinausgeht.

1432 **Zulässige Kündigungsgründe** sind die, die Gegenstand des Verfahrens vor der zuständigen Behörde waren und im Bescheid als Begründung herangezogen worden sind. Ob diese Vorschrift sinnvoll ist, mag bezweifelt werden, da die Arbeitnehmerin schon durch die Zulässigkeitserklärung die Gründe erfährt, die die Behörde dazu bestimmt haben.[181] Der Gesetzgeber hat nach dem eindeutigen Wortlaut eine dem § 22 Abs. 3 BBiG entsprechende Formvorschrift geschaffen. Das Schriftformerfordernis des § 9 Abs. 3 S. 2 MuSchG ist lex specialis ggü. § 623 1. Hs. BGB.

1433 Die notwendige Angabe der Kündigungsgründe in der Kündigungserklärung (→ Rn. 1431) ist nicht erfüllt, wenn der Arbeitgeber im Kündigungsschreiben auf ein vorangegangenes Gespräch, in welchem der Arbeitnehmerin die gegen sie erhobenen Vorwürfe erläutert worden sind, Bezug nimmt. Das widerspricht der gebotenen Rechtsklarheit. Dieser Grundsatz liegt offensichtlich dem § 9 Abs. 3 S. 2 MuSchG zugrunde (dazu → Rn. 520 zu der ähnlichen Bestimmung des § 22 Abs. 3 BBiG). Hat der Arbeitgeber von den im Verwaltungsverfahren geltend gemachten mehreren Gründen nur einen im Kündigungsschreiben genannt, oder zwar mehrere, jedoch nicht alle, führt das nicht zur Nichtigkeit der Kündigung nach § 125 S. 1 BGB, sondern nur dazu, dass er sich im Kündigungsschutzverfahren nur auf diese mitgeteilten zulässigen Gründe berufen kann.[182] Nur Erläuterungen und Konkretisierungen zu den mitgeteilten zulässigen Kündigungsgründen können im Verfahren vor den Arbeitsgerichten nachgeschoben werden.

5. Die zulässige Kündigung und sonstiges Kündigungsrecht

1434 Die Zulässigkeitserklärung der zuständigen Behörde nach § 9 Abs. 3 S. 1 MuSchG sagt nichts darüber aus, ob die Kündigung nach allgemeinen Grundsätzen wirksam oder ob sie andere Kündigungsschutzbestimmungen verletzt und deshalb unwirksam ist. In Betracht kommen zB eine Verletzung von § 1 Abs. 2 S. 1 KSchG, § 626 Abs. 1 BGB, § 102 Abs. 1 BetrVG oder auch von § 15 KSchG, sofern die Arbeitnehmerin zu dem dort genannten Personenkreis gehört.[183] Zwar wird es nicht häufig vorkommen, dass die Verwaltungsbehörde die Kündigung für zulässig erklärt, das Arbeitsgericht aber später wegen des Sachverhalts den wichtigen Grund iSd § 626 Abs. 1 BGB verneint.[184] Möglich ist dies jedoch. Denn es besteht keine Bindungswirkung für die Arbeitsgerichte.

---

[181] *Gröninger/Thomas,* § 9 MuSchG Rn. 107a.
[182] Vgl. zu § 22 Abs. 3 BBiG (= § 5 Abs. 3 BBiG a. F.) LAG Hamburg 29.8.1997 LAGE BBiG § 15 Nr. 11; LAG Köln 21.8.1987 LAGE BBiG § 15 Nr. 5.
[183] Vgl. auch APS/*Rolfs,* § 9 MuSchG Rn. 96.
[184] Vgl. auch APS/*Rolfs,* § 9 MuSchG Rn. 95.

Die Verwaltungsbehörde hat bei ihrer Prüfung **nur** mutterschutzrechtliche Gesichtspunkte auf Grund des § 9 Abs. 3 MuSchG zu beachten. Die allgemeinen sonstigen arbeitsrechtlichen Normen sind bei der Prüfung ohne Bedeutung. 1435

V. Benachrichtigung der Aufsichtsbehörde von der Eigenkündigung der Arbeitnehmerin

§ 9 Abs. 2 MuSchG bestimmt die entsprechende Anwendung des § 5 Abs. 1 S. 3 MuSchG für den Fall der Eigenkündigung der schwangeren Arbeitnehmerin (näher → Rn. 1379). Der Arbeitgeber hat also die Aufsichtsbehörde unverzüglich hiervon zu benachrichtigen. Nach dem schriftlichen Bericht des Ausschusses für Arbeit (BT-Drucks. IV Nr. 3652) soll diese Vorschrift die Aufsichtsbehörde in die Lage versetzen, Schwangere rechtzeitig über die Folgen ihrer Kündigung aufzuklären. Dies ist jedoch nur unzureichend gelungen. Denn eine wirklich „rechtzeitige" Aufklärung über die Kündigungsfolgen ist unmöglich, da zum Zeitpunkt der vorgeschriebenen Aufklärung die Beendigungswirkung des Arbeitsverhältnisses bereits eingetreten ist. § 9 Abs. 2 MuSchG stellt nämlich diese Wirkung der Eigenkündigung der Arbeitnehmerin nicht in Frage. Daran hat auch die 1965 erfolgte Novellierung des Gesetzes nichts geändert. Sollte ein anderer weitergehender Wille des Gesetzgebers vorhanden gewesen sein, ist dieser im Gesetz – und das ist entscheidend – nicht zum Ausdruck gekommen.[185] 1436

VI. Erhaltung von Rechten; Sonderkündigungsrecht

Die Arbeitnehmerin kann während der Schwangerschaft und während der Schutzfrist nach der Entbindung (§ 6 Abs. 1 MuSchG) das Arbeitsverhältnis nach § 10 Abs. 1 MuSchG ohne Einhaltung einer Frist zum Ende der Schutzfrist nach der Entbindung kündigen. Wird das Arbeitsverhältnis auf diese Weise gelöst und wird die Arbeitnehmerin innerhalb eines Jahres nach der Entbindung in ihrem bisherigen Betrieb[186] wieder eingestellt, gilt, soweit Rechte aus dem Rechtsverhältnis von der Dauer der Betriebs- oder Berufszugehörigkeit oder von Beschäftigungs- oder Dienstzeit abhängen, das Arbeitsverhältnis als nicht unterbrochen (§ 10 Abs. 2 S. 1 MuSchG). Diese Regelung kann namentlich Bedeutung gewinnen für Gratifikationen, Jubiläumsgaben, Dauer des Urlaubs, Kündigungsfristen nach § 622 BGB, Unverfallbarkeit nach § 1b BetrAVG in der betrieblichen Altersversorgung usw. Allerdings gilt der vorstehende Grundsatz dann nicht, wenn die Arbeitnehmerin zwischen der Auflösung des Arbeitsverhältnisses und der Wiedereinstellung bei einem anderen Arbeitgeber gearbeitet hat (§ 10 Abs. 2 S. 2 MuSchG). Die Anrechnung der Zeit der Nichtbeschäftigung findet nach h. M.[187] nicht statt. 1437

---

[185] Vgl. BAG 6.2.1992 NZA 1992, 790 f.; 19.8.1982 AP MuSchG 1968 § 9 Nr. 10; *Gröninger/Thomas*, § 9 MuSchG Rn. 89; *Buchner/Becker*, § 9 MuSchG Rn. 294; APS/*Rolfs*, § 9 MuSchG Rn. 62.

[186] Entgegen dem Wortlaut des § 10 Abs. 2 S. 1 MuSchG genügt nach h. M. die Wiedereinstellung in einem anderen Betrieb desselben Arbeitgebers, so KR/*Bader/Gallner*, § 10 MuSchG Rn. 40a; *Buchner/Becker*, § 10 MuSchG Rn. 27 f.; APS/*Rolfs*, § 10 MuSchG Rn. 20; ErfK/*Schlachter*, § 10 MuSchG Rn. 3; KDZ/*Söhngen/Zwanziger*, § 10 MuSchG Rn. 11.

[187] ZB KR/*Bader/Gallner*, § 10 MuSchG Rn. 51; APS/*Rolfs*, § 10 MuSchG Rn. 24 jeweils mit Meinungsstand.

Dritter Abschnitt: Der besondere Kündigungsschutz

§ 2 Kündigungsschutz und Elternzeit

I. Allgemein

1438 Am 1.1.2007 trat das „Gesetz zum Elterngeld und zur Elternzeit" (Bundeselterngeld- und Elternzeitgesetz – BEEG) vom 5.12.2006 (BGBl. I S. 2748), zuletzt geändert durch Art. 1 des Gesetzes vom 18.12.2014 (BGBl. I S. 2325),[1] in Kraft. Der 2. Abschnitt des BEEG widmet sich dem Arbeitnehmerschutz in der Elternzeit und hat dabei überwiegend[2] die Regelungen des BErzGG übernommen. So regelt etwa § 15 BEEG entsprechend § 15 BErzGG den Anspruch auf Elternzeit. Allerdings gewährt § 15 Abs. 7 S. 1 Nr. 3 BEEG seit dem 1.1.2007 entsprechend den Regelungen zu den Partnermonaten („Väterbonus") bereits einen Teilzeitanspruch für einen Zeitraum von mindestens zwei Monaten. § 16 BEEG regelt seitdem eine einheitliche Frist zur Anmeldung der Elternzeit: Wer Elternzeit beanspruchen will, muss spätestens sieben Wochen vor deren Beginn schriftlich verlangen und gleichzeitig erklären, für welchen Zeitraum innerhalb von zwei Jahren Elternzeit genommen werden soll. Im Übrigen haben die Regelungen der §§ 17–21 BEEG diejenigen der §§ 17–21 BErzGG inhaltsgleich übernommen. Nach § 15 Abs. 1a S. 1 BEEG idF von Art. 1 Nr. 6 des „Erstes Gesetz zur Änderung des Bundeskindergeldgesetzes vom 17.1.2009 (BGBl. I S. 61) haben seit dem 24.1.2009 **auch Großeltern** für Zeiten, in denen keiner der Elternteile des Kindes selbst Elternzeit beansprucht (§ 15 Abs. 1a S. 2 BEEG), unter eng begrenzten Voraussetzungen nach § 15 Abs. 1a S. 1 BEEG a. F.[3] bzw. gem. § 15 Abs. 1a S. 1 BEEG n. F.[4] (bezogen auf ab dem 1.7.2015 geborene Enkelkinder) einen Anspruch auf Elternzeit und können damit in den Genuss des besonderen Kündigungsschutzes nach § 18 Abs. 1 S. 1 BEEG gelangen. Soweit sich durch das „Gesetz zur Einführung des Elterngeld Plus mit Partnerschaftsbonus und einer flexibleren Elternzeit im Bundeselterngeld- und Elternzeitgesetz" vom 18.12.2014 (BGBl. I S. 2325), in Kraft seit dem 1.1.2015 (vgl. Art. 5 dieses Gesetzes), Änderungen im Kündigungsschutz bezogen auf die Elternzeit ergeben[5] (vgl. auch Bekanntmachung der Neufassung des BEEG vom 27.1.2015, BGBl. I S. 33) – sie betreffen die ab dem 1.7.2015 geborenen oder mit dem Ziel der Adoption aufgenommenen Kinder (vgl. § 27 Abs. 1 S. 2 BEEG idF von Art. 1 Nr. 21 lit. a des v. g. Gesetzes) –, sind diese nachfolgend berücksichtigt.

1439 Das BEEG dient, wie zuvor das BErzGG, der Verbesserung der Vereinbarkeit von Beruf und Familie. Die Betreuung und Erziehung des Kindes in seiner ersten Lebensphase soll erleichtert werden. Das BEEG gewährt deshalb in § 1 – seit 1.8.2013 idF von Art. 1a des BetreuungsgeldG vom 15.2.2013 (BGBl. I S. 254) u. seit dem 1.1.2015 idF von Art. 1 Nr. 1 des Gesetzes vom 18.12.2014 (BGBl. I S. 2325) iVm § 27 Abs. 1 BEEG idF von Art. 1 Nr. 21 lit. a dieses Gesetzes – einen Anspruch auf **Elterngeld** und in § 15 einen solchen auf **Elternzeit**. Die Elternzeit suspendiert das Arbeitsverhältnis (→ Rn. 1446) bis zur Vollendung des dritten Lebensjahres des Kindes. Ein **Anteil** der Elternzeit **von bis zu zwölf Monaten** ist **mit Zustimmung** des **Arbeitgebers auf die Zeit** bis zur **Vollendung** des **achten Lebensjahres** über-

---

[1] Zu den Änderungen im Einzelnen vgl. *Forst*, DB 2015, 68 ff.
[2] Zu den Änderungen im Einzelnen mit Wirkung vom 1.1.2007 vgl. *Düwell*, FA 2007, 44, 46 f.
[3] Näher *Böhm*, ArbRB 2009, 379 ff.; *Düwell*, NZA 2009, 759; ErfK/*Gallner*, § 15 BEEG Rn. 5–5c.
[4] Vgl. näher *Forst*, DB 2015, 68, 72.
[5] Vgl. hierzu auch *Forst*, DB 2015, 68, 71 ff.

§ 2 Kündigungsschutz und Elternzeit

tragbar (§ 15 Abs. 2 S. 4 1. Hs. BEEG a. F.). **Für die ab dem 1.7.2015 geborenen** oder mit dem Ziel der Adoption aufgenommenen **Kinder** kann nach §§ 15 Abs. 2 S. 2, 27 Abs. 1 BEEG idF von Art. 1 Nr. 16 lit.b aa, 21 lit.a des Gesetzes vom 18.12.2014 ein **Anteil** der Elternzeit **von bis zu 24 Monaten zwischen** dem **dritten Geburtstag und** dem **vollendeten achten Lebensjahr** des Kindes **ohne Zustimmung** des **Arbeitgebers** in Anspruch genommen werden.[6] Während der Elternzeit ist Erwerbstätigkeit zulässig, wenn die wöchentliche Arbeitszeit im Durchschnitt eines Monats 30 Stunden nicht übersteigt (§ 15 Abs. 4 S. 1 BEEG idF von Art. 1 Nr. 11 des Gesetzes vom 10.9.2012 (BGBl. I S. 1878), in Kraft seit dem 18.9.2012.[7]

Die Gewährung von Elternzeit ist Ausdruck der auf Art. 6 Abs. 1 GG beruhenden Schutz- und Fürsorgepflicht des Staates. Sie soll die Ausübung des Erziehungsrechts der Eltern ohne Verlust des Arbeitsplatzes erleichtern.[8] Deshalb verbietet unter den dort genannten Voraussetzungen § 18 Abs. 1 S. 1 BEEG a. F. bzw. – bezogen auf die die Arbeitnehmer/innen der ab dem 1.7.2015 geborenen oder mit dem Ziel der Adoption aufgenommenen Kinder (vgl. § 27 Abs. 1 BEEG n. F., → Rn. 1439) – § 18 Abs. 1 S. 1–3 BEEG n. F. die Kündigung durch den Arbeitgeber (näher → Rn. 1447).[9] In besonderen Fällen kann nach § 18 Abs. 1 S. 2 BEEG a. F. bzw. – bezogen auf die ab dem 1.7.2015 geborenen bzw. mit dem Ziel der Adoption aufgenommenen Kinder – gem. § 18 Abs. 1 S. 4 BEEG n. F. ausnahmsweise eine Kündigung durch die für den Arbeitsschutz zuständige oberste Landesbehörde für zulässig erklärt werden (näher → Rn. 1468 ff.). Es handelt sich um ein gesetzliches **Kündigungsverbot mit Erlaubnisvorbehalt**.[10] Die Kündigung, die gegen § 18 Abs. 1 BEEG verstößt, ist nach § 134 BGB nichtig.[11]

1440

Für die gerichtliche Geltendmachung der Nichtigkeit der Kündigung ist seit dem 1.1.2004 eine **Klagefrist von drei Wochen** nach Zugang der schriftlichen Kündigung zu beachten (§ 4 S. 1 KSchG n. F.). Es handelt sich um eine „aus anderen Gründen" rechtsunwirksame Kündigung (Einzelheiten → Rn. 1472).

1441

Der besondere Kündigungsschutz nach § 18 Abs. 1 S. 1 BEEG ergänzt andere bestehende Kündigungsschutzbestimmungen, etwa § 1 Abs. 1 KSchG, § 15 KSchG und die §§ 85, 91 SGB IX. Trotz weitestgehender Angleichung des Kündigungsschutzes an das Mutterschutzgesetz gilt der besondere Kündigungsschutz gem. § 9 Abs. 1 S. 1 MuSchG ggf. neben dem nach § 18 Abs. 1 S. 1 BEEG a. F. und n. F. bzw. § 18 Abs. 1 S. 3 BEEG n. F. (→ Rn. 1440), selbst dann, wenn dieselbe Behörde für die Erteilung der Erlaubnis nach beiden Gesetzen zuständig ist. Damit müssen also, sofern die Voraussetzungen sowohl des § 9 Abs. 1 S. 1 MuSchG als auch des § 18 Abs. 1 S. 1 BEEG a. F. und n. F. bzw. § 18 Abs. 1 S. 3 BEEG n. F. vorliegen, zwei Erlaubnisse beantragt und erteilt werden; andernfalls ist die Kündigung gem. § 134 BGB nichtig (→ Rn. 1338 mit Fn. 9).

1442

---

[6] Vgl. hierzu *Forst*, DB 2015, 68, 71 f.
[7] Bis 17.9.2012: 30 Stunden ohne Zusatz „im Durchschnitt eines Monats".
[8] BAG 12.11.2002 NZA 2003, 1287, 1290.
[9] KR/*Bader*, § 18 BEEG Rn. 23 und 23b; *Buchner/Becker*, § 18 BEEG Rn. 18; ErfK/*Gallner*, § 18 BEEG Rn. 9; APS/*Rolfs*, § 18 BEEG Rn. 15.
[10] BVerwG 30.9.2009 NJW 2010, 2074, Rn. 26; KR/*Bader*, § 18 BEEG Rn. 10; *Eylert/Sänger*, RdA 2010, 24, 32; APS/*Rolfs*, § 18 BEEG Rn. 2; früher BAG 26.6.1997 NZA 1997, 1156, 1157; LAG Köln 21.4.2006 NZA-RR 2006, 469 Ls.
[11] BAG 12.5.2011 NZA 2012, 208 Rn. 21; früher schon BAG 26.6.2008 NZA 2008, 1241 Rn. 20.

II. Geltungsbereich

1443 Das Kündigungsverbot des § 18 Abs. 1 S. 1 BEEG a.F. und n.F. bzw. § 18 Abs. 1 S. 3 BEEG n.F. (→ Rn. 1440) erstreckt sich auf die Arbeitsverhältnisse der Arbeitnehmer/innen, die nach § 15 BEEG **Anspruch auf Elternzeit** haben. Das folgt aus der Bezugnahme auf die Elternzeit in § 18 Abs. 1 BEEG. Entscheidend ist die objektive Rechtslage, so dass der besondere Kündigungsschutz entfällt, wenn der Arbeitgeber irrtümlich davon ausgegangen ist, die Elternzeit sei zu gewähren. Das Kündigungsverbot des § 18 Abs. 1 S. 1 BEEG a.F. und n.F. bzw. des § 18 Abs. 1 S. 3 BEEG n.F. besteht grundsätzlich nur dann, wenn der/die Arbeitnehmer/in die Elternzeit berechtigterweise angetreten hat und zum Zeitpunkt des Zugangs der Kündigung noch sämtliche Anspruchsvoraussetzungen für die Elternzeit (vgl. §§ 15, 16 BEEG) vorliegen.[12] Letzteres ist zB nicht der Fall, wenn die Elternzeit bei Kündigungszugang vorzeitig nach § 16 Abs. 3 S. 1 bzw. 2 BEEG beendet war.[13] Auch führt ein Antrag auf Verlängerung der bereits festgelegten Elternzeit nach § 16 Abs. 3 S. 1 BEEG (bis 31.12.2006: § 16 Abs. 3 S. 1 BErzGG) nicht zu einer Vorverlagerung des Kündigungsschutzes gem. § 18 Abs. 1 S. 1 BEEG.[14]

1444 Anspruch auf Elternzeit haben nach § 15 Abs. 1 S. 1 BEEG Arbeitnehmer/innen, wenn sie mit einem Kind in einem Haushalt leben, das zu dem in § 15 Abs. 1 Nr. 1 BEEG aufgezählten Personenkreis gehört, und sie dieses Kind selbst betreuen und erziehen. § 15 Abs. 1 S. 1 lit. c BErzGG idF von Art. 20 Nr. 8 lit. a des „Haushaltsbegleitgesetz" vom 29.12.2003 (BGBl. I S. 3076) dehnte den Anspruch auf Elternzeit auf die Personen aus, die mit einem Kind, das sie in Vollzeitpflege (§ 33 SGB VIII) aufgenommen haben, in einem Haushalt leben. Diese Regelung ist nun in § 15 Abs. 1 S. 1 Nr. 1 lit. c BEEG enthalten.

1445 Die zu ihrer Berufsausbildung Beschäftigten gelten nach § 20 Abs. 1 S. 1 BEEG als Arbeitnehmer iSd Bundeselterngeld- und Elternzeitgesetzes. Anspruch auf Elternzeit haben auch die in Heimarbeit Beschäftigten und die ihnen Gleichgestellten (§ 1 Abs. 1 und 2 HAG), soweit sie am Stück mitarbeiten (§ 20 BEEG).

1. Der besondere Kündigungsschutz nach Verlangen der Elternzeit und während der Elternzeit

1446 Die **Gewährung** der **Elternzeit** ist **nicht von** der **Zustimmung** des **Arbeitgebers abhängig.** Es handelt sich um ein einseitiges Gestaltungsrecht[15] der Arbeitnehmerin bzw. des Arbeitnehmers, das unter Beachtung der Fristen des § 16 Abs. 1 BEEG a.F. und n.F. (→ Rn. 1448) ein Ruhen der beiderseitigen Hauptpflichten aus dem Arbeitsverhältnis (§ 611 Abs. 1 BGB) herbeiführt.[16] Notwendig ist nur das Vorliegen der in §§ 15 und 16 BEEG geregelten Voraussetzungen der Elternzeit.[17]

---

[12] BAG 26.6.2008 NZA 2008, 1241 Rn. 23.
[13] Vgl. zu § 16 Abs. 3 S. 2 BErzGG BAG 21.4.2009 NZA 2010, 155 Rn. 11 ff.
[14] Vgl. näher LAG Berlin 15.12.2004 NZA-RR 2005, 474, 475.
[15] Vgl. BAG 12.5.2011 NZA 2012, 208 Rn. 26; 22.10.2008 NZA 2009, 962 Rn. 25; 15.4.2008 NZA 2008, 998 Rn. 23; LAG Baden-Württemberg 20.1.2015 – 6 Sa 49/14 – juris Rn. 54.
[16] Vgl. BAG 21.11.2013 NZA 2014, 672 Rn. 16; 22.8.2012 NZA 2012, 1277 Rn. 15; 22.10.2008, NZA 2009, 962 Rn. 25.
[17] Vgl. auch BAG 12.5.2011 NZA 2012, 208 Rn. 22; früher schon BAG 26.6.2008 NZA 2008, 1241 Rn. 23.

Der besondere Kündigungsschutz nach **§ 18 Abs. 1 S. 1 BEEG a. F.** (→ Rn. 1440) **1447** beginnt ab dem Zeitpunkt, in dem Elternzeit gem. § 16 Abs. 1 S. 1 BEEG a. F. (→ Rn. 1448) verlangt worden ist, höchstens jedoch **acht Wochen vor Beginn der Elternzeit.** Der Kündigungsschutz nach **§ 18 Abs. 1 S. 1 BEEG n. F.** (→ Rn. 1448) beginnt frühestens acht Wochen vor Beginn einer Elternzeit bis zum vollendeten dritten Lebensjahr des Kindes (§ 18 Abs. 1 S. 2 Nr. 1 BEEG n. F.) und frühestens 14 Wochen vor Beginn einer Elternzeit zwischen dem dritten Geburtstag und dem vollendeten achten Lebensjahr des Kindes (§ 18 Abs. 1 S. 2 Nr. 2 BEEG n. F.). **Entscheidend** ist der **Zugang der Kündigung.**[18] Liegt dieser außerhalb der vorgenannten Zeiträume, liegt kein Verstoß gegen § 18 Abs. 1 S. 1 BEEG a. F. bzw. § 18 Abs. 1 S. 1 u. 2 BEEG n. F. vor. Der Auflösungszeitpunkt ist ohne Bedeutung.

Verlangt der/die Arbeitnehmer/in die Elternzeit **früher** als **acht Wochen** bzw. **14** **1448** **Wochen** vor Beginn der Elternzeit (→ Rn. 1447), beginnt der besondere **Kündigungsschutz** nicht schon mit dem Verlangen, sondern erst **ab dem Acht-Wochen-** bzw. **14-Wochen-Zeitpunkt** vor Beginn der Elternzeit. Für den Beginn des besonderen Kündigungsschutzes ist wegen der Fristberechnung somit der **Beginn** der **Elternzeit** von entscheidender Bedeutung. Dieser Zeitpunkt bestimmt sich für Arbeitnehmer/innen mit vor dem 1.7.2015 geborenen oder mit dem Ziel der Adoption aufgenommenen Kindern[19] nach § 16 Abs. 1 S. 1 BEEG a. F. iVm § 27 Abs. 1 S. 2 BEEG idF von Art. 1 Nr. 21 lit. a des Gesetzes vom 18.12.2014 (BGBl. I S. 2325). Danach müssen seit dem 1.1.2007 Arbeitnehmer/innen die Elternzeit **einheitlich,** d. h. auch wenn die Elternzeit unmittelbar nach der Geburt des Kindes oder nach der Mutterschutzfrist (vgl. § 15 Abs. 2 S. 2 BEEG a. F.) beginnen soll,[20] **spätestens sieben Wochen** vor Beginn **schriftlich** vom Arbeitgeber verlangen und **gleichzeitig erklären,** für welche Zeiten innerhalb von zwei Jahren sie Elternzeit nehmen werden. Das gilt ebenso gem. § 16 Abs. 1 S. 1 Nr. 1, S. 2 BEEG idF von Art. 1 Nr. 17a aa des Gesetzes vom 18.12.2014 (BGBl. I S. 2325) bzgl. der ab dem 1.7.2015 geborenen oder mit dem Ziel der Adoption aufgenommenen Kinder, soweit Elternzeit bis zum vollendeten dritten Lebensjahr dieser Kinder beansprucht wird. Wer für sie Elternzeit für den Zeitraum zwischen dem dritten Geburtstag und dem vollendeten achten Lebensjahr des Kindes beanspruchen will, muss nach § 16 Abs. 1 S. 1 Nr. 2 BEEG n. F. die Elternzeit spätestens 13 Wochen vor ihrem Beginn schriftlich verlangen. Allerdings kann der Arbeitgeber die Inanspruchnahme dieser Elternzeit gem. § 16 Abs. 1 S. 7 BEEG n. F. innerhalb von acht Wochen nach Zugang des Antrags aus dringenden betrieblichen Gründen ablehnen.[21]

Wird die sieben- bzw. dreizehnwöchige **Ankündigungsfrist unterschritten,** liegt **1449** zwar kein wirksames Verlangen der Elternzeit vor, jedoch erlischt der Anspruch deshalb nicht. Der **Zeitpunkt** der gewünschten Elternzeit **verschiebt sich** entsprechend, d. h. sie beginnt sieben bzw. 13 Wochen nach Zugang der schriftlichen Erklärung des Verlangens nach Elternzeit,[22] sofern nicht der Ausnahmetatbestand des § 16 Abs. 2 BEEG a. F. bzw. n. F. vorliegt oder der Arbeitgeber auf die Einhaltung der seinem Schutz dienenden Ankündigungsfrist verzichtet hat.

---

[18] Vgl. BAG 12.5.2011 NZA 2012, 208 Rn. 22; früher schon BAG 26.6.2008 NZA 2008, 1241 Rn. 23.
[19] Zur Adoption vgl. LAG Niedersachsen 12.9.2005 NZA-RR 2005, 346, 347.
[20] Anders bis zum 31.12.2003 nach § 16 Abs. 1 S. 1 BErzGG, vgl. hierzu 9. Aufl., Rn. 1428.
[21] Vgl. hierzu *Forst*, DB 2015, 68, 72 unter Hinweis auf BT-Drucks. 18/3086, S. 13.
[22] Vgl. zu § 18 Abs. 1 S. 1 BEEG a. F. KR/*Bader*, § 18 BEEG Rn. 23; APS/*Rolfs*, § 18 BEEG Rn. 17; früher BAG 17.2.1994 NZA 1994, 656, 658.

1450 Versäumt es der/die Arbeitnehmer/in, die Elternzeit **schriftlich** (vgl. § 126 BGB) zu beantragen, besteht grundsätzlich kein besonderer Kündigungsschutz nach § 18 Abs. 1 S. 1 BEEG a. F. und n. F. Allerdings kann ein Berufen des Arbeitgebers auf die fehlende Schriftform ein rechtsmissbräuchliches Verhalten (§ 242 BGB) darstellen.[23]

1451 Der/Die Arbeitnehmer/in kann die volle Elternzeit (§ 15 Abs. 2 S. 1 BEEG) in Anspruch nehmen. Sie kann aber auch **nur anteilig** genommen werden (§ 15 Abs. 3 S. 1 BEEG). Die Elternzeit kann nach § 16 Abs. 3 S. 1 bzw. S. 2 BEEG vorzeitig beendet werden, sofern der Arbeitgeber zustimmt bzw. dies nicht aus dringenden betrieblichen Gründen form- und fristgerecht ablehnt.[24] Mit dem Ende der Elternzeit endet auch der besondere Kündigungsschutz (auch → Rn. 1423). Nicht notwendig ist, dass die Elternzeit unmittelbar nach Ablauf der Mutterschutzfrist beginnt. Der Arbeitnehmerin steht es frei, zunächst ihre Arbeit wieder aufzunehmen und später im Rahmen der Fristen des § 15 Abs. 2 S. 1 BEEG a. F. bzw. § 15 Abs. 2 S. 2 BEEG n. F. (→ Rn. 1439) die Elternzeit zu nehmen. Die Ankündigungsfrist des § 16 Abs. 1 S. 1 BEEG a. F. und des § 16 Abs. 1 S. 1 Nr. 1 BEEG n. F. von sieben Wochen bzw. des § 16 Abs. 1 S. 1 Nr. 2 BEEG n. F. von 13 Wochen (→ Rn. 1448) ist auch in diesem Fall einzuhalten.[25]

1452 Die Elternzeit kann nach § 15 Abs. 3 S. 1 BEEG von jedem Elternteil **allein** oder **von beiden Elternteilen** gemeinsam genommen werden. Diese Regelung gilt nach § 15 Abs. 3 S. 2 BEEG auch für Ehegatten, Lebenspartner und die Berechtigten gem. § 15 Abs. 1 S. 1 Nr. 1 lit. c BEEG.

1453 Der besondere Kündigungsschutz während der Elternzeit besteht auch dann, wenn die Arbeitnehmerin oder der Arbeitnehmer in einem **zweiten Arbeitsverhältnis** den Rest der beim früheren Arbeitgeber noch nicht vollständig genommenen Elternzeit gem. §§ 15, 16 BEEG a. F. und n. F. geltend gemacht hat.[26] Nicht notwendig ist, dass das Arbeitsverhältnis, für das der besondere Kündigungsschutz beansprucht wird, bei der Geburt des Kindes bereits bestanden hat. Die §§ 15, 16 BEEG a. F. und n. F. geben für diese Einschränkung nichts her. Das BAG weist zutreffend auf den Fall hin, in dem ein erziehender Vater erst später Elternzeit in Anspruch nimmt, nachdem die Mutter bereits Elternzeit genommen hat. Hier könne nicht darauf abgestellt werden, ob das nunmehr „betroffene" Arbeitsverhältnis des Vaters auch schon zurzeit der Geburt seines Kindes zu demselben Arbeitgeber bestanden hat.[27] Endet das Arbeitsverhältnis des/der Arbeitnehmers/in, in dem er/sie Elternzeit verlangt hat, endet damit auch die Elternzeit. Vereinbart er/sie danach mit einem anderen Arbeitgeber ein neues Arbeitsverhältnis, kann er/sie bei weiterer Vorlage der Voraussetzungen der §§ 15, 16 BEEG a. F. und n. F. den Rest der Elternzeit beanspruchen. Der besondere Kündigungsschutz des § 18 Abs. 1 S. 1 BEEG a. F. und n. F. greift ein, sodass zB auch eine Kündigung in einer vereinbarten Probezeit wegen Verstoßes gegen diese Vorschrift nach 134 BGB nichtig ist.

---

[23] BAG 26.6.2006 NZA 2008, 1241 Rn. 26–28; LAG Rheinland-Pfalz 20.10.2014 BeckRS 2015, 66357.
[24] Vgl. näher BAG 21.4.2009 NZA 2010, 155 Rn. 20 ff.
[25] APS/*Rolfs,* § 18 BEEG Rn. 13; früher BAG 17.10.1990 NZA 1991, 320, 321 f.
[26] KR/*Bader,* § 18 BEEG Rn. 27; *Buchner/Becker,* § 18 BEEG Rn. 16; APS/*Rolfs,* § 18 BEEG Rn. 13; früher BAG 27.3.2003 NZA 2004, 155, 156; 11.3.1999 NZA 1999, 1047, 1048.
[27] BAG 27.3.2003 NZA 2004, 155, 156.

2. Teilzeitarbeit während der Elternzeit bei demselben Arbeitgeber (§ 18 Abs. 2 Nr. 1 BEEG)

Der besondere Kündigungsschutz nach § 18 Abs. 1 S. 1 BEEG a. F. und n. F. gilt gem. § 18 Abs. 2 Nr. 1 BEEG entsprechend, wenn der/die Arbeitnehmer/in **während der Elternzeit bei demselben Arbeitgeber,** d.h., wie früher in § 18 Abs. 2 Nr. 1 BErzGG („bei seinem Arbeitgeber"),[28] bei seinem/ihrem bisherigen Arbeitgeber,[29] Teilzeitarbeit leistet. Die Verweisung ist geboten, weil § 15 Abs. 4 S. 1 BEEG idF von Art. 1 des „Gesetz zur Vereinfachung des Elterngeldvollzugs" vom 10.9.2012 (BGBl. I S. 1878), in Kraft seit dem 18.9.2012, Erwerbstätigkeit erlaubt, wenn die vereinbarte wöchentliche Arbeitszeit für jeden Elternteil, der eine Elternzeit nimmt, **nicht 30 Stunden** im Durchschnitt des Monats übersteigt. Auf die Teilzeitbeschäftigung hat der/die Arbeitnehmer/in nach Maßgabe des § 15 Abs. 4 bis 7 BEEG einen Rechtsanspruch. Unzulässige Teilzeitarbeit schließt den Sonderkündigungsschutz aus. 1454

Zwar sieht § 18 Abs. 2 Nr. 1 BEEG für den Kündigungsschutz während der Erledigung von Teilzeitarbeit in der Elternzeit im Unterschied zur Zulässigkeit der Teilzeitarbeit in der Elternzeit (§ 15 Abs. 4 S. 1 BEEG) keine zeitliche Grenze für die Teilzeitarbeit vor. Jedoch ist zu beachten, dass § 18 Abs. 2 Nr. 2 BEEG (für die ab dem 1.7.2015 geborenen oder mit dem Ziel der Adoption aufgenommenen Kinder § 18 Abs. 2 Nr. 2 BEEG idF von Art. 1 Nr. 18 lit.b des Gesetzes vom 18.12.2014, BGBl. I S. 2325) – Kündigungsschutz während Teilzeitarbeit ohne Inanspruchnahme von Elternzeit (näher → Rn. 1457–1463) – ua auf § 1 Abs. 1 Nr. 4 BEEG Bezug nimmt – Anspruch auf Elterngeld – und die dort enthaltene Anspruchsvoraussetzung für den Bezug von Elterngeld „keine volle Erwerbstätigkeit" in § 1 Abs. 6 BEEG mit nicht mehr als „30 Wochenstunden im Durchschnitt des Monats" definiert wird.[30] Beim Überschreiten dieser Zeitgrenze entfällt mit dem Anspruch auf das Elterngeld auch der Sonderkündigungsschutz nach § 18 Abs. 2 Nr. 2 BEEG a. F. und n. F. Die Voraussetzungen des Sonderkündigungsschutzes im Hinblick auf die Zeitgrenze „bis zu 30 Wochenstunden im Durchschnitt des Monats" sind in § 18 Abs. 2 Nr. 1 und 2 BEEG nicht unterschiedlich geregelt. Denn § 18 Abs. 2 Nr. 2 BEEG a. F. und n. F. will nur sicherstellen, dass Arbeitnehmer/innen, die vor Beginn der Elternzeit Teilzeitarbeit von bis zu 30 Wochenstunden im Durchschnitt des Monats – bis 17.9.2012: „nicht mehr als 30 Wochenstunden" – leisteten und die Arbeitszeit auch nach der Geburt des Kindes weiter ausüben, d. h. also keine Elternzeit in Anspruch nehmen, kündigungsrechtlich nicht schlechter stehen als andere Arbeitnehmer.[31] 1455

Der besondere Kündigungsschutz des § 18 Abs. 2 Nr. 1 BEEG erstreckt sich auf den Bestand des einheitlichen Arbeitsverhältnisses[32] mit seinem ursprünglichen Arbeitszeitvolumen, aber auch mit dem für die Dauer der Elternzeit befristeten Arbeitszeitvolumen.[33] Ohne Einwilligung der Arbeitnehmerin oder des Arbeitnehmers kann 1456

---

[28] Vgl. hierzu SPV/*Stahlhacke,* 9. Aufl., Rn. 1433.
[29] KR/*Bader,* § 18 BEEG Rn. 16a; *Buchner/Becker,* § 18 BEEG Rn. 34; ErfK/*Gallner,* § 18 BEEG Rn. 6. Zur Höhe einer vereinbarten Beendigungsabfindung EuGH 22.10.2009, NZA 2010, 29.
[30] Vgl. KR/*Bader,* § 18 BEEG Rn. 16b.
[31] KR/*Bader,* § 18 BEEG Rn. 19; ErfK/*Gallner,* § 18 BEEG Rn. 8, jeweils mit Hinweis auf BT-Drucks. 10/4212, S. 6 (zu § 18 Abs. 2 Nr. 2 BErzGG).
[32] Vgl. hierzu BAG 22.10.2008 NZA 2009, 962 Rn. 26; KR/*Bader,* § 18 BEEG Rn. 18; *Buchner/Becker,* § 18 BEEG Rn. 35; ErfK/*Gallner,* § 18 BEEG Rn. 7; APS/*Rolfs,* § 18 BEEG Rn. 7; vgl. auch früher BAG 23.4.1996 NZA 1997, 160, 162.
[33] Vgl. *Buchner/Becker,* § 18 BEEG Rn. 35; KR/*Bader,* § 18 BEEG Rn. 16b; ErfK/*Gallner,* § 18 BEEG Rn. 7; APS/*Rolfs,* § 18 BEEG Rn. 7.

der Arbeitgeber die vereinbarten Bedingungen des Teilzeitarbeitsverhältnisses nicht einseitig ändern, da auch die Änderungskündigung der Zulässigkeitserklärung nach § 18 Abs. 1 S. 2 BEEG a. F. (= § 18 Abs. 1 S. 4 BEEG n. F.) bedarf.[34] Zu beachten ist, dass sich der Anspruch auf Teilzeitarbeit während der Elternzeit nach § 15 Abs. 5, 6 bis 7 BEEG allein auf die Verringerung der Arbeitszeit erstreckt, nicht aber ein Anspruch auf Änderung anderer Arbeitsbedingungen eingeschlossen ist.

3. Teilzeitarbeit ohne Elternzeit (§ 18 Abs. 2 Nr. 2 BEEG)

1457 Sonderkündigungsschutz nach § 18 Abs. 2 Nr. 2 BEEG a. F. – bzgl. ab 1.7.2015 geborener oder mit dem Ziel der Adoption aufgenommener Kinder nach § 18 Abs. 2 Nr. 2 BEEG n. F. (→ Rn. 1455) ggü. ihrem Arbeitgeber haben seit dem 1.1.2007 auch Arbeitnehmer/innen, die **keine Elternzeit in Anspruch nehmen,** sondern bei ihrem Arbeitgeber[35] oder mit dessen Zustimmung nach § 15 Abs. 4 S. 3 und 4 BEEG bei einem anderen Arbeitgeber Teilzeitarbeit von höchstens 30 Wochenstunden im Durchschnitt des Monats (näher → Rn. 1455) leisten und während des Bezugszeitraums (§ 4 BEEG) Anspruch auf Elterngeld nach § 1 BEEG (bzgl. ab dem 1.7.2015 geborene oder mit dem Ziel der Adoption aufgenommene Kinder § 1 BEEG idF von Art. 1 Nr. 1, § 27 Abs. 1 S. 2 BEEG idF von Art. 21 lit. a des Gesetzes vom 18.12. 2014, BGBl. I S. 2325) haben. Kündigungsrechtlich sollen diese Arbeitnehmer/innen nicht schlechter stehen, als diejenigen, die die Elternzeit in Anspruch nehmen. Voraussetzung ist aber, dass ein **Anspruch auf Elternzeit** nach § 15 BEEG besteht, den der/die Arbeitnehmer/in allerdings nicht geltend macht, **und** er/sie einen Anspruch auf **Elterngeld** nach § 1 BEEG a. F. und n. F. hat. Für den Sonderkündigungsschutz nach § 18 Abs. 2 Nr. 2 BEEG a. F. und n. F. ist es unerheblich, ob das Teilzeitarbeitsverhältnis vor oder nach der Geburt des Kindes begründet worden ist.[36]

1458 Die Anknüpfung des Sonderkündigungsschutzes an den Anspruch auf Elterngeld hat bei Teilzeitkräften, die keine Elternzeit nehmen, zur Konsequenz, dass die Dauer des Sonderkündigungsschutzes nicht deckungsgleich ist mit den Fällen, in denen die Elternzeit in Anspruch genommen wird. Hier besteht der Sonderkündigungsschutz nach § 18 Abs. 1 S. 1 BEEG a. F. bzw. n. F. iVm § 15 Abs. 2 S. 1 BEEG im Grundsatz für drei Jahre, während er im Falle des § 18 Abs. 2 Nr. 2 BEEG a. F. iVm § 4 Abs. 1 BEEG a. F. – für ab dem 1.7.2015 geborene Kinder im Falle des § 18 Abs. 2 Nr. 2 BEEG n. F. iVm § 4 Abs. 1 S. 3 BEEG n. F. – nur für 12 bzw. 14 Monate besteht. Das liegt an der zeitlichen Begrenzung des Anspruchs auf Elterngeld in § 4 Abs. 2 S. 2 und 3 BEEG a. F. bzw. auf Basiselterngeld (vgl. § 4 Abs. 2 S. 2 BEEG n. F.)[37] in § 4 Abs. 4 S. 1, 2 BEEG n. F. auf 12 bzw. 14 Monate. Um die Teilzeitbeschäftigten nach § 18 Abs. 2 Nr. 2 BEEG a. F. und n. F. nicht schlechter als die nach § 18 Abs. 1 S. 1 und Abs. 2 Nr. 1 BEEG geschützten Arbeitnehmer zu stellen, genießen auch Erstere den

---

[34] Vgl. BayVGH 13.8.2014 BeckRS 2014, 55283; APS/*Rolfs*, § 18 BEEG Rn. 6; früher BAG 28.6.1995 NZA 1996, 151. Wird mit dem/der Arbeitnehmer/in nach Antritt der Elternzeit aushilfsweise ein befristetes Teilzeitarbeitsverhältnis vereinbart, liegt darin eine Einstellung iSd des § 99 Abs. 1 S. 1 BetrVG, BAG 28.4.1998 NZA 1998, 1352.

[35] Vgl. KR/*Bader*, § 18 BEEG Rn. 22; *Bruns*, BB 2008, 386, 388; APS/*Rolfs*, § 18 BEEG Rn. 8; KDZ/*Söhngen*, § 18 BEEG Rn. 16; a. A. *Buchner/Becker*, § 18 BEEG Rn. 37; a. A. früher auch LAG Berlin 15.12.2005 NZA-RR 2005, 474, 475.

[36] So zu § 18 Abs. 2 Nr. 2 BEEG a. F. *Buchner/Becker*, § 18 BEEG Rn. 37; *Düwell*, FA 2007, 44, 47; ErfK/*Gallner*, § 18 BEEG Rn. 8; APS/*Rolfs*, § 18 BEEG Rn. 10; früher BAG 27.3.2003 NZA 2004, 155, 156.

[37] Hierzu näher *Forst*, DB 2015, 68, 70 f.

Sonderkündigungsschutz nach § 18 Abs. 1 S. 1 BEEG a.F. bzw. § 18 Abs. 1 S. 3 BEEG n.F. (→ Rn. 1439, 1440) für drei Jahre.[38]

Der Sonderkündigungsschutz nach § 18 Abs. 2 Nr. 2 BEEG a.F. und n.F. **1459** (→ Rn. 1457) wirft die Frage auf, wie zu verfahren ist, wenn der Arbeitgeber, wie im Regelfall, bei Ausspruch der Kündigung keine **Kenntnis vom Sonderkündigungsschutz seiner/seines teilzeitbeschäftigten Arbeitnehmerin/Arbeitnehmers hat.** Das BEEG enthält dazu keine Regelung. Der Arbeitgeber hat keine Möglichkeit, vor Ausspruch der Kündigung das Zustimmungsverfahren nach § 18 Abs. 1 S. 2 BEEG a.F. bzw. § 18 Abs. 1 S. 4 BEEG n.F. (→ Rn. 1468ff.) zu betreiben. **Folgende Lösungen** werden **vorgeschlagen:**

In Anlehnung an das MuSchG wird die entsprechende Anwendung des § 9 Abs. 1 **1460** S. 1 1. Hs. MuSchG befürwortet,[39] d.h. der/die Arbeitnehmer/in verliert den besonderen Kündigungsschutz, wenn er/sie nicht innerhalb der Zweiwochenfrist nach Zugang der Kündigung mitteilt, dass Kündigungsschutz nach § 18 Abs. 2 Nr. 2 BEEG a.F. und n.F. (→ Rn. 1457) besteht. Er verliert ihn dann nicht, wenn die Voraussetzungen des § 9 Abs. 1 S. 1 2. Hs. MuSchG vorliegen, d.h. er die Versäumung der Frist nicht zu vertreten hat und die Mitteilung unverzüglich nachholt.

Ferner wird empfohlen, die für den besonderen Kündigungsschutz nach § 85 **1461** SGB IX vom BAG entwickelten Grundsätze anzuwenden (→ Rn. 1511), d.h. der/die Arbeitnehmer/in muss den Arbeitgeber innerhalb einer angemessen Frist, die im Hinblick auf die seit dem 1.1.2004 geltende Neufassung des § 4 S. 1 KSchG im Regelfall drei Wochen seit Zugang der Kündigung beträgt (→ Rn. 1511), unterrichten.[40]

Schließlich wird die Ansicht vertreten, der/die Arbeitnehmer/in müsse den Arbeit- **1462** geber in analoger Anwendung von § 16 Abs. 5 BEEG **unverzüglich** unterrichten, um sich den Sonderkündigungsschutz zu erhalten.[41]

Richtig erscheint die **entsprechende Anwendung** von § 9 Abs. 1 S. 1 2. Hs. **1463** **MuSchG** als „sachnächste" Regelung. Der besondere Kündigungsschutz nach dem BEEG geht auf den Schutz der werdenden Mutter zurück. Beide beruhen auf Art. 6 GG und sind Ausdruck der darauf beruhenden Schutz- und Fürsorgepflicht des Staates. Das rechtfertigt die Analogie.

4. Teilzeitarbeit bei einem anderen Arbeitgeber in der Elternzeit

Verrichtet der/die Arbeitnehmer/in **in der** Elternzeit bei einem **anderen** Arbeit- **1464** geber Teilzeitarbeit, bedarf er/sie dazu nach § 15 Abs. 4 S. 3 BEEG der Zustimmung seines/ihres eigentlichen Arbeitgebers. Der besondere Kündigungsschutz des § 18 Abs. 1 S. 1 BEEG a.F. und § 18 Abs. 1 S. 1–3 BEEG n.F. (→ Rn. 1440) gilt für das Teilzeitarbeitsverhältnis mit dem anderen Arbeitgeber nicht. Das folgt aus dem Wortlaut des § 18 Abs. 2 Nr. 1 BEEG, der auf den/die Arbeitnehmer/in verweist, der Elternzeit „bei demselben Arbeitgeber" nimmt.[42] Das ruhende Arbeitsverhältnis, das vor

---

[38] So zu § 18 Abs. 2 Nr. 2 BEEG a.F. KR/*Bader,* § 18 BEEG Rn. 22; *Gröninger/Thomas,* § 18 BEEG Rn. 9a; APS/*Rolfs,* § 18 BEEG Rn. 14; a.A. *Bruns,* BB 2008, 386, 389; *Buchner/Becker,* § 18 BEEG Rn. 37; a.A. früher auch LAG Berlin 15.12.2004 NZA-RR 2004, 474, 475, unter B I 2.
[39] Vgl. KR/*Bader,* § 18 BEEG Rn. 20; *Buchner/Becker,* § 18 BEEG Rn. 38; *Glatzel,* AR-Blattei SD 656 Rn. 162; APS/*Rolfs,* § 18 BEEG Rn. 9; früher LAG Berlin 15.12.2004 MDR 2005, 818.
[40] Zu § 18 Abs. 2 Nr. 2 BErzGG *Halbach,* DB 1986, Beil. Nr. 1 zu Heft 1, S. 14f.
[41] *Gröninger/Thomas,* § 18 BEEG Rn. 10.
[42] Vgl. KR/*Bader,* § 18 BEEG Rn. 17; *Buchner/Becker,* § 18 BEEG Rn. 34; ErfK/*Gallner,* § 18 BEEG Rn. 6; APS/*Rolfs,* § 18 BEEG Rn. 11; früher zu § 18 Abs. 2 Nr. 1 BErzGG BAG 2.2.2006 NZA 2006, 678 Rn. 16; a.A. *Glatzel,* AR-Blattei SD 656 Rn. 163.

der Inanspruchnahme der Elternteilzeit bestand, unterliegt weiter dem besonderen Kündigungsschutz. Das gilt selbst dann, wenn der/die Arbeitnehmer/in Teilzeitarbeit bei dem anderen Arbeitgeber ohne die Zustimmung seines/ihres eigentlichen Arbeitgebers leistet oder dieser seine Zustimmung aus dringenden betrieblichen Gründen form- und fristgerecht (§ 15 Abs. 4 S. 4 BEEG) abgelehnt hat. Das Verhalten des/der Arbeitnehmer/in kann im Einzelfall jedoch ein Grund sein, der die Zulässigkeitserklärung für die Kündigung nach § 18 Abs. 1 S. 2 BEEG rechtfertigt.[43]

1465 Der besondere Kündigungsschutz **besteht nicht mehr,** wenn die vereinbarte wöchentliche Arbeitszeit bei dem anderen Arbeitgeber 30 Wochenstunden im Durchschnitt eines Monats (→ Rn. 1439 a. E.) übersteigt. Der nach § 15 Abs. 4 S. 1 BEEG zulässige Umfang der Teilzeitarbeit darf nicht überschritten werden.[44]

III. Das Kündigungsverbot

1466 Das Kündigungsverbot des § 18 Abs. 1 S. 1 BEEG a. F. und n. F. (→ Rn. 1440) erfasst **alle Kündigungen, ordentliche, außerordentliche Beendigungs- und Änderungskündigungen.** Es gilt auch in der Insolvenz.[45] Die Kündigungsgründe sind ohne Bedeutung. Sie sind nur im Verfahren ggü. der zuständigen Behörde von Interesse, wenn der Arbeitgeber eine Zulässigkeitserklärung für die Kündigung nach § 18 Abs. 1 S. 2 BEEG beantragt hat. Der Bestandsschutz gilt nur für die Kündigung, d. h. andere Auflösungstatbestände bleiben, wie beim Mutterschutz (→ Rn. 1363 ff.), unberührt.

1467 Die Kündigung des Arbeitsverhältnisses **ohne vorherige Zulässigkeitserklärung** durch die zuständige Behörde ist nach § 18 Abs. 1 S. 1 BEEG a. F. und n. F. iVm § 134 BGB nichtig.[46] Wird die Zulässigkeitserklärung **nach dem Zugang** der Kündigung erteilt, ändert das nichts. Die Kündigung muss erneut erklärt werden.

IV. Die Zulässigkeitserklärung der Kündigung

1468 Die nach Landesrecht zuständige Behörde[47] kann in „besonderen Fällen" die Kündigung ausnahmsweise für zulässig erklären (vgl. § 18 Abs. 1 S. 2 und 3 BEEG; für die ab dem 1.7.2015 geborenen oder mit dem Ziel der Adoption aufgenommenen Kinder – vgl. § 27 Abs. 1 S. 2 BEEG idF von Art. 1 Nr. 21 lit. a des Gesetzes vom 18.12.2014 (BGBl. I S. 2325) – gilt § 18 Abs. 1 S. 4 und 5 BEEG idF von Art. 1 Nr. 18 lit. a des v. g. Gesetzes. Nach Nr. 1 S. 2 der „Allgemeine Verwaltungsvorschrift zum Kündigungsschutz bei Elternzeit (§ 18 Abs. 1 S. 4 des Bundeselterngeld- und Elternzeitgesetzes)" – KündSchEltZVwV –) vom 3.1.2007 (BAnz. Nr. 5 S. 247) liegt ein „besonderer Fall" vor, wenn es gerechtfertigt erscheint, dass das nach § 18 Abs. 1 BEEG als vorrangig angesehene Interesse des Arbeitnehmers oder der Arbeitnehmerin am Fortbestand des Arbeitsverhältnisses wegen **außergewöhnlicher Umstände** hinter die In-

---

[43] *Buchner/Becker,* § 18 BEEG Rn. 34; ErfK/*Gallner,* § 18 BEEG Rn. 6; APS/*Rolfs,* § 18 BEEG Rn. 12.
[44] KR/*Bader,* § 18 BEEG Rn. 17; ErfK/*Gallner,* § 18 BEEG Rn. 6; *Gröninger/Thomas,* § 18 BEEG Rn. 7; APS/*Rolfs,* § 18 BEEG Rn. 12 mit Rn. 6.
[45] Vgl. BAG 27.2.2014 NZI 2014, 467 Rn. 20.
[46] BAG 12.5.2011 NZA 2012, 208 Rn. 21; früher schon BAG 26.6.2008 NZA 2008, 1241 Rn. 20.
[47] Vgl. Übersicht bei APS/*Rolfs,* § 18 BEEG Rn. 31.

teressen des Arbeitgebers zurücktritt.[48] Nr. 2 KündSchEltZVwV enthält eine Aufzählung von „besonderen Fällen" iSd § 18 Abs. 1 S. 2 BEEG a.F. (= § 18 Abs. 1 S. 4 BEEG n.F.), die aber nicht abschließend sind. Bindend ist diese Aufzählung nur für die Verwaltungsbehörden, nicht für die Gerichte. Die Verwaltungsgerichte überprüfen die Handhabung des unbestimmten Rechtsbegriffes „besonderer Fall", in vollem Umfang. Es handelt sich um Rechtsanwendung. Wird der „besondere Fall" bejaht, **kann** die zuständige Behörde die Kündigung **ausnahmsweise** für zulässig erklären. Insoweit entscheidet die Behörde im Rahmen ihres pflichtgemäßen Ermessens (vgl. § 40 VwVfG), ob das Interesse des Arbeitgebers an einer Kündigung während der Elternzeit so erheblich überwiegt, dass ausnahmsweise die Kündigung zuzulassen ist. Diese Ermessensausübung kann verwaltungsgerichtlich nur beschränkt überprüft werden (vgl. § 114 S. 1 VwGO).[49]

Die Merkmale des **besonderen Falles und des Ausnahmefalles** iSd § 18 Abs. 1 S. 2 BEEG a.F. (= § 18 Abs. 1 S. 4 BEEG n.F.) sind insbesondere dann gegeben, wenn der/die Arbeitnehmer/in **nach Rückkehr** aus der Elternzeit wegen **Betriebsschließung** (→ Rn. 956 ff.) nicht mehr – auch nicht in einem anderen Betrieb des Arbeitgebers – eingesetzt werden kann (vgl. Nr. 2.1.1 KündSchEltZVwV).[50] Die zuständige Behörde ist dann verpflichtet, das ihr zustehende Ermessen dahin auszuüben, dass sie die beantragte Genehmigung erteilt.[51] Die Erhaltung der beitragsfreien Mitgliedschaft des/der Arbeitnehmers/in in der gesetzlichen Krankenversicherung (vgl. § 192 Abs. 1 Nr. 2 SGB V) stellt keinen beachtlichen Ermessensgesichtspunkt dar.[52]   1469

Bei ihrer Entscheidung über die vom Arbeitgeber beantragte Zulässigkeitserklärung darf die oberste Landesbehörde nur auf die ihr mitgeteilten Gründe für die beabsichtigte Kündigung abstellen.[53] Deshalb darf sie, wenn ein Arbeitgeber die Zulässigkeitserklärung nach § 18 Abs. 1 S. 2 BEEG a.F. (= § 18 Abs. 1 S. 4 BEEG n.F., → Rn. 1468) mit der Begründung, sein Betrieb sei zu einem bestimmten Zeitpunkt stillgelegt worden, beantragt hat, diese – allenfalls von Evidenzfällen abgesehen – nicht mit der Begründung verweigern, es liege ein Betriebsübergang vor. Ob ein solcher gegeben ist, unterliegt in Streitfällen allein der Entscheidungsbefugnis der Arbeitsgerichte.[54]   1470

Die Zulässigkeitserklärung ist vom Arbeitgeber bei der zuständigen Behörde **schriftlich** zu beantragen (Nr. 4 S. 1 KündSchEltZVwV). Die Behörde hat ihre Entscheidung unverzüglich zu treffen, nachdem sie dem betroffenen Arbeitnehmer und dem Betriebs- bzw. Personalrat Gelegenheit zur Äußerung gegeben hat (Nr. 5.2 KündSchEltZVwV).   1470a

---

[48] Zum Zweck der Ausnahmeregelung vom Kündigungsschutz und zum Begriff des „besonderen Fall" näher BVerwG 30.9.2009 NJW 2010, 2074 Rn. 15; BayVGH 8.10.2014 BeckRS 2014, 57149 Rn. 43; vgl. auch BAG 27.2.2014 NZI 2014, 467 Rn. 20; Kittner, NZA 2010, 198, 200 ff.; Wiebauer, ZfA 2012, 507 ff.; ders., BB 2013, 1784 ff.
[49] Vgl. auch VG Hannover 4.12.2007 BeckRS 2008, 30399; OLG Düsseldorf 17.10.1991 NVwZ 1992, 96; Buchner/Becker, § 18 BEEG Rn. 23; KR/Bader, § 18 BEEG Rn. 34d.
[50] Vgl. näher BVerwG 30.9.2009 NJW 2010, 2074 Rn. 17; VGH Baden-Württemberg 20.2.2007 NZA-RR 2007, 290, 291; OVG Münster 21.3.2000, NZA-RR 2000, 406, 407; VG Stuttgart 26.10.2011 ArbRB 2012, 109 f.; vgl. auch BAG 27.2.2014 NZA 2014, 897 Rn. 20; 22.6.2011 NZA-RR 2012, 119 Rn. 22; 20.1.2005 NZA 2005, 687; Buchner/Becker, § 18 BEEG Rn. 23.
[51] OVG NRW 21.3.2000 NZA-RR 2000, 406, 408; vgl. auch BVerwG 30.9.2009 NJW 2010, 2074 Rn. 21; LAG Schleswig-Holstein 30.1.2007 NZA-RR 2007, 290, 291.
[52] BVerwG 30.9.2009 NJW 2010, 2074 Rn. 19 ff.; BAG 27.2.2014 NZA 2014, 897 Rn. 20.
[53] Vgl. BAG 22.6.2011 NZA-RR 2012, 119 Rn. 20.
[54] BAG 18.10.2012 NZA 2013, 1007 Rn. 25; 22.6.2011, NZA-RR 2012, 119 Rn. 20; vgl. auch OVG NRW 21.3.2000 NZA-RR 2000, 406, 407.

1471 Hat die zuständige Behörde die ordentliche Kündigung ausnahmsweise für zulässig erklärt, muss diese nicht innerhalb einer bestimmten Frist ab Zustellung der Zulässigkeitserklärung ausgesprochen werden. § 88 Abs. 3 SGB IX kann nicht entsprechend angewandt werden.[55] Solange nur der Kündigungsgrund unverändert bleibt, können mehrere Kündigungen ausgesprochen werden.[56] Im Übrigen gelten die → Rn. 1425 ff. dargestellten Grundsätze entsprechend. So braucht zB die Zulässigkeitserklärung, wie bei § 9 Abs. 3 S. 1 MuSchG, vor Kündigungsausspruch nicht bestandskräftig zu sein.[57] Die Wirksamkeit der Zulässigkeitserklärung durch die zuständige Behörde nach § 18 Abs. 1 S. 3 BEEG a. F. (= § 18 Abs. 1 S. 5 BEEG n. F., → Rn. 1468) kann, wenn eine Nichtigkeit des Bescheids nicht in Betracht kommt, nur im Widerspruchsverfahren und ggf. im Verfahren vor den Verwaltungsgerichten nachgeprüft werden. An den bestandskräftigen Verwaltungsakt sind die Arbeitsgerichte gebunden.[58] Zu beachten ist nur, dass in § 18 BEEG für die Kündigung **keine dem § 9 Abs. 3 MuSchG entsprechende Formvorschrift** enthalten ist. Es gelten jedoch die allgemeinen Grundsätze, so dass nach § 623 1. Hs. BGB ein konstitutives Schriftformerfordernis besteht (Einzelheiten zu § 623 BGB → Rn. 61).

1471a Soweit die Anhörung des Betriebsrats nach § 102 Abs. 1 S. 1 BetrVG bzw. die Beteiligung des Personalrats (zB § 79 BPersVG) notwendig ist, kann diese vor, während oder nach dem Zustimmungsverfahren gem. § 18 Abs. 1 S. 2 und 3 BEEG a. F. (= § 18 Abs. 1 S. 4 und 5 BEEG n. F., → Rn. 1468) erfolgen. Es gelten die Grundsätze wie für die Zustimmung zur Kündigung eines schwerbehinderten Menschen gem. §§ 85 SGB IX (→ Rn. 1557).[59]

V. Die Geltendmachung der Nichtigkeit der Kündigung; Klagefrist

1472 Will ein Arbeitnehmer geltend machen, dass eine Kündigung wegen Verstoßes gegen § 18 Abs. 1 S. 1 BEEG a. F. bzw. § 18 Abs. 1 S. 1–3 BEEG n. F. (→ Rn. 1440) iVm § 134 BGB nichtig ist, muss er seit dem **1.1.2004** infolge der Änderung des § 4 KSchG durch Art. 1 Nr. 3 das „Gesetz zu Reformen am Arbeitsmarkt" vom 24. Dezember 2003 (BGBl. I S. 3002) **innerhalb von drei Wochen nach Zugang der schriftlichen Kündigung** Klage beim Arbeitsgericht auf Feststellung erheben, dass das Arbeitsverhältnis durch die Kündigung nicht aufgelöst ist (näher → Rn. 1810).

1473 Die Klagefrist, die im Grundsatz mit dem **Zugang der Kündigung** zu laufen beginnt und auch im Kleinbetrieb (§ 23 Abs. 1 S. 2 und 3 KSchG) gilt (näher → Rn. 1821), wird modifiziert, soweit die Kündigung der **Zustimmung einer Behörde** bedarf. Dann läuft die Frist zur Anrufung des Arbeitsgerichts nach § 4 S. 4 KSchG erst von der Bekanntgabe der Entscheidung der Behörde **an den Arbeitnehmer** ab (näher → Rn. 1923 ff.).

VI. Sonderkündigungsrecht des/der Arbeitnehmers/in

1474 Der Arbeitnehmer oder die Arbeitnehmerin kann das Arbeitsverhältnis zum Ende der Elternzeit nur unter Einhaltung einer Kündigungsfrist von drei Monaten kündigen

---

[55] BAG 22.6.2011 NZA-RR 2012, 119 Rn. 24, 25.
[56] LAG Köln 21.4.2006 BeckRS 2006, 42860.
[57] BAG 24.11.2011 NZA 2012, 610 Rn. 22; früher LAG Hamm 4.3.2005 BeckRS 2005, 40834.
[58] BAG 22.6.2011 NZA-RR 2012, 119 Rn. 20; 20.1.2005 NZA 2005, 687, 688.
[59] BAG 24.11.2011 NZA 2012, 610 Rn. 21.

(§ 19 BEEG). Auf diese Weise soll die Personalplanung des Arbeitgebers erleichtert werden. Gleichzeitig wird der/die Arbeitnehmer/in von der Beachtung oft längerer Kündigungsfristen im Gesetz, im Arbeits- oder im Tarifvertrag entbunden und kann flexibel unter Berücksichtigung seiner/ihrer und der Interessen des Kindes über die Auflösung des Arbeitsverhältnisses entscheiden.

§ 19 BEEG ist einseitig zwingend, d.h. vereinbarte längere Kündigungsfristen in Einzelarbeitsverträgen oder in Tarifverträgen sind unwirksam. Bestehen dagegen kürzere Kündigungsfristen im Einzelarbeits- oder im Tarifvertrag, steht dem/der Arbeitnehmer/in ein Wahlrecht zu. Er/Sie kann das Arbeitsverhältnis unter Beachtung der für den Arbeitsvertrag geltenden Kündigungsfrist auch zu einem anderen Zeitpunkt als dem Ende der Elternzeit kündigen. Die Kündigung nach § 19 BEEG unterliegt der Schriftform des § 623 1. Hs. BGB. **1475**

§ 19 BEEG ist auf Teilzeitarbeitnehmer nach § 18 Abs. 2 Nr. 1 BEEG anwendbar. Keine Anwendung findet § 19 BEEG aber auf Teilzeitkräfte nach § 18 Abs. 2 Nr. 2 BEEG a.F. und n.F. (→ Rn. 1458), die keine Elternzeit in Anspruch nehmen. Sie können nicht „zum Ende der Elternzeit" kündigen.[60] **1476**

Das Sonderkündigungsrecht des § 19 BEEG schließt nicht aus, dass die Arbeitsvertragsparteien das Arbeitsverhältnis durch Aufhebungsvertrag beenden (→ Rn. 34 ff. und Rn. 1375).[61] **1477**

§ 3 Kündigungsschutz schwerbehinderter Arbeitnehmer

I. Einleitung

Der Kündigungsschutz für schwerbehinderte Arbeitnehmer wurde bis zum 30.6.2001 durch das SchwbG in der Fassung vom 26.8.1986 (BGBl. I S. 1421), zuletzt geändert durch Gesetz vom 20.12.2000 (BGBl. I S. 1827), in den §§ 15 bis 22 SchwbG geregelt. Für die ordentliche Kündigung galt eine Mindestfrist von vier Wochen (§ 16 SchwbG) und jede ordentliche und außerordentliche Kündigung bedurfte der **vorherigen Zustimmung der Hauptfürsorgestelle** (§§ 15, 21 SchwbG). Darüber hinaus war die Zustimmung der Hauptfürsorgestelle nach der Änderung des Rechts der Berufsunfähigkeitsrenten zum 1.1.2001 nach § 22 S. 1 SchwbG in der seit dem 1.1.2001 geltenden Fassung (→ Rn. 1539) auch dann erforderlich, wenn die Beendigung des Arbeitsverhältnisses im Falle des Eintritts der teilweisen Erwerbsminderung auf Zeit, der Berufsunfähigkeit oder der Erwerbsunfähigkeit auf Zeit ohne Kündigung erfolgte. **1478**

Seit dem 1.7.2001 ist der Kündigungsschutz für schwerbehinderte Arbeitnehmer im „Sozialgesetzbuch – Neuntes Buch – (SGB IX) Rehabilitation und Teilhabe behinderter Menschen" vom 19.6.2001 (BGBl. I S. 1046), zuletzt geändert durch Art. 1a des Gesetzes vom 7.1.2015 (BGBl. II S. 15), geregelt. Die §§ 85 bis 92 SGB IX entsprechen im Wesentlichen den §§ 15 bis 22 SchwbG. Die Mindestfrist für die ordentliche Kündigung beträgt weiterhin vier Wochen (§ 86 SGB IX). Jede ordentliche und außerordentliche Kündigung bedarf nach wie vor gem. §§ 85, 91 SGB IX der vorherigen behördlichen Zustimmung. Hierfür ist seit dem 1.7.2001 das Integrationsamt nach § 102 Abs. 1 S. 1 Nr. 2 SGB IX (bis 30.4.2004: § 102 Abs. 1 Nr. 2 SGB IX) zuständig, das an die Stelle der bis dahin zuständigen Hauptfürsorgestelle (§ 31 Abs. 1 Nr. 2 **1479**

---

[60] *Buchner/Becker,* § 19 BEEG Rn. 5; ErfK/*Gallner,* § 19 BEEG Rn. 2; APS/*Rolfs,* § 19 BEEG Rn. 5; KDZ/*Söhngen,* § 19 BEEG Rn. 2.
[61] KR/*Bader,* § 19 BEEG Rn. 22; ErfK/*Gallner,* § 19 BEEG Rn. 5; KDZ/*Söhngen,* § 19 BEEG Rn. 7.

SchwbG) getreten ist.¹ Der bis zum 30.6.2001 in § 22 SchwbG enthaltene erweiterte Bestandsschutz des Arbeitsverhältnisses eines schwerbehinderten Menschen ist in § 92 SGB IX übernommen worden.

1480 Der bereits in § 14c SchwbG idF von Art. 1 Nr. 10 des „Gesetz zur Bekämpfung der Arbeitslosigkeit Schwerbehinderter (SchwbBAG)" vom 29.9.2000 (BGBl. I S. 1394) seit dem 1.10.2000 geregelte **präventive Kündigungsschutz** schwerbehinderter Arbeitnehmer ist in § 84 Abs. 1 SGB IX übernommen worden. Danach ist der Arbeitgeber gehalten, mit der Schwerbehindertenvertretung, den in § 93 SGB IX genannten Vertretungen (Betriebs- bzw. Personalrat) und – in Erweiterung zu § 14c SchwbG – dem Integrationsamt möglichst frühzeitig beschäftigungssichernde Maßnahmen zu erörtern, wenn im Arbeitsverhältnis eines schwerbehinderten Menschen personen-, verhaltens- oder betriebsbedingte Schwierigkeiten auftreten.² Die Durchführung eines Präventionsverfahrens nach § 84 Abs. 1 SGB IX ist keine Rechtmäßigkeitsvoraussetzung für die Zustimmungsentscheidung des Integrationsamts nach §§ 85 ff. SGB IX (näher → Rn. 1560a). Das Unterbleiben eines solchen Verfahrens, das eine Konkretisierung des dem gesamten Kündigungsschutzrecht innewohnenden Verhältnismäßigkeitsgrundsatzes darstellt (näher → Rn. 886),³ hat auf die Wirksamkeit einer Kündigung innerhalb der Wartezeit des § 1 Abs. 1 KSchG, die zudem nach § 90 Abs. 1 Nr. 1 SGB IX keiner Zustimmung des Integrationsamts gem. § 85 SGB IX bedarf, keinen Einfluss. Denn der Verhältnismäßigkeitsgrundsatz findet auf eine Kündigung außerhalb des KSchG keine Anwendung.⁴

1481 Die in § 84 Abs. 1 SGB IX enthaltene **Präventionsregelung** ist mit Wirkung vom 1.5.2004 durch § 84 Abs. 2 SGB IX idF von Art. 1 Nr. 20 lit. a des „Gesetz zur Förderung der Ausbildung und Beschäftigung schwerbehinderter Menschen" vom 23.4.2004 (BGBl. I S. 606) **durch** die Schaffung eines sog. **betrieblichen Eingliederungsmanagements** bei einer länger als sechs Wochen ununterbrochen oder wiederholt auftretenden Arbeitsunfähigkeit innerhalb eines Jahres noch **erweitert** worden und erstreckt sich nicht nur auf schwerbehinderte, sondern auf **alle** Arbeitnehmer.⁵ § 84 Abs. 2 SGB IX ist ebenfalls eine Ausprägung des Grundsatzes der Verhältnismäßigkeit⁶ und hat deshalb bei krankheitsbedingten Kündigungen große Bedeutung (näher → Rn. 1251). Auch seine Durchführung ist keine Rechtmäßigkeitsvoraussetzung für die Zustimmungsentscheidung des Integrationsamtes nach § 88 Abs. 1 SGB IX⁷ bzw. hat keinen Einfluss auf die Wirksamkeit einer Kündigung in der Wartezeit des § 1 Abs. 1 KSchG.⁸

1482 **Seit** dem **1.5.2004** ist mit der Einführung von § 90 Abs. 2a SGB IX idF von Art. 1 Nr. 21a lit. b des Gesetzes vom 23.4.2004 (→ Rn. 1481) der durch die §§ 85 bis 92

---

¹ Zum Hintergrund der Umbenennung der für den Kündigungsschutz zuständigen Behörde näher *Düwell*, BB 2001, 1527, 1530.
² Hierzu näher *Düwell*, BB 2001, 1527, 1530; *Feldes*, BehinR 2004, 187, 189; *Müller-Wenner/Schorn* § 84 SGB IX Rn. 4 ff.; NPM/*Neumann*, § 84 SGB IX Rn. 3; *Schimanski*, BehinR 2002, 121 ff.; *Weyand/Schubert*, Das neue Schwerbehindertenrecht, 2. Aufl. 2002, Rn. 279.
³ BAG 24.1.2008 NZA-RR 2008, 405 Rn. 33; 28.6.2007 NZA 2007, 1049 Rn. 38; 7.12.2006 NZA 2007, 617 Rn. 27.
⁴ BAG 24.1.2008 NZA-RR 2008, 405 Rn. 33; 28.6.2007 NZA 2007, 1049 Rn. 38; LAG Baden-Württemberg 17.3.2014 BeckRS 2014, 68737.
⁵ BAG 23.4.2008 NZA-RR 2008, 515 Rn. 23; 12.7.2007 NZA 2008, 173 Rn. 35.
⁶ BAG 24.1.2008 NZA-RR 2008, 405 Rn. 33; 12.7.2007 NZA 2008, 173 Rn. 41; 28.6.2007 NZA 2007, 1049 Rn. 38.
⁷ Vgl. OVG Sachsen-Anhalt 22.6.2011 BehinR 2012, 107, 110 Rn. 37.
⁸ BAG 24.1.2008 NZA-RR 2008, 405 Rn. 33; 28.6.2007 NZA 2007, 1049 Rn. 38.

SGB IX geschützte Personenkreis (→ Rn. 1483 ff.) eingeschränkt worden (näher → Rn. 1498 ff.). Außerdem sieht § 88 Abs. 5 SGB IX idF von Art. 1 Nr. 21 des Gesetzes vom 23.4.2004 (→ Rn. 1480) in den dort genannten Fällen eine Beschleunigung des Zustimmungsverfahrens beim Integrationsamt vor (näher → Rn. 1533a).

II. Geltungsbereich der §§ 85 bis 92 SGB IX

1. Geschützter Personenkreis

Der besondere Kündigungsschutz für Arbeitnehmer nach den §§ 85 bis 92 SGB IX **1483**
– eingeschlossen sind auch die leitenden Angestellten – erstreckt sich gem. § 68 Abs. 1 SGB IX auf **schwerbehinderte Menschen.** Das sind nach § 2 Abs. 2 SGB IX Personen, die auf Grund ihrer körperlichen Funktion, geistigen Fähigkeit oder seelischen Gesundheit nach näherer Maßgabe des § 2 Abs. 1 SGB IX behindert sind,[9] sofern die Behinderung einen Grad von mindestens 50 v.H. erreicht und sie ihren Wohnsitz, ihren gewöhnlichen Aufenthalt oder ihre Beschäftigung auf einem Arbeitsplatz iSd § 73 Abs. 1 SGB IX rechtmäßig im Geltungsbereich des SGB IX haben.[10] Ohne Bedeutung ist das Alter. Ebenso fallen Arbeitnehmer über 65 Jahre unter den besonderen Schutz der §§ 85 ff. SGB IX.[11] Zu beachten ist aber im Rahmen dieses Kündigungsschutzes die Ausnahmeregelung in § 90 Abs. 1 Nr. 3 lit. a SGB IX (→ Rn. 1494).

Der besondere Kündigungsschutz für den schwerbehinderten Arbeitnehmer besteht **1484**
an sich schon dann, wenn die Voraussetzungen des § 2 Abs. 1 und 2 SGB IX erfüllt sind.[12] Die **Feststellung** des **Grades** der **Behinderung** nach § 69 Abs. 1 S. 1 SGB IX hat nur **deklaratorische** Bedeutung.[13] Allerdings ist seit dem 1.5.2004 die Ausnahmeregelung in § 90 Abs. 2a SGB XI n.F. (→ Rn. 1498) zu beachten. Zu den Folgen, wenn der Arbeitgeber die Schwerbehinderteneigenschaft des Arbeitnehmers bzw. die Antragsteller im Zeitpunkt des Kündigungsausspruchs nicht kennt, → Rn. 1511.

Schwerbehinderte Menschen iSd §§ 2 Abs. 2, 68 Abs. 1 SGB IX sind auch die Aus- **1485**
zubildenden.[14] Der besondere Kündigungsschutz gilt nach § 127 Abs. 2 S. 2 SGB IX ebenfalls für die schwerbehinderten Menschen, die in **Heimarbeit beschäftigt** oder diesen gleichgestellt sind (§ 1 Abs. 1 und 2 HAG). Soll ein schwerbehinderter Mensch, der auf Grund eines Werkstattvertrages beschäftigt wird (vgl. §§ 136 Abs. 1 S. 1, 137 Abs. 1 SGB IX), gekündigt werden, ist § 85 SGB IX nur zu beachten, wenn das Ver-

---

[9] Bis zum 30.6.2001 war der Behindertenbegriff in § 3 Abs. 1 SchwbG geregelt.
[10] Vgl. LSG Rheinland-Pfalz 22.6.2001 BehinR 2002, 24. Das reine Auslandsarbeitsverhältnis eines Arbeitnehmers, das allein auf ausländische Baustellen beschränkt ist und keinerlei Ausstrahlung auf den inländischen Betrieb des Arbeitgebers hat, bedarf im Falle der Kündigung nicht der Zustimmung nach § 85 SGB IX, selbst wenn die Anwendung deutschen Rechts vereinbart worden ist, vgl. KR/*Etzel*, Vor §§ 85–92 SGB IX Rn. 3; ErfK/*Rolfs*, § 85 SGB IX Rn. 2; früher BAG 30.4.1987 NZA 1988, 135 f. = AP SchwbG § 12 Nr. 15 mit Anm. *Gamillscheg*, der darauf hinweist, dass in Fällen dieser Art das ausländische Recht am Einsatzort darauf zu überprüfen ist, ob es einen Schwerbehindertenschutz enthält, da dieser dann trotz der getroffenen Rechtswahl eingreift; im Übrigen vgl. *Gotthardt* MDR 2001, 961, 962.
[11] Vgl. zu §§ 15 ff. SchwbG LAG Düsseldorf 29.5.1980 DB 1980, 1551; BVerwG 13.12.1990 NJW 1991, 1127; *Gröninger/Thomas*, § 15 SchwbG Rn. 23.
[12] BVerwG 12.7.2012 NZA 2013, 97 Rn. 20; vgl. früher BSG 7.11.2001 BSGE 89, 79, 81.
[13] BAG 18.11.2008 NZA 2009, 728 Rn. 22; 13.2.2008 NZA 2008, 1055 Rn. 16; VGH Baden-Württemberg 12.12.2005 NZA-RR 2006, 356, 357; *Bauer/Powietzka*, NZA-RR 2004, 505, 506; LPK-SGB IX/*Düwell*, Vorbem. § 85 Rn. 7; *Müller-Wenner/Schorn* § 85 SGB IX Rn. 21; ErfK/*Rolfs*, §§ 68, 69 SGB IX Rn. 9; vgl. auch BAG 31.7.2014 NZA 2015, 358 Rn. 48.
[14] KR/*Etzel* Vor §§ 85–92 SGB IX Rn. 16; früher BAG 10.12.1987 NZA 1988, 428.

Dritter Abschnitt: Der besondere Kündigungsschutz

tragsverhältnis, wie gem. § 138 Abs. 1 SGB IX – im Regelfall liegt nach dieser Vorschrift ein arbeitnehmerähnliches Rechtsverhältnis vor,[15] auf das § 85 SGB IX nicht anwendbar ist[16] – möglich, als Arbeitsverhältnis zu bewerten ist.[17] Dagegen fallen **GmbH-Geschäftsführer**, die Organ der Gesellschaft sind[18] und zudem in ihre Stellung gewählt werden (§ 90 Abs. 1 Nr. 2 SGB IX iVm § 73 Abs. 2 Nr. 5 SGB IX),[19] nicht unter die §§ 85 ff. SGB IX.[20] Dies steht in Einklang mit der RL 2000/78/EG, weil diese keinen besonderen Kündigungsschutz für behinderte Menschen fordert. Deshalb ist die gegenteilige Rechtsprechung des EuGH zum Kündigungsschutz werdender Mütter (näher → Rn. 1341a) auf § 85 SGB IX nicht übertragbar.[21] Die Freiwilligen iSd BFDG sind keine Arbeitnehmer iSv § 85 SGB IX, auch nicht über § 13 BFDG.[22]

1486 Ohne Bedeutung ist die **Staatsangehörigkeit** des Arbeitnehmers. Der Schwerbehindertenschutz gilt auch für Arbeitnehmer bei den alliierten Streitkräften (Ausnahme bei Kündigungen aus Sicherheitsgründen).[23] Arbeitnehmer, die in kirchlichen Einrichtungen beschäftigt werden, können sich ebenfalls auf die §§ 85 ff. SGB IX berufen. Die Verfassungsgarantie des kirchlichen Selbstbestimmungsrechts (Art. 140 GG iVm Art. 137 Abs. 3 WRV) steht nicht entgegen.[24]

1487 Der besondere Kündigungsschutz nach §§ 85 bis 92 SGB IX gilt schließlich gem. § 68 Abs. 1 und 3 SGB IX für **gleichgestellte behinderte Menschen** iSd § 2 Abs. 3 SGB IX.[25] Er beginnt zwar anders als der Sonderkündigungsschutz schwerbehinderter Menschen (→ Rn. 1484) erst mit dem **konstitutiven Verwaltungsakt**,[26] durch den die Bundesagentur für Arbeit die Gleichstellung ausspricht (§ 68 Abs. 2 S. 1 SGB IX),[27] weshalb eine erst nach Zugang einer Kündigung beantragte Gleichstellung für deren Wirksamkeit keine Bedeutung hat.[28] Jedoch wird die Gleichstellung nach

---

[15] LAG Baden-Württemberg 26.1.2009 BeckRS 2009, 73764 Rn. 50; krit. zu dieser Einordnung *Wendt*, BehinR 2014, 59 ff.

[16] LAG Baden-Württemberg 26.1.2009 BeckRS 2009, 73764 Rn. 70; LAG Düsseldorf 11.11.2013 BeckRS 2014, 65910; ErfK/*Rolfs*, § 85 SGB IX Rn. 3; allg. KR/*Etzel*, Vor §§ 85–92 SGB IX Rn. 16; NPM/*Neumann*, § 85 SGB IX Rn. 26; vgl. zur Nichtanwendbarkeit von § 1 Abs. 1 KSchG LAG Rheinland-Pfalz 16.1.2008 BeckRS 2008, 53086.

[17] ArbG Koblenz 9.8.2002 NZA-RR 2002, 188.

[18] BAG 15.11.2013 GmbHR 2014, 137 Rn. 16; 4.2.2013 NZA 2013, 397 Rn. 9; 29.1.1981 AP BGB § 622 Nr. 14; BVerwG 8.3.1999 NZA 1999, 826, 827; BVerwG 26.9.2002 *Buchholz*, 436.61 § 7 SchwbG Nr. 5; *Boemke*, ZfA 1998, 209, 213 f.; *Neumann*, BehinR 2002, 168, 171 ff.

[19] Zu Ausnahmen vgl. APS/*Vossen*, § 85 SGB IX Rn. 7.

[20] ErfK/*Rolfs*, § 85 SGB IX Rn. 3.

[21] Vgl. näher OLG Düsseldorf 18.10.2012 GmbHR 2012, 1347, 1348 f.; ebenso ArbG Köln 31.7.2013 BeckRS 2014, 68463; KR/*Etzel*, Vor §§ 85–92 SGB IX Rn. 16; ErK/*Rolfs*, § 85 Rn. 3.

[22] ArbG Köln 31.7.2013 BeckRS 2014, 68463.

[23] Vgl. NPM/*Neumann*, § 85 SGB IX Rn. 30; KR/*Weigand* Art. 56 NATO-ZusAbk. Rn. 39; früher BAG 20.5.1958 AP Truppenvertrag Art. 44 Nr. 17.

[24] VGH Baden-Württemberg 26.5.2003 NZA-RR 2003, 629, 630; 16.4.2003 GewArch 2004, 116.

[25] Vgl. näher BSG 6.8.2014 BeckRS 2014, 72761 Rn. 13 ff. u. BeckRS 2014, 72763 Rn. 17 ff.; LSG Baden-Württemberg 28.2.2014 BeckRS 2014, 67290.

[26] BVerwG 11.5.2006 BehinR 2007, 107; VGH Baden-Württemberg 20.6.2006 BehinR 2007, 23, 26; BAG 18.11.2008 NZA 2009, 728 Rn. 22; vgl. auch BSG 6.8.2014 BeckRS 2014, 72761 Rn. 14; LSG Baden-Württemberg 5.11.2013 BeckRS 2013, 73840; BAG 31.7.2014 NZA 2015, 358 Rn. 48; 10.4.2014 NJW 2014, 3533 Rn. 39.

[27] Hierin liegt keine Diskriminierung der weniger stark behinderten Arbeitnehmer nach Art. 2 Abs. 1 der Richtlinie 2000/78/EG vom 27.11.2000 (ABl. Nr. L303 S. 16), vgl. näher BAG 10.4.2014 NJW 2014, 3533 Rn. 41, u. auch kein Verstoß gegen Art. 3 Abs. 3 S. 2 GG BAG 31.7.2014 NZA 2015, 358 Rn. 53.

[28] BAG 31.7.2014 NZA 2015, 358 Rn. 48; 10.4.2014 NJW 2014, 3533 Rn. 39; 24.11.2005 NZA 2006, 665 Rn. 24.

§ 68 Abs. 2 S. 2 SGB IX bereits mit dem Tag des Eingangs des Antrages bei der Bundesagentur für Arbeit (vgl. § 68 Abs. 2 S. 1 SGB IX) wirksam. Dieser Tag ist für die Gleichstellung auch dann maßgebend, wenn der vom Arbeitnehmer zunächst beim Versorgungsamt gestellte Anerkennungsantrag gem. § 69 Abs. 1 S. 1 SGB IX wegen Nichterreichens eines Grads der Behinderung von wenigstens 50 (vgl. § 2 Abs. 2 SGB IX) zurückgewiesen worden ist und nunmehr ein (erfolgreicher) Gleichstellungsantrag gestellt wird.[29] Damit konnte eine Kündigung, die zwischen Antragstellung und Gleichstellung ausgesprochen wurde, vor Inkrafttreten des § 90 Abs. 2a SGB IX am 1.5.2004 (→ Rn. 1498) unwirksam sein, sofern der Gleichstellungsantrag positiv beschieden wurde.[30] Diese Rechtsauffassung lässt sich jedoch seit dem 1.5.2004 nur noch eingeschränkt aufrecht erhalten (näher → Rn. 1503). Zu den Folgen, wenn der Arbeitgeber die Gleichstellung bzw. die Antragstellung im Zeitpunkt des Kündigungsausspruchs nicht kennt → Rn. 1511.

1488 § 85 SGB IX ist trotz fehlender Anerkennung als **schwerbehinderter Mensch** bzw. fehlendem Antrag hierzu (§ 69 Abs. 1 S. 1 SGB IX) anzuwenden, wenn diese **Eigenschaft** für den Arbeitgeber ohne weiteres erkennbar ist, sie als **offenkundig** anzusehen ist,[31] wobei sich allerdings die Offenkundigkeit nicht nur auf die Behinderung als solche, sondern auch auf ihren Grad mit mindestens 50% erstrecken muss.[32] An dieser Rechtslage hat sich durch das Inkrafttreten des § 90 2 lit. a SGB IX am 1.5.2004 nichts geändert (auch → Rn. 1499).[33] Die Voraussetzungen einer Gleichstellung können für den Arbeitgeber nicht „offenkundig" sein, so dass sie nicht ohne die Feststellung nach § 69 Abs. 1 S. 1 SGB IX die Anwendung des § 85 SGB IX iVm § 68 Abs. 3 SGB IX auslösen können.[34]

1489 Der **Kündigungsschutz** der §§ 85 ff. SGB IX besteht in allen Betrieben, **unabhängig** von der **Zahl** der beschäftigten **Arbeitnehmer.** Ohne Einfluss ist auch die Tatsache, dass der schwerbehinderte Arbeitnehmer über die in § 71 Abs. 1 SGB IX idF von Art. 1 Nr. 9 lit. a des „Gesetz zur Förderung der Ausbildung und Beschäftigung schwerbehinderter Menschen vom 23.4.2004 (BGBl. I S. 606) – § 71 Abs. 2 SGB IX ist rückwirkend zum 1.1.2004 durch Art. 1 Nr. 9 lit. b, Art. 7 Abs. 3 des v. g. Gesetzes aufgehoben worden – Pflichtzahl hinaus beschäftigt wird.

1489a Nach § 128 Abs. 2 SGB IX a. F. war vor der Versetzung schwerbehinderter Beamter in den Ruhestand das für die Dienststelle zuständige Integrationsamt zu hören. Diese Vorschrift ist mit Wirkung vom 1.5.2004 durch Art. 1 Nr. 32 lit. a des „Gesetz zur Förderung der Ausbildung und Beschäftigung schwerbehinderter Menschen" vom 23.4.2004 (BGBl. I S. 606) aufgehoben worden. Seitdem ist eine Beteiligung des Integrationsamtes vor der Ruhestandsversetzung von Beamten und ihrer Entfernung aus dem Dienst gesetzlich nicht mehr vorgesehen.[35] Eine Beteiligung des Integrationsam-

---

[29] So LAG Hessen 24.3.2014 BeckRS 2014, 72381 Rn. 5; a.A. KR/*Etzel/Gallner,* Vor §§ 85–92 SGB IX Rn. 15.
[30] BSG 2.3.2000 BSGE 86, 10, 12 = ArbuR 2001, 349, 350 mit Anm. *Kohte;* NPM/*Neumann* § 85 SGB IX Rn. 24; vgl. auch BAG 15.3.2006 AP BAT § 59 Nr. 14.
[31] BAG 20.1.2005 NZA 2005, 689, 690; BAG 24.11.2005 NZA 2006, 665 Rn. 32; BVerfG 9.4.1987 NZA 1987, 563; vgl. auch BAG 9.6.2011 NZA-RR 2011, 516 Rn. 25; BVerwG 12.7.2012 NZA 2013, 97 Rn. 25.
[32] LPK-SGB IX/*Düwell* § 85 Rn. 4; Hauck/Noftz/*Griebeling,* § 85 SGB IX Rn. 19; Müller-Wenner/*Schorn,* § 85 Rn. 23; NPM/*Neumann,* § 85 Rn. 34; früher BAG 31.7.2002 NZA 2003, 620, 622; BAG 5.7.1990 NZA 1991, 667, 669.
[33] NPM/*Neumann,* § 85 SGB IX Rn. 34.
[34] BAG 24.11.2005 NZA 2006, 665 Rn. 33.
[35] BAG 24.5.2012 NZA 2012, 1158 Rn. 16.

tes in analoger Anwendung der §§ 85 ff. SGB IX bzw. des § 92 SGB IX scheidet aus. Dienstordnungsangestellte sind gegen Versetzungen in den Ruhestand oder ihre Entfernung aus dem Dienstverhältnis gegen ihren Willen in gleicher Weise gesichert wie Beamte und bedürfen deshalb keines zusätzlichen Schutzes.[36]

2. Ausnahmetatbestände (§ 90 Abs. 1–Abs. 2a SGB IX)

1490   **Kein besonderer Kündigungsschutz** nach § 85 SGB IX ist in einer Reihe von Fällen gegeben, die § 90 SGB IX enumerativ aufzählt.

a) Nichterfüllung der Wartezeit

1491   Besteht das Arbeitsverhältnis im Zeitpunkt des Zugangs der Kündigungserklärung ohne Unterbrechung noch nicht länger als **sechs Monate,** entfällt gem. § 90 Abs. 1 Nr. 1 SGB IX der besondere Kündigungsschutz nach den §§ 85 ff. SGB IX. Durch die bis zum 30.6.2001 geltende gleich lautende Regelung des § 20 Abs. 1 Nr. 1 SchwbG sollte nach der Vorstellung des Gesetzgebers die Einstellungsbereitschaft der Arbeitgeber gefördert werden. Die **Frist** des § 90 Abs. 1 Nr. 1 SGB IX ist, wie die seiner Vorgängerregelung in § 20 Abs. 1 Nr. 1 SchwbG, dem **§ 1 Abs. 1 KSchG nachgebildet.** Es kommt also für die Feststellung der ununterbrochenen Dauer des Arbeitsverhältnisses von sechs Monaten auf seinen rechtlichen Bestand an, wobei allerdings die Dauer eines früheren Arbeitsverhältnisses bei demselben Arbeitgeber, sofern dieses mit dem jetzigen in einem „engen sachlichen Zusammenhang steht", angerechnet werden kann[37] (zu § 1 Abs. 1 KSchG → Rn. 877). Auch im Übrigen kann für die Berechnung der Wartezeit auf die → Rn. 870 ff. dargestellten Grundsätze verwiesen werden.[38] Die Regelung des § 90 Abs. 1 Nr. 1 SGB IX steht in Einklang mit der Richtlinie 2000/78/EG vom 27.11.2000 (ABl. EG Nr. L 303).[39]

1492   Entscheidend für den Beginn des besonderen Kündigungsschutzes der §§ 85 ff. SGB IX ist der **Zugang der Kündigung.** Geht die Kündigungserklärung vor Ablauf der Sechsmonatsfrist zu und beendet sie das Arbeitsverhältnis zu einem Zeitpunkt, in dem die Frist bereits abgelaufen ist, greift der besondere Kündigungsschutz nicht ein.[40] Demnach bedarf auch eine noch am letzten Tag der Sechs-Monats-Frist zugegangene Kündigung keiner Zustimmung nach § 85 SGB IX.[41] Erfolgt jedoch eine erst kurz vor Erfüllung der sechsmonatigen Wartezeit ausgesprochene Kündigung allein zu dem Zweck, den Eintritt des besonderen Kündigungsschutzes nach §§ 85 ff. SGB IX zu verhindern, ist der schwerbehinderte Arbeitnehmer ausnahmsweise in Anwendung des Rechtsgedankens des § 162 BGB so zu behandeln, als wäre die Wartezeit bereits erfüllt. Allerdings greift der Rechtsgedanke des § 162 BGB nicht schon dann ein, wenn der Arbeitgeber bereits während der Wartezeit kündigt, obwohl dies zur Wahrung der nach Gesetz oder Vertrag zu beachtenden Kündigungsfrist nicht erforderlich gewesen

---

[36] BAG 24.5.2012 NZA 2012, 1158 Rn. 22.
[37] BAG 19.7.2007 NZA 2007, 1103 Rn. 14.
[38] BAG 19.7.2007 NZA 2007, 1103 Rn. 14; vgl. früher BAG 4.2.1993 NZA 1994, 214, 216.
[39] Vgl. BAG 28.6.2007 NZA 2007, 1049 Rn. 44.
[40] Ebenso KR/*Etzel/Gallner,* §§ 85–90 SGB IX Rn. 39; Hauck/Noftz/*Griebeling,* § 90 SGB IX Rn. 7; ErfK/*Rolfs,* § 90 SGB IX Rn. 1; früher BAG 25.2.1981 AP SchwbG § 17 Nr. 2.
[41] LPK-SGB IX/*Düwell,* § 90 Rn. 19; ErfK/*Rolfs,* § 90 Rn. 1; vgl. auch Hauck/Noftz/*Griebeling* § 90 SGB IX Rn. 7.

wäre.⁴² Hat der schwerbehinderte Arbeitnehmer entgegen Treu und Glauben (§ 242 BGB) den Zugang der Kündigung vor Ablauf der Sechs-Monats-Frist vereitelt und muss er sich deshalb so behandeln lassen, als ob ihm die Kündigung innerhalb dieser Frist zugegangen ist, bedarf die Kündigung nicht der Zustimmung nach § 90 Abs. 1 Nr. 1 SGB IX.⁴³

b) Schwerbehinderte Arbeitnehmer auf bestimmten Arbeitsplätzen

Schwerbehinderte Arbeitnehmer, die auf den Arbeitsplätzen beschäftigt werden, die in § 73 Abs. 2 Nr. 2 bis 5 SGB IX aufgezählt sind, sind nach § 90 Abs. 1 Nr. 2 SGB IX idF von Art. 1 Nr. 21a lit. a des Gesetzes vom 23.4.2004 (BGBl. I S. 606) von dem besonderen Kündigungsschutz ausgenommen. Danach haben Personen keinen besonderen Kündigungsschutz, deren Beschäftigung nicht in erster Linie ihrem Erwerb dient, sondern vorwiegend durch Beweggründe karitativer oder religiöser Art bestimmt ist oder die vorwiegend zu ihrer Heilung, Wiedereingewöhnung oder Erziehung beschäftigt werden.⁴⁴ Ausgenommen sind ferner Teilnehmer an Arbeitsbeschaffungsmaßnahmen nach §§ 260ff. SGB III und Personen, die nach ständiger Übung in ihre Stellen gewählt werden. iVm Wer in einer Anstalt für Behinderte als Pfleger, Arzt oder sonstiges Hilfspersonal beschäftigt ist, genießt den Schutz der §§ 85ff. SGB IX.

c) Kündigung nach dem 58. Lebensjahr

Der besondere Kündigungsschutz gilt nach § 90 Abs. 1 Nr. 3 SGB IX nicht für schwerbehinderte Arbeitnehmer, deren Arbeitsverhältnis durch Kündigung beendet wird, sofern sie
– das 58. Lebensjahr vollendet haben **und** Anspruch auf eine Abfindung, Entschädigung oder ähnliche Leistung auf Grund eines Sozialplanes⁴⁵ haben oder
– Anspruch auf Knappschaftsausgleichsleistung nach dem Sechsten Buch des SGB (vgl. § 239 SGB VI) oder auf Anpassungsgeld für entlassene Arbeitnehmer des Bergbaus haben,
wenn der Arbeitgeber ihnen die Kündigungsabsicht rechtzeitig mitgeteilt hat und sie der beabsichtigten Kündigung bis zu deren Ausspruch nicht widersprechen.

Rechtzeitig ist die **Unterrichtung,** die formlos erfolgen kann, nur, wenn der Arbeitnehmer noch ausreichend Zeit zur Überlegung hat, ob er der Kündigung vor ihrem Ausspruch widersprechen soll.⁴⁶ Eine bestimmte Überlegungsfrist gibt es nicht; entscheidend sind die Umstände des Einzelfalls.⁴⁷ Als in jedem Fall angemessen wird in Anlehnung an § 4 S. 1 KSchG eine Überlegungsfrist von drei Wochen angesehen.⁴⁸

---

⁴² Vgl. NPM/*Neumann*, § 90 SGB IX Rn. 7; vgl. zur Wartezeit nach § 1 Abs. 1 KSchG BAG 18.8.1982 AP BetrVG 1972 § 102 Nr. 24; 28.9.1978 AP BetrVG 1972 § 102 Nr. 19; gegen Anwendung von § 162 BGB LPK-SGB IX/*Düwell*, § 90 Rn. 19.
⁴³ BAG 22.9.2005 NZA 2006, 204 Rn. 21.
⁴⁴ Vgl. früher BAG 4.2.1993 NZA 1994, 214, 216.
⁴⁵ Nach Ansicht des LAG Köln (4.4.1997 AiB 1998, 351) kann nur ein solcher Sozialplan gemeint sein, an dessen Zustandekommen ein Betriebsrat mitgewirkt hat, der für den schwerbehinderten Arbeitnehmer ein betriebsverfassungsrechtliches Mandat hat, so dass dieser seinen Anspruch auf § 77 Abs. 4 S. 1 BetrVG stützen kann.
⁴⁶ KR/*Etzel*, §§ 85–90 SGB IX Rn. 49; vgl. auch LPK-SGB IX/*Düwell*, § 90 Rn. 24; NPM/*Neumann*, § 90 SGB IX Rn. 17.
⁴⁷ ErfK/*Rolfs*, § 90 SGB IX Rn. 3.
⁴⁸ PK-SGB IX/*Kossens*, § 90 SGB IX; *Müller-Wenner/Schorn*, § 90 SGB IX Rn. 2; ErfK/*Rolfs*, § 90 SGB IX Rn. 3; a.A. LPK-SGB IX/*Düwell* § 90 Rn. 24; KR/*Etzel/Gallner*, §§ 85–90 SGB IX

Der **Widerspruch** des Arbeitnehmers, der **formlos** erfolgen kann und **keiner Begründung** bedarf,[49] muss **vor** der **Kündigungserklärung** dem Arbeitgeber **zugehen**, will der schwerbehinderte Arbeitnehmer die in § 90 Abs. 1 Nr. 3 SGB IX normierte Ausnahme vom besonderen Kündigungsschutz nicht zur Anwendung kommen lassen. Erfolgt **keine rechtzeitige Unterrichtung** des Arbeitnehmers, **bedarf** die **Kündigung** zu ihrer Wirksamkeit der **Zustimmung** des Integrationsamtes nach § 85 SGB IX.[50]

d) Entlassung aus Witterungsgründen

1496 Gem. § 90 Abs. 2 SGB IX gelten die Bestimmungen über den Kündigungsschutz der schwerbehinderten Arbeitnehmer nicht bei Entlassungen, die aus Witterungsgründen vorgenommen werden, sofern die **Wiedereinstellung** der zuvor entlassenen schwerbehinderten Arbeitnehmer bei Wiederaufnahme der Arbeit **gewährleistet** ist. Gleichgültig ist, ob der Wiedereinstellungsanspruch auf einem Tarifvertrag,[51] einer (zulässigen) Betriebsvereinbarung oder auf einem Einzelarbeitsvertrag[52] beruht. Die Bestimmung hat nicht nur Bedeutung für die Bauindustrie, sondern für alle Gewerbezweige, in denen Entlassungen aus Witterungsgründen vorkommen, zB Landwirtschaft ua. Im Baugewerbe und in Wirtschaftszweigen, die von saisonbedingtem Arbeitsanfall betroffen sind, ist mit Wirkung vom 1.4.2006 § 175 Abs. 1 SGB III idF von Art. 1 Nr. 11 des Gesetzes zur Förderung ganzjähriger Beschäftigung vom 24.4.2006 (BGBl. I S. 926) – seit 1.4.2012: § 101 Abs. 1 SGB III n. F. – zu beachten, der unter den dort genannten Voraussetzungen die Zahlung von Saison-Kurzarbeitergeld (früher: Winterausfallgeld gem. § 214 SGB III a. F.) bei witterungsbedingtem Arbeitsausfall in der Schlechtwetterzeit (1.12. bis 31.3. des Folgejahres) gem. § 101 Abs. 1 SGB III n. F. (bis 31.12.2012: § 175 Abs. 1 SGB III a. F. vorsieht. In dieser Zeit können die Arbeitsverhältnisse nicht aus Witterungsgründen gekündigt werden (dazu § 11 Nr. 2 des BRTV-Bau vom 4.7.2002 idF vom 10.12.2014).

1497 Die Arbeiten müssen **durch** die **Witterung bedingt** ausfallen. Das ist nicht nur der Fall, wenn aus Witterungsgründen vorhandene Aufträge nicht ausgeführt werden können, sondern auch dann, wenn Aufträge aus Witterungsgründen fehlen und Arbeitnehmer deshalb nicht beschäftigt werden können.[53] Wird vorübergehend die Arbeit eines Büroangestellten wegen der witterungsbedingten Unterbrechung überflüssig, ist § 90 Abs. 2 SGB IX nicht anwendbar. Umstritten ist, ob der Kündigungsschutz auch entfällt, wenn der Arbeitgeber den schwerbehinderten Arbeitnehmer trotz bestehender kollektiv- oder individualvertraglicher Verpflichtung nicht wiedereinstellt. Man wird die Kündigung selbst in diesem Fall als wirksam nach §§ 1 Abs. 1, Abs. 2 S. 1 KSchG[54] anzusehen haben, so dass der Arbeitnehmer auf den Rechtsweg angewiesen

---

Rn. 49; *Kleinebrink,* ArbRB 2004, 112, 113, die in Anlehnung an § 102 Abs. 2 S. 1 BetrVG für eine einwöchige Überlegungsfrist plädieren.

[49] KR/*Etzel/Gallner,* §§ 85–90 Rn. 50.

[50] LPK-SGB IX/*Düwell,* § 90 Rn. 25; KR/*Etzel/Gallner,* §§ 85–90 SGB IX Rn. 49.

[51] Vgl. zB BAG 1.12.2004 AP TVG § 1 Tarifverträge: Maler Nr. 12; 22.8.2001 NZA 2002, 610; 18.5.1999 NZA 1999, 1166; LAG Berlin 23.6.1998 BeckRS 1998, 30893404; LAG Niedersachsen 13.10.1997 DB 1998, 1139 Ls.

[52] Vgl. BAG 26.4.2006 AP BGB § 611 Wiedereinstellung Nr. 1.

[53] KR/*Etzel/Gallner,* §§ 85–90 SGB IX Rn. 52; Hauck/Noftz/*Griebeling,* § 90 SGB IX Rn. 16; früher LAG München 24.10.1986 NZA 1987, 522; a. A. LPK-SGB IX/*Düwell,* § 90 Rn. 28; PK-SGB IX/*Kossens,* § 90 SGB IX Rn. 10; *Knittel,* § 90 SGB IX Rn. 19; *Müller-Wenner/Schorn,* § 90 SGB IX Rn. 31; NPM/*Neumann,* § 90 SGB IX Rn. 20.

[54] Hierzu BAG 7.3.1996, NZA 1996, 931, 933.

ist, d.h. den Wiedereinstellungsanspruch auf diese Weise durchzusetzen hat. Eine rückwirkende Unwirksamkeit der Kündigung anzunehmen, verbietet sich nicht zuletzt wegen ihrer gestaltenden Wirkung (→ Rn. 3), mit der sich eine auch nur vorübergehend schwebende Unwirksamkeit nicht vereinbaren lässt.[55]

e) Fehlender Nachweis

Seit dem 1.5.2004 ist nach § 90 Abs. 2a SGB IX idF von Art. 1 Nr. 21a lit. b des „Gesetz zur Förderung der Ausbildung und Beschäftigung schwerbehinderter Menschen" vom 23.4.2004 (BGBl. I S. 606) die Anwendung der §§ 85 ff. SGB IX auch dann ausgeschlossen, wenn zum Zeitpunkt des Zugangs[56] der Kündigung die Eigenschaft des Arbeitnehmers als schwerbehinderter Mensch nicht nachgewiesen ist oder das Versorgungsamt nach Ablauf der jeweils nach § 69 Abs. 1 S. 2 SGB IX idF von Art. 1 Nr. 8 lit. a aa des v. g. Gesetzes vom 23.4.2004 in Betracht kommenden Frist[57] eine Feststellung wegen fehlender Mitwirkung des behinderten Menschen nicht treffen konnte (→ Rn. 1500–1504).[58] Mit dieser Regelung wird ausgeschlossen, dass ein besonderer Kündigungsschutz auch für einen Zeitraum gilt, in dem ein i.d.R. aussichtloses Anerkennungsverfahren nach § 69 Abs. 1 S. 1 SGB IX betrieben wird.[59] **Überholt** ist aufgrund der Regelung in § 90 Abs. 2a SGB IX die **Rechtsprechung** des Bundesarbeitsgerichts,[60] wonach – bei rückwirkendem positiven Ausgang des Anerkennungsverfahrens – auch der **Arbeitnehmer** sich auf § 85 SGB IX berufen kann, der den Arbeitgeber über seine körperlichen Beeinträchtigungen und von der **beabsichtigten Antragstellung** nach § 69 Abs. 1 S. 1 SGB IX **unterrichtet** hat und nunmehr **zeitnah** gekündigt wird.[61]

1498

Ein Nachweis iSv § 90 Abs. 2a 1. Alt. SGB IX kann nach § 69 Abs. 5 S. 2 SGB IX durch einen Ausweis über die Schwerbehinderteneigenschaft (§ 69 Abs. 5 S. 1 SGB IX), aber auch durch einen Feststellungsbescheid gem. § 69 Abs. 1 S. 1 SGB IX, oder durch diesem gleichstehende (vgl. § 69 Abs. 2 S. 2 SGB IX) Feststellungen nach § 69 Abs. 2 S. 1 SGB IX erbracht werden.[62] Der von § 90 Abs. 2a 1. Alt. SGB IX geforderte **Nachweis** muss dem Arbeitgeber ggü. **nicht vor Zugang** der Kündigung geführt worden sein (aber → Rn. 1511).[63] Ein Nachweis iSv § 90 Abs. 2a 1. Alt. SGB liegt nicht vor, wenn das Integrationsamt die Schwerbehinderung nach einem zunächst verneinenden Bescheid erst nach Widerspruch und Klageerhebung nach Zugang der

1499

---

[55] Ebenso i. Erg. LPK-SGB IX/*Düwell*, § 90 Rn. 30; KR/*Etzel/Gallner*, §§ 85–90 SGB IX Rn. 53; ErfK/*Rolfs*, § 90 SGB IX Rn. 4; a. A. *Knittel*, § 90 SGB IX Rn. 21; NPM/*Neumann*, § 90 SGB IX Rn. 22.
[56] *Cramer*, NZA 2004, 698, 704.
[57] Hierzu näher *Bauer/Powietzka*, NZA-RR 2004, 505, 507; *Griebeling*, NZA 2005, 494, 498; *Westers*, BehinR 2004, 93, 96.
[58] Hierzu näher *Cramer*, NZA 2004, 698, 704; *Griebeling*, NZA 2005, 494, 498 f.
[59] Vgl. Begr. des zuständigen 13. Ausschusses in BT-Drucks. 15/2357, S. 24.
[60] BAG 7.3.2002 NZA 2002, 1145, 1146 f.
[61] *Bauer/Powietzka*, NZA-RR 2004, 505, 507; vgl. auch *Düwell*, BB 2004, 2811, 2812.
[62] *Cramer*, NZA 2004, 698, 704; vgl. auch *Bauer/Powietzka*, NZA-RR 2004, 505, 507; *Düwell*, BB 2004, 2811, 2812; *ders.*, JhrbArbR Bd. 43 (2006), 91, 99; *Fröhlich*, ArbRB 2009, 145, 146; *Rehwald/Kossack*, AiB 2004, 604, 606.
[63] BAG 11.12.2008 NZA 2009, 556 Rn. 27, 28; LAG Nürnberg 4.10.2005 AR-Blattei ES 1440 Nr. 138; LAG Schleswig-Holstein 21.4.2009 LAGE SGB IX § 90 Nr. 5; OVG Koblenz 7.3.2006 NZA 2006, 1108, 1110; LPK-SGB IX/*Düwell*, § 90 Rn. 37; *Griebeling*, NZA 2005, 494, 496 f.; *Rolfs/Barg*, BB 2005, 1678, 1680; *Schlewing*, NZA 2005, 1218, 1220 f.; dazu neigend auch schon BAG 1.3.2007 NZA 2008, 302 Rn. 37; a. A. *Bauer/Powietzka*, NZA-RR 2004, 505, 507; *Berger-Delhey*, ZTR 2004, 623, 625 f.; *Böhm*, ArbRB 2004, 377 f.; *Cramer*, NZA 2004, 698, 704.

Kündigung rückwirkend auf den Zeitpunkt der Antragstellung, der vor Zugang der Kündigung liegt, feststellt (aber → Rn. 1501).[64] **Jeglicher Nachweis ist entbehrlich, wenn die Schwerbehinderteneigenschaft offenkundig** iSv § 291 ZPO ist (auch → Rn. 1516a).[65]

1500 Bis zum 30.4.2004 reichte es für die Anwendung der §§ 85 ff. SGB IX aus, wenn der Arbeitnehmer im Zeitpunkt des Kündigungszugangs einen Antrag auf Anerkennung seiner Schwerbehinderteneigenschaft nach § 69 Abs. 1 S. 1 SGB IX gestellt hatte und dieser später rückwirkend auf den Zeitpunkt der Antragstellung positiv beschieden wurde (→ Rn. 1488).[66] Dies gilt seit dem 1.5.2004, wie aus § 90 Abs. 2a 2. Alt. SGB IX folgt, grundsätzlich nicht mehr.[67] Nach dieser neuen Vorschrift **reicht ein bei Kündigungszugang anhängiges** und **später erfolgreiches Feststellungsverfahren** nur noch dann **für** den besonderen **Kündigungsschutz** nach §§ 85 ff. SGB IX **aus, wenn das Versorgungsamt** die Feststellung gem. § 69 Abs. 1 S. 1 SGB IX **nicht innerhalb** der **Frist** des § 69 Abs. 1 S. 2 SGB IX idF des Gesetzes vom 23.4.2004 (→ Rn. 1498), deren Länge sich jeweils nach den in § 14 Abs. 2 S. 2 und 4 sowie Abs. 5 S. 2 und 5 SGB IX geregelten Fristen richtet,[68] **treffen** konnte **und** dies **nicht auf fehlender Mitwirkung** des **Arbeitnehmers** beruhte. Welche Mitwirkung geboten ist, richtet sich nach § 60 Abs. 1 S. 1–3 SGB IX iVm § 69 Abs. 1 S. 2 SGB IX, wobei die §§ 61, 62 und 65 Abs. 1 SGB IX ergänzend heranzuziehen sind.[69]

1501 Von fehlender Mitwirkung des Arbeitnehmers ist jedenfalls dann auszugehen, wenn er den Anerkennungsantrag nach § 69 Abs. 1 S. 1 SGB IX nicht so rechtzeitig vor Kündigungszugang gestellt hat, dass das Versorgungsamt hierüber innerhalb der in § 14 Abs. 2 S. 2 SGB IX bzw. § 14 Abs. 2 S. 4, Abs. 5 S. 2 und 5 SGB IX iVm § 69 Abs. 1 S. 2 SGB IX vorgesehenen Regelfristen für eine ordnungsgemäß Bearbeitung hätte noch entscheiden können.[70] Diese bestimmen sich danach, ob ein Gutachten entbehrlich (Drei-Wochen-Frist) oder erforderlich (Sieben-Wochen-Frist) ist.[71] Geht dem Arbeitnehmer die Kündigung also innerhalb von drei Wochen nach Antragstellung zu, kann er sich gem. § 90 Abs. 2a 2. Alt. SGB IX keinesfalls auf § 85 SGB IX berufen.[72] § 90 Abs. 2a 2. Alt. SGB IX enthält insoweit eine **Vorfrist**,[73] die aus Gründen der

---

[64] BAG 29.11.2007 NZA 2008, 361 Rn. 17; LAG Hamm 31.7.2008 LAGE SGB IX § 90 Nr. 4; LAG Schleswig-Holstein 11.12.2007 NZA-RR 2008, 408, 409.

[65] Vgl. BAG 9.6.2011 NZA-RR 2011, 516 Rn. 25; 13.2.2008 NZA 2008, 1055 Rn. 17; LAG Schleswig-Holstein 21.4.2009 LAGE SGB IX § 90 Nr. 5; BVerwG 12.7.2012 NZA 2013, 97 Rn. 25; OVG Koblenz 7.3.2006 NZA 2006, 1108, 1110; LPK-SGB IX/*Düwell*, § 90 Rn. 46; KR/*Etzel/Gallner*, §§ 85–90 SGB IX Rn. 53; *Griebeling*, NZA 2005, 494, 496; NPM/*Neumann*, § 85 SGB IX Rn. 34; ErfK/*Rolfs*, § 90 SGB IX Rn. 4a.

[66] Vgl. nur BAG 20.1.2005 NZA 2005, 689, 690.

[67] Ebenso *Westers*, BehinR 2004, 93, 95; vgl. auch *Griebeling*, NZA 2005, 494, 497 f.

[68] Hierzu näher *Düwell*, JhrbArbR Bd. 43 (2006), 91, 100; *Griebeling*, NZA 2005, 494, 498; *Großmann*, ArbuR 2007, 70, 76; *Schlewing*, NZA 2005, 1218, 1221; *Westers*, BehinR 2004, 93, 96.

[69] LAG Schleswig-Holstein 11.12.2007 NZA-RR 2008, 408, 411; Hauck/Noftz/*Griebeling*, § 90 SGB IX Rn. 23; *Rolfs/Barg*, BB 2005, 1678, 1681; vgl. auch *Großmann*, ArbuR 2007, 70, 76; *Laber/Roos*, ArbRB 2005, 368, 370.

[70] Vgl. BAG 6.9.2007 NZA 2008, 407 Rn. 18; 1.3.2007 NZA 2008, 302 Rn. 43; LAG Hamm 31.7.2008 BeckRS 2008, 56526; VG Arnsberg 14.3.2006 BehinR 2007, 26, 28 f. (best. durch OVG NRW 13.6.2006 BehinR 2007, 29); *Griebeling*, NZA 2005, 494, 498; a.A. *Bitzer*, NZA 2006, 1082, 1083 f.; *Schulze*, ArbuR 2005, 252, 254 f.

[71] Zu Einzelheiten der Fristberechnung vgl. nur *Schlewing*, NZA 2005, 1218, 1221.

[72] BAG 29.11.2007 NZA 2008, 361 Rn. 20; 6.9.2007 NZA 2008, 407 Rn. 18, 19; 1.3.2007 NZA 2008, 302 Rn. 43, 45; LAG Schleswig-Holstein 11.12.2007 NZA-RR 2008, 408, 410.

[73] BAG 29.11.2007 NZA 2008, 361 Rn. 20; 1.3.2007 NZA 2008, 302 Rn. 43; LAG Hessen 1.9.2006 NZA-RR 2007, 245; vgl. auch LAG Hamm 10.5.2007 BeckRS 2007, 47209.

Rechtssicherheit auch im Falle der Notwendigkeit eines Gutachtens gilt.[74] Ist der Antrag mindestens drei bzw. sieben Wochen vor der Kündigung gestellt worden, bleibt nach § 90 Abs. 2a 2. Alt. SGB IX der Sonderkündigungsschutz gem. § 85 SGB IX trotz fehlenden Nachweises zu Kündigungszeitpunkt (vgl. § 90 Abs. 2a 1. Alt. SGB IX) bestehen, wenn auf Widerspruch oder Klage gegen das Versorgungsamt die Anerkennung als schwerbehinderter Mensch rückwirkend erfolgt.[75]

Der Arbeitgeber, der sich auf die Ausnahmeregelung des § 90 Abs. 2a SGB IX beruft, muss darlegen und beweisen, dass die Frist des § 69 Abs. 1 S. 2 SGB IX ohne Bescheid verstrichen ist, weil der behinderte Mensch pflichtwidrig nicht mitgewirkt hat.[76] Dieser ist allerdings nach § 138 Abs. 2 ZPO gehalten, sich konkret zur Erfüllung seiner Mitwirkungspflichten nach § 60 Abs. 1 S. 1 SGB I zu äußern, falls der Arbeitgeber bei feststehender Fristüberschreitung die Verletzung dieser Pflichten pauschal behauptet.[77]

1502

Aus § 68 Abs. 3 SGB IX folgt, dass § 90 Abs. 2a SGB IX an sich in beiden Alternativen auch für **gleichgestellte behinderte Menschen** iSd § 2 Abs. 3 SGB IX gilt.[78] Der dem Arbeitgeber nach § 90 Abs. 2a 1. Alt. SGB IX zu erbringende Nachweis wird durch einen entsprechenden Bescheid der Bundesagentur für Arbeit über die Gleichstellung gem. § 68 Abs. 2 S. 1 SGB IX erbracht.[79] Die Anwendung des § 90 Abs. 2a 2. Alt. SGB IX bedeutet, dass § 69 Abs. 1 S. 2 SGB IX zwar nicht unmittelbar – diese Vorschrift ist nach ihrem Wortlaut nur auf Personen, die die Eigenschaft als schwerbehinderte Menschen nach § 2 Abs. 2 SGB IX beantragen –, jedoch mittelbar angewandt werden kann[80] und damit gleichzeitig auf die Bearbeitungsfristen in § 14 Abs. 2 S. 2 SGB IX bzw. § 14 Abs. 2 S. 4 SGB IX sowie § 14 Abs. 5 S. 2 und 5 SGB IX zurückgegriffen werden kann.[81] Es gelten danach die oben (→ Rn. 1501) dargestellten Grundsätze für eine rechtzeitige Antragstellung entsprechend, d. h. der Arbeitnehmer, dem eine Kündigung innerhalb der Vorfrist von drei Wochen nach An-

1503

---

[74] BAG 1.3.2007 NZA 2008, 302, Rn. 43; ebenso BAG 29.11.2007 NZA 2008, 361 Rn. 20; 6.9.2007 NZA 2008, 407 Rn. 19; BB/*Bader*, § 13 KSchG Rn. 99e; *Fröhlich*, ArbRB 2009, 145, 146; vgl. auch LAG Hamm 31.7.2008 LAGE SGB IX § 90 Nr. 4; a. A. *Bauer/Powietzka*, NZA-RR 2004, 505, 507; *Brock/Windeln*, ArbRB 2006, 272, 275; KR/*Etzel/Gallner*, §§ 85–90 Rn. 53g; *Gaul/Süßbrich*, ArbRB 2005, 212, 213; *Seel*, MDR 2007, 499, 500.

[75] Vgl. BAG 6.9.2007 NZA 2008, 407 Rn. 22; LAG Hamm 31.7.2008 LAGE SGB IX § 90 Nr. 4; LAG Köln 16.7.2008 ArbuR 2008, 361 Ls.; LAG Schleswig-Holstein 11.12.2007 NZA-RR 2008, 408, 411 f.

[76] LAG Düsseldorf 22.3.2005 LAGE SGB IX § 90 Nr. 1; LAG Schleswig-Holstein 11.12.2007 NZA-RR 2008, 408, 411; *Bauer/Powietzka*, NZA-RR 2004, 505, 507; *Cramer*, NZA 2004, 698, 704; *Düwell*, JhrbArbR Bd. 43 (2006), 91, 100; *Grimm/Brock/Windeln*, DB 2005, 282, 283; vgl. auch LAG Nürnberg 4.10.2005 AR-Blattei ES 1440 Nr. 138; a. A. KR/*Etzel*/*Gallner*, §§ 85–90 Rn. 53m; *Griebeling*, NZA 2005, 494, 499; *Schlewing*, NZA 2005, 1218, 1222 f.; offen gelassen von LAG Köln 16.6.2006 NZA-RR 2007, 133, 134.

[77] *Bauer/Powietzka*, NZA-RR 2004, 505, 507; *Grimm/Brock/Windeln*, DB 2004, 282, 283.

[78] BAG 1.3.2007 NZA 2008, 302 Rn. 33; LAG Hessen 24.3.2014 BeckRS 2014, 72381 Rn. 3; *Göttling/Neumann*, NZA-RR 2007, 281, 283 f.; *Griebeling*, NZA 2005, 494, 496; *Grimm/Brock/Windelen*, DB 2005, 282, 284; *Rolfs/Barg*, BB 2005, 1678, 1680; vgl. auch LAG Hamm 31.7.2008 BeckRS 2008, 56526; KR/*Etzel/Gallner*, §§ 85–90 Rn. 53b und 53j; a. A. LPK-SGB IX/*Düwell*, § 90 Rn. 47; *ders.*, JhrbArbR Bd. 43 (2006), 91, 102; *Schlewing*, NZA 2005, 1218, 1224.

[79] KR/*Etzel/Gallner*, §§ 85–90 Rn. 53b.

[80] BAG 1.3.2007 NZA 2008, 302 Rn. 34; a. A. *Berger-Delhey*, ZTR 2004, 623, 626; *Gaul/Süßbrich*, ArbRB 2005, 212, 214; *Westers*, BehinR 2004, 93, 96.

[81] Vgl. BAG 1.3.2007 NZA 2008, 302 Rn. 39; LAG Baden-Württemberg 14.6.2006 LAGE SGB IX § 85 Nr. 2; KR/*Etzel/Gallner*, §§ 85–90 Rn. 53j; *Hauck/Noftz/Griebeling*, § 90 SGB IX Rn. 20; *ders.*, NZA 2005, 494, 496; vgl. auch *Grimm/Brock/Windeln*, DB 2005, 282, 284; *Rolfs/Barg*, BB 2005, 1675, 1650.

tragstellung gem. § 68 Abs. 2 S. 1 SGB IX zugeht, kann sich keinesfalls auf § 85 SGB IX berufen.[82]

1504 Hat der Arbeitnehmer unter Beachtung der dreiwöchigen Vorfrist den Antrag auf Gleichstellung gem. § 68 Abs. 2 S. 1 SGB IX gestellt, ist die Gleichstellung nach § 90 Abs. 2a 1. Alt. SGB IX iVm § 68 Abs. 3 SGB IX zwar nicht nachgewiesen, wenn dem Antrag erst nach Widerspruch und ggf. Klage gegen den ablehnenden Bescheid mit Rückwirkung zu einem vor Kündigungsausspruch liegenden Zeitpunkt stattgegeben wird.[83] In diesem Fall bleibt jedoch der Sonderkündigungsschutz gem. § 85 SGB IX nach § 90 Abs. 2a 2. Alt. SGB IX erhalten.[84]

f) Kündigungsschutz trotz Ausnahmetatbestand

1505 Liegt einer der in § 90 Abs. 1–2a SGB IX geregelten Ausnahmetatbestände vor, kann die vom Arbeitgeber ggü. einem schwerbehinderten Arbeitnehmer erklärte Kündigung dennoch nach § 134 BGB nichtig sein. Das war bis zum 17.8.2006 für den Fall anerkannt, dass sie unter Verstoß gegen das in § 81 Abs. 2 S. 2 Nr. 1 S. 1 SGB IX a. F. normierte Verbot der Benachteiligung schwerbehinderter Arbeitnehmer ausgesprochen worden ist.[85] Hieran hat sich durch § 81 Abs. 2 S. 2 SGB IX idF von Art. 3 Abs. 10 Nr. 2 des „Gesetz zur Umsetzung europäischer Richtlinien zur Verwirklichung des Grundsatzes der Gleichbehandlung" vom 14.8.2006 (BGBl. I S. 1897), in Kraft seit dem 18.8.2006, nichts geändert. § 81 Abs. 2 S. 2 SGB IX n. F. verweist wegen des näheren Inhalts des in § 81 Abs. 2 S. 1 SGB IX normierten Benachteiligungsverbots auf die Regelungen des AGG. Dieses ist, was die Beendigung des Arbeitsverhältnisses betrifft, nunmehr – allerdings ausgeweitet auf alle Arbeitnehmer, die iSv § 2 Abs. 1 S. 1 SGB IX behindert sind[86] – in § 7 Abs. 1 AGG iVm §§ 1, 2 Abs. 1 Nr. 2 AGG geregelt. Der Anwendung dieser Vorschriften im Zusammenhang mit der Kündigung eines schwerbehinderten Arbeitnehmers bei Vorliegen einer der in § 90 Abs. 1–2a geregelten Ausnahmefälle steht nicht die in § 2 Abs. 4 AGG geregelte Bereichsausnahme entgegen.[87] Soweit man nicht im Hinblick darauf, dass die RL 2000/78/EG des Rates vom 27.11.2000[88] auch für Kündigungen gilt,[89] § 2 Abs. 4 AGG richtlinienkonform auslegt (→ Rn. 187, 187b) und deshalb die eben genannten Nor-

---

[82] Vgl. BAG 29.11.2007 NZA 2008, 361 Rn. 15; 1.3.2007 NZA 2008, 302 Rn. 43; LAG Baden-Württemberg 6.3.2009 BeckRS 2011, 65145 Rn. 48; LAG Hessen 24.3.2014 BeckRS 2014, 72381 Rn. 3; *Göttling/Neumann*, NZA-RR 2007, 281, 286; ErfK/*Rolfs*, § 90 SGB IX Rn. 6; vgl. auch LSG Baden-Württemberg 5.11.2013 BeckRS 2013, 73840.
[83] LAG Hamm 31.7.2008 LAGE SGB IX § 90 Nr. 4; a. A. LAG Hamm 10.5.2007 ArbuR 2008, 405 Ls.
[84] Vgl. BAG 6.9.2007 NZA 2008, 407 Rn. 18 mit Rn. 22; LAG Hamm 31.7.2008 LAGE SGB IX § 90 Nr. 4; LAG Köln 16.6.2006 NZA-RR 2007, 133 f.; 19.9.2007 ArbuR 2008, 276 Ls.; LAG Schleswig-Holstein 11.12.2007 NZA-RR 2008, 408, 410 f.; LPK-SGB IX/*Düwell*, § 90 Rn. 50; KR/*Etzel/Gallner*, §§ 85–92 SGB IX Rn. 53k mwN; a. A. VGH Baden-Württemberg 27.11.2006 BehinR 2007, 196, 197; OVG Koblenz 7.3.2006 NZA 2006, 1108, 1111. Zu Konsequenzen aus dem Urteil des BAG vom 6.7.2007 für das Zustimmungsverfahren beim Integrationsamt vgl. *Kayser*, BehinR 2008, 132, 133 f.
[85] *Braun*, ZTR 2005, 174, 176; *Hansen*, NZA 2001, 985, 986; *Müller-Wenner/Schorn*, § 85 Rn. 124.
[86] Vgl. zu § 81 Abs. 2 S. 2 SGB IX a. F. BAG 18.11.2008 NZA 2009, 728 Rn. 20 ff.; 3.4.2007 NZA 2007, 1098 Rn. 23.
[87] So jetzt für Kündigungen, für die (noch) nicht das KSchG gilt, BAG 19.12.2013 NZA 2014, 372 Rn. 22 ff.; ebenso LAG Baden-Württemberg 17.3.2014 BeckRS 2014, 68737; näher → Rn. 187a.
[88] ABl EG Nr. L 303, S. 16.
[89] Vgl. EuGH 11.7.2006 NZA 2006, 839, 840.

men des AGG im Rahmen der zivilrechtlichen Generalklauseln (→ Rn. 187b) anwendet, ist jedenfalls für Kündigungen außerhalb des besonderen Kündigungsschutzes (§ 85 SGB IX) das weiterhin geltende allgemeine Benachteiligungsverbot des § 81 Abs. 2 S. 1 SGB IX[90] zu beachten.[91] Die aus § 134 BGB folgende Nichtigkeit einer gegen § 7 Abs. 1 AGG verstoßenden Kündigung muss seit dem 1.1.2004 innerhalb der Drei-Wochen-Frist des § 4 S. 1 KSchG n. F. geltend gemacht werden (näher → Rn. 1831).[92]

g) Anzeigepflicht

Der Arbeitgeber hat nach § 90 Abs. 3 SGB IX Einstellungen auf Probe und die Beendigung von Arbeitsverhältnissen schwerbehinderter Menschen in den ersten sechs Monaten dem Integrationsamt innerhalb von vier Tagen anzuzeigen. Die Anzeigepflicht bezieht sich nicht nur auf die allerdings in § 90 Abs. 1 Nr. 1 SGB IX allein angesprochene Arbeitgeberkündigung,[93] sondern auf jede Art der Beendigung des Arbeitsverhältnisses.[94] Die **unterbliebene Anzeige** hat **keine Wirkungen** auf die Kündigung.[95] **1506**

3. Kenntnis des Arbeitgebers von der Schwerbehinderteneigenschaft des Arbeitnehmers

a) Kündigungsrechtliche Konsequenzen

Es ist bereits hervorgehoben worden (→ Rn. 1483), dass der besondere Kündigungsschutz der schwerbehinderten Arbeitnehmer nach §§ 85 ff. SGB IX eintritt, sofern die in § 2 Abs. 2 SGB IX genannten Voraussetzungen erfüllt sind und kein in § 90 SGB IX geregelter Ausnahmetatbestand vorliegt. Entsprechendes gilt, wenn der Arbeitnehmer einem schwerbehinderten Menschen nach § 2 Abs. 3 SGB IX gleichgestellt ist (→ Rn. 1487). Demnach kann es auf die Kenntnis des Arbeitgebers von der Schwerbehinderteneigenschaft bzw. Gleichstellung grundsätzlich nicht ankommen.[96] Kündigt ein Arbeitgeber **ohne** die nach § 85 SGB IX erforderliche **Zustimmung** des Integrationsamtes, ist diese **Kündigung** gem. § 134 BGB **nichtig,** wenn der Arbeitnehmer im Zeitpunkt des Zugangs der Kündigung ein schwerbehinderter Mensch iSd § 2 Abs. 2 SGB IX bzw. einem solchen nach § 2 Abs. 3 SGB IX gleichgestellt ist und dies nach § 90 Abs. 2a 1. Alt. SGB IX nachweisen kann (→ Rn. 1498).[97] Ob der Arbeitgeber die Schwerbehinderteneigenschaft bzw. die Gleichstellung kannte oder ob er hiervon nach der Kündigung innerhalb einer bestimmten Frist erfährt, ist kündigungs- **1507**

---

[90] Vgl. hierzu allg. BAG 26.9.2013 NZA 2014, 258 Rn. 13 ff.; 24.1.2013 NZA 2013, 896 Rn. 22 ff.; 16.2.2012 NZA 2012, 667 Rn. 29 ff.
[91] Hanau, ZIP 2006, 2189, 2192; vgl. auch BAG 28.6.2007 NZA 2007, 1049 Rn. 43, 44 mit Hinweis auf § 242 BGB.
[92] Vgl. auch BAG 19.12.2013 NZA 2014, 372 Rn. 30.
[93] So LPK-SGB IX/Düwell, § 90 Rn. 8; KR/Etzel/Gallner, §§ 85–90 SGB IX Rn. 40; Hauck/Noftz/Griebeling, § 90 SGB IX Rn. 8; Knittel, § 90 SGB IX Rn. 23; vgl. auch KHM/Kossens, § 90 SGB IX Rn. 26.
[94] NPM/Neumann, § 90 Rn. 26.
[95] LAG Berlin-Brandenburg 27.8.2010 BeckRS 2011, 67216; LPK-SGB IX/Düwell, § 90 Rn. 20; KR/Etzel/Gallner, §§ 85–90 SGB IX Rn. 41; NPM/Neumann, § 90 SGB IX Rn. 23; ErfK/Rolfs, § 90 SGB IX Rn. 5; früher BAG 21.3.1980 AP SchwbG § 17 Nr. 1.
[96] BAG 9.6.2011 NZA-RR 2011, 516 Rn. 21.
[97] Vgl. BAG 23.5.2013 NZA 2013, 1373 Rn. 18; 16.2.2012 NZA 2012, 555 Rn. 10; 13.2.2008 NZA 2008, 1055 Rn. 11.

schutzrechtlich – auch seit Inkrafttreten des § 90 Abs. 2a SGB IX am 1.5.2004 (→ Rn. 1499) – an sich ohne Bedeutung.[98]

1508 Der Arbeitgeber hat erst dann Anlass, die Zustimmung zu einer Kündigung zu beantragen, wenn der Arbeitnehmer ihn auf seine Schwerbehinderteneigenschaft oder Gleichstellung bzw. eine entsprechende Antragstellung hinweist. Soweit hierfür keine zeitliche Grenze gilt, kann dies zu untragbaren Ergebnissen für den Arbeitgeber führen. Erfährt dieser erst nach längerer Zeit, zB erst im Verlaufe des Kündigungsschutzprozesses, von der schon vor Zugang der Kündigung feststehenden Schwerbehinderteneigenschaft des Arbeitnehmers, ist diese wegen fehlender Zustimmung nach § 85 SGB IX iVm § 134 BGB nichtig (→ Rn. 1507) und er muss vor einer erneuten Kündigung erst einen Zustimmungsantrag nach § 87 Abs. 1 SGB IX stellen. Das kann dazu führen, dass der Arbeitgeber ab dem Ende der Kündigungsfrist der ersten nichtigen Kündigung bis zum Ablauf der Kündigungsfrist der zweiten wirksamen Kündigung an den schwerbehinderten Arbeitnehmer bzw. an den diesem gleichgestellten Arbeitnehmer Arbeitsentgelt nach §§ 611 Abs. 1, 615 S. 1 BGB zahlen muss. Um dies zu vermeiden, hat das BAG schon zu § 12 SchwbG a. F.,[99] später zu § 15 SchwbG[100] aus Gründen der Rechtssicherheit **folgende Regeln** aufgestellt, auf die, da § 85 SGB IX inhaltlich § 15 SchwbG entspricht, weiterhin zurückgegriffen werden kann:

1509, 1510 Der Arbeitgeber bedarf zur Kündigung ggü. einem schwerbehinderten Arbeitnehmer – vom Fall der Offenkundigkeit seiner Schwerbehinderteneigenschaft abgesehen (→ Rn. 1516a) – dann **nicht der vorherigen Zustimmung** des Integrationsamtes nach § 85 SGB IX, wenn der Arbeitnehmer bis zum Zugang der Kündigung weder einen Bescheid über seine Schwerbehinderteneigenschaft (§§ 2 Abs. 2, 69 Abs. 1 S. 1 SGB IX) erhalten noch wenigstens einen entsprechenden Antrag beim Versorgungsamt gestellt hatte.[101] Das BVerfG hat seinerzeit die einschränkende Interpretation des besonderen Kündigungsschutzes von schwerbehinderten Arbeitnehmern nach §§ 15 ff. SchwbG (seit 1.7.2001: §§ 85 ff. SGB IX) durch das BAG gebilligt.[102]

1511 Da die ohne vorherige Zustimmung des Integrationsamts erklärte Kündigung nach §§ 85 ff. SGB IX iVm § 134 BGB nichtig ist (→ Rn. 1507), muss der Arbeitgeber für eine erneute Kündigung – im Falle der beantragten Feststellung der Schwerbehinderteneigenschaft bzw. bei einem Gleichstellungsantrag zumindest vorsorglich[103] – die *vorherige* **Zustimmung** des Integrationsamts einholen. Hat allerdings der Arbeitgeber zurzeit der Kündigung **keine Kenntnis,** dass der Arbeitnehmer die Feststellung beim Versorgungsamt beantragt hat (§ 69 Abs. 1 S. 1 SGB IX) oder diese Feststellung bereits getroffen ist bzw. keine Gleichstellung bei der Bundesagentur für Arbeit beantragt hat (§ 68 Abs. 2 S. 1 SGB IX) oder diesem Antrag bereits stattgegeben worden ist (näher → Rn. 1487), ist der Arbeitnehmer – damit er nicht die Berufung auf § 85 SGB IX nach § 242 BGB verwirkt[104] – gehalten, nach Zugang der Kündigung **innerhalb ei-**

---

[98] Vgl. BAG 9.6.2011 NZA-RR 2011, 516 Rn. 21; 23.2.2010 NZA 2011, 411 Rn. 16; 11.12.2008 NZA 2009, 556 Rn. 17; VGH Mannheim 20.6.2006 BehinR 2007, 23, 25.
[99] BAG 16.1.1985 NZA 1986, 31; 14.5.1982 AP SchwbG § 18 Nr. 4; 17.2.1977 AP SchwbG § 12 Nr. 1.
[100] BAG 7.3.2002 NZA 2002, 1145, 1146 f.; 28.6.1995 NZA 1996, 374, 376; 5.7.1990 NZA 1991, 667 f.
[101] Vgl. nur BAG 20.1.2005 NZA 2005, 689, 690; vgl. auch VGH Mannheim 12.12.2005 NZA-RR 2006, 356, 357.
[102] BVerfG 9.4.1987 NZA 1987, 563.
[103] Vgl. BVerwG 15.12.1988 NZA 1989, 554; VGH Mannheim 4.3.2002 NZA-RR 2002, 417, 419; vgl. auch BAG 9.6.2011 NZA-RR 2011, 516 Rn. 35.
[104] Vgl. näher BAG 23.2.2010 NZA 2011, 411 Rn. 16.

ner angemessenen Frist, die im Falle der ordentlichen wie auch der außerordentlichen Kündigung bis zum 31.12.2003 regelmäßig **einen Monat** betrug,[105] **ggü.** dem **Arbeitgeber** seine bereits **festgestellte**[106] **oder** zur Feststellung **beantragte Schwerbehinderteneigenschaft**[107] bzw. die bereits **festgestellte** oder **beantragte Gleichstellung**[108] geltend zu machen,[109] wenn er sich den Sonderkündigungsschutz erhalten will.[110] Im Hinblick auf die seit dem 1.1.2004 auch für die Geltendmachung eines Verstoßes gegen § 85 zu beachtende dreiwöchige Klagefrist nach § 4 S. 1 KSchG n. F. (→ Rn. 1831) ist diese einmonatige Regelfrist nicht mehr haltbar[111] und ist nun im Hinblick auf die neue Gesetzeslage – auch im Hinblick auf die Regelung in § 6 S. 1 KSchG n. F. (→ Rn. 1930) – angepasst und auf **drei Wochen** verkürzt worden.[112]

Nach dem Urteil des **BAG** vom 23.2.2010 **reicht** es **zur Vermeidung** des Eintritts der **Verwirkung** nach § 242 BGB, was die **Berufung auf § 85 SGB IX** betrifft (→ Rn. 1511), aus, wenn der **Arbeitgeber** die **Kenntnis** erst durch die Zustellung der rechtzeitig nach § 4 S. 1 KSchG erhobenen Kündigungsschutzklage, mit der der Arbeitnehmer die Nichtigkeit der Kündigung gem. § 85 SGB IX iVm § 134 BGB geltend macht, erlangt.[113] **Ob** der **Arbeitnehmer,** der sich nach Ausspruch der Kündigung auf eine bereits geltend gemachte, aber noch nicht durch Bescheid festgestellte Schwerbehinderung beruft, im Hinblick auf die in § 90 Abs. 2a 2. Alt. SGB IX zu beachtende dreiwöchige Vorfrist (→ Rn. 1501) **zugleich** die **Rechtzeitigkeit** der **Antragstellung darlegen muss,**[114] hat das BAG am 9.6.2011[115] **offen gelassen.** 1511a

Informiert der **Arbeitnehmer** den Arbeitgeber **vor Zugang** der **Kündigung über** die **Antragstellung** bzgl. der Anerkennung als schwerbehinderter Mensch **beim Versorgungsamt** (§ 69 Abs. 1 S. 1 SGB IX), ist der Arbeitgeber ausreichend in die Lage versetzt, zumindest vorsorglich die Zustimmung zur Kündigung beim Integrationsamt zu beantragen. Weitergehender Informationen durch den Arbeitnehmer bedarf es nicht. Insbesondere ist er nicht verpflichtet, das Datum der Antragstellung mitzuteilen (aber → Rn. 1511a) oder seine Schwerbehinderung innerhalb von drei Wochen nach Zugang der Kündigung durch Vorlage des Feststellungsbescheids nachzuweisen.[116] 1511b

---

[105] Zuletzt BAG 12.1.2006 NZA 2006, 1035 Rn. 16, 17.
[106] Vgl. BAG 12.1.2006 NZA 2006, 1035 Rn. 16; 11.5.2000 NZA 2000, 1106, 1107.
[107] Vgl. BAG 12.1.2006 NZA 2006, 1035 Rn. 16; 11.5.2000 NZA 2000, 1106, 1107.
[108] Vgl. BAG 15.3.2006 AP BAT § 59 Nr. 14.
[109] Die Formulierung, die Kündigung sei auch deshalb unwirksam, da das Integrationsamt nicht über „die Kündigung unterrichtet wurde", genügt, so BAG 23.2.2010 NZA 2011, 411 Rn. 18; vgl. auch LAG Düsseldorf 8.9.2011 BeckRS 2011, 77255.
[110] Zu dem Fragenkomplex vgl. KR/*Etzel/Gallner*, §§ 85–90 SGB IX Rn. 14 ff.; APS/*Vossen*, § 85 SGB IX Rn. 2 ff.
[111] Vgl. auch *Preis*, DB 2004, 70, 77 in Fn. 82; *Raab*, RdA 2004, 321, 332; *Tschöpe*, MDR 2004, 193, 200; *J. Schmidt*, NZA 2004, 79, 81.
[112] Seit BAG 13.2.2008 NZA 2008, 1055 Rn. 19; ebenso BAG 9.6.2011 NZA-RR 2011, 516 Rn. 22; 23.2.2010 NZA 2011, 411 Rn. 20, 21; 11.12.2008 NZA 2009, 556 Rn. 17. Zur geringfügigen Fristüberschreitung LAG München 23.7.2009 NZA-RR 2010, 19; APS/*Vossen*, § 85 SGB IX Rn. 17.
[113] BAG 23.2.2010 NZA 2011, 411 Rn. 19–21; ebenso LAG Düsseldorf 8.9.2011 BeckRS 2011, 77255; hierzu krit. *Gehlhaar* NZA 2011, 673 ff.; a. A. (noch) LAG Schleswig Holstein 6.7.2010 – 1 Sa 403e/09 – juris Rn. 31. Eine Anwendung des § 167 ZPO im Anschluss an BGH 17.7.2008 NJW 2009, 65 ff. befürwortend *Nägele/Gertler* NZA 2010, 1377, 1379; vgl. auch APS/*Rolfs*, § 85 SGB IX Rn. 9; abl. *Gehlhaar*, NZA-RR 2011, 169, 173.
[114] Vgl. NPM/*Neumann* § 85 Rn. 37.
[115] NZA-RR 2011, 516 Rn. 22.
[116] BAG 9.6.2011 NZA-RR 2011, 516 Rn. 26.

1512 Einer **nachträglichen Mitteilung** von der Schwerbehinderteneigenschaft des Arbeitnehmers bzw. von dessen Gleichstellung bedarf es im Falle eines **Betriebsübergangs** nach § 613a Abs. 1 S. 1 BGB dem Betriebserwerber ggü. nicht, wenn der Arbeitnehmer hiervon den Betriebsveräußerer bereits in Kenntnis gesetzt hatte. Das folgt aus dem Schutzzweck des § 613a Abs. 1 S. 1 BGB. Nach dieser Vorschrift sollen dem Arbeitnehmer die Rechte ua aus einem bestehenden Sonderkündigungsschutz erhalten bleiben, die ihm schon gegen den Veräußerer zustanden. Damit soll, wie auch aus § 613a Abs. 4 S. 1 BGB folgt, verhindert werden, dass der Übernehmer bei der Übernahme der Belegschaft eine Auslese trifft und sich so insbesondere von besonders schutzbedürftigen, wie schwerbehinderten Arbeitnehmern trennen kann.[117]

1513 Teilt der Arbeitnehmer dem Arbeitgeber nicht innerhalb der jetzt geltenden Regelfrist von drei Wochen (→ Rn. 1511) seine bereits festgestellte bzw. beantragte Schwerbehinderteneigenschaft oder Gleichstellung mit, ist die Kündigung jedenfalls nicht wegen einer Verletzung der §§ 85, 91 SGB IX nach § 134 BGB nichtig. Die **Schwerbehinderteneigenschaft** bzw. **Gleichstellung** kann in diesem Fall im Kündigungsschutzverfahren im Rahmen der Prüfung der sozialen Rechtfertigung einer ordentlichen personen-[118] oder verhaltensbedingten Kündigung nach § 1 Abs. 2 S. 1 KSchG bei der **Interessenabwägung** (→ Rn. 893)[119] bzw. anlässlich der Feststellung der sozialen Rechtfertigung einer ordentlichen betriebsbedingten Kündigung (§ 1 Abs. 2 S. 1 KSchG) – seit dem 1.1.2004 ausdrücklich – bei der **Sozialauswahl** nach § 1 Abs. 3 S. 1 KSchG (→ Rn. 1090),[120] bei der Prüfung einer den Betriebszwecken dienlichen weiteren Zusammenarbeit nach § 9 Abs. 1 S. 2 KSchG (→ Rn. 2115 und Rn. 2126)[121] oder bei der Feststellung des **wichtigen Grundes** iSv § 626 Abs. 1 BGB (→ Rn. 547 ff.)[122] **von Bedeutung** sein.

1514 Für die Geltendmachung des besonderen Kündigungsschutzes innerhalb der dreiwöchigen Regelfrist ist weder eine besondere Form zu beachten, noch bedarf es eines Nachweises über die Schwerbehinderteneigenschaft oder die Gleichstellung bzw. die Antragstellung (vgl. aber zu § 90 Abs. 2a 1. Alt. SGB IX Rn. 1499, 1511).[123] Die **Frist beginnt** mit dem **Zugang der Kündigung**.

1515 Die Mitteilung der festgestellten oder zur Feststellung beantragten Schwerbehinderteneigenschaft bzw. Gleichstellung hat ggü. dem Arbeitgeber zu erfolgen.[124] Adressaten für die Mitteilung sind aber nicht nur der Arbeitgeber selbst bzw. bei juristischen Personen deren gesetzliche Vertreter. Es sind auch Mitarbeiter, die kraft Rechtsgeschäfts (Erteilung von Prokura oder Generalvollmacht) allgemein oder durch Übertragung der selbständigen Entlassungsbefugnis für Kündigungen zu seiner Vertretung berechtigt sind. Es handelt sich nämlich bei der Mitteilung der festgestellten oder zur Feststellung beantragten Schwerbehinderung an den Arbeitgeber um eine rechtsgeschäftsähnliche

---

[117] BAG 11.12.2008 NZA 2009, 556 Rn. 20.
[118] Vgl. BAG 20.1.2000 NZA 2000, 768, 771.
[119] Vgl. BAG 21.11.1996 NZA 1997, 487, 489.
[120] Zu § 1 Abs. 3 S. 1 KSchG a.F. vgl. BAG 17.3.2005 AP KSchG 1969 § 1 Soziale Auswahl Nr. 71; *Bütefisch,* Die Sozialauswahl, 2000, S. 248 ff.; *Dörner,* FS Dieterich, 1999, S. 83.
[121] Vgl. BAG 7.3.2002 NZA 2003, 261, 264.
[122] BAG 21.11.1996 NZA 1997, 487, 489; 23.2.1978 AP SchwbG § 12 Nr. 3; zu § 103 Abs. 1, Abs. 2 BetrVG iVm § 626 Abs. 1 BGB vgl. ArbG Trier 9.4.2003 NZA-RR 2003, 535, 537 f.
[123] LAG Hamm 17.7.2008 BeckRS 2008, 57216; LAG Schleswig-Holstein 21.4.2009 LAGE SGB IX § 90 Nr. 5.
[124] BAG 5.7.1990 NZA 1991, 667, 668.

Handlung, auf die die Vorschriften über Willenserklärungen und damit auch die Bestimmungen der § 164 Abs. 1, Abs. 3, 166 BGB entsprechend anzuwenden sind.[125]

Der Kreis der Adressaten ist nicht auf allgemein zur Vertretung des Arbeitgebers ermächtigte Vertreter beschränkt. Wie bei der Ausschlussfrist des § 626 Abs. 2 S. 1 BGB (→ Rn. 810) reicht die Kenntnis solcher Mitarbeiter des Arbeitgebers aus, die zwar keine Entlassungsbefugnis haben, jedoch eine ähnlich selbständige Stellung wie ein rechtsgeschäftlicher Vertreter des Arbeitgebers innehaben. Wegen der Vergleichbarkeit der Interessenlage kann auf die Grundsätze zurückgegriffen werden, die zu § 9 Abs. 1 S. 1 MuSchG (→ Rn. 1398) entwickelt worden sind.[126]   **1516**

Die Mitteilung an den Arbeitgeber bzw. seinen Vertreter ist nicht formgebunden und bedarf keines Nachweises durch Vorlage des entsprechenden Ausweises oder Feststellungsbescheides.[127] Für die Mitteilung kann sich der Arbeitnehmer eines Boten bedienen. Es reicht sogar aus, wenn der Arbeitgeber im Rahmen des Anhörungsverfahrens nach § 102 BetrVG durch den Betriebsrat Kenntnis von der Schwerbehinderung bzw. der Antragstellung erlangt.[128] **Nach Ausspruch** der **Kündigung** muss der **Arbeitnehmer** allerdings **selbst** hierfür **sorgen**.[129] **Ausnahme** von der **Notwendigkeit** der **Mitteilung:** Die **Behinderung** einschließlich ihres Grades von mindestens **50% ist offensichtlich**.[130] Für den Arbeitgeber empfiehlt es sich, unmittelbar nach Kenntniserlangung von einer Antragstellung des Arbeitnehmers auf Anerkennung als schwerbehinderter Mensch bzw. auf Gleichstellung vorsorglich die Zustimmung zu einer **erneuten** Kündigung beim Integrationsamt zu beantragen. Hierüber kann das Integrationsamt „vorsorglich" entscheiden.[131]   **1516a**

Im bestehenden Arbeitsverhältnis ist jedenfalls **nach sechs Monaten**, also nach dem Erwerb des Sonderkündigungsschutzes für behinderte Menschen (vgl. § 90 Abs. 1 Nr. 1 SGB IX), die **Frage** des **Arbeitgebers nach** der **Schwerbehinderung** bzw. nach einem diesbezüglich gestellten Antrag **zulässig**. Das gilt insbesondere zur Vorbereitung von beabsichtigten Kündigungen.[132] Die Frage nach der Schwerbehinderung im Vorfeld einer Kündigung diskriminiert den Arbeitnehmer nicht wegen einer Behinderung unmittelbar gem. § 3 Abs. 1 S. 1 AGG.[133] Beantwortet der Arbeitnehmer diese Frage bewusst falsch, ist er wegen widersprüchlichen Verhaltens (§ 242 BGB) gehindert, sich auf den besonderen Kündigungsschutz nach § 85 SGB IX zu berufen.[134] Für die Frage nach der Gleichstellung mit einem schwerbehinderten Menschen bzw. nach einem diesbezüglich gestellten Antrag (→ Rn. 1487) kann nichts anderes gelten.   **1517**

Hat der Arbeitnehmer zeitlich weit vor Zugang der Kündigung einen Gleichstellungsantrag gestellt und den Arbeitgeber hierüber binnen eines Monats unterrichtet, bleibt der Gleichstellungsantrag jedoch unbeschieden, weil der Arbeitnehmer aufgrund   **1518**

---

[125] BAG 5.7.1990 NZA 1991, 667, 668; LAG Köln 30.6.1994 LAGE SchwbG 1986 § 15 Nr. 6; vgl. allg. zu rechtsgeschäftsähnlichen Handlungen zB BAG 25.4.2013 BeckRS 2013, 70060 Rn. 131 ff.
[126] Vgl. BAG 5.7.1990 NZA 1991, 667, 669; LAG Köln 30.6.1994 LAGE SchwbG § 15 Nr. 6.
[127] LAG Hamm 17.7.2008 BeckRS 2008, 57216; LAG Schleswig-Holstein 21.4.2009 LAGE SGB IX § 90 Nr. 5; NPM/*Neumann*, § 85 SGB IX Rn. 34.
[128] BAG 20.1.2005 NZA 2005, 689, 690 f; vgl. auch BAG 24.11.2005 NZA 2006, 665, 666 f.
[129] BAG 1.3.2007 AP KSchG 1969 § 1 Betriebsbedingte Kündigung Nr. 164.
[130] BAG 20.1.2005 NZA 2005, 689, 690; 30.6.1983 AP SchwbG § 12 Nr. 11 mit Anm. *Meisel*.
[131] Vgl. BVerwG 15.12.1988 EzA SchwbG 1986 § 15 Nr. 6.
[132] BAG 16.2.2012 NZA 2012, 555, Rn. 11.
[133] BAG 16.2.2012 NZA 2012, 555, Rn. 19 ff.
[134] BAG 16.2.2012 NZA 2012, 555 Rn. 10.

eines kurz vor Zugang der Kündigung gestellten Verschlimmerungsantrags die Anerkennung als Schwerbehinderter rückwirkend zum Zeitpunkt der Antragstellung erlangt, kann sich der Arbeitnehmer erfolgreich auf die Unwirksamkeit der ohne Zustimmung des Integrationsamtes erklärten Kündigung berufen, auch wenn er den Arbeitgeber nicht über den zusätzlichen Verschlimmerungsantrag unterrichtet hat.[135]

b) Anfechtung des Arbeitsvertrages

1519   Kennt der Arbeitgeber bei Abschluss des Arbeitsvertrages die Schwerbehinderteneigenschaft des Arbeitnehmers nicht, stellt sich die Frage der Anfechtbarkeit des Vertrages. Die Schwerbehinderteneigenschaft – der besondere Schutz des Arbeitnehmers – als solche gibt **kein Recht,** den Vertrag **wegen Irrtums** nach § 119 Abs. 1 BGB **anzufechten.** Ohne Bedeutung ist, ob die Einstellung im Rahmen der Pflichtquote des § 71 Abs. 1 SGB IX idF von Art. 1 Nr. 9 lit. a des „Gesetz zur Förderung der Ausbildung und Beschäftigung schwerbehinderter Menschen" vom 23.4.2004 (BGBl. I S. 606) erfolgte oder darüber hinaus. **Im Einzelfall** kann die Behinderung als **verkehrswesentliche Eigenschaft** iSv § 119 Abs. 2 BGB anzuerkennen sein, wenn ihretwegen der Arbeitnehmer die vertragsgemäß geschuldete Arbeitsleistung auf Dauer nicht erbringen kann. In diesem Rahmen ist auch eine Offenbarungspflicht des Arbeitnehmers anzuerkennen.[136]

1520   Eine Anfechtung **wegen arglistiger Täuschung** nach § 123 Abs. 1 BGB kann bei vorsätzlich falscher Beantwortung der Frage nach der Schwerbehinderteneigenschaft in Betracht kommen. Wegen der besonderen Rechtsstellung des schwerbehinderten Arbeitnehmers und der Pflichten, die das Gesetz dem Arbeitgeber auferlegt, war dieser bis zum Inkrafttreten des § 81 Abs. 2 S. 2 Nr. 1 S. 1 SGB IX am 1.7.2001 zur Fragestellung berechtigt.[137] Das galt nicht nur dann, wenn die die Schwerbehinderung begründende Erkrankung für die auszuübende Tätigkeit von Bedeutung war,[138] sondern auch dann, wenn die **Behinderung,** auf der die Anerkennung nach § 69 Abs. 1 S. 1 SGB IX beruhte, **tätigkeitsneutral** war.[139] Der schwerbehinderte Arbeitnehmer musste die Frage wahrheitsgemäß beantworten.

1521   Bereits **seit Inkrafttreten** (1.7.2001) des in § 81 Abs. 2 S. 2 Nr. 1 S. 1 SGB IX geregelten **Benachteiligungsverbots** war die uneingeschränkte **Frage** nach der **Anerkennung** als schwerbehinderter Mensch bzw. nach einer **Gleichstellung** jedenfalls insoweit unzulässig, als ihre bewusste Falschbeantwortung **keine** Anfechtung **wegen arglistiger Täuschung** nach § 123 Abs. 1 BGB mehr nach sich ziehen konnte.[140] Denn die bis dahin vom BAG und weiten Teilen der Literatur abgelehnte Einschränkung des Frage rechts (→ Rn. 1520) erfolgte nach Inkrafttreten des in Art. 3 Abs. 3

---

[135] LAG Hamm 10.5.2007 BeckRS 2007, 47209; vgl. auch schon LAG Hamm 7.7.2005 BeckRS 2005, 43158.
[136] LPK-SGB IX/*Düwell*, § 85 Rn. 16; KR/*Etzel/Gallner*, §§ 85–90 SGB IX Rn. 31; NPM/*Neumann*, § 85 Rn. 38; früher BAG 18.10.2000 NZA 2001, 315; 5.10.1995 NZA 1996, 371, 372; 25.3.1976 AP BGB § 123 Nr. 19.
[137] Vgl. BAG 3.12.1998 NZA 1999, 584, 585; 1.8.1985 NZA 1986, 635; 25.3.1976 AP BGB § 123 Nr. 19; *Neumann/Pahlen*, § 15 SchwbG Rn. 45; KR/*Etzel*, 5. Aufl., §§ 15–20 SchwbG Rn. 32.
[138] So einschränkend noch BAG 11.11.1993 NZA 1994, 407, 408 = EzA BGB § 123 Nr. 40 mit krit. Anm. *Rieble*.
[139] So ausdrücklich BAG 5.10.1995 NZA 1996, 371, 372; ebenso BAG 18.10.2000 NZA 2001, 315 f.; 3.12.1998 NZA 1999, 584, 585.
[140] Vgl. *Braun*, MDR 2004, 64, 69; *Düwell*, BB 2006, 1741, 1743; *Gaul/Süßbrich*, BB 2005, 2811, 2815; *Koppenfels-Spies*, AuR 2004, 43, 46; *Messingschlager*, NZA 2003, 301 ff.

S. 2 GG idF des Art. 1 Nr. 1 lit. b des „Gesetz zur Änderung des Grundgesetzes" vom 27.10.1994 (BGBl. I S. 3146) mit Wirkung vom 15.11.1994 aufgenommenen Diskriminierungsverbots mit dem Hinweis, eine § 611a BGB – mit Wirkung vom 18.8.2006 aufgehoben durch Art. 3 Abs. 14 des Gesetzes vom 14.8.2006 (BGBl. I S. 1897) – vergleichbare eigengesetzliche Regelung zur Durchsetzung dieses Benachteiligungsverbots fehle.[141] Dieses Argument war mit Inkrafttreten des in § 81 Abs. 2 S. 1 SGB IX normierten und in § 81 Abs. 2 S. 2 Nr. 1 SGB IX konkretisierten Benachteiligungsverbots schwerbehinderter Arbeitnehmer am 1.7.2001 entfallen.[142]

Mit Wirkung vom 18.8.2006 ist § 81 Abs. 2 S. 2 SGB IX durch Art. 3 Abs. 4 Nr. 2 des Gesetzes vom 18.8.2006 (BGBl. I S. 1897) dahin geändert worden, dass nunmehr das weiterhin in § 81 Abs. 2 S. 1 SGB IX geregelte Benachteiligungsverbot durch die Regelungen des AGG bestimmt wird (§ 81 Abs. 2 S. 2 SGB IX). Damit ist die Frage nach der Schwerbehinderteneigenschaft in jedem Fall gem. §§ 1, 7 Abs. 1 AGG iVm § 81 Abs. 2 S. 2 SGB IX n. F. unzulässig, wenn die Behinderung für die Ausübung der vorgesehenen Tätigkeit ohne Bedeutung ist.[143] Weiterhin **zulässig** bleibt aber die **Frage nach** einer **Behinderung,** wie früher (bis 17.8.2006) aus § 81 Abs. 2 S. 2 Nr. 1 S. 2 folgte[144] und nunmehr aus § 8 Abs. 1 AGG bzw. § 5 AGG folgt,[145] wenn das **Fehlen** der Behinderung eine **wesentliche** und **entscheidende berufliche Anforderung** für die Tätigkeit ist, oder wenn mit der Frage die Eingliederung des schwerbehinderten Menschen oder Steigerung der Beschäftigungsquote schwerbehinderter Menschen (vgl. § 71 Abs. 1 SGB IX) durch den Arbeitgeber beabsichtigt ist.[146]

1522

III. Der besondere Kündigungsschutz im Verhältnis zu anderen Gesetzen

Der schwerbehinderte Arbeitnehmer genießt nach den §§ 85 ff. SGB IX eine besondere und zusätzliche kündigungsrechtliche Sonderstellung. Dabei handelt es sich nicht um eine abschließende Regelung. Der **besondere Kündigungsschutz** tritt **neben** die **sonstigen kündigungsschutzrechtlichen Vorschriften** anderer Gesetze. Es gilt also zB auch der allgemeine Kündigungsschutz nach § 1 Abs. 1 KSchG, der

1523

---

[141] BAG 5.10.1995 NZA 1996, 371, 373; *Gröninger/Thomas* § 15 SchwbG Rn. 15; abl. bereits vor Inkrafttreten des § 81 Abs. 2 SGB IX ErfK/*Dieterich*, 2. Aufl. 2000, Art. 3 GG Rn. 82; ErfK/*Preis*, 2. Aufl. 2000, § 611 BGB Rn. 378.

[142] LAG Hamm 19.10.2006 BeckRS 2007, 40902; *Bachmann*, ZfA 2003, 43, 66; *Braun*, MDR 2004, 64, 69; *Düwell*, BB 2001, 1527, 1530; KR/*Etzel*, §§ 85–90 SGB IX Rn. 32; *Joussen*, NJW 2003, 2857, 2860; *v. Koppenfels-Spies*, ArbuR 2004, 43, 46; *Messingschlager*, NZA 2003, 301, 303; *Pahlen*, RdA 2001, 143, 149; *Rolfs/Paschke*, BB 2002, 1260, 1261; *Thüsing/Lambrich*, BB 2002, 1146, 1149; *Thüsing/Wege*, FA 2003, 296, 299 f.; vgl. auch *Brors*, DB 2003, 1734, 1735; *Rost*, NZA Sonderbeilage 1/2004, 34, 41; a.A. *Schaub*, NZA 2003, 299, 300. Zu einer nicht diskriminierenden Fragestellung vgl. LPK-SGB IX/*Düwell*, § 85 Rn. 19; *Messingschlager*, NZA 2003, 299, 304.

[143] ArbG Berlin 7.10.2008 BehinR 2009, 121, 123; *Joussen*, NZA 2007, 174, 176 f.; *Kania/Merten*, ZIP 2007, 8, 11; *Mohr*, BehinR 2008, 34, 45 f.; ErfK/*Preis*, § 611 BGB Rn. 274; *Schrader/Klagges*, NJW 2009, 169, 170; *G. Wisskirchen*, DB 2006, 1491, 1494; *G. Wisskirchen/Bissels*, NZA 2007, 169, 173, jeweils mit Ausnahmen; vgl. auch BAG 18.9.2014 BeckRS 2014, 73585 Rn. 40; 26.6.2014 BeckRS 2014, 73097 Rn. 55; offen gelassen von BAG 7.7.2011 NZA 2012, 34 Rn. 17.

[144] LAG Hamm 19.10.2006 BeckRS 2007, 40902; *Braun*, MDR 2004, 64, 69; *Joussen*, NJW 2003, 2857, 2861; *v. Koppenfels-Spies*, ArbuR 2004, 43, 46; *Thüsing/Lambrich*, BB 2002, 1146, 1149; vgl. auch *Brors*, DB 2003, 1739, 1735; *Thüsing/Wege*, FA 2003, 296, 298.

[145] Vgl. ArbG Berlin 7.10.2008 BehinR 2009, 121, 123; *Mohr*, BehinR 2008, 34, 46; ErfK/*Preis*, § 611 BGB Rn. 274a; SSV/*Schleusener*, § 3 AGG Rn. 32.

[146] ArbG Berlin 7.10.2008 BehinR 2009, 121, 123; *Mohr*, BehinR 2008, 34, 46; SSV/*Schleusener*, § 3 AGG Rn. 33.

Dritter Abschnitt: Der besondere Kündigungsschutz

Schutz des § 9 Abs. 1 S. 1 MuSchG, des § 18 Abs. 1 S. 1 BEEG (→ Rn. 1572), der Massenentlassungsschutz nach § 17 KSchG und auch der Kündigungsschutz für Mitglieder der Betriebs- bzw. Personalvertretung gem. § 15 KSchG.[147] Im Falle der Kündigung eines schwerbehinderten Arbeitnehmers ist nach § 102 Abs. 1 S. 1 und 2 BetrVG der Betriebsrat zu hören oder der Personalrat nach den einschlägigen Gesetzen zu beteiligen (näher → Rn. 1557).

1524 Die in § 95 Abs. 2 S. 1 SGB IX vorgesehene Anhörung der Schwerbehindertenvertretung ist **keine** Wirksamkeitsvoraussetzung für die Kündigung.[148] Zur Wirksamkeit der Kündigung eines schwerbehinderten Menschen bedarf es nicht noch zusätzlich der Zustimmung der Vertrauensperson iSd § 96 SGB IX.[149]

1525 Seit dem **1.1.2004**[150] muss der Arbeitnehmer, auch wenn er nur die **Nichtigkeit der Kündigung nach § 85 SGB IX iVm § 134 BGB** wegen fehlender Zustimmung des Integrationsamtes geltend machen will, die **dreiwöchige Klagefrist** des § 4 S. 1 KSchG **einhalten**.[151] Für den **Fristbeginn** ist allerdings § 4 S. 4 KSchG zu beachten (dazu näher → Rn. 1925 und 1926).

1526 Um die Nichtigkeitsfolge nach § 134 BGB zu vermeiden, kann die **Kündigung** ggü. einem schwerbehinderten Arbeitnehmer (§§ 85, 91 Abs. 1 SGB IX) erst **nach Zustimmung** durch das Integrationsamt ausgesprochen werden. **Nicht erforderlich** ist, dass die Entscheidung über die **Zustimmung bestandskräftig** ist (vgl. § 88 Abs. 4 SGB IX).[152] Kündigt also der Arbeitgeber, nachdem das Integrationsamt, der Widerspruchsausschuss oder das Verwaltungsgericht die Zustimmung erteilt hat, muss der Arbeitnehmer binnen drei Wochen nach Zugang der Kündigung gem. § 4 S. 1 KSchG die Kündigungsschutzklage wegen der Sozialwidrigkeit der Kündigung (§ 1 Abs. 1 KSchG) oder sonstiger Unwirksamkeitsgründen erheben, selbst wenn er gegen die Erteilung der Zustimmung ein Rechtsmittel einlegt. § 85 SGB IX knüpft an **die von einer Instanz erteilte Zustimmung** an. Liegt sie vor, kann der Arbeitgeber kündigen. Widerspruch und Anfechtungsklage gegen die Zustimmung des Integrationsamtes zur Kündigung haben nach § 88 Abs. 4 SGB IX keine aufschiebende Wirkung (→ Rn. 1574). Daraus folgt, dass die einmal erteilte Zustimmung zur Kündigung – vorbehaltlich ihrer Nichtigkeit[153] – so lange Wirksamkeit entfaltet, wie sie nicht rechtskräftig aufgehoben ist (auch → Rn. 1552/1553).[154] Der Arbeitgeber ist im Kündigungsschutzprozess nach § 4 S. 1 KSchG – soweit er die Kündigung nicht auf völlig neue Gründe stützt – nicht auf die Gründe beschränkt, die Gegenstand des Zustimmungsverfahrens waren.[155]

---

[147] Zu § 15 KSchG KR/*Etzel,* § 15 KSchG Rn. 152; Hauck/Noftz/*Griebeling,* § 85 SGB IX Rn. 43; NPM/*Neumann,* § 85 SGB IX Rn. 17; vgl. auch BAG 23.1.2014 NZA 2014, 895 Rn. 26; LAG Rheinland-Pfalz 5.10.2005 NZA-RR 2006, 245, 246; 9.10.2003 ZTR 2004, 268 Ls.; früher BAG 11.5.2000 NZA 2000, 1106, 1109; vgl. allg. BVerwG 22.5.2013 BeckRS 2013, 51619 Rn. 12.
[148] BAG 28.6.2007 NZA 2007, 1049 Rn. 48; KR/*Etzel/Gallner,* Vor §§ 85–90 SGB IX Rn. 37; GK-SGB IX/*Lampe,* § 85 Rn. 132.
[149] LAG Köln 18.5.2011 LAGE BGB 2002 § 626 Rn. 83 ff.
[150] Zur Rechtslage bis zum 31.12.2003 vgl. 9. Aufl. Rn. 1490 und 1491.
[151] BAG 13.2.2008 NZA 2008, 1055 Rn. 32; 13.3.2008 NZA 2008, 809 Rn. 28.
[152] Vgl. näher KR/*Etzel/Gallner,* §§ 85–90 SGB IX Rn. 105 und 127; NPM/*Neumann,* § 88 SGB IX Rn. 15; APS/*Vossen,* § 88 SGB IX Rn. 11.
[153] Hierzu allg. BAG 10.10.2012 AP TzBfG § 21 Nr. 10 Rn. 27, 28; 10.5.2012 NZA 2012, 1161 Rn. 46.
[154] BAG 23.5.2013 NZA 2013, 1373 Rn. 22; LPK-SGB IX/*Düwell,* § 88 SGB IX Rn. 28; KR/*Etzel/Gallner,* §§ 85–92 SGB IX Rn. 107; NPM/*Neumann,* § 85 SGB IX Rn. 86.
[155] Vgl. KR/*Etzel/Gallner,* §§ 85–90 SGB IX Rn. 140; vgl. früher auch ArbG Lüneburg 18.5.2000 NZA-RR 2000, 530, 531; weitergehend LAG Sachsen-Anhalt 24.11.1999 BehinR 2001, 31 = BB 2000, 2051 Ls.

§ 3 Kündigungsschutz schwerbehinderter Arbeitnehmer

Wird die erteilte Zustimmung auf Widerspruch oder Klage des schwerbehinderten Arbeitnehmers aufgehoben, wird damit die ausgesprochene Kündigung rückwirkend nichtig (auch → Rn. 1577 mit Nachw. in Fn. 293).

1527

Nach dem Vorhergesagten ist der **Rechtsweg** für die Beteiligten de lege lata **doppelgleisig.** Es ist sowohl der Rechtsweg zu den Verwaltungsgerichten eröffnet, soweit es um die Beurteilung der Zustimmung zur Kündigung geht, als auch zu den Arbeitsgerichten, soweit die arbeitsrechtlichen Probleme der Wirksamkeit der Kündigung zu entscheiden sind.[156] Damit wird das Verfahren kompliziert und zeitraubend. Eine Entscheidung der Arbeitsgerichte ist vor dem Abschluss des Verwaltungsgerichtsverfahrens nur möglich, wenn die Kündigung ohnehin aus anderen Gründen unwirksam ist, zB nach § 102 Abs. 1 S. 3 BetrVG wegen unterbliebener bzw. fehlerhafter Anhörung des Betriebsrats (→ Rn. 311) oder gem. § 1 Abs. 1 KSchG, weil sie nicht sozial gerechtfertigt iSd § 1 Abs. 2 S. 1 KSchG ist (→ Rn. 880ff.). Hält das Arbeitsgericht dagegen die Kündigung unter arbeitsrechtlichen Grundsätzen für wirksam, ist die Entscheidung über die Zustimmung jedoch noch nicht rechtskräftig, hat das Arbeitsgericht über eine **Aussetzung des Rechtsstreits,** die in seinem **pflichtgemäßem Ermessen** steht, nach § 148 ZPO zu befinden.[157] Entscheidet es sich im Hinblick auf das insbesondere bei Bestandsschutzstreitigkeiten bedeutsame Beschleunigungsgebot der §§ 9 Abs. 1, 64 Abs. 8 ArbGG und vor allem des § 61a ArbGG[158] für eine Fortführung des Kündigungsrechtsstreits, ohne den Ausgang des an sich vorgreiflichen Verwaltungsstreitverfahrens über die Zustimmung des Integrationsamtes zu der angegriffenen Kündigung abzuwarten – so ist nach Auffassung des BAG im Regelfall zu verfahren[159] –, kann der Arbeitnehmer, falls nach rechtskräftiger Abweisung der Kündigungsschutzklage die Zustimmung im Rechtsmittelverfahren rechtskräftig versagt wird, im Wege der Restitutionsklage gem. § 580 Nr. 6 ZPO analog iVm § 79 S. 1 ArbGG die Abänderung des arbeitsgerichtlichen Urteils erreichen.[160]

1528

Eine im pflichtgemäßen Ermessen nach § 148 ZPO stehende **Aussetzung des Verfahrens** kommt auch in Betracht, wenn der Arbeitnehmer auf ein noch nicht rechtskräftig abgeschlossenes Anerkennungsverfahren nach § 69 Abs. 1 S. 1 SGB IX hingewiesen hat.[161] Denn der nach Rechtskraft eines klageabweisenden Kündigungsschutzurteils erlassene Feststellungsbescheid des Versorgungsamtes, in dem eine zum Zeitpunkt der Kündigung bereits bestandene Schwerbehinderteneigenschaft festgestellt

1529

---

[156] Vgl. zB BAG 23.5.2013 NZA 2013, 1373 Rn. 20; VG Düsseldorf 20.11.2014 BeckRS 2014, 59581. Nach dem Vorlagebeschluss des ArbG Siegen 10.6.1988 EzA GG § 101 Nr. 1 und des LAG Hamm 19.12.1985 LAGE GG Art. 101 Nr. 1 verstößt die Doppelspurigkeit des Rechtsweges gegen Art. 101 Abs. 1 S. 2 GG. Beide Beschlüsse wurden später zurückgenommen, vgl. *Cramer,* § 15 SchwbG Rn. 21. Zum Ganzen vgl. *Seidel,* DB 1994, 1286ff.

[157] BAG 18.1.2007 BeckRS 2011, 78833 Rn. 34; 2.3.2006 NZA-RR 2006, 636 Rn. 56; 17.6.2003 NZA 2003, 1329, 1331; vgl. auch BAG 23.10.2008 AP KSchG 1969 § 1 Namensliste Nr. 18; allg. BAG 26.10.2009 NZA 2009, 1436 Rn. 7.

[158] BAG 17.6.2003 NZA 2003, 1329, 1331; 26.9.1991 NZA 1992, 1073, 1077 = EzA KSchG § 1 Personenbedingte Kündigung Nr. 10 mit Anm. *Raab.*

[159] BAG 23.5.2013 NZA 2013, 1373 Rn. 28; vgl. auch schon BAG 2.3.2006 NZA-RR 2006, 636 Rn. 56.

[160] BAG 23.5.2013 NZA 2013, 1373 Rn. 24; 29.9.2011 AP ZPO § 580 Nr. 16 Rn. 33; BVerwG 12.7.2012 NZA 2013, 97 Rn. 13; OVG Hamburg 10.12.2014 BeckRS 2015, 41102.

[161] KR/*Etzel/Gallner,* §§ 85–90 SGB IX Rn. 145; einschränkend LAG Köln 24.6.1991 LAGE KSchG § 1 Personenbedingte Kündigung Nr. 8; 19.12.1995 LAGE KSchG § 1 Krankheit Nr. 22; LAG Rheinland-Pfalz 19.12.1995 – 6 Sa 979/95 – n.v.; BB/*Bader,* § 13 KSchG Rn. 92.

wird, stellt einen Restitutionsgrund gem. § 580 Nr. 7b ZPO analog dar.[162] Allerdings wird dieser seit dem 1.5.2004 aufgrund der seitdem geltenden Regelung in § 90 Abs. 2a 2. Alt. SGB IX (→ Rn. 1500) nur noch selten gegeben sein.

IV. Gegenstand des besonderen Kündigungsschutzes

1. Arbeitgeberseitige Kündigung

1530   Der besondere Kündigungsschutz des schwerbehinderten Arbeitnehmers gilt nach § 85 SGB IX für **jede Kündigung** des Arbeitsverhältnisses, für die ordentliche wie auch – wegen der Verweisungsregelung in § 91 Abs. 1 SGB IX – für die außerordentliche Kündigung. Dabei spielt es keine Rolle, ob es sich um eine Beendigungs- oder Änderungskündigung handelt. Zur außerordentlichen Kündigung zählt auch die außerordentliche Kündigung mit Auslauffrist eines auf Grund besonderer Vereinbarung (Tarifvertrag, Betriebsvereinbarung oder Einzelvertrag) ordentlich unkündbaren (näher → Rn. 738 ff.) schwerbehinderten Arbeitnehmers.[163] Alle diese Kündigungen sind nur zulässig, wenn die **vorherige Zustimmung** des Integrationsamtes vorliegt (aber → Rn. 1566)[164] Insofern enthält § 85 SGB IX ein Verbot mit Erlaubnisvorbehalt.[165] Auch in einem Insolvenzverfahren kann einem schwerbehinderten Arbeitnehmer nicht ohne Zustimmung des Integrationsamts gekündigt werden (auch → Rn. 1566).[166] Ein Antrag auf Neufestsetzung des Grades der Behinderung unterfällt nicht der Insolvenzanfechtung nach §§ 129 ff. InsO.[167]

1531–   **Kündigungen** der schwerbehinderten **Arbeitnehmer selbst** bedürfen nicht der
1534   Zustimmung des Integrationsamtes. Das Gesetz gibt dem Integrationsamt in § 117 Abs. 1 S. 1 SGB IX aber die Möglichkeit, dem schwerbehinderten Arbeitnehmer oder dem ihm Gleichgestellten zeitweise die Vorteile des Gesetzes zu entziehen, wenn er ohne berechtigten Grund seinen Arbeitsplatz aufgibt.

2. Sonstige Beendigungstatbestände

a) Aufhebungsvertrag

1535   Der Aufhebungsvertrag zwischen dem schwerbehinderten Arbeitnehmer und dem Arbeitgeber ist ohne Zustimmung des Integrationsamtes zulässig. Er bedarf allerdings der Schriftform gem. § 623 1. Hs. BGB (näher → Rn. 40 ff.). Formlos kann der schwerbehinderte Arbeitnehmer jedoch **nach Zugang** der **Kündigung** darauf verzichten, ihre Nichtigkeit wegen fehlender Zustimmung des Integrationsamtes (§ 85

---

[162] BAG 18.1.2007 BeckRS 2011, 78833; 24.11.2005 NZA 2006, 665 Rn. 28; früher BAG 15.8.1984 AP SchwbG § 12 Nr. 13. Zur Subsidiarität der Restitutionsklage (§ 582 ZPO) und zum Beginn der Klagefrist (§ 586 ZPO) vgl. LAG Hamm 25.9.2008 BeckRS 2009, 52330.

[163] Vgl. BAG 13.5.2004 NZA 2004, 1271, 1272; 12.5.2005 NZA 2005, 1173 f.; LAG Baden-Württemberg 6.9.2004 NZA-RR 2005, 297, 298; vgl. auch OVG Sachsen-Anhalt 22.6.2011 BehinR 2012, 107, 109 Rn. 30; VG Düsseldorf 18.3.2014 BeckRS 2014, 50836 u. BeckRS 2014, 50966; 10.6.2013 BeckRS 2013, 54472; früher BAG 27.11.2003 AP BGB § 626 Krankheit Nr. 11; 12.8.1999 NZA 1999, 1267, 1269.

[164] *Schaub*, DB 1999, 217, 223.

[165] Vgl. BAG 15.11.2012 NZA 2013, 505 Rn. 22; 16.2.2012 NZA 2012, 555 Rn. 21.

[166] LAG Niedersachsen 4.4.2003 LAGE SGB IX § 85 Nr. 1.

[167] LAG Niedersachsen 4.4.2003 LAGE SGB IX § 85 Nr. 1.

SGB IX iVm § 134 BGB) gerichtlich geltend zu machen.[168] Ein derartiger Klageverzicht kann auch in einer sog. **Ausgleichsquittung** erklärt werden, wenn ihr Inhalt dies rechtfertigt, d. h. insoweit **eindeutig** ist.[169] Allerdings muss er seit dem 1.1.2002 der Inhaltskontrolle nach §§ 307 Abs. 1 S. 1, 310 Abs. 4 S. 2 BGB standhalten (näher → Rn. 1286).

Der Arbeitgeber hat nach § 95 Abs. 2 S. 1 1. Hs. SGB IX die **Schwerbehindertenvertretung** über den **Abschluss** eines **Aufhebungsvertrags** zu **unterrichten.** Dies hat er unverzüglich zu erledigen. Der konkrete Zeitpunkt richtet sich nach den Umständen des Einzelfalls.[170] Wird ein Aufhebungsvertrag mit einem schwerbehinderten Menschen ohne eine entsprechende Vorbereitung spontan geschlossen, wird eine Unterrichtung der Schwerbehindertenvertretung regelmäßig erst nachträglich erfolgen können. Deswegen ist der Arbeitgeber jedoch **nicht verpflichtet,** mit dem **Abschluss** des Aufhebungsvertrags **abzuwarten.**[171] Da ein solcher Abschluss keine Entscheidung iSv § 95 Abs. 2 S. 1 1. Hs. SGB IX darstellt, besteht keine Anhörungspflicht der Schwerbehindertenvertretung vor Unterzeichnung des Aufhebungsvertrags.[172]

1535a

b) Befristeter Arbeitsvertrag

Der befristete Arbeitsvertrag ist im Rahmen des seit dem 1.1.2001 geltenden § 14 TzBfG zulässig, ohne dass es einer **Zustimmung** des Integrationsamtes für die Beendigung des Arbeitsverhältnisses bedarf. Da mit Inkrafttreten des § 14 TzBfG die Frage der Zulässigkeit einer Befristungsabrede vom Kündigungsschutz abgekoppelt worden ist,[173] kommt es nicht mehr, wie noch nach der bis zum 31.12.2000 geltenden Rechtslage,[174] darauf an, ob durch die Vereinbarung der Befristung des Arbeitsverhältnisses der besondere Kündigungsschutz nach § 85 SGB IX umgangen wird, wobei die objektive Umgehung bereits ausreiche.[175]

1536

Wird eine Befristung des Arbeitsverhältnisses vereinbart und liegt dafür ein sachlicher Grund nach § 14 Abs. 1 TzBfG vor, endet das Arbeitsverhältnis ohne Kündigung zum vereinbarten Zeitpunkt auch dann, wenn die Schwerbehinderung während des befristeten Vertrages eintritt. Das gilt ebenso, wenn das Arbeitsverhältnis wirksam nach § 14 Abs. 2, Abs. 2a und Abs. 3 TzBfG ohne sachlichen Grund befristet worden ist. Eine Zustimmung des Integrationsamtes kommt, vom Ausnahmefall des § 92 SGB IX (→ Rn. 1540 ff.) abgesehen, nicht in Betracht. Diese ist nur notwendig, wenn das Arbeitsverhältnis vor dem Befristungsende gekündigt wird, wobei es hierfür hinsichtlich einer ordentlichen Kündigung gem. § 15 Abs. 3 TzBfG einer entsprechenden Vereinbarung bedarf.

1537

Vereinbaren die Arbeitsvertragsparteien ein Arbeitsverhältnis **auf bestimmte Zeit** mit der Maßgabe, es solle **fortbestehen, wenn** es nicht **gekündigt** wird, liegt kein

1538

---
[168] ErfK/*Rolfs*, § 85 SGB IX Rn. 11; NPM/*Neumann*, § 85 SGB IX Rn. 51; vgl. früher auch BAG 11.3.1999 NZA 1999, 761, 762; zur Frage des Schriftformerfordernisses nach § 623 BGB für eine Klageverzichtsvereinbarung vgl. aber auch → Rn. 1286.
[169] KR/*Etzel/Gallner*, Vor §§ 85–90 SGB IX Rn. 32; NPM/*Neumann*, § 85 SGB IX Rn. 51. Weitere Einzelheiten → Rn. 1285, 1286.
[170] BAG 14.3.2012 BeckRS 2012, 68070 Rn. 23.
[171] BAG 14.3.2012 BeckRS 2012, 68070 Rn. 23.
[172] BAG 14.3.2012 BeckRS 2012, 68070 Rn. 24.
[173] BAG 6.11.2003 NZA 2005, 218, 221; 14.1.2004 NZA 2004, 719, 721; 13.5.2004 – 2 AZR 426/03 – juris; vgl. auch BAG 2.6.2010 NZA 2010, 1293 Rn. 12; 16.5.2012 NZA 2012, 974 Rn. 21.
[174] Vgl. 7. Aufl. Rn. 36 ff.
[175] Vgl. näher 7. Aufl. Rn. 907.

befristeter Arbeitsvertrag vor. Die Kündigung **bedarf** in diesem Fall der **Zustimmung** des Integrationsamtes.[176] Wird ein befristetes Arbeitsverhältnis über den Beendigungszeitpunkt hinaus mit Wissen des Arbeitgebers durch tatsächliche Arbeitsleistung fortgesetzt und verwandelt es sich dadurch gem. § 15 Abs. 5 TzBfG in ein unbefristetes,[177] besteht Kündigungsschutz im Rahmen des § 85 SGB IX. Das gilt auch dann, wenn ein mit Zustimmung des Integrationsamtes gekündigter schwerbehinderter Arbeitnehmer über die Kündigungsfrist hinaus mit Wissen des Arbeitgebers weiterbeschäftigt wird.[178]

c) Auflösend bedingter Vertrag

1539   Bis zum 31.12.2000 bestimmte § 22 S. 1 SchwbG a. F., dass die **Beendigung** des Arbeitsverhältnisses der vorherigen Zustimmung der Hauptfürsorgestelle bedurfte, wenn sie **kraft Vereinbarung** im Falle des **Eintritts** der **Berufsunfähigkeit** oder der **Erwerbsunfähigkeit auf Zeit** eintrat. Das Arbeitsverhältnis endete dann auf Grund Eintritts einer entsprechend vereinbarten auflösenden Bedingung iSv § 158 Abs. 2 1. Hs. BGB.[179] Durch Art. 20 des „Gesetz zur Reform der Renten wegen verminderter Erwerbsfähigkeit" vom 20.12.2000 (BGBl. I S. 1827) wurde § 22 S. 1 SchwbG a. F. mit Wirkung vom 1.1.2001 infolge des zu diesem Zeitpunkt eingeführten abgestuften Systems einer Rente wegen Erwerbsminderung (§ 43 SGB VI idF des Art. 1 Nr. 10 des o. g. Reformgesetzes) geändert. Nunmehr bedurfte die Beendigung des Arbeitsverhältnisses **auch** dann der vorherigen **Zustimmung** der Hauptfürsorgestelle, wenn sie im Falle des Eintritts einer **teilweisen Erwerbsminderung** (§ 43 Abs. 1 SGB VI n. F.) oder der **vollen Erwerbsminderung auf Zeit** (§ 43 Abs. 2 SGB VI n. F.) ohne Kündigung erfolgte. Auch blieb § 22 S. 1 SchwbG n. F. unanwendbar, wenn das Arbeitsverhältnis wegen einer vom Rentenversicherungsträger festgestellten dauerhaften Erwerbsunfähigkeit endete.[180]

1540   Soweit zugunsten eines schwerbehinderten Arbeitnehmers Berufsunfähigkeit (vgl. § 240 Abs. 2 SGB VI) oder Erwerbsunfähigkeit auf Zeit (vgl. § 44 SGB VI a. F.) nach der bis zum 31.12.2000 geltenden Rechtslage festgestellt worden war, änderte sich an der Notwendigkeit der vorherigen Zustimmung der Hauptfürsorgestelle bei einer Beendigung des Arbeitsverhältnisses ohne Kündigung ab dem 1.1.2001 nichts (vgl. § 22 S. 1 SchwbG n. F.). § 92 S. 1 SGB IX hat die bis zum 30.6.2001 in § 22 S. 1 SchwbG n. F. enthaltene Regelung übernommen. Auf den in § 92 S. 1 SGB IX geregelten, auf die vier genannten Beendigungstatbestände[181] beschränkten[182] Schutz können sich seit dem 1.5.2004 zwar weiterhin die Arbeitnehmer berufen, die bei Beendigung ihres Arbeitsverhältnisses einen Antrag auf Anerkennung ihrer Schwerbehinderteneigenschaft nach § 69 Abs. 1 S. 1 SGB IX (näher → Rn. 1498) gestellt hatten. Sie müssen jedoch

---

[176] NPM/*Neumann*, § 85 SGB IX Rn. 48.
[177] Vgl. BAG 11.7.2007 AP HRG § 57a Nr. 12; 18.10.2006 AP TzBfG § 14 Nr. 28; 5.5.2004 NZA 2004, 1346; vgl. auch BAG 15.5.2013 NZA 2013, 1214 Rn. 34.
[178] Vgl. NPM/*Neumann*, § 85 SGB IX Rn. 48.
[179] Vgl. zu § 59 Abs. 1 S. 1 BAT BAG 23.2.2000 NZA 2000, 821; 3.9.2003 NZA 2004, 328, 330; 23.6.2004 NZA 2005, 520, 521.
[180] BAG 3.9.2003 NZA 2004, 328, 330; vgl. auch KR/*Etzel/Gallner*, § 92 SGB IX Rn. 11; *Kayser*, BehinR 2008, 153, 154 mwN.
[181] Hierzu näher *Kayser*, BehinR 2008, 153, 156; APS/*Vossen*, § 92 SGB IX Rn. 9 ff.
[182] Vgl. BAG 3.9.2003 NZA 2004, 328, 330; vgl. auch BAG 6.4.2011 NZA-RR 2013, 43 Rn. 25; 27.7.2011 AP TzBfG § 21 Nr. 9 Rn. 29; LAG Baden-Württemberg 16.5.2012 BeckRS 2012, 74491 Rn. 46.

hinsichtlich des Zeitpunkts der Antragstellung und auch bezogen auf ihre Mitwirkung im Antragsverfahren § 90 Abs. 2a 2. Alt. (→ Rn. 1500, 1501) beachten.[183] Das gilt auch für Arbeitnehmer, die bei Beendigung des Arbeitsverhältnisses einen Gleichstellungsantrag nach § 69 Abs. 1 S. 1 SGB IX iVm § 68 Abs. 2 S. 1 SGB IX gestellt hatten (→ Rn. 1503).[184] Der erweiterte Beendigungsschutz nach § 92 S. 1 SGB IX setzt außerdem voraus, dass der Arbeitnehmer bereits im Zeitpunkt des Eintritts der teilweisen Erwerbsminderung, der Erwerbsminderung auf Zeit, der Berufsunfähigkeit oder der Erwerbsunfähigkeit auf Zeit als schwerbehinderter Mensch anerkannt war oder zumindest einen entsprechenden Antrag gestellt hatte.[185]

1541 Mangels einer rechtlichen Beendigung des Arbeitsverhältnisses kam § 22 S. 1 SchwbG idF von Art. 20 des Erwerbsminderungsrenten-Reformgesetzes (bis 30.6. 2001) bzw. kommt § 92 S. 1 SGB IX seit dem 1.7.2001 nicht zur Anwendung, wenn tarifvertraglich, wie mit Wirkung vom 1.1.1985 in § 59 Abs. 1 S. 4 BAT und den entsprechenden Vorschriften anderer Tarifverträge, zB § 62 Abs. 1 S. 4 MTArb, § 56 Abs. 1 S. 2 BMT-G II, und nunmehr seit dem 1.10.2005 in § 33 Abs. 2 S. 5 TVöD-AT bzw. seit den 1.11.2006 in § 33 Abs. 2 S. 5 TV-L geschehen, geregelt ist, dass das Arbeitsverhältnis nicht endet, wenn nach dem Bescheid des Rentenversicherungsträgers eine zeitlich befristete Rente gewährt wird. In diesem Fall **ruht** gem. § 33 Abs. 2 S. 6 TVöD-AT bzw. § 33 Abs. 2 S. 6 TV-L (früher: § 59 Abs. 1 S. 5 BAT, § 62 Abs. 1 S. 5 MTArb, § 56 Abs. 1 S. 3 BMT-G II) das Arbeitsverhältnis für den Zeitraum, für den die Rente auf Zeit gewährt wird.[186] Wird das Ende des ruhenden Arbeitsverhältnisses durch eine Kündigung herbeigeführt, bedarf es allerdings der Zustimmung nach § 85 SGB IX.

1542 Die **Zustimmung** des Integrationsamtes muss **vor** dem **Beendigungszeitpunkt** eingeholt werden. Dies stellen für schwerbehinderte Arbeitnehmer im öffentlichen Dienst seit dem 1.10.2005 § 33 Abs. 2 S. 4 TVöD-AT bzw. seit dem 1.11.2006 § 33 Abs. 2 S. 4 TV-L (früher: § 59 Abs. 4 BAT, § 62 Abs. 4 MTArb und § 56 Abs. 1 Unterabs. 5 BMT-G) ausdrücklich klar. Sieht die in § 92 S. 1 SGB IX angesprochene Vereinbarung (→ Rn. 1539) eine Frist vor, bis zu der der Antrag des Arbeitgebers auf Zustimmung zur Beendigung des Arbeitsverhältnisses zu stellen ist, muss die Zustimmung in dem Zeitpunkt, in dem diese Frist zu laufen beginnt, vorliegen.[187] Da § 92 S. 2 SGB IX, wie bis zum 30.6.2001 § 22 S. 2 SchwbG, die entsprechende Anwendung der **Vorschriften** des Vierten Abschnitts **über** die **Zustimmung** zur **ordentlichen Kündigung** vorsieht, sind die in Rn. 1507 ff. dargestellten Voraussetzungen für den Erhalt des Sonderkündigungsschutzes auch **auf** den **Erhalt** des **erweiterten Beendigungsschutzes** nach § 92 S. 1 SGB IX **übertragbar**.[188]

---

[183] NPM/*Neumann*, § 92 SGB IX Rn. 6; *Wiegand/Hohmann*, § 92 SGB IX Rn. 47; vgl. auch *Kayser*, BehinR 2008, 153, 156; HK-SGB IX/*Trenk-Hinterberger*, § 92 Rn. 10.

[184] Zur Rechtslage vor dem 1.5.2004 vgl. BAG 15.3.2006 AP BAT § 59 Nr. 14.

[185] Vgl. BAG 15.3.2006 AP BAT § 59 Nr. 14 mit Anm. *Steinmeyer* (vor Inkrafttreten von § 90 Abs. 2a SGB IX); zu § 22 S. 1 SchwbG BAG 31.7.2002 NZA 2003, 620; 28.6.1995 NZA 1996, 374, 376.

[186] Näher OVG Koblenz 17.12.2004 BehinR 2005, 116 ff.; vgl. auch BAG 3.9.2003 NZA 2004, 328, 329; 25.10.2001 NZA 2002, 1052, 1053; 5.4.2000 NZA 2000, 842, 843.

[187] Ist auf ein Arbeitsverhältnis Beamtenrecht anzuwenden (zB bei Dienstordnungsangestellten), gilt § 92 SGB IX nicht analog, wenn der Arbeitnehmer wegen Dienstunfähigkeit in den Ruhestand versetzt wird, BAG 24.5.2012 NZA 2012, 1158 Rn. 14 ff. unter Aufgabe von BAG 20.10.1977 AP SchwbG § 19 Nr. 1.

[188] KR/*Etzel/Gallner*, § 92 SGB IX Rn. 6; NPM/*Neumann*, § 92 SGB IX Rn. 6; ErfK/*Rolfs*, § 92 SGB IX Rn. 2; vgl. auch OVG Berlin-Brandenburg 19.11.2014 BeckRS 2014, 58836; vgl. früher BAG 28.6.1995 NZA 1996, 374, 376.

1542a Stellt die Vereinbarung, aufgrund derer das Arbeitsverhältnis in den in § 92 S. 1 SGB IX genannten vier Fallgestaltungen endet, eine auflösende Bedingung iSv § 158 Abs. 2 BGB dar,[189] ist der Arbeitnehmer, falls er deren Wirksamkeit angreifen will, gehalten, nach § 17 S. 1 TzBfG iVm § 21 TzBfG binnen drei Wochen nach Bedingungseintritt bzw. gem. § 17 S. 3 TzBfG iVm § 21 TzBfG nach dem Zugang der schriftlichen Unterrichtung gem. § 15 Abs. 2 TzBfG iVm § 21 TzBfG[190] Bedingungskontrollklage zu erheben.[191]

1542b Was den Beginn der Klagefrist betrifft, ist allerdings, da **im Anwendungsbereich** des § 92 S. 1 SGB IX zu den vorgenannten Zeitpunkten die Zustimmung des Integrationsamtes vorliegen muss, wie bei einer Kündigung im Hinblick auf § 85 SGB IX (→ Rn. 1525), die **Regelung in § 4 S. 4 KSchG zu beachten** (→ Rn. 1925–1926). § 17 S. 2 TzBfG, der auf auflösende Bedingungen gem. § 21 TzBfG entsprechende Anwendung findet, regelt unbeabsichtigt nicht den Fall, dass der Arbeitgeber, wie in § 92 S. 1 SGB IX, vor der erstrebten Beendigung des Arbeitsverhältnisses durch eine auflösende Bedingung der vorherigen Zustimmung einer Behörde bedarf. Da die Interessenlage in den Fällen der Kündigung und der auflösenden Bedingung vergleichbar ist, gebietet es der in §§ 92, 85 SGB IX zum Ausdruck gekommene Schutz schwerbehinderter Menschen, im Rahmen der Bedingungskontrollklage (§ 17 S. 1 TzBfG iVm § 21 TzBfG) § 4 S. 4 KSchG analog anzuwenden.[192] Diese **Analogie gilt** aber **nur** im **Anwendungsbereich** des **§ 92 S. 1 SGB IX**.[193]

1542c Aus der analogen Anwendung von § 4 S. 4 KSchG folgt zunächst, dass die dreiwöchige Klagefrist des § 17 S. 1 TzBfG iVm § 21 TzBfG erst mit der Bekanntgabe der Zustimmung des Integrationsamts beim Arbeitnehmer beginnt, falls der Bedingungseintritt bzw. der Zugang der schriftlichen Unterrichtung nach § 15 Abs. 2 TzBfG iVm § 21 TzBfG schon vorher erfolgt ist. Hat es der Arbeitgeber trotz Kenntnis der Schwerbehinderung des Arbeitnehmers versäumt, die Zustimmung nach § 92 S. 1 SGB IX einzuholen und kommt es deshalb zu keiner Bekanntgabe iSv § 4 S. 4 KSchG, ist das Recht zur Geltendmachung der Unwirksamkeit der auflösenden Bedingung nach § 17 S. 1 TzBfG iVm § 21 TzBfG nur durch die Grundsätze der Verwirkung nach § 242 BGB begrenzt.[194] Kennt dagegen der Arbeitgeber die Schwerbehinderteneigenschaft im Zeitpunkt des Bedingungseintritts bzw. bei Zugang der schriftlichen Mitteilung nach § 15 Abs. 2 TzBfG iVm § 21 TzBfG nicht, scheidet eine analoge Anwendung des § 4 S. 4 KSchG aus, und der Beginn der Bedingungskontrollklagefrist richtet sich ausschließlich nach § 17 S. 1 TzBfG iVm § 21 TzBfG.[195]

---

[189] Vgl. BAG 9.2.2011 NZA 2011, 854 Rn. 9; vgl. auch BAG 23.7.2014 NZA 2014, 1341 Rn. 49 ff.
[190] Vgl. hierzu BAG 23.7.2014 NZA 2014, 1341 Rn. 19; 15.8.2012 NZA 2012, 1116 Rn. 3; 6.4.2011 NZA-RR 2013, 43 Rn. 22.
[191] Zur Angemessenheit der Frist nach §§ 17 S. 1, 21 TzBfG vgl. BAG 21.1.2011 NZA-RR 2011, 439 Rn. 26.
[192] BAG 9.2.2011 NZA 2011, 854 Rn. 18 ff.; vgl. auch BAG 6.4.2011 NZA-RR 2013, 43 Rn. 25.
[193] Vgl. BAG 6.4.2011 NZA-RR 2013, 43 Rn. 25; 27.7.2011 AP TzBfG § 21 Nr. 9 Rn. 29.
[194] Vgl. BAG 9.2.2011 NZA 2011, 854 Rn. 21; vgl. auch LAG Hamm 11.3.2014 BeckRS 2014, 68741.
[195] Vgl. BAG 9.2.2011 NZA 2011, 854 Rn. 26.

d) Faktisches Arbeitsverhältnis

Besteht kein wirksamer Arbeitsvertrag, kann das dann bestehende faktische Arbeitsverhältnis jederzeit beendet werden, ohne dass es dazu einer Kündigung bedarf (näher → Rn. 33).[196]

1543

e) Anfechtung des Arbeitsvertrages

Das Rechtsinstitut der Anfechtung unterscheidet sich, was die Voraussetzungen und die Wirkungen angeht, von der Kündigung. Für die Anfechtung des Arbeitsvertrages ist die Zustimmung des Integrationsamtes nicht erforderlich (vgl. dazu → Rn. 1519).

1544–1546

V. Kündigungsfrist

Die Frist für die Kündigung eines schwerbehinderten Arbeitnehmers beträgt **mindestens vier Wochen** (§ 86 SGB IX). Sie kann nicht verkürzt werden. Die **Mindestkündigungsfrist** gilt nach § 90 Abs. 1 Nr. 1 SGB IX nicht für solche Arbeitsverhältnisse mit schwerbehinderten Arbeitnehmern, die im Zeitpunkt des Zugangs der Kündigungserklärung **ohne Unterbrechung noch nicht länger als sechs Monate bestehen.** Damit gilt im Probe- und Aushilfsarbeitsverhältnis, sofern es nicht ausnahmsweise die Dauer von sechs Monaten **übersteigt,** keine Mindestkündigungsfrist mehr. Es gelten die allgemeinen Vorschriften des § 622 BGB, d.h. soweit innerhalb einer auf sechs Monate befristeten Probezeit die ordentliche Kündigung möglich ist (→ Rn. 490), gilt nach § 622 Abs. 3 BGB eine Kündigungsfrist von zwei Wochen (→ Rn. 491). Das folgt aus der eindeutigen Gesetzeslage in § 90 Abs. 1 Nr. 1 SGB IX, der in der sechsmonatigen Wartezeit auch die Anwendbarkeit des die Mindestkündigungsfrist regelnden § 86 SGB IX ausschließt.[197]

1547

Die Kündigungsfrist des § 86 SGB IX ist **einseitig zwingend,** d.h. es gilt das Günstigkeitsprinzip. Gelten nach Gesetz (zB § 622 BGB), nach Tarifvertrag oder Einzelarbeitsvertrag längere Kündigungsfristen, gehen diese stets vor. Ist danach eine ordentliche Kündigung nur zu bestimmten Endzeitpunkten, zB zum 15., zum Ende eines Kalendermonats oder zum Quartalsschluss, möglich, sind diese auch im Rahmen des § 86 SGB IX zu beachten.[198]

1548

Unsicher ist, ob die Kündigungsfrist des § 86 SGB IX auch für **Kündigungen durch den Arbeitnehmer** gilt. Vereinzelt ist dies zu dem bis zum 30.6.2001 geltenden wortgleichen § 16 SchwbG angenommen worden.[199] Richtig ist, dass das 4. Kapitel des Teils 2 des SGB IX, wie bis zum 30.6.2001 der 4. Abschnitt des SchwbG, Schutzbestimmungen zugunsten der schwerbehinderten Arbeitnehmer enthält und daher auf die Kündigung durch diese selbst nicht anzuwenden ist.

1549

---

[196] Vgl. BAG 3.12.1998 NZA 1999, 584, 585; BGH 3.7.2000 NJW 2000, 2983.
[197] Vgl. LPK-SGB IX/*Düwell,* § 86 Rn. 3; KR/*Etzel/Gallner,* §§ 85–90 SGB IX Rn. 131; Hauck/Noftz/*Griebeling,* § 86 SGB IX Rn. 3; NPM/*Neumann,* § 86 SGB IX Rn. 1; *Preis/Kliemt/Ulrich,* AR-Blattei SD 1270 Rn. 280; ErfK/*Rolfs,* § 90 SGB IX Rn. 1.
[198] LPK-SGB IX/*Düwell,* § 86 Rn. 8; KR/*Etzel/Gallner,* §§ 85–90 SGB IX Rn. 131a; *Preis/Kliemt/Ulrich,* AR-Blattei SD 1270 Rn. 285; früher BAG 25.2.1981 AP SchwbG § 17 Nr. 2 m. Anm. *Gröninger.*
[199] *Neumann/Pahlen,* § 16 SchwbG Rn. 4; a.A. KR/*Etzel,* 5. Aufl., §§ 15–20 SchwbG Rn. 134; a.A. früher auch *Cramer,* § 16 SchwbG Rn. 3; *Gröninger/Thomas,* § 16 SchwbG Rn. 2; GK-SchwbG/*Großmann,* § 16 Rn. 25.

1550 Für die Berechnung und den Ablauf der vierwöchigen Kündigungsfrist des § 86 SGB IX gelten die §§ 186 ff. BGB.²⁰⁰ Sie beginnt mit dem Tag nach dem Zugang der Kündigung zu laufen (§ 187 Abs. 1 BGB). Ist der letzte Tag der Frist ein Sonnabend, ein Sonntag oder ein gesetzlicher Feiertag, kann § 193 BGB nicht entsprechend angewandt werden (allg. → Rn. 436).²⁰¹ Beim Ausspruch der ordentlichen Kündigung **nach** der **Zustimmung** des Integrationsamtes (§ 85 SGB IX) hat der Arbeitgeber die Frist des § 88 Abs. 3 SGB IX einzuhalten, d.h. er muss die **Kündigung innerhalb** einer **Frist** von **einem Monat** nach Zustellung der Zustimmung zur Kündigung erklären (näher → Rn. 1570 ff.).

1551 Die Kündigungsfrist des § 16 SchwbG war eine **gesetzliche Frist** iSd § 22 KO, so dass der Konkursverwalter bis zum 30.9.1996 selbst dann mit einer Frist von vier Wochen kündigen konnte, wenn eine längere Frist **vereinbart** worden war. Im Hinblick darauf, dass § 113 S. 2 InsO im Insolvenzverfahren für den Regelfall eine Kündigungsfrist von drei Monaten vorsieht (→ Rn. 2297), kommt die seit dem 1.7.2001 in § 86 SGB IX normierte *Mindest*kündigungsfrist von vier Wochen im Insolvenzfall nur noch dann zum Zuge, wenn eine tarifliche Kündigungsfrist abweichend von § 622 Abs. 1 oder Abs. 2 BGB (vgl. § 622 Abs. 4 S. 1 BGB) weniger als vier Wochen beträgt. Denn in diesem Fall ist die vierwöchige Kündigungsfrist die maßgeblich kürzere Frist iSv § 113 S. 2 InsO.²⁰²

VI. Die Zustimmung des Integrationsamtes

1552, 1553 Die **Zustimmung** des Integrationsamtes zur Kündigung ist ein **privatrechtsgestaltender Verwaltungsakt mit Doppelwirkung,**²⁰³ der dem Arbeitgeber **die** zeitlich auf einen Monat (§ 88 Abs. 3 SGB IX) begrenzte Erlaubnis zur ordentlichen Kündigung gibt und den Arbeitnehmer gleichzeitig mit ihr belastet. Die Zustimmung kann deshalb vom Integrationsamt nur nach den Regelungen über begünstigende Verwaltungsakte (vgl. §§ 45, 47 SGB IX) zurückgenommen werden, weil Arbeitgeber und Arbeitnehmer ggü. nur einheitlich entschieden werden kann.²⁰⁴ Solange dies nicht geschehen ist bzw. die Zustimmung nicht rechtskräftig aufgehoben worden ist, sind die Arbeitsgerichte an sie gebunden (auch → Rn. 1574).²⁰⁵ Das gilt nur dann nicht, wenn der Zustimmungsbescheid (ausnahmsweise) gem. § 40 SGB X nichtig ist (auch → Rn. 1526).²⁰⁶

1554 Der Zustimmung des Integrationsamtes steht die positive Entscheidung des Widerspruchsausschusses des Integrationsamtes gem. § 72 VwGO auf den Widerspruch des

---

²⁰⁰ KR/*Etzel/Gallner*, §§ 85–90 SGB IX Rn. 135.
²⁰¹ Vgl. LPK-SGB IX/*Düwell*, § 86 Rn. 8; Hauck/Noftz/*Griebeling*, § 86 SGB IX Rn. 7; NPM/*Neumann*, § 86 SGB IX Rn. 9, jeweils unter Hinweis auf BAG 5.3.1970 AP BGB § 193 Nr. 1; a.A. PK-SGB IX/*Kossens*, § 86 Rn. 13; *Müller-Wenner/Schorn*, § 86 SGB IX Rn. 10.
²⁰² KR/*Etzel/Gallner*, §§ 85–90 SchwbG Rn. 132.
²⁰³ LAG Baden-Württemberg 22.9.2006 BeckRS 2006, 45115; früher BVerwG 10.9.1992 NZA 1993, 76; BAG 16.10.1991 NZA 1992, 503, 504; LAG Sachsen-Anhalt 24.11.1999 BehinR 2001, 31 = BB 2001, 2051 Ls.; *Seidel*, MDR 1997, 804, 805.
²⁰⁴ Vgl. OVG Hamburg 7.4.2008 DVBl. 2008, 1002 Ls.
²⁰⁵ Vgl. BAG 23.5.2013 NZA 2013, 1373 Rn. 22; LAG Thüringen 18.10.2007 LAGE KSchG § 13 Nr. 3; NPM/*Neumann*, § 85 SGB IX Rn. 19 u. 80; APS/*Vossen*, § 85 SGB IX Rn. 37; vgl. früher BAG 9 und 8026.9.1991 NZA 1992, 1073, 1077.
²⁰⁶ Vgl. BAG 23.5.2013 NZA 2013, 1373 Rn. 22; 18.5.2006 AP KSchG 1969 § 1 Betriebsbedingte Kündigung Nr. 157; vgl. früher BAG 26.9.1991 NZA 1992, 1073, 1077; allg. zur Nichtigkeit eines Verwaltungsakts BAG 10.10.2012 AP TzBfG § 21 Nr. 21 Rn. 28; 10.5.2012 NZA 2012, 1161 Rn. 45, 46.

Arbeitgebers gegen die zunächst versagte Zustimmung gleich.[207] Verpflichtet dagegen das Verwaltungsgericht auf die Verpflichtungsklage des Arbeitgebers gem. §§ 42 Abs. 1, 113 Abs. 5 S. 1 VwGO das Integrationsamt, die Zustimmung zu erteilen, ersetzt dieses Urteil nicht die gem. § 85 SGB IX erforderliche Zustimmung. Vielmehr ist ein förmlicher Zustimmungsbescheid des Integrationsamtes notwendig.[208] Ist in einer Instanz eine Zustimmung erteilt worden, kann der Arbeitgeber innerhalb der Frist des § 88 Abs. 3 SGB IX ordentlich kündigen. Hierzu ist nicht erforderlich, dass der Bescheid rechtskräftig ist (näher → Rn. 1574 ff.).

1. Das Antragsverfahren

Die Zustimmung des Integrationsamtes wird nur auf **schriftlichen Antrag** des Arbeitgebers erteilt (§ 87 Abs. 1 S. 1 SGB IX).[209] Die Schriftform wird eigentlich nur gewahrt, wenn der Antrag nach § 126 Abs. 1 BGB iVm § 61 S. 2 SGB X vom Arbeitgeber bzw. seinem Vertreter eigenhändig durch Namensunterschrift unterzeichnet ist.[210] Telegraphische Einlegung und auch eine Telekopie reichen jedoch ebenso aus wie die Einlegung in elektronischer Form (§ 126a Abs. 1 BGB).[211] Wird die Schriftform nicht beachtet, darf das Integrationsamt, da insoweit gar kein wirksamer Antrag vorliegt, nach § 18 S. 2 Nr. 2 SGB X das Zustimmungsverfahren nicht einleiten und braucht deshalb auch nicht den Antrag förmlich zurückzuweisen.[212] Allerdings ist das Integrationsamt gem. § 13 SGB I verpflichtet, den Arbeitgeber auf die Nichtbeachtung der Schriftform des § 87 Abs. 1 S. 1 SGB IX aufmerksam zu machen.[213] Erteilt es **trotz fehlender** Schriftform des Antrags die Zustimmung zur beabsichtigten Kündigung des Arbeitgebers, wird dadurch dieser Formfehler nicht etwa geheilt.[214] Trotz ihrer Rechtswidrigkeit bleibt aber die Zustimmung für die Arbeitsgerichte bis zu einem erfolgreichen Widerspruch (§§ 69, 72 VwGO) bzw. einer begründeten Klage (§§ 42 Abs. 1, 113 Abs. 1 S. 1 VwGO) des Arbeitnehmers bindend.[215] Anders ist es gem. § 41 Abs. 1 Nr. 1 SGB X, sofern der Arbeitgeber nachträglich einen schriftlichen Zustimmungsantrag beim Integrationsamt einreicht.[216]

1555

Die örtliche Zuständigkeit des Integrationsamtes richtet sich gem. § 87 Abs. 1 S. 1 SGB IX nach dem Sitz des Betriebes oder der Dienststelle. Stellt der Arbeitgeber den

1556

---

[207] BAG 16.10.1991 NZA 1992, 503, 504.
[208] LAG Saarland 14.5.1997 LAGE SchwbG 1986 § 15 Nr. 8.
[209] Zu den notwendigen Angaben vgl. BAG 9.6.2011 NZA-RR 2011, 516 Rn. 31; vgl. auch BAG 15.11.2012 NZA 2013, 505 Rn. 23.
[210] VG Düsseldorf 18.3.2014 BeckRS 2014, 50836 u. BeckRS 2014, 50966; KR/*Etzel/Gallner*, §§ 85–90 SGB IX Rn. 61; NPM/*Neumann*, § 87 SGB IX Rn. 1; ErfK/*Rolfs*, § 87 SGB IX Rn. 2.
[211] KR/*Etzel/Gallner*, §§ 85–90 SGB IX Rn. 61; NPM/*Neumann*, § 87 SGB IX Rn. 1; ebenso – zur elektronischen Form mit Hinweis auf § 36a Abs. 2 SGB I – KDZ/*Söhngen*, §§ 87, 88 SGB IX Rn. 4.
[212] GK/SGB X 1/*Krause*, § 18 Rn. 13; ebenso Hauck/Noftz/*Griebeling*, § 87 Rn. 3; KHM/*Kossens*, § 87 Rn. 3; NPM/*Neumann*, § 87 Rn. 1; a.A. KR/*Etzel/Gallner*, §§ 85–90 SGB IX Rn. 62; GK/*Großmann*, § 87 Rn. 35.
[213] Hauck/Noftz/*Griebeling*, § 87 SGB IX Rn. 3; NPM/*Neumann*, § 87 SGB IX Rn. 1; KDZ/*Söhngen*, §§ 87, 88 SGB IX Rn. 4.
[214] KR/*Etzel/Gallner*, §§ 85–90 SGB IX Rn. 62; Hauck/Noftz/*Griebeling*, § 87 SGB IX Rn. 3; vgl. früher BVerwG 17.3.1988 BeckRS 1988, 06694 Rn. 4; VG Berlin 8.12.1992 BeckRS 1992, 31346890; a.A. NPM/*Neumann*, § 87 SGB IX Rn. 1.
[215] Zur Bindungswirkung näher → Rn. 1587.
[216] BVerwG 17.3.1988 BeckRS 1988, 06694 Rn. 4; KR/*Etzel/Gallner*, §§ 85–90 SGB IX Rn. 62; *Knittel*, § 87 SGB IX Rn. 5; NPM/*Neumann*, § 87 SGB IX Rn. 1.

Antrag bei einer örtlich unzuständigen Behörde, ist diese gem. § 16 Abs. 2 S. 2 SGB I verpflichtet, den Antrag unverzüglich an das zuständige Integrationsamt weiterzuleiten.[217] Das Integrationsamt hat seit dem 1.5.2004 gem. § 87 Abs. 2 SGB IX idF von Art. 1 Nr. 20a des „Gesetz zur Förderung der Ausbildung und Beschäftigung schwerbehinderter Menschen" vom 23.4.2004 (BGBl. I S. 606) vor seiner Entscheidung nur noch eine Stellungnahme des Betriebs-[218] oder Personalrats und der Schwerbehindertenvertretung einzuholen sowie den schwerbehinderten Arbeitnehmer selbst zu hören. Ihm ist Gelegenheit zu geben, sich zur Kündigungsabsicht des Arbeitgebers und zu den übrigen für die Entscheidung des Integrationsamtes erheblichen Tatsachen zu äußern.[219] Bis zum 30.4.2004 war nach § 87 Abs. 2 SGB IX a.F. auch noch eine Stellungnahme der zuständigen Agentur für Arbeit (bis 31.12.2003: Arbeitsamt)[220] erforderlich. Diese **Verfahrensbestimmungen** – im Übrigen gilt für das Integrationsamt das Verwaltungsverfahren nach dem SGB X– sind **zwingend,** d.h., die Nichteinhaltung macht die Entscheidung fehlerhaft und im Widerspruchs- bzw. Verwaltungsgerichtsverfahren anfechtbar. Äußert sich ein Beteiligter in einer gesetzten angemessenen Frist nicht, kann das Integrationsamt entscheiden. Das Gleiche gilt, wenn der schwerbehinderte Arbeitnehmer im Anhörungstermin ohne ausreichende Entschuldigung nicht erscheint.

1557 Zum Zeitpunkt der Antragstellung nach § 87 Abs. 1 S. 1 SGB IX kann eine zur Wirksamkeit der Kündigung erforderliche **Anhörung des Betriebsrats** (§ 102 Abs. 1 BetrVG) bzw. **Beteiligung des Personalrats** nach den einschlägigen Gesetzen (zB § 79 BPersVG) bereits erfolgt sein.[221] Sie kann aber auch noch während oder nach dem Zustimmungsverfahren beim Integrationsamt durchgeführt werden.[222] Hatte der Arbeitgeber vor Einschaltung des Integrationsamtes den Betriebs- bzw. Personalrat zur Kündigung eines schwerbehinderten Arbeitnehmers angehört bzw. beteiligt, ist eine Wiederholung des Anhörungsverfahrens nach § 102 Abs. 1 S. 1 und 2 BetrVG bzw. der Beteiligung des Personalrats nur dann erforderlich, wenn sich vor Ausspruch der Kündigung der ihr zu Grunde liegende Sachverhalt wesentlich verändert hat.[223] Das gilt selbst dann, wenn die Zustimmung des Integrationsamtes erst nach einem jahrelangen verwaltungsgerichtlichen Verfahren erteilt wird.[224]

1558 Das **Integrationsamt** hat nach § 87 Abs. 3 SGB IX **in jeder Lage** des Verfahrens auf eine **gütliche Einigung** hinzuwirken. Ein Verstoß hiergegen macht seine Zustimmungsentscheidung aber nicht rechtswidrig.[225]

---

[217] LAG Schleswig-Holstein 13.5.2009 ArbuR 2009, 319 Ls.
[218] Zur Frage, ob eine Stellungnahme des Betriebsrats auch im Falle der beabsichtigten Kündigung eines leitenden Angestellten iSd § 5 BetrVG einzuholen ist, vgl. *Bayer*, DB 1990, 933 ff.
[219] BayVGH 17.12.2009 BeckRS 2009, 44047 Rn. 20; näher NPM/*Neumann*, § 87 SGB IX Rn. 21; APS/*Vossen*, § 87 SGB IX Rn. 21.
[220] Waren für den Sitz des Betriebes und den Wohnort des schwerbehinderten Arbeitnehmers verschiedene Agenturen für Arbeit zuständig, war von beiden eine Stellungnahme einzuholen; BVerwG 11.11.1999 NZA 2000, 146; 13.8.1996 Buchholz 436.61 § 17 SchwbG Nr. 6; 28.9.1995 NZA-RR 1996, 290, 291.
[221] BAG 25.4.2013 BeckRS 2013, 70060 Rn. 143; 24.11.2011 NZA 2012, 610 Rn. 21; 22.4.2010 NZA-RR 2010, 583 Rn. 18; 11.5.2000 NZA 2000, 1106, 1109.
[222] BAG 24.11.2011 NZA 2012, 610 Rn. 21; früher zB BAG 11.5.2000 NZA 2000, 1106, 1109.
[223] BAG 24.11.2011 NZA 2012, 610 Rn. 21; 22.4.2010 NZA-RR 2010, 583 Rn. 18; LAG Nürnberg 4.10.2005 ArbuR 2006, 132 f. Ls.; KR/*Etzel/Gallner*, Vor §§ 85–92 Rn. 35; ErfK/*Rolfs*, § 87 SGB IX Rn. 1; vgl. früher zB BAG 20.1.2000 NZA 2000, 768.
[224] Vgl. BAG 25.4.2013 BeckRS 2013, 70060 Rn. 143.
[225] VG Karlsruhe 9.3.2004 BehinR 2004, 114, 116; ebenso VG Düsseldorf 18.3.2014 BeckRS 2014, 50836 u. BeckRS 2014, 50966.

2. Die Entscheidung des Integrationsamtes

Das Integrationsamt **soll** nach § 88 Abs. 1 SGB IX seine Entscheidung, falls erforderlich auf Grund mündlicher Verhandlung – keine Wirksamkeitsvoraussetzung der Entscheidung[226] –, **innerhalb eines Monats** vom Tag des Eingangs des Antrages an treffen. Eine Überschreitung der Frist führt nicht zur Anfechtbarkeit, wohl aber ggf. zur Schadensersatzpflicht nach § 839 Abs. 1 S. 1 BGB iVm Art. 34 S. 1 GG oder auch zur Untätigkeitsklage.[227] Die Entscheidung des Integrationsamtes ist gem. § 88 Abs. 2 S. 1 SGB IX dem Arbeitgeber **und** dem schwerbehinderten Arbeitnehmer zuzustellen. Die Zustellungen sind Wirksamkeitsvoraussetzung für die Entscheidung des Integrationsamtes. Daraus folgt: Die ordentliche Kündigung kann wirksam erst **nach förmlicher Zustellung** – deren Art und Weise richtet sich gem. § 65 Abs. 2 SGB X nach Landesrecht[228] – des Zustimmungsbescheides jedenfalls **an** den **Arbeitgeber** ausgesprochen werden.[229] Kündigt der Arbeitgeber bereits vorher, zB nach formloser Bekanntgabe der Entscheidung, ist die Kündigung nach § 134 BGB nichtig.[230] Hat der bisherige Arbeitgeber vor einem Betriebsübergang (§ 613a Abs. 1 S. 1 BGB) beim Integrationsamt die Zustimmung zur Kündigung eines schwerbehinderten Arbeitnehmers beantragt, kann sich der neue Arbeitgeber, der diesem Arbeitnehmer kündigen will, nicht wirksam auf den nach dem Betriebsübergang nur dem bisherigen Betriebsinhaber zugestellten Zustimmungsbescheid berufen.[231]

1559

Das Integrationsamt entscheidet, von den Fällen des § 89 SGB IX abgesehen (→ Rn. 1562 ff.), nach freiem, **pflichtgemäßem Ermessen** (vgl. § 39 Abs. 1 SGB I).[232] Bei seiner Ermessensentscheidung hat es nach § 20 SGB X **von Amts wegen**[233] all das zu ermitteln, was erforderlich ist, um die gegensätzlichen Interessen des Arbeitgebers (Erhaltung seiner Gestaltungsmöglichkeiten) und des schwerbehinderten Arbeitnehmers (Sicherung seines Arbeitsplatzes) gegeneinander abwägen zu können.[234]

1560

---

[226] VG Düsseldorf 18.3.2014 BeckRS 2014, 50836 u. BeckRS 2014, 50966 mwN.
[227] KR/*Etzel/Gallner*, §§ 85–90 SGB IX Rn. 81; NPM/*Neumann*, § 88 SGB IX Rn. 3.
[228] Vgl. näher BAG 19.4.2012 NZA 2013, 507 Rn. 26; LAG Berlin-Brandenburg 19.12.2014 – 2 Sa 1846/14 – juris Rn. 20; LAG Hamm 9.11.2000 LAGE SchwbG 1986 § 18 Nr. 2.
[229] Vgl. BAG 24.11.2011 NZA 2012, 610 Rn. 26; KR/*Etzel/Gallner*, §§ 85–90 SGB IX Rn. 98; NPM/*Neumann*, § 88 SGB IX Rn. 7; ErfK/*Rolfs*, § 85 SGB IX Rn. 2; früher BAG 16.9.1993 NZA 1994, 311, 312; 16.10.1991 NZA 1992, 503, 504 = EzA SchwbG 1986 § 18 Nr. 2 mit Anm. *Rieble*; 17.2.1982 AP SchwbG § 15 Nr. 1.
[230] Vgl. auch BAG 15.11.2012 NZA 2013, 505 Rn. 16; 24.11.2011 NZA 2012, 610 Rn. 26.
[231] BAG 15.11.2012 NZA 2013, 505 Rn. 19 ff. mit Hinweis in Rn. 27 auf eine nach §§ 1, 12 Abs. 1 Nr. 2 SGB X mögliche Beteiligung des potentiellen Betriebserwerbers am Zustimmungsverfahren bei einem auf ein Erwerberkonzept gestützten Personalabbau (näher → Rn. 1057).
[232] VGH Mannheim 6.9.2006 BehinR 2007, 144, 147; KR/*Etzel/Gallner*, §§ 85–90 SGB IX Rn. 82; NPM/*Neumann*, § 85 SGB IX Rn. 69; vgl. früher BVerwG 2.7.1992 DVBl. 1992, 1490, 1491; 17.12.1958 DB 1959, 491; 21.10.1964; 28.2.1968 AP SchwBeschG § 14 Nr. 28 und 29; OVG Münster 5.7.1960 AP SchwBeschG § 14 Nr. 24. Zur Abgrenzung der arbeitsgerichtlichen und öffentlich-rechtlichen Prüfungskompetenzen vgl. Dörner, FS Dieterich, 1999, S. 83, 92 f.; *Preis*, Prinzipien, S. 79 ff.; APS/*Preis*, Grundlagen G. Rn. 32 ff. Zum Prüfungszeitpunkt BVerwG 7.3.1991 EzA SchwbG 1986 § 15 Nr. 1.
[233] Vgl. näher *Kuhlmann*, BehinR 2009, 129 ff.; *Seidel*, MDR 1997, 804.
[234] Vgl. BVerwG 22.5.2013 BeckRS 2013, 51619 Rn. 12; 31.7.2007 BeckRS 2007, 25535; OVG Bautzen 25.8.2003 NZA-RR 2004, 1408 Ls.; BayVGH 22.5.2012 BeckRS 2012, 51957 Rn. 9; OVG Berlin-Brandenburg 19.11.2014 BeckRS 2014, 58836; OVG NRW 12.2.2009 BehinR 2009, 150; OVG Hamburg 10.12.2014 BeckRS 2015, 41102; VG Gelsenkirchen 28.5.2014 – 11 K 424/13 – juris Rn. 43; VG Würzburg 17.7.2012 BeckRS 2012, 58159; vgl. auch BAG 7.12.2006 NZA 2007, 617 Rn. 28. Zur Interessenabwägung bezogen auf die Kündigungsgründe nach § 1 Abs. 2 S. 1 KSchG ausf. APS/*Vossen*, § 89 SGB IX Rn. 3 ff.

Dabei muss sich das Integrationsamt von der Richtigkeit der für seine Entscheidung wesentlichen Behauptungen der Parteien eine **eigene Überzeugung** verschaffen[235] und darf sich nicht damit begnügen, das Vorbringen des Arbeitgebers, soweit es bei der Interessenabwägung zu berücksichtigen ist, nur auf seine Schlüssigkeit hin zu überprüfen.[236] Im Rahmen dieser Entscheidung können nur **Erwägungen** eine Rolle spielen, die sich **speziell** aus der Schwerbehindertenfürsorge[237] herleiten. Dabei gewinnt der Schwerbehindertenschutz an Gewicht, wenn die Kündigung des Arbeitsverhältnisses auf Gründe gestützt wird, die in der Behinderung selbst ihre Ursache haben.[238] Rechtfertigen solche Erwägungen eine Versagung der Zustimmung nicht, hat die behördliche Zustimmung dem kündigenden Arbeitgeber die Rechtsstellung zurückzugeben, die er ohne besonderen Kündigungsschutz für schwerbehinderte Arbeitnehmer hätte.[239]

1560a Die **Durchführung** eines **Präventionsverfahrens** nach § 84 Abs. 1 SGB IX durch den Arbeitgeber ist **keine Rechtmäßigkeitsvoraussetzung für** die **Zustimmungsentscheidung** des Integrationsamtes. Unterbleibt die Durchführung, kann das Integrationsamt diesen Umstand jedoch im Rahmen seiner Ermessensentscheidung zu Lasten des Arbeitgebers berücksichtigen, wenn bei gehöriger Durchführung des Präventionsverfahrens die Möglichkeit bestanden hätte, die Kündigung zu vermeiden.[240] **Für** das nicht durchgeführte **betriebliche Eingliederungsmanagement** gem. § 84 Abs. 2 SGB IX kann **nichts anderes** gelten.[241]

1560b Die arbeitsrechtliche Wirksamkeit der beabsichtigten ordentlichen Kündigung, zB nach § 1 Abs. 1 KSchG, darf das Integrationsamt grundsätzlich nicht prüfen.[242] Allerdings wird teilweise erwogen, dass die Rechtmäßigkeit der Kündigung, für die eine Zustimmung des Integrationsamtes beantragt wird, von diesem Amt ausnahmsweise dann berücksichtigt werden kann und die Zustimmung versagt werden muss, wenn die arbeitsrechtliche Unwirksamkeit der beabsichtigten Kündigung ohne jeden vernünfti-

---

[235] Hierfür sind ggf. gemäß § 21 SGB X Beweise zu erheben; KR/*Etzel/Gallner*, §§ 85–90 SGB IX Rn. 83; früher VG Freiburg 30.11.2000 NZA-RR 2001, 432.

[236] OVG Bautzen 25.8.2003 NZA-RR 2004, 408 Ls.; OVG Hamburg 10.12.2014 BeckRS 2015, 41102; OVG NRW 12.2.2009 BehinR 2009, 150, 151; LPK-SGB IX/*Düwell*, § 89 Rn. 6, 7; KR/*Etzel/Gallner*, §§ 85–90 SGB IX Rn. 83; *Kuhlmann*, BehinR 2009, 129 ff. (zu verhaltensbedingter Kündigung); *Müller-Wenner/Schorn*, § 89 SGB IX Rn. 5; früher BVerwG 6.2.1995 RzK IV 8a Nr. 1 Ls.; 19.10.1995 NZA-RR 1996, 288, 289; VGH Mannheim 16.4.2003 BehinR 2004, 14, 15; 26.5.2003 NZA-RR 2003, 629, 631; vgl. auch BVerwG 24.11.2009 BeckRS 2010, 45500; *Dörner*, FS Dieterich, 1999, S. 83, 93; ErfK/*Rolfs*, § 89 SGB IX Rn. 2.

[237] Vgl. hierzu BVerwG 2.7.1992 DVBl. 1992, 1490, 1492; OVG Berlin-Brandenburg 19.11.2014 BeckRS 2014, 58836.

[238] BVerwG 22.5.2013 BeckRS 2013, 51619 Rn. 13; OVG Berlin-Brandenburg 19.11.2014 BeckRS 2014, 58836.

[239] OVG Berlin-Brandenburg 19.11.2014, BeckRS 2014, 58836; VGH Mannheim 24.11.2005 NZA-RR 2006, 183; OVG Hamburg 10.12.2014 BeckRS 2015, 41102; VG Gelsenkirchen 28.5.2014 – 11 K 424/13 – juris Rn. 45; früher BVerwG 2.7.1992 DVBl. 1992, 1490, 1492; 20.10.1994 RzK IV 8b Nr. 8 Ls.; VGH Mannheim 26.5.2003 NZA-RR 2003, 629, 631; zu Einzelheiten *Seidel*, MDR 1997, 804, 805 ff.

[240] BVerwG 19.8.2013 – 5 B 47/13 – juris Rn. 12; 29.8.2007 NJW 2008, 166 f.; VG Saarlouis 6.9.2013 BeckRS 2013, 55949 u. BeckRS 2013, 55950; hierzu näher *Kayser*, BehinR 2008, 65, 66 f.; vgl. auch OVG Berlin-Brandenburg 28.3.2007 – 6 B 14.06 – juris Rn. 36.

[241] Vgl. OVG Sachsen-Anhalt 22.6.2011 BehinR 2012, 107 Rn. 37; VG Saarlouis 6.9.2013 BeckRS 2013, 55949.

[242] OVG Berlin-Brandenburg 28.3.2007 – 6 B 14.06 – juris Rn. 24; OVG NRW 12.2.2009 BehinR 2009, 150, 151; VG Augsburg 22.10.2013 BeckRS 2013, 59494 Rn. 22; VG Saarlouis 6.9.2013 BeckRS 2013, 55949; VG Würzburg 17.7.2012 – W 3 K 12.102 – juris Rn. 22; früher BVerwG 19.10.1995 BVerwGE 99, 336, 340 = NZA-RR 1996, 228.

gen Zweifel in rechtlicher oder tatsächlicher Hinsicht offen zu Tage liegt, d. h. sich jedem Kundigen geradezu aufdrängt.[243]

Das **Ermessen** des Integrationsamtes wird in § 89 SGB IX in vier Fallgruppen **eingeschränkt:** 1561

Nach **§ 89 Abs. 1 S. 1 SGB IX hat** das Integrationsamt, falls eine anderweitige Beschäftigung des schwerbehinderten Arbeitnehmers nach Maßgabe des § 89 Abs. 1 S. 3 SGB IX ausscheidet,[244] – die Vermutungswirkung in § 1 Abs. 5 S. 1 KSchG (→ Rn. 1167–1169) gilt auch hier[245] – die Zustimmung bei Kündigungen in Betrieben und Dienststellen – beide Begriffe bestimmen sich gem. § 87 Abs. 1 S. 2 SGB IX nach dem BetrVG, also u. U. auch nach § 4 BetrVG,[246] bzw. dem Personalvertretungsrecht –, die nicht nur vorübergehend eingestellt oder aufgelöst werden, **zu erteilen,**[247] wenn zwischen dem Tag der Kündigung und dem Tag, bis zu dem Gehalt oder Lohn gezahlt wird, mindestens drei Monate liegen.[248] Die nicht nur vorübergehende Einstellung des Betriebs stimmt überein mit der Betriebsstilllegung iSd § 15 Abs. 4 KSchG (→ Rn. 1700 ff.) und des § 111 S. 2 Nr. 1 BetrVG.[249] Der Tag der Kündigung ist derjenige, an dem dem schwerbehinderten Arbeitnehmer die Kündigung nach erteilter Zustimmung zugeht.[250] 1562

Das Integrationsamt kann die Erfüllung der gesetzlich vorgesehenen Voraussetzungen für die Erteilung der Zustimmung nach § 89 Abs. 1 S. 1 SGB IX durch eine **Bedingung** oder eine **Auflage** iSd § 32 Abs. 2 Nr. 2 bzw. Nr. 4 SGB X – ggf. durch Auslegung zu ermitteln[251] – sicherstellen. Die Rechtsfolgen sind zu unterscheiden. Während bei einer Auflage die Zustimmung rechtswirksam erteilt ist und die Behörde nur die Möglichkeit hat, den Verwaltungsakt wegen Nichterfüllung oder wegen nicht rechtzeitiger Erfüllung mit Wirkung für die Zukunft zu widerrufen (§ 47 Abs. 1 Nr. 2 SGB X), hängt bei der Bedingung die Wirksamkeit des Verwaltungsaktes von dem Eintritt des (ungewissen) Ereignisses ab.[252] 1563

Weiter **soll** das Integrationsamt nach **§ 89 Abs. 1 S. 2 SGB** IX die Zustimmung **erteilen,** wenn die Kündigung Betriebe oder Dienststellen betrifft, die nicht nur vorübergehend wesentlich eingeschränkt werden,[253] die Gesamtzahl der verbleibenden schwerbehinderten Arbeitnehmer zur Erfüllung der Verpflichtung nach § 71 Abs. 1 1564

---

[243] BVerwG 2.7.1992 DVBl. 1992, 1490, 1492 (allerdings offengelassen); BayVGH 22.5.2012 BeckRS 2012, 51957 Rn. 11; VG Augsburg 22.10.2013 BeckRS 2013, 59494 Rn. 22; VG Würzburg 17.7.2012 – W K 12.102 – juris Rn. 22; vgl. auch OVG Hamburg 10.12.2014 BeckRS 2015, 41102; VGH Mannheim 4.3.2002 NZA-RR 2002, 417, 420.

[244] Hierzu näher KR/*Etzel/Gallner*, §§ 85–90 Rn. SGB IX 92 ff.; APS/*Vossen*, § 89 SGB IX Rn. 12 ff.

[245] BayVGH 20.6.2013 BeckRS 2013, 52533 Rn. 39; VG Ansbach 26.3.2009 BeckRS 2009, 47018; vgl. auch VG Stuttgart 12.5.2011 BeckRS 2011, 54937.

[246] BayVGH 20.6.2013 BeckRS 2013, 52533 Rn. 29.

[247] Zur Frage der Zustimmungserteilung nach § 89 Abs. 1 S. 1 SGB IX bei *möglichem* Betriebsübergang vgl. OVG Münster 21.3.2000 BehinR 2000, 205, 206 f.; VG Arnsberg 22.8.2000, BehinR 2001, 130 f.

[248] Vgl. näher KR/*Etzel/Gallner*, §§ 85–90 SGB IX Rn. 85 ff.; APS/*Vossen*, § 89 SGB IX Rn. 5 ff.

[249] LPK-SGB IX/*Düwell*, § 89 Rn. 35; PK-SGB IX/*Kossens*, § 89 SGB IX Rn. 5; Müller-Wenner/Schorn, § 89 SGB IX Rn. 33; NPM/*Neumann*, § 89 SGB IX Rn. 5.

[250] LPK-SGB IX/*Düwell*, § 89 Rn. 54; KR/*Etzel/Gallner*, §§ 85–90 SGB IX Rn. 87; Müller-Wenner/Schorn, § 89 SGB IX Rn. 44; NPM/*Neumann*, § 89 SGB IX Rn. 15; früher BAG 12.7.1990 NZA 1991, 348. Zu Einzelheiten APS/*Vossen*, § 89 SGB IX Rn. 7.

[251] Vgl. BAG 12.7.1990 NZA 1991, 348, 349.

[252] BAG 12.7.1990 NZA 1991, 348, 349.

[253] Zur Konkretisierung des Begriffs „wesentliche Betriebseinschränkung" vgl. APS/*Vossen*, § 89 SGB IX Rn. 10.

SGB IX idF des Gesetzes vom 23.4.2004 (→ Rn. 1489) ausreicht und im Übrigen zwischen dem Tag der Kündigung und dem Tag, bis zu dem Lohn oder Gehalt gezahlt wird, mindestens drei Monate liegen.[254] Auch im Anwendungsbereich des § 89 Abs. 1 S. 2 SGB IX gilt die Ausnahmeregelung des § 89 Abs. 1 S. 3 SGB IX, ggf. mit der Vermutungswirkung nach § 1 Abs. 5 S. 1 KSchG.[255] Streitig ist, ob auch in der 1. Alt. des § 89 Abs. 1 S. 3 SGB IX, wie in seiner 2. Alt. ausdrücklich erwähnt, nur ein anderer **freier** Arbeitsplatz zu verstehen ist.[256]

1565 Außerdem **soll** das Integrationsamt nach **§ 89 Abs. 2 SGB IX** die Zustimmung auch dann **erteilen,** wenn dem schwerbehinderten Arbeitnehmer ein anderer angemessener und zumutbarer Arbeitsplatz gesichert ist. Dieser Fall ist ua auf die **Änderungskündigung** zugeschnitten. Die Frage der Angemessenheit und Zumutbarkeit des anderen Arbeitsplatzes,[257] der auch in demselben Betrieb liegen kann, unterliegt der uneingeschränkten Nachprüfung durch die Verwaltungsgerichte.[258]

1566 § 89 Abs. 3 SGB IX schränkt, wie zuvor § 19 Abs. 3 SchwbG idF des Art. 97 EGInsO vom 5.10.1994 (BGBl. I S. 2911), der gem. Art. 110 Abs. 1 EGInsO am 1.1.1999 in Kraft trat,[259] das pflichtgemäße Ermessen des Integrationsamtes bei einer Kündigung nach Eröffnung des Insolvenzverfahrens über das Vermögen des Arbeitgebers ein. Ab diesem Zeitpunkt **soll** das Integrationsamt die Zustimmung **erteilen,** wenn ein zwischen Insolvenzverwalter und Betriebsrat geschlossener Interessenausgleich den schwerbehinderten Arbeitnehmer namentlich als einen der zu entlassenden Arbeitnehmer aufführt (§ 125 Abs. 1 S. 1 InsO), die Schwerbehindertenvertretung beim Zustandekommen des Interessenausgleichs gem. § 95 Abs. 2 SGB IX beteiligt worden ist, anteilmäßig nicht mehr schwerbehinderte Menschen entlassen werden als andere Arbeitnehmer und die Gesamtzahl der weiterbeschäftigten schwerbehinderten Arbeitnehmer zur Erfüllung der Beschäftigungspflicht nach § 71 SGB IX ausreicht.[260] Vor Erteilung der Zustimmung muss sich das Integrationsamt darüber Klarheit verschaffen, ob der Interessenausgleich nach § 125 InsO die besondere Situation von schwerbehinderten Arbeitnehmern berücksichtigt hat.[261]

1567 Soweit in den Fällen des § 89 Abs. 1 S. 2, Abs. 2 und Abs. 3 SGB IX das Integrationsamt die Zustimmung erteilen **soll,** darf es diese nur verweigern, wenn hierfür **besondere Gründe** vorliegen. Insoweit müssen Umstände gegeben sein, die den Fall als „atypisch" erscheinen lassen.[262]

---

[254] Vgl. auch BayVGH 20.6.2013 BeckRS 2013, 52533 Rn. 36.
[255] Vgl. BayVGH 20.6.2013 BeckRS 2013, 52533 Rn. 39.
[256] So VG Frankfurt/M. 12.12.2013 BeckRS 2014, 47045; früher BVerwG 11.9.1990 Buchholz 436.61 § 15 SchwbG 1986 Nr. 4; a. A. KR/*Etzel/Gallner,* §§ 85–90 SGB IX Rn. 92; APS/*Vossen,* § 89 SGB IX Rn. 13.
[257] Vgl. BayVGH 13.11.2012 NVwZ-RR 2013, 265 Rn. 29; OVG NRW 3.2.2009 BehinR 2009, 175, 176; VG Augsburg 11.6.2013 BeckRS 2013, 53529 Rn. 28; ausf. APS/*Vossen,* § 89 SGB IX Rn. 16 und 17.
[258] Vgl. ausf. APS/*Vossen,* § 89 SGB IX Rn. 16 und 17.
[259] Für ein Inkrafttreten des § 19 Abs. 3 SchwbG n. F. bereits am 1.10.1996 in den alten Bundesländern im Hinblick auf den seit diesem Tag im räumlichen Bereich geltenden § 125 InsO (Art. 6, 13 ArbBeschFG vom 25.9.1996, BGBl. I S. 1476) *Cramer,* § 19 SchwbG Rn. 10.
[260] Vgl. näher KR/*Etzel/Gallner,* §§ 85–90 SGB IX Rn. 96a–96c. Früher zum Verhältnis § 19 Abs. 1 und 3 SchwbG im Insolvenzverfahren *Schaub,* DB 1999, 217, 223; ihm folgend *Kuhlmann,* BehinR 2000, 159, 161.
[261] Vgl. näher VG Stuttgart 4.3.2013 BeckRS 2013, 49559.
[262] BayVGH 17.12.2009 BeckRS 2009, 44047 Rn. 21; LPK-SGB IX/*Düwell,* § 89 Rn. 19; KR/*Etzel/Gallner,* §§ 85–90 SGB IX Rn. 96; Hauck/Noftz/*Griebeling,* § 89 SGB IX Rn. 11; NPM/*Neumann,* § 89 SGB IX Rn. 37; ErfK/*Rolfs,* § 89 SGB IX Rn. 4.

Die Entscheidung des Integrationsamtes kann auch in einem **sog. Negativattest** 1568
bestehen, d.h. der Feststellung, dass eine Zustimmung zur Kündigung nicht erforderlich ist.²⁶³ Dieser Bescheid, der vom Arbeitnehmer wie die Zustimmung selbst angefochten werden kann, bedeutet für den Arbeitgeber, dass er einer Zustimmung zur Kündigung nach § 85 SGB IX nicht bedarf.²⁶⁴ Solange ein Feststellungsverfahren nach § 69 Abs. 1 S. 1 SGB IX schwebt, darf ein Negativattest nicht ausgestellt werden. In diesem Fall kann das Integrationsamt nur einen vorsorglichen Zustimmungsbescheid erteilen²⁶⁵ oder das bei ihm anhängige Zustimmungsverfahren bis zum Abschluss des Feststellungsverfahrens aussetzen.²⁶⁶

Seit dem 1.5.2004 hat das Integrationsamt nach § 88 Abs. 5 S. 1 SGB IX idF von 1569
Art. 1 Nr. 21 des „Gesetz zur Förderung der Ausbildung und Beschäftigung schwerbehinderter Menschen" vom 23.4.2004 (BGBl. I S. 606) seine Entscheidung **in den Fällen** des § **89 Abs. 1 S. 1** und **Abs. 3 SGB IX innerhalb eines Monats** vom Tage des Eingangs des Zustimmungsantrags zu treffen. **Geschieht** das **nicht, gilt** die **Zustimmung** gem. § 88 Abs. 5 S. 2 SGB IX idF von Art. 1 Nr. 21 des Gesetzes vom 23.4.2004 **als erteilt**.²⁶⁷ Im Hinblick auf den identischen Wortlaut dieser Vorschrift mit § 91 Abs. 3 S. 2 SGB IX ist davon auszugehen, dass die zu letzterer Norm entwickelten Grundsätze zum Zeitpunkt, zu dem die Entscheidung des Integrationsamtes zur Vermeidung des Eintritts der gesetzlichen Zustimmungsfiktion getroffen sein muss (näher → Rn. 1596 ff.), auch im Anwendungsbereich des § 88 Abs. 5 S. 2 SGB IX gelten.²⁶⁸

3. Die Frist für die Kündigung durch den Arbeitgeber

Erteilt das **Integrationsamt** die **Zustimmung** zur Kündigung, kann der Arbeit- 1570
geber nach § 88 Abs. 3 SGB IX die **Kündigung** nur **innerhalb eines Monats nach Zustellung** erklären. Durch die Monatsfrist des § 88 Abs. 3 SGB IX soll sichergestellt werden, dass nach ihrem Ablauf dem schwerbehinderten Arbeitnehmer klar ist, ob es zur Kündigung kommt oder nicht. Eine Zustimmung gewissermaßen „auf Vorrat" soll der Arbeitgeber sich auch für einen begrenzten Zeitraum nicht zulegen können.²⁶⁹ Innerhalb der Monatsfrist kann die Kündigung bei unverändertem Kündigungsgrund mehrfach erklärt werden.²⁷⁰ Eine vor Zustellung der Zustimmung ausgesprochene Kündigung des Arbeitgebers ist nach § 85 SGB IX iVm § 134 BGB nichtig.²⁷¹

---

²⁶³ Vgl. BAG 16.2.2012 NZA 2012, 555 Rn. 16; 9.6.2011 NZA-RR 2011, 516 Rn. 35; 13.2.2008 AP SGB IX § 90 Nr. 4.

²⁶⁴ Vgl. näher BAG 16.2.2012 NZA 2012, 555 Rn. 16; 9.6.2011 NZA-RR 2011, 511 Rn. 35; 6.9.2007 NZA 2008, 407; *Düwell*, BB 2004, 2811; KR/*Etzel/Gallner*, §§ 85–90 SGB IX Rn. 54; *Grimm/Brock/Windeln*, DB 2005, 282, 285; NPM/*Neumann*, § 85 SGB IX Rn. 82; früher BAG 27.5.1983 AP SchwbG § 12 Nr. 12; *Mianowicz*, RdA 1998, 281, 291. Zur Bindungswirkung eines Negativattestes für die Arbeitsgerichte vgl. BAG 16.2.2012 NZA 2012, 555 Rn. 16; LAG Baden-Württemberg 12.3.2003 BehinR 2003, 154, 155; APS/*Vossen*, § 85 SGB IX Rn. 37.

²⁶⁵ KR/*Etzel/Gallner*, §§ 85–90 SGB IX Rn. 55; NPM/*Neumann*, § 69 SGB IX Rn. 43; früher BVerwG 15.12.1988 NZA 1989, 554.

²⁶⁶ KR/*Etzel/Gallner*, §§ 85–90 SGB IX Rn. 55.

²⁶⁷ Hierzu näher *Braun*, MDR 2005, 62, 65; *Cramer*, NZA 2004, 698, 704; *Düwell*, BB 2004, 2811, 2814; *Griebeling*, NZA 2005, 494, 500 f.; *Westers*, BehinR 2004, 93 f., auch zur Frage, ob es für die Fiktionswirkung auf die Möglichkeit einer Weiterbeschäftigung (§ 89 Abs. 1 S. 3 SGB IX) ankommt.

²⁶⁸ Ebenso *Düwell*, BB 2004, 2811, 2814; *Griebeling*, NZA 2005, 494, 500; *Westers*, BehinR 2004, 93, 94.

²⁶⁹ Vgl. BAG 24.11.2011 NZA 2012, 610 Rn. 26.

²⁷⁰ BAG 8.11.2007 NZA 2008, 471 Rn. 22.

²⁷¹ Vgl. BAG 24.11.2011 NZA 2012, 610 Rn. 26; KR/*Etzel/Gallner*, §§ 85–90 SGB IX Rn. 128; NPM/*Neumann*, § 88 SGB IX Rn. 10; früher BAG 16.10.1991 NZA 1992, 503, 505; LAG Hamm 9.11.2000 LAGE SchwbG 1986 § 18 Nr. 2; LAG Köln 20.3.1990 LAGE SchwbG 1986 § 21 Nr. 1; LAG Nürnberg 29.8.1995 AP SchwbG 1986 § 88 Nr. 6.

1571 Die Monatsfrist des § 88 Abs. 3 SGB IX beginnt mit der **Zustellung** der Entscheidung des Integrationsamtes, des Widerspruchsausschusses oder des Gerichts **an den Arbeitgeber** ohne Rücksicht darauf, ob sie dem schwerbehinderten Arbeitnehmer bereits vorher zugestellt worden war und der Arbeitgeber davon Kenntnis hatte.[272] Im Anwendungsbereich von § 89 Abs. 1 S. 1 SGB IX (→ Rn. 1562) und § 89 Abs. 3 SGB IX (→ Rn. 1566) läuft diese Monatsfrist gem. § 88 Abs. 3 SGB IX iVm § 88 Abs. 5 S. 3 SGB IX idF des „Gesetz zur Förderung der Ausbildung und Beschäftigung schwerbehinderter Menschen" vom 23.4.2004 (BGBl. I S. 606) ab Eintritt der Fiktion des § 88 Abs. 5 S. 2 SGB IX n. F. (→ Rn. 1569).[273] Fristbeginn ist somit der erste Tag nach Ablauf der dem Integrationsamt gem. § 88 Abs. 5 S. 1 SGB IX zur Verfügung stehenden einmonatigen Entscheidungsfrist.

1572 Für die Berechnung der Monatsfrist des § 88 Abs. 3 SGB IX gelten die §§ 187 Abs. 1, 188 Abs. 2, 3 BGB iVm § 26 Abs. 1 SGB X. Ist der letzte Tag ein Sonn- oder Feiertag oder ein Sonnabend, läuft die Frist erst an dem folgenden Werktag ab (§ 193 BGB iVm § 26 Abs. 3 S. 1 SGB X).[274] Die Kündigung muss **innerhalb** der **Monatsfrist** nach § 130 Abs. 1 S. 1 BGB dem Arbeitnehmer **zugehen**.[275] Das gilt streng genommen selbst dann, wenn die Kündigung noch der Beteiligung oder Zustimmung dritter Stellen bedarf.[276] Eine Anhörung des Betriebsrats nach § 102 Abs. 1 S. 1 BetrVG oder eine Beteiligung des Personalrats gem. der einschlägigen Gesetzesnorm hat deshalb, soweit sie nicht bereits vor oder während des Zustimmungsverfahrens durchgeführt worden sind (→ Rn. 1557), vor Fristablauf zu erfolgen.[277] Bedarf die Kündigung noch der Zustimmung weiterer Behörden, zB nach § 9 Abs. 3 S. 1 MuSchG oder § 18 Abs. 1 S. 1 BEEG, muss sie der Arbeitgeber innerhalb der Monatsfrist des § 88 Abs. 3 SGB IX beantragen und – wenn diese verstrichen ist – die Kündigung zumindest analog § 91 Abs. 5 SGB IX unverzüglich nach Erhalt der Zulässigkeitserklärung iSv § 18 Abs. 1 S. 2 BEEG erklären.[278]

1573 Die Frist zur Erklärung der Kündigung ist eine **materiellrechtliche Ausschlussfrist**.[279] Versäumt sie der Arbeitgeber, kann er rechtswirksam nicht mehr kündigen. Die Kündigungssperre lebt mit Ablauf der Kündigungserklärungsfrist des § 88 Abs. 3 SGB IX wieder auf. Eine **Wiedereinsetzung** in den vorigen Stand ist auch bei schuldloser Versäumung der Frist **nicht vorgesehen**.[280] Allerdings kann der Arbeitgeber mit demselben Sachverhalt einen zweiten Zustimmungsantrag stellen.[281]

---

[272] KR/*Etzel/Gallner*, §§ 85–90 SGB IX Rn. 128; PK-SGB IX/*Kossens*, § 88 Rn. 8; NPM/*Neumann*, § 88 SGB IX Rn. 10; früher BAG 17.2.1982 AP SchwbG § 15 Nr. 1; 16.10.1991 NZA 1992, 503; LAG Hamm 9.11.2000, LAGE SchwbG 1986 § 18 Nr. 2; LAG Köln 20.3.1990 LAGE SchwbG 1986 § 21 Nr 2; LAG Nürnberg 29.8.1995 AP SchwbG 1986 § 15 Nr. 6.

[273] *Cramer*, NZA 2004, 698, 704; APS/*Vossen*, § 88 SGB IX Rn. 12d mwN.

[274] KR/*Etzel/Gallner*, §§ 85–90 SGB IX Rn. 129; Hauck/Noftz/*Griebeling*, § 88 SGB IX Rn. 13; vgl. auch NPM/*Neumann*, § 88 SGB IX Rn. 13.

[275] LAG Hamm 19.11.2009 LAGE SGB IX § 88 Nr. 1; LPK-SGB IX/*Düwell*, § 88 Rn. 27; KR/*Etzel/Gallner*, §§ 85–90 SGB IX Rn. 130; NPM/*Neumann*, § 88 SGB IX Rn. 31; ErfK/*Rolfs*, § 88 SGB IX Rn. 3; früher LAG Köln 27.2.1997 NZA-RR 1997, 337.

[276] BAG 24.11.2011 NZA 2012, 610 Rn. 28.

[277] Vgl. BAG 24.11.2011 NZA 2012 Rn. 28; NPM/*Neumann*, § 88 SGB IX Rn. 14; ErfK/*Rolfs*, § 88 SGB IX Rn. 3.

[278] Vgl. näher BAG 24.11.2011 NZA 2012, 610 Rn. 25–39; BVerfG 28.6.2014 – 1 BvR 1157/12 Rn. 5 ff.

[279] BAG 24.11.2011 NZA 2012, 610 Rn. 26; LPK-SGB IX/*Düwell*, § 88 Rn. 30; KR/*Etzel*, §§ 85–90 SGB IX Rn. 127; *Müller-Wenner/Schorn*, § 88 SGB IX Rn. 22; NPM/*Neumann*, § 88 SGB IX Rn. 12; früher BAG 17.2.1982 AP SchwbG § 15 Nr. 1.

[280] BAG 24.11.2011 NZA 2012, 610; LPK-SGB IX/*Düwell*, § 88 Rn. 30; KR/*Etzel/Gallner*, §§ 85–90 SGB IX Rn. 127; NPM/*Neumann*, § 88 SGB IX Rn. 12; ErfK/*Rolfs*, § 88 SGB IX Rn. 3.

[281] Vgl. KR/*Etzel/Gallner*, §§ 85–90 SGB IX Rn. 127.

4. Entbehrlichkeit der Bestandskraft der Zustimmungsentscheidung

Der Arbeitgeber kann die Kündigung innerhalb der Frist des § 88 Abs. 3 SGB IX **1574** nicht nur erklären, wenn die Zustimmung des Integrationsamtes vorliegt, sondern auch wenn sie der Widerspruchsausschuss erteilt bzw. sie im Verwaltungsgerichtsverfahren[282] erstritten worden ist.[283] **Bestandskraft** der **Entscheidung** ist **nicht erforderlich.** § 88 Abs. 4 SGB IX bestimmt ausdrücklich, dass **Widerspruch** und **Anfechtungsklage** gegen die Zustimmung des Integrationsamtes zur Kündigung **keine aufschiebende Wirkung** haben (vgl. auch § 80 Abs. 1 S. 1 mit S. 2, Abs. 2 S. 1 Nr. 3 VwGO). Das **gilt seit** dem **1.5.2004** gem. § 88 Abs. 4 SGB IX iVm § 89 Abs. 5 S. 3 SGB IX idF des Gesetzes vom 23.4.2004 (→ Rn. 1595) **auch** für die **fingierte Zustimmung** nach § 88 Abs. 5 S. 2 SGB IX n. F. (→ Rn. 1595), die als privatrechtsgestaltender Verwaltungsakt mit Widerspruch und Anfechtungsklage angreifbar ist (vgl. zu § 91 Abs. 3 S. 2 SGB IX Rn. 1605). Wie im Fall des § 91 Abs. 3 S. 2 SGB IX (→ Rn. 1605) hat das Integrationsamt dem Arbeitgeber und dem schwerbehinderten Arbeitnehmer die fingierte Zustimmung schriftlich zu bestätigen.[284] Aus der Regelung in § 88 Abs. 4 SGB IX folgt im Übrigen, dass die durch das Integrationsamt erteilte Zustimmung zur Kündigung – vorbehaltlich ihrer Nichtigkeit – so lange wirksam bleibt, wie sie nicht rechtskräftig aufgehoben worden ist (auch → Rn. 1577).[285]

Der Gesetzgeber hatte mit dem seit dem 1.8.1986 bis zum 30.6.2001 geltenden **1575** § 18 Abs. 4 SchwbG, der § 88 Abs. 4 SGB IX inhaltlich entsprach, für die ordentliche Kündigung die Rechtsprechung des BAG[286] zu der bis zum 31.7.1986 geltenden Gesetzeslage bestätigt. Der schwerbehinderte Arbeitnehmer kann aber beim Verwaltungsgericht nach § 80 Abs. 2 S. 1 Nr. 3, Abs. 5 S. 1 VwGO iVm § 80a Abs. 3 S. 2 VwGO die Anordnung der aufschiebenden Wirkung des Zustimmungsbescheids selbst dann erreichen, wenn der Arbeitgeber die Kündigung bereits ausgesprochen hat.[287] Dieser ist dann für die Dauer der aufschiebenden Wirkung vorläufig gehindert, sich auf die Rechtsfolgen der Kündigung ggü. dem Arbeitnehmer zu berufen.[288] Folgt man dieser Auffassung, dürfte der Arbeitnehmer einen von ihm vor Erlass eines erstinstanzlichen Urteils im Kündigungsschutzprozess geltend gemachten Weiterbeschäftigungsanspruch (→ Rn. 2259 ff.) mittels einstweiliger Verfügung (§ 940 ZPO iVm § 62 Abs. 2 S. 1 ArbGG) vor dem Arbeitsgericht leichter durchsetzen können.[289] Eine rechtskräftige

---

[282] Aber → Rn. 1554 mit Fn. 242.
[283] KR/*Etzel*/*Gallner*, §§ 85–90 SGB IX Rn. 128; Hauck/Noftz/*Griebeling*, § 88 SGB IX Rn. 12; NPM/*Neumann*, § 88 SGB IX Rn. 11; früher BAG 16.10.1991 NZA 1992, 503, 504; LAG Saarland 14.5.1997 LAGE SchwbG 1986 § 15 Nr. 8.
[284] Vgl. *Griebeling*, NZA 2005, 494, 501; GK-*SGB IX*/*Lampe*, § 88 Rn. 35; a. A. *Braun*, MDR 2005, 62, 65.
[285] BAG 23.5.2013 NZA 2013, 1373 Rn. 22.
[286] BAG 17.2.1982 AP SchwbG § 15 Nr. 1.
[287] OVG Bautzen 25.8.2003 NZA-RR 2004, 408 Ls.; BayVGH 21.12.2010 BeckRS 2012, 53479 Rn. 20; 17.12.2009 BeckRS 2009, 44047 Rn. 16–18; OVG Bremen 7.8.2001 NordÖR 2002, 35, 36; OVG Hamburg 7.4.2008 DVBl. 2008, 1002 Ls.; OVG Sachsen 5.8.2003 BehinR 2004, 81f.; *Knittel*, § 85 SGB IX Rn. 25; ErfK/*Rolfs*, § 88 SGB IX Rn. 4; a.A. VGH Baden-Württemberg 10.1.2012 NZA-RR 2012, 494, 495; OVG Lüneburg 9.1.2014 BeckRS 2014, 45655; OVG NRW 16.1.2012 BeckRS 2012, 47067; 29.12.2003 BeckRS 2006, 21076; VG Düsseldorf 11.1.2006 BehinR 2007, 114, 115f. mit Anm. *Beyer*.
[288] OVG Bautzen 25.8.2003 NZA-RR 2004, 408 Ls.; vgl. auch BAG 25.3.2004 AP MuSchG 1968 § 9 Nr. 36; abl. OVG Lüneburg 9.1.2014 BeckRS 2014, 45655.
[289] Vgl. OVG Hamburg 7.4.2008 DVBl. 2008, 1002 Ls.; abl. zB VGH Baden-Württemberg 10.1.2012 NZA-RR 2012, 494, 495; OVG Lüneburg 9.1.2014 BeckRS 2014, 45655.

Zustimmungsentscheidung des Integrationsamtes ist auch dann entbehrlich, wenn die Zustimmung erstmals durch den Widerspruchsausschuss gem. § 72 VwGO erteilt oder, wenn das Verwaltungsgericht das Integrationsamt nach § 113 Abs. 5 S. 1 VwGO verpflichtet hat, die Zustimmung zur Kündigung zu erteilen und gegen die Entscheidung Berufung eingelegt worden ist.[290]

1576 Erfolgt die Zustellung des Zustimmungsbescheides an den schwerbehinderten Arbeitnehmer erst nach dem Zugang der Kündigung, wird auch erst zu diesem Zeitpunkt die Klagefrist des § 4 S. 1 KSchG in Lauf gesetzt. § 4 S. 4 KSchG ist auf diese Fallgestaltung unmittelbar anzuwenden (näher → Rn. 1925).[291]

1577 Da die Zustimmung des Integrationsamtes für den Arbeitgeber ein ihn begünstigender Verwaltungsakt ist (→ Rn. 1552), richtet sich ihre Rücknahme nach den in § 45 SGB X getroffenen Regelungen.[292] Wird die erteilte Zustimmung im Rechtsmittelverfahren rechtskräftig aufgehoben, wird die Kündigung rückwirkend gem. § 85 SGB IX iVm § 134 BGB nichtig mit allen sich daraus ergebenden Konsequenzen.[293] Zur Restitutionsklage gem. § 580 Nr. 6 ZPO analog bzgl. der rechtskräftig abgewiesenen Klage nach § 4 S. 1 KSchG → Rn. 1528.

VII. Außerordentliche Kündigung

1578 Nach § 85 SGB IX iVm § 91 Abs. 1 SGB IX bedarf auch die außerordentliche Kündigung eines schwerbehinderten Arbeitnehmers der **vorherigen Zustimmung** des Integrationsamtes. Das gilt sowohl für die außerordentliche fristlose wie für die außerordentliche Kündigung mit Auslauffrist (→ Rn. 526).[294] Die Mindestkündigungsfrist des § 86 SGB IX ist nicht anwendbar (vgl. § 91 Abs. 1 SGB IX).

1579, 1580 Die **Umdeutung** einer außerordentlichen in eine ordentliche Kündigung gem. § 140 BGB (→ Rn. 410 ff.) scheidet i.d.R. aus. Zum einen kann nach § 43 Abs. 1 SGB X nur eine fehlerhafte Zustimmung zur außerordentlichen Kündigung umgedeutet werden. Zum anderen unterscheiden sich die Verfahren auf Zustimmung zu einer ordentlichen und zu einer außerordentlichen Kündigung nicht unerheblich,[295] so dass der neue Bescheid, nämlich die Zustimmung zur ordentlichen Kündigung, vom Integrationsamt nicht, wie von § 43 Abs. 1 SGB X gefordert, in der tatsächlich gewählten Verfahrensweise und Form hätte rechtmäßig erlassen werden können.[296] Der Arbeitgeber hat deshalb unbedingt **vorsorglich** auch die **Zustimmung** des Integrationsamtes

---

[290] KR/*Etzel/Gallner*, §§ 85–90 SGB IX Rn. 106; NPM/*Neumann*, § 88 SGB IX Rn. 16; vgl. auch BAG 23.5.2013 NZA 2013, 1373 Rn. 22.
[291] BAG 3.7.2003 NZA 2003, 1335, 1336; APS/*Hesse*, § 4 KSchG Rn. 102; KR/*Etzel/Gallner*, §§ 85–90 SGB IX Rn. 138; KR-*Friedrich*, § 4 KSchG Rn. 209; HHL/*Linck*, § 4 KSchG Rn. 100; *J. Schmidt*, NZA 2004, 79, 80; früher schon BAG 17.2.1982 AP SchwbG § 15 Nr. 1.
[292] Vgl. näher OVG Hamburg 7.4.2008 DVBl. 2008, 1002; APS/*Vossen*, § 88 SGB IX Rn. 13.
[293] Vgl. hierzu BAG 23.5.2013 NZA 2013, 1373 Rn. 24; KR/*Etzel/Gallner*, §§ 85–90 SGB IX Rn. 107; Hauck/Noftz/*Griebeling*, § 88 SGB IX Rn. 15; *Müller-Wenner/Schorn*, § 88 SGB IX Rn. 30; NPM/*Neumann*, § 85 SGB IX Rn. 79; früher BVerwG 28.11.1958 AP SchwBeschG § 14 Nr. 16; BAG 15.5.1986 BeckRS 2013, 73951; 25.11.1980 AP SchwbG § 12 Nr. 7; vgl. auch LAG Thüringen 18.10.2007 LAGE KSchG § 13 Nr. 3.
[294] → Rn. 1530 mit Nachw. in Fn. 163. Gegen die Anwendbarkeit von § 91 Abs. 3 S. 2 SGB IX und § 91 Abs. 4 SGB IX auf eine außerordentliche Kündigung mit Auslauffrist LAG Köln 31.10.2012 BehinR 2013, 195, 197 f.; krit. hierzu VG Düsseldorf 18.3.2014 BeckRS 2014, 50836.
[295] Vgl. näher KR/*Etzel/Gallner*, § 91 SGB X Rn. 35.
[296] BAG 23.1.2014 NZA 2014, 895 Rn. 31; vgl. auch BAG 7.7.2011 NZA 2011, 1412 Rn. 36; KR/*Etzel/Gallner*, § 91 SGB IX Rn. 35; NPM/*Neumann*, § 91 SGB IX Rn. 7; ErfK/*Rolfs*, § 91 SGB IX Rn. 8.

zur **ordentlichen Kündigung** zu beantragen und auf ihre Erteilung zu achten, damit überhaupt die Umdeutung einer unwirksamen außerordentlichen Kündigung in eine (wirksame) ordentliche Kündigung nach § 140 BGB in Betracht kommen kann.[297] Wird die Zustimmung zur außerordentlichen Kündigung nach § 91 Abs. 2 S. 2 SGB IX fingiert, scheidet im Falle ihrer Nichtigkeit eine Umdeutung nach § 140 BGB von vornherein aus. Denn es fehlt an der für eine wirksame ordentliche Kündigung notwendigen positiven Zustimmung des Integrationsamtes.[298]

Will der schwerbehinderte Arbeitnehmer **nach** erteilter Zustimmung die Wirksamkeit der außerordentlichen Kündigung angreifen, muss dies seit dem 1.1.2004 nach § 4 S. 1 KSchG iVm § 13 Abs. 1 S. 2 KSchG durch **Klageerhebung innerhalb von drei Wochen** erfolgen, auch wenn das KSchG auf das Arbeitsverhältnis keine Anwendung findet. Für schwerbehinderte Arbeitnehmer in Kleinbetrieben, deren Arbeitsverhältnis länger als sechs Monate besteht (vgl. § 90 Abs. 1 Nr. 1 SGB IX), folgt dies aus §§ 4 S. 1, 13 Abs. 1 S. 2 KSchG iVm § 23 Abs. 1 S. 2 bzw. 3 KSchG (→ Rn. 1821). 1581

Die Klagefrist beginnt mit dem Zugang der außerordentlichen Kündigung. Das gilt auch, wenn dem schwerbehinderten Arbeitnehmer der Zustimmungsbescheid des Integrationsamtes erst nach Zugang einer solchen Kündigung zugestellt wird. **§ 4 S. 4 KSchG** findet über § 13 Abs. 1 S. 2 KSchG, der auch seit dem 1.1.2004 lediglich auf § 4 S. 1 KSchG verweist, **keine Anwendung**.[299] Nach Ablauf der Dreiwochenfrist gilt die Kündigung nach § 7 1. Hs. KSchG iVm § 13 Abs. 1 S. 2 KSchG als von Anfang an wirksam. 1582

Seit dem 1.1.2004 muss der Arbeitnehmer die dreiwöchige Klagefrist auch dann, wenn er die Unwirksamkeit der außerordentlichen Kündigung außerhalb eines von § 626 Abs. 1 BGB liegenden Grundes geltend machen will, etwa weil die Kündigung bereits erfolgt ist, **bevor** die Zustimmung des Integrationsamtes vorlag (§§ 85, 91 Abs. 1 SGB IX iVm § 134 BGB), wahren. Dies folgt aus § 4 S. 1 KSchG iVm § 13 Abs. 1 S. 2 KSchG (auch → Rn. 2063). 1583

Zur Frage der **Kenntnis des Arbeitgebers von der Schwerbehinderteneigenschaft** des Arbeitnehmers gelten dieselben Grundsätze wie bei der ordentlichen Kündigung, so dass auf die dort mitgeteilten Grundsätze (→ Rn. 1510 ff.) verwiesen werden kann. Der Arbeitnehmer, der sich den besonderen Kündigungsschutz nach § 85 SGB IX iVm § 91 Abs. 1 SGB IX erhalten will, muss somit aufgrund der zum 1.1.2004 erfolgten Erweiterung des Anwendungsbereichs des § 4 S. 1 KSchG (näher → Rn. 1810, 1831) nunmehr innerhalb einer **Regelfrist von drei Wochen** seine bereits festgestellte oder beantragte Schwerbehinderteneigenschaft dem Arbeitgeber mitteilen (zur ordentlichen Kündigung → Rn. 1511).[300] 1584

1. Der Antrag auf Erteilung der Zustimmung

§ 91 Abs. 2 S. 1 1. Hs. SGB IX setzt für den Antrag auf Erteilung der Zustimmung durch das Integrationsamt **eine Frist** von **zwei Wochen**. Diese Frist, gegen 1585

---

[297] Eine Beurlaubung des schwerbehinderten Arbeitnehmers bis zum Eingang der Zustimmung des Integrationsamtes zur außerordentlichen Kündigung kommt nicht in Betracht, vgl. BAG 20.12.1976 AP SchwbG § 18 Nr. 1.
[298] LAG München 10.7.2008 – 4 Sa 98/08 – n. v.; KR/*Etzel/Gallner,* § 91 SGB IX Rn. 35.
[299] KR/*Etzel/Gallner,* § 91 SGB IX Rn. 39a; *Quecke,* RdA 2004, 86, 100; a. A. KR/*Friedrich,* § 13 KSchG Rn. 48–50; *Raab,* RdA 2004, 321, 331.
[300] KR/*Etzel/Gallner,* § 91 SGB IX Rn. 4; ErfK/*Rolfs,* § 91 SGB IX Rn. 1; vgl. auch BAG 9.6.2011 NZA-RR 2011, 516 Rn. 17; früher (Monatsfrist) BAG 14.5.1982 AP SchwbG § 18 Nr. 4; 5.7.1990 NZA 1991, 667 f.

Dritter Abschnitt: Der besondere Kündigungsschutz

deren Versäumung es **keine Wiedereinsetzung** in den vorigen Stand gibt,[301] gilt auch, wenn dem Arbeitgeber die ordentliche Kündigung tariflich verschlossen ist (→ Rn. 526).[302] Abzustellen ist nach § 91 Abs. 2 S. 1 2. Hs. SGB IX auf den Eingang des Antrages bei dem nach § 87 Abs. 1 S. 1 SGB IX iVm § 91 Abs. 1 SGB IX örtlich zuständigen Integrationsamt, d. h. auf den Zeitpunkt, in dem dieses tatsächlich die Verfügungsmacht über den Antrag erlangt hat. Der Antrag muss nach § 87 Abs. 1 S. 1 SGB IX iVm § 91 Abs. 1 SGB IX **schriftlich** gestellt werden (näher → Rn. 1555).

1586 Die Antragsfrist beginnt nach § 91 Abs. 2 S. 2 SGB IX mit dem Zeitpunkt, in dem der Arbeitgeber von den für die Kündigung **maßgebenden Tatsachen Kenntnis erlangt.** Hier gelten die Grundsätze des § 626 Abs. 2 S. 2 BGB (→ Rn. 797 ff.).[303] Es kommt also auf die sichere und möglichst vollständige positive Kenntnis der für die Kündigung maßgebenden Tatsachen an.[304] Selbst grob fahrlässige Unkenntnis genügt nicht.[305]

1586a Sowohl die bereits festgestellte als auch die erst beantragte Schwerbehinderteneigenschaft des Arbeitnehmers[306] bzw. seine Gleichstellung mit einem schwerbehinderten Menschen[307] gehören zu den Tatsachen, die der Arbeitgeber für den Fristbeginn nach § 91 Abs. 2 S. 2 SGB IX – nicht für den Fristbeginn gem. § 626 Abs. 2 S. 2 BGB[308] – kennen muss. Hat der Arbeitgeber, der eine außerordentliche Kündigung ggü. seinem Arbeitnehmer beabsichtigt, von einem Antrag des Arbeitnehmers auf Feststellung der Schwerbehinderteneigenschaft (→ Rn. 1488 mit Rn. 1498) Kenntnis erlangt und kündigt er daher nicht innerhalb der Frist des § 626 Abs. 2 S. 1 BGB, sondern beantragt innerhalb der Frist des § 91 Abs. 2 S. 1 1. Hs. SGB IX die Zustimmung des Integrationsamtes, darf sich der Arbeitnehmer nach Treu und Glauben (§ 242 BGB) auch dann nicht auf die Versäumung der Frist des § 626 Abs. 2 S. 1 BGB berufen, wenn er tatsächlich nicht schwerbehindert war und es deshalb der Zustimmung des Integrationsamtes nicht bedurfte.[309] Der Arbeitgeber muss die Kündigung jedoch analog § 91 Abs. 5 SGB IX unverzüglich erklären, nachdem er vom Fehlen der Schwerbehinderteneigenschaft Kenntnis erlangt hat.[310]

---

[301] KR/*Etzel/Gallner*, § 91 SGB IX Rn. 10; Hauck/Noftz/*Griebeling*, § 91 SGB IX Rn. 8; ErfK/*Rolfs*, § 91 SGB IX Rn. 3; früher VGH Baden-Württemberg 5.8.1996 NZA-RR 1997, 90 Ls.

[302] BAG 12.5.2005 NZA 2005, 1173 f.; LAG Baden-Württemberg 6.9.2004 NZA-RR 2005, 297, 298; ErfK/*Rolfs*, § 91 SGB IX Rn. 3; früher BAG 27.11.2003 AP BGB § 626 Krankheit Nr. 11; 12.8.1999 NZA 1999, 1267, 1269; VGH Baden-Württemberg 5.8.1996 NZA-RR 1997, 90 Ls.; VG Frankfurt/M. 17.8.2001 NZA-RR 2002, 469.

[303] LPK-SGB IX/*Düwell*, Rn. 10; KR/*Etzel/Gallner*, § 91 SGB IX Rn. 9; Hauck/Noftz/*Griebeling*, § 91 Rn. 6; *Müller-Wenner/Schorn*, § 91 SGB IX Rn. 13; ErfK/*Rolfs*, § 91 SGB IX Rn. 3; früher BAG 18.12.1986 RzK IV 8c Nr. 9 Ls.; BVerwG 2.5.1996 *Buchholz*, 436.61 § 21 SchwbG Nr. 7; VG Arnsberg 11.9.2001 BehinR 2002, 182 Ls.; VG Frankfurt/M. 17.8.2001 NZA-RR 2002, 469. Zur Befugnis des Integrationsamtes, bei ungewisser Schwerbehinderteneigenschaft zu entscheiden, vgl. BVerwG 15.12.1988 NZA 1989, 554.

[304] OVG NRW 28.1.2013 BeckRS 2013, 48626; VG Gelsenkirchen 28.5.2014 – 11 K 424/13 – juris Rn. 38.

[305] So zu § 626 Abs. 2 S. 2 BGB BAG 22.11.2012 NZA 2013, 665 Rn. 30; 23.10.2008 AP BGB § 626 Nr. 217 Rn. 20.

[306] Vgl. BAG 2.3.2006 NZA 2006, 1211 Rn. 20; LAG Köln 4.8.2003 LAGE SGB IX § 91 Nr. 1; VG Karlsruhe 9.3.2004 BehinR 2004, 114, 115; KR/*Etzel/Gallner*, § 91 SGB IX Rn. 9, 9a; ErfK/*Rolfs*, § 91 SGB IX Rn. 3; krit. LPK-SGB IX/*Düwell*, Rn. 16; *Müller-Wenner/Schorn*, § 91 SGB IX Rn. 9; früher BAG 23.2.1978 AP SchwbG § 12 Nr. 3; 14.5.1982 AP SchwbG § 18 Nr. 4; BVerwG 5.10.1995 *Buchholz*, § 21 SchwbG Nr. 6.

[307] VGH Baden-Württemberg 20.6.2006 BehinR 2007, 23, 26.

[308] BAG 2.3.2006 NZA 2006, 1211 Rn. 20.

[309] KR/*Etzel/Gallner*, § 91 SGB IV Rn. 9a; früher BAG 27.2.1987 NZA 1988, 429, 430 f.

[310] KR/*Etzel/Gallner*, § 91 SGB IX Rn. 9a; früher *Grimm/Baron*, DB 2000, 570, 571.

§ 3 Kündigungsschutz schwerbehinderter Arbeitnehmer

Die Kontrolle über die Einhaltung der Zwei-Wochen-Frist des § 91 Abs. 2 S. 1 **1587**
1. Hs. SGB IX obliegt in vollem Umfang dem Integrationsamt und demzufolge im
Falle der Anfechtung den Verwaltungsgerichten.[311] Ist diese Frist bereits verstrichen,
hat das Integrationsamt den Antrag als unzulässig zurückzuweisen.[312] Entscheidet es
dennoch auf Zustimmung, hat der schwerbehinderte Arbeitnehmer unter Berufung
auf die Fristversäumnis Widerspruch einzulegen und ggf. die Fristversäumung im Verwaltungsverfahren zu rügen. Andernfalls kann der Arbeitgeber nach Zustimmung die
Kündigung erklären. Sie muss jedoch, wie auch sonst (näher → Rn. 1599), **unverzüglich,** d. h. ohne schuldhaftes Zögern (§ 121 Abs. 1 S. 1 BGB),[313] nach Erteilung
der Zustimmung erfolgen (§ 91 Abs. 5 SGB IX).[314] Erteilt iSv § 91 Abs. 5 SGB IX ist
die Zustimmung, sobald eine solche Entscheidung innerhalb der Frist des § 91 Abs. 3
S. 1 SGB IX getroffen (→ Rn. 1597) und der antragstellende Arbeitgeber hierüber in
Kenntnis gesetzt worden ist oder wenn eine Entscheidung innerhalb der zweiwöchigen
Frist des § 91 Abs. 3 S. 1 SGB IX nicht getroffen worden ist. In diesem Fall gilt die
Zustimmung mit Ablauf dieser Frist gem. § 91 Abs. 3 S. 2 SGB IX als erteilt (näher
→ Rn. 1595).[315] Wird die Kündigung unverzüglich gem. § 91 Abs. 5 SGB IX ausgesprochen, kann im sich anschließenden arbeitsgerichtlichen Kündigungsschutzprozess
die Versäumung der Antragsfrist, soweit sie nicht offenkundig ist und deshalb die Nichtigkeit der Zustimmung des Integrationsamtes begründet (vgl. § 40 Abs. 1 SGB X),
nicht mehr gerügt werden. Sie ist Teil des Verfahrens vor den Verwaltungsbehörden.[316]

Durch die Zustimmung des Integrationsamtes steht jedoch nicht zugleich fest, dass **1588,**
die Zwei-Wochen-Frist des § 626 Abs. 2 S. 1 BGB gewahrt ist. Die Fristen des § 626 **1589**
Abs. 2 S. 1 BGB und des § 91 Abs. 2 S. 1 SGB IX stehen selbständig nebeneinander
und verdrängen einander nicht. Von den Arbeitsgerichten ist die Ausschlussfrist des
§ 626 Abs. 2 S. 1 BGB eigenständig zu prüfen (auch → Rn. 1600).[317] Ihre Versäumung kann nicht allein dadurch „geheilt" werden, dass der Arbeitnehmer erst nach ihrem Ablauf seine Schwerbehinderung bzw. seine entsprechende Antragstellung dem
Arbeitgeber mitteilt und das Integrationsamt dann auf dessen Antrag die Zustimmung
zu einer beabsichtigten außerordentlichen Kündigung erteilt (auch → Rn. 1599).[318]
Denn für den Beginn der Zwei-Wochen-Frist des § 626 Abs. 2 S. 1 BGB ist die fehlende Kenntnis von der Schwerbehinderteneigenschaft bzw. von einer Antragstellung
unerheblich (→ Rn. 1586a).

---

[311] BAG 2.3.2006 NZA 2006, 1211 Rn. 17; LAG Hamm 30.5.2005 NZA-RR 2006, 353, 355; früher BVerwG 2.5.1996 *Buchholz* 436.61 § 21 SchwbG 1986 Nr. 7; offen gelassen von LAG Rheinland-Pfalz 5.10.2005 NZA-RR 2006, 245.

[312] KR/*Fischermeier*, § 626 BGB Rn. 339; ErfK/*Rolfs*, § 91 SGB IX Rn. 4; früher BAG 17.2.1977 AP SchwbG § 12 Nr. 1; vgl. auch BVerwG 15.3.1989 *Buchholz* 436.61 § 21 SchwbG Nr. 2; 2.5.1996 *Buchholz* 436.61 § 21 SchwbG Nr. 7.

[313] BAG 19.4.2012 NZA 2013, 507 Rn. 16; 1.2.2007 NZA 2007, 744 Rn. 31; LAG Hamm 8.11.2012 BeckRS 2013, 66965; LAG Rheinland-Pfalz 13.2.2014 NZA-RR 2014, 353, 354.

[314] KR/*Fischermeier*, § 626 BGB Rn. 339; a. A. *Fenski*, BB 2001, 570, 571.

[315] BAG 19.4.2012 NZA 2013, 507 Rn. 15; LAG Rheinland-Pfalz 23.2.2014 NZA-RR 2014, 352, 353.

[316] Vgl. BAG 2.3.2006 NZA 2006, 1211 Rn. 17; 2.2.2006 NZA-RR 2006, 440, 442; Hauck/Noftz/*Griebeling*, § 91 SGB IX Rn. 8; KR/*Etzel/Gallner*, § 91 SGB IX Rn. 10; NPM/*Neumann*, § 91 SGB IX Rn. 17; ErfK/*Rolfs*, § 91 SGB IX Rn. 4; früher BVerwG 2.5.1996 *Buchholz* 436.61 § 21 SchwbG Nr. 7; BAG 11.5.2000 NZA 2000, 1106, 1109; a. A. LAG Köln 4.8.2003 LAGE SGB IX § 91 Nr. 1; *Fenski*, DB 2001, 570, 571; *Joussen*, DB 2002, 2162, 2163; offen gelassen von LAG Rheinland-Pfalz 5.10.2005 NZA-RR 2006, 245.

[317] BAG 1.2.2007 NZA 2007, 744 Rn. 14; 2.2.2006 NZA 2006, 1211 Rn. 19; LAG Köln 4.2.2010 BeckRS 2010, 66975; KR/*Etzel/Gallner*, § 91 SGB IX Rn. 10; ErfK/*Rolfs*, § 91 SGB IX Rn. 4.

[318] BAG 2.3.2006 NZA 2006, 1211 Rn. 19.

2. Die Entscheidung des Integrationsamtes

1590 Die Entscheidung des Integrationsamtes ist nach § 91 Abs. 3 S. 1 1. Hs. SGB IX innerhalb von zwei Wochen vom Eingang des Antrages an zu treffen. Wird innerhalb dieser Frist eine Entscheidung **nicht** getroffen, **gilt** gem. § 91 Abs. 3 S. 2 SGB IX die Zustimmung **als erteilt** (näher → Rn. 1595 ff.). Das vom Integrationsamt einzuhaltende Verfahren richtet sich nach § 87 SGB IX iVm § 91 Abs. 1 SGB IX. Nach § 87 Abs. 2 SGB IX (idF seit 1.5.2004) iVm § 91 Abs. 1 SGB IX sind nicht mehr die Bundesagentur für Arbeit, sondern nur noch der Betriebsrat oder Personalrat sowie die Schwerbehindertenvertretung zu beteiligen und der schwerbehinderte Arbeitnehmer ist zu hören (→ Rn. 1556). Gem. § 87 Abs. 3 SGB IX iVm § 91 Abs. 1 SGB IX hat das Integrationsamt in jeder Lage des Zustimmungsverfahrens auf eine gütliche Einigung hinzuwirken (→ Rn. 1558).

1591 Die **Entscheidung** des Integrationsamtes **innerhalb** der **Zwei-Wochen-Frist** des § 91 Abs. 3 S. 1 SGB IX kann nur eine **endgültige** sein. Trotz der kurzen Frist ist es **unzulässig,** die **Ablehnung** des Antrages auf Zustimmung damit zu **begründen,** eine **genaue Prüfung** sei innerhalb der Frist **nicht möglich** gewesen. Angesichts des abschließenden Entscheidungszwanges wäre eine derartige Entscheidung rechtsfehlerhaft. Sie müsste im Rechtsmittelzug schon allein deswegen aufgehoben werden. Im Übrigen würde sie eine **Amtspflichtverletzung** ggü. dem Arbeitgeber nach § 839 Abs. 1 S. 1 BGB, Art. 34 S. 1 GG bedeuten,[319] die bei schuldhaftem Verhalten einen Schadenersatzanspruch zu seinen Gunsten begründen würde.[320] Das Integrationsamt muss also in jedem Falle abschließend entscheiden. Vermag es das nicht, weil die Ermittlungen für eine Entscheidung nicht abgeschlossen werden konnten, kann und darf es überhaupt nicht entscheiden. Dann greift die Fiktion des § 91 Abs. 3 S. 2 SGB IX ein.[321]

1592 Die Entscheidung des Integrationsamtes ist in sein freies, pflichtgemäßes Ermessen gestellt (§ 39 Abs. 1 SGB I).[322] Dagegen bindet § 91 Abs. 4 SGB IX die Entscheidung dann, wenn die **Kündigung** aus einem Grunde erfolgt, der **nicht im Zusammenhang mit der Behinderung** steht (→ Rn. 1594). In diesem Fall, in dem der Gesetzgeber dem Kündigungsinteresse des Arbeitgebers grundsätzlich den Vorrang vor dem Interesse des schwerbehinderten Arbeitnehmers an der Erhaltung seines Arbeitsplatzes einräumt,[323] **soll** das Integrationsamt die Zustimmung erteilen. Damit erhält der Arbeitgeber einen Rechtsanspruch auf Erteilung der Zustimmung, den er im Rechtsmittelweg durchsetzen kann. Die **Entscheidung, ob** der **Kündigungsgrund im Zu-**

---

[319] Vgl. KR/*Etzel/Gallner,* § 91 SGB IX Rn. 14; NPM/*Neumann,* § 91 SGB IX Rn. 19; früher BGH 12.6.1986 VersR 1986, 1100; 26.1.1989 BeckRS 1989, 31366573; OLG Köln 21.1.1988 VersR 1989, 748.

[320] Vgl. KR/*Etzel/Gallner,* § 91 SGB IX Rn. 14; NPM/*Neumann,* § 91 SGB IX Rn. 19; einschränkend *Cramer,* § 91 SchwbG Rn. 6; zum Schaden näher NPM/*Neumann,* § 91 SGB IX Rn. 19; APS/*Vossen,* § 91 SGB IX Rn. 11.

[321] Vgl. dazu auch Hauck/Noftz/*Griebeling,* § 91 SGB IX Rn. 13; *Müller-Wenner/Schorn,* § 91 SGB IX Rn. 16; NPM/*Neumann,* § 91 SGB IX Rn. 19.

[322] Vgl. OVG Bremen 7.8.2001 NordÖR 2002, 35, 36; VG Düsseldorf 18.3.2014 BeckRS 2014, 50836 u. BeckRS 2014, 50966; Hauck/Noftz/*Griebeling,* § 91 Rn. 10; PK-SGB IX/*Kossens,* § 91 Rn. 11; NPM/*Neumann,* § 91 SGB IX Rn. 15; ErfK/*Rolfs,* § 91 SGB IX Rn. 6; früher *Seidel,* MDR 1997, 804, 809.

[323] Vgl. früher zu § 21 Abs. 4 SchwbG BVerwG 2.7.1992 NZA 1993, 123, 124; OVG NRW 8.3.1996 BehinR 1997, 47, 48; OVG NRW 23.5.2000 NZA-RR 2000, 587; VG Frankfurt/M. 17.8.2001 NZA-RR 2002, 469, 470.

sammenhang mit der Behinderung steht, ist vom Integrationsamt **auf der Grundlage** des **vom Arbeitgeber angegebenen Kündigungsgrundes** zu treffen.[324]

Die Sollvorschrift des § 91 Abs. 4 SGB IX, die auch auf eine außerordentliche Kündigung mit Auslauffrist anwendbar ist,[325] bringt zum Ausdruck, dass die Zustimmung unter der dort genannten Voraussetzung im Regelfalle zu erteilen ist. Denn durch § 85 SGB IX soll der schwerbehinderte Mensch nicht ggü. nichtbehinderten Menschen besser gestellt werden, sondern nur vor spezifisch behinderungsbedingten Gefahren bewahrt und sichergestellt werden, dass er ggü. gesunden Arbeitnehmern nicht ins Hintertreffen gerät.[326] Nur wenn Umstände vorliegen, die den konkreten Sachverhalt als **atypisch** erscheinen lassen, darf das Integrationsamt nach pflichtgemäßem Ermessen die **Zustimmung verweigern**.[327] Ein **atypischer Fall** liegt vor, wenn die außerordentliche Kündigung den schwerbehinderten Arbeitnehmer in einer die Schutzzwecke des SGB IX berührenden Weise besonders hart trifft, ihm im Vergleich zu den der Gruppe der schwerbehinderten Arbeitnehmer im Falle außerordentlicher Kündigung allgemein zugemuteten Belastungen ein Sonderopfer abverlangt wird.[328] Maßgeblich für die Beurteilung der Rechtmäßigkeit der Zustimmungsentscheidung ist die Sach- und Rechtslage im Zeitpunkt des Zugangs der arbeitgeberseitigen Kündigung des Arbeitsverhältnisses bei dem schwerbehinderten Menschen.[329] Im Übrigen geht das Gesetz davon aus, dass die Kontrolle über die Berechtigung des Arbeitgebers, außerordentlich kündigen zu können, bei den Arbeitsgerichten liegt, sofern kein Zusammenhang zwischen Kündigungsgrund und Behinderung besteht.[330]

1593

Abzustellen ist auf den **Zusammenhang** zwischen Behinderung und Kündigungsgrund.[331] Ein unmittelbarer Zusammenhang wird nicht mehr gefordert; auch der mittelbare genügt.[332] Nur wenn kein Zusammenhang besteht, ist nach der Sollvorschrift

1594

---

[324] BVerwG 12.7.2012 NZA 2013, 97 Rn. 17; OVG NRW 28.1.2013 BeckRS 2013, 48626; OVG Sachsen-Anhalt 22.6.2011 Rn. 30 BehinR 2012, 107, 190; VG Düsseldorf 10.6.2013 BeckRS 2013, 54472; VG Gelsenkirchen 28.5.2014 – 11 K 424/13 – juris Rn. 63; vgl. auch BVerwG 18.9.1996 BeckRS 1996, 30936325.
[325] BAG 12.5.2005 NZA 2005, 1173f.; OVG Sachsen-Anhalt 22.6.2011 BeckRS 2011, 52502; VG Düsseldorf 10.6.2013 BeckRS 2013, 54472.
[326] Vgl. BVerwG 12.7.2012 NZA 2013, 97 Rn. 24; OVG NRW 28.1.2013 BeckRS 2013, 48626; OVG Sachsen-Anhalt 22.6.2011 BehinR 2012, 107; VG Düsseldorf 10.6.2013 BeckRS 2013, 54472; vgl. früher BVerwG 2.7.1992 NZA 1993, 123, 125.
[327] VGH Baden-Württemberg 24.11.2005 NZA-RR 2006, 183; OVG NRW 28.1.2013 BeckRS 2013, 48626; 27.6.2011 BeckRS 2011, 52509; OVG Sachsen-Anhalt 22.6.2011 BehinR 2012, 107, 109; VG Düsseldorf 18.3.2014 BeckRS 2014, 50836 u. BeckRS 2014, 50966; VG Saarlouis 11.2.2011 BeckRS 2011, 47835; früher BVerwG 9.3.1995 Buchholz 436.01 § 19 SchwbG Nr. 1; 10.9.1992 NZA 1993, 76, 78; 2.7.1992 NZA 1993, 123, 124.
[328] BVerwG 2.7.1992 NZA 1993, 123, 124; OVG NRW 8.3.1996 BehinR 1997, 47, 48; KR/*Etzel/Gallner* § 91 Rn. 20; ErfK/*Rolfs* § 91 Rn. 6.
[329] BVerwG 12.7.2012 NZA 2013, 97 Rn. 14 mwN.
[330] Vgl. VGH Baden-Württemberg 24.11.2005 NZA-RR 2006, 183; KR/*Etzel/Gallner*, § 91 SGB IX Rn. 19; ErfK/*Rolfs*, § 91 SGB IX Rn. 6; früher BVerwG 2.7.1992 NZA 1993, 123, 124f.; BayVGH 29.3.1990 BehinR 1990, 136, 137; 9.3.1995 BehinR 1995, 199; OVG Bremen 7.8.2001 NordÖR 2002, 35, 36; OVG Hamburg 14.11.1986 NZA 1987, 566, 567f.; OVG Lüneburg 17.1.1977 DB 1977, 547; OVG NRW 5.9.1989 EzA SchwbG 1986 § 21 Nr. 1; vgl. auch OVG NRW 8.3.1996 BehinR 1997, 47, 48; VG Frankfurt/M. 17.8.2001 NZA-RR 2002, 469, 470.
[331] Vgl. hierzu näher BVerwG 12.7.2012 NZA 2013, 97 Rn. 19ff.
[332] OVG NRW 28.1.2013 BeckRS 2013, 48626; 27.6.2011 BeckRS 2011, 52509; VG Gelsenkirchen 28.5.2014 – 11 K 424/13 – juris Rn. 60; VG Saarlouis 11.2.2011 BeckRS 2011, 478345; LPK-SGB IX/*Düwell*, § 91 SGB IX Rn. 18; PK-SGB IX/*Kossens*, § 91 Rn. 11; *Müller-Wenner/Schorn*, § 91 SGB IX Rn. 33; NPM/*Neumann*, § 91 SGB IX Rn. 22; ausf. zum Zusammenhang BVerwG 12.7.2012 NZA 2013, 97 Rn. 19ff.

des § 91 Abs. 4 SGB IX im Regelfall ohne Prüfung des Vorliegens eines wichtigen Grundes iSv § 626 Abs. 1 BGB die Zustimmung zu erteilen.³³³ Die im Anerkennungsverfahren nach § 69 Abs. 1 S. 1 SGB IX festgestellten Beeinträchtigungen, die in der Begründung des Anerkennungsbescheids darzulegen sind,³³⁴ sind maßgeblich für die Beantwortung der Frage, ob iSd § 91 Abs. 4 SGB IX ein Zusammenhang zwischen dem Kündigungsgrund und der Behinderung auszuschließen ist.³³⁵ In der verwaltungsgerichtlichen Judikatur wird teilweise die Auffassung vertreten, dass die zuständige Behörde (bis 30.6.2001 Hauptfürsorgestelle bzw. danach das Integrationsamt) einer beabsichtigten außerordentlichen Kündigung nicht zustimmen sollte, wenn die vom Arbeitgeber geltend gemachten Gründe hierfür **offensichtlich** nicht reichen.³³⁶ Die **Beweislast** für den fehlenden Zusammenhang zwischen Kündigung und Behinderung liegt im Streitfall beim Arbeitgeber.³³⁷

3. Zustimmungsfiktion

a) Allgemein

1595 Hat das Integrationsamt seine Entscheidung über den Antrag auf Erteilung der Zustimmung nicht innerhalb von zwei Wochen vom Tage seines Eingangs bei ihm getroffen, gilt die Zustimmung nach § 91 Abs. 3 S. 2 SGB IX als erteilt. Hierdurch soll sichergestellt werden, dass der Arbeitgeber stets innerhalb von zwei Wochen nach Eingang seines Antrags weiß, ob er kündigen kann oder nicht.³³⁸ Die nach § 91 Abs. 3 S. 2 SGB fingierte Zustimmung beseitigt die zunächst nach § 85 SGB IX iVm § 91 Abs. 1 SGB IX bestehende Kündigungssperre.³³⁹ Sie steht deshalb einer ausdrücklich erteilten Zustimmung gleich mit der Folge, dass die für diese geltenden Vorschriften und Grundsätze anzuwenden sind.³⁴⁰ Die nach § 91 Abs. 3 S. 2 SGB IX fingierte Zustimmung des Integrationsamtes ist deshalb, wie die ausdrücklich erteilte (→ Rn. 1552), als privatrechtsgestaltender Verwaltungsakt anzusehen und somit mit Widerspruch (§ 69

---

³³³ KR/*Etzel/Gallner*, § 91 SGB IX Rn. 19; NPM/*Neumann*, § 91 SGB IX Rn. 21; ErfK/*Rolfs*, § 91 SGB IX Rn. 6; KDZ/*Zwanziger*, § 91 SGB IX Rn. 2; vgl. auch OVG NRW 28.1.2013 BeckRS 2013, 48626; 27.6.2011 BeckRS 2011, 52509; VG Gelsenkirchen 28.5.2014 – 11 K 424/13 – juris Rn. 54; früher BVerwG 2.7.1992 NZA 1993, 123, 124; OVG NRW 5.5.1989 EzA SchwbG 1986 § 21 Nr. 1; OVG Hamburg 14.11.1986 NZA 1987, 566, 567f.; a. A. NPM/*Neumann* früher BayVGH 29.3.1990 BehinR 1990, 136.
³³⁴ BVerwG 12.7.2012 NZA 2013, 97 Rn. 21.
³³⁵ BVerwG 12.7.2012 NZA 2013, 97 Rn. 21; vgl. auch VG Gelsenkirchen 28.5.2014 – 11 K 424/13 – juris Rn. 63.
³³⁶ OVG Hamburg 14.11.1986 NZA 1987, 566, 568; OVG NRW 25.4.1989 NVwZ-RR 1990, 573, 575; 5.9.1989 EzA SchwbG 1986 § 21 Nr. 1; OVG Sachsen-Anhalt 22.6.2011 BehinR 2012, 107 Rn. 32; VG Düsseldorf 18.3.2014 BeckRS 2014, 50836 u. BeckRS 2014, 50966; VG Frankfurt/M. 17.8.2001 NZA 2002, 469, 470; zust. KR/*Etzel/Gallner*, § 91 SGB IX Rn. 20; *Kuhlmann*, BehinR 2006, 93, 95ff.; *dies.*, BehinR 2009, 129, 131f.; *Müller-Wenner/Schorn*, § 91 SGB IX Rn. 38; KDZ/*Söhngen*, § 91 SGB IX Rn. 12; a.A. ErfK/*Rolfs*, § 91 SGB IX Rn. 6; offen gelassen von BVerwG 2.7.1992 NZA 1993, 123, 126; 18.9.1996 Buchholz 436.61 § 21 SchwbG Nr. 8; OVG NRW 8.3.1996 BehinR 1997, 47, 48; offen gelassen zu § 91 Abs. 4 SGB IX von VGH Baden-Württemberg 24.11.2005 NZA-RR 2006, 183, 184.
³³⁷ KR/*Etzel/Gallner*, § 91 SGB IX Rn. 21; PK-SGB IX/*Kossens*, § 91 Rn. 14; *Müller-Wenner/Schorn*, § 91 SGB IX Rn. 41; NPM/*Neumann*, § 91 SGB IX Rn. 25.
³³⁸ BAG 2.2.2006 NZA-RR 2006, 440 Rn. 29.
³³⁹ Zur Erweiterung des Antrags einer bereits anhängigen Klage nach § 4 S. 1 KSchG im Hinblick auf eine zu erwartende weitere Kündigung vgl. OLG Köln 21.11.2012 BeckRS 2013, 10386; hierzu *Meier* AE 2013, 43f.
³⁴⁰ BVerwG 12.7.2012 NZA 2013, 97 Rn. 12; früher BVerwG 10.9.1992 NZA 1993, 76, 77.

VwGO) und Anfechtungsklage (§ 113 Abs. 1 S. 1 VwGO) angreifbar.[341] § 91 Abs. 3 S. 2 SGB IX befreit das Integrationsamt allerdings nicht von der sich aus § 88 Abs. 2 iVm § 91 Abs. 1 SGB IX ergebenden Verpflichtung, die Entscheidung über die Zustimmung zur außerordentlichen Kündigung dem Arbeitgeber und dem schwerbehinderten Arbeitnehmer zuzustellen.[342] Die **Zustellung** wird ggü. beiden Parteien durch eine **schriftliche Bestätigung** der fingierten Zustimmung bewirkt, wobei die an den schwerbehinderten **Arbeitnehmer** gerichtete mit einer Rechtsbehelfsbelehrung zu versehen ist (vgl. § 36 SGB X). Hierdurch wird für den schwerbehinderten Arbeitnehmer die **einmonatige Widerspruchsfrist** nach § 70 Abs. 1 VwGO **ausgelöst**.[343]

b) Wann ist die Entscheidung des Integrationsamtes getroffen?

Durch die in § 91 Abs. 3 S. 2 SGB IX normierte Fiktion (→ Rn. 1595) entstehen in der Praxis für den Arbeitgeber Unsicherheiten, wann (genau) die Zustimmung als erteilt gilt und damit die Kündigungssperre aufgehoben ist. Das Gesetz lässt die Zustimmungsfiktion erst mit Ablauf der Frist des § 91 Abs. 3 S. 1 SGB IX eintreten. Wird bereits im Laufe des Tages, an dem zu Mitternacht die Frist des § 91 Abs. 3 S. 2 SGB IX verstreicht, die betreffende Kündigung ausgesprochen, ist diese nach § 134 BGB nichtig.[344]

1596

Für den **Fiktionseintritt** nach § 91 Abs. 3 S. 2 SGB IX kommt es darauf an, **wann** das Integrationsamt seine **Entscheidung „getroffen"** hat. Hierfür reicht der Abschluss des behördeninternen Vorgangs aus.[345] Danach tritt die Zustimmungsfiktion des § 91 Abs. 3 S. 2 SGB IX nicht ein, wenn das Integrationsamt innerhalb der Zwei-Wochen-Frist des § 91 Abs. 3 S. 1 SGB IX entschieden (→ Rn. 1591) und die Entscheidung noch vor Ablauf der Frist zur Post gegeben[346] oder sie dem Arbeitnehmer mündlich oder fernmündlich mitgeteilt[347] hat.[348]

1597

4. Kündigung nach Zustimmung des Integrationsamtes

Teilt das Integrationsamt dem Arbeitgeber **in irgendeiner Form,** auch telefonisch oder mündlich, auf Anfrage **mit,** seinem **Antrag** sei **stattgegeben** worden, **kann** er die **außerordentliche Kündigung** aussprechen. Einer **vorherigen Zustellung** dieser Entscheidung, die im Zeitpunkt ihrer mündlichen Mitteilung dem Arbeitgeber

1598

---

[341] BVerwG 10.9.1992 NZA 1993, 76, 77; LAG Schleswig-Holstein 8.9.1998 LAGE SchwbG 1986 § 21 Nr. 2; *Knittel*, § 91 SGB IX Rn. 15; PK-SGB IX/*Kossens*, § 91 Rn. 20; NPM/*Neumann*, § 91 SGB IX Rn. 30; vgl. auch *Düwell*, LPK-SGB IX § 91 Rn. 14.
[342] BAG 12.5.2005 NZA 2005, 1173, 1174; früher BVerwG 10.9.1992 NZA 1993, 76, 77.
[343] BAG 12.5.2005 NZA 2005, 1173, 1174; früher BVerwG 10.9.1992 NZA 1993, 76, 77; vgl. auch KR/*Etzel/Gallner*, § 91 Rn. 24; Hauck/Noftz/*Griebeling*, § 91 SGB IX Rn. 13; NPM/*Neumann*, § 91 SGB IX Rn. 30.
[344] Vgl. BAG 19.6.2007 NZA 2007, 1153 Rn. 16.
[345] KR/*Etzel/Gallner*, § 91 SGB IX Rn. 16; vgl. auch BAG 19.6.2007 NZA 2007, 1153 Rn. 14, 15; 12.5.2005 NZA 2005, 1173, 1174; früher zu § 21 Abs. 3 S. 2 SchwbG BAG 9.2.1994 NZA 1994, 1030, 1032.
[346] BAG 19.4.2012 NZA 2013, 507 Rn. 21; vgl. früher zu § 21 Abs. 3 S. 2 SchwbG BAG 9.2.1994 NZA 1994, 1030, 1032.
[347] Vgl. BAG 19.6.2007 NZA 2007, 1153 Rn. 13; 12.5.2005 NZA 2005, 1173, 1174; *Natter*, ArbRB 2007, 244, 246; vgl. auch BAG 19.4.2012 NZA 2013, 507 Rn. 21, 22.
[348] KR/*Etzel/Gallner*, § 91 SGB IX Rn. 16; NPM/*Neumann*, § 91 SGB IX Rn. 19; KDZ/*Söhngen*, § 91 SGB IX Rn. 20.

ggü. noch nicht schriftlich abgefasst sein muss,[349] **bedarf es,** anders als bei einer ordentlichen Kündigung (→ Rn. 1570), **nicht.**[350] Dies gilt auch für den Fall einer außerordentlichen Kündigung unter Gewährung einer Auslauffrist ggü. einem tariflich ordentlich unkündbaren schwerbehinderten Arbeitnehmer.[351]

1599 Die **Kündigung** muss **nach Erteilung** der **Zustimmung** gem. § 91 Abs. 5 SGB IX **unverzüglich** erklärt werden (→ Rn. 1587), **wenn im Zeitpunkt der Erteilung der Zustimmung die Zwei-Wochen-Frist** des § 626 Abs. 2 S. 1 BGB schon **abgelaufen** ist (auch → Rn. 1600).[352] Somit läuft nach erteilter Zustimmung nicht etwa eine neue zweiwöchige Ausschlussfrist nach § 626 Abs. 2 S. 1 BGB an.[353] Das gilt selbst dann, wenn der Arbeitnehmer erst nach bereits eingetretener Versäumung dieser Frist das Vorliegen einer Schwerbehinderung bzw. eine entsprechende Antragstellung mitteilt und sodann das Integrationsamt auf einen entsprechenden Antrag des Arbeitgebers hin die Zustimmung zu einer beabsichtigten außerordentlichen Kündigung erteilt.[354] § 91 Abs. 5 SGB IX will lediglich dem Umstand Rechnung tragen, dass es dem Arbeitgeber regelmäßig nicht möglich ist, bis zum Ablauf der zweiwöchigen Ausschlussfrist des § 626 Abs. 2 S. 1 BGB bei einem schwerbehinderten Arbeitnehmer auch noch die Zustimmung des Integrationsamtes, auf deren Erteilung er ebenso wenig Einfluss hat wie auf die Durchführung des Verwaltungsverfahrens, einzuholen.[355] § 91 Abs. 5 SGB IX dient somit dem Schutz des Arbeitgebers und seinem Beschleunigungsinteresse.[356]

1599a Wird die Zustimmung des Integrationsamtes durch Bekanntgabe vor Zustellung wirksam (→ Rn. 1598), beginnt damit im Anwendungsbereich des § 91 Abs. 5 SGB IX („unverzüglich") die Überlegungsfrist (→ Rn. 102) für den Arbeitgeber.[357] Auf die Zustellung der Entscheidung ist nicht abzustellen. Die dem Arbeitgeber durch § 91 Abs. 5 SGB IX eingeräumte Überlegungsfrist für seinen Kündigungsentschluss ist mit Rücksicht darauf, dass die Kündigungsabsicht bereits Gegenstand des beim Integrationsamt geführten Zustimmungsverfahrens gewesen ist, also ergänzende Überlegungen kaum nötig sind, sehr knapp zu bemessen.[358]

1599b Bei der **Zustimmung kraft Fiktion** nach § 91 Abs. 3 S. 2 SGB IX **beginnt** die **Überlegungsfrist** am 15. Tag **nach dem Eingang des Antrages** bei dem Integra-

---

[349] BAG 19.6.2007 NZA 2007, 1153 Rn. 13; 12.5.2005 NZA 2005, 1173, 1174.
[350] BAG BAG 19.6.2007 NZA 2007, 1153 Rn. 13; 12.5.2005 NZA 2005, 1173, 1174; 21.4.2005 NZA 2005, 991, 992; KR/*Etzel/Gallner*, § 91 SGB IX Rn. 29; PK-SGB IX/*Kossens*, § 91 Rn. 7; NPM/*Neumann*, § 91 SGB IX Rn. 19; ErfK/*Rolfs*, § 91 SGB IX Rn. 7; vgl. auch BAG 19.4.2012 NZA 2012, 507 Rn. 15; früher BAG 15.11.1990 NZA 1991, 553; 9.2.1994 NZA 1994, 1030, 1032; 12.8.1999 NZA 1999, 1267, 1269.
[351] BAG 12.5.2005 NZA 2005, 1173f.; früher BAG 12.8.1999 NZA 1999, 1267, 1269.
[352] BAG 19.4.2012 NZA 2012, 507 Rn. 13; 13.5.2004 NZA 2004, 1271, 1273; LAG Hamm 8.11.2012 BeckRS 2013, 66965; LAG Rheinland-Pfalz 13.2.2014 NZA-RR 2014, 352, 353; KR/*Etzel/Gallner*, § 91 SGB IX Rn. 29b; NPM/*Neumann*, § 91 SGB IX Rn. 26; ErfK/*Rolfs*, § 91 SGB IX Rn. 7. Zum Beginn der Unverzüglichkeits-Frist des § 91 Abs. 5 SGB IX, wenn die Zustimmung des Integrationsamtes erst im Widerspruchsverfahren nach §§ 68ff. VwGO iVm § 118 SGB IX erfolgt vgl. BAG 21.4.2005 NZA 2005, 991, 992f.
[353] BAG 19.4.2012 NZA 2013, 507 Rn. 14; 1.7.2007 NZA 2007, 244 Rn. 31; 2.3.2006 NZA 2006, 1211 Rn. 22; LAG Hamm 8.11.2012 BeckRS 2013, 66965.
[354] Näher BAG 2.3.2006 NZA 2006, 1211 Rn. 19–22.
[355] BAG 2.3.2006 NZA 2006, 1211 Rn. 15; 21.4.2005 NZA 2005, 991, 992.
[356] BAG 12.5.2005 NZA 2005, 1173, 1174; 21.4.2005 NZA 2005, 991, 992.
[357] Vgl. BAG 21.4.2005 NZA 2005, 991, 992; vgl. auch BAG 19.4.2012 NZA 2013, 507 Rn. 15, 16; 13.3.2008 NZA 2008, 809 Rn. 26; früher BAG 15.11.1990 NZA 1991, 553, 554.
[358] LAG Rheinland-Pfalz 5.10.2005 NZA-RR 2006, 245f.; früher BAG 6.11.1986 BeckRS 1986, 30719139; 3.7.1980 AP SchwbG § 18 Nr. 2.

tionsamt. Um diese Frist einhalten zu können, muss sich der Arbeitgeber über den Tag des Antragseingangs beim Integrationsamt und unmittelbar nach Ablauf von zwei Wochen (vgl. § 91 Abs. 3 S. 1 SGB IX) bei diesem Amt darüber erkundigen, ob es innerhalb dieser Frist eine Entscheidung getroffen hat.[359] Dem Arbeitgeber ist es aber nicht zuzumuten, darauf zu drängen, ggf. auch über den Inhalt der getroffenen Entscheidung bereits vorab in Kenntnis gesetzt zu werden. Zu einer solchen Auskunft ist das Integrationsamt nicht verpflichtet. Die Bekanntgabe der Entscheidung hat vielmehr durch Zustellung zu erfolgen (§ 88 Abs. 2 SGB IX iVm § 91 Abs. 1 SGB IX). Teilt das Integrationsamt nur mit, dass es innerhalb der Frist eine Entscheidung getroffen habe, darf der Arbeitgeber die Zustellung des entsprechenden Bescheids eine – nicht gänzlich ungewöhnliche – Zeit lang abwarten.[360]

Die außerordentliche Kündigung ist nur dann unverzüglich iSd § 91 Abs. 5 SGB IX erklärt, wenn sie innerhalb dieses Zeitraumes dem schwerbehinderten Arbeitnehmer gem. § 130 Abs. 1 S. 1 BGB **zugegangen** ist.[361] **1599c**

Dem schwerbehinderten Arbeitnehmer kann es nach Treu und Glauben (§ 242 BGB) verwehrt sein, sich auf einen verspäteten Zugang der Kündigungserklärung zu berufen, wenn er weiß, dass ein Zustimmungsverfahren beim Integrationsamt anhängig ist und er den Benachrichtigungsschein der Einschreibsendung tatsächlich erhält, diese aber bei der Postanstalt nicht abholt.[362] **1599d**

Ist die **Zwei-Wochen-Frist** des § 626 Abs. 2 S. 1 BGB noch **nicht abgelaufen** – dies haben die Gerichte für Arbeitssachen im Unterschied zur Einhaltung der Frist des § 91 Abs. 2 1. Hs. SGB IX (→ Rn. 1587) in eigener Kompetenz zu prüfen (→ Rn. 1588/1589)[363] –, **bedarf es** der **Ausnahmevorschrift** des § 91 Abs. 5 SGB IX **nicht**. Die zum Schutz des Arbeitgebers geschaffene Regelung würde sich sonst sogar in ihr Gegenteil verkehren und dem Arbeitgeber die allgemein geltende Frist des § 626 Abs. 2 S. 1 BGB ohne Grund verkürzen. Deshalb kann und muss es bei der Anwendung der Grundfrist des § 626 Abs. 2 S. 1 BGB verbleiben, wenn noch während deren Laufs eine Zustimmung des Integrationsamtes zur außerordentlichen Kündigung vorliegt.[364] Erst recht kommt § 91 Abs. 5 SGB IX nicht zur Anwendung, wenn der Kündigungsgrund einen Dauertatbestand darstellt (→ Rn. 801) und deshalb der Lauf der Frist des § 626 Abs. 2 S. 1 BGB bei Zustimmung des Integrationsamtes noch nicht einmal begonnen hatte.[365] **1600**

Vor Ausspruch der außerordentlichen Kündigung ist, sofern dies nicht vor oder während des Zustimmungsverfahrens geschehen ist (dazu näher → Rn. 1557), noch der **Betriebsrat** nach § 102 Abs. 1 BetrVG **anzuhören** bzw. die **Personalvertretung** nach den einschlägigen Vorschriften, zB nach § 79 BPersVG, zu **beteiligen**. **1601**

---

[359] BAG 2.2.2006 NZA-RR 2006, 440 Rn. 28; KR/*Etzel/Gallner*, § 91 SGB IX Rn. 30a; vgl. auch BAG 19.4.2012 NZA 2013, 507 Rn. 23; LAG Rheinland-Pfalz 31.3.2004 NZA-RR 2005, 71, 72.
[360] BAG 19.4.2012 NZA 2013, 507 Rn. 23.
[361] BAG 19.4.2012 NZA 2013, 507 Rn. 17; 21.4.2005 NZA 2005, 991, 992f.; LAG Hamm 8.11.2012 BeckRS 2013, 66965; LAG Rheinland-Pfalz 31.3.2004 NZA-RR 2005, 71, 72.
[362] BAG 7.11.2002 NZA 2003, 719, 723; früher schon BAG 3.4.1986 AP SchwbG § 18 Nr. 9.
[363] Eingehend BAG 2.3.2006 NZA 2006, 1211 Rn. 14ff.; ebenso BAG 1.2.2007 NZA 2007, 744 Rn. 14; LAG Köln 4.2.2010 BeckRS 2010, 66975.
[364] BAG 2.3.2006 NZA 2006, 1211 Rn. 15; 13.5.2004 NZA 2004, 1271, 1273; LAG Köln 4.2.2010 BeckRS 2010, 66975; KR/*Etzel/Gallner*, § 91 SGB IX Rn. 29a; *Müller-Wenner/Schorn*, § 91 SGB IX Rn. 24; ErfK/*Rolfs*, § 91 SGB IX Rn. 7; vgl. auch BAG 21.4.2005 NZA 2005, 991, 992.
[365] BAG 13.5.2004 NZA 2004, 1271, 1273; 27.11.2003 AP BGB § 626 Krankheit Nr. 11; 7.11.2002 NZA 2003, 719, 722.

Auch dies muss **unverzüglich,** d.h. ohne schuldhaftes Zögern (§ 121 Abs. 1 S. 1 BGB), nach Erteilung der (fingierten) Zustimmung geschehen.[366] Das gilt selbst dann, wenn eine Beteiligung des Betriebsrats nach § 103 BetrVG notwendig ist (näher → Rn. 1740 ff.).[367] Sofern keine besonderen Umstände im Einzelfall vorliegen, hat der Arbeitgeber das Anhörungs- bzw. Beteiligungsverfahren noch am ersten Arbeitstag nach Bekanntgabe (→ Rn. 1598) oder, falls diese unterblieben ist, nach Zustellung des Zustimmungsbescheids einzuleiten.[368] Das gilt entsprechend bei Erteilung eines sog. Negativattestes (→ Rn. 1568).[369] Bei der Zustimmung kraft Fiktion (§ 91 Abs. 3 S. 2 SGB IX) hat der Arbeitgeber diese Verfahren normalerweise am 15. Tag nach dem Eingang des Zustimmungsantrags bei dem Integrationsamt in Gang zu setzen. Der Arbeitgeber ist in diesen Fällen im Hinblick auf § 91 Abs. 5 SGB IX gehalten, grundsätzlich am ersten Arbeitstag nach Eingang der Stellungnahme des Betriebsrats bzw. der Personalvertretung oder nach Ablauf der Stellungnahmefrist (vgl. § 102 Abs. 2 S. 3 BetrVG bzw. § 79 Abs. 3 S. 3 BPersVG) für einen Zugang der außerordentlichen Kündigung nach § 130 Abs. 1 S. 1 BGB zu sorgen.[370] Eine erneute Anhörung des Betriebsrates bzw. Beteiligung der Personalvertretung ist bei unverändertem Sachverhalt entbehrlich, selbst wenn diese bereits vor dem Antrag auf Zustimmung zur Kündigung stattgefunden hat und durch Rechtsmittel einige Jahre vergangen sind.[371]

1602   Darüber hinaus ist auch die Schwerbehindertenvertretung im Betrieb nach § 95 Abs. 2 S. 1 1. Hs. SGB IX anzuhören. Wird Letzteres unterlassen, führt dies, da im Gesetz, anders als in § 102 Abs. 1 S. 3 BetrVG, keine Sanktion vorgesehen ist, nicht zur Unwirksamkeit der außerordentlichen Kündigung.[372]

5. Rechtsmittel

1603–1605   Rechtsmittel gegen die Zustimmung des Integrationsamtes zur außerordentlichen Kündigung haben **keine aufschiebende Wirkung** (§ 88 Abs. 4 SGB IX iVm § 91 Abs. 1 SGB IX). Damit ist klargestellt, dass die Kündigung auch ohne Bestandskraft der Entscheidung des Integrationsamtes ausgesprochen werden kann.[373] Wird im Rechtsmittelverfahren jedoch die **Entscheidung** des Integrationsamtes **später aufgehoben,** wird die außerordentliche Kündigung **rückwirkend** gem. § 134 BGB nichtig (näher → Rn. 1577). Auch die fingierte Zustimmung nach § 91 Abs. 3 S. 2 SGB IX ist – ebenso wie die erteilte Zustimmung – als privatrechtsgestaltender Verwaltungsakt mit Widerspruch und Anfechtungsklage angreifbar (→ Rn. 1595).

1606   Hat das Integrationsamt die Entscheidung zur außerordentlichen Kündigung erteilt, kann diese dennoch im **Kündigungsschutzprozess** (zur Klagefrist → Rn. 1581–

---

[366] BAG 24.11.2011 NZA 2012, 610 Rn. 32.
[367] BAG 24.11.2011 NZA 2012, 610 Rn. 32.
[368] Vgl. LAG Rheinland-Pfalz 31.3.2004 NZA-RR 2005, 71, 72; früher BAG 21.10.1983 AP BGB § 626 Ausschlussfrist Nr. 16; 3.7.1980 AP SchwbG § 18 Nr. 2; LAG Hamm 7.11.1996 BehinR 1998, 45.
[369] Vgl. BAG 27.5.1983 AP SchwbG § 12 Nr. 12.
[370] Vgl. LAG Rheinland-Pfalz 31.3.2004 NZA-RR 2005, 71, 72; früher BAG 27.5.1983 AP SchwbG § 12 Nr. 12; LAG Hamm 7.11.1996 BehinR 1998, 45 f.
[371] Vgl. BAG 25.4.2013 BeckRS 2013, 70060 Rn. 143; früher BAG 18.5.1994 NZA 1995, 65, 67; KR/*Etzel/Gallner* § 91 Rn. 30e; *Knittel* § 85 SGB IX Rn. 15a.
[372] BAG 28.6.2007 NZA 2007, 1049 Rn. 48; KR/*Etzel/Gallner,* Vor §§ 85–92 SGB IX Rn. 37; früher schon BVerwG 15.2.1990 ZBR 1990, 323, 324; BAG 28.7.1983 AP SchwbG § 22 Nr. 1.
[373] Zum Antrag auf Anordnung der aufschiebenden Wirkung gem. §§ 80a Abs. 3 S. 2, 80 Abs. 5 VwGO → Rn. 1575.

1584) angegriffen werden mit dem Argument, ein wichtiger Grund iSv § 626 Abs. 1 BGB habe nicht vorgelegen. Im Kündigungsschutzprozess kann der Arbeitgeber die außerordentliche Kündigung auch auf **Gründe** stützen, die **nicht Gegenstand des Zustimmungsverfahrens** nach § 91 Abs. 2 SGB IX waren. Das gilt jedenfalls dann, wenn die nachgeschobenen Kündigungsgründe offensichtlich nicht im Zusammenhang mit der Behinderung stehen und das Integrationsamt eine Zustimmung wegen dieser Kündigungsgründe, wären sie im Zustimmungsantrag bereits enthalten gewesen, nicht hätte verweigern dürfen (zur ordentlichen Kündigung → Rn. 1526).[374] Die Doppelspurigkeit des Rechtsweges führt in der Praxis zu unerträglich langwierigen Auseinandersetzungen.[375]

6. Außerordentliche Kündigung aus Anlass von Arbeitskämpfen

Schwerbehinderte Arbeitnehmer, denen lediglich **aus Anlass eines Streiks** oder einer Aussperrung **gekündigt** worden ist, sind gem. § 91 Abs. 6 SGB IX nach Beendigung des Streiks oder der Aussperrung wiedereinzustellen. Dieser Rechtssatz, der bereits in § 19 Abs. 5 SchwBeschG und in § 21 Abs. 6 SchwbG enthalten war, knüpfte ursprünglich an die seit langem aufgegebene Rechtsauffassung an, nach der die Teilnahme an einem Streik den Arbeitgeber berechtigte, das Arbeitsverhältnis fristlos zu lösen. § 91 Abs. 6 SGB IX hat kaum noch Bedeutung, da nach inzwischen ganz hM der Arbeitnehmer im Falle des legitimen Streiks zur Arbeitsverweigerung berechtigt ist und das Arbeitsverhältnis für die Dauer des Arbeitskampfes nur **suspendiert** wird.[376] Auch die Aussperrung löst die Arbeitsverhältnisse heute nur im Ausnahmefall. Die Arbeitsverhältnisse der schwerbehinderten Arbeitnehmer können wegen ihres besonderen Schutzes durch eine Aussperrung überhaupt **nur** suspendiert werden.[377] Damit sind bei der Anwendung des § 91 Abs. 6 SGB IX folgende Grundsätze zu beachten:

1607

Das SGB IX sieht für den Fall des Arbeitskampfes keine Ausnahme von der Zustimmungspflicht vor. Der Arbeitgeber muss also die Zustimmung einholen. Die Teilnahme an einem legitimen Arbeitskampf ist nie ein Grund zur außerordentlichen Kündigung.

1608

Nimmt der schwerbehinderte Arbeitnehmer an einem illegitimen Streik teil, kann je nach Lage des Falles ein Grund zur außerordentlichen Kündigung gegeben sein.[378] Erteilt das Integrationsamt die Zustimmung nach § 91 Abs. 4 SGB IX oder gilt die Zustimmung nach § 91 Abs. 3 S. 2 SGB IX als erteilt, endet das Arbeitsverhältnis. **Nach Beendigung des Arbeitskampfes** hat der schwerbehinderte Arbeitnehmer einen **Wiedereinstellungsanspruch** nach § 91 Abs. 6 SGB IX, der auch im Falle des illegitimen Arbeitskampfes anwendbar ist. Voraussetzung ist nur, dass die Kündigung **lediglich aus Anlass des Arbeitskampfes** erfolgt ist. Hat also der schwerbehinderte

1609

---

[374] KR/*Etzel/Gallner,* § 91 SGB IX Rn. 39b; früher BAG 20.1.1984 BeckRS 1984, 30710800; 19.12.1991 RzK I 6a Nr. 82; offen gelassen von BVerwG 2.7.1992 NZA 1993, 123, 126.
[375] Vgl. die Vorlagebeschlüsse des ArbG Siegen 10.6.1988 EzA GG Art. 101 Nr. 1 und des LAG Hamm 19.12.1985 LAGE GG Art. 101 Nr. 1; auch → Rn. 1528 Fn. 156.
[376] ZB BAG 13.2.2007 NZA 2007, 573 Rn. 16; vgl. auch BAG 30.10.2012 NZA-RR 2013, 288 Ls.
[377] BAG 7.6.1988 NZA 1988, 890, 891; 21.4.1971 AP GG Art. 9 Arbeitskampf Nr. 43.
[378] Vgl. LPK-SGB IX/*Düwell,* § 91 Rn. 43; KR/*Etzel/Gallner,* § 91 SGB IX Rn. 45 und 46; Hauck/Noftz/*Griebeling,* § 91 SGB IX Rn. 21; NPM/*Neumann,* § 91 SGB IX Rn. 34 und 35; Müller-Wenner/*Schorn,* § 91 SGB IX Rn. 50 und 51; allg BAG 21.10.1969 AP GG Art. 9 Arbeitskampf Nr. 41 mit Anm. *Rüthers.*

Arbeitnehmer zB während des Arbeitskampfes strafbare Handlungen begangen, wie Sachbeschädigung oder Beleidigung des Arbeitgebers, besteht kein Wiedereinstellungsanspruch nach § 91 Abs. 6 SGB IX.[379] Unberührt bleiben die Rechte des schwerbehinderten Arbeitnehmers aus einer Vereinbarung, die nach Beendigung des Arbeitskampfes meist getroffen wird (Maßregelungsverbot).[380]

1610 Hervorzuheben ist schließlich noch, dass § 91 Abs. 6 SGB IX keine Sonderregelung für die fristlose Entlassung von schwerbehinderten Arbeitnehmern bei Arbeitskämpfen schaffen will. Hier gelten die allgemeinen Grundsätze (§ 626 Abs. 1 BGB). § 91 Abs. 6 SGB IX statuiert lediglich einen Wiedereinstellungsanspruch, der z. Z. nur bei der außerordentlichen Kündigung wegen Teilnahme an einem rechtswidrigen Streik praktisch werden kann.

§ 4 Kündigungsschutz nach dem PflegeZG

I. Einleitung

1611 Am 1.7.2008 trat das „Gesetz zur strukturellen Weiterentwicklung der Pflegeversicherung (Pflege-Weiterentwicklungsgesetz)" vom 28.5.2008 (BGBl. I S. 874) in Kraft. Ein wesentlicher Bestandteil dieses Gesetzes ist das in seinem Art. 3 enthaltene „Gesetz über die Pflegezeit (Pflegezeitgesetz-PflegeZG)." Ziel des Pflege-ZG ist, wie sein § 1 bestimmt, Beschäftigten die Möglichkeit zu eröffnen, pflegebedürftige nahe Angehörige in häuslicher Umgebung zu pflegen und damit die Vereinbarkeit von Beruf und familiärer Pflege zu verbessern. Mit Wirkung vom 1.1.2015 ist das PflegeZG durch Art. 2 des „Gesetz zur besseren Vereinbarkeit von Familie, Pflege und Beruf" vom 23.12.2014 (BGBl. I S. 2462) geändert worden. So wurde ua das Recht auf Kurzpflegezeit nach § 2 Abs. 1 PflegeZG (näher → Rn. 1620–1622) sowie auf Langpflegezeit gem. § 3 Abs. 1 PflegeZG um zwei neue Freistellungstatbestände – nämlich das Recht auf Minderjährigenbetreuung (§ 3 Abs. 5 PflegeZG n. F.) sowie das Recht auf Sterbebegleitung (§ 3 Abs. 6 PflegeZG n. F.) ergänzt.[1]

1612 Um den Beschäftigten die Sorge vor dem Verlust ihres Arbeitsplatzes zu nehmen,[2] gewährt § 5 PflegeZG in den Fällen der kurzfristigen Arbeitsverhinderung nach § 2 Abs. 1 PflegeZG und der Freistellung gem. § 3 Abs. 1 PflegeZG zwecks Inanspruchnahme von Pflegezeit – seit dem 1.1.2015 auch für die beiden neuen Freistellungstatbestände (→ Rn. 1611) – einen besonderen Kündigungsschutz in Anlehnung an denjenigen während der Elternzeit gem. § 18 Abs. 1 BEEG (näher → Rn. 1438 ff.).[3] Nach § 5 Abs. 1 PflegeZG darf der Arbeitgeber das Beschäftigungsverhältnis von der Ankündigung – seit dem 1.1.2015 höchstens zwölf Wochen vor dem angekündigten Beginn (→ Rn. 1630) – bis zur Beendigung der kurzzeitigen Arbeitsverhinderung nach § 2 PflegeZG oder der Pflegezeit gem. § 3 PflegeZG nicht kündigen. Allerdings kann nach § 5 Abs. 2 S. 1 PflegeZG in besonderen Fällen eine Kündigung von der hierfür zuständigen Behörde ausnahmsweise für zulässig erklärt werden. Damit enthält

---

[379] LPK-SGB IX/*Düwell*, § 91 Rn. 43; KR/*Etzel/Gallner*, § 91 SGB IX Rn. 46; Hauck/Noftz/*Griebeling*, § 91 SGB IX Rn. 21; *Müller-Wenner/Schorn*, § 91 SGB IX Rn. 51; NPM/*Neumann*, § 91 SGB IX Rn. 37.
[380] Vgl. hierzu Schaub/*Treber*, ArbR-Hdb. § 195 Rn. 16.
[1] Hierzu näher *St. Müller*, BB 2014, 3125, 3132 ff.
[2] BT-Drucks. 16/7439, S. 93; ebenso LAG Thüringen 2.10.2014 BeckRS 2015, 65421.
[3] Vgl. BT-Drucks. 16/7439, S. 93.

§ 4 Kündigungsschutz nach dem PflegeZG

§ 5 Abs. 1 PflegeZG, wie § 18 Abs. 1 S. 1 und 2 BEEG (→ Rn. 1440), ein Kündigungsverbot mit Erlaubnisvorbehalt.[4]

Wartezeiten i. S. einer **Mindestbeschäftigungsdauer** als Voraussetzung für den Kündigungsschutz nach § 5 Abs. 1 PflegeZG sind **nicht vorgesehen.** Die Ansprüche nach dem Gesetz bestehen damit ab dem ersten Tag der Betriebszugehörigkeit.[5] 1613

Ein Sonderkündigungsschutz für Teilzeitbeschäftigte, die schon vor Auftreten des Pflegefalls in Teilzeit beschäftigt waren und weiterhin teilzeitbeschäftigt bleiben, um einen Angehörigen zu pflegen, ist nicht vorgesehen.[6] 1614

II. Geltungsbereich

Der durch die kurzzeitige Arbeitsverhinderung (§ 2 PflegeZG) oder die Pflegezeit (§ 3 PflegeZG) ausgelöste Kündigungsschutz gilt für alle **Beschäftigten,** wie sie in § 7 Abs. 1 PflegeZG – gleichlautend wie in § 6 Abs. 1 AGG – definiert sind. Hierzu zählen zunächst alle **Arbeitnehmerinnen und Arbeitnehmer** (§ 7 Abs. 1 Nr. 1 PflegeZG). Es gilt, wie zB in § 1 Abs. 1 KSchG (→ Rn. 836), der allgemeine Arbeitnehmerbegriff.[7] Weiterhin können sich auf den besonderen Kündigungsschutz des § 5 Abs. 1 PflegeZG – seit dem 1.1.2015 idF von Art. 2 Nr. 4 des Gesetzes vom 23.12.2014 (BGBl. I S. 2462), → Rn. 1630 – die **zu ihrer Berufsbildung Beschäftigten** berufen (§ 7 Abs. 1 Nr. 2 PflegeZG). Damit werden alle in § 1 Abs. 1 BBiG aufgeführten Bereiche der Berufsbildung, wie sie in § 1 Abs. 2 bis 5 BBiG näher definiert sind, nämlich die Berufsausbildungsvorbereitung, die Berufsausbildung, die berufliche Fortbildung und die berufliche Umschulung, aber auch die anderen Vertragsverhältnisse iSv § 26 BBiG[8] erfasst.[9] Schließlich können sich auf den besonderen Kündigungsschutz nach § 5 Abs. 1 PflegeZG n. F., wie bisher, gem. § 7 Abs. 1 Nr. 3 PflegeZG die Personen berufen, die wegen ihrer wirtschaftlichen Unselbständigkeit als **arbeitnehmerähnliche Personen** (zum Begriff Rn. 840) anzusehen sind, wobei zu diesen **auch die in Heimarbeit Beschäftigten** (vgl. § 1 Abs. 1 HAG) und die **ihnen Gleichgestellten** (vgl. § 1 Abs. 2 HAG) gehören. Während § 12a Abs. 1 Nr. 1 TVG ausdrücklich als Begriffsmerkmal der arbeitnehmerähnlichen Person die soziale Schutzbedürftigkeit, vergleichbar einem Arbeitnehmer, nennt, fehlt dieses Merkmal in § 7 Abs. 1 Nr. 3 PflegeZG, wie auch in § 6 Abs. 1 Nr. 3 AGG, § 2 S. 2 BUrlG und § 5 Abs. 1 S. 2 ArbGG. Wegen des insoweit eindeutigen Wortlauts des § 7 Abs. 1 Nr. 3 PflegeZG kann der durch § 5 Abs. 1 PflegeZG geschützte Kreis der arbeitnehmerähnlichen Personen nicht dahin eingeschränkt werden, dass sie, vergleichbar einem Arbeitnehmer, ebenso sozial schutzbedürftig sein müssen.[10] Arbeitnehmerähnliche Personen genießen 1615

---

[4] LAG Thüringen 2.10.2014 BeckRS 2015, 65421; *Fröhlich,* ArbRB 2008, 84, 86; ErfK/*Gallner,* § 5 PflegeZG Rn. 2; *Linck,* BB 2008, 2738, 2740.
[5] Vgl. *Freihube/Sasse,* DB 2008, 1320, 1322; *O. Müller/Stuhlmann,* ZTR 2008, 290, 293; krit. *Linck,* BB 2008, 2738, 2742; *Preis/Nehring,* NZA 2008, 729, 735.
[6] *Düwell,* FA 2008, 108, 110; ErfK/*Gallner,* § 5 PflegeZG Rn. 1; *Treber,* JhrbArbR Bd. 46 (2009), 91, 110.
[7] ErfK/*Gallner,* § 7 PflegeZG Rn. 1; *St. Müller,* BB 2008, 1058; *Linck,* BB 2008, 2738; KR/*Treber,* §§ 1–8 PflegeZG Rn. 14.
[8] Vgl. näher *Leinemann/Taubert,* § 26 BBiG Rn. 8 ff.
[9] ErfK/*Gallner,* § 7 PflegeZG Rn. 1; *Linck,* BB 2008, 2738; KR/*Treber,* §§ 1–8 PflegeZG Rn. 15.
[10] ErfK/*Gallner,* § 7 PflegeZG Rn. 1; *Preis/Nehring,* NZA 2008, 729, 732; KR/*Treber,* §§ 1–8 PflegeZG, Rn. 16; a. A. *St. Müller,* BB 2008, 1058 unter Berufung auf die Begründung des RegierungsE in BR-Drucks. 718/07, S. 225 = BT-Drucks. 16/7439, S. 93 f.

damit nach § 5 Abs. 1 PflegeZG uneingeschränkt einen besonderen Kündigungsschutz, obwohl sie ansonsten keinerlei Kündigungsschutz[11] haben (auch → Rn. 840).[12]

1616 Der besondere Kündigungsschutz nach § 5 Abs. 1 PflegeZG richtet sich auch nach dem 31.12.2014 gegen die **Arbeitgeber,** die den in § 7 Abs. 1 PflegeZG genannten Personenkreis beschäftigen. Wer Arbeitgeber iSd § 5 Abs. 1 PflegeZG ist, ist § 7 Abs. 2 PflegeZG zu entnehmen. Danach ist Arbeitgeber jede natürliche und juristische Person sowie jede rechtsfähige Personengesellschaft, die Personen nach § 7 Abs. 1 PflegeZG beschäftigt. Für den in § 7 Abs. 1 Nr. 3 PflegeZG genannten Personenkreis (→ Rn. 1615) tritt gem. § 7 Abs. 2 S. 2 PflegeZG an die Stelle des Arbeitgebers der Auftraggeber oder Zwischenmeister.

1617 Vom besonderen Kündigungsschutz des § 5 Abs. 1 PflegeZG werden nur Kündigungen des Arbeitgebers iSd § 7 Abs. 2 PflegeZG (→ Rn. 1616) erfasst. Dabei spielt es keine Rolle, ob es sich um eine ordentliche oder außerordentliche Beendigungs- oder Änderungskündigung handelt. Soweit das vom Kündigungsverbot des § 5 Abs. 1 PflegeZG geschützte Beschäftigungsverhältnis aus anderen Gründen, wie insbesondere aufgrund eines Aufhebungsvertrages oder einer Befristungsabrede, endet, kommt diese Vorschrift nicht zur Anwendung. Das gilt auch für Kündigungen der durch § 5 Abs. 1 PflegeZG geschützten Personen.

III. Voraussetzungen des besonderen Kündigungsschutzes

1618 Der in § 5 Abs. 1 PflegeZG a. F. und n. F. für die Fälle der kurzzeitigen Arbeitsverhinderung (§ 2 PflegeZG) oder der Pflegezeit (§ 3 Abs. 1 S. 1 PflegeZG) normierte besondere Kündigungsschutz betrifft, wie aus § 2 Abs. 1 PflegeZG bzw. § 3 Abs. 1 S. 1 PflegeZG folgt, die Betreuung **pflegebedürftiger naher Angehöriger.** Wer **naher Angehöriger** ist, ist in § 7 Abs. 3 Nr. 1 bis 3 PflegeZG geregelt. Zu dem in Nr. 1 genannten Personenkreis zählen seit dem 1.1.2015 auch Stiefeltern. Unter den in § 7 Abs. 3 Nr. 2 PflegeZG genannten Personenkreis fallen seit dem 1.1.2015 nicht nur – wie bisher – die Partner einer eheähnlichen und damit heterosexuellen Gemeinschaft, sondern auch diejenigen einer ehepartnerschaftsähnlichen und damit einer gleichgeschlechtlichen Lebensgemeinschaft.[13] Außerdem sind in § 7 Abs. 3 Nr. 2 PflegeZG n. F. Schwägerinnen und Schwäger genannt. Von § 7 Abs. 3 PflegeZG n. F. werden weiterhin nicht erfasst Stiefkinder,[14] Tanten und Onkel sowie die Kinder, Adoptiv- oder Pflegekinder des Partners einer eheähnlichen oder ehepartnerschaftsähnlichen Gemeinschaft.[15]

1619 Welcher nahe Angehörige **pflegebedürftig** iSv § 2 Abs. 1 PflegeZG bzw. § 3 Abs. 1 S. 1 PflegeZG ist, ist in § 7 Abs. 4 PflegeZG geregelt. Pflegebedürftig sind danach die Personen, die die Voraussetzungen nach den §§ 14 und 15 SGB XI erfüllen. Pflegebedürftig sind gem. § 14 Abs. 1 SGB XI Personen, die wegen einer körperlichen, geistigen oder seelischen Krankheit oder Behinderung – näher geregelt in § 14 Abs. 2 SGB XI – für die gewöhnlichen und regelmäßig wiederkehrenden Verrichtun-

---

[11] ZB BAG 8.5.2007 AP Nr. BGB § 611 Arbeitnehmerähnlichkeit Nr. 15.
[12] Krit. deshalb *Freihube/Sasse,* DB 2008, 1320, 1322; *Glatzel,* NJW 2009, 1377, 1379; *Preis/Nehring,* NZA 2008, 729, 736; *Preis/Weber,* NZA 2008, 82, 83; *Joussen,* NZA 2009, 69, 74.
[13] Zur Frage, ob Anspruch auf Pflege der in § 7 Abs. 3 Nr. 1 PflegeZG genannten nahen Angehörigen eines Lebenspartners besteht, vgl. *Thüsing/Pötters,* BB 2015, 181, 183.
[14] Vgl. zu § 7 Abs. 3 PflegeZG a. F. *Joussen,* NZA 2009, 69, 72.
[15] Vgl. zu § 7 Abs. 3 PflegeZG a. F. ErfK/*Gallner,* § 7 PflegeZG Rn. 2; *Linck,* BB 2008, 2738, 2739; KR/*Treber,* §§ 1–8 PflegeZG Rn. 23; vgl. auch *Joussen,* NZA 2009, 69, 72.

gen im Ablauf des täglichen Lebens auf Dauer, voraussichtlich für mindestens sechs Monate, in erheblichem oder höherem Maße (§ 15 SGB XI) der Hilfe bedürfen. Ob eine Person dieser Hilfe, wie sie näher in § 14 Abs. 3 SGB XI geregelt ist, bedarf, richtet sich nach § 15 SGB XI, der in seinem Abs. 1 den für den Grad der Pflegebedürftigkeit der in § 14 Abs. 1 SGB XI erfassten Personen in drei Stufen aufteilt. Danach sind alle Personen **pflegebedürftig**, bei denen **mindestens** die **Pflegestufe I** festgestellt ist (§ 15 Abs. 1 S. 1 Nr. 1 SGB XI).[16] **Für** die **kurzzeitige Arbeitsverhinderung** gem. § 2 Abs. 1 PflegeZG genügt, da es sich um eine akute Pflegesituation handelt und eine Entscheidung der Pflegekasse in aller Regel zu diesem Zeitpunkt noch nicht vorliegen wird,[17] eine **voraussichtlich zu erwartende Pflegebedürftigkeit**[18] i. S. der §§ 14 und 15 SGB XI.

Beschäftigte haben nach § 2 Abs. 1 PflegeZG das Recht, **bis zu 10 Arbeitstage** bei **akut auftretenden Pflegesituationen** der Arbeit fernzubleiben, wenn dies erforderlich ist, um eine bedarfsgerechte Pflege für einen nahen Angehörigen zu organisieren oder eine pflegerische Versorgung eines nahen Angehörigen in dieser Zeit sicherzustellen. Dieses von einer Mitwirkungshandlung des Arbeitgebers unabhängige Leistungsverweigerungsrecht[19] ist auf **Akutfälle** begrenzt.[20] Hierunter sind Situationen zu verstehen, in denen die Pflegebedürftigkeit plötzlich, also unerwartet, aufgetreten ist.[21] Akut ist die Pflegesituation zB, wenn die bisherige Pflegekraft bei häuslicher Pflege unvorhergesehen vorübergehend ausfällt.[22] 1620

Neben der akut auftretenden Pflegesituation fordert § 2 Abs. 1 PflegeZG, dass das **Fernbleiben** von der Arbeit **erforderlich** sein muss, um die bedarfsgerechte Pflege zu organisieren oder die pflegerische Versorgung sicherzustellen. Welche Maßnahmen diesbezüglich zu treffen sind, hängt von der Pflegebedürftigkeit des nahen Angehörigen ab.[23] Das **Fernbleiben** von der Arbeit ist **nicht erforderlich**, wenn schon eine **andere Person** eine bedarfsgerechte **Pflege organisiert** bzw. eine **pflegerische Versorgung sicherstellt**.[24] Der Dritte muss allerdings verfügbar sowie willens und in der Lage sein, den Angehörigen zu pflegen.[25] Dem **Einsatz** eines **Dritten** kann der **Pflegewunsch** des Pflegebedürftigen **entgegenstehen**.[26] 1621

Da das Leistungsverweigerungsrecht nach § 2 Abs. 1 PflegeZG nur „bis zu" 10 Arbeitstagen besteht, müssen die von dem Beschäftigten nach dieser Vorschrift durchzuführenden **Maßnahmen** die **Dauer** seines **Fernbleibens** von der Arbeit **objektiv rechtfertigen**.[27] Nach der Gesetzesbegründung kann das in § 2 Abs. 1 PflegeZG ge- 1622

---

[16] Vgl. näher O. *Müller/Stuhlmann*, ZTR 2008, 290, 293.
[17] Vgl. näher KR/*Treber*, §§ 1–8 PflegeZG Rn. 22; St. *Müller*, BB 2008, 1058, 1059.
[18] Vgl. hierzu St. *Müller*, BB 2008, 1058, 1059.
[19] Zu Risiken des Arbeitnehmers in diesem Zusammenhang vgl. *Glatzel*, NJW 2009, 1377 f.; *Preis/Nehring*, NZA 2008, 729, 731.
[20] BT-Drucks. 16/7439, S. 91.
[21] BT-Drucks. 16/7439, S. 90.
[22] ErfK/*Gallner*, § 2 PflegeZG Rn. 2; *Glatzel*, NJW 2009, 1377, 1378; *Oberthür/Becker*, ArbRB 2009, 77, 78; *Preis/Nehring*, NZA 2008, 729, 730; *Schwerdle*, ZTR 2007, 655, 657; KR/*Treber*, PflegeZG Rn. 27.
[23] KR/*Treber*, §§ 1–8 PflegeZG Rn. 28.
[24] A. A. ErfK/*Gallner*, § 2 PflegeZG Rn. 2; KR/*Treber*, §§ 1–8 PflegeZG Rn. 28; *Linck*, BB 2738, 2740; *Preis/Nehring*, NZA 2008, 729, 731; St. *Müller*, DB 2008, 1059.
[25] ErfK/*Gallner*, § 2 PflegeZG Rn. 2; *Linck*, BB 2008, 2738, 2740; St. *Müller*, BB 2008, 1058, 1059.
[26] *Linck*, BB 2008, 2738, 2740; St. *Müller*, BB 2008, 1058, 1059.
[27] ErfK/*Gallner*, § 2 PflegeZG Rn. 2; *Preis/Nehring*, NZA 2008, 729, 731; KR/*Treber*, §§ 1–8 PflegeZG Rn. 29.

regelte Recht auf Fernbleiben von der Arbeit nur einmal pro Pflegefall ausgeübt werden.[28] Die Verletzung der in § 2 Abs. 2 PflegeZG geregelten Anzeige- und Nachweispflichten[29] steht dem Recht auf Fernbleiben von der Arbeit und damit auch dem besonderen Kündigungsschutz nach § 5 Abs. 1 PflegeZG a. F. und n. F. (→ Rn. 1630) nicht entgegen, auch wenn dieser erst mit der Ankündigung der Arbeitsverhinderung beginnt (→ Rn. 1629, 1630).[30]

1623   Nach § 3 Abs. 1 S. 1 PflegeZG besteht ggü. Arbeitgebern mit i. d. R. mehr als 15 Beschäftigten (vgl. § 3 Abs. 1 S. 2 PflegeZG) – unabhängig vom jeweiligen Arbeitszeitvolumen – ein **Anspruch auf** vollständige oder teilweise **Freistellung** von der **Arbeitsleistung,** wenn Beschäftigte einen pflegebedürftigen (→ Rn. 1619) nahen Angehörigen (→ Rn. 1618) in **häuslicher Umgebung** pflegen. Es muss sich nicht um die eigene häusliche Umgebung des Angehörigen oder des pflegenden Beschäftigten handeln.[31] Das Merkmal der „häuslichen Pflege" soll abgrenzen von der Versorgung in Pflegeheimen (§ 71 Abs. 2 SGB XI) bzw. in stationären Einrichtungen iSd § 71 Abs. 4 SGB XI.[32]

1624   Die **Pflegebedürftigkeit** des nahen Angehörigen ist gem. § 3 Abs. 2 S. 1 PflegeZG durch **Vorlage** einer **Bescheinigung** der Pflegekasse oder des Medizinischen Dienstes der Krankenversicherung bzw. einer privaten Pflege-Pflichtversicherung nachzuweisen. Bei in der privaten Pflege-Pflichtversicherung versicherten Pflegebedürftigen ist ein entsprechender Nachweis zu erbringen (§ 3 Abs. 2 S. 2 PflegeZG). Anders als in § 5 Abs. 1 S. 2 EFZG ist keine Frist für die Vorlage des Nachweises vorgesehen. Die Nachweispflicht ist nicht konstitutiv für das Entstehen des Freistellungsanspruchs nach § 3 Abs. 1 S. 1 PflegeZG.[33] Wenn die Inanspruchnahme von Pflegezeit ggü. dem Arbeitgeber angekündigt wird, ist der Medizinische Dienst der Krankenversicherung nach § 18 Abs. 3 S. 5 SGB XI verpflichtet, binnen zwei Wochen eine Begutachtung durchzuführen.

1624a   Das in § 3 Abs. 1 S. 1 PflegeZG verankerte **Recht** eines Arbeitnehmers, einen **nahen Familienangehörigen** in häuslicher Umgebung **zu pflegen,** ist kein Anspruch des Arbeitnehmers iSd § 194 Abs. 1 BGB. § 3 Abs. 1 S. 1 PflegeZG räumt dem Beschäftigten ein **einseitiges Gestaltungsrecht** ein.[34] Durch die Erklärung, Pflegezeit in Anspruch zu nehmen, treten unmittelbar die gesetzlichen Rechtsfolgen der Pflegezeit ein, ohne dass es noch eines weiteren Handelns des Arbeitgebers bedürfte.[35] Soweit nach dem Wortlaut des § 3 Abs. 1 S. 1 PflegeZG der Beschäftigte „von der Arbeitsleistung vollständig oder teilweise freizustellen" ist, handelt es sich um eine redaktionelle Ungenauigkeit des Gesetzgebers. Einer Freistellungserklärung des Arbeitgebers bedarf es nach der Gesetzesbegründung gerade nicht.[36]

---

[28] BT-Drucks. 16/7439, S. 91; ebenso *Freihube/Sasse,* DB 2008, 1320, 1321; *St. Müller,* BB 2008, 1058, 1059; a. A. *Glatzel,* NJW 2009, 1377, 1378; *Preis/Nehringer,* NZA 2008, 729, 230 f.; KR/*Treber,* §§ 1–8 PflegeZG Rn. 30; *Schwerdle,* ZTR 2007, 655, 657.
[29] Hierzu näher *Glatzel,* NJW 2009, 1377, 1378.
[30] Vgl. *St. Müller,* BB 2008, 1058, 1060; KR/*Treber,* §§ 1–8 PflegeZG Rn. 34.
[31] *Glatzel,* NJW 2009, 1377, 1378; *Joussen,* NZA 2009, 69, 72; *St. Müller,* BB 2008, 1058, 1060; *Preis/Nehring,* NZA 2008, 729, 738; *Oberthür/Becker,* ArbRB 2009, 77, 78.
[32] *St. Müller,* DB 2008, 1060 f.; *O. Müller/Stuhlmann,* ZTR 2008, 291; *Preis/Nehring,* NZA 2008, 729, 733; KR/*Treber,* §§ 1–8 PflegeZG Rn. 38.
[33] *Joussen,* NZA 2009, 69, 72; vgl. auch ErfK/*Gallner,* § 3 PflegeZG Rn. 3; *Novara,* DB 2010, 503, 504.
[34] BAG 15.11.2011 NZA 2012, 323 Rn. 25; ErfK/*Gallner,* § 3 PflegeZG Rn. 4; *Fröhlich* ArbRB 2008, 84, 86; *Joussen,* NZA 2009, 69, 71; vgl. auch BAG 12.11.2013 AP TVG § 1 Tarifverträge: Lufthansa Nr. 56 Rn. 15; a. A. *Preis/Nehring,* NZA 2008, 729, 734.
[35] BAG 15.11.2011 NZA 2012, 323 Rn. 25; zuvor schon *Joussen,* NZA 2009, 69, 71.
[36] BAG 15.11.2011 NZA 2012, 323 Rn. 25.

§ 4 Kündigungsschutz nach dem PflegeZG

Der Beschäftigte ist gem. § 3 Abs. 3 S. 1 PflegeZG verpflichtet, für die Inanspruchnahme der Pflegezeit eine **Ankündigungsfrist von 10 Arbeitstagen**[37] einzuhalten und dabei dem Arbeitgeber **schriftlich** mitzuteilen, für welchen Zeitraum und in welchem Umfang er Pflegezeit in Anspruch nehmen will. Wird die Schriftform nach § 126 BGB nicht eingehalten, treten die Rechtsfolgen der §§ 3 ff. PflegeZG nicht ein,[38] d. h. es besteht kein Kündigungsschutz nach § 5 Abs. 1 PflegeZG. Allerdings kann dem Berufen des Arbeitgebers auf die fehlende Schriftform unter besonderen Umständen § 242 BGB entgegenstehen (→ Rn. 1450). Wenn nur teilweise Freistellung von der Arbeitsleistung in Anspruch genommen werden soll, ist nach § 3 Abs. 3 S. 2 PflegeZG auch die gewünschte Verteilung der Arbeitszeit anzugeben. Seit dem 1.1.2015 ist bei nicht eindeutiger Festlegung in der Ankündigung nach § 3 Abs. 3 S. 1 PflegeZG, ob der oder die Beschäftigte Pflegezeit oder Familienpflegezeit nach § 2 Abs. 1 S. 1 FPfZG in Anspruch nehmen will, die Auslegungsregel in § 3 Abs. 3 S. 3 PflegeZG idF von Art. 2 Nr. 2 lit. b des Gesetzes vom 23.12.2014 (BGBl. I S. 2462) zu beachten. Eine entsprechende Auslegungsregel enthält § 2a Abs. 1 S. 3 FPfZG idF von Art. 1 Nr. 2 des Gesetzes vom 23.12.2014 (BGBl. I S. 2462).[39] **1625**

Für den Fall der **teilweisen Freistellung** haben Arbeitgeber und Beschäftigter über die **Verringerung** und die **Verteilung** der Arbeitszeit eine **schriftliche Vereinbarung** zu treffen (§ 3 Abs. 4 S. 1 PflegeZG). Diese dürfte lediglich Klarstellungsfunktion haben, sodass eine mündliche oder eine nicht den Anforderungen des § 126 BGB entsprechende schriftliche Vereinbarung[40] wirksam ist.[41] Der Arbeitgeber hat grundsätzlich dem Wunsch des Beschäftigten nach teilweiser Freistellung zu entsprechen, es sei denn, dass **dringende betriebliche Gründe** entgegenstehen (§ 3 Abs. 4 S. 2 PflegeZG). Die Regelung ist dem Bundeselterngeld- und Elternzeitgesetz (vgl. dort § 15 Abs. 7 Nr. 4 BEEG) nachgebildet.[42] Es reicht deshalb nicht jeder Ablehnungsgrund des Arbeitgebers aus. Es muss sich vielmehr um **gewichtige Gründe** handeln, die Vorrang vor den Interessen an der häuslichen Pflege verdienen.[43] Im Fall der Ablehnung des Teilzeitwunsches durch den Arbeitgeber muss der Beschäftigte das Arbeitsgericht in Anspruch nehmen.[44] Das gilt auch bei unterbliebener Reaktion des Arbeitgebers auf einen geäußerten Teilzeitwunsch innerhalb der zehntägigen Ankündigungsfrist.[45] **1626**

Das Gesetz legt die **Höchstdauer** zur **Pflege** eines pflegebedürftigen nahen Angehörigen auf **sechs Monate** fest (§ 4 Abs. 1 S. 1 PflegeZG). Für einen kürzeren Zeitraum in Anspruch genommene Pflegezeit kann nach § 4 Abs. 1 S. 2 PflegeZG bis zur Höchstdauer verlängert werden, wenn der Arbeitgeber zustimmt. In seiner Entscheidung über die Zustimmung ist der Arbeitgeber frei, also nicht an billiges Ermessen (§ 106 S. 1 GewO) gebunden.[46] Ein Anspruch auf eine Verlängerung bis zur Höchstdauer besteht gem. § 4 Abs. 1 S. 3 PflegeZG dann, wenn ein vorgesehener Wechsel in **1627**

---

[37] Krit. zur Kürze dieser Frist *Freihube/Sasse,* DB 2008, 1320, 1322; krit. zur Berechnung nach Arbeitstagen *Linck,* BB 2008, 2738, 2742.
[38] ErfK/*Gallner,* § 3 PflegeZG Rn. 2; *Kleinebrink,* ArbRB 2009, 306, 308; *Linck,* BB 2008, 2738, 2741.
[39] Vgl. näher *St. Müller,* BB 2014, 3115, 3127.
[40] Zur Frage, ob die strenge Schriftform nach § 126 BGB eingehalten werden muss vgl. *Preis/Nehring,* NZA 2008, 729, 735; vgl. aber auch *O. Müller/Stuhlmann,* ZTR 2008, 290, 292.
[41] *Joussen,* NZA 2009, 69, 73; offen gelassen von *Preis/Nehring,* NZA 2008, 729, 735.
[42] Vgl. Begründung Reg. BT-Drucks. 16/7439, S 92; krit. *Freihube/Sasse,* DB 2008, 1320, 1322.
[43] Vgl. näher ErfK/*Gallner,* § 3 PflegeZG Rn. 4.
[44] Vgl. *Freihube/Sasse* DB 2008, 1320, 1322; *Preis/Nehring* NZA 2008, 729, 735.
[45] *Freihube/Sasse,* DB 2008, 1320, 1322; a. A. *O. Müller/Stuhlmann,* ZTR 2008, 290, 292.
[46] *Freihube/Sasse,* DB 2008 1320, 1322.

der Pflege aus einem wichtigen Grund nicht erfolgen kann. In der Gesetzesbegründung wird als Beispiel aufgeführt, dass die Person, die die Pflege des bedürftigen Angehörigen im Anschluss an die Pflegezeit des Arbeitnehmers übernehmen sollte, selbst schwer erkrankt.[47] Eine Pflegezeit wird im Übrigen nicht auf Berufsausbildungszeiten angerechnet (§ 4 Abs. 1 S. 4 PflegeZG). Ein Vertragsverhältnis zur Berufsausbildung verlängert sich daher um die Pflegezeit.[48]

1627a § 3 Abs. 1 S. 1 iVm § 4 Abs. 1 S. 1 PflegeZG eröffnet dem Arbeitnehmer **nur** die **Möglichkeit**, durch **einmalige Erklärung bis zu sechs Monate** lang **Pflegezeit** in Anspruch zu nehmen. Hat der Arbeitnehmer die Pflegezeit durch Erklärung ggü. dem Arbeitgeber in Anspruch genommen, ist er gehindert, von seinem Recht erneut Gebrauch zu machen, sofern sich die Pflegezeit auf denselben Angehörigen bezieht (einmaliges Gestaltungsrecht).[49] Offen gelassen hat das BAG in seiner Entscheidung vom 15.11.2011,[50] ob es mit § 3 Abs. 1 PflegeZG vereinbar ist, dass der Arbeitnehmer die Pflegezeit im Wege einer einmaligen Erklärung auf mehrere getrennte Zeitabschnitte verteilt,[51] und ob die zeitliche Höchstbeschränkung des Pflegezeitanspruchs nur für dasselbe Arbeitsverhältnis gilt.

1628 **Beschäftigte** können die Pflegezeit **nicht einseitig beenden.** Ebenso wie bei der Verlängerung der Pflegezeit ist auch hierzu die Zustimmung des Arbeitgebers erforderlich (§ 4 Abs. 2 S. 3 PflegeZG). Beschäftigte sind damit an den zunächst gewünschten und vereinbarten Zeitraum der Pflegezeit gebunden, damit der Arbeitgeber seine organisatorischen Dispositionen entsprechend der Ankündigung des Beschäftigten treffen und über eine ausreichende Planungssicherheit verfügen kann. Ein **Ausnahmefall** ist in § 4 Abs. 2 S. 1 PflegeZG geregelt: Ist der **nahe Angehörige nicht mehr pflegebedürftig** oder dem **Beschäftigten** die häuslichen **Pflege** des Angehörigen **unmöglich** oder **unzumutbar** geworden, **endet** die **Pflegezeit vier Wochen nach Eintritt** der **veränderten Umstände** (zB Aufnahme des Angehörigen in eine stationäre Pflegeeinrichtung oder Tod des Angehörigen). Nach der Gesetzesbegründung ist darüber hinaus eine Unzumutbarkeit gegeben, wenn die Finanzierung der Pflegezeit nicht mehr gesichert und der Beschäftigte auf die regelmäßige Arbeitsvergütung angewiesen ist.[52] Der **Arbeitgeber** ist gem. § 4 Abs. 2 S. 2 PflegeZG **unverzüglich über** die **veränderten Umstände** zu **unterrichten.** Geschieht dies nicht, kann sich der Beschäftigte u. U. schadensersatzpflichtig machen.[53]

1628a Seit dem 1.1.2015 haben Beschäftigte iSv § 7 Abs. 1 PflegeZG (→ Rn. 1615) nach § 3 Abs. 5 S. 1 PflZG idF von Art. 2 Nr. 2 lit. c des Gesetzes vom 23.12.2014 (BGBl. I S. 2462) ggü. Arbeitgebern iSv § 7 Abs. 2 PflegeZG (→ Rn. 1616) mit in der Regel mehr als 15 Beschäftigten (vgl. § 3 Abs. 1 S. 2 PflegeZG n. F.) wahlweise zum Anspruch auf Pflegezeit nach § 3 Abs. 1 PflegeZG (vgl. § 3 Abs. 5 S. 3 PflegeZG n. F.) Anspruch bis zur Höchstdauer von sechs Monaten (vgl. § 4 Abs. 1 S. 1, Abs. 3 S. 1 PflegeZG) von der Arbeitsleistung vollständig oder teilweise – ohne wöchentliche Mindestarbeitszeit – freigestellt zu werden, wenn sie einen **minderjährigen pflegebedürftigen nahen Angehörigen** in häuslicher oder außerhäuslicher Umgebung be-

---

[47] BT-Drucks. 16/7439, S. 92.
[48] *O. Müller/Stuhlmann*, ZTR 2008, 290, 293; *Preis/Nehring*, NZA 2008, 729, 730.
[49] BAG 15.11.2011 NZA 2012, 323 Rn. 31.
[50] NZA 2012, 323 Rn. 31 EzA PflegeZG § 4 Nr. 1.
[51] Dafür *Glatzel*, NJW 2009, 1377, 1378; *Preis/Nehring*, NZA 2008, 729, 734; dagegen *Joussen*, NZA 2009, 69, 73.
[52] BT-Drucks. 16/7439, S. 93.
[53] *O. Müller/Stuhlmann* ZTR 2008, 2990, 293; *St. Müller* BB 2008, 1058, 1062.

treuen wollen.⁵⁴ Hinsichtlich der Verlängerung einer die Höchstdauer zunächst nicht ausschöpfenden Freistellung und des vorzeitigen Endes der Minderjährigenbetreuung gelten nach § 4 Abs. 3 S. 1 PflegeZG n. F. die Vorschriften zur Pflegezeit (§ 3 Abs. 1 S. 1 PflegeZG), nämlich § 4 Abs. 1 S. 2 und S. 3 PflegeZG bzw. § 4 Abs. 2 PflegeZG. Die Inanspruchnahme dieser Freistellung ist gem. § 3 Abs. 5 S. 2 PflegeZG n. F. in Bezug auf denselben minderjährigen Angehörigen jederzeit – auch mehrfach – im Wechsel mit der Pflege(teil-)zeit nach § 3 Abs. 1 S. 1 PflegeZG (→ Rn. 1623) im Rahmen der 24-monatigen Gesamtdauer nach § 4 Abs. 1 S. 4 PflegeZG n. F. möglich.⁵⁵ Wie bei der Pflegezeit übt der Beschäftigte mit dem Recht auf vollständige Freistellung von der Arbeitsleistung ein einseitiges Gestaltungsrecht aus (→ Rn. 1624a),⁵⁶ während es sich bei der teilweisen Freistellung – wie dort (→ Rn. 1626) – um einen Anspruch iSv § 194 Abs. 1 BGB handelt, der durch eine Vereinbarung umzusetzen ist.⁵⁷

1628b Um Beschäftigten iSv § 7 Abs. 1 PflegeZG (→ Rn. 1615) zu ermöglichen, **nahe Angehörige** iSd § 7 Abs. 3 PflegeZG n. F. (→ Rn. 1618) **in ihrer letzten Lebensphase** – zur Nachweispflicht vgl. § 3 Abs. 6 S. 2 PflegeZG n. F. – zu begleiten, d. h. Beistand gleich welcher Art und Intensität zu leisten,⁵⁸ haben seit dem 1.1.2015 Beschäftigte nach näherer Maßgabe von § 3 Abs. 6 S. 1 PflegeZG idF von Art. 2 Nr. 2 lit. c des Gesetzes vom 23.12.2014 (BGBl. I S. 2462)⁵⁹ ggü. Arbeitgebern iSv § 7 Abs. 2 PflegeZG (→ Rn. 1616) mit in der Regel mehr als 15 Arbeitnehmern (§ 3 Abs. 1 S. 2 PflegeZG iVm § 3 Abs. 6 S. 3 PflegeZG n. F.) Anspruch auf vollständige oder teilweise Freistellung von der Arbeitsleistung.⁶⁰ Dabei sind gem. § 3 Abs. 6 S. 3 PflegeZG die in § 3 Abs. 3 S. 1 und 2 PflegeZG geregelten Ankündigungsobliegenheiten (→ Rn. 1625) und die in § 3 Abs. 4 PflegeZG enthaltenen Regelungen bezüglich einer teilweisen Freistellung von der Arbeitsleistung (→ Rn. 1626) zu beachten. Die Höchstdauer der Freistellung nach § 3 Abs. 6 S. 1 PflegeZG n. F. beträgt drei Monate je nahen Angehörigen (§ 4 Abs. 3 S. 2 PflegeZG n. F.). Dabei sind gem. § 4 Abs. 3 S. 3 1. Hs. PflegeZG n. F. für die Verlängerung einer zunächst die Höchstdauer nicht ausschöpfenden Freistellung sowie für die vorzeitige Beendigung der Freistellung die für die Pflegezeit (§ 3 Abs. 1 S. 1 PflegeZG) in § 4 Abs. 1 S. 2, 3 und S. 4 (n. F.) PflegeZG bzw. § 4 Abs. 2 PflegeZG getroffenen Regelungen entsprechend anzuwenden. Bei zusätzlicher Inanspruchnahme der in § 4 Abs. 3 S. 3 2. Hs. PflegeZG n. F. aufgeführten anderen Freistellungstatbestände dürfen die Freistellungen insgesamt 24 Monate je nahen Angehörigen nicht überschreiten (§ 4 Abs. 1 S. 4 PflegeZG n. F.).⁶¹

IV. Beginn und Dauer des besonderen Kündigungsschutzes

1629 Der Kündigungsschutz **begann** nach § 5 Abs. 1 PflegeZG a. F. **mit dem Zugang** der **Ankündigungserklärung**⁶² des Beschäftigten über die kurzzeitige Arbeitsverhin-

---

⁵⁴ Hierzu näher *St. Müller*, BB 2014, 3125, 3132 f.
⁵⁵ Vgl. auch *St. Müller*, BB 2014, 3125, 3132.
⁵⁶ Vgl. *St. Müller*, BB 2014, 3125, 3133.
⁵⁷ Vgl. *St. Müller*, BB 2014, 3125, 3133.
⁵⁸ Vgl. *St. Müller*, BB 2014, 3125, 3133 mit Hinweis auf BR-Drucks. 463/14, S. 41.
⁵⁹ Vorbild für § 3 Abs. 6 S. 1 PflegeZG n. F. ist § 45 Abs. 4 S. 1 SGB V, vgl. *St. Müller*, BB 2014, 3125, 3133, in Fn. 79 mit Hinweis auf BR-Drucks. 463/14, S. 41.
⁶⁰ Hierzu näher *St. Müller*, BB 2014, 3125, 3133 f.
⁶¹ Vgl. zu Problemfällen *Thüsing/Pötters*, BB 2015, 181, 184.
⁶² LAG Thüringen 2.10.2014 BeckRS 2015, 65421; ErfK/*Gallner*, § 5 PflegeZG Rn. 2; *Novara*, DB 2010, 503, 504; APS/*Rolfs*, § 5 PflegeZG Rn. 21 mwN; vgl. auch BT-Drucks. 18/3449, S. 12;

derung nach § 2 Abs. 1 PflegeZG bzw. die Inanspruchnahme von Pflegezeit nach § 3 Abs. 1 S. 1 PflegeZG beim Arbeitgeber, soweit die sonstigen Voraussetzungen für ein Fernbleiben von der Arbeit bzw. für die Inanspruchnahme der Pflegezeit objektiv vorlagen.[63] Dem Kündigungsschutz nach § 5 Abs. 1 PflegeZG a. F. unterfiel **jede Kündigung, die nach Beginn** dieses Schutzes dem Beschäftigten **zuging**.[64]

1630 Vor allem im Zusammenhang mit der Inanspruchnahme von Pflegezeit bestand die **Gefahr** des **Rechtsmissbrauchs.** Da es sich bei der in § 3 Abs. 3 S. 1 PflegeZG geregelten Ankündigungsfrist von 10 Arbeitstagen um eine Mindestfrist handelt, konnte der Beschäftigte die Absicht der Pflege eines nahen Angehörigen weit vor deren Beginn ankündigen, um so in den Genuss des besonderen Kündigungsschutzes nach § 5 Abs. 1 PflegeZG a. F. zu gelangen. An diese Möglichkeit war vor allem dann zu denken, wenn er erfuhr, dass sein Arbeitgeber Kündigungen plante,[65] oder aber er mit einer Kündigung in den ersten sechs Monaten des Arbeitsverhältnisses, also vor Beginn des allgemeinen Kündigungsschutzes nach § 1 Abs. 1 KSchG, rechnete.[66] Um diese Missbrauchsgefahr auszuschließen,[67] **beginnt** seit dem 1.1.2015 der **Sonderkündigungsschutz** nach § 5 Abs. 1 PflegeZG idF von Art. 2 Nr. 4 des Gesetzes vom 23.12.2014 (BGBl. I S. 2462) **frühestens zwölf Wochen vor** dem angekündigten **Beginn der Pflegezeit**.[68] Dies gilt auch, wie der Gesetzgeber durch die Ersetzung des Wortes „Pflegezeit" durch das Wort „Freistellung" in § 5 Abs. 1 PflegeZG n. F. deutlich gemacht hat, für die zum 1.1.2015 eingeführten Freistellungen zur Minderjährigenbetreuung nach § 3 Abs. 5 PflegeZG n. F. (näher → Rn. 1628a) und zur Sterbebegleitung gem. § 3 Abs. 6 PflegeZG n. F. (näher → Rn. 1628b). Für beide Freistellungstatbestände gelten aufgrund der Verweisung in § 3 Abs. 5 S. 3 bzw. § 3 Abs. 6 S. 3 PflegeZG n. F. die in § 3 Abs. 3 S. 1 u. 2 PflegeZG geregelten Ankündigungsobliegenheiten.

1631 Der besondere Kündigungsschutz nach § 5 Abs. 1 PflegeZG **endet** mit dem **Wegfall** der **kurzfristigen Arbeitsverhinderung** nach § 2 Abs. 1 PflegeZG oder mit dem Ende der vom Beschäftigten gem. § 3 Abs. 3 S. 1 PflegeZG, § 3 Abs. 5 S. 1, Abs. 6 S. 1 PflegeZG n. F. (→ Rn. 1628a, 1628b) in Anspruch genommenen **Freistellungen** bzw. mit deren vorzeitigem Ende nach Maßgabe des § 4 Abs. 2 S. 1 und S. 3 PflegeZG – bzgl. § 3 Abs. 5 bzw. Abs. 6 PflegeZG n. F. iVm § 4 Abs. 3 S. 1 bzw. S. 2 PflegeZG n. F. – (→ Rn. 1628).

1632 Einen **nachwirkenden Kündigungsschutz** sieht § 5 Abs. 1 PflegeZG **nicht** vor. Allerdings verstößt eine Kündigung des Beschäftigungsverhältnisses durch den Arbeitgeber nach Beendigung des besonderen Kündigungsschutzes aus Anlass der Wahrnehmung der Rechte nach §§ 2, 3 PflegeZG gegen das Maßregelverbot des § 612a BGB und ist deshalb gem. § 134 BGB nichtig.[69]

---

für analoge Anwendung von § 18 Abs. 1 S. 1 BEEG a. F. *Hanau*, FS Buchner, 2009, S. 281, 297; *Linck*, BB 2008, 2738, 2743. Zum Problemkreis ausf. *Rose/Dörsting*, DB 2008, 2137 ff.
[63] *O. Müller/Stuhlmann*, ZTR 2008, 290, 293; *KR/Treber*, §§ 1–8 PflegeZG, Rn. 50, 51.
[64] *Preis/Nehring*, NZA 2008, 729, 735; vgl. auch LAG Thüringen 2.10.2014 – BeckRS 2015, 65421 Rn. 47.
[65] *Böggemann*, FA 2008, 357, 358; ErfK/*Gallner*, § 5 PflegeZG Rn. 1; *Glatzel*, NJW 2009, 1377, 1379; *Joussen*, NZA 2009, 69, 74; *Linck*, BB 2008, 2738, 2743; *Oberthür/Becker*, ArbRB 2009, 77, 80; vgl. auch LAG Thüringen 2.10.2014 BeckRS 2015, 65421; *Preis/Nehring*, NZA 2008, 729, 735.
[66] *Freihube/Sasse*, DB 2008, 1320, 1323.
[67] Vgl. BT-Drucks. 18/3449, S. 12.
[68] Hierzu näher *St. Müller*, BB 2014, 3125, 3130.
[69] Vgl. ErfK/*Gallner*, § 5 PflegeZG Rn. 1; *Nielebock* AiB 2008, 363, 364; KR/*Treber*, §§ 1–8 PflegeZG Rn. 59.

V. Zulässigkeitserklärung der Kündigung

In Anlehnung an § 18 Abs. 1 S. 2 BEEG kann gem. § 5 Abs. 2 S. 1 BEEG in **besonderen Fällen** eine Kündigung von der für den Arbeitsschutz zuständigen obersten Landesbehörde oder der von ihr bestimmten Stelle **ausnahmsweise** für **zulässig erklärt** werden. Wie in § 18 Abs. 1 S. 3 BEEG kann nach § 5 Abs. 2 S. 2 PflegeZG die Bundesregierung hierzu mit Zustimmung des Bundesrates allgemeine Verwaltungsvorschriften erlassen. Letzteres ist bisher nicht geschehen.[70] Die Begründung des RegE nennt als besonderen Fall beispielhaft die geplante Betriebsschließung.[71] Anhaltspunkte für besondere Fälle iSv § 5 Abs. 2 S. 1 PflegeZG können der „Allgemeine Verwaltungsvorschrift zum Kündigungsschutz bei Elternzeit" vom 3.1.2007 – BAnz. Nr. 5 S. 247 (→ Rn. 1468, 1469) – entnommen werden.[72]

1633

VI. Klagefrist

Will ein Arbeitnehmer geltend machen, dass eine Kündigung wegen Verstoßes gegen § 5 Abs. 1 PflegeZG iVm § 134 BGB nichtig ist, muss er nach § 4 S. 1 KSchG innerhalb von drei Wochen nach Zugang der schriftlichen Kündigung Klage beim Arbeitsgericht auf Feststellung erheben, dass das Arbeitsverhältnis durch die Kündigung nicht aufgelöst ist. Der Beginn der Klagefrist kann, wie bei einem Verstoß gegen das Kündigungsverbot des § 18 Abs. 1 S. 1 BEEG (→ Rn. 1473), gem. § 4 S. 4 KSchG modifiziert sein (näher Rn. 1923 ff.).[73]

1634

§ 5 Kündigungsschutz nach dem FPfZG

I. Einleitung

Gem. Art. 1 iVm Art. 4 des „Gesetz zur Vereinbarkeit von Pflege und Beruf" vom 6.12.2011 (BGBl. I S. 2564) trat am 1.1.2012 das „Gesetz über die Familienpflegezeit (Familienpflegezeitgesetz – FPfZG)" in Kraft. Mit Wirkung vom 1.1.2015 ist das FPfZG durch Art. 1 des „Gesetz zur besseren Vereinbarkeit von Familie, Pflege und Beruf" vom 23.12.2014 (BGBl. I S. 2462) neu gefasst worden,[1] wobei die Übergangsregelung in § 15 FPfZG n.F. zu beachten ist.[2] Mit diesem Gesetz ist **Beschäftigten** über das PflegeZG hinaus die **Möglichkeit** eingeräumt worden, **innerhalb** eines **maximalen Zeitraums von 24 Monaten**[3] die **Arbeitszeit** zu **reduzieren** – zur verbleibenden Mindestarbeitszeit vgl. § 2 Abs. 1 S. 2 und 3 FPfZG n.F. (bis 31.12.2014: § 2 Abs. 1 S. 2 FPfZG a.F.) –, **um nahe Angehörige in häuslicher Umgebung zu pflegen** (vgl. § 2 Abs. 1 S. 1 FPfZG). Während der Arbeitgeber bis zum 31.12.2014 grundsätzlich frei darüber entscheiden konnte, ob er dem Verlangen eines Beschäftig-

1634a

---

[70] Für eine möglichst baldige Regelung *Thüsing/Pötters*, BB 2015, 181, 184.
[71] BT-Drucks. 16/7439, S. 93.
[72] KR/*Treber*, §§ 1–8 PflegeZG Rn. 61.
[73] Vgl. auch ErfK/*Gallner*, § 5 PflegeZG Rn. 4; APS/*Rolfs*, § 5 PflegeZG Rn. 25; KR/*Treber*, § 5 PflegeZG Rn. 64.
[1] Zu den wesentlichen Änderungen vgl. *St. Müller*, BB 2014, 3125 ff.; *Stüben/v. Schwanenflügel*, NJW 2015, 577, 578 ff.
[2] Vgl. hierzu *St. Müller*, BB 2014, 3125, 3134.
[3] Vgl. hierzu *St. Müller*, BB 2014, 3125, 3128.

ten nach einer Familienpflegezeit zustimmte,⁴ hat dieser nunmehr hierauf einen **Rechtsanspruch** nach § 2 Abs. 1 S. 1 FPfZG n. F.,⁵ **sofern** der **Arbeitgeber** iSv § 7 Abs. 2 PflegeZG iVm § 2 Abs. 3 FPfZG n. F. (→ Rn. 1616) – bis 31.12.2014: § 7 Abs. 2 PflegeZG iVm § 2 Abs. 2 FPfZG a. F. – **in der Regel mehr als 25 Beschäftigte** ausschließlich der zu ihrer Berufsausbildung Beschäftigten hat (vgl. § 2 Abs. 1 S. 4 FPfZG n. F.).⁶ Allerdings braucht der Arbeitgeber dem vom Beschäftigten nach § 2a Abs. 1 S. 1 mit S. 2 FPfZG n. F. ordnungsgemäß angekündigten Verringerungs- und Verteilungswunsch⁷ durch Abschluss einer Familienpflegezeitvereinbarung (§ 2a Abs. 2 S. 1 FPfZG n. F.)⁸ gem. § 2a Abs. 2 S. 2 FPfZG nicht zu entsprechen, wenn dem dringende betriebliche Gründe entgegenstehen.⁹

1634b Der Beschäftigtenbegriff und der Begriff „naher Angehöriger" entsprechen gem. § 2 Abs. 3 FPfZG n. F. (bis 31.12.2014: § 2 Abs. 2 FPfZG a. F. iVm § 7 Abs. 1 PflegeZG bzw. § 7 Abs. 3 PflegeZG a. F.) demjenigen des Pflegezeitgesetzes (→ Rn. 1615 bzw. Rn. 1618, 1619). **Wahlweise**, d. h. **anstelle** des **Anspruchs** auf **Familienpflegezeit** gem. § 2 Abs. 1 S. 1 FPfZG n. F. (vgl. § 2 Abs. 5 S. 2 FPfZG n. F.), können Beschäftigte seit dem 1.1.2015 ggü. ihrem Arbeitgeber nach § 2 Abs. 5 S. 1 FPfZG n. F. längstens für 24 Monate einen **Anspruch** auf **teilweise Freistellung** von der Arbeitsleistung zur Betreuung eines minderjährigen pflegebedürftigen nahen Angehörigen geltend machen.¹⁰

II. Inhalt des Kündigungsschutzes

1634c Während § 9 Abs. 3 S. 1 FPfZG a. F. für die Zeit der **Inanspruchnahme** der **Familienpflegezeit**¹¹ ein eigenständiges Kündigungsverbot enthielt (hierzu Voraufl. Rn. 1634b), gilt seit dem 1.1.2015 aufgrund der Verweisung in § 2 Abs. 3 FPfZG n. F. die Regelung in § 5 Abs. 1 PflegeZG n. F. (→ Rn. 1615 ff.) entsprechend.¹² Dieser Kündigungsschutz kommt nach § 2a Abs. 6 FPfZG n. F. auch für die Freistellung zur Minderjährigenbetreuung (vgl. § 2 Abs. 5 S. 1 FPfZG n. F. und Rn. 1628a) zur Anwendung.¹³

1634d Das Kündigungsverbot betrifft sowohl **ordentliche** als auch **außerordentliche Beendigungskündigungen.** Erfasst werden auch **Änderungskündigungen.** Es soll sichergestellt werden, dass dem Beschäftigten iSv § 7 Abs. 1 PflegeZG iVm § 2 Abs. 3 FPfZG n. F. (bis 31.12.2014: § 7 Abs. 1 PflegeZG iVm § 2 Abs. 2 FPfZG a. F.) aus der Inanspruchnahme der Familienpflegezeit keine Nachteile entstehen.¹⁴

1634e In „**besonderen Fällen**" kann nach § 5 Abs. 2 S. 1 PflegeZG iVm § 2 Abs. 3 FPfZG n. F. (bis 31.12.2014: 9 Abs. 3 S. 2 FPfZG a. F.¹⁵) „**ausnahmsweise**" eine

---

⁴ Vgl. näher ErfK/*Gallner*, FPfZG Rn. 4; *Göttling/Neumann*, NZA 2012, 119, 120; *Schiefer/Worzalla*, DB 2012, 516, 523.
⁵ Vgl. näher St. *Müller*, BB 2014, 3125; *Thüsing/Pötters*, BB 2015, 181, 182.
⁶ Vgl. hierzu St. *Müller*, BB 2014, 3125 f.
⁷ Vgl. näher St. *Müller*, BB 2014, 3125, 3127.
⁸ Zu Inhalt und Form vgl. St. *Müller*, BB 2014, 3125, 3128.
⁹ Vgl. hierzu St. *Müller*, BB 2014, 3125, 3126; für eine Konkretisierung des Begriffs *Thüsing/Pötters*, BB 2015, 181, 184.
¹⁰ Vgl. näher St. *Müller*, BB 2014, 3125, 3130.
¹¹ Zur Dauer der Familienpflegezeit nach §§ 2 Abs. 1, 2a Abs. 1, Abs. 5 FPfZG n. F. näher St. *Müller*, BB 2014, 3125, 3128 f.
¹² Vgl. näher St. *Müller*, BB 2014, 3125, 3130.
¹³ Vgl. auch St. *Müller*, BB 2014, 3125, 3131.
¹⁴ BT-Drucks. 17/6000 Nr. 8.
¹⁵ Vgl. hierzu *Glatzel*, NJW 2012, 1175, 1178; *Göttling/Neumann*, NZA 2012, 119, 125; *Sasse*, DB 2011, 2660, 2662; *Schiefer/Worzalla*, DB 2012, 516, 523.

Kündigung durch die für den Arbeitsschutz zuständige oberste Landesbehörde oder eine von ihr bestimmte Stelle **für zulässig erklärt** werden (→ Rn. 1633).

§ 6 Kündigungsschutz bei Massenentlassungen

Der Arbeitgeber hat nach § 17 Abs. 1 S. 1 KSchG von einer bestimmten Betriebsgröße ab (in der Regel mehr als 20 Arbeitnehmer) Entlassungen der Agentur für Arbeit anzuzeigen, wenn sie innerhalb eines bestimmten Zeitraumes bestimmte Grenzen übersteigen. Anzeige ist nach § 17 Abs. 1 S. 1 KSchG zu erstatten, bevor der Arbeitgeber **1635**

1. in Betrieben mit in der Regel mehr als 20 und weniger als 60 Arbeitnehmern mehr als 5 Arbeitnehmer,
2. in Betrieben mit in der Regel mindestens 60 und weniger als 500 Arbeitnehmern 10 vom Hundert der im Betrieb regelmäßig beschäftigten Arbeitnehmer oder aber mehr als 25 Arbeitnehmer,
3. in Betrieben mit in der Regel mindestens 500 Arbeitnehmern mindestens 30 Arbeitnehmer

innerhalb von dreißig Kalendertagen entlässt.

Mit den Vorschriften der §§ 17 ff. KSchG[1] soll es den Dienststellen der Bundesagentur für Arbeit ermöglicht werden, rechtzeitig Maßnahmen zur Vermeidung, wenigstens aber zur Verzögerung umfangreicher Arbeitslosigkeit einzuleiten und für die anderweitige Unterbringung der entlassenen Arbeitnehmer zu sorgen.[2] Die §§ 17 ff. KSchG finden auch im Insolvenzfall Anwendung.[3] Der individuelle Kündigungsschutz nach § 1 Abs. 1 KSchG bleibt von diesen Vorschriften unberührt.[4] **1636**

I. Voraussetzungen der Anzeigepflicht

Die Anzeigepflicht hat zunächst zur Voraussetzung, dass die im Gesetz **bestimmte Mindestzahl von Arbeitnehmern** innerhalb der Frist von dreißig Tagen in **demselben Betrieb entlassen** wird. Der Betriebsbegriff entspricht dem des Betriebsverfassungsrechts, wie er in §§ 1, 4 BetrVG (seit 28.7.2001 idF des Art. 1 Nr. 2, Nr. 4 des „BetrVerf-Reformgesetz" vom 23.7.2001, BGBl. I S. 1852) verwandt wird.[5] Aus der **1637**

---

[1] Vgl. hierzu auch die Richtlinie des Rates 75/129/EWG zur Angleichung der Rechtsvorschriften der Mitgliedstaaten über Massenentlassungen vom 17.2.1975 (ABl. Nr. L 48, S. 29), zuletzt geändert durch die Richtlinie 98/59/EG vom 20.7.1998 (ABl. Nr. L 225, S. 16). Zur Rechtsprechung des EuGH hierzu vgl. *Alber,* FS Wißmann, 2005, S. 507 ff. Zu noch bestehendem Harmonisierungsbedarf für den Gesetzgeber vgl. *Ermer,* NJW 1998, 1288; *Opolony,* NZA 1999, 791; *Wißmann,* RdA 1998, 221 ff.
[2] BAG 21.3.2012 NZA 2012, 1058 Rn. 21; 18.1.2012 NZA 2012 817 Rn. 45; 7.7.2011 NZA 2011, 1108 Rn. 27; vgl. auch BAG 28.6.2012 NZA 2012, 1029 Rn. 44.
[3] BAG 21.3.2012 NZA 2012, 1058 Rn. 13; 18.1.2012 NZA 2012, 817 Rn. 29; 7.7.2011 NZA 2011, 1108 Rn. 19; vgl. auch EuGH 3.3.2011 NZA 2011, 337 Rn. 55.
[4] BAG 6.12.1973 AP KSchG 1969 § 17 Nr. 1; 6.11.1958 AP KSchG § 15 Nr. 1; 27.2.1958 AP KSchG § 1 Betriebsbedingte Kündigung Nr. 1; BSG 20.10.1960 AP KSchG § 20 Nr. 1.
[5] Vgl. BAG 25.4.2013 BeckRS 2013, 70060 Rn. 149; 14.3.2013 AP KSchG 1969 § 1 Betriebsbedingte Kündigung Nr. 199 Rn. 47; 13.12.2012 NZA 2013, 669 Rn. 84; LAG Niedersachsen 18.12.2013 BeckRS 2014, 66597; HHL/*v. Hoyningen-Huene,* § 17 KSchG Rn. 10; APS/*Moll,* § 17 KSchG Rn. 3; LSW/*Wertheimer,* § 17 KSchG Rn. 9; *Zwarg/Alles,* DB 2014, 2287.

Richtlinie 98/59 EG vom 20.7.1998 (ABl. Nr. L 225, S. 16), die keine eigene Definition des Betriebsbegriffs enthält, ergibt sich für den Begriff des Betriebs iSv § 17 KSchG nichts anderes.[6] Bei der Berechnung der Arbeitnehmerzahlen sind alle Arbeitnehmer zu berücksichtigen, auch die leitenden Angestellten, soweit sie nicht nach § 17 Abs. 5 Nr. 3 KSchG ausgeschlossen sind,[7] einschließlich der Auszubildenden und Volontäre. Mitgezählt werden auch Teilzeitbeschäftigte und Arbeitnehmer mit einer Betriebszugehörigkeit von weniger als sechs Monaten.[8] Das **ArbG Verden** hat durch Beschluss vom 6.5.2014[9] dem **EuGH** ua die **Frage vorgelegt, ob § 17 Abs. 5 Nr. 1 KSchG** insofern mit der Richtlinie 98/59/EG **in Einklang** steht, **als** nach dieser Norm auch **abhängig beschäftigte Organmitglieder** einer juristischen Person **nicht** bei der Berechnung der Arbeitnehmerzahlen des § 17 Abs. 1 KSchG **zu berücksichtigen** sind.[10]

1638 Wird die Mindestzahl von in der Regel 20 Arbeitnehmern nicht erreicht, finden die §§ 17 ff. KSchG keine Anwendung, selbst wenn in einem solchen Kleinbetrieb mehr als 5 Arbeitnehmer entlassen werden. Bei der Ermittlung der „**in der Regel**" beschäftigten Arbeitnehmer in § 17 Abs. 1 S. 1 Nr. 1–3 KSchG ist auf den Zeitpunkt der Entlassung abzustellen. Aufgrund der früheren Definition des Begriffs „**Entlassung**" iSd § 17 Abs. 1 S. 1 KSchG (näher → Rn. 1640) war das der Zeitpunkt, der durch die **ordentliche Kündigung** – fristlose Entlassungen, d. h. außerordentliche Kündigungen nach § 626 Abs. 1 BGB (→ Rn. 1644) sind gem. § 17 Abs. 4 S. 1 KSchG nicht anzeigepflichtig (zu Ausnahmen → Rn. 1644) – herbeigeführten **tatsächlichen Beendigung** des Arbeitsverhältnisses.[11] Dies **lässt sich** nach dem Urteil des EuGH vom 27.1.2005[12] und der daraufhin erfolgten richtlinienkonformen Auslegung des Entlassungsbegriffs in § 17 Abs. 1 KSchG durch das BAG (näher → Rn. 1640) **nicht mehr halten**. Danach ist für die **Ermittlung** der **Schwellenwerte** des § 17 Abs. 1 S. 1 KSchG der **Zeitpunkt** des **Ausspruchs** der **Kündigung** maßgebend (auch → Rn. 1645).[13] Wie dem Tatbestandsmerkmal „in der Regel" zu entnehmen ist, ist jedoch nicht auf die tatsächliche Beschäftigtenzahl, abzustellen, sondern auf die **normale Personalstärke** des Betriebes. Bei ihrer Ermittlung ist sowohl die bisherige personelle Stärke des Betriebes wie auch die Einschätzung der künftigen Entwicklung zu

---

[6] BAG 15.12.2011 NZA-RR 2012, 570 Rn. 76, 77; 13.12.2012 NZA 2013, 669 Rn. 85.
[7] § 17 Abs. 5 Nr. 3 KSchG dürfte nicht in Einklang mit der Richtlinie 98/59/EG stehen, vgl. hierzu nur HHL/*v. Hoyningen-Huene,* § 17 KSchG Rn. 17; ErfK/*Kiel,* § 17 KSchG Rn. 10; KDZ/*Deinert,* § 17 KSchG Rn. 1; APS/*Moll,* § 17 KSchG Rn. 15; *Weber,* EuZA 2008, 355, 365; KR/*Weigand,* § 17 KSchG Rn. 30; vgl. auch EuGH 18.1.2007, NZA 2007, 193, 195.
[8] BAG 13.3.1969 AP KSchG § 15 Nr. 10; ErfK/*Kiel,* § 17 KSchG Rn. 9; HHL/*v. Hoyningen-Huene,* § 17 KSchG Rn. 16; APS/*Moll,* § 17 KSchG Rn. 17; KR/*Weigand,* § 17 KSchG Rn. 31.
[9] NZA 2014, 665 im Anschluss an EuGH 11.11.2010 NZA 2011, 143 (vgl. auch → Rn. 1341a); Vorlage auch zur Frage, ob als Arbeitnehmer iSv § 17 Abs. 1 KSchG auch Personen zählen, die ohne Vergütung durch den Arbeitgeber, jedoch finanziell gefördert und anerkannt durch die für Arbeitsförderung zuständigen öffentlichen Stellen, praktisch mitarbeiten, um Kenntnisse zu erwerben oder zu vertiefen oder eine Berufsausbildung zu absolvieren („Praktikant").
[10] Hierzu auch *Hohenstatt/Naber,* NZA 2014, 637 ff.; *Vielmeier,* NJW 2014, 2678, 2679 ff.; *Zwarg/Alles,* DB 2014, 2287, 2288 f.
[11] ZB BAG 13.4.2000 NZA 2001, 144, 145; 22.3.2001 NZA 2002, 1349, 1358; zuletzt BAG 24.2.2005 NZA 2005, 766, 767.
[12] NZA 2005, 213.
[13] BAG 21.3.2013 NZA 2013, 966 Rn. 13; 18.10.2012 NZA 2013, 1007 Rn. 33; 13.7.2006 NZA 2007, 25 Rn. 15 ff.; KDZ/*Deinert,* § 17 KSchG Rn. 13; *Reinhard,* RdA 2007, 207, 214; APS/*Moll,* § 17 KSchG Rn. 19; KR/*Weigand,* § 17 KSchG Rn. 28a; a. A. – Zeitpunkt des Kündigungszugangs – BAG 25.4.2013 BeckRS 2013, 70060 Rn. 152; HHL/*v. Hoyningen-Huene,* § 17 KSchG Rn. 18; KR/*Kiel,* § 17 KSchG Rn. 11; *Lembke/Oberwinter,* NJW 2007, 721, 723.

berücksichtigen, wobei Zeiten mit außergewöhnlich hohem oder niedrigem Geschäftsanfalls außer Betracht bleiben.[14] Die Darlegungs- und Beweislast für die tatsächlichen Voraussetzungen der Anzeigepflicht aus § 17 Abs. 1 S. 1 KSchG – die Zahlen der Beschäftigten und gekündigten Arbeitnehmer – trägt der Arbeitnehmer.[15]

Ordentliche **Änderungskündigungen** werden jedenfalls dann von § 17 Abs. 1 S. 1 **1638a** KSchG erfasst, wenn der Arbeitnehmer es ablehnt, der beabsichtigten Vertragsänderung zuzustimmen, die (wirksame) Änderungskündigung also zur Beendigung des Vertrages führt (näher → Rn. 1302).[16] Nunmehr hat das BAG am 20.2.2014[17] entschieden, dass ordentliche Änderungskündigungen auch dann „Entlassungen" iSv § 17 Abs. 1 S. 1 KSchG sind, wenn der Arbeitnehmer das ihm im Zusammenhang mit der Kündigung unterbreitete Änderungsangebot (→ Rn. 1288) bei oder nach Zugang der Kündigung mit oder ohne Vorbehalt nach § 2 S. 1 KSchG annimmt.[18]

Im Falle einer **Betriebsstilllegung** ist lediglich auf die bisherige Belegschaftsstärke **1639** abzustellen.[19] Maßgebender Zeitpunkt ist die Beschlussfassung über die Stilllegung. Der im Zeitpunkt des Stilllegungsbeschlusses vorhandene Personalbestand entscheidet über die Anwendung des § 17 Abs. 1 S. 1 KSchG, selbst wenn danach das Personal in Stufen entlassen wird.[20] Anders ist es jedoch, wenn mehreren aufeinanderfolgenden Personalreduzierungsmaßnahmen kein einheitlicher Stilllegungsbeschluss zugrunde liegt, sondern wenn der endgültigen Stilllegung zunächst eine oder mehrere Betriebseinschränkungen voraus gingen. Wird der Betrieb zunächst mit entsprechend verminderter Belegschaftsstärke fortgeführt, wird diese zu der normalen, den Betrieb kennzeichnenden. Dafür ist kein bestimmter Mindestzeitraum erforderlich.[21]

Eine anzeigepflichtige **Entlassung** iSd § 17 Abs. 1 S. 1 KSchG war nach früherer **1640** Rechtsprechung nicht schon die Kündigung, sondern erst die mit ihr **beabsichtigte tatsächliche Beendigung** des Arbeitsverhältnisses.[22] Dagegen hat der EuGH auf eine Vorlage des ArbG Berlin[23] in seinem Urteil vom 27.1.2005[24] entschieden, dass unter dem Begriff „Entlassung" i.S. der Richtlinie 98/59/EG vom 20.7.1998 (ABl. Nr. L 225, S. 16) die Kündigungserklärung zu verstehen ist. Seit dieser Entscheidung unterliegt § 17 Abs. 1 S. 1 KSchG einer entsprechenden richtlinienkonformen Auslegung.[25]

Den Entlassungen bzw. – aufgrund der richtlinienkonformen Auslegung – den **Kün- 1641 digungen** des Arbeitgebers gem. § 17 Abs. 1 S. 1 KSchG **stehen** nach § 17 Abs. 1 S. 2

---

[14] BAG 24.2.2005 NZA 2005, 766, 767; 22.3.2001 NZA 2002, 1349, 1358; 13.4.2000 NZA 2001, 144, 145.
[15] BAG 18.10.2012 NZA 2013, 1007 Rn. 33.
[16] Vgl. BAG 20.2.2014 NZA 2014, 1069 Rn. 31; früher schon BAG 10.3.1982 AP KSchG 1969 § 2 Nr. 20; 3.10.1963 AP KSchG § 15 Nr. 9.
[17] NZA 2014, 1069 Rn. 36 mit bisherigem Meinungsstand in Rn. 34 und 35.
[18] Noch offengelassen von BAG 1.3.2007 NZA 2007, 1445 Rn. 13; abl. früher BAG 10.3.1982 AP KSchG 1969 § 2 Nr. 20; 3.10.1963 AP KSchG § 15 Nr. 9.
[19] BAG 24.2.2005 NZA 2005, 766; 22.1.2004 NZA 2004, 479; 22.3.2001 NZA 2002 1349, 1358.
[20] BAG 24.2.2005 NZA 2005, 766, 767; 22.3.2001 NZA 2002, 1349, 1358; 13.4.2000 NZA 2001, 144, 145.
[21] BAG 24.2.2005 NZA 2005, 766 767; 22.3.2001 NZA 2002, 1349, 1358; 8.6.1989 NZA 1990, 224, 225.
[22] BAG 22.3.2001 NZA 2002, 1349, 1358; 13.4.2000 NZA 2001, 144, 145; 8.6.1989 NZA 1990, 224, 225; LAG Niedersachsen 27.6.2002 NZA-RR 2003, 133, 134.
[23] 30.4.2003 ZIP 2003, 1265 ff.; vgl. auch ArbG Berlin 17.12.2003 RzK I 8b Nr. 17.
[24] NZA 2006, 839; vgl. auch schon EuGH 12.10.2004 NZA 2004, 1265, 1276.
[25] Grundlegend BAG 23.3.2006 NZA 2006, 971 Rn. 22; ebenso BAG 20.2.2014 NZA 2014, 1069 Rn. 31; 25.4.2013 BeckRS 2013, 70060 Rn. 153; 21.3.2013 NZA 2013, 966 Rn. 13; vgl. auch BVerfG 10.12.2014 NZA 2015, 375 Rn. 32 ff. Zur richtlinienkonformen Auslegung allg. zB EuGH 15.1.2014 NZA 2014, 193 Rn. 38; 5.8.2014 BeckRS 2014, 73404 Rn. 21; BAG 24.3.2009 NZA 2009, 538.

Dritter Abschnitt: Der besondere Kündigungsschutz

KSchG **andere Beendigungen** des Arbeitsverhältnisses **gleich, die vom Arbeitgeber veranlasst** werden. Durch diese auf Grund von Art. 5 Nr. 1 lit. a des „Gesetz zur Anpassung arbeitsrechtlicher Bestimmungen an das EG-Recht" vom 20.7.1995 (BGBl. I S. 946) eingefügte Bestimmung hat der Gesetzgeber ausdrücklich klargestellt, dass das Ausscheiden auf Grund **arbeitnehmerseitiger Kündigung** unter dem Druck einer angedrohten Arbeitgeberkündigung[26] bzw. eines zur Vermeidung einer betriebsbedingten Kündigung geschlossenen **Aufhebungsvertrages** eine **Entlassung** iSd § 17 Abs. 1 S. 1 KSchG ist.[27] Dementsprechend sind jedenfalls Arbeitnehmer, bei denen im Zeitpunkt der Massenentlassungsanzeige noch nicht feststeht, dass sie in eine Transfergesellschaft wechseln werden, bei der Berechnung des Schwellenwerts mitzuzählen.[28] Ohne Bedeutung für die Anzeigepflicht ist der Kündigungsgrund.

1642 **Kündigt der Arbeitnehmer** ohne Druck einer angedrohten Kündigung des Arbeitgebers oder schließen die Parteien einen **Aufhebungsvertrag,** ohne dass dies vom Arbeitgeber veranlasst worden ist, oder wird das Arbeitsverhältnis wirksam **angefochten** oder endet dieses auf Grund einer **Befristung, beeinflussen** diese Beendigungstatbestände die **Quote nicht.**

1643 Die Einstellung neuer Arbeitnehmer im rechtserheblichen Zeitraum ist ohne Bedeutung. Geschützt wird nicht der jeweilige Betrieb, sondern § 17 KSchG bezweckt den Schutz des Arbeitsmarktes (→ Rn. 1636), der auch dann beeinflusst wird, wenn den Entlassungen Neueinstellungen gegenüberstehen.[29] Denn auch dann muss der Arbeitsmarkt die entlassenen Arbeitnehmer aufnehmen.

1644 Bei der Berechnung der Entlassungszahlen werden nach § 17 Abs. 4 S. 2 KSchG **fristlose Entlassungen** nicht mitgerechnet. Dieser Begriff betrifft die außerordentliche Kündigung aus wichtigem Grund iSv § 626 Abs. 1 BGB.[30] Zu der fristlosen Entlassung gehören deshalb auch die außerordentlichen Kündigungen, die unter Einräumung einer sozialen Auslauffrist ausgesprochen werden (→ Rn. 526),[31] aber nicht die mit Auslauffrist zu erklärenden betriebsbedingten außerordentlichen Kündigungen sog. unkündbarer Arbeitnehmer (→ Rn. 745 ff.).[32] Auch ist § 17 Abs. 4 S. 2 KSchG aufgrund einer richtlinienkonformen Auslegung dieser Norm nicht anwendbar, sofern in seltenen Fällen ausnahmsweise wirksam eine außerordentliche Kündigung ordentlich kündbarer Arbeitnehmer aus wirtschaftlichen Gründen ausgesprochen werden kann.[33] Kündigt der Arbeitgeber außerordentlich, vorsorglich ordentlich, ist die dadurch – im Falle unwirksamer außerordentlicher Kündigung – bedingte fristgerechte Beendigung

---

[26] Vgl. früher BAG 6.12.1973 AP KSchG 1969 § 17 Nr. 1.
[27] BAG 28.6.2012 NZA 2012, 1029 Rn. 48; 11.3.1999 NZA 1999, 761, 762; 13.11.1996 NZA 1997, 390, 392.
[28] BAG 28.6.2012 NZA 2012, 1029 Rn. 44; a.A. LSW/*Wertheimer,* § 17 KSchG Rn. 35.
[29] BAG 13.3.1969 AP KSchG 1951 § 15 Nr. 10; KDZ/*Deinert,* § 17 KSchG Rn. 32; HHL/ *v. Hoyningen-Huene,* § 17 KSchG Rn. 39; ErfK/*Kiel,* § 17 KSchG Rn. 15; APS/*Moll,* § 17 KSchG Rn. 53; KR/*Weigand,* § 17 KSchG Rn. 51; a.A. LSW/*Wertheimer,* § 17 KSchG Rn. 45.
[30] *Berscheid,* AR-Blattei SD 1020.2 Rn. 125; HHL/*v. Hoyningen-Huene,* § 17 KSchG Rn. 41; KDZ/*Deinert,* § 17 KSchG Rn. 24; LSW/*Wertheimer,* § 17 KSchG Rn. 41; APS/*Moll,* § 17 KSchG Rn. 39; KR/*Weigand,* § 17 KSchG Rn. 33.
[31] ErfK/*Kiel,* § 17 KSchG Rn. 16; HHL/*v. Hoyningen-Huene,* § 17 KSchG Rn. 42; KDZ/*Deinert,* § 17 KSchG Rn. 25; LSW/*Wertheimer,* § 17 KSchG Rn. 41; APS/*Moll,* § 17 KSchG Rn. 42; KR/ *Weigand,* § 17 KSchG Rn. 36.
[32] APS/*Moll,* § 17 KSchG Rn. 40; LSW/*Wertheimer,* § 17 KSchG Rn. 41; vgl. auch HHL/*v. Hoyningen-Huene,* § 17 KSchG Rn. 44.
[33] Vgl. näher APS/*Moll,* § 17 KSchG Rn. 40; i. Erg. ebenso *Berscheid,* AR-Blattei SD 1020.2 Rn. 126; HHL/*v. Hoyningen-Huene,* § 17 KSchG Rn. 43; HaKo/*Pfeiffer,* § 17 KSchG Rn. 29; KR/ *Weigand,* § 17 KSchG Rn. 37.

des Arbeitsverhältnisses im rechtserheblichen Zeitraum mitzuzählen.[34] Kündigungen durch den Insolvenzverwalter gem. § 113 S. 1 InsO stehen einer fristlosen Entlassung iSd § 17 Abs. 4 KSchG nicht gleich.[35]

Anzeigepflichtig sind nicht nur die über den Grenzwerten liegenden Entlassungen innerhalb eines Zeitraumes von 30 Kalendertagen, sondern alle darin liegenden Entlassungen. Diese sind zusammenzurechnen. **Maßgeblich** für den Beginn der 30-Tage-Frist ist seit der Änderung der Rechtsprechung zur Auslegung des Entlassungsbegriffs (→ Rn. 1640) nicht mehr der jeweilige Beendigungszeitpunkt des Arbeitsverhältnisses nach Ausspruch einer Kündigung,[36] sondern der Zeitpunkt des Kündigungsausspruchs (auch → Rn. 1638).[37] Würde man auf den Zeitpunkt des Kündigungszugangs abstellen,[38] wäre der Arbeitgeber mit dem Risiko der Verzögerung dieses Ereignisses belastet.[39] Wie auf der Basis der früheren Rechtsprechung zum Entlassungsbegriff kann bei **kurzen Kündigungsfristen** zunächst keine Anzeigepflicht bestehen. Sie tritt aber ein, wenn der Arbeitgeber innerhalb des rechtserheblichen Zeitraums weitere Entlassungen veranlasst und damit die Grenzwerte überschreitet. Die zunächst durchgeführten nicht anzeigepflichtigen Entlassungen werden dann nachträglich anzeigepflichtig.[40] Wird der Arbeitnehmer nach § 102 Abs. 5 BetrVG (→ Rn. 2220 ff.) oder aufgrund eines Urteils im Kündigungsschutzprozess (→ Rn. 2258 ff.) vorläufig weiterbeschäftigt, hat das auf die Anzeigepflicht keinen Einfluss.[41] **1645**

II. Beteiligung des Betriebsrats

Beabsichtigt der Arbeitgeber nach § 17 Abs. 1 S. 1 KSchG anzeigepflichtige Entlassungen (→ Rn. 1637 ff.) vorzunehmen, hat er dem Betriebsrat – u. U. dem Gesamtbetriebsrat (vgl. § 50 Abs. 1 S. 1 BetrVG)[42] – gem. § 17 Abs. 2 S. 1 KSchG rechtzeitig, d. h. vor Erstattung der Massenanzeige,[43] die zweckdienlichen **Auskünfte** zu **erteilen** und ihn **schriftlich** insbesondere zu **unterrichten** über die Gründe der geplanten Entlassungen, die Zahl und die Berufsgruppen der zu entlassenden Arbeitnehmer, die Zahl und die Berufsgruppen der i. d. R. beschäftigten Arbeitnehmer, den Zeitraum, in **1646**

---

[34] Ebenso KDZ/*Deinert*, § 17 KSchG Rn. 25.
[35] Vgl. ErfK/*Kiel*, § 17 KSchG Rn. 16; HHL/*v. Hoyningen-Huene*, § 17 KSchG Rn. 44; KDZ/*Deinert*, § 17 KSchG Rn. 26; APS/*Moll*, § 17 KSchG Rn. 44; KR/*Weigand*, § 17 KSchG Rn. 38; zu § 22 KO vgl. BSG 5.12.1978 DB 1979, 1283 = BB 1979, 1660.
[36] So früher BAG 18.9.2003 AP BetrVG 1972 § 102 Weiterbeschäftigung Nr. 15; 22.3.2001 NZA 2002, 1349, 1358; 13.4.2000 NZA 2001, 144, 145; näher 9. Aufl. Rn. 1577.
[37] LAG Düsseldorf 1.3.2007 LAGE KSchG § 17 Nr. 5; *Appel*, DB 2005, 1002, 1003; *Bauer/Krieger/Powietzka*, BB 2006, 2023, 2025; DKZ/*Deinert*, § 17 KSchG Rn. 34 mit Rn. 13; *Reinhard*, RdA 2007, 207, 214; KR/*Weigand*, § 17 KSchG Rn. 52.
[38] So *Dzida/Hohenstatt*, DB 2006, 1897, 1900; HHL/*v. Hoyningen-Huene*, § 17 KSchG Rn. 47, 49; ErfK/*Kiel*, § 17 KSchG Rn. 17; *Lembke/Oberwinter*, NZA 2007, 721, 723; *Weber*, ArbuR 2008, 365, 369.
[39] *Bauer/Krieger/Powietzka*, BB 2006, 2023, 2025.
[40] Vgl. ErfK/*Kiel*, § 17 KSchG Rn. 17; KDZ/*Deinert*, § 17 KSchG Rn. 36; APS/*Moll*, § 17 KSchG Rn. 49 und 126; *Niklas/Koehler*, NZA 2010, 913, 915; KR/*Weigand*, § 17 KSchG Rn. 54, 77; früher BAG 24.10.1996 NZA 1997, 373, 374; 13.4.2000 NZA 2001, 144, 145; 18.9.2003 AP BetrVG 1972 § 102 Weiterbeschäftigung Nr. 15.
[41] Vgl. ErfK/*Kiel*, § 17 KSchG Rn. 17; HHL/*v. Hoyningen-Huene*, § 17 KSchG Rn. 50; KDZ/*Deinert*, § 17 KSchG Rn. 21; APS/*Moll*, § 17 KSchG Rn. 27; KR/*Weigand*, § 17 KSchG Rn. 43d.
[42] Vgl. näher BAG 13.12.2012 AP KSchG 1969 § 17 Nr. 44 Rn. 48; 20.9.2012 NZA 2013, 32 Rn. 32 ff.; 7.7.2011 NZA 2011, 1108 Rn. 27 ff.
[43] Vgl. BAG 13.12.2012 AP KSchG 1969 § 17 Nr. 44 Rn. 53; 21.3.2012 NZA 2012, 1058 Rn. 21, 22.

dem die Entlassungen vorgenommen werden sollen, die vorgesehenen Kriterien für die Auswahl der zu entlassenden Arbeitnehmer und die für die Berechnung etwaiger Abfindungen vorgesehenen Kriterien (vgl. § 17 Abs. 2 S. 1 Nr. 1–6 KSchG).[44] Zur Einhaltung der Unterrichtungspflicht nach § 17 Abs. 2 S. 1 KSchG genügt es, dass der Arbeitgeber darauf hinweist, die Kriterien für die Berechnung der Abfindungen ergäben sich aus einem noch abzuschließenden Sozialplan.[45]

1646a Ob die **Unterrichtung** des Betriebsrats nach § 17 Abs. 2 S. 1 KSchG der **Schriftform iSv § 126 BGB bedarf,** hat das **BAG** bisher **nicht entschieden.**[46] Hat der Arbeitgeber die von § 17 Abs. 2 S. 1 KSchG geforderten Angaben in einem nicht unterzeichneten Text dokumentiert und diesen dem Betriebsrat zugeleitet, genügt die abschließende Stellungnahme des Betriebsrats zu den Entlassungen, um den evtl. Schriftformverstoß zu heilen.[47]

1646b Der Arbeitgeber ist **bei Vorliegen** eines **Interessenausgleichs mit Namensliste** nach § 1 Abs. 5 S. 1 KSchG **nicht** von der Unterrichtungspflicht nach § 17 Abs. 2 S. 1 KSchG **entbunden.**[48] Die **Vorlage** eines solchen Interessenausgleichs ersetzt nach § 1 Abs. 5 S. 4 KSchG bzw. § 125 Abs. 2 InsO nur die **der Massenentlassungsanzeige** ggü. der Bundesagentur für Arbeit gem. § 17 Abs. 3 S. 2 KSchG **beizufügende Stellungnahme** des Betriebsrats[49] bzw. des Gesamtbetriebsrats,[50] wenn letzterer einen Interessenausgleich mit Namensliste geschlossen hat (auch → Rn. 1658).[51] Das gilt selbst dann, wenn im Interessenausgleich keine Bekundungen des Betriebsrats zu den Beratungen mit dem Arbeitgeber enthalten sind[52] oder das Original des Interessenausgleichs nur vom Betriebsrat unterzeichnet ist und damit nicht dem Schriftformerfordernis des § 112 Abs. 1 BetrVG genügt.[53] Das Interessenausgleichsverfahren kann mit der schriftlichen Unterrichtung des (Gesamt-)Betriebsrats verbunden werden.[54] Das muss dem (Gesamt-)Betriebsrat ggü. klargestellt werden.[55]

1646c Die Rechtsfolge eines Verstoßes gegen die Unterrichtungspflicht nach § 17 Abs. 2 S. 1 KSchG hat der Gesetzgeber nicht geregelt. Das BAG hat im Urteil vom 20.9. 2012[56] offen gelassen, ob es sich bei der Verletzung von § 17 Abs. 2 S. 1 KSchG um einen möglichen Unwirksamkeitsgrund für die Kündigung handelt. Am 13.12.2012[57] hat es entschieden, dass jedenfalls dann, wenn das Konsultationsverfahren nach § 17 Abs. 2 S. 2 KSchG überhaupt nicht durchgeführt worden ist, die Verletzung der dem Arbeitgeber nach § 17 Abs. 2 KSchG obliegenden Pflichten zu einer Unwirksamkeit der Massenentlassungsanzeige führt. Daraus folgt zugleich die Nichtigkeit der Kündi-

---

[44] Zum Problemkreis ausf. *Krieger/Ludwig*, NZA 2010, 919 ff.
[45] BAG 30.3.2004 NZA 2004, 931, 934; 18.9.2003 NZA 2004, 375, 379; vgl. auch LAG Niedersachsen 7.4.2011 BeckRS 2011, 73719.
[46] Offen gelassen von BAG 20.9.2012 NZA 2013, 32 Rn. 55; 18.1.2012 NZA 2012, 817 Rn. 40.
[47] BAG 20.9.2012 NZA 2013, 32 Rn. 60.
[48] BAG 20.9.2012 NZA 2013, 32 Rn. 44; 18.1.2012 NZA 2012, 817 Rn. 33.
[49] BAG 18.1.2012 NZA 2012, 817 Rn. 39.
[50] BAG 20.9.2012 NZA 2013, 32 Rn. 44; 7.7.2011 NZA 2011, 1108 Rn. 21 ff.
[51] Vgl. näher BAG 20.9.2012 NZA 2013, Rn. 32 ff.
[52] BAG 21.3.2012 NZA 2012, 1058 Rn. 15; vgl. auch BAG 28.6.2012 NZA 2012, 1029 Rn. 55.
[53] BAG 18.1.2012 NZA 2012, 817 Rn. 41.
[54] BAG BAG 20.9.2012 NZA 2013, 32 Rn. 45 f.; 18.1.2012 NZA 2012, 817 Rn. 34; LAG Düsseldorf 25.4.2013 LAGE KSchG § 17 Nr. 9 Rn. 48.
[55] Vgl. BAG 13.12.2012 AP KSchG 1969 § 17 Nr. 44 Rn. 47.
[56] NZA 2013, 32 Rn. 23.
[57] AP KSchG 1969 § 17 Nr. 44 Rn. 60; vgl. auch BAG 21.3.2013 NZA 2013, 966 Rn. 19; HK-KSchG/*Hauck*, § 17 Rn. 33–35; HHL/*v. Hoyningen-Huene*, § 17 KSchG Rn. 63; APS/*Moll*, § 17 KSchG Rn. 76; KR/*Weigand*, § 17 KSchG Rn. 63, 101.

gung nach § 134 BGB.⁵⁸ Allerdings kann die zunächst nicht beigefügte Stellungnahme nachgereicht werden, sofern der Betriebsrat mindestens zwei Wochen⁵⁹ vor Anzeigeerstattung (vgl. hierzu § 17 Abs. 3 S. 3 KSchG) – der Betriebsrat kann vorzeitig das Unterrichtungsverfahren für abgeschlossen erklären⁶⁰ – unterrichtet worden ist.⁶¹ Wirksam wird die Anzeige aber erst mit Eingang der Stellungnahme des Betriebsrats bei der Bundesagentur für Arbeit.⁶²

Im Anschluss an die Unterrichtung des Betriebsrats besteht eine **Beratungspflicht** mit dem Ziel, Entlassungen zu vermeiden oder einzuschränken und ihre Folgen zu mildern (§ 17 Abs. 2 S. 2 KSchG). Diese Pflicht kann dann erfüllt sein, wenn der Arbeitgeber bei einer Betriebsänderung iSv §§ 111 ff. BetrVG einen Interessenausgleich mit dem Betriebsrat abschließt und dann erst kündigt.⁶³ § 17 Abs. 2 S. 2 KSchG verlangt nicht, dass außer der Unterrichtung und Beratung auch eine Einigung mit dem Betriebsrat, vor allem durch den Abschluss eines Sozialplans, vor Durchführung der Massenentlassung erzielt worden sein muss.⁶⁴ Aus Art. 2 Abs. 1, Abs. 2 der Richtlinie 98/59/EG vom 20.7.1998 (ABl. Nr. L 225, S. 16) folgt nichts anderes.⁶⁵ 1646d

Leitet der Arbeitgeber das Konsultationsverfahren (vgl. § 17 Abs. 2 S. 2 KSchG) weniger als zwei Wochen vor der beabsichtigten Anzeige ein und gibt der Betriebsrat keine abschließende Stellungnahme ab oder genügt diese den gesetzlichen Anforderungen nicht,⁶⁶ ist dem Arbeitgeber die Erstattung einer wirksamen Massenentlassungsanzeige unmöglich, weil die Voraussetzungen für eine Ersetzung der Stellungnahme nach § 17 Abs. 3 S. 3 KSchG jedenfalls noch nicht vorliegen. Nur dann, wenn der Betriebsrat bei einer solchen kurzfristigen Konsultation eine ausreichende und abschließende Stellungnahme abgegeben hat, kann der Arbeitgeber zum geplanten Zeitpunkt eine wirksame Massenentlassungsanzeige erstatten. In diesem Fall muss die Stellungnahme des Betriebsrats erkennen lassen, dass er sich für ausreichend unterrichtet hält, keine (weiteren) Vorschläge unterbreiten kann oder will und die Zweiwochenfrist des § 17 Abs. 3 S. 3 KSchG nicht ausschöpfen will.⁶⁷ 1646e

Die unterbliebene Beratung mit dem Betriebsrat (§ 17 Abs. 2 S. 2 KSchG) führt seit dem neu verstandenen Entlassungsbegriff in § 17 Abs. 1 S. 1 KSchG zur Unwirksamkeit der Anzeige⁶⁸ und damit zur Nichtigkeit der trotzdem erklärten Kündigungen nach § 134 BGB.⁶⁹ Die entgegen § 17 Abs. 3 S. 3 KSchG unterbliebene Darlegung des Standes der Beratung zwischen dem Arbeitgeber und Betriebsrat hat dagegen 1646f

---

⁵⁸ Vgl. BAG 21.3.2013 NZA 2013, 966 Rn 19 ff.; vgl. auch KDZ/*Deinert*, § 17 KSchG Rn. 47; ErfK/*Kiel*, § 17 KSchG Rn. 36; *Reinhard*, RdA 2007, 207, 211 f.; KR/*Weigand*, § 17 KSchG Rn. 101; a. A. *Weber*, ArbuR 2008, 365, 375 f.: Nachteilausgleich nach § 113 Abs. 3 mit Abs. 1 BetrVG.
⁵⁹ Zu dieser zeitlichen Einschränkung krit. *Kerwer*, SAE 2009, 143, 145.
⁶⁰ BAG 13.12.2012 AP KSchG 1969 § 17 Nr. 44 Rn. 51.
⁶¹ BAG 13.12.2012 AP KSchG 1969 § 17 Nr. 44 Rn. 51; 21.5.2008 NZA 2008, 753 Rn. 44.
⁶² Vgl. näher BAG 21.5.2008 NZA 2008, 753 Rn. 44 mwN.
⁶³ Vgl. BAG 18.1.2012 NZA 2012, 817 Rn. 33 mit Rn. 34; näher → Rn. 1153 ff.
⁶⁴ BAG 28.5.2009 NZA 2009, 1267 Rn. 58; 21.5.2008 NZA 2008, 753 Rn. 48; 13.7.2006 NZA 2007, 25 Rn. 24.
⁶⁵ Näher BAG 13.7.2006 NZA 2007, 25 Rn. 24; 30.3.2004 NZA 2004, 931, 934.
⁶⁶ Vgl. dazu BAG 28.6.2012 NZA 2012, 1029 Rn. 53.
⁶⁷ Vgl. BAG 13.12.2012 AP KSchG 1969 § 17 Nr. 44 Rn. 53; 20.9.2012 NZA 2013, 32 Rn. 60.
⁶⁸ *Appel* DB 2005, 1002, 1004 f.; *Nicolai* NZA 2005, 206, 207; *Bauer/Krieger/Powietzka* DB 2005, 445, 449; *Riesenhuber/Dornröse* NZA 2005, 568, 569 f.; *Wolter* ArbuR 2005, 135, 139; offen gelassen von BAG 28.5.2009 NZA 2009, 1267 Rn. 57; früher schon offen gelassen von BAG 18.9.2003 AP BetrVG 1972 § 102 Weiterbeschäftigung Nr. 15; 18.9.2003 NZA 2004, 375, 379 f.
⁶⁹ BAG 21.3.2013 NZA 2013, 966 Rn. 19, 20; 13.12.2012 AP KSchG 1969 § 17 Nr. 44 Rn. 60, 62.

nach Auffassung des 8. Senats des BAG zumindest dann keinen Einfluss auf die Wirksamkeit der Anzeige nach § 17 Abs. 1 KSchG, wenn die Agentur für Arbeit nachträglich zu erkennen gibt, dass sie aufgrund der vom Arbeitgeber gemachten Angaben und der von ihm mitgeteilten Unterrichtung des Betriebsrats in der Lage war, sich ein ausreichendes Bild von den geplanten Massenentlassungen zu machen, um erforderliche arbeitsmarktpolitische Maßnahmen zu ergreifen und/oder Entscheidungen nach § 18 Abs. 1 oder Abs. 2 KSchG zu treffen.[70]

1646g Der Betriebsrat hat im Anschluss an die Beratung mit dem Arbeitgeber, wie § 17 Abs. 3 S. 2 KSchG zu entnehmen ist, eine Stellungnahme abzugeben. Mit dieser Stellungnahme, die gem. § 17 Abs. 3 S. 2 KSchG der Massenentlassungsanzeige beizufügen ist, soll ggü. der Agentur für Arbeit belegt werden, ob und welche Möglichkeit der Betriebsrat sieht, die angezeigten Kündigungen zu vermeiden. Diesem Zweck ist genügt, wenn sich aus einer **abschließenden Stellungnahme** des **Betriebsrats in** einem der **Anzeige beigefügten Interessenausgleich ohne Namensliste** eindeutig ergibt, dass die Kündigungen auch nach Auffassung des Betriebsrats unvermeidlich sind.[71] Dagegen ersetzt gem. § 1 Abs. 5 S. 4 KSchG bzw. § 125 Abs. 2 InsO ein nach § 1 Abs. 5 S. 1 KSchG bzw. § 125 Abs. 1 S. 1 InsO geschlossener Interessenausgleich **mit Namensliste** die Stellungnahme des Betriebsrats. In beiden Fällen genügt also die Beifügung des Interessenausgleichs mit Namensliste den Anforderungen des § 17 Abs. 3 S. 2 KSchG. Das gilt selbst dann, wenn im Interessenausgleich keine Bekundungen des Betriebsrats zu den Beratungen mit dem Arbeitgeber enthalten sind.[72] Ein mit dem Gesamtbetriebsrat (vgl. § 50 Abs. 1 S. 1 BetrVG) geschlossener Interessenausgleich mit Namensliste ersetzt nach § 125 Abs. 2 InsO – für § 1 Abs. 5 S. 2 KSchG kann nichts anderes gelten – die Stellungnahme des „Betriebsrats" iSv § 17 Abs. 3 S. 2 KSchG.[73]

1647 § 17 Abs. 3 S. 2 KSchG **verlangt keine Stellungnahme** des Betriebsrats **in** einem **eigenständigen Dokument.**[74] Darum genügt auch eine in den Interessenausgleich ohne Namensliste integrierte Stellungnahme, die erkennen lässt, dass sie sich auf die angezeigten Kündigungen bezieht und eine abschließende Meinungsäußerung des Betriebsrats zu diesen Kündigungen enthält, den gesetzlichen Anforderungen.[75] Das gilt auch für einen mit dem Gesamtbetriebsrat geschlossenen Interessenausgleich ohne Namensliste.[76] Der Agentur für Arbeit ggü. kann der Betriebsrat weitere Stellungnahmen abgeben (§ 17 Abs. 3 S. 7 KSchG idF von Art. 6 Nr. 1 des Gesetzes vom 19.11.2004, BGBl. I S. 2902). Dem Arbeitgeber hat er hiervon eine Kopie zuzuleiten (§ 17 Abs. 3 S. 8 KSchG).

1648 § 17 Abs. 2 KSchG ist nach seinem Wortlaut auch auf leitende Angestellte iSv § 5 Abs. 3 S. 2 BetrVG anzuwenden, die nicht gleichzeitig unter die Ausnahmevorschrift des § 17 Abs. 5 Nr. 3 KSchG fallen. Dennoch ist der Betriebsrat bei einer anzeigepflichtigen Entlassung dieses Personenkreises nicht nach § 17 Abs. 2 KSchG zu beteiligen, da diese Vorschrift betriebsverfassungsrechtlicher Natur ist.[77]

---

[70] BAG 28.5.2009 NZA 2009, 1267 Rn. 63.
[71] BAG 21.3.2012 NZA 2012, 1058 Rn. 23 ff.; vgl. auch BAG 20.9.2012 NZA 2013, 32 Rn. 41; 28.6.2012 NZA 2012, 1029 Rn. 56.
[72] BAG 21.3.2012 NZA 2012, 1058 Rn. 15; vgl. auch BAG 28.6.2012 NZA 2012, 1029 Rn. 55.
[73] Vgl. BAG 20.9.2012 NZA 2013, 32 Rn. 32; 7.7.2011 NZA 2011, 1108 Rn. 18 ff.
[74] BAG 22.11.2012 NZA 2013, 845 Rn. 16; 21.3.2012 NZA 2012, 1058 Rn. 17.
[75] BAG 28.6.2012 NZA 2012, 1029 Rn. 53, 56; 21.3.2012 NZA 2012, 1058 Rn. 19 ff.
[76] BAG 20.9.2012 NZA 2013, 32 Rn. 41.
[77] ErfK/*Kiel,* § 17 KSchG Rn. 19a; HHL/*v. Hoyningen-Huene,* § 17 KSchG Rn. 59; KR/*Weigand,* § 17 KSchG Rn. 55b. Diese Autoren befürworten im Wege einer korrigierenden Auslegung des § 17

§ 6 Kündigungsschutz bei Massenentlassungen

Liegt keine Stellungnahme des Betriebsrats vor, ist die Anzeige **nur wirksam** **1649** (→ Rn. 1656), wenn der Arbeitgeber gem. § 17 Abs. 3 S. 3 KSchG **glaubhaft macht,** dass er den **Betriebsrat** mindestens zwei Wochen vor Erstattung der Anzeige nach § 17 Abs. 2 S. 1 KSchG **unterrichtet** hat,[78] und er den **Stand der Beratung** darlegt (§ 17 Abs. 3 S. 3 KSchG). Wird einer Massenentlassungsanzeige entgegen § 17 Abs. 3 S. 2 KSchG keine Stellungnahme des Betriebsrats beigefügt und sind auch die Voraussetzungen des § 17 Abs. 3 S. 3 KSchG nicht erfüllt, ist die Massenentlassungsanzeige unwirksam.[79] Dies gilt selbst dann, wenn die Agentur für Arbeit einen Verwaltungsakt nach § 18 Abs. 1 oder Abs. 2 KSchG erlassen hat und dieser bestandskräftig geworden ist. Ein derartiger Bescheid entfaltet weder ggü. dem Arbeitnehmer noch ggü. der Arbeitsgerichtsbarkeit materielle Bestandskraft.[80] Eine wegen fehlender Beifügung der Stellungnahme des Betriebsrats (§ 17 Abs. 3 S. 2 KSchG) bzw. wegen Nichtvorliegens der Voraussetzungen des § 17 Abs. 3 S. 3 KSchG unwirksame Anzeige führt gem. § 134 BGB zur Nichtigkeit der dennoch ausgesprochenen Kündigungen.[81]

§ 17 Abs. 3 S. 3 KSchG erfasst nicht nur den Fall des gänzlichen Fehlens der Stellungnahme des Betriebsrats, sondern auch den einer ungenügenden Stellungnahme. Der Arbeitgeber kann auch im letzteren Fall die Unwirksamkeit der Massenentlassungsanzeige verhindern, indem er ihr nicht nur die unzureichende Stellungnahme des Betriebsrats beifügt, sondern zusätzlich, wie oben unter Rn. 1649 dargestellt, nach § 17 Abs. 3 S. 3 KSchG verfährt.[82] **1649a**

Andere Pflichten des Arbeitgebers ggü. dem Betriebsrat, wie sie sich aus § 92 **1650** BetrVG und §§ 111 ff. BetrVG oder ggü. dem Wirtschaftsausschuss nach § 106 Abs. 2 BetrVG ergeben, werden durch § 17 KSchG **nicht berührt.** Sie müssen **zusätzlich** erfüllt werden. Auch muss der Arbeitgeber vor Ausspruch von Kündigungen im Rahmen einer Massenentlassung den Betriebsrat nach § 102 Abs. 1 S. 1 und 2 BetrVG anhören (→ Rn. 372).[83] An das Anhörungsverfahren sind keine geringeren Anforderungen als sonst zu stellen.[84] Selbst eine ausführliche Unterrichtung des Betriebsrats nach § 17 Abs. 2 S. 1 KSchG kann das Erfordernis der Betriebsratsanhörung nicht ersetzen.[85] Die einwöchige Anhörungsfrist des § 102 Abs. 2 S. 1 BetrVG kann einvernehmlich verlängert werden.[86] Allerdings kann der Arbeitgeber die Unterrichtung des Betriebsrats mit der Anhörung zur Kündigung nach § 102 Abs. 1 S. 1 BetrVG verbinden.[87] Das muss aber hinreichend klargestellt werden.[88]

Abs. 2 KSchG die Beteiligung des Sprecherausschusses nach § 31 SprAuG bei den leitenden Angestellten, die nicht unter § 17 Abs. 5 Nr. 3 KSchG fallen; vgl. auch *Wißmann,* RdA 1998, 221, 224; dagegen KDZ/*Deinert,* § 17 KSchG Rn. 38; *Kleinebrink,* FA 2000, 366, 367; APS/*Moll,* § 17 KSchG Rn. 57.

[78] Für die Glaubhaftmachung reicht es, dass das Unterrichtungsschreiben nebst einem Empfangsbekenntnis des Betriebsratsvorsitzenden vorgelegt wird, vgl. BAG 28.5.2009 NZA 2009, 1267 Rn. 61.

[79] BAG 22.11.2012 NZA 2013, 845 Rn. 20; 13.12.2012 AP KSchG 1969 § 17 Nr. 44 Rn. 64.

[80] BAG 28.6.2012 NZA 2012, 1029 Rn. 71, 72; hierzu näher *Ferme,* DB 2012, 2162 ff.; *Mückl,* BB 2012, 2570 ff.

[81] Vgl. BAG 22.11.2012 NZA 2013, 845 Rn. 20; vgl. auch BAG 13.12.2012 AP KSchG 1969 § 17 Nr. 44 Rn. 72.

[82] BAG 28.6.2012 NZA 2012, 1029 Rn. 58.

[83] Vgl. BAG 14.8.1986 NZA 1987, 601, 603.

[84] Vgl. BAG 16.9.1993 NZA 1994, 311, 313 f.

[85] Vgl. BAG 14.8.1986 NZA 1987, 601, 603.

[86] BAG 14.8.1986 NZA 1987, 601, 604; auch → Rn. 371 und 372.

[87] Vgl. näher BAG 21.3.2013 NZA 2013, 966 Rn. 15; 20.9.2012 NZA 2013, 32 Rn. 47; 21.3.2012 NZA 2012, 1058 Rn. 23.

[88] BAG 21.3.2013 NZA 2013, 966 Rn. 15; 20.9.2012 NZA 2013, 32 Rn. 62; 18.1.2012 NZA 2012, 817 Rn. 34.

1651, Unternehmen, die einen Europäischen Betriebsrat haben (vgl. § 2 EBRG), müssen
1652 diesen nach §§ 29 Abs. 2 Nr. 10 und 30 Abs. 1 Nr. 3 EBRG über bevorstehende Massenentlassungen unterrichten.[89] Auf das Verfahren nach § 17 KSchG hat das Unterbleiben der Unterrichtung keinen Einfluss.[90] Hieran hat die Neufassung der RL 94/45/EG vom 22.9.1994 (ABl. Nr. L 254, S. 64) durch die RL 2009/38/EG vom 6.5.2009 (ABl. Nr. L 122, S. 28)[91] nichts geändert.

III. Form und Inhalt der Anzeige

1653 Die Anzeige ist nach § 17 Abs. 3 S. 2 KSchG vom Arbeitgeber schriftlich zu erstatten, d. h., sie muss gem. § 126 Abs. 1 BGB eigenhändig unterzeichnet sein. Allerdings ist allgemein anerkannt, dass die Schriftform – wie bei der Einlegung eines Rechtsmittels im gerichtlichen Verfahren[92] – durch ein Telegramm oder eine Telekopie gewahrt wird.[93] Seit Inkrafttreten des § 126 Abs. 3 BGB idF des Gesetzes vom 13.7.2001 (BGBl. I S. 1542) am 1.8.2001 kann die Anzeige auch per E-Mail erfolgen.[94] Den Anforderungen des § 17 Abs. 3 S. 2 KSchG ist genügt, wenn der Anzeige ein durch den Betriebsrat unterzeichneter Interessenausgleich – ob mit oder ohne Namensliste (vgl. § 1 Abs. 5 S. 1 KSchG bzw. § 125 Abs. 1 InsO) spielt keine Rolle – beigefügt ist (→ Rn. 1646g).[95]

1654 Die Anzeige muss nach § 17 Abs. 3 S. 4 KSchG neben einer Abschrift der Mitteilung an den Betriebsrat Angaben über den Namen des Arbeitgebers, den Sitz und die Art des Betriebes, die Zahl und die Berufsgruppen der in der Regel beschäftigten und der zu entlassenden Arbeitnehmer, die Gründe für die Entlassungen, den Zeitraum, in dem die Entlassungen vorgenommen werden sollen[96] und die vorgesehenen Kriterien für die Auswahl der zu entlassenden Arbeitnehmer[97] enthalten. Ferner **sollen** in der Anzeige im Einvernehmen mit dem Betriebsrat für die Arbeitsvermittlung Angaben über Geschlecht, Alter, Beruf und Staatsangehörigkeit der zu entlassenden Arbeitnehmer gemacht werden (§ 17 Abs. 2 S. 5 KSchG). Dabei genügt es, wenn diese Daten gruppenbezogen angegeben werden.[98] Eine Abschrift der Anzeige hat der Arbeitgeber gem. § 17 Abs. 2 S. 6 KSchG dem Betriebsrat zuzuleiten. **Fehlt** eine der **Mussvoraussetzungen, ist die Anzeige unwirksam.**[99] Unrichtige Angaben hinsichtlich der Zahl der zu entlassenden Arbeitnehmer führen nur dann zur Unwirksamkeit von Kündigungen, wenn sie

---

[89] Vgl. näher Schaub/*Koch*, ArbR-Hdb. § 256 Rn. 21, 22; *Blanke*, § 32 EBRG Rn. 30 f. mit § 33 EBRG Rn. 20.

[90] KDZ/*Deinert*, § 17 KSchG Rn. 49; APS/*Moll*, § 17 KSchG Rn. 88; KR/*Weigand*, § 17 KSchG Rn. 71a.

[91] Vgl. hierzu *Beauregard/Buchmann*, BB 2009, 1417 ff.; *Blanke*, ArbuR 2009, 244 ff.; *Funke*, DB 2009, 564 ff.; *Giesen*, NZA 2009, 1174 ff.; zum Entwurf schon *Düwell*, FA 2009, 39 ff.

[92] BAG 24.9.1986 AP ArbGG 1979 § 72 Nr. 12.

[93] ErfK/*Kiel*, § 17 KSchG Rn. 28; HHL/v. *Hoyningen-Huene*, § 17 KSchG Rn. 90; KDZ/*Deinert*, § 17 KSchG Rn. 51; APS/*Moll*, § 17 KSchG Rn. 97; KR/*Weigand*, § 17 KSchG Rn. 72a.

[94] HHL/v. *Hoyningen-Huene*, § 17 KSchG Rn. 90; KDZ/*Deinert*, § 17 KSchG Rn. 51; a. A. ErfK/*Kiel*, § 17 KSchG Rn. 28.

[95] BAG 21.3.2012 NZA 2012, 1058 Rn. 16 ff.

[96] Vgl. hierzu *Zwarg/Alles*, DB 2014, 2287, 2290.

[97] Vgl. hierzu LAG Düsseldorf 26.9.2013 BeckRS 2013, 74192 bzgl. einer Namensliste gem. § 125 Abs. 1 S. 1 InsO; krit. *Lelley/Guverich*, BB 2014, 128; *Ostermeier*, EWIR 2014, 127, 128; *Zwarg/Alles*, DB 2014, 2287, 2290.

[98] BAG 14.8.1986 BeckRS 1986, 30717852.

[99] BAG 28.6.2012 NZA 2012, 1029 Rn. 50; HHL/v. *Hoyningen-Huene*, § 17 KSchG Rn. 93; ErfK/*Kiel*, § 17 KSchG Rn. 29; APS/*Moll*, § 17 KSchG Rn. 100; KR/*Weigand*, § 17 KSchG Rn. 93.

Auswirkungen auf die Arbeit der Agentur für Arbeit haben konnten.[100] Dies ist regelmäßig nicht der Fall, wenn die angegebene Zahl der zu Entlassenden die der tatsächlich beabsichtigten oder ausgesprochenen Kündigungen geringfügig übersteigt.[101] Nur die Arbeitnehmer, die von der Massenentlassungsanzeige nicht erfasst sind, können sich auf die zu niedrige Angabe der Zahl der zu entlassenden Arbeitnehmer berufen.[102]

Stimmt die Agentur für Arbeit einer nach § 17 KSchG anzeigepflichtigen Entlassung zu einem bestimmten Zeitpunkt durch bestandskräftigen Verwaltungsakt[103] zu (§ 18 Abs. 1 KSchG)[104] und stellt damit incident fest, dass eine wirksame Massenentlassungsanzeige vorlag, sind die Arbeitsgerichte trotz der Bestandskraft des Verwaltungsaktes nicht gehindert, im Kündigungsschutzprozess die Wirksamkeit der Anzeige nachzuprüfen.[105] **1654a**

Die Massenentlassungsanzeige ist bei der beabsichtigten Stilllegung eines privaten Luftfahrtunternehmens nicht nach § 21 S. 3 KSchG an die Zentrale der Bundesagentur für Arbeit zu richten, sondern an die örtlich zuständige Agentur für Arbeit, weil ein solches Unternehmen nicht „zum Geschäftsbereich des Bundesministers für Verkehr" gehört.[106] **1655**

Der Arbeitgeber hat der Anzeige, sofern im Betrieb ein Betriebsrat besteht, nach Maßgabe des § 17 Abs. 3 S. 1 KSchG eine Abschrift der von § 17 Abs. 2 S. 1 KSchG vorgeschriebenen Mitteilung an den Betriebsrat – dies kann auch durch einen Interessenausgleich, der den Anforderungen des § 17 Abs. 3 S. 1 2. Hs. KSchG entspricht, geschehen[107] – sowie nach § 17 Abs. 3 S. 2 KSchG dessen Stellungnahme oder die von § 17 Abs. 3 S. 3 KSchG geforderte Glaubhaftmachung beizufügen (näher → Rn. 1649). Ein Verstoß gegen § 17 Abs. 3 S. 1 KSchG hat keinen Einfluss auf die Wirksamkeit der Anzeige.[108] Anders ist es aber bei einem Verstoß gegen § 17 Abs. 3 S. 2 KSchG (näher → Rn. 1649).[109] **1656**

Die Anzeige ist nach § 17 Abs. 1 S. 1 KSchG **vor dem Entlassungstermin,** also seit der richtlinienkonformen Auslegung des Begriffs „Entlassung" im Anschluss an das Urteil des EuGH vom 27.1.2005 (näher → Rn. 1640) vor Ausspruch der Kündigung (→ Rn. 1645) bzw. vor dem Zeitpunkt einer der Kündigung gleichstehenden Maßnahme (→ Rn. 1641) zu erstatten.[110] **1657**

Die Massenentlassungsanzeige ist bei der Agentur für Arbeit einzureichen, in deren Bezirk der Betrieb liegt.[111] Die Einreichung bei einer örtlich unzuständigen Agentur **1657a**

---

[100] BAG 21.3.2001 AP GG Art. 101 Nr. 59; ebenso LAG Baden-Württemberg 16.9.2010 BeckRS 2011, 66064; vgl. auch BAG 28.6.2012 NZA 2012, 1029 Rn. 50.
[101] LAG Baden-Württemberg 16.9.2010 BeckRS 2011, 66064.
[102] BAG 28.6.2012 NZA 2012, 1029 Rn. 50.
[103] Vgl. hierzu BAG 28.6.2012 NZA 2012, 1029 Rn. 74.
[104] Zum Verfahren vgl. BAG 21.3.2012 NZA 2012, 1058 Rn. 27.
[105] BAG 21.3.2013 NZA 2013, 966 Rn. 40; 22.11.2012 NZA 2013, 845 Rn. 30; 28.6.2012 NZA 2012, 1029 Rn. 77.
[106] Vgl. früher BAG 4.3.1993 NZA 1993, 840, 841f.
[107] Vgl. näher BAG 20.9.2012 NZA 2013, 32 Rn. 62.
[108] LAG Hamm 13.1.2015 BeckRS 2015, 65831; HHL/*v. Hoyningen-Huene*, § 17 KSchG Rn. 104; KDZ/*Deinert*, § 17 KSchG Rn. 42; APS/*Moll*, § 17 KSchG Rn. 93; KR/*Weigand*, § 17 KSchG Rn. 65; dazu neigend auch BAG 30.3.2004 NZA 2004, 931, 934, aber offen gelassen für gleichzeitigen Verstoß gegen Art. 2 Abs. 3 lit. b S. 2 RL 98/59 EG vom 20.7.1998 (ABl. Nr. L 225, S. 16).
[109] BAG 11.3.1999 NZA 1999, 761, 762.
[110] Vgl. BAG seit 23.3.2006 NZA 2006, 971 (weitere Nachw. in Fn. 25); zur früheren Rechtslage vgl. 9. Aufl. Rn. 1585.
[111] ErfK/*Kiel*, § 17 KSchG Rn. 28; APS/*Moll*, § 17 KSchG Rn. 96; KR/*Weigand*, § 17 KSchG Rn. 74.

für Arbeit kann nach h.M. im Schrifttum zur Unwirksamkeit der Kündigung führen.¹¹² Die durch eine ordnungsgemäße Massenentlassungsanzeige gem. § 17 KSchG eröffnete Kündigungsmöglichkeit wird mit der Erklärung dieser Kündigung verbraucht. Für jede weitere Kündigung ist unter den Voraussetzungen des § 17 Abs. 1 KSchG eine neue Massenentlassungsanzeige erforderlich.¹¹³

IV. Konzernregelung

1658 § 17 Abs. 3a KSchG, der durch Art. 5 Nr. 1 lit. d des „Gesetz zur Anpassung arbeitsrechtlicher Bestimmungen an das EG-Recht" vom 20.7.1995 (BGBl. I S. 946) eingefügt worden ist, bestimmt zunächst in S. 1, dass die Auskunfts-, Beratungs- und Anzeigepflichten nach Abs. 1 bis 3 auch dann gelten, wenn die Entscheidung über die Entlassungen von einem den Arbeitgeber beherrschenden Unternehmen getroffen wurde.¹¹⁴ S. 2 verbietet einem solchen Arbeitgeber zudem die Berufung darauf, das für die Entlassungen verantwortliche Unternehmen habe nicht die notwendigen Auskünfte übermittelt. Wegen des Begriffs des beherrschenden Unternehmens ist auf die Regelung in §§ 17, 18 AktG zurückzugreifen.¹¹⁵

V. Rechtsfolgen bei unterlassener Anzeige

1. Frühere Rechtsprechung des BAG

1659 Die früher vom BAG vertretene Auffassung, wonach wegen des klaren Wortlauts des § 18 Abs. 1 KSchG die unterlassene bzw. unwirksame Massenentlassungsanzeige die Wirksamkeit der Kündigung unberührt ließ, konnte Bedeutung erlangen, wenn die **Kündigungsfrist länger als** die **Sperrfrist** des § 18 Abs. 1 KSchG war. Die wirksame Kündigung entfaltete bei unterlassener Anzeige bis spätestens zu dem mit ihr beabsichtigten Beendigungstermin (→ Rn. 1656) also nicht die Wirkung, das Arbeitsverhältnis aufzulösen.¹¹⁶ Der Arbeitnehmer konnte vielmehr die Fortsetzung desselben verlangen. Er musste das aber nicht. Denn durch den Kündigungsschutz bei Massenentlassungen wird nur der Arbeitgeber, nicht auch der Arbeitnehmer in seiner Entscheidungsfreiheit beeinträchtigt. Der Arbeitnehmer konnte also die Kündigung hinnehmen und seinen Arbeitsplatz verlassen oder aber sich auf die Unwirksamkeit der Entlassung berufen.¹¹⁷

---

¹¹² ZB ErfK/*Kiel*, § 17 KSchG Rn. 28; APS/*Moll*, § 17 KSchG Rn. 96; KR/*Weigand*, § 17 KSchG Rn. 74; weitere Nachw. in BAG 14.3.2013 AP KSchG 1969 § 1 Betriebsbedingte Kündigung Nr. 199 Rn. 47.
¹¹³ BAG 22.4.2010 NZA 2010, 1057 Rn. 14.
¹¹⁴ Vgl. auch EuGH 10.9.2009 NZA 2009, 1083 ff.
¹¹⁵ ErfK/*Kiel*, § 17 KSchG Rn. 38; KR/*Weigand*, § 17 KSchG Rn. 98b; vgl. auch APS/*Moll*, § 17 KSchG Rn. 138; *Wißmann*, RdA 1998, 221, 225.
¹¹⁶ BAG 22.3.2001 NZA 2002, 1349, 1358; 18.9.2003 AP BetrVG 1972 § 102 Weiterbeschäftigung Nr. 15; 18.9.2003 NZA 2004, 375, 380.
¹¹⁷ BAG 13.4.2000 NZA 2001, 144, 147; 11.3.1999 NZA 1999, 761, 763; *Bauer/Powietzka*, DB 2001, 383, 384; *v. Hoyningen-Huene/Linck*, 13. Aufl. § 18 KSchG Rn. 31; APS/*Moll*, 2. Aufl. § 18 KSchG Rn. 46; KR/*Weigand*, 7. Aufl. § 18 KSchG Rn. 33. Zu den Rechtsfolgen vgl. 9. Aufl. Rn. 1586.

2. Nach dem Urteil des EuGH vom 27.1.2005

Spricht der Arbeitgeber die Kündigung – Beendigungskündigung einschließlich **1660** derjenigen, die im Rahmen einer Änderungskündigung erklärt worden ist (→ Rn. 1638a)[118] – **ohne vorherige Anzeige** nach § 17 Abs. 1 S. 1 KSchG aus bzw. ist diese Anzeige nicht ordnungsgemäß – etwa weil verspätetet erstattet[119] – und damit unwirksam (→ Rn. 1653), hat dies im Hinblick auf die richtlinienkonforme Auslegung des § 17 Abs. 1 KSchG (→ Rn. 1640)[120] im Anschluss an die Entscheidung des EuGH vom 27.1.2005[121] die Nichtigkeit der Kündigung nach § 134 BGB zur Folge.[122] Diese kann der Arbeitnehmer nur unter Einhaltung der Klagefrist des § 4 S. 1 KSchG n. F. geltend machen (näher → Rn. 1834). Sofern er mit seiner Kündigungsschutzklage die Unwirksamkeit der Kündigung aus einem anderen Grund angegriffen hat, kann er sich auf die Verletzung der Anzeigepflicht nach § 6 S. 1 KSchG noch bis zum Schluss der mündlichen Verhandlung in erster Instanz berufen (→ Rn. 1834). Welche Rechtsfolgen das Fehlen einer Anzeige nach § 17 Abs. 1 S. 1 KSchG vor Ausspruch einer Änderungskündigung im Verhältnis zu Arbeitnehmern im Rahmen einer Änderungsschutzklage nach § 4 S. 2 KSchG hat, hat das BAG in seinem Urteil vom 20.2.2014[123] offengelassen. Konsequent wäre es, die Nichtigkeit der Änderungskündigung nach § 134 BGB anzunehmen.[124]

VI. Die Beendigung des Arbeitsverhältnisses nach erfolgter Anzeige

1. Bedeutung der Sperrfrist (§ 18 Abs. 1 und 2 KSchG)

§ 18 KSchG regelt die rechtlichen Folgen der Erstattung einer in jeder Hinsicht **1661** unwirksamen Anzeige bei Vorliegen anzeigepflichtiger Beendigungen von Arbeitsverhältnissen.[125] Die in § 18 Abs. 1 und 2 KSchG normierte Sperrfrist von einem bzw. zwei Monaten soll der Arbeitsverwaltung die Möglichkeit verschaffen, rechtzeitig Maßnahmen zur Vermeidung oder wenigstens zur Verzögerung von Belastungen des Arbeitsmarkts einzuleiten und für anderweitige Beschäftigung der Entlassenen zu sorgen.[126] In seinem Urteil vom 6.11.2008[127] hat das BAG (2. Senat) zum ersten Mal ausdrücklich zur Bedeutung der Sperrfrist gem. § 18 Abs. 1 und 2 KSchG nach der durch die Entscheidung des EuGH vom 27.1.2005[128] erzwungenen richtlinienkonformen Auslegung des Entlassungsbegriffs in § 17 Abs. 1 S. 1 KSchG (→ Rn. 1640) Stellung

---

[118] BAG 20.2.2014 NZA 2014, 1069 Rn. 46.
[119] BAG 22.11.2012 NZA 2013, 845 Rn. 34.
[120] Zu einem Vorschlag für die Änderung der §§ 17, 18 KSchG vgl. *Bauer/Krieger/Powietzka*, DB 2005, 445, 450.
[121] NZA 2005, 213.
[122] BAG 13.12.2012 AP KSchG 1969 § 17 Nr. 44 Rn. 72; 22.11.2012 NZA 2013, 845 Rn. 37 ff.; ErfK/*Kiel*, § 17 KSchG Rn. 36; *Lembke/Oberwinter*, NJW 2007, 721, 728; *Reinhard*, RdA 2007, 207, 211; vgl. auch BAG 20.2.2014 NZA 2014, 1069 Rn. 10, 46, 48; 28.5.2009 NZA 2009, 1267 Rn. 53; 15.12.2011 NZA-RR 2012, 570 Rn. 72; KR/*Weigand*, § 17 KSchG Rn. 101; noch offen gelassen von BAG 7.7.2011 NZA 2011, 1108 Rn. 19.
[123] NZA 2014, 1069 Rn. 49.
[124] Dafür zB *Bröckner*, BB 2014, 2688; *Wagner*, FA 2014, 336.
[125] BAG 22.11.2012 NZA 2013, 845 Rn. 47.
[126] BAG 6.11.2008 NZA 2009, 1013 Rn. 28.
[127] NZA 2009, 1013.
[128] NZA 2005, 213.

genommen. Dem Wortlaut des § 18 Abs. 1 1. Hs. KSchG entnimmt das BAG, dass die dort geregelte einmonatige Sperrfrist den Ausspruch einer Kündigung nach Anzeige der Massenentlassung vor Fristablauf nicht hindere, auch wenn man im Hinblick auf das Urteil des EuGH vom 27.1.2005 unter „Entlassung" iSd § 18 Abs. 1 1. Hs. KSchG – richtlinienkonform – die Kündigung verstehe (näher → Rn. 1640).[129] Art. 3 und 4 der Richtlinie 98/59/EG vom 20.7.1998 (ABl. Nr. L 225, S. 16) würden dem nicht entgegenstehen.[130] Geregelt wird nach Ansicht des BAG in § 18 Abs. 1 KSchG lediglich der Vollzug der Entlassung mit der Folge, dass sich ihr Wirksamwerden iSv § 18 Abs. 1 1. Hs. KSchG bloß auf den Eintritt der Rechtsfolgen der Kündigung, also die rechtliche Beendigung des Arbeitsverhältnisses nach Ablauf der Kündigungsfrist, bezieht.[131] Das bedeutet aber, dass die jeweils maßgebliche Kündigungsfrist schon mit Zugang der Kündigung und nicht erst mit Ablauf der einmonatigen – im Fall des § 18 Abs. 2 KSchG zweimonatigen – Sperrfrist in Lauf gesetzt wird. Es kommt also nicht, so das BAG,[132] zu einer vom arbeitsmarktpolitischen Zweck des § 18 Abs. 1 KSchG nicht geforderten Verlängerung der jeweiligen Kündigungsfrist um die Sperrfrist[133] oder zu einem Hinausschieben ihres Beginns mit dem Ablauf der Sperrfrist. Folgt man der Auslegung des § 18 Abs. 1 KSchG durch das BAG, werden von der Sperrfrist des § 18 Abs. 1 KSchG nur Kündigungen unmittelbar erfasst, deren Kündigungsfrist kürzer als die Sperrfrist sind.[134] Sie stellt damit eine Art öffentlich-rechtlicher Mindestkündigungsfrist dar.[135] Dies zeigt sich auch dann, wenn die Kündigung nur zu einem bestimmten Termin (zB zum Fünfzehnten oder zum Ende eines Kalendermonats gem. § 622 Abs. 1 BGB) zulässig ist und der Arbeitgeber zu einem solchen, innerhalb der Sperrfrist liegenden Termin fristgerecht kündigt. In diesem Fall endet das Arbeitsverhältnis ebenfalls mit Ablauf der Sperrfrist und nicht erst zum nächsten Kündigungstermin.[136]

2. Kündigung vor Ablauf der Sperrfrist

1662 Mit dem Eingang der Anzeige bei der örtlich zuständigen Agentur für Arbeit beginnt eine **Sperrfrist von einem Monat** zu laufen (vgl. § 18 Abs. 1 1. Hs. KSchG), die von der Agentur für Arbeit gem. § 18 Abs. 2 KSchG auf zwei Monate verlängert werden kann.[137] **Innerhalb der Sperrfrist,** deren Lauf sich unter Berücksichtigung der Sonderregelungen in § 26 Abs. 2 bis 5 SGB X nach §§ 187 bis 193 BGB iVm

---

[129] BAG 6.11.2008 NZA 2009, 1013 Rn. 25.
[130] Näher BAG 6.11.2008 NZA 2009, 1013 Rn. 26.
[131] BAG 6.11.2008 NZA 2009, 1013 Rn. 25; vgl. auch BAG 23.2.2010 BeckRS 2010, 72803; ebenso zu Art. 4 Abs. 1 der RL 98/59 EG EuGH 27.1.2005 NZA 2005, 213.
[132] BAG 6.11.2008 NZA 2009, 1013 Rn. 28.
[133] So aber LAG Berlin-Brandenburg 23.2.2007 LAGE KSchG § 18 Nr. 1; 21.12.2007 LAGE KSchG § 18 Nr. 2; *Ferme/Lipinski*, NZA 2006, 937, 939; *Kliemt*, FS ARGE Arbeitsrecht im DAV, 2006, S. 1244, 1248.
[134] BAG 28.5.2009 NZA 2009, 1267 Rn. 70; 6.11.2008 NZA 2009, 1013 Rn. 26; KR/*Weigand*, § 18 KSchG Rn. 2b.
[135] LAG Baden-Württemberg 9.7.2008 BeckRS 2008, 57561; 12.3.2008 LAGE KSchG § 18 Nr. 2; *Bauer/Krieger*, NZA 2009, 174 f.; *Kerwer*, SAE 2009, 143, 148; ErfK/*Kiel*, § 18 KSchG Rn. 2; KR/*Weigand*, § 18 KSchG Rn. 29.
[136] *Brose*, Anm. zu BAG EzA KSchG § 18 Nr. 1; HHL/*v. Hoyningen-Huene*, § 18 KSchG Rn. 20; KDZ/*Deinert*, § 18 KSchG Rn. 23; APS/*Moll*, § 18 KSchG Rn. 34; KR/*Weigand*, § 18 KSchG Rn. 30; a. A. früher LAG Frankfurt/M. 16.3.1990 DB 1991, 658.
[137] Vgl. näher *Bauer/Powietzka*, DB 2000, 1073, 1075; HHL/*v. Hoyningen-Huene*, § 18 KSchG Rn. 5; APS/*Moll*, § 18 KSchG Rn. 31; KR/*Weigand*, § 18 KSchG Rn. 19 ff.

§ 26 Abs. 1 SGB X bemisst, ist die Entlassung gem. § 18 Abs. 1 1. Hs. KSchG, d.h. die Beendigung des Arbeitsverhältnisses (→ Rn. 1661), **nur mit** (bestandskräftiger)[138] **Zustimmung** der Agentur für Arbeit wirksam. Diese ist allerdings nicht notwendig, wenn das Ende der Kündigungsfrist und das Ende der Sperrfrist nach § 18 Abs. 1 1. Hs. KSchG auf denselben Tag fallen. Denn in diesem Fall wird, wie von § 18 Abs. 1 1. Hs. KSchG verlangt, die Entlassung nicht „vor Ablauf" der Sperrfrist wirksam.[139] Die von § 18 Abs 1 1. Hs. KSchG geforderte **Zustimmung** der Agentur für Arbeit kann **auch rückwirkend** bis zum Tag der Antragstellung erteilt werden (§ 18 Abs. 1 2. Hs. KSchG). Die gem. § 18 Abs. 1 und Abs. 2 KSchG zu treffenden Entscheidungen ergehen nach § 20 Abs. 1 KSchG im Wege der Selbstverwaltung durch die Geschäftsführung der Agentur für Arbeit oder durch einen Ausschuss.[140]

Die Zustimmung der Agentur für Arbeit beseitigt aber nur ein zusätzliches Hindernis für die Kündigung, die im Übrigen nach allgemeinen Grundsätzen, zB nach § 1 Abs. 1 KSchG (vgl. schon → Rn. 1636), rechtswirksam sein muss.[141] Die Zustimmung kann nur für einen Teil der Entlassungen erteilt werden. Auch sind Bedingungen oder Auflagen möglich. Hält die Agentur für Arbeit eine Zustimmung bei ordnungsmäßiger Anzeige nicht für erforderlich, gilt diese Mitteilung als Zustimmung, wenn in Wahrheit eine solche notwendig gewesen wäre (Negativattest).[142]

1663

VII. Bedeutung der Freifrist (§ 18 Abs. 4 KSchG)

Hat der Arbeitgeber nicht innerhalb von 90 Tagen (sog. Freifrist) nach dem Zeitpunkt, zu dem die Entlassungen nach § 18 Abs. 1 und 2 KSchG zulässig sind, diese durchgeführt, bedarf es gem. § 18 Abs. 4 KSchG unter den Voraussetzungen des § 17 Abs. 1 KSchG einer **erneuten Anzeige.** In diesem Fall tritt eine erneute einmonatige Sperrfrist nach § 18 Abs. 1 KSchG mit anschließender Freifrist von 90 Tagen in Kraft (vgl. § 18 Abs. 4 KSchG).[143] Bis zum Urteil des EuGH vom 27.1.2005[144] war § 18 Abs. 4 KSchG im Hinblick auf die damalige Auslegung des Entlassungsbegriffs der §§ 17, 18 KSchG (→ Rn. 1640) so zu verstehen, dass die „tatsächliche Beendigung" nach dem Ausspruch der Kündigung durch den Arbeitgeber innerhalb von 90 Tagen nach der Sperrfrist erfolgt sein musste.[145] Seit dem erwähnten Urteil des EuGH ist mehrfach die Meinung vertreten worden, § 18 Abs. 4 KSchG sei durch die richtlinienkonforme Auslegung der §§ 17 und 18 KSchG („Entlassung = Kündigung") „obsolet" geworden.[146] Das BAG (2. Senat) hat in seinem Urteil vom 6.11.2008 zwar dahinstehen lassen, ob § 18 Abs. 4 KSchG nach der nun gebotenen Auslegung des Begriffs „Entlassung" überhaupt noch anwendbar oder teleologisch zu reduzieren

1664

---

[138] Vgl. BAG 24.10.1996 NZA 1997, 373, 375; vgl. auch BAG 18.1.2001 NZA 2001, 719, 721.
[139] LAG Berlin 26.9.2002 LAG Report 2003, 183, 184.
[140] Vgl. näher ErfK/*Kiel,* § 20 KSchG Rn. 1 ff.; APS/*Moll,* § 20 KSchG Rn. 7 ff.
[141] Vgl. BAG 13.4.2000 NZA 2001, 144, 147.
[142] Vgl. BAG 6.12.1973 AP KSchG 1969 § 17 Nr. 1; 21.5.1970 AP KSchG § 15 Nr. 11; 22.9.2005 NZA 2006, 558 Rn. 56; HHL/*v. Hoyningen-Huene,* § 18 KSchG Rn. 16; KDZ/*Deinert,* § 18 KSchG Rn. 16; *Lembke/Oberwinter,* NJW 2007, 721, 728; APS/*Moll,* § 18 KSchG Rn. 27; KR/*Weigand,* § 18 KSchG Rn. 27.
[143] LAG Thüringen 14.11.2000 NZA-RR 2001, 122, 126; vgl. auch LAG Hamm 25.7.1986 RzK I 8b Nr. 64.
[144] NZA 2005, 213.
[145] Vgl. nur BAG 24.2.2005 NZA 2005, 766, 767; 18.9.2003 NZA 2004, 375, 379; APS/*Moll,* 2. Aufl., § 18 KSchG Rn. 39; KR/*Weigand,* 7. Aufl., § 18 KSchG Rn. 47.
[146] *Dornbusch/Wolff,* BB 2005, 885, 887; ErfK/*Kiel,* 9. Aufl., § 18 KSchG Rn. 12; *Seel,* MDR 2007, 937, 942.

ist.¹⁴⁷ Es hat jedoch deutlich gemacht, dass es noch einen Anwendungsbereich für § 18 Abs. 4 KSchG sieht. Im Hinblick darauf, dass es in dieser Vorschrift auf die „Durchführung der Entlassung" und nicht – wie in § 18 Abs. 1 1. Hs. KSchG – auf ihr „Wirksamwerden" ankomme, sei ein „Umsetzen in die Tat" gemeint. § 18 Abs. 4 KSchG lasse sich deshalb auch dahin verstehen, dass der Arbeitgeber – nach Anzeige der möglichen Entlassung bei der Agentur für Arbeit – gehalten sei, die Kündigung innerhalb der 90-Tage-Frist zu erklären.¹⁴⁸ Bei dieser Auslegung behält § 18 Abs. 4 KSchG einen, so das BAG am 6.11.2008 ausdrücklich,¹⁴⁹ „hinreichenden, wenn auch beschränkten Anwendungsbereich". Die Kündigung muss danach innerhalb von 90 Tagen nach der Anzeige bei der Agentur für Arbeit gem. § 17 Abs. 1 KSchG ausgesprochen werden, soll nicht erneut eine Anzeige erfolgen müssen (→ Rn. 1664). Auf diese Weise können sog. „Vorratsmeldungen" verhindert werden.¹⁵⁰

§ 7 Kündigungsschutz im Rahmen der Betriebsverfassung

1665 Mitglieder der Organe der Betriebsverfassung¹ haben einen besonderen Kündigungsschutz, damit sie bei der Ausübung ihres Amtes **frei und unabhängig sind.** Die **ordentliche Kündigung** ist grundsätzlich ausgeschlossen. Die **außerordentliche Kündigung** bedarf nach § 103 Abs. 1 BetrVG der Zustimmung des Betriebsrats, die im Falle der Verweigerung nach § 103 Abs. 2 BetrVG durch das Arbeitsgericht ersetzt werden kann.

1666 Der besondere Kündigungsschutz des § 15 KSchG ist notwendig, da nur so sichergestellt ist, dass der Amtsinhaber die Interessen der Arbeitnehmer des Betriebes ohne Furcht vor Entlassung wahrnehmen kann.² Darüber hinaus sichert er die Kontinuität der Amtsführung während einer Wahlperiode.³ Deshalb ist auch die außerordentliche Kündigung mit notwendiger Auslauffrist (→ Rn. 768) ggü. dem durch 15 Abs. 1–3a KSchG geschützten Personenkreis ausgeschlossen.⁴ Die Absätze 4 und 5 des § 15 KSchG zeigen jedoch, dass der Schutz nicht in einem ganz umfassenden Rahmen gewährleistet wird. Kündigungen werden nach bestimmter Maßgabe dann für zulässig erklärt, wenn der Betrieb oder eine Betriebsabteilung stillgelegt wird. Das lässt darauf schließen, dass der besondere Kündigungsschutz nicht für notwendig erachtet wird, sofern sich die Kündigung nicht gegen den einzelnen Mandatsträger richtet, sondern die Folge einer **generellen Maßnahme** ist.⁵ Der Arbeitnehmer, der sich auf einen

---

¹⁴⁷ BAG 6.11.2008 NZA 2009, 1013 Rn. 29; ebenso offen gelassen von BAG 22.4.2010 NZA 2010, 1057 Rn. 18.
¹⁴⁸ Zust. *Brose,* Anm. zu BAG EzA § 18 KSchG Nr. 1 unter IV 4.
¹⁴⁹ BAG 6.11.2008 NZA 2009, 1013 Rn. 29; vgl. auch 23.2.2010 NZA 2010, 944 Rn. 33.
¹⁵⁰ BAG 23.2.2010 NZA 2010, 944 Rn. 33; 6.11.2008 NZA 2009, 1013 Rn. 29.
¹ Der besondere Kündigungsschutz für Personalratsmitglieder folgt aus § 15 Abs. 2 KSchG iVm § 47 Abs. 1 BPersVG. Er entspricht im Grundsatz dem Schutz für Betriebsratsmitglieder. Für Wahlvorstandsmitglieder und Wahlbewerber sind § 15 Abs. 3 KSchG iVm den §§ 24 Abs. 1, 47 Abs. 1 BPersVG anzuwenden bzw. die entsprechenden Bestimmungen der PersVG der Länder.
² BAG 7.10.2004 NZA 2005, 156, 157 f.; 12.2.2004 AP KSchG 1969 § 1 Ersatzmitglied Nr. 1; vgl. auch BAG 18.5.2006 NZA 2006, 1037 Rn. 23; 17.3.2005 NZA 2005, 1064, 1069.
³ BAG 2.3.2006 NZA 2006, 988 Rn. 27; 17.3.2005 NZA 2005, 1064, 1069; 12.2.2004 AP KSchG 1969 § 1 Ersatzmitglied Nr. 1; vgl. auch BAG 31.7.2014 NZA 2015, 245 Rn. 33.
⁴ BAG 21.6.2012 NZA 2013, 224 Rn. 12; 12.5.2010 NZA-RR 2011, 15, 17; 17.1.2008 NZA 2008, 777 Rn. 28; LAG Düsseldorf 4.9.2013 BeckRS 2013, 73414.
⁵ BAG 18.9.1997 NZA 1998, 189, 190; vgl. auch *Hilbrandt,* NZA 1997, 465, 468; *ders.,* NZA 1998, 1258, 1260 f.

Sonderkündigungsschutz nach § 15 KSchG beruft, muss die dafür notwendigen Tatsachen darlegen und beweisen.⁶

Der Schutzgedanke des § 15 KSchG deckt sich mit dem des § 103 Abs. 1 BetrVG. **1667** Deshalb ist die Zustimmung des Betriebsrats zu einer **außerordentlichen Kündigung** dann nicht notwendig, wenn diese lediglich an die Stelle der ordentlichen Kündigung nach § 15 Abs. 4 oder 5 KSchG tritt.⁷ Das ist der Fall, wenn der Mandatsträger auf Grund des Einzelarbeitsvertrages oder eines Tarifvertrages **ordentlich unkündbar** ist. Die dann grundsätzlich zulässige außerordentliche Kündigung mit Auslauffrist (näher → Rn. 768) ist hier nicht gegen den Mandatsträger gerichtet, sondern ebenso wie bei der ordentlichen Kündigung Folge einer generellen Maßnahme, die außerhalb des Schutzzwecks des § 15 KSchG und des § 103 Abs. 1 BetrVG liegt. Allerdings muss der Arbeitgeber vor Ausspruch einer solchen Kündigung den Betriebsrat nach § 102 Abs. 1 S. 1 BetrVG anhören.⁸

Die Regelung des besonderen Kündigungsschutzes ist **zwingendes Recht. Im** **1668** **Voraus** kann auf ihn nicht verzichtet werden. Andererseits sind die unter den Geltungsbereich des § 15 Abs. 1 bis 3 KSchG und des § 103 Abs. 1 BetrVG fallenden Arbeitnehmer nicht gehindert, kraft schriftlicher Vereinbarung (§ 623 BGB) mit dem Arbeitgeber das Arbeitsverhältnis zu beenden (zum Aufhebungsvertrag → Rn. 34) oder auf den besonderen Kündigungsschutz **nach der Kündigung** zu verzichten (→ Rn. 1285). Mit der Beendigung des Arbeitsverhältnisses endet dann auch das Amt des Betriebsrats (§ 24 Nr. 3 BetrVG). Der Verzicht auf den Kündigungsschutz kann auch in einer sog. **Ausgleichsquittung** erfolgen (dazu → Rn. 1285 f.).

Die Rechtsprechung hat in § 15 KSchG kein Schutzgesetz iSd § 823 Abs. 2 BGB **1669** gesehen, da der besondere Kündigungsschutz primär den Interessen der Arbeitnehmerschaft des Betriebes dient.⁹

Will der Arbeitgeber während eines rechtswidrigen Arbeitskampfes Arbeitnehmer, **1670** die den besonderen Kündigungsschutz haben, außerordentlich wegen der Teilnahme an rechtswidrigen Arbeitsniederlegungen kündigen (sog. Kampfkündigung), bedürfen diese Kündigungen nicht der Zustimmung des Betriebsrats nach § 103 Abs. 1 BetrVG. Anwendbar bleibt aber § 103 Abs. 2 BetrVG. In entsprechender Anwendung dieser Bestimmung hat der Arbeitgeber die Erteilung der Zustimmung durch das Arbeitsgericht zu beantragen.¹⁰

I. Personeller Geltungsbereich

Der besondere Kündigungsschutz des § 15 Abs. 1 S. 1 KSchG und des § 103 **1671** BetrVG erstreckt sich auf die **Mitglieder des Betriebsrats, der Jugend- und Auszubildendenvertretung,** einer **Bordvertretung** oder eines **Seebetriebsrats** und gilt

---

⁶ BAG 31.7.2014 NZA 2015, 245 Rn. 23.
⁷ Vgl. BAG 17.1.2008 NZA 2008, 777 Rn. 28.
⁸ KR/*Etzel*, § 15 KSchG Rn. 75 und 100; vgl. auch BAG 18.9.1997 NZA 1998, 189, 190 f.
⁹ BAG 14.2.2002 NZA 2002, 1027, 1030; 6.11.1959 AP KSchG § 13 Nr. 15; KR/*Etzel*, § 15 KSchG Rn. 149; HHL/*v. Hoyningen-Huene*, § 15 KSchG Rn. 2.
¹⁰ BAG 14.2.1978 AP GG Art. 9 Arbeitskampf Nr. 57; ebenso BAG 16.12.1982 AP KSchG 1969 § 15 Nr. 13; HHL/*v. Hoyningen-Huene*, § 15 KSchG Rn. 111; Richardi/*Thüsing*, § 103 Rn. 28; vgl. auch BAG 10.12.2002 NZA 2004, 223, 225 f.; a. A. KR/*Etzel*, § 103 BetrVG Rn. 61. GK-BetrVG/ *Raab*, § 103 Rn. 46 verneint mit guten Gründen die Notwendigkeit einer Ersetzung der Zustimmung durch das Arbeitsgericht.

Dritter Abschnitt: Der besondere Kündigungsschutz

auch in der Insolvenz des Arbeitgebers (näher → Rn. 2302).[11] Geschützt sind auch alle Mitglieder des **Gesamtbetriebsrats** oder des **Konzernbetriebsrats**. Denn in diesen Gremien können nur Arbeitnehmer tätig sein, die Mitglieder der Betriebsräte in Betrieben sind und deshalb in dieser Eigenschaft durch die oben genannten Bestimmungen gegen Entlassungen geschützt sind. Wird nach § 3 Abs. 1 BetrVG eine andere Vertretung der Arbeitnehmer für Betriebe errichtet, genießen auch sie den besonderen Kündigungsschutz, da dieser Personenkreis an Stelle der gesetzlichen Vertretung der Arbeitnehmer im Betrieb tritt (§ 3 Abs. 5 BetrVG). Der besondere Kündigungsschutz des § 15 Abs. 1 S. 1 KSchG und des § 103 Abs. 1 BetrVG gilt nach § 40 EBRG entsprechend für die Mitglieder eines Europäischen Betriebsrats, die im Inland beschäftigt sind.

1672 Nach § 15 Abs. 2 S. 1 KSchG können auch die **Mitglieder** einer **Personalvertretung**, einer **Jugend-** und **Auszubildendenvertretung** oder einer **Jugendvertretung** den besonderen Kündigungsschutz für sich beanspruchen. Zu den von § 15 Abs. 2 S. 1 KSchG geschützten Arbeitnehmern gehören aufgrund des § 56 Abs. 9 des Zusatzabkommens zum NATO-Truppenstatut auch die Mitglieder der Betriebsvertretung für die deutschen Arbeitnehmer bei den alliierten Streitkräften.[12]

1673 Den besonderen Kündigungsschutz genießen nach § 15 Abs. 3 S. 1 KSchG ferner die Mitglieder eines **Wahlvorstandes** vom Zeitpunkt ihrer Bestellung (näher → Rn. 1686) **und Wahlbewerber** vom Zeitpunkt der Aufstellung des Wahlvorschlags (näher → Rn. 1687), jeweils bis zur Bekanntgabe des Wahlergebnisses (näher → Rn. 1686 bzw. Rn. 1689). Der besondere Kündigungsschutz für den Wahlbewerber setzt dessen Wählbarkeit nach § 8 BetrVG voraus.[13] Maßgebender Zeitpunkt hierfür ist die Betriebsratswahl, nicht der Zeitpunkt des Zugangs der Kündigung.[14] Der Arbeitnehmer kann sich nur dann nicht auf § 15 Abs. 3 S. 1 KSchG als Wahlbewerber berufen, wenn bei Zugang der Kündigung keinerlei Aussicht bestanden hat, bei der bevorstehenden Wahl wählbar zu sein.[15] **Bewerber** für den **Wahlvorstand** haben **keinen besonderen Kündigungsschutz**. Sie sind keine „Wahlbewerber".[16] Eine analoge Anwendung von § 15 Abs. 3a KSchG scheidet aus.[17] Kandidaten für den Wahlvorstand werden allein durch § 20 BetrVG bzw. § 24 BPersVG geschützt.[18] Im Übrigen gelten für sie die allgemeinen kündigungsschutzrechtlichen Normen.[19]

1674 Das Gesetz zur Reform des Betriebsverfassungsgesetzes vom 23.7.2001 (BGBl. I S. 1852) hat mit Wirkung vom 28.7.2001 den besonderen Kündigungsschutz ausgeweitet auf **Arbeitnehmer, die zu einer Betriebs-, Wahl- oder Bordversammlung** nach § 17 Abs. 3, § 17a Nr. 3 S. 2, § 115 Abs. 2 Nr. 8 S. 1 BetrVG **einladen**

---

[11] BAG 17.11.2005 NZA 2006, 370 Rn. 17.
[12] BAG 2.3.2006 NZA 2006, 988 Rn. 14; 22.9.2005 NZA 2006, 558 Rn. 31; 29.1.1981 AP KSchG 1969 § 15 Nr. 10.
[13] BAG 7.7.2011 NZA 2012, 107 Rn. 37; 26.9.1996 NZA 1997, 666, 667.
[14] BAG 7.7.2011 NZA 2012, 107 Rn. 37; HHL/*v. Hoyningen-Huene*, § 15 KSchG Rn. 22; KR/*Etzel*, § 103 BetrVG Rn. 25a; APS/*Linck*, § 15 KSchG Rn. 58; KDZ/*Deinert*, § 15 KSchG Rn. 18; noch offen gelassen von BAG 26.9.1996 NZA 1997, 666, 667.
[15] BAG 7.7.2011 NZA 2012, 107 Rn. 39.
[16] BAG 31.7.2014 NZA 2015, 245 Rn. 26 ff.; vgl. auch LAG Baden-Württemberg 31.5.1974 NJW 1975, 232; HHL/*v. Hoyningen-Huene*, § 15 KSchG Rn. 20; APS/*Linck*, § 15 KSchG Rn. 56; LSW/*Wertheimer*, § 15 KSchG Rn. 45; a. A. HK-KSchG/*Dorndorf*, § 15 KSchG Rn. 30; KR/*Etzel*, § 103 BetrVG Rn. 13.
[17] BAG 31.7.2014 NZA 2015, 245 Rn. 31.
[18] Vgl. BAG 31.7.2014 NZA 2015, 245 Rn. 37; LAG Baden-Württemberg 31.5.1974 NJW 1975, 232; HHL/*v. Hoyningen-Huene*, § 15 KSchG Rn. 20; APS/*Linck*, § 15 KSchG Rn. 56.
[19] BAG 31.7.2014 NZA 2015, 245 Rn. 37.

oder die **Bestellung eines Wahlvorstandes** nach § 16 Abs. 2 S. 1, § 17 Abs. 4, § 17a Nr. 4, § 63 Abs. 3, § 115 Abs. 2 Nr. 8 S. 2 oder § 116 Abs. 2 Nr. 7 S. 5 BetrVG **beantragen.** Nach § 15 Abs. 3a S. 1 KSchG idF von Art. 7 Nr. 1 dieses Gesetzes ist die Kündigung der **ersten drei** in der Einladung oder der Antragstellung aufgeführten Arbeitnehmer **bis** zur **Bekanntgabe** des **Wahlergebnisses unzulässig,** es sei denn, dass Tatsachen vorliegen, die den Arbeitgeber zur Kündigung aus wichtigem Grund ohne Einhaltung einer Kündigungsfrist berechtigen. Der Gesetzgeber geht davon aus, dass dieser Kreis von Arbeitnehmern in ähnlicher Weise schutzbedürftig ist wie Mitglieder des Wahlvorstandes oder Wahlbewerber. Zu beachten ist, dass die Kündigung aus wichtigem Grund, wie aus § 15 Abs. 3a KSchG folgt, **nicht der Zustimmung des Betriebsrats bedarf.** § 103 Abs. 1 und 2 BetrVG finden somit keine Anwendung.

Keinen besonderen Kündigungsschutz haben die Mitglieder des **Sprecherausschusses für leitende Angestellte,** des **Wirtschaftsausschusses,** sofern sie nicht Mitglieder des Betriebsrats sind, Mitglieder von **Einigungsstellen oder einer tariflichen Schlichtungsstelle** oder betrieblichen Beschwerdestelle und auch nicht die **Arbeitnehmervertreter im Aufsichtsrat.**[20] Das gilt auch für Mitglieder von Arbeitsgruppen iSd § 28a BetrVG. Die Regelung in § 15 KSchG ist erkennbar eine abschließende. Dieser Personenkreis hat lediglich den Schutz nach § 78 BetrVG. 1675

Ersatzmitglieder haben keinen besonderen Kündigungsschutz, da sie dem Betriebsrat nicht angehören. Erst wenn das Ersatzmitglied an Stelle eines ausgeschiedenen oder zeitweilig verhinderten ordentlichen Mitglieds des Betriebsrats tritt, wird es zum Mitglied des Betriebsrats und kommt dann in den Genuss des besonderen Kündigungsschutzes (näher → Rn. 1684). Von diesen Fällen abgesehen besteht nur der besondere Kündigungsschutz des Wahlbewerbers (näher → Rn. 1673). 1676

Die **Vertrauenspersonen der schwerbehinderten Menschen** haben nach § 96 Abs. 3 S. 1 SGB IX den gleichen Kündigungsschutz wie ein Mitglied des Betriebs- bzw. Personalrats, also den Sonderkündigungsschutz nach § 15 KSchG iVm § 103 BetrVG bzw. den jeweiligen personalvertretungsrechtlichen Vorschriften.[21] Daraus wird ganz überwiegend gefolgert, dass die Vertrauenspersonen ebenfalls nur aus wichtigem Grund und nur mit Zustimmung des Betriebs- oder Personalrats gekündigt werden können.[22] Einer Zustimmung der Schwerbehindertenvertretung bedarf es nicht.[23] Das gilt nach § 96 Abs. 3 S. 2 SGB IX auch für Stellvertreter einer Vertrauensperson während der Dauer der Vertretung und ihrer Heranziehung nach § 95 Abs. 1 S. 4 SGB IX. 1677

Umstritten ist, ob ein besonderer Kündigungsschutz durch Tarifvertrag auch für gewerkschaftliche Vertrauensleute in den Betrieben geschaffen werden kann.[24] 1678

Die ordentliche Kündigung von Betriebsratsmitgliedern ist in **Tendenzbetrieben** iSv § 118 Abs. 1 BetrVG nach § 15 Abs. 1 S. 1 KSchG ausgeschlossen, es sei denn, die Voraussetzungen des § 15 Abs. 4 und 5 KSchG lägen vor. Das Kündigungs- 1679

---

[20] BAG 4.4.1974 NJW 1974, 1399; KR/*Etzel*, § 103 BetrVG Rn. 18; HHL/*v. Hoyningen-Huene*, § 15 KSchG Rn. 12.
[21] BAG 19.7.2012 NZA 2013, 143 Rn. 16; zu § 15 Abs. 5 KSchG vgl. LAG Köln 26.6.2006 NZA-RR 2006, 575 f. Zum Problemkreis näher *Laber*, ArbRB 2010, 342 ff.
[22] BAG 19.7.2012 NZA 2013, 143 Rn. 16 mit Nachw.
[23] BAG 19.7.2012 NZA 2013, 143 Rn. 18 ff.; a.A. noch LAG Hamm 21.1.2011 LAGE SGB IX § 96 Nr. 2 Rn. 59 ff.
[24] Für den Firmentarifvertrag wird dies vom LAG Düsseldorf 25.8.1995 LAGE GG Art. 9 Nr. 11 bejaht; vgl. dazu *Bulla*, BB 1975, 889; *Wlotzke*, RdA 1976, 80; *Blomeyer*, DB 1977, 101; *Kraft*, ZfA 1976, 243; *Bötticher*, BB 1981, 1954; ArbG Kassel EzA Art. 9 GG Nr. 16.

schutzgesetz kennt für diesen Personenkreis keine dem § 118 Abs. 1 BetrVG entsprechende, den besonderen Kündigungsschutz einschränkende Vorschrift. Das gilt auch, wenn das Betriebsratsmitglied aus **tendenzbezogenen Gründen** ordentlich gekündigt werden soll.[25] Die Kontinuität der Amtsführung des Betriebsverfassungsorgans (→ Rn. 1666), die auch im Tendenzbetrieb sichergestellt sein soll,[26] schließt eine leichtere Lösung des Arbeitsverhältnisses des Betriebsratsmitglieds ggü. anderen Betrieben aus, zumal dem Arbeitgeber bei schweren tendenzbezogenen Gründen die außerordentliche Kündigung des Arbeitsverhältnisses zur Verfügung steht. **Tendenzbezogene Kündigungsgründe** liegen nur dann vor, wenn die von einem Tendenzträger erbrachte Arbeitsleistung **als solche** dem Tendenzzweck zuwiderläuft,[27] zB ein Arzt, der in einem katholischen Krankenhaus angestellt ist, einen Schwangerschaftsabbruch vornimmt. Unterlaufen dagegen dem Arzt Fehler bei der ärztlichen Behandlung oder bei einer Operation eines Patienten, liegen **keine tendenzbezogenen Kündigungsgründe vor,** weil sie keinen unmittelbaren Bezug zum verfolgten Tendenzzweck haben.[28]

1680 Die **außerordentliche Kündigung des Betriebsratsmitglieds** wegen **nicht tendenzbezogener Gründe** unterliegt den allgemeinen Grundsätzen (→ Rn. 1725), d.h. es müssen Tatsachen vorliegen, die den Arbeitgeber gem. § 626 Abs. 1 BGB zur Kündigung des Arbeitsverhältnisses aus wichtigem Grund berechtigen. Ferner bedarf die außerordentliche Kündigung der Zustimmung des Betriebsrats nach § 103 Abs. 1 BetrVG bzw. gem. § 103 Abs. 2 BetrVG der Ersetzung der Zustimmung durch gerichtliche Entscheidung des Arbeitsgerichts. Stützt der Arbeitgeber die außerordentliche Kündigung des Betriebsratsmitglieds, das als sog. Tendenzträger im Betrieb tätig ist, d.h. für dessen Tätigkeit die Bestimmungen und Zwecke der in § 118 Abs. 1 BetrVG genannten Unternehmen und Betriebe prägend sind, auf **tendenzbezogene Kündigungsgründe,** ist weder die nach § 15 Abs. 1 S. 1 KSchG, § 103 Abs. 1 BetrVG erforderliche Zustimmung des Betriebsrats notwendig, noch die sie ersetzende Entscheidung des Arbeitsgerichts. Das wäre mit der Freiheit des Unternehmers, den Tendenzzweck seines Betriebs zu bestimmen, unvereinbar. Mitbestimmungsrechte, die ein Recht zur Mitentscheidung geben, können also nicht gewährt werden.[29] Der Arbeitgeber hat aber den Betriebsrat nach § 102 Abs. 1 S. 1 BetrVG **anzuhören** (Einzelheiten dazu → Rn. 284).[30] Bei der Prüfung der Frage, ob die die Lösung des Arbeitsverhältnisses stützenden Tatsachen den Arbeitgeber zur Kündigung aus wichtigem Grund berechtigen, sind die Tendenzinteressen des Betriebs zu dessen Gunsten bei der Interessenabwägung nach § 626 Abs. 1 BGB zu berücksichtigen.[31]

---

[25] Wie hier HHL/*v. Hoyningen-Huene,* § 15 KSchG Rn. 14; APS/*Linck,* § 15 KSchG Rn. 31; KR/*Etzel,* § 103 BetrVG Rn. 16a; a.A. *Hanau,* AR-Blattei Anm. zu Betriebsverfassung IX Entscheidung Nr. 55; offen gelassen von BAG 3.11.1982 AP KSchG § 15 Nr. 12.
[26] BAG 28.8.2003 NZA 2004, 501, 504.
[27] Vgl. BAG 23.10.2008 NZA-RR 2009, 362 Rn. 35; 28.8.2003 NZA 2004, 501, 506; ErfK/*Kiel,* § 15 KSchG Rn. 3; APS/*Linck,* § 15 KSchG Rn. 31.
[28] BAG 28.8.2003 NZA 2004, 501, 505 f., auch zum Begriff Tendenzunternehmen und Tendenzträger; 3.11.1982 AP KSchG § 15 Nr. 12.
[29] Vgl. BAG 28.8.2003 NZA 2004, 501, 504; zum Ganzen BVerfG 29.4.2003 AP BetrVG 1972 § 118 Nr. 75.
[30] BAG 28.8.2003 NZA 2004, 501, 505; 14.9.1994 BeckRS 1994, 30750915; KR/*Etzel,* § 103 BetrVG Rn. 16; HHL/*v. Hoyningen-Huene,* § 15 KSchG Rn. 14; APS/*Linck,* § 15 KSchG Rn. 32.
[31] HHL/*v. Hoyningen-Huene,* § 15 KSchG Rn. 14; APS/*Linck,* § 15 KSchG Rn. 31.

II. Beginn und Ende des besonderen Kündigungsschutzes

Der besondere Kündigungsschutz beginnt für die Betriebsratsmitglieder mit dem **1681** Beginn deren Amtszeit (§ 21 S. 2 BetrVG), d.h. im Allgemeinen mit dem Ablauf der Amtszeit des bisherigen Betriebsrats. Verbleibt zwischen der Bekanntgabe des Wahlergebnisses – Ende des Kündigungsschutzes für Wahlbewerber – und dem Beginn der Amtszeit ein Zwischenzeitraum, ist in dieser Zeit § 103 BetrVG entsprechend anzuwenden. Anderenfalls könnte der Wahlbewerber, der gewählt worden ist, in dieser meist nur kurzen Zeitspanne außerordentlich ohne Zustimmung des Betriebsrats gekündigt werden (§ 15 Abs. 3 S. 2 KSchG).[32] Das gewählte Betriebsratsmitglied würde also schlechter behandelt werden als der Wahlbewerber.

War die **Wahl** zum Betriebsrat mit so schweren Mängeln behaftet, dass sie **nichtig** **1682** ist,[33] entfällt der besondere Kündigungsschutz der Mandatsträger. Die Gerichte für Arbeitssachen können im Kündigungsschutzstreit inzidenter die Nichtigkeit einer Betriebsratswahl feststellen.[34] In Betracht kommt der nachwirkende Kündigungsschutz als Wahlbewerber.[35] Ist die Wahl angefochten worden (§ 19 Abs. 1 BetrVG), besteht der Kündigungsschutz bis zur Rechtskraft der Entscheidung, die die Anfechtung der Wahl feststellt, fort.

Der besondere Kündigungsschutz endet mit dem Ende der Amtszeit oder der Auf- **1683** lösung des Betriebsrats bzw. mit dem Ausscheiden des einzelnen Arbeitnehmers aus dem Betriebsrat (vgl. §§ 21–24 BetrVG). Werden nach § 22 BetrVG die Geschäfte des Betriebsrats weiter geführt, besteht auch der besondere Kündigungsschutz fort. Endet das Arbeitsverhältnis, zB auf Grund eines Auflösungsvertrages, endet das Betriebsratsamt und damit der besondere Kündigungsschutz.[36] Das Amt des Betriebsrats endet auch, wenn der Betrieb nach § 613a Abs. 1 S. 1 BGB übernommen wird und der Mandatsträger dem Übergang seines Arbeitsverhältnisses gem. § 613a Abs. 6 S. 1 BGB durch einen anderen Arbeitgeber widerspricht. Denn in diesem Fall verliert er mit der Übernahme des Betriebes die Eigenschaft als Betriebsangehöriger[37] und damit auch den besonderen Kündigungsschutz. Es verbleibt ihm jedoch an sich der nachwirkende Kündigungsschutz nach § 15 Abs. 1 S. 2 KSchG. Allerdings ist bei dieser Fallkonstellation eine ordentliche Kündigung in entsprechender Anwendung des § 15 Abs. 4 KSchG geboten (auch → Rn. 1705).[38]

Ersatzmitglieder genießen den besonderen Kündigungsschutz ab dem Zeitpunkt **1684** ihres Nachrückens in den Betriebsrat (§ 25 Abs. 1 S. 1 BetrVG), der „automatisch", d.h. unabhängig davon, ob sie selbst oder der Betriebsratsvorsitzende vom Verhinde-

---

[32] So HHL/*v. Hoyningen-Huene*, § 15 KSchG Rn. 39; KR/*Etzel*, § 103 BetrVG Rn. 19, allerdings in direkter Anwendung; ErfK/*Kiel*, § 15 KSchG Rn. 17; APS/*Linck*, § 15 KSchG Rn. 62.
[33] Vgl. hierzu näher BAG 21.9.2011 NZA-RR 2012, 186 Rn. 26; 27.7.2011 NZA 2012, 345 Rn. 39; vgl. auch BAG 23.7.2014 NZA 2014, 1288 Rn. 41.
[34] BAG 7.5.1986 NZA 1986, 753; 27.4.1976 NJW 1976, 2229.
[35] Vgl. LAG Düsseldorf 24.8.1978 BB 1979, 575; LAG Niedersachsen 15.5.1991 DB 1991, 2248; KR/*Etzel*, § 103 BetrVG Rn. 18; HHL/*v. Hoyningen-Huene*, § 15 KSchG Rn. 43.
[36] Wird vor Ausspruch der Kündigung festgestellt, das Betriebsratsmitglied sei leitender Angestellter, wird der Beschluss jedoch erst danach rechtskräftig, besteht der besondere Kündigungsschutz; BAG 29.9.1983 AP KSchG 1969 § 15 mit Anm. *Richardi*. Das BAG hat im Fall einer Betriebsaufspaltung angenommen, es könne bei unterstelltem Ende des Betriebsratsamtes angenommen werden, der Arbeitgeber müsse sich nach Treu und Glauben (§ 242 BGB) so behandeln lassen, als ob ein Gemeinschaftsbetrieb vorläge und daher das Betriebsratsamt nicht erloschen sei, d.h. dem Betriebsratsmitglied der Sonderkündigungsschutz weiter zustehe, BAG 18.10.2000 NZA 2001, 321, 325f.
[37] Vgl. hierzu näher BAG 14.12.2006 NZA 2007, 682 Rn. 47–50; ErfK/*Preis*, § 613a BGB Rn. 105.
[38] BAG 25.5.2000 NZA 2000, 1115, 1118; vgl. zuvor schon BAG 18.9.1997 NZA 1998, 189, 191f.

rungsfall Kenntnis haben, erfolgt,[39] und für die Dauer der Vertretung eines zeitweilig verhinderten Betriebsratsmitglieds (§ 25 Abs. 1 S. 2 BetrVG).[40] Eine solche Verhinderung liegt vor, wenn ein Betriebsratsmitglied aus rechtlichen[41] oder tatsächlichen[42] Gründen nicht in der Lage ist, sein Amt auszuüben. Für die Beurteilung, ob dem Ersatzmitglied besonderer Kündigungsschutz zusteht, sind die Verhältnisse bei Zugang und nicht bei der Abgabe der Kündigungserklärung maßgebend.[43] Der besondere Kündigungsschutz hängt nicht davon ab, ob das Ersatzmitglied während der Vertretungszeit tatsächlich Betriebsratsaufgaben erledigt.[44]

1684a Ist die Vertretung eines Betriebsratsmitglieds kurz, hat aber das Ersatzmitglied darin an einer Betriebsratssitzung teilzunehmen, besteht der besondere Kündigungsschutz auch in einer Vorbereitungszeit, die i.d.R. mit drei Arbeitstagen zu bemessen ist.[45] Der besondere Kündigungsschutz des Ersatzmitglieds bleibt auch dann bestehen, wenn sich später herausstellt, dass das ordentliche Betriebsratsmitglied überhaupt nicht iSv § 25 Abs. 1 S. 2 BetrVG verhindert war.[46] Hat sich allerdings das Ersatzmitglied im Zusammenwirken mit dem Betriebsratsmitglied den Vertretungsfall erschlichen, um sich so den besonderen Kündigungsschutz zu verschaffen, ist die Berufung auf den besonderen Kündigungsschutz wegen Rechtsmissbrauchs unzulässig.[47] Für das Vorliegen eines Vertretungsfalls nach § 25 Abs. 1 S. 2 BetrVG ist das Ersatzmitglied darlegungs- und beweispflichtig.[48]

1685 Tritt bei einem Ersatzmitglied, das zur Vertretung eines ordentlichen Betriebsratsmitglieds berufen ist, selbst ein Verhinderungsfall ein, gilt Folgendes: Das Ersatzmitglied behält den besonderen Kündigungsschutz des § 15 Abs. 1 S. 1 KSchG auch während der eigenen Verhinderung, sofern deren Dauer im Vergleich zur voraussichtlichen Dauer der Vertretung als unerheblich anzusehen ist, zB eine Verhinderung von zwei Tagen bei einer Vertretung von über vier Monaten.[49] Liegt keine ersichtlich unbedeutende Unterbrechung der Amtsausübung durch das Ersatzmitglied vor, endet die „Amtszeit" des Ersatzmitglieds und es verliert damit den Sonderkündigungsschutz des § 15 Abs. 1 S. 1 KSchG.[50] Zum nachwirkenden Kündigungsschutz → Rn. 1694.

1686 Der **Wahlvorstand** genießt, soweit seine Bestellung nicht ausnahmsweise nichtig ist,[51] den besonderen Kündigungsschutz vom Zeitpunkt seiner Bestellung an (§ 15 Abs. 3 S. 1 KSchG iVm den §§ 16 Abs. 1 bis 3, 17 Abs. 1 bis 4 BetrVG). Für gerichtlich bestellte

---

[39] BAG 19.4.2012 NZA 2012, 1449 Rn. 44; vgl. auch BAG 8.9.2011 NZA 2012, 400 Rn. 34; LAG Köln 10.12.2012 NZA-RR 2013, 288, 290.
[40] BAG 18.5.2006 NZA 2006, 1037 Rn. 23.
[41] Hierzu BAG 24.4.2013 NZA 2013, 857 Rn. 15; 10.11.2009 NZA-RR 2010, 416 Rn. 22.
[42] Hierzu BAG 8.9.2011 NZA 2012, 400 Rn. 25 ff.; LAG Köln 10.12.2012 NZA-RR 2013, 288 Rn. 36 (jeweils Erholungsurlaub); 27.9.2012 NZA 2013, 425 Rn. 31 (allg.).
[43] BAG 27.9.2012 NZA 2013, 425 Rn. 20; 8.9.2011 NZA 2012, 400 Rn. 43.
[44] LAG Köln 10.12.2012 NZA-RR 2013, 288 Rn. 36, 37.
[45] BAG 5.9.1986 AP KSchG 1969 § 15 Nr. 26; 17.1.1979 AP KSchG 1969 § 15 Nr. 5 mit Anm. *G. Hueck*; KR/*Etzel*, § 103 BetrVG 1972 Rn. 46; abw. *Schulin*, Anm. EzA § 15 KSchG n.F. Nr. 36; vgl. auch HHL/*v. Hoyningen-Huene*, § 15 KSchG Rn. 31.
[46] BAG 5.9.1986 AP KSchG 1969 § 15 Nr. 26; 12.2.2004 AP KSchG 1969 § 15 Ersatzmitglied Nr. 1; ArbG Dresden 30.10.2008 ArbuR 2009, 145 Ls.; HHL/*v. Hoyningen-Huene*, § 15 KSchG Rn. 30; vgl. auch APS/*Linck*, § 15 KSchG Rn. 110a.
[47] BAG 27.9.2012 NZA 2013, 425 Rn. 24; 8.11.2011 NZA 2012, 400 Rn. 39; 12.2.2004 NZA 2005, 600 Os.
[48] LAG Bremen 5.9.2008 ArbuR 2008, 363 Ls.; vgl. auch BAG 27.9.2012 NZA 2013, 425 Rn. 31; 12.2.2004 AP KSchG 1969 § 15 Nr. 1; LAG Köln 10.12.2012 NZA-RR 2013, 288 Rn. 38.
[49] Vgl. BAG 8.9.2011 NZA 2012, 400 Rn. 48; 6.9.1979 AP KSchG 1969 § 15 Nr. 7.
[50] BAG 6.9.1979 AP KSchG 1969 § 15 Nr. 7; BAG 9.11.1977 AP KSchG 1969 § 15 Nr. 3.
[51] Vgl. hierzu BAG 15.10.2014 BeckRS 2015, 66563 Rn. 39; LAG Hamm 16.5.2014 BeckRS 2014, 70405.

§ 7 Kündigungsschutz im Rahmen der Betriebsverfassung

Mitglieder des Wahlvorstandes (§§ 16, 17, 17a BetrVG) beginnt der Sonderkündigungsschutz mit der Verkündung und nicht erst mit der formellen Rechtskraft des Einsetzungsbeschlusses.[52] Er endet mit der Bekanntgabe des Wahlergebnisses (§ 15 Abs. 3 S. 1 KSchG) oder durch eine gerichtliche Entscheidung nach § 18 Abs. 1 S. 2 BetrVG.

Dem **Wahlbewerber** für das Amt des Betriebs- oder Personalrats steht der besondere Kündigungsschutz nach § 15 Abs. 3 S. 1 KSchG zu, **sobald ein Wahlvorstand bestellt ist** und für ihn ein Wahlvorschlag vorliegt, der die erforderliche Zahl von Stützunterschriften aufweist (§ 14 Abs. 3–5 BetrVG).[53] Die Einreichung des Wahlvorschlags beim Wahlvorstand ist nicht entscheidend.[54] Unerheblich für den Beginn des Sonderkündigungsschutzes ist es, ob bei der Anbringung der letzten erforderlichen Stützunterschrift die Frist zur Einreichung von Wahlvorschlägen (vgl. § 6 Abs. 1 S. 2 WO) schon angelaufen war.[55] § 15 Abs. 3 S. 1 KSchG gilt auch dann, wenn der Arbeitgeber keine Kenntnis von der Bewerbung hat.[56] 1687

Der besondere Kündigungsschutz nach § 15 Abs. 3 S. 1 KSchG besteht für einen Wahlbewerber schon dann, wenn der Wahlvorschlag lediglich behebbare Mängel iSv § 8 Abs. 2 WahlO aufweist.[57] Er entfällt nicht dadurch, dass die Vorschlagsliste durch spätere Streichung von Stützunterschriften gem. § 8 Abs. 2 Nr. 3 WahlO ungültig wird.[58] 1688

Der besondere Kündigungsschutz für Wahlbewerber endet mit der **Bekanntgabe des Wahlergebnisses** (§ 15 Abs. 3 S. 1 KSchG) bzw. davor mit der **Rücknahme der Kandidatur**,[59] deren Zulässigkeit aber umstritten ist[60] und dann, wenn feststeht, dass der Wahlvorschlag mit Mängeln behaftet ist, die nicht mehr behebbar sind, oder wenn die Frist für die Einreichung des Wahlvorschlags abgelaufen und der Vorschlag nicht eingereicht worden ist (ex nunc). 1689

Der besondere Kündigungsschutz für Wahlbewerber ist auch im **betriebsratslosen Betrieb** anzuwenden. Der Arbeitgeber hat, bevor er eine außerordentliche Kündigung wirksam aussprechen kann, analog § 103 Abs. 2 S. 1 BetrVG das Zustimmungsersetzungsverfahren beim Arbeitsgericht erfolgreich durchzuführen.[61] 1690

Der besondere Kündigungsschutz des **in § 15 Abs. 3a S. 1 KSchG** aufgeführten **Personenkreises** (→ Rn. 1674) **beginnt** mit dem Zeitpunkt der Einladung zur Ver- 1691

---

[52] BAG 26.11.2009 NZA 2010, 443 Rn. 15 ff.
[53] BAG 19.4.2012 AP KSchG 1969 § 15 Nr. 72 Rn. 12, 13; 7.7.2011 NZA 2012, 107 Rn. 14; 5.12.1980 AP KSchG 1969 § 15 Nr. 9 mit zust. Anm. *Pfarr*; KR/*Etzel*, § 103 BetrVG Rn. 23; *Grau/Schaut*, BB 2014, 758, 759; ErfK/*Kiel*, § 15 KSchG Rn. 11; krit. *Löwisch/Arnold*, Anm. EzA KSchG nF § 15 Nr. 25.
[54] So aber HHL/*v. Hoyningen-Huene*, § 15 KSchG Rn. 23; APS/*Linck*, § 15 KSchG Nr. 76; Richardi/*Thüsing*, § 103 BetrVG Rn. 19.
[55] BAG 19.4.2012 AP KSchG 1969 § 15 Nr. 72 Rn. 14; 7.7.2011 NZA 2012, 107 Rn. 28; a. A. KR/*Etzel*, § 103 BetrVG Rn. 25.
[56] LAG Berlin-Brandenburg 2.3.2007 LAGE KSchG § 15 Nr. 19.
[57] BAG 17.3.2005 NZA 2005, 1064; 4.3.1976 AP KSchG 1969 § 15 Wahlbewerber Nr. 1; KR/*Etzel*, § 103 BetrVG Rn. 23; APS/*Linck*, § 15 KSchG Rn. 78.
[58] BAG 9.10.1986 NZA 1987, 279, 280; 5.12.1980 AP Nr. 9 zu § 15 KSchG 1969 mit zust. Anm. *Pfarr*; KDZ/*Deinert*, § 15 KSchG Rn. 18; krit. *Löwisch/Arnold*, Anm. BAG EzA KSchG nF § 15 Nr. 25; a. A. *Grau/Schaut*, BB 2014, 758, 759; HHL/*v. Hoyningen-Huene*, § 15 KSchG Rn. 24; ErfK/*Kiel*, § 15 KSchG Rn. 19; LSW/*Wertheimer*, § 15 KSchG Rn. 48.
[59] BAG 17.3.2005 NZA 2005, 1064, 1068; Richardi/*Thüsing*, § 103 BetrVG Rn. 23; KR/*Etzel*, § 103 BetrVG Rn. 41; HHL/*v. Hoyningen-Huene*, § 15 KSchG Rn. 48; a. A. *Fitting*, § 6 WahlO Rn. 10: Rücknahme unzulässig.
[60] Zum Meinungsstand vgl. HHL/*v. Hoyningen-Huene*, § 15 KSchG Rn. 48 Fn. 103.
[61] BAG 16.12.1982 AP KSchG 1969 § 15 Nr. 13 mit zust. Anm. *Kraft*; 30.5.1978 AP KSchG 1969 § 15 Nr. 4 mit zust. Anm. *G. Hueck*; 12.8.1976 NJW 1977, 267; KR/*Etzel*, § 103 BetrVG Rn. 54; HHL/*v. Hoyningen-Huene*, § 15 KSchG Rn. 115.

sammlung oder des Antrages auf Bestellung eines Wahlvorstandes und **endet mit der Bekanntmachung des Wahlergebnisses.** Die ordentliche Kündigung ist während dieses Zeitraumes unzulässig. Zulässig bleibt die Kündigung aus wichtigem Grund (§ 15 Abs. 3a S. 1 KSchG). Wird ein Betriebsrat, eine Jugend- und Auszubildendenvertretung nicht gewählt, besteht der besondere Kündigungsschutz vom Zeitpunkt der Einladung oder der Antragstellung an drei Monate.

III. Nachwirkender Kündigungsschutz

1692   Der besondere Kündigungsschutz gilt **voll** innerhalb der oben unter Rn. 1681 bis 1691 beschriebenen Zeiträume. § 15 Abs. 1 S. 2 1. Hs. KSchG verlängert den Schutz gegen **ordentliche Kündigungen** über die Amtszeit des Betriebsrats hinaus für die **Dauer eines Jahres.** Eine innerhalb dieses Zeitraums zugehende Kündigung[62] kann das Arbeitsverhältnis des früheren Betriebsratsmitglieds nur aus wichtigem Grund beenden. Allerdings bedarf die außerordentliche Kündigung gem. § 15 Abs. 1 S. 2 1. Hs. KSchG **nicht mehr der Zustimmung des Betriebsrats.** Das gilt auch dann, wenn der Arbeitgeber eine soziale Auslauffrist gewährt.[63] Der nachwirkende Kündigungsschutz kommt nach § 15 Abs. 1 S. 2 2. Hs. KSchG nicht zur Anwendung, wenn die Beendigung der Mitgliedschaft auf einer gerichtlichen Entscheidung beruht. Die früher **umstrittene Frage,** ob ein Betriebsratsmitglied, das vorzeitig aus dem Amt scheidet, den nachwirkenden Kündigungsschutz genießt, wird vom BAG bejaht und ist seitdem für die Praxis geklärt.[64]

1693   Die Anhörung des Betriebsrats nach § 102 Abs. 1 S. 1 BetrVG ist in allen Fällen zulässiger Kündigung notwendig. Das BAG hat eine Ausnahme in dem Fall gemacht, in dem ein Betriebsratsmitglied während eines Zustimmungsersetzungsverfahrens nach § 103 Abs. 2 S. 1 BetrVG auf Grund einer Neuwahl des Betriebsrats aus dem Betriebsrat ausscheidet und nunmehr durch den Arbeitgeber außerordentlich gekündigt werden soll. Hier ist eine erneute Anhörung des Betriebsrats nicht erforderlich.[65]

1694   **Ersatzmitglieder** des Betriebsrats, die für ein zeitweilig verhindertes Betriebsratsmitglied (→ Rn. 1684) dem Betriebsrat angehört und in der Vertretungszeit konkrete Aufgaben eines Mitglieds des Betriebsrats wahrgenommen haben, genießen für die Dauer eines Jahres nach Beendigung des Vertretungsfalles grundsätzlich den nachwirkenden Kündigungsschutz des § 15 Abs. 1 S. 2 KSchG.[66] Jeder Vertretungsfall löst die Nachwirkung des besonderen Kündigungsschutzes wieder neu aus. Dabei kommt es nicht darauf an, ob der Arbeitgeber bei Ausspruch der ordentlichen Kündigung die Vertretungstätigkeit des Ersatzmitglieds kannte.[67]

---

[62] Vgl. BAG 20.3.2014 NZA 2014, 1089 Rn. 17; 27.9.2012 NZA 2013, 425 Rn. 17.
[63] Vgl. BAG 20.3.2014 NZA 2014, 1089 Rn. 17; 18.2.1993 NZA 1994, 74, 76.
[64] BAG 5.7.1979 AP KSchG 1969 15 Nr. 6 mit Anm. *Richardi*. Ob der Nachwirkungszeitraum auf 6 Monate zu verkürzen ist, falls das Betriebsratsmitglied im ersten Jahr seiner Amtszeit das Amt niederlegt, hat das BAG (5.7.1979 AP KSchG 1969 § 15 Nr. 6; 23.4.1981 BeckRS 1981, 04433) offengelassen; verneinend KR/*Etzel*, § 15 KSchG Rn. 64a; HHL/*v. Hoyningen-Huene*, § 15 KSchG Rn. 53; APS/*Linck*, § 15 KSchG Rn. 140; bejahend *Hanau*, Anm. zu BAG AR-Blattei Betriebsverfassung IX Entsch. Nr. 44; LSW/*Wertheimer*, § 15 KSchG Rn. 22; *Stege/Weinspach/Schiefer*, § 103 BetrVG Rn. 26. Zum Verlust des nachwirkenden Kündigungsschutzes wegen Rechtsmissbrauchs vgl. BAG 5.7.1979 AP KSchG § 15 Nr. 6; BAG 5.9.1986 AP KSchG 1969 § 15 Nr. 26; KR/*Etzel*, § 15 KSchG Rn. 64b; HHL/*v. Hoyningen-Huene*, § 15 KSchG Rn. 54.
[65] BAG 8.6.2000 NZA 2000, 899, 900; vgl. auch BAG 5.11.2009 AP KSchG 1969 § 15 Nr. 65 Rn. 28.
[66] BAG 20.3.2014 NZA 2014, 1089 Rn. 17; 19.4.2012 NZA 2012, 1449 Rn. 41; 8.9.2011 NZA 2012, 400 Rn. 40.
[67] BAG 18.5.2006 NZA 2006, 1037 Rn. 24; 12.2.2004 AP KSchG 1969 § 15 Ersatzmitglied Nr. 1 Nr. 40; LAG Berlin-Brandenburg 2.3.2007 LAGE KSchG § 15 Nr. 19; KDZ/*Deinert*, § 15 KSchG Rn. 45; HHL/*v. Hoyningen-Huene*, § 15 KSchG Rn. 56; LSW/*Wertheimer*, § 15 KSchG Rn. 39.

Wahlvorstandsmitglieder und **Wahlbewerber** haben nach § 15 Abs. 3 S. 2 **1695** KSchG nachwirkenden Kündigungsschutz innerhalb von sechs Monaten nach Bekanntgabe des Wahlergebnisses. Die ordentliche Kündigung ist unzulässig. Aus wichtigem Grund kann der Arbeitgeber das Arbeitsverhältnis kündigen. Die Zustimmung des Betriebsrats ist nicht erforderlich. Wird der Wahlvorstand nach § 18 Abs. 1 S. 2 BetrVG durch gerichtliche Entscheidung ersetzt, entfällt der nachwirkende Kündigungsschutz. Umstritten ist, ob der nachwirkende Kündigungsschutz auch dann eingreift, wenn das Mitglied des Wahlvorstandes sein Amt vorzeitig aufgibt oder der Wahlbewerber seine Kandidatur zurücknimmt.[68] Da der nachwirkende Kündigungsschutz vor allem der Abkühlung eventuell während der betriebsverfassungsrechtlichen Tätigkeit aufgetretener Kontroversen dient, kann der Arbeitgeber nach Beendigung des nachwirkenden Kündigungsschutzes den erfolglosen Wahlbewerber wie jeden anderen Arbeitnehmer kündigen. Dabei kann er auch auf Pflichtverletzungen zurückgreifen, die der Wahlbewerber **während der Schutzfrist** begangen hat und die nicht im Zusammenhang mit der Wahlbewerbung stehen.[69]

IV. Die ordentliche Kündigung

Die ordentliche Kündigung ggü. dem in § 15 Abs. 1–3a KSchG geschützten Perso- **1696** nenkreis ist grundsätzlich (Ausnahmen → Rn. 1700ff.) unzulässig[70] (§ 134 BGB). Die Ausnahmen des § 15 Abs. 4 und 5 KSchG gelten auch für den in § 15 Abs. 3a S. 1 KSchG aufgeführten Personenkreis (näher → Rn. 1700). Entscheidend für den Ausschluss der ordentlichen Kündigung ist der Zeitpunkt des Zugangs der Kündigungserklärung nach § 130 BGB.[71] Liegt er vor dem Eintritt des besonderen Kündigungsschutzes, greift dieser nicht ein, selbst wenn das Arbeitsverhältnis nach dem Beginn des besonderen Kündigungsschutzes endet. Hier gelten die allgemeinen Grundsätze. Sie gelten auch dann, wenn die Kündigung schon vor dem letztmöglichen Kündigungstermin erklärt wird und dieser Termin bereits in die Zeit gefallen wäre, in der der besondere Kündigungsschutz eingegriffen hätte. In einem solchen Fall wird jedoch zu prüfen sein, ob nicht ein Verstoß gegen § 20 Abs. 1 und 2 BetrVG vorliegt. Soweit die ordentliche Kündigung ausnahmsweise zulässig ist – das ist der Fall bei einer Betriebsstilllegung und der Stilllegung einer Betriebsabteilung –, bedarf sie für ihre Wirksamkeit nicht der Zustimmung des Betriebsrats nach § 15 Abs. 1 S. 1 KSchG iVm § 103 Abs. 1 BetrVG, sondern, wie jede andere Kündigung, der Anhörung des Betriebsrats nach § 102 Abs. 1 S. 1 BetrVG.[72]

---

[68] Verneinend LSW/*Wertheimer,* § 15 KSchG Rn. 53; Richardi/*Thüsing,* § 103, Anhang zu § 103 Rn. 11; bejahend HHL/*v. Hoyningen-Huene,* § 15 KSchG Rn. 58, 59; KR/*Etzel,* § 15 KSchG Rn. 68; *Gamillscheg,* ZfA 1979, 269 (Nachwirkung). Das BAG hat sich für Mitglieder des Wahlvorstandes, die vor der Wahl ihr Amt niederlegen, für die Nachwirkung des Kündigungsschutzes nach § 15 Abs. 3 S. 2 KSchG entschieden (BAG 9.10.1986 NZA 1987, 279, 280).
[69] BAG 13.6.1996 NZA 1996, 1032, 1033 f.
[70] Das Gesetz spricht zwar von „Kündigungen", jedoch ist nur die ordentliche Kündigung gemeint (BAG 14.10.1982 AP KSchG 1969 Konzern § 1 Nr. 1 mit Anm. *Wiedemann;* vgl. auch BAG 21.6. 2012 NZA 2013, 224 Rn. 13). Zur außerordentlichen Kündigung gegenüber einem Tendenzträger wegen nicht tendenzbezogener Leistungsmängel vgl. BAG 3.11.1982 AP KSchG 1969 § 15 Nr. 12 und BAG 28.8.2003 NZA 2004, 501, 504 ff. sowie → Rn. 1680.
[71] Vgl. BAG 27.9.2012 NZA 2013, 425 Rn. 20; 8.9.2011 NZA 2012, 400 Rn. 43; HHL/ *v. Hoyningen-Huene,* § 15 KSchG Rn. 64; LSW/*Wertheimer,* § 15 KSchG Rn. 57.
[72] BAG 20.1.1984 NZA 1984, 38; vgl. auch BAG 18.9.1997 NZA 1998, 189, 191; 28.5.2009 NZA 2009, 1267 Rn. 66, 67; LAG Nürnberg 31.1.2014 LAGE BetrVG 2001 § 103 Nr. 15 Rn. 34.

1. Die Änderungskündigung

1697 Unterschiedlich beurteilt worden ist die Frage, ob eine ordentliche Änderungskündigung ggü. dem Betriebsratsmitglied möglich ist oder ob auch insoweit die Kündigungssperre des § 15 Abs. 1 S. 1 KSchG eingreift. Das BAG hatte schon früh entschieden, dass die ordentliche Änderungskündigung, die einem einzelnen Betriebsratsmitglied ggü. ausgesprochen worden ist, nach § 15 Abs. 1 S. 1 KSchG unzulässig ist.[73] Gleiches gilt für den in § 15 Abs. 2 bis 3a KSchG genannten Personenkreis.[74]

1698 Sehr umstritten blieb aber die Frage, ob eine ordentliche Änderungskündigung dann möglich ist, wenn sie allen Arbeitnehmern des Betriebes, einer Betriebsabteilung oder einer Gruppe ggü. ausgesprochen wird (sog. Massenänderungskündigung).[75] Das BAG hatte diese Frage ursprünglich ausdrücklich offen gelassen, später jedoch auch insoweit das Verbot des § 15 Abs. 1 S. 1 KSchG angewandt. Damit bleibt auch die ordentliche Änderungskündigung ggü. einem Betriebsratsmitglied dann unzulässig, wenn gleichzeitig allen Arbeitnehmern des Betriebes oder der Betriebsabteilung ggü. eine Änderungskündigung ausgesprochen wird.[76] Das BAG rechtfertigt diese Entscheidung mit dem klaren Wortlaut des Gesetzes, aber auch mit seinem Sinn und Zweck. Verworfen hat das BAG das Argument, der Betriebsrat würde sonst besser gestellt als die übrigen Arbeitnehmer. Das BAG sieht in § 15 Abs. 1 S. 1 KSchG eine lex specialis ggü. dem allgemeinen Grundsatz des § 78 S. 2 BetrVG.[77] Allerdings gesteht das BAG zu, dass bei einer sog. Massenänderungskündigung die vom Arbeitgeber geltend gemachten betriebsbedingten Gründe für die Vertragsänderung je nach ihrem Gewicht an sich geeignet sein können, einen wichtigen Grund zur außerordentlichen Änderungskündigung mit Auslauffrist (→ Rn. 531) ggü. einem Mandatsträger nach § 15 KSchG darzustellen.[78]

1699 Die Rechtsprechung des BAG ist mit dem **Schutzzweck des § 15 KSchG,** wie er an sich auch vom BAG zutreffend definiert wird, nicht vereinbar. § 15 KSchG soll dem Arbeitgeber die Möglichkeit nehmen, sich von unbequemen Mandatsträgern durch eine unberechtigte oder gar willkürliche Kündigung zu trennen (individualrechtlicher Schutzbereich) und darüber hinaus die Kontinuität der Amtsführung während einer Wahlperiode sichern (kollektivrechtlicher Schutzbereich).[79] Letzterer ist allerdings im Gesetz nicht voll verwirklicht worden, wie § 15 Abs. 4 und 5 KSchG zeigen. Bei einer Massenänderungskündigung, die die Änderung allgemeiner Arbeits-

---

[73] BAG 25.2.1958 AP KSchG § 13 Nr. 10, best. durch BAG 6.3.1986 NZA 1987, 102, 103; 12.3.2009 NZA 2009, 1264 Rn. 17; vgl. auch BAG 20.3.2014 NZA 2014, 1089 Rn. 17.
[74] Vgl. BAG 12.3.2009 NZA 2009, 1264 Rn. 17; 2.3.2006 NZA 2006, 988 Rn. 13.
[75] Die h.L. lehnte bei der Massenänderungskündigung die Anwendung des besonderen Kündigungsschutzes ab, weil sonst der Betriebsrat besser gestellt würde.
[76] BAG 24.4.1969 AP KSchG § 13 Nr. 18 mit zust. Anm. *Wiese;* BAG 29.1.1981 NJW 1982, 252; erneut bestätigt durch BAG 6.3.1986 NZA 1987, 102, 103; 21.6.1995 AP KSchG 1969 § 15 Nr. 36 mit Anm. *Preis* = NZA 1995, 1157; 7.10.2004 NZA 2005, 156, 157; krit. *Löwisch/Krause,* Anm. BAG EzA KSchG n.F. § 15 Nr. 57. Das BAG hat am 9.4.1987 NZA 1987, 807 erkannt, eine Massenänderungskündigung sei auch gegenüber einem erfolglosen Wahlbewerber innerhalb von sechs Monaten nach Bekanntgabe des Wahlergebnisses unzulässig.
[77] BAG 7.10.2004 NZA 2005, 156, 157; dem BAG folgend zB BB/*Dörner,* § 15 KSchG Rn. 42; KR/*Etzel,* § 15 KSchG Rn. 18; HHL/*v. Hoyningen-Huene,* § 15 KSchG Rn. 69; APS/*Linck,* § 15 KSchG Rn. 10.
[78] BAG 17.3.2005 NZA 2005, 949, 950f. = EzA KSchG n.F. § 15 Nr. 59 mit abl. Anm. *Bernstein;* 7.10.2004 NZA 2005, 156, 158 = EzA KSchG n.F. § 15 Nr. 57 mit krit. Anm. *Löwisch/Kraus;* vgl. auch BAG 17.1.2008 NZA 2008, 777 Rn. 29.
[79] → Rn. 1666.

bedingungen, sei es im Sektor des Arbeitsentgelts oder der Arbeitszeit zum Ziele hat, die also den Mandatsträger nicht als einzelnen Arbeitnehmer, sondern als Mitglied der Belegschaft des Betriebes, der Betriebsabteilung oder einer Gruppe abstrakt trifft, wird der individuelle Schutzzweck der Norm nicht tangiert. Das gilt ebenso für den kollektivrechtlichen Schutzbereich. Soweit die Änderungskündigung auf eine andere Beschäftigung an einem anderen Arbeitsplatz für den Mandatsträger hinzielt, die im Betrieb möglich ist, ist die Kontinuität der Betriebsratstätigkeit gesichert.[80] Kann dies ausnahmsweise einmal nicht sichergestellt werden, liegt dennoch kein Verstoß gegen den kollektiven Schutzbereich des § 15 KSchG vor, da seine Absätze 4 und 5 zeigen, dass bei **generellen Maßnahmen** der Schutz für den Mandatsträger nicht lückenlos ist. Wird der Mandatsträger nicht als einzelner, sondern als Teil der Belegschaft bzw. einer Gruppe betroffen, kann er von der Personalmaßnahme nicht wegen seiner betriebsverfassungsrechtlichen Stellung ausgenommen werden. Das würde zu einer Privilegierung des Mandatsträgers führen, die im Hinblick auf das Begünstigungsverbot des § 78 S. 2 BetrVG nicht gerechtfertigt ist. Eine teleologische Reduktion ist daher geboten. Sie führt zur Unanwendbarkeit des § 15 KSchG auf Massenänderungskündigungen.[81]

2. Die Kündigung bei Stilllegung des Betriebes und einer Betriebsabteilung

a) Kündigung bei Stilllegung des Betriebes

Die ordentliche Kündigung eines an sich hiervor gem. § 15 Abs. 1 S. 1 KSchG geschützten Betriebsratsmitglieds ist nach § 15 Abs. 4 und 5 KSchG nur unter bestimmten Voraussetzungen zulässig.[82] Das ist der Fall, wenn der **ganze Betrieb** stillgelegt wird.[82] (→ Rn. 956–959). § 15 Abs. 4 und 5 KSchG sind auch in der Insolvenz des Arbeitgebers anzuwenden.[83] § 125 InsO ist nicht analog anwendbar.[84] Auch die in § 15 Abs. 2 S. 1 KSchG genannten Mitglieder einer Personalvertretung können sich im Fall der Auflösung einer Dienststelle oder einer Abteilung einer Dienststelle der öffentlichen Verwaltung, wie jeweils der Wortlaut der Absätze 4 und 5 des § 15 KSchG zeigt, auf diese Normen berufen.[85] Entsprechendes gilt für die in § 15 Abs. 3 S. 1 KSchG genannten Wahlvorstandsmitglieder und Wahlbewerber. Aber auch die in § 15 Abs. 3a KSchG aufgeführten Wahlinitiatoren können, obwohl bei der Einfügung des § 15 Abs. 3a KSchG zum 28.7.2001 (näher → Rn. 1674) § 15 Abs. 4 und 5 KSchG unverändert geblieben sind – es handelt sich hierbei um ein Redaktionsversehen[86] – unter den dort genannten Voraussetzungen ordentlich gekündigt werden.[87] Ggf. kommt neben § 15 Abs. 4 und Abs. 5 KSchG sonstiger Sonderkündigungsschutz, wie zB § 85 SGB IX, zur Anwendung.[88]

1700

---

[80] *Hilbrandt*, NZA 1997, 465, 468.
[81] Ebenso *Grau/Schaut*, BB 2014, 757, 760; Richardi/*Thüsing*, § 78 BetrVG Rn. 27, 28; *Schwerdtner*, Anm. BAG EzA § 15 KSchG n. F. Nr. 26; *Stahlhacke* FS Hanau, 1999, 281; *Matthes*, DB 1980, 1165; vgl. auch ErfK/*Kiel*, § 15 KSchG Rn. 14; LSW/*Wertheimer*, § 15 KSchG Rn. 76.
[82] Vgl. nur BAG 23.1.2014 BeckRS 2014, 70731 mwN.
[83] BAG 17.11.2005 NZA 2006, 370 Rn. 17.
[84] LAG Baden-Württemberg 20.5.2005 BeckRS 2005, 30453254; vgl. auch BAG 17.11.2005 NZA 2006, 370 Rn. 17.
[85] BAG 22.9.2005 NZA 2006, 558 Rn. 24; KR/*Etzel*, § 15 KSchG Rn. 78a; APS/*Linck*, § 15 KSchG Rn. 169a; LSW/*Wertheimer*, § 15 KSchG Rn. 98.
[86] Vgl. näher BAG 4.11.2004 AP KSchG 1969 § 15 Nr. 57.
[87] BAG 12.3.2009 NZA 2009, 1264 Rn. 25; 4.11.2004 AP KSchG 1969 § 15 Nr. 57.
[88] BAG 23.1.2014 NZA 2014, 895 Rn. 26 mwN.

1701 Der Grund der Stilllegung ist ohne Bedeutung. Ob die Betriebsstilllegung durchgeführt wird, entscheidet grundsätzlich der Betriebsinhaber alleine (vgl. aber §§ 111 ff. BetrVG). Es ist nicht möglich, die Kündigung deshalb abzulehnen, weil das Arbeitsgericht bei der Überprüfung zum Ergebnis gelangt, die Betriebsstilllegung sei nicht erforderlich gewesen. Hier handelt es sich um eine klassische Unternehmerentscheidung, die das Gericht hinzunehmen hat (näher → Rn. 956).

1702 Streiten die Parteien darüber, ob im Zeitpunkt der Kündigung der Stilllegungsentschluss bereits endgültig getroffen worden war (→ Rn. 956), muss der Arbeitgeber substantiiert darlegen, dass und wann er diejenigen organisatorischen Maßnahmen getroffen hat, die sich rechtlich als Betriebsstilllegung darstellen. Dazu gehören vor allem die Auflösung der Betriebseinheit von materiellen, immateriellen und personellen Mitteln in Verbindung mit der Einstellung der betrieblichen Tätigkeit.[89] Entschließt sich der Unternehmer, seine sämtlichen Arbeitnehmer (Musikschullehrer) zu entlassen, um seine bisherigen Aktivitäten auf Dauer nur noch – nach Ansicht des BAG in arbeitsrechtlich zulässiger Weise (näher → Rn. 946) – mit freien Mitarbeitern fortzusetzen, liegt eine nur eingeschränkt überprüfbare Unternehmerentscheidung vor, die rechtlich dem Entschluss zur Betriebsstilllegung auch iSv § 15 Abs. 4 KSchG gleich kommt.[90] Wird der Betrieb alsbald nach seiner Stilllegung wieder eröffnet, spricht eine tatsächliche Vermutung gegen eine ernste Stilllegungsabsicht (→ Rn. 964). Der Unternehmer muss sie widerlegen (→ Rn. 964).

1703 Die Betriebsratsmitglieder können nur unter Einhaltung der jeweils in Betracht kommenden Kündigungsfrist und frühestens **zum Zeitpunkt der Betriebsstilllegung** mit ordentlicher Frist gekündigt werden.[91] Kündigt der Arbeitgeber zum voraussichtlichen Termin der Stilllegung, endet das Arbeitsverhältnis, falls sich die Stilllegung verzögert, mit dem nächstzulässigen Termin nach der Betriebsstilllegung.[92] Kommt es nicht zur Betriebsstilllegung, weil der Betrieb veräußert wird, ist die Kündigung gegenstandslos. Das Arbeitsverhältnis geht ungekündigt nach § 613a Abs. 1 S. 1 BGB auf den Erwerber über.[93] Erfolgt die Betriebsstilllegung stufenweise, dürfen Betriebsratsmitglieder erst mit der letzten Gruppe entlassen werden. Der Arbeitgeber hat ihnen ggf. andere Arbeiten zu übertragen.[94] Das gilt nur dann nicht, wenn die Kündigung zu einem früheren Zeitpunkt durch **zwingende betriebliche Gründe** bedingt ist.[95] Das ist zB der Fall, wenn irgendwelche Arbeiten, die das Betriebsratsmitglied verrichten könnte, nicht mehr im Betrieb anfallen. Bei einem freigestellten Betriebsratsmitglied kommt eine vorzeitige Kündigung allerdings nicht in Betracht.[96]

---

[89] BAG 21.6.2001 NZA 2002, 212, 214; LAG Nürnberg 27.11.2007 LAGE KSchG § 15 Nr. 21; vgl. auch → Rn. 956.
[90] LAG Köln 28.6.1996 LAGE KSchG § 1 Betriebsbedingte Kündigung Nr. 40.
[91] BAG 29.3.1977 AP BetrVG 1972 § 102 Nr. 11; KR/*Etzel*, § 15 KSchG Rn. 100, 101; APS/*Linck*, § 15 KSchG Rn. 175; vgl. auch BAG 17.11.2005 NZA 2006, 370 Rn. 19; LAG Nürnberg 27.11.2007 LAGE KSchG § 15 Nr. 21.
[92] BAG 23.4.1980 AP KSchG 1969 § 15 Nr. 8; LAG Nürnberg 27.11.2007 LAGE KSchG § 15 Nr. 21; BB/*Dörner*, § 15 KSchG Rn. 85; KR/*Etzel*, § 15 KSchG Rn. 109; HHL/*v. Hoyningen-Huene*, § 15 KSchG Rn. 174.
[93] Wie Fn. 92.
[94] BAG 26.10.1967 AP KSchG § 13 Nr. 17; KR/*Etzel*, § 15 KSchG Rn. 102, 102a; ErfK/*Kiel*, § 15 KSchG Rn. 42; *Kleinebrink*, FA 2009, 194; vgl. auch LAG Nürnberg 27.11.2007 LAGE KSchG § 15 Nr. 21.
[95] LAG Nürnberg 27.11.2007 LAGE KSchG § 15 Nr. 21; KR/*Etzel*, § 15 KSchG Rn. 103; HHL/*v. Hoyningen-Huene*, § 15 KSchG Rn. 172.
[96] LAG Nürnberg 27.11.2007 LAGE KSchG § 15 Nr. 21; KR/*Etzel*, § 15 KSchG Rn. 108; HHL/*v. Hoyningen-Huene*, § 15 KSchG Rn. 173; KDZ/*Deinert*, § 15 KSchG Rn. 76.

Nach dem Wortlaut des § 15 Abs. 4 KSchG ist nicht zweifelsfrei, ob eine ordentliche Kündigung stets bereits mit der Stilllegung des Betriebes zulässig ist, selbst wenn eine Weiterbeschäftigungsmöglichkeit in einem **anderen Betrieb des Unternehmens** möglich ist. Nach § 1 Abs. 2 S. 1 KSchG ist eine ordentliche, betriebsbedingte Kündigung dann sozialwidrig, wenn der Arbeitnehmer in einem anderen Betrieb des Unternehmens auf einem **freien** Arbeitsplatz weiterbeschäftigt werden kann (näher → Rn. 988). Angesichts der Intention des Gesetzgebers, den Kündigungsschutz für Betriebsratsmitglieder und ihnen gleichgestellte Personen zu verbessern, muss § 15 Abs. 4 KSchG über den Wortlaut hinaus (teleologische Reduktion) dahin interpretiert werden, dass eine Kündigung wegen Betriebsstilllegung nur gerechtfertigt ist, wenn keine Weiterbeschäftigungsmöglichkeit in einem anderen Betrieb des Unternehmens besteht.[97] Das gebietet auch die Anwendung des ultima-ratio-Prinzips im Kündigungsschutzrecht (→ Rn. 886).[98]

1704

Der Betriebsübergang nach § 613a Abs. 1 S. 1 BGB stellt **keine Betriebsstilllegung** dar. Beide Begriffe schließen sich gegenseitig aus (→ Rn. 957). Der neue Inhaber tritt nach § 613a Abs. 1 S. 1 BGB in die Rechte und Pflichten aus den im Zeitpunkt des Übergangs bestehenden Arbeitsverhältnissen ein. Das Betriebsratsamt bleibt bestehen (auch → Rn. 295). Widerspricht das Betriebsratsmitglied dem Übergang seines Arbeitsverhältnisses auf den neuen Betriebsinhaber nach § 613a Abs. 6 S. 1 BGB, bleibt das Arbeitsverhältnis mit dem bisherigen Arbeitgeber bestehen.[99] Da der Arbeitgeber für den Widersprechenden keine Beschäftigungsmöglichkeiten mehr hat (auch → Rn. 1058), ist nun die Kündigung in entsprechender Anwendung von § 15 Abs. 4 KSchG möglich.[100] Das gilt auch dann, wenn das Betriebsratsmitglied von der Arbeit freigestellt war. Hier kann nicht eingewandt werden, bei ihm komme es auf seine Beschäftigungsmöglichkeit gar nicht an. Denn auch ein freigestelltes Betriebsratsmitglied muss zumindest theoretisch eine Beschäftigungsmöglichkeit im Betrieb haben. Andernfalls gäbe es ein „freischwebendes" Betriebsratsmitglied, d.h. ein Betriebsratsmitglied ohne Belegschaft.[101] Für die Probleme bei Betriebsspaltungen ist auf § 324 UmwG hinzuweisen. Die Umwandlung ist nicht der ggü. dem Betriebsübergang speziellere Tatbestand. Die Voraussetzungen des § 613a Abs. 1 S. 1 BGB sind auch im Zusammenhang mit einer Umwandlung selbständig zu prüfen.[102]

1705

Die nach § 15 Abs. 4 KSchG an sich zulässige **ordentliche Kündigung** des Betriebsratsmitglieds **wegen Stilllegung des Betriebes** ist ausgeschlossen, wenn der Mandatsträger auf Grund einer **tarif- oder einzelvertraglichen Bestimmung ordentlich unkündbar ist.** Dem Willen des Gesetzgebers, der Mandatsträger soll im Falle einer Schließung des Betriebes in gleicher Weise gekündigt werden können wie die anderen von der unternehmerischen Maßnahme betroffenen Arbeitnehmer, kann somit auf diesem Wege nicht Rechnung getragen werden. Unsicher ist, ob und in welcher Weise hier die **außerordentliche Kündigung** eine Lösung bringt. Beim Mandatsträger **kummulieren besondere Kündigungsschutztatbestände,** nämlich der des § 15 KSchG

1706

---

[97] BAG 22.9.2005 NZA 2006, 558 Rn. 33; 13.8.1992 NZA 1993, 224, 225; LAG Nürnberg 10.3.1994 LAGE KSchG § 15 Nr. 10; HHL/*v. Hoyningen-Huene,* § 15 KSchG Rn. 166, 167; APS/ *Linck,* § 15 KSchG Rn. 171; vgl. auch *Grau/Simon,* BB 2014, 757, 761.
[98] Vgl. BAG 13.8.1992 NZA 1993, 224, 225; HHL/*v. Hoyningen-Huene,* § 15 KSchG Rn. 167.
[99] BAG 21.2.2008 NZA 2008, 815 Rn. 24; 13.7.2006 NZA 2006, 1268 Rn. 40.
[100] BAG 25.5.2000 NZA 2000, 1115 1118; vgl. zuvor schon BAG 18.9.1997 NZA 1998, 189, 191 f.
[101] BAG 7.10.2004 NZA 2005, 156, 157; 18.9.1997 NZA 1998, 189, 192.
[102] BAG 25.5.2000 NZA 2000, 1115, 1117; vgl. dazu ErfK/*Preis,* § 613a BGB Rn. 181.

und des § 103 BetrVG sowie der der tarif- oder einzelvertraglichen Unkündbarkeit. Allgemein anerkannt ist, dass eine Betriebsstilllegung geeignet ist, eine außerordentliche Kündigung zu rechtfertigen, sofern die ordentliche Kündigung durch Tarif- oder Arbeitsvertrag ausgeschlossen ist (dazu → Rn. 261 ff.). Die gesetzliche oder tarifvertragliche Kündigungsfrist ist allerdings als Auslauffrist einzuhalten (→ Rn. 768).

1707 Bei der Interessenabwägung im Rahmen des § 626 Abs. 1 BGB ist darauf abzustellen, ob es dem Arbeitgeber zuzumuten ist, das Arbeitsverhältnis bis zur Altersgrenze fortzusetzen. Das ist angesichts der durch Art. 12 Abs. 1 GG gewährleisteten Berufsausübungsfreiheit des Arbeitgebers zu verneinen. Sollen aber die in § 15 Abs. 1 S. 1 KSchG geschützten Personen im Falle der Betriebsschließung in gleicher Weise gekündigt werden können wie andere betroffenen Personen,[103] ist auch bei ihnen bei der Zumutbarkeitsprüfung **nicht** auf die sonst anwendbare **fiktive Kündigungsfrist** abzustellen[104] sondern wie bei allen anderen tarif- oder einzelvertraglich unkündbaren Arbeitnehmern auf die Dauer des Arbeitsverhältnisses bis zur Altersgrenze (→ Rn. 743). Die Zumutbarkeitsprüfung ist für alle unkündbaren Arbeitnehmer in diesem Falle nach dem gleichen Kriterium durchzuführen. Der besondere Kündigungsschutz des § 15 Abs. 1 S. 1 KSchG in Bezug auf die außerordentliche Kündigung findet hier keine Anwendung, da diese lediglich an die Stelle der ordentlichen Kündigung des § 15 Abs. 4 KSchG tritt. Daher können die Grundsätze der Zumutbarkeitsprüfung für die außerordentliche Kündigung von Betriebsratsmitgliedern – Anwendung der fiktiven Kündigungsfrist, damit der Schutzbestimmung des § 78 S. 2 BetrVG angemessen Rechnung getragen wird, wonach Betriebsratsmitglieder wegen ihrer Betriebsratstätigkeit nicht benachteiligt werden dürfen – hier nicht zur Geltung kommen.

1708 Die außerordentliche Kündigung ist im Falle der Betriebsschließung nicht gegen das einzelne Betriebsratsmitglied gerichtet, sondern die Folge einer **generellen Maßnahme,** einer unternehmerischen Entscheidung, die von den Arbeitsgerichten nur beschränkt zu überprüfen ist (→ Rn. 917). Für den Unternehmer muss die Maßnahme umsetzbar sein, d. h. er muss sich im Falle der Betriebsschließung auch von der Belegschaft – die Mandatsträger sind dabei wie die anderen Arbeitnehmer zu behandeln – trennen können. Das hat, da bei einem tarif- oder einzelvertraglich ordentlich nicht kündbaren Mandatsträger die außerordentliche betriebsbedingte Kündigung an die Stelle der ordentlichen Kündigung nach § 15 Abs. 4 KSchG tritt, dazu geführt, dass der Arbeitgeber sie ohne vorherige Zustimmung des Betriebsrats aussprechen kann (auch → Rn. 1721).[105] Der Schutzzweck des § 15 KSchG tritt hinter die Interessen des Arbeitgebers an der Lösung des Arbeitsverhältnisses zurück.

b) Kündigung bei Stilllegung einer Betriebsabteilung

1709 Der Stilllegung des Gesamtbetriebes steht nach § 15 Abs. 5 S. 1 KSchG die Stilllegung der **Betriebsabteilung,**[106] in der das Betriebsratsmitglied beschäftigt wird, gleich. Dabei ist das Betriebsratsmitglied grundsätzlich in eine andere Betriebsabteilung zu

---

[103] BAG 18.9.1997 NZA 1998, 189 = EzA KSchG n. F § 15. mit Anm. *Kraft.*
[104] BAG 27.9.2001 NZA 2002, 815 Os.; 10.2.1999 NZA 1999, 708 = EzA KSchG n. F. § 15 Nr. 47 mit Anm. *Auer.*
[105] BAG 10.5.2007 NZA 2007, 1278 Rn. 20; 15.2.2007 AP BGB § 613a Widerspruch Nr. 2; 18.9.1997 NZA 1998, 189, 191; APS/*Linck,* § 103 BetrVG Rn. 6; *Löwisch/Kaiser,* § 103 BetrVG Rn. 10.
[106] Zum Begriff „Betriebsabteilung" vgl. BAG 23.2.2010 NZA 2010, 1288 Rn. 29; 12.3.2009 NZA 2009, 1264 Rn. 21; 2.3.2006 NZA 2006, 988 Rn. 15; LAG Hamm 8.4.2014 BeckRS 2014, 70521; LAG Niedersachsen 17.11.2014 BeckRS 2015, 65065.

übernehmen. Nur wenn dies gem. § 15 Abs. 2 S. 2 KSchG, „aus betrieblichen Gründen" nicht möglich ist,[107] kann die ordentliche Kündigung frühestens zum Zeitpunkt der Stilllegung der Abteilung erfolgen. Aus betrieblichen Gründen ist eine Weiterbeschäftigung dann nicht möglich, wenn der Mandatsträger auf dem anderen innerbetrieblichen Arbeitsplatz nicht in wirtschaftlich vertretbarer Weise eingesetzt werden kann.[108]

Ist der Betrieb nicht in Abteilungen untergliedert, kommt § 15 Abs. 5 KSchG nicht zur Anwendung. In diesem Fall ist eine ordentliche betriebsbedingte Kündigung grundsätzlich ausgeschlossen (vgl. § 15 Abs. 1 S. 1 KSchG) und nur bei Betriebsstilllegung möglich (vgl. § 15 Abs. 4 KSchG).[109] Ist eine Betriebsabteilung ein Betriebsteil iSd § 4 Abs. 1 S. 1 BetrVG und hat sie deshalb einen eigenen Betriebsrat, scheidet bei Stilllegung einer solchen Abteilung die Anwendung des § 15 Abs. 5 KSchG aus.[110] Denn mit deren Stilllegung endet das Mandat des Betriebsrats. Es gibt keinen Grund, seine Funktionsfähigkeit erhalten zu wollen.[111] Anwendbar bleibt aber § 15 Abs. 4 KSchG.[112] **1710**

Der Arbeitgeber ist wegen der ihm nach § 15 Abs. 5 S. 1 KSchG ggü. den in § 15 Abs. 1 bis 3a KSchG genannten Mandatsträgern[113] obliegenden Übernahmepflicht gehalten, mit allen ihm zur Verfügung stehenden Mitteln für deren angemessene Weiterbeschäftigung zu sorgen.[114] Dabei muss der Arbeitgeber dem Mandatsträger grundsätzlich einen möglichst gleichwertigen Arbeitsplatz anbieten.[115] **1711**

Die angebotene Beschäftigung muss im Rahmen des Direktionsrechts (§ 106 S. 1 GewO) liegen oder einvernehmlich vorgenommen werden.[116] Ist eine Ausübung des Direktionsrechts zur Übernahme auf einen anderen Arbeitsplatz nicht ausreichend und ist es auch nicht zu einer einvernehmlichen Regelung gekommen, muss der Arbeitgeber die nach den Maßstäben des § 15 Abs. 5 S. 1 KSchG mögliche Weiterbeschäftigung in einer anderen Betriebsabteilung im Rahmen einer Änderungskündigung anbieten.[117] **1712**

Durch das Angebot eines **geringwertigeren Arbeitsplatzes** mit geringerer Entlohnung genügt der Arbeitgeber grundsätzlich noch nicht seiner Übernahmeverpflichtung nach § 15 Abs. 5 S. 1 KSchG.[118] Die mit § 15 KSchG bezweckte Wahrung der Kontinuität der personellen Zusammensetzung der in Abs. 1 bis 3a genannten Arbeitnehmervertretungen verlangt vom Arbeitgeber – ebenso wenig wie im Rahmen einer betriebsbedingten Kündigung nach § 1 Abs. 2 S. 1 und 2 KSchG (→ Rn. 993) – **nicht,** eine Übernahmemöglichkeit des Mandatsträgers auf einen **höherwertigen Arbeitsplatz** in einer anderen Betriebsabteilung zu prüfen.[119] **1713**

---

[107] Darlegungs- und beweispflichtig ist der Arbeitgeber, vgl. ArbG Trier 23.9.2010 BeckRS 2010, 74292.
[108] BAG 12.3.2009 NZA 2009, 1264 Rn. 28; 25.11.1981 AP KSchG 1969 § 15 Nr. 11.
[109] LAG Köln 26.6.2006 NZA-RR 2006, 575.
[110] BAG 4.11.2004 AP KSchG 1969 § 15 Nr. 57; LAG Berlin 6.12.2005 LAGE BetrVG 2001 § 102 Nr. 5; HK-KSchG/*Dorndorf*, § 15 Rn. 152; KR/*Etzel*, § 15 KSchG 182a; a.A. KDZ/*Deinert*, § 15 KSchG Rn. 83.
[111] BAG 4.11.2004 AP KSchG 1969 § 15 Nr. 57; APS/*Linck,* § 15 KSchG Rn. 182a.
[112] KR/*Etzel*, § 15 KSchG Rn. 122.
[113] Zu § 15 Abs. 3a KSchG vgl. BAG 12.3.2009 NZA 2009, 1264 Rn. 25; 4.11.2004 AP KSchG 1969 § 15 Nr. 57.
[114] BAG 23.2.2010 NZA 2010, 1288 Rn. 43; 12.3.2009 NZA 2009, 1264 Rn. 26; 2.3.2006 NZA 2006, 988 Rn. 17.
[115] BAG 12.3.2009 NZA 2009, 1264 Rn. 26; 2.3.2006 NZA 2006, 988 Rn. 17.
[116] BAG 12.3.2009 NZA 2009, 1264 Rn. 26; 28.10.1999 NZA 2000, 825, 826.
[117] BAG 12.3.2009 NZA 2009, 1264 Rn. 26; 28.10.1999 NZA 2000, 825, 826; LAG Hamm 8.4.2014 BeckRS 2014, 70521.
[118] BAG 2.3.2006 NZA 2006, 988; 1.2.1957 AP KSchG § 13 Nr. 5.
[119] BAG 23.2.2010 NZA 2010, 1288 Rn. 36; KR/*Etzel*, § 15 KSchG Rn. 127; a.A. LAG Rheinland-Pfalz 13.11.2007 LAGE KSchG § 15 Nr. 20; *Houben*, NZA 2008, 851, 855.

Dritter Abschnitt: Der besondere Kündigungsschutz

1714 Der **gleichwertige Arbeitsplatz** in einer anderen Abteilung **muss** – anders als im Falle des § 1 Abs. 2 S. 2 KSchG (→ Rn. 988) – **nicht frei** sein. Gibt es einen gleichwertigen Arbeitsplatz in einer anderen Abteilung, ist er aber mit einem nicht durch § 15 Abs. 1 bis 3a KSchG geschützten Arbeitnehmer besetzt, muss der Arbeitgeber versuchen, diesen Arbeitsplatz durch Umverteilung der Arbeit, der Ausübung seines Direktionsrechts (§ 106 S. 1 GewO) oder ggf. auch durch den Ausspruch einer Kündigung für den Mandatsträger **freizumachen.**[120] Dies folgt ua aus dem mit § 15 Abs. 1 und 2 KSchG verfolgten Zweck, die Kontinuität der personellen Zusammensetzung des Betriebsrats bzw. Personalrats während der Wahlperiode zu sichern (vgl. hierzu schon → Rn. 1666).[121] Deswegen muss die Freikündigungsobliegenheit des Arbeitgebers auf den Betrieb bzw. die Dienststelle beschränkt bleiben, für den bzw. die der Mandatsträger gewählt worden ist.[122] Ist ein **gleichwertiger** Arbeitsplatz in einer anderen Abteilung **nicht vorhanden,** ist der Arbeitgeber verpflichtet, ggü. dem Mandatsträger **ggf.** eine **Änderungskündigung** auszusprechen.[123]

1715 Mit dieser Feststellung ist aber noch nicht die seit langem streitige Frage beantwortet, ob bei der Freikündigungsüberlegung den durch § 15 Abs. 1 bis 3a KSchG geschützten Personen stets der Vorrang gebührt oder aber eine Abwägung zwischen den Interessen dieser Personen und des betroffenen Arbeitnehmers ohne Sonderkündigungsschutz vorauszugehen hat. Diese Frage hat das BAG in seinem Urteil vom 12.3.2009[124] wieder offengelassen.[125] Für die Interessenabwägung dürften nach dem Zweck des KSchG die besseren Gründe streiten. Richtig ist, die sozialen Belange des betroffenen Arbeitnehmers und die betrieblichen Interessen an seiner Weiterbeschäftigung mit den Interessen der Belegschaft und des durch § 15 Abs. 5 KSchG geschützten Personenkreises gegeneinander abzuwägen.[126] Dabei kann der Sonderkündigungsschutz nach § 15 Abs. 1 bis 3 KSchG je nach Mandatsträger unterschiedlich ins Gewicht fallen.[127] Im Übrigen kann dann einem sozial deutlich schutzwürdigeren ordentlich kündbaren Arbeitnehmer der Vorzug ggü. einem Mandatsträger zu geben sein, wenn dessen Schutz mit Gewissheit bald ausläuft.[128]

1716 Gibt es weniger besetzbare Arbeitsplätze als Arbeitnehmer mit besonderem Kündigungsschutz nach § 15 Abs. 1 bis 3a KSchG, ist unter diesen eine soziale Auswahl entsprechend § 1 Abs. 3 KSchG durchzuführen (auch → Rn. 989). Dabei haben aktive

---

[120] BAG 23.2.2010 NZA 2010, 1288 Rn. 37; 12.3.2009 NZA 2009, 1264 Rn. 27; 2.3.2006 NZA 2006, 988 Rn. 19.
[121] BAG 18.10.2000 NZA 2001, 321, 322 im Anschluss an BAG 25.11.1981 AP KSchG 1969 § 15 Nr. 11; ebenso BAG 23.2.2010 NZA 2010, 1288 Rn. 37; 12.3.2009 NZA 2009, 1264 Rn. 28; 2.3.2006 NZA 2006, 988 Rn. 21; *Breschendorf*, BB 2007, 661, 663; KR/*Etzel*, § 15 KSchG Rn. 126; *Fischer*, DB 2004, 2752, 2753 f.; *Horcher*, NZA-RR 2006, 393, 396; APS/*Linck*, § 15 KSchG Rn. 185; a. A. BBDW/*Dörner*, § 15 KSchG Rn. 99a; *Leuchten*, NZA 2007, 585, 587 f.; *Schleusener*, DB 1998, 2368, 2369 f.
[122] *Breschendorf*, BB 2007, 661, 663; vgl. auch BAG 4.11.2004 AP KSchG 1969 § 15 Nr. 57; 2.3.2006 NZA 2006, 988 Rn. 29.
[123] Vgl. BAG 28.10.1999 NZA 2000, 825, 826; ebenso 2.3.2006 NZA 2006, 988 Rn. 20.
[124] NZA 2009, 1264 Rn. 29; vgl. auch BAG 25.10.2012 NZA-RR 2013, 662 Rn. 45.
[125] Früher schon BAG 18.10.2000 NZA 2001, 321, 322 f.
[126] Dafür LAG Düsseldorf 15.9.2005 AuA 2006, 57 Ls.; 25.11.1997 LAGE KSchG § 15 Nr. 16; LAG Rheinland-Pfalz 13.11.2007 LAGE KSchG § 15 Nr. 20; KR/*Etzel*, § 15 KSchG Rn. 126; APS/*Linck*, § 15 KSchG Rn. 185a; *Horcher*, NZA-RR 2006, 393, 397 f.; HHL/*v. Hoyningen-Huene*, § 15 KSchG Rn. 183; *Gamillscheg*, ZfA 1977, 276; *Herschel*, Anm. EzA § 15 KSchG n. F. Nr. 27; *Fischer*, DB 2004, 2752; a. A. ArbG Mainz 4.12.1985 DB 1986, 754 Ls.; KDZ/*Deinert*, § 15 KSchG Rn. 85; LSW/*Wertheimer*, § 15 Rn. 91; *Matthes*, DB 1980, 1168; *Bernstein*, NZA 1993, 728, 732.
[127] Vgl. BAG 2.3.2006 NZA 2006, 988.
[128] Dazu neigend BAG 12.3.2009 NZA 2009, 1264 Rn. 34.

Mandatsträger im Interesse der Kontinuität der Arbeitnehmervertretung (hierzu schon → Rn. 1666) Vorrang vor nur nachwirkend geschützten Ersatzmitgliedern.[129]

Die Freikündigung sollte allerdings ausscheiden, wenn der betroffene Arbeitnehmer ebenfalls einen **besonderen** Kündigungsschutz hat, zB nach § 85 SGB IX.[130] Hier den Arbeitgeber zur Freikündigung zu zwingen, würde u. U. bedeuten, dass die Lage über Jahre in der Schwebe bliebe, nämlich dann, wenn der Arbeitnehmer Kündigungsschutzklage (§ 4 S. 1 KSchG) erhebt und auch bereits gegen eine zuvor eingeholte Zustimmung des Integrationsamtes nach § 42 Abs. 1 VwGO klagt (näher → Rn. 1528). Bei einer zu Lasten des Arbeitgebers unterstellten Freikündigungsobliegenheit stellt sich auch die Frage, ob der Arbeitgeber verpflichtet ist, gegen eine die Zustimmung verweigernde Entscheidung des Integrationsamtes zu klagen oder diese hinnehmen darf mit der Folge, dass er dann das Betriebsratsmitglied nach § 15 Abs. 5 KSchG kündigen muss, weil er den Arbeitsplatz nicht freikündigen kann. Hat der in der anderen Abteilung tätige Arbeitnehmer nur den **allgemeinen Kündigungsschutz,** ist die Frage zu beantworten, ob dem Kündigungsschutz des Betriebsratsmitglieds nach § 15 Abs. 5 KSchG der absolute Vorrang einzuräumen ist, oder ob eine Abwägung der sozialen Belange stattfinden muss (→ Rn. 1715). **1717**

Kann das Betriebsratsmitglied in einer anderen Betriebsabteilung nicht weiterbeschäftigt werden, scheidet eine Kündigung nach § 15 Abs. 5 KSchG dennoch aus, wenn in **einem anderen Betrieb des Unternehmens** ein gleichwertiger Arbeitsplatz **frei** ist. Das fordert eine teleologische Reduktion des § 15 Abs. 5 KSchG,[131] aber auch das im Kündigungsschutzrecht allgemein geltende ultima-ratio-Prinzip (→ Rn. 886). Auch wenn die Zuweisung der neuen Arbeit eine Änderungskündigung voraussetzt, weil der Arbeitsvertrag die Tätigkeit nicht einschließt, ändert dies nichts. Es gilt der Grundsatz des Vorrangs der Änderungskündigung vor der Beendigungskündigung (→ Rn. 992 ff.). **1718**

Der Arbeitgeber hat die fehlende Weiterbeschäftigungsmöglichkeit in einer anderen Betriebsabteilung oder in einem anderen Betrieb des Unternehmens darzulegen. Wegen des in § 15 Abs. 5 S. 2 KSchG geregelten engen Ausnahmetatbestandes für eine wirksame Kündigung im Falle der Stilllegung einer Betriebsabteilung ist der Arbeitgeber verpflichtet, materiell alle denkbaren Übernahmemöglichkeiten besonders eingehend zu prüfen und prozessual den Umfang der von ihm angestellten Überlegungen und ihr Ergebnis so substantiiert darzulegen, dass das Gericht zu der notwendigen Überzeugung gelangen kann, der Ausnahmetatbestand der Unmöglichkeit der Übernahme liege tatsächlich vor.[132] Tritt das Betriebsratsmitglied dem entgegen, muss es erklären, wie es sich seine Weiterbeschäftigung im Einzelnen vorstellt.[133] Kann das Betriebsratsmitglied nach Stilllegung der Betriebsabteilung, in der es beschäftigt worden **1719**

---

[129] BAG 2.3.2006 NZA 2006, 988 Rn. 27; KR/*Etzel*, § 15 KSchG Rn. 126; *Eylert/Sänger*, RdA 2010, 24, 28; *Haas*, FA 2011, 98, 102; ErfK/*Kiel*, § 15 KSchG Rn. 45.
[130] Dafür KR/*Etzel*, § 15 KSchG Rn. 126; *Fitting*, § 103 BetrVG Rn. 21; HHL/*v. Hoyningen-Huene*, § 15 KSchG Rn. 183; dagegen *Fischer*, DB 2004, 2752, 2754; KDZ/*Deinert*, § 15 KSchG Rn. 85; differenzierend *Bernstein*, NZA 1993, 729, 732 f.
[131] Vgl. BAG 22.9.2005 NZA 2006, 558 Rn. 33; 13.8.1992 NZA 1993, 224, 225; KR/*Etzel*, § 15 KSchG Rn. 93; APS/*Linck*, § 15 KSchG Rn. 185c; offen gelassen von BAG 25.10.2012 NZA-RR 2013, 662 Rn. 45 im Bereich der öffentlichen Verwaltung bei Möglichkeit einer Weiterbeschäftigung in einer anderen Dienststelle.
[132] BAG 25.11.1981 AP KSchG 1969 § 15 Nr. 11; LAG Hamburg 26.3.2008 LAGE KSchG § 15 Nr. 22; LAG Rheinland-Pfalz 13.11.2007 LAGE KSchG § 15 Nr. 20.
[133] Vgl. LAG Berlin 27.6.1986 LAGE KSchG § 15 Nr. 4; HHL/*v. Hoyningen-Huene/Linck*, § 15 KSchG Rn. 186.

ist, in einer anderen Betriebsabteilung weiterbeschäftigt werden, ist der Arbeitgeber grundsätzlich nicht verpflichtet, einen örtlich näher gelegenen und deshalb für das Betriebsratsmitglied weniger belastenden Arbeitsplatz freizukündigen.[134]

1720   Wird ein Betrieb oder ein Betriebsteil mit der Betriebsabteilung, in der der Mandatsträger beschäftigt wird, veräußert und widerspricht dieser dem Übergang seines Arbeitsverhältnisses auf den Erwerber gem. § 613a Abs. 6 S. 1 BGB, besteht das Arbeitsverhältnis zwischen ihm und seinem Arbeitgeber fort (→ Rn. 1058 und Rn. 1705). Damit entfällt die Beschäftigungsmöglichkeit in der Betriebsabteilung, und es entsteht dieselbe Situation, als wenn die Betriebsabteilung geschlossen worden wäre. Das rechtfertigt die entsprechende Anwendung des § 15 Abs. 5 S. 2 KSchG, sofern eine Übernahme des Mandatsträgers in eine andere Betriebsabteilung nicht möglich ist.[135] Das gilt auch für freigestellte Betriebsratsmitglieder.

1721   Besteht für das Betriebsratsmitglied **tarifrechtlich Unkündbarkeit,** kann eine außerordentliche betriebsbedingte Kündigung mit Auslauffrist (→ Rn. 768) in Betracht kommen. Das wird aber nur in seltenen Ausnahmefällen der Fall sein, zB dann, wenn dem Arbeitgeber evident Unzumutbares abverlangt wird, was der Fall ist, wenn ein sinnloses Arbeitsverhältnis sonst über viele Jahre hindurch aufrecht erhalten werden müsste (näher → Rn. 745).[136] Für die außerordentliche Kündigung bedarf es trotz des Wortlauts des § 103 Abs. 1 BetrVG, der alle außerordentliche Kündigungen erfasst, nicht der Zustimmung des Betriebsrats oder ihre Ersetzung durch das Arbeitsgericht (näher 1708).

c) Prozessuale Fragen

1722   Soweit nach § 15 Abs. 4 oder 5 BetrVG die ordentliche Kündigung eines Mandatsträgers zulässig ist, muss die zuständige Arbeitnehmervertretung, insbesondere also Betriebsrat bzw. Personalrat vorher nach § 102 Abs. 1 S. 2 BetrVG bzw. nach § 79 Abs. 1 S. 1 BPersVG gehört werden.[137] Andernfalls ist die Kündigung nach § 102 Abs. 1 S. 3 BetrVG bzw. gem. §§ 79 Abs. 4, 108 Abs. 2 BPersVG oder nach der entsprechenden landesrechtlichen Vorschrift (zB § 74 Abs. 5 LPVG NW) unwirksam (→ Rn. 277 ff.). Gibt der Betriebsrat innerhalb der Wochenfrist des § 102 Abs. 2 S. 1 BetrVG keine Stellungnahme ab, gilt die Zustimmung als erteilt (§ 102 Abs. 2 S. 2 BetrVG). Widerspricht der Betriebsrat der Kündigung, kann der Arbeitgeber die Kündigung dennoch aussprechen. Ob sie wirksam ist oder nicht, wird dann in dem evtl. vom entlassenen Betriebsratsmitglied innerhalb der Drei-Wochen-Frist des § 4 S. 1 KSchG anhängig gemachten Kündigungsschutzprozess entschieden. In diesem ist die Kündigung jedoch grundsätzlich nicht auf Sozialwidrigkeit nach § 1 Abs. 2 S. 1 und 2 KSchG hin zu untersuchen, sondern allein an § 15 Abs. 4 und 5 KSchG zu messen (auch → Rn. 1704 mit Ausnahme).[138]

---

[134] BAG 28.10.1999 NZA 2000, 825.

[135] Vgl. *Gerauer,* BB 1990, 1127; HHL/*v. Hoyningen-Huene,* § 15 KSchG Rn. 79, 162; *Willemsen,* ZIP 1986, 484; BAG 2.10.1974 AP BGB § 613a Nr. 1 für den Fall der Veräußerung des gesamten Betriebes; *Kraft,* Anm. EzA KSchG n. F. § 15 Nr. 46; LAG Düsseldorf 25.11.1997 NZA-RR 1998, 539.

[136] Vgl. BAG 13.6.2002 NZA 2003, 44.

[137] BAG 21.6.2001 NZA 2002, 212; LAG Düsseldorf 15.9.2005 AuA 2006, 57 Ls.; LAG Hamm 11.5.2007 BeckRS 2007, 46678; APS/*Linck,* § 15 KSchG Rn. 188; vgl. auch BAG 25.8.2009 NZA 2009, 1267 Rn. 67 mit Hinweis darauf, dass eine Zustimmung nach § 5 Abs. 1 KSchG iVm § 103 Abs. 1 BetrVG nicht erforderlich ist.

[138] Vgl. KR/*Etzel,* § 15 KSchG Rn. 93, 151; APS/*Linck,* § 15 KSchG Rn. 196; a. A. LSW/*Wertheimer,* § 15 KSchG Rn. 5.

Das gekündigte Betriebsratsmitglied kann nach der Änderung des § 4 S. 1 KSchG **1723** mit Wirkung zum 1.1.2004 (→ Rn. 1810) den Weiterbeschäftigungsanspruch nach § 102 Abs. 5 BetrVG auch dann geltend machen, wenn die Kündigung aus anderen Gründen als der der Sozialwidrigkeit (vgl. § 1 Abs. 1 KSchG) unwirksam ist. Ob der Gesetzgeber dies bedacht hat, mag zweifelhaft sein. Der Gesetzeswortlaut ist eindeutig.[139]

Die abschließende Regelung des Kündigungsschutzes der Betriebsrats- bzw. Personalratsmitglieder ggü. einer ordentlichen Kündigung in § 15 Abs. 1 bzw. 2, 4 und 5 KSchG hat zur Folge, dass nach § 13 Abs. 3 KSchG weder der Arbeitgeber noch der Arbeitnehmer einen Antrag auf Auflösung des Arbeitsverhältnisses stellen können. Die §§ 9, 10 KSchG finden keine Anwendung. **1724**

V. Die außerordentliche Kündigung

Die außerordentliche Kündigung eines Mitglieds des Betriebsrats (zum geschützten **1725** Personenkreis im Einzelnen → Rn. 1671) hat zwei Voraussetzungen: Der Arbeitgeber muss zur außerordentlichen Kündigung aus wichtigem Grund nach § 626 Abs. 1 BGB berechtigt sein. Der Betriebsrat muss der Kündigung gem. § 103 Abs. 1 BetrVG zugestimmt oder das Arbeitsgericht muss die Zustimmung nach § 103 Abs. 2 BetrVG ersetzt haben.[140] Wird die Kündigung **ohne vorherige Zustimmung des Betriebsrats** ausgesprochen, ist die Kündigung nach § 134 BGB nichtig.[141] Es handelt sich um eine **aus anderen Gründen rechtsunwirksame Kündigung,** so dass das Betriebsratsmitglied gem. § 4 S. 1 KSchG idF seit 1.1.2004 (→ Rn. 1810) innerhalb von **drei Wochen nach Zugang der schriftlichen Kündigung** Klage beim Arbeitsgericht auf Feststellung erheben muss, dass das Arbeitsverhältnis durch die Kündigung nicht aufgelöst ist.

Für die Zustimmung des Betriebsrats zur außerordentlichen Kündigung besteht kein **1726** Schriftformzwang. Die §§ 182 Abs. 3, 111 S. 2 BGB finden keine Anwendung.[142] § 103 BetrVG enthält eine in sich geschlossene Sonderregelung, die den Schutz der Betriebsratsmitglieder ggü. außerordentlichen Kündigungen sicherstellt.[143]

Die außerordentliche Kündigung des in § 15 Abs. 3a KSchG aufgeführten Personenkreises setzt voraus, dass Tatsachen vorliegen, die den Arbeitgeber zur Kündigung aus wichtigem Grund ohne Einhaltung einer Kündigungsfrist gem. § 626 Abs. 1 BGB berechtigen. Nicht notwendig ist die Zustimmung des Betriebsrats. § 103 Abs. 1 und 2 BetrVG finden keine Anwendung. **1727**

Keine Zustimmung des Betriebsrats bzw. eine sie ersetzende gerichtliche Entscheidung ist notwendig bei der Kündigung eines Tendenzträgers in einem **Tendenzbetrieb aus tendenzbezogenen Gründen** (dazu → Rn. 1680). Die Anhörung des Betriebsrats nach § 102 Abs. 1 BetrVG hat auch in diesen Fällen zu erfolgen (dazu → Rn. 277). **1728**

---

[139] Vgl. KR/*Etzel*, § 102 BetrVG Rn. 205a; APS/*Koch*, § 102 BetrVG Rn. 205; Richardi/*Thüsing*, § 102 BetrVG Rn. 218; vgl. zur früheren Rechtslage LAG Düsseldorf, Kammern Köln, 20.11.1980 EzA BetrVG 1972 § 102 Beschäftigungspflicht Nr. 8.
[140] Für Personalräte im öffentlichen Dienst gilt § 15 Abs. 2 KSchG iVm § 47 Abs. 1 BPersVG.
[141] BAG 22.8.1974 AP BetrVG 1972 § 103 Nr. 1 mit zust. Anm. *G. Hueck;* 28.4.1994 AP Einigungsvertrag Art. 20 Nr. 12; vgl. auch BAG 24.11.2011 NZA-RR 2012, 335 Rn. 13.
[142] BAG 4.3.2004 NZA 2004, 717, 718; vgl. auch ErfK/*Kania*, § 103 BetrVG Rn 9; APS/*Linck*, § 103 BetrVG Rn. 15; a.A. LAG Hamm 22.7.1998 NZA-RR 1999, 242, 243; KR/*Etzel*, § 103 BetrVG Rn. 89; Richardi/Thüsing, § 103 BetrVG Rn. 49.
[143] Vgl. BAG 4.3.2004 NZA 2004, 717, 719.

1729 Die Versetzung eines Mitglieds des Betriebsrats und der übrigen in § 103 Abs. 1 BetrVG genannten Mandatsträger, die zu einem Verlust des Amtes oder der Wählbarkeit führen würde, bedarf der **Zustimmung des Betriebsrats** (§ 103 Abs. 3 S. 1 1. Hs. BetrVG).[144] Nur die Versetzung ist zustimmungspflichtig, die der Arbeitgeber im Rahmen des Arbeitsvertrages in Ausübung seines Direktionsrechts nach § 106 S. 1 GewO vornehmen kann.[145] Die Zustimmungspflicht nach § 103 Abs. 3 S. 1 1. Hs. BetrVG entfällt allerdings, wenn der Arbeitnehmer mit der Versetzung einverstanden ist (§ 103 Abs. 3 S. 1 2. Hs. BetrVG). Das Arbeitsgericht kann die Zustimmung des Betriebsrats ersetzen, wenn die Versetzung auch unter Berücksichtigung der betriebsverfassungsrechtlichen Stellung des betroffenen Arbeitnehmers aus dringenden betrieblichen Gründen notwendig ist (§ 103 Abs. 2 S. 1, Abs. 3 S. 2 BetrVG). Bei der Auslegung des unbestimmten Rechtsbegriffs des „dringenden betrieblichen Grundes" kann an Grundsätze des Kündigungsschutzrechts (§ 1 Abs. 2 S. 1 KSchG) angeknüpft werden (→ Rn. 902 ff.).[146] Denn es geht, wie bei der Änderungskündigung, um eine Veränderung des Arbeitsortes des Arbeitnehmers. Es muss dem Arbeitgeber nicht möglich sein, den betrieblichen Notwendigkeiten durch eine andere Maßnahme nachzukommen. Soweit dabei unternehmerische Entscheidungen Bedeutung gewinnen, gelten hinsichtlich ihrer Überprüfbarkeit durch die Gerichte für Arbeitssachen die allgemeinen Grundsätze (vgl. dazu → Rn. 917).

1730 Die Schutzfunktion des § 103 BetrVG, die sich mit der des § 15 Abs. 4 KSchG deckt (dazu → Rn. 1708), schließt eine vorherige **Zustimmung des Betriebsrats zu einer außerordentlichen Kündigung aus,** die lediglich an Stelle einer ordentlichen Kündigung nach § 15 Abs. 4 und 5 KSchG tritt. Das ist der Fall, wenn der Mandatsträger **tarifrechtlich unkündbar** ist und deshalb eine außerordentliche Kündigung mit Auslauffrist ausgesprochen wird (dazu → Rn. 1721). Wurde die Ersetzung der Zustimmung des Betriebsrats dennoch beantragt, ist im Zurückweisungsbeschluss klarzustellen, dass es einer Zustimmung des Betriebsrates nicht bedurfte. Dieser Entscheidung kommt präjudizielle Wirkung für den Kündigungsschutzprozess zu.[147]

1. Der wichtige Grund

1731 Nach § 15 Abs. 1, 2 KSchG ist die Kündigung möglich, wenn Tatsachen vorliegen, die den Arbeitgeber zur Kündigung aus wichtigem Grund ohne Einhaltung einer Kündigungsfrist berechtigen. Damit wird klargestellt, dass nur der gesetzliche Tatbestand des wichtigen Grundes, der in § 626 Abs. 1 BGB enthalten ist, die Kündigungsmöglichkeit eröffnet.[148] Eine vertragliche Erweiterung des Kündigungsgrundes ist nicht zulässig. Der Arbeitgeber braucht aber nicht notwendig fristlos zu kündigen.

---

[144] Die Anwendung des § 103 BetrVG auf den Fall der Versetzung eines Betriebsratsmitglieds ist seit dem 28.7.2001 ausdrücklich in § 103 Abs. 3 BetrVG geregelt, der durch das BetrVerf-Reformgesetz vom 23.7.2001 (BGBl. I S. 1852) in das Betriebsverfassungsgesetz eingefügt worden ist. Bis dahin war die Frage umstritten, vgl. LAG Hamm 1.4.1977 EzA BetrVG 1972 § 103 Nr. 19; LAG Hessen 8.5.1995 LAGE BetrVG 1972 § 103 Nr. 10; KR/*Etzel*, 5. Aufl., § 103 BetrVG Rn. 60; DKK/*Kittner*, BetrVG, 7. Aufl., § 103 Rn. 25; *Galperin/Löwisch*, BetrVG, 6. Aufl., § 103 Rn. 4; offengelassen von BAG 21.9.1989 NZA 1990, 314, 316.
[145] LAG Nürnberg 31.1.2014 LAGE BetrVG 2001 § 103 Nr. 15 Rn. 47; KR/*Etzel*, § 103 BetrVG Rn. 161; APS/*Linck*, § 103 BetrVG Rn. 43b; ErfK/*Kania*, § 103 BetrVG Rn. 6.
[146] Vgl. hierzu zB KR/*Etzel*, § 103 BetrVG Rn. 185; WPK/*Preis*, § 103 BetrVG Rn. 41.
[147] BAG 18.9.1997 NZA 1998, 189, 192.
[148] Vgl. BAG 24.11.2005 AP BetrVG 2001 § 103 Nr. 55; 17.3.2005 NZA 2005, 949, 950; 21.6.1995 NZA 1995, 1157, 1158.

§ 7 Kündigungsschutz im Rahmen der Betriebsverfassung

Er kann dem Gekündigten eine soziale Auslauffrist einräumen (→ Rn. 526). Diese kann auch der ordentlichen Kündigungsfrist entsprechen. Nur muss in diesen Fällen klargestellt werden, dass es sich um eine außerordentliche Kündigung handelt. Denn sonst wäre die Nichtigkeit der ordentlichen Kündigung festzustellen. Der Ausspruch einer außerordentlich befristeten Kündigung muss für den Gekündigten erkennbar sein.[149] Diese Fragen sind seit dem BetrVG 1972 nicht mehr von so großer Bedeutung, weil zum wichtigen Grund noch die Zustimmung des Betriebsrats gem. § 103 Abs. 1 BetrVG oder die Entscheidung des Arbeitsgerichts nach § 103 Abs. 2 BetrVG hinzutreten muss. Immerhin kann aber das Arbeitsgericht die Zustimmung nicht nach § 103 Abs. 2 S. 1 BetrVG ersetzen, wenn gar keine außerordentliche Kündigung beabsichtigt ist.

Ein wichtiger Grund, der den Arbeitgeber berechtigt, das Arbeitsverhältnis ohne Einhaltung einer Kündigungsfrist zu kündigen, ist gegeben, wenn Tatsachen vorliegen, auf Grund derer dem Kündigenden unter Berücksichtigung aller Umstände des Einzelfalles und unter Abwägung der Interessen beider Vertragsteile die Fortsetzung des Arbeitsverhältnisses bis zum Ablauf der Kündigungsfrist oder bis zum vereinbarten Ende des Arbeitsverhältnisses nicht zugemutet werden kann (vgl. § 626 Abs. 1 BGB). **1732**

Für die Zumutbarkeitsprüfung bei der außerordentlichen Kündigung eines Betriebsratsmitglieds fehlt es an einem **Bezugszeitraum,** der jedoch begrifflich notwendig ist, um zu entscheiden, ob es dem Arbeitgeber zugemutet werden kann, das Arbeitsverhältnis noch aufrechtzuerhalten. Für Betriebsratsmitglieder gibt es keine Kündigungsfrist. Auch eine Vereinbarung über das Ende des Arbeitsverhältnisses ist in aller Regel nicht getroffen worden. Damit scheiden die gesetzlichen (§ 626 Abs. 1 BGB) Bezugszeitpunkte und die dadurch fixierten Bezugszeiträume für die Beurteilung der Zumutbarkeit der Weiterbeschäftigung aus. Das hat die Rechtsprechung veranlasst, bei der Prüfung der Frage, ob dem Arbeitgeber die Fortsetzung des Arbeitsverhältnisses mit dem Betriebsratsmitglied zumutbar oder unzumutbar ist, **von der Kündigungsfrist auszugehen, die ohne den besonderen Kündigungsschutz des § 15 KSchG für eine ordentliche Kündigung gelten würde.** Ansonsten wäre eine § 78 S. 2 BetrVG widersprechende Benachteiligung der Betriebsratsmitglieder die Folge.[150] Das Benachteiligungsverbot schließt es im Übrigen aus, in den Fällen, in denen eine verhaltensbedingte fristlose Kündigung ggü. dem Betriebsratsmitglied ausgeschlossen ist, zB mit Rücksicht auf die lange Betriebsdauer – etwa in Anlehnung an die Rechtsprechung zu tariflich unkündbaren Arbeitnehmern (→ Rn. 765, 766) – eine verhaltensbedingte außerordentliche Kündigung unter Gewährung einer Auslauffrist in Betracht zu ziehen.[151] **1733**

Eine außerordentliche Beendigungs- oder Änderungskündigung des nach § 15 Abs. 1–Abs. 3a KSchG geschützten Personenkreises aus krankheitsbedingten Gründen **1733a**

---

[149] BAG 5.7.1979 NJW 1980, 359; 9.12.1954 AP GewO § 123 Nr. 1; KR/*Fischermeier*, § 626 BGB Rn. 30; auch → Rn. 526.

[150] BAG 17.1.2008 NZA 2008, 777 Rn. 21; 27.9.2001 NZA 2002, 815 Os.; KR/*Fischermeier*, § 626 BGB Rn. 133; *Grau/Schaut* BB 2014, 757, 760; HHL/*v. Hoyningen-Huene*, § 15 KSchG Rn. 97; APS/*Linck*, § 15 KSchG Rn. 127; vgl. auch BAG 26.3.2009 AP BGB § 626 Nr. 220; 12.5.2010 NZA-RR 2011, 15, 16; 19.7.2012 NZA 2013, 143 Rn. 44; LAG München 28.4.2014 – 2 TaBV 44/13 – juris Rn. 100; a.A. KR/*Etzel*, § 15 KSchG Rn. 23; LSW/*Wertheimer*, § 15 KSchG Rn. 64; a.A. auch für außerordentliche Änderungskündigung BAG 21.6.1995 NZA 1995, 1157, 1159; 18.5.2006 NZA-RR 2007, 272; dazu näher → Rn. 1738, 1739; vgl. auch LAG Köln 7.2.2007 LAGE BetrVG 2001 § 103 Nr. 5 bzgl. Wahlbewerber.

[151] BAG 21.6.2012 NZA 2013, 224 Rn. 12; 12.5.2010 NZA-RR 2011, 15, 16; 17.1.2008 NZA 2008, 777 Rn. 28; a.A. KR/*Etzel*, § 15 KSchG Rn. 22, 23; TLL/*Thüsing*, § 15 KSchG Rn. 53.

bzw. gesundheitlicher Beeinträchtigung (allg. → Rn. 1245 ff.) kommt allenfalls ausnahmsweise in Betracht.[152] Zur **außerordentlichen betriebsbedingten Änderungskündigung** näher → Rn. 1738.

a) Fallgruppen zum wichtigen Grund

1734 Bei der Prüfung, ob im Einzelfall ein wichtiger Grund iSv § 626 Abs. 1 BGB vorliegt, steht das Betriebsratsmitglied für die Beurteilung des wichtigen Grundes zur außerordentlichen Kündigung, was die Frage der Pflichtverletzung aus dem Arbeitsvertrag und die Schwere dieser Verletzung angeht, im Grundsatz jedem anderen Arbeitnehmer gleich. Das gilt uneingeschränkt, wenn ein Verhalten vorliegt, das mit dem Betriebsratsamt nicht im Zusammenhang steht.[153] Ist jedoch ein Verhalten zu bewerten, das der Betriebsratstätigkeit entspricht und das **zugleich eine Amts- und eine Arbeitsvertragsverletzung** sein kann, dann ist an die Annahme einer schweren Verletzung des Arbeitsvertrages, also an die Berechtigung der außerordentlichen Kündigung, **ein strengerer Maßstab anzulegen** als bei einem anderen Arbeitnehmer, der nicht dem Betriebsrat angehört.[154] Letztlich entscheidend kommt es auch hier auf den Begriff des wichtigen Grundes iSv § 626 Abs. 1 BGB an. Verletzt das Betriebsratsmitglied **nur seine Amtspflichten,** scheidet die außerordentliche Kündigung aus. Hiergegen ist nach § 23 Abs. 1 S. 1 BetrVG (Amtsenthebung) vorzugehen.[155]

1735 Richtschnur bei der außerordentlichen Kündigung von Betriebsmitgliedern muss sein, dass sie einerseits nicht besser, aber auch nicht schlechter gestellt werden dürfen als die übrigen Arbeitnehmer. So hat das BAG entschieden, die außerordentliche Kündigung eines Betriebsrats sei unwirksam, wenn mehrere Arbeitnehmer zusammen einen Grund iSv § 626 Abs. 1 BGB gegeben hätten, der Arbeitgeber aber nur das Betriebsratsmitglied entlasse, weil bei ihm die Pflichtverletzung schwer wiege.[156] Als einen schweren Verstoß auch gegen arbeitsvertragliche Pflichten hat das BAG eine **parteipolitische Agitation im Betrieb**[157] angesehen, durch die der Betriebsfrieden gestört wurde.[158] Als Grund zur außerordentlichen Kündigung ist die Aufforderung anzuerkennen, langsam zu arbeiten. Überhaupt darf ein Betriebsratsmitglied die Arbeitnehmer nicht zum vertragswidrigen Handeln oder zur Nichtbeachtung der Arbeitsordnung oder zum wilden Streik auffordern. Die Äußerung, ein Arbeiter solle der Gewerkschaft beitreten, anderenfalls müsse er zu einer gegebenen Zeit als erster mit

---

[152] Vgl. für Beendigungskündigung BAG 18.2.1993 NZA 1994, 74, 75; offen gelassen für Änderungskündigungen von BAG 20.3.2014 NZA 2014, 1089 Rn. 21.

[153] Vgl. BAG 23.10.2008 NZA 2009, 855 Rn. 19; LAG Köln 28.11.1996 LAGE KSchG § 15 Nr. 14; HHL/*v. Hoyningen-Huene,* § 15 KSchG Rn. 94; ErfK/*Kiel,* § 15 KSchG Rn. 23; APS/*Linck,* § 15 KSchG Rn. 125.

[154] BAG 19.7.2012 NZA 2013, 143 Rn. 49; 12.5.2010 NZA-RR 2011, 15, 16; 5.11.2009 AP KSchG 1969 § 15 Nr. 65 Rn. 30; LAG Baden-Württemberg 9.9.2011 BeckRS 2011, 76075 (heimliche Übertragung einer Betriebsratssitzung an Dritte); LAG Berlin-Brandenburg 11.12.2012 NZA-RR 2013, 293, 294; HHL/*v. Hoyningen-Huene,* § 15 KSchG Rn. 100; *Gamillscheg* II, S. 462; Staudinger/*Preis,* § 626 Rn. 269. Krit. zur Rechtsprechung des BAG *Buchner,* FS *Müller,* 1981, S. 93, 110; KR/*Etzel,* § 15 KSchG Rn. 26a; KDZ/*Deinert,* § 15 KSchG Rn. 41.

[155] BAG 19.7.2012 NZA 2013, 143 Rn. 39; 12.5.2010 NZA-RR 2011, 15, 16; 23.10.2008 NZA 2009, 855 Rn. 19; zu § 23 Abs. 1 BetrVG vgl. zB LAG Berlin-Brandenburg 12.11.2012 NZA-RR 2013, 293 Rn. 28 ff.; LAG Hessen 23.5.2013 BeckRS 2013, 70451.

[156] BAG 13.10.1955 AP KSchG § 13 Nr. 3 mit Anm. *A. Hueck.*

[157] Zum Begriff „parteipolitischer Betätigung" vgl. BVerfG 28.4.1976 AP BetrVG 1972 § 74 Nr. 2.

[158] BAG 13.1.1956 AP KSchG § 13 Nr. 4; 3.12.1954 AP KSchG § 13 Nr. 2. Die fortgesetzte Störung des Betriebsfriedens ist von LAG Köln 28.11.1996 LAGE KSchG § 15 Nr. 14 als wichtiger Grund anerkannt worden.

§ 7 Kündigungsschutz im Rahmen der Betriebsverfassung

der Entlassung rechnen, kann als wichtiger Grund iSv § 626 Abs. 1 BGB in Betracht kommen.

Politische Meinungsäußerungen oder politische Betätigung eines Arbeitnehmers können eine Kündigung nur dann rechtfertigen, wenn das **Arbeitsverhältnis hierdurch konkret beeinträchtigt** wird. Eine abstrakte Gefährdung des Betriebsfriedens reicht keinesfalls aus. Die Beeinträchtigung des Arbeitsverhältnisses kann im **Leistungsbereich** liegen, im **Bereich der Verbundenheit der Mitarbeiter im Betrieb (Betriebsfrieden)**, im **Vertrauensbereich** der Vertragspartner und im Unternehmensbereich. Dabei ist auch zu berücksichtigen, dass i.d.R. eine Abmahnung erforderlich ist, bevor die Kündigung ausgesprochen wird (allg. → Rn. 1201). Zu beachten ist stets, dass das „Haben einer Überzeugung" und die Mitteilung davon an andere keinen Grund zur außerordentlichen Kündigung darstellte, solange dadurch die erwähnten verschiedenen Bereiche des Arbeitsverhältnisses nicht betroffen werden und die allgemeinen Voraussetzungen des wichtigen Grundes iSv § 626 Abs. 1 BGB fehlen.[159] Vgl. → Rn. 522ff. und namentlich Rn. 546.

1736

b) Außerordentliche betriebsbedingte Änderungskündigung

§ 15 Abs. 1 KSchG schließt die **ordentliche Kündigung** eines Mitglieds des Betriebsrats, d.h. also auch die ordentliche Kündigung, die auf betriebsbedingte Gründe gestützt wird, aus. Sie ist unzulässig, es sei denn, die Tatbestände des § 15 Abs. 4 oder 5

1737

---

[159] BAG 11.12.1975 AP KSchG 1969 § 15 Nr. 1. Die vorsätzliche Falschaussage eines Betriebsratsmitglieds in einem den eigenen Arbeitgeber betreffenden Beschlussverfahren bzw. seine Bereitschaft, im Prozess gegen den Arbeitgeber vorsätzlich falsch auszusagen, ist geeignet, eine außerordentliche Kündigung zu rechtfertigen, BAG 5.11.2009 AP KSchG 1969 § 15 Nr. 65 bzw. BAG 16.10.1986 AP BGB § 626 Nr. 95; ebenso die Abgabe einer falschen eidesstattlichen Versicherung in einem Rechtsstreit mit dem Arbeitgeber, BAG 24.11.2005 AP BetrVG 1972 § 103 Nr. 55; LAG Berlin-Brandenburg 5.3.2007 BB 2007, 1396 Ls. Der Verstoß gegen ein Rauchverbot in einem Betrieb mit hoher Brandgefahr kann einen wichtigen Grund iSv § 626 Abs. 1 BGB darstellen, BAG 27.9.2012 NZA 2013, 425 Rn. 35; LAG Schleswig-Holstein 27.8.2013 BeckRS 2013, 72646; ebenso Konkurrenztätigkeit während des Arbeitsverhältnisses, LAG Düsseldorf 4.9.2013 BeckRS 2013, 73414. Wiederholte Verspätungen (104 Fälle) nach mehreren Abmahnungen hat das BAG nicht unbedingt als Grund für eine außerordentliche Kündigung anerkannt, vgl. BAG 17.3.1988 NZA 1989, 261, 263f.; zu dieser Entscheidung vgl. → Rn. 651. Zur Frage der außerordentlichen Kündigung eines Personalratsmitglieds wegen Zeigen des „Stinkefingers" ggü. Vorgesetzten vgl. BayVGH 22.4.2013 NZA-RR 2013, 518 Rn. 27; zu einem Vergleich der Arbeitsbedingungen im Betrieb mit denen im KZ vgl. LAG Berlin-Brandenburg 2.10.2014 NZA-RR 2015, 125ff.; zu unwahren Tatsachenbehauptungen in Funk und Fernsehen über die Arbeitsbedingungen beim Arbeitgeber, ArbG Mannheim 19.8.2008 BeckRS 2008, 56899. Die Annahme eines auf mehrere Jahre befristeten Wahlamtes als gewerkschaftlicher Landesvorsitzender kann auch für ein freigestelltes Betriebsratsmitglied einen wichtigen Grund für eine Kündigung darstellen, LAG Berlin 16.10.1995 LAGE KSchG § 15 Nr. 13. Besteht der dringende Verdacht, das Betriebsratsmitglied habe sich ein die Arbeitsunfähigkeit bestätigendes ärztliches Attest erschlichen, kann das Arbeitsverhältnis fristlos gekündigt werden, LAG Berlin 3.8.1998 LAGE KSchG § 15 Nr. 17. Der Arbeitgeber ist auf Grund der nach §§ 1, 2 Abs. 1 Nr. 2, 3 Abs. 4 AGG iVm § 12 Abs. 1 S. 2 AGG zu treffenden vorbeugenden Maßnahmen gegen sexuelle Belästigung am Arbeitsplatz berechtigt, ein der sexuellen Belästigung beschuldigtes Betriebsratsmitglied zu entlassen, wenn ihm die Tat nachgewiesen werden kann, vgl. LAG Hamm 25.5.2007 LAGE BGB 2002 § 626 Nr. 11a. Die Kündigung wegen Verdachts sexueller Belästigung bleibt nach allgemeinen Grundsätzen zulässig, BAG 8.6.2000 NZA 2001, 91, 94. Verkauf von Schrott aus dem Betrieb des Arbeitgebers als wichtiger Grund anerkannt von BAG 10.2.1999 NZA 1999, 708, 709. Unerlaubt und heimlich auf Kosten des Arbeitgebers geführte Privattelefonate können eine außerordentliche Kündigung rechtfertigen, BAG 4.3.2004 NZA 2004, 717, 719. Vom Arbeitnehmer zu Lasten des Arbeitgebers begangene Vermögensdelikte rechtfertigen regelmäßig eine außerordentliche Kündigung, BAG 16.12.2004 AP BGB § 626 Nr. 191; LAG München 3.3.2011 BeckRS 2011, 78667; zum Tatverdacht LAG Niedersachsen 20.3.2009 BeckRS 2009, 65210.

KSchG lägen vor (→ Rn. 1700 ff. und Rn. 1709 ff.). § 15 Abs. 1 KSchG erfasst auch die Änderungskündigung, die einem **einzelnen Betriebsratsmitglied** ggü. ausgesprochen wird (zur sog. Massenänderungskündigung → Rn. 1698 f.). Unterhalb der Tatbestände der Betriebsstilllegung oder der Stilllegung einer Betriebsabteilung sind eine Fülle anderer **betriebsbedingter Organisationsentscheidungen** denkbar, bei denen sich die Frage stellt, ob sie auch dann ggü. einer größeren Gruppe von Arbeitnehmern durchgesetzt werden können, wenn zu ihr besonders durch § 15 Abs 1, 4 und 5 KSchG geschützte Arbeitnehmer gehören. Da das BAG im Gegensatz zur ganz h. L. auch bei der sog. **Massenänderungskündigung** die Einbeziehung der Mandatsträger ablehnt (dazu → Rn. 1697 ff.), hat es den Standpunkt vertreten, nur die außerordentliche Änderungskündigung aus wichtigem Grund eröffne dem Arbeitgeber den Weg, die Arbeitsbedingungen einer Gruppe von Arbeitnehmern oder aller Arbeitnehmer des Betriebes zu ändern. Ein solches auf betriebsbedingte Gründe beruhendes außerordentliches Kündigungsrecht sei auch ggü. einem Amtsträger nicht grundsätzlich ausgeschlossen.[160] Allerdings dürfe bei der Prüfung der Zumutbarkeit bzw. der Unzumutbarkeit der Änderung der Arbeitsbedingungen nach § 626 Abs. 1 BGB der befristete Ausschluss der ordentlichen Kündigung nach § 15 Abs. 1 S. 1 KSchG nicht zu Ungunsten der Mandatsträger berücksichtigt werden. Andernfalls würde sich der Arbeitgeber entgegen dem Schutzzweck des § 15 Abs. 1 S. 1 KSchG durch eine außerordentliche Kündigung leichter von einem Amtsträger als von einem anderen (nur) durch § 1 Abs. 1 KSchG geschützten Arbeitnehmer trennen können. Deshalb sei bei der Zumutbarkeitsprüfung die Frist zugrunde zu legen, die ohne den besonderen Kündigungsschutz bei einer ordentlichen Kündigung gelten würde.[161] Begründet sei die außerordentliche Änderungskündigung nur, wenn die alsbaldige Änderung der Arbeitsbedingungen für den Arbeitgeber **unabweisbar notwendig** sei. Darüber hinaus müsse die Änderung der Arbeitsbedingungen für den Gekündigten zumutbar sein.

1738, Nachdem das BAG am 18.2.1993[162] seine Rechtsprechung zur Zumutbarkeitsprüfung – Anwendung der fiktiven Kündigungsfrist – im Falle einer **Beendigungskündigung** nach § 626 Abs. 1 BGB aus krankheitsbedingten Gründen ausdrücklich bestätigt hatte, gab es am 21.6.1995 für den Fall der **außerordentlichen betriebsbedingten Änderungskündigung** die bisherige Rechtsprechung auf und erkannte, für die Zumutbarkeitsprüfung sei nun an Stelle der fiktiven Kündigungsfrist die **absehbare Dauer des besonderen Kündigungsschutzes einschließlich des Nachwirkungszeitraums** zugrunde zu legen.[163]

2. Die Zustimmung des Betriebsrats

1740 Der Arbeitgeber hat nach § 103 Abs. 1 BetrVG beim Betriebsrat den Antrag auf Zustimmung zur außerordentlichen Kündigung zu stellen – dieser muss beim Betriebsrat innerhalb der Zweiwochenfrist des § 626 Abs. 2 S. 1 BGB eingehen (näher → Rn. 1751 ff.) – und ihm dabei die Kündigungsgründe mitzuteilen.[164] Das liegt in seinem eigenen Interesse, da er kaum erwarten kann, dass der Betriebsrat einem nicht bzw. nicht ausreichend begründeten Antrag seine Zustimmung erteilen wird. Hin-

---

[160] BAG 6.3.1986 NZA 1987, 102, 103.
[161] BAG 6.3.1986 NZA 1987, 102, unter B II 4a.
[162] NZA 1994, 74, 75 f.
[163] BAG 21.6.1995 AP KSchG 1969 § 15 Nr. 34 mit krit. Anm. *Preis*; ebenso BAG 24.6.2004 NZA 2005, 156, 158.
[164] Vgl. BAG 23.4.2008 NZA 2008, 1081 Rn. 23.

sichtlich der Art und des Umfangs der Informationen gelten dieselben Grundsätze wie zur Anhörung des Betriebsrats nach § 102 Abs. 1 S. 2 BetrVG (→ Rn. 326 ff.).[165] Die Rechtsprechung lässt im Verfahren der Ersetzung der Zustimmung des Betriebsrats die Verwendung von Gründen nicht zu, die dem Betriebsrat nicht mitgeteilt und deshalb von ihm nicht berücksichtigt werden konnten.[166] Es gilt hier, wie auch bei der Anhörung des Betriebsrats nach § 102 Abs. 1 S. 1 BetrVG, der **Grundsatz** der **subjektiven Determination,** d.h. die Mitteilungspflicht erstreckt sich nur auf diejenigen Gründe, auf die der Arbeitgeber die Kündigung stützen will, die ihn zur Kündigung veranlasst haben (→ Rn. 336).[167] Zur Mitteilung der fiktiven Kündigungsfrist ist der Arbeitgeber nicht verpflichtet.[168] Jedoch muss er, wie nach § 102 Abs. 1 S. 2 BetrVG,[168a] dem Betriebsrat mitteilen, wann er Kenntnis von den Kündigungstatsachen erhalten hat, um dem Betriebsrat eine Stellungnahme zur Einhaltung der Kündigungserklärungsfrist des § 626 Abs. 2 S. 1 BGB zu ermöglichen.[169]

Hat der Arbeitgeber irrtümlich ein Anhörungsverfahren nach § 102 Abs. 1 S. 1 BetrVG eingeleitet, ersetzt die Zustimmung des Betriebsrats zur beabsichtigten außerordentlichen Kündigung den fehlenden Antrag, wenn der Betriebsrat in Kenntnis des Vorliegens der Voraussetzungen des Sonderkündigungsschutzes von sich aus eine Zustimmung nach § 103 Abs. 1 BetrVG erteilt. Voraussetzung ist allerdings, dass die Information über den Kündigungsgrund nach § 102 Abs. 1 S. 2 BetrVG auch den Anforderungen an eine inhaltliche Unterrichtung nach § 103 Abs. 1 BetrVG entspricht und der Betriebsrat um den besonderen Kündigungsschutz des zu kündigenden Arbeitnehmers weiß.[170] **1741**

a) Die Entscheidung des Betriebsrats

Die Entscheidung über die Zustimmung zur außerordentlichen Kündigung gem. § 103 Abs. 1 BetrVG erfolgt durch Beschluss des Betriebsrats, ggf. durch Beschluss des nach den §§ 27 Abs. 2 S. 2 1. Hs., 28 Abs. 1 S. 1 BetrVG zuständigen Ausschusses. Das Gesetz macht keine Ausnahme, so dass keine Bedenken bestehen, auch diese Angelegenheit auf einen Ausschuss zu übertragen.[171] Allerdings sind an die Wirksamkeit des Übertragungsbeschlusses besondere Anforderungen zu stellen.[172] **1742**

Das **betroffene Betriebsratsmitglied** darf im Zustimmungsverfahren nach § 103 Abs. 1 BetrVG **weder abstimmen noch** darf es **an der Beratung** über den Antrag des Arbeitgebers in der Betriebsratssitzung **teilnehmen,** da es sonst die Meinungsbildung des Betriebsrats beeinflussen könnte.[173] Es ist während der Beratung und Ab- **1743**

---

[165] BAG 23.4.2008 NZA 2008, 1081 Rn. 23; 18.8.1977 AP BetrVG 1972 § 103 Nr. 10 mit Anm. *G. Hueck; Grau/Schaut,* BB 2014, 757, 760; vgl. auch LAG Hamm 7.8.2009 BeckRS 2009, 74904; LAG Hessen 28.8.2008 ArbuR 2009, 226 L.
[166] Vgl. BAG 27.5.1975 AP BetrVG 1972 § 103 Nr. 4 mit Anm. *G. Hueck;* 22.8.1974 AP BetrVG 1972 § 103 Nr. 1 mit Anm. *G. Hueck;* HHL/*v. Hoyningen-Huene,* § 15 KSchG Rn. 134.
[167] Vgl. BAG 23.4.2008 NZA 2008, 1081 Rn. 23.
[168] LAG Baden-Württemberg 15.5.1996 LAGE BetrVG 1972 § 103 Nr. 12.
[168a] LAG Hamm 29.5.2009 BeckRS 2009, 73671; APS/*Koch,* § 102 BetrVG Rn. 129; vgl. auch BAG 11.7.2013 NZA 2014, 250 Rn. 34.
[169] LAG Hessen 28.8.2008 BeckRS 2008, 57707.
[170] BAG 17.3.2005 NZA 2005, 1064, 1069.
[171] Vgl. näher BAG 17.3.2005 NZA 2005, 1064, 1066; ebenso *Fitting,* § 103 BetrVG Rn. 32; KDZ/*Kittner,* § 103 BetrVG Rn. 33; APS/*Linck,* § 103 BetrVG Rn. 9; Richardi/*Thüsing,* § 103 BetrVG Rn. 43; a. A. LAG Köln 28.8.2001 LAGE BetrVG § 103 Nr. 18; ErfK/*Kania,* § 103 BetrVG Rn. 7.
[172] Hierzu näher BAG 17.3.2005 NZA 2005, 1064, 1066 f.
[173] Vgl. BAG 23.8.1984 NZA 1985, 254, 255; 26.8.1981 AP BetrVG 1972 § 103 Nr. 13 mit Anm. *Bickel;* LAG Hamm 26.1.2007 BeckRS 2007, 41950 juris; KR/*Etzel,* § 103 BetrVG Rn. 80;

stimmung **rechtlich** (vgl. auch → Rn. 1684) **zeitweilig verhindert,** so dass nach § 25 Abs. 1 S. 2 BetrVG ein **Ersatzmitglied an seine Stelle** tritt.[174] Wird kein Ersatzmitglied geladen, nimmt vielmehr das betroffene Betriebsratsmitglied an der Beratung über seine eigene Kündigung teil, ist der Beschluss nichtig.[175] Die Anhörung des Betriebsratsmitglieds schadet nicht.[176] Allerdings ist ein von einer beabsichtigten außerordentlichen Kündigung betroffenes Betriebsratsmitglied dann nicht wegen Interessenkollision verhindert, an einer Betriebsratssitzung beratend und abstimmend teilzunehmen, wenn der Betriebsrat gegen die einseitige Einstellung eines Mitarbeiters nach §§ 99, 101 BetrVG vorgehen will, der das Betriebsratsmitglied wegen der beabsichtigten außerordentlichen Kündigung ersetzen soll.[177]

1744 Will der Arbeitgeber **allen Mitgliedern des Betriebsrats** außerordentlich kündigen, muss er dennoch, auch wenn keine Ersatzmitglieder vorhanden sind, die Zustimmung des Betriebsrats einholen. Das einzelne Betriebsratsmitglied kann nur nicht bei der Beschlussfassung über seine eigene Kündigung mitstimmen. Es ist jedoch nicht gehindert, über die Kündigung der anderen Betriebsratsmitglieder zu beschließen, selbst wenn alle Kündigungen mit derselben Pflichtverletzung begründet werden. Den Interessenkonflikt der Betriebsratsmitglieder hat das BAG nicht als einen Hinderungsgrund angesehen.[178] In diesem Fall erscheint es jedoch sachgerechter, analog § 103 Abs. 2 BetrVG die gerichtliche Ersetzung der Zustimmung unmittelbar zu eröffnen.[179] Beabsichtigt der Arbeitgeber, das **einzige Betriebsratsmitglied** (vgl. § 9 S. 1 BetrVG) außerordentlich zu kündigen, ist die Zustimmung des Ersatzmitglieds notwendig. Ist ein Ersatzmitglied nicht oder nicht mehr vorhanden, hat der Arbeitgeber analog § 103 Abs. 2 BetrVG 1972 die Zustimmung des Arbeitsgerichts einzuholen.[180]

1745 Der Betriebsrat ist auch für die Erteilung der Zustimmung zur außerordentlichen Kündigung eines **Jugend- und Auszubildendenvertreters** zuständig. Die Jugendvertreter, mit Ausnahme des Betroffenen, haben nach § 67 Abs. 2 BetrVG Stimmrecht.

1746 Die Zustimmung kann **formlos** erteilt werden. Das gilt auch für die Ablehnung der Zustimmung durch den Betriebsrat. Es besteht kein Schriftformzwang. Auf die Zustimmung nach § 103 Abs. 1 BetrVG sind die §§ 182 Abs. 3, 111 S. 2 BGB nicht anwendbar, da es sich bei § 103 BetrVG um eine in sich geschlossene Sonderregelung handelt.[181] Der Empfänger muss annehmen können, dass der Betriebsrat mit der außerordentlichen Kündigung seines Mitglieds einverstanden ist. Die Zustimmung kann darin liegen, dass der Betriebsrat erklärt, er habe gegen die Kündigung keine Bedenken. Die Abgabe dieser Erklärung in Kenntnis der Notwendigkeit der Zustimmung nach § 103 Abs. 1 BetrVG – davon ist auszugehen – muss als Zustimmung auf Grund schlüssigen Verhaltens gewertet werden.[182]

HHL/*v. Hoyningen-Huene/Linck*, § 15 KSchG Rn. 109; Richardi/*Thüsing*, § 103 BetrVG Rn. 47; GK-BetrVG/*Raab*, § 103 Rn. 60.

[174] Vgl. BAG 3.8.1999 NZA 2000, 440,441; 23.8.1984 NZA 1985, 254, 255; LAG Hamm 26.1.2007 BeckRS 2007, 41950; vgl. auch Fall des ArbG Berlin 1.2.2013 BeckRS 2013, 67252.
[175] BAG 23.8.1984 NZA 1985, 254, 255.
[176] Vgl. *Gamillscheg*, ZfA 1977, 293.
[177] LAG Hamm 10.3.2006 NZA-RR 2006, 581 Ls.
[178] Vgl. BAG 25.3.1976 AP BetrVG 1972 § 103 Nr. 6; *Oetker*, ArbuR 1987, 229; KR/*Etzel*, § 103 BetrVG Rn. 80a; HHL/*v. Hoyningen-Huene*, § 15 KSchG Rn. 110.
[179] Dagegen KR/*Etzel*, § 15 KSchG Rn. 80a.
[180] BAG 14.9.1994 BeckRS 1994, 30750915; 16.12.1982 AP KSchG 1969 § 15 Nr. 13 mit Anm. *Kraft*.
[181] Vgl. BAG 4.3.2004 NZA 2004, 717, 718.
[182] Die Frage, ob die Zustimmung unter einer Bedingung erteilt werden kann, ist streitig, vgl. eingehend KR/*Etzel*, § 103 BetrVG Rn. 93; offengelassen von BAG 1.12.1977 AP BetrVG 1972 § 103 Nr. 11.

§ 7 Kündigungsschutz im Rahmen der Betriebsverfassung

Hat der Betriebsrat zunächst die Zustimmung verweigert, ist er nicht gehindert, diese später, etwa während des Laufs des Ersetzungsverfahrens (§ 103 Abs. 2 S. 1 BetrVG), zu erteilen. Das Beschlussverfahren ist dann nach § 83a Abs. 2 S. 1 ArbGG einzustellen, wenn alle Beteiligten das Verfahren für erledigt erklärt haben. Geschieht dies nicht, hat das Arbeitsgericht nach § 83a Abs. 3 S. 1 ArbGG zu verfahren, wenn der Antragsteller das Verfahren für erledigt erklärt hat. Stimmen nicht alle Beteiligten zu bzw. gilt ihre Zustimmung nach § 83a Abs. 3 S. 2 ArbGG nicht als erteilt, gelten die Grundsätze über die einseitige Erledigungserklärung im Beschlussverfahren. Danach ist zu prüfen, ob ein erledigendes Ereignis eingetreten ist.[183] Das ist bei einer nachträglichen Erteilung der Zustimmung der Fall, so dass das Verfahren entsprechend § 83a Abs. 2 S. 1 ArbGG einzustellen ist.[184] Teilt der Betriebsrat dem Arbeitgeber mit, er stimme der Kündigung an sich zu, verlange aber noch eine Bestätigung eines vom Arbeitgeber benannten Belastungszeugen, ist das Verfahren noch nicht abgeschlossen.[185] **1747**

Der Betriebsrat hat bei der Entscheidung über die Zustimmung keine Ermessensfreiheit, sondern hat die Zustimmung dann zu erteilen, wenn in der Person des betroffenen Mitglieds ein wichtiger Grund iSv § 626 Abs. 1 BGB vorliegt.[186] Erklärt sich der Betriebsrat nicht, gilt sein **Schweigen** als Verweigerung der Zustimmung, so dass der Arbeitgeber nunmehr die Ersetzung der Zustimmung durch das Arbeitsgericht beantragen kann. Der Betriebsrat muss unverzüglich zusammentreten und über die Frage der Zustimmung beschließen. Man wird hier § 102 Abs. 2 S. 3 BetrVG analog anwenden können, so dass der Arbeitgeber nach Ablauf der dort gesetzten Frist das Arbeitsgericht anrufen kann.[187] Wird der Ersetzungsantrag vorher gestellt, d.h. vor Ablauf der Frist des § 102 Abs. 2 S. 3 BetrVG bzw. vor der Zustimmungsverweigerung des Betriebsrats, ist er unzulässig und wahrt nicht die Ausschlussfrist des § 626 Abs. 2 S. 1 BGB.[188] **1748**

Unterschiedlich beurteilt wird die Frage, wie sich **Verfahrensmängel** auswirken, ob zB der der Zustimmung zugrunde liegende Beschluss des Betriebsrats nichtig ist, wenn die Erklärung des Vorsitzenden ohne einen entsprechenden Beschluss des Betriebsrats bzw. zeitlich bereits vor einer Entscheidung des Betriebsrats abgegeben worden ist. Obwohl Beschlüsse des Betriebsrats nur bei Vorlage grober Verfahrensmängel bzw. dann nichtig sind, wenn sie einen gesetzwidrigen Inhalt haben, wird die Praxis nicht ohne **Vertrauensschutz** zugunsten des Arbeitgebers auskommen können. Der Arbeitgeber hat gar keine Möglichkeit, zu überprüfen, ob die zustimmende Erklärung des Vorsitzenden des Betriebsrats durch einen wirksamen Beschluss des Betriebsrats gedeckt ist oder nicht. Er darf sich grundsätzlich darauf verlassen, dass Erklärungen des Vorsitzenden den Beschlüssen des Betriebsrats entsprechen. Andererseits ist zu beachten, dass § 103 Abs. 1 BetrVG ein **Mitbestimmungsrecht des Betriebsrats** statuiert, das von ihm als Gremium durch Beschluss wahrzunehmen ist. Die Übertragung der Grundsätze der Rechtsscheinhaftung ist nicht ausreichend, da dann verlangt werden müsste, dass der gesamte Betriebsrat das Verhalten des Vorsitzenden kennt und un- **1749**

---

[183] Vgl. allg. BAG 15.2.2012 BeckRS 2012, 67612 Rn. 5 ff.; 8.12.2010 NZA 2010, NZA 2011, 362 Rn. 8.
[184] BAG 23.6.1993 NZA 1993, 1052, 1054; 17.9.1981 AP BerVG 1972 § 103 Nr. 14; 27.5.1975 AP BetrVG 1972 § 103 Nr. 4 mit Anm. *G. Hueck*.
[185] BAG 1.12.1977 AP BetrVG 1972 § 103 Nr. 11.
[186] BAG 25.3.1976 AP BetrVG 1972 § 103 Nr. 6; KR/*Etzel*, § 103 BetrVG Rn. 85; HHL/*v. Hoyningen-Huene*, § 15 KSchG Rn. 123; a. A. *Gamillscheg*, ZfA 1977, 239, 294.
[187] BAG 18.8.1977 AP BetrVG 1972 § 103 Nr. 10 mit Anm. *G. Hueck*; KR/*Etzel*, § 103 BetrVG Rn. 94; *Grau/Schaut*, BB 2014, 757, 760; HHL/*v. Hoyningen-Huene*, § 15 KSchG Rn. 121.
[188] BAG 24.10.1996 NZA 1997, 371, 372.

tätig bleibt. Den widerstreitenden Interessen dürfte es entsprechen, die allgemeinen Grundsätze des Vertrauensschutzes anzuwenden und eine wirksame Zustimmungserklärung dann nicht mehr anzunehmen, wenn der Arbeitgeber im Zeitpunkt der Abgabe der Zustimmungserklärung weiß, dass der Beschluss des Betriebsrats über die Zustimmung zur Kündigung unwirksam ist bzw. gar kein Beschluss gefasst worden ist oder er auf Grund tatsächlicher Umstände berechtigte Zweifel an einem ordnungsmäßigen Beschluss (vgl. § 33 BetrVG) haben musste.[189] Eine Erkundigungspflicht des Arbeitgebers besteht insoweit aber nicht.[190]

b) Zeitpunkt der Zustimmung

1750   Die Zustimmung zur außerordentlichen Kündigung ist **Wirksamkeitsvoraussetzung** für jede außerordentliche Kündigung, auch wenn sie nur vorsorglich erklärt wird. Sie muss stets **vor dem Ausspruch der Kündigung** vorliegen. Das gilt auch für die Entscheidung des Gerichts, die die Zustimmung ersetzt. Nachträglich kann die Zustimmung nicht mehr erteilt oder durch das Gericht ersetzt werden. Das folgt aus dem Zweck der gesetzlichen Regelung, durch die verhindert werden soll, dass ein Mitglied des Betriebsrats durch unberechtigte oder willkürliche Kündigungen aus dem Betrieb entfernt werden kann.[191]

c) Bedeutung des § 626 Abs. 2 BGB

1751   Nach § 626 Abs. 2 S. 1 BGB kann die außerordentliche Kündigung nur innerhalb von zwei Wochen erfolgen. Die Frist **beginnt** gem. § 626 Abs. 2 S. 2 BGB mit dem Zeitpunkt, in dem der Kündigungsberechtigte von dem für die **Kündigung maßgebenden Tatsachen Kenntnis erlangt** (dazu Einzelheiten → Rn. 794 ff.). Die Ausschlussfrist gilt auch im Regelungsbereich des § 103 BetrVG.[192] Zum Fristbeginn gibt es keine Besonderheiten. Abzustellen ist auf die Kenntnis des Arbeitgebers.[193] Fehlt der Arbeitnehmer unentschuldigt, beginnt die Ausschlussfrist frühestens mit dem Ende der unentschuldigten Fehlzeit.[194]

1751a   Innerhalb der Frist des § 626 Abs. 2 S. 1 BGB hat der Arbeitgeber alles zu unternehmen, um die beabsichtigte Kündigung auszusprechen. Er muss also innerhalb der Frist die Zustimmung des Betriebsrats beantragen, und zwar so rechtzeitig, dass er nach evtl. Verweigerung der Zustimmung oder Schweigen des Betriebsrats – die Frist des § 102 Abs. 2 S. 3 BetrVG ist hier analog anzuwenden – auch noch innerhalb der Frist die Ersetzung der Zustimmung beim Arbeitsgericht beantragen kann. Dieser Antrag (näher → Rn. 1756) muss also **innerhalb der Zwei-Wochen-Frist** beim Arbeitsgericht **eingehen**.[195] Kün-

---

[189] BAG 23.8.1984 NZA 1985, 254, 257; 17.3.2005 NZA 2005, 1064, 1067; KR/*Etzel*, § 103 BetrVG Rn. 107; HHL/*v. Hoyningen-Huene*, § 15 KSchG Rn. 126; APS/*Linck*, § 103 BetrVG 20a; WPK/*Preis*, § 103 BetrVG Rn. 29.
[190] BAG 28.8.1984 NZA 1985, 254, 256 f.; KR/*Etzel*, § 103 BetrVG Rn. 107; HHL/*v. Hoyningen-Huene*, § 15 KSchG Rn. 126; APS/*Linck*, § 103 BetrVG Rn. 20a; WPK/*Preis*, § 103 BetrVG Rn. 29.
[191] BAG 1.12.1977 AP BetrVG 1972 § 103 Nr. 11; 4.3.1976 AP BetrVG 1972 § 103 Nr. 5; 20.3.1975 AP BetrVG 1972 § 103 Nr. 2 mit Anm. *Richardi*.
[192] BAG 24.10.1996 NZA 1997, 371; 18.8.1977 AP BetrVG 1972 § 103 Nr. 10 mit Anm. *G. Hueck*; LAG Baden-Württemberg 28.1.2015 BeckRS 2015, 66237; LAG Berlin-Brandenburg 2.3.2007 LAGE KSchG § 15 Nr. 19; ErfK/*Kania*, § 103 BetrVG Rn. 9; APS/*Linck*, § 103 BetrVG Rn. 16.
[193] BAG 22.1.1998 NZA 1998, 708, 709; 18.8.1977 AP BetrVG 1972 § 103 Nr. 10; HHL/*v. Hoyningen-Huene*, § 15 KSchG Rn. 140.
[194] BAG 22.1.1998 NZA 1998, 708, 709.
[195] BAG 10.12.1992 NZA 1993, 501, 504; 7.5.1986 AP BetrVG 1972 § 103 Nr. 18; 24.4.1975 AP BetrVG 1972 § 103 Nr. 3 mit zust. Anm. *G. Hueck*; vgl. auch BAG 24.11.2011 NZA 2012, 610

digt der Arbeitgeber erneut vorsorglich, hat er auch zu dieser beabsichtigten Kündigung die Zustimmung des Betriebsrats einzuholen.[196]

Nach **rechtskräftiger Ersetzung** der Zustimmung durch das Arbeitsgericht hat der Arbeitgeber die Kündigung ggü. dem nach § 15 Abs. 1 S. 1 BetrVG besonders geschützten Arbeitnehmer **unverzüglich** auszusprechen.[197] Das gilt auch, wenn der Betriebsrat während des Zustimmungsersetzungsverfahrens (§ 103 Abs. 2 BetrVG) nachträglich seine Zustimmung gem. § 103 Abs. 1 BetrVG erteilt, nachdem der Arbeitgeber Kenntnis hiervon erlangt hat.[198] Das Gebot der unverzüglichen Kündigungserklärung kommt im Falle des § 15 Abs. 3 S. 1 KSchG entsprechend zur Anwendung, wenn das Amt als Wahlvorstandsmitglied während der Dauer des Zustimmungsverfahrens endet.[199] Das BAG hat insoweit jeweils die Regelung für schwerbehinderte Arbeitnehmer (seit 1.7.2001: § 91 Abs. 5 SGB IX, → Rn. 1599) analog angewandt.[200]

1752

Daraus folgt, dass der Arbeitgeber, der eine außerordentliche Kündigung ggü. einem Betriebsratsmitglied aussprechen will, im Hinblick auf die Frist des § 626 Abs. 2 S. 1 BGB **vier Punkte** zu **beachten** hat:[201]

1753

– Innerhalb der Frist des § 626 Abs. 2 S. 1 BGB ist die Zustimmung des Betriebsrats zu beantragen.
– Wird die Zustimmung des Betriebsrats rechtzeitig erteilt, muss die außerordentliche Kündigung **innerhalb der Zwei-Wochen-Frist** des § 626 Abs. 2 S. 1 BGB **erklärt werden.** Die Kündigung muss innerhalb der Frist zugehen. Erst dann ist sie erfolgt iSd § 626 Abs. 2 S. 1 BGB.
– Erteilt der Betriebsrat die Zustimmung **nicht** oder äußert er sich nicht innerhalb von drei Tagen nach der Unterrichtung, ist noch **innerhalb der Zweiwochenfrist** beim Arbeitsgericht der Antrag auf Ersetzung der Zustimmung nach § 103 Abs. 2 BetrVG zu stellen. Die Kündigung kann in diesem Falle erst nach **Rechtskraft** des die Zustimmung des Betriebsrats ersetzenden Beschlusses – unverzüglich (→ Rn. 1752) – erklärt werden.[202] Eine zuvor ausgesprochene Kündigung ist nach § 134 BGB unheilbar nichtig (auch → Rn. 1755).

Auch wenn das LAG in seinem Beschluss, mit dem es die Zustimmung des Betriebsrats nach § 103 Abs. 2 BetrVG ersetzt, die Rechtsbeschwerde nach § 92 Abs. 1 S. 1 ArbGG nicht zugelassen hat, der Beschluss somit „unanfechtbar" geworden ist und sich aus den Gründen der zugestellten Entscheidung ergibt, dass eine Nichtzulas-

---

Rn. 31; 8.6.2000 NZA 2001, 212, 213. Nach *Herschel,* Anm. zu BAG EzA BetrVG 1972 § 103 Nr. 20 ist bereits der Antrag beim Betriebsrat fristwahrend; ebenso *Gamillscheg,* FS 25 Jahre BAG, 1979, S. 117; krit. auch KR/*Etzel,* § 15 KSchG Rn. 31. Haben Betriebsrat und Arbeitgeber eine Verlängerung der Frist des § 102 Abs. 2 S. 3 BetrVG vereinbart, bleibt dies ohne Einwirkung auf den Lauf der Frist nach § 626 Abs. 2 S. 1 BGB.

[196] Vgl. BAG 24.11.2005 AP BetrVG 1972 § 103 Nr. 55.
[197] BAG 8.6.2000 NZA 2001, 212, 213; 24.4.1975 AP BetrVG 1972 § 103 Nr. 3 mit zust. Anm. G. *Hueck;* 22.1.1987 AP BetrVG 1972 § 103 Nr. 24.
[198] BAG 8.6.2000 NZA 2001, 212, 213; 17.9.1981 AP BetrVG 1972 § 103 Nr. 14; KR/*Etzel,* § 103 BetrVG Rn. 99; HHL/*v. Hoyningen-Huene,* § 15 KSchG Rn. 143; APS/*Linck,* § 103 BetrVG Rn. 27.
[199] BAG 16.12.1982 AP KSchG 1969 § 15 Nr. 13; 30.5.1978 AP KSchG 1969 § 15 Nr. 4; LAG Berlin-Brandenburg 2.3.2007 LAGE KSchG § 15 Nr. 19.
[200] Vgl. BAG 24.11.2011 NZA 2012, 610 Rn. 31; 8.6.2000 NZA 2001, 212, 213; 24.4.1975 AP BetrVG 1972 § 103 Nr. 3 mit Anm. G. *Hueck;* HHL/*v. Hoyningen-Huene,* § 15 KSchG Rn. 144.
[201] Vgl. hierzu unter dem Titel: „Der Wahnsinn hat Methode", *Diller,* NZA 2004, 579 ff.
[202] BAG 24.11.2011 NZA-RR 2012, 333 Rn. 15; 9.7.1998 NZA 1998, 1273, 1274; 25.1.1979 AP § 103 BetrVG 1972 Nr. 12; LAG Niedersachsen 22.1.2010 BeckRS 2010, 66842; KR/*Etzel,* § 103 BetrVG Rn. 135; HHL/*v. Hoyningen-Huene,* § 15 KSchG Rn. 142; APS/*Linck,* § 103 BetrVG Rn. 36; WPK/*Preis,* § 103 BetrVG Rn. 50.

sungsbeschwerde nach § 92a S. 1 ArbGG offensichtlich unstatthaft ist, **muss** der Arbeitgeber die Kündigung **nicht** unverzüglich nach Zustellung des mit Gründen versehenen Beschlusses des LAG erklären. Der Arbeitgeber wäre wohl überfordert bei der Entscheidung der Frage, ob die Nichtzulassungsbeschwerde offensichtlich unstatthaft ist. Aus Gründen der Rechtssicherheit kann der Arbeitgeber deshalb auch bei dieser Fallkonstellation – diese dürfte seit dem 1.1.2005 kaum noch vorkommen, da seitdem gem. § 72a Abs. 3 Nr. 1 ArbGG die Nichtzulassungsbeschwerde auch auf die grundsätzliche Bedeutung der Rechtssache gestützt werden kann[203] – den Eintritt der formellen Rechtskraft abwarten.[204] Diese tritt, sofern die Rechtsbeschwerde gegen den die Zustimmung ersetzenden Beschluss des LAG nicht zugelassen worden ist (§ 92 Abs. 1 S. 1 ArbGG), mit dem Ablauf der Frist für die Einlegung der Nichtzulassungsbeschwerde (vgl. § 72a Abs. 2 S. 1 ArbGG iVm § 92a S. 2 ArbGG) oder mit der Ablehnung der Nichtzulassungsbeschwerde (vgl. § 72a Abs. 5 S. 6 ArbGG iVm § 92a S. 2 ArbGG) ein.[205]

– Nach Rechtskraft des Beschlusses des Arbeitsgerichts ist die Kündigung **unverzüglich**[206] zu erklären (→ Rn. 1752). Eine weitere Überlegungsfrist steht dem Arbeitgeber nicht mehr zu.

1754 Verweigert der Betriebsrat bei einem schwerbehinderten Arbeitnehmer, der zugleich Betriebsratsmitglied ist, die Zustimmung zu einer außerordentlichen Kündigung, ist das Beschlussverfahren auf Ersetzung der Zustimmung (§ 103 Abs. 2 S. 1 BetrVG) in entsprechender Anwendung von § 91 Abs. 5 SGB IX **unverzüglich** nach Erteilung der Zustimmung durch das Integrationsamt oder nach Eintritt der Zustimmungsfiktion des § 91 Abs. 3 SGB IX einzuleiten.[207]

d) Rechtsfolgen bei fehlender Zustimmung

1755 Kündigt der Arbeitgeber ohne Zustimmung des Betriebsrats oder deren rechtskräftiger Ersetzung durch das Gericht (→ Rn. 1753), ist die Kündigung wegen Verstoßes gegen § 134 BGB nichtig (→ Rn. 1750). Auch die evtl. nachträgliche Zustimmung ändert daran nichts mehr[208] (zur Klagefrist → Rn. 1767). Ein Verschulden des Arbeitgebers an der unterbliebenen Zustimmung ist nicht erforderlich.

3. Die Ersetzung der Zustimmung durch das Arbeitsgericht

1756 Verweigert der Betriebsrat seine Zustimmung, kann das Arbeitsgericht sie auf Antrag des Arbeitgebers nach § 103 Abs. 2 S. 1 BetrVG ersetzen, wenn die außerordentliche Kündigung unter Berücksichtigung aller Umstände gerechtfertigt ist. In dem Verfah-

---

[203] So LAG Niedersachsen 22.1.2010 BeckRS 2010, 66842; vgl. auch KR/*Etzel*, § 103 BetrVG Rn. 135a.
[204] BAG 9.7.1998 NZA 1998, 1273, 1274; KR/*Etzel*, § 103 BetrVG Rn. 135a; ebenso wohl BAG 24.11.2011 NZA-RR 2012, 333 Rn. 18.
[205] BAG 9.7.1998 NZA 1998, 1273, 1274.
[206] Fraglich ist, welche Anforderungen an die Erkundigungspflicht des Arbeitgebers zu stellen sind, vgl. dazu ArbG Wiesbaden DB 1978, 796. Der Arbeitgeber kann sich zur Ermittlung der Rechtskraft des Rechtskraftzeugnisses (§ 706 ZPO) bedienen, sofern er es unverzüglich einholt, dazu auch ArbG Berlin 3.11.1988 DB 1989, 486 Ls.; HHL/*v. Hoyningen-Huene*, § 15 KSchG Rn. 143; *Mareck*, BB 1986, 1084.
[207] Vgl. BAG 22.1.1987 NZA 1987, 563, 564 f.
[208] Vgl. BAG 1.12.1977 AP BetrVG 1972 § 103 Nr. 21; 4.3.1976 AP BetrVG 1972 § 103 Nr. 2; 22.8.1974 AP BetrVG 1972 § 103 Nr. 1.

§ 7 Kündigungsschutz im Rahmen der Betriebsverfassung

ren vor dem Arbeitsgericht ist der betroffene Arbeitnehmer Beteiligter (vgl. § 103 Abs. 2 S. 2 BetrVG; § 83 ArbGG). Über den Antrag entscheidet das Gericht im **Beschlussverfahren.** Der Antrag auf Ersetzung der Zustimmung nach § 103 Abs. 2 BetrVG vor einer Entscheidung des Betriebsrats – unter der Bedingung der Zustimmungsverweigerung – ist unzulässig.[209] Das gilt auch für den vor der Entscheidung des Betriebsrats gestellten unbedingten (vorsorglichen) Antrag.[210] Bei nicht ausreichender Unterrichtung des Betriebsrats im Rahmen des Zustimmungsverfahrens nach § 103 Abs. 1 BetrVG (→ Rn. 1740) ist dieses nicht wirksam eingeleitet mit der Folge, dass der Zustimmungsersetzungsantrag gem. § 103 Abs. 2 BetrVG als unzulässig zurückzuweisen ist.[211] Eine Kündigung, die der Arbeitgeber während des Verfahrens nach § 103 Abs. 2 BetrVG ggü. dem beteiligten Arbeitnehmer (→ Rn. 1757) ausspricht, ist jedenfalls dann nicht als Rücknahme des Zustimmungsantrags ggü. dem Betriebsrat zu verstehen, wenn die Kündigung nur vorsorglich für den Fall ausgesprochen worden ist, dass es einer Zustimmung des Betriebsrats nicht (mehr) bedarf.[212]

Als Beteiligter muss der betroffene Arbeitnehmer angehört werden. Er hat das **1757** Recht, gegen die Entscheidung, durch die die Zustimmung ersetzt wird, Beschwerde einzulegen (§ 87 Abs. 1 ArbGG). Das Beschwerderecht steht dem betroffenen Betriebsratsmitglied selbst dann zu, wenn der Betriebsrat die gerichtliche Entscheidung hinnimmt.[213] Das Betriebsratsmitglied ist durch die Entscheidung beschwert und angesichts der Präklusionswirkung des Beschlussverfahrens ggü. einem evtl. nachfolgenden Kündigungsschutzverfahren (→ Rn. 1763) hat das selbständige Beschwerderecht erhebliche Bedeutung. Der Antrag des Arbeitgebers nach § 103 Abs. 2 S. 1 BetrVG auf Ersetzung der Zustimmung des Betriebsrats zur außerordentlichen Kündigung eines Betriebsratsmitglieds wird mangels Rechtsschutzinteresses des Arbeitgebers unzulässig, wenn während des laufenden Beschlussverfahrens das Arbeitsverhältnis mit dem Betriebsratsmitglied beendet wird. Das Beschlussverfahren wird damit gegenstandslos. Hält der Arbeitgeber dennoch seinen Antrag aufrecht, ist er als unzulässig zurückzuweisen.[214] Entsprechendes gilt, wenn das Amt des Betriebsrats endet, was auch bei einer erfolgreichen Anfechtung der Betriebsratswahl nach § 19 Abs. 1 BetrVG der Fall ist.[215] Dagegen ist es nicht als Beendigung des Amtes anzusehen, wenn sich an das Ende der Amtszeit, in der ein Antrag nach § 103 Abs. 2 BetrVG gestellt worden ist, ohne Unterbrechung eine weitere Amtszeit des Betriebsratsmitglieds anschließt. In diesem Fall gilt die Zustimmungsverweigerung des Betriebsrats fort.[216]

Das Zustimmungsersetzungsverfahren wird auch dadurch erledigt, dass das betref- **1757a** fende Betriebsratsmitglied **während** des **Beschlussverfahrens** auf Grund einer Neuwahl aus dem Betriebsrat **ausscheidet.** Dann ist vor Ausspruch der außerordentlichen

---

[209] Vgl. BAG 24.10.1996 NZA 1997, 371, 372; 7.5.1986 NZA 1986, 719 f.; LAG Hamm 26.4.1995 LAGE § 103 BetrVG 1972 Nr. 11; KR/*Etzel*, § 103 BetrVG Rn. 83; APS/*Linck*, § 103 BetrVG Rn. 23.
[210] BAG 24.10.1996 NZA 1997, 371, 372; 7.5.1986 NZA 1986, 719, 720; LAG Hessen 28.8.2008 ArbuR 2009, 226 Ls.; KR/*Etzel*, § 103 BetrVG Rn. 83; APS/*Linck* § 103 BetrVG Rn. 23.
[211] LAG Hessen 28.8.2008 ArbuR 2009, 226 Ls.; LAG Rheinland-Pfalz 12.7.2007 BeckRS 2007, 48808; GK-BetrVG/*Raab*, § 103 Rn. 66, 67; für die Unbegründetheit in diesem Fall wohl LAG Hamm 8.2.2008 BeckRS 2008, 53297; 8.6.2007 BeckRS 2007, 46751.
[212] Näher BAG 27.1.2011 NZA-RR 2011, 348 Rn. 24.
[213] BAG 23.6.1993 NZA 1993, 1052, 1053; 10.12.1992 NZA 1993, 501, 502.
[214] BAG 27.6.2002 NZA 2003, 229; vgl. auch BAG 27.1.2011 NZA-RR 2011, 348 Rn. 18.
[215] BAG 27.1.2011 NZA-RR 2011, 348 Rn. 18.
[216] BAG 27.1.2011 NZA-RR 2011, 348 Rn. 18; 19.9.1991 BeckRS 1991, 30737941; LAG Düsseldorf 4.9.2013 BeckRS 2013, 73414.

Kündigung auf Grund des nachwirkenden Schutzes (§ 15 Abs. 1 S. 2 1. Hs. KSchG)[217] eine erneute Anhörung des Betriebsrats gem. § 102 Abs. 1 BetrVG **nicht erforderlich**.[218] Das BAG begründet dieses Ergebnis damit, dass die Zustimmungsverweigerung des früheren Betriebsrats nach erfolgter Neuwahl während des Zustimmungsersetzungsverfahrens fort gilt. Hieraus folge zwingend, dass eine Anhörung des neuen Betriebsrats nicht erforderlich sei, weil es hierdurch zu einer Verzögerung der unverzüglich auszusprechenden Kündigung (→ Rn. 1752) komme.[219]

1758 Das Arbeitsgericht hat ggü. der Entscheidung des Betriebsrats ein volles Prüfungsrecht. Dem Betriebsrat steht kein Ermessensspielraum zu, der vom Gericht nur begrenzt überprüft werden könnte, sondern zur Entscheidung steht **die Rechtsfrage**, ob die Voraussetzungen des § 103 Abs. 2 S. 1 BetrVG vorliegen, d.h., ob ein wichtiger Grund iSd § 626 Abs. 1 BGB vorliegt.[220] Dabei hat das Gericht alle Tatsachen zu berücksichtigen, auch solche, die erst im Zustimmungsersetzungsverfahren bis zum Schluss der letzten mündlichen Verhandlung in der Tatsacheninstanz bekannt werden oder aber erst während dieses Verfahrens eintreten.[221] Das BAG verlangt allerdings, dass die Tatsachen **nur dann** im Beschlussverfahren verwertet werden dürfen, wenn der Arbeitgeber **zuvor außerhalb des Beschlussverfahrens** wegen der nachträglich bekannt gewordenen oder erst später aufgetretenen Umstände dem Betriebsrat Gelegenheit gegeben hat, seine Stellungnahme im Lichte der neuen Tatsachen zu überprüfen, damit dieser ggf. nachträglich noch die Zustimmung zur außerordentlichen Kündigung erteilen kann.[222]

1759 Die Auffassung des BAG, nach der neue vom Arbeitgeber vorgetragene Tatsachen im Beschlussverfahren nur **verwertet werden dürfen,** wenn zuvor außerhalb des Verfahrens wegen dieser Umstände der Betriebsrat in Kenntnis gesetzt worden ist, wirft die Frage auf, wann die Frist des § 626 Abs. 2 S. 1 BGB abläuft. Muss der Arbeitgeber diese Gründe innerhalb der Zweiwochenfrist nach Kenntnisnahme von ihnen (vgl. § 626 Abs. 2 S. 2 BGB) in das Zustimmungsersetzungsverfahren einführen[223] oder genügt es, dass er sie fristgerecht ggü. dem Betriebsrat mit seiner Bitte um Zustimmung zur Kündigung äußert?[224] Man wird auf die Einführung in das gerichtliche Zustimmungsersetzungsverfahren abzustellen haben, da erst damit endgültig feststeht, ob der Arbeitgeber sich auf diese Gründe berufen will. Vorher, d.h. bei seinem Ersuchen um Zustimmung zur Kündigung, besteht durchaus die Möglichkeit, dass der Arbeitgeber wegen evtl. Einwände des Betriebsrats davon Abstand nimmt, diese Gründe zur Stützung der Kündigung heranzuziehen. Dieser Schwebezustand verträgt sich

---

[217] Vgl. hierzu Rn. 1692.
[218] BAG 8.6.2000 NZA 2000, 899, 900; vgl. auch BAG 5.11.2009 AP KSchG 1969 § 15 Nr. 65 Rn. 28.
[219] BAG 8.6.2000 NZA 2000, 899, 900; 19.9.1991 BeckRS 1991, 30737941.
[220] BAG 22.8.1974 AP BetrVG 1972 § 103 Nr. 1; HHL/*v. Hoyningen-Huene*, § 15 KSchG Rn. 132; APS/*Linck*, § 103 Rn. 31; vgl. auch BAG 23.4.2008 NZA 2008, 1081 Rn. 17; KR/*Etzel*, § 13 BetrVG Rn. 115; WPK/*Preis*, § 103 BetrVG Rn. 46.
[221] Vgl. BAG 23.4.2008 NZA 2008, 1081 Rn. 25; 22.8.1974 AP BetrVG 1972 § 103 Nr. 1 mit Anm. *G. Hueck*; KR/*Etzel*, § 103 BetrVG Rn. 118; *Eylert/Sänger*, RdA 2010, 24, 30; APS/*Linck*, § 103 BetrVG Rn. 26; WPK/*Preis*, § 103 BetrVG Rn. 49.
[222] BAG 23.4.2008 NZA 2008, 1081 Rn. 25; 27.1.1977 AP § 103 BetrVG 1972 Nr. 7; 22.8.1974 AP BetrVG 1972 § 103 Nr. 1 mit Anm. *G. Hueck* = EzA BetrVG 1972 § 103 Nr. 1 mit Anm. *Schlüter*; HHL/*v. Hoyningen-Huene*, § 15 KSchG Rn. 134; KR/*Etzel*, § 103 BetrVG Rn. 118 ff.
[223] So KR/*Etzel*, § 103 BetrVG Rn. 124; KDZ/*Deinert*, § 103 BetrVG Rn. 43; WPK/*Preis*, § 103 BetrVG Rn. 49; Richardi/*Thüsing*, § 103 BetrVG Rn. 73.
[224] So BAG 22.8.1974 AP BetrVG 2001 § 103 Nr. 1 mit Anm. *G. Hueck*; APS/*Linck*, § 103 BetrVG Rn. 26; *Galperin/Löwisch*, § 103 BetrVG Rn. 24; Streitfrage offengelassen von LAG Nürnberg 12.3.1999 NZA-RR 1999, 413, 414.

§ 7 Kündigungsschutz im Rahmen der Betriebsverfassung

nicht mit der Klarstellungsfunktion der Ausschlussfrist des § 626 Abs. 2 S. 1 BGB. Darauf weist *Etzel*[225] zutreffend hin.

Hat das Gericht die Zustimmung durch **rechtskräftige** Entscheidung ersetzt, ist die Kündigung unverzüglich auszusprechen (→ Rn. 1753). Vor Rechtskraft der Entscheidung kann der Arbeitgeber die Kündigung nicht wirksam erklären (näher → Rn. 1753). **1760**

Kommt das Gericht im Falle sog. tarif- oder einzelvertraglicher Unkündbarkeit eines Betriebsratsmitglieds zur Überzeugung, dass es für dessen außerordentliche betriebsbedingte Kündigung nach § 15 Abs. 4 oder 5 KSchG nicht der Zustimmung des Betriebsrats bedarf, weil diese Kündigung nur an Stelle der ordentlichen Kündigung nach § 15 Abs. 4 oder 5 KSchG tritt (näher → Rn. 1706), hat es eine entsprechende Feststellung in der den Antrag abweisenden Entscheidung auch ohne Antrag des Arbeitgebers zu treffen. Diese **Feststellung präjudiziert ein evtl. folgendes Kündigungsschutzverfahren**. Der Arbeitnehmer kann also dort nicht mehr geltend machen, es sei die Zustimmung des Betriebsrats bzw. ihre Ersetzung nach § 103 Abs. 2 S. 1 BetrVG notwendig gewesen.[226] **1761**

a) Zulässigkeit der Kündigungsschutzklage nach rechtskräftiger Entscheidung über die Zustimmung zur außerordentlichen Kündigung

Kündigt der Arbeitgeber nach rechtskräftiger Ersetzung der Zustimmung des Betriebsrats (§ 103 Abs. 2 S. 1 BetrVG) das Arbeitsverhältnis außerordentlich, kann das Betriebsratsmitglied nach § 4 S. 1 KSchG iVm § 13 Abs. 1 S. 2 KSchG Klage erheben und mit ihr die Unwirksamkeit dieser Kündigung geltend machen. Die Möglichkeit der Erhebung der Kündigungsschutzklage wird durch das arbeitsgerichtliche Beschlussverfahren grundsätzlich nicht berührt (BR-Drucks. 750/70). Der Klage auf Feststellung der Unwirksamkeit der außerordentlichen Kündigung fehlt weder das Rechtsschutzinteresse,[227] noch steht ihr die Rechtskraft der im Beschlussverfahren ergangenen Entscheidung entgegen.[228] Denn die Streitgegenstände des Beschlussverfahrens und des Kündigungsschutzverfahrens sind nicht identisch. **1762**

Allerdings nimmt die Rechtsprechung richtig an, dass der nach § 103 Abs. 2 S. 2 BetrVG beteiligte Arbeitnehmer von der Rechtskraft der Entscheidung im Zustimmungsersetzungsverfahren erfasst wird. Deshalb sei er gehalten, im Verfahren alle ihn entlastenden Umstände anzuführen. Aufgrund der **Präklusionswirkung der Entscheidung des Zustimmungsersetzungsverfahrens** kann er sich im nachfolgenden Kündigungsschutzprozess **nur auf solche Tatsachen** stützen, die er **im Zustimmungsersetzungsverfahren nicht geltend gemacht** hat **und** auch **nicht hätte geltend machen können**. Das entspricht, soweit es um das Vorliegen des wichtigen Grundes nach § 626 Abs. 1 BGB und um die Wahrung der Frist des § 626 Abs. 2 S. 1 BGB geht, der ganz h.M. in Rechtsprechung[229] und Lehre[230] (auch → Rn. 1765). Diese Bindungswirkung gilt jedoch nicht in einem Kündigungsschutzprozess über die **1763**

---
[225] KR/*Etzel*, § 103 BetrVG Rn. 124.
[226] BAG 18.9.1997 NZA 1998, 189, 192.
[227] BAG 24.4.1975 AP BetrVG 1972 § 103 Nr. 3 mit Anm. *G. Hueck*; LAG Frankfurt 31.7.1987 LAGE BetrVG 1972 § 103 Nr. 7; KR/*Etzel*, § 103 BetrVG Rn. 138; *Ascheid*, FS Hanau 1999, S. 685, 687.
[228] BAG 24.4.1975 AP BetrVG 1972 § 103 Nr. 3 mit Anm. *G. Hueck*; KR/*Etzel*, § 103 BetrVG Rn. 137; *Ascheid*, KSchR Rn. 695 ff.; *ders.*, FS Hanau, 1999, S. 685 ff.
[229] BAG 15.8.2002, NZA 2003, 432, 433; 11.5.2000 NZA 2000, 1106, 1108; 10.12.1992 AP ArbGG 1979 § 87 Nr. 4.
[230] ZB KR/*Etzel*, § 103 BetrVG Rn. 139; APS/*Linck*, § 103 BetrVG Rn. 43; ErfK/*Kania*, § 103 BetrVG Rn. 15; WPK/*Preis*, § 103 BetrVG Rn. 55; a.A. *Ascheid*, KSchR Rn. 697 ff.; *ders.*, FS Hanau 1999, S. 685, 689 ff.; *Schultes*, Anm. EzA § 103 BetrVG 1972 Nr. 33.

Vossen

Wirksamkeit einer auf denselben Sachverhalt gestützten ordentlichen verhaltensbedingten Kündigung nach § 1 Abs. 1, Abs. 2 S. 1 KSchG, die der Arbeitgeber nach Beendigung des Sonderkündigungsschutzes des Arbeitnehmers ausgesprochen hat.[231]

1764 Der 2. Senat des BAG hat in seiner Entscheidung vom 11.5.2000[232] außerdem erkannt, die beabsichtigte Kündigung sei grundsätzlich unter Berücksichtigung **aller in Betracht kommender Unwirksamkeitsgründe** zu überprüfen. Zur Begründung wird auf den Streitgegenstand des Zustimmungsersetzungsverfahrens verwiesen, der nicht auf bestimmte Rechtsfragen, etwa auf einzelne Anspruchsgrundlagen, beschränkt sein könne. Der Sachverhalt muss somit unter allen in Betracht kommenden rechtlichen Gesichtspunkten geprüft werden, auch zB anhand der Maßstäbe der §§ 138, 242 oder § 612a BGB.[233] Eine **Ausnahme** ist jedoch für solche Kündigungsvoraussetzungen gemacht worden, die auch noch nach dem Schluss der mündlichen Verhandlung im Zustimmungsersetzungsverfahren in einem besonderen Verfahren herbeigeführt werden können.[234] Dazu zählt die Zustimmung des Integrationsamtes zur außerordentlichen Kündigung eines schwerbehinderten Betriebsratsmitglieds gem. § 85 SGB IX iVm § 91 Abs. 1 SGB IX. Den dafür notwendigen Antrag (§ 87 Abs. 1 S. 1 SGB IX iVm § 91 Abs. 1 SGB IX) kann der Arbeitgeber vor, während oder erst nach der Beteiligung des Betriebsrats stellen (auch → Rn. 1557 mit Rn. 1589).[235] Notwendig ist jedoch, dass die Frist des § 91 Abs. 2 SGB IX eingehalten wird. Ob das geschehen ist, obliegt der Entscheidung der dafür zuständigen Behörde und ggf. der Verwaltungsgerichte (näher → Rn. 1587). Wegen der für das Arbeitsgericht fehlenden Zuständigkeit ist die Überprüfung, ob das Integrationsamt zu Recht die nach §§ 85, 91 Abs. 1 SGB IX notwendige Zustimmung zu der vom Arbeitgeber beabsichtigten außerordentlichen Kündigung des schwerbehinderten Betriebsratsmitglieds erteilt hat, nicht Gegenstand des Zustimmungsersetzungsverfahrens. Der Arbeitnehmer braucht sich im Verfahren nach § 103 Abs. 2 S. 1 BetrVG hierauf nicht zu berufen. Dieser Unwirksamkeitsgrund wird von der **Präklusionswirkung nicht erfasst.**[236]

1765 Das Zustimmungsersetzungsverfahren nach § 103 Abs. 2 S. 1 BetrVG tritt somit funktionell an die Stelle des Kündigungsschutzverfahrens. Nur neue Tatsachen, die nach Abschluss des Beschlussverfahrens entstanden und somit dort nicht hätten geltend gemacht werden können, können vom Arbeitnehmer gegen die Richtigkeit der Entscheidung im Beschlussverfahren vorgebracht werden.[237] Bei einer außerordentlichen Verdachtskündigung kann der Arbeitnehmer noch solche Tatsachen im Kündigungsschutzprozess vorbringen, die erst nach der letzten Verhandlung im Beschlussverfahren bekannt geworden sind und dem wichtigen Grund iSv § 626 Abs. 2 S. 1 BGB ein anderes Gewicht geben.[238] Ist der Arbeitnehmer zum Beschlussverfahren über die Ersetzung der Zustimmung entgegen § 103 Abs. 2 S. 2 BetrVG nicht als Beteiligter heran-

---

[231] BAG 15.8.2002 NZA 2003, 432, 434.
[232] NZA 2000, 1106, 1108.
[233] BAG 11.5.2000 NZA 2000, 1106, 1108.
[234] BAG 11.5.2000 NZA 2000, 1106, 1108 f.
[235] BAG 24.11.2011 NZA 2012, 610 Rn. 21; 11.5.2000 NZA 2000, 1106, 1109; 18.5.1994 NZA 1995, 65, 67.
[236] BAG 11.5.2000 NZA 2000, 1106, 1109; KR/*Etzel*, § 103 BetrVG Rn. 139; APS/*Linck*, § 103 BetrVG Rn. 41 mit Rn. 43.
[237] BAG 24.4.1975 AP BetrVG 1972 § 103 Nr. 3; KR/*Etzel*, § 103 BetrVG Rn. 139; vgl. auch BAG 31.1.1990 NZA 1999, 152, 153; HHL/*v. Hoyningen-Huene*, § 15 KSchG Rn. 153; ErfK/*Kania*, § 103 BetrVG Rn. 15 jeweils mit Beispielen.
[238] Vgl. BAG 24.4.1975 AP BetrVG 1972 § 103 Nr. 3; HHL/*v. Hoyningen-Huene*, § 15 KSchG Rn. 153; ErfK/*Kania* § 103 BetrVG Rn. 15.

gezogen worden, kann er im Kündigungsschutzverfahren alle Einwendungen ggü. der rechtskräftigen Entscheidung vorbringen. Für eine Präklusion zu seinen Lasten ist dann kein Raum.[239]

b) Ersetzung der Zustimmung unmittelbar durch das Arbeitsgericht

Es gibt Fälle, in denen ein Arbeitgeber einen nach § 103 Abs. 1 BetrVG iVm § 15 Abs. 1–3 KSchG besonders geschützten Arbeitnehmer außerordentlich zu kündigen beabsichtigt, er jedoch die nach dem Gesetz erforderliche Zustimmung nicht einholen kann, weil ein Betriebsrat noch nicht vorhanden oder dieser nicht funktionsfähig ist. Das ist zB der Fall, wenn das zu **kündigende Betriebsratsmitglied allein übrig ist,** das einzige Betriebsratsmitglied (vgl. § 9 S. 1 BetrVG) außerordentlich gekündigt werden soll, ohne dass ein Ersatzmitglied vorhanden ist oder ein **Wahlbewerber** bzw. ein **Wahlvorstandsmitglied** in einem Betrieb, der bisher keinen Betriebsrat hatte, fristlos entlassen werden soll. Der Schutzgedanke der oben genannten Normen ist auch in diesen Fällen wirksam. Deshalb muss der Arbeitgeber, bevor er die außerordentliche Kündigung wirksam aussprechen kann, in analoger Anwendung des § 103 Abs. 2 S. 1 BetrVG das Zustimmungsverfahren beim Arbeitsgericht erfolgreich durchgeführt haben.[240] Das gilt auch bei sog. Kampfkündigungen (→ Rn. 1670).[241] Die Kündigung ist jeweils erst nach Rechtskraft des Zustimmungsbeschlusses zulässig.[242]

1766

4. Kündigungsschutzverfahren

Will ein nach § 15 Abs. 1, Abs. 3 KSchG geschützter Funktionsträger geltend machen, die außerordentliche Kündigung sei **mangels Zustimmung** des Betriebsrates zur Kündigung gem. § 134 BGB nichtig (→ Rn. 1755), beruft er sich auf einen **anderen Unwirksamkeitsgrund iSd § 4 S. 1 KSchG** iVm **§ 13 Abs. 3 KSchG**. Seit dem 1.1.2004 muss er deshalb **innerhalb von drei Wochen nach Zugang der schriftlichen Kündigung** beim Arbeitsgericht Klage auf Feststellung erheben, dass das Arbeitsverhältnis durch die Kündigung nicht aufgelöst ist (→ Rn. 1831). Wird die Klage verspätet erhoben, kann sie nach § 5 Abs. 1 S. 1 KSchG iVm § 13 Abs. 3 KSchG auf Antrag nachträglich zugelassen werden. Geschieht dies nicht, gilt die Kündigung nach § 7 1. Hs. KSchG iVm § 13 Abs. 3 KSchG als von Anfang an rechtswirksam (Einzelheiten → Rn. 1948ff.).

1767

Greift ein nach § 15 Abs. 1, 3 KSchG geschützter Funktionsträger die Kündigung **nach Erteilung** der **Zustimmung** durch den Betriebsrat wegen Fehlens eines wichtigen Grundes iSv § 626 Abs. 1 BGB oder wegen Versäumung der Ausschlussfrist des § 626 Abs. 2 S. 1 BGB an, ist die Klagefrist des § 4 S. 1 KSchG einzuhalten, da ein Fall des § 13 Abs. 1 S. 2 KSchG vorliegt.[243] Die Nichteinhaltung der Klagefrist führt nach dieser Verweisungsnorm zur Anwendung des § 7 1. Hs. KSchG, d.h. die Kündigung gilt als von Anfang an rechtswirksam.

1768

Zum Auflösungsantrag des Arbeitnehmers → Rn. 2106ff.

1769

---

[239] Vgl. APS/*Linck*, § 103 BetrVG Rn. 43; KR/*Etzel*, § 103 BetrVG Rn. 140.
[240] Vgl. BAG 16.12.1982 AP § 15 KSchG 1969 Nr. 13; 12.8.1976 AP § 15 KSchG 1969 Nr. 2; 30.5.1978 AP § 15 KSchG 1969 Nr. 4; Richardi/*Thüsing*, § 103 Rn. 38; v. Hoyningen-Huene/*Linck*, § 15 Rn. 115.
[241] Vgl. BAG 14.2.1978 AP GG Art. 9 Arbeitskampf Nr. 57 mit Anm. *Konzen*.
[242] Vgl. BAG 30.5.1978 AP KSchG 1969 § 15 Nr. 4; 12.8.1976 AP KSchG 1969 § 15 Nr. 2.
[243] Vgl. BAG 23.1.1958 AP KSchG § 13 Nr. 11; KR/*Etzel*, § 15 KSchG Rn. 42; HHL/v. Hoyningen-Huene, § 15 KSchG Rn. 147; APS/*Linck*, § 15 KSchG Rn. 189.

1770 Zur Präklusionswirkung der Entscheidung im Verfahren nach § 103 Abs. 2 BetrVG auf ein späteres Kündigungsschutzverfahren → Rn. 1762.

VI. Amtsausübung und Beschäftigungsanspruch

1771 Kündigt der Arbeitgeber das Arbeitsverhältnis eines Betriebsratsmitglieds außerordentlich nach Zustimmung des Betriebsrats oder ihrer Ersetzung durch das Arbeitsgericht, ist das Betriebsratsmitglied für die Dauer des Kündigungsrechtsstreits an der Ausübung seines Amtes iSv § 25 Abs. 1 S. 2 BetrVG verhindert.[244] Das gilt nicht, wenn die Kündigung offensichtlich unwirksam oder willkürlich ist. Dann kann das Betriebsratsmitglied mit Hilfe einer einstweiligen Verfügung (vgl. §§ 935, 940 ZPO iVm § 85 Abs. 2 S. 2 ArbGG) den Zugang zum Betrieb erreichen, um an Sitzungen des Betriebsrats teilzunehmen.[245]

1772 Verweigert der Betriebsrat dagegen seine Zustimmung, ist der Arbeitnehmer bis zur rechtskräftigen Ersetzung durch das Gericht zu beschäftigen. Der Arbeitgeber hat **grundsätzlich nicht** das **Recht, den Arbeitnehmer bis zum Abschluss des Verfahrens zu beurlauben.**[246] Anderenfalls würde der Normzweck des § 103 BetrVG, zu verhindern, dass Betriebsratsmitglieder durch fristlose Kündigungen, die nicht die Zustimmung des Betriebsrats gefunden haben oder bei denen die Zustimmung durch das Gericht nicht ersetzt worden ist, faktisch aus dem Betrieb entfernt werden, nicht erfüllt.[247] Eine Ausnahme kann nur bei ganz besonderer Fallkonstellation gemacht werden, in der die Weiterbeschäftigung des Arbeitnehmers für den Arbeitgeber unzumutbar ist.[248] Dann kann der Arbeitgeber die Suspendierung aussprechen, muss aber gem. §§ 611 Abs. 1, 615 S. 1 BGB im Regelfall (zu Ausnahmen → Rn. 29) das Arbeitsentgelt fortzahlen.[249] Im Streitfall entscheidet über die Rechtmäßigkeit der Beurlaubung das Arbeitsgericht im Rahmen des einstweiligen Verfügungsverfahrens nach §§ 935, 940 ZPO iVm § 62 Abs. 2 S. 1 ArbGG betreffend den vom Betriebsratsmitglied geltend gemachten Weiterbeschäftigungsanspruch.[250]

---

[244] Vgl. LAG Düsseldorf 27.2.1975 EzA BetrVG 1972 § 25 Nr. 1; LAG Hamm 25.6.2004 BeckRS 2004, 30802754; LAG Köln 27.7.2011 BeckRS 2012, 66770; 12.12.2001 NZA-RR 2002, 425, 426; LAG Schleswig-Holstein 2.9.1976 DB 1976, 1974, 1975; KR/*Etzel*, § 103 BetrVG Rn. 152; *Korinth*, ArbRB 2007, 189, 190.

[245] LAG Düsseldorf/Köln 27.2.1975 EzA BetrVG 1972 § 25 Nr. 1; LAG Hamburg 6.10.2005 BeckRS 2011, 66664; 2.3.1976, BB 1976, 310; LAG Köln 13.5.1993 LAGE BGB § 611 Beschäftigungsanspruch Nr. 35; KR/*Etzel*, § 103 BetrVG Rn. 153; *Korinth*, ArbRB 2007, 189, 190; a. A. LAG Schleswig-Holstein 2.9.1976 DB 1976, 1974, 1975.

[246] LAG Köln 2.8.2005 NZA-RR 2006, 28 f.; *Lelley*, FS Leinemann, 2006, S. 543, 551 f.

[247] Vgl. dazu *Dütz*, Anm. EzA BetrVG 1972 § 103 Nr. 9, der eine Suspendierung nur mit Zustimmung des Betriebsrats zulassen will, die nach § 103 Abs. 2 BetrVG ersetzbar sei und durch einstw. Verfügung erreichbar sein soll. Zum Problem vgl. ferner aber auch *Dütz*, DB 1978, Beilage 13 S. 17. KR/*Etzel*, § 103 BetrVG Rn. 145, hält eine Suspendierung unter Fortfall der Entgeltzahlung mit Zustimmung des Betriebsrats bzw. ihrer Ersetzung durch das Arbeitsgericht in analoger Anwendung des § 103 BetrVG für zulässig.

[248] Vgl. näher LAG Hamm 12.12.2001 NZA-RR 2003, 311, 313; LAG Köln 2.8.2005 NZA-RR 2006, 28, 29; LAG München 19.3.2003 NZA-RR 2003, 641; LAG Sachsen 14.4.2000 NZA-RR 2000, 588, 589; KR/*Etzel*, § 103 BetrVG Rn. 143; APS/*Linck*, § 103 BetrVG Rn. 38; WPK/*Preis*, § 103 BetrVG Rn. 53.

[249] LAG Köln 29.7.2008 ArbuR 2009, 104 f. Ls.; KR/*Etzel*, § 103 BetrVG Rn. 144; GK-BetrVG/*Raab*, § 103 Rn. 108; vgl. auch BAG 28.4.1988 RzK II 3 Nr. 15 Ls.; a. A. *Lelley*, FS Leinemann, 2006, S. 543, 554 ff.

[250] Vgl. LAG Hamm 12.12.2001 NZA-RR 2003, 311, 312; 24.10.1974 EzA § 103 BetrVG 1972 Nr. 5; LAG Köln 2.8.2005 NZA-RR 2006, 28 ff.; LAG München 19.3.2003 NZA-RR 2003, 641;

§ 7 Kündigungsschutz im Rahmen der Betriebsverfassung

Selbst wenn der Arbeitnehmer von der Arbeit suspendiert worden ist, ist er deshalb **1773** nicht gehindert, den Betrieb zu betreten, um sein Betriebsratsamt auszuüben. Verweigert der Arbeitgeber den Zutritt zum Betrieb, kann das Betriebsratsmitglied den Anspruch hierauf, sofern er nicht nach den Einzelfallumständen rechtsmissbräuchlich ausgeübt wird, im Wege der einstweiligen Verfügung durchsetzen.[251] Das gilt auch in dem Fall, in dem der Arbeitgeber ohne Zustimmung des Betriebsrats (vgl. § 103 Abs. 1 BetrVG) oder ihrer Ersetzung (vgl. § 103 Abs. 2 S. 1 BetrVG) durch das Gericht einem Betriebsratsmitglied fristlos kündigt und ihm dann den Zutritt zum Betrieb verweigert. In derartigen Fällen einer offensichtlich unzulässigen Kündigung kann zum Schutz des Betriebsratsmitgliedes eine einstweilige Verfügung erlassen werden, die die Fortführung der Betriebsratstätigkeit sicherstellt.[252] Will der Arbeitgeber vor Ausspruch der Kündigung die Amtsausübung des Betriebsratsmitglieds verhindern, muss er im Wege einer einstweiligen Verfügung (vgl. § 85 Abs. 2 S. 1 ArbGG) einen Antrag auf vorläufige Untersagung der Ausübung der Amtstätigkeit stellen.[253]

VII. Bestandsschutz für Auszubildende

Der besondere Kündigungsschutz der §§ 15 KSchG und 103 BetrVG gilt für Aus- **1774** zubildende, die Mitglied der Jugend- und Auszubildendenvertretung oder eines anderen betriebsverfassungsrechtlichen Organs sind, nur für die Dauer der Ausbildungszeit. Da jedoch das durch einen Vertrag gem. §§ 10, 11 BBiG begründete Berufsausbildungsverhältnis nach § 21 Abs. 1 S. 1 BBiG mit dem Ablauf der Ausbildungszeit endet, war ursprünglich eine **Bestandsschutzlücke** vorhanden, die der Gesetzgeber durch den 1974 in das Betriebsverfassungsgesetz eingefügten § 78a BetrVG geschlossen hat. Der Auszubildende[254] kann nach § 78a Abs. 2 S. 1 BetrVG **innerhalb der letzten drei Monate vor Beendigung des Berufsausbildungsverhältnisses** (vgl. hierzu § 21 BBiG)[255] schriftlich – Schriftform iSv § 126 Abs. 1 BGB ist zu wahren; Textform iSd § 126b BGB reicht nicht[256] – die Weiterbeschäftigung verlangen. Ein früher gestelltes Weiterbeschäftigungsverlangen ist unwirksam.[257] Die Sechsmonatsfrist des § 12 Abs. 1 S. 2 BBiG ist nicht analog anwendbar.[258] Allerdings kann die Berufung des Arbeitgebers auf das Fehlen eines frist- und/oder formgerechten Übernahmeverlangens nach § 78a Abs. 2 S. 1 BetrVG im Einzelfall treuwidrig (vgl. § 242 BGB) sein.[259]

LAG Sachsen 14.4.2000 NZA-RR 2000, 588, 589 f.; KR/*Etzel*, § 103 BetrVG Rn. 143; WPK/*Preis*, § 103 BetrVG Rn. 53; GK/ArbGG/*Vossen*, § 62 Rn. 69d.

[251] Vgl. LAG Düsseldorf 22.2.1977 DB 1977, 1053, 1054; LAG Hamm 27.4.1972 DB 1972, 1119, 1120; vgl. auch LAG München 26.8.1992 LAGE § 23 BetrVG 1972 Nr. 29; 19.3.2003 NZA-RR 2003, 641; ArbG Hagen 13.2.2007 NZA-RR 2007, 527.

[252] LAG Hamm 25.6.2004 BeckRS 2004, 30802754.

[253] Vgl. LAG Berlin-Brandenburg 25.9.2012 – 16 TaBVGa 1218/12 – n. v.; LAG München 26.8.1992 LAGE BetrVG 1972 § 23 Nr. 29; *Korinth*, ArbRB 2007, 189, 190; GK-BetrVG/*Oetker*, § 23 Rn. 102; offen gelassen von LAG Berlin-Brandenburg 5.6.2014 NZA-RR 2014, 538 Rn. 31.

[254] Zum geschützten Personenkreis im Einzelnen vgl. näher WPK/*Preis*, § 78a BetrVG Rn. 2 mwN.

[255] Zur Fristberechnung im Fall des § 21 Abs. 2 BBiG vgl. BAG 5.12.2012 NZA-RR 2013, 241 Rn. 29; 15.12.2011 NZA-RR 2012, 413 Rn. 21.

[256] BAG 15.12.2011 NZA-RR 2012, 413 Rn. 18.

[257] BAG 5.12.2012 NZA-RR 2013, 241 Rn. 23; 15.12.2011 NZA-RR 2012, 413 Rn. 23; 15.1.1980 AP BetrVG 1972 § 78a Nr. 7; WPK/*Preis*, § 78a BetrVG Rn. 10; Richardi/*Thüsing*, § 78a BetrVG Rn. 21; KR/*Weigand*, § 78a BetrVG Rn. 27.

[258] BAG 5.12.2012 NZA-RR 2013, 241 Rn. 23; 15.12.2011 NZA-RR 2012, 413 Rn. 18; a. A. *Fitting*, § 78a BetrVG Rn. 19.

[259] Vgl. näher BAG 5.12.2012 NZA-RR 2013, 241 Rn. 32 ff.; 15.12.2011 NZA-RR 2012, 413 Rn. 39 f.

1774a Die in § 78a BetrVG enthaltene **Übernahmeverpflichtung** von Jugend- und Auszubildendenvertretern nach Beendigung ihrer Ausbildung in ein unbefristetes Arbeitsverhältnis **soll** die **Ämterkontinuität** der in Abs. 1 genannten Arbeitnehmervertretungen **gewährleisten** und den Amtsträger **vor nachteiligen Folgen bei** seiner **Amtsführung** während des Berufsausbildungsverhältnisses **schützen**. Die Vorschrift stellt eine besondere gesetzliche Ausformung des betriebsverfassungsrechtlichen Benachteiligungsverbots von Amtsträgern in § 78 S. 2 BetrVG dar.[260] **Auch** auf **Ersatzmitglieder** einer der in § 78a Abs. 1 BetrVG genannten Vertretungen ist § 78a BetrVG anwendbar.[261] Allerdings kann sich ein in die Jugend- und Auszubildendenvertretung vorübergehend nachgerücktes Ersatzmitglied nicht auf den nachwirkenden Schutz gem. § 78a Abs. 3 S. 1 BetrVG berufen, wenn es während der Vertretungszeit keine konkreten Amtstätigkeiten wahrgenommen hat.[262]

1774b Macht der Auszubildende von seinem Weiterbeschäftigungsverlangen nach § 78a Abs. 2 S. 1 BetrVG form- und fristgerecht Gebrauch, gilt zwischen ihm und seinem Arbeitgeber im Anschluss an das Berufsausbildungsverhältnis ein Arbeitsverhältnis auf **unbestimmte Zeit als begründet.** Das gilt gem. § 78a Abs. 3 BetrVG auch, wenn das Berufsausbildungsverhältnis **vor Ablauf eines Jahres** nach Beendigung der Amtszeit des betriebsverfassungsrechtlichen Organs endet. Dabei ist es für die Wirksamkeit des Übernahmeverlangens gem. § 78a Abs. 2 S. 1 BetrVG unschädlich, wenn der Auszubildende am Ende seines Berufsausbildungsverhältnisses nicht mehr Mitglied der Jugend- und Auszubildendenvertretung ist. Es kommt allein darauf an, wann das Amt des betroffenen Mitglieds dieser Vertretung endet.[263]

1775 Gem. § 78 Abs. 2 S. 1 BetrVG entsteht kraft Gesetzes durch ein vom Auszubildenden form- und fristgerecht geltend gemachtes Weiterbeschäftigungsverlangen ein unbefristetes Vollzeitarbeitsverhältnis, das einen Anspruch auf eine ausbildungsgerechte Beschäftigung im Ausbildungsbetrieb begründet.[264] Auf den Weiterbeschäftigungsanspruch kann der Auszubildende innerhalb der letzten drei Monate vor dem Ausbildungsende (vgl. § 78a Abs. 2 S. 1 BetrVG) ausdrücklich oder konkludent – inbes. durch den Abschluss eines befristeten Arbeitsvertrages – verzichten.[265] Überwiegt bei einem **Volontariatsvertrag** die Arbeitspflicht ggü. der Ausbildung, findet § 78a BetrVG keine Anwendung.[266] § 78a BetrVG ist über § 3 Abs. 5 S. 2 BetrVG[267] anzuwen-

---

[260] BAG 5.12.2012 NZA-RR 2013, 241 Rn. 20; 8.9.2010 NZA 2011, 221 Rn. 18; 16.7.2008 NZA 2009, 202 Rn. 20; LAG Hamm 11.1.2013 – 10 TaBV 5/12 – juris Rn. 56.
[261] Vgl. näher BAG 13.3.1986 NZA 1986, 836, 837f.; 15.1.1980 AP BetrVG 1972 § 78a Nr. 8; WPK/*Preis*, § 78a BetrVG Rn. 4 mwN; zu Ersatzmitgliedern im Anwendungsbereich des § 9 BPersVG vgl. BVerwG 1.10.2013 NZA-RR 2014, 103 Rn. 23ff.; vgl. auch OVG Bautzen 8.5.2014 NZA-RR 2015, 111 Rn. 25, 26.
[262] LAG Hamm 4.4.2014 NZA-RR 2014, 342f.; ErfK/*Kania*, § 78a BetrVG Rn. 2; vgl. zu § 103 Abs. 2 BetrVG und Ersatzmitglied des Betriebsrats → Rn. 1694.
[263] BAG 15.12.2011 NZA-RR 2012, 413 Rn. 16; zu § 9 Abs. 3 BPersVG BAG 13.3.1986 NZA 1986, 836, 837; BVerwG 1.10.2013 NZA-RR 2014, 103 Rn. 30ff.
[264] BAG 16.8.2008 NZA 2009, 202 Rn. 20; 15.11.2006 NZA 2007, 1381 Rn. 42; LAG Hamm 11.1.2013 – 10 TaBV 5/12 – juris Rn. 65; vgl. auch BAG 5.12.2012 NZA-RR 2013, 241 Rn. 20; 15.12.2011 NZA-RR 2012, 413 Rn. 18.
[265] LAG Köln 23.2.2000 BeckRS 2000, 30462384; vgl. auch LAG Hamm 4.4.2014 NZA-RR 2014, 342; ebenso zu § 9 Abs. 2 BPersVG BVerwG 31.5.2005 NZA-RR 2005, 613, 614.
[266] BAG 1.12.2004 NZA 2005, 779, 781.
[267] Diese Vorschrift bezieht sich auch auf eine Jugend- und Auszubildendenvertretung, vgl. LAG München 6.9.2006 LAGE BetrVG 2001 § 78 Nr. 3; *Fitting*, § 3 BetrVG Rn. 79; Richardi/*Annuß*, § 60 BetrVG Rn. 7.

§ 7 Kündigungsschutz im Rahmen der Betriebsverfassung

den, wenn gem. § 3 Abs. 1 Nr. 3 BetrVG eine Auszubildendenvertretung aufgrund eines Tarifvertrags gebildet ist.²⁶⁸

Verlangt der Auszubildende schriftlich und rechtzeitig innerhalb der Dreimonatsfrist seine Weiterbeschäftigung, kann der Arbeitgeber gem. § 78a Abs. 4 S. 1 BetrVG spätestens bis zum Ablauf von zwei Wochen nach Beendigung des Berufsausbildungsverhältnisses beim Arbeitsgericht beantragen, dass ein Arbeitsverhältnis nach § 78a Abs. 2 oder 3 BetrVG nicht begründet oder ein bereits nach diesen Absätzen begründetes Arbeitsverhältnis aufgelöst wird, wenn Tatsachen vorliegen, auf Grund derer dem Arbeitgeber unter **Berücksichtigung aller Umstände die Weiterbeschäftigung** im Zeitpunkt der Beendigung des Ausbildungsverhältnisses (→ Rn. 1781) **nicht zugemutet werden kann.** **1776**

In der Rechtsprechung des BAG hat sich der Gedanke durchgesetzt, dass die **zum Begriff** der **Unzumutbarkeit** iSd § 626 Abs. 1 BGB entwickelten **Grundsätze nicht auf** den **Auflösungstatbestand** des § 78a Abs. 4 BetrVG **übertragen** werden können. Im Unterschied zu § 626 Abs. 1 BGB, in dessen Anwendungsbereich es um die Unzumutbarkeit der Fortsetzung des Arbeitsverhältnisses bis zu einem bestimmten Zeitpunkt (Ablauf der Kündigungsfrist bzw. vereinbartes Ende) geht, geht es in § 78 Abs. 4 S. 1 BetrVG um die Frage, ob dem Arbeitgeber die Beschäftigung in einem unbefristeten Arbeitsverhältnis zumutbar ist.²⁶⁹ Aus der Verschiedenartigkeit beider Unzumutbarkeitsbegriffe folgt zugleich, dass eine entsprechende Anwendung der in § 626 Abs. 2 S. 1 BGB geregelten Ausschlussfrist (→ Rn. 794 ff.) bezüglich der Kenntniserlangung der zur Unzumutbarkeit iSv § 78a Abs. 4 S. 1 BetrVG herangezogenen Tatsachen ausscheidet.²⁷⁰ **1777**

Sicher ist, dass im Rahmen der Interessenabwägung nur besonders **schwerwiegende Gründe** in Betracht kommen, die den individualrechtlichen Anspruch des Auszubildenden auf Weiterbeschäftigung ausschließen bzw. die Auflösung des Arbeitsverhältnisses zur Folge haben. **Zwei Fallgruppen** kommen in Betracht: **1778**

1. Persönliche Gründe

Die Unzumutbarkeit der Weiterbeschäftigung iSd § 78a Abs. 4 BetrVG kann in der Person oder in dem Verhalten des Auszubildenden begründet sein.²⁷¹ In Betracht kommen hier nur schwerwiegende Gründe personen- bzw. verhaltensbedingter Natur, zB das wiederholte Nichtbestehen der Abschlussprüfung²⁷² – nicht dagegen allein das schlechtere Abschneiden bei der Abschlussprüfung im Vergleich zu anderen Auszubildenden²⁷³ – bzw. schwere Fälle von Arbeitsverweigerung oder strafbare Handlungen.²⁷⁴ **1779**

---

²⁶⁸ LAG München 6.9.2006 LAGE BetrVG 2001 § 78 Nr. 3; vgl. auch BAG 15.11.2006 NZA 2007, 1381 Rn. 14.
²⁶⁹ BAG 8.9.2010 NZA 2011, 221 Rn. 21; 17.2.2010 AP BetrVG 1972 § 78a Nr. 53; 25.2.2009 AP BetrVG 1972 § 78a Nr. 52 Rn. 16; vgl. auch BAG 15.12.2011 NZA-RR 2012, 413 Rn. 43; LAG Hamm 11.1.2013 – 10 TaBV 5/12 – juris Rn. 60; APS/*Künzl*, § 78a BetrVG Rn. 93 ff.
²⁷⁰ BAG 25.2.2009 NZA 2009, 1168 Ls.; 15.12.1983 NZA 1984, 44.
²⁷¹ BAG 15.12.2011 NZA-RR 2012, 413 Rn. 43; 25.2.2009 AP BetrVG 1972 § 78a Nr. 52; APS/*Künzl*, § 78a BetrVG Rn. 97; WPK/*Preis*, § 78a BetrVG Rn. 21; KR/*Weigand*, § 78a BetrVG Rn. 38 ff.; a. A. Richardi/*Thüsing*, § 78a BetrVG Rn. 36.
²⁷² LAG Niedersachsen 8.4.1975 DB 1975, 1224.
²⁷³ LAG Berlin 18.7.1995 LAGE BetrVG 1972 § 78a Nr. 8; LAG Hamm 21.10.1992 DB 1993, 439.
²⁷⁴ BAG 16.1.1979 AP BetrVG 1972 § 78a Nr. 5.

2. Betriebliche Gründe

1780 Der Feststellungsantrag des Arbeitgebers nach § 78a Abs. 4 BetrVG kann auch auf **betriebliche Gründe** gestützt werden, wenn diese dem Arbeitgeber unter Berücksichtigung aller Umstände die Weiterbeschäftigung des Auszubildenden unzumutbar machen. Es geht um die Frage, ob und unter welchen Bedingungen, ggf. nach welchen Maßnahmen dem Arbeitgeber die Verpflichtung obliegt, für den Auszubildenden, der Mandatsträger ist, einen Anschlussarbeitsplatz zur Verfügung zu stellen.

1781 Die Weiterbeschäftigung eines Jugend- und Auszubildendenvertreters in einem nach § 78a Abs. 2 oder 3 BetrVG entstandenen Arbeitsverhältnis kann dem Arbeitgeber dann nach § 78a Abs. 4 S. 1 BetrVG nicht zugemutet werden, wenn beim Abschluss der Ausbildung **kein freier, auf Dauer angelegter Arbeitsplatz** im Ausbildungsbetrieb – ein geeigneter Arbeitsplatz in einem anderen Betrieb des Unternehmens erfüllt die Voraussetzungen des § 78a BetrVG nicht[275] – vorhanden ist, auf dem der Mandatsträger mit seiner durch die Ausbildung erworbenen Qualifikation beschäftigt werden kann.[276] **Maßgebender Zeitpunkt** ist das **Ende** des **Ausbildungsverhältnisses,** nicht ein späterer Zeitpunkt, für den der Arbeitskräftebedarf auf Grund einer Prognose zu schätzen wäre.[277] Ein Mitglied der Jugend- und Auszubildendenvertretung kann nicht kraft Amtes verlangen, fehlende Zusatzqualifikationen, die nicht Gegenstand der Ausbildung waren, durch eine Spezialausbildung vermittelt zu bekommen.[278]

1782 Ob ein Beschäftigungsbedarf für den durch § 78a BetrVG geschützten Auszubildenden besteht, bestimmt sich nach den arbeitstechnischen Vorgaben und der Personalplanung des Arbeitgebers, der darüber entscheidet, welche Arbeiten im Betrieb verrichtet werden sollen und wie viele Arbeitnehmer damit beschäftigt werden.[279] Deshalb ist der **Arbeitgeber nicht verpflichtet,** durch organisatorische Veränderungen im Betrieb einen **Arbeitsplatz neu** zu **schaffen**[280] **oder** einen anderen Arbeitsplatz durch Kündigung eines anderen Arbeitnehmers **frei zu machen,** um die Weiterbe-

---

[275] St. Rspr., zB BAG 15.12.2011 NZA-RR 2012, 413 Rn. 43; 17.2.2010 AP BetrVG 1972 § 78a Nr. 53 Rn. 19; ebenso APS/*Künzl,* § 78a BetrVG Rn. 104; KR/*Weigand,* § 78a BetrVG Rn. 41a; *Reuter,* BB 2007, 2678, 2679 f.; a.A. LAG München 6.9.2006 LAGE BetrVG 2001 § 78a Nr. 3; DKKW/*Bachner,* § 78a BetrVG Rn. 38; Richardi/*Thüsing,* § 78a BetrVG Rn. 39; dem BAG zu § 9 Abs. 4 S. 1 BPersVG folgend BVerwG 6.9.2011 NZA-RR 2012, 108 Rn. 13; 11.3.2008 NZA-RR 2008, 445, 446; 1.11.2005 NZA-RR 2006, 218, 219; OVG Sachsen-Anhalt 20.3.2013 NZA-RR 2013, 501, 502.

[276] BAG 15.12.2011 NZA-RR 2012, 413; 17.2.2010 AP BetrVG 1972 § 78a Nr. 53; 15.11.2006 NZA 2007, 1381, Rn. 21; LAG Hamm 11.1.2013 – 10 TaBV 5/12 – juris Rn. 61; ebenso zu § 9 Abs. 4 S. 1 BPersVG BVerwG 11.3.2008 NZA-RR 2008, 445 Rn. 3; 30.5.2007 PersV 2008, 64, 65; 1.11.2005 NZA-RR 2006, 218, 221; OVG Berlin-Brandenburg 25.4.2013 BeckRS 2013, 56887; VGH München 25.9.2008 NZA-RR 2009, 167 Rn. 16; OVG Sachsen-Anhalt 20.3.2013 NZA-RR 2013, 501, 502.

[277] BAG 16.8.1995 NZA 1996, 493, 494; vgl. auch BAG 15.12.2011 NZA-RR 2012, 413 Rn. 44; 8.9.2010 NZA 2011, 221 Rn. 26; 25.2.2009 AP BetrVG 1972 § 78a Nr. 52 Rn. 20; ebenso zu § 9 Abs. 4 S. 1 BPersVG BVerwG 11.3.2008 NZA-RR 2008, 445 Rn. 3; 29.3.2006 NZA-RR 2006, 501, 502.

[278] LAG Hamm 11.1.2013 – 10 TaBV 5/12 – juris Rn. 80 mwN.

[279] BAG 15.12.2011 NZA-RR 2012, 413 Rn. 44; 8.9.2010 NZA 2011, 221 Rn. 24; 25.2.2009 AP BetrVG 1972 § 78a Nr. 52.

[280] BAG 15.12.2011 NZA-RR 2012, 413 Rn. 44; 8.9.2010 NZA 2011, 221 Rn. 35; 25.2.2009 AP BetrVG 1972 § 78a Nr. 52; LAG Hamm 11.1.2013 – 10 TaBV 5/12 – juris Rn. 62; dem BAG folgend zu § 9 Abs. 4 S. 1 BPersVG BVerwG 1.11.2005 NZA-RR 2006, 218 Rn. 32–35; OVG Sachsen-Anhalt 20.3.2013 NZA-RR 2013, 501, 502.

schäftigung zu gewährleisten.²⁸¹ Von Missbrauchsfällen abgesehen ist der Arbeitgeber auch grundsätzlich nicht gehindert, durch eine Veränderung der Arbeitsorganisation Arbeitsplätze wegfallen zu lassen.²⁸² Ist allerdings im Zeitpunkt der Beendigung des Ausbildungsverhältnisses ein freier Arbeitsplatz vorhanden, hat bei der Prüfung der Unzumutbarkeit einer Weiterbeschäftigung ein künftiger Wegfall von Arbeitsplätzen unberücksichtigt zu bleiben.²⁸³

Die Übernahme eines durch § 78a BetrVG geschützten Auszubildenden ist dem Arbeitgeber nicht allein deshalb unzumutbar, weil er sich entschließt, die in seinem Betrieb anfallenden Arbeitsaufgaben künftig nicht mehr eigenen Arbeitnehmern, sondern Leiharbeitnehmern zu übertragen. Durch diese Entscheidung allein wird weder die Anzahl der Arbeitsplätze noch die Arbeitsmenge, für deren Bewältigung der Arbeitgeber Arbeitnehmer einsetzt, verändert.²⁸⁴ **1783**

Die Weiterbeschäftigung eines nach den Bestimmungen des § 78a BetrVG geschützten Auszubildenden kann dem Arbeitgeber iSd § 78a Abs. 4 S. 1 BetrVG zuzumuten sein, wenn er einen innerhalb von drei Monaten vor der vertraglich vereinbarten Beendigung des Ausbildungsverhältnisses – dem für die Feststellung der Unzumutbarkeit einer Weiterbeschäftigung iSd § 78a Abs. 4 BetrVG maßgeblichen Zeitpunkt (→ Rn. 1781) – frei werdenden Arbeitsplatz besetzt hat, statt ihn für einen nach § 78a BetrVG geschützten Auszubildenden freizuhalten, und die sofortige Neubesetzung nicht durch dringende betriebliche Erfordernisse geboten ist. Bei der Entscheidung, ob der Arbeitsplatz für den geschützten Auszubildenden freigehalten werden muss, sind alle Umstände des Einzelfalles zu würdigen. Denn der Arbeitgeber muss innerhalb des Drei-Monats-Zeitraums des § 78a Abs. 2 BetrVG mit dem Übernahmeverlangen rechnen.²⁸⁵ Verneint der Auszubildende auf Anfrage zunächst seinen Übernahmewunsch oder äußert er sich gar nicht, ist dies bei der Würdigung der Unzumutbarkeit zu seinen Lasten zu berücksichtigen. Das betriebliche Interesse an der sofortigen anderweitigen Besetzung des Arbeitsplatzes ist konkret zu belegen. Es bedarf der Darlegung, dass die Vakanz für den Betrieb nicht tragbar ist.²⁸⁶ **1784**

Diese Grundsätze sind vom BAG in einer Entscheidung vom 12.11.1997 ein wenig relativiert worden. Danach liegt ein **freier Arbeitsplatz nicht vor,** wenn **fünf Monate** vor dem Ende des Ausbildungsverhältnisses eines nach § 78a BetrVG geschützten Auszubildenden freie Arbeitsplätze besetzt worden sind. Der Arbeitgeber sei zu dieser Zeit nicht verpflichtet zu bedenken, dass fünf Monate später nach § 78a BetrVG geschützte Auszubildende ihre Ausbildung beenden und ihre Übernahme verlangen könnten.²⁸⁷ Entschieden wurde das in einem Fall, in dem Auszubildende übernommen wurden, die ihre Ausbildung vorzeitig beendet hatten. Der Arbeitgeber wird also **1785**

---

²⁸¹ BAG 28.6.2000 ZTR 2001, 139; 16.8.1995 NZA 1996, 493, 494; 29.11.1989 AP BetrVG 1972 § 78a Nr. 20; Richardi/*Thüsing*, § 78a Rn. 38; a.A. APS/*Künzl*, § 78a BetrVG Rn. 106, der eine Pflicht zur Freikündigung eines Arbeitsplatzes grundsätzlich bejaht; dem BAG folgend zu § 9 Abs. 4 S. 1 BPersVG BVerwG 6.9.2011 NZA-RR 2012, 108 Rn. 7; 4.6.2009 NZA-RR 2009, 568; 1.11.2005 BVerwGE 124, 292, 308.
²⁸² BAG 15.12.2011 NZA-RR 2012, 413 Rn. 44; 8.9.2010 NZA 2011, 221 Rn. 36; 25.2.2009 AP BetrVG 1972 § 78a Nr. 52.
²⁸³ BAG 25.2.2009 AP BetrVG 1972 § 78a Nr. 52; 16.7.2008 NZA 2009, 202 Rn. 22; 16.8.1995 NZA 1996, 493, 494; LAG Hamm 11.1.2013 – 10 TaBV 5/12 – juris Rn. 62.
²⁸⁴ BAG 8.9.2010 NZA 2011, 221 Rn 25; 25.2.2009 AP BetrVG 1972 § 78a Nr. 52; 16.7.2008 NZA 2009, 202, Rn. 23; krit. *Werhahn*, SAE 2009, 189 ff.
²⁸⁵ BAG 25.2.2009 AP BetrVG 1972 § 78a Nr. 52; 16.7.2008 NZA 2009, 202 Rn. 24; 12.11.1997 NZA 1998, 1056, 1057.
²⁸⁶ Vgl. BAG 12.11.1997 NZA 1998, 1056, 1057.
²⁸⁷ BAG 12.11.1997 NZA 1998, 1057, 1058 f.

nicht für verpflichtet angesehen, zu einem Zeitpunkt, der so lange vor dem Ende des Ausbildungsverhältnisses eines nach § 78a BetrVG geschützten Auszubildendem liegt, zu ermitteln, ob überhaupt mit einem Übernahmeverlangen zu rechnen ist. Je weiter der „freie Arbeitsplatz" zeitlich vorverlegt wird, umso uneingeschränkter wird die Dispositionsfreiheit des Unternehmers.

1786 Das Verlangen des Auszubildenden nach § 78a Abs. 2 S. 1 BetrVG führt zu einem **unbefristeten Vollarbeitsverhältnis mit ausbildungsgerechter Beschäftigung** (vgl. auch schon → Rn. 175).[288] Steht nur ein befristeter Arbeitsvertrag zur Wahl, können die Parteien zwar einen solchen einvernehmlich eingehen, jedoch kann der Auszubildende dies im Verfahren nach § 78a BetrVG nicht erzwingen. Insoweit gilt das Konsensprinzip.[289] Dieses ist auch maßgeblich, wenn es um sonstige inhaltliche Änderungen des nach § 78a Abs. 2 BetrVG entstehenden Arbeitsverhältnisses geht.[290]

1787 Das BAG hat aber im Hinblick auf den Schutzzweck des § 78a BetrVG (→ Rn. 1774) erkannt, dass der Arbeitgeber im Rahmen seiner Zumutbarkeitsprüfung nach § 78a Abs. 4 S. 1 BetrVG auch zu klären hat, ob eine andere Weiterbeschäftigung zu geänderten Arbeitsbedingungen möglich ist. **Voraussetzung für die erweiterte Zumutbarkeitsprüfung ist,** dass der Auszubildende – wenn auch nur hilfsweise – erklärt, er sei mit einer **Weiterbeschäftigung zu geänderten Arbeitsbedingungen im Ausbildungsbetrieb**[291] **einverstanden.**[292] Unterlässt der Arbeitgeber diese Prüfung oder verneint er zu Unrecht die Möglichkeit und die Zumutbarkeit, ist sein Auflösungsantrag (§ 78a Abs. 4 S. 1 Nr. 2 BetrVG) zurückzuweisen, obwohl eine vollzeitige Beschäftigungsmöglichkeit in einem unbefristeten Arbeitsverhältnis im Ausbildungsberuf nicht besteht. Der Arbeitgeber muss dann die notwendigen Änderungen der Vertragsbedingungen durch individualrechtliche Maßnahmen durchsetzen.[293] Das Verlangen auf die Weiterbeschäftigung zu geänderten Arbeitsbedingungen muss der Auszubildende unverzüglich dem Arbeitgeber nach dessen Nichtübernahmemitteilung (§ 78a Abs. 1 BetrVG) mitteilen. Eine Einverständniserklärung im gerichtlichen Verfahren über den Auflösungsantrag nach § 78a Abs. 4 S. 1 Nr. 2 BetrVG genügt nicht.[294]

3. Verfahrensrecht

1788 Verfahrensrechtliche Fragen im Rahmen des § 78a Abs. 4 BetrVG sind immer noch unsicher.[295]

1789 Beruft sich der Arbeitgeber auf die Unzumutbarkeit der Weiterbeschäftigung, sind seine Anträge nach § 78a Abs. 4 S. 1 Nr. 1 oder 2 BetrVG im arbeitsgerichtlichen Beschlussverfahren zu verfolgen (vgl. § 2a Abs. 1 Nr. 1, Abs. 2 ArbGG). Arbeitgeber iSd § 78a Abs. 4 BetrVG ist nur der Vertragsarbeitgeber. Das ist die natürliche oder juristische Person, mit der das Mitglied der in § 78a Abs. 1 BetrVG genannten Arbeitneh-

---

[288] BAG 16.7.2008 NZA 2009, 202 Rn. 20; 15.11.2006 NZA 2007, 1381 Rn. 42; 28.6.2000 ZTR 2001, 139.
[289] BAG 24.7.1991 NZA 1992, 174, 176.
[290] BAG 16.7.2008 NZA 2009, 202 Rn. 29; 15.11.2006 NZA 2007, 1381 Rn. 42.
[291] BAG 16.7.2008 NZA 2009, 202 Rn. 29; 15.11.2006 NZA 2007, 1381 Rn. 42.
[292] BAG 15.11.2006 NZA 2007, 1381 Rn. 42; 6.11.1996 NZA 1997, 783, 784; LAG Köln 15.12.2008 ArbuR 2009, 184 Ls.; LAG Hamm 11.1.2013 – 10 TaBV 5/12 – juris Rn. 65.
[293] BAG 16.7.2008 NZA 2009, 202 Rn. 29; 15.11.2006 NZA 2007, 1381 Rn. 42.
[294] BAG 16.7.2008 NZA 2009, 202 Rn. 30; 15.11.2006 NZA 2007, 1381 Rn. 30.
[295] Vgl. hierzu näher *Houben*, NZA 2006, 769, 771 ff.

mervertretungen ein Berufsausbildungsverhältnis abgeschlossen hatte.[296] Deshalb kann in einem **Gemeinschaftsbetrieb** iSd § 1 Abs. 1 S. 2 BetrVG[297] der Antrag auf Auflösung eines nach § 78a Abs. 2 BetrVG zustande gekommenen Arbeitsverhältnisses (§ 78a Abs. 4 S. 1 Nr. 2 BetrVG) von dem Vertragsarbeitgeber des ehemaligen Auszubildenden ohne Mitwirkung der anderen am Gemeinschaftsbetrieb beteiligten Arbeitgeber gestellt werden.[298] Allerdings ist dieser nach § 83 Abs. 3 ArbGG an dem Beschlussverfahren betreffend den Auflösungsantrag gem. § 78a Abs. 4 S. 1 Nr. 2 BetrVG zu beteiligen, weil von diesem Verfahren[299] auch die personelle Zusammensetzung der Jugend- und Auszubildendenvertretung abhängt.[300]

Ist im Falle der Beendigung des Berufsausbildungsverhältnisses über einen Feststellungsantrag des Arbeitgebers nach § 78a Abs. 4 S. 1 Nr. 1 BetrVG noch nicht rechtskräftig entschieden, wird im Anschluss an das Berufsausbildungsverhältnis ein Arbeitsverhältnis begründet, sofern die Voraussetzungen des § 78a Abs. 2 oder 3 BetrVG vorliegen. Der Feststellungsantrag nach Nr. 1 des § 78a Abs. 4 S. 1 BetrVG wandelt sich in einem solchen Falle in einen Antrag nach Nr. 2 dieser Vorschrift auf Auflösung des nunmehr begründeten Arbeitsverhältnisses um, ohne dass es einer förmlichen Antragsänderung bedarf.[301] Damit kann also im Verfahren nach § 78a Abs. 4 BetrVG, in dem es um die Frage geht, ob dem Arbeitgeber die Weiterbeschäftigung des Auszubildenden nicht zugemutet werden kann, stets nur eine rechtsgestaltende Entscheidung – Auflösungsbeschluss – ergehen.[302] **1790**

Streiten die Parteien über die Voraussetzungen des § 78a Abs. 2 oder 3 BetrVG, d.h. über das Zustandekommen eines unbefristeten Arbeitsverhältnisses, ist ein Feststellungsantrag des Arbeitgebers, dass zwischen ihm und dem Auszubildenden ein Arbeitsverhältnis nach § 78a Abs. 2 oder 3 BetrVG nicht zustande gekommen ist, im Urteilsverfahren zu verfolgen. Das entspricht höchstrichterlicher Rechtsprechung.[303] Der Streit bezieht sich auf ein individualrechtliches Rechtsverhältnis. Das gilt ebenso für den Fall, dass der Auszubildende eine entsprechende positive Feststellungsklage (§ 256 Abs. 1 ZPO) anhängig macht.[304] Diese Rechtsprechung ist jedoch vom BAG in seiner Entscheidung vom 11.1.1995[305] in Frage gestellt worden. Der 7. Senat hat dort erwogen, dem Arbeitgeber zu ermöglichen, in einem einheitlichen Beschlussverfahren sowohl die Feststellung der Nichtbegründung des Arbeitsverhältnisses wegen Fehlens der Voraussetzungen des § 78a Abs. 2 und 3 BetrVG als auch die (hilfsweise) Auflösung eines solchen Arbeitsverhältnisses wegen Unzumutbarkeit der Weiterbeschäftigung nach § 78a Abs. 4 BetrVG zu verfolgen.[306] Diese Möglichkeit räumt der 7. Senat dem **1791**

---

[296] BAG 25.2.2009 AP BetrVG 1972 § 78a Nr. 52.
[297] Vgl. hierzu WPK/*Preis,* § 1 BetrVG Rn. 34 ff.; Richardi/*Richardi,* § 1 BetrVG Rn. 60.
[298] BAG 25.2.2009 AP BetrVG 1972 § 78a Nr. 52.
[299] Der Gegenstandswert richtet sich nach § 42 Abs. 3 S. 1 GKG n. F. (bis 31.8.2009: § 42 Abs. 4 S. 1 GKG a. F. iVm § 23 Abs. 3 S. 2 GKG, vgl. LAG Hamburg 26.10.2006 NZA-RR 2007, 154; vgl. aber auch LAG Köln 20.2.2006 NZA-RR 2006, 434).
[300] BAG 25.2.2009 AP BetrVG 1972 § 78a Nr. 52.
[301] BAG 11.1.1995 NZA 1995, 647, 649; 24.7.1991 NZA 1992, 174, 175; 29.11.1989 NZA 1991, 233, 235 f.; LAG Hamm 11.1.2013 – 10 TaBV 5/12 – juris Rn. 58; ebenso zu § 9 Abs. 4 S. 1 Nr. 1 bzw. Nr. 2 BPersVG BVerwG 28.7.2006 NZA-RR 2006, 670, 671; 1.12.2003 NZA-RR 2004, 389, 390.
[302] BAG 11.1.1995 NZA 1995, 647, 649.
[303] BAG 29.11.1989 BetrVG 1972 NZA 1991, 233, 235 f.
[304] BAG 13.11.1987 AP BetrVG 1972 § 78a Nr. 18; vgl. auch LAG Hamm 4.4.2014 BeckRS 2014, 69086.
[305] NZA 1995, 647, 648.
[306] Offen gelassen am 5.12.2007 AP BetrVG 1972 § 78a Nr. 46 Rn. 17.

Arbeitgeber im Beschluss vom 5.12.2012,[307] wenn auch mit Blick auf § 65 ArbGG iVm § 93 Abs. 2 ArbGG, weiterhin ein.[308] Zweifelhaft ist, ob der Streit um den **Inhalt des Arbeitsverhältnisses** des Mandatsträgers nach einem Verlangen auf Weiterbeschäftigung zu **geänderten Arbeitsbedingungen** (dazu → Rn. 1787) im Beschlussverfahren oder im Urteilsverfahren zu entscheiden ist. Für das Urteilsverfahren tritt *Franzen* ein, der auf diese offene Frage hingewiesen hat.[309]

4. Kosten anwaltschaftlicher Tätigkeit im Beschlussverfahren

1792   Kosten aus der Hinzuziehung eines Rechtsanwalts in einem Verfahren, das ein Mitglied der Jugend- und Auszubildendenvertretung **ausschließlich wegen seiner betriebsverfassungsrechtlichen Rechtsstellung führt,** sind erstattungsfähig, soweit sie zur sachgerechten Verteidigung, zB in einem Ausschlussverfahren nach § 23 Abs. 1 BetrVG iVm § 65 Abs. 1 BetrVG, notwendig sind (§§ 40 Abs. 1, 65 Abs. 1 BetrVG). Es besteht aber **kein betriebsverfassungsrechtlicher Kostenerstattungsanspruch,** wenn ein Mitglied eines betriebsverfassungsrechtlichen Gremiums seine **individualrechtlichen Interessen** ggü. dem Arbeitgeber wahrnimmt. Das ist der Fall bei der Beteiligung eines Mitglieds der Jugend- und Auszubildendenvertretung in einem Beschlussverfahren, das die Auflösung seines Arbeitsverhältnisses im Anschluss an den Abschluss der Ausbildung zum Gegenstand hat (§ 78a Abs. 4 S. 1 BetrVG).[310] Hier ist allein die Weiterbeschäftigung als Arbeitnehmer nach Abschluss der Ausbildung im Streit, die auf Grund eines schriftlichen Weiterbeschäftigungsverlangens bestehen kann.[311] Kollektive Interessen hat in diesem Verfahren der zu beteiligende Betriebsrat einzubringen, nicht das frühere Mitglied der Jugend- und Auszubildendenvertretung.[312]

§ 8 Sonstige Fälle eines besonderen Kündigungsschutzes

1793   Neben den bisher erörterten Fällen gibt es noch eine Reihe weiterer Tatbestände, in denen der Gesetzgeber bestimmten Arbeitnehmern einen besonderen Kündigungsschutz einräumt. Sie sind jedoch für die Praxis im allgemeinen von geringerer Bedeutung, so dass ihre Problematik im Einzelnen nicht vertieft werden muss.

I. Inhaber von Bergmannsversorgungsscheinen

1794   Hinzuweisen ist auf den Kündigungsschutz für Inhaber eines Bergmannsversorgungsscheines. Gesetzliche Regelungen bestehen im Saarland (Gesetz vom 11.7.1962 idF vom 16.10.1981, ABl. S. 825, zuletzt geändert durch Art. 4 Abs. 35 des Gesetzes Nr. 1587 vom 18.11.2010, ABl. S. 1420) und in Nordrhein-Westfalen (Gesetz vom

---

[307] NZA-RR 2013, 241 Rn. 14.
[308] Zur Zulässigkeit des negativen Feststellungsantrags des öffentlichen Arbeitgebers wegen Nichterfüllung der Voraussetzungen in § 9 Abs. 2 und 3 BPersVG in Kombination mit dem (hilfsweise gestellten) Auflösungsantrag nach § 9 Abs. 4 S. 1 BPersVG im personalvertretungsrechtlichen Beschlussverfahren nach § 83 Abs. 1, 2 BPersVG vgl. st.Rspr. des BVerwG seit 9.10.1996 NZA-RR 1998, 190, 191; zuletzt wieder BVerwG 1.10.2013 NZA-RR 2014, 103 Rn 12f.
[309] *Franzen,* Anm. EzA § 78a BetrVG 1972 Nr. 24.
[310] BAG 5.4.2000 NZA 2000, 1178, 1179.
[311] Zum Streitwert des Verfahrens nach § 78a Abs. 4 S. 1 BetrVG vgl. LAG Köln 20.2.2006 NZA-RR 2006, 434.
[312] BAG 5.4.2000 NZA 2000, 1178, 1179; dazu APS/*Künzl,* § 78a BetrVG Rn. 167.

20.12.1983, GVBl. S. 635, zuletzt geändert durch Gesetz vom 12.5.2009, GVBl. S. 299). Bis zum 17.12.2003 bestand auch eine gesetzliche Regelung im Land Niedersachsen (Gesetz vom 6.1.1949, NGVBl. S. 741), die aber durch Art. 3 Abs. 2 Nr. 4 des Gesetzes vom 11.12.2003 (Nieders. GVBl. I S. 419) mit Wirkung vom 19.12.2003 aufgehoben worden ist (hierzu 9. Aufl. Rn. 1796).

Diesen Arbeitnehmern kann nur mit Zustimmung einer Zentralstelle **ordentlich** gekündigt **werden** (§ 10 Abs. 1 S. 1 BVSG NW bzw. § 11 Abs. 1 S. 1 BVSG Saarland). Die Regelung entspricht weitgehend derjenigen für schwerbehinderte Arbeitnehmer. In **Nordrhein-Westfalen** und im **Saarland** bleiben die gesetzlichen Bestimmungen über die außerordentliche Kündigung aus wichtigem Grund unberührt. Für das Saarland ist dies ausdrücklich in § 11 Abs. 2 BVSG Saarland geregelt. Für Nordrhein-Westfalen folgt es daraus, dass sich der besondere Kündigungsschutz für Inhaber eines Bergmannsversorgungsscheines ausweislich der Überschrift des § 10 BVSG NW allein auf eine ordentliche Kündigung bezieht. **1795**

In **Nordrhein-Westfalen** ist gem. § 12 Abs. 1 S. 1 BVSG NW die Zustimmung der Zentralstelle nicht erforderlich, wenn der Inhaber des Versorgungsscheines ausdrücklich nur befristet, auf Probe oder für einen vorübergehenden Zweck eingestellt worden ist, es sei denn, dass das Arbeitsverhältnis über sechs Monate hinaus fortbesteht. Außerdem ist keine Zustimmung notwendig bei Entlassungen aus Witterungsgründen, sofern die Wiedereinstellung bei Wiederaufnahme der Arbeit sichergestellt ist (§ 12 Abs. 2 BVSG NW). **1796**

II. Wehrdienst und Zivildienst

Von der Zustellung des Einberufungsbescheides bis zur Beendigung des Grundwehrdienstes sowie während einer Wehrübung darf der Arbeitgeber nach § 2 Abs. 1 ArbPlSchG idF der Bekanntmachung vom 16.7.2009 (BGBl. I S. 2055), zuletzt geändert durch Gesetz vom 8.4.2013 (BGBl. I S. 730), nicht kündigen. Dieser besondere Kündigungsschutz hat auch nach der durch § 2 WPflG idF der „Bekanntmachung der Neufassung des Wehrpflichtgesetzes" vom 15.8.2011 (BGBl. I S. 1730), zuletzt geändert durch Art. 2 Abs. 8 des Gesetzes vom 3.5.2013 (BGBl. I S. 1084) erfolgten Aussetzung der Wehrpflicht Bedeutung.[1] Er gilt auch für die in § 16 Abs. 2–7 ArbPlSchG genannten Fälle.[2] **1797**

Das Kündigungsverbot des § 2 Abs. 1 ArbPlSchG gilt nur zu Gunsten der Arbeitnehmer, deren **Einberufung** durch Maßnahmen veranlasst worden ist, die **auf der deutschen Wehrgesetzgebung** (§ 1 WehrpflG) **beruhen**.[3] Es gilt deshalb grundsätzlich (zu Ausnahmen → Rn. 1798) nicht für ausländische Arbeitnehmer, die nicht Staatsangehörige eines Mitgliedstaates der EU sind und in ihrem Heimatland Wehrdienst leisten.[4] Arbeitnehmer aus einem Mitgliedstaat der EU sind dagegen wie deutsche Arbeitnehmer zu behandeln,[5] so dass das ArbPlSchG entsprechend gilt. **1797a**

Nach § 16 Abs. 6 S. 1 ArbPlSchG idF von Art. 9 des „WehrrechtsänderungsG" vom 31.7.2008 (BGBl. I S. 1629) gilt seit dem 9.8.2008 (vgl. Art. 9 Nr. 4 lit. d dieses **1798**

---

[1] Vgl. näher APS/*Dörner/Linck*, § 2 ArbPlSchG Rn. 2.
[2] Hierzu näher Moll/*Schulte*, MAH Arbeitsrecht § 45 Rn. 194.
[3] Vgl. BAG 22.12.1982 AP § 123 BGB Nr. 23; 5.12.1969 AP EWG-Vertrag Art. 177 Nr. 3.
[4] Vgl. EuGH 15.10.1969 AP EWG – Vertrag Art. 177 Nr. 2; BAG 20.5.1988 NZA 1989, 464; 30.7.1986 NZA 1987, 13.
[5] EuGH 15.10.1969 AP EWG-Vertrag Art. 177 Nr. 2; BAG 5.12.1969 AP Art. 177 EWG-Vertrag Nr. 3.

Gesetzes) ua § 2 ArbPlSchG auch für in Deutschland beschäftigte Ausländer, die Staatsangehörige der Vertragsparteien der Europäischen Sozialcharta (ESC) vom 18.10.1961 (BGBl. 1964 II S. 1262) sind und ihren rechtmäßigen Aufenthalt in Deutschland haben (§ 16 Abs. 6 S. 2 ArbPlSchG), wenn sie in ihrem Heimatstaat zur Erfüllung ihrer dort bestehenden Wehrpflicht herangezogen werden. Zu den Mitgliedstaaten der ESC in ihrer Ursprungsfassung vom 18.10.1961 (SEV-Nr. 035)[6] gehört ua die Türkei.[7] Vor Inkrafttreten des § 16 Abs. 6 ArbPlSchG war § 2 Abs. 1 ArbPlSchG schon gem. dem in Art. 10 Abs. 1 des Beschlusses Nr. 1/80 des durch das AssoziierungsAbk. EWG-Türkei geschaffenen Assoziationsrats über die Entwicklung der Assoziation vom 19.9.1980 enthaltenen Benachteiligungsverbots türkischer Arbeitnehmer, das in den EU-Mitgliedsstaaten unmittelbare Wirkung hat,[8] entsprechend anwendbar.[9] Gleiches gilt nach wie vor für marokkanische Arbeitnehmer wegen des in Art. 41 Abs. 1 des Kooperationsabkommens EWG-Marokko geregelten, in den EU-Mitgliedsstaaten unmittelbar anwendbaren[10] Benachteiligungsverbots dieses Personenkreises.[11]

1799 Gemeint ist in § 2 Abs. 1 ArbPlSchG eine **ordentliche Kündigung** (dazu näher → Rn. 420ff.), auch in der Probezeit.[12] Denn § 2 Abs. 3 S. 1 ArbPlSchG lässt das Recht zur Kündigung aus wichtigem Grund unberührt (→ Rn. 1804). Für den besonderen Kündigungsschutz bei Wehrübungen stellt § 2 Abs. 1 ArbPlSchG nicht auf die Zustellung des Bescheides ab. Hier besteht der Kündigungsschutz nur für die Zeit der Wehrübung selbst. Eine entgegen dem Verbot des § 2 Abs. 1 ArbPlSchG ausgesprochene Kündigung ist gem. § 134 BGB nichtig.

1800 Eine nicht vom Verbot des § 2 Abs. 1 ArbPlSchG erfasste ordentliche Kündigung darf der Arbeitgeber gem. § 2 Abs. 2 S. 1 ArbPlSchG nicht **aus Anlass** des Wehrdienstes aussprechen. Das gilt auch für eine an sich nach § 2 Abs. 3 S. 1 ArbPlSchG zulässige außerordentliche Kündigung aus wichtigem Grund.[13] Eine Anlasskündigung gem. § 2 Abs. 2 S. 1 ArbPlSchG liegt vor, wenn der **Wehrdienst** das **mitbestimmende Motiv** für die Kündigung ist.[14] Ist streitig, ob eine Kündigung aus Anlass des Wehrdienstes erfolgt ist oder nicht, trifft gem. § 2 Abs. 2 S. 3 ArbPlSchG den Arbeitgeber die **Beweislast,** d. h. er muss darlegen und ggf. beweisen, dass ihn unabhängig vom Wehrdienst des Arbeitnehmers Gründe zur Kündigung veranlasst haben. Das gilt auch für diejenigen Arbeitnehmer, die (noch) nicht unter das KSchG fallen. § 2 Abs. 2 S. 1 ArbPlSchG findet auch auf eine Kündigung aus Anlass einer Wehrübung Anwendung.[15]

---

[6] Nunmehr in revidierter Fassung vom 3.5.1996 (SEV-Nr. 163), am 29.6.2007 von Deutschland unterzeichnet (vgl. Hinweis in BT-Drucks. 16/9728, S. 8), aber bisher nicht ratifiziert (vgl. BT-Drucks. 18/4092, S. 3).

[7] Vgl. zu weiteren Vertragsparteien des ESC KR/*Weigand*, § 2 ArbPlSchG Rn. 4.

[8] Vgl. EuGH 8.5.2003 EuGHE I 2003, 4301 Rn. 53f., 56 und 66; *Däubler*, NZA 1992, 577, 581; KDZ/*Brecht-Heitzmann*, § 2 ArbPlSchG Rn. 5.

[9] ErfK/*Gallner*, 12. Aufl., § 1 ArbPlSchG Rn. 1.

[10] Vgl. EuGH 31.1.1991 EuZW 1991, 283; *Däubler*, NZA 1992, 577, 581.

[11] ErfK/*Gallner*, 12. Aufl., § 1 ArbPlSchG Rn. 1; KDZ/*Zwanziger/Däubler*, 8. Aufl., § 626 BGB Rn. 74.

[12] ArbG Verden 22.3.1979 ARSt 1980, 27; APS/*Dörner/Linck*, § 2 ArbPlSchG Rn. 10; KR/*Weigand*, § 2 ArbPlSchG Rn. 19; KDZ/*Brecht-Heitzmann*, § 2 ArbPlSchG Rn. 9.

[13] LAG Hamm 26.5.1967 DB 1967, 1272; APS/*Dörner/Linck*, § 2 ArbPlSchG Rn. 11; KR/*Weigand*, § 2 ArbPlSchG Rn. 32; KDZ/*Brecht-Heitzmann*, § 2 ArbPlSchG Rn. 10.

[14] APS/*Dörner/Linck*, § 2 ArbPlSchG Rn. 11; KR/*Weigand*, § 2 ArbPlSchG Rn. 32; KDZ/*Brecht-Heitzmann*, § 2 ArbPlSchG Rn. 10; vgl. auch BAG 28.5.1998 NZA 1998, 1015, 1016; 5.2.1998 NZA 1998, 644, 645.

[15] LAG Hamm 16.5.1967 DB 1967, 1272; KDZ/*Brecht-Heitzmann*, § 2 ArbPlSchG Rn. 10; vgl. auch KR/*Weigand*, § 2 ArbPlSchG Rn. 32.

Kommt es im Anwendungsbereich des KSchG zu einer Kündigung aus dringenden **1801** betrieblichen Erfordernissen (§ 1 Abs. 2 S. 1 KSchG), darf der Arbeitgeber nach § 2 Abs. 2 S. 2 ArbPlSchG bei der **Auswahl der zu Entlassenden** den Wehrdienst eines Arbeitnehmers nicht zu dessen Ungunsten berücksichtigen. Allerdings ist eine soziale Auswahl nach § 1 Abs. 3 S. 1 KSchG fehlerhaft, soweit der Arbeitgeber einen vergleichbaren Arbeitnehmer nicht einbezieht, weil dessen Arbeitsverhältnis zum Zeitpunkt der Kündigungserklärung zwar dem besonderen Kündigungsschutz des § 2 Abs. 1 ArbPlSchG unterlag, dieser aber vor Ablauf der Kündigungsfrist des gekündigten Arbeitnehmers endet (auch → Rn. 1062).[16] Auch im Rahmen des § 2 Abs. 2 S. 2 ArbPlSchG trifft im Streitfall die **Beweislast** den Arbeitgeber.

Das Arbeitsplatzschutzgesetz enthält auch eine besondere Schutzvorschrift zugunsten **1802** der Auszubildenden iSv § 10 Abs. 1 BBiG. Nach § 2 Abs. 5 S. 1 ArbPlSchG darf die **Übernahme** eines **Auszubildenden** in ein Arbeitsverhältnis auf unbestimmte Zeit nach der Beendigung des Berufsausbildungsverhältnisses vom Ausbildenden nicht aus Anlass des Wehrdienstes abgelehnt werden. Auch hier gilt, dass im Streitfall gem. § 2 Abs. 2 S. 3, Abs. 5 S. 2 ArbPlSchG die Beweislast beim Arbeitgeber liegt. Verweigert der Arbeitgeber den Vertragsabschluss unter Verletzung des § 2 Abs. 5 S. 1 ArbPlSchG, kann der Arbeitnehmer den Abschluss des Arbeitsvertrages im Wege des Schadensersatzes erzwingen. Die Grundsätze der Rechtsprechung zu § 78a BetrVG sind anzuwenden (→ Rn. 1776).

Das Arbeitsplatzschutzgesetz gilt seit 1977 auch für Zeitsoldaten. Sie sind nach **1803** Maßgabe des § 16a Abs. 1 ArbPlSchG wie Wehrpflichtige zu behandeln.

Das Recht zur Kündigung **aus wichtigem Grund** (vgl. zB § 626 Abs. 1 BGB, § 67 **1804** SeeArbG, § 22 Abs. 2 Nr. 1 BBiG) **bleibt unberührt** (§ 2 Abs. 3 S. 1 ArbPlSchG). Die Einberufung zum Wehrdienst ist nach § 2 Abs. 3 S. 2 1. Hs. ArbPlSchG kein wichtiger Grund zur Kündigung. Für Kleinbetriebe mit idR fünf oder weniger Arbeitnehmern, ausschließlich der zu ihrer Berufsausbildung Beschäftigten, enthält § 2 Abs. 3 S. 2, 2. Hs. ArbPlSchG eine Sonderregelung zu Ungunsten unverheirateter Arbeitnehmer. Danach gilt § 2 Abs. 3 S. 2 1. Hs. ArbPlSchG **nicht für unverheiratete Arbeitnehmer** im Falle eines Grundwehrdienstes von mehr als sechs Monaten, wenn dem Arbeitgeber infolge Einstellung einer Ersatzkraft die Weiterbeschäftigung des Arbeitnehmers nach der Entlassung aus dem Wehrdienst **nicht zugemutet werden kann.** Die Einstellung einer Ersatzkraft erfordert den Abschluss eines neuen Arbeitsvertrages; eine innerbetriebliche Umsetzung eines bereits beschäftigten Arbeitnehmers reicht nicht.[17] Bei der Prüfung der Zumutbarkeit ist zu beachten, ob dem Arbeitgeber nicht die Befristung des Arbeitsvertrages der Ersatzkraft möglich war, so dass der Arbeitsplatz des Wehrpflichtigen wieder frei wurde.[18] Eine nach § 2 Abs. 2 S. 2 2. Hs. ArbPlSchG zulässige Kündigung darf gem. § 2 Abs. 3 S. 4 ArbPlSchG nur unter Einhaltung einer Frist von zwei Monaten für den Zeitpunkt der Entlassung aus dem Wehrdienst ausgesprochen werden. Da die Dauer des Wehrdienstes gem. § 5 Abs. 2 S. 1 WehrpflG idF der Bekanntmachung vom 15.8.2011 (BGBl I S. 1730), zuletzt geändert durch Art. 2 Abs. 8 des Gesetzes vom 3.5.2013 (BGBl. I S. 1084) nur noch sechs Monate dauert, kommt § 2 Abs. 2 S. 2 2. Hs. ArbPlSchG kaum noch praktische Bedeutung zu.[19]

---

[16] ArbG Hamburg 23.4.1998 AiB 1999, 50 f.
[17] APS/*Dörner/Linck,* § 2 ArbPlSchG Rn. 15; ErfK/*Gallner,* 12. Aufl., § 2 ArbPlSchG Rn. 8; KR/*Weigand,* § 2 ArbPlSchG Rn. 27; KDZ/*Brecht-Heitzmann,* § 2 ArbPlSchG Rn. 17.
[18] Vgl. auch APS/*Dörner/Linck,* § 2 ArbPlSchG Rn. 15; ErfK/*Gallner,* 12. Aufl., § 2 ArbPlSchG Rn. 8; KR/*Weigand,* § 2 ArbPlSchG Rn. 28.
[19] APS/*Dörner/Linck,* § 2 ArbPlSchG Rn. 15.

1805 Bei der Feststellung, ob ein Kleinbetrieb iSd § 2 Abs. 3 S. 2 2. Hs. ArbPlSchG vorliegt, waren seit dem 1.10.1996 gem. § 2 Abs. 3 S. 3 ArbPlSchG idF des Art. 8 Nr. 1 ArbBeschFG vom 25.9.1996 (BGBl. I S. 1476) teilzeitbeschäftigte Arbeitnehmer mit einer regelmäßigen wöchentlichen Arbeitszeit von nicht mehr als 10 Stunden mit 0,25, nicht mehr als 20 Stunden mit 0,5 und nicht mehr als 30 Stunden mit 0,75 zu berücksichtigen. Ab dem 1.1.1999 ist § 2 Abs. 3 S. 3 ArbPlSchG dahingehend neu gefasst worden, dass Arbeitnehmer mit einer regelmäßigen wöchentlichen Arbeitszeit von nicht mehr als 20 Stunden einheitlich mit 0,5 berücksichtigt werden.[20]

1806 Kündigt der Arbeitgeber nach Zustellung des Einberufungsbescheides oder während des Wehrdienstes, beginnt die Klagefrist des § 4 S. 1 KSchG erst zwei Wochen nach Ende des Wehrdienstes zu laufen (§ 2 Abs. 4 ArbPlSchG).

1807 Für **Zivildienstleistende,** die anerkannte Kriegsdienstverweigerer sind (vgl. § 1 ZDG), gilt nach § 78 Abs. 1 Nr. 1 ZDG der Kündigungsschutz nach § 2 ArbPlSchG entsprechend. Diesen können aber nicht die Personen in Anspruch nehmen, die auch den Zivildienst verweigern und stattdessen nach § 15a ZDG einen besonderen Dienst leisten.[21]

1808 Für Arbeitnehmer, die an einer **Eignungsübung** teilnehmen, besteht ein ähnlicher Kündigungsschutz nach Maßgabe des § 2 EignÜG vom 20.1.1956 (BGBl. I S. 13), zuletzt geändert durch das Gesetz vom 5.2.2009 (BGBl. I S. 160). Der Arbeitgeber darf das Arbeitsverhältnis während der Eignungsübung nicht kündigen (§ 2 Abs. 1 S. 1 EignÜG). Das Recht zur außerordentlichen Kündigung aus Gründen, die nicht in der Teilnahme an der Eignungsübung liegen, bleibt unberührt (§ 2 Abs. 1 S. 2 EignÜG). Vor und nach der Eignungsübung kann das Arbeitsverhältnis nach § 2 Abs. 2 S. 1 EignÜG **nur aus Anlass** der Übung nicht gekündigt werden. Für die Feststellung einer derartigen Anlasskündigung wird, wie in § 2 Abs. 2 S. 1 ArbPlSchG (→ Rn. 1800), auf subjektive, mitbestimmende Kündigungsüberlegungen des Arbeitgebers abgestellt.[22] Kündigt der Arbeitgeber innerhalb von sechs Monaten, nachdem er von der Meldung des Arbeitnehmers zur Eignungsübung Kenntnis erhalten hat oder innerhalb von drei Monaten nach der Eignungsübung, wird wieder vermutet, dass die Kündigung aus Anlass der Eignungsübung ausgesprochen worden ist (§ 2 Abs. 2 S. 3 EignÜG).

III. Sonstige Einzelfälle

1809 § 9 MuSchG, § 18 BEEG, §§ 85–90 SGB IX, § 5 PflegeZG sowie § 15 KSchG sind keinesfalls die einzigen statusbezogenen Sonderkündigungsschutznormen im deutschen Arbeitsrecht. Für andere Personengruppen stellt der Gesetzgeber in unterschiedlichem Zusammenhang, zum größten Teil sprunghaft und unsystematisch, statusbezogene Diskriminierungs- und Benachteiligungsverbote auf. All diesen Vorschriften ist gemeinsam, dass – im Unterschied zum statusbezogenen öffentlich-rechtlichen Kündigungsschutz – nur die Diskriminierung und Benachteiligung wegen des persönlichen Status ausgeschlossen werden soll (→ Rn. 284 ff.).

---

[20] Vgl. Art. 6b, 11 Abs. 1 des „Gesetzes zu Korrekturen in der Sozialversicherung und zur Sicherung der Arbeitnehmerrechte" vom 19.12.1998 (BGBl. I S. 3843).
[21] Vgl. näher APS/*Dörner/Linck,* § 2 ArbPlSchG Rn. 5.
[22] BAG 5.2.1998 NZA 1998, 644, 646.

Vierter Abschnitt: Der Kündigungsschutzprozess

§ 1 Die fristgebundene Kündigungsschutzklage

I. Allgemeines

Der Bestandsschutz des Arbeitnehmers nach dem KSchG setzt dessen Initiative, die Klageerhebung, voraus. **Bis** zum **31.12.2003** galt: Nur der Arbeitnehmer, der geltend machen wollte, dass die **ordentliche Kündigung** seines Arbeitgebers **sozial ungerechtfertigt sei** (§ 1 Abs. 1 KSchG), musste nach § 4 S. 1 KSchG a. F. innerhalb von **drei Wochen** nach Zugang der Kündigung (näher → Rn. 122 ff.) Klage beim Arbeitsgericht auf Feststellung erheben, dass das Arbeitsverhältnis durch die Kündigung nicht aufgelöst worden ist. Für **ordentliche schriftliche Kündigungen,** die seit dem **1.1.2004** dem Arbeitnehmer **zugehen,** gilt: Der Arbeitnehmer muss nicht nur die Sozialwidrigkeit einer ordentlichen Kündigung, sondern **jeden Unwirksamkeitsgrund** gem. § 4 S. 1 KSchG idF von Art. 1 Nr. 3 lit. a des „Gesetz zu Reformen am Arbeitsmarkt" vom 24.12.2003 (BGBl. I S. 3002) innerhalb der dreiwöchigen Klagefrist geltend machen (näher → Rn. 1831 ff.).[1] Die Klagefrist ist von Amts wegen zu beachten. Nach Ablauf dieser Frist gilt die schriftliche Kündigung als von Anfang an wirksam (§ 7 1. Hs. KSchG idF von Art. 1 Nr. 5 des Gesetzes vom 24.12.2003).

1810

Der **Gesetzgeber wollte** durch die Regelung in § 4 S. 1 KSchG a. F. **erreichen**[2] bzw. **will** erst recht durch § 4 S. 1 KSchG n. F. **erreichen,**[3] dass alsbald **klargestellt** wird, **ob** der **Arbeitnehmer** die Kündigung akzeptiert oder dagegen **im Klagewege** vorgeht. Ein längerer Schwebezustand soll im Interesse des Arbeitgebers und des Arbeitnehmers vermieden werden.[4] Durch die Klageerhebung innerhalb der Frist des § 4 S. 1 KSchG (näher → Rn. 1912 ff.) und die nach Fristablauf eintretende Fiktion des § 7 1. Hs. KSchG (näher → Rn. 1944) stellt das Gesetz die gebotene **Klarheit** sicher. Dieser Zweck wird, sofern Arbeitgeberin eine OHG bzw. eine KG ist, auch dann erreicht, wenn im Zuge der Klagezustellung nach §§ 167, 253 Abs. 1 ZPO das Vertretungsorgan einer OHG in seiner Eigenschaft als Vertretungsorgan der persönlich haftenden Gesellschafterin[5] bzw. der persönlich haftende Gesellschafter einer KG in seiner Eigenschaft als Geschäftsführer einer Schwestergesellschaft[6] von der Klageerhebung Kenntnis erlangt (auch → Rn. 1893).

1811

Der Kündigungsschutzklage kann ein **Kündigungseinspruch** nach § 3 S. 1 KSchG vorausgehen. Hält der Arbeitnehmer die Kündigung für sozial ungerechtfertigt, kann er binnen einer Woche nach der Kündigung Einspruch beim Betriebsrat einlegen. Erachtet der Betriebsrat den Einspruch für begründet, hat er zu versuchen, eine Verstän-

1812

---

[1] § 4 S. 1 KSchG n. F. erfasste auch die Kündigungen, die vor dem 1.1.2004 zugegangen waren, aber erst im Jahre 2004 gerichtlich angegriffen wurden, vgl. BAG 9.2.2006 NZA 2006, 1207; LAG Köln 23.6.2005 NZA-RR 2006, 19, 20.
[2] BAG 12.5.2005 NZA 2005, 1259, 1261; 12.2.2004 AP KSchG 1969 § 4 Nr. 50.
[3] Vgl. BT-Drucks. 15/1204, S. 2 u. S. 9; BAG 24.10.2013 NZA 2014, 725 Rn. 27; 15.5.2012 NZA 2012, 1148 Rn. 23; 1.9.2010 NZA 2010, 1409 Rn. 33.
[4] Vgl. BAG 24.2.2011 NZA 2011, 708 Rn. 18; vgl. auch BAG 25.9.2014 NZA 2015, 350 Rn. 21.
[5] So in BAG 27.11.2003 NZA 2004, 452, 455.
[6] So in BAG 12.2.2004 AP KSchG 1969 § 4 Nr. 50.

digung mit dem Arbeitgeber herbeizuführen. Auf Verlangen hat der Betriebsrat seine Stellungnahme dem Arbeitgeber und dem Arbeitnehmer gegenüber schriftlich abzugeben.

1813   Der **Kündigungseinspruch** hat **in** der **Praxis** nur **geringe Bedeutung**. Der Betriebsrat ist bereits nach § 102 Abs. 1 S. 1 BetrVG vor jeder Kündigung zu hören. Er hat – nach Anhörung des Arbeitnehmers – schon in diesem Stadium die Möglichkeit, die Entscheidung des Arbeitgebers durch die Erhebung von Bedenken oder die Einlegung eines Widerspruchs zu beeinflussen. Ob das Nebeneinander der Beteiligungsformen deshalb noch notwendig ist, erscheint zweifelhaft, zumal der Einspruch nach § 3 S. 1 KSchG fakultativ ist und im individualrechtlich ausgestalteten Kündigungsschutz keine unmittelbaren Folgen hat. Der Einspruch ist nicht Wirksamkeitsvoraussetzung für die Erhebung der Kündigungsschutzklage. Die Klagefrist des § 4 S. 1 KSchG wird durch die Einlegung des Einspruchs nicht berührt. § 3 S. 1 KSchG ist kein Schutzgesetz i. S. des § 823 Abs. 2 BGB.[7]

1814   Es wird immer wieder versucht, die Kündigung in bestimmten Fällen schon im Vorfeld durch eine **einstweilige Verfügung** zu verhindern. Beschließt ein Arbeitgeber die Umsetzung einer Betriebsänderung iSv § 111 BetrVG vor Abschluss der Interessenausgleichsverhandlungen nach § 112 BetrVG, ist umstritten und von großer praktischer Bedeutung, ob der Betriebsrat einen Unterlassungsanspruch zur Verhinderung von betriebsbedingten Kündigungen hat.[8]

II. Geltungsbereich des § 4 KSchG

1. Bestehen eines Arbeitsverhältnisses

1815   Nach § 4 S. 1 KSchG muss der Arbeitnehmer innerhalb von **drei Wochen nach Zugang** der **schriftlichen** Kündigung **Klage** beim **Arbeitsgericht** auf **Feststellung erheben,** dass das Arbeitsverhältnis durch diese Kündigung nicht aufgelöst ist, weil sie gem. § 1 Abs. 1 KSchG **sozial ungerechtfertigt** oder **aus anderen Gründen rechtsunwirksam** ist. Verlangt man für eine erfolgreiche Kündigungsschutzklage das Bestehen eines Arbeitsverhältnisses zum Zeitpunkt des Zugangs der Kündigung (→ Rn. 2019) und ist dies – gleich aus welchem Grund – zum genannten Zeitpunkt nicht der Fall, ist die Klage – ohne dass es auf die Prüfung der Wirksamkeit der Kündigung noch ankäme – als unbegründet abzuweisen.[9] Entsprechendes gilt mit der vorgenannten Prämisse (→ Rn. 2019), falls im Zeitpunkt der mit der Kündigung beabsichtigten Beendigung des Arbeitsverhältnisses ein solches nicht mehr existent ist.[10]

1815a Die Klagefrist des § 4 S. 1 KSchG ist im Falle einer Arbeitgeberkündigung zur Vermeidung der in § 7 1. Hs. KSchG geregelten Rechtsfolge (→ Rn. 1944) auch dann zu wahren, wenn die Parteien darüber streiten, ob ihr Vertragsverhältnis überhaupt ein

---

[7] ErfK/*Kiel*, § 3 KSchG Rn. 6; HHL/*Linck*, § 3 KSchG Rn. 11; APS/*Künzl*, § 3 KSchG Rn. 11; KR/*Rost*, § 3 KSchG Rn. 33 ff. mit weiteren Hinweisen; HK-KSchG/*Hauck*, § 3 Rn. 12. Zu § 3 KSchG vgl. *Möhn*, NZA 1995, 113 f.; mit Erwiderung *Fischer*, NZA 1995, 1133.

[8] Zum Meinungsstand vgl. *Fitting*, § 111 BetrVG Rn. 131 ff.; *Lipinski/Reinhardt*, NZA 2009, 1184 ff.; GMP/*Matthes/Spinner*, § 85 ArbGG Rn. 32 ff.; Schwab/Weth/*Walker*, § 85 ArbGG Rn. 110; GK-ArbGG/*Vossen*, § 85 Rn. 47. Zur Verhinderung einer Wiederholungskündigung mit einer Unterlassungsklage vgl. *Ascheid*, FS Stahlhacke, 1995, S. 3 ff.

[9] BAG 12.5.2011 NZA-RR 2012, 43 Rn. 18; 27.1.2011 NZA 2011, 804 Rn. 12, 13; 28.5.2009 NZA 2009, 966 Rn. 20; vgl. auch BAG 20.3.2014 NZA 2014, 1095 Rn. 27.

[10] BAG 12.5.2011 NZA-RR 2012, 43 Rn. 18; BAG 28.5.2009 NZA 2009, 966 Rn. 20.

Arbeitsverhältnis darstellt (auch → Rn. 1816).[11] In diesem Fall enthält die Kündigungsschutzklage nach § 4 S. 1 KSchG jedenfalls dann, wenn die Parteien die Statusfrage zumindest konkludent zur Entscheidung stellen, auch eine sog. Statusklage. Mit der Stattgabe der Kündigungsschutzklage wird zugleich positiv über die Statusklage entschieden (auch → Rn. 2019a).[12]

Der Rechtsweg zu den Gerichten für Arbeitssachen ist allerdings angesichts der **zwingenden Regelungen** in den §§ 2 bis 5 ArbGG nur gegeben, wenn es sich um eine bürgerliche Rechtsstreitigkeit zwischen Arbeitgeber und Arbeitnehmer über das Bestehen oder Nichtbestehen eines Arbeitsverhältnisses handelt (§ 2 Abs. 1 Nr. 3 lit. b ArbGG).[13] **Bestreitet** der Beklagte **im Prozess,** in dem es um die Sozialwidrigkeit einer ordentlichen Kündigung nach § 1 Abs. 2 S. 1 KSchG geht, das **Bestehen** eines **Arbeitsverhältnisses** und trägt er vor, der Kläger sei im Rahmen eines Dienstvertrages tätig geworden, ohne an Weisungen gebunden und damit persönlich abhängig gewesen zu sein, **genügt** nach inzwischen gesicherter Rechtsprechung des BAG, die das BVerfG bestätigt hat,[14] **für** die **Begründung** des **Rechtsweges** zu den **Gerichten für Arbeitssachen** nach § 2 Abs. 1 Nr. 3b lit. b ArbGG bei streitiger Tatsachengrundlage die bloße **Äußerung** der **Rechtsansicht** des **Klägers, Arbeitnehmer zu sein.**[15] Denn die Anwendung des § 1 Abs. 1 KSchG oder die Geltendmachung sonstiger von § 4 S. 1 KSchG erfasster Unwirksamkeitsgründe setzt ein Arbeitsverhältnis zwischen den Parteien voraus, so dass die Kündigungsschutzklage nur dann Erfolg haben kann, wenn der Kläger Arbeitnehmer der beklagten Partei ist (sog. **sic-non-Fall**).[16] Einer Aufklärung oder Beweisaufnahme über die Tatsachen, aus denen die Arbeitnehmereigenschaft folgt, bedarf es in diesem Fall nicht. Stellt sich während des Prozesses heraus, dass der Kläger nicht Arbeitnehmer der beklagten Partei ist, ist die Klage als unbegründet abzuweisen.[17] Werden in einem sic-non-Fall zusätzlich zu einem Feststellungsantrag nach § 4 S. 1 KSchG Leistungsanträge gestellt, muss für diese die sachliche Zuständigkeit der Gerichte für Arbeitssachen nach § 2 Abs. 1 oder 2 ArbGG gesondert festgestellt werden. Ein sic-non-Antrag kann für Zusammenhangsklagen nach § 2 Abs. 3 ArbGG nicht die Zuständigkeit der Gerichte für Arbeitssachen begründen.[18] Das gilt auch für hilfsweise gestellte Leistungsanträge, wenn über sie zu entscheiden ist.[19]

Diese **Grundsätze** sind **auch** dann anwendbar, wenn ein **ehemaliges Mitglied** des **Vertretungsorgans** einer juristischen Person eine Klage nach § 4 S. 1 KSchG mit

---

[11] BAG 7.3.2002 NZA 2002, 963, 964; ebenso zu § 17 S. 1 TzBfG BAG 15.2.2012 NZA 2012, 733 Rn. 40; 20.1.2010 AP BGB § 611 Abhängigkeit Nr. 19.
[12] BAG 28.11.2007 NZA-RR 2008, 344 Rn. 12.
[13] Zur internationalen Zuständigkeit der deutschen Arbeitsgerichtsbarkeit für einen Kündigungsrechtsstreit vgl. BAG 10.4.2014 BeckRS 2014, 71952 Rn. 4; 25.4.2013 BeckRS 2013, 70060 Rn. 25; 13.12.2012 AP BGB § 620 Kündigungserklärung Nr. 23. Zum Problemfeld ausführlich Moll/*Boewer*, MAH Arbeitsrecht, § 48 Rn. 55 ff.; vgl. auch Rn. 849 ff.
[14] BVerfG 31.8.1999 NZA 1999, 1234.
[15] BAG 3.12.2014 NZA 2015, 180 Rn. 17; 22.10.2014 NZA 2015, 60 Rn. 21; 15.11.2013 GmbHR 2014, 137 Rn. 21; *Stagat*, NZA 2015, 193, 197 f.; vgl. auch LAG Mecklenburg-Vorpommern 7.7.2014 NZA-RR 2014, 492.
[16] BAG 22.10.2014 NZA 2015, 60 Rn. 21; 26.10.2012 NZA 2013, 54 Rn. 20; 8.11.2006 NZA 2007, 53 Rn. 7; vgl. allg. BGH 27.10.2009 NZA-RR 2010, 99 Rn. 14. Zum Problemkreis eingehend *Klasen* BB 2013, 1849 ff.
[17] BAG 26.7.2007 NZA 2008, 112 Rn. 21; 15.12.2005 NZA 2006, 597 Rn. 37; 24.5.2005 NZA 2005, 1302, 1303.
[18] BAG 29.5.2012 – 10 AZB 3/12 – Rn. 17 nv; 11.6.2003 NZA 2003, 1163, 1164; LAG Hamm 28.12.2012 BeckRS 2013, 66549 Rn. 39; LAG Köln 15.10.2009 BeckRS 2010, 65780.
[19] Vgl. BAG 3.12.2014 NZA 2015, 180 Rn. 19.

der Behauptung erhebt, sein **(früheres) Arbeitsverhältnis** – dieses wird i. d. R. mit dem Abschluss des der Organbestellung zugrunde liegenden schriftlichen Anstellungs- bzw. Dienstvertrages wirksam einvernehmlich aufgehoben[20] – sei ausnahmsweise ruhend gestellt worden[21] und sei nach der Beendigung der Organstellung wieder aufgelebt[22] bzw. bestehe weiter, da er aufgrund einer formlosen Abrede zum Organmitglied berufen worden sei[23] oder nach der Abberufung als Geschäftsführer[24] habe sich sein nicht gekündigtes Anstellungsverhältnis wiederum in ein Arbeitsverhältnis umgewandelt.[25] Solange dagegen jemand Mitglied des **Vertretungsorgans** einer **juristischen Person** ist, **gilt** er nach § 5 Abs. 1 S. 3 ArbGG **nicht** als **Arbeitnehmer**.[26] Für das Eingreifen dieser Fiktionswirkung kommt es entgegen der bisher vom 10. Senat des BAG vertretenen Auffassung[27] nicht mehr auf den Zeitpunkt der Klageerhebung an. Vielmehr sind nachträglich die Arbeitsgerichtsbarkeit begründende Umstände auch dann zu berücksichtigen, wenn ein zum Zeitpunkt der Klageerhebung vor dem Arbeitsgericht noch nicht abberufener bzw. noch im Amt befindlicher Geschäftsführer vor einer rechtskräftigen Entscheidung über die Rechtswegzuständigkeit abberufen wird[28] bzw. sein Amt niedergelegt[29] hat.[30]

1817a Die in § 5 Abs. 1 S. 3 ArbGG geregelte Fiktion gilt unabhängig davon, ob das der Organstellung zugrunde liegende Rechtsverhältnis materiellrechtlich ein **freies Dienstverhältnis oder ein Arbeitsverhältnis** ist.[31] Auch wenn das Anstellungsverhältnis zwischen juristischer Person und Vertretungsorgan wegen starker interner Weisungsabhängigkeit als Arbeitsverhältnis anzusehen ist und deshalb dem materiellen Arbeitsrecht unterliegt (→ Rn. 2293a mit Fn. 21), sind zur Entscheidung von Rechtsstreitigkeiten aus dieser Rechtsbeziehung wegen § 5 Abs. 1 S. 3 ArbGG, § 13 GVG die **ordentlichen Gerichte** berufen.[32] An der Unzuständigkeit der Arbeitsgerichte ändert sich nichts, wenn in dem der Organstellung zugrunde liegenden Anstellungsvertrag die materiellen Regeln des KSchG zugunsten des Organmitglieds vereinbart sein sollten.[33] Die Fiktion des § 5 Abs. 1 S. 3 ArbGG soll sicherstellen, dass die Mitglieder der Vertretungsorgane mit der juristischen Person selbst dann keinen Rechtsstreit im „Arbeit-

---

[20] BAG 15.11.2013 GmbHR 2014, 137 Rn. 18; 24.10.2013 NZA 2014, 540 Rn. 24; 4.2.2013 NZA 2013, 397 Rn. 11.

[21] BAG 15.3.2011 NZA 2011, 874 Rn. 11; 26.8.2009 NZA 2010, 1205 Rn. 26; 3.2.2009 NZA 2009, 669, 670.

[22] BAG 26.10.2012 NZA 2013, 54 Rn. 20; vgl. auch BAG 15.3.2011 NZA 2011, 874 Rn. 11.

[23] BAG 15.11.2013 GmbHR 2014, 137 Rn. 18; 4.2.2013 NZA 2013, 397 Rn. 11; 26.10.2012 NZA 2013, 54 Rn. 18.

[24] Zum Rechtsstreit über die Abberufung des GmbH-Geschäftsführers vgl. *Fischer,* BB 2013, 2819 ff. Zur Kündigung vgl. *Harbarth,* BB 2015, 707 ff.

[25] BAG 15.11.2013 GmbHR 2014, 137 Rn. 17; 4.2.2013 NZA 2013, 397 Rn. 10; 26.10.2012 NZA 2013, 54 Rn. 17; *G. Reinecke,* ZIP 2014, 1057, 1059.

[26] BAG 15.11.2013 GmbHR 2014, 137 Rn. 17; 4.2.2013 NZA 2013, 397 Rn. 10; vgl. auch BAG 3.12.2014 NZA 2015, 180 Rn. 15, 20; 22.10.2014 NZA 2015, 60 Rn. 19; OLG München 27.10.2014 NZA-RR 2014, 660 Rn. 7.

[27] Zuletzt BAG 15.11.2013 GmbHR 2014, 137 Rn. 23 mwN.

[28] BAG 22.10.2014 NZA 2015, 60 Rn. 26; hierzu *Stagat,* NZA 2015, 193, 195.

[29] Zur Amtsniederlegung näher BAG 3.12.2014 NZA 2015, 180 Rn. 25.

[30] BAG 3.12.2014 NZA 2015, 180 Rn. 22; 22.10.2014 NZA 2015, 60 Rn. 27; hierzu *Lunck,* NJW 2015, 528, 529; *Stagat,* NZA 2015, 193, 195 ff.

[31] ZB BAG 15.11.2013 GmbHR 2014, 137 Rn. 16; 4.2.2013 NZA 2013, 397 Rn. 9; 26.10.2012 NZA 2013, 54 Rn. 16; *G. Reinecke,* ZIP 2014, 1057, 1058.

[32] BAG 15.11.2013 GmbHR 2014, 137 Rn. 16; 4.2.2013 NZA 2013, 397 Rn. 9; 26.10.2012 NZA 2013, 54 Rn. 9; vgl. auch BAG 3.12.2014 NZA 2015, 180 Rn. 15; ausf. *Klasen,* BB 2013, 1849 ff.

[33] Vgl. hierzu BGH 10.5.2010 NZA 2010, 889 ff.; *Thiessen,* ZIP 2011, 1029 ff.

geberlager" vor dem Arbeitsgericht führen, wenn die der Organstellung zugrunde liegende Beziehung als Arbeitsverhältnis anzusehen ist.³⁴

Die **Fiktion** des § 5 Abs. 1 S. 3 ArbGG **greift** aber **nicht ein,** wenn die **Rechtsstreitigkeit** zwischen dem Mitglied des Leitungsorgans und der juristischen Person nicht das der Organstellung zugrunde liegende Rechtsverhältnis, sondern eine **weitere Rechtsbeziehung** betrifft.³⁵ Dies ist zB der Fall, wenn der Organvertreter Rechte auch mit der Begründung geltend macht, nach der Abberufung als Organvertreter habe sich das nicht gekündigte Anstellungsverhältnis – wieder – in ein Arbeitsverhältnis umgewandelt (→ Rn. 1817).³⁶ 1817b

Allein durch den Verlust der Organstellung infolge Abberufung ändert sich die Rechtsnatur des Anstellungsverhältnisses eines Organvertreters nicht. Durch den Abberufungsakt wird das Anstellungsverhältnis nicht automatisch in ein Arbeitsverhältnis verwandelt.³⁷ Der **Geschäftsführer** einer **Komplementär-GmbH,** der einen Anstellungsvertrag mit der KG geschlossen hat, ist nach neuerer Rechtsprechung³⁸ **gesetzlicher Vertreter** auch der KG iSv § 5 Abs. 1 S. 3 ArbGG.³⁹ Anders kann es bei einem **GmbH-Gesellschafter** mit einem Gesellschaftsanteil von 15% sein.⁴⁰ 1817c

Der Gesellschafter einer GmbH, dem mehr als 50% der Stimmen zustehen (Mehrheitsgesellschafter), kann im Regelfall selbst dann kein Arbeitnehmer der Gesellschaft sein, wenn er nicht Geschäftsführer ist.⁴¹ Auch der Minderheitsgesellschafter ist bei Bestehen einer Sperrminorität im Regelfall kein Arbeitnehmer.⁴² 1817d

Nach Auffassung des BAG liegt aber kein sog. sic-non-Fall vor, wenn es um eine Klage gegen eine außerordentliche Kündigung geht.⁴³ Das Gericht weist darauf hin, dass § 626 Abs. 1 BGB sowohl für ein Arbeits- wie auch ein freies Dienstverhältnis gelte.⁴⁴ Ob in einem derartigen sog. **et-et-Fall** für die Annahme des Rechtswegs zu den Arbeitsgerichten der schlüssige Tatsachenvortrag des Klägers hinsichtlich des Bestehens eines Arbeitsverhältnisses ausreicht oder aber hierüber ggf. Beweis zu erheben 1818

---

³⁴ BAG 15.11.2013 GmbHR 2014, 137 Rn. 16; 4.2.2013 NZA 2013, 397 Rn. 9; vgl. auch BAG 3.12.2014 NZA 2015, 180 Rn. 15; 22.10.2014 NZA 2015, 60 Rn. 19; vgl. auch *Stagat,* NZA 2015, 193, 195 f.
³⁵ BAG 15.11.2013 GmbHR 2014, 137 Rn. 17; 4.2.2013 NZA 2013, 397 Rn. 10; 26.10.2012 NZA 2013, 54 Rn. 17; vgl. auch *Stagat,* NZA 2015, 193, 195 f.
³⁶ BAG 15.11.2013 GmbHR 2014, 137 Rn. 17; 4.2.2013 NZA 2013, 397 Rn. 10; LAG Hessen 27.12.2012 BeckRS 2013, 67511.
³⁷ Vgl. BAG 15.11.2013 GmbHR 2014, 137 Rn. 16; 26.10.2012 NZA 2013, 54 Rn. 16; 26.8.2009 NZA 2009, 1205 Rn. 32; BGH 8.1.2007 DB 2007, 1072 f.
³⁸ BAG 20.8.2003 NZA 2003, 1108 unter Aufgabe von BAG 13.7.1995 NZA 1995, 1070; ebenso BAG 19.7.2007 NZA 2007, 1095 Rn. 13; LAG Niedersachsen 7.3.2007 NZA-RR 2007, 522, 523; LAG Schleswig-Holstein 25.9.2012 LAGE ArbGG 1979 § 5 Nr. 17; BGH 8.1.2007 NZA 2007, 1174 Rn. 3; vgl. auch LAG Hamburg 22.3.2013 ZIP 2013, 881, 882. Zum Problemfeld vgl. näher *Rost,* FS Wißmann, 2005, S. 61, 63 ff.; *K. Schmidt,* Gedächtnisschrift Heinze, 2005, S. 775 ff.
³⁹ Ebenso bei Limited u. Co KG LAG Baden-Württemberg 12.2.2010 ZIP 2010, 1619, 1620; LAG Düsseldorf 30.10.2014 BeckRS 2014, 74298.
⁴⁰ LAG Köln 29.9.2003 NZA-RR 2004, 553; vgl. auch LAG Berlin 26.3.2003 LAGE ArbGG 1979 § 2 Nr. 41; *Martens,* RdA 1979, 347, 350.
⁴¹ Vgl. näher BAG 17.9.2014 NZA 2014, 1293 Rn. 22; 6.5.1998 NZA 1998, 939, 940.
⁴² BAG 17.9.2014 NZA 2014, 1293 Rn. 22; 6.5.1998 NZA 1998, 939, 940.
⁴³ BAG 10.12.1996 NZA 1997, 674, 676; ebenso LAG Köln 25.4.1997 LAGE ArbGG 1979 § 2 Nr. 24; vgl. auch BAG 15.11.2013 GmbHR 2014, 137 Rn. 22; 5.6.2008 NZA 2008, 1002 Rn. 18, 19; a. A. unter Hinweis auf §§ 4 S. 1, 13 Abs. 1 S. 2 KSchG LAG Sachsen 15.7.1998 LAGE ArbGG 1979 § 2 Nr. 31; 5.8.1997 LAGE ArbGG 1979 § 2 Nr. 25; abl. auch *Ganser-Hillgruber,* RdA 1997, 355, 360; *Schreiber,* SAE 1998, 230, 231.
⁴⁴ Ebenso BGH 19.11.1998 NZA 1999, 320.

ist,⁴⁵ hat der seinerzeit gerade für Rechtswegfragen im Zusammenhang mit dem Arbeitnehmerstatus allein zuständig gewordene 5. Senat des BAG in seinem Beschluss vom 10.12.1996⁴⁶ ausdrücklich offen gelassen.⁴⁷ Will der Kläger nicht nur festgestellt wissen, ob die außerordentliche Kündigung das zwischen ihm und der beklagten Partei bestehende Vertragsverhältnis beendet hat, sondern auch, ob dieses ein Arbeitsverhältnis ist, liegt (wieder) ein sog. sic-non-Fall vor.⁴⁸

1818a Will der Kläger eine Entscheidung auch darüber herbeiführen, ob die von ihm angegriffene außerordentliche Kündigung aus Gründen unwirksam ist, die keinen Arbeitnehmerstatus voraussetzen, muss er einen entsprechenden Hilfsantrag stellen. Muss über ihn entschieden werden, stellt sich insoweit wieder die Frage der Zulässigkeit des beschrittenen Rechtsweges.⁴⁹ Im Übrigen genügt es für die Eröffnung des Rechtsweges zu den Gerichten für Arbeitssachen im Hinblick auf die Regelung in § 5 Abs. 1 S. 2 ArbGG, wenn der Kläger entweder Arbeitnehmer oder arbeitnehmerähnliche Person (zum Begriff Rn. 840) ist. Insoweit ist eine Wahlfeststellung bei der Rechtswegzuständigkeit zulässig.⁵⁰

2. Schriftliche Kündigung

1819 Indem der Gesetzgeber in § 4 S. 1 KSchG idF seit 1.1.2004 auf Grund der Beschlussempfehlung des Ausschusses für Wirtschaft und Arbeit⁵¹ geregelt hat, dass nur eine schriftliche Kündigung die dreiwöchige Klagefrist auslöst, hat er dem Schriftformerfordernis für eine Kündigung gem. § 623 BGB Rechnung getragen.⁵² Für die Einhaltung der Schriftform nach § 623 1. Hs. BGB ist § 126 Abs. 1 BGB maßgeblich (näher → Rn. 64 ff.).⁵³ Somit kann nach einer mündlichen Kündigung – ebenso wenig wie nach einer sonst dem Formerfordernis des § 126 Abs. 1 BGB nicht entsprechenden Kündigung, wozu neben einer Kündigung in Textform (§ 126b BGB) gem. § 623 2. Hs. BGB iVm § 126 Abs. 3 BGB auch eine Kündigung in elektronischer Form (§ 126a BGB) gehört⁵⁴ – die Klagefrist des § 4 S. 1 KSchG nicht zu laufen beginnen. Hierdurch wird verhindert, dass der Arbeitnehmer insbesondere gegen eine vom Arbeitgeber nach Ablauf der Dreiwochenfrist des § 4 S. 1 KSchG behauptete und von ihm u. U. beweisbare mündliche Kündigung, wie noch bis zum 31.12.2003 (vgl. § 4 S. 1 KSchG a. F.), Kündigungsschutzklage erheben muss, um den Eintritt der Fiktionswirkung nach § 7 1. Hs. KSchG zu verhindern.⁵⁵ Die Nichteinhaltung der Schriftform

---

⁴⁵ So noch BAG (2. Senat) 28.10.1993 NZA 1994, 234, 236; 30.8.1993 NZA 1994, 141, 142 f.; ebenso *Ganser-Hillgruber*, RdA 1997, 355, 362.
⁴⁶ BAG 10.12.1996 NZA 1997, 674, 676.
⁴⁷ Bejahend LAG Köln 27.11.2012 BeckRS 2013, 65006; vgl. auch BGH 27.10.2009 NZA-RR 2010, 99 Rn. 12.
⁴⁸ BAG 17.1.2001 NZA 2001, 341, 342; LAG Mecklenburg-Vorpommern 7.7.2014 NZA-RR 2014, 492 Rn. 15; MAH/*Boewer*, § 48 Rn. 46.
⁴⁹ BAG 17.1.2001 NZA 2001, 341, 343; 19.12.2000 NZA 2001, 285, 286.
⁵⁰ BAG 21.12.2010 NZA 2011, 309 Rn. 7; 19.12.2000 NZA 2001, 285; 30.8.2000 NZA 2000, 1359, 1360; BGH 4.11.1998 ZIP 1998, 2104, 2107.
⁵¹ BT-Drucks. 15/1587, S. 10; zum ursprünglichen Gesetzesentwurf der Regierungsfraktionen vgl. BT-Drucks. 15/1204, S. 5.
⁵² BT-Drucks. 15/1587, S. 31.
⁵³ Vgl. HaKo/*Gallner*, § 4 KSchG Rn. 3; *Hanau*, ZIP 2004, 1169, 1175; *Quecke*, RdA 2004, 86, 100; KDZ/*Zwanziger*, § 4 KSchG Rn. 9.
⁵⁴ A. A. *Löwisch*, BB 2004, 154, 159.
⁵⁵ Vgl. BT-Drucks. 15/1587, S. 31.

kann der Arbeitnehmer allerdings nur bis zur Grenze der prozessualen Verwirkung (§ 242 BGB)[56] klageweise geltend machen.[57]

3. Ordentliche und außerordentliche Kündigung

Das KSchG regelt **auch nach** seinen **Änderungen** durch das am 1.1.2004 in Kraft getretene „Gesetz zu Reformen am Arbeitsmarkt" vom 24.12.2003 (BGBl. I S. 3002) **primär** den **Schutz** des Arbeitnehmers **gegenüber** einer **sozialwidrigen ordentlichen Kündigung** (§ 1 Abs. 1 KSchG). Allerdings folgt aus der Verweisung in § 23 Abs. 1 S. 2 und 3 KSchG (idF seit 1.1.2004) auf §§ 4 bis 7 KSchG, dass sämtliche Unwirksamkeitsgründe einer schriftlichen **ordentlichen** Kündigung (näher → Rn. 1831) auch in sog. Kleinbetrieben nach Maßgabe des § 4 S. 1 KSchG und der §§ 5 bis 7 KSchG geltend gemacht werden müssen, d.h. die Dreiwochenfrist ist einzuhalten. Dies gilt auch für Arbeitnehmer, die die Wartezeit des § 1 Abs. 1 KSchG noch nicht erfüllt haben. Das ergibt sich aus dem Wortlaut des § 4 S. 1 KSchG, der insoweit keine Einschränkung enthält.[58]

1820

Außerdem bestimmt § 13 Abs. 1 S. 2 KSchG, der seit dem 1.1.2004 unverändert weitergilt, dass die Rechtsunwirksamkeit einer **außerordentlichen** Kündigung **im Anwendungsbereich** des **KSchG** nur nach Maßgabe des § 4 S. 1 und der §§ 5–7 KSchG geltend gemacht werden kann, d.h., die Unwirksamkeit einer schriftlichen außerordentlichen Kündigung kann nur innerhalb der Dreiwochenfrist des § 4 S. 1 KSchG geltend gemacht werden (dazu näher → Rn. 2061). Das gilt auch für die Klage gegen eine außerordentliche Änderungskündigung. § 4 S. 2 KSchG ist entsprechend anzuwenden (näher → Rn. 2201a).[59] Die Dreiwochenfrist bindet aber seit dem 1.1.2004 **auch** diejenigen Arbeitnehmer, die **keinen Kündigungsschutz** nach §§ 1 Abs. 1, 23 Abs. 1 S. 2 und 3 KSchG n. F. haben (dazu → Rn. 858 ff.) und sich gegen eine schriftliche **außerordentliche** Kündigung wehren wollen (näher → Rn. 2063).

1821

Auch gegen eine **vorsorgliche** außerordentliche oder ordentliche schriftliche **Kündigung** – es handelt sich jeweils um eine echte Kündigung (→ Rn. 165) – ist innerhalb der Dreiwochenfrist nach § 4 S. 1 KSchG vorzugehen (auch → Rn. 1835 a. E.).[60] Andernfalls treten die Wirkungen des § 7 1. Hs. KSchG ein, d.h. die (vorsorgliche) schriftliche Kündigung gilt, soweit die Hauptkündigung unwirksam ist, als von Anfang an rechtswirksam.[61]

1822

Die Klagefrist des § 4 S. 1 KSchG ist seit dem 1.1.2004 unabhängig davon, ob die Voraussetzungen für die Anwendung des allgemeinen Kündigungsschutzes erfüllt sind,

1823

---

[56] Vgl. hierzu allg. BAG 20.4.2011 NZA-RR 2011, 609 Rn. 23; 9.2.2011 NZA 2011, 854 Rn. 31.
[57] Vgl. LAG Berlin-Brandenburg 16.8.2010 BeckRS 2010, 75422; APS/*Hesse*, § 4 KSchG Rn. 12; ErfK/*Kiel*, § 4 KSchG Rn. 8.
[58] BAG 9.2.2006 NZA 2006, 1207 Rn. 17; 28.6.2007 NZA 2007, 972 Rn. 10; i. Erg. ebenso ErfK/*Kiel*, § 4 KSchG Rn. 2; APS/*Hesse*, § 4 KSchG Rn. 11; KR/*Friedrich*, § 4 KSchG Rn. 11a–c; *Stahlhacke*, FS Leinemann, 2006, S. 389, 391; KDZ/*Zwanziger*, § 4 KSchG Rn. 6.
[59] BAG 19.7.2012 NZA 2012, 1038 Rn. 19; 28.10.2010 NZA-RR 2011, 155 f.; zu § 4 S. 2 KSchG a. F. vgl. BAG 17.5.1984 AP § 55 BAT Nr. 3.
[60] Vgl. BAG 21.11.2013 BeckRS 2014, 69409 Rn. 20 u. BeckRS 2014, 70205 Rn. 20; 17.7.2007 NZA 2008, 118 Rn. 34; LAG Köln 6.10.2005 NZA-RR 2006, 353; KR/*Friedrich*, § 4 KSchG Rn. 14; ErfK/*Kiel*, § 4 KSchG Rn. 23; vgl. auch BAG 11.7.2013 NZA 2014, 331 Rn. 18; zu § 4 S. 1 KSchG a. F. vgl. BAG 12.10.1954 AP KSchG § 3 Nr. 5.
[61] Vgl. LAG Köln 6.10.2005 NZA-RR 2006, 353; KR/*Friedrich*, § 4 KSchG Rn. 14; APS/*Preis*, Grundlagen D. Rn. 17.

auch anzuwenden auf Kündigungen nach der Anlage I Kapitel XIX Sachgebiet A Abschnitt III Nr. 1 Abs. 5[62] und Abs. 4 des Einigungsvertrages.[63]

4. Befristeter Arbeitsvertrag

1824   Kann ein befristeter Arbeitsvertrag vom Arbeitgeber über § 16 S. 2 TzBfG hinaus nach § 15 Abs. 3 TzBfG vorzeitig, d.h. vor dem vereinbarten Ende, aufgrund entsprechender einzelvertraglicher oder im anwendbaren Tarifvertrag enthaltener Vereinbarung ordentlich gekündigt werden – dieses Kündigungsrecht gilt gem. § 16 S. 1 2. Hs. TzBfG auch bei Unwirksamkeit der Befristungsabrede weiter[64] –, hat der Arbeitnehmer die Dreiwochenfrist des § 4 S. 1 KSchG einzuhalten.[65] Dabei ist es seit dem 1.1.2004 unerheblich, ob die Voraussetzungen des Kündigungsschutzgesetzes vorliegen (näher → Rn. 1821). Streiten die Parteien über die Wirksamkeit einer Befristung des Arbeitsverhältnisses, muss der Arbeitnehmer nach § 17 S. 1 TzBfG **innerhalb von drei Wochen nach dem vereinbarten Ende** des befristeten Arbeitsvertrages **Klage** beim Arbeitsgericht **auf Feststellung** erheben, dass das **Arbeitsverhältnis auf Grund der Befristung nicht beendet** ist.[66]

1825   Der Arbeitgeber kann das Arbeitsverhältnis bei einem Streit oder einer Unsicherheit über die Wirksamkeit der Befristung auch **vorsorglich kündigen.**[67] Dann hat der Arbeitnehmer die Klagefrist des § 4 S. 1 KSchG zu beachten (auch → Rn. 1822). Allerdings gelten für diese Kündigung die allgemeinen Grundsätze, zB ist nach § 102 Abs. 1 S. 1 BetrVG der Betriebsrat vor der Kündigung zu hören. In der Mitteilung, das Arbeitsverhältnis ende mit dem Ablauf der vereinbarten Zeit oder es werde nicht verlängert, liegt allerdings noch keine Kündigung (→ Rn. 85). Es muss der Wille des Arbeitgebers für den Erklärungsempfänger zum Ausdruck kommen, das Arbeitsverhältnis solle unabhängig von der Wirksamkeit der Befristung durch Kündigung beendet werden (zur Bestimmtheit der Kündigung näher → Rn. 83 ff.).[68]

5. Anfechtung des Arbeitsverhältnisses

1826   Keine Anwendung findet die Dreiwochenfrist (analog §§ 4, 13 Abs. 1 KSchG), wenn der Arbeitnehmer nach einer Anfechtung des Arbeitsvertrages durch den Arbeitgeber wegen Irrtums (§ 119 Abs. 1 oder Abs. 2 BGB), deren Unwirksamkeit im Rahmen einer auf Fortbestand des Arbeitsverhältnisses gerichteten Klage gem. § 256 Abs. 1 ZPO geltend machen will.[69] Klagefristen, wie sie der Gesetzgeber in den §§ 4

---

[62] Vgl. früher BAG 11.6.1992 AP Einigungsvertrag, Anlage I Kap. XIX Nr. 4; *Müller-Glöge*, Arbeitsrecht in den neuen Bundesländern, 1998, Rn. 452.
[63] Vgl. früher BAG 24.9.1992 NZA 1993, 362; *Müller-Glöge*, wie Fn. 62, Rn. 471.
[64] BAG 23.4.2009 NZA 2009, 1260 Rn. 21.
[65] KR/*Friedrich*, § 4 KSchG Rn. 15; vgl. auch LAG Rheinland-Pfalz 22.3.2013 BeckRS 2013, 69250; früher BAG 8.6.1972 AP KSchG 1969 § 13 Nr. 1.
[66] Vgl. nur BAG 21.11.2013 NZA 2014, 362 Rn. 68; APS/*Backhaus*, § 17 TzBfG Rn. 6; ErfK/*Müller-Glöge*, § 17 TzBfG Rn. 1.
[67] Vgl. zB BAG 6.11.2003 NZA 2005, 218, 219 f.
[68] Vgl. APS/*Preis*, Grundlagen D. Rn. 22 u. oben Rn. 85; vgl. auch LAG Düsseldorf 18.9.2013 BeckRS 2013, 74190.
[69] KDZ/*Däubler*, §§ 119–122 BGB Rn. 25; APS/*Hesse*, § 4 KSchG Rn. 16; ErfK/*Kiel*, § 4 KSchG Rn. 7; LSW/*Löwisch*, Vor § 1 KSchG Rn. 39; vgl. auch LAG Sachsen 16.11.2007 – 2 Sa 100/07 – juris; a. A. KR/*Friedrich*, § 4 KSchG Rn. 16a; offengelassen zu § 4 S. 1 KSchG a. F. von BAG 14.12.1979 AP BGB § 119 Nr. 4 mit Anm. *Mühl*.

S. 1 und 13 Abs. 1 S. 2, Abs. 3 KSchG sowie in § 17 S. 1 TzBfG vorsieht, sind Sonderregelungen, die sich nicht auf andere Fallgestaltungen übertragen lassen (auch → Rn. 1830).[70]

6. Berufsausbildungsverhältnis

Zur Beilegung von Streitigkeiten zwischen Ausbildenden und Auszubildenden aus einem bestehenden Berufsausbildungsverhältnis **können** im Bereich des Handwerks die Handwerksinnungen, im Übrigen die zuständigen Stellen i. S. des Berufsbildungsgesetzes Ausschüsse bilden. Zu diesen Streitigkeiten zählt auch der Streit der Parteien, ob eine außerordentliche Kündigung nach § 22 Abs. 2 Nr. 1 BBiG n. F. (→ Rn. 511) das Berufsausbildungsverhältnis beendet hat oder nicht (→ Rn. 518). Die Bildung der Ausschüsse ist in der Praxis eher die Regel, das Nichtvorhandensein also die Ausnahme. Besteht ein Ausschuss, ist die nach § 111 Abs. 2 S. 5 ArbGG vorgeschriebene Verhandlung vor dem Schlichtungsausschuss eine **unverzichtbare Prozessvoraussetzung** für die Klage gegen die Wirksamkeit der außerordentlichen Kündigung vor dem Arbeitsgericht. Es genügt, wenn diese Verhandlung erst nach Klageerhebung, aber vor streitiger Verhandlung stattfindet. Die zunächst unzulässige Klage wird dann nachträglich zulässig.[71] 1827

Der Auszubildende hat **die Klagefrist** des § 4 S. 1 KSchG iVm § 13 Abs. 1 S. 2 KSchG gegenüber einer schriftlichen außerordentlichen Kündigung des Berufsausbildungsverhältnisses durch den Ausbildenden dann **nicht einzuhalten, wenn ein Schlichtungsverfahren nach § 111 Abs. 2 ArbGG durchzuführen ist.** Das hat das BAG in der Leitentscheidung vom 13.4.1989[72] überzeugend mit dem Hinweis begründet, die verschiedenen Verfahrens- und Fristenregelungen in § 4 S. 1 KSchG und § 111 Abs. 2 ArbGG ließen sich nicht miteinander verbinden, denkbare Lösungen gingen über die Grenzen einer zulässigen Gesetzesanwendung hinaus, da es sich um Frist- und Formvorschriften, die im besonderen Maße dem Gebot der Rechtsklarheit unterlägen, handeln würde. 1828

Für den Fall, dass ein **Schlichtungsausschuss nicht besteht,** hat das BAG dagegen erkannt, der Auszubildende habe die Klagefrist der §§ 4 S. 1, 13 Abs. 1 S. 2 KSchG einzuhalten, wenn er gegen die außerordentliche Kündigung des Berufsausbildungsverhältnisses nach § 15 Abs. 2 Nr. 1 BBiG a. F. – seit 1.4.2005: § 22 Abs. 2 Nr. 1 BBiG n. F. – (näher → Rn. 518) Klage erhebe und die formellen Voraussetzungen für die Anwendung des allgemeinen Kündigungsschutzes gegeben seien.[73] Letztere Einschränkung kann seit dem 1.1.2004 aufgrund der Neufassung der §§ 4 S. 1, 13 Abs. 1 S. 2 KSchG nicht mehr gelten.[74] Im Übrigen ist zu beachten, dass sich die danach anwendbare Dreiwochenfrist auch in Berufsausbildungsverhältnissen auf alle Unwirksamkeitsgründe (vgl. näher → Rn. 1831 ff.) bezieht.[75] 1829

---

[70] BAG 19.2.2009 NZA 2009, 1095 Rn. 18; vgl. früher BAG 6.11.1997 NZA 1998, 374, 375.
[71] BAG 13.3.2007 AP BBiG § 14 Nr. 13; 25.11.1976 AP BBiG § 15 Nr. 4; LAG Berlin-Brandenburg 12.5.2010 BeckRS 2011, 65184.
[72] NZA 1990, 395, 396; ebenso BAG 26.1.1999 NZA 1999, 934; 17.6.1998 BeckRS 1991, 30738913; 5.7.1990 NZA 1991, 671, 672; LAG Mecklenburg-Vorpommern 30.8.2011 BeckRS 2011, 76986.
[73] BAG 26.1.1999 NZA 1999, 934, 935; 5.7.1990 NZA 1991, 671, 672; LAG Berlin 30.6.2003 MDR 2004, 160, 161; LAG Köln 10.3.2006 NZA-RR 2006, 319, 320.
[74] Vgl. APS/*Biebl*, § 22 BBiG Rn. 31.
[75] *Bender/J. Schmidt*, NZA 2004, 358, 362; APS/*Biebl*, § 22 BBiG Rn. 31.

7. Sonstige Fälle

1830 Die Klagefrist des § 4 S. 1 KSchG kann nicht einmal analog angewandt werden, wenn die Parteien um die Änderung des Inhalts des Arbeitsverhältnisses oder seine Beendigung in anderer Weise als durch Kündigung streiten.[76] Deshalb gilt die Drei-Wochen-Frist nicht, wenn der Arbeitnehmer gegen eine einseitige Maßnahme des Arbeitgebers, die von ihm aus dem **Direktionsrecht** abgeleitet wird (Versetzung),[77] vorgehen will.[78] Sie findet auch keine Anwendung im Falle eines **vorbehaltenen Widerrufs** (→ Rn. 169ff.)[79] oder der Beendigungserklärung in einem **faktischen Arbeitsverhältnis** (→ Rn. 33).[80]

III. Unwirksamkeitsgründe

1831 Wie bereits eingangs erwähnt (→ Rn. 1810) muss seit dem 1.1.2004 innerhalb der dreiwöchigen Klagefrist des § 4 S. 1 KSchG nicht nur die Unwirksamkeit einer **schriftlichen** ordentlichen Kündigung des Arbeitgebers nach § 1 Abs. 1 KSchG, sondern jeder Unwirksamkeitsgrund geltend gemacht werden. Zu den sonstigen Unwirksamkeitsgründen zählen nach der Begründung des Gesetzentwurfs der Fraktionen der SPD und der Grünen/Bündnis 90[81] insbesondere diejenigen nach § 102 Abs. 1 S. 3 BetrVG (näher → Rn. 311ff.),[82] § 613a Abs. 4 S. 1 BGB (→ Rn. 961),[83] § 9 Abs. 1 S. 1 MuSchG (→ Rn. 1334),[84] § 18 Abs. 1 S. 1 BEEG (näher → Rn. 1441ff.),[85] § 85 SGB IX (näher → Rn. 1479ff.),[86] §§ 138 (→ Rn. 223ff.), 242 BGB (näher → Rn. 233ff.).[87] Weitere Beispiele sind § 79 Abs. 1 S. 1, Abs. 3 S. 1 BPersVG iVm Abs. 4 (→ Rn. 397ff.),[88] § 612a BGB (näher → Rn. 229ff.), § 15 Abs. 1 S. 1 KSchG iVm § 103 Abs. 1 BetrVG (→ Rn. 1725ff.)[89] und § 15 Abs. 3 TzBfG.[90] Aber auch der Verstoß gegen den tarifvertraglichen Ausschluss einer ordentlichen Kündigung bei altersgesicherten Arbeitnehmern muss, da eine dennoch ausgesprochene Kündigung gem.

---

[76] BAG 5.2.2009 AP KSchG 1969 § 4 Nr. 69; Hako/*Gallner*, § 4 KSchG Rn. 10; vgl. auch KR/*Friedrich*, § 4 KSchG Rn. 16b.
[77] Vgl. auch → Rn. 21.
[78] BAG 5.9.2009 AP KSchG 1969 § 4 Nr. 69; 27.3.1980 AP BGB § 626 Direktionsrecht Nr. 26; APS/*Hesse*, § 4 KSchG Rn. 14; KR/*Friedrich*, § 4 KSchG Rn. 16; HHL/*Linck*, § 4 KSchG Rn. 15.
[79] BAG 7.10.1982 AP BGB § 620 Teilkündigung Nr. 5 mit Anm. *M. Wolf*; APS/*Hesse*, § 4 KSchG Rn. 11; ErfK/*Kiel*, § 4 KSchG Rn. 5.
[80] BAG 24.6.1981 AP TVG § 4 Formvorschriften Nr. 2; APS/*Hesse*, § 4 KSchG Rn. 16; KR/*Friedrich*, § 4 KSchG Rn. 16b; ErfK/*Kiel*, § 4 KSchG Rn. 5.
[81] BT-Drucks. 15/1204, S. 13.
[82] BAG 13.2.2008 NZA 2008, 1055 Rn. 41; 9.2.2006 NZA 2006, 1207 Rn. 29; OLG Hamburg ZIP 2013, 881, 884.
[83] BAG 13.2.2008 NZA 2008, 1055 Rn. 41; vgl. näher *Nebeling/Erwin*, NZA-RR 2006, 625ff. Zur Frage der nachträglichen Zulassung nach § 5 Abs. 1 S. 1 KSchG, wenn der Arbeitnehmer erst nach Ablauf der dreiwöchigen Klagefrist von dem Betriebsübergang erfährt, → Rn. 1954.
[84] BAG 17.10.2013 NZA 2014, 303 Rn. 31; 19.2.2009 NZA 2009, 980 Rn. 22; 13.2.2008 NZA 2008, 1055 Rn. 48.
[85] Vgl. BAG 25.4.2013 AP InsO § 343 Nr. 1 Rn. 79; 13.2.2008 NZA 2008, 1055 Rn. 33.
[86] BAG 9.6.2011 NZA-RR 2011, 516 Rn. 15; 13.2.2008 NZA 2008, 1055 Rn. 11.
[87] LAG Düsseldorf 3.11.2008 LAGE BetrVG 2001 § 1 Nr. 2.
[88] *Löwisch*, BB 2004, 154, 157.
[89] ErfK/*Kiel*, § 13 KSchG Rn. 5; APS/*Linck*, § 15 KSchG Rn. 189; vgl. auch BAG 31.7.2014 NZA 2015, 245 Rn. 17.
[90] BAG 22.7.2010 NZA 2010, 1142 Rn. 8; LAG Rheinland-Pfalz 22.3.2013 BeckRS 2013, 69250; *Willemsen/Annuß*, NJW 2004, 177, 184.

§ 1 Die fristgebundene Kündigungsschutzklage

§ 134 BGB nichtig ist,[91] seit dem 1.1.2004 innerhalb von drei Wochen gem. § 4 S. 1 KSchG klageweise geltend gemacht werden.[92] Von § 4 S. 1 KSchG erfasst wird des Weiteren die Nichtigkeit der ordentlichen schriftlichen Kündigung nach § 134 BGB wegen eines Verstoßes gegen die im AGG normierten Diskriminierungsverbote (→ Rn. 186),[93] Grundrechtsnormen (→ Rn. 198) oder wegen eines Verstoßes gegen den arbeitsrechtlichen Gleichbehandlungsgrundsatz (→ Rn. 249 ff.). Nach h.M. gilt § 4 S. 1 KSchG nicht für die in § 105 Abs. 1 BGB angeordnete Nichtigkeit der Kündigung wegen Geschäftsunfähigkeit des Arbeitgebers nach § 104 Nr. 2 BGB[94] und für das Vorliegen von Willensmängel gem. den §§ 116 ff. BGB.[95] Macht der Arbeitgeber von seinem Kündigungsrecht nach § 21 Abs. 4 BEEG Gebrauch, scheidet wegen der Regelung in § 21 Abs. 5 BEEG die Anwendung von § 4 S. 1 KSchG nach ganz überwiegender Meinung aus.[96]

Keinen Unwirksamkeitsgrund iSv § 4 S. 1 KSchG stellt die **fehlende Berechtigung** des Arbeitgebers **zur Kündigung** dar.[97] Hier geht es allein um die Zurechnung einer Willenserklärung. Das gilt auch für die Kündigung eines Vertreters ohne Vertretungsmacht.[98] Deshalb braucht ein Arbeitnehmer, der die fehlende Vollmacht unverzüglich (vgl. § 180 S. 2 BGB) beanstandet, die Klagefrist des § 4 S. 1 KSchG nicht zu beachten,[99] auch wenn § 180 S. 1 BGB für diesen Fall die Unzulässigkeit der Kündigung, und damit ihre Nichtigkeit nach § 134 BGB anordnet (→ Rn. 106). Entsprechendes gilt, wenn der Arbeitnehmer die fehlende Vertretungsmacht nicht beanstandet oder damit einverstanden war und der Arbeitgeber das vollmachtlose Handeln des Vertreters nicht genehmigt hat, was ihm gem. § 177 Abs. 1 BGB iVm § 180 S. 2 BGB möglich wäre.[100] Auch hier fehlt es an der Zurechnung der Kündigungserklärung gegenüber dem Arbeitgeber.[101] Genehmigt der Arbeitgeber dagegen das vollmachtlose Auftreten des Vertreters (vgl. § 182 Abs. 1 BGB), das der Arbeitnehmer „bei der Vornahme" der Kündigung (vgl. § 180 S. 2 BGB) nicht beanstandet, d.h. nicht unverzüg-

1832

---

[91] Vgl. BAG 25.4.2007 NZA 2007, 881 Rn. 13.
[92] BAG 8.11.2007 NZA 2008, 936 Rn. 17; 25.4.2007 NZA 2007, 881 Rn. 41; APS/*Hesse*, § 4 KSchG Rn. 10a; HHL/*Linck* § 4 KSchG Rn. 17; ErfK/*Kiel*, § 4 KSchG Rn. 4.
[93] Vgl. BAG 19.12.2013 NZA 2014, 372 Rn. 30.
[94] *Bender/J. Schmidt*, NZA 2004, 358, 362; *Fornasier/Werner*, NJW 2007, 2729, 2732; *Genenger*, RdA 2010, 274, 277; KR/*Friedrich*, § 13 KSchG Rn. 366; *Hanau*, ZIP 2004, 1169, 1175; ErfK/*Kiel*, § 4 KSchG Rn. 7; HaKo/*Gieseler*, § 13 KSchG Rn. 70; *Raab*, RdA 2004, 321, 323; *Ulrici*, DB 2004, 250, 252 in Fn. 10; a. A. *Bayreuther*, ZfA 2005, 391, 393 mit Fn. 3; *Preis*, DB 2004, 70, 77.
[95] Vgl. *Fornasier/Werner*, NJW 2007, 2729, 2732; *Preis*, DB 2004, 70, 77; ErfK/*Kiel*, § 4 KSchG Rn. 7; a. A. LSW/*Löwisch*, § 13 KSchG Rn. 51; HaKo/*Gieseler*, § 13 KSchG Rn. 70.
[96] So zB APS/*Backhaus*, § 21 BEEG Rn. 38; KDZ/*Däubler*, § 21 BEEG Rn. 20; KR/*Lipke*, § 21 BEEG Rn. 28; ErfK/*Müller-Glöge*, § 21 BEEG Rn. 9; a. A. ArbG Berlin 4.12.2013 BeckRS 2014, 66229; HaKo-TzBfG/*Boecken*, § 21 BEEG Rn. 18; *Willikonsky*, MuSchG, § 21 BEEG Rn. 5.
[97] BAG 26.3.2009 NZA 2009, 1146 Rn. 21; *Bauer/Preis/Schunder*, NZA 2004, 195, 196; *Bender/J. Schmidt*, NZA 2004, 358, 362; *Hanau*, ZIP 2004, 1169, 1175; KDZ/*Zwanziger*, § 4 KSchG Rn. 10; krit. *Berkowsky*, NZA 2009, 1125 ff.
[98] BAG 6.9.2012 NZA 2013, 524 Rn. 13; 26.3.2009 NZA 2009, 1146 Rn. 21, 22.
[99] Vgl. BAG 6.9.2012 NZA 2013, 524 Rn. 13, 14; 26.3.2009 NZA 2009, 1146 Rn. 18, 19; *Bender/J. Schmidt*, NZA 2004, 358, 362; *Berkowsky*, NZA 2009, 1125, 1126; *Fornasier/Werner*, NJW 2007, 2729, 2733; *Hanau*, ZIP 2004, 1169, 1175; ErfK/*Kiel*, § 4 KSchG Rn. 3; HHL/*Linck*, § 4 KSchG Rn. 20; *Raab*, RdA 2004, 321, 324; *Ulrici*, DB 2004, 250, 251; *ders.*, BB 2009, 2151, 2152; a. A. KDZ/*Zwanziger*, § 4 KSchG Rn. 11.
[100] Vgl. BAG 2.5.1957 AP BGB § 180 Nr. 1; vgl. auch BAG 16.12.2010 NZA 2011, 571 Rn. 13; 26.3.2009 NZA 2009, 1146 Rn. 21; offen gelassen von BAG AP BGB § 174 Nr. 18; a. A. LAG Köln 16.11.2005 BeckRS 2006, 41212.
[101] *Bender/J. Schmidt*, NZA 2004, 358, 362; *Ulrici*, DB 2004, 250, 251; vgl. auch APS/*Hesse* § 4 KSchG Rn. 10c; LSW/*Spinner*, § 4 KSchG Rn. 60.

lich i. S. des § 174 S. 1 BGB (analog), § 121 Abs. 1 S. 1 BGB zurückgewiesen hat,[102] ist die Kündigung nach dem Recht der Stellvertretung gem. § 177 Abs. 1 BGB iVm § 180 S. 2 BGB wirksam. Diese Wirksamkeit tritt – bezogen auf die Zurechnung der Kündigung dem Arbeitgeber gegenüber – entgegen § 184 Abs. 1 BGB iVm § 180 S. 2 BGB erst mit dem Zeitpunkt des Zugangs der Genehmigung beim Arbeitnehmer ein.[103] Deshalb ist dieser Zeitpunkt für den Beginn der dreiwöchigen Klagefrist des § 4 S. 1 KSchG n. F. maßgeblich, falls der Arbeitnehmer die Unwirksamkeit einer derartigen Kündigung aus Gründen, die außerhalb des Stellvertreterrechts liegen, geltend machen will.[104] Für den in der Praxis bedeutsamsten Unwirksamkeitsgrund im Zusammenhang mit einer Bevollmächtigung, nämlich § 174 S. 1 BGB, gilt § 4 S. 1 KSchG uneingeschränkt.[105]

1833 Um die Unwirksamkeit einer Kündigung iSd § 4 S. 1 KSchG geht es im allgemeinen nicht, wenn der Arbeitnehmer die Nichteinhaltung der für ihn nach Gesetz oder Tarif- bzw. Einzelvertrag maßgeblichen Kündigungsfrist rügt. In diesem Fall will der Arbeitnehmer nämlich nur den Zeitpunkt der mit der ordentlichen Kündigung beabsichtigten Beendigung angreifen.[106] Die Klagefrist des § 4 S. 1 KSchG braucht deshalb nicht beachtet zu werden, wenn sich im Wege der Auslegung einer ordentlichen Kündigung nach § 133 BGB[107] ergibt, dass der Arbeitgeber das Arbeitsverhältnis zum zutreffenden Termin beenden will (auch → Rn. 439).[108] Hiervon ist nach Auffassung des 2. Senats des BAG im Regelfall[109] selbst dann auszugehen, wenn die ordentliche Kündigung ihrem Wortlaut nach zu einem früheren Termin wirken soll.[110] Eine Ausnahme von diesem Grundsatz – mit der Notwendigkeit, die falsche Kündigungsfrist mit der Klage nach § 4 S. 1 KSchG anzugreifen – macht der 2. Senat allerdings in dem Fall, dass sich aus der Kündigung und den im Rahmen der Auslegung des § 133 BGB zu berücksichtigenden Umständen des Einzelfalls ein Wille des Arbeitgebers ergibt, die Kündigung nur zum erklärten Zeitpunkt gegen sich gelten zu lassen.[111] Letzteres soll

---

[102] Vgl. BAG 25.4.2013 AP InsO § 343 Nr. 1 Rn. 124; 13.12.2012 BeckRS 2013, 67590 Rn. 65; 6.9.2012 NZA 2013, 524 Rn. 14; früher schon BAG 11.12.1992 BeckRS 3077310.

[103] BAG 13.12.2012 BeckRS 2013, 67590 Rn. 65; 6.9.2012 NZA 2013, 524 Rn. 14; vgl. auch schon BAG 26.3.2009 NZA 2009, 1146 Rn. 21.

[104] Vgl. BAG 13.12.2012 BeckRS 2013, 67590 Rn. 65; 26.3.2009 NZA 2009, 1146; *Hanau*, ZIP 2004, 1169, 1175; APS/*Hesse*, § 4 KSchG Rn. 10; S. *Meyer/Reufels*, NZA 2011, 5, 7 f.; HHL/*Linck*, § 4 KSchG Rn. 20; krit. *Berkowsky*, NZA 2009, 1125, 1126 f.; *Stiebert*, NZA 2013, 657, 659 f.

[105] APS/*Hesse*, § 4 KSchG Rn. 10c; *Genenger*, RdA 2010, 274, 279; ErfK/*Kiel*, § 4 KSchG Rn. 6a; *Meyer/Reufels*, NZA 2011, 5, 6; *Stahlhacke*, FS Leinemann, 2006, S. 389, 393; *Stiebert*, NZA 2013, 657, 658; a. A. *Hanau*, ZIP 2004, 1169, 1175; *Raab*, RdA 2004, 321, 325; *Ulrici*, DB 2004, 250, 251; ders., BB 2009, 2150, 2151.

[106] Grundlegend nach Inkrafttreten des § 4 S. 1 KSchG n. F. BAG 15.12.2005 NZA 2006, 791 Rn. 15; ebenso BAG 9.9.2010, NZA 2011, 343 Rn. 12; 22.7.2010 NZA 2010, 1142 Rn. 10; 6.7.2006 NZA 2006, 1405 Rn. 12; APS/*Hesse*, § 4 KSchG Rn. 10b; *Eisemann*, NZA 2011, 601, 606 f.; *Genenger*, RdA 2010, 274, 279 f.; ErfK/*Kiel*, § 4 KSchG Rn. 5; KR/*Spilger*, § 622 BGB Rn. 140; *Stahlhacke*, FS Leinemann, 2006, S. 389, 392 f.; *Muthers*, RdA 2012, 172, 177; offen gelassen von BAG 21.8.2008 NZA 2009, 29 Rn. 31.

[107] Hierzu näher BAG 20.6.2013 NZA 2013, 1137 Rn. 14.

[108] Vgl. BAG 15.12.2005 NZA 2006, 791 Rn. 15 mit Rn. 22; vgl. auch BAG 15.5.2013 NZA 2013, 1076 Rn. 15; 1.9.2010 NZA 2010 1409; 6.7.2006 NZA 2006, 1405 Rn. 15 mit Rn. 16; *Lingemann/Groneberg*, NJW 2013, 2809, 2810.

[109] Abl., letztlich aber offen gelassen von BAG (5. Senat) 15.5.2013 NZA 2013, 1076 Rn. 16, 17; 1.9.2010 NZA 2010, 1409 Rn. 23; abl. auch vHH/*Linck*, § 4 KSchG Rn. 22.

[110] Grundlegend BAG 15.12.2005 NZA 2006, 791 Rn. 15 ff.; vgl. auch BAG 9.2.2006 NZA 2006, 1207 Rn. 32; *Eisemann*, NZA 2011, 601, 603.

[111] BAG 15.12.2005 NZA 2006, 791 Rn. 28; vgl. auch BAG 1.9.2010, NZA 2010, 1409 Rn. 23 ff. mit Ausführungen zu § 140 BGB in Rn. 29.

§ 1 Die fristgebundene Kündigungsschutzklage

nach Auffassung des 5. Senats des BAG der Fall sein, wenn die Kündigung **ausdrücklich** zu einem **bestimmten Termin** ohne weiteren Zusatz ausgesprochen worden ist, ohne dass die Kündigungserklärung selbst Anhaltspunkte dafür enthalten würde, der Arbeitgeber habe die Kündigung (auch) zu einem anderen Termin gewollt – zB durch den Zusatz „... hilfsweise zum nächst möglichen Zeitpunkt"[112] – oder das angegebene Datum sei nur das Ergebnis einer vorangegangenen Berechnung an Hand mitgeteilter Daten.[113]

Spricht der Arbeitgeber eine Kündigung **ohne vorherige Anzeige** nach § 17 Abs. 1 S. 1 KSchG aus bzw. ist diese Anzeige nicht ordnungsgemäß – etwa weil sie den Anforderungen des § 17 Abs. 3 S. 2 bzw. S. 3 KSchG nicht entspricht[114] –, hat dies im Hinblick auf die richtlinienkonforme Auslegung des § 17 Abs. 1 KSchG[115] im Anschluss an die Entscheidung des EuGH vom 27.1.2005[116] die Nichtigkeit der Kündigung nach § 134 BGB zur Folge.[117] Das setzt aber voraus, dass der Arbeitnehmer zunächst die tatsächlichen Voraussetzungen der Anzeigepflicht nach § 17 KSchG dargelegt und ggf. bewiesen hat.[118] Die **Nichtigkeit** der **Kündigung** kann der Arbeitnehmer **nur unter Einhaltung** der **Klagefrist** des § 4 S. 1 KSchG geltend machen.[119] Diese Klagefrist ist mit Art. 6 Richtlinie 98/59/EG vereinbar.[120] Sofern der Arbeitnehmer mit seiner Kündigungsschutzklage die Unwirksamkeit der Kündigung aus einem anderen Grund angegriffen hat, kann er sich auf die Verletzung der Anzeigepflicht noch bis zum Schluss der mündlichen Verhandlung in erster Instanz berufen (§ 6 S. 1 KSchG).[121]

1834

IV. Feststellungsklage

1. Grundsätze

Die Klage nach § 4 S. 1 KSchG ist eine Feststellungsklage, obwohl nicht zu verkennen ist, dass sie auch eine Gestaltungswirkung hat.[122] Durch die rechtzeitige Klageerhebung wird die Heilung der Sozialwidrigkeit und – seit dem 1.1.2004 – anderer Unwirksamkeitsgründe einer ordentlichen schriftlichen Arbeitgeberkündigung nach § 7 1. Hs. KSchG ausgeschlossen. Streitgegenstand der Klage ist, ob das Arbeitsverhältnis durch die konkrete Kündigung zu dem in ihr angegebenen Zeitpunkt endet (Einzelheiten → Rn. 2015). Durch die Klage wird also keine Änderung des bis zum Urteil

1835

---

[112] So BAG 9.9.2010 NZA 2011, 343 Rn. 13; vgl. auch BAG 20.6.2013 NZA 2013, 1137 Rn. 17, 18.
[113] BAG 1.9.2010 NZA 2010, 1409 Rn. 25; vgl. auch BAG 15.5.2013 NZA 2013, 1076 Rn. 19.
[114] BAG 21.3.2013 NZA 2013, 966 Rn. 10 u. Rn. 31; 22.11.2012 NZA 2013, 845 Rn. 45.
[115] Seit BAG 23.3.2006 NZA 2006, 971 Rn. 18 ff.
[116] EuGH – C-188/03 – (Junk) NZA 2005, 213.
[117] BAG 21.3.2013 NZA 2013, 966 Rn. 10 u. 31; 13.12.2012 AP KSchG 1969 § 17 Nr. 44; 22.11.2012 NZA 2013, 845 Rn. 33 ff.
[118] BAG 15.12.2011 NZA-RR 2012, 570 Rn. 72 mwN.
[119] Vgl. LAG Düsseldorf 1.3.2007 ZIP 2007, 1025; LAG Niedersachsen 6.4.2009 LAGE KSchG § 4 Nr. 55; *Appel* DB 2005, 1002, 1005; *Bauer/Krieger/Powietzka* DB 2005, 445, 448; ErfK/*Kiel* § 17 KSchG Rn. 36; DKZ/*Deinert* § 17 KSchG Rn. 16; *Lembke/Oberwinter* NJW 2007, 721, 727 f.; *Nicolai* NZA 2005, 206, 208; KR/*Weigand* § 17 KSchG Rn. 107; vgl. auch BAG 20.9.2012 NZA 2013, 94 Rn. 34; BAG 22.4.2010 NZA 2010, 1057 Rn. 23; 29.11.2007 AP KSchG 1969 § 1 Soziale Auswahl Nr. 95; noch offen gelassen von BAG 23.3.2006 NZA 2006, 971 Rn. 16.
[120] EuGH 16.7.2009 AP Richtlinie 98/59/EG Nr. 5; hierzu *Forst* NZA 2010, 144, 145 f.
[121] Vgl. BAG 13.12.2012 NZI 2013, 447 Rn. 57; BAG 13.12.2012 BeckRS 2012, 68137; 20.9.2012 NZA 2013, 94 Rn. 34.
[122] Vgl. BAG 4.12.1997 NZA 1998, 420, 422; 13.3.1997 NZA 1997, 844, 846 f.; KR/*Friedrich*, § 4 KSchG Rn. 18; APS/*Hesse*, § 4 KSchG Rn. 19.

fortdauernden Rechtszustandes herbeigeführt. Das die Rechtsunwirksamkeit der Kündigung aussprechende Urteil hat nur **feststellende** und nicht rechtsgestaltende **Wirkung.**[123] Es stellt die objektiv bereits bestehende Rechtslage fest. Daraus folgt die Notwendigkeit der Erhebung einer zweiten Klage, wenn der Arbeitgeber nach Ausspruch der Kündigung erneut schriftlich kündigt (dazu näher → Rn. 2016). Auch diese Klage muss innerhalb der Frist des § 4 S. 1 KSchG beim Arbeitsgericht eingehen, selbst wenn das erste Kündigungsschutzverfahren noch anhängig ist.[124] Das **gilt auch,** wenn die zweite Kündigung nur **vorsorglich** erfolgt ist (→ Rn. 1822).[125]

1836 **Bestätigt** der Arbeitgeber eine **mündlich** erklärte Kündigung **schriftlich,** beginnt die Klagefrist nach § 4 S. 1 KSchG nur dann mit dem Zugang der zuletzt erklärten Kündigung zu laufen, wenn er mit dem Schreiben eine neue rechtsgeschäftlich bedeutsame Erklärung abgeben und nicht nur das bereits Geschehene schriftlich fixieren wollte (auch → Rn. 1804).[126] Ansonsten ist die Versäumung der Klagefrist im Hinblick darauf, dass die Kündigung seit dem 1.5.2000 gem. § 623 BGB a. F. bzw. seit dem 1.8.2001 nach § 623 1. Hs. BGB n. F. der Schriftform bedarf (→ Rn. 61 ff.) und dieser Mangel gem. § 13 Abs. 3 KSchG außerhalb der Dreiwochenfrist des § 4 S. 1 KSchG gerügt werden kann (dazu näher → Rn. 2084), unschädlich.[127]

1837 Der Arbeitnehmer war bzw. ist wegen der alten und neuen Fassung des § 4 S. 1 KSchG **gezwungen,** eine **Feststellungsklage** dahingehend **zu erheben,** dass das Arbeitsverhältnis durch eine bestimmte Kündigung nicht aufgelöst worden ist (auch → Rn. 2015).[128] Der in der Kündigung genannte Beendigungstermin muss nach dem eindeutigen Wortlaut des § 4 S. 1 KSchG nicht genannt werden. Im Übrigen sind an die **Formulierung** des Klageantrages, der den Voraussetzungen des § 253 Abs. 2 Nr. 2 ZPO genügen und deshalb bestimmt sein muss,[129] **keine hohen Anforderungen** zu stellen (näher → Rn. 1880).[130] Hat der Arbeitgeber nur eine Kündigung ausgesprochen, ist es unschädlich, wenn der Arbeitnehmer sie falsch, zB als fristlose anstatt (richtig) als ordentliche Kündigung, bezeichnet hat (auch → Rn. 1880).[131] Mit dem Antrag nach § 4 S. 1 KSchG verbinden (vgl. § 260 ZPO) kann er einen weitergehenden Feststellungsantrag nach § 256 Abs. 1 ZPO mit dem Ziel der Feststellung des Fortbestehens des Arbeitsverhältnisses auch über den Ablauf der Kündigungsfrist hinaus. Für eine derartige Feststellungsklage besteht angesichts des punktuellen Streitgegenstandes der Kündigungsschutzklage ein alsbaldiges Interesse des Arbeitnehmers, wenn anzunehmen ist,

---

[123] BAG 17.7.2012 NZA 2012, 1432 Rn. 16; vgl. auch ErfK/*Kiel*, § 4 KSchG Rn. 9; HHL/*Linck*, § 4 KSchG Rn. 24.

[124] Zur Aussetzung der zweiten Klage nach § 148 ZPO vgl. BAG 26.6.2008 NZA 2008, 1148 Rn. 18; 12.6.1986 NZA 1987, 273, 274; LAG Köln 17.12.2003 FA 2004, 128 Ls.; LAG Nürnberg 14.5.2001 NZA-RR 2001, 661 f.

[125] BAG 12.10.1954 AP KSchG § 3 Nr. 5; LAG Baden-Württemberg 18.7.1968 DB 1969, 1155; LAG Düsseldorf 28.10.1980 DB 1981, 800; LAG Köln 6.10.2005 NZA-RR 2006, 353; *Vollkommer*, Anm. zu BAG AP KSchG 1969 § 13 Nr. 3; KR/*Friedrich*, § 4 KSchG Rn. 14, 269 ff.

[126] Vgl. früher BAG 10.12.1970 AP KSchG § 3 Nr. 39; vgl. auch BAG 25.4.1996 NZA 1996, 1227; 14.9.1994 NZA 1995, 417, 418; 19.5.1988 AP BGB § 613a Nr. 75; BGH 11.2.1999 NJW 1999, 1391 (zum Anwaltsverschulden).

[127] Vgl. auch BAG 6.9.2012 NZA 2013, 524 Rn. 11; 28.6.2007 NZA 2007, 972 Rn. 10.

[128] Vgl. BAG 13.12.2007 NZA 2008, 589 Rn. 19; KR/*Friedrich*, § 4 KSchG Rn. 158; APS/*Hesse*, § 4 KSchG Rn. 107; ErfK/*Kiel*, § 4 KSchG Rn. 39; HHL*Linck*, § 4 KSchG Rn. 32.

[129] BAG 13.12.2007 NZA 2008, 589 Rn. 18; LAG Baden-Württemberg 20.2.2013 BeckRS 2013, 344648.

[130] Vgl. BAG 23.6.2009 NZA 2009, 1136 Rn. 28; 13.12.2007 NZA 2008, 589 Rn. 20; 4.7.2001 NZA 2002, 401, 404.

[131] Vgl. BAG 21.5.1981 AP KSchG 1969 § 4 Nr. 4; APS/*Hesse*, § 4 KSchG Rn. 109; HHL/*Linck*, § 4 KSchG Rn. 32.

§ 1 Die fristgebundene Kündigungsschutzklage

dass der Arbeitgeber weitere Beendigungsgründe in das Verfahren einführt. Mit Stellung dieses zusätzlichen Antrages wird das Bestehen des Arbeitsverhältnisses unmittelbar Streitgegenstand der Kündigungsschutzklage (Einzelheiten → Rn. 2022 ff.).

Hat der Arbeitnehmer innerhalb der Klagefrist des § 4 S. 1 KSchG eine Entgeltklage für die Zeit **nach Ablauf der Kündigungsfrist oder nach Zugang der außerordentlichen Kündigung** erhoben mit dem Hinweis, die schriftliche Kündigung sei sozialwidrig oder – seit dem 1.1.2004 – sonst unwirksam, kann er analog § 6 S. 1 KSchG – es besteht eine Hinweispflicht des Gerichts (§ 6 S. 2 KSchG) – auch nachträglich den notwendigen Feststellungsantrag nach § 4 S. 1 KSchG stellen (dazu näher → Rn. 1936). Klagt der Arbeitnehmer auf Auflösung des Arbeitsverhältnisses und Zahlung einer Abfindung (vgl. § 9 Abs. 1 S. 1 KSchG), reicht dies aus, weil darin notwendig der Feststellungsantrag nach § 4 S. 1 KSchG enthalten ist.[132]   **1838**

2. Feststellungsinteresse

Ein **besonderes Feststellungsinteresse** (§ 256 Abs. 1 ZPO) ist im Hinblick darauf, dass der Arbeitnehmer nach § 4 S. 1 KSchG (ggf. iVm § 13 Abs. 1 S. 2 KSchG) rechtzeitig Klage erheben muss, um die Fiktionswirkung des § 7 1. Hs. KSchG zu verhindern, **für die Kündigungsschutzklage nicht notwendig**.[133] Ein Interesse an der Feststellung der Sozialwidrigkeit oder sonstigen Unwirksamkeit einer schriftlichen Kündigung, das als Prozessvoraussetzung noch im Zeitpunkt der letzten mündlichen Verhandlung vorliegen muss (auch → Rn. 1860),[134] fehlt wegen eines vor- oder gleichzeitig mit dem Ablauf der Kündigungsfrist wirksam werdenden anderen Beendigungstatbestandes nur dann, wenn dessen Wirksamkeit zwischen den Parteien unstreitig oder rechtskräftig festgestellt ist.[135] Das Rechtsschutzinteresse entfällt nicht, wenn der Arbeitnehmer wiederholt vom Arbeitgeber den Ausspruch der Kündigung verlangt, und dieser daraufhin die Kündigung wunschgemäß erklärt. Da **vor Ausspruch** einer Kündigung **nicht rechtswirksam** auf den **Kündigungsschutz** nach § 4 S. 1 KSchG n. F. **verzichtet** werden kann (→ Rn. 1285), bleibt dem Arbeitgeber im Rahmen einer Klage gegen die von ihm auf Wunsch des Arbeitnehmers ausgesprochene Kündigung nur der Einwand der unzulässigen Rechtsausübung (§ 242 BGB).[136] Das Feststellungsinteresse fehlt, wenn der Arbeitnehmer seine Kündigungsschutzklage gegen eine natürliche oder juristische Person richtet, die die Kündigung gar nicht ausgesprochen hat.[137]   **1839**

Haben die Parteien vereinbart, das Arbeitsverhältnis trotz erfolgter Kündigung fortzusetzen, entfällt das Rechtsschutzinteresse an einer Klage, die die Sozialwidrigkeit oder   **1840**

---

[132] So zu § 4 S. 1 KSchG a. F. BAG 19.8.1982 AP KSchG 1969 § 9 Nr. 9; 13.2.1956 AP KSchG § 7 Nr. 5.
[133] Vgl. BAG 21.3.2012 NZA 2012, 1058 Rn. 10; 7.3.2002 NZA 2002, 963, 964; KR/*Friedrich*, § 4 KSchG Rn. 26; APS/*Hesse*, § 4 KSchG Rn. 24; ErfK/*Kiel*, § 4 KSchG Rn. 9a; HHL/*Linck*, § 4 KSchG Rn. 38; ebenso schon zu § 4 S. 1 KSchG a. F. BAG 11.2.1981 AP KSchG 1969 § 4 Nr. 8.
[134] LAG Frankfurt/M. 24.5.1991 LAGE KSchG § 4 Nr. 21; vgl. allg. BAG 27.8.2014 NZA-RR 2015, 211 Rn. 14; Zöller/*Greger*, Vor § 253 ZPO Rn. 9.
[135] Vgl. BAG 4.2.1993 NZA 1994, 214, 215; 11.2.1981 AP KSchG § 4 Nr. 8; LAG Köln 15.7.2004 LAGE KSchG § 4 Nr. 50; APS/*Hesse*, § 4 KSchG Rn. 25; ErfK/*Kiel*, § 4 KSchG Rn. 9a; HHL/*Linck*, § 4 KSchG Rn. 40.
[136] LAG Köln 11.1.1984 DB 1984, 1150; KR/*Friedrich*, § 4 KSchG Rn. 296a; vgl. auch LAG Berlin 31.10.1988 LAGE MuSchG § 9 Nr. 9; 31.10.1988 LAGE MuSchG § 9 Nr. 9; LAG Frankfurt/M. 24.4.1987 LAGE KSchG § 4 Verzicht Nr. 1; KR/*Griebeling*, § 4 KSchG Rn. 36b.
[137] BAG 30.10.2008 NZA 2009, 485 Rn. 50; 22.5.1980 BeckRS 2009, 67100.

sonstige Unwirksamkeit der schriftlichen Kündigung feststellen soll. Das **Feststellungsinteresse** für die Kündigungsschutzklage **entfällt** jedoch **nicht**, wenn die **Dauer** der **Fortsetzung** des **Arbeitsverhältnisses** vom **Ausgang** des **Kündigungsschutzprozesses abhängig** gemacht wird (→ Rn. 2274, 2275).[138] Die „gerichtliche Bestätigung" der bereits vereinbarten Fortsetzung des Arbeitsverhältnisses ist unzulässig.[139]

1841 Hat sich der Arbeitnehmer außergerichtlich zur **Rücknahme der Kündigungsschutzklage** verpflichtet, entfällt das Rechtsschutzinteresse der Klage, wenn sich der Arbeitgeber im Verfahren darauf beruft.[140] Der außergerichtliche Vergleich gestaltet in materieller Hinsicht die Rechtslage. Er hat keine unmittelbaren Einwirkungen auf den Prozess, der den vergleichsweise geregelten Streitgegenstand betrifft. Die Klage wird jedoch unzulässig, weil sich niemand mit seinem früheren Verhalten nach § 242 BGB in Widerspruch setzen darf, auch im Prozess nicht.[141] Bestreitet der Arbeitnehmer die Wirksamkeit des außergerichtlichen Vergleichs, ist darüber im Verfahren incidenter zu entscheiden.

1842 Keine Bedenken gegen das Feststellungsinteresse bestehen dann, wenn der Arbeitnehmer eine andere Stelle gefunden hat und nicht vorhat, die alte Stelle ggfls. wieder anzutreten.[142] Um einen Entgeltanspruch nach §§ 611 Abs. 1, 615 S. 1 BGB durchzusetzen, bedarf es nach dem System des Kündigungsschutzgesetzes unbedingt der Feststellungsklage nach § 4 S. 1 KSchG (auch → Rn. 2015).[143] Das Wahlrecht nach § 12 KSchG (dazu näher → Rn. 23, 24, 2048 ff.) zeigt dies im Übrigen eindeutig.[144]

1843 Die Rücknahme der Kündigung (→ Rn. 148 ff.) lässt nur unter bestimmten Voraussetzungen das Feststellungsinteresse des Arbeitnehmers an einer bereits erhobenen Klage nach § 4 S. 1 KSchG n. F. entfallen (→ Rn. 158 und Rn. 1862, 1863).

V. Wirkungen der Kündigungsschutzklage

1. Einfluss auf Verjährung

1844 Die **Feststellungsklage** nach § 4 S. 1 KSchG unterbrach die **Verjährung** der Entgeltansprüche nach § 209 Abs. 1 BGB a. F. (bis 31.12.2001) nicht[145] bzw. **hemmt** sie gem. § 204 Abs. 1 Nr. 1 BGB (seit 1.1.2002) **nicht**.[146] Begründet wurde bzw. wird dies zutreffend mit dem unterschiedlichen Streitgegenstand. Die zugunsten des Arbeitnehmers entschiedene Kündigungsschutzklage sagt über den Anspruch aus §§ 611 Abs. 1, 615 S. 1 BGB nichts aus. Für den Arbeitnehmer ist dieser Zustand sicher unbefriedigend. Es hat in der Literatur nicht an Versuchen gefehlt, hier Abhilfe zu schaf-

---

[138] LAG Niedersachsen 17.2.2004 NZA-RR 2004, 472, 473.
[139] LAG Frankfurt/M. 24.5.1991 LAGE KSchG § 4 Nr. 21; LAG Schleswig-Holstein 9.7.1986 NZA 1988, 40; KR/*Friedrich*, § 4 KSchG Rn. 26.
[140] LAG Berlin 18.1.1982 LAGE KSchG § 4 n. F. Nr. 5; KR/*Friedrich*, § 4 KSchG Rn. 26.
[141] BGH 14.11.1983 NJW 1984, 805; OVG Hamburg 30.5.1988 NJW 1989, 604.
[142] BAG 14.1.1993 NZA 1993, 981, 982; KR/*Friedrich*, § 4 KSchG Rn. 27; HK-KSchG/*Hauck* § 4 Rn. 25; APS/*Hesse*, § 4 KSchG Rn. 24; ErfK/*Kiel*, § 4 KSchG Rn. 9a; HHL/*Linck*, § 4 KSchG Rn. 39.
[143] Vgl. auch BAG 21.7.2005 NZA 2006, 162 Rn. 21.
[144] BAG 14.1.1993 NZA 1993, 981, 982; KR/*Friedrich*, § 4 KSchG Rn. 27.
[145] BAG 7.11.2007 NZA-RR 2008, 399 Rn. 14; 7.11.2002 NZA 2003, 963, 964; 7.11.1991 NZA 1992, 1025.
[146] BAG 24.9.2014 NZA 2015, 35 Rn. 39; KR/*Friedrich*, § 4 KSchG Rn. 30; APS/*Hesse*, § 4 KSchG Rn. 150; HHL/*Linck*, § 4 KSchG Rn. 41; ErfK/*Preis*, § 615 BGB Rn. 81.

fen.¹⁴⁷ Bis zu einer Regelung durch den Gesetzgeber muss der Arbeitnehmer seine Entgeltansprüche durch Zahlungsklage rechtshängig machen, will er einer sonst drohenden Verjährung vorbeugen.

2. Geltendmachung im Rahmen von Ausschlussfristen

a) Anwendbarkeit

Die Verjährung von Entgeltansprüchen während eines laufenden Kündigungsschutzprozesses hat in der Praxis keine allzu große Bedeutung. Die Frage aber, ob die Erhebung der Kündigungsschutzklage ausreicht, um Entgeltansprüche innerhalb der oft kurzen tariflichen, aber auch einzelvertraglichen Ausschlussfristen geltend zu machen, ist von zentraler Bedeutung. Mit Fristablauf **erlischt** nämlich der **Anspruch.**¹⁴⁸ Das Erlöschen ist **von Amts wegen** zu beachten.¹⁴⁹

1845

Im konkreten Fall ist zunächst zu prüfen, **ob** auf das Arbeitsverhältnis eine **Ausschlussfrist** anzuwenden ist. Die Vereinbarung der Ausschlussfrist kann im **Einzelarbeitsvertrag** enthalten sein.¹⁵⁰ Sie unterliegt seit dem 1.1.2002 der Inhaltskontrolle nach § 307 BGB, sofern es sich um einen vorformulierten Arbeitsvertrag handelt,¹⁵¹ ansonsten u. U. § 242 BGB.¹⁵² Die Frist für die einfache Geltendmachung von Ansprüchen aus dem Arbeitsverhältnis in einem Formulararbeitsvertrag (vgl. § 305 Abs. 1 S. 1 BGB) darf gem. § 307 Abs. 1 S. 1, Abs. 2 Nr. 1 und 2 BGB drei Monate ab Fälligkeit nicht unterschreiten.¹⁵³ Zu beachten ist, dass Ausschlussfristen für die Geltendmachung tariflicher Rechte nach § 4 Abs. 4 TVG nur im Tarifvertrag selbst vereinbart werden können. Bei der Anwendung **tariflicher** Ausschlussfristen ist immer zu prüfen, ob die tariflichen Normen für das Arbeitsverhältnis gelten. Eine Regelung in einer **Betriebsvereinbarung,** die von den Arbeitnehmern verlangt, bereits während eines laufenden Kündigungsschutzprozesses die vom Ausgang des Kündigungsschutzprozesses abhängenden Annahmeverzugsansprüche gerichtlich geltend zu machen, belastet die Arbeitnehmer unverhältnismäßig und ist unwirksam.¹⁵⁴

1846

Die Tarifnormen – also auch tarifliche Ausschlussfristen – gelten nur dann für das Arbeitsverhältnis, wenn Arbeitgeber und Arbeitnehmer **kraft beiderseitiger Verbandszugehörigkeit** nach § 3 Abs. 1 TVG tarifgebunden sind und ihr Arbeitsverhältnis gem. § 4 Abs. 1 TVG vom Geltungsbereich des Tarifvertrages erfasst wird oder der **Tarifvertrag für allgemeinverbindlich erklärt** worden ist (§ 5 Abs. 1 S. 1

1847

---

¹⁴⁷ Vgl. *Larenz,* Anm. BAG SAE 1960, 81 (Beginn der Verjährungsfrist erst mit der Rechtskraft des Urteils); *Bötticher,* BB 1981, 1958; *Lüke,* NJW 1960, 1333 (Analogie zu § 202 Abs. 1 BGB a. F., d. h. Hemmung der Verjährung aus Rechtsgründen), ebenso *Konzen,* SAE 1970, 279; KR/*Friedrich,* § 4 KSchG Rn. 36 (Analogie zu §§ 210, 211 BGB n. F.).
¹⁴⁸ BAG 10.1.2007 NZA 2007, 679 Rn. 17; 26.9.1990 NZA 1991, 246, 247; vgl. auch BAG 22.1.2008 AP TVG § 4 Ausschlussfristen Nr. 191.
¹⁴⁹ BAG 8.11.1994 NZA 1995, 580, 581; 15.6.1993 NZA 1994, 274; vgl. auch BAG 22.1.2008 AP TVG § 4 Ausschlussfristen Nr. 191; Wiedemann/*Wank,* § 4 TVG Rn. 870.
¹⁵⁰ Ausführlich *R. Krause,* RdA 2004, 36 ff. u. 106 ff.
¹⁵¹ Vgl. BAG 24.9.2014 BeckRS 2014, 73280 Rn. 26; 19.3.2014 BeckRS 2014, 70206 Rn. 66; 19.2.2014 NZA 2014, 1097 Rn. 18, 19; *Bayreuther,* ZfA 2005, 1337 ff.; *Gotthardt,* Rn. 309 ff.; *Müller,* BB 2005, 1333 ff.; *Preis/Roloff,* RdA 2005, 144 ff.; *G. Reinecke,* BB 2005, 378 ff.; *Reinhard,* Inhaltskontrolle vertraglicher Ausschlussfristen im Arbeitsrecht, 2004, S. 232 ff.; *Thüsing,* BB 2005, 1563 ff.
¹⁵² Einerseits BAG 2.3.2004 NZA 2004, 852, 857; andererseits BAG 25.5.2005 NZA 2005, 1111, 1116.
¹⁵³ Vgl. näher BAG 19.6.2012 NZA 2012, 1087 Rn. 31; 16.5.2012 NZA 2012, 971 Rn. 35; 28.9.2005 NZA 2006, 149, 153.
¹⁵⁴ BAG 12.12.2006 NZA 2007, 453 Rn. 26 ff.

TVG). Die Einzelarbeitsvertragsparteien können ferner die Geltung des Tarifvertrages vereinbaren (sog. **Bezugnahme auf den Tarifvertrag**). Diese bedarf keiner Form. Sie kann deshalb auch durch konkludentes Verhalten erfolgen oder auf Grund einer betrieblichen Übung begründet werden.[155] Der Rechtsgrund der Tarifanwendung bedarf der Feststellung. Ausschlussfristen, die in einem auf das Arbeitsverhältnis kraft einzelvertraglicher Bezugnahme anwendbaren Tarifvertrag enthalten sind, unterliegen gem. § 310 Abs. 4 S. 1 BGB nicht der Inhaltskontrolle nach §§ 307 ff. BGB.[156] Anders ist es, wenn eine Bezugnahme auf einen unwirksamen Tarifvertrag erfolgt.[157]

1848 Ohne Bedeutung für die Anwendbarkeit einer Ausschlussfrist ist, ob die Einzelarbeitsvertragsparteien den Tarifvertrag, der die Ausschlussfrist enthält, kennen. Arbeitgeber und Arbeitnehmer haben insoweit eine Erkundigungspflicht.[158] Auch kommt es hierfür nicht auf die Erfüllung der Auslegungspflicht für Tarifverträge im Betrieb nach § 8 TVG durch den Arbeitgeber an.[159] Allerdings hat der Arbeitgeber die in § 2 NachwG geregelte Nachweispflicht zu beachten. In die nach § 2 Abs. 1 S. 1 NachwG zu erstellende und dem Arbeitnehmer auszuhändigende Niederschrift sind nicht nur vertraglich vereinbarte, sondern auch tarifvertraglich geregelte Vertragsbedingungen aufzunehmen (§ 2 Abs. 1 S. 2 Nr. 10 NachwG).[160] Kommt der Arbeitgeber dieser Verpflichtung, die auch durch einen entsprechenden Passus in einem schriftlichen Arbeitsvertrag erfüllt werden kann (vgl. § 2 Abs. 4 NachwG), nach, kann er sich ohne weiteres auf die Versäumung einer tarifvertraglichen Ausschlussfrist durch den Arbeitnehmer berufen.[161] Dies darf der Arbeitgeber, sofern durch den Abschluss eines Tarifvertrages erstmals ein solcher auf das bereits bestehende Arbeitsverhältnis Anwendung findet, nur dann, wenn er seiner Mitteilungspflicht nach § 3 S. 1 NachwG nachgekommen ist.[162]

b) Einstufige Ausschlussfristen

1849 Die Kündigungsschutzklage **reicht** zur formlosen und zur schriftlichen **Geltendmachung** von Entgeltansprüchen, die vom Ausgang des Kündigungsrechtsstreits abhängen, aus.[163] Allerdings muss die Kündigungsschutzklage **vor Ablauf** der Ausschlussfrist **zugestellt** worden sein; § 167 ZPO (bis 30.6.2002: § 270 Abs. 3 ZPO) findet nach der bisherigen Rspr. des BAG keine Anwendung.[164] Die Einreichung der

---

[155] Vgl. BAG 9.5.2007 NZA 2007, 1439 Rn. 26; 17.4.2002 NZA 2002, 1096, 1097; *B. Gaul*, NZA 1998, 9, 10; *Hanau/Kania*, FS Schaub, 1998, S. 239, 258 ff.
[156] BAG 26.4.2006 NZA 2006, 845 Rn. 13.
[157] Vgl. BAG 13.3.2013 NZA 2013, 680 Rn. 35.
[158] BAG 16.8.1983 AP § 1 TVG Auslegung Nr. 131.
[159] BAG 16.5.2007 NZA 2007, 1154 Rn. 37; 27.1.2004 NZA 2004, 667, 670; 23.1.2002 NZA 2002, 800, 803. Zum Problemfeld *Bepler*, ZTR 2001, 241, 246 ff.; *Hohenhaus*, NZA 2001, 1107 ff.; *Koch*, FS Schaub, 1998, S. 421 ff.
[160] BAG 29.5.2002 NZA 2002, 1360 Os.; 5.11.2003 NZA 2005, 64, 65.
[161] BAG 29.5.2002 NZA 2002, 1360 Os; 17.4.2002 NZA 2002, 1096, 1098; 23.1.2002 NZA 2002, 800, 802. Zum Problemfeld *Bepler*, ZTR 2001, 241, 243; *Koch*, FS Schaub, 1998, S. 421, 436 ff.; *Laskawy*, DB 2003, 1325, 1326; *Linde/Lindemann*, NZA 2003, 649 ff.; *Müller-Glöge*, RdA 2001, Sonderbeilage zu Heft 5, S. 46, 54 f.; *Reinhard*, wie Fn. 151, S. 50 ff.
[162] BAG 5.11.2003 NZA 2004, 102, 104.
[163] St. Rspr., zB BAG 24.9.2014 NZA 2015, 35 Rn. 27; 19.9.2012 NZA 2013, 101 Rn. 16 mit Rn. 13; 19.9.2012, NZA 2013, 156 Rn. 18 mit Rn. 17 (beide auch für die Klage nach § 17 S. 1 TzBfG).
[164] BAG 21.3.1991 NZA 1991, 726, 728; 4.11.1969 AP ZPO § 496 Nr. 3 BGB; *R. Krause*, RdA 2004, 106, 114; *Oberthür*, ArbRB 2009, 181, 182; vgl. auch BAG 21.6.2012 NZA 2012, 1211 Rn. 27; 11.2.2009 NZA 2009, 687 Rn. 21.

Klage beim Arbeitsgericht innerhalb der Ausschlussfrist genügt also nicht. Ob hieran festgehalten werden kann, ist fraglich geworden,[165] nachdem der BGH entschieden hat, dass § 167 ZPO – diese Norm kommt über § 495 ZPO, § 46 Abs. 2 S. 1 ArbGG auch im arbeitsgerichtlichen Urteilsverfahren zur Anwendung – grundsätzlich auch in den Fällen anwendbar ist, in denen durch die Zustellung eine Frist gewahrt werden soll, die auch durch außergerichtliche Geltendmachung gewahrt werden kann.[166]

1849a Hat der Arbeitnehmer die Ausschlussfrist gewahrt, müssen nach Rechtskraft des Urteils im Kündigungsschutzprozess die tariflichen Entgeltansprüche nicht noch einmal geltend gemacht werden, sofern dies der Tarifvertrag nicht ausdrücklich bestimmt. Die fristwahrende Wirkung der Kündigungsschutzklage entfällt weder durch ihre Rücknahme noch dadurch, dass der Kündigungsschutzprozess von den Parteien nicht mehr betrieben wird. § 204 Abs. 2 S. 1 und 2 BGB (bis 31.12.2001: §§ 211, 212 BGB a.F.) findet keine entsprechende Anwendung.[167] Die vorerwähnte Fristwahrung entfällt auch nicht mit der formellen Rechtskraft (vgl. § 705 ZPO) eines die Kündigungsschutzklage abweisenden Urteils, wenn dieses durch eine der in § 578 Abs. 1 ZPO genannten Wiederaufnahmeklagen aufgehoben wird.[168]

1850 **Ohne Bedeutung** ist, dass die Kündigungsschutzklage **vor** Entstehen und **Fälligkeit** der Entgeltansprüche **erhoben** wird.[169] Hier ist jedoch auf eine wichtige Besonderheit hinzuweisen. Bestimmt der Tarifvertrag, dass **Ausschlussfristen** für Entgeltansprüche im Falle der Erhebung einer Kündigungsschutzklage – worunter nur eine Feststellungsklage iSv § 4 S. 1 KSchG zu verstehen ist[170] – **erst nach** deren **Rechtskraft** beginnen,[171] können Ansprüche **vorher nicht** fristwahrend geltend gemacht werden. Die Geltendmachung muss ggfls. wiederholt werden.[172]

c) Zweistufige Ausschlussfristen

1851 Verlangt die Ausschlussfrist in einem **Tarifvertrag** zusätzlich neben der **schriftlichen** auch die **gerichtliche** Geltendmachung,[173] musste nach früherer Rspr. der Gläubiger die Entgeltansprüche unter Berücksichtigung der jeweils vorgesehenen Fristbeginns (näher → Rn. 1853 ff.) im Wege der Zahlungsklage rechtshängig machen. Die Erhe-

---

[165] Vgl. *Gehlhaar*, NZA-RR 2011, 169, 170 f.; *Nägele/Gertler*, NZA 2010, 1377, 1379 f.
[166] BGH 17.7.2008 NJW 2009, 765 Rn. 23 ff.; ebenso BGH 25.6.2014 NJW 2014, 2568 Rn. 29; vgl. jetzt zu § 15 Abs. 4 AGG auch BAG 22.5.2014 NZA 2014, 924 Rn. 14 ff.; dem folgend zu einzelvertraglicher Ausschlussfrist LAG Düsseldorf 12.9.2014 BeckRS 2014, 73394; offen gelassen von BAG 21.10.2014 – 3 AZR 690/12 – juris Rn. 33.
[167] Vgl. BAG 7.11.1991 NZA 1992, 521, 523; vgl. auch BAG 16.1.2003 AP ZPO § 322 Nr. 38.
[168] Vgl. näher BAG 24.9.2014 NZA 2015, 35 Rn. 30.
[169] Vgl. BAG 16.1.2013 NZA 2013, 975 Rn. 32; 9.7.2008 AP TVG § 1 Tarifverträge: Gebäudereinigung Nr. 21.
[170] BAG 24.8.1999 NZA 2000, 818, 819; 12.11.1998 NZA 1999, 715, 716; vgl. auch BAG 19.11.2014 BeckRS 2015, 66922 Rn. 19; 8.8.2000 NZA 2000, 1236, 1237.
[171] ZB BAG 19.11.2014 BeckRS 2015, 66922 Rn. 17–19. Zum Beginn der Ausschlussfrist, wenn ein zunächst rechtskräftiges Urteil des BAG u. das darin bestätigte Urteil des LAG im Kündigungsrechtsstreit gemäß § 95 Abs. 2 BVerfGG aufgehoben werden vgl. BAG 16.1.2003 AP ZPO § 322 Nr. 38.
[172] BAG 22.10.1980 AP TVG § 4 Ausschlussfristen Nr. 70.
[173] Zum Begriff vgl. BAG 19.11.2014 BeckRS 2015, 66922 Rn. 22. Ist die gerichtliche Geltendmachung in einem Formulararbeitsvertrag enthalten, ist sie jedenfalls im Hinblick auf die Regelung in § 310 Abs. 4 S. 2 1. Hs. BGB nicht nach § 309 Nr. 13 BGB unwirksam, vgl. BAG 25.5.2005 NZA 2005, 1111, 1113; *R. Krause*, RdA 2004, 106, 117; ErfK/*Preis*, §§ 194–218 BGB Rn. 45; *Preis/Roloff*, RdA 2005, 144, 147; *Reinhard*, wie Fn. 151, S. 230 ff.; a. A. ArbG Frankfurt/M. 13.8.2003 MDR 2004, 339, 340; *Annuß*, BB 2002, 458, 463; *Däubler*, NZA 2001, 1329, 1336; *Hönn*, ZfA 2003, 325, 340 f.; *Hümmerich*, NZA 2003, 753, 755; *Lakies*, NZA 2004, 569, 575; *G. Reinecke*, BB 2005, 378, 382.

bung bloß der Kündigungsschutzklage reichte hier zur Fristwahrung nicht.[174] Es wurde seinerzeit die Ansicht vertreten, es liege in der Hand der Tarifvertragsparteien, dies zu ändern.[175] Diese Rechtsprechung hat das BAG im Anschluss an die Entscheidung des BVerfG vom 1.12.2010[176] aufgegeben. Nunmehr gilt: Ein Arbeitnehmer macht mit Erhebung einer Kündigungsschutzklage – ebenso mit einer Befristungskontrollklage nach § 17 S. 1 TzBfG – die **von deren Ausgang abhängigen Entgeltansprüche** „gerichtlich geltend" und wahrt damit die zweite Stufe einer tariflichen Ausschlussfrist.[177]

1852, 1853   Ist die gerichtliche Geltendmachung in einem **Formulararbeitsvertrag** (vgl. § 305 Abs. 1 S. 1 BGB) enthalten, ist sie jedenfalls im Hinblick auf die Regelung in § 310 Abs. 4 S. 2 1. Hs. BGB nicht unwirksam wegen eines Verstoßes gegen § 309 Nr. 13 BGB. Die **Mindestfrist** für die **gerichtliche Geltendmachung** der Ansprüche beträgt gem. § 307 Abs. 1 S. 1, Abs. 2 Nr. 1 BGB **drei Monate**.[178] Hier **genügte** bereits nach dem Urteil des 5. Senats des BAG vom 19.3.2008[179] die **Erhebung** der **Kündigungsschutzklage,** um das **Erlöschen** der von ihrem Ausgang abhängigen Annahmeverzugsansprüche des Arbeitnehmers **zu verhindern.** Der 1. Senat des BAG hatte schon früher[180] in einer solchen, in einer Betriebsvereinbarung enthaltenen Abrede einen Verstoß gegen § 75 Abs. 1 Abs. 2 S. 1 BetrVG gesehen und sie deshalb als unwirksam erachtet. Da zweistufige Verfallfristen geteilt werden können, kann bei Unwirksamkeit der 2. Stufe der in einem Formulararbeitsvertrag vereinbarten Verfallfrist (gerichtliche Geltendmachung) die (wirksame) erste Stufe (einfache Geltendmachung) gem. § 306 Abs. 1 BGB bestehen bleiben, falls diese weiterhin verständlich ist.[181]

1854– 1857   Die in der Vorauflage (Rdnr. 1855–1857) dargestellte Rechtsprechung für den Fall, dass im Tarifvertrag der Beginn der Frist für die gerichtliche Geltendmachung von der Ablehnung der Zahlungsansprüche abhängig gemacht wird, hat sich für die Entgeltansprüche, die vom Ausgang der Kündigungsschutzklage abhängig sind (hier: aus Annahmeverzug gem. §§ 611 Abs. 1, 615 S. 1 BGB), durch die in Rn. 1852 dargestellte Rechtsprechungsänderung erledigt. Auf ihre Darstellung wird daher verzichtet.

3. Kündigungsschutzklage und Erholungsurlaub

1858   Nach Auffassung des BAG ist der **gesetzliche Urlaubsanspruch** von 24 Werktagen (§ 3 Abs. 1 BUrlG) für ein Kalenderjahr (vgl. § 1 BUrlG) grundsätzlich befristet. Er erlischt am 31. 12. des Urlaubsjahres (vgl. § 7 Abs. 3 S. 1 BUrlG) bzw. spätestens mit dem 31.3. des Folgejahres (vgl. § 7 Abs. 3 S. 2 und 3 BUrlG).[182] Das gilt seit dem

---

[174] BAG 26.4.2006 NZA 2006, 845 Rn. 16; 14.12.2005 NZA 2006, 998 Rn. 24; 16.1.2002 NZA 2002, 746, 747f.

[175] Vgl. zB Wiedemann/*Wank,* § 4 TVG Rn. 866; vgl. zu einer tariflichen Alternative BAG 8.8.2000 NZA 2000, 1236, 1238.

[176] NZA 2011, 354; hierzu *Brecht-Heitzmann,* DB 2011, 1523 ff.; *Husemann,* NZA-RR 2011, 337, 340 ff.

[177] BAG 24.9.2014 NZA 2015, 35 Rn. 28; 19.9.2012 NZA 2013, 101 Rn. 17 ff.; 19.9.2012 NZA 2013, 156 Rn. 21 ff.

[178] BAG 12.3.2008 NZA 2008, 699 Rn. 24; 25.5.2005 NZA 2005, 1111, 1114.

[179] NZA 2008, 757 Rn. 27; hierzu näher *Matthiessen,* NZA 2008, 1165 ff.; ebenso BAG 19.5.2010 NZA 2010, 939 Rn. 31.

[180] Vgl. BAG 12.12.2006 NZA 2007, 453 Rn. 23 mit Rn. 26; i. Erg. ebenso für Formularverträge *Oberthür,* ArbRB 2006, 181, 183.

[181] BAG 16.5.2012 NZA 2012, 971 Rn. 37; 12.3.2008 NZA 2008, 699 Rn. 28; vgl. auch BAG 24.9.2014 BeckRS 2014, 73280 Rn. 27; 25.9.2013 NZA 2014, 94 Rn. 22.

[182] St. Rspr., zB BAG 6.8.2013 NZA 2014, 545 Rn. 11; 9.8.2011 NZA 2012, 29 Rn. 18; 21.11.2006 NZA 2007, 696 Rn. 15.

§ 1 Die fristgebundene Kündigungsschutzklage

Urteil des BAG vom 24.3.2009[183] nicht mehr im Fall der krankheitsbedingten Arbeitsunfähigkeit bis zum Ende des Urlaubsjahres und/oder des Übertragungszeitraums. Hier verfällt der gesetzliche Urlaubsanspruch[184] im Anschluss an die Entscheidung des EuGH vom 22.11.2011[185] nach nunmehriger Rechtsprechung des BAG[186] spätestens 15 Monate nach Ende des Urlaubsjahrs. Allerdings ist der Urlaub bei rechtzeitiger Genesung, also sobald der ehemals erkrankte Arbeitnehmer in der verbleibenden Zeit bis zum 31.12. des Urlaubsjahres (vgl. § 7 Abs. 3 S. 1 BUrlG) bzw. bis zum 31.3. des Folgejahres (vgl. § 7 Abs. 3 S. 3 BUrlG) den Urlaub noch nehmen kann, „in natura" in Anspruch zu nehmen.[187]

Auch wenn der Arbeitnehmer gegen die Kündigung innerhalb der Dreiwochenfrist des § 4 S. 1 KSchG Klage erhoben hat, muss er den Urlaubsanspruch für das Urlaubsjahr bzw. für den Übertragungszeitraum fristgerecht geltend machen.[188] Der Arbeitgeber hat daraufhin dem Arbeitnehmer, auch wenn er auf Grund der Kündigung davon ausgeht, das Arbeitsverhältnis sei zu dem von ihm bestimmten Zeitpunkt beendet, nach Maßgabe des § 7 Abs. 1 S. 1 BUrlG (vorsorglich) Urlaub zu gewähren.[189] Hat der Arbeitgeber den vom Arbeitnehmer rechtzeitig verlangten Urlaub nicht bis zum 31.12. des laufenden Kalenderjahres (vgl. § 7 Abs. 3 S. 1 BUrlG bzw. bis zum 31.3. des Folgejahres (vgl. § 7 Abs. 3 S. 3 BUrlG) gewährt und ist dadurch die Erfüllung des Urlaubsanspruchs nach § 1 BUrlG gem. § 275 Abs. 1 BGB unmöglich geworden (vgl. zu dieser Rechtsfolge auch → Rn. 1858), ist er zum Schadensersatz gem. § 280 Abs. 1 u. Abs. 3 iVm § 275 Abs. 4, § 286 Abs. 1, § 287 S. 2, § 280 Abs. 1 S. 1, § 249 S. 1 BGB durch Gewährung von Ersatzurlaub als Naturalrestitution verpflichtet, wenn er vom Arbeitnehmer vor dem Ablauf dieser Fristen durch eine Mahnung in Verzug gesetzt worden ist.[190] Eine Mahnung ist aber in aller Regel nach § 286 Abs. 2 Nr. 3 BGB entbehrlich, wenn der Arbeitnehmer den Arbeitgeber erfolglos aufgefordert hat, ihm während des Kündigungsrechtsstreits Urlaub zu gewähren.[191]

Ist der Arbeitnehmer gekündigt worden, kann er mit der Erhebung der Kündigungsschutzklage nach § 4 S. 1 KSchG zur Wahrung einer tariflichen oder einzelvertraglichen Ausschlussfrist nicht zugleich den von ihr erfassten[192] Urlaubsabgeltungsanspruch nach § 7 Abs. 4 BUrlG geltend machen, da dieser Anspruch nicht vom Erfolg der Kündigungsschutzklage, also dem Fortbestand des Arbeitsverhältnisses, abhängt.

1859

1859a

---

[183] NZA 2009, 538 im Anschluss an EuGH 20.1.2009 NZA 2009, 135, 138; ebenso zB BAG 18.3.2014 BeckRS 2014, 70342 Rn. 14; 12.11.2013 NZA-RR 2014, 658 Rn. 11.

[184] Tariflich und einzelvertraglich können über vier Wochen (vgl. § 3 Abs. 1 BUrlG) hinausgehende Urlaubsansprüche frei geregelt werden, vgl. nur BAG 5.8.2014 BeckRS 2014, 73404 Rn. 30; 10.12.2013 AP BUrlG § 11 Nr. 71 Rn. 19 im Anschluss an EuGH 3.5.2012 BeckRS 2012, 80798.

[185] NZA 2011, 1333 ff.; vgl. auch EuGH 3.5.2012 AP Richtlinie 2003/88 EG Nr. 8.

[186] Seit BAG 7.8.2012 NZA 2012, 1216 Rn. 40, 42; ebenso zB BAG 18.3.2014, BeckRS 2014, 70342 Rn. 14; 12.11.2013 AP BUrlG § 7 Abgeltung Nr. 100.

[187] BAG 6.8.2013 NZA 2014, 545 Rn. 11; 13.12.2011 AP BUrlG § 7 Nr. 57.

[188] Vgl. BAG 18.9.2001 NZA 2002, 895; 21.9.1999 NZA 2000, 590; 17.1.1995 NZA 1995, 531; vgl. auch BAG 26.4.2006 NZA 2006, 845, 847 f.

[189] BAG 15.9.2011 NZA 2012, 377 Rn. 64; 14.8.2007 NZA 2008, 473 Rn. 14, 15. Zur Urlaubsgewährung nach fristloser, hilfsweiser fristgerechter Kündigung vgl. BAG 10.2.2015 – 9 AZR 455/13 – Pressemitteilung des BAG Nr. 2/15. Zum Problemkreis ausf. G. Reinecke, ArbuR 2013, 19 ff.

[190] Vgl. BAG 6.8.2013 NZA 2014, 545 Rn 14, 20; 14.5.2013 BeckRS 2013, 71433; 17.5.2011 AP BEEG § 17 Nr. 1 Rn. 11; a.A. LAG Berlin-Brandenburg 12.6.2014 BeckRS 2014, 71708; Verzugseintritt generell überflüssig.

[191] BAG 6.8.2013 NZA 2014, 545 Rn. 18; vgl. auch BAG 5.8.2014 BeckRS 2014, 73404 Rn. 26; 3.6.2014 AP BUrlG § 7 Nr. 73 Rn. 10.

[192] Seit BAG 9.8.2011 NZA 2011, 1421 Rn. 16; ebenso zB BAG 16.12.2014 BeckRS 2015, 65939 Rn. 28; 6.5.2014 AP BUrlG § 7 Abgeltung Nr. 104 Rn. 11; 8.4.2014 NZA 2014, 852 Rn. 12.

Der Urlaubsabgeltungsanspruch setzt mit der Beendigung des Arbeitsverhältnisses gerade das Gegenteil voraus.[193]

VI. Auswirkungen der Rücknahme der Kündigung auf die Kündigungsschutzklage

1860   Die Rücknahme der Kündigung und ihre Auswirkungen auf die Kündigungsschutzklage werden nicht einheitlich beurteilt. Kann der Arbeitnehmer nach der Rücknahme der Kündigung die rechtshängige Kündigungsschutzklage fortsetzen oder entfällt damit das Rechtsschutzinteresse? Dieses muss immerhin noch im Zeitpunkt der letzten mündlichen Verhandlung vorliegen (auch → Rn. 1839 mit Fn. 134).

1861   Die Kündigungserklärung führt als einseitige Willenserklärung im Zeitpunkt des Wirksamwerdens die Rechtsgestaltung unmittelbar herbei. Der Erklärende kann sie einseitig nicht mehr zurücknehmen (dazu näher → Rn. 148).

1862   Das BAG sieht in der Rücknahme der Kündigung durch den Arbeitgeber dessen Angebot, das Arbeitsverhältnis durch die Kündigung nicht als beendet anzusehen, also unter Beseitigung der Kündigungswirkungen das Arbeitsverhältnis zu den bisherigen Bedingungen unverändert fortzusetzen. Der Arbeitnehmer könne dieses Angebot annehmen oder ablehnen (auch → Rn. 151).[194] Solange nicht endgültig feststeht, ob der Arbeitnehmer das Fortsetzungsangebot annehmen will, muss er – sofern noch nicht geschehen – vorsorglich Klage nach § 4 S. 1 KSchG erheben, um die Fiktionswirkung des § 7 1. Hs. KSchG zu verhindern.[195] Hat der Arbeitnehmer neben dem Antrag nach § 4 S. 1 KSchG den Auflösungsantrag gem. § 9 Abs. 1 S. 1 KSchG gestellt und verfolgt er beide Anträge weiter, lehnt er das Angebot des Arbeitgebers, das Arbeitsverhältnis unter Beseitigung der Kündigungswirkungen unverändert fortzusetzen, ab (auch → Rn. 158). Die Rücknahme der Kündigung hat damit auf den Kündigungsschutzprozess keinen Einfluss, da die Gestaltungswirkung der Kündigung, die unmittelbar herbeigeführt wird, nicht einseitig beseitigt werden kann (→ Rn. 148). Das Gleiche gilt auch, wenn der Arbeitnehmer **nach** der Rücknahme der Kündigung den Auflösungsantrag stellt. Damit lehnt er das Angebot des Arbeitgebers ebenfalls ab (ebenso → Rn. 158).[196] Verfolgt der Arbeitnehmer nach einer vom Arbeitgeber erklärten Rücknahme der Kündigung allein den Feststellungsantrag aus § 4 S. 1 KSchG, stellt er also keinen oder noch keinen Auflösungsantrag, ist fraglich, ob für diese Klage noch ein Rechtsschutzinteresse besteht.[197] Denn immerhin könnte der Kläger sein Klageziel durch Annahme des Arbeitgeberangebots ohne gerichtliche Entscheidung erreichen.

1863   Das BAG hat in der Entscheidung vom 19.8.1982[198] zu § 4 S. 1 KSchG a. F. festgestellt, das Rechtsschutzinteresse an der Kündigungsschutzklage könne durch eine Kün-

---

[193] BAG 21.2.2012 NZA 2012, 750 Rn. 24; vgl. auch schon BAG 15.9.2011 NZA 2012, 377 Rn. 67; a. A. LAG Niedersachsen 13.8.2013 BeckRS 2013, 72476; wohl auch LAG Mecklenburg-Vorpommern 9.10.2013 BeckRS 2013, 74102.

[194] BAG 19.8.1982 AP KSchG 1969 § 9 Nr. 9; 29.1.1981 AP KSchG 1969 § 9 Nr. 6; ebenso APS/*Hesse*, § 4 KSchG Rn. 130; KR/*Friedrich*, § 4 KSchG Rn. 64; MüKoBGB/*Hergenröder*, § 4 KSchG Rn. 70; HHL/*Linck*, § 4 KSchG Rn. 57; *Keßler*, NZA-RR 2002, 1, 4; vgl. auch BAG 19.2.2009 NZA 2009, 980 Rn. 44; 16.3.2000 NZA 2000, 1332, 1333; diff. *Thüsing*, ArbuR 1996, 245, 247 f.

[195] BAG 17.10.2013 NZA 2014, 303 Rn. 32.

[196] BAG 19.8.1982 AP KSchG 1969 § 9 Nr. 9; LAG Niedersachsen 19.1.1996 BB 1996, 1119; ErfK/*Müller-Glöge*, § 620 BGB Rn. 75; *Schwerdtner*, ZIP 1982, 639, 643; vgl. auch BAG 29.3.2006 NZA 2006, 693 Rn. 18; LAG Köln 6.11.2008 BeckRS 2009, 62693; *Fischer*, NZA 1999, 459, 461.

[197] Verneinend *Thüsing*, ArbuR 1996, 245, 249.

[198] AP KSchG 1969 § 9 Nr. 9; dazu neigend auch BAG 26.3.2009 NZA 2011, 166 Rn. 14.

digungsrücknahme im Einzelfall auf Grund besonders gelagerter Umstände wegfallen.[199] In der Regel habe der Arbeitnehmer jedoch ein Interesse an der Feststellung, dass die zurückgenommene Kündigung sozialwidrig sei.[200] Diese sehr weitgehende Ausdehnung des Rechtsschutzinteresses ist nicht gerechtfertigt. Liegen der Kündigung Vorwürfe im Verhalten des Arbeitnehmers zugrunde, so dass der Arbeitnehmer ein berechtigtes Interesse an der Klarstellung hat, diese seien nicht zutreffend und für eine Kündigung nicht tragend, ist ein Rechtsschutzinteresse zu bejahen. Bei einer aber zB rein betriebsbedingten Kündigung iSd § 1 Abs. 2 S. 1 KSchG ist das anders zu beurteilen. Hier das Rechtsschutzinteresse deshalb zu bejahen, weil der Arbeitnehmer während des Verfahrens die Möglichkeit hat, den Auflösungsantrag zu stellen (§§ 9, 10 KSchG), erscheint nicht gerechtfertigt.[201] Der Arbeitnehmer muss den Auflösungsantrag in diesen Fällen **unverzüglich** stellen.[202] Diese Fragen sind höchstrichterlich noch nicht entschieden (auch → Rn. 159).[203]

1864 Der Arbeitnehmer nimmt das Angebot des Arbeitgebers, das Arbeitsverhältnis durch die Kündigung nicht als beendet anzusehen, an, wenn er den Antrag stellt, das Verfahren in der **Hauptsache für erledigt** zu **erklären** (auch → Rn. 159).[204]

1865 Fraglich ist, ob der Arbeitgeber deutlich machen muss, die Rücknahme der Kündigung erfolge wegen ihrer Unwirksamkeit.[205] In seinem Urteil vom 17.4.1986[206] vertritt das BAG die Ansicht, Arbeitgeber und Arbeitnehmer würden bei einer vertraglichen Rücknahme der Kündigung davon ausgehen, dass die Kündigung unwirksam gewesen sei.[207] Dies gelte immer dann, wenn Anhaltspunkte für einen anderen übereinstimmenden Willen nicht erkennbar seien. Die einverständliche Rücknahme der Kündigung hat nach diesem Urteil darüber hinaus bei einem hinsichtlich der fällig gewordenen Vergütungsansprüche fehlenden Vorbehalt auch die Wirkung, dass der Arbeitgeber die Voraussetzungen des Annahmeverzugs anerkennt.

1866 Erkennt der Arbeitgeber den Kündigungsschutzantrag an und hat der Arbeitnehmer den Antrag nach § 9 Abs. 1 S. 1 KSchG gestellt, kann Teilanerkenntnisurteil nach § 307 S. 1 ZPO ergehen.[208] Die Rücknahme der Kündigung durch den Arbeitgeber stellt kein förmliches Anerkenntnis i. S. des § 307 S. 1 ZPO dar.

1867 Unsicher ist, ob der Arbeitnehmer, der ein neues Arbeitsverhältnis eingegangen ist, um sein Recht nach § 12 KSchG (näher → Rn. 23, 24, 2048 ff.) gebracht werden kann. Das ist zu verneinen. Der Arbeitgeber kann dieses Recht nicht durch seine Kündigungsrücknahme vereiteln. Der Arbeitnehmer kann also in diesem Fall den

---

[199] Vgl. auch LAG Niedersachsen 17.2.2004 NZA-RR 2004, 472, 473.
[200] Ebenso *Schwerdtner*, ZIP 1982, 639, 644.
[201] So LAG Frankfurt/M. 16.1.1980 DB 1980, 1700; ArbG Siegen 14.12.1984 DB 1985, 974, 975. Zum Ganzen vgl. z. T. abw. *Schwerdtner*, ZIP 1982, 639 ff.
[202] KR/*Friedrich*, § 4 KSchG Rn. 72; *Schwerdtner*, ZIP 1982, 639, 642; *Sonnemann*, BB 1996, 1120; vgl. auch LSW/*Spinner*, § 4 KSchG Rn. 99; a. A. *Berrisch*, FS Leinemann, 2006, S. 315, 321 f.; ErfK/*Kiel*, § 9 KSchG Rn. 4; APS/*Hesse*, § 4 KSchG Rn. 131; HHL/*Linck*, § 4 KSchG Rn. 58; *Thüsing*, ArbuR 1996, 245, 248 f.
[203] Ausdrücklich offen gelassen von BAG 29.1.1981 AP KSchG 1969 § 9 Nr. 69; vgl. auch BAG 29.3.2006 NZA 2006, 693, 694 ohne allerdings auf die Frage der Unverzüglichkeit einzugehen; 19.8.1982 AP KSchG 1969 § 9 Nr. 9.
[204] BAG 17.4.1986 NZA 1987, 17; APS/*Hesse*, § 4 KSchG Rn. 131; HK-KSchG/*Hauck* § 4 Rn. 157; HHL/*Linck*, § 4 KSchG Rn. 59.
[205] So noch BAG 21.5.1981 AP BGB § 615 Nr. 32.
[206] AP BGB § 615 Nr. 40.
[207] A. A. *Thüsing*, ArbuR 1996, 245, 247.
[208] BAG 29.1.1981 AP KSchG 1969 § 9 Nr. 6; vgl. auch BAG 29.3.2006 NZA 2006, 693 Rn. 18.

Kündigungsschutzprozess fortsetzen, sofern er auf die Begründung des neuen Arbeitsverhältnisses hinweist.

VII. Kündigungsschutzklage und Annahmeverzug

1868 Die Kündigungsschutzklage nach § 4 S. 1 KSchG a. F. hatte nach der früheren Rechtsprechung des BAG Bedeutung für den Annahmeverzug des Arbeitgebers und damit für den Entgeltanspruch des Arbeitnehmers gem. §§ 611 Abs. 1, 615 S. 1 BGB[209] für die Zeit nach Zugang der außerordentlichen Kündigung bzw nach Ablauf der Kündigungsfrist einer ordentlichen Kündigung, sofern durch den Kündigungsschutzprozess rechtskräftig der Fortbestand des Arbeitsverhältnisses festgestellt wurde. In der Erhebung einer Kündigungsschutzklage wurde das nach § 295 BGB erforderliche wörtliche Angebot der Arbeitsleistung gesehen.[210] Nach inzwischen st. Rspr. gerät der Arbeitgeber im gekündigten Arbeitsverhältnis[211] gem. § 296 S. 1 BGB auch ohne ein wörtliches Angebot – dieses kann aber nach wie vor auch in der Erhebung einer Kündigungsschutzklage gesehen werden[212] – in Annahmeverzug, weil es einer nach dem Kalender bestimmten Mitwirkungshandlung des Arbeitgebers bedarf. Eine solche sieht das BAG in der Verpflichtung des Arbeitgebers, dem Arbeitnehmer zu Beginn eines jeden Arbeitstages einen funktionsfähigen Arbeitsplatz zur Verfügung zu stellen, seinen Arbeitseinsatz fortlaufend zu planen und durch Weisungen zu konkretisieren.[213] Das gilt für den Fall einer außerordentlichen[214] wie auch einer ordentlichen[215] schriftlichen Kündigung, und zwar nach der mit Wirkung vom 1.1.2004 erfolgten Neufassung des § 4 S. 1 KSchG unabhängig davon, ob auf das Arbeitsverhältnis das KSchG Anwendung findet bzw. um welchen Unwirksamkeitsgrund es geht.[216]

1869 Gem. § 297 BGB kommt der Arbeitgeber trotz angebotener Arbeitsleistung **nicht** in **Annahmeverzug,** wenn der Arbeitnehmer zurzeit des Angebots oder im Falle des § 296 BGB zu der für die Handlung des Gläubigers bestimmten Zeit **außerstande** ist, die **Leistung zu bewirken.** Neben der (tatsächlichen oder rechtlichen) Leistungsfähigkeit umfasst § 297 BGB auch die nicht ausdrücklich genannte Voraussetzung „Leistungswilligkeit".[217] Sie muss sich auf die vertraglich geschuldete, ggf. vom Arbeitgeber durch Ausübung seines Direktionsrechts nach § 106 S. 1 GewO bestimmte Arbeitsleis-

---

[209] Vgl. zu dieser Anspruchsgrundlage BAG 24.9.2014 NZA 2015, 35 Rn. 23; 26.6.2013 AP BGB § 615 Nr. 132 Rn. 17.
[210] BAG 26.8.1971 AP BGB § 615 Nr. 26; 27.1.1975 AP BGB § 615 Nr. 31.
[211] Anders im ungekündigten Arbeitsverhältnis, in dem grundsätzlich § 294 BGB bzw. § 295 BGB zu beachten sind, vgl. BAG 24.9.2014 NZA 2014, 1407 Rn. 22; 15.5.2013 NZA 2013, 1076 Rn. 22; 16.4.2013 NZA 2013, 849 Rn. 18. Allerdings ist selbst ein wörtliches Angebot (§ 295 BGB) bei unwiderruflicher Freistellung zugleich mit Kündigungsausspruch (BAG 6.9.2006 NZA 2007, 36 Rn. 21; LAG Schleswig-Holstein 22.3.2012 BeckRS 2012, 69249; vgl. auch BAG 23.1.2008 NZA 2008, 595 Rn. 13) bzw. danach (vgl. BAG 20.6.2013 NZA 2014, 139 Rn. 42) entbehrlich.
[212] BAG 15.5.2013 NZA 2013, 1076 Rn. 22; 19.9.2012 NZA 2013, 101 Rn. 28; vgl. auch BAG 12.12.2012 AP BGB § 615 Nr. 129 Rn. 19.
[213] BAG 15.9.2011 NZA 2012, 377 Rn. 22; 19.1.1999 NZA 1999, 925, 926.
[214] Seit BAG 9.8.1984 AP BGB § 615 Nr. 34 mit Anm. *Konzen* = EzA BGB § 615 Nr. 43 mit Anm. *Kraft;* ebenso zB BAG 24.10.2013 NZA 2014, 540 Rn. 56; 15.9.2011 NZA 2012, 377 Rn. 22.
[215] Seit BAG 21.3. 1985 AP BGB § 615 Nr. 35 mit Anm. *Konzen* = EzA BGB § 615 Nr. 44 mit Anm. *v. Maydell;* ebenso zB BAG 15.5.2013 NZA 2013, 1076 Rn. 22; 22.2.2012 NZA 2012, 858 Rn. 14.
[216] Vgl. zum Meinungsstand bis zum 31.12.2003 9. Aufl. Rn. 1771.
[217] BAG 10.4.2014 NZA 2014, 653 Rn. 66; 12. 12 2012 AP BGB § 615 Nr. 129 Rn. 25.

§ 1 Die fristgebundene Kündigungsschutzklage

tung richten.[218] Der **Annahmeverzug** des Arbeitgebers ist damit **ausgeschlossen**, wenn der **Arbeitnehmer nicht leistungswillig** und **nicht leistungsfähig** ist.[219]

Der bereits fehlende Leistungswille des Arbeitnehmers kann nicht durch die Erhebung der Kündigungsschutzklage nach § 4 S. 1 KSchG ersetzt werden.[220] Auch reicht ein „Lippenbekenntnis" nicht aus. Vielmehr ist es regelmäßig erforderlich, den neu gewonnenen Leistungswillen im Rahmen des Zumutbaren durch ein tatsächliches Arbeitsangebot zu dokumentieren.[221] Wird ein Arbeitnehmer fristlos gekündigt und obsiegt er im anschließenden Kündigungsschutzprozess, steht ihm für die Zeit vom Zugang der Kündigung bis zur Verkündung des die Unwirksamkeit der Kündigung feststellenden Urteils kein Annahmeverzugslohn nach § 611 Abs. 1 BGB iVm § 615 S. 1 BGB zu, wenn er sich in diesem Zeitraum an einem Streik beteiligt. Wegen seiner Streikteilnahme war er leistungsunwillig iSv § 297 BGB.[222]

1869a

Ist der Arbeitnehmer arbeitsunfähig erkrankt, tritt der Annahmeverzug mangels Leistungsfähigkeit nicht ein. Wird der Arbeitnehmer während des Kündigungsschutzverfahrens arbeitsunfähig krank, endet der Annahmeverzug. Den Beginn seiner Leistungsfähigkeit hatte der Arbeitnehmer dem Arbeitgeber, der für das fehlende Leistungsvermögen des Arbeitnehmers darlegungs- und beweispflichtig ist,[223] nach früherer Rechtsprechung mitzuteilen und ihn **aufzufordern, ihm wieder Arbeit zuzuweisen.** Der Arbeitgeber müsse wissen – so das BAG –, ab wann genau der Arbeitnehmer wieder leistungsfähig sei.[224]

1869b

In der Entscheidung vom 19.4.1990[225] hat das BAG seine Rechtsprechung **modifiziert.** Danach treten die Verzugsfolgen mit Eintritt der Arbeitsunfähigkeit jedenfalls dann **unabhängig von der Anzeige der Arbeitsunfähigkeit ein**, wenn der Arbeitnehmer zum Kündigungstermin **befristet arbeitsunfähig krank war** und er dem Arbeitgeber durch die Erhebung einer Kündigungsschutzklage oder sonstigen Widerspruch gegen die Kündigung seine weitere **Leistungsbereitschaft deutlich gemacht hat.**

1870

In Fortführung dieser Entscheidung hat der 2. Senat in seinem Urteil vom 24.10.1991[226] erkannt, dass auch dann die Verzugsfolgen mit Eintritt der Arbeitsfähigkeit unabhängig von einer besonderen Anzeige eintreten würden, wenn der Arbeitnehmer zum Zeitpunkt der Kündigung und danach infolge Krankheit mehrfach befristet arbeitsunfähig geschrieben gewesen sei, sofern der Arbeitnehmer dem Arbeitgeber durch Erhebung der Kündigungsschutzklage oder sonstigen Widerspruch gegen die Kündigung seine weitere Leistungsbereitschaft deutlich gemacht habe. Ebenso ist zu entscheiden, wenn der Arbeitnehmer im Zeitpunkt des Zugangs der außerordentlichen Kündigung oder nach Ablauf der Kündigungsfrist bei der ordentlichen Kündigung **auf unabsehbare Zeit arbeitsunfähig krank ist.**[227]

1871

---

[218] BAG 22.2.2012 NZA 2012, 858 Rn. 16.
[219] Vgl. BAG 10.4.2014 NZA 2014, 653 Rn. 66; 19.9.2012 NZA 2013, 101 Rn. 31; 17.7.2012 NZA 2012, 1432 Rn. 14.
[220] BAG 19.5.2004 AP BGB § 615 Nr. 108.
[221] BAG 22.2.2012 NZA 2012, 858 Rn. 27.
[222] BAG 17.7.2012 NZA 2012, 1432 Rn. 15.
[223] Vgl. näher BAG 24.9.2014 NZA 2014, 1407 Rn. 17; 22.2.2012 NZA 2012, 858 Rn. 17; 17.8.2011 NZA-RR 2013, 342 Rn. 17.
[224] BAG 11.7.1985 NZA 1987, 57; 21.3.1985 NJW 1985, 2662; 9.8.1984 AP BGB § 615 Nr. 34.
[225] NZA 1991, 228.
[226] NZA 1992, 403 = EzA BGB § 615 Nr. 70 mit krit. Anm. *Kaiser.*
[227] BAG 26.9.2007 NZA 2008, 1063; 18.1.2000 NZA 2000, 1157; 24.11.1994 NZA 1995, 263. Dem BAG folgend zB APS/*Biebl*, § 11 KSchG Rn. 12; ErfK/*Preis*, § 615 BGB Rn. 54; KR/*Spilger*,

1872 Auch in den folgenden Fällen dürfte wegen **Fehlens der Leistungsbereitschaft** des Arbeitnehmers ein Angebot seiner Arbeitsleistung erforderlich sein: Kündigt der Arbeitgeber einer Arbeitnehmerin fristgerecht und wird das Arbeitsverhältnis normal beendet, d. h. die Arbeitspapiere werden der Arbeitnehmerin ohne jeden Widerspruch bei Beendigung übergeben, kommt der Arbeitgeber nicht in Annahmeverzug, wenn diese Kündigung später nach Ablauf der Dreiwochenfrist (§ 4 S. 1 KSchG) wegen eines Verstoßes gegen § 9 Abs. 1 S. 1 MuSchG gerichtlich angegriffen und auf Grund nachträglicher Zulassung der Kündigungsschutzklage gem. § 5 Abs. 1 S. 2 KSchG idF seit 1.1.2004 (dazu näher → Rn. 1985) nach § 134 BGB für nichtig erklärt wird, weil die Arbeitnehmerin zum Zeitpunkt der Kündigung ihre Schwangerschaft noch nicht kannte. Das notwendige Angebot der Arbeitsleistung dürfte hier darin liegen, dass sich die Arbeitnehmerin auf die Unwirksamkeit der Kündigung beruft.[228] Kündigt der Arbeitgeber mit falscher, d. h. zu kurzer Kündigungsfrist, muss sich der Arbeitnehmer darauf berufen. Er muss seine Leistungsbereitschaft zum Ausdruck bringen, um den Annahmeverzug des Arbeitgebers zu begründen.[229]

1873 Zu den Fragen des Annahmeverzugs, wenn der Arbeitgeber dem Arbeitnehmer ggü. an Stelle der nach dem ultima-ratio-Prinzip erforderlichen Änderungskündigung eine Beendigungskündigung ausgesprochen hat, die mithin sozialwidrig nach § 1 Abs. 2 S. 1 KSchG ist (näher → Rn. 992 ff.), vgl. BAG 27.1.1994 NZA 1994, 480 und BAG 27.8.2008 NZA 2008, 1410 Rn. 15.

1874 **Fraglich** ist, ob der Arbeitgeber **während** eines **Kündigungsschutzprozesses** den **Annahmeverzug** dadurch **beseitigen** kann, dass er dem Arbeitnehmer **anbietet, während des Prozesses weiterzuarbeiten,** ohne dass dies auf den Prozess einen Einfluss hat. Das BAG entschied zunächst am 21.5.1981, der Annahmeverzug ende nicht bereits dann, wenn der Arbeitgeber sich bereit erkläre, den Arbeitnehmer ohne vertragliche Übergangsregelung lediglich im Rahmen eines faktischen Arbeitsverhältnisses bis zur erstinstanzlichen Entscheidung weiterzubeschäftigen.[230] Ausdrücklich offen ließ das BAG in dieser Entscheidung, ob der Annahmeverzug nicht dann ende, wenn der Arbeitgeber im Anschluss an eine streitige Kündigung vorsorglich einen für die Dauer des Kündigungsschutzrechtsstreits befristeten neuen Arbeitsvertrag zu den bisherigen Bedingungen oder eine durch die rechtskräftige Feststellung der Wirksamkeit der Kündigung auflösend bedingte Fortsetzung des Vertrages anbiete und der Arbeitnehmer dieses Angebot ohne rechtlichen Grund ablehne. Das RG hatte in diesem Fall am 10.3.1914[231] erkannt, in einem Arbeitsvertrag müsse der Arbeitgeber erklären, er nehme die Arbeitsleistung des Arbeitnehmers auf Grund des noch bestehenden Arbeitsverhältnisses an; er habe klarzustellen, dass die Kündigung zu Unrecht erfolgt sei.

1875 Das **BAG** ist der Auffassung des RG in seinem Urteil vom 14.11.1985 gefolgt. Es hat **erkannt, der Annahmeverzug ende nicht,** wenn der Arbeitgeber dem Arbeitnehmer vorsorglich einen für die Dauer des Rechtsstreits **befristeten** neuen Arbeits-

---

§ 11 KSchG Rn. 18; krit. bzw. abl. zB *Misera*, SAE 1995, 189 ff.; Staudinger/*Feldmann*, § 297 BGB Rn. 22; *Stahlhacke*, ArbuR 1992, 8 ff.; *Löwisch*, Anm. zu BAG EzA § 615 BGB Nr. 66 u. *Konzen*, Anm. zu BAG AP BGB § 615 Nr. 34, 35.

[228] A. A. LAG Hamm 14.3.1995 LAGE BGB § 615 Nr. 43.
[229] Vgl. LAG Düsseldorf 17.7.1997 LAGE BGB § 615 Nr. 51; LAG Köln 28.2.1984 EzA BGB § 615 Nr. 43; *Stahlhacke*, ArbuR 1992, 8, 10; a. A. BAG 9.4.1987 NZA 1988, 541; LAG Schleswig-Holstein 10.12.2003 MDR 2004, 516.
[230] BAG 21.5.1981 AP BGB § 615 Nr. 32; hierzu krit. BAG 22.10.2003 NZA 2004, 1275; 4.9. 1986 NZA 1987, 376.
[231] Gruchot's Beiträge Bd. 58, Beilageheft S. 929, 930.

vertrag oder **auflösend bedingt** die **Fortsetzung** des **alten Arbeitsvertrages** (näher → Rn. 2274)[232] **anbiete** und der Arbeitnehmer dieses **Angebot ablehne**.[233] Ebenso wenig endet der Annahmeverzug durch die bloße Aufforderung des Arbeitgebers, der Arbeitnehmer solle seine Beschäftigung entsprechend dem von ihm erstinstanzlich erstrittenen, vorläufig vollstreckbaren (§ 62 Abs. 1 S. 1 ArbGG) Urteil bis zum rechtskräftigen Abschluss des Kündigungsrechtsstreits wieder aufnehmen,[234] oder durch die bloße Rücknahme der Kündigung.[235] Der Annahmeverzug endet erst, wenn der Arbeitgeber bei der Annahme der tatsächlichen Arbeitsleistung des Arbeitnehmers unmissverständlich klarstellt, dass er zu Unrecht gekündigt hat[236] bzw. dass er an der Kündigung nicht festhält.[237]

Die **Ablehnung** eines **Angebots,** das bisherige Arbeitsverhältnis für die Dauer des Kündigungsschutzprozesses fortzusetzen, bzw. einer derartigen Aufforderung[238] **kann** jedoch das **böswillige Unterlassen anderweitigen Erwerbs** iSd § 11 Nr. 2 KSchG, der inhaltlich § 615 S. 2 3. Alt. BGB vergleichbar ist, aber eine Sonderregelung zu dieser Vorschrift darstellt,[239] **bedeuten.**[240] Entscheidend sind hier die Umstände des Einzelfalles. Die **Annahme** des **Angebots** des Arbeitgebers auf Abschluss eines befristeten oder auflösend bedingten Arbeitsvertrags für die Dauer des Kündigungsrechtsstreits (→ Rn. 1875/1875) **muss** für den Arbeitnehmer **zumutbar** sein.[241] Die Zumutbarkeit hängt vornehmlich von der Art der Kündigung und ihrer Begründung sowie dem Verhalten des Arbeitgebers im Kündigungsprozess ab. Bei betriebsbedingten Gründen dürfte dem Arbeitnehmer die Weiterbeschäftigung in aller Regel zumutbar sein; ebenso bei krankheitsbedingten Kündigungen. Verhaltensbedingte Kündigungen und hier namentlich außerordentliche Kündigungen sprechen eher für die Unzumutbarkeit der vorläufigen Weiterarbeit. Entscheidend ist eine Interessenabwägung des Einzelfalles.[242]

1876

Allerdings kann auch das Angebot einer nicht vertragsgemäßen Arbeit bei Ablehnung durch den Arbeitnehmer gem. § 11 Nr. 2 KSchG bzw. § 615 S. 2 3. Alt. BGB zur Anrechnung des Verdienstes, den er zu erwerben böswillig unterlassen hat, führen.

1876a

---

[232] Der Abschluss eines solchen befristeten oder auflösend bedingten Vertrags bedarf gem. § 14 Abs. 4 TzBfG – in letzterem Fall iVm § 21 TzBfG – der Schriftform, vgl. BAG 8.4.2014 BeckRS 2014, 70815 Rn. 45; 22.10.2013 NZA 2004, 1275; vgl. auch LAG Köln 5.4.2012 BeckRS 2012, 71361.
[233] BAG 14.11. 1985 NZA 1986, 637; ebenso BAG 13.7.2005 NZA 2005, 1348; 24.9.2003 NZA 2004, 90; 7.11.2002 AP BGB § 615 Nr. 98; zust. *Bayreuther,* NZA 2003, 1365, 1369; *Opolony,* BB 2004, 1386; ErfK/*Preis,* § 615 BGB Rn. 67; *Ricken,* NZA 2005, 323, 325; KR/*Spilger,* § 11 KSchG Rn. 8; krit. *Boecken/Topf,* RdA 2004, 19, 23; a. A. *Kraft,* Anm. zu BAG EzA BGB § 615 Nr. 53; *Löwisch,* DB 1986, 2433; *Reuter,* JuS 1986, 1006 f.; *Schäfer,* JuS 1988, 265, 267; *Waas,* NZA 1994, 151, 156 ff.; *Wank,* RdA 1987, 156.
[234] BAG 24.9.2003 NZA 2004, 90; LAG Schleswig-Holstein 21.3.2013 BeckRS 2013, 68252 Rn. 51.
[235] BAG 19.1.1999 NZA 1999, 925, 926.
[236] BAG 19.9.2012 NZA 2013, 101 Rn. 30.
[237] BAG 14.11.1985 NZA 1986, 637, 639; LAG Schleswig-Holstein 21.3.2013 BeckRS 2013, 68252.
[238] Zur Notwendigkeit der positiven Kenntnis des Arbeitgebers von der Arbeitsmöglichkeit im Rahmen des § 11 Nr. 2 KSchG bzw. § 615 S. 2 BGB vgl. LAG Köln 5.7.2002 ArbuR 2003, 75.
[239] BAG 25.10.2007 AP BGB § 613a Nr. 333; 11.10.2006 AP BGB § 615 Nr. 119; 16.6.2004 NZA 2004, 1155; vgl. auch BAG 17.11.2011 NZA 2012, 260 Rn. 17.
[240] BAG 17.8.2011 NZA-RR 2012, 342 Rn. 16; 31.7.2005 NZA 2005, 1348, 1350; 24.9.2003 NZA 2004, 90, 91.
[241] Vgl. BAG 17.11.2011 NZA 2012, 260 Rn. 17; 17.8.2011 NZA-RR 2012, 342 Rn. 16.
[242] BAG 14.11.1985 NZA 1986, 637; vgl. auch BAG 17.11.2011 NZA 2012, 260 Rn. 17; 24.9.2003 NZA 2004, 90; 16.5.2000 NZA 2001, 26; LAG Schleswig-Holstein 21.3.2013 BeckRS 2013, 68252; *Bayreuther,* NZA 2003, 1365, 1369 f.; *Lingemann/Steinhauser,* NJW 2014, 2165, 2167; *Ricken,* NZA 2005, 323, 325 f.; *Schier,* BB 2006, 2578, 2581; *Tschöpe,* DB 2004, 434, 435 f.

Die nicht vertragsgemäße Arbeit ist nicht ohne weiteres mit unzumutbarer Arbeit gleichzusetzen. Die Unzumutbarkeit kann sich vielmehr unter verschiedenen Gesichtspunkten ergeben. Sie kann ihren Grund in der Person des Arbeitgebers, der Art der Arbeit und den sonstigen Arbeitsbedingungen haben. Auch vertragsrechtliche Umstände sind zu berücksichtigen.[243]

1876b Im Übrigen ist der Umstand, dass der Arbeitnehmer Änderungsschutz- oder Kündigungsschutzklage nach § 2 KSchG iVm § 4 S. 2 KSchG n. F. bzw. § 4 S. 1 KSchG erhoben oder gar gegen den Arbeitgeber ein Urteil über seine vorläufige Weiterbeschäftigung bis zum rechtkräftigen Abschluss des Kündigungsschutzverfahrens erwirkt hat, dieses aber nicht vollstreckt,[244] für die Frage der Anrechnung eines hypothetischen Verdienstes nach § 11 Nr. 2 KSchG ohne Bedeutung.[245] Unerheblich ist es auch, dass der Arbeitnehmer nach Obsiegen im Kündigungsrechtsstreit zur Durchsetzung seines Weiterbeschäftigungsanspruchs keine einstweilige Verfügung gem. § 940 ZPO iVm § 62 Abs. 2 S. 1 ArbGG beantragt hat (näher → Rn. 2285 ff.).[246]

1877 Zu **beachten** ist in diesen Fällen stets die **Folge** des **Angebots** auf die **Kündigung selbst**.[247] Wer nach einer außerordentlichen Kündigung eine vorläufige Weiterbeschäftigung anbietet, stellt damit in aller Regel die Unzumutbarkeit der Weiterbeschäftigung – § 626 Abs. 1 BGB – in Frage.

1878 Der Arbeitnehmer kann die Annahme einer zumutbaren Arbeit auch allein dadurch nach § 11 S. 1 Nr. 2 KSchG böswillig unterlassen, dass er ein im Zusammenhang mit einer Kündigung erklärtes Änderungsangebot nicht nach § 2 S. 1 KSchG unter Vorbehalt annimmt.[248] Erklärt der Arbeitgeber anschließend eine Beendigungskündigung, ohne die auf der Änderungskündigung beruhende Arbeitsmöglichkeit weiter anzubieten, endet das böswillige Unterlassen mit Ablauf der Kündigungsfrist.[249]

1878a Auch wenn die **Kündigungsschutzklage** nach § 4 S. 1 KSchG zu Gunsten des Arbeitnehmers rechtskräftig **entschieden** ist, muss der Arbeitgeber zur Beendigung des Annahmeverzugs den Arbeitnehmer zur Arbeit auffordern.[250] Der Arbeitnehmer kann eine Arbeitsaufforderung des Arbeitgebers abwarten. Das gilt vor allem dann, wenn dem Arbeitnehmer nicht ohne weiteres erkennbar ist, wann und wo er die Arbeit wieder aufnehmen kann.[251]

1879 Macht der Arbeitnehmer seinen Anspruch auf Arbeitsvergütung mit einer gesonderten Klage geltend,[252] stellt sich in der Praxis das Problem der **Aussetzung des**

---

[243] BAG 17.11.2011 NZA 2012, 260 Rn. 17; 7.2.2007 NZA 2007, 561 Rn. 16 mit Rn. 15; *Lingemann/Steinhauser*, NJW 2014, 2165, 2167.
[244] Zum Fall der Vollstreckung vgl. BAG 17.8.2011 NZA-RR 2012, 342 Rn. 20.
[245] Vgl. einerseits BAG 16.6.2004 NZA 2004, 1155, 1156 f.; andererseits BAG 24.9.2003 NZA 2004, 90, 92; 22.2.2000 NZA 2000, 817; LAG Mecklenburg-Vorpommern 23.11.2000 NZA-RR 2001, 187.
[246] LAG Schleswig-Holstein 10.1.2006 NZA-RR 2006, 301.
[247] Vgl. hierzu *Boecken/Topf*, RdA 2004, 19, 23; *Schwerdtner*, ZIP 1985, 1361, 1366.
[248] BAG 11.10.2006 AP BGB § 615 Nr. 119; 26.9.2007 NZA 2008, 1063 Rn. 24; vgl. auch *Fritz/Erren* NZA 2009, 1242, 1244.
[249] BAG 26.9.2007 NZA 2008, 1063 Rn. 27.
[250] Vgl. BAG 12.12.2012 AP BGB § 615 Nr. 129 Rn. 22; 16.5.2012 NZA 2012, 971 Rn. 14.
[251] BAG 12.12.2012 AP BGB § 615 Nr. 129 Rn. 22; 16.5.2012 NZA 2012, 971 Rn. 14; vgl. hierzu auch BAG 19.1.1999 NZA 1999, 925, 926.
[252] Zur Klage nach § 259 ZPO auf künftig fällig werdenden Verzugslohn für die Zeit bis zum rechtskräftigen Abschluss des Kündigungsschutzprozesses vgl. BAG 24.10.2013 NZA 2014, 540 Rn. 51 mit Rn. 54; 18.12.1974 AP BGB § 615 Nr. 30 mit Anm. *Walchshöfer*; LAG Düsseldorf 14.12. 2000 NZA-RR 2001, 406; MünchArbR/*Krause*, § 63 Rn. 16 ff.; *Vossen*, DB 1985, 385 ff.; *Zeuner*, RdA 1997, 6 ff.; vgl. jetzt aber auch BAG 22.10.2014 BeckRS 2015, 66177 Rn. 40. Zum Klageantrag vgl. BAG 28.1.2009 NZA 2009, 444 Rn. 42; 9.4.2008 NZA-RR 2009, 79; 13.3.2002 NZA

Verfahrens nach § 148 ZPO, sofern über die für die Feststellung des Bestandes des Arbeitsverhältnisses ab Zugang der außerordentlichen Kündigung bzw. nach Ablauf der (ordentlichen) Kündigungsfrist vorgreifliche Kündigungsschutzklage noch nicht rechtskräftig entschieden worden ist. Das Arbeitsgericht hat über diesen Antrag nach pflichtgemäßem Ermessen zu befinden.[253] Eine **Aussetzung** muss **nur** dann erfolgen, **wenn** sich das **Ermessen** des Gerichts „**auf Null**" reduziert hat.[254] Bei der Ermessensausübung hat das Gericht die Prozesswirtschaftlichkeit und die Vermeidung der Gefahr widersprüchlicher Entscheidungen zu berücksichtigen.[255] Der daneben auch zu beachtende Beschleunigungsgrundsatz[256] des § 9 Abs. 1 ArbGG sowie die Vorschriften zum Schutz vor überlanger Verfahrensdauer (§ 9 Abs. 2 S. 2 ArbGG, §§ 198 ff. GKG)[257] indizieren keine bestimmte Entscheidung.[258] Da dem Beschleunigungsgrundsatz des § 9 Abs. 1 ArbGG aber im arbeitsgerichtlichen Verfahren – für Bestandsschutzstreitigkeiten in § 61a ArbGG noch besonders geregelt – eine besondere Bedeutung zukommt,[259] darf jedenfalls bei bereits vorliegender stattgebender erstinstanzlicher Entscheidung im Kündigungsschutzprozess nur ausnahmsweise – im Hinblick darauf, dass der Arbeitnehmer typischerweise auf seine Vergütung angewiesen ist – eine Aussetzung der Vergütungsklage wegen Vorgreiflichkeit des Kündigungsschutzprozesses in Betracht kommen.[260]

VIII. Klageerhebung vor dem Arbeitsgericht

1. Die Klageschrift

Die Kündigungsschutzklage nach § 4 S. 1 KSchG muss, um die dreiwöchige Klagefrist S.S. zu wahren (→ Rn. 1810), den Erfordernissen des § 253 Abs. 2 ZPO iVm § 495 ZPO, § 46 Abs. 2 S. 1 ArbGG entsprechen.[261] Der dem Gesetzeswortlaut des

1880

2002, 1232 Os.; dagegen LAG Düsseldorf 6.1.2004 LAGE ZPO 2002 § 259 Nr. 1 mit Anm. *Gravenhorst*; *Ziemann*, FS Schwerdtner, 2003, S. 715, 730.

[253] BAG 16.4.2014 NZA 2015, 183 Rn. 5; 17.6.2003 NZA 2003, 1329, 1331; 26.9.1991 NZA 1992, 1073; LAG Hessen 6.4.2004 AR-Blattei ES 160.7 Nr. 223; LAG Schleswig-Holstein 6.5.2009 NZA-RR 2009, 672 Ls.; vgl. auch BAG 22.1.2013 NZA 2013, 386 Rn. 15.

[254] BAG 16.4.2014 NZA 2015, 183 Rn. 5; 17.6.2003 NZA 2003, 1329, 1331.

[255] Vgl. BAG 22.1.2013 NZA-RR 2013, 386 Rn. 15; 20.5.2010 NZA 2011, 710 Rn. 9; vgl. auch BAG 16.4.2014 NZA 2015, 183 Rn. 5.

[256] Vgl. allg. BGH 7.5.1992 MDR 1992, 1083.

[257] Hierzu BAG 16.4.2014 NZA 2015, 183 Rn. 5.

[258] Vgl. BAG 2.12.1993 LAGE ZPO § 148 Nr. 28 mit krit. Anm. *Schultes*; ferner LAG Hessen 6.4.2004 AR-Blattei ES 160.7 Nr. 223; 5.9.2003 LAGE ZPO § 148 2002 Nr. 2; LAG Köln 24.11.1997 LAGE ZPO § 148 Nr. 32; LAG Nürnberg 27.2.2003 NZA-RR 2003, 602; LAG Thüringen 27.6.2001 BeckRS 2001, 16972; vgl. auch BAG 16.4.2014 NZA 2015, 183 Rn. 5; 17.6.2003 NZA 2003, 1329, 1331. Zur Aussetzung eines Rechtsstreits über die Rechtswirksamkeit einer im Wege der verwaltungsrechtlichen Ersatzvornahme ausgesprochenen Kündigung im Hinblick auf eine verwaltungsgerichtliche Entscheidung über die Rechtmäßigkeit des durch die nachgeordnete Behörde angefochtenen Verwaltungsaktes vgl. LAG Thüringen 7.11.2002 – 1 Sa 462/01 – n. v.

[259] LAG Hessen 7.8.2003 NZA-RR 2004, 264; 3.7.2002 BB 2002, 2075; LAG Köln 19.6.2006 BB 2006, 2476 Ls.; GK-ArbGG/*Bader* § 9 Rn. 11 ff.; GMP/*Prütting*, § 9 ArbGG Rn. 2 ff.

[260] BAG 16.4.2014 NZA 2015, 183 Rn. 11; LAG Düsseldorf 6.5.2008 – 6 Ta 231/08 – n. v.; 23.12. 1982 EzA ZPO § 148 Nr. 13; LAG Hamm 18.4. 1985 LAGE ZPO § 148 Nr. 14; LAG Hessen 7.8.2003 NZA-RR 2004, 264; LAG Köln 19.6.2006 BB 2006, 2476 Ls.; LAG München 22.2. 1989 LAGE ZPO § 148 Nr. 20. Für eine Einzelfallentscheidung unter Berücksichtigung einer Vielzahl näher bezeichneter Umstände LAG Hessen 6.4.2004 AR-Blattei ES 160.7 Nr. 223.

[261] Vgl. BAG 18.7.2013 NZA 2014, 109 Rn. 19; 13.12.2007 NZA 2008, 589 Rn. 17; LAG Baden-Württemberg 20.2.2013 BeckRS 2013, 67501.

§ 4 S. 1 KSchG entsprechende Klageantrag ist bestimmt iSd § 253 Abs. 2 Nr. 2 ZPO.[262] An Inhalt und Form der Kündigungsschutzklage werden **keine** allzu **strengen Anforderungen** gestellt,[263] selbst wenn diese von einem Rechtsanwalt, der zugleich Fachanwalt für Arbeitsrecht ist, stammt.[264] Als Prozesshandlung ist eine Klageschrift ebenso wie eine private Willenserklärung auslegungsfähig.[265] Entscheidend ist, dass aus dem Antrag bzw. aus der Klageschrift der Wille des Arbeitnehmers zur Erhebung der Kündigungsschutzklage hinreichend deutlich hervorgeht.[266] Ist das der Fall, ist es nicht notwendig, dass die Klageschrift einen ausdrücklich formulierten, vom sonstigen Begründungstext abgesetzten Klageantrag enthält.[267] Auch muss sich aus der Klagebegründung nicht ergeben, zu welchem Termin gekündigt worden ist und ob es sich um eine ordentliche oder außerordentliche Kündigung handelt. Es ist ausreichend, dass aus der Klage ersichtlich ist, gegen wen sich die Klage richtet, wer der Kläger ist, wo er tätig war, und vor allem, dass er die Kündigung nicht als berechtigt anerkennt.[268] Die Auslegung des Klagebegehrens unter Einbeziehung des der Klage beigefügten Kündigungsschreibens kann ergeben, dass sich der Kläger trotz eines auf die Unwirksamkeit der fristlosen Kündigung des Arbeitgebers beschränkten Klageantrags nach § 4 S. 1 KSchG auch gegen die hilfsweise erklärte fristgerechte Kündigung wendet.[269]

1881 Unschädlich ist es, wenn sich die Kündigungsschutzklage fälschlicherweise gegen eine vermeintliche außerordentliche Kündigung richtet, sofern der Arbeitgeber nur eine Kündigung zu dem vom Kläger beanstandeten Beendigungszeitpunkt erklärt hat.[270] Hat der Kläger in seiner Klage für die Kündigung ein falsches Datum angegeben, ist dies ebenfalls unerheblich, wenn nur **eine Kündigung** ausgesprochen worden ist.[271] Die Berichtigung kann auch noch nach Ablauf von drei Wochen erfolgen. Der Vortrag für die Gründe der Kündigung obliegt ohnehin dem Arbeitgeber (näher → Rn. 559 ff. bzw. Rn. 901). Hat der Arbeitgeber **mehrere Kündigungen** ausgesprochen, muss der Klageantrag genauer formuliert werden, damit klar ist, gegen welche Kündigung sich der Kläger wendet.[272] Hat allerdings der Arbeitgeber **in einem Schreiben** eine **fristlose, hilfsweise fristgerechte Kündigung** erklärt, ist der gegen „die Kündigung vom …" gerichtete Klageantrag auch dann noch ausreichend bestimmt, wenn die Klagebegründung deutlich erkennen lässt, dass der Arbeitnehmer keine der in dem Schreiben erklärten Kündigungen gegen sich gelten lassen will.[273]

---

[262] BAG 18.7.2013 NZA 2014, 109 Rn. 19.
[263] BAG 23.6.2009 NZA 2009, 1136, 1139; 12.5.2005 NZA 2005, 1259; 4.7.2001 NZA 2002, 401; ebenso zu § 17 S. 1 TzBfG BAG 15.5.2012 NZA 2012, 1148 Rn. 15; vgl. auch APS/*Hesse*, § 4 KSchG Rn. 113; KR/*Friedrich*, § 4 KSchG Rn. 163, 164; HHL/*Linck*, § 4 KSchG Rn. 32 f.; MüKoBGB/*Hergenröder*, § 4 KSchG Rn. 20.
[264] BAG 13.12.2007 NZA 2008, 589.
[265] BAG 18.7.2013 NZA 2014, 109 Rn. 19.
[266] BAG 13.12.2007 NZA 2008, 589 Rn. 20; vgl. auch LAG Berlin-Brandenburg 5.8.2010 BeckRS 2011, 67214.
[267] Vgl. BAG 13.12.2007 NZA 2008, 589 Rn. 27.
[268] BAG 18.7.2013 NZA 2014, 109 Rn. 17; 13.12.2007 NZA 2008, 589 Rn. 20; früher schon BAG 21.5.1981 AP KSchG 1969 § 4 Nr. 7 im Anschluss an BAG 11.9.1956 NJW 1956, 1772, 1773.
[269] BAG 11.7.2013 NZA 2014, 331 Rn. 18 f.
[270] BAG 21.5.1981 AP KSchG 1969 § 4 Nr. 7; APS/*Hesse*, § 4 KSchG Rn. 109; vgl. auch BAG 12.5.2005 NZA 2005, 1259, 1261; 11.9.1956 NJW 1956, 1772, 1773.
[271] BAG 21.5.1981 AP KSchG 1969 § 4 Nr. 7.
[272] BAG 21.5.1981 AP KSchG 1969 § 4 Nr. 7.
[273] BAG 31.7.2014 NZA 2015, 246 Rn. 17.

§ 1 Die fristgebundene Kündigungsschutzklage

Die Kündigungsschutzklage muss nach der entgegen ihrem Wortlaut zwingenden[274] **1882** Regelung des § 130 Nr. 6 ZPO iVm § 495 ZPO, § 46 Abs. 2 S. 1 ArbGG **eigenhändig**[275] unterschrieben sein, entweder vom Kläger persönlich oder seinem Prozessbevollmächtigten (vgl. § 11 Abs. 2 ArbGG idF von Art. 11 des „Gesetz zur Neuregelung des Rechtsberatungsrechts" vom 12.12.2007, BGBl. I S. 2840). Anderenfalls handelt es sich um einen prozessual unbeachtlichen Klageentwurf, der die Dreiwochenfrist des § 4 S. 1 KSchG nicht wahren kann (aber → Rn. 1884).[276] Fraglich ist, ob sich der/die Beklagte nach einem entsprechenden Hinweis des Arbeitsgerichts rügelos iSv § 295 Abs. 1 2. Alt. ZPO auf den Mangel der innerhalb der prozessualen Klageerhebungsfrist nicht unterschriebenen Klageschrift einlassen kann.[277]

Die Klage kann durch **Telefaxdienst (Telekopie)** erhoben werden.[278] Der Gesetz- **1883** geber hat dies durch § 130 Nr. 6 ZPO idF des Art. 2 Nr. 1 des „Gesetz zur Anpassung der Formvorschriften des Privatrechts und anderer Vorschriften an den modernen Rechtsgeschäftsverkehr" vom 13.7.2001 (BGBl. I S. 1542) anerkannt. Das Formerfordernis des § 130 Nr. 6 ZPO n. F. ist erfüllt, wenn der Kläger die als Vorlage für die Telekopie dienende Klageschrift eigenhändig unterschreibt und seine Unterschrift auf der beim Arbeitsgericht eingehenden Kopie der Klageschrift wiedergegeben ist.[279] Die Klage kann formwirksam auch durch elektronische Übertragung einer Textdatei mit eingescannter Unterschrift auf ein Faxgerät des Arbeitsgerichts übermittelt werden.[280] Im Übrigen ist auf die Regelung in § 46c ArbGG idF von Art. 4 Nr. 3 des „Gesetz zur Verbesserung der grenzüberschreitenden Forderungsdurchsetzung und Zustellung vom 30.10.2008 (BGBl. I S. 2122) – bis 11.12.2008: § 46b ArbGG a. F. – hinzuweisen.

Trotz fehlender Unterschrift liegt eine ordnungsgemäße Klage dann vor, wenn sich **1884** aus einem dem Klageentwurf beiliegenden unterschriebenen Schriftstück ergibt, dass die Klage mit Wissen und Wollen des Verfassers bei Gericht eingegangen ist.[281] Die unterzeichnete Prozessvollmacht reicht dazu allerdings nicht aus.[282] Ausreichend ist dagegen, wenn das Schriftstück, aus dem sich ergibt, dass die nicht unterschriebene Klage mit Wissen und Wollen der Prozessbevollmächtigten eingereicht worden ist, innerhalb der Klagefrist vorgelegt wird.[283] Das BAG sieht in der Dreiwochenfrist des § 4 S. 1 KSchG im Gegensatz zu seiner früheren Rechtsprechung eine **prozessuale Kla-**

---

[274] BAG 19.1.1999 NZA 1999, 925; 5.8.2009 NZA 2009, 1165 Rn. 19; 14.3.1989 NZA 1989, 525.
[275] Vgl. hierzu 30.8.2000 NZA 2000, 1248; BAG 29.7.1981 AP ZPO § 518 Nr. 46; LAG Baden-Württemberg 20.2.2013 BeckRS 2013, 67501.
[276] BAG 26.1.1976 AP KSchG 1969 § 4 Nr. 1 mit Anm. *Vollkommer*; LAG Baden-Württemberg 8.8.2003 NZA-RR 2004, 43, 44; vgl. auch BAG 24.11.2011 NZA 2012, 413 Rn. 12.
[277] Bejahend BAG 6.8.1987 BeckRS 1987, 30722328; 26.6.1986 NZA 1986, 761, 762; LAG Baden-Württemberg 20.2.2013 BeckRS 2013, 344648; offen gelassen von BAG 25.4.2013 BeckRS 2013, 70060 Rn. 80 u. BAG 18.1.2012 NZA 2012, 691 Rn. 20.
[278] Vgl. nur BAG 18.7.2013 NZA 2014, 109 Rn. 22; zum Nachweis des Eingangs bei Gericht vgl. BAG 18.1.2012 NZA 2012, 691 Rn. 19.
[279] BAG 27.3.1996 NZA 1996, 1115; BGH 20.9.1993 NJW 1993, 3141; 11.10.1989 NJW 1990, 188; vgl. zu § 17 S. 1 TzBfG BAG 18.1.2012 NZA 2012, 691 Rn. 19.
[280] Vgl. GmSOGB 5.4.2000 NZA 2000, 959 f.
[281] BAG 26.1.1976 AP KSchG 1969 § 4 Nr. 1 mit Anm. *Vollkommer* im Anschluss an BVerfG 19.2.1963 NJW 1963, 755; LAG Rheinland-Pfalz 24.2.2001 NZA-RR 2000, 475, 476; vgl. auch BGH 24.5.1962 BGHZ 37, 156 = NJW 1962, 1724; BVerwG 14.2.1966 NJW 1966, 1043.
[282] BAG 26.1.1976 AP KSchG 1969 § 4 Nr. 1 mit Anm. *Vollkommer*; 26.6.1986 AP KSchG 1969 § 4 Nr. 14.
[283] LAG Hamm 26.7.1990 LAGE KSchG § 4 Nr. 18. Zur Klage eines vollmachtlosen Vertreters ArbG Berlin 20.3.1990 EzA KSchG § 1 Personenbedingte Kündigung Nr. 4.

geerhebungsfrist mit materiellrechtlicher Wirkung (dazu näher → Rn. 1919 ff.). Bei **Massensachen** (200 Klagen) hatte das BAG bereits früher die Formstrenge gelockert, wenn einige Klagen unterschrieben waren, andere nicht.[284]

1885 Die **Kündigungsschutzklage** muss in **deutscher Sprache** abgefasst sein. Nach § 184 S. 1 GVG ist die Gerichtssprache deutsch.[285] Die Gerichte haben nur in deutscher Sprache abgefasste Schriftstücke zu beachten.[286] Das Gericht braucht keine Übersetzung zu veranlassen. Ob der Absender dazu die Möglichkeit hat, ist ohne Bedeutung.[287] Bei Fristversäumung kommt die nachträgliche Zulassung nach § 5 Abs. 1 S. 1 KSchG in Betracht (dazu näher → Rn. 1948 ff.).

2. Die Parteien des Kündigungsschutzprozesses

a) Arbeitgeber

1886 Die Klage ist gegen den Arbeitgeber zu richten. Dieser an sich selbstverständliche Grundsatz verursacht in der Praxis dennoch nicht selten Schwierigkeiten, wenn, aus welchen Gründen auch immer, die falsche Partei verklagt wird. In diesem Fall gilt, wenn die Klagefrist des § 4 S. 1 KSchG versäumt und die Klage auch nicht nachträglich zugelassen worden ist,[288] die Kündigung gem. § 7 1. Hs. KSchG als von Anfang an rechtswirksam. Die Klage gegen den **falschen** Arbeitgeber **wahrt** die Klagefrist **nicht** (aber → Rn. 1892).[289] Sie ist deshalb, da die Frage der Passivlegitimation der beklagten Partei allein die Begründetheit der Klage berührt, als unbegründet abzuweisen.[290]

1887 Die Klagefrist nach § 4 S. 1 KSchG kann nach Ansicht des BAG auch durch eine **hilfsweise** gegen den richtigen Arbeitgeber erhobene Kündigungsschutzklage gewahrt werden, obwohl es mit der h. M.[291] eine eventuelle (= bedingte) subjektive Klagehäufung für unzulässig hält (auch → Rn. 1918 a. E.).[292]

1888 Ist der Arbeitgeber eine **Gesellschaft** des **bürgerlichen Rechts,** mussten früher alle Gesellschafter verklagt werden.[293] Denn sie selbst wurde nicht nach § 14 Abs. 2 BGB als rechts- und damit gem. § 50 Abs. 1 ZPO auch nicht als parteifähig angesehen.[294] Davon ist der BGH in seinem Urteil vom 29. 1. 2001[295] abgerückt. Er hat der (Außen-)Gesellschaft bürgerlichen Rechts im Wege richterlicher Rechtsfortbildung

---

[284] BAG 14.2.1978 AP GG Art. 9 Arbeitskampf Nr. 60.
[285] Eine Ausnahme gilt nach § 184 S. 2 GVG idF von Art. 17 Nr. 8 des Gesetzes vom 19.4.2006 (BGBl. I S. 866) – zuvor Anlage I Kap. III Sachgebiet A Abschnitt III Nr. 1 lit. r des Einigungsvertrages – für Sorben (vgl. auch BVerfG 20.11.2014 BeckRS 2015, 42013).
[286] BAG 17.2.1982 AP SchwbG § 15 Nr. 1; KR/*Friedrich*, § 4 KSchG Rn. 167b; APS/*Hesse*, § 4 KSchG Rn. 112; ErfK/*Kiel*, § 4 KSchG Rn. 12; HHL/*Linck*, § 4 KSchG Rn. 36.
[287] BGH 14.7.1981 NJW 1982, 532; KG 8.10.1985 MDR 1986, 156; OLG Frankfurt/M. 13.3.1979 NJW 1980, 1173; OLG Stuttgart 1.10.1982 MDR 1983, 256. Der BGH empfiehlt großzügige Wiedereinsetzung in den vorigen Stand.
[288] Vgl. zB LAG Köln 20.12.2001 ArbuR 2002, 156 Ls.
[289] Vgl. BAG 18.10.2012 NZI 2013, 151 Rn. 19; 21.9.2006 NZA 2007, 404 Rn. 20 mit Rn. 22; 31.3.1993 NZA 1994, 237, 239.
[290] BAG 21.11.2013 NZA 2014, 276 Rn. 10; vgl. auch BAG 23.6.2004 NZA 2004, 1392, 1394.
[291] ZB BGH 25.9.1972 NJW 1972, 2302 Ls.; MüKoZPO/*Schultes*, § 59 Rn. 11 mwN.
[292] Vgl. BAG 31.3.1993 NZA 1994, 237, 240; abl. HHL/*Linck*, § 4 KSchG Rn. 31; *Stahlhacke,* FS Leinemann, 2006, S. 389, 395.
[293] LAG Berlin 15.8.1997 LAGE KSchG § 4 Nr. 37; ErfK/*Kiel*, 1. Aufl. 1998, § 4 KSchG Rn. 20; KR/*Friedrich*, § 4 KSchG Rn. 94; Hueck/v. Hoyningen-Huene, 12. Aufl. 1997, § 4 KSchG Rn. 41.
[294] Vgl. nur BGH 14.2.1957 NJW 1957, 750; BAG 6.7.1989 NZA 1989, 961.
[295] NJW 2001, 1056; ebenso BGH 4.12.2008 NJW 2009, 594, 595; 16.7.2004 NJW 2004, 3632, 3634; 8.3.2004 NJW-RR 2005, 118.

§ 1 Die fristgebundene Kündigungsschutzklage

Rechtsfähigkeit zugebilligt, soweit sie durch Teilnahme am Rechtsverkehr alle Rechte und Pflichten begründet und sieht sie demzufolge in diesem Rahmen als **aktiv-** und **passivparteifähig** iSv § 50 Abs. 1 ZPO an. Dem ist das BAG in seinem Urteil vom 1.12.2004[296] gefolgt. Die aktive und passive Parteifähigkeit gem. § 50 Abs. 1 ZPO gilt auch für eine ausländische Gesellschaft, die entsprechend ihrem Statut nach dem Recht des Gründungsstaates als rechtsfähige Gesellschaft ähnlich einer Gesellschaft mit beschränkter Haftung deutschen Rechts zu behandeln wäre.[297]

Auf der Basis dieser neuen Rechtsprechung[298] hat sich die **Kündigungsschutzklage** nunmehr **unmittelbar gegen** die **Gesellschaft bürgerlichen Rechts zu** richten.[299] Dabei ist ein vertretungsberechtigter Gesellschafter anzugeben, dem die Klage zuzustellen ist.[300] Im Übrigen empfiehlt es sich, die mit der Feststellungsklage ggf. verbundene Zahlungsklage nach §§ 611 Abs. 1, 615 S. 1 BGB wegen der persönlichen Gesellschafterhaftung, wie bei der OHG (→ Rn. 1893), sowohl gegen die Gesellschaft bürgerlichen Rechts als auch gegen die Gesellschafter persönlich zu richten. Das gilt vor allem dann, wenn nicht sicher ist, ob eine wirkliche Außengesellschaft mit Gesamthandsvermögen existiert.[301]

1889

Handelt es sich bei dem Arbeitgeber um eine **juristische Person** (rechtsfähiger Verein, AG, GmbH,[302] juristische Person des öffentlichen Rechts[303] usw.), ist diese juristische Person zu verklagen. Ist der Arbeitgeber ein **nicht rechtsfähiger Verein,** ist die Klage gegen ihn zu richten (§ 50 Abs. 2 1. Hs. ZPO). Ist eine **Partnerschaft** nach § 1 Abs. 1 PartGG Arbeitgeber, ist diese selbst gem. § 7 Abs. 2 PartGG iVm § 124 HGB unter ihrem Namen nach § 2 PartGG zu verklagen.[304] Ist eine **Erbengemeinschaft** Arbeitgeber, sind, da sie weder rechts- noch parteifähig ist und die Grundsätze zur Rechtsfähigkeit der Gesellschaft bürgerlichen Rechts nicht anwendbar sind,[305] alle Erben zu verklagen.[306] Die Klage gegen den Innenminister eines Bundeslandes hat das BAG als zulässig angesehen.[307] Kündigt der **Insolvenzverwalter** (näher → Rn. 2293), ist dieser als Partei kraft Amtes zu verklagen.[308] Das gilt auch, wenn die

1890

---

[296] NZA 2005, 318 f.; ebenso BAG 24.10.2013 NZA 2014, 725 Rn. 23; 30.10.2008 NZA 2009, 485 Rn. 24.
[297] BGH 1.7.2002 NJW 2002, 3539, 3540; ebenso EuGH 5.11.2002 NJW 2002, 3614, 3616; zu einer griechischen AG vgl. BAG 13.12.2012 NZA 2013, 636 Rn. 16; 13.12.2012 AP BGB § 620 Kündigungserklärung Nr. 23.
[298] Vgl. auch BVerfG 2.9.2002 NJW 2002, 3533. Zur Arbeitgeberfähigkeit der Gesellschaft bürgerlichen Rechts vgl. *Diller,* NZA 2003, 401, 402 ff.; *Lessner/Klebeck,* ZIP 2002, 1385, 1387 f.
[299] BAG 1.3.2007 NZA 2007, 1013; KR/*Friedrich,* § 4 KSchG Rn. 94; HHL/*Linck,* § 4 KSchG Rn. 71. Zur Parteibezeichnung vgl. *Kemke,* NJW 2002, 2218; *Müther,* MDR 2002, 987, 988; *Wertenbruch,* NJW 2002, 324, 326.
[300] KR/*Friedrich,* § 4 KSchG Rn. 94.
[301] BGH 29.1.2001 NJW 2001, 1056, 1060; *Behr,* NJW 2000, 1137, 1139.
[302] Die Auflösung einer GmbH nach § 60 Abs. 1 GmbHG führt für sich genommen nicht zum Verlust ihrer Parteifähigkeit gem. § 50 Abs. 1 ZPO, vgl. BAG 19.7.2012 NZA 2013, 333 Rn. 19; 24.6.2004 AP BGB § 613a Nr. 278; 4.6.2003 NZA 2003, 1049.
[303] Zur Parteifähigkeit einer Betriebskrankenkasse vgl. BAG 21.11.2013 BeckRS 2014, 69409 Rn. 26 u. BeckRS 2014, 70205 Rn. 26.
[304] BAG 1.3.2007 NZA 2007, 1013; APS/*Hesse,* § 4 KSchG Rn. 46; KR/*Friedrich,* § 4 KSchG Rn. 93; HHL/*Linck,* § 4 KSchG Rn. 73.
[305] BGH 17.10.2006 DB 2006, 2570 Ls.
[306] LAG Köln 10.10.1988 NZA 1989, 281, 282; KR/*Friedrich,* § 4 KSchG Rn. 95; APS/*Hesse,* § 4 KSchG Rn. 47; HHL/*Linck,* § 4 KSchG Rn. 71.
[307] BAG 21.5.1957 AP KSchG 1951 § 3 Nr. 31; vgl. auch LAG Nürnberg 8.10.2001 NZA-RR 2002, 212, 213.
[308] BAG 21.11.2013 NZA 2014, 276 Rn. 12; 20.6.2013 NZA 2013, 1137 Rn. 25; 28.1.2012 NZA 2013, 1007 Rn. 19.

Vierter Abschnitt: Der Kündigungsschutzprozess

Kündigung vor Insolvenzeröffnung noch vom Insolvenzschuldner erklärt wurde.³⁰⁹ Ist stattdessen dieser verklagt, ist stets zu prüfen, ob eine Berichtigung des Rubrums möglich ist (allg. → Rn. 1892).³¹⁰

1891 Kündigungsschutzklagen von **Zivilbeschäftigten** (= Arbeitnehmer) der **US-Streitkräfte** und der **Streitkräfte des Vereinigten Königreichs von Großbritannien und Nordirland** in Deutschland sind im Hinblick auf Art. 56 Abs. 8 S. 2 ZA-NTS, der eine gesetzliche Prozessstandschaft der Bundesrepublik Deutschland anordnet, gegen diese zu richten.³¹¹ Ob eine (gleichwohl) gegen die jeweilige Beschäftigungs-Dienststelle gerichtete Klage im Wege der Auslegung und der Rubrumsberichtigung (näher → Rn. 1892) die Dreiwochenfrist des § 4 S. 1 KSchG wahren kann, ist streitig.³¹²

1892 Ist die Bezeichnung des Arbeitgebers als der Partei, gegen die sich die Kündigungsschutzklage richtet, unter Beachtung von § 130 Nr. 1 ZPO iVm § 253 Abs. 4 ZPO nicht eindeutig, ist die Partei durch Auslegung zu ermitteln.³¹³ Dabei ist auch das u. U. der Klageschrift beigefügte Kündigungsschreiben heranzuziehen.³¹⁴ Eine **ungenaue** oder **unrichtige Parteibezeichnung** des **Arbeitgebers** ist **unschädlich** und kann jederzeit, also auch noch nach Ablauf der Dreiwochenfrist des § 4 S. 1 KSchG, von Amts wegen unter Wahrung der rechtlichen Identität der beklagten Partei³¹⁵ durch Beschluss gem. § 319 Abs. 1 ZPO analog berichtigt werden.³¹⁶ Hierin liegt kein gewillkürter Parteiwechsel auf der Beklagtenseite,³¹⁷ der im Übrigen, sofern er außerhalb der in § 4 S. 1 KSchG normierten Dreiwochenfrist erfolgen würde, diese nicht wahren könnte.³¹⁸ Ein Beschluss, durch den das Arbeitsgericht vor Erlass eines Urteils das Rubrum auf der Arbeitgeberseite nach § 319 ZPO analog berichtigt, ist nicht der materiellen Rechtskraft fähig.³¹⁹ Da die Grenze zwischen Berichtigung der Parteibezeichnung und gewillkürtem Parteiwechsel in der Praxis schwierig ist,³²⁰ sollte auf die genaue Parteibezeichnung Wert gelegt werden.

1893 Hat der Arbeitnehmer einen Arbeitsvertrag mit einer **OHG** oder einer **KG** abgeschlossen, ist die Kündigungsschutzklage gegen die Gesellschaft zu richten (§§ 124

---

³⁰⁹ BAG 21.11.2013 NZA 2014, 276 Rn. 12.
³¹⁰ BAG 18.10.2012 NZA 2013, 1007 Rn. 19; 21.9.2006 NZA 2007, 404 Rn. 25; vgl. auch BAG 20.2.2014 BeckRS 2014, 71301 Rn. 14; 20.6.2013 NZA 2013, 1137 Rn. 25.
³¹¹ BAG 20.2.2014 BeckRS 2014, 71301 Rn. 9; LAG Hessen 18.3.2014 BeckRS 2014, 70656; vgl. zu § 17 S. 1 TzBfG BAG 21.9.2011 NZA 2012, 271 Rn. 11.
³¹² Dafür LAG Hamm 16.10.1990 BeckRS 1990, 07669 Rn. 13 ff.; LAG Rheinland-Pfalz 27.3. 2009 BeckRS 2009, 63102; dagegen BAG 13.7.1989 BeckRS 1989, 30731555; offen gelassen von LAG Hamm 5.9.2012 BeckRS 2013, 66968 (Vorinstanz zu BAG 20.2.2014 BeckRS 2014, 71301); LAG Hessen 9.12.1988 BeckRS 1988, 30448398.
³¹³ BAG 24.10.2013 NZA 2014, 725 Rn. 20; 25.4.2013 BeckRS 2013, 70060 Rn. 74; 13.12.2012 NZA 2013, 669 Rn. 41.
³¹⁴ BAG 20.2.2014 BeckRS 2014, 71301 Rn. 14; 24.10.2013 NZA 2014, 725 Rn. 21; 25.4.2013 BeckRS 2013, 70060 Rn. 75.
³¹⁵ Vgl. in diesem Zusammenhang LAG Hamm 24.9.2012 NZA-RR 2013, 46, 48.
³¹⁶ Vgl. BAG 20.2.2014 BeckRS 2014, 71301 Rn. 14; 24.10.2013 NZA 2014, 725 Rn. 20, 21; 25.4.2013 BeckRS 2013, 70060 Rn. 74; KR/*Friedrich*, § 4 KSchG Rn. 154; APS/*Hesse*, § 4 KSchG Rn. 105; *Stahlhacke*, FS Leinemann, 2006, S. 389, 394.
³¹⁷ BAG 15.3.2001 NZA 2001, 1267, 1270; LAG Hessen 26.3.2001 ZInsO 2002, 48 Ls; LAG Köln 30.4.1986 LAGE KSchG § 4 Nr. 9; KR/*Friedrich*, § 4 KSchG Rn. 155; APS/*Hesse*, § 4 KSchG Rn. 105; vgl. auch *Tiedemann*, ArbRB 2009, 312, 314 f.
³¹⁸ LAG Rheinland-Pfalz 22.2.1990 LAGE KSchG § 4 Nr. 17.
³¹⁹ BAG 27.11.2003 NZA 2004, 452, 454.
³²⁰ Vgl. zB LAG Berlin 26.6.2003 LAGE ZPO § 263 Nr. 2; LAG Thüringen 17.9.1997 LAGE KSchG § 4 Nr. 38; vgl. auch LAG Hamm 28.6.2000 LAGE ZPO § 263 Nr. 1; LAG Hessen 11.11.1997 NZA-RR 1998, 515, 516.

§ 1 Die fristgebundene Kündigungsschutzklage

Abs. 1, 161 Abs. 2 HGB).[321] Die mit der Feststellungsklage ggfs verbundene Zahlungsklage nach §§ 611 Abs. 1, 615 S. 1 BGB sollte, wie bei der Gesellschaft bürgerlichen Rechts (→ Rn. 1889), auch gegen die einzelnen Gesellschafter der OHG bzw. den persönlich haftenden Gesellschafter der KG gerichtet werden. Denn nur dann kann aus dem Leistungsurteil auch in das Vermögen der Gesellschafter vollstreckt werden (vgl. § 129 Abs. 4 HGB).[322]

1894 Will der Arbeitnehmer den Hintermann seines vertraglichen Arbeitgebers als seinen unmittelbaren Arbeitgeber in Anspruch nehmen, muss er im Falle einer Kündigung diesem gegenüber die Frist des § 4 S. 1 KSchG wahren.[323] In einem **mittelbaren Arbeitsverhältnis** ist die Kündigungsschutzklage gegen den Mittelsmann zu richten, nicht gegen den mittelbaren Arbeitgeber.[324]

1895 Im Falle der **Betriebsnachfolge** (§ 613a Abs. 1 S. 1 BGB) ist die Klage nach § 4 S. 1 KSchG[325] gegen den **bisherigen Arbeitgeber** zu richten bzw. der Prozess gegen ihn fortzusetzen, wenn er die **Kündigung ausgesprochen** hat **und** sie **vor dem Betriebsübergang** dem Arbeitnehmer **zugegangen** ist.[326] Das gilt selbst dann, wenn die Klage erst nach dem Betriebsübergang erhoben wird.[327] Erfolgt die **Betriebsveräußerung nach Klageerhebung** während des Kündigungsschutzprozesses, sind die §§ 265 Abs. 2 S. 1, 325 Abs. 1 ZPO entsprechend anzuwenden.[328] Stützt allerdings der Arbeitnehmer seine Kündigungsschutzklage gegen seinen bisherigen Arbeitgeber auf die Behauptung, der Betrieb sei bereits vor der Kündigung auf einen Erwerber übergegangen, führt dies, soweit man für eine erfolgreiche Klage nach § 4 S. 1 KSchG das Bestehen eines Arbeitsverhältnisses im Zeitpunkt des Zugangs der Kündigung verlangt (→ Rn. 2019), zur Unschlüssigkeit der Klage.[329] Dies dürfte aber einschränkungslos nur gelten, wenn der Arbeitnehmer gleichzeitig erklärt, auf sein Widerspruchsrecht nach § 613 Abs. 6 S. 1 BGB zu verzichten, was rechtlich zulässig ist.[330] Denn durch

---

[321] Vgl. auch BAG 1.3.2007 NZA 2007, 1013 Rn. 13; 12.2.2004 AP KSchG 1969 § 4 Nr. 50; 27.11.2003 NZA 2004, 452, jeweils zugleich zu Zustellungsfragen (§§ 167, 253 Abs. 1 ZPO) im Hinblick auf die Fristwahrung nach § 4 S. 1 KSchG a. F.
[322] KR/*Friedrich*, § 4 KSchG Rn. 91; APS/*Hesse*, § 4 KSchG Rn. 45; HHL/*Linck*, § 4 KSchG Rn. 68.
[323] LAG Berlin 1.9.1989 LAGE BGB § 611 Arbeitgeberbegriff Nr. 2; KR/*Friedrich*, § 4 KSchG Rn. 88.
[324] BAG 21.2.1990 AP BGB § 611 Abhängigkeit Nr. 57; KR/*Friedrich*, § 4 KSchG Rn. 88; APS/*Hesse*, § 4 KSchG Rn. 38; HHL/*Linck*, § 4 KSchG Rn. 72.
[325] Zum Problemfeld Betriebsübergang u. Kündigungsschutzprozess näher *Reufels*, ArbRB 2007, 61 ff.; *Vossen*, FS Leinemann, 2006, S. 273 ff.
[326] Vgl. BAG 16.2.2012 NZA-RR 2012, 465 Rn. 33; 11.8.2011 NZA 2011, 1445 Rn. 7; KR/*Friedrich*, § 4 KSchG Rn. 96a; HHL/*Linck*, § 4 KSchG Rn. 74. Zur Auslegung einer gegen den bisherigen Arbeitgeber gerichteten Klage nach § 4 S. 1 KSchG, mit der der Arbeitnehmer auch geltend macht, das Arbeitsverhältnis sei schon vor Ausspruch der Kündigung auf einen anderen Arbeitgeber nach § 613a Abs. 1 S. 1 BGB übergegangen, vgl. LAG Hamm 28.5.1998 NZA-RR 1999, 71.
[327] Vgl. BAG 28.6.2012 NZA 2012, 1029 Rn. 21; 18.3.1999 NZA 1999, 706; LAG Köln 3.8.2001 NZA-RR 2002, 240; KR/*Friedrich*, § 4 KSchG Rn. 96a; APS/*Hesse*, § 4 KSchG Rn. 48; ErfK/*Kiel*, § 4 KSchG Rn. 19; HHL/*Linck*, § 4 KSchG Rn. 74; a. A. LAG Hamm 4.6.2002 NZA-RR 2003, 293, 295; 22.3.2001 NZI 2002, 62, 64; LSW/*Spinner*, § 4 KSchG Rn. 39; *Zeuner*, FS K. H. Schwab, 1990, S. 575, 585 ff.
[328] Vgl. BAG 24.10.2013 NZA 2014, 46 Rn. 14; 31.1.2008 AP ArbGG 1979 § 72 Nr. 52 Rn. 28; KR/*Friedrich*, § 4 KSchG Rn. 96a; APS/*Hesse*, § 4 KSchG Rn. 48; *Müller-Glöge*, NZA 1999, 449, 456; vgl. zu § 256 Abs. 1 ZPO BAG 19.11.2014 BeckRS 2015, 67088 Rn. 23.
[329] BAG 13.12.2012 AP KSchG 1969 § 17 Nr. 44 Rn. 36; 15.12.2011 NZA-RR 2012, 570 Rn. 20; 27.9.2007 NZA 2008, 1130 Rn. 21; *Müller-Glöge*, NZA 1999, 449, 456; *Preis/Steffan*, DB 1998, 309, 310.
[330] Vgl. MüKoBGB/*Müller-Glöge*, § 613a Rn. 12; ErfK/*Preis*, § 613a BGB Rn. 102; vgl. früher BAG 19.3.1998 NZA 1998, 750; 15.2.1984 NZA 1984, 32.

die Ausübung dieses Rechts würde sein Arbeitsverhältnis nicht gem. § 613a Abs. 1 S. 1 BGB auf den Betriebserwerber übergehen, vielmehr beim bisherigen Arbeitgeber verbleiben (näher → Rn. 1058).[331] Dieser wäre somit Kündigungsberechtigter geblieben (vgl. aber auch → Rn. 1898).[332]

1896 Ist der **Übergang** des **Arbeitsverhältnisses** nach § 613a Abs. 1 S. 1 BGB überhaupt oder zumindest sein Zeitpunkt **streitig**, hat der Arbeitnehmer **zwei prozessuale Möglichkeiten, um gegen eine** vom bisherigen Arbeitgeber ausgesprochene Kündigung vorzugehen: Zum einen kann er seinen **(bisherigen) Arbeitgeber** ausdrücklich nach **§ 256 Abs. 1 ZPO** iVm § 495 ZPO, § 46 Abs. 2 S. 1 auf Feststellung des (ungekündigt) bestehenden Arbeitsverhältnisses[333] und nur **hilfsweise** mit dem Feststellungsantrag gem. **§ 4 S. 1 KSchG** verklagen.[334] Hierbei handelt es sich um eine nach § 260 ZPO zulässige **sog. objektive Eventualklagehäufung.**[335] Zum anderen kann der Arbeitnehmer den Fortbestand seines Arbeitsverhältnisses im Rahmen einer **gegen** den **(potentiellen) Betriebserwerber** gerichteten Feststellungsklage nach **§ 256 Abs. 1 ZPO** geltend machen.[336] **Gleichzeitig muss** er durch **unbedingte**[337] subjektive Klagehäufung zur Vermeidung des Eintritts der Fiktion nach § 7 1. Hs. KSchG eine **Kündigungsschutzklage** gem. **§ 4 S. 1 KSchG gegen** seinen **(bisherigen) Arbeitgeber** erheben, will er die Unwirksamkeit dessen Kündigung nach § 1 Abs. 1 KSchG bzw. – seit dem 1.1.2004 – gem. § 613a Abs. 4 S. 1 BGB geltend machen.[338] Die unbedingte subjektive Klagehäufung kann aber der Arbeitnehmer auch so gestalten, dass er einen einheitlichen Kündigungsschutzantrag nach § 4 S. 1 KSchG sowohl gegen den (bisherigen) Arbeitgeber als auch gegen den (potentiellen) neuen Arbeitgeber richtet.[339] Beide Beklagten – haben sie verschiedene allgemeine Gerichtsstände, ist das zuständige örtliche Arbeitsgericht nach § 36 Abs. 1 Nr. 3 ZPO zu bestimmen[340] – sind dann einfache Streitgenossen nach § 59 2. Alt. ZPO.[341] Die gegen den bisherigen Arbeitgeber (= Betriebsveräußerer) gerichtete Klage nach § 4 S. 1 KSchG wird jedoch wegen Wegfalls des Feststellungsinteresses[342] unzulässig, sobald der Fortbestand des Arbeitsverhältnisses mit dem Betriebserwerber rechtskräftig festgestellt ist.[343]

1897 Wählt der Arbeitnehmer die erstgenannte Klagemöglichkeit (→ Rn. 1896) und stellt sich dann im Prozess heraus, dass der **Betriebsübergang** bereits im Zeitpunkt des Kündigungsausspruchs und damit **vor Rechtshängigkeit** der Feststellungsklage

---

[331] Vgl. zB BAG 2.4.2009 ZIP 2009, 2307, 2310; 13.7.2006 NZA 2006, 1268 Rn. 40.
[332] LAG Düsseldorf 29.4.2009 NZA-RR 2009, 637; vgl. auch LAG Hessen 6.11.2012 BeckRS 2013, 66285.
[333] Ein derartiges Feststellungsbegehren kann einer bloßen Klage nach § 4 S. 1 KSchG ohne besondere Anhaltspunkte nicht entnommen werden, vgl. näher BAG 18.4.2002 NZA 2002, 1207 gegen LAG Hamm 28.5.1998 NZA-RR 1999, 71 f.
[334] BAG 18.4.2002 NZA 2002, 1207; *Müller-Glöge* NZA 1999, 449, 456.
[335] Hierzu allg. Zöller/*Greger*, § 260 ZPO Rn. 4.
[336] Vgl. BAG 18.4.2002 NZA 2002, 1207; LAG Hessen 7.6.2013 BeckRS 2013, 74999; vgl. auch BAG 22.7.2004 NZA 2004, 1383, 1385.
[337] Eine sog. eventuelle (= bedingte) subjektive Klagehäufung ist unzulässig, vgl. nur BAG 13.12.2012 NZA 2013, 669 Rn. 37; 24.6.2004 AP BGB § 613a Nr. 278.
[338] Vgl. BAG 25.4.1996 AP ZPO § 59 Nr. 1; 4.3.1993 NZA 1994, 260; vgl. auch BAG 13.12.2012 NZA 2013, 669 Rn. 36; krit. hierzu ErfK/*Preis*, § 613a BGB Rn. 175.
[339] Vgl. näher BAG 13.12.2012 NZA 2013, 669 Rn. 35, 36.
[340] BAG 25.4.1996 AP ZPO § 59 Nr. 1.
[341] Vgl. BAG 24.6.2004 AP BGB § 613 Nr. 278; 25.4.1996 AP ZPO § 59 Nr. 1.
[342] Zum Feststellungsinteresse für eine Klage nach § 4 S. 1 KSchG allg. → Rn. 1839.
[343] Vgl. BAG 10.12.1998 – 8 AZR 596/97 – juris Rn. 16; LAG Niedersachsen 17.2.2004 NZA-RR 2004, 472, 473; vgl. auch LAG Hamm 19.5.2005 LAG-Report 2005, 358, 362.

§ 1 Die fristgebundene Kündigungsschutzklage

(vgl. § 261 Abs. 1 ZPO) erfolgt war, hat zwar ein der Feststellungsklage nach § 256 Abs. 1 ZPO wegen fehlender Kündigungsberechtigung des bisherigen Arbeitgebers stattgebendes Urteil keine Rechtskraftwirkung nach § 325 Abs. 1 ZPO analog gegen den Betriebserwerber.[344] Jedoch vermeidet der Arbeitnehmer mit der sog. objektiven Eventualklagehäufung einen verlorenen Kündigungsschutzprozess. Stellt sich nämlich die fehlende Kündigungsberechtigung seines bisherigen Arbeitgebers in einem gegen diesen angestrengten Kündigungsschutzprozess nach § 4 S. 1 KSchG heraus, kann die Klageabweisung, folgt man der sog. erweiterten Streitgegenstandstheorie,[345] allein damit begründet werden, es habe zum Kündigungszeitpunkt zwischen den Parteien kein Arbeitsverhältnis (mehr) bestanden.[346]

1898 Allerdings kann ein Arbeitnehmer, wenn er seine Klage nicht nur auf die infolge des Betriebsübergangs entfallene Kündigungsbefugnis, sondern auch auf die Unwirksamkeit der Kündigung, zB nach § 1 Abs. 1 KSchG, stützt, sich das zu seinem Sachvortrag im Widerspruch stehende Vorbringen des Beklagten, es habe kein Betriebsübergang stattgefunden, wenigstens **hilfsweise zu eigen** machen und seine Klage hierauf stützen. Dann ist die Klage zwar nach dem Hauptvorbringen unschlüssig, nach dem Hilfsvorbringen jedoch schlüssig.[347] Ergibt sich im Verlaufe des Rechtsstreits aufgrund der festgestellten Tatsachen, dass das Arbeitsverhältnis zum Zeitpunkt des Kündigungsausspruches mit dem Kündigenden nicht mehr bestanden hat, ist die Kündigungsschutzklage unbegründet.[348]

1899 Kündigt der Betriebserwerber nach einem erfolgten Betriebsübergang und vor der wirksamen Ausübung eines – rückwirkenden[349] – Widerspruchs des Arbeitnehmers gegen den Betriebsübergang (§ 613a Abs. 6 S. 1 BGB) während des Laufs der Kündigungsfrist,[350] wirkt diese Kündigung nach Auffassung des LAG Köln unmittelbar für und gegen den Betriebsveräußerer, sofern dieser die Kündigung zumindest konkludent genehmigt gem. §§ 177 Abs. 1, 184 Abs. 1, 180 S. 2 BGB.[351] Wird die Kündigung vom Arbeitnehmer nicht gem. § 4 S. 1 KSchG innerhalb von drei Wochen nach deren Zugang im Wege der Kündigungsschutzklage gerichtlich angegriffen, gilt sie gem. § 7 1. Hs. KSchG als von Anfang an rechtswirksam.[352] Eine solche Genehmigung kann darin liegen, dass der nach dem Widerspruch gem. § 256 Abs. 1 ZPO beklagte Betriebsveräußerer in der Klageerwiderung geltend gemacht hat, aufgrund der Kündigung des Betriebserwerbers sei ein etwaiges Arbeitsverhältnis mit ihm zum beabsichtigten Kündigungstermin beendet worden.[353]

1899a **Schließt** ein **Arbeitnehmer** mit dem **Betriebsveräußerer** im Rahmen einer (Änderungs-)Kündigungsschutzklage einen **gerichtlichen Beendigungsvergleich, wirkt** dieser **hinsichtlich der Beendigung für und gegen** den **Betriebserwer-**

---

[344] Vgl. BAG 18.4.2002 NZA 2002, 1207 = EzA BGB § 613a Nr. 207 mit Anm. *Gaul/Bonanni*; vgl. auch *Zeuner*, FS K.H. Schwab, 1990, 575, 586.
[345] Vgl. hierzu nur BAG 26.3.2009 NZA 2011, 166 Rn. 16.
[346] BAG 26.7.2007 NZA 2008, 112 Rn. 21; 24.5.2005 NZA 2005, 1302, 1303; 18.4.2002 NZA 2002, 1207, 1209; vgl. auch BAG 20.3.2014 NZA 2014, 1095 Rn. 27; 25.4.2013 BeckRS 2013, 70060 Rn. 106; 15.12.2011 NZA-RR 2012, 570 Rn. 20.
[347] BAG 15.12.2005 AP BGB § 613a Nr. 294; vgl. auch BAG 27.11.2008 NZA 2009, 671 Rn. 20.
[348] Vgl. BAG 26.7.2007 NZA 2008, 112 Rn. 21.
[349] Vgl. zB BAG 11.12.2014 BeckRS 2015, 66354 Rn. 34; 16.4.2013 NZA 2013, 850 Rn. 26.
[350] Im Zeitpunkt des Widerspruchs muss das Arbeitsverhältnis noch bestehen, anderenfalls geht er ins Leere, vgl. LAG Berlin-Brandenburg 20.7.2007 NZA-RR 2007, 626, 627.
[351] LAG Köln 5.10.2007 NZA-RR 2008, 5, 9 in Weiterentwicklung von BAG 24.8.2006 NZA 2007, 328 Rn. 30.
[352] LAG Köln 5.10.2007 NZA-RR 2008, 5, 9.
[353] LAG Köln 5.10.2007 NZA-RR 2008, 5, 9.

ber. Dies gilt zumindest dann, wenn der Erwerber die Beendigungsvereinbarung ausdrücklich oder konkludent gem. §§ 177 Abs. 1, 184 Abs. 1, 180 S. 2 BGB genehmigt.[354]

b) Arbeitnehmer

1900 Das Recht des Arbeitnehmers, eine Kündigungsschutzklage zu erheben, ist ein **höchstpersönliches Recht**.[355] Die Entscheidung über die Erhebung einer Klage gegen eine Arbeitgeberkündigung und die Prozessführungsbefugnis verbleibt deshalb nach Eröffnung des (Verbraucher-)Insolvenzverfahrens (vgl. § 27 InsO) beim Arbeitnehmer als Insolvenzschuldner.[356] Dritte können sich auf die Unwirksamkeit einer Kündigung nicht berufen. Da das Arbeitsverhältnis mit dem Tode des Arbeitnehmers endet,[357] kann ein Erbe keine Kündigungsschutzklage erheben oder fortsetzen, wenn der Arbeitnehmer vor Ablauf der Kündigungsfrist stirbt.[358] Ist die Kündigungsfrist dagegen abgelaufen, stirbt der Arbeitnehmer aber während der Dreiwochenfrist oder der nach den §§ 5, 6 KSchG in Betracht kommenden längeren Fristen, kann der Erbe Kündigungsschutzklage erheben.[359] Er kann sie auch fortführen, wenn der Arbeitnehmer nach Klageerhebung stirbt, sofern die Kündigungsfrist bereits abgelaufen war. Nur so kann der Erbe seine evtl. Ansprüche aus §§ 611 Abs. 1, 615 S. 1 BGB verfolgen. Die Ansprüche können wegen der Rechtsfolgen des § 7 1. Hs. KSchG nicht allein mit einer Entgeltklage durchgesetzt werden (vgl. schon → Rn. 1742). Deshalb besteht in solchen Fällen ein rechtliches Interesse des Erben, den Kündigungsschutzprozess weiterzuführen.[360]

1901 Die **Krankenkasse,** die dem Arbeitnehmer Krankengeld gewährt, kann trotz des Forderungsübergangs nach § 115 Abs. 1 SGB X **keine Kündigungsschutzklage** erheben.[361] Das gilt auch im Falle einer außerordentlichen Kündigung.[362] Das BAG hat allerdings der Krankenkasse im Rahmen einer Lohnfortzahlungsklage nach § 1 Abs. 1 S. 1 LohnFG (jetzt § 3 Abs. 1 S. 1 EFZG) iVm § 115 Abs. 1 SGB X (früher § 182 Abs. 1 RVO) in einem Fall, in dem das KSchG und damit § 4 KSchG a.F. (iVm § 13 Abs. 1 S. 2 KSchG) keine Anwendung fanden, das Recht eingeräumt, sich auf die Unwirksamkeit einer außerordentlichen Arbeitgeberkündigung zu berufen.[363] Gegen diese Lösung, die seit dem 1.1.2004 im Hinblick auf § 4 S. 1 KSchG n.F. (iVm § 13 Abs. 1 S. 2 KSchG) im Wesentlichen nur noch eine formunwirksame außerordentliche

---

[354] BAG 24.8.2006 NZA 2007, 328 Rn. 30; vgl. auch LAG Nürnberg 9.12.2014 BeckRS 2015, 66790.

[355] BAG 20.6.2013 NZA 2013, 1147 Rn. 25; KR/*Friedrich,* § 4 KSchG Rn. 74; ErfK/*Kiel,* § 4 KSchG Rn. 17; HHL/*Linck,* § 4 KSchG Rn. 61; *Mohn,* NZA-RR 2008, 617, 621.

[356] BAG 12.8.2014 NZA 2014, 1155 Rn. 14.

[357] BAG 20.9.2011 NZA 2012, 326 Rn. 15; 10.5.2007 NZA 2007, 1043 Rn. 17.

[358] LAG Hamm 19.9. 1986 NZA 1987, 669; APS/*Hesse,* § 4 KSchG Rn. 35; KR/*Friedrich,* § 4 KSchG Rn. 84; HHL/*Linck,* § 4 KSchG Rn. 64; ErfK/*Kiel,* § 4 KSchG Rn. 17.

[359] LAG Hamm 19.9.1986 NZA 1987, 669; KR/*Friedrich,* § 4 KSchG Rn. 82; APS/*Hesse,* § 4 KSchG Rn. 36; HHL/*Linck,* § 4 KSchG Rn. 63; ErfK/*Kiel,* § 4 KSchG Rn. 17; KDZ/*Zwanziger,* § 4 KSchG Rn. 22; vgl. zu § 17 S. 1 beim Tod des Arbeitnehmers nach Ablauf der Befristung BAG 18.1.2012 NZA 2012, 575 Rn. 14.

[360] LAG Hamm 19.9.1986 NZA 1987, 669; KR/*Friedrich,* § 4 KSchG Rn. 82, 83; APS/*Hesse,* § 4 KSchG Rn. 36; LSW/*Spinner,* § 4 KSchG Rn. 33; vgl. zu § 17 S. 1 TzBfG BAG 18.1.2012 NZA 2012, 575 Rn. 14.

[361] KR/*Friedrich,* § 4 KSchG Rn. 76; APS/*Hesse,* § 4 KSchG Rn. 33; HHL/*Linck,* § 4 KSchG Rn. 62; ErfK/*Kiel,* § 4 KSchG Rn. 17.

[362] KR/*Friedrich,* § 4 KSchG Rn. 77.

[363] BAG 29.11.1978 AP LohnFG § 6 Nr. 7; ebenso BSG 23.2.1988, NZA 1988, 557; LAG Frankfurt/M. 21.11.1988 EEK I/981; krit. dazu KR/*Friedrich,* § 4 KSchG Rn. 79.

Kündigung betreffen kann (→ Rn. 2062), bestehen Bedenken.[364] Denn der Arbeitnehmer kann gute Gründe haben, die Sache auf sich beruhen zu lassen. Ein so weitgehendes Prozessführungsrecht dürfte der Kasse zu verweigern sein.

3. Zuständiges Gericht

Die Kündigungsschutzklage muss nach § 4 S. 1 KSchG beim **Arbeitsgericht** erhoben werden.[365] Auch wenn dies nicht unmittelbar aus seinem Wortlaut folgt, ist hiermit das **örtlich zuständige Arbeitsgericht** gemeint.[366] Die örtliche Zuständigkeit richtet sich nach §§ 12 bis 37 ZPO iVm § 495 ZPO, § 46 Abs. 2 S. 1 ArbGG.[367] 1902

Wird die Klage nach § 4 S. 1 KSchG innerhalb der Klagefrist von drei Wochen nach Zugang der Kündigung beim **örtlich unzuständigen** Arbeitsgericht anhängig gemacht, ist sie rechtzeitig eingelegt, wenn sie nach § 17a Abs. 3 u. 4 GVG iVm § 48 Abs. 1 Nr. 1 ArbGG an das örtlich zuständige Arbeitsgericht verwiesen wird. Die Verweisung kann auch nach Fristablauf erfolgen, da die Wirkungen der Rechtshängigkeit nach § 17b Abs. 1 S. 2 GVG erhalten bleiben.[368] Insoweit handelt sich um ein einheitliches Verfahren, das in der Lage fortgesetzt wird, in der es sich bei der Verweisung befand.[369] 1903

Fraglich ist, ob auch die „**formlose Abgabe**" der dort fristgerecht eingereichten Klage durch das **örtlich unzuständige Arbeitsgericht** an ein **örtlich zuständiges Arbeitsgericht** ausreicht. Das BAG hat das zu § 48 ArbGG a. F. bejaht.[370] Sicherheitshalber sollte der Arbeitnehmer bzw. sein Prozessbevollmächtigter auf einer förmlichen Beschlussfassung nach § 48 Abs. 1 ArbGG bestehen.[371] Wird eine Klage vom Urkundsbeamten der Geschäftsstelle des örtlich unzuständigen Arbeitsgerichts innerhalb der Frist aufgenommen und an das örtlich zuständige Arbeitsgericht weitergeleitet, ist für die Fristwahrung allein der Eingang bei diesem Gericht entscheidend.[372] 1904

Der Grundsatz des einheitlichen Verfahrens (→ Rn. 1903) galt nach überwiegender Auffassung bis zur Änderung des § 48 ArbGG durch das 4. VwGOÄndG vom 17.12.1990 (BGBl. I S. 2809) auch für den Fall, dass die Klage beim **Amtsgericht erhoben** war und sie von ihm an das **Arbeitsgericht verwiesen** wurde.[373] Daran ist festzuhalten,[374] obwohl es jetzt nicht mehr um eine Frage der sachlichen Zuständigkeit 1905

---

[364] Vgl. auch APS/*Hesse* § 4 KSchG Rn. 33.
[365] Zur internationalen Zuständigkeit der deutschen Arbeitsgerichte für eine Kündigungsschutzklage vgl. Nachw. in Fn. 14 zu Rn. 1816.
[366] KR/*Friedrich*, § 4 KSchG Rn. 171; APS/*Hesse*, § 4 KSchG Rn. 56; ErfK/*Kiel*, § 4 KSchG Rn. 16; a. A. *Lüke*, JuS 1996, 969; ihm folgend *Berkowsky*, NZA 1997, 352, 353.
[367] Vgl. näher Moll/*Boewer*, MAH Arbeitsrecht, § 48 Rn. 21; KR/*Friedrich*, § 4 KSchG Rn. 171 ff.; APS/*Hesse*, § 4 KSchG Rn. 56. Zu § 29 ZPO vgl. LAG Baden-Württemberg 16.2.2005 ArbuR 2005, 165 Ls.; zu § 48 Abs. 1a S. 1 ArbGG vgl. LAG Sachsen-Anhalt 23.7.2014 BeckRS 2014, 71686.
[368] LAG Berlin 2.1.1984 LAGE KSchG § 4 Nr. 8; APS/*Hesse*, § 4 KSchG Rn. 58; ErfK/*Kiel*, § 4 KSchG Rn. 16; vgl. auch KR/*Friedrich*, § 4 KSchG Rn. 181.
[369] BAG 31.3.1993 NZA 1994, 237.
[370] BAG 15.9.1977 – 2 AZR 333/73 – n. v.; 16.4.1959 AP KSchG § 3 Nr. 16 mit abl. Anm. *Herschel*; ebenso LAG Sachsen-Anhalt 23.2.1995 LAGE KSchG § 4 Nr. 26; a. A. APS/*Hesse*, § 4 KSchG Rn. 59; a. A. wohl auch ErfK/*Kiel*, § 4 KSchG Rn. 136.
[371] *Bader*, NZA 1997, 905, 906 in Fn. 20.
[372] APS/*Hesse*, § 4 KSchG Rn. 59; KR/*Friedrich*, § 4 KSchG Rn. 185; ebenso zu § 17 S. 1 TzBfG LAG Hamm 5.6.2014 BeckRS 2014, 71874.
[373] KR/*Friedrich*, 3. Aufl., § 4 KSchG Rn. 186; *Herschel/Löwisch*, 6. Aufl., § 4 KSchG Rn. 19.
[374] LAG Köln 10.7.1998 LAGE KSchG § 4 Nr. 41; LAG Sachsen-Anhalt 23.2.1995 LAGE KSchG § 4 Nr. 26; *Bader*, NZA 1997, 905, 906; KR/*Friedrich*, § 4 KSchG Rn. 186; HHL/*Linck*, § 4 KSchG Rn. 98; LSW/*Spinner*, § 4 KSchG Rn. 27; a. A. *Lüke*, JuS 1996, 969, 970.

geht, sondern um eine **Frage** des **Rechtsweges**.³⁷⁵ Denn auch nach der Neuregelung des Rechtsweges und der Zuständigkeit handelt es sich um ein einheitliches Verfahren. Die Rechtswirkungen der Rechtshängigkeit bleiben trotz der Verweisung sowohl in prozessualer (§ 261 Abs. 3 ZPO) wie auch in materiellrechtlicher (§ 262 ZPO) Hinsicht erhalten (§ 17b Abs. 1 S. 2 GVG).³⁷⁶ Damit bleibt die fristwahrende Wirkung der Klage bestehen, wie es § 17 Abs. 3 GVG a. F. für den Fall der Rechtswegverweisung vorsah. Daran hat die Neuregelung nichts geändert. Für die Wahrung der Dreiwochenfrist nach § 4 S. 1 KSchG ist auf die Zeit der Klageerhebung vor dem ersten Gericht – hier dem Amtsgericht – abzustellen.³⁷⁷ Nach h. M.³⁷⁸ gilt das auch, wenn die Kündigungsschutzklage innerhalb der Dreiwochenfrist des § 4 S. 1 KSchG beim Sozial- oder Verwaltungsgericht eingereicht und – u. U. auch erst nach Fristablauf – an das Arbeitsgericht verwiesen wird. **Fraglich** ist, ob die **„formlose Abgabe"** durch das Gericht des unzulässigen Rechtsweges **reicht**.³⁷⁹

1906 An die Stelle des an sich gem. § 2 Abs. 1 Nr. 3b ArbGG für Kündigungsschutzklagen zuständigen Arbeitsgerichts tritt nach § 4 ArbGG ein Schiedsgericht, wenn ein solches zulässigerweise gem. § 101 Abs. 2 S. 1 ArbGG vereinbart ist.³⁸⁰ Erhebt der Arbeitnehmer trotz einer wirksamen Schiedsklausel Kündigungsschutzklage vor dem Arbeitsgericht, **kann** der Arbeitgeber die prozesshindernde Einrede des Bestehens eines Schiedsvertrages erheben,³⁸¹ woraufhin die Klage als unzulässig abgewiesen wird (§ 102 Abs. 1 ArbGG). Ist die Dreiwochenfrist des § 4 S. 1 KSchG für die Klage beim Arbeitsgericht gewahrt, reicht es aus, wenn alsbald nach Rücknahme der Klage bzw. ihrer Abweisung als unzulässig vor dem Schiedsgericht Klage erhoben wird.³⁸² Eine Verweisung des Rechtsstreits ist gesetzlich nicht vorgesehen und scheidet deshalb aus.³⁸³

1907 Ist zwischen den Parteien bereits ein **Rechtsstreit anhängig,** kann der Arbeitnehmer die **Kündigungsschutzklage** im Wege der Klageänderung anhängig machen, **auch** noch **im Berufungsverfahren.** Lässt das Berufungsgericht die Klageänderung nicht zu (§ 263 ZPO iVm § 525 S. 1 ZPO, § 64 Abs. 6 S. 1 ArbGG), hat es ggfls. die neue Klage durch Teilurteil als unzulässig abzuweisen. Die Klagefrist gilt dann noch als gewahrt, wenn der Arbeitnehmer nun alsbald Klage vor dem Arbeitsgericht erhebt.³⁸⁴ Richtigerweise handelt es sich um einen Fall der nachträglichen Zulassung nach § 5 Abs. 1 S. 1 KSchG (→ Rn. 1948 ff.).³⁸⁵

---

³⁷⁵ BAG 28.10.1997 NZA 1998, 219, 220; 4.1.1993 NZA 1993, 552, 524; 26.3.1992 NZA 1992, 954, 955; GK-ArbGG/*Bader*, § 48 Rn. 12; GMP/*Germelmann*, § 48 ArbGG Rn. 1; *Kissel*, NJW 1991, 945, 947.
³⁷⁶ GK-ArbGG/*Bader* § 48 Rn. 74; *Kissel*, NJW 1991, 945, 950; Zöller/*Lückemann*, § 17b GVG Rn. 3.
³⁷⁷ HHL/*Linck*, § 4 KSchG Rn. 98; ebenso LAG Köln 10.7.1998 NZA-RR 1998, 561; LAG Sachsen-Anhalt 23.2.1995 LAGE KSchG § 4 Nr. 26.
³⁷⁸ KR/*Friedrich*, § 4 KSchG Rn. 187; *Hilbrandt*, NJW 1999, 3594, 3601; *Schaub*, BB 1993, 1666, 1669.
³⁷⁹ Bejahend LAG Sachsen-Anhalt 23.2.1995 LAGE KSchG § 4 Nr. 26; LSW/*Spinner*, § 4 KSchG Rn. 28; a. A. *Bader*, NZA 1995, 905, 906; APS/*Hesse*, § 4 KSchG Rn. 59.
³⁸⁰ Vgl. BAG 14.1.2004 AP TVG § 1 Tarifverträge: Seniorität Nr. 11.
³⁸¹ Vgl. hierzu BAG 30.9.1987 AP BGB § 611 Bühnenengagementsvertrag Nr. 33.
³⁸² BAG 24.9.1970 AP KSchG § 3 Nr. 37 mit Anm. *Herschel*; KR/*Friedrich*, § 4 KSchG Rn. 192.
³⁸³ BAG 24.9.1970 AP KSchG § 3 Nr. 37 mit insoweit krit. Anm. *Herschel*; GK-ArbGG/*Mikosch*, § 102 Rn. 6; KR/*Friedrich*, § 4 KSchG Rn. 191.
³⁸⁴ BAG 10.12.1970 AP KSchG § 3 Nr. 40 mit Anm. *A. Hueck*.
³⁸⁵ So zutreffend HHL/*Linck*, § 4 KSchG Rn. 30.

IX. Die Klagefrist nach § 4 KSchG

1. Allgemeines zur Fristwahrung

Die Frist zur Klageerhebung beträgt nach § 4 S. 1 KSchG drei Wochen. Da es sich bei ihr um eine **prozessuale Klagefrist mit materiell-rechtlicher Wirkung** handelt (dazu näher → Rn. 1919–1921), erfolgt ihre Berechnung nach §§ 187ff. BGB iVm §§ 222 Abs. 1, Abs. 2, 495 ZPO, § 46 Abs. 2 S. 1 ArbGG. Die Dreiwochenfrist beginnt mit dem **Zugang der Kündigung** (Einzelheiten → Rn. 122ff.). Dieser Tag wird nach § 187 Abs. 1 BGB bei der Fristberechnung nicht mitgerechnet. Die Frist endet deshalb nach § 188 Abs. 2 BGB mit Ablauf desjenigen Tages der dritten Woche, welcher durch seine Benennung dem Tag entspricht, an dem die Kündigung zugegangen ist. Ist dieser Tag ein Sonntag, ein am Sitz des örtlich zuständigen Arbeitsgerichts[386] staatlich anerkannter allgemeiner Feiertag oder ein Sonnabend, tritt an seine Stelle nach § 222 Abs. 2 ZPO, der insoweit § 193 BGB verdrängt,[387] der nächste Werktag. Innerhalb der Frist des § 4 S. 1 KSchG muss die Klage **erhoben** werden (dazu näher → Rn. 1913). 1908

Auf die nach § 4 S. 1 KSchG bestehende Klagefrist braucht der Arbeitgeber den Arbeitnehmer **nicht hinzuweisen.** Das liefe auf eine allgemeine Rechtsberatung durch den Arbeitgeber hinaus, die durch die Fürsorgepflicht im Arbeitsverhältnis nicht geboten ist. Der Arbeitnehmer hat sich vielmehr grundsätzlich über seine Rechte und Pflichten aus dem Arbeitsverhältnis selbst zu informieren. Dazu zählt die Klagefrist des § 4 S. 1 KSchG.[388] Das zeigt sich auch in der zutreffenden Ansicht, dass die Unkenntnis der Klagefrist keine nachträgliche Zulassung der Kündigungsschutzklage nach § 5 Abs. 1 S. 1 KSchG rechtfertigt (→ Rn. 1979). 1909

Spricht der Arbeitgeber eine **mündliche** Kündigung aus, die er später schriftlich bestätigt, ist die Versäumung der Dreiwochenfrist, was die mündliche Kündigung betrifft, wegen § 623 1. Hs. BGB auch nach der seit dem 1.1.2004 geltenden Neufassung des § 4 S. 1 KSchG (→ Rn. 1810) unschädlich (näher → Rn. 1836 mit Fn. 127). Im Hinblick auf die schriftliche Bestätigung muss er die Klagefrist wahren, sofern hierin eine neue eigenständige Kündigung zu sehen ist (dazu auch → Rn. 1836 mit Fn. 126). Verwirklicht der Arbeitgeber seine Kündigungsabsicht auf Grund desselben Sachverhalts – evtl. am selben Tag – durch eine mündliche und eine (weitere) schriftliche Kündigung kann es gerechtfertigt sein, die mündliche und die nachfolgende schriftliche Kündigung als einen einheitlichen Lebensvorgang anzusehen,[389] mit der Folge, dass eine nur gegen die mündliche Kündigung gerichtete Klage für die Wahrung der Dreiwochenfrist nach § 4 S. 1 KSchG, bezogen auf die schriftliche Kündigung, ausreicht.[390] 1910

Ebenso kann wegen des einheitlichen Lebensvorgangs eine Klage nach § 4 S. 1 ausreichen, wenn der Arbeitgeber auf Grund desselben Sachverhalts **zweimal schriftlich** 1911

---

[386] Vgl. BAG 24.9.1996 NZA 1997, 507, 508; 16.1.1989 AP ZPO § 222 Nr. 3.
[387] Vgl. RGZ 83, 336, 338f.; MüKoZPO/*Gehrlein,* § 222 Rn. 3.
[388] BAG 26.8.1993 AP LPVG NW § 72 Nr. 8; LAG Düsseldorf 12.6.1980 DB 1980, 1551; *Becker/ Schaffner,* BB 1993, 1282; vgl. auch BAG 22.3.2012 AP KSchG 1969 § 5 Nr. 19 Rn. 44; a.A. *Valentin,* ArbuR 1990, 276; de lege ferenda zu dem Problemfeld *Hohmeister,* ZRP 1994, 141.
[389] Vgl. früher BAG 25.4.1996 NZA 1996, 1227; 14.9.1994 NZA 1995, 417, 418.
[390] Zum umgekehrten Fall vgl. früher BAG 14.9.1994 NZA 1995, 417f.; BGH 11.2.1999 NJW 1999, 1391 (zum Anwaltsverschulden).

in **zeitlich kurzem Abstand** gekündigt hat.³⁹¹ So erfasst zB die gegen die Tatkündigung gerichtete Kündigungsschutzklage auch die Verdachtskündigung, wenn der Arbeitgeber unter demselben Datum aufgrund desselben Sachverhalts in zwei getrennten Schreiben eine Tat- und eine Verdachtskündigung ausspricht.³⁹²

2. Einzelfragen zur Fristwahrung

1912   Die Klagefrist des § 4 S. 1 KSchG ist gewahrt, wenn der Arbeitnehmer gegen eine ihm als sicher in Aussicht gestellte Kündigung Klage erhebt und die Umstellung auf eine Kündigungsschutzklage erst nach Ablauf der Frist von drei Wochen nach dem Ausspruch der Kündigung erfolgt.³⁹³ Der Einwurf der Kündigungsschutzklage in den normalen Briefkasten des Arbeitsgerichts am letzten Tag der Frist ist selbst dann ausreichend, wenn ein Nachtbriefkasten vorhanden ist.³⁹⁴ Der Arbeitnehmer ist in diesem Fall aber für den rechtzeitigen Einwurf in den normalen Briefkasten des Gerichts darlegungs- und beweispflichtig.³⁹⁵ Zur Frage des Zugangs einer Klage bei Abgabe in einer Postverteilungsstelle vgl. BVerfG 29.4.1981 NJW 1981, 1951.

1913   Die **Erhebung** einer **Kündigungsschutzklage** erfolgt in **zwei Stufen.** Die Klage ist innerhalb der Dreiwochenfrist beim Arbeitsgericht einzureichen³⁹⁶ oder mündlich zu Protokoll der Geschäftsstelle des Arbeitsgerichts zu erklären (§ 496 ZPO iVm § 46 Abs. 2 S. 1 ArbGG). Ferner ist die Klage dann von Amts wegen zuzustellen. Erst **nach** der **Zustellung** ist sie *erhoben* iSv § 4 S. 1 KSchG (§ 253 Abs. 1 ZPO iVm § 495 ZPO, § 46 Abs. 2 S. 1 ArbGG). Allerdings genügt es zur Wahrung der Klagefrist, dass die Zustellung der Kündigungsschutzklage nach § 167 ZPO (bis 30.6.2002: § 270 Abs. 3 ZPO a. F.) iVm § 495 ZPO, § 46 Abs. 2 S. 1 ArbGG *demnächst* erfolgt.³⁹⁷

1914   *Demnächst* erfolgt die Zustellung iSd 167 ZPO, wenn die Klage in einer den Umständen nach angemessenen Frist ohne besondere von der Partei oder ihrem Vertreter zu vertretende Verzögerung zugestellt wird.³⁹⁸ Das ist durch eine wertende Betrachtung der jeweiligen Umstände zu prüfen.³⁹⁹ § 167 ZPO bezieht die Wirkung einer „demnächst" erfolgenden Zustellung auf den Zeitpunkt der Einreichung der Klage zurück. So ist sichergestellt, dass der Arbeitnehmer keine Nachteile erleidet, wenn er die ihm in § 4 S. 1 KSchG eingeräumte Klagefrist bis kurz vor ihrem Ablauf ausnutzt.

1915   Den klagenden Arbeitnehmer dürfen bei einer Verzögerung der Zustellung keine Nachteile treffen, die außerhalb seiner Einflusssphäre liegen und die er auch bei gewis-

---

³⁹¹ Vgl. BAG 7.7.2011 NZA 2011, 1108 Rn. 10; 6.9.2007 NZA 2008, 636 Rn. 40, 41; vgl. auch BAG 26.9.2013 NZA 2014, 443 Rn. 27; 22.3.2012 AP KSchG 1969 § 5 Nr. 19 Rn. 38.

³⁹² BAG 23.6.2009 NZA 2009, 1136 Rn. 30; LAG Berlin-Brandenburg 5.3.2008 ZTR 2008, 454 Ls.

³⁹³ BAG 14.9.1994 NZA 1995, 417, 418; 31.3.1993 NZA 1994, 237, 240; 4.3.1980 AP GG Art. 140 Nr. 3; APS/*Hesse*, § 4 KSchG Rn. 96; HHL/*Linck*, § 4 KSchG Rn. 95.

³⁹⁴ Vgl. BAG 22.10.1980 AP KSchG § 1 Nr. 6; BVerfG 7.5.1991 NJW 1991, 2077; ErfK/*Kiel*, § 4 KSchG Rn. 21.

³⁹⁵ BAG 22.2.1980 AP KSchG § 1 Krankheit Nr. 6; ErfK/*Kiel*, § 4 KSchG Rn. 21.

³⁹⁶ Vgl. zum Nachweis des Eingangs der Klage (§ 17 S. 1 TzBfG) BAG 18.1.2012 NZA 2012, 691 Rn. 16.

³⁹⁷ Vgl. nur BAG 20.2.2014 BeckRS 2014, 71301 Rn. 34; 12.2.2004 AP KSchG 1969 § 4 Nr. 50; 27.11.2003 NZA 2004, 452.

³⁹⁸ Vgl. BAG 23.8.2012 NZA 2013, 2276 Rn. 30 ff.; 15.2.2012 AP TVG § 1 Tarifverträge: Bau Nr. 340; BGH 10.2.2011 NJW 2011, 1227 Rn. 8; ausf. Zöller/*Greger*, § 167 ZPO Rn. 10 ff.

³⁹⁹ Vgl. BAG 10.4.2014 BeckRS 2014, 71952 Rn. 52; 20.2.2014 BeckRS 2014, 71301 Rn. 35.

§ 1 Die fristgebundene Kündigungsschutzklage

senhafter Prozessführung nicht vermeiden kann.[400] Zuzurechnen sind ihm Verzögerungen, die dadurch entstehen, dass er nicht alle in seinem Einflussbereich liegenden Voraussetzungen für eine von Amts wegen vorzunehmende Zustellung schafft.[401] Eine um bis zu 14 Tage hinausgezögerte vom Arbeitnehmer zu vertretende Zustellung wird von der Rechtsprechung hingenommen.[402] Bei der Berechnung der Zeitdauer ist auf die Zeitspanne abzustellen, um die sich die ohnehin erforderliche Zustellung der Klage als Folge der Nachlässigkeit des Klägers verzögert. Der auf vermeidbare Verzögerungen im Geschäftsablauf des Gerichts zurückzuführende Zeitraum wird dabei nicht angerechnet.[403] Wird die Klage nicht „demnächst" zugestellt, ist sie nicht rechtzeitig erhoben mit der Folge, dass die Wirkungen des § 7 1. Hs. KSchG eintreten.

1916 Gibt der Arbeitnehmer in der Klage als Anschrift des Arbeitgebers ein Postfach an, gehen Rückfragen des Gerichts bei ihm wegen der ladungsfähigen Anschrift zu seinen Lasten. Das Gleiche gilt, wenn der Arbeitnehmer bzw. sein Prozessbevollmächtigter (vgl. § 85 Abs. 2 ZPO) schuldhaft in der Klageschrift eine falsche Adresse des Arbeitgebers nennt.[404] § 167 ZPO sichert nicht die rechtzeitige Klageerhebung, wenn die Klageschrift mit dem Antrag verbunden wird, die Zustellung zunächst, zB wegen schwebender **Vergleichsverhandlungen,** noch nicht zuzustellen. Ein Hinweis des Gerichts nach § 139 Abs. 3 ZPO dürfte erforderlich sein.[405] Bittet der Arbeitnehmer dagegen im Hinblick auf noch nicht abgeschlossene Vergleichsverhandlungen, zunächst keinen Termin zu bestimmen, ist die Klage fristgerecht erhoben, sofern nur die Zustellung erfolgt.[406] Diese Bitte ist im Übrigen wegen des § 216 ZPO (unverzügliche Bestimmung des Termins von Amts wegen), der nach § 495 ZPO, § 46 Abs. 2 S. 1 ArbGG anwendbar ist, unzulässig.[407]

1917 Die Klagefrist ist auch dann gewahrt, wenn der Arbeitgeber die verspätete Zustellung nicht rügt, sondern zur Hauptsache verhandelt. Die unterlassene Zustellung ist ein verzichtbarer Verfahrensmangel iSd § 295 Abs. 1 ZPO (dazu auch → Rn. 1921). Eine Heilung tritt ein, wenn die Partei den Mangel in der nächsten mündlichen Verhandlung nicht rügt, obwohl sie erschienen ist und der Mangel ihr bekannt sein muss.[408] Der Rügeverlust bewirkt, dass die Klagefrist bereits mit Einreichung der Klage gewahrt ist.[409]

---

[400] BGH 15.1.1992 MDR 1992, 900, 901; vgl. auch BAG 10.4.2014 BeckRS 2014, 71952 Rn. 52; 20.2.2014 BeckRS 2014, 71301; 24.10.2013 NZA 2014, 725 Rn. 26; 23.8.2012 NZA 2013, 227 Rn. 36; BGH 11.2.2011 ZMR 2011, 578; 12.7.2006 NJW 2006, 3206 Rn. 23; 11.7.2003 NJW 2003, 2830, 2831; BVerfG 29.8.2005 NJW 2005, 3346 f.
[401] Vgl. BAG 18.10.2000 NZA 2001, 437; 17.1.2002 NZA 2002, 999 Os.
[402] BAG 20.2.2014 BeckRS 2014, 71301 Rn. 35; 17.1.2002 NZA 2002, 999 Os.; LAG Düsseldorf 8.8.2008 BeckRS 2008, 57285; BGH 10.2.2011 NJW 2011, 1227 Rn. 8 mwN; weitergehend wohl ArbG Berlin 6.8.2003 LAGE InsO § 113 Nr. 12.
[403] BAG 15.2.2012 AP TVG § 1 Tarifverträge: Bau Nr. 340; 17.1.2002 NZA 2002, 999 Os.; vgl. auch BAG 13.11.2014 BeckRS 2015, 65286 Rn. 46; 10.4.2014 BeckRS 2014, 71952 Rn. 52; 20.2.2014 BeckRS 2014, 71301 Rn. 35; BGH 11.2.2011 ZMR 2011, 578; 10.2.2011 NJW 2011, 1227 Rn. 8.
[404] BAG 17.1.2002 NZA 2002 999 Os.
[405] Vgl. KR/*Friedrich*, § 4 KSchG Rn. 144; APS/*Hesse*, § 4 KSchG Rn. 93, 94; ErfK/*Kiel*, § 4 KSchG Rn. 20.
[406] *Bader*, NZA 1997, 905, 906; KR/*Friedrich*, § 4 KSchG Rn. 146; APS/*Hesse*, § 4 KSchG Rn. 93, 94; HHL/*Linck*, § 4 KSchG Rn. 96; vgl. auch BGH 21.11.1953, BGHZ 11, 175, 177.
[407] Vgl. KR/*Friedrich*, § 4 KSchG Rn. 145; HHL/*Linck*, § 4 KSchG Rn. 96.
[408] LAG München 12.11.1982 ZIP 1983, 614, 616; KR/*Friedrich*, § 4 KSchG Rn. 143a; vgl. auch BGH 24.2.1960 NJW 1960, 820.
[409] BAG 11.1.1979 – 2 AZR 615/76 – n. v.

1918 Nach Auffassung des BAG können auch **unzulässige Klagen** die Frist des § 4 S. 1 KSchG wahren,[410] zB eine Klage vor einem örtlich unzuständigen Arbeitsgericht (näher → Rn. 1903) oder vor einem dem Rechtsweg nach unzuständigen Gericht (→ Rn. 1905) oder eine unzulässige Klageerweiterung.[411] Begründet worden ist dies mit dem Sinn und Zweck dieser Klagefrist, der darin bestehe, dem Arbeitgeber alsbald Klarheit zu verschaffen, ob der Arbeitnehmer die Kündigung hinnimmt oder die Unwirksamkeit gerichtlich geltend machen will (vgl. auch → Rn. 1811).[412] Diesen Grundsatz hat das BAG in seinem Urteil vom 31.3.1993[413] auch auf die unzulässige **eventuelle** (= bedingte) **subjektive Klagehäufung** (vgl. auch → Rn. 1887) ausgedehnt.[414]

3. Die Rechtsnatur der Klagefrist

1919 Die Rechtsnatur der Klagefrist des § 4 S. 1 KSchG a. F. war lange umstritten.[415] Während früher teilweise die Klagefrist als prozessuale Frist verstanden wurde mit der Folge, dass die Klage bei Fristversäumung durch ein Prozessurteil abzuweisen war, verstanden die Rechtsprechung des BAG und die ganz h. L. lange Zeit die Klagefrist als materiell-rechtliche Ausschlussfrist mit der Konsequenz, dass die Klage nach Fristversäumung wegen § 7 1. Hs. KSchG als unbegründet abgewiesen wurde.[416] Die Kündigung wurde bis zum 31.12.2003 mit Ablauf der Klagefrist des § 4 S. 1 KSchG a. F. bezüglich der Sozialwidrigkeit unanfechtbar. Aus anderen Unwirksamkeitsgründen dagegen, zB wegen § 102 Abs. 1 S. 3 BetrVG oder § 9 Abs. 1 S. 1 MuSchG, konnte die verspätet erhobene Klage Erfolg haben, weil für die Geltendmachung der Unwirksamkeit der Kündigung aus diesen Gründen eine Klagefrist im Gesetz nicht vorgesehen war (dazu näher → Rn. 2081, 2082). Das BAG erkannte dann in der Entscheidung vom 26.6.1986,[417] die Dreiwochenfrist des § 4 S. 1 KSchG a. F. sei eine **prozessuale Klageerhebungsfrist**.[418] Die Versäumnis der Frist habe unmittelbar den Verlust des Klagerechts zur Folge, das materielle Recht werde des Rechtsschutzes beraubt. Dennoch wies das BAG die Klage wegen der in § 7 1. Hs. KSchG normierten Vermutungswirkung **nicht als unzulässig,** sondern **als unbegründet ab**.[419]

---

[410] BAG 13.3.1997 NZA 1997, 844; 31.3.1993 NZA 1994, 237; vgl. auch BAG 26.9.2013, NZA 2014, 443 Rn. 40.

[411] Hierzu u. zu weiteren Beispielen vgl. die Nachweise aus der Rechtsprechung bei *Boewer*, RdA 2001, 380, 389 in Fn. 103.

[412] BAG 14.9.1994 NZA 1995, 417; 31.3.1993 NZA 1994, 237.

[413] NZA 1994, 237.

[414] Die gegenteilige Entscheidung des LAG Hamm 2.7.1992 LAGE KSchG § 4 Nr. 23 ist vom BAG 31.3.1993 NZA 1994, 237, 239 f., abgeändert worden; gegen BAG *Lüke*, JuS 1996, 969 f.

[415] Vgl. bis 1991 die umfassenden Nachweise bei *Lepke*, DB 1991, 2034. Grundlegend *Vollkommer*, AcP 161 (1962), 332 ff.; *Otto*, Die Präklusion, 1970, S. 27 ff.; *Besta*, Die Regelung der Klageerhebungsfrist, Diss. Passau, 1987; vgl. auch *Rieble*, Anm. zu LAG Hamm LAGE KSchG § 5 Nr. 65.

[416] BAG 28.4.1983 AP KSchG 1969 § 5 Nr. 4; 20.9.1955 AP KSchG § 3 Nr. 7; so jetzt wieder BAG 19.2.2009 NZA 2009, 1095 Rn. 18.

[417] NZA 1986, 761, 762 unter Aufgabe von BAG 26.1.1976 AP KSchG 1969 § 4 Nr. 1; best. durch BAG 13.4.1989 NZA 1990, 395, 397; 6.8.1987 BeckRS 1987, 30722328; dazu *Vollkommer*, FS Stahlhacke, 1995, S. 599, 600; ferner *Lepke*, DB 1991, 2034 ff.

[418] Vgl. zu § 17 S. 1 TzBfG BAG 18.1.2012 NZA 2012, 691 Rn. 15.

[419] BAG 26.6.1986 NZA 1986, 761, 762; dem folgend LAG Baden-Württemberg 26.8.1992 LAGE KSchG § 5 Nr. 58; LAG Rheinland-Pfalz 9.8.1989 LAGE KSchG § 5 Nr. 43; i. Erg. ebenso, aber wegen materiellrechtlicher Ausschlussfrist in § 4 S. 1 KSchG LAG Bremen 6.9.2004 FA 2005, 31 f. Ls.; LAG Hamm 27.1.1994 LAGE KSchG § 5 Nr. 65; *Lepke*, DB 1991, 2034, 2038 f.; *Rieble*, Anm. zu LAG Hamm LAGE KSchG § 5 Nr. 65; vgl. zu § 17 S. 1 TzBfG BAG 18.1.2012 NZA 2012, 691 Rn. 15.

Der Kennzeichnung der Klagefrist des § 4 S. 1 KSchG a. F. als **prozessuale Klage-** **1920** **erhebungsfrist mit materiell-rechtlicher Wirkung**[420] ist das Schrifttum überwiegend gefolgt.[421] An dieser Rechtsnatur der Klagefrist hat sich durch die am 1.1.2004 in Kraft getretene Neufassung des § 4 S. 1 KSchG (→ Rn. 1810) nichts geändert.[422] Allein ihr Anwendungsbereich hat sich erweitert (→ Rn. 1831). Die Klage ist somit auch nach der Neufassung des § 4 S. 1 KSchG bei Fristversäumnis wegen der nach wie vor in § 7 1. Hs. KSchG geregelten Fiktionswirkung als unbegründet abzuweisen.[423]

Der prozessuale Charakter der Klagefrist hat zur Konsequenz, dass die **Heilungs-** **1921** **möglichkeiten** des § 295 ZPO gelten.[424] Dies hat zur Änderung der Rechtsprechung des BAG geführt.[425] Erst recht nach der Neufassung des § 4 S. 1 KSchG bleibt es bei der prozessökonomisch erwünschten Folge, dass die **rechtskräftige Abweisung** der **verspätet erhobenen** Kündigungsschutzklage den Arbeitnehmer auch mit allen sonstigen Unwirksamkeits- bzw. Nichtigkeitsgründen präkludiert (näher → Rn. 2042). Das Urteil ist Sachurteil und stellt die Auflösung des Arbeitsverhältnisses durch die Kündigung, die Streitgegenstand des Prozesses war, endgültig fest. **Alle Gründe** gegen die Rechtswirksamkeit der Kündigung müssen also im Kündigungsprozess **geltend gemacht** werden.[426] Dies muss auch gelten, wenn die Klagefrist bezogen auf einen Nichtigkeitsgrund, zB § 85 SGB IX iVm § 134 BGB im Hinblick auf die Regelung in § 4 S. 4 KSchG (→ Rn. 1925) an sich noch gar nicht begonnen hat.

Die Dreiwochenfrist ist **zwingend,** d.h. vom Gericht auch dann zu beachten, **1922** wenn sich der Beklagte darauf nicht beruft.[427] Dafür spricht neben dem Wortlaut des § 4 S. 1 KSchG auch sein Sinn und Zweck, der mit einem längeren Schwebezustand nicht vereinbar ist, selbst dann nicht, wenn die Parteien damit einverstanden sind. Das Gesetz strebt Klarheit innerhalb einer bestimmten Frist an (→ Rn. 1811).

4. Fristbeginn nach § 4 S. 4 KSchG

a) Rechtslage bis zum 31.12.2003

Bedarf die Kündigung der **Zustimmung** einer **Behörde**, beginnt die Dreiwo- **1923** chenfrist zur Anrufung des Arbeitsgerichts (§ 4 S. 4 KSchG a. F. und n. F.) gem. § 4 S. 4 KSchG, der seit dem 1.1.2004 unverändert weitergilt, erst mit der **Bekanntgabe**

---

[420] Vgl. zuletzt BAG 24.6.2004 NZA 2004, 1330, 1331.
[421] ErfK/*Ascheid*, 4. Aufl., § 4 KSchG Rn. 51; APS/*Ascheid*, 1. Aufl., § 4 KSchG Rn. 99; *Dütz*, Arbeitsrecht, 8. Aufl., Rn. 324; v. *Hoyningen-Huene/Linck*, 13. Aufl. § 4 KSchG Rn. 83; *Otto*, Anm. EzA § 5 KSchG n. F. Nr. 20.
[422] Vgl. zB BAG 11.12.2008 NZA 2009, 692 Rn. 26; APS/*Hesse*, § 4 KSchG Rn. 97; HHL/*Linck*, § 4 KSchG Rn. 145; LSW/*Spinner*, § 4 KSchG Rn. 90; vgl. zu § 17 S. 1 TzBfG BAG 18.1.2012 NZA 2012, 691 Rn. 15.
[423] BAG 26.9.2013 NZA 2014, 443 Rn. 26; 26.3.2009 NZA 2009, 1146 Rn. 17.
[424] Vgl. zur fehlenden Unterschrift unter der Klageschrift → Rn. 1882.
[425] Aufgabe der Entscheidungen 26.1.1976 AP KSchG 1969 § 4 Nr. 1 u. 28.4.1983 AP KSchG 1969 § 5 Nr. 4 durch BAG 26.6.1986 AP KSchG 1969 § 4 Nr. 14; best. zB durch BAG 6.8.1987 BeckRS 1987, 30722328; vgl. auch BAG 11.12.2008 NZA 2009, 692 Rn. 25, 26.
[426] APS/*Hesse*, § 4 KSchG Rn. 114; KR/*Friedrich*, § 4 KSchG Rn. 221; HHL/*Linck*, § 4 KSchG Rn. 52.
[427] BAG 20.9. 1955 AP KSchG § 3 Nr. 7; 26.6. 1986 NZA 1986, 761; 6.8. 1987 BeckRS 1987, 30722328 n. v.; APS/*Hesse*, § 4 KSchG Rn. 90; KR/*Friedrich*, § 4 KSchG Rn. 137 u. 138; HHL/*Linck*, § 4 KSchG Rn. 92; LSW/*Spinner*, § 4 KSchG Rn. 78.

der Entscheidung der Behörde **an** den **Arbeitnehmer.** Die Literatur maß dieser Vorschrift vor der Neufassung des § 4 S. 1 KSchG nur geringe praktische Bedeutung bei. Zum einen betreffe sie nur die inzwischen ganz vereinzelten Fälle[428] nachträglicher Zustimmung einer Behörde zu einer Kündigung.[429] Zum anderen sei die ohne vorherige Zustimmung ausgesprochene Kündigung gem. § 134 BGB nichtig und könne auch ohne Einhaltung der Klagefrist nach § 4 S. 1 KSchG a. F. – bis zur Grenze der Verwirkung nach § 242 BGB (→ Rn. 2086) – stets klageweise geltend gemacht werden.[430]

1924 Das BAG hatte bereits früher die Ausnahmevorschrift des § 4 S. 4 KSchG jedenfalls dann bei einer vom Gesetz (zB § 12 SchwbG idF des Gesetzes vom 29.4.1974, BGBl. I S. 1006, heute: § 85 SGB IX) vorgeschriebenen vorherigen Zustimmung zur Kündigung angewendet, wenn die Bekanntgabe der Behördenentscheidung gegenüber dem Arbeitnehmer erst nach dem Kündigungszugang erfolgte.[431] Das BAG dehnte in seinem Urteil vom 3.7.2003,[432] in dem es entschied, eine Arbeitnehmerin habe zur Wahrung ihres besonderen Kündigungsschutzes nach § 18 Abs. 1 S. 2 BErzGG die für alle Unwirksamkeitsgründe geltende dreiwöchige Klagefrist des § 113 Abs. 2 S. 1 InsO a. F. – außer Kraft seit dem 1.1.2004 (→ Rn. 2306) – zu beachten, den Anwendungsbereich des § 4 S. 4 KSchG, der nach § 113 Abs. 2 S. 2 InsO a. F. entsprechend galt, auch auf die Fälle aus, in denen der Arbeitgeber kündigt, bevor ihm die nach dem Gesetz erforderliche behördliche Zustimmung erteilt worden ist bzw. bevor er sie überhaupt beantragt hat. Denn in diesen Fällen – so das BAG – fehle es jeweils an der für den Beginn der Dreiwochenfrist des § 113 Abs. 2 InsO a. F. (seit 1.1.2004: § 4 S. 1 KSchG n. F.) von § 4 S. 4 KSchG vorgeschriebenen Bekanntgabe der behördlichen Entscheidung an den Arbeitnehmer. Unterbleibe diese Bekanntgabe, weil der Arbeitgeber eine Zustimmung überhaupt nicht beantragt habe, sei das Recht zur Geltendmachung der Unwirksamkeit der Kündigung nur durch die Grundsätze der Verwirkung nach § 242 BGB (→ Rn. 2086) begrenzt.[433]

b) Rechtslage seit dem 1.1.2004

1925 Folgt man dem BAG und wendet § 4 S. 4 KSchG immer dann an, wenn die Wirksamkeit einer Kündigung (auch) von der Zustimmung einer Behörde abhängt, und zwar unabhängig davon, ob diese vom Arbeitgeber überhaupt beantragt worden ist, stellt sich die Frage, welche Bedeutung die am 1.1.2004 in Kraft getretene Neufassung des § 4 S. 1 KSchG auf den unverändert gebliebenen § 4 S. 4 KSchG hat. Zunächst ist darauf hinzuweisen, dass sich der **Beginn** der dreiwöchigen **Klagefrist,** die nunmehr auch für die Unwirksamkeit einer ohne die gesetzlich erforderliche behördliche Zustimmung ausgesprochenen schriftlichen Kündigung gilt (näher → Rn. 1831), **grundsätzlich** nach **§ 4 S. 4 KSchG** richtet. Das bedeutet: Kündigt der Arbeitgeber nach erfolgter behördlicher Zustimmung, erfolgt ihre Bekanntgabe (→ Rn. 1576) dem Arbeitnehmer gegenüber aber erst nach Zugang der Kündigung, beginnt die Dreiwo-

---

[428] Beispiele bei KR/*Friedrich,* § 4 KSchG Rn. 199; *Raab,* RdA 2004, 321, 330 in Fn. 90.
[429] ErfK/*Ascheid,* 4. Aufl., § 4 KSchG Rn. 58; KR/*Friedrich,* 6. Aufl., § 4 KSchG Rn. 197; *v. Hoyningen-Huene/Linck,* 13. Aufl., § 4 KSchG Rn. 63; ebenso zu § 4 S. 4 KSchG n. F. *Schiefer/Worzalla,* NZA 2004, 345, 356.
[430] KR/*Friedrich,* 6. Aufl. § 4 KSchG Rn. 207; *v. Hoyningen-Huene/Linck,* 13. Aufl. § 4 KSchG Rn. 65 mit § 13 KSchG Rn. 77 u. 83.
[431] BAG 17.2.1982 AP § 15 SchwbG Nr. 1 mit Anm. *Gröninger.*
[432] NZA 2003, 1335.
[433] BAG 3.7.2003 NZA 2003, 1335, 1337, unter II 2b cc.

§ 1 Die fristgebundene Kündigungsschutzklage

chenfrist erst mit der Bekanntgabe.[434] Im Übrigen bleibt es dabei, dass die **gerichtliche Geltendmachung** in den Fällen, in denen es zu einer behördlichen Zustimmung mangels eines entsprechenden arbeitgeberseitigen Antrags – trotz Kenntnis von dem Sonderkündigungsschutz des Arbeitnehmers – gar nicht kommt, **durch** die **Grundsätze** der **Verwirkung** nach § 242 BGB (→ Rn. 2086) **begrenzt** ist.[435]

Vorgenannte Fallkonstellation ist auch gegeben, wenn der Arbeitnehmer dem seinerzeitigen Betriebsinhaber seine Anerkennung als schwerbehinderter Mensch (vgl. § 2 Abs. 2 SGB IX iVm § 69 Abs. 1 S. 1 SGB IX) mitgeteilt hatte, dieser als damaliger Arbeitgeber gem. § 87 Abs. 1 S. 1 SGB IX die Zustimmung zur ordentlichen Kündigung des Arbeitnehmers beantragt und auch erhalten hat, die Kündigung jedoch erst nach dem Betriebsübergang gem. § 613a Abs. 1 S. 1 BGB durch den neuen Betriebsinhaber ausgesprochen worden ist.[436] Zum einen muss sich der Betriebsübernehmer die Kenntnis des Betriebsveräußerers von der Schwerbehinderung zurechnen lassen.[437] Zum anderen kann sich der Betriebserwerber nicht auf den nur dem früheren Betriebsinhaber zugestellten Zustimmungsbescheid berufen.[438] 1925a

Anders ist es, wenn der **Arbeitgeber** vor Ausspruch der Kündigung **von der Notwendigkeit** einer behördlichen Zustimmung gar **nichts weiß,** ihm also die **gekündigte** Arbeitnehmerin bzw. der gekündigte Arbeitnehmer **nicht** die für den Sonderkündigungsschutz nach § 9 Abs. 1 S. 1 MuSchG (→ Rn. 1334 ff.) bzw. § 85 SGB IX (→ Rn. 1478 ff.) **erforderlichen Tatsachen mitgeteilt** hatte und diese auch nicht offensichtlich sind.[439] Denn bei dieser Fallkonstellation besteht kein Bedürfnis, der Arbeitnehmerin/dem Arbeitnehmer den mit § 4 S. 4 KSchG bezweckten Schutz zu gewähren, sich nämlich bei einer einem besonderen gesetzlichen Schutz unterliegenden Kündigung zunächst darauf verlassen zu können, dass die Kündigung mangels Zustimmung der Behörde gem. § 134 BGB nichtig ist.[440] Hier richtet sich der **Beginn** der dreiwöchigen **Klagefrist ausschließlich** nach § 4 S. 1 KSchG.[441] 1926

Fraglich ist, ob § 4 S. 4 KSchG auch dann Anwendung findet, wenn die **behördliche Zustimmung,** wie die Zustimmung des Integrationsamtes zur ordentlichen Kündigung in den Fällen des § 89 Abs. 1 S. 1 und Abs. 3 SGB IX gem. § 88 Abs. 5 SGB IX (→ Rn. 1569) oder zur außerordentlichen Kündigung nach § 91 Abs. 3 S. 2 SGB IX (→ Rn. 1596 ff.), wegen nicht rechtzeitiger Entscheidung dieses Amtes **fingiert** wird. Für die außerordentliche Kündigung ist dies ohne weiteres zu verneinen, da § 13 Abs. 1 S. 2 KSchG idF seit 1.1.2004 – wie schon § 13 Abs. 1 S. 2 KSchG a. F. 1927

---

[434] Zum zeitgleichen Beginn der Dreiwochenfrist nach § 4 S. 1 bzw. S. 4 KSchG vgl. BAG 25.4.2013 BeckRS 2013, 70060 Rn. 79.

[435] BAG 9.2.2011 NZA 2011, 854 Rn. 31; 13.2.2008 NZA 2008, 1055 Rn. 38–43; KR/*Friedrich,* § 4 KSchG Rn. 202c; APS/*Hesse,* § 4 KSchG Rn. 102; ErfK/*Kiel,* § 4 KSchG Rn. 24; *Preis,* DB 2004, 70, 770. Zur analogen Anwendung von § 4 S. 4 KSchG im Rahmen einer Klage nach §§ 17 S. 1, 21 TzBfG iVm § 92 SGB IX → Rn. 1542b, 1524c.

[436] So in BAG 15.11.2012 NZA 2013, 505.

[437] Vgl. näher BAG 11.12.2008 NZA 2009, 556 Rn. 18–24.

[438] Vgl. näher BAG 15.11.2012 NZA 2013, 505 Rn. 19 ff.

[439] Zur Schwangerschaft vgl. BAG 19.2.2009 NZA 2009, 980 Rn. 23; zur Schwerbehinderteneigenschaft vgl. BAG 13.2.2008 NZA 2008, 1055 Rn. 46.

[440] Vgl. zu § 4 S. 4 KSchG iVm § 113 Abs. 2 S. 2 InsO a. F. BAG 3.7.2003 NZA 2003, 1335, 1336 (→ Rn. 1924).

[441] BAG 19.2.2009 NZA 2009, 980 Rn. 27–29; 13.2.2008 NZA 2008, 1055 Rn. 45, 46; LAG Nürnberg 4.12.2006 NZA-RR 2007, 194; KR/*Friedrich,* § 4 KSchG Rn. 202c; *Hanau,* ZIP 2004, 1169, 1176; APS/*Hesse,* § 4 KSchG Rn. 102; HHL/*Linck,* § 4 KSchG Rn. 104; *Keßeler,* RdA 2007, 252, 253; ErfK/*Kiel,* § 4 KSchG Rn. 25; *Quecke,* RdA 2004, 86, 100; *Stahlhacke,* FS Leinemann, 2006, S. 389, 396.

Vierter Abschnitt: Der Kündigungsschutzprozess

– nicht auf § 4 S. 4 KSchG verweist (auch → Rn. 1582).⁴⁴² Richtet man sich allein nach dem Wortlaut des § 4 S. 4 KSchG, kann diese Vorschrift nicht den Beginn der dreiwöchigen Klagefrist des § 4 S. 1 KSchG auslösen, da dem Arbeitnehmer keine behördliche Entscheidung bekannt gegeben wurde.⁴⁴³ Da aber die nach § 88 Abs. 5 S. 2 SGB IX fingierte Zustimmung die gleiche Wirkung wie die ausdrücklich erteilte hat (→ Rn. 1569 mit Rn. 1605), spricht vieles dafür, die v. g. Zustimmungsfiktion an die Stelle der Bekanntgabe der Behördenentscheidung iSv § 4 S. 4 KSchG treten zu lassen.⁴⁴⁴ Allerdings würde dies voraussetzen, dass das Integrationsamt den schwerbehinderten Arbeitnehmer über die Voraussetzungen der Zustimmungsfiktion, nämlich den Zeitpunkt des Eingangs des Zustimmungsantrags mit einem unter § 89 Abs. 1 S. 1 und Abs. 3 SGB IX zu subsumierenden Sachverhalt, unterrichtet (vgl. auch § 36 SGB X).⁴⁴⁵ Geschieht das nicht, wird der Beginn der dreiwöchigen Klagefrist des § 4 S. 1 KSchG nicht gem. § 4 S. 4 KSchG ausgelöst. Vielmehr kann der Arbeitnehmer noch bis zur Grenze der Verwirkung nach § 242 BGB (→ Rn. 2086) Klage gegen die von § 88 Abs. 5 S. 2 SGB IX betroffene ordentliche Kündigung erheben.⁴⁴⁶

1928 § 4 S. 4 KSchG ist eine Ausnahmevorschrift von dem Regelfall, dass die Klagefrist grundsätzlich mit dem Zugang der Kündigungserklärung des Arbeitgebers beginnt.⁴⁴⁷ Demzufolge muss der Arbeitnehmer, der sich auf einen späteren Klagefristbeginn als den Zeitpunkt des Zugangs der arbeitgeberseitigen Kündigung gem. § 4 S. 4 KSchG berufen will, die Voraussetzungen dieser Ausnahmevorschrift darlegen. Zu den Voraussetzungen dieser Ausnahmevorschrift gehört auch, vorzutragen, wann die Bekanntgabe der behördlichen Entscheidung erfolgt sein soll, wenn unstreitig ist, dass es jedenfalls zur Bekanntgabe gekommen ist und nur ihr Zeitpunkt streitig ist.⁴⁴⁸

5. Verlängerte Anrufungsfrist nach § 6 S. 1 KSchG

a) Unmittelbarer Anwendungsbereich

1929 Bis zum 31.12.2003 galt: Hatte der Arbeitnehmer innerhalb von drei Wochen nach ihrem Zugang die Kündigung aus anderen als den in § 1 Abs. 1–3 KSchG genannten Gründen mit einer Feststellungsklage nach § 256 Abs. 1 ZPO⁴⁴⁹ angegriffen, konnte er gem. § 6 S. 1 KSchG a. F. in diesem Verfahren die Unwirksamkeit der Kündigung nach § 1 Abs. 1 KSchG **bis zum Schluss der mündlichen Verhandlung erster Instanz** geltend machen. § 6 S. 1 KSchG a. F. verfolgte den Zweck, den Arbeitnehmer vor Rechtsnachteilen zu schützen, wenn er die Kündigung aus anderen Gründen angefochten hatte und sich erst später auf die Sozialwidrigkeit der Kündigung nach § 1

---

⁴⁴² Ebenso KR/*Etzel*, § 91 SGB IX Rn. 39a; *Quecke*, RdA 2004, 86, 100; a. A. KR/*Friedrich*, § 13 KSchG Rn. 35 u. 53; *Raab*, RdA 2004, 321, 331.
⁴⁴³ So *Bauer/Krieger*, Rn. 118c; LSW/*Spinner*, § 4 KSchG Rn. 65.
⁴⁴⁴ So *Bauer*/Preis/Schunder, NZA 2004, 195, 196; vgl. auch KR/*Friedrich*, § 4 KSchG Rn. 210a; *Rehwald/Kossack*, AiB 2004, 604, 605; *Stahlhacke*, FS Leinemann, 2006, S. 389, 397; dagegen *Raab*, RdA 2004, 321, 331.
⁴⁴⁵ KR/*Friedrich*, § 4 KSchG Rn. 210a; Bauer/*Preis*/Schunder, NZA 2004, 195, 196; vgl. auch *Rehwald/Kossack*, AiB 2004, 604, 605; *Stahlhacke*, FS Leinemann, 2006, S. 389, 397; weitergehend *Raab*, RdA 2004, 321, 331.
⁴⁴⁶ Ebenso *Bauer/Krieger*, Rn. 118c.
⁴⁴⁷ Vgl. BAG 3.7.2003 NZA 2003, 1335, 1337.
⁴⁴⁸ LAG Köln 4.12.2006 NZA-RR 2007, 323, 324.
⁴⁴⁹ Vgl. BAG 12.5.2005 NZA 2005, 1259, 1261 f.; 16.4.2003 NZA 2004, 283, 284 f.; APS/*Ascheid*, 1. Aufl., § 6 KSchG Rn. 15.

§ 1 Die fristgebundene Kündigungsschutzklage

Abs. 2, 3 KSchG berufen wollte.[450] Das war zB erforderlich, falls der Arbeitnehmer den Auflösungsantrag nach den §§ 9, 10 KSchG zu stellen beabsichtigte.[451] Notwendig war immer, dass die Feststellungsklage nach § 256 Abs. 1 ZPO gegen die Kündigung aus anderen Gründen, für die an sich § 4 S. 1 KSchG a. F. nicht galt (§ 13 Abs. 3 KSchG a. F.), **innerhalb der Dreiwochenfrist** erhoben worden war.[452] War das der Fall, griff die verlängerte Anrufungsfrist des § 6 S. 1 KSchG a. F. ein. Diese Norm erfasste vor allem die **Verstöße gegen gesetzliche Verbote**.

Die **zum 1.1.2004** erfolgte **Neufassung** des § 6 S. 1 KSchG durch Art. 1 Nr. 4 des „Gesetz zu Reformen am Arbeitsmarkt" vom 24.12.2003 (BGBl. I S. 3002) ist eine Folge der Ausdehnung der dreiwöchigen Klagefrist des § 4 S. 1 KSchG idF seit 1.1.2004 auf alle Unwirksamkeitsgründe einer **schriftlichen** Kündigung.[453] Der Arbeitnehmer soll, sofern er nur innerhalb von drei Wochen Klage nach § 4 S. 1 KSchG n. F. wegen eines Unwirksamkeitsgrundes erhoben hat, auch weitere Unwirksamkeitsgründe – also nicht, wie bis zum 31.12.2003, nur die Sozialwidrigkeit der ordentlichen Kündigung nach § 1 Abs. 1 KSchG – in den Kündigungsschutzprozess einführen können, auf die er sich zunächst bewusst oder unbewusst, etwa weil er die hierfür notwendigen Tatsachen zum Zeitpunkt der Klageerhebung noch gar nicht kannte, nicht berufen hat.[454] Wie schon § 6 S. 1 KSchG a. F. will auch § 6 S. 1 KSchG n. F. den Arbeitnehmer vor einem unnötigen Verlust seines Kündigungsschutzes aus formalen Gründen schützen.[455]

1930

Fraglich erscheint im Hinblick auf den Wortlaut des § 6 S. 1 KSchG n. F., ob der Arbeitnehmer, der außerhalb des Anwendungsbereiches des § 4 S. 1 KSchG n. F. innerhalb von drei Wochen nach Zugang der Kündigung, zB wegen Formunwirksamkeit, Klage nach § 256 Abs. 1 ZPO erhoben hat (→ Rn. 2084), wie früher nach § 6 S. 1 KSchG a. F. (→ Rn. 1929), bis zum Schluss der letzten mündlichen Verhandlung erster Instanz ggf. noch andere Unwirksamkeitsgründe nachschieben kann.[456] Eine Mindermeinung[457] will den Anwendungsbereich des § 6 S. 1 KSchG n. F. durch teleologische Reduktion dahingehend beschränken, dass bei rechtzeitiger klageweiser Geltendmachung der Unwirksamkeit der Kündigung auf andere Weise als nach § 4 S. 1 KSchG der Arbeitnehmer noch bis zum Schluss der mündlichen Verhandlung erster Instanz – dieser Zeitpunkt bestimmt sich nach § 136 Abs. 4 ZPO iVm § 53 Abs. 2 ArbGG[458] – die Unwirksamkeit der Kündigung gem. § 4 S. 1 KSchG n. F. geltend machen kann (auch → Rn. 1936 mit Fn. 518). Unabhängig von diesem Meinungsstreit gilt neben § 6 S. 1 KSchG n. F. noch § 61a Abs. 5 ArbGG, wonach ein „nachgescho-

1931

---

[450] KR/*Friedrich*, 6. Aufl. § 6 KSchG Rn. 7; vgl. auch BAG 8.11.2007 NZA 2008, 936 Rn. 15.
[451] BAG 13.8.1987 NZA 1988, 129.
[452] BAG 22.11.1956 AP KSchG 1951 § 4 Nr. 8; ErfK/*Kiel*, 4. Aufl., § 6 KSchG Rn. 2; APS/ *Ascheid*, 1. Aufl., § 6 KSchG Rn. 6; KR/*Friedrich*, 6. Aufl., § 6 KSchG Rn. 8; *v. Hoyningen-Huene/ Linck*, 13. Aufl. § 6 KSchG Rn. 2; KDZ/*Zwanziger*, 5. Aufl., § 6 KSchG Rn. 2.
[453] BT-Drucks. 15/1204, S. 13; ebenso BAG 8.11.2007 NZA 2008, 936 Rn. 16; LAG Düsseldorf 3.11.2008 LAGE BetrVG 2001 § 1 Nr. 2; *Bauer/Krieger*, Rn. 111; *Bayreuther*, ZfA 2005, 391 f.; KR/ *Friedrich*, § 6 KSchG Rn. 6a; APS/*Hesse*, § 6 KSchG Rn. 1.
[454] BT-Drucks. 15/1204, S. 13; vgl. auch BAG 8.11.2007 NZA 2008, 936 Rn. 16; LAG Düsseldorf 3.11.2008 LAGE BetrVG 2001 § 1 Nr. 2.
[455] BAG 26.9.2013 NZA 2014, 443 Rn. 35; 18.7.2013 NZA 2014, 109 Rn. 19; 15.5.2012 NZA 2012, 1148 Rn. 23.
[456] Bejahend *Raab*, RdA 2004, 321, 329; vgl. auch BAG 23.4.2008 NZA-RR 2008, 466 Rn. 22; KR/*Friedrich*, § 6 KSchG Rn. 7; *Quecke*, RdA 2004, 86, 102; dagegen *Bader*, NZA 2004, 65, 69.
[457] *Quecke*, RdA 2004, 86, 102; vgl. auch *Bender/J. Schmidt*, NZA 2004, 358, 365; *Löwisch*, BB 2004, 154, 160.
[458] Moll/*Boewer*, MAH Arbeitsrecht, § 48 Rn. 250; KR/*Friedrich*, § 6 KSchG Rn. 19.

bener" Sachvortrag unbeachtlich sein kann.[459] Dagegen kann im Anwendungsbereich des § 6 S. 1 KSchG nicht auf § 67 Abs. 2 ArbGG zurückgegriffen werden, da – anders als noch bis zum 31.12.2003 – seit dem 1.1.2004 nach § 4 S. 1 KSchG sämtliche Unwirksamkeitsgründe einer Kündigung bis zum Schluss der mündlichen Verhandlung erster Instanz geltend gemacht werden müssen (auch → Rn. 1934).[460]

1932 Unsicher war, ob § 6 S. 1 KSchG a. F. auch galt, wenn der Arbeitnehmer sich innerhalb der Klagefrist gegen die **Nichteinhaltung** der gesetzlichen, tariflichen oder vertraglichen **Kündigungsfrist** wendete, d. h. also nur insoweit Einwendungen erhob, nicht aber die Beendigungswirkung als solche in Frage stellte. Angesichts des Schutzcharakters des § 6 S. 1 KSchG a. F. war dessen **weite Auslegung** geboten.[461] Der Arbeitgeber vermochte zu erkennen, dass die Kündigung zu dem bestimmten Termin nicht anerkannt wurde. Dem Arbeitnehmer konnte nicht verwehrt werden, sich dann später noch auf die Sozialwidrigkeit zu berufen.[462] An dieser Rechtslage hat sich durch die seit dem 1.1.2004 geltende Neufassung des § 6 S. 1 KSchG nichts geändert, auch wenn man § 4 S. 1 KSchG zur Geltendmachung eines Verstoßes gegen die maßgebliche Kündigungsfrist für nicht anwendbar hält (dazu näher → Rn. 1833).[463]

1933 Kündigt der Arbeitgeber **außerordentlich,** ohne zugleich ausdrücklich hilfsweise ordentlich zu kündigen (dazu näher → Rn. 2017, 2018), und greift der Arbeitnehmer diese Kündigung fristgerecht nach § 4 S. 1 KSchG iVm § 13 Abs. 1 S. 2 KSchG n. F. an, kann er im Falle einer Umdeutung dieser Kündigung nach § 140 BGB die Wirksamkeit der so gewonnenen ordentlichen Kündigung innerhalb der verlängerten Frist des § 6 S. 1 KSchG – zB nach § 1 Abs. 1 KSchG – in Frage stellen.[464] Das gilt allerdings dann nicht, wenn sich der Arbeitnehmer mit der ordentlichen Kündigung einverstanden erklärt (auch → Rn. 2072).[465]

1934 Von dem Grundsatz, dass der Arbeitnehmer nach § 6 S. 1 KSchG a. F. im Berufungsverfahren die Sozialwidrigkeit der Kündigung (§ 1 Abs. 1 KSchG) nicht mehr geltend machen konnte, machte die Rechtsprechung eine **Ausnahme** für den Fall der **Umdeutung** einer wegen Fehlens eines wichtigen Grundes (§ 626 Abs. 1 BGB) unwirksamen außerordentlichen Kündigung. Erfolgte die Umdeutung erst in der Beru-

---

[459] Vgl. HHL/*Linck*, § 6 KSchG Rn. 3; *Preis*, DB 2004, 70, 77; *Quecke*, RdA 2004, 86, 102; *Schiefer/Worzalla*, NZA 2004, 345, 356; a. A. *Bader*, NZA 2004, 65, 69; *Moll/Boewer*, MAH Arbeitsrecht, § 48 Rn. 241; APS/*Hesse* § 6 KSchG Rn. 3; wohl auch *Eylert*, NZA 2012, 9, 10; offen gelassen von BAG 20.9.2012 NZA 2013, 94 Rn. 34.
[460] Vgl. *Bauer*, Sonderbeilage zu Heft 21/2003, S. 47, 50; *Bauer/Krieger*, Rn. 112; *Raab*, RdA 2004, 321, 329; KPK/*Ramrath*, § 6 KSchG Rn. 1.
[461] BAG 14.9.1994 NZA 1995, 417; 31.3.1993 NZA 1994, 237; 23.3.1983 AP KSchG 1969 § 6 Nr. 1; *Boewer*, RdA 2001, 380, 389; KR/*Friedrich*, 6. Aufl., § 6 KSchG Rn. 16; KDZ/*Zwanziger*, 5. Aufl., § 6 KSchG Rn. 8.
[462] ErfK/*Ascheid*, 4. Aufl., § 6 KSchG Rn. 5; APS/*Ascheid*, 1. Aufl., § 6 KSchG Rn. 12; KR/*Friedrich*, 6. Aufl., § 6 KSchG Rn. 13.
[463] BAG 13.8.1987 NZA 1988, 129, 130; KR/*Friedrich*, § 6 KSchG Rn. 13a; *Korinth*, ArbRB 2009, 57, 58; LSW/*Spinner*, § 6 KSchG Rn. 4; a. A. APS/*Hesse*, § 6 KSchG Rn. 9; *Bayreuther*, ZfA 2005, 391, 396 f.; HaKo/*Gallner*, § 6 KSchG Rn. 18; ErfK/*Kiel* § 6 KSchG Rn. 4.
[464] KR/*Friedrich*, § 6 KSchG Rn. 17; ErfK/*Kiel*, § 6 KSchG Rn. 4; *Korinth*, ArbRB 2009, 57, 58; LSW/*Spinner*, § 6 KSchG Rn. 3; KDZ/*Zwanziger*, § 6 KSchG Rn. 3; ebenso zu §§ 4 S. 1, 13 Abs. 1 S. 2 KSchG a. F. früher BAG 30.11.1961 AP KSchG § 5 Nr. 3; 16.11.1970 AP KSchG § 3 Nr. 38 mit Anm. *A. Hueck*; LAG Düsseldorf 25.3.1980 DB 1980, 2528; a. A. *Bayreuther*, ZfA 2005, 391, 395 f., der die Anwendung von § 6 S. 1 KSchG in Umdeutungsfällen für überflüssig hält; ebenso APS/*Hesse*, § 6 KSchG Rn. 12; HHL/*Linck*, § 6 KSchG Rn. 8.
[465] BAG 13.8.1987 NZA 1988, 129, 130; APS/*Hesse*, § 6 KSchG Rn. 13; KR/*Friedrich*, § 6 KSchG Rn. 17; HHL/*Linck*, § 6 KSchG Rn. 8; ErfK/*Kiel*, § 6 KSchG Rn. 4; KDZ/*Zwanziger*, § 6 KSchG Rn. 5.

§ 1 Die fristgebundene Kündigungsschutzklage

fungsinstanz, konnte sich der Arbeitnehmer auch noch in dieser Instanz auf die Sozialwidrigkeit der durch Umdeutung gewonnenen ordentlichen Kündigung berufen.[466] Hieran hat § 6 S. 1 KSchG n. F., der nunmehr den Arbeitnehmer zwingt, im Kündigungsschutzverfahren nach § 4 S. 1 KSchG n. F. bis zum Schluss der mündlichen Verhandlung erster Instanz sämtliche Unwirksamkeitsgründe geltend zu machen (näher → Rn. 1931), nichts geändert (auch → Rn. 2073).[467]

Die Geltendmachung der Sozialwidrigkeit oder der sonst nachgeschobenen Unwirksamkeitsgründe erfolgt durch entsprechenden Vortrag. Einer Änderung des Klageantrages bedarf es in aller Regel nicht. **1935**

Noch nicht abschließend geklärt ist, unter welchen Voraussetzungen sich der Arbeitnehmer auf einen Unwirksamkeitsgrund, den er nicht innerhalb der Dreiwochenfrist des § 4 S. 1 KSchG klageweise geltend gemacht hat, bis zum Schluss der mündlichen Verhandlung erster Instanz gem. § 6 S. 1 KSchG „berufen" hat. Der 2. Senat des BAG hat es in seinem Urteil vom 8.11.2007[468] nicht reichen lassen, dass der Arbeitnehmer im Rahmen seiner auf § 1 Abs. 1, Abs. 2 S. 1 KSchG gestützten Klage erstinstanzlich nur den auf sein Arbeitsverhältnis anwendbaren Tarifvertrag mit einem – ohne weiteres daraus zu entnehmenden – Ausschluss der ordentlichen Kündigung altersgesicherter Arbeitnehmer benannt hat, ohne zugleich einen Verstoß gegen den daraus für ihn folgenden Sonderkündigungsschutz (vgl. schon oben unter I. 1.) zu rügen. Der 7. Senat des BAG hat in seinem Urteil vom 4.5.2011[469] offen gelassen, welche Anforderungen an eine Geltendmachung weiterer Unwirksamkeitsgründe iSv § 6 S. 1 KSchG iVm § 17 S. 2 TzBfG zu stellen sind[470] und die vom 2. Senat – auch bezogen auf das Vorbringen des Arbeitnehmers in der Berufungsinstanz[471] – gestellten Anforderungen als „streng" bezeichnet.[472] **1935a**

Ausgehend von dem bereits erwähnten Sinn und Zweck des 6 S. 1 KSchG a. F. und n. F., nämlich den oft rechtsunkundigen Arbeitnehmer vor einem unnötigen Verlust seines Kündigungsschutzes aus formalen Gründen zu bewahren, erscheint bei der Beurteilung der Frage, unter welchen Voraussetzungen sich der Arbeitnehmer nach § 6 S. 1 KSchG erstinstanzlich auf einen bisher in seiner rechtzeitig gem. § 4 S. 1 KSchG erhobenen Kündigungsschutzklage nicht geltend gemachten Unwirksamkeitsgrund „berufen" hat, ein großzügiger Maßstab angebracht. Es muss, da das Klageziel des Arbeitnehmers bereits durch seinen Klageantrag unter Berücksichtigung seiner Klagebegründung feststeht, nämlich Feststellung der Nichtauflösung des Arbeitsverhältnisses wegen Unwirksamkeit der streitbefangenen Kündigung (vgl. § 4 S. 1 KSchG), ausreichen, wenn der Arbeitnehmer bis zum Zeitpunkt der letzten mündlichen Verhandlung in erster Instanz bisher nicht vorgetragene Tatsachen in den Prozess einführt, aus denen sich ein weiterer, nach allgemeinen zivilprozessualen Regeln von Amts wegen – die rechtliche Subsumtion ist Aufgabe des Gerichts[473] – zu berücksichtigender Un- **1935b**

---

[466] HK-KSchG/*Dorndorf,* § 13 Rn. 80; KR/*Friedrich,* 6. Aufl., § 13 KSchG Rn. 83; *v. Hoyningen-Huene/Linck,* 13. Aufl., § 13 KSchG Rn. 47a.
[467] KR/*Friedrich,* § 13 KSchG Rn. 85; HHL/*v. Hoyningen-Huene,* § 13 KSchG Rn. 42; *Korinth,* ArbRB 2009, 57, 59.
[468] BAG NZA 2008, 936 Rn. 19.
[469] BAG NZA 2011, 1178 Rn. 21.
[470] Ebenso zu § 6 S. 1 KSchG iVm §§ 17 S. 2, 21 TzBfG BAG (7. Senat) 27.7.2011 AP TzBfG § 21 Nr. 9 Rn. 38.
[471] Hierzu BAG NZA 2008, 936 Rn. 20.
[472] Ebenso zu § 6 S. 1 KSchG iVm §§ 17 S. 2, 21 TzBfG BAG (7. Senat) 27.7.2011 AP TzBfG § 21 Nr. 9 Rn. 37.
[473] Vgl. näher BAG NZA-RR 2013, 217 Rn. 32.

wirksamkeitsgrund ergibt.⁴⁷⁴ Dies entspricht auch der vom 6. Senat des BAG in seinem Urteil vom 18.1.2012 geäußerten Auffassung.⁴⁷⁵ Bleiben dem Arbeitsgericht Zweifel, ob der Arbeitnehmer mit seinem nachgeschobenen Vortrag einen weiteren Unwirksamkeitsgrund in den Kündigungsprozess einführen will, hat es im Rahmen der ihm nach § 139 ZPO iVm § 495 ZPO, § 46 Abs. 2 S. 1 ArbGG obliegenden Prozessleitungspflicht – diese umschließt nach § 139 Abs. 2 ZPO die Pflicht zur Führung eines Rechtsgesprächs⁴⁷⁶ – für Aufklärung zu sorgen.⁴⁷⁷

b) Entsprechende Anwendung

1936 Hatte der Arbeitnehmer innerhalb der Dreiwochenfrist eine **Leistungsklage auf Entgeltzahlung oder Weiterbeschäftigung** erhoben, die sich auf Zeiten nach dem Zugang der außerordentlichen Kündigung oder nach dem Ablauf der Kündigungsfrist erstreckte, und musste somit über den Bestand des Arbeitsverhältnisses als Vorfrage entschieden werden, war § 6 S. 1 KSchG a.F. analog anzuwenden, d. h., der Arbeitnehmer konnte sich nach Ablauf der Klagefrist auf die Sozialwidrigkeit der Kündigung berufen.⁴⁷⁸ Es besteht seit dem 1.1.2004 kein Anlass, diese Analogie aufzugeben.⁴⁷⁹ Allerdings ermöglicht sie dem Arbeitnehmer nun, sich nach Ablauf der Dreiwochenfrist auch auf andere Unwirksamkeitsgründe als den der Sozialwidrigkeit zu berufen.

1937 Zwar kann der Arbeitnehmer, der innerhalb von drei Wochen nach Zugang einer auf dringende betriebliche Gründe gestützten Kündigung mit einem der Höhe nach **§ 1a Abs. 2 S. 1 KSchG** entsprechenden Abfindungsangebot gem. § 1a Abs. 1 S. 1 KSchG (→ Rn. 1173 ff.) eine Leistungsklage erhebt, bei der die Unwirksamkeit dieser Kündigung als Vorfrage zu klären ist, diese Unwirksamkeit trotz Verstreichenlassen der Dreiwochenfrist des § 4 S. 1 KSchG gem. § 6 S. 1 KSchG analog noch klageweise geltend machen.⁴⁸⁰ Die ihm bereits außergerichtlich angebotene Abfindung kann er dann aber nicht mehr verlangen (näher → Rn. 1185).

1938 Erhob der Arbeitnehmer innerhalb von drei Wochen Klage gegen eine **Änderungskündigung** nach § 4 S. 2 KSchG a.F., konnte er, solange § 4 S. 1 KSchG a.F. galt, in analoger Anwendung des § 6 S. 1 KSchG a.F. die Sozialwidrigkeit der Änderungskündigung als Beendigungskündigung nach § 1 Abs. 2 S. 1, Abs. 3 S. 1 1. Hs. KSchG geltend machen.⁴⁸¹ Das gilt auch seit dem 1.1.2004 nach § 6 S. 1 KSchG n.F.

---

⁴⁷⁴ Vgl. *Eylert* NZA 2012, 9, 10; ErfK/*Kiel* KSchG § 6 Rn. 2; HHL/*Linck* KSchG 6 Rn. 4; vgl. auch *Zeuner*, FS Leipold, 2009, 221, 230.

⁴⁷⁵ BAG NZA 2012, 817 Rn. 26.

⁴⁷⁶ BAG NZA 2012, 817 Rn. 25; vgl. näher BAG NZA-RR 2007, 495 Rn. 37.

⁴⁷⁷ Vgl. BAG NZA 2012, 817 Rn. 25; ErfK/*Kiel* KSchG § 6 Rn. 6; HHL/*Linck* KSchG § 7 Rn. 4.

⁴⁷⁸ H. M. BAG 28.6.1973 AP KSchG 1969 § 13 Nr. 2; LAG Köln 17.2.2004 NZA-RR 2004, 136, 137; APS/*Ascheid*, 1. Aufl. § 6 KSchG Rn. 15; *Boewer*, RdA 2001, 380, 389; KR/*Friedrich*, 6. Aufl. § 6 KSchG Rn. 23; *v. Hoyningen-Huene/Linck*, 13. Aufl. § 6 KSchG Rn. 4.

⁴⁷⁹ BAG 26.9.2013 NZA 2014, 443 Rn. 35; 23.4.2008 NZA-RR 2008, 466 Rn. 22; LAG Berlin-Brandenburg 5.8.2010 BeckRS 2011, 67214; KR/*Friedrich*, § 6 KSchG Rn. 23 ff.; APS/*Hesse*, § 6 KSchG Rn. 14; ErfK/*Kiel*, § 6 KSchG Rn. 3; *Korinth*, ArbRB 2009, 57, 58; KDZ/*Zwanziger*, § 6 KSchG Rn. 7; ebenso zu § 6 S. 1 KSchG iVm § 17 S. 2 TzBfG BAG 10.10.2012 AP TzBfG § 21 Nr. 10 Rn. 15; 15.5.2012 NZA 2012, 1148 Rn. 23, 24; a. A. *Bader*, NZA 2004, 65, 69. *Bayreuther*, ZfA 2005, 391, 401; *Gallner*, FS Wank, S. 117, 122 f.

⁴⁸⁰ Vgl. *Bauer/Krieger*, NZA 2004, 77, 79; *Giesen/Besgen*, NJW 2004, 185, 187; *Grobys*, DB 2003, 2174, 2175; LSW/*Spinner*, § 1a KSchG Rn. 22; *Preis*, DB 2004, 70, 75; *Quecke*, RdA 2004, 86, 97; *Raab*, RdA 2005, 1, 10; KR/*Spilger*, § 1a KSchG Rn. 78; *Willemsen/Annuß*, NJW 2004, 177, 183.

⁴⁸¹ BAG 17.5.2001 NZA 2002, 54 Os.; 23.3.1983 NJW 1983, 2719; *Boewer*, RdA 2001, 380, 389; *v. Hoyningen-Huene/Linck*, 13. Aufl. § 6 KSchG Rn. 5; a. A. *Loritz*, SAE 1984, 130, 131 f.

und muss nach der Neufassung von § 4 S. 1 KSchG für alle Unwirksamkeitsgründe gelten.⁴⁸²

Hatte der Arbeitnehmer anlässlich einer Kündigung neben oder anstelle der Klage nach § 4 S. 1 KSchG eine **allgemeine Feststellungsklage** gem. § 256 Abs. 1 ZPO erhoben, gestattete es ihm die analoge Anwendung des Grundgedankens von § 6 S. 1 KSchG a. F. die Unwirksamkeit weiterer Kündigungen, auf die sich der Arbeitgeber im Verlaufe des Prozesses berief – u. U. sogar ohne Rückgriff auf einen unterbliebenen Hinweis nach § 6 S. 2 KSchG (→ Rn. 1942) – bis zum Zeitpunkt der letzten mündlichen Verhandlung in der Berufungsinstanz nach § 1 Abs. 1, Abs. 2 S. 1 KSchG geltend zu machen (näher → Rn. 2040).⁴⁸³ Ob diese weitreichende Analogie ausgedehnt auf sämtliche Unwirksamkeitsgründe, nach Inkrafttreten des § 4 S. 1 KSchG n. F. auf § 6 S. 1 KSchG n. F. übertragen werden kann,⁴⁸⁴ ist höchstrichterlich noch nicht entschieden.⁴⁸⁵ **1939**

In den Fällen der analogen Anwendung muss der Klageantrag geändert bzw. erweitert werden.⁴⁸⁶ Ist Zahlungsklage erhoben worden (→ Rn. 1936), muss der Feststellungsantrag nach § 4 S. 1 KSchG zusätzlich gestellt werden. **1940**

c) Hinweispflicht

Das Arbeitsgericht **soll** den Arbeitnehmer nach § 6 S. 2 KSchG auf die verlängerte Anrufungsfrist **hinweisen.** Diese Vorschrift, die sich seit dem 1.1.2004 inhaltlich nicht geändert hat, stellt nicht nur eine Sollvorschrift, sondern eine **Mussvorschrift** dar.⁴⁸⁷ Ein Hinweis nach § 6 S. 2 KSchG, der sich in der Ladung zur Güteverhandlung an dem Wortlaut des § 6 S. 1 KSchG orientieren kann,⁴⁸⁸ ist aber nur geboten, wenn den Klageanträgen, der Begründung der Klage oder sonstigen Umständen Anhaltspunkte dafür zu entnehmen sind, dass überhaupt ein bisher vom Kläger nicht ausdrücklich geltend gemachter Unwirksamkeitsgrund vorliegen könnte.⁴⁸⁹ Beruft sich der Arbeitnehmer trotz eines solchen Hinweises erst später auf weitere Unwirksamkeitsgründe, können diese im Rechtsmittelverfahren grundsätzlich nicht mehr berücksichtigt werden.⁴⁹⁰ § 6 S. 1 KSchG ist damit eine Präklusionsvorschrift.⁴⁹¹ Unterbleibt der Hin- **1941**

---

⁴⁸² Vgl. LAG Sachsen-Anhalt 6.10.2014 NZA-RR 2015, 187, 189 f.; KR/*Friedrich*, § 6 KSchG Rn. 29a; APS/*Hesse*, § 6 KSchG Rn. 20; ErfK/*Kiel*, § 6 KSchG Rn. 2; LSW/*Spinner*, § 6 KSchG Rn. 10; KDZ/*Zwanziger*, § 6 KSchG Rn. 9.

⁴⁸³ BAG 13.3.1997 NZA 1997, 844, 846 im Anschl. an BAG 7.12.1995 NZA 1996, 334.

⁴⁸⁴ Krit. *Bayreuther*, ZfA 2005, 391, 399 f.; Hako/*Gallner*, § 4 Rn. 51 und 52; HHL/*Linck*, § 4 KSchG Rn. 127; vgl. aber auch *Bender/Schmidt*, NZA 2004, 358, 365 f.; APS/*Hesse*, KSchG § 6 Rn. 11.

⁴⁸⁵ Dafür wohl LAG Berlin-Brandenburg BeckRS 2011, 67214; vgl. auch BAG 15.5.2012 NZA 2012, 1148 Rn. 24 mit Rn. 26 zu § 6 S. 1 KSchG iVm § 17 S. 2 TzBfG.

⁴⁸⁶ Vgl. BAG 13.3.1997 NZA 1997, 844, 846 f.

⁴⁸⁷ *Bader*, NZA 2004, 65, 69; *Bayreuther*, ZfA 2005, 391, 401; KR/*Friedrich*, § 6 KSchG Rn. 31; APS/*Hesse*, § 6 KSchG Rn. 22; vgl. auch BAG 8.11.2007 NZA 2008, 936 Rn. 21; 18.1.2012 NZA 2013, 817 Rn. 23.

⁴⁸⁸ Vgl. BAG 18.1.2012 NZA 2012, 817 Rn. 22; ebenso ErfK/*Kiel*, § 6 KSchG Rn. 6; HHL/*Linck*, § 6 KSchG Rn. 12; a. A. *Eylert*, NZA 2012, 9, 12: Konkreter fallbezogener Hinweis.

⁴⁸⁹ Vgl. LAG Düsseldorf 3.11.2008 LAGE BetrVG 2001 § 1 Nr. 2; LAG Köln 1.8.2008 LAGE KSchG § 1 Verhaltensbedingte Kündigung Nr. 101a; LAG Rheinland-Pfalz 10.2.2011 BeckRS 2011, 71629; *Eylert*, NZA 2012, 9, 11; APS/*Hesse*, § 6 KSchG Rn. 22; KR/*Friedrich*, § 6 KSchG Rn. 31; ErfK/*Kiel*, § 6 KSchG Rn. 6.

⁴⁹⁰ BAG 18.1.2012 NZA 2012, 817 Rn. 13 mit Rn. 27.

⁴⁹¹ BAG 18.1.2012 NZA 2012, 817 Rn. 12, 13; BAG 25.10.2012 NZA 2013, 900 Rn. 35; abl. *Quecke*, RdA 2004, 86, 102; *Zeuner* NZA 2012, 1414, 1416 f.

weis, liegt ein Mangel im Verfahren vor (vgl. § 139 Abs. 2 ZPO).⁴⁹² In diesem Fall greift die Ausschlusswirkung des § 6 S. 1 KSchG nicht ein.⁴⁹³

1942 Rechtsprechung⁴⁹⁴ und h. L.⁴⁹⁵ halfen bei **Unterlassung** der **Belehrung** auf die verlängerte Anrufungsfrist nach § 6 S. 1 KSchG a. F. mit der **Zurückverweisung** der Sache entgegen dem Wortlaut des § 68 ArbGG. Nach Meinung des 7. Senats des BAG sprechen jedenfalls aufgrund der zum 1.1.2004 erfolgten **Neufassung** des **§ 6 S. 1 KSchG** die **besseren Gründe für** eine **eigene Sachentscheidungsbefugnis** des **Berufungsgerichts bei** einem **Verstoß** des **Arbeitsgerichts gegen § 6 S. 2 KSchG** iVm § 139 Abs. 2 ZPO.⁴⁹⁶ Diesem Verstoß und der deshalb unterbliebenen, durch § 6 S. 1 KSchG n. F. ausdrücklich ermöglichten Einbringung weiterer Unwirksamkeitsgründe in die Klage nach § 4 S. 1 KSchG bzw. gem. § 17 S. 1 TzBfG (§ 6 S. 1 KSchG iVm § 17 S. 2 TzBfG), bis zum Schluss der mündlichen Verhandlung erster Instanz könne das Berufungsgericht damit begegnen, dass es als zweite Tatsacheninstanz die notwendige ergänzende Sachaufklärung gem. §§ 520 Abs. 3 S. 2 Nr. 4, 531 Abs. 2 S. 1 Nr. 2 ZPO iVm § 64 Abs. 6 S. 1 betreibe.⁴⁹⁷ Da somit der **Verstoß gegen § 6 S. 2 KSchG in der Berufungsinstanz behebbar** sei – die Behebbarkeit eines erstinstanzlichen Verfahrensmangels im Berufungsverfahren ist das maßgebliche Kriterium für das Zurückverweisungsverbot des § 68 ArbGG⁴⁹⁸ –, bedürfe es keiner Abweichung von dem vorgenannten Verbot.⁴⁹⁹ Entscheidend für eine eigene Sachentscheidungsbefugnis des Landesarbeitsgerichts spreche der für Bestandsstreitigkeiten im besonderen Maß (vgl. §§ 61a, 64 Abs. 8 ArbGG) geltende allgemeine arbeitsgerichtliche Beschleunigungsgrundsatz. Dies stehe im Einklang mit Art. 19 Abs. 4 GG, auch wenn die Parteien bei eigener Sachentscheidung des Landesarbeitsgerichts eine Tatsacheninstanz „verlören".⁵⁰⁰ Das Schrifttum ist dem BAG überwiegend gefolgt.⁵⁰¹ Auf der Grundlage dieser neuen Rechtsprechung steht dem Berufungsgericht auch in den Fällen der analogen Anwendung des § 6 S. 1 KSchG (→ Rn. 1936–1939) bei einem Verstoß gegen den dann ebenfalls analog anwendbaren § 6 S. 2 KSchG eine eigene Sachentscheidungsbefugnis zu.⁵⁰²

---

⁴⁹² APS/*Hesse*, § 6 KSchG Rn. 23; KR/*Friedrich*, § 6 KSchG Rn. 33; HHL/*Linck*, § 6 KSchG Rn. 13; ErfK/*Kiel*, § 6 KSchG Rn. 7.

⁴⁹³ Vgl. BAG 25.10.2012 NZA 2013, 900 Rn. 35; 8.11.2007 NZA 2008, 936 Rn. 21; vgl. zu § 6 S. 1 KSchG iVm § 17 S. 2 TzBfG BAG 20.8.2014 NZA-RR 2015, 9 Rn. 21; 4.5.2011 NZA 2011, 1178 Rn. 20.

⁴⁹⁴ BAG 30.11.1961 AP KSchG § 5 Nr. 3; LAG Düsseldorf 9.6.2004 LAGE KSchG § 4 Nr. 49; 25.3.1980 DB 1980, 2528; LAG Frankfurt/M. 31.7.1986 LAGE BGB § 130 Nr. 5; LAG Köln 8.3.1988 LAGE KSchG § 6 Nr. 1; offen gelassen von BAG 12.5.2005 NZA 2005, 1259, 1261.

⁴⁹⁵ ZB APS/*Ascheid*, 1. Aufl., § 6 KSchG Rn. 29 mwN.

⁴⁹⁶ So zu § 6 S. 2 KSchG iVm § 17 S. 2 TzBfG BAG 4.5.2011 NZA 2011, 1178 Rn. 27; noch offen gelassen, aber schon dazu neigend BAG (2. Senat) 8.11.2007 NZA 2008, 936 Rn. 21.

⁴⁹⁷ So zu § 6 S. 2 KSchG iVm § 17 S. 2 TzBfG BAG 4.5.2011 NZA 2011, 1178 Rn. 28.

⁴⁹⁸ Vgl. BAG 25.2.1988 BeckRS 1988, 30725279 RzK I 5c Nr. 26; GMP/*Germelmann* ArbGG § 68 Rn. 27; ErfK/*Koch* ArbGG § 68 Rn. 1.

⁴⁹⁹ Vgl. BAG 4.5.2011 NZA 2011, 1178 Rn. 29.

⁵⁰⁰ BAG 4.5.2011 NZA 2011, 1178 Rn. 30; vgl. auch BAG 27.7.2011 BeckRS 2012, 65214 Rn. 37; gegen eine Zurückverweisung der Klage nach § 4 S. 1 KSchG in die 1. Instanz bei einem Verstoß gegen § 6 S. 2 KSchG jetzt auch BAG 25.10.2012 NZA 2013, 900 Rn. 35; 13.12.2012 NZI 2013, 447 Rn. 57; a.A. noch LAG Rheinland-Pfalz 10.2.2011 BeckRS 2011, 71629.

⁵⁰¹ *Eylert*, NZA 2012, 9, 13; ErfK/*Kiel*, KSchG § 6 Rn. 7; HHL/*Linck*, KSchG § 6 Rn. 15; DL/*Maul-Sartori*, ArbGG § 68 Rn. 14; vgl. auch GMP/*Germelmann*, ArbGG § 68 Rn. 7; Natter/Gross/*Pfeiffer*, ArbGG § 68 Rn. 7; a. A. APS/*Hesse* KSchG § 6 Rn. 58.

⁵⁰² Vgl. auch DL/*Maul-Sartori*, ArbGG § 68 Rn. 16.

Ist das Arbeitsgericht seiner Hinweispflicht nicht nachgekommen und hat der Arbeitnehmer (deshalb) seine Klage zurückgenommen, kann eine erneut erhobene, nunmehr verspätete Kündigungsschutzklage nach § 5 Abs. 1 S. 1 KSchG nachträglich zuzulassen sein.[503] **1943**

6. Die Wirkung der Fristversäumung

Hat der Arbeitnehmer die Rechtsunwirksamkeit der Kündigung nicht nach § 4 S. 1 KSchG n. F. fristgerecht gerichtlich geltend gemacht, **gilt** die Kündigung, selbst wenn sie offensichtlich unwirksam ist,[504] **als** von Anfang an **wirksam** (§ 7 1. Hs. KSchG). Die **Klage** ist dann als **unbegründet** abzuweisen (Einzelheiten → Rn. 1919 ff.).[505] Ob der vom Arbeitgeber angeführte Kündigungsgrund tatsächlich zutrifft, ist nicht Gegenstand der Fiktion des § 7 1. Hs. KSchG.[506] Die **Fiktionswirkung** nach § 7 1. Hs. KSchG n. F., die bis zum 31.12.2003 gem. § 7 1. Hs. KSchG a. F. nur die Rechtsunwirksamkeit der Kündigung nach § 1 Abs. 1 KSchG erfasste, tritt nicht ein, wenn die Klage auf Antrag nach § 5 Abs. 1 S. 1 oder S. 2 KSchG nachträglich zugelassen wird.[507] Sie tritt dagegen im Hinblick auf die Regelung in § 269 Abs. 3 S. 1 ZPO i. V. mit § 495 ZPO, § 46 Abs. 2 S. 1 ArbGG im Fall der Rücknahme der rechtzeitig erhobenen Kündigungsschutzklage ein.[508] § 7 1. Hs. KSchG n. F. schließt die Beendigung des Arbeitsverhältnisses zu einem vor dem Ablauf der Kündigungsfrist der nicht rechtzeitig nach § 4 S. 1 KSchG n. F. gerichtlich angegriffenen ordentlichen Kündigung liegenden Zeitpunkt durch einen anderen Beendigungstatbestand, zB durch einen Aufhebungsvertrag oder eine wirksame außerordentliche Kündigung einer der Parteien, nicht aus.[509] Von der Fiktionswirkung des § 7 1. Hs. KSchG werden nicht die Mängel erfasst, die nicht innerhalb der Klagefrist des § 4 S. 1 KSchG geltend gemacht werden müssen (→ Rn. 1819, 1832 f.),[510] wie zB die Nichtigkeit der Kündigung nach § 125 Abs. 1 BGB wegen Missachtung der Schriftform (§ 623 1. Hs. BGB) oder die Nichteinhaltung der Kündigungsfrist, soweit diese nicht ausnahmsweise doch zur Unwirksamkeit der Kündigung führt (näher → Rn. 1833.[511] Unter besonderen Umständen kann das Berufen des Arbeitgebers auf die abgelaufene Klagefrist und die damit verbundene Rechtsfolge (vgl. § 7 1. Hs. KSchG) rechtsmissbräuchlich bzw. treuwidrig nach § 242 BGB sein.[512] **1944**

Nach Rechtskraft des Urteils kann sich der Arbeitnehmer nicht mehr darauf berufen, dass die Kündigung aus *anderen* Gründen unwirksam sei. Der Arbeitnehmer ist **1945**

---

[503] APS/*Hesse*, § 6 KSchG Rn. 29; KR/*Friedrich*, § 6 KSchG Rn. 39; KDZ/*Zwanziger*, § 6 KSchG Rn. 13.
[504] BAG 17.10.2013 NZA 2014, 303 Rn. 32; 19.2.2009 NZA 2009, 980 Rn. 44.
[505] Zu einem Regressanspruch ggü einem Rechtsanwalt vgl. OLG Brandenburg 10.11.1998 NZA-RR 2003, 102, 103 f.; OLG Hamm 23.10.2014 BeckRS 2014, 22045 Rn. 52 ff.; ggü einem Rechtsberater einer Gewerkschaft BGH 24.5.2007 NJW 2007, 2043 ff.; nachfolgend OLG Düsseldorf 18.3.2008, DB 2008, 1319 Ls.
[506] BAG 13.6.2012 AP BGB § 307 Nr. 64 Rn. 45 mwN.
[507] BAG 24.11.1994 NZA 1995, 263.
[508] BAG 23.5.1984 AP § 339 BGB Nr. 9 a. E.; LAG Hamm 18.12.1996 LAGE ZPO § 269 Nr. 3; LAG Schleswig-Holstein 20.1.2005 NZA-RR 2005, 248, 250; ErfK/*Kiel*, § 7 KSchG Rn. 1; APS/*Hesse*, § 7 KSchG Rn. 5; HHL/*Linck*, § 7 KSchG Rn. 4; KR/*Rost*, § 7 KSchG Rn. 8; KDZ/*Zwanziger*, § 7 KSchG Rn. 2.
[509] Zu §§ 4 S. 1, 7 1. Hs. KSchG a. F. BAG 26.9.2001 NZA 2002, 584 Os.
[510] APS/*Hesse*, § 7 KSchG Rn. 5a; vgl. auch HHL/*Linck*, § 7 KSchG Rn. 7.
[511] LAG Niedersachsen 22.1.2007 LAGE KSchG § 4 Nr. 53; APS/*Hesse*, § 7 KSchG Rn. 5a.
[512] Vgl. BAG 19.2.2009 NZA 2009, 980 Rn. 45, 46.

gehalten, im Prozess alle Gründe der Unwirksamkeit der schriftlichen Kündigung geltend zu machen (dazu näher → Rn. 2020). Die *anderen* Gründe können auch nach Fristablauf bis zu dem in § 6 S. 1 KSchG n. F. genannten Zeitpunkt (→ Rn. 1934) geltend gemacht werden, soweit das nach den Regeln des Prozessrechts zulässig ist (näher → Rn. 1931). Das die Kündigungsschutzklage abweisende rechtskräftige Urteil stellt die Wirksamkeit der Kündigung und damit die Beendigung des Arbeitsverhältnisses rechtskräftig fest (dazu näher → Rn. 2042). Der Arbeitnehmer kann also die Kündigung nicht erneut gerichtlich mit dem Hinweis angreifen, der Betriebsrat sei vom Arbeitgeber nicht angehört worden und deshalb sei die Kündigung nach § 102 Abs. 1 S. 3 BetrVG unwirksam. Das gilt auch dann, wenn die Kündigungsschutzklage wegen Nichteinhaltung der Klagefrist des § 4 S. 1 KSchG n. F. rechtskräftig nach § 7 1. Hs. KSchG n. F. abgewiesen worden ist.

1946 Umstritten sind die Folgewirkungen des § 7 1. Hs. KSchG (ordentliche Kündigung) bzw. § 7 1. Hs. KSchG iVm § 13 Abs. 1 S. 2 KSchG (außerordentliche Kündigung). Vielfach sind Ansprüche in Tarifverträgen mit außerordentlichen Kündigungstatbeständen verknüpft, zB Rückzahlung eines zusätzlich gezahlten Urlaubs oder Weihnachtsgeldes oder Verwirkung einer Vertragsstrafe, sofern dem Arbeitnehmer wirksam außerordentlich gekündigt worden ist. Erhebt der Arbeitnehmer keine Kündigungsschutzklage, steht fest, dass das Arbeitsverhältnis aufgelöst ist und zB Entgeltansprüche für die Zeit danach nicht mehr bestehen. Klagt der Arbeitgeber eine vereinbarte **Vertragsstrafe**[513] ein, ist unsicher, ob der Arbeitnehmer nun mit seiner Einwendung, die außerordentliche Kündigung sei wegen Fehlens eines wichtigen Grundes iSv § 626 Abs. 1 BGB, zB mangels eines schuldhaften vertragswidrigen Verhaltens, unwirksam, präkludiert ist. Es stellt sich die Frage, ob der Arbeitnehmer, der das Arbeitsverhältnis aus welchen Gründen auch immer nicht fortsetzen will und deshalb keine Klage erhebt, dennoch Kündigungsschutzklage erheben muss, um die vom Arbeitgeber behaupteten Kündigungsgründe im Hinblick auf die Fiktionswirkung nach §§ 7 1. Hs., 13 Abs. 1 S. 2 KSchG abzuwenden.

1947 Die Frage ist zu **verneinen.** Die Wirkungen der §§ 7 1. Hs., 13 Abs. 1 S. 2 KSchG betreffen allein die Beendigung des Arbeitsverhältnisses.[514] Da das feststeht, kann der Arbeitnehmer zB keinen Anspruch mehr aus § 611 Abs. 1, § 615 S. 1 BGB geltend machen mit dem Hinweis, in Wahrheit sei die außerordentliche Kündigung nicht gerechtfertigt gewesen.[515] Anderen Ansprüchen gegenüber, zB auf Zahlung einer Vertragsstrafe, kann er einwenden, die außerordentliche Kündigung sei nicht gerechtfertigt, sofern zB der Tarifvertrag oder der Arbeitsvertrag den Anspruch an das Vorliegen bestimmter Kündigungsgründe geknüpft hat.[516] Nur wenn der Tarifvertrag oder der Arbeitsvertrag den Anspruch auch dann ausschließt, falls die Kündigung aufgrund der Fiktion des § 7 1. Hs. KSchG wirksam ist, sind die Folgewirkungen umfassend. Das ist in der Tarifpraxis, soweit ersichtlich, nicht üblich. Die Wirkung des § 7 1. Hs. KSchG

---

[513] Zur Zulässigkeit von formularmäßigen Vertragsstrafeversprechen vgl. BAG 23.1.2014 NZA 2014, 777 Rn. 21; 19.8.2010 AP BGB § 307 Nr. 49; 28.5.2009 NZA 2009, 1337, 1340 f.; *Brors*, DB 2004, 1778 ff.; *Schrader/Schubert*, NZA-RR 2005, 225, 231 f.

[514] *Gotthardt*, Anm. zu BAG EzA BeschFG 1985 § 1 Klagefrist Nr. 4, unter 3c bb; HK-KSchG/ *Hauck* § 7 Rn. 34; HHL/*Linck*, § 7 KSchG Rn. 9; KR/*Rost*, § 7 KSchG Rn. 20a; KDZ/*Zwanziger*, § 7 KSchG Rn. 3; vgl. auch BAG 23.5.1984 AP BGB § 339 Nr. 9 a. E.

[515] Ebenso ErfK/*Kiel*, § 7 KSchG Rn. 3; HHL/*Linck*, § 7 KSchG Rn. 8; KDZ/*Zwanziger*, § 7 KSchG Rn. 3.

[516] Vgl. BAG 23.5.1984 AP BGB § 339 Nr. 9; HHL/*Linck*, § 7 KSchG Rn. 9; *Leisten*, ArbuR 1985, 181, 183; KR/*Rost*, § 7 KSchG Rn. 20a; a. A. LAG Hamm 12.8.1981 – 15 Sa 653/81 – n. v.; *Tschöpe*, DB 1984, 1522 f.

§ 1 Die fristgebundene Kündigungsschutzklage

gilt auch gegenüber Dritten, wie zB dem Lohnpfändungsgläubiger oder einem Sozialversicherungsträger.[517]

X. Zulassung verspäteter Klagen

1. Allgemeine Grundsätze

Die Dreiwochenfrist des § 4 S. 1 KSchG in der bis zum 31.12.2003 geltenden Fassung (→ Rn. 1810) sollte erreichen, dass die **Frage** der **Rechtswirksamkeit** der Kündigung nach § 1 Abs. 1 KSchG **nur** für eine **kurze Zeitspanne** in der **Schwebe** blieb (dazu → Rn. 1811). Diese Intention des Gesetzgebers gilt erst recht für die seit dem 1.1.2004 geltende Neufassung des § 4 S. 1 KSchG, wonach alle Unwirksamkeitsgründe einer schriftlichen Kündigung innerhalb von drei Wochen nach Zugang gerichtlich geltend gemacht werden müssen (dazu → Rn. 1810). Versäumte der Arbeitnehmer die Klagefrist, verlor er bis zum 31.12.2003 seine Klagebefugnis nur zur Geltendmachung der Sozialwidrigkeit der Kündigung bzw. der Rechtsunwirksamkeit einer außerordentlichen Kündigung (§§ 4 S. 1, 13 Abs. 1 KSchG a.F.). Seit dem 1.1.2004 verliert er seine Klagebefugnis auch hinsichtlich sonstiger Unwirksamkeitsgründe mit Ausnahme der fehlenden Schriftform nach § 623 1. Hs. BGB (dazu näher → Rn. 61 ff.). Das Gesetz machte bzw. macht davon eine **Ausnahme:** 1948

Nach § 5 Abs. 1 S. 1 KSchG idF seit dem 1.1.2004 (bis 31.12.2003: § 5 Abs. 1 KSchG a.F.) ist auf Antrag des Arbeitnehmers die Klage nachträglich zuzulassen, wenn er nach erfolgter Kündigung trotz Anwendung aller ihm nach Lage der Umstände zuzumutenden Sorgfalt verhindert war, die Klage innerhalb von drei Wochen nach Zugang der Kündigung zu erheben. Gleiches gilt seit dem 1.1.2004 gem. § 5 Abs. 1 S. 2 KSchG, wenn eine Frau von ihrer Schwangerschaft aus einem von ihr nicht zu vertretenden Grund erst nach Ablauf der Frist des § 4 S. 1 KSchG Kenntnis erlangt hat (dazu näher → Rn. 1985). § 5 Abs. 1 S. 1 und 2 KSchG gelten auch im Anwendungsbereich des § 1a Abs. 1 S. 1 KSchG (vgl. auch → Rn. 1953).[518] Bereits der Antrag auf nachträgliche Zulassung lässt jedoch den Abfindungsanspruch nach § 1a Abs. 1 S. 1 KSchG entfallen (näher → Rn. 1184). 1949

Die Klageerhebung ist nach § 5 Abs. 2 S. 1 1. Hs. KSchG mit dem Antrag zu verbinden. Ist die Klage bereits erhoben, ist auf sie gem. § 5 Abs. 2 S. 1 2. Hs. KSchG im Antrag Bezug zu nehmen (auch → Rn. 1990). Der Antrag muss nach § 5 Abs. 2 S. 2 KSchG die Angabe der die nachträgliche Zulassung begründen- den Tatsachen und die Mittel für deren Glaubhaftmachung enthalten (näher → Rn. 1991). 1950

Der Antrag auf nachträgliche Zulassung der Kündigungsschutzklage kann nur innerhalb enger Fristen gestellt werden. Er ist nach § 5 Abs. 3 KSchG **innerhalb von zwei Wochen nach Behebung des Hindernisses** zulässig. Nach Ablauf von **sechs Monaten nach dem Ende der versäumten Frist** kann der Zulassungsantrag nicht mehr gestellt werden. Diese Fristen dienen der Beendigung des Schwebezustandes und damit dem Rechtsfrieden. 1951

Der **Antrag auf nachträgliche Zulassung** der Kündigungsschutzklage nach § 5 Abs. 1 S. 1 bzw. S. 2 KSchG ist ein **Hilfsantrag** für den Fall, dass die Klage gem. § 4 1951a

---

[517] Vgl. BAG 20.8.1980 AP LohnFG § 6 Nr. 14; APS/*Hesse,* § 7 KSchG Rn. 12; ErfK/*Kiel*, § 7 KSchG Rn. 3; KR/*Rost,* § 7 KSchG Rn. 20b.
[518] APS/*Hesse,* § 1a KSchG Rn. 8; *Bader,* NZA 2004, 65, 71; *Bauer/Krieger,* NZA 2004, 77; *Däubler,* NZA 2004, 177, 179; *Hergenröder/von Wickede,* RdA 2008, 364, 370 f.; LSW/*Löwisch,* § 1a KSchG Rn. 20; ErfK/*Oetker,* § 1a KSchG Rn. 14; KR/*Spilger,* § 1a KSchG Rn. 76.

S. 1 KSchG tatsächlich verspätet ist. Das mit dem Antrag befasste Arbeitsgericht darf über ihn nur entscheiden, wenn es der Ansicht ist, die Klage sei verspätet erhoben worden.[519]

2. Voraussetzungen der nachträglichen Zulassung

a) Allgemein

1952   Die außerhalb der Dreiwochenfrist erhobene Kündigungsschutzklage kann gem. § 5 Abs. 1 S. 1 KSchG **auf Antrag nachträglich zugelassen** werden, **wenn** der **Arbeitnehmer** nach erfolgter Kündigung **trotz Anwendung** aller **ihm** nach Lage der Umstände **zuzumutenden Sorgfalt verhindert** war, die **Klage rechtzeitig zu erheben.** Der Antrag setzt materiell voraus, dass den Arbeitnehmer an der Versäumung der Frist **kein Verschulden** trifft (individueller, subjektiver Maßstab).[520] Das gilt auch für einen Irrtum über die für die Fristberechnung erheblichen tatsächlichen Umstände.[521] Es darf also auch keine leichte Fahrlässigkeit vorliegen.[522] Es gehört zu den für jeden Arbeitnehmer geltenden Sorgfaltspflichten, sich zumindest nach Kündigungsausspruch unverzüglich darum zu kümmern, ob und wie er dagegen vorgehen kann.[523] Praktisch dürften wohl trotz der unterschiedlichen Formulierungen der gesetzlichen Bestimmungen im Hinblick auf die materiellen Voraussetzungen keine Unterschiede zwischen der nachträglichen Zulassung nach § 5 Abs. 1 KSchG und der Wiedereinsetzung nach § 233 ZPO bestehen, obwohl diese nach dem objektiv abstrakten Maßstab des § 276 Abs. 1 S. 1 BGB zu beurteilen ist.[524]

b) Einzelfälle

1953   **Arglist.** Hält der Arbeitgeber den Arbeitnehmer arglistig von der Erhebung einer Kündigungsschutzklage ab[525] oder täuscht ihn über die Kündigungsgründe,[526] kann

---

[519] BAG 25.4.2013 BeckRS 2013, 70060 Rn. 77; 22.3.2012 AP KSchG 1969 § 5 Nr. 19; 28.5.2009 NZA 2009, 1229 Rn. 17; früher schon BAG 5.4.1984 NZA 1984, 125; 28.4.1983 AP KSchG 1969 § 5 Nr. 4; APS/*Hesse*, § 5 KSchG Rn. 65; ErfK/*Kiel*, § 5 KSchG Rn. 30; HHL/*Linck*, § 5 KSchG Rn. 54.

[520] LAG Bremen 26.5.2003 LAGE KSchG § 5 Nr. 107; LAG Niedersachsen 6.4.2009 LAGE KSchG § 4 Nr. 55; LAG Rheinland-Pfalz 23.7.2004 BeckRS 2004, 30802990; 13.2.2004 ArbuR 2004, 317 Ls.; LAG Schleswig-Holstein 13.5.2008 NZA-RR 2009, 132, 133; APS/*Hesse*, § 5 KSchG Rn. 10, 11; KR/*Friedrich*, § 5 KSchG Rn. 19; HHL/*Linck*, § 5 KSchG Rn. 4; ErfK/*Kiel*, § 5 KSchG Rn. 2; KDZ/*Zwanziger*, § 5 KSchG Rn. 4.

[521] BAG 22.3.2012 AP KSchG 1969 § 5 Nr. 19.

[522] Vgl. LAG Berlin 4.1.1982 EzA KSchG § 5 Nr. 13; LAG Bremen 31.10.2001 NZA 2002, 580, 582; LAG Düsseldorf 20.12.2002 NZA-RR 2003, 323; 19.9.2002 NZA-RR 2003, 78, 79; LAG Köln 28.12.2004 NZA-RR 2005, 384; LAG Rheinland-Pfalz 12.3.2007 BeckRS 2007, 45674; 23.7.2004 BeckRS 2004, 30802990; LAG Niedersachsen 6.4.2009 LAGE KSchG § 4 Nr. 55; 28.1.2003 NZA-RR 2004, 17, 18; LAG Sachsen 5.3.2008 ZInsO 2009, 1783 Ls.; ErfK/*Kiel*, § 5 KSchG Rn. 2; APS/*Hesse*, § 5 KSchG Rn. 10, 11; KR/*Friedrich*, § 5 KSchG Rn. 21; HK-KSchG/*Hauck* § 5 Rn. 6; HHL/*Linck*, § 5 KSchG Rn. 3; vgl. auch LAG Köln 3.5.2001 NZA-RR 2002, 438: „leichteste Fahrlässigkeit"; einschränkend LAG Rheinland-Pfalz 5.6.2008 BeckRS 2008, 54357.

[523] BAG 22.3.2012 AP KSchG 1969 § 5 Nr. 19 Rn. 44.

[524] Vgl. auch *Corts*, BlStSozArbR 1982, 14; HHL/*Linck*, § 5 KSchG Rn. 4; *Schmid*, Die nachträgliche Zulassung der Kündigungsschutzklage durch Beschluss, 2001, S. 119; abw. KR/*Friedrich*, § 5 KSchG Rn. 24; LSW/*Spinner*, § 5 KSchG Rn. 2.

[525] BAG 19.2.2009 NZA 2009, 980 Rn. 43; LAG München 26.4.2005 BeckRS 2009, 67899; LAG Rheinland-Pfalz 23.5.2008 BeckRS 2008, 54142; APS/*Hesse*, § 5 KSchG Rn. 21; KR/*Friedrich*, § 5 KSchG Rn. 57; ErfK/*Kiel*, § 5 KSchG Rn. 3.

[526] LAG Baden-Württemberg 26.3.1965 DB 1965, 1712; LAG Frankfurt/M. 17.8.1954 NJW 1954, 1952; LAG Rheinland-Pfalz 23.7.2004 BeckRS 2004, 30802990; LAG Sachsen 5.3.2008

dies die nachträgliche Zulassung der Kündigungsschutzklage rechtfertigen (auch → Rn. 1954 und 1955). Dies gilt auch dann, wenn der Arbeitgeber das Vorliegen eines betriebsbedingten Grundes iSv § 1 Abs. 2 S. 1 KSchG im Kündigungsschreiben arglistig vorspiegelt und es deshalb gem. **§ 1a Abs. 1 S. 1 KSchG** zu einem Abfindungsanspruch kommt (dazu näher → Rn. 1173 ff.).[527] Überhaupt dürfte § 5 Abs. 1 S. 1 KSchG immer dann zur Anwendung kommen, wenn der Abfindungsanspruch nach § 1a Abs. 1 S. 1 KSchG nicht wirksam entstanden ist.[528] Hat der Arbeitgeber die arglistige Täuschung nicht selbst begangen, muss der Arbeitnehmer glaubhaft machen, dass der Arbeitgeber die Täuschung gekannt hat oder hätte kennen müssen oder dass der Handelnde zum Kreis der kündigungsberechtigten Personen i. S. des § 626 Abs. 2 S. 2 BGB gehört.[529] Ist ein Kündigungsschreiben so verwirrend gefasst, dass nicht klar ist, wer der Erklärende ist, kann ein Grund zur nachträglichen Klagezulassung gegeben sein, wenn der Arbeitnehmer gegen den falschen Arbeitgeber die Kündigungsschutzklage erhebt.[530]

Betriebsübergang. Im Zusammenhang mit dem Unwirksamkeitsgrund nach § 613a Abs. 4 S. 1 BGB (→ Rn. 961, 962), kann es trotz der in § 613a Abs. 5 BGB normierten Unterrichtungspflicht des Arbeitgebers dazu kommen, dass der Arbeitnehmer erst längere Zeit nach Ablauf der Dreiwochenfrist des § 4 S. 1 KSchG von den Tatsachen, die für die Feststellung, ob der Arbeitgeber **wegen** des Betriebsübergangs gekündigt hat, maßgeblich sind (→ Rn. 963), erfährt. Das Problem der Kenntniserlangung von den Umständen, die die Unwirksamkeit der Kündigung begründen, erst lange nach ihrem Zugang hat der Gesetzgeber seit dem 1.1.2004 nur für den Fall der Schwangerschaft in § 5 Abs. 1 S. 2 KSchG (näher → Rn. 1985 ff.) gelöst. Es bleibt dem Arbeitnehmer deshalb im Fall des § 613a Abs. 4 S. 1 BGB nur ein Antrag auf nachträgliche Zulassung der Kündigungsschutzklage gem. § 5 Abs. 1 S. 1 KSchG übrig.[531] Dieser wäre insbesondere dann begründet, wenn der bisherige Arbeitgeber den Arbeitnehmer durch gezielte Fehlinformationen über den Kündigungssachverhalt im Rahmen des § 613a Abs. 4 S. 1 und 2 BGB arglistig von einer auf § 613a Abs. 4 S. 1 BGB gestützten Kündigungsschutzklage abgehalten hätte (allg. → Rn. 1953).[532]

1954

Erfolgsaussichten. Irrt sich der Arbeitnehmer über die Erfolgsaussicht einer Kündigungsschutzklage, rechtfertigt dies nur dann eine nachträgliche Klagezulassung nach § 5 Abs. 1 S. 1 KSchG, wenn der Arbeitgeber den Arbeitnehmer über die Erfolgsaussichten seiner Klage getäuscht, also von einer rechtzeitigen Klageerhebung abgehalten hat.[533]

1955

ZInsO 2009, 1783 Ls.; APS/*Hesse*, § 5 KSchG Rn. 21; KR/*Friedrich*, § 5 KSchG Rn. 57; LSW *Spinner*, § 5 KSchG Rn. 13; einschränkend HHL/*Linck*, § 5 KSchG Rn. 7.
[527] Vgl. APS/*Hesse*, § 1a KSchG Rn. 9a; *Bader*, NZA 2004, 65, 71; *Quecke*, RdA 2004, 86, 95; KR/*Spilger*, § 1a KSchG Rn. 77; *Stiller*, NZI 2005, 77, 81 f.; *Willemsen/Annuß*, NJW 2004, 177, 182.
[528] Vgl. *Preis*, DB 2004, 70, 74.
[529] LAG Köln 24.5.1994 NZA 1995, 127, 128.
[530] LAG Köln 20.12.2001 LAGE KSchG § 5 Nr. 105.
[531] Moll/*Boewer*, MAH Arbeitsrecht, § 48 Rn. 133; *Vossen*, FS Leinemann, 2006, S. 273, 277; vgl. auch APS/*Steffan*, § 613a BGB Rn. 200a; abl. *Raab*, RdA 2004, 321, 327; *Sprenger*, ArbuR 2005, 175, 176.
[532] LAG Hessen 7.6.2013 BeckRS 2013, 74999 Rn. 95; HHL/*Linck*, § 4 KSchG Rn. 18; *Willemsen/Annuß*, NJW 2004, 177, 184 mit Fn. 91; vgl. auch *Kamanabrou*, NZA 2004, 950, 951; *Raab*, RdA 2004, 321, 327.
[533] LAG Köln 18.8.2006 BeckRS 2006, 43995; 9.10.2000 ARSt. 2001, 164 Ls.; 9.10.2000 ARSt. 2000, 164 Ls.; LAG Saarland 27.6.2002 NZA-RR 2002, 488, 489; KR/*Friedrich*, § 5 KSchG Rn. 56 u. 57; vgl. auch LAG Düsseldorf 9.9.2003 FA 2004, 60.

1956 **Falsche Auskunft.** Man kann nicht vom Arbeitnehmer erwarten, dass er die Grundsätze des allgemeinen Kündigungsschutzrechts kennt. Erwarten muss man jedoch, dass er sich an **geeigneter Stelle** Rat einholt.[534] Als geeignet ist die Stelle anzusehen, die über die notwendige Fachkunde verfügt und zur Auskunft in arbeitsrechtlichen Fragen berufen ist.[535] Erhält der Arbeitnehmer von einer solchen Stelle eine falsche Auskunft, oder unterbleibt der Hinweis auf die Klagefrist, ist die Versäumung der Klagefrist nicht zu vertreten.[536] Der Arbeitnehmer braucht für das Verschulden der **geeigneten Person,** bei der er Rechtsrat einholt, nicht einzustehen. Einen allgemeinen Rechtssatz, dass jemand für das Verschulden Dritter stets einzutreten hat, kennt unsere Rechtsordnung nicht. § 278 S. 1 BGB ist nicht einschlägig, da keine Erfüllung **einer Verbindlichkeit** vorliegt, sondern lediglich eine **Obliegenheitsverletzung,** in deren Rahmen für das Verschulden Dritter nicht einzutreten ist. Es fehlt an einer gesetzlichen Zurechnungsnorm, nach der sich der Arbeitnehmer in solchen Fällen das Verschulden Dritter zurechnen lassen muss.[537] Die Erfüllung der Obliegenheit liegt im eigenen Interesse, bei Nichterfüllung treten die gesetzlich vorgesehenen Rechtsnachteile, hier der Verlust des Klagerechts ein. Holt sich der Arbeitnehmer an kompetenter Stelle Rechtsrat, hat er alles getan, was ihm als Obliegenheit im Rahmen der §§ 4, 5 KSchG auferlegt worden ist.[538]

1957 **Geeignete** Stellen, an denen sich der Arbeitnehmer Rechtsrat einholen kann, sind: **Rechtsanwalt,**[539] **Rechtsschutzsekretär** in der Beratungsstelle einer Gewerkschaft,[540] **Sozialsekretär des CDA,**[541] für einen ausländischen Arbeitnehmer eine **in seinem Heimatland** eine dort für **arbeitsrechtliche Fragen zuständige Stelle**[542] und für einen bei einem deutschen Arbeitgeber beschäftigten Arbeitnehmer, der im Ausland die Kündigung erhält, die **deutsche Botschaft** dort.[543] Eine (nicht gerechtfertigte) Ausnahme macht das LAG Köln für den Fall, dass die Beurteilung des Sachverhalts durch den Rechtsanwalt grob fehlerhaft ist.[544] Die **Rechtsantragstelle** eines **Arbeitsgerichts** ist ebenfalls eine zuverlässige Stelle, an die sich der Arbeitnehmer wenden kann,[545] nicht aber die Geschäftsstelle eines Arbeitsgerichts.[546]

1958 Der **Betriebsrat** ist **keine** geeignete Stelle für die Erteilung von Rechtsauskünften. Dafür ist er nicht zuständig, gleichgültig, ob es sich um einen Klein- oder Großbetrieb

---

[534] LAG München 26.4.2005 BeckRS 2009, 67899; vgl. auch BAG 22.3.2012 AP KSchG 1969 § 5 Nr. 19 Rn. 44.
[535] LAG Bremen 23.7.1999 LAGE KSchG § 5 Nr. 96.
[536] LAG Bremen 31.10.2001 LAGE ZPO 233 Nr. 28.
[537] Vgl. *Grunsky,* Anm. zu LAG Hamm EzA KSchG § 5 Nr. 8.
[538] I. Erg. ebenso LAG Düsseldorf 21.10.1997 LAGE KSchG § 5 Nr. 89; APS/*Hesse,* § 5 KSchG Rn. 58; KR/*Friedrich,* § 5 KSchG Rn. 42; HK-KSchG/*Hauck,* § 5 Rn. 43; HHL/*Linck,* § 5 KSchG Rn. 9; *Schrader,* NJW 2009, 1541, 1545; KDZ/*Zwanziger,* § 5 KSchG Rn. 8; a.A. *Rieble,* Anm. zu LAG Hamm LAGE KSchG § 5 Nr. 65, unter IV; MüKoBGB/*Grundmann,* § 278 Rn. 13 mit Fn. 36.
[539] LAG Bremen 23.7.1999 LAGE KSchG § 5 Nr. 96; LAG Düsseldorf 21.10.1997 NZA 1998, 728 Ls.
[540] LAG Hamburg 18.5.2005 NZA-RR 2005, 489, 491; LAG Köln 13.9.1982 EzA KSchG § 5 Nr. 16; vgl. auch LAG Bremen 23.7.1999 LAGE KSchG § 5 Nr. 96 u. LAG Sachsen 9.5.2000 FA 2001, 215 Ls., jeweils auch zum Verhältnis der Einzelgewerkschaft zu der mit der Prozessführung beauftragten DGB-Rechtsschutz-GmbH.
[541] LAG Düsseldorf 26.7.1976 EzA KSchG § 5 Nr. 1.
[542] LAG Hamm 19.3.1981 DB 1981, 1680.
[543] LAG Bremen 31.10.2001 NZA 2002, 580, 582.
[544] LAG Köln 30.8.1989 LAGE KSchG § 5 Nr. 42.
[545] LAG Baden-Württemberg 11.4.1988 NZA 1989, 153; ArbG Passau 29.6.1989 BB 1989, 1761; vgl. aber auch LAG Rheinland-Pfalz 21.10.2004 BeckRS 2004, 31046034.
[546] LAG Köln 28.11.1985 LAGE KSchG § 5 Nr. 21; a.A. KR/*Friedrich,* § 5 KSchG Rn. 43.

§ 1 Die fristgebundene Kündigungsschutzklage

handelt oder ob das Betriebsratsmitglied freigestellt worden ist oder nicht.[547] Das **gilt auch** für die **Agentur für Arbeit** (bis 31.12.2003: Arbeitsamt),[548] die Repräsentanten einer Rechtschutzversicherung[549] und die Büroangestellten eines Rechtsanwalts.[550] Auch eine **Richterin am Landgericht** ist **keine** geeignete Stelle.[551] Das LAG Bremen hat einen Sozialbetreuer in einer Haftanstalt als geeignete Stelle für Rechtsauskünfte angesehen.[552]

Fehlende Unterschrift. Hat der **Arbeitnehmer**[553] oder sein Prozessbevollmächtigter[554] zwar schuldhaft vergessen, die innerhalb der Dreiwochenfrist eingereichte Klage zu unterschreiben,[555] hätte er dies jedoch rechtzeitig nachholen können, wenn er vom **Arbeitsgericht** einen im Rahmen des normalen Geschäftsganges ohne weiteres noch vor Ablauf der Klagefrist möglichen Hinweis nach § 139 Abs. 3 ZPO (→ Rn. 1916) erhalten hätte, ist die Kündigungsschutzklage nachträglich zuzulassen. 1959

Klagerücknahme. Wird die Kündigungsschutzklage nach fristgerechter Einreichung irrtümlich zurückgenommen, kann für die zweite Klage dennoch im Einzelfall mangels Verschulden des Arbeitnehmers die nachträgliche Zulassung in Betracht kommen.[556] 1960

Krankheit. Krankheit alleine, auch wenn sie psychisch bedingt ist, rechtfertigt die nachträgliche Zulassung nicht.[557] Nur wenn sie so beschaffen war, dass der Arbeitnehmer aus medizinischen Gründen seine Wohnung nicht verlassen konnte und deshalb weder die Klage selbst noch durch beauftragte dritte Personen einreichen noch sich Rechtsrat einholen konnte, ist **nachträgliche Zulassung** zu gewähren.[558] Das gilt entsprechend bei einer mit der Krankheit verbundenen Ortsabwesenheit[559] oder bei einem Krankenhausaufenthalt des Arbeitnehmers.[560] Die nicht rechtzeitige Klageerhebung kann auch darin ihre Ursache haben, dass ein während des Krankenhausaufenthaltes mit der Entgegennahme der Post betrautes Familienmitglied ein an den Arbeitnehmer gerichtetes Kündigungsschreiben verspätet aushändigt.[561] 1961

---

[547] LAG Baden-Württemberg 3.4.1998 LAGE KSchG § 5 Nr. 98; LAG Berlin 17.6.1991 LAGE KSchG § 5 Nr. 52; LAG Hamburg 10.4.1987 LAGE KSchG § 5 Nr. 29; LAG Schleswig-Holstein 16.4.1998 AnwBl. 1998, 664; teilw. a. A. LAG Köln 13.9.1982 EzA § 5 KSchG Nr. 16; 15.4.2005 MDR 2006, 162, 163; LAG Rheinland-Pfalz 10.9.1984 NZA 1985, 430, 431; LAG Sachsen 27.7.1998 NZA-RR 1999, 266, 267; APS/*Hesse*, § 5 KSchG Rn. 60; KR/*Friedrich*, § 5 KSchG Rn. 45; HHL/*Linck*, § 5 KSchG Rn. 10; ErfK/*Kiel*, § 5 KSchG Rn. 17; KDZ/*Zwanziger*, § 5 KSchG Rn. 9.
[548] LAG Düsseldorf 25.4.1991 NZA 1992, 44.
[549] LAG Sachsen 23.7.1998 NZA 1999, 112 Ls.; vgl. auch HHL/*Linck*, § 5 KSchG Rn. 10; teilw. abw. KR/*Friedrich*, § 5 KSchG Rn. 47; KDZ/*Zwanziger*, § 5 KSchG Rn. 8.
[550] LAG Düsseldorf 21.10.1997 LAGE KSchG § 5 Nr. 89.
[551] LAG Düsseldorf 25.7.2002 NZA-RR 2003, 101 f.
[552] LAG Bremen 13.6.1994 LAGE KSchG § 5 Nr. 66.
[553] LAG Mecklenburg-Vorpommern 27.7.1999 LAGE KSchG § 5 Nr. 95.
[554] LAG Baden-Württemberg 8.8.2003 NZA-RR 2004, 43, 44 f.
[555] Zur Überprüfung, ob die Klageschrift mit der Unterschrift des Prozessbevollmächtigten versehen ist, durch Büropersonal vgl. BAG 25.4.2013 BeckRS 2013, 70060 Rn. 96.
[556] LAG Hamm 31.1.1979 EzA § 5 KSchG Nr. 5; 27.10.1994 LAGE KSchG § 5 Nr. 68; 5.1.1998 NZA-RR 1998, 209; a. A. LAG Mecklenburg-Vorpommern 9.12.1993 DB 1994, 588 Ls.; LAG Köln 10.7.1998 LAGE KSchG § 4 Nr. 41.
[557] LAG Köln 28.12.2007 ArbuR 2008, 232 Ls.; LAG Rheinland-Pfalz 1.3.2007 BeckRS 2007, 46162.
[558] LAG München 29.11.2006 BeckRS 2009, 67797; LAG Niedersachsen 6.9.2005 NZA-RR 2007, 219, 220.
[559] Vgl. LAG Köln 14.3.2003 LAGE KSchG § 5 Nr. 106a.
[560] Vgl. LAG Hamm 31.1.1990 LAGE KSchG § 5 Nr. 45; LAG Düsseldorf 19.9.2002 NZA-RR 2003, 78, 79; LAG Hamburg 20.11.1984 NZA 1985, 127; LAG Köln 5.3.2004 MDR 2005, 157; 1.3.2006 NZA-RR 2006, 492, 493; vgl. auch LAG Schleswig-Holstein 5.2.2008 LAGE KSchG § 5 Nr. 118.
[561] LAG Rheinland-Pfalz 13.2.2004 ArbuR 2004, 317 Ls.

1962 War der Arbeitnehmer zu Beginn der dreiwöchigen Klagefrist krankheitshalber an der Verfolgung seiner Interessen gehindert, kann er nachträgliche Klagezulassung nicht mit der Begründung verlangen, dass die unterlassene Klageerhebung während der verbliebenen Wochenfrist als unverschuldet zu gelten habe, da ihm nach dem Gesetz ein dreiwöchiger Überlegungszeitraum zugebilligt werden müsse.[562] Der Arbeitnehmer kann die **Klagefrist** des § 4 S. 1 KSchG **voll ausschöpfen.** Erkrankt er gegen Ende der Frist so schwer, dass er nach den oben mitgeteilten Grundsätzen objektiv nicht in der Lage war, rechtzeitig Kündigungsschutzklage zu erheben, ist die Klage nachträglich zuzulassen. Es kann ihm nicht entgegengehalten werden, er hätte die Klage zu Beginn der Dreiwochenfrist erheben können.[563]

1963 **Kündigungsrücknahme.** Wird der Arbeitnehmer unter Hinweis auf eine Kündigungsrücknahme veranlasst, von einer Klageerhebung, mit der eine Fortsetzung des Arbeitsverhältnisses erstrebt wird, abzusehen, kann dies die nachträgliche Zulassung der Kündigungsschutzklage rechtfertigen.[564] Das gleiche gilt, wenn der Arbeitnehmer deshalb die rechtzeitige Erhebung der Kündigungsschutzklage versäumt, weil ihm der Betriebsleiter erklärt hat, die bereits erfolgte Kündigung könne er zurückgeben, sie werde zurückgenommen, er bekomme später eine neue Kündigung.[565] Anders ist es, wenn der Arbeitnehmer bloß aus dem Verhalten des Arbeitgebers schließt, dieser werde die Kündigung zurücknehmen, und deshalb von einer Klageerhebung nach § 4 S. 1 KSchG absieht.[566]

1964 **Kündigungszugang im Inland.** Der Arbeitnehmer als Inhaber eines Hausbriefkastens muss dafür Vorsorge treffen, dass die für ihn bestimmten, ordnungsgemäß in den Briefkasten eingeworfenen Briefe auch zu seiner Kenntnis gelangen, weil dies nach den Gepflogenheiten des Verkehrs von ihm erwartet werden muss.[567] Etwas anderes kann bei Vorliegen besonderer Umstände gelten, etwa wenn ein mit der Briefkastenleerung beauftragtes, erwachsenes Familienmitglied unter besonderen Umständen die Postsendung bewusst zurückhält, um zB einen erkrankten Empfänger vor Aufregung zu bewahren.[568]

1965 **Kündigungszugang im Ausland.** Geht eine Kündigung einem Arbeitnehmer im Ausland zu und kehrt dieser erst nach Ablauf der Frist des § 4 S. 1 KSchG nach Deutschland zurück und erhebt dann unverzüglich Kündigungsschutzklage, ist die Dreiwochenfrist nicht gewahrt. Der Arbeitnehmer ist verpflichtet, sich der gängigen Kommunikationsmittel wie Telefon, Telefax etc. auch im Ausland zu bedienen, um eine Kündigungsschutzklage einzureichen oder einen Dritten in der Bundesrepublik Deutschland mit der Einreichung der Klage zu beauftragen.[569]

---

[562] LAG Hamm 5.8.1981 EzA § 5 KSchG Nr. 11.
[563] LAG München 3.11.1975 DB 1976, 732; KR/*Friedrich,* § 5 KSchG Rn. 75; HHL/*Linck,* § 5 KSchG Rn. 18; vgl. auch ErfK/*Kiel,* § 5 KSchG Rn. 12; APS/*Hesse,* § 5 KSchG Rn. 39; KDZ/ *Zwanziger,* § 5 KSchG Rn. 10.
[564] BAG 19.2.2009 NZA 2009, 980 Rn. 43.
[565] LAG Köln 1.12.2006 BB 2007, 612 Ls.
[566] LAG Köln 26.11.1999 LAGE KSchG § 5 Nr. 97; LAG Sachsen 5.3.2008 ZInsO 2009, 1783 Ls.
[567] BAG 28.5.2009 NZA 2009, 1229 Rn. 22; LAG Berlin 4.11.2004 LAGE KSchG § 5 Nr. 109; LAG Rheinland-Pfalz 12.3.2007 BeckRS 2007, 45674; 27.7.2005 BeckRS 2005, 43892; KR/*Friedrich,* § 5 KSchG Rn. 79.
[568] LAG Berlin 4.1.1982 EzA § 5 KSchG Nr. 13; LAG Hamm 11.4. 1974 DB 1974, 1072; vgl. auch BAG 28.5.2009 NZA 2009, 1229 Rn. 26; weitere Einzelfälle bei KR/*Friedrich,* § 5 KSchG Rn. 79.
[569] LAG Bremen 31.10.2001 NZA 2002, 580, 582; vgl. auch LAG München 29.11.2006 BeckRS 2009, 67797.

Mittellosigkeit. Als Hindernis für eine rechtzeitige Klageerhebung scheidet Mittellosigkeit des Arbeitnehmers aus. Denn die Erhebung der Kündigungsschutzklage stellt inhaltlich nur geringe Anforderungen (näher → Rn. 1880, 1881), die Hilfe der Rechtsantragstelle des Arbeitsgerichts steht offen und es muss gem. § 11 GKG (bis 30.6.2004: § 12 Abs. 4 S. 2 ArbGG) auch kein Gebührenvorschuss geleistet werden.[570] Deshalb stellt, falls eine Kündigungsschutzklage unter der Bedingung der Prozesskostenhilfebewilligung nach § 114 S. 1 ZPO erhoben und erst nach Ablauf der Dreiwochenfrist des § 4 S. 1 KSchG entschieden wird, die enttäuschte Hoffnung auf eine zeitnahe positive Entscheidung über den Prozesskostenhilfeantrag keinen Zulassungsgrund dar.[571] Legt der Prozessvertreter das Mandat nieder, weil sein Honorar unsicher ist, handelt es sich um ein Parteiverschulden, wenn deshalb die Kündigungsschutzklage verspätet beim Arbeitsgericht eingeht.[572] **1966**

Ortsabwesenheit. Hier gelten die Ausführungen zum Zugang der Kündigung während eines Urlaubsaufenthaltes unter Rn. 1980, 1981. **1967**

Postlaufzeiten. Der Arbeitnehmer muss die Klage nachweisbar[573] so rechtzeitig zur Post geben, dass sie bei normaler Postlaufzeit innerhalb der Dreiwochenfrist des § 4 S. 1 KSchG beim Arbeitsgericht eingeht.[574] Verzögerungen bei der Briefbeförderung und der Briefzustellung hat der Arbeitnehmer nicht zu vertreten. Auf die Postlaufzeiten darf er sich verlassen.[575] Er ist deshalb, sofern die Postsendung ausreichend adressiert und frankiert worden ist, grundsätzlich nicht gehalten, sich bei Gericht nach ihrem Eingang zu erkundigen.[576] Allerdings hat das BVerfG erkannt, eine Partei könne sich bei **bekannten Streikmaßnahmen** nicht darauf verlassen, ein Brief werde, wie sonst üblich, befördert. Jedenfalls müsse sie das Risiko durch eine Nachfrage bei Gericht auffangen.[577] Ein Grund für eine nachträgliche Zulassung einer Kündigungsschutzklage ist gegeben, wenn ein Arbeitnehmer die Klage zunächst deshalb falsch adressiert hat, weil er die falsche Anschrift des Arbeitsgerichts dem örtlichen Stadt- und Brancheninfo „Gewusst wo" entnommen hat.[578] **1968**

Bei **Einschreibesendungen** hat der Arbeitnehmer seit dem 1.9.1997 die Wahl zwischen dem „Übergabe"- und dem „Einwurf-Einschreiben" (→ Rn. 133–135). Entscheidet er sich für das **„Übergabe-Einschreiben"**, das im Wesentlichen der früheren Form des Einschreibens entspricht und seit dem 1.4.2001 (wieder) als „Einschreiben" bezeichnet wird, hat er zu bedenken, dass annahmebereite Personen nur während der Bürostunden des Gerichts zur Verfügung stehen. Diese Form des Einschreibens ist also ebenso wie bei Kündigungen (→ Rn. 134) **nicht besonders** geeignet, **Fristen** zu **wahren.** Anders ist es beim „Einwurf-Einschreiben", bei dem der Arbeitnehmer unter Angabe der auf seinem Aufgabebeleg erkennbaren Kennziffer per **1969**

---

[570] LAG Nürnberg 23.10.2003 LAGE ZPO 2002 § 114 Nr. 1.
[571] LAG Nürnberg 23.10.2003 LAGE ZPO 2002 § 114 Nr. 1; LAG Sachsen 23.12.2005 BeckRS 2005, 31054891; LAG Schleswig-Holstein 10.5.2011 BeckRS 2011, 75065.
[572] LAG Köln 3.5.2001 NZA-RR 2002, 438, 439.
[573] Vgl. LAG Nürnberg 2.6.2003 NZA-RR 2003, 661.
[574] LAG Berlin-Brandenburg 15.12.2009 BeckRS 2010, 70697; KR/*Friedrich*, § 5 KSchG Rn. 30; APS/*Hesse*, § 5 KSchG Rn. 54; vgl. auch BAG 6.10.2010 NZA 2011, 477 Rn. 13.
[575] BVerfG 15.5.1995 EzA ZPO § 233 Nr. 33; 28.3.1994 EzA ZPO § 233 Nr. 20; LAG Hessen 24.5. 2000 BB 2001, 1907 Ls. (aus Usbekistan); LAG Nürnberg 2.6.2003 NZA-RR 2003, 661. Zur nachträglichen Zulassung bei verzögerter Päckchen- statt Briefbeförderung vgl. BAG 19.4.1990 NZA 1990, 724.
[576] Vgl. BAG 6.10.2010 NZA 2011, 477 Rn. 13.
[577] BVerfG 29.12.1994 NJW 1995 1210, 1211 f.; ebenso BGH 25.1.1993 EzA ZPO § 233 Nr. 18; BAG 6.10.2010 NZA 2011, 477 Rn. 13; LAG Düsseldorf 7.7.1992 LAGE ZPO § 233 Nr. 9; a. A. BAG 29.7.1992 EzA ZPO § 233 Nr. 15.
[578] LAG Köln 12.4.2006 NZA-RR 2006, 492.

Internet oder telefonisch den genauen Zeitpunkt des Einwurfs in den Briefkasten des Gerichts erfragen bzw. gegen eine Gebühr von z. Z. 5,00 Euro auch einen schriftlichen Datenauszug mit dem genauen Einwurfzeitpunkt erhalten kann.[579] Die Gerichte sind im Übrigen gehalten, sicherzustellen, dass Briefe bis zum Fristablauf um 24.00 Uhr entgegengenommen werden können (Nachtbriefkasten).[580]

1970 Gelangt der „**Übergabe**"-**Einschreibebrief** deshalb nicht mehr am Tage seines Eingangs bei der Postanstalt an das Gericht, weil dieses seine Post nicht abgeholt hat, bevor der Auslieferungsschein in das Postfach gelegt wurde, gilt er gleichwohl bei Gericht als eingegangen, wenn er bei Auslieferung im normalen Postzustelldienst noch an diesem Tag in die Verfügungsgewalt des Gerichts gelangt wäre.[581] Wird die Kündigungsschutzklage am letzten Tag der Klagefrist **vor** 24 Uhr in den normalen Briefkasten des Arbeitsgerichts eingeworfen, ist dies fristwahrend, auch wenn zugleich ein Nachtbriefkasten vorhanden ist. Die Klageschrift gelangt so rechtzeitig in die Verfügungsgewalt des Gerichts. Für den rechtzeitigen Einwurf der Klageschrift in den Briefkasten ist der Arbeitnehmer **darlegungs- und beweispflichtig**.[582] Bei der Beweiserhebung ist das Gericht an das sonst vorgeschriebene Beweisverfahren nicht gebunden; es gilt der sog. Freibeweis.[583]

1971 **Prozessbevollmächtigter.** Das Verschulden eines Vertreters steht dem Verschulden des Arbeitnehmers gleich. Das folgt aus der Parallelität der Voraussetzungen und aus der gleichartigen Verfahrensregelung der nachträglichen Zulassung der Kündigungsschutzklage und der Wiedereinsetzung in den vorigen Stand (§ 233 ZPO).[584] Dort gilt § 85 Abs. 2 ZPO. Richtig ist, dass diese Zurechnungsnorm, die gem. § 495 ZPO iVm § 46 Abs. 2 S. 1 ArbGG auch im arbeitsgerichtlichen Urteilverfahren gilt, der prozessualen Funktion der sog. Prozessfristen dient, die Bestandskraft bereits formell rechtskräftig gewordener Entscheidungen zu sichern.[585] Andererseits besteht ein vergleichbarer Vertrauenstatbestand auch bei der Versäumung der Klagefrist des § 4 S. 1 KSchG.[586] Diese soll erreichen, dass alsbald klargestellt wird, ob die Kündigung angefochten wird oder nicht. Einen weiteren Schwebezustand soll es nicht geben (→ Rn. 1948). Das zeigt deutlich die nach Fristablauf eintretende Wirkung des § 7 1. Hs. KSchG (näher → Rn. 1944). Der Arbeitgeber kann nun den Arbeitsplatz neu besetzen. Dieser Vertrauenstatbestand ist dem bei den Prozessfristen vergleichbar und rechtfertigt die direkte Anwendung der Zurechnungsnorm des § 85 Abs. 2 ZPO.[587] Darin liegt noch keine unzulässige Zugangserschwerung zu den Arbeitsgerichten.[588]

1971a Für die Feststellung, welche Vorkehrungen gegen Fristversäumnisse der Prozessbevollmächtigte aufgrund der ihm obliegenden Sorgfaltspflichten treffen muss, kann auf

---

[579] Hierzu näher *Friedrich*, VersR 2001, 1090, 1091 ff.; *ders.*, FA 2002, 104 ff.; *Neuvians/Mensler*, BB 1998, 1206 f.; *Reichert*, NJW 2001, 2523, 2524; *ders.*, FA 2002, 104 ff.; krit. *Hohmeister*, BB 1998, 1477, 1478.
[580] BVerfG 3.10.1979 BVerfGE 52, 203, 211.
[581] BAG 24.10.1985 AP ZPO § 794 Nr. 38.
[582] BAG 22.2.1980 AP KSchG § 1 Krankheit Nr. 6; BGH 12.2.1981 NJW 1981, 1216.
[583] Vgl. BGH 4.6.1992 NJW-RR 1992, 1338, 1339; 15.9.2005 BB 2005, 2325.
[584] Vgl. BAG 11.12.2008 NZA 2009, 692 Rn. 24, 28; vgl. auch BAG 22.3.2012 AP KSchG 1969 § 5 Nr. 19 Rn. 41; 28.5.2009 NZA 2009, 1052 Rn. 12.
[585] Vgl. *Vollkommer*, FS Stahlhacke, 1995, S. 599, 613.
[586] Vgl BAG 11.12.2008 NZA 2009, 692 Rn. 28.
[587] Grundlegend BAG 11.12.2008 NZA 2009, 692 Rn. 23 ff.; ebenso zB BAG 25.4.2013 BeckRS 2013, 70060 Rn. 87 u. Rn. 96; 22.3.2012 AP KSchG 1969 § 5 Nr. 19 Rn. 41; 24.11.2011 NZA 2012, 413 Rn. 15; zust. *Dresen*. NZA 2009, 770 f.; vgl. auch KR/*Friedrich*, § 5 KSchG Rn. 99; *Lingemann/Ludwig*, NJW 2009, 2287 f. Zur früheren Rspr. der Landesarbeitsgerichte vgl. Voraufl. Rn. 1971 Fn. 475.
[588] BAG 11.12.2008 NZA 2009, 692 Rn. 30.

§ 1 Die fristgebundene Kündigungsschutzklage

die Rechtsprechung zur Wiedereinsetzung in den vorigen Stand nach § 233 ZPO zurückgegriffen werden.[589] Unabdingbar ist die Führung eines Fristenkalenders.[590] Für das Verschulden von Hilfspersonen seines Prozessbevollmächtigten haftet der Arbeitnehmer nicht. Anders ist es, wenn den Prozessbevollmächtigten eigenes Verschulden trifft, etwa bei der Auswahl oder Überwachung der Hilfspersonen.[591] Ein Irrtum über die für die Fristberechnung erheblichen tatsächlichen Umstände kann nur dann zur nachträglichen Klagezulassung führen, wenn er unverschuldet ist. Um Verschulden auszuschalten, muss der Prozessbevollmächtigte auch die mögliche Unrichtigkeit einer Parteiinformation in Betracht ziehen und müssen bestehende Zweifel ausgeräumt werden.[592]

Ein **gewerkschaftlich vertretener Arbeitnehmer** muss sich bei verspäteter Klageerhebung ein Verschulden seiner Einzel- bzw. Fachgewerkschaft im Rahmen des § 5 Abs. 1 S. 1 KSchG n. F. (bis 31.12.2003: § 5 Abs. 1 KSchG a. F.) nach § 85 Abs. 2 ZPO zurechnen lassen, auch wenn nur der DGB-Rechtsschutz GmbH Prozessmandat erteilt wurde. Eine zwecks Klageerhebung aufgesuchte und den Arbeitnehmer zunächst betreuende Einzelgewerkschaft ist – einem Korrespondenzanwalt vergleichbar – ihrerseits als insoweit mandatierter Bevollmächtigter i. S. des § 85 Abs. 2 ZPO anzusehen.[593] 1972

Legt der Prozessvertreter das Mandat nieder, weil die Vergütung nicht gesichert ist, handelt es sich um ein Verschulden des Arbeitnehmers, wenn hierdurch die Kündigungsschutzklage zu spät eingereicht wird.[594] 1973

Das Verschulden eines Rechtsanwalts, dessen Zulassung zur Rechtsanwaltschaft mit sofortiger Wirkung widerrufen worden ist, kann dem von ihm vertretenen Arbeitnehmer nicht gem. § 85 Abs. 2 ZPO zugerechnet werden.[595] Das muss auch im Anwendungsbereich des § 5 Abs. 1 S. 1 KSchG gelten. 1974

§ 85 Abs. 2 ZPO ist nicht anwendbar, wenn der Rechtsanwalt nicht als Vertreter handelt, sondern den Arbeitnehmer lediglich außergerichtlich berät (→ Rn. 1957).[596] 1975

Rechtsrat. Die Unmöglichkeit, vor Erhebung der Kündigungsschutzklage Rechtsrat einzuholen, macht die Einhaltung der Klagefrist für den Arbeitnehmer nicht unzumutbar und rechtfertigt keine nachträgliche Zulassung der Klage.[597] Zum **falschen** Rechtsrat näher → Rn. 1956. 1976

---

[589] Vgl. LAG Berlin-Brandenburg 4.6.2009 BeckRS 2009, 72792; vgl. auch BAG 24.11.2011 NZA 2012, 413 Rn. 16; Übersichten bei MüKoZPO/*Gehrlein* § 233 Rn. 27 ff.; Zöller/*Greger*, § 233 ZPO Rn. 23.
[590] BAG 24.11.2011 NZA 2012, 413 Rn. 17; 28.5.2009 NZA 2009, 1052 Rn. 20. Zu sonstigem Organisationsverschulden vgl. zB LAG Baden-Württemberg 8.8.2003 NZA-RR 2004, 43, 44f.; LAG Köln 10.10.2002 AnwBl. 2003, 306, 307.
[591] BAG 24.11.2011 NZA 2012, 413 Rn. 16; 28.5.2009 NZA 2009, 1052 Rn. 19; 25.4.2013 BeckRS 2013, 70060 Rn. 96.
[592] BAG 22.3.2012 AP KSchG 1969 § 5 Nr. 19 Rn. 46.
[593] BAG 28.5.2009 NZA 2009, 1052 Rn. 14; LAG Düsseldorf 30.7.2002 NZA-RR 2003, 80, 81; 20.12.2002 NZA-RR 2003, 323, 324; vgl. auch BGH 10.1.2002 AP § 11 ArbGG 1979 Prozessvertreter Nr. 17; a. A. LAG Bremen 26.5.2003 NZA 2004, 228, 229 f.; LAG Hamburg 18.5.2005 NZA-RR 2005, 489, 491 f.; LAG Hamm 1.4.2005 – 1 Ta 84/05 – n. v.; LAG Hessen 2.12.2002 – 15 Ta 2058/02 – n. v.; LAG Köln 13.6.2006 NZA-RR 2007, 33; 15.4.2005 MDR 2006, 162, 163; LAG Schleswig-Holstein 29.11.2007 NZA-RR 2008, 139, 140; offen gelassen von LAG Thüringen 10.12.2004 LAGE KSchG § 5 Nr. 110.
[594] LAG Köln 3.5.2001 NZA-RR 2001, 438, 439.
[595] BAG 18.7.2007 NZA 2007, 1191 Rn. 19.
[596] LAG Frankfurt/M. 15.11.1988 LAGE KSchG § 5 Nr. 41; krit. dazu *Rieble,* Anm. LAG Hamm LAGE KSchG § 5 Nr. 65.
[597] LAG Frankfurt/M. 6.4.1990 LAGE KSchG § 5 Nr. 49 gegen LAG Köln 14.1.1982 EzA KSchG § 5 Nr. 14; 6.2.1991 LAGE KSchG § 5 Nr. 50 u. LAG Düsseldorf 6.3.1980 EzA KSchG § 5 Nr. 9.

1977 Sprachkenntnisse. Mangelnde Sprachkenntnisse rechtfertigen in aller Regel keine nachträgliche Zulassung der Kündigungsschutzklage. Ein der deutschen Sprache nicht mächtiger ausländischer Arbeitnehmer ist gehalten, sich **unverzüglich** nach Zugang des in deutscher Sprache abgefassten Kündigungsschreibens um eine Übersetzung zu bemühen.[598]

1978 Telefax. Erfolgt die Übersendung der Klageschrift zur Wahrung der Frist des § 4 S. 1 KSchG per Fax, muss der Prozessbevollmächtigte – allgemein oder im Einzelfall – die von ihm beauftragte Hilfskraft anweisen, nach der Übersendung des Fax einen Einzelnachweis auszudrucken und anhand dessen die Vollständigkeit der Übermittlung, nämlich die Übereinstimmung der Zahl der übermittelten Seiten mit derjenigen der Originalklageschrift, zu überprüfen.[599] Legt der Prozessbevollmächtigte eines Arbeitnehmers persönlich die Kündigungsschutzklage in das Faxgerät ein und wählt die Nummer des zuständigen Arbeitsgerichts, kontrolliert er sodann die Richtigkeit der Faxnummer im Display und erhält die Bestätigung des Zugangs des Schriftstücks auf dem Sendebericht durch den üblichen „OK-Vermerk", hat er seine nach § 5 Abs. 1 S. 1 KSchG erforderlichen Sorgfaltspflichten erfüllt.[600] Übermittelt ein Arbeitnehmer am letzten Tag der Klagefrist des § 4 S. 1 KSchG per Telefax die Kündigungsschutzklage an das örtlich zuständige Arbeitsgericht und beginnt so rechtzeitig mit der Übermittlung, dass unter normalen Umständen mit ihrem Abschluss vor 24.00 Uhr zu rechnen ist, hat er das seinerseits Erforderliche zur Fristwahrung getan.[601] Erfolgt die Übermittlung an eine unzuständige Behörde oder an ein unzuständiges Gericht, ist die Klagefrist schuldhaft versäumt, wenn die Klage erst nach Fristablauf beim örtlich zuständigen Arbeitsgericht eingeht.[602] Anders kann es allerdings sein, wenn der verspätete Zugang der Kündigungsschutzklage darauf beruht, dass in einem amtlich anerkannten Telefonverzeichnis die Faxnummer des örtlich zuständigen Arbeitsgerichts falsch eingetragen ist.[603]

1979 Unkenntnis der Klagefrist nach § 4 S. 1 KSchG – einschließlich des Umstands, gegen jede einzelne **schriftliche** Kündigung klagen zu müssen (näher → Rn. 2016)[604] – kann die nachträgliche Zulassung nicht rechtfertigen.[605] Das gilt auch für ausländische Arbeitnehmer. Auch ihnen wird eine Erkundigungspflicht auferlegt.[606] Den Arbeitgeber trifft keine Hinweispflicht auf die Klagefrist des § 4 S. 1 KSchG (→ Rn. 1909). Ein schwerbehinderter Arbeitnehmer, der diese Frist nicht kennt, kann sich nicht aufgrund

---

[598] LAG Baden-Württemberg 28.11.1963 DB 1964, 1708; LAG Hamburg 20.11.1984 MDR 1985, 259; LAG Hamm 24.3.1998 LAGE KSchG § 5 Nr. 32; ErfK/*Kiel*, § 5 KSchG Rn. 5; APS/*Hesse*, § 5 KSchG Rn. 62; KR/*Friedrich*, § 5 KSchG Rn. 79; vgl. auch HHL/*Linck*, § 5 KSchG Rn. 33; KDZ/*Zwanziger*, § 5 KSchG Rn. 13.

[599] Vgl. allg. für fristgebundene Schriftsätze BAG 24.11.2011 NZA 2012, 413 Rn. 17 mwN.

[600] LAG Bremen 20.6.2007 ArbuR 2007, 326f. Ls.; vgl. auch LAG Sachsen 23.2.2007 ArbuR 2007, 512 Ls.

[601] BVerfG 25.2.2000 NZA 2000, 789, 790.

[602] LAG Nürnberg 23.7.1993 LAGE KSchG § 5 Nr. 61; vgl. aber auch LAG Hessen 1.10.1996 LAGE KSchG § 5 Nr. 82.

[603] Vgl. LAG Bremen 31.10.2001 NZA 2002, 580, 581.

[604] Vgl. BAG 22.3.2012 AP KSchG 1969 § 5 Nr. 19 Rn. 38.

[605] LAG Köln 29.10.2014 BeckRS 2014, 74420; LAG München 29.11.2006 BeckRS 2009, 67797; LAG Niedersachsen 6.4.2009 LAGE KSchG § 4 Nr. 55; LAG Rheinland-Pfalz 10.7.2012 BeckRS 2012, 71410; LAG Schleswig-Holstein 5.2.2008 BeckRS 2008, 52192; APS/*Hesse*, § 5 KSchG Rn. 37; KR/*Friedrich*, § 5 KSchG Rn. 91; HaKo/*Gallner*, § 5 KSchG Rn. 46; ErfK/*Kiel*, § 5 KSchG Rn. 11; LSW/*Spinner*, § 5 KSchG Rn. 11.

[606] LAG Düsseldorf 6.3.1980 EzA § 5 KSchG Nr. 9; LAG Hamburg 6.7.1990 LAGE BGB § 130 Nr. 16; 10.4.1987 LAGE KSchG § 5 Nr. 34; APS/*Hesse*, § 5 KSchG Rn. 23; KR/*Friedrich*, § 5 KSchG Rn. 91a, 91b; HHL/*Linck*, § 5 KSchG Rn. 36; KDZ/*Zwanziger*, § 5 KSchG Rn. 14.

der Rechtsbehelfsbelehrung des Integrationsamtes im Zustimmungsbescheid (vgl. § 88 Abs. 2 S. 1 SGB IX) darauf verlassen, dass der Widerspruch gegen diesen Bescheid (vgl. § 69 VwGO) auch seine Rechte im arbeitsgerichtlichen Verfahren wahrt.[607]

Urlaub. Geht dem Arbeitnehmer während seines Urlaubs eine Kündigung an seiner Heimatadresse (zum Zugang im Ausland Rn. 1964) zu (dazu näher → Rn. 127, 128) und ist die Dreiwochenfrist des § 4 S. 1 bei Urlaubsrückkehr bereits abgelaufen, ist ihm nachträgliche Zulassung einer dadurch verspätet erhobenen Kündigungsschutzklage zu gewähren.[608] Ist diese Frist zu diesem Zeitpunkt noch nicht verstrichen, kommt es auf die Umstände des Einzelfalls an, ob er noch in der verbleibenden Restfrist unter Beachtung der ihm zumutbaren Sorgfalt Kündigungsschutzklage erheben kann.[609] Einem nicht rechtskundigen Arbeitnehmer wird eine Frist zur Einholung von Rechtsrat und Klageeinreichung von mindestens drei Tagen nach Urlaubsrückkehr eingeräumt.[610]

1980

Der Arbeitnehmer braucht grundsätzlich nicht sicherzustellen, dass ihn rechtsgeschäftliche Erklärungen seines Arbeitgebers während des Urlaubs oder sonstiger **Ortsabwesenheit** erreichen.[611] Das gilt nach Auffassung des *LAG Berlin* auch dann, wenn er seinen Urlaub wegen einer in dieser Zeit beginnenden Arbeitsunfähigkeit verlängert oder verlängern muss.[612] Allerdings ist grundsätzlich mit dem *LAG Hamm* davon auszugehen, dass die Ortsabwesenheit aufgrund eines vom Arbeitgeber genehmigten Urlaubs und die Ortsabwesenheit wegen einer während des Urlaubs bzw. im Anschluss an einen Urlaub eingetretenen Arbeitsunfähigkeit unterschiedliche Hinderungsgründe i. S. des § 5 Abs. 1 KSchG, die jeweils eigenständigen Prüfungsmaßstäben unterliegen.[613]

1981

Im Übrigen wird fehlende Kenntnis von der zu Hause zugegangenen Kündigung dann teilweise als Verschulden zugerechnet, wenn der Arbeitnehmer konkreten Anlass zur Annahme hatte, dass ihm während des Urlaubs oder der Ortsabwesenheit gekündigt wird, und er nicht für eine Nachsendung der Post sorgt oder dafür, dass die zu Hause eingehende Post durchgesehen wird.[614] Allein der Umstand, dass die Ortsabwe-

1982

---

[607] LAG Köln 14.3.2005 ArbuR 2005, 237 Ls.
[608] BAG 22.3.2012 AP KSchG 1969 § 5 Nr. 19; 16.3.1988 NZA 1988, 875; LAG Berlin 23.8.2001 NZA-RR 2002, 355; LAG Hamm 28.3.1996 LAGE KSchG § 5 Nr. 78; LAG Köln 30.5.2007 NZA-RR 2007, 521, 522; 14.3.2003 LAGE KSchG § 5 Nr. 106a; LAG Nürnberg 5.2.1992 LAGE KSchG § 5 Nr. 57.
[609] Vgl. LAG Köln 6.9.1996 u. 17.4.1997 LAGE KSchG § 5 Nr. 80 u. 87; LAG München 23.1.1992 NZA 1993, 266; LAG Thüringen 19.4.2001 BeckRS 2001, 16982 Rn. 10, 11.
[610] LAG München 23.1.1992 NZA 1993, 266; APS/*Hesse*, § 5 KSchG Rn. 51; KDZ/*Zwanziger*, § 5 KSchG Rn. 12; vgl. auch KR/*Friedrich*, § 5 KSchG Rn. 83; a. A. HaKo/*Gallner* § 5 KSchG Rn. 60.
[611] LAG Berlin 23.8.2001 NZA-RR 2002, 355; LAG Bremen 30.6.2005 NZA-RR 2005, 633, 634; LAG Hamm 28.3.1996 LAGE KSchG § 5 Nr. 78; 8.2.2007 BeckRS 2007, 44047; LAG Köln 14.3.2003 NZA-RR 2006, 101 Ls.; 9.2.2004 NZA-RR 2005, 215; LAG Nürnberg 23.8.2005, MDR 2006, 274, 275; LAG Thüringen 19.4.2001 RzK I 10d Nr. 108; APS/*Hesse*, § 5 KSchG Rn. 51; ErfK/*Kiel*, § 5 KSchG Rn. 20; KDZ/*Zwanziger*, § 5 KSchG Rn. 12; anders bei Urlaub von über sechs Wochen LAG Hessen 17.2.2005 BeckRS 2005, 42822; LAG Nürnberg 23.8.2005 MDR 2006, 274, 375; KR/*Friedrich*, § 5 KSchG Rn. 81; HHL/*Linck*, § 5 KSchG Rn. 37.
[612] LAG Berlin 23.8.2001 NZA-RR 2002, 355.
[613] LAG Hamm 8.2.2007 BeckRS 2007, 44047; vgl. auch LAG Köln 30.5.2007 NZA-RR 2007, 521, 522; LAG Niedersachsen 8.11.2002 NZA-RR 2003, 556, 557.
[614] LAG Berlin 11.3.1982 ZIP 1982, 614; LAG Nürnberg 6.11.1995 LAGE KSchG § 5 Nr. 71; KR/*Friedrich*, § 5 KSchG Rn. 81; a. A. LAG Hamm 28.3.1996 LAGE KSchG § 5 Rn. 78; LAG Köln 4.3.1996 LAGE KSchG § 5 Nr. 75; HHL/*Linck*, § 5 KSchG Rn. 37; offen gelassen von LAG Thüringen 19.4.2001 RzK I 10d Nr. 108.

senheit auf unentschuldigtem Fernbleiben von der Arbeit beruht, hindert nach Ansicht der *3. Kammer* des *LAG Köln* die nachträgliche Klagezulassung gem. § 5 Abs. 1 S. 1 KSchG nicht.[615]

1983 **Vergleichsverhandlungen.** Eine Hoffnung auf gütliche Einigung aufgrund schwebender Vergleichsverhandlungen kann einen Antrag auf nachträgliche Zulassung nicht begründen.[616] Das gilt auch, wenn der Arbeitgeber im Kündigungsschreiben selbst[617] oder sonst[618] in Aussicht gestellt hat, die Kündigung unter (bestimmten)[619] Umständen zurückzunehmen, und auch dann, wenn der Arbeitgeber am letzten Tag der Klagefrist des § 4 S. 1 KSchG äußert, man werde am nächsten Tag über die Fortsetzung des Arbeitsverhältnisses reden.[620] Anders ist es, wenn der Arbeitgeber den Arbeitnehmer arglistig (vgl. auch → Rn. 1953) durch Vortäuschung erfolgreicher Vergleichsverhandlungen von der Einhaltung der Klagefrist abgehalten hat.[621]

1984 **Wiedereinstellungszusage.** Weigert sich ein Arbeitgeber, eine Wiedereinstellungszusage zu erfüllen, die er gegenüber einem Mitarbeiter bei Ausspruch einer betriebsbedingten Kündigung wegen momentan fehlender Beschäftigungsmöglichkeit abgegeben hat, kann eine nachträgliche Zulassung einer Kündigungsschutzklage nicht mit der Verweigerung der Wiedereinstellung begründet werden.[622] Das gilt auch, wenn der Arbeitnehmer deshalb von der rechtzeitigen Klageerhebung nach § 4 S. 1 KSchG abgesehen hat, weil ihm von einem Unternehmen, das denselben Geschäftsführer hat, eine nahtlose Weiterbeschäftigung zugesagt worden ist.[623] Der Arbeitnehmer kann aber den Arbeitgeber bzw. das andere zusagende Unternehmen auf Abgabe einer Willenserklärung zur Durchsetzung der Wiedereinstellungs-[624] bzw. Weiterbeschäftigungszusage[625] verklagen.

c) Sonderfall: Schwangerschaft

1985 § 5 Abs. 1 S. 2 KSchG idF von Art. 1 Nr. 3a des „Gesetz zu Reformen am Arbeitsmarkt" vom 24.12.2003 (BGBl. I S. 3002) bestimmt, dass die Kündigungsschutzklage nach Maßgabe des § 5 Abs. 1 S. 1 KSchG auch dann nachträglich zuzulassen ist, wenn die Arbeitnehmerin **unverschuldet** erst **nach Ablauf** der **Frist** des § 4 S. 1 KSchG **von** ihrer **Schwangerschaft erfährt.** Damit stellt § 5 Abs. 1 S. 2 KSchG das

---

[615] LAG Köln 9.2.2004 NZA-RR 2005, 215; a. A. wohl LAG Köln 14.3.2003 LAGE KSchG § 5 Nr. 106a.
[616] BAG 19.2.2009 NZA 2009, 980 Rn. 41; LAG Düsseldorf 19.11.1965 BB 1966, 210; LAG Hamm 21.12.1972 BB 1973, 336 Ls.; LAG Sachsen 5.3.2008 ZInsO 2009, 1783 Ls. juris; APS/*Hesse*, § 5 KSchG Rn. 63; *Hergenröder/v. Wickede*, RdA 2008, 364, 370.
[617] LAG Köln 26.11.1999 LAGE KSchG § 5 Nr. 97.
[618] LAG Köln 19.4.2004 MDR 2005, 403; vgl. auch LAG Düsseldorf 9.9.2003 FA 2004, 60, 61; LAG Sachsen 5.3.2008 ZInsO 2009, 1783 Ls.
[619] Vgl. LAG Köln 26.11.1999 LAGE KSchG § 5 Nr. 97, wo der Arbeitgeber die Kündigungsrücknahme von einem bestimmten Arbeitnehmerverhalten in der Zukunft abhängig machen wollte.
[620] LAG Berlin-Brandenburg 2.11.2012 BeckRS 2012, 76084.
[621] LAG Köln 26.11.1999 LAGE KSchG § 5 Nr. 97; 19.4.2004 MDR 2005, 403; APS/*Hesse*, § 5 KSchG Rn. 63; ErfK/*Kiel*, § 5 KSchG Rn. 21; vgl. auch LAG Düsseldorf 9.9.2003 FA 2004, 60, 61; LAG München 26.4.2005 BeckRS 2009, 67899; LAG Rheinland-Pfalz 23.7.2004 BeckRS 2004, 30802990; LAG Sachsen 5.3.2008 ZInsO 2009, 1783 Ls.
[622] LAG Düsseldorf 9.9.2003 FA 2004, 60, 61; LAG Nürnberg 15.1.1998 LAGE KSchG § 5 Nr. 91.
[623] Vgl. LAG Berlin 17.12.2002 LAGE ZPO 2002 § 139 Nr. 1.
[624] LAG Düsseldorf 9.9.2003 FA 2004, 60, 61; LAG Nürnberg 15.1.1998 LAGE KSchG § 5 Nr. 91.
[625] Vgl. LAG Berlin 17.12.2002 LAGE ZPO 2002 § 139 Nr. 1.

Verhältnis zwischen der Klagefrist des § 4 S. 1 KSchG und § 9 Abs. 1 S. 1 2. Hs. MuSchG klar. Letztere Vorschrift sieht vor, dass das Kündigungsverbot wegen Schwangerschaft auch dann eingreift, wenn die Arbeitnehmerin dem Arbeitgeber das Bestehen der Schwangerschaft aus einem von ihr nicht zu vertretenden Grund mehr als zwei Wochen nach Kündigungszugang mitteilt (näher → Rn. 1400). Damit kann die Mitteilung, die den besonderen Kündigungsschutz eingreifen lässt, auch nach Ablauf der Klagefrist des § 4 S. 1 KSchG erfolgen. Wegen des Schutzes aus Art. 6 Abs. 4 GG muss es der betroffenen Arbeitnehmerin konsequenterweise möglich sein, einen Verstoß gegen das Kündigungsverbot auch nach Ablauf der dreiwöchigen Klagefrist gerichtlich geltend zu machen, so dass die Zulassung der verspäteten Klage nach § 5 Abs. 1 S. 2 KSchG verfassungsrechtlich geboten ist.[626]

1986 Holt die schwangere Arbeitnehmerin bei Überschreiten der Zwei-Wochen-Frist die Mitteilung des Bestehens einer Schwangerschaft bei Zugang der Kündigung unverzüglich nach, spielt die Klageerhebungsfrist nach § 4 S. 1 KSchG an sich noch keine Rolle, weil sie gem. § 4 S. 4 KSchG erst mit Bekanntgabe der zustimmenden Entscheidung der für den Arbeitsschutz zuständigen obersten Landesbehörde an die Arbeitnehmerin zu laufen beginnt (→ Rn. 1925). Die nachträgliche Klagezulassung nach § 5 Abs. 1 S. 2 KSchG wäre dann eigentlich überflüssig. Diese Regelung macht daher nur dann Sinn, wenn die Frist des § 4 S. 1 KSchG bereits verstrichen ist. Dies ist der Fall, wenn der Arbeitgeber bei Kündigungsausspruch **keine Kenntnis von** den den **Kündigungsschutz** des § 9 Abs. 1 S. 1 MuSchG begründenden Tatsachen hat und deshalb § 4 S. 4 KSchG nicht zur Anwendung kommt (näher → Rn. 1926).[627] Hat die Arbeitnehmerin dagegen bereits **vor Ablauf** der **Frist** des § 4 S. 1 KSchG **von ihrer Schwangerschaft erfahren,** erhebt aber gegen die Kündigung bis zu deren Ablauf keine Klage (→ Rn. 1926), kommt **allenfalls eine nachträgliche Zulassung** nach **§ 5 Abs. 1 S. 1 KSchG** in Betracht.[628]

1987 **Erfährt** eine Arbeitnehmerin nach Erhalt einer Kündigung ohne von ihr zu vertretendem Grund erst **kurz vor Ablauf** der **Klagefrist** des § 4 S. 1 KSchG **von ihrer Schwangerschaft,** muss ihr nach Ansicht des *LAG Schleswig-Holstein* eine Überlegungszeit von drei Werktagen zugebilligt werden, um abzuwägen, ob sie angesichts der für sie neuen Situation und des nun entstandenen Sonderkündigungsschutzes Kündigungsschutzklage erheben will. Versäumt sie durch die Inanspruchnahme dieser Überlegungszeit die dreiwöchige Klagefrist des § 4 S. 1 KSchG, ist die Klage auf ihren Antrag hin im Regelfall gem. § 5 Abs. 1 S. 1 KSchG – nicht anwendbar ist in diesem Fall § 5 Abs. 1 S. 2 KSchG, da die Kenntniserlangung von der Schwangerschaft **vor** Ablauf der Drei-Wochen-Frist des § 4 S. 1 KSchG lag (→ Rn. 1986) – nachträglich zuzulassen, soweit Klage und Zulassungsantrag nach Ablauf von drei Werktagen eingereicht wurden.[629]

---

[626] *Preis*, DB 2004, 70, 77; vgl. auch LAG Baden-Württemberg 15.8.2006 – 12 Ta 6/06 – juris Rn. 17; LAG Sachsen 5.3.2008 ZInsO 2009, 1783 Ls.; *Bender/J. Schmidt*, NZA 2004, 358, 364; vgl. früher schon zum ursprünglichen Gesetzesentwurf *Löwisch*, NZA 2003, 689, 693; *Richardi*, NZA 2003, 764, 766.

[627] Vgl. LAG Düsseldorf 10.2.2005 NZA-RR 2005, 382; LAG Hamm 22.9.2005 FA 2006, 190 Ls.; LAG Nürnberg 4.12.2006 NZA-RR 2007, 194; LAG Schleswig-Holstein 13.5.2008 NZA-RR 2009, 132 f.; LAG Sachsen 11.1.2006 BeckRS 2006, 31387147.

[628] LAG Sachsen 5.3.2008 ZInsO 2009, 1783 Ls.; vgl. auch BAG 19.2.2009 NZA 2009, 980 Rn. 31 mit Rn. 33.

[629] LAG Schleswig-Holstein 13.5.2008 NZA-RR 2009, 132, 133.

3. Verfahren

a) Zuständiges Gericht

1988   Der Antrag nach § 5 Abs. 1 S. 1 bzw. S. 2 KSchG ist bei dem für die Kündigungsschutzklage örtlich zuständigen Arbeitsgericht einzureichen.[630] Erfährt der Arbeitnehmer erst im Gütetermin einer bereits erhobenen Klage von einem früheren Zugang der Kündigung als bisher angenommen, kann der Antrag auf nachträgliche Klagezulassung nebst Begründung und evtl. Glaubhaftmachung im Gütetermin gestellt werden und ist gem. § 160 Abs. 2 ZPO in das Protokoll aufzunehmen.[631] Reicht der Arbeitnehmer bei einem örtlich unzuständigen Arbeitsgericht den Antrag auf nachträgliche Zulassung ein, wahrt dies die Frist des § 5 Abs. 3 S. 1 KSchG (näher → Rn. 1858a), wenn der Antrag an das örtlich zuständige Arbeitsgericht verwiesen und demnächst (§ 167 ZPO) dem Arbeitgeber zugestellt wird.[632] Das gilt nach h. M.[633] auch im Falle der Einreichung von Klage und Antrag auf nachträgliche Zulassung bei einem Gericht des unzuständigen Rechtswegs, selbst wenn der Rechtsstreit erst nach Ablauf der Frist des § 5 Abs. 3 S. 1 KSchG gem. §§ 17 ff. GVG iVm § 48 Abs. 1 ArbGG an das Arbeitsgericht verwiesen wird.[634] Dem ist zuzustimmen, da dieser Sachverhalt nicht anders behandelt werden darf, als die Frage nach der rechtzeitigen Klageerhebung gem. § 4 S. 1 KSchG im unzuständigen Rechtsweg (→ Rn. 1905).

b) Antragsinhalt

1989   An den Inhalt des Antrags nach § 5 Abs. 1 S. 1 KSchG sind keine hohen Anforderungen zu stellen. Er muss nicht ausdrücklich gestellt werden. In jedem Fall muss aber das Verlangen nach nachträglicher Zulassung deutlich werden, zB indem Wiedereinsetzung in den vorigen Stand beantragt wird oder sich in der Begründung entsprechende Ausführungen finden.[635] Allein die Tatsache einer verspäteten Klageerhebung – also das bloße Vorliegen einer Klageschrift – reicht für die Annahme eines Antrags nach § 5 Abs. 1 S. 1 KSchG nicht aus.[636]

1990   Gemäß § 5 Abs. 2 S. 1 KSchG ist der Antrag auf nachträgliche Zulassung mit der Kündigungsschutzklage zu verbinden bzw., sofern die Klage bereits beim Arbeitsgericht anhängig ist, auf sie im Antrag Bezug zu nehmen. Hinsichtlich der ersten Alternative genügt es, wenn sowohl der Antrag nach § 5 Abs. 1 S. 1 KSchG als auch die Kündigungsschutzklage innerhalb der Zweiwochenfrist des § 5 Abs. 3 S. 1 KSchG beim Arbeitsgericht vorliegen.[637]

---

[630] APS/*Hesse*, § 5 KSchG Rn. 65; KR/*Friedrich*, § 5 KSchG Rn. 126; HHL/*Linck*, § 5 KSchG Rn. 42; ErfK/*Kiel*, § 5 KSchG Rn. 23.

[631] LAG Nürnberg 5.1.2004 NZA-RR 2004, 631, 632.

[632] APS/*Hesse*, § 5 KSchG Rn. 66; KR/*Friedrich*, § 5 KSchG Rn. 127; HHL/*Linck*, § 5 KSchG Rn. 42; ErfK/*Kiel*, § 5 KSchG Rn. 23.

[633] APS/*Hesse*, § 5 KSchG Rn. 66; KR/*Friedrich*, § 5 KSchG Rn. 128; HHL/*Linck*, § 5 KSchG Rn. 42; a. A. *Berkowsky*, NZA 1997, 352, 354; ErfK/*Kiel*, § 5 KSchG Rn. 23.

[634] Die einfache Weiterleitung reicht nicht, sofern der Antrag erst nach Fristablauf beim Arbeitsgericht eingeht, LAG Köln 14.3.2003 LAGE KSchG § 5 Nr. 106a.

[635] Vgl. BAG 19.2.2009 NZA 2009, 980 Rn. 36; LAG München 4.4.2006 BeckRS 2009, 67821; LAG Sachsen 20.2.2008 BeckRS 2009, 73189; LAG Schleswig-Holstein 19.3.2014 BeckRS 2014, 68047; APS/*Hesse*, § 5 KSchG Rn. 64; KR/*Friedrich*, § 5 KSchG Rn. 107; ErfK/*Kiel*, § 5 KSchG Rn. 22.

[636] BAG 19.2.2009 NZA 2009, 980 Rn, 36; APS/*Hesse*, § 5 KSchG Rn. 64; KR/*Friedrich*, § 5 KSchG Rn. 108; ErfK/*Kiel*, § 5 KSchG Rn. 22.

[637] LAG Baden-Württemberg 8.3.1988 LAGE KSchG § 5 Nr. 37 mit Anm. *Löwisch*; APS/*Hesse*, § 5 KSchG Rn. 68; KR/*Friedrich*, § 5 KSchG Rn. 109; HK-KSchG/*Hauck*, § 5 Rn. 13; HHL/*Linck*, § 5 KSchG Rn. 48.

Der Antrag muss die Angabe der die nachträgliche Zulassung begründenden Tatsachen enthalten und die **Mittel** für deren **Glaubhaftmachung** (vgl. § 294 Abs. 1 ZPO).[638] Die Mittel der Glaubhaftmachung brauchen nur **angeboten** zu werden. Dabei reicht es aus, wenn die Antragsschrift einen Hinweis auf das oder die Mittel der Glaubhaftmachung enthält.[639] Fehlt es hieran, hat das Arbeitsgericht hierauf den Arbeitnehmer nach § 139 Abs. 1 S. 2 ZPO hinzuweisen.[640] Anders als nach § 236 Abs. 2 S. 1 ZPO können die Gründe und die Mittel für deren Glaubhaftmachung auch noch innerhalb der zweiwöchigen Antragsfrist des § 5 Abs. 3 S. 1 KSchG angegeben werden. Werden sie erst danach vorgebracht, darf das Gericht sie bei der Entscheidung nicht mehr berücksichtigen. Es hat aber verspätet vorgetragene Tatsachen und beigebrachte Mittel zu beachten, wenn sie einen fristgerecht geltend gemachten Grund ergänzen, vervollständigen oder konkretisieren und zugleich eine Verflechtung des Gerichts gem. § 139 ZPO bestanden hat, durch Nachfrage Unklarheiten und Ungenauigkeiten zu beseitigen.[641]

1991

Nach Ablauf der Antragsfrist dürfen auch noch solche die Zulassung rechtfertigende Tatsachen berücksichtigt werden, die offenkundig, gerichtsbekannt oder aktenkundig sind.[642] Ein Antrag gem. § 5 Abs. 2 S. 1 KSchG ohne Angabe der Mittel für die Glaubhaftmachung binnen der Zweiwochenfrist des § 5 Abs. 3 S. 1 KSchG ist nicht endgültig unzulässig, sondern wird zulässig, wenn der Arbeitgeber die die nachträgliche Zulassung begründenden Tatsachen bis zum Zeitpunkt der Entscheidung nicht bestreitet (teleologische Reduktion).[643] Denn nur bestrittene Umstände müssen im Zusammenhang mit einem Antrag auf nachträgliche Zulassung glaubhaft gemacht werden.[644] Für die Zulässigkeit des Antrags nach § 5 Abs. 1 S. 1 KSchG ist es unerheblich, wenn die im Antrag in Bezug genommene Klageschrift nicht unterschrieben ist.[645]

1992

c) Antragsfrist

Der Antrag auf nachträgliche Zulassung ist nach § 5 Abs. 3 S. 1 KSchG nur innerhalb von **zwei Wochen** nach Behebung des Hindernisses zulässig. Die Antragsfrist des § 5 Abs. 3 S. 1 KSchG ist eine **prozessuale Frist**,[646] so dass für die Fristberechnung gem. § 222 Abs. 1 ZPO die §§ 187 ff. BGB gelten. Die Frist beginnt auch schon dann zu laufen, wenn die Kenntnis vom Wegfall des Hindernisses bei Aufbietung zumutbarer Sorgfalt hätte erlangt werden können.[647] Kennt der Arbeitnehmer die Versäumung

1993

---

[638] Zur Glaubhaftmachung iSv § 5 Abs. 2 S. 2 KSchG BAG 25.4.2013 NZI 2013, 758 Rn. 101; 24.11.2011 NZA 2012, 413 Rn. 25; ausf. *Schmid* (Fn. 524), S. 169 ff.
[639] Vgl. BAG 25.4.2013 BeckRS 2013, 70060 Rn. 91; LAG Baden-Württemberg 11.1.2008 BeckRS 2008, 50892; LAG Saarland 27.6.2002 NZA-RR 2002, 488, 489; LAG Sachsen 23.2.2007 LAGE KSchG § 5 Nr. 115; APS/*Hesse*, § 5 KSchG Rn. 69; KR/*Friedrich*, § 5 KSchG Rn. 121.
[640] LAG Baden-Württemberg 11.1.2008 BeckRS 2008, 50892.
[641] BAG 28.5.2009 NZA 2009, 1229 Rn. 24; vgl. auch BAG 24.11.2011 NZA 2012, 413 Rn. 26.
[642] LAG Hamm 5.1.1998 NZA-RR 1998, 209, 210; LAG Köln 12.4.2006 NZA-RR 2006, 492.
[643] LAG Nürnberg 4.12.2006 NZA-RR 2007, 194, 195.
[644] BAG 25.4.2013 BeckRS 2013, 70060 Rn. 104.
[645] LAG Hamm 21.12.1995 LAGE KSchG § 5 Nr. 73; vgl. auch BAG 25.4.2013 NZI 2013, 758 Rn. 84 mit Rn. 88.
[646] LAG Berlin 8.1.2002 BeckRS 2002, 30895503; LAG Frankfurt/M. 22.7.1983 ArbuR 1984, 89 Ls.; LAG Hamm 26.6.1995 LAGE KSchG § 5 Nr. 76; LAG Köln 8.11.1994 LAGE KSchG § 5 Nr. 70; LAG Niedersachsen 28.1.2003 NZA-RR 2004, 17, 19; LAG Sachsen 5.10.2000 LAGE KSchG § 5 Nr. 101.
[647] LAG Bremen 20.6.2007 ArbuR 2007, 326 Ls.; LAG Hamm 16.5.1991 28.6.2000 LAGE ZPO § 263 Nr. 1; LAG Hessen 11.3.2005 NZA-RR 2005, 322; LAG Köln 11.8.2004 LAG Report 2005,

der Frist nicht, beginnt die Antragsfrist in dem Zeitpunkt, in dem er auf die Notwendigkeit der Klage innerhalb einer Frist hingewiesen wird.[648] Der Antrag nach § 5 Abs. 1 S. 1 KSchG ist unzulässig, wenn die Einhaltung der Antragsfrist nicht festgestellt werden kann.[649] Da die Antragsfrist des § 5 Abs. 3 S. 1 KSchG eine prozessuale Frist ist (→ Rn. 1993), ist ein Verschulden des Prozessbevollmächtigten nach § 85 Abs. 2 ZPO zu Lasten der Partei zu berücksichtigen.[650]

1994 Antrag und Klage müssen innerhalb der Zweiwochenfrist des § 5 Abs. 3 S. 1 KSchG dem örtlich zuständigen Gericht (→ Rn. 1988) vorliegen (→ Rn. 1990). Die Einhaltung der Antragsfrist hat der Arbeitnehmer darzulegen[651] und im Streitfall glaubhaft zu machen.[652] Wird die Frist versäumt, findet dagegen eine **Wiedereinsetzung** nach § 233 ZPO analog iVm § 495 ZPO, § 46 Abs. 2 S. 1 ArbGG nicht statt.[653] Stellt das Arbeitsgericht im Gütetermin die Verspätung der Kündigungsschutzklage fest und ordnet es daraufhin auf übereinstimmenden Antrag der Parteien das Ruhen des Verfahrens nach § 251 S. 1 ZPO an, hört die prozessuale Frist des § 5 Abs. 3 S. 1 KSchG gem. § 249 Abs. 1 ZPO ungeachtet der Regelung in § 251 S. 2 ZPO auf zu laufen. Sie beginnt nach § 249 Abs. 1 ZPO in vollem Umfang erneut mit Zustellung eines Aufnahmeantrags gem. § 250 ZPO.[654]

1995 Nach Ablauf von sechs Monaten, vom Ende der versäumten Frist an gerechnet, kann der Antrag nicht mehr gestellt werden (§ 5 Abs. 3 S. 2 KSchG). Das gilt auch, wenn den Arbeitnehmer an der Fristversäumung kein Verschulden trifft[655] und sogar selbst dann, wenn vorgetragen wird, der Arbeitgeber habe den Arbeitnehmer arglistig von der Klage abgehalten.[656] Soweit dies im Zusammenhang mit einer Kündigung wegen Betriebsübergangs (§ 613a Abs. 4 S. 1 BGB) geschieht (→ Rn. 1954), stellt sich die Frage, ob § 5 Abs. 3 S. 2 KSchG wegen Verstoßes gegen die Richtlinie 2001/23 EG vom 12.3.2001 (ABl. EG Nr. L 82) überhaupt anwendbar ist.[657]

1996 Auch gegen die Versäumung der Sechsmonatsfrist des § 5 Abs. 3 S. 2 KSchG gibt es keine Wiedereinsetzung analog § 233 ZPO iVm § 495 ZPO, § 46 Abs. 2 S. 1 Arb-

---

29, 30; LAG Rheinland-Pfalz 14.7.2004 NZA-RR 2005, 274; HHL/*Linck*, § 5 KSchG Rn. 44; vgl. auch BAG 25.4.2013 BeckRS 2013, 70060 Rn. 87.

[648] Vgl. auch BAG 25.4.2013 BeckRS 2013, 70060 Rn. 88.

[649] LAG Thüringen 5.3.2001 LAGE KSchG § 5 Nr. 100.

[650] Vgl. BAG 25.4.2013 BeckRS 2013, 70060 Rn. 87; LAG Düsseldorf 20.11.1995 ZIP 1996, 191, 192; LAG Hamm 28.6.2000 LAGE ZPO § 263 Nr. 1; LAG Niedersachsen 28.1.2003 NZA-RR 2004, 17, 18; LAG Sachsen 5.10.2000 LAGE KSchG § 5 Nr. 101; HHL/*Linck*, § 5 KSchG Rn. 46; KR/*Friedrich*, § 5 KSchG Rn. 142; a. A. LAG Baden-Württemberg 8.8.2003 NZA-RR 2004, 43, 45; *Schmid* (Fn. 524), S. 100 ff.

[651] LAG Baden-Württemberg 4.4.1989 NZA 1989, 824; LAG Düsseldorf 20.11.1995 ZIP 1996, 191; LAG Frankfurt/M. 7.2.1985 ARSt. 1985 Nr. 1134; LAG Thüringen 5.3.2001 LAGE KSchG § 5 Nr. 100; APS/*Hesse*, § 5 KSchG Rn. 90; KR/*Friedrich*, § 5 KSchG Rn. 166 mwN.

[652] LAG Baden-Württemberg, 4.4.1989 ARSt. 1985 Nr. 1134; LAG Düsseldorf 20.11.1995 NZA 1989, 824; LAG Frankfurt/M. 7.2.1985 ZIP 1996, 191; LAG Thüringen 5.3.2001 LAGE KSchG § 5 Nr. 100; APS/*Hesse*, § 5 KSchG Rn. 90; KR/*Friedrich*, § 5 KSchG Rn. 167.

[653] Vgl. BAG 16.3. 1988 NZA 1988, 875; LAG Berlin 19.1.1987 LAGE KSchG § 5 Nr. 27; LAG Bremen 20.6.2007 ArbuR 2007, 326 Ls.; LAG Hamm 26.6.1995 LAGE KSchG § 5 Nr. 76; LAG Hessen 11.3.2005 NZA-RR 2005, 322; LAG Köln 14.3.2003 LAGE KSchG § 5 Nr. 106a; APS/*Hesse*, § 5 KSchG Rn. 88; KR/*Friedrich*, § 5 KSchG Rn. 164; HHL/*Linck*, § 5 KSchG Rn. 43; *Schmid* (Fn. 524), S. 108 f.; KDZ/*Zwanziger*, § 5 KSchG Rn. 40.

[654] LAG Sachsen 5.10.2000 LAGE KSchG § 5 Nr. 101.

[655] LAG Düsseldorf 23.10.2008 BeckRS 2009, 50336.

[656] LAG Hamm 29.10.1987 LAGE KSchG § 5 Nr. 33; dazu aber auch LAG Frankfurt/M. 5.9.1988 LAGE KSchG § 5 Nr. 40.

[657] Vgl. hierzu näher *Kamanabrou*, NZA 2004, 950, 951 f.

GG.⁶⁵⁸ Stellt der Arbeitnehmer außerhalb dieser Frist den Antrag nach § 5 Abs. 1 S. 1 KSchG, ist dieser als unzulässig zu verwerfen.⁶⁵⁹ § 5 Abs. 3 S. 2 KSchG ist verfassungsgemäß.⁶⁶⁰

d) Erstinstanzliche Entscheidung

Über den Antrag nach § 5 Abs. 1 S. 1 und 2 KSchG entschied bis zum 31.3.2008 gem. § 5 Abs. 4 S. 1 KSchG idF von Art. 3 des „Gesetz zur Vereinfachung und Beschleunigung des arbeitsgerichtlichen Verfahrens (Arbeitsrechtsbeschleunigungsgesetz)" vom 30.3.2000 (BGBl. I S. 333) das Arbeitsgericht in **voller Kammerbesetzung** unter Hinzuziehung der ehrenamtlichen Richter **vorab,** d. h. vor einer Entscheidung über die Kündigungsschutzklage nach § 4 S. 1 KSchG, durch Beschluss. Dieser konnte ohne mündliche Verhandlung ergehen (§ 5 Abs. 4 S. 1 KSchG a. F.) und war nach § 5 Abs. 4 S. 2 KSchG a. F. mit der sofortigen Beschwerde angreifbar (auch → Rn. 2006). Zum erstinstanzlichen Verfahren nach § 5 Abs. 4 S. 1 KSchG a. F. vgl. näher 9. Aufl. Rn. 1861 bis 1864. **1997**

Seit dem 1.4.2008 sieht § 5 Abs. 4 S. 1 KSchG idF von Art. 3 des „Gesetz zur Änderung des Sozialgerichtsgesetzes und des Arbeitsgerichtsgesetzes" vom 26.3.2008 (BGBl. I S. 444) vor, dass das Verfahren über den Antrag auf nachträgliche Zulassung der Kündigungsschutzklage (§ 5 Abs. 1 S. 1 und 2 KSchG) mit dem Klageverfahren zu verbinden ist. Durch den Wegfall des Vorabverfahrens nach § 5 Abs. 4 S. 1 KSchG a. F. (→ Rn. 1997) soll das Verfahren über die nachträgliche Klagezulassung insgesamt beschleunigt und die besondere Prozessförderung im Kündigungsschutzprozess nach § 61a ArbG gestärkt werden.⁶⁶¹ **1998**

Die vom Gesetzgeber in § 5 Abs. 4 S. 1 KSchG angeordnete Verbindung von Klage- und Zulassungsverfahren, die dem Verfahren über einen Wiedereinsetzungsantrag nach § 233 ZPO nachempfunden ist (vgl. § 238 Abs. 1 S. 1 ZPO).⁶⁶² hat auch dann zu erfolgen, wenn die Klage nach § 4 S. 1 KSchG und der Antrag gem. § 5 Abs. 1 S. 1 bzw. S. 2 KSchG bei verschiedenen Kammern des Arbeitsgerichts anhängig sind.⁶⁶³ Aus dem Wortlaut des § 5 Abs. 4 S. 1 KSchG folgt, dass die Kammer zur Übernahme verpflichtet ist, bei der die Kündigungsschutzklage anhängig ist. Die Verbindung ergeht durch Beschluss nach § 147 ZPO iVm § 495 ZPO, § 46 Abs. 2 S. 1 ArbGG. Er bedarf keiner mündlichen Verhandlung.⁶⁶⁴ **1999**

Das Arbeitsgericht muss nicht gleichzeitig über Klage- und Zulassungsantrag verhandeln und entscheiden (sog. **Verbundverfahren**⁶⁶⁵). Vielmehr räumt ihm § 5 Abs. 4 S. 2 KSchG idF von Art. 3 des Gesetzes vom 26.3.2008 (BGBl. I S. 444) die Möglichkeit ein, das bei ihm anhängige Klage- und Zulassungsverfahren zunächst auf die Verhandlung und Entscheidung über den Antrag nach § 5 Abs. 1 S. 1 bzw. S. 2 **2000**

---

⁶⁵⁸ BAG 28.1.2010 NZA 2010, 1373 Rn. 25 ff.; LAG Rheinland-Pfalz 23.1.2006, BeckRS 2006, 40480; KR/*Friedrich*, § 5 KSchG Rn. 164; *Schmid* (Fn. 524), S. 112; KDZ/*Zwanziger*, § 5 KSchG Rn. 42.
⁶⁵⁹ LAG Hamm 29.10. 1987 LAGE KSchG § 5 Nr. 33; LAG Rheinland-Pfalz 23.1.2006 BeckRS 2006, 40480; Sächs. LAG 17.3.2004 BeckRS 2004, 31040818; APS/*Hesse*, § 5 KSchG Rn. 87; KR/*Friedrich*, § 5 KSchG Rn. 160.
⁶⁶⁰ BAG 28.1.2010 NZA 2010, 1373 Rn. 28 ff.
⁶⁶¹ Vgl. BT-Drucks. 16/7716, S. 25.
⁶⁶² Vgl. MüKoBGB/*Hergenröder*, § 5 KSchG Rn. 20; *Roloff*, NZA 2009, 761, 762.
⁶⁶³ *Roloff*, NZA 2009, 761, 762.
⁶⁶⁴ *Roloff*, NZA 2009, 761, 762; a. A. MüKoZPO/*Wagner*, § 147 Rn. 6.
⁶⁶⁵ Zum Begriff vgl. zB BAG 22.3.2012 AP KSchG 1969 § 5 Nr. 19; KR/*Friedrich*, § 5 KSchG Rn. 169; *Roloff*, NZA 2009, 761, 762.

KSchG zu beschränken (sog. **Vorabverfahren**⁶⁶⁶). Wie das Gericht im Einzelfall verfährt, steht in seinem Ermessen, wobei es sich von Zweckmäßigkeitsüberlegungen leiten lassen wird.⁶⁶⁷ Für das Vorabverfahren nach § 5 Abs. 4 S. 2 KSchG wird es sich vor allem bei schwierigen tatsächlichen oder rechtlichen Fragen im Rahmen des Antrags gem. § 5 Abs. 1 S. 1 bzw. S. 2 KSchG entscheiden.⁶⁶⁸ Hierüber muss kein unanfechtbarer Beschluss ergehen.⁶⁶⁹

2001 Im Falle des § 5 Abs. 4 S. 2 KSchG ergeht die Entscheidung über den nachträglichen Zulassungsantrag in voller Kammerbesetzung aufgrund mündlicher Verhandlung gem. § 5 Abs. 4 S. 3 KSchG idF von Art. 3 des Gesetzes vom 26.3.2008 (BGBl. I S. 444) durch **Zwischenurteil** nach § 303 ZPO iVm § 495 ZPO, § 46 Abs. 2 S. 1 ArbGG. Das Zwischenurteil kann aber auch nach § 55 Abs. 3 1. Hs. ArbGG, falls die Entscheidung in der an die Gütesitzung sich unmittelbar anschließenden Verhandlung erfolgen kann, auf beiderseitigen Antrag der Parteien durch den Vorsitzenden der Kammer alleine erlassen werden.⁶⁷⁰ Nach Verkündung des Zwischenurteils ist das Hauptsacheverfahren betreffend die materiell-rechtliche Wirksamkeit der Kündigung nach § 148 ZPO auszusetzen⁶⁷¹ und erst nach Rechtskraft des Zwischenurteils – unter Beachtung von § 318 ZPO⁶⁷² – wieder aufzunehmen.⁶⁷³

2002 Im Tenor des Zwischenurteils (§ 5 Abs. 4 S. 3 KSchG n. F.) ist auszusprechen,

a) der Antrag (nach § 5 Abs. 1 S. 1 bzw. 2 KSchG) wird
- **als unzulässig verworfen;** wenn der/die Arbeitnehmer/in die Antragsfrist des § 5 Abs. 3 S. 1 bzw. S. 2 KSchG versäumt hat oder keine Tatsachen angegeben werden, die die Verspätung der Klage entschuldigen soll;⁶⁷⁴
- **zurückgewiesen,** wenn die vom Arbeitnehmer angegebenen Verspätungsgründe keine nachträgliche Klagezulassung rechtfertigen oder solche zwar schlüssig dargelegt, aber nicht glaubhaft gemacht worden sind (→ Rn. 1991)⁶⁷⁵

b) **die Klage wird nachträglich zugelassen,** wenn sich der Arbeitnehmer auf anerkannte Zulassungsgründe berufen kann und diese zur Überzeugung der Kammer glaubhaft gemacht worden sind (→ Rn. 1991).⁶⁷⁶

2003 Das Zwischenurteil nach § 5 Abs. 4 S. 3 KSchG enthält, da das Verfahren noch nicht abgeschlossen ist, keine Kostenentscheidung. Diese ist vielmehr dem Endurteil vorzubehalten.⁶⁷⁷ Über die Zulassung der Berufung hat das Arbeitsgericht nicht zu entscheiden (→ Rn. 2008). Da das Zwischenurteil hinsichtlich des Rechtsmittels in § 5 Abs. 4 S. 3 KSchG einem Endurteil gleichgestellt wird (vgl. aber auch

---

⁶⁶⁶ Zum Begriff vgl. zB KR/*Friedrich*, § 5 KSchG Rn. 169; vgl. auch BAG 28.5.2009 NZA 2009, 1229 Rn. 17.
⁶⁶⁷ Vgl. *Roloff*, NZA 2009, 761, 763.
⁶⁶⁸ Vgl. BT-Drucks. 16/7716, S. 33; KR/*Friedrich*, § 5 KSchG Rn. 169; *Reinhard/Böggemann*, NJW 2008, 1263, 1268; krit. *Roloff*, NZA 2009, 761, 763.
⁶⁶⁹ *Roloff*, NZA 2009, 761, 765; a. A. *Francken/Natter/Rieker*, NZA 2008, 377, 381; MüKoBGB/*Hergenröder*, § 5 KSchG Rn. 21.
⁶⁷⁰ KR/*Friedrich*, § 5 KSchG Rn. 169; MüKoBGB/*Hergenröder*, § 5 KSchG Rn. 21; BBDK/*Kriebel*, § 5 KSchG Rn. 122; *Schwab*, FA 2008, 135, 136.
⁶⁷¹ KR/*Friedrich*, § 5 KSchG Rn. 205; HWK/*Quecke*, § 5 KSchG Rn. 18; vgl. auch MüKoBGB/*Hergenröder*, § 5 KSchG Rn. 24; *Roloff*, NZA 2009, 761, 765; *Schwab*, FA 2008, 135, 136.
⁶⁷² BAG 22.3.2012 AP KSchG 1969 § 5 Nr. 19 Rn. 15.
⁶⁷³ MüKoBGB/*Hergenröder*, § 5 KSchG Rn. 24; *Roloff*, NZA 2009, 761, 765.
⁶⁷⁴ HWK/*Quecke*, § 5 KSchG Rn. 20; *Roloff*, NZA 2009, 761, 765.
⁶⁷⁵ *Roloff*, NZA 2009, 761, 765.
⁶⁷⁶ *Roloff*, NZA 2009, 761, 765.
⁶⁷⁷ *Francken/Natter/Rieker*, NZA 2008, 377, 382; vgl. auch *Roloff*, NZA 2009, 761, 765 f.

→ Rn. 2009), ist gem. § 61 Abs. 1 ArbGG auch im Zwischenurteil ein Streitwert anzugeben.[678]

Ist der **Arbeitnehmer,** der den Antrag nach § 5 Abs. 1 S. 1 KSchG angekündigt hat, **säumig,** ist auf Antrag des Arbeitgebers die Kündigungsschutzklage durch Versäumnisurteil nach § 330 ZPO iVm § 46 Abs. 2 S. 1 ArbGG abzuweisen. Eine Entscheidung über den Antrag auf nachträgliche Zulassung ergeht nicht.[679] Legt der Arbeitnehmer rechtzeitig (§ 59 S. 1 ArbGG) Einspruch ein (§§ 338, 340 Abs. 1 ZPO), ist zunächst über den Antrag nach § 5 Abs. 1 S. 1 KSchG zu befinden. Ist der beklagte Arbeitgeber säumig, hat die Kammer zuerst über diesen Antrag durch Urteil zu entscheiden.[680] 2004

Stellt sich erst **im Berufungsverfahren** heraus, dass über den Antrag auf nachträgliche Zulassung der Kündigungsschutzklage bereits vom **Arbeitsgericht hätte entschieden** werden müssen, sei es, dass es den Antrag übersehen hat, sei es, dass es der Ansicht war, es liege kein Fall der Versäumung der Klagefrist vor, hat seit dem 1.4. 2008 gem. § 5 Abs. 5 S. 1 1. Alt. KSchG idF von Art. 3 des Gesetzes vom 26.3.2008 (BGBl. I S. 444) das Landesarbeitsgericht selbst über den Antrag zu entscheiden. Eine Zurückverweisung in die erste Instanz, wie sie ganz überwiegend nach § 68 ArbGG bei fehlender erstinstanzlicher Entscheidung über den Antrag nach § 5 Abs. 1 S. 1 bzw. S. 2 KSchG unter Geltung des § 5 Abs. 4 S. 1 KSchG a. F. erfolgte (hierzu näher 9. Aufl. Rn. 1864), scheidet seit dem 1.4.2008 aus.[681] Das Landesarbeitsgericht entscheidet nach § 5 Abs. 5 S. 1 2. Alt. KSchG idF von Art. 3 des Gesetzes vom 26.3. 2008 (BGBl. I S. 444) auch dann ohne Einschaltung des Arbeitsgerichts über den Antrag auf nachträgliche Zulassung, wenn dieser erstmals bei ihm gestellt wird. Hierzu kommt es vor allem dann, wenn beide Parteien übereinstimmend von der Wahrung der Dreiwochenfrist des § 4 S. 1 KSchG ausgegangen waren, das Landesarbeitsgericht diese Ansicht jedoch nicht teilt.[682] 2005

e) Rechtsmittel

Nach § 5 Abs. 4 S. 2 KSchG a. F. war gegen den Beschluss des Arbeitsgerichts über den Antrag auf nachträgliche Zulassung die sofortige Beschwerde zulässig. Für diese galten gem. § 78 S. 1 ArbGG idF des Art. 30 Nr. 15 ZPO-RG vom 27.7.2001 (BGBl. I S. 1887), in Kraft getreten am 1.1.2002, die §§ 567 bis 572 ZPO idF des Art. 2 Nr. 72 ZPO-RG. Nunmehr ist gegen das Urteil des Arbeitsgerichts im Verbundverfahren nach § 64 Abs. 2 lit. c ArbGG **stets** das **Rechtsmittel** der **Berufung** an das Landesarbeitsgericht gegeben. Da das erstinstanzliche Urteil nur insgesamt anfechtbar ist, müssen sich die Berufungsangriffe des Arbeitgebers, soweit das Arbeitsgericht dem Antrag auf nachträgliche Zulassung der Kündigungsschutzklage und der Klage selbst stattgegeben hat, gegen die Entscheidungsgründe zu beiden Punkten richten.[683] 2006

Das Landesarbeitsgericht hat aufgrund der Verweisung in § 5 Abs. 5 S. 1 KSchG auf § 5 Abs. 4 KSchG zwei Möglichkeiten der Entscheidung: Es kann wie die erste Instanz im Verbundverfahren über den nachträglichen Zulassungsantrag und die Kündigungsschutzklage zusammen entscheiden (§ 5 Abs. 4 S. 1 KSchG iVm § 5 Abs. 5 S. 2 2007

---

[678] *Roloff,* NZA 2009, 761, 766.
[679] Moll/*Boewer,* MAH Arbeitsrecht, § 48 Rn. 230.
[680] Moll/*Boewer,* MAH Arbeitsrecht, § 48 Rn. 230.
[681] Ebenso *Roloff,* NZA 2009, 761, 765.
[682] *Francken/Natter/Rieker,* NZA 2008, 377, 381; KR/*Friedrich,* § 5 KSchG Rn. 202.
[683] Vgl. *Roloff,* NZA 2009, 761, 765; *Schwab,* FA 2008, 135, 136.

KSchG n. F.) und ein Endurteil erlassen. Es kann aber auch gem. § 5 Abs. 4 S. 2 KSchG iVm § 5 Abs. 5 S. 2 KSchG n. F. das Vorabverfahren anordnen (→ Rn. 2000) und zunächst durch Zwischenurteil über den Antrag nach § 5 Abs. 1 S. 1 bzw. S. 2 KSchG befinden (§ 5 Abs. 4 S. 3 KSchG n. F. iVm § 5 Abs. 5 S. 2 KSchG).[684] Wie das Landesarbeitsgericht im Einzelfall verfährt, steht in seinem nicht überprüfbaren Ermessen. Die Anordnung des Vorabverfahrens nach erstinstanzlichem Verbundverfahren erscheint sinnvoll, wenn das Landesarbeitsgericht in einer Frage der nachträglichen Zulassung die Revision zulassen will.[685]

2008 Hat das Arbeitsgericht im Vorabverfahren durch Zwischenurteil allein über den Antrag auf nachträgliche Zulassung entschieden, ist hiergegen gem. § 5 Abs. 4 S. 3 KSchG idF von Art. 3 des Gesetzes vom 26.3.2008 (BGBl. I S. 444), wie gegen ein Endurteil, die Berufung nach § 64 Abs. 2 lit. c ArbGG statthaft.

2009 Seit Inkrafttreten des § 5 Abs. 4 KSchG n. F. am 1.4.2008 findet gegen ein in zweiter Instanz ergangenes Endurteil im Verbundverfahren, wie gegen jedes Urteil eines Landesarbeitsgerichts, die Revision an das Bundesarbeitsgericht nach Maßgabe des § 72 Abs. 1 S. 1 ArbGG statt. Das gilt wegen der Verweisung in § 5 Abs. 5 S. 2 KSchG ua auf § 5 Abs. 4 S. 3 KSchG auch für die in zweiter Instanz ergangenen Zwischenurteile im Vorabverfahren.[686] Hierdurch wird (endlich) erreicht, dass durch das Bundesarbeitsgericht streitige Fragen aus dem Recht der nachträglichen Zulassung von Kündigungsschutzklagen bundeseinheitlich geklärt werden können (zur Rechtslage bis zum 31.3.2008 vgl. 9. Aufl. Rn. 1869).[687] Dies ist erstmals am 11.12.2008 in der Frage geschehen, ob sich der Arbeitnehmer das Verschulden seines Prozessbevollmächtigten bei der Versäumung der Klagefrist des § 4 S. 1 KSchG gem. § 85 Abs. 2 ZPO zurechnen lassen muss (näher → Rn. 1971).

4. Bindungswirkung des Zwischenurteils über die nachträgliche Zulassung

2010 Für die Praxis war bis zum 31.3.2008 von besonderer Bedeutung die Frage, ob und inwieweit der im nachträglichen Zulassungsverfahren gem. § 5 Abs. 4 S. 1 KSchG a. F. ergangene Beschluss das Kündigungsschutzverfahren bindet. Seit dem 1.4.2008 stellt sich diese Frage für das nach § 5 Abs. 4 S. 3 KSchG ergangene Zwischenurteil. Ausgangspunkt ihrer Beantwortung ist, dass der Antrag auf nachträgliche Zulassung nach § 5 Abs. 1 S. 1 bzw. S. 2 KSchG stets **ein Hilfsantrag** für den Fall ist, dass die Klage verspätet ist. Nur wenn nach Auffassung des Arbeitsgerichts die Klage verspätet ist, darf es über den Antrag entscheiden.[688] Geht das Arbeitsgericht von der Versäumung der Klagefrist aus, ist weiter zu entscheiden, ob die Verspätung der Klage vom Arbeitnehmer verschuldet ist.

2011 Die **Feststellung** der **Verspätung** und des **Verschuldens** wurden nach Auffassung des Bundesarbeitsgerichts früher im Beschluss nach § 5 Abs. 4 S. 1 KSchG a. F. **mit innerer Rechtskraft festgestellt**.[689] Das Arbeitsgericht war im Hauptverfahren daran

---

[684] Ebenso *Francken/Natter/Rieker*, NZA 2008, 377, 382; KR/*Friedrich*, § 5 KSchG Rn. 191; *Reinhard/Böggemann*, NJW 2008, 1263, 1268; *Roloff*, NZA 2009, 761, 765; *Schwab*, FA 2008, 135, 136.
[685] *Francken/Natter/Rieker*, NZA 2008, 377, 382; KR/*Friedrich*, § 5 KSchG Rn. 191; vgl. auch HWK/*Quecke*, § 5 KSchG Rn. 23; *Roloff*, NZA 2009, 761, 765.
[686] Vgl. *Reinhard/Böggemann*, NJW 2008, 1263, 1268; *Roloff*, NZA 2009, 761, 762.
[687] Vgl. BT-Drucks. 16/7716, S. 25.
[688] BAG 5.4.1984 NZA 1984, 124; 28.4.1983 AP KSchG 1969 § 5 Nr. 4.
[689] 28.5.1998 NZA 1998, 1167; BAG 5.4.1984 NZA 1984, 124, 125.

gebunden. Andere Vorfragen, mit denen sich das Arbeitsgericht bzw. das Landesarbeitsgericht im Verfahren der nachträglichen Zulassung befasste, zB die Anwendbarkeit des KSchG,[690] erwuchsen nicht in Rechtskraft. Sie waren im Hauptverfahren festzustellen.

Die Auffassung des BAG über die Bindungswirkung des Beschlusses im Verfahren der nachträglichen Zulassung hatte in der Rechtsprechung der Landesarbeitsgerichte keine einhellige Zustimmung gefunden. Das *LAG Hamm* prüfte mit Bindungswirkung, ob eine Kündigung überhaupt erklärt worden ist, ob die Voraussetzungen des KSchG vorliegen und ob zB das Kündigungsschutzgesetz auf Auszubildende anwendbar ist.[691] *LAG Berlin, Düsseldorf, Hamburg, Hessen, Köln* und *Sachsen-Anhalt* prüften nur, ob die (unterstellte) Verspätung vom Arbeitnehmer verschuldet ist oder nicht.[692] Nach *LAG Baden-Württemberg* war eine Entscheidung über den Antrag auf nachträgliche Zulassung der Klage bereits dann zulässig, wenn Zweifel an der Rechtzeitigkeit der Klage nicht auszuschließen sind.[693] **2012**

Diese unterschiedliche Rechtsprechung wird nach der seit dem 1.4.2008 bestehenden Möglichkeit, gegen ein Zwischenurteil des Landesarbeitsgerichts im Vorabverfahren nach § 5 Abs. 4 S. 2, 3 KSchG n. F. Revision einzulegen (→ Rn. 2009), keinen Bestand haben. Das BAG hat an seiner zu § 5 Abs. 4 S. 1 KSchG a. F. vertretenen Auffassung in seinem Urteil vom 28.5.2009[694] festgehalten. Danach wird bei einer Vorabentscheidung durch rechtskräftiges Zwischenurteil mit Bindungswirkung für das Hauptsacheverfahren entschieden, ob überhaupt eine dem Arbeitgeber zurechenbare Kündigung vorliegt, ob und wann diese dem Arbeitnehmer zugegangen und wann die Klage beim Arbeitsgericht eingegangen ist.[695] **2013**

XI. Streitgegenstand; Präklusion

1. Punktuelle Streitgegenstandstheorie

Umstritten ist immer noch die Frage nach dem Streitgegenstand der Kündigungsschutzklage. Dieser bestimmt den Umfang der Rechtskraft des Urteils und damit den Umfang der Präklusionswirkung für den beklagten Arbeitgeber. **2014**

Rechtsprechung[696] und die ganz überwiegende Meinung im Schrifttum[697] vertraten zu § 4 S. 1 KSchG a. F. die von *A. Hueck* begründete Lehre vom **punktuellen Streit-** **2015**

---

[690] BAG 5.4.1984 NZA 1984, 124, 125.
[691] LAG Hamm 7.11.1985 LAGE KSchG § 5 Nr. 22; 19.6.1986 AP § 5 KSchG 1969 Nr. 8 mit krit. Anm. *Dütz.* Dagegen LAG Köln 31.5.1990 LAGE KSchG § 5 Nr. 48. Dem BAG (Fn. 690) später folgend LAG Hamm 5.1.1998 NZA-RR 1998, 209.
[692] LAG Berlin 4.11.2004 LAGE KSchG § 5 Nr. 109; LAG Düsseldorf 10.2.2005 NZA-RR 2005, 382; LAG Hamburg 11.4.1989 LAGE KSchG § 5 Nr. 47; LAG Hessen 24.8.2004 LAGE KSchG § 5 Nr. 108b; LAG Köln 30.5.2007 NZA-RR 2007, 521; LAG Sachsen-Anhalt 22.10.1997 NZA 1999, 614.
[693] LAG Baden-Württemberg 8.3.1988 u. 26.8.1992 LAGE KSchG § 5 Nr. 37 mit Anm. *Löwisch* u. Nr. 58.
[694] NZA 2009, 1229.
[695] Vgl. auch ErfK/*Kiel,* § 5 KSchG Rn. 30; HWK/*Quecke,* § 5 KSchG Rn. 14; dagegen *Roloff,* NZA 2009, 761, 765.
[696] BAG 25.3.2004 NZA 2004, 1216; 10.10.2002 NZA 2003, 684; 13.3.1997 NZA 1997, 844.
[697] APS/*Ascheid,* 1. Aufl. § 5 KSchG Rn. 136; *Bitter,* DB 1997, 1407; *Boemke,* RdA 1995, 211, 213; *Boewer,* RdA 2001, 380, 385 f.; KR/*Friedrich,* 6. Aufl. § 4 KSchG Rn. 227; *Habscheid,* RdA 1989, 88; *Löwisch,* 8. Aufl., § 4 KSchG Rn. 11; *Stahlhacke,* FS Wlotzke, 1996, S. 173, 176.

gegenstand. Streitgegenstand der Kündigungsschutzklage nach § 4 S. 1 KSchG a. F. war danach nicht der Fortbestand des Arbeitsverhältnisses im Zeitpunkt der letzten mündlichen Verhandlung in der Tatsacheninstanz,[698] sondern die Frage, ob das Arbeitsverhältnis durch eine **bestimmte Kündigung** zu dem in ihr genannten Termin (ordentliche Kündigung oder außerordentliche Kündigung mit Auslauffrist) oder im Falle der außerordentlichen Kündigung im Zeitpunkt ihres Wirksamwerdens (Zugang) aufgelöst ist.[699] Die seit dem 1.1.2004 geltende Neufassung des § 4 S. 1 KSchG hat hieran nichts geändert.[700] Sie hat lediglich den Anwendungsbereich der dreiwöchigen Klagefrist über § 1 Abs. 1 KSchG auf alle Nichtigkeits- bzw. Unwirksamkeitsgründe einer Kündigung – § 623 1. Hs. BGB i. V. mit § 125 S. 1 BGB ausgenommen – erweitert (näher → Rn. 1831). Der Arbeitnehmer wird durch § 4 S. 1 KSchG **zu** einer **bestimmten Klage gezwungen.** Andernfalls tritt die Wirkung des § 7 1. Hs. KSchG ein, d. h., die schriftliche Kündigung gilt als von Anfang an rechtswirksam (näher → Rn. 1944 ff.). Der Gesetzgeber zwingt den Arbeitnehmer einerseits zu einer bestimmten Klage, andererseits eröffnet er für diesen konkreten Fall in Abweichung von der allgemeinen Regelung in § 256 Abs. 1 ZPO, die die Feststellung eines Rechtsverhältnisses, nicht aber eines rechtlichen Elementes zum Gegenstand hat,[701] die Möglichkeit der Feststellung allein eines rechtlichen Elements, nämlich dir Wirksamkeit einer konkreten schriftlichen Kündigung.[702] Die **Klage nach § 4 S. 1 KSchG** ist auch dann **nicht entbehrlich,** wenn der Arbeitnehmer die Vergütung nach §§ 611 Abs. 1, 615 S. 1 BGB für die Zeit nach Zugang der fristlosen Kündigung bzw. nach Ablauf der Kündigungsfrist einklagt. Denn die Rechtskraftwirkung des Leistungsurteils erstreckt sich nicht zugleich auf die Entscheidungsgründe, in denen zum Ausdruck gebracht ist, dass der Entgeltanspruch begründet ist, weil die Kündigung unwirksam ist.[703] Aus dem gleichen Grund **wahrt** eine **Klage auf Weiterbeschäftigung** die **Klagefrist** des § 4 S. 1 KSchG **nicht.**[704] Der Arbeitnehmer kann aber den Feststellungsantrag gem. § 4 S. 1 KSchG im Rahmen der Vergütungs- bzw. Weiterbeschäftigungsklage noch nach § 6 S. 1 KSchG analog anhängig machen (näher → Rn. 1936), worauf er vom Arbeitsgericht gem. § 6 S. 2 KSchG hinzuweisen ist (näher → Rn. 1941).

2016 Das gilt auch im Falle **mehrerer schriftlicher Kündigungen** (zu einem Ausnahmefall → Rn. 1910). Auch hier besteht im Anwendungsbereich des § 4 S. 1 KSchG der Zwang für den Arbeitnehmer, **jede einzelne schriftliche Kündigung** innerhalb der

---

[698] Diesen weiten Streitgegenstand auch bei der nach § 4 S. 1 KSchG a. F. erhobenen Kündigungsschutzklage haben früher vertreten: LAG Stuttgart 31.5.1967 BB 1967, 1423; *Bettermann*, ZfA 1985, 5 ff.; *Bötticher*, FS Herschel, S. 181 ff.; *ders.*, BB 1959, 1032 ff.; *Güntner*, ArbuR 1974, 97, 108 ff.; *Lüke*, JZ 1960, 203 ff.; *Zeuner*, MDR 1956, 257 ff.

[699] Vgl. zB BAG 12.5.2005 NZA 2005, 1259, 1260; 27.1.1994 AP KSchG 1969 § 4 Nr. 28.

[700] Vgl. BAG 18.12.2014 BeckRS 2015, 68082 Rn. 22; 20.3.2014 NZA 2014, 1131 Rn. 17; 26.9.2013 NZA 2014, 443 Rn. 31; 20.12.2012 NZA 2013, 1003 Rn. 23; KR/*Friedrich*, § 4 KSchG Rn. 225a; APS/*Hesse*, § 4 KSchG Rn. 134; HHL/*Linck*, § 4 KSchG 118; ErfK/*Kiel*, § 4 KSchG Rn. 30; *Stahlhacke*, FS Leinemann, 2006, S. 389, 399.

[701] Vgl. zB BGH 22.1.2015 BeckRS 2015, 02371 Rn. 17; 31.5.2000 NJW 2000, 2663; BAG 10.12.2014 BeckRS 2015, 66565; 2.9.2014 BeckRS 2014, 73234 Rn. 38; 22.7.2014 BeckRS 2014, 73979 Rn. 19.

[702] Vgl. GMP/*Prütting*, Einl. Rn. 202; *ders.*, FS Lüke, 1997, S. 617, 626; *Jaroschek/Lüken*, JuS 2001, 64, 67; Stein/Jonas/*Roth*, § 256 ZPO Rn. 27; *Rosenberg-Schwab/Gottwald*, § 94 II 1.

[703] BAG 25.3.1976 AP BGB § 626 Änderungskündigung Nr. 1; 21.7.2005 EzA InsO § 125 Nr. 2 = NZA 2006, 162.

[704] Vgl. APS/*Hesse*, § 4 KSchG Rn. 22; KR/*Friedrich*, § 4 KSchG Rn. 20; HHL/*Linck*, § 4 KSchG Rn. 27.

§ 1 Die fristgebundene Kündigungsschutzklage

Klagefrist **anzugreifen,** will er die Folge des § 7 1. Hs. KSchG vermeiden.[705] Gegen eine **spätere,** nur **vorsorglich** ausgesprochene **schriftliche** Kündigung ist ebenfalls fristgerecht Kündigungsschutzklage zu erheben.[706] Das gilt auch dann, wenn der Arbeitgeber eine neue schriftliche Kündigung ausspricht und diese auf die Kündigungsgründe stützt, die er schon zur Begründung der ersten Kündigung vorgebracht hat und die im Vorprozess materiell geprüft worden sind mit dem Ergebnis, dass sie die Kündigung nicht rechtfertigen können, sog. Trotz- bzw. Wiederholungskündigung (Einzelheiten → Rn. 2046).

Kündigt der Arbeitgeber **gleichzeitig** schriftlich **außerordentlich** und **vorsorglich ordentlich,** bestimmt der Arbeitnehmer durch Klageantrag und Klagebegründung, ob er sich **gegen beide Kündigungen** wendet **oder** ob er **nur** die **außerordentliche** anfechten und die ordentliche demzufolge akzeptieren will. Richtet sich die Klage gegen beide Kündigungen, handelt es sich gegenüber der ordentlichen Kündigung um einen zulässigen **unechten Eventualantrag,** der nur für den Fall gestellt ist, dass der Arbeitnehmer mit seiner Klage gegen die außerordentliche Kündigung Erfolg hat. Die Rechtshängigkeit des Hilfsantrags ist demnach auflösend bedingt durch den Misserfolg des Hauptantrags.[707] Sie endet mit Bedingungseintritt rückwirkend, ohne dass es hierfür eines besonderen gerichtlichen Ausspruchs bedürfte.[708] Hat dagegen der Arbeitnehmer mit seiner Klage gegen die außerordentliche Kündigung Erfolg, liegen zwei Streitgegenstände vor, über die das Gericht zu entscheiden und die es im Tenor seines Urteils zu erledigen hat.[709]

2017

Kündigt der Arbeitgeber schriftlich **außerordentlich** und gleichzeitig **vorsorglich ordentlich,** wahrt auch ein nur auf die außerordentliche Kündigung bezogener Feststellungsantrag die **Klagefrist** des § 4 S. 1 KSchG, sofern der Arbeitnehmer bis zum Schluss der mündlichen Verhandlung erklärt, seine Klage erstrecke sich auch auf die hilfsweise erklärte ordentliche Kündigung.[710] Eine derartige Erklärung ist aber notwendig, weil der Streitgegenstand durch die Klage und den in ihr enthaltenen Antrag bestimmt wird. Der Arbeitnehmer hat es also in der Hand, eine bestimmte Kündigung nur als außerordentliche anzugreifen oder auch die gleichzeitig vorsorglich erklärte ordentliche Kündigung in den Prozess einzubeziehen. Allerdings kann sich auch bereits aus der Auslegung des Klageantrags unter Einbeziehung des der Klage beigefügten Kündigungsschreibens bzw. der Klagebegründung ergeben, dass sich der Arbeitnehmer gegen beide Kündigungen wehren will.[711]

2018

---

[705] Vgl. BAG 22.3.2012 AP KSchG 1969 § 5 Nr. 19 Rn. 38; 6.9.2007 NZA 2008, 636 Rn. 37 ff.; 27.4.2006 NZA 2007, 229; KR/*Friedrich*, § 4 KSchG Rn. 269; ErfK/*Kiel*, § 4 KSchG Rn. 22; APS/*Hesse*, § 4 KSchG Rn. 99; *Richardi*, DB 2004, 486, 489 f.; vgl. zu § 4 S. 1 KSchG a.F. BAG 26.8.1993 NZA 1994, 70; 7.3.1996 NZA 1996, 931; *Ascheid*, FS Stahlhacke, 1995, S. 1, 6 ff.; *Bitter*, DB 1997, 1407; *Stahlhacke*, FS Wlotzke, 1996, S. 173, 178.
[706] LAG Köln 6.10.2005 NZA-RR 2006, 353; KR/*Friedrich*, § 4 KSchG Rn. 270; vgl. auch BAG 21.11.2013 BeckRS 2014, 69409 Rn. 19, 20; APS/*Hesse*, § 4 KSchG Rn. 100; a. A. bei sog. überholender Kündigung HaKo/*Gallner*, § 4 KSchG Rn. 57 mit Rn. 57c; *dies.*, FS Wank, 2014, S. 117, 125; offen gelassen von BAG 26.9.2013 NZA 2014, 443 Rn. 29, 30; 18.12.2014 BeckRS 2015, 68082 Rn. 23 mit Rn. 28.
[707] BAG 21.11.2013 BeckRS 2014, 69409 Rn. 17 u. BeckRS 2014, 70205 Rn. 17; vgl. allg. BAG 10.3.2009 NZA 2009, 622 Rn. 50.
[708] BAG 21.11.2013 BeckRS 2014, 69409 Rn. 17 u. BeckRS 2014, 70205 Rn. 17; 12.8.2008 NZA-RR 2009, 430 Rn. 15.
[709] Vgl. BAG 10.3.1977 AP ZPO § 313 Nr. 9 mit Anm. *Grunsky*; KR/*Friedrich*, § 4 KSchG Rn. 229; APS/*Hesse*, § 4 KSchG Rn. 135.
[710] BAG 16.10.1970 AP KSchG § 3 Nr. 38, allerdings einschränkend für den Fall, dass der Arbeitgeber sich im Verfahren auf die hilfsweise ordentliche Kündigung stützt, vgl. aber dazu auch LAG Düsseldorf 25.3.1980 DB 1980, 2526, 2527; *Schaub*, NZA 1990, 85.
[711] Vgl. näher BAG 11.7.2013 NZA 2014, 331 Rn. 18.

2019 Die **Folgen** der **punktuellen Streitgegenstandstheorie** mögen nicht befriedigen, sie sind angesichts der klaren Gesetzeslage **unabweisbar**.[712] Nicht überzeugend ist deshalb auch, wenn das Bundesarbeitsgericht zwar verbal an der punktuellen Streitgegenstandstheorie festhält, dennoch den Streitgegenstandsbegriff ausweitet – mit Konsequenzen für die Präklusionswirkungen des Urteils (→ Rn. 2041 ff.) – dahin, dass mit der Rechtskraft des der Klage des Arbeitnehmers stattgebenden Urteils im Kündigungsschutzprozess ggf. auch feststehe, dass im Zeitpunkt des Zugangs der Kündigung[713] bzw. zum vorgesehenen Auflösungszeitpunkt (= Kündigungstermin)[714] ein Arbeitsverhältnis zwischen den streitenden Parteien bestanden hat, es sei denn, das rechtskräftige Urteil im Vorprozess wäre in seinem Tenor und in seiner Begründung unklar.[715] Allerdings kann der Streitgegenstand und damit der Umfang der Rechtskraft eines stattgebenden Kündigungsschutzurteils dahingehend beschränkt werden, dass die (streitige) Auflösung des Arbeitsverhältnisses durch eine frühere Kündigung ausgeklammert wird. Hierfür bedarf es aber deutlicher Anhaltspunkte, die sich aus der Entscheidung selbst ergeben müssen.[716] Dem Arbeitgeber kann dann nicht entgegen gehalten werden, der Fortbestand des Arbeitsverhältnisses sei bereits rechtskräftig festgestellt worden (auch → Rn. 2037).[717]

2019a Der gesetzlich vom Arbeitnehmer verlangte konkrete Antrag nach § 4 S. 1 KSchG, wie zuvor gem. § 4 S. 1 KSchG a. F., lässt diesen (erweiterten) Streitgegenstand, wie ihn das BAG versteht, an sich nicht zu.[718] Jedoch kann die Kündigungsschutzklage zugleich eine sog. Statusklage (Feststellung des Bestehens eines Arbeitsverhältnisses nach § 256 Abs. 1 ZPO) enthalten (→ Rn. 1815).[719] In diesem Fall steht mit der Stattgabe der Kündigungsschutzklage nach eingetretener Rechtskraft, da zugleich positiv über die Statusklage entschieden worden ist (→ Rn. 1815), rechtskräftig fest, dass zwischen den Parteien ein Arbeitsverhältnis bestand.[720]

2020 Streitgegenstand der Kündigungsschutzklage nach § 4 S. 1 KSchG a. F. und n. F. ist nur die **Wirksamkeit der konkreten Kündigung** (→ Rn. 2016). Die konkrete Kündi-

---

[712] Die Kritik *Gamillscheg* I, S. 674, scheint deshalb nicht berechtigt zu sein.

[713] BAG 20.3.2014 NZA 2014, 1131 Rn. 17; 26.9.2013 NZA 2014, 443 Rn. 18; 23.5.2013 NZA 2013, 1416 Rn. 13; ebenso KR/*Friedrich*, § 4 KSchG Rn. 255; HK-KSchG/*Hauck*, § 4 Rn. 140; ErfK/*Kiel*, § 4 KSchG Rn. 31; *Schaub* NZA 1990, 85, 86; LSW/*Spinner*, § 4 KSchG Rn. 14; gegen BAG: *Boemke*, RdA 1995, 211, 222 f.; HHL/*Linck*, § 4 KSchG Rn. 137; *Kuchinke*, SAE 1979, 287; *Prütting*, FS Lüke, 1997, S. 617, 626; *Schwerdtner*, NZA 1987, 263; *Stahlhacke*, FS Wlotzke, 1996, S. 173, 178; *ders.*, FS Leinemann, 2006, S. 389, 400 f.; *Weißenfels*, BB 1996, 1326, 1330.

[714] BAG 18.12.2014 BeckRS 2015, 68082 Rn. 22; 26.9.2013 NZA 2014, 443 Rn. 29; 28.5.2009 NZA 2009, 966 Rn. 20; 26.6.2008 NZA 2008, 1145 Rn. 12; zu § 4 S. 1 KSchG a. F. BAG 18.9.2003 NZA 2004, 253; 14.6.2006 NZA 2006, 1154; a. A. *Berkowsky*, NZA 2008, 1112, 1113; ErfK/*Kiel*, § 4 KSchG Rn. 32.

[715] BAG 18.9.2003 NZA 2004, 253, 255.

[716] BAG 23.5.2013 NZA 2013, 1416 Rn. 14; 22.11.2012 NZA 2013, 665 Rn. 20; vgl. auch BAG 18.12.2014 BeckRS 2015, 68082 Rn. 22; 26.9.2013 NZA 2014, 443 Rn. 19; hierzu *Gallner*, FS Wank, 2014, S. 117, 126.

[717] BAG 26.3.2009 AP BImSchG § 58 Nr. 2; früher schon BAG 25.3.2004 NZA 2004, 1216; 20.5.1999 ZInsO 2000, 351 Ls.

[718] Auf erhebliche Konsequenzen als Folge der Aufgabe der punktuellen Streitgegenstandstheorie hat *Preis*, Grundprinzipien, S. 346, zu Recht hingewiesen. Von manchen Autoren wird angenommen, das BAG habe bereits einen ersten Schritt in Richtung der bestandsrechtlichen Auffassung zur Kündigungsschutzklage vollzogen; vgl. *Vollkommer*, Anm. EzA § 4 KSchG n. F. Nr. 33; vgl. auch LAG Düsseldorf 23.3.2011 BeckRS 2011, 72746. Das BAG hält jedoch in allen Entscheidungen verbal an der punktuellen Streitgegenstandstheorie fest.

[719] Vgl. auch BAG 28.11.2007 NZA-RR 2008, 344, 12; 17.1.2001 AP ArbGG 1979 § 2 Zuständigkeitsprüfung Nr. 10; APS/*Hesse*, § 4 KSchG Rn. 134.

[720] Vgl. BAG 28.11.2007 NZA-RR 2008, 344, 12.

gung ist allerdings im Rahmen einer solchen Klage unter allen denkbaren Unwirksamkeitsgründen zu prüfen,[721] wobei diese aber – § 623 1. Hs. BGB iVm § 125 S. 1 BGB ausgenommen – seit dem 1.1.2004 innerhalb von drei Wochen (§ 4 S. 1 KSchG) bzw. spätestens innerhalb der gem. § 6 S. 1 KSchG verlängerten Frist (→ Rn. 1934) geltend gemacht werden müssen. Das die Kündigungsschutzklage rechtskräftig abweisende Urteil verhindert die spätere Berufung des Klägers auf andere Unwirksamkeitsgründe.[722] Andererseits wird mit dem die Unwirksamkeit der Kündigung feststellenden Urteil, folgt man dem BAG (→ Rn. 2019), **zugleich der Bestand des Arbeitsverhältnisses** für den Zeitpunkt des Zugangs der Kündigung bzw. zum vorgesehenen Auflösungszeitpunkt (= Kündigungstermin) festgestellt. Der Arbeitgeber kann sich deshalb später nicht darauf berufen, es habe vor Ausspruch der streitgegenständlichen Kündigung kein Arbeitsverhältnis (mehr) bestanden (→ Rn. 2019 mit Ausnahme a. E.).

Die **Klage** des Arbeitnehmers nach § 256 Abs. 1 ZPO iVm § 495 ZPO, § 46 Abs. 2 S. 1 ArbGG **auf Feststellung,** dass sein **Arbeitsverhältnis fortbesteht, erfüllt** nach der Entscheidung des BAG vom 21.1.1988[723] wegen ihrer weitergehenden Wirkungen zugleich die **Anforderungen,** die **an** eine **Kündigungsschutzklage** zu stellen sind.[724] Damit treten im Hinblick auf die (gewahrte) Klagefrist keine Probleme auf. Ob die allgemeine Feststellungsklage jedoch, soweit sie mit ihren Wirkungen über den Streitgegenstand der Klage nach § 4 S. 1 KSchG hinausgeht, zulässig ist, richtet sich nach allgemeinen Grundsätzen, d.h. nach § 256 Abs. 1 ZPO. Der Arbeitnehmer, der diesen Antrag stellt, ist nach § 139 Abs. 1 S. 2 ZPO auf die (notwendige) Klage nach § 4 S. 1 KSchG hinzuweisen, die zu stellen er nach dem KSchG gezwungen ist, damit die Wirkungen des § 7 1. Hs. KSchG n.F. entfallen (dazu → Rn. 2015). Stellt er neben dem Antrag nach § 4 S. 1 KSchG den allgemeinen Feststellungsantrag nach § 256 Abs. 1 ZPO, was grundsätzlich möglich ist, gelten die nachfolgenden Grundsätze. **2021**

2. Feststellungsklage nach § 4 KSchG und § 256 ZPO (Kombination)

Die Lehre vom punktuellen Streitgegenstand warf schon früh die Frage auf, ob der Arbeitnehmer in der Lage ist, durch einen zusätzlichen allgemeinen Feststellungsantrag nach § 256 Abs. 1 ZPO den Streitgegenstand zu erweitern. Bereits *A. Hueck* betonte, dass der Arbeitnehmer dies könne, wenn er es wolle. Damit sei dann Streitgegenstand des Verfahrens das Fortbestehen des Arbeitsverhältnisses bis zur letzten mündlichen Verhandlung.[725] Das BAG bestätigte in der Entscheidung vom 21.1. **2022**

---

[721] BAG 12.1.1977 AP KSchG 1969 § 4 Nr. 3 mit abl. Anm. *Grunsky*; 23.3.1983 AP § 6 KSchG 1969 Nr. 1 mit Anm. *Bickel*; 12.6.1986 NZA 1987, 273; 27.9.2001 NZA 2002, 1171; *Boemke*, RdA 1995, 211, 214; *Boewer*, NZA 1997, 359, 361; *ders.*, RdA 2001, 380, 386; APS/*Hesse*, § 4 KSchG Rn. 114; ErfK/*Kiel*, § 4 KSchG Rn. 33; *Stahlhacke*, FS *Wlotzke*, 1996, S. 173, 180; abl. *Berkowsky*, NZA 2001, 801, 804, der insoweit die allgemeine Feststellungsklage nach § 256 Abs. 1 ZPO für geboten hält.
[722] BAG 28.8.2008 NZA 2009, 275 Rn. 38; 12.6.1986 NZA 1987, 273, 274; 12.1.1977 AP KSchG 1969 § 4 Nr. 3; *Boemke*, RdA 1995, 211, 223; *Boewer*, NZA 1997, 359, 361; *ders.*, RdA 2001, 380, 386 f.; KR/*Friedrich*, § 4 KSchG Rn. 250; HK-KSchG/*Hauck* § 4 Rn. 141; APS/*Hesse*, § 4 KSchG Rn. 141; HHL/*Linck*, § 4 KSchG Rn. 143; ErfK/*Kiel*, § 4 KSchG Rn. 26.
[723] NZA 1988, 651.
[724] Ebenso BAG 12.5.2005 NZA 2005, 1259, 1261; 13.3.1997 NZA 1997, 844; 16.3.1994 NZA 1994, 860; LAG Berlin-Brandenburg 5.8.2010 BeckRS 2011, 67214; LAG Düsseldorf 9.6.2007 LAGE KSchG § 4 Nr. 49; vgl. auch BAG 26.9.2013 NZA 2014, 443 Rn. 33 mit Rn. 37.
[725] *A. Hueck*, in: *Hueck/Nipperdey*, Bd. 1, S. 658 in Fn. 115a; ebenso zu § 4 S. 1 KSchG a.F. APS/*Ascheid*, 1. Aufl., § 4 KSchG Rn. 142; *Boemke*, RdA 1995, 211, 214; *Boewer*, NZA 1997, 359, 360; *ders.*, RdA 2001, 380, 387; KR/*Friedrich*, 6. Aufl., § 4 KSchG Rn. 238; *v. Hoyningen-Huene/Linck*,

1988[726] diese Ansicht und führte aus, die Kombination der Anträge nach § 4 S. 1 KSchG a. F. und § 256 Abs. 1 ZPO führe zu dem Streitgegenstand, ob das Arbeitsverhältnis bis zu dem im Klageantrag genannten Zeitpunkt fortbestehe, jedoch nicht über den Zeitpunkt der letzten mündlichen Verhandlung in der Tatsacheninstanz hinaus.[727] Hieran hat sich seit dem 1.1.2004 durch die Neufassung des § 4 S. 1 KSchG nichts geändert.[728]

2023 Der v. g. Streitgegenstand verlangt die Prüfung, ob das Arbeitsverhältnis bis zu dem im Antrag genannten Termin bzw. bis zum Schluss der letzten mündlichen Verhandlung in der Tatsacheninstanz bestanden hat oder ob es durch die streitbefangene Kündigung bzw. aus anderen Gründen, zB kraft Gesetzes[729] durch eine Eigenkündigung des Arbeitnehmers,[730] durch einen Auflösungsvertrag[731] oder eine wirksame Anfechtung,[732] beendet worden ist. Das gilt auch für weitere Kündigungen des Arbeitgebers – einschließlich solcher in seinen Schriftsätzen (dazu allg Rn. 109 ff.) –, die zu einem Termin ausgesprochen werden, der innerhalb des Zeitraums liegt, den der allgemeine Feststellungsantrag gem. § 256 Abs. 1 ZPO erfasst. Diese Kündigungen werden vom Antrag nach § 256 Abs. 1 ZPO erfasst, unabhängig davon, wann sie in den Prozess eingeführt werden.[733] Das gilt auch, wenn die Feststellungsanträge nach § 4 S. 1 KSchG und § 256 Abs. 1 ZPO zunächst in getrennten Klagen anhängig gemacht worden sind, später aber durch einen Verbindungsbeschluss (vgl. § 147 ZPO) in einem Klageverfahren verfolgt werden.[734] Allerdings muss der kombinierte Klageantrag nach § 256 Abs. 1 ZPO bis spätestens zum Schluss der mündlichen Verhandlung in der Berufungsinstanz nach § 4 S. 1 KSchG modifiziert werden (→ Rn. 2040). Die Wirkung des Antrags nach § 256 Abs. 1 ZPO für eine Folgekündigung entfällt dann, wenn der Arbeitnehmer diesen Antrag vor der erwähnten Modifizierung gem. § 269 Abs. 1, Abs. 2 S. 1 ZPO iVm § 495 ZPO, § 46 Abs. 2 S. 1 ArbGG zurücknimmt.[735]

2024 Die Antragskombination führt somit in der praktischen Konsequenz zur Streitgegenstandsbestimmung der Kündigungsschutzklage nach § 4 S. 1 KSchG a. F. durch *Bötticher*.[736] Die punktuelle Streitgegenstandstheorie braucht nicht aufgegeben zu werden. Sie ist vielmehr Voraussetzung der Kombination, d. h. der Verbindung zweier selbstständiger prozessualer Ansprüche nach § 260 ZPO.[737] Auch die Disposition des Arbeitnehmers über den Streitgegenstand des Prozesses ist gewahrt. Es liegt allein bei

---

13. Aufl. § 4 KSchG Rn. 73; *Grunsky*, Anm. AP § 4 KSchG 1969 Nr. 3; *Schwab*, NZA 1998, 342, 343; *Wenzel*, DB 1997, 1869. Die Stellung des zusätzlichen Feststellungsantrages nach § 256 Abs. 1 ZPO sollte mit der gebotenen Klarheit erfolgen. Die Klagebegründung ist zur Auslegung des Antrages heranzuziehen, nicht aber Erörterungen in einer späteren Güteverhandlung; so aber (viel zu weit gehend) BAG 6.9.1979 BeckRS 1979, 00266 Rn. 30 mit Rn. 35; vgl. auch → Rn. 2031.

[726] NZA 1988, 651.
[727] Ebenso BAG 10.10.2002 NZA 2003, 684; 13.3.1997 NZA 1997, 844; 27.1.1994 NZA 1996, 334.
[728] Vgl. BAG 18.12.2014 BeckRS 2015, 68082 Rn. 22; 20.3.2014 NZA 2014, 1131 Rn. 5; 26.9.2013 NZA 2014, 443 Rn. 31; KR/*Friedrich*, § 4 KSchG Rn. 238; APS/*Hesse*, § 4 KSchG Rn. 140; ErfK/*Kiel*, § 4 KSchG Rn. 39; Bauer/Preis/Schunder, NZA 2004, 195, 196; *Stahlhacke*, FS Leinemann, 2006, S. 389, 401 f.; vgl. auch *Richardi*, DB 2004, 486, 489.
[729] Vgl. BAG 21.11.2013 BeckRS 2014, 70205 Rn. 33.
[730] Vgl. LAG Rheinland-Pfalz 13.3.1998 LAGE KSchG § 4 Nr. 42.
[731] KR/*Friedrich*, § 4 KSchG Rn. 255; vgl. auch BAG 26.6.2008 NZA 2008, 1145 Rn. 14.
[732] Vgl. BAG 20.3.2014 NZA 2014, 1131 Rn. 19.
[733] Vgl. auch BAG 26.9.2013 NZA 2014, 443 Rn. 33; 13.3.1997 NZA 1997, 844, 846; LAG Berlin-Brandenburg 5.8.2010 BeckRS 2011, 67214; LAG Rheinland-Pfalz 23.6.1998 NZA 1999, 336 Ls.
[734] LAG Rheinland-Pfalz 5.1.2006 BeckRS 2006, 42998.
[735] Vgl. LAG Bremen 6.9.2004 BeckRS 2004, 17642 mit besonderer Fallgestaltung.
[736] FS Herschel, 1955, 181, 188.
[737] BAG 10.10.2002 NZA 2003, 684; 13.3.1997 NZA 1997, 844; 27.1.1994 NZA 1994, 812.

§ 1 Die fristgebundene Kündigungsschutzklage

ihm, was Streitgegenstand seiner Klage ist und ob er ihn entsprechend seinen Interessen erweitert (auch → Rn. 2195).

Der 2. Senat des BAG will mit seiner Rechtsprechung der zulässigen Kombination beider Klagen nach § 4 S. 1 KSchG und § 256 Abs. 1 ZPO zweierlei erreichen: Einmal soll der Arbeitnehmer so die Möglichkeit haben, für ihn möglicherweise schwer überschaubare Auflösungstatbestände und vor allem nicht ohne weiteres erkennbare (Prozess-) Kündigungen, soweit sie bis zum Zeitpunkt der letzten mündlichen Verhandlung in einer Tatsacheninstanz ausgesprochen worden sind (vgl. hierzu 1894)[738] „einzufangen" (sog. Schleppnetztheorie),[739] damit insoweit die Wirkungen des § 7 1. Hs. KSchG nicht eintreten. Ferner wird dem Arbeitgeber so die Darlegungs- und Beweislast für alle Tatsachen auferlegt, die in dem vom Feststellungsantrag erfassten Zeitraum zu einer Beendigung des Arbeitsverhältnisses geführt haben sollen. Der Arbeitgeber hat also darzulegen, dass der Arbeitnehmer das Arbeitsverhältnis evtl. durch eine Eigenkündigung im Rahmen des Klagezeitraums beendet oder mit ihm einen Auflösungsvertrag abgeschlossen hat oder dass er eine weitere Kündigung ausgesprochen hat, durch die das Arbeitsverhältnis innerhalb des vom § 256 Abs. 1 ZPO erfassten Zeitraums beendet worden ist (auch → Rn. 2037). Versäumt der Arbeitgeber dies, kann er sich nach Rechtskraft der Entscheidung über die allgemeine Feststellungsklage auf diese Beendigungstatbestände nicht mehr berufen. Es steht rechtskräftig fest, dass das Arbeitsverhältnis bis zu dem im Antrag genannten Zeitpunkt bzw. bis zum Schluss der letzten mündlichen Verhandlung in der Tatsacheninstanz bestanden hat.[740]

2025

Die praktische Anwendung der **Verbindung** der **Kündigungsschutzklage** nach § 4 S. 1 KSchG a. F. mit einem **allgemeinen Feststellungsantrag** nach § 256 Abs. 1 ZPO hat in den nachfolgend (ab Rn. 2027) dargestellten **drei Problemfeldern** zu Unsicherheiten geführt, die auch nach der zum 1.1.2004 erfolgten Neufassung des § 4 S. 1 KSchG noch aktuell sind.[741]

2026

a) Auslegung des Klageantrages nach § 256 Abs. 1 ZPO

Das Gericht hat sich mit der Frage der Zulässigkeit und Begründetheit der allgemeinen Feststellungsklage nach § 256 Abs. 1 ZPO zu befassen, wenn vom Kläger ein entsprechender Antrag gestellt wird. Das erscheint selbstverständlich. Ein Blick auf die Entscheidungspraxis der Gerichte zeigt aber, dass mit dem Grundsatz nicht so leicht umzugehen ist.

2027

Weit verbreitet in der Praxis ist die Formulierung der Kündigungsschutzklage nach § 4 S. 1 KSchG wie folgt: Es wird beantragt „festzustellen, dass das Arbeitsverhältnis zwischen den Parteien durch die ordentliche Kündigung vom ... nicht aufgelöst worden ist, sondern über den ... hinaus fortbesteht".[742] Hier wird nicht eindeutig klar, ob

2028

---

[738] Gegen eine zwischen den Instanzen ausgesprochene weitere Kündigung muss der Arbeitnehmer mit einer selbständigen Klage nach § 4 S. 1 KSchG vorgehen; vgl. in diesem Zusammenhang besonders BAG 10.10.2002 NZA 2003, 684, 685 f.
[739] So *Bitter*, DB 1997, 1407.
[740] Vgl. dazu BAG 13.3.1997 NZA 1997, 844; 27.1.1994 NZA 1994, 812; 21.1.1988 NZA 1988, 651; LAG Köln 18.3.2004, LAG Report 2005, 85, 87; KR/*Friedrich*, § 4 KSchG Rn. 256; APS/ *Hesse*, § 4 KSchG Rn. 140; HHL/*Linck*, § 4 KSchG Rn. 124; *Schwab*, NZA 1998, 342, 345; *Wenzel*, DB 1997, 1869, 1870; vgl. auch BAG 26.9.2013 NZA 2014, 443 Rn. 31.
[741] Vgl. zB *Bauer*/*Preis*/*Schunder*, NZA 2004, 195, 196; KR/*Friedrich*, § 4 KSchG Rn. 238 ff.; HaKo/*Gallner*, § 4 KSchG Rn. 44 ff.; APS/*Hesse*, § 4 KSchG Rn. 138 ff.; ErfK/*Kiel*, § 4 KSchG Rn. 36 ff.; LSW/*Spinner*, § 4 KSchG Rn. 103 ff.
[742] Vgl. dazu die Anträge in BAG 20.1.1994 NZA 1994, 653 u. 27.1.1994 NZA 1994, 812; LAG Rheinland-Pfalz 26.3.1986 LAGE KSchG § 4 Nr. 10; vgl. ferner *Ascheid*, Kündigungsschutzrecht,

Vierter Abschnitt: Der Kündigungsschutzprozess

der Kläger damit auch einen Antrag nach § 256 Abs. 1 ZPO stellt oder nur die Rechtsfolge verdeutlichen will, die bei Rechtsunwirksamkeit der streitbefangenen Kündigung eintritt. Zutreffend weist der 2. Senat des BAG in seiner Entscheidung vom 27.1.1994[743] darauf hin, dass es die Pflicht des Richters nach § 139 ZPO (seit 1.1.2002: § 139 Abs. 1 S. 2 ZPO[744]) sei klarzustellen, was der Kläger mit dem Antrag bezwecke.[745] Verletze der Richter diese Klarstellungspflicht, könne der Antrag noch in der Revisionsinstanz ausgelegt werden, wobei auch die Begründung der Klage zu berücksichtigen sei. Gebe diese keinen Anhaltspunkt dafür, dass der Kläger mit der Geltendmachung weiterer Beendigungsgründe durch den Arbeitgeber rechne, sei in dem Zusatz zum Antrag nach § 4 S. 1 KSchG a. F. und n. F. kein selbständiger Antrag nach § 256 Abs. 1 ZPO zu sehen, sondern nur ein sog. *unselbständiges* Anhängsel zum Antrag nach § 4 S. 1 KSchG.[746]

2029 Mit diesen zutreffenden Ausführungen kaum in Einklang stehen dürfte das Urteil des 8. Senats des BAG vom 16.3.1994.[747] Dort hatte der Kläger ausdrücklich zwei voneinander getrennte Anträge gestellt:

„1. Das Arbeitsverhältnis zwischen den Parteien ist weder durch die Kündigung vom 27.6.1991 noch durch sonstige Beendigungsgründe aufgelöst.
2. Das Arbeitsverhältnis besteht zu unveränderten Bedingungen über den 31.12.1991 hinaus fort."

2030 Trotz dieser beiden getrennt gestellten Anträge kam der Senat (überraschend) nach einer Auslegung des Antrages zu 2. zu dem Ergebnis, ein selbständiger allgemeiner Feststellungsantrag nach § 256 Abs. 1 ZPO sei nicht gestellt worden. Es müsse der wirkliche Wille des Klägers erforscht werden.[748] Der Antragswortlaut habe hinter den erkennbaren Sinn und Zweck des Antrags zurückzutreten. Wenn der Kläger keinerlei Ausführungen zu der Frage des Fortbestandes seines Arbeitsverhältnisses mache, könne nicht unterstellt werden, er habe eine unzulässige Feststellungsklage erheben wollen. Der Antrag sei zwar missverständlich und zweideutig, das reiche aber allein nicht für die Annahme eines selbstständigen Klageantrages nach § 256 Abs. 1 ZPO aus.[749]

2031 Dem wird man nicht folgen können. Bei der Auslegung von Klageanträgen ist zu beachten, dass zwar vom Wortlaut auszugehen ist. Was diesem aber bei Beachtung des verkehrsüblichen Sinnes eindeutig widerspricht, kann nicht als das Ergebnis einer Auslegung angenommen werden.[750] Sicher muss der Klageantrag nicht nur nach seinem

---

1993, Rn. 763; *Bitter*, DB 1997, 1407, 1409; *Diller*, NZA 1994, 830; *ders.*, NJW 1998, 663, 664; *Schwab*, NZA 1998, 342, 347; zu § 17 S. 1 TzBfG vgl. BAG 11.9.2013 NZA 2014, 150 Rn. 13.

[743] NZA 1994, 812.
[744] IdF des Art. 20 ZPO-RG vom 27.7.2001 (BGBl. I S. 1887).
[745] Ebenso BAG (2. Senat) 13.3.1997 NZA 1997, 844 u. 7.12.1995 NZA 1996, 334.
[746] BAG 18.4.2002 NZA 2002, 1207; 28.2.1995 NZA 1995, 595; 20.1.1994 NZA 1994, 653; vgl. auch BAG 25.4.2013 NZA 2014, 105 Rn. 14; 15.3.2001 NZA 2001, 1267; offen gelassen von BAG 7.12.1995 NZA 1996, 334.
[747] NZA 1994, 860 = EzA KSchG n. F. § 4 Nr. 49 mit krit. Anm. *Dütz/Singer*.
[748] Ebenso BAG (8. Senat) 27.6.1996 NZA 1997, 258.
[749] Abl. zB *Bitter*, DB 1997, 1407, 1408; *Boemke*, RdA 1995, 211, 226; *Boewer*, NZA 1997, 359, 362; *Dauner-Lieb*, Anm. zu BAG EzA § 4 KSchG n. F. Nr. 57; *Diller*, NZA 1994, 830, 831; *ders.*, NJW 1996, 2142; *Dütz/Singer*, Anm. zu BAG EzA § 4 KSchG n. F. Nr. 49; HHL/*Linck*, § 4 KSchG Rn. 132; *Stahlhacke*, FS Wlotzke, 1996, S. 173, 183; *ders.*, FS Leinemann, 2006, S. 389, 403 f.; vgl. auch BAG 7.12.1995 NZA 1996, 334; dem BAG (16.3.1994 NZA 1994, 860 folgend) LAG Köln 17.2.2004 NZA-RR 2005, 136, 137; KR/*Friedrich*, § 4 KSchG Rn. 243; *Schwab*, NZA 1998, 342, 344; vgl. auch BAG 20.3.2014 NZA 2014, 1131 Rn. 16–19 in einem Fall, in dem es um die Wirksamkeit einer Anfechtung zu einem vor dem Auflösungstermin der Kündigung liegenden Zeitpunkt ging.
[750] Stein/Jonas/*Leipold*, vor § 128 ZPO Rn. 249; *Dütz/Singer*, Anm. EzA § 4 KSchG n. F. Nr. 49 bemerken zutreffend, es fehle an der Auslegungsbedürftigkeit, wenn der Antrag nach Sinn u. Zweck eindeutig sei.

eindeutigen Sinn betrachtet werden, sondern auch die ihm beigegebene Begründung ist zu berücksichtigen (näher → Rn. 2028). Das sollte jedoch nicht dazu führen, dass ein selbstständiger Klageantrag mit eindeutigem Sinn, der als eigenständiger Antrag in der Klageschrift ausgewiesen ist, wenn auch ohne Begründung (§ 253 Abs. 2 Nr. 2 ZPO), d.h. ohne den Tatsachenkomplex zu bezeichnen, aus dem die begehrte Rechtsfolge abgeleitet wird, als nicht gestellt angesehen wird. Ein solcher Antrag, der bis zum Schluss der mündlichen Verhandlung in der Instanz nicht ergänzt wird – der Hinweispflicht des Gerichts nach § 139 Abs. 1 S. 2 ZPO[751] kommt hier besondere Bedeutung zu (Aufklärung geht vor Auslegung)[752] – verfällt der Abweisung als unzulässig.[753] Manche Kläger in Kündigungsschutzverfahren wählen nicht selten diesen Weg und nehmen bewusst eine Abweisung der Klage nach § 256 Abs. 1 ZPO als unzulässig in Kauf, um die nachteiligen Rechtsfolgen zu vermeiden, die der 2. Senat des BAG in seinem Urteil vom 27.1.1994[754] beschrieben hat. Die Gerichte sollten hier nicht korrigierend eingreifen. Allerdings ist dem klagenden Arbeitnehmer im Hinblick auf das Urteil des 8. Senats vom 16.3.1994[755] zu empfehlen, den Antrag nach § 256 Abs. 1 ZPO ausdrücklich zu begründen und dabei klarzustellen, dass es sich um eine allgemeine Feststellungsklage handelt.[756] An dieser Notwendigkeit hat sich durch das Urteil des BAG vom 13.3.1997[757] nichts geändert.[758] Denn die Klagebegründung ließ in diesem Streitfall erkennen, dass der Kläger seinen Fortbestandsantrag als eigenständigen Antrag nach § 256 Abs. 1 ZPO verstanden wissen wollte.

b) Das Feststellungsinteresse für die Klage nach § 256 Abs. 1 ZPO

Für die allgemeine Feststellungsklage nach § 256 Abs. 1 ZPO ist stets das alsbaldige **2032 Interesse des Arbeitnehmers an der Feststellung** notwendig, dass in dem nach dem Klageantrag maßgebenden Zeitraum ein Arbeitsverhältnis zwischen den Parteien bestanden hat. Es hat nicht an Versuchen gefehlt, für das Kündigungsschutzverfahren eine Ausnahme von den allgemein gültigen Grundsätzen in Anspruch zu nehmen.[759] Das ist jedoch nicht gerechtfertigt. Es gilt im Kündigungsschutzverfahren keine Sondernorm für die Feststellungsklage nach § 256 Abs. 1 ZPO. Das BAG verlangt daher zutreffend vom Kläger die Darlegung des Feststellungsinteresses. Die Kombination einer Feststellungsklage gem. § 256 Abs. 1 ZPO mit einer solchen nach § 4 S. 1 KSchG befreit den Kläger davon nicht.[760, 761] Richtig wird in der Entscheidung des BAG vom

---

[751] Wie Fn. 744.
[752] Vgl. MüKoZPO/*Becker-Eberhard*, § 253 Rn. 90.
[753] So auch BAG 13.3.1997 NZA 1997, 844; APS/*Hesse*, § 4 KSchG Rn. 140; *Boewer*, RdA 2001, 380, 388; *Diller*, NJW 1998, 663, 665; *Dütz/Singer*, Anm. EzA § 4 KSchG n. F. Nr. 49; *Schwab*, NZA 1998, 342, 344. Auf die Entscheidung des 2. Senats vom 27.1.1994 konnte sich der 8. Senat nicht berufen; denn die Anträge der Parteien waren in beiden Verfahren völlig verschieden. Zur Abweisung als unzulässig in solchen Fällen vgl. Stein/Jonas/*Roth*, § 253 ZPO Rn. 61. Zur Kostenentscheidung LAG Nürnberg 26.6.2001 NZA-RR 2002, 274.
[754] NZA 1994, 812.
[755] NZA 1994, 860 = EzA KSchG n. F. § 4 Nr. 49 mit krit. Anm. *Dütz/Singer*.
[756] *Diller*, NZA 1994, 830, 831; *ders.*, NJW 1996, 2141, 2142 f.; *ders.*, NJW 1998, 663, 664; *Schwab*, NZA 1998, 342, 347 jeweils mit Formulierungsvorschlag; vgl. auch *Bader*, NZA 1997, 905, 907 f.; *Bitter*, DB 1997, 1407, 1409; *Wenzel*, DB 1997, 1869, 1870.
[757] NZA 1997, 844.
[758] *Diller*, NJW 1998, 663, 664.
[759] Vgl. näher *Stahlhacke*, FS Wlotzke, 1996, S. 173 ff.
[760] BAG 13.3.1997 NZA 1997, 844; 7.12.1995 NZA 1996, 334; 16.3.1994 NZA 1994, 860; vgl. auch BAG 26.9.2013 NZA 2014, 443 Rn. 32; 15.3.2001 NZA 2001, 1267.
[761] Zum Problemfeld vgl. ferner APS/*Hesse*, § 4 KSchG Rn. 148; *Bitter*, DB 1997, 1407, 1408; *Boewer*, NZA 1997, 359, 363; *ders.*, RdA 2001, 380, 388; *Franzen*, Anm. EzA § 4 KSchG n. F. Nr. 48;

27.1.1994[762] betont, es sei nicht gerechtfertigt, eine eigene Dogmatik für die allgemeine Feststellungsklage nach § 256 Abs. 1 ZPO im Kündigungsschutzverfahren zu entwickeln.

2033 Das Feststellungsinteresse für die Klage nach § 256 Abs. 1 ZPO ist zu bejahen, wenn zwischen den Parteien streitig ist, ob dem Kläger eine weitere Kündigung zugegangen ist,[763] ob ein Aufhebungsvertrag geschlossen worden ist[764] oder das Arbeitsverhältnis auf Grund Betriebsübernahme nach § 613a Abs. 1 S. 1 BGB auf einen anderen Arbeitgeber, wie vom Arbeitgeber behauptet wird, übergegangen ist (→ Rn. 1895) oder ob zB der Arbeitnehmer das Arbeitsverhältnis selbst gekündigt[765] bzw. in einer Ausgleichsquittung sich mit der Beendigung des Arbeitsverhältnisses einverstanden erklärt hat.[766] Die **abstrakte Möglichkeit,** dass der Arbeitgeber weitere Auflösungstatbestände geltend macht, **reicht nicht** aus.[767]

2034 Weiterhin ist ein Rechtsschutzinteresse für die allgemeine Feststellungsklage nach § 256 Abs. 1 ZPO zu bejahen, wenn der Kläger im Rechtsstreit vorträgt, ihm sei im Kündigungsschreiben mitgeteilt worden, dass auch noch ein Anhörungsverfahren beim Betriebsrat zum Ausspruch einer außerordentlichen Kündigung aus wichtigem Grund eingeleitet worden sei. Hier besteht für den Kläger die konkrete Gefahr eines weiteren Beendigungstatbestandes und seiner Einbringung in den laufenden Rechtsstreit.[768]

2035 Dagegen können der Ausspruch der im Streit befangenen Kündigung und der deshalb anhängige Kündigungsschutzprozess der Parteien das Feststellungsinteresse nach § 256 Abs. 1 ZPO nicht begründen.[769] Auch reicht die Berufung auf einen anderen Unwirksamkeitsgrund als § 1 Abs. 1 KSchG in der Kündigungsschutzklage nicht aus, da er im Rahmen dieser Klage nach § 4 S. 1 KSchG n. F. mitgeprüft werden muss (näher → Rn. 2020).[770] Im Hinblick auf die vom BAG angenommene Rechtskraftwirkung eines vom Arbeitnehmer in letzter Instanz gewonnenen Kündigungsschutzprozesses muss er das Rechtsschutzinteresse für eine Klage nach § 256 Abs. 1 ZPO, mit der er rückwirkend den Bestand des Arbeitsverhältnisses festgestellt wissen will, besonders begründen.[771]

2036 Erhob der Arbeitnehmer **bis** zum **31.12.2003** neben der Kündigungsschutzklage nach § 4 S. 1 KSchG a. F. **hilfsweise** eine Feststellungsklage gem. § 256 Abs. 1 ZPO für den Fall, dass die Kündigungsschutzklage nicht innerhalb der Dreiwochenfrist erhoben sein sollte, lag für sein Hilfsbegehren ein Rechtsschutzinteresse vor, wenn er

---

KR/*Friedrich*, § 4 KSchG Rn. 243; HHL/*Linck*, § 4 KSchG Rn. 130; *Jaroschek/Lüken*, JuS 2001, 64, 68; ErfK/*Kiel*, § 4 KSchG Rn. 37.

[762] NZA 1994, 812.
[763] LAG Bremen 6.9.2004 FA 2005, 31 f. Ls.
[764] LAG Brandenburg 30.10.2002 NZA 2003, 503; best. durch BAG 27.11.2003 AP BGB § 312 Nr. 2.
[765] Vgl. LAG Rheinland-Pfalz 13.3.1998 LAGE KSchG § 4 Nr. 42.
[766] Zu den Beispielen vgl. auch BAG 13.3.1997 NZA 1997, 844.
[767] BAG 10.10.2002 NZA 2003, 684; 13.3.1997 NZA 1997, 844; 7.12.1995 NZA 1996, 334; APS/*Hesse*, § 4 KSchG Rn. 148; *Boemke*, RdA 1995, 211, 225; *Boewer*, NZA 1997, 359, 363; *ders.*, RdA 2001, 380, 388; KR/*Friedrich*, § 4 KSchG Rn. 243.
[768] BAG 7.4.1993 NZA 1993, 795; 21.5.1992 AP BGB § 613a Nr. 96. Zu weiteren Fallgestaltungen BAG 13.3.1997 NZA 1997, 844; *Bitter*, DB 1997, 1407, 1409; *Schwab*, NZA 1998, 342, 344.
[769] BAG 13.3.1997 NZA 1997, 844; 27.1.1994 NZA 1994, 812; *Diller*, Anm. zu BAG AP § 4 KSchG 1969 Nr. 38, unter 2a; HHL/*Linck*, § 4 KSchG Rn. 130; *Weber*, Anm. LAG Köln LAGE KSchG § 4 Nr. 15; *Vollkommer/Weinland*, Anm. EzA § 4 KSchG n. F. Nr. 33; a. A. *Weth/Kerwer*, SAE 1997, 295, 299 f.; vgl. auch *Prütting*, FS Lüke, 1997, 617, 629.
[770] BAG 15.3.2001 NZA 2001, 1267.
[771] Vgl. BAG 4.12.2002 NZA 2003, 341, 343; vgl. auch BAG 7.3.2002 NZA 2002, 963, 964.

§ 1 Die fristgebundene Kündigungsschutzklage

noch einen anderen Unwirksamkeitsgrund als § 1 Abs. 1 KSchG geltend machen wollte. Denn im Falle der Fristversäumung und der dadurch gem. § 7 1. Hs. KSchG a. F. eintretenden Fiktionswirkung, blieb vor der Neufassung des § 4 S. 1 KSchG nur die Klage nach § 256 Abs. 1 ZPO zur Überprüfung eines derartigen Unwirksamkeitsgrundes.[772]

Streitgegenstand der allgemeinen Feststellungsklage gem. § 256 Abs. 1 ZPO ist die Frage, **ob ein Arbeitsverhältnis im Zeitpunkt der letzten mündlichen Verhandlung bestanden hat,** sofern der Antrag nicht zeitlich eingeschränkt wird (→ Rn. 2022). Das hat für das Prozessverhalten des Arbeitgebers Konsequenzen. Ein für den Arbeitnehmer positives Urteil stellt die vorstehend dargestellten Rechtsfolgen fest. Der Arbeitgeber muss also, weil alle vor dem Zeitpunkt der letzten mündlichen Verhandlung liegenden Beendigungsgründe von der Rechtskraft des Urteils erfasst (präkludiert) werden, diese in den Prozess einführen.[773] Er ist für sie darlegungs- und beweispflichtig. Dazu gehört auch eine von ihm im streitbefangenen Zeitraum ausgesprochene Folgekündigung.[774] **2037**

Das Feststellungsinteresse des Arbeitnehmers für den allgemeinen Feststellungsantrag nach § 256 Abs. 1 ZPO, das im Zeitpunkt der letzten mündlichen Verhandlung vorliegen muss,[775] entfällt nach Auffassung des BAG **dann,** wenn der Arbeitgeber eine **weitere** schriftliche Kündigung ausspricht, vom Arbeitnehmer keine anderen Beendigungstatbestände zur Stützung des Rechtsschutzinteresses vorgebracht worden sind und er diese neue Kündigung mit einer Kündigungsschutzklage nach § 4 S. 1 KSchG selbstständig angreift.[776] Der Arbeitnehmer gebe mit der Erhebung und Weiterführung der späteren Klage zu erkennen, dass er die Rechtsunwirksamkeit der späteren Kündigung und den Fortbestand des Arbeitsverhältnisses über den in ihr vorgesehenen Termin hinaus in einem gesonderten Verfahren nach § 4 S. 1 KSchG überprüft und festgestellt wissen will. **2038**

Dem kann so nicht zugestimmt werden. Denn die gegen die Folgekündigung erhobene Feststellungsklage nach § 4 S. 1 KSchG ist an sich gem. § 261 Abs. 3 Nr. 1 ZPO wegen Rechtshängigkeit als unzulässig abzuweisen.[777] Der Streitgegenstand der allgemeinen Feststellungsklage nach § 256 Abs. 1 ZPO erfasst die Folgekündigung, wenn sie in den Zeitraum fällt, der von der allgemeinen Feststellungsklage erfasst wird (→ Rn. 2022).[778] Das zu erreichen ist ja gerade der Sinn der Kombinationsklage. Mit der Klage gegen die Folgekündigung entfällt das Rechtsschutzinteresse der Klage nach § 256 Abs. 1 ZPO nicht.[779] Die Kündigungsschutzklage nach § 4 S. 1 KSchG ist ge- **2039**

---

[772] Vgl. BAG 15.3.2001 NZA 2001, 1267, 1269.
[773] BAG 10.10.2002 NZA 2003, 684; 13.3.1997 NZA 1997, 844; 27.1.1994 NZA 1994, 812; *Schwab*, NZA 1998, 342, 345; *Stahlhacke*, FS Wlotzke, 1996, S. 173, 187 f.; vgl. jetzt auch zu § 4 S. 1 KSchG BAG 26.9.2013 NZA 2014, 443 Rn. 29; *Gallner*, FS Wank, 2014, S. 117, 125.
[774] BAG 13.3.1997 NZA 1997, 844; 27.1.1994 NZA 1994, 812; 21.1.1988 NZA 1988, 651; APS/*Hesse*, § 4 KSchG Rn. 141.
[775] Allg. BGH 8.7.1955 NJW 1955, 1513, 1514; *Zöller/Greger*, § 256 ZPO Rn. 7c; vgl. auch BAG 17.10.2001 NZA 2002, 285.
[776] BAG 13.3.1997 NZA 1997, 844; 7.12.1995 NZA 1996, 334; 16.8.1990 NZA 1991, 141; ebenso *Boemke*, RdA 1995, 211, 225; *Diller*, Anm. zu BAG AP § 4 KSchG 1969 Nr. 38 unter 3; HK-KSchG/*Hauck*, § 4 Rn. 126b; LSW/*Spinner*, § 4 KSchG Rn. 105.
[777] Ebenso zu § 4 S. 1 KSchG a. F. HHL/*Linck*, 13. Aufl., § 4 KSchG Rn. 78; vgl. auch BAG 10.10.2002 NZA 2003, 684; LAG Köln 18.3.2004 LAG Report 2005, 85, 86.
[778] Vgl. BAG 10.10.2002 NZA 2003, 684, 685; a. A. *Boemke*, RdA 1995, 211, 220 u. 227; *Weißenfels*, BB 1996, 1326, 1331.
[779] A. A. BAG 16.8.1990 NZA 1991, 141, 142; *Boemke*, RdA 1995, 211, 225; *Diller*, Anm. zu BAG AP § 4 KSchG 1969 Nr. 38, unter 3.

genüber der allgemeinen Feststellungsklage kein „aliud",[780] sondern in ihr bereits enthalten. Es besteht Teilidentität des Streitgegenstandes beider Klagen.[781] Hat sich der Kläger für die allgemeine Feststellungsklage entschieden, ist an sich die speziellere Klage nach § 4 S. 1 KSchG gegen die Folgekündigung wegen anderweitiger Rechtshängigkeit als unzulässig abzuweisen (§ 261 Abs. 3 Nr. 1 ZPO).[782] Dies kann allerdings durch eine Rücknahme der allgemeinen Feststellungsklage[783] oder durch eine Antragumstellung (dazu näher → Rn. 2040) vermieden werden. Für die Kündigungsschutzklage nach § 4 S. 1 KSchG – für § 4 S. 1 KSchG a. F. galt nichts anderes – gegen die schriftliche Folgekündigung ist in jedem Fall die dortige Klagefrist zu beachten.

c) Allgemeine Feststellungsklage und Klagefrist

2040 Fraglich ist, ob der Kläger im Falle der Erklärung einer **Folgekündigung** im Rahmen der allgemeinen Feststellungsklage nach § 256 Abs. 1 ZPO innerhalb von drei Wochen nach Zugang der Kündigung zu erkennen geben muss, er sei nicht bereit, die Kündigung hinzunehmen.[784] Der Zweck des § 4 S. 1 KSchG – auch nach seiner Neufassung zum 1.1.2004 – kann das nicht belegen. Denn der Arbeitgeber weiß bereits durch den Umfang des Streitgegenstandes der Feststellungsklage nach § 256 Abs. 1 ZPO, dass der Bestand des Arbeitsverhältnisses bis zur letzten mündlichen Verhandlung vom Gericht festgestellt werden soll. Damit weiß er ferner, dass er nicht davon ausgehen kann, die Folgekündigung oder ein anderer Beendigungsgrund führe die Auflösung des Arbeitsverhältnisses herbei. Der Arbeitgeber hat sie in den Prozess einzuführen und dafür die notwendigen Tatsachen vorzutragen. Denn auf einen ihm günstigen Beendigungstatbestand könnte sich der Arbeitgeber nach rechtskräftigem Obsiegen des Arbeitnehmers mit dem Antrag gem. § 256 Abs. 1 ZPO nicht mehr berufen (→ Rn. 2025). Der Arbeitnehmer muss dann gem. dem Urteil des 2. Senat vom 13.3.1997[785] nach Kenntnis von einer weiteren Kündigung diese in den Prozess einführen und unter teilweiser Einschränkung des Feststellungsantrags (§ 264 Nr. 2 ZPO iVm § 495 ZPO, § 46 Abs. 2 S. 1 ArbGG) eine dem Wortlaut des § 4 S. 1 KSchG angepasste Antragstellung vornehmen.[786] Diese Modifikation der Klage kann nach der

---

[780] *Franzen*, Anm. zu BAG EzA § 4 KSchG n.F. Nr. 48, unter V; *Stahlhacke*, FS Wlotzke, 1996, S. 173, 186; *ders.*, FS Leinemann, 2006, S. 389, 406; a.A. APS/*Hessse*, § 4 KSchG Rn. 138; ErfK/*Kiel*, § 4 KSchG Rn. 31; *Boemke*, RdA 1995, 211, 225.

[781] Zu § 4 S. 1 KSchG a.F. *Boewer*, NZA 1997, 359, 362; *ders.*, RdA 2001, 380, 388; *v. Hoyningen-Huene/Linck*, 13. Aufl., § 4 KSchG Rn. 79.

[782] Ebenso LAG Bremen 6.9.2004 FA 2005, 31 f. Ls.; *Boewer*, RdA 2001, 380, 387; *Dauner-Lieb*, Anm. zu BAG EzA § 4 KSchG n.F. Nr. 57, unter III 3c; APS/*Hesse*, § 4 KSchG Rn. 139; HHL/*Linck*, § 4 KSchG Rn. 134; ErfK/*Kiel*, § 4 KSchG Rn. 38; *Stahlhacke*, FS Wlotzke, 1996, S. 173, 186 f.; *ders.*, FS Leinemann, 2006, S. 389, 406.

[783] Vgl. hierzu LAG Bremen 6.9.2004 FA 2005, 31 f. Ls.

[784] So LAG München 17.9.1984 LAGE KSchG § 4 Nr. 14 mit Anm. *Klevemann*; LAG Rheinland-Pfalz 26.3.1986 LAGE KSchG § 4 Nr. 10; wohl auch BAG 16.3.1994 NZA 1994, 860, 862; LAG Köln 9.11.1988 LAGE KSchG § 4 Nr. 15. Das BAG (NZA 1994, 860,862 zu III. 3. b) der Gründe) führt ua aus: „Wahrt die allgemeine Feststellungsklage die Dreiwochenfrist des § 4 S. 1 KSchG auch bezüglich einer nachfolgenden Kündigung, muss spätestens binnen drei Wochen nach Zugang dieser Kündigung klar sein, dass eine allgemeine Feststellungsklage gemeint ist." So auch LAG Köln 25.8.1995 LAGE KSchG § 4 Nr. 30; a.A. APS/*Hesse* § 4 KSchG Rn. 141.

[785] NZA 1997, 844.

[786] Vgl. BAG 26.9.2013 NZA 2014, 443 Rn. 33; LAG Hamm 21.10.2008 NZA-RR 2009, 304 f. Ls.; APS/*Hesse*, § 4 KSchG Rn. 141; KR/*Friedrich*, § 4 KSchG Rn. 247; vgl. auch schon zu § 4 S. 1 KSchG a.F. BAG 30.11.1961 AP § 5 KSchG 1951 Nr. 3 mit Anm. *Bötticher*; 7.12.1995 NZA 1996, 334; LAG Düsseldorf 9.6.2004 LAG Report 2005, 106, 108; LAG Köln 18.3.2004, LAG Report 2005, 85, 87; a.A. zu § 4 S. 1 KSchG n.F. HHL/*Linck*, § 4 KSchG Rn. 127.

genannten Entscheidung in entsprechender Anwendung des Grundgedankens des § 6 S. 1 KSchG a. F. – über den dort genannten Zeitpunkt hinaus – noch bis zum Schluss der mündlichen Verhandlung in der Berufungsinstanz erfolgen.[787] Danach ist es zu spät. Das gilt auch noch nach der mit Wirkung vom 1.1.2004 erfolgten Neufassung des § 6 S. 1 KSchG (dazu näher → Rn. 1930).[788] Damit verschafft das BAG dem Arbeitnehmer, der anlässlich einer Kündigung die Feststellungsklagen nach § 4 S. 1 KSchG n. F. und § 256 Abs. 1 ZPO kombiniert, gegen Folgekündigungen nur einen relativen Schutz, nämlich in zeitlicher Hinsicht.[789]

3. Das Präklusionsprinzip

Mit der Rechtskraft des Urteils im Kündigungsschutzprozess bestehen folgende Präklusionswirkungen: 2041

Die punktuelle Streitgegenstandstheorie hat im Falle der **Klageabweisung** zur Folge, dass damit rechtskräftig feststeht, das Arbeitsverhältnis ist durch die bestimmte, mit der Klage nach § 4 S. 1 KSchG angegriffene Kündigung aufgelöst. Der Arbeitnehmer kann sich nicht mehr darauf berufen, die Kündigung sei aus anderen bisher nicht geltend gemachten Gründen unwirksam (vgl. auch → Rn. 1921).[790] Außerdem steht mit einem klageabweisenden Urteil nach Eintritt der Rechtskraft auf der Grundlage der punktuellen Streitgegenstandstheorie aus Sicht des BAG (→ Rn. 2019) rechtskräftig fest, dass über den durch die im Streit stehende Kündigung bestimmten Zeitpunkt hinaus kein Arbeitsverhältnis besteht. Die jeweilige Begründung einschließlich der Beurteilung der Vorfrage, ob das Arbeitsverhältnis durch eine frühere Kündigung zu einem davor liegenden Zeitpunkt aufgelöst ist, nimmt an der Rechtskraftwirkung des klageabweisenden Urteils im Kündigungsschutzprozess nicht teil.[791] 2042

Wurde der **Kündigungsschutzklage** rechtskräftig **stattgegeben,** kann sich der Arbeitgeber nach der punktuellen Streitgegenstandstheorie, wie sie das BAG versteht (→ Rn. 2019), nicht darauf berufen, das Arbeitsverhältnis sei zu einem vor dem Zugang der Kündigung liegenden Zeitpunkt beendet worden (→ Rn. 2019). Offen gelassen hat das BAG bisher die Frage, ob die im Kündigungsschutzprozess rechtskräftig getroffene Feststellung, das Arbeitsverhältnis sei durch eine bestimmte Kündigung nicht aufgelöst worden, Präjudizwirkung in dem Sinne hat, dass eine Klage nach § 4 2043

---

[787] Ähnlich zuvor schon *Boewer,* NZA 1997, 359, 364. Zum Problemfeld vgl. auch *Bitter,* DB 1997, 1407, 1408; *Boewer,* RdA 2001, 380, 389 f.; *Jaroschek/Lüken,* JuS 2001, 64, 68 ff.; *Schwab,* NZA 1998, 342, 345; *Stahlhacke,* FS Leinemann, 2006, S. 389, 408.

[788] APS/*Hesse,* § 4 KSchG Rn. 141; vgl. auch KR/*Friedrich,* § 4 KSchG Rn. 249; HaKo/*Gallner,* § 4 KSchG Rn. 53; a. A. HHL/*Linck,* § 4 KSchG Rn. 127; offen gelassen von BAG 26.9.2013 NZA 2014, 443 Rn. 34; hierzu *Gallner,* FS Wank, 2014, S. 117, 121.

[789] So ausdrücklich zu § 4 Satz 1 KSchG a. F. *Diller,* Anm. zu BAG AP KSchG § 4 1969 Nr. 38; *ders.,* NJW 1998, 663, 665; vgl. auch *Dauner-Lieb,* Anm. zu BAG EzA § 4 KSchG n. F. Nr. 57, unter III 3.

[790] BAG 28.8.2008 NZA 2009, 275 Rn. 38; APS/*Hesse,* § 4 KSchG Rn. 143; KR/*Friedrich,* § 4 KSchG Rn. 264; HaKo/*Gallner,* § 4 KSchG Rn. 164; ErfK/*Kiel,* § 4 KSchG Rn. 33; LSW/*Spinner,* § 4 KSchG Rn. 88, 89. Zu § 4 S. 1 KSchG a. F. BAG 12.1.1977 AP KSchG 1969 § 4 Nr. 3; 12.6.1986 NZA 1987, 273; LAG Düsseldorf 28.2.1997 LAGE KSchG § 4 Nr. 35; *Boewer,* NZA 1997, 359, 361; *ders.,* RdA 2001, 380, 386 f.; krit. *Schwerdtner,* NZA 1987, 263; *Teske,* Anm. EzA § 4 KSchG n. F. Nr. 31; a. A. *Bettermann,* ZfA 1985, 5, 15 f.

[791] BAG 23.10.2008 AP KSchG 1969 § 23 Nr. 43 Rn. 18; vgl. auch BAG 20.12.2012 NZA 2013, 1003 Rn. 23; KR/*Friedrich,* § 4 KSchG Rn. 252; zu § 4 S. 1 KSchG a. F. vgl. BAG 20.11.2003 BeckRS 2004, 40589; 27.9.2001 NZA 2002, 1171, 1173.

S. 1 KSchG, mit der der Arbeitnehmer eine weitere, zu demselben Termin ausgesprochene Kündigung angreift, ohne weiteres begründet ist.[792]

2044 Werden mehrere Kündigungen ausgesprochen und darüber im Prozess gestritten, muss die Praxis die Rechtsprechung des BAG bei der Antragstellung beachten. Der Arbeitgeber kann also einen Kündigungsschutzprozess über eine Folgekündigung keinesfalls rechtskräftig werden lassen, sondern er wird versuchen müssen, eine Aussetzung des Verfahrens nach § 148 ZPO zu erwirken, oder aber er muss Berufung einlegen, um die Präklusionswirkung des Urteils auszuschließen.[793]

2045 Auf später, d. h. nach dem in Rn. 2043 genannten Zeitpunkt, wirksam gewordene Beendigungsgründe kann sich der Arbeitgeber auch nach der Rechtsprechung des BAG berufen. Der Arbeitnehmer kann dem mit der allgemeinen Feststellungsklage nach § 256 Abs. 1 ZPO begegnen, die darauf abstellt, dass das Arbeitsverhältnis noch im Zeitpunkt der letzten mündlichen Verhandlung in der Tatsacheninstanz besteht (→ Rn. 2022). Das BAG hat auch die Berufung des Arbeitgebers auf eine Anfechtung des Arbeitsverhältnisses für zulässig erklärt, wenn die Vorinstanzen bewusst über die Anfechtung nicht entschieden hatten.[794] Dasselbe hat es für den Fall einer früheren Kündigung angenommen, über deren Rechtswirksamkeit zwischen den Parteien ein Kündigungsschutzverfahren schwebt, wenn das Gericht im Urteil über die Folgekündigung deutlich macht, dass seine Entscheidung unter dem Vorbehalt einer eventuell durch frühere Kündigungen bewirkten Auflösung des Arbeitsverhältnisses steht.[795] Die Aussetzung des Verfahrens nach § 148 ZPO dürfte in einem solchen Falle sachgerechter sein.[796]

2046 Ist in einem Kündigungsrechtsstreit entschieden, dass das **Arbeitsverhältnis** durch eine bestimmte Kündigung **nicht aufgelöst** worden ist, kann der Arbeitgeber eine **erneute** Kündigung **nicht auf Kündigungsgründe** stützen, die er schon zur Begründung der ersten Kündigung vorgebracht hat und die in dem **ersten Kündigungsschutzprozess materiell geprüft worden sind** mit dem Ergebnis, dass sie die Kündigung nicht rechtfertigen können.[797] Der Arbeitnehmer muss zwar innerhalb der Dreiwochenfrist des § 4 S. 1 KSchG gegen die Folgekündigung Klage erheben.[798] Jedoch ist der Arbeitgeber mit einer Wiederholung dieser Gründe zur Stützung seiner neuen Kündigung ausgeschlossen.[799] Der zweiten, rechtzeitig erhobenen Klage ist deshalb ohne weiteres stattzugeben.[800] Das **Verbot** einer sog. **Wiederholungs-** bzw. **Trotzkündigung** bei gleich gebliebenem Kündigungssachverhalt findet seine Grundlage sowohl in der materiellen Rechtskraft gerichtlicher Entscheidungen (§ 322 ZPO)[801] als auch im rechtlichen Charakter der Kündigung als Gestaltungserklärung.[802]

---

[792] BAG 23.6.2009 NZA 2009, 1136 Rn. 46; 25.3.2004 NZA 2004, 1216; bejahend KR/*Friedrich*, § 4 KSchG Rn. 265; zweifelnd KR/*Fischermeier*, § 626 BGB Rn. 393.
[793] BAG 26.6.2008 NZA 2008, 1145 Rn. 15; früher schon BAG 12.6.1986 NZA 1987, 273.
[794] BAG 12.6.1986 NZA 1987, 273, 275; krit. *Habscheid*, RdA 1989, 898 ff.
[795] BAG 31.3.1993 NZA 1993, 646.
[796] Zur Aussetzung eines Kündigungsrechtsstreits wegen eines vorhergehenden Versetzungsrechtsstreits vgl. LAG Köln 30.7.2008 BeckRS 2008, 56372.
[797] BAG 18.12.2014 BeckRS 2015, 68082 Rn. 33; 20.3.2014 NZA 2014, 1415 Rn. 13; 11.7.2013 NZA 2014, 250 Rn. 37; 20.12.2012 NZA 2013, 1003 Rn. 26.
[798] BAG 26.8.1993 NZA 1994, 70, 71; APS/*Hesse*, § 4 KSchG Rn. 146; ErfK/*Kiel*, § 4 KSchG Rn. 23.
[799] BAG 20.12.2012 NZA 2013, 1003 Rn. 26; vgl. auch BAG 20.3.2014 NZA 2014, 1415 Rn. 13; 11.7.2013 NZA 2014, 250 Rn. 37.
[800] BAG 8.11.2007 AP BGB § 626 Nr. 209; 18.5.2006 AP BAT § 55 Nr. 5; 12.2.2004 AP KSchG 1969 § 1 Nr. 75.
[801] Allg. zur Rechtskraftwirkung eines Urteils vgl. BAG 20.2.2014 NZA 2015, 124 Rn. 35.
[802] BAG 26.11.2009 NZA 2010, 628 Rn. 19; 26.8.1993 NZA 1994, 70, 71; vgl. auch BAG 20.12.2012 NZA 2013, 1003 Rn. 27, 28.

Diese Präklusionswirkung tritt wegen fehlender materieller Prüfung der Kündigungsgründe dann nicht ein, wenn im Vorprozess nur aus formellen Gesichtspunkten die Wirksamkeit der Kündigung verneint worden ist.[803] Das Fehlen einer materiellen Wirksamkeitsprüfung steht einer Bindungswirkung auch dann entgegen, wenn sich der Sachverhalt wesentlich geändert hat[804] – das gilt auch bei einem sog. Dauertatbestand[805] –, wenn der Arbeitgeber nunmehr nicht fristlos, sondern fristgerecht kündigen will[806] oder wenn der Arbeitgeber wegen derselben Kündigungsgründe zunächst ordentlich, dann außerordentlich mit Auslauffrist (→ Rn. 768–780) gekündigt hat und das Arbeitsgericht im Vorprozess die Feststellung der Unwirksamkeit der ordentlichen Kündigung allein darauf gestützt hat, dass bei dem Arbeitnehmer die ordentliche Kündigung tariflich ausgeschlossen ist (→ Rn. 261).[807] Präkludiert mit einer außerordentlichen Kündigung, die sich auf denselben Lebenssachverhalt wie eine zuvor ausgesprochene außerordentliche Kündigung stützt, ist der Arbeitgeber auch dann nicht, wenn das Arbeitsgericht gegenüber einem tariflich unkündbaren Arbeitnehmer die erklärte außerordentliche fristlose Kündigung rechtskräftig mit der Begründung für unwirksam erklärt, dem Arbeitgeber sei die Einhaltung einer der (fiktiven) ordentlichen Kündigungsfrist entsprechenden Auslauffrist zumutbar gewesen. Das gilt selbst dann, wenn bereits zuvor die Möglichkeit einer entsprechenden Umdeutung nach § 140 BGB bestanden hätte, das Gericht sie aber unterlassen hat.[808] Hat der Arbeitnehmer im Rechtsstreit gegen eine **Verdachtskündigung** (näher → Rn. 703 ff.) ein obsiegendes Urteil erzielt, **hindert** die **Rechtskraft** dieses Urteils den Arbeitgeber **nicht,** später nach Abschluss des Strafverfahrens erneut, nunmehr wegen **nachgewiesener Tatbeteiligung,** zu **kündigen,** selbst wenn das Strafverfahren nach § 153a Abs. 2 StPO eingestellt worden ist.[809] Die Gründe für die beiden Kündigungen sind **nicht identisch.** Deshalb tritt die mit der Rechtskraft verbundene Präklusionswirkung nicht ein.

2046a

Das **positive** allgemeine **Feststellungsurteil** nach § 256 Abs. 1 ZPO stellt fest, dass **im Zeitpunkt** der **letzten mündlichen Verhandlung** ein **Arbeitsverhältnis** zwischen den Parteien **bestanden** hat. Der Arbeitgeber ist mit allen Einwendungen präkludiert, die eine Beendigung des Arbeitsverhältnisses vor diesem Zeitpunkt herbeigeführt haben.[810]

2047

---

[803] Grundlegend BAG 26.8.1993 NZA 1994, 70; ebenso BAG 20.3.2014 NZA 2014, 1415 Rn. 13; 20.12.2012 NZA 2013, 1003 Rn. 26; 26.11.2009 NZA 2010, 628 Rn. 19; KR/*Fischermeier*, § 626 BGB Rn. 403; KR/*Friedrich*, § 4 KSchG Rn. 273; HHL/*Linck*, § 4 KSchG Rn. 141; Staudinger/*Preis*, § 626 BGB Rn. 318. Dazu ausführlich *Ascheid*, FS Stahlhacke, 1995, S. 1 ff.
[804] BAG 18.12.2014 BeckRS 2015, 68082 Rn. 33; 20.3.2014 NZA 2014, 1415 Rn. 13; 11.7.2013 NZA 2014, 250 Rn. 37; 20.12.2012 NZA 2013, 1003 Rn. 26.
[805] BAG 20.3.2014 NZA 2014, 1415 Rn. 13; 20.12.2012 NZA 2013, 1003 Rn. 26; 6.9.2012 NZA-RR 2013, 441 Rn. 13.
[806] BAG 26.11.2009 NZA 2010, 628 Rn. 19.
[807] BAG 5.2.1998 NZA 1998, 771, 772.
[808] BAG 26.11.2009 NZA 2010, 628 Rn. 20.
[809] BAG 12.12.1984 NZA 1985, 623, 624; vgl. auch BAG 26.8.1993 NZA 1994, 70, 73.
[810] BAG 13.3.1997 NZA 1997, 844; 27.1.1994 NZA 1994, 812; 31.5.1979 AP § ZPO 256 Nr. 50 mit Anm. *Leipold*; KR/*Friedrich*, § 4 KSchG Rn. 266, 266a; *Schwab*, NZA 1998, 342, 345; *Stahlhacke*, FS Wlotzke, 1996, S. 173, 187 f.

XII. Neues Arbeitsverhältnis des Arbeitnehmers. Auflösung des alten Arbeitsverhältnisses

1. Allgemeines

2048   Besteht nach der Entscheidung des Arbeitsgerichts das Arbeitsverhältnis fort, ist jedoch der Arbeitnehmer inzwischen ein neues Arbeitsverhältnis eingegangen, kann er gem. § 12 S. 1 KSchG binnen **einer Woche nach Rechtskraft** des Urteils durch **Erklärung** gegenüber dem alten Arbeitgeber die **Fortsetzung** des **Arbeitsverhältnisses** bei diesem **verweigern** (dazu → Rn. 23, 24). Mit dieser Regelung löst der Gesetzgeber eine Interessen- und Pflichtkollision auf, die für den Arbeitnehmer dann entsteht, wenn er in Unkenntnis des Ausgangs des Kündigungsschutzprozesses zur Wahrung seiner Interessen nach § 11 S. 1 Nr. 2 KSchG (→ Rn. 1876) ein neues Arbeitsverhältnis eingegangen ist und er nunmehr nach Obsiegen im Kündigungsschutzprozess wegen des damit verbundenen Fortbestands seines bisherigen Arbeitsverhältnisses weiterarbeiten muss. Zur Lösung dieses Konfliktes räumt § 12 S. 1 KSchG dem Arbeitnehmer ein Wahlrecht ein. Davon unberührt kann der Arbeitnehmer nach Obsiegen im Kündigungsschutzprozess sein Arbeitsverhältnis ordentlich kündigen (→ Rn. 24).

2. Voraussetzungen des Wahlrechts

a) Gerichtliches Urteil

2049   Aus § 13 Abs. 2 KSchG, der speziell bei einem Verstoß der Kündigung gegen die guten Sitten § 12 KSchG für entsprechend anwendbar erklärt, und aus § 13 Abs. 3 KSchG, der von der Nichtanwendbarkeit des 1. Abschnittes des KSchG nicht den § 12 KSchG ausnimmt, folgt, dass diese Vorschrift keine Anwendung findet, wenn die **ordentliche Kündigung** des Arbeitgebers nach dem rechtskräftigen Urteil im Kündigungsschutzprozess iSv § 12 S. 1 KSchG **ausschließlich** aus anderen Gründen als nach § 1 Abs. 1 KSchG unwirksam ist.[811] Aus § 13 Abs. 1 S. 1 KSchG, wonach – wie schon bis zum 31.12.2003 – das KSchG das Recht zur **außerordentlichen Kündigung** unberührt lässt, und aus § 13 Abs. 1 S. 2 KSchG, der nur § 4 S. 1 und §§ 5 bis 7 KSchG für eine derartige Kündigung für anwendbar erklärt, folgt, dass auf § 12 KSchG nicht zurückgegriffen werden kann, wenn im Kündigungsschutzprozess rechtskräftig die Unwirksamkeit der außerordentlichen Kündigung **ausschließlich** aus einem anderen Grund als dem Fehlen eines wichtigen Grundes iSv § 626 Abs. 1 BGB festgestellt worden ist.[812] Dem Arbeitnehmer, der sich danach nicht auf § 12 S. 1 KSchG berufen kann, bleibt nur die ordentliche Kündigung gegenüber seinem bisherigen Arbeitgeber.[813]

---

[811] Vgl. ausf. Moll/*Boewer*, MAH Arbeitsrecht, § 48 Rn. 408–412; vgl. auch BB/*Dörner*, § 12 KSchG Rn. 5; HaKo/*Nägele-Berkner*, § 12 KSchG Rn. 10; HWK/*Thies*, § 12 KSchG Rn. 2; a.A. ErfK/*Kiel*, § 12 KSchG Rn. 3; KR/*Rost*, § 12 KSchG Rn. 35; a.A. auch früher ohne Begründung BAG 19.7.1978 AP BGB § 242 Auskunftspflicht Nr. 16; dem BAG i. Erg. zust. KR/*Friedrich*, § 13 KSchG Rn. 428, 429.
[812] Vgl. näher Moll/*Boewer*, MAH Arbeitsrecht, § 48 Rn. 408–412.
[813] Moll/*Boewer*, MAH Arbeitsrecht, § 48 Rn. 413.

b) Neues Arbeitsverhältnis

Das neue Arbeitsverhältnis muss gem. § 12 S. 1 KSchG **nach** Zugang der Kündigung, aber noch **vor Rechtskraft** des der Kündigungsschutzklage des Arbeitnehmers stattgebenden Urteils („inzwischen") rechtswirksam[814] begründet worden sein.[815] Es muss auch noch im Zeitpunkt des Eintritts der Rechtskraft andauern.[816] Unerheblich ist, wann der Arbeitnehmer seine Arbeit bei dem neuen Arbeitgeber aufnehmen soll.[817]

Bei dem neuen Arbeitsverhältnis, dessen Ausgestaltung keine Rolle spielt, muss es sich grundsätzlich um ein Arbeitsverhältnis im arbeitsrechtlichen Sinn handeln, also nicht um ein Rechtsverhältnis, dem eine selbständige Gewerbe- oder Berufstätigkeit zugrunde liegt.[818] § 12 S. 1 KSchG ist auch **nicht analog** anwendbar, wenn der Arbeitnehmer eine **selbständige Tätigkeit** aufnimmt.[819] Allerdings findet wegen der Gleichheit der Interessenlage § 12 KSchG entsprechende Anwendung, wenn der Arbeitnehmer vor der Feststellung des Fortbestandes seines Arbeitsverhältnisses ein Dienstverhältnis als Organmitglied einer juristischen Person oder ein Berufsausbildungsverhältnis eingegangen ist.[820]

3. Die Nichtfortsetzungserklärung

Nach § 12 S. 1 KSchG muss der Arbeitnehmer die **Nichtfortsetzungserklärung**, mit deren Zugang das alte Arbeitsverhältnis erlischt (§ 12 S. 3 KSchG), **spätestens** binnen **einer Woche** nach der Rechtskraft des seiner Kündigungsschutzklage stattgebenden Urteils seinem bisherigen Arbeitgeber gegenüber abgeben (näher → Rn. 23 und 24). Eine Form ist in § 12 KSchG selbst nicht vorgesehen. Sie ergibt sich aber im Hinblick auf die in § 12 S. 3 KSchG normierte kündigungsrechtliche Wirkung der Lossagungserklärung aus § 623 1. Hs. BGB (näher → Rn. 23). Die Einwochenfrist wird auch durch eine vor ihrem Ablauf zur Post gegebene schriftliche Erklärung gewahrt (§ 12 S. 2 KSchG).

4. Fortsetzung des bisherigen Arbeitsverhältnisses

Macht der Arbeitnehmer von seinem Recht nach § 12 S. 1 KSchG keinen Gebrauch, entschließt er sich also, das alte Arbeitsverhältnis fortzusetzen,[821] muss er sich

---

[814] Moll/*Boewer*, MAH Arbeitsrecht, § 48 Rn. 416; KR/*Rost*, § 12 KSchG Rn. 10.
[815] APS/*Biebl*, § 12 KSchG Rn. 6; KDZ/*Deinert*, § 12 KSchG Rn. 7; HaKo/*Nägele-Berkner*, § 12 KSchG Rn. 11; ErfK/*Kiel*, § 12 KSchG Rn. 4; LSW/*Spinner*, § 12 KSchG Rn. 1, 2, 5; KR/*Rost*, § 12 KSchG Rn. 9, 10.
[816] APS/*Biebl*, § 12 KSchG Rn. 6; HaKo/*Nägele-Berkner*, § 12 KSchG Rn. 15; ErfK/*Kiel*, § 12 KSchG Rn. 4; KR/*Rost*, § 12 KSchG Rn. 11.
[817] *Bauer*, BB 1993, 2444; Moll/*Boewer*, MAH Arbeitsrecht, § 48 Rn. 416; APS/*Biebl*, § 12 KSchG Rn. 7; HaKo/*Nägele-Berkner*, § 12 KSchG Rn. 12; ErfK/*Kiel*, § 12 KSchG Rn. 4; LSW/*Spinner*, § 12 KSchG Rn. 5; KR/*Rost*, § 12 KSchG Rn. 10.
[818] BAG 25.10.2007 AP KSchG 1969 § 12 Nr. 3; APS/*Biebl*, § 12 KSchG Rn. 5; HHL/*Linck*, § 12 KSchG Rn. 2; ErfK/*Kiel*, § 12 KSchG Rn. 4; LSW/*Spinner*, § 12 KSchG Rn. 5; a. A. KDZ/*Deinert*, § 12 KSchG Rn. 6; KR/*Rost*, § 12 KSchG Rn. 8a.
[819] BAG 25.10.2007 AP KSchG 1969 § 12 Nr. 3; a. A. HK-KSchG/*Dorndorf*, § 12 Rn. 8; KR/*Rost*, § 12 KSchG Rn. 8a; *Schier*, BB 2006, 2578, 2579.
[820] Vgl. APS/*Biebl*, § 12 KSchG Rn. 5; KDZ/*Deinert*, § 12 KSchG Rn. 6; HHL/*Linck*, § 12 KSchG Rn. 2; ErfK/*Kiel*, § 12 KSchG Rn. 4; LSW/*Spinner*, § 12 KSchG Rn. 5; KR/*Rost*, § 12 KSchG Rn. 8a; a. A. Moll/*Boewer*, MAH Arbeitsrecht, § 48 Rn. 419.
[821] Vgl. hierzu auch BAG 23.5.2013 NZA 2013, 1197 Rn. 40; 16.5.2012 NZA 2012, 971 Rn. 18; LAG Sachsen-Anhalt 15.8.2012 – 4 Sa 481/10 – juris Rn. 61.

aus dem neu eingegangenen Arbeitsverhältnis unter Beachtung der gesetzlichen und tariflichen Bestimmungen sowie der arbeitsrechtlichen Vereinbarungen lösen. Ein Recht zur außerordentlichen Kündigung des neuen Arbeitsverhältnisses nach § 626 Abs. 1 BGB besteht nicht, sofern sich der Arbeitnehmer bei Vertragsschluss nicht für den Fall seines Obsiegens im Kündigungsschutzprozess die sofortige Auflösung des Arbeitsverhältnisses vorbehalten hat,[822] bzw. der neue Arbeitgeber nicht nachträglich in die vorzeitige Beendigung des mit ihm bestehenden Arbeitsverhältnisses einwilligt.[823] Das neue Arbeitsverhältnis ist somit im Regelfall vom Arbeitnehmer unter Einhaltung der ordentlichen Frist zu kündigen.

2054 Der alte Arbeitgeber kann aus der Einhaltung der Kündigungsfrist durch den Arbeitnehmer gegenüber dem neuen Arbeitgeber keinerlei Rechte herleiten, insbesondere kann er das Arbeitsverhältnis nicht wegen Vertragsverletzung – Nichtantritt der Arbeit – kündigen (auch → Rn. 23).[824] Der Arbeitnehmer ist nach § 615 S. 2 BGB bzw. § 11 Nr. 2 KSchG (→ Rn. 1876) verpflichtet, ein mögliches neues Arbeitsverhältnis einzugehen. Die Wiederaufnahme der Tätigkeit bei dem bisherigen Arbeitgeber ist für den Arbeitnehmer für die Dauer der Kündigungsfrist unmöglich, da er in dem neuen Arbeitsverhältnis zur Arbeitsleistung verpflichtet ist. Diese Unmöglichkeit ist vom Arbeitnehmer nicht zu vertreten, da ihn nach § 615 S. 2 BGB bzw. § 11 Nr. 2 KSchG die Pflicht trifft, ein neues Arbeitsverhältnis einzugehen. Zur Kündigung des neuen Arbeitsverhältnisses ist der Arbeitnehmer erst nach Eintritt der Rechtskraft des Urteils im Kündigungsschutzprozess – ab diesem Zeitpunkt, spätestens nach Verstreichenlassen der Wochenfrist des § 12 S. 1 KSchG (näher → Rn. 23, 24), ist er zur Fortsetzung des alten Arbeitsverhältnisses verpflichtet,[825] nicht etwa schon mit der Verkündung der Entscheidung. Erst mit der Rechtskraft des Urteils steht fest, dass das alte Arbeitsverhältnis fortbesteht. Erst dann ist es dem Arbeitnehmer zuzumuten, sein neues Arbeitsverhältnis aufzugeben.[826]

2055 Hat der Arbeitnehmer in dem neuen Arbeitsverhältnis erheblich verlängerte Kündigungsfristen vereinbart bzw. ist er ein unkündbares befristetes Arbeitsverhältnis eingegangen, kann ein Kündigungsrecht des alten Arbeitgebers in Betracht kommen.[827]

5. Vergütungsfragen

2056 Hat der Arbeitnehmer von seinem **Verweigerungsrecht** gem. § 12 S. 1 KSchG **Gebrauch gemacht,** ist ihm nach § 12 S. 4 KSchG entgangener Verdienst nur für die Zeit zwischen der Entlassung und dem Tag des Eintritts in das neue Arbeitsverhältnis zu gewähren, wobei die in § 11 KSchG aufgeführten Kürzungsvorschriften gem. § 12 S. 5 KSchG entsprechende Anwendung finden. Der Arbeitnehmer, der sein Verweigerungsrecht ausübt, **verliert vollständig** den **Anspruch** auf Verzugslohn nach §§ 611 Abs. 1, 615 S. 1 BGB **gegen** den **alten Arbeitgeber** (→ Rn. 1868 ff.)

---

[822] HHL/*Linck,* § 12 KSchG Rn. 4; KDZ/*Deinert,* § 12 KSchG Rn. 16; vgl. auch LAG Sachsen-Anhalt 15.8.2012 – 4 Sa 481/10 – juris Rn. 61.
[823] ErfK/*Kiel,* § 12 KSchG Rn. 8; APS/*Biebl,* § 12 KSchG Rn. 9; KR/*Rost,* § 12 KSchG Rn. 16; KDZ/*Deinert,* § 12 KSchG Rn. 16.
[824] LAG Köln 23.11.1994 NZA 1995, 992, 993; vgl. auch BAG 23.5.2013 NZA 2013, 1197 Rn. 39; 16.10.1991 BeckRS 1991, 30738913; *Ricken,* NZA 2005, 323, 324.
[825] Vgl. BAG 23.5.2013 NZA 2013, 1197 Rn. 40 mwN.
[826] LAG Hessen 21.2.1994 LAGE KSchG § 4 Nr. 24.
[827] APS/*Biebl,* § 12 KSchG Rn. 11; HK-KSchG/*Dorndorf,* § 12 Rn. 17; KDZ/*Deinert,* § 12 KSchG Rn. 16; ErfK/*Kiel,* § 12 KSchG Rn. 8; KR/*Rost,* § 12 KSchG Rn. 18.

ab Aufnahme der **neuen Beschäftigung,** selbst dann, wenn der Verdienst aus dem alten Arbeitsverhältnis höher ist.[828] Für die Zeit vom Antritt des neuen Arbeitsverhältnisses bis zum rechtlichen Erlöschen des alten Arbeitsverhältnisses (§ 12 S. 3 KSchG), schneidet der Gesetzgeber durch die Regelung in § 12 S. 4 KSchG den dem Arbeitnehmer an sich gegen den bisherigen Arbeitgeber gem. §§ 611 Abs. 1, 615 S. 1 BGB zustehenden Annahmeverzugslohn (näher → Rn. 1868 ff.), allerdings nach § 11 Nr. 1 KSchG gemindert um den in diesem Zeitraum im neuen Arbeitsverhältnis erzielten Verdienst, aus Vereinfachungsgründen ab.[829]

Macht der Arbeitnehmer von der **Nichtfortsetzungserklärung** gem. § 12 S. 1 KSchG **keinen Gebrauch,** hat er, solange das alte Arbeitsverhältnis fortbesteht, gegen den bisherigen Arbeitgeber grundsätzlich einen Anspruch aus §§ 611 S. 1, 615 Abs. 1 BGB.[830] Dieser kann dem Arbeitnehmer die Aufgabe des zwischenzeitlich neu begründeten Arbeitsverhältnisses nicht nach § 11 Nr. 2 KSchG als böswilliges Unterlassen von Zwischenverdienst anlasten.[831] Dabei ist allerdings § 11 Nr. 1 KSchG bezüglich des im neuen Arbeitsverhältnis erzielten Verdienstes zu beachten[832] (→ Rn. 2056). Infolge analoger Anwendung dieser Norm[833] muss sich der Arbeitnehmer, wenn er nach Feststellung der Unwirksamkeit der Kündigung des alten Arbeitgebers das Arbeitsverhältnis bei diesem fortsetzt, den vom neuen Arbeitgeber gewährten Erholungsurlaub (vgl. § 1 BUrlG) auf den im gekündigten Arbeitsverhältnis entstandenen Urlaub anrechnen lassen.[834]

2057

§ 2 Verhältnis des Kündigungsschutzgesetzes zu sonstigen Kündigungen

Das Kündigungsschutzgesetz erstreckt sich, was die materiell-rechtliche Wirksamkeit einer Kündigung betrifft, vorrangig auf die ordentliche Kündigung, die nach § 1 Abs. 1 KSchG, § 1 Abs. 2 und 3 KSchG sozial ungerechtfertigt und damit gem. § 1 Abs. 1 rechtsunwirksam ist. § 13 KSchG befasst sich auch nach seiner am 1.1.2004 in Kraft getretenen Neufassung durch Art. 1 Nr. 6 des „Gesetz zu Reformen am Arbeitsmarkt" vom 24.12.2003 (BGBl. I S. 3002) mit Kündigungen, die aus anderen Gründen unwirksam sind. Diese Kündigungen werden in drei Gruppen erfasst:
– **Außerordentliche Kündigungen,**
– **Sittenwidrige Kündigungen,**
– **Kündigungen,** die **aus anderen als den in § 1 Abs. 2 und 3 KSchG genannten Gründen** rechtsunwirksam sind.

2058

Die Neuregelung des § 13 KSchG zum 1.1.2004 trägt zugleich dem Umstand Rechnung, dass sich der Gesetzgeber nunmehr durch § 4 S. 1 KSchG in der seitdem

2059

---
[828] BAG 16.10.1991 BeckRS 1991, 30738913; BSG 18.12.2003 SozR 4–4100 § 141b AFG Nr. 1 = ZfS 2004, 85; Moll/*Boewer*, MAH Arbeitsrecht, § 48 Rn. 430; HaKo/*Nägele-Berkner*, § 12 KSchG Rn. 21; ErfK/*Kiel*, § 12 KSchG Rn. 9; KDZ/*Deinert*, § 12 KSchG Rn. 20; KR/*Rost*, § 12 KSchG Rn. 30.
[829] BAG 19.7.1978 AP BGB § 242 Auskunftspflicht Nr. 16 mit Anm. *Herschel*; 6.11.1986 BeckRS 1986, 30719121.
[830] ErfK/*Kiel*, § 12 KSchG Rn. 12; APS/*Biebl*, § 12 KSchG Rn. 22; Moll/*Boewer*, MAH Arbeitsrecht, § 48 Rn. 429; HaKo/*Nägele-Berkner*, § 12 KSchG Rn. 32; *Ricken*, NZA 2005, 323, 324 f.; KR/*Rost*, § 12 KSchG Rn. 20.
[831] LAG Köln 27.4.2005 LAGE BGB 2002 § 615 Nr. 3.
[832] Vgl. hierzu näher BAG 24.9.2014 NZA 2015, 35 Rn. 23; 16.5.2012 NZA 2012, 971 Rn. 29.
[833] Zu Sinn und Zweck von § 11 Nr. 1 KSchG vgl. BAG 21.2.2012 NZA 2012, 793 Rn. 22.
[834] Vgl. näher BAG 21.2.2012 NZA 2012, 793 Rn. 17 ff.

geltenden Fassung dafür entschieden hat, die Geltendmachung der Unwirksamkeit einer schriftlichen Kündigung in allen Fällen an eine Klagefrist zu binden. Soweit § 4 S. 1 KSchG im Falle einer mündlich ausgesprochenen Kündigung keine Anwendung findet (→ Rn. 1819), ist jedoch zu prüfen, ob das Klagerecht nach § 242 BGB verwirkt ist (näher → Rn. 2086).

I. Die außerordentliche Kündigung

2060 Nach § 13 Abs. 1 S. 1 KSchG, der seit dem 1.1.2004 unverändert weiter gilt, werden die Vorschriften über das Recht zur außerordentlichen Kündigung eines Arbeitsverhältnisses durch das KSchG nicht berührt.

2061 Will der gekündigte Arbeitnehmer geltend machen, dass die **schriftliche** außerordentliche Kündigung des Arbeitgebers **unwirksam** ist, muss er seit dem 1.1.2004 **auch dann, wenn** die **Voraussetzungen** des **KSchG** (dazu Einzelheiten → Rn. 835 ff.) **nicht vorliegen** (dazu näher → Rn. 2063), gem. § 13 Abs. 1 S. 2 KSchG idF seit 1.1.2004 **Kündigungsschutzklage innerhalb** der **Dreiwochenfrist** des § 4 S. 1 KSchG beim Arbeitsgericht **erheben.**[1] Die Klagefrist des § 4 S. 1 KSchG n. F. betrifft mit Ausnahme von § 623 1. Hs. BGB iVm § 125 S. 1 BGB nach der zum 1.1.2004 erfolgten Neufassung des § 13 Abs. 3 KSchG alle Unwirksamkeitsgründe (auch → Rn. 2063), nicht nur das Fehlen eines wichtigen Grundes nach § 626 Abs. 1 BGB einschließlich der Nichteinhaltung der Zweiwochenfrist gem. § 626 Abs. 2 S. 1 BGB.[2] Die nachträg liche Zulassung einer verspäteten Klage kann gem. § 13 Abs. 1 S. 2 KSchG nach Maßgabe des § 5 KSchG erfolgen (Einzelheiten → Rn. 1948 ff.).

2062 Findet § 4 S. 1 KSchG iVm § 13 Abs. 1 S. 2 KSchG bei einer **mündlichen** außerordentlichen Kündigung keine Anwendung, ist die allgemeine Feststellungsklage nach § 256 Abs. 1 ZPO iVm § 495 ZPO, § 46 Abs. 2 S. 1 ArbGG zulässig. Der Arbeitnehmer ist also nicht allein auf die Klage aus §§ 611 Abs. 1, 615 S. 1 BGB angewiesen. Die Frage der außerordentlichen Kündigung ist nicht nur eine wirtschaftliche Frage, sondern stets auch eine der Ehre des Arbeitnehmers. Damit ist das Interesse an der alsbaldigen Feststellung der Unwirksamkeit der mündlichen außerordentlichen Kündigung zu bejahen.[3]

1. Geltungsbereich des § 13 Abs. 1 KSchG

2063, 2064 Seit dem 1.1.2004 ist die **Klagefrist** des § 4 S. 1 KSchG nach § 13 Abs. 1 S. 2 KSchG nicht nur dann **einzuhalten,** wenn der Arbeitnehmer geltend machen will, dass ein die schriftliche außerordentliche Kündigung rechtfertigender Grund nach **§ 626 Abs. 1 BGB** nicht vorliegt, sondern auch dann, wenn er sich auf **andere Unwirksamkeitsgründe** berufen will.[4] Dabei kommt es, anders als noch bis zum

---

[1] BAG 28.6.2007 NZA 2007 973 Rn. 11–13; vgl. auch BAG 26.9.2013 NZA 2014, 443 Rn. 26; 26.3.2009 NZA 2009, 1146 Rn. 17; 28.6.2007 NZA 2007, 972 Rn. 12.
[2] APS/*Biebl,* § 13 KSchG Rn. 18; HaKo/*Gieseler,* § 13 KSchG Rn. 17; KR/*Friedrich,* § 13 KSchG Rn. 62; ErfK/*Kiel,* § 13 KSchG Rn. 7.
[3] So zu § 13 Abs. 3 KSchG a. F. BAG 4.8.1960 AP ZPO § 256 Nr. 34; bestätigt durch BAG 20.3.1986 NZA 1986, 714; BAG 28.2.1974 AP BetrVG 1972 § 102 Nr. 2 für die Feststellungsklage wegen Verstoßes gegen § 102 Abs. 1 S. 1 u. 2 BetrVG u. BAG 19.8.1982 AP MuSchG 1968 § 9 Nr. 10 wegen Verletzung des § 9 Abs. 1 S. 1 MuSchG.
[4] Zur Rechtslage bis zum 31.12.2003 vgl. 8. Aufl. Rn. 1934.

§ 2 KSchG zu sonstigen Kündigungen

31.12.2003,[5] nicht mehr darauf an, ob das KSchG auf das gekündigte Arbeitsverhältnis Anwendung findet. Für sog. Kleinbetriebe folgt dies aus der Verweisung in § 23 Abs. 1 S. 2 KSchG auf § 4 S. 1 KSchG.[6] Für Arbeitnehmer, die die **Wartezeit** des § 1 Abs. 1 KSchG **noch nicht erfüllt** haben und für die bis zum 31.12.2003 nach h. M. § 4 S. 1 KSchG a. F. nicht anwendbar war,[7] **fehlt,** wie bei der ordentlichen Kündigung (→ Rn. 1820), eine **ausdrückliche Klarstellung** des Gesetzgebers, dass **§ 4 S. 1 KSchG** idF seit 1.1.2004 auch auf die außerordentliche Kündigung innerhalb der ersten sechs Monate des Arbeitsverhältnisses **gilt.** Dennoch wird man **hiervon ausgehen** müssen. Es ist nämlich kein sachlicher Grund unter Berücksichtigung der Neuregelung des § 4 S. 1 KSchG (→ Rn. 1810 ff.) erkennbar, Arbeitnehmer nur deshalb besser zu stellen, weil sie noch keinen Kündigungsschutz nach § 1 Abs. 1 KSchG genießen.[8]

Die dreiwöchige **Klagefrist** des § 4 S. 1 KSchG iVm § 13 Abs. 1 S. 2 KSchG findet **keine Anwendung** bei einer außerordentlichen Kündigung von Organmitgliedern nach § 14 Abs. 1 KSchG, zB Geschäftsführer einer GmbH (aber → Rn. 1817a), wohl aber auf die leitenden Angestellten nach § 14 Abs. 2 S. 1 KSchG, die in den Kündigungsschutz einbezogen worden sind (→ Rn. 841). **2065**

Die Klagefrist des § 4 S. 1 KSchG n. F. gilt auch für die **außerordentliche Kündigung in** einem **befristeten Arbeitsverhältnis,**[9] wobei es aber seit dem 1.1.2004 nicht mehr darauf ankommt, ob das Arbeitsverhältnis länger als sechs Monate gedauert hat (§ 1 Abs. 1 KSchG) bzw. im Beschäftigungsbetrieb die in § 23 Abs. 1 S. 2 und 3 KSchG genannten Arbeitnehmerzahl vorhanden ist (dazu → Rn. 2063).[10] Zur Klagefrist im Berufsausbildungsverhältnis → Rn. 1828, 1829. **2066**

2. Streitgegenstand; Präklusion

Streitgegenstand der Klage des Arbeitnehmers nach § 4 S. 1 KSchG idF seit 1.1.2004 iVm § 13 Abs. 1 S. 2 KSchG n. F. mit dem Antrag, festzustellen dass durch die ausgesprochene außerordentliche Kündigung das Arbeitsverhältnis nicht aufgelöst ist, ist die Frage, ob das Arbeitsverhältnis durch die konkret bezeichnete Kündigung aufgelöst worden ist.[11] Dies entsprach schon der Rechtslage zu einem entsprechenden Klageantrag nach § 4 S. 1 KSchG a. F. iVm § 13 Abs. 1 S. 2 KSchG a. F.[12] Wie schon zu § 4 S. 1 KSchG a. F. bezüglich einer ordentlichen Kündigung (→ Rn. 2019, 2019a) vertrat das BAG auch zu §§ 4 S. 1, 13 Abs. 1 S. 2 KSchG a. F. die Ansicht, mit einem für den Arbeitnehmer rechtskräftigen positiven Urteil sei auch festgestellt, dass im Zeitpunkt des Zugangs der außerordentlichen Kündigung ein Arbeitsverhältnis bestanden habe.[13] Damit wurde **2067**

---

[5] Vgl. 8. Aufl. Rn. 1932.
[6] APS/*Biebl*, § 13 KSchG Rn. 11; KDZ/*Däubler*, § 13 KSchG Rn. 3; HaKo/*Gieseler*, § 13 KSchG Rn. 11; KR/*Friedrich*, § 13 KSchG Rn. 37; ErfK/*Kiel*, § 13 KSchG Rn. 2; LSW/*Löwisch*, § 13 KSchG Rn. 7; Raab, RdA 2004, 321, 332.
[7] Vgl. 8. Aufl. Rn. 1937 mit Nachw. in Fn. 6.
[8] BAG 28.6.2007 NZA 2007, 972 Rn. 13; APS/*Biebl*, § 13 KSchG Rn. 13; i. Erg. ebenso KDZ/ *Däubler*, § 13 KSchG Rn. 3; HaKo/*Gieseler*, § 13 KSchG Rn. 12; KR/*Friedrich*, § 13 KSchG Rn. 37; ErfK/*Kiel*, § 13 KSchG Rn. 2; LSW/*Löwisch*, § 13 KSchG Rn. 4.
[9] APS/*Biebl*, § 13 KSchG Rn. 14, 15; KDZ/*Däubler*, § 13 KSchG Rn. 6; KR/*Friedrich*, § 13 KSchG Rn. 42.
[10] So noch früher BAG 8.6.1972 AP KSchG 1969 § 13 Nr. 1 mit Anm. *Schleßmann;* 18.9.1975 AP ArbGG 1953 § 111 Nr. 2 mit Anm. *Natzel*.
[11] BAG 27.4.2006 NZA 2007, 229 Rn. 16; vgl. auch BAG 7.5.2008 NZA 2008, 1145 Rn. 12.
[12] Vgl. zB BAG 10.11.2005 NZA 2006, 491 Rn. 30.
[13] Vgl. zB BAG 10.11.2005 NZA 2006, 491 Rn. 30.

die punktuelle Streitgegenstandstheorie verlassen, obwohl das BAG verbal an ihr festhielt (Einzelheiten dazu in Rn. 2019 und 2043). An dieser Rechtsprechung hat das BAG zur Klage nach § 4 S. 1 KSchG n. F. iVm § 13 Abs. 1 S. 2 KSchG n. F. festgehalten.[14]

2068   Wird die Klage des Arbeitnehmers nach § 4 S. 1 KSchG – a. F. und n. F. – iVm § 13 Abs. 1 S. 2 KSchG, mit der er die Unwirksamkeit einer bestimmten außerordentlichen Kündigung geltend macht, abgewiesen, steht, sofern Rechtskraft eintritt, fest, dass das Arbeitsverhältnis aufgelöst worden ist. Der Arbeitnehmer kann später nicht unter Hinweis auf andere im Prozess nicht erhobene Gründe für die Unwirksamkeit der Kündigung erneut Klage erheben oder sofort Klage auf Fortzahlung des Lohnes nach §§ 611 Abs. 1, 615 S. 1 BGB einreichen. Wie im Rahmen einer Klage gegen eine ordentliche Kündigung nach § 4 S. 1 KSchG (dazu → Rn. 2020), ist der Arbeitnehmer seit dem 1.1.2004 auch im Prozess gegen eine außerordentliche Kündigung gem. § 4 S. 1 KSchG iVm § 13 Abs. 1 S. 2 KSchG gehalten, **alle Gründe** für die Unwirksamkeit der Kündigung geltend zu machen.[15] Zu weiteren prozessualen Fragen vgl. die Ausführungen zu § 4 S. 1 KSchG → Rn. 2023.

3. Probleme der Umdeutung der außerordentlichen Kündigung im Kündigungsschutzprozess

2069   Die nach § 140 BGB zu beurteilende Umdeutung der außerordentlichen Kündigung in eine ordentliche Kündigung wirft eine Reihe von prozessualen Fragen auf. Es ist → Rn. 404 ff. hervorgehoben worden, dass entscheidend auf den Sachvortrag des Kündigenden abzustellen ist. Ergibt sich aus ihm sein hypothetischer Wille, das Arbeitsverhältnis auch dann aufzulösen, wenn die außerordentliche Kündigung rechtsunwirksam ist, und war dies für den Kündigungsempfänger erkennbar, hat das Gericht nach § 140 BGB, weil dann dessen Voraussetzungen vorliegen, die Umdeutung vorzunehmen und darüber im Urteil zu entscheiden. **Eines Antrags des Kündigenden** bedarf es dazu nicht, der Kündigende braucht sich auch nicht etwa **ausdrücklich** auf die Umdeutung **zu berufen**. Bei ausreichendem Sachvortrag (→ Rn. 407) hat das Gericht zu prüfen und zu entscheiden, ob die Voraussetzungen des § 140 BGB gegeben sind, also auch eine ordentliche Kündigung vorliegt. Die Entscheidungsgründe haben darüber Auskunft zu geben. Die zugelassene oder abgelehnte Umdeutung selbst braucht im Tenor des Urteils nicht erwähnt zu werden. Die zugelassene Umdeutung findet ihren Niederschlag im Tenor, weil das Gericht dann ja auch über die Wirksamkeit der ordentlichen Kündigung zu befinden hat. Das hat im Rahmen eines normalen Kündigungsschutzprozesses zu geschehen. In ihm können auch von beiden Parteien Auflösungsanträge gestellt werden (→ Rn. 2074).

2070   Voraussetzung ist aber, das wird in der Praxis oft nicht ausreichend beachtet, dass der Kläger sich gegen die durch Umdeutung gewonnene ordentliche Kündigung wehren will. Denn der **Kläger** ist es, der den **Streitgegenstand** des Kündigungsschutzprozesses **bestimmt**. Dieser unterliegt seiner Disposition. Es liegt in der Hand des Klägers, ob er nur die außerordentliche Kündigung bekämpfen will oder **gleichzeitig auch** die nach dem Sachvortrag des Kündigenden darin erkennbar liegende ordentliche

---

[14] ZB BAG 26.6.2008 NZA 2008, 1145 Rn. 12; 27.4.2006 NZA 2007, 229 Rn. 30.
[15] APS/*Biebl*, § 13 KSchG Rn. 45; KDZ/*Däubler*, § 13 KSchG Rn. 8; KR/*Fischermeier*, § 626 BGB Rn. 392; früher schon BAG 12.6.1986 AP § 4 KSchG 1969 Nr. 17; 14.10.1954 AP KSchG 1951 § 3 Nr. 6 mit Anm. *A. Hueck*.

Kündigung.¹⁶ Das Gericht hat dies durch **Auslegung des Klageantrags** festzustellen, ggf. unter Beachtung der Aufklärungspflicht nach § 139 Abs. 1 S. 2 ZPO.¹⁷ Hat der Kläger lediglich einen Antrag gestellt, dass das Arbeitsverhältnis nicht durch die außerordentliche Kündigung aufgelöst worden ist, und ist auch sein Tatsachenvortrag allein darauf ausgerichtet, das Vorliegen eines wichtigen Grundes nach § 626 Abs. 1 BGB in Abrede zu stellen, ist nach der herrschenden punktuellen Streitgegenstandstheorie (dazu → Rn. 2015) allein die Auflösung des Arbeitsverhältnisses mit sofortiger Wirkung Gegenstand des Rechtsstreits. Die eventuell durch Umdeutung gewonnene ordentliche Kündigung gehört dann nicht zum Streitgegenstand und wird auch nicht durch die Rechtskraft des Urteils erfasst. Denn der Streitgegenstand der Kündigungsschutzklage bestimmt den Umfang der Rechtskraft und den Umfang der Präklusion (Einzelheiten → Rn. 2041 ff.).

Ist nach dem Wortlaut des vom Kläger gestellten Klageantrags bzw. aufgrund seiner **2071** Auslegung durch das Gericht davon auszugehen, dass er die **Kündigung** sowohl **als außerordentliche** wie auch **als ordentliche angreift,** muss auch über die ordentliche Kündigung entschieden werden. Ist diese wie die außerordentliche Kündigung unwirksam, stellt das Gericht im Urteil fest, dass das Arbeitsverhältnis weder durch die außerordentliche noch durch die ordentliche Kündigung aufgelöst ist.¹⁸ Ist die ordentliche Kündigung dagegen wirksam, tenoriert es: „Es wird festgestellt, dass das Arbeitsverhältnis nicht durch die außerordentliche Kündigung zum ... (Datum des Kündigungszugangs), sondern erst zum ... (Datum des Ablaufs der Kündigungsfrist) aufgelöst worden ist. Im Übrigen wird die Klage abgewiesen".¹⁹ Der gleiche Tenor, allerdings ohne Ausspruch der Klageabweisung, kommt bei unwirksamer außerordentlicher Kündigung in Betracht, wenn sich der Antrag nicht auf die durch Umdeutung gewonnene ordentliche Kündigung erstreckt.²⁰ Die ordentliche Kündigung gilt nämlich in einem solchen Falle nach den §§ 4 S. 1, 7 1. Hs. KSchG als wirksam. Dabei spielt seit dem 1.1.2004 keine Rolle, ob nach § 1 Abs. 1 KSchG bzw. § 23 Abs. 1 S. 2 oder S. 3 KSchG n. F. Kündigungsschutz für den Arbeitnehmer besteht.

Erfasst die innerhalb der Dreiwochenfrist des § 4 S. 1 KSchG iVm § 13 Abs. 1 S. 2 **2072** KSchG erhobene Kündigungsschutzklage nicht die später durch Umdeutung gewonnene ordentliche Kündigung, kann der Arbeitnehmer sie auch nicht im Rahmen der verlängerten Frist des § 6 S. 1 KSchG später angreifen. Bringt er zum Ausdruck, er wolle nur gegen die außerordentliche Kündigung vorgehen, ist § 6 S. 1 KSchG von seiner Zweckbestimmung her nicht anwendbar.²¹ Das ist anders zu beurteilen, wenn der Arbeitnehmer die Kündigung schlechthin bekämpft, d.h. erkennbar ist, er wolle sie in keiner Form hinnehmen (auch → Rn. 1933).²²

---

¹⁶ *Vollkommer,* Anm. zu BAG AP § 13 KSchG 1969 Nr. 3.
¹⁷ APS/*Biebl,* § 13 KSchG Rn. 41; HK-KSchG/*Dorndorf,* § 13 KSchG Rn. 76 ff.; KR/*Friedrich,* § 13 KSchG Rn. 91, 96.
¹⁸ APS/*Biebl,* § 13 KSchG Rn. 43; KR/*Friedrich,* § 13 KSchG Rn. 97; HK-KSchG/*Dorndorf,* § 13 Rn. 86; HHL/*v. Hoyningen-Huene,* § 13 KSchG Rn. 51; LSW/*Löwisch,* § 13 KSchG Rn. 36; vgl. auch BAG 15.11.1984 NZA 1985, 661.
¹⁹ APS/*Biebl,* § 13 KSchG Rn. 43; KR/*Friedrich,* § 13 Rn. 99; HK-KSchG/*Dorndorf,* § 13 Rn. 86; HHL/*Linck,* § 13 KSchG Rn. 51.
²⁰ APS/*Biebl,* § 13 KSchG Rn. 42; a. A. HK-KSchG/*Dorndorf,* § 13 Rn. 87.
²¹ BAG 13.8.1987 NZA 1988, 129, 130; KR/*Friedrich,* § 6 KSchG Rn. 17; APS/*Hesse,* § 6 KSchG Rn. 13; ErfK/*Kiel,* § 6 KSchG Rn. 4.
²² BAG 13.8. 1987 NZA 1988, 129, 130; KR/*Friedrich,* § 6 KSchG Rn. 17; HaKo/*Gallner,* § 6 KSchG Rn. 15; ErfK/*Kiel,* § 6 KSchG Rn. 4; LSW/*Spinner,* § 6 KSchG Rn. 3; vgl. auch früher BAG 30.11.1961 AP KSchG 1951 § 5 Nr. 3; i. Erg. ebenso APS/*Hesse,* § 6 KSchG Rn. 13 (Auslegung Klageantrag).

Vierter Abschnitt: Der Kündigungsschutzprozess

2073 Der **Arbeitgeber** kann sich noch **im Berufungsverfahren** auf die **Umdeutung** berufen. Das gilt dann, wenn er die Tatsachen bereits in erster Instanz vorgetragen hat, das Arbeitsgericht jedoch die Umdeutung gem. § 140 BGB abgelehnt oder über sie gar nicht entschieden hat, aber auch dann, wenn der Arbeitgeber den für die Umdeutung notwendigen Sachvortrag erst in zweiter Instanz anbringt, sofern die zu beachtenden Bestimmungen der Prozessordnungen dies zulassen, vgl. § 67 Abs. 2 S. 1 und Abs. 3 ArbGG (bis 31.12.2001: § 528 Abs. 2 ZPO a. F., § 67 Abs. 1 S. 1 und 3 ArbGG a. F.).[23] Der **Arbeitnehmer** kann sich in diesen Fällen abweichend von § 6 S. 1 KSchG noch im Berufungsverfahren darauf berufen, die ordentliche Kündigung sei sozialwidrig nach § 1 Abs. 1, Abs. 2 S. 1 KSchG oder – seit dem 1.1.2004 – aus sonstigen, nicht die außerordentliche Kündigung betreffenden Gründen unwirksam (→ Rn. 2076), sofern nur die Klage gegenüber der außerordentlichen Kündigung innerhalb der Dreiwochenfrist erhoben worden ist (auch → Rn. 1934).[24] In diesem Fall handelt es sich nicht um eine Klageerweiterung,[25] sondern um eine Klarstellung seines Prozesszieles.[26] Das ist vertretbar, weil sich der Kläger gegen eine bestimmte außerordentliche Kündigung wehrt und er nach der „Berufung auf die Umdeutung" seitens des Arbeitgebers die Sozialwidrigkeit oder sonstige Unwirksamkeit der ordentlichen Kündigung geltend macht.

2074 Sind Auflösungsanträge gestellt worden, ist im Falle des Auflösungsantrags durch den Arbeitnehmer wegen des Auflösungszeitpunktes zu unterscheiden, ob er einen Antrag nach § 13 Abs. 1 S. 3 KSchG oder nach § 9 Abs. 1 S. 1 KSchG gestellt hat. Die Voraussetzungen sind unterschiedlich, auch der festzusetzende Zeitpunkt für die Auflösung des Arbeitsverhältnisses (→ Rn. 2132 bzw. 2130). Stellt der Arbeitgeber den Auflösungsantrag, kann sich dieser nach § 9 Abs. 1 S. 2 KSchG nur auf die ordentliche Kündigung beziehen (dazu näher → Rn. 2124), so dass die Auflösung mit dem Zeitpunkt auszusprechen ist, zu dem die ordentliche Kündigungsfrist abläuft (§ 9 Abs. 2 KSchG).

2075 **Nach** rechtskräftigem Abschluss des **Kündigungsschutzverfahrens** kann sich der Arbeitgeber, zB in einem Zahlungsprozess, **auf die Umdeutung** der außerordent- lichen Kündigung **nicht mehr berufen** (auch → Rn. 2068). Über die Rechtswirksamkeit der Kündigung des Arbeitsverhältnisses muss im Rahmen der fristgebundenen Klage einheitlich entschieden werden. Der Arbeitgeber muss wegen der Präklusionswirkung einer rechtskräftig zu seinen Lasten entschiedenen Klage nach § 4 S. 1 KSchG iVm § 13 Abs. 1 S. 2 KSchG (dazu näher → Rn. 2068) alle Gründe, die die Wirksamkeit der schriftlichen außerordentlichen Kündigung stützen und somit die Beendigung des Arbeitsverhältnisses herbeiführen sollen, in den Prozess einbringen.[27] Das

---

[23] Vgl. BAG 15.11. 1984 NZA 1985, 661; 13.8. 1974 AP KSchG 1969 § 13 Nr. 3; LAG Niedersachsen 30.11.2001 NZA-RR 2002, 242, 244; APS/*Biebl*, § 13 KSchG Rn. 44; HHL/*v. Hoyningen-Huene*, § 13 KSchG Rn. 40; HaKo/*Gieseler*, § 13 KSchG Rn. 42; KR/*Friedrich*, § 13 KSchG Rn. 85; LSW/*Spinner*, § 13 KSchG Rn. 33; a. A. LAG Rheinland-Pfalz 13.12.1984 NZA 1985, 291; *K. Schmidt*, NZA 1989, 667 f.

[24] Ebenso APS/*Biebl*, § 13 KSchG Rn. 44; KR/*Friedrich*, § 13 KSchG Rn. 85; LSW/*Löwisch*, § 13 KSchG Rn. 34; *Vollkommer*, Anm. zu AP KSchG 1969 § 13 Nr. 3; i. Erg. ebenso BAG 15.11.1984 NZA 1985, 661, 663; vgl auch HHL/*v. Hoyningen-Huene*, § 13 KSchG Rn. 42 (§ 6 S. 1 KSchG analog). Die Tatsache, dass dem Arbeitnehmer nur eine Instanz zur Verfügung steht, hindert dies nicht, wie zB BAG 10.12.1970 AP KSchG 1951 § 3 Nr. 40 mit Anm. *A. Hueck* zeigt.

[25] So aber KR/*Friedrich*, § 13 KSchG Rn. 85.

[26] BAG 15.11.1984 NZA 1985, 661; HHL/*v. Hoyningen-Huene*, § 13 KSchG Rn. 40, 41.

[27] APS/*Biebl*, § 13 KSchG Rn. 19; KR/*Fischermeier*, § 626 BGB Rn. 392; KR/*Friedrich*, § 13 KSchG Rn. 62; früher schon BAG 14.8.1974 AP KSchG 1969 § 13 Nr. 3; BAG 25.11.1982 EzA KSchG n. F. § 9 Nr. 15.

§ 2 KSchG zu sonstigen Kündigungen

gilt seit dem 1.1.2004 auch außerhalb der Geltung des Kündigungsschutzgesetzes, also auch vor Erfüllung der Wartezeit von sechs Monaten (§ 1 Abs. 1 KSchG) und im sog. Kleinbetrieb nach § 23 Abs. 1 S. 2 bzw. S. 3 KSchG (dazu näher → Rn. 2063).

Die Umdeutung einer außerordentlichen Kündigung nach § 140 BGB scheidet aus, wenn die ordentliche Kündigung kraft Gesetzes (zB § 15 Abs. 1 S. 1 KSchG), durch Tarifvertrag (→ Rn. 261 ff.) oder Einzelarbeitsvertrag (→ Rn. 255 ff.) ausgeschlossen ist. Ist dies nicht der Fall und kann die außerordentliche Kündigung deshalb gem. § 140 BGB in eine ordentliche Kündigung umgedeutet werden, ist nach allgemeinen Rechtsgrundsätzen zu entscheiden, ob die **ordentliche Kündigung rechtswirksam** ist. 2076

II. Die sittenwidrige Kündigung

War eine bis zum 31.12.2003 dem Arbeitnehmer zugegangene Kündigung (→ Rn. 1810) wegen Verstoßes gegen die guten Sitten nach § 138 Abs. 1 BGB nichtig (dazu näher → Rn. 223 ff.), konnte der Arbeitnehmer dies unabhängig von den Vorschriften des Kündigungsschutzgesetzes geltend machen (§ 13 Abs. 2 S. 1 KSchG a. F.). Die Klagefrist des § 4 S. 1 KSchG a. F. fand keine Anwendung. Die Klagebefugnis wurde nur durch das Rechtsinstitut der Verwirkung (→ Rn. 2086) begrenzt. Seit dem 1.1.2004 muss der Arbeitnehmer unabhängig von der Erfüllung der Wartezeit (§ 1 Abs. 1 KSchG) und der Beschäftigung in einem Kleinbetrieb (§ 23 Abs. 1 S. 2 und 3 KSchG) auch die **Sittenwidrigkeit** einer schriftlichen Kündigung **innerhalb der dreiwöchigen Klagefrist** gem. § 4 S. 1 KSchG iVm § 13 Abs. 3 KSchG **gerichtlich geltend machen.**[28] 2077

§ 13 Abs. 2 S. 2 1. Hs. KSchG a. F. gewährte dem Arbeitnehmer Vorteile, wenn er die Klage, mit der er die Sittenwidrigkeit einer Kündigung rügte, **innerhalb von drei Wochen** nach ihrem Zugang **erhob.** Nach dieser Vorschrift waren die Vorschriften der §§ 9 Abs. 1 S. 1, 9 Abs. 2 KSchG a. F. und die §§ 10 bis 12 KSchG anwendbar. Der Arbeitnehmer hatte also die Rechte wie bei einer nach § 1 Abs. 1, Abs. 2 S. 1 KSchG sozialwidrigen ordentlichen Kündigung. Voraussetzung war allerdings, dass der Arbeitnehmer sich auf den allgemeinen Kündigungsschutz nach § 1 Abs. 1 KSchG, § 23 Abs. 1 S. 2 oder S. 3 KSchG a. F. berufen konnte.[29] 2078

Seit dem 1.1.2004 finden aufgrund der Verweisung in § 13 Abs. 2 KSchG n. F. die Vorschriften des § 9 Abs. 1 S. 1 und 2 KSchG sowie der §§ 10–12 KSchG entsprechende Anwendung.[30] Auch wenn dies nicht ausdrücklich geregelt ist, bleibt es dabei, dass der Arbeitnehmer den allgemeinen Kündigungsschutz nach § 1 Abs. 1 KSchG, § 23 KSchG genießen muss.[31] 2079

Die bis zum 31.12.2003 in § 13 Abs. 2 S. 2 2. Hs. KSchG a. F. vorgesehene entsprechende Anwendung der §§ 5 und 6 KSchG a. F. ist in § 13 Abs. 2 KSchG n. F. gestrichen worden. Sie ist nunmehr in § 13 Abs. 3 KSchG n. F. enthalten. Die Darlegungs- 2080

---

[28] APS/*Biebl*, § 13 KSchG Rn. 51; KDZ/*Däubler*, § 13 KSchG Rn. 19; HaKo/*Gieseler*, § 13 KSchG Rn. 57; KR/*Friedrich*, § 13 KSchG Rn. 152, 153; ErfK/*Kiel*, § 13 KSchG Rn. 16; *Quecke*, RdA 2004, 86, 102; *Schiefer/Worzalla*, NZA 2004, 345, 356.
[29] APS/*Biebl*, 1. Aufl., § 13 KSchG Rn. 52; KR/*Friedrich*, 6. Aufl., § 13 KSchG Rn. 163; *v. Hoyningen-Huene/Linck*, 13. Aufl. § 13 KSchG Rn. 74.
[30] Vgl. hierzu LAG Schleswig-Holstein 22.6.2011 BeckRS 2011, 75153.
[31] APS/*Biebl*, § 13 KSchG Rn. 52; HaKo/*Gieseler*, § 13 KSchG Rn. 59; HHL/*v. Hoyningen-Huene*, § 13 KSchG Rn. 67; a. A. LSW/*Löwisch*, § 13 KSchG Rn. 49.

III. Die aus anderen Gründen unwirksame Kündigung (§ 13 Abs. 3 KSchG)

1. Rechtslage bis zum 31.12.2003

2081 Die Kündigung – die ordentliche wie auch die außerordentliche – kann aus zahlreichen Gründen unwirksam sein. Hierzu bestimmte § 13 Abs. 3 KSchG a. F., dass „im übrigen" die Vorschriften des 1. Abschnitts des Kündigungsschutzgesetzes auf Kündigungen, die aus anderen als den in § 1 Abs. 2 und 3 KSchG bezeichneten Gründen rechtsunwirksam sind, keine Anwendung finden. Die wichtigste Konsequenz des § 13 Abs. 3 KSchG war, dass die **Klagefrist des § 4 S. 1 KSchG idF bis 31.12.2003** vom Arbeitnehmer nicht beachtet werden musste. Das Recht des Arbeitnehmers, gegen eine Kündigung, die aus anderen Gründen unwirksam war, Klage zu erheben, **konnte** aber nach § 242 BGB **verwirken**.

2. Rechtslage seit dem 1.1.2004

a) Regelungsgehalt des § 13 Abs. 3 KSchG

2082 Nach der am 1.1.2004 in Kraft getretenen Neufassung des § 13 Abs. 3 KSchG bleibt es dabei, dass der 1. Abschnitt des KSchG auf andere Unwirksamkeitsgründe als den in § 1 Abs. 2 und 3 KSchG genannten (näher → Rn. 1831) nicht anwendbar ist. Allerdings werden hiervon die §§ 4 bis 7 KSchG ausgenommen. Damit soll klargestellt werden, dass für die aus anderen Gründen unwirksamen schriftlichen Kündigungen auch die dreiwöchige Klagefrist Anwendung findet.[33]

2083 Weder **Arbeitnehmer** noch **Arbeitgeber** haben im Falle der Unwirksamkeit der schriftlichen ordentlichen Kündigung **allein** aus anderen Gründen als der Sozialwidrigkeit (vgl. § 1 Abs. 1 KSchG) die Möglichkeit, die **Auflösung des Arbeitsverhältnisses** und Zahlung einer Abfindung nach § 9 Abs. 1 S. 1 KSchG bzw. § 9 Abs. 1 S. 2 KSchG zu beantragen, auch dann nicht, wenn die Klage innerhalb der Klagefrist des § 4 S. 1 KSchG erhoben worden ist. Dies folgte bis zum 31.12.2003 aus § 13 Abs. 3 KSchG a. F., der insgesamt die Anwendung des 1. Abschnitts des Kündigungsschutzgesetzes auf andere Unwirksamkeitsgründe als die in § 1 Abs. 2 und 3 KSchG genannten ausschloss,[34] und ergibt sich nunmehr seit dem 1.1.2004 aus § 13 Abs. 3 KSchG n. F., der von diesem Ausschluss nur die §§ 4 bis 7 KSchG ausnimmt.[35] Allerdings kann der Arbeitnehmer den Auflösungsantrag nach § 9 Abs. 1 S. 1 KSchG auch dann stellen, wenn die Kündigung **zugleich** wegen Sozialwidrigkeit gem. § 1 Abs. 1 KSchG unwirksam ist und das Gericht dies feststellt (näher → Rn. 2096). Zum Auflösungsantrag des Arbeitgebers näher → Rn. 2113 ff.

---

[32] BAG 9.5.1996 BeckRS 1996, 30924514; 16.2.1989 NZA 1989, 962; 2.4.1987 NZA 1988, 18; APS/*Biebl*, § 13 KSchG Rn. 50; KR/*Friedrich*, § 13 KSchG Rn. 135; ErfK/*Kiel*, § 13 KSchG Rn. 17.

[33] BT-Drucks. 15/1587 S. 33.

[34] Vgl. für Arbeitgeberantrag BAG 9.10.1979 AP KSchG 1969 § 9 Nr. 4 mit Anm. G. *Hueck*.

[35] Vgl. für Arbeitgeberantrag LAG Thüringen 18.10.2007 LAGE KSchG § 13 Nr. 3.

b) Feststellungsklage nach § 256 Abs. 1 ZPO

Der Arbeitnehmer, der gegen eine gem. § 623 1. Hs. BGB iVm § 125 BGB formnichtige außerordentliche oder ordentliche Kündigung Klage erheben oder die fehlende Berechtigung des Arbeitgebers zur Kündigung (→ Rn. 1832) klageweise geltend machen will, hat dies in Form einer **allgemeinen Feststellungsklage nach § 256 Abs. 1 ZPO** iVm § 495 ZPO, § 46 Abs. 2 S. 1 ArbGG zu erledigen. Denn § 4 S. 1 KSchG findet keine Anwendung (→ Rn. 1831 bzw. Rn. 1832). Das sollte auch im Klageantrag zum Ausdruck kommen. Richtig lautet der Klageantrag: „Es wird festgestellt, dass das Arbeitsverhältnis über den ... (Datum der fristlosen Kündigung bzw. des Tages des Ablaufs der Kündigungsfrist) hinaus fortbesteht". Wählt der Kläger den Antrag nach § 4 S. 1 KSchG, hat das Gericht nach § 139 Abs. 1 S. 2 ZPO einen entsprechenden Hinweis zu geben. Von der Rechtsprechung wird dieser Antrag aber häufig dahin ausgelegt, dass die Feststellung im Rahmen des § 256 Abs. 1 ZPO begehrt wird.[36]

2084

Für die Klage nach § 256 Abs. 1 ZPO besteht nach allgemeiner Ansicht ein Feststellungsinteresse, obwohl der Arbeitnehmer Leistungsklage (§§ 611 Abs. 1, 615 S. 1 BGB) erheben könnte (→ Rn. 2015). Die Wirksamkeit der Kündigung wäre dann incidenter vom Gericht zu prüfen. Das Arbeitsverhältnis ist aber die Basis für zahlreiche Ansprüche des Arbeitnehmers, so dass es nicht einer sinnvollen Prozessökonomie entspräche, den Arbeitnehmer auf mehrere Einzelklagen zu verweisen.[37]

2085

Auch wenn der Arbeitnehmer für die Klage nach § 256 Abs. 1 ZPO keine Klagefrist beachten muss, kann das **Klagerecht** doch nach § 242 BGB **verwirken,** mit der Folge, dass eine gleichwohl erhobene Klage unzulässig ist.[38] Voraussetzung hierfür ist, dass der Arbeitnehmer seine Klage erst nach Ablauf eines längeren Zeitraums erhebt **(Zeitmoment)** und dadurch ein Vertrauenstatbestand beim Beklagten geschaffen wird, er werde nicht mehr gerichtlich belangt **(Umstandsmoment).** Hierbei muss das Erfordernis des Vertrauensschutzes das Interesse des Berechtigten an einer sachlichen Prüfung des von ihm behaupteten Anspruches derart überwiegen, dass dem Gegner die Einlassung auf die nicht mehr innerhalb angemessener Frist erhobene Klage nicht zuzumuten ist.[39] Das BAG lehnt eine schematisierende Betrachtungsweise ab und entscheidet je nach Lage des Einzelfalles. Das Vorliegen des Zeitmoments indiziert nicht das Umstandsmoment. Das BAG verlangt vielmehr zusätzlich zum Zeitmoment besondere Umstände für die berechtigte Erwartung des Schuldners, er werde nicht mehr gerichtlich in Anspruch genommen.[40]

2086

§ 3 Auflösung des Arbeitsverhältnisses und Abfindung

Stellt das Gericht fest, dass das Arbeitsverhältnis durch die Kündigung nicht aufgelöst ist, ist jedoch dem Arbeitnehmer die Fortsetzung des Arbeitsverhältnisses nicht zuzu-

2087

---

[36] BAG 21.6.2000 NZA 2001, 271; 24.10.1996 NZA 1997, 597; 5.12.1985 NZA 1986, 522; *Boemke,* RdA 1995, 211, 216 f.; KR/*Friedrich,* § 13 KSchG Rn. 401; vgl. auch BAG 21.2.2001 NZA 2001, 833; krit. *Berkowsky,* NZA 2001, 801, 802 ff.; dagegen *Deckers,* RdA 1998, 326.
[37] BAG 24.10.1996 NZA 1997, 597.
[38] BAG 19.2.2009 NZA 2009, 1095 Rn. 17; 24.5.2006 BeckRS 2009, 67935 Rn. 20.
[39] BAG 5.2.2009 AP KSchG 1969 § 4 Nr. 69; 15.12.2005 NZA 2006, 791 Rn. 32; APS/*Biebl,* § 13 KSchG Rn. 63; *Raab,* RdA 2004, 321, 326; a. A. *Herschel,* Anm. zu BAG EzA § 4 KSchG n. F. Nr. 17.
[40] Vgl. BAG 15.12.2005 NZA 2006, 791 Rn. 32.

muten, hat das Gericht nach § 9 Abs. 1 S. 1 KSchG auf Antrag des Arbeitnehmers das Arbeitsverhältnis aufzulösen und den Arbeitgeber zur Zahlung einer angemessenen Abfindung zu verurteilen. Die gleiche Entscheidung hat das Gericht auf Antrag des Arbeitgebers gem. § 9 Abs. 1 S. 2 KSchG zu treffen, wenn Gründe vorliegen, die eine den Betriebszwecken dienliche weitere Zusammenarbeit zwischen Arbeitgeber und Arbeitnehmer nicht erwarten lassen. Der **Auflösungsantrag** nach § 9 Abs. 1 S. 1 bzw. S. 2 stellt einen **selbstständigen Antrag** und ein **eigenständiges prozessuales Institut** des Kündigungsschutzrechts dar.[1] Seit dem 1.1.2004 kann es im Anschluss an eine betriebsbedingte Kündigung gem. § 1a Abs. 1 KSchG zu einem Abfindungsanspruch zu Gunsten des Arbeitnehmers ohne Kündigungsschutzprozess kommen (näher → Rn. 1173 ff.).

2088 Die Regelungen in § 9 Abs. 1 S. 1 und 2 KSchG bedeuten eine **Durchbrechung des** durch das KSchG gewährten **Bestandsschutzes**.[2] Denn trotz sozial ungerechtfertigter Kündigung und damit verbundenem Fortbestehen des Arbeitsverhältnisses kann das Gericht dieses auflösen. Da das **KSchG** aber seiner Konzeption nach ein **Bestandsschutz- und kein Abfindungsgesetz** ist,[3] sind an die Auflösungsgründe, die für Arbeitgeber und Arbeitnehmer unterschiedlich geregelt sind, strenge Anforderungen zu stellen.[4]

2089 Die Auflösung eines einheitlichen Arbeitsverhältnisses mit mehreren Arbeitgebern (dazu → Rn. 181) nach § 9 Abs. 1 S. 1 oder S. 2 KSchG kann grundsätzlich nur insgesamt erfolgen.[5] Ausreichend für die Auflösung ist im Regelfall ein Grund, der für oder gegen einen der Arbeitgeber vorliegt.[6]

2090 Die **Verfassungsmäßigkeit** des § 9 KSchG ist vor allem wegen der Rückwirkung des Auflösungsurteils nach § 9 Abs. 2 KSchG (→ Rn. 2130) bezweifelt worden.[7] Bedenken bestehen jedoch nicht. Denn der Gesetzgeber hat bei der Einräumung des Bestandsschutzes ein weites Ermessen, und er ist durchaus in der Lage, den Kündigungsschutz mit einer Auflösungsmöglichkeit durch gerichtliches Urteil zu verbinden, die nur unter besonderen Voraussetzungen gewährt wird.[8]

2091 Die Auflösung des Arbeitsverhältnisses durch gerichtliches Urteil kann **nur im Kündigungsschutzprozess** erfolgen.[9] Damit richtet sich der Auflösungsantrag des

---

[1] BAG 26.10.1979 AP KSchG 1969 § 9 Nr. 5 mit Anm. *Grunsky;* 20.3.1997 NZA 1997, 937; vgl. auch GK-ArbGG/*Mikosch* § 72 Rn. 44, wonach der Auflösungsantrag einen eigenen Streitgegenstand bildet.
[2] BAG 23.10.2008 NZA-RR 2009, 362 Rn. 71; 10.7.2008 NZA 2009, 312 Rn. 42; APS/*Biebl,* § 9 KSchG Rn. 2; HHL/*Linck,* § 9 KSchG Rn. 6; KR/*Spilger,* § 9 KSchG Rn. 9; KDZ/*Zwanziger,* § 9 KSchG Rn. 2; vgl. auch BVerfG 22.10.2004 NZA 2005, 41, 42.
[3] BAG 29.8.2013 NZA 2014, 660 Rn 18; 24.11.2011 NZA 2012, 610 Rn. 41; 24.3.2011 NZA-RR 2012, 243 Rn. 20; LAG Berlin-Brandenburg 11.4.2014 NZA-RR 2014, 468, 472; LAG Hamm 3.9.2014 NZA-RR 2015, 131, 136.
[4] BAG 29.8.2013 NZA 2014, 660 Rn. 18; 24.11.2011 NZA 2012, 610 Rn. 41 mwN.
[5] BAG 19.4.2012 NZA 2013, 27 Rn. 36; 27.3.1981 AP BGB § 611 Arbeitgebergruppe Nr. 1 mit Anm. *Wiedemann.*
[6] Vgl. Fn. 5.
[7] *Belling,* DB 1985, 1890; *Bleckmann/Coen,* DB 1981, 640; vgl. auch *Keßler,* NZA-RR 2002, 1, 2; KDZ/*Zwanziger,* § 9 KSchG Rn. 3.
[8] BAG 16.5.1984 NZA 1985, 60; 12.6.2003 AP BGB § 628 Nr. 16; APS/*Biebl,* § 9 KSchG Rn. 3; *Redecker,* BB 1986, 1219; KR/*Spilger,* § 9 KSchG Rn. 13a; vgl. auch BVerfG 22.10.2004 NZA 2005, 41. Das BVerfG hat am 29.1.1990 (NZA 1990, 535) erkannt, § 9 Abs. 2 KSchG verstoße weder gegen Art. 3 Abs. 1 GG noch gegen Art. 14 GG noch gegen Art. 20 Abs. 3 GG; vgl. auch BVerfG 9.2.1990 NJW 1990, 2053.
[9] BAG 29.5.1959 AP KSchG § 3 Nr. 19; LAG Baden-Württemberg 3.6.1991 LAGE KSchG § 9 Nr. 20; LAG Sachsen 29.6.2001 NZA-RR 2002, 265, 266; APS/*Biebl,* § 9 KSchG Rn. 5; *Boewer,*

§ 3 Auflösung des Arbeitsverhältnisses und Abfindung

Arbeitnehmers grundsätzlich gegen den Arbeitgeber, der die Kündigung ausgesprochen hat. Kommt es allerdings nach Rechtshängigkeit eines gegen diesen gerichteten Kündigungsschutzprozesses (dazu näher → Rn. 1895) vor dem Auflösungszeitpunkt nach § 9 Abs. 2 KSchG (= Ablauf der Kündigungsfrist) und vor der letzten mündlichen Verhandlung in der Tatsacheninstanz zu einem Betriebsübergang und einem damit nach § 613a Abs. 1 S. 1 BGB verbundenen Arbeitgeberwechsel, muss der Arbeitnehmer, sofern er dem Übergang seines Arbeitsverhältnisses nicht form- und fristgerecht nach § 613a Abs. 6 BGB widerspricht, den Auflösungsantrag gegen den ihm bekannten Betriebserwerber richten, diesen also im Wege der subjektiven Klagehäufung[10] in den Kündigungsschutzprozess einbeziehen.[11] Umgekehrt kann dieser auch noch in der 2. Instanz dem Prozess beitreten, um einen Auflösungsantrag nach § 9 Abs. 1 S. 2 KSchG zu stellen.[12] Dies kann, auch wenn nach überwiegender Meinung der Parteibeitritt für den Normalfall auf die erste Instanz beschränkt wird,[13] im Hinblick auf die Regelung in § 9 Abs. 1 S. 3 KSchG sogar noch in einer zweiten Instanz geschehen.[14] Der Betriebsveräußerer seinerseits kann diesen Antrag in dem gegen ihn geführten Kündigungsschutzprozess (dazu näher → Rn. 1895) auch dann noch stellen, wenn der Betriebsübergang nach dem in § 9 Abs. 2 KSchG normierten Auflösungszeitpunkt liegt.[15]

2092 Auch wenn der Arbeitnehmer keine Möglichkeit hat, die Auflösung des Arbeitsverhältnisses mit Abfindung ohne vorherige Kündigung, über die dann gestritten wird, zu erreichen (→ Rn. 2091), können die Parteien des Arbeitsvertrages das Arbeitsverhältnis jederzeit durch einen Aufhebungsvertrag beenden. Die §§ 9, 10 KSchG finden hierauf keine Anwendung, d.h., eine Abfindung muss nicht vereinbart werden.

2093 Die Auflösung eines **Berufsausbildungsverhältnisses** nach § 13 Abs. 1 S. 3 KSchG kommt auf Antrag des Auszubildenden im Falle einer außerordentlichen Kündigung nicht in Betracht. Das BAG begründet das allein mit dem Zweck des Berufsausbildungsverhältnisses, das nach dem BBiG einen verstärkten Bestandsschutz genießt, mit dem die Auflösung nach § 9 KSchG unvereinbar wäre.[16]

2094 Der Auflösungsantrag, der nicht beziffert werden muss (aber → Rn. 2139),[17] kann vom Arbeitnehmer und vom Arbeitgeber nach § 9 Abs. 1 S. 3 KSchG **bis zur letzten mündlichen Verhandlung** in der **Berufungsinstanz** gestellt werden, ohne dass es einer Zulassung als Klageänderung nach §§ 263, 525 S. 1 ZPO iVm § 64 Abs. 6 S. 1

RdA 2001, 380, 396; HHL/*Linck*, § 9 KSchG Rn. 11; ErfK/*Kiel*, § 9 KSchG Rn. 1; KR/*Spilger*, § 9 KSchG Rn. 14.

[10] *Berkowsky*, NZI 2006, 81, 82; *Keßler*, NZA-RR 2002, 1, 5.
[11] BAG 20.3.1997 NZA 1997, 937; APS/*Biebl*, § 9 KSchG Rn. 32; *Boewer*, RdA 2001, 380, 397; HHL/*Linck*, § 9 KSchG Rn. 38; *Hunold*, NZA-RR 2003, 561, 564; *Keßler*, NZA-RR 2002, 1, 5; LSW/*Spinner*, § 9 KSchG Rn. 30.
[12] LAG Köln 15.2.2002 MDR 2002, 1323, 1324 im Anschluss an *Löwisch/Neumann*, DB 1996, 474, 475; *Vossen*, FS Leinemann, 2006, S. 273, 284.
[13] Vgl. zB Thomas/Putzo/*Hüßtege*, Vor § 50 ZPO Rn. 26 mit Rn. 12; Zöller/*Greger*, § 263 ZPO Rn. 19 mit Rn. 3.
[14] LAG Köln 15.2.2002 MDR 2002, 1323, 1324; *Berkowsky*, NZI 2006, 81, 83; *Löwisch/Neumann*, DB 1996, 474, 475.
[15] BAG 24.5.2005 NZA 2005, 1178; zust. *Hergenröder*, AR-Blattei ES 500 Nr. 191.
[16] BAG 29.11.1984 NZA 1986, 230; ebenso BAG 16.7.2013 NZA 2013, 1202 Rn. 38; LAG Brandenburg 10.10.1997 LAGE KSchG § 4 Nr. 39; *Boewer*, RdA 2001, 380, 399; HK-KSchG/*Dorndorf*, § 9 Rn. 10; HHL/*Linck*, § 13 KSchG Rn. 18; KR/*Spilger*, § 9 KSchG Rn. 14b; KDZ/*Zwanziger*, § 9 KSchG Rn. 8.
[17] BAG 26.6.1986 NZA 1987, 139; LAG Hamm 5.12.1996 LAGE ArbGG 1979 § 64 Nr. 32; vgl. auch BAG 20.11.2003 BeckRS 2004, 40745.

ArbGG bedarf. Dabei braucht die Form der Berufung (§ 519 ZPO iVm § 64 Abs. 6 S. 1 ArbGG) bzw. Anschlussberufung (§ 524 ZPO iVm § 64 Abs. 6 S. 1 ArbGG) nicht gewahrt zu werden, falls der Auflösungsantrag in zweiter Instanz erstmals gestellt wird. Insofern ist **§ 9 Abs. 1 S. 3 KSchG lex specialis**.[18] Deshalb kann der Auflösungsantrag nach §§ 261 Abs. 2, 297 Abs. 1 S. 2, 525 S. 1 ZPO iVm § 64 Abs. 6 S. 1 ArbGG auch zu Protokoll der mündlichen Verhandlung des Landesarbeitsgerichts erklärt werden.[19] Eine Zurückweisung nach § 67 ArbGG wegen Verspätung scheidet aus.[20] Die Rücknahme des Auflösungsantrags kann ebenfalls bis zur letzten mündlichen Verhandlung in der Berufungsinstanz erfolgen, selbst dann, wenn in erster Instanz bereits darüber eine positive Entscheidung ergangen ist.[21] Eine Einwilligung des Arbeitgebers bzw. des Arbeitnehmers ist nicht notwendig, da es sich nicht um eine teilweise Klagerücknahme nach § 269 Abs. 1 ZPO, sondern um einen besonderen Anwendungsfall einer Beschränkung des Klageantrags i. S. des § 264 Nr. 2 ZPO handelt.[22] In der Rücknahme des Auflösungsantrages kann im Einzel-,[23] nicht im Regelfall[24] ein Verzicht auf diesen Antrag i. S. des § 306 ZPO liegen.

I. Voraussetzungen für die Auflösung des Arbeitsverhältnisses

1. Sozialwidrigkeit der Kündigung

2095 Voraussetzung für die Auflösung des Arbeitsverhältnisses ist die Sozialwidrigkeit der Kündigung iSv § 1 Abs. 1 KSchG. Hieran hat sich durch die am 1.1.2004 in Kraft getretenen Änderungen im KSchG durch das „Gesetz zu Reformen am Arbeitsmarkt" vom 24.12.2003 (BGBl. I S. 3002), wie sich aus dem unangetastet gebliebenen § 9 Abs. 2 KSchG ergibt, nichts geändert.[25] Ohne die Feststellung der Sozialwidrigkeit der Kündigung durch das Gericht kann nicht auf Auflösung des Arbeitsverhältnisses erkannt werden. Unsicher ist die Zulässigkeit des Auflösungsantrages, wenn die Kündigung nicht nur sozialwidrig, sondern **auch** noch **aus anderen Gründen,** etwa nach § 9 Abs. 1 S. 1 MuSchG bzw. § 85 SGB IX iVm § 134 BGB, **nichtig** oder gem. § 102 Abs. 1 S. 3 BetrVG **unwirksam ist.**

---

[18] LAG Hamm 8.6.2000 BB 2000, 2475 Ls.; LAG Niedersachsen 4.6.2004 LAG Report 2005, 103, 104 Ls.; ErfK/*Kiel*, § 9 KSchG Rn. 30; KR/*Spilger*, § 9 KSchG Rn. 20; *Tschöpe*, FS Schwerdtner, 2003, S. 217, 239f.; vgl. auch BAG 11.7.2013 NZA 2013, 1259 Rn. 13; LAG Schleswig-Holstein 25.2.2004 ArbuR 2004, 236 Ls.; *St. Müller*, BB 2004, 1849, 1851; a. A. früher zu § 522a ZPO a. F. BAG 26.11.1981 AP KSchG 1969 § 9 Nr. 8.

[19] Vgl. LAG Hamm 8.6.2000 BB 2000, 2475 Ls.; LAG Niedersachsen 4.6.2004 BeckRS 2004, 42035.

[20] LAG Schleswig-Holstein 25.2.2004 NZA-RR 2005, 132, 135; *Bauer*, FS Hanau, 1999, S. 151, 152; APS/*Biebl*, § 9 KSchG Rn. 25; *Boewer*, RdA 2001, 380, 397; HHL/*Linck*, § 9 KSchG Rn. 32; ErfK/*Kiel*, § 9 KSchG Rn. 4; KR/*Spilger*, § 9 KSchG Rn. 20.

[21] BAG 28.1.1961 AP KSchG 1951 § 7 Nr. 8; *Bauer*, FS Hanau, 1999, S. 151, 158; APS/*Biebl*, § 9 KSchG Rn. 28; HHL/*Linck*, § 9 KSchG Rn. 35; LSW/*Spinner*, § 9 KSchG Rn. 25; *Keßler*, NZA-RR 2002, 1, 4; KR/*Spilger*, § 9 KSchG Rn. 23; KDZ/*Zwanziger*, § 9 KSchG Rn. 40.

[22] BAG 26.10.1979 AP KSchG 1969 § 9 Nr. 5 mit Anm. *Grunsky*; *Boewer*, RdA 2001, 380, 397; *Keßler*, NZA-RR 2002, 1, 4; a. A. HHL/*Linck*, § 9 KSchG Rn. 37.

[23] So *Bauer*, FS Hanau, 1999, S. 151, 159; HHL/*Linck*, § 9 KSchG Rn. 36; KR/*Spilger*, § 9 KSchG Rn. 25; vgl. auch APS/*Biebl*, § 9 KSchG Rn. 29; *Keßler*, NZA-RR 2002, 1, 4.

[24] So BAG 28.1.1961 AP KSchG 1951 § 7 Nr. 8 mit Anm. *A. Hueck*; vgl. aber auch BAG 26.10.1979 AP KSchG 1969 § 9 Nr. 5.

[25] APS/*Biebl*, § 9 KSchG Rn. 8; HaKo/*Gieseler*, § 9 KSchG Rn. 25; ErfK/*Kiel*, § 9 KSchG Rn. 2 u. Rn. 10; LSW/*Spinner*, § 9 KSchG Rn. 17 u. 46; *Preis*, DB 2004, 70, 78; KR/*Spilger*, § 9 KSchG Nr. 26.

§ 3 Auflösung des Arbeitsverhältnisses und Abfindung

Das BAG steht auf dem Standpunkt, der **Arbeitnehmer** könne die **Auflösung** auch dann beantragen, **wenn** die Unwirksamkeit der Kündigung **nicht nur** auf **§ 1 Abs. 1 KSchG** gestützt werde.[26] Das Gericht muss jedoch in diesem Falle die Sozialwidrigkeit der Kündigung feststellen, d. h., es kann diese Frage nicht offen lassen und das Urteil allein mit einer Nichtigkeit zB nach § 9 Abs. 1 S. 1 MuSchG bzw. § 85 SGB IX iVm § 134 BGB oder einer Unwirksamkeit nach § 102 Abs. 1 S. 3 BetrVG begründen.[27] Ist die Kündigung nicht sozialwidrig, sondern nur aus anderen Gründen nichtig, darf das Gericht nicht auf Auflösung des Arbeitsverhältnisses erkennen.

2096

Der **Antrag** des **Arbeitgebers** auf Auflösung des Arbeitsverhältnisses ist nach Ansicht des Bundesarbeitsgerichts nicht wegen Fehlens einer Prozessvoraussetzung unzulässig, sondern in Ermangelung einer materiellen Voraussetzung des § 9 Abs. 1 S. 2 KSchG **unbegründet,** wenn die Kündigung auch aus einem anderen Grund als dem der Sozialwidrigkeit (§ 1 Abs. 1 KSchG) unwirksam ist.[28] Hier soll Voraussetzung für seine Begründetheit sein, dass die Kündigung nach dem vom Arbeitgeber geltend gemachten Kündigungssachverhalt **allein sozialwidrig** nach § 1 Abs. 1 KSchG ist (aber → Rn. 2098).[29] Hiervon macht das BAG allerdings eine Ausnahme, wenn die Norm, aus der der Arbeitnehmer die Unwirksamkeit der Kündigung neben der Sozialwidrigkeit herleitet, nicht bezweckt, ihm einen zusätzlichen Schutz zu verschaffen, sondern allein der Wahrung der Interessen Dritter dient (näher → Rn. 2099).[30] Im Übrigen wird es als **unschädlich** angesehen, wenn der Arbeitgeber zusätzlich **weitere Kündigungssachverhalte** geltend macht, die aus anderen Gründen die Unwirksamkeit der Kündigung begründen. Es genügt, wenn für *einen* Kündigungssachverhalt die Unwirksamkeit der Kündigung ausschließlich aus ihrer Sozialwidrigkeit (§ 1 Abs. 1 KSchG) hergeleitet werden kann.[31]

2097

Der bei mehreren Unwirksamkeitsgründen differenzierenden Auffassung des BAG, je nachdem, ob der Arbeitnehmer oder der Arbeitgeber den Auflösungsantrag nach § 9 Abs. 1 KSchG stellt, ist nicht zu folgen. Ihr kann nur in dem Fall gefolgt werden, in dem der Arbeitnehmer sich nicht auf die Sozialwidrigkeit der Kündigung (§ 1 Abs. 1 KSchG) beruft, sondern seine Klage allein auf andere Unwirksamkeitsgründe stützt.[32] Dann kann der vom Arbeitgeber gestellte Auflösungsantrag den Streitgegenstand der Klage nicht auf die Sozialwidrigkeit erweitern. Der Arbeitnehmer hat also die Möglichkeit, die Unbegründetheit des Auflösungsantrags des Arbeitgebers herbeizuführen. An dieser Feststellung vermag der Einwand des BAG, die hier vertretene Auffassung sei mit dem Sinn und Zweck des Kündigungsschutzgesetzes nicht in Ein-

2098

---

[26] St. Rspr., zB (bis 31.12.2003) BAG 20.3.1997 NZA 1997, 937; 29.1. 1981 AP KSchG 1969 § 9 Nr. 6 mit Anm. *Herschel;* (seit 1.1.2004) 28.8.2008 NZA 2009, 279 Rn. 40; ebenso *Adam,* MDR 2012, 442; APS/*Biebl,* § 9 KSchG Rn. 9; *Hertzfeld,* NZA 2004, 298, 300; ErfK/*Kiel,* § 9 KSchG Rn. 2; LSW/*Spinner* § 9 KSchG Rn. 18; *Sieweke,* NZA 2011, 1324, 1325.
[27] Vgl. BAG 26.8.1993 NZA 1994, 70; APS/*Hesse,* § 9 KSchG Rn. 9; ErfK/*Kiel,* § 9 KSchG Rn. 2; HHL/*Linck,* § 9 KSchG Rn. 15.
[28] BAG 23.2.2010 NZA 2010, 112 Rn. 54.
[29] St. Rspr., zB 31.7.2014 NZA 2015, 358 Rn. 44; 29.8.2013 NZA 2014, 660 Rn. 25; 24.11.2011 NZA 2012, 610 Rn. 19; ebenso *Hertzfeld,* NZA 2004, 298, 300 f.; *ders.,* NZA-RR 2012, 1 mit 5; HHL/*Linck,* § 9 KSchG Rn. 16; ErfK/*Kiel,* § 9 KSchG Rn 10; KDZ/*Zwanziger,* § 9 KSchG Rn. 6; a. A. APS/*Biebl,* § 9 KSchG Rn. 11; KR/*Spilger,* § 9 KSchG Rn. 27, 27c.
[30] BAG 24.11.2011 NZA 2012, 610 Rn. 19; 28.5.2009 BeckRS 2011, 78728 Rn. 15; 28.8.2008 NZA 2009, 275 Rn. 27.
[31] BAG 21.9.2000 NZA 2001, 102, 103; *Boewer,* RdA 2001, 380, 400; HHL/*Linck,* § 9 KSchG Rn. 16; krit. *Schäfer,* BB 2001, 1102; *Schwerdtner,* FS 50 Jahre Deutsches Anwaltsinstitut e.V., 2003, S. 247, 251.
[32] Ebenso APS/*Biebl,* § 9 KSchG Rn. 11; KR/*Spilger,* § 9 KSchG Rn. 27c.

klang zu bringen, weil sich der Arbeitnehmer zur Erhaltung des mit diesem Gesetz verfolgten **Bestandsschutzes** im eigenen Interesse sowohl auf die Unwirksamkeit der Kündigung nach § 1 Abs. 1 KSchG als auch auf evtl. sonstige Unwirksamkeitsgründe berufen müsse,[33] nichts zu ändern.

2099 Macht der Arbeitnehmer jedoch **alle Unwirksamkeitsgründe** geltend, muss das Gericht nach der hier vertretenen Auffassung bei Stellung des **Auflösungsantrags** durch den **Arbeitgeber** (auch) die **Sozialwidrigkeit** der **Kündigung prüfen** und **über** seinen **Antrag entscheiden.**[34] Diese **Auffassung** vertritt das **BAG** auch in dem Fall, dass die Unwirksamkeit der Kündigung **nicht** Folge eines **Verstoßes** gegen eine **Schutznorm** zu Gunsten des Arbeitnehmers, wie zB § 9 Abs. 1 S. 1 MuSchG, § 85 SGB IX oder § 102 Abs. 1 S. 1 BetrVG, ist (→ Rn. 2097).[35] Zu einer solchen Schutznorm zählen auch eine vertraglich vereinbarte Kündigungsbeschränkung (näher → Rn. 738 ff.).[36] Hat das Arbeitsgericht angenommen, die Kündigung sei sowohl nach § 1 Abs. 1 KSchG als auch wegen eines Verstoßes gegen eine derartige Schutznorm unwirksam und hat es deshalb den Auflösungsantrag des Arbeitgebers zurückgewiesen (→ Rn. 2097), kann das Landesarbeitsgericht auch bei einer auf diesen Auflösungsantrag beschränkten Berufung des Arbeitgebers (dazu näher → Rn. 2142) trotz rechtskräftig festgestellter Unwirksamkeit der Kündigung erneut prüfen, ob ein Verstoß gegen die in Rede stehende Schutznorm zu Gunsten des Arbeitnehmers vorliegt.[37]

2100 Im Zusammenhang mit einer Änderungskündigung kommt die Auflösung des Arbeitsverhältnisses nach § 9 Abs. 1 KSchG nur in Betracht, wenn der Arbeitnehmer die mit der Änderungskündigung angebotenen Arbeitsbedingungen nicht annimmt.[38] Denn in diesem Fall handelt es sich um einen normalen Kündigungsschutzprozess mit der Möglichkeit der Antragstellung nach § 9 Abs. 1 S. 1 und 2 KSchG (zu Einzelheiten näher → Rn. 2199).

2101 Das **Arbeitsverhältnis** muss in dem **Zeitpunkt,** zu dem es das Gericht nach § 9 Abs. 2 KSchG **aufzulösen** hat (→ Rn. 2130, 2132), noch **bestehen.** Endet das Arbeitsverhältnis früher, ist eine Auflösung nicht mehr zulässig.[39] Soweit allerdings das vorzeitige Ende des Arbeitsverhältnisses auf einer wirksamen außerordentlichen Kündigung des Arbeitnehmers nach § 626 Abs. 1 BGB beruht, kann dieser u. U. die Abfindung im Wege des Schadensersatzes nach § 628 Abs. 2 BGB beanspruchen (näher → Rn. 818 f.).[40]

2102 Eine **Ausnahme** von dem Grundsatz, dass das Arbeitsverhältnis in dem vom Gericht nach § 9 Abs. 2 KSchG festzusetzenden Auflösungszeitpunkt noch bestehen muss

---

[33] BAG 28.8.2008 NZA 2009, 275 Rn. 38.
[34] Ebenso APS/*Biebl,* § 9 KSchG Rn. 11; HaKo/*Gieseler,* § 9 KSchG Rn. 31; KR/*Spilger,* § 9 KSchG Rn. 27.
[35] BAG 24.11.2011 NZA 2012, 610 Rn. 19; 26.3.2009 NZA 2009, 679; 28.8.2008 NZA 2009, 275 Rn. 27; dem BAG insoweit folgend *Bauer,* FS Hanau, 1999, S. 151, 163; abl. HaKo/*Gieseler,* § 9 KSchG Rn. 31a; *Hertzfeld,* NZA 2004, 298, 301; HHL/*Linck,* § 9 KSchG Rn. 18; *Keßler,* NZA-RR 2002, 1, 5 f.; LSW/*Spinner,* § 9 KSchG Rn. 46.
[36] BAG 26.3.2009 NZA 2009, 679.
[37] BAG 28.8.2008 NZA 2009, 275 Rn. 42; 27.9.2001 NZA 2002, 1171; vgl. auch BAG 10.7.2008 NZA 2009, 312 Rn. 52.
[38] BAG 24.10.2013 NZA 2014, 486 Rn. 9 mit Rn. 12; 27.9.2001 NZA 2002, 1277, 1281; 29.1.1981 NJW 1982, 1118, 1119.
[39] BAG 23.2.2010 NZA 2010, 1123 Rn. 22; 27.4.2006 NZA 2007, 229; 24.5.2005 NZA 2005, 1178; APS/*Biebl,* § 9 KSchG Rn. 16 u. 89; HHL/*Linck,* § 9 KSchG Rn. 40; ErfK/*Kiel,* § 9 KSchG Rn. 25; KR/*Spilger,* § 9 KSchG Rn. 32; *Tschöpe,* FS Schwerdtner, 2003, S. 217, 242 mwN.
[40] BAG 16.7.2013 NZA 2013, 1202 Rn. 32; 21.5.2008 AP BGB § 628 Nr. 23 Rn. 28; 26.7.2007 NZA 2007, 1419 Rn. 31, 32.

(→ Rn. 2101), ist nur im Fall des **Betriebsübergangs nach Klageerhebung** und **vor** der **letzten mündlichen Verhandlung** in der Tatsacheninstanz zu machen (näher → Rn. 2091). Im Übrigen steht der **Auflösung** des Arbeitsverhältnisses nach § 9 Abs. 1 S. 1 und 2 KSchG **nicht entgegen,** wenn das Arbeitsverhältnis **nach** dem **Auflösungszeitpunkt** (§ 9 Abs. 2 KSchG), aber **vor Erlass** des **Auflösungsurteils** aus anderen Gründen – zB Tod des Arbeitnehmers, weitere Kündigung – **endet.**[41]

Zum Streitgegenstand des Auflösungsantrags gehört (auch), dass wegen eines Auflösungsgrundes (§ 9 Abs. 1 S. 1 bzw. S. 2 KSchG, § 13 Abs. 1 S. 3 KSchG) das Arbeitsverhältnis zu dem in § 9 Abs. 2 KSchG bzw. § 13 Abs. 1 S. 4 KSchG geregelten Zeitpunkt (nicht) aufgelöst wird. **Mit** Eintritt der **Rechtskraft** eines dem **Auflösungsantrag stattgebenden Urteils** ist dann auch das **Arbeitsverhältnis** zu dem festgelegten Zeitpunkt **aufgelöst.**[42] Deshalb ist eine Entscheidung in einem Kündigungsprozess über eine zeitlich früher wirkende Kündigung und einen hierauf bezogenen Auflösungsantrag vorgreiflich gegenüber einer Entscheidung in einem weiteren Kündigungsrechtsstreit, der eine weitere, aber später wirkende Kündigung und einen hierauf bezogenen Auflösungsantrag betrifft. Somit ist es ausgeschlossen, über einen Kündigungsschutzantrag, der eine spätere Kündigung betrifft und einen darauf bezogenen Auflösungsantrag, eher zu entscheiden als über einen zeitlich vorhergehenden Auflösungsantrag.[43] 2103

In Fällen der Vorgreiflichkeit steht die Verfahrensweise grundsätzlich im Ermessen des Prozessgerichts, zB Aussetzung des Folgerechtsstreits nach § 148 ZPO (näher → Rn. 2045 f.).[44] In aller Regel ist es ermessensfehlerhaft, über einen Kündigungsschutzantrag hinsichtlich einer Kündigung und über einen darauf bezogenen Auflösungsantrag eher zu entscheiden, als über einen zeitlich vorgehenden Auflösungsantrag.[45] Ist über letzteren rechtskräftig entschieden, wäre, da Auflösungsanträge mit Bezug auf unterschiedliche Kündigungen verschiedene Streitgegenstände haben, der Auflösungsantrag zu einem späteren Zeitpunkt, selbst wenn die Gründe dieselben wären, – ggf. mit der Argumentation zur Wiederholungskündigung (→ Rn. 2046) – als unbegründet, nicht als unzulässig, zurückzuweisen.[46] Besteht keine Möglichkeit der gleichzeitigen Entscheidung über den zeitlich vorgehenden Auflösungsantrag und die zeitlich nachfolgende Kündigung, kann das über den zeitlich vorgehenden Auflösungsantrag entscheidende Gericht bei der Gewichtung der Auflösungsgründe und bei der Bestimmung der Höhe der festzusetzenden Abfindung zum einen die voraussichtliche Dauer des Arbeitsverhältnisses und zum anderen den wahrscheinlichen Ausgang des Rechtsstreits über den nachgehenden Beendigungstatbestand im Rahmen einer vorausschauenden Würdigung berücksichtigen.[47] 2104

Wird das Auflösungsurteil vor dem Zeitpunkt der Auflösung rechtskräftig, was bei langen Kündigungsfristen denkbar ist, muss der Arbeitgeber die Abfindung zahlen, 2105

---

[41] BAG 23.2.2010 NZA 2010, 1123 Rn. 23; 24.5.2005 NZA 2005, 1172; 17.9.1987 BeckRS 1980, 44206; APS/*Biebl*, § 9 KSchG Rn. 87 f.; HHL/*Linck*, § 9 KSchG Rn. 42; KR/*Spilger*, § 9 KSchG Rn. 34; vgl. auch BAG 29.8.2013 NZA 2014, 660 Rn. 20.
[42] BAG 27.4.2006 NZA 2007, 229 Rn. 30; APS/*Biebl*, § 9 KSchG Rn. 86; HHL/*Linck*, § 9 KSchG Rn. 84; LSW/*Spinner*, § 9 KSchG Rn. 73.
[43] BAG 27.4.2006 NZA 2007, 229 Rn. 21; 28.5.2009 NZA 2009, 966 Rn. 19.
[44] BAG 27.4.2006 NZA 2007, 229 Rn. 19.
[45] BAG 27.4.2006 NZA 2007, 229 Rn. 19 unter Aufgabe von BAG 17.9.1987 BeckRS 1987, 30722912.
[46] BAG 27.4.2006 NZA 2007, 229 Rn. 30.
[47] BAG 27.4.2006 NZA 2007, 229 Rn. 29; 28.5.2009 NZA 2009, 966; vgl. auch BAG 11.7.2013 NZA 2013, 1259 Rn. 18; 10.7.2008 NZA 2009, 312 Rn. 57.

selbst wenn der Arbeitnehmer vor dem Auflösungszeitpunkt stirbt. Der rechtskräftig ausgeurteilte **Abfindungsanspruch** ist somit **vererblich**.[48] Das gilt auch dann, wenn dieser Anspruch auf einem vor dem Tod des Arbeitnehmers rechtswirksam geschlossenen Vertrag über die Auflösung des Arbeitsverhältnisses beruht.[49]

2. Der Auflösungsantrag des Arbeitnehmers

2106   Der Arbeitnehmer kann nach § 9 Abs. 1 S. 1 KSchG die Auflösung des Arbeitsverhältnisses verlangen, wenn ihm die Fortsetzung des Arbeitsverhältnisses **nicht** mehr **zugemutet** werden kann. Hat während des Kündigungsschutzprozesses ein Betriebsübergang stattgefunden (→ Rn. 2091), kommt es auf die Unzumutbarkeit der Fortsetzung des Arbeitsverhältnisses bei dem Betriebserwerber an.[50] Will der Arbeitnehmer auf die Unzumutbarkeit der Fortsetzung beim bisherigen Betriebserwerber abstellen, muss er dem Übergang seines Arbeitsverhältnisses (§ 613a Abs. 1 S. 1 BGB) form- und fristgerecht nach § 613a Abs. 6 BGB widersprechen.[51]

2107   Der Auflösungsantrag des Arbeitnehmers ist ein sog. **unechter Eventualantrag.** Denn er wird nur für den Fall gestellt, dass der Arbeitnehmer mit dem Kündigungsschutzantrag obsiegt.[52] Es liegt also eine bedingte Klagehäufung vor. Derartige bedingte Klageanträge sind zulässig, wenn die Entscheidung über den Eintritt der Bedingung allein beim Gericht liegt. Es handelt sich um eine Art von Rechtsbedingung, d.h. der Auflösungsantrag soll nur beschieden werden, wenn der Kläger mit seinem Feststellungsantrag Erfolg hat.[53]

2108   Der Begriff der Unzumutbarkeit deckte sich nach einer älteren Rechtsprechung mit dem, der bei einer außerordentlichen Kündigung des Arbeitsverhältnisses durch den Arbeitnehmer nach § 626 Abs. 1 BGB erfüllt sein musste.[54] Das BAG ließ später offen, ob an den Begriff der „Unzumutbarkeit" i.S. des § 9 Abs. 1 S. 1 KSchG gleich strenge Anforderungen zu stellen sind.[55] Seit der Entscheidung des BAG vom 26.11.1981[56] werden an die Unzumutbarkeit geringere Anforderungen gestellt. Es muss kein wichtiger Grund iSv § 626 Abs. 1 BGB vorliegen, der dem Arbeitnehmer die Fortsetzung des Arbeitsverhältnisses selbst bis zum Ablauf der Kündigungsfrist oder bis zum vereinbarten Ende unzumutbar machen würde. Es reicht bei § 9 Abs. 1 S. 1 KSchG aus, dass ihm die Fortsetzung des Arbeitsverhältnisses auf unbestimmte Zeit unzumutbar ist.[57] Das Gericht muss insoweit eine Vorausschau anstellen.[58] Es hat abzustellen auf den

---

[48] BAG 25.6.1987 NZA 1988, 466; APS/*Biebl,* § 9 KSchG Rn. 17; HHL/*Linck,* § 10 KSchG Rn. 40; ErfK/*Kiel,* § 10 KSchG Rn. 15; KR/*Spilger,* § 9 KSchG Rn. 33.
[49] BAG 25.6.1987 NZA 1988, 466; vgl. aber auch BAG 22.5.2003 AP ZPO § 767 Nr. 8; 16.5.2000 NZA 2000, 1236; hierzu krit. *Boecken,* NZA 2002, 421, 422 ff.
[50] Vgl. BAG 20.3.1997 NZA 1997, 937, 939.
[51] ErfK/*Kiel,* § 9 KSchG Rn. 6; KR/*Spilger,* § 9 KSchG Rn. 34.
[52] BAG 23.6.1993 NZA 1994, 264; 5.11.1964 AP KSchG 1951 § 7 Nr. 20; 29.5.1959 KSchG 1951 § 3 Nr. 19; LAG Baden-Württemberg 17.7.2013 BeckRS 2013, 71757; 3.6.1991 LAGE KSchG § 9 Nr. 20; LAG Rheinland-Pfalz 10.7.1997 NZA 1998, 903; *Adam,* MDR 2012, 442, 445 f.
[53] Vgl. allg. BAG 18.6.1997 NZA 1997, 1234, 1235; 8.4.1988 NZA 1988, 741.
[54] BAG 5.11.1964 AP KSchG § 7 Nr. 20 mit Anm. *Herschel;* LAG Schleswig-Holstein 7.5.1981 DB 1981, 1627.
[55] Vgl. BAG 29.1.1981 AP KSchG 1969 § 9 Nr. 6.
[56] AP KSchG 1969 § 9 Nr. 8.
[57] BAG 11.7.2013 NZA 2013, 1259 Rn. 15; LAG Hamburg 13.2.2013 BeckRS 2013, 69235; vgl. auch BAG 27.3.2003 AP KSchG 1969 § 9 Nr. 48; LAG Rheinland-Pfalz 7.7.2014 BeckRS 2014, 72735.
[58] BAG 12.1.2006 NZA 2006, 817 Rn. 66; 27.4.2006 NZA 2007, 229 Rn. 27 mwN.

Zeitpunkt seiner Entscheidung über den Auflösungsantrag, also den Zeitpunkt der letzten mündlichen Verhandlung in der jeweiligen Tatsacheninstanz.[59] Nur von ihm aus kann eine verlässliche Prognose getroffen werden, ob die Fortsetzung des Arbeitsverhältnisses auf unbestimmte Zeit zumutbar ist. Hat das Arbeitsverhältnis zwar erst nach dem gem. § 9 Abs. 2 KSchG festzusetzenden Zeitpunkt, aber schon vor Erlass des Auflösungsurteils geendet (→ Rn. 2102 a.E.), ist die Vorausschau anhand der bis zur Beendigung eingetretenen Umstände vorzunehmen und auf den Zeitraum zwischen dem Termin, zu dem die Kündigung gewirkt hätte, wäre sie sozial gerechtfertigt gewesen, und dem Beendigungszeitpunkt zu erstrecken.[60]

2109 Die mit einer Kündigung üblicherweise verbundenen Spannungen zwischen Arbeitgeber und Arbeitnehmer vermögen dessen Auflösungsantrag noch nicht zu rechtfertigen. Die Unzumutbarkeit muss sich vielmehr aus weiteren – vom eigentlichen Kündigungsvorwurf losgelösten – Gründen ergeben.[61] Die Auflösungsgründe müssen jedoch einen **inneren Zusammenhang** mit den Kündigungsgründen haben oder während des Rechtsstreits entstanden sein.[62] Fehlt es an beidem, kann der Arbeitnehmer, sofern das Verhalten des Arbeitgebers einen wichtigen Grund iSv § 626 Abs. 1 BGB darstellt, nur selbst fristlos kündigen und Schadensersatz nach § 628 Abs. 2 BGB verlangen (auch → Rn. 819).[63]

2109a Dies kann zB der Fall sein, wenn durch unzutreffende, ehrverletzende Behauptungen des Arbeitgebers über die Person oder das Verhalten des Arbeitnehmers das Vertrauensverhältnis zwischen den Arbeitsvertragsparteien unheilbar zerrüttet ist oder das Kündigungsschutzverfahren über eine offensichtlich sozialwidrige Kündigung seitens des Arbeitgebers mit einer derartigen Schärfe geführt worden ist, dass der Arbeitnehmer mit einem schikanösen Verhalten des Arbeitgebers und der anderen Mitarbeiter rechnen muss, wenn er in den Betrieb zurückkehrt.[64] Hierfür reicht jedoch nicht allein der Umstand, dass ein Kündigungsschutzprozess geführt worden ist.[65] Das Arbeitsverhältnis kann aber aufzulösen sein, wenn feststeht, dass sich der Arbeitgeber ungeachtet der im Kündigungsschutzprozess vertretenen Rechtsauffassung des Gerichts auf jeden Fall von dem Arbeitnehmer trennen will und offensichtlich beabsichtigt, mit derselben oder einer beliebigen anderen Begründung solange Kündigungen auszusprechen, bis er sein Ziel erreicht hat.[66] Dagegen liegt kein Auflösungsgrund nach § 9 Abs. 1 S. 1 KSchG vor, wenn der Arbeitgeber nach erstinstanzlichem Verlust des Kündigungsschutzprozesses erneut kündigt und grundsätzlich entschlossen ist, die unternehmeri-

---

[59] BAG 12.1.2006 NZA 2006, 917 Rn. 66; 25.11.1982 AP KSchG 1969 § 9 Nr. 10; LAG Schleswig-Holstein 25.2.2004 NZA-RR 2005, 132, 135; ErfK/*Kiel*, § 9 KSchG Rn. 7; HHL/*Linck*, § 9 KSchG Rn. 45; KDZ/*Zwanziger*, § 9 KSchG Rn. 12.

[60] BAG 23.2.2010 NZA 2010, 1123 Rn. 23; 17.9.1987 BeckRS 1987, 30722912.

[61] BAG 24.9.1992 NZA 1993, 362; LAG Rheinland-Pfalz 7.7.2014 BeckRS 2014, 72735; LAG Schleswig-Holstein 25.2.2004 NZA-RR 2005, 132, 135.

[62] BAG 11.7.2013 NZA 2013, 1259 Rn. 15; 24.9.1992 NZA 1993, 362, 363; LAG Schleswig-Holstein 25.2.2004 NZA-RR 2005, 132, 135; ErfK/*Kiel*, § 9 KSchG Rn. 9; *Bauer*, FS 50 Jahre Deutsches Anwaltsinstitut e.V., 2003, S. 217, 224; APS/*Biebl*, § 9 KSchG Rn. 34; KR/*Spilger*, § 9 KSchG Rn. 41; KDZ/*Zwanziger*, § 9 KSchG Rn. 12.

[63] BAG 11.7.2013 NZA 2013, 1259 Rn. 42.

[64] BAG 11.7.2013 NZA 2013, 1259 Rn. 21; 6.11.2003 AP KSchG 1969 § 1 Verhaltensbedingte Kündigung Nr. 46; 27.3.2003 AP KSchG 1969 § 9 Nr. 48; *Bauer*, FS Hanau, 1999, S. 151, 153. Zu weiteren Beispielen LAG Rheinland-Pfalz 7.7.2014 BeckRS 2014, 72735; *Keßler*, NZA-RR 2002, 1, 7.

[65] LAG Schleswig-Holstein 26.11.2002 BeckRS 2002, 41696 Rn. 27; APS/*Biebl*, § 9 KSchG Rn. 35; LSW/*Spinner*, § 9 KSchG Rn. 39; KR/*Spilger*, § 9 KSchG Rn. 45.

[66] BAG 11.7.2012 NZA 2013, 1259 Rn. 21.

sche Entscheidung, die der ersten, sozialwidrigen Kündigung zugrunde lag, mit allen ihm zur Verfügung stehenden rechtlichen Mitteln, notfalls einer erneuten, aus seiner Sicht nunmehr sozial gerechtfertigten Kündigung durchzusetzen.[67] Ein durch die Wahrnehmung berechtigter Interessen gedecktes Verhalten des Arbeitgebers kann einen Auflösungsantrag des Arbeitnehmers in aller Regel nicht rechtfertigen.[68]

2110 Das Verhalten Dritter kann den Auflösungsantrag des Arbeitnehmers nach § 9 Abs. 1 S. 1 KSchG nur begründen, wenn es durch den Arbeitgeber entscheidend veranlasst worden ist.[69] Hat der Arbeitnehmer eine **andere Stelle** gefunden und angetreten, rechtfertigt dieser Umstand alleine die Auflösung nicht. Soweit nicht sonstige, die Unzumutbarkeit begründende Umstände vorliegen, ist der durch den Antritt einer neuen Stelle entstehende Konflikt ausschließlich nach § 12 KSchG zu lösen (dazu näher → Rn. 2048).[70] Auch sonst liegt kein Auflösungsgrund i. S. des § 9 Abs. 1 S. 1 KSchG vor, wenn die einer Weiterarbeit entgegenstehenden Tatsachen im Einflussoder Risikobereich des Arbeitnehmers liegen.[71]

2111 Alle Tatsachen, die für die Auflösung des Arbeitsverhältnisses vom **Arbeitnehmer** geltend gemacht werden, hat dieser zu **behaupten** und ggf. zu **beweisen.**[72] Das Gericht darf für die Begründung nur solche Tatsachen heranziehen, auf die sich der Arbeitnehmer auch berufen hat. Das gilt selbst dann, wenn die Tatsachen unstreitig oder offenkundig sind.[73]

2112 Stellt das Gericht fest, dass eine **außerordentliche Kündigung** unbegründet ist, ist jedoch dem Arbeitnehmer die Fortsetzung des Arbeitsverhältnisses nicht zuzumuten, hat es das Arbeitsverhältnis auf seinen Antrag nach § 13 Abs. 1 S. 3 KSchG aufzulösen. Der Arbeitnehmer hat im Falle des Ausspruchs einer außerordentlichen, **hilfsweise ordentlichen Kündigung**[74] bzw. der **Umdeutung der außerordentlichen Kündigung** in eine ordentliche Kündigung nach § 140 BGB,[75] sofern diese sozialwidrig ist (vgl. § 1 Abs. 1 KSchG), die **Wahl,** ob er den Auflösungsantrag in Bezug auf die außerordentliche Kündigung des Arbeitgebers stellt oder die Auflösung des Arbeitsverhältnisses nur bezogen auf die ordentliche Kündigung beantragt. Das hat Konsequenzen für den Auflösungszeitpunkt (näher → Rn. 2133) und damit auch für evtl. Ansprüche des Arbeitnehmers aus §§ 611 Abs. 1, 615 S. 1 BGB (→ Rn. 2130).

---

[67] BAG 27.3.2003 AP KSchG 1969 § 9 Nr. 48; LAG Rheinland-Pfalz 7.7.2014 BeckRS 2014, 72735; ErfK/*Kiel*, § 9 KSchG Rn. 9.
[68] LAG Schleswig-Holstein 26.11.2002 BeckRS 2002, 41696 Rn. 27.
[69] ErfK/*Kiel*, § 9 KSchG Rn. 9 im Anschluss an BAG 14.5.1987 NZA 1988, 16 (umgekehrter Fall, → Rn. 2118); vgl. auch ErfK/*Kiel*, § 9 KSchG Rn. 44; KR/*Spilger*, KSchG Rn. 41; offen gelassen von BAG 11.7.2013 NZA 2013, 1259 Rn. 40.
[70] BAG 19.10.1972 AP KSchG 1969 § 12 Nr. 1; APS/*Biebl*, § 9 KSchG Rn. 45; *Boewer*, RdA 2001, 380, 400; HHL/*Linck*, § 9 KSchG Rn. 51; ErfK/*Kiel*, § 9 KSchG Rn. 9; KR/*Spilger*, § 9 KSchG Rn. 44.
[71] BAG 11.7.2013 NZA 2013, 1259 Rn. 40.
[72] Vgl. BAG 30.9.1976 AP KSchG 1969 § 9 Nr. 3; LAG Köln 26.1.1995 LAGE KSchG § 9 Nr. 25; APS/*Biebl*, § 9 KSchG Rn. 38; ErfK/*Kiel*, § 9 KSchG Rn. 7; KR/*Spilger*, § 9 KSchG Rn. 47.
[73] BAG 30.9.1976 NJW 1977, 695; LAG Köln 26.1.1995 LAGE KSchG § 9 Nr. 25; LAG Rheinland-Pfalz 7.7.2014 BeckRS 2014, 72735; *Boewer*, RdA 2001, 380, 400.
[74] LAG Düsseldorf 2.4.2008 LAGE KSchG § 9 Nr. 40; KR/*Friedrich*, § 13 KSchG Rn. 115 mit Rn. 119; HHL/*Linck*, § 13 KSchG Rn. 17; ErfK/*Kiel*, § 9 KSchG Rn. 28.
[75] 21.5.2008 AP BGB § 628 Nr. 23 Rn. 30; BAG 26.8.1993 NZA 1994, 70; *Bauer*, FS Hanau, 1999, S. 151, 166; APS/*Biebl*, § 13 KSchG Rn. 46; KR/*Friedrich*, § 13 KSchG Rn. 115; HHL/*Linck*, § 13 KSchG Rn. 17, 20; ErfK/*Kiel*, § 9 KSchG Rn. 9; einschränkend im Hinblick auf die Voraussetzungen des § 140 BGB LAG Düsseldorf 2.4.2008 LAGE KSchG § 9 Nr. 40.

3. Der Auflösungsantrag des Arbeitgebers

Auf Antrag des Arbeitgebers hat das Gericht, nachdem die Sozialwidrigkeit der or- 2113
dentlichen Kündigung festgestellt worden ist (näher → Rn. 2097), gem. § 9 Abs. 1
S. 2 KSchG das Arbeitsverhältnis aufzulösen, wenn Gründe vorliegen, die eine **den
Betriebszwecken dienliche weitere Zusammenarbeit** zwischen Arbeitgeber und
Arbeitnehmer **nicht erwarten lassen.** Der Auflösungsantrag des Arbeitgebers ist ein
echter Eventualantrag. Denn er wird für den Fall gestellt, dass der Antrag auf Abweisung der Kündigungsschutzklage keinen Erfolg hat.[76] Bestreitet der Arbeitgeber die Sozialwidrigkeit der Kündigung nicht, beschränkt er sich also auf den Auflösungsantrag, wird dieser zum Hauptantrag.

An die Begründetheit des vom Arbeitgeber gestellten Auflösungsantrages sind im 2114
Interesse eines wirksamen Bestandsschutzes **strenge Anforderungen** zu stellen
(→ Rn. 2088).[77] Das darf aber nicht dazu führen, die strengen Voraussetzungen des
§ 626 Abs. 1 BGB für den Auflösungsantrag des Arbeitgebers zu verlangen. Soweit allerdings die Auflösungsgründe das Gewicht eines wichtigen Kündigungsgrundes erreichen, steht es dem Arbeitgeber frei, unter Beachtung von § 626 Abs. 2 S. 1 BGB eine
außerordentliche Kündigung auszusprechen.[78]

Der **Zeitpunkt** für die **Beurteilung** ist hier, wie bei der Entscheidung über den 2115
Antrag des Arbeitnehmers (→ Rn. 2108), der, in dem das Gericht über den Antrag
befindet, also u. U. der **Schluss** der **mündlichen Verhandlung** vor dem Berufungsgericht.[79] In diesem Zeitpunkt ist zu fragen, ob auf Grund des Verhaltens des Arbeitnehmers in der Vergangenheit in Zukunft – das Gericht muss insoweit eine Vorausschau anstellen[80] – nach § 9 Abs. 1 S. 2 KSchG noch mit einer den Betriebszwecken
dienenden weiteren Zusammenarbeit der Parteien zu rechnen ist.[81] Wegen dieses Beurteilungszeitpunktes ist es auch denkbar, dass mögliche Auflösungsgründe ihr Gewicht wieder verlieren, weil die tatsächlichen oder rechtlichen Umstände sich im
Zeitpunkt der abschließenden Entscheidung geändert haben.[82] Hat das Arbeitsverhältnis nach dem gem. § 9 Abs. 2 KSchG festzusetzenden Zeitpunkt, jedoch vor Erlass des
(Berufungs-)Urteils bereits geendet – dies ist kein Hindernis für die Auflösung des Arbeitsverhältnisses (→ Rn. 2102) –, ist für die nach § 9 Abs. 1 S. 2 KSchG anzustellende Zukunftsprognose nur der Zeitraum bis zum Eintritt der anderweitigen Beendigung

---

[76] BAG 18.12.1980 AP BetrVG 1972 § 102 Nr. 22 mit Anm. *Herschel.*
[77] BVerfG 22.10.2004 NZA 2005, 41; BAG 24.11.2011 NZA 2012, 610 Rn. 41; 24.3.2011 NZA-RR 2012, 243 Rn. 20; 9.9.2010 NJW 2011, 3798 Rn. 10; LAG Berlin-Brandenburg 11.4.2014 NZA-RR 2014, 468, 472; LAG Hamm 3.9.2014 NZA-RR 2015, 131, 136; LAG Schleswig-Holstein 13.6.2013 BeckRS 2013, 70635.
[78] APS/*Biebl,* § 9 KSchG Rn. 49; KR/*Spilger,* § 9 KSchG Rn. 52; vgl. auch BAG 7.3.2002 NZA 2003, 261.
[79] Vgl. BAG 29.8.2013 NZA 2014, 660 Rn. 20; 11.7.2013 NZA 2014, 250 Rn. 56; 24.11.2011 NZA 2012, 610 Rn. 41; LAG Berlin-Brandenburg 11.4.2014 NZA-RR 2014, 468, 472; LAG Hamm 3.9.2014 NZA-RR 2015, 131, 136; APS/*Biebl,* § 9 KSchG Rn. 36; HHL/*Linck,* § 9 KSchG Rn. 53; ErfK/*Kiel,* § 9 KSchG Rn. 13.
[80] BAG 27.4.2006 NZA 2007, 229; 12.1.2006 NZA 2006, 917 Rn. 66.
[81] BAG 29.8.2013 NZA 2014, 660 Rn. 20; 24.11.2011 NZA 2012, 610 Rn. 41; vgl. auch BAG 11.7.2013 NZA 2014, 250 Rn. 56. Zu Sympathiebekundungen des Arbeitnehmers zu den Terroranschlägen in New York am 11.9.2001 vgl. LAG Nürnberg 13.1.2004 NZA-RR 2004, 347, 349 f.
[82] BAG 10.7.2008 NZA 2009, 312 Rn. 43; 23.6.2005 NZA 2006, 363, 364; 6.11.2003 AP KSchG § 1 Verhaltensbedingte Kündigung Nr. 46; LAG Berlin-Brandenburg 11.4.2014 NZA-RR 2014, 468, 472.

zu berücksichtigen (auch → Rn. 2108).⁸³ Allgemein sind bei der Gewichtung der Auflösungsgründe die Stellung des Arbeitnehmers im Betrieb,⁸⁴ die Dauer seiner Betriebszugehörigkeit⁸⁵ und ein nach Kündigungszugang eingetretener besonderer Kündigungsschutz (auch → Rn. 2126)⁸⁶ zu berücksichtigen.

2116 Bei der Entscheidung über den **Auflösungsantrag** einer **Kirchengemeinde** kann deren Glaubwürdigkeit in der Öffentlichkeit besonderes Gewicht zukommen. Der Eindruck heilloser Zerstrittenheit des Gemeindepersonals kann den Auflösungsantrag rechtfertigen,⁸⁷ nicht dagegen der Umstand, dass der Kündigungsschutzprozess in der Öffentlichkeit für Aufsehen sorgt.⁸⁸ Umfasst der **Betriebszweck** die Verfolgung einer **grundrechtlich gewährleisteten Tendenz** und folgen hieraus besondere Anforderungen an das Verhalten oder die Person des Arbeitnehmers, kann sich hieraus ein gestärktes Interesse des Arbeitgebers an der Vertragsauflösung ergeben.⁸⁹

2117 Die Gründe, die nach § 9 Abs. 1 S. 2 KSchG der Erwartung einer den Betriebszwecken dienlichen weiteren Zusammenarbeit entgegenstehen, müssen nicht im Verhalten, vor allem nicht im schuldhaften Verhalten des Arbeitnehmers liegen.⁹⁰ Insbesondere kommt **prozessuales** – zB bewusst falscher Prozessvortrag⁹¹ – und **außerprozessuales Verhalten** des Arbeitnehmers in Betracht. Zu letzterem zählen Umstände, die das persönliche Verhältnis zum Arbeitnehmer, die Wertung seiner Persönlichkeit, seiner Leistung oder seiner Eignung für die ihm gestellten Aufgaben und sein Verhältnis zu den übrigen Mitarbeitern betreffen.⁹² Beim Vorliegen derartiger Gründe ist eine den Betriebszwecken dienliche Zusammenarbeit um so weniger zu erwarten, je höher die Position des Arbeitnehmers im Betrieb ist (Rückschluss aus § 14 Abs. 2 KSchG).⁹³ Als Auflösungsgrund geeignet sind vor allem Beleidigungen, sonstige ehrverletzende Äußerungen oder persönliche Angriffe des Arbeitnehmers gegen den Arbeitgeber, Vorgesetzte oder Kollegen,⁹⁴ nicht dagegen die bloße Weigerung von Arbeitskollegen, mit einem Arbeitnehmer weiterhin zusammenzuarbeiten.⁹⁵ Spannungen zwischen dem Arbeitnehmer und Kollegen oder Vorgesetzten darf der Arbeitgeber nicht ohne Beachtung der Verursachungsanteile zu Lasten eines Arbeitnehmers lösen.⁹⁶ **Unter bestimmten Umständen** kann sogar angenommen werden, dass eine zukünftige vertrauensvolle Zusammenarbeit der Arbeitsvertragsparteien **schon** bei dem **dringenden Verdacht** einer **schwerwiegenden Pflichtverletzung** des Arbeitnehmers nicht zu erwarten und eine **Fortsetzung** des Arbeitsverhältnisses daher für den **Arbeitge-**

---

⁸³ BAG 29.8.2013 NZA 2014, 660 Rn. 20.
⁸⁴ BAG 26.6.1997 BeckRS 2009, 55111; APS/*Biebl*, § 9 KSchG Rn. 55; HHL/*Linck*, § 9 KSchG Rn. 57; ErfK/*Kiel*, § 9 KSchG Rn. 14.
⁸⁵ BAG 7.3.2002 NZA 2003, 261; 26.6.1997 BeckRS 2009, 55111.
⁸⁶ Zur Schwerbehinderung vgl. BAG 7.3.2002 NZA 2003, 261.
⁸⁷ BVerfG 9.2.1990 NJW 1990, 2053.
⁸⁸ LAG Thüringen 11.11.2008 BeckRS 2011, 65694.
⁸⁹ BAG 23.10.2008 NZA-RR 2009, 362 Rn. 72.
⁹⁰ BAG 11.7.2013 NZA 2014, 250 Rn. 56; 24.11.2011 NZA 2012, 610 Rn. 42; 24.3.2011 NZA-RR 2012, 243 Rn. 21; LAG Schleswig-Holstein 13.6.2013 BeckRS 2013, 70636.
⁹¹ BAG 10.7.2008 NZA 2009, 312 Rn. 55; LAG Hamm 3.9.2014 NZA-RR 2015, 131, 136.
⁹² BAG 29.8.2013 NZA 2014, 660 Rn. 19; 11.7.2013 NZA 2014, 250 Rn. 56; 24.11.2011 NZA 2012, 610 Rn. 42.
⁹³ LAG Köln 23.1.2014 BeckRS 2014, 71648 Rn. 72; ErfK/*Kiel*, § 9 KSchG Rn. 14.
⁹⁴ BAG 24.3.2011 NZA-RR 2012, 243 Rn. 61; 23.2.2010 NZA 2010, 1123 Rn. 29; 10.7.2008 NZA 2009, 312; LAG Hamm 3.9.2014 NZA-RR 2015, 131, 136; *Keßler*, NZA-RR 2002, 1, 9.
⁹⁵ BAG 23.10.2008 NZA-RR 2009, 362; LAG Hamburg 1.9.2009 BeckRS 2011, 66782; LAG Rheinland-Pfalz 24.8.2012 BeckRS 2012, 75010.
⁹⁶ Vgl. BAG 2.6.2005 AP KSchG 1969 § 9 Nr. 51.

ber unzumutbar ist. Die Auflösung eines Arbeitsverhältnisses nach § 9 Abs. 1 S. 2 KSchG wegen eines Verdachts ist jedenfalls unter den strengen Voraussetzungen, die das BAG für die Verdachtskündigung entwickelt hat (näher → Rn. 703 ff.), verfassungsrechtlich unbedenklich.[97] Ein Verhalten im Prozess, das durch die Wahrnehmung berechtigter Interessen gedeckt ist, reicht für die Auflösung nicht.[98] Der Arbeitgeber darf sich nicht auf Gründe berufen, die er selbst oder Personen, für die er nach § 278 BGB einzustehen hat, provoziert haben.[99] Ein Auflösungsantrag nach § 9 Abs. 1 S. 2 KSchG kommt insbesondere in Betracht, wenn während eines Kündigungsschutzprozesses zusätzliche Spannungen zwischen den Parteien auftreten, die eine Fortsetzung des Arbeitsverhältnisses sinnlos erscheinen lassen.[100]

Das **Verhalten Dritter** muss der Arbeitnehmer sich zurechnen lassen, wenn dieses durch eigenes Handeln entscheidend veranlasst worden ist.[101] Die Zurechnung betrifft auch die Ausführungen seines Prozessbevollmächtigten im Kündigungsrechtsstreit, wenn er ihnen nicht in geeigneter Weise entgegentritt.[102] Zu berücksichtigen ist aber, dass gerade Erklärungen während des Kündigungsschutzrechtsstreits durch ein berechtigtes Interesse des Arbeitnehmers gedeckt sein können.[103]

2118

Die Auflösung des Arbeitsverhältnisses kann auch mit den **Gründen** verlangt werden, die die **Kündigung nicht rechtfertigen**.[104] Der Arbeitgeber muss aber im Einzelnen vortragen, weshalb die Tatsachen, die die Kündigung nicht rechtfertigen, einer den Betriebszwecken dienlichen weiteren Zusammenarbeit entgegenstehen.[105] In aller Regel werden dazu weitere zusätzliche Tatsachen vorgetragen werden müssen.[106]

2119

Nachdem das BAG die Frage, ob der Arbeitgeber zur Stützung seines Auflösungsantrags nach § 9 Abs. 1 S. 2 KSchG Gründe nachschieben kann, mit denen er wegen Nichteinschaltung des Betriebsrats im Kündigungsschutzprozess ausgeschlossen ist, im Urteil vom 18.12.1980[107] noch offen gelassen hatte, hat es sie – auch für das Personalvertretungsrecht – in seinem Urteil vom 10.10.2002[108] zu Recht verneint. Zum einen ist der Arbeitgeber nach § 102 Abs. 1 S. 2 BetrVG nur verpflichtet, dem Betriebsrat die Kündigungsgründe, nicht aber die Gründe für eine anderweitige Beendigung des Arbeitsverhältnisses mitzuteilen. Zum anderen kann er zum Zeitpunkt der Anhörung

2120

---

[97] BVerfG 15.12.2008 BeckRS 2011, 87024 Rn. 11.
[98] Vgl. BAG 24.3.2011 NZA-RR 2012, 243 Rn. 22; 10.6.2010 AP KSchG 1969 § 9 Nr. 63; 10.10.2002 AP KSchG 1969 § 1 Betriebsbedingte Kündigung Nr. 123; vgl. auch LAG Köln 23.1.2014 BeckRS 2014, 71648 Rn. 61.
[99] BAG 23.10.2008 NZA-RR 2009, 362 Rn. 71; 10.7.2008 NZA 2009, 312 Rn. 56; 2.6.2005 AP KSchG 1969 § 9 Nr. 51; vgl. auch BAG 11.7.2013 NZA 2014, 250 Rn. 59.
[100] BAG 23.2.2010 NZA 2010, 1123 Rn. 28; 8.10.2009 AP KSchG 1969 § 9 Nr. 65; 12.1.2006 NZA 2006, 917 Rn. 65; vgl. auch LAG Hamm 3.9.2014 NZA-RR 2015, 131, 136.
[101] BAG 14.5.1987 NZA 1988, 16; Boewer, RdA 2001, 380, 401; Keßler, NZA-RR 2002, 1, 10.
[102] Vgl. BAG 9.9.2010 AP KSchG 1969 § 9 Nr. 64; 10.6.2010 AP KSchG 1969 § 9 Nr. 63; 23.2.2010 NZA 2010, 1123 Rn. 30; vgl. auch Bauer, FS Hanau, 1999, S. 151, 156; Keßler, NZA-RR 2002, 1, 10; Tschöpe, FS Schwerdtner, 2003, S. 217, 233.
[103] BAG 9.9.2010 AP KSchG 1969 § 9 Nr. 64; 10.6.2010 AP KSchG 1969 § 9 Nr. 63; 23.2.2010 NZA 2010, 1123 Rn. 31; LAG Hamm 3.9.2014 NZA-RR 2015, 131, 136.
[104] BVerfG 22.10.2004 NZA 2005, 41, 42; BAG 23.2.2010 NZA 2010, 1123 Rn. 36; 10.12.2009 NZA 2010, 698; 23.10.2008 NZA-RR 2009, 362.
[105] BVerfG 22.10.2004 NZA 2005, 41, 42; BAG 24.5.2005 NZA 2005, 1178, 1181; 30.6.1983 AP GG Art. 140 Nr. 15; LAG Hamm 3.9.2014 NZA-RR 2015, 131, 136; APS/Biebl, § 9 KSchG Rn. 52; ErfK/Kiel, § 9 KSchG Rn. 12; KR/Spilger, § 9 KSchG Rn. 58.
[106] BAG 23.2.2010 NZA 2010, 1123 Rn. 36; 23.10.2008 NZA-RR 2009, 362 Rn. 71; LAG Köln 23.1.2014 BeckRS 2014, 71648 Rn. 60; vgl. auch BVerfG 22.10.2004 NZA 2005, 41, 42.
[107] NJW 1981, 2316.
[108] AP KSchG § 9 Nr. 45.

des Betriebsrats noch gar nicht wissen, ob überhaupt ein Auflösungsantrag gestellt wird. Die Anhörung des Betriebsrats insoweit wäre also eine rein hypothetische. Somit kann der Arbeitgeber auch **Auflösungsgründe nachschieben,** mit denen er **im Kündigungsschutzprozess** mangels Mitteilung an den Betriebsrat **ausgeschlossen** wäre (→ Rn. 355).[109]

2121 Die **Darlegungs- und Beweislast** obliegt dem **Arbeitgeber** (§ 9 Abs. 1 S. 2 KSchG).[110] Nur die von ihm vorgetragenen oder aufgegriffenen Tatsachen dürfen berücksichtigt werden.[111] Zur Schlüssigkeit seines Auflösungsantrags gehört der Vortrag von **greifbaren Tatsachen,** aus denen folgt, dass eine den Betriebszwecken dienliche weitere Zusammenarbeit in Zukunft nicht zu erwarten sei (näher → Rn. 2115 und 2117). Allgemeine Redewendungen etwa des Inhalts, die Vertrauensgrundlage sei weggefallen oder ein unüberbrückbares Zerwürfnis sei eingetreten, genügen nicht (auch → Rn. 2114).[112]

2122 Bei Geschäftsführern, Betriebsleitern und ähnlichen **leitenden Angestellten** iSd § 14 Abs. 2 S. 1 KSchG mit der dort genannten Personalverantwortung (dazu näher → Rn. 841 ff.)[113] braucht der Arbeitgeber den **Auflösungsantrag** nach § 14 Abs. 2 S. 2 KSchG **nicht** zu **begründen.**[114, 115] Das Gericht hat dem Antrag somit auch dann stattzugeben, wenn nach seiner Überzeugung keinerlei Störung des Vertrauensverhältnisses vorliegt.[116] Allerdings gilt – soweit man dem BAG zu § 9 Abs. 1 S. 2 KSchG folgt (→ Rn. 2097) – auch hier, dass die zu Grunde liegende ordentliche Kündigung allein sozialwidrig nach § 1 Abs. 1 KSchG sein muss (→ Rn. 2097).[117] Ist der Arbeitnehmer in einem einheitlichen Arbeitsverhältnis mit mehreren Arbeitgebern (→ Rn. 181) leitender Angestellter iSv § 14 Abs. 2 S. 1 KSchG nur im Verhältnis zu einem der Arbeitgeber und stellt dieser einen Auflösungsantrag nach § 9 Abs. 1 S. 2 KSchG, schlägt dies wegen der vereinbarten Einheitlichkeit des Arbeitsverhältnisses auf die Beziehung zu den anderen Arbeitgebern durch. Eine Fortsetzung des einheitlichen Arbeitsverhältnisses ist deshalb der Arbeitgeberseite in der Regel insgesamt unzumutbar.[118]

---

[109] BAG 10.10.2002 AP KSchG § 9 Nr. 45; APS/*Biebl,* § 9 KSchG Rn. 52; *Boewer,* RdA 2001, 380, 401; HHL/*Linck,* § 9 KSchG Rn. 64; *Keßler,* NZA-RR 2002, 1, 9; LSW/*Spinner,* § 9 KSchG Rn. 51; *Lunk,* NZA 2000, 807, 809 ff.; KDZ/*Zwanziger,* § 9 KSchG Rn. 23; a. A. KR/*Spilger,* § 9 KSchG Rn. 58a, *Herschel,* Anm. AP § 102 BetrVG 1972 Nr. 22; *St. Müller,* BB 2002, 2014, 2015; *ders.,* Anm. zu BAG EzA KSchG n. F. § 9 Nr. 46.

[110] BAG 30.9.1976 AP KSchG 1969 § 9 Nr. 3; APS/*Biebl,* § 9 KSchG Rn. 60; *Boewer,* RdA 2001, 380, 400; *Tschöpe,* FS Schwerdtner, 2003, S. 217, 232.

[111] BAG 10.12.2009 NZA 2010, 698 Rn. 34; 2.6.2005 AP KSchG 1969 § 9 Nr. 51; LAG Hamm 21.12.2007 LAGE KSchG § 1 Betriebsbedingte Kündigung Nr. 81.

[112] BAG 14.5.1987 NZA 1988, 16; 14.1.1993 NZA 1994, 309, 311; *Boewer,* RdA 2001, 380, 400; *Holthausen/Holthausen,* NZA-RR 2007, 449, 452.

[113] Vgl. hierzu BAG 19.4.2012 NZA 2013, 27 Rn. 31–33; 14.4.2011 AP KSchG 1969 § 14 Nr. 12; 10.10.2002 AP KSchG 1969 § 1 Betriebsbedingte Kündigung Nr. 123; LAG Hamm 20.8.2009 BeckRS 2009, 73498; LAG Niedersachsen 12.2.2008 BeckRS 2011, 66896; *Bengelsdorf,* FS 50 Jahre BAG, 2004, S. 331 ff.; *Horn,* NZA 2012, 186, 189 f.; *Keßler,* NZA-RR 2002, 1, 9 f.; *Rost,* FS Wißmann, 2005, S. 61, 69 ff.; *Vogel,* NZA 2002, 313, 314 f.

[114] Krit. hierzu im Hinblick auf Art. 3 Abs. 1 GG wegen der Begründungspflicht des leitenden Angestellten nach § 9 Abs. 1 S. 1 KSchG *Bauer,* FS Hanau, 1999, S. 151, 157; dagegen *Rost,* FS Wißmann, 2005, S. 61, 77.

[115] Zur Bemessung der Höhe der Abfindung in diesem Fall LAG Hamm 14.12.2000 LAGE KSchG § 9 Nr. 35; *Rost,* FS Wißmann, 2005, S. 61, 76.

[116] BSG 16.10.2003 NZS 2004, 495, 496; KR/*Rost,* § 14 KSchG Rn. 38.

[117] LAG Thüringen 2.10.2014 – 6 Sa 345/13 – juris Rn. 71; vgl. auch KDZ/*Deinert,* § 14 KSchG Rn. 27; ErfK/*Kiel,* § 14 KSchG Rn. 19; a. A. KR/*Rost,* § 14 KSchG Rn. 38b.

[118] BAG 19.4.2012 NZA 2013, 27 Rn. 36.

§ 3 Auflösung des Arbeitsverhältnisses und Abfindung

Nach Art. 56 Abs. 2a S. 1 des Zusatzabkommens zum Nato-Truppenstatut vom 3.8.1959 (BGBl. 1961 II S. 1218) idF des Änderungsabkommens vom 28.9.1994 (BGBl. 1994 II S. 2598), findet § 9 Abs. 1 S. 2 KSchG im Rahmen eines Arbeitsverhältnisses bei den alliierten Streitkräften mit der Maßgabe Anwendung, dass der Arbeitgeber seinen Auflösungsantrag auch damit begründen kann, der Fortsetzung des Arbeitsverhältnisses stünden besonders schutzwürdige militärische Interessen entgegen.[119]   **2123**

Der Arbeitgeber kann **keinen Auflösungsantrag** stellen, wenn das Gericht feststellt, eine außerordentliche Kündigung sei unbegründet. Das folgt aus § 13 Abs. 1 S. 3 KSchG, der nur für den Arbeitnehmer einen Auflösungsantrag vorsieht. Eine analoge Anwendung von § 9 Abs. 1 S. 2 KSchG auf Fälle der für unwirksam erklärten fristlosen Arbeitgeberkündigung scheidet aus.[120] Aus § 13 Abs. 1 S. 3 KSchG ergibt sich auch der Ausschluss eines arbeitgeberseitigen Auflösungsantrags bei einer unwirksamen außerordentlichen fristlosen und auch einer solchen mit Auslauffrist gegenüber einem Arbeitnehmer, dessen Arbeitsverhältnis mit ordentlicher Frist nicht mehr gekündigt werden kann (näher → Rn. 738 ff.).[121] In letzterem Fall scheidet auch eine unmittelbare oder entsprechende Anwendung des § 9 Abs. 1 S. 2 KSchG aus.[122]   **2124**

Ein Auflösungsantrag des Arbeitgebers scheidet des Weiteren bei **Betriebs-** und **Personalräten** aus, denen nach § 15 Abs. 1 S. 1, Abs. 2 S. 1 KSchG nur außerordentlich gekündigt werden kann (näher → Rn. 1665 ff.).[123] Entsprechendes gilt für die von § 15 Abs. 3 S. 1 KSchG erfassten Personen.[124] Hat der Arbeitgeber vor Eintritt des Sonderkündigungsschutzes eines Wahlbewerbers eine nach § 1 Abs. 1 KSchG unwirksame Kündigung erklärt und hierauf bezogen einen Auflösungsantrag gem. § 9 Abs. 1 S. 2 KSchG gestellt, war aber der Sonderkündigungsschutz im Zeitpunkt der Entscheidung über den Auflösungsantrag schon wieder beendet, scheidet eine analoge Anwendung von § 15 Abs. 3 S. 1, 2 KSchG, § 103 BetrVG aus.[125] Hat der Arbeitnehmer erst nach Zugang der ordentlichen Kündigung den besonderen Kündigungsschutz gem. § 15 Abs. 1–3 BetrVG erworben, ist nach h. M.[126] ein Auflösungsantrag des Arbeitgebers gem. § 9 Abs. 1 S. 2 KSchG nur erfolgreich, wenn der Auflösungs-   **2125**

---

[119] Vgl. näher *Rolfs*, AR-Blattei SD 10 Rn. 186 ff.; KR/*Spilger*, § 9 KSchG Rn. 64; KR/*Weigand*, NATO-ZusAbk Rn. 34; früher BAG 9.12.1971 AP Art. 56 ZA-Nato-Truppenstatut Nr. 3.
[120] BAG 30.9.2010 NZA 2011, 349 Rn. 15; 14.9.1994 BeckRS 1994, 30750915; 26.10.1979 AP KSchG 1969 § 9 Nr. 5.
[121] BAG 26.10.1979 AP KSchG 1969 § 9 Nr. 5; 15.3.1978 AP BGB § 620 Befristeter Arbeitsvertrag Nr. 45; LAG Köln 22.6.1989 LAGE KSchG § 9 Nr. 14; LAG Hamm 18.10.1990 LAGE KSchG § 9 Nr. 19; 24.11.1988 LAGE BGB § 626 Unkündbarkeit Nr. 2; LAG Niedersachsen 10.11.1994 LAGE KSchG § 9 Nr. 23.
[122] BAG 30.9.2010 NZA 2011, 349 Rn. 19; vgl. auch BAG 26.3.2009 NZA 2009, 679 Rn. 69.
[123] LAG Hamm 30.9.1999 LAGE BetrVG 1972 § 102 Nr. 73; APS/*Biebl*, § 9 KSchG Rn. 57; KR/*Spilger*, § 9 KSchG Rn. 62; *Tschöpe*, FS Schwerdtner, 2003, S. 217, 234; vgl. auch LAG Baden-Württemberg 12.3.2003 BeckRS 2003, 30452923; LAG Berlin 27.5.2004 NZA-RR 2005, 130 = LAGE KSchG § 9 Nr. 36 mit krit. Anm. *St. Müller*; *Bauer*, FS 50 Jahre Deutsches Anwaltsinstitut e. V., 2003, S. 217, 225; HHL/*Linck*, § 9 KSchG Rn. 61. Zum Auflösungsantrag des Arbeitgebers in den Fällen des § 15 Abs. 4 u. 5 KSchG vgl. APS/*Biebl*, § 9 KSchG Rn. 57; *Hertzfeld*, NZA-RR 2012, 1, 2 f.; ErfK/*Kiel*, § 9 KSchG Rn. 20.
[124] Vgl. BAG 29.8.2013 NZA 2014, 660 Rn. 25.
[125] BAG 29.8.2013 NZA 2014, 660 Rn. 26.
[126] Vgl. BAG 7.12.1972 AP KSchG 1969 § 9 Nr. 1; LAG Baden-Württemberg 12.3.2003 BehinR 2003, 154, 156; LAG Hamm 4.4.2003 ArbuR 2004, 234; APS/*Biebl*, § 9 KSchG Rn. 58; ErfK/*Kiel*, § 9 KSchG Rn. 20; *St. Müller*, Anm. zu LAG Berlin LAGE KSchG § 9 Nr. 36; *ders.*, FA 2009, 265, 266; *Tschöpe*, FS Schwerdtner, 2003, S. 217, 235; a. A. *Matisek*, FS zum 50-jährigen Bestehen der Arbeitsgerichtsbarkeit in Rheinland-Pfalz, 1999, S. 287, 298. Für einen Ausschluss des Auflösungsantrags des Arbeitgebers nach § 9 Abs. 1 S. 2 KSchG in diesem Fall LAG Berlin 27.5.2004 LAGE KSchG § 9 Nr. 36; LAG Hamm 30.9.1999 LAGE BetrVG 1972 § 102 Nr. 73; vgl. auch KR/*Spilger*, § 9 KSchG Rn. 62.

grund, der auf einem erst nach Amtsantritt eingetretenen Sachverhalt beruht, auch eine außerordentliche Kündigung nach § 626 Abs. 1 BGB gerechtfertigt hätte.

2126 Da der besondere Kündigungsschutz nach § 9 Abs. 1 S. 1 MuSchG, § 18 Abs. 1 S. 1 BEEG und § 85 SGB IX nur für Kündigungen gilt, bedarf der Auflösungsantrag des Arbeitgebers zu seiner Wirksamkeit selbst dann keiner Zustimmung der zuständigen Behörde, wenn der Sonderkündigungsschutz erst nach Zugang der Kündigung eintritt.[127] Diesem Umstand kommt aber bei der Gewichtung des Auflösungsgrundes nach § 9 Abs. 1 S. 2 KSchG Bedeutung zu.[128] Auch kann er bei der Bemessung der Abfindungshöhe (→ Rn. 2157) berücksichtigt werden.[129]

2127 Beruft sich der Arbeitgeber gem. § 140 BGB mit Erfolg auf die Umdeutung der außerordentlichen Kündigung in eine ordentliche (näher → Rn. 410ff.) und stellt das Arbeitsgericht deren Sozialwidrigkeit fest, kann insoweit auch der Arbeitgeber nach § 9 Abs. 1 S. 2 KSchG den Auflösungsantrag stellen. Das gilt ebenso, wenn vorsorglich ordentlich gekündigt worden ist.[130]

4. Beiderseitiger Auflösungsantrag

2128 Ob das Gericht bei beiderseitigem Antrag auf Auflösung des Arbeitsverhältnisses diesem ohne nähere Prüfung stattgeben kann oder ob auch dann nach festgestellter Sozialwidrigkeit der ordentlichen Kündigung die Prüfung der weiteren gesetzlichen Voraussetzungen des § 9 Abs. 1 S. 1 bzw. 2 KSchG zu erfolgen hat, wird unterschiedlich beurteilt.[131]

2129 Dieses Problem ist in ersterem Sinne zu lösen.[132] Denn die Prüfung der Voraussetzungen könnte dazu führen, dass ein Arbeitsverhältnis durch Urteilsspruch gegen den Willen beider Parteien fortzusetzen wäre. Dieses kaum zu rechtfertigende Ergebnis kann allerdings durch eine rechtzeitige vergleichsweise Aufhebung des Arbeitsverhältnisses vermieden werden.[133]

---

[127] Vgl. BVerwG 11.5.2006 BehinR 2007, 107f.; VGH Baden-Württemberg 12.12.2005 NZA-RR 2006, 356, 357; *Hertzfeld*, NZA-RR 2012, 1, 4; HHL/*Linck*, § 9 KSchG Rn. 62, 63; *Tschöpe*, FS Schwerdtner, 2003, S. 217, 236; ebenso für § 85 SGB IX LAG Baden-Württemberg 12.3.2003 BehinR 2003, 154, 155; vgl. auch *Matissek*, FS zum 50-jährigen Bestehen der Arbeitsgerichtsbarkeit in Rheinland-Pfalz 1999, S. 287, 298; a. A. für § 85 SGB IX (bis 30.6.2001: § 15 SchwbG) OVG Lüneburg 12.7.1989 NZA 1990, 66 Ls.; *St. Müller*, FA 2009, 265, 266; vgl. auch *Haas*, FA 2009, 261, 264; KR/*Spilger*, § 9 KSchG Rn. 62a; zu § 9 Abs. 1 S. 1 MuSchG vgl. auch LAG Sachsen 12.4.1996 NZA-RR 1997, 9, 10f.

[128] Vgl. BAG 7.3.2002 NZA 2003, 261; *Holthausen/Holthausen*, NZA-RR 2007, 449, 452; vgl. auch BVerwG 11.5.2006 BehinR 2007, 107, 108.

[129] *Tschöpe*, FS Schwerdtner, 2003, S. 217.

[130] BAG 26.10.1979 AP KSchG 1969 § 9 Nr. 5 mit krit. Anm. *Grunsky*; 30.6.1983 AP GG Art. 140 Nr. 15 mit Anm. *Richardi*; 24.5.2005 NZA 2005, 1178; LAG Thüringen 26.2.2008 LAGE KSchG § 9 Nr. 39; *Boewer*, RdA 2001, 380, 399.

[131] Das BAG brauchte die Frage im Urteil von 23.6.1993 NZA 1994, 264, 265f. nicht zu entscheiden, da nur die Frage der Beschwer für die Einlegung der Berufung im Streit war (vgl. auch → Rn. 2140).

[132] Ebenso BAG 29.3.1960 AP KSchG § 7 Nr. 7 mit zust. Anm. *Herschel;* LAG Baden-Württemberg 17.7.2013 BeckRS 2013, 71757; LAG Berlin 8.8.1967 BB 1968, 207; LAG Köln 29.6.2001 MDR 2002, 221, 222; *Bauer*, FS Hanau, 1999, S. 151, 158; APS/*Biebl*, § 9 KSchG Rn. 71; HHL/*Linck*, § 9 KSchG Rn. 74; *Keßler*, NZA-RR 2002, 1, 10f.; ErfK/*Kiel*, § 9 KSchG Rn. 24; KDZ/*Zwanziger*, § 9 KSchG Rn. 29; a. A. Moll/*Boewer*, MAH Arbeitsrecht § 48 Rn. 359; *St. Müller*, FA 2009, 265, 266f.; *Neumann*, AR-Blattei SD 1020.6 Rn. 31; *Schwerdtner*, FS 50 Jahre Deutsches Anwaltsinstitut e. V., 2003, S. 247, 250; KR/*Spilger*, § 9 KSchG Rn. 66; *Tschöpe*, FS Schwerdtner, 2003, S. 217, 241.

[133] So *Schwerdtner*, FS 50 Jahre Deutsches Anwaltsinstitut e. V., 2003, S. 247, 250; KR/*Spilger*, § 9 KSchG Rn. 66.

II. Das Auflösungsurteil

Stellt das Gericht fest, dass die ordentliche Kündigung sozialwidrig ist, ist auf Auflösung des Arbeitsverhältnisses zu erkennen, wenn entweder der vom Arbeitnehmer oder der vom Arbeitgeber gestellte Auflösungsantrag begründet ist, bzw. wenn beide Parteien im Prozess den Antrag gestellt haben (→ Rn. 2128, 2129). **Mit** dem im Urteil **festgesetzten Zeitpunkt,** der nach § 9 Abs. 2 KSchG demjenigen entspricht, an dem das Arbeitsverhältnis bei sozial gerechtfertigter ordentlicher Kündigung geendet hätte – das ist der letzte Tag der maßgeblichen Kündigungsfrist,[134] selbst wenn der Arbeitgeber sie nicht eingehalten und der Arbeitnehmer dies nicht gerügt hat[135] –, **endet** das **Arbeitsverhältnis** (auch → Rn. 2103). Das hat zur Folge, dass ein Anspruch des Arbeitnehmers auf Fortzahlung der Arbeitsvergütung nach §§ 611 Abs. 1, 615 S. 1 BGB nicht mehr besteht. Dieser Umstand ist ua bei der Bemessung der Abfindung zu berücksichtigen. 2130

Über die **Rechtswirksamkeit** einer **Kündigung** und die Auflösung des **Arbeitsverhältnisses** kann grundsätzlich nur **einheitlich** entschieden werden.[136] Dem steht allerdings der Erlass eines Teilanerkenntnisurteils über die Unwirksamkeit der Kündigung nicht entgegen.[137] 2131

Fraglich war bis zum 31.12.2003, zu welchem Zeitpunkt das Gericht die **Auflösung** des Arbeitsverhältnisses vorzunehmen hatte, die auf Antrag des Arbeitnehmers im Falle der Unwirksamkeit einer **außerordentlichen Kündigung** erfolgte. § 13 Abs. 1 S. 2 KSchG verwies auf die entsprechende Geltung des § 9 Abs. 2 KSchG, der den Zeitpunkt bestimmt, an dem das Arbeitsverhältnis bei sozial gerechtfertigter Kündigung geendet hätte. Denkbar gewesen wäre also der letzte Tag der Kündigungsfrist oder der **Zeitpunkt,** zu dem die **außerordentliche Kündigung,** wäre sie wirksam gewesen, das **Arbeitsverhältnis aufgelöst** hätte, d.h. der Tag des Zugangs der außerordentlichen Kündigung. Letzteres war die Auffassung der h. M.[138] Diese hat der Gesetzgeber mit Wirkung vom 1.1.2004 in **§ 13 Abs. 1 S. 4 KSchG** idF von Art. 1 Nr. 6 des „Gesetz zu Reformen am Arbeitsmarkt" vom 24.12.2003 (BGBl. I S. 3002) **übernommen.** 2132

Hat der Arbeitgeber **außerordentlich** und **(hilfsweise) ordentlich** gekündigt und sind beide Kündigungen nach § 626 Abs. 1 BGB bzw. § 1 Abs. 1 KSchG unwirksam, hat der **Arbeitnehmer** ein **Wahlrecht,** ob er die Auflösung des Arbeitsverhältnisses nach § 13 Abs. 1 S. 3 KSchG bezogen auf die außerordentliche Kündigung beantragt oder nur auf die (hilfsweise) ordentliche Kündigung gem. § 9 Abs. 1 S. 2 KSchG (→ Rn. 2112). Wählt der Arbeitnehmer die letzte Möglichkeit, ist der Zeitpunkt für 2133

---

[134] BAG 25.11.1982 AP KSchG 1969 § 9 Nr. 3; ErfK/*Kiel*, § 9 KSchG Rn. 28; KR/*Spilger*, § 9 KSchG Rn. 31; vgl. auch BAG 23.2.2010 NZA 2010, 1123 Rn. 23.

[135] BAG 21.6.2012 NZA 2013, 199 Rn. 36; vgl. auch APS/*Biebl*, § 9 KSchG Rn. 31; HHL/*Linck*, § 9 KSchG Rn. 82; KR/*Spilger*, § 9 KSchG Rn. 31.

[136] BAG 12.5.2010 NZA-RR 2011, 15, 16; 9.12.1971 AP ZA-NATO-Truppenstatut Art. 56 Nr. 3; 27.9.2001 NZA 2002, 1171; HHL/*Linck*, § 9 KSchG Rn. 79; ErfK/*Kiel*, § 9 KSchG Rn. 26; KR/*Spilger*, § 9 KSchG Rn. 14a, 83; a.A. LAG Hamm 27.5.2013 BeckRS 2013, 70904; *Ascheid*, Kündigungsschutzrecht, Rn. 823; APS/*Biebl*, § 9 KSchG Rn. 7; LSW/*Spinner*, § 9 KSchG Rn. 69.

[137] Vgl. BAG 29.1.1981 AP KSchG 1969 § 9 Nr. 6; 27.9.2001 NZA 2002, 1171, 1173.

[138] BAG 30.7.1964 AP BGB § 398 Nr. 1; 9.4.1981 AP KSchG 1969 § 11 Nr. 1; BSG 8.12.1987 NZA 1988, 443; ErfK/*Ascheid*, 4. Aufl., § 13 KSchG Rn. 16; APS/*Biebl*, 1. Aufl., § 13 KSchG Rn. 28; *Boewer*, RdA 2001, 380, 398f.; *v. Hoyningen-Huene/Linck*, 13. Aufl., § 13 KSchG Rn. 20; a.A. LAG Hamm 5.12.1996 LAGE ArbGG 1979 § 64 Nr. 32.

die Auflösung des Arbeitsverhältnisses unter Beachtung des § 9 Abs. 2 KSchG festzusetzen, d.h. zu dem Zeitpunkt, an dem es bei sozial gerechtfertigter Kündigung geendet hätte (dazu näher → Rn. 2130).[139] Entsprechendes soll gelten, wenn nach § 140 BGB die **Umdeutung einer unwirksamen außerordentlichen Kündigung** des Arbeitsverhältnisses in eine ordentliche Kündigung an sich in Betracht kommt (näher → Rn. 410),[140] diese jedoch sozial nicht gerechtfertigt und deshalb nach § 1 Abs. 1 KSchG unwirksam ist.[141]

1. Die Kostenentscheidung

2134   Wird die Kündigungsschutzklage abgewiesen und hat allein der Arbeitnehmer einen Antrag auf Auflösung gestellt, trägt er die Kosten nach § 91 Abs. 1 ZPO. Obsiegt der Arbeitnehmer mit beiden Anträgen, hat der Arbeitgeber die vollen Kosten des Rechtsstreits zu tragen. Obsiegt der Arbeitnehmer im Kündigungsschutzprozess, wird sein Auflösungsantrag jedoch abgewiesen, sind die Kosten nach § 92 Abs. 1 S. 1 ZPO zu quotieren. Da das Schwergewicht des Verfahrens beim Feststellungsantrag nach § 4 S. 1 KSchG liegen dürfte, erscheint im Regelfall eine Quotierung von $^3/_4 : {}^1/_4$ zu Lasten des Arbeitgebers sachgerecht.[142]

2135   Eine entsprechende Kostenquotierung erscheint angebracht, wenn dem Kündigungsschutzantrag des Arbeitnehmers stattgegeben, der Arbeitgeber aber mit seinem Auflösungsantrag Erfolg hat.[143] Haben beide Parteien den Auflösungsantrag gestellt und hat das Gericht ihm notwendigerweise (dazu näher → Rn. 2130, 2131) stattgegeben, hat der Arbeitgeber die gesamten Kosten nach § 91 Abs. 1 ZPO zu tragen.[144]

2136   Hat der Arbeitnehmer die beantragte Abfindung beziffert, trägt er nach § 92 Abs. 1 S. 1 ZPO anteilige Kosten, wenn das Gericht seinem Antrag nicht voll entspricht.[145]

2. Vorläufige Vollstreckbarkeit

2137   Wird durch das Urteil des Arbeitsgerichts im Kündigungsschutzprozess das Arbeitsverhältnis zu einem nach der Verkündung liegenden Zeitpunkt aufgelöst und der beklagte Arbeitgeber **ohne Datierung** verurteilt, an den klagenden Arbeitnehmer eine Abfindung zu zahlen, ist im **Zwangsvollstreckungsverfahren** von der sofortigen Fälligkeit des Abfindungsanspruchs auszugehen. Das Vollstreckungsorgan ist nicht befugt, den eindeutigen Titel dahin auszulegen und umzudeuten, dass der Abfindungs-

---

[139] Boewer, RdA 2001, 380, 399; HK-KSchG/Dorndorf, § 13 KSchG Rn. 88; KR/Friedrich, § 13 KSchG Rn. 119 mit Rn. 119; HHL/v. Hoyningen-Huene, § 13 KSchG Rn. 20; vgl. auch BAG 21.5.2008 AP BGB § 628 Nr. 23 Rn. 30; krit. LAG Düsseldorf 2.4.2008 BeckRS 2008, 58155.

[140] Zur Möglichkeit des Arbeitgebers, diese Umdeutung zu verhindern, Bauer, FS Hanau, 1999, S. 151, 166.

[141] BAG 26.8.1993 NZA 1994, 70, 74; APS/Biebl, § 13 KSchG Rn. 46; Boewer, RdA 2001, 380, 399; HHL/v. Hoyningen-Huene, § 13 KSchG Rn. 20; KR/Spilger, § 9 KSchG Rn. 115; KDZ/Zwanziger, § 13 KSchG Rn. 15; abl. LAG Düsseldorf 2.4.2008 LAGE KSchG § 9 Nr. 40.

[142] BAG 9.12.1955 AP KSchG § 7 Nr. 2; 28.1.1961 AP KSchG § 7 Nr. 8; APS/Biebl, § 9 KSchG Rn. 93; HK-KSchG/Hauck § 9 Rn. 71; Neumann, AR-Blattei SD 1020.6 Rn. 84; KR/Spilger, § 9 KSchG Rn. 89.

[143] APS/Biebl, § 9 KSchG Rn. 93; KR/Spilger, § 9 KSchG Rn. 90; vgl. auch BAG 28.1.1961 AP KSchG § 7 Nr. 8; LAG Thüringen 26.2.2008 LAGE KSchG § 9 Nr. 39.

[144] APS/Biebl, § 9 KSchG Rn. 95; HHL/Linck, § 9 KSchG Rn. 88; ErfK/Kiel, § 9 KSchG Rn. 35; differenzierend KR/Spilger, § 9 KSchG Rn. 91.

[145] BAG 26.6.1986 NZA 1987, 139; Moll/Boewer, MAH Arbeitsrecht § 48 Rn. 398.

§ 3 Auflösung des Arbeitsverhältnisses und Abfindung

betrag erst ab Auflösung des Arbeitsverhältnisses fällig wird.[146] Das *LAG Berlin* hat erkannt, eine Abfindung nach §§ 9, 10 KSchG entstehe erst mit der formellen Rechtskraft des Auflösungsurteils. Erst von diesem Zeitpunkt könne entgegen der Regelung des § 62 Abs. 1 S. 1 ArbGG vollstreckt werden.[147] Das *LAG Baden-Württemberg* vertritt demgegenüber den Standpunkt, Urteile der Arbeitsgerichte, durch die auf Zahlung einer Abfindung erkannt würde, seien im Rahmen des § 62 Abs. 1 S. 1 ArbGG vorläufig vollstreckbar. Das Gesetz enthalte keine Ausnahme für sog. Gestaltungsurteile.[148] Das BAG ist dieser Auffassung im Ergebnis gefolgt. Es hat erkannt, Urteile im Kündigungsschutzprozess auf Zahlung einer Abfindung seien **nach Auflösung** des Arbeitsverhältnisses **vorläufig vollstreckbar.**[149]

Haben die Parteien in einem **arbeitsgerichtlichen Vergleich** die Auflösung des Arbeitsverhältnisses gegen Zahlung einer Abfindung vereinbart, wird die Abfindung, sofern nichts anderes vereinbart worden ist, erst mit dem rechtlichen Ende des Arbeitsverhältnisses fällig (näher → Rn. 2152 mit Nachw.). Der Arbeitnehmer kann deshalb in diesem Fall aus dem Vergleich die Zwangsvollstreckung erst ab diesem Tag betreiben. 2138

3. Rechtsmittel

Die Partei, die erstinstanzlich mit ihrem Auflösungsbegehren unterlegen ist, ist beschwert und kann deshalb nach § 64 Abs. 2 lit. c ArbGG Berufung gegen das Urteil des Arbeitsgerichts einlegen. Danach kann der **Arbeitnehmer Berufung** einlegen, wenn 2139

– sein Auflösungsantrag nach § 9 Abs. 1 S. 1 KSchG zurückgewiesen worden ist,
– die vom Arbeitsgericht festgesetzte Abfindung unter der von ihm im Antrag selbst oder im Antragsschriftsatz als Mindestbetrag begehrten Summe geblieben ist,[150]
– (str.) er beim Stellen seines Auflösungsantrags keine Mindestsumme genannt hat und das Arbeitsgericht eine Abfindung unter der jeweils nach § 10 Abs. 1, Abs. 2 KSchG in Betracht kommenden Höchstgrenze festgesetzt hat[151] oder
– das Arbeitsverhältnis gegen seinen Antrag auf Antrag des Arbeitgebers aufgelöst worden ist.[152]

---

[146] OLG Köln 11.9.1985 EzA KSchG n. F. § 9 Nr. 18 mit abl. Anm. *Herschel*; vgl. dazu aber auch LAG Köln 21.9.1983 DB 1984, 568 u. LAG Düsseldorf 23.5.1989 LAGE KSchG § 9 Nr. 16.
[147] LAG Berlin 17.2.1986 LAGE KSchG § 9 Nr. 1 mit abl. Anm. *Schneider*.
[148] LAG Baden-Württemberg 9.7.1986 DB 1986, 2192; ebenso LAG Bremen 31.8.1983 DB 1983, 2315 u. LAG Frankfurt/M. 22.1.1986 BeckRS 1986, 30883873; LAG Frankfurt/M. 14.8.1986 BckRS 1986, 30884447.
[149] BAG 15.7.2004 NZA 2005, 292, 294; 9.12.1987 NZA 1988, 329 = AR-Blattei D Kündigungsschutz Entscheidung Nr. 290 mit zust. Anm. *Preis*; ebenso APS/*Biebl*, § 9 KSchG Rn. 98; KR/*Spilger*, § 9 KSchG Rn. 96; KDZ/*Zwanziger*, § 9 KSchG Rn. 50.
[150] LAG Bremen 10.6.1986 LAGE ArbGG 1979 § 64 Nr. 12; LAG Hamm 5.12.1996 LAGE ArbGG 1979 § 64 Nr. 32; LAG Hessen 22.4.1997 LAGE ArbGG 1979 § 64 Nr. 33; LAG Köln 21.3.2005 LAGE KSchG § 10 Nr. 5; *Boewer*, RdA 2001, 380, 397; ErfK/*Kiel*, § 9 KSchG Rn. 31; GK-ArbGG/*Vossen*, § 64 Rn. 11.
[151] So *Bauer/Hahn*, DB 1990, 2471, 2473; ErfK/*Kiel*, § 9 KSchG Rn. 31; KR/*Spilger*, § 10 KSchG Rn. 69; dagegen LAG Hamm 5.12.1996 LAGE ArbGG 1979 § 64 Nr. 32; LAG Hessen 22.4.1997 LAGE ArbGG 1979 § 64 Nr. 33; GK-ArbGG/*Vossen*, § 64 Rn. 12; offengelassen von BAG 23.6.1993 NZA 1994, 264, 266; LAG Berlin 25.7.2006 BeckRS 2011, 66306; weitergehend HHL/*Linck*, § 10 KSchG Rn. 28.
[152] LAG Düsseldorf 27.4.2005 – 12 (11) Sa 140/05 – n. v.; APS/*Biebl*, § 9 KSchG Rn. 101; ErfK/*Kiel*, § 9 KSchG Rn. 31; LSW/*Spinner*, § 9 KSchG Rn. 82; KR/*Spilger*, § 9 KSchG Rn. 97; GK-ArbGG/*Vossen*, § 64 Rn. 11.

2140 Haben **beide Parteien** erstinstanzlich einen **Auflösungsantrag** gestellt (→ Rn. 2128) und löst das Arbeitsgericht daraufhin das Arbeitsverhältnis auf (dazu näher → Rn. 2128, 2129), ist der Arbeitnehmer, der die Höhe der festgesetzten Abfindung nicht angreift, durch dieses Urteil nicht beschwert und seine Berufung deshalb unzulässig. Das gilt auch, wenn das Arbeitsgericht trotz beiderseits gestelltem Auflösungsantrag (näher → Rn. 2128, 2129) das Arbeitsverhältnis auf arbeitgeberseitigen Antrag hin[153] auflöst.[154]

2141 Hat der mit seiner Kündigungsschutzklage nach § 4 S. 1 KSchG obsiegende **Arbeitnehmer** erstinstanzlich keinen Auflösungsantrag gestellt, kann er mangels Beschwer keine Berufung mit dem Ziel einlegen, in zweiter Instanz erstmals einen Auflösungsantrag zu stellen.[155] Ebenso ist eine Berufung des Arbeitnehmers wegen fehlender Beschwer unzulässig, die allein dazu dienen soll, seinen erstinstanzlich zu seinen Gunsten beschiedenen Auflösungsantrag zurücknehmen zu können, um dadurch eine Fortsetzung des Arbeitsverhältnisses zu erreichen.[156] Schließlich kann der Arbeitnehmer mangels Beschwer keine Berufung einlegen, die allein darauf zielt, die erstinstanzliche Zurückweisung des Auflösungsantrags des Arbeitgebers mit anderer Begründung zu erlangen.[157]

2142 Der **Arbeitgeber** ist durch das erstinstanzliche Urteil beschwert und kann somit **Berufung** einlegen, **wenn**
– entgegen seinem Zurückweisungsantrag dem Auflösungsantrag des Arbeitnehmers entsprochen worden ist,[158]
– sein eigener Auflösungsantrag zurückgewiesen worden ist, wobei die erstinstanzliche Entscheidung hierüber durch Nichteinlegung der Berufung gegen die stattgebende Entscheidung über den Kündigungsschutzantrag isoliert angegriffen werden kann,[159] oder
– die festgesetzte Abfindung über die in seinem Auflösungsantrag angegebene Höchstsumme hinausgeht[160] bzw. er eine solche gar nicht angegeben hat, er die Bemessung durch das Gericht aber nicht für angemessen hält.[161]

2142a Die Berufung des Arbeitgebers, der in 1. Instanz mit seinem Klageabweisungsantrag nicht, wohl aber mit seinem hilfsweise gestellten Auflösungsantrag durchgedrungen ist, mit dem Ziel, seinen Auflösungsantrag in 2. Instanz zurückzunehmen, ist jedenfalls dann unzulässig, wenn die Unwirksamkeit der Kündigung in 2. Instanz nicht mehr geltend gemacht und der Hauptantrag (Klageabweisung) infolgedessen nicht mehr gestellt wird.[162]

---

[153] Zu zwei weiteren vertretbaren Entscheidungsmöglichkeiten des Arbeitsgerichts vgl. BAG 23.6.1993 NZA 1994, 264, 265 f.

[154] BAG 23.6.1993 NZA 1994, 264, 266; KR/*Spilger*, § 9 KSchG Rn. 97; KDZ/*Zwanziger*, § 9 KSchG Rn. 47; vgl. auch APS/*Biebl*, § 9 KSchG Rn. 104; HHL/*Linck*, § 9 KSchG Rn. 93.

[155] BAG 3.4.2008 NZA 2008, 1258; 26.1.1995 BeckRS 2010, 69718; 23.6.1993 NZA 1994, 264, 266; LAG Rheinland-Pfalz 22.8.2011 BeckRS 2011, 78242; APS/*Biebl*, § 9 KSchG Rn. 103; ErfK/*Kiel*, § 9 KSchG Rn. 31; HHL/*Linck*, § 9 KSchG Rn. 91; KR/*Spilger*, § 9 KSchG Rn. 23; KDZ/*Zwanziger*, § 9 KSchG Rn. 47.

[156] BAG 23.6.1993 NZA 1994, 264, 266.

[157] BAG 23.2.2010 NZA 2010, 1123 Rn. 58–60.

[158] BAG 24.9.1992 NZA 1993, 362.

[159] BAG 27.9.2001 NZA 2002, 1171.

[160] ErfK/*Kiel*, § 9 KSchG Rn. 32; vgl. auch LAG Hessen 22.4.1997 BeckRS 1997, 30872157; LAG Köln 21.3.2005 BeckRS 2005, 41419; HHL/*Linck*, § 10 KSchG Rn. 28; LSW/*Spinner*, § 9 KSchG Rn. 82; KR/*Spilger*, § 10 KSchG Rn. 69; *Tschöpe*, FS Schwerdtner, 2003, S. 217, 238.

[161] BAG 21.6.2012 NZA 2013, 199 Rn. 35; *Bauer*, FS Hanau, 1999, S. 151, 160 f.; vHH/*Linck*, § 10 KSchG Rn. 28; KR/*Spilger*, § 10 KSchG Rn. 69.

[162] LAG Köln 19.7.2002 ArbuR 2003, 77 Ls. Zum Problemkreis näher *Tschöpe*, FS Schwerdtner, 2003, S. 217, 238.

Ansonsten kann der Arbeitgeber, dessen Berufung sich gegen die Stattgabe des Antrags nach § 4 S. 1 KSchG richtet, den in erster Instanz erfolgreich gestellten Auflösungsantrag in der Berufungsinstanz zurücknehmen.[163] Der Einwilligung des Arbeitnehmers bedarf es hierfür nicht.[164]

Hat der **Arbeitgeber** zulässigerweise **Berufung gegen** die **Stattgabe** der **Kündigungsschutzklage** eingelegt, kann der **Arbeitnehmer** den **Auflösungsantrag** gem. § 9 Abs. 1 S. 3 KSchG **erstmals** bis zum Schluss der mündlichen Verhandlung in der **Berufungsinstanz** im Wege der unselbständigen Anschlussberufung (vgl. § 524 Abs. 2 S. 1 ZPO iVm § 64 Abs. 6 S. 1 ArbGG) stellen (aber → Rn. 2094).[165] Nimmt der Arbeitgeber allerdings seine Berufung zurück (§ 516 Abs. 1 ZPO iVm § 495 ZPO, § 46 Abs. 2 S. 1 ArbGG), wird der Auflösungsantrag unzulässig. Mit der nach § 516 Abs. 1 und 2 ZPO iVm § 64 Abs. 6 S. 1 ArbGG nicht von der Zustimmung des Arbeitnehmers abhängigen Rücknahme der Berufung, durch den Arbeitgeber entfallen gem. § 524 Abs. 4 ZPO iVm § 64 Abs. 6 S. 1 ArbGG die Wirkungen der unselbständigen Anschlussberufung.[166] Ist die Klage des Arbeitnehmers nach § 4 S. 1 KSchG abgewiesen und daher über den hilfsweise gestellten (→ Rn. 2113) Auflösungsantrag des Arbeitgebers nicht entschieden worden, braucht dieser nach Berufungseinlegung durch den Arbeitnehmer nicht seinerseits Berufung nach § 511 ZPO bzw. Anschlussberufung gem. § 524 Abs. 1 S. 1 ZPO i.V. mit § 64 Abs. 6 S. 1 ArbGG einzulegen, um seinen Auflösungsantrag erneut in der Berufungsinstanz stellen zu können. Dieser fällt, da dem Hauptantrag des Arbeitgebers, nämlich dem Klageabweisungsantrag, stattgegeben worden ist, automatisch in der Rechtsmittelinstanz an.[167]

III. Die Abfindung

1. Rechtsnatur und zivilrechtliche Behandlung

Wird das Arbeitsverhältnis aufgelöst, ist auf eine Abfindung zu erkennen, deren Höhe sich innerhalb der vom Gesetzgeber in § 10 Abs. 1, Abs. 2 S. 1 KSchG festgelegten Höchstgrenze auf Grund richterlichen Ermessens zu bewegen hat. In einem einheitlichen Arbeitsverhältnis (→ Rn. 2122) kann die Abfindung i.d.R. nur einheitlich festgesetzt werden.[168]

Die Abfindung ist ein Ausgleich für den Verlust des Arbeitsplatzes. Sie hat damit auch eine **Entschädigungsfunktion.**[169] Der **Anspruch** auf Zahlung der Abfindung

---

[163] BAG 28.1.1961 AP Nr. 8 zu § 7 KSchG mit Anm. *A. Hueck;* LAG Hessen 10.11.2006 BeckRS 2007, 40911.
[164] BAG 26.10.1979 AP KSchG 1969 § 9 Nr. 5 mit Anm. *Grunsky;* LAG Hessen 10.11.2006 BeckRS 2007, 40911.
[165] Vgl. BAG 11.7.2013 NZA 2013, 1259 Rn. 13; 3.4.2008 NZA 2008, 1258 Rn. 11; LAG Rheinland-Pfalz 22.8.2011 BeckRS 2011, 78242.
[166] BAG 3.4.2008 NZA 2008, 1258 (zugleich zur Kostenentscheidung); *Dauer,* FS 50 Jahre Deutsches Anwaltsinstitut e.V., 2003, S. 217, 224; ErfK/*Kiel,* § 9 KSchG Rn. 31; LSW/*Spinner,* § 9 KSchG Rn. 23; KR/*Spilger,* § 9 KSchG Rn. 99; a.A. noch 9. Aufl. Rn. 2003.
[167] BAG 25.10.1989 AP BGB § 611 Direktionsrecht Nr. 36; 10.10.2002 AP KSchG 1969 § 1 Betriebsbedingte Kündigung Nr. 123; *Boewer,* RdA 2001, 380, 397; ErfK/*Kiel,* § 9 KSchG Rn. 32; HHL/*Linck,* § 9 KSchG Rn. 31; KDZ/*Zwanziger,* § 9 KSchG Rn. 34; KR/*Spilger,* § 9 KSchG Rn. 99.
[168] BAG 19.4.2012 NZA 2013, 27 Rn. 48.
[169] BAG 5.2.2009 AP KSchG 1969 § 4 Nr. 69; 24.4.2006 NZA 2006, 751; 15.7.2004 NZA 2005, 292; vgl. auch BAG 21.6.2012 NZA 2013, 199 Rn. 39; APS/*Biebl,* § 10 KSchG Rn. 38; ErfK/*Kiel,* § 10 KSchG Rn. 5; HHL/*Linck,* § 10 KSchG Rn. 4; KR/*Spilger,* § 10 KSchG Rn. 11; KDZ/*Zwanziger,* § 10 KSchG Rn. 26.

Vierter Abschnitt: Der Kündigungsschutzprozess

entsteht mit Festsetzung im Urteil ohne Rücksicht auf seine **Rechtskraft**[170] und wird frühestens mit dem im Urteil festgelegten Zeitpunkt **fällig,** zu dem das Arbeitsverhältnis aufgelöst wird.[171] Ab diesem Zeitpunkt kann er verzinst werden.[172] Der Arbeitnehmer kann den Anspruch gem. § 398 S. 1 BGB **abtreten,**[173] sofern die Abtretung nicht nach § 399 2. Alt. BGB wirksam vertraglich ausgeschlossen ist.[174] Auch eine Vorausabtretung ist zulässig.[175] Sie bleibt nach Eröffnung des Insolvenzverfahrens (vgl. § 27 InsO) im Rahmen des § 114 Abs. 1 InsO wirksam.[176]

2145a Die **Abfindung** ist **Arbeitseinkommen** i.S. des § 850 ZPO und damit **pfändbar.**[177] Allerdings gelten die Pfändungsgrenzen des § 850c ZPO nicht. Denn die Abfindung wird nicht für einen bestimmten Zeitraum gezahlt.[178] Die Abfindung unterliegt als „nicht wiederkehrend zahlbare Vergütung" dem Pfändungsschutz des § 850i ZPO.[179] Entsprechendes gilt für eine, zB durch gerichtlichen Vergleich, vertraglich vereinbarte Abfindung.[180]

2146 Der Arbeitgeber kann mit eigenen Ansprüchen nach §§ 387, 388 S. 1 BGB gegen den Abfindungsanspruch des Arbeitnehmers **aufrechnen.**[181] § 394 BGB ist anzuwenden, falls das Vollstreckungsgericht auf Antrag des Arbeitnehmers einen Teil der Abfindung nach § 850i ZPO für unpfändbar erklärt hat.[182]

2147 Die vor Konkurseröffnung entstandene Abfindung nach den §§ 9, 10 KSchG **war** in der Regel **einfache Konkursforderung** iSv § 61 Abs. 1 Nr. 6 KO.[183] **Ab 1.1.1999**

---

[170] BAG 9.12.1987 NZA 1988, 329; ErfK/*Kiel,* § 10 KSchG Rn. 13; HHL/*Linck,* § 10 KSchG Rn. 26; KR/*Spilger,* § 10 KSchG Rn. 14 u. 19; a.A. APS/*Biebl,* § 10 KSchG Rn. 41.
[171] BAG 15.7.2004 NZA 2005, 292; 9.12.1987 NZA 1988, 329; APS/*Biebl,* § 10 KSchG Rn. 41; ErfK/*Kiel,* § 10 KSchG Rn. 13; KR/*Spilger,* § 10 KSchG Rn. 19.
[172] ErfK/*Kiel,* § 10 KSchG Rn. 13; KR/*Spilger,* § 10 KSchG Rn. 19.
[173] LAG Düsseldorf 29.6.2006 LAGE ZPO 2002 § 767 Nr. 2; LAG Hamm 16.1.1987 – 16 (11) Sa 1921/86 – juris Ls.; LAG Köln 27.3.2006 NZA-RR 2006, 365, 366; APS/*Biebl,* § 10 KSchG Rn. 42; ErfK/*Kiel,* § 10 KSchG Rn. 15; HHL/*Linck,* § 10 KSchG Rn. 32 u. 40; KR/*Spilger,* § 10 KSchG Rn. 14; KDZ/*Zwanziger,* § 10 KSchG Rn. 30.
[174] Vgl. LAG Köln 27.3.2006 NZA-RR 2006, 365, 366.
[175] LAG Düsseldorf 29.6.2006 LAGE ZPO 2002 § 767 Nr. 2; LAG Hamm 16.1.1987 – 16 (11) Sa 1921/86 – juris Ls.; APS/*Biebl,* § 10 KSchG Rn. 42; ErfK/*Kiel,* § 10 KSchG Rn. 15.
[176] BGH 11.5.2010 NZA-RR 2010, 425 Rn. 14, 15.
[177] Vgl. BAG 12.8.2014 NZA 2014, 870 Rn. 16; 6.5.2009 NZA 2009, 805 Rn. 22; 27.10.2005 NZA 2006, 259 Rn. 31; LAG Bremen 30.8.2007 ZTR 2007, 7900 Ls.; LAG Schleswig-Holstein 13.12.2005 NZA-RR 2006, 371; BGH 11.5.2010 NZA-RR 2010, 425 Rn. 11; *Bauer,* FS Hanau, 1999, S. 151, 170; APS/*Biebl,* § 10 KSchG Rn. 43; HHL/*Linck,* § 10 KSchG Rn. 32.
[178] BAG 13.11.1991 NZA 1992, 384, 385; 12.9.1979 AP ZPO § 850 Nr. 10; APS/*Biebl,* § 10 KSchG Rn. 43; HHL/*Linck,* § 10 KSchG Rn. 32; KR/*Spilger,* § 10 KSchG Rn. 17; KDZ/*Zwanziger,* § 10 KSchG Rn. 32; vgl. auch BAG 12.8.2014 NZA 2014, 870 Rn. 16.
[179] So BAG 12.8.2014 NZA 2014, 870 Rn. 16; 20.8.1996 NZA 1997, 563; 27.10.2005 NZA 2006, 259 Rn. 31; LAG Schleswig-Holstein 13.12.2005 NZA-RR 2006, 371; ErfK/*Kiel,* § 10 KSchG Rn. 11; APS/*Biebl,* § 10 KSchG Rn. 43; HHL/*Linck,* § 10 KSchG Rn. 23; LSW/*Spinner,* § 10 KSchG Rn. 24; KR/*Spilger,* § 10 KSchG Rn. 17.
[180] Vgl. BAG 27.10.2005 NZA 2006, 259 Rn. 31; 20.8.1996 NZA 1997, 563, 565; 12.9.1979 NJW 1980, 800; *Bauer,* FS Hanau 1999, S. 151, 170f.
[181] BAG 27.10.2005 NZA 2006, 259 Rn. 31; vgl. auch SG Karlsruhe 7.5.2014 NZS 2014, 635 Ls. (auch → Rn. 2169a).
[182] Vgl. BAG 27.10.2005 NZA 2006, 259 Rn. 31.
[183] Nach der Entscheidung des BVerfG zur konkursrechtlichen Einordnung von Sozialplanabfindungen 19.10.1983 NJW 1984, 468 war dies allg. Meinung; ErfK/*Ascheid,* 1. Aufl., § 10 KSchG Rn. 15; vgl. auch BAG 6.12. 1984 NZA 1985, 394; 7.2.1985 ZIP 1985, 1510, 1513; *Hueck/v. Hoyningen-Huene,* 12. Aufl., § 10 KSchG Rn. 25. Zur Lage vor der Entscheidung des BVerfG vgl. KR/ *Spilger,* 5. Aufl., § 10 KSchG Rn. 20.

§ 3 Auflösung des Arbeitsverhältnisses und Abfindung

handelt es sich um eine **Insolvenzforderung** nach §§ 38, 108 Abs. 3 InsO.[184] Der nach Eröffnung des (Verbraucher-)Insolvenzverfahrens über das Vermögen des Arbeitnehmers (vgl. § 27 InsO) in dem von ihm geführten Kündigungsschutzprozess (→ Rn. 2306) durch Vergleich erworbene Anspruch auf Zahlung einer Abfindung unterfällt dem Insolvenzbeschlag nach § 35 Abs. 1 2. Alt. InsO.[185]

2148 Um eine **Masseverbindlichkeit** iSv § 55 Abs. 1 Nr. 1 InsO handelt es sich dagegen, wenn das Gericht das Arbeitsverhältnis gegen Abfindung auf Grund einer vom **Insolvenzverwalter erklärten Kündigung** auflöst.[186] Gleiches gilt, wenn ein Kündigungsschutzprozess nach Insolvenzeröffnung gegen den Insolvenzverwalter fortgesetzt wird und die Parteien sodann einen Abfindungsvergleich schließen.[187]

2149 Tarifliche oder einzelvertragliche **Ausschlussfristen** sind auf Abfindungen nach den §§ 9, 10 KSchG nicht anzuwenden, ohne Rücksicht darauf, ob sie auf Grund eines gerichtlichen Vergleichs oder eines Urteils im Kündigungsschutzprozess gezahlt werden.[188]

2150 Die **Verjährungsfrist** für eine Abfindung auf Grund eines rechtskräftigen Auflösungsurteils beträgt 30 Jahre. Das ergab sich bis zum 31.12.2001 aus § 218 Abs. 1 S. 1 BGB a. F. und folgt seit dem 1.1.2002 aus § 197 Abs. 1 Nr. 3 BGB idF von Art. 1 Nr. 3 des „Gesetz zur Modernisierung des Schuldrechts" vom 26.11.2001 (BGBl. I S. 3138). Entsprechendes galt und gilt weiter für eine in einem vollstreckbaren (gerichtlichen) Vergleich (§ 794 Abs. 1 Nr. 1 ZPO) vereinbarte Abfindung (§ 218 Abs. 1 S. 2 BGB a. F. bzw. § 197 Abs. 1 Nr. 4 BGB n. F.). Für Abfindungen aus anderen Rechtsgründen, zB aus einer einzelvertraglichen Vereinbarung[189] oder einem Sozialplan nach § 112 Abs. 1 S. 2 BetrVG,[190] galt bis zum 31.12.2001 die regelmäßige Verjährungsfrist von 30 Jahren nach § 195 BGB a. F.[191] Diese beträgt seit dem 1.1.2002 nur noch drei Jahre (§ 195 BGB n. F.).

2151 Das Recht des Arbeitnehmers, die Auflösung des Arbeitsverhältnisses zu beantragen, ist **höchstpersönlich.** Stirbt der Arbeitnehmer während des Kündigungsschutzprozesses, kann der Antrag von den Erben nicht mehr gestellt werden (aber → Rn. 2102). Fraglich ist, ob die Erben einen vom Arbeitnehmer gestellten Auflösungsantrag weiter verfolgen können, wenn der Arbeitnehmer nach Ablauf der Kündigungsfrist verstorben ist, um auf diese Weise die Verurteilung des Arbeitgebers zur Zahlung einer Abfindung zu erreichen. Das wird von der h. M. vertreten.[192] Dem kann jedoch nicht

---

[184] Vgl. BAG 27.4.2006 NZA 2006, 1282; LAG Düsseldorf 18.1.2007 LAGE InsO § 47 Nr. 2; ErfK/*Kiel*, § 10 KSchG Rn. 11.
[185] Vgl. näher BAG 12.8.2014 NZA 2014, 1155 Rn. 16.
[186] APS/*Biebl*, § 10 KSchG Rn. 49; HaKo/*Gieseler*, § 10 KSchG Rn. 35; HHL/*Linck*, § 10 KSchG Rn. 33; HK-KSchG/*Neef* § 10 Rn. 42; KR/*Spilger*, § 10 KSchG Rn. 20; vgl. früher zu § 59 Abs. 1 Nr. 1 KO BAG 12.6.2002 NZA 2002, 974, 975.
[187] Vgl. BAG 27.4.2006 NZA 2006, 1282; HaKo/*Gieseler*, § 10 KSchG Rn. 35; HK-KSchG/*Neef*, § 10 Rn. 42; früher zu §§ 57, 59 Abs. 1 Nr. 1 KO BAG 12.6.2002 NZA 2002, 973.
[188] BAG 13.1.1982 AP KSchG 1969 § 9 Nr. 7; APS/*Biebl*, § 10 KSchG Rn. 46; ErfK/*Kiel*, § 10 KSchG Rn. 14; KR/*Spilger*, § 10 KSchG Rn. 22a; LSW/*Spinner*, § 10 KSchG Rn. 36; KDZ/*Zwanziger*, § 10 KSchG Rn. 29; a. A. für Abfindungen auf Grund eines nach Erhebung einer Kündigungsschutzklage abgeschlossenen außergerichtlichen Vergleichs LAG Berlin 27.7.1998 NZA-RR 1999, 39.
[189] BAG 15.6.2004 NZA 2005, 295, 296; 20.1.2005 AR-Blattei ES 1680 Nr. 67; LAG Niedersachsen 26.1.2001 NZA-RR 2001, 240.
[190] BAG 30.10.2001 NZA 2002, 449; vgl. auch BAG 15.6.2004 NZA 2005, 295, 296; Thür. LAG 21.2.2001 BB 2001, 2169 Ls.
[191] Zuletzt LAG Köln 13.8.2003 ArbuR 2004, 165 Ls.
[192] BAG 17.9.1987 BeckRS 1987, 30722912; 21.1.1965 AP KSchG 1951 § 7 Nr. 21; APS/*Biebl*, § 9 KSchG Rn. 87; *Compensis*, DB 1992, 888, 891; HHL/*Linck*, § 10 KSchG Rn. 40; KR/*Spilger*, § 9 KSchG Rn. 34 u. § 10 KSchG Rn. 18; KDZ/*Zwanziger*, § 10 KSchG Rn. 33.

zugestimmt werden. Denn eine Auflösung kann nicht mehr erfolgen, weil die Feststellung, dass die Fortsetzung des Arbeitsverhältnisses dem Arbeitnehmer nicht zugemutet werden kann, nicht mehr zu treffen ist.[193] Stirbt der Arbeitnehmer nach der letzten mündlichen Verhandlung in der Tatsacheninstanz, verbleibt es bei einem Auflösungsurteil, sofern dieses rechtskräftig wird. Der Abfindungsanspruch geht auf die Erben über (aber → Rn. 2102). Gelten im Arbeitsverhältnis sehr lange Kündigungsfristen, kann es vorkommen, dass das Urteil bereits vor dem nach § 9 Abs. 2 KSchG zu bestimmenden Zeitpunkt rechtskräftig wird. Verstirbt der Arbeitnehmer, erlebt er also den Auflösungszeitpunkt nicht, geht der rechtskräftig festgestellte Abfindungsanspruch auf die Erben über.[194]

2152 Schließen die Parteien nach einer ordentlichen Kündigung einen **Abfindungsvergleich**,[195] wird die vereinbarte Abfindung mangels einer anderweitigen ausdrücklichen Vereinbarung erst mit dem rechtlichen Ende des Arbeitsverhältnisses fällig.[196] Das Erleben des vereinbarten Auflösungstermins ist, sofern die Parteien nichts anderes vereinbart haben,[197] nicht Bedingung für die Verpflichtung zur Zahlung der Abfindung. Der Abfindungsanspruch geht deshalb im Regelfall auf die Erben über.[198] Um dies außer jeden Zweifels zu stellen, vereinbaren die Parteien i. d. R., dass der Anspruch auf die Abfindung sofort, d. h. mit Abschluss des Vergleichs, entsteht und sofort fällig ist.[199]

2. Die Höhe der Abfindung

2153 Als Abfindung ist nach § 10 Abs. 1 KSchG im Falle der Auflösung des Arbeitsverhältnisses ein Betrag **bis zu 12 Monatsverdiensten** festzusetzen. In diesem Rahmen hat das Gericht die angemessene Abfindung zu ermitteln. Für ältere Arbeitnehmer, deren Arbeitsverhältnis länger bestanden hat, gibt § 10 Abs. 2 S. 1 KSchG dem Gericht die Möglichkeit, die Abfindung höher festzusetzen. Hat der Arbeitnehmer das **50. Lebensjahr** vollendet **und** hat das **Arbeitsverhältnis mindestens 15 Jahre** bestanden, ist ein Betrag **bis zu 15 Monatsverdiensten,** hat der Arbeitnehmer das **55. Lebensjahr** vollendet **und** hat das **Arbeitsverhältnis 20 Jahre** bestanden, ist ein Betrag bis zu 18 Monatsverdiensten festzusetzen. Die bei dem früheren Betriebsinhaber zurückgelegten Beschäftigungszeiten sind im Falle eines Betriebsübergangs nach § 613a Abs. 1 S. 1 BGB

---

[193] Vgl. auch BBDK/*Bader*, § 9 KSchG Rn. 17; LSW/*Spinner*, § 9 KSchG Rn. 28. Der Hinweis von KR/*Spilger* § 9 KSchG Rn. 34 auf Billigkeitsgesichtspunkte ist verständlich, kann aber wohl das Ergebnis nicht tragen. Zum Problem vgl. *Preis,* Anm. zu LAG Rheinland-Pfalz 13.11.1987 LAGE KSchG § 9 Nr. 8 u. auch BAG 25.6.1987 NZA 1988, 466.

[194] APS/*Biebl*, § 9 KSchG Rn. 17; ErfK/*Kiel*, § 10 KSchG Rn. 15; *Reiter,* BB 2006, 42, 47; KR/*Spilger,* § 10 KSchG Rn. 18; LSW/*Spinner*, § 10 KSchG Rn. 38; KDZ/*Zwanziger*, § 10 KSchG Rn. 33; vgl. auch BAG 25.6.1987 NZA 1988, 466; 22.5.2003 AP ZPO § 767 Nr. 8.

[195] Vgl. zB BAG 16.12.2010 NZA-RR 2011, 421, 423.

[196] BAG 15.7.2004 NZA 2005, 292; LAG Düsseldorf 23.5.1989 LAGE KSchG § 9 Nr. 16; LAG Köln 21.9.1983 DB 1984, 568; LAG München 11.10.2001 – 2 Ta 326/02 – n. v.; *Klar,* NZA 2003, 543, 545f.; vgl. auch BAG 22.5.2003 AP ZPO § 767 Nr. 8; 26.9.2001 NZA 2002, 584 Os.; a. A. LAG Hamm 16.5.1991 NZA 1991, 940; HaKo/*Gieseler*, § 10 KSchG Rn. 29; KR/*Spilger*, § 10 KSchG Rn. 19a.

[197] Hierzu näher BAG 22.5.2003 AP ZPO § 767 Nr. 8.

[198] BAG 25.6.1987 NZA 1988, 466; vgl. auch BAG 16.5.2000 NZA 2000, 1236; 26.8.1997 NZA 1998, 643; hierzu krit. *Boecken,* NZA 2002, 421, 422ff. Zur Nichtigkeit einer Vereinbarung über die Verrechnung künftiger Rentenansprüche mit einem Anspruch auf eine Abfindungszahlung nach § 3 BetrAVG a. F. (bis 31.12.2001) iVm § 134 BGB vgl. BAG 17.10.2000 NZA 2001, 437; 21.3.2000 NZA 2001, 1308; 24.3.1998 NZA 1998, 1280.

[199] Vgl. auch BAG 22.5.2013 AP ZPO § 767 Nr. 8; 16.5.2000 NZA 2000, 1236.

anzurechnen.²⁰⁰ Auch ohne gesetzliche oder vertragliche²⁰¹ Anrechnungsregelungen sind Vordienstzeiten bei demselben Arbeitgeber – wie in § 1 Abs. 1 KSchG (→ Rn. 877, 878) – dann anzurechnen, wenn das neue Arbeitsverhältnis mit dem früheren in einem engen zeitlichen und sachlichen Zusammenhang steht.²⁰² Zum Bestand des Arbeitsverhältnisses iSv § 10 Abs. 2 S. 1 KSchG zählt auch das Ausbildungsverhältnis.²⁰³

Maßgebend für die erhöhte **Höchstgrenze** der Abfindung sind die **Verhältnisse** **2154** in dem **Zeitpunkt,** zu dem das Gericht nach § 9 Abs. 2 KSchG das Arbeitsverhältnis **aufzulösen** hat.²⁰⁴ Das gilt aber nach § 10 Abs. 2 S. 2 KSchG dann nicht, wenn der Arbeitnehmer in dem Zeitpunkt, den das Gericht nach § 9 Abs. 2 KSchG für die Auflösung des Arbeitsverhältnisses festsetzt, das in der Vorschrift des Sechsten Buches Sozialgesetzbuch über die Regelaltersrente bezeichnete Lebensalter erreicht hat. Die Regelaltersrente wird nach § 35 Nr. 1 SGB VI idF von Art. 1 Nr. 8 des Gesetzes vom 20.4.2007 (BGBl. I S. 554) bis zum 1.1.2029 stufenweise (§ 235 Abs. 2 SGB VI n. F.) mit der Vollendung des 67. Lebensjahres erreicht. Dann gilt der normale Abfindungsrahmen bis zu 12 Monatsverdiensten.

Der Umstand, dass mit zunehmendem Lebensalter nach § 10 Abs. 2 S. 1 KSchG der **2155** Höchstbetrag der Abfindung steigt, bedeutet zwar eine unterschiedliche Behandlung wegen des Alters. Diese Regelung verstößt jedoch nicht gegen das in §§ 1, 2 Abs. 1 Nr. 2 AGG geregelte und nach richtlinienkonformer (vgl. Art. 1, Art. 2 der Richtlinie 2000/78/EG) Auslegung des § 2 Abs. 4 AGG (→ Rn. 187 ff.)²⁰⁵ anwendbare Verbot der Altersdiskriminierung. Sie ist nach § 10 S. 1 und 2 AGG gerechtfertigt. Denn durch die dem Gericht in § 10 Abs. 2 S. 1 KSchG eingeräumte Möglichkeit, eine über den normalen Höchstbetrag von 12 Monatsverdiensten hinausgehende höhere Abfindung festzusetzen, soll dem Umstand Rechnung getragen werden, dass ältere Arbeitnehmer erfahrungsgemäß schwerer einen neuen Arbeitsplatz finden²⁰⁶ und sie deshalb auf eine höhere Abfindung zur Überbrückung der länger dauernden Arbeitslosigkeit angewiesen sind.²⁰⁷

Als **Monatsverdienst** gilt nach § 10 Abs. 3 KSchG, **was** dem Arbeitnehmer **bei** **2156** der **für ihn maßgebenden regelmäßigen Arbeitszeit** in dem **Monat,** in dem das **Arbeitsverhältnis endet, an Geld- und Sachbezügen zusteht.** Die Sachbezüge, zu denen alle nicht in Geld bestehenden Einnahmen gehören (vgl. § 8 Abs. 2 S. 1 EStG),²⁰⁸ sind ihrem wahren Wert entsprechend zu berücksichtigen. Die Sätze der Finanzverwaltung und Sozialversicherungsträger sind für das Gericht nicht bindend.²⁰⁹ Bezüge des Arbeitnehmers, die ihm für das ganze Jahr gezahlt werden, wie zB Tantie-

---

²⁰⁰ BAG 19.9.2007 NZA 2008, 241 Rn. 22.
²⁰¹ LAG Thüringen 26.2.2008 LAGE KSchG § 9 Nr. 39.
²⁰² Vgl. BAG 26.8.1976 AP BGB § 626 Nr. 68; APS/*Biebl,* § 10 KSchG Rn. 11; HHL/*Linck,* § 10 KSchG Rn. 29.
²⁰³ BAG 26.8.1976 AP BGB § 626 Nr. 68; 20.8.2003 NZA 2004, 205.
²⁰⁴ ErfK/*Kiel,* § 10 KSchG Rn. 1; KR/*Spilger,* § 10 KSchG Rn. 35; a. A. für das Lebensalter (Datum der Auflösungsentscheidung) LAG Rheinland-Pfalz 16.12.1994 NZA 1996, 945, 95; dem folgend KDZ/*Zwanziger,* § 10 KSchG Rn. 8a
²⁰⁵ Grundlegend BAG 6.11.2008 NZA 2009, 361 Rn. 34 ff.
²⁰⁶ Vgl. BT-Drucks. V/3913 zu Art. 1 Nr. 7 S. 9; vgl. auch BAG 6.11.2008 NZA 2009, 361 Rn. 44.
²⁰⁷ Vgl. unter Bezug auf § 10 S. 3 Nr. 6 AGG *Annuß,* BB 2006, 325, 326; HHL/*Linck,* § 10 KSchG Rn. 19; ErfK/*Kiel,* § 10 KSchG Rn. 6; KR/*Spilger,* § 10 KSchG Rn. 40; vgl. auch BBDK/*Bader,* § 10 KSchG Rn. 2; vgl. zur Altersdifferenzierung bei Sozialplanabfindungen BAG 9.12.2014 NZA 2015, 365 Rn. 21, 22; 26.3.2013 NZA 2013, 921 Rn. 23; 23.3.2010 NZA 2010, 774 Rn. 16.
²⁰⁸ BFH 11.11.2010 BStBl. II 2011, 389 Rn. 9; KR/*Spilger,* § 10 KSchG Rn. 34; vgl. auch BAG 24.3.2009 NZA 2009, 861 Rn. 12.
²⁰⁹ APS/*Biebl,* § 10 KSchG Rn. 15; *Neumann,* AR-Blattei SD 1020.6 Rn. 105; KR/*Spilger,* § 10 KSchG Rn. 34.

men und Umsatzvergütungen,²¹⁰ sind auf die einzelnen Monate zu verteilen. Das gilt auch für eine Jahressondervergütung – oft als 13. bzw. 14. Monatsgehalt bezeichnet –, die ausschließlich die tatsächlich erbrachte Arbeitsleistung im Bezugsjahr belohnen soll (sog. arbeitsleistungsbezogene Zuwendung).²¹¹ Sie wird wie laufende Arbeitsvergütung in den jeweiligen Abrechnungsmonaten verdient, jedoch aufgespart und erst am vereinbarten Fälligkeitstag ausgezahlt.²¹² Jubiläumsgaben und auch die Weihnachtsgratifikationen bleiben dagegen außer Ansatz,²¹³ da mit ihnen zumindest auch vergangene und/oder künftige Betriebstreue honoriert werden soll.²¹⁴ Sie gehören nicht zum regelmäßigen Monatsverdienst.

2157 Bei der **Bemessung** der **Höhe** der **Abfindung**, die das Gericht ohne Bindung an die Anträge der Parteien im Rahmen seines pflichtgemäßen Ermessens zu bestimmen hat,²¹⁵ sind **alle Umstände** des **Einzelfalles** zu berücksichtigen. Dazu zählen zB Dauer der Betriebszugehörigkeit, Alter und Familienstand, Dauer der Arbeitslosigkeit, wirtschaftliche Lage des Arbeitgebers, Aussicht auf eine neue Stelle,²¹⁶ das Maß der Sozialwidrigkeit der Kündigung und die schuldhafte Herbeiführung des Auflösungsgrundes durch den Arbeitnehmer.²¹⁷ Insofern kommt der Abfindung neben der Entschädigungsfunktion (→ Rn. 2145) auch Sanktionsfunktion zu.²¹⁸ Auch ist der Verlust der Anwartschaft auf betriebliche Altersversorgung zu berücksichtigen²¹⁹ und kann ein nach Kündigungszugang erworbener besonderer Kündigungsschutz Berücksichtigung finden (→ Rn. 2125).²²⁰

---

²¹⁰ Zum Problem, dass im Auflösungsmonat die Höhe einer Tantieme oder Umsatzvergütung noch nicht feststeht, vgl. *Bauer*, FS Hanau, 1999, S. 151, 167 f.
²¹¹ Vgl. hierzu BAG 14.3.2012 AP BGB § 611 Gratifikation Nr. 123 Rn. 12; 21.3.2001 NZA 2001, 785; 25.11.1998 NZA 1999, 766, 767. Zum Urlaubsgeld vgl. BAG 21.1.2014 BeckRS 2014, 68294 Rn. 17; 11.4.2000 NZA 2001, 512.
²¹² BAG 18.1.2012 NZA 2012, 620 Rn. 10; 10.12.2008 NZA 2009, 322 Rn. 14; 28.3.2007 NZA 2007, 687 Rn. 17; ebenso für eine variable Erfolgsvergütung zB BAG 14.11.2012 NZA 2013, 273 Rn. 14.
²¹³ APS/*Biebl*, § 10 KSchG Rn. 18; APS/*Linck*, § 10 KSchG Rn. 16; KR/*Spilger*, § 10 KSchG Rn. 33; differenzierend KDZ/*Zwanziger*, § 10 KSchG Rn. 19; a. A. ErfK/*Kiel*, § 10 KSchG Rn. 3; LSW/*Spinner*, § 10 KSchG Rn. 3. Zum Urlaubsgeld *Sibben*, DB 1997, 1178, 1182 mit Nachw.
²¹⁴ BAG 20.6.2007 AP BGB § 611 Minderleistung Nr. 1; 28.3.2007 NZA 2007, 687 Rn. 18; 19.11.2003 BeckRS 2004, 40249; vgl. auch 5.8.2009 NZA 2009, 1135 Rn. 15.
²¹⁵ BAG 12.6.2003 AP BGB § 628 Nr. 16; LAG Baden-Württemberg 17.7.2013 BeckRS 2013, 71757; vgl. auch BAG 21.6.2012 NZA 2013, 199 Rn. 39; 28.5.2009 NZA 2009, 966 Rn. 22; *Faecks*, FS Bauer, 2010, S. 281, 283 ff.
²¹⁶ BAG 10.12.1996 NZA 1997, 787; vgl. auch LAG Baden-Württemberg 17.7.2013 BeckRS 2013, 71757 Rn. 69; LAG Köln 4.12.2014 BeckRS 2015, 66402; 21.3.2005 LAGE KSchG § 10 Nr. 5; LAG Schleswig-Holstein 25.2.2004 NZA-RR 2005, 132, 136.
²¹⁷ BAG 25.11.1982 AP KSchG 1969 § 9 Nr. 10; 29.3.1960 AP KSchG § 7 Nr. 7; LAG Baden-Württemberg 14.5.1975 DB 1975, 2328; LAG Hamm 14.12.2000 LAGE KSchG § 9 Nr. 35; 26.9.1996 LAGE KSchG § 2 Nr. 23; LAG Köln 12.1.2009 LAGE KSchG § 9 Nr. 41; 21.3.2005 LAGE KSchG § 10 Nr. 5; vgl. auch LAG Hessen 10.11.2006 BeckRS 2007, 40911. Zu den Bemessungsfaktoren ausführlich *Bauer*, FS Hanau, 1999, S. 151, 168; APS/*Biebl*, § 10 KSchG Rn. 21 ff.; HHL/*Linck*, § 10 KSchG Rn. 17 ff.; *Keßler*, NZA-RR 2002, 1, 12; ErfK/*Kiel*, § 10 KSchG Rn. 6 ff.; KR/*Spilger*, § 10 KSchG Rn. 45 ff.; vgl. ferner noch LAG Düsseldorf 29.11.1994 LAGE KSchG § 10 Nr. 2; LAG Köln 15.9.1994 LAGE KSchG § 10 Nr. 3; LAG Niedersachsen 22.8.2001 ArbuR 2002, 153; LAG Schleswig-Holstein 25.2.2004 ArbuR 2004, 236 Ls.
²¹⁸ Vgl. BAG 15.2.1973 AP KSchG 1969 § 9 Nr. 2; LAG Baden-Württemberg 17.7.2013 BeckRS 2013, 71757; LAG Niedersachsen 12.2.2008 BeckRS 2011, 66896; LSW/*Spinner*, § 10 KSchG Rn. 18.
²¹⁹ BAG 12.6.2003 AP BGB § 628 Nr. 16; LAG Baden-Württemberg 17.7.2013 BeckRS 2013, 71757.
²²⁰ Zu unterhalts- bzw. güterrechtlichen Auswirkungen von Abfindungen vgl. BGH 18.4.2012 NJW 2012, 1868 Rn. 37 ff. u. NJW 2012, 1873 Rn. 9 ff.; *Kaiser*, FS D. Schwab, 2005, S. 495, 500 ff.;

3. Steuerrechtliche Fragen

Mit Wirkung vom 1.1.2006 ist durch Art. 1 Nr. 1 lit. a des „Gesetz zum Einstieg in ein steuerrechtliches Sofortprogramm" vom 22.12.2005 (BGBl. I S. 3682) § 3 Nr. 9 S. 1 EStG idF des Art. 1 Nr. 4 lit. a aa des „Haushaltsbegleitgesetz 2004 (HBeglG 2004)" vom 29.12.2003 (BGBl. I S. 3076), in dem seit dem 1.1.2004 letztmals die Steuerfreiheit von **Abfindungen,** die wegen einer **vom Arbeitgeber veranlassten** oder **gerichtlich ausgesprochenen Auflösung** des Dienstverhältnisses gezahlt werden, geregelt waren,[221] aufgehoben worden.[222] Nachdem auch die in § 52 Abs. 4a S. 1 EStG idF von Art. 4 lit. a des Gesetzes vom 22.12.2005 enthaltene Übergangsregelung[223] seit dem 1.1.2008 keine Bedeutung mehr hat, sind **Abfindungen,** die wegen der Auflösung des Dienstverhältnisses gezahlt werden, **in keinem Fall** mehr **steuerfrei,** sondern gem. §§ 2 Abs. 1, 19, 24 Nr. 1a EStG steuerpflichtig.[224] Auch für Abfindungen gilt das Zuflussprinzip gem. § 11 Abs. 1 S. 1 EStG. Nach § 11 Abs. 1 S. 4 EStG iVm § 38a Abs. 1 S. 3 EStG ist eine Abfindung in dem Kalenderjahr zu versteuern, in dem sie ihm zufließt.[225]

2158

Nach wie vor gilt die zum 1.1.1999 in Kraft getretene[226] ermäßigte Besteuerung der Abfindung, sofern sie die Voraussetzungen einer Entschädigung nach § 24 Nr. 1a EStG[227] iVm § 34 Abs. 1 und 2 Nr. 2 EStG erfüllt. Hierdurch soll versucht werden, den sog. Progressionseffekt, der durch die Zusammenballung von Einnahmen entsteht, die sich sonst über mehrere Jahre verteilt hätten, abzumildern.[228] Nach bisher h. M. in Rspr. und Lit. kommt es bei der Anwendung des § 34a Abs. 1 EStG auf einen konkreten Progressionsnachteil nicht an.[229] Die Besteuerung erfolgt unter Heranziehung der in § 34 Abs. 1 S. 3 EStG geregelten Fünftelungsmethode.[230]

2159

In der Praxis gibt es häufig Zweifelsfragen, ob die Abfindung **brutto oder netto** zu zahlen ist. Wird ausdrücklich in einem Vergleich eine **Nettoabfindung** vereinbart, trifft den Arbeitgeber die Steuerschuld.[231] Der Arbeitnehmer trägt die Steuerschuld, wenn eine **Bruttoabfindung** vereinbart worden ist.[232] Führt der Arbeitgeber in diesem Falle die nach Auskunft des zuständigen Finanzamtes anfallenden Steuern auf den Abfindungsbetrag ab, muss der Arbeitnehmer dies als teilweise Erfüllung gegen sich gelten lassen. Will er eine abweichende Versteuerung der Abfindung erreichen, muss

2160

Kogel, FamRZ 2005, 1524 ff.; Maurer, FamRZ 2005, 757 ff.; Schunder, FS v. Hoyningen-Huene, 2014 S. 461, 462 ff.

[221] Vgl. hierzu 9. Aufl. Rn. 2017.
[222] Vgl. hierzu Braun, ZTR 2006, 129, 130.
[223] Hierzu näher Braun, ZTR 2006, 129, 130; APS/Seidel, SteuerR § 52 EStG Rn. 60, 61; Wagner, ArbuR 2006, 46, 47.
[224] Zur Abfindungszahlung eines französischen Arbeitgebers an einen in Frankreich tätigen, aber in Deutschland wohnenden Arbeitnehmer vgl. BFH 24.7.2013 BB 2013, 2343 Rn. 10 ff.
[225] Bauer/Krieger/Arnold, G Rn. 80; Gockel, FS Etzel, 2011, S. 173, 182 f. Zu Abreden zwischen Arbeitgeber u. Arbeitnehmer über den Zeitpunkt des Zuflusses einer Abfindung oder eines Teilbetrags hiervon beim Arbeitnehmer gem. § 11 Abs. 1 S. 1 EStG vgl. BFH 11.11.2009 DB 2010, 148, 149.
[226] Zum bis zum 31.12.1998 geltenden Rechtslage vgl. 9. Aufl. Rn. 2018.
[227] Zum Begriff vgl. BFH 8.4.2014 BeckRS 2014, 95738; 25.8.2009 NZA-RR 2010, 257; APS/Seidel, § 34 SteuerR Rn. 32; vgl. auch BSG 28.6.2006 BB 2006, 2168, 2170.
[228] BFH 8.4.2014 BeckRS 2014, 95738; Moll/Boewer, MAH Arbeitsrecht, § 48 Rn. 387; APS/Seidel, SteuerR § 34 EStG Rn. 43; Wagner, ArbuR 2006, 46, 47.
[229] Vgl. zum Meinungsstand FG Niedersachsen 20.3.2014 BeckRS 2014, 95901.
[230] Hierzu näher Bauer/Krieger/Arnold, G Rn. 74 ff.; Schmidt/Wacker, § 34 EStG Rn. 56; Vogt, wie vor, Rn. 131.
[231] APS/Biebl, § 10 KSchG Rn. 52.
[232] APS/Biebl, § 10 KSchG Rn. 52.

er den Steuerbescheid anfechten.[233] Fehlt ein Zusatz, handelt es sich um eine Bruttoabfindung.[234]

4. Sozialversicherungsrechtliche Fragen

2161 Abfindungen nach den §§ 9 und 10 KSchG sind nicht sozialversicherungspflichtig, da sie kein Arbeitsentgelt iSd des § 14 Abs. 1 S. 1 SGB IV darstellen. Zwar könnte das Gegenteil aus dem Gesetzestext folgen. Sowohl das BAG als auch das BSG haben jedoch erkannt, Sinn und Zweck des § 14 Abs. 1 S. 1 SGB IV würden eine enge Auslegung dieser Norm gebieten. Nur solche Leistungen seien als Arbeitsentgelt iSv § 14 Abs. 1 S. 1 SGB IX anzusehen, die für die Dauer des Arbeitsverhältnisses gezahlt würden. Demnach sind für Einmalzahlungen, die der Arbeitnehmer – wie die Abfindung nach §§ 9 und 10 KSchG – **für Zeiten nach Beendigung** des Arbeitsverhältnisses erhält, **keine Sozialversicherungsbeiträge abzuführen,**[235] auch wenn sie monatlich in Raten gezahlt werden.[236] Davon zu unterscheiden sind Einmalzahlungen während des Arbeitsverhältnisses, zB Gratifikationen. Sie sind Arbeitsentgelt iSd § 14 SGB IV.[237]

2162 Beitragspflichtig sind Abfindungen allerdings dann, soweit in ihnen Beträge enthalten sind, die für die Dauer des Arbeitsverhältnisses gezahlt werden, zB Urlaubsabgeltung oder Vergütung für die Zeit während des Arbeitsverhältnisses.[238]

5. Anrechnung der Abfindung auf das Arbeitslosengeld[239]

a) Überblick

2163 Durch die nach Art. 1 Nr. 2 des „Gesetz zur Änderung der Berücksichtigung von Entlassungsentschädigungen im Arbeitsförderungsrecht (Entlastungsentschädigungs-Änderungsgesetz – EEÄndG) vom 24.3.1999 (BGBl. I S. 396) erfolgte Aufhebung des § 140 SGB III (hierzu 9. Aufl. Rn. 2025) und **durch** die gleichzeitig nach Art. 1 Nr. 3 EEÄndG vorgenommene **Einführung des § 143a in das SGB III** trat mit Wirkung vom 1.4.1999 (Art. 2 S. 1 EEÄndG) **weitgehend die alte Ruhensregelung des § 117 Abs. 2–4 AFG** idF vor dem 1.4.1997 (vgl. hierzu 6. Aufl. Rn. 1233aff.) **wieder in Kraft.**[240] Durch § 198 S. 2 Nr. 6 SGB III idF des Art. 2 Nr. 5 EEÄndG wurde sichergestellt, dass – anders als zuvor § 140 SGB III – § 143a SGB III auch (bis

---

[233] LAG Köln 20.9.1988 LAGE KSchG § 9 Nr. 9.
[234] Vgl. früher LAG Berlin 21.2.1994 DB 1994, 2632; 12.2. 1974 DB 1974, 1486.
[235] BAG 9.11.1988 NZA 1989, 270f.; ebenso BSG 3.12.2002 SGb 2003, 583, 585; 21.2.1990 NZA 1990, 751; 21.2.1990 BeckRS 1990, 30733256; vgl. auch BSG 7.3.2007 SozR 4–2400 § 14 SGB IV Nr. 8; anders aber für eine Abfindung, die nach einer Änderungskündigung als Gegenleistung für die Verschlechterung der Arbeitsbedingungen gezahlt wird, BSG 28.1.1999 AP ArEV § 1 Nr. 1.
[236] BSG 25.1.2006 BeckRS 2006, 41080 zugleich zur Berücksichtigung der Abfindung beim Gesamteinkommen iSv § 16 SGB IV.
[237] BSG 7.3.2007 SozR 4–2400 § 14 SGB IV Nr. 8; 28.1.1999 AP ArEV § 1 Nr. 1.
[238] Sog. verdeckte Vergütung, vgl. hierzu BSG 28.1.1999 AP ArEV § 1 Nr. 1; 25.10.1990 EzA § 9 KSchG n. F. Nr. 38; 21.2.1990 EzA § 9 KSchG n. F. Nr. 35; vgl. auch BSG 7.3.2007 SozR 4–2400 § 14 SGB IV; 12.2.2004 BeckRS 2007, 44858.
[239] Zur Anrechnung von Abfindungen nach § 11 SGB II vgl. BSG 17.10.2013 BeckRS 2014, 67683.
[240] Vgl. BT-Drucks. 14/394, S. 1.

§ 3 Auflösung des Arbeitsverhältnisses und Abfindung

zum 31.12.2004)²⁴¹ für die Arbeitslosenhilfe galt. Blieben Beitragsleistungen des Arbeitgebers zum Ausgleich von Rentenabschlägen nach § 187a Abs. 1 SGB VI idF von Art. 2 Nr. 16 des Gesetzes vom 23.7.1996 (BGBl. I S. 1078) bzw. entsprechende Beiträge des Arbeitgebers zu einer berufsständischen Versorgungseinrichtung gem. § 140 Abs. 1 S. 2 bzw. S. 3 SGB III a. F. von der Anrechnungsregelung in § 140 Abs. 1 S. 1 SGB III a. F. verschont, führten diese Beitragsleistungen seit dem 1.4.1999 nicht zu einem Ruhen des Arbeitslosengeldanspruchs nach § 143a Abs. 1 S. 1 SGB III idF von Art. 1 Nr. 3 EEÄndG (vgl. § 143a Abs. 1 S. 6 bzw. S. 7 SGB III).

Durch Art. 1–3 des „Gesetz zur Verbesserung der Eingliederungschancen am Arbeitsmarkt" vom 20.12.2011 (BGBl. I S. 2854) ist das SGB III in weiten Teilen neu geregelt bzw. sind Normen neu nummeriert worden.²⁴² Das bis zum 31.3.2012 in § 143a SGB III a. F. geregelte Ruhen des Arbeitslosengeldanspruchs im Zusammenhang mit einer Entlassungsentschädigung ist seit dem 1.4.2012 – sieht man einmal davon ab, dass es nun „die oder der Arbeitslose" heißt – inhaltsgleich in § 158 SGB III n. F. enthalten. **2163a**

An dieser Stelle können angesichts der schwierigen und in der Praxis nicht leicht zu bewältigenden Probleme, die die Anrechnung von Abfindungen auf das Arbeitslosengeld betreffen, nur einige Grundsätze dargestellt werden. Im Übrigen ist auf die Spezialliteratur zu den mit Wirkung zum 1.4.1997 aufgehobenen (→ Rn. 2163 u. 9. Aufl. Rn. 2025) §§ 117 und 117a AFG bzw. § 115a AFG und § 140 SGB III a. F. zu verweisen.²⁴³ Die nachfolgende Darstellung gibt die seit dem 1.4.1999 bzw. seit dem 1.4.2012 bestehende Rechtslage wieder (zur Rechtslage in der Zeit vom 1.4.1997 bis zum 31.3.1999 vgl. 8. Aufl. Rn. 1233j). **2164**

b) Rechtslage seit dem 1.4.1999²⁴⁴ bzw. seit dem 1.4.2012²⁴⁵

Nach der zu § 117 Abs. 2 S. 1 AFG a. F. ergangenen Rechtsprechung²⁴⁶ fielen unter die in dieser Vorschrift genannten Leistungen („Abfindung, Entschädigung oder ähnliche Leistungen") „alle im Zusammenhang mit einer vorzeitigen Beendigung des Arbeitsverhältnisses gewährten Leistungen, unabhängig von ihrer Bezeichnung, dem Zweck der Leistung und davon, ob sie auf Raten oder in einer Summe gezahlt werden, sofern nur ein ursächlicher Zusammenhang zwischen der *vorzeitigen* Beendigung **2165**

---

²⁴¹ Mit Wirkung vom 1.1.2005 ist § 198 SGB III weggefallen, vgl. Art 3 Nr. 1 lit. d des „Viertes Gesetz für moderne Dienstleistungen" vom 24.12.2003 (BGBl. I S. 2954). Seitdem ist eine aus Anlass der Beendigung des Arbeitsverhältnisses vom Arbeitgeber gezahlte Abfindung bei der Berechnung des Arbeitslosengeldes II als Einkommen gem. § 11 Abs. 1 S. 1 SGB II zu berücksichtigen (vgl. *Hengelhaupt*, in *Hauck/Noftz*, SGB II, K § 11 Rn. 51).
²⁴² Vgl. *Gagel/Bender*, SGB III, § 158 Rn. 8a.
²⁴³ Zu §§ 117, 117a AFG vgl. *Gagel/Vogt*, Beendigung von Arbeitsverhältnissen, 5. Aufl. 1996; *Bauer*, 5. Aufl. 1997, Rn. 1008 ff.; GK-AFG/*Masuch*, § 117; KR/*Wolff*, 5. Aufl., § 117 AFG Rn. 23 ff., § 117a Rn. 3 ff. Zu § 115a AFG bzw. § 140 SGB III, jeweils idF des 1. SGB III-ÄndG: *Bader*, ArbuR 1998, 56 ff.; *Bauer*, 5. Aufl. 1997, Nachtrag zu Rn. 1105a–1105w; *Bauer/Röder*, BB 1997, 2588 ff.; *B. Gaul*, NJW 1998, 644, 647 f.; *Gagel/Kreitner*, Das Arbeitsrecht der Gegenwart, Bd. 35 (1998), S. 33 ff.; *Hanau*, RdA 1998, 296 ff.; *Haupt/Welslau*, DStR 1998, 1096 ff.; *Kliemt*, NZA 1998, 173 ff.; *Neef/Schrader*, DB 1999, 281 ff.; *Niesel*, DStR 1998, 171 ff.; *Rittweger*, NZS 1998, 73 ff.; *Rockstroh*, DB 1997, 2613 ff.; *Rolfs*, AR-Blattei SD 10 Rn. 282 ff.; *Schließmann*, BB 1998, 318 f.
²⁴⁴ Hierzu ausf. *Rockstroh/Polduwe*, DB 1999, 529 ff.; APS/*Masuch*, SozR Rn. 557 ff.; *Welslau/Haupt/Lepsien*, Sozial- u. steuerrechtliche Folgen der Beendigung von Arbeitsverhältnissen, 2003, Rn. 119 ff.; KR/*Wolff*, § 143a SGB III Rn. 13 ff.
²⁴⁵ Hierzu *B. Schmidt*, Rn. 185 ff.
²⁴⁶ BSG 15.11.1984 NZA 1985, 438, 439.

des Arbeitsverhältnisses und der Gewährung der Leistung besteht". Allerdings wurde die zuletzt genannte kausale Verknüpfung in § 117 Abs. 2 S. 1 AFG a. F. nicht gefordert, weil sie im Regelfall vorlag.[247]

2166 Da § 158 Abs. 1 S. 1 SGB III n. F. (bis 31.3.2012: § 143a Abs. 1 S. 1 SGB III a. F.), ebenso wie der mit Wirkung vom 1.4.1999 aufgehobene § 140 Abs. 1 S. 1 SGB III a. F. (→ Rn. 2163), die früher in § 117 Abs. 2 S. 1 AFG a. F. genannten Begriffe wiederholt und nunmehr zusammenfassend als „Entlassungsentschädigung" bezeichnet, hat sich insoweit keine sachliche Änderung bei der Bestimmung der anrechenbaren Leistungen ergeben. Zur **Entlassungsentschädigung** iSv § 158 Abs. 1 S. 1 SGB III n. F. (= § 143a Abs. 1 S. 1 SGB III a. F.) rechnen damit auch **alle Arten von Abfindungen** unabhängig davon, ob sie auf einem Auflösungsurteil nach §§ 9, 10 KSchG,[248] auf gerichtlichen[249] bzw. außergerichtlichen Vergleichen oder Aufhebungsverträgen[250] beruhen.[251]

2167 Der **Anspruch auf** das **Arbeitslosengeld ruht** nach § 158 Abs. 1 S. 1 SGB III n. F. (= § 143a Abs. 1 S. 1 SGB III a. F. S.), wenn

1. der Arbeitslose **wegen der Beendigung** des Arbeitsverhältnisses eine Abfindung, Entschädigung oder ähnliche Leistung (Entlassungsentschädigung) erhalten oder zu beanspruchen hat **und**
2. das **Arbeitsverhältnis ohne Einhaltung** einer der ordentlichen **Kündigungsfrist** des Arbeitgebers **entsprechenden Frist beendet** worden **ist**.

Dabei kommt es, wie schon früher nach § 117 Abs. 2 S. 1 AFG a. F.,[252] nicht darauf an, ob ein Kausalzusammenhang zwischen der *vorzeitigen* Beendigung des Arbeitsverhältnisses und der Abfindung besteht (dazu → Rn. 2165).[253]

2168 Konsequenz: Die Abfindung hat keinen Einfluss auf das Arbeitslosengeld, wenn im Falle der ordentlichen Kündigung oder im Falle eines Auflösungsvergleichs die ordentliche Kündigungsfrist beachtet worden ist.[254]

2169 Die **Dauer** des **Ruhens** des **Anspruchs auf** das **Arbeitslosengeld** richtet sich gem. § 158 Abs. 1 S. 1 SGB III n. F. **nach der Kündigungsfrist, d. h. bis zu dem Tage, an dem das Arbeitsverhältnis bei Einhaltung der Kündigungsfrist geendet hätte**. Ohne Bedeutung ist, **wie** das Arbeitsverhältnis beendet worden ist, ob durch Urteil nach den §§ 9, 10 KSchG oder durch Vergleich.[255] Auch die Auflösung des Arbeitsverhältnisses im Falle einer unbegründeten außerordentlichen Kündigung mit Zahlung einer Abfindung auf Antrag des Arbeitnehmers durch Urteil des Arbeitsgerichts ist nicht ausgenommen.[256] Der Anspruch auf Arbeitslosengeld ruht bei vorzeitiger Beendigung des Arbeitsverhältnisses selbst dann, wenn dem Arbeitnehmer wegen

---

[247] Vgl. BSG 21.9.1995 AP AFG § 117 Nr. 13.
[248] LSG NW 11.12.2014 BeckRS 2015, 65499; früher BSG 14.7.1994 SozR 3–4100 § 117 AFG Nr. 11.
[249] BSG 17.12.2013 NZA-RR 2014, 327; LSG NW 11.12.2014 BeckRS 2015, 65499; SG Karlsruhe 7.5.2014 NZS 2014, 635.
[250] *Gockel*, FS Etzel, 2011, S. 173, 175; früher BSG 20.1.2000 APAFG § 117 Nr. 18.
[251] Vgl. *Bauer*, Gedächtnisschrift Heinze, 2005, S. 31, 41; *Bauer/Krieger/Arnold*, H Rn. 70; ErfK/*Rolfs*, § 158 SGB III Rn. 3.
[252] Vgl. BSG 21.9.1995 AP AFG § 117 Nr. 13.
[253] Vgl. LSG NW 5.6.2014 BeckRS 2014, 70800; ErfK/*Rolfs*, § 158 SGB III Rn. 7; früher BSG 21.9.1995 NZA-RR 1996, 308, 309.
[254] Vgl. ErfK/*Rolfs*, § 158 SGB III Rn. 14.
[255] Vgl. ErfK/*Rolfs*, § 158 SGB III Rn. 11 u. 12; vgl. auch LSG NW 5.6.2014 BeckRS 2014, 70800.
[256] LSG NW 11.12.2014 BeckRS 2015, 65499; ErfK/*Rolfs*, § 158 SGB III Rn. 12 jeweils im Anschluss an BSG 8.12.1987 EzA AFG § 117 Nr. 5.

andauernder Arbeitsunfähigkeit nach Ablauf der Sechswochenfrist des § 3 Abs. 1 S. 1 EFZG kein Anspruch auf Arbeitsentgelt mehr zugestanden hätte.[257] Es gelten allein die Regeln des § 158 Abs. 1 und 2 SGB III n. F. (= § 143a Abs. 1 und 2 SGB III a. F.).

Für die Frage des Ruhens ist es unerheblich, ob die Abfindung selbst dem Arbeitnehmer zugeflossen ist.[258] Deshalb ruht der Anspruch auf Arbeitslosengeld auch dann, wenn der Arbeitgeber mit einem eigenen Anspruch gegen den Abfindungsanspruch des Arbeitnehmers gem. §§ 387, 388 S. 1 BGB aufrechnet (auch → Rn. 2146).[259] 2169a

Für Arbeitnehmer, **die ordentlich durch den Arbeitgeber nicht gekündigt werden können** (näher → Rn. 738 ff.), bestimmt § 158 Abs. 1 S. 3 SGB III n. F. (= § 143a Abs. 1 S. 3 SGB III a. F.) die zu beachtenden Kündigungsfristen,[260] innerhalb derer der Anspruch auf Arbeitslosengeld ruht.[261] Die **längste Frist** für das **Ruhen** des **Arbeitslosengeldes** beträgt gem. § 158 Abs. 2 S. 1 SGB III n. F. (= § 143a Abs. 2 S. 1 SGB III a. F.) **ein Jahr.** Der Anspruch auf Arbeitslosengeld ruht nach § 158 Abs. 2 S. 2 SGB III n. F. (= § 143a Abs. 2 S. 2 SGB III a. F.) jedoch **nicht über** den **Tag hinaus,** 2170

1. bis zu dem die oder der Arbeitslose bei Weiterzahlung des während der letzten Beschäftigungszeit kalendertäglich verdienten Arbeitsentgelts einen Betrag in Höhe von **sechzig vom Hundert** der nach Abs. 1 zu berücksichtigenden Entlassungsentschädigung **als Arbeitsentgelt verdient hätte,**
2. an dem das Arbeitsverhältnis infolge einer **Befristung,** die unabhängig von der Vereinbarung über die Beendigung des Arbeitsverhältnisses bestanden hat, geendet hätte oder
3. an dem der **Arbeitgeber** das Arbeitsverhältnis **aus wichtigem Grunde** ohne Einhaltung einer Kündigungsfrist hätte **kündigen** können.

Der nach § 158 Abs. 2 S. 2 Nr. 1 SGB III n. F. (= § 143a Abs. 2 S. 2 Nr. 1 SGB III a. F.) **zu berücksichtigende** Anteil der Abfindung **vermindert sich** sowohl für je fünf Jahre des Arbeitsverhältnisses in demselben Betrieb oder Unternehmen als auch für je fünf Lebensjahre nach Vollendung des fünfunddreißigsten Lebensjahres um je fünf vom Hundert (§ 158 Abs. 2 S. 3 SGB III n. F. = § 143a Abs. 2 S. 3 1. Hs. SGB III a. F.). Er beträgt gem. § 158 Abs. 2 S. 3 2. Hs. SGB III n. F. (=§ 143a Abs. 2 S. 3 2. Hs. SGB III a. F.) nicht weniger als fünfundzwanzig vom Hundert der Leistung. 2171

Die Regelung des § 158 Abs. 1 u. 2 SGB III n. F. (= § 143a Abs. 1 u. 2 SGB III a. F.) beruht, wie früher § 117 Abs. 2 und 3 AFG, auf der Annahme des Gesetzgebers, dass jede Abfindung, die wegen der Beendigung des Arbeitsverhältnisses gezahlt wird, sofern das Arbeitsverhältnis **ohne Einhaltung** der der **ordentlichen Kündigungsfrist** des Arbeitgebers entsprechenden Frist beendet wird, eine **verdeckte Entschädigung** für das entgangene Arbeitsentgelt in der Kündigungsfrist enthält.[262] Dieser Teil der Abfindung wird nach § 158 Abs. 2 S. 2 Nr. 1 SGB III n. F. (= § 143a Abs. 2 S. 2 Nr. 1 SGB III a. F.) mit 60% pauschaliert.[263] Er verkürzt bei langen Kündigungsfristen den Ruhenszeitraum ggfls. nach näherer Maßgabe von § 158 Abs. 2 S. 2 Nr. 1 u. S. 3 2172

---

[257] Vgl. BSG 20.1.2000 AP AFG § 117 Nr. 18; 10.2.2000 SozR-4100 § 117 Nr. 20.
[258] BSG 24.6.1999 NZA-RR 2000, 270, 271.
[259] SG Karlsruhe 7.5.2014 NZS 2014, 635 Ls.; vgl. auch BSG 24.6.1999 NZA-RR 2000, 270, 271.
[260] Zu § 143a Abs. 1 S. 4 SGB IX a. F. vgl. BSG 9.2.2006 NZA-RR 2006, 663 ff. mit Anm. *Wenner*, SozSich. 2006, 72.
[261] Vgl. näher *B. Schmidt*, Sozialversicherungsrecht Rn. 193 ff.; früher zu § 143a Abs. 1 S. 3 SGB III a. F. *Hiekel*, FS Schwerdtner, 2003, S. 407 ff.; vgl. auch BSG 17.12.2013 NZA-RR 2014, 327 Rn. 14.
[262] Vgl. BSG 20.1.2000 AP AFG § 117 Nr. 18; 29.1.2001 NZA-RR 2002, 441.
[263] Vgl. näher ErfK/*Rolfs*, § 158 SGB III Rn. 29 ff.; *B. Schmidt*, Sozialversicherungsrecht Rn. 216 ff.

SGB III n. F. (= § 143a Abs. 2 S. 2 Nr. 1 und S. 3 SGB III a. F.). Die genannte Pauschale vermindert sich danach je nach der Dauer der Betriebszugehörigkeit und dem Lebensalter, allerdings auf nicht weniger als 25% der Abfindung.[264]

2173   Der Anspruch auf Arbeitslosengeld ruht nach § 158 Abs. 2 S. 2 Nr. 2 SGB III n. F. (= § 143a Abs. 2 S. 2 Nr. 2 SGB III a. F.) nicht über den Tag hinaus, an dem das Arbeitsverhältnis infolge einer vereinbarten Befristung geendet hätte. Ferner ruht gem. § 158 Abs. 2 S. 2 Nr. 3 SGB III n. F. (= § 143a Abs. 2 Nr. 3 SGB III a. F.) der Anspruch nicht über den Tag hinaus, an dem der Arbeitgeber – nicht der Arbeitnehmer[265] – das Arbeitsverhältnis **aus wichtigem Grund** ohne Einhaltung der Kündigungsfrist **hätte kündigen können**. Diese früher in § 117 Abs. 3 S. 2 Nr. 3 AFG a. F. enthaltene Regelung beruhte auf der Überlegung des Gesetzgebers, dass der Arbeitgeber, der berechtigt fristlos kündigt, kein Arbeitsentgelt mehr zahlen will, sondern im Falle der Zahlung einer Abfindung allein eine Entschädigung für die Aufgabe des sozialen Besitzstandes leistet.[266] Dieser Betrag führte bzw. führt **nicht** zum Ruhen des Anspruchs auf das Arbeitslosengeld.[267]

2174   § 158 Abs. 2 S. 2 Nr. 3 SGB III n. F. (= § 143a Abs. 2 S. 2 Nr. 3 SGB III a. F.) ist auch auf den Fall anzuwenden, in dem sich die Parteien in einem Kündigungsschutzprozess über die Wirksamkeit einer außerordentlichen Kündigung auf die **Beendigung** des Arbeitsverhältnisses **zu** einem **Zeitpunkt** einigen, der **vor** dem **Ablauf** der ordentlichen **Kündigungsfrist** für den Arbeitgeber liegt. Hier findet ein Ruhen des Anspruchs auf Arbeitslosengeld nach § 158 Abs. 2 S. 2 Nr. 3 SGB III n. F. (= § 143a Abs. 2 S. 2 Nr. 3 SGB III a. F.) über den Tag des Zugangs der fristlosen Entlassung nur dann nicht statt, wenn die außerordentliche Kündigung berechtigt war und das Arbeitsverhältnis beendet hat. Da diese Rechtsfrage im Verfahren vor dem Arbeitsgericht nicht entschieden worden ist, obliegt es der Prüfung durch die Sozialgerichte, ob ein Recht zur außerordentlichen Kündigung bestanden hat.[268] Sie kann aber auch Gegenstand eines **weiteren vor dem Arbeitsgericht** stattfindenden Rechtsstreits sein, wenn nämlich die Parteien darüber streiten, wer von ihnen im Innenverhältnis das Risiko einer Anrechung der Abfindung auf das Arbeitslosengeld auf Grund der in § 158 Abs. 2 S. 2 Nr. 3 SGB III n. F. (= § 143a Abs. 2 S. 2 Nr. 3 SGB III a. F.) getroffenen Regelung zu tragen hat.[269] Insofern ist die **einvernehmliche Beendigung** des **Arbeitsverhältnisses** ohne Beachtung der geltenden Kündigungsfrist **mit erheblichem Risiko** belastet.

§ 4 Die Klage gegen eine Änderungskündigung (§§ 2, 8 KSchG)

2175   Kündigt der Arbeitgeber das Arbeitsverhältnis und bietet er gleichzeitig die Fortsetzung des Arbeitsverhältnisses zu geänderten Arbeitsbedingungen an, kann der Arbeitnehmer dieses Angebot unter dem Vorbehalt annehmen, dass die Änderung der Arbeitsbedingungen nicht sozial ungerechtfertigt ist (§ 2 S. 1 KSchG).[1] Hierdurch

---

[264] Vgl. näher ErfK/*Rolfs*, § 158 SGB III Rn. 32 u. 33; *B. Schmidt*, Sozialversicherungsrecht Rn. 218, 219.
[265] BSG 8.2.2001 NZA-RR 2002, 385; *B. Schmidt*, Sozialversicherungsrecht Rn. 214.
[266] BSG 20.1.2000 AP AFG § 117 Nr. 18.
[267] Vgl. *B. Schmidt*, Sozialversicherungsrecht Rn. 215.
[268] Vgl. BSG 17.2.1981 DB 1981, 1983; 8.12.1987 EzA AFG § 117 Nr. 5.
[269] Vgl. näher BAG 9.10.1996 AP SGB X § 115 Nr. 9 m. Anm. *Bengelsdorf*.
[1] Zur Anwaltshaftung wegen nicht rechtzeitiger Klageerhebung BGH 27.1.2000 NZA 2000, 478.

kommt eine Vertragsänderung zustande, die unter der gem. § 8 KSchG rückwirkenden auflösenden Bedingung (§ 158 Abs. 2 BGB) gerichtlich festzustellender Sozialwidrigkeit steht (→ Rn. 1298). Diesen Vorbehalt muss der Arbeitnehmer dem Arbeitgeber innerhalb der Kündigungsfrist, spätestens jedoch innerhalb von drei Wochen nach Zugang der Kündigung, erklären (§ 2 S. 2 KSchG). § 2 KSchG gilt auch nach dem 31.12.2003 nur für Arbeitsverhältnisse, die unter das KSchG fallen (→ Rn. 835, 1305).

Zweck der gesetzlichen Regelung ist es, dem Arbeitnehmer auch **für** den **Inhalt** des Arbeitsvertrages einen **Bestandsschutz** zu gewähren (näher → Rn. 2195). Würde es den Schutz des § 2 KSchG gegenüber der Änderungskündigung nicht geben, liefe der Arbeitnehmer, der das Änderungsangebot vorbehaltlos ablehnt, Gefahr, seinen Arbeitsplatz zu verlieren, falls das Gericht die Klage nach § 4 S. 1 KSchG abweist. Der 1969 in das KSchG aufgenommene § 2 KSchG, dessen Wortlaut zum 1.1.2004 unverändert blieb (→ Rn. 2175), nimmt dem Arbeitnehmer dieses Risiko ab. Durch die Annahme des Angebots unter Vorbehalt wird die Beendigungswirkung der Änderungskündigung (→ Rn. 1290) beseitigt.[2] Im Streit ist nur die Änderung der Arbeitsbedingungen; das Arbeitsverhältnis bleibt in jedem Fall erhalten (näher → Rn. 2195). 2176

Die Änderungskündigung besteht nach § 2 S. 1 KSchG aus **zwei Elementen,** einmal aus der **Kündigung des Arbeitsverhältnisses** und daneben aus dem **Angebot des Arbeitgebers,** das Arbeitsverhältnis mit geändertem Vertragsinhalt, ggf. auch befristet (→ Rn. 1292), fortzusetzen (auch → Rn. 1288).[3] Dieses Angebot, bei dem es sich um ein Angebot i.S. des § 145 BGB handelt, bedarf der Annahme, die allerdings nur innerhalb der Frist des § 2 S. 2 KSchG erfolgen kann, falls sie nicht ohne Vorbehalt geschieht (näher → Rn. 1299). Das Angebot muss im Zusammenhang mit der Kündigung erfolgen, kann ihr also nicht nachfolgen. Es kann jedoch bereits vor der Kündigung erklärt werden, sofern der Arbeitgeber bei der Kündigung deutlich macht, das Änderungsangebot wirke fort (näher → Rn. 1288). 2177

Von der Änderungskündigung sind zu unterscheiden die einseitigen Erklärungen des Arbeitgebers kraft seines **Direktionsrechts** (→ Rn. 19), das dem Arbeitgeber vertraglich eingeräumte einseitige **Widerrufsrecht** (→ Rn. 173) und die **Teilkündigung** (→ Rn. 166). Die Ausübung derartiger einseitiger Bestimmungsrechte des Arbeitgebers ist an § 106 S. 1 GewO zu messen.[4] Das gilt jedoch nur dann, wenn keine wesentlichen Elemente des Arbeitsvertrages einer einseitigen Änderung unterliegen sollen.[5] Ist das der Fall, wird in den **Kernbereich des Arbeitsvertrages** eingegriffen. Deshalb sind Vereinbarungen über die Einräumung eines einseitigen Bestimmungsrechts wegen Umgehung des gesetzlichen Inhaltsschutzes des Arbeitsverhältnisses unwirksam.[6] Der Änderungskündigungsschutz ist wie der allgemeine Kündigungsschutz zwingendes Recht. 2178

---

[2] BAG 21.1.2012 NZA 2012, 856 Rn. 13.
[3] Vgl. zB BAG 20.2.2014 NZA 2014, 1069 Rn. 38; 16.12.2010 AP KSchG 1969 § 2 Nr. 150 Rn. 21.
[4] Vgl. zB BAG 10.12.2014 BeckRS 2014, 65866 Rn. 30, 31 (Direktionsrecht); 11.10.2006 NZA 2007, 87 (Widerrufsrecht); BAG 13.3.2007 NZA 2007, 563 (Teilkündigung); grundlegend *Preis*, Vertragsgestaltung, S. 199 ff., 429 ff.
[5] BAG 15.11.1995 NZA 1996, 603; 21.4.1993 NZA 1994, 476; 13.5.1987 AP BGB § 305 Billigkeit Nr. 4.
[6] BAG 3.6.1998 NZA 1999, 306; 15.11.1995 NZA 1996, 603; 21.4.1993 NZA 1994, 476; HHL/*Linck*, § 2 KSchG Rn. 32.

Vierter Abschnitt: Der Kündigungsschutzprozess

I. Die Beteiligung des Betriebsrats

2179 Bei einer Änderungskündigung kommen die Beteiligungsrechte des Betriebsrats nach § 102 Abs. 1 und § 99 Abs. 1 BetrVG in Betracht. Die Rechtsprechung verlangt die Beachtung sowohl des Anhörungsrechts des Betriebsrats nach § 102 Abs. 1 BetrVG wie auch die Unterrichtung und Zustimmung des Betriebsrats nach § 99 Abs. 1 BetrVG in Betrieben mit mehr als 20 wahlberechtigten Arbeitnehmern, sofern mit der Änderungskündigung eine Umgruppierung oder Versetzung verbunden ist.[7] Bezweckt eine Änderungskündigung eine Umsetzung iSd § 75 Abs. 1 Nr. 3 BPersVG, hat die Dienststelle hinsichtlich der Änderungskündigung das Mitwirkungsverfahren gem. § 72 BPersVG und bezogen auf die Umsetzung das Mitbestimmungsverfahren nach § 69 BPersVG iVm § 77 Abs. 2 BPersVG einzuleiten.[8]

1. Die Anhörung des Betriebsrats nach § 102 Abs. 1 BetrVG

2180 Der Betriebsrat ist nach § 102 Abs. 1 S. 1 BetrVG vor dem Ausspruch der Änderungskündigung anzuhören. Dabei ist er über die Kündigungsgründe und über das Änderungsangebot zu unterrichten (→ Rn. 1293).[9] Will der Arbeitgeber sich eine Beendigungskündigung vorbehalten und dazu eine erneute Kündigung ersparen, muss er gegenüber dem Betriebsrat zugleich verdeutlichen, dass er im Falle der Ablehnung des Änderungsangebots durch den Arbeitnehmer die Beendigungskündigung beabsichtigt.[10] Die individualrechtlichen Folgen der unterbliebenen oder fehlerhaften Anhörung des Betriebsrats sind differenziert zu sehen, je nachdem wie der betroffene Arbeitnehmer auf die Änderungskündigung reagiert. **Lehnt** der Arbeitnehmer das Änderungsangebot **ab** oder nimmt er es lediglich unter Vorbehalt nach § 2 S. 1 KSchG an (näher → Rn. 2187 ff.) und erhebt er Klage gegen die Kündigung, ist diese wegen Verstoßes gegen § 102 Abs. 1 S. 1 BetrVG gem. § 102 Abs. 1 S. 3 BetrVG unwirksam. Das gilt entsprechend, wenn der Arbeitgeber den Personalrat gar nicht oder fehlerhaft gem. den einschlägigen Vorschriften, zB §§ 72, 79 BPersVG, vor Ausspruch der Änderungskündigung beteiligt hat.[11] Seit dem 1.1.2004 ist der Arbeitnehmer hinsichtlich dieses Unwirksamkeitsgrundes nach § 4 S. 1 bzw. S. 2 KSchG n. F. an die Klagefrist gebunden (näher → Rn. 1831).[12]

2181 Hat der Arbeitnehmer das Angebot des Arbeitgebers, das Arbeitsverhältnis mit geänderten Bedingungen fortzusetzen, **vorbehaltlos angenommen,** hat die Nichtbeachtung des § 102 Abs. 1 S. 1 BetrVG oder seine fehlerhafte Anwendung auf die Wirksamkeit der vereinbarten Änderung des Arbeitsvertrages keinen Einfluss. Hier zeigt sich die Rechtsnatur der Änderungskündigung, die aus zwei Teilen besteht (→ Rn. 2177). Der zweite Teil, die Änderungsvereinbarung, bleibt, da es dem Arbeit-

---

[7] BAG 30.9.1993 NZA 1994, 615; 3.11.1977 AP BPersVG § 75 Nr. 1; APS/*Künzl*, § 2 KSchG Rn. 126; HHL/*Linck*, § 2 KSchG Rn. 184; ErfK/*Oetker*, § 2 KSchG Rn. 18; KR/*Rost/Kreft*, § 2 KSchG Rn. 113, 123.
[8] BAG 6.8.2002 AP BPersVG § 75 Nr. 80.
[9] BAG 19.7.2012 NZA 2012, 1038 Rn. 29; 16.12.2010 AP KSchG 1969 § 2 Nr. 150; 12.8.2010 NZA 2011, 460 Rn. 18; LAG Berlin-Brandenburg 15.2.2008 NZA-RR 2009, 71, 72; LAG Hessen 8.3.2013 BeckRS 2013, 68870; APS/*Künzl*, § 2 KSchG Rn. 129; HHL/*Linck*, § 2 KSchG Rn. 186; KR/*Rost/Kreft*, § 2 KSchG Rn. 115.
[10] BAG 30.11.1989 NZA 1990, 529.
[11] Vgl. LAG Köln 11.3.1999 NZA-RR 2000, 55, 56; vgl. auch BAG 20.1.2000 NZA 2000, 367.
[12] Ebenso seit dem 1.1.2004 auch bei einem Verstoß des Änderungsangebots gegen § 4 Abs. 1 u. 3 TVG; vgl. hierzu BAG 10.2.1999 NZA 1999, 657.

geber bei der Änderungskündigung in erster Linie auf die Fortsetzung des Arbeitsverhältnisses zu veränderten Arbeitsbedingungen ankommt und deshalb das Änderungsangebot i.d.R. gewollt sein wird (vgl. § 139 BGB), auch dann wirksam, wenn die Kündigung aus formellen Gründen unwirksam ist.[13]

Hat der Arbeitnehmer das Angebot zur Änderung des Arbeitsvertrages **unter Vorbehalt angenommen,** dass die Änderung nicht sozial ungerechtfertigt ist, wird der Änderungsvertrag nicht wirksam, wenn das Arbeitsgericht die Unwirksamkeit der Kündigung wegen fehlender bzw. fehlerhafter Betriebsratsanhörung nach § 102 Abs. 1 S. 3 BetrVG feststellt.[14]

2. Die Mitbestimmung des Betriebsrats nach § 99 Abs. 1 BetrVG

Bei einer Änderungskündigung, die auf eine **Versetzung des Arbeitnehmers** iSv § 95 Abs. 3 BetrVG oder eine **Umgruppierung** nach § 99 Abs. 1 S. 1 BetrVG zielt, hat der Arbeitgeber in Unternehmen mit in der Regel **mehr als zwanzig wahlberechtigten Arbeitnehmern** vor den genannten Maßnahmen die **Zustimmung** des **Betriebsrats** einzuholen. Die Anhörung des Betriebsrats nach § 102 Abs. 1 S. 1 BetrVG reicht nicht aus. Denn der Betriebsrat kann aus unterschiedlichen Gründen der Kündigung zustimmen bzw. nicht widersprechen, die Versetzung jedoch ablehnen. **Lehnt** der **Betriebsrat** die **Zustimmung** zB zu einer Versetzung **ab**, führt dies **nicht zur Unwirksamkeit der Änderungskündigung** wegen Verletzung des Mitbestimmungsrechts des Betriebsrats nach § 99 BetrVG.[15] Der Arbeitgeber kann nur die Versetzung tatsächlich nicht durchführen.[16] Es ist streng zu unterscheiden zwischen der individualrechtlichen Wirksamkeit der Versetzung und ihrer kollektivrechtlichen Prüfung im Rahmen der §§ 99, 95 Abs. 3 BetrVG (auch → Rn. 1293). Individualrechtlich ist die Änderungskündigung nur eine von mehreren rechtlichen Gestaltungsformen, um die Zustimmung des Arbeitnehmers zur Vertragsänderung zu erlangen. Hat der Arbeitgeber auf dieser individualrechtlichen Ebene Erfolg, könnte er an sich dem Arbeitnehmer die geänderte vertragliche Aufgabe zuweisen. Daran ist er allerdings, sofern die Voraussetzungen der §§ 99, 95 Abs. 3 BetrVG vorliegen, solange gehindert, bis er die Zustimmung des Betriebsrats erlangt hat oder diese durch eine Entscheidung des Arbeitsgerichts rechtskräftig ersetzt ist.[17] Dies ist auch noch nach einer rechtskräftigen Zurückweisung eines Antrags nach § 99 Abs. 4 BetrVG möglich.[18] Hat zunächst wegen der Eingruppierung des Arbeitnehmers ein Zustimmungsersetzungsverfahren nach § 99 Abs. 4 BetrVG stattgefunden, kann sich der Arbeitgeber im Rechtsstreit über eine Änderungskündigung nicht auf die Maßgeblichkeit einer dem Ergebnis des

---

[13] Vgl. ErfK/*Oetker*, § 2 KSchG Rn. 19; HHL/*Linck*, § 2 KSchG Rn. 190; APS/*Künzl*, § 2 KSchG Rn. 137; HaKo/*Pfeiffer*, § 2 KSchG Rn. 71; *Schwerdtner*, FS 25 Jahre BAG, 1979, S. 555, 576; KR/*Rost*/*Kreft*, § 2 KSchG Rn. 121.
[14] Vgl. BAG 28.5.1998 NZA 1998, 1167; HHL/*Linck*, § 2 KSchG Rn. 191; APS/*Künzl*, § 2 KSchG Rn. 138; ErfK/*Oetker*, § 2 KSchG Rn. 20; HaKo/*Pfeiffer*, § 2 KSchG Rn. 71.
[15] Zur Versetzung vgl. BAG 22.4.2010 NZA 2010, 1235 Rn. 14; zur Umgruppierung vgl. BAG 28.8.2008 NZA 2009, 505 Rn. 33.
[16] BAG 7.11.2002 AP BGB § 615 Nr. 98; 5.4.2001 NZA 2001, 893; 30.9.1993 NZA 1994, 615; HHL/*Linck*, § 2 KSchG Rn. 199; KR/*Rost*/*Kreft*, § 2 KSchG Rn. 140; KDZ/*Zwanziger*, § 2 KSchG Rn. 202.
[17] Zu den weiteren Fragen des Annahmeverzugs des Arbeitgebers u. der tatsächlichen Beschäftigung des Arbeitnehmers auf dem alten Arbeitsplatz vgl. *Kania*, Anm. zu BAG EzA § 99 BetrVG 1972 Nr. 118.
[18] Vgl. näher BAG 22.4.2010 NZA 2010, 1235 Rn. 16 ff.; vgl. auch BAG 20.3.2014 NZA 2014, 1415 Rn. 23.

durchgeführten und rechtskräftig abgeschlossenen Beschlussverfahrens widersprechenden Eingruppierung berufen.[19]

II. Die Änderungskündigung als Beendigungskündigung

2184 Der Arbeitnehmer ist nicht gezwungen, im Falle einer Änderungskündigung die Klage nach den §§ 2, 4 KSchG zu erheben. Der Arbeitnehmer kann das Angebot des Arbeitgebers unter Vorbehalt annehmen, muss es aber nicht. Nimmt er es nicht an, ist ihm nur die Änderungskündigungsschutzklage nach § 2 S. 1 KSchG verschlossen. Er kann jedoch gem. § 4 S. 1 KSchG Klage gegen die Kündigung als Beendigungskündigung erheben, wobei er allerdings das Risiko eingeht, im Falle der Klageabweisung seinen Arbeitsplatz zu verlieren. Erhält ein Arbeitnehmer, dessen Arbeitsverhältnis nicht unter den Geltungsbereich des KSchG gem. § 23 Abs. 1 S. 2–4 KSchG (→ Rn. 852 ff.) oder § 1 Abs. 1 KSchG (→ Rn. 866 ff.) fällt, eine Änderungskündigung und lehnt er das darin liegende Änderungsangebot (→ Rn. 1287) ab, bleibt ihm mangels Anwendbarkeit von § 2 S. 1 KSchG (→ Rn. 835 iVm Rn. 1305) nur die Klage gegen die zugleich erklärte Beendigungskündigung (→ Rn. 1302) – seit dem 1.1.2004 innerhalb der Klagefrist des § 4 S. 1 KSchG (→ Rn. 1820) – wenn er außerhalb des KSchG liegende Unwirksamkeitsgründe (→ Rn. 1831) geltend machen will.[20]

III. Die vorbehaltlose Annahme des Angebots

2185 Der Arbeitnehmer kann das Angebot des Arbeitgebers, das Arbeitsverhältnis mit geänderten Bedingungen fortzusetzen, ohne Vorbehalt annehmen. Damit wird die Vertragsänderung zum vorgesehenen Zeitpunkt wirksam (zu Einzelheiten → Rn. 1297).[21]

2186 Die vorbehaltlose Annahme des Vertragsangebots des Arbeitgebers kann auch durch schlüssiges Verhalten erklärt werden. Das liegt in der Regel in einer **Weiterarbeit zu den neuen Bedingungen,** die sofort wirksam werden und den Arbeitnehmer unmittelbar betreffen, d.h. sich sogleich bei seiner Arbeit auswirken.[22] Allerdings muss die im konkreten Fall maßgebliche Erklärungsfrist des § 2 S. 2 KSchG abgelaufen sein (auch → Rn. 1297). Denn so lange hat der Arbeitnehmer Zeit für eine Erklärung des Vorbehalts (näher → Rn. 1298).[23]

IV. Die Annahme des Änderungsangebots unter Vorbehalt

2187 Der Arbeitnehmer muss gem. § 2 S. 2 KSchG den **Vorbehalt** (→ Rn. 1299)[24] **innerhalb** der **Kündigungsfrist** erklären, **spätestens** jedoch **innerhalb** von **drei Wo-**

---

[19] BAG 28.8.2008 NZA 2009, 505 Rn. 36; ebenso nachfolgend BAG 20.3.2014, NZA 2014, 1415 Rn. 24.
[20] Vgl. BAG 6.2.2003 NZA 2003, 659, 661.
[21] Besteht die Vertragsänderung in der Umwandlung eines unbefristeten in ein befristetes Arbeitsverhältnis, kann der Arbeitnehmer trotz vorbehaltloser Annahme des Änderungsangebots die allgemeine Befristungskontrolle – seit dem 1.1.2001 unter Beachtung von § 17 S. 1 TzBfG – in Anspruch nehmen, vgl. früher BAG 8.7.1998 NZA 1999, 81.
[22] Vgl. allg. BAG 1.8.2001 NZA 2003, 924; 13.5.1987 NZA 1988, 95.
[23] BAG 19.6.1986 AP KSchG § 2 Nr. 16; 27.3.1987 AP KSchG § 2 Nr. 20; LAG Baden-Württemberg 30.10.1990 LAGE KSchG § 2 Nr. 12; HHL/Linck, § 2 KSchG Rn. 97; APS/Künzl, § 2 KSchG Rn. 172; LSW/Löwisch/Wertheimer, § 2 KSchG Rn. 32; ErfK/Oetker, § 2 KSchG Rn. 29; vgl. auch LAG Hamm 30.1.1997 NZA-RR 1997, 419, 420.
[24] Zur Rechtsnatur des Vorbehalts BAG 17.6.1998 NZA 1998, 1225; LAG Thüringen 18.12.1996 LAGE KSchG § 2 Nr. 21.

chen nach Zugang der **Kündigung.** Die Erklärung der Annahme unter Vorbehalt ist nicht an eine Form gebunden. Sie kann also schriftlich – auch Telefax[25] – oder mündlich erfolgen. Es gelten die allgemeinen Grundsätze für die Abgabe von Willenserklärungen (auch → Rn. 2191).[26] Die Vorbehaltserklärung kann wegen der mit ihr verbundenen Vertragsänderung (→ Rn. 1299) nicht einseitig zurückgenommen werden (auch → Rn. 2193).[27]

Die Frist des § 2 S. 2 KSchG ist eine materiellrechtliche Ausschlussfrist. Zu Ihrer **2188** Wahrung kommt es deshalb für die Vorbehaltserklärung auf den **Zugang beim Arbeitgeber** (vgl. § 130 Abs. 1 S. 1 BGB) innerhalb der Frist an.[28] Das gilt auch dann, wenn der Vorbehalt in der Klageschrift enthalten ist, da § 167 ZPO (bis 30.6.2002: § 270 Abs. 3 ZPO a. F.) nicht anwendbar ist (näher → Rn. 1298).[29] Versäumt der Arbeitnehmer die Frist für die Erklärung des Vorbehalts, erlischt das Angebot des Arbeitgebers (vgl. § 147 Abs. 2 BGB) mit der Folge, dass die Wirkungen des § 2 S. 1 KSchG nicht eintreten und die Änderungskündigung sich in eine Beendigungskündigung verwandelt, deren Unwirksamkeit der Arbeitnehmer nach § 4 S. 1 KSchG geltend machen muss.[30] Allerdings geht eine verbreitete Auffassung davon aus, dass die Wirkungen des Vorbehalts kraft Vertrages eintreten können, wenn Arbeitgeber und Arbeitnehmer sich einig sind und der Arbeitnehmer rechtzeitig Kündigungsschutzklage erhoben hat. Dann kann der Streit auf die Änderung der Arbeitsbedingungen beschränkt bleiben.[31]

Ist die **Kündigungsfrist kürzer als drei Wochen,** muss der **Vorbehalt inner- 2189 halb** dieser ggf. sehr **kurzen Frist** erklärt werden und dem Arbeitgeber nach § 130 Abs. 1 S. 1 BGB **zugehen.**[32] Zwar kann der Arbeitnehmer auch, wenn er die Frist versäumt hat, noch gegen die Kündigung klagen. Jedoch handelt es sich dann nicht mehr um eine Klage nach § 2 S. 1 KSchG, sondern um eine normale Kündigungsschutzklage mit der Folge, dass mit ihrer Abweisung der Arbeitsplatz verloren ist. Auf die Frist ist also in der Praxis zu achten. Soweit man versucht, diese Folgen zu vermeiden und in Fällen kürzerer Kündigungsfristen auf die Dreiwochenfrist abzustellen,[33]

---

[25] LAG Brandenburg 11.3.1998 MDR 1999, 368, 369.
[26] LAG Brandenburg 11.3.1998 BeckRS 1998, 30456367.
[27] LAG Hamm 22.8.1997 LAGE KSchG § 2 Nr. 29; LAG Köln 6.12.2001 NZA-RR 2003, 82, 83; LAG Schleswig-Holstein 20.1.2005 NZA-RR 2005, 248, 250; HHL/*Linck,* § 2 KSchG Rn. 103; APS/*Künzl,* § 2 KSchG Rn. 230; ErfK/*Oetker,* § 2 KSchG Rn. 37; KR/*Rost/Kreft,* § 2 KSchG Rn. 76; vgl. auch LAG Rheinland-Pfalz 2.5.1994 LAGE KSchG § 2 Nr. 14; LSW/*Löwisch/Wertheimer,* § 2 KSchG Rn. 40.
[28] BAG 17.6.1998 NZA 1998, 1225; LAG Brandenburg 11.3.1998 MDR 1999, 368, 369; LAG Hamm 13.10.1988 u. 22.8.1997 LAGE KSchG § 2 Nr. 7 u. 29; *Berkowsky* NZA-RR 2008, 337, 338; HHL/*Linck,* § 2 KSchG Rn. 104; APS/*Künzl,* § 2 KSchG Rn. 224 mit Rn. 227; HaKo/*Pfeiffer,* § 2 KSchG Rn. 35; KR/*Rost/Kreft,* § 2 KSchG Rn. 70 f.
[29] BAG 17.6.1998 NZA 1998, 1225; LAG Brandenburg 11.3.1998 MDR 1999, 368, 369; a. A. jetzt im Anschluss an BGH 17.7.2008 NJW 2009, 765 Rn. 23 ff.: *Nägele/Gertler,* NZA 2010, 1377, 1378; vgl. auch ErfK/*Oetker,* § 2 KSchG Rn. 35; dagegen *Moll/Boewer,* MAH Arbeitsrecht, § 46 Rn. 89; *Gelhaar,* NZA-RR 2011, 169, 172; APS/*Künzl,* § 2 KSchG Rn. 228; HHL/*Linck,* § 2 KSchG Rn. 105.
[30] *Berkowsky* NZA-RR 2008, 337, 338; vgl. auch LAG Baden-Württemberg 30.10.1990 LAGE KSchG § 2 Nr. 12; LAG Hamm 30.1.1997 LAGE KSchG § 2 Nr. 26; LAG Köln 10.2.2000 NZA-RR 2000, 303, 304.
[31] Vgl. BAG 17.6.1998 NZA 1998, 1225; LAG Hamm 13.10.1988 LAGE KSchG § 2 Nr. 7 (schlüssiges Verhalten genügt); *Rost/Kreft,* § 2 KSchG Rn. 76; LSW/*Löwisch/Wertheimer,* § 2 KSchG Rn. 39; KDZ/*Zwanziger,* § 2 KSchG Rn. 137.
[32] Vgl. BAG 18.5.2006 NZA 2006, 1092 Rn. 17.
[33] *Wenzel,* MDR 1969, 976; *Schwerdtner,* FS 25 Jahre BAG, 1979, S. 561 ff.

sind die Begründungen nicht überzeugend. Der Gesetzeswortlaut und die amtliche Begründung dazu sind eindeutig (auch → Rn. 1299).[34]

2190 Eine nachträgliche Zulassung des Vorbehalts entsprechend § 5 Abs. 1 S. 1 KSchG ist nicht zulässig.[35]

2191 Erklärt der Arbeitnehmer den Vorbehalt in der Klageschrift nach § 2 S. 1 KSchG und wird diese kurz vor Fristablauf dem Gericht eingereicht, können sich Fristprobleme ergeben: Die Klage ist rechtzeitig erhoben (§ 253 Abs. 1 ZPO), wenn die Zustellung nach § 167 ZPO *demnächst* erfolgt (näher → Rn. 1914–1916). Die **Vorbehaltsfrist** des § 2 S. 2 KSchG verlangt dagegen **Zugang** der Erklärung nach § 130 Abs. 1 S. 1 BGB innerhalb der Frist (→ Rn. 2188 mit Rn. 1298).

2192 Erhebt der Arbeitnehmer nach einer Änderungskündigung eine Kündigungsschutzklage nach § 4 S. 1 KSchG, liegt darin die **Ablehnung des Angebots des Arbeitgebers,** das Arbeitsverhältnis mit geänderten Bedingungen fortzusetzen. Nur wenn der Arbeitgeber einverstanden ist, könnte das Verfahren in ein solches nach § 2 S. 1 KSchG überführt werden.[36] Die entfallene Bindung des Arbeitgebers an sein Angebot wird auf diese Weise wiederhergestellt.

2193 Hat der Arbeitnehmer die Annahme unter Vorbehalt erklärt, ist er daran für die **Dauer des Verfahrens gebunden.** Einseitig kann er den Vorbehalt nicht zurücknehmen (→ Rn. 2187). Mit Zustimmung des Arbeitgebers ist die Rücknahme möglich. Der Prozess würde dann als normaler Kündigungsschutzprozess geführt.[37] Der Arbeitnehmer ist nach Erklärung des Vorbehalts verpflichtet, für die Dauer des Verfahrens bis zur rechtskräftigen Entscheidung zu den geänderten Bedingungen zu arbeiten (näher → Rn. 2196).

V. Das Verfahren nach der Annahme des Angebots unter Vorbehalt

2194 Hat der Arbeitnehmer **fristgerecht die Annahme unter Vorbehalt erklärt,** muss er innerhalb von drei Wochen nach Zugang der Änderungskündigung Klage erheben (§ 4 S. 2 KSchG). Das nach § 256 Abs. 1 ZPO erforderliche rechtliche Feststellungsinteresse folgt bereits aus § 4 S. 2 KSchG. Ohne die fristgerechte Erhebung einer Änderungsschutzklage würde gem. § 7 2. Hs. KSchG der nach § 2 S. 1 KSchG erklärte Vorbehalt erlöschen.[38] Der **Klageantrag** kann, sofern der Arbeitnehmer die Unwirksamkeit der Änderungskündigung insgesamt (→ Rn. 2195) angreifen will, sich am Wortlaut des § 4 S. 2 KSchG orientierend lauten: „festzustellen, dass die Änderung der Arbeitsbedingungen durch die Kündigung vom ... nicht sozial gerechtfertigt oder aus anderen Gründen unwirksam ist".[39] Er kann aber, gerade im Hinblick darauf, dass § 4 S. 2 KSchG n.F. sämtliche Unwirksamkeitsgründe umfasst (→ Rn. 2195), auch wie

---

[34] BAG 18.5.2006 NZA 2006, 1092 Rn. 19; 19.6.1986 NZA 1987, 94; HHL/*Linck*, § 2 KSchG Rn. 103a; APS/*Künzl*, § 2 KSchG Rn. 221; LSW/*Wertheimer*, § 2 KSchG Rn. 36; ErfK/*Oetker*, § 2 KSchG Rn. 35; KR/*Rost/Kreft*, § 2 KSchG Rn. 68.

[35] APS/*Künzl*, § 2 KSchG Rn. 225; KR/*Rost/Kreft*, § 2 KSchG Rn. 70; vgl. auch LAG Brandenburg 11.3.1998 BeckRS 1998, 30456367.

[36] Vgl. auch BAG 20.1.2000 NZA 2000, 367; 17.6.1998 NZA 1998, 1225.

[37] APS/*Künzl*, § 2 KSchG Rn. 230; KR/*Rost/Kreft*, § 2 KSchG Rn. 76; a.A. HHL/*Linck*, § 2 KSchG Rn. 103.

[38] BAG 24.8.2004 NZA 2005, 51, 52.

[39] So HHL/*Linck*, § 4 KSchG Rn. 84; vgl. auch BAG 19.4.2012 NZA 2012, 1038 Rn. 19; *Bader*, NZA 2004, 65, 67; KR/*Friedrich*, § 4 KSchG Rn. 285; zu Bedenken im Hinblick auf das Bestimmtheitsgebot des § 253 Abs. 2 Nr. 2 ZPO vgl. Moll/*Boewer*, MAH Arbeitsrecht, § 46 Rn. 120.

folgt lauten: „Es wird festgestellt, dass die Änderung der Arbeitsbedingungen durch die Kündigung vom ... rechtsunwirksam ist".[40]

Die **Änderungsschutzklage** nach § 4 S. 2 KSchG **zielt auf** die **Feststellung,** dass für das Arbeitsverhältnis **nicht** die **Arbeitsbedingungen** gelten, **die in** dem mit der Kündigung verbundenen **Änderungsangebot** des Arbeitgebers **enthalten sind**.[41] Streitgegenstand einer solchen Klage ist daher regelmäßig nicht eine mögliche Beendigung des Arbeitsverhältnisses infolge einer wirksamen Kündigung, sondern der Inhalt der für das Arbeitsverhältnis geltenden Vertragsbedingungen.[42] Diese können nicht nur durch ein sozialwidriges oder sonst unwirksames Änderungsangebot nicht geändert werden[43] – und auch nicht durch ein Änderungsangebot, das die bereits bestehenden Vertragsbedingungen inhaltlich nur wiederholt, sog. überflüssige Änderungskündigung (näher → Rn. 1321)[44] –, sondern auch nicht durch die Unwirksamkeit der Kündigung – zB nach § 102 Abs. 1 S. 3 BetrVG (→ Rn. 1293) –, die Teil der Änderungskündigung ist (→ Rn. 1288).[45] Dies ist seit dem 1.1.2004 in § 4 S. 2 KSchG n. F. dadurch klargestellt worden, dass das Feststellungsbegehren sich auch auf andere Unwirksamkeitsgründe als die Sozialwidrigkeit erstreckt.[46] Deshalb kann der Auffassung des BAG, Streitgegenstand der Änderungsschutzklage sei nicht die Wirksamkeit der Kündigung, sondern der Inhalt der für das Arbeitsverhältnis geltenden Vertragsbedingungen,[47] nur bedingt gefolgt werden. Im Übrigen bestimmt der Arbeitnehmer selbst nach § 253 Abs. 2 Nr. 2 ZPO durch seinen Klageantrag und die Klagebegründung (→ Rn. 2194) den Streitgegenstand der Klage nach § 4 S. 2 KSchG (auch → Rn. 1321a).[48]

2195

Auch der Arbeitnehmer, der das Angebot auf Änderung seiner Arbeitsbedingungen gem. § 2 S. 1 KSchG unter dem Vorbehalt der sozialen Rechtfertigung angenommen hat (→ Rn. 1298), kann sich im Änderungsschutzprozess (§ 4 S. 2 KSchG) darauf berufen, die Änderung der Vertragsbedingungen sei schon aus einem anderen Grund als dem ihrer Sozialwidrigkeit unwirksam.[49] Allerdings muss der Arbeitnehmer alle Gründe für die Unwirksamkeit der Änderungskündigung bis zu dem in § 6 S. 1 KSchG genannten Zeitpunkt (→ Rn. 1929) in die Änderungsschutzklage einführen. Nach rechtskräftiger Entscheidung über sie kann er sich auf weitere Unwirksamkeitsgründe nicht mehr berufen.[50] Hat der Arbeitnehmer die Änderungsschutzklage erst nach Ab-

2195a

---

[40] So KR/*Rost/Kreft*, § 2 KSchG Rn. 147; ähnlich Moll/*Boewer*, MAH Arbeitsrecht, § 46 Rn. 120; HaKo/*Pfeiffer*, § 2 KSchG Rn. 56; vgl. auch ErfK/*Oetker*, § 2 KSchG Rn. 67.
[41] BAG 26.8.2008 NZA-RR 2009, 300 Rn. 14; ebenso schon zu § 4 S. 2 KSchG a. F. BAG 24.8.2004 NZA 2005, 51, 52; 9.7.1997 NZA 1998, 494, 496.
[42] Vgl. BAG 28.8.2013 NZA-RR 2014, 181 Rn. 48; 25.4.2013 BeckRS 2013, 72626 Rn. 29; 19.7.2012 NZA 2012, 1038 Rn. 20; LAG Rheinland-Pfalz 25.3.2014 BeckRS 2014, 68672; vgl. schon zu § 4 S. 2 KSchG BAG 9.7.1997 NZA 1998, 494, 496; vgl. auch BAG 24.8.2004 NZA 2005, 51, 52.
[43] Vgl. BAG 19.7.2012 NZA 2012, 1038 Rn. 19; 26.1.2012 NZA 2012, 856 Rn. 14.
[44] BAG 19.7.2012 NZA 2012, 1038 Rn. 19; vgl. auch BAG 28.8.2013 NZA-RR 2014, 181 Rn. 48.
[45] Vgl. BAG 18.1.2007 AP Nr. 89 zu § 1 KSchG 1969 Soziale Auswahl; 28.5.1998 NZA 1998, 1167, 1168; 18.9.1997 NZA 1998, 153, 155; APS/*Künzl*, § 2 KSchG Rn. 323; KR/*Rost/Kreft*, § 2 KSchG Rn. 147.
[46] Vgl. Moll/*Boewer*, MAH Arbeitsrecht, § 46 Rn. 100 u. 119; APS/*Künzl*, § 2 KSchG Rn. 325; ErfK/*Oetker*, § 2 KSchG Rn. 67; KR/*Rost/Kreft*, § 2 KSchG Rn. 147.
[47] So BAG 26.1.2012 NZA 2012, 856 Rn. 13; 26.8.2008 NZA-RR 2009, 300 Rn. 17.
[48] Vgl. APS/*Künzl*, § 2 KSchG Rn. 328; vgl. allg. BAG 25.9.2013 NZA 2014, 164 Rn. 17; BGH 24.3.2011 BeckRS 2011, 08631 Rn. 3 mit Rn. 9.
[49] BAG 20.2.2014 NZA 2014, 1069 Rn. 38; 28.5.1998 NZA 1998, 1167, 1168.
[50] Vgl. Moll/*Boewer*, MAH Arbeitsrecht, § 46 Rn. 100; vgl. früher schon BAG 23.3.1983 AP KSchG 1969 § 6 Nr. 1 mit Anm. *Bickel*; 28.5.1998 NZA 1998, 1167, 1168.

lauf der Klagefrist des § 4 S. 1 KSchG erhoben und scheidet eine nachträgliche Zulassung der Klage nach § 5 Abs. 1 S. 1 KSchG aus, kann er sie seit dem 1.1.2004, von der dort genannten Ausnahme – Nichtigkeit nach § 125 S. 1 BGB wegen fehlender Schriftform (§ 623 1. Hs. BGB) – abgesehen, im Hinblick auf die Fiktionswirkung in § 7 1. Hs. KSchG nicht mehr auf sonstige Unwirksamkeitsgründe, wie zB § 102 Abs. 1 S. 3 BetrVG, stützen.[51]

2196 **Während** des **Verfahrens** nach § 2 S. 1 KSchG gibt es **keinen Weiterbeschäftigungsanspruch** des Arbeitnehmers **zu den alten Bedingungen.** Der Arbeitnehmer muss zu den geänderten Bedingungen weiterarbeiten.[52] Das ist der Preis für den Ausschluss des Risikos, seinen Arbeitsplatz endgültig zu verlieren. Streiten allerdings die Parteien im Rahmen einer Änderungsschutzklage (§ 4 S. 2 KSchG) um die **Wirksamkeit des Vorbehalts,** geht der Streit nicht mehr um den Inhalt, sondern um den Bestand des Arbeitsverhältnisses.[53] Lehnt der Arbeitgeber die Weiterbeschäftigung des Arbeitnehmers zu den alten und den neuen Arbeitsbedingungen ab, weil seiner Ansicht nach der Vorbehalt nicht wirksam erklärt war, kann eine Weiterbeschäftigung nur in Betracht kommen, wenn ein der Änderungsschutzklage stattgebendes Urteil erster Instanz vorliegt.[54]

2197 Liegt nach dem Urteil erster Instanz ein wirksamer Vorbehalt vor, muss der Arbeitnehmer nun zu den geänderten Arbeitsbedingungen beschäftigt werden. Liegt kein wirksamer Vorbehalt vor und hat der Arbeitnehmer vorsorglich auch Kündigungsschutzklage nach § 4 S. 1 KSchG erhoben, erfolgt die Weiterbeschäftigung nach den Grundsätzen der Entscheidung des Großen Senats vom 27.2.1985[55] (dazu → Rn. 2258).

2198 Streiten die Parteien darüber, ob der Vorbehalt des Arbeitnehmers rechtzeitig erklärt worden ist, kann der Arbeitnehmer mit der Klage nach § 2 S. 1 KSchG iVm § 4 S. 2 KSchG hilfsweise den Antrag nach § 4 S. 1 KSchG verbinden. Die Klage kann in entsprechender Anwendung des § 6 S. 1 KSchG auch nach Ablauf der Frist des § 4 S. 1 KSchG erhoben werden, sofern die Klage nach § 4 S. 2 KSchG rechtzeitig erhoben worden ist.[56]

2199 Die **Auflösung** des Arbeitsverhältnisses nach § 9 Abs. 1 S. 1 KSchG bzw. § 9 Abs. 1 S. 2 KSchG kommt **nicht** in Betracht, wenn der Arbeitnehmer **das** Angebot des Arbeitgebers **unter Vorbehalt** nach § 2 S. 1 KSchG **angenommen** hat.[57] § 9 Abs. 1 S. 1 und 2 KSchG haben zur Voraussetzung, dass die Kündigung nach § 1 Abs. 1 KSchG unwirksam ist (näher → Rn. 2095, 2096). Die analoge Anwendung ist nicht

---

[51] Vgl. APS/*Künzl*, § 2 KSchG Rn. 325; HHL/*Linck*, § 2 KSchG Rn. 207; HaKo/*Pfeiffer*, § 2 KSchG Rn. 54; KR/*Rost/Kreft*, § 2 KSchG Rn. 147; anders bis zum 31.12.2003 die h.M., zB BAG 28.5.1998 NZA 1998, 1167, 1168 f.

[52] BAG 28.5.2009 NZA 2009, 954 Rn. 26; 18.1.1990 NZA 1990, 734, 736; 28.3.1985 NZA 1985, 709, 711; LAG Köln 6.12.2001 NZA-RR 2003, 82, 83; LAG Nürnberg 6.8.2012 NZA-RR 2012, 631, 636; HHL/*Linck*, § 2 KSchG Rn. 111, 112; APS/*Künzl*, § 2 KSchG Rn. 232; ErfK/*Oetker*, § 2 KSchG Rn. 38; KR/*Rost/Kreft*, § 2 KSchG Rn. 158a; a. A. ArbG Hamburg 17.9.2009 LAGE KSchG § 2 Nr. 64.

[53] APS/*Künzl*, § 2 KSchG Rn. 321; KR/*Rost/Kreft*, § 2 KSchG Rn. 158d.

[54] BAG 28.3.1985 NZA 1985, 709.

[55] NZA 1985, 702.

[56] BAG 28.3.1985 NZA 1985, 709; 23.3.1983 AP KSchG 1969 § 6 Nr. 1 mit Anm. *Bickel*.

[57] BAG 24.10.2013 NZA 2014, 486 Rn. 12 ff.; LAG Berlin 2.3.1984 DB 1984, 2464; LAG Düsseldorf 20.5.1997 NZA-RR 1998, 111, 114; LAG Rheinland-Pfalz 24.1.1986 LAGE KSchG § 2 Nr. 2; LAG München 29.10.1987 DB 1988, 866; APS/*Biebl*, § 9 KSchG Rn. 14; HHL/*Linck*, § 9 KSchG Rn. 9; ErfK/*Oetker*, § 2 KSchG Rn. 73; KR/*Rost/Kreft*, § 2 KSchG Rn. 166; KR/*Spilger*, § 9 KSchG Rn. 30; offen gelassen von BAG 29.1.1981 AP KSchG 1969 § 9 Nr. 6 mit Anm. *Herschel*; a. A. *Bauer/Krets*, DB 2002, 1937, 1938 f.; *Corts*, SAE 1982, 104; *Neumann*, AR-Blattei SD 1020.6 Rn. 8.

gerechtfertigt, da sich der Arbeitnehmer gerade bereit erklärt hat, beim Arbeitgeber zu den veränderten Bedingungen weiterzuarbeiten. **Nimmt** dagegen der Arbeitnehmer die mit der Änderungskündigung angebotenen Arbeitsbedingungen **nicht an,** handelt es sich um einen normalen Kündigungsschutzprozess (auch → Rn. 2184) mit der **Möglichkeit** der **Antragstellung** nach § 9 Abs. 1 S. 1 und 2 KSchG (auch → Rn. 2100).[58] Eine im Zusammenhang mit einer Änderungskündigung vereinbarte Abfindung war bis zum 31.12.2007 nach § 3 Nr. 9 EStG a. F. nicht steuerfrei, da das Arbeitsverhältnis nicht aufgelöst wird (auch → Rn. 2158).[59] **Weist** das Arbeitsgericht die Änderungsschutzklage (§ 4 S. 2 KSchG) rechtskräftig ab, weil die Änderung der Arbeitsbedingungen sozial gerechtfertigt ist (vgl. § 2 S. 1 KSchG) bzw. auch sonst keine Unwirksamkeitsgründe vorliegen (→ Rn. 2195), erlischt der nach § 2 S. 1 KSchG erklärte Vorbehalt des Arbeitnehmers und das Arbeitsverhältnis besteht zu den geänderten Arbeitsbedingungen fort.[60] Nach Auffassung des 5. Senats des BAG gilt dies ebenso, wenn die Änderungsschutzklage rechtskräftig als unzulässig abgewiesen worden, also eine Wirksamkeitskontrolle der Änderungskündigung unterblieben ist.[61] Auch mit Rücknahme der Änderungsschutzklage erlischt der Vorbehalt des § 2 S. 1 KSchG und wird das Arbeitsverhältnis zu den geänderten Arbeitsbedingungen fortgesetzt.[62]

Gibt das Arbeitsgericht der **Änderungsschutzklage** statt, gilt die Änderungskündigung nach § 8 KSchG als von Anfang an unwirksam. Mit der Rechtskraft des Urteils muss der Arbeitnehmer so gestellt werden, als habe er zu den alten Bedingungen gearbeitet, d. h. Gehaltsdifferenzen sind nachzuzahlen. Die Rückwirkung greift nur ein, soweit finanzielle Nachteile auszugleichen sind. 2200

VI. Die außerordentliche Änderungskündigung

Die Änderungskündigung kann auch als außerordentliche Kündigung unter den Voraussetzungen des § 626 Abs. 1 und 2 BGB erklärt werden. Dafür besteht vor allem ein Bedürfnis in den Fällen, in denen die ordentliche Kündigung nach Gesetz, zB gem. § 15 Abs. 1 S. 1 und 2 KSchG (dazu näher → Rn. 1699), Tarifvertrag (dazu näher → Rn. 528) oder Arbeitsvertrag (näher → Rn. 255) ausgeschlossen ist. Auf die außerordentliche Änderungskündigung ist § 2 KSchG entsprechend anzuwenden (dazu näher → Rn. 533). Da es keine Kündigungsfrist gibt, muss der Arbeitnehmer die Annahme des Änderungsangebots unter Vorbehalt **unverzüglich** erklären (vgl. auch → Rn. 533). 2201

Wie § 2 KSchG ist auch § 4 S. 2 KSchG auf die außerordentliche Kündigung entsprechend anwendbar. Dem steht die fehlende Verweisung in § 13 Abs. 1 S. 2 KSchG auf § 2 KSchG nicht entgegen.[63] Da es bei der außerordentlichen Kündigung ausschließlich um die Frage geht, ob die vom Arbeitgeber beabsichtigte Änderung der Arbeitsbedingungen wegen Fehlens eines wichtigen Grundes iSv § 626 Abs. 1 BGB (→ Rn. 546 ff.) oder aus einem sonstigen Grund, zB § 102 Abs. 1 S. 3 BetrVG, unwirk- 2201a

---

[58] BAG 27.9.2001 NZA 2002, 1277; 29.1.1981 AP KSchG 1969 § 9 Nr. 6 mit Anm. *Herschel*; *Boewer*, RdA 2001, 380, 399; *Keßler*, NZA-RR 2002, 1, 6; ErfK/*Kiel*, § 9 KSchG Rn. 2; HHL/ *Linck*, § 9 KSchG Rn. 9; KR/*Spilger*, § 9 KSchG Rn. 30; KDZ/*Zwanziger*, § 9 KSchG Rn. 7.
[59] Vgl. früher allg. BFH 15.10.2003 NJW 2004, 1407; 16.7.1997 NZA-RR 1998, 174.
[60] HHL/*Linck*, § 2 KSchG Rn. 208; APS/*Künzl*, § 2 KSchG Rn. 338; LSW/*Löwisch/Spinner*, § 2 KSchG Rn. 88; ErfK/*Oetker*, § 2 KSchG Rn. 70; HaKo/*Pfeiffer*, § 2 KSchG Rn. 66; KR/*Rost/Kreft*, § 2 KSchG Rn. 173.
[61] BAG 24.3.2004 AP EntgeltFG § 3 Nr. 22; vgl. hierzu auch *Berkowsky*, NZA 2004, 1140 f.
[62] LAG Schleswig-Holstein 20.1.2005 NZA-RR 2005, 248, 250.
[63] Vgl. BAG 19.7.2012 NZA 2012, 1038 Rn. 19; 28.10.2010 NZA-RR 2011, 155, 156.

sam ist, hat der Klageantrag nach § 4 S. 2 KSchG analog zu lauten: „festzustellen, dass die Änderung der Arbeitsbedingungen durch die Kündigung vom ... rechtsunwirksam ist".[64]

§ 5 Streitwert der Kündigungsschutzklage

I. Überblick

2202 Für die Wertberechnung bei Rechtsstreitigkeiten über das Bestehen, das Nichtbestehen oder die Kündigung eines Arbeitsverhältnisses war bis zum 30.6.2004 nach § 12 Abs. 7 S. 1 ArbGG höchstens der Betrag des für die Dauer eines Vierteljahres zu zahlenden Arbeitsentgelts maßgebend.[1] An die Stelle dieser Vorschrift trat mit Wirkung vom 1.7.2004[2] der wortgleiche § 42 Abs. 4 S. 1 1. Hs. GKG idF von Art. 1 des „Gesetz zur Modernisierung des Kostenrechts (Kostenrechtsmodernisierungsgesetz – KostRMoG)" vom 5.5.2004 (BGBl. I S. 718), das mit Wirkung vom 1.8.2013 hier nicht interessierende Änderungen durch das „Zweites Gesetz zur Modernisierung des Kostenrechts (2. Kostenrechtsmodernisierungsgesetz – 2. KostRMoG)" vom 23.7.2013 (BGBl. I S. 2586) erfahren hat. § 42 Abs. 4 S. 1 1. Hs. GKG idF seit 1.7.2004 gilt seit dem 1.9.2009 weiter als § 42 Abs. 3 S. 1 1. Hs. GKG idF von Art. 47 des „FGG-Reformgesetz – FGG-RG" vom 17.12.2008 (BGBl. I S. 2586) und seit dem 1.8.2013 als § 42 Abs. 2 S. 1 1. Hs. GKG idF von Art. 3 Nr. 16 des 2. KostRMoG – künftig: § 42 Abs. 2 S. 1 1. Hs. GKG n. F. –.

2203 § 42 Abs. 2 S. 1 1. Hs. GKG n. F. kommt auch dann zur Anwendung, wenn im Rahmen der Kündigungsschutzklage nach § 4 S. 1 KSchG incidenter darüber entschieden werden muss, ob zwischen den Parteien überhaupt ein Arbeitsverhältnis besteht.[3] Ebenso gilt § 42 Abs. 2 S. 1 1. Hs. GKG n. F. für die von ihm genannten Rechtsstreitigkeiten über Berufsausbildungsverhältnisse.[4] Verständigen sich die Parteien in einem Kündigungsrechtsstreit auf die Beendigung des Arbeitsverhältnisses zu dem in der Kündigung vorgesehenen Zeitpunkt und begründen sie zugleich zu einem bestimmten, in der Zukunft liegenden Zeitpunkt ein neues Arbeitsverhältnis zu unveränderten Arbeitsbedingungen, ist wegen dieses Vertragsschlusses der Vergleichswert gegenüber dem nach § 42 Abs. 2 S. 1 1. Hs. GKG n. F. festgesetzten Streitwert des Kündigungsrechtsstreits nicht zu erhöhen.[5] Dagegen kommt eine Erhöhung dieses Streitwertes in Betracht, wenn die Parteien eines Kündigungsrechtsstreits vergleichsweise die Fortführung des Arbeitsverhältnisses mit verringerter Wochenzahl und dementsprechend reduzierter Vergütung vereinbaren und das Kündigungsschutzverfahren in seinem weiteren Verlauf nicht zu diesen Änderungen hätte führen können.[6]

---

[64] Vgl. BAG 29.9.2011 BeckRS 2012, 68555 Rn. 9; 28.10.2010 AP KSchG 1969 § 2 Nr. 148 Rn. 7; vgl. auch APS/*Künzl*, § 2 KSchG Rn. 41; KR/*Rost/Kreft*, § 2 KSchG Rn. 32.

[1] Zu diesem Problemfeld vgl. die grundlegende Darstellung mit vollständigem Nachweis der Rechtsprechung von KR/*Friedrich*, § 4 KSchG Rn. 274 ff.; GK-ArbGG/*Schleusener* § 12 Rn. 242 ff.; vgl. auch Nachweise bei *Berrisch*, FA 2002, 230, 231 f.; *Brinkmann*, JurBüro 2005, 119 ff.; *Hümmerich*, NZA-RR 2000, 225, 226 f.; *Schäder*, ArbRB 2008, 177 ff.

[2] Siehe aber die Übergangsregelung in § 71 Abs. 1 GKG idF von Art. 1 des KostRMoG.

[3] Vgl. LAG Düsseldorf 17.1.2002 NZA-RR 2002, 324.

[4] Vgl. BAG NZA 1984, 332.

[5] Vgl. BAG 18.1.1996 NZA 1996, 1175.

[6] Vgl. näher LAG Rheinland-Pfalz 24.4.2008 NZA-RR 2008, 660.

II. Einzelne Kündigung

Die Rechtsprechung der Landesarbeitsgerichte zum Streitwert von Kündigungsschutzverfahren ist nicht einheitlich.[7] Einerseits wurde in § 12 Abs. 7 S. 1 1. Hs. ArbGG (seit 1.7.2004: § 42 Abs. 4 S. 1 1. Hs. GKG a. F. und seit 1.9.2009 bzw. 1.8.2013: § 42 Abs. 3 S. 1 1. Hs. GKG bzw. § 42 Abs. 2 S. 1 1. Hs. GKG n. F.) ein eigenständiger **Streitwertrahmen** gesehen, innerhalb dessen das Gericht die Wertfestsetzung nach **pflichtmäßigem Ermessen** vorzunehmen habe.[8] Andererseits sah man darin eine **Höchstgrenze,**[9] die nur unterschritten werden durfte, wenn die Feststellung des Fortbestandes des Arbeitsverhältnisses für einen kürzeren Zeitraum als drei Monate begehrt wurde (Umwandlung einer außerordentlichen Kündigung in eine ordentliche Kündigung mit zweiwöchiger Frist). Das BAG setzte, solange § 12 Abs. 7 S. 1 1. Hs. ArbGG galt, den Streitwert, wenn nicht besondere Umstände vorlagen, innerhalb des Streitwertrahmens typisierend wie folgt fest:

Bestand des Arbeitsverhältnisses

bis zu sechs Monaten = ein Monatsverdienst,

von sechs bis zwölf Monaten = zwei Monatsverdienste,

von mehr als einem Jahr = drei Monatsverdienste.[10]

Dieser typisierenden Betrachtungsweise kann nicht gefolgt werden. Auszugehen ist bei der Streitwertfestsetzung nach § 42 Abs. 2 S. 1 1. Hs. GKG n. F. (→ Rn. 2202) vom Klageantrag und seiner Begründung. Ohne Bedeutung ist, ob er Aussicht auf Erfolg hat. Vom Klageantrag her ist das wirtschaftliche Interesse des Klägers zu bewerten. Das ist der Fortbestand des Arbeitsverhältnisses auf unbestimmte Zeit, sofern der An-

2204

2205

---

[7] Um dem Abhilfe zu verschaffen, hat eine von den Präsidentinnen und Präsidenten der Landesbeitsarbeitsgerichte eingerichtete Streitwertkommission einen Streitwertkatalog erarbeitet (abgedruckt in NZA 2013, 809, 810 ff.), der nach den Vorstellungen dieser Kommission geeignet sein könnte, eine Grundlage für eine möglichst einheitliche Wertrechtsprechung in der Arbeitsgerichtsbarkeit zu bilden. Die hier interessierenden von der Kommission vorgeschlagenen Verfahrenswerte befinden sich im Abschnitt A des Katalogs. Auf der Basis des ersten Streitwertkatalogs hat die Streitwertkommission unter Auswertung der Stellungnahmen und Vorschläge aus der Anwaltschaft (zB durch DAV, Ausschuss Arbeitsrecht, AE 2014, 10 ff. und von BRAK, BRAK Magazin 2014, Heft 2, S. 3), von Seiten der Gewerkschaften und der Arbeitgeberverbände, aus der Versicherungswirtschaft und aus der Richterschaft (jeweils unveröffentlicht) eine überarbeitete Fassung des Streitwertkatalogs erstellt (abgedruckt in NZA 2014, 745 ff.); vgl. hierzu die Stellungnahme des DAV von *Willemsen/Schipp/Oberthür*, NZA 2014, 886 ff.; hierzu außerdem *Filges*, BRAK Magazin 2014, Heft 4, S. 3; *St. Müller*, FA 2014, 262 ff.

[8] LAG Baden-Württemberg 8.10.1986 LAGE ArbGG 1979 § 12 Nr. 58; LAG Berlin 13.3.2001 NZA-RR 2001, 436; LAG Rheinland-Pfalz 14.1.1991 LAGE ArbGG 1979 § 12 Streitwert Nr. 88; 23.4.1987 LAGE ArbGG 1979 § 12 Streitwert Nr. 65; LAG Nürnberg 5.5.1986 LAGE ArbGG 1979 § 12 Streitwert Nr. 53.

[9] LAG Bremen 28.2.1986 LAGE ArbGG 1979 § 12 Streitwert Nr. 49; LAG Düsseldorf 17.10.1985 LAGE ArbGG 1979 § 12 Streitwert Nr. 41; LAG Hamburg 15.5.1990 LAGE ArbGG 1979 § 12 Streitwert Nr. 85; LAG Hamm 13.5.1986 LAGE ArbGG 1979 § 12 Streitwert Nr. 55; 27.6.1985 LAGE ArbGG 1979 § 12 Streitwert Nr. 38; LAG Köln 17.7.2002 BeckRS 2002, 41237; 22.7.1991 LAGE ArbGG 1979 § 12 Streitwert Nr. 92; vgl. auch LAG Köln 26.6.2006 BB 2007, 612 Ls.; LAG Hessen 21.1.1999 NZA-RR 1999, 159; LAG München 13.1.1986 LAGE ArbGG 1979 § 12 Streitwert Nr. 51; LAG Niedersachsen 21.1.1986 LAGE ArbGG 1979 § 12 Streitwert Nr. 46; LAG Rheinland-Pfalz 2.7.2004 NZA-RR 2005, 131 Ls.

[10] BAG 30.11.1984 NZA 1985, 369; ebenso LAG Berlin 29.12.2003 NZA-RR 2004, 494; LAG Hessen 20.4.2004 NZA-RR 2004, 432, 433; LAG Nürnberg 19.12.2005 BeckRS 2006, 40056; 27.11.2003 NZA-RR 2004, 660, 661; LAG Schleswig-Holstein 28.5.2002 NZA-RR 2003, 219 Ls.; zu § 42 Abs. 4 S. 1 1. Hs. GKG a. F. LAG Düsseldorf 19.1.2009 – 6 Ta 20/09 – n. v.; LAG Rheinland-Pfalz 20.1.2009 MDR 2009, 454 Ls.; zu § 42 Abs. 2 S. 1 1. Hs. GKG n. F. LAG Rheinland-Pfalz 28.12.2011 NZA-RR 2012, 155, 156; weitere Nachw. zu beiden Ansichten vgl. bei GMP/*Germelmann*, § 12 ArbGG Rn. 101, 102; GK-ArbGG/*Schleusener* § 12 Rn. 234–238.

trag zeitlich nicht eingeschränkt worden ist.[11] Damit geht das wirtschaftliche Interesse des Klägers weit über ein Vierteljahr hinaus, so dass nach den allgemeinen Grundsätzen (§ 3 ZPO) der Streitwert über die Grenze des § 42 Abs. 2 S. 1 1. Hs. GKG n. F. hinaus festzusetzen wäre. Die aus sozialen Gründen seinerzeit in das Arbeitsgerichtsgesetz eingefügte Bestimmung des § 12 Abs. 7 S. 1 1. Hs. verhinderte dies. Das waren und sind Sinn und Zweck des § 12 Abs. 7 S. 1 1. Hs. ArbGG bzw. – seit dem 1.7.2004 – des § 42 Abs. 4 S. 1 1. Hs. GKG a. F. (seit 1.9.2009: § 42 Abs. 3 S. 1 1. Hs. GKG bzw. seit 1.8.2013: § 42 Abs. 2 S. 1 1. Hs. GKG n. F.).[12] Daraus folgt, dass nach § 42 Abs. 2 S. 1 1. Hs. GKG n. F. – unabhängig von der bisherigen Dauer des Arbeitsverhältnisses – im Regelfall der Streitwert in Höhe des Dreimonatsverdienstes festzusetzen ist, es sei denn, der Bestand des Arbeitsverhältnisses wird für einen geringeren Zeitraum geltend gemacht.[13] Die Berücksichtigung von sozialen Daten, wie Familienstand, Kinderzahl, Alter, wirtschaftliche und soziale Stellung des Arbeitnehmers, scheidet bei der Streitwertfestsetzung aus.[14] Einigen sich die Parteien in einem Kündigungsschutzprozess vergleichsweise auf eine Beendigung des Arbeitsverhältnisses zu einem nach dem Kündigungsendtermin liegenden Zeitpunkt, begründet dies keinen Mehrwert des Vergleichs.[15]

2206 Für die Wertberechnung nach § 42 Abs. 2 S. 1 1. Hs. GKG n. F. (→ Rn. 2202) ist das Bruttoarbeitsentgelt maßgebend, das der Arbeitnehmer bei Fortbestand des Arbeitsverhältnisses in den ersten drei Monaten nach dem streitigen Beendigungszeitpunkt beanspruchen könnte.[16] Das ist die Vergütung, die der Arbeitgeber im Falle seines Annahmeverzuges schulden würde, einschließlich Zuschläge und regelmäßiger Prämien.[17] Nicht zu berücksichtigen sind Sonderleistungen wie (anteiliges) Weihnachts- oder Urlaubsgeld und Trennungsentschädigungen.[18] Die Berücksichtigung einer anteiligen Tantieme oder einer anteiligen Jahressondervergütung (zB 13. Monatsgehalt) ist davon abhängig zu machen, ob diese Beträge auch bei einem Ausscheiden vor dem vereinbarten Fälligkeitstermin anteilig zu zahlen sind, weil mit ihnen ausschließlich die Arbeitsleistung des Ar-

---

[11] In diesem Fall entspricht der Streitwert dem Betrag der Bruttovergütung in der begrenzten Vertragszeit, vgl. zB LAG Berlin-Brandenburg 8.6.2012 BeckRS 2012, 70255; LAG Düsseldorf 19.1.2009 – 6 Ta 20/09 – n. v.; 21.8.2008 – 6 Ta 346/08 – n. v.; LAG Köln 18.12.2013 BeckRS 2014, 65713.

[12] Vgl. zB LAG Köln 22.1.2014 BeckRS 2014, 358040; 3.3.2009 NZA-RR 2009, 503, 504.

[13] Vgl. auch BAG 19.10.2010 AP GKG 1975 § 42 Nr. 1 im Anschluss an GMP/*Germelmann*, § 12 ArbGG Rn. 103. Allerdings kann diesem Beschluss des BAG nicht zweifelsfrei entnommen werden, dass es seine zu § 12 Abs. 7 S. 1 1. Hs. ArbGG a. F. entwickelte typisierende Betrachtungsweise (→ Rn. 2204) aufgegeben hat (hierzu näher LAG Rheinland-Pfalz 28.12.2011 NZA-RR 2012, 155, 156). Nach LAG Hessen 20.3.2014 (NZA-RR 2014, 384, 385) gilt dies in den ersten sechs Monaten des Arbeitsverhältnisses nur, wenn sich der Arbeitnehmer auf Unwirksamkeitsgründe beruft, die auch in einem noch keine sechs Monate bestehenden Arbeitsverhältnis geltend gemacht werden können; vgl. auch *Bader/Jörchel*, NZA 2013, 809, 812.

[14] A. A. LAG Rheinland-Pfalz 14.1.1991 LAGE ArbGG 1979 § 12 Streitwert Nr. 88; 23.4.1987 LAGE ArbGG 1979 § 12 Streitwert Nr. 65; 24.3.1986 LAGE ArbGG 1979 § 12 Streitwert Nr. 54.

[15] LAG Rheinland-Pfalz 17.10.2008 JurBüro 2009, 139; vgl. auch LAG Köln 6.1.2014 BeckRS 2014, 66032; 3.3.2009 NZA-RR 2009, 503, 504.

[16] BAG 19.7.1973 AP ArbGG 1953 § 12 Nr. 20; LAG Baden-Württemberg 1.2.2011 BeckRS 2011, 68232; LAG Berlin 30.1.2004 NZA-RR 2005, 327 Ls.; LAG Düsseldorf 8.2.2005 BeckRS 2010, 73121; LAG Rheinland-Pfalz 20.1.2009 BeckRS 2009, 59025; KR/*Friedrich*, § 4 KSchG Rn. 274.

[17] LAG Bremen 1.11.1982 MDR 1983, 170; LAG Düsseldorf 7.1.1991 LAGE ArbGG 1979 § 12 Streitwert Nr. 89.

[18] Vgl. BAG 4.9.1996 NZA 1997, 283; LAG Berlin 24.10.2002 AE 2004, 89 Ls.; LAG Düsseldorf 13.1.2009 BeckRS 2009, 74330; LAG Köln 18.7.1994 LAGE ArbGG 1979 § 12 Streitwert Nr. 100; GMP/*Germelmann*, § 12 ArbGG Rn. 104; GK-ArbGG/*Schleusener* § 12 Rn. 254.

beitnehmers vergütet werden soll (auch → Rn. 2156).[19] Nur dann sind sie anteilig hinzuzurechnen.[20]

III. Mehrere Kündigungen

Werden vom Arbeitgeber **mehrere Kündigungen** erklärt, gegen die der Arbeitnehmer Kündigungsschutzklage in **einem Rechtsstreit** erhebt, erfolgt die Streitwertfestsetzung von den Gerichten nicht einheitlich.[21] Das BAG vertrat den Standpunkt, die Höchstgrenze des § 12 Abs. 7 S. 1 1. Hs. ArbGG gelte auch dann, wenn in einem Rechtsstreit mehrere zeitlich aufeinander folgende Kündigungen durch Kündigungsschutzanträge angegriffen würden.[22] Die Praxis der Landesarbeitsgerichte ist dem BAG überwiegend nicht gefolgt, sondern nimmt eine Streitwertaddition vor (vgl. § 45 Abs. 1 S. 1 GKG), die allerdings in der Höhe unterschiedlich ist. Sie reicht von der Addition der Einzelwerte[23] bis zu einer Erhöhung des Wertes um die Zeitdifferenz zwischen den beiden Kündigungen.[24] Liegen die Kündigungstermine allerdings länger als drei Monate auseinander, kommt für die Bewertung der Folgekündigung die Kappungsgrenze des § 42 Abs. 2 S. 1 GKG n. F. (→ Rn. 2202) zum Tragen.[25] Wird **neben** einer **außerordentlichen** eine zugleich **vorsorglich** erklärte **ordentliche** Kündigung, die auf demselben Lebenssachverhalt beruht, im Kündigungsschutzprozess angegriffen, kommt der ordentlichen Kündigung bei der Streitwertbemessung keine eigenständig zu bewertende Bedeutung zu.[26] Entsprechendes gilt, wenn die außerordentliche Kündigung im Prozess in eine wirksame Kündigung nach § 140 BGB umgedeutet wird (näher → Rn. 410 ff.).[27] Eine weitere Kündigung wirkt auch dann nicht streitwerterhöhend, wenn sie zum gleichen Beendigungszeitpunkt[28] oder bei gleichem Sachverhalt lediglich vorsorglich zur Heilung möglicher Unwirksamkeitsgründen der ersten Kündigung im nahen zeitlichen Zusammenhang mit dieser[29] ausgesprochen wird.

2207

---

[19] Vgl. hierzu BAG 14.3.2012 AP BGB § 611 Gratifikation Nr. 123; 28.3.2007 NZA 2007, 687 Rn. 17; 21.3.2001 NZA 2001, 785; 18.8.1999 NZA 2000, 148, 150; *Vossen*, FS Stahlhacke, 1995, S. 617, 625 f.; zum Urlaubsgeld vgl. BAG 21.1.2014 BeckRS 2014, 68294 Rn. 17.

[20] BAG 19.7.1973 AP ArbGG 1953 § 12 Nr. 20; LAG Baden-Württemberg 1.2.2011 BeckRS 2011, 68232; LAG Berlin 30.1.2004 NZA-RR 2005, 327 Ls.; LAG Köln 17.11.1995 NZA-RR 1996, 392; vgl. auch LAG Düsseldorf 13.1.2009 BeckRS 2009, 74330.

[21] Vgl. die Übersicht der LAG-Rspr. von *Zintl/Naumann*, NZA-RR 2014, 1 ff.

[22] BAG 6.12.1984 NZA 1985, 296; ebenso LAG München 21.4.1988 LAGE ArbGG 1979 § 12 Streitwert Nr. 76; LAG Rheinland-Pfalz 13.6.2001 LAGE ArbGG 1979 § 12 Streitwert Nr. 124b.

[23] LAG Hamburg 7.8.1987 LAGE ArbGG 1979 § 12 Streitwert Nr. 67; 15.11.1994 LAGE ArbGG 1979 § 12 Streitwert Nr. 102 für den Fall, dass die Kündigungen verschiedene Sachverhalte betreffen; LAG Berlin 10.4.2001 NZA-RR 2001, 438, für den Fall, dass die Beendigungszeitpunkte von zwei Kündigungen drei Monate oder länger auseinander liegen.

[24] LAG Baden-Württemberg 27.11.2014 BeckRS 2015, 66465; LAG Düsseldorf 6.5.2008 BeckRS 2008, 53672; LAG Hessen 16.8.2013 BeckRS 2013, 73096; LAG Köln 8.10.2013 BeckRS 2013, 73943; LAG Sachsen 23.2.2015 BeckRS 2015, 66577; vgl. zum Streitwert für Kündigungen verschiedener Personen LAG Rheinland-Pfalz 21.11.2008 NZA-RR 2009, 220, 221.

[25] Vgl. LAG Hessen 16.8.2013 BeckRS 2013, 73096; LAG Köln 8.10.2013 BeckRS 2013, 73943; vgl. auch LAG Düsseldorf 24.11.2008 – 6 Ta 605/08 – n. v.; 6.5.2008 BeckRS 2008, 53672.

[26] LAG Düsseldorf 19.5.2011 LAGE GKG § 42 Abs. 3 Nr. 14 mit Anm. *Gravenhorst;* 24.11.2008 – 6 Ta 605/08 – n. v.; 6.5.2008 BeckRS 2008, 53672; LAG Hamburg 11.1.2008 BeckRS 2008, 56480 LAG Köln 13.4.2006 BeckRS 2006, 43320.

[27] Ebenso LAG Köln 13.4.2006 LAGE GKG 2004 § 42 Nr. 6.

[28] LAG Hessen 16.8.2013 BeckRS 2013, 73096.

[29] Vgl. LAG Rheinland-Pfalz 4.5.2012 NZA-RR 2012, 442, 443; 27.12.2010 NZA-RR 2011, 434, 435.

2208 Wendet sich der Arbeitnehmer in **verschiedenen Rechtsstreiten** gegen **mehrere zeitlich nacheinander ausgesprochene Kündigungen,** soll nach einer Auffassung grundsätzlich für jeden Kündigungsrechtsstreit der Höchstwert von drei Monatsverdiensten angesetzt werden, selbst wenn sich bei einer Bündelung in einem Rechtsstreit ein geringerer Wert ergeben hätte (→ Rn. 2207).[30] Nach anderer Ansicht soll es keinen Unterschied machen, ob mehrere Kündigungen in einem oder mehreren Rechtsstreiten angegriffen werden. Wie bei der Kumulation aller Klageanträge in einem einzigen Kündigungsrechtsstreit sei ein Folgeprozess, der eine von mehreren Kündigungen zum Gegenstand habe, ggf. geringer zu bewerten.[31] Ist der die erste Kündigung betreffende Rechtsstreit bei Ausspruch einer weiteren Kündigung endgültig, zB durch rechtskräftiges Urteil oder einen Vergleich, abgeschlossen, kommt bei der Streitwertfestsetzung in dem Verfahren, das die Folgekündigung betrifft, § 42 Abs. 2 S. 1 1. Hs. GKG n. F. – → Rn. 2202 – (wieder) voll zur Anwendung.[32]

2209 Eine Streitwertaddition ist dagegen abzulehnen, wenn der Arbeitnehmer **neben** dem **Antrag** nach **§ 4 S. 1 KSchG** den **allgemeinen Feststellungsantrag** nach § 256 Abs. 1 ZPO stellt und neben der angegriffenen Kündigung keine anderen Beendigungstatbestände in den Kündigungsschutzprozess eingeführt werden.[33] Denn in diesem Fall geht es letztlich bloß um die Beendigung oder Nichtbeendigung des Arbeitsverhältnisses auf Grund einer ganz bestimmten Kündigung. Hierfür haben aber gerade ursprünglich § 12 Abs. 7 S. 1 1. Hs. ArbGG und nun § 42 Abs. 2 S. 1 1. Hs. GKG n. F. (→ Rn. 2202) aus sozialen Gründen (→ Rn. 2205) eine Höchstgrenze für den Streitwert festgesetzt. Streiten die Parteien jedoch im Kündigungsschutzprozess über weitere Beendigungstatbestände, ist der Streitwert unter Beachtung der Grundsätze festzusetzen, die für den Streit über mehrere Kündigungen in einem Rechtsstreit maßgeblich sind (→ Rn. 2207).[34] Wendet sich der Arbeitnehmer mit einer Kündigungsschutzklage nach § 4 S. 1 KSchG gegen eine betriebsbedingte Kündigung seines Arbeitsverhältnisses und nimmt er im Wege der subjektiven Klagehäufung im Hinblick auf die Regelung in § 613a Abs. 1 S. 1 BGB einen angeblichen Betriebserwerber auf Feststellung des Bestehens eines Arbeitsverhältnisses in Anspruch (→ Rn. 1896), han-

---

[30] BAG 19.10.2010 AP GKG 1975 § 42 Nr. 1; LAG Nürnberg 21.2.1985 NZA 1985, 298; 23.6.1987 LAGE ArbGG § 12 Streitwert Nr. 78; 14.7.2004 MDR 2005, 223; Zur Zurückweisung des Prozesskostenhilfeantrags für die gesonderte Klage gegen eine weitere Kündigung wegen Mutwilligkeit nach § 114 S. 1 ZPO vgl. BAG 8.9.2011 NZA 2011, 1382 Rn. 16–19.

[31] Vgl. LAG Düsseldorf 6.5.2008 BeckRS 2008, 53672; LAG Hamm 3.4.1986 LAGE ArbGG 1979 § 12 Streitwert Nr. 52; LAG Hessen 20.4.2004 NZA-RR 2004, 432, 433; LAG Thüringen 23.10.1996 LAGE ArbGG 1979 § 12 Streitwert Nr. 107; LAG Hamburg 7.8.1987 LAGE ArbGG 1979 § 12 Streitwert Nr. 6; LAG Sachsen 23.9.2011 – 4 Ta 208/11 (7) – juris Rn. 8.

[32] Vgl. LAG Hessen 20.4.2004 NZA-RR 2004, 432, 433.

[33] BAG 6.12.1984 AP ArbGG 1979 § 12 Nr. 8; LAG Baden-Württemberg 27.11.2014 BeckRS 2015, 66465; LAG Bremen 29.3.2000 LAGE ArbGG 1979 § 12 Streitwert Nr. 120; LAG Düsseldorf 8.5.2007 BeckRS 2007, 44820; LAG Hamburg 11.1.2008 BeckRS 2008, 56480; LAG Hamm 3.2.2003 NZA-RR 2003, 321; LAG Hessen 21.1.1999 NZA-RR 1999, 156, 159; LAG Köln 16.10.2007 NZA-RR 2008, 380, 381; LAG Nürnberg 11.2.2007 JurBüro 2008, 252; LAG Rheinland-Pfalz 1.9.2010 BeckRS 2011, 67984; LAG Thüringen 3.6.1997 LAGE ArbGG 1979 § 12 Streitwert Nr. 106; ebenso GMP/*Germelmann*, § 12 ArbGG Rn. 111; GK-ArbGG/*Schleusener*, § 12 Rn. 281; a. A. LAG Berlin 30.1.2002 NZA-RR 2002, 267, 268; 12.9.2003 AE 2004, 73; *Schneider*, Anm. zu BAG EzA ArbGG 1979 § 12 Streitwert Nr. 34, unter III 2c; *Wenzel*, DB 1997, 1873.

[34] LAG Düsseldorf 5.11.2008 – 6 Ta 589/08 – n. v.; LAG Köln 16.10.2007 NZA-RR 2008, 380, 381; *Schwab*, NZA 1998, 342, 346 (auch zur Kostenentscheidung); a. A. LAG Sachsen 21.5.2012 NZA-RR 2013, 262; LAG Schleswig-Holstein 28.7.2005 BeckRS 2005, 43021; 12.4.2005 BeckRS 2005, 43021.

delt es sich um zwei eigenständige, nach § 42 Abs. 2 S. 1 1. Hs. GKG n. F. zu bewertende Bestandsstreitigkeiten.[35]

IV. Kündigung und Weiterbeschäftigung

Verbindet der Kläger mit der Kündigungsschutzklage im Wege der objektiven Klagehäufung den **Antrag auf Weiterbeschäftigung**,[36] ist dieser getrennt zu bewerten und eine Streitwertaddition nach § 45 Abs. 1 S. 1 GKG vorzunehmen. Die Streitwertfestsetzung für den Weiterbeschäftigungsanspruch ist nicht einheitlich.[37] Zum Teil wird ihm eine eigenständige Bedeutung versagt.[38] 2210

Der Weiterbeschäftigungsantrag kann vom Arbeitnehmer im Kündigungsrechtsstreit für den Fall gestellt werden, dass seiner Kündigungsschutzklage stattgegeben wird (**sog. uneigentlicher Hilfsantrag**). Der Weiterbeschäftigungsantrag ist dann auflösend bedingt rechtshängig. Der Arbeitnehmer begehrt vorbehaltlos die Verurteilung des Beklagten, allerdings mit der Einschränkung, der Antrag solle nur beschieden werden, wenn der Kündigungsschutzantrag Erfolg hat. Es liegt eine Art Rechtsbedingung vor, kein bedingter und damit unzulässiger Klageantrag (auch → Rn. 2269).[39] Erst mit der Abweisung der Kündigungsschutzklage erlischt die Rechtshängigkeit. Die Streitwerte beider Anträge sind deshalb auch dann zu addieren, wenn über den uneigentlichen Hilfsantrag auf Weiterbeschäftigung wegen verlorenen Kündigungsrechtsstreits nicht entschieden werden muss.[40] § 45 Abs. 1 S. 2 GKG idF von Art. 1 des KostR- 2211

---

[35] Vgl. zu § 12 Abs. 7 S. 1 1. Hs. ArbGG LAG Berlin 5.1.2004 AR-Blattei ES 160.13 Nr. 258; LAG Düsseldorf 10.11.2003 – 17 Ta 511/03 – n. v.; zu § 42 Abs. 4 S. 1 1. Hs. GKG a. F. LAG Bremen 11.12.2006 BeckRS 2010, 76023; LAG Sachsen 21.5.2012 NZA-RR 2013, 262 jeweils auch zur Höhe des Streitwertes für den Feststellungsantrag; vgl. auch den Fall des LAG Rheinland-Pfalz 21.11.2008 NZA-RR 2009, 220, 221; a. A. zu § 42 Abs. 4 S. 1 1. Hs. GKG a. F. LAG Schleswig-Holstein 28.7.2005 BeckRS 2005, 43021; 12.4.2005 BeckRS 2005, 41252.

[36] Zur Bewertung einer Freistellungsvereinbarung in einem den Kündigungsschutzprozess erledigenden Vergleich vgl. LAG Düsseldorf 6.5.2008 BeckRS 2008, 53672; 24.5.2004 – 17 Ta 314/04 – n. v.; LAG Hamm 17.3.1994 MDR 1994, 625 f.; LAG Hessen 16.8.2013, BeckRS 2013, 73096; LAG Nürnberg 30.7.2014 NZA-RR 2014, 561, 562; LAG Köln 29.1.2002 LAGE ArbGG 1979 § 12 Streitwert Nr. 127; 3.3.2009 NZA-RR 2009, 503, 505; LAG Rheinland-Pfalz 19.6.2002 LAGE ArbGG 1979 § 12 Streitwert Nr. 127a; 19.10.2004 NZA-RR 2005, 211, 212; 17.10.2008 JurBüro 2009, 139; LAG Sachsen-Anhalt 8.12.2004 BeckRS 2005, 40209; zur Bewertung eines vorzeitigen Lösungsrechts des Arbeitnehmers in einem solchen Vergleich vgl. LAG Saarland 22.11.2011 NZA-RR 2012, 156 Rn. 15 f.

[37] Zwei Monatsverdienste: LAG Düsseldorf 8.5.2007 BeckRS 2007, 44820; LAG Hamm 11.9.1986 LAGE ArbGG 1979 § 12 Streitwert Nr. 56. Ein Monatsverdienst: LAG Baden-Württemberg 27.4.2010 NZA-RR 2010, 376, 377; LAG Berlin 30.1.2004 NZA-RR 2005, 327 Ls.; LAG Hamburg 6.6.2012 BeckRS 2012, 70182; LAG Köln 16.10.2007 NZA-RR 2008, 380, 381; LAG München 19.10.2009 ArbRB 2009, 369 Ls.; LAG Nürnberg 23.2.2015 BeckRS 2015, 66577; LAG Rheinland-Pfalz 21.7.2008 BeckRS 2008, 55842; LAG Schleswig-Holstein 13.8.2009 BeckRS 2009, 72606; LAG Sachsen 15.5.1997 LAGE ArbGG 1979 § 12 Streitwert Nr. 111.

[38] Vgl. BAG 29.11.1983 NZA 1984, 34 (Streitwertfestsetzung nicht offensichtlich fehlerhaft); LAG Saarland 3.12.1984 JurBüro 1985, 592; LAG Schleswig-Holstein 14.9.1984 LAGE ArbGG 1979 § 12 Streitwert Nr. 34 mit abl. Anm. *Schneider*.

[39] BAG 8.4.1988 NZA 1988, 741; vgl. auch BAG 31.7.2014 NZA 2015, 358 Rn. 55; 21.11.2013 BeckRS 2014, 69409 Rn. 17.

[40] LAG Hamburg 12.8.2011 JurBüro 2012, 26, 27; 6.6.2012 BeckRS 2012, 70182; LAG Nürnberg 13.3.2008 DB 2008, 1332 Ls.; a. A. BAG 13.8.2014 NZA 2014, 1359 Rn. 4; 30.8.2011 BeckRS 2014, 72791 Rn. 4; LAG Baden-Württemberg 14.2.2011 BeckRS 2011, 68909; LAG Berlin-Brandenburg 29.3.2011 BeckRS 2011, 70434; LAG Düsseldorf 14.3.2012 BeckRS 2012, 72350; LAG Hamburg 17.4.2014 BeckRS 2014, 70008; LAG Hamm 19.3.2011 – 6 Ta 113/11 – juris Rn. 9; LAG Hessen 1.8.2013 BeckRS 2013, 73293; LAG Niedersachsen 9.3.2009 ArbuR 2009, 227 Ls.; LAG

MoG vom 5.5.2004 (BGBl. I S. 718) – bis 30.6.2004: § 19 Abs. 1 S. 2 GKG a. F. – findet keine Anwendung, da diese Vorschrift nur für echte Hilfsanträge gilt.[41]

2212   Schließen die Parteien über den unechten Hilfsantrag einen Vergleich,[42] hat eine Streitwertaddition zu erfolgen. Denn § 45 Abs. 4 GKG n. F. verweist auf § 45 Abs. 1 S. 2 GKG n. F. und durch einen solchen Vergleich würde – unterstellt, man würde § 45 Abs. 1 S. 2 GKG n. F. entgegen der hier vertretenen Auffassung (→ Rn. 2211) auch auf unechte Hilfsanträge anwenden – eine „Entscheidung ergehen".[43]

V. Kündigung und Arbeitsentgelt

2213   Werden in einem Kündigungsschutzprozess neben dem Feststellungsantrag **Vergütungsansprüche** klageweise geltend gemacht, die **nach** der ausgesprochenen **Kündigung fällig geworden** sind,[44] wird unterschiedlich beurteilt, ob die beiden Ansprüche trotz ihrer prozessualen Selbständigkeit wirtschaftlich identisch sind (§ 5 ZPO). Das BAG steht auf diesem Standpunkt mit dem Hinweis, das Feststellungsbegehren bilde die Rechtsgrundlage für die Klage aus Annahmeverzug (§§ 611 Abs. 1, 615 S. 1 BGB).[45] Für die einheitliche Wertfestsetzung ist danach der sich aus dem Vergleich zwischen dem nach § 42 Abs. 3 S. 1 1. Hs. GKG n. F. mit drei Monatsverdiensten anzusetzenden Wert des Feststellungsantrags und der Summe der geltend gemachten Vergütungsansprüche ergebende höhere Wert maßgebend.[46] Soweit Landesarbeitsge-

---

Sachsen-Anhalt 3.12.2013 BeckRS 2013, 74775; LAG Sachsen 15.3.2010 – 4 Ta 41/10 – n. v.; LAG Schleswig-Holstein 21.1.2010 BeckRS 2010, 67072.

[41] LAG Hamburg 12.8.2011 JurBüro 2012, 26, 27; LAG Nürnberg 13.3.2008 DB 2008, 1332 Ls.; Schwab/Weth/*Vollstädt*, § 12 ArbGG Rn. 150; vgl. zu § 19 Abs. 1 S. 2 GKG a. F. LAG Hamm 26.5.1989 LAGE GKG § 19 Nr. 6; LAG Köln 4.7.1995 LAGE GKG § 19 Nr. 15; LAG Niedersachsen 17.4.2001 NZA-RR 2001, 495, 496; LAG Rheinland-Pfalz 19.3.1999 NZA-RR 2000, 161; a. A. BAG 13.8.2014 NZA 2014, 1359 Rn. 3; LAG Berlin 3.3.2004 NZA-RR 2004, 374; LAG Hessen 26.6.1997 LAGE GKG § 19 Nr. 16; LAG Schleswig-Holstein 14.1.2003 AnwBl. 2003, 308; a. A. zu § 45 Abs. 1 S. 2 GKG LAG Baden-Württemberg 14.2.2011 BeckRS 2011, 68909; 27.4.2010 NZA-RR 2010, 376, 378; LAG Düsseldorf 14.3.2012 BeckRS 2012, 72350; LAG Hamm 4.4.2007 – 6 Ta 40/07 – n. v.; LAG Niedersachsen 9.3.2009 ArbuR 2009, 227 Ls.; LAG Schleswig-Holstein 9.10.2013 BeckRS 2013, 73312; GMP/*Germelmann*, § 12 ArbGG Rn. 118.

[42] Streitig ist, ob hierfür ein Prozessvergleich reicht, der (nur) die Beendigung des Arbeitsverhältnisses zu einem bestimmten Termin vorsieht, also keine Regelung über den Weiterbeschäftigungsantrag enthält, dafür LAG Baden-Württemberg 14.2.2011 BeckRS 2011, 68909; 31.8.2010 – 5 Ta 173/10 – juris Rn. 9, 10; LAG Hamburg 12.8.2011 JurBüro 2012, 26, 28; dagegen BAG 13.8.2014 NZA 2014, 1359 Rn. 4; LAG Düsseldorf 18.10.2006 BeckRS 2009, 74310; LAG Hamm 19.3.2011 – 6 Ta 113/11 – juris Rn. 9; LAG Hessen 1.8.2013 BeckRS 2013, 73293; 8.10.2012 – 1 Ta 188/12 – juris Rn. 4; LAG Sachsen-Anhalt 8.5.2013 BeckRS 2013, 68968; LAG Schleswig-Holstein 9.10.2013 BeckRS 2013, 73312; vgl. auch LAG Sachsen-Anhalt 3.12.2013 BeckRS 2013, 74775.

[43] Vgl. LAG Baden-Württemberg 12.8.2011 BeckRS 2011, 75755; LAG Berlin-Brandenburg 29.3.2011 BeckRS 2011, 70434; LAG Düsseldorf 17.8.2009 – 6 Ta 485/09 – n. v.; 6.5.2008 BeckRS 2008, 53672; LAG Hamburg 6.6.2012 BeckRS 2012, 70182; LAG Hamm 19.3.2011 – 6 Ta 113/11 – juris Rn. 9; LAG Schleswig-Holstein 11.1.2010 BeckRS 2010, 67072; GK-ArbGG/*Schleusener*, § 12 Rn. 171.

[44] Zum Streitwert von Vergütungsansprüchen, die vor Kündigungsausspruch fällig geworden sind, im Hinblick auf § 42 Abs. 5 S. 1 2. Hs. GKG a. F. (seit 1.9.2009: § 42 Abs. 4 S. 1 2. Hs. GKG bzw. seit 1.8.2013 § 42 Abs. 3 S. 1 2. Hs. GKG n. F.) vgl. LAG Sachsen-Anhalt 21.11.2006 BeckRS 2006, 44844.

[45] BAG 16.1.1968 AP ArbGG 1953 § 12 Nr. 17.

[46] BAG 16.1.1998 AP ArbGG 1953 § 12 Nr. 17; ebenso LAG Köln 29.5.2006 AR-Blattei ES 160.13 Nr. 283; LAG Rheinland-Pfalz 4.5.2012 BeckRS 2012, 69970; 4.12.2009 BeckRS 2010, 66894; KR/*Friedrich*, § 4 KSchG Rn. 281; GMP/*Germelmann*, § 12 ArbGG Rn. 115; *Hauck/Helml/Biebl*, § 12 ArbGG Rn. 29; GK-ArbGG/*Schleusener* § 12 Rn. 282 mwN; vgl. auch LAG Nürnberg

richte eine Streitwertaddition vornehmen,⁴⁷ dürfte dagegen heute (auch) die Regelung in § 42 Abs. 3 S. 1 2. Hs. GKG n. F. (bis 31.8.2009: § 42 Abs. 5 S. 2 2. Hs. GKG a. F.; bis 31.7.2013: § 42 Abs. 4 S. 1 2. Hs. GKG a. F.) sprechen.⁴⁸ Wird der Feststellungsantrag nach § 4 S. 1 KSchG mit dem Antrag auf künftige Entgeltzahlungen verbunden,⁴⁹ ist fraglich, ob sich der Streitwert dieses Leistungsantrags nach § 42 Abs. 1 S. 1 GKG idF von Art. 3 Nr. 16 des Gesetzes vom 23.7.2013 (→ Rn. 2202) – bis 31.8.2009: § 42 Abs. 3 S. 1 GKG a. F. (bis 30.6.2004: § 12 Abs. 7 S. 2 1. Hs. ArbGG) – und bis 31.7.2013 § 42 Abs. 2 S. 1 1. Hs. GKG a. F. – bemisst.⁵⁰

VI. Änderungskündigung

Nimmt der **Arbeitnehmer** das **Änderungsangebot** des Arbeitgebers nach § 2 S. 1 KSchG **unter Vorbehalt an,** steht fest, dass das Arbeitsverhältnis nicht aufgelöst wird. Die Streitwertfestsetzung ist umstritten.⁵¹ Das LAG Düsseldorf,⁵² das LAG Hamm⁵³ und das Sächsische LAG⁵⁴ erkennen aus Gründen der Praktikabilität i. d. R. auf zwei Monatsverdienste, das LAG Hessen (früher LAG Frankfurt/M.) auf ein Monatsverdienst.⁵⁵ Häufig wird analog § 42 Abs. 2 S. 1 1. Hs. GKG n. F. (→ Rn. 2202) der dreifache Jahresbetrag des Wertes der Änderung zugrunde gelegt mit der Höchstgrenze des § 42 Abs. 2 S. 1 1. Hs. GKG n. F. (→ Rn. 2202).⁵⁶

2214

2.2.2011 JurBüro 2011, 258, 259; vgl. aber auch LAG Hamburg 11.1.2008 BeckRS 2008, 56480; a. A. Schwab/Weth/*Vollstädt*, § 12 ArbGG Rn. 234.
⁴⁷ LAG Bremen 25.8.2005 LAGE GKG 2004 § 42 Nr. 5; LAG Sachsen 21.6.2007 LAGE GKG 2004 § 42 Nr. 7a; LAG Schleswig-Holstein 19.1.2009 BeckRS 2009, 59016; früher zB LAG Baden-Württemberg 27.11.1981 EzA ArbGG 1979 § 12 Streitwert Nr. 16; LAG Berlin 15.10.1982 DB 1983, 833; LAG Hamburg 15.5.1990 LAGE ArbGG 1979 § 12 Streitwert Nr. 85; LAG Hamm 6.5.1982 MDR 1982, 696; LAG Kiel 2.11.1981 AnwBl. 1982, 206; LAG Saarbrücken 27.5.1981 MDR 1981, 788.
⁴⁸ Vgl. näher GMP/*Germelmann*, § 12 ArbGG Rn. 114; GK-ArbGG/*Schleusener*, § 12 Rn. 282.
⁴⁹ Zur Zulässigkeit und Begründetheit der Klage auf künftig fällig werdendes Arbeitsentgelt im gestörten Arbeitsverhältnis vgl. Nachw. Rn. 1879 in Fn. 252.
⁵⁰ Bejahend LAG Baden-Württemberg 8.11.1985 LAGE ArbGG 1979 § 12 Streitwert Nr. 48; LAG Düsseldorf 2.9.2005 – 17 Ta 504/05 – n. v.; verneinend LAG Nürnberg 14.7.2006 AR-Blattei ES 160.13 Nr. 284, das ausschließlich § 42 Abs. 4 S. 1 1. Hs. GKG a. F. (seit 1.9.2013: § 42 Abs. 3 S. 1 1. Hs. GKG n. F.) anwendete; verneinend jetzt auch LAG Hamburg 11.1.2008 JurBüro 2008, 593 f. Ls.; LAG Hessen 2.9.1999 BeckRS 1999, 30451545 (beide 20 % des dreifachen Jahresbetrages, maximal drei Bruttomonatsverdienste); LAG Hamm 30.1.2002 NZA-RR 2002, 380 (ein Bruttomonatsentgelt); LAG Nürnberg 2.2.2011 BeckRS 2011, 68755; LAG Rheinland-Pfalz 20.1.2009 BeckRS 2009, 59025. Zum Problemfeld *Heimann*, ArbuR 2002, 441 ff.; *ders.*, JurBüro 2003, 7 ff.; *ders.*, ArbuR 2005, 195; *Vossen*, DB 1986, 326, 328 f.
⁵¹ Vgl. Übersichten bei GMP/*Germelmann*, § 12 ArbGG Rn. 119–122; GK-ArbGG/*Schleusener*, § 12 Rn. 199–203; Schwab/Weth/*Vollstädt*, § 12 ArbGG Rn. 209–211.
⁵² 25.2.2009 – 6 Ta 105/09 – n. v.; 9.2.2009 BeckRS 2009, 56482.
⁵³ 24.3.2006 – 9 Ta 718/05 – n. v.; 26.4.2005 – 9 Ta 540/04 – n. v.; zur früheren Rspr. vgl. Voraufl. Rn. 2214, Fn. 56.
⁵⁴ 10.11.2014 BeckRS 2014, 74309; früher auch LAG Berlin17.7.1998 NZA-RR 1998, 512, 513; 29.5.1998 NZA-RR 1999, 45, 46; LAG Brandenburg 19.2.2004 – 6 Ta 203/03 – n. v.
⁵⁵ LAG Frankfurt/M. 10.4.1985 DB 1986, 1400.
⁵⁶ Vgl. LAG Köln 26.1.2005 BeckRS 2005, 40544; früher BAG 23.3.1989 EzA ArbGG 1979 § 12 Streitwert Nr. 64 mit krit. Anm. *Schneider;* 22.1.1997 NZA 1997, 711; LAG Bremen 5.5.1987 LAGE ArbGG 1979 § 12 Streitwert Nr. 63; LAG Hamburg 2.6.1998 BB 1998, 1695 nur Ls.; LAG Köln 16.9.1986 JurBüro 1987, 625; LAG München 16.1.1984 EzA ArbGG 1979 § 12 Streitwert Nr. 63; LAG Rheinland-Pfalz 19.3.1999 NZA-RR 2000, 161 f.; 24.4.2008 NZA-RR 2008, 660 (u. U. nur 1,5 Bruttomonatsverdienst); gem. § 42 Abs. 2 S. 1 GKG n. F.: LAG Baden-Württemberg 31.7.2009 NZA-RR 2010, 47, 49.

Vierter Abschnitt: Der Kündigungsschutzprozess

VII. Kündigung und Auflösungsantrag

2215 Aus § 42 Abs. 2 S. 1 2. Hs. GKG n. F. (→ Rn. 2202), wonach eine nach § 9 Abs. 1 KSchG festgesetzte Abfindung dem Streitwert für die Kündigungsschutzklage gem. § 42 Abs. 2 S. 1 1. Hs. GKG n. F. nicht hinzugerechnet wird, folgt, dass der Auflösungsantrag nach §§ 9 Abs. 1 S. 1 bzw. S. 2 KSchG nicht zu einer Erhöhung des Streitwertes einer Kündigungsschutzklage führt.[57] Streiten allerdings die Parteien im Berufungsverfahren nicht mehr über den Fortbestand des Arbeitsverhältnisses, sondern nur noch über seine Auflösung durch gerichtliche Entscheidung nach § 9 Abs. 1 S. 1 KSchG und die Höhe der vom Arbeitgeber an den Arbeitnehmer zu zahlenden Abfindung (§ 10 Abs. 1 KSchG), richtet sich die Streitwertfestsetzung nicht nach § 42 Abs. 2 S. 1 2. Hs. GKG n. F., sondern nach §§ 3 ff. ZPO. Sie hat sich deshalb an der Höhe der geltend gemachten Abfindung zu orientieren.[58] Im Übrigen kommt § 42 Abs. 2 S. 1 2. Hs. GKG n. F. nicht zur Anwendung, wenn die Abfindung auf einer eigenen Anspruchsgrundlage beruht, die nicht von dem Ausgang des Kündigungsschutzrechtsstreits abhängig ist.[59]

§ 6 Der Weiterbeschäftigungsanspruch des Arbeitnehmers während des Kündigungsschutzprozesses

2216 Der Anspruch des Arbeitnehmers auf vorläufige Weiterbeschäftigung bis zum rechtskräftigen Abschluss des Kündigungsschutzverfahrens ist eine „bedeutende flankierende Maßnahme" für den Bestandsschutz im Arbeitsverhältnis. Denn es ist wohl kaum zu bezweifeln, dass die Chance einer Rückkehr in den Betrieb auch bei rechtswidriger Kündigung mit der Dauer der faktischen Trennung vom Arbeitsplatz abnimmt.

2217 Mit dem Problem verzahnt ist die Frage, ob der Arbeitgeber den Arbeitnehmer **einseitig für die Dauer der Kündigungsfrist** von der Arbeit freistellen kann. Grundsätzlich ist richtig, dass der Beschäftigungsanspruch des Arbeitnehmers auch nach einer ordentlichen Kündigung für die Dauer der Kündigungsfrist besteht. Nur wenn die Beschäftigung für den Arbeitgeber **unzumutbar** ist, kann eine Suspendierung **gegen den Willen des Arbeitnehmers** erfolgen (vgl. auch → Rn. 27, 28).[1] Das ist zB der

---

[57] Vgl. nur BAG 25.1.1960 AP ArbGG 1953 § 12 Nr. 7 mit Anm. *Baumgärtel;* LAG Baden-Württemberg 22.9.2004 LAGE KSchG § 9 Nr. 37 mit Anm. *St. Müller;* LAG Berlin 13.3.2001 NZA-RR 2001, 436, 437; LAG Brandenburg 17.4.2003 LAGE ArbGG 1979 § 12 Streitwert Nr. 129; LAG Düsseldorf 20.7.1987 LAGE ArbGG 1979 § 12 Nr. 66; LAG Hamburg 19.9.2003 LAGE ArbGG 1979 § 12 Streitwert Nr. 131; LAG Köln 19.4.2011 BeckRS 2011, 72415; LAG München 14.9.2001 NZA-RR 2002, 493; a. A. LAG Berlin 30.12.1999 LAGE ArbGG 1979 § 12 Streitwert Nr. 119b; LAG Sachsen 28.8.2002 – 4 Ta 61/02–9 – juris Rn. 18–22; ArbG Würzburg 5.6.2000 NZA-RR 2001, 107; a. A. *Korinth,* ArbRB 2009, 250 ff.

[58] Vgl. LAG Hamm 5.12.1996 LAGE ZPO § 269 Nr. 2.

[59] Vgl. LAG Düsseldorf 30.5.2006 BeckRS 2011, 70935; LAG Schleswig-Holstein 26.10.2009 BeckRS 2009, 73612; GMP/*Germelmann* § 12 ArbGG Rn. 124; GK-ArbGG/*Schleusener,* § 12 Rn. 190; früher LAG Köln 14.9.2001 NZA-RR 2002, 437, 438.

[1] BAG 15.3.2001 NZA 2001, 1267; 19.8.1976 AP BGB § 611 Beschäftigungspflicht Nr. 4; LAG München 19.8.1992 LAGE BGB § 611 Beschäftigungspflicht Nr. 32; LAG Hamm 18.9.2003 NZA-RR 2004, 244, 247; 12.12.2001 NZA-RR 2003, 311, 313; ArbG Frankfurt/M. 19.11.2003 NZA 2004, 409, 410; vgl. auch LAG Hamburg 24.7.2013 BeckRS 2013, 73628; LAG Hessen 20.3.2013 BeckRS 2013, 70301. Zum Problemkreis näher *Krause,* NZA Beilage 1/2005 zu Heft 10/2005, 51 ff.

§ 6 Weiterbeschäftigungsanspruch während des Kündigungsschutzprozesses

Fall, wenn der dringende Verdacht einer strafbaren Handlung oder einer sonstigen schweren Vertragsverletzung besteht. Kein Beschäftigungsanspruch für die Dauer der Kündigungsfrist besteht ferner dann, wenn die Parteien allein über die Länge der Kündigungsfrist streiten, die Wirksamkeit der Kündigung dagegen unbestritten und im Arbeitsvertrag eine **individuell ausgehandelte Klausel** enthalten ist, nach der der Arbeitgeber den Arbeitnehmer nach erfolgter Kündigung von der Arbeit freistellen kann.[2]

Unsicher ist, ob in den beiden genannten Fallgruppen ein Beschäftigungsanspruch besteht, wenn der Arbeitnehmer gegen die Kündigung Kündigungsschutzklage nach § 4 S. 1 KSchG erhebt und er **nach § 102 Abs. 5 BetrVG Weiterbeschäftigung** verlangt oder ggfls. der **allgemeine Weiterbeschäftigungsanspruch** nach der Entscheidung des Großen Senats des BAG vom 27.2.1985[3] geltend gemacht wird. Auf beide Ansprüche kann der Arbeitnehmer **im Voraus nicht verzichten.** Über die Ansprüche auf Weiterbeschäftigung ist dann im Rahmen der für sie geltenden Anspruchsnormen zu befinden, d.h. einerseits im Verfahren nach § 102 Abs. 5 S. 1 BetrVG bzw. im Entbindungsverfahren nach § 102 Abs. 5 S. 2 BetrVG. Die in einem vorformulierten Arbeitsvertrag enthaltene Suspendierungsklausel kann ihre Wirkung weder hier noch gegenüber dem allgemeinen Weiterbeschäftigungsanspruch entfalten. Auch dort sind im Rahmen der Kontrolle nach § 307 Abs. 2 Nr. 1 BGB die Grundsätze der Rechtsprechung des Großen Senats des BAG zu beachten.[4] 2218

Der Problemkreis des Weiterbeschäftigungsanspruchs des Arbeitnehmers während des Kündigungsschutzprozesses wird durch die Gesetzeslage in zwei Teile geteilt: 2219
– Der Weiterbeschäftigungsanspruch nach § 102 Abs. 5 BetrVG, d.h. nach einem Widerspruch des Betriebsrats (→ Rn. 374).
– Der Beschäftigungsanspruch des Arbeitnehmers für die Dauer des Kündigungsschutzprozesses in Betrieben ohne Betriebsrat oder ohne vom Betriebsrat erhobenen Widerspruch bzw. nach einem nicht ordnungsgemäß erhobenen Widerspruch des Betriebsrats (→ Rn. 2254).

I. Der Weiterbeschäftigungsanspruch nach § 102 Abs. 5 S. 1 BetrVG

Hat der Betriebsrat einer **ordentlichen Kündigung** frist- und ordnungsgemäß widersprochen und hat der Arbeitnehmer nach dem KSchG Klage auf Feststellung erhoben, dass das Arbeitsverhältnis durch die Kündigung nicht aufgelöst ist, muss der Arbeitgeber auf Verlangen des Arbeitnehmers diesen nach Ablauf der Kündigungsfrist bis zum rechtskräftigen Abschluss des Rechtsstreits zu unveränderten Arbeitsbedingungen 2220

---

[2] LAG Hamm 3.2.2004 NZA-RR 2005, 358, 359; LAG Köln 20.8.1998 RzK I 2a Nr. 20 Ls.; LAG Sachsen 12.6.2003 BeckRS 2009, 68149; *Beckmann,* NZA 2004, 1131 f.; *Krause,* NZA Beilage 1/2005 zu Heft 10/2005, 51 ff.; ErfK/*Preis,* § 611 BGB Rn. 568; *ders.,* Der Arbeitsvertrag, II F 10 Rn. 7. Zur Unwirksamkeit eines Vorabverzichts durch eine formularmäßige Freistellungsklausel nach § 307 Abs. 1 BGB vgl. LAG Hamburg 24.7.2013 BeckRS 2013, 73628; LAG Hessen 14.3.2011 NZA-RR 2011, 419, 420 f.; LAG München 7.5.2003 BeckRS 2009, 66914; ArbG Frankfurt/M. 19.11.2003 NZA 2004, 409, 410; *Fischer,* NZA 2004, 233, 234 ff.; vgl. auch *Bauer,* NZA 2007, 409, 412; *Hümmerich,* NZA 2003, 753, 762 f.; APS/*Koch,* § 102 BetrVG Rn. 232; ErfK/*Preis,* § 611 BGB Rn. 568; *ders.,* Der Arbeitsvertrag, II F 10 Rn. 9; offen gelassen von ArbG Stralsund 11.8.2004 NZA-RR 2005, 23, 24; anders früher LAG Hamburg 10.6.1994 LAGE BGB § 611 Beschäftigungspflicht Nr. 37; ArbG Düsseldorf 3.6.1993 NZA 1994, 559.
[3] NZA 1985, 702.
[4] Vgl. LAG Hessen 14.3.2011 NZA-RR 2011, 419, 421; vgl. auch *Preis,* Der Arbeitsvertrag, II F 10; ErfK/*Preis,* § 611 BGB Rn. 569.

weiterbeschäftigen (§ 102 Abs. 5 S. 1 BetrVG).[5] Die **Widerspruchsgründe** des Betriebsrats sind in § 102 Abs. 3 BetrVG **abschließend** aufgezählt. Deshalb kann der Betriebsrat, da § 102 Abs. 3 Nr. 3 BetrVG ihn nur zum Widerspruch berechtigt, wenn der Arbeitnehmer auf einem *anderen* Arbeitsplatz weiterbeschäftigt werden kann, der Kündigung **nicht** mit dem Hinweis **widersprechen,** der Arbeitnehmer könne auf **seinem** Arbeitsplatz weiterbeschäftigt werden.[6] Auch wenn alle Widerspruchsgründe vor allem auf betriebsbedingte Kündigungen abzielen, ist ein Widerspruch auch bei personen- und verhaltensbedingten Kündigungen zulässig.[7]

2221 Mit § 102 Abs. 5 S. 1 BetrVG gewährt der Gesetzgeber dem Arbeitnehmer im Rahmen des Kündigungsschutzprozesses – ohne Rücksicht auf dessen Ausgang – unter bestimmten Voraussetzungen einen Anspruch auf tatsächliche Weiterbeschäftigung (näher → Rn. 2223 ff.). Grundlage ist das **bisherige Arbeitsverhältnis,** das unter den Voraussetzungen des § 102 Abs. 5 S. 1 BetrVG **kraft Gesetzes** fortbesteht,[8] allerdings **auflösend bedingt** durch die rechtskräftige Abweisung der Kündigungsschutzklage.[9]

2222 Auf Antrag des Arbeitgebers kann das Gericht ihn gem. § 102 Abs. 5 S. 2 Nr. 1 bis 3 BetrVG durch **einstweilige Verfügung** von der Verpflichtung zur Weiterbeschäftigung nach S. 1 **entbinden,** wenn

1. die Klage des Arbeitnehmers keine hinreichende Aussicht auf Erfolg bietet oder mutwillig erscheint oder
2. die Weiterbeschäftigung des Arbeitnehmers zu einer unzumutbaren wirtschaftlichen Belastung des Arbeitgebers führen würde oder
3. der Widerspruch des Betriebsrats offensichtlich unbegründet war.

1. Voraussetzungen für den Weiterbeschäftigungsanspruch

a) Widerspruch des Betriebsrats

2223 Der Anspruch des Arbeitnehmers setzt voraus, dass der Betriebsrat der beabsichtigten ordentlichen Kündigung **frist- und ordnungsgemäß** widersprochen hat. Der Widerspruch muss dem Arbeitgeber **innerhalb** der Frist von **einer Woche** (§ 102 Abs. 3 i. V. mit § 102 Abs. 2 S. 1 BetrVG) **zugehen.**[10] Hat der Betriebsrat die Frist versäumt, scheidet ein Beschäftigungsanspruch nach § 102 Abs. 5 BetrVG aus. Es kommt dann nur noch die Durchsetzung des allgemeinen Beschäftigungsanspruches in Betracht (dazu näher → Rn. 2254 ff.).

---

[5] Hierzu ausf. *Haas,* NZA-RR 2008, 57 ff.; *Krause,* NZA-Beilage Nr. 1/2005 zu Heft 10, 51, 56 f.; *Wolff,* Vorläufiger Bestandsschutz des Arbeitsverhältnisses durch Weiterbeschäftigung nach § 102 Abs. 5 BetrVG, Diss. 2000, S. 198 f.

[6] BAG 12.9.1985 NZA 1986, 424; 11.5.2000 NZA 2000, 1055; LAG Hamm 14.6.2004 LAG Report 2004, 351 Ls.; 31.1.1979 DB 1979, 1232; LAG Hessen 5.2.2013 BeckRS 2013, 67507; LAG München 12.3.1994 und 5.10.1994 LAGE BetrVG 1972 § 102 Beschäftigungspflicht Nr. 15 und 19; LAG Nürnberg 17.8.2004 NZA-RR 2005, 255; HHL/*Krause,* § 1 KSchG Rn. 1106; ErfK/*Kania,* § 102 BetrVG Rn. 20; APS/*Koch,* § 102 BetrVG Rn. 199; GK-BetrVG/*Raab,* § 102 Rn. 123; Richardi/*Thüsing,* § 102 BetrVG Rn. 164; a. A. *Brox,* FS 25 Jahre BAG, 1979, S. 37 ff.; KR/*Etzel,* § 102 BetrVG Rn. 164; *Fitting,* § 102 BetrVG Rn. 90; *Gussone,* ArbuR 1994, 245, 248.

[7] BAG 22.7.1982 AP KSchG 1969 § 1 Verhaltensbedingte Kündigung Nr. 5 mit Anm. *Otto;* LAG Hamburg 9.4.2014 BeckRS 2014, 69708; LAG Schleswig-Holstein 19.5.2010 BeckRS 2010, 72864.

[8] BAG 9.7.2003 NZA 2003, 1191; 15.3.2001 NZA 2001, 1267; 11.5.2000 NZA 2000, 1055; LAG Nürnberg 18.9.2007 ZTR 2008, 108, 109; vgl. auch LAG Hessen 18.10.2005 NZA-RR 2006, 243, 244.

[9] BAG 15.3.2001 NZA 2001, 1267; 7.3.1996 NZA 1996, 930; 10.3.1987 NZA 1987, 373.

[10] *Fitting,* § 102 BetrVG Rn. 71; KDZ/*Deinert,* § 102 BetrVG Rn. 193; APS/*Koch,* § 102 BetrVG Rn. 188; GK-BetrVG/*Raab,* § 102 Rn. 121; Richardi/*Thüsing,* § 102 BetrVG Rn. 179.

Der Widerspruch des Betriebsrats muss **ordnungsgemäß** sein. Andernfalls löst er **2224** den Beschäftigungsanspruch des Arbeitnehmers nicht aus. Die Ordnungsmäßigkeit des Widerspruchs setzt zunächst einen wirksamen Beschluss des Betriebsrats voraus (§ 33 BetrVG).[11] Im Übrigen ist der Widerspruch nur dann ordnungsgemäß, wenn er sich auf einen oder mehrere der in § 102 Abs. 3 BetrVG **aufgezählten Gründe** bezieht und darüber hinaus der Widerspruchsgrund unter Angabe von Tatsachen, bezogen auf den konkreten Fall und den betroffenen Arbeitnehmer, **konkretisiert** wird.[12] **Nicht erforderlich** ist, dass der Betriebsrat in seinem Widerspruchsschreiben Tatsachen angibt, die **schlüssig** einen Widerspruchsgrund iSv § 102 Abs. 3 BetrVG ergeben, d.h. der Widerspruch begründet wäre, wenn diese Tatsachen zuträfen.[13] Das folgt schon daraus, dass der Arbeitgeber die (offensichtliche) Unbegründetheit des Widerspruchs geltend machen kann, wenn er die Befreiung von der Weiterbeschäftigung erreichen will (vgl. § 102 Abs. 5 S. 2 Nr. 3 BetrVG).[14] Also kann die Begründetheit des Widerspruchs keine Anspruchsgrundlage sein. **Wiederholt** der Betriebsrat nur **formelhaft** den Gesetzestext, **reicht** dies für einen ordnungsgemäßen Widerspruch **nicht** aus.[15] Denn vom Sinn der gesetzlichen Regelung her gesehen soll für den Arbeitgeber erkennbar sein, aus welchen konkreten tatsächlichen Umständen der Betriebsrat der beabsichtigten Maßnahme widerspricht. Der vorgetragene Sachverhalt muss es also möglich erscheinen lassen, dass einer der in § 102 Abs. 3 BetrVG statuierten Widerspruchsgründe vorliegt.[16] Im Ergebnis entspricht das der Auffassung des BAG[17] zur

---

[11] LAG Berlin 16.9.2004 LAGE BetrVG 2001 § 102 Beschäftigungspflicht Nr. 3; LAG Nürnberg 27.10.1992 LAGE BetrVG 1972 § 102 Beschäftigungspflicht Nr. 11; 17.8.2004 NZA-RR 2005, 255; KR/*Etzel*, § 102 BetrVG Rn. 145; APS/*Koch*, § 102 BetrVG Rn. 188; a. A. *Gussone*, ArbuR 1994, 245, 246; *Matthes*, FS *Gnade*, 1992, S. 225, 226. Zur Bedeutung sowie zu Problemen der Darlegungs- und Beweislast des Arbeitnehmers hinsichtlich eines wirksamen Betriebsratsbeschlusses in diesem Zusammenhang vgl. *Laber/Ueckert/Klöckner*, ArbRB 2004, 218 ff.; vgl. auch LAG Berlin 16.9.2004 LAGE BetrVG 2001 § 102 Beschäftigungspflicht Nr. 3; LAG Nürnberg 17.8.2004 NZA-RR 2005, 255.
[12] BAG 17.6.1999 NZA 1999, 1154; 11.5.2000 NZA 2000, 1055; LAG Düsseldorf 5.1.1976 DB 1976, 1065; LAG Hamburg 9.4.2014 BeckRS 2014, 69708; LAG Nürnberg 25.6.2004 LAGE BetrVG 2001 § 102 Beschäftigungspflicht Nr. 1; 17.8.2004 NZA-RR 2005, 255; LAG Schleswig-Holstein 19.5.2010 BeckRS 2010, 72864; KR/*Etzel*, § 102 BetrVG Rn. 143 und 144; *Fitting*, § 102 BetrVG Rn. 71; GK-BetrVG/*Raab*, § 102 Rn. 125; *Schrader/Straube*, RdA 2006, 98, 101; Richardi/*Thüsing*, § 102 BetrVG Rn. 184; WPK/*Preis*, § 102 BetrVG Rn. 89.
[13] BAG 11.5.2000 NZA 2000, 1055; LAG Düsseldorf 21.6.1974 EzA BetrVG 1972 § 102 Beschäftigungspflicht Nr. 3; LAG Hamburg 25.5.2010 BeckRS 2010, 70525; LAG Hessen 15.2.2013 BeckRS 2013, 67567; LAG Köln 26.11.2012 BeckRS 2013, 66586; LAG Nürnberg 27.10.1992 LAGE BetrVG 1972 § 102 Beschäftigungspflicht Nr. 3; LAG Schleswig-Holstein 5.3.1996 LAGE BetrVG 1972 § 102 Beschäftigungspflicht Nr. 23; KR/*Etzel*, § 102 BetrVG Rn. 144; *Fitting*, § 102 BetrVG Rn. 71; APS/*Koch*, § 102 BetrVG Rn. 189; GK-BetrVG/*Raab*, § 102 Rn. 125; Richardi/*Thüsing*, § 102 BetrVG Rn. 185.
[14] Vgl. auch LAG Hamburg 21.5.2008 BeckRS 2011, 66752.
[15] LAG Düsseldorf 23.5.1975 EzA BetrVG § 102 Beschäftigungspflicht Nr. 4; LAG Hamburg 21.5.2008 BeckRS 2011, 66752; LAG München 2.3.1994 NZA 1994, 1000; LAG Schleswig-Holstein 22.11.1999 AP BetrVG 1972 § 102 Weiterbeschäftigung Nr. 12; KR/*Etzel*, § 102 BetrVG Rn. 143; APS/*Koch*, § 102 BetrVG Rn. 189; WPK/*Preis*, § 102 BetrVG Rn. 89; Richardi/*Thüsing*, § 102 BetrVG Rn. 185; vgl. auch LAG Köln 26.11.2012 BeckRS 2013, 66586.
[16] LAG Hamburg 25.5.2010 BeckRS 2010, 70525; LAG Hessen 15.2.2013 BeckRS 2013, 67507; 3.7.2012 BeckRS 2012, 72687; LAG München 16.8.1995 LAGE BetrVG 1972 § 102 Beschäftigungspflicht Nr. 22; LAG Schleswig-Holstein 5.3.1996 LAGE BetrVG 1972 § 102 Beschäftigungspflicht Nr. 23; KR/*Etzel*, § 102 BetrVG Rn. 144; *Fitting*, § 102 BetrVG Rn. 71; APS/*Koch*, § 102 BetrVG Rn. 189; GK-BetrVG/*Raab*, § 102 Rn. 125; Richardi/*Thüsing*, § 102 BetrVG Rn. 185; *Waas*, SAE 2004, 147.
[17] BAG 10.10.2012 AP BetrVG 1972 Versetzung § 99 Nr. 51 Rn. 50; 16.3.2010 NZA 2010, 1028 Rn. 41 ff.; 27.6.2000 NZA 2001, 626.

Frage der Zustimmungsverweigerung des Betriebsrats nach § 99 Abs. 2 BetrVG.[18] Kündigt der Arbeitgeber einem Mitglied des Betriebsrats wegen Betriebsstilllegung nach § 15 Abs. 4 KSchG zum Zeitpunkt der Stilllegung, steht dem Betriebsrat ein Widerspruchsrecht nicht zu. Ein dennoch eingelegter Widerspruch löst keinen Beschäftigungsanspruch aus.[19]

2225 Der Widerspruch muss **schriftlich** erfolgen (vgl. § 102 Abs. 2 S. 1, Abs. 3 BetrVG). Er ist eine rechtsgeschäftsähnliche Handlung,[20] auf die die §§ 126 ff. BGB allenfalls analog angewandt werden können.[21] Im Hinblick auf Sinn und Zweck des Schriftformerfordernisses, dem Arbeitgeber auf sichere Weise Kenntnis von den Widerspruchsgründen des § 102 Abs. 3 BetrVG zu geben,[22] ist die entsprechende Anwendung von § 126b BGB geboten,[23] nicht dagegen von § 126 BGB.[24] Deshalb wird die Schriftform durch ein Telefax,[25] aber auch durch eine E-Mail, sofern sie den Anforderungen des § 126b BGB genügt,[26] gewahrt. Der mündliche Widerspruch ist keinesfalls ordnungsgemäß.

2226 Nimmt der Betriebsrat seinen Widerspruch zurück, nachdem die Kündigung erklärt ist (vgl. § 130 Abs. 1 S. 1 BGB), wird dadurch nach h.M. die Beschäftigungspflicht nicht aufgehoben.[27]

2227 Die Begründungspflicht trifft den Betriebsrat auch für den Fall, dass er die **soziale Auswahl** nach § 102 Abs. 3 Nr. 1 BetrVG **rügen** will. Hier muss der Betriebsrat plausibel darlegen, welchen Arbeitnehmer er als sozial besser gestellt ansieht. Zumindest muss dieser an Hand abstrakter Merkmale aus dem Widerspruchsschreiben bestimmbar sein.[28] Dies gilt unabhängig vom Umfang der Mitteilung des Arbeitgebers nach § 102

---

[18] Vgl. LAG München 17.8.1994 LAGE BetrVG 1972 § 102 Beschäftigungspflicht Nr. 18 mit Anm. *Pallasch;* LAG Schleswig-Holstein 5.3.1996 LAGE BetrVG 1972 § 102 Beschäftigungspflicht Nr. 2.

[19] LAG Düsseldorf/Kammern Köln 20.11.1980 EzA § 102 BetrVG 1972 Beschäftigungspflicht Nr. 8.

[20] APS/*Koch,* § 102 BetrVG Rn. 188; KR/*Weigand,* § 102 BetrVG Rn. 142.

[21] Vgl. zu § 99 Abs. 3 S. 1 BetrVG BAG 10.3.2009 NZA 2009, 622 Rn. 35; 9.12.2008 NZA 2009, 627 Rn. 42.

[22] KR/*Etzel,* § 102 BetrVG Rn. 149.

[23] Vgl. zu § 99 Abs. 3 S. 1 BetrVG BAG 10.3.2009 NZA 2009, 622 Rn. 35; 9.12.2008 NZA 2009, 627 Rn. 42.

[24] KR/*Etzel,* § 102 BetrVG Rn. 142; APS/*Koch,* § 102 BetrVG Rn. 188; a.A. *Gotthardt/Beck,* NZA 2002, 876, 882; WPK/*Preis,* § 102 BetrVG Rn. 88.

[25] KR/*Etzel,* § 102 BetrVG Rn. 142; *Fitting,* § 102 BetrVG Rn. 64, 71; APS/*Koch,* § 102 BetrVG Rn. 188; Richardi/*Thüsing,* § 102 BetrVG Rn. 180; ebenso zu § 99 Abs. 3 S. 1 BetrVG BAG 6.8.2002 NZA 2003, 386; 11.6.2002 NZA 2003, 226; a.A. *Gotthardt/Beck,* NZA 2002, 876, 882; *Thannheiser,* AiB 2009, 44; WPK/*Preis,* § 102 BetrVG Rn. 88.

[26] KDZ/*Deinert,* § 102 BetrVG Rn. 199; APS/*Koch,* § 102 BetrVG Rn. 188; a.A. ArbG Frankfurt a.M. 16.3.2004 CR 2004, 708; Richardi/*Thüsing,* § 102 BetrVG Rn. 180.

[27] LAG Berlin 20.3.1978 ArbuR 1979, 253 Ls.; KR/*Etzel,* § 102 BetrVG Rn. 140; *Fitting,* § 102 BetrVG Rn. 99; *Galperin/Löwisch,* § 102 BetrVG Rn. 86; APS/*Koch,* § 102 BetrVG Rn. 150; GK-BetrVG/*Raab,* § 102 BetrVG Rn. 126; Richardi/*Thüsing,* § 102 BetrVG Rn. 188; gegen eine Rücknahme des Widerspruchs überhaupt *Hess/Schlochauer/Glaubitz,* § 102 BetrVG Rn. 97; *Gnade/Kehrmann/Schneider,* § 102 BetrVG Rn. 22; für eine jederzeitige Rücknahme *Brede,* BlStSozArbR 1973, 19; *Stahlhacke,* BlStSozArbR 1972, 59; *Stege/Weinspach/Schiefer,* § 102 BetrVG Rn. 170.

[28] BAG 9.7.2003 NZA 2003, 1191, 1192 = EzA BetrVG 2001 § 102 Beschäftigungspflicht Nr. 1 mit krit. Anm. *Herresthal;* LAG Hamburg 21.5.2008 BeckRS 2011, 66752; LAG Köln 8.1.2010 BeckRS 2010, 67547; KR/*Etzel,* § 102 BetrVG Rn. 151; WPK/*Preis,* § 102 BetrVG Rn. 92; Richardi/*Thüsing,* § 102 BetrVG Rn. 186; vgl. auch LAG Nürnberg 17.8.2004 NZA-RR 2005, 255; a.A. LAG Brandenburg 15.12.1992 LAGE BetrVG 1972 § 102 Beschäftigungspflicht Nr. 13; LAG Düsseldorf 23.5.1975 EzA BetrVG 1972 § 102 Beschäftigungspflicht Nr. 4; LAG Hamburg 25.5.2010 BeckRS 2010, 70525; LAG Niedersachsen 22.8.1975 DB 1975, 1899; KDZ/*Deinert,* § 102 BetrVG Rn. 211; GK-BetrVG/*Raab,* § 102 Rn. 129.

§ 6 Weiterbeschäftigungsanspruch während des Kündigungsschutzprozesses

Abs. 1 S. 2 BetrVG.[29] Bei mehreren zur gleichen Zeit beabsichtigten betriebsbedingten Kündigungen kann der Betriebsrat den Kündigungen nach § 102 Abs. 3 Nr. 1 BetrVG nur dann wirksam widersprechen, wenn er in jedem Einzelfall auf bestimmte oder bestimmbare, seiner Ansicht nach weniger schutzwürdige Arbeitnehmer verweist.[30] Der Widerspruch des Betriebsrats wegen einer fehlerhaften Auswahl ist nur bei der betriebsbedingten Kündigung denkbar, da die soziale Auswahl (näher → Rn. 1021 ff.) nur dort in Betracht kommt.

Stützt sich der Widerspruch des Betriebsrats auf einen **Verstoß gegen** eine **Auswahlrichtlinie** (§ 102 Abs. 3 Nr. 2 BetrVG), hat der Betriebsrat diese zu bezeichnen und durch Tatsachen ihre Verletzung zu belegen. Auch dieser Widerspruch setzt eine betriebsbedingte Kündigung voraus, weil eine Auswahl nur denkbar ist, wenn für die Kündigung mehrere Arbeitnehmer in Betracht kommen.[31] 2228

Bei dem Widerspruchsgrund des § 102 Abs. 3 Nr. 3–5 BetrVG muss der Betriebsrat darlegen, auf welchem **anderen freien Arbeitsplatz** der Arbeitnehmer weiterbeschäftigt werden könnte. Dabei muss der Betriebsrat den Arbeitsplatz zumindest in bestimmbarer Weise angeben und den Bereich bezeichnen, in dem der Arbeitnehmer anderweitig beschäftigt werden kann.[32] Der Vortrag, der Arbeitnehmer könne auf seinem **bisherigen Arbeitsplatz** weiterbeschäftigt werden, trägt den Widerspruch nach § 102 Abs. 3 Nr. 3 BetrVG nicht (→ Rn. 2220). Im Fall einer Weiterbeschäftigung nach einer zumutbaren Umschulungs- oder Fortbildungsmaßnahme (§ 102 Abs. 3 Nr. 4 BetrVG) oder nach geänderten Arbeitsbedingungen (§ 102 Abs. 3 Nr. 5 BetrVG) verlangt ein ordnungsgemäßer Widerspruch auch die Darlegung der Zustimmung des Arbeitnehmers,[33] wobei diese in letzterem Fall auch unter dem Vorbehalt der sozialen Rechtfertigung der geänderten Arbeitsbedingungen (vgl. § 2 S. 1 KSchG) erfolgen kann.[34] Liegen an sich die Voraussetzungen des besonderen Weiterbeschäftigungsanspruchs des § 102 Abs. 5 S. 1 BetrVG vor, kann er ausnahmsweise unter den Voraussetzungen wie im ungekündigten Arbeitsverhältnis entfallen (→ Rn. 2236). Im Übrigen kann die (nachträgliche) Unmöglichkeit der Beschäftigung die Vollstreckbarkeit des Urteils beeinflussen. Das ist durch eine Vielzahl von Entscheidungen der Instanzgerichte belegt.[35] 2229

Weitere Einzelheiten zu den Widerspruchsgründen eingehend Rn. 1275 ff. 2230

---

[29] BAG 9.7.2003 NZA 2003, 1191; KR/*Etzel*, § 102 BetrVG Rn. 153 f.; a. A. LAG Schleswig-Holstein 22.11.1999 AP BetrVG 1972 § 102 Weiterbeschäftigung Nr. 12; APS/*Koch*, § 102 BetrVG Rn. 194.
[30] BAG 9.7.2003 NZA 2003, 1191; WPK/*Preis*, § 102 BetrVG Rn. 92; a. A. LAG Hamburg 25.5.2010 BeckRS 2010, 70525.
[31] KR/*Etzel* § 102 BetrVG Rn. 158; APS/*Koch*, § 102 BetrVG Rn. 195; GK-BetrVG/*Kraft* § 95 Rn. 43, 44; WPK/*Preis*, § 102 BetrVG Rn. 93; Richardi/*Thüsing*, § 102 BetrVG Rn. 157.
[32] BAG 27.10.2005 AP BetrVG 1972 § 102 Nr. 151; 11.5.2000 NZA 2000, 1055; 17.6.1999 NZA 1999, 1154; LAG Hessen 15.2.2013 BeckRS 2013, 67507; LAG Köln 26.11.2012 BeckRS 2013, 66586; KR/*Etzel*, § 102 BetrVG Rn. 163; *Fitting*, § 102 BetrVG Rn. 83; APS/*Koch*, § 102 BetrVG Rn. 200; GK-BetrVG/*Raab*, § 102 Rn. 132; vgl. auch LAG Hamburg 9.4.2014 BeckRS 2014, 69708; 21.5.2008 BeckRS 2011, 66752; LAG Hamm 14.6.2004 LAG Report 2004, 351 Ls.
[33] Vgl. zu § 102 Abs. 3 Nr. 4 BetrVG näher KR/*Etzel*, § 102 BetrVG Rn. 169c; APS/*Koch*, § 102 BetrVG Rn. 202; vgl. zu § 102 Abs. 3 Nr. 5 LAG Hessen 15.2.2013 BeckRS 2013, 67507; KR/*Etzel*, § 102 BetrVG Rn. 172b.
[34] Vgl. näher KR/*Etzel*, § 102 BetrVG Rn. 173; APS/*Koch*, § 102 BetrVG Rn. 204; Richardi/*Thüsing*, § 102 BetrVG Rn. 178; a. A. *Galperin*/*Löwisch*, § 102 BetrVG Rn. 77.
[35] Vgl. LAG Berlin 14.6.2001 LAGE ZPO § 888 Nr. 46; LAG Düsseldorf 8.10.1998 BeckRS 1998, 41640; LAG Hamburg 10.5.1993 LAGE BetrVG 1972 § 102 Beschäftigungspflicht Nr. 16; LAG Hamm 21.11.1989 LAGE ZPO § 888 Nr. 20; 29.11.1985 LAGE ZPO § 888 Nr. 5; LAG Köln 24.10.1995 NZA-RR 1996, 108, 109; 26.10.1998 MDR 1999, 303; LAG Rheinland-Pfalz 7.1.1986 NZA 1986, 196; LAG Schleswig Holstein 6.1.1987 NZA 1987, 322.

b) Erhebung der Kündigungsschutzklage

2231 Voraussetzung des Weiterbeschäftigungsanspruches nach § 102 Abs. 5 S. 1 BetrVG ist weiterhin, dass der Arbeitnehmer nach dem Kündigungsschutzgesetz Klage auf Feststellung erhoben hat, das Arbeitsverhältnis sei durch die Kündigung nicht aufgelöst worden (vgl. § 4 S. 1 KSchG). Damit muss der Arbeitnehmer in den persönlichen und betrieblichen Geltungsbereich des KSchG (§ 1 Abs. 1 bzw. § 23 Abs. 1) fallen. Das gilt auch nach der Neufassung des § 23 Abs. 1 S. 2 und 3 KSchG mit Wirkung vom 1.1.2004 (→ Rn. 860f.).[36] Denn nur im Geltungsbereich des KSchG hat der Arbeitnehmer gem. § 102 Abs. 5 S. 1 BetrVG *nach dem Kündigungsschutzgesetz* die Feststellungsklage nach § 4 S. 1 KSchG erhoben. Liegen die formalen Voraussetzungen des KSchG nicht vor, ist der Weiterbeschäftigungsanspruch zu verneinen. Für ein Verfahren auf Entbindung von der Pflicht zur Weiterbeschäftigung ist dann kein Raum. Wie bis zum 31.12.2003 (vgl. 8. Aufl. Rn. 2091) muss der Arbeitnehmer mit der Klage nach § 4 S. 1 KSchG n.F. zumindest auch die Sozialwidrigkeit der Kündigung gem. § 1 Abs. 2 S. 1 KSchG angreifen,[37] Hat er mit seiner rechtzeitig nach § 4 S. 1 KSchG erhobenen Klage zunächst nur andere Unwirksamkeitsgründe geltend gemacht und macht er dann für die Rüge der Sozialwidrigkeit der Kündigung von der Möglichkeit des § 6 S. 1 KSchG n.F. Gebrauch (näher → Rn. 1930), entsteht von diesem Zeitpunkt ab der Weiterbeschäftigungsanspruch.[38]

2232 Die Feststellungsklage nach § 4 S. 1 KSchG n.F. muss innerhalb der dort geregelten Dreiwochenfrist erhoben sein. Ist das nicht der Fall, muss der Anspruch verneint werden. Wird die Klage durch rechtskräftigen Beschluss des Gerichts gem. § 5 Abs. 1 KSchG nachträglich zugelassen, besteht der Anspruch von diesem Zeitpunkt ab.[39] Er entfällt mit der Rücknahme der Klage (vgl. § 269 ZPO iVm § 495 ZPO, § 46 Abs. 2 S. 1 ArbGG)[40] und auch mit der Stellung eines Auflösungsantrages durch den Arbeitnehmer im Prozess nach § 9 Abs. 1 S. 1 KSchG (dazu auch → Rn. 2242).[41]

c) Die ordentliche Kündigung

2233 Der Weiterbeschäftigungsanspruch besteht nur im Falle der ordentlichen Kündigung des Arbeitsverhältnisses. Kündigt der Arbeitgeber das Arbeitsverhältnis außerordentlich aus wichtigem Grund nach § 626 Abs. 1 BGB, scheidet der Anspruch aus, auch wenn vorsorglich zugleich eine ordentliche Kündigung erklärt wird.[42] Allerdings ist nach

---

[36] KDZ/*Deinert*, § 102 BetrVG Rn. 276; ErfK/*Kania*, § 102 BetrVG Rn. 33; WPK/*Preis*, § 102 BetrVG Rn. 101; Richardi/*Thüsing*, § 102 BetrVG Rn. 216; a.A. KR/*Etzel*, § 102 BetrVG Rn. 205a; HaKo/*Nägele*, § 102 BetrVG Rn. 201; APS/*Koch*, § 102 BetrVG Rn. 205.

[37] ErfK/*Kania*, § 102 BetrVG Rn. 33; vgl. auch KDZ/*Deinert*, § 102 BetrVG Rn. 278; Haas, NZA-RR 2008, 57, 59; GK-BetrVG/*Raab*, § 102 BetrVG Rn. 188; a.A. KR/*Etzel*, § 102 BetrVG Rn 205a; APS/*Koch*, § 102 BetrVG Rn. 205; Richardi/*Thüsing*, § 102 BetrVG Rn. 218.

[38] KDZ/*Deinert*, § 102 BetrVG Rn. 278; ErfK/*Kania*, § 102 BetrVG Rn. 33; vgl. auch APS/*Koch*, § 102 BetrVG Rn. 205.

[39] KR/*Etzel*, § 102 BetrVG Rn. 207; ErfK/*Kania*, § 102 BetrVG Rn. 33; APS/*Koch*, § 102 BetrVG Rn. 205; HaKo/*Nägele*, § 102 BetrVG Rn. 202; WPK/*Preis*, § 102 BetrVG Rn. 101; GK-BetrVG/*Raab*, § 102 BetrVG Rn. 190; Richardi/*Thüsing*, § 102 BetrVG Rn. 217; a.A. *Fitting*, § 102 BetrVG Rn. 109.

[40] KR/*Etzel*, § 102 BetrVG Rn. 208; *Fitting*, § 102 BetrVG Rn. 110; ErfK/*Kania*, § 102 BetrVG Rn. 33; APS/*Koch*, § 102 BetrVG Rn. 205; WPK/*Preis*, § 102 BetrVG Rn. 101; Richardi/*Thüsing*, § 102 BetrVG Rn. 219.

[41] Vgl. KR/*Etzel*, § 102 BetrVG Rn. 212; *Fitting*, § 102 BetrVG Rn. 107; APS/*Koch*, § 102 BetrVG Rn. 205; Richardi/*Thüsing*, § 102 BetrVG Rn. 219; MünchArbR/*Wank*, § 99 Rn. 17.

[42] Vgl. LAG Frankfurt/M. 28.5.1973 EzA BetrVG 1972 § 102 Beschäftigungspflicht Nr. 1; LAG Hamm 18.5.1982 DB 1982, 1679; KR/*Etzel*, § 102 BetrVG Rn. 198; ErfK/*Kania*, § 102 BetrVG Rn. 32; APS/*Koch*, § 102 BetrVG Rn. 186; *Lingemann/Steinhauser* NJW 2015, 844, 845; Richardi/

dem Urteil des BAG vom 5.2.1998⁴³ § 102 Abs. 3 bis 5 BetrVG auf eine gegenüber einem tariflich unkündbaren Arbeitnehmer ausgesprochene außerordentliche Kündigung (näher → Rn. 738 ff.) entsprechend anzuwenden.⁴⁴

d) Die Änderungskündigung

Erklärt sich der Arbeitnehmer nach § 2 S. 1 KSchG unter Vorbehalt mit der Änderung des Vertrages einverstanden und klagt demzufolge auf Feststellung, „dass die Änderung der Arbeitsbedingungen durch die (Änderungs-)Kündigung vom ... unwirksam ist" (→ Rn. 2194), kann er keine vorläufige Weiterbeschäftigung zu den bisherigen Bedingungen nach § 102 Abs. 5 S. 1 BetrVG verlangen. Denn er hat nicht entsprechend dieser Norm Klage auf Feststellung erhoben, dass das Arbeitsverhältnis durch die Kündigung nicht aufgelöst ist (vgl. § 4 S. 1 KSchG).⁴⁵ Nur wenn der Arbeitnehmer ohne Vorbehalt die Änderung überhaupt ablehnt und Klage nach § 4 S. 1 KSchG erhebt (dazu näher → Rn. 2184), kann er unter den sonstigen Voraussetzungen Weiterbeschäftigung zu den alten Vertragsbedingungen verlangen.⁴⁶

2234

e) Das Verlangen des Arbeitnehmers

Der Weiterbeschäftigungsanspruch nach § 102 Abs. 5 S. 1 BetrVG setzt schließlich voraus, dass der Arbeitnehmer ein entsprechendes **Verlangen deutlich geäußert** hat.⁴⁷ Er muss also gegenüber dem Arbeitgeber erklären, er wolle nach § 102 Abs. 5 S. 1 BetrVG bis zur rechtskräftigen Entscheidung des Prozesses weiterbeschäftigt werden. Das BetrVG sieht hierfür keine Frist vor. Da der Sinn der Regelung jedoch darin zu sehen ist, dem Arbeitnehmer ohne Unterbrechung seinen Arbeitsplatz im Betrieb zu erhalten, muss er sein Verlangen unverzüglich, spätestens bei Auslauf der Kündigungsfrist⁴⁸ – am ersten Arbeitstag nach Ablauf der Kündigungsfrist reicht aus⁴⁹ – äu-

2235

Thüsing, § 102 Rn. 209; MünchArbR/*Wank*, § 99 Rn. 8; WPK/*Preis*, § 102 BetrVG Rn. 101; a.A. KDZ/*Deinert*, § 102 BetrVG Rn. 270; *Fitting*, § 102 BetrVG Rn. 57; *Klebe/Schumann*, S. 85 ff.; vgl. auch GK-BetrVG/*Raab*, § 102 Rn. 183.

⁴³ NZA 1998, 771; vgl. auch schon BAG 4.2.1993 BeckRS 1993, 30743853.

⁴⁴ APS/*Koch*, § 102 BetrVG Rn. 186; vgl. auch KDZ/*Deinert*, § 102 BetrVG Rn. 269; ErfK/*Kania*, § 102 BetrVG Rn. 32; WPK/*Preis*, § 102 BetrVG Rn. 101; *Richardi/Thüsing*, § 102 BetrVG Rn. 208; a.A. *Bitter/Kiel*, FS Schwerdtner, 2003, S. 13, 32.

⁴⁵ LAG Berlin 16.5.1997 LAGE KSchG § 2 Nr. 30; LAG Hessen 19.6.2012 BeckRS 2012, 72686; LAG Nürnberg 13.3.2001 NZA-RR 2001, 366 f.; KR/*Etzel*, § 102 BetrVG Rn. 199c; *Fitting*, § 102 BetrVG Rn. 13; vgl. auch ErfK/*Kania*, § 102 BetrVG Rn. 32; APS/*Koch*, § 102 BetrVG Rn. 187; APS/*Künzl*, § 2 KSchG Rn. 317; ErfK/*Oetker*, § 2 KSchG Rn. 22; GK-BetrVG/*Raab*, § 102 Rn. 201; *Richardi/Thüsing*, § 102 BetrVG Rn. 212.

⁴⁶ LAG Hessen 19.6.2012 BeckRS 2012, 72686; vgl. KR/*Etzel*, § 102 BetrVG Rn. 199e; *Fitting*, § 102 BetrVG Rn. 14; APS/*Koch*, § 102 BetrVG Rn. 187; *Lingemann/Steinhauser*, NJW 2015, 844, 845; GK-BetrVG/*Raab*, § 102 Rn. 200; *Richardi/Thüsing*, § 102 BetrVG Rn. 211; a.A. *Rewolle*, DB 1973, 187; *Schwerdtner*, FS 25 Jahre BAG, 1979, S. 555, 576.

⁴⁷ Vgl. BAG 17.6.1999 NZA 1999, 1154; LAG Hamm 2.3.2012 BeckRS 2012, 69530; LAG Nürnberg 13.9.2005 NZA-RR 2006, 133, 135; KR/*Etzel*, § 102 BetrVG Rn. 209; *Fitting*, § 102 BetrVG Rn. 106; APS/*Koch*, § 102 BetrVG Rn. 206; GK-BetrVG/*Raab*, § 102 Rn. 191; *Reidel*, NZA 2000, 454, 460.

⁴⁸ Vgl. BAG 17.6.1999 NZA 1999, 1154, 1155 f.; LAG Hamm 2.3.2012 BeckRS 2012, 69530; LAG München 17.12.2003 BeckRS 2005, 40569; zust. APS/*Koch*, § 102 BetrVG Rn. 207; *Mareck*, BB 2000, 2042, 2045; WPK/*Preis*, § 102 BetrVG Rn. 102. Gegen eine derartige Ausschlussfrist *Gussone/Wroblewski*, Anm. zu BAG AP BetrVG 1972 § 102 Weiterbeschäftigung Nr. 11; GK-BetrVG/*Raab*, § 102 Rn. 192; *Richardi/Thüsing*, § 102 BetrVG Rn. 220; früher auch BAG 31.8.1978 AP BetrVG 1972 § 102 Beschäftigungspflicht Nr. 1 mit Anm. *Grunsky*.

⁴⁹ BAG 11.5.2000 NZA 2000, 1055; LAG Hamburg 25.5.2010 BeckRS 2010, 70582; LAG Hessen 3.7.2012 BeckRS 2012, 72687; zust. KR/*Etzel*, § 102 BetrVG Rn. 209; *Opolony*, AR-Blattei SD 1010.10 Rn. 87.

ßern. Verlangt der Arbeitnehmer Weiterbeschäftigung gem. § 102 Abs. 5 S. 1 BetrVG, lehnt der Arbeitgeber dies aber ab, gerät der Arbeitgeber als Gläubiger der Arbeitsleistung regelmäßig in Annahmeverzug nach §§ 615 S. 1, 293 ff. BGB, selbst wenn die Kündigungsschutzklage später rechtskräftig abgewiesen wird.[50] Denn die aus § 102 Abs. 5 S. 1 BetrVG folgende Weiterbeschäftigungspflicht des Arbeitgebers endet erst mit rechtskräftiger Beendigung des Kündigungsschutzprozesses (auch → Rn. 2242).

2. Inhalt des Anspruchs; Beendigung

a) Allgemeines

2236   Der Arbeitnehmer hat im Weiterbeschäftigungszeitraum die Rechte und Pflichten wie im ungekündigten Arbeitsverhältnis. Damit hat er auch den **Anspruch auf tatsächliche Beschäftigung.**[51] Der Arbeitgeber kann den Anspruch nicht durch Entgeltzahlung und grundsätzlich auch nicht durch Freistellung von der Arbeit (→ Rn. 2217, 2218) abwenden. Allerdings geht der Weiterbeschäftigungsanspruch nach § 102 Abs. 5 S. 1 BetrVG nicht weiter als in einem ungekündigten Arbeitsverhältnis (dazu näher → Rn. 2217).[52] Daraus folgt zweierlei: Zum einen kann der Arbeitgeber den auf Grund des § 102 Abs. 5 S. 1 BetrVG weiterbeschäftigten bzw. weiterzubeschäftigenden Arbeitnehmer im Rahmen seines Direktionsrechts (dazu näher → Rn. 19 ff.) auf einen anderen gleichwertigen Arbeitsplatz um- bzw. versetzen.[53] Zum anderen kann der Weiterbeschäftigungsanspruch nach § 102 Abs. 5 S. 1 BetrVG – unter Fortbestand des Vergütungsanspruchs (§§ 611 Abs. 1, 615 S. 1 BGB) – **ausnahmsweise entfallen,** wenn der Beschäftigung zwingende betriebliche oder persönliche Gründe entgegenstehen und der Arbeitnehmer demgegenüber kein besonderes, vorrangig berechtigtes Interesse an der tatsächlichen Weiterbeschäftigung hat.[54] Der Arbeitgeber ist daher berechtigt, den Arbeitnehmer von der Arbeitsleistung unter Fortzahlung seiner Bezüge freizustellen, falls er hierfür ein überwiegendes, schutzwürdiges Interesse geltend machen kann. Diese Voraussetzung liegt vor, wenn die Weiterbeschäftigung, ggf. auf einem anderen gleichwertigen Arbeitsplatz, für den Arbeitgeber zumindest unter zumutbaren Bedingungen unmöglich ist.[55] Bei der mit einer der ordentlichen Kündigung entsprechenden Auslauffrist erklärten außerordentlichen Kündigung gegenüber einem ordentlich unkündbaren Arbeitnehmer (dazu näher → Rn. 738 ff.), auf die die Regelungen des § 102 Abs. 3–5 BetrVG entsprechend anzuwenden sind (vgl. schon

---

[50] BAG 7.3.1996 NZA 1996, 930; 12.9.1985 NZA 1986, 424; LAG Hamburg 16.5.2001 NZA-RR 2002, 25; KDZ/*Deinert,* § 102 BetrVG Rn. 298; APS/*Koch,* § 102 BetrVG Rn. 209; GK-BetrVG/*Raab,* § 102 Rn. 194; Richardi/*Thüsing,* § 102 BetrVG Rn. 230 und 259.

[51] BAG 27.2.1985 NZA 1985, 702; 26.5.1977 AP BGB § 611 Beschäftigungspflicht Nr. 5 mit Anm. *Dütz;* LAG Hamburg 10.5.1993 LAGE BetrVG 1972 § 102 Beschäftigungspflicht Nr. 16; KDZ/*Deinert,* § 102 BetrVG Rn. 296; KR/*Etzel,* § 102 BetrVG Rn. 214; *Fitting,* § 102 BetrVG Rn. 114; APS/*Koch,* § 102 BetrVG Rn. 209; WPK/*Preis,* § 102 BetrVG Rn. 103; GK-BetrVG/*Raab,* § 102 Rn. 193; Richardi/*Thüsing,* § 102 BetrVG Rn. 228; *Rieble,* BB 2003, 844.

[52] BAG 15.3.2001 NZA 2001, 1267, 1272; LAG Berlin 27.6.1986 LAGE KSchG § 15 Nr. 4; KR/*Etzel,* § 102 BetrVG Rn. 214a; APS/*Koch,* § 102 BetrVG Rn. 209; *Krause,* NZA Beilage 1/2005 zu Heft 10/2005, 51, 56; *Pallasch,* Anm. zu LAG München LAGE BetrVG § 102 Beschäftigungspflicht Nr. 18; GK-BetrVG/*Raab,* § 102 Rn. 193; Richardi/*Thüsing,* § 102 BetrVG Rn. 229.

[53] BAG 15.3.2001 NZA 2001, 1267, 1272; KR/*Etzel,* § 102 BetrVG Rn. 220; *Fitting,* § 102 BetrVG Rn. 114; *Lingemann/Steinhauser,* NJW 2015, 844, 845.

[54] BAG 15.3.2001 NZA 2001, 1267, 1272; KR/*Etzel,* § 102 BetrVG Rn. 214a; *Fitting,* § 102 BetrVG Rn. 114; APS/*Koch,* § 102 BetrVG Rn. 209; *Galperin/Löwisch,* § 102 BetrVG Rn. 110.

[55] BAG 15.3.2001 NZA 2001, 1267, 1272; vgl. auch LAG Hessen 3.7.2012 BeckRS 2012, 72687.

→ Rn. 2132), ist in diesem Zusammenhang jedoch zu berücksichtigen, dass der Arbeitgeber verpflichtet ist, mit allen zumutbaren Mitteln, u. U. nach einer entsprechenden Umorganisation, eine Weiterbeschäftigung des Arbeitnehmers im Betrieb bzw. im Unternehmen zu versuchen (näher → Rn. 744a, 745).[56] Hiervon abgesehen kann nur das Gericht nach § 102 Abs. 5 S. 2 BetrVG den Arbeitgeber von dem Weiterbeschäftigungsanspruch entbinden (dazu näher → Rn. 2246 ff.).

b) Die Durchsetzung des Weiterbeschäftigungsanspruchs

Der Arbeitnehmer kann den Anspruch auf vorläufige Weiterbeschäftigung als individualrechtlichen Anspruch im Urteilsverfahren **klageweise** oder im Wege der **einstweiligen Verfügung** nach § 940 ZPO iVm § 62 Abs. 2 S. 1 ArbGG durchsetzen.[57] Der Arbeitnehmer muss nur die Einlegung eines ordnungsgemäßen, form- und fristgerechten Widerspruchs nach § 102 Abs. 3 BetrVG[58] einschließlich eines ordnungsgemäß gefassten Betriebsratsbeschlusses[59] und die Klageerhebung nach dem KSchG vorzutragen und glaubhaft zu machen bzw. zu beweisen. 2237

Zur Begründung der Dringlichkeit der einstweiligen Verfügung reicht der drohende Zeitablauf aus. Weitergehende Umstände, wie das Vorliegen eines Verfügungsgrundes, braucht der Verfügungskläger nicht vorzutragen.[60] 2238

Der Arbeitgeber kann sich im Verfahren der gerichtlichen Geltendmachung des Weiterbeschäftigungsanspruchs zu dessen Abwehr **nur** auf solche **Gründe** stützen, die die **Entstehung** des **Anspruchs ausschließen,** zB darauf, der Betriebsrat habe nicht ordnungsgemäß nach § 102 Abs. 3 BetrVG widersprochen. Er kann sich jedoch nicht im Wege der Einrede auf solche Gründe berufen, die eine Entbindung von der Weiterbeschäftigung nach § 102 Abs. 5 S. 2 BetrVG rechtfertigen könnten.[61] Richtig ist, den Arbeitgeber im Verfahren mit diesen Einwendungen auszuschließen. Sinn des Gesetzes ist die Verpflichtung des Arbeitgebers, den Arbeitnehmer während des Kündigungsschutzverfahrens zu beschäftigen. Von dieser Pflicht muss sich der Arbeitgeber in 2239

---

[56] BAG 21.6.2001 NZA 2002, 1030; 17.9.1998 NZA 1999, 258.
[57] LAG Berlin 16.9.2004 LAGE BetrVG 2001 § 102 Beschäftigungspflicht Nr. 3; LAG Hamburg 25.10.1994 LAGE BetrVG 1972 § 102 Beschäftigungspflicht Nr. 21; LAG Köln 26.11.2012 BeckRS 2013, 66586; LAG München 17.12.2003 NZA-RR 2005, 312 Ls.; KR/*Etzel*, § 102 BetrVG Rn. 222; *Fitting*, § 102 BetrVG Rn. 116; ErfK/*Kania*, § 102 BetrVG Rn. 36; APS/*Koch*, § 102 BetrVG Rn. 212; WPK/*Preis*, § 102 BetrVG Rn. 104; *Schrader/Straube*, RdA 2006, 98, 102; ausf. *Reidel*, NZA 2000, 454 ff.
[58] LAG Düsseldorf 26.6.1980 DB 1980, 2043; KR/*Etzel*, § 102 BetrVG Rn. 222; vgl. auch LAG Berlin 16.9.2004 LAGE BetrVG 2001 § 102 Beschäftigungspflicht Nr. 3.
[59] KR/*Etzel*, § 102 BetrVG Rn. 222; vgl. auch LAG Berlin 16.9.2004 LAGE BetrVG 201 § 102 Beschäftigungspflicht Nr. 3.
[60] LAG Berlin 16.9.2004 LAGE BetrVG 201 § 102 Beschäftigungspflicht Nr. 3; LAG Hamburg 25.5.2010 BeckRS 2010, 70525; LAG Hamm 24.1.1994 LAGE BetrVG 1972 § 102 Beschäftigungspflicht Nr. 14; LAG Köln 26.11.2012 BeckRS 2013, 66586; KDZ/*Deinert*, § 102 BetrVG Rn. 289; KR/*Etzel*, § 102 BetrVG Rn. 222; APS/*Koch*, § 102 BetrVG Rn. 213; GK-BetrVG/*Raab*, § 102 Rn. 204; a. A. LAG Baden-Württemberg 30.8.1993 NZA 1995, 683, 684 f.; LAG Köln 18.1.1984 NZA 1984, 57; LAG München 17.12.2003 NZA-RR 2005, 312 Ls.; LAG Nürnberg 17.8.2004 NZA-RR 2005, 255; 18.9.2007 ZTR 2008, 108, 110; *Lingemann/Steinhauser*, NJW 2015, 844, 846.
[61] LAG Hamburg 25.1.1994 LAGE BetrVG 1972 § 102 Beschäftigungspflicht Nr. 21; LAG Hamm 24.1.1994, ArbuR 1994, 310 Ls.; LAG Köln 26.11.2012 BeckRS 2013, 66586; LAG München 16.8.1995 LAGE BetrVG 1972 § 102 Beschäftigungspflicht Nr. 22; LAG Schleswig-Holstein 5.3.1996 LAGE BetrVG 1972 § 102 Beschäftigungspflicht Nr. 23; KR/*Etzel*, § 102 BetrVG Rn. 222a; ErfK/*Kania*, § 102 BetrVG Rn. 36; APS/*Koch*, § 102 BetrVG Rn. 214; WPK/*Preis*, § 102 BetrVG Rn. 109; *Rieble*, BB 2003, 844, 849; Richardi/*Thüsing*, § 102 BetrVG Rn. 240; MünchArbR/*Wank*, § 99 Rn. 31; a. A. *Dütz*, DB 1978 Beilage 13, S. 9; *Fitting*, § 102 BetrVG Rn. 117; GK-BetrVG/*Raab*, § 102 Rn. 204.

einem besonderen Verfahren entbinden lassen. Gründe der Prozesswirtschaftlichkeit dürfen angesichts dieser klaren Gesetzeslage nicht ausschlaggebend sein. Die Rollenverteilung zwischen Arbeitnehmer und Arbeitgeber in § 102 Abs. 5 BetrVG darf nicht verändert werden.[62]

2240 Der Arbeitgeber kann im Prozess des Arbeitnehmers auf Weiterbeschäftigung eine einstweilige Verfügung auf Entbindung von der Weiterbeschäftigungspflicht nach § 102 Abs. 5 S. 2 BetrVG beantragen. Die Zuständigkeit des Arbeitsgerichts ist dafür begründet (§ 937 Abs. 1 ZPO iVm § 62 Abs. 2 S. 1 ArbGG). Befindet sich der Weiterbeschäftigungs- oder der Kündigungsschutzprozess in der Berufungsinstanz beim Landesarbeitsgericht, ist dessen Zuständigkeit als Gericht der Hauptsache (§ 937 Abs. 1 ZPO) nicht begründet, da die Streitgegenstände unterschiedlich sind.[63]

c) Vollstreckung des Weiterbeschäftigungsanspruchs

2241 Die Vollstreckung des Weiterbeschäftigungsanspruchs erfolgt nach **§ 888 Abs. 1 S. 1 ZPO** durch Verhängung von **Zwangsgeld**[64] oder **Zwangshaft**.[65] Zu beachten ist jedoch, dass der Titel einen vollstreckungsfähigen Inhalt haben muss (näher → Rn. 2269a).[66] Der Arbeitgeber kann auf Antrag des Arbeitnehmers im Verfahren nach § 61 Abs. 2 S. 1 ArbGG zur Zahlung einer Entschädigung verurteilt werden für den Fall, dass er den Arbeitnehmer binnen einer bestimmten Frist nicht weiterbeschäftigt.[67] Damit ist allerdings eine Vollstreckung nach § 888 Abs. 1 S. 1 ZPO ausgeschlossen (§ 61 Abs. 2 S. 2 ArbGG). Die Verurteilung kann auch im einstweiligen Verfügungsverfahren erfolgen.[68] Ein Schadensersatzanspruch aus § 945 ZPO scheidet im Falle der Wirksamkeit der Kündigung des Arbeitgebers aus. Denn auch in diesem Falle kann von einer ungerechtfertigten einstweiligen Verfügung nicht gesprochen werden.

d) Beendigung der Weiterbeschäftigungspflicht

2242 Nach rechtskräftigem Abschluss des Kündigungsschutzprozesses endet die Pflicht des Arbeitgebers zur Weiterbeschäftigung des Arbeitnehmers nach § 102 Abs. 5 S. 1 BetrVG. Eine Kündigung ist nicht erforderlich. Das kraft Gesetzes fortbestehende Schuldverhältnis **endet mit Eintritt** der **Rechtskraft** des **Urteils** (dazu → Rn. 2221). Unterliegt der Arbeitnehmer, scheidet er aus dem Betrieb aus. Obsiegt er, steht damit fest, dass das umstrittene Arbeitsverhältnis unverändert fortbesteht. Nimmt der Arbeitnehmer die Klage zurück oder stellt er einen Auflösungsantrag nach § 9 Abs. 1 S. 1 KSchG endet die Pflicht zur Weiterbeschäftigung (auch → Rn. 2232). Spricht der Arbeitgeber eine zweite Kündigung aus, der der Betriebsrat nicht widerspricht, endet ebenfalls die Weiterbeschäftigungspflicht mit Ablauf der Kündigungsfrist.[69] Nimmt der

---

[62] LAG München 10.2.1994 NZA 1994, 997.
[63] LAG Baden-Württemberg 18.3.1988 LAGE BetrVG 1972 § 102 Beschäftigungspflicht Nr. 9; a. A. ArbG Düsseldorf 27.9.1983 DB 1984, 618; KR/*Etzel*, § 102 BetrVG Rn. 222b.
[64] Hierzu näher APS/*Koch*, § 102 BetrVG Rn. 217.
[65] BAG 15.4.2009 NZA 2009, 917 Rn. 13; LAG Berlin 5.7.1985 NZA 1986, 36 Ls.; KR/*Etzel*, § 102 BetrVG Rn. 222c; *Fitting*, § 102 BetrVG Rn. 116; *Hanau*, BB 1972, 451, 455; APS/*Koch*, § 102 BetrVG Rn. 216; GK-BetrVG/*Raab*, § 102 Rn. 203.
[66] LAG Frankfurt/M. 13.7.1987 LAGE ZPO § 888 Nr. 12; LAG Thüringen 5.1.2005 ArbuR 2005, 166 Ls.; KR/*Etzel*, § 102 BetrVG Rn. 222c; APS/*Koch*, § 102 BetrVG Rn. 215; *Leydecker/Heider/Fröhlich* DB 2009, 2703, 2705.
[67] KR/*Etzel*, § 102 BetrVG Rn. 222d; APS/*Koch*, § 102 BetrVG Rn. 218.
[68] KR/*Etzel*, § 102 BetrVG Rn. 222d; a. A. APS/*Koch*, § 102 BetrVG Rn. 218.
[69] LAG Berlin 3.5.1978 ARSt. 1979, 30; LAG Düsseldorf/Kammern Köln 19.8.1977 EzA BetrVG 1972 § 102 Beschäftigungspflicht Nr. 5; KR/*Etzel*, § 102 BetrVG Rn. 239; APS/*Koch*, § 102 BetrVG

§ 6 Weiterbeschäftigungsanspruch während des Kündigungsschutzprozesses

Arbeitnehmer das Angebot des Arbeitgebers zur Fortsetzung des Arbeitsverhältnisses zu geänderten Bedingungen aufgrund einer nach Ausspruch einer Beendigungskündigung erklärten Änderungskündigung an, entfällt mit Ablauf von deren Kündigungsfrist der aus dem Widerspruch des Betriebsrats gegen die Beendigungskündigung resultierende Weiterbeschäftigungsanspruch nach § 102 Abs. 5 S. 1 BetrVG. In jedem Fall endet das Weiterbeschäftigungsverhältnis durch eine wirksame außerordentliche Kündigung des Arbeitgebers nach § 626 Abs. 1 BGB.[70]

Verlangt der Arbeitnehmer die Weiterbeschäftigung und erfüllt der Arbeitgeber den Anspruch, kann der Arbeitnehmer durch einseitige Erklärung die Beschäftigung nicht wieder aufgeben, wenn er aus persönlichen Gründen kein Interesse mehr hat oder eine andere Beschäftigung aufnehmen will.[71] Der Arbeitnehmer kann nur das **Arbeitsverhältnis insgesamt** bei Vorliegen eines wichtigen Grundes iSv § 626 Abs. 1 BGB außerordentlich oder ordentlich unter Einhaltung der Kündigungsfrist **kündigen**.[72] Anderenfalls bestünde eine stärkere Bindung als im normalen Arbeitsvertrag. Der Arbeitgeber kann bei Vorliegen neuer Gründe vorsorglich kündigen. Das Anhörungsverfahren nach § 102 Abs. 1 BetrVG ist einzuhalten.   2243

Beendet der Arbeitnehmer durch **außerordentliche oder ordentliche Kündigung** oder auf andere Weise sein Arbeitsverhältnis und damit zugleich das nach § 102 Abs. 5 S. 1 BetrVG begründete **Beschäftigungsverhältnis** (→ Rn. 2221), kann das auch **Wirkungen auf** den schwebenden Kündigungsschutzprozess haben. Besteht im Einzelfall kein Interesse des Arbeitnehmers mehr, den Rechtsstreit fortzuführen, ist die Klage wegen Fortfalls des Rechtsschutzinteresses als unzulässig abzuweisen. Erfolgte die Weiterbeschäftigung nahtlos nach Ablauf der Kündigungsfrist der Arbeitgeberkündigung, wird in aller Regel fehlendes Interesse vorliegen. Ein Interesse an der Entscheidung nur deshalb, damit klargestellt wird, ob die Kündigung rechtens war oder nicht, besteht bei einer ordentlichen Kündigung des Arbeitgebers im Grundsatz nicht. Bei einer außerordentlichen Arbeitgeberkündigung ist ein solches Interesse aber anzuerkennen.   2244

Beendet der Arbeitnehmer das Beschäftigungsverhältnis nach § 102 Abs. 5 S. 1 BetrVG, das er auf eigenes Verlangen eingegangen ist, **ohne Frist,** macht er sich dem Arbeitgeber gegenüber **schadensersatzpflichtig** nach § 280 Abs. 1 S. 1 BGB. Der Arbeitgeber darf darauf vertrauen, dass der Arbeitnehmer bis zur Rechtskraft des Urteils im Betrieb bleibt oder aber sich unter Einhaltung der Kündigungsfrist vom Arbeitsverhältnis insgesamt löst (→ Rn. 2243). Sinn der Beschäftigungspflicht ist es auch, die Rechte und Pflichten des Arbeitsvertrages weiterbestehen zu lassen. Damit wäre eine jederzeitige Niederlegung der Arbeit durch den Arbeitnehmer unvereinbar. Diesen Schadenersatz schuldet der Arbeitnehmer unabhängig von der Frage, ob die ordentliche Kündigung wirksam war oder nicht. Selbst bei Wirksamkeit der Kündigung kann sich der Arbeitnehmer nicht ohne Fristeinhaltung aus dem kraft § 102 Abs. 5 S. 1 BetrVG entstandenen Rechtsverhältnis lösen. Die Frage der Wirksamkeit der alten   2245

Rn. 228; WPK/*Preis,* § 102 BetrVG Rn. 105; vgl. auch LAG Nürnberg 25.6.2004 LAGE BetrVG 2001 § 102 Beschäftigungspflicht Nr. 1; LAG Thüringen 5.1.2005 ArbuR 2005, 166 Ls.; Richardi/*Thüsing,* § 102 BetrVG Rn. 237; a.A. *Brinkmeier,* ArbuR 2005, 46 f.

[70] LAG Schleswig-Holstein 20.3.2012 BeckRS 2012, 69239; KR/*Etzel,* § 102 BetrVG Rn. 239; APS/*Koch,* § 102 BetrVG Rn. 228; Richardi/*Thüsing,* § 102 BetrVG Rn. 236.

[71] KDZ/*Deinert,* § 102 BetrVG Rn. 323; KR/*Etzel,* § 102 BetrVG Rn. 238; APS/*Koch,* § 102 BetrVG Rn. 228; GK-BetrVG/*Raab,* § 102 Rn. 199.

[72] KR/*Etzel,* § 102 BetrVG Rn. 238; *Fitting,* § 102 BetrVG Rn. 111; *Galperin/Löwisch,* § 102 BetrVG Rn. 117; APS/*Koch,* § 102 BetrVG Rn. 228; GK-BetrVG/*Raab,* § 102 Rn. 199; Richardi/*Thüsing,* § 102 BetrVG Rn. 238.

Kündigung bedarf daher keiner Entscheidung, wenn der Arbeitgeber Schadensersatzansprüche geltend macht.

3. Die Entbindung von der Weiterbeschäftigungspflicht

2246 Auf Antrag des Arbeitgebers kann das Arbeitsgericht ihn nach § 102 Abs. 5 S. 2 Nr. 1–3 BetrVG **durch einstweilige Verfügung** von der Verpflichtung zur Weiterbeschäftigung entbinden, wenn

1. die Klage des Arbeitnehmers **keine hinreichende Aussicht auf Erfolg** bietet oder **mutwillig** erscheint oder
2. die Weiterbeschäftigung des Arbeitnehmers zu einer **unzumutbaren wirtschaftlichen Belastung** des Arbeitgebers führen würde oder
3. der **Widerspruch** des Betriebsrats **offensichtlich unbegründet** war.

2247 Gegenstand des Verfahrens ist der **individualrechtliche Anspruch** des Arbeitnehmers auf Weiterbeschäftigung. Das Bestehen des Weiterbeschäftigungsanspruchs gem. § 102 Abs. 5 S. 1 BetrVG ist aber keine Voraussetzung für Verfügungsanspruch oder Verfügungsgrund der Entbindungsverfügung. Der Weiterbeschäftigungsanspruch wird in § 102 Abs. 5 S. 2 BetrVG unterstellt, ist also keine Tatbestandsvoraussetzung.[73] Über den Anspruch ist im **Urteilsverfahren,** nicht im Beschlussverfahren, zu entscheiden.[74] Wegen des Verfahrens gelten die allgemeinen Vorschriften der ZPO (vgl. § 62 Abs. 2 S. 1 ArbGG). Der Arbeitgeber hat die Voraussetzungen des § 102 Abs. 5 S. 2 Nr. 1 bis 3 BetrVG glaubhaft zu machen.[75] Eines **besonderen Verfügungsgrundes** bedarf es grundsätzlich **nicht,** da die Voraussetzungen der einstweiligen Verfügung in § 102 Abs. 5 S. 2 BetrVG abschließend geregelt sind.[76] Beantragt der Arbeitgeber seine Entbindung von der Weiterbeschäftigungspflicht allerdings erst dann, wenn er den Arbeitnehmer schon eine Zeit lang weiterbeschäftigt hat, kann der Verfügungsgrund für eine Eilentscheidung entfallen.[77]

---

[73] LAG München 5.10.1994 LAGE BetrVG 1972 § 102 Beschäftigungspflicht Nr. 19; LAG Rheinland-Pfalz 10.10.2006 BeckRS 2007, 44282; LAG Schleswig-Holstein 19.5.2010 BeckRS 2010, 72864; vgl. auch LAG Düsseldorf 24.4.2013 BeckRS 2013, 70073; LAG Hamburg 9.4.2014 BeckRS 2014, 69708; LAG Hessen 15.2.2013 BeckRS 2013, 67507; LAG München 24.4.2007 BeckRS 2009, 61888.
[74] Vgl. LAG Baden-Württemberg 15.5.1974 BB 1975, 43; LAG Berlin 5.9.2003 BeckRS 2003, 41577; LAG Düsseldorf 21.6.1974 EzA BetrVG 1972 § Beschäftigungspflicht Nr. 3; LAG Hamburg 16.5.2001 NZA-RR 2002, 25; vgl. auch BAG 9.12.1975 AP BetrVG 1972 § 78a Nr. 1; KR/*Etzel*, § 102 BetrVG Rn. 223; *Fitting*, § 102 BetrVG Rn. 117; APS/*Koch*, § 102 BetrVG Rn. 225; WPK/*Preis*, § 102 BetrVG Rn. 106; GK-BetrVG/*Raab*, § 102 BetrVG Rn. 205; Richardi/*Thüsing*, § 102 BetrVG Rn. 249.
[75] Vgl. LAG Düsseldorf 24.4.2013 BeckRS 2013, 70073; LAG München 13.7.1994 u. 5.10.1994 LAGE BetrVG 1972 § 102 Beschäftigungspflicht Nr. 17 u. 19; LAG Hessen 29.11.1996 – 3 SaGa 1722/96 – n. v.; Richardi/*Thüsing*, § 102 BetrVG Rn. 252.
[76] LAG Düsseldorf 24.4.2013 BeckRS 2013, 70073; LAG Hamburg 14.9.1992 NZA 1993, 141; LAG Hessen 15.2.2013 BeckRS 2013, 67507; LAG München 13.7.1994 LAGE BetrVG 1972 § 102 Beschäftigungspflicht Nr. 17; LAG Nürnberg 5.9.2006 DB 2007, 752 Ls.; KR/*Etzel*, § 102 BetrVG Rn. 235; ErfK/*Kania*, § 102 BetrVG Rn. 36; APS/*Koch*, § 102 BetrVG Rn. 225; GK-BetrVG/*Raab*, § 102 Rn. 206; *Rieble*, BB 2003, 844, 849 f.; Richardi/*Thüsing*, § 102 BetrVG Rn. 250.
[77] Vgl. LAG Düsseldorf/Köln 19.8.1977 EzA § 102 BetrVG 1972 Beschäftigungspflicht Nr. 5; LAG München 13.7.1994 LAGE BetrVG 1972 § 102 Beschäftigungspflicht Nr. 17; KR/*Etzel* § 102 Rn. 235; a. A. MünchArbR/*Wank*, § 99 Rn. 42.

§ 6 Weiterbeschäftigungsanspruch während des Kündigungsschutzprozesses

a) Die Erfolgsaussicht der Kündigungsschutzklage

Die Regelung des § 102 Abs. 5 S. 2 Nr. 1 BetrVG ist offenbar an die Voraussetzungen der Prozesskostenhilfe (§ 114 ZPO) angelehnt.[78] Zu beachten ist, dass die Darlegungs- und Beweislast, von der Frage der sozialen Auswahl abgesehen, beim Arbeitgeber liegt. Der Arbeitgeber muss also im einstweiligen Verfügungsverfahren glaubhaft machen, dass die vom Arbeitnehmer angestrengte Kündigungsschutzklage keine hinreichende Erfolgsaussicht hat bzw. mutwillig ist. Da es sich bei den Widerspruchstatbeständen des § 102 Abs. 3 BetrVG überwiegend um Entlassungen aus dringenden betrieblichen Erfordernissen handelt, obliegt es dem Arbeitgeber, darzulegen und glaubhaft zu machen, dass solche Gründe die Kündigung bedingt haben.[79]

2248

b) Die unzumutbare wirtschaftliche Belastung des Arbeitgebers

Die Entbindung von der Weiterbeschäftigungspflicht nach § 102 Abs. 5 S. 2 Nr. 2 BetrVG ist nicht schon dann möglich, wenn der Arbeitgeber für den gekündigten Arbeitnehmer keinen Arbeitsplatz und keine Beschäftigungsmöglichkeit mehr hat.[80] In diesem Fall ist der Arbeitgeber zunächst, d.h. bis zu einer erneuten Kündigung ohne Widerspruch des Betriebsrats, ausnahmsweise zur Freistellung des Arbeitnehmers von der Arbeitsleistung unter Fortzahlung seiner Bezüge berechtigt (dazu näher → Rn. 2236). Die Feststellung einer „unzumutbaren wirtschaftlichen Belastung" des Arbeitgebers kann nur im Einzelfall festgestellt werden, wobei auch den Interessen des Arbeitnehmers an einer tatsächlichen Weiterbeschäftigung auf Grund des Widerspruchs des Betriebsrats zu berücksichtigen sind.[81] Die Belastung durch Weiterbeschäftigung und Entgeltzahlung muss erheblich, die Zahlungsfähigkeit oder Wettbewerbsfähigkeit des Betriebs muss tangiert sein.[82] Ferner dürfte der Entbindungsgrund des § 102 Abs. 5 S. 2 Nr. 2 BetrVG auch dann in Betracht zu ziehen sein, wenn die Weiterbeschäftigung des Arbeitnehmers dem Arbeitgeber bezogen auf sein Unternehmen,[83] nicht auf den Beschäftigungsbetrieb[84] **unmöglich oder unzumutbar ist**.[85]

2249

---

[78] LAG Baden-Württemberg 30.8.1993 LAGE BetrVG 1972 § 102 Beschäftigungspflicht Nr. 20; *Fitting*, § 102 BetrVG Rn. 118; KDZ/*Deinert*, § 102 BetrVG Rn. 309; KR/*Etzel*, § 102 BetrVG Rn. 224; *Klebe/Schumann*, § 226; APS/*Koch*, § 102 BetrVG Rn. 220; *Lingemann/Steinhauser*, NJW 2015, 844, 846; GK-BetrVG/*Raab*, § 102 Rn. 208; *Richardi/Thüsing*, § 102 BetrVG Rn. 244.

[79] Vgl. ArbG Siegburg 4.3.1975 DB 1975, 700; LAG Düsseldorf/Köln 23.5.1975 EzA § 102 BetrVG 1972 Beschäftigungspflicht Nr. 4; KR/*Etzel*, § 102 BetrVG Rn. 225; APS/*Koch*, § 102 BetrVG Rn. 220.

[80] LAG Hamburg 10.5.1993 LAGE BetrVG 1972 § 102 Beschäftigungspflicht Nr. 16; 16.5.2001 NZA-RR 2002, 25; KR/*Etzel*, § 102 BetrVG Rn. 228; KDZ/*Deinert*, § 102 BetrVG Rn. 316; APS/*Koch*, § 102 BetrVG Rn. 221; *Mareck*, BB 2000, 2042, 2045; a.A. LAG München 17.12.2003 BeckRS 2005, 40809; *Richardi/Thüsing*, § 102 BetrVG Rn. 246; *Willemsen/Hohenstatt*, DB 1995, 215, 218.

[81] Vgl. LAG München 17.12.2003 BeckRS 2005, 40809. Zur Interessenabwägung näher *Haas*, NZA-RR 2008, 57, 61f.; *Rieble*, BB 2003, 844, 846f.

[82] Vgl. LAG Hamburg 16.5.2001 NZA-RR 2002, 25, 27; KR/*Etzel*, § 102 BetrVG Rn. 226; *Lingemann/Steinhauser*, NJW 2015, 844, 846; vgl. auch *Rieble*, BB 2003, 844, 848f.

[83] KDZ/*Deinert*, § 102 BetrVG Rn. 312; *Gussone*, ArbuR 1994, 245, 253; APS/*Koch*, § 102 BetrVG Rn. 221; *Richardi/Thüsing*, § 102 BetrVG Rn. 246; *Wolff*, wie Fn. 5, S. 198ff.

[84] So aber *Rieble*, BB 2003, 844, 845; *Willemsen/Hohenstatt*, DB 1995, 215, 221.

[85] Grundlegend: LAG München 17.12.2003 NZA-RR 2005, 312 Ls.; 13.7.1994 LAGE BetrVG 1972 § 102 Beschäftigungspflicht Nr. 17; ebenso LAG Berlin 20.3.1978 ArbuR 1979, 253 Ls.; *Fitting*, § 102 BetrVG Rn. 119; LAG Hamburg BB 2008, 2636 Ls.; GK-BetrVG/*Raab*, § 102 Rn. 209; gegen die Einbeziehung der Unmöglichkeit LAG Hamburg 10.5.1993 LAGE BetrVG 1972 § 102 Beschäftigungspflicht Nr. 16; 16.5.2001 NZA-RR 2002, 25; KDZ/*Deinert*, § 102 BetrVG Rn. 316; KR/*Etzel*, § 102 BetrVG Rn. 228; APS/*Koch*, § 102 BetrVG Rn. 221; *Schaub*, NJW 1981, 1807, 1811.

Vierter Abschnitt: Der Kündigungsschutzprozess

Eine derartige Unzumutbarkeit kann im Falle einer Betriebsstilllegung vorliegen, wenn hierfür neben den reinen Entgeltkosten mit hohem Aufwand die betriebliche Infrastruktur aufrechterhalten werden müsste.[86] Hat der Arbeitgeber einer Gruppe von Arbeitnehmern gekündigt, ist im Falle der Geltendmachung mehrerer Weiterbeschäftigungsansprüche eine Gesamtbetrachtung und Gesamtabwägung geboten. Die wirtschaftliche Situation des Unternehmens kann nicht nur im Hinblick auf den einzelnen Anspruch gesehen werden. Sie wird durch die Geltendmachung mehrerer Ansprüche natürlich u. U. stärker beeinträchtigt, so dass die Voraussetzungen der Nr. 2 von einem gewissen Belastungsgrad an begründet sein können.[87]

c) Offensichtliche Unbegründetheit des Widerspruchs

2250 Der Arbeitgeber kann nach § 102 Abs. 5 S. 2 Nr. 3 BetrVG durch einstweilige Verfügung von der Weiterbeschäftigung entbunden werden, wenn der Widerspruch des Betriebsrats offensichtlich unbegründet ist. Dies ist nur dann der Fall, wenn sich seine Grundlosigkeit bei unbefangener Beurteilung geradezu aufdrängt,[88] wie zB dann, wenn der Betriebsrat einer personenbedingten Kündigung wegen mangelnder sozialer Auswahl widerspricht,[89] oder wenn der Betriebsrat den Verstoß von Auswahlrichtlinien rügt, solche aber gar nicht existieren[90] oder wenn nicht klar ist, auf welchen Widerspruchsgrund er sich bezieht.[91] Der Arbeitgeber muss diesen für die Beurteilung des Gerichts erforderlichen Grund durch Urkunden, eidesstattliche Erklärungen oder präsente Zeugen im Termin glaubhaft machen. Aufklärung eines Sachverhalts in einem langwierigen und schwierigen Beweiserhebungsverfahren scheiden aus. Der Widerspruch des Betriebsrats muss **im Zeitpunkt** seiner **Erhebung** offensichtlich unbegründet sein.[92] Deshalb kann im einstweiligen Verfügungsverfahren nur über die vom Betriebsrat geltend gemachten Widerspruchsgründe verhandelt werden. Der Arbeitnehmer kann diese Gründe zwar substantiieren, aber keine neuen Gründe nachschieben.[93]

2251 Hat der Betriebsrat seinen Widerspruch überhaupt nicht oder nicht ordnungsgemäß begründet (→ Rn. 2224) oder ist der Widerspruch verspätet (→ Rn. 2223), besteht von vornherein gar kein Weiterbeschäftigungsanspruch. Deshalb ist § 102 Abs. 5 S. 2 Nr. 3 BetrVG jedenfalls nicht unmittelbar anwendbar. Nach überwiegender Meinung ist aber seine analoge Anwendung geboten, wenn der Arbeitnehmer trotz nicht ordnungsgemäßen Widerspruchs des Betriebsrats die Weiterbeschäftigung nach § 102 Abs. 5 S. 1 BetrVG verlangt.[94]

---

[86] LAG Düsseldorf 24.4.2013 BeckRS 2013, 70073.
[87] Ebenso *Galperin/Löwisch*, § 102 BetrVG Rn. 120; *Gussone*, ArbuR 1994, 245, 253; KR/*Etzel*, § 102 BetrVG Rn. 227; GK-BetrVG/*Raab*, § 102 Rn. 209; *Rieble*, BB 2003, 844, 847ff.; a. A. ArbG Siegburg 4.3.1975 DB 1975, 700; *Klebe/Schumann*, S. 229f.; vgl. auch LAG Berlin 20.3.1978 ARSt. 1978, 178; KDZ/*Deinert*, § 102 BetrVG Rn. 315; offen gelassen von LAG Hamburg 16.5.2001 NZA-RR 2002, 25.
[88] LAG Hamburg 9.4.2014 BeckRS 2014, 69708; 17.12.2003 NZA-RR 2005, 312 Ls.; LAG Schleswig-Holstein 19.5.2010 BeckRS 2010, 72864; KR/*Etzel*, § 102 BetrVG Rn. 230; *Fitting*, § 102 BetrVG Rn. 120; ErfK/*Kania*, § 102 BetrVG Rn. 40; APS/*Koch*, § 102 BetrVG Rn. 223.
[89] Vgl. LAG Düsseldorf 2.9.1975 DB 1975, 1995; *Lingemann/Steinhauser*, NJW 2015, 844, 846.
[90] LAG Berlin 5.9.2003 BeckRS 2004, 40196; KR/*Etzel*, § 102 BetrVG Rn. 231; *Fitting*, § 102 BetrVG Rn. 120; ErfK/*Kania*, § 102 BetrVG Rn. 40; Richardi/*Thüsing*, § 102 BetrVG Rn. 247.
[91] LAG Nürnberg 5.9.2006 DB 2007, 752 Ls.
[92] ArbG Hamburg 17.2.1994 AiB 1994, 696f. = RzK III 1f Nr. 14 Ls.; KR/*Etzel*, § 102 BetrVG Rn. 230; *Haas*, NZA-RR 2008, 57, 63; *Klebe/Schumann*, S. 224; APS/*Koch*, § 102 BetrVG Rn. 223.
[93] LAG München 5.10.1994 LAGE BetrVG 1972 § 102 Beschäftigungspflicht Nr. 19.
[94] Vgl. LAG Baden-Württemberg 30.8.1993 ArbuR 1994, 200; LAG Düsseldorf 15.3.1978 DB 1978, 1282, 1283; LAG Hamburg 9.4.2014 BeckRS 2014, 69708; LAG Hamm 1.7.1986 LAGE

§ 6 Weiterbeschäftigungsanspruch während des Kündigungsschutzprozesses

d) Rechtsfolge der Entbindung

Entbindet das Arbeitsgericht den Arbeitgeber im Wege einer einstweiligen Verfügung nach § 102 Abs. 5 S. 2 BetrVG von der Weiterbeschäftigungspflicht, handelt es sich um eine rechtsgestaltende Entscheidung. Diese hat zur Folge, dass das gem. § 102 Abs. 5 S. 1 BetrVG vorläufig fortbestehende Arbeitsverhältnis (→ Rn. 2221) und auch der hieraus resultierende Vergütungsanspruch mit Wirkung **ex nunc** endet.[95] Das bedeutet, dass die bis dahin angefallenen Vergütungsansprüche aus tatsächlicher Beschäftigung gem. § 611 Abs. 1 BGB oder wegen Annahmeverzuges nach §§ 611 Abs. 1, 615 S. 1 BGB (näher → Rn. 2235) erhalten bleiben.[96] Das BAG hat es in seinem Urteil vom 7.3.1996[97] offen gelassen, ob die Entbindung von der Weiterbeschäftigungspflicht durch das Arbeitsgericht wegen der Besonderheiten des Verfahrens des einstweiligen Rechtsschutzes sofort[98] oder erst mit Rechtskraft der Entscheidung wirkt.[99] Die Haftungsvorschrift des § 945 ZPO findet keine Anwendung.[100] Trotz Entbindung von der Weiterbeschäftigungspflicht nach § 102 Abs. 5 S. 2 KSchG hat der Arbeitnehmer weiterhin Anspruch auf Vergütung nach § 611 Abs. 1 BGB iVm § 615 S. 1 BGB, wenn er im Kündigungsschutzprozess rechtskräftig obsiegt und damit der Fortbestand des Arbeitsverhältnisses feststeht (näher → Rn. 2043).[101]

2252

e) Wiederholung des Antrages

Hat das Gericht den Antrag des Arbeitgebers auf Entbindung von der Weiterbeschäftigungspflicht rechtskräftig abgewiesen, kann der Antrag wiederholt werden, sofern er auf **neue Tatsachen** gestützt wird.[102] Hatte der Arbeitgeber bereits eine Kün-

2253

BetrVG 1972 § 102 Beschäftigungspflicht Nr. 8; LAG Nürnberg 5.9.2006 BeckRS 2007, 41504; LAG Schleswig-Holstein 19.5.2010 BeckRS 2010, 72864; KR/*Etzel*, § 102 BetrVG Rn. 232; *Fitting*, § 102 BetrVG Rn. 121; ErfK/*Kania*, § 102 BetrVG Rn. 40; APS/*Koch*, § 102 BetrVG Rn. 224; GK-BetrVG/*Raab*, § 102 Rn. 211; vgl. auch LAG Brandenburg 15.12.1992 LAGE BetrVG § 102 Beschäftigungspflicht Nr. 13; LAG Hessen 15.2.2013 BeckRS 2013, 67507; LAG Köln 8.1.2010 BeckRS 2010, 67547; a. A. LAG Düsseldorf 21.6.1974 EzA BetrVG 1972 § 102 Beschäftigungspflicht Nr. 3; 5.1.1976 BB 1976, 1462; LAG Frankfurt/M. 2.11.1984 NZA 1985, 163 Ls.; LAG München 24.4.2007 BeckRS 2009, 61888; LAG Niedersachsen 25.8.1975 DB 1975, 1898; *P. Boewer*, DB 1978, 251, 254; *Dütz*, DB 1978, Beil. 13, S. 9; *Klebe/Schumann*, S. 234; *Matthes*, FS Gnade, 1992, S. 225, 231; *Galperin/Löwisch*, § 102 BetrVG Rn. 122; Richardi/*Thüsing*, § 102 BetrVG Rn. 251. Zum Problemfeld vgl. auch *Mareck*, BB 2000, 2042, 2045.

[95] BAG 15.3.2001 NZA 2001, 1267; 18.9.2003 AP BetrVG 1972 § 102 Weiterbeschäftigung Nr. 15; KR/*Etzel*, § 102 BetrVG Rn. 233; MünchArbR/*Wank*, § 99 Rn. 44; Richardi/*Thüsing*, § 102 BetrVG Rn. 256; vgl. auch LAG Düsseldorf 24.4.2013 BeckRS 2013, 70073.
[96] BAG 18.9.2003 AP BetrVG 1972 § 102 Weiterbeschäftigung Nr. 15; 7.3.1996 NZA 1996, 930; KR/*Etzel*, § 102 BetrVG Rn. 233; ErfK/*Kania*, § 102 BetrVG Rn. 41; GK-BetrVG/*Raab*, § 102 Rn. 207; Richardi/*Thüsing*, § 102 BetrVG Rn. 256.
[97] NZA 1996, 930, 931.
[98] KR/*Etzel*, § 102 BetrVG Rn. 223a; *Klebe/Schumann*, S. 248.
[99] Vgl. hierzu BAG 18.9.2003 AP BetrVG 1972 § 102 Weiterbeschäftigung Nr. 15.
[100] GK-BetrVG/*Raab*, § 102 Rn. 189; Richardi/*Thüsing*, § 102 BetrVG Rn. 257; MünchArbR/*Wank*, § 99 Rn. 45; dazu neigend BAG 31.8.1978 AP § 102 BetrVG 1972 Weiterbeschäftigung Nr. 1; a. A. KR/*Etzel*, § 102 BetrVG Rn. 223a; *Klebe/Schumann*, S. 247; APS/*Koch*, § 102 BetrVG Rn. 227.
[101] Vgl. LAG Rheinland-Pfalz 11.1.1980 BB 1980, 415 f.; KR/*Etzel*, § 102 BetrVG Rn. 233; Richardi/*Thüsing*, § 102 BetrVG Rn. 256; MünchArbR/*Wank*, § 99 Rn. 44.
[102] LAG Köln 19.5.1983 DB 1983, 2368; KR/*Etzel*, § 102 BetrVG Rn. 223b; ErfK/*Kania*, § 102 BetrVG Rn. 41; APS/*Koch*, § 102 BetrVG Rn. 227; GK-BetrVG/*Raab*, § 102 Rn. 205; MünchArbR/*Wank*, § 99 Rn. 43.

digung ausgesprochen und ist er dann nach § 102 Abs. 5 S. 2 BetrVG von seiner Weiterbeschäftigungspflicht entbunden worden, ist er nicht gehalten, erneut ein Verfahren auf Erlass einer einstweiligen Verfügung einzuleiten, wenn der Betriebsrat der zweiten Kündigung ebenfalls widerspricht.[103]

II. Der Weiterbeschäftigungsanspruch außerhalb des Geltungsbereichs des § 102 Abs. 5 BetrVG

2254 Der Weiterbeschäftigungsanspruch des **gekündigten Arbeitnehmers** außerhalb des Geltungsbereichs des § 102 Abs. 5 BetrVG während der Dauer des Kündigungsschutzprozesses gehörte zu den großen Streitfragen des Arbeitsrechts, über die mit Leidenschaft gestritten worden ist. Das Bundesarbeitsgericht hatte den Anspruch in seiner Leitentscheidung vom 26.5.1977[104] noch verneint. Nach einem erfolglosen Anlauf zum Großen Senat[105] und einer überwiegenden Verweigerung der Instanzgerichte gegenüber der Leitentscheidung des BAG vom 26.5.1977 kam es am 27.2.1985 zu der damals mit großer Spannung erwarteten Entscheidung des Großen Senats. Dieser hat den Weiterbeschäftigungsanspruch grundsätzlich anerkannt, jedoch keineswegs alle Erwartungen erfüllt. Auch hat er manche Fragen offen gelassen, zB die der **Rechtsnatur** des Weiterbeschäftigungsverhältnisses und seiner **Rückabwicklung,** falls die Kündigungsschutzklage des Arbeitnehmers rechtskräftig abgewiesen wird.[106]

2255 Das BAG hat den Weiterbeschäftigungsanspruch auch anerkannt in Fällen, in denen um die **Wirksamkeit einer Befristung**[107] oder **auflösenden Bedingung**[108] (auch → Rn. 2274) sowie eines **Aufhebungsvertrags**[109] gestritten wird, und dann, wenn der **Auszubildende** seine Weiterbeschäftigung ordnungsgemäß verlangt, der Feststellungsantrag des Arbeitgebers nach § 9 Abs. 4 S. 1 Nr. 1 BPersVG oder § 78a Abs. 4 S. 1 Nr. 1 BetrVG (→ Rn. 1789, 1790) aber offensichtlich unwirksam ist.[110]

2256 Die Hoffnung, mit der Entscheidung des Großen Senats vom 27.2.1985 sei der Streit zu Ende, hat sich nicht erfüllt. Seine Lösung wurde einerseits herb gescholten,[111] andererseits als eine um interessengerechte Ausgleichung bemühte Lösung an-

---

[103] BAG 18.9.2003 AP BetrVG 1972 § 102 Weiterbeschäftigung Nr. 15.
[104] AP § 611 Beschäftigungspflicht Nr. 5 mit Anm. *Weber.*
[105] Vorlagebeschluss 18.1.1979 AP BGB § 611 Beschäftigungspflicht Nr. 7 mit Anm. *G. Hueck.*
[106] BAG GS 27.2.1985 NZA 1985, 702 = SAE 1986, 37 mit Anm. *Lieb.* Die Literatur zum Weiterbeschäftigungsanspruch ist kaum noch überschaubar; Nachweise bei HHL/*Linck,* § 4 KSchG vor Rn. 148.
[107] BAG 15.3.1989 AP BGB § 620 Befristeter Arbeitsvertrag Nr. 126; LAG Baden-Württemberg 21.2.2014 BeckRS 2014, 67567; 26.9.2013 BeckRS 2013, 72731.
[108] BAG 26.6.1996 NZA 1997, 200; 10.8.1994 NZA 1995, 30; 13.6.1985 NZA 1986, 562; dagegen LAG Köln 26.9.1986 LAGE BGB § 611 Beschäftigungspflicht Nr. 17 mit Anm. *Wank* und 10.4.1987 LAGE BGB § 611 Beschäftigungspflicht Nr. 20; LAG Schleswig-Holstein 29.9.2011 BeckRS 2012, 65203.
[109] BAG 21.3.1996 NZA 1996, 1030; 16.1.1992 NZA 1992, 1023, 1024.
[110] BAG 14.5.1987 NZA 1987, 20. Zum Weiterbeschäftigungsanspruch des Auszubildenden nach einer fristlosen Kündigung des Ausbildungsverhältnisses vgl. BAG 11.8.1987 NZA 1988, 93; LAG Baden-Württemberg 5.1.1990 LAGE BBiG § 15 Nr. 7. Kein Weiterbeschäftigungsanspruch gegen den „Entleiher" vor rechtskräftigem Abschluss einer gegen ihn gerichteten Klage auf Feststellung eines fiktiven Arbeitsverhältnisses nach § 10 Abs. 1 S. 1 AÜG; LAG Köln 3.7.1992 LAGE BGB § 611 Beschäftigungspflicht Nr. 31. Zum Weiterbeschäftigungsanspruch eines Arbeitnehmers zu den bisherigen Arbeitsbedingungen bei einem Streit um die Wirksamkeit einer „Altersteilzeitvereinbarung" vgl. BAG 10.2.2004 NZA 2004, 606.
[111] *Lieb,* Anm. SAE 1986, 49.

erkannt,[112] mit der beide Seiten leben können. Die Kritik an der Begründung der Entscheidung des Großen Senats – weniger am Ergebnis – war und ist groß.[113]

Der Große Senat erkennt einen materiellrechtlichen Weiterbeschäftigungsanspruch **2257** während des Kündigungsschutzprozesses je nach dem Verfahrensstand an, der auf eine Bewertung der Interessenlage gestützt wird. Im Grundsatz handelt es sich um eine pauschale Bewertung der widerstreitenden Interessen, die jedoch auch Lösungen für besondere Fälle ermöglicht. Demgegenüber stehen die Kritiker, die in der Sicherung des Arbeitsplatzes während des Kündigungsschutzprozesses ein prozessuales Problem sehen, eine Frage der sachgerechten Gestaltung des einstweiligen Rechtsschutzes. Das alles könne auch durch eine Regelungsverfügung nach § 940 ZPO erreicht werden (→ Rn. 2285 ff.).[114] Damit dürften die Ergebnisse kaum divergieren, nur der Weg ist ein anderer.

1. Der Weiterbeschäftigungsanspruch nach dem Beschluss des Großen Senats

Das Beschäftigungsinteresse des Arbeitnehmers führt zur Anerkennung eines Be- **2258** schäftigungsanspruchs, wenn **durch das Urteil eines Arbeits- oder Landesarbeitsgerichts die Unwirksamkeit der Kündigung festgestellt worden ist.** Von diesem Zeitpunkt ab überwiegen die Interessen des Arbeitnehmers an einer Weiterbeschäftigung, weil ein Gericht in einer die Instanz abschließenden Entscheidung eine erste Klärung über die Rechtslage zugunsten des Arbeitnehmers getroffen hat. Vor Erlass eines die Kündigung für unwirksam erklärenden Urteils muss der Arbeitgeber den Arbeitnehmer im Regelfall nicht weiterbeschäftigen.[115]

a) Der Zeitraum vor einem Urteil im Kündigungsschutzprozess

Von dem oben genannten Grundsatz, dass ein Weiterbeschäftigungsanspruch erst **2259** entsteht, wenn ein Gericht die Unwirksamkeit der Kündigung festgestellt hat, bestehen **zwei Ausnahmen:**

aa) Offensichtliche Unwirksamkeit der Kündigung

Der Große Senat betont, bei einer offensichtlich unwirksamen Kündigung bestehe **2260** in Wahrheit kein ernst zu nehmender Zweifel am Fortbestand des Arbeitsverhältnisses. In diesen Fällen könne ein Interesse des Arbeitgebers, den Arbeitnehmer für die Dauer des Verfahrens nicht weiterzubeschäftigen, nicht anerkannt werden. Die offensichtlich unwirksame Kündigung wird sehr eng definiert. Sie liegt nur dann vor, wenn sich aus dem eigenen Vortrag des Arbeitgebers ohne Beweiserhebung und ohne dass ein Beur-

---

[112] *Dütz*, NZA 1986, 209, 211; vgl. auch *Wank*, RdA 1987, 129, 160.
[113] Gegen BAG zB LAG Niedersachsen 7.2.1986 LAGE BGB § 611 Beschäftigungspflicht Nr. 14; LAG Köln 26.9.1986 LAGE BGB § 611 Beschäftigungspflicht Nr. 17; LAG Sachsen-Anhalt 16.3.1993 LAGE BGB § 611 Beschäftigungspflicht Nr. 33; *Barton/Hönsch*, NZA 1987, 721 ff.; *Dütz*, NZA 1986, 209 ff.; *Fastrich*, FS 50 Jahre BAG, 2004, S. 349, 352 ff.; *Gamillscheg*, FS Dieterich, 1999, 185, 191 ff.; HHL/*Linck*, § 4 KSchG Rn. 153 f.; APS/*Koch*, § 102 BetrVG Rn. 236; GK-BetrVG/*Raab*, § 102 Rn. 213; MünchArbR/*Wank*, § 99 Rn. 87 ff.; dem BAG folgend zB HK-KSchG/*Dorndorf*, § 1 Anh. 2 Rn. 4 ff.; Erman/*Edenfeld*, § 611 BGB Rn. 371 ff.; KR/*Etzel*, § 102 BetrVG Rn. 271.
[114] HHL/*Linck*, § 4 KSchG Rn. 155 bis 157; *v. Hoyningen-Huene*, BB 1988, 264; GK-BetrVG/*Raab*, § 102 Rn. 213; MünchArbR/*Wank*, § 99 Rn. 89.
[115] BAG 22.10.2003 NZA 2004, 1275, 1277; 30.3.1989 BeckRS 1989, 30730478; 27.2.1985 NZA 1985, 702; LAG Hamburg 24.7.2013 BeckRS 2013, 73628.

teilungsspielraum gegeben wäre, jedem Kundigen die **Unwirksamkeit** der Kündigung **geradezu aufdrängen** muss. Die Unwirksamkeit der Kündigung muss also ohne jeden vernünftigen Zweifel in rechtlicher und in tatsächlicher Hinsicht offen zu Tage treten.[116] Solche „Unbezweifelbarkeit" in tatsächlicher und rechtlicher Hinsicht lassen sich im Kündigungsrecht äußerst selten feststellen.[117] Das ist zB der Fall, wenn die Kündigung unstreitig ohne Anhörung des Betriebsrats (§ 102 Abs. 1 S. 1 BetrVG) oder ohne behördliche Zustimmung (§ 9 Abs. 1 S. 1 MuSchG, § 85 SGB IX) erfolgt ist (vgl. aber auch → Rn. 1575). Ist die Kündigung offensichtlich unwirksam, besteht der Weiterbeschäftigungsanspruch des Arbeitnehmers für die Zeit nach Ablauf der Kündigungsfrist bzw. nach Zugang der außerordentlichen Kündigung.

2261 Diese enge Definition einer offensichtlich unwirksamen Kündigung wird in der Leitentscheidung des 2. Senats vom 19.12.1985 zur **Wiederholungskündigung** (näher → Rn. 2264) bestätigt. Dort ist ausgeführt, jede außerordentliche Kündigung, die auf einen Lebenssachverhalt gestützt werde, der sich innerhalb der Ausschlussfrist des § 626 Abs. 2 S. 1 BGB zugetragen habe, setze stets eine Wertung voraus, abgesehen von den Fällen, in denen die Kündigung gerade mit der angegebenen Begründung gegen ein Gesetz verstoße oder auf grundsätzlich ungeeigneten Gründen beruhe. Müsse aber ein Sachverhalt bewertet werden, damit ein bestimmtes Ergebnis gefunden werde, sei auch ein Beurteilungsspielraum vorhanden. Dieser schließe die offensichtlich unwirksame Kündigung aus.[118]

bb) Besonderes Beschäftigungsinteresse des Arbeitnehmers

2262 Der Arbeitnehmer muss besondere Interessen darlegen, die die pauschale Interessenabwägung des Großen Senats als nicht gerechtfertigt erscheinen lassen. Das werden, wenn man die entsprechenden Passagen in dem Beschluss des Großen Senats richtig wertet, wohl seltene Ausnahmefälle sein. Hierfür können nur solche Umstände angeführt werden, die das ideelle Beschäftigungsinteresse im unangefochtenen Arbeitsverhältnis noch verstärken. Denkbar wäre zB dieser Fall dann, wenn durch die Nichtweiterbeschäftigung die **Erlangung** oder **Erhaltung** einer **beruflichen Qualifikation** ernstlich in Frage gestellt würde. Das BAG nennt als weitere Beispiele die Geltung in der Berufswelt, die Ausbildung oder die Erhaltung von Fachkenntnissen.[119]

b) Der Zeitraum nach einem Urteil im Kündigungsschutzprozess

2263 Wird der Kündigungsschutzklage des Arbeitnehmers stattgegeben, besteht in der Regel ein materieller Weiterbeschäftigungsanspruch.[120] Dieser ist gegen den Betriebserwerber zu richten, falls es nach Ausspruch einer auf Betriebsstilllegung gestützten unwirksamen Kündigung noch während des Laufs der Kündigungsfrist[121] oder noch während des Kündigungsschutzprozesses[122] zu einem Betriebsübergang kommt. Der **Arbeitgeber** muss, will er den Weiterbeschäftigungsanspruch abwehren, zusätzliche,

---

[116] BAG 19.12.1985 NZA 1986, 566; 27.2.1985 NZA 1985, 702; LAG Hamm 3.2.2004 NZA-RR 2005, 358, 360; LAG Rheinland-Pfalz 26.2.2015 BeckRS 2015, 67337; *Dollmann*, BB 2003, 2681, 2682; KR/*Etzel*, § 102 BetrVG Rn. 274; APS/*Koch*, § 102 BetrVG Rn. 237.
[117] Zutreffend *Dütz*, NZA 1986, 209, 211.
[118] BAG 19.12.1985 NZA 1986, 566, 567.
[119] BAG 8.4.1988 NZA 1988, 741; vgl. auch LAG Köln 26.11.1985 LAGE BGB § 611 Beschäftigungspflicht Nr. 8; LAG Rheinland-Pfalz 21.8.1986 LAGE BGB § 611 Beschäftigungspflicht Nr. 19.
[120] Vgl. zB BAG 27.7.2014 NZA 2014, 1330 Rn. 16.
[121] LAG Köln 3.8.2001 NZA-RR 2002, 240; vgl. auch LAG Düsseldorf 27.4.2011 BeckRS 2011, 72747.
[122] Vgl. LAG Hamm 9.6.2006 BeckRS 2006, 43145 u. 9.6.2006 NZA-RR 2007, 17, 18.

über die Ungewissheit des Prozessausgangs hinausgehende Umstände vortragen, aus denen sich im Einzelfall ein überwiegendes Interesse für ihn ergibt, den Arbeitnehmer nicht zu beschäftigen.[123] Als Beispiele erwähnt der Große Senat Umstände, die auch im streitlos bestehenden Arbeitsverhältnis zur vorläufigen Suspendierung des Arbeitnehmers berechtigen, zB den Verdacht des Verrats von Betriebsgeheimnissen.[124] Hier gesteht der Große Senat dem Arbeitgeber das Recht zu, den Arbeitnehmer vom Betrieb fernzuhalten, **solange sich die Unhaltbarkeit des Vorwurfs nicht rechtskräftig herausgestellt habe.** In diesem Falle entsteht also der Beschäftigungsanspruch erst mit der **Rechtskraft des Kündigungsschutzurteils.** Entsprechendes könnte, so der Große Senat, auch für andere Fälle eines strafbaren oder schädigenden Verhaltens des Arbeitnehmers angenommen werden.[125] Wird also zB eine Kündigung wegen eines fortlaufenden Eigentumsdelikts oder wegen Untreuehandlungen ausgesprochen, dürfte ein Beschäftigungsanspruch erst mit Rechtskraft des Urteils im Kündigungsschutzprozess entstehen. Darauf deuten jedenfalls die entsprechenden Passagen des Beschlusses des Großen Senats hin. Der Große Senat des BAG hält es für möglich, dass sich aus der Stellung des gekündigten Arbeitnehmers im Betrieb und der Art seines Arbeitsbereichs ein überwiegendes schutzwertes Interesse des Arbeitgebers ergeben könnte, trotz eines obsiegenden Urteils in erster Instanz wegen der Ungewissheit des Fortbestandes des Arbeitsverhältnisses den Arbeitnehmer von seinem Arbeitsplatz fernzuhalten (Kündigung eines Vorstandssprechers im Unternehmen). Dasselbe soll bei Annahme einer unzumutbaren wirtschaftlichen Belastung bzw. fehlender Möglichkeit zur Beschäftigung[126] gelten und auch dann, wenn der Arbeitgeber einen Auflösungsantrag nach § 9 Abs. 1 S. 2 KSchG (näher → Rn. 2113 ff.) gestellt hat.[127]

c) Die Wiederholungskündigung

2264 Wird eine Folgekündigung nach erstinstanzlicher Verurteilung des Arbeitgebers zur Weiterbeschäftigung mit **neuem Sachverhalt** ausgesprochen und tritt der Arbeitgeber mit der Berufung (§ 64 Abs. 1 ArbGG) oder der Vollstreckungsgegenklage (§ 767 Abs. 1 ZPO) unter Hinweis auf die weitere Kündigung dem Weiterbeschäftigungsanspruch entgegen, entfällt dieser grundsätzlich bis zu einer Entscheidung des Arbeitsgerichts über die zweite Kündigung.[128] Denn in diesem Fall ist es möglich, dass diese eine andere rechtliche Beurteilung erfährt als die erste Kündigung. Hier überwiegt also wieder das schutzwürdige Interesse des Arbeitgebers an der Nichtbeschäftigung.

---

[123] BAG 10.2.2004 NZA 2004, 606, 611; 27.2.1985 NZA 1985, 702, 708; LAG Baden-Württemberg 2.6.2009 LAGE KSchG § 1 Verhaltensbedingte Kündigung Nr. 103; LAG Hamm 2.3.2012 BeckRS 2012, 69530; LAG Hessen 31.10.2008 BB 2009, 1242, 1245; LAG Schleswig-Holstein 13.5.2009 ArbuR 2009, 319 Ls.
[124] Weitere Beispiele in Rn. 2217.
[125] Vgl. hierzu auch BAG 8.4.1988 NZA 1988, 741. Das LAG Sachsen-Anhalt hat den Weiterbeschäftigungsanspruch im Falle einer Kündigung nach der Anlage I Kap. XIX Sachgebiet A Abschnitt III Nr. 1 Abs. 4 des Einigungsvertrages wegen eines überwiegenden Interesses des öff. Arbeitgebers verneint; LAG Sachsen-Anhalt 16.3.1993 LAGE BGB § 611 Beschäftigungspflicht Nr. 33.
[126] LAG Hamm 2.3.2012 BeckRS 2012, 69530; LAG Schleswig-Holstein 13.5.2009 ArbuR 2009, 319 Ls.; APS/*Koch*, § 102 BetrVG Rn. 240; *Trebek*, NZA 2009, 513, 515 f.
[127] Zu Letzterem vgl. BAG 16.11.1995 NZA 1996, 589; LAG Thüringen 5.1.2005 ArbuR 2005, 166 Ls.; *St. Müller*, BB 2004, 1849 ff.; offen gelassen von BAG 31.7.2014 NZA 2015, 358 Rn. 55.
[128] Vgl. BAG 17.3.2005 NZA 2006, 101; 19.12.1985 NZA 1986, 566; LAG Hessen 15.12.2006 NZA-RR 2007, 192, 193; LAG Sachsen 20.11.2006 LAGE ZPO 2002 § 888 Nr. 6; LAG Schleswig-Holstein 11.12.2003 NZA-RR 2004, 408, 409; KR/*Etzel*, § 102 BetrVG Rn. 296; APS/*Koch*, § 102 BetrVG Rn. 245; HHL/*Linck*, § 4 KSchG Rn. 163; *Lingemann/Steinhauser*, NJW 2014, 3765, 3766.

Ein neuer Kündigungssachverhalt liegt auch vor, wenn nur weitere Lebenssachverhalte hinzutreten und dadurch die Möglichkeit gegeben ist, die zweite und ggfls. eine dritte Kündigung anders zu beurteilen. Dann überwiegt das Interesse des Arbeitgebers an der Nichtbeschäftigung des Arbeitnehmers.[129]

Ausnahmen:

2265   Die zweite Kündigung ist **offensichtlich unwirksam.** Dann endet der Weiterbeschäftigungsanspruch des Arbeitnehmers nicht.[130]

2266   Die zweite Kündigung wird auf **dieselben Kündigungsgründe** gestützt, die nach Auffassung des Arbeitsgerichts schon für die erste Kündigung nicht ausgereicht haben (vgl. auch → Rn. 2046). Auch dann endet der Weiterbeschäftigungsanspruch nicht.[131] Das gilt allerdings nicht, wenn die erste Kündigung aus formellen Gründen, zB wegen Nichtanhörung des Betriebsrats (§ 102 Abs. 1 S. 1 BetrVG), für unwirksam erklärt worden ist und die zweite Kündigung nach Behebung des formalen Mangels auf dieselben sachlichen Gründe gestützt wird wie die erste Kündigung.[132]

d) Die Änderungskündigung

2267   Streiten die Parteien im Rahmen einer Änderungsschutzklage nach § 4 S. 2 KSchG auch um die Wirksamkeit des vom Arbeitnehmer nach § 2 S. 1 KSchG **erklärten Vorbehalts,** ist nicht nur der Inhalt des Arbeitsverhältnisses umstritten, sondern auch dessen Bestand (vgl. → Rn. 2196). Der Arbeitgeber darf in diesem Fall nicht zur Weiterbeschäftigung des Arbeitnehmers zu den angebotenen geänderten Bedingungen verurteilt werden, solange kein der Änderungskündigungsschutzklage stattgebendes Urteil vorliegt.[133]

2268   Nimmt der Arbeitnehmer das **Änderungsangebot** des Arbeitgebers **unter** dem **Vorbehalt** der sozialen Rechtfertigung der Änderung **an,** ist er verpflichtet, **zu den geänderten Bedingungen weiterzuarbeiten** (näher → Rn. 2196). Ein Weiterbeschäftigungsanspruch zu den bisherigen Arbeitsbedingungen besteht erst dann, wenn das Urteil des Arbeitsgerichts, mit dem festgestellt worden ist, dass die Änderung der Arbeitsbedingungen sozial ungerechtfertigt ist, rechtskräftig geworden ist.[134] Allerdings kann der Arbeitnehmer dann, wenn die Änderung der Arbeitsbedingungen mit einer Umgruppierung oder Versetzung verbunden ist, dazu weder die Zustimmung des Betriebsrats erteilt (§ 99 Abs. 1 S. 1 BetrVG) noch ersetzt (§ 99 Abs. 4 BetrVG) ist, und der Arbeitgeber die Maßnahme auch nicht vorläufig nach § 100 Abs. 1 S. 1 BetrVG durchführen kann, trotz Annahme der neuen Arbeitsbedingungen unter Vorbehalt (zunächst) nur weiter zu den bisherigen Arbeitsbedingungen beschäftigt werden.[135]

---

[129] BAG 19.12.1985 NZA 1986, 566, 567 f.; vgl. aber auch LAG Hessen 23.10.2001 BeckRS 2001, 30447635.

[130] BAG 19.12.1985 NZA 1986, 566, 568; LAG Berlin 14.7.1993 LAGE ArbGG 1979 § 62 Nr. 20.

[131] BAG 19.12.1985 NZA 1986, 566, 568.

[132] BAG 19.12.1985 NZA 1986, 566, 568.

[133] BAG 28.3.1985 NJW 1986, 214.

[134] BAG 19.12.1991 BeckRS 2009, 69341; 18.1.1990 NZA 1990, 734, 736; 27.3.1987 NZA 1988, 737; vgl. auch LAG Köln 29.6.2001 MDR 2002, 221, 222; LAG Nürnberg 13.3.2001 ZInsO 2001, 776 Ls.

[135] Vgl. LAG Köln 14.8.2006 BB 2007, 336 Ls.; KDZ/*Deinert*, § 102 Rn. 272; KR/*Etzel*, § 102 BetrVG Rn. 199d; APS/*Künzl*, § 2 KSchG Rn. 319; KR/*Rost/Kreft*, § 2 KSchG Rn. 158c; Richardi/*Thüsing*, § 102 BetrVG Rn. 282; offen gelassen von BAG 18.1.1990 NZA 1990, 734, 736.

2. Prozessuale Fragen

Der Arbeitnehmer kann im Kündigungsschutzprozess den nach § 259 ZPO zulässigen[136] Antrag auf Weiterbeschäftigung im Wege der objektiven Klagehäufung (§ 260 ZPO)[137] oder für den Fall stellen, dass der Kündigungsschutzklage stattgegeben wird (sog. uneigentlicher Hilfsantrag).[138] Bei der Formulierung des Klageantrages ist zu beachten, dass das Urteil einen **vollstreckungsfähigen Inhalt** hat. Dies ist nur dann der Fall, wenn die Einzelheiten der Beschäftigung, ggf. im Wege der Auslegung, aus den dem Arbeitgeber zugestellten Urkunden, also aus Tatbestand und Entscheidungsgründen des Urteils sowie aus sonstigen im Urteil in Bezug genommenen Urkunden, auch für einen unbeteiligten Dritten aus sich heraus eindeutig zu entnehmen sind.[139] Es reicht im Regelfall aus, wenn die Art der ausgeurteilten Beschäftigung des Arbeitnehmers aus dem Titel ersichtlich ist, wie „Weiterbeschäftigung zu den bisherigen Arbeitsbedingungen als …".[140] Ohne die Angabe der Art der Beschäftigung wird diese übliche Formulierung aber, wenn mit Streit über die Arbeitsbedingungen gerechnet werden muss, oft nicht als ausreichend angesehen.[141]

2269

Die **Zwangsvollstreckung** des Urteils auf Weiterbeschäftigung des Arbeitnehmers erfolgt nach § 888 Abs. 1 S. 1 ZPO (→ Rn. 2241).[142] Sie **setzt voraus,** dass dem Arbeitgeber die Vornahme der **Beschäftigung möglich** ist.[143] Kann der Arbeitgeber den Beschäftigungsanspruch nicht erfüllen, zB weil der Arbeitsplatz ersatzlos weggefallen ist, ist die Vollstreckung unzulässig.[144] Hierfür ist er in vollem Umfang darlegungs- und beweispflichtig.[145] Allerdings können im Zwangsvollstreckungsverfahren gegen die

2269a

---

[136] BAG 29.10.1997 NZA 1998, 329; 21.3.1996 NZA 1996, 1030, 1032; LAG Hamm 31.5.2007 BeckRS 2007, 46784; vgl. auch BAG 22.7.2014 NZA 2014, 1330 Rn. 19.
[137] BAG 27.2.1985 NZA 1985, 702.
[138] BAG 31.7.2014 NZA 2015, 358 Rn. 55; 8.4.1988 NZA 1988, 741; KR/*Etzel*, § 102 BetrVG Rn. 284; APS/*Koch*, § 102 BetrVG Rn. 243. Einzelheiten zum Streitwert → Rn. 2210 ff.
[139] LAG Baden-Württemberg 5.1.2007 NZA-RR 2007, 406, 410; LAG Köln 16.12.2004 LAGE ArbGG § 62 Nr. 31; LAG Rheinland-Pfalz 3.2.2005 NZA-RR 2005, 550 f.; LAG Thüringen 29.9.2003 LAGE ZPO 2002 § 888 Nr. 4; vgl. auch BAG 15.4.2009 NZA 2009, 917 Rn. 20; LAG Hessen 23.10.2008 BeckRS 2008, 58099; LAG Köln 14.6.2010 BeckRS 2010, 71118; LAG Rheinland-Pfalz 25.9.2009 BeckRS 2010, 65396.
[140] Vgl. näher BAG 15.4.2009 NZA 2009, 917 Rn. 20 iVm Klageantrag; LAG Hessen 25.6.2013 BeckRS 2013, 71067; vgl. auch LAG Baden-Württemberg 21.2.2007 BeckRS 2009, 63620; LAG Hessen 15.2.2013 BeckRS 2013, 67507.
[141] Vgl. LAG Baden-Württemberg 8.5.2000 NZA-RR 2000, 663 Ls.; LAG Berlin 17.5.1993 LAGE BGB § 626 Nr. 72; LAG Frankfurt 27.11.1992 LAGE ZPO § 888 Nr. 30; LAG Hamm 21.11.1989 LAGE ZPO § 888 Nr. 20; LAG Köln 24.10.1995 LAGE ZPO § 888 Nr. 36; 7.7.1987 LAGE ZPO § 888 Nr. 15; LAG Nürnberg 17.3.1993 LAGE ZPO § 888 Nr. 28; LAG Rheinland-Pfalz 30.3.1987 NZA 1987, 827; LAG Schleswig-Holstein 6.1.1987 NZA 1987, 322; vgl. auch LAG Düsseldorf 8.10.1998 BeckRS 1998, 41640; LAG Hamburg 25.5.2010 BeckRS 2010, 70525; zum Ganzen: *Süß*, NZA 1988, 719 ff.
[142] BAG 15.4.2009 NZA 2009, 917 Rn. 13; LAG Hessen 25.6.2013 BeckRS 2013, 71067. Zur Vollstreckung des Weiterbeschäftigungsanspruchs in der Insolvenz vgl. *Gaumann/Liebermann*, NZA 2005, 908 ff.
[143] LAG Baden-Württemberg 21.2.2007 BeckRS 2009, 63620; LAG Hessen 23.10.2008 BeckRS 2008, 58099; LAG München 1.8.2005 ArbRB 2006, 175.
[144] LAG Berlin 6.6.1986 LAGE ZPO § 888 Nr. 8; 14.6.2001 LAGE ZPO § 888 Nr. 46; LAG Düsseldorf 8.10.1998 BeckRS 1998, 41640; LAG Hamm 29.11.1985 LAGE ZPO § 888 Nr. 5; 29.8.1984 LAGE ZPO § 888 Nr. 2; LAG Köln 24.10.1995 NJW-RR 1996, 108, 109; 26.10.1998 MDR 1999, 303; 23.8.2001 NZA-RR 2002, 214; LAG Köln 9.3.2006 DB 2006, 730 (mit Ausnahmefall); LAG Schleswig-Holstein 11.12.2003 NZA-RR 2004, 408, 409.
[145] LAG Düsseldorf 8.10.1998 BeckRS 1998, 41640; LAG Schleswig-Holstein 11.12.2003 NZA-RR 2004, 408, 409.

Vierter Abschnitt: Der Kündigungsschutzprozess

Zwangsvollstreckung Gründe, aus denen die Beschäftigung des Vollstreckungsgläubigers unmöglich sein soll, nicht angeführt werden, soweit sie bereits Gegenstand des Erkenntnisverfahrens bis zum Erlass des Titels waren[146] bzw. vom Arbeitgeber hätten vorgetragen werden können.[147] Insoweit kann der Arbeitgeber aber nach Berufungseinlegung beim Landesarbeitsgericht gem. §§ 707 Abs. 1 S. 1, 719 Abs. 1 S. 1 ZPO iVm § 62 Abs. 1 S. 2 und 3 ArbGG die einstweilige Einstellung der Zwangsvollstreckung mit der Begründung, diese führe zu einem nicht zu ersetzenden Nachteil, beantragen.[148] Die Beschäftigung des Arbeitnehmers ist dem Arbeitgeber aber nicht schon dann unmöglich, wenn er durch Umorganisation die Arbeiten des gekündigten Arbeitnehmers auf andere Arbeitnehmer aufgeteilt hat. Denn diese Umverteilung kann wieder rückgängig gemacht werden.[149] Das ist anders zu beurteilen, wenn zB eine Abteilung, die der gekündigte Arbeitnehmer geleitet hat, völlig aufgelöst worden ist. Dann ist eine Vollstreckung unzulässig.[150]

2270   Der im Rahmen eines Kündigungsschutzprozesses zur Weiterbeschäftigung verurteilte Arbeitgeber kann sich mangels ausdrücklicher Regelung im Arbeitsvertrag und in Ermangelung besonderer Umstände seiner Beschäftigungspflicht nicht dadurch entziehen, dass er den Arbeitnehmer unter Fortzahlung seines Arbeitsentgelts von der Arbeit freistellt (auch → Rn. 2217 mit Fn. 2).[151] Eine Kündigung, die nach einer Verurteilung des Arbeitgebers zur Weiterbeschäftigung des Arbeitnehmers ausgesprochen wird, hindert die Zwangsvollstreckung aus diesem Titel nicht;[152] ebenso wenig ein in zweiter Instanz (vgl. § 9 Abs. 1 S. 3 KSchG) im Kündigungsschutzprozess gestellter Auflösungsantrag des Arbeitgebers nach § 9 Abs. 1 S. 2 KSchG (näher → Rn. 2213 ff.).[153] Den Einwand, durch die Folgekündigung bzw. durch seinen erfolgreichen Auflösungsantrag sei der Anspruch auf Weiterbeschäftigung entfallen (→ Rn. 2263), kann der Arbeitgeber nur im Wege der Vollstreckungsgegenklage nach § 767 Abs. 1 ZPO iVm § 62 Abs. 2 S. 1 ArbGG geltend machen.[154]

2271   Die Weiterbeschäftigung erstreckt sich nur auf den **Zeitraum bis zum rechtskräftigen Abschluss des Kündigungsschutzverfahrens.** Dies ist durch eine entsprechende Formulierung im Klageantrag zum Ausdruck zu bringen.[155] Nach rechtskräftigem Obsiegen des Arbeitnehmers im Kündigungsschutzprozess kann nur der allgemeine Beschäftigungsanspruch (näher → Rn. 2217) geltend gemacht werden.[156] Vollstreckt

---

[146] BAG 15.4.2009 NZA 2009, 917 Rn. 24, 25; LAG Baden-Württemberg 21.2.2007 BeckRS 2009, 63620; LAG Hessen 23.10.2008 BeckRS 2008, 58099.
[147] LAG Hessen 25.6.2013 BeckRS 2013, 71067; 23.10.2008 BeckRS 2008, 58099.
[148] BAG 15.4.2009 NZA 2009, 917 Rn. 26; vgl. auch LAG Sachsen 20.11.2006 LAGE ZPO 2002 § 888 Nr. 6.
[149] LAG Düsseldorf 8.10.1998 BeckRS 1998, 41640; LAG Köln 23.8.2001 NZA-RR 2002, 214; 14.8.2006 BB 2007, 336 Ls.; LAG München 11.9.1993 LAGE ZPO § 888 Nr. 34; vgl. auch LAG Hessen 3.7.2012 BeckRS 2012, 72687; LAG Schleswig-Holstein 11.12.2003 NZA-RR 2004, 408, 409; vgl. aber auch LAG Köln 26.10.1998 MDR 1999, 303.
[150] LAG Hamm 15.2.1991 LAGE ZPO § 888 Nr. 22; LAG München 11.9.1993 LAGE ZPO § 888 Nr. 34; vgl. auch LAG Köln 23.8.2001 NZA-RR 2001, 214. Zur Unmöglichkeit einer Vollstreckung, weil Kollegen oder Kunden mit dem gekündigten Arbeitnehmer nicht mehr zusammenarbeiten wollen, vgl. LAG Düsseldorf 7.7.1992 LAGE ZPO § 888 Nr. 25.
[151] LAG Berlin 13.10.2003 LAGE BGB 2002 § 611 Beschäftigungspflicht Nr. 2.
[152] LAG Hessen 23.2.2002 LAGE ZPO § 888 Nr. 49; LAG München 11.9.1993 LAGE ZPO § 888 Nr. 34.
[153] *St. Müller*, BB 2004, 1849, 1851.
[154] Zur Folgekündigung vgl. Nachw. in Fn. 128. Zur Auflösung des Arbeitsverhältnisses nach § 9 Abs. 1 S. 2 KSchG vgl. LAG Thüringen 5.1.2005 ArbuR 2005, 166 Ls.; *St. Müller*, BB 2004, 1849, 1851 f.
[155] Vgl. BAG 8.4.1988 NZA 1988, 741; KR/*Etzel*, § 102 BetrVG Rn. 285.
[156] Vgl. LAG Köln 14.8.2006 BB 2007, 336 Ls.

der Arbeitnehmer dennoch, kann sich der Arbeitgeber gegen einzelne Vollstreckungsmaßnahmen mit der sofortigen Beschwerde (§§ 567 Abs. 1 Nr. 1, 793 ZPO iV mit § 78 S. 1 ArbGG) zur Wehr setzen.[157, 158]

Vielfach ergibt sich in der Praxis, dass der Weiterbeschäftigungsanspruch für die Vergangenheit in der Hauptsache erledigt ist. Die Verurteilung des Arbeitgebers für einen zurückliegenden Zeitraum zur Weiterbeschäftigung des Arbeitnehmers ist unzulässig, da sie auf etwas Unmögliches gerichtet ist.[159] Der Arbeitnehmer kann in diesem Fall – auch noch in der Revisionsinstanz – vom Leistungsantrag zum Feststellungsantrag übergehen. Da der Klageanspruch derselbe geblieben ist, liegt ein Fall der Klageeinschränkung i. S. des § 264 Nr. 2 ZPO vor. Der Arbeitnehmer hat im Hinblick auf die persönlichkeitsrechtliche Natur des Beschäftigungsanspruches ein rechtliches Interesse an der Feststellung, dass in dem zurückliegenden Zeitraum eine Beschäftigungspflicht des Arbeitgebers bestanden hat.[160] 2272

3. Rechtsnatur und Rückabwicklung des Weiterbeschäftigungsverhältnisses

Der Große Senat hat zur Frage, wie das „Weiterbeschäftigungsverhältnis" nach rechtskräftiger Abweisung der Kündigungsschutzklage zu charakterisieren ist, keine Stellung genommen. In Rechtsprechung und Literatur werden dazu unterschiedliche Lösungen vorgeschlagen. Einmal wird der Standpunkt vertreten, bei dem Weiterbeschäftigungsverhältnis handele es sich um die Fortsetzung des ursprünglichen Arbeitsverhältnisses. Andere meinen, es sei als ein faktisches Arbeitsverhältnis zu bestimmen. Schließlich wird der bereicherungsrechtliche Lösungsansatz vertreten (dazu näher → Rn. 2280).[161, 162] Diese bereicherungsrechtliche Lösung stößt in der Praxis, vor allem in der Frage der Rückabwicklung, auf nicht unerhebliche Schwierigkeiten. Dennoch dürfte sie de lege lata allein in Betracht kommen. 2273

a) Weiterbeschäftigung auf Grund einer Parteivereinbarung

Vereinbaren die Parteien die **Weiterbeschäftigung** des Arbeitnehmers **bis** zum **rechtskräftigen Abschluss** eines **anhängigen Rechtsstreits** über die Wirksamkeit der Kündigung, liegt hierin die Vereinbarung eines **zweckbefristeten Arbeitsver-** 2274

---

[157] LAG Köln 24.6.1987 NZA 1988, 39 u. 17.2.1988 LAGE ZPO § 888 Nr. 13; LAG Frankfurt/M. 11.3.1988 NZA 1988, 743.
[158] Zur Zwangsgeldfestsetzung im Rahmen der Vollstreckung nach § 888 Abs. 1 ZPO vgl. LAG Berlin 5.7.1985 LAGE ZPO § 888 Nr. 3; LAG Hamm 22.1.1986 LAGE ZPO § 888 Nr. 4; LAG Frankfurt/M. 26.5.1986 LAGE ZPO § 888 Nr. 8; LAG Hamburg 7.7.1988 LAGE ZPO § 888 Nr. 17; LAG Köln 24.10.1995 NZA-RR 1996, 108; LAG München 11.9.1993 LAGE ZPO § 888 Nr. 34. Wird der Vollstreckungstitel aufgehoben oder verzichtet der Gläubiger auf seine titulierten Rechte, besteht ein bereicherungsrechtlicher Anspruch des Vollstreckungsschuldners gegen das Land auf Rückzahlung des Zwangsgeldes; BAG 6.12.1989 AP ArbGG 1979 § 62 Nr. 5.
[159] Vgl. allg. BAG 18.12.1986 NZA 1987, 379.
[160] BAG 21.3.1996 NZA 1996, 1030; 13.6.1985 NZA 1986, 522; 8.4.1988 NZA 1988, 741.
[161] Zu diesem Problemfeld vgl. *Dütz*, ArbuR 1987, 317 ff.; *Pallasch*, Der Beschäftigungsanspruch des Arbeitnehmers, 1993; *ders.*, Anm. zu BAG EzA § 611 BGB Beschäftigungspflicht Nr. 52; *Oetker*, Anm. LAGE BGB § 611 Beschäftigungspflicht Nr. 30; MünchArbR/*Wank*, § 99 Rn. 99 ff.
[162] BAG 20.3.2001 AP BetrAVG § 1 Beamtenversorgung Nr. 16; 17.6.1999 NZA 1999, 1154; 12.2.1992 NZA 1993, 177; 17.1.1991 NZA 1991, 769, 770; vgl. auch KR/*Etzel*, § 102 BetrVG Rn. 297 ff.; *Gamillscheg*, FS *Dieterich*, 1999, S. 185, 197 ff. *Hanau/Rolfs*, JZ 1993, 321.

trages iSv § 3 Abs. 1 S. 2 TzBfG,[163] der gem. § 14 Abs. 4 TzBfG der Schriftform bedarf.[164] Um ein **auflösend bedingtes Arbeitsverhältnis** handelt es sich dagegen, wenn die Parteien eine **Weiterbeschäftigung** des Arbeitnehmers **bis** zur **rechtskräftigen Abweisung** der **Kündigungsschutzklage** vereinbaren.[165] Auch hierfür ist gem. § 14 Abs. 4 TzBfG iVm § 21 TzBfG die Schriftform erforderlich.[166] Derartige Vereinbarungen, an denen es fehlt, wenn die Weiterbeschäftigung zur Abwendung der Zwangsvollstreckung erfolgt (näher → Rn. 2276ff.),[167] können sich bei einer tatsächlichen Weiterbeschäftigung des Arbeitnehmers nach Zugang der außerordentlichen Kündigung bzw. nach Ablauf der Kündigungsfrist auch durch Auslegung der ausdrücklichen und konkludenten Erklärungen der Parteien ergeben,[168] sind aber seit dem 1.1.2001[169] gem. § 125 S. 1 BGB iVm § 14 Abs. 4 TzBfG nichtig mit der Folge, dass bei rechtskräftiger **Abweisung** der Kündigungsschutzklage ein **auf unbestimmte Zeit** geschlossener **Vertrag** besteht (§ 16 S. 1 TzBfG, ggf. iVm § 21 TzBfG).[170]

2275 Haben die Parteien die **Weiterbeschäftigung** des Arbeitnehmers **auflösend bedingt** bis zur **rechtskräftigen Abweisung** der **Kündigungsschutzklage** vereinbart (→ Rn. 2274), wendet das BAG die Grundsätze des **faktischen Arbeitsverhältnisses** an, wenn sich später herausstellt, dass das Arbeitsverhältnis durch die Kündigung wirksam beendet worden ist.[171] Der Arbeitgeber schuldet also im Krankheitsfalle nach § 3 Abs. 1 S. 1 EFZG Entgeltfortzahlung.[172] Von einer – seit dem 1.1.2001 nach § 125 S. 1 BGB iVm § 14 Abs. 4 TzBfG unwirksamen – konkludenten Vereinbarung, nach der das gekündigte Arbeitsverhältnis auflösend bedingt durch die Abweisung der Kündigungsschutzklage fortgesetzt wird, kann **nicht** ausgegangen werden, wenn der Arbeitgeber nach seiner Verurteilung zur Weiterbeschäftigung des Arbeitnehmers das Arbeitsentgelt zahlt, ohne jedoch den Arbeitnehmer tatsächlich zu beschäftigen. Der

---

[163] BAG 19.1.2005 BeckRS 2005, 30349196; 22.10.2003 NZA 2004, 1275; LAG Köln 5.4.2012 BeckRS 2012, 71361; LAG Nürnberg 25.6.2004 LAGE BetrVG 2001 § 102 Beschäftigungspflicht Nr. 1; LAG Schleswig-Holstein 29.9.2011 BeckRS 2012, 65203; *Lingemann/Steinhauser*, NJW 2014, 2165, 2166; *Ricken*, NZA 2005, 323, 328; *Schrader/Straube*, RdA 2006, 98, 100; vgl. auch BAG 8.4.2014 BeckRS 2014, 70815 Rn. 45.

[164] Zu einer vorübergehenden, wegen eines Dissenses über die Befristung formfreien Weiterbeschäftigung des Arbeitnehmers über den Ablauf der Kündigungsfrist hinaus vgl. LAG Köln 4.3.2004 NZA-RR 2004, 625, 626 f.

[165] BAG 8.4.2014 BeckRS 2014, 70815 Rn. 28; 19.1.2005 BeckRS 2005, 30349196; 22.10.2003 NZA 2004, 1275, 1276; *Lingemann/Steinhauser*, NJW 2014, 2165, 2166; *Schrader/Straube*, RdA 2006, 98, 100; *Sittard/Ulbrich*, RdA 2006, 218, 222 f.; vgl. früher schon BAG 4.9.1986 NZA 1987, 376.

[166] Ebenso LAG Hamm 16.1.2003 NZA-RR 2003, 468; LAG Niedersachsen 17.2.2004 NZA-RR 2004, 472; 30.6.2006 LAGE KSchG § 1 Soziale Auswahl Nr. 52; *Ricken*, NZA 2005, 323, 329; dazu neigend auch LAG Niedersachsen 30.9.2003 NZA-RR 2004, 194, 195; a. A. *Bayreuther*, DB 2003, 1736, 1738 f.; *Bengelsdorf*, NZA 2005, 277, 281 f.; *Dollmann*, BB 2003, 2681, 2687 f.; *Tschöpe*, DB 2004, 434, 436 f.; *ders.*, BAG Report 2005, 1, 2 f.; *A. Wisskirchen*, Gedächtnisschrift Heinze, 2005, 1081, 1092.

[167] Vgl. BAG 8.4.2014 BeckRS 2014, 70815 Rn. 28; LAG Hamm 31.10.2003 LAG Report 2004, 253, 254; LAG Niedersachsen 30.6.2006 LAGE KSchG § 1 Soziale Auswahl Nr. 52; 27.9.2005 NZA-RR 2006, 179; LAG Schleswig-Holstein 24.9.2011 BeckRS 2012, 65203; vgl. auch BAG 22.10.2003 NZA 2004, 1275.

[168] Vgl. BAG 22.10.2003 NZA 2004, 1275, 1276 f.; vgl. auch BAG 8.4.2014 BeckRS 2014, 70815 Rn. 26–28 u. auch BAG 27.7.2014 NZA 2014, 1330 Rn. 15–20.

[169] Für Befristungsabreden galt das Schriftformerfordernis nach § 623 BGB a. F. schon seit dem 1.5.2000.

[170] Vgl. BAG 22.10.2003 NZA 2004, 1275, 1276; LAG Nürnberg 25.6.2004 LAGE BetrVG 2001 § 102 Beschäftigungspflicht Nr. 1; hierzu krit. *Löwisch*, Anm. zu BAG 22.10.2003 AP TzBfG § 14 Nr. 6.

[171] BAG 30.4.1997 NZA 1998, 199, 200; 15.1.1986 NZA 1986, 561, 562; abl. LAG Hamm 16.1.2003 NZA-RR 2003, 468.

[172] Vgl. BAG 4.9.1986 NZA 1987, 376, 377.

Arbeitgeber erfüllt in diesem Falle seine bei Unwirksamkeit der Kündigung bestehende Verpflichtung nach §§ 611 Abs. 1, 615 S. 1 BGB. Das hat zur Konsequenz, dass nach rechtkräftiger Abweisung der Kündigungsschutzklage der Arbeitnehmer zur Rückzahlung der erhaltenen Vergütung nach §§ 812 Abs. 1 S. 1, 818 Abs. 2 BGB verpflichtet ist.[173] Selbst wenn der Arbeitgeber die Beschäftigung abgelehnt hat, reicht das nicht zur Begründung eines Wertersatzanspruchs aus. Der Arbeitnehmer hat in diesen Fällen seinen Weiterbeschäftigungsanspruch zu vollstrecken. Nur die tatsächliche Weiterbeschäftigung begründet dann den Wertersatzanspruch.

b) Weiterbeschäftigung zur Abwendung der Zwangsvollstreckung

Wird der Arbeitnehmer „**zur Abwendung der Zwangsvollstreckung**" bis zur rechtskräftigen Entscheidung im Kündigungsschutzprozess **weiterbeschäftigt,** wendet das BAG für die **Rückabwicklung** die allgemeinen Grundsätze, das **Bereicherungsrecht,** an, sofern die Klage des Arbeitnehmers rechtskräftig abgewiesen oder in einem Vergleich rückwirkend die Auflösung des Arbeitsverhältnisses vereinbart wird.[174, 175]

(1) Wird eine Kündigungsschutzklage rechtskräftig abgewiesen, richten sich die Zahlungsansprüche des Arbeitnehmers für die Dauer der tatsächlichen Weiterbeschäftigung nach § 812 Abs. 1 S. 1 1. Alt. BGB. Da der Arbeitgeber die erbrachte Arbeitsleistung nicht herausgeben kann, hat er nach § 818 Abs. 2 BGB den Wert zu ersetzen. Das ist der **objektive Wert** der tatsächlich erbrachten Arbeitsleistung.[176] Ursprünglich haben der 8. und der 6. Senat des BAG den Standpunkt vertreten, der objektive Wert der Arbeitsleistung entspreche dem Tariflohn. Dazu zählt auch eine anteilige **Jahressonderzahlung,** wenn diese nach dem Inhalt des für das beendete Arbeitsverhältnis maßgeblichen Tarifvertrags als **auf den Weiterbeschäftigungszeitraum entfallendes Arbeitsentgelt** anzusehen ist und mit ihr nicht (auch) vergangene und/oder künftige Betriebstreue belohnt werden soll.[177] Der 5. Senat des BAG hat demgegenüber erkannt, der Wert der Arbeitsleistung bestimme sich nach der dafür üblichen Vergütung. Diese sei nicht immer der Tariflohn, sondern könne auch darüber liegen.[178] Da mit ihr auch Betriebstreue belohnt werden soll, umfasst der Wertersatz nach § 818 Abs. 2 BGB keinesfalls die betriebliche Altersversorgung.[179]

Der Arbeitnehmer hat während des Weiterbeschäftigungszeitraums **keinen Anspruch auf Urlaubsabgeltung.** Der Arbeitgeber hat, so zutreffend das BAG, dadurch, dass der Arbeitnehmer während des Weiterbeschäftigungsverhältnisses keinen Jahresurlaub erhalten hat, nichts erlangt. Der Urlaub sei keine Gegenleistung des Arbeitgebers für die erbrachte Arbeitsleistung, sondern ein gesetzlicher Freistellungsanspruch.[180] Der Wert der Arbeit werde dadurch nicht erhöht.[181] **Keinen Anspruch** hat der Arbeitnehmer **auf Entgeltfortzahlung im Krankheitsfall** (§ 3 Abs. 1 S. 1

---

[173] BAG 17.1.1991 NZA 1991, 769; LAG Hamm 3.12.1999 NZA-RR 2000, 181 f.
[174] BAG 17.4.1986 NZA 1987, 17 zur Wirkung des Prozessvergleichs.
[175] BAG 12.2.1992 NZA 1993, 177; 1.3.1990 NZA 1990, 696; 10.3.1987 NZA 1987, 373.
[176] BAG 30.4.1997 NZA 1998, 199; vgl. auch *Lingemann/Steinhauser,* NJW 2014, 3765, 3766.
[177] BAG 1.3.1990 NZA 1990, 696; 10.3.1987 NZA 1987, 373; vgl. auch BAG 30.4.1997 NZA 1998, 199.
[178] BAG 12.2.1992 NZA 1993, 177, 178; ebenso KR/*Etzel,* § 102 BetrVG Rn. 297; *Konzen,* FS Kim, 1995, S. 63, 81.
[179] BAG 20.3.2001 AP BetrAVG § 1 Beamtenversorgung Nr. 16.
[180] BAG 10.3.1987 NZA 1987, 373; im Übrigen st. Rspr., vgl. zB BAG 18.3.2014 BeckRS 2014, 70342; 14.5.2013 BeckRS 2013, 71433; 24.3.2009 NZA 2009, 538 Rn. 33.
[181] BAG 10.3.1987 NZA 1987, 373, 375; ebenso APS/*Koch,* § 102 BetrVG Rn. 242; a. A. HK-KSchG/*Dorndorf,* § 1 Anh. 2 Rn. 43; *Kreßel,* JZ 1988, 1107.

EFZG) sowie **auf Entgeltzahlung an Feiertagen** (§ 2 Abs. 1 EFZG). Auch in diesen Fällen erhöht sich der Wert der Arbeitsleistung nicht.[182]

2279 **Bei der Wertbestimmung der Arbeitsleistung** ist auf die übliche Vergütung abzustellen, die am Ort für diese Arbeitsleistung gezahlt wird. Individuelle Umstände, wie zB die Betriebszugehörigkeit oder das Alter des gekündigten Arbeitnehmers, sind ohne Bedeutung, weil es nur auf den objektiven Wert der Leistung ankommt.[183] Deshalb ist auch der wirtschaftliche Erfolg der geleisteten Arbeit unbeachtlich. Es ist zu fragen, was der Arbeitgeber aufwenden muss, um eine vergleichbare Arbeitsleistung am örtlichen Arbeitsmarkt zu erwerben.[184]

2280 (2) **Nach rechtskräftiger Abweisung der Kündigungsschutzklage** können auch dem Arbeitgeber Ansprüche auf Rückzahlung von geleisteten Zahlungen während des Weiterbeschäftigungsverhältnisses zustehen. Das Arbeitsverhältnis hat im Weiterbeschäftigungszeitraum nicht bestanden. Das **Urteil** im Kündigungsschutzprozess wirkt **ex tunc**. Damit hat der Arbeitgeber seine Leistungen ohne rechtlichen Grund erbracht, so dass ihm insoweit ein Rückzahlungsanspruch nach § 812 Abs. 1 S. 1 1. Alt. BGB zusteht. Die vorläufige Vollstreckbarkeit des Weiterbeschäftigungsurteils steht dem nicht entgegen, da sie keinen Rechtsgrund für geleistete Zahlungen bilden kann.[185] Der Arbeitnehmer kann sich gegenüber diesem Bereicherungsanspruch nicht auf § 818 Abs. 3 BGB berufen. Denn ihn trifft eine verschärfte Haftung. Zwar werden die Voraussetzungen des § 819 Abs. 1 BGB in aller Regel nicht vorliegen, weil über das Schicksal der Kündigungsschutzklage keine Klarheit besteht. Jedoch ist § 820 Abs. 1 S. 2 BGB analog auf den Fall des anfänglichen Fehlens des Rechtsgrundes anzuwenden, sofern eine beiderseitige Ungewissheit über das Fehlen des Rechtsgrundes besteht.[186] Jedenfalls ist aber von einer verschärften Haftung des Arbeitnehmers auszugehen, wenn der Arbeitgeber die Leistung unter Vorbehalt erbracht hat und der Arbeitnehmer dem nicht widersprochen hat.[187]

2281 Bei der Rückabwicklung von Leistungen im Weiterbeschäftigungszeitraum haben Arbeitgeber und Arbeitnehmer die sog. **Saldotheorie** zu bedenken, d.h. ihre Leistungen sind nicht isoliert zu betrachten, sondern unter Berücksichtigung der erhaltenen Leistung des anderen zu saldieren.[188] Zwar wurde diese Theorie für den gegenseitigen

---

[182] APS/*Koch*, § 102 BetrVG Rn. 242; *Oetker*, Anm. zu LAG Düsseldorf LAGE BGB § 611 Beschäftigungspflicht Nr. 30.

[183] *Hanau/Rolfs*, JZ 1993, 321; *Pallasch*, Anm. zu BAG EzA BGB § 611 Beschäftigungspflicht Nr. 52.

[184] Vgl. *Beuthin*, RdA 1969, 161; *Hanau/Rolfs*, JZ 1993, 321; *Joost*, ZfA 1988, 489; *Oetker*, Anm. zu LAG Düsseldorf LAGE BGB § 611 Beschäftigungspflicht Nr. 30; a. A. LAG Düsseldorf 27.3.1990 LAGE BGB § 611 Beschäftigungspflicht Nr. 30, das stets für den Wertersatz vom Tariflohn ausgeht; ebenso *Walker*, DB 1988, 1596, 1598; *Barton/Hönsch*, ZfA 1987, 721.

[185] Vgl. *Schilken*, 2. Anm. zu BAG EzA BGB § 611 Beschäftigungspflicht Nr. 28 und *Oetker*, Anm. zu LAG Düsseldorf LAGE BGB § 611 Beschäftigungspflicht Nr. 30.

[186] MüKoBGB/*Schwab*, § 820 Rn. 2; *Pallasch*, Anm. zu BAG EzA BGB § 611 Beschäftigungspflicht Nr. 52.

[187] Die analoge Anwendung des § 820 Abs. 1 S. 2 BGB entspricht in diesem Falle einer verbreiteten Ansicht in Rechtsprechung und Literatur; vgl. BGH 8.6.1988 WM 1988, 1496; Staudinger/*Lorenz*, § 820 BGB Rn. 5; Soergel/*Mühl/Hadding*, § 820 BGB Rn. 3; *Reuter/Martinek*, Ungerechtfertigte Bereicherung, 1983, S. 652; *Oetker*, Anm. zu LAG Düsseldorf LAGE BGB § 611 Beschäftigungspflicht Nr. 30. Bis zur weiteren Klärung des Problemfeldes durch die Gerichte für Arbeitssachen sollte der Arbeitgeber stets einen Vorbehalt bei seinen Leistungen erklären. Der Fall des BAG 12.2.1992 NZA 1993, 177, bei dem der Arbeitgeber einen Vorbehalt erklärt hatte, veranlasste das Gericht nur zur Prüfung der verschärften Haftung nach § 819 BGB, nicht aber gem. § 820 Abs. 1 S. 2 BGB.

[188] BAG 12.2.1992 NZA 1993, 177; 10.3.1987 NZA 1987, 373; vgl. auch BAG 30.4.1997 NZA 1998, 199.

Vertrag entwickelt, jedoch ist sie auch auf das Weiterbeschäftigungsverhältnis anzuwenden. Denn dort besteht ein **„faktisches Synallagma"**.[189]

Hat also der Arbeitgeber Leistungen erbracht, die den objektiven Wert der vom Arbeitnehmer erbrachten Arbeitsleistung übersteigen, sind diese zurückzugewähren. Der Wert der Arbeitsleistung des Arbeitnehmers bestimmt sich bei der Saldierung nach den in Rn. 2277 ff. dargestellten Grundsätzen. Lagen die Entgeltleistungen des Arbeitgebers über diesem Wert, sind die Beträge, da der Arbeitnehmer sie ohne Rechtsgrund erlangt hat, zurückzuzahlen. Das gilt auch für Leistungen, die der Arbeitgeber als Feiertagsentgelt, als Entgeltfortzahlung im Krankheitsfall oder als Urlaubsentgelt bzw. als Urlaubsabgeltung gewährt hat. Diese Zahlungen tangieren den Wert der Arbeitsleistung des Arbeitnehmers für den Arbeitgeber nicht. Sie werden nur im Hinblick auf das vermeintliche Fortbestehen des Arbeitsverhältnisses geleistet, so dass sie zurückzugewähren sind.[190] Der Wert der Arbeitsleistung kann dagegen durch eine tarifliche Jahressonderleistung, nicht aber durch eine betriebliche Altersversorgung bestimmt werden (dazu → Rn. 2277).[191]

(3) Dem Arbeitgeber können nach der Vollstreckung des Urteils auf Weiterbeschäftigung Schadensersatzansprüche nach § 717 Abs. 2 S. 1 ZPO zustehen, sofern das Urteil durch das Rechtsmittelgericht aufgehoben wird. Inhalt und Umfang bestimmen sich nach § 249 BGB. Schadensersatzansprüche werden nicht gerade häufig in Betracht kommen. Denkbar sind sie jedoch bei der betriebsbedingten Kündigung, wenn der Arbeitgeber durch die Weiterbeschäftigung des Arbeitnehmers eine Rationalisierungsmaßnahme verspätet vornehmen konnte und dadurch ein Schaden entstanden ist.[192, 193]

4. Inhalt des Weiterbeschäftigungsanspruchs

Der Weiterbeschäftigungsanspruch ist auf die rein tatsächliche Weiterbeschäftigung gerichtet. Eine Arbeitspflicht des Arbeitnehmers besteht nicht. Ob er von diesem Recht Gebrauch macht oder nicht, unterliegt seiner Entscheidung. Der Weiterbeschäftigungsanspruch muss also geltend gemacht werden. Der Arbeitnehmer ist nicht gezwungen, **während** des **Kündigungsschutzprozesses** zu arbeiten. Bietet der Arbeitgeber die Weiterbeschäftigung für die Dauer des Prozesses an, endet ein bestehender Annahmeverzug nicht, da der Arbeitgeber nicht bereit ist, die vertragsgemäße Leistung anzunehmen, sondern nur die Leistung im Weiterbeschäftigungsverhältnis,

---

[189] Vgl. *Pallasch,* Anm. EzA § 611 BGB Beschäftigungspflicht Nr. 52; *Bengelsdorf,* SAE 1987, 254, 268; a. A. *Oetker,* Anm. zu LAGE BGB § 611 Beschäftigungspflicht Nr. 30.
[190] BAG 10.3.1987 NZA 1987, 373; 14.5.1986 NJW 1986, 2838; LAG Düsseldorf 27.3.1990 LAGE BGB § 611 Beschäftigungspflicht Nr. 30; *Oetker,* Anm. zu LAG Düsseldorf LAGE BGB § 611 Beschäftigungspflicht Nr. 30.
[191] Zum Ausgleich bei der Saldierung, wenn der Arbeitgeber Beiträge zur Pensionskasse geleistet hat und Arbeitgeberanteile zur Sozialversicherung für Beträge gezahlt worden sind, die vom Arbeitnehmer zurückgewährt werden müssen, sowie zur Frage, ob der Arbeitgeber einen Bereicherungsanspruch auch für die wegen Teilnahme an einer Betriebsversammlung gezahlte Vergütung hat, vgl. LAG Düsseldorf 27.3.1990 LAGE BGB § 611 Beschäftigungspflicht Nr. 30 mit insoweit teilweiser krit. Anm. *Oetker.*
[192] *Pallasch,* Anm. EzA BGB § 611 Beschäftigungspflicht Nr. 52; *Löwisch,* DB 1978, Beil. Nr. 7 zu Heft 13 S. 6; *Bengelsdorf,* SAE 1987, 269.
[193] Zum Verhältnis Weiterbeschäftigung und Annahmeverzug vgl. BAG 24.9.2003 NZA 2004, 90; LAG Hamm 15.5.1989 LAGE BGB § 611 Beschäftigungspflicht Nr. 26; LAG München 9.5.2001 NZA-RR 2001, 414; LAG Niedersachsen 10.3.1989 LAGE BGB § 611 Beschäftigungspflicht Nr. 27.

wie immer man sie einordnet. An der Kündigung hält der Arbeitgeber weiter fest (→ Rn. 1874 ff.).[194] Die Ablehnung eines derartigen Weiterbeschäftigungsangebots kann jedoch ein böswilliges Unterlassen anderweitigen Erwerbs i.S. des § 11 Nr. 2 KSchG darstellen (dazu näher → Rn. 1876).

5. Einstweiliger Rechtsschutz

2285 Der Große Senat hat ausdrücklich die Frage offen gelassen, ob und ggf. unter welchen Voraussetzungen vor der Entscheidung im Hauptprozess eine einstweilige Verfügung zur Durchsetzung des Weiterbeschäftigungsanspruches möglich ist. Die vom Großen Senat aufgestellten Grundsätze können jedoch auf den einstweiligen Rechtsschutz nicht ohne Wirkung bleiben. **Bis zur Entscheidung im Hauptprozess** über die Wirksamkeit der Kündigung ist eine **einstweilige Verfügung** (sog. Leistungsverfügung nach § 940 ZPO) nur **möglich,** wenn

a) die Kündigung **offensichtlich unwirksam** ist[195] oder

b) **besondere Gründe** vom Verfügungskläger glaubhaft gemacht werden, die es rechtfertigen, die in der Regel geltende **Interessenabwägung** zwischen Arbeitgeber und Arbeitnehmer zu **Lasten** des **Arbeitgebers** zu verändern.[196]

2286 Der Arbeitnehmer muss **wirklich gravierende Eingriffe** in sein **Persönlichkeitsrecht** glaubhaft machen, die es notwendig erscheinen lassen, die vom Großen Senat vorgenommene Interessenabwägung vor einer Entscheidung des Arbeitsgerichts im Kündigungsschutzprozess abzuändern. Die Tatsache der vorübergehenden Nichtbeschäftigung allein oder die Erhaltung seines Arbeitsplatzes reichen dazu nicht aus.[197] Als denkbare Gründe können die **Erhaltung und Sicherung** der **Qualifikation** des Arbeitnehmers in Betracht kommen oder auch die **Fortführung** einer **Berufsausbildung**.[198] Das sind ideelle und nicht materielle Gründe. Letztere können eine einstweilige Verfügung nicht rechtfertigen.[199] Diese Fälle werden wohl Ausnahmen bleiben. Auch eine sog. Regelungsverfügung (§ 935 ZPO) dürfte außerhalb der Offensichtlichkeitsfälle im Allgemeinen ausscheiden. Denn auch sie setzt einen Verfügungsanspruch voraus.[200]

---

[194] Vgl. BAG 14.11.1985 NZA 1986, 637. Zu dieser Grundsatzentscheidung vgl. *Löwisch,* DB 1986, 2433 und *Wank,* RdA 1987, 156; *Reuter,* JuS 1986, 2433 und *Schwerdtner,* EWiR § 615 BGB 2/86 S. 1093. Das BAG hat seine Ansicht in den Urteilen vom 10.3.1987 NZA 1987, 373 u. vom 24.9.2003 NZA 2004, 90 bestätigt; ebenso BAG 19.9.2012 NZA 2013, 101 Rn. 30; vgl. auch LAG Schleswig-Holstein 21.3.2013 BeckRS 2013, 68252.

[195] LAG Hamm 3.2.2004 NZA-RR 2005, 358, 359; LAG Köln 4.2.1993 LAGE BGB § 611 Beschäftigungspflicht Nr. 34; 13.5.1993 LAGE BGB § 611 Beschäftigungspflicht Nr. 35.

[196] Vgl. LAG Berlin 22.2.1991 LAGE BGB § 611 Beschäftigungspflicht Nr. 29; LAG Hamm 18.2.1998 NZA-RR 1998, 422; LAG Köln 26.11.1985 NZA 1986, 136; *Dollmann,* BB 2003, 2681, 2683; *Dütz,* NZA 1986, 209 ff.; *Schäfer,* NZA 1985, 695; *Heinze,* RdA 1986, 282; a. A. LAG Niedersachsen 6.8.1987 LAGE BGB § 611 Beschäftigungspflicht Nr. 22; 18.11.1994 LAGE BGB § 611 Beschäftigungspflicht Nr. 38.

[197] Vgl. LAG Hamm 18.2.1998 NZA – RR 1998, 422; 27.9.2000 NZA-RR 2001, 654; LAG Hessen 23.1.1995 BB 1995, 2276 Ls.; LAG Köln 6.8.1996 LAGE BGB § 611 Beschäftigungspflicht Nr. 40.

[198] Vgl. LAG Köln 26.11.1985 LAGE BGB § 611 Beschäftigungspflicht Nr. 8; LAG Rheinland-Pfalz 21.8.1986 LAGE BGB § 611 Beschäftigungspflicht Nr. 19; LAG Thüringen 10.4.2001 LAGE GG Art. 2 Persönlichkeitsrecht Nr. 2.

[199] LAG Köln 6.8.1996 LAGE BGB § 611 Beschäftigungspflicht Nr. 40; 10.9.2004 BB 2005, 784 Ls.; LAG Rheinland-Pfalz 21.8.1986 LAGE BGB § 611 Beschäftigungspflicht Nr. 19.

[200] *Stein/Jonas/Grunsky,* § 940 ZPO Rn. 2; *Schwerdtner,* ZIP 1985, 1369.

§ 6 Weiterbeschäftigungsanspruch während des Kündigungsschutzprozesses

Besteht nach diesen Grundsätzen ein **Verfügungsanspruch,** ist **wohl** auch **stets** 2287
ein **Verfügungsgrund** anzuerkennen, sofern dargelegt und glaubhaft gemacht worden
ist, dass die Kündigung mit hoher Wahrscheinlichkeit rechtsunwirksam ist.[201] Hat der
Arbeitnehmer es unterlassen, in dem von ihm geführten Bestandsrechtsstreit den Weiterbeschäftigungsanspruch im Wege der objektiven Klagehäufung (§ 260 ZPO) zu
stellen (→ Rn. 2269), entfällt im Allgemeinen[202] der Verfügungsgrund auf Weiterbeschäftigung im Wege der einstweiligen Verfügung trotz Obsiegens im Bestandsrechtsstreit. Insoweit hat der Arbeitnehmer die Eilbedürftigkeit selbst widerlegt.[203] Hat der Arbeitnehmer drei[204] bzw. sechs[205] Monate nach einem Urteil des Landesarbeitsgerichts im
Kündigungsschutzverfahren verstreichen lassen, bevor er eine einstweilige Verfügung beantragt, besteht kein Verfügungsgrund mehr. Nach Verkündung eines Urteils erster Instanz im Kündigungsschutzverfahren, mit dem der Arbeitnehmer zugleich antragsgemäß
seine (vorläufige) Weiterbeschäftigung erstritten hat (→ Rn. 2269), ist für eine einstweilige Verfügung in aller Regel kein Raum mehr, weil er nun mit dem vorläufig vollstreckbaren Urteil auf Weiterbeschäftigung die Durchsetzung seines Rechts erreichen
kann.

---

[201] Vgl. LAG Berlin 16.9.2004 BeckRS 2005, 40206; ArbG Berlin 29.9.2006 DB 2007, 579 Ls.;
a. A. LAG Niedersachsen 22.5.1987 DB 1987, 2664, das die einstweilige Verfügung bereits zur Abwendung wesentlicher Nachteile für zulässig hält; ebenso 18.11.1994 LAGE BGB § 611 Beschäftigungspflicht Nr. 38 und ArbG Herne 13.10.1988 NZA 1989, 236 Ls.
[202] Zu Ausnahmen vgl. LAG Hamm 9.6.2006 NZA-RR 2007, 17, 18 f.; LAG Rheinland-Pfalz
24.7.2014 BeckRS 2014, 73117.
[203] LAG Frankfurt/M. 22.3.1987 NZA 1988, 37; LAG Hamm 9.6.2006 NZA-RR 2007, 17, 18;
LAG Köln 21.7.2010 BeckRS 2010, 72872; 18.8.2000 NZA-RR 2001, 387; LAG Rheinland-Pfalz
24.7.2014 BeckRS 2014, 73117; *Dollmann,* BB 2003, 2681, 2683; *Schäfer,* NZA 1985, 691, 695;
Schwab/Weth/Walker, § 62 ArbGG Rn. 149; a. A. *Buchner,* Beschäftigungspflicht, S. 80; GWBG/
Benecke, § 62 ArbGG Rn. 24. Zur Selbstwiderlegung der Eilbedürftigkeit im Rahmen eines auf § 102
Abs. 5 S. 1 BetrVG gestützten einstweiligen Verfügungsverfahrens (→ Rn. 2237 f.) vgl. LAG Nürnberg 17.8.2004 NZA-RR 2005, 255.
[204] LAG Hamm 3.2.1998 BeckRS 1998, 31016453.
[205] LAG Hamm 18.2.1986 NZA 1986, 399; vgl. auch LAG Hamm 9.6.2006 NZA-RR 2007, 17,
19.

Fünfter Abschnitt: Kündigungsschutz in der Insolvenz

§ 1 Kündigung nach Eröffnung des Insolvenzverfahrens

I. Bedeutung des Insolvenzrechts

Am 1.1.1999 ist die Insolvenzordnung (InsO) vom 5.10.1994 (BGBl. I S. 2866), zuletzt geändert durch Art. 6 des Gesetzes vom 31.8.2013 (BGBl. I S. 3533) in Kraft getreten.[1] In den alten und neuen Bundesländern bestanden bis dahin unterschiedliche Regelungen (§ 22 KO, § 51 Abs. 2 VglO, § 9 Abs. 2 GesO), die ab 1.1.1999 durch die Insolvenzordnung einheitlich ersetzt worden sind. Einige der arbeitsrechtlichen Vorschriften der Insolvenzordnung sind schon zum 1.10.1996 für das westdeutsche Bundesgebiet durch Art. 6 des „Arbeitsrechtliches Gesetz zur Förderung von Wachstum und Beschäftigung (Arbeitsrechtliches Beschäftigungsförderungsgesetz)" vom 25.9.1996 (BGBl. I S. 1476) vorzeitig in Kraft gesetzt worden. Die sich daraus ergebende Frage nach dem Verhältnis zwischen § 113 InsO und § 22 KO, der seinerzeit nicht außer Kraft gesetzt wurde, ist am 1.1.1999 entfallen.[2]

2288

Die Bedeutung des Insolvenzrechts für den Kündigungsschutz ist erheblich.[3] Nach Ansicht des Gesetzgebers lag der für die Arbeitnehmer folgenschwerste Mangel des früheren Konkursrechts darin, dass den betroffenen Unternehmen kein rechtlicher Rahmen für eine Sanierung des Unternehmens und damit für die Erhaltung eines Teils der Arbeitsplätze zur Verfügung stand.[4] Das seit dem 1.1.1999 bundeseinheitlich geltende Insolvenzrecht beabsichtigt, die Sanierung neben der Liquidation und der übertragenden Sanierung nun als gleichwertiges Instrument aufzuwerten.

2289

Die Insolvenz des Arbeitgebers hat auf die Anwendbarkeit des Arbeitsrechts keine Auswirkungen. Insolvenzrecht und Arbeitsrecht sind zwei selbstständige Rechtsgebiete, die nebeneinander bestehen.[5] Lediglich dort, wo der Gesetzgeber in der Insolvenzordnung den Interessen der Insolvenzgläubiger ausdrücklich Vorrang einräumt, müssen die Interessen der Arbeitnehmer zurückstehen. Insgesamt ist das Insolvenzarbeitsrecht gegenüber der bisherigen Rechtslage wesentlich stärker reglementiert. Dies gilt gerade für den **Kündigungsschutz nach Eröffnung des Insolvenzverfahrens.** Der Gesetzgeber wollte dem Insolvenzverwalter mit den Regelungen in den §§ 113, 125–128 InsO Instrumente zur Hand geben, die den **Personalabbau** und die **Kündigungsschutzverfahren vereinfachen und beschleunigen.**

2290

---

[1] Vgl. Art. 110 Abs. 1 EGInsO vom 5.10.1994 (BGBl. I S. 2911). Zur Entstehungsgeschichte der InsO ausf. KPB/*Moll*, § 113 InsO Rn. 1–5; *Müller-Limbach*, Arbeitsgerichtliche Überprüfung betriebsbedingter Kündigungen durch den Insolvenzverwalter (§§ 126–128 InsO), 1. Aufl. 2001, S. 16 ff.

[2] Vgl. dazu BAG 3.12.1998 NZA 1999, 425, 426 = EzA InsO § 113 Nr. 6 mit Anm. *Moll; Preis*, NJW 1996, 3369, 3377.

[3] Zu grenzüberschreitenden Insolvenzen iSd EuInsVO und Internationaler Zuständigkeit für Kündigungsschutzklagen nach § 4 S. 1 KSchG vgl. BAG 20.9.2012 NZA 2013, 797 Rn. 12 ff.

[4] Vgl. allg. Reg.-Begr. bei *Kübler/Prütting*, Das neue Insolvenzrecht, 2. Aufl. 2000, S. 119; zur Reform des Insolvenzarbeitsrechts vgl. *Hanau*, Gutachten E zum 54. DJT, Bd. I, 1982.

[5] Vgl. BAG GS 13.12.1978 AP BetrVG 1972 § 112 Nr. 6.

2291 **Vor Eröffnung** des Insolvenzverfahrens kommen die genannten Vorschriften nicht zur Anwendung. Eine im Schrifttum[6] teilweise befürwortete Analogie der §§ 113, 125–128 InsO zu Gunsten des vorläufigen Insolvenzverwalters mit Verwaltungs- und Verfügungsbefugnis über das Vermögen des Schuldners (§ 22 Abs. 1 S. 1 InsO) scheitert an der erforderlichen Regelungslücke.[7] Der sog. „starke" vorläufige Insolvenzverwalter[8] mit den in § 22 Abs. 1 S. 1 InsO genannten Befugnissen ist lediglich nach allgemeinen arbeitsrechtlichen Grundsätzen zur Kündigung berechtigt.[9] § 22 Abs. 1 S. 2 Nr. 2 InsO ist keine Kündigungsschutznorm.[10] Der sog. „schwache" vorläufige Insolvenzverwalter[11] kann zwar nach § 22 Abs. 2 S. 1 InsO durch das Insolvenzgericht nicht pauschal ermächtigt werden, mit rechtlicher Wirkung für den Schuldner zu handeln.[12] Jedoch kann das Gericht ihm gem. § 22 Abs. 2 S. 2 InsO vollständig oder teilweise Arbeitgeberbefugnisse, zB nur die Kündigungsbefugnis, übertragen, wodurch er zum sog. „halbstarken" vorläufigen Insolvenzverwalter wird.[13]

2292 Die **Eröffnung** des **Insolvenzverfahrens** hat auf den Bestand des Arbeitsverhältnisses keine Auswirkungen. Dies ergibt sich unmittelbar aus § 108 Abs. 1 InsO. Auf den Insolvenzverwalter gehen die Verwaltungs- und Verfügungsrechte nach § 80 InsO über; er nimmt damit die Arbeitgeberfunktion des Schuldners wahr.[14] Beiden Arbeitsvertragsparteien stehen alle Möglichkeiten zur Beendigung des Arbeitsverhältnisses zur Verfügung. Im Gegensatz zu § 17 KO hat der Insolvenzverwalter nach jetzigem Recht kein Wahlrecht, die Erfüllung noch nicht in Vollzug gesetzter Arbeitsverhältnisse zu verlangen oder abzulehnen.[15]

II. Der Regelungsbereich des § 113 InsO

1. Gesetzliches Kündigungsrecht

2293 § 113 S. 1 InsO, der nach Aufhebung von § 113 Abs. 2 InsO durch Art. 4 des „Gesetz zu Reformen am Arbeitsmarkt" vom 24.12.2004 (BGBl. I S. 3002) seit dem 1.1.2004 wortgleich dem bisherigen § 113 Abs. 1 S. 1 InsO a. F. entspricht, eröffnet **beiden Parteien** eines Dienstvertrages – auf Seiten des Dienstherrn dem Insolvenzverwalter[16] – die Möglichkeit, das Dienstverhältnis ohne Rücksicht auf einen verein-

---

[6] So *Caspers*, Personalabbau und Betriebsänderung im Insolvenzverfahren, 1998, Rn. 519 ff.; MüKoInsO/*Caspers*, vor §§ 113 bis 128 Rn. 29, 30.
[7] BAG 20.1.2005 NZA 2006, 1352, 1353; vgl. näher *Müller-Limbach* (Fn. 1), S. 30 f.; *Uhlenbruck*, FS Schwerdtner, 2003, S. 623, 648.
[8] Zum Begriff vgl. Braun/*Böhm*, InsO § 22 Rn. 32; *Meyer*, NZA 2014, 642, 644.
[9] Vgl. BAG 20.1.2005 NZA 2006, 1352, 1353 f.; LAG Düsseldorf 24.8.2001 BB 2001, 2480; LAG Hamm 10.12.2003 ZIP 2004, 727, 728; *Bertram*, NZI 2001, 625, 626; *Boewer*, RdA 2001, 380, 391; *Meyer*, NZA 2014, 642, 644; *Mönning*, in: Nerlich/Römermann, § 22 InsO Rn. 105, 106; KR/*Weigand*, §§ 113, 120–124 InsO Rn. 4. Zum Kündigungsrecht des vorläufigen Insolvenzverwalters ausführlich *Gerhardt*, Gedächtnisschrift Heinze, 2005, S. 221 ff.; *Uhlenbruck*, FS Schwerdtner, 2003, S. 623, 632 ff.
[10] BAG 27.10.2005 NZA 2006, 727 Rn. 15.
[11] Zum Begriff vgl. BAG 16.2.2012 NZA 2012, 555 Rn. 48; Braun/*Böhm*, InsO § 22 Rn. 33; *Meyer*, NZA 2014, 642, 644.
[12] BAG 16.2.2012 NZA 2012, 555 Rn. 48; Braun/*Böhm*, InsO § 22 Rn. 21; *Meyer*, NZA 2014, 642, 644.
[13] Vgl. BAG 16.2.2012 NZA 2012, 555 Rn. 48; *Zwanziger*, InsO Einführung Rn. 83.
[14] Vgl. BAG 22.4.2010 NZA 2010, 1057 Rn. 15; 5.2.2009 NZA 2009, 1215 Rn. 15.
[15] *Berscheid*, ZInsO 1998, 115, 116; *Grunsky/Moll*, Arbeitsrecht und Insolvenz, 1997, Rn. 342 f.; *Caspers* (Fn. 6), Rn. 92 ff.; a. A. *Lakies*, RdA 1997, 145 Fn. 10; *Lohkemper*, KTS 1996, 1, 4.
[16] Ein Administrator, der in Wahrnehmung seiner Befugnisse iSv Art. 18 Abs.1 EuInsVO handelt, steht aufgrund unionsrechtskonformer Auslegung einem Insolvenzverwalter nach deutschem Recht gleich, BAG 20.9.2012 NZA 2013, 797 Rn. 63.

barten Ausschluss des Rechts zur ordentlichen Kündigung zu kündigen.[17] Mit Zugang der Freigabeerklärung des Insolvenzverwalters gem. § 35 Abs. 2 S. 1 InsO beim Schuldner entfällt die Kündigungsmöglichkeit nach § 113 S. 1 InsO.[18]

§ 113 S. 1 InsO erfasst **alle Arten von Dienstverhältnissen** iSd § 611 Abs. 1 BGB.[19] Dazu zählen auch die Dienstverhältnisse von Mitgliedern der Organe juristischer Personen, so etwa der **Geschäftsführer** einer GmbH, wobei zwischen dem Angestelltenverhältnis und der Organstellung zu unterscheiden ist (→ Rn. 1817, 1817a).[20] Die Kündigung durch den Insolvenzverwalter beendet nur das Dienstverhältnis[21] und nicht das Organverhältnis.[22]

2293a

Offengelassen hat der Gesetzgeber die Problematik, ob und mit welchen Fristen **Berufsausbildungsverhältnisse** in der Insolvenz gekündigt werden können. Das Recht zur ordentlichen Kündigung von Berufsausbildungsverhältnissen ist nach § 22 Abs. 2 BBiG ausgeschlossen (→ Rn. 511, 518). § 113 S. 1 InsO erfasst aber keinen gesetzlichen Ausschluss des ordentlichen Kündigungsrechts. Besteht tatsächlich keine Ausbildungsmöglichkeit mehr, muss auch ein Ausbildungsverhältnis kündbar sein. Fraglich ist lediglich, ob der Ausbilder außerordentlich fristlos kündigen kann. Der Kündigungsschutz würde sich dann aber in sein Gegenteil verkehren. Die Rechtsprechung des BAG hat bis zum Außerkrafttreten des § 22 KO die Kündigungsfristen des § 622 BGB als Auslauffristen entsprechend angewendet.[23] Nach Inkrafttreten des § 113 InsO ist die Dreimonatsfrist des § 113 S. 2 InsO, der wortgleich dem bis zum 31.12.2003 geltenden § 113 Abs. 1 S. 2 InsO a. F. entspricht, heranzuziehen.[24]

2294

§ 113 S. 1 InsO lässt die Kündigung des Dienstverhältnisses „ohne Rücksicht auf eine vereinbarte Vertragsdauer oder einen vereinbarten Ausschluss des Rechts zur ordentlichen Kündigung" zu. Dieses besondere Kündigungsrecht, das nicht im Hinblick auf die Möglichkeit der ordentlichen Kündigung trotz vereinbarten Verbots der ordentlichen Kündigung gegen Art. 2 Abs. 1 GG verstößt,[25] gilt damit zum einen für befristete und auflösend bedingte Dienstverhältnisse, unabhängig davon, ob das ordentliche Kündigungsrecht vorbehalten ist oder nicht (auch → Rn. 507).[26] Zum anderen unterfallen diesem Kündigungsrecht einzelvertragliche, aber auch tarifvertragliche und

2295

---

[17] Vgl. BAG 27.2.2014 NZA 2014, 897 Rn. 10; 16.5.2007 AP InsO § 113 Nr. 24.
[18] Vgl. näher BAG 21.11.2013 NZA 2014, 276 Rn. 22.
[19] Vgl. BAG 16.5.2007 AP InsO § 113 Nr. 24; Begr. Rechtsausschuss bei *Kübler/Prütting* (Fn. 3), S. 309; Uhlenbruck/*Berscheid*, § 113 InsO Rn. 5; *ders.*, ZInsO 1998, 115, 117; MüKoInsO/*Caspers*, § 113 Rn. 1 u. 6; ErfK/*Müller-Glöge*, § 113 InsO Rn. 3; *Nägele*, ArbRB 2002, 206.
[20] Vgl. BGH 20.6.2005 NZA 2005, 1415, 1417; OLG Hamm 29.3.2000 NJW-RR 2000, 1651 f.; FK/*Eisenbeis*, § 113 InsO Rn. 13; vgl. aber auch KR/*Weigand*, §§ 113, 120 ff. InsO Rn. 14. Problematisch ist die Kündigung eines Alleingesellschafter-Geschäftsführers, dazu BGH 26.3.1984 BGHZ 91, 219, 220; OLG Hamm 27.1.1992 ZIP 1992, 418; OLG Karlsruhe 13.2.1992 ZIP 1992, 417, 418.
[21] Zur Frage, ob es sich hierbei ausnahmsweise um ein Arbeitsverhältnis handeln kann vgl. BAG 26.5.1999 NZA 1999, 987; OLG Jena 14.3.2001 NZA-RR 2001, 468, 469; OLG München 27.10.2014 NZA-RR 2014, 660 Rn. 9 ff.; *Kamanabrou*, DB 2002, 146 ff.; *G. Reinecke*, ZIP 2014, 1057, 1059 ff.
[22] *Düwell*, in: Kölner Schrift zur Insolvenzordnung, 2. Aufl. 2000, S. 1433 ff.; Rn. 24; FK/*Eisenbeis*, § 113 InsO Rn. 16; *Hess*, AR-Blattei SD 915.1 Rn. 95.
[23] BAG 27.5.1993 NZA 1993, 845.
[24] APS/*Dörner/Künzl*, § 113 InsO Rn. 4; FK/*Eisenbeis*, § 113 InsO Rn. 21; *Lakies*, RdA 1997, 145, 146; ErfK/*Müller-Glöge*, § 113 InsO Rn. 3; KR/*Weigand*, §§ 113, 120–124 InsO Rn. 57.
[25] BAG 22.9.2005 NZA 2006, 658 Rn. 20.
[26] Vgl. BAG 16.6.2005 NZA 2006, 270, 271 f.; ErfK/*Müller-Glöge*, § 113 InsO Rn. 6; KR/*Weigand*, §§ 113, 120–124 InsO Rn. 44.

Fünfter Abschnitt: Kündigungsschutz in der Insolvenz

in Betriebsvereinbarungen enthaltene Unkündbarkeitsklauseln (→ Rn. 738ff.).[27] Allerdings findet § 113 S. 1 InsO keine Anwendung auf einen vertraglichen Ausschluss des Kündigungsrechts für einen überschaubaren Zeitraum (im Streitfall: 13 Monate).[28]

2296 Ist in einem Tarifvertrag, wie es § 102 Abs. 6 BetrVG auf Grund einer Vereinbarung zwischen Arbeitgeber und Betriebsrat vorsieht (→ Rn. 389), die Zustimmung des Betriebsrats zur Kündigung geregelt,[29] wird diese tarifvertragliche Kündigungsbeschränkung wie eine tarifliche Unkündbarkeitsklausel (→ Rn. 261) durch § 113 S. 1 InsO verdrängt. Das gilt jedenfalls dann, wenn im Falle der Insolvenz allen Arbeitnehmern wegen Betriebsstilllegung gekündigt wird.[30]

2. Kündigungsfrist

2297 Um notwendige Kündigungen im Insolvenzverfahren zu beschleunigen, sieht § 113 S. 2 InsO eine gesetzliche Kündigungsfrist für das Dienstverhältnis vor. Dabei handelt es sich um eine **gesetzliche Kündigungshöchstfrist von drei Monaten,** die sowohl für den Insolvenzverwalter als auch für den Arbeitnehmer gilt.[31] Kündigungsfristen, die kürzer als drei Monate sind, bleiben unberührt. Das gilt auch für vereinbarte Kündigungsfristen, die kürzer als drei Monate, aber länger als die gesetzliche Kündigungsfrist sind.[32] Sind die an sich maßgeblichen Kündigungsfristen länger als drei Monate, werden sie von der Regelung in § 113 S. 2 InsO ersetzt.[33] Allerdings ist es dem Insolvenzverwalter gem. § 113 S. 2 InsO nicht untersagt, mit einer längeren Frist als der nach dieser Norm vorgesehenen zu kündigen.[34]

2297a Die Regelung in § 113 S. 2 InsO geht als **lex specialis** anderen gesetzlichen längeren Kündigungsfristen vor, ebenso wie längere Kündigungsfristen in Tarifverträgen, Betriebsvereinbarungen oder Arbeitsverträgen.[35] § 113 S. 2 InsO kommt auch dann zur Anwendung, wenn es sich um ein durch den Insolvenzverwalter mit Wirkung für die Masse erst begründetes Dienstverhältnis handelt.[36] Verfassungsrechtliche Bedenken

---

[27] Vgl. BAG 27.2.2014 NZA 2014, 897 Rn. 10; 28.5.2009 NZA 2009, 954 Rn. 17; 20.9.2006 NZA 2007, 387 Rn. 18; FK/*Eisenbeis,* § 113 InsO Rn. 28; ErfK/*Müller-Glöge,* § 113 InsO Rn. 6; *Seel,* MDR 2009, 788, 789; KR/*Weigand,* §§ 113, 120–124 InsO Rn. 40.

[28] LAG Hamm 17.8.2006 LAGE BGB 2002 § 620 Nr. 3.

[29] Zur Zulässigkeit einer derartigen Tarifregelung vgl. BAG 21.6.2000 NZA 2000, 271 mit Anm. *Gutzeit,* SAE 2001, 172.

[30] Vgl. BAG 19.1.2000 KTS 2001, 186, 187; a.A. Vorinstanz LAG Baden-Württemberg 9.11.1998 LAGE InsO § 113 Nr. 6.

[31] Vgl. BAG 27.2.2014 NZA 2014, 897 Rn. 10; 16.5.2007 AP InsO § 113 Nr. 24; zu § 113 Abs. 1 S. 2 InsO a. F. vgl. Begr. Rechtsausschuss bei *Kübler/Prütting,* (Fn. 4), S. 309; BAG 3.12.1998 NZA 1999, 425; BAG 13.5.2004 NZA 2004, 1037.

[32] BAG 3.12.1998 NZA 1999, 425; ebenso BAG 6.7.2000 NZA 2001, 23 f; KDZ/*Däubler,* § 113 InsO Rn. 17; *Hamacher,* in: Nerlich/Römermann § 113 InsO Rn. 95; *Hess,* AR-Blattei SD 915.1 Rn. 143; *Tschöpe/Fleddermann,* ZInsO 2001, 455, 456f.; KR/*Weigand,* §§ 113, 120–124 InsO Rn. 33, 34.

[33] Vgl. auch BAG 20.6.2013 NZA 2013, 1137 Rn. 21; zum Problemfeld ausf. *Boemke,* NZI 2001, 460 ff.

[34] Vgl. näher BAG 27.2.2014 NZA 2014, 897 Rn. 16.

[35] LAG München 26.8.1998 ZInsO 1999, 120 Ls.; LAG Schleswig-Holstein 28.4.2004 NZA-RR 2004, 546; *Berscheid* Arbeitsverhältnisse in der Insolvenz, 1999, Rn. 572; *Boemke,* NZI 2001, 460; APS/*Dörner/Künzl,* § 113 InsO Rn. 6; vgl. auch BAG 27.2.2014 NZA 2014, 897 Rn. 10; 22.9.2005 NZA 2006, 658 Rn. 19.

[36] LAG Berlin-Brandenburg 11.7.2007 LAGE InsO § 113 Nr. 14; Uhlenbruck/*Berscheid,* § 113 InsO Rn. 9; *Müller-Glöge,* § 113 InsO Rn. 5; KR/*Weigand,* § 113, 120–124 InsO Rn. 19; a.A. KDZ/*Däubler,* § 113 InsO Rn. 13; *Henkel,* ZIP 2008, 1265, 1267 f.

gegen die Verkürzung tarifvertraglicher Kündigungsfristen[37] können ebenso wenig geteilt werden wie die Bedenken gegen § 113 S. 1 InsO (→ Rn. 2295). Dieses Ergebnis ist konsequent im Hinblick auf die frühere Gleichstellung von gesetzlichen und tarifvertraglichen Kündigungsfristen im Konkurs.[38] Tangiert werden von der insolvenzrechtlichen Bestimmung vor allem Arbeitsverhältnisse, deren Kündigungsfristen sich nach § 622 Abs. 2 S. 1 Nr. 4–7 BGB bestimmen. Kommt die dreimonatige Kündigungsfrist zur Anwendung, regelt § 113 S. 2 InsO zugleich den Kündigungstermin. Die Bestimmung gilt sowohl für Beendigungs- als auch für Änderungskündigungen.[39]

2297b Die dreimonatige Kündigungsfrist beginnt auch bei einer unter § 17 KSchG fallenden Kündigung des Insolvenzverwalters mit ihrem Zugang und nicht erst mit dem Ende der Sperrfrist (vgl. § 18 Abs. 1 und 2 KSchG) zu laufen (auch → Rn. 1661).[40] Hat der Insolvenzverwalter wegen einer Betriebsstilllegung die Zustimmung zur ordentlichen Kündigung einer in Elternzeit befindlichen Arbeitnehmerin nach § 18 Abs. 1 S. 2 BEEG erhalten (→ Rn. 1469), ist er nicht verpflichtet, ihr nur deshalb eine von § 113 S. 2 InsO abweichende längere Kündigungsfrist einzuräumen, damit sie weiterhin in den Genuss einer beitragsfreien Krankenversicherung kommt (vgl. § 192 Abs. 1 Nr. 2 SGB V).[41] Allerdings kann die Arbeitnehmerin den ihr durch die Beendigung des Arbeitsverhältnisses entstandenen versicherungsrechtlichen Nachteil als Schadensersatz nach § 113 S. 3 InsO (näher → Rn. 2304 u. 2305) geltend machen.[42]

2298 Der bis zum 31.12.2000 nach § 620 Abs. 1 BGB a. F. und seitdem gem. § 15 Abs. 1 TzBfG zulässige einzelvertragliche Ausschluss einer ordentlichen Kündigung in einem befristeten Arbeitsverhältnis (→ Rn. 507), ist schon unter der Geltung des § 22 KO wie die Vereinbarung einer der Dauer der Befristung entsprechenden Kündigungsfrist behandelt worden.[43] Nichts anderes gilt für § 113 S. 1 InsO (bis 31.12.2003: § 113 Abs. 1 S. 1 InsO a. F.) mit der Folge, dass ein Arbeitsverhältnis, das im Zeitpunkt der Kündigung durch den Insolvenzverwalter ohne ordentliche Kündigungsmöglichkeit noch für mindestens drei weitere Monate befristet ist, mit der Dreimonatsfrist des § 113 S. 2 InsO gekündigt werden kann. Diese Frist wird nicht durch eine kürzere gesetzliche Kündigungsfrist verdrängt, die für das Arbeitsverhältnis auch vor Eröffnung des Insolvenzverfahrens nicht maßgeblich war.[44] Werden an sich ordentlich unkündba-

---

[37] ZB ArbG Limburg 2.7.1997 EzA InsO § 113 Nr. 2; ArbG München 23.9.1998 NZA-RR 1999, 18; ArbG Stuttgart 16.12.1998 ZInsO 1999, 183. Verfassungsrechtliche Bedenken auch bei *KDZ/Däubler*, § 113 InsO Rn. 31; *Zwanziger*, § 113 InsO Rn. 29; a. A. BVerfG 8.2.1999 NZA 1999, 597, 598; BAG 19.1.2000 NZA 2000, 658, 659; 16.6.1999 NZA 1999, 1331, 1333 f.; *Boewer*, RdA 2001, 380, 390; APS/*Dörner/Künzl*, § 113 InsO Rn. 6; *Ettwig*, SAE 2001, 235, 237; ErfK/*Müller-Glöge*, § 113 InsO Rn. 8; KR/*Weigand*, §§ 113, 120–124 InsO Rn. 25.
[38] *Berscheid*, InVo 1998, 32, 36; vgl. zur früheren Rechtslage BAG 17.3.1976 AP KO § 22 Nr. 2 mit Anm. *Rimmelspacher*.
[39] Vgl. Begr.-Rechtsausschuss bei *Kübler/Prütting* (Fn. 4), S. 309; *Fischer*, NZA 2002, 536, 537; *G. Wisskirchen/Bissels*, BB 2009, 2142.
[40] BAG 21.3.2012 NZA 2012, 1058 Rn. 36.
[41] BAG 27.2.2014 NZA 2014, 897 Rn. 17, 18.
[42] BAG 27.2.2014 NZA 2014, 897 Rn. 22.
[43] BAG 15.11.1990 BeckRS 1990, 30735517.
[44] BAG 6.7.2000 NZA 2001, 23; LAG Düsseldorf 5.11.1999 BB 2000, 622, 623; *Boewer*, RdA 2001, 380, 390 f.; *KDZ/Däubler*, § 113 InsO Rn. 24; FK/*Eisenbeis*, § 113 InsO Rn. 24; ErfK/*Müller-Glöge*, § 113 InsO Rn. 8; KR/*Weigand*, §§ 113, 120–124 InsO Rn. 44 und 45; a. A. LAG Hamm 25.10.2000 ZInsO 2001, 282, 2 Ls.; *Caspers*, SAE 2001, 187, 188 f.; *Hess*, AR-Blattei SD 915.1 Rn. 140.

re Arbeitsverhältnisse (dazu näher → Rn. 255 ff., 331 ff.) auf Grund der Bestimmung des § 113 S. 1 InsO gekündigt, greift die dreimonatige Kündigungsfrist nach S. 2 ein.⁴⁵ Andernfalls wären außerhalb des Insolvenzverfahrens unkündbare Arbeitnehmer schlechter gestellt als solche, für deren Arbeitsverhältnis lediglich eine verlängerte Kündigungsfrist gilt.

2299–2300 Hat der Arbeitgeber als Schuldner oder der vorläufige Insolvenzverwalter vor Eröffnung des Insolvenzverfahrens (→ Rn. 2291) das Arbeitsverhältnis mit einer über drei Monate hinausgehenden gesetzlichen oder tarif- bzw. einzelvertraglichen Kündigungsfrist gekündigt, kann der Insolvenzverwalter eine weitere Kündigung aussprechen, um auf diese Weise ein früheres Ende des Arbeitsverhältnisses zu erreichen. Denn auf diese sog. **Nachkündigung** findet die Dreimonatsfrist des § 113 S. 2 InsO Anwendung.⁴⁶ Hierin liegt keine unzulässige Wiederholungskündigung (näher → Rn. 2046), da der Insolvenzverwalter die neue Kündigung, für die zudem ein anderer Beurteilungszeitpunkt (→ Rn. 891) gegenüber der früheren Kündigung gilt, auf die Insolvenzeröffnung, insgesamt also auf weitere neue Tatsachen, die den bisherigen Kündigungssachverhalt verändert haben, stützen kann.⁴⁷

3. Kündigungsform

2301 Der Insolvenzverwalter hat bei Ausspruch der Kündigung die gesetzliche Schriftform nach § 623 1. Hs. BGB (dazu näher → Rn. 64 ff.) einzuhalten.⁴⁸ Sind durch Gesetz, Tarifvertrag, Betriebsvereinbarung oder Einzelarbeitsvertrag darüber hinausgehende Formerfordernisse, wie zB die schriftliche Mitteilung der Kündigungsgründe (vgl. zB § 9 Abs. 3 S. 2 MuSchG), vorgesehen, muss der Insolvenzverwalter auch diese beachten.⁴⁹

4. Allgemeiner und besonderer Kündigungsschutz

2302 § 113 InsO beinhaltet **keinen selbständigen Kündigungsgrund** der Insolvenz oder Sanierung.⁵⁰ Im Insolvenzrecht gilt – wie schon nach altem Recht – der allge-

---

⁴⁵ BAG 19.1.2000 NZA 2000, 658; 16.6.1999 NZA 1999, 1331, 1332; KDZ/*Däubler*, § 113 InsO Rn. 22; APS/*Dörner/Künzl*, § 113 InsO Rn. 6; *Lakies*, ZInsO 2000, 345, 350; *Lohkemper*, KTS 1996, 1, 7; KR/*Weigand*, §§ 113, 120–124 InsO Rn. 41; *Zwanziger*, § 113 InsO Rn. 10 mit Rn. 34; vgl. auch BAG 27.2.2014 NZA 2014, 897 Rn. 10; 22.9.2005 NZA 2006, 658 Rn. 19. Für die Anwendung der fiktiven gesetzlichen Kündigungsfrist, falls diese kürzer ist: *Caspers* (Fn. 6), Rn. 107; *Berscheid*, ZInsO 1998, 115, 123; *ders.*, ZInsO 1998, 159, 162; MüKoInsO/*Caspers*, § 113 Rn. 27; Uhlenbruck/*Berscheid*, § 113 InsO Rn. 106 u. 110.
⁴⁶ BAG 22.4.2010 NZA 2010, 1057 Rn. 11; 26.7.2007 NZA 2008, 112, 117; 20.1.2005 NZA 2006, 1352, 1353; Uhlenbruck/*Berscheid*, § 113 InsO Rn. 106; *Boewer*, RdA 2001, 380, 391; KDZ/*Däubler*, § 113 Rn. 57; FK/*Eisenbeis*, § 113 InsO Rn. 29; *Hamacher*, in: Nerlich/Römermann, § 113 InsO Rn. 93; ErfK/*Müller-Glöge*, § 113 InsO Rn. 5; MüKoInsO/*Caspers*, § 113 Rn. 24; *Seel*, MDR 2009, 788, 789; Uhlenbruck, FS Schwerdtner, 2003, S. 623, 634; KR/*Weigand*, §§ 113, 120–124 InsO Rn. 46.
⁴⁷ BAG 22.5.2003 NZA 2003, 1086, 1087; vgl. auch BAG 8.4.2003 AP BetrVG 1972 § 113 Nr. 40.
⁴⁸ BAG 20.9.2012 NZA 2013, 797 Rn. 20; KDZ/*Däubler*, § 113 InsO Rn. 36; *Hamacher*, in: Nerlich/Römermann, § 113 InsO Rn. 56; *Hess*, AR-Blattei SD 915.1 Rn. 121 ff.; ErfK/*Müller-Glöge*, § 113 InsO Rn. 8a; KR/*Weigand*, §§ 113, 120–124 InsO Rn. 28.
⁴⁹ KDZ/*Däubler*, § 113 InsO Rn. 36; KR/*Weigand*, §§ 113, 120 ff. InsO Rn. 28.
⁵⁰ BAG 20.9.2012 NZA-RR 2013, 797 Rn. 20; 15.12.2011 NZA-RR 2012, 570 Rn. 32; 25.4.2007 AP InsO § 113 Nr. 23.

meine Kündigungsschutz sowie der Sonderkündigungsschutz weiter.[51] Die Anwendung des KSchG auch während des Insolvenzverfahrens ergibt sich bereits aus § 125 InsO. § 323 Abs. 1 UmwG steht einer Kündigung nach § 113 S. 1 InsO nicht entgegen.[52]

Bei **betriebsbedingten Kündigungen** wird § 1 KSchG durch die speziellere Vorschrift des § 125 InsO eingeschränkt (auch → Rn. 2321). Im Rahmen von **Betriebsveräußerungen** ist § 128 InsO zu beachten (→ Rn. 2343 ff.). Das Recht des **Sonderkündigungsschutzes** wurde lediglich insoweit abgeändert, als auf Grund des am 1.1.1999 in Kraft getretenen Art. 97 EGInsO vom 5.10.1994 (BGBl. I S. 2911) ein neuer Absatz 3 an den bis zum 30.6.2001 geltenden § 19 SchwbG angefügt wurde, der eine Sollvorschrift enthielt: Die Hauptfürsorgestelle war nach Eröffnung des Insolvenzverfahrens unter bestimmten Voraussetzungen verpflichtet, ihre Zustimmung zu erteilen, wenn nicht besondere Umstände vorliegen. Seit dem 1.7.2001 gilt inhaltsgleich § 89 Abs. 3 SGB IX, wobei an die Stelle der Hauptfürsorgestelle das Integrationsamt getreten ist (näher → Rn. 1566). 2303

5. Schadensersatz

Kündigt der Insolvenzverwalter nach § 113 S. 1 oder S. 2 InsO das Dienstverhältnis vorzeitig unter Anwendung der dreimonatigen Kündigungsfrist, kann der Dienstverpflichtete **Schadensersatz** nach § 113 S. 3 InsO verlangen. Ein Verschulden des Insolvenzverwalters ist nicht erforderlich.[53] § 113 S. 3 InsO entspricht wortgleich dem bis zum 31.12.2003 geltenden § 113 Abs. 1 S. 3 InsO. Der Schadensersatzanspruch soll den Dienstverpflichteten so stellen, wie er bei Anwendung der für ihn ohne das Insolvenzverfahren maßgeblichen Regelungen stehen würde. Ersetzt wird lediglich der „Verfrühungsschaden", der auf der vorzeitigen Auflösung des Dienstverhältnisses beruht.[54] Eine Verweigerung des Schadensersatzes nach § 254 Abs. 1 BGB scheidet wegen des Schutzzwecks des § 113 S. 3 InsO aus.[55] 2304

Der Verfrühungsschaden betrifft den Verdienstausfall des Arbeitnehmers in der Zeit zwischen Ablauf der Kündigungsfrist des § 113 S. 2 InsO und der längeren, an sich maßgeblichen Kündigungsfrist.[56] Ist das Dienstverhältnis auf eine bestimmte Vertragsdauer befristet, begrenzt das Befristungsende den Schadensersatzanspruch.[57] Ist die ordentliche Kündigung vertraglich ausgeschlossen (näher → Rn. 261 ff.), ist der nach § 113 S. 3 InsO zu ersetzende Verfrühungsschaden auf die ohne die vereinbarte Un- 2305

---

[51] Vgl. BAG 20.9.2012 NZA 2013, 797 Rn. 20; 26.7.2007 NZA 2008, 112, 116; 25.4.2007 AP InsO § 113 Nr. 23; KDZ/*Däubler*, § 113 InsO Rn. 39 ff.; FK/*Eisenbeis*, § 113 InsO Rn. 30; *Hamacher*, in: Nerlich/Römermann, § 113 InsO Rn. 98 ff. und 209 ff.; ErfK/*Müller-Glöge*, § 113 InsO Rn. 9, 10; KR/*Weigand*, §§ 113, 120–124 InsO Rn. 65 bzw. Rn. 47 ff.
[52] BAG 22.9.2005 NZA 2006, 658 Rn. 23.
[53] BAG 27.2.2014 NZA 2014, 898 Rn. 22; 16.5.2007 AP InsO § 113 Nr. 24; 25.4.2007 AP InsO § 113 Nr. 23; LAG Hessen 22.1.2013 BeckRS 2013, 67362; APS/*Dörner/Künzl*, § 113 InsO Rn. 12; FK/*Eisenbeis*, § 113 InsO Rn. 83; ErfK/*Müller-Glöge*, § 113 InsO Rn. 14.
[54] BAG 27.2.2014 NZA 2014, 898 Rn. 22; 16.5.2007 AP InsO § 113 Nr. 24; 25.4.2007 AP InsO § 11 Nr. 23; LAG Hessen 22.1.2013 BeckRS 2013, 67362; Uhlenbruck/*Berscheid*, § 113 InsO Rn. 153; ErfK/*Müller-Glöge*, § 113 InsO Rn. 14; KR/*Weigand*, §§ 113, 120–124 Rn. 88 und 93 ff. Zur vergleichbaren Regelung in § 628 Abs. 2 BGB vgl. BAG 21.5.2008 AP BGB § 628 Nr. 23; 26.7.2001 NZA 2002, 325.
[55] Vgl. näher BAG 16.5.2007 AP InsO § 113 Nr. 24.
[56] Vgl. BAG 16.5.2007 AP InsO § 113 Nr. 24; LAG Hessen 22.1.2013 BeckRS 2013, 67362.
[57] BAG 16.5.2007 AP InsO § 113 Nr. 24; KR/*Weigand*, § 113, 120–124 InsO Rn. 93.

kündbarkeit maßgebliche längste ordentliche Kündigungsfrist beschränkt.[58] § 113 S. 3 InsO stellt ausdrücklich klar, dass der Dienstverpflichtete den Schadensersatzanspruch lediglich als Insolvenzgläubiger iSv § 38 InsO geltend machen kann. Eine Eigenkündigung des Arbeitnehmers oder der Abschluss eines Aufhebungsvertrags zwischen Arbeitnehmer und Insolvenzverwalter bei einer vom Arbeitgeber verschuldeten Insolvenz oder bei vom Arbeitgeber zu vertretenden Begleitumständen der Insolvenz begründet keinen Anspruch nach § 113 S. 3 InsO analog.[59]

III. Die Klagefrist im Insolvenzverfahren

2306   Der Arbeitnehmer muss gegen eine vom Insolvenzverwalter ausgesprochene schriftliche Kündigung, will er deren Unwirksamkeit geltend machen, innerhalb von drei Wochen gem. § 4 S. 1 bzw. S. 4 KSchG Kündigungsschutzklage erheben (auch → Rn. 1810). § 113 Abs. 2 S. 1 InsO a. F., der den Anwendungsbereich der **dreiwöchigen Klagefrist** nach § 4 S. 1 KSchG a. F. auf **alle Unwirksamkeitsgründe** einer Kündigung eines Arbeitsverhältnisses erweitert hatte (vgl. näher 9. Aufl. Rn. 2162), ist durch Art. 4 Nr. 2 des „Gesetz zu Reformen am Arbeitsmarkt" vom 24.12.2003 (BGBl. I S. 3002) mit Wirkung vom 1.1.2004 aufgehoben worden. Die Norm war infolge der Erweiterung des Anwendungsbereichs des § 4 S. 1 KSchG a. F. durch § 4 S. 1 KSchG n. F. mit Wirkung zum 1.1.2004 (näher → Rn. 1831) überflüssig geworden. Die Kündigungsschutzklage ist gegen den Insolvenzverwalter als Partei kraft Amtes zu richten (→ Rn. 1890).

§ 2 Interessenausgleich und Beschlussverfahren zum Kündigungsschutz

I. Interessenausgleich und Kündigungsschutz (§ 125 InsO)

1. Regelungsinhalt

2307   Nach § 125 Abs. 1 S. 1 InsO **können** Insolvenzverwalter[1] und Betriebsrat bei einer geplanten Betriebsänderung einen **Interessenausgleich vereinbaren,** in dem die Arbeitnehmer namentlich bezeichnet werden, denen gekündigt werden soll. Betriebsrat ist auch eine auf tarifvertraglicher Grundlage gem. § 117 Abs. 2 S. 1 BetrVG gewählte Betriebsvertretung der Luftfahrt.[2] Ein nach § 125 Abs. 1 S. 1 InsO vereinbarter Interessenausgleich hat eine modifizierte Anwendung des § 1 Abs. 2 und 3 KSchG zur Folge: Es wird **vermutet,** dass die **Kündigung** der Arbeitsverhältnisse **durch dringende betriebliche Erfordernisse,** die einer Weiterbeschäftigung im Betrieb entgegenstehen, **bedingt** ist (§ 125 Abs. 1 S. 1 Nr. 1 InsO). Zudem ist die **soziale Aus-**

---

[58] BAG 16.5.2007 AP InsO § 113 Nr. 24; APS/*Dörner/Künzl,* § 113 InsO Rn. 14; KR/*Weigand,* §§ 113, 120–124 InsO Rn. 95.
[59] BAG 25.4.2007 AP InsO § 113 Nr. 23.
[1] Bei grenzüberschreitenden Insolvenzen iSd EuInsVO, bei denen deutsches Arbeitsrecht nach Art. 10 EuInsVO anwendbar ist, ist auch ein Administrator, der in der vom englischen Insolvenzrecht vorgesehenen Weise für den Schuldner handelt, als Insolvenzverwalter iSd § 125 InsO anzusehen, vgl. näher BAG 20.9.2012 NZA 2013, 797 Rn. 23 ff.; *Janzen,* ArbuR 2013, 203.
[2] BAG 26.4.2007 NZA 2007, 1319 Os.

wahl im Hinblick auf die drei Kriterien Dauer der Betriebszugehörigkeit, Lebensalter und Unterhaltspflichten **nur auf grobe Fehlerhaftigkeit** nachzuprüfen. Bei Schaffung oder Sicherung einer ausgewogenen Personalstruktur ist die soziale Auswahl nicht als grob fehlerhaft anzusehen (§ 125 Abs. 1 S. 1 Nr. 2 InsO). Da durch § 113 S. 1 InsO der kollektiv- und individualrechtliche Ausschluss ordentlicher Kündigungen (→ Rn. 261 ff.) aufgehoben wird (→ Rn. 2295), können die von derartigen Unkündbarkeitsklauseln begünstigten Arbeitnehmer durch Aufnahme in einen Interessenausgleich mit Namensliste gem. § 125 Abs. 1 S. 1 InsO ordentlich unter den erleichterten Voraussetzungen dieser Norm mit der Frist des § 113 S. 2 InsO gekündigt werden.[3] Im Übrigen lässt § 125 Abs. 1 InsO den gesetzlichen Sonderkündigungsschutz, wie zB § 9 Abs. 1 S. 1 MuSchG, § 18 Abs. 1 S. 1 BEEG und § 85 SGB IX, unberührt (auch → Rn. 2302). Deshalb kann die Kündigung von Betriebsratsmitgliedern auch in der Insolvenz allein nach § 15 Abs. 1 KSchG (→ Rn. 1725 ff.) bzw. § 15 Abs. 4 und 5 KSchG (→ Rn. 1700 ff.) überprüft werden.[4] Vor der Eröffnung des Insolvenzverfahrens ist § 125 InsO weder unmittelbar noch analog anwendbar.[5]

Die Regelung des § 125 InsO war durch Art. 1 Nr. 1 lit. b. des „Arbeitsrechtliches Beschäftigungsförderungsgesetz" vom 25.9.1996 (BGBl. I S. 1476) in ähnlicher Weise in § 1 Abs. 5 KSchG übernommen worden. Diese Vorschrift ist mit Wirkung vom 1.1.1999 durch Art. 6 Nr. 1 lit. c des Gesetzes zu Korrekturen in der Sozialversicherung und zur Sicherung der Arbeitnehmerrechte vom 19.12.1998 (BGBl. I S. 3843) wieder aufgehoben und durch Art. 1 Nr. 1 lit. c des „Gesetz zu Reformen am Arbeitsmarkt" vom 24.12.2003 (BGBl. I S. 3002) wieder eingeführt worden. § 125 InsO ist spezieller und verdrängt im Insolvenzverfahren die Bestimmung des § 1 Abs. 5 KSchG.[6] Kommt kein Interessenausgleich iSv § 125 Abs. 1 S. 1 InsO zustande, steht dem Insolvenzverwalter die Möglichkeit offen, ein Beschlussverfahren nach § 126 InsO einzuleiten (näher → Rn. 2324). 2308

Die in § 125 Abs. 1 InsO vorgesehenen Einschränkungen des Kündigungsschutzes sollen – über das in § 1 Abs. 5 KSchG vorgesehene Maß hinaus – im Insolvenzfall einen **Personalabbau zu Sanierungszwecken erleichtern,** ohne andererseits vollständig auf eine Überprüfung der Kündigung zu verzichten.[7] Zu diesem Zweck wird der Arbeitgeber zum einen von der im Kündigungsschutzprozess ansonsten bestehenden Notwendigkeit befreit, im Einzelnen die sog. außerbetrieblichen oder innerbetrieblichen Umstände darzulegen, welche letztlich die Entlassung des Arbeitnehmers bedingen. Zum anderen wird die gerichtliche Überprüfung der sozialen Auswahl inhaltlich stark eingeschränkt und in diesem Zusammenhang eine erweiterte Berücksichtigung der „ausgewogenen Personalstruktur" als berechtigtes Interesse zugelassen.[8] 2309

2. Voraussetzungen

Die in § 125 Abs. 1 S. 1 Nr. 1 InsO geregelten Rechtsfolgen (näher → Rn. 2316 ff.) treten nur ein, wenn die **formellen und materiellen Voraussetzungen** der Norm 2310

---

[3] BAG 28.5.2009 NZA 2009, 954 Rn. 17; vgl. auch BAG 20.9.2006 NZA 2007, 387 Rn. 17–20.
[4] BAG 17.11.2005 NZA 2006, 370 Rn. 3; LAG Hamm 4.3.2005 ArbuR 2005, 276 Ls.
[5] BAG 28.6.2012 NZA 2012, 1029 Rn. 25, 26.
[6] BAG 15.12.2011 NZA-RR 2012, 570 Rn. 33; ErfK/*Gallner*, § 125 InsO Rn. 1; *B. Gaul*, BB 2004, 2686; früher zu § 1 Abs. 5 KSchG a. F. *Lakies*, RdA 1997, 145, 150.
[7] Vgl. näher BAG 28.6.2012 NZA 2012, 1090 Rn. 45; 28.8.2003 NZA 2004, 432, 434.
[8] LAG Hamm 28.5.1998 LAGE InsO § 125 Nr. 1. § 125 InsO sollte zunächst sogar gestrichen werden, vgl. BT-Drucks. 13/4612, S. 17; dazu *Giesen*, ZIP 1998, 46, 48.

gewahrt sind. Deren Vorliegen hat der Insolvenzverwalter zu beweisen.[9] Das sind im Einzelnen:

(1) Vorliegen einer **geplanten Betriebsänderung** nach § 111 BetrVG,
(2) (positive) **namentliche Bezeichnung** der zu Kündigenden,
(3) **Schriftform** und
(4) wirksam zustande gekommener **Interessenausgleich** zwischen Insolvenzverwalter und Betriebsrat bzw. Gesamtbetriebsrat nach § 50 Abs. 1 S. 1 BetrVG.[10]

2311 § 125 Abs. 1 S. 1 InsO setzt voraus, dass einer der in § 111 S. 3 BetrVG genannten Fälle der **Betriebsänderung** vorliegt.[11] Diese kann auch in einer erheblichen Personalreduzierung bestehen, wobei die Angaben in § 17 Abs. 1 KSchG (→ Rn. 1635) herangezogen werden.[12] Wegen der Beschränkung auf Betriebsänderungen nach § 111 BetrVG ist § 125 Abs. 1 S. 1 InsO in Einrichtungen der Religionsgemeinschaften, die gem. § 118 Abs. 2 BetrVG dem BetrVG nicht unterliegen, nicht anwendbar.[13]

2312 Liegt keine Betriebsänderung iSv § 111 S. 3 BetrVG vor, sondern handelt es sich in Wahrheit um einen (Teil-)Betriebsübergang nach § 613a Abs. 1 S. 1 BGB, greift § 125 InsO jedenfalls für die vom (Teil-)Betriebsübergang betroffenen Arbeitsverhältnisse nicht ein.[14] Ein „freiwilliger" Interessenausgleich genügt nicht.[15] Es kommt nicht darauf an, ob die Schwelle der Sozialplanpflichtigkeit eines Personalabbaus nach § 112a BetrVG überschritten wird.[16] Im Unterschied zu § 1 Abs. 5 S. 1 KSchG n. F. reicht es aus, dass, wie in § 111 S. 1 BetrVG, die Betriebsänderung **geplant** ist.[17] Unschädlich ist es, wenn sie später nicht durchgeführt wird.[18] Das **Anhörungsverfahren nach § 102 Abs. 1 BetrVG** wird durch § 125 Abs. 1 S. 1 Nr. 1 InsO nicht ersetzt, kann aber mit diesem verbunden werden.[19] Diese Verbindung ist bereits bei der Einleitung des Beteiligungsverfahrens klarzustellen und ggf. im Wortlaut des Interessenausgleichs zum Ausdruck zu bringen.[20]

---

[9] BAG 26.4.2007 NZA 2007, 1319 Os.; LAG Hamm 25.11.2004 LAGE InsO § 125 Nr. 5; KDZ/ *Däubler,* § 125 InsO Rn. 15; FK/*Eisenbeis,* § 125 InsO Rn. 7; *Hamacher,* in: Nerlich/Römermann, § 125 InsO Rn. 35; KR/*Weigand,* § 125 InsO Rn. 19. Vgl. näher zu § 1 Abs. 5 S. 1 KSchG → Rn. 1155 ff.

[10] Vgl. BAG 20.9.2012 NZA 2013, 797 Rn. 47; 15.12.2011 NZA-RR 2012, 570 Rn. 60; 7.7.2011 NZA 2011, 1108 Rn. 21.

[11] Vgl. BAG 26.4.2007 AP InsO § 125 Nr. 4; 16.5.2002 NZA 2003, 93, 97.

[12] BAG 20.9.2012 NZA 2013, 32 Rn. 17; 24.10.2013 NZA 2014, 46 Rn. 20; 19.12.2013 NZA-RR 2014, 185 Rn. 18; KDZ/*Däubler,* § 125 InsO, Rn. 6; *Hamacher,* in: Nerlich/Römermann, § 125 InsO Rn. 10; HK-InsO/*Linck,* § 125, Rn. 5; MüKoInsO/*Caspers,* § 125 Rn. 5. Zu § 1 Abs. 5 S. 1 KSchG → Rn. 1156.

[13] LAG Niedersachsen 9.12.2009 BeckRS 2010, 66116.

[14] BAG 15.12.2011 NZA-RR 2012, 570 Rn. 43; 26.4.2007 NZA 2007, 1319 Os.; 20.9.2006 NZA 2007, 387.

[15] ArbG Senftenberg 5.2.1998 NZA-RR 1998, 299, 300; ErfK/*Gallner,* §§ 120–122, 125 InsO Rn. 3; KDZ/*Däubler,* § 125 InsO Rn. 7; FK/*Eisenbeis,* § 125 InsO Rn. 2; MüKoInsO/*Caspers,* § 125 Rn. 6; KPB/*Moll,* § 125 InsO Rn. 11 u. 27; a. A. *Giesen,* ZIP 1998, 46, 49; *Kappenhagen,* NZA 1998, 968, 969 f.; *Matthes,* RdA 1999, 178 f.; *Schiefer,* DB 1997, 2176, 2178.

[16] *Müller,* DZWIR 1999, 221, 223.

[17] Zu den Voraussetzungen für eine *geplante* Betriebsstilllegung als Betriebsänderung iSv § 111 S. 3 Nr. 1 BetrVG iVm § 125 Abs. 1 S. 1 InsO vgl. BAG 20.9.2012 NZA 2013, 797 Rn. 46; LAG Düsseldorf 23.1.2003 LAGE InsO § 125 Nr. 3; 23.1.2003 ZInsO 2004, 1271, 1272; LAG Hamm 12.2. 2003 ZInsO 2004, 566, 568 f.; LAG Hamm 19.7.2007 BeckRS 2008, 50917.

[18] KDZ/*Däubler,* § 125 InsO Rn. 6; *Heinze,* NZA 1999, 57, 59; KR/*Weigand,* § 125 InsO Rn. 8.

[19] BAG 24.10.2013 NZA 2014, 46 Rn. 61, 62; 26.4.2007 NZA 2007, 1319 Os.; 21.7.2005 NZA 2006, 162; ErfK/*Gallner,* §§ 120–122, 125 InsO Rn. 19; *Danko/Cramer,* BB-Special 4/2004, S. 9, 10; FK/*Eisenbeis,* § 125 InsO Rn. 26; *Kania,* DZWIR 2000, 328, 330; KR/*Weigand,* § 125 InsO Rn. 40.

[20] BAG 28.6.2012 NZA 2012, 1090 Rn. 63; vgl. auch BAG 24.10.2013 NZA 2014, 46 Rn. 61.

§ 2 Interessenausgleich und Beschlussverfahren zum Kündigungsschutz

Die zu kündigenden Arbeitnehmer müssen positiv **namentlich bezeichnet** werden. Eine sog. **Negativliste,** in der nur die nicht zu Kündigenden aufgelistet werden, reicht nicht aus.[21] Sowohl aus dem Wortlaut als auch aus dem Zweck des Gesetzes folgt, dass Insolvenzverwalter und Betriebsrat sich mit jedem Arbeitnehmer, der gekündigt werden soll, zumindest insoweit auseinander gesetzt haben müssen, dass dessen Name auf der Liste erscheint. Nach Abschluss des Interessenausgleichs, aber noch vor Ausspruch der Kündigung, kann dieser noch „zeitnah" (→ Rn. 1159) um eine Namensliste ergänzt werden.[22]

2313

Der Interessenausgleich bedarf nach § 112 Abs. 1 S. 1 BetrVG der **Schriftform und der Unterschrift durch Insolvenzverwalter und Betriebsrat.** Die zugehörige Namensliste muss jedoch nicht unterzeichnet werden, wenn sie mit dem Interessenausgleich eine einheitliche Urkunde bildet.[23] Dies kann zB dadurch geschehen, dass die Namensliste als Anlage mit dem Interessenausgleich mittels „Heftmaschine" fest verbunden ist.[24] Das darf nicht erst nach der Unterzeichnung des Interessenausgleichs erfolgen.[25] Etwas anderes gilt nur, wenn der Interessenausgleich unterschrieben und in ihm auf die Namensliste verwiesen ist sowie alle Seiten der Namensliste durchgängig paraphiert sind.[26] Wird die Namensliste getrennt vom Interessenausgleich erstellt, reicht es aus, wenn sie von den Betriebsparteien unterzeichnet ist und in ihr auf den Interessenausgleich oder im Interessenausgleich auf sie Bezug genommen ist.[27] In diesem Fall kann die Namensliste auch erst nach Abschluss des Interessenausgleichs vereinbart und dann unterschrieben werden.[28]

2314

Die Rechtsfolgen des § 125 Abs. 1 S. 1 Nr. 1 und Nr. 2 InsO treten nur ein, wenn ein Interessenausgleich wirksam zustande gekommen ist. Das setzt die **Zuständigkeit des Betriebsrates bzw. Gesamtbetriebsrates** voraus.[29] In Betrieben ohne Betriebsrat steht dem Arbeitgeber das Verfahren nach § 125 Abs. 1 S. 1 Nr. 1 InsO nicht offen. Der Wirksamkeit des Interessenausgleichs steht nicht entgegen, dass dieser unter einer auflösenden oder aufschiebenden Bedingung abgeschlossen wird.[30]

2315

---

[21] *Hamacher,* in: Nerlich/Römermann, § 125 InsO Rn. 25; KPB/*Moll,* § 125 InsO Rn. 26; einschränkend KR/*Weigand,* § 125 InsO Rn. 13.

[22] So zu § 1 Abs. 5 S. 1 KSchG BAG 19.7.2012 NZA 2013, 86 Rn. 20; 26.3.2009 NZA 2009, 1151 Rn. 24; 19.6.2007 NZA 2008, 103.

[23] BAG 26.4.2007 NZA 2007, 1319 Os.; LAG Hessen 25.5.2009 BeckRS 2011, 71670; APS/*Dörner/Künzl,* § 125 InsO Rn. 21; *Hamacher,* in: Nerlich/Römermann, § 125 InsO Rn. 29; *Heinze,* NZA 1999, 57, 60; *Lakies,* BB 1999, 207; KR/*Weigand,* § 125 InsO Rn. 12. Ebenso zu § 1 Abs. 5 S. 1 KSchG BAG 19.6.2007 NZA 2008, 103 mwN und → Rn. 1160.

[24] BAG 26.4.2007 NZA 2007, 1319 Os.; Uhlenbruck/*Berscheid,* § 125 InsO Rn. 26; KDZ/*Däubler,* § 125 InsO Rn. 11; APS/*Dörner/Künzl,* § 125 InsO Rn. 21; FK/*Eisenbeis,* § 125 InsO Rn. 6; KR/*Weigand,* § 125 InsO Rn. 11. Zu § 1 Abs. 5 S. 1 KSchG → Rn. 1160.

[25] Zu § 1 Abs. 5 S. 1 KSchG BAG 6.7.2006 NZA 2007, 266.

[26] BAG 26.4.2007 NZA 2007, 1319 Os.

[27] APS/*Dörner/Künzl,* § 125 InsO Rn. 21; KR/*Weigand,* § 125 InsO Nr. 11. Zu § 1 Abs. 5 S. 1 KSchG BAG 19.7.2012 NZA 2013, 86 Rn. 20; 10.6.2010 NZA 2010, 1352 Rn. 16; vgl. auch → Rn. 1160.

[28] BAG 20.9.2012 NZA 2013, 797 Rn. 53; zu § 1 Abs. 5 S. 1 KSchG BAG 19.6.2007 NZA 2008, 103 Rn. 32, 33.

[29] Vgl. BAG 20.9.2012 NZA 2013, 797 Rn. 47; 15.12.2011 NZA-RR 2012, 570 Rn. 60; 7.7.2011 NZA 2011, 1108 Rn. 21.

[30] Vgl. näher BAG 21.7.2005 NZA 2006, 162.

3. Rechtsfolgen

a) Vermutung dringender betrieblicher Erfordernisse (§ 125 Abs. 1 S. 1 Nr. 1 InsO)

2316 § 125 Abs. 1 S. 1 Nr. 1 InsO **erleichtert** dem Insolvenzverwalter bei einer von ihm ausgesprochenen betriebsbedingten Kündigung (§ 1 Abs. 2 KSchG) die ihm nach § 1 Abs. 2 S. 1 KSchG obliegende **Darlegungs-** und **Beweislast**. Liegen die in Rn. 2310 genannten Voraussetzungen vor, wird nach § 125 Abs. 1 S. 1 Nr. 1 InsO **vermutet**, dass die Kündigung der namentlich bezeichneten Arbeitnehmer durch **dringende betriebliche Erfordernisse,** die einer Weiterbeschäftigung zu unveränderten oder zu veränderten Arbeitsbedingungen im Beschäftigungsbetrieb entgegenstehen, bedingt ist.[31] Die Vorschrift gilt somit – ebenso wie § 1 Abs. 5 KSchG (näher → Rn. 1154a) – auch für **Änderungskündigungen**.[32] Außerdem wird über den Wortlaut des § 125 Abs. 1 Nr. 1 InsO hinaus die Vermutungswirkung jedenfalls dann auf das Fehlen von anderen Beschäftigungsmöglichkeiten in anderen Betrieben des Unternehmens erstreckt, wenn sich die Betriebspartner bei den Verhandlungen über den Interessenausgleich mit dieser Frage befasst haben, wovon auch ohne ausdrückliche Erwähnung im Interessenausgleich regelmäßig auszugehen ist.[33] Wie in § 1 Abs. 5 S. 1 KSchG müssen die von der Vermutungswirkung nach § 125 Abs. 1 S. 1 Nr. 1 InsO erfassten Kündigungen „aufgrund" einer Betriebsänderung ausgesprochen werden. Erforderlich ist also ein **Kausalzusammenhang**.[34]

2317 § 125 Abs. 1 S. 1 Nr. 1 InsO enthält eine **widerlegbare Vermutung** iSd § 292 S. 1 ZPO iVm § 495 ZPO, § 46 Abs. 2 S. 1 ArbGG und damit eine Abweichung von der allgemeinen Beweislastregel des § 1 Abs. 2 S. 4 KSchG.[35] Angesichts der Vermutungsregelung muss der Arbeitnehmer nunmehr substantiiert vorgetragene Tatsachen beweisen, die gegen das Vorliegen eine betriebsbedingte Kündigung rechtfertigender Tatsachen sprechen (Gegenteilsbeweis), wobei verbleibende Zweifel zu seinen Lasten gehen.[36] Wie weit die Vermutung reicht, hängt auch von den Angaben ab, die der Interessenausgleich zu den betrieblichen Erfordernissen, insbesondere zum Vorliegen einer Betriebsänderung iSd § 111 BetrVG (→ Rn. 2311), enthält.[37] Sind die betrieblichen Erfordernisse nicht erkennbar, hat der Arbeitgeber bei Bestreiten des Arbeitnehmers weitere Angaben zu machen, da es einen „Geheimprozess" nicht geben kann.[38] Im Ergebnis wird dem Arbeitnehmer die Widerlegung der Vermutung des § 125 Abs. 1 S. 1 Nr. 1 InsO nur gelingen, wenn er nachweist, dass der nach dem Interessen-

---

[31] BAG 20.9.2012 NZA 2013, 797 Rn. 53; zu § 1 Abs. 5 S. 1 KSchG → Rn. 1167.
[32] Uhlenbruck/*Berscheid,* § 125 InsO Rn. 30; APS/*Dörner/Künzl,* § 125 InsO Rn. 19; ErfK/*Gallner,* §§ 120–122, 125 InsO Rn. 1; HK-InsO/*Linck,* § 125 InsO Rn. 2; MüKoInsO/*Caspers,* § 125 Rn. 110; KR/*Weigand,* § 125 InsO Rn 5; *G. Wisskirchen/Bissels,* BB 2009, 2142, 2143; *Zwanziger,* § 125 InsO Rn. 48; ausf. *Fischer,* NZA 2002, 536, 537 ff.
[33] BAG 20.9.2012 NZA 2013, 797 Rn. 53 ff.; vgl. auch schon BAG 10.1.2007 NZA 2007, 387 Rn. 25.
[34] Vgl. BAG 26.4.2007 NZA 2007, 1319 Os; zu § 1 Abs. 5 S. 1 KSchG vgl. näher → Rn. 1159.
[35] Vgl. BAG 26.4.2007 AP InsO § 125 Nr. 4 Rn. 53; LAG Hessen 14.12.2010 NZI 2011, 203, 205 Rn. 48.
[36] BAG 26.4.2007 NZA 2007, 1319 Os.; vgl. auch BAG 29.9.2005 NZA 2006, 720; LAG Hamm 17.12.2008 LAGE KSchG § 1 Interessenausgleich Nr. 13a; APS/*Dörner/Künzl,* § 125 InsO Rn. 22 mit Rn. 24; FK/*Eisenbeis,* § 125 InsO Rn. 7; *Hamacher,* in: Nerlich/Römermann, § 125 Rn. 35; *Hess,* Insolvenzarbeitsrecht, § 125 InsO Rn. 11; KR/*Weigand,* § 125 InsO Rn. 15 mit Rn. 20. Zu § 1 Abs. 5 S. 1 KSchG → Rn. 1168.
[37] Vgl. zu § 1 Abs. 5 S. 1 KSchG BAG 27.9.2012 NZA 2013, 559 Rn. 30.
[38] *Kothe,* BB 1998, 946, 949; *Zwanziger,* ArbuR 1997, 427, 429.

ausgleich in Betracht kommende betriebliche Grund in Wirklichkeit nicht vorliegt,[39] zB weil die Möglichkeit der Weiterbeschäftigung in dem Betrieb, ggf. zu geänderten Arbeitsbedingungen, besteht.[40] Ebenso ist die Vermutung widerlegt, wenn der Arbeitnehmer in einer vereinbarten Block-Altersteilzeit seine gesonderte Arbeitsleistung bereits erbracht hat, weshalb der Wegfall der Beschäftigungsmöglichkeit für sein Arbeitsverhältnis bedeutungslos geworden ist.[41] Der Umstand allein, dass es nach der auf die beabsichtigte Betriebsstilllegung gestützten Kündigung des Insolvenzverwalters später doch noch zu einem Betriebsübergang nach § 613a Abs. 1 S. 1 BGB gekommen ist, entkräftet nicht die Vermutungswirkung des § 125 Abs. 1 S. 1 Nr. 1 InsO.[42] Das gilt auch für eine Klausel im Interessenausgleich, nach der der Arbeitgeber einen vorübergehend bestehenden Personalbedarf wegen Urlaubs- und Krankheitszeiten bis zu insgesamt 10 Prozent der Belegschaft mit Leiharbeitnehmern abdecken kann.[43]

Trotz der Umkehr der Darlegungs- und Beweislast durch die Regelung in § 125 **2318** Abs. 1 S. 1 Nr. 1 InsO müssen die Grundsätze der **abgestuften Darlegungs- und Beweislast** zur Anwendung kommen.[44] So kann den zum Teil geäußerten verfassungsrechtlichen Bedenken einer praktisch nicht mehr widerlegbaren Präjudizierung des Kündigungsschutzverfahrens begegnet werden.[45] Dabei ist zu beachten, dass dem Arbeitnehmer bei der Führung des Gegenteilsbeweises die allgemeinen Beweiserleichterungen, insbesondere zur sog. **sekundären Behauptungslast,** zuteil werden,[46] weshalb § 125 Abs. 1 S. 1 Nr. 1 InsO verfassungsgemäß ist.[47] Demgemäß ist dem Prozessgegner im Rahmen seiner Erklärungslast nach § 138 Abs. 2 ZPO ausnahmsweise zuzumuten, dem Beweispflichtigen eine ordnungsgemäße Darlegung durch nähere Angaben über die zu seinem Wahrnehmungsbereich gehörenden Verhältnisse zu ermöglichen.[48] Dies ist etwa der Fall, wenn eine darlegungspflichtige Partei außerhalb des von ihr darzulegenden Geschehensablaufes steht und keine nähere Kenntnis der maßgebenden Tatsachen besitzt, während der Gegner sie hat und ihm nähere Angaben zumutbar sind.[49] Daraus folgt, dass der **Arbeitgeber** trotz der gesetzlichen Vermutung nach Bestreiten des Arbeitnehmers die **zu seinem Wahrnehmungsbereich gehörenden Tatsachen mitzuteilen** hat.[50] Hierzu gehört im Rahmen des § 125 Abs. 1

---

[39] BAG 24.10.2013 NZA 2014, 46 Rn. 23; ebenso zu § 1 Abs. 5 S. 1 KSchG BAG 15.12.2011 NZA 2012, 1044 Rn. 17; 19.12.2013 NZA-RR 2014, 185 Rn. 19.
[40] Vgl. näher zu § 1 Abs. 5 S. 1 KSchG Rn. 1168.
[41] BAG 5.12.2002 NZA 2003, 789, 790.
[42] LAG Sachsen 14.12.2005 LAGE InsO § 125 Nr. 9.
[43] BAG 18.10.2012 NZA-RR 2013, 68 Rn. 32.
[44] *Berkowsky*, NZI 1999, 129, 132; FK/*Eisenbeis*, § 125 InsO Rn. 7; vgl. auch MüKoInsO/*Caspers*, § 125 Rn. 87; *Zwanziger*, § 125 InsO Rn. 34. Auf diese Problematik geht das BAG in seiner Entscheidung zu § 1 Abs. 5 S. 1 KSchG a. F. vom 7.5.1998 NZA 1998, 933 nicht ein; vgl. aber BAG 10.2.1999 NZA 1999, 702; hierzu auch *B. Preis*, DB 1998, 1614, 1618.
[45] Vgl. LAG Düsseldorf 24.3.1998 LAGE KSchG § 1 Interessenausgleich Nr. 3; *Kothe*, BB 1998, 946, 954.
[46] Vgl. LAG Hamm 25.11.2004 LAGE InsO § 125 Nr. 5; APS/*Dörner/Künzl*, § 125 InsO Rn. 23; ErfK/*Gallner*, §§ 120–122, 125 InsO Rn. 8; *Hamacher*, in: Nerlich/Römermann, § 125 InsO Rn. 36; ähnlich *Zwanziger*, ArbuR 1997, 427, 429; *Linck*, AR-Blattei SD 1020.1.2 Rn. 140 f.; *Hohenstatt*, NZA 1998, 846, 852.
[47] *Zwanziger*, BB 2009, 668, 670 unter Berufung auf BAG 6.9.2007 NZA 2008, 633 Rn. 32–38; vgl. auch LAG Hamm 17.12.2008 LAGE KSchG § 1 Interessenausgleich Nr. 13a; zu § 1 Abs. 5 S. 1 KSchG → Rn. 1168.
[48] Allg. Zöller/*Greger*, Vor § 284 ZPO Rn. 34.
[49] BGH 22.7.2014 NJW 2014, 3089 Rn. 17; 5.2.2003 NJW 2003, 1449, 1450; BAG 27.9.2012 NZA 2013, 559 Rn. 28; 15.12.2011 NZA 2012, 1144 Rn. 17.
[50] Vgl. zu § 1 Abs. 5 S. 1 KSchG näher BAG 27.9.2012 NZA 2013, 559 Rn. 28 u. → Rn. 1168.

Fünfter Abschnitt: Kündigungsschutz in der Insolvenz

S. 1 Nr. 1 InsO der betriebsbedingte Kündigungsgrund. Der Vorteil der Vermutungsregelung in § 125 Abs. 1 S. 1 Nr. 1 InsO liegt für den Arbeitgeber darin, dass es nicht ausreicht, die gesetzliche Vermutung zu erschüttern. Vielmehr muss vom **Arbeitnehmer** der **volle Beweis** des **Gegenteils** der gesetzlichen Vermutung geführt werden.[51]

b) Eingeschränkter Prüfungsmaßstab bei Sozialauswahl (§ 125 Abs. 1 S. 1 Nr. 2 InsO)

2319   Wie in der Zeit vom 1.10.1996 bis zum 31.12.1998 und seit dem 1.1.2004 wieder in § 1 Abs. 5 S. 2 KSchG kann die **soziale Auswahl der Arbeitnehmer** nur auf **grobe Fehlerhaftigkeit** überprüft werden (§ 125 Abs. 1 S. 1 Nr. 2 1. Hs. InsO). Der Prüfungsmaßstab der groben Fehlerhaftigkeit gem. § 125 Abs. 1 S. 1 Nr. 2 1. Hs. InsO ändert an der dem Arbeitnehmer nach § 1 Abs. 3 S. 3 KSchG obliegenden Darlegungslast (näher → Rn. 1134 ff.) nichts.[52] Allerdings sind dem gekündigten Arbeitnehmer nach § 1 Abs. 3 S. 1 2. Hs. KSchG auf dessen Verlangen die Gründe anzugeben, die zu der getroffenen Sozialauswahl geführt haben. Insoweit besteht eine abgestufte Darlegungslast nach § 1 Abs. 3 S. 1 2. Hs. KSchG (näher → Rn. 1135).[53] Als Konsequenz aus der materiellen Auskunftspflicht des Arbeitgebers nach § 1 Abs. 3 S. 1 2. Hs. KSchG folgt, dass er auf Verlangen des Arbeitnehmers im Prozess substantiiert die Gründe vortragen muss, die ihn zu seiner Auswahl veranlasst haben. Erst nach Erfüllung der Auskunftspflicht trägt der Arbeitnehmer die volle Darlegungslast für die Fehlerhaftigkeit der Sozialauswahl (näher → Rn. 1135).[54]

2320   Nach überwiegender Meinung betrifft das Merkmal der groben Fehlerhaftigkeit nicht nur die im Wortlaut des § 125 Abs. 1 S. 1 Nr. 2 1. Hs. InsO angesprochene **Gewichtung** der **Kriterien** Alter, Betriebszugehörigkeit und Unterhaltspflichten,[55] sondern auch die **Festlegung** des **auswahlrelevanten Kreises** der **Arbeitnehmer**.[56] Grob fehlerhaft iSd vorgenannten Norm ist eine soziale Auswahl dann, wenn ein evidenter, ins Auge springender Fehler vorliegt und der Interessenausgleich jede soziale Ausgewogenheit vermissen lässt,[57] zB wenn bei der Bestimmung des Kreises vergleichbarer Arbeitnehmer die Austauschbarkeit offensichtlich verkannt worden ist.[58] Hiervon ist im Regelfall auszugehen, falls in einem Interessenausgleich mit Namensliste der auswahlrelevante Personenkreis auf sofort – kurze Einarbeitungszeit von einigen Stun-

---

[51] BAG 26.4.2007 AP InsO § 125 Nr. 4; Uhlenbruck/*Berscheid*, § 125 InsO Rn. 42; MüKoInsO/*Caspers*, § 125 Rn. 85; vgl. auch LAG Hamm 5.5.2004 LAG Report 2005, 13, 14; zu § 1 Abs. 5 S. 1 KSchG → Rn. 1168; allg. Zöller/*Greger*, § 292 ZPO Rn. 2.

[52] Vgl. BAG 20.9.2006 NZA 2007, 387 Rn. 48; 17.11.2005 NZA 2006, 661 Rn. 29.

[53] BAG 19.12.2013 NZA-RR 2014, 185 Rn. 52; 20.9.2006 NZA 2007, 387 Rn. 48; 17.11.2005 NZA 2006, 661 Rn. 29.

[54] BAG 19.12.2013 NZA-RR 2014, 185 Rn. 52; 20.9.2006 NZA 2007, 387 Rn. 48; 17.11.2005 NZA 2006, 661 Rn. 29.

[55] Die Sozialauswahl kann sich auf die in der Lohnsteuerkarte eingetragenen Kinder beschränken. Die Verpflichtung zur Gewährung von Familienunterhalt an den Ehegatten nach § 1360 BGB darf nicht gänzlich außer Acht gelassen werden, BAG 28.6.2012 NZA 2012, 1090 Rn. 46 bzw. Rn. 52.

[56] BAG 19.12.2013 NZA-RR 2014, 185 Rn. 22; 24.10.2013 NZA 2014, 46 Rn. 26; 20.9.2006 NZA 2007, 387 Rn. 46; KDZ/*Däubler*, § 125 InsO Rn. 18; APS/*Dörner*/*Künzl*, § 125 Rn. 18; FK/*Eisenbeis*, § 125 InsO Rn. 14; HK-InsO/*Linck*, § 125 Rn. 28; MüKoInsO/*Caspers*, § 125 Rn. 94; KR/*Weigand*, § 125 InsO Rn. 22. Zu § 1 Abs. 5 S. 2 KSchG → Rn. 1171; a. A. *Bütefisch*, Die Sozialauswahl, 2000, S. 455; vgl. auch *Zwanziger*, § 125 InsO Rn. 64.

[57] Vgl. BT-Drucks. 13/4612, S. 9; ebenso BAG 19.12.2013 NZA-RR 2014, 185 Rn. 12; 24.10.2013 NZA 2014, 46 Rn. 26; 20.9.2006 NZA 2006, 387; FK/*Eisenbeis*, § 125 Rn. 10; ErfK/*Gallner*, § 125 InsO Rn. 9; *Hamacher*, in: Nerlich/Römermann, § 125 Rn. 47 und 50; MüKoInsO/*Caspers*, § 125 Rn. 99. Zu § 1 Abs. 5 S. 2 KSchG → Rn. 1149 mit Rn. 1170.

[58] BAG 19.12.2013 NZA-RR 2014, 185 Rn. 46; 17.11.2005 NZA 2006, 661 Rn. 30.

den oder einem Tag – austauschbare Arbeitnehmer in verschiedenen Geschäftsbereichen beschränkt wird.[59] Die getroffene Auswahl muss sich mit Blick auf den klagenden Arbeitnehmer i. Erg. als grob fehlerhaft erweisen. Nicht entscheidend ist, ob das Auswahlverfahren als solches zu bestanden ist.[60] Ein mangelhaftes Auswahlverfahren kann zu einem richtigen – nicht grob fehlerhaften – Auswahlergebnis führen.[61]

Keine grobe Fehlerhaftigkeit der Sozialauswahl liegt vor, wenn sich der Insolvenzverwalter bei einer Punktetabelle (→ Rn. 1101) nur geringfügig in der Punktzahl geirrt hat[62] bzw. er einen Arbeitnehmer mit einem gegenüber einem anderen nur marginal geringen Punktwert nicht kündigt[63] oder die Eingrenzung des auswahlrelevanten Personenkreises infolge der Verkennung des Betriebsbegriffs zu beanstanden ist, dieser Fehler jedoch nicht evident ist.[64] Da die soziale Auswahl nach § 1 Abs. 3 S. 1 KSchG auch in der Insolvenz[65] grundsätzlich betriebsbezogen, d.h. abteilungsübergreifend, zu erfolgen hat,[66] wäre eine abteilungsbezogene Sozialauswahl grob fehlerhaft iSv § 125 Abs. 1 S. 1 Nr. 2 S. 1 1. Hs. InsO, es sei denn, die Vergleichbarkeit der im Betrieb beschäftigten Arbeitnehmer wäre auf die Abteilungen beschränkt.[67] Dagegen muss die Beschränkung der sozialen Auswahl auf den Kreis vergleichbarer Arbeitnehmer in ihrer bisherigen Einsatzabteilung nicht grob fehlerhaft sein, wenn dies der Erhaltung und Schaffung einer ausgewogenen Personalstruktur iSv § 125 Abs. 1 S. 1 Nr. 2 2. Hs. InsO dient.[68] Trotz des insoweit nicht eindeutigen Wortlauts des § 125 Abs. 1 S. 1 Nr. 2 2. Hs. InsO erstreckt sich der eingeschränkte Prüfungsmaßstab in § 125 Abs. 1 S. 1 Nr. 2 1. Hs. InsO auch auf den Anwendungsbereich des § 1 Abs. 3 S. 2 KSchG.[69] Hier läge grobe Fehlerhaftigkeit vor, wenn die betrieblichen Interessen augenfällig überdehnt wären.[70]

2320a

Während es in § 125 Abs. 1 S. 1 Nr. 2 2. Hs. InsO um den **Erhalt** oder die **Schaffung** einer **ausgewogenen Personalstruktur** geht, betrifft § 1 Abs. 3 S. 2 KSchG nur deren **Sicherung** (näher → Rn. 1128). In der Insolvenz ist es daher möglich, Versäumnisse in der Personalpolitik zu korrigieren.[71] Die in § 125 Abs. 1 S. 1 Nr. 2. 2. Hs.

2321

---

[59] BAG 19.12.2013 NZA-RR 2014, 185 Rn. 47 mit Ausnahmefall; noch offen gelassen von BAG 17.11.2005 NZA 2006, 661 Rn. 35.
[60] BAG 19.12.2013 NZA-RR 2014, 185 Rn. 22; 24.10.2013 NZA 2014, 46 Rn. 26 u. Rn. 59; zu § 1 Abs. 5 S. 2 KSchG → Rn. 1170.
[61] BAG 19.12.2013 NZA-RR 2014, 185 Rn. 22; 24.10.2013 NZA 2014, 46 Rn. 59; zu § 1 Abs. 5 S. 2 KSchG → Rn. 1170.
[62] Vgl. zu § 1 Abs. 5 S. 2 KSchG BAG 17.1.2008 NZA-RR 2008, 571 Rn. 21.
[63] Vgl. BAG 24.10.2013 NZA 2014, 46 Rn. 43; 28.10.2012 NZA-RR 2013, 68 Rn. 49; vgl. aber auch ArbG Cottbus 19.9.2012 – 2 Ca 498/12 – juris Rn. 32, 33.
[64] Vgl. näher BAG 20.9.2012 NZA 2013, 94 Rn. 21–23.
[65] Außerhalb der Insolvenz → Rn. 1048.
[66] BAG 28.8.2003 NZA 2004, 432; APS/*Dörner/Künzl*, § 125 InsO Rn. 25a; ErfK/*Gallner*, §§ 120–122, 125 Rn. 10; KR/*Weigand*, § 125 InsO Rn. 22b; vgl. auch BAG 19.12.2013 NZA-RR 2014, 185 Rn. 44; 28.10.2004 NZA 2005, 285.
[67] BAG 19.12.2013 NZA-RR 2014, 185 Rn. 44; vgl. auch ErfK/*Gallner*, §§ 120–122, 125 InsO Rn. 10.
[68] BAG 28.3.2003 NZA 2004, 432, 435; vgl. auch BAG 24.3.2013 NZA 2014, 46 Rn. 49; *Pakirnus*, DB 2006, 2742 f.
[69] BAG 17.11.2005 NZA 2006, 661 Rn. 27, 30; LAG Köln 3.8.2009 BeckRS 2009, 72601; 10.5.2005 BeckRS 2005, 42303; APS/*Dörner/Künzl*, § 125 InsO Rn. 25; FK/*Eisenbeis*, § 125 InsO Rn. 15; ErfK/*Gallner*, §§ 120–122, 125 InsO Rn. 9; *Hamacher*, in: Nerlich/Römermann, § 125 InsO Rn. 54; HK-InsO/*Linck*, § 125 Rn. 28; *Seel*, MDR 2009, 788, 790; KR/*Weigand*, § 125 InsO Rn. 22a. Zu § 1 Abs. 5 S. 2 KSchG → Rn. 1172.
[70] BAG 19.12.2013 NZA-RR 2014, 185 Rn. 46; 17.10.2005 NZA 2006, 661 Rn. 30.
[71] LAG Hamm 5.6.2003 NZA-RR 2004, 132; HK-InsO/*Linck*, § 125 Rn. 31; *Giesen*, ZIP 1998, 46, 50; *Lakies*, RdA 1997, 145, 150; *Preis*, NJW 1996, 3369, 3378; KR/*Weigand*, § 125 InsO Rn. 26; vgl. auch BAG 28.8.2003 NZA 2004, 432, 435.

InsO vorgesehene Möglichkeit, durch den Abschluss eines Interessenausgleichs mit Namensliste eine ausgewogene Personalstruktur zu schaffen, verletzt nicht das unionsrechtliche Verbot der Altersdiskriminierung (Art. 21 GRC) und seine Ausgestaltung durch die RL 2000/78/EG vom 27.11.2000.[72] Allerdings müssen die Arbeitsgerichte beurteilen, ob die Altersgruppenbildung im konkreten Interessenausgleich nach § 10 AGG gerechtfertigt ist.[73] Hierfür muss der Insolvenzverwalter im Kündigungsschutzprozess darlegen, welche konkrete Altersstruktur die Betriebsparteien schaffen wollten und aus welchem Grund dies erforderlich war.[74] Aus dem Vortrag muss zu entnehmen sein, dass die vereinbarte Altersgruppenbildung zur Erreichung des Ziels der sanierungsbedingten Schaffung einer ausgewogenen Altersstruktur angemessen und erforderlich ist.[75] Zur Erhaltung bzw. Schaffung einer bestimmten Personalstruktur, zu der nicht nur die **Altersstruktur**,[76] sondern auch die **Ausbildung** und die **Qualifikation** der Arbeitnehmer im Betrieb zählen (näher → Rn. 1131),[77] kann der Insolvenzverwalter innerhalb des in Betracht kommenden Personenkreises abstrakte Gruppen mit unterschiedlichen Strukturmerkmalen bilden und aus jeder Gruppe die gleiche Prozentzahl für Kündigungen vorsehen.[78] Im Prozess muss der Insolvenzverwalter darlegen, wie die Personalstruktur beschaffen ist und welche Struktur erreicht werden soll.[79]

c) Änderung der Sachlage (§ 125 Abs. 1 S. 2 InsO)

2322   Die in § 125 Abs. 1 S. 1 InsO geregelte **Vermutung** der **Betriebsbedingtheit** und die **Beschränkung** der **Prüfung** der **sozialen Auswahl** auf **grobe Fehlerhaftigkeit gelten** nach § 125 Abs. 1 S. 2 InsO **nicht,** soweit sich die **Sachlage** nach Zustandekommen des Interessenausgleichs **wesentlich geändert** hat. Mit der wesentlichen Änderung der Sachlage ist der Wegfall der Geschäftsgrundlage (seit 1.1.2002: § 313 Abs. 1 BGB n. F.) gemeint.[80] Hiervon ist auszugehen, wenn nicht ernsthaft bezweifelt werden kann, dass beide Betriebsparteien oder eine von ihnen den Interessenausgleich in Kenntnis der späteren Änderung nicht oder mit anderem Inhalt geschlossen hätten.[81] Zur Geschäftsgrundlage des Interessenausgleichs mit Namensliste gehört insbesondere eine geplante Betriebsänderung.[82] Eine wesentliche Änderung der Sachlage

---

[72] Vgl. näher BAG 19.12.2013 NZA-RR 2014, 185 Rn. 23–27; *Göpfert/Stark,* ZIP 2015, 155 ff.

[73] BAG 19.12.2013 NZA-RR 2014, 185 Rn. 30; vgl. im Zusammenhang mit dem Erhalt der ausgewogenen Altersstruktur nach § 125 Abs. 1 S. 1 Nr. 2. 2. Hs. InsO BAG 28.6.2012 NZA 2012, 1090 Rn. 36 ff.

[74] BAG 19.12.2013 NZA-RR 2014, 185 Rn. 34.

[75] BAG 19.12.2013 NZA-RR 2014, 185 Rn. 34 mit Rn. 40.

[76] Vgl. hierzu BAG 24.10.2013 NZA 2014, 46 Rn. 49 ff.; 28.6.2012 NZA 2012, 1090 Rn. 25 ff. Zu § 1 Abs. 3 S. 2 KSchG → Rn. 1125 ff.

[77] BAG 19.12.2013 NZA-RR 2014, 185 Rn. 49; 28.8.2003 NZA 2004, 432.

[78] KR/*Weigand,* § 125 InsO Rn. 29; vgl. auch LAG Hamm 28.5.1998 LAGE InsO § 125 Nr. 1; HK-InsO/*Linck,* § 125 Rn. 32; ausf. zur Altersgruppenbildung *Berkowsky,* NZI 1999, 129, 134. Zur Sozialauswahl und Gruppenbildung zur Sicherung der Altersstruktur nach § 1 Abs. 3 S. 2 KSchG a. F. BAG 23.11.2000 NZA 2001, 601. Zu § 1 Abs. 3 S. 2 KSchG n. F. → Rn. 1125 ff.

[79] BAG 19.12.2013 NZA-RR 2014, 185 Rn. 18.10.2012 NZA-RR 2013, 68 Rn. 38.

[80] BAG 24.10.2013 NZA 2014, 46 Rn. 24; 18.10.2012 NZA-RR 2013, 68 Rn. 38; APS/*Dörner/Künzl,* § 125 InsO Rn. 28; *Hamacher,* in: Nerlich/Römermann, § 125 InsO Rn. 59; KR/*Weigand,* § 125 InsO Rn. 37. Zu § 1 Abs. 5 S. 3 KSchG → Rn. 1163.

[81] BAG 24.10.2013 NZA 2014, 46 Rn. 24; 18.10.2012 NZA-RR 2013, 68 Rn. 38; zu § 1 Abs. 5 S. 3 KSchG → Rn. 1163.

[82] *Caspers* (§ 1 Fn. 6), Rn. 208; *Hamacher,* in: Römermann/Nerlich, § 125 InsO Rn. 62. Zu § 1 Abs. 5 S. 3 KSchG → Rn. 1163.

iSv § 125 Abs. 1 S. 2 InsO ist deshalb anzunehmen, wenn Planungen so geändert werden, dass keine oder eine andere Betriebsänderung iSv § 111 BetrVG durchgeführt werden soll.[83] Das ist zB dann anzunehmen, wenn sich die im Interessenausgleich vorgesehene Zahl der zur Kündigung vorgesehenen Arbeitnehmer **erheblich** verringert hat[84] oder wenn bei Abschluss des Interessenausgleichs (noch) eine unbedingte Stilllegungsabsicht bestand, zwischen diesem Abschluss und Zugang der Kündigung aber ernsthafte Fortsetzungsverhandlungen mit Investoren stattfanden.[85]

Maßgeblicher Zeitpunkt für die Beurteilung der Frage, ob eine **wesentliche Änderung** der Sachlage vorliegt, ist der Zeitpunkt des **Zugangs** der **Kündigung**.[86] Die Darlegungs- und Beweislast für eine derartige Änderung trägt der Arbeitnehmer.[87] Tritt die wesentliche **Änderung** der Sachlage erst **nach Zugang** der **Kündigung**, aber **vor Ablauf** der **Kündigungsfrist** ein, kann der Arbeitnehmer allenfalls einen **Wiedereinstellungsanspruch** geltend machen (zu § 1 Abs. 5 S. 3 KSchG → Rn. 1163).[88]

2323

II. Das Beschlussverfahren nach § 126 InsO

1. Allgemeines

Ist eine umfassende Klärung der Rechtmäßigkeit von Kündigungen durch einen Interessenausgleich nach Maßgabe des § 125 Abs. 1 InsO nicht möglich, **kann** der Insolvenzverwalter gem. § 126 Abs. 1 S. 1 InsO die soziale Rechtfertigung der geplanten Entlassungen in einem **besonderen Beschlussverfahren** vor dem Arbeitsgericht feststellen lassen. Voraussetzung für die Zulässigkeit dieses Verfahrens ist entweder das **Fehlen eines Betriebsrats** oder das **Nichtzustandekommen eines Interessenausgleichs nach § 125 Abs. 1 InsO** (→ Rn. 2307) **innerhalb von drei Wochen** nach Verhandlungsbeginn oder schriftlicher Aufforderung zur Aufnahme von Verhandlungen trotz rechtzeitiger und umfassender Unterrichtung des Betriebsrats durch den Insolvenzverwalter. Demnach ist **nach Abschluss** eines **Interessenausgleiches** iSv § 125 Abs. 1 InsO ein **Antrag** gem. § 126 InsO **unzulässig,** zumindest soweit

2324

---

[83] BAG 18.10.2012 NZA-RR 2013, 68 Rn. 38; 12.3.2009 NZA 2009, 1023 Rn. 20. Zu § 1 Abs. 5 S. 3 KSchG a. F. vgl. LAG Schleswig-Holstein 22.4.1998 LAGE KSchG § 1 Interessenausgleich Nr. 5.
[84] Vgl. BAG 18.10.2012 NZA-RR 2013, 68 Rn. 38; 28.6.2012 NZA 2012, 1029 Rn. 32. Zu weiteren Fallgestaltungen nach § 1 Abs. 5 S. 3 KSchG → Rn. 1163.
[85] LAG Köln 26.4.2010 BeckRS 2010, 70829.
[86] LAG Hamm 25.11.2004 LAGE InsO § 125 Nr. 5; FK/*Eisenbeis,* § 125 InsO Rn. 30 a. E., 31; *Hamacher,* in: Nerlich/Römermann, § 125 InsO Rn. 65; HK-InsO/*Linck,* § 125 Rn. 40; KR/*Weigand,* § 125 InsO Rn. 38; vgl. auch BAG 24.10.2013 NZA 2014, 46 Rn. 24; 18.10.2012 NZA-RR 2013, 68 Rn. 38; ebenso zu § 1 Abs. 5 S. 3 KSchG a. F. BAG 15.12.2011 NZA 2012, 1044 Rn. 35; 23.10.2008 AP KSchG 1969 § 1 Namensliste Nr. 18; a. A. *Schrader,* NZA 1997, 70, 75; *Zwanziger,* BB 1997, 626, 628; vgl. auch *ders.,* § 125 InsO Rn. 83.
[87] ArbG Freiburg 14.1.2003 ArbuR 2003, 122 Ls.; *Hamacher,* in: Nerlich/Römermann, § 125 InsO Rn. 66; *Hess,* Insolvenzarbeitsrecht, § 125 InsO Rn. 27; MüKoInsO/*Caspers,* § 125 Rn. 108; KR/*Weigand,* § 125 InsO Rn. 38.
[88] KDZ/*Däubler,* § 125 InsO Rn. 28; FK/*Eisenbeis,* § 125 InsO Rn. 31; *Hamacher,* in: Nerlich/Römermann, § 125 InsO Rn. 65 mit Rn. 67; HK-InsO/*Linck,* § 125 InsO Rn. 40; MüKoInsO/*Caspers,* § 125 Rn. 107; a. A. *Müller-Limbach* (§ 1 Fn. 1), S. 131 f. Zum Wiedereinstellungsanspruch des Arbeitnehmers nach betriebsbedingter Kündigung in der Insolvenz ausf. *Schubert,* ZIP 2002, 554 ff.; abl. BAG 13.5.2004 AP BGB § 613a Nr. 264 für den Fall eines Betriebsübergangs nach Ablauf der Frist einer insolvenzbedingten Kündigung.

mit dem Interessenausgleich eine umfassende Regelung der Folgen der Betriebsänderung angestrebt wurde und nicht nur ein Teilinteressenausgleich vorliegt.⁸⁹

2325 Beschränkt ist diese Sperrwirkung auf den Gegenstand des Interessenausgleichs, d. h. die jeweilige Betriebsänderung.⁹⁰ Sie entfällt, wenn der Interessenausgleich wegen wesentlicher Änderung der Sachlage seine Wirkung verliert (→ Rn. 2322).⁹¹ **Besteht kein Betriebsrat,** kann der Insolvenzverwalter den **Antrag** nach § 126 Abs. 1 S. 1 InsO **sofort stellen,** ohne zuvor versucht zu haben, sich mit der Belegschaft über ein freiwilliges Ausscheiden zu einigen.⁹² **Besteht** dagegen ein **Betriebsrat,** hat er gem. § 126 Abs. 1 S. InsO eine **Dreiwochenfrist** abzuwarten (→ Rn. 2330).

2326 Im Hinblick darauf, dass § 126 InsO gegenüber § 125 InsO **Auffangfunktion** hat⁹³ bzw. diese Vorschrift ergänzt,⁹⁴ darf das Zustandekommen eines Interessenausgleichs nicht etwa daran scheitern, dass die Voraussetzungen für eine Betriebsänderung nach § 111 BetrVG gar nicht vorliegen, also entweder im betroffenen Betrieb nicht mehr als 20 wahlberechtigte Arbeitnehmer beschäftigt werden oder es sich um einen Personalabbau handelt, der die Schwelle der Betriebsänderung, nämlich die Zahlen des § 17 KSchG oder den Mindestprozentsatz von 5,⁹⁵ nicht überschreitet.⁹⁶

2327 Das Beschlussverfahren nach § 126 Abs. 1 S. 1 InsO findet auf **geplante** und, wie auch § 127 Abs. 2 InsO zu entnehmen ist, auf bereits **erfolgte** Kündigungen des Insolvenzverwalters Anwendung.⁹⁷ Mit diesem Verfahren soll die soziale Rechtfertigung dieser Kündigungen einheitlich geklärt werden.⁹⁸ Aus der Regelung in § 126 Abs. 2 S. 1 2. Hs. InsO (→ Rn. 2335) folgt, dass es unerheblich ist, ob es sich um eine **Beendigungs-** oder eine **Änderungskündigung** handelt.⁹⁹

2328 Spricht der Insolvenzverwalter Kündigungen schon vor der Antragstellung nach § 126 Abs. 1 S. 1 InsO aus, kann er das Beschlussverfahren auf die Arbeitnehmer be-

---

⁸⁹ BAG 20.1.2000 NZA 2001, 170; *Giesen,* ZIP 1998, 46, 51 f.; *Hamacher,* in: Nerlich/Römermann, § 126 InsO Rn. 5; *Zwanziger,* § 126 InsO Rn. 14 mit Rn. 16.

⁹⁰ BAG 20.1.2000 NZA 2001, 170; *Boewer,* RdA 2001, 380, 392; KDZ/*Däubler,* § 126 InsO Rn. 4; *Hamacher,* in: Nerlich/Römermann, § 126 InsO Rn. 5; *Lakies,* NZI 2000, 345, 346.

⁹¹ *Grunsky/Moll* (§ 1 Fn. 15) Rn. 376; *Hamacher,* in: Nerlich/Römermann, § 126 InsO Rn. 10.

⁹² BAG 29.6.2000 NZA 2000, 1180; *Bittner,* SAE 2002, 64, 66; *Boewer,* RdA 2001, 380, 391; *Friese,* ZInsO 2001, 350; HK-InsO/*Linck,* § 126 Rn. 2; *Zwanziger,* § 126 InsO Rn. 11; a. A. KDZ/*Däubler,* § 125 InsO Rn. 6.

⁹³ Uhlenbruck/*Berscheid,* §§ 126, 127 InsO Rn. 8; ErfK/*Gallner,* § 126 InsO Rn. 1; *Grunsky,* FS Lüke, 1997, S. 191, 194; *Hamacher,* in: Nerlich/Römermann, § 126 InsO Rn. 1; *Menke/Wolf,* BB 2011, 1461, 1462; *Zwanziger,* § 126 InsO Rn. 9; vgl. auch *Giesen,* ZIP 1998, 46, 52.

⁹⁴ APS/*Dörner/Künzl,* § 126 InsO Rn. 34; *Lohkemper,* KTS 1996, 1, 11; MüKoInsO/*Caspers,* § 126 Rn. 4.

⁹⁵ Vgl. BAG 28.3.2006 NZA 2006, 932 Rn. 18; 6.12.1988 NZA 1989, 557.

⁹⁶ Vgl. *Bittner,* SAE 2002, 64, 66; *Boewer,* RdA 2001, 380, 391 f.; ErfK/*Gallner,* § 126 InsO Rn. 1; MüKoInsO/*Caspers,* § 126 Rn. 6; KR/*Weigand,* § 126 InsO Rn. 3; a. A. Uhlenbruck/*Berscheid,* §§ 126, 127 InsO Rn. 8; APS/*Dörner/Künzl,* § 126 InsO Rn. 34a; FK/*Eisenbeis,* § 126 InsO Rn. 3; *Hamacher,* in: Nerlich/Römermann, § 126 InsO Rn. 9; *R. Müller,* NZA 1998, 1315, 1319; *Zwanziger,* § 126 InsO Rn. 9; offen gelassen in betriebsratslosen Betrieben für die Anzahl der in § 111 S. 1 BetrVG genannten Personenzahl von BAG 29.6.2000 NZA 2000, 1180.

⁹⁷ BAG 29.6.2000 NZA 2000, 1180; *Boewer,* RdA 2001, 380, 392; KDZ/*Däubler,* § 126 InsO Rn. 32; *Grunsky,* FS Lüke, 1997, S. 191, 203 f.; *Hamacher,* in: Nerlich/Römermann, § 126 InsO Rn. 3; HK-InsO/*Linck,* § 126 Rn. 6; *Rieble,* NZA 2007, 1393, 1394; *G. Wisskirchen/Bissels,* BB 2009, 2142, 2143; *Zwanziger,* § 126 InsO Rn. 2; a. A. *Lakies,* RdA 1997, 145, 154 f.

⁹⁸ *Hess,* AR-Blattei, SD 915.1 Rn. 131; vgl. auch *Giesen,* ZIP 1998, 46, 51.

⁹⁹ Uhlenbruck/*Berscheid,* §§ 126, 127 InsO Rn. 16; *Boewer,* RdA 2001, 380, 392; KDZ/*Däubler,* § 126 InsO Rn. 9; APS/*Dörner/Künzl,* § 126 InsO Rn. 35; ErfK/*Gallner,* § 126 InsO Rn. 1; *Hamacher,* in: Nerlich/Römermann, § 126 InsO Rn. 3; HK-InsO/*Linck,* § 126 Rn. 10; *Lakies,* NZI 2000, 345; MüKoInsO/*Caspers,* § 126 Rn. 7; *Rieble,* NZA 2007, 1393.

schränken, die die Kündigung innerhalb der Dreiwochenfrist des § 4 S. 1 KSchG angreifen.[100] Aber auch dann, wenn der Insolvenzverwalter erst nach Durchführung des Beschlussverfahrens kündigen will, muss das Beschlussverfahren nicht alle zu kündigenden Arbeitnehmer umfassen.[101] Die bloße Antragstellung gem. § 126 Abs. 1 S. 1 InsO löst nicht die Notwendigkeit der Anhörung des Betriebsrats nach § 102 Abs. 1 S. 1 BetrVG aus.[102]

2. Antragsinhalt

Die **zur Kündigung anstehenden Arbeitnehmer** hat der Insolvenzverwalter in dem an das Arbeitsgericht gerichteten Antrag **bestimmt** zu **bezeichnen,** d. h. er muss sie namentlich benennen. Hierzu gehört zumindest die Angabe der Vor- und Zunamen der Arbeitnehmer.[103] Im Hinblick auf die vorzunehmende Sozialauswahl sollte der Insolvenzverwalter auch das genaue Geburtsdatum der zu kündigenden Arbeitnehmer angeben sowie sämtliche Tatsachen, die zur Überprüfung der Sozialauswahl nach § 1 Abs. 3 S. 1 KSchG, § 126 Abs. 1 S. 2 InsO erforderlich sind.[104] Um Schwierigkeiten bei der Klärung der Frage, welcher der im Antrag nach § 126 Abs. 1 S. 1 InsO benannten Arbeitnehmer einen nach Durchführung des Beschlussverfahrens – zB durch Eigenkündigung eines nicht im Antrag aufgeführten Arbeitnehmers – frei gewordenen Arbeitsplatz besetzen darf, zu vermeiden, erscheint es sinnvoll, dass der Insolvenzverwalter die Reihenfolge der zu kündigenden, miteinander vergleichbaren Arbeitnehmer festlegt.[105] Über einen **Hilfsantrag** kann der Insolvenzverwalter für den Fall, dass seinem Hauptantrag nicht oder nur teilweise stattgegeben wird, weitere Arbeitnehmer in das Beschlussverfahren einbeziehen.[106] Im Übrigen muss dieses Verfahren nicht alle zu kündigenden Arbeitnehmer erfassen.[107]

2329

3. Antragsfrist

Besteht ein Betriebsrat, kann der Insolvenzverwalter den Antrag nach § 126 Abs. 1 S. 1 InsO erst nach Ablauf von **drei Wochen** nach **Verhandlungsbeginn** oder **schriftlicher Aufforderung** zur Aufnahme von Verhandlungen über den Interessen-

2330

---

[100] Vgl. Begr. RegE zu § 127 InsO bei *Kübler/Prütting* (§ 1 Fn. 4), S. 333; *Fischermeier,* NZA 1997, 1089, 1099; *Hamacher,* in: Nerlich/Römermann, § 126 InsO Rn. 26; *Rieble,* NZA 2007, 1393, 1394; *Schrader,* NZA 1997, 70, 77; *Warrikoff,* BB 1994, 2338, 2343.
[101] *Grunsky* FS Lüke, 1997, S. 191, 203; *Giesen,* ZIP 1998, 46, 51.
[102] Vgl. auch FK/*Eisenbeis,* § 126 InsO Rn. 18; *Hamacher,* in: Nerlich/Römermann, § 126 Rn. 41; *Lohkemper,* KTS 1996, 1, 13; *Rieble,* NZA 2007, 1393, 1396. Dagegen befürwortet *Warrikoff,* BB 1994, 2338, 2343 eine entsprechende Anwendung von § 102 Abs. 1 BetrVG, wenn das Verfahren nach § 126 Abs. 1 S. 1 InsO vor Kündigungsausspruch eingeleitet wird.
[103] *Lakies,* RdA 1997, 145, 151; *Müller-Limbach* (§ 1 Fn. 1), S. 24.
[104] Hierzu näher *Lakies,* RdA 1997, 145, 151.
[105] ErfK/*Gallner,* § 126 InsO Rn. 3; *Hamacher,* in: Nerlich/Römermann, § 126 InsO Rn. 33; *Heinze,* NZA 1999, 57, 61; *Hess,* AR-Blattei SD 915.1 Rn. 133a; abl. *Müller-Limbach* (§ 1 Fn. 1), S. 25 ff.
[106] *Giesen,* ZIP 1998, 46, 52; *Grunsky,* FS Lüke, 1997, S. 191, 197; *Hamacher,* in: Nerlich/Römermann, § 126 InsO Rn. 34; *Lakies,* ZInsO 2000, 345, 347; MüKoInsO/*Caspers,* § 126 Rn. 19; *R. Müller,* NZA 1998, 1315, 1320; *ders.,* DZWIR 1999, 221, 226; *Müller-Limbach* (§ 1 Fn. 1), S. 27; *Rieble,* NZA 2007, 1393, 1398.
[107] ErfK/*Gallner,* § 126 InsO Rn. 3; *Grunsky,* FS Lüke, 1997, S. 191, 203; *Hamacher,* in: Nerlich/Römermann, § 126 Rn. 31; vgl. auch BAG 29.6.2000 NZA 2000, 1180.

ausgleich nach § 125 Abs. 1 InsO stellen. Diese Verfahrensvoraussetzung entspricht derjenigen des § 122 Abs. 1 InsO, wobei die Verfahren nach § 122 InsO[108] und § 126 InsO gleichzeitig anhängig gemacht werden können (vgl. auch § 122 Abs. 1 S. 3 InsO).[109] Soweit die Dreiwochenfrist vom Verhandlungsbeginn, d. h. vom Beginn der Verhandlungen über eine Namensliste von Arbeitnehmern, denen wegen der geplanten Betriebsänderung gekündigt werden soll (vgl. § 125 Abs. 1 S. 1 InsO),[110] an läuft, kann der Insolvenzverwalter den **Antrag** nach § 126 Abs. 1 S. 1 InsO schon **vor Fristablauf** stellen, wenn das **Scheitern** der **Verhandlungen eindeutig** und **endgültig** feststeht.[111] Kommt es für den Beginn der Dreiwochenfrist auf den Zeitpunkt (des Zugangs)[112] der schriftlichen Aufforderung des Insolvenzverwalters zur Aufnahme von Verhandlungen über einen Interessenausgleich nach § 125 Abs. 1 InsO an, kann die Frist nur nach rechtzeitiger und umfassender Unterrichtung des Betriebsrats über die geplante Betriebsänderung durch den Insolvenzverwalter zu laufen beginnen.[113] Dabei entspricht der Umfang der Unterrichtungspflicht demjenigen des § 111 S. 1 BetrVG.

4. Verfahrensgegenstand

2331 Die vom Arbeitsgericht zu treffende Feststellung nach § 126 Abs. 1 S. 1 InsO umfasst sowohl das Vorliegen dringender betrieblicher Erfordernisse für die vom Insolvenzverwalter beabsichtigten bzw. bereits ausgesprochenen Kündigungen als auch ihre soziale Rechtfertigung. Ein auf diese Norm gestützter **Feststellungsantrag** ist damit nur **erfolgreich,** wenn sämtliche **Voraussetzungen** für eine **betriebsbedingte Kündigung** nach § 1 Abs. 2 S. 1 KSchG vorliegen und außerdem die **Sozialauswahl** gem. § 1 Abs. 3 KSchG **fehlerfrei** ist.[114] Auch wenn der Gesetzgeber in § 126 Abs. 1 S. 2 InsO lediglich drei Sozialkriterien, nämlich Dauer der Betriebszugehörigkeit, das Lebensalter und die Unterhaltspflichten, aufführt – wie in der Zeit von 1.10.1996 bis zum 31.12.1998 in § 1 Abs. 3 S. 1 1. Hs. KSchG 1996 –, ist die **Sozialauswahl umfassend** zu prüfen, d. h. auch die Leistungsträgerregelung in § 1 Abs. 3 S. 2 KSchG (dazu → Rn. 1102 ff.) findet Anwendung.[115] Da eine dem § 125 Abs. 1 S. 1 Nr. 2 2. Hs. InsO entsprechende Regelung in § 126 Abs. 1 InsO fehlt, kann die Erhaltung oder Schaffung einer ausgewogenen Personalstruktur als Rechtfertigung für die Sozialauswahl nicht fingiert werden.[116] Allerdings kann die **Erhaltung** einer derartigen **Per-**

---

[108] Hierzu eingehend *Schmädicke/Fackler*, NZA 2012, 1199 ff.
[109] FK/*Eisenbeis*, § 126 InsO Rn. 24; *Friese*, ZInsO 2001, 350, 355; *Hamacher*, in: Nerlich/Römermann, § 126 InsO Rn. 11; *Rieble*, NZA 2007, 1393, 1396; a. A. *Zwanziger*, § 126 InsO Rn. 14.
[110] *Fischermeier*, NZA 1997, 1089, 1099; *Hamacher*, in: Nerlich/Römermann, § 126 InsO Rn. 12; *Schrader*, NZA 1997, 70, 76; *Warrikoff*, BB 1994, 2338, 2342.
[111] KDZ/*Däubler*, § 126 InsO Rn. 5; *Hamacher*, in: Nerlich/Römermann, § 126 InsO Rn. 13; ähnlich *Lohkemper*, KTS 1996, 1, 23.
[112] *Hamacher*, in: Nerlich/Römermann, § 126 InsO Rn. 14.
[113] *Friese*, ZInsO 2001, 350, 351; *Hamacher*, in: Nerlich/Römermann, § 126 InsO Rn. 14; *Zwanziger*, § 126 InsO Rn. 18.
[114] Vgl. *Caspers* (§ 1 Fn. 6), Rn. 247; ErfK/*Gallner*, § 126 InsO Rn. 3; *Giesen*, ZIP 1998, 46, 53; *Lakies*, RdA 1997, 145, 151.
[115] *Boewer*, RdA 2001, 380, 392; FK/*Eisenbeis*, § 126 InsO Rn. 10; ErfK/*Gallner*, § 126 InsO Rn. 5; *Hamacher*, in: Nerlich/Römermann, § 126 InsO Rn. 40; KPB/*Moll* § 126 InsO Rn. 30; *Seel*, MDR 2009, 788, 791; *Zwanziger*, § 126 InsO Rn. 44; a. A. *Lakies*, NZI 2000, 345, 346.
[116] Vgl. APS/*Dörner/Künzl*, § 126 InsO Rn. 40; *Lakies*, BB 1999, 206, 209; *Nägele*, ArbRB 2002, 206, 208; *Schrader*, NZA 1997, 70, 76; *Warrikoff*, BB 1994, 2338, 2343.

sonalstruktur, wie es § 1 Abs. 3 S. 2 KSchG idF des Art. 1 Nr. 1a, bb des „Gesetz zu Reformen am Arbeitsmarkt" vom 24.12.2003 (BGBl. I S. 3002) ausdrücklich bestimmt, und die vom 1.1.1999 bis zum 31.12.2003 geltende Regelung des § 1 Abs. 3 S. 2 KSchG a. F. nicht ausschloss (→ Rn. 1125), im berechtigten betrieblichen Interesse liegen.[117] Die Überprüfung der Sozialauswahl nach § 126 Abs. 1 S. 2 InsO ist, anders als in § 125 Abs. 1 S. 1 Nr. 2 Hs. 1 InsO, nicht auf grobe Fehlerhaftigkeit beschränkt.[118] Eine analoge Anwendung dieser Vorschrift scheidet aus.[119] Dieser eingeschränkte Kontrollmaßstab kann nur bei Vorliegen der Voraussetzungen des § 1 Abs. 4 KSchG maßgeblich sein.[120]

Das Arbeitsgericht entscheidet im Beschlussverfahren, wie dem eindeutigen Wortlaut des § 126 Abs. 1 S. 1 InsO zu entnehmen ist, **ausschließlich** über die **Sozialwidrigkeit** der Kündigungen der im Antrag des Insolvenzverwalters aufgeführten Arbeitnehmer. Es befindet **nicht** darüber, ob Kündigungen aus anderen Gründen, zB auf Grund eines Verstoßes gegen Sonderkündigungsschutzbestimmungen, wie § 9 Abs. 1 S. 1 MuSchG oder § 85 SGB IX, unwirksam sind.[121] Zu prüfen ist aber in jedem Fall die Kündigungsberechtigung des Insolvenzverwalters.[122] Kommt das Gericht zu dem Ergebnis, dass die Kündigungen nur eines Teils der im Antrag bezeichneten Arbeitnehmer sozial gerechtfertigt sind, hat es die in § 126 Abs. 1 S. 1 InsO genannte Feststellung auszusprechen und im Übrigen den Antrag zurückzuweisen.[123]

2332

5. Verfahrensgrundsätze

Für das Verfahren nach § 126 Abs. 1 S. 1 InsO **gelten** auf Grund der Verweisung in § 126 Abs. 2 S. 1 Hs. 1 InsO die **Vorschriften über das arbeitsgerichtliche Beschlussverfahren,** die in den §§ 80ff. ArbGG geregelt sind, **entsprechend.** Daher hat das Arbeitsgericht gem. § 83 Abs. 1 S. 1 ArbGG den Sachverhalt im Rahmen der gestellten Anträge von Amts wegen zu erforschen, wobei allerdings nach § 83 Abs. 1 S. 2 ArbGG die am Verfahren Beteiligten an der Aufklärung des Sachverhalts mitzuwirken haben. Für den Antragsteller bedeutet das, dass er trotz des in § 83 Abs. 1 S. 1 ArbGG normierten Untersuchungsgrundsatzes jedenfalls die Tatsachen vorzutragen

2333

---

[117] ErfK/*Gallner*, § 126 InsO Rn. 5; *Hamacher,* in: Nerlich/Römermann, § 126 InsO Rn. 42; *Lohkemper,* KTS 1996, 1, 13; weitergehend *Schrader,* NZA 1997, 70, 76; *Warrikoff,* BB 1994, 2338, 2343, die auch die Schaffung einer ausgewogenen Personalstruktur auf Grund „dringender betrieblicher Notwendigkeit" für möglich halten; substantiierten Vortrag zur altersgruppenbezogenen Sozialauswahl fordert LAG Hamm 28.5.1998 LAGE InsO § 125 Nr. 1.
[118] APS/*Dörner/Künzl*, § 126 InsO Rn. 40; ErfK/*Gallner*, § 126 InsO Rn. 5; FK/*Eisenbeis*, § 126 InsO Rn. 10; HK-InsO/*Linck*, § 126 InsO Rn. 14; *Hamacher,* in: Nerlich/Römermann, § 126 InsO Rn. 42; *Lakies*, NZI 2000, 345, 346; KR/*Weigand*, § 126 InsO Rn. 14.
[119] So ausdrücklich *Grunsky*, FS Lüke, 1997, S. 191, 194 f.; *Grunsky/Moll* (§ 1 Fn. 15), Rn. 384.
[120] *Caspers* (§ 1 Fn. 6), Rn. 247; *Giesen*, ZIP 1998, 46, 53; a. A. *Lakies*, RdA 1997, 145, 151; *ders.,* BB 1999, 206, 209.
[121] *Bittner*, SAE 2002, 64, 66; *Boewer*, RdA 2001, 380, 392; APS/*Dörner*, § 126 InsO Rn. 41; FK/*Eisenbeis*, § 126 InsO Rn. 10; ErfK/*Gallner*, § 126 InsO Rn. 6; *Lakies*, NZI 2000, 345, 347; KPB/*Moll*, § 126 InsO Rn. 33; *R. Müller*, NZA 1998, 1315, 1319; *Rieble*, NZA 2007, 1393, 1398; *Seel*, MDR 2009, 788, 791; vgl. auch BAG 29.6.2000 NZA 2000, 1180, 1182; a. A. für bereits ausgesprochene Kündigungen *Zwanziger*, § 126 InsO Rn. 49; *ders.,* BB 1997, 626, 628.
[122] BAG 29.6.2000 NZA 2000, 1180, 1182; *Boewer*, RdA 2001, 380, 392; ErfK/*Gallner*, § 126 InsO Rn. 6.
[123] ErfK/*Gallner*, § 126 InsO Rn. 5; *Grunsky*, FS Lüke, 1997, S. 191, 197; *Lakies*, RdA 1997, 145, 152 mit Tenorierungsvorschlag.

hat, aus denen er sein mit dem Antrag verfolgtes Begehren herleitet.[124] Demnach hat der antragstellende Insolvenzverwalter im Beschlussverfahren nach § 126 Abs. 1 S. 1 InsO sowohl die Tatsachen darzulegen, die sich auf den Wegfall der Beschäftigungsmöglichkeit beziehen (§ 1 Abs. 2 S. 1 KSchG), als auch – nach Aufforderung durch einen vom Antrag nach § 126 Abs. 1 S. 1 InsO betroffenen Arbeitnehmer gem. § 1 Abs. 3 S. 1 2. Hs. KSchG[125] – die für die Sozialauswahl nach seiner Ansicht maßgeblichen Gesichtspunkte (§ 1 Abs. 3 S. 1 1. Hs. KSchG).[126] Da trotz des Untersuchungsgrundsatzes im Beschlussverfahren die allgemeinen Beweislastgrundsätze gelten,[127] kommen im Verfahren nach § 126 Abs. 1 S. 1 InsO die **Beweislastregeln des § 1 Abs. 2 S. 4, Abs. 3 S. 3 KSchG uneingeschränkt** zur Anwendung.[128] Wie im Zustimmungsersetzungsverfahren bei der beabsichtigten Kündigung eines Betriebsratsmitglieds nach § 103 Abs. 2 BetrVG (→ Rn. 1762) wird – das zeigt die in § 127 Abs. 1 S. 1 InsO normierte präjudizielle Wirkung der rechtskräftigen Entscheidung nach § 126 Abs. 1 S. 1 InsO – letztlich über individuelle Kündigungsschutzansprüche entschieden.

2334 Wegen der hiermit verbundenen Erweiterung bzw. (teilweisen) Änderung des Streitgegenstandes liegt eine Antragsänderung iSv § 81 Abs. 3 S. 1 ArbGG vor, wenn der Insolvenzverwalter Arbeitnehmer im Laufe des Beschlussverfahrens noch zusätzlich in den Antrag des § 126 Abs. 1 S. 1 InsO aufnimmt oder bereits dort benannte Arbeitnehmer gegen andere auswechselt.[129] Kommt während des Beschlussverfahrens noch ein Interessenausgleich „nach § 125 Abs. 1 InsO" zustande,[130] wird der Feststellungsantrag gem. § 126 Abs. 1 S. 1 InsO unzulässig.[131] In diesem Fall kann der Insolvenzverwalter seinen Antrag gem. § 81 Abs. 2 S. 1 ArbGG zurücknehmen[132] bzw. das Verfahren nach § 83a Abs. 1 ArbGG für erledigt erklären.[133] Das Verfahren ist alsdann in beiden Fällen vom Vorsitzenden des Arbeitsgerichts nach § 81 Abs. 2 S. 2 ArbGG bzw. § 83a Abs. 2 S. 1 ArbGG einzustellen.

2335 **Beteiligte** des Beschlussverfahrens sind nach § 126 Abs. 2 S. 1 2. Hs. InsO der **Insolvenzverwalter**, der **Betriebsrat** und die **im Antrag** – selbst wenn es sich bloß um einen Hilfsantrag handelt (→ Rn. 2329)[134] – **bezeichneten Arbeitnehmer**, soweit sie nicht mit der Beendigung ihrer Arbeitsverhältnisse oder mit den geänderten Arbeitsbedingungen (im Falle der Änderungskündigung) einverstanden sind.[135] Die Beteiligtenstellung hängt damit vom individuellen Verhalten eines je-

---

[124] Vgl. APS/*Dörner/Künzl*, § 126 InsO Rn. 42; ErfK/*Gallner*, § 126 InsO Rn. 3; *Rieble*, NZA 2007, 1393, 1397; vgl. zu § 83 Abs. 1 ArbGG BAG 22.4.2004 BeckRS 2004, 41074; 26.5.1988 NZA 1989, 26, 27.
[125] Vgl. *Caspers* (§ 1 Fn. 6), Rn. 258; *Lohkemper*, KTS 1996, 1, 13.
[126] Vgl. auch ErfK/*Gallner*, § 126 InsO Rn. 4 und 5; *Lakies*, RdA 1997, 145, 152.
[127] GK-ArbGG/*Dörner*, § 83 Rn. 153; GWBG/*Greiner*, § 83 ArbGG Rn. 13; GMP/*Matthes/Spinner*, § 83 ArbGG Rn. 94; GMP/*Prütting*, § 58 ArbGG Rn. 72.
[128] Ebenso *Boewer*, RdA 2001, 380, 392; vgl. auch BAG 29.6.2000 NZA 2000, 1180, 1184; *Bittner*, SAE 2002, 64, 67; *Lakies*, NZI 2000, 345, 348.
[129] Vgl. allg. BAG 31.1.1989 NZA 1989, 606, 609; GMP/*Matthes/Spinner*, § 81 ArbGG Rn. 85; GK-ArbGG/*Dörner*, § 81 Rn. 161 ff.
[130] Hierzu *Lakies*, RdA 1997, 145, 152.
[131] *Giesen*, ZIP 1998, 45, 52; KPB/*Moll*, § 126 InsO Rn. 42.
[132] *Caspers*, (§ 1 Fn. 6), Rn. 267; *Lakies*, NZI 2000, 345, 346.
[133] Vgl. *Giesen*, ZIP 1998, 46, 52; *Lakies*, RdA 1997, 145, 152; *ders.*, NZI 2000, 345, 346; einschränkend *Caspers* (§ 1 Fn. 6), Rn. 268.
[134] *Grunsky*, FS Lüke, 1997, S. 191, 197 f.; *Caspers* (§ 1 Fn. 6), Rn. 253.
[135] BAG 20.1.2000 NZA 2001, 170, 171; 29.6.2000 NZA 2000, 1180, 1182; Uhlenbruck/*Berscheid*, §§ 126, 127 InsO Rn. 28; MüKoInsO/*Caspers*, § 126 Rn. 31. Zu daraus u. U. folgenden praktischen Schwierigkeiten *Giesen*, ZIP 1998, 46, 52 f. und 55; *Grunsky*, FS Lüke, 1997, S. 191, 196;

den Arbeitnehmers ab.[136] Sie geht für den Arbeitnehmer verloren, der sich während des Beschlussverfahrens noch mit der Kündigung einverstanden erklärt.[137] Hierfür genügt allerdings die bloße Untätigkeit eines beteiligten Arbeitnehmers nicht.[138] Im Anwendungsbereich des § 128 Abs. 1 S. 1 InsO (→ Rn. 2343 ff.), ist gem. § 128 Abs. 1 S. 2 InsO auch der **Erwerber** eines Betriebs oder Betriebsteils am Verfahren nach § 126 InsO zu beteiligen (→ Rn. 2347). Gemäß § 122 Abs. 2 S. 3 InsO iVm § 126 Abs. 2 S. 2 InsO ist der **Antrag** des Insolvenzverwalters nach § 61a Abs. 3 bis 6 ArbGG **vorrangig zu erledigen.**[139] Wegen der Verweisung in § 122 Abs. 2 S. 2 InsO auch auf § 61a Abs. 5 ArbGG ist im Verfahren nach § 126 Abs. 1 S. 1 InsO nicht die sonst im Beschlussverfahren für die Zurückweisung von Beteiligten-vorbringen als verspätet maßgebliche Rechtsgrundlage, nämlich § 83 Abs. 1a ArbGG idF des Art. 30 Nr. 16 ZPO-RG vom 27.7.2001 (BGBl. I S. 1887), einschlägig.

Das Beschlussverfahren nach § 126 Abs. 1 S. 1 InsO und die Kündigungsschutzklage eines Arbeitnehmers, der im Antrag des Insolvenzverwalters gem. § 126 Abs. 1 S. 1 InsO aufgeführt ist, können gleichzeitig beim Arbeitsgericht anhängig sein. Das wird beeinflusst vom Zeitpunkt, in dem der Insolvenzverwalter Kündigungen gegenüber Arbeitnehmern erklärt, die dann nach § 4 S. 1 KSchG innerhalb von drei Wochen nach Zugang der Kündigung beim Arbeitsgericht Klage erheben müssen (→ Rn. 2306). Sind Beschluss- und Kündigungsschutzverfahren gleichzeitig anhängig, kann der Insolvenzverwalter gem. § 127 Abs. 2 InsO die Aussetzung der Klage beantragen (→ Rn. 2342). 2336

6. Rechtsmittel

Unter Übergehung des Landesarbeitsgerichts (§ 122 Abs. 3 S. 1 InsO iVm § 126 Abs. 2 S. 2 InsO) ist gegen einen Beschluss des Arbeitsgerichts im besonderen Beschlussverfahren nach § 126 Abs. 1 S. 1 InsO gem. § 122 Abs. 3 S. 2 Hs. 1 InsO iVm § 126 Abs. 2 S. 2 InsO **allein** die **Rechtsbeschwerde an das Bundesarbeitsgericht** statthaft, **sofern** sie vom Arbeitsgericht **zugelassen** worden ist. Mit dieser Rechtsmittelbeschränkung soll der besonderen Eilbedürftigkeit einer Konfliktlösung im Falle der Insolvenz Rechnung getragen werden.[140] Insoweit finden nach § 122 Abs. 3 S. 2 InsO iVm § 126 Abs. 2 S. 2 InsO die in § 72 Abs. 2 und 3 ArbGG enthaltenen Regelungen entsprechende Anwendung.[141] Die Rechtsbeschwerde ist binnen eines Monats nach Zustellung der in vollständiger Form abgefassten Entscheidung des Arbeitsgerichts beim Bundesarbeitsgericht einzulegen und zu begründen (§ 122 Abs. 3 S. 3 InsO iVm 2337

Lakies, RdA 1997, 146, 153. Zur Einverständniserklärung vor Ausspruch der Kündigung vgl. *Müller-Limbach* (§ 1 Fn. 1), S. 55 ff.
[136] BAG 29.6.2000 NZA 2000, 1180, 1182.
[137] Streitig ist in diesem Fall, ob der Arbeitnehmer allein durch die nachträgliche Einverständniserklärung (so *Hamacher*, in: Nerlich/Römermann, § 126 InsO Rn. 23) oder durch ein in dem Einverständnis zu sehendes prozessuales Anerkenntnis (vgl. *Caspers* (§ 1 Fn. 6), Rn. 252; KPB/*Moll*, § 126 InsO Rn. 48) oder durch einen Prozessvergleich (*Grunsky*, FS Lüke, 1997, S. 191, 199; vgl. auch HK-InsO/*Linck*, § 126 InsO Rn. 10) seine Beteiligtenstellung verliert; offen gelasssen von BAG 29.6.2000 NZA 2000, 1180.
[138] BAG 20.1.2000 NZA 2001, 170, 171.
[139] Hierzu ausf. *Müller-Limbach* (§ 1 Fn. 1), S. 79 ff.
[140] BAG 14.8.2001 AP ArbGG 1979 § 72a Divergenz Nr. 44 unter Hinweis auf BT-Drucks. 12/2443, S. 149.
[141] Hierzu ausf. *Müller-Limbach* (§ 1 Fn. 1), S. 113 ff.; *dies.*, KTS 2001, 531, 556 f.

§ 126 Abs. 2 S. 2 InsO).¹⁴² Dieses kann analog § 563 Abs. 1 S. 2 ZPO n. F. (= § 565 Abs. 1 S. 2 ZPO a. F.) iVm § 72 Abs. 5 ArbGG das Verfahren an eine andere Kammer des Arbeitsgerichts zurückverweisen. Eine Zurückverweisung an das Bundesarbeitsgericht ist ausgeschlossen.¹⁴³ Lässt das Arbeitsgericht die Rechtsbeschwerde nicht zu, ist, da in § 122 InsO und § 126 InsO weder auf § 92a ArbGG noch auf § 72a ArbGG verwiesen wird, eine **Nichtzulassungsbeschwerde ausgeschlossen.**¹⁴⁴

7. Kosten

2338   **Gerichtskosten** werden im Beschlussverfahren nach § 126 Abs. 1 S. 1 InsO, wie sich seit dem 1.7.2004 ausdrücklich aus § 2 Abs. 2 GKG idF von Art. 1 des „Gesetz zur Modernisierung des Kostenrechts (Kostenrechtsmodernisierungsgesetz – KostRMoG –)" vom 5.5.2004 (BGBl. I S. 718) ergibt und zuvor aus der Verweisung in § 12 Abs. 5 ArbGG a. F. auf § 2a ArbGG folgte, **nicht erhoben.** Für die Kosten, die den Beteiligten im Verfahren vor dem Arbeitsgericht als erster Instanz entstehen, bestimmt § 126 Abs. 3 S. 1 InsO, dass § 12a Abs. 1 S. 1 und 2 ArbGG entsprechend gelten. Danach hat der im Beschlussverfahren obsiegende Beteiligte keinen Anspruch auf Entschädigung wegen Zeitversäumnis und auf Erstattung der Kosten für die Hinzuziehung eines Verfahrensbevollmächtigten (S. 1). Hierauf hat ihn sein Verfahrensbevollmächtigter vor Abschluss der Vereinbarung über die Vertretung hinzuweisen (S. 2). Im Verfahren vor dem BAG gelten gem. § 126 Abs. 3 S. 2 InsO die §§ 91 ff. ZPO. Für die Berechnung der Gebühren des Verfahrensbevollmächtigten eines Beteiligten war seit dem 1.7.2004 § 42 Abs. 4 S. 1 GKG idF von Art. 1 KostRMoG vom 5.5.2004 (BGBl. I S. 718) – früher: § 12 Abs. 7 S. 1 ArbGG – bzw. war seit dem 1.9.2009 § 42 Abs. 3 S. 1 GKG idF von Art. 47 Abs. 1 Nr. 7 lit. b des „FGG-Reformgesetz – FGG-RG" vom 17.12.2008 (BGBl. I S. 2586) und ist seit dem 1.8.2013 gem. § 42 Abs. 2 S. 1 GKG idF von Art. 3 Abs. 1 Nr. 16 lit. b des 2. KostRMoG vom 23.7.2013 (BGBl. I S. 2586) entsprechend anzuwenden.¹⁴⁵ Die Kosten, die dem Betriebsrat als notwendigem Beteiligten entstehen, hat nach § 40 Abs. 1 BetrVG der Insolvenzverwalter zu tragen.¹⁴⁶

III. Bindungswirkung der Entscheidung, § 127 InsO

2339   Die Koordinierung des Beschlussverfahrens nach § 126 Abs. 1 InsO und der Individualprozesse gem. § 4 S. 1 KSchG bestimmt § 127 InsO. Danach ist die **rechtskräfti-**

---

¹⁴² *Grunsky*, FS Lüke, 1997, S. 191, 195 hält trotz fehlender Verweisung in §§ 122 Abs. 3 S. 3, 126 Abs. 2 S. 2 InsO auf § 74 Abs. 1 S. 3 ArbGG die einmalige Verlängerung der Begründungsfrist um einen Monat für möglich.

¹⁴³ BAG 20.1.2000 NZA 2001, 170, 173; APS/*Dörner/Künzl*, § 126 InsO Rn. 43.

¹⁴⁴ BAG 14.8.2001 AP ArbGG 1979 § 72a Divergenz Nr. 44; *Boewer*, RdA 2001, 380, 392; APS/*Dörner/Künzl*, § 126 InsO Rn. 43; ErfK/*Gallner*, § 126 InsO Rn. 8; *Lakies*, NZI 2000, 345, 349; MüKoInsO/*Caspers*, § 126 Rn. 41; *Lohkemper*, KTS 1996, 1, 19 f.; *Rummel*, DB 1997, 774, 775.

¹⁴⁵ Vgl. Begr.RegE bei *Kübler/Prütting* (§ 1 Fn. 5), S. 332; *Boewer*, RdA 2001, 380, 393; KDZ/ *Däubler*, § 126 InsO Rn. 30; FK/*Eisenbeis*, § 126 InsO Rn. 14; *Hamacher*, in: Nerlich/Römermann, § 126 InsO Rn. 58; HK-InsO/*Linck*, § 126 Rn. 19; *Lakies*, NZI 2000, 345, 350; *Zwanziger*, § 126 InsO Rn. 36.

¹⁴⁶ KDZ/*Däubler*, § 126 InsO Rn. 29; APS/*Dörner/Künzl*, § 126 InsO Rn. 44; FK/*Eisenbeis*, § 126 InsO Rn. 13; *Hamacher*, in: Nerlich/Römermann, § 126 InsO Rn. 57; HK-InsO/*Linck*, § 126 Rn. 19; KR/*Weigand*, § 126 InsO Rn. 22.

ge Entscheidung im Verfahren nach § 126 Abs. 1 S. 1 InsO für die Parteien des individuellen Kündigungsschutzprozesses **bindend,** sofern es sich um einen **Arbeitnehmer** handelt, der **im Antrag** nach § 126 Abs. 1 S. 1 InsO **bezeichnet** ist. Diese **Bindungswirkung,** die sich anlehnt an die Rechtsprechung des BAG zur präjudiziellen Wirkung einer rechtskräftig im Verfahren nach § 103 Abs. 2 BetrVG ersetzten Zustimmung zur außerordentlichen Kündigung eines Betriebsratsmitglieds für dessen nachfolgende Kündigungsschutzklage (dazu → Rn. 1762), ist **unproblematisch,** soweit es um **Kündigungen** des Insolvenzverwalters geht, die erst **nach** Durchführung des **Beschlussverfahrens** gem. § 126 Abs. 1 S. 1 InsO ausgesprochen werden. Denn in diesem Fall ist maßgeblicher Zeitpunkt für die nach der genannten Vorschrift festzustellende Rechtmäßigkeit der Kündigungen der Schluss der letzten mündlichen Verhandlung im Beschlussverfahren.[147] Die überwiegend[148] auch für bereits vor Einleitung des Beschlussverfahrens ausgesprochene Kündigungen angenommene Bindungswirkung gem. § 127 Abs. 1 S. 1 InsO lässt sich nur halten, wenn es für die Beurteilung der Rechtmäßigkeit dieser Kündigungen im Verfahren nach § 126 Abs. 1 S. 1 InsO, wie auch sonst außerhalb des Insolvenzverfahrens (→ Rn. 891), auf den Zugangszeitpunkt ankommt.[149] Anderenfalls wären für sie die Beurteilungszeitpunkte im Beschluss- und Kündigungsschutzverfahren unterschiedlich, was einer Bindungswirkung entgegenstände.[150]

Die Bindungswirkung nach § 127 Abs. 1 S. 1 InsO, die auch im Falle der Klage gegen eine Änderungskündigung eintritt, gilt sowohl bei Stattgabe wie auch bei Zurückweisung des Feststellungsantrags des Insolvenzverwalters nach § 126 Abs. 1 S. 1 InsO.[151] Sie bezieht sich auf alle nach § 126 Abs. 2 S. 1 2. Hs. InsO am Beschlussverfahren ordnungsgemäß beteiligten Arbeitnehmer. Es erscheint im Hinblick auf die fehlende Anhörungsmöglichkeit bedenklich, die Bindungswirkung über den Wortlaut des § 127 Abs. 1 S. 1 InsO hinaus auch gegenüber den Arbeitnehmern anzunehmen, die mit der Kündigung zunächst einverstanden waren[152] und deshalb am Verfahren nicht beteiligt worden sind (→ Rn. 2335).[153] Da das Arbeitsgericht im Beschlussverfahren nur darüber entscheidet, ob die Kündigung betriebsbedingt und die soziale Auswahl fehlerfrei sind, seine Prüfung sich also nur auf § 1 Abs. 2 und 3 KSchG bezieht (→ Rn. 2331), erstreckt sich die **Bindungswirkung** nach § 127 Abs. 1 S. 1 InsO **nicht** auf die **Anwendbarkeit des KSchG**[154] und erst recht **nicht** auf **andere Un-**

2340

---

[147] *Caspers* (§ 1 Fn. 6), Rn. 279; *Hamacher,* in: Nerlich/Römermann, § 127 InsO Rn. 10.
[148] BAG 29.6.2000 NZA 2000, 1180; APS/*Dörner/Künzl,* § 127 InsO Rn. 49; ErfK/*Gallner,* § 127 InsO Rn. 3; *Schrader,* NZA 1997, 70, 77; KR/*Weigand,* § 127 InsO Rn. 2; a.A. *Lakies,* BB 1999, 206, 209; vgl. auch *ders.,* NZI 2000, 345, 350.
[149] BAG 29.6.2000 NZA 2000, 1180; FK/*Eisenbeis,* § 127 InsO Rn. 5; *Fischermeier,* NZA 1997, 1089, 1099; ErfK/*Gallner,* § 127 InsO Rn. 3; *Hamacher,* in: Nerlich/Römermann, § 127 InsO Rn. 12; HK-InsO/*Linck,* § 127 Rn. 6. Dagegen will *Zwanziger,* § 126 InsO Rn. 52 im Kündigungsschutzprozess ausnahmsweise auf den Zeitpunkt der letzten mündlichen Verhandlung abstellen.
[150] Hierauf weist zu Recht *Lakies,* RdA 1997, 146, 155 hin.
[151] *Caspers* (§ 1 Fn. 6), Rn. 46, 47; Uhlenbruck/*Berscheid,* §§ 126, 127 InsO Rn. 42; APS/*Dörner/Künzl,* § 127 InsO Rn. 46, 47; FK/*Eisenbeis,* § 127 InsO Rn. 4; *Friese,* ZInsO 2001, 350, 354 f.; ErfK/*Gallner,* § 127 InsO Rn. 3; *Lakies,* NZI 2000, 345, 351; *Müller-Limbach,* KTS 2001, 531, 559; *Prütting,* FS Uhlenbruck, 2000, S. 769, 777 f.; KR/*Weigand,* § 127 InsO Rn. 1; abl. bei Zurückweisung des Feststellungsantrags *Grunsky,* FS Lüke, 1997, S. 191, 195; Grunsky/*Moll* (§ 1 Fn. 15), Rn. 391.
[152] Zur rechtlichen Bewertung eines solchen Einverständnisses *Caspers* (§ 1 Fn. 6), Rn. 251.
[153] Dafür APS/*Dörner/Künzl,* § 127 InsO Rn. 46; ErfK/*Gallner,* § 127 InsO Rn. 2; *Löwisch,* RdA 1997, 80, 85; dagegen *Caspers* (§ 1 Fn. 6), Rn. 272 ff.; *Hamacher,* in: Nerlich/Römermann, § 127 InsO Rn. 6; *Müller-Limbach* (§ 1 Fn. 1), S. 119 f. und S. 126.
[154] *Giesen* ZIP 1998, 46, 54.

wirksamkeitsgründe, wie zB § 102 Abs. 1 S. 3 BetrVG, § 9 Abs. 1 S. 1 MuSchG, § 85 SGB IX usw.[155] Im Fall des Betriebsübergangs nach § 613a Abs. 1 S. 1 BGB bezieht sie sich allerdings gem. § 128 Abs. 2 InsO auch darauf, dass die Kündigung des Arbeitsverhältnisses nicht wegen des Betriebsübergangs erfolgt ist (dazu auch → Rn. 2348).

2341 Von der Bindungswirkung macht § 127 Abs. 1 S. 2 InsO nur insoweit eine **Ausnahme,** als sich die **Sachlage** nach Schluss der letzten mündlichen Verhandlung **wesentlich geändert** hat. Was hierunter zu verstehen ist, erläutert der Gesetzgeber ebenso wenig wie in dem vom 1.10.1996 bis zum 31.12.1998 und nun wieder seit dem 1.1.2004 geltenden § 1 Abs. 5 S. 3 KSchG oder in § 125 Abs. 1 S. 2 InsO. Wie dort (→ Rn. 1163 bzw. Rn. 2322) kann von einer wesentlichen Änderung nur dann gesprochen werden, wenn sich nach Rechtskraft der Entscheidung des Arbeitsgerichts im Beschlussverfahren nach § 126 Abs. 1 S. 1 InsO ergibt, dass nunmehr gar keine oder eine andere Betriebsänderung iSd § 111 BetrVG durchgeführt werden soll[156] bzw. dass nun erheblich weniger Arbeitnehmer entlassen werden sollen.[157] **Maßgeblicher Beurteilungszeitpunkt** für die Feststellung einer **wesentlichen Änderung** der Sachlage ist der **Zugang** der **Kündigungserklärung.**[158]

2342 Hat der Arbeitnehmer bereits vor Rechtskraft der Entscheidung im Beschlussverfahren nach § 126 Abs. 1 S. 1 InsO Klage auf Feststellung erhoben, dass das Arbeitsverhältnis durch die Kündigung des Insolvenzverwalters nicht aufgelöst (§ 4 S. 1 KSchG) oder die Änderung der Arbeitsbedingungen sozial ungerechtfertigt ist (§ 4 S. 2 KSchG), ist nach § 127 Abs. 2 InsO die Verhandlung über diese Klage **auf Antrag** des **Insolvenzverwalters** bis zum rechtskräftigen Abschluss des Beschlussverfahrens **auszusetzen.**[159] Damit sollen unterschiedliche Entscheidungen im Beschlussverfahren und im individuellen Kündigungsschutzprozess vermieden werden. Stellt der Insolvenzverwalter **keinen Antrag** und wird eine Entscheidung im Kündigungsschutzprozess vor Abschluss des Beschlussverfahrens rechtskräftig, **geht** die **Rechtskraft** des **Kündigungsschutzprozesses vor.**[160] Dies kann das Gericht aber **durch** eine **Aussetzung** des Kündigungsrechtsstreits bis zum rechtskräftigen Abschluss des Beschlussverfahrens nach § 148 ZPO iVm § 495 ZPO, § 46 Abs. 2 S. 1 ArbGG **verhindern.** Eine solche im **Ermessen** des **Arbeitsgerichts** stehende Aussetzung ist nicht durch § 127 Abs. 2 InsO ausgeschlossen.[161]

---

[155] APS/*Dörner/Künzl,* § 127 InsO Rn. 48; FK/*Eisenbeis,* § 127 InsO Rn. 4; *Heinze,* NZA 1999, 57, 61; *Lakies,* NZI 2000, 345, 347; MüKoInsO/*Caspers,* § 127 Rn. 9; KPB/*Moll,* § 127 InsO Rn. 15; *Müller-Limbach,* KTS 2001, 531, 559; vgl. auch *Boewer,* RdA 2001, 380, 393.
[156] *Hamacher,* in: Nerlich/Römermann, § 127 InsO Rn. 9; *Lakies,* NZI 2000, 345, 351 *Schrader,* NZA 1997, 70, 77; *Zwanziger,* § 127 InsO Rn. 3.
[157] *Grunsky,* FS Lüke, 1997, S. 191, 201; *Hamacher,* in: Nerlich/Römermann, § 127 Rn. 9; *Lakies,* RdA 1997, 145, 154; KPB/*Moll,* § 127 InsO Rn. 34.
[158] *Boewer,* RdA 2001, 380, 393; ErfK/*Gallner,* § 127 Rn. 6; *Müller-Limbach,* KTS 2001, 531, 562.
[159] Eine Antragspflicht besteht nicht, so *Giesen,* ZIP 1998, 46, 54; *Grunsky,* FS Lüke, 1997, S. 191, 203; *Hamacher,* in: Nerlich/Römermann, § 127 InsO Rn. 15; KPB/*Moll,* § 127 InsO Rn. 36; *Müller-Limbach* KTS 2001, 531, 546; a.A. *Schrader,* NZA 1997, 70, 77; *Warrikoff,* BB 1994, 2338, 2343; vgl. auch *Zwanziger,* § 127 InsO Rn. 7.
[160] APS/*Dörner/Künzl,* § 127 InsO Rn. 49a; *Friese,* ZInsO 2001, 350, 355; *Hamacher,* in: Nerlich/Römermann, § 127 InsO Rn. 14; vgl. auch *Prütting,* FS Uhlenbruck, 2000, S. 769, 778; a.A. *Zwanziger,* § 127 InsO Rn. 11 mit Hinweis auf § 580 Nr. 6 ZPO.
[161] Vgl. APS/*Dörner/Künzl,* § 127 InsO Rn. 50; FK/*Eisenbeis,* § 127 InsO Rn. 7; *Hamacher,* in: Nerlich/Römermann, § 127 InsO Rn. 15; HK-InsO/*Linck,* § 127 Rn. 10; MüKoInsO/*Caspers,* § 127 InsO Rn. 19; *Zwanziger,* § 127 InsO Rn. 8; a.A. KPB/*Moll,* § 127 InsO Rn. 37.

§ 3 Betriebsveräußerung in der Insolvenz

I. Der Betriebsübergang im Insolvenzverfahren

Die Anwendbarkeit des § 613a BGB im Geltungsbereich der KO war früher einer der zentralen Streitpunkte der Vorschrift. Die Richtlinie 77/187/EWG ließ in ihrer ursprünglichen Fassung[1] nach Ansicht des EuGH Ausnahmen im Insolvenzverfahren zu.[2] Dies wurde durch die Änderung der Richtlinie ausdrücklich klargestellt.[3] Das BAG wandte dennoch § 613a BGB bei der Veräußerung eines Betriebs durch den Konkursverwalter an.[4] Im Bereich der GesO galt die Vorschrift hingegen nicht.[5] 2343

§ 128 Abs. 2 InsO hat die Anwendbarkeit des § 613a BGB im Insolvenzverfahren bestätigt.[6] Der Gesetzgeber befürchtete nachteilige Auswirkungen bei Ausschaltung der Vorschrift im Insolvenzverfahren. Insbesondere die planmäßige Herbeiführung der Insolvenz durch einige Schuldner, um sich ihrer arbeitsrechtlichen Bindungen zu entledigen, galt es zu verhindern.[7] Der nachteiligen, eine übertragende Sanierung behindernden Wirkung des § 613a BGB in der Insolvenz versucht der Gesetzgeber mit den §§ 125 bis 127, 128 InsO entgegenzutreten.[8] 2344

II. Die Regelung des § 128 Abs. 1 InsO

Durch § 128 Abs. 1 S. 1 InsO wird sichergestellt, dass die Anwendung der §§ 125 bis 127 InsO nicht dadurch ausgeschlossen wird, dass die **Betriebsänderung,** die dem Interessenausgleich nach § 125 Abs. 1 S. 1 InsO oder dem Feststellungsantrag gem. § 126 Abs. 1 S. 1 InsO zugrunde liegt, **erst nach** einer **Betriebsveräußerung** durchgeführt werden soll. Das bedeutet zunächst, dass das **Erwerberkonzept** jedenfalls in der Insolvenz (zur Rechtslage außerhalb der Insolvenz → Rn. 965) Grundlage der vom Veräußerer ausgesprochenen Kündigungen sein kann (näher → Rn. 1057), auch wenn dieser bei Fortführung des Betriebs die geplante Betriebsänderung nicht hätte selbst durchführen können.[9] Die Wirksamkeit dieser Kündigungen kann dann gem. den §§ 125 ff. InsO beschleunigt überprüft werden. Der Betrieb kann so bereits vor dem Betriebsübergang auf die Bedürfnisse des Erwerbers umgestellt werden, ohne dass 2345

---

[1] Richtlinie vom 14.2.1977, ABl. Nr. L 61/26 vom 5.3.1977, S. 26.
[2] EuGH 25.7.1991 EAS RL 77/187/EWG Art. 3 Nr. 6; 7.2.1985 EAS RL 77/187/EWG Art. 1 Nr. 1.
[3] Art. 4a Nr. 1 Richtlinie 77/187/EWG auf Grund der Änderung durch die Richtlinie 98/50/EG vom 29.6.1998, ABl. Nr. L 201/88 vom 17.7.1998, S. 88, vgl. hierzu *Bergwitz*, DB 1999, 2005, 2006 ff.; *Tretow*, ZInsO 2000, 309. Seit 1.4.2001 gilt Art. 5 Abs. 1 Richtlinie 2001/23/EG vom 12.3.2001, ABl. Nr. 482 vom 22.3.2001, S. 16.
[4] BAG 26.5.1983 AP BGB § 613a Nr. 34 mit Anm. *Grunsky*; 10.12.1998 NZA 1999, 422, 424.
[5] Art. 232 § 5 Abs. 2 Nr. 1 EGBGB iVm Art. 32 EGInsO.
[6] BAG 20.9.2006 NZA 2007, 387 Rn. 23; 20.3.2003 NZA 2003, 1027, 1028; *Moll*, KTS 2002, 635, 636; *Müller-Limbach*, KTS 2001, 531, 566; *Zwanziger*, § 128 InsO Rn. 1; vgl. auch LAG Sachsen 29.6.2001 NZA-RR 2002, 265, 266.
[7] Vgl. allg. Begründung zum RegE bei *Kübler/Prütting* (§ 1 Fn. 4), S. 123.
[8] Reg.-Begr. zu §§ 125, 128 InsO bei *Kübler/Prütting* (§ 1 Fn. 4), S. 327, 335.
[9] BAG 20.9.2006 NZA 2007, 387 Rn. 31; 20.3.2003 NZA 2003, 1027, 1029; LAG Hamm 12.3.2007 BeckRS 2007, 48151; LAG Schleswig-Holstein 23.11.2010 ZInsO 2011, 738 741; APS/*Dörner/Künzl*, § 128 InsO Rn. 51; ErfK/*Gallner*, § 128 InsO Rn. 1; vgl. auch BAG 19.12.2013 NZA-RR 2014, 185 Rn. 70; *Menke/Wolf*, BB 2011, 1461, 1463.

der Personalbestand rechtlich ungeklärt ist.[10] Der Erwerber muss mit der Betriebsübernahme nicht warten, bis der Insolvenzverwalter die Betriebsänderung selbst durchgeführt hat.[11] Die **vom Erwerber** später **durchzuführende Betriebsänderung** muss allerdings zum Zeitpunkt der Kündigung bereits **greifbare Formen** angenommen haben.[12] Das erfordert eine rechtliche **Absicherung** des **Betriebsübergangs,** wie etwa einen rechtsverbindlichen **Sanierungsplan** oder einen **Vorvertrag.**[13]

2346 Die geplante, vom Erwerber durchzuführende Betriebsänderung muss Grundlage sowohl des Interessenausgleichs als auch des Feststellungsbeschlusses sein. Andernfalls verlieren diese ihre besondere Wirkung. Denn eine nicht geplante oder eine andere Betriebsänderung ist eine wesentliche Änderung der Sachlage iSd §§ 125 Abs. 1 S. 2, 127 S. 2 InsO.

2347 Der **Erwerber** ist nach § 128 Abs. 1 S. 2 InsO **Beteiligter** im Beschlussverfahren nach § 126 InsO. Das setzt voraus, dass der Erwerber spätestens zum Zeitpunkt der letzten mündlichen Verhandlung konkret feststeht.[14] Abzugrenzen von der Beteiligtenstellung ist jedoch die Antragsbefugnis. Das Verfahren nach § 126 InsO kann lediglich der Insolvenzverwalter beantragen.

III. Erstreckung der Vermutungs- und Feststellungswirkung nach § 128 Abs. 2 InsO

2348 § 128 Abs. 2 InsO erstreckt die **Vermutungswirkung** des § 125 Abs. 1 S. 1 Nr. 1 InsO und die **Feststellungswirkung** des § 126 Abs. 1 S. 1 InsO auch darauf, dass die **Kündigung** der Arbeitsverhältnisse **nicht wegen** des Betriebsübergangs erfolgt. Diese Vermutungswirkung gilt auch dann, wenn nur ein Betriebsteil iSv § 613a Abs. 1 S. 1 BGB übertragen wird (näher → Rn. 961) und der gekündigte Arbeitnehmer diesem Betriebsteil zugeordnet werden kann.[15] Steht allerdings wegen fehlender endgültiger Stilllegungsabsicht des Insolvenzverwalters fest, dass die Kündigung nicht aus betriebsbedingten Gründen (vgl. § 1 Abs. 2 S. 1 KSchG) gerechtfertigt ist, besteht für eine aus §§ 125, 128 InsO folgende Vermutung kein Raum.[16]

2349 Liegen die Voraussetzungen des § 125 Abs. 1 S. 1 Nr. 1 InsO bzw. § 126 Abs. 1 S. 1 InsO, § 128 Abs. 2 InsO vor, steht bereits fest bzw. wird vermutet, dass die Kündigung betriebsbedingt (§ 1 Abs. 2 S. 1 KSchG iVm § 613a Abs. 4 S. 2 BGB) und daher nicht wegen des Betriebsübergangs nach § 613a Abs. 4 S. 1 BGB erfolgt ist. Aus diesem Grund wird § 128 Abs. 2 InsO lediglich eine klarstellende bzw. sogar überflüssige

---

[10] Vgl. Reg.-Begr. bei *Kübler/Prütting* (§ 1 Fn. 4), S. 335.
[11] *Lakies*, RdA 1997, 145, 155; *Müller-Limbach*, KTS 2001, 531, 567 f.; *Warrikoff*, BB 1994, 2338, 2344; *G. Wisskirchen/Bissels*, BB 2009, 2142, 2144.
[12] BAG 20.9.2006 NZA 2007, 387 Rn. 31; 20.3.2003 NZA 2003, 1027, 1029; FK/*Eisenbeis*, § 128 InsO Rn. 9; *Hamacher*, in: Nerlich/Römermann, § 128 InsO Rn. 66.
[13] Vgl. BAG 20.9.2006 NZA 2007, 387 Rn. 31; 20.3.2003 NZA 2003, 1027, 1029; *Hamacher*, in: Nerlich/Römermann, § 128 InsO Rn. 66; *C. Meyer*, NZA 2003, 244, 247; ErfK/*Preis*, § 613a BGB Rn. 169; APS/*Steffan*, § 613a BGB Rn. 191; *Vossen*, BB 1984, 1557, 1560; *Willemsen*, ZIP 1983, 411, 416.
[14] Vgl. dazu *Lakies*, RdA 1997, 145, 155; allg. GMP/*Matthes/Schlewing*, § 10 ArbGG Rn. 49.
[15] LAG Hamm 3.9.2003 ZInsO 2004, 820, 823; Uhlenbruck/*Berscheid*, § 128 InsO Rn. 24; *Fleddermann*, ZInsO 2004, 793, 794; *Hamacher*, in: Nerlich/Römermann, § 128 InsO Rn. 63; *Lakies*, RdA 1997, 145, 155; *Oetker/Friese*, DZWIR 2001, 177, 185; a.A. *Tretow*, ZInsO 2000, 309, 312; KDZ/*Däubler*, § 128 InsO Rn. 6.
[16] BAG 29.9.2005 NZA 2006, 720 Rn. 27; LAG Köln 15.4.2010 BeckRS 2010, 72973; 19.3.2010 – 10 Sa 754/09 – juris Rn. 33; APS/*Dörner/Künzl*, § 128 InsO Rn. 52.

§ 3 Betriebsveräußerung in der Insolvenz

Funktion zugebilligt.[17] Soweit nämlich das KSchG auf ein Arbeitsverhältnis Anwendung findet, muss der Arbeitgeber gem. § 1 Abs. 2 S. 4 KSchG auch im Rahmen des § 613a Abs. 4 BGB darlegen und beweisen, dass die Kündigung betriebsbedingt ist (vgl. § 613a Abs. 4 S. 2 BGB). Andernfalls ist der Kündigungsschutzklage stattzugeben, ohne dass es der Feststellung nach § 613a Abs. 4 S. 1 BGB bedarf, der tragende Beweggrund für die Kündigung sei der Betriebsübergang gewesen (auch → Rn. 963).

Genau besehen hat der **Arbeitnehmer** bei Zustandekommen eines Interessenausgleichs mit Namensliste anlässlich eines Betriebsübergangs im Insolvenzverfahren eine „doppelte" Vermutung **mittels Gegenbeweises** iSd § 292 ZPO zu **widerlegen**: Er muss zum einen beweisen, dass **keine betriebsbedingte Kündigung** vorliegt (§ 125 Abs. 1 S. 1 Nr. 1 InsO) und zum anderen muss er beweisen, dass die **Kündigung wegen** des **Betriebsübergangs erfolgt** ist (§ 128 Abs. 2 InsO).[18] Gelingt ihm der Beweis dafür, dass die Kündigung wegen des Betriebsübergangs nach § 613a Abs. 4 S. 1 BGB ausgesprochen worden ist, steht allerdings damit zugleich fest, dass sie nicht betriebsbedingt ist. **2350**

Infolge der Begrenzung der Vermutungswirkung des § 125 Abs. 1 S. 1 Nr. 1 InsO in § 125 Abs. 1 S. 2 InsO und der Feststellungswirkung des § 126 Abs. 1 S. 1 InsO in § 127 Abs. 1 S. 2 InsO treten beide im Falle eines Betriebsübergangs durch § 128 Abs. 2 InsO angeordneten Rechtswirkungen nicht ein, wenn sich die Sachlage nach Zustandekommen des Interessenausgleichs oder nach dem Schluss der letzten mündlichen Verhandlung im Beschlussverfahren wesentlich geändert hat (§ 125 Abs. 1 S. 2 InsO bzw. 127 Abs. 1 S. 2 InsO). Dies muss in der Zeit zwischen dem Abschluss des Interessenausgleichs bzw. dem Ende des Beschlussverfahrens und dem Zugang der Kündigung geschehen. Im Anwendungsbereich des § 128 InsO ist eine Änderung der Sachlage zB gegeben, wenn ein anderer Erwerber mit einem anderen Konzept (allg. → Rn. 965) den Betrieb übernimmt.[19] Der Arbeitnehmer hat keinen Anspruch auf Wiedereinstellung bzw. Fortsetzung des Arbeitsverhältnisses gegenüber dem Betriebserwerber, wenn es erst nach Ablauf der Frist einer insolvenzbedingten Kündigung zu einem Betriebsübergang kommt (auch → Rn. 1015).[20] **2351**

---

[17] *Bittner*, SAE 2002, 64, 67; *Caspers* (§ 1 Fn. 6), Rn. 308; ErfK/*Gallner*, § 128 Rn. 2; *Moll*, KTS 2002, 635, 652; vgl. auch LAG Köln 28.1.2010 BeckRS 2010, 71725.
[18] LAG Düsseldorf 23.1.2003 LAGE InsO § 125 Nr. 3; LAG Hamm 4.6.2002 NZA-RR 2003, 293, 297; 4.12.2003 NZA-RR 2004, 189, 192 f.; *Berscheid*, ZInsO 1998, 159, 170; KPB/*Moll*, § 128 InsO Rn. 82; *Hamacher*, in: Nerlich/Römermann, § 128 InsO Rn. 75; vgl. auch BAG 29.9.2005 NZA 2006, 720.
[19] *Friese*, ZInsO 2001, 350, 359; *Moll*, KTS 2002, 635, 653.
[20] BAG 13.5.2004 AP BGB § 613a Nr. 264 mit Anm. *Germakowski*; 28.10.2004 NZA 2005, 405; *Lembke*, BB 2007, 1333, 1337.

Sachverzeichnis

Die Zahlen verweisen auf die Randnummern

Abfindung 158, 2087 ff., 2144 ff.
- Abfindungsvergleich 2152
- Abtretung 2145
- Arbeitslosengeld, Anrechnung 2163 ff.
- Aufrechnung 2146
- Ausschlussfrist 2149
- Höhe der Abfindung 2153 ff.
- im Konkurs/Insolvenz 2147
- Rechtsmittel 2139 ff.
- Rechtsnatur 2144 ff.
- Rücknahme der Kündigung 158
- Sozialversicherungsrecht 2161 ff.
- Steuerrecht 2158 ff.
- Streitwert 2215
- Vererbung 2151
- Verjährung 2150
- Verpfändung 2145
- vorläufige Vollstreckbarkeit 2137 f.

Abfindungsanspruch gem. § 1a KSchG 1173 ff.
- Abgrenzung zur rechtsgeschäftlichen Abfindungsvereinbarung 1180 ff.
- Anfechtung 1178
- Annahme 1183 ff.
- Anwendbarkeit 1175 ff.
- Änderungskündigung 1177
- Form 1173 f
- Höhe 1179, 1189
- Klagefrist 1183
- Kündigungsfrist 1186
- Rechtsfolgen 1188 ff.
- Sozialrechtliche Folgen 1191 ff.
- Sperrzeit 1192 ff.
- Voraussetzungen 1175 ff.

Abgeordnete
- besonderer Kündigungsschutz 213, 216

Abkehrwille des Arbeitnehmers 621, 934

Abmahnung 7 ff.
- Abmahnungsgründe 15 f.
- Änderungskündigung 1359
- Anhörung des Arbeitnehmers 11
- außerordentliche Kündigung 558
- Ausschlussfrist 10, 13
- Bestimmtheit 8, 12, 1205
- Betriebsbuße 9, 12, 17 ff.
- Beweislast 13
- Entfernung aus der Personalakte 10 ff.
- Form 8, 11
- Frist 10, 13

- Gläubigerrecht 7 ff.
- Rechtsschutz gegen unberechtigte Abfindung 12 f.
- Mitbestimmung 9
- Übermaßverbot 12
- Vertragspflicht 7 ff.
- Vertragsrüge 8 f.
- Vorstufe zur verhaltensbedingten Kündigung 8, 11, 558, 1201 ff.
- Warnfunktion 8, 11, 1205
- Widerruf 10 f.

Absolute Kündigungsgründe 547

Abtretung
- des Abfindungsanspruchs 2145

Abwerbung
- als Kündigungsgrund 623 f.

Abwicklungsvertrag
- Sperrzeit 1192

Änderungskündigung 13, 162, 528 ff., 1287 ff., 1697 f., 1733, 1737 ff., 2175 ff.
- Abbau freiwilliger Zulagen 1314
- Abfindung 1177
- Abgrenzung zur Beendigungskündigung 1287 f.
- Abmahnung 1330
- als Beendigungskündigung 2184
- als milderes Mittel 529, 992 ff., 1295
- Änderungsangebot 532 f., 1288 f.
- Anhörung des Betriebsrates 351, 1293, 2180 ff.
- Annahme des Angebots, unter Vorbehalt 532 f., 1298 ff., 2187 ff.
- Annahme des Angebots, vorbehaltslose 1297, 2185 f.
- Anpassung vertraglicher Nebenabreden 1314
- Arbeitszeit 1319
- Auflösungsurteil 2100
- außerordentliche 528 ff., 1737 ff., 2201
- Begriff 1287 f.
- Beschäftigungsanspruch 1304
- Beschlussverfahren in der Insolvenz 2327
- Bestimmtheit 1290
- betriebsbedingte 1308 ff.
- Direktionsrecht 2178
- Eingruppierung 1279
- Entgeltreduzierung 1310 ff.
- Geltungsbereich des § 622 BGB 491 ff.
- Job-sharing-Vertrag 177

977

Sachverzeichnis

- Kündigungsbeschränkung 263
- Kündigungsschutz nach Ablehnung des Vertragsangebots 1302 ff.
- Kündigungsschutz von Betriebsräten bei 1737
- Mitbestimmung des Betriebsrats 2183
- Mutterschutz 1293, 1359
- Organisationsänderungen 1315 ff.
- personenbedingte 1331
- Schriftform 1291, 1293
- Schwerbehindertenschutz 1293, 1530
- Sozialauswahl 1325 ff.
- Sozialwidrigkeit 1305 ff.
- Streitwert 2214
- Teilkündigung 166, 173, 2178
- Umdeutung 417 f.
- und Abänderungsschutzklage 2175 ff.
- Verfahren 2194 ff.
- verhaltensbedingte 1202, 1359
- Verhältnismäßigkeit 418
- Vorrang milderer Mittel 1320 ff.
- Weiterbeschäftigungsanspruch 992 ff., 1300

Alkohol
- als Kündigungsgrund 625 ff.

Alliierte Streitkräfte 1486
- und Auflösungsurteil 2123

Alter
- und personenbedingte Kündigung 1235

Altersrente
- Sozialauswahl 1098

Altersstruktur 1125 ff.
Anfechtung 57 ff., 63, 183 f.
- Abgrenzung zur Kündigung und Nichtigkeit 57
- Anhörung des Betriebsrates 58
- Aufhebungsvertrag 39, 51
- Ausschlussfrist 57
- Drohung des Arbeitgebers 183
- Kündigungsschutzklage 1826
- Kündigung 183 f.
- Mutterschutz 1368 ff.
- Schwerbehindertenschutz 1519 ff., 1544
- Treu und Glauben 183
- Umdeutung 416

Angestellter, leitender 286
- Beteiligung des Betriebsrates 286
- Offenbarungspflicht 568
- und allgemeiner Kündigungsschutz 841 ff.

Anhörung
- des Arbeitnehmers vor außerordentlicher Kündigung 536 f.
- des Arbeitnehmers vor Abmahnung 11
- des Betriebsrates bei Kündigungen: s. Betriebsrat
- des Personalrates bei Kündigungen: s. Personalrat

Annahmeverzug
- Kündigungsschutzklage 1868 ff.
- Lohnfortzahlungsanspruch 150, 152, 157
- schwangere Arbeitnehmerin 1361

Anscheinsbeweis 231
Antibabypille 1358
Anzeige
Anzeige- und Nachweispflichten 610 ff.
- gegen Arbeitgeber als Kündigungsgrund 632 ff.

Arbeitgeber
- Schadensersatzanspruch 822 ff.

Arbeitnehmer
- Anhörung vor außerordentlicher Kündigung 536 f.
- Anspruch bei öffentlicher Bekanntgabe der außerordentlichen Kündigung 827
- Anspruch wegen rechtswidriger außerordentlicher Kündigung 540, 815 ff.
- Auszubildende 839
- Begriff 836 ff.
- Darlegungs- und Beweislast 837
- Kündigungsschutz 836 ff.
- Schadensersatzanspruch 817
- Teilzeitbeschäftigte 838

Arbeitnehmerähnliche Person 840
Arbeitserlaubnis 1236 f.
Arbeitsgericht
- Ersetzung der Zustimmung des Betriebsrates 1752, 1756 ff.
- Klageerhebung vor den – 1880 ff.

Arbeitsgruppen
- Betriebsgruppen 175
- Eigengruppen 175 ff.

Arbeitskampf 298
- Kündigung Schwerbehinderter 1607 ff.

Arbeitsmangel 903
Arbeitsmarktchancen 1095
Arbeitsplatzwechsel 733
Arbeitsschutz 726
Arbeitsstreckung 1003
Arbeitsunfähigkeit 595, 610 ff., 655, 1268 ff.
Arbeitsverhältnis
- einheitliches 181, 2089, 2122
- fehlerhaftes (faktisches) 33, 1363 ff.
- Unterbrechung 876 ff.

Arbeitsvertrag
- Anfechtung 57 ff.
- Nichtigkeit 57 ff.

Arbeitsverweigerung
- als Kündigungsgrund 570 ff.
- Gewissenskonflikt 206
- Zurückbehaltungsrecht 577

Arbeitszeitverkürzung 1006
Arglistige Täuschung
- Anfechtung 1370 ff.

Arztbesuch 612

Aufhebungsvertrag 34 ff., 307, 415
– Abfindung 47 f., 2092
– Anfechtung 39, 51
– Aufklärungspflicht des Arbeitgebers 39, 49, 51
– Ausgleichsquittung 45
– Bedingung 37 f.
– Betriebsübergang 966
– Hinweispflichten 39
– Inhaltskontrolle 36
– Kontrollbedürftigkeit 34
– Massenentlassung 1641
– Mutterschutz 51, 1375 ff.
– Nebenabreden 44
– Rücktrittsrecht 35
– Schriftformerfordernis 40 ff.
– Schwerbehindertenschutz 1535
– sozialrechtliche Konsequenzen 39, 1191 ff.
– Treu und Glauben 47 ff.
– Umdeutung 415
– Umgehung des Kündigungsschutzes 34, 38, 966
– Verbraucher 35
– Widerrufsrecht 35
Aufklärungspflicht des Arbeitgebers
– Aufhebungsvertrag 51
Auflösende Bedingung 162 ff., 180, 1378
Auflösung des Arbeitsverhältnisses nach § 12 KSchG 2048 ff.
– Wahlrecht des Arbeitnehmers 2048 ff.
– gerichtliches Urteil 2049
– neues Arbeitsverhältnis 2050 f.
– Nichtfortsetzungserklärung 2052
– Vergütungsfragen 2056a f.
Auflösung des Arbeitsverhältnisses durch Auflösungsurteil 2087 ff.
– Abfindung 2087 ff., 2144 ff.
– alliierte Streitkräfte 2123
– Änderungskündigung 2100
– Auflösungsantrag des Arbeitgebers 2087 ff., 2113 ff.
– Auflösungsantrag des Arbeitnehmers 2087 ff., 2106 ff.
– Auflösungsantrag, beiderseitiger 2128 f.
– Auflösungsgründe 2109
– Auflösungsurteil 2130 ff.
– Auflösungszeitpunkt 2101 f.
– Berufsausbildungsverhältnis 2093
– Beweislast 2111, 2121
– ehrverletzende Behauptungen 2109
– Eventualantrag, unechter 2107
– Klagehäufung 1918
– Kostenentscheidung 2134 ff.
– leitende Angestellte 2122
– Rechtsmittel 2139 ff.
– Schadensersatz 815 ff.

– Sozialwidrigkeit der Kündigung 2095 ff.
– und Kündigungsschutzprozess 2091
– unkorrekte Behandlung nach Rückkehr in den Betrieb 2109
– Unzumutbarkeit, Begriff 2087, 2108
– Vererblichkeit des Abfindungsanspruchs 2151
– Verfassungsmäßigkeit des § 9 KSchG 2089
Aufrechnung
– gegen den Abfindungsanspruch 2146
Auftragsmangel
– betriebsbedingte Kündigung wegen 915, 940 ff.
Außerbetriebliche Kündigungsursachen 913, 915
Außerdienstliches Verhalten 639 ff.
Außerordentliche Kündigung, Fallgruppen
– Abwerbung 623 f.
– Alkohol 625 ff.
– Anzeige gegen Arbeitgeber 632 ff.
– Anzeigen gegen Arbeitnehmer 637 f.
– Anzeige- und Nachweispflichten 610 ff.
– Arbeitsplatzwechsel 733
– Arbeitsschutz 726
– Arbeitsunfähigkeit 595, 655
– Arbeitsverweigerung 206, 570 ff.
– Arbeitszeitbetrug 581
– Außerdienstliches Verhalten 639 ff.
– Bedrohung eines Vorgesetzten 652
– Beleidigung 648 ff., 727
– Betriebsstilllegung 717 f.
– Betriebsveräußerung 717 f.
– Betrug 688
– Diebstahl 688
– Drogen 625 ff.
– Druckkündigung 695
– Ehrenämter 653 ff.
– Eignungsmangel 696 f.
– Freiheitsstrafe 700
– Führerscheinentzug 698 f.
– gewerkschaftliche Betätigung 669 ff.
– Gewissenskonflikt 734 f.
– Insolvenz 719
– Konkurrenztätigkeit, verbotene 663 ff.
– Kontrolleinrichtungen, Missbrauch 656
– Krankheit 701 f., 737
– Nebentätigkeit 663 ff.
– Notarbeiten 582
– politische Betätigung 669 ff.
– Privatkommunikation 674 f.
– Rauchverbot 681
– religiöse Betätigung 669 ff.
– Schlechtleistung 596 ff.
– Schmiergeld 682 ff.
– Sexuelle Belästigungen 646 f.
– Sonntagsarbeit 583

Sachverzeichnis

– Spesenbetrug 685 f.
– Stempeluhren 581, 656
– strafbare Handlungen 687 ff.
– Streik 584 ff.
– Tätlichkeiten 648 ff.
– Treuepflicht, Verstoß 682 ff.
– Trunkenheit am Steuer 627
– Überschreitung von Befugnissen 662
– Überstunden 587 f.
– Unentschuldigtes Fehlen 589 f.
– Unpünktlichkeit 591
– Unterschlagung 688
– Untersuchungshaft 700
– Untreue 688
– Urlaubsantritt, eigenmächtiger 592 f.
– Urlaubsüberschreitung 594
– Verdachtskündigung 703 ff.
– Verschwiegenheitspflicht 693
– Verstoß gegen die betriebliche Ordnung 651 ff.
– Vertragsverletzungen des Arbeitgebers 722 ff.
– Vertragsverletzungen des Arbeitnehmers 565 ff.
– Vortäuschung der Arbeitsunfähigkeit 595
– Werkswohnung 729 f.
Ausgleichsquittung
– Kündigungsschutz 1285 f., 1668
– Schwerbehindertenschutz 1535
Aushilfsarbeitsverhältnis
– Aushilfsklausel 500
– Befristung 498 ff.
– Kündigung 498 ff.
Auslandssachverhalte 849, 1002a
Auslauffrist 526, 768 ff., 784 ff.
Ausschlussfrist
– Abfindung 2149
– Ablauf 806 f.
– Beginn 796 ff.
– bei außerordentlicher Kündigung 534, 545, 549, 794 ff.
– bei Kündigung 3
– Mutterschutz 1404
– Rechtsmissbrauch 812
– und Kündigungsschutzklage 1845 ff.
– und Zulässigkeitserklärung 1404
Aussetzung des Verfahrens 1528 f., 1879, 2044 f., 2342
Austauschkündigungen 946 ff.
Auswahlrelevanter Personenkreis
– Beweislast 1103
Auswahlrichtlinien 1140 ff., 1143 f.
– Justiziabilität 1145 f.
– Grobe Fehlerhaftigkeit 1147 ff.; 1170 ff.
Auszubildende
– besonderer Kündigungsschutz 1774 ff.
– Sozialauswahl 1062

Auszubildendenvertretungen
– Mutterschutz 1339
– Sozialauswahl 1062

Beamte 204
Bedingung 54
– Aufhebungsvertrag 37 f.
– Anhörung des Betriebsrates 308
– auflösende 1378
– Kündigung 161 ff.
– Potestativbedingung 162, 164
Bedrohung eines Vorgesetzten 652
Beendigung einer personellen Maßnahme nach den §§ 100 Abs. 3, 101 BetrVG 32
Beendigung eines fehlerhaft begründeten Arbeitsverhältnisses 33
Befristeter Arbeitsvertrag 53 ff.
– auflösende Bedingung 54
– Ausschluss der Kündigung 173 f.
– Elternzeit 505
– Klagefrist 1824
– Kleinbetriebe 55
– Kündigung 506 ff., 461
– Kündigungsschutzklage 1942 f.
– Mutterschutz 1395
– Schwerbehindertenschutz 450, 1573 ff.
– Teilbefristung 76
Befristung siehe befristeter Arbeitsvertrag
Begründungspflicht
– bei außerordentlicher Kündigung 538 ff.
Beleidigung 15, 648 ff., 727
Benachrichtigung der Aufsichtsbehörde
– Mutterschutz 1417
Benachteiligung
– betriebsverfassungsrechtlicher Funktionsträger 213
– wegen des Geschlechts 201
Benachteiligungsverbote 216 ff., 229 ff.
– Darlegungs- und Beweislast 269 ff.
Berechtigte betriebliche Interessen, entgegenstehende 1102 ff.
– Beweislast 1103, 1134
– Fallgruppen 1110 ff.
– Personalstruktur, ausgewogene 1124 ff.
– Qualifikationsstruktur 1131
– Soziale Kompetenz 1119
– Vorliegen 1104 ff.
Bergmannsversorgungsschein
– besonderer Kündigungsschutz 1794 ff.
Berufsausbildungsverhältnis
– Auflösungsurteil 2093
– außerordentliche Kündigung 518 f., 522 ff.
– betriebsverfassungsrechtliche Funktionsträger 213
– Form der Kündigung 68, 520 f.
– Klagefrist bei außerordentlicher Kündigung 1776, 1828

Zahlen = Randnummern

- Kündigung 68, 511 ff.
- Kündigungsfrist 1776, 1828
- Kündigungsschutz 874
- Kündigungsschutzklage 1827 ff.
- Probezeit 511, 515 ff.
- Schlichtungsausschuss 521
- Schwangerschaft 513
- Schwerbehinderte 513
- Streitwert 2203

Berufsfreiheit 209
Beschäftigungsverbot
- als Kündigungsgrund 1236 f.
- mutterschutzrechtliches 1364, 1373 f.

Beschränkung des Kündigungsrechts 255 ff., 261 ff., 789 ff.

Betrieb, 852 ff.

Betriebliches, dringendes Erfordernis, Einzelfälle
- Abkehrwille 934
- Abordnung zu Tochterunternehmen 935
- Anforderungsprofil 936
- Auftragsmangel/Umsatzrückgang 915, 940 ff.
- Austauschkündigung 946 ff.
- Betriebsänderungen 952 ff.
- Betriebsstilllegung 956 ff.
- Betriebsübergang 961 ff.
- Druckkündigung 970 f.
- Rationalisierung 978 ff.
- Rentabilitätsgründe 982 f.
- Streichung einer Hierarchieebene 952
- Vermutung bei Namensliste 1167 ff.

Betriebsänderung 902, 952 ff.
- Betriebliches Erfordernis, dringendes 902 ff., 934 ff.
- betriebsbedingte Kündigung 1153 ff.
- Namensliste 1153 ff. siehe auch Namensliste

Betriebsbedingte Kündigung 345 f., 745 ff.
- Abfindungsanspruch gem. § 1a KSchG 1173 ff.
- Abordnung zu Tochterunternehmen 935
- Änderungen des Arbeitsablaufs 952 ff.
- Änderungskündigung 1308 ff.
- Arbeitsstreckung 1003
- Arbeitszeitverkürzung 1006
- Auftragsmangel/Umsatzrückgang 915, 940 ff.
- Austauschkündigung 946 ff.
- Auswahlrelevanter Personenkreis 853 ff., 1031 ff., 1103
- außer- und innerbetriebliche Kündigungsursachen 902, 913 ff.
- Betriebsänderungen 952 ff.; 1153 ff.
- Betriebsbezug 904 ff.
- Betriebsrisiko 751 ff.
- Betriebsstilllegung 717 f., 748, 914, 956 ff.
- Betriebsübergang 961 ff., 1055 ff.
- Beurteilungszeitpunkt s. Prognoseprinzip
- Beweislast 906, 1016 ff., 1103
- dringendes betriebliches Erfordernis, Einzelfälle 934 ff.
  s. auch Betriebliches, dringendes Erfordernis
- Druckkündigung 970 f.
- entgegenstehende berechtigte betriebliche Interessen 1102 ff.
- fehlerhafte Sozialauswahl 1132 ff.
- Gleichbehandlung 250
- Haushaltseinsparungen 973
- Insolvenz 719
- Interessenabwägung 883 ff., 893 f., 986
- kausaler Wegfall der Beschäftigungsmöglichkeit 929 f.
- Kurzarbeit 888, 942, 1004 f.
- Leiharbeitnehmer 947, 1007
- Missbrauch 922
- Nachträgliche Änderung der Verhältnisse 932
- Namensliste 1154 ff. siehe auch Namensliste
- Öffentlicher Dienst 972 ff.
- Personalstruktur, ausgewogene 1124 ff.
- Prognoseprinzip 891 f., 931
- Prüfungskriterien 904 ff., 933
- Punkteschema 1101
- Rationalisierung 921, 972, 978 ff.
- Rentabilitätsgründe 925, 982 f.
- richterliches Prüfungsrecht 885, 917 ff.
- Selbstbindung des Arbeitgebers 912, 915
- soziale Auswahl 783, 1021 ff.
- soziale Rechtfertigung 880 ff.
- ultima ratio Prinzip 745, 886 f., 920, 984 ff.
- Unternehmerentscheidung 904 ff.
- Verhältnismäßigkeit siehe ultima ratio Prinzip
- vorrangige mildere Mittel 984 ff.
- Wegfall von Arbeitsplätzen 931
- Weiterbeschäftigungspflicht 880, 886, 892, 908, 988 ff.
- Wiedereinstellungsanspruch 932

Betriebsbuße 9, 12, 17 f.
- Abgrenzung 9, 12, 18
- Mitbestimmung 18

Betriebsfrieden
- Gefährdung des – als Kündigungsgrund 651 ff.

Betriebsgeheimnis
- Verrat von – als Kündigungsgrund 693

Betriebsgruppe 175

Betriebsinhaberwechsel
- Wartezeiten für Kündigungsschutz 870

Betriebsnachfolge, Klagegegner bei 1895 f.

Betriebsobmann
- besonderer Kündigungsschutz 1745

981

Sachverzeichnis

Betriebsrat 290 ff.
- Amtsausübung und Beschäftigungsanspruch 1771 ff.
- Anhörung des Betriebsrates 165, 300, 311, 535, 544, 781
- Benachteiligungsverbot 212
- Beteiligung bei Massenentlassungen 1646 ff.
- Ersatzmitglied 294
- Funktionsfähigkeit 290 ff.
- Funktionsfähigkeit während des Betriebsurlaubs 297
- Konstituierung 292
- Kündigungsschutz 211, 1737 ff.
- Mitbestimmungsrecht bei Kündigungen 389 ff.
- Namensliste 1158, 1162
- Sozialauswahl 1062
- Widerspruchsrecht bei Kündigungen 988 ff.
- Zustimmung zur außerordentlichen Kündigung 781
- Zustimmung zur Einstellung eines Arbeitnehmers 32

Betriebsrat, Anhörung 277 ff., 300, 311 ff., 535, 544, 300
- Abschluss des Anhörungsverfahrens 382 ff.
- Bedenken des Betriebsrates gegen die Kündigung 370 ff.
- bei Änderungskündigungen 303, 351, 1293, 2180 ff.
- bei Aufhebungsvertrag 307
- bei auflösender Bedingung 308
- bei außerordentlicher Kündigung 330, 333, 535, 544, 781
- bei Betriebsübergang 295
- bei Insolvenz 2311
- bei Kündigung 277 ff.
- bei Kündigung eines schwerbehinderten Arbeitnehmers 322
- bei Kündigung ordentlich unkündbarer Arbeitnehmer 781
- bei Kündigung von leitenden Angestellten 286
- bei Kündigung, Beweislast 343
- bei Nichtigkeit des Arbeitsvertrages 307
- bei Teilkündigung 167
- bei Umgruppierung 303
- bei Versetzung 303
- bei vorsorglicher Kündigung 300, 308
- bei Widerruf einzelner Leistungen des Arbeitgebers 304
- bei Zeitablauf, bzw. Befristung 308
- Beschluss des Betriebsrates 357 ff.
- betriebsbedingte Kündigung 328, 345 f.
- Darlegungs- und Beweislast 310, 343
- Eilfälle 301
- Erklärungsfrist 369, 371 ff.
- Erweiterung des Mitbestimmungsrechts 389 ff.
- Geltungsbereich 281 ff.
- Gründe für soziale Auswahl 345
- Grundsätze 278 ff.
- im Arbeitskampf 298
- im Konkurs 300
- im Tendenzbetrieb 284
- Interessenausgleichsverfahren 385
- Klagefrist 1722
- Konstituierung 292
- krankheitsbedingte Kündigung 347
- Kündigungsgründe 355 ff.
- Kündigungsschutzverfahren 1767 ff.
- Leiharbeitnehmer 289
- Mängel des Anhörungsverfahrens 361 ff.
- Massenentlassungen 372, 1646 ff.
- Mitbestimmung 2183
- Mitteilung der Kündigungsgründe 323 ff.
- Nachschieben von Kündigungsgründen 352 ff.
- Namensliste 1162
- Scheingründe 339
- Sozialwidrigkeit im Falle des Widerspruchs des – 988 ff.
- Stellungnahme bei der ordentlichen Kündigung 367 ff.
- Stellungnahme bei der außerordentlichen Kündigung 379 ff.
- subjektive Determinierung 336 ff.
- Umdeutung 408
- Umfang der Begründungspflicht 336
- Umlaufverfahren 359
- Verdachtskündigung 350, 703 ff.
- Verfahren 311 ff.
- Verfahrensmängel 312 ff., 361 ff.
- verhaltensbedingte Kündigung 349
- Verletzung der Anhörungspflicht 365 f.
- Verzicht 325
- vorsorgliche Kündigung 300, 333
- Wesen 277 ff.
- Widerspruch 374 ff.
- Wirksamkeitsvoraussetzung 310
- Zeitpunkt 316 ff.
- Zuständigkeit des Gesamtbetriebsrates 324

Betriebsrat, Kündigungsschutz 213 ff.
- Änderungskündigung 1697
- Ausschlussfrist 1751
- außerordentliche Änderungskündigung 1733, 1737 ff.
- außerordentliche Kündigung 1725 ff.
- außerordentliche Kündigung bei tariflicher Unkündbarkeit 738 ff.
- außerordentliche Kündigung, Zustimmung des Betriebsrates 1740 ff.
- Beginn und Ende 1681 ff.
- Benachteiligungsverbot 213

Zahlen = Randnummern

- Ersatzmitglieder 1676, 1684 ff., 1694
- Ersetzen der Zustimmung durch das Arbeitsgericht 1752, 1756 ff.
- Geltungsbereich 281 ff.
- ordentliche Kündigung 1696 ff.
- wichtiger Grund 1731 ff.

Betriebsstilllegung
- Abgrenzung zum Betriebsübergang 964
- als Kündigungsgrund 717 f., 956 ff.
- Massenentlassung 1639
- und besonderer Kündigungsschutz 1700 ff.

Betriebsübergang 221, 717 f., 961 ff., 1055 ff.
- als Kündigungsgrund 717 f.
- und Kündigungsschutzklage, 1895 ff.
- im Insolvenzverfahren 2343 f.
- Mutterschutz 1388, 1397
- Sozialauswahl 1055 ff.

Betriebsvereinbarung
- Form der Kündigung 81
- Mitbestimmung, Erweiterung 389 ff.
- Öffnungsklauseln 169
- Sozialauswahl 1140 ff., 1143 f.
- Zustimmung des Betriebsrates 389

Betriebszugehörigkeit
- Berücksichtigung früherer Arbeitsverhältnisse 423
- Kündigungsfristen 433 ff.
- Sozialauswahl 1076, 1079 ff.

Betrug 688

Beweislast (und Darlegungslast)
- Abmahnung 13
- Analogie 271
- Anscheinsbeweis 274
- Arbeitsverhältnis 837
- Arbeitsverweigerung 559 ff.
- arglistige Täuschung 1370 ff.
- Auflösung des Arbeitsverhältnisses 2111, 2121
- Auslauffrist 814
- bei außerordentlicher Kündigung 559 ff.
- bei Schlechtleistung 597
- Befristeter Arbeitsvertrag 38
- berechtigte betriebliche Interessen 1103, 1134
- betriebsbedingte Kündigung 1016 ff.
- Betriebsübergang 961 ff.
- Diskriminierungsverbote 272 ff.
- für Anhörung des Betriebsrates 311 ff.
- gesetzliche Verbote 185, 269 ff.
- Gesundheitsprognose 1267
- Insolvenz 2316 ff.
- Kündigungsgründe 559 ff., 901
- Kündigungsschutz 864 ff.
- Kündigungsverbote 269 ff.
- Massenentlassung 1659 a
- Mutterschutz 1348, 1411 f.
- Namensliste 1168

- soziale Auswahl 1134 ff.
- Zugang der Kündigung 139 f.
- zulässige Rechtsausübung 229 ff.

Bindungsklauseln 169
Buffet-Ehepaar 180, 1342

Darlegungslast, siehe Beweislast
Dauerstellung 256 f.
Denunziation
- als Kündigungsgrund 637 f.
Diebstahl 688
Direktionsrecht 19 ff.
- Änderungskündigung 20 f., 418, 1320 f.
- Grenzen 19, 569, 572 ff.
- Kündigungsschutzklage 1830
- Rechtsschutz gegen Direktionsanordnungen 21
- Versetzung 20 ff.
Diskriminierungsverbote 186 ff.
- Darlegungs- und Beweislast 269 ff.
- Schwerbehindertenschutz 1479
Dringendes betriebliches Erfordernis siehe betriebliches Erfordernis
Drittwirkung der Grundrechte 198
Drohung des Arbeitgebers 183
Druckkündigung 695

Ehe und Familie 208
Ehegattenvertrag 180, 1342
Eheschließung
- und Kündigung siehe Zölibatsklausel
Ehrenamt
- als Kündigungsgrund 653 ff.
Ehrverletzende Behauptungen
- und Auflösungsurteil 2109
Eigengruppe 175 ff.
- Abgrenzung zur Betriebsgruppe 175
- Kündigung eines Mitglieds 178 f.
Eigenkündigung
- Anfechtung 183, 1381
- Mutterschutz 1379 ff.
Eignung, mangelnde
- als Kündigungsgrund 588 f.
Eilfall
- bei der Anhörung des Betriebsrates 373
Einarbeitung
- Weiterbeschäftigung 1001
Eingliederungsmanagement 1205 ff.
Einigungsstellen
- besonderer Kündigungsschutz 1675
Einschreiben 130, 133 ff., 1969 f.
Einstweilige Verfügung
- Unterlassung einer Kündigung 1814
- Verfahrensfragen 2285
- Verfügungsgrund 2286
- Weiterbeschäftigung des Betriebsrates 1771 ff.

983

- zur Durchsetzung des Weiterbeschäftigungsanspruchs 2285 ff.
Elternzeit 215, 1438 ff.
- Aushilfskraft, Kündigung 505
- Dauer des Kündigungsschutzes 1447 ff.
- Elterngeld 1439
- Geltendmachung der Nichtigkeit der Kündigung 1472 ff.
- Geltungsbereich 1443 ff.
- Klagefrist 1441, 1472 f.
- Kündigungsschutz 1446 ff.
- Kündigungsverbot 1440, 1442 f., 1466 f.
- Sonderkündigungsrecht des Arbeitnehmers 1474 ff.
- Teilzeitbeschäftigung bei einem anderen Arbeitgeber 1464 f.
- Teilzeitbeschäftigung beim gleichen Arbeitgeber 1454 ff.
- Teilzeitbeschäftigung ohne Elternzeit 1457 ff.
- Zulässigkeitserklärung der Kündigung 1468 ff.
Ergänzende Vertragsauslegung 144
Ersatzmitglied
- besonderer Kündigungsschutz 1676, 1684 ff., 1694
- Beteiligung im Anhörungsverfahren 294
Erweiterung des Kündigungsrechts
- im Einzelarbeitsvertrag 791
- im Tarifvertrag 789 ff.
- Eventualantrag, unechter 2107

Faktisches (fehlerhaftes) Arbeitsverhältnis 33
- Schwerbehindertenschutz 1543
- und Kündigungsschutzklage 1830
Falschaussagen zu Lasten des Arbeitgebers
- als Kündigungsgrund 619
Fehlerhafte Sozialauswahl 1132 ff., 1147 ff.
Fehlgeburt 1355
Feststellungsklage 113, 173, 1815, 1824, 1835 ff., 1939, 2032 ff., 2084 ff.
- Auslegung des Klageantrags 2027 ff.
- Grundsätze 1835 ff.
- Klagefrist 2040
- Kombination mit Kündigungsschutzklage 2032 ff.
Feststellungsinteresse 1839 ff., 2022 ff., 2085, 2194
Formerfordernisse 61 ff. siehe auch Schriftformerfordernis
- Abmahnung 8 ff.
- Kündigung 61 ff.
Fortbildung
- Weiterbeschäftigung 1001 f.
Fragerecht des Arbeitgebers 1371 ff.
Freier Mitarbeiter 836, 840
Freiheitsstrafe 700

Freistellung 25 ff.,
Frühgeburt 1353
Führerscheinentzug 698 f.

Gemeinschaftsbetrieb 855 ff.
Gerichtssprache 1885
Gesamtbetriebsrat 324
- besonderer Kündigungsschutz 1671
Gesamtvertretung
- Kündigung 107 f., 118, 809
Geschäftsführer-GmbH
- Kündigungsschutz als Schwerbehinderter 1485
Geschäftsunfähigkeit 117
Gesetzlicher Vertreter 115 ff.
Gewissensfreiheit 206
Gewissenskonflikte 206
Glaubensfreiheit 205 f.
Gleichbehandlung 186 ff., 201, 249 ff.
Gratifikation 173
Grundrechte
- allgemeines Persönlichkeitsrecht 207
- Berufsfreiheit 209
- der Koalitionsfreiheit 198
- Drittwirkung 198
- Ehe und Familie 208
- Glaubens- und Gewissensfreiheit 205 f.
- Meinungsfreiheit 203
- Verletzungen 198 ff.
Gruppenarbeitsverhältnis
- Ausscheiden eines Gruppenmitglieds 177
- Kündigung 175 ff.
- Mutterschutz 180
- Zulässigkeit der Einzelkündigung 178

Hauptfürsorgestelle siehe Integrationsamt
Haushaltseinsparungen, öffentlicher Dienst 973
Hausmeisterehepaar 176, 180
- Mutterschutz 180, 1342
Haustürwiderrufsrecht 35
Heimarbeiter
- Schwerbehindertenschutz 1485
Heimleiterehepaar 176
Hilfsantrag, uneigentlicher
- Streitwert 2211 f.
Hinweispflicht des Arbeitgebers
- Aufhebungsvertrag 39
- Kündigungsschutzklage 1380
Homosexualität
- als Kündigungsgrund 642, 1243

Inhaltskontrolle
- allgemein 131
- Aufhebungsvertrag 36
Nebenbestimmungen im Aufhebungsvertrag 36

Zahlen = Randnummern

Innerbetriebliche Kündigungsursachen 913 f.
Inseratskosten 824
Insolvenz
– Änderungskündigung 2327
– Anhörung des Betriebsrats 2311
– Bedeutung des Insolvenzrechts 2288 ff.
– Beschlussverfahren nach § 126 InsO 2324 ff.
– Betriebsänderung 2311
– Betriebsveräußerung 2343 f.
– Beweislast 2316 ff.
– Bindungswirkung 2339 ff.
– Interessenausgleich 2307 ff.
– Klagefrist 2306 ff.
– Kündigungsfrist 2297 ff.
– Kündigungsgrund 719
– Kündigungsschutz 2307 ff.
– Namensliste 2313 f.
– Regelungsbereich des § 113 InsO 2293 ff.
– Sanierung des Unternehmens 2289
– Schadensersatz 2304 f.
– Schriftform 2314
– soziale Auswahl 2319 ff., 2331 f.
– Verfahrensgegenstand 2331 f.
– Verfahrensgrundsätze 2333 ff.
Integrationsamt
– Antragsverfahren 1555 ff., 1585 ff.
– Entbehrlichkeit der Bestandkraft der Zustimmungsentscheidung 1574 ff.
– Entscheidung des Integrationsamtes 1559 ff., 1590 ff.
– Rechtsmittel gegen die Zustimmung 1563 f.
– Zustimmung 1507 ff., 1552 ff., 1578 ff.
– Zustimmungsfiktion 1595 ff.
Interessenausgleich 1157 ff.
Irrtumsanfechtung
– der Kündigung 183

Job-sharing-Vertrag
– Mutterschutz 1343
– Kündigung 177
Jugendvertreter
– besonderer Kündigungsschutz 1671, 1774
  Weiterbeschäftigung 1774 a ff.
Juristische Personen
– Kündigung 118

Kapelle
– Kündigung eines Mitgliedes 176
Kassendifferenzen 15
Kirchlicher Dienst 645
Klageänderung 1907
Klagebegründung 1880
Klagefrist siehe Kündigungsschutzklage, Klagefrist
Klagehäufung 1918

Klagerücknahme 158
Klageverzichtsvertrag 1382
Klauseln
– direktionsrechtserweiternde – 169
Kleinbetrieb 55, 237 ff., 429
– allgemeiner Kündigungsschutz 835
– Berechnung der Mindestbeschäftigtenzahl 860 ff.
Koalitionsfreiheit 198
Konkurrenztätigkeit, verbotene 663 ff.
Konkurs, – siehe Insolvenz
Kontrolleinrichtungen, Missbrauch
– als Kündigungsgrund 656
Konversion, siehe Umdeutung
Konzernbetriebsrat
– besonderer Kündigungsschutz 1671
Konzernbezogener Weiterbeschäftigungsanspruch 909 f., 998 ff.
Kostenentscheidung
– beim Auflösungsurteil 2134 ff.
Krankheit
– als Kündigungsgrund 701 f., 737, 1245 ff.
– Anzeigepflichtverletzung als Kündigungsgrund 610 ff.
Krankheitsbedingte Kündigung
– betriebliches Eingliederungsmanagement 1251
– Beweislast 1267
– dauernde Arbeitsunfähigkeit 1268 ff.
– Grundlagen 1245 ff.
– häufige Kurzerkrankungen 1254 ff.
– Interessenabwägung 1252, 1263 ff.
– Langzeiterkrankung 1272 f.
– Leistungsminderung 1271
– Lohnfortzahlung 1255 ff.
– mildere Mittel 1250, 1261 f.
– Negativprognose 1249, 1258 ff.
– Prüfungskriterien 1247 ff.
Kündigung 1 ff.
– Abgrenzung 6 ff.
– Änderungskündigung 13, 162, 528 ff., 1287 ff.
– Anfechtung 183 f.
– Anhörung des Betriebsrates, siehe Betriebsrat, Anhörung
– Aushilfsarbeitsverhältnis 498 ff.
– Anspruch auf Begründung 91 f., 538 ff.
– Ausschlussfrist 3, 534, 545, 549
– Austauschkündigungen 946 ff.
– bedingte 161 ff.
– befristetes Arbeitsverhältnis 506 ff.
– Begriff und Wesen 1 ff.
– bei zulässiger Rechtsausübung 229 ff.
– Berufsbildungsverhältnis siehe dort
– Bestimmtheit 83, 162, 526
– Beteiligung des Personalrates 213, 397 ff.
– betriebsbedingte 345 f., 745 ff.

985

Sachverzeichnis

- Betriebsrat, Anhörung, siehe dort
- Betriebsratsmitglieder 213 ff.
- Betriebsübergang 221, 961 ff., 1055 ff.
- Buffet-Ehepaar 180
- dauernde Arbeitsunfähigkeit 1268 ff.
- Dauerstellung 143, 256
- diskriminierende 202
- durch Personalleiter 99, 104
- durch Vertreter 97 ff.
- Ehegattenvertrag siehe dort
- Eigengruppe 175 ff.
- eines Kapellenmitglieds 176
- Einigungsvertrag 250
- Einschreiben 130, 133 ff.
- Elternzeit 1438
- Entgegennahme 113
- Form 2, 61 ff., 98, 110 f., 118, 151, 1431 f.
- fristlose 526 f.
- Gesamtvertretung 107, 118, 809
- Geschäftsunfähigkeit 117
- gesetzliche Verbote 2, 150, 184 ff.
- gesetzliche Vertretung 115 ff.
- Gestaltungsrecht 3
- Gleichbehandlung 249 ff.
- Grundrechtsverletzung 198 ff.
- Gruppenarbeitsverhältnis 175 ff.
- häufige Kurzerkrankungen 1245 ff., 1254
- herausgreifende 252
- im Prozess 109 ff.
- Inhalt 83 ff.
- Insolvenz siehe dort
- Interessenabwägung 252, 743 f.
- Irrtumsanfechtung 183
- Job-sharing-Vertrag 177
- juristische Personen 118
- Kampfkündigung 1358
- Konversion 404 ff.
- kraft Vollmacht 67, 98 ff.
- krankheitsbedingte 347, 1245 ff.
- Kündigungsbeschränkungen in Tarifverträgen 261 ff.
- Langzeiterkrankung 1246, 1272 f.
- Meinungsfreiheit 203
- Minderjährige 115 f.
- Mitbestimmungsrecht des Betriebsrates 389 ff.
- Mutterschutz 180, 1332 ff.
- Nichtigkeit 149, 182 ff., 269
- öffentlicher Dienst 119, 972 ff.
- ohne Vertretungsmacht 106
- Ort 120
- Potestativbedingung 162, 164
- personenbedingte 761 ff.
- Personalrat, Beteiligung 397 ff.
- politische Betätigung 203, 669 ff.
- Probearbeitsverhältnis 486 ff.
- Prozessvollmacht 109 ff.
- Rechtsfolgenirrtum 183
- Rechtsmissbrauch 245, 248
- Rücknahme 148 ff.
- Rücknahmeablehnung 154 f.
- Rücknahme im Prozess 156 ff., 1860 ff.
- Schriftform 61 ff., 98, 110 f., 524
- Schwerbehinderte 202
- Sexualverhalten 207, 227
- Sittenwidrigkeit 223 ff.
- Sozialauswahl 237 ff., 783, 1021 ff.
- Sozialwidrigkeit 95, 225, 880 ff.
- Sprecherausschüsse, Beteiligung 393 ff.
- Teilkündigung 166 ff.
- Treu und Glauben 72 ff., 121
- Übergang eines Betriebsteils 221
- Umdeutung 404 ff.
- Umdeutung in Anfechtung 416
- und Passivvertretung 118
- ungehörige 241 ff.
- Unterschrift 64 ff., 111
- Unwirksamkeit 149 f., 182 ff.
- Verdachtskündigung 244, 703 ff.
- verhaltensbedingte 349, 526, 558, 565 ff., 816 ff.
- Verhinderung einer – durch einstweilige Verfügung 1814
- Verkehrssitte 83
- Verstoß gegen betriebsverfassungsrechtliche Verbote 213 f.
- vertragliche Beschränkungen 255 ff.
- Vertretung beim Kündigungsempfang 107 f.
- Verwirkung des Rechts zur – 121
- Verzicht durch Abmahnung 8
- Vollmachtsurkunde 99 ff.
- vor Dienstantritt 141 ff.
- vorsorgliche 165
- wegen einer Eheschließung 208
- Widerspruchsrecht des Betriebsrates 512 ff., 988 ff.
- willkürliche 246 ff.
- Zeit 120
- Zugang während des Prozesses 109 ff.
- Zugang, allgemein 122 ff.
- zulässige Rechtsausübung 229 ff.

Kündigung, außerordentliche 86, 90 f., 522 ff.
- Abmahnung 558
- absolute Kündigungsgründe 547
- Abwerbung 623 f.
- Alkohol 625 ff.
- Änderungskündigung 528 ff.
- Angleichung mit ordentlicher Kündigung 766 ff.
- Anhörung des Arbeitnehmers 536 f.
- Anzeige gegen Arbeitgeber 632 ff.
- Anzeigen gegen Arbeitnehmer 637 ff.
- Anzeige- und Nachweispflichten 610 ff.
- Arbeitsschutz 726

Zahlen = Randnummern

- Arbeitsunfähigkeit 595, 610 ff., 655
- Arbeitsverweigerung 206, 560 ff., 570 ff.
- Arbeitszeitbetrug 581
- Auslauffrist 526, 768 ff., 784 ff.
- Ausschlussfrist 534, 545, 549, 720, 794 ff.
- Außerdienstliches Verhalten 639 ff.
- außerordentlich befristete 526
- Bedrohung eines Vorgesetzten 652
- befristetes Arbeitsverhältnis 510, 524
- Begriff 524 ff.
- Begründungspflicht 538 ff.
- beharrliche Arbeitsverweigerung 560 ff., 570 ff.
- Beleidigung 648 ff., 727
- Berufsbildungsverhältnis siehe dort
- besonderer Kündigungsschutz 1665, 1667, 1706 f., 1725 ff.
- Bestimmtheit 526
- Betriebliche Ordnung 651 ff.
- betriebsbedingte 715 ff., 745 ff.
- Betriebsratsanhörung 277 ff., 535, 544
- Betriebsstilllegung 717 f.
- Betriebsveräußerung 717 f.
- Betriebszugehörigkeit 555
- Betrug 688
- Beweislast 559 ff.
- Brand des Betriebes 718
- Diebstahl 688
- Drogensucht 625 ff.
- Druckkündigung 695
- Ehrenämter 653 ff.
- Eigengruppe 175 ff.
- Eignungsmangel 696 f.
- Eindeutigkeit 86, 526
- Erschwerung 789 ff.
- Erweiterung des Kündigungsrechts 791 f.
- Form und Inhalt 524
- Fortfall der Arbeitserlaubnis 1236 f.
- Freiheitsstrafe 700
- fristlose 526
- Führerscheinentzug 698 f.
- gewerkschaftliche Betätigung 669 ff.
- Gewissenskonflikt 734 f.
- Gleichbehandlung 186 ff., 201
- Grundlagen 524 ff.
- Grundrechte 200
- Gruppenarbeitsverhältnis 175 ff.
- Insolvenz 523, 719
- Interessenabwägung 528, 546 f., 555, 688, 743 f.
- Internet 191, 602, 674 ff.
- Konkurrenztätigkeit, verbotene 663 ff.
- Kontrolleinrichtungen, Missbrauch von 656
- Krankheit 701 f., 737
- Krankheit und Anzeigepflichtverletzung 610 ff.
- Kündigungsberechtigung 808 ff.
- Kündigungsbeschränkung 255, 261, 789 ff.
- Kündigungsgrund 90, 538 ff., 565 ff.
- Kündigungsschutzgesetz 2060 ff.
- milderes Mittel 553 f.
- Nachschieben von Kündigungsgründen 541 ff.
- Nebenbeschäftigung 663 ff.
- Notarbeiten 582
- parteipolitische Betätigung 669 ff.
- Personalrat, Beteiligung 402
- personenbedingte 694 ff., 732 ff., 761 ff.
- politische Betätigung 669 ff.
- Privatkommunikation 674 f.
- Probearbeitsverhältnis 497
- Prognoseprinzip 551
- Rauchverbot 681
- religiöse Betätigung 669 ff.
- revisionsrechtlicher Prüfungsmaßstab 884
- rückwirkende fristlose Kündigung 527
- Schadensersatz 540, 815 ff.
- Schlechtleistung 596 ff.
- Schmiergeldannahme 682 ff.
- Schriftform 524
- Schwerbehinderter 1578 ff.
- Sexuelle Belästigungen 646 f.
- Sonderkündigungsrecht 523
- Sonntagsarbeit 583
- soziale Rechtfertigung 548
- Spesenbetrug 685 f.
- Sprecherausschuss, Beteiligung 396
- Stempeluhren 581, 656
- strafbare Handlungen 687 ff.
- Streik 584 ff.
- Tätlichkeiten 648 ff.
- Treuepflicht, Verstoß gegen 682 ff.
- Trunkenheit am Steuer 627
- Überschreitung von Befugnissen 662
- Überstundenverweigerung 587 f.
- ultima-ratio-Prinzip 553 f.
- Umdeutung 404 ff.
- Umdeutung in Angebot zum Aufhebungsvertrag 415
- Umdeutung in ordentliche Kündigung 410 ff., 2133
- Unentschuldigtes Fehlen 589 f.
- Unkündbarkeit 526, 528, 546, 555, 738 ff.
- Unpünktlichkeit 591
- Unterschlagung 688
- Untersuchungshaft 700
- Untreue 688
- Urlaubsantritt, eigenmächtiger 592 f.
- Urlaubsüberschreitung 594
- Verdachtskündigung 703 ff.
- verhaltensbedingte 526, 558, 565 ff., 816 ff.
- Verhältnismäßigkeit 553 f.

Sachverzeichnis

- Verhältnis zum KSchG 2060 ff.
- Verrat von Betriebs- und Geschäftsgeheimnissen 693
- Verschwiegenheitspflicht 693
- Versetzung 554
- Verstoß gegen die betriebliche Ordnung 651 ff.
- Vertragstreue 548, 554
- Vertragsverletzungen des Arbeitgebers 722 ff.
- Vertragsverletzungen des Arbeitnehmers 565 ff.
- Vortäuschung der Arbeitsunfähigkeit 595
- vor Dienstantritt 147
- wichtiger Grund 522 ff., 546 ff., 741 ff. 1731 ff.
- Wiederholungsgefahr 744
- wilder Streik 585
- Zumutbarkeit der Weiterbeschäftigung 526, 528, 546, 555

Kündigung, ordentliche 87, 420 ff.
- Abgrenzung 87
- befristeter Arbeitsvertrag 54, 507 ff.
- betriebsbedingte Gründe, siehe dort
- Geltungsbereich des § 622 BGB 491 ff.
- Gleichbehandlung 186 ff., 201
- Grundrechte 200
- Krankheit 1245 ff.
- Kündigungsfristen siehe dort
- Kündigungsschutzprozess 1820 ff.
- Personalrat, Beteiligung 398 ff.
- personenbedingte Gründe, siehe dort
- Schlechtleistung 596 ff.
- soziale Auswahl, siehe dort
- soziale Rechtfertigung 179, 548
- Sprecherausschuss, Beteiligung 393 ff.
- tarifliches Kündigungsverbot 263
- Umdeutung in außerordentliche Kündigung 404 ff.
- verhaltensbedingte Gründe, siehe dort
- Verwirkung des Rechts zur 121
- Weiterbeschäftigungsanspruch 2233

Kündigungsbeschränkungen
- allgemeine 219 f., 222
- anlassbezogene gesetzliche 221
- außerordentliche Kündigung 789 ff.
- befristetes Arbeitsverhältnis 258 f.
- Gleichbehandlung 249 ff.
- in Tarifverträgen 261 ff.
- Maßregelungsverbot 229 ff.
- Sittenwidrigkeit 223 ff.
- statusbezogene 213 ff.
- Treu und Glauben 233 ff.
- vertragliche 255 ff.

Kündigungserklärung
- Ablehnung der Rücknahme der Kündigung 154 f.
- abstrakte Möglichkeit der Kenntnisnahme 126
- Angabe des Kündigungsgrundes 88 ff., 246
- Anscheinsbeweis des Zugangs 125 ff.
- Berufung auf Befristung als Kündigungserklärung 85
- Bestimmtheit 83, 526
- Durchbrechung der Formnichtigkeit 72 ff.
- Eigenkündigung des Arbeitnehmers 76 ff., 183
- Erreichung des Formzwecks 79
- Form 61 ff.
- Fürsorgepflicht des Arbeitgebers 80
- Inhalt 61 ff., 83 ff.
- Kenntnis von der Formbedürftigkeit 73 ff.
- Mängel der – 183 ff.
- Mitteilungspflicht des Arbeitgebers 91 ff.
- Nachschieben von Kündigungsgründen 93, 95 f., 541 ff.
- Nachweis des Zuganges 139 f.
- qualifizierte Schriftformklausel 93
- Rechtsfolge bei Formverstoß 70 f.
- Tarifvertrag 93
- Treu und Glauben 72 ff., 76 ff.
- Übermittlungsrisiko 125 ff.
- Umdeutung 71, 404 ff.
- Umdeutung in Anfechtungserklärung 416
- Verbot widersprüchlichen Verhaltens 76 ff.
- Wirksamkeit 95, 122 ff.
- Zugang als Einschreiben 130, 133 ff.
- Zugang bei Massenkündigungen 136
- Zugang bei Übergabe an Vermieter 134
- Zugang beim Prozessbevollmächtigten 109 ff.
- Zugang 83, 122 ff.
- Zugang unter Anwesenden 123
- Zugang unter Abwesenden 125 ff.
- Zugang während des Urlaubs 127
- Zugangsvereitelung 137 ff.

Kündigungsfrist 422 ff.
- Abfindung bei Ablauf 1186
- Altverträge 445 ff.
- Angestellte 422, 472 ff.
- Arbeiter 422, 472 ff.
- arbeitnehmerähnliche Person 429
- außerordentliche Änderungskündigung 528 ff.
- außerordentliche befristete Kündigung 526
- Aushilfstätigkeit 432, 441, 449, 486 ff.
- Auslaufsfrist 526
- Ausschlussfrist bei außerordentlicher Kündigung 534, 545, 549
- bei bedingter Kündigung 162
- bei Kündigung vor Dienstantritt 144
- Berechnung 436 ff.
- Berufsbildungsverhältnis 434, 522
- Betriebsvereinbarung 461

Zahlen = Randnummern

- Bezugnahme auf Tarifvertrag 432, 441, 450, 466 ff.
- einzelvertragliche Vereinbarung 452 ff., 466 ff.
- fristlose Kündigung 526
- geringfügig Beschäftigte 429
- Gleichbehandlung 472 ff.
- Gleichbehandlungsabrede 458
- Grundkündigungsfrist 437, 441 ff., 461
- Günstigkeitsvergleich 505, 471
- Haushaltshilfe 429
- Heimarbeiter 433
- Heuerverhältnis 433
- im Tarifvertrag 144, 526
- Insolvenz 431, 2297 ff.
- Kleinunternehmen 411, 451
- Kündigungsberechtigter 808 ff.
- Leiharbeiter 432
- Neuregelung des § 622 BGB 422 ff.
- ordentliche Kündigung 526
- Organmitglieder 430
- Potestativbedingung 162
- Probearbeitsverhältnis 411, 486 ff.
- Schwerbehinderter 1547 ff.
- Sonderregelungen 431 ff.
- strafbare Handlungen 687 ff.
- tarifvertragliche Regelungen 432, 460 ff., 526
- Teilkündigung 173
- Teilzeitbeschäftigte 429
- Übergangsregelung 435
- Unabdingbarkeit 441 ff.
- Unkündbarkeit 526, 528, 546, 556 f., 738 ff.
- unwirksame Kündigung 2081 ff.
- Urlaubsantritt, eigenmächtiger 592 f.
- Verkürzung, 448 ff.
- Verlängerung 505, 452 ff.

Kündigungsgründe
- absolute 547
- absolute Sozialwidrigkeitsgründe 880 ff., 986
- Angabe 88 ff.
- Anspruch auf Bekanntgabe 91 f.
- außer- und innerbetriebliche 902, 913 ff.
- Auswechslung 545
- Dreiteilung 552, 884, 896 ff.
- Entschuldigungsgründe 560 ff.
- Formvorschriften 93 f.
- für außerordentliche Kündigung siehe Kündigung, außerordentliche
- für ordentliche Kündigung 904 ff.
- Mischtatbestände 896 ff.
- Mitteilung an Betriebsrat 335 ff.
- Mitteilung an Sprecherausschuss 394
- Nachschieben von Kündigungsgründen 95 f., 541 ff.

- nachträglicher Wegfall 1010 ff.
- Rechtfertigungsgründe 560 ff.
- Schadensersatz 90
- Verzicht 153

Kündigungsschutz, allgemeiner
- Abfindungspflicht 831
- Änderungskündigung 1287 ff.
- Arbeitnehmer 836 ff.
- arbeitnehmerähnliche Person 840
- Ausgleichsquittung 1285 f.
- Beschäftigungsanspruch 831 ff.
- betriebs- und unternehmensbezogener Geltungsbereich 852 ff.
- Betriebsleiter 841 ff.
- Darlegungs- und Beweislast 864
- Dispositionsmöglichkeit 266, 833
- Gemeinschaftsbetrieb 855 ff.
- Geschäftsführer 841 ff.
- Insolvenz 2307 ff.
- Klagefrist 829
- Kleinunternehmen 835, 858 ff.
- kollektives Element 828
- leitende Angestellte 841 ff.
- Mindestbeschäftigtenzahl 858 ff.
- nachträgliche Rechtswirksamkeitskontrolle 830
- Organvertreter 842, 848
- persönlicher Geltungsbereich 836 ff.
- präventiver 212, 277 ff.
- Rationalisierungsschutzabkommen 756, 833
- Schwellenwert 852 ff.
- Schwellenwert, Übergangsregelung 861
- Sozialauswahl 1021 ff.
- Sozialwidrigkeit der Kündigung 828 ff., 880 ff.
- Teilkündigung 167
- Treu und Glauben 233 ff., 867
- Umgehung 167
- Verzicht 834, 1285 f.
- Voraussetzungen 835
- Wartezeit 833, 866 ff.

Kündigungsschutz, besonderer 213 ff., 1332 ff.
- Abgeordnete 213, 216
- Änderungskündigung, ordentliche 1697 f.
- Arbeitsgericht, Ersetzung der Zustimmung durch das 1752, 1756 ff.
- Ausgleichsquittung 1285 f.
- Auszubildende 1774 ff.
- Auszubildendenvertretung 1671
- Benachteiligungsverbote 216 ff.
- Bergmannsversorgungsschein 215, 1794 ff.
- Betriebsobmann 1745
- Betriebsrat 213, 216
- betriebsratloser Betrieb 1690
- Betriebsstilllegung 1700 ff.

989

Sachverzeichnis

- Elternzeit 1438 ff.
- Ersatzmitglieder, Betriebsrat 1676, 1684 ff., 1694
- Gesamtbetriebsrat 1671
- im Rahmen der Betriebsverfassung 1664 ff.
- Jugend- und Auszubildendenvertretung 1671, 1745
- Klagefrist 1441, 1722
- Konzernbetriebsrat 1671
- Kündigungsfrist 1706, 1751 ff.
- Massenentlassungen 1635 ff.
- Maßregelungsverbot 229 ff.
- Mutterschutz 421, 513, 1334 ff.
- nachwirkender Kündigungsschutz 1692 ff.
- Parlamentarier 213
- Pflegezeit 1611 ff., 1629 ff.
- Schlichtungsstellen, betriebliche 1675
- Schriftformerfordernis 1332
- Schwerbehinderte 213, 421, 513, 1478 ff.
- statusbezogener 213 ff.
- Systematik 213 ff.
- Verfahrensmängel 1749
- Vertrauensleute 213, 1677 f.
- Vertrauensmann der Schwerbehinderten 1677
- Wahlbewerber 1673, 1687 ff., 1695
- Wahlvorstand 1673, 1686, 1695
- Wehrdienst 214, 1012, 1797 ff.
- wichtiger Grund 1731 ff.
- Wirtschaftsausschuss 1675
- Zeitpunkt der Zustimmung des Betriebsrates 1750
- Zivildienstleistende 214, 1797 ff.
- Zustimmung des Betriebsrates 1740 ff.

Kündigungsschutz, betriebsverfassungsrechtlicher
- Alliierte Streitkräfte 1672
- Amtsausübung 1771 ff.
- Änderungskündigung 1697 f., 1733, 1737 ff.
- Ausgleichsquittung 1597
- außerordentliche Kündigung 1664, 1667, 1706 f., 1725 ff.
- Bedeutung 1664 ff.
- Beginn und Ende 1681 ff.
- Beschäftigungsanspruch 1771 ff.
- Betriebsobmann 1745
- Betriebsratsmitglieder 1671, 1680, 1744
- Betriebsstilllegung 1700 ff.
- Ersatzmitglieder 1676, 1684 ff., 1694
- Gesamtbetriebsrat 1671
- Jugend- und Ausbildungsvertretung 1671, 1745
- Klagefrist 1722
- Kündigungsfrist 1706, 1733, 1751 ff.
- Kündigungsschutzverfahren 1767 ff.
- Nachwirkung 1692 ff.
- ordentliche Kündigung 1696 ff.

- personeller Geltungsbereich 1671 ff.
- Präklusionswirkung 1762, 1770
- Schlichtungsstelle 1675
- Stilllegung einer Betriebsabteilung 1709 ff.
- tarifrechtliche Unkündbarkeit 1721
- Tendenzbetrieb 1679 f., 1728
- Ultima-Ratio-Prinzip 1718
- Verfahrensrecht 1788 ff.
- Vertrauensperson 1677 f.
- Weiterbeschäftigungsanspruch 1723
- wichtiger Grund 1731 ff.
- Wirtschaftsausschuss 1675
- Zustimmung des Betriebsrats 1664 ff., 1692 ff., 1725 ff., 1740 ff.

Kündigungsschutzgesetz, Verhältnis zu sonstigen Kündigungen 2058 ff.
- außerordentliche Kündigung 2060 ff.
- Darlegungs- und Beweislast 864
- Feststellungsklage 2084 ff.
- Geltungsbereich des § 13 Abs. 1 KSchG 2063 ff.
- Klagefrist 2063 ff.
- ordentliche Kündigung 420
- Streitgegenstand, Präklusion 2067 f.
- sittenwidrige Kündigung 2077 ff.
- Treu und Glauben 233
- Umdeutung der außerordentlichen Kündigung im Prozess 2069 ff.
- unwirksame Kündigung 2081 ff.

Kündigungsschutzklage
- Abfindung 158
- Änderungskündigung 2175 ff.
- Anfechtung 1826
- Annahmeverzug 1868 ff.
- Arbeitsunfähigkeit während des Prozesses 1869 ff.
- Auflösung des Arbeitsverhältnisses 159
- außerordentliche Kündigung 1818, 1820 ff.
- Aussetzung des Verfahrens 1879
- befristeter Arbeitsvertrag 1824 f.
- Berufsausbildungsverhältnis 1827 ff.
- eines Schwerbehinderten 1523 ff.
- Einfluss auf Verjährung 1844
- Einverständnis zur Fortsetzung des Arbeitsverhältnisses 151 f.
- „et-et-Fall" 1818
- Feststellungsinteresse 1839 ff., 2022 ff., 2085
- Feststellungsklage 1815, 1824, 1835 ff., 1939, 2032 ff., 2084 ff.
- Formerfordernisse 2022 ff.
- formlose Abgabe der Klage 1904 f.
- fristgebundene 1810 ff.
- Geltungsbereich des § 4 KSchG 1815 ff.
- Gerichtssprache 1885
- Hinweispflicht des Arbeitgebers 1380
- Klage vor dem Arbeitsgericht 2022 ff.
- Klageänderung 1907

Zahlen = Randnummern

- Klagebegründung 1880
- Klagefrist 1908 ff.
- Klagehäufung 1896, 1918
- Klagerücknahme 158 f.
- Kombination mit allgemeiner Feststellungsklage 2022 ff.
- Massensachen 1884
- mündliche Kündigung 1910
- nachträgliche Zulassung 1948 ff.
- ordentliche Kündigung 1820 ff.
- Parteien, Arbeitgeber und Arbeitnehmer 1886 ff.
- Präklusionsprinzip 2041 ff.
- Rechtsweg 1815 ff.
- Rücknahme der Kündigung 148 ff., 156 ff., 1860 ff.
- Rücknahme der Kündigungsschutzklage 1841
- Schriftformerfordernis 1819
- „sic-non-Fall" 1816, 1818
- sittenwidrige Kündigung 223 ff., 2077 ff.
- Streitgegenstand 2014 ff.
- Streitwert 2202 ff.
- Trotzkündigung 2046
- uneigentlicher Hilfsantrag 2211 f.
- Unterschrift des Klägers 1882
- Verdachtskündigung 2046
- Vertragsstrafe 1946 f.
- Wiedereinsetzung in den vorigen Stand 128, 794
- Wirkung 1844 ff.
- Zahlungsklage 1844
- Zuständiges Gericht 1902 ff.

Kündigungsschutzklage, Klagefrist 1908 ff.
- allgemein 110, 132, 829
- Änderungskündigung, außerordentliche 1821
- Anfechtung des Arbeitsverhältnisses 1826
- Annahmeverzug 1870
- Ausschlussfristen 1845 ff.
- außerordentliche Kündigung 1818, 1820 ff.
- befristeter Arbeitsvertrag 1824 f., 2066
- Berufsausbildungsverhältnis 1827 ff.
- Beweislast 1912
- Direktionsrecht des Arbeitgebers 1830
- Einschreibesendungen 1969 f.
- faktisches Arbeitsverhältnis 1830
- Fristbeginn nach § 4 Satz 4 KSchG 1923 ff.
- Fristversäumnis 1944 ff.
- Fristversäumnis wegen Krankheit 1961 f.
- Geltendmachung der Sozialwidrigkeit der Kündigung 1929 ff.
- Geltendmachung von Urlaubsabgeltungsansprüchen 1858 ff.
- Geltungsbereich des § 4 KSchG 1815 ff.
- gesetzliches Verbot 184 ff.
- Insolvenz 2306 ff.
- Kündigungseinspruch 1812 f.
- Kündigungsschutzgesetz 2063 ff.
- Kündigungszugang während des Urlaubs 1967, 1980
- mündliche Kündigung 1910
- nachträgliche Zulassung 1948 ff.
- ordentliche Kündigung 1820 ff.
- Postlaufzeiten 1968
- Rechtsnatur der Klagefrist 1919 ff.
- Unkenntnis der Klagefrist 1981
- Unwirksamkeitsgründe 1831 ff., 1924, 1930 ff.
- Vergleichsverhandlung 1916
- verlängerte Anrufungsfrist 1929 ff.
- Verschulden des Prozessbevollmächtigten 1971 ff.
- Verwirkung der gerichtlichen Geltendmachung 1925 f.
- Verzögerungen der Klagezustellung 1914 f.
- Widerruf, vorbehaltener 1830
- Zugang der Kündigung 1908
- Zulassung verspäteter Klagen 1948 ff.
- Zulassung verspäteter Klagen, Bindungswirkung 2010 f.
- Zustellung 1913 ff.

Kündigungsschutzprozess 1810 ff.
- Änderungskündigung 1302 ff., 2175 ff.
- Anerkennung des Klageanspruchs 160
- Arbeitsunfähigkeit des Arbeitnehmers 1869 ff.
- Auflösung des alten Arbeitsverhältnisses 2048 ff.
- Auflösungsantrag 158, 2113 ff.
- Auflösungsurteil 2087 ff.
- Aussetzung des Verfahrens 1879
- Beschäftigungsanspruch 831 ff.
- Betriebsnachfolge, Klagegegner bei 1895 f.
- Darlegungs- und Beweislast 185, 1134 ff.
- Forderungsübergang auf den Erben 1900
- Fortsetzung des bisherigen Arbeitsverhältnisses 2053 ff.
- Kündigung während des Prozesses 109 ff.
- Kündigungseinspruch 1812 f.
- Kündigungsschutzklage, fristgebundene 1810 ff.
- Nachschieben von Kündigungsgründen 95 f.
- Parteien 1886 ff.
- richterliches Fragerecht 156, 158
- Rücknahme der Kündigung 156 ff., 1860
- Streitgegenstand 112, 2014 ff.
- und leitende Angestellte 286
- Unwirksamkeitsgründe 1831 ff., 1930 ff.
- Verjährung von Lohnansprüchen 1845
- Verwirkung der gerichtlichen Geltendmachung 1925 f.

Sachverzeichnis

- Wahlrecht des Arbeitnehmers zwischen altem und neuem Arbeitsverhältnis 2048 ff.
- Weiterarbeit während des Prozesses 1874 ff.
- Weiterbeschäftigungsanspruch 2216 ff.
- Zuordnungsverfahren gemäß § 18a BetrVG 1972 395

Kurzarbeit 888, 942, 1004 f.
- und Schwerbehindertenschutz 1546

Lebensalter 1083 f.
Lebensstellung 256 f., 759
Leidensgerechter Arbeitsplatz 1205
Leiharbeitnehmer 432, 947, 991, 1007, 1037, 1045
Leitende Angestellte
- Anhörungsrecht des Betriebsrates 286
- Auflösungsurteil 2122
- Beteiligung von Sprecherausschüssen 393 ff.
- Offenbarungspflicht 568
- Zuordnungsverfahren gemäß § 18a BetrVG 1972, 395

Lohnbetrug
- als Kündigungsgrund 685 f.

Lohnfortzahlungsanspruch
- bei Rücknahme der Kündigung nach Klageerhebung 157

Lohnpfändungen
- als Kündigungsgrund 658 f.

Loyalitätspflichten 639 ff.

Massenentlassungen
- Änderungskündigung 1332
- Mutterschutz 1358
- Stellungnahme des Betriebsrates bei – 372
- Zugang der Kündigung 136

Massenentlassungen, Kündigungsschutz
- Anzeigepflicht des Arbeitgebers 1637 ff.
- Aufhebungsvertrag 1641
- Beendigung des Arbeitsverhältnisses 1662 ff.
- Beteiligung des Betriebsrates 1646 ff.
- Betriebsstilllegung 1639
- Beweislast 1659 a
- Form und Inhalt der Anzeige 1653 ff.
- Freifrist 1664
- Konzernregelung 1658
- Kündigung nach erfolgter Anzeige 1662 ff.
- Kündigungsschutzklage 1660
- Rechtsfolgen bei unterlassener Anzeige 1659, 1660
- Sperrfrist 1659, 1661

Maßregelungsverbote 229 ff.
Meinungsfreiheit 203, 204
Melkerehepaar
- Mutterschutz 1342

Minderjährige 115 f.
Mindestbeschäftigtenzahl 858 ff.
Mindestkündigungsfristen 422, 491 ff.

Mischtatbestände 896 ff.
Mitbestimmungsrecht
- Abmahnung 9
- Betriebsbuße 18
- Erweiterung durch Betriebsvereinbarung 389 ff.

Mobbing 647
Montagearbeiter 283
Musikkapelle 176
Mündliche Kündigung 1910
Mutterschutz 215, 1334 ff.
- Änderungskündigung 1359
- Anfechtung des Arbeitsvertrages 1368 ff.
- Annahmeverzug 1361
- Aufhebungsvertrag 1375 ff.
- auflösende Bedingung 1378
- außerordentliche Kündigung 1358
- befristeter Arbeitsvertrag 1374, 1376 ff., 1376 ff.
- Benachrichtigung der Aufsichtsbehörde 1436
- Beschäftigte im Familienhaushalt 1339
- Beschäftigungsverbote, mutterschutzrechtliche 1364, 1373 f.,
- Betriebsübergang 1388, 1397
- Beweislast 1348, 1411 f.
- Diskriminierungsschutz 1373 ff.
- Ehegattenarbeitsverträge 180, 1342
- EG-Richtlinie 1336, 1372 ff.
- Eigenkündigung 183, 1379 ff.
- Entbindung 1350 ff.
- Fehlgeburt 1355
- Feststellung der Schwangerschaft 1345 ff.
- Fragerecht des Arbeitgebers 1371 ff.
- Frühgeburt 1353
- Geltungsbereich des Kündigungsverbotes 1339 ff.
- Geschäftsführer-GmbH 1341 f.
- Hausangestellte 1339
- Insolvenz 1358
- Job-Sharing 1343
- Kampfkündigung 1358
- Kenntnis des Arbeitgebers von der Schwangerschaft oder der Entbindung 1383 ff.
- Klagefrist 1415 ff.
- Kündigung vor Dienstantritt 1340, 1357
- Massenentlassung 1358
- Mitteilung der Schwangerschaft 1393 ff.
- Mitteilungsfrist 1334, 1399 ff.
- Nachtarbeit 1366
- Nachweis der Kenntnis von der Schwangerschaft 1391 f.
- Nachweis der Schwangerschaft 1410 f.
- nichtiger Arbeitsvertrag 1363 f.
- Nichtverlängerungsanzeige 1360
- Rechtsfolgen 1413 ff.

Zahlen = Randnummern

- Rechtsmissbrauch 1351
- Schwangerschaftsabbruch 1356
- Sonderkündigungsrecht 1437
- Sozialauswahl 1064
- Totgeburt 1354
- Umsetzung 1365
- Verzicht 1382
- Voraussetzungen 1344 ff.
- Werksarzt 1386
- Weiterbeschäftigung nach Kündigung 1414
- Zulässigkeitserklärung nach § 9 Abs. 3 MuSchG 1416 ff.

Nachporto
- Zugang 125

Nachschieben von Kündigungsgründen 95 f.
- bei der Begründung der außerordentlichen Kündigung 541 ff.
- verwirkte Kündigungsgründe 545

Nachträgliche Zulassung der Kündigungsschutzklage 1948 ff.
- Antragsfrist 1988 ff., 1993 ff.
- Antragsinhalt 1989 ff.
- Bindungswirkung 2010 f.
- Einzelfälle 1953 ff.
- erstinstanzliche Entscheidung 2137 ff.
- Grundsatz 1948 ff.
- Krankheit 1961 f.
- Rechtsmittel 2006 ff.
- Sonderfall: Schwangerschaft 1985
- Verfahren 1988 ff.
- Voraussetzungen 1952 ff.
- zuständiges Gericht 1988

Nachwirkung
- des Kündigungsschutzes 1692 ff.

Namensliste 1154 ff.
- Änderungskündigung 1154
- Betriebsrat, Beteiligung 1162
- Betriebsänderung 1156
- Beweislast 1168
- einbezogene Personen 1156
- Interessenausgleich 1157 ff.
- Mitteilungspflicht 1169
- Prüfungsmaßstab 1170
- Rechtsfolgen 1166
- Schriftformerfordernis 1160
- Sozialplan 1157e ff.
- Vermutung für dringendes betriebliches Erfordernis 1167 ff.

Nebenbeschäftigung
- als Kündigungsgrund 663 ff.

Negativattest 1568

Negativprognose
- personenbedingte Kündigung 1224 ff., 1233 ff., 1258 ff.
- verhaltensbedingte Kündigung 565, 578, 892, 1197, 1203 ff., 1209

Nichtfortsetzungserklärung nach § 12 Satz 1 KSchG 23 f.
- Ausschlussfrist 23
- außerordentliches Kündigungsrecht 23
- Mutterschutz 1360
- Schriftform 23
- Umdeutung 23 f.

Nichtigkeit
- des Arbeitsvertrages 57 ff., 1363 ff.
- der Kündigung 182 ff., 269

Offenbarungspflicht 567 f.

Öffentlicher Dienst 204
- Beteiligung des Personalrates 397 ff.
- betriebsbedingte Kündigung 972 ff.

Organmitglieder
- Kündigungsfristen 430

Pactum de non petendo 1363

Parteien des Kündigungsschutzprozesses 1886 ff.

Parteipolitische Betätigung
- als Kündigungsgrund 669 ff.

Passivvertretung
- bei Kündigung 118

Personalrat
- Beteiligung bei Änderungskündigung 2179
- Beteiligung bei außerordentlicher Kündigung 402 ff.
- Beteiligung bei Kündigungen 213, 397 ff.
- Beratungsrecht bei ordentlicher Kündigung 398 ff.

Personalstruktur, ausgewogene 1124 ff.

Personenbedingte Kündigung 694 ff., 1217 ff.
- Abgrenzung zu verhaltensbedingter Kündigung 1218
- Änderungskündigung 1331
- Alkoholsucht 625 ff., 1233
- Alter 1235
- Arbeitserlaubnis 1236 f.
- Beschäftigungsverbot 1236 f.
- Druckkündigung 695
- Ehrenamt 1238
- Eignungsmangel 696 f., 1240
- Entzug der Fahrerlaubnis 698 f., 1242
- Freiheitsstrafe 700
- Gewissenskonflikte 734 f.
- Gleichbehandlung 249
- Homosexualität 642, 1243
- Interessenabwägung 700, 1217, 1229 ff.
- krankheitsbedingte Kündigung 701 f., 737, 762 f., 1245 ff.
- mildere Mittel 1228
- Negativprognose 1224 ff., 1233 ff.
- Prüfungskriterien 1222 ff.
- Qualifikationsmängel, fachliche 1243
- Sicherheitsbedenken 697, 1240

993

Sachverzeichnis

- Sittlichkeitsdelikte 697, 1242
- soziale Rechtfertigung 1217 ff.
- Strafhaft 700
- Straftaten, außerdienstliche 697, 1242
- studentische Hilfskräfte 1241
- tendenzwidriges Verhalten 697, 1242
- Transsexualität 1243
- unkündbare Arbeitnehmer 761 ff.
- Untersuchungshaft 700
- Verdachtskündigung 703 ff.
- verfassungsfeindliche Betätigung 1242
- Vermögensdelikte 1242
- Wehrdienst 1239
- Wiedereinstellungsanspruch 1224 ff.

Pflegezeit 1611 ff.
- Familienpflegezeit 1634a ff.
- Geltungsbereich 1615 ff.
- Höchstdauer 1627 f.
- Klagefrist 1634
- Kündigungsschutz 1611 ff., besonderer 1629 ff.
- Minderjährigenbetreuung 1628a
- Pflegebedürftigkeit 1619 ff.
- Sterbebegleitung 1628b
- Voraussetzungen 1618 ff.
- Wartezeit 1613
- Zulässigkeitserklärung der Kündigung 1633

Politische Betätigung 203, 669 ff.
Postlaufzeiten 1968
Potestativbedingung 162, 164
Präklusionsprinzip 2014 ff., 2041 ff., 2067 f.
Probearbeitsverhältnis
- Anhörung des Personalrates 397 ff.
- Befristung 525
- Beweislast 526
- Erprobungszweck 422
- tarifvertragliche Regelungen 494 f.

Probezeit
- Anhörung des Betriebsrates bei Kündigung 379 ff.
- Kündigung, Beteiligung des Personalrates 402 f.

Prognoseprinzip 551, 931
Prozessbevollmächtigter
- und Kündigung 109 ff.
- Verschulden 1971 ff.
Prozessverwirkung 2081, 2086
Punkteschema 1101

Qualifikation des Arbeitnehmers 1106
Qualifikationsmängel, fachliche
- als Kündigungsgrund 696 f.
Qualifikationsstruktur 1131

Rationalisierung
- betriebsbedingte Kündigung 978 ff.

Rationalisierungsschutzabkommen 262, 266, 833
Rauchverbot
- Verstoß gegen – als Kündigungsgrund 681
Rechtsirrtum 183
Rechtsmissbrauch
- bei Anwendung einer Ausschlussfrist 812
Rechtsweg 1816 ff.
religiöse Anschauungen 205 f.
Revisionsrechtlicher Prüfungsmaßstab 884
Rücknahme der Kündigung 148 ff.
- bei Unwirksamkeit der Kündigung 150, 157
- durch Vertrag 151 f.
- nach Klageerhebung 156 ff.
- vor Klageerhebung 139 f.
Rücktritt 60
- Umdeutung 60
Ruhendes Arbeitsverhältnis 25 ff., 1341

Sachlicher Grund
- Gleichbehandlung 253
- Teilkündigung 170, 173
Schadensersatz
- außerordentliche Kündigung 540, 815 ff.
- bei Kündigung durch den Insolvenzverwalter 2304 f.
- nach Auflösung des Arbeitsverhältnisses 815 ff.
- nach Druckkündigung 970 f.
Schadensersatzpflicht
- nach außerordentlicher Kündigung 540, 815 ff.
- nach öffentlicher Bekanntgabe der außerordentlichen Kündigung 815, 827
Schlechtleistung 596 ff.
Schlichtungsstellen, betriebliche 1675
Schmiergeldannahme
- als Kündigungsgrund 682 ff.
Schriftformerfordernis
- Änderungskündigung 1289 ff.
- Aufhebungsvertrag 77
- außerordentliche Kündigung 524
- besonderer Kündigungsschutz 1332
- Betriebsvereinbarung 81, 93
- Beweisfunktion 40, 61
- Durchbrechung der Formnichtigkeit 72 ff.
- Erreichung des Formzwecks 79
- Insolvenz 2314
- Klarstellungsfunktion 40, 61
- Kenntnis von der Formbedürftigkeit 73 ff.
- Kündigungserklärung 61 ff., 98, 110 f., 123, 138, 1819
- Namensliste 1160 f.
- Nebenabreden 44
- Nichtfortsetzungserklärung 23

Zahlen = Randnummern

- qualifizierte Schriftformklausel 93
- Treu und Glauben 47 ff., 72 ff., 76 ff., 79, 80, 83
- Verbot widersprüchlichen Verhaltens 76 ff.

Schuldrechtliche Kündigungsbeschränkung 255 ff.

Schutz- und Treuepflichten
- Verstoß 682 ff.

Schwerbehinderter Arbeitnehmer
- alte Rechtslage 1478
- Änderungskündigung 1530
- Anfechtung des Arbeitsvertrages 1519 ff., 1544
- Annahmeverzug 1361
- Antragsverfahren bei dem Integrationsamt 1555 ff., 1585 ff.
- Anzeigepflicht des Arbeitgebers 1506
- arbeitgeberseitige Kündigung 1530 ff.
- arbeitnehmerähnliche Person 1485
- Arbeitskämpfe 1565 ff.
- Entbehrlichkeit der Bestandskraft der Zustimmung des Integrationsamtes 1574 ff.
- auflösend bedingter Vertrag 1539 ff.
- Aufhebungsvertrag 1535 f.
- außerordentliche Kündigung 1578 ff., 1565 ff.
- Ausgleichsquittung 1535
- Ausnahmen des besonderen Kündigungsschutzes 1490 ff.
- Aussetzung des Verfahrens 1528 f.
- Bedingungskontrollklage 1542a ff.
- befristeter Arbeitsvertrag 513, 1536 ff.
- Benachteiligungsverbot 1479, 1521 f.
- betriebliches Eingliederungsmanagement 1481, 1560a
- Beweislast 1594
- Direktionsrecht 1545
- Entscheidung des Integrationsamtes 1559 ff., Berücksichtigung der Rechtmäßigkeit der Kündigung 1560b
- Entlassung aus Witterungsgründen 1496 f.
- faktischer Arbeitsvertrag 1543
- fehlender Nachweis der Schwerbehinderteneigenschaft 1498 ff.
- Fragerecht des Arbeitgebers 1517, 1521 f.
- Gegenstand des besonderen Kündigungsschutzes 1530 ff.
- Geschäftsführer-GmbH 1485
- Geschützter Personenkreis 1483 ff.
- gleichgestellte behinderte Menschen 1487, 1503
- Grad der Behinderung 1488
- Heimarbeiter 1485
- Kenntnis des Arbeitgebers von der Schwerbehinderteneigenschaft 1507 ff.
- Klagefrist 1526
- Kündigung nach Zustimmung des Integrationsamtes 1598 ff.
- Kündigungsfrist 1547 ff.
- Kündigungsschutz 1478 ff., präventiver 1480 f.
- Kurzarbeit 1546
- Mitteilung an den Arbeitgeber 1089, 1515 ff.
- Präventionsverfahren 1560a
- Rechtsmittel gegen die Zustimmung des Integrationsamtes 1603 ff.
- Rechtsschutz 1525 ff.
- Sozialauswahl 1089 ff., 1511
- Umdeutung 1579
- Umsetzung auf einen anderen Arbeitsplatz 1533
- Verwirkung des Sonderkündigungsschutzes 1511 f.
- Versetzung in den Ruhestand 1489a
- Verzug des Arbeitgebers 1500
- Wartezeit 1491 ff.
- Zugang der Kündigung 1492
- Zustimmung des Integrationsamtes 1507 ff., 1552 ff., 1578 ff.
- Zustimmungsersetzungsverfahren 1270

Schwerbehinderung
- Sozialauswahlkriterium 1089

Selbstbindung des Arbeitgebers 912, 915

Sexuelle Belästigungen
- als Kündigungsgrund 646 f.

Sittenwidrige Kündigung 223 ff.
- Abgrenzung zur sozialwidrigen Kündigung 225
- nach dem KSchG 2077 ff.

Sittlichkeitsdelikte
- als Kündigungsgrund 646 f.

Soziale Auswahl 264, 783, 1021 ff.
- Allgemeines 1021 ff.
- Altersrente 1098
- Altersstruktur, ausgewogene 1125
- Änderungskündigung 1026, 1325 ff.
- Anforderungsprofile 936
- Arbeitsmarktchancen 1095
- Auszubildende 1062
- befristet beschäftigte Arbeitnehmer 1063
- Bestimmung des auswahlrelevanten Personenkreises 853 ff., 1031 ff.
- Betrieb als Bezugsrahmen 1045 ff.
- Betriebsrat 1062
- Betriebszugehörigkeit 1076
- Betriebsübergang 1055 ff.
- Beweislast 1134 ff.
- Bewertung der Kriterien 1099
- Dauer der Betriebszugehörigkeit 1079 ff.
- Direktionsrecht 1035 ff.
- Einbeziehung besonderer Personengruppen 1062 ff.

Sachverzeichnis

- entgegenstehende berechtigte betriebliche Interessen 1102 ff.
- fehlerhafte Sozialauswahl 1132 ff.
- Gemeinschaftsbetrieb 855 ff., 1054
- Gesundheitsbeeinträchtigungen betrieblichen Ursprungs 1092
- Gesundheitsbeeinträchtigungen außerbetrieblichen Ursprungs 1093
- grob fehlerhafte Sozialauswahl 1147 ff.
- Insolvenz 2319 ff.
- Interessenabwägung 1058, 1075 ff.
- Kleinbetriebe 237 ff., 852 ff.
- Konkretisierung der sozialen Gesichtspunkte 1075 ff.
- Kriterien 1076 ff.
- Lebensalter 1076, 1083 ff.
- Leistungsträger, 1102 ff.
- Massenkündigungen 1332
- Mitteilungspflicht des Arbeitgebers 1133
- Mutterschutz 1064
- Namensliste 1154 ff.
- nicht einzubeziehende Arbeitnehmer 1062 ff.
- ordentlich unkündbare Arbeitnehmer 1065 f.
- Prüfungssystematik 1030
- Qualifikation des Arbeitnehmers 1106, 1125
- Qualifikationsstruktur 1131
- Schwerbehinderung 1076, 1089
- tarifliche Auswahlrichtlinien 1140 ff., 1143 f.
- Teilzeitbeschäftigte 1070 ff.
- Unterhaltspflichten 1076, 1086 ff.
- Unternehmensbezug 1046
- Unternehmensumwandlung 1060
- Vergleichbarkeit 1031 ff.
- Versetzung 1028, 1074
- vertikale Vergleichbarkeit 1061
- Wehrdienst 1062
- Wertungsspielraum des Arbeitgebers 1100 f., 1132
- Widerspruch des Arbeitnehmers 1059 zusätzliche Kriterien 1077 f., 1091 ff.

Soziale Kompetenz 1119
Sozialplan 1157 ff.
Sozialversicherungsrecht
- und Abfindungsanspruch 2161 ff.

Sozialwidrigkeit 880 ff.
- absolute Kündigungsgründe 547, 884
- absolute Sozialwidrigkeitsgründe 880 ff., 986, 1275 ff.
- Änderungskündigung 1305 ff.
- Arbeitsstreckung 1003
- Auflösungsurteil 2095 ff.
- außer- und innerbetriebliche Kündigungsursachen 902, 913 ff.
- Ausgleichsquittung 1285 f.
- Auswahlrichtlinien 1140 ff.

- Betriebszugehörigkeit 882, 1076
- Beurteilungszeitpunkt, siehe Prognoseprinzip
- Beweislast 901, 906, 1016 ff.
- Dreiteilung der Kündigungsgründe 884, 896 ff.
- dringende betriebliche Erfordernisse 880, 884, 886, 902 ff.
- Geltendmachung der – 1929 ff.
- Gründe in der Person des Arbeitnehmers 880, 884, 892, 1217 ff.
- Gründe im Verhalten des Arbeitnehmers 880, 884, 892, 1196 ff.
- Grundsätze 880 ff.
- Grundsatz der Erforderlichkeit siehe Ultima-Ratio-Prinzip
- Interessenabwägung 883 ff., 893 f.
- kausaler Wegfall der Beschäftigungsmöglichkeit 929 f.
- Kurzarbeit 888, 942, 1004 f.
- Mischtatbestände 896 ff.
- Nachprüfung in der Revision 884
- Prognoseprinzip 551, 884, 891 f.
- Prüfungskriterien 904 ff., 933, 1196 ff.
- Rechtsbegriff, unbestimmter 883 ff.
- rechtstechnischer Begriff 883 ff.
- richterliches Prüfungsrecht, Umfang 917 ff.
- Selbstbindung des Arbeitgebers 912, 915
- soziale Auswahl, siehe dort
- Sphärentheorie 896
- Überstunden 888
- Ultima-Ratio-Prinzip 553 f., 884, 886 f., 984 ff.
- Unternehmerentscheidung 904 ff.
- Verhältnismäßigkeitsprinzip 553 f., 886, 984 ff.
- Versetzung innerhalb des Unternehmens 909, 1028
- Weiterbeschäftigungsmöglichkeit 880, 886, 892, 988 ff.
- Widerspruch des Betriebsrates 880, 1275 ff.
- Wiedereinstellungsanspruch 891
- Zweckrichtung der Kündigung 896

Sperrzeit
- nach Abfindung 1192 ff.

Spesenbetrag 685 f.
Sphärentheorie 896
Sprecherausschüsse
- Beteiligungen bei Kündigungen 393 ff.

Stempelkarte 691
Stempeluhr 581, 656
Steuerrecht
- und Abfindungsanspruch 2158 ff.

Strafbare Handlung
- als Kündigungsgrund 687 ff.

Zahlen = Randnummern

Streik
- als Kündigungsgrund 584 ff.
- wilder Streik als Kündigungsgrund 585

Streitgegenstand 112, 2014 ff., 2067 ff., 2103 f.
Streitgegenstandstheorie, punktuelle 2014 ff.
Streitwert, Kündigungsschutzklage
- Abfindung 2215
- Änderungskündigung 2214
- Antrag auf Weiterbeschäftigung 2210 ff.
- Arbeitsentgelt 2213
- Berufsausbildungsverhältnis 2203
- einzelne Kündigung 2204 ff.
- Feststellungsantrag 2209, 2213
- Höchstgrenze 2204
- mehrere Kündigungen 2207 ff.
- uneigentlicher Hilfsantrag 2211 f.

Subjektive Determinierung 336 ff.
Suspendierung 25 ff.
- als milderes Mittel 27
- Begriff 25
- Beteiligung des Betriebsrats 31
- bis zum Abschluss des Anhörungsverfahrens des Betriebsrates 301
- Beschäftigungsanspruch des Arbeitnehmers 26 ff.
- kraft einseitiger Erklärung des Arbeitgebers 25, 27 ff.
- kraft Vereinbarung 25 f.
- Kündigung 25 f.
- Vergütungsanspruch 26, 29
- Weiterbeschäftigungsanspruch 26

Tätlichkeiten
- als Kündigungsgrund 648 ff.

Tarifvertrag
- Differenzierung Arbeiter-Angestellte 472 ff.
- Formerfordernisse für Kündigung 81 f.
- Kündigungsbeschränkungen 261 ff.
- Kündigungsfristen 460 ff., 526
- Probearbeitsverhältnis 494 f.
- Sozialauswahl 1140 ff., 1143 f.
- Umdeutung 409

Teilbefristung 167
Teilkündigung 166 ff.
- als milderes Mittel 167
- Änderungskündigung 166, 173, 2178
- Auslegung 166
- eines Datenschutzbeauftragten 171
- Gratifikation 173
- im Arbeitsverhältnis 169 ff.
- Klagefrist 173
- sachlicher Grund 170, 173
- Treu und Glauben 168
- Umgehung des Kündigungsschutzes 167
- Verbot 167, 169 ff.
- vertraglich vereinbarte 172
- Vertragsauslegung 172
- Vertragsautonomie 169
- Werkdienstwohnung 168
- Widerrufsvorbehalt 169 ff.
- zusammengesetztes Rechtsverhältnis 168

Teilzeitbeschäftigung 838
- Elternzeit 1454 ff., 1464 ff.
- Kündigungsfristen 429
- Kündigungsschutz, Elternzeit 1455 ff.
- Sozialauswahl 1070 ff.

Tendenzbetrieb
- Anhörungsrecht des Betriebsrates 284
- besonderer Kündigungsschutz 1679 f., 1728
- Meinungsfreiheit 204
- personenbedingte Kündigung 1240
- verhaltensbedingte Kündigung 641, 644 f.

Transsexualität
- als Kündigungsgrund 1243

Treuepflicht 682 ff.
Treu und Glauben
- Anfechtung 183
- Anwendungsbereich 235 ff., 247 f.
- Darlegungs- und Beweislast 243
- Grundrechtsverletzung 198 ff., 200
- Konkretisierung im KSchG 239 f.
- Teilkündigung 168
- Verhältnis zum KSchG 233
- Verstoß der Kündigung 233 ff.

Trotzkündigung 2046
Trunkenheit am Steuer 627
TzBfG siehe befristeter Arbeitsvertrag

Übergang eines Betriebs oder Betriebsteils 221, 229 ff.
Übermaßverbot s. Verhältnismäßigkeit
Überstunden 587 f., 888, 1007
Ultima-Ratio-Prinzip siehe Verhältnismäßigkeit 553 f.

Umdeutung
- Allgemeines 404 ff.
- Änderungskündigung 417 f.
- außerordentliche Kündigung 405 ff.
- außerordentliche Kündigung in Angebot z. Aufhebungsvertrag 415
- außerordentliche Kündigung in ordentliche 410 ff., 386 f., 1579 f., 2133
- Betriebsratsanhörung 408
- im Kündigungsschutzprozess 2069 ff.
- Kündigung in Anfechtung 416
- Leistungsbestimmungsrecht 418
- ordentliche in außerordentliche Kündigung 413 f.
- Tarifvertrag 409
- Vertragsauslegung 405 ff.
- Vertragsautonomie 406
- Voraussetzungen 404 ff.
- vorbehalter Widerruf in eine Änderungskündigung 417

Umschulung
– Weiterbeschäftigungsanspruch 1001
– Umsetzung während der Schwangerschaft 1365
– Umwandlungsgesetz 855, 962
– unangemessene Benachteiligung, § 307 BGB
– Abbedingung des Beschäftigungsanspruchs 26
Ungehörige Kündigung 241 ff.
– Abgrenzung 243 f.
Unkenntnis der Klagefrist 1981
Unkorrekte Behandlung
– und Auflösungsurteil 2109
Unkündbarkeit (ordentliche) 526, 528, 546, 556 f., 738 ff.
– Angleichung der außerordentlichen mit der ordentlichen Kündigung 766 ff.
– Anhörung der Arbeitnehmervertretung 781
– Auslauffrist 768 ff., 784 ff.
– betriebsbedingte Gründe 740 f., 745 ff.
– Betriebsratmitglied 739
– Diskriminierungsmerkmal Alter 265
– einzelvertragliche Regelung 739
– Interessenabwägung 743 f., 750 ff.
– Lebensstellung 759
– personenbedingte Gründe 761 ff.
– tarifvertragliche Regelung 739 f., 746, 748 ff.
– Ultima-Ratio-Prinzip 745, 768
– Unzumutbarkeit 745 ff., 750
– verhaltensbedingte Gründe 816 ff.
– Wertungswiderspruch 738, 766
– wichtiger Grund 741 ff.
Unterhaltspflichten 1076, 1086 ff.
Unterlassungsanspruch
– gegen drohende Kündigung 1814
Unternehmerentscheidung, freie 904 ff.
– außerbetriebliche Ursachen 913, 915
– Beweislast 906
– Bezugspunkt 907 ff.
– dringendes betriebliches Erfordernis 50 ff.
– Inhalt 912
– innerbetriebliche Ursachen 913 f.
– Rechtskontrolle 919
– Selbstbindung 912
– Sozialauswahl 1065 f.
– Umfang der gerichtlichen Kontrolle 917
Unterschlagung 688
Unterschrift des Klägers 1882 ff.
Untersuchungshaft 700
Untreue 688
Unwirksamkeit der Kündigung 182 ff.
– Anfechtung 183 f.
– Beweislast 185, 230 f., 243, 269 ff.
– gesetzliche Verbote 184 ff.
– Grundrechtsverletzungen 198 ff.

– Kündigungsschranken 213 ff.
– Diskriminierungsverbote 201 ff., 216 ff.
– Sittenwidrigkeit 223 ff., 2077 ff.
– Verletzung der Privatsphäre des Arbeitnehmers 206
– Verstoß gegen § 612a BGB 229 ff.
– Verstoß gegen Betriebsverfassungsrecht 1665 ff., 1696 ff.
– Verstoß gegen den Gleichbehandlungsgrundsatz 249 ff.
– Verstoß gegen KSchG 2081 ff.
– Verstoß gegen Mutterschutzgesetz 1334
– Verstoß gegen §§ 85 ff. SGB IX 1530 ff.
– Verstoß gegen Treu und Glauben 207, 233 ff.
Urlaub
– eigenmächtiger Urlaubsantritt als Kündigungsgrund 592 f.
– Kündigungszugang 1967, 1980
– Urlaubsüberschreitung 594
Urlaubsabgeltungsanspruch
– Kündigungsschutzklage, keine Geltendmachung des – 1858 ff.

Verdachtskündigung 244, 703 ff., 2046
Vererblichkeit
– des Abfindungsanspruchs 2105, 2151
Verfassungsfeindliche Betätigung
– als Kündigungsgrund 1242
Verfassungstreue 644
Vergütungsanspruch
– bei einseitiger Suspendierung 26, 29
Verhältnismäßigkeit 247, 553 f., 886 f., 984 ff.
– Abmahnung 12
– Änderungskündigung 418
– außerhalb des Geltungsbereichs des KSchG 247
– außerordentliche Kündigung 553 f.
– Kurzarbeit 1005
– Missachtung des Grundsatzes 247
Verhaltensbedingte Kündigung 526, 558, 565 ff., 816 ff., 1196 ff.
– Abkehrwille des Arbeitnehmers 621, 934
– Abmahnung 565, 569, 570, 591, 1201 ff.
– Abwerbung von Kollegen 623 f.
– Alkohol 625 ff., 1208
– Änderungskündigung 1202, 1212, 1359
– Androhung von Nachteilen 629 ff., 1208
– Anhörung des Betriebsrates 349
– Anzeige- und Nachweispflichten 610 ff.
– Anzeigen gegen den Arbeitgeber 632 ff.
– Anzeigen gegen Arbeitnehmer 637 f.
– Arbeitsschutz 615
– Arbeitsverweigerung 570 ff., 1208
– Arbeitszeitbetrug 569, 581
– außerdienstliches Verhalten 639 ff.
– Beleidigung 648 ff., 1208

- Betriebs- und Geschäftsgeheimnisse 693
- betriebliche Ordnung 651 f.
- Beweislast 559 ff., 1215
- Denunziation 637 f.
- Direktionsrecht 569, 572 ff.
- Ehrenämter 653 f.
- Erstattung wahrheitswidriger Anzeige 1208
- Falschaussagen zu Lasten des Arbeitgebers 619
- Falschbeantwortung zulässiger Fragen 567
- gewerkschaftliche Betätigung 669 ff.
- Gleichbehandlung 251
- Interessenabwägung 688, 1197, 1200, 1213 ff.
- kirchlicher Bereich 645
- Konkurrenz- und Nebentätigkeit 663 ff., 1208
- Lohnpfändungen 658 f.
- mildere Mittel 565, 1210 ff.
- Missbrauch von Daten 1208
- Missbrauch von Kontrolleinrichtungen 656 f.
- Negativprognose 565, 578, 892, 1197, 1203 ff., 1209
- Notarbeiten 582
- Offenbarungspflicht 567 f.
- öffentlicher Dienst 643
- politische Betätigung 669 ff.
- Privatkommunikation 674 f.
- Rauchverbot 681
- religiöse Betätigung 669 ff.
- Schlecht- oder Minderleistung 596 ff., 628
- Schmiergeldannahme 682 ff., 1208
- Schutz- und Treuepflichten 682 ff.
- sexuelle Belästigung 191, 646 f., 1208
- Sonntagsarbeit 583
- soziale Rechtfertigung 1196 ff.
- Speicherung pornographischer Daten 1208
- Spesen 685 f.
- Stempelkarte 691
- Strafbare Handlungen 687 ff., 1208
- Streik 584 ff.
- Tendenzbetriebe 641, 644 f.
- Überschreitung von Befugnissen 662
- Überstunden 587 f.
- Ultima-Ratio-Prinzip 565
- Umdeutung 411
- unentschuldigtes Fehlen 589 f.
- unkündbare Arbeitnehmer 816 ff.
- Unpünktlichkeit 569, 591
- Urlaubsantritt, eigenmächtiger 592 f., 1208
- Urlaubsüberschreitung 594
- Verletzung von Hauptpflichten 569 ff.
- Verletzung von Nebenpflichten 565 f., 603 ff.
- Verletzung vorvertraglicher Pflichten 567 f.
- Verschulden 565
- Vertragsverletzungen 565 ff., 1196 ff.
- Vollmachtsüberschreitung 662
- Vorstrafen 567
- Vortäuschung der Arbeitsunfähigkeit 595
- Wehrdienst 644
- Zurückbehaltungsrecht 577

Verjährung
- des Abfindungsanspruchs 1188, 2150
- Einfluss der Kündigungsschutzklage 1844 ff.

Vermieter
- Zugang bei Aushändigung einer Kündigung an Vermieter 130

Vermögensdelikte
- als Kündigungsgrund 1242

Verpfändung
- des Abfindungsanspruchs 2145

Verrat von Betriebs- und Geschäftsgeheimnissen
- als Kündigungsgrund 693

Verschwiegenheitspflicht
- Verstoß gegen – als Kündigungsgrund 693

Versetzung 20, 554, 1028, 1202, 1211
- als milderes Mittel 1211
- Beteiligung des Betriebsrates 303
- durch Direktionsrecht 20
- Sozialauswahl 1028, 1074

Verspätete Kündigungsschutzklage
- Bindungswirkung der Zulassung 2010 f.
- prozessuale Zulassung 1948 ff.

Verstoß gegen betriebliche Ordnung
- als Kündigungsgrund 651 ff.

Verstoß gegen Diskriminierungsverbote (AGG) 186 ff.
- allgemein 186 ff.
- Alter 194
- Behinderung 192, 195
- ethnische Herkunft 196
- Europarechtskonformität des § 2 Abs. 4 AGG 187 f.
- Schutzzweck 190
- sexuelle Belästigung 197
- sexuelle Identität 191

Vertikale Vergleichbarkeit
- und soziale Auswahl 1061

Vertragliche Kündigungsbeschränkungen 255 ff.

Vertragsauslegung
- ergänzende 144 f.
- Teilkündigung 172
- Umdeutung 405 f.

Vertragsautonomie
- Teilkündigung 169 ff.
- Umdeutung 406

Vertragsrüge 8 f.

Vertragsstrafe
- im Falle der Kündigung 1946 f.

Sachverzeichnis

Vertragsverletzung des Arbeitgebers
- außerordentliche Kündigung des Arbeitnehmers 722 ff.

Vertragsverletzung des Arbeitnehmers
- außerordentliche Kündigung des Arbeitgebers 565 ff.
- soziale Rechtfertigung der Kündigung 1197 ff.

Vertrauensleute
- besonderer Kündigungsschutz 1677 f.

Vertrauensmann
- der Gewerkschaften, Kündigungsschutz 268
- der Schwerbehinderten, Kündigungsschutz 1677

Vertreter, gesetzlicher
- und Kündigung 115 ff.

Vertretung
- Kündigung 97 ff.

Verwirkung 2086

Verzicht
- auf Kündigungsschutz 834, 1285 f.
- auf Mutterschutz 1382 f.

Verzögerung der Klagezustellung 1914 f.

Vollmachtsüberschreitung
- als Kündigungsgrund 662 ff.

Vollstreckbarkeit
- des Urteils auf Zahlung einer Abfindung 2137 f.
- des Weiterbeschäftigungsanspruchs 2241

Vorratskündigung 163

Vorsorgliche Kündigung 165
- Anhörung des Betriebsrates 165, 300, 308
- Zweckmäßigkeit 165

Vorstrafe
- als Kündigungsgrund 567

Wahlbewerber
- besonderer Kündigungsschutz 1673, 1687 ff., 1695

Wahlvorstand
- besonderer Kündigungsschutz 1673, 1686, 1695

Wartezeit
- allgemeiner Kündigungsschutz 866 ff.
- Anrechnungsvereinbarungen 869
- Berechnung 870 ff.
- Berufsausbildungsverhältnis 874
- Betriebsinhaberwechsel 870
- Pflegezeit 1613
- Schwerbehinderte 1491 ff.
- Unterbrechung des Arbeitsverhältnisses 876 ff.

Wegfall der Geschäftsgrundlage 59

Wehrdienst 644
- besonderer Kündigungsschutz 1797 ff.

- Sozialauswahl 1062

Weiterarbeit während des Prozesses 1874 ff.

Weiterbeschäftigung
- aufgrund Parteivereinbarung 2274
- zur Abwendung der Zwangsvollstreckung 2276 ff.

Weiterbeschäftigungsanspruch 988 ff., 2216 ff.
- allgemeiner 2254 ff.
- Änderungskündigung 2234, 2267 f.
- Beendigung der Weiterbeschäftigungspflicht 2242 ff.
- Durchsetzung 2237 ff.
- einstweiliger Rechtsschutz 2222, 2240, 2285 f.
- Entbindung von der Weiterbeschäftigungspflicht 2222, 2240, 2246
- Erhebung der Kündigungsschutzklage 2231 f.
- Inhalt 2236, 2284
- konzernbezogener 909 f., 998 ff.
- nach Änderung der Arbeitsbedingungen 992 ff.
- nach Widerspruch des Betriebsrats nach § 102 Abs. 5 Satz 1 BetrVG 2220 ff.
- nach Umschulungs- oder Fortbildungsmaßnahmen 1001 f.
- ordentliche Kündigung 2233
- prozessuale Abwicklung 2269 ff.
- Rechtsnatur des Weiterbeschäftigungsverhältnisses 2273 ff.
- Rückabwicklung des Weiterbeschäftigungsverhältnisses 2273 ff.
- Vollstreckung 2241
- Voraussetzungen 2223 ff.
- während des Kündigungsschutzprozesses 2216 ff.
- Widerspruch des Betriebsrates 988, 1281 ff., 2219, 2223 ff.
- Wiederholungskündigung 2264
- zu geänderten Bedingungen 1304

Werksarzt 1386

Werkswohnung
- Kündigung des Arbeitnehmers wegen – 729 f.
- Teilkündigung 168

Wertungsspielraum
- des Arbeitgebers bei sozialer Auswahl 1100 f., 11432

Whistleblower 632 ff.

Wichtiger Grund
- außerordentliche Kündigung 522 ff., 546 ff.
- außerordentliche Kündigung von Betriebsräten 1731 ff.
- Beurteilungszeitpunkt 550
- Grundsätze 547 ff.
- Interessenabwägung 547 ff., 743 f.

- Kenntnis 542
- Nachschieben 550
- unkündbare Arbeitnehmer 741 ff.

Widerrufsvorbehalt 167, 169 ff., 417
- Änderungskündigung 1279, 2178
- Aufhebungsvertrag 35
- Gratifikation 173
- Teilkündigung 169 ff.
- Umdeutung in Änderungskündigung 417

Widerspruch
- des Arbeitnehmers bei Betriebsübergang 1058 f.
- des Betriebsrates, Kündigung 374 ff., 988 ff., 1275 ff., 2220 ff.

Wiedereinstellungsanspruch
- bei Sozialwidrigkeit der Kündigung 891
- nach personenbedingter Kündigung 1224 ff.
- nach Verdachtskündigung 714

Wiederholungskündigung 2046
- und Weiterbeschäftigungsanspruch 2264

Wilder Streik
- als Kündigungsgrund 585

Wirtschaftsausschuss
- besonderer Kündigungsschutz 1675

Zahlungsklage 1844

Zivildienstleistende
- besonderer Kündigungsschutz 1797 ff.
- Sozialauswahl 1062

Zugang der Kündigungserklärung 122 ff.
- abweichende Vereinbarungen 131 f.
- Aushändigung an Vermieter 130, 134
- Beweislast 139 f.
- im Prozess 109 ff.
- durch Gerichtsvollzieher 140
- Empfangstheorie 127
- Möglichkeit der Kenntnisnahme 126
- Nachweis 139 f.
- Schriftformerfordernis 123, 138
- Schwerbehinderte 1492
- Übermittlungsrisiko 125
- ungenügende Frankierung 125
- Verkehrssitte 125, 128, 130
- Einschreiben 130, 133 ff.
- Massenkündigungen 136
- während des Urlaubs 127 f.
- Zugangshindernisse 127 ff.
- Zugangsvereitelung 125, 137 f.
- Zugangsverzögerung 129

Zulässige Rechtsausübung 229 ff.

Zulässigkeitserklärung nach § 9 Abs. 3 MuSchG 1416 ff.
- Fallgruppen 1422
- Rechtswirkungen 1423 ff.
- Voraussetzungen 1419 ff.

Zuordnungsverfahren gemäß § 18a BetrVG 1972, 395

Zusammengesetzte Rechtsverhältnisse
- Teilkündigung 168

Zuständiges Gericht 1902 ff.

Zustimmung
- des Betriebsrates bei Änderungskündigung 2183
- des Betriebsrates zur Einstellung eines Arbeitnehmers 32
- des Integrationsamtes bei Kündigung eines Schwerbehinderten 1552 ff.,

Zustimmungsfiktion 1595 ff.